U0117208

近代漢語詞典

二

国家出版基金项目
NATIONAL PUBLICATION FOUNDATION

上海出版资金项目
Shanghai Publishing Funds

主编　白维国
副主编　江蓝生　汪维辉

上海教育出版社

hā

【哈敦】 hā dūn　王妃。蒙古语译音。也可称一般人的妻子。元贡师泰《双孝传》:"也赫伯～,年已五十,性严毅,寡言笑。"明火原洁《华夷译语·人物门》:"娘子,～。"黄元吉《流星马》二折:"正望妇女双结亲,不想可是他老婆。通事也,入你～五都魂。"清佚名《三凤缘》二八出:"他因新得了一个～,喝了半夜的酒才睡。"

【哈剌】 hā lā　同"哈喇"。《元曲选外编·射柳捶丸》三折:"但道个不字,我都～儿了。"

【哈喇】 hā lā　杀头。蒙古语译音。《元曲选·单鞭夺槊》二折:"量这敬德打甚么不紧！趁早将他～了,也还便宜。"明李梅实《精忠旗》一五出:"我每后生的还跟得上,那些老幼如何去得?金人复来,都拿去～了。"清《说岳全传》二四回:"这样奸臣,留他怎么,拿来～了罢。"

【哈兰】 hā lán　即"哈喇"。明佚名《牧羊记》三出:"但有中国来的使臣,符验上有名字的呢留下,没有名字的一概都～了。"

【哈气】 hā qì　即"哈欠"。清《红楼梦》戚序本五一回:"麝月翻身打个～笑道:'他叫袭人,与我什么相干!'"

【哈欠】 hā qiàn　即"呵欠"。清《绿野仙踪》四三回:"你这里只用打个～,他那里就送过枕头来了。"

【哈什】 hā shí　即"哈欠"。清《红楼梦》程乙本五一回:"麝月翻身打个～笑道:'他叫袭人,与我什么相干!'"Δ《狐狸缘》一一回:"老苍头伺候足有一个时辰,王道才伸了伸懒腰,打了个～,拿起茶来漱了漱口。"

【哈屯】 hā tún　即"哈敦"。明沈德符《万历野获编》卷二七:"～者,即阏氏'可敦'之转语,实正配也。"元欧阳玄《高昌偰氏家传》:"以女普尔普妻穆克尔苏汗为～,乃与谋其国政。"

【哈豚】 hā tún　即"哈敦"。清《清夜钟》六回:"泼牟麟背了咱～去,恼的咱没有睡。"

há

【虾蟆更】 há ma gēng　❶ 巡更警夜的梆声。因声如蛙鸣而称之。唐张蠙《钱塘夜宴留别郡守》:"觱篥调高山阁回,～促海城寒。"明胡震亨《唐音癸签》卷一九:"郝天挺云:江南以木柝警夜曰～。"　❷ 五更结束时打的不计更点的乱梆,表示宵禁结束,街上可以行走。宋周遵道《豹隐纪谈》:"盖内楼五更绝,梆鼓交作,谓之～。禁门方开,百官随入。"清《千叟宴诗》之一五四:"～尽晓烟开,朱网毶髿卿相来。"吴绮《杏园芳·雨愁》:"～报将明,画檐一阵春声。"

【虾吞】 há tūn　即"哈敦"。明佚名《五福记》一四出:"今日无事,不免领了众部落,带了众～,到青龙山打猎一番。"

【虾腰】 há yāo　哈腰;弯腰。也作为一种敬礼。明冯惟敏《不伏老》一折:"英雄入彀,～曲脊,紧靠着四扇板儿;卫士传餐,侧耳听声,单等那三通梆子。"清《补红楼梦》一三回:"说着,两下～,三人出来了。"

hǎ

【哈】 hǎ　另见 hē。侮辱;逗弄。由呵责义引申。明柯丹邱《荆钗记》八出:"我到人一般敬他,他到驴了眼看我。我到深深拜一拜,他到直了腰～人。"汤显祖《邯郸记》四出:"〔旦低问介〕内才怎的?〔老低笑介〕便是那话儿郎当,你可也逗着他。〔旦笑介〕休胡～。梅香卷帘。"又:"低低笑,轻轻～,逗着文君寡。"

【哈嗒】 hǎ dā　同"哈达"。明薛论道《玉抱肚·无不可》:"无牵无挂,老先生其实～。共知音对句联诗,伴骚人觅柳寻花。"

【哈达】 hǎ dá　洒脱;风流。明王越《朝天子·叹世》:"人道我～,我道我喇嘛,做一个神仙罢。"

【哈答】 hǎ dá　同"哈达"。《元曲选外编·蒋神灵应》楔子:"我做道官爱清幽,一生～度春秋。"明佚名《一枝花·西湖赏玩》:"奉别诸公柳荫下。这个道咱～,那个道咱醉呀,一个个都挽不住缰丝扶不上马。"朱有燉《风月牡丹仙》一折:"牡丹仙和秀才说话,我也去和溜儿～。"

【哈话】 hǎ huà　蠢话;傻话。明《西游记》二〇回:"老儿,莫说～。我们出家人,不走回头路。"

【哈帐】 hǎ zhàng　愚蠢;糊涂。明李开先《一江风》:"冤业腌臜态,～糊涂债。"《金瓶梅词话》五八回:"刚才若不是我在旁边说着,李大姐恁～行货,就要把银子交姑子拿了印经去。"《鼓掌绝尘》一一回:"怪不得街坊上人叫你做哈哈公子,那里有这样～的!"

hái

【还】 hái　❶ 副词。a) 表示状态、动作的持续。相当于"依然""仍然"。六朝已见。唐杜甫《泛江》:"乱离～奏乐,飘泊且听歌。"明汤显祖《牡丹亭》五〇出:"我太平宴诗也想完一首了,太平宴～未完。”清《说岳全传》二回：“说～未了，手略一松，泊的一声，随水漂流，不知去向了。”b）表示动作的重复。相当于“再”“又”。唐白居易《春至》：“若为南国春～至，争向东楼日又长。”《敦煌变文校注》卷二《舜子变》：“妻牵叟诣市，～见粜米少年。”清《醒世姻缘传》四回：“自己又过来千恩万谢的，方才作别，约道：‘过日遇便，～来奉望。’”c）表示动作类同。相当于“也”。《敦煌变文校注》卷一《伍子胥变文》：“王见怒蜗（蛙），犹自下马抱之；我等亦须努力，身强力健，王见我等，～如怒蜗（蛙）相似。”又《汉将王陵变》：“一朝儿郎偷得高皇号，～解捉你儿郎母。”d）强调程度的加深。相当于“更加”。六朝已见。唐杜甫《奉待严大夫》：“殊方又喜故人来，重镇～须济世才。”或用于比较句表示程度更高。《元曲选·来生债》四折：“秀才比及你选官呵，我选佛～好的多哩。”清《红楼梦》五四回：“老太太的（笑话）比凤姐儿的～好～多，赏一个我们也笑一笑儿。”e）表示疑问。见于晚唐以后的典籍中。《祖堂集》卷一五《西堂和尚》：“径山和尚～有妻不？”宋《朱子语类》卷一六：“此～是仁人之体否？”清《女仙外史》八七回：“汝大贵人，～来见我恁么？”f）表示追究。相当于“究竟”。《敦煌变文校注》卷二《庐山远公话》：“远公～在何处？”明汤显祖《牡丹亭》二三出：“劳再查女犯的丈夫，～是姓柳姓梅？”g）表示认定。相当于“一定”。《敦煌变文校注》卷一《伍子胥变文》：“上苍靡草总由风，～是诸天威力化。”《元曲选·东堂老》一折：“不是我嫩，～是你的脸皮忒老了些。”清李渔《闲情偶寄》卷二：“同场之曲，定宜同场；独唱之曲，～须独唱。”h）表示已然。相当于“已经”“曾经”。唐杜荀鹤《下第东归将及故园有作》：“上国献诗～不遇，故园经乱又空归。”宋辛弃疾《鹧鸪天·鹅湖归病起作》：“山才好时行～倦，诗未成时雨早催。”清《红楼梦》六回：“想当初我和女儿～去过一遭。”i）表示未然。相当于“尚”。宋张先《浣溪沙》：“楼倚春江百尺高，烟中～未见归桡，几时期信似江潮！”明李梅实《精忠旗》一〇出：“相公，只怕胜负兵家～未可知。”清《醒世姻缘传》一回：“十日内倒有九日不读书，这一日～不曾走到书房，不住的丫头送茶，小厮递果。”j）表示程度尚可或勉强过得去。《元曲选·东堂老》一折：“止有这一所宅子，～卖的五六百锭。”清《红楼梦》一回：“他岳丈名唤封肃，本贯大如州人氏，虽是务农，家中都～殷实。”《绿野仙踪》一回：“家中有二顷多田地，～将就过的。”k）强调动作或状态更进一步。明《型世言》五回：“邓氏忙把桶盖来揭，道：‘哥，闷坏了。’耿埴道：‘～几乎吓死。’”清李渔《闲情偶寄》卷六：“凡人一生，奇祸大难非特不可遗忘，～宜大书特书，高悬座右。”l）表示项目、数量增加。清李渔《闲情偶寄》卷二：“五娘子，我～有几句药石之言，要分付你。”《红楼梦》一回：“原来是块鲜明美玉，上面字迹分明，镌着‘通灵宝玉’四字，后面～有几行小字。”m）表示意外或责问的语气。相当于“竟”。元明《水浒传》三回：“直娘贼，～敢应口！”明《二刻拍案惊奇》卷一七：“百禄见他不说，就拿起一条柱杖劈头打去，道：‘～不实告！’”清李渔《闲情偶寄》卷二：“这样不通道理，～叫他做官！”n）表示让步。相当于“尚”“尚且”。清李渔《闲情偶寄》卷二：“如今虽死，～有坟茔可拜；一旦撇他而去，真个是举目凄然。”《红楼梦》七七回：“袭人知他心内别的～犹可，独有晴雯是第一件大事。”o）用在条件句里表示容谅认可。清《红楼梦》七回：“不问这方～好，若问了这药方儿的病症，真把人琐碎死。”《说岳全传》二回：“我请了一个有眼睛的来～好，倘若请了个没眼睛的先生，此去来往约有六十里，员外哪里等得？” ❷ 连词。a）表示假设，相当于“假如”“如果”。唐韩愈《送文畅师北游》：“僧～相访来，山药煮可掘。”宋元《古今小说》卷三六：“你～今夜再觅得我这包儿，我便道你会。”金《董解元西厢记》卷二：“我～取次随贼寇，怕后人知道，这一场污名不小。”b）用于选择，相当于“还是”。宋杨万里《重九后二日同徐克章登万花川》：“老夫大笑问客道，月是一团～两团。”《朱子语类》卷九二：“不知只是首尾用之，～中间亦用耶？”

【还如】 hái rú ❶ 如果；倘若。还、如同义连文。唐易静《兵要望江南·占日》：“日边晕，抱日一边生。顺抱敌人须可击，～逆抱战无赢。” ❷ 如同。亦同义连文。明洪应明《菜根谭》：“多栽桃李少栽荆，便是开条福路；不积诗书偏积玉，～筑个祸基。”

【还若】 hái ruò 如同。还、若同义连文。唐沈亚之《对贤良方正直言极谏策》：“臣闻古者君天下之心也，上降下应，～影响。”元冯尊师《苏武慢》之三：“萍踪自在，雅操孤高，～野云麋鹿。”

【还是】 hái shì ❶ 连词。用在选择疑问句里，表示两者任选其一。可同“是”“只是”“却是”搭配使用，也可单用或连用。《元曲选·杀狗劝夫》三折：“～先念了开门，是开了门念诗你听？”元明《水浒传》三九回：“官人～要待客，只是自消遣？”明《西游记》九七回：“～初犯，却是二犯三犯？”清洪昇《长生殿》一九出：“这门～开也不开？”《儒林外史》四一回：“～原轿子抬了走？～下来同我们走？” ❷ 副词。a）表示行为、动作或状态保持不变，或不因上文所说的情况改变。相当于“仍然”“依然”。五代欧阳炯《菩萨蛮》：“日高犹未起，为恋鸳鸯被。鹦鹉语金笼，道儿～慵。”明汤显祖《牡丹亭》一二出：“春香无言知罪，以后劝止娘行。夫人～不放，少不得发咒禁当。”清《红楼梦》三回：“如今～吃人参养荣丸。”b）表示经过比较有所选择，用“还是”引出所选择的一项。唐易静《兵要望江南·占月》：“出军夜，看月好参详。有兔主人占大胜，兔无～客军强。仔细审形相。”明汤显祖《牡丹亭》一八出：“师父不可执方，～诊脉为稳。”清《红楼梦》七五回：“恐石上苔滑，～坐竹椅子上去。”c）对比较后选择的一方表示肯定与赞赏。元明《水浒传》一五回：“阮小七道：‘既是教授这般说时，且顺情吃了，却再理会。’吴用道：‘～七郎性直爽快！’”明《古今小说》卷一：“～大家宝眷，见多识广，比男子汉眼力到胜十倍！”清孔尚任《桃花扇》二五出：“～我老妥，做了天下第一个正旦！”d）表示疑问语气。六十种曲本《琵琶记》三出：“〔末〕也说得是，～做什么耍子好？〔净〕院公，和你踢气球耍子。”明《古今小说》卷一：“大官人你说，有宝的～谁家？”e）表示让步。明《醒世恒言》卷四：“如单食果实，到～小事，偏偏只拣花蕊啄伤。”清孔尚任《桃花扇》三五出：“我们降不降，～第二着，自家杀抢杀抢，跑他娘的！”

【还许】 hái xǔ 表示推测语气，相当于“或许”。明《金瓶梅词话》六九回：“倒是他家里深宅大院，一时三老爹不在，藏掖个儿去，人不知鬼不觉，倒～。若是小媳妇那里，窄门窄户，敢招惹这个事？”清《红楼梦》七四回：“不叫翻，我们～回太太去呢。”《歧路灯》六九回：“赌场有甚多少，一文钱～输一万哩。”

【还又】 hái yòu ❶ 表示语意转折。却。宋杜安世《浪淘沙》：“展转寻思求好梦，～难成。”杨万里《瓦店雨作》：“诗人长怨没诗材，天遣斜风细雨来。领了诗材～怨，问天风雨几时开？” ❷ 表示再度或重复。又；再。宋欧阳修《渔家傲》：“九月重阳～到。东篱菊放金钱小。”元明《水浒传》四三回：“那李逵时间杀了子母四虎，～到虎窝边，将着刀，复看了一遍。”明《梼杌闲评》四三回：“先杀得他自顾不暇，～发兵袭他背腹。” ❸ 表示数量增加或程度更进一层。还。元高明《琵琶记》七出：“闻道洛阳近也，～隔几座城阃。”清《醒世姻缘传》七七回：“把人凌逼的到了这们个地位，人躲出去罢了，～要寻到那里去。” ❹ 表示在条件、措施方面更进一步。并且。明《型世言》八回：“成祖越恼，传旨刚在都市，～将他九族诛灭。”清《玉楼春》二回：“本性原是贪杯，～枵腹来的，说不出一肚皮气，也只得随众人下山闲步。”《醒世姻缘传》

二六回："大盆的饭却在泔水瓮里，～恐怕喂了猪，便宜了主人，都倒在阳沟里流了出去。"

【还自】　hái zì　还。自，词缀。❶ 犹自；仍然。宋朱敦儒《相见欢》："人不见，屏空掩，数残更。～搴帏独坐、看青灯。"明汤显祖《牡丹亭》三六出："〔生〕便好今宵成配偶。〔旦〕懵腾～少精神。"《二刻拍案惊奇》卷一一："十年不相见了，不知怎地舞弄，这时节～睡哩！"　❷ 已然；已经。宋晏幾道《菩萨蛮》："烟光～老，绿镜人空好。"　❸ 却。元乔吉《集贤宾·咏柳忆别》："雨晴珠泪收，烟颦翠黛羞，殢风流～怨风流。"明高濂《玉簪记》一〇出："忽闻窗外有人声，～惭迎送。"清《醒世姻缘传》五三回："我合你做夫妇虽是不久，那恩爱比几十年的～不同。"　❹ 仍在；还在。元明《水浒传》一一回："那庄客听得叫，手拿柴棍，从门房里走出来，喝道：'你这厮～好口！'"明《西游记》九八回："长老～惊疑，行者叉着膊子，往上一推。"清《红楼梦》二六回："宝玉心里～狐疑，只听墙角边一阵呵呵大笑，回头见薛蟠拍着手跳出来。"　❺ 表示经过比较做出选择。还是。明杨珽《龙膏记》一八出："他在半空中，小的们怎么拿得他着？老爷的手长，～老爷自去拿。"❻ 表示进一步。而且。明《二刻拍案惊奇》卷二二："这些人也竭力奉承，公子也加意报答，～歉然道：'赏劳轻微，谢他们厚情不来。'"　❼ 表示让步。尚；犹。明《西洋记》五三回："你杀了我五十名军士～可，你怎么偷得我的宝贝来！"清《红楼梦》二三回："别人听了～犹可，惟宝玉听了这谕，喜的无可不可。"　❽ 表示保留条件。清《说岳全传》六三回："你将'莫须有'三字屈杀了岳家父子三人～不甘，又要把他一家斩首。"

【孩巴】　hái bā　孩子。清《聊斋俚曲·翻魇殃》："生死离别曾受过，这样离别何足伤？一伤感就些～样。"又《慈悲曲》："这～也不宜量好，当时有他娘在时，越哄越发淘气。"

【孩赤】　hái chì　❶ 婴儿。明《石点头》卷三："我的儿，指望养大了你，帮作人家，老年有靠。那知今日～无知，便与你分离。"❷ 形容观点、想法幼稚。又指幼稚的想法。清《好逑传》七回："闺中～呓语，焉知学问？冒昧陈之，不过少展见爱。"《两交婚》一一回："老爷高义溥天，鸿恩盖世，实不异犯女之父母，故吐露～，以求垂怜。"

【孩儿】　hái ér　❶ 长辈称呼儿孙或儿孙对长辈的自称。宋洪迈《夷坚志》支景卷八："妻执少年衣袂曰：'将～还我。'"明《西游记》三一回："你说放了你师弟，就与我～；怎么你师弟放去，把我～又留？"清李玉《清忠谱》九折："这个多是～不孝，有累爹爹。"❷ 用作昵称。宋郭应祥《采桑子·赠丽华》："钱筵绿绕红围处，只这～，两泪垂垂。"金《董解元西厢记》卷三："夫人请我别无话，～，管教俺两口儿就亲哕！"明《金瓶梅词话》二一回："好老气的～！谁这里替你磕头哩……若不是大姐姐带携你，俺每今日与你磕头？"　❸ 主人对仆婢的称呼。金《董解元西厢记》卷三："（张生）道：'九百～，休把人厮啐，你甚胡来我怎信？'红娘道：'先辈停头。'"明《金瓶梅词话》二六回："宋蕙莲跪在当面哭泣。月娘道：'～，你起来。'"

【孩儿每】　hái ér men　❶ 主人对仆婢或头领对手下的称呼。金《董解元西厢记》卷二："俺也不是厮虎，～早早地伏输。"明《拍案惊奇》卷八："旧岁冬间，～往崇明海岸无人处，做些细商。"清方成培《雷峰塔》五出："～，好生看守洞府。"　❷ 仆婢等位卑者的自谦称。《元曲选·陈州粜米》三折："〔正末云〕张千，你说甚么哩？〔张千做怕科，云〕～不曾说甚么。"又《黑旋风》三折："〔牢子云〕你是甚么人？〔正末云〕叔待，～是个庄家。"　❸ 长辈称呼晚辈。可用于复数，也可用于单数。《元曲选·老生儿》三折："〔正末云〕婆婆，～这早晚到了么？〔卜儿云〕老的，～这早晚到那里多时也。"明《金瓶梅词话》四一回："～在炕上张手儿蹬脚儿的，你打我，我打你，小姻缘一对儿耍子。"

【孩儿们】　hái ér men　❶ 同"孩儿每❶"。《元曲选·东堂老》楔子："你这一伙弟子～，紧关里叫个使一使，都走得无一个。"元明《水浒传》三五回："～走得困乏，都叫买些酒吃了过去。"清方成培《雷峰塔》一五出："你一面唤齐～，到彼庙中，将那泼道擒来吊起。"　❷ 同"孩儿每❷"。元明《水浒传》三二回："小喽啰答道：'～正在后山伏路，只听得树林里铜铃响。'"　❸ 同"孩儿每❸"。元明《水浒传》二回："若是个志诚老实的人，可以容他在家出入，也教～学些好。"明杨珽《龙膏记》五出："我若不去，反生彼疑。且待～出来，与他商议。"清《醒世姻缘传》七一回："老公看顾你一场，你合我里头住，就合爷娘分给～的屋业。～守着，爷娘心里喜欢。"

【孩抚】　hái fǔ　像抚慰孩子一般对待他人或物，含有藐视之义。唐张九龄《师子赞序》："所以肉视犀象，～熊罴，其餘琐细，不置牙齿。"宋宗杲《宗门武库》："法云平生气吞诸方，～时辈，盖所得有大过人处，乃敢尔也。"

【孩气】　hái qì　孩子气；孩子般天真幼稚的脾气、神态。明魏学洢《茅檐集》卷八："诗之言孺，犹谚云'～弄雏诈跌孺'之谓也。"清《红楼梦》五八回："藕官听了，终是～，怕去受辱没脸，便不肯去。"《歧路灯》二八回："这冰梅原是一团～，爱恋新人。"

【孩提】　hái tí　幼童；孩子。唐李绅《却渡西陵别越中父老》："倾首奉觞看故老，拥流争拜见～。"清《醒世姻缘传》三一回："这也实实的救活了千数～。"李玉《清忠谱》一〇折："不读诗书，自守着～真性；略知礼义，偏厌那学究斯文。"

【孩子】　hái zi　❶ 对年轻下人或晚辈的称呼。明孟称舜《娇红记》四四出："已差人唤马小三、戈小十两个来，要他去催早些。怎这两个狗弟子～，还未见到？"清《红楼梦》七五回："这～也好，也来同你主子一块来吃。"　❷ 子女。明《醒世恒言》卷一五："这陆氏因丈夫生前不肯学好，好色身亡，把～严加教诲。"清《红楼梦》一〇一回："我死了你们只有喜欢的。你们一心一计和和气气的过日子，省得我是你们眼里的刺。只有一件，你们知好歹只疼我那～就是了。"　❸ 特指男孩。明《醒世恒言》卷八："一个是青年～，初尝滋味；一个是黄花女儿，乍得甜头。"《禅真后史》一六回："若生一个女儿，纵陪妆奁财帛，却也有限。倘生一个～，三股分了产业，岂不是一桩大患！"又三三回："二官人生得～时，夺了小叔一股家产，莫嗔我聂氏的不贤！"　❹ 特指娈童。清《红楼梦》四七回："我那里还有两个绝好的～，从没出门。"

【孩子们】　hái zi men　同"孩儿们❶"。清李玉《清忠谱》六折："分付～，用心看守外边栅门，不许闲人闯入！"孔尚任《桃花扇》三二出："～，今日是三月十九日？"

【孩子每】　hái zi men　同"孩儿每❶"。清方成培《雷峰塔》五出："此间有水族万餘，俱归吾掌。日里与～为伴，夜间在双茶坊巷裘王府空宅内安身。"

hǎi

【海】　hǎi　❶ 榼；大的饮酒器。唐白居易《就花枝》："就花枝，移酒～，今朝不醉明朝悔。"清《红楼梦》二六回："薛蟠执壶，宝玉把盏，斟了两大～。"　❷ 副词。随意；胡乱。宋《朱子语类》卷三七："程子之解经便是权，则权字又似～说。如云'时措之宜'，事事皆有自然之中，则似事事皆用权。”清《红楼梦》七回：“罢，罢！可以不必见他，比不得咱们家的孩子们，胡打～摔的惯了。”❸ 颔；下巴。明《封神演义》二九回：“黑虎面如锅底，～下一部落腮红髯，两道黄眉，金睛双暴。”清《荡寇志》八八回：“～下一部虬髯。”

【海捕】 hǎi bǔ 通缉；不分地域地广泛抓捕。元明《水浒传》二二回：“一面申呈本府，一面动了一纸～文书。”清《平定台湾纪略》卷五〇：“查集集埔一带大山重叠，竹树茂密，路径甚多，处处可以奔窜，势难遍山～。”

【海次】 hǎi cì 海边船舶停靠地。宋罗濬《宝庆四明志》卷二一：“嘉定二年，杨圭冒置分布樊益、樊昌等为～爪牙。”元黄溍《中宪大夫王公墓志铭》：“程期峻急，吏胥得并缘以害民，及至～，主运事者又不即受。”清储大文《书皮光业见闻录后》：“张郁，润州小将也。镇海节度使周宝，差郁押兵士三百人，戍于～。”

【海灯】 hǎi dēng （供于神佛前的）大的油灯。海，喻指容量大。明《金瓶梅词话》一〇〇回：“佛前点着一大盏琉璃～，烧着一炉香。”清《红楼梦》二五回：“他许的，愿心大，一天是四十八斤油，一斤灯草，那～也只比缸略小些。”

【海底猴儿】 hǎi dǐ hóu er 即“海猴儿”。宋石孝友《亭前柳》：“识尽千千并万万，那得恁～。”

【海底鸥】 hǎi dǐ ōu 即“海猴儿”。宋蒋捷《风入松·戏人去妾》：“恨杀河东狮子，惊回～儿。”明方孟武《午梦》：“江山似现云中影，萍水遥同～。”

【海底眼】 hǎi dǐ yǎn 指底细；隐情。明《西游记》三四回：“小妖见说着～，更不疑惑，把行者果认做一家人。”《拍案惊奇》卷三六：“员外见他脸色红黄不定，晓得有些～，且不说破。”

【海东青】 hǎi dōng qīng 一种猛禽。亦称“海青”，因产于海东（辽东）而得名。宋叶隆礼《契丹国志》卷一〇：“女真东北与五国为邻。五国之东邻大海，出名鹰，自海东来者谓之～，小而俊健，能擒鹅鹜，爪白者尤以为异。”元石君宝《紫云庭》一折：“娘呵，委实道搦钱的天上鹞，不如你个拿雁的～！”明《西游记》二八回：“荆筐抬火炮，带定～。”

【海哥】 hǎi gē 海豹的别称。宋朱彧《萍洲可谈》卷二：“元祐间，有携海鱼至京师者，谓之～……～，盖海豹也。”

【海鹤儿】 hǎi hè er 即“海猴儿”。元乔吉《新水令·闺丽》：“我是个为客秀才家，你是个未嫁女娇娃，不是将～相埋怨，休把这纸鹞儿厮调发。”明佚名《墨娥小录》卷一四《行院声嗽》：“好孩儿，海鹤。”

【海红花】 hǎi hóng huā 一种小山茶花，比喻纷纭繁闹。明田汝成《西湖游览志餘》卷二五《梨园市语》：“言纷纭不靖曰～。盖～乃山茶之小者，开时最繁闹，故借以为喻。”

【海猴儿】 hǎi hóu er 好孩儿，以变音方式构成的昵称，用称心爱的人。“海”谐“好”，“猴”“鹤”“鸥”皆谐“孩”。金《董解元西厢记》卷五：“欲问自家心头事，愿听我说似，这心头横倘个～。”

【海话】 hǎi huà 大话。明佚名《钵中莲》三出：“你有什么三个头八个臂，鳖子门挂单条——说的多是～。”清《野叟曝言》二七回：“你就出十来个题目，大爷就一连做他十来首诗，教小媳妇见个世面，好在人前去说几句～儿！”《说唐后传》二九回：“不枉了随驾过海这一番跋涉，回朝去也好对故乡亲友说说～。”

【海会】 hǎi huì 佛教的大集会。唐澄观《大方广佛华严经疏序》：“尽宏廓之幽宗，被难思之～。”《元曲选·东堂老》一折：“着我那大姐宜时景，带舞带唱华严的那～。”清刘子充《点绛唇·六十七岁自寿》：“挽手到莲池～，宴阿弥陀家。”

【海客】 hǎi kè ❶ 海商；泛海的人。唐李白《估客行》：“～乘天风，将船远行役。”宋宋祁《大象阁》：“～供鬘贝，江神捧坐莲。”明《拍案惊奇》卷一：“这主人是个波斯国里人，姓个古怪姓，是玛瑙的‘玛’字，叫名玛宝哈，专一与～兑换珍宝货物。”❷ 江海客；浪迹四方的人。唐张固《幽闲鼓吹》：“丞相牛公应举，知于颇相之奇俊也，特诣襄阳求知。住数月两见，以～遇之。”清《聊斋志异·道士》：“道士能豪饮。徐见其衣服垢敝，颇偃蹇，不甚为礼。韩亦～遇之。”

【海口】 hǎi kǒu 夸口的话。也指夸口；说大话。《元曲选·百花亭》一折：“你看这生说～那。”明《西游记》六五回：“妖精不必～，既要赌，快上来领棒！”清《歧路灯》三六回：“却说夏逢若在张绳祖、王紫泥面前夸下～，要招致谭绍闻。”

【海老】 hǎi lǎo 市语。酒。海，酒器之大者，转指酒。宋陈元靓《事林广记》续集卷八《绮谈市语》：“酒：欢伯，酝物、酥酝、绿蚁、～。”明田汝成《西湖游览志餘》卷二五：“以酒为～。”朱有燉《十棒鼓·夏夜席上欢饮》：“～梦撒，红儿唤咱，絮絮答答。”佚名《醉太平带莲花落·掉侃》：“执着磁老，就着盏老，饮着～，吃着气老。”

【海郎】 hǎi láng 即“海老”。《元曲选·范张鸡黍》一折：“这里有的是～，打半瓶吃吧。”

【海里猴儿】 hǎi lǐ hóu er 即“海猴儿”。宋苏轼《减字木兰花·赠胜之》：“今来十四，～奴子是。”

【海量】 hǎi liàng ❶ 宽容的度量；宽宏大量。宋文同《谢就差知兴元府表》：“伏遇皇帝陛下，照以天光，函之～，俯矜愚妄。”《元曲选·青衫泪》四折：“愿陛下～宽纳，听臣妾说一套儿伤心话。”清《梦中缘》一五回：“望郎君～，看俺花母面，念恩忘仇。”❷ 很大的酒量。元耶律楚材《题平阳李君实吟醉轩》：“长鲸～嫌甜酒，彩笔天才厌小诗。”清《隋唐演义》六七回：“萧后道：‘秦夫人的～，当初怎样有兴，今日这般消索，岂不令人懊悔！’秦夫人道：‘只求娘娘与公主夫人多用几杯。’”

【海骂】 hǎi mà 肆意谩骂；大骂。明《金瓶梅》二八回：“这一丈青气忿忿的走到后边厨下，指东骂西，一顿～。”清《醒世姻缘传》八七回：“张朴茂的老婆抱着京哥怪哭，寄姐坐在船板上～。”《红楼梦》八〇回：“吃的不耐烦或动了气，便肆行～。”

【海青】 hǎi qīng ❶ 宽袖长衫。明程万里《六院汇选江湖方语》：“海青，乃长衫也。”郑明选《秕言》：“吴中称衣之广袖者为～。”《型世言》三六回：“后边随着一个戴鬃方巾，大袖蓝纱～的，是他本房冯外郎。”清《醒世姻缘传》二八回：“次早回到家中，走进房去，好好的还穿了新～、新鞋、新帽。” ❷ 颜色的一种，似海蓝色。清《说唐前传》一一回：“头上戴一顶荷叶檐彩青色的范阳毡笠，身穿一件皂布～箭衣。” ❸ 颜色似海水蓝的布匹。明《金瓶梅词话》六回：“我不是赖精，大官人少不得赔我一匹大～。”❹ 即“海东青”。《元典章·圣政一》：“除～外，应进献鹰隼犬马等物并令止罢。”元明《水浒传》八八回：“～放起鸿雁愁，豹子鸣时神鬼怕。”明《金瓶梅词话》八〇回：“娶淫妇，养～，食水不到想海东。”

【海容】 hǎi róng 像海那样包容。宋范祖禹《代楚待制谢再任崇福宫表》：“此盖伏遇皇帝陛下至仁天覆，大德～，无一物之遐遗，俾群生之咸若。”明程通《自述》：“乃知王业真天造，况喜君恩更～”。清《九云记》一六回：“借此机会，得侍于大人君子，至愿毕矣。如蒙大人～，妾身自此庶有归宿。”

【海上方】 hǎi shàng fāng 仙方；妙方。也说“海上丹方”“海上神方”“海上仙方”等。元郑廷玉《看钱奴》三折：“情狠感身中病，心平是～。”明《禅真后史》一七回：“取那土墙上野苋菜，不要见水，干抹净了，和糯米煮羹吃，绝好的海上神方。”清《红楼梦》七回：“他就说了一个～，又给了一包药末子作引子，异香异气的。”

【海师】 hǎi shī　领航掌舵之人。师，表示从事某种职业或具有某种专长的人。《太平广记》卷四七一引《稽神录》：“忽网中获一人，黑色，举身长毛，拱手而立，问之不应。～曰：‘此所谓海人，见必有灾。’”清《野叟曝言》八三回：“水手见～跳海，知船必覆，每人捞一块板，争先投海。”

【海熟】 hǎi shú　海中出产丰富。宋蔡襄《杭州新作双门记》：“及其治成，井市童儿不收落钱，田丰～，人得其职。”李之仪《仇池翁南浮集后序》：“～而珠富，山辉而玉出。”元贡师泰《送黄季亨赴永嘉松山巡检》：“夜月村深宜纺绩，春风～称耕耘。”

【海眼】 hǎi yǎn　❶ 海穴；连通大海和地心的洞穴，是海水发源与归聚处。唐李翔《看缙云山图》：“迴压鳌头当～，直侵鹏路倚星躔。”明《西洋记》五〇回：“元帅道：‘既是载在书上，是个甚么去处？’王爷道：‘是个～泄水之处，名字叫尾闾。’”清陈端生《再生缘》二六回：“一升一落连三次，浪息风平不似先。数丈惊涛归～，一条大蟒扑楼船。”　❷ 潜通大海的水口。借称泉眼，谓其水通海。唐杜甫《太平寺泉眼》：“石间见～，天畔萦水府。”宋陆游《老学庵笔记》卷五：“蜀食井盐，如仙井、大宁犹是大穴，若荣州则井绝小，仅容一竹筒，真～也。”清《玉蟾记》四四回：“庚辰持戟逐去，颈锁大索，鼻穿金铃，沉于龟山脚下以塞～。”　❸ 军阵名。两阵对圆如海眼。唐姚合《闻魏州破贼》：“旗回～军容壮，兵合天心杀气多。”宋孟元老《东京梦华录》卷七：“水殿前又以旗招之，其船分而为二，各圆阵，谓之～。”

【海宥】 hǎi yòu　宽赦。明《封神演义》七九回：“屡获罪戾，纳款已迟，死罪，死罪！望元帅～。”

【海藏】 hǎi zàng　海中宝藏；亦指大海或龙宫。唐李德裕《赠圆明上人》：“远公说《易》长松下，龙树双经～中。”《元曲选·柳毅传书》一折：“俺为甚么懒上凤凰台，羞对鸳鸯浦？则为那霹雳火无情的丈夫。是则是～龙宫曾共逐，世不曾似水如鱼。”清《醒世姻缘传》五七回：“姜乡宦与膏药一个，又与丸药一丸，名为烂积丸，是个～里边的神方。”

【海众】 hǎi zhòng　指僧众。宋《明觉语录》卷一：“冬至，上堂。僧问：‘鼓声才罢，～齐臻，新节一句，请师垂示！’”《五灯会元》卷一〇《清凉泰钦禅师》：“入法眼之室，～归之，佥曰敏匠。”清钱谦益《憨山大师曹溪肉身塔院碑》：“启龛双趺俨然，发爪俱生，容颜光润，膀腹下垂处皆可扪揣。～踊跃，谓师再生。”

【海主】 hǎi zhǔ　海龙王。明《西游记》二六回：“～城高瑞气浓，更观奇异事无穷。”又三二回：“北方的解与真武，南方的解与火德；是蛟精解与～，是鬼祟解与阎王。各有地头方向。”

【海子】 hǎi zi　❶ 海洋；大海。也喻指量大。宋刘弇《悦禅师语录序》：“是日吐师子音，魔胆震落。如沃凉泉，蠲彼心垢；如饮～，究量而止。”明汤显祖《邯郸记》三〇出：“〔生背介〕一匝眼过了海也。〔望介〕喜的没有飓风。赫赫～外没个州郡。凄凉人也！”清《续金瓶梅》五三回：“今日到了这婆娘～里，尽我受用。”　❷ 喻称水塘、湖泊，后成为水塘、湖泊的定称。宋沈括《梦溪笔谈》卷二四：“镇人喜大言，矜大其池，谓之潭园，盖不知昔尝谓之～矣……中山城北园中亦有大池，遂谓之～，以压镇之。”元胡助《京华杂兴》：“北风吹～，彻底成坚冰。”清《姑妄言》一一回：“大鼎山有海潮寺，寺颇清幽。多竹木，面～，阔数十里。”　❸ 同“海❶”。清《补红楼梦》九回：“你管不成我们，只怕我们要把罚姥姥的这一大～酒，倒要罚了你呢。”

hài

【骇诧】 hài chà　惊诧；惊异。明唐顺之《西峪草堂记》：“此皆险怪瑰伟，世所～。”清梅文鼎《历算全书》卷六〇：“而台官株守成法，鲜谙厥故，骤见西术，群相～，而不知旧法中理本相同也。”

【骇眙】 hài chì　惊骇。《新唐书·杨思勖传》：“贼～不暇谋，遂大败。”明王煜《楠树赋》：“庄生索之而～，匠石过焉而睥睨。”

【骇恨】 hài hèn　震惊与遗憾。宋《九朝编年备要》卷二九：“至如去岁道君皇帝一日相二人，师成自谓皆出己意，闻者～不已。”明沈德符《万历野获编》卷一：“即名士辈，亦有明知其伪，而哀其乞怜，为之序论，真可～！”

【骇恐】 hài kǒng　惊恐害怕。宋范仲淹《上仁宗乞责臣寮举智勇之人》：“今高继嵩才亡，人情颇～。”周密《癸辛杂识》前集：“诸炮并发，大声如山崩海啸，倾城～以为急兵至矣。”

【骇怒】 hài nù　愤怒；惊怒。唐《泾州王将军文》：“将军犹杀敌不穷，～疾驰，遂没于沙埃。”宋魏泰《东轩笔录》卷四：“异时为侍从，因为仁宗道其事，仁宗～，欲夺良孙之官。”明沈德符《万历野获编》卷二九：“山东聊城县民家牝牛产一麟，形状瑰异，甫出腹，即嚼一铁煎盘，食之尽。民妇～，扑杀之。”

【骇怕】 hài pà　惊恐害怕。清《隋唐演义》九七回：“梅妃心虽～，却欲下不能。”《说唐后传》二六回：“天子～，吓得发抖。”

【骇痛】 hài tòng　惊骇悲痛。宋苏颂《龙图阁直学士李公墓志铭》：“讣闻朝廷，士大夫无不～。”明倪文僖《强伯杨公墓志铭》：“天顺庚辰闰十一月，朔镇朔将军总兵官武强伯杨公以疾卒于位，倾城～。”清方苞《周官辨伪二》：“盖莽之法，私铸者伍坐，没入为官奴婢。传诣钟官者以十万数，至则易其夫妇。民人～。”

【骇畏】 hài wèi　害怕。唐陆龟蒙《卜肆铭》：“美之使怡愉，怛之使～。”宋尹洙《答秦凤路招讨使文龙图书》：“世路风波殊可～。”明海瑞《启刘石圃诚意伯》：“吴中刁讼，略无分毫事情而驾为天大之说，诚可～。”

【骇讶】 hài yà　惊讶；惊叹。宋徐兢《宣和奉使高丽图经》：“但丽人大抵首无枕骨，以僧祝发乃见之，颇可～。”明梁潜《寿菊诗序》：“驾还而后人视之，则秾艳芳馥如始折时，而凡植于土者反枯然憔悴矣，于是见者皆～其未尝有也。”清王士禛《池北偶谈》卷二五：“有僧至门，持一械书，云自天童来。舍人启视之，殊不～。”

【骇疑】 hài yí　惊恐疑惧。《云笈七籤》卷五：“及太初难作，人心～，遂泝江南游。”《明史·邓继曾传》：“今相去不过数旬，而彼此情文互异。诏旨一出，臣民～。”清《聊斋志异·公孙夏》：“令闻呼～，及诣官阀，始知为先生，悚惧无以为地。”

【害】 hài　❶ 患（病）；发生（病患）。唐刘肃《大唐新语》卷五：“母尝所～苦，志宽亦有所～。向患心痛，是以知母有疾。”金《董解元西厢记》卷七：“红娘怪我缘何～？非关病酒，不是伤春，只为冤家不到来。”清《红楼梦》六一回：“倒像谁～了馋痨，等李子出汗呢！”　❷ 特指患相思病。金《董解元西厢记》卷一：“短命冤家薄情煞，兀的不枉教人～！”又卷五：“谁指望是他劣相的心肠先改，想咱家不枉了为他～。”　❸ 害人的；有害的。《太平广记》卷一四引《十二真君传》：“此是江湖～物，蛟蜃老魅，焉敢遁形！”宋赵希弁《郡斋读书后志》卷二：“尝以唐牛僧孺《善恶无餘论》为～教，着书反之，《国史》称焉。今集载其论两篇。”　❹ 罪；过错。

宋孔平仲《续世说》卷三："韩休为相，万年尉李美玉得罪，上特令流之岭外。休进曰：'美玉位卑，所犯又非巨～。'" ❺ 打扰；麻烦。《元曲选·儿女团圆》一折："〔搽旦云〕今日是你贵降之日，故请你来吃杯寿酒。〔二旦云〕做甚么要～伯娘？" ❻ 造成不好的后果；使受损害。元珠帘秀《醉西施》："～得我柳眉颦秋波水溜，泪滴春衫袖。"明《型世言》三六回："奶子要赶到冯外郎家，与他女人白嘴，道冤他做贼，～他出丑受刑。"清《红楼梦》一〇〇回："便是小户人家还要挣一碗饭养活母亲，那里有将现成的闹光了反～的老人家哭的死去活来的？"

【害惭】 hài cán 惭愧。金马钰《瑞鹧鸪·督韩三官人》："男儿决烈在言谈，口契相违亦～。"

【害碜】 hài chěn 同"害碜❶"。明《金瓶梅词话》八二回："你这贼才料，说来的牙疼誓，亏你口内不～！"

【害碜】 hài chěn ❶ 害臊；感到难为情。元王元鼎《河西后庭花》："你说的牙疼誓，不～！"曾瑞《四块玉·嘲俗子》："怕逢狂客天心沁，纽死鹤，劈碎琴，不～。" ❷ 发瘆；发怵。明冯惟敏《步蟾宫·申盟》："常言道十指连心：刀刃儿汤着就渗，针尖儿见了～。"

【害痴】 hài chī 患疯病。宋《法演语录》卷下："良久，唤侍者。侍者应诺，师云：'我～。'"觉范《送亲上人乞食》之一："百丈出家不～，一日不作一日饥。"

【害愁】 hài chóu 发愁；感到忧愁。金马钰《重阳悯化妙行真人钓予出家》之二："山洞脱了火坑忧，入道来来不～。"明《西洋记》五九回："看见撒发国君民人等，无论男妇老幼，俱有三年大难，正在替他们～。"

【害倒】 hài dǎo 病倒。宋元《清平山堂话本·花灯轿》："若两边皆有意，不能完聚者，都要～了，方是谓之相思病。"《元曲选·荐福碑》二折："扬州太守听消耗，你这其间莫不～？"明孟称舜《娇红记》三四出："为什么今日病蹊跷，恹恹～，身如火烧。"

【害颠】 hài diān 同"害癫"。明《警世通言》卷四〇："我到不害哑，只是你今日～。"

【害癫】 hài diān 犹"害痴"。明徐复祚《红梨记》二出："那时节呵，就状元及第也徒劳。〔外〕伯畴，你不～么？"

【害肚】 hài dù 闹肚子；患腹疾。宋沈括《梦溪笔谈》卷二三："故事，豁宿不得过四，至第五日即须入宿。遇豁宿，例于宿历名位下书'腹肚不安，免宿'。故馆阁宿历，相传谓之～历。"明朱橚《普济方》卷三八三："香糖丸，治小儿吃泥～进退不定，并治疳泻。"

【害饿】 hài è 饥饿。明《金瓶梅词话》八回："娘休打，是我～的慌，偷吃了一个。"

【害乏】 hài fá 感到疲乏。清《红楼梦》一六回："贾琏～，便传与二门上，一应不许传报，俱待明日料理。"

【害风】 hài fēng 同"害疯"。金王喆《先生于宁海军装伴哥街市乞化》："圈眼王三乞觅时，被人呼作～儿。"元古本《老乞大》："这个客人，你说甚么话？不买时～那，做甚么来这里商量？"明《醒世恒言》卷二三："你今日真真～，说出许多风话来。"

【害疯】 hài fēng 犹"害痴"。元《三遂平妖传》六回："锁的空宅子，一向无人居住。你却不～么！"

【害慌】 hài huāng 害怕。《元曲选·生金阁》三折："撞见个没头鬼，手里提着头，赶着众人打。俺们～，权躲在这酒务儿里吃杯酒。"又《老生儿》一折："又不曾打他，又不曾骂他，怀空～，跟着人走了也。"

【害孩子】 hài hái zi 妊娠反应。明《金瓶梅词话》五八回："你家妈妈子不是害病想吃，只怕～坐月子，想定心汤吃。"

【害饥】 hài jī 犹"害饿"。金《刘知远诸宫调》一一："你～交三叔取饭，却觅不着。"《元曲选·倩女离魂》三折："为甚这思竭损的枯肠不～，苦恹恹一肚皮。"

【害酒】 hài jiǔ 饮酒过量而感到身体不适。元徐再思《一半儿·病酒》："昨宵中酒懒扶头，今日看花惟袖手，～愁花人问羞。"元明《水浒传》三九回："这两日迷迷不好，正在这里～。"清《镜花缘》三七回："今虽放的照旧，奈被猴骨洗的倒像多吃两杯，只觉～软弱，至今还是无力。"

【害渴】 hài kě 口渴。《元曲选·汉宫秋》二折："怕娘娘觉饥时吃一块淡淡盐烧肉，～时喝一杓儿酪和粥。"又《鸳鸯被》四折："怕哥哥～时冰调些凉蜜水。"

【害冷】 hài lěng 怕冷；因寒冷而感到不适。明《金瓶梅词话》二四回："姐夫原来只穿恁单薄衣裳，不～么？"《西游记》四八回："怪道你们～哩，却是这般大雪！"清《醒世姻缘传》七九回："渐次到了冬至，小珍珠依旧还是两个布衫，一条单裤，～躲在厨房。"

【害怕】 hài pà 胆怯；恐惧。元明《水浒传》二七回："那人～，那里肯去。"明《西游记》一四回："盖因那猴原是弼马温，在天上看养龙马的，有些法则，故此凡马见他～。"清黄宗羲《明儒学案》卷六一："见危授命不要～，见利思义却要害羞。"

【害热】 hài rè 因热而感到身体不适。明《金瓶梅词话》四回："只见这西门庆推～，脱了上面绿纱褶子。"《朴通事谚解》卷中："来到家里～时，把一身衣服都脱了。"

【害臊】 hài sào 犹"害羞"。清《红楼梦》二四回："好不～！人家比你大五六岁呢，就替你作儿子了？"《野叟曝言》二五回："咱们这一行，人多心别，常有这般歹人弄出事来，连累着咱们～哩！"

【害杀】 hài shā 害苦。甚言伤害严重。《元曲选·张天师》二折："便好道三十三天离恨天最高，四百四病相思病最苦，兀的不～小生也。"元明《水浒传》卷五二："怪得今日连我的这腿也收不住！你这铁牛～我也！"明《西游记》六五回："泼猢狲！～我也！现是雷音寺，还哄我哩！"

【害事】 hài shì ❶ 妨碍事务；于事有损。宋孔平仲《孔氏杂说》卷一："夫高祖固英主，然好骂，～如此。"明徐渭《渔阳三弄》："这祸从这上头起。咳，仔细《鹦鹉赋》～！"清纪昀《阅微草堂笔记》卷二："君子偏执～，亦录以为过。小人有一事利人，亦必予以小善报。" ❷ 坏事；有所妨碍的事。元辛文房《唐才子传》卷一："顷以端居多暇，～都捐，游目简编，宅心史集。"明敖英《东谷赘言》卷上："夫悬疣者，赘也。身有之，心固丑之，而况人乎？然非疾痛～也，欲决而去之又不忍。"清屈大均《广东新语》卷一："然亚岁后霜亦微降，贫者无絮以御冬，手足微有皲瘃，亦非疾痛～，盖以霜不严故也。" ❸ 要紧；严重。多用于否定句。元高明《琵琶记》九出："〔末白〕你不～么？〔丑唱呻吟介〕险跌折了腿也么哥。"明李东阳《燕对录》："癣疮不～，亦须从容调理数日。"清《荡寇志》七七回："姨丈只管放心，甥女已替你占过一课，不～。"

【害损】 hài sǔn ❶ 伤害；损害。宋王谠《唐语林》卷四："武母恐～贤良，遂以小舟送甫下峡。"张方平《论王告除大理》："今又用告为大理，必恐议刑文，～累朝积德。" ❷ 犹"害杀"。元吴昌龄《端正好·美妓》："青鸾不寄云边信，玉容不见意中人。空教人～。"明徐复祚《红梨记》二三出："你何不把阴灵忖忖，但只顾将平人来～。"

【害疼】 hài téng 感到疼痛。《元曲选·合汗衫》二折："我咬你这一口儿，你～呵。"明《金瓶梅词话》三回："见如今老身白日黑夜只发喘咳嗽，身子打碎般睡不倒的，只～。"清《醒世姻缘传》

二七回："这人好了创疤，又不～，依旧照常作孽。"

【害喜】 hài xǐ 怀孕的反应。清《姑妄言》一二回："今见牛氏有病，养氏也不疑他是～。只同老和尚略偷了偷，那里肚中就有了小和尚？"

【害夏】 hài xià 苦夏；人体对夏季气候产生过激反应。明《古今小说》卷三："且说吴山原有～的病：每过炎天时节，身体便觉疲倦，形容清减。"

【害嚣】 hài xiāo 即"害羞"。明佚名《锦庭乐》："佯妆醉，假～，不由人见了懊恼难消。"

【害羞】 hài xiū 感到难为情。明《金瓶梅》二八回："你老人家不～。我这两日又不往你屋里来，我怎生偷你的？"清孔尚任《桃花扇》一折："便好道一日不～，三日吃饱饭，我们靠手艺的买卖，怎害得许多羞？"黄宗羲《明儒学案》卷六一："见危授命不要害怕，见利思义却要～。"

【害哑】 hài yǎ 得哑病。明《警世通言》卷四〇："我往日唤你，少可有千百声。今日半点声气不做，敢～了？"

【害眼】 hài yǎn 患眼疾。宋佚名《银海精微》卷上："一人～，传于一家。"《元曲选·冻苏秦》三折："小后生家腊月里吃了冷酒，开春来不～。"明《西游记》二一回："我们出家人，自来无病，从不晓得～。"

hān

【酣】 hān ❶浓盛；饱满。唐李贺《十二月乐辞》："劳劳胡燕怨～春，薇帐逗烟生绿尘。"宋范成大《吴船录》卷下："晴霞亘天，末并染川，醺黄～紫，照映下上。"清李渔《闲情偶寄》卷二："有最得意之曲文，即当有最得意之宾白，但使笔～墨饱，其势自能相生。" ❷熟悉；沉湎。明王尚絅《李愚庵墓铭》："李希颜性行峻茂，贯～群籍。"

【酣边】 hān biān 兴致高。清《儒林外史》三九回："那少年弹子正打得～，老和尚走来，双膝跪在他面前。"

【酣畅】 hān chàng ❶畅快；舒适。隐指性行为。唐李白《暮春于江夏送张祖监丞之东都序》："乐虽寰中，趣逸天外。平生～，未若此时。"明《拍案惊奇》卷三四："闻人生只得勉强奉承，～一度，才问道：'你同静观在此，他那里去了？'"清袁枚《子不语》卷五："女为狐所染，气奄奄矣，忽近人身，～异常。" ❷令人畅快。明《梼杌闲评》四二回："东西南北，围远的是周鼎商彝；春夏秋冬，～的是名花皓月。" ❸形容精神、兴致发挥到极致。清《儒林外史》一二回："舞到那～的时候，只见冷森森一片寒光，如万道银蛇乱掣，并不见个人在那里。"《荡寇志》一三六回："张经略、盖天锡都在后面，看那伯奋、仲熊力战卢俊义，杀气飞腾，神威～。"

【酣鬯】 hān chàng ❶熟悉；嗜好。宋司马光《答闻喜马寺丞中庸书》："伏惟宽明，当赐开察，改求～于道而富有于文者，使为之。" ❷浓盛；猛烈。明宋濂《龙马赞》："当春日始和，物情～。夷人立柳坑畔，择牝马之贞者系之。"清弘历《舟行》："风光入夏方～，桃李娄春尚丽都。"又《夜雨》："一天星斗朗三更，四鼓云铺落雨声。势较前番更～，最欣又是晓来晴。"

【酣呼】 hān hū ❶同"鼾呼❶"。明《欢喜冤家》三回："只见妇人睡在楼板之上，听得～，想他睡思正浓。"《梼杌闲评》三八回："娘儿两个倒在丹墀下，～如雷，摇也摇不醒。"清《姑妄言》二〇回："看那宦萼时，～大睡。" ❷尽情呼喊；大喊。明梅鼎祚《玉合记》一二出："击鼓吹螺分别部，捧毡盘酥酪～。"清邵长蘅《沛县官舍留别杨简庵表兄》："夜饮～玉屈卮，昼游连骑金腰袅。"《聊斋志异·西湖主》："凝眸审谛，则陈明允也。不觉凭栏～。"

【酣眠】 hān mián 沉睡。唐袁郊《甘泽谣》："田亲家翁止于帐内，跂跌～。"明徐畛《杀狗记》一〇出："方才睡，正～，甚人只管缠。"清李渔《闲情偶寄》卷六："不能缓者，则～一觉以代一夕，～二觉以代二夕。"

【酣湎】 hān miǎn 沉溺；沉湎。唐张彦远《法书要录》卷三："僻则僻矣，与夫～声妓，并走权利者，俱亡羊也。"宋陈造《和陶渊明》之一一："陶公诸公右，炯若横道宝。不就～逝，亦恐自标表。"明丘云霄《高石门》："当其～沈着，任真率出绳度以傲睨一世，真若有以忘天地之为高厚，日月之为晦明。"

【酣寝】 hān qǐn 沉睡。唐韦应物《郡内闲居》："永日一～，起坐兀无思。"宋沈括《梦溪笔谈》卷九："上使人微觇准所为，而准方～于中书，鼻息如雷。"清《女仙外史》五〇回："燕军因连日得胜，都安心～。"

【酣嗜】 hān shì 酷爱；酷好(hào)。隋代已见。唐柳宗元《先侍御史府君神道表》："晋之守，故将也，少文而悍，～杀戮。"宋王安中《故赠昭化军节度使杨应询神道碑》："契丹盟誓百年，～惰逸，兵不素厉。"明罗伦《泷崖记》："泷崖翁张邦俊居之，翁以勤力致资富，～林壑。"

【酣睡】 hān shuì 沉睡。唐路德延《小儿诗》："恼客初～，惊僧半入禅。"元陶宗仪《辍耕录》卷二三："酒尚未醒，～正熟。"清《飞龙全传》一五回："躺在供台之上，合眼～。"

【憨】 hān ❶粗；笨；劣。五代烟萝子《体壳歌》："我今责这～躯壳，只为从前爱乖角。"《元曲选·薛仁贵》一折："骑的劣马，拽的硬弓；吃的冷饭，嚼的～葱。"清《绿野仙踪》四三回："满面～疤，数不尽三环套日；一唇乱草，那怕他百手抽丝。" ❷声势雄壮、猛烈。元佚名《凭阑人》："休笑孙庞恶战～，且论苏张能剧谈。"明徐复祚《投梭记》二七出："他志气方～，亲倚胡床，将部伍参。"又："清秋净练如蓝，如蓝。中流击楫声～，声～。"

【憨痴】 hān chī 愚傻。唐卢仝《客谢井》："井公莫惊怪，说我成～。"王梵志《傍看数个大憨痴》："傍看数个大～，造宅舍拟作万年期。"宋史浩《浣溪纱》："梁武～达摩呆，个中消息岂容猜。"清《红楼梦》二回："其暴虐浮躁，顽劣～，种种异常。"也指愚傻的人。

【憨虫】 hān chóng 犹"憨瓜"。虫，称呼有某类特性的人。清《续金瓶梅》三〇回："这等一起朋友，专一白手骗人，在江湖打～，北方人叫做帮衬的。"

【憨蠢】 hān chǔn 愚傻。明孙峡峰《桂枝香》："人生如寄，休争闲气。让人些不算～，退一步不为不济。"清《歧路灯》五二回："日夕签押已完，黄昏到幕友汪荷塘住房陪吃晚酌，说了些皇差内官儿大人种种～、种种暴恶的话。"

【憨大】 hān dà （物品）粗笨、不坚实。明田汝成《西湖游览志餘》卷二五《梨园市语》："物不坚致曰～。"

【憨呆】 hān dāi 愚傻。元明《水浒传》一〇一回："原来蔡攸的儿子生来是～的。"

【憨董】 hān dǒng 愚傻。董，懵懂，即糊涂。清《歧路灯》六〇回："自幼儿咱那事体，都是～的，提不起。"

【憨儿】 hān ér 犹"憨郎"。清《绿野仙踪》四〇回："自那日如玉主仆下船时，早被苏旺等看破，见个个俱是些～，止有尤魁略老作些，也不像个久走江湖的人。"

【憨哥】 hān gē 犹"憨郎"。明《醋葫芦》一五回："白马罩红缨，却像赛神妆故事；乌巾笼白木，浑如演戏扮～。"清《续金瓶梅》二九回："锦簇花攒，说巧嘴的朱门荡子；酒阑人散，吃蒙药的白面～。”

【憨瓜】 hān guā 愚傻之人；傻瓜。清《歧路灯》四四回：“您这些读书的～，出了门，除非是坐到车上，坐到轿里，人是尊敬的。”又五六回：“难说偌大一个省城，再没了新上任的小～么？”

【憨健】 hān jiàn 粗壮；健壮。《明史·何鉴传》：“帝时好弄兵。群小宠幸者言边军～过京军远甚，宜留之京营。”

【憨狂】 hān kuáng 疯癫，指行为放任。《宋高僧传》卷二一《唐代州北台山隐峰传》：“稚岁～，不徇父母之命，出家纳法。”清《聊斋志异·婴宁》：“～尔尔，早知过喜而伏忧也。”

【憨郎】 hān láng 傻男。多指年少的。宋刘克庄《念奴娇·再和诚斋休致韵》：“客举前修三数个，待与刘君为寿。或号～，或称钝汉，或自呼聱叟。”《元曲选·伍员吹箫》四折：“我父亲其时便说，有一子是个村厮～。久已后你须得地，略把眼照觑休忘。”清《玉楼春》一二回：“却说玉娘哥子，虽是一个～，却也晓得贪色。”

【憨獠】 hān liáo 犹“憨瓜”。獠，男阴，用作詈词。《新五代史·刘晟传》：“邓伸骂曰：‘～！韩信诛而彭越醢，皆在此书矣。’”

【憨量】 hān liàng 大的酒量或饭量。清《绿野仙踪》五一回：“两人复灌了数杯，方将锋芒下去。又放开～，吃起菜来。”

【憨猛】 hān měng 健硕勇猛。明刘若愚《酌中志》卷一四：“客氏久厌国臣猬薄，而喜逆贤～好武。”清弘历《熊罴》：“熊趫捷而罴～，皆兽之绝有力者。”袁枚《子不语》卷二四引唐张垍《控鹤监秘记》：“怀义老奴，筋胜于肉，徒事～，当时虽惬，过后朕体觉违和。”

【憨皮】 hān pí 淘气顽皮。清《红楼梦》三〇回：“他们是～惯了的，早已恨的人牙痒痒。”《霓裳续谱·岂有此礼》：“小红娘脸蛋～，谁问你娶妻不曾娶妻？”

【憨钱】 hān qián 冤枉钱。明《金瓶梅词话》六二回：“你休要信着人，使那～，将就使十来两银子，买副熟料材儿，把我埋在先头大娘坟旁。”清《绿野仙踪》五〇回：“当今之时，嫖客们比老鼠还奸，花几个～的，到的要让他。”

【憨寝】 hān qǐn 沉睡。宋觉范《冷斋夜话》卷六：“月昃虚幌，净儿兀然，童仆～甫鼾。”

【憨生】 hān shēng 憨傻、娇痴貌。生，词尾。唐虞世南《应诏嘲司花女》：“学画鸦黄半未成，垂肩亸袖太～。”宋辛弃疾《蝶恋花·用前韵送人行》：“意态～元自好。学画鸦儿，旧日遍他巧。”明汤显祖《牡丹亭》一六出：“忒恁～，一个哇儿甚七情？则不过往来潮热，大小伤寒，急慢风惊。”

【憨实】 hān shí 憨厚朴实。清《歧路灯》九九回：“二来舍弟太小，家伯母照顾不到，舍弟生母～些，我也着实挂心。”

【憨手儿】 hān shǒu er 指愚痴之人。清《绿野仙踪》四七回：“像这等～，不弄他的几个钱，又弄谁的？”

【憨水】 hān shuǐ 口水；涎水。清《歧路灯》三三回：“为甚的低三下四，向这些家人孩子口底下讨～吃？”《姑妄言》一一回：“口吻边不住淌～。”

【憨睡】 hān shuì 沉睡。宋刘子翚《有酒》：“莫遣是非来到耳，只应～奈闲何。”明《封神演义》四四回：“子牙在府，不时～，鼻息如雷。”清董以宁《苏幕遮·隔帏听梦魇声》：“养娘痴，香婢小。～瞢腾。”

【憨跳】 hān tiào 顽皮嬉戏。明徐士俊《春波影》一出：“他是个豪公子，性儿有些嘈杂～。”清《聊斋志异·狐梦》：“无怪三娘子怒诅也！新郎在侧，直尔～！”《姑妄言》一四回：“他却也是个顽皮，一日到晚～不住。”

【憨头】 hān tou 愚傻。清《歧路灯》六四回：“单讲夏逢若寻着虎镇邦，商量在谭宅共开赌场，好吃那城中丢体面的顽皮秀才，少管教的～公子。”

【憨头郎】 hān tou láng 即“憨郎”。明丁惟恕《集贤宾》：“俺只是妆憨撒痴，推不识，～哄了精细。”清《镜花缘》九三回：“过于明白，原非好事，倒是带些糊涂最好。北方有句俗语，叫做‘～儿增福延寿’。”

【憨头狼】 hān tou láng 同“憨头郎”。狼，兼含贪愚意。敦煌伯希和藏文卷子27号背面抄写人漫题：“学郎汉，郭昌会，看看一似～。”清《歧路灯》六四回：“我当初为赌博把一个家业丢了，少不得就在这城内几家～身上起办。”

【憨顽】 hān wán ❶ 恣意玩耍。清《红楼梦》三二回：“据我看来，他并不是赌气投井。多半他下去住着，或是在井跟前～，失了脚掉下去的。”《说岳全传》六七回：“这些小子只知～作乐，全不想二哥往宁夏避难，音信全无。” ❷ 性情顽劣。清《红楼梦》三回：“这位哥哥比我大一岁，小名就唤宝玉，虽极～，说在姊妹情中极好的。”又一九回：“如今且说袭人自幼见宝玉性格异常，其淘气～自是出于众小儿之外。”

【憨戏】 hān xì 淘气嬉闹。清《红楼梦》六三回：“湘云素习～异常，他也最喜武扮的，每每自己束銮带，穿折袖。”

【憨样】 hān yàng 傻样。清《歧路灯》六五回：“堪恨孽子恼爹娘，～。”《雪月梅》二九回：“他娘子初时见他的～劝过几回，见劝不转也便随他。”

【憨愚】 hān yú 愚痴。元汪元亨《一枝花·闲乐》：“耻干求自抱～，厌追陪懒混尘俗。”

【憨直】 hān zhí 纯朴爽直。明佚名《诏狱惨言》：“周公固～之士，居狱中常大言曰：‘死亦何难，只须尺布便了。’”《拍案惊奇》卷一一：“那客人是个～的人。”

【憨砖】 hān zhuān 詈词，犹骂人傻瓜。清《歧路灯》五七回：“～！你到那里也装个不喜欢腔儿，只说你家哭的了不成。”

【憨戆】 hān zhuàng 痴傻。唐戴孚《广异记》：“妇人亦～，乏精神，恒为往来之所狎。”明王士性《广志绎》卷二：“至于趋侍嫡长，退让侪辈，极其进退浅深，不失常度，不致～起争，费男子心神，故纳侍者类于广陵觅之。”

【憨拙】 hān zhuō 愚痴。清《荡寇志》一三九回：“师父虽不弃蠢顽，惟小弟～性成，毫无长进。”《雪月梅》二九回：“这些学中朋友见他～，凡事哄骗他。”

【憨子】 hān zi 傻瓜。清《绿野仙踪》三七回：“泰安城中人无不嗟叹，都骂他是败子中之～、痴子。”《歧路灯》三四回：“不然，你再看管老九眉眼都是活的，何尝是～？”

【鼾鼻】 hān bí 犹“鼾齁”。宋李新《谢王司户惠纸被》：“经年～吼蜗室，睡魔已作膏肓疾。”明韩雍《宿戈阳山家将明怅然》：“曲肱如尺稳，～似雷鸣。”

【鼾齁】 hān hōu 睡觉打呼噜。形容熟睡。宋洪迈《夷坚志》支甲卷八：“宁终夕展转不成寐，女熟睡～。”明《古今小说》卷一四：“再遣人问先生时，但见他闭目而睡，～之声，直达户外。”清毛奇龄《续诗传鸟名卷》卷三：“（休留鸟）至变音则咿唔绵长，如梦中～然。”

【鼾呼】 hān hū ❶ 犹“鼾齁”。明《二刻拍案惊奇》卷一三：“直生不理他，假意～，椅上之物也依样～。”清《后西游记》二〇回：“到得楼下，早听得猪一戒又打～。” ❷ 同“酣呼❷”。清袁枚《子不语》卷二：“先一日昏晕，～叫骂，如与人角斗者。”

【鼾寝】 hān qǐn 犹“鼾睡❶”。《旧五代史·朱友谦传》：“友谦乘醉，～于帐中。”明董斯张《吴兴备志》卷二九：“甫发歌，明卿辄～，鼾声与歌声相低昂。”

【鼾声】 hān shēng 打呼噜的声音。《法苑珠林》卷一一八：“夜卧，扬出～如眠。”宋陆游《醉眠曲》：“鼻间～欲撼屋，手中书册正堕前。”清《说岳全传》一三回：“来到书房门口，只听得里边～如雷。”

【鼾睡】 hān shuì ❶ 熟睡打鼾。唐段成式《酉阳杂俎》卷一：“徙倚间，忽觉丛中～声。”明《禅真逸史》二〇回：“正～间，被人叫唤惊觉。”清袁枚《续子不语》卷一〇：“遂飞步至其洞，果有大汉～正熟。” ❷ 犹“鼾声”。《元曲选·来生债》一折：“我试睡咱。〔做打～科〕”清《醒世姻缘传》四五回：“狄希陈假做睡着，渐渐的打起～来，其实眯缝了一双眼看他。”弘历《风竿》：“最是幕中～遍，一竿月露漾清宵。”

【鼾息】 hān xī ❶ 气喘。唐段成式《酉阳杂俎》卷一七：“申王有肉疾，腹垂至骭，每出则以百练束之。至暑月，常～不可过。” ❷ 熟睡；睡觉。亦指打鼾声。宋吕南公《息羽驾亭下》：“箫韵沸寒空，山人初～。”元洪希文《书陈希夷睡图》：“卜世劳神又卜年，先生～正喧喧。”明王世贞《周处士惟岳墓志铭》：“与谈名理，使人中夜忘～。”

hán

【含忖】 hán cǔn 寒碜；挖苦。明《西游记》七一回：“娘娘见了，～道：‘大王，想是衬衣穰了，久不曾浆洗，故生此物耳。’”

【含鸟】 hán diǎo 詈词。骂人说话不清楚，像嘴里含了东西。隐指说的话不清白。也可直接骂人。“鸟”同“屌”。元明《水浒传》二四回：“王婆道：‘～猢狲，我屋里那得甚么西门大官人？’”又四二回：“那大汉上半截不着一丝，露出鬼怪般肉，手里拿着两把夹钢板斧，口里喝道：‘～休走！’”

【含胡】 hán hu 同“含糊❶”。唐颜真卿《摄常山郡太守颜公神道碑铭》：“遂钩以断舌，问更敢尔否。公犹盛气～以应之。”温庭筠《病中书怀呈友人》：“百神歆仿佛，孤竹韵～。”《宋史·黄文政传》：“大军断其舌，以次劓刖之，文政～叱咄，比死不绝声。”

【含糊】 hán hu ❶ 形容声音、意思等模糊不清，也用作动词。唐刘禹锡《与柳子厚书》：“弦张柱差，枵然貌存，中有至音，～弗闻。”明《西游记》三八回：“ 原来他四更时也做了一梦，记得一半，～了一半，沉沉思想。”清李玉《清忠谱》一五折：“〔净、杂将槌擒生敲牙滚地介〕〔奋起～指骂介〕魏贼！难道我断了齿，就骂你不得么？” ❷ 敷衍；搪塞。唐陆贽《论缘边守备事宜状》：“既相执证，理合辨明，朝廷每为～，未尝穷究曲直。”宋《朱子语类》卷三五：“如药杀许后事，光后来知，却～过。”清孔尚任《桃花扇》加二一出：“只怕世事～八九件，人情遮盖两三分。” ❸ 马虎；不认真对待。宋《朱子语类》卷四：“然亦不可～，亦要理会得个各义着落。”元明《水浒传》四六回：“哥哥，～不得，须要问嫂嫂一个明白备细缘由。” ❹ 勉强；凑合。元《三遂平妖传》四回：“胡员外～过了一夜，次日早起，先上开柴房门看时，唬得员外呆了。”明《醒世恒言》卷二七：“到只得诈瞎装聋，～忍痛。”清《东周列国志》五三回：“辕颇明知孔、仪二人是个祸根，不敢在楚王面前说明，只是～，一同拜谢而行。” ❺ 形容事情不便言明。明《醒世恒言》卷一九：“玉娘情知他有～隐匿之情，更不去问他。” ❻ 羞怯；不大方。清《红楼梦》七回：“只是怯怯羞羞，有女儿之态，腼腆～，慢向凤姐作揖问好。”

【含鸡步儿】 hán jī bù er 一足独立，一足曲起，频频换步的步态。含鸡，即“寒鸡”。寒鸡一足蜷起，并频频换步，交替暖足。清《野叟曝言》二二回：“两个女子都使着～，紧走起来，一往一来，走有一二十回合。”△《七剑十三侠》一〇回：“说罢，便立个门户，左脚曲起，右手挡在头顶，左手按在右腰，这个名为‘寒鸡独步’之势。”

【含口】 hán kǒu 指银钱。清《缀白裘》八集卷二《万里缘》：“〔净〕你得了他多少银子，把个犯人藏过了？〔丑〕阿呀！我个天地神圣爷爷！我几曾得他一厘～垫背心个介？”《红楼梦》戚序本七二回：“我又不等着～垫背，忙了什么？”按，程乙本等作“衔口”。

【含类】 hán lèi 佛教用语，即众生。唐李世民《大唐三藏圣教序》：“于是微言广被，拯～于三途；遗训遐宣，导群生于十地。”宋重显《佛宝》：“孤立大方资定惠，等观～舍慈亲。”明张宇初《广原性》：“其小无内，洪纤之体，～之情，形色之质系焉。”

【含脸】 hán liǎn 同“寒脸”。元明《水浒传》二一回：“那厮～，只指望老娘陪气下情。”

【含敛】 hán liǎn 即“含殓”。《新唐书·卓行传》：“谟为尽哀，自～之。”

【含殓】 hán liàn 丧礼之一，把珠玉米贝等含于死者口中，然后装殓。明刘宗周《人谱类记》卷下：“云以东厢给之，移尸自门入，躬自～，时以为难。”清方苞《礼记析疑》卷一六：“其闻丧于异国，心绝志摧，痛不欲生，哭踊无算，必有过于亲汤药而视～者矣。”《歧路灯》一二回：“看了～，还要都住下，明日好料理送讣、开吊的事。”

【含纳】 hán nà 包含纳受。《太平广记》卷四一九引《异闻集》：“洞庭～大直，钱塘迅疾磊落，宜有承焉。”《云笈七籤》卷一〇：“江海不广，不能～。”清南怀仁《坤舆图说》卷上：“是气愈积愈重，不能～，势必奋怒欲出。”

【含颦】 hán pín 皱眉。形容心情哀苦愁闷。唐骆宾王《畴昔篇》：“昨夜琴声奏悲调，旭旦～不成笑。”明《二刻拍案惊奇》卷三三：“只见一个女子闪将入来，～万福道：‘妾东家之女也。’”清弘历《秋花》：“霏韵倚醉仙，～待古兔。”

【含酸】 hán suān 吃醋；嫉妒。明《金瓶梅》七五回回目：“因抱恙玉姐～，为护短金莲泼醋”。清《红楼梦》二一回：“淑女从来多抱怨，娇妻自古便～。”

【含蓄】 hán xù ❶ 含纳；蕴蓄。唐欧阳詹《栈道铭》：“天地也者，将以上覆下焘，～万灵，可通必使而通者也。”宋司马光《和江邻几六月十一日省宿书事》：“上有长松林，蔽日深杳冥，下有万仞壑，～太古冰。”明《二刻拍案惊奇》卷三三：“取名天锡，既～天幸得来的意思，又觉字义古雅。” ❷ 形容言辞意思不直白，意味深远。宋《朱子语类》卷一九：“孔子教人，只言居处恭，执事敬，与人忠，～得意，思在其中，使人自求之。”明《醒世恒言》卷一一：“新奇藻丽，是其所长；～雍容，是其所短。”清《红楼梦》三七回：“若论风流别致，自是这首；若论～浑厚，终让蘅稿。”

【含冤】 hán yuān 衔冤；有冤未伸。唐权德舆《岐公淮南遗爱碑铭》：“积岁疑留者，片言以听断～。”《元史·张珪传》：“且辽东地广，素号重镇，若使脱脱久居，彼既纵肆，将无忌惮，况令死者～，感伤和气！”清《隋唐演义》三三回：“也罢，宁可招他一人怪，不可使这干小儿～。”

【晗呀】 hán yā 张口中空貌。唐顾况《华山西冈游赠隐玄叟》：“失风鼓～，摇撼千灌木。”《宋高僧传》卷二九：“忽巨蟒矫首～为吞噬之状。”清弘历《登四面云山亭子》：“～更复天风鼓，座上添衣七月寒。”

【涵盖】 hán gài 包纳。明尹民兴《姚天逋诗叙》：“岂‘温厚和平'四字足以～斯书者?"清《绿野仙踪》一回:"熔经贯史,典贵高华,独步一时,～一切矣。"

【涵胡】 hán hu 同"含胡"。不清晰。唐刘禹锡《和浙西李大夫霜夜对月》:"～画角怨边草,萧瑟清蝉吟野丛。"清查慎行《游下石钟题山响楼壁》:"石钟非钟叩亦愚,孰辨清越分～。"

【涵亮】 hán liàng 宽恕原谅。宋陈著《代定幼婚札》:"某辄凭子墨,仰溷主书,首祈～。"明袁宗道《复董章丘书》:"至筐篚重礼,例不敢当,谨附使璧上。不恭之僭,伏觊～。"

【涵量】 hán liàng 含纳;包纳。唐李白《当涂李宰君画赞》:"滥觞百里,～八溟。"宋梅尧臣《黄河》:"龙门自吞险,鲸海终～。"明朱存理《楼居杂著》原序:"古人为诗趋适既卓,而～又充。"

【涵忍】 hán rěn 包涵容忍。宋韩维《上英宗缴纳举台官敕》:"臣窃以自古圣王优待谏诤之臣,虽甚狂直,必加～者,非势不能黜也,以为黜此一人则伤众多之心。"《宋史·李全传》:"弥远惧激他变,欲姑事～而后图之。"

【涵容】 hán róng 包容;容忍。唐符载《上襄阳楚大夫书》:"伏惟溟渤之浪,～尺波,幸甚。"宋《朱子语类》卷四五:"妇人之仁是姑息,匹夫之勇是不能～。"清《万花楼》一六回:"你这两个恶毒之贼,真难～,今夜必要斩了这狠毒奸臣,以免后患。"

【涵受】 hán shòu 包纳,亦引申为学习。宋黄庭坚《与元聿圣庚书》:"岷山之水滥觞,及其成江,横绝吴楚,～百谷,以深其原本故也。"明王鏊《拟罪言》:"上亦以初即大位,过为～,言者不察以为得志。"清吴伟业《保御郑三山墓表》:"夕而偕士敬从静～般若妙义。"

【涵蓄】 hán xù ❶ 同"含蓄❶"。宋真德秀《西山读书记》卷四:"此言极有～,意味深远。"明吕坤《呻吟语》卷六:"'而已矣'三字旨哉妙哉,～多少趣味。"清傅以渐、曹本荣《易经通注》卷七:"其内～,无遗其外,统括无尽,广而且大也。" ❷ 同"含蓄❷"。宋罗大经《鹤林玉露》卷一:"诗意与狄昌同,而其恻怛规戒,～不露,则大有径庭矣。"明张丑《清河书画舫》卷七上:"诗贵～无浅露。"清冒春荣《葚原诗说》卷二:"寄兴悠扬之句,其字宜～不露,宜优游不迫。" ❸ 有修养;有度量。宋王炎《用前韵答黄一翁》之二:"士欲得齐丧,胸次要～。"元袁桷《延祐四明志》卷五:"雅度～,凡议毁浩者浩悉奖引之。"

【涵淹】 hán yān ❶ 沉在水底被水淹没。唐韩愈《鳄鱼文》:"鳄鱼之～卵育于此,亦固其所。"宋李觏《太平院浴室记》:"或士或女,承流蹈舞,～肌髓,系络心膂。" ❷ 覆盖。宋王安石《和平甫舟中望九华山》之二:"草树萋已绿,冰霜尚～。" ❸ 抚养滋育。宋黄榦《辞晦庵先生墓文》:"千至愚极陋之人,先生不鄙而收教之,～卵育于困穷惸独之余,父兄之于子弟不是过也。" ❹ 沉浸,指潜心致力于。明赵完璧《赠储少梅将军抡典戎政序》:"储氏少梅将军,将门英胄,～儒术,毅然刚介。"

【涵衍】 hán yǎn 延续;繁衍。宋曹辅《琅邪颜鲁公庙记》:"屹屹鲁公,刚实积中,学奥问博,～扩充。"刘弇《龙云集》卷二八:"圣子神孙,绳绳翼翼,相与蕃昌,～于百有餘年。"清《平定金川方略》卷二:"听其～卵育,并生宇宙之间。"

【涵演】 hán yǎn 包纳深广。宋强至《祭致政薛郎中文》:"德业～,气质浑厚,百未一施,竟虚其有。"元欧阳玄《高昌偰氏家传》:"以～迤硕,大显融无,落于其世。"清汤斌《广西参议戴公传》:"少力学,厌时文熟烂之习,为文原本,要理～贯通。"

【涵养】 hán yǎng ❶ 培育;训练。宋《朱子语类》卷一二:"平日～之功,临事持守之力。"《宋史·郑清之传》:"孝宗之英明,本于仁厚,故能～士气,而无矫励峭刻之习。"《金史·哀宗纪下》:"国家自开创,～汝等百有餘年。" ❷ 培养修炼知识、道德等。《宋史·周必大传》:"祖谦～久,知典故。"《元史·窦默传》:"救世一念,～有年矣。"明湛若水《格物通》卷四一:"人主一日之间接贤士大夫之时多,亲宦官宫妾之时少,则可以～气质,薰陶德性。" ❸ 道德学问的修养。宋《朱子语类》卷七:"到得大来～已成,稍能自立便可。"金元好问《辨磨甘露碑》:"百年～一涂地,父老来看暗流涕。"明陈洪谟《治世餘闻》上篇卷四:"李梦阳后生无～,进言大戆,因令下狱。" ❹ 大度、宽容,情绪不受外界事物影响。明《禅真后史》一〇回:"老安人,你平日间最有～的,为何今日如此发怒?"清《红楼梦》三二回:"我倒过不去,只当他恼了。谁知过后还是照旧一样,真真有～,心地宽大。"

【涵宥】 hán yòu 包容宽宥。宋赵孟坚《又送林郎中七夕札子》:"某幸出望外,凌躐兢惭,拱祈～。"清秦蕙田《五礼通考》卷四五:"唯神厚载功深,资生德大,～庶品,造化斯成。"

【涵育】 hán yù 滋育教化。唐柳宗元《祭纛文》:"去兹蟊贼,达我～。"宋杨亿《谢赐诏书钦恤刑狱表》:"忧劳庶政,～群生,化远被于不毛。"清《平定金川方略》卷二三:"而朕覆载为怀,～异类。"

【涵孕】 hán yùn 孕育;孳生。唐元杰《泷阳果业寺开东岭洞谷铭》:"～精爽,澄凝气源,信列仙之攸居。"宋陈耆卿《思爱庵记》:"侯生而一城之老稚皆得生,百餘年间～孳育,婆娑嬉游,以织以耕,以仕以学。"清雷鋐《读书偶记》卷二:"寂然不动之时浑然生理,～于中即仁也。"

【涵潴】 hán zhū 蓄水。宋李洪《钟于植物以彰我伯仲孝友》:"终古龙坞之泉,荫以松柏,演漾～,既甘且食。"明《徐霞客游记》卷五下:"盖金龙庵下夹壁缝中之液,虽不竭而非～之窟也。"

【涵渍】 hán zì ❶ 浸渍;引申为熏陶。唐皮日休《见逐》:"嗟予夙秉于大训兮,～骨之忠贞。"元刘祁《归潜志》卷一三:"石有苔华～,绣文缕缕可爱。"清施闰章《庐陵县志序》:"风泽政教,～渐摩,蔚为大贤,云集雾合。" ❷ 染涉。宋张方平《上时相》:"某诚不肖,～美化,游涉艺文,颇尝苦心。"元王恽《过深州故城有怀》:"事机一堕地,～终丧躯。"

【寒】 hán 害怕;恐惧。《元曲选·王粲登楼》一折:"小二哥你休笑书生胆气～,赤紧的看承的我如等闲。"明李梅实《精忠旗》一二出:"我每闻见岳飞二字心胆便～。"

【寒备】 hán bèi 御寒的准备。宋苏辙《夜卧濯足》:"海民慢～,不畜衾与裯。"明邢云路《古今律历考》卷九:"霜降之后清风至,所以戒人为～也。"

【寒鄙】 hán bǐ 低贱卑微。《新唐书·刘栖楚传》:"刘栖楚,其出～,为镇州小史。"宋晁补之《亳州谢执政启》:"本由～,偶在选抡。"元刘诜《游沙山和萧安国》:"风流益自愧～,谑调未觉须娉婷。"

【寒薄】 hán bó ❶ 寡薄;不丰厚。唐杨凭《唐庐州刺史本州团练使罗珦德政碑》:"淮海之郡庐为大,封略阔而土田瘠,人产～,井赋尤重。"宋岳飞《辞初除银绢札子》:"然臣禀生奇蹇,赋分～,夙夜震惊,恐不足以当陛下锡予之厚。"清《歧路灯》四回:"到明日我的妆奁～,亲家母抱怨,嵩老不可躲去。" ❷ 无福分。宋吴处厚《青箱杂记》卷一:"然公风骨清峭,颈项微结喉,有僧相之,皆谓其～。"周密《齐东野语》卷一七:"徐亲骨相～,止可作小郡太守耳。" ❸ 低微贫贱;不富裕。《资治通鉴后编》卷一二九:"(金章宗)妃亦自嫌门地～,借外廷为重。"明《西游记》八六回:"樵哥,我见你府上也～,只可将就一饭,切莫费心大摆布。"清《镜花缘》五一回:"况家世～,得蒙不弃,另眼相看,已属非分。"

【寒窗】 hán chuāng 寒冷的窗口，借指称寂寞艰苦的读书生活。唐元稹《西归绝句》之一〇："～风雪拥深炉，彼此相伤指白须。"《元曲选外编・西厢记》三本三折："你既是秀才，只合苦志于～之下，谁教你夤夜辄入人家花园！"清《红楼梦》六六回："我们家从祖宗直到二爷，谁不是～十载，偏他不喜欢读书。"

【寒单】 hán dān 衣服单薄，感到寒冷。明薛瑄《祭魏希文文》："问君妻子，旅食～。"王世贞《续高士赞》："母以冬月亡，敛不能具绵，终身恒衣夹，不复避～。"

【寒淡】 hán dàn ❶ 简陋清淡；不奢华。宋薛师石《哭刘咏道》："案上韩文与杜诗，小斋～亦相宜。"明高濂《湖心亭采莼》："若彼饱膏腴者，应笑我辈～。" ❷ 清高孤傲。明张岱《陶庵梦忆》卷八："月生～如孤梅冷月，含冰傲霜，不喜与俗子交接。"

【寒盗】 hán dào 偷盗。寒，通"搴(qiān)"。《说文解字》："搴，拔取也。南楚语。"后作"搴"。《敦煌资料》第一辑《未年尼明相卖牛契》："如后有人称是寒道(盗)认识者，一仰本主买上好牛充替。"又《唐开元二十九年卖牛契》："如后牛有～，并仰主保知当，不干买人之事。"

【寒冱】 hán hù 天寒而冰冻。《唐大诏令集》卷一三〇："忽属徼外霜严，海滨～，念兹兆众，便命班师。"宋李光《论移跸措置事宜札子》："其如当此～，若加以雨雪连绵，数万之众不免散处市井，侵夺民居。"清王士禛《居易录》卷三〇："每冬月梅花盛开，辄下帘放蝶，千百为群，飞舞花间，忘风雪之～。"

【寒鸡】 hán jī 受寒缩瑟的鸡，形容人畏缩。明《西洋记》四四回："你一枪，我一棒，你一镜，我一锤，王神姑打做个冒雨～。"清《醒世姻缘传》七九回："狄希陈看了小珍珠这个～模样，本等也是不忍。"

【寒家】 hán jiā 谦称自己的家。宋黄庭坚《戏答张秘监馈羊》："细肋柔毛饱卧沙，烦公遣骑送～。"元明《水浒传》二四回："既是娘子肯作成老身时，大胆只是明日，起动娘子到～则个。"清《镜花缘》一三回："～在此虽住了三代，究系寄居，亲友甚少。"

【寒俭】 hán jiǎn ❶ 贫寒。宋谢逸《集西塔寺怀亡友汪信民》："青衫困冷官，半世守～。"明《二刻拍案惊奇》卷二七："我见这人身虽～，意气轩昂，模样又好。"清李渔《闲情偶寄》卷七："贵人之妇，宜披文采；～之家，当衣缟素，所谓与人相称也。" ❷ 形容诗文等意蕴浅薄。宋张邦基《墨庄漫录》卷六："欧阳询'道林之寺'，～无精神。"明张岱《陶庵梦忆》卷六："常恨《韵府群玉》《五车韵瑞》～可笑，意欲广之。"清赵殿成《王右丞集笺注》："孟诗却专心古澹，而悠远深厚，自无～枯瘠之病。"

【寒蹇】 hán jiǎn ❶ 谦词。称自己为缺乏能力之人。宋傅察《代鲍钦止谢降官表》："每赦过而宥罪，曲怜～，未忍弃捐。"金君卿《落权字谢两府启》："顾井渫之洁清，可为之恻，俾令～，饶冒恩荣，思报未能，糜躯徒尔。" ❷ 贫穷困苦。宋苏轼《谢赐对衣金带马状》："伏念臣受材迂疏，赋命～，幼师季路，止服缊袍。"吴龙翰《上刘后村书》："某山林～困穷而有其鸣也。"

【寒贱】 hán jiàn （行为、风格）轻贱。元商挺《潘妃曲》："只恐怕窗间人瞧见，短命休～，直恁地肐膝软。"陶宗仪《辍耕录》卷二七："唱得轻巧的，失之～；唱得本分的，失之老实。"明佚名《普天乐・欢情》："那厮口儿好，偏～，向床儿前跪下，把人熬煎。"

【寒进】 hán jìn 出身寒门的后进。五代王定保《唐摭言》卷七："昭宗皇帝颇为～开路。"宋王偁《东都事略》卷四一："准在位喜用～，每御史缺，尝取敢言之士用之。"

【寒禁】 hán jìn ❶ 受寒；感冒。宋王庭珪《次韵杨廷秀临安小楼不寐之什》："坐待银蟾上，～酒力加。"明《古今小说》卷二九："倘若～，身死在我禅房门首，不当稳便。"清弘历《项圣谟云林清赏图》："鹿裘原不藉，瘦骨耐～。" ❷ 同"寒噤"。明《古今小说》卷三一："重湘连打几个～，自觉身子不快。"

【寒噤】 hán jìn 因受冷或受惊吓而打哆嗦。唐孙思邈《备急千金要方》卷七三："心痛～，手脚逆冷。"宋元《古今小说》卷三九："千斤铁臂敢相持，好汉逢他打～。"清《东周列国志》八五回："话说赵无恤被豫让三击其衣，连打三个～。"

【寒荆】 hán jīng 谦称自己的妻子。明徐翙《春波影》一出："近来取得个维扬丽人，叵耐～不减柳氏，小生只得权做季常。"《醒世恒言》卷二五："如今叨寓贵镇，已过岁馀，～白氏在家，久无音信。"清《说岳全传》一回："只因～产了一子，恐不洁净，触污了师父。"

【寒惧】 hán jù 恐惧；害怕。《新唐书・席豫传》："彼何人哉，乃上疏请立皇太子，语深切，人为～。"《明史・焦源溥传》："疏上，举朝～。"

【寒冷】 hán lěng 温度低；感觉温度低。唐杨巨源《卢郎中拜陵遇雪蒙见召因寄》："～出郊犹未得，羡公将事看芳菲。"宋刘挚《戏李质夫》："曾醉江梅烂漫时，北乡～见花迟。"清《隋唐演义》七回："想是你身上～，不妨坐在此拷一拷火。"

【寒栗】 hán lì ❶ 寒冷；严寒。唐李邕《春赋》："遣畴岁之～，袭初节之妍和。"《续资治通鉴长编》卷四〇八："秦之末世，峻刑暴敛，海内重足而立，则天应之以～。" ❷ 因受冷、惊吓等刺激皮肤上出现的小疙瘩。唐韦应物《凌雾行》："霏微误嘘吸，肤腠生～。"明《韩湘子全传》二六回："慌得韩清满身～起，一阵热麻胡。" ❸ 因寒冷而颤抖。《明史・许进传》："薄暮大风扬沙，军士～僵卧。"清《九云记》六回："可不是大昨天日晨后，顿觉懒了，～了半天，又懒吃东西，只睡觉躺床上。"

【寒栗子】 hán lì zi 即"寒栗❷"。元明《水浒传》一回："太尉方才爬得起来，说道：'惭愧，惊杀下官！'看身上时，～比馉饳儿大小。"明《醒世恒言》卷三〇："这件旧葛衣被风吹得飕飕如落叶之声，就长了一身～。"清《双凤奇缘》三二回："又被大风刮得战兢兢，满脸生起～来。"

【寒脸】 hán liǎn 冰冷、严肃的脸色。也指表情变得僵硬不自然。元王大学士《点绛唇》："见几个牧童儿杂耍可观瞻。一个扮老先生佁撇撇衠～，一个做小学士舌剌剌全胡念。"清《歧路灯》六九回："你掷上一个快，就把银子拿的走，我不～儿。"

【寒凛】 hán lǐn ❶ 严寒。唐丘光庭《霜降休百工》："且时方～，非用胶漆之日。"明《徐霞客游记》卷八下："风撼两崖间，～倍于他所。"清周召《双桥随笔》卷一二："虽风雪～之夕，半夜叫灯未尝缺乏。" ❷ 比喻节操严峻。金姬志真《住院》："天赋怀～，坐致俗睚眦。"明佚名《鸣凤记》二八出："孤帏坚守，三迁慈训，节苦冰霜～。"

【寒溜】 hán liù 山崖或房檐悬垂的水流。唐欧阳詹《智达上人水精念珠歌》："连连～下阴轩，荧荧泫露垂秋草。"元侯克中《重阳雨中感怀》："万里悲风催晚景，两檐～泻秋声。"明王恭《高廷礼水墨二图》："峰头昨夜春雨多，起拂萝衣听～。"

【寒落】 hán luò ❶ 落泊；潦倒失意。宋方岳《谢谢右司》："某～凄蛩，不当以紊韶濩。"明林俊《祭章枫山》："岁阴残烛，弱子拜前，～可念。" ❷ 冷僻；冷落。宋黄震《随隐诗集序》："而片言只字流布人间，至今如九鼎大吕，愈久愈珍，世未尝以其非郊岛之～而少之也。"明李东阳《习隐》之七："此事久～，但知物枯荣。"

【寒律】 hán lǜ 冬令，亦指代寒冷。古代以律管占节令，冬季冷，因称"寒律"。唐吴融《雪》："送腊辞～，迎春入旧丛。"宋刘敞《同圣俞十二月十三日喜雪》："南风不竞～回，暮雪远从阊阖来。"明王燧《送同年故人别》："孟春～逝，令节变青阳。"

【寒门】 hán mén　犹"寒家"。明叶宪祖《丹桂钿合》七折："不知贤婿姓权，却是朝廷贵臣，为何假称舍侄，光降～？"《禅真后史》四八回："感承党亲家不嫌～鄙陋，以二爱俯结朱陈。"清《情梦柝》六回："一来老身只生此女，不舍远离，二来～并无白衣女婿，三来女婿必要见面。"

【寒盟】 hán méng　背弃盟约。宋张扩《谒广济军向工曹仲吉》："且向陶丘问消息，他时湖海莫～。"明《拍案惊奇》卷一〇："兹金声愿还聘礼，韩生愿退婚姻，庶不致～于程氏。"清弘历《独流览古》："谋燕反致失中州，～自召祸有由。"

【寒魄】 hán pò　指月亮。唐方干《中秋月》："泉澄～莹，露滴冷光浮。"宋刘敞《和邻几八月十五日夜对月》："见君新诗章，暂若对～。"明李流芳《过皋亭龙居湾宿永庆禅院》："气和空宇澄，～如春露。"

【寒栖】 hán qī　隐逸山林，特指修道。唐吴筠《逸人赋》："始支离而偃息，终窃卷而～。"《云笈七籤》卷九八："饭善人千，不如饭一～学道之人。"元刘因《送琴客还池州》："抱琴为向山中听，林下～恐有人。"

【寒乞】 hán qǐ　❶贫穷乞讨。《太平广记》卷八四引《集异记》："乐山遂以所得遍散与～贫窭不能自振之徒，俄顷而尽。"宋觉范《送僧乞食序》："世远道丧，而妄庸～之徒入我法中。"佚名《靖康要录》卷九："应募者悉庸丐～之人。"　❷没有气度；猥琐寒贱。明张丑《真迹日录》卷一："故其为山水无一笔无来处，若～之人自不办此。"沈自徵《鞭歌妓》："擎着柄～脸儿街上踱，十人见了九人憎。"清汪琬《岁暮杂咏》之三："平生骨相元～，领取头衔是散人。"　❸形容艺术作品浅薄，风韵不足。唐张彦远《法书要录》卷二："徐淮南书如南冈士大夫，徒好尚风范，终不免～。"宋姜夔《续书谱》："当疏不疏反成～，当密不密必至凋疏。"

【寒峭】 hán qiào　寒冷。宋王之道《和卞养直见示三绝简圣书》："杨柳阴中乳燕飞，马头～怯单衣。"明孟称舜《娇红记》一〇出："姐姐，春风～，不如到暖阁中拥火去。"清弘历《雨》："微雨添～，当春却似秋。"

【寒蛩】 hán qióng　深秋的蟋蟀。唐郑谷《兴州江馆》："向蜀还秦计未成，～一夜绕床鸣。"《元曲选·王粲登楼》三折："时遇清秋，阶下有等草虫，名～，又名促织，此等草虫叫动，家家捶帛捣练。"清《红楼复梦》七〇回："此是九月半后，凉月满山，石缝里的～顺着西风悲鸣不已。"

【寒涩】 hán sè　❶寒冷。宋许景衡《与张稽仲书》："方冬～，台候何似，敢乞跋履。"孔平仲《二十二日大风发长芦》："云气作冥晦，气候变～。"　❷形容诗文或举止等神韵不足。宋吴坰《五总志》："蜀僧鸾鄙贾岛～，乃自讽其词曰：'鳌头浪蹙掀天白，鲸目光烧半海红。'"黄仲元《韵乡记》："举止～，若无甚技解。"元乔吉《折桂令·拜和靖祠双声叠韵》："目～雄雌鹭鸶，翅参差母子鸬鹚。"

【寒舍】 hán shè　犹"寒家"。宋文天祥《与朱太博埴》："仆诚不自意，乃于～千步外得一陂陀。"明《金瓶梅词话》四一回："明日好歹下降～，那里久坐坐。"清《荡寇志》七六回："今日～作佛事，未有荤腥，胡乱请用些。"

【寒生】 hán shēng　贫贱低微的读书人。宋《三朝北盟会编》卷一六〇："倘以狂妄～，辄敢以乱世之事方之盛明之朝，则臣之罪万死矣。"明《古今小说》卷三四："布衣～，王上御前，安敢侍坐？"清李渔《闲情偶寄》卷三："予一介～，终身落魄。"

【寒酸】 hán suān　❶形容贫寒窘困。唐杜荀鹤《秋日怀九华旧居》："烛共～影，蛩添苦楚吟。"明王行《跋汤氏先友诸帖》："予尝论～之士，非有所凭依而自致华显以大其宗者，人皆以为难。"清《东周列国志》九七回："遂换去鲜衣，妆作～落魄之状。"❷形容读书人的酸腐之态。宋觉范《读庆长诗轴》："儒生～不上眼，江南风流翻手空。"明谢肇淛《五杂组》卷一一："今人以秀才为措大。措者，醋也，盖取～之味。"《西洋记》九一回："美人说道：'郎君素性倜傥……何苦做出这一段酸子的形状来？'孟沂说道：'非敢～。一则识荆之初，二则酒力不胜。'"　❸对贫穷书生的蔑称。明汤显祖《牡丹亭》五〇出："本院自有禁约，何处～，敢来胡赖？"清《红楼梦》七五回："想来咱们这样人家，原不比那起～，定要雪窗萤火。"

【寒碎】 hán suì　寒酸；小气。五代何光远《鉴诫录》卷九："咸通中，王建侍御，吟诗～，竟不显荣。"元马致远《要孩儿·借马》："上坡时款把身来耸，下坡时休教走得疾。休道人忒～。"《元曲选·度柳翠》三折："柳翠也，好色的这把骨头儿你便休恁般～。"

【寒温】 hán wēn　❶寒暄；问候起居冷暖。元明《水浒传》八一回：拜舞起居～已了，天子命："'丢其整妆衣服，相待寡人'。"清《野叟曝言》二回："——眼看着奚囊，～了好些套头话。"《蜃楼传》二九回："这两位姨娘也都～了。"❷问候起居冷暖的话。元明《三国演义》四四回："瑜接入堂中坐定，叙～毕。"明《古今小说》卷三："入到里面，与金奴母子叙了～。"清《荡寇志》七七回："都叙礼毕，坐下，各道～。"

【寒暄】 hán xuān　见面或书信中谈天气冷暖的话，泛指问候或应酬。唐李观《代李图南上苏州韦使君论戴察书》："今图南此书，亦望郎中有成绩也，不愿郎中空～也。"《元曲选外编·西厢记》二本楔子："伏自洛中，拜违犀表，～屡隔，积有岁月。"清《儒林外史》一回："当下～已毕，酒过数巡。"

【寒月】 hán yuè　寒冷的月令，即冬天。五代冯延巳《清平乐》："深冬～，庭户凝霜雪。"明《醒世恒言》卷二八："令爱名虽十五岁，即今尚在春间，只有十四岁之实。倘在～所生，才十三岁有餘。"清陈梦雷《西郊杂咏》之七："～富桑麻，酒酣歌相续。"

hǎn

【罕】 hǎn　惊奇；惊奇地。清《红楼梦》二回："怪道我这女学生言语举止另是一样，不与近日女子相同，度其母必不凡，方得其女。今知为荣府之孙，又不足～矣。"又六回："刘姥姥听了，～问道：'原来是他！怪道呢。'"

【罕希】 hǎn xī　❶少；稀少。《敦煌变文校注》卷五《维摩诘经讲经文(一)》："庵园众圣～逢，莫测此时神妙力。"　❷稀罕；少见。金马钰《满庭芳》："人生七十，～寿数。"明杨珽《龙膏记》四出："金盒世～，灵药真奇异。"《金瓶梅词话》四三回："甚么～之物！胡乱与娘们赏人便了。"　❸诧异；纳闷儿。清《红楼梦》二四回："且说贾芸偶然碰了这件事，心中也十分～，想那倪二倒果然有些意思。"

【罕稀】 hǎn xī　❶同"罕希❶"。明《金瓶梅词话》五七回："渐成寂寞，断绝门徒，以致凄凉，～瞻仰。"　❷同"罕希❷"。金侯善渊《继古韵》之一："豁然一点达真机，夺得玄珠世～。"明朱元璋《莺啭皇州赋》："浮林梢而色炫日，弄翩翻而～。"《西游记》九五回："药杵英雄世～，铁棒神威还更美。"　❸稀奇；感到稀奇。明沈受先《三元记》三三出:"姻缘事真～,有缘千里能会期。"朱鼎《玉镜台记》六出:"田连阡陌气豪迁,囊里黄金积有餘。石崇那～,陶朱总不如。"

【罕异】 hǎn yì ❶稀奇;少见。明赵扬谦《银塘生传》:"辄有好事者即我盘旋,数道比有银塘生,事甚～。"朱谋垔《续书史会要》:"程君房氏刻于墨苑,盖以～见赏欤。"《禅真后史》五三回:"今看此丸子,实为～。婆婆吃下,倘得长生,二媳妇亦有依傍。"❷诧异;纳闷儿。清《红楼梦》七三回:"自己便塞在袖里,心内十分～,揣摩此物从何而来。"又七五回:"贾政看了,亦觉～,只是词句终带着不乐读书之意。"

【喊】 hǎn ❶大声叫。敦煌词《酒泉子》:"齐～一声而呼歇。但则收阵卷旗幡,汗散卸金鞍。"金《董解元西厢记》卷二:"开门但助我一声～,戒刀举把群贼来斩。"清《红楼梦》五二回:"坠儿疼的乱哭乱～。" ❷征发;呼唤。敦煌词《捣练子》:"孟姜女,陈杞梁。生生激恼小秦王。秦王～俺三边滞,千乡万里筑长城。"清李玉《清忠谱》二二折:"我们再～些人同去。"《蜃楼志》一五回:"我～我家丈夫,你们进来做什么?" ❸鸣叫;发出大的声音。宋赵孟坚《辛丑孟夏甲申日得雨》:"蝗螟腐翅翼,蛙黾～池沼。"明张大复《梅花草堂笔谈》卷一:"大雨狂骤,如黄河屈注,沸～不可止。"韩邦奇《大同纪事》:"初七日夜二鼓,变作,炮～之声震天。"❹张扬。明《西游记》三四回:"你来为割我耳朵的!我～出来不好听啊!"清《红楼梦》五二回:"你这一～出来,岂不辜负了平儿待你我之心了。" ❺(声音)震动。明林俊《灾异疏》:"弘治十五年夏,雷声迅猛,二次狠击,不下五六十声,轰天～地。"

【喊禀】 hǎn bǐng 高声禀告或告状。明孙传庭《请斥疏》:"突有易州道臣刘在朝,因便道就见,遣差官大声～。"清于成龙《慰谕阳逻士民谕》:"有私行诈害者,许被害之家不时～,便行究治。"《二度梅》二六回:"岳母站定了。大人在此经过,不若当街～吧。"

【喊茶】 hǎn chá 犹"喊山"。明罗玘《长春轩为清江刘先生题》:"邹氏律吹谷,建溪鼓～。"

【喊沸】 hǎn fèi 形容声音大。明张大复《梅花草堂笔谈》卷一二:"东西洞庭山,斗气涌水波,千里～。"清《荡寇志》九九回:"四边官兵乡勇,人声～。"

【喊告】 hǎn gào 喊冤告状。明文秉《烈皇小识》卷五:"劫杀郝三九抛井,则有吕世龙、于武众等被尸亲认驴～。"清康熙八年六月二十九日上谕:"或擅入禁地及行幸之所,冲突仪仗,趋近～。"《女仙外史》二六回:"烈妇早怀鸩毒,自饮而死。氏弟赴县～。"

【喊吼】 hǎn hǒu 吼叫。《敦煌变文校注》卷四《降魔变文》:"其牛乃莹角惊天,四蹄似龙泉之剑;垂斛(胡)曳地,双眸犹日月之明。～一声,雷惊电吼。"

【喊呼】 hǎn hū 喊叫。《宋史·西南诸夷传》:"夷党三千餘,分两道,张旗～,来逼寨栅。"明王世贞《恳乞容令休致疏》:"至本府秦同知处～冤枉。"清《荡寇志》一二八回:"官军一齐都走,三阮领贼兵～追来。"

【喊叫】 hǎn jiào ❶大声叫。五代郭威《监国教》:"十二月二十日,将登澶州,军情忽变,旌旗倒指,～连天。"明《西游记》三九回:"猪八戒高声～,埋怨行者是一个急猴子。"清《红楼梦》六九回:"于是方吓慌了,～起来。" ❷呼唤;大声招呼。明《醒世恒言》卷三四:"小二见王公死了,爬起来就跑。王婆～邻里赶上拿转,锁在王公脚上。"《拍案惊奇》卷六:"提起裤儿穿了,一头～春花,一头跳下床便走。"《万花楼》二六回:"打进妾家,强抢了我。～四邻,无人援救。"

【喊骂】 hǎn mà 高声叫骂。明王世贞《恳乞容令休致疏》:"恶等相随～,恶言万状。"《西游记》九〇回:"行者性急起来,轮铁棒,往里打进,口中不住的～。"清《飞龙全传》三二回:"挺起长枪,望汉营冲来,高声～道:'奸贼!'"

【喊呐】 hǎn nà 呐喊;大声叫。明高濂《玉簪记》三出:"雁南飞入云,兔深藏茂林,听轰雷～齐争胜。"清袁于令《西楼记》二八出:"派卷分房,～声相闻。"陈端生《再生缘》八回:"护送官兵齐～,随行千总共彷徨。"

【喊闹】 hǎn nào 叫喊吵闹。清《红楼梦》五九回:"袭人气的转身进来,见麝月正在海棠下晾手巾,听得如此～,便说:'姐姐别管,看他怎样。'"

【喊破】 hǎn pò ❶高声戳穿;揭破。明《拍案惊奇》卷三六:"他有偌多的东西在我担里,我若同了这带脚的货去,前途被他～,可不人财两失?"清《女仙外史》三九回:"你若不肯,我到关津渡口,把你扭住,一口～,不怕不拿去做奸细。" ❷高声告诉。清沈起凤《文星榜》四出:"阿要～子四邻地方,就把一场官司拉唔吃吃。"《警寤钟》五回:"这马快手登时～地方,说:'捉奸杀死。'"《隋唐演义》四二回:"若说眼见李密进庄叩门,又该～地方协同拿住,方为着实。"

【喊嚷】 hǎn rǎng 叫嚷。明《拍案惊奇》卷三六:"正在没出豁处,只见井上有好些人～。"清《野叟曝言》一一〇回:"金砚亦随后～,竟望府监中来。"

【喊山】 hǎn shān 宋代福建惊蛰日或开采新茶时举行的一种仪式。宋苏颂《次韵李公择送新赐龙团与黄学士》之二:"闻说采时争节候,～声动甚惊雷。"梅尧臣《次韵再和永叔尝新茶》:"建溪茗株成大树,颇殊楚越所种茶。先春～掐白萼,亦异鸟觜蜀客夸。"清周亮工《闽茶曲》:"御茶园里筑高台,惊蛰鸣金礼数该。那识好风生两腋,都从着力～来。"自注:"御茶园在武夷第四曲,喊山台、通仙井皆在园畔。前朝著令,每岁惊蛰日,有司为文致祭。祭毕,鸣金击鼓,台上扬声同喊曰:'茶发芽!'"

【喊嘶】 hǎn sī 大声叫;嘶叫。清《聊斋志异·伍秋月》:"即解佩刀,立决皂首。一皂～,生又决之。"《隋唐演义》一五回:"那良马知道故主回来,～踢跳,有人言之状。"

【喊堂】 hǎn táng 官员升堂,衙役排班高喊以壮威。明戚继光《纪效新书》卷八:"候升帐～毕,牙旗开,中军官禀开旗。"清《歧路灯》九〇回:"云板三敲,便离公座上大堂。班房出来些狰狞皂隶,连声～。"《姑妄言》七回:"不多时,堂府升堂,～开门。"

【喊响】 hǎn xiǎng 高喊。清洪昇《长生殿》三二出:"猛地里爆雷般齐呐起一声的～,早子见铁桶似密围住四下里刀枪。"《说唐后传》一三回:"只听得外边炮响连天,战鼓似雷,～齐声,闹杀不住。"《风流悟》一回:"正要上床,只听得外边一声～,道:'不要放走了。'"

【喊呀】 hǎn yā 吼叫;喊叫;鸣叫。唐柳宗元《解祟赋》:"风雷唬唬以为橐钥兮,回禄煽怒而～。"宋苏轼《次韵子由病酒肺疾发》:"～或终日,势若风雨过。"明宋濂《逐鹕文》:"文华璀璨,形模缭曲,游泳同嬉,～相逐。"

【喊冤】 hǎn yuān 呼叫冤枉。特指到衙门喊冤告状。清《聊斋志异·席方平》:"遂出写状,趁城隍早衙,～投之。"《儒林外史》五回:"正要退堂,见两个人进来～,知县叫带上来问。"《红楼梦》八三回:"金桂将桌椅杯盏,尽行打翻。那宝蟾只管～叫屈,那里理会他半点儿。"

【喊噪】 hǎn zào 叫嚷;骚乱。宋洪迈《夷坚志》三己卷五:

"将退厅，闻狱中～声甚厉，即往视之。"明张凤翼《灌园记》二四出："壮士尽衔枚，城中且～。"清《聊斋志异·锦瑟》："一夜方寝，闻内第～。"

【喊战】 hǎn zhàn 叫阵；高声挑战。明《禅真逸史》二六回："这～金鼓之声，却是何处?"清《说岳全传》五六回："次日，曹宁带兵又到阵前～。"

【阚喝】 hǎn hè 大声喝叫。唐薛用弱《集异记》："忽见猛虎负一物至，众皆惶挠，则共～之。"

【阚吼】 hǎn hǒu 犹"阚喝"。宋戴侗《六书故》卷一一："咆哮、～，皆怒号之声。"明田登《龙潭行为恽公子作》："悬河中倾惊浪奔，蜿蜒～雷霆掣。"

【阚头】 hǎn tou 即"憨头"，指愚傻的人。明徐渭《锁南枝·嘲冷面妓》："～悔，败子回，道将钱，买憔悴。"

hàn

【汉】 hàn 对男子的称呼。最早是北朝胡人对汉人的蔑称，后为中性称呼。唐张鷟《朝野佥载》卷四："唐郑愔曾骂选人为'痴～'，选人曰：'仆是吴痴，～即是公。'"金《董解元西厢记》卷一："思量那清河君瑞，也是个风魔～，不防更被别人见。"清《荡寇志》七九回："这呆～赶紧奔来此处，想是死期到了。"

【汉儿】 hàn ér ❶ 北方其他民族对汉人的称呼。南北朝已见。唐司空图《河湟有感》："～尽作胡儿语，却向城头骂汉人。"元古本《老乞大》："恁是高丽人，怎么～言语说的好有?"清施闰章《新都戍》："～刍秣久，相驯通语言。" ❷ 南方人对北方男子的蔑称。唐顾况《和知章诗》："～女嫁吴儿妇，吴儿尽是～爷。" ❸ 称宦官未经阉割的养子。宋洪迈《夷坚志》支乙卷六："绍兴中，曹勋功显使金国，好事者戏作小词，其后阕曰：'单于若问君家世，说与教知，便是红窗迥底儿。'谓功显之父元宠，昔以此曲著名也。后大珰张去为之子安世，以阁门宣赞为副使，或改其语曰：'说与教知，便是中朝一～。'盖京师人谓内侍养子不阉者谓～也。" ❹ 称男子。宋元《古今小说》卷二四："～谁负一张琴? 女们尽敲三棒鼓。"明《金瓶梅词话》七八回："另外又送一大盒瓜子儿与我，小买住我的嘴头子，他是会养～。"《僧尼孽海·西天僧》："皆在帝前亵狎不讳，至聚少壮～并妇人女子裸处一室之中。"

【汉仗】 hàn zhàng 身量；个头。清《平定金川方略》卷一三："现今虽于八旗前锋护军内挑兵一千名，操演云梯，但为数尚少，着再择～好者一千名。"《歧路灯》六九回："这位头脑～太大，我见了就要热起来，不住的出汗。"

【汉子】 hàn zi ❶ 贱称男子。南北朝已见。唐罗绍威《碾驴鞍判》："邺城大道甚宽，何故驾车碾鞍? 领鞴驴～科绝，待驾车～喜欢。"金《董解元西厢记》卷八："信无徒～他方说，便把美满夫妻，恩情都断绝。"明田汝成《西湖游览志馀》卷二五《梨园市语》："贱丈夫曰～。" ❷ 通称男子。元明《水浒传》一六回："那挑酒的～，看着杨志冷笑。"明汤显祖《牡丹亭》四七出："〔末〕大王通得去，娘娘也通得去。〔净〕也通得去。只～不该说敛衽。"清《醒世姻缘传》六八回："这会里没有～们，都是女人。" ❸ 褒称男子。犹言大丈夫。明李梅实《精忠旗》三出："啧、啧，好个铁铮铮的～!"杨柔胜《玉环记》一四出："看他到是个～，不要看乔了他。"清《绿野仙踪》一八回："到底胡大哥是好～!" ❹ 丈夫。明《朴通事谚解》卷上："一个和尚偷弄别人的媳妇，偷将去的时节，正撞见他的～。"汤显祖《南柯记》二六出："他那里是怕热? 是不耐烦，要撇开～自由自在。"清《红楼梦》六二回："你～去了大半年，你想夫妻了?" ❺ 指嫖客、情夫。元商衢《一枝花·叹秀英》："应有的私房贴了～，姿意淫讹。"明张四维《双烈记》二五出："若问吾家事，年来生计疏。赔钱招～，折本费工夫。"清《醒世姻缘传》八回："告诉甚么? 只怕小女养了～，替姐夫挣上忘八当了?" ❻ 同上义，用作詈词。《元曲选·勘头巾》二折："〔张放丑出科，云〕你且去，明日来讨草钱。〔丑云〕讨您娘的～! 我草钱也不要了。"又《儿女团圆》一折："今日是你个贵降的日子，我陪礼奉你一杯。〔二旦云〕我吃你娘～的酒!"

【汗鳖】 hàn biē 高烧又不能排汗发解(导致昏愦)。清《醒世姻缘传》四九回："你害汗病，～的胡说了! 你捣的是那里鬼话?"又五九回："惯的个汉子那嘴就象扇车似的，象～似的胡铺搭，叫他甚么言语没纂着我。"

【汗病】 hàn bìng 高烧发热的病。需通过排汗发解。明《金瓶梅词话》一九回："只当奴害了～，把这三十两银子问你讨了药吃了。"清《醒世姻缘传》六七回："你害～发作发疟子来? 五黄六月里穿了皮袄往外走!"

【汗挂】 hàn guà 同"汗褂"。明《金瓶梅词话》三一回："因见他白滚纱漂白布～儿上系着一个银红纱香袋儿，一个绿纱香袋儿，问他要。"

【汗褂】 hàn guà 汗衫；贴身穿的上衣。清《醒世姻缘传》一九回："披了一件～，趿着鞋，悄悄的溜到唐氏房门口。"《红楼复梦》九六回："又瞒着姐姐给了一件夏布～子。"

【汗火】 hàn huǒ 蒙汗药；一种使人汗不得出而致昏迷的药。宋陈元靓《事林广记》续集卷八《绮谈市语》："药，妙研、～。"宋元《古今小说》卷三六："你看少间问我买馒头吃，我多使些～，许多钗子都是我的。"又："想是恰才～少了，这番多把些药倾在里面。"

【汗货】 hàn huò 升阳药；壮阳药。明朱有燉《粉蝶儿·嘲一修道者幼年飘荡》："若还是受损形疾在身，他又将～来打衬。你着那神仙每恨也不恨?"

【汗巾】 hàn jīn ❶ 擦拭用的手巾。唐白居易《赠韦处士六年夏大热旱》："～束头鬓，膻食熏襟抱。"《元曲选·梧桐雨》三折："妃子不知那里去了，止留下这个～儿。"明《西游记》二六回："我们走脱了，被他赶上，把我们就当～儿一般，一袖子都笼了去。"亦用来包裹东西。清《醒世姻缘传》七五回："拉出来一个月白绉纱～，包着一包银子。" ❷ 一种长腰带，束腰后有较长的垂端，用作装饰，也可用来拭汗。明《挂枝儿·情淡》："曾将娇滴滴～儿，织来束你的腰。"清《红楼梦》二四回："回头见鸳鸯穿着水红绫子袄儿，青缎子背心，束着白绉绸～儿。"

【汗青】 hàn qīng 竹简的代称。青竹经火烤使水分如汗渗出，便于书写并防蛀，故称。用来代指文献，多代指史册。宋黄震《谢黄提举升陟》："石室东僚，曾侍～之笔；庚台荐士，首叨剡翠之章。"《宋史·赵汝愚传》："丈夫得～一幅纸，始不负此生。"清曹尔堪《季天中给谏病没于辽左赋诗吊之》："瓶乳竟虚头白后，葵丹空照～馀。"

【汗替】 hàn tì 鞍鞯中贴着马背以吸汗的那一层衬垫。替，鞍屉子。元古本《老乞大》："缰绳、兜颏、闸口、～、皮替、替子，全买了也。"刘庭信《醉太平·走苏卿》："破荷叶遮着歪靴勒，旧～绞了杂毛套，油手巾改做布裙腰。这的是子弟每下稍。"明《朴通事谚解》卷上："银丝儿狮子头的花镫，獐皮心儿蓝斜皮边儿的皮～，大红斜皮双条辔头。"

【汗歪】 hàn wāi 犹"汗邪"。明《金瓶梅词话》五二回："今日～了你，只鬼混人的！”

【汗邪】 hàn xié 汗憋导致的神智不清、行为异常。参看“汗鳖”。明《金瓶梅词话》一四回：“就别要～，休要惹我那没好口的骂的出来！”清《醒世姻缘传》八七回：“你就快别要～，离门离户的快走！”

【汗颜】 hàn yán 脸上出汗，引申指羞愧。唐韩愈《祭柳子厚文》：“不善为斫，血指～。”明吾邱瑞《运甓记》二二出：“若首鼠模棱，负恩不报，～人世者，非夫矣。”清《东周列国志》五三回：“灵公自觉～，以袖掩面。”

【汗药】 hàn yào 犹“汗火”。宋元《古今小说》卷三六：“被我安些～在里面裹了，依然教他把来与你。”

【旱】 hàn 冷落。明《金瓶梅词话》六八回：“你每说的只情说，把俺每这里只顾～着。”清《歧路灯》二四回：“再不赌牌了，只是输。要弄色子哩，只是～了新客。”

【旱船】 hàn chuán ❶ 一种民间艺术，在陆地上摹仿划船。唐郑处诲《明皇杂录》卷下：“府县教坊，大陈山车～、寻橦走索、丸剑角抵、戏马斗鸡。”宋范成大《上元纪吴中节物》：“～遥似泛，水偏近如生。”自注：“夹道陆行为竞渡之乐，谓之划旱船。”清《歧路灯》六四回：“一连酬客数日，用银子开发了各色匠役，以及竹马～、杂色故事、梨园二班等项。” ❷ 船形的房屋。宋周必大《奏池州副都统郝政施为未善》：“又于宅堂西造～，衙门前置直武堂、过街棚、统制客馆房廊屋数百间。”元白珽《湛渊静语》卷二：“自此后，两殿有殿无门，皆～连接。” ❸ 武器名，用于渡河或攻城。明唐顺之《武编》前集卷六：“～过水，用布周方各四尺，双层十字缝柱四方，每方用猪胞四个，各收口抽严，放于水上。”清毛奇龄《明特进左柱国兼巡抚贵州朱公传》：“乃更集诸猓，叠为云楼，为～，为阳桥，以瞰城中。大抵驾竿为屋，而施悬梯于其背。云楼如楼，～如船，阳桥如桥，高比丽谯而出女墙丈。” ❹ 一种形似船的运输大型重物的工具，或利用结冰路面、或用圆棒垫底拖行。清《幸鲁盛典》卷一三：“乃令轮人度碑制，为负重之车四乘，所谓～也。”

【旱道】 hàn dào 陆路。清《平定台湾纪略》卷三六：“今由铅山～入闽，路程既较琅玕所拟之路为近，自应即改从此路行走。”《补红楼梦》二五回：“他要往那里去，不走～儿，叫个船去有什么使不得呢？”

【旱地】 hàn dì ❶ 干旱的土地。唐白居易《即事寄微之》：“畬田涩米不耕锄，～荒园少菜蔬。”宋陈舜俞《公署井诗》：“～千里赤，渊泉独清浮。” ❷ 陆地。《敦煌变文校注》卷四《降魔变文》：“象乃徐徐动步，直入池中，蹴踏东西，回旋南北。已(以)鼻吸水，水便干枯。岸倒尘飞，变成～。”《元曲选·渔樵记》四折：“我如今～上也无田，水路里也无船。只除这紫绶金章，可不的依还是赤手空拳？”清《后红楼梦》二〇回：“还有一两枝花叶长到～上来的，那些大荷叶浮在水面上的，还有了许多露珠儿走动闪烁。” ❸ 陆路。元明《三国志通俗演义》卷二三：“吾兵船载而进，不致劳困；彼兵皆从～来迎，二可胜也。”清《后水浒传》六回：“我想要送哥哥往天雄山去，虽不甚远，却是～。”《荡寇志》七一回：“原来北方风俗，因～多，妇女们往往骑头口。” ❹ 旱田。明何瑭《均粮私论》：“某处系水田，或上或中或下；某处系～，或上或中或下。”清《儒林外史》四〇回：“像这～，百姓一遇荒年就不能收粮食了，须是兴起些水利来。”《醒世姻缘传》二四回：“割完了麦，水地里要急忙种稻，～里又要急忙种豆。”

【旱浪】 hàn làng 陆地上的水影，类似于海市蜃楼。元陆友仁《砚北杂志》卷下：“《晋·苻坚传》云：‘建元十七年，长安有水影，远观若水……’宋宝祐六年四月，常州晋陵县之黄泥岸，亦有此异，相传呼为～。”明方以智《物理小识》卷二：“其气平者为阳焰～，其气厚者为山市海市矣。”

【旱莲】 hàn lián 比喻女子面颊。语似本唐张鷟《游仙窟》：“眉上冬天出柳，颊中旱地生莲。”元商挺《潘妃曲》：“鬼病恹恹害。恨不该，止不过泪满～腮。”《元曲选·黄粱梦》二折：“我见他掩了泪眼，改了面色，笑靥儿攒破～腮。”

【旱路】 hàn lù ❶ 陆路；陆上信道。《元曲选·柳毅传书》三折：“你水路上风波恶，～上程限紧，似这等受辛勤。”明陆容《菽园杂记》卷六：“发河南山西二布政司丁夫，～般运至卫辉上船。”清《儒林外史》八回：“赶了几日～，又搭船走。” ❷ 指陆地。《元曲选·看钱奴》二折：“我如今～上有田，水路上有船，人头上有钱，那一个敢叫我做穷贾儿？”明《拍案惊奇》卷三五：“～上有田，水路上有船，人头上有钱。”

【旱磨】 hàn mò 不用水的磨。跟“水磨”相对。清《醒世姻缘传》五四回：“八钱银买了一盘～。”

【旱歉】 hàn qiàn 因旱而歉收。唐刘肃《大唐新语》卷四：“属时～，劝县令开仓赈恤贫馁。”宋陆九渊《与朱子渊书》：“仍以～，调度有方，无异丰岁。”明胡我琨《钱通》卷九：“频年～，御府空虚。”

【旱天】 hàn tiān 干旱天气。唐张祜《投陈许崔尚书》：“～云出水，霜野鹗抟风。”宋孔平仲《药名体》：“古瓦松杉冷，～麻麦疏。”清《醒世姻缘传》二八回：“这是夏秋有雨水的时节，方得如此；若是～，连这数也是没有的。”

【旱田】 hàn tián ❶ 干旱的田地。唐白居易《钱塘湖石记》：“动经旬日，虽得水而～苗无所及也。”宋乐史《广卓异记》：“召雨泽～，陆地亦复收。” ❷ 土地表面不需蓄水的田。元王祯《农书》卷二：“中原地皆平旷～陆地，一犁必用两牛、三牛或四牛。”明《西游记》二三回：“舍下有水田三百餘顷，～三百餘顷。”清毛奇龄《明特进左柱国兼巡抚贵州朱公传》：“人赋水田十二亩，～六亩。”

【旱途】 hàn tú 旱路。明魏敖《次韵车厩驿中》：“～跋涉始逢凉，一濯尘襟秋水光。”汤显祖《牡丹亭》四二出：“则怕这水路里耽延，你还走～。”

【捍蔽】 hàn bì 保卫屏蔽。唐李华《庆王府司马徐府君碑》：“矧我大理金人门宗，～皇家，枝梧群凶。”宋杨时《钱忠定公墓志铭》：“关之左右，皆沃壤地，旷绝无～，人莫敢耕。”清常安《来牛石城记》：“土城恐不足资～，癸丑以改建石城入。”

【捍拨】 hàn bō 套在手指上用以拨动琵琶、筝、瑟等乐器弦的器物。唐李贺《春怀引》：“蟾蜍碾玉挂明弓，～装金打仙凤。”宋黄庭坚《和曹子方杂言》：“只今不举蛾眉酒，红牙～网蛛尘。”清朱彝尊《曝书亭集》序：“抚箜篌而意远，弹～而魂消。”

【捍遏】 hàn è 抵御；遏止。元陈高《美陈国英修堰诗序》：“断截鼋鼍兮～鲸蛟，谁实为此兮利我农亩。”明杨士奇《罗孟昭墓表》：“间一闻责善之言，不为巧辞以饰，则毅色厉气以～。”

【捍卫】 hàn wèi 保卫。唐王维《与工部李侍郎书》：“枕戈泣血，奋不顾命，～圣主。”明李梅实《精忠旗》二八出：“长城万里，～边陲。”清《隋唐演义》八三回：“不若尽用番人，则勇而习战，可为国家～。”

【捍制】 hàn zhì 防御。唐李涉《寄河阳从事杨潜》：“一从戎马来幽蓟，山谷虎狼无～。”宋李纲《开具钱粮兵马盗贼人数奏状》：“委是军马单少，不足以防秋，～盗贼。”清《兰州纪略》卷一六：“则崇墉夹峙，可以～边陲。”

【悍妒】 hàn dù 凶悍嫉妒。唐孟棨《本事诗》:“御史大夫裴谈崇奉释氏。妻～,谈畏之如严君。”宋周密《齐东野语》卷一一:“后天姿～,既正椒房,稍自恣。”清孔尚任《桃花扇》二七出:“谁知田仰嫡妻,十分～,狮威胜虎,蛇毒如刃。”

【悍恶】 hàn è 蛮横凶恶。元袁桷《延祐四明志》卷五:“李妃～,上欲废之。”清《醒世姻缘传》四八回:“那薛如卞、薛如兼与狄希陈只是同窗来往,因素姐～不良,从不往后边看他姐姐。”

【悍骄】 hàn jiāo 凶悍骄横。唐韩愈《平淮西碑》:“往在玄宗,崇极而圮,河北～,河南附起。”明湛若水《格物通》卷七四:“其～恣横之人,虽能成功,卒至败亡者,盖勇有餘而仁智不足也。”

【悍泼】 hàn pō 凶悍泼辣。明《禅真逸史》二一回:“这妇人虽是凶顽～,到此地步也只索软了。”清《醒世姻缘传》九五回:“爽俐硬邦到底,别要跌了下巴,这也不枉了做个～婆娘。”

【悍鸷】 hàn zhì 凶暴。宋张耒《送李端叔赴定州序》:“视其治军立国,骄逆～,岂特河陇间一羌酋也?”明吾谨《唐神尧罢浮屠老子法议》:“则其子之骁勇～者,将必冒法而为之矣。”

【頷頦】 hàn kē 下巴。《元曲选·小尉迟》二折:“可怎生另巍巍把咱单搦,不由我这胡髯乍满～。”清王心敬《丰川易说》卷四:“～,乃所以噬物之具。”

【頷头】 hàn tóu 点头。《法苑珠林》卷一一五:“或及语切词要义,则～微笑。”宋范浚《长老皎公书来求予诗》:“奈何哑羊僧,百语不～。”清田雯《禫祭告先妣文》:“跧伏隘湫兮二竖之鬼,向吾～兮昼揶魖魅。”

【撼雷】 hàn léi ❶ 通过摇骰子决定先后次序。宋庄绰《鸡肋编》卷上:“初开园日,酒坊两户各求优人之善者,较艺于府会。以骰子置于合子中撼之,视数多者得先,谓之～。” ❷ 形容声大如雷。宋陈傅良《又和长沙腊月雷》:“新炊顿顿匙抄玉,熟睡家家壁～。”明倪谦《风雨归庄图为钱景和赋》:“阴云蔽空如墨堆,长风入林声～。”

【撼摇】 hàn yáo 摇动。宋觉范《再和答师复》:“吾道如山欲～,群儿毁誉漫前朝。”明《徐霞客游记》卷一一下:“而木为水激,～不定。”清翟均廉《海塘录》卷一四:“是汇小石而成大石,亦难轻易～。”

hāng

【夯】 hāng 另见 bèn。❶ 扛。宋黄震《黄氏日抄》卷七二:“养兵百万,不费一夫担～力也。” ❷ 砸实地基的工具。明潘季驯《两河经略》卷二:“～杵并举,务求坚实。”清李光地《榕村语录》卷一一:“如今用土筑堤,虽极坚厚,使用～硪舂之毕,竟陷下些去。” ❸ 鼓;胀。元王和卿《拨不断·大鱼》:“胜神鳌,～风涛,脊梁上轻负着蓬莱岛。”《元曲选外编·西厢记》五本四折:“有口难言,气～破胸脯。”明吴有性《瘟疫论》卷上:“觉谷道～闷,宜作蜜箭导。” ❹ 粗。明《西洋记》七回:“长老要他变～了腰,便不会如常的屈伸。” ❺ 肥胖;粗笨。《元曲选·忍字记》一折:“你这般胖,立在我这解典库门首,知的罗是个胖和尚,不知的罗,则道是个～神儿来进宝。”明《西游记》八二回:“我老猪身子～～的,若塌了脚吊下去,不知二三年可得到底哩!” ❻ 力气大。明《西游记》四四回:“这呆子有些～力量,跳下来,把三个圣像拿在肩膊上,扛将出来。”《二刻拍案惊奇》卷一九:“莫翁看寄儿模样老实,气力粗～,也自欢喜,情愿雇请。”

【夯杭子】 hāng háng zi 即“杭杭子”。清《醒世姻缘传》六回:“傻孙!买这～做什么?留着这几钱银子,年下买瓜子嗑也是好的。”

【夯市】 hāng shì 抢劫街市。宋王偁《东都事略》卷一:“近世帝王,初举兵入京城,皆纵兵～。”金萧贡《洛阳》:“董卓搜牢连数月,郭威～又三朝。”

【夯物】 hāng wù 蠢货。清《绿牡丹》三九回:“且说鲍金花站立在台上,启朱唇,露银牙,娇声嫩语喝骂道:‘～肉货,怎敢欺吾老父!’”

【夯滞】 hāng zhì 呆笨不灵活。明《欢喜冤家》二四回:“看你这般～,只欠读书。”

háng

【行】 háng ❶ 集中的商铺;行业。《太平广记》卷二四三引《干𦞦子》:“先是西市秤～之南,有十餘亩坳下潜污之地。”明《挂枝儿·哄》:“在～中,十分真只好当三分用。”清《歧路灯》三回:“轮到小弟不成材料,把书本儿丢了,流落在生意～里。” ❷ 用在名词、代词后面,指处所或方位。《敦煌变文校注》卷四《太子成道变文(一)》:“皇宫～有诸伎女,免得交(教)人别猜疑。”《元典章·刑部七》:“刘提举那厮十二三年不曾来我～宿卧,我跟你去。” ❸ 用在名词之后,相当于后缀。元萧德祥《小孙屠》四出:“意下要买些人事,投乡外几个相识～打旋一遭。”侯克中《菩萨蛮·客中寄情》:“蜡炬～明知人情意,也垂下数行红泪。”清佚名《金兰谊》三出:“一天好事娘～应,指望着今宵欢庆。”

【行次】 háng cì 行业;差事。也指行业中的人。明陈铎《雁儿落带过得胜令·木匠》:“艺业果高强,～尽伏降。”清《红楼梦》九三回:“等这里用着你时,自然派你一个～儿。”

【行当】 háng dàng ❶ 犹“行次”。明周晖《金陵琐事》卷三:“交结缙绅,侵夺民间生理,以致富厚不赀,或寄庄于图里,或挂名于～。影射安享,并无差役。”清《红楼梦》六回:“我们这里周大娘有三个呢,还有两个周奶奶,不知是那一～的?” ❷ 勾当。宋文莹《湘山野录》卷下:“欺天～吾何有?立地机关子太乖。”明《古今小说》卷二:“欺天～人难识,立地机关鬼不知。”《醒世恒言》卷一三:“若说二郎神所为,难道神道做这等亏心～不成?” ❸ 体面;漂亮。清《大双蝴蝶》二三回:“身上着得～,区区终日毛淘。”《何典》七回:“忽见赶茶娘骨瘦如柴,陪着一个美秀而文的～小伙子坐着说话。”顾张思《土风录》卷一五:“体面曰～。行音杭,当去声。”

【行道】 háng dào ❶ 指妓女。宋元《清平山堂话本·杨温传》:“想这厮必是妓弟家中闲汉。你去他家使钱不归,我叫你归。那～怕你不去,使他跟着你。”《元曲选·曲江池》四折:“我看他脚色上写道妻李氏,想就是那妓女了。〔张千云〕那～叫做李亚仙,正是李氏。” ❷ 手段。明汪廷讷《种玉记》五出:“老爷说,书童书童,今日小试～,不久抬举你做个人下之人。”清《醒世姻缘传》五八回:“二人方知真是素姐所为,笑了一阵开手。这虽也没甚要紧,也是素姐小试～之端。”

【行第】 háng dì 排行。唐孙棨《北里志》:“皆冒假母姓,呼以女弟女兄,为之～。”宋洪迈《夷坚志》补卷一〇:“还及门,偶驻茶肆,与主人语,其～则魏十一也。”清纪昀《阅微草堂笔记》卷一五:“郑氏怪之,则诡以兄妹相逢对。郑氏以其名～相连,遂不疑。”

【行分】 háng fèn 商行的类别。宋吴自牧《梦粱录》卷一三:

"诸行百市，自和宁门杈子外至观桥下，无一家不买卖者，～最多。"

【行户】 háng hù ❶加入商行的商户。宋苏轼《司马温公行状》："后十餘日，有旨令公与御史里行陈洙同详定～利害。"明刘体乾《财用诎乏恳乞圣明节省疏》："臣又查得本寺进御果品等项原无额定，临期止凭内官小票数目交纳。及果品既进，小票随出，明日内官又复以昨日所进者卖与本寺～以备上纳。"清《醒世姻缘传》三三回："为甚拿了本钱，当了～，做这样忖害人不利市的买卖？" ❷妓院的隐称。明《醒世恒言》卷三："从来梳弄的子弟，早起时，妈儿进房贺喜，～中都来称庆，还要吃几日喜酒。"清《世无匹》一回："但姊妹家不过～生涯，原非钟情之辈。"

【行货】 háng huò ❶货物。《敦煌变文校注》卷二《庐山远公话》："(白庄)作一商客，将三五个头匹，将诸～，直向东都来卖远公。"《元曲选·合汗衫》二折："元来他将着些价高的～，〔带云〕钱钞可打甚么不紧？(唱)天那，怎引着那个年小的浑家！"清《雪月梅》七回："一分～一分钱。这样一个出色的女子，到苏州去，遇着个心爱的大老官，怕不卖他千两银子？" ❷次货；劣货。金姬志真《出观》："臭肉候来蝇，～非待价。"明陈铎《塞鸿秋·马户》："瘸瞎歪～，能行快走无一个。" ❸市货；铺行的货。明《型世言》三六回："这个倒是土货，不是～。怎口都揿匾了？" ❹隐语。a) 指杀死、劫掠、捕捉的对象。宋元《古今小说》卷三六："这汉与行院无情，一身线道，堪作你家～使用。"明沈璟《义侠记》二三出："这贼徒要浑酒来尝，当是老娘～。"清《后水浒传》六回："我打鱼半生，正愁没处讨富贵。将这个～子并迭，解到城中可也有千贯赏钱。"b) 指性器。《元曲选·灰阑记》一折："这里有个赵令史，他是风流人物，又生得驴子般一头大～。"清《野叟曝言》一四回："那女人不要看轻了他，是经过松庵和尚的大～子的哩！"c) 指妓女。明《型世言》七回："起初羞得不耐烦，渐渐也闪了脸，陪茶陪酒。终是初出～，不会捉客。"清《后水浒传》一四回："莫说是勾栏院～，不是你老娘；便是你老娘，俺老子霸占了，也不许你吱个声儿。"d) 指其他不宜直接说出的人或东西。明《拍案惊奇》卷三："一个人走将进来，将肩上叉口也似一件东西往庭中一摔，叫道：'老嬷，快拿火来，收拾～。'"清《后水浒传》二〇回："阿爷好没分晓，将一个拾来～子，作恁地抬举他。"《荡寇志》一一五回："忽听得山下人声啼哭。唐猛道：'这里又没人家，必定是伥鬼哭，想是那～来了。'" ❺用作詈词。明《金瓶梅词话》一〇回："怪～子，我不好骂你！"清《绿野仙踪》五一回："小～子，心里还怀着棒槌儿哩。"

【行家】 háng jia ❶精通某种行业的人；内行。唐织锦人诗："学织缭绫功未多，乱拈机杼错抛梭。莫教官锦～见，把此文章笑杀他。"明王衡《郁轮袍》三折："则我有本事的～卖不开也，共你无本事的先生厮对着！"清《镜花缘》八九回："余丽蓉道：'……善隶书的却不晓得。'田凤翾指着婉如道：'这位就是～。'" ❷铺行或指经营铺行的人。明汤显祖《牡丹亭》一四出："这一幅行乐图，向～裱去。叫人家收拾好些。"《醒世恒言》卷一八："施复到个相熟～来卖，见门首拥着许多卖绸的。"清袁枚《子不语》卷二〇："时出人卖丝者甚众，～以其货少，他顾生理。"

【行款】 háng kuǎn ❶(书画、格式文书)书写格式及题词落款等。明朱存理《跋夷白斋稿》："观其所书笔画端楷，～方整可爱，且无一误字，非今时之人孟浪钞写。"《型世言》一六回："或是伪印，将札上填有实历考满起送，并援纳～题请冠带。"清《隋唐演义》二二回："侵晨起来，书房里收拾礼物，开礼单～，明日与秦母拜寿。" ❷比喻依据、条款、规矩、派头。明《金瓶梅词话》三一回："西门庆道：'你每试估估价值。'伯爵道：'这个有甚～，我每怎么估得出来。'"清《醒世姻缘传》九回："吊死是真，这有甚帐？没的有偿命不成？只是大爷没有正经～，十条路凭他老人家断哩。"《绿野仙踪》二五回："说罢，两人将门儿倒关上出去了。姜氏向欧阳氏道：'你看他们大人家，用的人都是知～的。'"《歧路灯》一三回："欲待再邀隆吉上学，这隆吉已打扮成小客商～，弄成市井派头。" ❸项目；行当。清《红楼复梦》五九回："咱们先说～，再定数目。招稿、承行、跟随、签押、执事、值役、轿班、茶房、门子、仵作，这几项断不可少。"又六九回："都全亏办事家人们得力，各分～，各人领办。"

【行滥】 háng làn 指器物粗劣、不坚牢。《唐律疏议》卷二六："诸选器用之物及绢布之属，有～短狭而卖者，各杖六十。"疏："～，谓器用之物不牢不真。"《资治通鉴》卷二〇六："金银器皆～，非真物。"明方以智《通雅》卷四九："世语虚伪为何楼，始于京师有何家楼，其下皆～货。"

【行老】 háng lǎo 行业头目或经纪人。宋吴自牧《梦粱录》卷一九："凡顾倩人力及干当人……俱各有～引领，如有逃闪、将带东西，有元地脚保识人前去跟寻。"宋元《警世通言》卷三七："陶铁僧看着身上黄草布衫，卷将来风飕飕地起，便再来周～家中来。"

【行铺】 háng pù 铺行；商行与店铺。《旧唐书·食货志上》："其百姓有邸店、～及炉冶，应准式合加本户二等税者，依此税数，勘责征纳。"宋方岳《与蔡宪书》："江城凋瘵，景象苇然。方自月十日来，始有愿贾于涂者，一二～才此开张。"清《野叟曝言》六回："是我家砌墙，怎好搬别人家的砖？也不应累及～。"

【行情】 háng qíng ❶市场交易的一般价格及涨落趋势。明《杜骗新书·谋财骗》："若到二三担，则可依前价。今到二十餘担，若从前价，何以服～。"清《醒世姻缘传》一一回："谁知这样货好大～，乱抢着要换。"袁枚《子不语》卷二三："旁两僮捧参上，逐包开检，所批驳皆洞中～。" ❷情景；样子。表示情况估计。清《绿野仙踪》五四回："又知如玉经年家在试马坡嫖赌，大料这几百银子也不过是一二年的～，没有什么长寿数在他铺子中存放。"

【行市】 háng shì ❶市场；商品交易地。五代王定保《唐摭言》卷三："曲江之宴，～罗列，长安几于半空。"宋吴自牧《梦粱录》卷一三："元都市钱陌用七十七陌，近来民间减作五十陌，～通使。"明《山歌·破鬃帽歌》："帽铺家家走到，价钱个个弗等，只得反渠转来假充一个朗锁戴戴，到下桥～再寻。" ❷唐代官府掌市场采购的人员。唐太和五年十月户部度支司奏文："据屯田郎中唐扶、邓州内乡～黄润、两场仓督邓琬等，先主掌贞元二年湖南江南运到糙米至浙江。"五代王彦镕《请令晋张慈三州供郊庙羊犊奏》："当时供应羊犊，皆是前一月于度支请钱，付～人买。" ❸市场行情。《五灯会元》卷一七《台平安禅师》："有利无利，莫离～。镇州萝卜极贵，庐陵米价甚贱。"《元曲选·铁拐李》四折："恁的官法严把牛马宰，你见～紧早母猪灾。悬羊头卖狗肉赖人财，倚仗着秤儿小刀儿快。"清《红楼梦》六一回："你们深宅大院，水来伸手，饭来张口，只知鸡蛋是平常对象，那里知道外头买卖的～呢。" ❹指范围、领域。明袁宗道《论文》下："又见前辈有能诗能文之名，亦欲搦管伸纸，入此～，连篇累牍，图人称扬。"又《答陶石篑》："弇州才却大，第不奈头领牵制，不容不入他～。然自家本色时时露出，毕竟不是历下一流人。"

【行事】 háng shì 另见 xíng shì。行业。清《儒林外史》三回："比如我这～里，都是些正经有脸面的人，又是你的长亲，你怎敢在我们跟前装大？"又二四回："像这衣服、靴子，不是我们～的人可以穿得的。"

【行首】 háng shǒu 妓女中的魁首，也泛称妓女。宋朱彧《萍洲可谈》卷三："近世择姿容，习歌舞，迎送使客，侍宴女子，谓之弟子，其魁谓之～。"《元曲选·金线池》楔子："张千，与我唤的那上厅～杜蕊娘来，伏侍兄弟饮几杯酒。"明《古今小说》卷二九："柳妈妈说他不下，只得随女儿做了～，多有豪门子弟爱慕他。"又指妓院。清《续金瓶梅》六回："那京城乐户～何止一二千家，拣有好小娘的与他三百五百两，比官例账又重二分。"

【行巷】 háng xiàng 街巷，也指街坊邻居。《敦煌资料》第一辑《后唐天复九年董加盈兄弟三人分家文书》："今对姻亲～，所有些些贫资，田水家业，各自别居，分割如后。"宋石介《与张安石书》："经岁，～鸡不惊，犬不吠，盗贼不入。"元柳贯《元故将仕郎张公墓碑铭》："长者丧，～哭皆哀尽。"

【行业】 háng yè 职业。《元曲选·曲江池》三折："你只去卖笑求食，做你那本等～便了。"明《禅真后史》四回："宁可捧瓢托钵，吃一碗安逸饭，免使耽惊受气，做那下贱的～。"清《儒林外史》二五回："在下姓鲍，舍下住在水西门，原是梨园～。"

【行院】 háng yuàn ❶行帮或帮会中人。宋马庄父《孤鸾·早春》："陌上叫声，好是卖花～。玉梅对妆雪柳，闹蛾儿象生娇颤。"宋元《古今小说》卷三六："那金梁桥下一个卖酸馅的，也是我们～，姓王，名秀。"《元曲选·任风子》一折："任屠非自夸，你亲曾见，做屠户的这些～。" ❷特指妓院或乐户。元明《水浒传》六九回："我这～人家，坑陷了千千万万的人，岂争他一个！"明朱有燉《香囊怨》二折："～人家，靠那唱也不济事，讨得多少钱物养家？"清《飞龙全传》二回："惟前面有个～，内有一个妇人，姓韩名素梅，生得窈窕超群。" ❸指妓女、乐工或戏曲演员。元朱庭玉《梁州第七·妓门庭》："二十年已里，端的不曾见兀的般真～。虽是个女流辈，然住在花街柳陌，小末的谁及！"夏庭芝《青楼集·天然秀》："始嫁～王元俏。王死，再嫁焦太素治中。"明汤显祖《紫钗记》四八出："〔豪〕近间可有名姬唤来？〔保〕对门有王大姐，隔壁有刘八儿，都好。〔豪〕这怎生使得？都是些菜瓜～也。"

【行子】 háng zi 詈词。称讨厌的人或物。明《金瓶梅词话》二七回："你不知使了什么～，进去又罢了。"清《聊斋俚曲·墙头记》："我这个～真正呆，多亏了娘子你还乖。"《红楼梦》二八回："我不希罕这～，趁早儿拿了去！"

【杭杭】 háng háng 犹"行子"。清《醒世姻缘传》九九回："他在此日日乞哀，说他是抚院老爷标下的甚么中军。看他的狨腔，一定是个火头军，那有这等个狨食～做得中军之理？"

【杭杭子】 háng háng zi 即"行子"。清《醒世姻缘传》二二回："你这三个～也不是人！"又七〇回："你只别拿着这假～哄老公。"《野叟曝言》四三回："叫他举内教场的石将台，使出一身臭汗，休想挪动分毫！靳公公满口骂着：'这～，原来中看不中吃！'"

【杭货】 háng huò 同"行货❹"。指妓女。清《醒世姻缘传》四三回："众禁子们有提壶酒的、煮两个鸡子的，都拿去与张瑞风扶头，都说：'张师傅，喜你好个～么？'"

【杭唐】 háng táng 即"行唐(xíng táng)❶"。宋《朱子语类》卷一三二："此等事，本不用问人。问人只是～日子，不济事，只须低着头去做。"

【杭子】 háng zi 同"行子"。清《醒世姻缘传》三九回："我这不长进的～，只怕拐了银子走了。"又七〇回："好混帐的～呀！钱是什么，拿着命不要紧哩！"

【衏家】 háng jiā 行院家。指妓女。明孙楼《黄莺儿·嘲妓》："蠢物太懵腾，做～全不惺。情人个个忘姓名。"佚名《黄莺儿·拙妓》："蠢物太懵钝，做～全不合。少年兀自寻窠座。"

【衏衖】 háng lòng 行巷。隐指女阴。明冯惟敏《粉蝶儿·李争冬有犯》："也不是中吃的果子，原来是希烂的～。"

【衏首】 háng shǒu 同"行首"。明王玉峰《焚香记》六出："他本是信安王门下行财的班头，到那武林，将一个～苏小卿取去了。"

【衏院】 háng yuàn 同"行院❷"。清《聊斋志异·晚霞》："晚霞故吴名妓，溺水不得其尸，自念～不可复投，遂曰：'镇江蒋氏，吾婿也。'"

【衏衏】 háng yuàn 同"行院❸"。明《拍案惊奇》卷二二："把轿去教坊里请了几个有名的～前来陪侍。"《禅真逸史》一三回："兄亦欠了主张，岂有带百餘两银子，至～中作耍的道理。"

【衏衖】 háng yuàn 同"行院❷"。明郑若庸《玉玦记》六出："小子惯会帮嫖，别人请～，我专吃一味好寡醋便罢。"清袁于令《西楼记》三出："我每～人家，那里认得真？只好随花逐月过日子。"

【衏子】 háng zi 妓院。清《醉醒石》一回："南京下处，河房最贵，亦最精。西首便是贡院，对河便是～。"

hāo

【蒿】 hāo 同"薅"。明《金瓶梅词话》八九回："我把你花子腿砸折了，把淫妇鬓毛都～净了！"

【蒿歌】 hāo gē 挽歌。明沈周《送许贞葬》："～引往绋，言出郭南门。"罗洪先《罗母刘氏诔文》："～惨兮露华浓，萱阶凄兮秋雨空。"

【蒿荒】 hāo huāng 田地荒芜。唐元稹《长庆元年册尊号赦》："访闻本地多被所由侵隐，抑令贫户佃食～，百姓流亡。"常衮《放京畿丁役及免税制》："百官及府县官职田，岁月深久，多被换易，纵有本主，皆是～，虚配户人。"

【蒿混】 hāo hùn 作践；糟蹋。《元曲选外编·豫让吞炭》一折："便待要开堤灌水把军围困，攻城掠野把民～。"

【蒿恼】 hāo nǎo 搅扰。宋佚名《张协状元》五出："只被当直～，日夜骂着伊。"元孟汉卿《魔合罗》四折："投至逼迫出贼下落，搜寻得案完备，敢熬煎我鬓斑白，～的心肠碎。"清《后水浒传》三回："说他本事十分了得，我这里村人俱怕他来～。"

【蒿然】 hāo rán ❶荒芜。唐柳宗元《憎王孙文》："山之小草木，必凌挫折挽，使之瘁然后已。故王孙之居山恒～。"宋徐俯《访邹道卿故居》："～但林莽，芜废长荆棘。"元吴莱《韩蒙传》："泉脉寖竭，岁无美禾，山恒～，池多眢蔑。" ❷忧虑不安。唐杜牧《同州澄城县户工仓尉厅壁记》："天或旬而不雨，民则～四望失矣。"宋林景熙《杂咏十首酬汪镇卿》之五："予有忧世心，～见眉睫。"明何乔新《送乐安侯大尹序》："民者悲叹饮泣，～丧其乐生之心。"

【薅】 hāo 拔除；揪扯。金元好问《夏日》："雨晴看烂漫，草径莫令～。"明徐霖《绣襦记》二九出："叫小厮～了他的鬓毛！"清《绮楼重梦》一四回："～了他一只耳朵，扯了出去。"

【薅恼】 hāo nǎo ❶同"蒿恼"。元明《水浒传》二回："这厮们大弄，必要来～村坊。"清方成培《雷峰塔》三一出："又在金山寺～法海禅师，被他将钵盂收伏，压在雷峰塔底。"《野叟曝言》二四回："他若来～，便开除了他；若肯倾心，便自收伏。" ❷烦恼。清《聊斋志异·念秧》："生平不曾跋涉，扑面尘沙，使人～。"《女仙外史》四八回："及朱曦一出，蒸蒸湿热，更为～。"

háo

【号悲】 háo bēi 悲号；悲鸣。唐孟郊《戏赠无本》："长安秋声干，木叶相～。"元吴莱《烈女引楚樊姬作》："草木兮芬芳，鸟兽兮～。"清《聊斋志异·云翠仙》："言未已，众眦裂，悉以锐簪、剪刀股攒刺胁髁，才～乞命。"

【号吼】 háo hǒu 吼叫；发出巨声。唐吕温《凌烟阁勋臣赞·李英公勣》："～连声，如雷如霆，万里震惊。"宋李石《续博物志》卷三："牡象死，共埋之，～其处乃散。"明《西游记》四九回："忽然见波浪翻腾，喊声～，八戒先跳上岸道：'来了，来了！'"

【号丧】 háo sāng 詈词。啼哭。清《红楼梦》六九回："好好的成天家～，背地里咒二奶奶和我早死了，他好和二爷一心一计的过。"

【号丧棒】 háo sāng bàng 即"哭丧棒"。清《后水浒传》三八回："这杆号丧鸟棒，只今觑着却静地没捞夺。"又："兀地老马喝叫点火，跳夺恁杆号丧鸟棒来还哥哥！"

【号控】 háo kòng 哀号控诉。明王守仁《四乞省葬疏》："臣不胜痛陨，苦切～，哀祈之至。"清李玉《清忠谱》八出："圣上既在海子内，只素趱行，到彼～便了。"

【号啕痛】 háo táo tòng "号啕痛哭"的歇后语。指哭。明《金瓶梅词话》七六回："小大官儿，怎的～，剜墙拱？"清《醒世姻缘传》三回："不消去查，是你秋胡戏，从头里就～了。"

【亳楮】 háo chǔ 笔和纸。亦指书册。唐张彦远《法书要录》卷二："此亦非可仓卒运于～。"宋《三朝北盟会编》卷五〇："其事数十万言，岂～所能载？"清王式丹《题徐昭法先生涧上草堂画》："铁函荒井抱遗编，时有风流照～。"

【亳光】 háo guāng 神圣之光。传说释迦牟尼有白亳眉，能放光。《敦煌变文校注》卷五《妙法莲华经讲经文(四)》："胸前万字依依现，足下千轮隐隐彰。顶上便分青绀发，眉间也放白～。"唐卢照邻《悲人生》："放～而普照，尽法界与虚空。"《元曲选·生金阁》四折："有那虔心的人，拜三五拜，塔尖上有五色～真佛出现。"清《续金瓶梅》五七回："他生的面如满月，眉有～，果然有罗汉的威严、天人的相貌。"或用来打趣头剃得光。《元曲选外编·西厢记》一本二折："既不沙，却怎睃趁着你头上放～？打扮的特来晃。"

【亳忽】 háo hū 两种极微小的计量单位。指数量小或程度低，犹言些微、丝亳。宋《二程遗书》卷二一上："必欲穷象之隐微，尽数之～，乃寻流逐末，术家之所尚，非儒者之所务也。"明张介宾《景岳全书》卷二八："遂以二陈汤加生姜煎而与之，～无效。"清《醒世姻缘传》三四回："你那命里边不是你应得之物，你就要强求分厘～，他也不肯叫你招来。"

【亳黍】 háo shǔ 亳毛和米黍。形容量极少。宋周必大《文忠集附录》卷三："始终声名无～玷缺。"元张养浩《有莘王氏先德碑铭》："先生世名端人，文不溢美，苟浮于实，～无所假借。"清王毓贤《绘事备考》卷四："后主命匠氏校之，曾无～差忒。"

【亳丝】 háo sī 犹"亳忽"。丝，也是极微小的计量单位。宋彭汝砺《永兴道中有感》："天地百年俱梦幻，可能于尔较～。"明《古今列女传》卷一："后谨畏深抑，外家无～假贷。"清《歧路灯》三一回："如何分厘～都记得这样明白，想这买衣服，是你经手？"

【亳星】 háo xīng 衡器上的计量标志。元古本《老乞大》："那秤、等子都是官做的。秤竿、秤锤、～、秤钩子都有。"

【亳铢】 háo zhū 犹"亳忽"。铢，微小的重量单位。唐沈亚之《郭常传》："夫贩贾之人，细度而狭见，终日希售榷买，计量于～之间。"宋晁迥《道院集要》卷二："所得未～，所丧如山崖。"元马祖常《建白一十五事》："～一失，利害悬绝。"

【亳子】 háo zi 一点点，形容量极少。宋《朱子语类》卷九六："这处难说，只争一～。只是看来看去，待自见得。"

【豪霸】 háo bà ❶依仗权势，欺压别人。宋王栢《社仓利害书》："所以乡之善士不愿委请，而多方脱免，词讼反至纷纷。其甘心任责者，率是～之人。"周密《癸辛杂识》续集卷上："有宗允者，见为寺主，多蓄宝货，～一方。" ❷有权势之恶霸。宋元《古今小说》卷三九："曾登乡荐，有财有势，专一武断乡曲，把持官府，为一乡之～。"清孙承泽《元朝典故编年考》卷五："今张天师纵情姬爱，广置田庄，招揽权势，凌铄官府，乃江南一大～也。"

【豪嘈】 háo cáo 形容声音宏大而急促。唐元稹《琵琶歌》："凉州大遍最～，六幺散序多笼捻。"清吴伟业《琵琶行序》："白生为予朗弹一曲，乃先帝十七年以来事，叙述乱离，～凄切。"

【豪粗】 háo cū 粗犷鲁莽。宋文莹《玉壶野史》卷九："仁规～无术，乘恚上书，颇肆抵忤，几无君臣之分。"明李梦阳《方山子集序》："郑生既～负气，于是玩世轻物，见王公大人不问新故便长揖抗礼，以是人多病其不逊。"清洪昇《长生殿》一〇出："俺非是爱酒的闲陶令，也不学使酒的莽灌夫，一谜价痛饮兴～。"

【豪宕】 háo dàng ❶同"豪荡❶"。金元好问《送诗人李正甫》："秦游得～，晋产餘真淳。"明《石点头》卷九："仆不肖，以～性情，不入时人耳目。"清纪昀《阅微草堂笔记》卷七："一日，见幼妇立檐下，态殊妩媚，心知为狐。少年～，意殊不惧。" ❷同"豪荡❷"。明《拍案惊奇》卷九："台谏官员看见同佥富贵～，上本参论他赃私。"

【豪荡】 háo dàng ❶豪迈奔放，不受拘束。唐杜甫《观公孙大娘弟子舞剑器行序》："往者吴人张旭善草书书帖，数尝于邺县见公孙大娘舞西河剑器，自此草书长进，～感激。" ❷奢华不节俭。唐《贾氏谈录》："京兆户民尚斗鸡走犬之戏，习以为业，罕有勤稼者。盖～之俗，犹存餘态尔。"清《续金瓶梅》一二回："京城私窝钻狗洞，也都在这营卫人家里。他这些人～淫奢，比着良民不同。"

【豪犷】 háo guǎng 强悍粗野。宋周密《齐东野语》卷七："璞素～，持一邑短长。"明倪岳《赠长沙府知府王君赴官序》："其士习则好文而尚义，其民性则决烈而劲直，故习之相近，固多问学志节之风，而性之所染，亦多～桀骜之态。"

【豪棍】 háo gùn 豪霸；恶棍。明温纯《仰体圣明宥过至意恳乞恩怜疏》："若谓华钰受人阴嘱而潜令～鼓噪，严阻书算供役，又怒褫委官吴应瑞等冠带，恐华钰不敢若是悖也。"清傅泽洪《行水金鉴》卷六五："以上诸口，俱被～盐徒渔利阻塞。"

【豪光】 háo guāng 同"亳光"。宋高翥《育王寺》："遍谒僧房尝苦茗，闲听社媪说～。"明唐顺之《武编》前集卷六："五色～绕其身。"

【豪悍】 háo hàn 豪纵强悍。宋《三朝北盟会编》卷一二一："惟兵为最～，城市货物至强持去。"明田汝成《西湖游览志餘》卷四："内无靡丽之夸以散越其精，外无～之胁以亏疏其气。"清《九云记》五回："傍边列坐着几个挺脑叠肚、指手画脚的～仆夫，说东谈西。"

【豪横】 háo hèng ❶势力大而蛮横。唐郑处诲《明皇杂录》卷下："禄山～跋扈，远近忧之。"明邵璨《香囊记》三六出："这个赵舍人家势～，临期定来促逼。”清《儒林外史》一二回：“如此招摇～，恐怕亦非所宜。” ❷ 指势力大而蛮横的人或势力。明《醒世恒言》卷三九：“莅任之后，摘伏发隐，不畏～。”清《醒世姻缘传》一二回：“恶人藏，善者庆。剪强梁，剔～。”

【豪忽】 háo hū ❶ 猛烈急骤。宋欧阳修《喜雪示徐生》：“寒风借天势，～肆陵轹。” ❷ 同“毫忽”。元邓文原《苏府君墓表》：“君得书必手钞校雠，无～舛异乃已。”清《春秋传说汇纂》卷首上：“义理最是斟酌，～不差。”

【豪狡】 háo jiǎo 有权势的奸猾之人。明李乐《见闻杂记》卷六：“大抵钟为治，专戢～，抚善良。”徐祯卿《故瑞州府知府李公碑文》：“李大夫既长法令刑理，又善穷人情，决狱不宿，于是郡治清而～屏迹矣。”

【豪叫】 háo jiào 大叫。元圆至《赠魁天纪》：“拈笔诗成首首新，喜来～欲攀云。”明溥治《题王冕梅花揭篷图》：“酒酣～呼霜鵵，宝泓倒饮隃麋熏。”

【豪俊】 háo jùn 豪奢；奢华。宋孔平仲《续世说》卷九：“潘孟阳气尚～，不拘小节，居第颇极华峻。”《元曲选·渔樵记》三折：“到如今白马红缨彩色新，一弄儿多～。”

【豪客】 háo kè ❶ 豪奢之人。唐佚名《桂苑丛谈》：“满身珠翠将何用？唯与～拂象床。大患此也。”元乔吉《一枝花·合筝》：“佳人娇和曲，～醉弹筝。”明梅鼎祚《玉合记》七出：“～贵人，郎君不以妾一见，而见一穷士，真高义也。” ❷ 豪情纵放之人。宋王之道《归朝欢·对雪追和东坡词》：“长安道上正骑驴，蔡州城里谁坚壁。表表风尘物，瑶林琼宇三～。对分毫、连珠唱玉，竞把诗笺掷。”明汪廷讷《狮吼记》八出：“〔小生〕既无车马纷纭至，又将市井喧嚣避。〔老旦〕只与～真僧世外期。”清《绿野仙踪》三回：“今正务少暇，约君来共作高阳～，不知先生亦有平原之兴致否？” ❸ 侠客。《太平广记》卷四七五引《异闻录》：“嗜酒使气，不守细行，累巨产，养～。”明汤显祖《紫钗记》六出：“问俺名姓，黄衫～是也。” ❹ 强盗。《太平广记》卷二七〇引《玉堂闲话》：“其日与妻偕憩于坡之半双柳树下，大咤曰：‘闻此素多～，岂无一人与吾曹决胜负乎！’言粗毕，有五六盗自丛薄间跃出。”明《禅真逸史》一一回：“这班人决是绿林～，俺做了半世英雄，不期将性命送于此地。”清纪昀《阅微草堂笔记》卷一五：“及观所属笔札，则绿林～也。无可如何，姑且依止。”

【豪夸】 háo kuā 虚夸；夸耀。宋梅尧臣《看花呈子华内翰》：“虽传此景无分到，但讶习惯犹～。”元卢挚《蟾宫曲·金陵怀古》：“记当年六代～。甚江令归来，玉树无花。”明潘希曾《跋先世遗翰三首》：“故形之声诗，率皆冲淡萧散，而无枯槁迫促、纤靡～之病。”

【豪快】 háo kuài 豪放痛快。宋梅尧臣《四月二十七日与王正仲饮》：“是时～不顾俗，留守赠榼少尹俱。”明《情史·情豪·陈慥》：“后制于内，放侍女习道，故坡公有河东狮吼之诮。然生平曾有此一番～，亦足消胸中垒块矣！”清王士禛《池北偶谈》卷二二：“乃立以百金偿之，其～如此。”

【豪旷】 háo kuàng 豪放旷达。《新唐书·王晙传》：“长～，不乐为衔检事。”明徐一夔《送清源师还天界寺序》：“欧阳公于秘演则称其～，于惟俨则称其介特。”清《梦中缘》三回：“吾兄举动～，正所谓文人而兼侠士之风。”

【豪猛】 háo měng 豪壮。宋苏轼《送参寥师》：“颓然寄淡泊，谁与发～。”元张宪《食葵行》：“书生～不减此，灯下漆盘生剑痕。”

【豪怒】 háo nù 盛怒。宋司马光《又和二月五日夜风雪》：“春风正～，夜雪复飘扬。”叶適《宝婺观记》：“其或不然，～，使酒激而为狂。”

【豪肆】 háo sì ❶ 恣纵放肆。《新唐书·韦贯之传》：“帝舅郑光主墅吏～，积年不输官赋。”明宗臣《赠巡台斗山樊公序》：“夫盗贼之起，莫不由于吏贪而，～狱冤而市扰，事繁而财匮。” ❷ 豪放恣肆。宋王正德《余师录》卷二：“至于华藻组绣，～放荡，众体具备而卒归于雅正。”明毕自严《刻曹长庚诗序》：“长庚意气～，才情横逸，儒、释、道诸书无不读。”

【豪旺】 háo wàng 强壮旺盛。《元曲选·冻苏秦》三折：“这都是剥民脂膏养的能～，腌情况，甚纪纲。”明朱橚《普济方》卷二五〇：“如独居无妇，阳气～不可当。”

【豪武】 háo wǔ ❶ 英勇威武，或指称英勇威武之士。宋蔡襄《乞置乡兵》：“择其乡里～者为总领。”叶適《送别李毅高宣教》：“堪叹娲皇六叶孙，直将～盖诸昆。” ❷ 强横。元陆文圭《慈悟居士墓志铭》：“与人言姁姁，如恐伤之，无一点～气。”明沈德符《万历野获编》卷二八：“初江令吴江，与乡绅之～者不协，遂造谤书去。”

【豪犀】 háo xī 华美的鬓梳。犀，犀角，制梳材料。明董斯张《广博物志》卷三九：“～，刷鬓器也。”清彭孙遹《浣溪纱·和漱玉词》二：“夜畔～间玉梳，新妆才罢晓寒初。”陈维崧《蝶恋花·斗叶》：“百子枝花香粉浥。郎是桩家，好把～厌。”

【豪燥】 háo zào 痛快；爽利。明《醒世恒言》卷三：“美娘连吃了二碗，胸中虽然略觉～，身子兀自倦怠。”清《缀白裘》一集卷二：“我里是介吃法弗好，拿两只大碗得来吃两碗，～点。”

【豪竹】 háo zhú 代称管乐器。豪，形容其声音雄壮。唐杜甫《醉为马所坠诸公携酒相看》：“酒肉如山又一时，初筵哀丝动～。”清朱彝尊《读叶司城嵩游草赋赠》：“投我嵩阳咏百篇，胜听哀丝与～。”

【嚎】 háo ❶ 吼；大声叫。宋梅尧臣《题嘉兴永乐院檇李亭》：“蒲根蛙怒～，城上乌夜鸣。”《元曲选·两世姻缘》一折：“狗沁歌～了几声，鸡爪风扭了半边。”清魏裔介《南游记》：“狼狐之类，白昼纵横，人立而～。” ❷ 大声哭。元成廷圭《三月十五陪乌本初同金李希颜祭》：“诸将赴河同日死，万家～地几人生？”明《西游记》三九回：“哭有几样。若干着口喊谓之～，扭搜出些眼泪儿来谓之啕。”清《再生缘》四〇回：“言完含悲连顿首，刘侯夫人放声～。”

【嚎呼】 háo hū 哭喊；大声叫。宋梅尧臣《新霜感》：“隔棺三寸地，如在万里乡，～不闻声，饮食空置旁。”清陈端生《再生缘》二六回：“战船乱走难分队，将士～不举刀。”

【嚎叫】 háo jiào 犹“嚎呼”。清《野叟曝言》一〇九回：“到得初更时分，景王忽然～说，都梁、都昌两王把拶指拶他。”《飞龙全传》四〇回：“他整日里只说我们没用，道是没有沾着，就要～。”

【嚎哭】 háo kū 大声哭。《说郛》卷一一二下引唐韩若云《韩仙传》：“彼～曰：‘挞之者我也，汝何以诬我师耶！’”元明《水浒传》六七回：“看觑老小时，十损八九。众皆～不已。”清《红楼梦》一四回：“于是里外男女上下，见凤姐出声，都忙忙接声～。”

【嚎泣】 háo qì 哭泣。《说郛》卷一一二下引唐韩若云《韩仙传》：“中宵予亦遁，叔～大索，三月不能得。”清《万花楼》五九回：“黑暗中隐隐鬼声～，又闻处处铜锤铁链之声。”

【嚎吠】 háo fèi （狗）大声叫。明《二刻拍案惊奇》卷三九：“贫儿屏气吞声，蹲踞墙外。又被群犬～，赶来咋啮。”

【嚎丧】 háo sāng ❶ 哭丧；有丧事人家吊唁、守灵的人哭号。清《红楼梦》一一〇回：“虽在那里～，见了奶奶姑娘们来了，他在孝幔子里头净偷着眼儿瞧人呢。”❷哭的詈词。清《醒世姻缘传》六〇回：“各人忙乱正经的事，凭那龙氏数黄道黑的～。”又七四回：“龙氏叫天叫地的怪哭，素姐吆喝道：‘待怎么呀？没要紧的～！’”

【嚎啕】háo táo 大声哭貌，也指大声哭。唐易静《兵要望江南·占日》：“两日斗，少时及明朝。倘或必闻如此兆，外藩草莽竞兴妖，进步即～。”《元曲选·梧桐雨》四折：“把太真妃放声高叫，叫不应，雨泪～。”清《红楼梦》一〇五回：“一声未了，便～的哭起来。”

hǎo

【好】hǎo ❶平安；健康；痊愈。唐李显《劳契丹李失活诏》：“卿等涉路远来，得平安～否？”《元曲选·赵氏孤儿》二折：“自从我罢官之后，众宰辅每～么？”清《儒林外史》一回：“只说他抱病在家，不能就来，一两日间～了就到。”❷副词。a）表示程度深。十分；实在；多么。唐赵嘏《江上逢许逸人》：“清秋华发～相似，却把钓竿归去来。”元尚仲贤《三夺槊》二折：“被这秋气重金疮越发作，～交我痛苦难消。”清《红楼梦》三六回：“嗳哟，～鲜亮活计！”b）用于时间点。恰；正。唐刘禹锡《酬皇甫十》：“何况菊香新酒熟，神州司马～狂时。”清《霓裳续谱·散尘烟》：“柔肠如醉，拥着被儿睡。～待要梦儿中远赴天涯，折证我两地的相思，又被那檐铃撼起。”c）表示反诘。怎；岂。唐杜甫《奉陪郑驸马韦曲》：“绿尊虽尽日，白发～禁春！”刘允济《怨情》：“愁来～自抑，念切已含嚬。”《元曲选·窦娥冤》四折：“〔窦天章云〕张驴儿，那蔡婆婆是你的后母么？〔张驴儿云〕母亲～冒认的？委实是。”d）用在数量词前，表示多或久。《元曲选·窦娥冤》四折：“我唤你～几次，你再也不应。”元明《水浒传》一五回：“原来却是教授，～两年不曾见面。”清《醒世姻缘传》三八回：“家里摆下了～多少酒席，城里都下来多少亲戚，等着明日晌午迎贺。”e）将；将要。明《西游记》九九回：“行经多半日，将次天晚，～近东岸。”清《荡寇志》七七回：“你那姨夫就在城里，明日此刻光景～到也。”❸语气助词。用于句末，表示劝诫。《祖堂集》卷七《雪峰和尚》：“悟人且是阿谁分上事，亦须着精神～。”又卷一〇《玄沙和尚》：“佛法不是这个道理也，须仔细～！”❹应答词。表示同意、赞许、释怀等。宋元《警世通言》卷三七：“尹宗在路上说与万秀娘道：‘……你到我家中，实把这件事说与我娘道。’万秀娘听得道：‘～。’”《元曲选·救风尘》三折：“〔正旦云〕休买羊，我车上有个熟羊哩。〔周舍云〕～，～，～！待我买红去。”清《儒林外史》三回：“范老爷怕的，莫过于肉案子上胡老爹。～了！快寻胡老爹来！”❺用作反语。表示不满或责难等。宋元《清平山堂话本·简帖和尚》：“那妮子吃不得打，口中道出一句来：‘三个月殿直出去，小娘子夜夜和个人睡。’皇甫殿直道：‘～也！’”《元曲选·窦娥冤》二折：“～也！你把我老子药死了，更待干罢！”清《红楼梦》六七回：“凤姐儿一见，便说：‘～小子啊！你和你爷办的好事啊！’”

【好便】hǎo biàn 方便；便于。宋黄庭坚《蓦山溪》：“春尽也，有南风，～回帆去。”洪迈《夷坚志》三己卷四：“此去我乡里难得～。今日逢故人，殆是天幸。”清《凤凰池》二回：“尊舟何处？～明日拜望尊公。”

【好便似】hǎo biàn sì 犹“恰便似”。明赵南星《山坡羊》：“知感你～顶戴龙天。嚦咵嚛，使尽了殷勤。”《西游记》五四回：“一时间骨软筋麻，～雪狮子向火，不觉的都化去也。”

【好不】hǎo bù 副词。❶表示对否定的强调。极不；很不。《敦煌变文校注》卷三《燕子赋（一）》：“者汉大痴，～自知。恰见宽纵，苟徒（图）过时。”《元曲选·汉宫秋》二折：“汉皇帝以公主尚幼为辞，我心中～自在。”清《万花楼》二七回：“～中用的莽夫！来时雄赳赳的样子，不烦老汉舌尖儿点，一阵烟去了。”❷表示程度深。着实；十分。宋《五代史平话·汉上》：“将个妹妹嫁与一个事马的驱口，教咱兄弟～羞了面皮！”明《挂枝儿·伤病》：“我见你容消瘦，～伤怀。”清《红楼梦》一一回：“秦氏也有几日好些，也有几日仍是那样。贾珍、尤氏、贾蓉～焦心。”

【好不好】hǎo bù hǎo ❶用在语义相反的“×不×”结构中，表示说不上好（或坏）。元刘庭信《折桂令·忆别》：“正是～恶不恶的姻缘，正撞着死不死活不活的时节。”❷用于询问或判断，指实义的好或者不好。明徐复祚《投梭记》二〇出：“这枯杨底下第三只船舱里坐的就是。如何？～？〔外看介〕人物果然去得。”《挂枝儿·问课》：“一问他～，二问他来不来。”清《绿野仙踪》二八回：“我也不知他做的～，但没一个不说他是大学问人。”❸用于征询、商量，为虚义的好或者不好，犹言行不行、怎么样。明《金瓶梅词话》二一回：“咱安排一席酒儿，请他爹和大姐姐坐坐儿，～？”清《红楼梦》四回：“我带了你妹子投你姨娘家去，你道～？”《歧路灯》六回：“读一会儿书，端福儿来楼上跟你睡。你说～？”❹用于假设或虚拟的情况。a）表示不管怎样，好或是不好。明《金瓶梅词话》二〇回：“～就有妈哩！不妨事，随他发作。”清《后西游记》一八回：“计是还有一条，倒可两全，说来～，大王不要又埋怨。”b）表示不如意，倘若不顺心、不好的话。明《金瓶梅词话》五〇回：“～拿到衙门里去，交他且试试新夹棍着！”清《续金瓶梅》三二回：“如今咱两个把他试试，～打发他上路。”《警寤钟》一回：“～送你到水晶宫，现出本相来！”c）表示如意，倘若顺利的话。清《警寤钟》一五回：“我有个熟店，我去竟替你买米，不但包你便宜，～还要教他管你送到家哩。”❺表示经常的行为。动辄；动不动。清《野叟曝言》四五回：“有一身好武艺，寺里都是害怕，～就打一顿死。”《姑妄言》二〇回：“不能纺织了，专靠儿子度日。～便不许他吃饭。”❻表示倾向于肯定的提议。是否；能不能。清《续金瓶梅》二七回：“他说是两个妇人，要顺路回山东去，～带在船梢上，也多撰几钱银子。”又五三回：“俺丈夫是个秀才，生的人物也好，只是这件事上再不曾打发个足心。我今日可尝着滋味了，～把他杀了，咱一处过去吧。”❼偏指好，犹言多么好，是一种委婉表达。清陈端生《再生缘》二一回：“我们一个庄户人家，承继了干儿，现就带挈做了四品的官衔，你说～！”《姑妄言》二〇回：“不但治好了病，又传了我这个方儿，你说～！”

【好采】hǎo cǎi ❶同“好彩❶”。明刘绩《放歌行》：“也知六博无高手，时至君看～来。”徐祯卿《将进酒》：“朱缗三千酒一石，君呼六博我当掷。盘中～颜如花，鸳鸯分翅真可夸。”❷同“好彩❷”。《五灯会元》卷一三《跉珏和尚》：“师曰：‘虽脱毛衣，犹披鳞甲。’曰：‘～和尚具大慈悲。’师曰：‘尽力道，也出老僧格不得。’”宋周邦彦《归去难·期约》：“如今信我，委的论长远。～无可怨。”❸同“好彩❸”。宋许棐《选官图》：“纵有黄金无～，也难平白到公卿。”

【好彩】hǎo cǎi ❶好彩头；赌博中可以获彩（利物）的花色。唐李白《送外甥郑灌从军》之一：“六博争雄～来，全盘一掷万人开。”❷幸而；有幸。《联灯会要》卷九《临济义玄禅师》评语：“临济也粗心，～是这僧。若是今时衲僧，且作么生出得？”宋克勤《碧岩录》卷一：“既是打葛藤颂了，因何却道君自看？～教尔自看。且道，意落在什么处？”❸运气；好运。清《绣戈袍》八回：

"月娟被主妇诬捏,幸众人解脱,便道是个十分～,那敢再去疑他?"

【好吃】 hǎo chī 味道好;可口。宋《朱子语类》卷一二〇:"譬如饮食,须见那个是～,那个滋味是如何,不成说道都～。"明《西游记》四五回:"师兄,～么?"清《红楼梦》三五回:"你既说不～,这会子说～也不给你吃了。"

【好处】 hǎo chǔ 另见 hǎo chù。容易处理;好办。明《西游记》七五回:"别事～,这三条火龙难为。"《二刻拍案惊奇》卷三七:"千金也～,只是如何送去?"

【好处】 hǎo chù 另见 hǎo chǔ。❶ 好的、精彩的时候或时机。唐韩愈《早春呈水部张十八员外》之一:"最是一年春～,绝胜烟柳满皇都。"明《西游记》八回:"他两个正杀到～,观世音在半空中抛下莲花,隔开钯杖。" ❷ 益处;恩惠。《敦煌变文校注》卷三《燕子赋(一)》:"更被枷禁不休,于身有阿没～?乃是自招祸祟,不得怨他灶祖。"元明《水浒传》二八回:"我是个囚徒,犯罪的人,又不曾有半点～到管营相公处,他如何送东西与我吃?"清李玉《清忠谱》二四折:"莫非感我～,送些东西与我们将息么?" ❸ 优点;长处。宋《朱子语类》卷二七:"然清虚寡欲,这又是他～。"《元曲选·金线池》一折:"那韩辅臣有甚么～,你要嫁他?"清《红楼梦》三五回:"黛玉看了不觉点头,想起有父母的人的～来,早又泪珠满面。" ❹ 福分;好运。宋洪迈《夷坚志》丁卷一:"使君虽被召,而前程不见～,殆难面君也。"元马致远《青杏子·姻缘》:"休道姻缘难成就,～要人消受。终须是配偶,偏甚先教沈郎瘦。"清《醒世姻缘传》二一回:"这个孩子有～,怎么可可的叫我穿了吉服迎你们的喜报!" ❺ 好意;好事。《元曲选外编·西厢记》三本二折:"万事自有分定,谁想小姐有此一场～。"明《金瓶梅词话》一三回:"你改日另治一席酒请他,只当回席,也是～。"清《玉蜻蜓·问卜》:"唔没打子三铜钱白酒,一块豆腐,搭吾拦门羹饭搁一碗,也是唔与吾夫妻一场个～。"

【好歹】 hǎo dǎi ❶ 好和坏。《元曲选·张天师》三折:"你休那里便伶牙俐齿,调三斡四,说人～,许人暧昧,损人行止。"明《西游记》三回:"这些猴不知～,都来拿那宝贝。"清李渔《闲情偶寄》卷二:"非特一本戏文之节目全于此处埋根,而作此一本戏文之～,亦即于此时定价。"引申指状况。元刘一清《钱塘遗事》卷九:"每日委监察御史等官觉问,逐一宣问茶饭～。" ❷ 前程;结果;分晓。元周德清《一枝花·遗张伯元》:"运斧般门志何大!出削个～,但成个架格,未敢望将如栋梁采。"《元曲选·争报恩》一折:"若有些儿～,我少不得报答姐姐之恩。"明《西游记》一八回:"容易,容易!入夜之时,就见～。" ❸ 指不好的结果;意外变故。《元曲选·东堂老》楔子:"这老儿若有些～,都是我手下卖了的。"明杨铭《正统临戎录》:"你不愿去时,不强教你去。有些～时,你也不要怨我。"清《红楼梦》五七回:"倘或老太太一时有个～,那时虽也完事,只怕耽误了时光。" ❹ 副词。a) 无论如何;不管怎样。多用于祈使。《元曲选·金线池》一折:"俺女儿心心念念,只要嫁韩秀才。我～偏不嫁他。"明《金瓶梅词话》一七回:"累你～说声,你二娘等着哩。"清《红楼梦》一六回:"到有一件正经事,奶奶～记在心里。" b) 勉强;将就;凑合。明杨铭《正统临戎录》:"我是个女人,我的言语到得那里。我的官人洗手时,递着揩手的手帕时,～也说得一句话。"《西游记》二五回:"这一向不曾洗澡,有些儿皮肤燥痒,～荡荡,足感盛情。"清《红楼梦》七三回:"这些日子只说不提了,偏又丢生,早知该天天～温习些的。" c) 总算;终于。《元曲选·救孝子》三折:"兀那小厮见他那母亲在这里,左来右来,不肯招。我支转这婆子,那小厮～招了。"明杨铭《正统临戎录》:"你不要心急。你得时候到了时,留不住,自然回去了,～见娘娘。"汤显祖《牡丹亭》三二出:"〔旦〕可知道,奴家便是画中人也。〔生合掌谢画介〕小生烧的香到哩。姐姐,你～表白一些儿。" d) 总要;必得。元古本《老乞大》:"俺卖了这人参、毛施帖里布时,不拣几日,～等你来。咱商量买回去的行货。"明柯丹邱《荆钗记》九出:"我儿,这就不是了,怎么拦门拜?诗礼人家,只像小家子出身,～等姑娘坐定了拜才是。"清《红楼梦》七七回:"他们做不得主,你～求求太太去。" e) 必定;一定会。《元曲选·窦娥冤》二折:"我讨服毒药与他吃了,药死那老婆子,这小妮子～做我的老婆。"又《金线池》二折:"姐姐,你休烦恼,姐夫～来家也!"清《绿野仙踪》七五回:"嗣后你要看我行事,～有等着老贼的日子。"

【好待】 hǎo dài ❶ 该要;将要。《元曲选·竹叶舟》二折:"兀那呆厮陈季卿,这蚤晚～来也。"明袁于令《双莺传》六折:"政值那月坠灯销时候,～绸缪。谁知片时别泪流!"《金瓶梅》五二回:"爹又使他往门外徐家催银子去了,也～来也。"按,《词话》本作"待好",意同。 ❷ 使;让。明《醋葫芦》五回:"前日说的亲事,特来讨个回覆。如妥,～他家趁早备办妆奁。"清《女仙外史》七九回:"快把他的军师来交还我,依旧放去,～他砍掉你们的脑袋,泄泄我胸中的忿气。"《玉蜻蜓·认母》:"遗嘱临终旧汗衫,付我收藏为信物,惟愿临盆得产男,送归家内传香火,～张氏娘娘认子看。" ❸ 表示使目的容易实现。以便;便于。清《十二楼·夺锦楼》一回:"少不得这两头活鹿有一头到他,所以预为之计,要把轻重肥瘦估量在胸中,～临时牵取。"《野叟曝言》一四五回:"公公伯若要知道那道士装式,及凶恶之处,须得坐下,～我老人家细细说来。"

【好耽耽】 hǎo dān dān 即"好端端"。明《二刻拍案惊奇》卷三六:"我～坐在这里,却与谁有约来?把这等话脏污我!"又卷三九:"不知你家嫂子几时不见了,我～在家里,却来问我要人!"

【好道】 hǎo dào ❶ 总算;可以说。明《二刻拍案惊奇》卷二:"奴家何曾失甚么信?原只说自当重报,而今也～不轻了。"《西湖二集》卷一二:"毕竟到'落花红满地',做个'锺馗抹额',～也胜如'将军挂印'。" ❷ 好歹;不管怎样。明《西游记》二三回:"这娘子告诵你话,你怎么佯佯不睬?～也做个理会是。"《石点头》卷一三:"如今与他歪厮缠,仍要换回,就凭众人酌中处,～也各分一半。"清《荡寇志》八九回:"你得了便宜便走,～教你走不脱,速去追赶。" ❸ 表示推测。或许;可能。明《西游记》二〇回:"若是你不辛苦,不懒说话,～活活的聒杀我!"《西湖二集》卷一三:"夜间走进一试,～满载而归,做他个财主。"清《荡寇志》一〇三回:"每日山中采猎,至午而归,此刻～就回来也。" ❹ 表示情理必然的推测。必定;多半。明《西游记》四九回:"照他顶门上着着实实一下!纵然打不死他,～也护疼发晕。"清《荡寇志》九一回:"待贼兵追来,两路截杀。此刻～得胜也。"又一四〇回:"这是禅门七日大定的工夫,已得了如来正法眼藏。再不数日,～了当也。" ❺ 用于反问。难道;为何。明叶宪祖《夭桃纨扇》八折:"石先生为何不饮?～是'筵前无乐不成欢'?小厮们!叫家乐出来。"《西游记》二六回:"既不是人家奴才,～叫做添寿、添福、添禄?"《醒世恒言》卷三五:"总有也是他挣下的,～拿他的不成?" ❻ 终归;到底。明《西游记》二七回:"那长老左右躲不脱,～也受了一拜。"《西湖二集》卷一四:"好端端一位女娘,霎时间变出这场怪异,～不明白。" ❼ 好像;好似。清《荡寇志》七六回:"你这丫头,见了厮杀,～撞见了亲外婆。"

【好的】 hǎo de ❶ 质量高的;完整的;优秀的。元施惠《幽闺记》二二出:"〔丑〕有好下饭。〔生〕只把～拿来,吃了算帐。"《元曲选·盆儿鬼》三折："许了俺一个盆儿，若多时才与得俺。也该拣一个～，怎生与俺个破声雌雌的？"清《红楼梦》二〇回："你敢挑宝姐姐的短处，就算你是～。"或指好的东西。明《金瓶梅词话》三一回："我有个～儿，教他替我收着。"清《白雪遗音·瓜子仁》："瓜子仁，本不是稀奇之货，纸儿包，汗巾裹，送与奴情哥。～不用多，一颗敌十颗。" ❷ 用于比较，表示不甚如意的条件也可以接受。《元曲选·鲁斋郎》二折："他便要我张珪的头，不怕我不就送去与他；如今只要你做个夫人，也还算是～。"明许自昌《水浒记》一〇出："不要说劫将来可以肥家，就是供我们的酒资，亦是～。"清《镜花缘》九回："妹夫既会撺高，为甚不去摘他几个？解解口渴，也是～。" ❸ 用作反语，指狠的惩罚或恶言、嘲笑的话。宋《三遂平妖传》九回："不须你动手，待我捉这厮打一顿～。"《元曲选·救风尘》一折："那厮不言语便罢。他若但言，着他吃我几嘴～。"明《金瓶梅词话》三九回："我说哥不受。拿出来倒惹他讪了两句～。" ❹ 表示推测。好像；大约。明《西游记》七四回："小妖摇头道：'没有，没有！我洞里就是烧火的那些兄弟，也没有这个嘴尖的。'行者暗想道：'这个嘴～变尖了些了。'"又八三回："这猴子～有些夹脑风。我们替他降了妖怪，返落得他生报怨！" ❺ 好在；幸而。明《西游记》五四回："米～是个日消货，只消一顿饭，就了帐也。"清《镜花缘》五五回："～紧邻白衣庵就有痘疹娘娘。" ❻ 表示感叹。清《红楼梦》二四回："你这个傻丫头，唬我这么一跳～。"又五四回："～！幸而我们都笨嘴笨腮的，不然也就吃了猴儿尿了。"

【好得】 hǎo dé 怎能；岂能。唐岑参《送崔主簿赴夏阳》："知君新称意，～奈春何。"《敦煌变文校注》卷三《燕子赋（二）》："燕子语雀儿：'～辄行非！'"

【好端端】 hǎo duān duān ❶ 安好无恙；好好儿。宋元《醒世恒言》卷三三："昨日～出门，老汉赠他十五贯钱，教他将来作本，如何便恁的被人杀了？"明袁于令《双莺传》五折："～两个嫖客，被你恼了去！"清《镜花缘》一五回："～的人，为甚生这一身长毛？" ❷ 无端。明佚名《金貂记》一一折："谁知道十大功劳一旦休，～做罪囚。"《禅真后史》四四回："只为着几贯臭钱，～害人性命。"清《红楼梦》七九回："这些人家的女儿他也不知道造了什么罪了，叫人家～议论。"

【好恶】 hǎo è 好歹；不管怎样。《敦煌变文校注》卷二《庐山远公话》："阿郎但不用来，前头～有贱奴身在。"又卷四《降魔变文》："依实向我说看看，～不须生拒讳。"

【好个】 hǎo gè ❶ 表示赞叹。犹言"好一个"。唐姚合《游春》："～林间鹊，今朝足喜声。"《元曲选外编·西厢记》一本二折："～女子也呵！大人家举止端详，全没那半点儿轻狂。"清《红楼梦》五四回："～灵透孩子，他也跟着老太太打趣我们。" ❷ 好。个，词缀。《敦煌变文校注》卷六《金刚丑女因缘》："出来～面貌，只是有些些舌短。"《元曲选外编·西厢记》五本四折："今日～日子，过门者。"清《白雪遗音·桃花开放》："桃花开放杏花卸，紫燕穿帘～时节。" ❸ 用作反语。唐黄幡绰《嘲刘文树》："可怜～刘文树，髭须共颏颐别住。"《元曲选·气英布》二折："那项王～性儿，只一声道：'刀斧手，与俺推出辕门斩讫报来。'那时节则怕贤弟悔之晚矣。"清《红楼梦》八六回："～糊涂东西！" ❹ 感叹程度之甚。十分；真个。宋苏轼《答贾耘老》："～没兴底张镐相公，见时，且为我致意。"《元曲选·谢天香》一折："爷爷，那官人～冷脸子也！"清《白雪遗音·夏景》之一："避暑佳人凉亭站，手扶栏杆，低言悄语，叫声丫鬟：～炎天！" ❺ 表示虚指。什么。明《挂枝儿·妓馆》："再来若晓得你另搭～新人也，我也另结识个新人起。" ❻ 衬词，无义。金元好问《杂著》："烧残刍狗不能神，一色貂裘绣帽新。～路旁官堠子，经年端坐看行人。"明《山歌·上桥》："郎上桥，姐上桥，风吹裙带缠郎腰。～阵头弗落得雨，青天龙挂惹人瞟。"

【好个儿】 hǎo gè er 漂亮。明《型世言》三回："且又人上见他生得～，故意要来打牙撩嘴，生意越兴。"又三三回："他这样个勤谨家婆，又～，他肯放他？"

【好共歹】 hǎo gòng dǎi ❶ 无论怎样；不论好歹。《元曲选·东坡梦》二折："我今日安排回席，～与你成就这门亲事。"元明《水浒传》七五回："太尉到那里须是陪些和气，用甜言美语抚恤他众人。～，只要成全大事。" ❷ 好与不好。元赵彦晖《一枝花》："那其间亲和疏自有知音鉴，～从教晓事的谈。"《元曲选·黄粱梦》二折："问甚你夫妻～，觑孩儿瘦更呆。"也指不区分好与不好。明孟称舜《花舫缘》一出："～，不住的箸如雨下。" ❸ 指意外变故。清《霓裳续谱·郎君病犯》："倘若有个～，万两黄金难以抵换。"《白雪遗音·我劝情人》："倘苦有些～，岂不把人来闪坏。"

【好汉】 hǎo hàn 能干之人；大丈夫。《旧唐书·狄仁杰传》："朕要一～任使，有乎？"宋《五代史平话·梁上》："思量这人也是个～，未免出来与他厮见。"清李玉《清忠谱》二折："他是个～，却元来是怕老婆的都头。"

【好好】 hǎo hǎo ❶ 美好；完好。宋刘辰翁《前调·中秋待月》："休说二十四桥，便一分无赖，有谁谁识。一枕秋衾南北梦，～娟娟成雪。"明《山歌·婢》："姐道郎呀，～里被席郎了弗肯睏，定要搭个起龌龊丫头地上缠。"清《红楼梦》八回："我最怕熏香，～的衣服，熏的烟燎火气的。" ❷ 努力；认真；妥善。唐李商隐《送崔珏往西川》："浣花笺纸桃花色，～题诗咏玉钩。"金《董解元西厢记》卷六："怕你个冤家是厮落。你～承当，咱～的商量，我管不错。"清《红楼梦》一〇回："倘或后日这两日一家子要来，你就在家里～的款待他们就是了。" ❸ 和谐；不起纷争。《敦煌变文校注》卷四《降魔变文》："老人从来见事多，直言劝谏均平理。自今和可莫纷纭，君臣～相承仕（事）。"清《白雪遗音·一日两日》："我与你露水夫妻，长久也是枉然，到不如，好来好去～散。" ❹ 安然无恙；没有变故。宋陈三聘《减字木兰花》："盈盈袅袅，欲问卿卿还～。无奈娇何，摺摺湘裙薄薄罗。"《元曲选·看钱奴》一折："我爷娘在时，也还奉养他～的，从亡化之后，不知甚么缘故，颠倒一日穷一日了。"清《红楼梦》一一回："上月中秋还跟着老太太、太太们顽了半夜，回家来～的。" ❺ 无端；平白无故。宋秦观《品令》之一："一分索强，教人难吃。～地恶了十来日。恰而今、较些不？"清《红楼梦》四四回："你们做这些没脸的事，～的又拉上我做什么！"《白雪遗音·缘法未尽》："我待情人，分毫不差，为甚么，～的言语变了卦？" ❻ 乖乖地；老实地。元明《水浒传》三七回："你三个～快脱了衣裳，便跳下江里去。"明李梅实《精忠旗》二七出："你既不怕死，～就绑。"《西游记》二〇回："趁早～送我师父出来，还饶你这个性命！" ❼"好"的重言。用于应答或感叹。《元曲选·岳阳楼》一折："真个是杜康庙前一株白梅在此作祟。～，兀那老柳，你跟我出家去罢。"清孔尚任《桃花扇》五出："〔挪介〕三点，是柳师父。〔净〕～！今日是他当值之日。"

【好合歹】 hǎo hé dǎi ❶ 犹"好共歹❶"。明赵南星《山坡羊》："风月中着迷，不止是咱俩。由他，～熬成个人家。" ❷ 犹"好共歹❷"。清《白雪遗音·叹五更》："恼恨爹妈，当初做的差，不管～，终朝落在阳台下，云雨由着他。"

【好和歹】 hǎo hé dǎi ❶ 犹"好共歹❶"。明梅鼎祚《昆仑奴》一折："你加些志诚，俺图些侥幸，～成就了你锦前程。"汤显祖

《邯郸记》一五出："到木叶河湾，则愿迟共疾央及煞有商量的流水潺颜，～掇赚他没套数的番王着眼。" ❷ 犹"好共歹❷"。元佚名《朝天子·志感》："老天不肯辨清浊，～没条道。善的人欺，贫的人笑，读书人都累倒。"明《挂枝儿·调情》："谁知你胆大，就是活强盗，不管～，进门就搂抱着。" ❸ 犹"好共歹❸"。清《红楼梦》一〇回："倘或他有个～，你再要娶这么一个媳妇……打着灯笼也没地方找去。" ❹ 终归；到底。明汤显祖《紫钗记》八出："哄咱，青春不多也二八，少不得笼窗动闼。～这些时破瓜，便道是白玉无瑕，青春有价。" ❺ 动辄；不分情况就。清《隋唐演义》六〇回："如今弄得几个弟兄，七零八落，动不动朝廷的法度，～皇家的律令，岂不闷人！"

【好话】 hǎo huà ❶ 善言；于人有益的话。宋《朱子语类》卷一一六："今人知为学者，听人说一席～，亦解开悟。"清李玉《清忠谱》一一折："到京去，还要咱们在厂爷面前讲些～的哩！"《儒林外史》三二回："老伯的～，我都知道了。" ❷ 温柔的话；央求的话。元高克礼《黄蔷薇过庆元贞》："他揩支刺扯住我皂腰裙，我软兀刺～儿倒温存。"明《醒世恒言》卷七："凭着我这恁般才貌，又有家私，若央媒去说，再增添几句～，怕道不成？"清《红楼梦》一六回："脸又软，搁不住人给两句～，心里就慈悲了。" ❸（虚假的）动听的话。元曾瑞《斗鹌鹑·风情》："假真诚～儿亲曾验，鼻凹里沙糖怎餂。" ❹ 反语。不中听的话。明郑若庸《玉玦记》八出："〔占〕怎么是蛇儿？〔丑〕你不闻蛇与龟交？〔占〕天杀的，到～儿！"《醒世恒言》卷二三："姐姐，你说得～儿！"清《红楼梦》二一回："别叫我说出～来了。" ❺ 指好消息。明王骥德《男王后》三折："嫂嫂，你不须抵赖了。我有句～儿对你说。"叶宪祖《素梅玉蟾》一折："官人慢哭，还有～在后。"清《红楼复梦》三一回："我真个有～对你说。"

【好货】 hǎo huò 好东西。❶ 用作隐语，指人或性器。明《梼杌闲评》四五回："门户人家既有这等～，怎肯放他闲着？"清《姑妄言》一回："但这姑子居处既僻，貌又不甚动人。外面的招牌不济，谁知他内中有～，所以主顾甚少。" ❷ 用作谑语，打趣人。明王錂《春芜记》一一出："〔净〕你家小姐虽然标致，〔摇摆介〕看我也配得他过。〔小旦〕呸，～！亏你不识羞！"徐复祚《投梭记》八出："小生到你家往来，也不见得辱抹了你，怎么只管怠慢我？〔丑〕麻苍蝇——～！" ❸ 用作詈词，称作风不正派的人。明《金瓶梅词话》八九回："恨起死鬼当初揽下的～在家里，弄出事来，到今日交我做臭老鼠。"清《红楼梦》九一回："你这个丫头就不是个～！" ❹ 用于反驳或表示气愤。明《一片情》八回："内一妇道：'水家娘少说些，夫妻两个闹不开的。夫妻相闹不要劝，当中自有和事钻。'水氏道：'～！他若有个和事钻，不知把老婆怎的作贱哩。'"清《醒世姻缘传》七三回："薛如兼道：'休不休，也由不得你……'龙氏道：'～呀！不着你们，俺娘儿两个就不消过日子罢！'"

【好看】 hǎo kàn ❶ 留心；注意。叮嘱之词。唐杜荀鹤《送舍弟》："～前路事，不比在家时。"五代齐己《行路难》："行路难，君～。惊波不在黤黮间，小人心里藏奔湍。"明《西游记》九二回："汝等可～马匹行李，等老孙上天去求救兵来。" ❷ 善待；仔细照顾。《敦煌变文校注》卷一《董永变文》："但言'～小孩子'，共永相别泪千行。"宋张齐贤《洛阳缙绅旧闻记》第一："官家～大王，负大王甚事，大王今日反？"清《醒世姻缘传》九〇回："小琏哥两口儿～他，你孤身没有帮手，叫他替你做个羽翼。" ❸ 视觉愉悦；（容貌）漂亮。唐李中《和浔阳宰感旧绝句》之二："浔阳物景真难及，练泻澄江最～。"明《山歌·孕》："只有孕字写来弗～，里头子大奶头高。"清《荡寇志》七一回："所以小户人家略～的女娘们都不敢出来。" ❹ 有面子；体面。宋《朱子语类》卷八："如此者，只是不为己，不求益；只是好名，图～。"元明《水浒传》二回："恐冲撞了令郎时，须不～。"清《红楼梦》四五回："奶奶只顾撵了他，太太脸上不～。" ❺ 反语。难堪。明《西洋记》三一回："把他的头挂在哈密西关之上，令其国人～。" ❻ 犹"好看钱"。元明《水浒传》四四回："这都是别人与我做～的，怎么是诈得百姓的？"

【好看钱】 hǎo kàn qián 买体面的钱；求人通融或饶免的钱。元施惠《幽闺记》九出："有盘缠送些我，做个过路～，饶你这伙毛贼的性命。"元明《水浒传》三六回："取二十两花银，把来送与两位都头做～。"清《儒林外史》二二回："打的乌龟急了，在腰间摸出三两七钱碎银子来，送与两位相公做～，才罢了。"

【好口】 hǎo kǒu ❶ 嘴硬；善言词。元明《水浒传》一一回："那庄客听得叫，手拿柴棍，从门房里走出来，喝道：'你这厮还自～！'"明《禅真逸史》二一回："第一件，一张～，能言善辩。" ❷ 善言；好话。多用于否定格式。明《金瓶梅词话》一四回："就别要汗邪，休要惹我那没～的骂的出来。"清《歧路灯》八三回："从来厮嚷无～，把话都说得太狠了。"

【好没端端】 hǎo mò duān duān 即"好端端❷"。没，含"无缘无故"义。明周朝俊《红梅记》四出："～，一句嘴儿就送了性命。"清《红楼复梦》二五回："今儿是老太太的寿日，你～哭个什么劲儿？"

【好没出】 hǎo mò chū 好好儿的。明佚名《一枝花·失配》："本是对～多情张敞，却做了干孤剌薄幸庄周。"

【好没生】 hǎo mò shēng 平白无故地。《元曲选·朱砂担》一折："可不是悔气，～惹这一场惊怕。"明张鍊《沉醉东风·阅世》："平白地降与福，～翻成祸。"佚名《开诏救忠》一折："我平生性儿刺塌，～着我厮杀。"

【好没声】 hǎo mò shēng 同"好没生"。清《聊斋俚曲·禳妒咒》："没人打就痒痒，～的溜到他丈人家里。"

【好没因儿】 hǎo mò yīn er 犹"好没生"。清《红楼复梦》七二回："抱著哥儿一同高兴来瞧婶子，～的惹了一回气。"又七五回："仔吗老太太～的，这会儿又想起他来？"

【好歉】 hǎo qiàn 犹"好歹❶"。明《醒世恒言》卷三五："恁样不知～的人，跟他有何出息？"清《十二楼·拂云楼》二回："我家男人现在学里做斋夫，难道不知秀才～？"

【好去】 hǎo qù 送别之词。犹言走好、保重。唐张鷟《游仙窟》："皆自送张郎曰：'～。'"明瞿祐《普天乐·离情》："一声～，一声将息，粉泪交流。"

【好日】 hǎo rì 也说"好日辰""好日头""好日子"。❶ 好天。唐钱起《江行无题》："～长秋半，层波动旅肠。"明《醒世恒言》卷三："拣个晴明～，侵早打扮起来。" ❷ 吉日。《旧唐书·李忠臣传》："焉有父母遇寇难，待拣～方救患乎？"《元曲选·窦娥冤》楔子："他说今日～辰，亲送女儿到我家来。"清《醒世姻缘传》六回："择了～入监，参见了司业祭酒。" ❸ 舒心的日子；富贵的日子。唐王梵志《虚沾一百年》："悠悠度～，无心念三宝。"《元曲选·秋胡戏妻》二折："比及你受穷，不如嫁了李大户，也得个好日子。"清朱素臣《翡翠园》一七出："方才先生推算，竟无～。勿去早早里寻条死路，还要现啥世来？" ❹ 有喜事的日子。元明《水浒传》二回："今日是太尉上任好日头，权免此人这一次。"明叶宪祖《鸾锟记》二一出："盼花朝，～看看到。"清《九云记》一三回："且说太后娘娘千秋节～，乃是七月七日乞巧日了。"

【好容易】 hǎo róng yì ❶ 哪里会这么容易。多用于反问，表示对对方说法的否定。《元曲选·岳阳楼》楔子："〔郭云〕可要甚么回奉的礼物?〔正末唱〕要一颗血沥沥妇人头。〔郭云〕～也!"明叶宪祖《素梅玉蟾》一折:"〔生〕既有好话,快说来!〔小旦〕咦,～! 大着嘴子快说来! 快说来! 陪一个小心不得?"清《儒林外史》六回:"说的～! 是云片糕? 方才这几片,不要说值几十两银子。" ❷好不容易。明徐复祚《投梭记》七出:"我想世祖皇帝,～得这天下也。"清《镜花缘》一九回:"～走出城外,喜得人烟稀少。"《白雪遗音・梦多情》:"～做了一个可心合意的梦,又被那畜牲惊醒了梦中。"

【好弱】 hǎo ruò ❶犹"好歹❶"。宋唐庚《除凤州教授非所欲也》:"人生才食顷,何处分～。"《元曲选・虎头牌》二折:"世事多更变,～难分辨。" ❷犹"好歹❸"。金《董解元西厢记》卷七:"休教觅生觅死,自推自擅,有些儿～,你根柢不舍!"

【好生】 hǎo shēng 副词。❶好好儿地;用心地。宋柳永《长寿乐》:"对天颜咫尺,定然魁甲登高第。等恁时、等著回来贺喜。～地、剩与我儿利市。"《元典章・刑部十六》:"这胡凯等一起人是害百姓的,～将去街上打着。"清《醒世姻缘传》三六回:"即时锁了门,叫晁书、晁凤两个媳妇子～看着。" ❷表示程度高。很;非常。《元曲选・梧桐雨》楔子:"叵奈杨国忠这厮,～无礼。"元明《水浒传》二七回:"大娘子,你家这酒～淡薄。"清《醒世姻缘传》三七回:"知他才从家里空来,～难过。"

【好事】 hǎo shì ❶行善的事;有益的事。唐魏知古《报吐番宰相坌达延书》:"两国和好,百姓安宁,永绝边衅,岂非～?"明佚名《鸣凤记》二九出:"〔外〕昨见街坊老者冻死,怜其无棺,欲要送他。〔旦〕这也是～。"清《醒世姻缘传》九回:"总然遂了志,女人杀害丈夫,不是～。" ❷美事;喜事。唐牛僧孺《玄怪录》卷一:"传语道此间好风月,足得游乐。弹琴咏诗,大是～。"明柯丹邱《荆钗记》三九出:"料我寒家冷似冰,量无～到门庭。"清李渔《奈何天》二出:"家主公的～近了,花灯彩轿可曾备下了么?" ❸特指男女情事。五代顾夐《玉楼春》之三:"良宵～枉教休,无计那他狂耍婿。"宋洪迈《夷坚志》丙卷七:"娘子今夜独宿后房,君试入,当有～。"清《玉蜻蜓・游庵》:"小生其实情难禁,不必关门心胆虚。快快放松成～,饿龙岂肯放明珠。" ❹醮禳之事。《元曲选外编・西厢记》一本二折:"前日长老将钱去与老相公做～,不见来回话。"《元史・顺帝纪》:"今命剌麻选僧一百八人,仍作朵思哥儿～。"清《野叟曝言》一〇九回:"待爷斋醮作飨,多做～,超荐着早升天界。" ❺反语。坏事。宋元《警世通言》卷一三:"喝教左右去拿那小孙押司夫妇二人到来:'你两个做得～!'"明柯丹邱《荆钗记》二四出:"老贼不听我说,你做得～!"清《红楼梦》六七回:"凤姐儿一见,便说:'好小子啊! 你和你爷办的～啊!'"

【好是】 hǎo shì ❶正是;恰是。唐韩翃《送客水路归陕》:"～吾贤佳赏地,行逢三月会连沙。"明汤显祖《紫箫记》五出:"十郎,今夜绣阁无人,～春宵寥寂,便可达曙一饮。"清《隋唐演义》五一回:"小女有心乘机奏过王娘娘,即讨此差与卑职,明日四鼓就要起身,岂不～改敕的机会?" ❷甚是;十分。唐岑参《临河客舍呈狄明府兄》:"城上望乡应不见,朝来～懒登楼。"《元曲选・窦娥冤》四折:"～奇怪也,老夫才合眼去,梦见端云孩儿恰便似来我跟前一般。"明孟称舜《娇红记》一五出:"今匆匆别去,未知相见何夕,～伤情也。" ❸便是;就是。唐王维《送孟六归襄阳》:"醉歌田舍酒,笑读古人书。～一生事,无劳献《子虚》。"张籍《寄孙洛阳格》:"久持刑宪声名远,～中朝正直臣。"《元曲选・忍字记》三折:"定是慧体,慧是定用,即慧之时定有慧,即定之时慧在定。若识此言,～慧定。" ❹已是。唐皇甫冉《同李司直诸公暑夜南餘馆》:"～吴中隐,仍为洛下吟。"明袁于令《西楼记》一八出:"朝共夕教人几度疑,想来～黄昏矣,谁把灯儿窗外移?" ❺岂是;难道是。唐罗邺《谒宁祠》:"～精灵偏有感,能于乡里不为灾。"明《西游记》九三回:"师父,你～又把乌巢禅师《心经》忘记了也?"《拍案惊奇》卷二六:"那僧房里～轻易走得进的?" ❻美妙处在于;有趣的是。唐司空图《杨柳枝寿杯词》之一七:"～梨花相映处,更胜松雪日初晴。"五代张泌《江城子》:"浣花溪上见卿卿。脸波秋水明。黛眉轻。绿云高绾,金簇小蜻蜓。～问他来得么? 和笑道:莫多情。"宋柳永《望远行》:"～渔人,披得一蓑归去,江上晚来堪画。" ❼好似;如同。《敦煌变文校注》卷六《欢喜国王缘》:"大王闻说便心回,日夜烧香礼圣台。自别夫人经数月,思量～苦持斋。"明陈汝元《金莲记》二二出:"前面舟中坐着一个老翁老妪,～舅姑一般。"清《隋唐演义》三五回:"那个装观音的,有些厮像朱贵儿;那个装红孩儿的,～袁宝儿。" ❽好在;幸而。五代孙光宪《杨柳枝》:"万株枯槁怨亡隋,似吊吴台各自垂。～淮阴明月里,酒楼横笛不胜吹。"明《平妖传》一三回:"怪得杨巡检一见面便说什么炉火,～我不答应,不然,却不露出马脚来么。" ❾偏偏;却是。《元曲选・汉宫秋》三折:"可怜俺别离重,你～归去的忙。" ❿优于;胜过。清李光地《榕村续语录》卷九:"彭无山、郭华野本体岂能～桐厔,但多一粗气魄耳。"《绿野仙踪》九一回:"高处吃酒,自然又～低处了。"

【好手】 hǎo shǒu ❶好手段;出众手艺。唐拾得《银星钉称衡》:"不愿他心怨,唯言我～。"宋詹无咎《鹊桥仙・题烟火簇》:"梨花数朵,杏花数朵,又开放、牡丹数朵。便当场～路歧人,也须教、点头咽唾。"清《荡寇志》八八回:"家叔替他选了上等材料,寻东京第一等～的甲匠,费煞工本造就。" ❷高手;精于某种技艺的人。唐杜甫《奉先刘少府新画山水障歌》:"画师亦无数,～不可遇。"明汤显祖《紫钗记》四四出:"提起玉花钗,羞临镜台。内家～费雕排,上头时候送将来也。"清《歧路灯》六四回:"他是咱城中第一把～。要赢人一千两,若赢九百九十九两,算他让了一两做想头。" ❸指轻的、柔和的动作。明《金瓶梅词话》七五回:"常言道:厮打没～,厮骂没好口。"清《醒世姻缘传》八七回:"相骂没好口,相打没～,只许你百声叶气的骂俺爷么?"

【好说】 hǎo shuō ❶好好说;态度温和地说。《元曲选・伍员吹箫》三折:"这厮～着不听,后生们撮哺着,我将他抢出去。"元明《水浒传》三二回:"师父休要焦燥,要酒便～。"清《镜花缘》二六回:"同你～也不中用! 且把你性命结果了再讲!" ❷劝说。明王錂《春芜记》七出:"宋相公,～与伊,妄想成何济?"清《醒世姻缘传》三一回:"说把缘簿留下与他,他转与众位乡宦～,要完这一件美事。"又九四回:"监生那个牛性,那肯听他的～!" ❸客套话。a) 用于对方表示夸奖或感谢时,表示不敢当或不值得如此。《元曲选・竹叶舟》楔子:"仁兄今日虽然薄落,一朝运至时来,为师为相,做出那伊尹、傅说的事业,又何难哉!〔陈季卿云〕～。"明《二刻拍案惊奇》卷一一:"满生道:'小生是个应举秀才,异时倘有寸进,不敢忘报。'大郎道:'～,～!'"清《说岳全传》二回:"安人道:'多谢恩公! 若肯收留我母子二人,真乃是重生父母。'员外道:'～。'"b) 用于对方自谦时,表示不必这样说。明叶宪祖《团花凤》一折:"〔旦〕奴家窃慕君子才情,不顾鹑奔之耻,望乞体谅。〔净〕～～。"清《玉蜻蜓・问卜》:"〔外〕还是先生请。〔丑〕介没得罪哉。〔外〕～。"《歧路灯》五〇回:"巴庚道:'……若嫌我穷,也就不敢强邀了。'绍闻道:'～。奉扰就是。'"c) 用于对方自谦时,前加主语,谓对方过于客气。明叶宪祖《碧莲绣符》三折:"〔生人见介〕小生闻知府上欲觅书记,因而自荐,乞恕轻造。〔净〕先生～。"清《醒世姻缘传》五四回:"狄员外道:'……诸凡仗赖,只是搅扰不安。'童奶奶道:'狄爷～。'"《歧路灯》六三回:"谭绍闻道:'事体仓猝,失备的极多,怕临时照应不到。'法圆道:'山主~哩。'"d) 用于应承,表示容易处理,好办。明《西游记》五一回:"~,~!既如此,你们且坐,等老孙打听去来。"清《红楼梦》九六回:"别的事都~。林丫头倒没有什么,若宝玉真是这样,这可叫人作了难了。" ❹ 说得好。用作反语,表示无奈或断然不同意对方的说法。《元曲选·桃花女》一折:"〔周公云〕你到后日,日当卓午,土炕上板僵身死。〔彭大云〕~!我可怎么得死?我不死,你死!"又《鸳鸯被》三折:"〔正旦云〕我至死也不随顺你!〔刘员外云〕~~!罢,倒要我跪着你。"《元曲选外编·三战吕布》楔子:"〔正末云〕将来与我。〔杨奉云〕~,你倒省气力也!" ❺ 说得好。表示赞扬。明周履靖《锦笺记》四出:"〔丑〕……只今见在爷娘,便是释迦弥勒。若还供养得他,何用别作功德。佛,孝顺,孝顺!〔净〕师伯~。我也学得一个偈子,宣与小姐听。" ❻ 能够说;便于说。明张凤翼《灌园记》二〇出:"我若~,不对小姐说,对谁说?"《二刻拍案惊奇》卷四:"老爷要问那一件?小的~。家主所做的事非一,叫小的何处说起?"清《歧路灯》五九回:"谭绍闻原是亲见虎镇邦昨日罗唣,如今不信,又如何不怕呢?你的话便~了。" ❼ 该说;会说。是对假设结果的推测。明许三阶《节侠记》九出:"倘若奸人知道,又~聚众谋反了。"吕天成《齐东绝倒》三折:"后世又~你是'桀犬吠尧'了。"清《红楼梦》五七回:"伙计们倘或知道了,~'人没过来,衣裳先过来'了。" ❽ 若说是;倘若说。明《西洋记》三回:"众人见了,又惊又呆。~不是被火,头里又赤焰红光;~是被火,如今又烟飞灰灭。"又一七回:"~他是个假情,他的鼾响如雷,~他是真情,没有个人叫不醒的。" ❾ 只说。清《歧路灯》六八回:"我见许多人,到析居时,兄弟开口,~自己老婆的好处,全吃了俺嫂子不贤的亏;哥哥开口,~自己老婆的好处,全吃了俺弟妇不贤的亏。真乃狗屁之谈!"

【好说话】 hǎo shuō huà 容易通融。明《拍案惊奇》卷三二:"铁生道是胡生~,毕竟可以图谋。"清《红楼梦》九九回:"这些州县太爷见得本官的告示利害,知道不~,到了这时候都没有开仓。"

【好似】 hǎo sì ❶ 好于;胜过。唐白居易《卢侍御小妓乞诗座上留赠》:"~文君还对酒,胜于神女不归云。"明《西洋记》九四回:"三五年间,没有半个人死,没有半个人害病,这个又~旧时。"清《红楼梦》三六回:"话说贾母自王夫人处回来,见宝玉一日~一日,心中自是欢喜。" ❷ 好像;犹如。宋赵抃《次韵郁李花》:"梅先菊后何须较,~人生各有时。"《元曲选·倩女离魂》二折:"只听得岸上女人声音,~我倩女小姐。"清孔尚任《桃花扇》一五出:"金鳌上钩,~太公一钓,享国千秋。"

【好听】 hǎo tīng ❶ 宜于听。唐李中《留题胡参卿秀才幽居》:"江近~菱芡语,径香偏爱蕙兰风。"《敦煌变文校注》卷五《妙法莲华经讲经文(二)》:"声闻坐畔虽堪听,菩萨台边更~。" ❷ 用心听;好好听。唐孟贯《春江送人》:"谁共观明月,渔歌夜~。"元白樸《木兰花慢·王彦立所居南斋榜真隐》:"~萧萧风雨,老夫从此须来。"明孙柚《琴心记》二一出:"小姐,没奈何勉强求生,~奴家奉劝。" ❸ 声音悦耳。宋《朱子语类》卷三九:"如诚实底人弹,便雍容平淡,自是~。若弄手弄脚,撰出无限不好底声音,只见繁碎耳。"清洪昇《长生殿》三八出:"只要唱得~,管他谎不谎。" ❹ 谓言辞生动有趣。宋朱鉴《文公易说》卷一九:"尧夫说《易》~,今夜试来听他说看。"清李玉《清忠谱》二折:"我想岳爷是个忠孝的人,他的书儿,必定~。" ❺ 言语动听;中听。明《拍案惊奇》卷一五:"说得~,怕口里不像心里。"清《儒林外史》四五回:"他们也只说的~,究竟是无师之学。"《红楼梦》三三回:"众人听这话不~,知道气急了。" ❻ 反语。难听。《元曲选外编·西厢记》三本二折:"〔末云〕小生简帖儿,是一道会亲的符箓,则是小娘子不用心,故意如此。〔红云〕我不用心?有天理!你那简帖儿~!" ❼ 光彩;体面。明《西游记》一九回:"虽是不伤风化,但名声不甚~。"清《红楼梦》六一回:"有的没的,名声~。"《玉蜻蜓·诘真》:"想你既做出家人,床中岂可藏遗真。若说是亲兄亲妹犹还可,表字之称不~。"

【好头】 hǎo tou 兴头;美好的时刻。明《拍案惊奇》卷二六:"我你方得欢会,正在~上,怎舍得就去?"又卷三一:"说这萧韶正是妙年~上,带些惧怕,夜里尽力奉承赛儿。"

【好顽】 hǎo wán 适于玩耍;有趣。清《警寤钟》一一回:"杭童初意只说是件~的东西,一个高兴上去,还指望显个能。"《蜃楼志》八回:"我听得我妈说,明年替我娶媳妇。我想,一个陌生人有什么~。"

【好笑】 hǎo xiào 可笑;觉得可笑。唐寒山《大有好笑事》:"大有~事,略陈三五个。"宋《朱子语类》卷五:"说到此,自~。"清李玉《清忠谱》四折:"本事自觉低微,说起教人~。"

【好些】 hǎo xiē ❶ 好多;很多。《元曲选·昊天塔》三折:"一千枝蜡烛,一分银子一对,也该~银子。"明谭纶《谭襄敏奏议》卷五:"这到大同还有~日子。"也指好些人。陈与郊《文姬入塞》:"那一日门下官员,~流泪,~太息。" ❷ 许久。明汤显祖《紫钗记》四六出:"~时肉跳心惊,这场兜答。" ❸ 甚是;十分。《元曲选·气英布》二折:"咱此一去抵二十个楚霸王,~难御哩。"明徐渭《雌木兰》一出:"生脱下半折凌波袜一弯,~难!"《拍案惊奇》卷一四:"孙军门看了来因,~不然。" ❹ 一些;几分。明沈鲸《双珠记》二七出:"又亏你通文识古,争了口气,不然还要受他~难为。"《西洋记》六一回:"信口谄将出来,尽谄得有~像哩。"《二刻拍案惊奇》卷五:"钦圣尚兀自~不割舍他,梯己自有赏赐。" ❺ 认真,指做得比一般更好。明汤显祖《牡丹亭》九出:"小姐大后日来瞧花园,~扫除花径。" ❻ 用于比较。a) 更佳;更稳妥。《元曲选·曲江池》一折:"那一个生的~的,是上厅行首李亚仙。"明许自昌《水浒记》二三出:"买口~的棺木盛了他,也见你平日的情。"清《歧路灯》一〇二回:"这金子一发也带出去,放在店里~。"b) 表示情况改善。明叶宪祖《丹桂钿合》五折:"〔生〕姑娘病体如何?〔旦〕觉道~,方才睡去。"清《红楼梦》一一回:"你细细的瞧瞧他那光景,倘或~儿,你回来告诉我。"又二七回:"难道必定装蚊子哼哼就是美人了?说了几遭才~儿了。" ❼ 用作补语。a) 表示稳妥。明杨珽《龙膏记》二三出:"封锁~,~,再差两个看守。"b) 表示程度更高。清《醒世姻缘传》四回:"又停了一会,又打了两个嗳,更觉宽松了~。"《红楼梦》四回:"其模样虽然出脱得齐整~,然大概相貌,自是不改。"

【好些个】 hǎo xiē ge 即"好些❶"。明《二刻拍案惊奇》卷一:"只这一哭,有~来因。"《续儿女英雄传》一九回:"外头来了~官兵官将。"

【好歇】 hǎo xiē 好大一会儿;很久。元明《水浒传》二四回:"老身直去县前那家有好酒,买一瓶来,有~儿担阁。"清《荡寇志》七五回:"小将们到陈希真家,叫了~门不开。"

【好样】 hǎo yàng ❶ 榜样;可以作为典范的行为或形象。宋汪元量《浮丘道人招魂歌》:"忠义肝胆不可状,要与人间留~。"明徐畛《杀狗记》二三出:"莫扯破。留与后人看,学他~。"清纪昀《阅微草堂笔记》卷一〇:"人家不通宾客,则子弟不亲士大夫,所见惟妪婢僮奴,有何~?" ❷ 反语。坏榜样。明《石点头》卷八:"那妹子年长知味,又不能婚配,又在院中看这些~,悄地也接个嫖客。"清《醒世姻缘传》五九回:"薛家的人都恐怕他学了素姐的

～，来到婆婆家作业。” ❸ 好品质；好行为。明《古今小说》卷二九：“这柳翠每日清闲自在，学不出～儿。”《型世言》三回：“又道我们没有～，定要计议编摆他。” ❹ 好花样；出色的样式。明《金瓶梅词话》一四回：“你与六姐这对寿字簪儿，是那里打造的？倒且是～儿！”清《歧路灯》四回：“这闺女描鸾刺绣，出的～儿。” ❺ 出色的；优秀的。清《歧路灯》九二回：“如今南边瀛升侄儿，是咱家一个～的。”

【好一个】 hǎo yī gè 感叹语。❶ 用于赞美。宋洪迈《夷坚志》支癸卷一〇：“～去处！将来士子云集，必出大魁。”《元曲选·伍员吹箫》二折：“～贤哉女子也，为我一身，倒丧了他一命。”清《红楼梦》七〇回：“～齐整风筝！” ❷ 用于揶揄或讥诮。清李玉《清忠谱》一六折：“～出家人，白白赖了行李，竟推我出门！”《红楼梦》一九回：“～讨厌的老货！” ❸ 表示程度高，犹言十分。宋陆游《蓦山溪·游三荣龙洞》：“寂寞掩空斋，～、无聊底我。”元关汉卿《大德歌·冬》：“香闺里冷落谁瞅问？～憔悴的凭阑人！”

【好一似】 hǎo yī sì 即“好似❷”，语气更强烈。元李邦祐《转调淘金令·思情》：“当初共他，俏一似双飞燕；如今误我，～失了群的雁。”明《警世通言》卷四〇：“身骑着海马号三花，～天门冬将军披挂。”清孔尚任《桃花扇》九出：“百忙中教我如何答话，～薨薨白昼闹蜂衙。”

【好意】 hǎo yì 另见 hào yì。❶ 好气；好态度。明《西游记》五二回：“弟子向伊求取，没～，两家比迸。”《禅真逸史》八回：“已下行童使用之人，也须～相看。” ❷ 好事；好消息。明《西游记》四回：“那次请我上界，虽是官爵不堪，却也天上走了一次，认得那天门内外之路。今番又来，定有～。”《二刻拍案惊奇》卷二四：“千户着个人拿了一个单帖来请自实。自实对妻子道：‘今日请我，必有～。’”清《隋唐演义》六八回：“圣体尚温，切勿移动，静候至明日此时定有～。”

【好意思】 hǎo yì si ❶ 有情趣；有趣味。宋晏幾道《两同心》：“～、曾同明月；恶滋味、最是黄昏。”《元曲选·东堂老》三折：“天那，搅了我一个好梦，正～了呢？”清《醒世姻缘传》三八回：“牵头口的接着口气说道：‘……三个姐儿在咱西院里楼上，不是这儿日每日合连大爷相舅爷吃酒？’狄希陈听见，方才笑了一笑，说道：‘～！咱可快着走罢！’” ❷ 即“好意❶”。元曾瑞《愿成双·赠老妓》：“纵千般打骂是好言词，无半点虚脾谎话儿，衠一派真诚～。”明张凤翼《灌园记》二六出：“他若在我面上有些～，我倒也还了他，不道受了他的气。”沈鲸《双珠记》一〇出：“那时你到他家，着些甜言语，加些～，去打动他。” ❸ 同“好意❷”。明《西游记》四七回：“施甘雨，落庆云，也是～。你却这等伤情烦恼，何也？”《西洋记》八五回：“黄凤仙进去了，叫声道：‘闭！’两扇门呀一声响，齐齐的闭着。王爷道：‘今番却有些～来也。’” ❹ 好心；好意。明《西游记》二五回：“这先生～，拿出布来与我们做中袖哩。”《二刻拍案惊奇》卷二三：“这多是令岳造就你成器的～。”清《红楼梦》六回：“今儿既来了瞧瞧我们，是他的～，也不可简慢了他。” ❺ 好兆头；好运气。清《醒世姻缘传》七五回：“这不是童奶奶么？～儿，一寻一个着！” ❻ 忍心；不顾情面。清《醒世姻缘传》六五回：“狄大哥寻上门来，你不收价，狄大哥怎～的？”《红楼梦》三二回：“你的活计叫谁做，谁～不做呢。”《绿野仙踪》四九回：“我留你三天，你～不与我留脸？”

【好与】 hǎo yǔ 留神；注意。叮嘱劝诫之辞。《祖堂集》卷二《弘忍和尚》：“行者～，速向岭南。”宋觉范《禅林僧宝传》卷一四《谷山崇禅师》：“兄弟若能如是即可，若未得如此，且直须～，莫取次发言吐气。”《景德传灯录》卷二一《长庆常慧禅师》：“僧曰：‘恁么即深领尊慈。’师曰：‘～，莫钝置人。’”

【好在】 hǎo zài ❶ 依旧。用作问候语，犹言还像过去那样好(吗)。唐李渊《赐方亮诏》：“秋渐冷，卿比平安～否？”《敦煌变文校注》卷四《八相变(二)》：“下方摩耶夫人得～已否？”明汤显祖《紫箫记》三三出：“〔拜科〕世上闻名久。〔子毗〕山中养病多。〔赞普〕容颜须～？〔子毗〕懒性欲如何！” ❷ 依旧；仍在。宋苏轼《临江仙·送王缄》：“故山知～，孤客自悲凉。”元张可久《普天乐·秋怀》：“白衣未来，东篱～，黄菊先开。”明王玉峰《焚香记》二六出：“他衣服还有几件，那身上穿的～这里。” ❸ 珍重；照顾好。宋张舜民《朝中措·清遐台饯别》：“他年来此，贤侯未去，忍话先回。～江南山色，恁时重上高台。”苏轼《满庭芳·元丰七年四月一日余将去黄移汝》：“～堂前细柳，应念我、莫剪柔柯。”明汤显祖《紫钗记》四九出：“你蘸住红颜图后会，也须是进些茶食，稳些眠睡，～翠围香被。” ❹ 好。在，语助词。宋《朱子语类》卷六五：“天地只是不会说，倩他圣人出来说。若天地自会说话，想更说得～。”又卷八一：“然当初周公使管、蔡者，想见那时～，必不疑他。后来有这样事，管、蔡必是被武庚与商之顽民每日将酒去灌啖它，乘醉以语言离间之。”又卷八六：“第一世所封之功臣，犹做得～。第二世继而立者，个个定是不晓事，则害民之事靡所不为。” ❺ 幸好；所幸的是。明《梼杌闲评》二四回：“～他往九龙山庄上行事，不是我东阿的境内，就与足下无干了。”《镜花缘》八回：“～所费无多，舅兄不必在意。”《粉妆楼》四四回：“～兄弟不曾定亲，明日访问明白，就烦镇江府前去为媒。”

【好早晚】 hǎo zǎo wǎn 天色不早。《元曲选外编·破窑记》一折：“姐姐，～了也呵。”清《红楼梦》八回：“天又下雪，也～的了，就在这里同姐姐妹妹一处顽顽罢。”

hào

【号】 hào ❶（军队）暗号；口令。唐李筌《太白阴经》卷五：“夜取～于大将军处。粘藤纸二十四张，十五行，界印缝，安标轴，题首云：某年某月某日号簿。每日戌时，虞候判官持簿于大将军幕前取～。大将军取意于一行中书两字，上一字是坐喝，下一字是行答。”《敦煌变文校注》卷一《汉将王陵变》：“营已入得，～又偷得。王陵谓灌婴曰：‘如何下手斫营？’”《宋史·韩世忠传》：“世忠先得贼军～，随声应之。” ❷ 发出或奏响信号。唐杜荀鹤《塞上》：“戍楼三～火，探骑一条尘。”明《西洋记》六六回：“觇视敌兵来否，远近～笛，报知中军。” ❸ 编次；等类；级别。宋王质《兴国四营记》：“凡营有房，房有～，～有籍。”明徐渭《渔阳三弄》：“叫掌簿的，快备第一～的金帛与饯送果酒伺候！”清《野叟曝言》一七回：“鸾吹拿出三钱上～人参。” ❹ 种；类。明王克笃《步步娇·嘲赌》：“把一～赌钱的人输杀了。”清《歧路灯》二八回：“别人是为你的事，你也会说这～话。” ❺ 即“号房❶ b)”。明叶宪祖《碧莲绣符》五折：“诸生分～坐定，静听出题！”清《儒林外史》二六回：“把那个童生送进～去。”《红楼梦》一一九回：“我也带了人各处～里都找遍了。” ❻ 即“号房❶ c)”。明佚名《精忠记》二一出：“朝廷为你主人新造一所监房。雷霆发号令，星斗焕文章。你主人父子都在章字～。”清孔尚任《桃花扇》三三出：“〔丑〕三位相公，宿在那一～里？〔生〕都在‘荒’字～里。〔末〕敬老爷在那里？〔丑〕就在这后面‘藏’字～里。”《儒林外史》一九回：“县尊叫差人回来，吩咐寄内～，同大盗在一处。” ❼ 店铺名号，也指称店铺。铺行亦有编号，后店铺因称“××号”。明《石点头》卷五：“店中主管将包袱打开一看，见中间有‘永兴～’三个绣字。”清《歧路灯》三〇回：

"众人款留不住，送出～来。" ❽ 定名；标上记号。元施惠《幽闺记》二八出："〔小生〕店名须～招商。〔末〕这是招商店。"《歧路灯》八一回："老伯坟上有百十棵大杨树，若是衙役～了，把树杀倒，还要木主寻车送县。" ❾ 巡逻。前一义的引申。明许自昌《水浒记》五出："～山无定鹿，落叶有惊蝉。我们适才远远望见一个赤发虬髯的在村坊上经过，甚觉面生可疑。" ❿ 限定数量。也是"标上记号"的引申义。清《何典》六回："时常萝卜不当小菜的把他要打要骂，后来一发～粥～饭起来。" ⓫ 一种长管乐器。明徐复祚《投梭记》四出："辕门掌～，想是大将军升帐矣。"清《绿牡丹》一六回："通禀官府，吹～齐人。" ⓬ 量词。用于店铺、号舍、舟船等。《元曲选・忍字记》一折："则这欠债的有百十家，上解有三十～。"明袁于令《西楼记》二八出："〔生〕外边还有许多人在～内？〔丑〕场中尚存百餘～。"清《隋唐演义》三七回："即拨水兵二万，青雀、黄龙船各一百～。"

【号板】 hào bǎn 科举试场供考生用作桌椅和床板的两块长方形木板。白天抽取一块架在上层做桌面，另一块做坐具；夜间两块平铺做床。《大清会典则例》卷六七："题准各省乡试应照顺天乡试之例，将～按各号名数编书字号。"《儒林外史》二回："周进一进了号，见两块～摆的齐齐整整，不觉眼睛里一阵酸酸的。"

【号簿】 hào bù ❶ 军中编制暗号(口令)所用的簿册。唐王建《赠郭将军》："向晚临阶看～，眼前风景任支分。"李筌《太白阴经》卷五："夜取号于大将军处。粘藤纸二十四张，十五行，界印缝，安标轴，题首云：某年某月某日～。" ❷ 按人头或事项编号登记的簿册。《元史・选举志一》："既定，收掌试卷官于～内標写分数。"明佚名《白兔记》一五出："左右的，与我将他籍贯年貌都上了～。"清《蜃楼志》一〇回："所以官府于各店发了～，凡客商来往者，都要注明姓名及来踪去迹。"

【号船】 hào chuán 有职属、功用等标志记号的军用或公用船。元明《水浒传》五五回："步军冲杀将来，把店屋平拆了去。我等若无～接应，尽被擒捉。"明《拍案惊奇》卷八："傍着一只巡哨～边拴好了船，自道万分无事。"清《野叟曝言》八二回："因我兵驾着巨石岛的～，还只认是报捷的，不作准备。"

【号带】 hào dài 用作信号或标志的带子。元明《水浒传》四一回："只见城上一条竹竿，缚着白～，风飘起来。"明张四维《双烈记》五出："金钲画鼓填填，填填。旌旗～翩翩，翩翩。"《皇清开国方略》卷一七："凡军士甲背及盔尾俱以白布～，书满洲字缀之。"

【号灯】 hào dēng 用作信号或标志的灯。明戚继光《练兵实纪》卷七："约黄昏已后，将发鼓时，鸣金吹角擂鼓，举～，车步骑俱举毕。"清《说唐后传》二一回："只看见影影一派人马来了，前面～无数，亮子火把高烧。"《东游记》四三回："队后六郎却反拍马攻入，射落～，其阵遂乱。"

【号笛】 hào dí 军中传达信号用的管乐器。明戚继光《纪效新书》卷二："凡掌～，即是吹锁呐，是要聚官哨队长来分付军中事务。"《西洋记》六六回："怎么天鹅肚里有个～会吹？原来这个天鹅，却就是游击将军黄怀德体探军情的小鳅船儿。"

【号顶】 hào dǐng 科举考生用来封闭号舍顶棚的布片，以防灰沙脱落。清《儒林外史》四二回："考篮、铜铫、～、门帘、火炉、烛台、烛剪、卷袋，每样两件。"△《儿女英雄传》三四回："只见(考篮)里头放着的～、号围、号帘……都经太太预先打点了个妥当。"

【号房】 hào fáng ❶ 按一定次序编号的房间。a) 学舍中给学生用的房间。分上、中、下三舍，每舍各有文字编号。明薛瑄《蒲州庙学重修碑》："虽有讲习堂斋，旧乏退息之室，因创增～数十间。"佚名《霞笺记》九出："连日迎送上司，不曾稽查诸生日课，乘此夜凉，不免潜到～察访一回。"b) 科举试场供考生答卷兼住宿的房间。每排之间按《千字文》编序，每字头下再按序编号，如"天字第一号"，即第一排的第一个房间。明袁于令《西楼记》二八出："自家文场号军便是。外面唱名已久，我每～的相公，还不见来。"《大清会典则例》卷六七："既归本号，如有擅出～般移号板者，送监临官究处。"c) 狱室。狱室也按一定文字组合编号。清《说岳全传》六〇回："这里就委万、罗二贼在监内另造十间～，名唤'雷、霆、施、号、令、星、斗、焕、文、章'，专等监禁家属人等。"《粉妆楼》二六回："事有凑巧，胡奎的柙床紧靠着罗盘旁边，二人却是同着～。"《绿牡丹》一六回："仍从房上行至定兴县禁牢，睁眼四下观看，见～甚多，不知任正千在那一号里。"d) 编上序号的库房。清《康熙起居注・康熙十年》："应行大修之仓廒、～，请发钱粮，派部院满汉堂官各一员，贤能满汉司官每仓各二员，今年备办物料，明岁雨水之前兴工修完。" ❷ 挂号房；官衙公府中登记文簿的办事房。也指该房的办事人员。清《绿野仙踪》四三回："打听杜大老爷闲时，方才将手本投入～。"《二度梅》二回："再吩咐～，凡有一应送礼之人，一概拿我的名帖璧谢。"《野叟曝言》四回："谁知县里的～看素臣如此打扮，靸着凉鞋，摸不着头脑，劈头一顿抢白。"

【号佛】 hào fó 高声宣念佛号。清《醒世姻缘传》六九回："一群妇女跪在地下，一个宣唱佛偈，众人齐声高叫：'南无救苦救难观世音菩萨！阿弥陀佛！'齐叫一声，声闻数里。～已完，主人家端水洗脸。"《红楼梦》一九回："倏尔神鬼乱出，忽又妖魔毕露，甚至于扬幡过会，～行香，锣鼓喊叫之声远闻巷外。"

【号火】 hào huǒ 军中传达信号而燃的火。宋赵万年《襄阳守城录》："有虏贼三人在彼举～，王才擒杀一人。"明戚继光《练兵实纪》卷六："每墩台一座，设备～什物……发火草六十个，火池三座，火绳五条，火镰火石一副。"清《飞龙全传》五〇回："众军一齐饱餐已毕，等着～起时，便要动手。"

【号件】 hào jiàn ❶ 按号登记的案卷。明冯惟敏《端正好・徐我亭归田》："又无节年～多粘带，又无狱囚干系担惊怕。"清《世宗宪皇帝上谕内阁》卷八七："其所烧毁档案应于～簿内查明。"《歧路灯》五二回："～相公呈过～簿儿，定了明日出堂审问官司的事件。" ❷ 送给办事官吏的贿金。清《蜃楼志》五回："这几根铜扁簪，供不得老爷的～；几双臭裹脚，当不得大叔的门包。"又一〇回："我老爷居九品之文官，掌一方之威福，人家送的～，不过一元半元。"

【号箭】 hào jiàn ❶ 为传达信号、消息而射出的箭。元明《三国演义》卷一九："谅先射一～上城，箭上带着密书曰：'今诸葛亮先遣二将伏于城中，要里应外合。'"明沈璟《义侠记》二一出："水亭上朱头领～射来，说打虎的武都头求见。"《于少保萃忠全传》二〇传："箭上刻了字号，写'也先同喜宁在本月二十七日亲送上皇到城'，一箭射上城去。守城人见了蒋信～，飞报与总兵杨洪。" ❷ 即"令箭"。也用来证明身分。明《禅真逸史》二九回："传～，各营知悉，人人奋勇扬威；飞羽书，大小齐心，个个冲锋陷阵。"《于少保萃忠全传》一九传："但有人回南朝去的，都要搜检明白，方才给与～。若无～，即是私逃。"清《隋唐演义》六三回："我记得那年九月间，你令祖母六十华诞，令岳差人传绿林～到我们地方来。"

【号军】 hào jūn 科举考场内看守考生的兵士。明袁于令《西楼记》二八出："自家文场～便是。"清秦蕙田《五礼通考》卷一七五："诸生席舍，谓之号房。人一军守之，谓之～。"

【号令】 hào lìng 行刑示众。《元典章・刑部三》："将他每已招了的典刑了,传递～者。"明佚名《精忠记》八出:"你先对此阵,若不能胜,斩汝～。"清《绿野仙踪》五九回:"凤仪愤恨他,斩尸传首～。"

【号名】 hào míng 名字叫作。《敦煌变文校注》卷四《悉达太子修道因缘》:"大王闻说,即诏相师,～阿斯陀仙人。"

【号炮】 hào pào 军中为传递信号而放的火炮。元明《水浒传》四七回:"只听得祝家庄里一个～,直飞起半天里去。"明张四维《双烈记》三二出:"～咤雷惊,戈刀电光掣。"清《平定两金川方略》卷三四:"两路连放～,官兵各视炮烟所起,直抵卡前。"

【号旗】 hào qí 军中用来指挥、传达信号的旗子。元李祁《刘纶刘琚传》:"约山上举红旗为～。"明《西洋记》六五回:"唐状元～一展,喇叭吹上一长声,各兵即时转身,摆成三路。"清《绿野仙踪》七四回:"文华将～一指,各船俱杀上前去。"

【号色】 hào sè (军队)旗号服色。元明《水浒传》九一回:"吕枢密直叫小人去苏州见了御弟三大王方貌,关了～旌旗三百面。"明唐顺之《武编》前集卷五:"每遣奸细探知我兵～衣装,辄照号衣色样临阵混人。"《禅真逸史》一六回:"只见林澹然将剑尖指着,口里喝道:'两军暂歇。'这些大汉,各依～分立两边。"

【号衫】 hào shān 即"号衣"。明《封神演义》二一回:"只见那壁厢一人,粉青毡笠,穿一件皂服～,乘一骑白马,飞奔而来。"清《白雪遗音·柳迎春》:"只见他,头戴鹰翎,身穿～。"

【号舍】 hào shè ❶ 即"号房❶ a)"。明马生龙《凤凰台记事》:"初监生历事,诸司皆旦往夜归,～往返十餘里。" ❷ 即"号房❶ b)"。明《西湖二集》卷四:"遂与隔壁～里那个朋友闲谈,指望出题之后,要那个朋友指教救急。"清纪昀《阅微草堂笔记》卷二:"雍正庚戌会试,与雄县汤孝廉同～。" ❸ 编上名号的房屋或房间。明沈德符《万历野获编》卷二四:"陕西守臣奉上命置花毡帐房,凡一百六十二间,重门堂庑,庖厩厕溷,影壁围幕,氍毹之属俱备,又有游幸、出哨、声息诸名～。"

【号书】 hào shū 学塾老师划出一定的读书量,在书上做出标记,让学生读熟或背诵,并按期检查,称～。清《幻中游》七回:"遂叫尴儿过来～,念的比那两个女子更多。"《醒世姻缘传》三三回:"别人拿上书去,汤汤的背了,号上书,正了字,好不省事。"

【号数】 hào shù ❶ 编号。元王祯《农书》卷二二:"各依～上下相次铺摆。"明徐光启《农政全书》卷一四:"每步五尺,每二十步立一木界桩,编定～。"清《野叟曝言》一五回:"一色的有一二十张,俱没衔名,却都是龙凤花边,编着～。" ❷ 数目;数量。明《西洋记》一六回:"图上宝船有多少～,就造成多少～。"清《说岳全传》四三回:"江北战船密布,亦不知有多少～。"

【号帖】 hào tiě ❶ 带有编号的纸片。元明《三国演义》卷四:"壶中所插之箭,各有～,惟天子用金鈚箭。" ❷ 号书完成后老师签注的帖子。清《醒世姻缘传》三三回:"一来也是先生不好,书不管你背与不背,判了一个～,就完了一日的工夫。"

【号筒】 hào tǒng 一种细颈阔口,声音响亮的管乐器。本作军中号令,故称。《续文献通考》卷一〇九引明戚继光《新书·号令篇》:"喇叭,俗呼～。"清李斗《扬州画舫录》卷五:"至于～、哑叭木鱼、汤锣,则戏房中人代之,不在场面之数。"《荡寇志》一二一回:"只见对面官军掌起～,纷纷退后。"

【号头】 hào tóu ❶ 军中负责呼喝口令、执掌传令响器并负责传号发令的头目。唐李筌《太白阴经》卷五:"虞候领甲士十二队,建旗帜,立～,巡军营及城上。如在野,巡营外,定更铺疏密。坐者喝曰:'是甚么人?'巡者答曰:'虞候总管某乙巡。'……～及坐喝用声雄者充。"《明史·职官志五》:"嘉靖二十九年,革团营官厅,仍并三大营,改三千曰神枢,设副、参、游、佐、坐营、～、中军、千把总等官。"清赵吉士《寄园寄所寄》卷九:"谦父文相,初为神枢营～。二十一日闻帝崩,父子相向而哭。" ❷ 领唱或领头喊号的人。相当于军中的～。《旧唐书·韦坚传》:"成甫又作歌词十首,自衣缺胯绿衫,锦半臂,偏袒膊,红罗抹额,于第一船作～唱之。和者妇人一百人。"又《薛怀义传》:"曳一大木千人,置～。头一嘯,千人齐和。" ❸ 号军的头目。《大清会典则例》卷六六:"每十名内以一人为～,将号军面用印记,造册送该管处。" ❹ 号码;号数。宋吴自牧《梦粱录》卷二:"所封卷头,不要试官知士人姓名,恐其私取故也。却于每卷上打～,三场共一号,方发往誊录所誊录卷子。" ❺ 号筒。也泛称喇叭等管乐器。明蒋一葵《尧山堂外纪》卷九四:"正德间,阉寺当权,往来河下者无虚日。每到辄吹～齐丁夫,民不堪命。王西楼有咏喇叭《朝天子》二首,云:'喇叭锁哪,曲儿小,腔儿大。官船来往乱如麻,全仗您抬声价。'"汤显祖《南柯记》一五出:"连天金鼓,山川草木惊飞跳。拣良时,奏旨施行,围子内听～高叫。"清《歧路灯》一九回:"只听得戏上一声～响,锣鼓喧天。"也指鸣号。明单本《蕉帕记》二二出:"〔内～介〕发炮连声,听进止辕门外。" ❻ 信号;记号;暗号。明戚继光《纪效新书》卷二:"如某色旗竖起点动,便是某营兵收拾,听候～行营出战,不许听人口说的言语擅起擅动。"《西洋记》三四回:"番兵道:'小的们有些～走不脱,只是不敢告诉老爷。'元帅道:'是个甚么～? 说来我听着。'番兵道:'～在不便之处,故此不好说得。'"清《隋唐演义》二三回:"倘有什么风声,传个～出来,我们领壮丁百姓,帮助秦旗牌下手。"

【号衣】 hào yī 兵卒所穿制服,衣上有标号。元明《水浒传》七二回:"他的服色～都在这里。"清《朱批谕旨》卷七六:"又新制各色～七千二百一十二件。"

【号子】 hào zi 集体劳动时为协调步调,减轻疲劳而唱的歌或喊的口号。也指众人一起发出的喊声。明董穀《碧里杂存》卷上:"发舟。老叟举棹,口中打～,曰:'圣天子六龙护驾,大将军八面威风。'"《韩湘子》一一回:"这许多人见韩清这般说,打了一声～,都四散跑了去。"清李玉《清忠谱》二二折:"我们做一只骂魏贼的曲子,唱一句,打一声～,才有气力。"

【好意】 hào yì 另见 hǎo yì。故意;出于本愿。明《西游记》八〇回:"我们不是～要出家的,皆因父母生身,命犯华盖,家里养不住,才舍断了出家。"清《红楼梦》五八回:"人家的病,谁是～的,你也形容着取笑儿。"

【耗爆】 hào bào 搅扰。明《金瓶梅词话》八六回:"只因有这些麸面在屋里,引的这扎心的半夜三更～人,不得睡。"

【耗敝】 hào bì 劳损疲敝。《宋史·岳飞传》:"东南民力～极矣。"《元史·郝经传》:"如兵力～,役戍迁延,进退不可,反为敌人所乘。"清蓝鼎元《论江南应分州县书》:"而日夜废寝忘食,心血焦枯,精神～。"

【耗顿】 hào dùn 损耗疲顿。《明史·艾万年等传赞》:"兵力～,加以统驭失宜,应援不及,求无败衄,得乎!"清毛奇龄《倘湖樵书序》:"如曩时之著杂说,而筋力～,又不可得。"

【耗荡】 hào dàng ❶ 败坏;混乱。《新唐书·卢从愿传》:"吏选自中宗后,纲纪～。"宋刘炎《迩言》卷五:"不义则败,败则散,散则～,是故圣贤仁生如春,义成如秋。" ❷ (兵火)扰荡破坏。宋李曾伯《安南求援奏》:"今两地戎马皆闯其境矣,特磨～之餘,遗民各入险自保。"元《三国志平话》卷下:"今年田种,八月半头,看看收刈,十万军东西下有三十里长,南北下八十里来阔,军人～,百姓远赴荆州诉告。"《辽史·兵卫志上》:"若春以正月,秋以九月，不命都统，止遣骑兵六万，不许深入，不攻城池，不伐林木，但于界外三百里内～生聚，不令种养而已。” ❸ 挥霍浪费，也指资产荡散。宋彭乘《墨客挥犀》卷五：“余有外亲，曾为虫人耳，自谓必死，乃极其家所有，恣情～。凡数年，家业遂破。”刘道醇《宋朝名画评》卷一：“世为右族，至澄以丹青自乐，不事资产，终至～。”

【耗废】 hào fèi 消耗损废。宋章如愚《群书考索后集》卷五四：“及马邑之衅开，而财赂～不赡矣。”明《警世通言》卷一：“旦则采樵负重，暮则诵读辛勤，心力～，染成怯疾。”《明史・郑和传》：“所取无名宝物不可胜计，而中国～亦不赀。”

【耗磨】 hào mó 消磨。明娄坚《上督学王御史书》：“祖宗朝初场题止五道，盖不欲士之专于经义，而徒以～其日力也。”清孙承泽《春明梦餘录》卷四五：“不知何以精气～，今昔顿异一至于此。”

【耗磨辰】 hào mó chén 即“耗磨日”。唐张说《耗磨辰饮》之二：“上月今朝减，流传～。”宋戴复古《闻严垣叔人朝》：“独守空虚室，那逢～。”自注：“见《荆楚岁时记》，正月十三日为～。”

【耗磨日】 hào mó rì 指正月十六日（一谓十三日）。此日官司不开仓库，民间禁止磨茶、磨麦。唐张说《耗磨日饮》之一：“耗磨传兹日，纵横道未宜。”明陈继儒《书蕉》卷下：“正月十六，谓之～。”

【耗问】 hào wèn 消息。明陈继儒《读书镜》卷四：“乃有不相往来，不通～，遇于途则耻下车，阋于墙则思角讼。”清《聊斋志异・夜叉国》：“待北风起，我来送汝行。烦于父兄处，寄一～。”

【耗息】 hào xī 犹“耗问”。清《聊斋志异・新郎》：“由是遐迩访问，并无～。”

【耗羡】 hào xiàn 即“耗餘”。唐白居易《不夺人利》：“～之财不入于府库，析毫之计不行于朝廷者，虑其利穴开而罪梯构。”明曹于汴《万泉侯怀洙范公去思碑记》：“征赋如数，辄止～。”清《儒林外史》四回：“一岁之中，钱粮～，花、布、牛、驴、渔、船、田、房税，不下万金。”

【耗音】 hào yīn 犹“耗问”。五代郭威《谕徐州军民诏》：“朕昨迫于军情，遂临帝位。已曾示谕，想备闻知。汝等初得～，争无疑惧?”宋佚名《张协状元》二六出：“难禁离别情，日夜我寻思没～。”明王世贞《旧病攻中不痊恳乞转为》：“形影相吊，～久绝。”

【耗餘】 hào yú 为弥补损耗额外加收的税赋。《资治通鉴》卷二九二：“场官扰民多取～。”胡三省注：“～者，于纳藁束正数之外又多取之，言以备耗折也。”清《平定两金川方略》卷一〇一：“而所有～米石，据该督等称，凡修理桥道一切零星、公用以及人役口粮皆于此内支发。”

【耗子】 hào zi 老鼠。明《西游记》八四回：“他又摇身一变，变作个老鼠，喷喷哇哇的叫了两声，跳下来，拿着衣服头巾，往外就走。那婆子慌慌张张的道：‘老头子，不好了！夜～成精也！’”清《聊斋志异・贾儿》：“又以～啮衣，怒涕不解，故遣我乞猎药耳。”

【浩畅】 hào chàng 极为舒畅。《太平广记》卷三二九引《广异记》：“使者与其徒数十人同至，宴乐殊常～。”明杨士奇《樊通政雪霁草堂》：“清和荡淑气，～发冲襟。”

【浩烦】 hào fán 浩大繁重。宋曾巩《齐州谢到任表》：“岂伊儒懦之资，可副～之用。”元王恽《论开光济两河事状》：“兼此役～，未审曾无奏闻，傥已后不能成功，虚费国力，百姓实受其敝，将来谁任其责?”清陆陇其《松阳钞存序》：“拟辑《陆子全书》，而功力～，未能猝就。”

【浩繁】 hào fán ❶ 繁多。《旧唐书・齐澣传》：“河南汴为雄郡，自江淮达于河洛，舟车辐辏，人庶～。”宋周密《武林旧事》卷六：“盖人物～，饮之者众故也。”清《歧路灯》一回：“宣德后家刻六种，卷帙～累重，另日专寄。” ❷ 繁华。宋郑文宝《江表志》卷上：“杨都～之地，海内所闻。”元陶宗仪《辍耕录》卷九：“数百年～之地，日就凋弊。”

【浩富】 hào fù 繁多。清顾炎武《日知录》卷二六：“朝代迁流，简牍～。”《国朝宫史》卷三四：“成册府之巨观，极图书之大备，而卷帙～，任事之臣弗克。”

【浩巨】 hào jù 巨大。明张国维《吴中水利全书》卷一九：“有此二便而工费～何足虑哉?”曹学佺《蜀中广记》卷六六：“利饶课重，工力～，非一载弗克竣。”

【浩阔】 hào kuò 浩大；广阔。唐杜甫《进封西岳赋表》：“春将披图视典，冬乃展采错事，日尚～，人匪劳止。”宋吴泳《答杜成己书》：“亦欲参考订正一番，工夫～，勉焉孳孳，毙而后已。”清毛奇龄《圣德神功颂》：“惟我皇清，辟土～。”

【浩闹】 hào nào 繁盛喧闹。《敦煌变文校注》卷五《双恩记》：“倚托故难嫌～，经过信任扑尘埃。”宋孟元老《东京梦华录》卷二：“土市北去，乃马行街也，人烟～。”清方浚师《蕉轩随录》卷一〇：“夹道彩廊四百楹，花槛灯墙，缤纷～。”

【浩肆】 hào sì 广阔；渊博。明冯时可《雨航杂录》卷上：“庄纵观大化，为汪洋～无端崖之言。”王慎中《赠郡博纪瑶山先生荣奖序》：“君之学广博～，无所不究，而深于义理。”

【皓魄】 hào pò 明月。五代齐己《中秋月》：“还许分明吟～，肯教幽暗取丹枝。”明《西游记》三六回：“～当空宝镜悬，山河摇影十分全。”清《镜花缘》二回：“月姊能使～常圆，夜夜对此青天碧海么?”

hē

【诃斥】 hē chì 同“呵斥”。唐海顺《般若灯论序》：“其为论也，～内外，赞扬真俗。”清《女仙外史》一四回：“贡献微仪二色，聊申登极之贺。伏冀不加～，寡小君幸甚!”

【诃棰】 hē chuí 呵斥鞭打。棰，鞭子。宋洪迈《容斋随笔》卷一四：“士之处世，视富贵利禄当如优伶之为参军。方其据几正坐，噫呜～，群优拱而听命。戏罢，则亦已矣。”

【诃殿】 hē diàn 同“呵殿❶”。宋《三朝北盟会编》卷四八：“会邦彦～出右掖门，士人慢骂曰：‘汝是上皇时浪子，岂堪作相！’”周密《武林旧事》卷二：“十二、十三两日，国忌禁乐，则有装宅眷笼灯，前引珠翠，盛饰少年尾其后，～而来。”

【诃咄】 hē duō 同“呵咄”。唐陆龟蒙《奉酬袭美先辈吴中苦雨》：“而我正萎痿，安能致～。”

【诃诟】 hē gòu 同“呵诟”。宋黄庭坚《还家呈伯氏》：“强趋手板汝阳城，更责愆期被～。”清《聊斋志异・青凤》：“生尾而听之，～万端，闻青凤嘤嘤啜泣。”

【诃护】 hē hù 同“呵护❷”。宋赵善括《真妃祠》：“一方虽借～力，四海正思霖雨功。”明陆粲《庚巳编》卷三：“然此禁城中帝王所在，万神～，尔丑类何得至此?”清唐孙华《同宪尹步至虎丘后禅院》：“～似有神，就视敢轻摘。”

【诃藜棒】 hē lí bàng 武器名。宋曾公亮等《武经总要》前集卷一三：“右取坚重木为之，长四五尺，异名有四：曰棒、曰轮、曰杵、臼杆。有以铁裹其上者，人谓～。”

【诃梨子】 hē lí zi 妇女披服的云形肩饰。五代和凝《采桑子》：“蝤蛴领上～，绿带双垂。”清陈维崧《迎春乐·本意》之二：“诃梨领子蝤蛴项，都倚在斜桥望。”

【诃詈】 hē lì 同“呵詈”。唐高彦休《阙史》卷下：“见妻及杨肆目门首，欲为揖认，则～诟辱，仅以身免。”宋洪迈《夷坚志》补卷八：“赵睡起，～愈切。”明杨基《忆北山梨花》：“伻来督责至～，面微发红气每吞。”清纪昀《阅微草堂笔记》卷五：“佃户曹二妇悍甚，动辄～风雨，诟谇鬼神。”

【诃骂】 hē mà 同“呵骂”。清《续金瓶梅》五五回：“我本加恩，他却成怨，无礼增慢，～横加。”

【诃怒】 hē nù 同“呵怒”。《太平广记》卷三三一引《广异记》：“又使召丞及簿尉，既至。霸～云：‘君等无情，何至于此！’”明吾邱瑞《运甓记》二一出：“便做道天网能逃，怎免得神～？”

【诃诮】 hē qiào 呵斥讥诮。宋曾巩《代书寄赵宏》：“一心耿耿浪诚直，百口幡幡竞～。”明沈德符《万历野获编》卷八：“会王弟敬美继登第，分宜呼诸孙切责，以不克负荷，～之。”

【诃子】 hē zi 妇女饰物。抹胸之类。宋高承《事物纪原》卷三：“贵妃私安禄山，以后颇无礼，因狂悖，指爪伤贵妃胸乳间，遂作～之饰以蔽之。”元刘时中《折桂令·疏斋同赋木犀》：“贴体衫儿淡黄，掩胸～金装。”

【呵】 hē 另见 ā。❶ 喝道；喝令避让。唐韩愈《送李愿归盘谷序》：“武夫前～，从者塞途。”明蒋一葵《尧山堂外纪》卷七八：“忽一僧当道立，从者～之不避。”清《野叟曝言》一一七回：“文恩等亦各上马，执事人役，赤棒金瓜，黄罗伞扇，灯笼火把，前～后拥。” ❷ 护佑。唐元稹《和东川李相公慈竹》：“托身仙坛上，灵物神所～。”五代齐己《渚宫莫问诗》之八：“旧峰～练若，松径接匡庐。” ❸ 哈气；嘘气使温。唐李洞《河阳道中》：“冲风仍蹑冻，提笔手频～。”《元曲选·燕青博鱼》一折：“我着些气～暖我这冻拳头。”清《荡寇志》一一八回：“当时公孙胜在帐前布罡运气，～笔书符。” ❹ 饮；喝。元明《水浒传》二四回：“干娘，不要独吃自～，也把些汁水与我呷一呷。”明《金瓶梅词话》三三回：“叫你姐夫寻了衣裳，来这里～瓯子酒去。”清《醒世姻缘传》八七回：“你捞了稠的去了，可也让点稀汤儿给别人～口。”

【呵斥】 hē chì 大声斥责。唐道宣《续高僧传》卷二五：“于时道馆崇敞，巾褐纷盛，屡相～，甚寄忧心焉。”明屠隆《昙花记》四一出：“王家常事，何预于君？妄行～。”清《醒世姻缘传》九七回：“太守见他的工完得甚迟，又修得不好，着实把那大使～了一顿。”

【呵捶】 hē chuí 同“诃棰”。捶，通“棰”。唐道宣《续高僧传》卷九：“形不妄涉，口不净词，人畜训诲，绝于～。”宋张师正《括异志》卷二：“群牛不待～，旋转如风，顷刻而过堰。”

【呵导】 hē dǎo 同“喝导”。《旧五代史·唐书·卢程传》：“庄宗闻～之声，询于左右，曰：‘宰相担子入门。’”宋张师正《括异志》卷二：“有衡山民之长沙市易者，冒夜而行，道中见旌旗仪卫，～甚厉。”明王世贞《蔡北崖处士暨配陈孺人合葬志铭》：“公方夜按行睥睨间，拥盖炬火，武士操阘戟～。”

【呵道】 hē dào 同“喝道❶”。唐裴铏《传奇·马拯》：“此是伥鬼，被虎所食之人也，为虎前～耳。”清《雪月梅》四三回：“隐隐听得炮声响亮，～鸣钲，鼓乐交作，渐远而寂。”

【呵殿】 hē diàn ❶ 同“喝殿”。稗海本《搜神记》卷二：“前后骑从数十人，别有青衣二人执节前行，～而至。”宋王铚《默记》卷下：“欧阳文忠公在两禁，因赴李都尉家会，至五鼓，传呼～而归。”清洪昇《长生殿》一三出：“这是九重禁地，你怎敢在此大声～？” ❷ 指此类仪仗队伍或随从人员。宋周密《武林旧事》卷二：“～如云，皆平日交游亲旧相迓之人，或三学使令斋臧辈。”宋元《古今小说》卷二四：“但见：～喧天，仪仗塞路。前面列十五对红纱照道，烛焰争辉；两下摆二十柄画杆金枪，宝光交际。”元辛文房《唐才子传》卷七：“尝策羸赴朝，值新进士榜下，缀行而出，～整然。”

【呵咄】 hē duō 同“喝掇”。宋司马光《出都日涂中成》：“徐驱款段马，放辔不～。”《虚堂和尚语录》卷四：“凡见衲子往来，或勘辨引验，或怒骂～。”

【呵诟】 hē gòu 呵斥辱骂。宋文莹《玉壶清话》卷九：“殆病，百司奏事，或厉声～。”

【呵喝】 hē hè 大声呼叫或申斥。唐薛渔思《河东记》：“见数十小人，皆长数寸，衣服车乘，导从～，如有位者。”明《醒世恒言》卷三〇：“李勉正行间，只见一行头踏，手持白棒，开道而来，～道：‘县令相公来，还不下马！’”清《东周列国志》一回：“宣王怪他干犯斋禁，大声～，急唤左右擒拿。”

【呵护】 hē hù ❶ 呵卫保护。唐李商隐《骊山有感》：“骊岫飞泉泛暖香，九龙～玉莲房。”明许自昌《水浒记》一五出：“须要款款轻轻，～香温玉软。”清《聊斋志异·薛慰娘》：“女在墓，为群鬼所凌，李翁时～之。” ❷（神灵）庇护；保佑。唐张时敏《登凤凰台赋》：“百灵见之而辟易，六丁守之而～。”明张景《飞丸记》三二出：“荷神明～飞丸事真巧，会合在今宵。”清《醒世姻缘传》八回：“真是亏不尽万神～，那箭似雨点般来，都落在正统爷面前。”

【呵会】 hē huì 竞技主持人知会双方注意事项的话。元明《水浒传》七四回：“部署请下轿来，开了几句温暖的～。”

【呵詈】 hē lì 犹“呵骂”。清袁枚《子不语》卷九：“果有牛头夜叉辈，约数百人，胸前绣‘勇’字补服，向裘狰狞～。”

【呵卵抛】 hē luǎn pāo 同“呵卵脬”。明佚名《鸣凤记》四出：“别人送礼，不过口内吃的，身上穿的，耳中听的，眼前玩的，也不为十分奉承。这个东西(夜壶)，才是～的样儿。”

【呵卵泡】 hē luǎn pāo 同“呵卵脬”。明《型世言》三七回：“再看如今，～、捧粗腿的，那一个不是妇人？”

【呵卵脬】 hē luǎn pāo 比喻不堪的奉承行为。卵脬，阴囊。明《禅真后史》一三回：“奉承财主们，～、捧粗腿，虚心介下气。”清《凤凰池》八回：“一般还有那虚帮衬、～一辈人道：‘是大爷这样大才，遭了点额。’”

【呵卵捧脬】 hē luǎn pěng pāo 犹“呵卵脬”。明孟称舜《娇红记》五出：“农工商贾都不做，～为第一。”

【呵卵捧屁】 hē luǎn pěng pì 犹“呵卵脬”。清《雪月梅》四二回：“这人是个谗谄面谀之徒，奉承道台，～，无所不至。”

【呵骂】 hē mà 同“喝骂”。《太平广记》卷四二引《逸史》：“日遣斫柴五十束，稍迟并数不足，～及棰击之。”清《续金瓶梅》五五回：“见有贫人乞化，～驱出。”

【呵怒】 hē nù 愤怒呵斥。《太平广记》卷七三引《记闻》：“炎不信神鬼，至于邪俗镇厌，常～之。”又卷四五九引《原化记》：“常独闭室，而欲至者，必嗔喝～。”

【呵脬】 hē pāo 犹“呵卵脬”。明《挂枝儿·灯笼》：“间或呼为丘蚓。其说曰：泥里也去，水里也去，又会唱歌，又会～。”清《姑妄言》一六回：“这些善于～的人何尝不知，到了那个时节，竟身子不由自主，不知不觉把个忘八脑袋锁到人裤裆里去。”

【呵脬捧卵】 hē pāo pěng luǎn 犹“呵卵脬”。明《拍案惊奇》卷二九：“到得忽一日榜上有名，掇将转来，～。”

【呵脬捧屁】 hē pāo pěng pì 犹"呵卵脬"。明《西湖二集》卷七:"若是要做高官的,都要～,异常钻刺。"《二刻拍案惊奇》卷一一:"果然这番宗族邻里比前不同,尽多是～的。"

【呵脬捧腿】 hē pāo pěng tuǐ 犹"呵卵脬"。腿,同"颓",亦指男阴。清《生绡剪》七回:"随有一伙～的,也就狐假虎威。"

【呵欠】 hē qiàn 人疲倦或初醒时,自然张口深深呼吸。宋施护译《佛说沙弥十戒仪则经》:"若有～时,以手遮盖口。"明《朴通事谚解》卷下:"内中一个达达只管打～。"清《醒世姻缘传》二一回:"晁夫人打了个～。徐老娘拉过一个枕头来,说:'奶奶,你且打个盹儿。'"

【呵卫】 hē wèi ❶ 护卫。也指护卫的人。《新唐书·武元衡传》:"公卿朝,以家奴持兵～。"宋元《熊龙峰刊小说·彩鸾灯》:"果见车一辆,灯挂双鸳鸯,～甚众。"明焦竑《玉堂丛语》卷八:"公卒后,车骑腾踔,前后若有所～者。" ❷ 保佑。宋陈亮《又与章德茂侍郎书》:"缅惟旌纛所至,百神～,台候动止万福。"《元曲选·楚昭公》四折:"谁想龙神暗中～,死者重生,生者不愧。"

【呵嘘】 hē xū ❶ 嘘气;吹气。唐韩愈《苦寒》:"炎帝持祝融,～不相炎。"清《警寤钟》六回:"一面又对着何氏而哭,一会又向何氏脸上吹气～,百般侮弄。" ❷ 嘘寒问暖。宋苏轼《次韵答王定国》:"愿君不废重九约,念此衰冷勤～。"袁说友《和浦勉道转运判官巡行出关韵》:"关外秋来闻小熟,更将余瘵人～。"

【呵引】 hē yǐn 呼呵引从。犹"呵道"。宋孟元老《东京梦华录》卷九:"宴退,臣僚皆簪花归私第,～从人皆簪花并破官钱。"《宋史·礼志二三》:"庆历中有诏,详定武臣出节～之制。"明陆粲《庚巳编》卷五:"俄有捧朱衣金带以进者,先便着之,升舆～而行。"

【呵诹】 hē zōu 瞎说;胡诌。元顾德润《骂玉郎过感皇恩采茶歌·述怀》:"安乐行窝,风流花磨。闲～,歪嗑牙,发乔科。"

【哈】 hē 另见 hǎ。喝。宋庄绰《鸡肋编》卷上:"游师雄景叔,长安人。范丞相得新沙鱼皮,煮熟剪以为羹,一缕可作一瓯。食既,范问游:'味新觉胜平常否?'答云:'将谓是饦饦,已～了。'盖西人食面几不嚼也。"明李梅实《精忠旗》九出:"造船并起屋,嫁女及婚男,逢子朋友也要～酒。"清《聊斋俚曲·磨难曲》:"这才是一口水都没捞着～。"

【喝风】 hē fēng 没有食物靠饮风过活。比喻生计贫窘。元古本《老乞大》:"我不打火～那甚么!你疾快做著五个人的饭者。"施惠《幽闺记》二五出:"我若一日不医死几个,叫我外婆姐姐在家里～?"清《镜花缘》一三回:"我从数百里到此,吃了若干辛苦,花了许多盘费,若将落在网的仍旧放去,小子只好～了。"

【喝西北风】 hē xī běi fēng 犹"喝风"。清《儒林外史》四一回:"叫我们管山吃山,管水吃水,都像你这一毛不拔,我们～?"

hé

【禾叉】 hé chā 同"禾杈"。《元典章新集·刑部》:"偷盗金正二桑叶,用～戳伤事主。"元明《水浒传》二三回:"只见这十个乡夫,都拿着～、踏弩、刀枪,随即拢来。"

【禾杈】 hé chā 翻晒或堆垛时挑禾秸的枝杈状农具。明徐光启《农政全书》卷二二:"又有以木为干,以铁为首,二其股者,利如戈戟,唯用叉取禾束,谓之铁～。"

【禾旦】 hé dàn 宋元戏曲中年轻村妇角色的俗称。也称"拔禾"。《元曲选·薛仁贵》三折:"〔丑扮～上〕"按,元刊本作"拔禾"。《元曲选外编·黄鹤楼》二折:"〔～云〕自家村姑儿的便是。"

【禾担】 hé dàn 一种放在肩上挑物的工具。《联灯会要》卷八《袁州仰山慧寂禅师》:"一日普请,西庄担禾,师同至岭头歇。师拈～,向数僧前,行一匝云:'有么有么?'数人无对。"明徐光启《农政全书》卷二二:"～,负禾具也。其长五尺五寸,剡匾木为之者,谓之软担,斫圆木为之,谓之楤担。匾者宜负器与物,圆者宜负薪与禾。"

【禾倈】 hé lái 宋元戏曲中村童角色的俗称。也称"拔禾倈"。《元曲选外编·黄鹤楼》二折:"〔正末扮～上云〕伴姑儿,你等我一等。"又《独角牛》一折:"〔正末同～上〕〔～云〕哥哥,你看俺这庄农人家,春种夏锄秋收冬藏,春若不种秋收无望。"

【禾堂】 hé táng 一种舂稻谷的木槽。唐许浑《岁暮自广江至新兴往复》之四:"蓝坞寒先烧,～晚并舂。"自注:"人以木槽舂禾,谓之～。"宋利登《田父怨》:"黄云百亩割还空,垂老～泣晚舂。"

【合】 hé ❶ 随同;依随。唐李白《月夜江行寄崔员外宗之》:"月随碧山转,水～青天流。"明《拍案惊奇》卷二五:"那些做妓女的,也一样娘生父养,有情有窍,日陪欢笑,夜伴枕席,难道一些心也不动?一些情也没有?只～着鸨儿,做局骗人过日不成?" ❷ 邀约加入;拉人(合伙)。元明《水浒传》一八回:"更有那三个,小人不认得,却是吴学究～将来的。"明许自昌《水浒记》一出:"那岗下有个白胜,专以卖酒为生,待小弟去～他人伙。"清《生绡剪》七回:"收了五百多两纱罗段匹,～了同伙,到京师出脱。" ❸ 会合;纠集。《元曲选·东堂老》楔子:"他～着那伙狂朋怪友,饮酒非为。"明《醒世恒言》卷四:"又闻说不见了张委,在园上抓寻,不知是真是假,～着三邻四舍,进园观看。"清《醒世姻缘传》一一回:"如今珍哥要游湖,～了伴就去游湖;要去游万仙山,就～了去游万仙山。" ❹ 伙用;共同拥有。明《西洋记》七八回:"我国中男子多,女人少,故此兄弟伙里,大家～着一个老婆。"《欢喜冤家》一五回:"这井在后门外,五家～的。"清《珍珠舶》八回:"只是两家～着一副灶头,甚觉不便。" ❺ 拼装;组合制作。元明《水浒传》三三回:"连夜～个囚车,把这厮盛在里面。"明《金瓶梅词话》一回:"里老先去县里报知,一面～具虎床,安排花红软轿,迎送武松到县衙前。"《型世言》一〇回:"分付匠人～了一副双榑、一副三榑的棺木。" ❻ 以盒盛物。明《西游补》七回:"只见一只水磨长书桌上,摆一个银漆盒儿,～着一盒月殿奇香粉。" ❼ 核算;折合;计量。明《拍案惊奇》卷二:"议定了财礼银八百两,衣服首饰办了送来,自不必说,也～着千金。"清《醒世姻缘传》三二回:"见一月每人送他五斗米,这四个人可也好一个贫人一顿～着两合米。"《儒林外史》一七回:"当下买了一具棺木,做了许多布衣,～着太公的头做了一顶方巾。" ❽ 按理说;算起来。明《金瓶梅词话》七二回:"俺每这里还闲的声唤,你来雌汉子!～你在这屋里是什么人儿?" ❾ 连同;加上。清《儒林外史》一四回:"不如趁此就写一张婚书,上写收了他身价银一百两,～着你这九十多,不将有二百之数?" ❿ 凑近;贴近。清《儒林外史》三八回:"原来老虎吃人,要等人怕的,今见郭孝子直僵僵在地下,竟不敢吃他,把嘴～着他脸上来闻。" ⓫ 介词。a) 引进动作的合作者,犹跟、同。元岳伯川《铁拐李》二折:"你去熬些粥汤来我吃。我～兄弟说些话儿。"清《聊斋俚曲·磨难曲》:"这二日幸亏你～我下棋,不然,便闷死了。"《红楼梦》五四回:"蓉儿就～你媳妇坐在一处,倒也团圆了。"b) 引进比较的对象,犹跟、同。清《聊斋俚曲·增补幸云曲》:"子弟们看了,都说～观音相似的。"《醒世姻缘传》九二回:

"见了钱就～命一般的要紧。"c）引进动作的对象。犹向、对。清《聊斋俚曲·增补幸云曲》:"满心冤屈～谁控?"《红楼梦》一一三回:"我还～你要隔年的蝈蝈儿,你也没有给我。" ⓬ 连词。同;与。清《聊斋俚曲·增补幸云曲》:"串街过巷找一遍,不见万岁影～踪。"《红楼梦》六七回:"怎么不请琏二爷～柳二爷来?" ⓭ 量词。用于成对或成套的事物。犹副。唐封演《封氏闻见记》卷八:"节度令造海图屏风二十～。"元孙叔顺《一枝花》:"都则是两轮日月搬兴废,一～乾坤洗是非。"

【合板】 hé bǎn ❶ 合板眼;符合节拍。明王世贞《艺苑卮言》卷五:"胡孝思如骄儿郎爱吴音,兴到即讴,不必～。" ❷ 言语或行为相一致。清《歧路灯》四〇回:"真正两个说的如蜜似油,好不～。"

【合伴】 hé bàn 合伙;结伴。明《二刻拍案惊奇》卷三五:"三人～,百计来哄诱他。"清《隋唐演义》六二回:"当隋亡之时,他们三个～逃走出来。"《幻中游》一二回:"到了八月秋闱,就与朱良玉、蔡敬符三个～赴省应试。"

【合包】 hé bāo 即"荷包❶"。元刘时中《一枝花·罗帕传情》:"待帽盒里收呵,若有些疏虞甚意儿;待～里藏呵,有那等俏相识开口着我怎推辞?"明陆粲《庚巳编》卷九:"就彼学会女工,描剪花样,扣绣鞋顶～,造饭等项。"清《醒世姻缘传》七五回:"一个鸳鸯小～,里边盛着香茶。"

【合本】 hé běn 共同出资本;合资。《元曲选外编·存孝打虎》二折:"〔李克用云〕你做甚买卖营生?〔正末唱〕与人家牧牛羊。〔李克用云〕你和他同财～?"明《肉蒲团》九回:"丈夫也是贩丝卖的,与权老实一同去卖,虽不～,倒像伙计一般。"清《儒林外史》一八回:"目今我和一个朋友～,要刻一部考卷卖。"

【合钵】 hé bō ❶ 即"荷包❶"。元杨瑀《山居新话》卷二:"实喇卜尝于左额上生小疖。上亲于～中取佛手膏摊于纸上,躬自贴之。"《元典章·刑部一》:"达鲁花赤与众官人一同问当得实,将犯人系腰～去了,散收。"明江瓘《名医类案》卷一一:"一妇产后阴户下一物,如～状,有二歧。此子宫也。" ❷ 一种植物名。明朱橚《救荒本草》卷三:"羊角苗,又名羊妳科,亦名～儿。"

【合不来】 hé bù lái ❶ 性情、志趣不相投合。明《型世言》二四回:"二爷怕与二娘～,路上说要寻一个庄——在钱塘门外——与他住。"清《醒世姻缘传》五九回:"就是俺姑娘,我见他也绝不琐碎,俺姑夫是不消说的了,你也都～?"《后红楼梦》四回:"(宝玉)也到王夫人处走动,也替兰哥儿讲讲,只～贾环。" ❷ 不合算。明《二刻拍案惊奇》卷一〇:"不要说后边输了,就是赢得来,算一算费用过的财物,已自～了。"《型世言》二四回:"这～,倒要养他。" ❸ 不相合;对不上。清《醒世姻缘传》一八回:"每日阵进阵出,俱来与晁大舍提亲,也不管男女的八字合得来～。" ❹ 折合不上。清《绿野仙踪》五四回:"自己贴上女儿,夜夜陪睡,又要日日支应饮食。每夜连五钱银都～,心上甚是不平。"

【合不着】 hé bù zháo ❶ 犹"合不来❶"。明《金瓶梅词话》九四回:"他是大人家出来的,因和大娘子～,打发出来。"《梼杌闲评》一三回:"两口儿～,常时各自睡。" ❷ 犹"合不来❸"。《元曲选外编·蓝采和》一折:"你～圣贤机,我觑不的他人面。"《醒世恒言》卷三:"若肯出这个数目,做妹子的便来多口。若～时,就不来了。"清《十二楼·拂云楼》四回:"定要寻一房姬妾,帮助一帮助,才可以白发相守。若还独自一个坐在中宫,～半点夫星。" ❸ 犯不上;没理由。清《白雪遗音·挑眼》:"姑娘今日你的错,干我～。眼飘着傍人,你向着我说。"又《嘛哒摩诃》:"问到小鬼因何故,小鬼抬头把话说:你们怕喝将他害,掉下来喝我的～。"

【合凑】 hé còu ❶ 凑在一起;汇集。宋《朱子语类》卷一〇七:"即取纸笔令刘作,众人～,遂成。"明《醒世恒言》卷二九:"那知县一来是新起病的人,元神未复;二来连日沉酣糟粕,趁着酒兴,未免走了酒字下这道儿;三来这晚露坐夜深,着了些风寒。三～又病起来。"清《野叟曝言》九六回:"据下官看来,各峒～,是一龙形。" ❷ 相合。清洪昇《长生殿》三七出:"看元神入彀,似灵胎再投,双环～。"《八洞天》卷二:"却也是天缘～,一见了长孙陈相貌轩昂,又闻他新断弦,心里竟有几分看中了他。"

【合当】 hé dāng ❶ 理应;应当。《唐律疏议》卷二八:"有军名而亡,于他处附贯,课役如法,唯无军名,～何罪?"元郑光祖《周公摄政》三折:"事既该十恶大逆,罪～万剐凌迟。"清《说唐三传》七六回:"三哥有难,～相救。" ❷ 该着;注定。元明《水浒传》二回:"也是高俅～发迹,时运到来。"明《警世通言》卷一一:"今日也是苏知县～有事,恰好徐能的船空闲在家。"清《东周列国志》一〇四回:"也是嫪毐享福太过,～生出事来。" ❸ 轮该当值。宋元《警世通言》卷一三:"包爷次日早堂,唤～吏书,将这两句教他解说。" ❹ 投合;合得来。明《金瓶梅词话》一〇〇回:"却表爱姐在府中与葛翠屏两个持贞守节,姊妹称呼,甚是～着。" ❺ 妥当;恰当。清《绣鞋记》一三回:"只因呈词业已做就,特请尊目一观,看其可否～。"

【合的来】 hé dé lái 同"合得来"。清《红楼梦》二五回:"只有彩霞还和他～,倒了一钟茶递与他。"

【合得来】 hé dé lái 相投合;能相处。明《欢喜冤家》八回:"两个人倒也志同道合,倒～。"清《世无匹》七回:"那王八为人,最是奸狡,兼有机变,在河路上甚觉洒脱,故戚仲礼与他极～。"

【合得上】 hé dé shang 对得上;相符合。清《野叟曝言》七七回:"我今一一推究,只～古人之事,便可明你受冤之故了。"

【合得着】 hé dé zháo ❶ 犹"合得来"。元乔吉《一枝花·合筝》:"腔儿稳,字儿正,一对儿～绸缪有情,效鸾凤和鸣。"明《金瓶梅词话》三回:"娘子自从嫁了这大郎,但有事百依百顺,且是～。" ❷ 犹"合得上"。明《醒世恒言》卷一六:"且说兜肚中什么东西?～,便是他的。"清《十二楼·夏宜楼》一回:"这句说话是真是假,～合不着?你去想就是了。"《醒世姻缘传》二三回:"同了众人取开来看看,若是～你刚才说的,便就是你的了。" ❸ 配得上;相匹配。明《金瓶梅》九一回:"丁火庚金,火逢金炼,定成大器,正～。"清《十二楼·拂云楼》四回:"八字虽好,也要相貌～。" ❹ 划算;折合得上。清《说岳后传》一七回:"我是包在此的,倘然吃折了怎么处?不要工钱只吃饭还～。"

【合动】 hé dòng 合奏。宋耐得翁《都城纪胜》:"细乐比之教坊大乐,则不用大鼓、杖鼓、羯鼓、头管、琵琶、筝也,每以箫、管、笙、篥、稽琴、方响之类～。小乐器只一二人～也。"吴自牧《梦粱录》卷二〇:"若～,小乐器只三二人～尤佳。"

【合房】 hé fáng 男女(多指夫妻第一次)过性生活。清《聊斋俚曲·禳妒咒》:"你不在那里～,又倒回来做什么?"《白雪遗音·妓女悲伤》:"客去没人放心肠,当行的一见,他又要～。"

【合缝】 hé fèng ❶ 接合缝隙。唐道宣《广弘明集》卷一五:"寺院并古时石砌,～甚密。"宋《朱子语类》卷二:"天正如一圆匣相似,赤道是那匣子相～处。"清《女仙外史》七回:"二师遂同着赛儿到大厅上,仰面细看,全无～之处。" ❷ 并拢;闭合。宋曾公亮、丁度等《武经总要》卷一一:"一皮船可乘一人,两皮船～能乘三人。"《古今小说》卷二八:"整整的叙了一夜说话,眼也不曾～。" ❸ 即骑缝。元陶宗仪《辍耕录》卷六:"逐卷有高宗内府印百餘颗，后有贾氏长字印，又有一小印～，云是蔡太师印。”清黄六鸿《福惠全书·钱谷》：“连二免比票，一截票存算，一归农免比，～用印。”

【合伏】 hé fú 俯卧；趴。元杨立斋《哨遍》：“著敲棍也门背后～地巴背，中毒拳也教铛里仰卧地寻叉。”明《金瓶梅词话》五一回：“两手搂定西门庆脖项，～在身上。”

【合该】 hé gāi ❶ 理应；应该。《宋会要辑稿·刑法六》：“应诸色人犯罪在禁，虽乙未结正，见得～赦原。”明《西游记》六八回：“医好国王，他也该有一半江山，我等～下拜。”清朱素臣《十五贯》一四出：“今日同难相逢，～拜为姐妹。” ❷ 该着；注定。元王实甫《集贤宾·退隐》：“则落得雨泪盈腮，多应是命里～。”明《封神演义》五回：“也是～这纣王江山欲失，周室将兴。”清《红楼梦》一一回：“～你这病要好，所以前日就有人荐了这个好大夫来。”

【合干】 hé gān 全部相关的。《宋会要辑稿·刑法二》：“如违，许纳人经尚书省越诉，其～官吏并科二年之罪。”金佚名《大金吊伐录》卷四：“仍仰就便指挥晓告所辖～去处知悉，具依准施行状申。”清《醒世姻缘传》：“做文书申报了～上司。”

【合缸】 hé gāng 用一种特制的对合瓦缸盛殓僧人尸骸。清《豆棚闲话》六则：“昨日又坐化了一位禅师，特来顶礼，就便与他～造塔。”

【合格】 hé gé ❶ 符合标准。格，标准。唐赵匡《举选议》：“今选司并格之以年数，～者，判虽下劣，一切皆收；如未～而应科目者，才有小瑕，莫不见弃。”明吾邱瑞《运甓记》一三出：“此间前冈有块好地，来龙去脉，靠岭朝山，种种～，乃大富贵之地。”清《野叟曝言》一四八回：“所得禽兽，皆赏～之人，加以金银绸帛；不～者，轻则罚跪顶石，重则捆打穿箭。” ❷（诗词曲等）合于格律或韵律。宋赵与时《宾退录》卷一〇：“山谷则有数联～，如‘轻尘不动琴横膝，万籁无声月入帘。’”宋元《警世通言》卷一〇：“调弦成～新声，品竹作出尘雅韵。”清沈德潜《说诗晬语》卷上：“又长篇必伦次整齐，起结完备，方为～。”

【合共】 hé gòng 总共。清《儒林外史》一八回：“～三百多篇文章，不知要多少日子就可以批得出来？”《补红楼梦》二二回：“你通共给了我们六十两银子，连头里五十两，～使了百十两银子。”

【合后】 hé hòu ❶ 断后；进军时担任后卫。《元曲选·单鞭夺槊》二折：“三将军，你领兵～，我与敬德先接应元帅去来。”元明《水浒传》五五回：“开路人兵，齐担大斧；～军将，尽拈长枪。”清《说岳全传》七七回：“吉成亮、狄雷为左队；严成方、伍连为右队。自引一众将官～。” ❷ 指担任后卫的将领。《元曲选外编·五侯宴》四折：“李亚子为先锋，石敬瑭为左哨，孟知祥为右哨，刘知远为中路，李从珂为～。”清《女仙外史》六五回：“以刘虎儿住中军，楚由基任先锋，沈珂为～。”

【合欢】 hé huān ❶ 指两两相并或两股相交。唐段成式《酉阳杂俎》卷一：“忽有白鹊构巢于寝殿前槐树上，其巢～如腰鼓。”《新五代史·刘铢传》：“每杖一人，必两杖俱下，谓之～杖。”清《隋唐演义》六四回：“二位王爷各在身上解下一条八宝十锦～丝鸾带，付与小莺收了。” ❷ 指男女性行为。明《警世通言》卷二四：“那时扯在铺上，草草～，也当春风一度。”清《别有香》一三回：“被窝中～的事，吾当看妹子与郎君好生做过一下儿便去。”

【合昏】 hé hūn ❶ 黄昏。合，相交，进入。唐沈佺期《关山月》：“～玄菟郡，中夜白登围。”金《董解元西厢记》卷三：“侵晨等到～个，不曾汤个水米。”《金史·移剌蒲阿传》：“～，雨作，明旦变雪。” ❷ 结婚；成婚。宋洪迈《夷坚志》甲卷二：“邓洵仁右丞欲嫁以女，张力辞。邓公方有宠，取中旨令～。”

【合婚】 hé hūn 婚仪之一，允亲后把男女生辰八字交卜者推算有无相克。宋洪迈《夷坚志》戊卷二：“欲从先人治命，以一妹一侄庚申来～。访诸卜者，而侄女吉。”元高明《琵琶记》六出：“～问卜若都好，有钞。只怕假做庚贴被人告，吃拷。”清《儒林外史》一〇回：“到家就是晚生查算，替他两人～：……天生一对好夫妻，年、月、日、时，无一不相合。”

【合火】 hé huǒ 结成一伙；结伴。火，本军中十人共灶举火。参看“火伴”。《元曲选·盆儿鬼》楔子：“本意寻个相识，～去做买卖。”又《渔樵记》四折：“俺也曾～分钱，共起同眠。”

【合伙】 hé huǒ ❶ 同“合火”。明陈洪谟《继世纪闻》卷四：“辛未八月，流贼刘六、刘七、齐彦名等～为乱。”无心子《金雀记》七出：“大家～前去。选中你，我做贴户；选中我，你做帮丁。”清《儒林外史》五二回：“近来又同陈正公～贩丝。” ❷ 全伙；全体。元明《水浒传》五〇回：“梁山泊好汉～在此！” ❸ 相处。明《型世言》二六回：“这样妇人，一日也难～，说甚半年三月。”清《醒世姻缘传》七九回：“往往有乍然相见，便就～不来。” ❹ 结识；伙同。清孔尚任《桃花扇》一出：“大撒脚步正往东北走，～了个敬仲老先才显俺的名。”《醒世姻缘传》三回：“待你运退时节，～了你着己的人，方取你去抵命。” ❺ 同伙；伙伴。清《醒世姻缘传》五六回：“狄周是尤厨子的～，教天雷劈死的人，岂是个忠臣？”《后水浒传》二七回：“耳朵魆地遭屈，便提板刀砍入东京，不留半个撮鸟。被～只慢腾腾，今才见面。”

【合机】 hé jī 投合；投机。《云笈七籤》卷七二：“所以玄元与尹喜宿契，孔子与渔父～，马明生与阴君，青牛与惠远而会同，岂非良友者乎？”明《警世通言》卷二三：“乐和见说得～，便道：‘不瞒老翁，小子心上正有一熟人。’”《五美缘》四四回：“姐妹正是～。二人终日拈弄笔墨，吟诗作赋。”

【合计】 hé jì 同谋；共同商议。明文秉《烈皇小识》卷二：“崇焕既决，群小～，欲借此以起大狱，翻逆案。”《拍案惊奇》卷三六：“不消说了，是他母子两个商通～的了。”清《东周列国志》一〇四回：“赵悼襄王已闻燕秦通好，正怕二国～谋赵。”

【合髻】 hé jì 婚仪之一，将新郎新娘的头发合梳为一髻，取“结发为夫妻”义。《新五代史·刘岳传》：“其婚礼亲迎，有女坐婿鞍～之说，尤为不经。”宋孟元老《东京梦华录》卷五：“男左女右，留少头发，二家出匹段、钗子、木梳、头须之类，谓之～。”吴自牧《梦粱录》卷二〇：“次男左女右结发，名曰～。”

【合尖】 hé jiān ❶ 封合塔尖，是造塔工程最后一项。宋《朱子语类》卷二七：“如人做塔，先从下面大处做起，到末梢自然～。”清《醒世姻缘传》三一回：“造塔者犹贵于～，救溺者务期于登岸。” ❷ 比喻达到成功的最后一步工作。宋曾敏行《独醒杂志》卷六：“时一同僚迫于代满，望公～而公不与。”清钱谦益《募刻大藏方册圆满疏》：“刻资三万餘金，今估二千以上。功惟一篑，事在～。”

【合交】 hé jiāo ❶ 同“合教”。元尚仲贤《三夺槊》四折：“那厮管见我这单雄信屈死的冤魂现。嗏，你今日～替他生天。” ❷ 交合；交锋。元明《水浒传》七四回：“初时献台上各占一半，中间心里～。”清《天豹图》二二回：“又加万年藤绑了一夜，阴阳～，原神泄尽。”

【合教】 hé jiào 理应；该着让……。《敦煌变文校注》卷五《维摩诘经讲经文（四）》：“居士神通不可论，清声美誉满乾坤……方丈室中身染疾，～传语赐安存。”金赵元《客况》：“一十五秋河表客，～节物笑龙钟。”明《西游记》五九回：“此一来，也是唐僧的缘法，～大圣成功。”

【合景】 hé jǐng 与节令景物相宜。清《红楼梦》三七回：“菊花倒也～，只是前人太多了。”

【合口】 hé kǒu ❶适合口味；可口。汉代已见。《元曲选外编·玩江亭》二折：“滋味得时合着口。”清《镜花缘》四五回：“这些倮儿刚才已吃酒母，皮肉未免带有酒味，若照向日烹调，恐不～。” ❷众口同声；齐声。南北朝已见。明《禅真后史》三六回：“若再捕餘党，设或同声～，相公怎能遮掩?”清陈端生《再生缘》四二回：“厨房等众闻其语，惧势难言改了声，～尽呼江奶奶。” ❸斗嘴；争吵。金《董解元西厢记》卷四：“思量定不必闲～，且看当日把子母每曾救。”元明《水浒传》七回：“娘子在庙中和人～。”明《朴通事谚解》卷下：“那厮性急，便～厮打。” ❹闭嘴，指停止说话。明《西游记》一六回：“那众僧见了，一个个战兢兢的，上前跪下劝解，三藏才～不念。”《西湖二集》卷一一：“两阁都一齐开口道：‘怎生骤然弃官而回，却是何故?’廷之～不来，不好将前事说出，只得说道：‘我侥幸一官，羁縻千里。’” ❺接口；封口。清《绿野仙踪》四六回：“于冰将小球尽装在大球内，扣住～。”《隋唐演义》一九回：“外面用纸条紧紧封了，又于～处，将御笔就署一个花押。”《女仙外史》九七回：“自己将赤瑛管的眼儿对着伞的～处，然后微微揭开。” ❻合口呼。传统音韵学指主要元音或介音为u的音节。宋陆游《老学庵笔记》卷六：“蜀人讹‘登’字，则一韵皆～，吴人讹‘鱼’字，则一韵皆开口。”《宋史·律历志四》：“～通音谓之宫，其声雄洪。”

【合款】 hé kuǎn 符合款式；符合规定。清《醒世姻缘传》一回：“往苏州买了些不在行玩器，做了些犯名分的衣裳，置了许多不～的盆景。”又九三回：“那胡无翳久在禅门，又兼原是苏州人氏，所以做得事事在行，件件～。”

【合落儿】 hé lào er 即“饸饹”。《元曲选外编·西游记》二本六出：“等他们来家，教他敷演与我听，我请他吃分～。”

【合酪】 hé lào 即“饸饹”。《元曲选·勘头巾》三折：“你若说实情呵，我可便买与你个～吃。”

【合理】 hé lǐ 表示按情理推测，犹言如此说来。明《金瓶梅词话》七五回：“你倒且是会说话儿的。～都像这等好人歹人都乞他骂了去，也休要管他一管儿了!”

【合量】 hé liàng 合适。唐陆羽《茶经》：“初沸则水～，调之以盐味。”宋罗大经《鹤林玉露》卷三：“又陆氏之法，以未就茶镬，故以第二沸为～而下，未若以今汤就茶瓯瀹之，则当用背二涉三之际为～。”

【合溜】 hé liù 窄而长的槽道，容物体由一端滑向另一端。宋元《古今小说》卷三六：“踏着关捩子，银球脱在地下，有条～，直滚到员外床前。”

【合龙】 hé lóng 即“合龙门”。清靳辅《治河奏绩书》卷四：“知鲁之沉舟，盖以之代坝而逼水，非以之塞决而～也。”《绮楼重梦》四二回：“睢口决了，不能～。”

【合龙门】 hé lóng mén 从两端修起的堤坝或桥梁、拱券等最后在中间接合。宋沈括《梦溪笔谈》卷一一：“凡塞河决，垂合，中间一埽，谓之～。”元沙克什《河防通议》卷上：“若两岸进纴至近～时，得用手持土袋土包，多广抛下。”明温纯《天心仁爱有加罪臣疏》：“五月二十七日，天坛雷火击毁灯竿，正祖陵～安吻兽之时。”

【合笼】 hé lóng ❶同“合拢❶”。清李光地《榕村语录》卷二六：“《周髀》言地如馒首，天如上下雨伞～，日月在腰。”《说唐三传》二五回：“众将一看，这钹～犹如生成，没有缝的。” ❷同“合拢❷”。清《绿野仙踪》九六回：“几个解役～来细听。” ❸同“合拢❸”。明朱橚《普济方》卷一七五：“用腰子一个，切开连着，每边三刀半，总计七刀。用葛根一钱为末，糁在腰子内，～一处。”清《歧路灯》一二回：“两县～看来：宝丰县到葬后不知躲殃，不见有凶煞打死人的；新安县初丧不知躲殃，也不曾见有打死的。”

【合拢】 hé lǒng ❶闭合。元明《水浒传》九三回：“一头与众人说着话，眼皮儿却渐渐～来。”清《野叟曝言》四五回：“刚进去，门即～。” ❷包围；聚拢。元明《水浒传》四四回：“说犹未了，四下里～来。”清《绿野仙踪》一二回：“约有四五百人，渐次～了来。” ❸合并；拼合在一起。明《韩湘子全传》一五回：“只见那厢房内的道人走将出来，地上睡的道人醒将起来，两个～身来，端只一个道人。”清《医宗金鉴》卷八七：“接者，谓使已断之骨～一处，复归于旧也。”《儒林外史》二回：“其餘也有三分的，也有四分的，也有十来个钱的，～了不够一个月的饭食。” ❹凑拢；贴近。清杨名时《四书札记》卷三：“三百三千，一一究晰，方能～来，归到一诚。”《无声戏》二回：“知府肚里思量道，看他两边的话，渐渐有些～来了。”

【合面】 hé miàn ❶合扑；面朝下。唐义净译《根本萨婆多部律摄》卷三：“若被溺人不能动转，应于沙土上～安置。”《元典章·刑部三》：“将兄穆八左耳窍前紧挨耳窍扎论一下，血流～倒地。”清《野叟曝言》一四回：“将右脚在头陀背上一蹬，便如踢了石壁一般，～倒下。” ❷对面；相对的两面。清《儒林外史》三一回：“左边一个楼，便是殿元公的赐书楼……～又是三间敞榭。”《红楼梦》五三回：“这一条街上，东一边～设列着宁国公的仪仗执事乐器，西一边～设列着荣国公的仪仗执事乐器，来往行人皆屏退不从此过。” ❸调停纠纷使和好。清《野叟曝言》九回：“梁公道：‘还是小弟作东，一来压惊，二来贺喜，三来为日京、刘兄～。’日京道：‘什么～? 不是这一打，我们怎得成交?’”

【合目】 hé mù 闭上眼睛，隐指死去。明李贽《史纲评要·唐纪·宪宗》：“武元衡～矣。”

【合拍】 hé pāi ❶合乎韵律、节拍。宋吴可《藏海诗话》：“盖先下‘馋’‘瘦’字便似有意求奇，不似上联自然～也。”明《金瓶梅词话》二一回：“记挂着爹宅内姐儿每，还有几段唱未～，来伺候。” ❷比喻两相契合或合乎规矩。明《古今小说》卷一〇：“刘氏听见滕爷言语，句句～，分明鬼谷先师一般，魂都惊散了。”清《绿野仙踪》一回：“又见陆芳诸事～，款待较冷松在日更加敬重几倍，于是安心教读。” ❸即“合扑”。清《生绡剪》一五回：“竖起木虎脚，连头带颈，疾喇一声，黄中一个倒栽葱，～跌翻。”

【合盘】 hé pán ❶全部；统统。唐道宣《续高僧传》卷五《释慧澄》：“食值饥客，～施之。船人更办，不肯复受。”清《醒世姻缘传》七七回：“遂将狄希陈京中的细微曲折，～托与了素姐。” ❷合伙。明《西游记》六二回：“他知你塔上珍奇，与龙王～做贼，先下血雨一场，后把舍利偷讫。”

【合蓬】 hé péng 即“合扑”。明《金瓶梅词话》五一回：“贼秫小厮，仰攞着挣了～着去。”又八一回：“你家老婆在家里仰攞着挣，你在这里～着丢。”

【合凭】 hé píng 符合；合乎。明《金瓶梅词话》二六回：“你也要～个天理! 你就信着人干下这等绝户计。”

【合扑】 hé pū 趴；俯仆。《元曲选·杀狗劝夫》二折：“寒森森冻的我还窑内，滴溜溜绊我个～地。”明《欢喜冤家》一七回：“忘记后轩门槛，一交绊倒，跌个～。”清《红楼圆梦》一二回：“一面便自己把上下衣服褪下，光身体～着道：‘请打，请打!’”

【合气】 hé qì ❶斗气；怄气。《元曲选·金线池》二折：“时常与这虔婆～，寻死觅活。”明《梼杌闲评》八回：“程公道：‘今日进朝，受了一肚子气。’进忠道：‘谁敢和老爷～？’”清《醒世姻缘传》一〇回：“对门晁大嫂家里～，跑到街上来嚷。” ❷ 声气相合；投合。清《歧路灯》一五回：“要之，咱三个人也就够了，久后遇见～的，再续上也不迟。”和邦额《夜谭随录·高参领》：“高访之，相与较谈，言多不～，复不相下。”

【合巧】 hé qiǎo ❶ 灵巧；机灵。唐李商隐《为荥阳公进贺寿昌节银零陵香麂靴竹靴状》：“其餘则攻皮～，截竹呈能。岂纳职于屦人，愿永康于天步。”清《后水浒传》一八回：“一个五岁的孩儿偏生～，说得详详细细。” ❷ 凑巧。清《雪月梅》三一回：“岑公子听了大喜道：‘原来有这等～的事！’”

【合色】 hé sè ❶ 颜色或风格协调；一色。唐武则天《升仙太子碑序》：“窗明云母，将曙景而同晖；户挂琉璃，共晴天而～。”明陈束《禁中对雪》：“百子银题全～，万年花发半封条。”清《野叟曝言》六二回：“若细推敲起来，‘倾城’嫌不甚～，而翻去沉鱼一意，却是独开生面。”按，此例是“游鱼自惜倾城貌，唼喋池边不避人”诗句的评语。 ❷ 用两种颜色的原料拼合。宋周密《浣溪沙》：“～麝囊分翠绣，夹罗萤扇缕金书。”明《醒世恒言》卷一六：“看时是一只～鞋儿。”

【合杀】 hé shā ❶ 指乐曲结尾。唐崔令钦《教坊记》卷一：“曲终谓之～，尤要快健。” ❷ 泛指结果、结局或收束。宋《朱子语类》卷一三九：“只到尾头便没～，只恁休了。”元方回《瀛奎律髓》卷四七：“前四句景，而起句为题目；后四句情，而结句有～。”按，此例是对杜甫《谒真谛寺禅师》诗的评语。

【合煞】 hé shā ❶ 同“合杀❶”。宋觉范《临川康乐亭听琵琶》：“坐客渐欲身离榻，裂帛一声催～。” ❷ 同“合杀❷”。也指结束。《古尊宿语录》卷四三《宝峰云庵真净禅师》：“腊月二十八，一年将～。”《元曲选外编·豫让吞炭》三折：“报答的没～，到惹一场傍人笑话。”

【合扇】 hé shàn ❶ 能够相折合或叠合的两片（刀剑、折页、门窗等）。宋元《警世通言》卷一二：“希周有祖传宝镜，乃是两镜～的，清光照彻，可开可合。”明《西洋记》三四回：“搭上一匹忽雷驳的千里马，挎着一口～快如风的双刀。”《禅真后史》四九回：“此恶物咬铁有声，钻石有痕，阴阳～，不惧水火。” ❷ 能够相折合或叠合的两片中的一片。明《型世言》二五回：“是黑漆板箱二个。一个白铜锁，后边脱一块～；一个是黄铜锁，没一边铜鍹。”

【合扇拐】 hé shàn guǎi 一种踢球动作。元萨都剌《一枝花·妓女蹴鞠》：“打着对～全不斜偏，踢着对鸳鸯扣且是轻便。”明张栩《啄木儿·赠妓女蹴鞠》：“～夸撇演，鸳鸯扣真轻便。”

【合生】 hé shēng 一种艺人当场咏物赋诗（唐代伴随舞蹈）的伎艺，也称唱题目。《新唐书·武平一传》：“伏见胡乐施于声律……或言妃主情貌，或列王公名质，咏歌蹈舞，号曰～。”宋洪迈《夷坚志》支乙卷六：“江浙间路岐伶女，有慧黠，知文墨，能于席上指物题咏、应命辄成者，谓之～；其滑稽含玩讽者，谓之乔～。盖京都遗风也。”

【合笙】 hé shēng 即“合生”。宋孟元老《东京梦华录》卷八：“自早呈拽百戏，如上竿……商谜、～、乔筋骨。”元佚名《粉蝶儿·阅世》：“折末道谜续麻～，折末道字说书打令，诸般乐艺都曾领。”《元曲选·金线池》三折：“〔正旦唱〕正题目当筵～。〔众旦云〕我不省的，则罚酒罢！”

【合十】 hé shí “合十指”“合十指掌”“合十指爪”“合十指爪掌”等的省称。原为印度的一般敬礼，合掌当胸，佛教徒沿用之。元赵彦晖《醉中天·嘲人右手三指》：“把盏难舒手，施礼怎～？”清纪昀《阅微草堂笔记》卷一四：“僧年八十餘矣，见公～肃立。”按，一本作“合掌”。

【合时】 hé shí 适合时宜；合乎时尚。《旧唐书·乔琳传》：“琳本粗材，又年高有耳疾，上每顾问，对答失次，论奏不～。”明《型世言》二七回：“陈副使摆拨不下，道青年的文字毕竟～，但恐怕他轻佻没坐性。”清《红楼梦》五四回：“我们这原是随便的玩意儿，又不出去做买卖，所以竟不大～。”

【合式】 hé shì ❶ 符合或依照一定的格式、程序、条件。宋洪迈《夷坚志》支庚卷九：“分三层，每层三灯。曰：‘此灯上按九天，下按十八地狱。须如此方～。’”清《红楼梦》一七至一八回：“还有那些帐幔帘子，并陈设玩器古董，可也都是一处一处～配就的？”袁枚《子不语》卷二三：“必访得医生貌美年少者，乃请疗病，病愈即以小女相配。如先生者正是～，但未知手段何如？” ❷ 适宜；合适。清《红楼梦》二回：“一因身体劳倦，二因盘费不继，也正欲寻个～之处，暂且歇下。”《补红楼梦》二一回：“你便多聚攒下几个钱儿来，过几年工夫再拣个～的人嫁了他去。” ❸ 投合；契合。清《说岳全传》一九回：“善于医马，因此在众番营里四下往来，与那些番兵番将个个～。”《玉蟾记》一七回：“后来老爷娶继配马氏，为人性情乖戾，与小姐、玉莲甚不～。”《红楼复梦》一六回：“老爷的这四个姨娘都同修云～，每天必定来瞧一两次。” ❹ 凑巧；巧合。清《红楼复梦》九回：“正～，我这里有四两银子，你拿去交给老宋罢，省你走一遭。”又一二回：“怪不得这老爷姓皮，真姓得～。” ❺ 可心；合意。清《红楼复梦》九六回：“月上道：‘这事交给我办，横竖大爷～。’宝钗道：‘月师做事不俗，必能合咱们之意。’”《雪月梅》五回：“故江七知道曹家娶妾之事，无如看过几个，总不～。”

【合是】 hé shì 注定；该是；必然。《敦煌变文校注》卷四《太子成道变文(四)》：“守养年登十九，早知自身～有天圣地神助应取吾。”宋仲并《好事近·宴客》之六：“襟韵绝纤尘，炯炯夜光明月。～紫荷持橐，侍丹墀清切。”明叶宪祖《易水寒》四折：“再休想好心轻放，～你作孽遭殃！”

【合手】 hé shǒu ❶ 即“合十”。唐段成式《酉阳杂俎》续集卷一：“有物长六尺餘，皂衣青面，张目巨吻。见僧，初亦～。”《元曲选·朱砂担》四折：“我忙～，顶礼神祇。”清《歧路灯》六三回：“看见谭绍闻进来，法圆忙打了～，说道：‘阿弥陀佛！’” ❷ 掌心向下。宋孟元老《东京梦华录》卷七：“次有马上抱红绣之球，击以红锦索，掷下于地上，数骑追逐射之，左曰仰手射，右曰～射，谓之拖绣球。”元邓学可《端正好·乐道》：“今日是张家地，明日是李家楼，大刚来只是翻手～。”明《西洋记》九三回：“天师～一呼，仰手一放，划喇一声响，一个大雷公站在面前。” ❸ 交手；过招。明《禅真后史》五一回：“妖神提枪便搠，～处，一锡杖打中妖神头颅。”清《荡寇志》七六回：“二人把两条棒，各顾自己理了几路门户，好似一对轻燕掠来掠去，云龙叫道：‘哥哥请～！’丽卿道：‘你只管进来。’” ❹ 趁手；合用。清《镜花缘》二六回：“把枪取出，恰恰～。”《红楼复梦》八八回：“佩金将刀接住，使了一回，甚觉～。” ❺ 帮手。明《梼杌闲评》一二回：“我本不认得甚么小张，你家要谋他的田产，才请我做～。”

【合属】 hé shǔ ❶ 统属。《旧唐书·宪宗纪下》：“诸道节度、都团练、防御、经略等使所管支郡，除本军州外，别置镇遏、守捉、兵马者，并～刺史。” ❷ 所属；僚属。《元典章·刑部三》：“今拟军官量决三十七下，民官量决二十七下，遍行～，以警其餘。”清《女仙外史》六四回：“～倾心，群僚泥首。”

【合笋】 hé sǔn 同“合榫”。也比喻情况两相符合。明方以智《物理小识》卷三：“诸骨各有本向，或纵入如钉，或斜迎如锯，或

～如棱，或环扼如攒。"清傅泽洪《行水金鉴》卷五三："石灰米汁短少，何以合砖石而联成一片；铁锭铁锔全无，何以扣石缝而使之～？"《女仙外史》四回："在酒筵上，又把道人玉台下聘的话，写在诗内，刚刚凑个～，林公就道是天作之合了。"

【合榫】 hé sǔn 把榫头嵌入卯眼中，使关合或固定。清《雪月梅》一五回："须留着正头做成抽屉缝道，将棺木推入，然后～。"

【合条】 hé tiáo 串通一气。明《型世言》二三回："不期姚明反与那些积赌合了条儿，暗地泻出，不该出注，偏出大注，不该接盆，翻去抢。"清《醉醒石》一五回："他不学好，还要你去说他道他，怎～儿哄他？"

【合同】 hé tóng ❶ 双方或多方为确定各自的权利和义务而共同遵守的条文。唐贾公彦疏《周礼·秋官》"凡有责者，有判书以治则听"："云判，半分而合者，即质剂、傅别、分支～，两家各得其一者也。"宋《五代史平话·晋上》："又写着个每岁贡约岁币三十万匹的～文字，赴契丹主帐前交纳。"清《红楼梦》二四回："因此我们大家赔上，立了～，再不许替亲友赊欠。" ❷ 共同；一起。《旧唐书·萧复传》："今勉、翰不可在相位，即去之；既在相位，～商量，何故独避此之一节？"明《西游记》四八回："你若有谋，～用力，捉了唐僧，与你拜为兄妹，共席享之。"清《红楼梦》二一回："少不得和心腹的小厮们计议，～遮掩谋求。" ❸ 会集。明《西游记》三五回："那阿七大怒，即命老魔换了孝服，提了宝剑，尽点妖女，～一处，纵风云，径投东北而来。"清《粉妆楼》二九回："正遇知府败回，被他二人杀退了，才同罗盘等～一处，得胜而回。" ❹ 会同；与……一起。清《红楼梦》五五回："王夫人便命探春～李纨裁处。"《绿野仙踪》一七回："急令中营左营参、游等官，带步兵一千五百名，～泰安营军弁，星夜追赶会剿。"《说唐后传》一七回："只因自己志短，昔年～了朋友学什么武艺、弓马刀枪，故而把万贯家财都出脱了。" ❺ 结合；缔结。清陈端生《再生缘》四五回："夫人难任千金意，少不得，这段良缘要～。"又五五回："弟来特为前朝事，要请教，这段姻缘怎～？"

【合头】 hé tóu 指愚懵不开窍。《祖堂集》卷六《洞山和尚》："守着～，则出身无路。"宋黄庭坚《渔家傲》："忆昔药山生一虎，华亭船上寻人渡，散却夹山拈坐具。呈见处，系驴橛上～语。"金王喆《苏幕遮·点化道友》："个人人，常守铺。瓮里～，铁索缠缚住。"

【合无】 hé wú 提出建议、请求裁定时说的话，相当于"可否""何不"。《元典章·户部五》："若不少示宽忍，难以招集。～将荒芜田土蠲免一切杂泛差役，似望不致荒芜。"明王守仁《议夹剿兵粮疏》："若复继以大兵，惟恐民不堪命。～申明赏罚，容臣等徐为之图。"清《醒世姻缘传》八二回："岁费房价，零算无几，总算不赀。～将旷兵月粮内动支银两，于北京相应处所买房一处。"

【合下】 hé xià ❶ 当初；一开始。宋陈克《浣溪沙》："～心期唯有梦，如今魂梦也无凭。"金《董解元西厢记》卷三："当初遭难，与俺成亲事，及至如今放二四。把如～，休许咱家。"明王守仁《传习录》卷上："人要随才成就，才是其所能为。如夔之乐，稷之种，是他资性～便如此。" ❷ 当即；即时。宋黄庭坚《少年心》："是阿谁先有意，阿谁薄？斗顿恁，少喜多嗔。～休传音问，你有我，我无你分！"《景德传灯录》卷二七《诸方杂举征拈代别语》："若是孝顺之子～得一转语，且道～得什么语？"

【合下手】 hé xià shǒu ❶ 即"合下❶"。元关汉卿《调风月》一折："那时节旋洗垢不盘根，～休教惹议论。"元吕止庵《风入松》："他说得话儿岩，～脾和，莫不是把人赚？" ❷ 即"合下❷"。宋辛弃疾《恋绣衾·无题》："～、安排了，那筵席、须有散时。"

【合消】 hé xiāo 何须；不必。宋张齐贤《洛阳缙绅旧闻记》卷一："押领蝗虫向洛京，～居守远相迎。"

【合须】 hé xū 应该；应当。唐义净译《根本说一切有部毗奈耶破僧事》卷一七："我今所有城邑人民并付嘱汝，汝今因何恼乱百姓，汝今正应～养育。"宋钱安道《中秋佳月独游垂虹亭有怀》："～豪饮酬佳赏，不共乌台御史来。"《三朝北盟会编》卷一一〇："兼虑金人有未晓达军前事理，～取覆宰执请教。"

【合眼】 hé yǎn 闭上眼睛。❶ 指睡眠。唐徐凝《荆巫梦思》："相思～梦何处，十二峰高巴字遥。"清《幻中游》一七回："念氏在船上偶一～，看见丈夫王诠走入舱中。" ❷ 指死去。金元好问《工部赵侍郎下世日作》："鹤骨翛然卧石床，情知～即仙乡。"元陈草庵《山坡羊》："饶君更比石崇富，～一朝天数足。"清《歧路灯》五八回："每日不肯吃，不肯穿，风里雨里往家里扒捞，还不知一日合了眼，是给谁预备的。" ❸ 眨眼。明《醋葫芦》一三回："卞成王即将本来面目呈上，波斯～间复了本相。"

【合夜】 hé yè 宿妓。明《拍案惊奇》卷二五："齐大夫管仲设女闾七百，征其～之钱，以为军需。"

【合衣】 hé yī ❶ 同"和衣"。唐王建《织锦曲》："～卧时参没后，停灯起在鸡鸣前。"明《包龙图判百家公案》卷一："乃留灯～而寝，心中疑虑不寐。"清《霓裳续谱·忧形难画》："～就寐，也不管钗坠环斜。" ❷ 盒子的外罩。宋孟元老《东京梦华录》卷一："(院子家)托一合，用黄绣龙～笼罩。"

【合宜】 hé yí 应该；理应。五代刘守光《上梁祖状》："臣守光谬叨戎寄，向受国恩。既有血诚，～披诉。"元明《三国志通俗演义》卷一〇："且喜将军立此盖世之功，与普天下除大害，～远接庆贺！"明杨柔胜《玉环记》三四出："忠勇可佳，～奖誉。"

【合应】 hé yīng 另见 hé yìng。合该；理应。《元曲选·冤家债主》四折："听下官从头细数，犯天条～受苦。"明《醋葫芦》一九回："他既是你侄儿，又经继立，你今无子，有产～与他。"清《隋唐演义》八四回："又闻仙乐嘹亮，迥非人间声调，此诚圣世瑞征，～奏闻。"

【合应】 hé yìng 另见 hé yīng。互相配合；呼应。明唐顺之《条陈海防经略事疏》："游冶子弟，怀毒蓄机，日伺倭来，里外～。"《英烈传》二六回："成功之日，分土为王，群雄必来～。"清《荡寇志》九八回："须先差心腹潜入城中，暗递号令，然后内外～施行。"

【合匝】 hé zā 环绕。唐杜环《大食国经行记》："村栅连接，树木交映，四面～，总是流沙。"宋朱熹《饮清湍亭石上小醉》："云山～还生雾，雪涧崩腾怒吼雷。"清弘历《冬夕集诗牌》："～画屏张，游屧侵寻懒。"

【合皂】 hé zào 同"合噪"。宋蒋捷《解佩令·春》："春雨如丝，绣出花枝红袅。怎禁他、孟婆～。"

【合唣】 hé zào 同"合噪"。《宋元戏文辑佚·崔莺莺西厢记》："响当当，风铃儿斗～。"

【合造】 hé zào 同"合噪"。金《董解元西厢记》卷八："唬得红娘，忙扯着道：'休厮～，您两个死后不争，怎结果这秃屌？'"

【合噪】 hé zào 犹"聒噪❷"。唐李贺《申胡子觱篥歌序》："歌成，左右人～相唱。"元郑光祖《驻马听近·秋闺》："煎聒的离人，斗来～，草虫之中无你般薄劣把人焦。"清纪昀《阅微草堂笔记》卷一三："家中瓦砾交飞，窗扉震撼，群狐～来索命。"

【合燥】 hé zào 同"合噪"。金《董解元西厢记》卷八："把如吃恁摧残，厮～，不出衙门，觅个身亡却是了。"

【合掌】 hé zhǎng 对合手掌。❶ 指对偶的语词意义相同或相类。宋《朱子语类》卷一三四："《蔡泽传》曰：'破坏井田，决裂阡陌。'观此可见。这两句自是～说，后人皆不晓。唐时却说宽乡为井田，狭乡为阡陌。"明谢榛《四溟诗话》卷一："耿沣《赠田家翁》诗：'蚕屋朝寒闭，田家昼雨闲。'此写出村居景象。但上句语拙，朝、昼二字～。"清《红楼梦》七六回："湘云也望月点首，联道：'乘槎访帝孙，盈虚轮莫定。'黛玉道：'对句不好，～。'" ❷ 喻相会。明陈汝元《金莲记》一二出："应难量，浮萍踪迹多漂荡，何时～?" ❸ 喻相符合或相同。清李渔《怜香伴》一四出："这话说来有些～。"《姑妄言》九回："写宦萼自是骄奢公子狂妄的才分，别是一样。三人迥不相～。" ❹ 指交手。清《聊斋志异·武技》："李在侧，不觉技痒，意气而进。尼便笑与～，才一交手，尼便呵止。"

【合阵】 hé zhèn 对阵；两军交战。唐胡皓《大漠行》："科斗连营太原道，鱼丽～武威川。"宋蔡戡《水调歌头·南徐秋阅宴诸将》："细看外围～，忽变横斜曲直，妙在指麾中。"清《荡寇志》八六回："两家各饱餐战饭，一齐～。"

【合汁】 hé zhī 用芡粉勾兑的浓汤，配食馒头、烧饼等干粮。明《金瓶梅词话》二三回："累你替我拿大碗烫两个～来我吃，把汤盛在铫子里罢。"《型世言》一二回："余姥姥见王奶奶连日愁得饮食少吃，叫勤儿拿钱去买～。"

【合中】 hé zhōng 适中。明杨慎《词品》卷三："禅家有为绝欲之说者，欲之所以益炽也；道家有为忘情之说者，情之所以益荡也；圣贤但云寡欲养心，约情～而已。"清《红楼梦》三回："第一个肌肤微丰，～身材。"

【合注】 hé zhù 注定。元陈克明《粉蝶儿·怨别》："也是我今生分福，多管是前生～。"明孟称舜《娇红记》四八出："是则是前生～，无端的分开连理。"

【合爪】 hé zhuǎ 即"合十"，是"合十指爪"的省约形式。《五灯会元》卷一八《道旻圆机禅师》："母抱游西明寺，见佛像遽履地，～称'南无佛'。"金元好问《续夷坚志》卷三："常于寺家厩舍，～向牛马言：'饱斋，饱斋。'"明宋濂《题金书法华经后》："予既书已，～言曰：'是经在处，天龙护持。'"

【合着】 hé zhe 应该；必须。宋《朱子语类》卷八："许多事都自是～如此，不如此不得。"又卷二三："圣人是见得自家～恁地躬行，那待临时去做些。"

【合子】 hé zi ❶ 同"盒子❶"。唐牛僧孺《玄怪录》卷二："女郎遂出白玉～遗崔生。"《宋史·五行志四》："太平兴国中，京师儿童以木雕～，中有窍，藏腋下有声，号云'腋底闹'。" ❷ 同"盒子❺"。清《醒世姻缘传》七八回："从新称羊肉，买韭菜，烙了一大些肉～。"《后红楼梦》二二回："鲜虾仁馅子的胡桃飞面～，螃蟹肉的包子。" ❸ 对合；(利钱和本金)数量相等。清《醒世姻缘传》三三回："但凡人家有卖甚么柳树枣树的，买了来，叫解匠锯成薄板，叫木匠合了棺材，卖与小户贫家，殡埋亡者，人说有～利钱。"《歧路灯》一〇回："咱屯下的货，竟成独分儿，卖了个～拐弯儿利钱。"

【合子钱】 hé zi qián 谓利息与本金相等。《元曲选·东堂老》一折："您孩儿这一遭做买卖，各扎邦便觅一个～哩。"明《警世通言》卷三一："晓得他纳了春姐，手中有物，都来哄他，某事有利无利，某事利重利轻，某人五分钱，某人～。"

【合觜】 hé zuǐ 同"合嘴"。《敦煌变文校注》卷七《齖魺新妇文》："阿婆嗔着，终不～。"

【合嘴】 hé zuǐ 斗嘴；争吵。明《山歌·陈妈妈》："独吃湖州亲眷常来替我～，亏杀子汤家姐姐替我合得人缘。"《型世言》二八回："张相公大恼，要与你～，亏得张大娘说罢了。"清《水浒后传》一六回："这厮刁诈不仁，霸住揭阳镇，几遍和他～，要还我庄房、田地。"

【饸饹】 hé le 一种杂面面条。把和好的荞麦面、高粱面等用带漏孔的饸饹床子挤压成长条，煮着吃。明佚名《粉蝶儿·慳吝》："添换上，是荞麦面的～。"

【迨迊】 hé zā 同"合匝"。《敦煌变文校注》卷六《大目乾连冥间救母变文》："不问贫富坊巷，行于～，总不见阿娘。"又卷五《维摩诘经讲经文(一)》："象牙攒～，龙脑热徘徊。"又《维摩诘经讲经文(五)》："歌沥沥，笑哈哈，围绕波旬～排。"按，迨迊，《敦煌变文校注》均校作"匼匝"。

【欱汁】 hé zhī 同"合汁"。明崔世珍《老乞大集览》："汤即粉羹也。凡人买烧饼、馒头而食者，必有汤并欱之，用以解渴，亦曰～。"

【盒担】 hé dàn 礼盒或食盒担子。《元曲选·连环计》三折："不想到府门外，细车儿、～、鼓乐都进去了，连王司徒也不出来。"元明《水浒传》二回："史进教他同一个得力庄客，挑了～，直送到山下。"清《霓裳续谱·七月十五到了》："上坟的人儿把～儿挑，好不热闹。"

【盒礼】 hé lǐ 用礼盒盛装的礼品。明《拍案惊奇》卷一一："一日，有个亲眷办着～来望痘客。"《禅真逸史》二回："待贫僧拣一个空亡日子，办些～过来，请令郎出家。"《醋葫芦》一九回："次日买些～，径往秀州。"

【盒仗】 hé zhàng 犹"盒担"。元明《水浒传》三九回："次日饭后，仆人挑了～，一径又到府前。"

【盒子】 hé zi ❶ 底盖相合而成的盛器。《太平广记》卷三二六引《志怪录》："女挥泪与别，赠以金缕小～。"清《红楼梦》九二回："揭开了锦子，第一层是一个玻璃～。" ❷ 特指礼盒。明柯丹邱《荆钗记》八出："〔末、外〕亲事已成了。〔净〕既成了，几时下～?"清《儒林外史》二回："图他个逢时遇节，他家多送两个～。" ❸ 特指食盒。明周履靖《锦笺记》一六出："〔净〕去讨个～来。〔旦〕清赏聊酬兴。"清《红楼复梦》三一回："老孙道：'仔吗的又叫～?'老杜道：'咱们大厨房的饭没有个吃头儿。'" ❹ 一种盒状烟火。明刘若愚《酌中志》卷一六："至夜则花炮、巧线、～、烟火之类，皆在城下放看。"清《红楼复梦》九七回："又看放～，又要看灯戏，一个人那儿分得两处?" ❺ 食品名。用薄饼或煎饼包馅烙制，状如盒子。也写作"合子"。清《醒世姻缘传》五八回："又剁下馅子等着烙～饼，煮了绿豆擦水饭。"

【盒子会】 hé zi huì 南京妓女的一种节日聚会，各携食盒比赛烹调手艺，故称。明沈周《盒子会辞序》："南京旧院有色业俱优者，或二十、三十姓结为手帕姊妹。每上节，以春檠巧具肴核相赛，名～。"清孔尚任《桃花扇》五出："但不知怎么叫做～。〔丑〕赴会之日，各携一副盒儿，都是鲜物异品，有海错、江瑶、玉液浆。〔生〕会期做些什么?〔丑〕大家比较技艺，拨琴阮，笙箫嘹亮。"

【何边】 hé biān 哪里；什么地方。唐义净译《根本说一切有部毗奈耶》卷一〇："可问摩诃罗，～臂痛?"《敦煌变文校注》卷一《捉季布传文》："今受困厄天地窄，更向～投莽人?"清陈端生《再生缘》一三回："君玉欠身求指引，不知此地是～。"

【何处】 hé chù ❶ 何时。用来询问时间。唐杜甫《诸将》之三："沧海未全归禹贡，蓟门～尽尧封?"宋柳永《少年游》："归云一去无踪迹，～是前期。" ❷ 何由；怎么；凭什么。侧重问方式及手段、凭借。唐李益《度破讷沙》之一："莫言塞北无春到，总有春来～知?"宋晏幾道《鹧鸪天》："伤别易，恨欢迟，归来～验相思?"清洪昇《长生殿》二七出："空落得提起着泪滂沱，～把恨消磨!" ❸ 何以；为什么。用于询问原因。《太平广记》卷四五八引《博异志》:"遂归宅,问～许日不见,以他语对。"宋黄庭坚《雪花飞》:"～难忘酒？琼花照玉壶。"清方成培《雷峰塔》四出:"生涯～飞蓬转？时乖拗煞男儿愿。" ❹什么;哪个。用作疑问代词。唐杜甫《白帝》:"哀哀寡妇诛求尽,恸哭秋原～村?"宋苏轼《临江仙》:"春来～最先知？平明堤上柳,染遍郁金枝。"清陈端生《再生缘》一三回:"看官欲识谈～,表的是,女扮男装孟丽君。" ❺何曾;哪曾。用于反问,表示不曾。宋陆游《沁园春·洞庭春色》:"请看邯郸当日梦,待炊罢黄粱徐欠伸,方知道、许多时富贵,～关身。"明汤显祖《牡丹亭》一八出:"看他春归～归,春睡何曾睡？气丝儿怎度的长天日?"清孔尚任《桃花扇》一一出:"一封书信无名号,荒唐言语多虚冒。凭空～军粮到,无端左支右调。" ❻何必;不必。用于否定其后动作、状态等的必要性。唐陆龟蒙《筑城曲》:"莫叹筑城劳,将军要却敌。城高功亦高,尔命～惜?"按,处,一作"足"。元高明《琵琶记》三出:"无情～管多情,任取春光自来去。" ❼怎能;岂能。用于反问,表示无法、不能。金《董解元西厢记》卷六:"幽恨眉峰暗结。好难割舍,纵有千种风情,～说?"又:"仆人催促,雨停风息日平西。断肠～唱《阳关》？执手临岐。"清《霓裳续谱·想人生谁不爱》:"便作个畅饮开怀,～追欢,怎不教人怀悲痛?" ❽谁家。清《再生缘》三二回:"这个说,谁家女子还勤俭。那个说,～姑娘美更贤。"又五三回:"身又魁伟容又满,不知～富家娘。"

【何当】hé dāng ❶岂能;怎能。唐杜甫《秋雨叹》之三:"去马来牛不复辨,浊泾清渭～分。"明吾邱瑞《运甓记》二二出:"那段匹碑虽怀匡济之心,不过羌胡之种,纵使中原戮力,～督将擅诛。"清陈端生《再生缘》四回:"吾家世代作忠良,贤弟～火内亡?" ❷如何;怎样。唐岑参《阻戎泸间群盗》:"帝乡北近日,泸口南连蛮。～遇长房,缩地到京关。"宋邵伯温《邵氏闻见录》卷二:"帝曰:'吾～归?'神人曰:'请以臣之车辂相送。'"清陈端生《再生缘》四九回:"荷蒙训教授愚知,如坐春风这几时。今日又承提拔力,～犬马报恩师?" ❸何妨;不妨。唐武元衡《长安叙怀寄崔十五》:"闻说唐生子孙在,～一为问穷通?"宋苏轼《龟山辩才师》:"～来世结香火,永与名山躬井硙。"明杨珽《龙膏记》一二出:"那真情都在不言,这幽怀～腼腆。" ❹何况。唐王昌龄《江上闻笛》:"羸马望北走,迁人悲越吟。～边草白,旌节陇城阴。"明陈所闻《金落索·闺怨》:"姮娥尚悔偷灵药,风雨～忆故人?"清《补红楼梦》一回:"甄兄何出此言？小弟一概遵命。～小弟现视富贵已如浮云。" ❺合当;应当。唐杜甫《画鹰》:"绦镟光堪擿,轩楹势可呼。～击凡鸟,毛血洒平芜。"宋王安石《送潘景纯》:"明时正欲精搜选,荣路～力荐延。"《元曲选外编·存孝打虎》一折:"决胜千里辨输赢,单注着黄巢今日～败。" ❻岂敢当;承当不起(荣誉、客气等)。《敦煌变文校注》卷五《维摩诘经讲经文(五)》:"此时若受,如红(鸿)雁再入于网罗;今日若收,似白鹿重遭于继绊。不敢,不敢。～,～!"明汪廷讷《广陵月》四出:"你果然歌得好!〔旦跪介〕奴婢～陛下过称!"清《凤凰池》一一回:"事出创闻,～挂烦。" ❼何以;为什么。是前一义的委婉表达。明汤显祖《邯郸记》八出:"〔生〕敢问往年直宴,止是几个老倒乐工,今日～妙选?〔净〕今日状元乃圣天子钦取,以此加意而来。" ❽十分;多么。也是第❻义的委婉表达。明叶宪祖《素梅玉蟾》五折:"〔丑、杂〕愧儿郎未擅才华,喜淑女最多娇艳。今成姻契,老拙～欣幸。" ❾岂能忍受;难耐(痛苦、寂寞等)。明李梅实《精忠旗》三〇出:"堪怜愁病身,～苦辛?"陈汝元《金莲记》四出:"豪怀不浅,莫负山灵。闷饮～？须颁酒政。"沈受先《三元记》一一出:"想不休,思不歇,～心苦切。" ❿何尝;不曾。清《八洞天》卷三:"楚怀王～耳聋,只为心里不聪,便与耳聋一般。"

【何等】hé děng 副词。多么。金张公药《二月》:"二月芳事～好,南陌东城饶物华。"《元曲选·老生儿》三折:"你看财主家～风光,单则我妻凉坟墓。"清《儒林外史》四六回:"就像三十年前,你二位府上～气势!"

【何等样】hé děng yàng 什么样;怎样。❶用于疑问或虚指。宋元《警世通言》卷三七:"你情知道我又不识这个大汉姓甚名谁,又不知道他是～人,不问事由,背着我去。"明沈自徵《鞭歌妓》:"他说是尚书,知他是～人？不妨槛楼相见咱。"清孔尚任《桃花扇》一一出:"你是～人,敢到此处放肆。" ❷强调程度。明冯惟敏《不伏老》一折:"不过倚恃他少年英锐之气,笑俺衰老无能为耳。是～轻薄!"《禅真逸史》一回:"汝在我父王麾下为将,是～抬举你?"清《白雪遗音·世界上》之一:"想当初在碧天明月下,海誓山盟,发的是那～的愿!" ❸用于称赞。清《野叟曝言》一七回:"爹爹是～人,肯弄圈套?"《红楼梦》六八回:"姐姐乃～人物,岂可信真。"《白雪遗音·独坐黄昏》之一:"想当初,～的花魁女,接了些王孙贵客,车马迎门。" ❹用于自谦或贬称。元明《水浒传》二回:"小的是～人,敢与恩王下脚。"清《荡寇志》七三回:"谅陈希真是～人,虽是稍长几年,与太尉斯熟,此时贵贱悬殊。"

【何干】hé gàn 为何;干什么。宋叶绍翁《四朝闻见录》卷一:"纮又诘之曰:'足下～至此?'先生对曰:'亲病求医。'"明孟称舜《娇红记》三九出:"你若每夜必至,我入室～?"清李渔《怜香伴》二五出:"九门都闭,青鸾有信凭谁寄？不如回去,立在这里～?"

【何苦来】hé kǔ lái 何必。用反问的语气表示没有必要,不值得。清《醒世姻缘传》三五回:"瞒上不瞒下的,你～!"《红楼梦》二〇回:"～,大正月里,死了活了的。"《霓裳续谱·天空云净》:"终日里东奔西驰,昼夜牵连,～奔波劳碌。"

【何楼】hé lóu ❶宋元间俗语。虚假;虚幻。宋刘攽《中山诗话》、江少虞《事实类苑》认为:"京师有何家楼,其下卖物皆行滥者,故人以此目之。"明方以智《通雅》认为是"活络"的音转。疑是"胡卢"的讹音。宋叶茵《次韵》:"世间何事不～,莫为～苦苦愁。"金段克己《临江仙·暮秋有感》之二:"浮生扰扰笑～。试看双鬓上,衰飒不禁秋。"元耶律楚材《和薛伯通韵》之二:"拌醉东篱颠倒舞,人间富贵一～。" ❷粗陋。宋胡继宗《书言故事》:"物不精好曰～。"《虚堂和尚语录》卷二:"僧云:'望见雪峰,便参主事,又作么生?'师云:'～漆器休拈出。'"明吴俨《送上高司训徐君东之序》:"兹行也,其韫椟以待,慎无与～之物争直于列市之肆哉。" ❸粗陋之物或赝品。清毛祥麟《墨餘录》:"今之收藏家,癖好奇书古物,而胸无卓识,目炫～。每出示人,言且凿凿,自矜博雅。"

【何期】hé qī ❶何止;不止。明《西游记》一回:"美猴王享乐天真,～有三五百载。" ❷何至于;哪能。明《西游记》一五回:"我这双眼,白日里常看一千里路的吉凶。象那千里之内,蜻蜓儿展翅,我也看见。～那匹大马,我就不见?"

【何是】hé shì 何以;为何。宋边元鼎《阅见》之六:"明知画烛无情物,～尊前泪更多?"

【何似】hé sì ❶何如;比……怎么样。唐李白《书怀赠南陵常赞府》:"君看我才能,～鲁仲尼。"《祖堂集》卷一〇《玄沙和尚》:"师问灵云:'那里～这里?'云云:'也只是桑梓,别无他故。'"宋戴复古《满庭芳·楚州上巳》:"三日春光,群贤胜践,山阴～山阳。" ❷哪里比得上;不如;比不上。唐白居易《杨柳枝》:"陶令门前四五树,亚夫营里百千条。～东都正二月,黄金枝映洛阳桥。"明《挂枝儿·醉归》:"似这般倒着头和衣睡,～不归。"清《凤凰池》一四回:"早知要作刀头鬼,～投诚识圣愿。" ❸何不;岂不。用于比较后的选择。宋《五代史平话·周上》:"若不乘此攻击，待营垒已成，我军见其士马之盛，必夺其气，不敢与敌，则胜负未可知也。～乘其疲困而击之，可以得志。”元高明《琵琶记》三〇出：“既道是养儿代老，～当原休教来赴举不好？”明王守仁《送邵文实方伯致仕》：“鸱夷抱恨浮江水，～乘舟逃海滨？” ❹ 何以；为何。明梅鼎祚《玉合记》三七出：“长杨鄠杜昔知名，～今来应圣明？”杨柔胜《玉环记》六出：“一曲清商，满座皆惊动。～今生有幸逢，肯似襄王一梦中。”

【何消】 hé xiāo 何必；不用。《敦煌变文校注》卷五《双恩记》：“～挠思加忧恨，但自宽怀好保持。”元姚燧《拔不断·四景》：“更～斫桂婆婆，早已有吴刚挥斧。”清《儒林外史》九回：“两公子慌忙扶住道：‘你老人家～行这个礼。’”

【何消得】 hé xiāo de 即“何消”。宋《朱子语类》卷三三：“‘博施济众’，～更说仁。”元朱庭玉《梁州第七·妓门庭》：“～垒珠叠翠？淡妆更宜。”元明《水浒传》二四回：“王婆道：‘若要买炊饼，少间等他街上回了买，～上门上户。’”

【何省】 hé xǐng 不曾；未曾。《敦煌变文校注》卷五《佛说观弥勒菩萨上生兜率天经讲经文》：“要饭未曾烧火烛，须衣～用金钱。”宋《宗镜录》卷四五：“投五欲旋火之轮，未曾略暇；陷五浊狴牢之处，～暂离。”

【何须得】 hé xū de 即“何消得”。宋《朱子语类》卷九五：“学者固当以圣人为师，然亦～先立标准？”佚名《张协状元》三三出：“张协自到京都，及第也没音书。～问神道，已成虚。”明《二刻拍案惊奇》卷五：“是顷刻就到的路，～如此慌走？”

【何许】 hé xǔ 如何；怎样。宋王沂孙《摸鱼儿》：“姑苏台下烟波远，西子近来～？”明郑若庸《玉玦记》九出：“邯郸富贵今～，炊黍早先熟。”《醋葫芦》一二回：“其司狱鬼吏～神明，能不逃失一个？”

【何言】 hé yán 岂料；为何。唐白居易《归田》：“三十为近臣，腰间鸣佩玉。四十为野夫，田中学锄谷。～十年内，变化如此速。”雍裕之《残莺》：“花阑莺亦懒，不语似含情。～百啭舌，唯餘一两声。”

【何由可耐】 hé yóu kě nài 不能容忍；可恶。唐张鷟《游仙窟》：“五嫂骂曰：‘～！女婿妇家狗，打煞无文书。’”惠详《弘赞法华传》卷一〇：“万福大怒曰：‘此妖老妪，～！’即命左右，追取尼来。”宋洪迈《夷坚志》甲卷一六：“遂排户入曰：‘车四元在此，～！’欲就床擒之。”

【何由可奈】 hé yóu kě nài 同“何由可耐”。宋洪迈《夷坚志》支戊卷一：“尔之恶～！既取我妻，又虐我儿，是何道理？”

【何争】 hé zhēng 何差；哪里在乎。元明《水浒传》一六回：“休要相谢，都是一般客人，～在这百十个枣子上。”清《续金瓶梅》三五回：“府里养着多少闲人，～他一个。”《聊斋志异·钟生》：“明日即完场矣，～此一朝夕乎？”

【何至于】 hé zhì yú 哪能到……程度；不至于。宋洪迈《容斋续笔》卷四：“此事本只马氏子一人遭杀，～族诛二十四家。”《宋史·胡宿传》：“近年边遽来上，不过侵诬尺寸，此城砦之吏移文足以辨诘，～兴甲兵哉？”清《绿野仙踪》四九回：“我和他交往一场，就为省几个钱，～不和我说话。”

【荷包】 hé bāo ❶ 随身佩戴或缀于袍上的装零星物品的小口袋。元佚名《错立身》一二出：“空滴溜下老大小～，猛杀了镣丁锃底。”明《朴通事谚解》卷上：“我再央及你，做馈我～如何？”清《红楼梦》一七至一八回：“说着，一个上来解～，那一个就解扇囊。” ❷ 一种食物名。宋孟元老《东京梦华录》卷二：“更外卖软羊诸色包子，猪羊～，烧肉干脯。”周密《武林旧事》卷六：“旋炙～、荔枝皮、鹅鲊。”

【荷钱】 hé qián 初生荷叶。其形如钱币。宋吴自牧《梦粱录》卷三：“四月谓之初夏，气序清和，昼长人倦，～新铸，榴火将燃。”元吴仁卿《青杏子·闺情》：“信步闲庭院阑槛，～小池面挼蓝。”清《十二楼·夏宜楼》一回：“自从出水之际，就能点缀绿波，雅称～之号。”

【荷衣】 hé yī 绿衣。❶ 指考中进士后朝廷所赐的服色。五代冯延巳《谒金门》：“圣明世，独折一枝丹桂。学著～还可喜。”宋佚名《张协状元》一二出：“着君家貌美，须有个～着体。”明柯丹邱《荆钗记》二出：“一跃龙门从所欲，麻衣换却～绿。” ❷ 指低级官员的服色。五代令狐峤《明庆节散后赠左右两街命服僧玄》：“却羡僧门与道门，元年今日紫衣新。可怜州县祁评事，尽向～老却身。”

【河次】 hé cì 河边。唐薛渔思《河东记》：“于时舳舻万艘，隘于～。”《大宋宣和遗事》前集：“在路上撞着杜千、张岑两个，是旧时知识，在～捕鱼为生。”明陆深《水声赋序》：“夜宿～，闻河水努闸而过者淙淙汩汩，卧不成寐。”

【河漏】 hé lòu 即“饸饹”。元王祯《农书》卷七：“（荞麦）或作汤饼，谓之～。滑细如粉，亚于麦面。”元明《水浒传》二四回：“王婆道：‘他家卖拖蒸～子，热汤温和大辣酥。’”

【河洛】 hé luo 即“饸饹”。清王士禛《池北偶谈》卷二四：“今齐鲁间以荞麦作面食，名～。”吕种玉《言鲭》：“山东以荞麦作面食，曰～。”

【河瓢儿】 hé piáo er 水瓢。明《西洋记》六三回：“刀架子上取过一张刀来，舞上一会。那里是张刀？只当个半边～样子。”

【河台】 hé tái 河道总督的俗称。明《梼杌闲评》一回：“～意欲于湖心建堤，隔断淮黄之水。”清袁枚《续子不语》卷六：“河道总督赵世显与里河同知张灏斗富。张请～饮酒，树林上张灯六千盏。”

【河头】 hé tóu 河边。唐徐延寿《南州行》：“～浣衣处，无数紫鸳鸯。”《元曲选外编·衣袄车》四折：“这厮可担水在～卖。”清《野叟曝言》二三回：“只见五六个差人，赶到～，喝道：‘那船家卸了载没有？’”

【河西家】 hé xī jiā 金人对西夏的称呼。宋《三朝北盟会编》卷八：“～累次上表，欲兴兵夹攻南朝。”原注：“谓夏国。”又卷一四：“西京地土……不若与～，却煞得进奉。”

【河沿】 hé yán 河边；河岸。宋洪迈《夷坚志》支乙卷六：“又斗门桥～张大哥之妇产一鸡，夫持刀斲未竟。”明《挂枝儿·送别》：“送情人，直送到～上。”清《儒林外史》二回：“周进吃过午饭开了后门出来，到～上望望。”

【和】 hé 另见 hè、huò。❶ 喜悦。唐孟郊《择友》：“虽笑未必～，虽哭未必戚。” ❷ 诱骗；哄劝。唐陈子昂《感遇诗》之一二：“呦呦南山鹿，罹罟以媒～。”《敦煌变文校注》卷一《王昭君变文》：“汉女愁吟，蕃王笑～。”《元曲选外编·西厢记》二本三折：“黑阁落甜话儿将人～，请将来著人不快活。” ❸ 双方自愿做某事，特指通奸。《资治通鉴》卷二九〇：“奸有夫妇人，无问强、～，男女并死。”胡三省注：“～，谓男女相慕，欲动情生而通奸者。” ❹ 连带；连同。唐元稹《贬江陵途中寄乐天》：“紫芽嫩茗～枝采，朱橘香苞数瓣分。”元明《水浒传》一七回：“要去梁山泊叫千百个人来打此二龙山，～你这近村坊，都洗荡了！”清《镜花缘》一回：“其最重的，徒植津亭驿馆，不特任人攀折，兼使沾泥～土，见蹂于马足车轮。” ❺ 介词。a）把宾语提前或加在主语前，表示强调。连；甚至于。宋杨万里《送子上弟赴郴州使君》：“休道郴阳～雁无，也曾避雪罗浮去。”金《董解元西厢记》卷五：“当时闻语，～俺也恓惶。”清《儒林外史》六回：“又细问太太，知道～儿子们都得了他些别敬，这是单留与大老官的。”b）引进动作的对象。给；为；替。元孟汉卿《魔合罗》四折：“你～他从头里，传消息，沿路上曾撞着谁？”明《金瓶梅词话》五五回：“晚夕三位娘子摆设酒肴，～西门庆送行。”《西洋记》二六回：“有事求教师父，望师弟～我通报一声。”c）指示动作的对象。对；向。宋元《古今小说》卷二四：“每遍提起，夫人须哭一番，～我道：‘我与丈夫守节丧身，死而无怨。’”元王晔《桃花女》二折：“我有说话，要～你讲哩。”清《红楼梦》二六回：“你就～他要些来吃，也是一样。”d）引进动作的合作者。跟；同。宋欧阳修《减字木兰花》：“愿得～伊偎雪眠香似旧时。”元高明《琵琶记》二三出：“有一件事～你商量，你休要走了我的言语。”清《红楼梦》四〇回：“你坐下～我们吃了罢，省的回来又闹。”e）引进比较的对象。跟；同。《元曲选外编·金凤钗》四折：“我这里也有九只，～这一只一般。”明《西洋记》二回：“即时就变做个流星，杂在盆儿里，就～那天上的星一般。”清《红楼梦》七三回：“难道姐姐～奴才要钱了不成？难道姐姐不是～我们一样有月钱的，一样有用度不成？”f）引进维系的对象。跟；与。《元曲选外编·西厢记》一本三折：“这个花园～俺寺中合着。”g）表示使役。让；叫。明《金瓶梅词话》三七回：“西门庆与他买了两匹红绿潞绸，两匹绵䌷，～他做里衣儿。”h）表示处置。把。清《绿野仙踪》六回：“我～你告到三府六部，总向你要人。” ❻ 连词。a）表示并列联合。同；与。唐郑谷《郊园》：“溪光何以报，只有醉～吟。”《元曲选·竹坞听琴》一折：“试看他富贵～贫贱，都一般白骨葬黄泉。”清《红楼梦》三八回：“贾母～王夫人等听了，也笑起来。”b）表示选择。（是）……还是……。宋李纳《江城子·新酒初熟》：“醉倒不知天地大，浑忘却，是～非。”元孟汉卿《魔合罗》四折：“那厮身材长共短，肌骨瘦～肥？”清孔尚任《桃花扇》七出：“节和名，非泛常；重～轻，须审详。”

【和包鸡子】 hé bāo jī zǐ　荷包蛋，蛋去壳后整体煎或煮，形如荷包。清《醒世姻缘传》三八回：“我打～，你起来吃几个。”

【和处】 hé chǔ　❶ 和解纠纷。指不经官断，不动武。明王世贞《广东高州府知府徐公墓志铭》：“公每受讼谍，必命其人与亲识偕往从～，其不即～者，面谕使之心服。”清《醒世姻缘传》三五回：“众人叫汪为露出了三两贿赂，备了一桌东道，央出无耻的教官闵善请了程乐宇去，确要与他～。”《歧路灯》七一回：“这种事若请人～，不说我的亲戚都隔省，就是央本城朋友街坊，我就羞死了。” ❷ 和睦相处。明张永明《耕隐杨公暨配沈孺人合葬墓志铭》：“（孺人）～妯娌，时号为妇宗。”清《梦中缘》九回：“从此以后，姐妹～的情意甚厚。”

【和断】 hé duàn　公断；裁决。唐义净译《根本说一切有部毗奈耶》卷一一：“邬波驮耶，诚如所说，僧伽～，如放牛人法。”《宋史·范仲淹传》：“若仇已～，辄私报之及伤人者，罚羊百，马二，已杀者斩。”清吴广成《西夏书事》卷二：“州刺史之下有～官，择气直舌辨者为之，以理其曲直。”

【和番】 hé fān　❶ 和亲；汉族通过结亲跟异族交好。唐李山甫《阴地关崇徽公主手迹》：“谁陈帝子～策，我是男儿为国羞。”《元曲选·货担郎》四折：“恰浑如～的昭君出塞图。”清《二度梅》一六回：“满朝文武，太师怎不保奏一二去镇守征伐？怎么着下官的女孩儿去～？”也指交通异族。明《古今小说》卷三二：“秦桧卖国～，杀害忠良。” ❷ 比喻讨好，谄媚。明《金瓶梅词话》七五回：“单管两头～，曲心矫肚，人面兽心。”

【和骨烂】 hé gǔ làn　战乱年间，以人肉为食物，因小孩幼嫩，被称为“和骨烂”。宋庄绰《鸡肋编》卷中：“盗贼、官兵以至居民，更互相食……妇人少艾者名为不羡羊，小儿呼为～。”明《石点头》卷一一：“老少肥瘦，价钱不等，各有名色，老人家叫做烧把火，孩儿家叫做～，男女白瘦的，道是味苦，名为淡菜，黑壮的以为味甜，号曰羔羊。”

【和顾】 hé gù　同“和雇”。《宋会要辑稿·刑法二》：“比者关中使命往来，州县循袭旧例，以～为名，前期追集农民以备驱役。”《元史·武宗纪二》：“今岁运三百万，漕舟不足，遣人于浙东、福建等处～，百姓骚动。”

【和雇】 hé gù　官府出价雇用人力或物资。唐魏徵《十渐不克终疏》：“杂匠之徒，下日悉留～；正兵之辈，上番多别驱使。”元《通制条格》卷一七：“各省解纳进呈一切段匹诸物，～船只长运，直至河东交卸。”《元史·桑哥传》：“桑哥在世祖前论～和买事，因语及此。”

【和合】 hé hé　❶ 律条指撮合人赌博。《唐律疏议》卷二六：“诸博戏赌财物者，各杖一百……其停止主人，及出九，若～者，各如之。”疏：“停止主人，谓停止博戏赌物者主人。及出九之人，亦举九为例，不限取利多少。若～人令戏者：不得财，杖一百；若得利入己，并计赃准盗论。”宋孟元老《东京梦华录》卷七：“池苑内除酒家艺人占外，多以彩幕缴络，铺设珍玉、奇玩、匹帛、动使、茶酒器物关扑。有以一笏扑三十笏者。以至车马、地宅、歌姬、舞女，皆约以价而扑之。出九、～有名者，任大头、快活三之类。”吴曾《能改斋漫录》卷七：“世俗博戏，有出九人十之说，谓之摊赌。故律云：‘诸博戏赌财物，并停止、出九、～者，各令众五日。’” ❷ 撮合；促成（婚姻）。唐贾公彦疏《周礼·地官》“媒氏下士二人”：“谓别姓三十之男，二十之女，～使成昏姻云。”唐张鷟《游仙窟》：“五嫂如许大人，专拟～此事。”明杨珽《龙膏记》三〇出：“酬却了风流愿，～你二姓欢。”也指劝和。《元曲选·丽春堂》四折：“将酒来，我与你一位把一杯，做一个～者。” ❸ 指婚姻；结成婚姻。宋洪迈《夷坚志》补卷一八：“一少年求卜，自云占～事，画一枷一起，其下有喜，曰：‘卦中唯昏姻事最吉。’”明汤显祖《牡丹亭》五五出：“鬼团圆不想到真～，鬼揶揄不想做人生活。”清《平山冷燕》二〇回：“兄又聘了绛雪，小弟再～了阁上美人，便可谓人生得意之极矣。” ❹ 隐指性行为。清《绿野仙踪》二一回：“这晚仍照前～，连灯烛也不吹灭。每到要紧时候，方氏竟没高没低的叫喊。”《玉楼春》二四回：“两下情意已投，并不作腔，就解衣～。” ❺ 顺利；吉利。宋洪迈《夷坚志》补卷一二：“取笔书‘利市～’四字付之。曰：‘贴于铺壁，获息当百倍。’”《元曲选·盆儿鬼》一折：“我临去也折一朵大开花，明日个早还家，单注着买卖～，出入通达。” ❻ 神名。a）即万回哥哥。宋元《清平山堂话本·合同文字》：“我买来供奉～、利市哥哥的。”元刘一清《钱塘遗事》卷一：“其像蓬头笑面，身着彩衣，左手擎鼓，右手执棒，云是～之神。祀之，可使人在万里外亦能回家，故名万回。”《三遂平妖传》九回：“那法师摇着法环走来任迁架子边，看着任迁道：‘招财来，利市来，～来，把钱来！’”b）和、合二仙。一说为唐代寒山、拾得二僧，清代有封赠。明《西洋记》五六回：“～二仙童……一般样儿长，一般样儿大，一般样儿头发披肩，一般样儿嘻嘻的笑。佛爷道：‘这两个仙童叫做甚么名字？’天尊道：‘一个姓千名和，一个姓万名合。’”清《霓裳续谱·江山万代》：“遥望见聚财源现百福的～二圣，祥光缭绕在空中舞。”c）比喻撮合婚姻的人。明叶宪祖《丹桂钿合》六折：“我本是萧散孤星，替你做～大仙，两片分张一处圆。” ❼ 指用两种材料或两种图案拼合的，取和好团圆之意。元明《水浒传》二四回：“王婆道：‘大官人吃个～汤如何？’西门庆道：‘最好。’”清陈端生《再生缘》七七回：“双鱼碧玉连环佩，鸳鸯～小金铃。”《说唐后传》一五回：“靠～窗前摆酒一桌，二人坐下，传杯弄盏。” ❽ 指祈求或庆贺和谐、美满、平安的。明《醋葫芦》八回：“来到周家，早已灯烛辉煌，供着～纸，专等成员外到来。”清《风流悟》七回：“我与姑娘说，重新斋个～纸，作成我吃杯～酒。”《野叟曝言》三一回：“就是要吃酒助助兴，只消十二文，买包猪头肉，和你两人油一油也就够了。你倒要吃起～饭来！”

【和烘】 hé hōng 同“和哄❸”。宋元《警世通言》卷一三：“众人～孙押司去了，转来埋怨那先生。”

【和哄】 hé hǒng 另见 hè hòng。❶ 排遣；排解。《宋元戏文辑佚·王祥卧冰》：“刚殢酒，拼饮三杯五盏，～离愁。”元佚名《小醋大·途思》：“强～时把芳樽饮，离绪共别情酒怎哑？” ❷ 哄诱；哄骗。《元曲选·来生债》一折：“你省的古墓里摇铃，则是～我那死尸哩。”明《二刻拍案惊奇》卷八：“也不能起发他大主钱财，只好～过日，常得嘴头肥腻而已。”清洪昇《长生殿》七出：“瑶池陪从，何意承新宠？怪青鸾把人～，寻思万种。” ❸ 哄劝；撺掇。元明《水浒传》七回：“众闲汉劝了林冲，～高衙内出庙上马去了。”清《平山冷燕》六回：“直说得宋信面皮都要刮破，陶柳方才起身，～着宋信辞谢而去。”

【和唝】 hé hǒng 同“和哄❷”。明康海《粉蝶儿·闲游》：“旧日风流，新来潇洒，甚般～？”

【和缓】 hé huǎn 平和舒缓。唐开元十一年十一月太史局《长至祥瑞奏》：“《黄帝占》云：……风不及地，～而来，谓之祥风。”元明《三国志通俗演义》卷九：“汝若不待气脉～，便投之以猛药硬食，欲求安者，诚为难矣。”清赵执信《十月朔日雨中即事》：“水程～衣裳宜，归梦生疏岁时速。”

【和会】 hé huì ❶ 调和折中；调解使和谐。五代王朴《详定雅乐疏》：“乃命中书舍人窦俨参详太常乐。事不逾月，调品八音，粗加～。”《宋史·律历志一五》：“今若降旨开局，不过收聚此数人者，～其说，使之无争。”元《三国志平话》卷下：“献帝笑曰：‘马腾，你休胡奏，曹操忠臣也。’赐宴～二卿。” ❷ 融洽；和顺。《元曲选·儿女团圆》一折：“则要您便欢欢喜喜相～，不要你那般悲悲戚戚闲争气。”《元曲选外编·渑池会》楔子：“若相如言词～，某去陪话；若他有害吾之心，某别有计较。”

【和奸】 hé jiān 律条指虽非自愿但女子没有反抗而发生的非婚性行为。《唐律疏议》卷二六：“～者，男女各徒一年半；有夫者，徒二年。”《元曲选·灰阑记》四折：“小的与那妇人往来，已非一日，依条例也只问的个～，不至死罪。”清《姑妄言》七回：“～罪只拟杖，和尚应加一等。”

【和僦】 hé jiù 官府出价雇用劳力。《新唐书·太宗徐惠妃传》：“翠微、玉华等宫，虽因山借水，无筑构之苦，而工力～，不谓无烦。”《唐会要》卷三〇：“终以茅茨示约，犹兴木石疲民；假使～取人，不无烦扰之弊。”

【和可】 hé kě 双方商定共同认可。《敦煌变文校注》卷四《降魔变文》：“自今～莫纷纭，君臣好好相承仕(事)。”《吐鲁番出土文书》第四册《唐贞观二十二年洛州河南县桓德琮典舍契》：“如其违限不还，任元隆宅与卖宅取钱还足，馀乘(剩)任还桓琮。两共～，画指为验。”

【和离】 hé lí 律条指夫妻经协商自愿离异。《唐律疏议》卷一四：“若夫妻不相安谐而～者，不坐。”《元史·刑法志二》：“诸夫妇不相睦，卖休买休者禁之，违者罪之，～者不坐。”

【和买】 hé mǎi ❶ 政府向民间市场购买物品。《宋会要辑稿·刑法二》：“自来收买计置花竹果石，造作供奉物色，委州县监司干置，皆是御前预行支降钱物，令依私价～。”《元曲选·墙头马上》二折：“他承宣驰驿奉官差，来这里～花栽。”明《于少保萃忠全传》六传：“时有宁府中官属，平素骄横。每遣人～市物，减其价银。” ❷ 宋代一种赋税制度。政府预先贷款给百姓，令百姓在约定时间交纳绌绢等实物偿还。也称“预买”。宋吴曾《能改斋漫录》卷一二：“本朝预买䌷绢，谓之～绢。”江少虞《事实类苑》卷二一：“祥符初，王旭知颍州，因岁饥，出库钱贷民，约蚕熟千输一缣。其后李士衡行之陕西，民以为便，令天下于岁首给之，谓之～绢，或曰预买。”

【和盘】 hé pán 连盘子(一块端出)。引申指统统，全部。《禅宗颂古联珠通集》卷三八：“门前湖水镜容开，对面～托出来。”明《醒世恒言》卷三〇：“他一时翻过脸来，将旧事～托出，那时不但官儿了帐，只怕当做越狱强盗拿去。”清《蝴蝶缘》一四回：“可记得放蝴蝶的时节？小生要正看小姐的娇容一看，也不能够。今日却～到手。”

【和气】 hé qì ❶ 态度温和。宋元《清平山堂话本·刎颈鸳鸯会》：“此店乃朱理秉中开的。此人～，人称他为朱小二哥。”明佚名《霞笺记》七出：“这‘嫖’的一字，要帮衬～。”清《红楼梦》三五回：“你要生气只管在这里生罢，见了老太太、太太可放～些。” ❷ 关系融洽或融洽的关系。宋元《清平山堂话本·李翠莲》：“丈夫惧怕，公婆爱怜，妯娌～，伯叔忻然。”元明《三国志通俗演义》卷一一：“只要两家～，皆赖子敬一语之劳，休教曹贼笑话！”清《霓裳续谱·我的猫儿谁偷去》：“送出来，两下里走着实有趣，若不送出来，彼此都要伤～。” ❸ 同“合气❶”。元佚名《挂金索》：“过了一年，又是添一岁。每日随缘，争甚闲～。”

【和契】 hé qì 融洽契合。清《红楼梦》四九回：“又见诸姊妹都不是那轻薄脂粉，且又和姐姐皆～，故也不肯怠慢。”

【和娶】 hé qǔ 律条谓与他人妻合谋，使其与本夫离异，而娶之为己妻。《唐律疏议》卷一四：“诸～人妻及嫁之者，各徒二年；妾，减二等。”《明史·刑法志一》：“律文‘犯奸’条下，所谓‘买休、卖休、～人妻者’，本指用财买求其妻，又使之休、卖其妻，而因以娶之者言也。”《大清律例》卷三三：“若用财买休、卖休、～人妻者，本夫本妇及买休人各杖一百。”

【和劝】 hé quàn 劝和；劝解使和好。《太平广记》卷八七引《高僧传》：“(释摩腾)乃誓以罄身，躬往～，遂二国交欢。”《元曲选外编·刘弘嫁婢》一折：“可使不的你摆酒着人与我～，我其实不回来了。”清《红楼梦》三一回：“必定是你两个拌了嘴了，告诉妹妹，替你们～～。”

【和软】 hé ruǎn 温和；柔软。唐[日]圆仁《入唐求法巡礼行记》卷四：“到高密县，人心～。”明《二刻拍案惊奇》卷三五：“将手去摸摸肌肤，身体还是～的。”清《红楼梦》六回：“便是亲侄儿也要说的～些儿。”

【和事】 hé shì ❶ 调解纷争。《新唐书·宗楚客传》：“中宗不能穷也，诏瑰与楚客、处讷约兄弟两解之，故世谓帝为‘～天子’。”明汤显祖《牡丹亭》四一出：“臣闻国家之和贼，如里老之～。”清《醒世姻缘传》八七回：“你怎样～？他们又不曾在一处相闹，你的东道却办在那个船上？” ❷ 指调解纠纷的人；和事佬。清《红楼复梦》五八回：“又是谁闹了乱儿？咱们来作个～。”又：“让我作个～，快些姐妹们赔个不是拉倒。”

【和事草】 hé shì cǎo 葱的别名。宋陶穀《清异录》卷上：“葱和美众味，若药剂必用甘草也，所以文言曰～。”明李时珍《本草纲目》卷二六：“葱，释名：芤，菜伯，～。”

【和事老】 hé shì lǎo 调解纠纷的人。也称缺乏棱角的人。宋黄庭坚《南乡子》：“莫笑插花～，摧颓，却向人间耐盛衰。”明《鼓掌绝尘》三七回:“就待我去见三府公,讲一讲明,与你们做个～罢。”

【和事佬】 hé shì lǎo 指缓和矛盾的手段。明《西湖二集》卷一一:“廷之自知无礼,奉承无所不至,又毕竟亏了腰下之物小心服侍做～,方才甘休。”

【和事老人】 hé shì lǎo rén 隐指性器。明《梼杌闲评》一一回:“进忠渐渐温存和洽,未免用著～央浼,方才停妥。”

【和事钻】 hé shì zuàn 隐指男子性器。明《一片情》八回:“内一妇道:‘水家娘少说些,夫妻两个閙不开的。夫妻相閙不要劝,当中自有～。’水氏道:‘好货!他若有个～,不知把老婆怎的作贱哩。’”

【和同】 hé tóng 共同。《唐律疏议》卷二〇:“若～相卖为奴婢者,皆流二千里。”元明《水浒传》三三回:“烦望只以报答朝廷为重。再后有事,～商议。”清《东周列国志》七六回:“两边各怀异意,不肯～商议。”

【和息】 hé xī ❶和气;平和的气息。唐孙思邈《保生铭》:“思虑最伤神,喜怒伤～。” ❷平宁;平安。明《于少保萃忠全传》二三传:“且谈少保于公见上皇已归,北地～,寇盗稍宁。” ❸律条指不经官府审判而自行调解纷争,也借指一般的平息纷争。明《警世通言》卷一八:“蒯家事已得白,也不愿结冤家。鲜于太守准了～,将查家薄加罚治。”《禅真后史》四回:“大家撺掇,契上又加了些银两,两下～了。”清《醒世姻缘传》八七回:“严婆不打笑面。寄姐到此地位,有好几分准了～的光景。” ❹平息;消除。明郑若庸《沉醉东风·春闺》:“除非是那人儿相见,～了相思,勾销纸牌。”清弘历《博洛尔部沙瑚沙默特所献匕首歌》:“博洛小部自守域,近拔达山时被逼。诉之守臣为～,感恩献此表食德。”

【和协】 hé xié 指男女欢会。元曾瑞《山坡羊·妓怨》:“恰～,又离别,被娘间阻ENDIF心趄。”《元曲选·刘行首》三折:“你和那墙花路柳厮～,到和亲媳妇无疼热。”明周瑞《夜行船序·题情》:“阳台梦儿空做些,谁承望谁承望到底～。”

【和痒子】 hé yǎng zi 抓痒器具。《祖堂集》卷四《石头和尚》:“和尚拈起～曰:‘彼中还有这个也无?’”

【和衣】 hé yī 睡不解衣。唐吕嵒《步步高》:“退群魔,困也～卧。”《元曲选外编·西厢记》三本一折:“多管是～儿睡起,罗衫上前襟褶衽。”清《红楼梦》九七回:“宝钗置若罔闻,也便～在内暂歇。”

hè

【和】 hè 另见hé、huò。❶和哄;欢闹。元薛昂夫《端正好·高隐》:“我若是醉时节笑引着儿孙～,醉时节麦场上闲独磨。” ❷叫喊。元佚名《谢金吾》二折:“则听的喝喽喽口内潮涎唾,我与你摇臂膊,揪耳朵,高声～。呀,叫一声杨景哥哥,直恁的叫不回他。”另见hé。

【和酬】 hè chóu 以诗作酬答应和。唐杨炯有《～虢州李司法》。宋王禹偁《赠穆舍人》:“古画多收买,新诗寡～。”清《赛花铃》七回:“寂寂萧斋书～,那堪联榻更含愁。”

【和佛】 hè fó 和应佛号;一人念佛,其他人大声应和。明周履靖《锦笺记》四出:“〔净〕为人在世敬爹娘,〔丑～介〕〔净〕忤逆空烧万炷香。〔丑和介〕”《禅真逸史》七回:“赵婆等同声～拜忏。”清《续金瓶梅》三八回:“两边小桌坐下八个尼姑,俱是白面缁衣,僧鞋僧帽,在旁管着打盘～。”

【和哄】 hè hòng 另见hé hǒng。❶凑趣,欢闹;起哄。元张可久《醉太平·无题》:“贤愚参杂随时变,醉醒～迷歌宴,清浊混沌待残年。”元明《水浒传》七二回:“燕青立在边头,～取笑。”清《豆棚闲话》四则:“那些乡人成团结块就地抢拾,有跌倒的,有压着的,有喧嚷的,有～的。” ❷附和。清《荡寇志》九四回:“天子览奏大怒,当唤入太师,大加申斥,那陈瓘、宋昭等一班儿从旁～。”

【贺彩】 hè cǎi 博戏时胜者得到的礼物。清《红楼梦》二二回:“贾母想了想,果然不差,便说:‘是砚台。’贾政笑道:‘到底是老太太,一猜就是。’回头说:‘快把～送上来。’”

【贺旦】 hè dàn 庆贺元旦。明沈周《元日》之二:“～亦随俗,筋衰拜莫便。”清《东周列国志》一五回:“鲁庄公十二年春二月,齐公孙无知元年,百官～。”

【贺冬】 hè dōng 庆贺冬至节。《旧五代史·梁书·太祖纪四》:“(开平二年十一月庚辰)出开明门,登高僧台阅兵。诸道节度使、刺史各进～田器、鞍马、绫罗等。”元马臻《至节即事》之一:“天街晓色瑞烟浓,名纸相传尽～。”清《醒世姻缘传》四三回:“再说一日冬至,县官拜过牌,往东昌与知府～。”

【贺份】 hè fèn 众人凑份子送的贺礼。清《儒林外史》一六回:“大家约着,送过～到他家来。”《蜃楼志》一四回:“你娶亲之时,还亏借了他三百银子。后来我升官的～,他十倍于人。”《后红楼梦》一四回:“姜兄很感激着你们的盛情,也和宝世兄好,情愿办这件事做个～儿。”

【贺节】 hè jié 庆贺节日。多指庆贺新年。唐[日]圆仁《入唐求法巡礼行记》卷一:“此节总并与本国正月一日节同也。俗家、寺家各储希膳,百味总集。随前人所乐,皆有～之辞。”《宋史·仪卫志一》:“其黄麾角仗者,大庆殿冬至受朝、紫宸殿即位、两宫～庆寿、紫宸殿受金使朝之所设也。”清《镜花缘》六五回:“我们今年正月来～,伯母留我们看灯。”

【贺敬】 hè jìng ❶表示敬意或庆贺。清《红楼梦》一五回:“今日初会,仓促竟无敬贺之物。此是前日圣上亲赐鹡鸰香念珠一串,权为～之礼。”《说唐后传》一九回:“兄弟,为兄无物～,白银一两,你拿去设几味中意夜饭,吃了花烛。” ❷贺礼。明《西洋记》八六回:“拿的是些麝香、磁器之类,少充～,聊表国王之诚。”清《二度梅》二三回:“不堪之物,聊表寸心,以为老恩师荣任进京～。”

【贺酒】 hè jiǔ ❶举行庆贺酒宴;举行酒宴庆贺。唐宋温璩《哀皇后哀册文》:“主馈旌善,～胜欢。承晖养德,奉景访安。”刘禹锡《壮士行》:“里中欣害除,～纷号呶。” ❷喜酒;庆贺的酒宴。唐李商隐《喜雪》:“此时倾～,相望在京华。”明汤显祖《邯郸记》二七出:“南山开寿域,东海溢流霞。爹娘在上,容孩儿们敬上一杯～。”清《续金瓶梅》二八回:“做的二品服色,蟒袍金带,执事旌旗。每日家吃～,大吹大擂。” ❸行酒令时其他人陪完成酒令者所喝的表示祝贺的酒。清《野叟曝言》三九回:“素文发极,必要罚鸾吹七杯,再～三杯,吵令三杯。”△《孽海花》二〇回:“怡云想想道:‘群仙来寿南极仙。’伯怡道:‘神完气足,真笼罩得住,该贺。如今要石农说了。’大家饮了～。”

【贺年】 hè nián 庆贺新年。唐[日]圆仁《入唐求法巡礼行记》卷二:“后夜,诸沙弥、小师等巡到诸房拜年。～之词依唐风也。”宋姜夔《鹧鸪天·丁巳元日》:“柏绿椒红事事新,隔篱灯影～人。”清《雪月梅》五〇回:“到元旦,随班朝贺毕,又往各处～。”

【贺寿】 hè shòu 祝寿。宋周密《齐东野语》卷四:“其后杨诚斋为光宗宫僚，时宁宗已在平阳邸，其《～》诗云：'祖尧父舜真千载，禹子汤孙更一家。'”《元曲选外编·村乐堂》一折：“今日是我生辰之日，同僚官都来与我～。”清《醒世姻缘传》七二回：“这十一月初三是他的生日，每年家，咱这县衙里爷们都十来与他～。”

【贺朔】 hè shuò　朔日(每月初一)举行庆贺仪式。❶元旦。宋吴泳《元正贺表》：“青辂载旗，迎年于卯陛；黄麾簇仗，～于寅阶。”罗大经《鹤林玉露》卷二：“韩蕲王之夫人，京口娼也。尝五更入府，伺候～。”明张四维《双烈记》一〇出：“今当新正元旦，当去府中～。”　❷五月初一。《新五代史·唐明宗纪》：“五月己巳，朝群臣，～。”清《绣球缘》一回：“时维五月朔旦，群臣～。”❸每月初一。宋范成大《吴郡志》卷二：“十月朔，再谒墓，且不～。”清《东周列国志》二回：“次早，幽王果然出朝，群臣～。”

【贺物】 hè wù　贺礼。《新唐书·食货志二》：“群臣上尊号，又有献～。”清《红楼梦》二九回：“因叫个小丫头子捧着方才那一盘子～，将自己的玉带上，用手翻弄寻拨，一件一件的挑与贾母看。”

【贺仪】 hè yí　❶朝贺仪式。《大唐开元礼》卷九四：“皇后受群臣贺，右如正冬～。”明焦竑《玉堂丛语》卷三：“永乐十一年十二月二十八日，鸿胪寺奏习正旦～。”　❷庆贺的礼仪。宋周必大《又同宰执答史少傅》：“两伸篚史之敬，皆酬先辱。今兹践长观复，又不能虔致～。”金赵秉文《回夏国贺万年节》：“远驰使驿，来展～。念暂好之方隆，故情文之俱尽。”元《高峰龙泉院因师集贤语录》卷一：“适炎帝清和之候，乃如来降诞之时。祥光灿灿霭禅林，瑞霭葱葱笼梵宇。虔摅诚悃，特展～。”　❸庆贺的礼物。宋尤袤《论贺正使不当却疏》：“况元日朝会俱罢，初无～币物，所以将书，亦非庆礼。”明程敏政《与汪大参亲家文灿书》：“远承遣使惠书，侑以～过厚，登受之餘，愧感愧感。”清《歧路灯》九七回：“听说少爷连登，少大相公也进了学，无以为敬，即以《纲目》一部，笔墨等件，权作～。”

【贺育】 hè yù　祝贺生育。明《禅真逸史》二一回：“本境除婚丧、群阴社、暖房、庆诞、～之外，毋得呼朋拉友，引诱少艾，酣饮博唱。”

【贺正】 hè zhēng　朝贺元旦。唐广智《敕天下僧尼诵尊胜真言》：“每年至正月一日，遣～使，具所诵遍数进来。”《旧唐书·新罗传》：“七年，遣使金标石来～。”清《东周列国志》六回：“正值冬十一月朔，乃～之期，周公黑肩劝王加礼于郑，以劝列国。”

【荷囊】 hè náng　❶佩戴盛放笏板、鱼符等物的皮囊，是朝官的佩饰。宋葛长庚《柳梢青·送温守王侍郎帅三山》：“放下～，携来铜虎，又举熊幡。”朱涣《百岁令·寿丁大监》：“紫禁～，玉堂莲炬，遍历清华处。”《宋史·朱胜非传》：“至蔡京子六人、孙四人……并列从班。宣和末，谏官疏谓：'尚从竹马之游，已造～之列。'”　❷指这样的佩囊，多为紫色。也泛指随身携带的装零星物品的小口袋。宋佚名《满庭芳·寿干官五月十五日》：“～紫，朱幡辉映，新渥又兰孙。”明汤显祖《紫钗记》一八出：“视草玉堂人，紫～金鱼佩那些风韵。”清《聊斋志异·鸦头》：“女作披肩，刺～，日获赢餘，饮膳甚优。”

【喝】 hè　❶高声宣唱。宋周密《武林旧事》卷一：“俟驾头将至，知班行门～'班到排立'；次～'躬身拜，再拜'。”《元曲选·冻苏秦》三折：“张千，～点汤！〔张千云〕点汤！”清《都是幻·梅魂幻》四回：“内相～'拜'。南斌昏天黑地，依～拜了四拜，又依～，与二美人对拜了四拜。”　❷喝斥。唐张鷟《朝野佥载》卷二：“判事驴咬瓜，唤人牛嚼沫。见钱满面喜，无镪从头～。”《大宋宣和遗事》后集：“帝哭愈哀，不敢出声，恐监者～之。”　❸喝道。五代石敬瑭《流韩延嗣敕》：“韩延嗣因别～见不避路者，辄行殴击，致伤人命。”　❹吆喝估量(价钱)。宋苏轼《扬州上吕相书》：“其无税物及虽有不多者，皆不与点检，但多～税钱。”明《醒世恒言》卷一八：“主人家接来，解开包袱，逐匹翻看一过，将秤准了一准，～定价钱。”

【喝拜】 hè bài　唱喝使行跪拜礼。《五代会要》卷一七：“通事舍人～，再拜讫便退。如两巡使自有失仪，亦候班退互相弹奏。”元明《水浒传》八二回：“卢俊义等都跪在堂前，裴宣～。”清李玉《清忠谱》四折：“〔末〕请二位老爷拈香。〔内吹打。净～。付、老行礼献酒介〕”

【喝棒】 hè bàng　棒喝；禅宗传示所用的大喝或棒击的手段。《祖堂集》卷一九《临济和尚》：“自后师于镇府匡化，虽承黄蘗，常赞大愚。至于化门，多行～。”明汤显祖《南柯记》六出：“堪乘兴，行随白马藏鞭影，坐听黄龙～声。”清《续金瓶梅》一回：“使他如雪人洪炉，不点自化，岂不是讲道学的机锋，说佛法的～？”

【喝采】 hè cǎi　❶赌博时的呼喝叫采。采，可以赢得采物的花色。宋张端义《贵耳集》卷下：“俗说唐明皇与贵妃～，若成卢即'赐绯'之义。”元周权《余昔年邂逅登山东卢长卿之门》：“读书写字虽两途，时来～皆枭卢。”　❷大声叫好。宋张任国《柳梢青》：“挂起招牌。一声～，旧店新开。”《元曲选外编·西厢记》五本三折：“佳人有意郎君俊，我待不～其实怎忍。”清《野叟曝言》六九回：“把一屋的人都听得目定神呆，连声～。”　❸赞美；夸赞；夸耀。元明《水浒传》二回：“对面松林，透过风来。史进～道：'好凉风！'”明汤显祖《牡丹亭》二三出：“新官到任，都要这笔判刑名，押花字。请新官～他一番。”单本《蕉帕记》二五出：“把秘法恰赐与我秀才。喜盈腮，好向人前～。”　❹得意；得胜。明孟称舜《娇红记》三八出：“你文场～，羡双双名传六衙。”徐渭《四声猿·雌木兰》一出：“你去一定成功，～回来。”　❺奖励给竞技或赌博赢家的。清《后水浒传》一六回：“若打赢了，这些礼物并众香官～钱俱送他。”

【喝保】 hè cǎi　同“喝采❷”。明《朴通事谚解》卷下：“鹿皮先脱下衣服，入锅里。王～的其间，孙行者念一声'唵'字，山神、土地、神鬼都来了。”又：“又把一会，崔舍又打上，众人～道：'我不想这新来的庄家快打。'”

【喝啋】 hè cǎi　同“喝采❷”。《元曲选·陈州粜米》楔子：“我这一去冰清玉洁，干事回还，管着你们～也。”明李开先《黄莺儿·弄猴》：“学成本事人前卖，卖将过来成功～。”

【喝彩】 hè cǎi　❶同“喝采❶”。《祖堂集》卷一九《径山和尚》：“进曰：'如何是长?'霜云：'双陆盘中不～。'”　❷同“喝采❷”。《元曲选外编·飞刀对箭》二折：“那个将军不～，那个把我不谈羡。”明《禅真后史》二二回：“未及半刻，那人不住的～道：'妙哉！'”清《红楼梦》二八回：“唱完，大家齐声～。”　❸同“喝采❸”。明《醋葫芦》八回：“周智施长说短，仔细诉说一遍。众人无不～周智夫妻的恩义、成茂的功劳。”《肉蒲团》一六回：“花晨走到房中，故意～他道：'好几日不来，一发摆列的整齐了。'”　❹同“喝采❺”。清《后水浒传》一七回：“这几个富家子弟正坐在敞篷内，捡点礼物并收众香客的～钱钞，好等教头下台相送。”

【喝叱】 hè chì　大声斥责。元明《水浒传》六七回：“蔡京听了，大怒，～道：'汝为谏议大夫，反灭朝廷纲纪！'”清《野叟曝言》二回：“那和尚见妇女俱散，又到我们船边来探头探脑，被小的们～了几句。”

【喝撺厢】 hè cuān xiāng　同“喝撺箱”。名家杂剧本《窦娥冤》二折：“今早升厅坐衙，左右，～。”又元明杂剧本《酷寒亭》四折："今日升厅，坐起早衙。张千，～。"

【喝撺箱】 hè cuān xiāng 官员升厅处理案件时的一种仪式。箱，设在衙门前受纳诉状的箱子；撺，投。表示官员已经坐衙，告状人可以上去投诉。《元曲选·争报恩》二折："今日升厅坐早衙。张千，～，抬放告牌出去。"又《救风尘》四折："今日升起早衙，断理些公事。张千，～。"

【喝譠相】 hè cuān xiāng 同"喝撺箱"。明王衡《郁轮袍》四折："天明了也！衹从人～咱。"

【喝打】 hè dǎ 喝斥令打。元明《水浒传》五二回："原来黑旋风李逵在门缝里都看见，听得～柴进，便拽开房门，大吼一声，直抢到马边。"清李玉《清忠谱》一一折："卑职呵，不敢施威～，倘一言激变难禁架。"

【喝导】 hè dǎo （仪卫）吆喝引导。清《醒世姻缘传》五回："远远苏刘二人～到门，巡视人役拿了几根藤条，把拥挤的人尽数辟了开去。"《锦香亭》三回："后边随着许多大小太监，～而来。"

【喝道】 hè dào ❶官员出行，仪仗前行导引呼喝，令行人回避。唐路德延《小儿诗》："排衙朱阁上，～画堂前。"明《朴通事谚解》卷下："对对皂吏摆着四五里～，大小官员、一行部从，那气象是气象。"清《红楼梦》一回："忽听街上～之声，众人都说新太爷到任。" ❷喊道；大声说。《大宋宣和遗事》前集："有一员中使接得展开，奉圣旨'宣万姓'。有快行家手中把着金字牌～：'宣万姓！'"元马致远《夜行船》："宝鉴分开，玉簪掂折。～薄幸亏人，神天觑者。"清《醒世姻缘传》一六回："只听见空中～：'尚书在船，莫得惊动！'那个旋风登时散开去。"

【喝殿】 hè diàn 官员出行，仪卫前面呵导后面殿卫。也指喝道。清《女仙外史》二二回："转向正南大街上，正遇着都御史景清大轿～前来。"又四七回："忽闻得远远～之声，月君隔垣一照，见仪从甚盛。"

【喝掇】 hè duō 喝斥。掇，"咄"字的别写。《元曲选·后庭花》三折："你教他近向前来我问咱，你休～，休惊诧。"《元曲选外编·蓝采和》三折："我可也不将他～，遇着我的喜笑呵呵。"清《醒世姻缘传》七四回："两边的皂隶一顿～了出去。"

【喝故衣】 hè gù yī 一种生意行当，靠吆喝出售旧衣。宋孟元老《东京梦华录》卷二："瓦中多有货药、卖卦、～、探搏、饮食、剃剪、纸画、令曲之类。"

【喝喊】 hè hǎn 大声叫喊。宋孟元老《东京梦华录》卷七："各拜舞起居毕，～变阵子数次，成一字阵，两两出阵格斗。"明《北宋志传》二回："再点二百人，全装贯带，～连天，来攻新建寨。"清《天豹图》二八回："只见众人一哄走进，～一声，一齐动手，见物就打。"

【喝号】 hè hào （巡夜时）口中吆喝。唐段成式《酉阳杂俎》续集卷七："遂走一里餘，坐歇，方闻本军～声，遂及本营。"元孙叔顺《点绛唇·咏教习鼓诉冤》："又不比鸣廉击柝～，摇铃向军前，则我为头儿闹。"明冯惟敏《雁儿落带得胜令·旅夕不眠》："传锣的紧紧筛，～的哀哀叫。"

【喝叫】 hè jiào ❶大声叫喊。宋孟元老《东京梦华录》卷一〇："各一名喝曰：'是与不是？'众曰：'是。'又曰：'是甚人？'众曰：'殿前都指挥使高俅。'更互～不停。"元高文秀《遇上皇》二折："我恰待自饮芳醑，是谁人～喧呼？"按，元刊本作"唱叫"。清《醒世姻缘传》一二回："高氏进得门，～道：'俺的爷爷！'" ❷喝令；大声命令去做。元明《水浒传》五〇回："祝龙焦躁，～放下吊桥，绰枪上马。"明王守仁《收复九江南康参失事官员疏》："逆党涂承奉等领船二百餘只，装载兵至福星北门外扎营，就临城下～开门。"清李玉《清忠谱》二折："那个韩公子在后边，望见孙高兵败，～军士：'一齐随我上前厮杀。'"

【喝教】 hè jiào 同"喝叫❷"。宋元《古今小说》卷三六："～将两家妻小监候，立限速拿正贼，所获赃物暂寄库。"元明《水浒传》七七回："童贯大怒，～马军放箭。"清《东周列国志》三八回："原伯贯忍耐不住，～开营。"

【喝禁】 hè jìn 大声申斥禁止。清《红楼梦》六〇回："尤、李两个不答言，只～他四人。"

【喝犒】 hè kào 大声宣布犒赏。宋吴自牧《梦粱录》卷一九："且如筵会，不拘大小，或众官筵上～，亦有次第。"《宋史·李全传上》："与通判宋恭～南北军，使归营。"

【喝礼】 hè lǐ 唱礼；礼生高声宣喝行礼的仪节项目。明陆采《明珠记》二〇出："〔外～介〕伏以花星高照，好事初临。绣被中抱个半边妻，洞房内添他替死鬼。"《欢喜冤家》四回："未免礼生～交拜，成亲送席，酒筵早早散了。"清《红楼复梦》二八回："班子里伺候着，宾相～，梦玉恭恭敬敬四双八拜。"

【喝令】 hè lìng 大声命令。宋杨万里《十山歌呈太守胡平一》之六："逢着村人持一物，～放下敢谁争？"明戚继光《纪效新书》卷七："凡夜间遇有报事人役，先令门外约近二十步之间，即～立定。"清《东周列国志》三五回："怀公大怒，～二力士以白刃交加其颈。"

【喝路】 hè lù 即"喝道"。明《西游记》七六回："着八个抬，八个～。我弟兄相随左右，送他一程。"《金瓶梅词话》八九回："都坐四人轿，排军～，上坟耍子去了。"

【喝啰】 hè luó 大呼小叫。宋汪云程《蹴鞠谱·圆社锦语》："～，叫唤。"陈元靓《事林广记》续集卷七《圆里圆》："相逢闲暇时，有闲底打唤瞒儿呵，～声嗽道肷厮，俺嗏欢喜。"明《金瓶梅词话》五一回："今日县里皂隶，又拿着票～了一清早起去了。"

【喝骂】 hè mà 大声斥骂。《太平广记》卷四一八引《渚宫旧事》："女初犹～，真便直前，以水洒之。"明《山歌·汤婆子竹夫人相骂》："两个相争斗殴，搂子一个黄昏，啰道是个家主婆听得，～高声。"清《红楼梦》九回："李贵且～了茗烟四个一顿，撵了出去。"

【喝名】 hè míng 大声念名。《大宋宣和遗事》后集："引帝人，及太上、太后立庭下，左右～，令帝拜讫。"

【喝命】 hè mìng 犹"喝令"。清《红楼梦》六一回："司棋便～小丫头子动手。"《九云记》一三回："太监督令郑府丫鬟、老妈们乱撞乱扯的动手，～不许罗唣。"

【喝破】 hè pò 大声说破。元明《三国志通俗演义》卷一："恰才曹操似有行刺之状，及被～，故推献刀。"清《东周列国志》五〇回："臣从旁～：'赵盾拔剑于君前，欲行不轨！'"

【喝钱】 hè qián 大声宣布赏钱。宋吴自牧《梦粱录》卷一〇："帅漕二司遇行救扑，官舍钱买水浇灭，富室豪户亦～助役，军士尽力扑灭，不致疏虞。"

【喝探】 hè tàn 指负有吆喝查问职责的皇家警卫。宋张耒《绝句》之九："去年慈德门东雪，永夜宫廊～喧。"孟元老《东京梦华录》卷一〇："是夜内殿仪卫之外，又有裹锦缘小帽、锦络缝宽衫兵士，各执银裹头墨漆杖子，谓之～。兵士十餘人作一队，聚首而立，凡十数队。各一名喝曰：'是与不是？'众曰：'是。'又曰：'是甚人？'众曰：''殿前都指挥使高俅。'更互喝叫不停。"《宋史·兵志七》："唯武严、御营～以艺精者充。"

【喝退】 hè tuì 喝令使退下。《大宋宣和遗事》前集："人觑时，认得是平章高俅，急忙跪在地上……高俅闻言～。"元佚名《满庭芳》："牙恰母亲，吹回楚雨，～湘云。"清《东周列国志》一回："宣王曰：'此乃先朝之事，与你无干。'遂将老宫人～。"

【喝问】 hè wèn 大声问。唐郑还古《博异志》："遥见四郎，戢毒栗立，惕伏战悚而拜。四郎～曰：'作何来？'"元明《水浒传》五回："那老人年近六旬之上，拄一条过头拄杖，走将出来，～庄客：'你们闹甚么？'"清袁枚《子不语》卷二："至三鼓，有人撞门，声甚厉。顾～：'何人？'"

【褐袖】 hè xiù 同"鹤袖"。《元曲选·货郎旦》二折："李彦和，你着三姑把我这～来晒一晒。"又《两世姻缘》一折："鬏髻偏，便似那披荷叶搭剌着个～肩。"

【褐子】 hè zi 粗布。隋吉藏《仁王般若经疏》卷下五："什物者，三衣、钵、坐具、剃刀、～、乌子、刀子、漉水袋、钵袋、针筒。"明宋应星《天工开物·乃服》："山羊毳绒亦分两等，一曰掬绒，用梳栉掬下，打线织帛，曰～、把子诸名色。"清《醒世姻缘传》三回："戴一顶牙白绒巾，穿一件半新不旧的～道袍。"

【赫诈】 hè zhà 同"吓诈"。赫，通"嚇"。明李梦阳《广信狱记后记》："彼～致死人命者，又奚弗之问也？"清李渔《怜香伴》一九出："后面开了～秀才的款单，件件都有赃据。"

【鹤料】 hè liào 唐代幕府官俸。后泛指俸禄。唐皮日休《奉和鲁望病中秋怀次韵》："因分～家资减，为置僧餐口数添。"宋曾畋《次韵赵仲美表弟西斋自遣》："宁羡一囊供～，会看千里跃龙媒。"自注："唐幕府官俸谓之～。"

【鹤算】 hè suàn 像鹤那样的寿数，指长寿。唐佚名《上嘉会节贺表》："值清明驭气之时，当仁寿悦随之始，固可年同～，岁比山呼。"宋韦骧《醉蓬莱·廷评庆寿》："惟愿增高，龟年～，鸿恩紫诏。"清《玉楼春》二四回："却此时二老～，公婆俱是八九十岁的人。"

【鹤袖】 hè xiù 妇女披在身上的一种无袖短外衣，即披肩。元汤舜民《湘妃游月宫·春闺即事》："～儿金松扣，凤头儿珠褪结，想人生最苦是离别。"《元曲选·留鞋记》一折："我忙赔笑脸厮央及，我索与你金环儿重改造，～儿做新的。"明《英烈传》一回："大红销金长裙，云肩～，镶嵌短袄。"

hēi

【黑暗】 hēi àn 犀角的别称。唐段成式《酉阳杂俎》卷一六："故波斯谓牙为白暗，犀为～。"宋苏轼《送乔施州》："鸡号～通蛮货，蜂闹黄连采蜜花。"邵博《邵氏闻见后录》卷一九："南人谓象齿为白暗，犀角为～。少陵诗云：'～通蛮货'，用方言也。"

【黑道儿】 hēi dào er 犹"黑路❶"。元杜仁杰《耍孩儿·庄家不识构阑》："中间里一个央人货，裹着枚皂头巾顶门上插一管笔，满脸石灰更着些～抹。"

【黑地】 hēi dì ❶ 黑暗之处；黑暗中。《敦煌变文校注》卷五《维摩诘经讲经文(二)》："如人半夜下高台，～踏着破断索。"《元曲选·货郎旦》二折："我几曾在～行走，教我受这般的苦也。"清《姑妄言》五回："他二人点着大烛，如同白昼，整狂了半夜，比昨夜～相亲，更觉豪兴。" ❷ 黑夜；夜晚。明孟称舜《娇红记》二一出："白日情牵，～魂连。"清《后水浒传》二四回："～救了杨幺哥哥，白日救了孙节级。"

【黑地里】 hēi dì li 黑暗中。《元曲选·东堂老》一折："到那榻房里，不要～交与他钞；～交钞，着人瞒过了。"明《西洋记》五七回："一则是两个人有些宿气，二则是～分不得甚么高低。"清《醒世姻缘传》六〇回："相于廷～摸将出来，对了素姐的脸，悄悄说道：'孝子是不敢进房的。'"

【黑店】 hēi diàn 抢劫坑害客人的旅店、饭店。清《绿牡丹》一二回："黄河这边皆山东地方，黄河相近，路多响马，～甚多。"《荡寇志》七五回："丽卿也吃一惊，大叫：'爹爹，这里是～！'"

【黑阁落】 hēi gé luò 黑角落。指暗处；背地。《元曲选·玉镜台》四折："你在～里欺你男儿，今日呵可不道指斥銮舆，也有禁住你限时，降了你乖处。"《元曲选外编·西厢记》二本四折："～甜话儿将人和，请将来着人不快活。"

【黑虎跳】 hēi hǔ tiào 指科举考试中由枪手代做墨卷的舞弊行为。明吴炳《情邮记·卑冗》："一考二考三考只依本分，并不干那～、飞过海的勾当。"《型世言》一六回："这吏员官是个钱堆，除活切头、～、飞过海，这些都是个白丁。"

【黑话】 hēi huà ❶ 隐语；有隐含内容的话。明《西游记》八四回："那老母笑道：'转不过去，转不过去，只除是会飞的，就过去了也。'八戒在旁边卖嘴道：'妈妈儿莫说～，我们都会飞哩。'" ❷ 黑暗中说的话。清《野叟曝言》九四回："直到黄昏，还说了无数的～。云北忽然想起，赶进去责备顿氏：'怎不点灯？'"

【黑家】 hēi jiā 夜间；夜里。清《红楼梦》二一回："姊妹们和气，也有个分寸礼节，也没个～白日闹的！"

【黑间】 hēi jiān 夜间；夜里。清《红楼复梦》四回："谁知前日～，又大嚷起来，直哼哼了一夜。"又九六回："那地方白日里不很有人走到那儿，～更不用说。"

【黑里】 hēi li 犹"黑地里"。明《二刻拍案惊奇》卷三八："将房中灯打灭了，虚锁了房门，～走出。"《欢喜冤家》三回："大娘必叫你去看的，你可～下来。"

【黑路】 hēi lù ❶ 黑色纹路；黑线痕。宋赵彦卫《云麓漫钞》卷二："取银之法，每石壁上有～乃银脉。"明蒋一葵《尧山堂外纪》卷七五："见庭下有锯匠解木，因以命题。东山口占绝句曰：'一条～两人忙，傍晚相看鬓已霜。你去我来何日了？亏他扯拽度时光。'" ❷ 黑暗的路；夜路。金刘处玄《白莲花词》之二五："沉在幽冥～，阳道天光甚处。"清《荡寇志》一三七回："宋江与史应德上岸，～中又行了一程。"《白雪遗音·盼冤家》："再一刻，打三更，～怎么走？" ❸ 比喻不光明的行径。清孔尚任《桃花扇》一七出："〔外、净、小旦、丑急上〕两处红丝千里系，一条～六人忙。"

【黑面郎】 hēi miàn láng 猪的别名。唐冯贽《云仙杂记》卷六引《承平旧纂》："桂林风俗，日日食蛙。有来中朝为御史者，朝士戏之曰：'汝之居，非乌台，乃蛙台也。'御史答曰：'此非蛙，名圭虫而已，然较圭虫之奉养，岂不胜于～哉。'～，谓猪也。"

【黑杀】 hēi shā 同"黑煞"。宋夏元鼎《水调歌头·三月三日佑圣降诞》："说龟蛇，名～，蕴深仁。阴中阳长，要知害里却生恩。"明张四维《双烈记》一八出："谁似俺先锋英勇？恰便似降神霄～天丁。"清《醒世姻缘传》四一回："迸暴着两个眼，～神似的，好不凶恶哩！"

【黑煞】 hēi shā 凶煞；恶神。金《董解元西厢记》卷二："乱军都来半万餘，便做天蓬～般尽刁厥。"清《隋唐演义》四四回："又见旁边又有个长大汉子，似～一般，那个敢来与他对垒？"

【黑书】 hēi shū 祟书；阴阳家所用的讲死者身后命运和殓埋避忌休咎的书。五代杜光庭《青城郑璜尚书本命醮词》："辍死籍于～，再延命禄；定生名于丹箓，尽赦疵瑕。"明《金瓶梅词话》五九回："又～上云：壬子日死者，上应宝瓶宫，下临齐地。"清《歧路灯》一二回："他们阴阳家，还有落魂书与～。说这个男命化出魂，落到广东香山县海岸村，托生于赵家为男。"

【黑甜】 hēi tián 指睡眠；酣睡。唐吕喦《望梅花》之四："正浓美,一味～,问人间,甚物堪比。”元宫天挺《七里滩》三折:“～一枕,直睡到红日三竿犹兀自唤不的我醒。”清《红楼梦》六三回:“大家～一觉,不知所之。”

【黑甜甜】 hēi tián tián 犹“黑甜”。元马致远《陈抟高卧》一折:“我睡呵,～倒身如酒醉。”明《西游补》一回:“我也不要西天,也不要怜怜,只要半日～。”

【黑甜乡】 hēi tián xiāng 梦乡。元马致远《陈抟高卧》四折:“您满朝朱紫贵,怎如我一枕～。”明《二刻拍案惊奇》卷一九:“国王大悦,叙录军功,封言寄华为～侯。”

【黑头虫】 hēi tóu chóng 民间相传黑头虫是吃父母的虫,故用以喻忘恩负义者。元纪君祥《赵氏孤儿》二折:“也不是有血性的白衣相,子是个无恩念～。”明《金瓶梅词话》九九回:“我寻得你来不是了?反恩将仇报!常言:～尤不可救,救之就要吃人肉。”

【黑头里】 hēi tóu li 黑暗处;黑暗中。明《金瓶梅词话》二〇回:“那时八月二十头,月色上来。站在～,金莲吃瓜子儿,两个一处说话。”清李玉《清忠谱》九折:“〔净〕怕里边没火,拿进去照着,好等老爷起身。〔末〕这等快取去。〔净〕老爷,请在～坐坐罢。”沈起凤《文星榜》一一出:“况且～,啰里认得出面孔。”

【黑头子】 hēi tóu zi 隐语。强盗,谓其头裹黑巾。清《红楼复梦》一一回:“只听见一枝响箭从那树林中一直射到车边,那些夫子同赶车的都慌了手脚,口里嚷道:‘不好!有～来了!’”

【黑晚】 hēi wǎn 夜晚;夜间。明《古今小说》卷二八:“张胜也十分小心在意,虽溲溺亦必等到～,私自去方便。”清《续金瓶梅》三回:“趁闹里扮做尼姑赶～进寺来,同薛姑子法炕上弄了两三夜。”《醒世姻缘传》六四回:“你俗人家～的街上走就罢了,像俺这出家的女僧,夜晚还在街上,叫那光棍挟制着,不说是养和尚,就说是养道士。”

【黑心】 hēi xīn ❶ 阴险狠毒的心肠。《元曲选外编·刘弘嫁婢》一折:“人家急着手用那钱使,将来到你这厮行当那钱。这厮提将起来看了一看,昧着你那一片的～。”明《朴通事谚解》卷下:“见国王敬佛法,便使～,要灭佛教。”清《红楼梦》三七回:“赵姨奶奶一伙的人,见是这屋里的东西,又该使～弄坏了才罢。” ❷(心肠)阴险狠毒。元关汉卿《调风月》二折:“似你这般狂心记,一番家搓揉人的样势,休胡猜人,短命～贼!”明《禅真逸史》六回:“俗语云‘～人倒有马儿骑’,落得快活。”清《红楼梦》二五回:“王夫人不骂贾环,便叫过赵姨娘来骂道:‘养出这样～不知道理下流种子来,也不管管!’”

【黑夜】 hēi yè 夜晚。唐张祜《题海盐南馆》:“～山魈语,黄昏海燕归。”《元朝秘史》卷二:“你每白日里失了人,如今～里如何寻的?”清《隋唐演义》五〇回:“恐敌军窥见我军懒怠,～开城劫寨。”

【黑影】 hēi yǐng ❶ 影子。《太平广记》卷四五三引《视听异志录》:“及发,开笼,见三四～入笼中。”明徐阳辉《有情痴》:“虽然,可也还有个说不了的话头,捶不碎的～哩。”清《绿野仙踪》一一回:“每到天阴雨湿之际,便见许多～子,似乎人形,入我们社里来。” ❷ 黑暗;阳光被遮蔽处。《元曲选·盆儿鬼》一折:“你且躲在～儿里,听他说甚么话波。”明《情史·情缘·甲乙二书生》:“少焉门启,～中微辨是二女子。”清《红楼梦》五一回:“～子里,山子石后头,只见一个人蹲着。”

【黑早】 hēi zǎo 清早;天尚未明时。宋元《清平山堂话本·错认尸》:“次日,～起来,辞了船主人。”明《禅真逸史》三二回:“着甚紧要这般～去采花?正好睡哩。”清《红楼梦》四七回:“展眼到了十四日。～,赖大的媳妇又进来请。”

【黑帜】 hēi zhì 宋时指金国或金人之旗。宋张元幹《次韵奉和平叔亭林至日之什》:“莫思淮海上,～杂黄巾。”邓肃《贺梁溪李先生除右府》:“虏兵振地喧鼙鼓,～插城遍楼橹。”丁特起《靖康纪闻》:“是日,郭京引兵入陈州门。或云与金人为应援,就拔汉帜,遂立～。”

hén

【痕】 hén ❶ 影子。宋黄大受《早作》:“干尽小园花上露,日～恰恰到窗前。”洪迈《夷坚志》甲卷一九:“俄庭下渐暗,月～稍稍缩小。”明汤显祖《牡丹亭》三二出:“荡花阴,单则把月～遮。” ❷ 量词。犹道、条。元卢挚《湘妃怨·西湖》:“苏堤鞭影半～儿,常记吴山月上时。”清纳兰性德《雨霖铃·种柳》:“恰带一～残照,锁黄昏庭院。”

【痕迹】 hén jì ❶ 事物的印迹。唐刘禹锡《和思黯忆南庄见示》:“化成池沼无～,奔走清波不自由。”元高安道《哨遍·皮匠说谎》:“减刮的休显刀～,剜裁的脸戏儿微分间短。”清《醒世姻缘传》二九回:“后边使米泔洗了,果然一些也没有～。” ❷ 线索;迹象。五代王定保《唐摭言》卷一〇:“赵牧,不知何许人。大中、咸通中,学李长吉为短歌,可谓蹙金结绣,而无～。”宋黄子行《花心动·落梅》:“江南春信无～,馀情在、冷烟残月。”清《红楼梦》九〇回:“此时若忽然或把那一个分出园外,不是倒露了什么～了么。”

【痕路】 hén lù 纹路;痕迹。《元曲选外编·智勇定齐》楔子:“这一对玉连环相连着,又无～,可怎生解的开?”明汤显祖《邯郸记》三出:“烧的那粉红丹色样殊,全不见枕根头一线儿丝～。”

【痕瑕】 hén xiá ❶ 瑕疵;瘢痕。也指痕迹。《建中靖国续灯录》卷二八《福州大中智德禅师》:“手中一槛绝～,道听途传转见赊。”元危亦林《世医得效方》卷一〇:“治抓破面,右用生姜自然汁调轻粉傅破处,更无～。”王冕《雪中次韵答刘提举》:“上天下地无～,万路千岐迷坎埳。” ❷ 比喻缺陷;毛病。宋曹勋《满庭芳》:“时时,须点检,随缘遣性,何更兴嗟。那浩然独得,迥绝～。”清方苞《读尚书又记》:“朱子谓《史记》之妄,欧阳氏所辨明矣,‘惟九年大统未集’实为～。”

【痕印】 hén yìn 印痕;痕迹。宋陈允平《品令》:“夜深沙觜霜～,嚼花拼醉,枝上春无尽。”清弘历《花雉行》:“无何花落松依然,双雉彳亍沙～。”《霓裳续谱·腮边现放着牙痕印》:“腮边现放着牙～,咬你的是何人?”

hěn

【哏】 hěn ❶ 副词“很”的早期写法,表程度深。《元典章·朝纲一》:“如今地广民众,事务～多有。”元贯云石《孝经直解》七:“在上的人大模样的勾当不行,～和顺,教得百姓每都无厮争的勾当有。”佚名《满庭芳》:“但见的道我～憔悴,不嫁人等甚的?” ❷ 狠;凶恶;残忍。《元曲选外编·哭存孝》二折:“阿妈你好～也!我有甚么罪过?将我五裂了!”明《西游记》四一回:“但见那怪物:～声响若春雷吼,暴眼明如掣电乖。” ❸ 叹词或拟音词。相当于“哼”。明《西游记》一九回:“～!你这诳上的弼马温!”《二刻拍案惊奇》卷四:“佥宪左思右思,便一时不怀好意了。～地一声道：'一不做，二不休！'"清《聊斋俚曲·禳妒咒》："戚老爷丢了刀，一波落盖跪下，捏起那嗓根头子来，～～了一声说：'我杀乜鸡你吃。'"

【很】 hěn 同"狠❼"。a）用在动词或形容词前。元吴澄《经筵讲义》："唐太宗是唐家～好底皇帝。"清《红楼梦》九〇回："凤姐心上便～爱敬他。"《万花楼》一五回："今有壮士狄青，本领～强。" b）充当补语。《元曲选·金线池》四折："谁着你失误官身，相公恼的～哩！"明《挂枝儿·花开》："想去年花此际将开也，今年怎么这等迟得～。"清《红楼梦》二六回："正是无聊的～，贾兄来得正好。"

【狠】 hěn ❶（形状）狰狞；险恶。宋苏轼《僧清顺新作垂云亭》："路穷朱栏出，山破石壁～。"辛弃疾《浣溪沙·黄沙岭》："突兀趁人山石～，朦胧避路野花羞。"清查慎行《初上滩》："建溪之恶恶无比，～石高低势随水。" ❷ 用力；狠命。《元曲选·楚昭公》二折："那一个点钢枪支支的把黄幡～揪，这一个铁胎弓率率的把雕翎稳扣。"明袁宏道《狂言别集》："余以为骂得着时，惟恐其不会～骂耳。"清李玉《清忠谱》一七折："棍棍～敲赤肉，肉尽直敲精骨。" ❸ 使劲地吃或打。明《金瓶梅词话》五二回："只三扒两咽就是一碗，两人登时～了七碗。"又九一回："衙内听了，亦发恼怒起来，又～了几下。" ❹ 狠心；决心。宋元《古今小说》卷三九："洪恭见小老婆执意不肯，又怕二程等久，只得发个～，洒脱袖子，径奔出茶坊来。"明汤显祖《牡丹亭》四〇出："老驼无主，被人欺负。因此发个老～，体探俺相公过岭北来了。"清《红楼梦》七七回："回去好生念念那书，仔细明儿问你。才已发下～了。" ❺ 强烈；有劲；厉害。明汤显祖《牡丹亭》九出："令史们将我揸，祗候们将我搭，～烧刀、险把我嫩盘肠生灌杀。"《拍案惊奇》卷一四："这尹三店中是有名最～的黄烧酒，正中其意，大碗价筛来吃。"清《隋唐演义》二回："这须买得他一个亲信，把他首发。无事认作有，小事认作大，做了一个～证见。" ❻ 严重；过分。明《封神演义》六〇回："想是摔～了，怎么这厮连影儿也不见了？"清《续金瓶梅》四一回："留不住客，老鸨打得～了，他就取过切菜刀，剁下二指。"《绮楼重梦》一四回："够了。别斫～了，光剩根空干儿不好看相。" ❼ 副词。表示程度高。a）用在动词或形容词前。元武汉臣《老生儿》一折："那几个守户闲官老秀才，他每都～利害。"b）充当补语。明《西游记》九六回："那三位有不得，形容丑得～哩。"清《聊斋俚曲·磨难曲》："这腿疼的～！"

【狠毒】 hěn dú 凶狠毒辣。宋马骐《净德集序》："但不使小人居中挠政，非有讦斥僇辱之甚，激其～之性，至侪类之失，亦不茈之。"元姚守中《粉蝶儿·牛诉冤》："凶徒！凶徒！贪财性～，绑我在将军柱。"清《万花楼》九回："如责他四十棍，也过于～，也罢，且打他二十棍。"

【狠酷】 hěn kù 狠心残忍。《元曲选·合同文字》三折："伯娘你也忒～，怎对付！"

【狠力】 hěn lì 犹"狠命"。明《警世通言》卷三一："怎地运起锄头，～几下，只听得当的一声响，翻起一件东西。"清《野叟曝言》三一回："张妈咬定牙关，～忍着。"《万花楼》一二回："～一捺，马已按倒尘埃，不能挣跳。"

【狠劣】 hěn liè 狠毒暴劣。宋胡仔《苕溪渔隐丛话》前集卷四五："此诗云：'草茶无赖空有名，高者夭邪次顽犷。'以讥世之小人，若不谄媚夭邪，须顽犷～也。"元尚仲贤《三夺槊》四折："那凶顽～，奸滑狡倖，则待篡位夺权。"《元曲选·黄粱梦》二折："隋江山生扭做唐世界，也则是兴亡成败，怎禁那公人～似狼豺。"

【狠命】 hěn mìng 拼命；尽力。明《型世言》三七回："自此，在店里包了个头，也搽些脂粉，～将脚来收。"《石点头》卷八："见一株大银杏树，绿阴稠密，～爬上去。"清《醒世姻缘传》五回："二人因有那一千两银在内，～追跟。"

【狠切】 hěn qiè ❶ 殷切（之心）。元关汉卿《拜月亭》三折："这一炷香，则愿削减了俺尊君～；这一炷香，则愿俺那抛闪下的男儿较些。" ❷ 凶狠；狠毒。《元曲选·墙头马上》三折："他毒肠～，丈夫又软揣些些。"明贾仲明《菩萨蛮》三折："想起他这～的毒心，好着我半晌沉吟倒替他喙。"

【狠手】 hěn shǒu ❶ 厉害的手段；凶狠的手段。明罗洪先《答何善山》："往昔舟中所论，亦实有见于当下痛痒，然犹宽松，未是～。"《西洋记》三七回："此人画戟颇精，不是容易，须要把个～与他。"清《红楼梦》三四回："只见腿上半段青紫，都有四指宽的僵痕高了起来。袭人咬着牙说道：'我的娘，怎么下这般的～！'" ❷ 厉害的对手。清《野叟曝言》四四回："素臣无马，仰面迎敌；这两个释道又是～，复有长枪大戟、冷箭暗弹从旁协助。"《女仙外史》六九回："这贼军师，总是未经撞着～，就装出恁般模样来。"《姑妄言》二四回："遇着两个～，银子不能得，皮还弄塌了呢。"

【狠心】 hěn xīn ❶ 心肠残忍。明贾仲明《对玉梳》三折："俺这～的婆婆，则是个追命的母阎罗。"《西游记》五七回："你这个～的泼秃，十分贱我！"清洪昇《长生殿》二四出："咦！他竟出家去了，好～也。" ❷ 残忍的心思或决心。《元曲选·忍字记》一折："你徒弟再不将～去钱上用，凡火向我腹中烧。学师父清风袖里藏，仿师父明月在杖头挑。"明《醒世恒言》卷二一："不想他忽起～，把我们六七位同年都灌醉了，一齐杀倒。"清《醒世姻缘传》四回："你如随钱老先去了，我们饭也是吃不下的。你难道下得这等～？"

hèn

【恨不的】 hèn bù dé 同"恨不得"。《元曲选·蝴蝶梦》一折："走的我气咽声丝，～两肋生双翅。"元明《水浒传》九回："洪教头看了，～一口水吞了他。"清《歧路灯》二六回："这绍闻听得母亲这个话，真正痛入骨髓，～自己把自己一刀杀了。"

【恨不得】 hèn bù dé 表示强烈地期望做成某事。金《董解元西厢记》卷七："想世上凄凉事，离情最苦，～插翅飞将往他行去。"明《西游记》二二回："急得他心焦性爆，～一把捉来。"清《醒世姻缘传》三一回："那好年成的时候，人家觅做短工，～吃那主人家一个尽饱。"

【恨不过】 hèn bù guò 犹"恨不得"。明《西游记》三五回："恼坏泼妖王，怒发冲冠志。～挝来囫囵吞，难解心头气。"

【恨怪】 hèn guài 怨恨。元明《水浒传》八回："但是犯人徒流迁徙的，都脸上刺字，怕人～，只唤做打金印。"清陈端生《再生缘》四七回："丫环见说羞含笑，吐气扬眉分外欣。恼得江妈真～，连翻白眼出堂门。"

【恨苦】 hèn kǔ ❶ 怨恨痛苦；烦恼痛苦。宋王十朋《祭孟丙文》："生于村落，所～者，无妙药良医也。"明《西游记》六六回："行者十分～，却又左一拳，右一脚，在里面乱掏乱捣。"清《红楼梦》六四回："贾珍贾蓉此时为礼法所拘，不免在灵旁藉草枕块，～居丧。" ❷ 拼命；极力。明《西游记》四四回："那些和尚见道士来，一个个心惊胆战，加倍着力，～的拽那车子。"又八五回："这和尚也不分好歹，即掣杖，对面挡住那妖精铁杵，～相持。"

【恨命】 hèn mìng ❶ 同"狠命"。元明《水浒传》二一回："宋江在床边舍命的夺，婆惜死也不放。宋江～只一拽，倒拽出那把压衣刀子在席子上。”明《型世言》三七回：“李良雨两手～推住，要掀他下来时，原少气力。”清《红楼梦》二九回：“便赌气向颈上抓下通灵宝玉，咬牙～往地下一摔。” ❷不可遏制地。清《姑妄言》一五回：“我只说这件事只有乐而无害的，～的想他。今日看起来，再要一夜，这命就要断送了。”

【恨气】 hèn qì ❶怒气；怨气。元明《水浒传》三一回：“不杀得张都监，如何出得这口～?”明孟称舜《死里逃生》三出：“风马丁当，暮雨萧萧怨白杨。凄惨阴风壮，～填霄壤。”清《醒世姻缘传》八八回：“算计不出个法来，把狄希陈拉到面前，口咬牙撕一顿，泄泄他的～。” ❷气恨；气愤。明《拍案惊奇》卷一七：“呆呆坐着，等他天亮，默默的咬牙切齿的～。”《石点头》卷三：“想起丈夫一时～出门，难道真个撇得下我母子，飘然长往?”清《粉妆楼》四三回：“莫非柏亲翁不认前亲，令弟～，又往别处借兵，攻打淮安，报眼下之仇不成?” ❸冤枉气。清《玉楼春》一三回：“我家翠楼这丫环，偷外汉不肯偷家汉，我受了他的～，母亲又替他作主。”《天豹图》二八回：“我们如今打到花家去，将花家打得落花流水，先与大爷出个～。”

【恨穷】 hèn qióng 恼恨到极点。明《山歌·燕笼》：“你人门前捉我团团搁搁，我并弗会～，弄得我肚里有酿，我也只弗走风。”《醒世恒言》卷九：“女儿～道：‘为好，为好！要讨那钗子也尚早！’”清《何典》七回：“那臭花娘～发极，便把他一记反抄耳光。”

【恨嫌】 hèn xián 恼怒憎嫌。清《隋唐演义》八回：“将锏在柜上一放，放得重了些，主人就有些～之意。”《红楼梦》七七回：“在太太是深知这样美人似的人必不安静，所以～他。”

【恨怨】 hèn yuàn ❶怨恨；抱怨。唐杜牧《唐故太子少师牛公墓志铭》：“时李太尉专柄五年。多逐贤士，天下～。”清《红楼梦》八一回：“但只我在这里当家，自然惹人～。”《绿野仙踪》七四回：“倭寇还在杭州，苏州到早被劫掠，弄的城里城外人人～，户户悲啼。” ❷怨恨的情绪。《太平广记》卷三九五引《会昌解颐录》：“从真～填臆，乃归。庭中焚香，泣泪诅之。”元郭钰《狂客行》：“万一楼头是夫婿，百年～将谁陈?”清《东周列国志》七四回：“我辱勇士椒邱訢于大家之丧，～郁积，今夜必来杀我。”

hēng

【亨地】 hēng de 同“亨的”。元佚名《骂玉郎过感皇恩采茶歌》：“那枪忽的早刺中彪躯，那刀～掘倒战马，那汉扑地抢下征鞍。”

【亨的】 hēng de 犹“烘的”。元马致远《任风子》一折：“这一个扑的腮揾土，这一个～脚朝天。”

【哼】 hēng ❶鼻子里呼出气；喷。明《封神演义》七四回：“他把嘴一张，口内喷出一道黄气来，其人自倒，比你那鼻中～出白气来大不相同。”又七九回：“欲伦见土行孙成功，恐法戒逃遁，忙将鼻窍中两道白光～出来。” ❷发出“哼”的声音；吼；鸣。明《西游补》一回：“说罢，又～的一响，似如牛吼。”《梼杌闲评》七回：“如今京师虽有数十班，总似狗～一般。”清《红楼梦》二八回：“薛蟠便唱道：‘一个蚊子～～～。’众人都怔了，说：‘这是个什么曲儿?’” ❸发出“哼”的声音，表示不满。明《醒世恒言》卷一：“养娘担洗脸水，迟了些，水已凉了。养娘不合～了一句。”清《醒世姻缘传》八一回：“一个丫头生生的逼杀了，受气使钱，我～也没敢～声。”《红楼梦》七四回：“他们就成了千金小姐了，闹下天来，谁敢～一声儿!” ❹低语；出声。明《醒世恒言》卷一：“老婆自家觉得有些不是，口里也含含糊糊的～了几句，便不言语了。”《拍案惊奇》卷二九：“蜚英走去伏在井栏上了，口里～道：‘姐姐，使不得!’”清《红楼梦》一二回：“这窝儿里好，你只蹲着，别～一声，等我们来再动。” ❺念诵；吟诵。明《西游记》八五回：“手里敲个木鱼，口里～阿～的，又不会念经，只～的是‘上大人’。”《梼杌闲评》四回：“念诗又捉不过句来，又认不得字，口里胡诌乱～。”清《儒林外史》一九回：“他每日在店里，手里拿着一个刷子刷头巾，口里还～的是‘清明时节雨纷纷’。” ❻低唱。明《梼杌闲评》二一回：“陈保问道：‘唱的是你么?’进忠道：‘是孩子们斗胆，胡乱～了耍的。’” ❼呻吟。明《西游记》三四回：“一个擦着的，不死还～。”《拍案惊奇》卷一七：“只见黄知观被夹坏了，在地下～。”清《儒林外史》六回：“四斗子把他放了睡下，一声不倒一声的～。”

【哼唧】 hēng jī ❶犹“哼❹”。明《西洋记》八三回：“又过了一会，一总有半个多时辰，仙师鼻子里只是鼾响，口里只是～。”清《后西游记》一一回：“又走得香积厨看看，忽听得那里哼哼唧唧打鼾声。”《红楼梦》二七回：“他们必定把一句话拉长了作两三截儿，咬文咬字，拿着腔儿，哼哼唧唧的，急的我冒火。” ❷犹“哼❺”。清《歧路灯》一一回：“孝移细看儿子，虽在案上强作～，脸上一点书气也没有。”《平山冷燕》一七回：“自家口里哼哼唧唧的沉吟，一会儿虚写了两句，一会儿又抹去了两句。” ❸犹“哼❻”。清《歧路灯》七八回：“副末道：‘唱的久了，就会照曲牌子填起腔来。只是平仄还咬不清，怕爷们听出破绽来。’盛希侨道：‘不怕，不怕。你们～起来，就是真正好学问人也懂不清。’” ❹犹“哼❼”。明《西游补》三六回：“汉子们，缘何倒地～?”清《野叟曝言》一七回：“急求欢会，刻不能耐，急急的卸脱衣裤，将又李抱住，口中不住～。”《醒世姻缘传》三回：“珍哥又头疼得叫苦连天。一个在上面床上，一个在窗下炕上，哼哼唧唧的不住。”

【哼啧】 hēng jī 同“哼唧❹”。明《西游记》七七回：“火气上腾，必然也热，他们怎么不怕? 又无言语～，莫敢是蒸死了?”

héng

【恒时】 héng shí 平时。唐韩愈《送李翱》诗：“揖我出门去，颜色异～。”《明史·朱澍传》：“暂免朝贺，在～则可，在议礼纷更之时则不可。”

【恒是】 héng shì 即“横竖”。明《金瓶梅词话》三一回：“依我，取笔来写上一百两。～看我面，不要你利钱。”又八九回：“～杀不了人，难道世间没王法管他也怎的!”

【恒属】 héng shǔ 即“恒是”。明《金瓶梅词话》二九回：“若不教他把奴才老婆、汉子一条提撵的离门离户也不算！～人挟不到我井里头!”又四七回：“一些半些～打不动两位官府，须得凑一千货物与他。”

【恒数】 héng shù 即“恒是”。明《金瓶梅词话》二四回：“你～不是爹的小老婆就罢了。就是爹的小老婆，我也不怕你!”

【横床】 héng chuáng 避忌语。妾。宋庄绰《鸡肋编》卷下：“古所谓媵妾者，今世俗西北名曰祗候人……而浙人呼为贴身，或曰～。”

【横泛】 héng fàn 元时公文用语。滥(用)；无节制(使用)。《元典章·兵部一》：“军前遇有合用军需物料，由所管上司移文取发，依例应付，军民官毋得～科取差夫。”《金史·汝砺传》：“国家自军兴，河南一路岁入税租不啻加倍，又有额征诸钱、～杂役，无非出于民者。”

【横门】 héng mén　犹“横床”。宋庄绰《鸡肋编》卷下：“古所谓媵妾者，今世俗西北名曰祗候人……江南又云～。”

【横身】 héng shēn　❶置身；侧身(其间)。宋克勤《碧岩录》卷一：“若是明眼汉，一点谩他不得；其或未然，虎口里～，不免丧身失命。”元明《水浒传》一一一回：“李逵～在门底下，寻人砍杀。”清《风流悟》七回：“你揪住我，我揪住你，绞做一团。婆婆～劝开。” ❷挺身而出。唐张云《复论令狐滈疏》：“知是罪人，～庇护。”宋孟元老《东京梦华录》卷五：“或见军铺收领到斗争公事，～劝救。” ❸倒身；把身体放倒。清《隋唐演义》六七回：“～放倒，咬住牙关，好像要哭死的一般。”陈端生《再生缘》六一回：“只有温妃伊更醉，索性是，～倒在筵席前。”

【横是】 héng shì　即“横竖”。清《缀白裘》九集卷二《钗钏记》：“自家无命，就活一百岁，～要死个。”

【横竖】 héng shù　副词。反正；不管怎样。《元曲选外编·射柳捶丸》四折：“～我的面皮比他大些，这功劳都是我的。”明《西游记》八六回：“～不远，只在这座山上，我们寻去来。”清《何典》一回：“你～铜钱堆出大门外，也不必像孟婆庄那里造这大庙。”

【横头】 héng tóu　❶一侧；旁边。五代齐己《贺孙支使郎中迁居》：“地连东阁～买，门对西园正面开。”宋梅尧臣《和王景彝正月十四夜有感》：“驰道～起山岳，露台周匝簇朱轮。”清《荡寇志》八二回：“丽卿见贼兵愈多，不敢恋战，长啸一声，往～闯去。” ❷物体的一头。多指正面两侧或长方物体较窄的那一头。也指那一头(侧)的位置。唐元稹《投吴端公崔院长》：“邀我上华筵，～坐宾位。”元明《水浒传》二一回：“那婆子坐在～桌子边，口里七十三八十四只顾嘈。”清《儒林外史》二二回：“牛浦行过了礼。分宾主坐下，牛浦坐在～。” ❸指在横头的位置上。宋元《古今小说》卷三三：“大伯再三推辞，掇条凳子，～坐地。”清《续金瓶梅》三二回：“夫妻二人安下坐，李守备～，他二人对面坐了。”

【横枝】 héng zhī　❶旁支；非本宗的。宋苏轼《器之好谈禅不喜游山》：“丛林真百丈，法嗣有～。”《景德传灯录》卷三《僧璨大师》：“若从七佛至此璨大师，不括～，凡三十七世。”金李庭《送同周道之郊省外祖》：“正气几随薄俗坏，～赖有外孙贤。” ❷额外；不相干。《元典章·户部八》：“办课其间，诸衙门不以是谁，～儿休侵犯者。”又《礼部四》：“秀才每做买卖呵与商税者，种田与地税者，其餘～儿不拣甚么杂泛差发，休与者。”也指不相干的人或事。明汤显祖《紫钗记》三八出：“是佳人命薄，惯了些呆打孩。咱～儿听着，也不分把阑干拍。”清洪昇《长生殿》八出：“往常间他百样相依顺，不提防为着～，陡然把连理轻分。” ❸无端；从旁插入做不相干的事。元马致远《陈抟高卧》二折：“幸然法正天心顺，索甚我～儿治国安民？”《元曲选·谢天香》二折：“怎当那～罗惹，不许提防。”明康海《中山狼》一折：“俺待向落日疏林看晚霞，驴背上偏潇洒。着甚么紧～儿救拔。” ❹比喻牵挂；牵扯。《元曲选·丽春堂》四折：“便道他不断肠，又被这家私上，～儿有一万桩。”明佚名《五供养·穷客程》：“那一日不断肠，谁承望～一万桩。”

【横直】 héng zhí　❶长宽，指面积。明《禅真后史》一二回：“看此荒山，～不及二亩，光荡荡又无几株大木，其价不过四五十金。” ❷指曲直；是非。明《醋葫芦》九回：“晚上吃些浓血回来，一味只晓要钱，问起情繇，管你～。”

hèng

【啈】 hèng　❶哄骗。金《董解元西厢记》卷三：“九百孩儿，休把人厮～。” ❷厉声吩咐。明《西游记》八三回：“(哪吒太子)～声：‘天兵，取下缚妖索，把那些妖精都捆了！’”

【横财】 hèng cái　意外或非分的钱财。唐李冗《独异志》卷上：“冥司有三十炉，日夕鼓橐，为说铸～，我无一焉。”《元曲选·合汗衫》三折：“人无～不富，马无野草不肥。”清《幻中真》三回：“他因得了这注～，逐日在外嫖赌。”

【横虫】 hèng chóng　蝗虫。宋程大昌《演繁露》卷四：“(蝗)最为农害，俗呼～。”明方以智《物理小识》卷六：“用桐油脚入粪内，一顺搅均，浇菜根，～不生。”

【横劲】 hèng jìn　狠劲；毅力。清《红楼梦》三五回：“你要有这个～，那龙也下蛋了。”△《儿女英雄传》三三回：“不信我们这个傻哥儿，竟有这股子～。”

【横难】 hèng nàn　意外的灾难。唐实叉难陀译《大方广佛华严经》卷三六：“善男子，譬如有人得解脱药终无～，菩萨摩诃萨亦复如是。”《云笈七籤》卷一三：“家当～，身备刀光。”清《聊斋志异·青凤》：“家君有～，非君莫拯。”

【横事】 hèng shì　意外的事故或灾祸。唐玄奘译《大般若波罗蜜多经》卷五四六：“或～卒起，或互相乖诤，由此等事，所作不成，当知是为菩萨魔事。”《元曲选·伍员吹箫》三折：“家有贤妻，丈夫不遭～。”清《儒林外史》五二回：“那毛二胡子无计可施，只得将本和利一并兑还，才完了这件～。”

【横死眼】 hèng sǐ yǎn　❶詈词。谓人有眼无珠，不识好歹。《元曲选外编·西厢记》五本三折：“～不识好人，招祸口不知分寸。”明贾仲明《对玉梳》二折：“～如何有个分豁，喷蛆口知他怎生发落？”汤显祖《邯郸记》三出：“偏你那看醉人的醒眼不模糊。则怕你村沙势比俺更俗，～比俺更毒。” ❷凶光毕露的眼睛。元明《水浒传》二回：“个个圆睁～，人人辄起夜叉心。”

【横亡】 hèng wáng　因自杀、被害或意外事故而死亡。《旧唐书·懿宗纪上》：“况忠烈之后，节义之门，致兹～，尤悚观听。”《元曲选·生金阁》三折：“我着那～人便得生天，众百姓把咱来可兀的称赞到老。”清纪昀《阅微草堂笔记》卷二：“其～厉鬼，多年沉滞者，率在幽房空宅中。”

【横饮】 hèng yǐn　畅饮。《元曲选·燕青博鱼》三折：“我恰才便～到两三巡，灌得我来酩酊。”明佚名《东平府》四折：“斟酒来，俺弟兄每～几杯咱。”

【横灾】 hèng zāi　意外的灾祸。唐窥基《观弥勒上生兜率天经赞》卷二：“内持五戒诸恶不侵，外感龙围～自灭。”《元典章·户部四》：“若已后驴哥但有一切～，不干丈人丈母之事。”清《聊斋志异·青蛙神》：“此等金钱，不可自肥，恐有～飞祸。”

hōng

【轰传】 hōng chuán　盛传；纷纷传说。清《西湖佳话》卷六：“但一时～开去，已有细心看破他的行径。”袁枚《子不语》卷五：“日渐高，闻外～河干有死人，里保报官。”《镜花缘》二八回：“不期在此日久，邻舍妇女都跟着学会，因此四处～，以致忤了众人。”

【轰动】 hōng dòng ❶同时惊动很多人。唐李观《上杭州房使君书》:"翕归人望,～朝听。"明《封神演义》一六回:"子牙从此时来,～一朝歌。军民人等,俱来算命看课。"清陈端生《再生缘》一七回:"般般胜过丹华物,～了,官宦公卿满帝邦。" ❷震撼;震动。明《封神演义》一一回:"都城齐呐喊,～万民惊。"清《荡寇志》七一回:"那一声喝采,暴雷也似的～。" ❸引动;惊动;打动。清《醒世姻缘传》六五回:"一旦得了横财,那样趾高气扬的态度,自己不觉,旁边的人看得甚是分明。因此～了镇上的一个偷儿。"又九二回:"陈师娘叫唤,～了孙子,跑进房来。"《歧路灯》五四回:"这夏家赌娼场儿,真正就成了局阵,早～了城内、城外、外州、外县的一起儿游棍。" ❹声势大;影响大。清《醒世姻缘传》一一回:"晁家那半日内把城中金都换遍了,～的谁是不知道的!"《歧路灯》七四回:"近日新来了一位堂客,很使得,叫谭相公那边走走,赏个彩头,好～些。"

【轰击】 hōng jī (雷电、炮火等)暴烈打击。宋洪迈《夷坚志》支乙卷六:"震雷～,一柱一梁,皆有损臂痕。"清《聊斋志异·娇娜》:"乃使仗剑于门,嘱曰:'雷霆～,勿动也!'"《荡寇志》一二一回:"多带枪炮火药,～那厮夹道后面。"

【轰雷】 hōng léi ❶打响雷。唐周钺《海门山赋》:"呀吴呷越,总舟楫之堤防;发电～,辖鱼龙之冲要。"明《梼杌闲评》一回:"数千里浪脚拍长空,一望里潮头奔万马。连山倒峡,喷雪～。" ❷响雷。唐元稹《送岭南崔侍御》:"湖头鲤去～在,树杪猿啼落日低。"明朱载堉《山坡羊·说大话》:"跰一跰,跰到天上,摸了摸～,几乎把我吓杀。"清《绿野仙踪》一八回:"那些看的人,齐声一喊,无异～。"

【轰烈】 hōng liè ❶响声大,燃烧炽烈。元汪元亨《醉太平·警世》:"袄神庙雷火皆～,楚阳台砖瓦平崩卸。" ❷气势大而壮烈。明佚名《鸣凤记》五出:"～,六尺微躯,一腔忠义。"《型世言》五回:"如这狂且再来,妹当手刃之,也见～。"清《荡寇志》一四〇回:"战场上不过变灭得～,富贵中不过变灭得安耽,同是变灭,分甚好歹?"

【轰腾】 hōng téng (气体或气氛)激烈上升。明《西洋记》五回:"风声刮杂,半空中走万万道金蛇;热气～,遍地里滚千千团烈焰。"邵璨《香囊记》一七出:"士气～,无不一以当百。"明张四维《双烈记》三一出:"杀气～蔽太阳,甲兵千万下长江。"

【轰霆】 hōng tíng 即"轰雷❷"。明陆采《怀香记》一三出:"骤加铁钺制西戎,忽若～震梦中。"

【轰笑】 hōng xiào 众人齐声大笑。宋陶穀《清异录》卷上:"适中其谋,～而已。"明张岱《陶庵梦忆》卷四:"士女凭栏～,声光凌乱,耳目不能自主。"清采蘅子《虫鸣漫录》卷二:"役一手持刀,一手握其阴,作欲割之状。观者～。"

【轰喧】 hōng xuān 响声大作。唐杜牧《贺平党项表》:"僵尸积叠,千山之草木飞腥;霆电～,万里之威灵大震。"

【轰饮】 hōng yǐn 狂饮;豪饮。唐吕才《东皋子后序》:"君性简放,饮酒至数斗不醉,常云:'恨不逢刘伶,与闭户～。'"宋元《清平山堂话本·刎颈鸳鸯》:"两个遂相～,亦不顾其它也。"清纪昀《阅微草堂笔记》卷一六:"偶夜过废祠,见数人～。"

【轰醉】 hōng zuì 大醉。宋刘昂霄《中秋日》:"极知胜日须～,直得银盘上海东。"金元好问《与张杜饮》:"～春风一千日,愁城从此不能兵。"清赵翼《竹君述庵蕺园来殷耳山》之二:"只应～过残腊,此便消寒第一巡。"

【哄传】 hōng chuán 同"轰传"。宋曾敏行《独醒杂志》卷三:"东坡守徐州,作《燕子楼》乐章,方具稿,人未知之。一日,忽～于城中,东坡讶焉。"明《拍案惊奇》卷三九:"外边既已～其名,又因监军使到北司各监赞扬,弄得这些太监往来的多了。"清袁枚《续子不语》卷二:"延巫觋祈祷不灵,一邑～崔家有鬼。"

【哄的】 hōng de 同"烘的"。《元曲选·朱砂担》一折:"我恰才～觉来忽的醒。〔云〕好个恶梦也。"明汤式《柳营曲·薛琼琼弹筝图》:"记天宝昔年间,～兵散潼关,忽的尘蔽长安。"

【哄动】 hōng dòng ❶同"轰动❶"。元张昱《宫中词》之三:"内人～各盈腮,谈自西宫撒雪来。"明《醒世恒言》卷一五:"那时～了满城男女,扶老挈幼,俱来观看。"清袁枚《续子不语》卷八:"于是群儿奔说,～乡邻,十数里外者俱来哗睹。" ❷同"轰动❸"。六十种曲本《琵琶记》三出:"〔贴〕休忧,任他春色年年,我的芳心依旧。〔丑〕只怕风流年少的～你。"元明《水浒传》二四回:"那妇人也有三杯酒落肚,～春心,那里按纳得住,只管把闲话来说。"清《白雪遗音·长生殿》:"禄山造反,堪堪临近,～了君臣。"

【哄然】 hōng rán ❶形容纷纷大笑。《新唐书·李正己传》:"正己批其颊,回纥矢液流离,众军～笑。"明《拍案惊奇》卷三九:"尽皆～大笑,一时散去。"清纪昀《阅微草堂笔记》卷四:"楼上群狐亦～一笑,其斗遂解。" ❷形容纷乱的样子。唐刘禹锡《唐故中书侍郎平章事韦公集序》:"群议～,俟公一言而定。"宋李纲《靖康传信录》卷二:"而宰执、台谏～,谓西兵勤王之师及亲征行营司兵,为金人所歼,无复存者。"明《封神演义》九五回:"满城～,真是民变难治。"

【哄堂】 hōng táng 同"烘堂"。宋庄绰《鸡肋编》卷上:"每诨一笑,须筵中～,众庶皆噱者,始以青红小旗各插于垫上为记。"元陶宗仪《辍耕录》卷二四:"～大笑而散。"清《红楼梦》四〇回:"众人～笑了。"

【哄笑】 hōng xiào 同"烘笑"。《大宋宣和遗事》前集:"然灵素所言,杂以滑稽媟语,上下为大～,莫有君臣之礼。"明《二刻拍案惊奇》卷三四:"大家～而散。"清纪昀《阅微草堂笔记》卷一六:"有亲见其唱歌者,不能责以改妆戏妇女,竟～而散。"

【哄言】 hōng yán 众人同时说。唐刘禹锡《鉴药》:"或闻而庆予,且～曰:'子之获是药,几神乎!'"

【哄拥】 hōng yōng 簇拥;拥绕。宋佚名《异闻总录》卷四:"恍惚间,见舆马～一金紫人入门。"《宋史·洪迈传》:"党众相噉,～迈轿。"

【烘】 hōng ❶烤。唐韩偓《此翁》:"金劲任从千口铄,玉寒曾试几炉～?"《元曲选·合汗衫》一折:"小大哥,笼些火来与他～。"清《万花楼》五〇回:"包爷早已传命他家人于夫人睡处,远远用火盆四围～暖。" ❷衬托;渲染。唐温庭筠《春愁曲》:"远翠愁山入卧屏,两重云母空～影。"《元曲选·东坡梦》二折:"桃也只要你～晓日渲朝霞,飘红雨笑东风,赚刘晨的旖旎。"明沈德符《万历野获编》补遗卷一:"～染设色,直追宋人。" ❸映照。宋陆游《初冬杂咏》之四:"微风蹙水靴文浪,薄日～云卵色天。"《元曲选·扬州梦》三折:"香馥馥冰肌胜雪,喜孜孜醉脸～霞。"明汤显祖《紫箫记》一三出:"迟日～烟,纱厨畔,魂香睡足。" ❹纷乱貌。唐张泌《浣溪沙》之九:"饮散黄昏人草草,醉容无语立门前,马嘶尘～一街烟。"五代王定保《唐摭言》卷三:"三十骅骝一～尘,来时不锁杏园春。" ❺指众人同时大笑。宋孔武仲《铜陵县端午日寄兄弟》:"区区羁旅无欢笑,遥想华堂屡一～。"

【烘焙】 hōng bèi 烤。五代齐己《谢人惠纸》:"～几工成晓雪,轻明百幅叠春冰。"元明《水浒传》三二回:"既然二位相觑武松时,却是与我～度牒书信,并行李衣服。"明宋应星《天工开物·杀青》:"若火纸、糙纸,斩竹煮麻,灰浆水淋,皆同前法。唯脱帘之后不用~,压水去湿,日晒成干而已。"

【烘炒】 hōng chǎo 加工干粮的两种办法,借指干粮。明《西游记》四八回:"那两个老者苦留不住,只得安排些干粮~,做些烧饼馍馍相送。"又七〇回:"神僧且从容一日,待安排些干粮~,与你些盘缠银两。"

【烘厨】 hōng chú 烤箱。厨,柜。明宋应星《天工开物·佳兵》:"凡成弓,藏时最嫌霉湿。将士家或置~、烘箱,日以炭火置其下。"

【烘地】 hōng de 同"烘的"。宋袁去华《金蕉叶》:"觑得他、~面赤。怎得来痛惜。"元石君宝《紫云庭》三折:"则交我~了半晌口难合,不觉我这身起是多来大。"

【烘的】 hōng de 忽地;忽然。元佚名《汲沙尾南·四景》:"豁的一会价精细,~半晌又昏迷。"明贾仲明《对玉梳》一折:"和他笑一笑,敢忽的软了四肢;将他靠一靠,管~走了三魂。"陈铎《胡十八·盼思》:"才说些好话儿,~早脸儿变。"

【烘动】 hōng dòng 同"轰动❶"。宋元《警世通言》卷一三:"将牌挂于县门,~县前县后,官身私身,挨肩擦背,只为贪那赏物,都来睹先争看。"清《红楼梦》一回:"当下~街坊,众人当作一件新闻传说。"

【烘火】 hōng huǒ ❶ 生火;燃火。宋元《清平山堂话本·董永遇仙》:"董永将钱买柴米,与父~,做饭吃了。"清《野叟曝言》四回:"起水之后,无处投奔,因在此佛殿上过夜,糟蹋了长老的柴草,~烧茶。" ❷ 烤火。明《西游记》五〇回:"前门外无人,想必都在里面~。"《金瓶梅词话》七五回:"你不是冻的,还不寻到这屋里来~。"清曹庭栋《养生随笔》卷一:"冬月手冷,洗以热水,暖可移时,颇胜~。"

【烘酒】 hōng jiǔ 温酒;加热酒。清《歧路灯》六回:"即叫德喜儿去后宅讨了十二个碟儿,~与客小酌。"又八回:"便叫王中再~去,自己与赵大儿往后去讫。"

【烘烤】 hōng kǎo 用火燥物。清《野叟曝言》三三回:"叫老道姑爬了一炉火灰,给石氏~鞋脚。"

【烘篮】 hōng lán 里面有火盆或火笼的篮子,用于取暖或烘烤衣物。明《西洋记》四一回:"是个甚么宝贝,就受他一亏?原来是个九天玄女自小儿烘衣服的~儿。"清《玉楼春》一二回:"玉娘、翠楼抱他当作异宝,放在一个~里,不时抱他戏弄。"

【烘帘】 hōng lián 暖帘;保暖用的厚门帘。宋周邦彦《早梅芳·牵情》之二:"微呈纤履,故隐~自嬉笑。"陈克《菩萨蛮》:"蝴蝶上阶飞,~自在垂。"

【烘燎】 hōng liáo 火焰。唐李观《郊天颂》:"石无触云,木无绪风,献羞饫神,~历天。"卢藏用《景星寺碑铭》:"尊仪法宇,复成煨烬,惟阿育王像,并夹侍菩萨,不堕~。"

【烘烈】 hōng liè (阳光)炽热而强烈。明《醒世恒言》卷四:"如见日色~,乃把棕拂蘸水沃之。"

【烘笼】 hōng lóng 罩在火盆或火炉上的笼子,用于烘干衣物。宋洪迈《夷坚志》支景卷九:"于是诸怪互作。正对客坐,卓椅昂然自举,~奋而行。"元明《水浒传》五六回:"另用一个小黄帕儿,包着一条双獭尾荔枝金带,也放在包袱内,把来安在~上。"

【烘炉】 hōng lú ❶ 洪炉;冶炼用的大火炉。唐王棨《耀德不观兵赋》:"混轨文于殊俗,销剑戟于~。"明宋应星《天工开物·五金》:"(铅)一出铜矿中,入~炼化。" ❷ 内置炭火的小炉,取暖用。明李时珍《本草纲目》卷六:"香油点灯于~中,放被内,盖卧勿透风。"清陈端生《再生缘》七九回:"~数对新时式,蜡烛手照共油灯。"

【烘明】 hōng míng 通明。唐薛渔思《河东记·胡媚儿》:"一旦怀中出一琉璃瓶子,可受半升,表里~,如不隔物。"吴融《红叶》:"露染霜干片片轻,斜阳照处转~。"

【烘堂】 hōng táng ❶ 唐代御史台三院(台院、殿院、察院)公堂会食,不得言笑。唯台院年资最高主持杂事被呼为端公(或称杂端)者偶然失笑,则三院皆大笑,称之为"烘堂",可以免罚。后因以形容众人同时大笑。唐李肇《国史补》卷下:"凡上堂绝言笑,有不可忍,杂端大笑,则合座皆笑,谓之~。"宋叶梦得《避暑录话》卷下:"翌日,有(僧人)冠者数十人诣公谢。发既未有,皆为赝髻,以簪其冠。公戏之曰:'今当遂梳篦乎?'不觉~大笑。" ❷ 犹言暖房。为庆贺亲友生日或节日等欢乐聚会。宋张纲《凤栖梧·安人生日》:"怪底~添语笑,姮娥此夜来蓬岛。"张蕴《除夕》:"烛花频送喜,儿女笑~。"陈著《丙戌十一月十六日迎孙试周》:"杏林深处长孙枝,春意~看试儿。"

【烘箱】 hōng xiāng 烤箱。明宋应星《天工开物·佳兵》:"凡成弓,藏时最嫌霉湿。将士家或置烘厨、~,日以炭火置其下。"

【烘笑】 hōng xiào 众人同笑。宋孔平仲《上元作》:"太守凭高列歌吹,游人~观俳优。"明《金瓶梅词话》九〇回:"轮枪舞棒,做各样技艺顽耍,有这许多男女围着~。"

【烘药】 hōng yào 火药。清《歧路灯》一〇四回:"这黄盖船与曹操船儿有一根绳儿,穿了一个~马子。马子下带一个将军,手执一把刀。~走到曹船,一刀把曹操头砍下。"《姑妄言》二一回:"先用柴悬入洞中之半,加上~,随以多柴填烧。"

【烘盏】 hōng zhǎn 饮茶时先把茶杯烘热或用沸水烫热,使茶出色。宋孔平仲《会食》:"泼茶旋煎汤,就火自~。"明《金瓶梅词话》卷首词:"客来无酒,清话何妨。但细烹茶,热~,浅浇汤。"

【烘炙】 hōng zhì 烘烤。宋洪迈《夷坚志》丁卷八:"临川人有瘤生颊间,痒不复可忍。每以火~,则差止。"《古今杂剧·救风尘》一折:"冬月间着炭火煨,~着绵衣。"

hóng

【红】 hóng 讳指血或月经。明《西游记》三二回:"伸手摸摸,泱出血来了,他道:'蹭蹬啊!我又没甚喜事,怎么嘴上挂了~耶?'"《醒世恒言》卷二七:"不消半个时辰,五脏迸裂,七窍流~。"清《聊斋志异·林氏》:"事已,婢伪起溺,以林易之。从此时值落~,辄一为之,而戚不知也。"

【红白】 hóng bái 指婚丧。清《红楼梦》七二回:"还有几家~大礼,至少还得三二千两银子用。"昭梿《啸亭杂录》卷七:"又念其婚丧事件无所瞻仰,故特命王公中视其行辈最尊者,命司宗室~事件。遇有婚嫁者特赐银一百二十两,死丧者特赐银二百两,以为妆赙之费。"

【红本】 hóng běn ❶ 经皇帝朱批或内阁票拟后经皇帝同意而用朱笔批发的奏本。明沈德符《万历野获编》卷二〇:"今各本章曾经主上御笔批原者亦名~,以别于留中不下者。"清昭梿《啸亭续录》卷一:"凡本章,大学士票拟上,经上批览毕,即交该处用清字批示,然后交付内阁学士,恭录圣旨发抄……俗谓之~云。"《醒世姻缘传》九〇回:"就是那承行的司官,也都指望晁梁去打点,方肯与他覆,好请给恩典。岂知这晁夫人的母子不过是行自己的阴德，原不图闻达的人。等了个把月，不见动静，把～高高的阁在一个所在放着。” ❷ 明代称呈给权宦刘瑾的揭红奏本。明沈德符《万历野获编》卷二〇：“前此正德朝逆瑾时，则有白红二本，入御前者名白本，送瑾所者曰～，盖以纸色分别。”

【红潮】 hóng cháo ❶ 因醉酒或情绪波动而在两颊出现的红晕。宋王之道《蝶恋花·和张文伯海棠》：“但怪朱唇，得酒～面。”明《金瓶梅》五三回：“金莲桃颊～，情动久了。”清陈端生《再生缘》五四回：“粉面～生怒气，蛾眉翠卷变容光。” ❷ 漂浮着落花的流水。金长筌子《莺穿柳》：“赏花浓上苑，鱼游春水，满泛～美。”明陈汝元《金莲记》八出：“落花前掩袖颦眉，无耐～溅。”清徐釚《落花篇》：“参差碧树波光里，荡漾～愁杀人。” ❸ 指月经。唐张泌《妆楼记》：“～，谓桃花癸水也……妇女之经，月必一至，如潮之有信。”明谈迁《枣林杂俎》圣集：“侍儿私语记～，入月停煎贺房老。”清沈起凤《谐铎》卷一：“自与君接后，～不至者百日矣。”

【红尘】 hóng chén 称人世或人间事务。唐德诚《船子和尚拨棹歌》：“箬笠蓑衣自在身，掉头不肯入～。”《元曲选·范张鸡黍》三折：“兄弟也，不争你在黄泉埋没，却教我在～奔走。”清《红楼梦》一三回：“因自为早晚就要飞升，如何肯又回家染了～，将前功尽弃呢。”

【红单】 hóng dān 红纸片。❶ 礼单。明张岱《陶庵梦忆》卷五：“插带后，本家出一～，上写彩缎若干，金花若干，财礼若干。”清《姑妄言》五回：“腊姨笑道：‘明日是妹妹华诞……有一个礼单在这里，你请看。’袖中取出一个～来，笑嘻嘻递过。” ❷ 报单。明单本《蕉帕记》二八出：“〔众〕我们是头报哩。〔丑〕不用慌张。〔指单介〕撑开驴眼看，报过～帖画堂。”《拍案惊奇》卷二九：“报的人道：‘高哩，高哩！’取出一张～来，乃是第三名。”清陈端生《再生缘》三六回：“挨家寻到崔家寓，认出了，报录～上写名。” ❸ 拜帖。清《都是幻·写真幻》五回：“只见外面传进一个～来，报道：‘有一个内使公公来拜。’”

【红定】 hóng dìng ❶ 订婚时下的定礼。《元曲选·秋胡戏妻》二折：“你如今先将花红财礼去，则要你两个做个计较，等他接了～，我便牵羊担酒随后来也。”明《朴通事谚解》卷上：“儿时下～？这月初十日立了婚书，下了定礼。”清《歧路灯》五〇回：“我已是把那银子买了两匹绸、八色大事件、八色小事件儿，下了～。” ❷ 下定礼。也借指婚姻。明陈汝元《金莲记》一三出：“既荷玉成，须将～。早备洞房花烛，更催雕辇笙箫。”《二刻拍案惊奇》卷四〇：“是生来落得排场胜，那个曾～？但相逢便有姻缘，暮雨朝云，暂主巫山令。”清《巧联珠》四回：“人间未许言～，天上应先系赤绳。”

【红封】 hóng fēng 红包；赏封。清《野叟曝言》一九回：“三只船上鼓司太保，齐向官船磕头讨赏，门子丢了三个～。”《歧路灯》七九回：“这戏上早已参罢席，跳了指日，各尊客打了～。”

【红黑帽】 hóng hēi mào 衙役戴的帽色，代称衙役。清《儒林外史》一回：“不用全副执事，只带八个～夜役军牢。”《绿野仙踪》一四回：“撑起三檐伞，摆开～。敲起步兵锣，喝动长声道。”

【红活】 hóng huó 红润有生气。明《醒世恒言》卷二八：“夫人也因见女儿面色～，不像个病容，正有些疑惑。”清《野叟曝言》八七回：“素臣看焦氏伤非致命，面色～。”

【红口白舌】 hóng kǒu bái shé 犹“赤口白舌❶”。清《红楼梦》九八回：“果真死了。岂有～咒人死的呢。”

【红楼】 hóng lóu 红色楼房。❶ 泛指华美的楼房。唐罗隐《炀帝陵》：“入郭登桥出郭船，～日日柳年年。”明《梼杌闲评》九回：“青娥皓齿拥高台，掩映～连十里。”清洪昇《长生殿》九出：“尊前绮席陈歌舞，花外～列管弦。” ❷ 指闺楼。唐白居易《秦中吟·议婚》：“～富家女，金缕绣罗襦。”元高明《琵琶记》一一出：“～此日，红丝待选，须教红叶传情。”明王錂《春芜记》一六出：“～凝思，把薰笼彻夜还自倚。” ❸ 指妓女居所。明孟称舜《娇红记》二三出：“堪惜，身在～，魂飞香阁，停樽未饮已先醉。”《风流和尚》五回：“人家良妇，实是难图。～妓女，这有何难？”清袁枚《随园诗话》卷二：“当时～中有某校书尤艳。”

【红鸾】 hóng luán ❶ 传说中的红色仙鸟。唐王建《和蒋学士新授章服》：“瑞草唯承天上露，～不受世间尘。”宋晏殊《长生乐》：“～翠节，紫凤银笙。玉女双来近彩云。” ❷ 星命家所说吉星名，主婚配等喜事。元贯云石《醉太平·失题》：“～来照孤辰运，白身合有姻缘分。”明万民英《三命通会》卷五：“又云：‘大运流年三合财乡，必主～吉兆。’”清《二度梅》一六回：“也是你命中～星高照，老爷、夫人要将小姐与你结姻呢！”

【红门】 hóng mén 隐指女阴。清《绿野仙踪》四八回：“只用你将帽儿脱去，把脑袋轻轻的一触，管保～再破，莲户重开。”《姑妄言》三回：“话还未了，已被他直抵～。”

【红票】 hóng piào 官府或团体开具的作为凭证的文书。明《金瓶梅词话》二六回：“知县自恁要做分上，胡乱差了一员司吏，带领几个仵作来看了。自买了一具棺材，讨了一张～，责四、来兴儿同送到门外地藏寺。”《明史纪事本末》卷六八：“刘成跟我来，领进去，又说：‘你打了，我救得你。’又有‘三舅送～，封我为真人’等语。”清《姑妄言》二〇回：“你们共欠一万七千两，我都替你们还了。方才知县说给你们～做执照，你们领了，都回家去罢。”

【红铺】 hóng pù 称设在皇宫周围的军巡铺(更铺)。明沈榜《宛署杂记》卷一一：“皇城重围内墙外曰内～，外墙外曰外～，其城内外各街巷更铺则曰白铺。”沈德符《万历野获编》卷一：“京师百寮出外夜还，必传呼～以灯传送。”

【红铅】 hóng qiān ❶ 代称月经。明李时珍《本草纲目》卷五二：“月有盈亏，潮有朝夕，月事一月一行，与之相符，故谓之月水、月信、月经……邪术家谓之～。”清《野叟曝言》七四回：“当今富贵之家，多有服秋石～者。” ❷ 指女子初次性交处女膜破裂流的血。清《女仙外史》六回：“纵然白璧无瑕，其奈～已堕，有妨道行。”《说唐前传》一二回：“越公见她不是全身，问她～落于何人之手？”

【红人】 hóng rén 受上司宠信或走运得意的人。清《歧路灯》九回：“这都是抖能员的本领，夸～儿手段。弟列个末秩，厌见饫闻。”《红楼复梦》七二回：“姑娘们都是～儿，到这院来消遣咱们开个心儿。”

【红沙】 hóng shā 凶星名。阴阳家以孟月酉日，仲月巳日，季月丑日为红沙当值的日子，不宜出行、动土、婚嫁、会亲等。明《西游记》七六回：“今日不犯～，请老爷早早过山。”清《野叟曝言》五三回：“已办～临白虎，那知黄道遇青龙。”

【红绳】 hóng shéng 犹“红线❶”。明《古今小说》卷二二：“夫妻配偶是前缘，千里～暗自牵。”张景《飞丸记》九出：“孤另，但不知可曾夙世足系～？”清《野叟曝言》二七回：“前定夫妻共小星，当年足下系～。”

【红丝】 hóng sī 犹“红线❶”。明孟称舜《娇红记》二一出：“男和女，结好缘，仗冰人把～暗牵。”清《十二楼·鹤归楼》三回：“若还你命该失节，数合重婚，我此时就着意温存，也难免～别系。”

【红头子】 hóng tóu zi 称强盗。历史上农民军曾裹红头巾作为标志。元明《水浒传》三四回：“秦明大怒道：‘～敢如此无礼!'"

【红线】 hóng xiàn ❶代称姻缘。传说男女婚姻由月下老人用红线暗中牵连。元韩奕《清平乐·寿内》:"当初黄卷相逢,后来~相从。此去白头相守,榴花无限薰风。"明孟称舜《娇红记》二一出:"闻舅家百一姐呵,他貌端妍,尚兀自未牵~。"清《红楼梦》五七回:"若月下老人不用~拴的,再不能到一处。" ❷借指聘礼。《元曲选外编·西厢记》二本三折:"不要你半丝儿~,成就了一世儿前程。"清《续金瓶梅》四〇回:"只这回汴梁城住了一年多,又不曾受人家一根~,那里讨个女婿来!"

【红椅子】 hóng yǐ zi 指试榜排名之末。为防止添名作弊,试官在排榜最后一名名下画一横线并顺势向上一挑,表示排名到此为止。其状如椅,因称名列榜末为坐红椅子。清《镜花缘》六七回:"舅舅还说不屈,单单把我考在~上!"

【红友】 hóng yǒu 酒的别称。宋罗大经《鹤林玉露》卷八:"地主携酒来饷,曰:'此~也。'"明王世贞《三月三日屋后桃花下与儿子小酌》:"偶然儿子致~,聊为桃花飞白波。"清朱彝尊《迈陂塘·答沈融谷》:"留君且住,唤~传杯,青猿剪烛,伴我夜深语。"

【洪沟】 hóng gōu "侯"字的切口。五代何光远《鉴诫录》卷三:"刘仁遇尝与梁太祖叶戏。一日或遇顽盆,仁遇行伍出身,语多方拙,谓太祖曰:'得则~。'"

【洪饮】 hóng yǐn ❶豪饮;畅饮。唐曹唐《长安客舍叙邵陵旧宴》之二:"五夜清歌敲玉树,三年~倒金尊。"《太平广记》卷二五二引《抒情诗》:"临发~,不胜离情。"明《二刻拍案惊奇》卷三六:"小店酒颇有,但凭开量~。" ❷酒量大。元明《水浒传》二四回:"老身知得娘子~,且请开怀吃两盏儿。"明《二刻拍案惊奇》卷四:"张贡生原是~的,况且客中高兴,放怀取乐。"

hǒng

【哄】 hǒng 另见 hòng。❶逗引使高兴。唐皮日休《奉和鲁望四明山·樊榭》:"石洞~人笑,松声惊鹿眠。"《元曲选·汉宫秋》楔子:"因我百般巧诈,一味谄谀,~的皇帝老头儿十分欢喜。"清潘荣陛《帝京岁时纪胜·烟火》:"滴滴金,梨花香,买到家中~姑娘。" ❷欺骗。宋元《醒世恒言》卷三三:"我的父亲昨日明明把十五贯钱与他驮来作本,养赡妻小,他岂有~你说是典来身价之理?"元许衡《大学直解》:"这等心不诚实,又~人不过,有甚益处。"清《霓裳续谱·朔风儿透屋》:"无义的郎啊,你为何~奴?将急等候,音信全无。"

【哄犯】 hǒng fàn 欺骗。明佚名《南牢记》二折:"李大姐一起语言利便,休要~了你。"

【哄局】 hǒng jú 骗局。元高明《琵琶记》二五出:"但是来无迹,去无踪,对面骗人如撮弄;纵使和你行,和你坐,当场骗你怎埋冤?拐儿阵里先锋,~门中大将。"

【哄弄】 hǒng nòng 欺骗逗弄。宋《济颠道济禅师语录》:"我闻此官不及第时,去寺院投斋,被僧人~躲过。"明汤显祖《邯郸记》四出:"老翁~庄家哩。"清《豆棚闲话》一则:"只要说得真实,不要骗了点心茶吃,随口说些谎话~我们。"

【哄骗】 hǒng piàn 用假话或手段骗人。古今杂剧《救风尘》一折:"但见俺有些儿不伶俐,便说是女娘家要~东西。"明《醒世恒言》卷一〇:"后来桑茂自称郑二娘,各处行游~。"清洪昇《长生殿》二〇出:"把一个中官~的满心悦,来回奏把逆迹全遮。"

【哄诱】 hǒng yòu 诱骗。宋元《醒世恒言》卷三三:"奴家不幸,丧了丈夫,却被媒人~,嫁了这个老儿。"明徐咸《西园杂记》卷上:"彬以~至尊,潜图不轨,族诛。"清《好逑传》一二回:"明明为贪色,却真真假假,百般~他不动。"

【哄语】 hǒng yǔ 骗人的话。明《拍案惊奇》卷二:"滴珠一时没主意,听了~,又且房室精致,床帐齐整。"

【哄赚】 hǒng zhuàn 哄骗;用手段赚取。明《禅真逸史》二五回:"早是贤侄说破,不然,已被那厮~。"《西湖二集》卷一一:"前日夜间那鬼是谁?却如此作耍~我们。"清《后水浒传》三五回:"要些枪法,打几个弹儿,在热闹处与人观看,~几分钱钞。"

hòng

【哄】 hòng 另见 hǒng。吵闹;喧嚣。宋洪迈《夷坚志》丙卷二:"已就寝,闻门外人争~。"元高明《琵琶记》三出:"贱人!你直恁的为人不自重,只要闲嬉并闲~。"清《聊斋志异·黑兽》:"狨揣志已,乃次第按石取食,餘始~散。"

【哄市】 hòng shì 闹市。宋谢逸《上南城饶深道书》:"某临川人也,祖庐在~之冲。"元方回《前参政浙西廉访徐子方得代送别三十韵》:"瓢每辱高过,无嫌~嚣。"清李渔《闲情偶寄》卷四:"若王恺之四十里,石崇之五十里,则是一日中~锦绣罗列之肆廛而已矣。"

【哄腾】 hòng téng 喧闹。清《聊斋志异·张诚》:"众鬼囚纷纷籍籍,合掌齐诵慈悲救苦之声,~震地。"

hōu

【齁】 hōu 打鼾。唐薛逢《凿混沌赋》:"一之二之日,视之茫茫;三之四之日,听之锵锵。六日而穹鼻~息,七日而巨口箕张。"宋孙觌《内简尺牍》卷一〇:"凡八日,使令四五辈连夕惊魇,不能着寝,唯某大~,达晓方寤。"清《红楼梦》七七回:"直至三更以后,方渐渐的安顿了,略有~声。"

【齁鼾】 hōu hān 打鼾沉睡。亦指鼾声。宋何梦桂《铁牛翁遗稿》:"有时~浪花里,黄粱一枕邯郸市。"明吕坤《呻吟语摘》卷下:"~惊邻而睡者不闻。"清魏之琇《续名医类案》卷一一:"发时寒热大作,喉如~,脸红喘促。"

【齁齁】 hōu hē 打鼾沉睡。元辛文房《唐才子传》卷八:"扃户月餘始启,抟方熟寐~。"

【齁寝】 hōu qǐn 鼾睡;沉睡。明唐顺之《沈紫江先生墓碑记》:"兵行所向,虽肘腋不得先闻,或已薄贼垒,贼尚醉酒~。"

【齁熟】 hōu shú 打鼾沉睡。元张雨《神光楼与郑明德联句》:"倚墙童~,覆杯酒肠孱。"

【齁睡】 hōu shuì 鼾睡;沉睡。元陆文圭《墙东类稿》卷一五:"龙眠正~,鸟语徒喧啾。"明陆容《菽园杂记》卷一一:"剖而视之,一人~囊中。"清魏之琇《续名医类案》卷二:"果如言~而安。"

hóu

【喉管】 hóu guǎn 即"喉咙❶"。宋洪迈《夷坚志》甲卷一四："久之，疮溃，～皆见。"元明《水浒传》二五回："牙关紧咬，三魂赴枉死城中。～枯干，七魄投望乡台上。"清《野叟曝言》三三回："就是篾客、架儿，每年间也要陪些茶酒，润润他的～。"

【喉极】 hóu jí 同"喉急❷"。明《拍案惊奇》卷三一："又见变得人马多了，道是气概兴旺，城里城外人～的，齐来投他。"《二刻拍案惊奇》卷一五："疑的是妇人家没志行，敢怕独自个一时～了，做下了些不伶俐的勾当。"

【喉急】 hóu jí ❶焦躁；恼怒。宋元《古今小说》卷三九："惹得细姨～，发起话来道：'甚么没廉耻的光棍！'"明《醒世恒言》卷四："倘有不达时务的，捉空摘了一花一蕊，那老头便要面红颈赤，大发～。"《石点头》卷一三："王好勇钗子又要不得到，受了一场没趣，发起～道：'砖儿能厚，瓦儿能薄！'" ❷窘急；情急。元明《水浒传》二一回："我～了，要寻孤老，一地里不见他。"明程可中《二猫传》："而猫跃起啮主人，～解勿脱，至用利刃断猫首，抉齦拔齿。"《二刻拍案惊奇》卷二九："我们也多是～的人，若果是如此，有甚惶恐！" ❸性急；急性子。明《拍案惊奇》卷一八："我原许下你晚间的，你自～等不得。"《石点头》卷九："已知荆宝无有愠意，一发放胆说道：'玉姐如何去了这一会，教我眼都望穿了。'玉箫笑道：'怎地这般～？'"清《镜花缘》二三回："俺最～，耐不惯同你通文，有酒有菜，只管快快拿来！"

【喉咙】 hóu lóng ❶咽喉；食管和气管连接口腔的部分。唐元稹《酬郑从事四年九月宴望江亭》："欲将滑甘柔藏府，已被郁噎冲～。"《元曲选·东堂老》二折："我见他道不出，～中气哽。"清张倬《伤寒兼证析义》："素常咽中闭塞是肾藏精血空虚，生阳之气不能随经上循～，所以汗之。" ❷指食欲。《太平广记》卷四四七引《广异记》："连与数啖，忽变作小狐，宛转而仆。擒获之，登令烧毁讫……哭声每云：'若痛小狐，何乃为～枉杀腔幢？'"五代何光远《鉴诫录》卷六："又《判内门提得御厨杂使衙官偷肉》云：'斤斤肉是官家物，饱祭～更将出。'" ❸嗓音。a）指歌唱能力。唐元稹《酬周从事望海亭见寄》："衣袖长堪舞，～转解歌。"明《挂枝儿·嗔妓》："你就爱杀他的～也，枕儿边用不着你。"清《红楼梦》五四回："我们的戏自然不能入姨太太和亲家太太姑娘们的眼，不过听我们一个发脱口齿，再听一个～罢了。"b）指发声、喊叫。元郑光祖《驻马听近·秋闺》："一点来不够身躯小，响～针眼里应难到。煎聒的离人，斗来合噪。"《元曲选·小尉迟》一折："你那里高叫响如钟，空逞恁的好～。"清《醒世姻缘传》六〇回："小玉兰等得龙氏住了～，问道：'怎么样着？去呀不去？'"

【喉咙管】 hóu lóng guǎn 即"喉管"。明《西洋记》七三回："尊者却伸起只手来一杵，杵在老虎口里，直到～子上。"清《豆棚闲话》一一则："只见身体尚暖，手足不僵，～内唧唧有声。"

【喉嗓】 hóu sǎng ❶喉咙；喉管。清《姑妄言》二〇回："同着将那妇人抬放在床上，替他捏着～，叫那老妇道：'你摸摸他的心口可还热？'" ❷嗓音；歌喉。明《西洋记》八四回："只要～儿好就是，歌之文字与你无干。"清《豆棚闲话》一〇则："中年～秕哑，人皆嫌鄙。" ❸指言语、辞令。明《二刻拍案惊奇》卷六："我与你决绝过了，便同路人。要你管我怎的！来调甚么～？"

【喉头】 hóu tóu 喉咙；嗓音。明倪元璐《浩叹》之二："～一缕气如篪，自去春明门外吹。"清《绣鞋记》一二回："话完～哽咽，泪落纷纷。"

【喉头管】 hóu tóu guǎn 即"喉管"。清《何典》六回："果然入口而化，才过着三寸～，那精神气力便陡然充足起来。"

【喉咽】 hóu yān 咽喉；嗓子。元高德基《平江记事》："妾近夕冒风，～失音，不能奉命。"《元曲选·蝴蝶梦》三折："迷留没乱救他叫破俺～，气的来前合后偃。"元明《水浒传》八一回："顿开～便唱。端的是声清韵美，字正腔真。"

【喉音】 hóu yīn ❶歌喉；嗓音。唐陈陶《西川座上听金五云唱歌》："满堂罗绮悄无语，～止驻云徘徊。"宋李石《范元功墓志铭》："酒半，能转～，作南北胡汉语言。"清《镜花缘》三〇回："忽听多九公放开～，唧唧呱呱，大声喊叫。" ❷音韵学指喉部发出的音。宋沈括《梦溪笔谈》卷一五："今切韵之法，先类其字，各归其母。唇音舌音各八，牙音～各四。"清毛奇龄《辩毛稚黄韵学通指书》："东，宫也，～也，故宫入东韵。"

【猴】 hóu ❶趴、坐的贬词。清《醒世姻缘传》一三回："公案上～着一个寡骨面、薄皮腮、哭丧脸弹阎罗天子。"《红楼梦》一四回："宝玉听说，便～向凤姐身上立刻要牌。" ❷狡猾的心机。清《姑妄言》五回："宦实以为儿子攀了这样一门好媳妇，那里知是亲家翁使的一肚子～。"

【猴儿】 hóu er 犹"猢狲❷"。明《金瓶梅词话》二三回："妇人道：'贼～，不凿，只管端详的是些甚么？'"清《红楼梦》二二回："你们听听这嘴！我也算会说的，怎么说不过这～。"《后红楼梦》二七回："贾琏喝叫他滚罢，这～沿出门就跑了。"

【猴儿娼妇】 hóu er chāng fù 对妇女的詈称。清《霓裳续谱·二格妈妈》："从今后断了赌，再要要钱起他娘个誓，我是个～。"《白雪遗音·婆媳顶嘴》："这也是我爹妈无主意，信了那媒婆子～的话，把我说到这里来。"

【猴儿丢】 hóu er diū 贬称人个子矮或发育不良。清《白雪遗音·婆媳顶嘴》："等他下了学来，矬着个把子，瞧瞧他，像个～是的。"

【猴儿精】 hóu er jīng 犹"猢狲❷"。清《补红楼梦》三回："鲍二家的早偷了个空，打扮了上来伺候。贾母笑道：'浪～，多早晚可就把我的衣裳诡弄出来穿上了？'"又一八回："你这个～，前儿家里抄家的事里头也有你，今儿这里又被人家告了。"

【猴儿蹄子】 hóu er tí zi 犹"猴儿娼妇"。蹄子，弟子的变音，称妓女。清《霓裳续谱·惧内的苦》："回到家我女人他还不依，把那粪饼子撞了我个无无其数，教这～，官上私下，赢了我个马步全湖。"

【猴羔子】 hóu gāo zi 犹"猴崽子"。清《歧路灯》六五回："他老子只是信惯他这小～，再也不肯吆喝一句儿。"

【猴急】 hóu jí ❶同"喉急❶"。清《风流悟》七回："子佳～起来道：'他不睬我，怎么反要我去奉承他！'" ❷同"喉急❷"。清《雪月梅》七回："你不与他上紧寻个好女子，～得紧，你先去应应他的急罢。" ❸同"喉急❸"。清《风流悟》一回："春云带了笑，一推道：'臭王八，老婆在里边，不要这样～。'"《荡寇志》九〇回："你哪知我的～，万一梁山上那厮们已到，爹爹同他们厮杀，却吃别个抢了头功去。"

【猴孙】 hóu sūn ❶同"猢狲"。宋张至龙《东林寺》："满院香风乍熟楂，～抱子坐枯槎。"明佚名《白兔记》二出："刘伯伯多时不见，吃得这般脸儿红丢丢的，好像个老～屁股。" ❷同"猢狲❷"。明彭大翼《山堂肆考》卷一一〇："宋秦桧微时为童子师，仰束脩自给，故有诗云：若得水田三百亩，这番不做～王。"《金瓶梅词话》六九回："～儿，隔墙掠筛箕，还不知仰着合着哩。"

【猴狲】 hóu sūn 猢狲；猴子。宋苏轼《杂纂二续·留不得》："～看果子。"金《董解元西厢记》卷七："向日头獾儿般眼；吃虱子～儿般脸。"明《石点头》卷八："吾省这番，一发是花子走了～，没甚弄了。"

【猴狲精】 hóu sūn jīng 犹"猢狲❷"。清《玉蜻蜓·游庵》：

"等唔把山门要关上子个，咯个小～口气弗是好人。啥个大爷小爷，～，真真多爷少娘个。"

【猴头】 hóu tou ❶ 贬称猴子。明《西游记》一五回："那～，专倚自强，那肯称赞别人？"《后西游记》二四回："好贼～，我数百年的辛苦开山，被你一旦毁坏了。" ❷ 犹"猢狲❷"。明《梼杌闲评》二二回："卜喜道：'你也不认识他，怎么忽然就有话说起来？'客巴巴骂道：'遭瘟的～，专会说刁话。'"清《红楼梦》二四回："贾芸进入院内，把脚一跺，说道：'～们淘气！'" ❸ 比喻行为乖张。明吴中情奴《相思谱》九折："这一个貌儿好者的不当，反道人直恁痴；这一个有钱的使尽了～气，见妖娆口诮心非。"

【猴崽子】 hóu zǎi zi 犹"猢狲❷"。清《红楼梦》六三回："那尤二姐便悄悄咬牙含笑骂：'很会嚼舌头的猴儿崽子，留下我们给你爹作娘不成！'"《红楼真梦》五回："你告诉这～，带话给老斫头的，叫他提防着我。"

【猴子】 hóu zi ❶ 犹"猢狲❷"。元明《水浒传》二五回："武大看那～吃了酒肉道：'你如今却说与我。'"明《禅真逸史》二一回："何处来的死囚，闯祸的～，与这老死鬼诽谤老娘？"清《野叟曝言》二九回："好扯谎的～！敢是他待你差了，要咒死他么？" ❷ 同"瘊子"。清《镜花缘》二六回："又有一种肉核，俗名～，生在面上，虽不痛痒，亦甚可嫌。"

【猴坐】 hóu zuò 不正经地坐。清《醒世姻缘传》八五回："～上一顶骨花大轿，张上一把三檐翠伞，前呼后拥到坟上。"

【瘊赘】 hóu zhuì 即"瘊子"。清《聊斋志异·金陵女子》："以蒜臼接茅檐雨水，洗～，其方之一也。"

【瘊子】 hóu zi 一种皮肤病，在皮肤表面形成表面不光滑的粒状突起。宋沈括《梦溪笔谈》卷一九："其末留头许不锻，隐然如～，欲以验未锻时厚薄，如浚河留土笋也。"明方以智《物理小识》卷五："治～方：地肤子、白矾等分，煎汤洗数次，尽消去。"

hǒu

【吼】 hǒu 人在情绪激动时大声叫喊。元明《水浒传》三八回："李逵听了大怒，～了一声。"清《醒世姻缘传》九六回："跑将出来，～说道：'你不快叫人请进二位师傅来，是待等我第二顿么？'"

【吼儿病】 hǒu er bìng 哮喘病。明汤显祖《牡丹亭》四出："可怜辜负看书心，～年来迸侵。"

【吼唤】 hǒu huàn 发出很大声响或大声叫唤。《敦煌变文校注》卷一《伍子胥变文》："子胥乃布兵列阵，一似鱼鳞，跋罗回～三声，大鼓扬名即发。"又《李陵变文》："其鼓不打，自鸣～。"《太平广记》卷四三四引《广古今五行记》："每往官府聚会，犊虽系在家，而～终不住。"

【吼疾】 hǒu jí 哮喘病。清《聊斋志异·霍生》："王尽力极奔，肺叶开张，以是得～，数年不愈焉。"

【吼叫】 hǒu jiào 大声叫喊。《太平广记》卷三一四引《稽神录》："四望无人烟，唯虎豹～，自分必死。"明瞿祐《剪灯新话》卷四："众鬼踉踉跄跄，站起来咆哮～。"清《镜花缘》二一回："奔至山冈，～连声。"

【吼怒】 hǒu nù 怒吼。唐李白《远别离》："皇穹窃恐不照余之忠诚，雷凭凭兮欲～。"宋王辟之《渑水燕谈录》卷九："犬入登床噬之，觉非人，～出户，掷尾作声移刻而死。"清《聊斋志异·阿英》："被执哀啼，强与支撑。丈夫～，龁手断指，就便嚼食。"

hòu

【后】 hòu 助词。❶ 表示语气上的短暂停顿，有时兼可表示假设语气。《敦煌变文校注》卷一《汉将王陵变》："王陵在～莫须忧。"宋元《古今小说》卷一五："量酒厮㚌道：'归去吃骂，主人定是不肯。'史大汉道：'主人不肯～要如何？你会事时，便去；你若不去，教你吃顿恶拳。'"明徐㽦《杀狗记》一二出："哥哥嗄，心下自思量，自忖量，若不思量～，分明是铁打心肠。" ❷ 表示时间。元关汉卿《西蜀梦》二折："早晨间占《易经》，夜～观乾象。"《元曲选外编·西厢记》四本三折："我为甚么懒上车儿内？来时甚急，去～何迟！"又《拜月亭》二折："男儿怕你大赎药时准备春衫当，探食～提防百物伤。"

【后半】 hòu bàn ❶ 空间位置或物体一半以后的部分。a）单用。清《野叟曝言》四五回："到得墙外，见～火势大发，烧得半天通红。"《荡寇志》一三七回："官军一齐大呼杀上，杀得贼兵大败。赵富急忙领～人马逃上虎翼山。"袁枚《续子不语》卷二："见室前有十数人，或绳系足，或索拴颈，坐立不等；室～皆羊豕。"b）后接"截、面、边、段"或"间、层、院"等表示长度、面积或空间的词语。明《金瓶梅词话》一四回："止是这个天福儿小厮看守前门，～截通空落落的。"清《野叟曝言》八〇回："却亏俺这岛～面是天生峭壁，又有许多剑尖似的乱石隔住，船不能近。"《说唐后传》四五回："～边是个山顶，走上去又有二十三里足路。" ❷ 文字或事物的后半部分。a）单用。明谭元春《官子时文稿序》："夫时文中有多数句者，而先辈常少数句；有重～者，而先辈常重前半。"清《飞龙全传》一八回："匡胤将柬帖反复看了数遍，只明白前半之言，～不解其意。"《补红楼梦》四五回："宝钗念完了，道：'这～也好，到底是老手不同。'"b）后接"截、段"等。唐杨筠松《天玉经》卷一："若干有一半属戌，只～截属亥，则前位属戌。"清《后西游记》二七回："这太后不肯出来同坐，想是还有些烈性，且看他～截如何。"《疗妒缘》三回："若能弄得我骸骨还乡，等我哥嫂、丈夫回来，隔棺一见，死亦瞑目矣。至于～段事，全仗贤妹主持，早生儿女，接续香烟。" ❸ 后接"世、年、日、夜"等时间词，表示一段时间的后半部分。明《拍案惊奇》卷一七："我戒诲他一番，留他性命，养你～世也好。"清《歧路灯》三六回："如今已到～年，怎的请先生？"《野叟曝言》二九回："到～日，又是漆匠、作作、土工、脚夫来做活。"《荡寇志》七五回："你们～夜醒来，可看见他怎生打扮出门？"按，除"后半世、后半生"外，"后半"一般不跟"岁、载、年、月"等表示较长时间段的时间词搭配，出现这样的组合，多半表示"过半年(月)之后"。

【后辈】 hòu bèi 称年轻或资历浅的人。唐杜甫《故秘书少监武功苏公源明》："反为～亵，予实苦怀缅。"元佚名《博望烧屯》一折："一个日头出扶立高皇位，一个日头正策定中兴帝，你道日头斜怎立刘家国？可不一鸡死后一鸡鸣，只有～无前辈！"清《镜花缘》一八回："不过摭拾前人牙慧，以为评论，岂是教诲～之道？"

【后边】 hòu biān ❶ 空间位置靠后的一边。《元曲选·朱砂担》三折："他偶然蹦破脚，在～慢慢的行哩。"明《山歌·网巾圈》："当初只道顶来头上能恩爱，如今撇我在脑～。"清《儒林外史》二回："身穿元色绸旧直裰，那右边袖子同～坐处都破了。" ❷ 指以后的某一时间段。将来；后来。明王玉峰《焚香记》二出："你～功名赫赫，贵不可言。"《型世言》一回："他～做了个逆党，身受诛戮。"清《醒世姻缘传》八回："～又新从景州来了一个尼姑，姓郭。" ❸ 特指女主人的居处或借指女主人。明《金瓶梅词话》二三回:"就是～大娘,无过只是个大纲儿。小的还是娘抬举多。"又二五回:"此是～见我没个袄儿,与了这匹缎子。"

【后槽】 hòu cáo ❶ 马房;马厩。《太平广记》卷四九九引《南楚新闻》:"有李安者,常为复州～健儿,与父相熟。"明梅鼎祚《玉合记》四〇出:"左右的,把马牵到～去。"清《说岳全传》九回:"把相公们行李搬上楼去,把马牵到～上料。" ❷ 马夫。《元曲选外编·村乐堂》二折:"在这蓟州当身役,与这同知相公做着个～,喂着一块子马。"元明《三国志通俗演义》卷一一:"某手下有一人,姓戈,名定,与张辽手下养马～是弟兄。"

【后场】 hòu chǎng ❶ 称科举乡试的后两场考试或后两场考试的内容。明清乡试共举行三场考试,第一场试《四书》义,第二场试论,第三场试策。相对于前一场,后面的一场称后场。前一场如被贴出,即不能参加后一场的考试。但是通常只把第一场称前场,后面两场统称后场。因为童生入学考试即考《四书》义,所以参加乡试的考生要特别准备后两场(策论)的考试内容。宋朱熹《答叶味道》:"省闱想甚得意,奏名必在前列,但尚未见～题目,不知主司意向如何。"明沈受先《三元记》二七出:"你的前场俱不可取,～可观。当今缺少人才之际,姑取第二名亚魁。"《警世通言》卷一八:"众朋友都在下处看经书,温～。只有鲜于同平昔饱学,终日在街坊上游玩。" ❷ 后场院;院落后部的一块平地,供打场、堆放柴草等用。明王九思《醉太平·对酒》之四:"～头打了些新谷穗,小缸儿有几斗白粳米,大瓮里放着些淡黄齑。"清《野叟曝言》四六回:"见厨房透火,延及东廊,鸡猪牛羊,嘶鸣跳跃;～柴火,从屋脊上乱舞而进。" ❸ 后台;舞台相对于前场的部分。也指位于后场的乐队及演出辅助人员。清《红楼复梦》二一回:"开场是《大八仙西池庆寿》,梦玉背后一个丫头高声叫道:'赏坐。'纱幔里的～一齐坐下。"又二二回:"见大院子里那些各位大老爷的大小爷们俱在棚下,五福班～边站满是人。"陈端生《再生缘》七五回:"朝南独桌千金坐,各位夫人四处分。脚色～俱是女,不挂珠帘只点灯。"

【后程】 hòu chéng 前途,多指发展餘地。《元曲选外编·裴度还带》三折:"因此遇大难不死,必有～。"明汤显祖《南柯记》三四出:"〔生〕公私去后烦遮盖,〔田〕还望提携接～。"清《续金瓶梅》四五回:"遂把一生事儿编成《捣喇张秋调》,好劝世人休学我应花子没有～。"

【后次】 hòu cì ❶ 下次;下回。元明《水浒传》二一回:"这回错过,～难逢。"明邵璨《香囊记》三二出:"待我先去口说一番,～将聘物去。"清《飞龙全传》二三回:"既是告饶,俺便放你。～再若欺生,定当打死。" ❷ 后来。元明《水浒传》六八回:"这马都是～夺的。正有先前段景住送来那匹千里白龙驹照夜玉狮子马,如何不见将来?"明《醒世恒言》卷三七:"他两次得了横财,尽皆废败,这不必说了。～又得一大注,做了人家。"

【后底】 hòu dǐ ❶ 后头;后边。表示空间位置。《敦煌变文校注》卷一《李陵变文》:"大将军!～火来,如何勉(免)死?"又:"急手出火,烧却前头草,～火来他自定。前头火着,～火灭。"清沈起凤《文星榜》一四出:"唔到弗听见差人嘴里说,我拉～听得明明白白。" ❷ 以后;后来。表示时间。清朱素臣《翡翠园》一七出:"日下穷还有可,～个穷,就像绣花针捌碎子猪胆,滴溜溜要哭个勿了来。"

【后儿】 hòu er 即"后日"。清《补红楼梦》三四回:"～十五上元佳节,另外做四盏灯儿。"《绮楼重梦》二回:"～亲家要上门,不得闲,倒是个明儿罢。"

【后番】 hòu fān ❶ 指空间或时间上次序居后的。唐[日]圆仁《入唐求法巡礼行记》卷一:"先行之船,留为～;后行之人,进在前路。"宋赵蕃《过曾季永》:"密竹自悭今岁笋,酴醾犹有～花。"明孙一奎《赤水元珠》卷一七:"四五日来口舌干,发热身疼卧不安,先服人参败毒散,小柴胡汤在～。" ❷ 下次。元《三遂平妖传》三回:"今日看间壁干娘面皮,饶你这一遭,～若再恁地,活打杀你!"金王喆《折丹桂》:"高声祷告且饶些,～儿,不敢恁。"明《警世通言》卷一三:"我今与你一两银子,～却休要来。"

【后跟】 hòu gēn ❶ 脚或鞋袜的后部。明《金瓶梅词话》五八回:"俺外边尖底停匀,你里边的～子大。"清《玉蟾记》二八回:"一双脚九寸长,妆了小脚,～拖了个大鸭蛋。"《姑妄言》:"送出一个老儿来,也戴着一顶烂方巾,穿着一双红不红紫不紫的没～的破鞋。" ❷ 比喻依仗。清《醒世姻缘传》四八回:"你睁开眼看看!谁是没根基、没～的老婆生的?我见那姓龙的撒拉着半片鞋,歪拉着两只蹄膀,倒是没～的哩!"

【后话】 hòu huà ❶ 话本小说指简要交代后续情节的话,或指后文将说到的情节。元明《水浒传》二二回:"干连的人,尽数保放宁家。这是～。"明《二刻拍案惊奇》卷一八:"却是天理难昧,原不是他谋害的,毕竟事久辨白出来。这放着做～。"清《红楼梦》一七至一八回:"次日遣人备车轿去接等～,暂且搁过。" ❷ 指事后追究。明《杜骗新书·奸情骗》:"今女与人通奸,并杀则不忍。单杀客人,彼罪不至死,岂死无～?"清《姑妄言》九回:"先还恐有～,过了几日,听得真教官把女儿嫁与他了,遂放了心。" ❸ 指事情的经过。清陈端生《再生缘》六一回:"假说是,太后娘娘请圣躬。故此预先来等候,要把那,前情～细表衷。" ❹ 指后面的行为。清《歧路灯》二六回:"我如～不照前言,且休说我再不见你,连赵大姐,我也见不的。" ❺ 指托付后事的话。清《白圭志》七回:"尔主人谋财害命,罪在必诛,尔如何替得。尔欲自死于此,岂不负了尔主人托尔～,到反为不美。"

【后回】 hòu huí ❶ 下次;下回。唐元稹《过东都别乐天》之二:"恋君不去君须会,知得～相见无?"《敦煌变文校注》卷六《欢喜国王缘》:"这度清鸾才失伴,～花小谁为春。"宋蔡伸《洞仙歌》:"我只为、相思特特来,这度更休推,～相见。" ❷ 章回小说的下一回。清《醒世姻缘传》三八回:"未知后日何如?只怕～还有话说。"《红楼梦》六六回:"便随那道士,不知往那里去了。～便见。"

【后婚】 hòu·hūn ❶ 续娶;再婚。第二例实指已有婚约后再议的婚约。《太平广记》卷三七五引《芝田录》:"元和间,有崔生者,前婚萧氏,育一儿卒,～郑氏。"明《警世通言》卷二九:"花下相逢,已有终身之约;中道而上,竟乖偕老之心。在人情既出至诚,论律文亦有所禁。宜从先约,可断～。"清《歧路灯》四七回:"这郑大嫂,就是谭孝移自丹徒回来打端福儿时,来望的郑翁娶的～老婆。" ❷ 指再嫁的妇女;后妻。《元曲选·神奴儿》四折:"你莫不是李员外娶的～?"清《续金瓶梅》四〇回:"俺这女儿也做不得～,怕三窝两块服事不下来。"

【后继】 hòu jì 男子续娶(的);女子嫁给再婚男子(的)。《新唐书·韦公肃传》:"自秦以来有再娶,前娶～,皆嫡也。"元狄君厚《介子推》二折:"前家儿功翻成罪累,后尧婆恩变为仇。从古至今,前家～从来有。"《元曲选·蝴蝶梦》二折:"眼前放着个前房～,这两个小厮,必是你亲生的;这一个小厮,必是你乞养来的螟蛉之子。"

【后脚】 hòu jiǎo 随后;紧跟着。明《金瓶梅词话》一三回:"到明日,你前脚儿但过那边去了,～我这边就吆喝起来。"清《醒世姻缘传》一四回："我不放你往任上去！你若不依我说，你前脚去了，我～就吊杀！"《警寤钟》八回："原来云里手才被捉拿出门，马快手已～回家。"

【后来日】 hòu lái rì 明天；第二天。《敦煌变文校注》卷二《韩擒虎话本》："遂点检御军五百，甲幕下埋伏。乞(迄)～前朝，应是文武百寮大臣总在殿前。"又："卿二人且归私地(第)，～前朝，别有宣至。"

【后老子】 hòu lǎo zi ❶后夫。《元曲选·铁拐李》四折："盖世间那个不是水性女裙钗，把亲夫殡抬出去，不曾把～招将来？" ❷后父。《元曲选·小尉迟》一折："你将一个～来忒紧攻，倒把一个亲爷来不敬重。"

【后里】 hòu lǐ 后面。明《金瓶梅词话》六五回："西门庆总冠孝衣，同众亲朋在材～。陈经济紧扶棺舆。"清《醒世姻缘传》七四回："回到家来，两个兄弟没出来探探头儿，问声是怎么。背地～已是恨说辱没了他。"《小五义》二三三回："徐良一伸手，把暗器接来，往～一仰，噗咚栽倒在地。"

【后路】 hòu lù ❶前程；前途。明《警世通言》卷一八："我取个少年门生，他～悠远，官也多做几年。" ❷讳指肛门。明《禅真逸史》一三回："阿保道：'……富足的方有钱嫖耍，贫苦的那话儿怎生发泄？'杜子虚呵呵笑道：'俺们穷的道土，另开一条～。'"清《十二楼·十卺楼》二回："男子兴发的时节，虽不能大畅怀来，还亏他有条～，可以暂行宽解。"《野叟曝言》六六回："闽人走旱不走水，妓女都没人嫖，便都装着小厮，闭了前门，开出～，迎接客人。"

【后门】 hòu mén ❶退路；后续的手段。宋罗大经《鹤林玉露》卷一六："今若直前，万一蹉跌，退将安托？要须留～，则庶几进退有据。"明《二刻拍案惊奇》卷一六："陈祈家里田地广有，非止一处，但是自家心里贪着的，便把来典在毛烈处做～。"清《十二楼·鹤归楼》三回："任你鞭笞夹打，痛楚难熬，还有'死'字做了～，阴间是个退步。" ❷比喻隐私；内情。明《金瓶梅词话》三四回："噙着骨秃露着肉也不是事。对着你家大官府在这里，越发打开～说了罢。"清《绿野仙踪》五七回："我如今打开～和你两夫妻说罢：你家女儿的伤痕，是你们脚踢拳打的。" ❸比喻暗地的行为。明《肉蒲团》一四回："料他那样好色的人，再没有熬到如今不走邪路之理。他既走得邪路，我也开得～，就与别个男子相处也不为过。" ❹指肛门。明《醒世恒言》卷九："早已把女儿放下，抱在身上，将膝盖紧紧的抵住～，缓缓的解开颈上的死结。"清《品花宝鉴》四〇回："天香此时～口觉得焦辣辣的难受，要想奚十一与他杀杀火。"

【后面】 hòu miàn 时间或空间上居后的。《敦煌变文校注》卷五《佛说阿弥陀经讲经文(二)》："莫同大石纵愚痴，不拣前头及～。"宋《朱子语类》卷五："操存是～事，不是善恶时事。"清《醒世姻缘传》六四回："狄希陈托名着人收拾，落在～，与众尼姑吃酒取笑。"

【后期】 hòu qī 后会之期。唐方干《送沛县司马丞之任》："羁游故交少，远别～难。"宋苏轼《别文甫子辩》："近忽量移临汝，念将复去，而～未可必。"清《珍珠舶》一一回："谢宾又亦即起身，送至梯边，再三相订～。"

【后窍】 hòu qiào 肛门。唐段成式《酉阳杂俎》前集卷一六："训胡，恶鸟也，鸣则～应之。"清《绮楼重梦》三九回："他父亲是做戏旦的，自然用着～；母亲是用前窍的。"

【后去】 hòu qù 以后。《五灯会元》卷二〇《待制潘良贵居士》："好个封皮，且留着使用。而今不了不当，～忽被他换却封皮，卒无整理处。"宋《朱子语类》卷一二四："～更不知得那个直是是，那个直是非，都恁地鹘鹘突突，终于亦不足以成物。"明《西洋记》七五回："唐状元说得有理。到了～，我岂是个怕的？"

【后日】 hòu rì 明天的明天。宋晏殊《酒泉子》："把酒看花须强饮，明朝～渐离披。"明汤显祖《牡丹亭》九出："方才取过历书选看，说明日不佳，～欠好。"清《红楼梦》一一回："过了明日，你～再去看一看他去。"

【后晌】 hòu shǎng ❶下午。《元典章·刑部四》："以此全用棒并拳脚将孙重二打伤，至～身死。"明《老乞大谚解》卷上："日头～也。"《金瓶梅词话》五一回："且说潘金莲从打发西门庆出来，直睡到晌午……大～才出房门。" ❷晚上；夜间。清《醒世姻缘传》四五回："娘叫我悄悄的对姐姐说，叫你～和姐夫好好的睡觉，别要扭手扭脚的！"又四九回："我白日～的教道了这半月，实指望他较好些了，谁知他还这们强！"《绿野仙踪》四九回："再看见你待何大爷那种趋时附势、弃旧迎新的样儿，也不用到今日午间，只昨日～，我就把你的大肠踢成三段了。"

【后梢】 hòu shāo 同"后艄"。元明《三国志通俗演义》卷一三："赵云上船，吴兵尽退于～。"明吴中情奴《相思谱》一折："你坐中舱。我到～摇橹去。"清《镜花缘》四〇回："唐敖来到～，看众人收拾篷索。"

【后稍】 hòu shāo 同"后艄"。元明《水浒传》六五回："张顺扒入～，揭起艎板看时，板刀尚在。"明《欢喜冤家》一六回："把刀也不拿出来，就进中舱。其餘男妇，惊得～躲避。"

【后艄】 hòu shāo 船尾。明《山歌·同眠》："小阿奴奴做子深水里蚂蝗只捉腰来扭，情哥郎好似边江船阁浅只捉～掮。"清《女仙外史》八八回："船家躲在～。"

【后身】 hòu shēn ❶后背；身后。元明《水浒传》六回："智深赶下桥去，把崔道成～一禅杖。可怜两个强徒，化作南柯一梦。"清《隋唐演义》三五回："但见上边一片彩云，下边一团白雪，飞滚将来，将宝儿的坐骑～加上一鞭，带跑至东边去了。"《红楼梦》五二回："钱启、周瑞二人在前引导，张若锦、赵亦华在两边紧贴宝玉～。" ❷后面。清《儒林外史》五回："幸得衙门～紧靠着北城，几个衙役先溜到城外。"《红楼梦》九六回："惟将荣禧堂～王夫人内屋旁边一大跨所二十餘间房屋指与宝玉，餘者一概不管。"《绿野仙踪》四六回："直走到土地庙～，才立住脚。"

【后生】 hòu shēng ❶年轻人，多指年轻男子。唐寒山《三五痴后生》："三五痴～，作事不真实。"宋洪迈《夷坚志》支癸卷九："自佩钱至老，三十三年，故恙如洗。耳目聪明，步履强健，至于灯下穿针缝纫，或半夜乃就枕，～所不能及。"《元曲选·救孝子》楔子："有那不知礼的，见一个年纪小的～，跟着个年纪小的妇人，恐怕惹人笑话。"清《镜花缘》二一回："走到门前，适值里面走出一个绝美～。林之洋说知来意。" ❷年轻。宋《朱子语类》卷一〇三："常闻先生～时，极豪迈，一饮必数十杯。"《元曲选·来生债》三折："居士，你便老了，儿女每正～哩。"清《好逑传》九回："偌大年纪，不知死活，却要这样～妇人作妾！" ❸特指各种身分的年轻男子。a) 情人；丈夫。明高濂《玉簪记》一六出："你是个天生～，曾占风流性。"汤显祖《紫钗记》五二出："鲍三娘卖钗，说你又有了一个～。"清《醒世姻缘传》一二回："原是一个寡妇婆婆，有五十年纪，白白胖胖的个婆娘，养着一个三十多岁的～。"b) 妓院的男佣。明杨柔胜《玉环记》六出："〔净〕敢是大姐拿了？〔丑〕我家大姐是这样人！〔净〕敢是～拿了？〔末〕干我甚事，拿的就是亡八！"郑若庸《玉玦记》二二出："〔净〕你自留人，我不吃醋。〔旦〕人来见你，有甚名色？〔净〕只说是～便了。"《挂枝儿·嗔妓》："四十年前，吴下妓者皆步行，使～抱琵琶以从。”c）佣人；伙计。明汤显祖《紫箫记》一四出：“〔十郎〕带几个小使去？〔四娘〕终不然步走？你须向花卿家借马去。他府里好少的～。”《封神演义》一五回：“我家仓里麦子生芽，可叫～磨些面，贤弟可挑去货卖。”《禅真后史》六回：“二人下车，店中～将车子推入店侧空房内安顿。少顷，店主出来相见。”

【后生家】 hòu shēng jia　年轻人。家，词缀。宋《朱子语类》卷一〇四：“～好著些工夫，子细看文字。”明《醒世恒言》卷八：“初时认做姑嫂相爱，不在其意。已后日日如此，心中老大疑惑，也还道是～贪眠懒惰。”清《歧路灯》八八回：“只听众位老先生在屋内笑了一个大哄堂。咱是一个～，怎敢笑出声。”

【后手】 hòu shǒu　❶后继人；排序在后的人。宋王令《韩干马》：“生搜朔野空毛群，死断世工无～。”李曾伯《乞留夔帅手奏》：“既已立此的以示敌，必须付之钥以得人。中道遽移，～孰继？”清吴伟业《临春阁》三出：“如今朝中臣宰，左班挤轧右班，～挨帮前手。”　❷后来的事情、情况。宋曹彦约《答安抚史侍郎札子》：“若～可以那趱，却又委曲放宽也。”《朱子语类》卷八三：“威公每事持重，不是一个率然不思～者。”　❸弈棋后续的招数，也指后续的手段。明袁中道《心律》：“故知人生须看结局。子瞻云：‘譬如国手棋子，前面得失不论，只看～，略多几着，便是胜局。’”清《醒世姻缘传》二六回：“还多要了钱，仍要留一个～，叫你知道他的手段。”　❹弈棋处于被动应对的着法。明《醒世恒言》卷九：“到胜负已分，却分说那一着是先手，所以赢；那一着是～，所以输。”　❺事后的利益。指贿赂或暗中克扣的银钱。明徐畛《杀狗记》一四出：“〔丑〕阿哥，还有那～一锭头儿。〔净〕在此。烂小人，难道我就独得了不成？”清《八洞天》卷八：“他因不曾得～，故造此谤言。”《锦香亭》一四回：“白婆便瞒了蛇儿，私自议定身价三百两，自己打了一百两～。”　❻留着备用的钱财。明陈铎《朝天子·嘲人言南京妓女好》卷二二：“转一转念头，看一看～，再攒积不能勾。”清《红楼梦》六二回：“出的多进的少，如今若不省俭，必致～不接。”《歧路灯》三六回：“爹娘固是该伺奉的，也要与咱的儿女留个～。”　❼后头；后边。明《西游记》七六回：“我要扣在这腰间，做个救命索。你与沙僧扯住～，放我出去，与他交战。”清《何典》一〇回：“只听得已在那里打收兵锣，晓得～兵弗应，心里慌张。”　❽后来；将来。明《醒世恒言》卷一六：“陆婆见着雪白锭大银，眼中已是出火，却又贪他～找帐，心中不舍。”《二刻拍案惊奇》卷二六：“心里多想他～的东西，不敢冲撞，只是赶上前的讨好。”　❾犹“后脚”。清《醒世姻缘传》八〇回：“你只前手接了银子，我～告着你。”

【后首】 hòu shǒu　后面；后头。明《型世言》一一回：“拿在手中，想了几回，也援笔写在～道：‘阴散闲庭附晚晖，一经披玩静垂帏。’”清《说岳全传》三二回：“金节送牛皋到驿中安歇。众军就在～教场内安营。”《情梦柝》一二回：“当夜，若素小舟歇在尤家门～私河里。”

【后天】 hòu tiān　❶指女子再嫁。旧纲常，夫为妻之天。明李东阳《祭李都宪母文》：“盖自～以来，身奉巾栉，以周施也。”　❷指后夫。明郎瑛《七修类稿》卷四九：“已嫁二夫，其夫复死，将再醮焉。士人耻之，有嘲以一绝以戏之者，诗云：‘辞灵羹饭哭金钱，哭出先天与～；明日洞房花烛夜，三天门下会神仙。’”　❸犹“后日”。清《红楼复梦》四五回：“明日过礼，～早上你送兄弟过去。”《红楼真梦》一六回：“平儿说起～是李纨的生日，问宝钗送礼不送。”

【后庭】 hòu tíng　讳指肛门或肛交。明《醒世恒言》卷一〇：“原来老妪腰间到有本钱，把桑茂～弄将起来。”清洪昇《长生殿》五出：“你～像银矿，掘过几多人！”

【后庭花】 hòu tíng huā　即“后庭”。明汤显祖《牡丹亭》一七出：“甚法儿取他意‘悦豫且康’？有了，有了。他没奈何央及煞～‘背邙面洛’。”清《十二楼·萃雅楼》一回：“各人轮伴一夜，名为守店，实是赏玩～。”

【后头】 hòu tou　❶后面；后部。指空间。唐易静《兵要望江南·占鸟》：“兵行次，鸟众～来。”明汤显祖《牡丹亭》四出：“你坐老齐头，衫襟没了～。”清《醒世姻缘传》四回：“他又没处安歇，我昨日才让他到～亭子上住下了。”　❷以后；后来。指时间。元许衡《直说大学要略》：“～到夏、商、周三代，这教人的法度渐渐的完备了。”张养浩《朱履曲》：“前面有千古远，～有万年多，量半炊时成得甚么？”清《野叟曝言》二六回：“又怕没屋住，又怕捱板子，又想着～的许多银子，他还肯老实不依你吗？”　❸特指内宅。清《醒世姻缘传》五六回：“玉兰出去说道：‘～请爷哩。’薛教授只道是薛夫人说甚么要紧的话，慌忙进来。”《歧路灯》一七回：“若是叫那个不到的，～人是顿皮鞭，前头人是一顿木板子。”

【后尾】 hòu wěi　❶尾巴；后臀。元明《水浒传》六二回：“搭上箭，叫声：‘如意不要误我！’弩子响处，正中喜雀～。”清《万花楼》三二回：“不意此马连点头三回，前腿一低，～竖起，嘶了一声，即要飞下河中。”　❷尾部；后部。元明《水浒传》八〇回：“船中可容百十人。前面～，都钉长钉。”清《女仙外史》三八回：“若帝师之制五行，非方非圆，前首～，中有二翼，其形如鸟。”《说唐后传》五二回：“练成一十二个火炮，从头上打起，四足齐发，～接应，连珠炮起，打得山崩地裂。”

【后尧婆】 hòu yáo pó　后娶的狠心婆娘。不同场合可称不同身分的人，如后母、后妻、鸨母、嫡母（对妾生子而言）等。尧，狠心。今山西某些方言仍用此义。元狄君厚《介子推》二折：“前家儿功翻成罪，～恩变为仇。”《元曲选·合同文字》三折：“你道俺那亲伯父因何致怒，赤紧的～先赚了我文书。”

【后姚婆】 hòu yáo pó　同“后尧婆”。明王玉峰《焚香记》八出：“休怪我～，逞倭傈，把你两个鸳鸯，一去留一个。”

【后影】 hòu yǐng　❶背影。《元曲选·秋胡戏妻》三折：“背身儿立着，不见他那面皮，则见他那～儿。”清《野叟曝言》二四回：“真是文相公，一些不错，这会子连～都看清了，那得会错呢！”　❷影子。明汤显祖《牡丹亭》二七出：“一弄儿绣幡飘迥，这几点落花风是俺杜丽娘身～。”

【后朝】 hòu zhāo　犹“后日”。宋张辑《祝英台近》：“去千里，明日知几重山，～几重水？”明单本《蕉帕记》三一出：“起马前来，只在明朝～。”清《生绡剪》一七回：“～却是上好吉日，寸丝为定。”

【后着】 hòu zhāo　❶犹“后手❹”。明《醋葫芦》一一回：“老娘要分析虽是，只恐以～为先着，难免旁观之诮。”　❷犹“后手❸”。清《醒世姻缘传》一三回：“四府看了稿，也明知是受了贿，替他留～，也将就不曾究治。”

【后重】 hòu zhòng　中医指因阻滞引起的结块状腹泻。也讳指便急。元滑寿《难经本义》卷下：“泄凡有五，其名不同……有大瘕泄，名曰～。”明李时珍《本草纲目》卷三上：“槟榔消食下气，治下痢～，如神。”清《歧路灯》七二回：“正欲上前拉马挽留，忽而里急～，又要上厕。”

【厚道】 hòu dào　善良宽厚。元明《三国志通俗演义》卷一七：“先主宽仁～。目今阿斗太子是我外甥，先主但念我国戚之情，必不肯加害。”明归有光《送北城副兵马指挥使周君序》：“今年余幸登第，同时举者三四人，皆相勉以～易风俗。"清《醒世姻缘传》四一回："先生已是死了，合他计较甚么？只是有～罢了。"

【厚坤】 hòu kūn 大地。坤卦代表地。唐杜甫《木皮岭》："仰干塞大明，俯入裂～。"元沈禧《一枝花·题张思恭望云思亲卷》："我则见卷舒触石生肤寸，我则见变化从龙出～。"清赵进美《武昌杂感》："怒鳞拔巨浪，势欲无～。"

【厚扰】 hòu rǎo 多扰。受人款待的客气话。明沈璟《义侠记》二七出："前日～，未及面谢。"《警世通言》卷二八："青青已自把菜蔬果品流水排将出来。许宣道：'感谢娘子置酒，不当～。'"清潘天成《丁酉岁与许一清先生书》："客岁～郇厨，兼承佳贶，谢谢。"

【厚人】 hòu rén 交情深厚之人。明《梼杌闲评》三〇回："他原是魏爷的～，老爷何不托他引进。"清孔尚任《桃花扇》一七出："香君之母，原是老爷～，倒是老爷面讲更好。"

【厚实】 hòu shí ❶ 忠厚诚实。唐李绛《兵部尚书王绍神道碑》："公，尚书第三子也，少以～为士友所重。"清《野叟曝言》四回："看他生得眉清目秀，聪明之中，尚带～。" ❷ 深厚踏实。唐窦臮《述书赋上》："下笔而刚决不滞，挥翰墨而～深沉。"清《荡寇志》八六回："好个妮子，根器恁地～，此后我不必日日扶持。" ❸ 密度或厚度大而结实。宋袁寀《世范》卷下："如纳税绢，初时必欲至～者，后来见纳数之少，则放行轻疏。"明王守仁《镇远旅邸书札》："所买锡，可令王祥打大碗四个，每个重二斤，须要～大朴些方可。"清《玉楼春》三回："老周就向柜中拿出十匹来与小三看，小三提起一看，具个～紧细，花样与众不同。" ❹ 丰厚；财力充足。清《风流悟》五回："那婉娘既生得齐整，女工中挑花刺绣，无所不能。妆奁又～。"《荡寇志》一二四回："速备～礼仪，写下恳切祭文，差人前去。"《姑妄言》三回："这何幸的肚中虽比祁辛通透，那祁辛的腰里却比何幸～。"

【厚直】 hòu zhí 高价。直，值。唐孙樵《梓潼移江记》："荥阳公曰：'吾欲厚其直，以劝其卒可乎？'对曰：'饥卒赖～，民惜其田以觊得，不可。'"宋张师正《括异志》卷六："汝福有限，吾尝戒汝不可妄取～，安得忽吾言促其寿也。"清汪琬《张赠公小传》："元配王孺人尝～为公购一妾。"

【候补】 hòu bǔ 等候空缺官位以任职。明夏良胜《议处纳银事例奏草》："随据生员乔天锡告称，先于弘治十五年遇例纳银，～代府典膳。"清《聊斋志异·梓潼令》："后丁艰归，服阕～，又梦如前。"《雪月梅》四五回："今有原任山西曲沃县知县刘云丁艰服满，于上年九月内到部～。"

【候光】 hòu guāng 谦词。敬候光临。常用于请柬或拜帖。清《儒林外史》四七回："叫小厮悄悄在香蜡店托小官写了一个红单帖，上写着'十八日午间小饮～'，下写'方杓顿首'。"《歧路灯》五回："学中斋长与那能言的秀才，多赴些'春茗～'的厚扰，这就其味无穷了。"陈端生《再生缘》七三回："如此，愚嫂遵命了，明日～。"

【候贺】 hòu hè 问候祝贺。元明《水浒传》九三回："忽报三处守城头领，差人到此～。"明韩邦奇《大梁驿驿丞张君墓志铭》："既而果令榆次，同舍生设酒馔～。"《石点头》卷九："韦皋羞过了丈人一番面皮，旧嫌冰释，依然遣人～。"

【候灰】 hòu huī 占断节候的苇膜灰。古人烧苇膜成灰，置于十二律管中以占节气。元陶宗仪《立春次韵》："～浮动轻于雪，腊酒倾来白似银。"明丘濬《立春》："缇室～通玉琯，辛盘赐饼离珍羞。"梁辰鱼《破齐阵·咏时序悼亡》："（长至）时移，日渐长，转～。"

【候火】 hòu huǒ ❶ 调节火候。唐韦应物《饵黄精》："～起中夜，馨香满南轩。"元陶宗仪《南村后杂赋》之一〇："炼丹温～，丸药卷风帘。"清《授时通考》卷五二："经营布簇，借插茅编竹之功；熏炙成温，分～拨灰之课。" ❷ 同"堠火"。唐杜甫《秦州杂诗》之一九："～云烽峻，悬军幕井干。"宋司马光《和始平公郡斋偶书》之二："平安～出云间，区脱无尘刁斗闲。"明王世贞《书庚戌秋事》："传闻胡马塞回中，～甘泉极望同。" ❸ 堠馆迎客之灯火。唐李郢《送刘谷》："邮亭已送轻车发，山馆谁将～迎。"明殷奎《祀回》："～明孤馆，凉风洒客衣。" ❹ 占断节候的火象。火，五行之一。宋刘攽《次韵和登州张使者》："八月潮平占～，三更日上看涛波。"王安石《西太一宫立秋祝文》："伏以～既流，占灰甫应。真游所御，灵时具存。"

【候教】 hòu jiào 谦词。听候指教。六十种曲本《西厢记》五出："自别兄长台颜，久失～。今得一见，如拨云睹日。"清《儒林外史》一五回："胡家管家来下请帖两副：一副写洪太爷，一副写马老爷。帖子上是：'明日湖亭一卮小集，～。胡缜拜订。'"《红楼梦》一〇三回："果蒙不弃，贫道他日尚在渡头～。"

【候敬】 hòu jìng ❶ 伺候敬奉。明《西游记》九三回："那寺僧已先起来，安排茶汤点心，在后～。" ❷ 敬赠的礼物。明《二刻拍案惊奇》卷四："张贡生整肃衣冠，照着旧上司体统行个大礼，送了些土物为～。"又卷二六："拜过，即送上礼帖'～十二两'。高愚溪收下。"

【候铨】 hòu quán 犹"候选"。明韩邦奇《大梁驿驿丞张君墓志铭》："寿～京邸舍，时榆次令缺。"清《聊斋志异·青梅》："适有王进士者，方～于家。"《蜃楼志》二回："俾得赴部～，则感戴二天，涓埃图报矣。"

【候缺】 hòu quē 等候官缺。明夏良胜《议处纳银事例奏草》："各照原纳职衔，各告府分，见缺者列名在先，～者列名在后。"清《儒林外史》二二回："弟已授职县令，今发来应天～。"《红楼梦》七九回："且又家资饶富，现在兵部～题升。"

【候谢】 hòu xiè 问候道谢。元陶宗仪《辍耕录》卷八："至彼，果见之，告以特来～之意。"明邹守益《与杨爵书》："顺之往岁南归，辱道教之，及尝两致小诗，以申瞻跂，竟未得一驰～，耿耿在念。"清《隋唐演义》四二回："家主回来，少不得还要来～。"

【候省】 hòu xǐng 问候探望。唐沈既济《枕中记》："今遣骠骑大将军高力士就第～，其勉加针石，为予自爱。"明喻时曾《与杨爵书》："东还已逼，西望何忍。草草～于华门。"清《东周列国志》九五回："齐襄王使人益其官禄，皆不受。惟君王后岁时遣人～，未尝缺礼。"

【候叙】 hòu xù 恭候叙谈，请人赴约的谦词。清《玉楼春》三回："少顷差人来送许多酒米鱼肉之类，又呈上'即晚～'的请帖，到晚间卜嘉即来赴席。"《歧路灯》一六回："王中拿一个全帖，上面写着'翌午，一芹～'，下边写'愚兄盛希侨拜'。"

【候选】 hòu xuǎn 等候选官。《元曲选·梧桐叶》二折："适同友人花仲清约至此寺中，借一禅房安下～。"明邵宝《谈太恭人钱氏墓表》："卒时，一麟～都下。"清《聊斋志异·梓潼令》："常进士大忠，太原人。～在都。"

【堠程】 hòu chéng 路程。堠，"堠子"。宋张嵲《问候秦枢密启》："怅望～，恨拘官守。"元王逢《乙丑秋书》："静知天运密，老与～疏。"

【堠烽】 hòu fēng 烽烟。堠，烽火台。明杨慎《堠子偈》："～擎空直直，烟墩映树班班。"倪元璐《武会试录后序》："虎燕飞食而绊于时平，徒悲髀肉，起望～。"

【堠鼓】 hòu gǔ　堠楼上报时的鼓。元洪希文《闻清漳近信》:"～日夜鸣,击鲜交劳吏。"清吴伟业《顾西巘侍御同沈友圣虎丘即事》之四:"花移～青油舫,月映行厨白石廊。"

【堠馆】 hòu guǎn　驿站。唐杜牧《渡吴江》:"～人稀夜更长,姑苏城远树苍苍。"宋宋敏求《长安志》卷一七:"(渭南驿)南至商州洛南县,秦岭为界,无～。"清查慎行《红花埠遇雪》:"～迎来风北向,乡程让与雁南征。"

【堠火】 hòu huǒ　烽火。唐李频《朔中即事》:"山头～孤明后,星外行人四绝时。"宋司马光《游延安宿马太博东馆》:"暮烟凝塞上,～落天涯。"清施闰章《留别金长真宪副》:"艨艟衔尾江鸥警,～连天客路长。"

【堠路】 hòu lù　有堠子标记的道路。明谢肃《饮龙头镇》:"马上见晨月,～行逶迤。"又《长平》:"行行～明,忽在长平聚。"

【堠亭】 hòu tíng　堠子旁建的供人休息的亭子。也指驿站。宋吴渊《九日》:"荆湖城壁连钲鼓,河朔烽烟接～。"明张岳《入邕州》:"海贾遥通身毒布,～直拟白龙堆。"清弘历《重修广宁门石道碑文》:"里鼓中顿,～前遮。"

【堠烟】 hòu yān　烽烟。宋曾公亮等《武经总要》前集卷五:"烽子则昼分为五番,夜分持五更。昼～,夜望火。"明唐顺之《石塘道中》:"～山霭争明灭,戍笛秋声并惨嗟。"王玉峰《焚香记》三二出:"忽闻胡骑透重关,千里纷腾起～。"

【堠驿】 hòu yì　驿站。宋方千里《兰陵王》:"人生如梦寄～,况分散南北。"

【堠子】 hòu zi　路旁标记里程的土堆。唐罗隐《～》:"终日路岐旁,前程亦可量。未能惭面黑,只是恨头方。"《五灯会元》卷一九《英州保福殊禅师》:"问:'如何是真正路?'师曰:'出门看～。'"明贾仲明《对玉梳》三折:"盼邮亭,巴～,一步挨一步。"

hū

【呼】 hū　❶ 读。五代王定保《唐摭言》卷五:"缘某师授,误～文字。今闻相公～媎(敕略)为媎(敕晷),方悟耳。"明陈继儒《珍珠船》卷四:"夔州道士王法朗舌长,～音不正。" ❷ 喝;饮。明《金瓶梅词话》三七回:"老身才吃的饭来,～些茶罢。"清《豆棚闲话》八则:"孔明即伸手悄悄的摸那酒瓶,私自～了一口。" ❸ 吸;吮。清《何典》一〇回:"抱回亭中,将他骨髓慢慢的～来吃。" ❹ 抽;打。清《醒世姻缘传》一一回:"那日审官司的时节不是俺爷爷计会元央了直日功曹救护着,岂不被赃官一顿板子～杀了?"又七七回:"拿了你去,～给你顿板子。" ❺ (用黏稠物)堆抹;糊。清《醒世姻缘传》八〇回:"嗔他那日不极力上前,以致戴氏采发～屎,泼口辱骂。"又八一回:"把小女打了一顿好的,～的满头满脸都是屎。" ❻ 烀;半蒸半煮,或用湿泥涂裹后放在火内烧。清《醒世姻缘传》四八回:"我白天没工夫,黑夜也使黄泥～吃了他。"又八九回:"我又没使长锅～吃你娘,～吃了你老子!"

【呼唱】 hū chàng　大声唱名。唐柳宗元《与韩愈论史官书》:"设使退之为御史中丞大夫,其褒贬成败人愈益显,其宜恐惧尤大也,则又将扬扬入台府,美食安坐,行～于朝廷而已耶?"宋吴自牧《梦粱录》卷八:"每遇进膳,自殿中省对嘉明殿,禁卫成列,约栏不许过往。省门上有一人～,谓之拨食。"清昭梿《啸亭杂录》卷四:"将入直,侍卫按簿～。"

【呼喊】 hū hǎn　叫喊;呼叫。《太平广记》卷四三三引《玉堂闲话》:"同行持刃杖,逐而救之,～连山。"明《杜骗新书·法术骗》:"又闻～声,送表官皆不出城,知事必败露。"清《说岳全传》七二回:"惟日夜～疼痛,不时昏晕,谅不济事的了。"

【呼喝】 hū hè　❶ 犹"喝道❶"。唐白居易《天津桥》:"报道前驱少～,恐惊黄鸟不成啼。"明《警世通言》卷二六:"穿出一条大街上来,忽听得～之声。"《禅真逸史》三八回:"远远灯光闪烁,白马之上坐着一人,数十鬼卒手执器械,～而来。" ❷ 高声叫喊;喝令。宋李君行《沁园春·刘山春新居》:"我家～山川。道今日山春莺已迁。汝南山顶上,虎毋久卧;秀溪底下,龙莫长眠。"明《禅真后史》二〇回:"师爷举我双足捺于石壁,～令我上去。"清《说唐后传》一二回:"罗通把枪架开,照着妖魔呼一杆子,妖魔～声:'不好!'连忙招架。" ❸ 呵禁;呵斥。明《二刻拍案惊奇》卷三九:"众人～不住,见不是头,各跑散了。"清袁枚《子不语》卷六:"喀尔喀有兽……乞人饮食,或乞取小刀烟具之属。被人～,即弃而走。"《二度梅》二〇回:"杏元小姐把脸一红,～道:'好大胆的狗头!'"

【呼吼】 hū hǒu　❶ 大喊;吼叫。《太平广记》卷二九一引《成都记》:"选卒之勇者数百,持强弓大箭,约曰:'吾前者为牛,今江神必亦为牛矣。我以太白练自束以辨,汝当杀其无记者。'遂～而入。"明《韩湘子》二七回:"牛儿颠狂～,弟子挥剑擅断其头。" ❷ 也指发出很大声响。金刘迎《南口》:"重阴忽障翳,虚籁竞～。"明《西游记》九二回:"只见几只牛横欹直倒,一个个～如雷,尽皆睡熟。"

【呼唤】 hū huàn　❶ 呼叫;召唤。唐元稹《通州丁溪馆夜别李景信》之三:"倦童～应复眠,啼鸡拍翅三声绝。"《元曲选·窦娥冤》四折:"我小人两个鼻子孔一夜不曾闭,并不听见女鬼诉什么冤状,也不曾听见相公～。"清《儒林外史》一九回:"蒙老师～,不日整理行装,即来趋教。" ❷ 使役;使唤。唐王梵志《他家笑吾贫》:"你富户役高,差科并用却。吾无～处,饱吃常展脚。"宋孙光宪《北梦琐言》卷三:"舟次瞿塘,左右为骇浪所惊,～不暇,渴甚,自泼汤茶吃也。"清《红楼梦》三四回:"此时并无～之事,因说道:'你们且去梳洗,等我叫时再来。'" ❸ 称呼;称谓。宋《朱子语类》卷四:"这几个字,自古圣贤上下数千年,～得都一般。"明《西游记》一回:"既然有姓,再乞赐个名字,却好～。"清《醒世姻缘传》二五回:"也不晓得～甚么爹娘,叫单于民是'老牛',叫单于民的婆子是'老狗'。"

【呼叫】 hū jiào　❶ 大声叫喊。唐唐临《冥报记》卷下:"儿忽～,走赴南门。"明《二刻拍案惊奇》卷五:"那负南陔的贼出于不意,骤听得背上如此～,吃了一惊。"清袁枚《续子不语》卷六:"兵役三百人点烛剪煤,～嘈杂。" ❷ 招呼;呼唤(姓名)。《太平广记》卷三三〇引《灵异集》:"鉴问:'汝且如何?'答曰:'亦已死矣。向者闻郎君～,起尸来耳。'"明《西游记》三五回:"解下净瓶,罩定老魔,叫声:'金角大王!'那怪只道是自家败残的小妖～,就回头应了一声。"清《说唐后传》三六回:"不知那个瞎眼狗囊的,见我们在此用饭,还要～我们。"

【呼雷】 hū léi　雷;霹雳。清《歧路灯》二回:"且把谭兄高酒多吃一盅罢,谭兄总不是叫娄兄上天摸～。"

【呼卢】 hū lú　❶ 一种博戏。又叫樗蒲、五木。削木为子,共五枚,子两面一涂黑色,一涂白色。五子均黑,称"卢",得头彩。掷子时大喊,望得头彩,称"呼卢"。唐李匡乂《资暇集》卷中:"案樗蒲起自老子,今亦为～者。"宋曾敏行《独醒杂志》卷七:"殿上～,喝六作五。"清《绣戈袍》二回:"以故上至诗酒琴棋,无一不晓,下至～喝雉,靡所不为。" ❷ 吆喝;搅哄。清《醒世姻缘传》一〇回："差人道：'我拿票子到他家～他～！'"

【呼鹿】 hū lù 模仿鹿鸣以猎鹿。宋文莹《湘山野录》卷三："辽主岁入秋山，女真尝从～。"元陈准《北风扬沙录》："嗜酒而好杀，无常居，善为鹿鸣，～而射之，生啖其肉。"《辽史·营卫志中》："伺夜将半，鹿饮盐水，令猎人吹角效鹿鸣，既集而射之，谓之舐碱鹿，又名～。"

【呼名】 hū míng 称为；名字叫作。明《西游记》二一回："有一山，～小须弥山。"《二刻拍案惊奇》卷三四："立为第七位夫人，～筑玉。"清《女仙外史》一五回："向日～是狗，今朝赐号称猪。"

【呼哨】 hū shào ❶ 同"唿哨❶"。金《刘知远诸宫调》一一："洪信怒，～一佯，洪义和两个妇人以圣至。"清《东周列国志》七八回："只见东角上一员猛将，领兵～而至。"《绿野仙踪》七二回："大家～了一声，都没命的跑入后洞去了。" ❷ 同"唿哨❷"。清《绿野仙踪》三二回："众贼出了南门，一个个打着～，望官军赶去。"《飞龙全传》一七回："忽听一声～，那殿上的六人，转眼间俱都不见了。"

【呼索】 hū suǒ ❶ 呼叫索取。《法苑珠林》卷一八："妇～纸笔来欲作书。"宋王辟之《渑水燕谈录》卷二："辽使每过境，必先戒其下曰：'韩丞相在此，无得过有～。'"元德辉《重编百丈清规》卷六："不得先起盛食，不得高声～粥饭盐醋之类。" ❷ 呼叫寻找。宋洪迈《夷坚志》支景卷八："陆睡觉，不见妻，而房门元未曾开，知堕怪境。急笼灯出外～。"张师正《括异志》卷六："及至，则子廉犹醉寝。王公入其室，左右～之，而子廉醒未解。"

【呼吸】 hū xī ❶ 招呼；呼唤。唐李白《登广武古战场怀古》："项王气盖世，紫电明双瞳，～八千人，横行起江东。"宋李心传《建炎以来繫年要录》卷四六："俟秋高马肥，遣李成招集濒淮饥民，～群盗，侵轶江南。"清《隋唐演义》五三回："明公身居太行，～两地，身既在此，当时部曲必然来归。" ❷ 声气；讯息。明张岱《陶庵梦忆》卷七："舳舻相隔，～难通，以表语目，以鼓语耳。"清《聊斋志异·金和尚》："金又广结纳，即千里外～亦可通。" ❸ 指吸入的空气。清《歧路灯》九六回："跑了一肚子～，作速赏一盅水儿，解解乏困。" ❹ 呼应；照应。清《姑妄言》一回回评："一部大书二十四回，内中无限的人，头一个就是一个闲汉，这一个闲汉，引出莫愁湖闲荡的四五个闲汉……这许多闲汉引出后来千千万万的流贼，无非都是闲汉。此是一部书的大～。"

【呼应】 hū yìng ❶ 呼叫应答。宋洪迈《夷坚志》支甲卷一："千百为群，更相～。"明孙仁孺《东郭记》二七出："新添一小婴，啼声颇英，俨如尔父一般形。待归来还为起伊名也，且叫亲亲，料未解相～。"清纪昀《阅微草堂笔记》卷一七："方登坛檄将，已闻楼上搬移声、～声，汹汹然相率而去。" ❷ 互相支援策应。明朱长祚《玉镜新谭》卷九："所有咽喉地方，兵马钱粮漕运，处处布置私人李明道等，便其～。"《梼杌闲评》四九回："多养死士，阴谋不轨，遍置心腹，以便～，可是有的？"清《荡寇志》九一回："那里只消用精兵千人把守，再有飞虎寨～，希真必不能飞渡。" ❸（文字）前后关联照应。明谢榛《四溟诗话》："李西涯曰：'诗用实字易，用虚字难。盛唐人善用虚字，开合～，悠扬委曲，皆在于此。'"清李光地《榕村语录》卷二九："作文章熟后，虽无意写出，必有结构，有～。" ❹ 支应；指挥。清《绿野仙踪》四〇回："就是与家下男女，分几匹梭布穿用，离了现银钱，便觉～不灵。"《荡寇志》七八回："并非蔡京背盟，实因路远，号令～不及，以致冲犯了好汉。"《红楼复梦》六六回："探春蒙奶奶慈爱，亦应出力。只恐～不灵，有误正事。" ❺ 见效。清李渔《闲情偶寄》卷六："百草尽经尝试，几作神农后身，然于大黄解结之外，未见有～极灵，若此物之随试随验者也。"

【呼子头】 hū zi tóu 同"瓠子头❶"。清《醒世姻缘传》八回："郭师傅，你光着～，我们赤白大晌午没得晒哩。"

【忽】 hū ❶ 如；似。唐储光羲《贻余处士》："市亭～云构，方物如山峙。"白居易《送毛仙翁》："衰鬓～霜白，愁肠如火煎。" ❷ 究竟；到底。《太平广记》卷三七九引《冥报记》："囚至辨所，谓曰：'平生不修福，今～如何？'" ❸ 必定；一定。唐戴孚《广异记》："如是经二三年，准兄谓准曰：'汝为人子，当应绍绩，奈何～与鬼为匹乎？'"又："但宇文生命薄无位，虽获一第，终不及禄。且多厄难，无当救其三死，若～为官，虽我亦不能救。" ❹ 用在时间词前，起指示作用，相当于"某"或"有"。唐张读《宣室志》："唐国子祭酒赵蕃，大和七年为南宫郎。～一日，有僧乞食于门。"《元曲选·青衫泪》四折："～一日侍郎白居易放假，同孟浩然、贾浪仙到妾家吃酒。"清《白圭志》一回："～一年江西大旱，河中绝流。"

【忽的】 hū de 同"忽地❶"。《元曲选外编·圯桥进履》三折："～门旗开处，便与他斗敌相争。"明《封神演义》六〇回："马元～大叫一声，跌倒在地下乱滚。"清《聊斋俚曲·姑妇曲》："于氏气极，～跑了去。"

【忽地】 hū de ❶ 副词。忽然；突然。唐杜荀鹤《春日登楼遇雨》："～晴天作雨天，全无暑气似秋间。"元张国宾《薛仁贵》一折："那知正战中间，～飞出一把刀来，惊的我这魂不在头上。"清《隋唐演义》九五回："众人正听得好，～刮刺一声，笛儿裂作两半。" ❷ 即"忽❹"。明《二刻拍案惊奇》卷三三："～一日，抽马在郡中，郡中走出两个皂隶来。"清《野叟曝言》九七回："～一日，受了一场狠气，半夜里发起喊来。"

【忽地里】 hū de lǐ 即"忽地❶"。元明《水浒传》一〇九回："毕先正在奔逃，～钻出活闪婆王定六，一朴刀搠下马来。"明孟称舜《娇红记》四一出："敢则是天仙女郎，～还归天上。"清《赛花铃》一二回："一声炮响，～冲出五六十号船来。"

【忽尔】 hū ěr ❶ 突然；一时间。唐李肇《国史补》卷中："长安客有买妾者，居之数年，～不知所之。"明陆采《怀香记》四出："盼家乡阻隔同霄壤，～生惆怅。"清《八洞天》卷四："今日代彼遮瞒，不记从前将他指谪；此时～逢迎，不念当初漠不相识。" ❷ 轻易；随意。唐袁郊《甘泽谣》："寺外虎豹，～成群，日有杀伤，无由禁止。"李缜《奉和郎中游仙岩四瀑布》："悠然造云族，～登天坛。"《敦煌变文校注》卷五《维摩诘经讲经文(一)》："～昆仑把动摇，等闲沧海捻倾注。" ❸ 假如；倘若。唐薛渔思《河东记》："胡不娶一妻，俾侍疾，～病卒，则如之何？"邵谒《送徐群宰望江》："～秋不熟，储廪焉得盈？"《敦煌变文校注》卷一《孟姜女变文》："黄天～逆人情，贱妾同向长城死。"宋周去非《岭外代答》卷六："～中矢，即啾蔗，则毒气为之少缓。"

【忽而】 hū ér ❶ 同"忽尔❷"。《敦煌变文校注》卷二《叶净能诗》："皇帝曰：'他有何罪愆，～斩之？'" ❷ 同"忽尔❸"。《敦煌变文校注》卷二《秋胡变文》："～一朝夫至，遣妾将何申吐？" ❸ 分别用在两个谓语之前，或跟"有时"等搭配，表示行为或情况交替发生。明杨士聪《玉堂荟记》卷下："以书生不谙世务之人，～超擢黄门，～沉沦黑狱，不惟国体可惜，人才亦可惜矣。"清孔尚任《桃花扇》二〇出："～作反，～投诚，把个作反投诚当做儿戏。"清《后西游记》三〇回："有时围顶，凑成两道金箍；～拦腰，又系一条玉带。"

【忽剌八】 hū là bā 忽然。《元曲选外编·云窗梦》三折："～梦断碧天涯，空没乱无绪无情。"明火原洁《华夷译语·人事门》："翻，忽儿八。"贾仲明《金童玉女》三折："扯碎俺姻缘簿，～掘断俺前程路。"《金瓶梅词话》一一回："预备下熬的粥儿又不吃，～

新梁兴出来，要烙饼做汤。"

【忽剌巴】 hū là bā 同"忽剌八"。元商衢《新水令·彩云声断紫鸾箫》："～地北天南，抵多少水远山遥。"清《红楼梦》一六回："～儿的打发个屋里人来，原来是你这个蹄子闹鬼。"

【忽剌孩】 hū là hái 蒙古语译音。贼。明火原洁《华夷译语·人物门》："贼，～。"元关汉卿《哭存孝》一折："一对～，都是狗养的。"

【忽喇八】 hū là bā 同"忽剌八"。明陈铎《折桂令·青楼十咏·叙别》："生扢揸凤拆鸾分，～雨散云收。"

【忽喇叭】 hū là bā 同"忽剌八"。明沈榜《宛署杂记》卷一七："仓卒曰～。"薛岗《折桂令·禹城别王司训》："恰相逢羁邸萧斋，～远水遥岑。"

【忽雷】 hū léi ❶ 雷。唐顾况《险竿歌》："～掣断流星尾，矐睒划破蚩尤旗。"《五灯会元》卷六《澧州洛浦山元安禅师》："天上～惊宇宙，井底虾蟆不举头。" ❷ 鳄鱼的别名。《太平广记》卷四六四引《洽闻记》："鳄鱼别号～。" ❸ 琵琶的代称。唐代内府有琵琶名品曰大忽雷、小忽雷。宋葛立方《玉楼春·雪中拥炉闻琵琶作》："笙簧冻涩闲纤指，香雾暖熏罗帐底。却教试作～声，往往惊开桃与李。"明王伯稠《追昔感事》之四："～抱向青楼月，拨出凉州夜雪寒。"清吴伟业《秣陵春》二六出："繁管吹，促柱移。破得东风小～，月傍关山何处归。"

【忽流】 hū liú 形容迅疾。脉望馆本《东篱赏菊》一折："～抽身向草茅，倒大来志气清标。"

【忽律】 hū lǜ 鳄鱼的别称，用于比拟勇猛或勇猛的人。元明《水浒传》一一回："小人姓朱名贵，原是沂州沂水县人氏，江湖上但叫小弟做旱地～。"明刘若愚《酌中志》卷一一："《点将录》者，首曰天罡星托塔天王李三才……旱地～游士任等共七十二人。"

【忽硉】 hū lù ❶ 犹"忽流"。《敦煌变文校注》卷三《燕子赋》："燕子～出头，曲躬分疏。" ❷ 同"忽律"。《旧唐书·张士贵传》："大业末，聚众为盗，攻剽城邑，远近患之，号为～贼。"

【忽漫】 hū màn 偶尔；忽然。唐杜甫《送路六侍御入朝》："更为后会知何地，～相逢是别筵。"元明《水浒传》三九回："兴狂～题新句，却被拘挛狴犴中。"清钱谦益《奉谒少师高阳公于里第》："～抠衣拜此堂，心期如梦泪千行。"

【忽期】 hū qī 即"忽其"。《敦煌变文校注》卷一《捉季布传文》："卿与寡人同记着，抄名录姓莫因循。～(其)南门称尊日，活捉纷(粉)骨细飏尘。"

【忽其】 hū qí 假如；倘若。唐白居易《题西亭》："～解郡印，他人来此居。"

【忽然】 hū rán 如果；假若。《敦煌变文校注》卷一《捉季布传文》："～买仆身将去，擎鞭执帽不辞辛。"《祖堂集》卷七《雪峰和尚》："～径山问汝，向他道什摩?"

【忽若】 hū ruò ❶ 如果；假若。《敦煌变文校注》卷六《目连缘起》："伏愿世尊慈念，少借威光，～得见慈亲，生死不辜恩德。"《五灯会元》卷一九《安吉州上方日益禅师》："～不作贵不作贱，又作么生?" ❷ 忽然。《太平广记》卷三八八引《会昌解颐录》："女适看花，～暴卒。"宋周密《齐东野语》卷一九："王生长兵间，初不能书。晚岁～有悟，能作字及小词。"清《聊斋志异·王兰》："适有一人捉儿臂，疾若驰，瞬息至家，～梦醒。"

【忽哨】 hū shào ❶ 同"唿哨❶"。金《董解元西厢记》卷五："口儿里不住，只管吃地～。" ❷ 同"唿哨❷"。清《儒林外史》三四回："那响马贼数十人，齐声打了一个～，飞奔前来。"

【忽视】 hū shì 忽略；不重视。唐李筌《太白阴经》卷七："马有四百八病，盖在调冷热之宜，适牧放之性，常加休息，不可～也。"明王守仁《行雩都县建立社学牌》："毋得违延～，及虚文搪塞取咎。"清《梦中缘》四回："人命甚重，岂可～!"

【忽速】 hū sù 急速。唐易静《兵要望江南·占雷》："霹雳震，牙帐震声雄。～搜寻休要住，须知营寨有奸凶。"《五灯会元》卷一四《杭州净慈自得慧晖禅师》："登者登兮不动摇，游者游兮莫～。"

【忽突】 hū tū ❶ 同"糊涂❶"。明汤显祖《邯郸记》二九出："～帐，六十年光景，熟不的半箸黄粱。" ❷ 豁脱；舍弃。明沈自征《鞭歌妓》："老尚书～了一船金和帛，叫张千两脚赶驴蹄。"

【忽易】 hū yì 忽略；忽视。唐菩提流支译《大宝积经》卷一四："若有羸劣，人所轻慢，敬念恋之，令无～者。"宋《朱子语类》卷一三："如乐毅用兵，始常惧难，乃心谨畏，不敢～，故战则虽大国坚城，无不破者。"明王守仁《传习录》卷下："我初与讲时，知尔只是～，未有滋味；只这个要妙再体到深处，日见不同，是无穷尽的。"

【唿哨】 hū shào ❶ 打口哨。元明《水浒传》三四回："只见山上有八九十把火光，呼风～下来。"明《拍案惊奇》卷四："忽然那人～一声，山前涌出一干人来。"清《说岳全传》一八回："遂吩咐小番将礼物收下，～一声，竟拔寨起身。" ❷ 口哨声。元明《水浒传》一九回："这阮小七和那摇舡的，飞也似摇着橹，口里打着～。"明《禅真逸史》二一回："只见路口林子里一声～，冲出二十餘人。"清《野叟曝言》八五回："各人打起～，知会已定。"

【猢猲】 hū lǜ 即"忽律"。元明《水浒传》二三回："你那人吃了～心，豹子肝，狮子腿?胆倒包着身躯!"

【雺雷】 hū léi 同"忽雷❶"。《敦煌变文校注》卷四《破魔变》："用～为战鼓，簸闪电作朱旗。"

hú

【囫囵】 hú lún ❶ 浑沦；浑然一体未加区分。宋《朱子语类》卷三四："道理也是一个有条理底物事，不是～一物，如老庄所谓恍惚者。"按，一本作"鹘沦"。明徐阳辉《有情痴》："世间人忒无知识，醉昏昏终日摸壁。则为这～的一窍难通，倘然也擘开来半文不值。"清魏荔彤《大易通解》卷一三："于是天包地外，地悬天中，有此一个大～物事矣。" ❷ 浑圆。元张可久《沉醉东风·气球》："元气初包混沌，皮囊自喜～。"明陈与郊《袁氏义犬》一出："人家葫芦有角的，有嘴的，有腰的，我的是～的。"清《醒世姻缘传》八三回："我只见他那带，一个～圈子……我见长班把那带不知怎么捏一捏儿就开了，挂在腰里；又不知怎么捏捏儿又～了。" ❸ 完整；整个儿。元刘庭信《一枝花·秋景怨别》："梦和魂休间阻，魂和梦却对付，天也与人一个～的做!"元明《水浒传》六四回："你只叫我～死，冤魂便不来缠你。"清胡渭《大学翼真》卷五："尝举以相质，以为'使无讼'与'听讼对'三字当～看，不应拆作两层。"隐指女子未曾破身。清《绮楼重梦》四四回："我要娶个～的姑娘，怎么娶了个残破的?" ❹ 完满；完整。明兰楚芳《四块玉·风情》："意思儿真，心肠儿顺，只争个口角头不～，怕人知羞人说嗔人问。"《拍案惊奇》卷六："卜良听得，指手划脚，要辨时那里有半个字～?"《二刻拍案惊奇》卷一四："县君安定了性儿，才说得话儿～。" ❺ 迟疑；含糊；笼统。明贾仲明《对玉梳》一折："若早知你这般圈缋，那般局段，急抽身不～。"汤式《一枝花·自省》：

"相思梦不觉，～谜难猜。"《二刻拍案惊奇》卷一："没得解说，只～说一句'救荒无奇策'罢了。" ❻混账。清《绿野仙踪》五三回："不知那里来的一个～亡八羔儿，凶的合天神一般，把我学生几乎苦死！" ❼横竖；终归。清《豆棚闲话》一〇则："得子时，就要充个豪杰；弗得时，～是个臭局。"

【囫囵课】 hú lún kè 指整锭的银子。课，锞。元商衟《一枝花·叹秀英》："待嫁人时要财定～，惊心碎唬胆破。"《元曲选·青衫泪》三折："那俫正昏睡。～你拿只，江茶引我抬起，比及他觉来疾。"

【囫囵竹】 hú lún zhú 不中空的竹子，比喻人糊涂不开窍。元明《水浒传》四回："长老道：'休说坏了金刚，便是打坏了殿上三世佛，也没奈何。只可回避他。你们见前日的行凶么？'众僧出得方丈，都道：'好个～的长老！'"按，一本作"囫囵粥"。

【狐惑】 hú huò ❶疑惑。宋朱熹《与林则之书》："今只管～不肯放舍，又引明道少时出入释老之事以饰其说，何不将它平生说话仔细思惟，看他所以出入释老处。"《朱子语类》卷七五："如'见豕负涂，载鬼一车'之类，孔子只说'群疑亡也'，便见得上面许多皆是～可疑之事而已。" ❷媚惑；用美色迷惑或被美色迷惑。元虞集《别知赋》："夫冶倡之～兮，岂不足于内拨。"辛文房《唐才子传》卷六《赵光远》："有孙启、崔珏同时，恣心狂狎，善为唱和，颇陷轻薄，无退让之风。惟卢弼气象稍严，不迁～，如《边庭》《四时怨》等作，赏音大播，信不偶然。"

【狐魅】 hú mèi 犹"狐惑❷"。唐张鷟《朝野佥载》卷五："周有婆罗门僧惠范，奸矫～，挟邪作蛊。"宋《嘉兴府录》："引得儿孙向梦中说梦，～后人。"《古今杂剧·救风尘》一折："这妮子是～人女妖精，缠郎君天魔祟。"

【狐媚】 hú mèi ❶犹"狐惑❷"。元钱霖《哨遍》："花月妖将家人～，虚耗鬼把仓库潜偷。"《元曲选·风光好》二折："太守着我今夜～了他呵，便得赏赐；～不的呵，便加罪责。"明朱有燉《香囊怨》四折："我的个女儿，被你～的他想你死去了。" ❷妖媚；风骚妩媚。明叶宪祖《团花凤》二折："我看你斓斑舌胜滑稽，我看你扑堆脸多～。你待去花柳寨插旌旗，你待去风月场为牙侩。"清《绿野仙踪》二一回："不换原是小户人家子弟，那里经过这样妖浪阵势，～排场，勾引的他神魂如醉。"又三三回："殷氏将门儿闭了，与大雄并肩叠股而坐，放出许多的～艳态。"

【狐媚子】 hú mèi zi 擅以妖媚手段惑人的女子。清《红楼梦》二〇回："见我来也不理一理。一心只想妆～哄宝玉。"△《狐狸缘》一二回："我把你们这些粉面油头，偷汉子的～！你们今儿既动了我王老头儿，咱爷们准准的是场官司。"

【狐迷】 hú mí 被妖媚所迷惑。明《金瓶梅词话》三五回："贼不逢好死变心的强盗，通把心～住了，更变的如今相他哩！"

【狐突】 hú tū 糊涂。明车任远《蕉鹿梦》三折："想他慌忙间，怕人撞着，藏在此间，一时寻不着，便心中～起来，认是梦了。"

【胡】 hú 胡乱；勉强。宋《朱子语类》卷一三四："《晋书》皆为许敬宗～写入小说，又多改坏了。"明冯惟敏《沉醉东风·缮室》："俺子待～将就，甚的是万载千秋。"清《红楼梦》三四回："我怕他～糟遢了，就没给。"

【胡挨】 hú ái 勉强忍耐。明佚名《水仙子》："吕蒙正钟后斋，不得时且～。"

【胡吧】 hú bā 胡说。清《聊斋俚曲·禳妒咒》："丑合俊听你～，好合歹全在你自家。"又《翻魇殃》："叫哥哥你休～，怎么咱爹来了家？"

【胡白】 hú bái 胡说。《资治通鉴》卷二一三："太后怒曰：'～！小子敢发此言！'"胡三省注："胡，何也；白，陈也。"

【胡拨】 hú bō 即"火不思"。清曹寅《诸敏庵弹平调琵琶感赋长句》："芦管角角鸡登木，～嘈嘈怪鸟啄。"

【胡拨气】 hú bō qì 焦煳味。明《朴通事谚解》卷下："春奴，你看那饭有些～。"

【胡拨思】 hú bō sī 即"火不思"。明蒋一葵《长安客话》："浑不似制如琵琶，直径无品，有小槽，圆腹如半瓶榼，以皮为面，四弦皮絣同一弧柱……《元史》以为火不思，今以为～，皆相传之讹。"

【胡拨四】 hú bō sì 即"火不思"。元俞琰《席上腐谈》卷上："琵琶……胡人重造而其形小，昭君笑曰：'浑不似。'今讹为～。"

【胡博词】 hú bó cí 即"火不思"。明沈德符《万历野获编》卷二五："今乐器中，有四弦：长颈圆鼙者，北人最善弹之，俗名琥珀槌，而京师及边塞人又呼～。"《金瓶梅词话》一回："一径把那一对小金莲做露出来，勾引的这伙人，日逐在门前弹～、扠儿难。"

【胡猜】 hú cāi 胡乱猜测。宋史浩《浣溪沙》："索得玄珠也是呆，人人有分莫～。"元关汉卿《新水令·二十八换头》："～咱，～咱居帝辇，和别人、和别人相留恋。"清《红楼梦》一二回："正自～，只见黑魆魆的来了一个人，贾瑞便意定是凤姐。"

【胡才】 hú cái 即"胡柴"。明纪振伦《联芳记·策士》："满口～，左右的与我打将出去。"《醋葫芦》八回："那里学这一口～，也来厮混？"

【胡嘈】 hú cáo 胡说。明《拍案惊奇》卷一三："那老成的道：'不要～！六老平生不是这样人。'"

【胡柴】 hú chái 胡说。元高明《琵琶记》九出："〔丑白〕你不闻孔夫子说：有马者借人乘之，今亡夫！〔末白〕一口～！"明《西游记》四一回："我与你有甚亲情？你在这里满口～！"清《野叟曝言》六一回："四姐满口～！"

【胡缠】 hú chán ❶无理纠缠；胡乱纠缠。《元曲选·勘头巾》四折："还待要摆袖揎拳，假泼佯颠，一味～。"明《醒世恒言》卷二三："你这般说，且饶你去，不许在此～。"清《歧路灯》五七回："委实不得工夫，休要～。" ❷胡扯；胡说。明《西游记》二七回："唐僧不信道：'你这个夯货～！我们走了这向，好人也不曾遇着一个，斋僧的从何而来？'"

【胡羼】 hú chàn 胡混；混搅。清《红楼梦》二回："他父亲又不肯回原籍来，只在都中城外和道士们～。"又二八回："你叫他快吃了瞧林妹妹去罢，叫他在这里～些什么。'"

【胡嘲】 hú cháo 胡说；随意嘲讽。明《醒世恒言》卷二三："你这般～乱讲，若不惹得打下截来！"清《豆棚闲话》六则："或是起建殿宇，修盖钟楼，装塑金相，印请藏经，趁口～，骗钱骗米。"《聊斋俚曲·增补幸云曲》："叫姐夫休～，我看你无个操，故意才把皮来燥。"

【胡扯】 hú chě 瞎说。明文秉《烈皇小识》卷二："御前奏事，怎这样～！"《禅真逸史》二五回："是一皮箱藏着，五十三封零一小包，是桑衙来寿、进顺两个苍头扛到你家，何须～！"清《红楼真梦》三二回："太太别听他～，也不过扶鸾请仙罢了。"

【胡逞】 hú chěng 胡闹；胡作非为。明徐畛《杀狗记》一八出："你好忒～！你好不本分！教我争，你有何安稳？"沈鲸《双珠记》一一出："古云李下冠难整，岂容伊无义～。"清李玉《五高风》二二出："一时成兴，即时为他～。"

【胡臭】 hú chòu 狐臭。唐孙思邈《备急千金要方》卷七四："有天生～，有为人所染臭者。"五代何光远《鉴诫录》卷四："异域从来不乱常，李波斯强学文章。假饶折得东堂桂，～熏来也不香。"《云笈七籤》卷七八:"以铁团烧赤,投盐醋中,青布裹之,熨腋下多时,除～及汗气。"

【胡踹】 hú chuài 犹"胡踏"。六十种曲本《琵琶记》三出:"院公,你那得知我吃小姐苦哩!并不许半步～。"

【胡道】 hú dào 胡说。宋《圆悟佛果禅师语录》卷一二:"心下黑漫漫地,只管～。"《元曲选外编·智勇定齐》一折:"全无正经,则是～。"△《小五义》一七六回:"客官,你别乱说～。"

【胡董】 hú dǒng 胡搞;乱弄。清《歧路灯》二七回:"这事多亏我到,若叫你们～起来,才弄的不成事哩。"又四三回:"张绳祖扯了一把说道:'咱不赌,由他们～。'"

【胡洞】 hú dòng 即"胡同"。元古本《老乞大》:"这～窄,牵著马多时过不去。"张可久《寨儿令·元夜即事》:"～窄,弟兄猜,十朝半旬不上街。"明杨慎《丹铅餘录》卷一六:"今之巷道名为～。"

【胡都】 hú dū 即"糊涂"。明冯惟敏《粉蝶儿·李争冬有犯》:"一尿胞打醒了～梦,从今后再休将大气儿捅。"

【胡儿】 hú er 核儿;种仁。元张国宾《薛仁贵》三折:"你道不曾摘枣儿,口里～那里来?"明《金瓶梅词话》六七回:"待要说是梅苏丸,里面又有～。"

【胡哄】 hú hòng 乱起哄;没规矩地凑热闹。明凌濛初《宋公明闹元宵》九折:"看长安灯火照天红,似俺这老苍头也大家来～。"

【胡鹘】 hú hú 含糊糊涂;敷衍马虎。宋《朱子语类》卷一二六:"长老升堂说法,且～过。及至接人,却甚俗,只是一路爱便宜。"

【胡话】 hú huà ❶ 没道理或没根据的话。元王晔《桃花女》一折:"你这老弟子孩儿,我好意与你掐算掐算,讲这等～!"明《梼杌闲评》三三回:"臭尖嘴骚根子,再说～,咱就送你到前门上去!"清《绮楼重梦》三九回:"况我这样年纪,有妻有妾,多子多孙,还要聘什么侧室呢?求千岁爷别听了那些旁人的～。" ❷ 胡说。明《西游记》一二回:"法师正讲谈妙法,被两个疥癞游僧扯下来,乱说～。"《西洋记》六回:"长老咳嗽一响,把个飞唤吃了一惊,口儿里乱说道:'咳、咳、咳!险些儿,险些儿!'碧峰道:'又～了!'"《梼杌闲评》一七回:"～乱说!他是我哥哥,就是个外人,也不可怠慢。" ❸ 神志不清时说的话。清《红楼梦》一二回:"合上眼还只梦魂颠倒,满口乱说～,惊怖异常。"

【胡荤】 hú hūn 胡诨;胡说。宋侯善渊《声声慢》:"多少无知,开口信意～。鵷雏呼为斥鷃,把灵椿、唤作朝菌。"

【胡混】 hú hùn ❶ 胡闹;胡乱地闹哄或挥霍。明凌濛初《宋公明闹元宵》八折:"官街乱嘈,趁着人多,早过城壕。无人认识大英豪。齐～,醉酕醄。"清《续金瓶梅》四二回:"也有说是搬的日子冲撞了五道的,替他烧香化纸,～到午后才醒人事了。"《绿野仙踪》四〇回:"家中尚有三万餘金,年来～了一万六七。" ❷ 混日子;无意义地或敷衍度日。清《歧路灯》二一回:"总不如趁自己有个家业,手头有几个闲钱,三朋四友,～一辈子,也就罢了。"《姑妄言》一〇回:"且说那游混公自宦家出来,失了肥馆,又开了一个散学～。" ❸ 混事;没有能力却承担事务。清《万花楼》一九回:"狄青一见,也不追赶,喜洋洋道:'如此东西,也来～!'" ❹ 胡乱应付。清《飞龙全传》六回:"赵匡胤分付,不过因一时酒兴,现在欢娱,心下只当戏言,口中无非～。"

【胡嚼】 hú jiáo 胡说的詈词。清《绿野仙踪》四九回:"臭蹄子,你还没～够么!"《白雪遗音·寂寞寻春》:"再要～打你的嘴。"

【胡搅】 hú jiǎo ❶ 无理搅乱;胡闹。清《歧路灯》一〇〇回:"我的心,只有一个人知晓,就叫他们唱去。省的人不明白,还说我是舍不的钱,只是～。"《补红楼梦》一八回:"你莫在里头～。张姑娘,我和你说正经话。" ❷ 狡辩;无理强辩。清《红楼梦》五六回:"湘云没了话答对,因笑道:'你只会～,我也不和你分证。'"

【胡啰】 hú jìng 胡说。明汤显祖《牡丹亭》二七出:"敢边厢甚么书生,睡梦里语言～?"

【胡侃】 hú kǎn 胡乱说没意义的或逗趣的话。《元曲选外编·西厢记》三本二折:"你那隔墙酬和都～,证果的是今番这一简。"明徐复祚《投梭记》八出:"你偷窃无昏旦,帮闲～。可惜杖儿不在我手里,狠打一顿才好。"清尤侗《钧天乐》二二出:"笑杀你贻绣枕真～,可知你吟晶屏也厚颜。"

【胡来】 hú lái 乱来;胡做。金《董解元西厢记》卷三:"九百孩儿,休把人厮啅,你甚～,我怎信?"清《歧路灯》三〇回:"你年轻,不知事。这是～不得的。"

【胡赖】 hú lài ❶ 耍赖;抵赖。《元曲选外编·金凤钗》二折:"你少我钱还～!"明《西湖二集》卷三三:"你已是招承了,怎敢～!"清《世无匹》七回:"凶械现在,还想～吗!" ❷ 随意诬赖。明《杜骗新书·婚娶骗》:"汪店言:我家那有零布,是你自剪起～我。"

【胡阑】 hú lán "环"字的切口。元睢景臣《哨遍·高祖还乡》:"一面旗白～套住个迎霜兔,一面旗红曲连打着个毕月乌。"

【胡伶】 hú líng ❶ 形容人的眼睛明亮、转动灵活。《元曲选外编·西厢记》一本二折:"～渌老不寻常,偷睛望,眼挫里抹张郎。"明佚名《天净沙·艳丽》:"细葱葱杨柳纤腰,美甘甘～六老。" ❷ 聪明伶俐。元王和卿《拨不断·王大姐浴房内吃打》:"假～,骋聪明。你本待洗腌臜到惹得不干净。"明朱有燉《赛娇客》一出:"你道是艳色鲜明,体态娉婷,性格～。"冯惟敏《朝天子·嘲诮》:"性格儿天生定,黄毛儿黑尾鬼～。" ❸ 行动灵活、敏捷。《元曲选·神奴儿》二折:"往常时似羊儿般软善,端的似要马儿般～。"

【胡卢提】 hú lu tí ❶ 同"葫芦提❷"。宋吴曾《能改斋漫录》卷五:"张右史《明道杂志》云:钱内翰穆父知开封府,断一大事。或语之曰:可谓霹雳手。钱答曰:仅免～。盖俗语也。" ❷ 同"葫芦提❸"。元明《水浒传》二六回:"待要～入了棺殓了,武大有个兄弟,便是前日景阳冈上打虎的武都头。他是个杀人不斩眼的男子。"明《型世言》一三回:"吃他一打合,只～叫他要报伤含糊些,已诈去百餘两。"清洪昇《长生殿》一三出:"～掩败将功冒,怪浮云蔽遮天表。"

【胡卢题】 hú lu tí 同"葫芦提❶"。明王九思《一枝花·贺对山得子》:"把一个骏马驹～羊圈里沉埋。"

【胡卢蹄】 hú lu tí 同"葫芦提❸"。元佚名《水仙子·冬》:"只不如～每日相逐趁,到能够吃肥羊饮巨觥,得便宜是好好先生。"

【胡乱】 hú luàn ❶ 没有根据或道理地。宋张载《张子语录》下:"未知立心,则或善或恶,故～思量,惹得许多疑起。"《元曲选·马陵道》一折:"有阵便摆,无阵便罢,他怎生摆出个～阵来,教我怎生认的?"清洪昇《四婵娟·李易安》:"如此佳茗,不可～就饮。我与相公赌些甚么,以为饮茶先后何如?" ❷ 随意;任凭情绪或自然。宋元《醒世恒言》卷一四:"董贵道:'要几钱?'婆子道:'～。'"《元曲选·罗李郎》三折:"穿茶坊入酒肆,把家财～使。"明袁宏道《与李子髯书》:"大抵世上无难为的事,只～做将去,自有水到渠成日子。" ❸ 勉强;凑合;将就。宋《五代史平话·周上》:"咱待去为人雇佣挑担东西,～糊口度日。"《元曲选外编·金凤钗》三折:"大哥,店身里～睡一夜。"明汤显祖《牡丹亭》四〇出:

"一株树上生百十来个虫，便～结几个儿，小厮们偷个尽。" ❹ 轻易。元明《水浒传》七回："高太尉府中有一口宝刀，～不肯教人看，我几番借看，也不肯将出来。"明《警世通言》卷四〇："金丹宝鉴等乃斗中孝悌王所授，我怎肯～与你？" ❺ 姑且；权且。元明《水浒传》一七回："阿叔，～救你哥哥，也是兄弟情分。"明《型世言》九回："咱身上还有件青绵布衫，～拿去当百来文钱与他罢。"清《飞龙全传》一六回："我如今不如咬定牙，只得硬赖，～儿顾了目前名目，再做道理。"

【胡伦】 hú lún 同"囫囵❸"。元乔吉《小桃红·楚仪来因戏赠之》："楚雨湘云总心事，许多时，口儿里不道个～字。"又《满庭芳·渔父词》："闲来得觉～睡，枕着蓑衣。"石君宝《紫云庭》三折："俺娘则是个敲郎君置过活，他这几年间衠儹下～课。"

【胡冒】 hú mào 胡蒙；冒充行家蒙人。明陈铎《朝天子·卖仗》："见病歪诌，逢人～，死的多活的少。"

【胡迷】 hú mí 迷失方向。清《聊斋俚曲·磨难曲》："有一伙瞎厮，在路上走路～了，一骨碌张在崖里。"

【胡拿】 hú ná 胡做；乱搞。《元曲选·梧桐雨》三折："早间把他个哥哥坏了，总便有万千不是，看寡人也合饶过他，一地～。"明朱载堉《山坡羊·十二鬼》："无眼鬼支了此瞎架，树耐鬼动不动～。"清《醒世姻缘传》七一回："干了朝廷好事，只知一地～。"

【胡闹】 hú nào ❶ 闹哄；起哄；做徒张声势的事。元吕天用《一枝花·秋蝶》："秋深何处生芳草？残菊边且～。"清《女仙外史》四八回："又有人抬着桌儿凳儿，爬上去取蓑衣时，那竹杖就长有数丈来高。鲍姑道：'列位不用～，待我来取。'"《歧路灯》一七回："王氏道：'没本事吃，你少吃一盅儿该怎的？'绍闻道：'他们只是～哩。'" ❷ 胡来；轻易做；做无理的事。明《梼杌闲评》一五回："你们不明道理，只是～。"清《绿野仙踪》六回："行了数步，只听得三四个人乱叫道：'相公快回来，不是～的。'"《白雪遗音·人要老了》："人要老了休～，莫要上嫖。" ❸ 混事；瞎闹腾。清《儒林外史》三一回："不瞒太爷说，晚生在江湖上～，不曾读过甚么医书，却是看的症不少。" ❹ 胡说；开玩笑。清孔尚任《桃花扇》七出："看不分别，混了亲爹；说不清白，混了亲伯。〔笑介〕～，～！"《歧路灯》九九回："双庆是个粗人，到那里不晓道理，信口～也是有的。不如街上轿铺里雇个人挑的去。"《镜花缘》三九回："小弟因这反舌二字不过说他比得不伦，怎么王兄竟将小弟同禽鸟论起支派？这更～了！" ❺ 指交配。清《绿野仙踪》四八回："猪狗白日里～，虽是没廉耻，他到的还得些实在。"

【胡弄】 hú nòng ❶ 胡乱搞；不按规矩做。明汤显祖《牡丹亭》二三出："恰好九分态，你要做十分颜色。数着你那～的花色儿来。"《二刻拍案惊奇》卷三四："眼睛背后任凭他们这等～，约下了一个惊去了，又换了一个，恣行淫乐。"清《歧路灯》二八回："若是再～起来，这便是福薄灾生了。" ❷ 糊弄；蒙混。明冯惟敏《黄莺儿·嘲妓兰池》："假名托姓精～。瓦盆中，连根儿倒出，真个是麦门冬。"《拍案惊奇》卷三九："而今并那邪不成邪，术不成术，一味～，愚民信伏，习以成风。"清《红楼圆梦》一四回："如今汉子没了，又来府里浪，有你这主儿和他一气～我！" ❸ 将就；凑合。清《红楼梦》一一〇回："凤姐急忙进去，吆喝人来伺候，～着将早饭打发了。"

【胡喷】 hú pēn 犹"胡吣"。《元曲选·勘头巾》一折："小后生从来火性紧，发狂言信口～。"△《红楼真梦》三三回："狗嘴里～，也不嫌臭。"

【胡嘌】 hú piào ❶ 胡念乱唱。金《董解元西厢记》卷一："正念佛作偈，把美令儿～。" ❷ 胡说；乱说。明汤显祖《牡丹亭》一四出："要练花绡帘儿莹、边阑小，教他有人问着休～。"

【胡吣】 hú qìn 胡说的詈词。吣，猫、狗呕吐。清《红楼梦》八五回："你还只管信口～，还叫人家先要了我的命呢！"《补红楼梦》一九回："好个野黄子，越发信嘴儿～起来了。"

【胡觑】 hú qù 乱偷看。宋李邴《女冠子·上元》："这一双情眼，怎生禁得，许多～。"元黑老五《粉蝶儿·集中州韵》："那厮儿拿瓜那塔要这老儿近身频问取，那厮儿故徒不顾都～。"清《聊斋志异·瞳人语》："此芙蓉城七郎子新妇归宁，非同田舍娘子，放教秀才～！"

【胡嚷】 hú rǎng 乱吵嚷。明梅鼎祚《昆仑奴》二折："你们都不要～，着一两人暗暗的缉访。"《西游记》二四回："指着唐僧，秃前秃后，秽语污言不绝口的乱骂；贼头鼠脑，臭短臊长，没好气的～。"清《醒世姻缘传》三一回："不作急的外边去寻，没要紧且在这里～！"

【胡讪】 hú shàn 胡言乱道。明孟称舜《英雄成败》二折："恣意的自～，信口的乱褒弹。"徐复祚《投梭记》八出："那有许多～，看他具襟裾马牛一般。"清佚名《金兰谊》一四出："须知道各家门。各家门，谁要你，口～！"

【胡哨】 hú shào ❶ 同"唿哨❶"。元明《水浒传》一九回："两个～一声，芦苇丛中钻出四五个打鱼的人来。"清《续金瓶梅》八回："～了一声，就有一枝箭射来。" ❷ 同"唿哨❷"。《元曲选外编·西游记》六出："飕飕～起，咚咚地鼓声催。"清《歧路灯》一〇回："骡夫打了一声～，驮轿走开。" ❸ 胡闹；胡言乱语。明孟称舜《娇红记》三四出："都是你这伙帮闲钻懒奴侪料，逗得大爷呵，歌楼酒馆乱～。"清嵇永仁《扬州梦》八出："曾向柳营亲射雕，天山荡定何足道，矢发弓开声饿鸮，〔射中，众喝采介〕当场再敢谁～？"

【胡说】 hú shuō 瞎说；胡扯。宋《朱子语类》卷五："如今人全不曾理会，才见一庸人～，便从他去。"《元曲选·窦娥冤》三折："这等三伏天道，你便有冲天的怨气，也召不得一片雪来，可不～！"清《绿野仙踪》三一回："这妖妇满口～！"

【胡厮】 hú sī 用在含有交互义的动词前，表示相互任意地或胡乱地。宋郭应祥《渔家傲·丁卯生日自作》："随分倩尊呼儿个，～和，愁颜镇日何曾破。"宋元《清平山堂话本·合同文字》："打这厮出去，～缠来认我们！"元高明《琵琶记》三四出："～，两乔才。"佚名《柳营曲·风月担》："虚飘飘～揪挦，实丕丕响钞精蟾。"明《西游记》二四回："小道童～骂。"清方成培《雷峰塔》二五出："劝伊休得～闹，现形时被人惊笑。"

【胡孙】 hú sūn 同"猢狲❶"。唐薛渔思《河东记·踏歌鬼》："两个～门底来，东家阿嫂决一百。"明《朴通事谚解》卷下："孙行者是个～，见那狗蚤，便拿下来磕死了。"

【胡狲】 hú sūn ❶ 同"猢狲❶"。《太平广记》卷四四六引《王氏见闻》："市上有一人，善弄～。"《玉芝堂谈荟》卷三四引《微妙志》："又蓄一～，小如虾蟆。" ❷ 同"猢狲❷"。明吾邱瑞《运甓记》一三出："今日出来，果然还早，个星～还弗见到。"

【胡踏】 hú tà 胡行；随意去不该去的地方。元佚名《一锭银过大德乐·双姬》："更敢～，茶房酒肆家。"高明《琵琶记》三出："院公，你不得知我吃小娘子苦，并不许我一步～。"

【胡谈】 hú tán 胡说。明《西游记》三二回："你且休～，待我问他一声。"《禅真后史》二回："这厮不痴不醉，为何这等～！"清《霓裳续谱·丽日融和》："佳人听，变朱颜：侍儿无知莫～。"

【胡梯】 hú tī 有水平踏脚及扶手护栏的梯子。样式应从胡地传入，因称"胡梯"。《祖堂集》卷一八《赵州和尚》："师为沙弥，扶南泉上～。"宋李诫《营造法式》卷七："造～之制：高一丈，拽脚长随高，广三尺，分作十二级，拢𣏌椳，施促踏版（侧立者谓之促版，平者谓之踏版），上下并安望柱。”清《荡寇志》八三回：“只听～上脚步响，看时却是慧娘下楼来。”

【胡同】 hú tòng 小巷。蒙古语借词，原义可能是水井。明《梼杌闲评》四六回：“令军士把守各～，摆开围子，连苍蝇也飞不过一个去。”清《霓裳续谱·夏景儿天》：“胳膊上跨着一个小荆篮，串～，要拐弯。”

【胡突】 hú tu ❶一种糊状食品。唐段成式《酉阳杂俎》卷七：“韩约能作樱桃饆饠，其色不变；又能造冷～、鲙鳢鱼臆。”❷同“糊涂❶”。元王晔《折桂令·问黄肇》：“丽春园黄肇姨夫，人道你聪明，我道你～。”明凌濛初《虬髯翁》四出：“两下里都一样～帐，到今日才还他回味香。”清《聊斋俚曲·墙头记》：“那官府忒也偏，一打几乎到九泉，好～并不听人辨。” ❸同“糊涂❷”。元睢景臣《哨遍·高祖还乡》：“换田契强秤了麻三秤，还酒债偷量了豆几斛。有甚～处？明标着册历，见放着文书。”刘时中《端正好·上高监司》：“半边子兀自可，捱作钞甚～，这等儿四六分价唤取。”清毛奇龄《寄复上蔡张先生》：“即近年稍知读古本《大学》，然尚以捉摩未定，触手～。” ❹同“糊涂❹”。明康海《与姜武功计处樊伸等贼攻犯事宜》：“若里老～搪塞，不行用心，致有疏虞。先反复申喻，以军法从事。” ❺同“糊涂❻”。明王世贞《小诸皋》：“阖辟以前，乾坤之外，到了不堪穷际。尽追求、尽教～。”《二刻拍案惊奇》卷二一：“连小人心里也～。两下多疑，两下多有辨，说不得是那一个。”

【胡突虫】 hú tu chóng 同“糊涂虫”。明冯惟敏《河西六娘子·笑园六咏》：“也不辨雌雄，也不见西东，笑不醒风魔～。”清《聊斋俚曲·寒森曲》：“白手来来白手去，你也是个～。”

【胡涂】 hú tú 另见hú tu。胡乱涂抹或涂写。多用作写作的谦词。宋蔡襄《忆弟》：“酒酣襞纸探强韵，～醉字成乱鸦。”明刘麟《与吴行可书》：“龙尚伊留小册在坦，令作字，已～数字。”

【胡涂】 hú tu 另见hú tú。❶同“糊涂❶”。明李梦阳《疑赋》：“舍彼灵明，溺任～。皎皎者忌，怜彼浊污。”《西湖二集》卷三三：“即日逐去了这个～知府，从此纪法肃然。” ❷同“糊涂❺”。清《万花楼》四一回：“父子私算，乘其醺醉～，有机可乘。”

【胡涂虫】 hú tu chóng 同“糊涂虫”。明佚名《锁南枝半插罗江怨·代手指诉冤》：“三般儿长的蹊跷，因此上客不临门。～拿着俺煞恨。”清《红楼梦》一二回：“我看他那样清秀，只当他们心里明白，谁知竟是两个～，一点不知人心。”

【胡歪】 hú wāi ❶胡做；乱搞。明陈铎《水仙子·咏妓泥人儿》：“专与些小儿曹每日～。那里也捏土焚香拜，那里也肩舆上扛抬。”康海《沉醉东风·秋日即事》：“叹人生易似浮埃，昨日青春不再来，却怎的～数载。”刘良臣《醉太平·田园杂兴》：“天泽地利当堂卖，官仓私库一齐解。不白不黑只～，田园中醉绐。” ❷（行为或行迹）歪斜；不正。明王寅《夜行船·七十自寿》：“平生心性本～，与俗少和谐。”冯惟敏《满庭芳·四憎·蝇》：“虽然首尾无毒害，踪迹～。”

【胡行】 hú xíng ❶随意行动；胡乱行走。唐易静《兵要望江南·占气》：“临阵次，赤气后前生。必有伏兵埋气下，事须谨慎探其情，固守莫～。”元刘庭信《折桂令·忆别》：“想人生最苦离别。脚到处～，眼落处痴呆。”清《绿野仙踪》七二回：“谨遵师尊严训，一步不敢～。” ❷胡做；乱搞。元佚名《柳营曲·晋王出寨》：“卖弄他聪明，一哄的～，踢气毬养鹌鹑。”明王守仁《与惟善书》：“祥儿在宅打搅，早晚可戒告，使勿～为好。”清《醒世姻缘传》五五回：“到了这边，狄员外不曾奉过内旨，怎敢矫诏～。”

【胡渰】 hú yān 即“搠渰”。胡，疑为“朔”的误字。《元曲选外编·西厢记》二本二折：“别的都僧不僧、俗不俗，女不女、男不男，则会斋得饱也则去僧房中～，那里管焚烧了兜率也似伽蓝。”

【胡言】 hú yán 胡说。也指胡说的话。宋张继先《忆桃源·蔡师元款予及神翁侍宸》：“休咽气，莫～。岂知造化玄。”明《西洋记》二四回：“那听他的～，我和你只晓得杀。”清方成培《雷峰塔》一七出：“孽畜，还敢～！”

【胡疑】 hú yí 胡乱猜疑。明沈自徵《簪花髻》：“一个道保亲送嫁的锺馗女，一个道吊客丧门的鬼子妻，都乱讲～。”《西游记》五五回：“莫～乱说，待我看去。”又八五回：“似你这般恐惧惊惶，神思不安，大道远矣，雷音亦远矣。且莫～，随我去。”

【胡云】 hú yún 胡说。《元曲选外编·智勇定齐》一折：“这厮～！令人，请上大夫晏婴来者。”明佚名《闹铜台》二折：“非是咱谬语～。”清陈端生《再生缘》六〇回：“莫乱道，真～，事不分明就怨君。”

【胡支】 hú zhī 胡支对；胡乱支吾。元明《三国志通俗演义》卷二：“反国之贼，尚敢～！谁去擒之？”明杨慎《洞天玄记》开场：“可惜良辰美景，休要乱道～。请问后房子弟，搬演何代传奇？”清《姑妄言》一〇回：“遭逢俗子骄人态，满口～，装尽呆痴。”

【胡枝扯叶儿】 hú zhī chě yè er 东拉西扯，胡乱牵缠。明《金瓶梅词话》二一回：“你这小淫妇，单管～的。”清《儒林外史》五四回：“心里慌慌的，合着眼就做出许多～的梦。”

【胡诌】 hú zhōu 瞎编；乱说。元关汉卿《斗鹌鹑·女校尉》：“非是我～，上下泛前后左右瞅，过从的圆就。”清《红楼梦》一一八回：“你就念念，别顺着嘴儿～。”

【胡啁】 hú zhōu 同“胡诌”。《元曲选·李逵负荆》一折：“暂今番泼水难收，到那里问缘由，怎敢便信口～？”明朱有燉《辰钩月》四折：“世间人浪说虚传，信口～。”沈榜《宛署杂记》卷一七：“语不佳曰～。”

【胡诹】 hú zōu 同“胡诌”。明朱有燉《豹子和尚》二折：“这壁那壁厮扯揪，信口～。”《拍案惊奇》卷二八：“那戏文本子，多是～，岂可凭信！”

【胡做】 hú zuò 随意乱做；胡来。宋《朱子语类》卷六一：“盆成括恃才妄作，谓不循理了，硬要～。”《元曲选·曲江池》四折：“想你来迎新送旧多～，到今日穷身泼命怎收科？”清《醒世姻缘传》三回：“你的爹爹与你挣了这样家事，你不肯安分快活，却要～。”

【葫卢提】 hú lu tí 同“葫芦提❶”。明《禅真后史》九回：“这是妇人家俭省做家的本等。终不成做家主的不要料理，任凭奴才们偷柴窃米，～过了日子。”

【葫芦提】 hú lu tí ❶不辨是非；不区分情况。金《董解元西厢记》卷二：“待觅个身亡命夭，又恐贼军，不知缕细，～把寺院焚烧。”明柯丹邱《荆钗记》二二出：“书中句全无礼体，竟不审其中详细，～便说他不是，骂得我无言抵对。”清《霓裳续谱·忽听得中堂人语喧》：“到阴司少不得一桩桩把善恶来稽查，少不得明晃晃把业镜照查，早难道～一笔勾拿。” ❷失魂落魄；迷糊；糊涂。金《董解元西厢记》卷一：“道着睬也不睬，焦也不焦，眼眯瞑地佯呆着，一夜～闹到晓。”元卢挚《沉醉东风·对酒》：“～醉中闲过，万里云山入浩歌，一任傍人笑我。”《元曲选·冤家债主》四折：“兄弟，你好～也。我昨日不曾说来，阳世间的人，我便断的，阴府神祇，我怎么断的？” ❸凑合；含糊；敷衍。元马致远《任风子》一折：“谢天地～过遣，稍有些水陆庄田。”明王錂《寻亲记》一〇出：“～不辩个分明，怎教我一笔招认？”清《八洞天》卷四：“养娘、老妪都只含含糊糊，不说明白。观保猜想不出，只得～过去了。”❹ 不相干；没来由。《元曲选·张生煮海》三折：“前日有一秀才，在我这房头借住，因夜间弹琴，被一个精怪迷惑将去了。那家童连忙赶去寻他，俺师父～也着我去寻。”明汤显祖《紫钗记》一一出：“咱去来说与你个明白，选成亲花朝好在，折莫你这几日呵～较害。” ❺ 埋没；不能识别。《元曲选·荐福碑》三折：“则为这三封书赍发我做十年客，你则休教八辅相～了那万言策。”

【葫芦啼】 hú lu tí 同“葫芦提❷”。元关汉卿《普天乐·崔张十六事·随分好事》：“猛见了倾国倾城貌，将一个发慈悲脸儿朦着，～到晓。”

【葫芦题】 hú lu tí 同“葫芦提❷”。宋佚名《红绣鞋·遇美》：“～猜不破，死木藤无回活。”

【葫芦蹄】 hú lu tí ❶ 同“葫芦提❷”。宋张耒《明道杂志》：“钱穆父内相本以文翰风流着称，而尹京为近时第一……因决一大滞狱，内外称之。会朝处，苏长公誉之曰：‘所谓霹雳手也。’钱曰：‘安能霹雳手？仅免～也。’” ❷ 同“葫芦提❹”。元马致远《陈抟高卧》四折：“您好是轻薄相，我又不寂寞恨更长。干把那蝶梦惊回，多管～害痒。”尚仲贤《三夺槊》一折：“当日都是那不主事萧丞相，更合着那没政事汉高皇，把韩元帅～斩在未央。”

【猢狲】 hú sūn ❶ 猴子。唐张鷟《朝野佥载》卷四：“目御史张孝嵩为小村方相，目舍人杨伸嗣为熟鏊上～。”清《醒世姻缘传》一一回：“自己把嘴每边打了二十五下，打得通是那～屁股，尖尖的红将起来。” ❷ 对年轻人的詈称或昵称。多用于称童仆。元宫天挺《范张鸡黍》一折：“我堪恨那伙老乔民，用这等小～，但学得些妆点皮肤，子曰诗云。”元明《水浒传》二四回：“郓哥道：‘我去房里便寻出来。’王婆道：‘含鸟～，我屋里那得甚么西门大官人？’”明《禅真后史》一六回：“聂氏将两个包子看了，笑道：‘这～将来孝敬你，也是他一团好情。’” ❸ 喻指人的欲心。明徐渭《翠乡梦》一出：“南天狮子倒也好堤防，倒有个没影的～不好降。”徐阳辉《有情痴》：“到是那劫财的盗跖防犹易，是这个窃髓的～降不伏！”

【湖洞】 hú dòng 即“胡同”。元《三国志平话》卷上：“张飞着力杀上血～，入去到于城中。”

【衚衕】 hú tòng 同“胡同”。元关汉卿《单刀会》三折：“旱路里摆着马军，水路里摆着战舡，直杀一个血～。”明沈榜《宛署杂记》卷五：“总计坊凡十有三。其以～名者，凡三百一十二。～本元人语。”清雍正三年十月十七日福敏、鄂弥达奏文：“汪日祺现在京师礶儿～居住。”

【糊突】 hú tu ❶ 同“糊涂❶”。元佚名《集贤宾·秋怀》：“百无是处，眼睁睁伶俐变～。”武汉臣《老生儿》三折：“你看这老的，越发老的～了，自家的个姓也忘了。”清《醒世姻缘传》四八回：“看你～呀！咱是小陈哥的娘老子，咱儿是他的冤仇，咱也就是他的冤仇了。” ❷ 同“糊涂❷”。元黑老五《粉蝶儿·集中州韵》：“毒雾睹古渡～，吾不如读书杜甫。”《元曲选·昊天塔》三折：“也不是我杀人心忒狠毒，管教他便人亡马倒都做血～。”清查继佐《续西厢》二折：“题名录上，写得楷楷的，并没些～。” ❸ 同“糊涂❸”。《元曲选·窦娥冤》三折：“天地也只合把清浊分辨，可怎生～了盗跖颜渊？”又《来生债》一折：“这钱呵动佳人有意郎君俊，～尽九烈三真。”明汤式《一枝花·自省》：“枕畔言～了胸襟，花下酒消磨了气色。” ❹ 混赖。元张国宾《薛仁贵》一折：“杀人可恕，谁敢把别人功业厮～。” ❺ 同“糊涂❺”。明汤式《一枝花·夏闺怨》：“上妆楼一步一个趑趄，指长亭一望一个～。”陆采《怀香记》二一出：“〔生〕你那时怎么不唤醒了我？〔贴〕梦适黄粱熟，～如聋哑。” ❻ 同“胡突❶”。清《聊斋俚曲·墙头记》：“早晨吃了两碗～，两泡尿已是溺去了。”又《慈悲曲》：“一日吃了两碗冷～，没人问声够了没。”

【糊突虫】 hú tu chóng 同“糊涂虫”。清《聊斋俚曲·增补幸云曲》：“耳软光听下人的话，真是一个～。”

【糊突桶】 hú tu tǒng 犹“糊涂虫”。元明《水浒传》二四回：“～！有甚么难见处！”

【糊涂】 hú tú 另见hú tu。同“胡涂(hú tú)”。宋陈著《题梁楷画村乐图》：“谁与画者，～潇洒。道古不古，一味山野。”张镃《临江仙》：“七个圈儿为岁数，年年用墨～。”《元曲选·岳阳楼》一折：“〔正末云〕墨换酒，你也不要？〔唱〕敢～了纸半张。”

【糊涂】 hú tu 另见hú tú。❶ 头脑不清；不明事理。唐张鷟《朝野佥载》卷六：“沧州南皮丞郭务静，性～。”《元曲选·窦娥冤》四折：“这等～的官，也着他升去！”清《醒世姻缘传》八六回：“奶奶，伶俐的是你，你却又～了！” ❷ 模糊；不清楚。宋杨万里《晓雾》：“政是春山眉样翠，被渠淡粉作～。”《元曲选·扬州梦》四折：“因此上落魄江湖载酒行，～了黄粱梦境。”清《绣戈袍》三五回：“却说张豹回朝将假头奉上，血迹～，圣上那里辨得真假。” ❸ 遮蔽；混同；使模糊。金元好问《二十六日早发安生道中雨木冰》：“玉树瑶林世界宽，木冰真作雨花看。青青也被～尽，松栢何曾保岁寒。”元杨维桢《元故用轩先生墓志铭》：“廉而不谅，直而不决，～皂白以从事，其敝甚跖。”清汪琬《咏山中云》之二：“虚空都被～了，只在纷纷出岫时。” ❹ 含混。宋刘黻《和紫阳先生感兴诗》之一六：“是非遂倒植，大道归～。”明《二刻拍案惊奇》卷一二：“晦庵也没奈他何，只得～做了‘不合蛊惑上官’，狠毒将他痛杖了一顿。”《封神演义》一九回：“只你传习不明，讲论～，如何得臻其音律之妙？” ❺ 昏晕；神志不清。明《禅真逸史》一八回：“况酒后～，林澹然又做了僧家，将言语激恼着他，怎生认得？”清《红楼梦》二五回：“他叔嫂二人愈发～，不省人事。”《万花楼》一八回：“不料到了天汉桥，酒醉得～了，呆呆不醒。” ❻ 疑惑；迷惑。明《拍案惊奇》卷一：“文若虚也心中～，忖道：‘不信此物是宝贝，这等造化不成？’”清《绿野仙踪》八四回：“周琏穿了衣服，大饮大嚼，比素常吃的多出一倍。到把些家人们～住了，不知他这病是甚么症候。” ❼ 不认真；敷衍。宋朱南杰《书考》：“官卑何展布，三载且～。”清《隋唐演义》七六回：“因不便追缉，只索付之不究，～过了。”

【糊涂虫】 hú tu chóng 詈称糊涂的人。清《歧路灯》三九回：“像那贤慧有气性的就会死，像我这不贤慧的～就死不成。”

【淴淴】 hú tu 同“糊涂❶”。宋《密庵和尚语录》：“长老也好～！”《大慧禅师语录》卷一二：“谓汝太惺惺，时复放～。”绍昙《五家正宗赞》卷四《智门祚禅师》：“卢行者惺惺成～。”

【鹘伶】 hú líng ❶ 同“胡伶❶”。清尤侗《宜春引·赠冯静容校书》：“～渌老，秋波一转天然妙。” ❷ 同“胡伶❷”。元宋方壶《红绣鞋·阅世》：“懵懂的怜瞌睡，～的惜惺惺。”

【鹘鸰】 hú líng ❶ 同“胡伶❶”。金《董解元西厢记》卷一：“这一双～眼，须看了可憎底千万，兀底般媚脸儿不曾见。”《元曲选·陈州粜米》一折：“若不沙，则我这双儿～也似眼中睛应不瞑。” ❷ 同“胡伶❷”。金《董解元西厢记》卷一：“虽为个侍婢，举止皆奇妙，那些儿～那些儿掉。”

【鹘卢提】 hú lu tí 同“葫芦提❷”。宋《朱子语类》卷一一七：“如此，只是～看，元不曾实得其味。”

【鹘露蹄】 hú lu tí 同“葫芦提❷”。宋吴曾《能改斋漫录》卷五：“然余见王乐道记轻薄者，改张邓公《罢政诗》云：赭案当衙并命时，与君两个没操持。如今我得休官去，一任夫君～。”

【鹘硉】 hú lù 同“忽律”。唐康骈《剧谈录》卷上:“京国豪士潘将军,住光德坊。”注:“忘其名,时人呼为潘～也。”

【鹘仑】 hú lún ❶ 同“囫囵❶”。宋觉范《三月二十八日枣柏大士生辰》之四:“生死～无背面,摩挲把玩久嗟咨。”范成大《题李子立知县问月台》:“初头混沌～样,阿谁凿开一为两。” ❷ 同“囫囵❸”。《五灯会元》卷四《益州大随法真禅师》:“问:‘如何是无缝塔?’师曰:‘高五尺。’曰:‘学人不会。’师曰:‘～砖。’”宋《朱子语类》卷八:“若只是握得一个～底果子,不知里面是酸、是咸、是苦、是涩,须是与他嚼破,便见滋味。”明李昌祺《四月八日寓陕州僧舍》:“晓殿敲钟僧浴佛,～柏子满炉烧。” ❸ 同“囫囵❺”。宋阳枋《答谊儒侄昂书》:“告子只于人物生处便～地谓之性,所以孟子后面用犬、牛、人折之便自窘了。” ❹ 糊涂;不明事理。宋罗大经《鹤林玉露》补遗:“澶渊之役,毕士安有‘相公交取～官家’之说。”

【鹘囵】 hú lún ❶ 同“囫囵❸”。清朱彝尊《沙溪铺记所见》:“铅山山肩排,一一赴湖口。～象覆釜,巨石坚不剖。” ❷ 同“囫囵❺”。宋朱熹《答杨至之书》:“圣人之言固浑融,然其中自有条理,毫发不可差,非如今人～儱侗无分别也。”又《答范伯崇书》:“伯恭讲论甚好,但每事要～说作一块。”

【鹘沦】 hú lún 同“囫囵❸”。宋吴潜《诉衷情·和韵》:“今宵分破～秋,孤客兴何悠。要向云中邀月,真个是呆头。”《朱子语类》卷六五:“他这物事虽大,然无间断,只是～一个大底物事。”

【鹘突】 hú tu ❶ 同“糊涂❶”。宋《朱子语类》卷九二:“韦昭是个不分晓底人。《国语》本自不分晓,更着他不晓事,愈见～。”明李梅实《精忠旗》二四出:“也不说个明白。好～哥哥,动不动一声喝。”清《聊斋志异·婴宁》:“设～官宰,必逮妇女质公堂,我儿何颜见戚里?” ❷ 同“糊涂❷”。唐孟郊《边城吟》:“何处～梦,归思寄仰眠。”宋王迈《试石鼓墨得月字韵》:“云疏漏檐光,晴意犹～。”清阮葵生《茶餘客话》卷一三:“问曰:不知物尽时,天地坏也不坏?朱子难为答,乃曰:也须有一场～。” ❸ 同“糊涂❸”。明茅僧昙《醉新丰》一出:“比如你一般眉目无真假,～了彩凤乌鸦。” ❹ 同“糊涂❹”。明《挂枝儿·空书》:“俏冤家哑谜儿～帐,话儿没一句,字儿没半行,教我独对着空书也,白白的把你想。”《韩湘子》一六回:“是张是李,索性说个明白,日后也显得汝的言语真实。若这般含糊～,谁人肯信汝的说话?” ❺ 同“糊涂❺”。宋韩淲《赠杰宿之》:“似醉似醒方～,上人剥啄带茶来。” ❻ 同“糊涂❻”。宋洪皓《松漠纪闻》卷一:“汝闻我来,用此相～耳,岂可赦也。”明《英烈传》一五回:“心中正起～,只听得帐门外呀的一声响,太祖便跳将起来,闪在一处。”清《野叟曝言》四四回:“众人撟舌惊诧,眼睁睁地看着素臣,疑鬼疑神,～不定。” ❼ 乖迕;唐突。《明史·刘宗周传》:“诛阉定案,前后诏书～。”清捧花生《画舫餘谭》:“如某姬者,凌人傲物,施之同辈,真为～。” ❽ 忐忑不安。明《二刻拍案惊奇》卷一九:“莫继要寻前番梦境,再不能够,心里～,如醉如痴,生出病来。”清《隋唐演义》一九回:“这些宫主嫔妃,都猜疑。惟有陈夫人他心中～的道:‘这分明是太子怕圣上害他,所以先下手为强;但这衅由我起,他忍于害父,难道不忍于害我?’” ❾ 同“胡突❶”。宋舒岳祥《退之谓以鸟鸣春戏集鸟名而赋之》:“浅铺薄遍煮苋汁,二升麦饼～流。”明朱橚《普济方》卷二五引《肘后方》:“～羹,用鲫鱼半斤,细切起作鲙,沸豉汁热投之。”

hǔ

【虎榜】 hǔ bǎng 即“龙虎榜”。宋方岳《瑞鹤仙·寿宋倅》:“难得。钓鳌连六,～登名。”明邵璨《香囊记》一六出:“〔贴〕你哥哥中第几名?〔外〕吾兄幸然名魁～。”清《白圭志》五回:“他名登～,何等荣耀。”

【虎拔思】 hǔ bō sī 即“火不思”。明沈德符《万历野获编》卷二五:“今乐器中,有四弦:长项圆鼙者,北人最善弹之,俗名琥珀槌……及查正统年间赐迤北瓦剌可汗诸物中,有所谓～者,盖即此物,而《元史》中又称火不思。”

【虎撑】 hǔ chēng 即“串铃”。清《续金瓶梅》二八回:“单说这蒋竹山……因搜出卖药的铁响～来,知道是卖药医人,饶了不杀。”

【虎儿】 hǔ er 灯虎;谜语。清《醒世姻缘传》五九回:“纂作的还说不够,编～,编笑话儿,这不可恶么?”

【虎棍】 hǔ gùn 恶棍;地痞。明顾起元《客座赘语》卷八:“畜～数十人,遇江上贾舶至者,令其党假充诸色人。”《禅真逸史》二四回:“先去府中呈告,说有～积赌杜某叔侄二人,专一妆局骗人。”

【虎舅】 hǔ jiù 猫的别名。宋陆游《嘲畜猫》自注:“俗言猫为～,教虎百为,惟不教上树。”清孙枝蔚《闲趣》:“浮萍叶大鱼秧活,鹦鹉声高～来。”

【虎口】 hǔ kǒu ❶ 大拇指和食指相连的部分。《云笈七籤》卷五九:“以左手握固右手～,台首并仰尽力;后却以右手握固左手～,复如之。”清《说岳全传》五二回:“照着严成方的锤上打去,将严成方的～震开,把锤打落于地。” ❷ 拇指、食指撑开的长度。元张氏《青衲袄·偷期》:“蹙金莲双凤头,缠轻纱一～。”明徐复祚《红梨记》一九出:“软红鞋、血染猩猩。量来～三寸争,帮儿四面都周正。”清《醒世姻缘传》九〇回:“交过四月,打到人腰的麦苗,一～长的麦穗。” ❸ 剑把、剑体相接部位的护鞘,状若虎口。元施惠《一枝花·咏剑》:“香檀把～双吞玉,沙鱼鞘龙鳞密砌珠。”

【虎剌八】 hǔ là bā 同“忽剌八”。清《醒世姻缘传》四五回:“他～的,从前日只待吃烧酒合白鸡蛋哩。”按,一本作“虎辣八”。

【虎剌孩】 hǔ là hái 同“忽剌孩”。《元曲选·陈州粜米》一折:“你这个～作死也!你的银子又少,怎敢骂我!”《元曲选外编·射柳捶丸》三折:“看了这～儿武艺委实高强,俺两个夹着马跑了罢。”

【虎喇孩】 hǔ là hái 同“忽剌孩”。明佚名《精忠记》三出:“我们番将实是乖,惯吃牛肉不持斋。孩子都在马上养,长大都叫～。”

【虎脸】 hǔ liǎn 怒脸;生气的脸色。清《醒世姻缘传》一一回:“黄着～,撅着嘴,倒像那计家的苦主一般。”

【虎势】 hǔ shì ❶ 犹“虎威❷”。《元曲选·丽春堂》二折:“这都是托赖着大人的～,赢的他急难措手,打的他马不停蹄。”清《好逑传》二回:“他不过是韩愿私党,假称圣旨,虚装～,要骗出人去。”陈端生《再生缘》七一回:“今日要佯装～,假作王威,把你这小小女子吓得个九死一生。” ❷ 凶势;狠劲。明沈鲸《双珠记》一六出:“你本是个席上之珍,怎当他～豺心狠。”《石点头》卷一〇:“只因贪他貌美,奸他的心肠有十分,卖他的心肠更有十分,故所以不放出～,只得缓缓的计较。” ❸ 形容狠恶的动作架势。明《一片情》二回:“邵瞎一个～扑将过去,把两手只一摸,摸着两个人。” ❹ 犹“火势”。清《醒世姻缘传》三九回:“论这～,也象似快了,只是我下意不得指望他死。”又五九回:“一见了他,不由自己就象不是我一般,一似他们就合我有世仇一般,恨不得不与他们俱生的～。”

【虎跳】 hǔ tiào ❶ 像虎跃那样的跳。明吾邱瑞《运甓记》

一三出："若论我个本事，搭子三兄四弟，以会颠三槊两，钉钉捉七；以会斗牌买快，～觔兜。"《禅真逸史》一九回："只是不肯读书，候先生不在，翻筋斗，打～，扯拳拽脚。"清《隋唐演义》一八回："用身法纵一个～，跳于马前。" ❷ 即"黑虎跳"。明王衡《郁轮袍》六折："我做考官茅糙，错认中又有错认，白日里捏个～。"

【虎头牌】 hǔ tóu pái ❶ 元代皇帝颁给高级武官的有虎头纹饰的佩物，用以证明品级，也作为高官出使或便宜行事的信符。后代沿用。宋孟珙《蒙鞑备录》："鞑人袭金虏之俗，亦置太师、元帅等。所佩金牌，第一等贵官带两虎相向，曰虎头金牌。"《元曲选·黄粱梦》二折："你男儿有八面威，七步才，现带着征西金印～。"明《西洋记》四五回："老爷叫过左护卫郑堂来，传出～一面，前往浡淋国招安。" ❷ 有虎头纹饰的盾牌。元明《水浒传》七六回："龙文剑掣一汪秋水，～画几缕春云。" ❸ 地府勾摄或官府拘提罪犯的凭证。明汤显祖《牡丹亭》二三出："〔丑〕点鬼簿在此。〔净〕则见没掂三展花分鱼尾岫，无赏一挂日子～。"清《玉蟾记》四回："内有一个夜叉右手执大锤一柄，左手执～一面，上写'奸阉王振之魂'。"《荡寇志》八五回："魏虎臣得了那角移文，好似囚犯见了提牢～。" ❹ 衙署或官员仪仗摆列的绘有虎头纹饰的告示牌。清《说岳全传》一五回："东南上千条条钢鞭铁棍狼牙棒，西北里万道道银锤画戟～。"《二度梅》二六回："东南门～悬挂，上写'升赏参罚，革职捆打'。"

【虎威】 hǔ wēi ❶ 虎身上的一种骨头。唐段成式《酉阳杂俎》卷一六："～如乙字，长一寸，在胁两旁皮内，尾端亦有之。"明郎瑛《七修类稿》卷四四："问其～，曰：'在颈下二肘间，如乙字，三寸许。虎镜在当心，皮里膜外，若脆骨然，取而佩之，临官而能威众，常人则无憎疾矣。'" ❷ 威武的气势；权势。唐汪遵《乌江》："兵散弓残挫～，单枪匹马突重围。"《元曲选·陈州粜米》楔子："俺两个全仗俺父亲的～，拿粗挟细，揣歪捏怪。"清《梦中缘》一一回："刽子手头插雉尾，赫赫满面生杀气；夜不收手持铁挛，凛凛浑身具～。" ❸ 敬词。多称武人的威势。金《董解元西厢记》卷八："退却乱军，免却生离，都是哥哥～。"元明《水浒传》二回："今日小弟陈达不听好言，误犯～。"清《说唐后传》四五回："小人该死，冒犯～，望帅爷饶命。" ❹ 威吓。清李渔《奈何天》一一回："妙哉！妙哉！被我一阵～，弄得他伏伏贴贴。"

【虎吓】 hǔ xià 吓唬；用威胁手段得到。元王伯成《贬夜郎》三折："又道我～你酒食，怕误了你爱月夜眠迟。"《元曲选外编·独角牛》三折："打这厮自奖自夸自丰鉴，休想道～的咱家善。"

【虎唬】 hǔ xià 同"虎吓"。明《西游记》二〇回："我出家人远来借宿，就把这厌钝的话～我。"

【琥珀槌】 hǔ pò chuí 即"火不思"。明沈德符《万历野获编》卷二五："今乐器中，有四弦：长项圆鼙者，北人最善弹之，俗名～。"

【琥珀词】 hǔ pò cí 即"火不思"。明方以智《通雅》卷三〇："火不思即今之～也……智见今山、陕、中州皆弹～，其制似之。"

hù

【户】 hù ❶ 从事某职业的人或家庭。《新唐书·食货志四》："广德二年，定天下酤～以月收税。"《明史·食货志二》："他如陵～、园～、海～、庙～、牖夫、库役，瑣末不可胜计。"清《绿野仙踪》四三回："敝乡从去年二月搬来一家乐～，姓郑。" ❷ 酒量。《敦煌变文校注》卷二《叶净能诗》："尊师饮～大小？"宋韩琦《使回戏成》："礼烦偏苦元正拜，～大犹轻永寿杯。"清龚诚《二月望日西涧金宪招饮》："酒徒嗜酒惭～小，饮未三升迷白皂。"

【户计】 hù jì 元代将人口按种族、宗教、职业等的区别，分为民户、站户、军户、匠户、冶金户、打捕户、姜户、维吾尔户、也里可温户等，称"诸色户计"，省称"户计"。《元典章·圣政二》："应管军民人匠诸色～官吏人等，今后毋得将所管～私自役使影占。"《通制条格》卷一八："和雇和买并依市价，不以是何～，照依行例应当。"《元史·兵志三》："八年，散还元屯户，别签南阳诸色～，立营田使司领之。"

【户奴】 hù nú 家奴。《旧唐书·张玄素传》："承干嫉其数谏，遣～夜以马挝击之。"明王直《题钟绍京墨迹后》："绍京率丁匠、～二百人，执斧锯以从。"

【户帖】 hù tiě 登记每户田产或人口的册子。唐崔戎《请勒停杂税奏》："今令并省税名目，一切勒停，尽依诸处为两限，有青苗约立等第，颁给～。两税之外，餘名一切勒停。"明谈迁《谈氏笔乘》逸典："洪武三年十一月辛亥，给民～，以户部半印勘合。令有司各户比对，不合者遣戍，隐匿者斩。男女、田宅、牛畜，备载其后。"

【户头】 hù tóu ❶ 户口；立户的名头。《隋书·食货志》："大功已下，兼令析籍，各为～，以防容隐。"明《型世言》三一回："他与史官童同姓不亲，各立～的。" ❷ 户主；一户之长。唐武则天《改元载初赦文》："天下百姓，年二十一身为～者，各赐爵一级。"宋《朱子语类》卷九四："如人家有兄弟，只说～上，言兄足矣；才说弟，便更别有一人。"元《通制条格》卷三："本管的医人内，除～作医户当差外，其餘弟兄、孩儿每，省会医人的，不会医人的，析居收作协济民户。" ❸ 一定户籍的头目，负责督理该籍内赋税、人口等事。清赵慎畛《榆巢杂识》卷下："乌鲁木齐之民凡五种：由内地募往耕种，及自往塞外认垦者，谓之民户……发往种地为奴，当差年满为民者，谓之遣户。各以～、乡约统之。" ❹ 人户；人家。清《荡寇志》八四回："凡是江湖上的勾当，不论跑解，走索，串社火，使枪棒卖药，都要投托地方上有势力的～，先去参拜了，求他包庇，名唤坐靠山。"

【户尉】 hù wèi ❶ 禁卫；护卫之人。明《清平山堂话本·老冯唐》："文帝甚忧，乃引近臣僚黄门～三千餘人，各乘马匹，棘门、霸上、细柳三处劳军。"《古今小说》卷二五："来筵前作贼，盗酒器而出，被～所获。" ❷ 门神。道教称门神左者为门丞，右者为户尉。宋洪迈《夷坚志》甲卷三："左门神见拒，而右～为我通报。"《元曲选·后庭花》四折："他们定桃符辟邪祟，增福禄，画锺馗，知他甚娘报门神～。"清《天豹图》一四回："其实是曹天雄魂魄回家，因自己家中，门丞～土地并不阻当。"

【护庇】 hù bì 庇护；袒护。明高拱《辨名分疏》："其在外省，则由巡按御史，见得进士推官、知县有科道之望，乃曲加～。"《梼杌闲评》三二回："刘一爆专权为祸，韩爌～元凶。"清孔尚任《桃花扇》一九出："我高杰乃元帅标下先锋，元帅不加～，倒叫与三镇服礼，可不羞死人也。"

【护臂】 hù bì 贴身保护的人。《元曲选·黑旋风》一折："泰安神州谎子极多，哨子极广，怎生得一个～跟随将我去方可。"《元曲选外编·降桑椹》一折："若得这个壮士，与我做～，可也好也。"元明《三国志通俗演义》卷一一："玄德暗喜，为有～在近，不惧伤害。"

【护兵】 hù bīng 担任护卫的兵卒。清《续金瓶梅》一九回："金主封徽宗为昏德公，钦宗为重昏侯……牛车一辆，～五百，迁往五国城。"《说岳全传》一二回："那些护卫兵丁军夜班等，俱吓得面面相觑。巡场官当下吩咐众～：'看守了岳飞，不要被他走了。'"陈端生《再生缘》一七回："几队～行过了，状元匹马向前行。"

【护槽】 hù cáo 牲口独占食槽不让别的牲口吃。明《金瓶梅词话》三八回："脚程紧慢多有他的，只是有些毛病儿，快～踅蹬。"

【护持】 hù chí ❶爱护扶持；保护。本佛教语，指敬持佛法或佛天佑护，六朝时已见。宋刘克庄《为圃》之一："爱敬古梅如宿士，～新笋似婴儿。"明《二刻拍案惊奇》卷三九："察院变色，急走起来，手取封好的印匣亲付与知县道：'烦贤令与我～了出去，收在县库。'"清袁枚《子不语》卷九："闻户外风起，彭大惧，以手持铁林曰：'紧抱我！～我！'" ❷特指皇帝降旨保护。元赵孟頫《瑞州路北干明寺记》："以其事上闻，有旨～，禁毋扰其寺。"《元史·世祖纪九》："江南袭封衍圣公孔洙入觐，以为国子祭酒，兼提举浙东道学校事，就给俸禄与～林庙玺书。"元明《水浒传》五二回："我家放着有～圣旨，这里和他理论不得，须是京师也有大似他的。"

【护从】 hù cóng ❶随从护卫；跟从侍奉。宋《九朝编年备要》卷一九："禁兵者，天子之卫兵也，殿前侍卫二司总之。其最亲近～者，号诸班直。"明汤显祖《南柯记》三三出："公主呵，你的恩深爱重，二十载南柯～。"清《二度梅》一八回："党公与二生～在后，迤逦回至公馆。" ❷指随从护卫的人员或规模。清《荡寇志》八〇回："自己带了～，解刘二到曹州府来。"《疗妒缘》三回："若那时不是盗穴，又有～，必然将一个有情有义的巧妹弄做冤家仇敌。"《豆棚闲话》九则："凡有举动，必先从发脚处踹听着实，窥其～，尾其后者。"

【护攒】 hù cuán 簇拥保护。《元曲选外编·西游记》五本二〇出："请师父上马休迟缓，众神人紧～。"

【护顶】 hù dǐng 带有后披以保护头颈的帽子。明《西游记》七〇回："打扮得靴鞋～并胖袄，简鞭袖弹与铜锤。"《金瓶梅词话》三四回："原来西门庆拿出两匹尺头来，一匹大红纻丝，一匹鹦哥绿潞绸，教李瓶儿替官哥裁毛衫儿、披袄、背心儿、～之类。"

【护铎】 hù duó 即"镬铎❶"。金《董解元西厢记》卷二："指约不住，一地里闹～，除死后一场足了。"

【护符】 hù fú 即"护身符❷"。清《野叟曝言》一回："奸僧肆恶，总恃佛为～。"又一二七回："如飞拿至，是方巾华服的一个富商，捐一都司知事职衔～。"《歧路灯》七二回："他现在是个生员。秀才身有～，你会怎的他？"

【护呵】 hù hē 呵护；保佑。宋汪元量《浮丘道人招魂歌》之八："天地长留国风什，鬼神～六丁立。"明《西洋记》一〇回："长老道：'你～那个真命皇帝来？'那神说道：'大凡真命皇帝下界，百神～。'"清钱谦益《天河公生圹志》："人之见幸与造物之所～，固不可同日而语也。"

【护诃】 hù hē 同"护呵"。宋常棠《海盐澉水志》卷七："鱼咏龙吟兮蛟螭～。"明何景明《古松歌》："千灵百怪相～，过客居人尽怜惜。"

【护回】 hù huí 回护；袒护。《元典章·圣政二》："诸王、公主、驸马各投下官人，每各自～影占百姓及权豪势要人等，沮坏元立定来的体例。"

【护救】 hù jiù 救护；帮助保护。宋陆游《老学庵笔记》卷二："其子冒死直前～，中三刀。"六十种曲本《琵琶记》二一出："张公～，我媳妇实难启口。"清《儒林外史》三九回："弓兵前来～，都被他杀伤了。"

【护局】 hù jú 护持局面；庇护。明吴应箕《启祯两朝剥复录》上："后珰败，复借题～，最为奸人之雄。"《梼杌闲评》二一回："皇上～，必不肯认这题目。"《醋葫芦》一七回："奈彼罪犯真当，叫孟婆亦难～。"

【护炕】 hù kàng 炕、床边沿的护栏或加装的维护部分。明《金瓶梅词话》一八回："这金莲近前，一手扶着床～儿，一只手拈着白纱团扇儿。"清《续金瓶梅》三回："那椅子已弄折了，抱在破炕边～上，又是一场好战。"

【护腊】 hù là 即靰鞡。东北地区冬天穿的一种防寒鞋，用皮革做帮底，内絮乌拉草，便于雪上行走。清厉荃《事物异名录》卷一六引《事物原始》："今辽东军人着靴，名曰～。"杨宾《柳边纪略》卷三："～，革履也。絮毛子草于中，可御寒。"

【护领】 hù lǐng ❶保护并带领。《新唐书·王玙传》："巫皆盛服，中人～，所至干托州县，赂遗狼藉。"《宋史·蛮夷传二》："俾乂(唐乂)间毁楼橹，撤官舍，～居民入砦。"清《珍珠舶》一回："雇了一辆车儿，即令夫□□□□□，嘱托东方生～，出到城外。" ❷保护衣领的衬纸或衬布。明李诩《戒庵老人漫笔》卷一："宫女衣皆以纸为～，一日一换，欲其洁也。"佚名《精忠记》五出："你缝贴腰何曾齐整，上～何曾端正？"清《醒世姻缘传》七七回："是不是穿了一领明青布大袖夹袄，缀了条粉糨白绢～？"

【护身符】 hù shēn fú 佩在身上以保佑平安的符物。❶借称佛教僧尼的度牒，因其可作免除徭役的凭证。《祖堂集》卷三《慧忠国师》："幸自可怜生，要须得个～子作什摩？"宋陆游《成都大圣慈寺念经僧求度牒疏》："划草殿前，～少伊不得。"元明《水浒传》三一回："叔叔既要逃难，只除非把头发剪了，做个行者，须遮得额上金印，又且得这本度牒做～。" ❷指借以获得庇护的人或事物。《元曲选·冤家债主》三折："但存留的孩儿在，就是我～，又何必满堂金才是福？"清《歧路灯》四六回："兼且绍闻身无功名，一遇词讼，没有～儿。"

【护身龙】 hù shēn lóng 喻指护身棍棒。元施惠《幽闺记》七出："〔丢棍科。末〕这个是～，怎么丢了进去？"明《警世通言》卷二一："公子不慌不忙，取了～，出外看时，只见十餘对枪刀棍棒，摆在前导，到了店门，一齐跪下。"

【护霜】 hù shuāng 称秋冬季节积云，谓其酝酿结霜。唐权德舆《送浑邓州》："风劲初下叶，云寒方～。"宋费衮《梁溪漫志》卷七："吴中以八月露下而雨谓之惏露，九月霜降而云谓之～。"明高启《秋夜宿周记室草堂送王才》："池柳疏含吹，江云薄～。"

【护书】 hù shū 盛放书帖或零星随身物品的扁匣。也称"护书篋""护书匣"。明《警世通言》卷二六："共是三宗帐目，锁在一个～篋内……学士教打开看时，床帐什物一毫不动，～内帐目开载明白。"清《歧路灯》四八回："取出帖儿，谭绍闻写了。王中即刻抱定～匣儿，各处投递。"《姑妄言》五回："夹着一个描金～，说是外国狮子皮做的，里面放着许多洒金朱砂笺拜帖。"

【护疼】 hù téng 忍受疼痛；怕疼。明《西洋记》二三回："把只左手伤了一下，虽不为害，终是～，举止不便。"清《隋唐演义》八回："两三门闩，打得那马～，扑地跳将出去。"《野叟曝言》一三回："一味蛮勒，只怕虎口也要～哩！"

【护头】 hù tóu 儿童怕疼不愿剃头。明《金瓶梅词话》五二回："我说这孩子有些不长俊，～，自家替他剪剪罢。"

【护膝】 hù xī 即"膝裤"。《元曲选·百花亭》三折："细麻鞋紧绷轻～，白苎衫花手巾宽系着腰围。"明《朴通事谚解》卷上："青绒毡袜上，拴着一对明绿绣四季花～。"清《后水浒传》一一回："身穿青布短袄，脚套多耳麻鞋，腿绷～。"

【护向】 hù xiàng 袒护偏向。金《刘知远诸宫调》二："入舍为女婿，俺爷爷～着。”明李贤《天顺日录》：“后因锦衣之怨，谓贤～秀才。”

【护佑】 hù yòu 护卫保佑。唐菩提流支译《不空罥索神变真言经》卷四：“我释迦牟尼佛，并诸菩萨摩诃萨，皆当～如所爱子。”《元朝秘史》卷四：“若天地～呵，您老的每久后都是我吉庆的伴当。”清《醒世姻缘传》三四回：“家家都被了水患，偏我得了许真君的～，家财房屋一些也没曾冲去。”

【瓠子头】 hù zi tóu 葫芦头。瓠子，葫芦。❶喻指秃头。《元曲选外编·西游记》二本六出：“官人每簇捧着个大槅椎，槅椎上天生得有眼共眉，我则道～葫芦对。” ❷喻指醉得头像葫芦那样大。《元曲选·朱砂担》二折：“那好饮的也是天生就，一会儿直灌的那厮～。”

huā

【花】 huā ❶指妓女或跟妓女有关的。五代韦庄《菩萨蛮》：“绣屏金屈曲，醉入～丛宿。此度见～枝，白头誓不归。”明《挂枝儿·瘦》：“你为何一去后，就这等消瘦了。想是你去贪～也，茶饭儿都吃少。”清李渔《奈何天》一九出：“偶餘润笔之资，忽动买～之兴。” ❷花押；花式签名。《敦煌变文校注》卷一《捉季布传文》：“题姓署名似凤舞，画年著月象焉存。上下撒～波对当，行间铺锦草和真。” ❸虚伪的；迷惑人的；表面华丽的。宋《朱子语类》卷二〇：“巧言，即所谓～言巧语。”明冯惟敏《端正好·徐我亭归田》：“虽然不得世人财，也省了～打算胡支派。”清《醒世姻缘传》一六回：“这只邢皋门去了不足一月干出这许多～把戏子了，还有许多不大好的光景。” ❹花费；耗用。元张可久《寨儿令·闺怨》：“俏元和～了闲钱，病相如潮过顽涎。”明《古今小说》卷二：“倘或与外人商量，被人哄诱，把东西一时～了，不枉了做娘的一片用心？”清《红楼梦》一六回：“只预备接驾一次，把银子都～的淌海水似的！” ❺开裂；破损；丧失。明冯惟敏《步蟾宫·闭户》：“～了网帽，破了靴鞋。”《金瓶梅词话》三八回：“打的顺腿流血，睡了一个月，险不把命～了。”清李玉《清忠谱》一五折：“不好了！鼻子打断了！乌珠打～了。” ❻颜色错杂。清《锦香亭》七回：“不想哥哥的须发这般～了。” ❼用在动词后，表示该动词导致的错杂纷复的结果。元明《水浒传》五六回：“我反哥哥的雁翎甲穿了，搽～了脸，说哥哥名姓，劫了那伙客人的财物。”明汪廷讷《狮吼记》一一出：“你引～了他的心儿，又来管我？”

【花掰】 huā bāi 瞎编；胡说。清《红楼梦》五八回：“他干娘益发羞愧，便说芳官‘没良心，～我克扣你的钱’。”

【花白】 huā bái ❶杂白；掺杂其他颜色的白色。唐陈元光《候夜行师七唱》之七：“星移物换鬓～，月落参横烛泪干。”明汤显祖《紫钗记》四四出：“青鸟衔书去，他何曾八骏来。怎得似东王公相守到头～？”清袁枚《子不语》卷一一：“我前生乃北通州陈氏家马也，～色，鬣长三尺餘。” ❷数落；揭短。元尚仲贤《气英布》三折：“怎生见天子待～一会来，却又无言语了？”明佚名《骂玉郎·咏妓》：“背地里觅些非责，人面前便～。”清《醒世姻缘传》一〇回：“说海会是个道士，郭姑子是个和尚，屈枉晁大官人娘子养着他，赤白大晌午的，也通不避人，～不了。” ❸犹表白。元钟嗣成《一枝花·自序丑斋》：“有鉴识，无嗔讳，自～寸心不昧，若说谎上帝应知。”

【花绑】 huā bǎng 反复交错捆绑。明《型世言》五回：“监里取出老白，～了，一簇押赴市曹。”《禅真逸史》三一回：“将周乾背剪～了，解入府里来。”清《万花楼》四〇回：“黄门官奏称李沈氏～衔刀，然而此事可以假传，并不用～的。”

【花棒】 huā bàng 花哨的棍术。元明《水浒传》二回：“只是令郎学的都是～，只好看，上阵无用。”明《西游记》七六回：“你看他两只手在妖精鼻头上丢～儿耍子。”清《后水浒传》一五回：“屠俏见棍来，便镫里藏身；殷尚赤见剑到，即使～躲闪。”

【花苞】 huā bāo 指女阴。清《野叟曝言》七回：“虽尚隔有单裤，那一股热气，已透入～之内。”

【花鸨】 huā bǎo 一种像雁而背部有花色斑纹的鸟。喻淫贱之人。明杨慎《谭苑醍醐》卷三：“《北史》胡后年逾不惑而妖蛊若二八，是三人者，贵为君配，而其行乃～梨姑之所耻而不为。”《西游记》六回：“～乃鸟中至贱至淫之物，不拘鸾、凤、鹰、鸦，都与交群。”

【花报】 huā bào 报应，多指因做恶事而受到的现世恶报。明屠隆《昙花记》三二出：“你宫中妃嫔，悉被丕叡淫，无一得免者。当时～，不为不惨矣！”《石点头》卷五：“坏此心术，所以有此～。果报在于后世，～即在目前。”清《风流悟》五回：“天又偏与他生下一个极聪明、极乖巧的子孙，与他分散那注贪污之物。此在～数中。”

【花标树】 huā biāo shù 行刑时用来捆绑被杀者的木桩。花，杀死。《元曲选·燕青博鱼》四折：“将这奸夫淫妇，与我绳缠索绑拿上山去，缚在～上，杀坏了者！”又《争报恩》四折：“众兄弟拿住丁都管、王腊梅，将他绑在～上，碎尸万段。”又《昊天塔》一折：“被潘仁美贼臣，将您兄弟绑在～上，攒箭射死。”

【花博士】 huā bó shì 为男女结合牵线的人或媒介。多指非正常关系的。博士，具有某种专长的人。宋元《清平山堂话本·三塔记》：“正是：春为～，酒是色媒人。当夜，二人携手，共入兰房。”《元曲选·百花亭》一折：“只索央及你撮合山～，休使俺没乱煞做了鬼随邪。”明《二刻拍案惊奇》卷七：“正是：茶为～，酒是色媒人。两人饮酒中间，言来语去，眉目送情。”

【花城】 huā chéng ❶晋潘岳任河阳县令，遍种桃李花。后以“花城”代称河阳县或美称县治。唐佚名《唐故尹府君夫人朱氏墓志铭》：“一言道合，驷马不追。远近钦风，～共美。”明葛昕《送李县尹》：“龙阙飞凫去，～制锦游。”吾邱瑞《运甓记》八出：“百里宰～，别去经年永。” ❷花丛。唐李贺《十二月乐辞·三月》：“东方风来满眼春，～柳暗愁几人。”宋程垓《木兰花慢》：“空使风头卷絮，为他飘荡～。” ❸喻称繁华的城市。宋赵佶《眼儿媚》：“～人去今萧索，春梦绕胡沙。”曹勋《夏云峰·圣节》：“望～粉黛，金兽祥烟。笙箫缓奏，化国日永留连。”明申佳允《元宵夜酌》：“箫鼓～处处声，衙斋命酒赎尘清。” ❹喻称情色场所。明朱有燉《柳营曲·咏风月担儿》：“占柳营据～，展旗幡少年休太逞。”△《孽海花》二四回：“话说雯青赶出了阿福，自以为去了个～的强敌，爱河的毒龙。”

【花筹】 huā chóu 酒筹的一种。筹上标花名及相应的赏罚规定，据以行酒令。宋严仁《婆罗门引·春情》：“叹双鬓、飒惊秋。可惜等闲孤了，酒令～。”明朱让栩《春日》：“茸茸草色吟边绿，灼灼～酒里红。”汤显祖《紫箫记》二九出：“醉喧喧叶子～，飒栖栖打压占相令。”

【花船】 huā chuán ❶装饰华美的船。《太平广记》卷二〇引《续神仙传》：“后可交却归乡里，备话历历，及与乡人到江上，指所逢～之处依然。”清陈端生《再生缘》五一回：“万岁鞍中一摆鞭，说声快去备～。内臣答应如飞走，元主催骑又上前。” ❷载有歌妓招客的船。唐白居易《武丘寺路》：“银勒牵骄马，～载丽人。”

元明《水浒传》九四回："自古钱塘风景，西湖歌舞欢筵。游人终日玩～，箫鼓夕阳不断。"清沈复《浮生六记》卷四："噫！半年一觉扬帮梦，赢得～薄幸名矣！"

【花唇】 huā chún ❶花片的边缘。宋薛梦桂《醉落魄》："～巧借妆红约，娇羞才放三分萼。"周氏《洛阳牡丹记》："〔瑞云红〕有紫檀心，鲜洁可爱，～微淡，近萼渐深。" ❷喻指花言巧语。金《董解元西厢记》卷四："～儿恁地把人调揭，怎对外人分说？"明孟称舜《娇红记》二二出："媒婆惯会使～，我做媒婆更有名。"清李玉《清忠谱》四折："止不过油嘴～，无非要骗人钱钞。" ❸指女子的嘴唇。明《欢喜冤家》一四回："大光头，小光头，一齐都动。上～，下花心，两处齐亲。"

【花旦】 huā dàn 传统戏曲中旦角的一种。元黄雪蓑《青楼集》："珠帘秀，姓朱氏，行第四，杂剧为当今独步，驾头、～、软末泥等，悉造其妙……凡妓以墨点破其面者，为～。"明朱有燉《香囊怨》一折："只索大姐做个～杂剧。〔旦〕有一个寄恨向《银筝怨》，有一个志赏在《金线池》。"清《野叟曝言》七四回："吕雉是～扮的，演出冶容骚状，及詈姆忤翁恶毒的心性，可耻可恶。"

【花刀】 huā dāo 花哨的刀法。明何良臣《阵纪》卷二："外如～花枪、套棍滚杈之类，诚无济于实用。"清《双凤奇缘》七二回："好个郭武，暗暗使起～之法，前六路，后六路，左六路，右六路，上六路，下六路，共是六六三十六路，只见刀花，不见人影。"

【花灯】 huā dēng 用花彩装饰的灯。多指元宵节供观赏的灯。唐[日]圆仁《入唐求法巡礼行记》卷二："～、名香、茶、药食供养贤圣。"元郑玉《元宵诗用仲安韵》："赏罢～步月归，自将拄杖叩柴扉。"清《红楼梦》五三回："至十五这一晚上，贾母便在大花厅上命摆几席酒，定一班小戏，满挂各色～。"

【花朵】 huā duǒ 花，比喻人娇美。《古今杂剧·救风尘》三折："凭着我～儿身躯，笋条儿年纪，为这锦片儿前程，倒赔了几锭儿花银。"明《二刻拍案惊奇》卷二："娘子～儿般后生，恁地会忘事？"清《续金瓶梅》四二回："你们一对～人儿在灯前月下吃完了合卺杯，可不知干甚么勾当。"

【花舫】 huā fǎng ❶犹"花船❶"。唐沈汾《续神仙传》卷中："行数里间，忽见一彩画～漾于中流。"明曹学佺《蜀中广记》卷四："将其八十一画船～总新妆，进入池心近岛傍。" ❷犹"花船❷"。唐白居易《晚起》："闲上篮舆乘兴出，醉回～信风行。"明孟称舜《花舫缘》四出："子畏，你常自称普救寺掌婚主者。今日我们呵，可不是～氤氲使么？"清屈大均《广东新语》卷一七："背城旧有平康十里，南临濠水……有为《濠畔行》者曰：'～朝昏争一门，朝争花出暮花入。'"

【花费】 huā fèi ❶耗用（钱财）。《元曲选·东堂老》一折："出脱了些奇珍异宝，～了些精银响钞。"明文体循《怀集县学田碑》："凡有所费，悉命于师长，登簿公支，不得任情～。"清《情梦柝》一二回："我父母许多家私，都被我～了。" ❷费用；耗用的钱财。清《豆棚闲话》九则："那早早晚晚的～尽多，也还靠些别处来路，方得够用。"《歧路灯》九三回："餘下三十两，这做衣服的裁缝工钱，线扣贴边～，是必用的。"

【花粉】 huā fěn 妇女化妆品，借指色情行业。清《蜃楼志》五回："又使了几百元花边，得授番禺县河泊所官，管着河下几十花艇，收他～之税。"

【花封】 huā fēng ❶花苞。宋黄升《行香子·梅》："寒意方浓，暖信才通。是晴阳、暗拆～。"元王恽《癸未年二月九日雪》："东皇且莫认来真，开拆～占好春。"清彭孙遹《风中柳·立春日平原道上作》："去年今日，酒重沾衣袖。帘幕卷、～如绣。" ❷犹"花城❶"。宋姚述尧《浣溪沙·呈潮阳使君宋台簿敦书》："暂向～陪客醉，已闻芝检促归装。"明吾邱瑞《运甓记》四出："权假～，矢忠报国。"清查慎行《送杨冠三同年赴任餘杭》之二："洞天兼福地，一一属～。" ❸封诰；国家颁给高官妻、母的名衔证书。证书上有彩色花纹装饰。宋郭应祥《鹧鸪天·丙寅岁寿内子》："借桂隐，到～，迎长介寿恰三逢。"明叶宪祖《鸾鎞记》一二出："妻也么孥忒狠毒，怕他讨～惹得多琐琐。"清李渔《奈何天》三〇出："皇上，你既然要把～赐，为甚的沛洪恩只吝这涓滴？" ❹付给媒人的酬金。清袁枚《随园诗话》卷七："余三十年前选妾姑苏，所需～甚轻，今动至数金。" ❺饰有花纹的封袋。清《都是幻·梅魂幻》六回："南斌对了，也投入～送进。小姐看了，笑道：'第一场中式了。'"

【花姑】 huā gū 称鸨母或妓女。元朱庭玉《夜行船·悔悟》："若是自家空藏瓶，梦撒撩丁，～不重女猱轻。"清《蜃楼志》四回："这省城中送他的亲友，何止数十餘家，尽在天字码头雇～船，备着酒席相待。"

【花骨头】 huā gǔ tou 指色子。骨制，刻有花色。清《聊斋志异·赌符》："韩笑曰：'常赌无不输之理。倘能戒赌，我为汝覆之。'族人曰：'倘得珠还合浦，～当铁杵碎之！'"

【花馆】 huā guǎn ❶指妓馆。宋柳永《玉蝴蝶》之三："是处小街斜巷，烂游～，连醉瑶卮。"明梁辰鱼《好事近·寄白玉英》："～贮多娇，冠当筵风度飘飖。" ❷用花装饰的房屋。多指乡居。《元曲选·碧桃花》一折："临别叮咛嘱咐。柳亭～，月窗云户，休把春辜负。"明高濂《玉簪记》二出："春风桃李遍柴荆，～琴书不绝吟。"林駉《予友李君弥卜居东郭》："浅水稻田环绿绕，轻风～落红新。"

【花棍】 huā gùn 犹"花棒"。明戚继光《纪效新书》卷首："平时官府面前所用花枪、花刀、～、花叉之法，可以用于敌否？"

【花红】 huā hóng ❶花和胭脂，指化妆品。《敦煌变文集新书》卷七："头上盘龙结（髻），面上贴～。"《太平广记》卷三三六引《玄怪录》："将军夫人传语，令买锦裤及头髻～朱粉等。" ❷金、红花和红绸、布，喜庆、犒赏时用。宋孟元老《东京梦华录》卷五："又以～缴檐上，谓之'缴檐红'。"元明《水浒传》一三回："马头前摆着这两个新参的提辖，上下肩都骑着马，头上都带着～。"清《醒世姻缘传》二八回："从腰里吊出一匹红布、两朵绒花出来。官问说：'是甚么东西？'他回说：'是披的～。'" ❸泛指彩礼。《元曲选外编·西厢记》五本三折："准备筵席茶礼～，克日过门者。"明《二刻拍案惊奇》卷二："约定日期成亲，又到各王府说知，各王府俱各助～灯烛之费。"清《粉妆楼》八回："备些～财礼，就叫家人打一顶大轿。将财礼丢在他家，抢了人就走。" ❹指赏金；酬金。宋孟元老《东京梦华录》卷五："迎客先回至女家门，从人及儿家人乞觅利市钱物～等，谓之'拦门'。"《元曲选·秋胡戏妻》一折："娘呵，我媒婆还不曾得一些儿～钱钞哩。"清《隋唐演义》四一回："赍银百两，前到叔宝营中，奖他协战有功。叔宝有～银八两，其餘将此百两充牛酒之费。"

【花哄】 huā hòng ❶（在声色场所）哄闹花费。明《古今小说》卷三："吴山生来聪俊，粗知礼义；干事朴实，不好～。"《型世言》三七回："这吕达在道路，常只因好嫖～，所以不做家。"清《定情人》七回："这些帮闲正要撺掇他去～，方才有得些肥水入己。" ❷指在声色场所混迹的人。明《禅真逸史》四回："长成来惟爱结交～，饮酒宿娼，兼好赌博。" ❸热闹。明《二刻拍案惊奇》卷二七："做的是《桃园结义》《千里独行》许多豪杰襟怀的戏文。柯陈兄弟多是山野之人，见此～，怎不贪看？" ❹招摇；炫耀。清《豆棚闲话》一〇则："敬山欣然拿了银子回去，一时～起来。"

【花胡洞】 huā hú dòng 即"花衚衕"。明汤式《一枝花·赠明时秀》："锦窝巢云屏雾帐重围绕，～翠槛朱栏巧结缚。"孟称舜《死里逃生》四出："虽是俺无端撞入～，也不曾打散你阳台佳梦。"

【花胡哨】 huā hú shào ❶ 虚张场面；故意张扬地应付场面。明陈铎《沉醉东风·盐商》："衣冠假士夫，风月～，那里也十万缠腰。"清《红楼梦》三五回："便是有事缠住了，他必定也是要来打个～。" ❷ 花言巧语；骗人的招法。明冯惟敏《河西六娘子·知止》："从今听不惯～。呀！一曲碧天高，几朵彩云飘，把世上红尘冷眼儿瞧。"佚名《桃符记》二折："咱两个显妖邪索使些～，他那里气昂昂仗剑提刀。"清《白雪遗音·双双对对》："无奈何，结他一个～。我只说身子来了领不得教。" ❸ 指故意张扬地应付场面或花言敷衍的人。明薛论道《朝天子·美妓》："筵席散了，寻不见～。"

【花湖洞】 huā hú dòng 喻称繁华的街道。明陈铎《元夜》："暖溶溶凤城春似海，～锦楼台。"

【花衚衕】 huā hú tòng 喻称妇女丛或妓院。元于伯渊《点绛唇·忆美人》："你这般玉精神花模样赛过玉天仙，我待要锦缠头珠络索盖下一座～。"《元曲选·误入桃源》二折："没揣的撞到风流阵，引入～。摆列着金钗十二行，敢则梦上他巫山十二峰。"明凌濛初《宋公明闹元宵》二折："～排下个海神祠，破题儿先把君王试。"

【花斛】 huā hú 花盆。宋《朱子语类》卷九："指～曰：'此两个～，打破一个，一个在。'"周密《武林旧事》卷二："先是内苑预备朱绿～，下以罗帛作小卷，书品目于上，系以红丝。上植生菜荠花诸品。"

【花户】 huā hù ❶ 装饰华美的门。唐阎楚封《临风舒锦赋》："晚映～，暗临洞房。"元欧阳玄《渔家傲》："美人来往毡车续，～油窗通晓旭。" ❷ 以种花卖花为业的人家。宋陆游《天彭牡丹谱·花品序》："自是洛花散于人间，～始盛，皆以接花为业。"明张大复《梅花草堂笔谈》卷一四："土人结蒿为篱落，护水仙其中，渐成深谷。寺以南～多矜贵之色。" ❸ 在簿籍上登录的人户。《元典章·圣政二》："诸差科户役，先富强，后贫弱；贫富等者，先多丁，后少丁，开具～姓名。"明顾起元《客座赘语》卷二："现年竭产不足支一岁之役，而所索于～者，每粮一石至银四五两。"清《醒世姻缘传》九〇回："起先比较里长催头，后来点拿～。拿将出去，打顿板子。" ❹ 在簿籍上虚报的人户。元刘时中《端正好·上高监司》："放小民三二百，报～一千餘，将官钱陪出。"清《八旗通志》卷六五："民人承领官地纳租有名者曰佃户，承种官地交租于佃户者曰～。～实出租银，而官册则无名。" ❺ 指客户或喻指赌场中输钱的人。清《聊斋俚曲·墙头记》："自家不是别人，县前王银匠便是。急急上城，看有～倾销。"《歧路灯》六四回："况且城中又听说有几家新上来的赌家、嫖客，俱是很肥，有油水的。咱搭上伙计，他们那一家不是纳粮的～。" ❻ 隐指女阴。明无心子《金雀记》一〇出："久闻巫彩凤紧闭幽闺～。〔净〕我们年少风流，此是青楼道路。今来梳笼成婚，请他上床脱裤。"

【花花】 huā huā ❶ 好看；漂亮。宋江万里《宣政杂录》："臻蓬蓬，外头～里头空。"明《夹竹桃·数声渔笛》："～阿姐爱风光，吃郎君推倒后船舱。" ❷ 做成花样的；有花朵或彩色图案装饰的。宋吴自牧《梦粱录》卷一三："众安桥卖澄沙膏、十色～糖。"明《拍案惊奇》卷三五："好儿子，明日与你做～袄子穿。"清孔尚任《桃花扇》二一出："～彩轿门前挤，不少欠分毫茶礼。" ❸（脸）杂色，形容貌丑。《元曲选·灰阑记》一折："偶然看见他大娘子，这嘴脸可可是天生一对，地产一双，都这等～儿的，甚是有趣。"明孟称舜《娇红记》四四出："脸上～衣饰齐，人人道我风流婿。" ❹ 繁华。元明《水浒传》九五回："高宗车驾南渡之后，唤做～临安府。"

【花花草草】 huā huā cǎo cǎo ❶ 形容富贵繁华。宋赵孟坚《蓦山溪·初改官为慈闱寿》："每羡院南豪，向寿席、～。"元佚名《粉蝶儿·阅世》："叹荣枯得失皆前定，富贵由人生五行。～煞曾经，不恋他薄利虚名。" ❷ 指纵情声色。元张可久《普天乐·收心》："姓名香，行为俏，～，暮暮朝朝。"《元曲选·老生儿》二折："你有钱时待朋友，每日家～。"明汤式《一枝花·赠妓宋湘云》："舞香风暮暮朝朝，酣殢雨～。"

【花花店】 huā huā diàn 指妓院。明佚名《一枝花·子弟收心》："磕折肷啀折腿再不踏枭风卖雨～，赎得身买得命且留下使鬼通神料料粘。"

【花花面】 huā huā miàn 花脸；小丑。清洪昇《长生殿》二八出："大家都是～，一个忠臣值甚钱。"

【花花世界】 huā huā shì jiè 指繁华之地或人世间。明屠隆《昙花记》三〇出："曹吏与我相善，就差了我，顺便往阳间～游要一回。"《西洋记》一九回："京城地面，～。"清《说岳全传》一五回："每想中原～，一心要夺取宋室江山。"

【花花太岁】 huā huā tài suì ❶ 吃喝玩乐、横行霸道的人。《元曲选·燕青博鱼》一折："～我为最，浪子丧门世无对。"明《梼杌闲评》四三回："强夺妇女，硬占园亭器物，种种不法，人都不敢奈何他，就是个～。"清《豆棚闲话》一一则："故此地方上大大小小都是惧怕他的，背后起他一个绰号，叫做～。" ❷ 声色老手。清《续金瓶梅》二九回："岂有郑玉卿一个浮浪子弟，到处里就有骗了美色横财的理。因他认真是个～，见人家色就恨不得弄到手里，因此把自己的本钱，反被别人弄去。"

【花甲】 huā jiǎ ❶ 天干与地支依次交错搭配纪年，六十年一周，称"花甲"，也称花甲子。借指六十岁。唐赵牧《对酒》："手挼六十～子，循环落落如弄珠。"宋陈著《烛影摇红·寿声仲》："六十年华，又从今起新～。"清《隋唐演义》四九回："年过～，精神倍加。" ❷ 指年纪、岁数。宋赵必瑑《贺新郎·寿陈新渌》："受人间、倒大清闲福。数～，才八六。"元佚名《归来乐》："从负郭问桑麻，遇邻翁数～。"清《说岳全传》六四回："况且行文画影，有你面貌～，如何去得？" ❸ 指年月、时代。清孔尚任《桃花扇》三二出："这才去野哭江边奠杯斝，挥不尽血泪盈把。年时此日，问苍天，遭的什么～。"

【花街】 huā jiē ❶ 妓院聚集的地方。唐吕喦《敲爻歌》："～柳巷觅真人，真人只在～玩。"明《警世通言》卷三一："专一穿～，串柳巷，吃风月酒，用脂粉钱。"清李渔《风筝误》二四出："～柳巷，少甚么标致娼家。" ❷ 砌花的道路。也指繁华的街道。明汤显祖《牡丹亭》四三出："〔末〕镜无改面，委系人身。再向～取影而奏。〔行看影介，旦〕波查，花阴这答，一般儿莲步回营印浅沙。"王錂《寻亲记》二四出："儿今去，读圣书。步～，穿柳衢。"

【花界】 huā jiè 佛地；佛寺。莲花界之省。唐李绅《题法华寺》："～无生地，慈宫有相天。"明张昱《留题天台香积寺》："～追寻一榻凉，破除烦恼是禅房。"清汤右曾《东山与梅溪长老》："蚤耽清净义，～宿氤氲。"

【花酒】 huā jiǔ 指狎妓饮酒。宋陈允平《渔家傲》："薄幸高阳～客。迷云恋雨青楼侧。"明谷子敬《点绛唇·省悟》："万种闲愁，一场春瘦，迷～。"清《豆棚闲话》二则："酒楼台榭，比邻相接；画船箫鼓，昼夜无休。无论外路来的客商、仕宦，到此处定要破费些～之资。"

【花客】 huā kè ❶指花的品级。宋代张景修等以客称花，如称牡丹为贵客、梅花为清客等。宋刘子翚《原仲致中寄雪梅二诗》之二："莫将～轻题品，自有渠依十倍才。" ❷花的客人，指赏花人。明周善继《题荆筠图》："庭除石友兼～，日日相看对此君。"李东阳《镜川先生宅赏白牡丹》："我亦惜春心，逢花作～。" ❸以贩花（或棉花）为业的人。明郎瑛《七修类稿》卷四五："余又尝见南阳～胡长子，日饮数百杯未醉，疑其有术。"清屈大均《广东新语》卷二七："既摘，覆以湿布，毋使见日。其已开者则置之。～涉江买以归，列于九门。" ❹称流连花酒的人。明范寅《越谚》："～，嫖赌吃着之人。"

【花魁】 huā kuí ❶百花魁首。多指梅花，谓其占花令之首。也指牡丹、兰花等。宋胡仲弓《次韵早梅》："不是东君私造物，有何凭据作～？"金完颜璹《宴息》之二："日日闲窗下，箪瓢乐不殊。～秾且艳，湖玉秀而臞。"清《巧联珠》一回："一面差燕喜往杜伯子、方石生家去，说：'富、王二位相公在我家赏牡丹，立候二位相公赴席。'……富子周道：'弟原无心同楚兄到此，适逢佳会，因不敢独占～，故在此候兄。'" ❷称烟花女子之首。宋杨无咎《雨中花令》："已是～柳冠。更绝唱、不容同伴。"元明《水浒传》七二回："主人再三上覆妈妈，启动了～娘子。"清《飞龙全传》三回："近来南唐主新进来一班女乐，共是一十八口，内中有两个～，一名无价宝，一名掌上珠。" ❸称美女之首或美称女子。明《拍案惊奇》卷三一："不知何道已此紧紧跟入房里来，双膝跪下道：'小道该死冒犯～，可怜见小道则个。'"清陈端生《再生缘》一〇回："莫不是，奴貌未能如此美，图中画得太鲜妍。若然果得丰姿像，奴竟可，独占～在大元。" ❹指第一名。明徐渭《梅堂为长垣刘大尹题》："调羹事业君收取，从此～不浪夸。"按，此义双关。清《红楼复梦》九四回："春闱榜放，三人俱捷南宫。梅郎名称其实，竟占～，弟作探花人，而柳郎昂然其中。"

【花腊搽】 huā là chá （视力）昏花。腊搽，衬字，无义。元佚名《村乐堂》第三折："则被这金晃的我这眼睛儿～，吓的我这手脚儿软剌答。"

【花狸狐哨】 huā lí hú shào 形容颜色艳丽繁乱。明《西游记》一一回："我家是清凉瓦屋，不像这个害黄病的房子，～的门扇！"

【花黎胡哨】 huā lí hú shào 形容作风浮华轻狂。明《金瓶梅词话》七二回："你做奶子，行奶子的事，许你在跟前～，俺每眼里是放的下砂子底人？"

【花藜胡哨】 huā lí hú shào 同"花狸狐哨"。清《儒林外史》二九回："见满桌堆着都是选的刻本文章，红笔对的样，～的。"

【花里胡哨】 huā lǐ hú shào 同"花狸狐哨"。清《姑妄言》九回："虽弄了张国子监的敕书供在家堂上，又吃不得，又穿不得，揩屁股又有字，糊窗户又～的。"

【花丽狐哨】 huā lì hú shào 同"花黎胡哨"。明《金瓶梅词话》二〇回："他自吃人在他跟前那等～，乔龙画虎的，两面三刀哄他，就是千好万好了。"

【花利】 huā lì 收益；利息。宋苏轼《论积欠六事》："逐年所出～微细，卒填所欠官钱不足。"明萧古潭《朱履曲·池阳客中感情》："草鞋都踏破，～没分文，伤心归计窘。"清《十二楼·三与楼》一回："良田美产，一进了户，就有～出来，可以日生月大。"

【花脸】 huā liǎn ❶如花般美丽的容貌。唐詹敦仁《余迁泉山城留侯招游郡圃》："柳腰舞罢香风度，～妆匀酒晕生。"宋杜安世《更漏子》："雪肌轻，～薄。愁困不忺梳掠。" ❷涂了色彩（伪装或丑化）的脸。明《西游记》四〇回："那些贼来打劫我家时，一个个都搽了～，带假胡子。"清孔尚任《桃花扇》二四出："你看前辈分宜相公严嵩，何尝不是一个文人，现今《鸣凤记》里抹了～，着实丑看。"《平山冷燕》一八回："虽说饶了，临行还搽我一个～，方放下楼来。" ❸戏曲角色"净"（大花脸）或"丑"（小花脸）的俗称，因脸被涂花。明《拍案惊奇》卷二八："却是戏文倒说崔张做夫妻到底。郑恒是个～衙内，撞阶死了，却不是颠倒得没道理！" ❹借称低贱、奸诈的行为或行为丑恶、奸诈的人。明孙仁孺《东郭记》四一出："〔小旦〕如今做了官了，还好做这～勾当？〔生〕你妇人家自不省得，当今仕途中，那一个不做这～勾当乎？"《醋葫芦》一八回："原来世上有你们这一班好人，实是罕有！不亏瞒过我这老贱，怎有今日？想来只我是个～。"清《风流悟》八回："文生亦欲同行，怎奈丈人是个极势利的老～儿，竟弃逐文生，不许同往。" ❺称肤色斑驳的脸，也用来形容貌丑。明王衡《真傀儡》："好个标致老丞相，生出这样花嘴～的出来。"清纪昀《阅微草堂笔记》卷七："琴工钱生，以鼓琴客裘文达公家，滑稽善诙戏。因面有癜风，皆呼曰钱～。"《玉蟾记》二〇回："头戴随风倒乌鬃帽，花布缠头，黑多白少的～。"

【花柳】 huā liǔ ❶形容青春美好。唐贺兰进明《行路难》："寒夜邀欢须秉烛，岂得空思～年。" ❷形容繁华，或指繁华游乐之地。唐李白《流夜郎赠辛判官》："昔在长安醉～，五侯七贵同杯酒。"宋魏了翁《浪淘沙·刘左史光祖之生正月十日》："知我其天。纷纷得失了无关。～乾坤春世界，著我中间。"明梅鼎祚《玉合记》三一出："半空楼阁丹青，～长安锦城。" ❸指妓院或娼妓。唐段成式《酉阳杂俎》前集卷一二："某少年常结豪族为～之游。"宋佚名《张协状元》二四出："左壁厢角奴鸳鸯楼，右壁厢散妓～市。"清《平山冷燕》五回："手头渐渐有馀，每日同朋友在～丛中走动。" ❹形容女子柔弱美丽。清《女仙外史》三三回："眉宇间杀气棱棱，绝无～之态。"《红楼梦》七九回："外具～之姿，内秉风雷之性。"

【花门】 huā mén ❶娼门；妓院。宋元《清平山堂话本·曹伯明》："侄儿不可取他。他是～柳户之人，心不一的。"明徐复祚《投梭记》二四出："谋人钱财，害人性命，原是你～行径。"佚名《点绛唇·思忆》："就是当站马有一时闲鞍控嚼，不似恁～中彻夜连宵。" ❷隐指女阴。明《欢喜冤家》一四回："把手相扶，到了～，抽将起来。"清《蜃楼志》一二回："一头说，突的已进～。" ❸一种彩纸剪成的吉祥图案，节日时贴在门楣上作装饰。俗称挂钱或欢门吊子。清《歧路灯》八回："我一年两次到宅上。五月端阳送艾虎，腊月送～儿。"

【花面】 huā miàn ❶犹"花脸❶"。唐李端《春游乐》之一："褰裳踏露草，理鬓回～。"元佚名《夜行船·忆所见》："雾鬓支鬟，柳腰～，多情恁时安在？"清《续金瓶梅》四回："二八佳人，～蛾眉，顷刻时一堆白骨。" ❷犹"花脸❷"。清《连城璧》子集："更有一种不羁之才，到那正戏做完之后，忽然填起～来，不是做净，就是做丑。"《荡寇志》八四回："丽卿早已扎扮好，又讨些脂粉，涂抹了～，俨然是个东京武妓。" ❸犹"花脸❸"。清《十二楼·拂云楼》二回："妇人是'丑'，少不得男子是'净'，这两个～自然是拆不开的。"《连城璧》子集："这～脚色，岂是人做的东西。况且又气闷不过，妆扮出来的，不是村夫俗子，就是奴仆丫环。" ❹犹"花脸❹"。明孙仁孺《东郭记》四四出："微时旧事何深讽？总不碍齐人今日这恩荣。都则是英贤作用，这～觉道冠裳颇为众。"无心子《金雀记》四出："〔丑〕啐！张释之骂啬夫，好个虎精！〔生〕未央宫贴梅妆，好个～！"《醋葫芦》一五回："道德本是个～小人，帮闲等辈，初时哄他去嫖，后来怎生又去苦劝？" ❺犹"花脸❺"。明谢说《四喜记》一六出："媒婆本是十分全，能干。蓬头～嘴搽胭，鬼现。"清《聊斋志异·罗刹海市》："～逢迎，世情如鬼。"《痴人福》八回："～村郎，蛇皮俗子，眼睁睁立换胞胎。"

【花名】 huā míng 登记在册簿上的姓名。元明《三国志通俗演义》卷二二："望乞再容数日，某主将尽率军民来降，今先具～呈上。"明刘若愚《酌中志》卷一四："若愚系承贞项下管文书兼管膳掌班，钦赏～可证也。"清《二度梅》二〇回："我们众人俱有地方官的册籍，只有服侍的翠环姐姐，没有年貌～。不若将她扮作贵人起来，到狼主那里交旨。"

【花名簿】 huā míng bù 即"花名册"。清《隋唐演义》四回："唐公吩咐开一个～，给与行粮银两。"《后水浒传》二九回："参谒县尉，讨了军士～。"

【花名册】 huā míng cè 人员名册。明徐复祚《红梨记》一一出："〔丑〕为甚哄你！这不是～子，你自看。〔生看念〕歌舞妓女一百二十名，第一名谢素秋。"清《歧路灯》五回："这书办单候点名散胙帖，将生员～放在面前。"

【花木瓜】 huā mù guā 一种用刻花纸盖覆而在表皮形成花纹的木瓜，比喻中看不中用。宋周必大《游山录》："汪彦章与王甫太学同舍，貌美中空，彦章戏之为～。"《元曲选·举案齐眉》四折："则俺那美王十分俊，不似你～外看好。"

【花娘】 huā niáng ❶ 称歌妓、娼妓。唐李贺《申胡子觱篥歌》序："朔客大喜，擎觞起立，命～出幕，徘徊拜客。"宋汪元量《湖州歌》之六〇："车马争驰迎把盏，走来川上看～。"清《荡寇志》七九回："店小二引着一个～进来，后面一个鸨儿跟着。" ❷ 称一般的妇女，含轻蔑义。明汤显祖《南柯记》二九出："你俺一般金枝玉叶，作践我的花，气死俺也。一枝冷箭去吓死～。"《拍案惊奇》卷三一："正寅又想道：'这～吃不得这一棍子。'等钱氏走近来，伸出那一只长大的手来，撑起五指，照钱氏脸上一掌打将去。"清叶稚斐《琥珀匙》一二出："我里～也勿好，有了他，竟撇了我。" ❸ 用作对妇女的詈词。明《醒世恒言》卷二三："老虔婆，老～！你自没廉耻，被千人万人开了聪明孔。"《醋葫芦》一一回："这时把门闭了，臭～，莫不恋着汉子？"清《玉蜻蜓·游庵》："嗳唷，老～，口气倒适意朵！"

【花奴】 huā nú ❶ 唐汝南王李琎的小名。琎善击羯鼓，后作为鼓手的代称。宋苏轼《虢国夫人夜游图》："宫中羯鼓催花柳，玉奴弦索～手。"明张岱《陶庵梦忆》卷三："（琴筝）从容秘玩，莫令解秽于～；抑按盘桓，敢谓俙生于古乐。"清王士禛《上巳辟疆招修禊水绘园》之七："醉乡大户百分空，起唤～自挝鼓。" ❷ 花中奴品。指身分不高贵的花，如芍药、槿花等。宋向子諲《最高楼》："比碧桃、也无二朵，算丹桂、止是一株。千万卉，尽～。"明顾璘《修竹吟和邬户曹佩之》之一一："竹君不及～色，可惜相知眼中少。"清玄烨《芍药》："逞尽风流还自恨，被人强唤是～。" ❸ 花丁；养花的奴仆。宋周必大《二老堂诗话》下："'蔷薇刺刺～手'。'刺刺'皆仄声，人每难对。"刘克庄《赵昭仪春浴行》："～一双鬟垂耳，绿绳夜汲露桃蕊。"清吴允嘉《美商丘先生暇日治圃》："放衙无事课～，剪竹移蕉土气苏。" ❹ 称猫。《五灯会元》卷三《佛嶴和尚》："问：'如何是异类？'师敲碗曰：'～～吃饭来。'"宋王洋《酬凌季文过杨仲诚》："日筛竹影～睡，人度禾场吠犬惊。"明孟称舜《桃花人面》二出："小庭空与～坐，送春归、奈春光先去何？" ❺ 妓女的侍女；雏妓。明佚名《霞笺记》六出："香添兽，理素琴，～忽报言有人。"无心子《金雀记》一〇出："小小～巧妆成，洁净。一心只望脱风尘，执性。"

【花牌】 huā pái 妓女的姓名牌。宋吴自牧《梦粱录》卷二〇："其诸库皆有官名角妓，就库设法卖酒。此郡风流才子，欲买一笑，则径往库内点～，惟意所择。"元锺嗣成《骂玉郎过感皇恩采茶歌·四景》："皓齿明眸，粉面油头。点～，行酒令，递诗筹。"清郭麐《吴门画舫录序》："亦人天所动色，假兹鸳牒，聊记～。"

【花判】 huā pàn ❶ 判案官员对一些无关紧要的民事案件，用措辞华丽且带有滑稽语气的骈文判结，称"花判"。也指这样的判词。宋洪迈《容斋随笔》卷一〇："（判语）世俗喜道琐细遗事，参以滑稽，目为～。"元盛如梓《庶斋老学丛谈》卷下："（一士人、妓女讼事）公～云：'娼馆寓情，私游未免；讼庭交恶，有识所羞。'"《元曲选·竹坞听琴》三折："划的点检他这姻缘簿，～他这有情人。姑姑好出家人也！〔词云〕你那布袍笼夜月，丫髻挽秋云。本是清风明月客，倒养着金马玉堂臣。" ❷ 转指一般的判案、判卷、评判。宋刘克庄《送邹莆田》："日日焚香出，天知令尹心。租符环境少，～人人深。"清毛奇龄《康熙乙丑予奉使分校会闱》："草编时有次，～月将终。"《聊斋志异·小谢》："秋容素不解读，涂鸦不可辨认。～已，自顾不如小谢，有惭色。" ❸ 指具名签署文书。唐宋时，中书舍人在同一文书上各自签署自己的意见并署名，称五花判事。宋毕仲游《和钱穆父舍人》："簪笏三人共一班，仙凡回首不相关。连名～围宫砚，隔坐香焚暗博山。"

【花婆】 huā pó ❶ 以贩花或花粉首饰为业的妇女。明徐复祚《红梨记》三出："〔老旦扮～上〕本卖花为生，翻因花作祟。"清《春柳莺》三回："只见一～，手提花篮，从门内走出。"《歧路灯》五五回："像我当闺女时，也不知在～手里，买了几十串钱东西，也不觉怎的。我到明日叫～子孟玉楼与我捎两件钗钏儿，看怎的！" ❷ 媒婆。清梁恭辰《北东园笔录》三编卷四："夫少年嫠妇，苟不为饥寒所迫，尽易守节抚孤而卒。至再醮失身，其为～恶媪图财诱惑之，盖十之四五也。" ❸ 新婚夜给新房送花的妇女。清屈大均《广东新语》卷一一："醮子之夕，其亲戚送花于新郎房中者，男曰花公，女曰～。"

【花破】 huā pò 花费。多指花费超过额度。宋黄震《通新宪使余主一书》："小人黠而奴于人者，欲～主家财物。"姚勉《次杨监簿上陈守赈灾韵》："官钱～入私帑，期限火急催民输。"元陶宗仪《辍耕录》卷二八："松江府儒学直学沈伯云因～钱粮，乃与教授陈仲微有隙。"

【花期】 huā qī ❶ 植物开花的时期。五代吕从庆《章氏幽居》："白屋烟霞内，～了不愆。"《元曲选·墙头马上》一折："怎肯道负～，惜芳菲。粉悴胭憔，他绿暗红稀。"清《飞花艳想》一回："今早见风日晴和，弟恐错过～，所以约了杨兄不速而至。" ❷ 指男女相会之期或婚期。宋晏幾道《木兰花》："初心已恨～晚，别后相思长在眼。"按，此义双关。明陆采《怀香记》一六出："自从芳卿致情，林深处～难订。"伍灌夫《二郎神·春杪代友述缘》："文君再醮，美周郎重寻小乔。拜花灯两地牵肠，凑～一样今宵。" ❸ 妓女应值伴客的日期。明许潮《写风情》："这些时偿足了粉债，彀满了～。只望得轻罗小扇闲潇洒，冰簟疏帘看弈棋。谁承望狂蜂浪蝶暂相离，苍鹰乳虎卒来至。"

【花钱】 huā qián ❶ 像钱币一样的花型或花纹。唐李商隐《房中曲》："蔷薇泣幽素，翠带～小。"明池本理《禽星易见》："（箕禽）其状～黑而小于虎也。" ❷ 买（养）花或花粉的钱。宋范成大《书事》之一："鬟婢请淘酒米，园丁催算～。"明《醒世恒言》卷一六："～今日不便，改日奉还罢。"清纪昀《阅微草堂笔记》卷七："岁除日，有卖通草花者，叩门呼曰：'伫立久矣，何～尚不送出耶？'" ❸ 一种杂技表演所用的钱币，大约用于花式抛掷。宋吴自牧《梦粱录》卷二〇："且杂手艺，即使艺也，如踢瓶、弄碗、踢磬、踢缸、踢钟、弄～、花鼓槌……” ❹ 一种钱币式样的吉祥图案，多用彩纸剪成。明朱橚《普济方》卷三五六：“催生及难横逆……不作声，将～倒提，向厕顶礼，倒烧急回。” ❺ 嫖妓的费用。明汤式《一枝花·劝妓女从良》：“伴风姨陪月姊甚日辞棚，觅～偿酒债何年证本?”清《儒林外史》五四回：“我们本院的规矩：诗句是不白看的，先要拿出～来再看。” ❻ 花费钱。明《梼杌闲评》一六回：“人已死，还要～!”清《红楼梦》一二回：“无药不吃，只是白～，不见效。”

【花枪】 huā qiāng ❶ 一种长柄尖锋的刺击兵器。柄有弹性，可舞出枪花。元明《水浒传》一〇回：“～挑着酒葫芦，依旧把门拽上锁了，望那庙里来。”明汤显祖《牡丹亭》四七出：“这臊子好大胆，快取枪来！〔净作持～赶杀介〕” ❷ 用花枪舞出的枪法。明吾邱瑞《运甓记》三〇出：“身谙一十八般武艺，手弄三十六路～。”清《飞龙全传》四四回：“高行周祖传～，人不能敌。”陈端生《再生缘》六回：“总兵主意安排定，一阵～瑞雪飘。” ❸ 指花哨但不实用的枪法。明戚继光《纪效新书》卷六：“务要俱照示学习实敌本事，直可对搏打者，不许仍学习～等法，徒支虚架，以图人前美观。”清《绿牡丹》三回：“我只当是江湖上～花棒，细观起来，竟是真本事。”《呼家将》三三回：“谁道公主的心里已是十分有意，只是使的～，那里肯下手刺去。”

【花巧】 huā qiǎo ❶ 花哨；好看。多指不实用的或迷惑人的。宋《朱子语类》卷二五：“古人绘事，未必有今人～。”明《山歌·香筒》：“结识私情像香筒，外头～里头空。”清《豆棚闲话》六则：“大凡大和尚到一处开堂，各处住静室的禅和子，日常间都是打成一片，其中～名目甚多，如：西堂、维那、首座、悦众……” ❷ 好看之处。元《三遂平妖传》一三回：“我们倒吃这妇人家要了，引了这半日，又没甚～。” ❸ 花哨的手段。隐指惩罚手段。明陈继儒《粉蝶儿·清明曲》：“蚁穴里肌肉，浪薰麝脑；鸦啄上肝肠，枉弄～。”《豆棚闲话》一〇则：“苍苍之天，毒毒的偏要与此辈弄个～。不期敬山骤然骗了许多银两，不敢出手，交与妻子，藏在床下一酒坛内……却被一个偷儿挖落门臼。” ❹ 卖弄花巧。明屠隆《昙花记》三〇出：“为人不做正人，话正话，怎么～舌头?”

【花曲】 huā qū ❶ 犹“花街❶”。五代尹鹗《菩萨蛮》：“少年狂荡惯。～长牵绊。去便不归来。空教骏马回。” ❷ 花径；花木掩映的路。宋佚名《归田乐》：“水绕溪桥绿。泛苹汀、步迷～。”明皇甫汸《阅马作》：“弄影盘～，骄嘶系柳隈。”

【花拳】 huā quán 花哨但不实用的拳法。清《说岳全传》六九回：“张国乾就打了一套～，就去正中间坐下。”

【花臊】 huā sào 同“花噪”。清《豆棚闲话》一〇则：“许老一就在这里，身段极介即溜，面孔也介～。马爷与他相处极好。”

【花哨】 huā shào ❶ 本义为颜色繁复艳丽，转用来形容名目虚夸不实或作风虚浮张扬。明李开先《一江风·卧病江皋》：“哄咱来，两次三番，摆计千方，～胡支派。”《金瓶梅词话》五八回：“打发他爹往前边去了，在院子里呼张唤李的，便那等～起来。”清《蜃楼志》一九回：“这茹氏买了一个丫头服侍，又赁了一间外房，渐渐的～起来。” ❷（鸟）婉转鸣叫。哨，鸣叫。清《醒世姻缘传》七〇回：“我家里养活着个会～的腊嘴哩。”又：“承恩去不多时，只见提溜着两个笼子，从那里～着来了。”

【花使】 huā shǐ ❶ 神话中的送花使者，也借指送花的人。宋洪适《许倩遣舟送花栽》：“临风含笑劳～，映水分行拥木奴。”金李俊民《谒金门·叹梅》：“频点检，依旧雪肌清减。似恨海东～滥，不教幺凤探。”清《二度梅》一四回：“城隍领了玉旨，到御花园中，同了～，领了仙花，竟奔陈府花园而来。” ❷ 花费；使用。明《老乞大谚解》卷下：“那厮们将着银子～了，中间克落了一半儿。”按，元刊本作“破使”。

【花市】 huā shì ❶ 卖花的集市，也指繁华的街市。五代韦庄《奉和左司郎中春物暗度》：“锦江风散霏霏雨，～香飘漠漠尘。”明张景《飞丸记》一九出：“卧看冰轮转二更，～无声，万户扃。”清查慎行《三月三日同园修禊》：“纷纭阅～，过眼多尘坱。” ❷ 犹“花街❶”。宋仲殊《定风波·渌水桥》：“南北岸，～管弦声。邀客上楼双榼酒，舣舟清夜两街灯。”元张可久《小梁州·失题》：“塌了酒楼，焚了茶肆，柳营～，更呼甚燕子莺儿。”刘仁本《少年行》：“城中美少年，十万当腰缠。朝拥红姬醉，莫入～眠。”

【花书】 huā shū 即“花押”。宋魏了翁《跋文忠烈公真迹》：“唐人初未有押字，但草书其名以为私记，故号～。”洪迈《夷坚志》甲卷二〇：“邵见安民露首持文书来白曰：‘安民冤已得伸，阴狱已具，须公来证之，公无罪也。’指牍尾请书名。已而复进曰：‘有名无押字不可用。’邵又～之。”

【花台】 huā tái 妓院。宋方千里《虞美人》：“～响彻歌声暖，白日林中短。春心摇荡客魂消。搓粉揉香排比、一团娇。”元佚名《端正好·相忆》：“也是你安分福～上注，以此上月老姻缘玉簿上佥。”《古今杂剧·救风尘》一折：“自家郑州人氏，周同知的孩儿周舍是也。自小上～做子弟。”

【花堂】 huā táng 举行结婚仪式的厅堂。清《白雪遗音·诗经注》：“好叫我左右流之无其奈，怎能彀钟鼓乐之把～拜。”

【花艇】 huā tǐng ❶ 犹“花船❶”。宋贺铸《雁后归·采莲回》：“门外木兰～子，垂杨风扫纤埃。平湖一镜绿萍开。缓歌轻调笑，薄暮采莲回。” ❷ 犹“花船❷”。明程嘉燧《雨中过张鲁生清夜听曲》：“共穿疏雨牵～，自载清樽款竹扉。”清沈复《浮生六记》卷四：“妓船名～，皆对头分排，中留水巷以通小艇往来。”《蜃楼志》五回：“又使了几百元花边，得授番禺县河泊所官，管着河下几十～，收他花粉之税。”

【花头】 huā tóu 另见huā tou。❶ 花朵。宋陈亮《暮花天》：“骨瘦挽先，肌韵恰好，～径尺徐陈。”明刘侗《西堤》：“荷，朵时笔植，而花好偃仰。～每重，柄每弱，盖每傍挤之。”清《补红楼梦》四七回：“果然芍药盛开，有上千的～，真是一片红香。” ❷ 舞动枪尖搅起的花式。清《雪月梅》三九回：“然后使开身分，舞出那三十六路梨花枪法……使到了精奥处，把篙一搅，打起一个～有车轮大小。”又四四回：“刘电才把手中枪掣回，用力一摆，荡起一个车轮大小的～，早把袁立的枪拨离手有六七丈远。”

【花头】 huā tou 另见huā tóu。❶ 首饰一端錾有花样的，也指首饰或首饰的花样。宋元《古今小说》卷三六：“一包金银钗子，也有～的，也有连二连三的，也有素的。”明汤显祖《紫钗记》八出：“恁想着～戴，步香街，淡月梅梢，领取个黄昏自在。”清《风流悟》八回：“‘可有什么时新巧色～儿么?’施十娘道：‘有，有。’连忙开了花篮儿，都是崭新花样。” ❷ 花朵图案，也泛指花纹或图案。《金史·舆服志》：“执政官服小独科花罗，径不过三寸。二品、三品服散搭花罗，谓无枝叶者，径不过寸半。四品、五品服小杂花罗，谓～碎小者，径不过一寸。”元佚名《快活年》：“小小鞋儿四季～，缠得尖尖瘦。”清《醒世姻缘传》六三回：“这还是狄大哥说起南京有这新兴的顾绣，与了八两银子，叫我家与他捎了一套，与这是一样～，一般颜色。” ❸ 比喻华丽的外表、恰好的时机或狡猾的名堂。明徐霖《绣襦记》一三出：“〔旦〕他是个读书的老实人。〔净〕你要那虚～的怎么！有造化方接着老实孤老，趁他爱你时，起发他些东西。”《醋葫芦》九回：“莫若趁这机会，递张和息，落得大家安静。不要错过～，后悔不失。”《石点头》卷一二：“无端受这酸丁一场打骂，须寻个～摆布他，方销得此恨。”

【花腿】 huā tuǐ 刺有花纹的腿，是市井闲汉的标志。南宋张浚在士兵腿上刺花纹以防止逃跑。宋庄绰《鸡肋编》卷下："(张浚)择卒之少壮长大者，自臀而下文刺至足，谓之～……般运花石，皆役军兵。众卒谣曰：'张家寨里没来由，使他～抬石头。'"《元曲选·鲁斋郎》楔子："小官嫌官小不做，嫌马瘦不骑，但行处引的是～闲汉。"又《生金阁》一折："～闲汉，多鞁几匹从马，郊外打猎走一遭去。"

【花息】 huā xī 利息。也指收入。明张瀚《松窗梦语》卷一："逃者当年来还，佃人除工费，均分～。二年还，给三之一。"《型世言》八回："这些游方和尚，一些经典不识，有时住在寺里刮佛面上的金子，盗常住的～换酒换食。"清沈复《浮生六记》卷四："秋八月，邀余同往东海永泰沙勘收～。"

【花下子】 huā xià zǐ 新婚即怀孕而生下的孩子。明单本《蕉帕记·闹婚》："如今四月，到明年正月半，刚刚十个月，是真正的～。"《石点头》卷三："须臾席终客散，王原进房寝息。张氏巴不得儿子就种个～，传续后代。"

【花巷】 huā xiàng ❶ 繁华的街道。宋吴潜《永遇乐·再和》："天上人间，这般光景，管无风雨。绣户珠帘，锦坊～，戏队将嫫母。" ❷ 犹"花街❶"。明王穉登《无题》之四："燕入朱门藏不见，马过～忆还嘶。"清《后水浒传》："向前去，三十六条～，家家热闹；转过来，七十二座楼台，户户喧哗。"《歧路灯》二一回："人生一世，不过快乐了便罢。柳陌～快乐一辈子也是死，执固板样拘束一辈子也是死。"

【花消】 huā xiāo ❶ 同"花销❶"。宋元《古今小说》卷三九："被刘光祖一时驱逐，平日有的请受都～了，无可存活。"清《儒林外史》四〇回："这是朝廷功令，又不是你不肖～掉了，何必气恼？" ❷ 同"花销❷"。清《红楼梦》四七回："眼前十月初一，我已经打点下上坟的～。"《歧路灯》一〇回："只要中进士，拉翰林，做大官，一切～，都是我的。"

【花销】 huā xiāo ❶ 开销；花费。明王士性《广志绎》卷三："宣、大既每年积羡多，难以～，则奏报为省节。"清袁枚《子不语》卷一〇："前生予与亮工俱山西贩布男子，官牙刘某吞布价而～之。"《姑妄言》四回："名虽得了七十两，是不心疼的钱，三文不值二文的～了。" ❷ 费用；花费的钱。清《红楼梦》四八回："赶端阳前我顺路贩些纸札香扇来卖，除去关税～，亦可以剩得几倍利息。"

【花心】 huā xīn ❶ 隐指女阴。唐张垍《控鹤监秘记》："昭容～秾粹，浑一交接，觉阴头触嫩处，如醍醐灌顶。"明《夹竹桃·沙上凫雏》："销金帐里，情浓意坚，双双戏耍，～正鲜。"清《姑妄言》五回："宦萼久已垂涎，想采他的那一点～。只因畏惧侯氏，不敢放肆。" ❷ 春心；男女情爱之心。金《董解元西厢记》卷四："相思恨转深，谩托鸣琴弄。乐事又逢春，～应已动。"《元曲选·城南柳》二折："他频将柳眼窥，你把～动。怕不年高德重，人则道临老入花丛。" ❸ 欢心；快乐之心。清陈端生《再生缘》二一回："念到了，诰赠恭人孙氏母。老院君，～大放口难开。"

【花心风】 huā xīn fēng 因思慕异性不遂引发的精神病。明《西洋记》八五回："黄凤仙信口所说：'就一百万。'把唐状元站在一边，吓得只是小鹿儿心头撞，想是这妇人～发了，莫说一百万，一千在那里？"

【花星】 huā xīng ❶ 司男女情事的星宿。宋赵长卿《鹧鸪天》："落魄东吴二十春，风流诗句得清新。今年却恨～照，再见温卿与远真。"元王嘉甫《八声甘州》："忆双双凤友鸾交，料应咱没分消，真真彼此都相乐。～儿照，彩云儿飘，不提防坏美众生搅。"清《续金瓶梅》一〇回："家下侍女虽弹筝歌舞，没个出色的，因此乘机巧骗这袁家女儿来做门面。也是他～照命，注定的因果以报前冤。" ❷ 指司花神。宋孙惟信《失调名·四十九岁自寿》："更不要、衮衣茸纛。但要酒星～照，鹘笑到老。" ❸ 指妇女。清《杏花天》一二回："悦生先入家庭，看见连爱月，又同著一位女客来迎，心中吃惊道：怎么家中预先住下两个～？"又一三回："却说珍娘这日在家，坐于香帏，统领十位～，左首坐下五位：玉娘、若兰、瑶娘、巧娘、玉莺。右首坐下五位：好好、盼盼、十娘、爱月、爱梅。"

【花押】 huā yā 草书的署名签字或某种符号。唐李肇《国史补》卷下："宰相判四方之事有堂案，处分百司有堂帖，不次押名曰～。"明《老乞大谚解》卷上："那免帖上，写着免打三下，师傅上头画着～。"清《隋唐演义》二二回："这令箭原是做就的竹筹，有雄信字号～。"

【花样】 huā yàng ❶ 花纹或器物的式样。《敦煌变文校注》卷五《维摩诘经讲经文(二)》："纤毫之丱串枝柯，细旎之起突～。"明佚名《精忠记》五出："裁胸背剪坏了兽头，裁补子差了～。"清《风流悟》八回："连忙开了花篮儿，都是崭新～，一枝枝取出来放在桌上。" ❷ 像花那样(美丽)。宋陈师道《南乡子》："～腰身官样立，娉婷。"元赵彦晖《点绛唇·席上咏妓》："生的来～娇，柳样柔。"明陆采《明珠记》三六出："～娇姿，无辜真可悲。" ❸ 绣花用的底样。宋谭宣子《谒金门》："昨夜新翻～瘦，旋描双蝶凑。"《元曲选·鸳鸯被》一折："熬永夜闲描那～子，捱长日频拈我这绣针儿。"清《霓裳续谱·夏日天长》："推开纱窗把生活来作，十指尖尖把～儿描。" ❹ 花招；多种变化的手段。元杜仁杰《蝶恋花》："世俗，看取，～巧番机杼。乾坤腐儒，天地逆旅，自叹难合时务！"清《野叟曝言》三一回："自戳颈之后，公子未尝再来，变出～，百般引诱。"《镜花缘》八二回："我看你们出这许多～，只怕把令行完，还要多多吃些天王补心丹哩。" ❺ 花的品类或样式。明无心子《金雀记》二八出："〔生〕所觅奇花，今有几种？〔净〕～甚多，花名不一。"汤显祖《牡丹亭》一五出："这花色～，都是天公定下来的。" ❻ 讳指出天花后脸上留下的坑凹；麻子。清《镜花缘》五五回："送命倒也干净。只怕出花之后，脸上留下许多～，那才坑死人哩。"又："若不叩祝痘疹娘娘，设或痘儿姐姐不来照应，将来弄出一脸～。"

【花银】 huā yín ❶ 成色比较纯的银子。银锭表面有浇铸冷凝时形成的纹路，故曰"花"。《元曲选·窦娥冤》二折："在城有个蔡家婆子，刚少他廿两～，屡屡亲来索取。"清《白雪遗音·独占花魁》之二："积少成多，攒下～十两。" ❷ 表面铸有或錾有花纹图案的银币、银器等。明费信《星槎胜览》卷一："(重迦逻)地产羖羊、鹦鹉、木绵、椰子、绵纱。货用～、花绢。"刘若愚《酌中志》卷一六："又造～，每锭十两不等，止可八成。"明陆粲《送汪佥事之湖南》："骢马长鸣饮碧流，～镂带鹔鹴裘。"

【花营】 huā yíng ❶ 指妓院。宋刘子才《解连环》："银缸半明半灭。念～柳阵，何日消歇。"元关汉卿《新水令》："锦阵里争先，紧卷旗幡不再展；～中挑战，劳拴意马与心猿。"明薛论道《朝元歌·妓盟》："止不过迷人情性，引入～。牙疼咒儿有甚灵！" ❷ 指妇女成群之所。清《隋唐演义》一回："山珍海错、金杯玉斝，方称他舞妙清讴；瑶室琼台、绣屏像榻，方称他～柳阵。"《杏花天》一一回："我将三妹收入～，也不便直言，不免以律挑他，看他何如？"

【花用】 huā yòng 花费；耗用。清《红楼梦》一〇六回："又加连年宫里～，账上多有在外浮借的也不少。"《绣鞋记》一六回："小的得银到手，便～了。"

【花院】 huā yuàn ❶ 种花观赏或出售的院落。元吴西逸《红绣鞋·忆西湖》："～小低低朱户，酒旗摇簇簇香车，市桥官柳暗西湖。"明汤显祖《牡丹亭》一二出："你游～，怎靠着梅树偃？"清李斗《扬州画舫录》卷四："近年梅花岭、傍花村、堡城、小茅山、雷塘皆有～，每旦入城聚卖于市。" ❷ 妓院。明《金瓶梅》二〇回回目："傻帮闲趋奉闹华筵 痴子弟争锋毁～"。《醒世恒言》卷三："到典铺里买了一件见成半新半旧的绸衣，穿在身上，到街坊闲走，演习斯文模样。正是：未识～行藏，先习孔门规矩。"

【花约】 huā yuē 即"花押"。明《醒世恒言》卷三五："献世保拈起笔，尽情写了一纸绝契，又道：'省得你不放心，先画了～，何如？'"

【花噪】 huā zào 俏丽；色彩鲜艳。明《山歌·门神》："你当先见我颜色新鲜郎亨介喝彩，装扮得～加倍介奉承。"

【花帐】 huā zhàng 同"花账"。明《西游记》八九回："把东西开个～儿，落他二三两银子。"《金瓶梅词话》一四回："开送了一篇～与他，只说银子上下打点都使没了。"

【花账】 huā zhàng 不实的账目。明《梼杌闲评》一四回："如此说，到是弟开～，揩他们的了。"

【花招】 huā zhāo ❶ 招贴；海报。《元曲选外编·蓝采和》一折："俺在这梁园棚勾栏里做场，昨日贴出～儿去。" ❷ 比喻迷惑人的招数。明朱有燉《柳营曲·咏风月担儿》："水局门空荡荡，～子一般般。瞒。再休将风月担儿搬。"

【花阵】 huā zhèn 指妓女行列或妓院。宋赵崇璠《如梦令》："日日酒围～。画阁红楼相近。"元佚名《凭阑人·章台行》："～赢输随镘生，桃扇炎凉逐世情。"明《醒世恒言》卷一五："又如锦营献笑，～图欢……不得不谓之邪色。"

【花周】 huā zhōu 犹"花甲❶"。宋陈著《烛影摇红·寿元实通判母》："甲子～，自从今日重新数。"清《隋唐演义》二四回："～虽暮景，和气如春晓，恍疑似西池阿母来蓬岛。"《歧路灯》八三回："年皆～上下矣。"

【花子】 huā zi ❶ 妇女在脸上描绘或粘贴的花卉星月等装饰性图案。唐李复言《续玄怪录》卷四："三岁时，抱行市中，为狂贼所刺，刀痕尚在，故以～覆之。"五代和凝《柳枝》："醉来咬损新～，拽住仙郎尽放娇。" ❷ 乞丐。《元曲选·张天师》二折："油嘴～，快出去！"清《醒世姻缘传》八〇回："拿领席来卷上，铺里叫两个～来拉巴出去就是了。"《白雪遗音·又一见情人》："俺守着你，一夜不睡不害困，如同是～拾了一定金。"

【花字】 huā zì ❶ 草书签押的名字或符号。宋《朱子语类》卷一一六："苏子容押～常要在下面，后有一人官在其上，却挨得他～向上面去。他遂终身悔其初无思量，不合押～在下。"《元曲选外编·西游记》三本一〇出："师父则揭了这～，弟子自出来。"清《连城璧》寅集："写完之后，又押了一个～，递与妇人。" ❷ 舞弄枪刀等使出的花哨技法。明《西游记》三〇回："那怪看得眼咤，小龙丢了～，望妖精劈一刀来。"

【花嘴】 huā zuǐ 花言巧语，或指善于花言巧语的嘴。明《禅真逸史》三〇回："这～老贼奴，到了此际，兀自巧语花言！"《醋葫芦》一一回："好～，一向不见，越发会说天了。"

huá

【划】 huá 另见huà。❶ 割；切。唐顾况《险竿歌》："忽雷掣断流星尾，矐睒～破蚩尤旗。"元明杂剧本《酷寒亭》三折："那婆娘将一把刀子去盘子上一～，把一个水答饼～做两块。"清《野叟曝言》二〇回："将一柄解手小刀在奴口中戳进，把喉腹肠脏一齐～破。" ❷ 摆动；拨动。唐陆龟蒙《和胥门闲泛》："细桨轻～下白蘋，故城花谢绿阴新。"明王衡《郁轮袍》二折："前日悲田院听得抱琵琶的汉子，弹什么《郁轮袍》，一定是未入乐谱的，我随分～儿～便罢。"清《说唐后传》一七回："原是饿虎一般的吃法，一碗只～得两口。这些人才吃得半碗，他倒吃了十来碗。" ❸ 涂写；刻画。唐白居易《新昌新居书事》："浮荣水～字，真谛火生莲。"清《飞龙全传》一八回："谁有工夫去取纸笔？不论什么石头，～上几句也就罢了。" ❹ 插上销子拉动。清《红楼梦》五一回："你把那穿衣镜的套子放下来，上头的划子～上。"又："便自己起身出去，放下镜套，～上消息。"

【划拨】 huá bō 摆动；拨动。清《后西游记》二〇回："那船又无橹舵，便只在中流团团而转。唐长老甚是着急。小行者与沙弥忙用铁棒禅杖在水上～。"

【划不来】 huá bù lái 犹"合不来❶"。清《醒世姻缘传》六三回："我合白姑子极～，年时我往他庵里走走，他往外捻我。"

【划船】 huá chuán ❶ 即"划子❶"。明《梼杌闲评》一回："事出无奈，敢求～十只，久练水手二十名。"《二度梅全传》一〇回："只见一只～，飞棹来了。" ❷ 喻指大鞋，形容女子脚大。明《禅真逸史》二一回："系一条出炉银软纱裙子，脚下横拖一对～。"

【划桨】 huá jiǎng 船桨。清《说岳全传》二五回："就把这混铁棍当作～一般，在船尾上划。"

【划拳】 huá quán 一种赌酒博戏。二人各出手指表示数目，同时口中另报出数目，如"三星照、四匹马"等。二人所示数目之和跟某一人所喊数目相合，则该人胜，负方饮酒。清《红楼梦》六二回："我不行这个射覆，没的垂头丧气闷人。我只～去了。"《后红楼梦》二一回："满桌子的酒菜，大家就呼天喝地的～起来。"

【划指】 huá zhǐ 即"划拳"。明《欢喜冤家》二三回："二人猜拳～，吃得十分沉醉。"

【划子】 huá zi ❶ 一种用桨划的小船。明《拍案惊奇》卷二三："崔生走到船帮里，叫了只小～船。"清《粉妆楼》五九回："满江中巨舰艨艟、双飞～，不计其数。" ❷ 船桨。清《红楼梦》四〇回："恐怕老太太高兴，越性把船上～、篙桨、遮阳幔子都搬了下来预备着。" ❸ 可滑动的销子。清《红楼梦》五一回："你把那穿衣镜的套子放下来，上头的～划上。"

【滑】 huá ❶ 顺；熟。多指因顺溜或熟悉而收不住。宋《朱子语类》卷二："盖非不晓，但是说～了口后，信口说，习而不察。"明沈璟《义侠记》八出："倘有些风吹草动，我面皮认得是嫂嫂，拳头却不认得！我非夸，自从打虎手儿～。"清《镜花缘》三一回："想是连日听舅舅时常读他，把耳听～了，不因不由说出这四字。" ❷ 油滑；狡猾。元曾瑞《一枝花·买笑》："由你彻骨的娘透了的～，你那疑惑心则有半米儿争差，可敢错系了绿杨门外马。"明《西游记》二二回："这妖也弄得～了，他再不肯上岸。"清李玉《清忠谱》一一折："久惯拿人手段～，这番差使差了瞎。" ❸ 指狡猾的手段、伎俩。《元曲选·忍字记》二折："我一只手将系腰来采住向前掐，可便不着你躲闪藏～。"明杨珽《龙膏记》一八出："且向那势利场中弄～，把英雄来叱咤。" ❹ 打滑；滑滚。明《西游记》四八回："那马蹄～了一滑，险些儿把三藏跌下马来。"清《红楼梦》四〇回："姥姥，你上来走，仔细苍苔～了。"《荡寇志》一一五回："那豹子项下的毛片滑溜，唐猛的头～在一边，与豹颈脖子交叉着。" ❺ 溜；脱逃。清《荡寇志》八二回："哪里杀出这一个女子，却恁般勇猛，竟被他～了去！"又一三〇回："方才可惜，已诱得进了路，却被他溜撒～了去。"

【滑擦】 huá cā 滑；打滑。元王伯成《哨遍·项羽自刎》："手拘束难施展，足～岂暂停。"明汤显祖《牡丹亭》二四出："苍苔～，倚逗着断垣低垛。"清弘历《冰嬉赋》序："至于冰，则向之族莫不躄躠胶滞，～而莫能施其技。"

【滑车】 huá chē 滑轮。《宋史·河渠志二》："两旁系大绳，两端矴大船，相距八十步，各用～绞之去来挠荡泥沙。"元王祯《农书》卷二一："絮车，构木作架，上控钩绳～，下置煮茧汤瓮。絮者掣绳，上转～，下彻瓮内。"清《荡寇志》一〇九回："上用一～儿，穿一根长索，一头系了这炮。只待穹庐将到城根，便将药线点着，扯上竿头，搭上城去。"

【滑快】 huá kuài 感情融洽欢好。清《醒世姻缘传》九五回："你三个兄弟，一个他也是恨你气杀老子，气杀婆婆，不理你的。一个又是俺家的女婿，他也不合你～。"

【滑辣】 huá là 锐利毒辣。明《醋葫芦》七回："若不招，休怪老娘手段～！"又一七回："劈空见都氏讨起翠苔姐来，不知放出怎生一番～手段？"

【滑喇】 huá là 滑；摩擦力小。明汤显祖《牡丹亭》八出："泥～，脚支沙，短耙长犁滑律的拿。"

【滑利】 huá lì ❶ 滑快通畅。《云笈七籤》卷七八："欲得小便～者，加泽泻二十一分。"宋沈仕《摄生要录》："人骨节中有涎，所以转动～。"清《荡寇志》一二九回："将闸板闸槽轴头都细细察看了一遍，又演试了两遍，果然～无碍。" ❷ 浅薄流俗。清嵇永仁《与周敷文书》："即次，亦可与少年驰骋场屋，猎取声誉，不至如时文轻脱～。"

【滑溜】 huá liū ❶ 光滑；不粗糙。元刘壎《剪韭赋》："乃剪取而熟之，映冰瓷之～。既惬予心，尤利荐酒。"清《后水浒传》二四回："扯紧了绳头，将孙本在一块～石上慢慢坠落。" ❷ 摩擦力小；不涩滞。清《平定两金川方略》卷一〇一："忽降阵雨，胶泥～更甚。"《隋唐演义》一二回："那门闩是日夜开闭，年深月久，～异常。"《荡寇志》一一五回："那豹子项下的毛片～，唐猛的头滑在一边，与豹颈脖子交叉着。" ❸ 疾速流利。明佚名《粉蝶儿·白居易琵琶行》："坐促弦，泄我忧，新翻旋拨音～。" ❹ 圆滑；圆通。清阮大铖《燕子笺》四出："为人～，做事精灵。"《跨天虹》卷三三则："平素做人～，到处人人欢喜。" ❺ 滚动。清《医宗金鉴》卷三四："形状如珠，～不定，谓之滑脉。" ❻ 滑车；滑轮。清《后红楼梦》一八回："赶着试灯日，从上房起直到大观园，各到处挂满了，连树顶上也挂些～儿扯将上去。"

【滑律】 huá lǜ 疾快。明汤显祖《牡丹亭》八出："泥滑喇，脚支沙，短耙长犁～的拿。"

【滑落】 huá luò 滑动进入或掉下。明《如意君传》："既而淫水浸出，渐觉～，遂又进少许。"《灯草和尚》二回："夫人觉得不好意思，跳下床来，那小和尚湿淋淋的已～在楼板上。"

【滑腻】 huá nì 光滑滋润。唐孙思邈《备急千金要方》卷四八："凡大便不通，皆用～之物及冷水并通也。"宋周弼《寓宿黄观复书堂晨至海棠花下》："胭脂深重粉亦殷，颜色～脂肉寒。"清《玉蜻蜓·游庵》："只见他，粉劲娇柔性～，香肩俊俏自婀娜。"

【滑拳】 huá quán 同"划拳"。清《续金瓶梅》二九回："那僧也不谦让，就横头坐下，看他二人发兴～。"

【滑润】 huá rùn 光滑润泽；通畅温润。唐王焘《外台秘要方》卷三二："初将此药洗面，觉面皮手～，颜色光泽。"宋王洋《陪徐狄二子出东郊即事》："枯肠得～，一笑散孤幽。"清《隋唐演义》六八回："见一条青石大桥，～无比。"

【滑熟】 huá shú 非常熟悉。宋《朱子语类》卷二五："古人做物滑净，无些碍处，便是易。在礼，只是太～了。"《元曲选外编·博望烧屯》二折："你休卖弄你那武艺～。"明陈铎《满庭芳·牙人》："当行久惯，把秤～。"

【滑拓】 huá tà 同"滑澾"。清《警寤钟》二回："俱踹着西瓜皮，没个不～，总倒撞的跌将下来。"

【滑踏】 huá tà 同"滑澾"。清《二度梅》二〇回："一路崎岖～，藤葛牵连。"

【滑蹋】 huá tà 同"滑澾"。明《醋葫芦》六回："成珪又努力一挂，一个～，几乎把头皮都被席子擦破。"

【滑澾】 huá tà 犹"滑擦"。唐皮日休《吴中苦雨因书一百韵寄鲁望》："盖檐低碍首，藓地～足。"宋赵蕃《问宿》："川原泥～，山岭石粗疏。"清《野叟曝言》三六回："脚里打着～，七跌八撞的，飞跑进去了。"

【滑头】 huá tóu 圆滑；不老实。《五灯会元》卷二〇《灵岩仲安禅师》："祖顾侍者曰：'是那里僧？'曰：'此上座向曾在和尚会下去。'祖曰：'怪得恁么～。'"元耶律楚材《法语示犹子淑卿》："深背真道，卖弄～，于道何益？"

【滑脱】 huá tuō 控制或抓握不紧而脱落。元李杲《兰室秘藏》卷下："真气不禁，形质不收，乃血～也。"明徐用诚《玉机微义》卷一七："如尿血因房劳者，实由精气～，阴虚火动，荣血妄行尔。"清《荡寇志》九七回："乌教头仍去推打纪二，纪二一个蹱踵，～了。"

【滑油】 huá yóu 比喻油滑。清《姑妄言》一〇回："别人还不觉，褚盈是～一般的人，着实疑心。"

【滑贼】 huá zéi 狡猾的强盗，也詈称狡猾或精明的人。明《禅真逸史》五回："这苗龙是个～，有些胆量。"清《红楼梦》九回："不意偏又有几个～看出形景来，都背后挤眉弄眼。"陈端生《再生缘》四二回："刁钻～小梅香，几次躲得无踪影。"

【撶楫】 huá jí 船桨。元明《水浒传》一五回："解了小船，跳在舱里，捉了～，只一划。"

【撶揪】 huá qiū 船桨。揪，应作"锹"。元明《水浒传》一五回："树根头拿了一把～，只顾荡，早荡将开去。"

【豁拳】 huá quán 同"划拳"。明李日华《六研斋笔记》卷四："俗饮以手指屈伸相博谓之～，又名豁指头。"清《聊斋俚曲·禳妒咒》："咱不必～了，咱击鼓传花。"

huà

【化白】 huà bái 同"花白❷"。明《金瓶梅词话》八一回："你在这里快活，你老婆不知怎么受苦哩！得人不～出你来，你落得为人。"

【化财】 huà cái ❶ 募化钱财。明《金瓶梅词话》五九回："他不是你的儿女，都是宿世冤家债主，托出来化目～。"按，例句指冤孽托生以耗费家财。化目，指婴儿早殇，徒博母亲看顾却没有结果。 ❷ 焚烧纸扎的钱财以通神。明《金瓶梅词话》六六回："炼度已毕，黄真人下高座，道众音乐送至门外，～焚烧箱库回来。"《醒世恒言》卷四〇："船至长芦，正思神叟所嘱'～还债'之言，忽然寒风大作。"

【化饭】 huà fàn 僧道募化斋饭；讨饭。《敦煌变文校注》卷四《难陀出家缘起》："伏缘师兄到来，现在门前～。"明《韩湘子》一三回："古圣先贤也曾～，怎么叫贫道不化斋粮？"清《续金瓶梅》四八回："刘瘸把他的蒲团背起，随着一路～而去。"

【化募】 huà mù 募化；僧道求人施舍。唐司空图有《为东都敬爱寺讲律僧惠确～雕刻律疏》。宋江休复《醴泉笔录》卷上："每有堤塘桥道之役，令～闾里修筑。"明《西游记》九六回："放了这等现成好斋不吃，却往人家～！"

【化钱】 huà qián ❶犹"化财❶"。五代周惟简《新建金刚碑》："施者求先，咸称甚善，乃～以构此碑者也。"辽行鲜《涿州云居寺供塔灯邑记》："是时有寺僧文密与众谋议，～三万餘缗，建塔一坐。"清《儒林外史》一回："也有坐在地上就～的。问其所以，都是黄河沿上的州县被河水决了。" ❷犹"化财❷"。《元曲选·鲁斋郎》一折："古坟新土都添遍，家家～烈纸痛难言。"清《醒世姻缘传》六九回："所以凡是香客，定到那里，或是打醮超度，或是烧纸～。"

【化人场】 huà rén chǎng 火葬场。宋元《清平山堂话本·错认尸》："高氏叫洪三买具棺木，扛出城外～烧了。"元明《水浒传》第二五回："一路上假哭养家人。来到城外～上，便教举火烧化。"明《金瓶梅词话》二七回："被宋仁走到～上，拦着尸首不容烧化。"

【化缘】 huà yuán 犹"化募"，谓施舍以结善缘。金巩伯壎《奇石山磨崖记》："其徒五六人，与夫掌～者，分遣四方。未几，邑境邻封，人皆辐辏，信心喜施，财无所惜。"《元曲选·张生煮海》三折："你且到别处～去。〔正末唱〕俺也不是化道粮，也不是要供养。"清袁枚《子不语》卷一："忽一道人持簿～，老仆呵之曰：'吾家主早亡，无暇施汝。'"

【化斋】 huà zhāi 僧道募化斋饭。《元曲选·铁拐李》一折："这里就是金安寿家。我去与他添寿～，看他说甚么。"明《西洋记》一一回："这个和尚大摇大摆，吆喝着～，不知仗了那个的势力。"清袁枚《子不语》卷四："四月某日，从市上～归，小憩土地祠。"

【化纸】 huà zhǐ 焚化纸钱或疏文以通神。宋元《清平山堂话本·合同文字》："安排祭物祭祀，～已毕，安排酒食相待。"元高明《琵琶记》二九出："一路上将去借手教化，早晚与他烧香～。"清《红楼梦》一〇二回："果然贾珍患病，竟不请医调治，轻则到园～许愿，重则详星拜斗。"

【划】 huà 另见 huá。❶突然；骤然。唐杜甫《雷》："龙蛇不成蛰，天地～争回。"宋程迥《题玉真书院》："一朝敞虚境，～见神仙躅。"明孙蕡《下瞿塘》："沿洄～转如旋风，半侧船头水花没。" ❷分出；分拨。清《八洞天》卷四："意欲求伯父～些本钱与我。"又卷五："今奉桂将得价的都～在自己名下，把不得价的都留在他人名下。" ❸筹划；谋划。清李玉《清忠谱》一〇折："相公们定与周爷是好友，大家～个计策才妙。"《好逑传》四回："及见罪民事急，无可解救，哭着要寻死，却又为我～出这条计来免祸。"

【划裁】 huà cái 裁划；筹划安排。宋阳枋《辞蒲常斋俸粟札子》："形势缓急、生民利病、胸次酬酢～之妙，讲之必精。"金段成己《雨后漫成三和》之二："世事纷纷巧～，何如无事醉春台。"明佚名《金字经》："苏氏自～，丑敲才，撇了楚阳台。"

【划策】 huà cè ❶出主意；想办法。清《野叟曝言》三二回："从前二姨替老爷～，不多天吊死了！"《后水浒传》三三回："且请到山寨聚义，容何能～相救。"《荡寇志》七七回："我想姨丈这里住不得，求姨丈怎生为我～。" ❷设法到手。清沈起凤《文星榜》二二出："阿爹弗要哉唅，让我去～两个铜钱赔唔嘿哉。"

【划度】 huà duó 忖度；权衡。明康海《骂玉郎感皇恩采茶歌·丁卯即事》："暗～，细评驳，多敢是天时人事有崎峣。"又《点绛唇·久雨作》："一会家挥毫，～，笑语儿曹。"

【画策】 huà cè 办法；计策。清《何典》四回："何不借着还愿做个因由头，到庙里去与那怕屄和尚相商，谅必有～的。"又六回："别样事情却都玲珑剔透，倒有三分鬼～的。"

【画度】 huà duó 筹划；谋划。唐杜荀鹤《乱后书事寄同志》："思量在世头堪白，～归山计未成。"宋吕南公《烟雨》："早晚～全，方将事农业。"

【画卯】 huà mǎo ❶官衙卯时（早五时至七时）开始办公，吏员到衙签到。元张之翰《和愚公韵》："才看曹掾喧～，不觉庭树阴转午。"明冯惟敏《新水令》："醉汉升堂，糟头～，酒鬼排衙。"清《醒世姻缘传》三八回："狄希陈在府里送过了学，学官领着参见院道，学中升堂～。" ❷指到规定的时间履行约定。清《红楼复梦》二一回："桑奶子笑道：'……将来我也不占你的道儿。我一个月只要两天，让我画个卯儿。咱们这会儿三面讲下。'秀春笑道：'就是这样。'桑奶子道：'既是讲定，你瞧着我来～。'三人彼此无忌，狂够多时。"

【画生】 huà shēng 仕女图。清《续金瓶梅》一二回："到了六七岁，两个女孩儿生的～一般。"《醒世姻缘传》四回："腹胀如鼓，气喘如牛，把一个～般的美人只要死不求生了。"又八四回："这要生在大人家，搽胭抹粉儿的，再穿上绸棉衣裳，戴上编地锦云髻儿，这不象个～儿哩？"

【画时】 huà shí 立刻。唐元稹《论传牒事》："仍牒都亭驿～发遣出驿。"宋欧阳修《论编学士院制诏》："自今以后接续编联，如本行人吏不～编录，致有漏落，许令本院举察理为过犯。"元王恽《议恤民》："如立限甚促，～不支价钱，必须科派民间，然后可办。"

【画一】 huà yī 逐一；一一。宋《朱子语类》卷一〇六："某年某月某日某家于某官番诉，某官又如何断，以后几经番诉，并～写出。"元马祖常《建白一十五事》："重谷劝农之方～开出。"

【画真】 huà zhēn 画像。唐佚名《梅妃传》："有宦者进其～，上言：'似甚，但不活耳。'"《元曲选·梧桐叶》三折："腰肢一捻轻，举止十分俏，便似～儿，描不成如花貌。"清《隋唐演义》九八回："高力士见上皇悲思甚切，乃求得梅妃～一幅进呈御览。"

【话】 huà ❶说；讲。唐萧颖士《赠韦司业书》："昔常～文章得失，论姓氏臧否。"明《型世言》三回："你是难得见的。老亲娘不在，你便出来～一～。"清方成培《雷峰塔》二七出："天赐与一堂嘉庆，便～到更阑未休，有烛更秉。" ❷话文；故事。唐元稹《酬翰林白学士代书》："翰墨题名尽，光阴听～移。"金《董解元西厢记》卷一："此本～说：唐时这个书生，姓张名珙。"清孔尚任《桃花扇》一三出："按下新诗，还提旧～。且说人生最难得的是乱离之后，骨肉重逢。" ❸事情。元明杂剧本《酷寒亭》三折："那小妇人不与他两个孩儿饭吃，那两个孩儿只在长街上讨吃。有这～么？"清《警寤钟》一回："和尚头，赛西瓜，和尚形，似鸡巴。今生莫想风流～。"《红楼梦》二六回："冯紫英笑道：'……这个脸上，是前日打围，在铁网山教兔鹘捎一翅膀。'宝玉道：'几时的～？'"

【话靶】 huà bǎ ❶同"话把"。宋罗大经《鹤林玉露》卷一〇："今日到湖南，又成一～。"明《二刻拍案惊奇》卷二："只不要惹出事来，做了～。"清洪昇《长生殿》一三出："我待把他威风抹倒，谁知反分节钺添荣耀。这～教人嘲笑。" ❷犹"话柄❷"。清《补红楼梦》一一回："人家还没说完呢，你就拦人家的～儿。"

【话巴】 huà bā ❶同"话把"。明陈铎《满庭芳·秃子》："带斗篷风流的～，除帽儿生死的冤家。”孟称舜《娇红记》二〇出：“嘱檀郎莫向人絮刮，轻轻的葬送儿家，空留做风流～。”《西湖二集》卷一九：“怎生便做不得清清白白的好女人？定要把人做～，说是灶脚跟头、烧火凳上、壁角落里不长进的龌龊货。” ❷ 犹“话柄❹”。清《歧路灯》三〇回：“一年不到，就当卖产业，脸面反倒不好看，且落曲米街舅爷～。”

【话把】 huà bǎ 犹“话柄❶”。也指被人谈论的行为。明《拍案惊奇》卷二〇：“那婆子自做了这些～，被媳妇每每冲着，虚心病了。”清《赛花铃》四回：“今若如此胡行，弄出一个～，岂不坏了方氏门风。”

【话霸】 huà bà 犹“话柄❷”。宋《密庵和尚语录》：“活懒庵不传之宗，死衲僧虚头～。”《五灯会元》卷一八《无竭净昙禅师》：“这汉从来没缝罅，五十六年成～。”

【话欛】 huà bà ❶ 同“话把”。宋朱熹《答王晋辅》：“甚恨不得及早止之，做此～没了期也。”《元曲选·金钱记》一折：“我欲待低头拾去来，我则怕人瞧见做风流～。” ❷ 犹“话柄❸”。宋陈亮《贺新郎·酬辛幼安再用韵见寄》：“据地一呼我往矣，万里摇肢动骨。这～，只成痴绝。”

【话本】 huà běn ❶ 说话（故事）及说唱诸宫调、傀儡戏等艺人所用的脚本，也指按脚本所表演的内容。宋耐得翁《都城纪胜》：“凡傀儡敷演烟粉灵怪故事、铁骑公案之类，其～或如杂剧，或如崖词，大抵多虚少实。”元明《水浒传》五一回：“今日秀英招牌上，明写着这场～，是一段风流韫籍的格范，唤做《豫章城双渐赶苏卿》。”明《古今小说》叙：“以太上享天下之养，仁寿清暇，喜阅～，命内珰日进一帙。” ❷ 话柄；谈资。元汪元亨《沉醉东风·归田》：“甘分住水郭山村。千古兴亡费讨论，总一段渔樵～。”明瞿佑《剪灯新话》卷二：“灯前月下，逢五百年欢喜冤家；世上民间，做千万人风流～。”清《续金瓶梅》五三回：“只有女儿偏要习学诗词，博出个才子的名去，把诗词传刻，向女流中夺萃，因此常常惹出风流～。” ❸ 原委；情节。《元曲选·赵氏孤儿》一折：“直等待他年长进，才说与从前～，是必教报仇人。”明《警世通言》卷二八：“不在姐夫、姐姐面前说这～，只得任他埋怨了一场。”清《醒世姻缘传》八八回：“拉到万人坑边，猪拖狗嚼，蝇蚋咕嘬。这是那作恶的下场，完了个畜生的～。”

【话柄】 huà bǐng ❶ 因错误或不合常理而形成的谈资。唐赵璘《因话录》卷五：“王并州璠自河南尹拜右丞相，除目才到，少尹侯继有宴，以书邀之。王判书后云：‘新命虽闻，旧衔尚在。遽为招命，堪入笑林。’洛中以为～。”明吕坤《呻吟语》卷上：“授之以～，而借之以反攻，自救之策也。”清《十二楼·十卺楼》二回：“平日要开口说人，怎肯留个孽障在家，做了终身的～？” ❷ 话头；话题。唐李商隐《杂纂》：“搀夺人～。”宋刘克庄《挽王简卿侍郎》之三：“虽曾参～，终未契禅机。”明《二刻拍案惊奇》卷三：“且拿了这半扇钿盒去，好做个～。” ❸ 话；话语。在某种场合下指事情。宋陈允平《蝶恋花》：“一曲胡笳，别后谁堪听。誓海盟山虚～，恁书问著无言应。”明《二刻拍案惊奇》卷一八：“今日说起来，也是春花缘法将尽，不该趁酒兴把这些～一盘托了出来。”清《绣戈袍》二四回：“问他要酒否，他已口内呢呢，不成～。” ❹ 谈论；褒贬。明《二刻拍案惊奇》卷三九：“况兼这番神技，若用去偷营劫寨，为间作谍，那里不干些事业？可惜太平之世，守文之时，只好小用伎俩，供人～而已。”清《后水浒传》一九回：“今日使你母子二人在家，举目无亲，未免出乖露丑，使人～。”

【话差】 huà chà 口角；言语冲突。明《金瓶梅词话》七六回：“不争你两个～，只顾不见面，教他姑夫也难。”清《歧路灯》八回：“亲戚家缠搅了二三年，没弄出～，就算极好。”

【话端】 huà duān ❶ 犹“话头❶”。唐周贺《题昼公院》：“夕雨生眠兴，禅心少～。”清胤禛《秋夜直院》：“垂帘兀坐心如水，此际凭谁举～。” ❷ 犹“话头❹”。宋觉范《与蔡扬州书》：“虽然自是云林客，犹把风流作～。”朱熹《答王子合》：“但今已不行，无可得说，便且借此为～，而兴谤议耳。”陆游《山园杂咏》：“汗青事业都忘尽，时赖吾儿举～。” ❸ 犹“话头❽”。五代孙光宪《北梦琐言》卷一二：“每修书题，印章微有浸渍即必改换，书吏苦之，流辈以为～。”明沈德符《万历野获编》卷二：“二公俱一代名臣，初不以此贬望，然授后生以～。”

【话论】 huà lùn 谈论。唐韦绚《嘉话录叙》：“或因宴集，命坐与～，大抵根于教诱而解释经史之错谬。”金《董解元西厢记》卷七：“见夫人先～，道俺娶妻在侯门，把莺莺改婚姻。”明《西游记》六五回：“黄婆盲目同参礼，木母痴心共～。”

【话说】 huà shuō ❶ 说。元佚名《风入松》：“欲寄相思，凭谁人～？” ❷ 说话（故事）或说唱艺人叙述故事的发语词，犹言“这段故事说的是……”。《元曲选·货郎旦》四折：“～长安有一秀才，姓李名英。”清《红楼梦》七回：“～周瑞家的送了刘姥姥去后，便上来回王夫人话。” ❸ 言语；议论。明冯从吾《辨学录》：“原来他别是一般～，与吾儒论心性处全不相干。”清《醒世姻缘传》四六回：“姜副使差人往直堂房里打听状上的～，与禀帖上果然一字无差。”《歧路灯》一〇回：“此段～，于理为正论，于书上为卮言。” ❹ 瓜葛；干系。清《醒世姻缘传》一九回：“那唐氏自从与晁源有了～，他那些精神丰采自是发露出来。”又四〇回：“正说着，只听孙兰姬一连打了几个涕喷，说道：‘呃，这意思有些～。你的眼跳，我又打涕喷。’”

【话头】 huà tóu ❶ 禅宗僧人用来启发禅理的关键语句。也泛指含有寓意启发思考的话语。《祖堂集》卷一一《云门和尚》：“问：‘一口吞尽时如何？’师云：‘老僧在你肚里。’僧曰：‘和尚为什麽在学人肚里？’师云：‘还我～来。’”宋沈瀛《念奴娇》：“闲看传灯录。～记取，要须生处教熟。”明《古今小说》卷三七：“武帝说道：‘那曾见师拜弟？’支公答道：‘亦不曾见妻抗夫！’只这一句～，武帝听了，就如提一桶冷水，从顶门上浇下来。” ❷ 主意；见解；论点。宋李纲《与张龙图第六书》：“深虑～既转，奸言得以眩惑。”陈亮《贺新郎·寄辛幼安和见怀韵》：“只使君、从来与我，～多合。”清李光地《榕村语录》卷四：“如有王者必世而后仁，说成王道无近功的～便不是。如舜继尧，禹继舜。何俟必世。” ❸ 言语；话。《大宋宣和遗事》前集：“倾城男女，皆负土以献神，谓之献土。又有村落人妆作鬼使，巡门催纳土者，人物络绎于道。徽宗乘舆往观之。蔡京奏道：‘献土、纳土，皆非好～。’”明《挂枝儿·寄书》：“捎书人出得门儿骤，赶丫鬟唤转来，我少分付了～：你见他时，切莫说我因他瘦。”清《红楼梦》二回：“我也曾游过些名山大刹，倒不曾见过这～，其中想必有个翻过筋斗来的。” ❹ 话题；谈话的头绪或由头。元佚名《喜春来·四节》：“天孙一夜停机暇，人世千家乞巧忙，想双星心事密～长。”明《醒世恒言》卷一六：“他与你这只鞋儿，到要把来与我，好去做个～。”清《醒世姻缘传》二二回：“晁无晏道：‘七爷，你有话，且等三奶奶说了你再说不迟。’把晁思才的～截住了。” ❺ 说话（故事）的故事线索，也指所说的故事。元明《水浒传》三二回：“看官牢记～：武行者自来二龙山，投鲁智深、杨志入伙了。”清《珍珠舶》一三回：“这段～，出在先朝崇祯年间。”《赛花铃》一回：“说来到也希罕，因做就一本～，唤做《赛花铃》。” ❻ 端倪；话的含义。明《夹竹桃·直把杭州》：“朦胧睡语，露出～，醒来盘问，他说并没此繇。”清《红楼梦》一〇三回：“宝钗听出这个～儿来了，便叫人反倒放开了宝蟾，说：'你原是个爽快人，何苦白冤在里头。'" ❼ 指不宜直接说出的隐秘事情。明单本《蕉帕记》一二出："俺太子旧与夫人有些～，另有一丸，教我瞒着太师，送与夫人。"《二刻拍案惊奇》卷三八："元来幸逢也是风月中人，向时看见莫大姐有些～，也曾咽着干唾的。"《醋葫芦》九回："白七道：'莫非就是老钱的～么？'田仲道：'着了。'" ❽ 话柄；谈资。明费胜之《桂枝香·寄帕》："莫胡丢，怕被他人拾，将来作～。"《欢喜冤家》一三回："一个移在吴山，一个迁于越地。自此无人再生话了。正是：一时巧计成侥幸，千古传扬作～。" ❾ 用在"不是"之后，指势头、态势。宋元《醒世恒言》卷三三："是我一时见他不是～，却好一把劈柴斧头在我脚边，这叫做人急计生，绰起斧来。"元明《水浒传》二五回："郓哥见不是～，撇了王婆撒开。"清《歧路灯》五八回："姚荣见不是～，说道：'他这光景是醉了。'"

【话文】 huà wén ❶ 犹"话本❷"。宋元《清平山堂话本·柳耆卿》："到今风月江湖上，万古渔樵作～。"明佚名《白兔记》一六出："况兼奴有身怀孕，再嫁傍人作～。" ❷ 犹"话本❶"。明《醒世恒言》卷一一："只为如今说一个聪明女子，嫁着一个聪明的丈夫，一唱一和，遂变出若干的～。"清《八洞天》卷五："古人云：一富一贫，乃见交情；一贵一贱，交情乃见。故这段～名之曰《正交情》。"

【话绪】 huà xù 犹"话头❹"。明沈周《元日》之三："～及农切，杯巡次客忙。"

【话语】 huà yǔ ❶ 语言；说的话。唐皇甫湜《编年纪传论》："观其作传之意，将以包该事迹，参贯～，纤悉百代之务，成就一家之说。"按，一作"话言"。明《西洋记》二〇回："这些猴儿～儿轻，喉咙儿清，想必也是有些气候的。"清《红楼梦》三〇回："金簪子掉在井里头，有你的只是有你的，连这句～难道也不明白？" ❷ 说话；叙说。宋陈言《三因极一病证方论》卷一六："薄荷蜜，治舌上白胎干涩，～不真。"明袁中道《游居柿录》卷五："僧皆老衣，相聚窥贵客，私相～。"佚名《赠书记》二八出："新人候久，休得要绵藤～，把乐事迤逗。"

【话资】 huà zī 供谈论的材料。明王世贞《麓亭和尚塔铭》："偶因文义而见一斑，用为～。"清黄轩祖《游梁琐记》："汴中流为～，至今多能道之者。"

huái

【怀担】 huái dān 同"怀躭"。敦煌本伯二〇四四《劝善文》："～十月受苦辛，乳哺三年□鞠育。"《元曲选·赵氏孤儿》五折："你则那三年乳哺曾无旷，可不胜～十月时光。"

【怀躭】 huái dān 怀孕；怀胎。《敦煌变文校注》卷五《父母恩重经讲经文(一)》："三年浮(乳)哺诚堪叹，十月～足可哀。"元王伯成《哨遍·赠长春宫雪庵学士》："三年乳哺，十月～。"清《醒世姻缘传》引起："乳哺～，劳父母的鞠育。"

【怀空】 huái kōng 心虚。元武汉臣《老生儿》一折："又不曾打他，又不曾骂他，～害慌，跟着人走了。"明《拍案惊奇》卷三八："今早叫他配绒线去，不见回来，想是～走了。"

【怀挟】 huái xié 指应试中的挟带作弊的行为。五代王定保《唐摭言》卷一四："密旨令内人于门搜索～，至于巾屦，靡有不至。"《宋史·选举志二》："及出官钱，立赏格，许告捉～、传题、传稿、全身代名入试之人。"明《拍案惊奇》卷四〇："到得监试面前，不消搜得，巾中文早已坠下，算个～作弊，当时打了枷号示众。"

huài

【坏】 huài ❶ 弄死；杀害。宋洪迈《夷坚志》丁卷一："郎君性命儿为此鬼～了。"元尚仲贤《三夺槊》一折："交～了尉迟，哥哥便能勾官里做也。"清《说岳全传》二八回："伏兵齐起，被他捉去～了性命。" ❷ 花费；破费。宋洪迈《夷坚志》补卷八："生呼而扑之，输万钱，愠形于色，曰：'～了十千，而一柑不得到口。'"清吴伟业《捉船行》："前头船见不敢行，晓事篙师敛钱送。船户家家～十千，官司查点候如年。" ❸ 败坏；破坏。用于抽象事物。宋洪迈《夷坚志》支癸卷一〇："彦回顾见父，愠曰：'知道～我事，故障碍我。'"《元曲选外编·存孝打虎》一折："不可违悖圣旨，畏刀避箭，～了声名也。"清《儒林外史》三回："你若同他拱手作揖，平起平坐，这就是～了学校规矩。" ❹ 罢斥；惩戒。宋元《古今小说》卷三九："此时新县官尚未到任，何县尉又～官去了，却是典史掌印。"元郑光祖《周公摄政》三折："恁地、却依、正理，～了臣于法合宜，～了臣于民有益，不～臣于君不利。"清《儒林外史》二六回："是宁国府知府～了，委我去摘印。" ❺ 恶；不好。宋张绍文《酹江月·淮城感兴》："一枰棋～，救时著数宜紧。"清孔尚任《桃花扇》三〇出："～了，～了！衙役走入花丛，犯人锁在松树。"《后西游记》三一回："从来做坏人的直要～到底，决不肯改过自新。" ❻ 用在动词之后，表示程度深。明《西游记》一五回："活活的笑倒个孙大圣，孜孜的喜～个美猴王。"清《霓裳续谱·乡老庆寿》："进了城了，乐～我了。"

【坏钞】 huài chāo 破费；花钱。元明《水浒传》七回："什么道理，叫你众人们～。'"明《醒世恒言》卷一："得求隙地埋骨，已出望外，岂敢复累恩人费心～！"

【坏倒】 huài dǎo 坏掉；败坏。宋何锄翁《永遇乐》："采药谩多炉灶。忽一朝，脱却桶底，性根～。"

【坏腹】 huài fù 腹泻。明《清平山堂话本·戒指儿记》："前日～，至今未好。"

【坏钱】 huài qián 犹"坏钞"。宋元《醒世恒言》卷一四："别人兀自～取浑家，不能得恁的一个好女儿。"金王喆《赠孙姑》："二婆犹自恋家业，家业谁知坏了钱。"明《金瓶梅词话》三回："且吃一杯儿酒，难得这官人～。"

huān

【欢门】 huān mén 彩饰的门。宋陈著《送邑簿李大用任满》："彩旗蔽野南风香，～遮马东路长。"吴自牧《梦粱录》卷一六："一带近里门面窗牖，皆朱绿五彩装饰，谓之～。"明《金瓶梅词话》九回："西门庆旋用十六两银子，买了一张黑漆～描金床。"

【欢喜】 huān xǐ ❶ 使欢喜；令高兴。《敦煌变文校注》卷四《悉达太子修道因缘》："大王亦更陪添音乐，～太子，其太子终亦不乐。" ❷ 爱慕；喜爱。宋元《清平山堂话本·柳耆卿》："专爱在花街柳巷，多少名妓～他。"明徐霖《绣襦记》二九出："你～我，我不～你，却不是一半好。"清《风流悟》五回："于是同人与两尼愈加～钦敬他。"

【欢喜虫】 huān xǐ chóng 即"喜虫儿❶"。明孟称舜《娇红记》四二出："奔走豪家富贵丛，绰号人间～。"

huán

【还偿】 huán cháng 偿还。宋洪迈《夷坚志》支癸卷四："我相试已久。恰来将钱～，仍更试汝。"《元曲选·伍员吹箫》一折："少不的冤债你～。"明陈铎《小梁州·盒担铺》："有人顾赁先标帐，事完时照数～。"

【还东】 huán dōng 还东道；受人款待后做东道酬答。清《红楼梦》六三回："忽见平儿笑嘻嘻的走来，说亲自来请昨日在席的人：'今儿我～，短一个也使不得。'"《镜花缘》六六回："次日，四人扰过，当即备酒～。"

【还价】 huán jià ❶ 给价；按价付钱。明汤显祖《紫钗记》四七出："那插钗人温存的依前～。"《古今小说》卷一三："平日间，冤枉他一言半字，便要赌神罚咒。那个肯重叠～？"《拍案惊奇》卷一三："我叫他且到李作头赊了一具轻敲的来，明日～。" ❷ 砍价；以低于卖家给出的价钱回复卖家。也指这样的价格。明《古今小说》卷一："三巧儿问了他讨价～，便道：'真个亏你些儿。'"清《十二楼·夏宜楼》二回："吉人问过店主，酌中～，兑足了银子，竟袖之而归。"《镜花缘》一一回："凡买物，只有卖者讨价，买者～。今卖者虽讨过价，那买者并不～，却要添价。" ❸ 指折价，把财产折成银钱。明《型世言》二八回："可叫他将丫头兰馨、竹秀赠我，并将前田俱～，我当尽还之。"

【还敬】 huán jìng 受人款待或礼遇后回谢。《元曲选·东坡梦》二折："小官今日薄酒一杯，特来～。"清《续金瓶梅》三二回："只得接杯在手，又取壶去～李姐夫。"

【还口】 huán kǒu 还嘴。清《醒世姻缘传》一回："骂时节，晁大舍虽也不曾～，也便睁了一双眼怒视。"《歧路灯》五三回："一个使用的人，这样放肆，见了客，公然发村捣怪的与客人～厮骂。"

【还礼】 huán lǐ ❶ 回答别人的敬礼。金王喆《咏慵》："与人～宁开口，见饭怀饥不动唇。"明徐畛《杀狗记》三一出："请兄起来休～，男儿膝下有黄金。"清《歧路灯》四八回："夏鼎躬腰一揖，绍闻抛书～不迭。" ❷ 受人款待或馈赠后以同样方式酬答。元明《水浒传》二四回："你明日倘或再去做时，带了些钱在身边，也买些酒食与他～。"明汤显祖《南柯记》三七出："我们王亲贵族，那一家不生受他问安贺生庆节之礼？如今须得逐家～才是。"清《歧路灯》七五回："咱这边前日有丧，尤家来吊孝，今日～。" ❸ 报复；用同样的手段回报。元明《水浒传》五〇回："只是令妹引人捉了我王矮虎，因此～，拿了令妹。"明《拍案惊奇》卷七："法善道：'法师已咒过了，而今该贫道～。'随取三藏紫铜钵盂，在围炉里面烧得内外都红。"《型世言》三二回："闻一乡绅有对碧玉杯，设局迫取了。后来他子孙～，也毕竟夺去此杯。"

【还钱】 huán qián 犹"还价❷"。明《古今小说》卷一："两下一边的讨价多，一边的～少。"《醒世恒言》卷三："访得西湖上烟花王九妈家要讨养女，遂引九妈到店中，看货～。"清《镜花缘》一一回："俗云：漫天要价，就地～。"

【还手】 huán shǒu 还击。明《封神演义》七一回："纵马舞刀直取，胡升未及～。"清《红楼梦》八〇回："他虽不敢还言～，便大撒泼性，拾头打滚。"

【还席】 huán xí ❶ 受人宴请后设宴酬答。宋元《古今小说》卷一五："相扰待诏多番，今日特地～。"《元曲选·儿女团圆》一折："酒勾了也，待改日我～罢。"清《豆棚闲话》八则："听见请吃东西，恐怕轮流～，大半一哄走了。" ❷ 用对等的手段回报。可用于指报答，也可用于指报复。《元曲选·谇范叔》四折："今朝轮到我～。则为你损人利己使心机，图着个甚的？可正是得便宜翻做了落便宜。"明《警世通言》卷三："这也算考过老夫了。老夫～，也要考子瞻一考。"清《醒世姻缘传》二七回："他养活着咱一家子这么些年，咱～也该养活他。" ❸ 讳指把吃进的食物便出或吐出。清《镜花缘》一四回："若吃过再去大解，就如饮酒太过一般，登时下面就要～。"△《儿女英雄传》二八回："老程师爷是喝得当面～。"

【还惺】 huán xīng 同"还醒"。清《醒世姻缘传》三三回："我使的慌了，你且拿下去想想，待我～～再教！"

【还省】 huán xǐng 同"还醒"。清《醒世姻缘传》五六回："狄周也着雷劈杀了，是～过来的。"又六三回："正乱哄着，素姐才～过来。"

【还醒】 huán xǐng 清醒；苏醒。宋吕渭老《千秋岁》："凝愁情不展，宿酒风～。"明叶宪祖《易水寒》二折："淳于八斗，平原十日，任取玉山歪。君～，试看人面镜中衰。"清《醒世姻缘传》七回："到日头西，只见首帕动弹，解开，～过来了。"

【还性】 huán xìng 同"还醒"。清《醒世姻缘传》五八回："那狗死过去了半日，蹬歪蹬歪的渐渐的～过来，趴起一拐一跌的走了。"

【还阳】 huán yáng 死而复生；昏死后苏醒。清陈端生《再生缘》七回："言讫悲呼齐大哭，尹夫人，几番死去又～。"《万花楼》四四回："夫人缢死惨伤，我们多方解救，只是不能～了。"

huàn

【换】 huàn 黄金跟其他货币、金制品跟纯金、人参、珍珠等贵重物品跟金或银的量价比。黄金跟其他货币的换相当于一个单位量的黄金可以兑换多少相同单位量的其他货币；金制品的换相当于含金量，几换表示按几成折算；贵重物品的换则表示一个单位量的物品要多少个相同单位量的金或银才可以兑换。清顾炎武《日知录》卷一一："幼时见万历中赤金止七八～，崇祯中十～，江左至十三～。"《续金瓶梅》五一回："(金环)秤了秤，重一两，足有九～，也值八两纹银。"《红楼梦》七七回："但这一包人参固然是上好的，如今就连三十～也不能得这样的了。"

【换帖】 huàn tiě 指结拜。结拜须交换庚帖。也指结拜所形成的关系。清《绿野仙踪》二回："若蒙不弃，你我今日～做一盟弟兄何如？"《歧路灯》一八回："三位是新近～，我一发该奉贺。"

【换嘴】 huàn zuǐ 换食品吃。《元曲选·勘头巾》二折："今日索也无钱，明日索也无钱，俺奶奶说我～吃了。"明《金瓶梅词话》九三回："把身上绵衣也输了，袜儿也～来吃了。"清《醒世姻缘传》三回："谁家的好老婆损折了衣裳首饰～吃！"

【唤】 huàn 叫作。唐[日]圆仁《入唐求法巡礼行记》："向后却来，依旧为国，今～渤海国之者是也。"元古本《老乞大》："咱每往前行的十里来田地里，有个店子，名～瓦店。"清《红楼梦》一回："他岳丈名～封肃。"

【唤娇娘】 huàn jiāo niáng 走街卖闺房杂货者所用的响器名。柄上悬小铜锣，摇转，系在左右两端绳上的小槌击打锣面作声。也有用拨浪鼓的。清《珍珠舶》一八回："赵诚甫背了线篓，手内摇响～，只在城内大小街巷，假以卖线为由，处处察探。"

【唤头】 huàn tóu 走街理发匠所用的响器名。形状类似放大的音叉，在柄上安两片底部相连的薄铁，顶端相向弯曲合拢，用铁棍插入中空部,从顶端接合部拨出,使薄铁片振动发声。清《醒世姻缘传》九三回:"左手拿着一个匣子篦头家伙,插着一个铁～。"

【唤则】 huàn zé 即"唤作❶"。元朱庭玉《一枝花·女怨》:"蓦闻门外帘儿揭,俺～他来到出门接,原是风度竹筠筛翠叶。"

【唤作】 huàn zuò ❶以为;当作。唐王梵志《本是尿屎袋》:"本是尿屎袋,强将脂粉涂。凡人无所识,～一团花。" ❷料想。宋杜安世《鹊桥仙》:"当初相见偶然间,不～、如今恁地。"又《杜韦娘》:"想当初、凤侣鸳俦,～平生,更不轻离拆。"

【唤做】 huàn zuò 即"唤作❶"。宋毛滂《殢人娇·约归期偶参差》:"短棹犹停,寸心先往。说归期、～的当。"《二程语录》卷九:"敬则自虚静,不可把虚静～敬。"金《董解元西厢记》卷五:"没性气闲男女,不道是哑你,你～是实志。"

【患子】 huàn zǐ 病人。《元曲选·张天师》楔子:"老哥,你着那～来我看。"

huāng

【荒】 huāng ❶胡乱。唐王梵志《朝廷数十人》:"逢人若共语,～说天下事。"五代何光远《鉴诫录》卷一〇:"旬日之中得疾,颇异,不录人事,口但～言。" ❷慌;惊慌。唐李冗《独异志》卷下:"遂为鬼拽臂入坑,逡巡至膊,其人～叫。"

【荒白】 huāng bái ❶暗淡的白色。宋宋祁《予昔游云台观谒希夷先生》:"市雾沈～,飧霞委暗红。"明魏学洢《归鸦曲》:"桐井不堪～影,柳堤非复淡黄时。" ❷赤荒;田无收成。宋黄震《申转运司乞免派和籴状》:"人多饿死,田多～。"清《二刻醒世恒言》下函四回:"但目下田亩各处～,颗粒难征。"

【荒怖】 huāng bù 惊恐。唐苏颋《让起复表》:"励封如故,制书俯临,～殒绝。"明叶山《重改易传序》:"坐越月,～略定,柴骨且复胔。"

【荒春】 huāng chūn 青黄不接的春季。清《醒世姻缘传》三一回:"使非度此～,胡以望臻长夏?"《儒林外史》三六回:"～头上,老师该做个生日,收他几分礼过春天。"

【荒鼓板】 huāng gǔ bǎn 一种流动卖艺的小型乐队。宋耐得翁《都城纪胜》:"今街市有乐人三五为队,专赶春场,看潮,赏芙蓉,及酒坐祗应,与钱亦不多,谓之～。"宋吴自牧《梦粱录》卷二〇:"又有小脚船,专载贾客、妓女、～。"

【荒急】 huāng jí ❶仓皇急迫。宋李曾伯《辞免新除恩命并开陈五条奏》:"去冬一时以谍报出于～,改七星之筑而为大城。"文天祥《指南前录》:"长恐湾头有人出来,又恐岸上有马来赶,正～间,偶然梔拆。" ❷慌忙;急忙。宋文莹《玉壶清话》卷九:"一狂僧走金陵城中,猖狂～,每见人则寻飞龙子。"宋元《警世通言》卷一〇:"忽值公相到来,妾～匿身于此。"金《董解元西厢记》卷一:"忽走一小僧,～来称祸事。"

【荒窘】 huāng jiǒng ❶收成不好,民生困窘。宋朱熹《与林择之书》:"古田亦小～,今年到处如此。"元陈天祥《论卢世荣奸邪状》:"水旱相仍,螟蝗作孽,年岁～,百姓流离。" ❷不安宁;张皇窘急。宋宋祁《与张先同年书》:"思绪～,敷谢不伦。"洪迈《夷坚志》甲卷三:"当尔苦我时,～之状亦如此。"《朱子语类》卷一三一:"及淮师失律,赵公～,遂急劝高宗移归临安。"

【荒惧】 huāng jù 犹"荒怖"。唐陈子昂《为义兴公陈请终丧第三表》:"特望天恩,即为臣替。不任～哀恳之至。"张九龄《让赐宅状》:"其宅及什物,望并却令官收。无任～之至。"

【荒遽】 huāng jù 惊慌急遽。《金史·马琪传》:"琪本～失措,与非病告有违不同。"明邵宝《请铭于守溪王公启》:"敢援此以渎,惟执事矜而图之。～,不次。"《二刻拍案惊奇》卷一五:"夫人步至前堂,亲看见提控～走出之状。"

【荒乱】 huāng luàn 张皇混乱。明杨寅秋《平播条议机宜》:"既以魄落胆战而又大敌在前,手足～。"

【荒忙】 huāng máng ❶慌乱;慌张忙乱。唐沈佺期《被弹》:"一旦法相持,～意如漆。"宋《朱子语类》卷一三一:"他急时,也～无计策。"明海瑞《邵守愚人命参语》:"黑夜敌贼,危迫～,兄弟相盗,思虑不及。" ❷急忙;赶忙。唐元稹《梦井》:"念此瓶欲沉,～为求请。"明《杜骗新书·妇人骗》:"马夫心无主意,～走回原所。"

【荒面】 huāng miàn 陌生的面孔。明薛论道《桂枝香·嘲客商》:"妻惊～忙回避,儿问客从何处来。"

【荒迫】 huāng pò ❶慌乱着急。唐张说《让起复除黄门侍郎表》:"诉衷祈天,所望矜遂。无任～之至。" ❷紧急窘迫。宋文天祥《指南前录》:"忽五更通州下文字,驰舟而过报吾舟云:'马来,马来!'于是速张帆去,～不可言。"明邵宝《简端录》卷六:"诗人盖略假～之状以起兴,非以是为公比也。"清俞森《荒政丛书》卷八:"观此,则常平不惟盛时宜建,即～中稍有隙暇餘资,便应料理。"

【荒亲】 huāng qīn 父母将丧时娶亲,或指这时举行的婚礼。明郎瑛《七修类稿》卷一六:"吾杭有～之礼,询之四方皆同。盖以父母死不得成亲,而于垂死之日,即讲亲迎之礼。"《型世言》三回:"因周楫病殁,张家做～娶了去,止剩他母子。"

【荒扰】 huāng rǎo 惊慌扰动。宋何薳《春渚纪闻》卷八:"若彼中无所养,则赴市之时,神魄～,呼天请命之不暇,岂能愉心和气,雍容奏技如在暇豫时耶!"

【荒疏】 huāng shū ❶学业或政术、技艺等生疏,有缺欠。唐符载《请朝觐表》:"以中人之材,当大藩之寄,智虑昏殆,政术～。"《元曲选外编·伊尹耕莘》四折:"论谋略～,怎消的凌烟阁上图。"清《聊斋俚曲·禳妒咒》:"像爹娘把他娇,任逍遥,～难把考官唠。" ❷懈怠;不大方;不周备。金《董解元西厢记》卷六:"情性～学艺浅。"清《红楼梦》二三回:"看看贾环,人物委琐,举止～。"陈端生《再生缘》五〇回:"门生媳妇初登府,礼貌～望海涵。" ❸(礼数)缺少;缺乏。明袁于令《西楼记》四〇出:"定省～儿之罪。"清《聊斋志异·天宫》:"妾非处子,然～已三年矣。"陈端生《再生缘》四回:"生母先亡独剩奴,敢将礼法便～。" ❹荒废。明《肉蒲团》一一回:"他当初在母家的时节,极喜读书写字,只因嫁做商人妇,就把笔研～了。"《禅真逸史》一八回:"武帝重释轻儒,贤人隐遁;承平日久,武备～。"清《红楼梦》三三回:"也不暇问他在外流荡优伶,表赠私物,在家～学业,淫辱母婢等语。"

【荒速】 huāng sù 仓猝;慌忙。宋叶適《著作正字二刘公墓志铭》:"二公不为科举学,虽场屋～之文,与论著金石等。"宋元《警世通言》卷三九:"只听得有人走得～,高声大叫:'刘本道休走!'"明徐元《八义记》二四出:"～不须通报,吾兄幸在庄头。"

【荒索】 huāng suǒ 荒凉;萧索。宋《朱子语类》卷一五:"未须问所过州县那个在前,那个在后,那个是繁盛,那个是～。"元赵文《大酺·感春》:"念幽独、成～。"明徐翙《春波影》二出:"这便是苏小的墓。〔旦背叹介〕咳,一代佳人,～至此。"

【荒唐】 huāng táng ❶荒诞。指思想、言行或穿着等不合常理。唐张谓《虞帝庙碑铭》:"当鼎易之时,发～之论。"元陶宗仪

《辍耕录》卷三："其初，枯骨化形戴猪服豕，～怪诞，中国之人所不道也。"清《红楼梦》一回："满纸～言，一把辛酸泪。" ❷ 胡来；行为鲁莽。唐智严《十二时·普劝四众依教修行》之六九："恣～，逞奢侈。一日光阴半朝醉。"符载《上韦尚书书》："时包祭酒牧于江州，小子～，曾以短书干之。"《元曲选外编·黄鹤楼》一折："索仔细，莫～，涉大水，渡长江。" ❸ 鄙陋；荒疏浅薄。唐来鹄《谢赐钱启》："悉用竖儒，皆除迂吏。胸襟龌龊，情志～。"宋叶適《除太府卿淮东总领谢表》："伏念序迁学校，固惭课业之～；内迫家门，重困食用之寡薄。"明孟称舜《娇红记》三六出："小弟～浅陋，自分甘落孙山。" ❹ 昏沉；迷惘；昏花。五代尹鹗《菩萨蛮》："楼际角重吹，黄昏方醉归。～难共语，明日还应去。"元奥敦周卿《一枝花·远归》："急惊列半晌～，慢朦腾十分认得，呆答孩似醉如痴。"明孟称舜《娇红记》四一出："不是眼～，甚影儿望风扬。" ❺ 落空；无着落。明《情史·情仇·王琼奴》："苕去五载，音问杳然。汝之身事，终恐～矣。"清李渔《蜃中楼》二五出："若洪水退不去，连亲事也～了。"洪昇《长生殿》三二出："记当日长生殿里御炉傍，对牛女把深盟讲。又谁知信誓～，存殁参商。" ❻ 蒙混。明叶宪祖《易水寒》四折："圣主在九重天上，小臣们怎敢～？那燕王呵！惊也么惶，并不曾调兵出将，只纳款称臣奉表降。"

【荒信】 huāng xìn 不确定的或没有证实的消息。清《红楼梦》一〇〇回："前两天还听见一个～，说是南边的公当铺也因为折了本儿收了。"又一〇二回："今日到他大舅家去听见一个～，说是二叔被节度使参进来。"

【荒银】 huāng yín 成色不纯的银。多用作谦词。明周履靖《锦笺记》三五出："～五两，聊充路费。"《警世通言》卷一七："老夫带得有三两～，权为程敬。"

【荒张】 huāng zhāng 慌乱紧张。宋元《清平山堂话本·陈巡检》："那王吉睡中叫将起来，不知头由，～失势。"明林俊《夺获流贼印刀疏》："蓝廷瑞～，贼众六人扶伊逃走。"

【荒獐】 huāng zhāng 同"荒张"。元高安道《哨遍·皮匠说谎》："做尽～势，走的筋舒力尽，憔的眼运头低。"明佚名《小桃红·西厢百咏》："意～，恰如小鹿儿心头撞。"

【慌】 huāng ❶ 惊慌；害怕。宋《三朝北盟会编》卷三〇："师道笑曰：'……何不悉令城外百姓撤去屋舍畜产入城，遽闭门以为敌资，何也？'邦彦曰：'仓卒之际，不暇及此。'师道又笑曰：'好～！'"明《山歌·偷》："结识私情弗要～，捉着子奸情奴自去当。"清袁枚《子不语》卷二〇："天渐晚，张妻心～。" ❷ 慌乱；搅乱。宋《三朝北盟会编》卷二四二："今采石敌既～手脚，必不敢窥伺。"元明《水浒传》一〇回："吓的～了手脚，走不动。"清《白雪遗音·套上车儿》："忽听情人要起身，～了奴的神。" ❸ 使惊怕；吓。宋元《醒世恒言》卷一四："急开门看时，是隔四五家酒店里火起，～杀娘的，急走入来收拾。"元佚名《耍孩儿·拘刷行院》："～煞俺曹娥秀，抬乐器眩了眼脑，觑幅子叫破咽喉。"清《续金瓶梅》六〇回："～的小玉大叫，惊醒了月娘、玳安。" ❹ 急忙；赶紧。元薛昂夫《端正好·高隐》："秃厮姑紧紧的将绵花纺，村伴姐～将麻线搓。"《元曲选外编·裴度还带》三折："诚恐天晚母亲在家悬望，妾身～走出庙来。"清《红楼梦》庚辰本一九回："花自芳～出去看时，见是他主仆两个，唬的惊疑不止。"按，通行本作"忙"。 ❺ 着急；紧张。明《型世言》一三回："夏学道：'这等，兄兑一兑出，省得挂欠。'姚居仁道：'怎这样～？五日内我还便罢了。'"又三二回："是个有赢脸没输脸的，赢了二三十两便快活，一输就发急就～。" ❻ 用作补语。a）表示难于承受。《元曲选·墙头马上》二折："睡魔缠缴得～，别恨禁持得煞。"明《山歌·寂寞》："昨夜郎来热了介忙，今夜无郎冷了介～。"清《醒世姻缘传》二回："这册叶硬，搁的手～。"b）表示程度严重。明孟称舜《娇红记》四四出："昨日被朋友缠的～，起来迟了些。"《拍案惊奇》卷二九："妈妈听见阁前嚷得～，也恐怕女儿短见，忙忙催下了阁。"清《红楼梦》八三回："妈妈因听见闹得～，才过来的。" ❼ 通"晃(huǎng)❷"。元郑廷玉《看钱奴》三折："打扮的不寻常，强，穿着些～衣裳。"

【慌不迭】 huāng bù dié 慌乱至极。清《醒世姻缘传》三八回："见咱进去，且不出来接咱，～的且锁门"。

【慌怖】 huāng bù 同"荒怖"。宋《三朝北盟会编》卷二〇一："遂稍引去，即以步兵邀击，～四奔。"明钱德洪《谢江广诸当道书》："至兰溪，忽闻南安之变，～。"

【慌促】 huāng cù 仓皇急迫；匆忙急促。宋元《警世通言》卷二〇："叵耐这厮只要说与爹爹知道，我一时～把来勒死了。"《元曲选·梧桐雨》二折："丞相有何事，这等～。"清《雪月梅》二回："幸喜棺木是蒋士奇早已为他备就，不致临时～。"

【慌急】 huāng jí ❶ 同"荒急❷"。宋《三朝北盟会编》卷二四三："嘉努执烛引亮，～披锦衾出外。"清《飞龙全传》五七回："郑恩招架不及，只把头一低，心中～。" ❷ 同"荒急❶"。元明《水浒传》四八回："正在～之际，只听得左军中间，穆弘队里闹动。"

【慌窘】 huāng jiǒng 同"荒窘"。宋洪迈《夷坚志》支庚卷四："蔡～，绕城叫寻竟夕。"袁甫《中书舍人内引第二札子》："不可因彼稍宽，我遂纵肆，窃恐秋风一起，又将临时～。"

【慌惧】 huāng jù 同"荒惧"。《太平广记》卷一七六引《朝野佥载》："侍郎等～，遽问其姓名。"明周元玮《泾林续记》："将擒送官，鱼子～求免。"清《绿野仙踪》三三回："南面林岱又转来截杀，众贼～之至。"

【慌遽】 huāng jù 同"荒遽"。明《禅真后史》四九回："临期切休～，贻害他人。"清《兰州纪略》卷四："绿营兵见而～，施放鸟枪。"《红楼梦》九七回："那知秋纹回去，神情～。"

【慌愧】 huāng kuì 惊慌惭愧。明《情史·情私·刘尧举》："唐卿～，恐为父觉，频以眼示意。"

【慌乱】 huāng luàn ❶ 同"荒乱"。元明《三国志通俗演义》卷六："曹公见军～，请谋士求计。"明杨一清《关中奏议》卷一〇："追征紧急，人心～。"清陈端生《再生缘》三回："霎时进喜心～，跪下连呼我愿当。" ❷ 忙乱；胡乱做。明《醒世恒言》卷二八："初时，见父母请医，再三阻当不住，又难好道出真情，只得繇他～。"清《醒世姻缘传》六六回："见狄希陈使血染了个红人，知是胳膊受伤，～着寻陈石灰合柳絮、明府骨头，与他搽敷。"清《八洞天》卷八："～了一日，到得夜间，衍祚与宜男归家，听说不见了还郎，跌脚捶胸。" ❸ 荒乱；不安宁。清《隋唐演义》四三回："原来贾润甫因世情～，也不开张行业了。"《粉妆楼》一四回："目下奸臣当道，四海～，胡兄空有英雄，也不能上进。" ❹ 胡乱；不认真。清《歧路灯》七五回："绍闻～指认了三四个字儿，自去款待那师徒二人。"

【慌忙】 huāng máng ❶ 同"荒忙❶"。《祖堂集》卷六《投子和尚》："莫待临脱衣时，方始～不及也。"《元曲选·窦娥冤》四折："小的认便认得，～之际可不曾问的他名姓。"清《红楼梦》三二回："原来方才出来～，不曾带得扇子。" ❷ 同"荒忙❷"。《大宋宣和遗事》前集："李妈妈听得这话，～走去告报与左右二厢捉杀使孙荣。"明陈洪谟《治世餘闻》下篇卷三："偶闻钟响，促入班，叩头毕，～走过御街西。"清《白雪遗音·思凡》："吃斋念佛，又要烧香，终日走～。"

【慌怕】 huāng pà 惊慌害怕。稗海本《搜神记》行孝第一：

"唯见大坟巍巍，松柏参天，度～，冲林走出墓外。"明王樵《钦恤疏》："廷荆访知首司，汤敬～，央杨沂买和。"《二刻拍案惊奇》卷三七："心里～，不敢移动脚步。"

【慌迫】 huāng pò ❶同"荒迫❷"。元明《三国志通俗演义》卷一四："吕蒙箭尽，正～间，忽对江一宗船到。"明《禅真逸史》三九回："陈主～，自投御国井中。"清《野叟曝言》四六回："可惜难中～，尊使不知流落何处。" ❷紧急；紧张。元明《三国演义》二七回："因行期～，不曾讨得。"清《绿牡丹》五六回："皇榜于八月十五日考试。我等初闻即到，方才不～。"

【慌扰】 huāng rǎo 同"荒扰"。宋洪迈《夷坚志》支甲卷五："鸡鸣女起，而失翠冠及一履，意状～，寻索勿得。"按，一本作"荒扰"。

【慌悚】 huāng sǒng 恐慌。《元曲选外编·延安府》一折："我见他～，踌躇，左右支吾。"

【慌速】 huāng sù 同"荒速"。元《三国志平话》卷中："曹操上船，～夺路，走出江口。"《元曲选·张天师》一折："您直恁般～，便再停止一会儿也好。"清《聊斋俚曲·增补幸云曲》："来的～，没带牌票。"

【慌张】 huāng zhāng 同"荒张"。元邓玉宾《村里迓古·仕女圆社气球双关》："膁儿靠手儿招，撇演的个庞儿～了。"明韩邦奇《怯懦将官烧荒遇敌奔败事》："各贼见我兵势众大，～奔走。"清《隋唐演义》一九回："只见夫人立在御榻前，有～的模样。"

huáng

【皇历】 huáng lì 历书。钦天监编制，经皇帝认可后颁行，故称。明《西洋记》四回："莫若取～过来，选择一个吉日。"清《聊斋俚曲·俊夜叉》："去年的～看不的，别人蹭蹬盼不的。"

【皇扛】 huáng gāng 输送给皇家的大宗物品。扛，应作"纲"。清《隋唐演义》二三回："贾柳店中到些异样的人，怕有劫夺～的二寇在内。"《野叟曝言》三四回："第一是德州河里劫夺宫妃、东阿地方邀劫～的响马。"

【皇杠】 huáng gàng 即"皇扛"。明袁于令《隋史遗文》三〇回："贾柳店中到些异样的人，怕有断～的二寇在内。"

【惶惑】 huáng huò 蛊惑；欺骗。《元典章新集·刑部》："妄自尊大，称为生神，～民众。"明《封神演义》九三回："此是姜尚大逆不道，以～之言挑衅天下诸侯。"清《女仙外史》四二回："此寇耸动人心，不过借名建文。愚民无知，遂为～。"

【惶恐】 huáng kǒng ❶惭愧不安。本用于奏章，表示敬畏。后用于书信，表示客气，晋代已见用。明代见用于口语例。多用重叠式。唐崔祐甫《为皇甫中丞上永王谏移镇笺》："谨奉笺，～～，叩头。"宋苏轼《与滕达道书》："先以书布闻左右，然后敢作说也。～～！"明《朴通事谚解》卷下："小人门前有客是谁？葛教授探先生来里。咳！～～！" ❷惭愧；羞愧。是前一义的泛用。《元曲选外编·裴度还带》三折："难中缺茶为献，实为～。"元明《水浒传》三八回："李逵见了，～满面。"明李乐《见闻杂记》卷三："孕三月，妇～不胜，口称曰：'吾羞见老爷。'"

【黄】 huáng ❶幼儿。《旧唐书·职官志二》："凡男女，始生为～，四岁为小，十六为中，二十一为丁，六十为老。"《敦煌资料》第一辑《唐开元九年帐后户籍残卷》："男元祚，年三岁，～男……女花儿，年三岁，～女。"《金史·食货志一》："男女二岁以下为～。" ❷事情失败或计划未能实现。清《红楼梦》八〇回："薛蟠听了这话，又怕闹～了宝蟾之事，忙又赶来骂香菱。"

【黄榜】 huáng bǎng ❶皇帝颁布的文告。用黄纸书写。宋丁特起《靖康纪闻》："迨晓，遽传兵已满四壁，乃降～，告谕士庶。"元锺嗣成《一枝花·自序丑斋》："有一日～招收丑陋的，准拟夺魁。"清《隋唐演义》四二回："各处画影图形，高张～，在那里缉捕你。" ❷特指科举会试、殿试中式的文榜。宋叶路钤《水调歌头·寿太守黄少卿》："名高～，飞黄腾入鸳行。"元辛文房《唐才子传》卷六："(李绅)元和元年武翊～进士。"清《镜花缘》七回："今名登～，将来出仕，恐不免结党营私。" ❸祈祷用的黄纸帖。宋佚名《朝野佥言》："各请僧道作道场，祈晴，又愿车驾早还大内。自诸王、宗室、执政、侍从、寺监、省部官吏，在京百姓，各贴～，自宣德门至南薰门罗列道场。"

【黄边】 huáng biān 明代一种用上等黄铜铸造的优质钱币，用车床镟边，色黄质坚。明徐渭《谷日大雪口号》之二："晴天好驴稳如坐，鹅眼～只十个。"《山歌·歪缠》："银子二分半白脸，铜钱要廿七个～。"清《醒世姻缘传》一三回："两匹绫机丝绸、六吊～钱。"

【黄表】 huáng biǎo 即"黄表纸"。明蒋一葵《尧山堂外纪》卷六："(阴)长生尝裂～写《丹经》一通，封以文石之函，著嵩高山。"清《续金瓶梅》六回："只买一张～，写张誓状烧了，再不还了。"

【黄表纸】 huáng biǎo zhǐ 一种黄色的糙纸，焚烧拜表所用，故称。宋洪遵《翰苑遗事》："文武官待制……刺史以上用黄诏纸。自餘非巡幸大礼敕书榜外，并用～。"清《醒世姻缘传》一一回："只见一个人一只手拿了一张～写的牒文，一只手拿了把钥匙在那里开门。"

【黄策子】 huáng cè zi 科举考试中选入的试卷。宋叶适《科举》："而乡曲之贱人，父兄之庸子弟，俯首诵习谓之～者，家以此教，国以此选。"又《还华贤良九经说贤良进卷》："四邻～，简要获天宠。"

【黄串】 huáng chuàn 一种供熏燃用的香饼。金姬志真《悼郝讲师》："玉炉～融灰烬，留着清香付后人。"《元曲选·汉宫秋》四折："烧尽御炉香，再添～饼。"明汤式《湘妃游月宫·冬闺情》："～冷驼绒毡帐，绿酒干羊脂玉钟。"

【黄杆儿】 huáng gǎn er 指戥子、秤。杆黄色。明佚名《点绛唇·思忆》："再不敢加三～将人罩，再不敢花言巧语哄痴倈。"

【黄瓜】 huáng guā 瓜名。从西域传来，称胡瓜。因避忌改称。唐吴兢《贞观政要》卷六："隋炀帝性好猜防，专信邪道，大忌胡人，乃至谓胡床为交床，胡瓜为～。"清《醒世姻缘传》四八回："只见狄希陈脊梁上～茄子似的，青红柳绿，打的好不可怜。"

【黄冠】 huáng guān 道士冠色，代称道士。唐护国《逢灵道士》："浮丘山上见～，松柏森森登古坛。"清《醒世姻缘传》七四回："缁秃～，举世比之淫魔色鬼。"

【黄花】 huáng huā ❶指未婚、未有性行为的。《元曲选·窦娥冤》一折："便是～女儿，刚刚扯的一把，也不消这等使性。"明《型世言》三五回："你说不苦，我试一试看，难道是～的？"清《后水浒传》四三回："恁般一个汉子，还是害羞，可喜是个～郎。" ❷指初次性交的性器。明《梼杌闲评》三回："他是个童男子儿，你开他的～时，须婉款些。"清《警寤钟》三回："幸亏秀童乃是初试～，毕竟不是老棘，故此不至十分狼狈。"

【黄黄子】 huáng huáng zi 犹"杭杭子"。明李梅实《精忠旗》一五出："你每这些～少打！"清《姑妄言》一七回："你是个什么～。咱抬举你做个宰相，也就算咱的大恩了。"

【黄甲】 huáng jiǎ ❶科举甲科进士及第者的名单。用黄纸书写。《旧五代史·选举志》:"其判成诸色选人,～下后,将历任文书告赤连粘,宜令南曹逐缝使印。"元刘一清《钱塘遗事》卷一〇:"越二日,拜～于贡院。～者,由省中降下。唱名既毕,省中以其所升甲之人附于甲末,用黄纸以书之,故谓之～。"清《赛花铃》一二回:"恭喜仁兄,荣登～。" ❷指进士及第者。宋洪咨夔《贺新郎·寿成都孙宰》:"看诸郎、翩翩～,班班蓝绶。"元陶宗仪《辍耕录》卷一五:"世间多少偷生者,～由来出俊髦。"清《十二楼·合影楼》一回:"姓屠的由～起家,官至观察之职。"

【黄狼】 huáng láng 即"黄鼠郎"。清《生绡剪》一一回:"偷油不变蝙蝠,偷鸡不弱～。"

【黄历】 huáng lì 即"皇历"。封面用黄纸。《元曲选·连环计》二折:"我看～上尽有好日子,怎么还不见来相请?"清《醒世姻缘传》八回:"拿～来看,四月八就好,是洗佛的日子。"

【黄六】 huáng liù 行骗之人。明张萱《疑耀》卷三:"今京师勾阑中谇语,言给人者皆言～。余初不解其义,后阅一小说,乃指黄巢兄弟六人,巢为第六而多诈,故诈骗人者为～也。"

【黄毛】 huáng máo 黄色毛发。❶借指人年幼或指年幼之人。明《醒世恒言》卷二〇:"止有两个儿子,都还是～小厮。"清孔尚任《桃花扇》一七出:"难道三百两花银,买不去你这～丫头么?"钱谦益《列朝诗集》丁集一陈束小传:"岁时上寿,遣吏投刺,驰马过其门。诸老恨之,呼为轻薄小～。" ❷贬称北方少数民族。明唐顺之《塞下曲赠翁东厓侍郎总制》之五:"数日虏中无动静,吉囊东去战～。"

【黄胖】 huáng pàng ❶一种泥塑玩偶。宋孟元老《东京梦华录》卷七:"抵暮而归,各携枣䭔炊饼、～掉刀、名花异果、山亭戏具、鸭卵鸡刍,谓之门外土。"庞元英《谈薮》:"韩侂胄暮年以冬月携家游西湖……席间有献牵丝傀儡为土偶负小儿者,名为迎春～。"清沈嘉辙《南宋杂事诗》:"纷纷小脚船中客,争买西湖～来。" ❷面黄而胖。明《西游记》五七回:"念个咒,把身摇了七八摇,变作一个食痨病～和尚。"《禅真逸史》一六回:"咳嗽一声,厨后转出一个～道人。"

【黄婆】 huáng pó 道家称脾内涎,以脾能母养餘脏,故称婆。唐吕嵒《七言》:"九盏水中煎赤子,一轮火内养～。"《元曲选外编·庄周梦》二折:"保守的婴儿壮,相怜姹女娇。请一个～,媒合离坎换中交。"清《绿野仙踪》一〇回:"乾夫坤妇,而媒嫁～;离女坎男,而结成赤子。"

【黄钱】 huáng qián ❶一种钱币。明清时指黄边钱。唐戴孚《广异记》:"女以～五千与之,少年与漆背金花镜。"明文秉《烈皇小识》卷八:"各城门分设红夷大炮,给守城军每名～百文。"清《醒世姻缘传》五五回:"童奶奶数了二十个～,催他快去。" ❷烧献给鬼神或死者作钱币用的黄表纸。宋洪迈《夷坚志》支癸卷六:"急诣庙,招祝史买～置箱内,扶请蛇去。"明《山歌·别》:"当初指望杭州陌纸合一块,那间拆散子～各自飘。"清《红楼复梦》二回:"今晚在后园桑树下烧～千张,银锭五千。我是城隍司衙门二班快头赵升便是,你烧的时候,只须叫我名字,我就收着了。" ❸一种用黄纸剪的有钱币图案的饰品,节日贴在门楣上,俗称挂钱儿。明郑墟泉《点绛唇·贺节》:"儿日之前扫除了尘,～儿贴满门。"

【黄鼠郎】 huáng shǔ láng 黄鼬的俗称。明《山歌·半夜》:"假做子～偷鸡引得角角哩叫,好教我穿子单裙出来赶野猫。"《西湖二集》卷四:"若是厨子要做官,却不似～躲在阴沟里思量天鹅肉吃。"

【黄汤】 huáng tāng 贬称酒。金姬志真《心醉》:"道人得味饮灵泉,岂恃～醉里颠。"《元曲选外编·遇上皇》一折:"这～则是强嘴,有甚好处?你说!你说!"清《红楼梦》一〇四回:"你又喝了～,便是这样有天没日头的。"

【黄天】 huáng tiān 皇天;上天。《敦煌变文校注》卷一《孟姜女变文》:"姜女自雹哭～,只恨贤夫亡太早。"明丁彩《折桂令》:"空教人对着个瘦影的青铜,叫了些没眼的～。"清《粉妆楼》六四回:"奴家是替柏小姐死的,又谁知～怜念,得蒙众英雄相救。"

【黄头】 huáng tóu ❶汉代羽林水军之称,后借称船夫。唐张鷟《五月五日洛水竞渡船十只》:"～执棹,疑素鲤之凌波;白衣扬橹,类苍乌之拂浪。"宋刘辰翁《金缕曲·五日和韵》:"～舞棹临江处。向人间、独竞南风,叫云激楚。"清厉鹗《湖船录》:"用巨竹为泭,浮湖中……两～刺之而行。" ❷童仆。唐戎昱《赠别张驸马》:"华堂金屋别赐人,细眼～总何在?"《太平广记》卷五三引《续玄怪录》:"相与南行一里餘,有～执青麒麟一、赤文虎二,候于道左。"元杨维桢《故翰林侍讲学士金华先生墓志铭》:"年四十即独榻于外,给侍左右者,两～而已。" ❸黄头女真的省称或泛指北方少数民族。宋陆游《出塞四首借用秦少游韵》之二:"当时王会图,岂数汝～。"自注:"所谓黄头女真。"元陶宗仪《辍耕录》卷八:"已而～先锋斩关而来。" ❹犹"黄冠"。清钱谦益《大报恩寺修补南藏法宝募缘疏》:"原其来渐,厥有二端:一者青色邪师、～外道。" ❺鸟名,头羽黄。宋王质《林泉结契》:"(～儿)身全黄,足白或黑,腹白。夏多闻,秋稍息。鏖战至死不声,以作声为负。"明徐渭《十白赋·黄头》:"鸟曰～,猛以善斗。白秉金精,俨尔介胄。"《醋葫芦》四回:"与一个专捉鸟儿的张小猫斗～调画眉,赌钱赌气,也非一日的人了。"

【黄头奴】 huáng tóu nú ❶童仆。《太平广记》卷四二引《逸史》:"至则果见小门,扣之,～出问曰:'莫是王员外否?'"《大宋宣和遗事》后集:"容移时,有小～至曰:'元帅请国主。'" ❷宋人对金人的蔑称。宋陆游《仆顷在征西大幕登高望关辅》诗:"辽东～,稔恶天震怒。"

【黄猩子】 huáng xīng zi 即"黄鼠郎"。元明《水浒传》四六回:"小二道:'我店里的鸡,却那里去了?'时迁道:'敢被野猫拖了?～吃了?'"

【黄院子】 huáng yuàn zi 宋时内廷的杂役人员。宋孟元老《东京梦华录》卷一:"殿之外皆知省、御药、幕次、快行、亲从官、辇官、车子院、～、内诸司兵士,袛候宣唤,及官禁买卖进贡,皆由此入。"《朱子语类》卷一二七:"高宗时年二十六七,大喜,即日除监察御史,遣～怀敕牒物色授之。"明李日华《六研斋笔记》二笔卷四:"少帝使～张全夫妇背负出城,奔至夏邑县。"

【黄篆】 huáng zhuàn 即"黄串"。篆,谓香形曲折如篆字。元马致远《粉蝶儿》:"恰尽玉炉香,再添～饼。"《元曲选外编·蓝采和》二折:"白莲插玉瓶,～焚金鼎。"

【黄缁】 huáng zī 指僧道。道士黄冠,僧人缁衣。唐郑嵎《津阳门诗》:"会昌御宇斥内典,去留二教分～。"宋秦观《自作挽词》:"无人设薄奠,谁与饭～。"

【黄子】 huáng zi ❶即鹅黄,妇女额上涂黄的妆式。唐温庭筠《南歌子》:"扑蕊添～,呵花满翠鬟。"李商隐《宫中曲》:"赚得羊车来,低扇遮～。" ❷酿酒、醋、酱等用的酵料。蒸米、豆等发酵使生黄曲,晒干后作酵曲用。宋朱肱《酒经》卷上:"候饭温,拌令匀,勿令作块,放芦席上,摊以蒿草,罨作～。勿令～黑,但白衣上,即去草番转。"明李时珍《本草纲目》卷二五:"女曲,〔释名〕䴷子、～。时珍曰:此乃女人以完麦罨成～,故有诸名。" ❸动物体内的黄色胚胎物质，如蛋黄、蟹黄等，也谑称或詈称人的内脏。清《红楼梦》六三回："笑软了，怎么打呢。掉下来栽出你的～来。"《绿野仙踪》五三回："用手一捏(鸡蛋)，弄的～、白子流的手上、炕上都是。"《补红楼梦》四三回："这螃蟹虽不叫怎么大，却倒还老，都是顶壳的～。" ❹ 犹"行子"。清《红楼梦》四〇回："下作～，没干没净的乱闹。"《镜花缘》六八回："若封做老保，还不知怎样得意哩！俺把你这没良心的混帐～！"《补红楼梦》一九回："是那里来的野～，也不打听打听就在太岁头上动土来了！"

huǎng

【恍】 huǎng 另见 guāng。❶ 好像；仿佛。元郑禧《春梦录》："～一梦之惊觉，空伏枕而涟漪。"元明《水浒传》七四回："殿阁棱层，～觉玉兔腾身走到。"清洪昇《长生殿》三八出："比昭君增妍丽，较西子倍风标，似观音飞来海峤，～嫦娥偷离碧霄。" ❷ 慌；慌乱。清陈端生《再生缘》五回："果然进喜遭推问，只恐心～出乱言。" ❸ 晃(huǎng)；闪耀。引申指变换或故意显示。元吕济民《鹦鹉曲・寄故人》："算光阴咫尺风波，～着暮晴朝雨。"明《山歌・破鬃帽歌》："帽檐拿来做个札额，我里夏天～～。" ❹ 晃(huàng)；晃荡。引申指吐露出(声音)。明袁于令《西楼记》一八出："耳边恍惚谁叫你？再三听还非，口中的～出声儿细。" ❺ 同"晃(huǎng)❷"。明汤式《一枝花・赠钱塘镊者》："摘得些俊女流两叶眉娇娇媚媚，镊得些～郎君一字额整整齐齐。"汤显祖《南柯记》三八出："盼艳娇，灯下～，则见笑歌成阵，来来往往。"《山歌・骚》："搭棚水鬓且是妆得～。" ❻ 同"晃(huǎng)❶"。清《红楼梦》一〇一回："方转过山子，只见迎面有一个人影儿一～。"

【恍忽】 huǎng hū ❶ 同"恍惚❹"。敦煌词《泛龙舟》："春风细雨沾衣湿，何时～忆扬州。南至柳城新造口，北对兰陵孤驿楼。" ❷ 同"恍惚❺"。《敦煌变文校注》卷四《难陀出家缘起》："忙忙走到加(伽)蓝外，早见师兄队杖来。惊忙～走潜藏，道旁有一枯树下。" ❸ 同"恍惚❶"。清钱谦益《吴白雪遗集引》："今读白雪遗集，吴兴山水，轻清寒碧，～在卷帙中。"

【恍惚】 huǎng hū ❶ 如同；俨然；似乎。宋叶适《宋故中散大夫张公行状》："其树林岩石，幽茂深阻，～隔尘世。"明《拍案惊奇》卷二二："浪涛澎湃，分明战鼓齐鸣；圩岸倾颠，～轰雷骤震。"清《红楼梦》四七回："谁知贾珍等席上忽不见了他两个，各处寻找不见。有人说：'～出北门去了。'" ❷ 相仿；相当。清《天豹图》三六回："我与尔年纪～，正是同床共枕之人。" ❸ 含糊；不清楚。明张景《飞丸记》二五出："中间话句，～难详。果有此事，那小姐倒有出头日子了。"清《歧路灯》一〇回："在咱省听说伙计们伤了本钱，急紧到京，见熟问信，话也～。"又一〇二回："摆上饭来，还说某道题省的，某道题一时～；某一篇一挥而就，某一篇艰涩而成。" ❹ 依稀；模模糊糊。明袁于令《西楼记》一八出："耳边～谁叫你？再三听还非，口中的恍出声儿细。"《拍案惊奇》卷六："自想睡梦中光景，有些～记得。"清《红楼梦》二七回："昨儿我～听见说老爷叫你出去的。" ❺ 惊慌；忐忑；拿不定主意。明《封神演义》四四回："杨戬接住，见赤精子面色～，喘息不定。"《拍案惊奇》卷三〇："心里虽有此事～，却装做不以为意的坦然模样。"《禅真逸史》二回："这一签是上吉的，只怕施主心下～。若出家时，必有收成结果。" ❻ 指意外、变故。明《拍案惊奇》卷八："船家道：'……打从孟河走他娘罢。'王生道：'孟河路怕～。'船家道：'拼得只是日里行，何碍？'" ❼ 疏忽；马虎。清《包龙图判百家公案》卷一〇："买有瓦器灯盏六枚，执其包裹而嘱之道：'此对象须珍重，不可～。'" ❽ 萎顿；疲弱。清《说唐后传》三七回："老师虽是那豪杰气性犹在，然而形容意景，～不过，身十分瘦怯。"又："见薛礼在马上腰驼背曲，带病出马，又惊又喜，说：'薛礼，你是～之人，须要小心。'"

【恍然】 huǎng rán ❶ 猛然领悟貌。唐冯翊《桂苑丛谈》："众皆～曰：'黄绢之奇智，亦何异哉！'"明张景《飞丸记》二五出："闻言意～，提起当年念。"清纪昀《阅微草堂笔记》卷二："得子书，～顿悟。" ❷ 依稀；仿佛。唐高彦休《阙史》卷上："题毕，杨公闲步塔下，仰视之，则曰弘农杨载、濮阳吴当，～如梦中所睹。"明袁于令《西楼记》四〇出："喜不能持，陶然如醉，～身在清都里。"清《梦中缘》二回："尘埃之中，有此异品，令我见之，～如遇仙中人也。"

【恍如】 huǎng rú 犹"恍若"。唐韩愈《赴江陵途中寄赠王二十补阙》："汗漫不省识，～乘桴浮。"宋赵与时《宾退录》卷六："回思少小嬉戏之时，～昨日。"清《醒世姻缘传》四四回："请素姐出去，穿着大红装花吉服、官绿装花绣裙，环佩七事，～仙女临凡。"

【恍若】 huǎng ruò 好像；仿佛。唐白居易《山中独吟》："高声咏一篇，～与神遇。"宋杨冠卿《水调歌头・春日舟行》："～驭风去，蓬岛旧家山。"清《红楼梦》三回："这个人打扮与众姑娘不同，彩绣辉煌，～神妃仙子。"

【恍似】 huǎng sì 犹"恍若"。宋张辑《如此江山・寓齐天乐》："品水烹茶，看碑忆鹤，～旧曾游处。"明谢谠《四喜记》二九出："繁华簇绛垂杨绿，风光～华胥国。"清《醒世姻缘传》一回："晁大舍送客回来，刚刚跨进大门，～被人劈面一掌，通身打了一个冷噤。"

【恍疑】 huǎng yí 犹"恍若"。唐郑谚《六合怀古诗・独山》："广泽之中是独山，～翠带绕城峦。"明谢谠《四喜记》六出："轻盈态，窈窕容，～仙子下瑶空。"《西游记》二八回："三四紫巍巍的髭髯，～是那荔枝排芽。"

【晃】 huǎng 另见 huàng。❶ 疾闪而过；闪动。宋王禹偁《西晖亭》："隙～归巢燕，檐拖截涧虹。"明王骥德《男王后》二折："俺则略施粉黛淡涂黄，但偷睛～，就娇滴滴胜红妆。" ❷ 鲜亮；漂亮。《元曲选外编・西厢记》一本二折："既不沙，却怎嗳趁着你头上放毫光，打扮的特来～？"明陈铎《要孩儿・嘲川戏》："一个妆兴等地梳斜了鬓，一个爱～平空绞细了眉。" ❸ 显示以打动或蒙混。《元曲选・误入桃源》二折："似这般花月神仙，～动了文章巨公。"明佚名《驻云飞》："我这里强拦当，他故意将咱～。"清《续金瓶梅》二三回："如今咱拿着他的拳头，打他的眼，虽把银子～～眼，少不得还是咱的。" ❹ 晃子。清《歧路灯》三回："药～儿插在平地上。"

【晃亮】 huǎng liàng 闪光。明《西游记》一六回："身上穿一领锦绒褊衫，翡翠毛的金边～。"《梼杌闲评》一八回："面如锅底貌狰狞，耳挂铜环光～。"清《隋唐演义》五八回："不题防建德身上这副金甲～，动了人眼。"

【晃子】 huǎng zi 同"幌子❶"。《元曲选・度柳翠》楔子："正是个风魔和尚，挑着这个，不知是甚么东西，恰似个烧饼的～。"

【幌】 huǎng ❶ 同"晃(huǎng)❶"。明郑若庸《玉玦记》八出："若还少时，你将银子到我跟前～一～，做个脸儿。"《西游记》一七回："那怪虚～一枪，撤身入洞。"清《荡寇志》九五回："只觉得对面楼上人影儿一～。" ❷ 同"晃(huǎng)❷"。清《豆棚闲话》一〇则："酒店新开在半塘，当垆娇样～娘娘。引来游客多轻薄，半醉犹然索酒尝。" ❸ 同"晃(huǎng)❸"。明《西游记》二八回："我若就回去，对老和尚说没处化斋，他也不信我走了这许多路。须是再多～个时辰，才好去回话。"《型世言》二六回："以后妆扮得齐齐整整，每日在他门前～。"又四〇回："当日阿里帖木儿在庄前后闲步，这猴便化个美女，～他一～。" ❹ 同"晃(huǎng)❹"。清《红楼梦》一七至一八回："此处都妙极，只是还少一个酒～。"陈端生《再生缘》六三回："两夹边，布～招牌启店门。" ❺ 照耀；闪耀。明《西游记》五回："神舞虹霓～汉霄，腰悬宝箓无生灭。"又一〇回："护心宝镜～祥云。"

【幌竿】 huǎng gān 即"望竿"。清《飞龙全传》二六回："忽见路旁有一根～，约有碗口大小，其长丈餘，觉得称手可用。"

【幌亮】 huǎng liàng 同"晃亮"。明《西游记》一〇回："窗牖近光放晓烟，帘栊～穿红电。"又四四回："磕额金睛～，圆头毛脸无腮。"又五二回："李天王众位忽见火光～，一拥前来。"

【幌子】 huǎng zi ❶ 店铺门前所挂表示经营项目以招揽顾客的标志。明《金瓶梅词话》一九回："使出冯妈妈来，把牌面～都收了。"清《续金瓶梅》四七回："开个皮匠铺，也买了几双旧鞋在门首做～。"《飞龙全传》五五回："～高挑的，便是茶坊酒肆。" ❷ 比喻标志；证据。清《红楼梦》二六回："薛蟠见他面上有些青伤，便笑道：'这脸上又和谁挥拳的？挂了～了。'"《镜花缘》二二回："你这儒巾明明是个读书～，如何不会作诗?"《歧路灯》一八回："只是有两片涴的去处，到底洗不净。到明日，算他赴席的～罢。" ❸ 指假借的名义、方式或手段。清《续金瓶梅》二〇回："咱俩个似水如鱼，夜去明来，叫那翟员外打着～咱快活。"《红楼梦》三四回："分明是为打了宝玉，没的献勤儿，拿我来作～。"《歧路灯》五三回："又思量招致赌友，须得个家道丰富，赌的又不精通，人又软弱的～才好。"

【愰】 huǎng 另见 huàng。同"晃(huǎng)❸"。明《型世言》六回："到那些少年轻薄的，不免把言语勾搭他，做出风月态度～他。"

【谎】 huǎng ❶ 虚言；假话。宋元《警世通言》卷三八："他半生花酒肆颠狂，对人前扯拽都是～。"明邵璨《香囊记》二三出："〔旦〕先生，适来的祸福不是～么？〔净〕孺人怎么说这等话！老夫只凭八卦判断，岂肯说～！"清《镜花缘》七六回："你要赖人做贼，也把～儿撒的完全些！" ❷ 胡说；作假；说谎。元古本《老乞大》："这一两半也昏。你却休～，恰早来吃饭处贴将来的钞。"高明《琵琶记》一七出："疾忙开义仓，支与百姓粮。咳！从实支收休要～。"明袁宏道《乞改稿二》："此皆大众所目睹，僚佐所共见，可质而问者，职宁敢～一字耶?" ❸ 招摇；虚夸张扬。《元曲选·渔樵记》一折："那一等本下愚，假扮做儒，他动不动一刻地～喳呼。"又《举案齐眉》一折："这都是荫庇骄奢泼赖徒，打扮出～规模，睁眼苦眉捻鬓须。"明梅鼎祚《玉合记》一七出："小梅香百样相勾搭，眼挫将人抹。筵头～没查，凳角忙凹轧，几番儿眼巴巴想着那光踢遢。" ❹ 虚假；不真实。元佚名《一枝花·盼望》："～恩情如炭火上消冰，虚疼热似滚汤中化雪。"明郑若曾《江南经略》卷七上："官军启行，各须披甲戴盔，庶几临敌轻便。不得用～甲虚饰。"清《红楼梦》一一二回："若说金银若干，衣饰若干，又没有实在数目，～开使不得。" ❺ 欺骗；哄骗。元曾瑞《四块玉·负心》："～我燃香剪青丝，忘恩剁断鸳鸯翅。"《元曲选外编·蓝采和》一折："你做场作戏，也则是～人钱哩。"清《绿野仙踪》五八回："这等鬼诈，连小娃子～不过。" ❻ 用作詈词，含有虚假不诚实、说谎骗人、轻浮放浪等义，多用于年轻男性。元兰楚芳《粉蝶儿》："到别州城不问三二三，那～勤儿敢有万千。"《元曲选·杀狗劝夫》四折："他两个是汴梁城里～乔厮，与孙员外甚宗支?"明朱有燉《柳营曲·咏风月担儿》："檀板金樽，皓齿朱唇，撺断煞～郎君。" ❼ 通"晃(huǎng)❸"。明贾仲明《对玉梳》三折："逞一会儿凤冠霞帔夫人相，～一程儿高髻云鬟仕女图，显一捻儿风流处。" ❽ 通"慌"。a) 同"慌❶"。《元曲选·酷寒亭》四折："哥哥休～，同两个孩儿权到山寨上住几日。"b) 同"慌❷"。元李唐宾《风入松·搅筝琶》："恰撇下心儿忘，才说着意儿～。"c) 同"慌❺"。明孙柚《琴心记》八出："冤家，你便略慢些儿，做甚～！"d) 同"慌❻"。明康海《中山狼》三折："俺肚里又饿得～，口儿里馋涎，早汩都都的淋下也。"

【谎词】 huǎng cí 犹"谎言❶"。清《世宪皇帝朱批谕旨》卷一〇八："满口支吾，一派～。"《侠义风月传》二回："若果有圣旨，不妨开读；倘系～，定获重罪。"

【谎汉】 huǎng hàn 犹"谎厮"。《元曲选·铁拐李》二折："有那～每便道：这个是岳孔目的浑家。我久已后，好歹要娶了他。"明佚名《粉蝶儿·风情》："依仗着风流势，枉惹的蜂媒蝶使，着那等～每猜疑。"

【谎花】 huǎng huā 不结果实的花。明冯惟敏《粉蝶儿·李争冬有犯》："～儿世不香，闹枝儿似草蓬。"清《广群芳谱》卷一七："(黄瓜)遍体生刺，如小粟粒，多～。"

【谎话】 huǎng huà 假话；不真实的话。元马致远《寿阳曲》："实心儿待，休做～儿猜。"明《警世通言》卷三四："娇鸾见了这罗帕，已知孙九不是个～，不觉怨气填胸。"清《红楼梦》五六回："那里的～你也信了。"

【谎诓】 huǎng kuāng 犹"谎骗"。明黄道周《榕坛问业》卷九："眼上不靠诗书，胸前不靠事业，更有何人～得他?"

【谎捏】 huǎng niē 凭空捏造。清《兰州纪略》卷一一："今阿桂屡奏，称雨势连绵霡霂，且至数日之久，是从前所云常旱之言全系～。"《大清律例》卷三〇："凡生员越关赴京，在各衙门～控告或跪牌并奏渎者，将所奏告事件不准，仍革去生员，杖一百。"

【谎骗】 huǎng piàn 欺骗。清《绿野仙踪》五九回："我女儿被他～自尽，你今放他去了，我就和你要人！"《锦香亭》一四回："倘他到彼处问明端的，不道是我的好意，倒说我～他了。"《后红楼梦》二五回："咱们老爷连分内的饭食银也不要，也分给司官老爷们，这小子反到书办那里～去。"

【谎人】 huǎng rén 欺骗人。明叶子奇《草木子》卷四下："乌贼鱼墨汁，为书如淡墨。有为伪券以～者。"《西洋记》三〇回："你再不要把那个'善哉'二字来～。你既是善哉，善哉，怎么把我的宝贝都骗了?"

【谎势】 huǎng shì 装腔作势。明沈自徵《鞭歌妓》："争奈他穿着套～衣裳，向人前裸袖揎拳，卖弄伶俐。"

【谎说】 huǎng shuō ❶ 瞎说；说谎。元关汉卿《碧玉箫》："休～，不索寻吴越。咱，负心的教天灭!"明《禅真逸史》二〇回："这寿瘢是我看见了。父亲还说公公右脚面上有一颗黑痣，难道也是我看见了～的?"清《剿捕临清逆匪纪略》卷六："众所共知，不敢～。" ❷ 虚说；不着准地说。清《醒世姻缘传》五〇回："汪朝奉道：'既是纹银，每一两七十八文。'狄员外道：'八十二文罢。'汪朝奉道：'这银钱交易，那有～?'" ❸ 谎话。清《玉娇梨》五回："希图骗我银子，便驾此一篇～。"

【谎厮】 huǎng sī 骗子；浮浪子弟。元商衟《一枝花·远寄》："是他惯追陪济楚高人，见不得村沙～。"古本《老乞大》："到那里，教那弹弦子的～每捉弄著，假意儿叫几个'舍人郎中'，早开手使钱也。"《元曲选·铁拐李》二折："兄弟也，我死之后，有那等～上门来。"

【谎松】 huǎng sōng 犹"谎厮"。松，屣，精液。用作詈词，形容人软弱窝囊，或称软弱窝囊的人。此为后一义。明《朴通事谚解》卷中："那～，一个财主人家里招做女婿来。"

【谎谈】 huǎng tán 犹"谎说❶"。清《二度梅》三三回："夫人又来～。梅生乃江南人氏，离我大名府二千里路，夫人何以见得与穆生无二？"

【谎信】 huǎng xìn ❶谎骗使相信。清《绿野仙踪》二二回："假捏小人二月间坠江身死，将小人母亲～，招赘金不换做养老女婿。" ❷不可靠的信息。清《歧路灯》六〇回："亳州有个～儿，说是东街谁家行里走了点火儿。"

【谎言】 huǎng yán ❶犹"谎说❶"。宋元《醒世恒言》卷一三："薄上明写着府中张干办定做，并非～。"明《型世言》三四回："周颠在匡庐，仔么知道圣上疾病？这莫非僧人～？"清《平定准噶尔方略》前编卷四七："尽知尔属下人～妄行之事。" ❷假说；故意说。明《杜骗新书・在船骗》："镐以本少，恐客商见轻，故～：'吾家兄敝任在湖广。'" ❸犹"谎说❸"。清《姑妄言》五回："我要有一句～，促死促灭。"《万花楼》三〇回："焦廷贵道：'此话当真么？'李义道：'吾半生未说～。'"《白雪遗音・许东西》："对着傍人，说我化费你的钱，对对～。到而今，四件给我那一件？"

【谎语】 huǎng yǔ ❶犹"谎说❸"。明《西洋记》五六回："不是贫僧打～，贫僧有一个计较在这里。" ❷犹"谎说❶"。清《万花楼》三六回："并不曾将焦先锋灌醉，抛下山涧中，岂敢在元帅台前，欺心～。"

【谎贼】 huǎng zéi 詈词。称说谎的人。元明《水浒传》一四回："辱门败户的～！怎敢无礼！"

【谎诈】 huǎng zhà 谎骗欺诈。元曾瑞《一枝花・买笑》："拣一个可意的冤家，酩子里由伊驱驾。更有行志不～。"明柯丹邱《荆钗记》四一出："为当初被人～，把家书暗地套写，致吾儿一命丧在黄泉下。"

【谎张】 huǎng zhāng 同"慌张"。明吾邱瑞《运甓记》一一出："看他意思～，语言迟慢，必有缘故。"

【谎帐】 huǎng zhàng 花账；虚假不实的账。清《镜花缘》九九回："厨子最爱开～。"

【谎状】 huǎng zhuàng 虚假不实的诉讼。《元曲选・百花亭》四折："元帅不要听人～。这是贺妈妈接了我的财礼钱，嫁与我为妻来。"明《二刻拍案惊奇》卷三五："你家老子做官也说不通！谁教你告这样～？"清雍正六年七月二十六日范时绎奏文："只求将儿子媳妇断给领回，我的～，想个法儿圆成了罢。"

【谎子】 huǎng zi 犹"谎厮"。《元曲选・黑旋风》一折："泰安神州～极多，哨子极广。"明《拍案惊奇》卷六："只见一个人，～打扮的，在街上摆来。"

【谎嘴】 huǎng zuǐ 瞎说；说谎。《元曲选外编・遇上皇》一折："～，有甚么人情？狗请你吃酒来！"明《锺馗全传》六回："小人别无他能，惟凭～度日。"

huàng

【晃】 huàng 另见 huǎng。❶摇动；挥动。《元曲选・救风尘》二折："则见那轿子一～一～的，我向前打那抬轿的小厮……问他道：'你走便走，～怎么？'"清《醒世姻缘传》三八回："狄希陈恨的在那严爽的脸上把拳头～了两～，仍回席上去了。" ❷闲逛；走动。清《歧路灯》一四回："渐渐的街头市面走动起来，沾风惹草，东游西荡，只拣热闹处去～。"又二四回："着实气哩慌，咱往盛大哥那里～～罢。"

【晃荡】 huàng dàng ❶(光、色等)摇曳动荡。唐柳宗元《晋问》："当空发耀，英精互绕，～洞射，天气尽白。"宋姜特立《次韵仲志荷珠》："浏漓丹砂汞，～摩尼色。"清弘历《晚雨》："急阵旋过细点收，新月上弦光～。" ❷摆动；摇动。清《儒林外史》一二回："左手掮着个被套，右手把个大布袖子～～。"《野叟曝言》一五三回："谁知水闲更不能坐驼轿，～顶撞，一连两日，头脑发昏。"《后红楼梦》二五回："那晓得这个小船儿到了中流，水性活泼，就～起来。"

【晃动】 huàng dòng 动荡；摇动。明《封神演义》一二回："摆一摆，江河～；摇一摇，乾坤动撼。"清《后水浒传》一三回："黑云盖地，消散来微微～旌旗。"《白雪遗音・罗帏帐》："柳腰摆动，蝶舞蜂狂，～牙床。"

【晃摇】 huàng yáo 晃动；摇晃。明《封神演义》一二回："地不该震，为何宫殿～？"又二一回："攀藤扪葛，手扯～，将此二枚红杏摘于手中。"

【愰】 huàng 另见 huǎng。同"晃(huàng)❶"。清《白雪遗音・掩绣户》："舒玉腕，扶着他的身子连推～，伏在郎身上。"

huī

【灰】 huī ❶沮丧；消沉。唐张祜《走笔赠许玖赴桂州命》："直气自消瘴，远心无暂～。"明汤显祖《牡丹亭》二出："谩说书中能富贵，颜如玉，和黄金那里？贫薄把人～。"清《红楼梦》二八回："黛玉耳内听了这话，眼内见了这形景，心内不觉～了大半。"也指背弃(盟约)。明胡文焕《山坡羊・写恨》："前言一旦～，转转思量，般般堪怪。" ❷青灰、石灰的省称。宋李纲《建炎进退志》卷四："一新城池，鸠工聚材，计置砖～，工料浩大。"明宋应星《天工开物・燔石》："燔～火料煤炭居什九，薪炭居什一。"清《儒林外史》四〇回："萧采承办青枫城城工一案，该抚题销本内：砖～工匠共开销银一万九千三百六十两一钱二分一厘五毫。" ❸用灰涂塞。宋《淳熙三山志》卷四二："刳其脂以为油，可～船。"

【灰补】 huī bǔ 犹"灰布❷"。清《雪月梅》一五回："此木性坚质轻，便于道路。但用漆恐不能即干，只可权用桐油～，到府后再为整理。"《娱目醒心编》一五卷一回："那知粪与煤灰搅在一起，竟如灰漆～一样，那里揩得干净。"

【灰布】 huī bù ❶填塞缝隙用的油灰和布。也可偏指油灰或偏指涂有油漆的布。宋叶梦得《岩下放言》卷下："宫室、梁柱、栏槛、窗牖皆用～。期既迫，竭洛阳内外猪羊牛骨不充用。"明朱有燉《香囊怨》四折："(骨头)捣碎了卖与漆匠做～，也漆的两个净桶。"清《后水浒传》三九回："砌了一条暗道在水底下，容人可走，上下两旁俱用桐油～护紧，不透入水。" ❷用油灰和布填塞缝隙或涂护表面。明吕毖《明朝小史》卷二："帝赐中山王徐达第于京师。将落成，其大门初漆～，帝幸观之，赞曰：'好了。'至今已传数代，不敢加细漆。"清《醒世姻缘传》二五回："从新叫匠人～了，起了个四更，顶门穿心杠子抬去埋了。"

【灰衬】 huī chèn 同"灰榇"。《元曲选・冤家债主》四折："咱死后只落得半丘儿～。"

【灰榇】 huī chèn 骨灰匣。《元曲选外编・刘弘嫁婢》一折："你那亡父的～儿在那里？"

【灰儭】 huī chèn 同"灰榇"。明朱有燉《香囊怨》四折："如今既亡过了，这一堆～骨殖也无用了。"

【灰骨】 huī gǔ　骨灰。五代齐己《夏日寄清溪道者》："不知谁为收～，垒石栽松傍寺桥。"《元曲选·昊天塔》二折："哥也，你牢背着亲爷的～匣。"清《醒世姻缘传》九四回："或是寻把柴火，把两口棺材放成一堆，烧成～。"

【灰罐】 huī guàn　❶墨汁罐。《元曲选·谢金吾》三折："提着个～儿，卖诗写状。"又《冻苏秦》三折："又不会做经商，止不过腕悬着～，手执着毛锥，指万物走笔成章。"　❷一种投掷用兵器，内盛石灰。明戚继光《纪效新书》卷一八："宁波弓五张，铁箭三百枝，～一百个。"《西洋记》一八回："鸟嘴铳一百把，烟罐一千个，～一千个。"

【灰冷】 huī lěng　消沉。宋苏轼《送参寥师》："上人学苦空，百念已～。"明洪应明《菜根谭》："又思既死之后有何景色，则万念～，一性寂然。"清《赛花铃》一六回："使我一闻此信，顿觉宦情～。"

【灰漆】 huī qī　❶一种涂料，用骨、瓷等粉末入生漆调成，多用作底漆或填缝。元刘壎《建请改葬乡贤游泮州状》："将本官装敛入棺，加以钉线～，如法封闭。"明吾邱瑞《运甓记》二二出："那些个蒙～，毁形容，见识友朋，早难道献督亢，效武荆卿。"按，此指春秋末晋国豫让漆身毁容为主报仇的事。　❷用灰漆填涂。明高濂《遵生八笺》卷八："钵盂，持以饮食，道家方物。旧有瘿木为瓢，内则～。"清《娱目醒心编》一五卷一回："那知粪与煤灰搅在一起，竟如～灰补一样，那里揩得干净。"《姑妄言》一〇回："棺材嚣薄，又未经～，那一股臭气冲人。"

【挥】 huī　❶摆手示意。唐柳宗元《河间传》："饵以善药，～去。"明《古今小说》卷一四："屈膝而坐，～门人使去。"清吴伟业《雁门尚书行》序："西安破，率二女六妾沉于井，～其八岁儿以去。"　❷写；画。唐李治《册许敬宗太子太师文》："～汗简于丹掖，矫丰饵于难栖。"明《警世通言》卷一一："就在粉墙《西江月》之后，又～一首。"清张笃庆《宋赵千里海天落照图》："光尧皇帝重毫素，集英殿里～御屏。"　❸斩；割。明《水浒传》三五回："拔出腰刀，一刀～为两段。"明《二刻拍案惊奇》卷一二："拔出所佩之剑，一剑～去马首。"清《红楼梦》六六回："掣出那股雄剑，将万根烦恼丝一～而尽。"　❹撑(篙)。明《挂枝儿·船》："迎来送往经过了万万千，推的推，～的～，弄得人眼花头眩。"又："俏冤家上船来，好生攒路。唤梢公慢栏头，且去～梢。"

【挥霍】 huī huò　❶挥舞；挥动。南朝已见用例。宋贺铸《菱花怨》："迭鼓嘲喧，彩旗～。"《明史·刘定之传》："韩世忠破兀术拐子马，用五百人执长斧，上揕人胸，下斫马足。是刀斧～便捷，优于火枪也。"　❷声势浩大；喧哗热闹。唐张说《大唐开元十三年陇右监牧颂德碑》："百蛮震聋，四方抃跃。威怀纷纭，壮观～。"李邕《鹘赋》："万乘为之顾眄，六军为之～。欢声动于天地，逸气霭于林薄。"《太平广记》卷四九〇《东阳夜怪录》："吾家龟兹，苍文毙甚。乐喧厌静，好事～。"　❸慌张不安；仓皇。唐灵祐《警策文》："年晚多诸过咎，临行～，怕怖慞惶。"《太平广记》卷四九〇引《玉堂闲话》："安生俱疑为邻人所窃，又惧诣市过时，且无他刀，极～。"五代孙光宪《北梦琐言》卷一二："其室女路次暴亡，兵难～，不暇藏瘗。"　❹指示；指点；指挥。《太平广记》卷二四二引《国史补》："唐进士何儒亮自外州至京，访其从叔。误造郎中赵需宅，自云同房侄。会冬至，需欲家宴，～云：'既是同房，便令入宴。'"明方孝孺《关王庙碑》："当其生乎时，～宇宙，顿挫万类。"清《东周列国志》二六回："其子蹇丙，亦有～之才，臣并取至，以备任使。"　❺随意挥指；洒脱发挥。明《醋葫芦》一四回："凭着大爷这腔高才捷口，必能返直为曲：若或稍有拂意，即便～一番，使他们也知你手段。"清《红楼梦》六五回："自己高谈阔论，任意～洒落一阵，拿他兄弟二人嘲笑取乐。"　❻指任意花费钱财。《元曲选·货郎旦》四折："～的是一锭锭响钞精银，摆列的是一行行朱唇倈皓齿。"明《醒世恒言》卷三七："杜子春将银子认做没根的，如土块一般～。"清《聊斋志异·狐妾》："圣仙日与丈人居，宁不知我素性～，不惯使小钱耶？"

【挥解】 huī jiě　❶劝解；排解；解释。唐义净译《根本说一切有部尼陀那目得迦》卷二："我是俗流，见他斗时尚为～，如何尊者看斗而住？"《旧唐书·刑法志》："以莅角抵力人，不敢～，遂持木锸击莅之首。"宋欧阳修《又三事》："韩公等初尚～，上意不回。"　❷辨别。明袁宏道《别石篑》之三："是仙是凡人，请君自～。"

【挥洒】 huī sǎ　❶挥毫洒墨，指书写绘画。唐张说《石刻般若心经序》："学有传癖，书成草圣，～手翰，镌刻心经。"明屠隆《彩毫记》六出："雅志右文，～颇工睿藻。"清《飞花艳想》五回："提起笔来，又展开一幅花笺，任意～。"　❷洒落；抛洒。宋吕胜己《蝶恋花·霰雨雪词》："褪粉残妆，和泪轻～。"清孔尚任《桃花扇》九出："报国恩，一腔热血～。"△《狐狸缘》一七回："又用杨柳枝调钵中净水，遍把尘中俗气～干净。"　❸洒脱；潇洒。元明《三国演义》五七回："吊君鄱阳，蒋干来说。～自如，雅量高志。"清《红楼梦》三三回："既出来了，全无一点慷慨～谈吐。"　❹犹"挥霍❻"。明《梼杌闲评》一〇回："拿着主人没疼热的钱任意～。"清《醒世姻缘传》九四回："一个中等之产，怎能供他的～？"《聊斋志异·王兰》："以百金在橐，赌益豪，益之狭邪游，～如土。"

【麾却】 huī què　❶驱逐；弃掉。明宋濂《题花门将军游宴图》："宝刀双环新出房，～何翅驱牛羊。"袁宏道《侯师之水轩》："～如花旧拍板，茶瓶相对白蔬盘。"　❷推却；拒绝。清《隋唐演义》九七回："薄礼不足为敬，幸勿～。"

【徽号】 huī hào　❶本为加给皇帝或太后的尊号。后泛指尊号或褒扬赞美的称号。唐贾至《册回纥为英武威远可汗文》："朕是用式遵典礼，封崇～，敬册可汗为英武威远可汗。"元陶宗仪《辍耕录》卷一〇："至元己巳(正月)，旨诏赠五祖七真～。"明《西洋记》四回："这等一位活菩萨，岂可没个～？"　❷谑称绰号。明吴炳《西园记》一五出："日日街头寻人闹，满城与我加～。"清《十二楼·夏宜楼》三回："那些女伴都替他上个～，叫做'贼眼官人'。"

huí

【回】 huí　❶买或卖。多指回买或回赎。唐张籍《和左司元郎中秋居》："晚花～地种，好酒问人沽。"元姚守中《粉蝶儿·牛诉冤》："好材儿卖与了靴匠，碎皮儿～与田夫。"清《醒世姻缘传》六五回："若没有副餘，止他老婆的一件，好问他回买。他故意要我受苦，断是不肯～与我的。"　❷收回；讨回。《新唐书·李乂传》："若～所赎之赀，减方困之徭，其泽多矣。"元《通制条格》卷四："巩昌府李秀告：'求问令狐坤女与男思聪为亲，备办表里头面羊酒，把定了当，其女身死，欲～把定等物。'"　❸醒；复元；苏醒。五代李璟《摊破浣溪沙》："细雨梦～鸡塞远，小楼吹彻玉笙寒。"元卢挚《朱履曲·天宁北山禅老招饮于双松精舍》："顿医～摩诘病，强半是散花仙。"清《后红楼梦》二回："你还不知林姑娘这番～过来，变了一个人似的。"也指灯由暗复明。《元曲选·风光好》三折："〔陶谷云〕小官昨夜门也不曾出，那里会你来？〔正旦唱〕学士早～过灯光掩上门。"　❹归还；付给。《元典章·兵部三》:"站家草地每,不拣谁休占了来呵,～与者。"元古本《老乞大》:"吃了酒也,～了酒钱去来。"《元曲选·留鞋记》三折:"我女孩儿因看花灯掉了这只绣鞋儿,你～与我罢。" ❺ 回绝;取消。《元曲选外编·不伏老》三折:"待我自去～他。众长官。我这房屋窄小,养不得马,你到别家去罢。"明《金瓶梅词话》五九回:"月娘因他不好,连自家生日都～了不做。"清《红楼梦》一一九回:"咱们家遭着这样事,那有工夫接待人。不拘怎么～了他去罢。" ❻ 回复;回报。《元曲选·还牢末》一折:"与他一双金钗,那贼汉～了四两重一双匾金环子。"明《西游补》四〇回:"行者也浪浪荡荡,不～些礼。"清陈端生《再生缘》九回:"天理昭彰把罪加。一报还须～一报。" ❼ 答复;回禀。元乔吉《新水令·闺丽》:"若是真么,～与我句实成的话。"明《二刻拍案惊奇》卷一一:"我且成了这边朱家的亲,日后他来通消息时,好言～他,等他另嫁了便是。"清《儒林外史》一七回:"县主老爷现同我家老二相与,我怕你么!我同你～老爷去!" ❽ 停;歇;消。元明《水浒传》五一回:"我儿,且～一～,下来便是亲交鼓儿的院本。"清《醒世姻缘传》一七回:"文机方才至了,又被这丫头搅得～了。" ❾ 杀死。清《续金瓶梅》九回:"把这厮牢里～了,没有对证。" ❿ 很短的一段时间。《元曲选·岳阳楼》三折:"打一～,歇一～,清人耳目。念一～,唱一～,润俺喉咽。"明《金瓶梅词话》五八回:"俺每出来站了多大～,怎的就有磨镜子的过来了。"清《隋唐演义》三四回:"赌是赌一件东西,停～与陛下说。" ⓫ 量词。a) 次;遍。唐张籍《寒食内宴》:"宫筵戏乐年年别,已得三～对御看。"金《董解元西厢记》卷八:"临去也,嘱付了千～万次。"清《补红楼梦》二三回:"上～把甄错认作贾,这～把贾又错认了甄。"b) 说书人每次从开讲到中止的一段;章回小说的一章。元《三遂平妖传》一五回:"如今做一～话儿说过去,那其间老大一场事。"明《西湖二集》卷三四:"这一～事体繁多,看官牢记话头。"清《红楼梦》五回:"第四～中既将薛家母子在荣府内寄居等事略已表明,此～则暂不能写矣。"

【回拗】 huí ào 违拗;回绝。《敦煌变文校注》卷七《解座文汇抄》:"富贵须知宿种来,如今必定难～。"清《蜃楼志》一七回:"吉士因要赶紧回转,叫他日夜趱行,船家不敢～。"

【回拜】 huí bài ❶ 转回身向人敬礼。宋洪迈《夷坚志》补卷二四:"一小童相随,全与进童类。使仆沈贵问之,诚是也。童遽～曰:'向来抱病,久荷公照恤。'"明单本《蕉帕记》一七出:"丑喝拜介。生、旦拜天地,～外、老介。" ❷ 接受人敬礼后答礼。《元曲选·桃花女》四折:"次拜石婆婆、石留住,同～科。"明吴宽《满庭芳·又答陈玉汝》:"他年见客,～要人扶。"清《隋唐演义》七三回:"三思连忙拜将下去,韦后也～了。" ❸ 对方来拜访后前去回访。明郑纪《归田咨目》:"上官下顾者,当面拜谢于家,不必～。"汤显祖《牡丹亭》三六出:"〔生〕承拖带,这姑姑点不出个茶儿待。即来～。〔末〕慢来～。"清《儒林外史》一三回:"马二先生问明了住处,明日就来～。"

【回报】 huí bào ❶ 回来(去)禀告。《敦煌变文校注》卷二《韩擒虎话本》:"有先峰(锋)马探得萧磨呵领军二十餘万,陈留下营,具事由～。"元《秦并六国平话》卷上:"将刺客周光放回楚军,令他～楚王,使他早早退兵。"清孔尚任《桃花扇》九出:"小厮,看有何人在上?〔杂上岸看,～介〕灯笼上写着'复社会文,闲人免进'。" ❷ 吩咐;答复。《敦煌变文校注》卷二《叶净能诗》:"忽闻大内打四下鼓,更漏分明。皇帝～净能:'天师且归观内,明晨见朕。'"《太平广记》卷三八〇引《博异记》:"郑君兼凭问还往间一人寿命官爵,～云:'此人好受金帛,今被折寿。'"明《古今小说》卷一九:"知县相公问道:'你是那县的老人?与我这衙门有相干也无相干?'老人也不～甚么,口里又说道:'请起来,老人作揖。'"

❸ 回音;回信。《祖堂集》卷四《石头和尚》:"思曰:'有～也无?'对曰:'信既不通,书亦不达。'"《元曲选·王粲登楼》三折:"小生只得将万言长策,寄与曹子建学士,央他奏上圣人。至今不见～,多分又是没用的了。"清《珍珠舶》一四回:"自贾秀去后,经今数月,杳无～。" ❹ 报答。《元朝秘史》卷七:"这恩于你子孙根前必～,天地知也者。"明梁辰鱼《浣纱记》三三出:"我如今拼却孤身,～前君。" ❺ 回绝;拒绝。明孙柚《琴心记》七出:"我在此抚琴,你去烹一壶茶来。今后卓家人至,可决意～他。"《型世言》二三回:"那裘龙来时,母亲先回报不在家。一日,伺候得他与朱恺吃了酒回来,此时～不得,只得与他坐下。"

【回背】 huí bèi ❶ 用镇物或法术使人回心转意,和睦相处。明《金瓶梅词话》一二回:"妇人问道:'怎么是～?'刘婆子道:'如果有父子不和,兄弟不睦,大妻小妻争斗,教了俺这老公去说了,替他用镇物安镇,镇书符水与他吃了,不消三日,教他父子亲热,兄弟和睦,妻妾不争。'"清《醒世姻缘传》六一回:"你又舍不得休他,又不能受这苦恼,只有～的一法,便好夫妻和睦。" ❷ 回避;规避。清《醒世姻缘传》六六回:"这狄希陈若是知～的人,晓的自己娘子的心性:凡在人家吃酒,惟恐有妓女引诱他的丈夫。"

【回禀】 huí bǐng 向尊长报告。宋叶梦得《又与秦相公书》:"本职濒江,合措诸事不一,略未有备,谨留以待～。"明汤显祖《南柯记》二九出:"要问俺起兵主意,请公主自来打话。〔通～介〕他要请公主打话。"清《儒林外史》二回:"弟也曾把这话～过大主考座师。"

【回博】 huí bó 交换;交易。《敦煌资料》第一辑《唐大中六年僧张月光易地契》:"官有处分,许～田地,各取稳(便)。"《旧唐书·食货志上》:"数载之后,渐又滥恶。府县不许好者加价～,好恶通用。"

【回步】 huí bù ❶ 往回走。喻指停止做某件事。元李伯瞻《殿前欢·省悟》:"莫逞逞盼仕途,忙～,休直待年华暮。"明《杜骗新书·伪交骗》:"你口虽叫我勿为,先已造桥,送我在桥中去矣,难～也。"清《后红楼梦》二二回:"你们可知道古人的诗说一个'强项一生少～,只因花下屡低头'么?" ❷ 请人离开的婉词。元明《水浒传》六二回:"且请壮士～,小人自有措置。"《拍案惊奇》卷一三:"王兄暂请～,来早定当报命。"清《隋唐演义》九七回:"我们观主年老多病,闭关静养,有失迎接,请～罢!" ❸ 回来;归家。明汤显祖《紫钗记》四四出:"〔崔〕他何曾径归?到卢家居外宅。〔浣惊介〕回在太尉府了?同在都城中,怎不～?"又四八出:"十郎薄幸,就亲卢太尉府中,再不～。"

【回残】 huí cán ❶ 国家规定的税赋、营建等额度内的结餘。按规定,应上缴,故称回残。唐李昂《南郊赦文》:"天下州府两税占留钱,每年支用,各有定额。其～羡餘,准前后赦文,许充诸色公用。"《旧唐书·王毛仲传》:"毛仲部统严整,群牧孳息,遂数倍其初。刍粟之类,不敢盗窃,每岁～,常致数万斛。" ❷ 剩餘;残餘。《太平广记》卷二五九引《御史台记》:"张生素取学徒～食料。本立以业长,乃见问合否?本立曰:'明文案即得。'"宋冯山《春意》:"邻翁贪酩酊,疾起春～。"也指剩餘的东西。明《型世言》六回:"空心簪子,足足灌了一钱密陀僧。打完,连～一称,道:'准准的,不缺一厘。'" ❸ 比喻发展餘地。明《型世言》一四回:"若是个处困时,把那小人图报的心去度量他。年幼的,道这人小,没长养;年老的,道人老,没～。" ❹ 把用过剩餘的东西再回卖给商店。清顾张思《土风录》卷六:"买物用过仍卖店中谓之～。"顾禄《清嘉录》卷三:"庙祝司香收神前残烛,复售于烛肆,俗呼～蜡烛。"

【回钞】 huí chāo 同"会钞❶"。元古本《老乞大》:"吃了酒也,回了酒钱去来。量酒,来～。"又:"你试尝。酒不好,不～。"

【回嗔】 huí chēn 止怒。《敦煌变文校注》卷一《捉季布传文》:"皇帝登时闻此语,～作喜却交存。"明《西游记》四五回:"天下假名托姓的无限,怎么就说是我? 望陛下～详察。"清纪昀《阅微草堂笔记》卷一七:"以是稍谯责之,然媚态柔情,摇魂动魄,低眉一盼,亦复～。"

【回程】 huí chéng ❶返回的路程。唐李白《菩萨蛮》:"何处是～? 长亭接短亭。"宋柳永《引驾行》:"想媚容、耿耿无眠,屈指已算～。"明王世贞《皇明异典述》卷九:"私恩公义当并行,北辕宜早登～。" ❷返回;往回走。唐易静《兵要望江南·占日》:"执迷圣往损其兵,一半不～。"元古本《老乞大》:"我待近日～,几日好?"清《飞龙全传》五六回:"匡胤勒马～,将次半路。" ❸归来;回到出发地。元佚名《斗鹌鹑·忆别》:"则俺那薄幸短命若～,我将这一件件一桩桩诉与你。"清《霓裳续谱·一更里盼郎》:"你决不该放他去,直到如今不～。" ❹返回或归来的期限。宋洪迈《夷坚志》丁卷五:"绍兴二十一年十二月,知建康府王伸道遣驶卒往茅山元符宫,限～甚速。"明《挂枝儿·无信》:"约定桃花放,李花开,便是～。" ❺退后。明沈采《千金记》四六出:"太平只许将军定,又何须恋宠贪荣? 只宜退步～。" ❻重来。清《霓裳续谱·叹人生好伤情》:"光阴错过影无踪,我的青春一去再不～。"

【回答】 huí dá ❶回礼答谢;回敬。宋周去非《岭外代答》卷三:"熙宁八年,令五姓蕃五年一进奉,纳方物于宜州。宜州估时价～。"《元曲选·岳阳楼》楔子:"我与你这一口剑,要些～的礼物。"明《拍案惊奇》卷二七:"这两个人是偶然闲步来的,身边不曾带得甚么东西来～。明日将一幅纸画的芙蓉来,施在院中张挂,以答谢昨日之斋。" ❷回话;答复。《敦煌变文校注》卷四《八相变(一)》:"数伴叫问,都没应挨(唉),推筑再三,方始～。"《元曲选外编·九世同居》三折:"倘若圣人问我这忍字,着小官怎生～?"清《红楼梦》七七回:"袭人听了这话,心内一动,低头半日,无可～。"

【回倒】 huí dǎo ❶回绝;驳倒。元《通制条格》卷一四:"及将堪中行用宝钞,赴库倒换,库官人等亦不得～。"明《金瓶梅词话》七〇回:"不是我再三在老爷根前维持,～了林真人,把亲家不撑下去了?" ❷兑换。《元曲选·争报恩》一折:"我与你这金钗儿做盘缠,你去那银铺里自～,休得嫌多道少。"

【回定】 huí dìng 女方(或男方)接受男方(或女方)的订婚礼品后回送的礼品,也指回定的礼品。宋吴自牧《梦粱录》卷二〇:"女家接定礼合,于宅堂中备香烛酒果,告盟三界,然后请女亲家夫妇双全者开合。其女氏即于当日备～礼物。"宋元《古今小说》卷一五:"先教老媳妇把这条二十五两金带来定大郎,却问大郎讨～。"明叶盛《水东日记》卷八:"朝散大夫新知韶州军州事兼管内劝农事提点银铜坑冶事郑竦,谨专送上少充侄孙女庆一娘～之仪,伏惟亲慈俯赐容纳。"

【回断】 huí duàn 回绝。清孔尚任《桃花扇》二二出:"田家亲事,久已～,如何又来歪缠?"《儒林外史》四回:"只因城里张大房里想我屋后那一块田,又不肯出价钱,我几次～了他。"《野叟曝言》一四五回:"妾身亦何尝不愿为小星,但一出于口,却被亲翁斩钉截铁的～了。"

【回对】 huí duì 答复;回答。明柯丹邱《荆钗记》三五出:"慕音容,不见你;诉衷曲,无～。"《古今小说》卷四:"急得夫人阁泪汪汪,不敢～。"清李玉《清忠谱》一五折:"且数你罪恶桩桩,敢一一～么?"

【回风】 huí fēng 报告巡查的情况。风,风声动静,指安全情况。明《警世通言》卷二四:"巡捕官～已毕,解审牌出。公子先唤苏氏一起。"清《隋唐演义》五回:"捱到天明,唐公进殿参礼如来。家丁都进禅堂,～叩头问安。"又一三回:"府门首报门官报门:'边关夜不收、马兵官将、巡逻～人役进。'"

【回奉】 huí fèng 回赠;回敬。《元曲选·岳阳楼》楔子:"我与你这一口剑,要些回答的礼物。〔郭云〕可要甚么～的礼物?"明蔡清《复郑廷纲提学书》:"故今谢东亦自不欲出此二字～,非敢略也。"清《儒林外史》一〇回:"鲁编修先奉了公孙的席,公孙也～了。"

【回付】 huí fù ❶给付;交付。唐李复言《续玄怪录》卷三:"贵人能为写金字《金刚经》一卷,一心表白,～与登,即登之职,遂乃小转。" ❷退还;归还。元至元八年五月七日魏初奏文:"既是依例纳丝银人户,合无照依合并州县鄂勒转运司体例,并入见住州县,与民一滚通行科差。若有合～丝银去处,令于官库内验数支取。"《通制条格》卷三:"已收拾来的户计,已占来的地土,依体例～者。"《元史·兵志一》:"诸军贴户,有正军已死者,有充工匠者,放为民者,有元系各投下户～者,似此歇闲一千三百四十户。" ❸指剩餘。元刘时中《端正好·上高监司》:"巴不得登时事了干～,向库中钻刺真强盗,却不财上分明大丈夫。" ❹回还;转回。明盛从周《折桂令·忆别》:"我一片心缠绕定雕鞍,他满怀愁～上香车。"

【回复】 huí fù ❶返还;退还。五代石敬瑭《福州贡物私商准律处分诏》:"特示宽恩。所有贡输,悉令～。" ❷回答;答复。《太平广记》卷二五七引《王氏见闻录》:"遂请复职,便亟修～。涓一笔而成,大称旨。"《元曲选外编·博望烧屯》二折:"持书呈亲往探虚实,看好歹～曹丞相。"清《红楼梦》八回:"宝玉听这话,知是黛玉借此奚落他,也无～之词,只嘻嘻的笑两阵罢了。"

【回覆】 huí fù ❶同"回复❷"。元明《三国志通俗演义》卷一:"差狱卒四五人往唤,多时,～云:'操不曾到下处。'"明徐有贞《己未春正月十五日再复书》:"年前承问芝草事,既以明白～。"清《聊斋俚曲·增补幸云曲》:"写就了书一封,～那小畜生。" ❷回绝;改变承诺。明《醋葫芦》六回:"都氏早有不悦之意,欲待～,见熊妈妈又不是个善菩萨,只得勉强允下。"清李渔《奈何天》二〇出:"这样千名犯义的事如何做得! 所以把花灯彩轿,摈相吹手,一概都～了。"袁枚《续子不语》卷八:"此缺尚隔年月,此时不过预定期约耳。祝姓尚可～,未晚也。"

【回告】 huí gào 回答;回禀。《敦煌变文校注》卷五《维摩诘经讲经文(四)》:"这日光严才问了,大圣维摩便～:'念君惹子大童儿,便解与吾论志道。'"元明《三国志通俗演义》卷一八:"马岱见之大惊,连夜～孔明。"清《歧路灯》一一回:"王中不得已,以家主染病～。"

【回过】 huí guò 归来。《敦煌变文校注》卷二《韩擒虎话本》:"前后不经旬日,杨素战萧磨呵得胜～,直诣阁门。"又:"如今贼军俯迫,甚人去得? 若也得胜～,具表奏闻。"又:"得胜～,册立大王,面南称尊,不是好事?"

【回耗】 huí hào 回音;回信。《太平广记》卷四一九引《异闻集》:"负载珍重,不复言矣。脱获～,虽死必谢。"明《警世通言》卷三四:"书去了七个月,并无～。"汤显祖《紫箫记》一四出:"昨日鲍四娘的女儿领了聘仪去霍府,今已日高花坞,想有～。"

【回合】 huí hé 争斗时交手一次称一个回合。宋《三朝北盟会编》卷二四四:"不能攻打一百餘个～,何以谓马军。"明《西游记》四回:"三太子与悟空各骋神威,斗了个三十～。"清李玉《清忠谱》二折:“两马相交,兵器并举,大战三百～。”

【回互】 huí hù 同“回护❹”。宋《朱子语类》卷三一:“今钦夫此说无他,只是要～,不欲说仲弓之父不肖耳。”元郑玉《春秋阙疑》卷四五:“凡人所为一违于道,虽以圣人为之掩覆～,而终不可讳也。”清《野叟曝言》七八回:“盟辞四百餘字,历数操、丕、睿三世济恶,而分裂其地,略无～。寿也讨贼之心,更复昭著。”

【回护】 huí hù ❶ 环绕保护。唐裴士淹《游石门洞》:“澹艳水澄澈,欹倾石～。”明顾岕《海槎餘录》:“黎俗藏置酒、米、干肉、布衣之属不于其家,必拣一高坡之地,离家百步内外,以草树略加缭绕～,羣置其中,名曰殷。”《禅真后史》一三回:“你看那左右龙虎有情,前后砂水～,岂非是贯朽粟陈之地?” ❷ 保护;保佑;维护。唐佚名《炀帝开河记》:“傥将军借其方便,～此域,即一城老幼皆荷恩德也。”宋王庭珪《请智老住东山疏》:“金轮飞动,虽兵火之荐兴;绀殿崔嵬,实龙天之～。”清喻昌《尚论篇》卷四下:“此中伏有亡阳危机,所以仲景蚤为～,用温用灸以安其阳。” ❸ 呵护;照顾。宋周密《齐东野语》卷一九:“屡窃其家所有,以资妄用,遂失爱于父。其叔乃特异之,每加～。”元施惠《幽闺记》一六出:“军喊风传行路促,娘儿挽手相～。”六十种曲本《琵琶记》三四出:“凡人养子……真个千般爱惜,万般～。” ❹ 袒护;偏袒。宋《朱子语类》卷八〇:“伯恭凡百长厚,不肯非毁前辈,要出脱～。”《元曲选·还牢末》一折:“这是他自犯下来的,教我怎生～他?”清《红楼梦》一〇七回:“他本沾过两府的好处,怕人说他～一家,他便狠狠的踢了一脚。” ❺ 辩护;辩解。《元曲选外编·豫让吞炭》一折:“他若拒敌,一鼓成擒;他若不拒守,决水围灌,无有不成功者。你倒来替他～,触恼我心。”清纪昀《阅微草堂笔记》卷五:“汝具文忏悔,语多～。对神尚尔,对人可知。夫误伤人者,过也,～则恶矣。天道宥过而殛恶,其听汝巧辩乎?”《绿野仙踪》七六回:“严嵩目视张璧,张璧也不敢说无此本,只得替严嵩～道:‘此本原是前日午间到内阁的。’” ❻ 回避;避开。宋林季仲《与赵参政书》:“顾以八十之亲,钟爱亡弟,至今～,不敢实告。”明薛论道《步步娇》:“欲待不思量,吃紧难～。”《明史·刘珝传》:“珝性疏直,自以宫寮旧臣,遇事无所～。”

【回话】 huí huà ❶ 回禀;报告。《元曲选外编·绯衣梦》四折:“我着窦鉴、张弘察访杀人贼去了,这早晚不见来～。”明陈洪谟《治世餘闻》:“朝廷命二人～,乃直述所以。”清《红楼梦》四四回:“正说着,只见一个媳妇来～:‘鲍二媳妇吊死了。’” ❷ 回答;答复。《元曲选·隔江斗智》一折:“妹子既许了这亲,明日就着子敬说亲去,看刘备怎么～?”元明《水浒传》三八回:“(那人)大喝道:‘你这厮要打谁!’李逵也不～,轮过竹篙,却望那人便打。” ❸ 顶嘴;辩白。元佚名《举案齐眉》二折:“你这等大胆,在我根前,还敢～哩。”元明《水浒传》八回:“口里喃喃的骂了半夜,林冲那里敢～。” ❹ 回音;回信。《元曲选·马陵道》二折:“郑安平,公子在那里,立等～哩。”明《警世通言》卷二六:“待我晚间进府禀过老爷,明日你来讨～。”清李渔《凰求凤》二六出:“我们坐在这边,要等你的～。”

【回还】 huí huán ❶ 回报;报应。明《西湖二集》卷一:“冤冤相报,劫劫相缠。借他一两,还彼千钱。何况阴谋,怎不～? 试观吴越,报应昭然!” ❷ 返还;归还。清《醒世姻缘传》四八回:“狄婆子将那送的两架盒子一点也没收,全全的～了去。”

【回回】 huí huí ❶ 指回纥(回鹘)。宋沈括《梦溪笔谈》卷五:“旗队浑如绵绣堆,银装背嵬打～。”《宋史·曹友闻传》:“谍闻北兵合西夏、女真、～、吐蕃、渤海军五十餘万大至。” ❷ 指信仰伊斯兰教的人;回民。宋周密《癸辛杂识》续集上:“～之俗,凡死者专有浴尸之人,以大铜瓶自口灌水,荡涤肠胃秽气令尽。又自顶至踵净洗,洗讫,然后以帛拭干,用纻丝或绢或布作囊,裸而贮之。”明《朴通事谚解》卷上:“你谩不得我。我又不是生达达、～,生达达、～如今也都会了,你怎么谩的我高丽人?”清《醒世姻缘传》六七回:“不知怎么把疮就发了,请了府里的艾～来治。”

【回和】 huí huó ❶ 逃躲;变通;腾挪。《元曲选·黄粱梦》四折:“我我我没揣的猿臂绰,斡斡斡禁声的休～,来来来宝剑似吹毛过。”明贾仲明《对玉梳》二折:“不晓事的颓人认些～,没见识的杓倈知甚死活?”清洪昇《长生殿》二七出:“悲么,泣孤魂独自无～。惊么,只落得伴冥途野鬼多。” ❷ 折磨。明贾仲明《对玉梳》二折:“俺愁人病里如何过? 又被这秋景相～。”

【回豁】 huí huò 同“回和❶”。《元曲选外编·西厢记》二本三折:“荆棘剌怎动那,死没腾无～。”

【回惊】 huí jīng 止住惊慌;从惊慌中稳定下来。明《西游记》五六回:“公婆两个闻说他名号皈正沙门之言,却才定性～,教‘请来,请来’。”

【回敬】 huí jìng ❶ 受人礼敬后回答礼敬。《元曲选·冯玉兰》二折:“大人,请满饮此杯。〔屠世雄做饮酒～科〕”明《拍案惊奇》卷六:“慧澄接着酒壶,也斟下一杯。狄氏会意,只得也把一杯～。”清《醒世姻缘传》二一回:“晁夫人亲与徐老娘递了一杯喜酒……徐老娘也与晁夫人～了喜酒。” ❷ 回赠;回报。明孙仁孺《东郭记》四〇出:“〔泥唾介〕我要做陈仲子,出而哇之了。〔裁〕怎的唾将起来?〔泥〕我没得～,用唾还他。”《拍案惊奇》卷一八:“又时时送长送短到小娘子处讨好,小娘子也有时～几件知趣的东西。”清《八洞天》卷二:“长孙陈身边并无他物,只有头上一只金簪,拔下来权为聘礼。甘泉以小银香盒一枚～。” ❸ 指回赠的礼品。明《二刻拍案惊奇》卷二:“老嬷一头说,一头拿了原礼并这一封金子,别了妙观,转到店中来,对小道人笑道:‘原礼不曾收,～到有了。’”又卷四:“只说张贡生会意,是必凑他的趣,他却重重送他个～做盘缠。” ❹ 用作反语。还口;回击。清《绿野仙踪》六〇回:“你再骂我,我就要～哩!”《后红楼梦》一六回:“紫鹃取笑着他,还好～两句,偏是黛玉这个人名分儿又尊,嘴头儿又尖利,说笑一句半句着实的难当。”

【回九】 huí jiǔ 婚后第九日新娘偕丈夫返回娘家作客。清《红楼梦》九八回:“那时宝钗尚未～,所以每每见了人倒有些含羞之意。”

【回酒】 huí jiǔ 受人敬酒后以酒回敬。《元曲选·冤家债主》楔子:“浑家,斟过酒来,送哥哥一杯。〔做送酒,崔子玉～科〕”元明《水浒传》八一回:“李师师执盏擎杯,亲与燕青～,谢唱曲儿。”明《西游记》三四回:“二魔接酒吃了,也要回奉一杯,老魔道:‘不消～,我这里陪你一杯罢。’”

【回口】 huí kǒu 犹“回嘴”。清《醒世姻缘传》四八回:“一个孩子知不道好歹,骂句罢了,也许他～么?”《红楼梦》七一回:“这两个婆子一则吃了酒,二则被这丫头揭挑着弊病,便羞激怒了,因～道:‘扯你的臊!’”

【回来】 huí lái ❶ 回归;返回。唐刘希夷《死马赋》:“燕地冰坚伤冻骨,胡天霜落缩寒毛。愿君～乡山道,道傍青青饶美草。”宋《朱子语类》卷八:“唯过之者,便不肯复～耳。”清《醒世姻缘传》一回:“也便没有工夫再来雍山作孽,不过时常～自家洞内照管照管。” ❷ 重来;接续上来。唐王梵志《共受虚假身》:“死去虽更生,～尽不记。”元佚名《端正好·豪放不羁》:“物和人知他谁在,青春去再不～。”《元曲选·岳阳楼》三折:“柳呵今日葱葱般人脆,一口气不～,教你落絮沾泥。” ❸ 用在动词后。a) 表示回到原处。唐王梵志《富贵田舍儿》："驱将见朋友，打脊趁～。"《元曲选·还牢末》一折："将着一双匾金环子与我，他见我不受，丢下了。我教僧住赶他不上，拿～了。"清《说岳全传》五回："见了人乱踢乱咬，无人降得住他，所以卖了去又退～。"b）表示恢复到原来的状态。元古本《老乞大》："那客人射的昏了，苏醒～。"明《西游记》一〇回："却说太宗苏醒～，只叫'有鬼，有鬼'。"清《红楼梦》一〇六回："见贾母惊吓气逆，王夫人鸳鸯等唤醒～。"c）表示到手、归还。清《醒世姻缘传》一回："我这一班戏通共也使了三千两本钱，今才教成，还未撰得几百两银子～。"《儒林外史》一四回："现今丫头已是他拐到手了，又有这些事，料想要不～。"《绿野仙踪》二三回："他赢了你六百两银子，也是不心疼的钱，怕拿他换不～么？" ❹ 过一会儿。a）表示未然。清《红楼梦》九二回："我妈妈先叫我来请安，陪着老太太说说话儿。妈妈～就来。"b）表示已然。清《红楼梦》八三回："问问他，也没有话说，只是淌眼泪。～紫鹃告诉我说：'姑娘现在病着，要什么自己又不肯要。'" ❺ 表示大致的距离。来回；左右。元明《水浒传》八〇回："城中官军追赶，约有五六里～，只听的后军炮响。"

【回炉】 huí lú ❶ 重新放回炉中加热。清《姑妄言》一九回："你可曾听得说，～的烧饼不脆么？" ❷ 比喻重复已做过的事情。明《西游记》三〇回："你挣得动，便挣下海去罢。把行李等老猪挑去高老庄上，～做女婿去呀。"《金瓶梅词话》二一回："不知怎的撮弄，陪着不是，还要～复帐，不知涎缠到多咱时候。"

【回禄】 huí lù 火神名。借指火灾。宋庄绰《鸡肋编》卷上："真州多～，故讳火柴头。"元陶宗仪《辍耕录》卷二八："平江承天寺遭～，殿宇一空。"明王锜《寓圃杂记》卷六："不二年，为～所祸，一夕荡然。"清《聊斋志异·白于玉》："逾年都城有～之灾，火终日不熄。"

【回买】 huí mǎi 购买。多指请求转让或回赎。《太平广记》卷一三一引《梁京寺记》："罄舍家资，～此地，为立伽蓝。"宋吴自牧《梦粱录》卷一三："市肆谓之团行者，盖因官府～而立此名。"清《醒世姻缘传》七一回："一面好几十文钱央他吃酒买饭，求他个且不做声；一面东跑西奔往别处铺子里～。"

【回门】 huí mén ❶ 女子出嫁后回娘家。多指新婚后首次回娘家(也有三日、九日、满月数次回门的)。宋元《清平山堂话本·李翠莲》："哥嫂倘有失礼处，父母分上休计较。待我满月～来，亲自上门叫聒噪。"《元曲选·隔江斗智》三折："这对月之时，取刘备同小姐～拜见老夫人来。"清《疗妒缘》八回："就是哥嫂请～吃酒，正是至亲欢会之事。" ❷ 泛指回家。元高明《琵琶记》二八出："蔡郎原是读书人，一举成名天下闻。久留不知因个甚？年荒亲死不～。"

【回念】 huí niàn ❶ 回想；忆起。唐郑谷《投所知》："却应～江边草，放出春烟一寸心。"宋沈唐《霜叶飞》："～花满华堂，美人一去，镇掩香闺经岁。"清《野叟曝言》一四四回："水夫人～旧恩，亦潸然泪下。" ❷ 转念；改换想法。清《醒名花》七回："杏娘听到此处，方才～道：'或者世上原有几个好人。'"《野叟曝言》一一二回："天生正有睡意，忽被惊醒，便直趋过来。飞娘猛吃一吓，一个～，赶上抱住。"

【回盘】 huí pán ❶ 回旋盘曲。唐独孤及《招北客文》："江水喷激，～纡萦。"辽邢希古《易州太宁山净觉寺碑铭》："烟萝荫密，隥陌～。"明法杲《秋日一雨润兄还洞庭》："三洲～绕其濑，三洲人家寒不耐。" ❷ 犹"回定"。聘礼及回礼用托盘盛摆，故称回盘。明《拍案惊奇》卷一〇："见他礼不丰厚，虽然不甚喜欢，为是点绣女头里，只得收了，～甚是整齐。"清《雪月梅》五〇回："至十一日接了礼，厚赏来使，又添了四号大船装载～妆奁什物。"陈端生《再生缘》七四回："～原在东边摆，小皇爷，凝眸举目细观睁。" ❸ 扫墓结束时的祭祀。谓祭物已经被神主享用，收回祭盘。清《雪月梅》一二回："蒋士奇吩咐厨下整理两席。里边蒋老夫人婆媳、苏小姐陪岑夫人一席，外边蒋士奇父子与岑公子一席。又留下一整席作～祭祀。"

【回请】 huí qǐng 受人款待后邀请对方接受自己的款待。明沈榜《宛署杂记》卷一三："巡按票行，本县郊饯，～酒席，帮贴攒盘看席，以后动支院银置办。"清《荡寇志》一二三回："临别时，珠儿相邀，明日酒楼上～。高鉴领诺。"

【回去】 huí qù ❶ 返回原处；往回走。唐尚颜《将欲再游荆渚留辞岐下司徒》："今朝～精神别，为得头厅宰相诗。"《五灯会元》卷一《释迦牟尼佛》："行至中路，乃省，谓弟子曰：'我当～，斩首以谢世尊。'"清《红楼梦》八八回："我这是实在话，你自己～想想就知道了。" ❷ 返程；归途。元古本《老乞大》："不拣几日，好歹等你来，咱商量买～的行货。"清《醒世姻缘传》一五回："又称了四两银子交与船上的家长，作～的四十日饭钱。" ❸ 用在动词后，表示动作趋向原处或物归原主。《元曲选·玉镜台》四折："软兀剌走向前来，恶支煞倒退～。"元明《水浒传》三回："县尉惊得跑马走～了。"清《续金瓶梅》八回："原是他自家的元宝，也不言语，取～了。" ❹ 死的婉词。清《红楼梦》一一三回："婶娘好睡！我今日～，你也不送我一程。"

【回却】 huí què ❶ 返回；归来。《敦煌变文校注》卷一《李陵变文》："虽行千里，约损万人。纵得汉兵，知将何用！不如早～。"宋张载《横渠易说》系辞上："如川之流，源泉混混，不舍昼夜，无复～。"《五灯会元》卷六《涌泉景欣禅师》："强、德憩于树下煎茶，师～，下牛问曰：'二禅客近离甚么处？'" ❷ 使返回；使退去。宋陈襄《苦热谣》："～日轮开水府，六龙驱下饮洪涛。"明罗伦《府教岩次容彦昭》："横流当砥柱，～黄河干。" ❸ 掉转；扭回。宋柳永《木兰花令》："有个人人真攀羡，问著洋洋～面。" ❹ 回赠。明《拍案惊奇》卷一〇："受聘之后，又～青丝发一缕，小生至今藏在身边。" ❺ 回绝；断绝。明杨柔胜《玉环记》五出："今后但有志诚端重的子弟，着他进来，有那等不识轻重的来，～他罢。"袁宏道《回心石》："若为题向长安道，～朱门紫陌心。"

【回煞】 huí shà ❶ 人死后在特定的日子灵魂随煞神返回到家中辞别。明郑之珍《目连救母·刘氏～》："老身今日乃是～之辰，伏望开门。"清沈复《浮生六记》卷三："～之期，俗传是日魂必随煞而归，故居中铺设一如生前，且须铺生前旧衣于床上，置旧鞋于床下，以待魂归瞻顾。" ❷ 回绝；不留餘地地拒绝。清《绿野仙踪》一九回："依我的主见，他若是劝你改嫁，不可～了他，触他的恨怒。"

【回事】 huí shì 向上级或主人报告或请示事务。清雍正三年三月十四日上谕："若侍卫班领等，有率先向大臣之前多～数次者，其不肯办事之人，即以为趋承大臣而议论之。"《红楼梦》六回："若迟一步，～的人也多了，难说话。"《红楼复梦》一〇回："才要出去，只见～的媳妇进来回道：'桂舅老爷来了。'"

【回手】 huí shǒu ❶ 翻掌。比喻变换之疾。唐王蕃《大唐邠王故细人高氏墓志铭》："吉凶～，神理微茫。云消巫岭，雨散高塘。"杜牧《华清宫》："玩兵师汉武，～倒干将。"《旧唐书·西戎传》："高昌兵马如霜雪，汉家兵马如日月。日月照霜雪，～自消灭。" ❷ 挥手；摆手。指辞别。唐王適《体元先生潘尊师碣》："大业云季，～谢俗。启金丹之术，祈玉清之台。" ❸ 转回手。《敦煌变文校注》卷四《悉达太子修道因缘》："其太子便被四天门王齐捧马足，逾城修道。～却著玉鞭遥指耶输道：‘有佛来世出现之时，生八王子。’”明《封神演义》八一回：“余达闻脑后马至，挂下枪，取出撞心杵，～一杵，正中太鸾脸上。”清纪昀《阅微草堂笔记》卷八：“忽一臂又破棂而入，径批其颊，痛不可忍。方～支拒，所捉臂已掣去矣。” ❹ 还手。元权衡《庚申外史》卷上：“故其秉政之时，禁军器，刷马匹，蒙古、色目殴汉人、南人不得～等事，皆原于此。”明无心子《金雀记》一二出：“惟有小子多能，投充都府快皂。打人不敢～，官府让我前导。”清《醒世姻缘传》八九回：“杜乡约就有甚么不是，你骂他不回口，打了他不～，这也就该罢了！” ❺ 回扣。明《型世言》一五回：“用价三百多两，方才买得。倒是他三个～，得了百两。” ❻ 顺手；随手。清《红楼梦》一三回：“戴权看了，～便递与一个贴身的小厮收了。”《绿牡丹》三四回：“送入官舱，～带过船门，以锁锁之。” ❼ 倒过手来；紧接着。清《白雪遗音·想多情》：“怀中又把琵琶抱，开口唱了个‘盼多情’，～唱了个‘你来了’。”

【回首】 huí shǒu ❶ 想念；回想。唐李白《寄当涂赵少府炎》：“相思不可见，～故人情。”元彭寿之《八声甘州》：“～数年间，多少疏狂。”清沈复《浮生六记》卷二：“今则天各一方，风流云散，兼之玉碎香埋，不堪～矣！” ❷ 回身；返回。唐易静《兵要望江南·占怪》：“临阵次，马匹忽然惊。欲悚欲谦多退缩，牵缠不动自迟情。～免军惊。”明《西游记》二二回：“等我哄他到了高处，你却阻住河边，教他不能～呵，却不拿住他也。”清孔尚任《桃花扇》续四〇出：“那时疾忙～，一路伤心，编成一套北曲，名为《哀江南》。” ❸ 悔悟；回心。唐薛能《铜雀台》：“人生富贵须～，此地岂无歌舞来。”明徐复祚《一文钱》四出：“钟鸣漏休，花谢水流，就今朝已觉迟～。”《二刻拍案惊奇》卷一：“汝幼年作业深重，亏得中年～，爱惜字纸。” ❹ 死亡的婉词。明《禅真逸史》六回：“临欲～之际，丈夫儿女也替不得你！”清杨潮观《寇莱公思亲罢宴》：“话犹未了，只见他几声呜咽，两泪分流，竟是～了。”《红楼梦》五四回：“我也想不到能够看父母～。” ❺ 归结；交代后事。清《绿野仙踪》五回：“大爷这是怎么？好家好业，出此～之言，也不吉利。” ❻ 下场；结局。清《绿野仙踪》五回：“中会做官一场，～如此，人生有何趣味？”又九三回：“死后连个棺材没有，地方和保甲用席一领，卷埋入土。落了这样个～，可见贪贿作恶害人何益！” ❼ 回头之间。形容时间短、过得快，或表示此后不太长的时间内。清《聊斋志异·元宝》：“若其人数应得此，则一摘即落，～已复生矣。”《蝴蝶缘》一六回：“～三年孝服已满，张澄江和顾跃仙两人都将母亲葬了，一同挈家来到山中居住。”

【回赎】 huí shú 将典当或抵押的物品纳款收回。《元曲选·城南柳》二折：“你看这挂的剑，原是我昔日当下的，今日特来～哩。”明《二刻拍案惊奇》卷一：“就是五十石也罢，省得担子重了，他日～难措处。”清《儒林外史》一六回：“他一个钱不认，只要原价～。”

【回数】 huí shù ❶ 歌舞表演的段落。元高安道《哨遍·嗓淡行院》：“打散的队子排，待将～收，搽灰抹土胡僝僽。” ❷ 次数；次。清《儒林外史》三回：“学道道：‘你考过多少～了？’范进道：‘童生二十岁应考，到今考过二十餘次。’”《歧路灯》一〇一回：“我会试～多了，该云：‘有客频从赵地回，自言叠上古丛台’。”《姑妄言》八回：“我看在书房里弄了这么些～，也没有遇见人。”

【回说】 huí shuō 回答；回禀。《元朝秘史》卷三：“说道：‘这车里有甚么人？’豁阿黑臣老妇人～：‘载着羊毛有。’”元明《水浒传》一七回：“杨志叫道：‘你是那里来的僧人？’那和尚也不～，轮起手中禅杖只顾打来。”清《红楼梦》六回：“刚说到这里，只听二门上小厮们～：‘东府里的小大爷进来了。’”

【回思】 huí sī ❶ 犹“回念❶”。宋赵与时《宾退录》卷六：“～少小嬉戏之时，恍如昨日。”明孟称舜《娇红记》四四出：“～旧事浑如梦。”清《醒名花》一六回：“～往事，如同隔世。” ❷ 犹“回念❷”。清《红楼梦》二六回：“待要高声问他，逗起气来，自己又～一番：‘虽说是舅母家如同自己家一样，到底是客边。’”《白圭志》一一回：“朕昨许榜眼招为驸马，似乎榜眼面带难色。～婚姻之事，自有定理，何可强也。”陈端生《再生缘》四五回：“忍耐多时不敢云，欲言又止几沉吟。～爱女须叮嘱，消息休通皇甫门。”

【回头】 huí tóu ❶ 犹“回首❶”。五代黄蟾《和从兄御史延福里居》：“～文馆长安上，此际思予宁有穷。”明郎瑛《七修类稿》卷四七录大呆子诗：“～往事付空花，形影相随衣百结。”清《续金瓶梅》二三回：“～年少风流，真成一梦。” ❷ 犹“回首❷”。唐钱起《江行无题》之二二：“带舟维古岸，还似阻西陵。箕伯无多怒，～讵不能。”明《挂枝儿·象棋》：“小卒儿向前行，休说～话。”清《醒世姻缘传》八五回：“投了写船的店家，连郭总兵合狄希陈共写了两只四川～座船。” ❸ 犹“回首❸”。唐王绩《田家》之三：“～寻仙事，并是一场虚。”明《杜骗新书·引嫖骗》：“东溪心本迷恋，又累被来禄劝诱，并不知～。”清《霓裳续谱·烟花债儿》：“劝你不～，真乃是那红颜薄命天生的就。” ❹ 犹“回首❼”。唐白居易《春尽日》诗：“无人开口共谁语，有酒～还自倾。”《元曲选·昊天塔》二折：“也不索将武艺盘咱，～儿只看咱披挂。”清《醒世姻缘传》四八回：“我妆了一碗鸡，～少了一半。” ❺ 终老。明《醋葫芦》一〇回：“娶了熊宅娘子一年多，并无消息，料也生不出了，～并无枝叶。”又一一回：“只因你我年老，～并无亲人。” ❻ 苏醒；好转。明汤显祖《牡丹亭》三五出：“〔净〕小姐可认得道姑么？〔旦看不语介〕〔净〕你乍～记不起俺这姑姑。”清《醒世姻缘传》五五回：“（狄周）也被天雷震的七死八活，虽然救得～，还是发昏致命。”《儒林外史》五回：“严监生的病，一日重似一日，再不～。” ❼ 回复；回禀。明《欢喜冤家》一七回：“我如今不免吟几句情诗送去与他，若有意必有～话。”清《儒林外史》三九回：“过了十餘日，旨意～：着平治来京。”《野叟曝言》三三回：“又听见龟子进来～道：‘忒也刁难人！’” ❽ 回绝；否定性地回复。明姚子翼《上林春》一二出：“大官人发迹起来，财过北斗，米烂陈仓，个些人来借长借短，等我替大官人～个。”《二刻拍案惊奇》卷一五：“若等他下了轿，接了进来，又多一番事了。不如决绝～了的是。” ❾ 指回复的音信。明袁于令《西楼记》一五出：“纵是他差我不罢休，也须当面讨～。”清《野叟曝言》三二回：“自从李四嫂给了～，便得此病。”《醒名花》一回：“竟带几钱零碎银子在身边，担着妄想，飞走到梅家庄上去讨～。” ❿ 挽回。清《痴人福》八回：“各人拼了性命，死做一场。就作夫人争不到手，也好借此为名，做个～之计。”《白雪遗音·伤心最怕》：“对菱花，谁是保奴的容颜常照旧，恨只恨，花残叶落，要想～不能彀。”

【回头货】 huí tóu huò 往外地贩货后返回时购置的货物。明《醒世恒言》卷三六：“这番在下路脱了粮食，装～归家。”《石点头》卷一：“其餘你可尽买了～去，卖了，再买货来接我。”

【回头人】 huí tóu rén 再嫁的妇女。元明《水浒传》二四回：“你有这般好的，与我主张一个，便来说不妨。若是～也好，只是中得我意。”明《金瓶梅词话》二三回：“只听老婆问西门庆说：‘你家第五的秋胡戏，你娶他来家多少时了？是女招的，是后婚儿来？’西门庆道：‘也是～儿。’”

【回席】 huí xí ❶ 避席。表示谦让。唐刘长卿《献南平王》：“渔阳老将多～，鲁国诸生半在门。”明余继登《读史》之一：“朝受丞相知，暮登大将坛。坛上隆准公，～愿交欢。”清汪灏《送谢方山郎中告归》：“三台后辈多～，五字偏师尽却兵。” ❷犹“还席❶”。元李伯瞻《殿前欢·省悟》：“今朝溷扰，来日～。”明彭时《彭文宪公笔记》卷上：“后月予三人同～，比前尤皆丰盛。”清《醒世姻缘传》九三回：“他也常是请人，人也常是～。” ❸犹“还席❷”。《元曲选·玉镜台》三折：“我坐着窄窄半边床，受了他怯怯两拜礼。我这里磕头礼拜却～，划地须还了你。”清《醒世姻缘传》九五回：“寄姐头一个钻将出去，说道：‘你怎么来！下狠打世人哩么！’去夺他的棒椎。他只说寄姐要去与狄希陈～，方才放手。”《妖狐艳史》二回：“海里娃虽是年幼，倒也有些见识，逢到口酥弄他的屁股之时，一定要讨个～。”

【回想】 huí xiǎng ❶犹“回念❶”。宋贺铸《下水船》：“～当年离绪，送君南浦，愁几许。”《元曲选·秋胡戏妻》二折：“～他亲娘今年七十岁，早来到土长根生旧乡地，恁时节母子夫妻得完备。”清《镜花缘》九回：“谁知～幼年所读经书，不但丝毫不忘，就是平时所作诗文，也都如在目前。” ❷犹“回念❷”。明《拍案惊奇》卷一：“老人家欢喜中说话，失许了我们，～转来，一时间就不割舍得分散了。”清《红楼梦》四六回：“他哥嫂听了，只当～过来，都喜之不胜。”

【回信】 huí xìn ❶答复来信；回报信息。唐张籍《思江南旧游》：“独行愁道远，～畏家移。”元佚名《醉中天》：“欲～难寻纸，就旧简写新词。”清《儒林外史》二六回：“你到那人家说去，我等你～。” ❷答复的信件或消息。唐崔致远《与都统王令公书》：“谨遣专人咨探行李，辄觊～，聊纾远怀。”《元曲选外编·延安府》三折：“我寄书与我姐夫去了，不见～。”清《红楼梦》一六回：“那凤姐儿已是得了云光的～，俱已妥协。” ❸指回赠的物品。宋苏轼《答钱济明》：“～惟有紫团参一枝，疑可以奉亲故，不以微鲜为愧也。”又《答吴子野》：“江郡乃无一物为～，惭悚之至。”

【回性】 huí xìng 弹性。元古本《老乞大》：“这弓把里软，难拽，没～。”

【回旋】 huí xuán ❶返回；回转。唐易静《兵要望江南·占兽》：“欲罢战争休士卒，干戈不举却～。”明梁辰鱼《浣纱记》三一出：“观星象兴隆自令，料气运～，终符图谶。”清陈端生《再生缘》四回：“果遇恩人相报信，今朝无恙又～。多才小姐心方定，安处香阁不用言。”也指后退。元张养浩《折桂令·通州巡舟》：“呼童解缆开船，见绿树青天，两岸～。” ❷放宽缓；加以变通。唐沈既济《任氏》：“崟爱之发狂，乃拥而凌之，不服。崟以力制之，方急，则曰：‘服矣，请少～。’既从，则捍御如初。”明《二刻拍案惊奇》卷三一：“用得力猛，早把颅骨撞碎，脑浆迸出而死。囹圄自可从容入，何必须臾赴九泉？只为书生拘律法，反令孝子不～。” ❸施展；发挥(才能)。五代李琪《吴越王钱公生祠堂碑》：“三十二人之画像，旌显非多；五十四县之疏封，～尚小。”宋王安石《送王覃》：“知子有才思奋发，嗟余无地与～。”宋濂《李太白像赞》：“气吞阉竖，视若乌鸢。频挫万象，随机～。” ❹归求；反思。金元好问《西斋夜宴》：“飘零无物慰天涯，酒伴相逢饮倍加。误缪君当略彭泽，～我亦笑长沙。”明谭元春《答袁述之书》：“此不实致力于文事，不～于今古之变，决不知有谀人人益卑、谤佛佛益尊之权理也。”又《女山人说》：“户外之屐，来求一观山人，各当其意去。退而省其私，或自厌其尾琐之言，轻其钱谷之好，陈其箧笥之书，亦有以～其面目，曰：‘吾不如女山人。’” ❺出入；活动于。明汤显祖《邯郸记》二九出：“出典大州，入参机务，一窜岭表，再登台辅。出入中外，～台阁，五十餘年。” ❻反复。清钱谦益《亡儿寿耇圹志》：“孔子之厄于陈、蔡也，其徒之不及门者，未尝不～思之。而况于儿乎？”又《喜复官诰赠内戏效乐天作》：“三年偶失楚人弓，忧喜～似塞翁。” ❼徘徊。清《东周列国志》二七回：“起身径入书房，独步庭中，～良久。”《聊斋志异·巧娘》：“生～无聊，时近门隙，如鸟窥笼。”

【回言】 huí yán ❶回禀；回报。唐[新罗]金法敏《报薛仁贵书》：“先遣细谍人觇候，～大军未至平壤。”元《三国志平话》卷上：“探事人～：‘贼兵大势。’”明叶宪祖《丹桂钿合》七折：“佳姻说就，转堂上～慈母。” ❷回复；回答。宋元《清平山堂话本·陈巡检》：“申阳公听罢，～长老：‘小圣心中正恨此人，罚他挑水三年。’”《元曲选·单鞭夺槊》楔子：“唐元帅数次招安敬德，此人不肯降唐，～道：‘某有主公刘武周现在定阳。’”清《霓裳续谱·叫丫鬟吹灭了灯》：“小丫鬟～道：‘姑娘你请听着。’” ❸犹“回嘴”。宋元《清平山堂话本·董永》：“仲舒被骂，不敢～。”明《西游记》二四回：“三藏见他发怒，恐怕那童子～，斗起祸来。”清《红楼梦》一一四回：“巧姐听了，不敢～。”

【回颜】 huí yán 表情恢复常态。元明《水浒传》一一六回：“宋江听了，稍稍～。”明焦竑《玉堂丛语》卷五：“上不怿……上颇～，曰：‘明日与诸老来议之。’”

【回阳】 huí yáng ❶阳气回动。冬至为阴气极，冬至过后阳气回动，因用以代称冬至或冬至气候。宋王之道《浣溪沙·和张文伯长至》：“寒透珠帘怯晓霜，灰飞缇室验～。”元明《水浒传》二四回：“又过了三二日，冬已将残，天色～微暖。”明《西洋记》五六回：“可可儿弥勒爷治世，腊月～，就热了一个多月。” ❷夕阳。宋唐耿《题杨著别业》：“柳巷向陂斜，～噪乱鸦。” ❸道家、医家指培养扶持人体内的阳气，使生命力得到提升或恢复。金王吉昌《南乡子》：“潜养铁牛喷玉蕊，功圆。换骨～证妙玄。”明李时珍《本草纲目》卷一二：“四肢逆冷，呕吐清水，不假此药，无以～。”清《绿野仙踪》六二回：“我再次第传汝等炼气～之法。三年后，以心炼气，以气归神。” ❹灵魂从阴间返回阳世，也指人昏死后苏醒。明汤显祖《牡丹亭》二七出：“你受此供呵，教你肌骨凉，魂魄香。肯～，再往这梅花帐？”《西游记》一〇回：“万祈俯念生日交情，方便一二，放我陛下～，殊为爱也。”清《绣戈袍》一八回：“读还未了，已跌在中央。家众上前急救～。”

【回忆】 huí yì 回想。唐苏味道《始背洛城秋郊瞩目奉怀》：“～披书地，劳歌谢所钦。”明于慎行《谷山笔麈》卷五：“～此公之言，为之三叹。”清《红楼梦》八七回：“～海棠结社，序属清秋，对菊持螯，同盟欢洽。”

【回音】 huí yīn ❶回声。辽耶律兴公《创建静安寺碑铭》：“罗斤叠运，远谷～。”明刘永之《拟古》：“哀响激林木，～动华堂。” ❷回复的音信。金佚名《大金吊伐录》卷一：“伏惟圣明，永同重誓。倘蒙允诺，伫候～。”《元曲选·谇范叔》一折：“小官在此门下伺候良久，不见～，莫不那祗候人不肯通报么？”清《儒林外史》一〇回：“我们写书与太爷，打发盛从回去，取了～来，再作道理。” ❸归来的信息。元张可久《寨儿令·春思》：“盼回音空过雁，劝归去枉啼鹃。” ❹给予回信或回应。《元曲选·萧淑兰》二折：“不才妾淑兰谨奉文郎云杰吟儿，电览是幸，就请～。”明《杜骗新书·引嫖骗》：“初犹～，推托以帐未取完，后信往亦不答。”清《白雪遗音·掩绣户》：“忽听玉郎声微露，见他把眼色丢。佳人～，暗暗颠头。”

【回应】 huí yìng ❶答复；回禀；回答。唐孟棨《本事诗·情感》：“张不胜其忿，～之曰：‘与君无间，以情告君，君误我如是，何谓痴？’”明无心子《金雀记》三出：“却不道有个人儿侧耳听，专欲闻声。俺怎肯再消停，只怕说小鬼头贪顽不～。”清《雪月梅》一三回:"当下喝问了一声,果见那些灯火队里～了一声,迎将上来。"❷ 响应;互相示意;应和。明王守仁《江西捷音疏》:"于是豪杰～,人始思奋。"清《姑妄言》一四回:"两处都要归家,少不得分头走路。两人频频～,恋恋不舍。"《红楼复梦》七一回:"吩咐动大刑,两班皂隶大声～。" ❸ 犹"回嘴"。明徐畛《杀狗记》六出:"休抗拒,休～。休要恼着哥哥,转添恶忿。"

【回鱼箸】 huí yú zhù 宋代一种婚仪。男家送订婚礼后,女家用鱼、箸回赠。宋孟元老《东京梦华录》卷五:"女家以淡水二瓶,活鱼三五个,箸一双,悉送在元酒瓶内,谓之～。"吴自牧《梦粱录》卷二〇:"其女氏即于当日备回定礼物……更以空酒樽一双,投入清水,盛四金鱼,以箸一双,葱两株,安于樽内,谓之～。若富家官户,多用金银打造鱼、箸各一双,并以彩帛造像生葱双株,挂于鱼水樽外答之。"

【回转】 huí zhuǎn ❶ 犹"回旋❸"。唐罗隐《杭州罗城记》:"基址老烂,狭而且卑。每至点阅士马,不足～。"明《石点头》卷三:"我枉度了许多年纪,终日忙忙碌碌,只在六尺地上～,何曾见外边光景?" ❷ 苏醒;恢复;好转。《太平广记》卷三八〇引《博异记》:"呼医命巫,竟无效者,唯备死而已。至五更,鸡鸣一声,忽然～。"《元曲选·碧桃花》四折:"贫道着碧桃还魂,争奈尸首腐烂,难以～。"清《红楼梦》九八回:"看他的光景,比早半天好些,只当还可以～。听了这话,又寒了半截。" ❸ 犹"回旋❶"。元萧德祥《小孙屠》一一出:"昨日我萱亲去烧香,卑人送到半途～。"《警世通言》卷四〇:"却说那巡江夜叉～龙宫,将太子助孽龙之事,一一禀知龙王。"清《东周列国志》五四回:"鸠居～本寨,奏知庄王。"❹ 转变(态度或心情)。元明《水浒传》七回:"娘子,可怜见救俺!便是铁石人,也告的～。"明《警世通言》卷二四:"心中～,发志勤学。"清《绿野仙踪》八五回:"张充也极口的誉扬,贡生的面孔方～过些来。"

【回椎】 huí zhuī 还手;反击。清《醒世姻缘传》五八回:"狗合老鸹不会～,只怕他会～哩。"又六〇回:"要是相大娘中打,可俺素姐姐一定也就自己回过椎了,还等着你哩?"

【回阻】 huí zǔ 回绝;阻止。明《金瓶梅词话》八七回:"如今他家要发脱的紧,又有三四处官户人家争着娶,都～了。"△《狄公案》八回:"所有外面那些差役人等,虽是猜疑不定,说狄公卤莽,无奈不敢上去～,只得各人预备了相验的用物。"

【回嘴】 huí zuǐ 还口;顶嘴。明《金瓶梅词话》五〇回:"玳安骂道:'秫秫小厮,你也～!'"清《何典》五回:"被形容鬼上数头下数脚的骂了一顿,他也没敢～。"《儒林外史》一一回:"杨执中骂他,他还睁着醉眼混～。"

huǐ

【悔懊】 huǐ ào 懊悔。唐韩愈《荐士》:"善善不汲汲,后时徒～。"《太平御览》卷九六〇:"曾射一鹿,两角间有道家七星符,并其祖名字,及乡居年月焉。睹之～,自此永断射猎。"元佚名《替杀妻》三折:"不由心焦躁,因此上着命身亡,便死呵并无～。"

【悔改】 huǐ gǎi 追悔错误并改正。宋可旻《渔家傲》:"六贼会须知～,除贪爱,刹那跳出娑婆界。"明王守仁《传习录》拾遗:"与其过后～,曷若预言不犯为佳也?"清《豆棚闲话》九则:"只要～前边过失,况且年纪不多。"

【悔赖】 huǐ lài 翻悔抵赖。明陆采《明珠记》八出:"姑娘在日便许了他。今日人亡事变,却～他的。"《拍案惊奇》卷九:"岂可因他贫贱,便想～前言?"清吴广成《西夏书事》卷二九:"时使人议画界至,辄云:'前后反复,朝廷～实多。'"

【悔气】 huǐ qì 晦气;倒霉。《元曲选·合汗衫》四折:"～,偏生又撞着那个披枷带锁的,我死也。"元明《水浒传》六二回:"老爷自～,撞着你这穷神!"清《后西游记》二六回:"谁知你恶贯满盈,却～,撞死在我善和尚手里。"

【悔叹】 huǐ tàn 悔恨叹息。《法苑珠林》卷二八:"世常窃骂而去。比丘便现神足,变身八尺,颜容瑰伟,飞行而去。世常抚膺～,自仆泥中。"宋蔡絛《铁围山丛谈》卷六:"鲁公则居家～,每至啜泣。"清《聊斋志异·莲华公主》:"晚斋灭烛,冀旧梦可以复寻,而邯郸路渺,～而已。"

【毁拆】 huǐ chāi 拆除;拆毁。唐[日]圆仁《入唐求法巡礼行记》卷四:"又敕下,令～天下山房兰若、普通佛堂、义井、村邑斋堂等。"《宋史·食货志上三》:"政和二年,复行直达纲,～转般诸仓。"清《荡寇志》一三九回:"此关不但无须～,而且可以再加修理。"

【毁打】 huǐ dǎ 辱骂殴打。明《封神演义》三〇回:"西宫黄妃听知贾氏已死,忿怒上楼,～苏后,辱朕不堪。"《金瓶梅词话》一〇〇回:"如何借了鲁华银子不还,反行～他?"清《飞龙全传》三〇回:"当殿～太师,也还可恕;不该私通反叛,把朕的江山做情。"

【毁骂】 huǐ mà 辱骂。唐薛渔思《河东记》:"既而鞭挞～,奴不堪命。"《元典章·刑部三》:"因弟李章六问梦龙取索旧欠钞二两,无钱归还,将梦龙～。"清《醒世姻缘传》八九回:"准备若来～,算计要将素姐一把采倒。"

【毁抹】 huǐ mǒ 销毁作废。宋李攸《宋朝事实》卷一五:"其回纳交子,逐旋～合同簿历。"《金史·海陵纪》:"公私文书,但有王爵字者,皆立限～。"《元典章·户部十三》:"其间虽有续倒文契,当官～,并不准使。"

huì

【汇报】 huì bào 综合后报告。清《大清会典则例》卷三七:"湖广收成分数,向来早稻～于六月,晚稻～于八月。"《红楼复梦》七七回:"凡世上科甲之人,俱是各处城隍司查其祖宗德行已历数世,～东岳。再查本人阴德,转送此处。"

【汇次】 huì cì ❶ 汇集编次。《新唐书·艺文志五〇》:"殷璠～其诗,为《丹杨集》者。"《元史·奸臣传》:"谨撮其尤彰著者,～而书之,作《奸臣传》。"明李易《诗话总龟序》:"阮子旧集颇杂,王条而约之,～有义,棼结可寻。" ❷ 指汇编的次序。宋宋敏求《李太白集分类补注后序》:"沿旧目而厘正其～,使各相从以别集附于后。"

【汇集】 huì jí ❶ 聚会;聚集。明邹守益《翰林院编修改斋王公思墓志》:"方同志～,尝讽改斋增侧室为俎豆计。"《女仙外史》二三回:"来日霜降,～演武厅,候孤家点将兴师,进讨逆贼。"❷ 汇合;从各方向一处攒聚。清雍正十三年《畿辅通志》卷二三:"今《行唐县志》又谓:自县而上,～众流,即成大川。"《皇朝文献通考》卷三七:"俾商贩通行无滞,各灾区自当米粮～,市价日平。"❸ 综合;纠集。清徐大椿《医学源流论》卷下:"然其～群言,使后世有所考见,亦不可少之作也。"《儒林外史》五四回:"这一本诗,也是～了许多名士合刻的。"

【会】 huì ❶ 将;将要。唐佚名《冥音录》:"～以吾之十曲,献阳地天子,不可使无闻于明代。"杜牧《寄题甘露寺北轩》:"他年

～着荷衣去，不向山僧说姓名。” ❷ 通晓；熟悉。《太平广记》卷三六八引《大唐奇事》：“卖一小猿，～人言，可以驰使。”明孙仁孺《东郭记》八出：“只将这两调唱～了，明日又教你。”清《儒林外史》一回：“天下那有个学不～的事，我何不自画他几枝？” ❸ 擅长；善于。元明《水浒传》九八回：“不想又撞出林冲赶到，这个又是个～厮杀的。”《元曲选·盆儿鬼》二折：“你本是个～做作狠心大哥，更加着个～撺掇毒害虔婆。”清《二度梅》二七回：“那四人如同滚油煎心，挨着刑叫道：‘冤枉……’军门道：‘好个～挨刑的狗才。’” ❹ 强；有能耐。宋元《清平山堂话本·杨温传》：“哥哥，你真个～！适才是你饶我。”《古今小说》卷三六：“恁地，你真个～，不枉了上得东京去。”《元曲选·还牢末》一折：“我不愿金玉重重贵，只愿的儿女年年～。” ❺ 可能；能够。明李贽《因记往事》：“若说是赞，则彼为巨盗，我为清官。我知尔这大头巾决不～如此称赞人矣。”汤显祖《牡丹亭》三三出：“奇哉，奇哉。主儿真个～动也。”清《镜花缘》二六回：“那知并不值钱之药，倒～治病。” ❻ 法会；佛会。《大唐三藏取经诗话》三则：“猴行者与师同辞五百罗汉、合～真人。”《元曲选·忍字记》楔子：“我佛在于灵山～上，聚众罗汉讲经说法。”清《聊斋志异·白莲教》：“凡镜中文武贵官，皆如来佛注定龙华～中人。” ❼ 出于共同爱好或目的的组成的团体或组织。明焦竑《玉堂丛语》卷七：“正统五年，杨公士奇求归未遂，与馆阁同志者七人倡真率～。”《朴通事谚解》卷上：“这八月十五日仲秋节，敛些钱做玩月～。”清《聊斋俚曲·禳妒咒》：“这八家子被老婆降极了，大家约了一道怕老婆～。” ❽ 为酬神或消遣等组织的集体活动。明《梼杌闲评》二五回：“九龙山做～惑众，岂有不在之理！”清《聊斋志异·吴令》：“值神寿节，则居民敛赀为～，辇游通衢。”《红楼梦》九二回：“就是老太太忘记了，咱们这里就不消寒了么？咱们也闹个～儿不好么。” ❾ 一种民间集资互助形式。清《无声戏》三回：“何不约几个朋友，做个小～。有一半付与房科，他也就肯发票。”《儒林外史》一九回：“又在各书店里约了一个～，每店三两。”《歧路灯》六回：“今日晌午，还随了一个三千钱的小～，还没啥纳。” ❿ 宋代纸币会子的简称。宋张端义《贵耳集》卷上：“孝庙在宫中，积三百万见镪，准备换～。”佚名《西湖老人繁胜录》：“庆元间，曲钱每斤不过一百～。” ⓫ 付；支付。明《老乞大谚解》卷上：“吃了酒也，～了酒钱去来。”清《荡寇志》一二六回：“张魁立起身来～酒钞，那张三却厮夺着～了去。” ⓬ 了结；解决。明《西游记》四四回：“那仙长不说是你来打杀，只说是来此监工，我们害了他性命，我待怎了？且与你进城去，～了人命出来。”清《荡寇志》八〇回：“你不顺从，就此刻送你上西天，教你回不得东京。我们左右只不过～了一场人命。” ⓭ 知会；通知。也指知会的文书。明《醒世恒言》卷三四：“你今先去～了该房，捺住关会文书。”《型世言》一七回：“刘清雪片申文告急，陈巡抚便～了任总兵，着都司刑端、申澄，领各卫兵讨捕。”清《儒林外史》四三回：“又过了几天，府里～过来，催汤镇台出兵。” ⓮ 会试；会试及第。明《警世通言》卷九：“时值三月三日，大开南省，～天下才人，尽呈卷子。”清《聊斋俚曲·富贵神仙》：“略不停时，李才吆喝一声，说：‘少爷～了！’”《红楼梦》二回：“至大比之期，不料他十分得意，已～了进士。” ⓯ 表示很短的时间。宋元《醒世恒言》卷三三：“那人也要做经纪的人，就与他商量一～，可知是好。”明朱有燉《柳摇金·春》：“闲看～池塘春水。”清《醒世姻缘传》七五回：“你别要管他，我住～儿自家合他说去。” ⓰ 量词。a) 回；遍。唐曹唐《长安客舍叙邵陵旧宴》之一：“残漏五更传海月，清笳三～揭天风。”五代尹鹗《菩萨蛮》：“呜呜晓角调如语，画楼三～喧雷鼓。”元岳伯川《铁拐李》二折：“向俺亲眷行买～服，您爷娘行使～钱。”b) 用于人，相当于“位”。明《金瓶梅词话》七八回：“伯爵又问：‘今日那几～嫂子去？’西门庆道：‘大房下和第二、第三、第五的房下四人去。’”

【会别】 huì bié　饯别。唐张登《冬至夜郡斋宴别前华阴卢主簿》序：“时日南至，登与宾客僚吏，～于郡斋。”《旧唐书·李匡筹传》：“师将发，家人～。匡威酒酣，留张氏报之。”宋文莹《续湘山野录》：“君与范仲淹国门～，一笑语，一樽俎，采之皆得其实。”

【会禀】 huì bǐng　结会的告知书。清《豆棚闲话》三则：“不一月间，那一万两金钱俱化作庄周蝴蝶，正要寻同乡亲戚写个～接来应手。”

【会博】 huì bó　赌博。宋吴曾《能改斋漫录》卷一二：“章郇公作正字日，寒食，与丁晋公～，胜且厚。”

【会茶】 huì chá　聚会饮茶。宋王玮《道山清话》：“馆中一日～，有一新进曰：‘退之诗太孟浪。’”明康海《粉蝶儿·书怀》：“者末与野叟樵夫～，者末与稚子山妻打话。”清《醒世姻缘传》八五回：“素姐没在家中，正合一大些道友，在张师傅家～。”

【会场】 huì chǎng　❶ 科举会试的考场。也指会试。明毕自严《与姜神超书》：“乃不佞～房师，实为职方郎中今赠光禄寺少卿杨公冲所。”陈汝元《金莲记》四出：“前秦少游来京，说他兄弟俱叨乡荐，今～已毕，想来看我。”清《绿野仙踪》四九回：“只因他屡下～，荐而不中，又兼家贫，才就了教职。自知命里没进士，因此连～也不下。” ❷ 举行法会、民间花会等的场所。也指法会等。明《西洋记》四回：“这等一个～，经过两个这等大禅师，那有个法门不盛演也。”清《醒世姻缘传》七二回：“那日恰好是三月初三，离明水镇十里外有个玉皇宫，每年旧例都有～，也有醮事。”《歧路灯》四九回：“原来戏台～，士大夫子弟，本为人所瞩目。” ❸ 借指寻欢作乐的场所或活动。清《姑妄言》一五回：“喜的是他死了，再不得回来取厌。忧的是姚泽民在彼无事，恐回来得快，打断了风流～。”又二四回：“火氏见他出了门，好事有了八九，专等竹思宽回来，便做圆满～了。”

【会钞】 huì chāo　❶ 收款。元施惠《幽闺记》二二出：“你可与我开张铺面，迎接客商。你在外面发卖，我在里面～记帐。”明《古今小说》卷五：“次日，王公早起～，打发行客登程。马周身无财物，想天气渐热了，便脱下狐裘与王公当酒钱。”清《后水浒传》一七回：“火工道：‘教头出门来也。’因见吃酒的人立起，便自去料理～。” ❷ 付款；付账。多指为共同开销付账。元施惠《幽闺记》二二出：“那官儿不去了，一发明日～。”明《警世通言》卷一五：“二人又吃了一回，起身～而别。”清方成培《雷峰塔》七出：“昨日多承～，又蒙借伞而归。”

【会城】 huì chéng　省城；省会所在地。明李乐《见闻杂记》卷三：“万公入～谒按察使。使，俗吏也。万公长揖不跪。”清宋荦《更正全书疏》：“查江西有漕各州县，相距～俱自数百里。”《野叟曝言》一三一回：“天子即令始升骑御厩中八百里驳，驰赴～，暂摄巡抚。”

【会得】 huì dé　❶ 能体会；懂得。唐曹唐《送康祭酒赴轮台》：“分明～将军意，不斩楼兰不拟回。”宋元《古今小说》卷三九：“这枢密院官都是怕事的，只晓得临渴掘井，那～未焚徙薪。”清赵执信《论诗二绝句》之二：“无弦只许陶彭泽，～无弦响更长。” ❷ 待；将要。唐王建《送韦处士老舅》：“～过帝乡，重寻旧行迹。”李郢《终南山》：“～功成毕婚嫁，幅巾藜杖独归来。”元陶宗仪《辍耕录》卷一五：“大众还知某人向甚么处去？这里分明。～蓦山溪畔，头头尽是喜相逢。” ❸ 会；有可能。明《西湖二集》卷一五：“文昌帝君也～说谎，原说慢慢注我禄籍，怎生二十多年尚然不中？”清《飞龙全传》三九回：“这水既已到了城上，怎么～掉了下去?” ❹ 在行;懂得应该怎样做。宋元《清平山堂话本·错认尸》:“遂留下,交他看店、讨酒坛,一应都～。”明《型世言》三〇回:“这张继良人是个极～的,却又好温性儿,密得月公魂都没。”清《生绡剪》一三回:“柳如山是拙朴之人,不～去问他。” ❺ 能够;有能力做到。元明《水浒传》七三回:“我是蓟州罗真人的徒弟,～腾云驾雾,专能捉鬼。”明汪廷讷《种玉记》五出:“〔生〕书童,我有一个玉绦,结头散了,要央府里女侍们结一结。你说那一个～?〔丑〕这毕竟是卫少儿～。”清《飞龙全传》一三回:“你偏扭着己心放在上边,自为稳妥,还说～照应,如今却把来失了。” ❻ 通晓;熟悉;擅长。明佚名《赠书记》一九出:“你原来～作文字的,可喜可喜!”《西湖二集》卷五:“这双骚眼,水一般样,最～引汉。”清《醒世姻缘传》八八回:“喜得狄希陈不大～算帐,两三年里边,他也‘钟徐丘’了好几两银。” ❼ 相见;遇到。明《醒世恒言》卷一八:“我们自到你家,与你只～一面,你就把我们撇在脑后。”清《绿牡丹》六一回:“余、濮二人拜谢相救之恩,又将自前～消安、消计之事说了一遍。”《赛花铃》四回:“又因急急起身,不曾与素云～一面。左思右想,心下十分不快。” ❽ 记得。明汤显祖《紫钗记》七出:“恁般红鸾凑成,这燕花钗为折证。你嫦娥亲许,玉镜台前～清。” ❾ 用来表示惊讶或不满,是“能够”的引申义。《型世言》一五回:“我只道足下令亲,原来盛价,倒～训诲家主!”清《描金凤》八回:“老钱真正是个酒鬼,正经事体末～忘记哉!”

【会饭】 huì fàn 聚餐;一起吃饭。《新唐书·裴宽传》:“于东都治第,八院相对,甥侄亦有名称,常击鼓～。”宋周密《浩然斋雅谈》卷中:“一日,诸公～,少白持白纨扇。”金《董解元西厢记》卷一:“语话之间,行者至,请生～。”

【会房】 huì fáng 只开房间嫖妓而不留宿。明《醒世恒言》卷三:“一定是看上了我家那个丫头,要嫖一夜,或是会一个房。”清《姑妄言》一〇回:“南京院中妓女们的市语,白昼有人～名曰打钉。”

【会合】 huì hé ❶ 会面;相逢。唐张籍《各东西》:“浮云上天雨堕地,暂时～终离异。”元张养浩《胡十八》:“人～,不容易,但少别,早相离。”清《平山冷燕》一二回:“但恨天各一方,浮萍大海,纵使三生有幸,亦～无由,殊令人惆怅。” ❷ 际会;遇合。唐于邵《送卢侍御赴恒州使幕序》:“峨铁冠而利往,陪玉帐以忝画,何风云～而至是乎?”宋王安石《何处难忘酒》之二:“何处难忘酒,君臣～时。”元曾瑞《端正好·自序》:“失时也亡了家国,得意后霸了山河,也是君臣每～。” ❸ 交合;交配。《太平广记》卷三二六引《志怪录》:“绍祖悦怿,直前抚慰。女亦欣然曰:‘何处公子,横来相干。’因与～。”明《西游记》九四回:“果见当驾官同仪制司来请。行者笑道:‘去来,去来!必定是与我们送行,好留师父～。’”清《聊斋志异·金生色》:“夜分,由妪家逾墙以达妇所,因与～。” ❹ 聚会;会面。元薛昂夫《端正好·高隐》:“听水声流浪远,观山色岭嵯峨,与俺那庄农每～。”《元曲选·赚蒯通》三折:“我与那相识每～,宾朋每同坐,都是些羊弟兄狗哥哥。”

【会话】 huì huà ❶ 聚谈;相见谈话。五代王定保《唐语林》卷八:“察院有都厅,院长在本厅,诸人皆～于都厅。”明沈鲸《双珠记》一四出:“今早差人来说,要到我家～,只得等待。”清《醒世姻缘传》九一回:“在船上整整坐了四个半月,除非寄姐与权、戴二奶奶会酒,或是狄希陈合郭总兵、周相公～,这便是狄希陈松快受用的时节。” ❷ 交谈;对话。《太平广记》卷一七引《仙传拾遗》:“～久之,日已晡矣。”明林俊《蓝鄢等捷音疏》:“令其来哨～,又不肯来投见。”清《说岳全传》五二回:“我乃东耳木寨东圣侯大公子便是,快情岳公子出来～。” ❸ 通告;通话。明《西游记》八九回:“才子那妖精败阵,必然向他祖翁处去～。明辰断然寻我们报仇。”清《粉妆楼》七一回:“众人将他三人拥入天牢,恰好与龙标监在一处,彼此会见,暗暗的～,说道:‘如今也无可奈何!’”

【会家】 huì jiā 行家。《五灯会元》卷二〇《致远禅师》:“从来打鼓弄琵琶,须是相逢两～。”元汪元亨《沉醉东风·归田》:“知己酒千钟快饮,～诗百首常吟。”清《飞龙全传》二三回:“这强盗原来是个～,少不得与他比并三合。”

【会酒】 huì jiǔ 聚会饮酒。《金史·太祖纪》:“酹毕,后命太祖正坐,与僚属～。”元佚名《云窗梦》一折:“今日有个李茶客,请我～。不知为何,须索去咱。”清《红楼梦》四回:“凡是那些纨绔气习者,莫不喜与他来往,今日～,明日观花。”

【会郎】 huì láng 婚礼后数日,女家设宴款待与新娘一同回门的新婿。宋吴自牧《梦粱录》卷二〇:“其两新人于三日或七朝九日,往女家行拜门礼。女亲家广设华筵,款待新婿,名曰～。”

【会钱】 huì qián ❶ 集资;凑钱。唐柳宗元《饶娥碑》:“县人乡人～具仪,葬娥鄱水西横道上。”《新唐书·韦宙传》:“宙为置社,二十家月～若干,探名得者先市牛。” ❷ 犹“会钞❶”。宋元《古今小说》卷三六:“侯兴道:‘客长吃点心也未?’赵正道:‘吃了。’侯兴叫道:‘嫂子,～也未?’”明《老乞大谚解》卷上:“吃了酒也,会了酒钱去来。卖酒的,来～。”清《飞龙全传》一四回:“吃得杯盘狼藉,方才肚内饱了。酒保过来～,共吃了六百餘文。” ❸ 犹“会钞❷”。△清《七侠五义》五一回:“咱们同桌儿吃饭,各自～,谁也不必扰谁。” ❹ 会费;加入会社交的入门钱或设会集资集到的钱。明王衡《真傀儡》:“适才既收了他的～,做个方便,放他在抬角儿捱捱罢。”清《无声戏》三回:“蒋成听了这些话,如醉初醒,如梦初觉。次日就办酒请会,～到手,就去打听买票。”

【会且】 huì qiě 将要;有可能。宋范成大《晁子西寄诗谢酒》:“慧刀倘未割,～掀禅床。”明毕自严《答李孟白》:“血嗣寥寥,愁绪满腔。～谋引去,投老于长白峰前矣。”清袁枚《子不语》卷二三:“有偷儿戚姓,技最工,攫取渐多,恐迹之者众,因僦义冢旁败屋居焉。有数鬼见梦曰:‘若宜祀我,～致富。’”

【会亲】 huì qīn ❶ 婚仪之一。婚后新郎择日到女方家拜认亲戚。宋周密《武林旧事》卷三:“而都人凡缔姻、赛社、～、送葬、经会、献神……无不在焉。”清黄叔璥《台海使槎录》卷二:“五日,外家再请诸亲相陪,名曰～。” ❷ 指举办或参加这样的仪式。明《朴通事谚解》卷上:“第三日做圆饭筵席了时,便着拜门。对月又做个大筵席,女孩儿家亲戚们都去～。”张宁《汀洲府行六县榜》:“今后嫁婚者行礼～,各照门第贫富,止可从宜减省。”清《十二楼·合影楼》三回:“成亲过了三日,路公就准备筵席,请屠管二人～。” ❸ 请婚;结亲。《元曲选外编·西厢记》三本一折:“小娘子将简帖儿去了,不是小生说口,则是一道～的符箓。”明叶宪祖《素梅玉蟾》七折:“若是那,多情种,好～。傥非他,尽拚玉碎珠湮!”《西游记》九三回:“那官儿慌得战战兢兢的,双手举着圣旨,口里乱道:‘我公主有请～,我主公～有请!’” ❹ 泛指结识会见亲戚。元孔齐《至正直记》卷三:“明年又至,遗果核及土物馈送,各房皆有之,谓之～。”明《警世通言》卷三四:“连曹姨也认做姨娘,娇鸾是表妹,一时都请见礼。王翁设宴后堂,权当～。”

【会人】 huì rén 犹“会家”。元萧德祥《小孙屠》:“酒逢知己饮,诗向～吟。”明崔时佩、李日华《西厢记》二五出:“如今,这诗呵,须不是从前将人调引?须不是将人厮禁?端的是,知音君子诗向～吟。”清《霓裳续谱·一见多娇》:“一见多娇,我的魂魄儿飘摇。想起你那～的方法果然的高,教我心儿里痒痒。”

【会商】 huì shāng 有关各方共同商议。明孙传庭《报甘兵抵凤并请责成疏》:"是这川兵应量撤量留,着该督抚~妥确,速奏。"清《平定准噶尔方略》前编卷五〇:"凡应行~之事,就近密商妥办。"《绿野仙踪》七四回:"首县又同到首府衙门,大家~了一遍,分了城内城外地方。"

【会社】 huì shè 为某种目的而结成的团体。《太平广记》卷九一引《广古今五行记》:"有僧不知氏族,名阿专师,多在州市,闻人有~斋供嫁娶丧葬之席,或少年放鹰走狗追随宴集之处,未尝不在其间。"明佚名《四贤记》二二出:"白莲~做香公,强如奔走飘蓬。"清《醒世姻缘传》六八回:"你就没见那随~演会的女人们?头上戴着个青屯绢眼罩子,蓝丝网裹着束香,捆在肩膀上面。"

【会圣】 huì shèng 具有神奇的本领。宋曹组《忆瑶姬》:"恁时节、若要眼儿厮觑,除非~。"金《董解元西厢记》卷二:"心下徘徊自筹度,只除~,一命难逃。"又卷八:"暂合眼,强睡些;便~,怎宁贴。"

【会胜】 huì shèng ❶ 同"会圣"。明佚名《下西洋》楔子:"俺扯起这些篷,摇起这些橹,驾起那一块木头的船,一道烟,教他~赶的上我。" ❷ 反正;横竖;无论如何。明《金瓶梅词话》一九回:"想必那矮王八打重了,在屋里睡哩,~也得半个月,出不来做买卖。"又七六回:"娘每~也不看见他。他但往那里去就锁了门。"

【会事】 huì shì 懂事;识相。宋毛滂《踏莎行·中秋玩月》:"行云~不飞来,长空一片琉璃浅。"元《秦并六国平话》卷上:"您若~之时,出阵一战,可决胜负。"清《绿野仙踪》五一回:"~的快与我个嘴吃,我就不言语了。"

【会首】 huì shǒu ❶ 一些民间组织或活动的发起者或主持人。宋黄震《申诸司乞禁社会状》:"今后不许以刀枪兵具迎神,违者罪坐~。"明王子一《误入桃源》三折:"时当春社,轮着我做牛王社~。"清《醒世姻缘传》八六回:"众人祭赛过了,~呈上戏单,阄了一本《鱼篮记》。" ❷ 被推作会首的。引申指体面;有头脸。《元曲选·秋胡戏妻》四折:"俺家又不是~大户,怎么门前拴着一匹马?"又《竹坞听琴》二折:"若不是~人家,几番将这道袍脱下。"

【会水】 huì shuǐ 善浮水。也指善浮水的人。元《三遂平妖传》六回:"你众水手中,着一个~了得的下去。"清《聊斋志异·胭脂》:"尝见他,登高怕险;那曾见,~淹杀。"《镜花缘》四五回:"因刚才看见那些水怪,心中害怕,不敢独往,又拉了一个~的一同下去。"

【会宿】 huì sù 在一起住宿。《太平广记》卷七四引《宣室志》:"因与友人数辈~,语及灵怪,始以其事说于人也。"宋徐度《却扫编》卷中:"夜与诸生~,忽思一事必明烛翻阅得之乃已。"清《野叟曝言》七二回:"此房系俺们弟兄三人时常~之所,故造此三榻。"

【会同】 huì tóng ❶ 会合有关方面共同办理;会合在一起共同行动。元明《水浒传》七三回:"高太尉~枢密院童贯,都到太师府商议启奏。"明《朴通事谚解》卷上:"你到本国,好生照觑我。咱~着一时行。"清《隋唐演义》三〇回:"容臣等退出,~该部与各地方官,细细查勘回旨。" ❷ 共同;一起。明《古今小说》卷三八:"你且说,是谁说黄道黑,我要和你~问得明白。"《禅真逸史》三六回:"到郡之时,常泰……朱俭诸将,~迎接入元帅府。"

【会问】 huì wèn 召集有关当事人审问;有关各方共同审问。宋庄绰《鸡肋编》卷中:"辉更不~,便判状令执照。"《宋史·兵志七》:"陕西等处差官招谕逃亡军人,并许所在首身,更不~,便支口券令归本营。"清《醒世姻缘传》一七回:"同差人投见了法司,收入刑部监内,先委了山东道御史、山东司主事、大理寺寺副~。"

【会晤】 huì wù 见面。宋苏轼《与王庠书》:"~无期,惟万万以时保练。"明杨柔胜《玉环记》二五出:"为死生未卜常怀念,~无由各一天。"清《万花楼》五回:"我要寻访一人,未知可得~否?"

【会些】 huì xiē 当然;必定。唐张鷟《游仙窟》:"十娘则斜眼佯嗔曰:'少府初到此间,五嫂~频频相弄!'"又:"但令翅羽为人生,~高飞共君去。"

【会须】 huì xū ❶ 一定要。唐李白《将进酒》:"烹羊宰牛且为乐,~一饮三百杯。"《元曲选·举案齐眉》三折:"堪叹梁鸿彻骨贫,今朝远践洛阳尘。~金榜标名姓,始信儒冠不误人。"清《隋唐演义》二回:"前日兄长外转东宫卫率苏孝慈,似乎过执,闻太子道:'~杀此老贼!'老贼非兄而谁?" ❷ 一定会。宋洪迈《夷坚志》丁卷七:"时节~改变,吾家岂应终困?"明吾邱瑞《运甓记》四出:"我做媳妇承姑~竭力,你做丈夫居官岂容旷职?"清《聊斋志异·珠儿》:"儿云:'……今母犹挂床头壁,顾念不去心。姊忘之乎?'姊始凄感,云:'~白郎君,归省阿母。'"

【会帐】 huì zhàng 同"会账"。清《儒林外史》二九回:"当下三人把那酒和饭都吃完了,下楼~。"

【会账】 huì zhàng 犹"会钞❷"。明《梼杌闲评》四回:"茶酒钱共该一两二钱银子,尚未~,如何就去?"清《粉妆楼》四回:"别的馆先吃了酒,然后~;惟有此处,要先会下银包,然后吃酒。"

【会阵】 huì zhèn 交战;交锋。明《封神演义》八三回:"明日~之际,但凡吾门下见者,皆可进阵。"清《万花楼》六二回:"令焦廷贵领兵一万,与薛德礼~。"

【会子】 huì zi ❶ 南宋时的一种纸币。宋洪迈《夷坚志》补卷二:"我妹夫在提刑衙,交领官~三百道,才出门更不记得顿放何处。"明陆容《菽园杂记》卷八:"宋有交子、~、关子、钱引、度牒、公据等名,皆所以权变钱货,以趋省便。"《二刻拍案惊奇》卷三六:"不知宋时尽行官钞,又叫得纸币,又叫得官~。一贯止是一张纸。" ❷ 文帖;字条。金《董解元西厢记》卷五:"也不是闲言语,是五言四韵、八句新诗。若使颗朱砂印,便是偷情帖儿,私期~。" ❸ 不太长的一段时间。明《西游记》八五回:"这~明净了,没甚风雾。"《西洋记》五五回:"那石子儿雨点相似,初然间还是个麻鹊儿卵,住~就是鸡卵。"清《醒世姻缘传》三七回:"我在书铺里看了~书。" ❹ 回子;次。清《白雪遗音·我与情人》:"你当了~二爷,无挣下甚么。"△《儿女英雄传》二〇回:"但是我也受了她~好处,一点儿没报答她,我这心里怎得过的去?"

【讳问】 huì wèn 死讯。宋《三朝北盟会编》卷一七七:"乃正月丁亥,太上皇帝、宁德皇后~奄至。"《宋史·礼志四》:"不幸太上~奄至,而大享不及,理实未安。"

【贿通】 huì tōng 买通。《宋史·何澹传》:"吴曦~时宰,规图帅蜀。"明张景《飞丸记》二九出:"宠怙天廷,~边境。"清《聊斋志异·席方平》:"趁城隍早衙,喊冤投之。羊惧,内外~,始出质理。"

【贿谢】 huì xiè 用于酬谢或贿赂的礼物。《新唐书·宋申锡传》:"疾要位者纳贿饷,败风俗,故自为近臣,凡四方~一不受。"明陆粲《庚巳编》卷五:"道士邹应璧为坛考劾,誓不受~,魅乃舍去。"清汪琬《闵宜人墓志铭》:"遂言于官,须拘公庭辱之,必得~乃已。"

【晦气】 huì qì ❶ 背运;倒霉。宋元《醒世恒言》卷三三:"我恁的~!没来由和小娘子同走一程,却做的干连人。"《元曲选·鲁斋郎》三折:"我李四今年大利,全不似整壶瓶这般~。平空的还了浑家,又得他许多家计。"清《玉蜻蜓·戏芳》:"~~真~,爱个没留弗住厌个赶出去。" ❷ 能带来不祥的气息。明《古今小说》卷四:“数日不见,怎么染着这般~?你害的是甚么病?”清《红楼梦》七〇回:“知道是谁放~的,快掉出去罢。把咱们的拿出来,咱们也放~。”袁枚《子不语》卷一四:“路逢殡柩,则急往亲友家,解下衣帽,扑散数次,以为将~撒在人家,与己无与矣。” ❸ 晦暗不祥的气色。清《醒世姻缘传》三〇回:“来往出入的人都是有着实的旺气,我又不敢近他;略有些~的,我刚要上前,那宅神又拦阻。”《歧路灯》七五回:“但卧蚕之下,微有~,主目下事不遂心些。”《镜花缘》一四回:“凡生此云的,必是暗中做了亏心之事,人虽被他瞒了,这云却不留情,在他脚下生出这股~。” ❹(脸色)青黑。明《西游记》八回:“青不青,黑不黑,~色脸。”《野叟曝言》六五回:“在路取出一丸非黑非红的药丸,令锦囊用唾搽抹,变作一个~色的脸儿。” ❺ 报复;出气。清《绿野仙踪》七二回:“我们先时曾拿住他道友连城璧,他今日寻上门来,定是立意~,到只怕要大动干戈。”《荡寇志》九〇回:“谁想那魏虎臣捉小将们不得,却把别个来~。众人大家不服,杀了魏虎臣,一齐反了。”又九七回:“所有追拿一案,亦无非应名比较,把几个公人的屁股~而已。” ❻ 用在“寻”字后,指借以发泄的机会或口实。清孔尚任《桃花扇》三出:“仔细看着,不要叫赞礼们偷吃,寻我们的~呀。”《红楼梦》三一回:“我才也不过为了事,进来劝开了,大家保重,姑娘倒寻上我的~。”《飞龙全传》二三回:“心里只要寻他~,口里只嚷:‘不够不够,你等把这食盒拿过来,我还要吃个尽兴。’” ❼ 指不幸的遭遇。清《醒世姻缘传》六五回:“若是被他认出假的,这场~怎生吃受?”《歧路灯》五八回:“谭绍闻听说此言,又把输银子~丢却,先怕弄起官司来。”

【秽溷】 huì hùn 茅坑;厕所。宋陈世崇《随隐漫录》卷三:“此张无垢所谓贪冒之士,如落~污渠中,如何使人敢近?”《明史·刑法志二》:“奸吏悍卒倚狱为市,或扼其饮食以困之,或徙之~以苦之。”

【秽骂】 huì mà 辱骂。元明《水浒传》四七回:“实被那三个畜生无礼,把东人百般~。”明《杜骗新书·婚娶骗》:“房八便纵言~,汪客怒,喝令家人扯打一顿。”清《女仙外史》七四回:“遂令军士~,亦并无一人瞅睬。”

【圚头】 huì tóu 用绳子、带子等拴成的圈或结。借指骗人的计谋。元赵彦晖《点绛唇·省悟》:“我恰待踏折他花套竿,撞出锦~,早是咱千自在百自由。”

【繢儿】 huì er 犹“圚头”。元马致远《青杏子·悟迷》:“活~从他套共拓,沾泥絮怕甚狂风刮。”佚名《赏花时》:“瘦腰围,宽尽罗衣,一日有两三次频将带~移。”

hūn

【昏】 hūn 漫漶;模糊。元古本《老乞大》:“阿的般钞使不得?兀的一个一两半,一个五钱,将去。这一两半也~。”元明《水浒传》六回:“看那山门时,上有一面旧朱红牌额,内有四个金字,都~了。”明《金瓶梅词话》五八回:“我的镜子这两日都使的~了。”

【昏蔽】 hūn bì ❶ 遮盖;遮蔽。唐不空译《仁王护国般若波罗蜜多经》卷二:“暴风数起,~日月,发屋拔树,飞沙走石。”宋洪迈《夷坚志》补卷一四:“密云重雾,恶风暴雨,日月星辰,并皆~。”明《包龙图判百家公案》卷一〇:“一尺青天盖一尺地,岂能~?只要我自己端正,到底无妨。” ❷ 昏庸被蒙蔽。《新唐书·南蛮传中赞》:“明皇一日杀三庶人,~甚矣。”明梁辰鱼《浣纱记》三三出:“主公觉悟,国或可保。若终~,身亦旋亡矣。”《禅真逸史》一八回:“主将因见魏主~,听信丞相高澄谗言,屡屡杀戮大臣。”

【昏惨】 hūn cǎn 昏暗貌。唐张鷟《朝野佥载》卷六:“天气~,如冬凝阴。”明孟称舜《娇红记》四八出:“伤情处,天~,烟火模糊。”清《飞龙全传》四四回:“贫道夜观乾象,见高行周命星~,惶惶欲坠。”

【昏钞】 hūn chāo 币面缺损字迹不清的钞票。与“料钞”相对。元王恽《论钞法》:“百姓~到库,不得尽时回换。”刘时中《端正好·上高监司》:“牙钱加倍解,卖面处两般装,~早先除了四两。”《明史·食货志五》:“十三年,以钞用久昏烂,立倒钞法。令所在置行用库,许军民商贾以~纳库易新钞。”

【昏沉】 hūn chén ❶ 沉迷。《太平广记》卷一九引《仙传拾遗》:“太上命汝辅佐圣孙,创业拯世,何为~于酒,自掇困饿。” ❷ 糊涂;不明事理。也指糊涂不明事理的人。唐张怀瓘《评书药石论》:“伏愿天医降药,醒晤~,导彼迷津,归其正道。”金《董解元西厢记》卷一:“忒~,忒粗鲁,没掂三,没思虑。”明孟称舜《英雄成败》一折:“一身流落天涯客,半世~梦里人。” ❸ 昏迷;神志不清。唐戴孚《广异记》:“尚~,未能言,唯累举手。”《元曲选·冤家债主》四折:“一阵~,我且暂睡咱。”清《醒世姻缘传》九〇回:“呕了两声,吐了一洼鲜血,便觉~。” ❹ 昏暗;光线不足。宋吴处厚《青箱杂记》卷五:“拘急将风夜,~欲雨天。”明《西洋记》七六回:“不觉的天色~,东方月上。”清陈端生《再生缘》三八回:“灯影~摇壁暗,风声凛烈透门吹。” ❺ 低沉;不振作。元施惠《幽闺记》二五出:“这脉息~,两手如冰骇死人。” ❻(视力)模糊不清。清陈端生《再生缘》九回:“写完即与奎璧看,婆娑两眼转~。”《八洞天》卷三:“莫豪任他刮了几次,肿痛之势虽稍缓,只是两目越觉~了。”

【昏邓】 hūn dèng ❶ 昏暗。元明《水浒传》一一八回:“月色微明,天气~。” ❷ 懵懂;糊涂。明单本《蕉帕记》九出:“真~!弄虚头无影形,平白地作怪成精!”清《野叟曝言》七五回:“见了太太的面,听着太太的话,~的就发起亮来,凶狠的就现出良心来。”

【昏花】 hūn huā ❶ 视力模糊。唐白居易《病中看经赠诸道侣》:“右眼~左足风,金篦石水用无功。”《元曲选·窦娥冤》四折:“老夫为端云孩儿,啼哭的眼目~。”清《儒林外史》六回:“忽然一时头晕上来,两眼~,口里作恶心。” ❷ 指头脑不清醒。宋洪迈《夷坚志》支戊卷七:“怖悚至旦,走白主人曰:‘怪物入室,不可复往。’许扣其故,笑曰:‘汝~妄言耳,安有是事?’”袁宗道《刘都谏左迁辽阳》:“佳酿及故人,得微减朝饔。连晨开瓮饮,~尽如梦。”《说唐后传》二六回:“那个张士贵,也在船内跌吐得个~,好不难过。” ❸ 形容光线暗淡或景象模糊。宋德洪《怀忠子》:“~委篝灯,夜雨集梧井。”《元曲选·梧桐雨》三折:“秦川远树雾~,灞桥柳风萧洒。”

【昏黄】 hūn huáng ❶ 黄昏。唐义存《寅朝不肯起》:“寅朝不肯起,贪坐~晡。”明孟称舜《娇红记》四出:“~时节,收拾了绣花针线帖。”清《女仙外史》九回:“到之日,时已~。” ❷ 形容光色暗淡。唐韩偓《曲江晚思》:“水冷鹭鸶立,烟月愁~。”《元曲选·汉宫秋》三折:“近椒房,月~;月~,夜生凉。”清《聊斋志异·狐嫁女》:“时值上弦,幸月色~,门户可辨。”

【昏绝】 hūn jué 同“昏厥”。《太平广记》卷一一五引《报应记》:“即如期,素玉便~,三日乃苏。”元陶宗仪《辍耕录》卷二三:“手脱仰跌,自搕其脑,~在地。”清《儒林外史》四回:“痰迷心窍,~于地。”

【昏厥】 hūn jué 昏迷;短时间内失去知觉。宋洪迈《夷坚志》三辛卷三:“病~,经夕乃醒。”明沈周《石田杂记》:“每日至午后即～，至次日天明始苏。”清《荡寇志》九四回：“宋江气得面如喷血，手脚冰冷，不觉～了去。”

【昏困】 hūn kùn 昏沉困倦。宋王巩《甲申杂记》：“马方坐堂上，忽～如梦寐中。”《朱子语类》卷一二：“静坐久时，～不能思。”《庐山莲宗宝鉴》卷八：“若病人～不能自念，则看病人当方便警策劝而谕之。”

【昏赖】 hūn lài 同“混赖❶”。宋苏轼《辨黄庆基弹劾札子》：“（臣）托亲识投状依条买得姓曹人一契田地，后来姓曹人却来臣处～争夺。”金《董解元西厢记》卷八：“平白地～他人妇，若不看您朝廷里的慈父，打一顿教牒将家去。”《元典章·圣政二》：“其原抛事产随即给付，有～据占者断罪。”

【昏眊】 hūn mào ❶眼睛昏花。唐柳宗元《与萧翰林俛书》：“居蛮夷中久，惯习炎毒，～重腿，意以为常。”《宋史·蔡京传》：“京至是四当国，目～不能事事，悉决于季子絛。”清《隋唐演义》六八回：“上念后不已，乃于苑中作层楼观以望昭陵。尝与魏徵同登，使徵视之。徵熟视良久道：‘臣～不能见。’” ❷昏耄；老迈。《宋史·魏咸信传》：“未几召还，年已～。”《元曲选·梧桐雨》二折：“如今明皇年已～，杨国忠、李林甫播弄朝政。” ❸昏聩；糊涂。明邵璨《香囊记》一〇出：“老夫年衰～，是差了。即是元祐二年。”清《聊斋志异·龙飞相公》：“途中遇故表兄季生，醉后～，竟忘其死。”

【昏昧】 hūn mèi ❶昏迷；意识不清醒。《太平广记》卷一〇二引《报应记》：“凡在太山二十八日，家人但觉其精神～，既还如旧。”《金史·徒单思忠传》：“有醉人腰弓矢策马突过，诸公子怒欲鞭之，思忠曰：‘醉人～，又何足责。’”清《续金瓶梅》四九回：“怪得俺终年～，只道缘何鬼梦迷，那知你把家园占了。” ❷漫漶；模糊。《太平广记》卷二三〇引《异闻集》：“整衣时，引镜出，自觉镜亦～，无复光色。”宋洪遵《泉志·正用品下》：“铜质薄小，文字～，盖以私铸不精也。” ❸愚昧；糊涂。《景德传灯录》卷五《司空山本净禅师》：“弟子智识～，未审佛之与道，其议云何？”元明《水浒传》六七回：“目今主上～，奸臣弄权。”清方成培《雷峰塔》一五出：“卑人一时～，为彼所惑。” ❹未开化。《明史·西域传四》：“远方绝域，～之地，皆清明之。”

【昏迷】 hūn mí ❶迷糊；眩晕；神志不清。《敦煌变文校注》卷四《太子成道经》：“临去之时，宫人睡着，彩女～。”明吾邱瑞《运甓记》一〇出：“呻吟床褥，眩晕～。”清《飞龙全传》一七回：“不觉打了一个寒噤，一阵～，倒在尘埃。” ❷迷茫；因光线散漫或距离远而不清楚。《太平广记》卷三六五引《集异记》：“俄而大雪，咫尺～。”明汤式《赠美人号展香绵》：“～客路，散漫邮亭。”清《春柳莺》六回：“石生惊觉，乃是一梦，见天色～，明月早上。” ❸视线模糊。元曾瑞《山坡羊过青哥儿·过分水关》：“泪眼～，病体尩羸。”清《隋唐演义》九三回：“不想那烟头随即环将下来，直冒入禄山眼中。登时两眼～，泪流如注。”《万花楼》二三回：“登时一派白光射目，两眼～。” ❹迷惑；被迷惑。《元曲选·曲江池》二折：“也则俺一时间错被鬼～，是赡表子平生落得的。”明徐复祚《一文钱》六出：“竟被铜臭～，几入卢獦地狱。”《梼杌闲评》一六回：“终日便不出院门，～住了，并连行李也发到院里来。” ❺沉迷；陷入其中。明王守仁《传习录》卷中：“时君世主，亦皆～颠倒于其说。”《英烈传》一回：“顺帝只知～酒色，那里晓得外面的灾异。” ❻漫漶；模糊。明陈铎《红绣鞋·磨镜》：“用一点水银磨，与你治～都是我。”《挂枝儿·镜》：“烦恼你，～了就不容你见。”

【昏抢】 hūn qiǎng 因昏晕而栽倒，极言糊涂。明《金瓶梅词话》四六回：“你放在里头，又～了，你不知道？”

【昏撒】 hūn sā 昏晕；昏迷。元宋方壶《一枝花·妓女》：“教那厮一合儿～，半霎儿着迷。”《元曲选·扬州梦》二折：“你敢～了，几曾见甚么女子来？”元明《水浒传》二一回：“去阎婆脸上只一掌，打个满天星。那婆子～了，只得放手。”

【昏腾】 hūn téng ❶晕眩；昏厥。《元曲选·窦娥冤》一折：“愁则愁兴阑珊咽不下交欢酒，愁则愁眼～扭不上同心扣。”明郎瑛《七修类稿》卷四五：“蒙汗药人食之～麻死，后复有药解活。”《一片情》五回：“自前日见了姐姐与奶奶。使我心烦意乱，颠倒～。” ❷（云气、光线）昏朦腾涌貌。明梁辰鱼《浣纱记》三九出：“试看斗牛间，～横剑气。”汪廷讷《种玉记》二三出：“杀气～白日移，行行犹自恋亲闱。”清王贵一《阁雨感怀》：“落叶似风声淅沥，孤灯如雾焰～。”

【昏晚】 hūn wǎn 傍晚。宋张齐贤《洛阳缙绅旧闻记》第二：“俟～上马，尹公等送至城门。”元明《水浒传》二回：“你们是那里来？如何～到此？”明朱有燉《风月牡丹仙》一折：“前往东京应举，来到洛阳。天色～，寄宿于此。”

【昏晕】 hūn yūn ❶昏暗；模糊不清。元李翀《日闻录》：“日月～，星宿动摇。”王恽《日蚀诗》：“始似～镜，久乃挂铁钲。” ❷昏厥；眩晕。宋《太平惠民和剂局方》卷二：“冰黄散，治冒暑伏热，头目～。”明屠隆《昙花记》四〇出：“只见两个鬼卒，蓝面獠牙，径冲至面前。我两人忽然～倒地。”清《醒世姻缘传》四回：“血流个不住，人也～去了。” ❸懵懂；糊涂。明汤显祖《紫钗记》五二出：“一会儿精灵，一会儿～。”清《红楼梦》九〇回：“心里虽有时～，却也有时清楚。”

【阍略】 hūn lüè 忽略；原谅。阍，用同“忽”。宋元《清平山堂话本·杨温传》：“适来在献台上使棒的杨玉叔叔兄弟，且望诸位～则个！”

【婚配】 hūn pèi ❶婚姻；婚事。唐萧邺《岭南节度使韦公神道碑》：“群昆弟之贫与子姓之孤者，收接如归，～慰荐，惟恐不得其所。”《元曲选外编·符金锭》楔子：“定巧计成其～，方显俺名播天涯。”清《红楼梦》九三回：“说是人生～，关系一生一世的事，不是混闹得的。” ❷成亲；结婚。《元曲选·桃花女》三折：“大纲来为正礼当宜，那里取这不明白强人～？”明姜清《姜氏秘史》卷二：“阖门幽闭者四十餘年，其男女自相～云。”清《说岳全传》六七回：“你若是未曾～，我倒要你做个夫人。” ❸许配。六十种曲本《白兔记》六出：“我小女三娘，未曾～他人。”

【婚启】 hūn qǐ 议婚告知书。有请婚启、允婚启、谢婚启、订婚启等。宋周密《癸辛杂识》续集卷上：“福王～：福王之子娶全竹斋少保之女婚书一联云：依光蓟北，荀安公位之居；回首江南，惟重母家之念。”明汪砢玉《珊瑚网》卷一八录李日华婚启识语：“太仆公～已刻《恬致堂集》中。”清雍正十三年《陕西通志》卷四五引《山阳县志》：“女家许允，男家同媒妁择吉衣冠拜女之先祖及女之父母。女家待酒，终无改易。无～庚帖。”

【婚书】 hūn shū ❶犹“婚约❶”。《唐律疏议》卷一三：“诸许嫁女，已报～及有私约而辄悔者，杖六十。”宋《朱子语类》卷八：“旧见此间人做～，亦说天命人伦。”清《儒林外史》一四回：“不如趁此就写一张～，上写收了他身价银一百两。” ❷犹“婚启”。宋周密《癸辛杂识》续集卷上：“福王婚启：福王之子娶全竹斋少保之女～一联云：依光蓟北，荀安公位之居；回首江南，惟重母家之念。”《元曲选·桃花女》三折：“别人家聘女求妻，也索是两家门对，写～要立官媒。下花红，送羊酒，都选个良辰吉日。”清《醒世姻缘传》二五回：“老田领了分付，回了薛教授的话，择了吉日，彼此来往通了～，又落了插戴。”

【婚帖】 hūn tiě 犹"婚启"。明孙柚《琴心记》一〇出:"止赖得一声瑶琴谱牒,便上了数行月书~。"《金瓶梅词话》九七回:"春梅又嫌应伯爵死了,在大爷手内聘嫁,没甚陪送,也不成。都回出~儿来。"清《续金瓶梅》四一回:"你就是刘指挥家儿子,当初谁是媒人?有甚么~?谁下的红定?"

【婚约】 hūn yuē ❶ 婚姻文约。《太平广记》卷三四二引《干膜子》:"今小娘子不乐适王家,夫人是以偷成~。君可三两日内就礼事。"元王结《善俗要义》:"凡娶妇嫁女,必先察其婿妇性行,及其家法何如,然后明立~。"清《东周列国志》五〇回:"仲遂叔孙得臣请歃血立誓,因设~。惠公许之。" ❷ 婚姻约定或议婚。宋张抡《故太尉威武军节度使李公行状》:"比吴死,其家遭寇,流落江西,不敢冀复~。"明吴鼎芳《唐嘉会妻》:"十五理中厨,十七通经传。十九议~,婉娈人所羡。"孟称舜《娇红记》四三出:"前日~复败。帅子求婚,家君迫于权势,已将妾身许他了。"

【荤】 hūn ❶ 弄荤;用荤食污染。《元曲选·竹坞听琴》三折:"这的是祝寿的道院,外观不雅,~了锅灶不可。" ❷ 跟皮肉有关的;指色情的。明《金瓶梅词话》二一回:"俺每只好~笑话儿,素的休要打发出来。"

【荤味】 hūn wèi 犹"荤腥"。《太平广记》卷三五引《原化记》:"乃取柏叶曝干,为末服之,稍节~,心志专一。"宋洪迈《夷坚志》三己卷二:"孩抱即不嗅~,十五岁出家落发。"明《醒世恒言》卷一五:"庵中都是吃斋,不知贵客到来,未曾备办~。"

【荤血】 hūn xuè 犹"荤腥"。《太平广记》卷二一引《宣室志》:"有儿十餘岁,不食~。"明《西湖二集》卷五:"中年以后便就断了~,终日只是吃素。"清《聊斋志异·小二》:"滕邑赵旺,夫妻奉佛,不茹~。"

【荤星】 hūn xīng 同"荤腥"。清《醉醒石》九回:"有钱买鱼肉~,没钱生豆腐葱蒜。"《文武香球》四一回:"厨中取碗把饭来盛,配其一素一~。"

【荤腥】 hūn xīng 指有辛味的菜和鱼肉等食物。后泛指肉食。唐白居易《斋戒》:"每因斋戒断~,渐觉尘劳染爱轻。"《元曲选·任风子》二折:"你化的一方之地都不吃~,坏了俺屠行买卖。"清《女仙外史》七回:"我们吃素,不像你们魔道,专嗜~。"

hún

【浑】 hún ❶ 淳朴;朴质。唐司空图《诗品·雄浑》:"返虚入~,积健为雄。"清沈复《浮生六记》卷一:"芸问曰:'各种古文,宗何为是?'余曰:'……昌黎取其~,柳州取其峭。'" ❷ 纯;没有杂质。《新五代史·吴世家》:"温与信博。信敛骰子厉声祝曰:'刘信欲背吴,愿为恶彩,苟无二心,当成~花。'温遽止之,一掷,六子皆赤。"明《金瓶梅词话》五八回:"这应伯爵看见酥油蚫螺,~白与粉红两样。"清《东周列国志》一一回:"猛获应命,手握~铁点钢矛,麾车直进。" ❸ 副词。a) 表示总括。全;都。《敦煌变文校注》卷一《李陵变文》:"不那弓刀~用尽,遂捌空身左右遮。"《元曲选外编·拜月亭》三折:"捌起柄夫荣妇贵三檐伞,抵多少爷饭娘羹驷马车,两件儿~别。"清《醒世姻缘传》五五回:"泥灯~是垢,漆箸尽成瘢。"b) 表示程度深。真;甚。唐郑谷《兵部卢郎中光济借示诗集》:"叶公好尚~疏阔,忽见真龙几丧明。"《敦煌变文校注·丑女因缘》:"兽头~是可憎貌,国内计应无比并。"元张雨《山居雪霁》:"青苗菜芽~可爱,倩谁春馂卷红绫。"c) 表示程度接近。简直;几乎。唐杜甫《春望》:"白头搔更短,~欲不胜簪。"《元曲选·盆儿鬼》四折:"恰才那粗棍子~如臂大,他将俺打一下直似钩搭。"清《隋唐演义》三二回:"那鼠疼痛难禁,咆哮大叫,~似雷鸣。"d) 表示原状态未改变。仍;还。唐戎昱《移家别湖上亭》:"黄莺久住~相识,欲别频啼四五声。"明瞿祐《剪灯餘话》卷四:"泉下游魂竟不归,图中艳姿~似昨。"清《续金瓶梅》一六回:"这河桥柳色迎风诉,纤腰倩作绾人丝,自家飞絮~难住。" ❹ 通"混"。a) 苟且度过。五代齐己《寄谷山长老》:"游遍名山祖遍寻,却来尘世~光阴。"清《儒林外史》三二回:"只有门下是七八个月的养在府里,白~些酒肉吃吃,一个大钱也不见面。"陈端生《再生缘》六六回:"故尔把,乔妆~世分明奏,彻底澄清现女形。"b) 鬼混;逗弄。明《型世言》三七回:"~了一会,那李良雨酒都做了满身汗,醒了。"c) 瞎;胡乱。明《大唐秦王词话》三回:"殷开山疑有伏兵,不去追赶,~杀人马,收军回营。"《西游补》一四回:"那龟妖也便猹脚舞手,上来~打。"清《红楼复梦》七〇回:"那马一惊,又忽然~跑。" ❺ 入迷;痴迷。明《山歌·穿青》:"小阿奴奴上青下青青到底,见子我郎君俏丽一时~。"《二刻拍案惊奇》卷五:"一时看得~了,忘其所以。"《欢喜冤家》九回:"人是乖的,见了标致妇人,便要~了。" ❻ 不清白;不廉洁。明《石点头》卷二:"扬州新进士卢梦仙,初选行人,没有赃私,何~之有。" ❼ 不祥的;有妨碍的。清《醒世姻缘传》三〇回:"你要有银子,凭你三百两二百两别处买去,我也不好把这~质木头亵渎亲家。"按,浑质木头指棺材板。

【浑拨四】 hún bō sì 即"火不思"。宋俞琰《席上腐谈》:"王昭君琵琶坏,使工人重造而其形小。昭君笑曰:'浑不似。'今讹为~。"按,一作"胡拨四"。

【浑不是】 hún bù shì 即"火不思"。清洪昇《长生殿》一七出:"番姬弹琵琶、~,众打太平鼓板。"

【浑不似】 hún bù sì 即"火不思"。元陶宗仪《辍耕录》卷二八:"达达乐器,如筝、秦琵琶、胡琴、~之类,所弹之曲,与汉人曲调不同。"

【浑成】 hún chéng 赌博时将钱掷成全字或全背,或将骰子掷出同样的点子。明《醒世恒言》卷三四:"怎的样攧钱?也有八个六个,攧出或字或背,一色的谓之~。"《二刻拍案惊奇》卷一四:"没心没想的抛下去,何止千扑,再扑不成一个~来。"

【浑捶自扑】 hún chuí zì pū 乱捶前胸,扑倒在地。形容人极度悲痛。《敦煌变文校注》卷四《八相变(一)》:"散发披头,~。"又卷六《大目乾连冥间救母变文》:"目连见母吃饭成猛火,~如山崩。"又《金刚丑女因缘》:"丑女忽见大圣世尊,礼身阶前,~。"

【浑捶自武】 hún chuí zì wǔ 即"浑捶自扑"。《敦煌变文校注》卷六《目连缘起》:"且知慈母罪深,雨泪~。"按,校语云:"'扑''武'盖音近而误。"

【浑纯】 hún chún ❶ 质朴淳厚;浑然纯厚。元李继本《东安县邵家庄乡学记》:"东安,古名邑,风气~而民俗质直。"明海瑞《贺大尹赵三山荣奖序》:"有得于光明正大之功,无得于和融~之用。"清郎廷槐《师友诗传录》:"《安世》楚声,~厚雅;汉武乐府,壮丽宏奇。" ❷ 犹"浑成"。《元曲选·燕青博鱼》二折:"又被这个不防头爱撇的砖儿稳,可是他便一博六~。"元明《水浒传》一〇四回:"那攧钱的名儿,也不止一端,乃是:~儿,三背间,八叉儿。"清《隋唐演义》七五回:"大家坐了掷起,不多几掷,中宗就是一个幺~。"

【浑个】 hún gè 真个。个,词缀。唐皮日休《新秋言怀寄鲁望三十韵》:"桧身~矮,石面得能皾。"

【浑号】 hún hào 即“浑名”。清《红楼梦》八〇回：“都与他起了个～，唤他作王一贴，言他的膏药灵验，只一贴百病皆除之意。”《歧路灯》一八回：“这个人，正是那姓夏名鼎表字逢若者。～叫做兔儿丝。”

【浑话】 hún huà ❶ 糊涂话；不现实的话。明《金瓶梅词话》六九回：“你怎的说～？他两个是他的朋友，若拿来跪在地下，他在上面坐着，怎生相处？”《石点头》卷一一：“妈妈休听他说～，我们特来讨帐，那里有本钱收货。”《梼杌闲评》三〇回：“他老魏说代娘出气，那都是～。中宫是个主母，他一个家奴，能奈何得他么？”❷ 应付的话；场面话。浑，通“混”。明《韩湘子》二回：“吕师道：‘从早晨出来，尚不曾发利市。相公若要罚我，请先称了命金，待学生算不准时好做罚钱。’”退之道：“这般～，免劳下顾。”清《无声戏》三回：“后面批上几句好话，折做几折，塞在蒋成袖中道：‘以后人问你八字，照这命纸上讲，还你自有好处。’蒋成知道是～。”❸ 打趣的话；挑逗的话。浑，通“诨”。明沈璟《义侠记》七出：“大官人，远不远千里，近只在目前。〔净〕在那里？〔丑〕奴家如何？〔净〕又说～！”《石点头》卷四：“那凤奴年已一十五岁，已解人事，见孙三郎花嘴花舌，说着～，把娘一扯说道：‘进去，进去。’”清《凤凰池》六回：“水生方晓得云生许多～，句句有因，笑个不了。”

【浑家】 hún jiā ❶ 全家。《敦煌变文校注》卷三《燕子赋(一)》：“～大小，亦总惊忙。”《元曲选外编·哭存孝》四折：“把存孝赚入法场屈送了，摔破了我～大小。”明《金瓶梅词话》一二回：“～大小吃了缸内水，眼看着媳妇偷盗，只相没看见一般。”❷ 妻。宋尤袤《难民谣》：“无钱买刀剑，典却～衣。”明《朴通事谚解》卷中：“他有两个～，小媳妇与大妻商量。”清《儒林外史》一九回：“匡超人不敢怠慢，向～说了，一面接丈母来做伴。”

【浑沦】 hún lún ❶ 囫囵；完整。《敦煌变文校注》卷六《大目乾连冥间救母变文》：“红楼半映黄金殿，碧牖～白玉成。”元萨都剌《胡桃》：“请君剖破～看，会见空腔都是仁。”赵显宏《殿前欢·闲居》：“养三寸元阳气，落一觉～睡。” ❷（风格）自然流畅，浑然一体。唐崔令钦《教坊记》：“任智方四女皆善歌，其中二姑子，吐纳凄惋，收敛～。”明谢榛《四溟诗话》：“选李杜十四家之最佳者，熟读之以夺神气，歌咏之以求声调，玩味之以裒精华，得此三要，则造乎～。”清贺贻孙《诗筏》：“通篇零零碎碎，无首无尾，断为数层，连如一绪，变化～，无迹可寻。” ❸ 笼统；含混。宋《朱子语类》卷五一：“程子说‘仁者，天下之公，善之本也’固是好。然说得太～，只恐人理会不得。”明苏信《重刊晦庵先生文集序》：“盖濂溪洛关词犹～，朱子则说之详，下学上达，阶森牖豁。”清《镜花缘》八〇回：“往往人用拆字格，都～写出，不像这个拆的这样生动。” ❹ 混同；不加分别。明袁宏道《与朱司理书》：“盖同只见得净不妨秽，魔不碍佛，若合则活将个袁中郎抛入东洋大海，大家～作一团去。” ❺ 浑圆。也指浑圆的器物。明沈鲤《社仓议三》：“不睹夫扑满之为器小器也，状～，惟一口。”刘嵩《题张京尹所献嘉瓜图歌》：“一叶连蜷引～，两壶磊砢连葱蒨。”清弘历《题藏纸扇》：“凉讵秋风将落莫，团惟望月共～。” ❻ 循环。明虞堪《登穹窿山访张袁二道士》：“坐看日月～转，笑指华夷寥廓虚。”

【浑名】 hún míng 外号；绰号。《元曲选·度柳翠》楔子：“世人只识有钱牛，～叫做牛员外。”明《石点头》卷二：“因起了个～，叫卢从吕为卢伯骍，隐着犁牛之子骍且角的意思。”清《飞龙全传》三一回：“凡为大将者，最怕是个浑名，觉有嫌疑。”

【浑闹】 hún nào 胡闹。明《梼杌闲评》二三回：“不一日，七官也倒来了，大家～做一处。”

【浑全】 hún quán 完整；完全。唐杜荀鹤《伤病马》：“只今筋骨～在，春暖莎青放未迟。”宋《朱子语类》卷九七：“如方独处默坐，未曾事君亲，接朋友，然在我者，已～是一个孝弟忠信底人。”《警世通言》卷四〇：“今必须一仙下凡，择世人德行～者，传以道法。”

【浑舍】 hún shè 犹“浑家❶”。《敦煌变文校注》卷五《父母恩重经讲经文(一)》：“学音声，屈博士，弄钵调弦～喜。”宋李石《临江仙》：“～集成千岁会，子孙三世庭闱。”清黄景仁《初四日复雪》：“知君～有同赏，榾柮煴火围地炉。”

【浑身】 hún shēn ❶ 全身；遍体。敦煌词《内家娇》：“～挂异种罗裳，更薰龙脑香烟。”明贾仲明《对玉梳》三折：“两耳火云烧，～冷汗出。”清《红楼梦》二五回：“～火炭一般，口内无般不说。” ❷ 指自身；身体。唐庞蕴《出家舍烦恼》：“～总是佛，迷人自不悟。”《五灯会元》卷二〇《龟峰慧光禅师》：“数日暑气如焚，一个～无处安着，思量得也是烦恼人。”清《豆棚闲话》一〇则：“管家道：‘怎么不沉下去？’船家道：‘个些人～是海螵蛸样的，那亨肯沉呀。’” ❸ 指全身塑像。元《三遂平妖传》一三回：“蛋子和尚摄了个巧匠的生魂，闭于楼下，一夜塑成三个～，极其相似。”清李玉《清忠谱》七折：“苏州人也在半塘盖造一祠，又在虎丘塑一魏太监的～。今日是毛抚台与李太监作主，迎接这～送入祠堂。”❹ 替身。元高明《琵琶记》九出：“三场尽是～代，一个全然放屁龟。” ❺ 整个；完整；整体。明《警世通言》卷二二：“就是这只船本也值几百金，～是香楠木打造的。”清孔尚任《桃花扇》三八出：“〔丑看介〕你看衣裳里面，～朱印。〔生〕待俺认来。〔读介〕钦命总督江北等处兵马内阁大学士兼兵部尚书印。”清《豆棚闲话》一〇则：“再说一个老白赏叫做贾敬山，自幼随着主人书房伴读，文理虽未懂得，那一派文疯却也～学就。” ❻ 同“浑深”。清《醒世姻缘传》三二回：“嫂子，你是也使了些谷，～替你念佛的也够一个万人。”又三六回：“破着我再替你当四五年家，你～也历练的好了，交付给你。”

【浑深】 hún shēn 副词。横竖；反正。清《醒世姻缘传》一九回：“我破着活不成，俺那汉子～也不饶过你，叫你两个打人命官司。”又八〇回：“我也有房屋地土，～走不了我。”

【浑是】 hún shì 同“浑深”。清《醒世姻缘传》七二回：“俺闺女养汉来？没帐，～问不的死罪！”又八三回：“～不像你，情管倒穿不了！”

【浑水】 hún shuǐ 比喻不清不白的境地。明《醒世恒言》卷一五：“倘被人知觉，莫说师兄走不脱，只怕连我也涉在～内。”袁于令《西楼记》二四出：“不如乘此匆忙之际，解维而返，省得也在～中。”清《珍珠舶》二回：“任你做得隐藏，只怕瞒不到底。倒不如拖在～，塞住了他的口。”

【浑汤】 hún tāng 比喻不清楚的思路。清《歧路灯》六八回：“张正心道：‘我伯未曾命名，也就没个名子。’梁氏道：‘你伯近日也浑了汤，竟是顾不到正经事上。’”

【浑同】 hún tóng ❶ 混同；等同；统一。唐澄观《大方广佛华严经随疏演义钞》卷六：“既不判屈曲之浅深，便令多法～无别。”按，一本作“混同”。牛僧孺《秦黄州录事参军张绍弃妻状》：“非特衣服饮食，贵贱～，兼亦待遇等威，衽席颠倒。”《旧五代史·唐书·明宗纪四》：“今则载戢干戈，～书轨。” ❷ 浑似；如同。元马致远《哨遍·张玉岩草书》：“声清恰似蚕食叶，气勇～猊抉石。”明贝琼《次韵邵雰谷暮春》：“处士～郑子真，水南结屋与山邻。”清《说唐后传》一〇回：“忙忙好似丧家犬，急急～漏网鱼。”❸ 总共；统算在一起。清《醒世姻缘传》三四回：“多少哩！～一小沙坛子钱，没多些银子。”

【浑头】　hún tóu　酒的混浊程度，也指质量较差的浊酒。宋朱肱《酒经》卷下："造酒寒时，须是过熟，即酒清数多，～白醇少。"耐得翁《都城纪胜》："罗酒店，在山东、河北有之，今借名以卖～，遂不贵重也。"陆游《村饮》："野店～更醇醲，一杯放手已醺然。"

【浑脱】　hún tuō　❶ 原指完整地脱剥（动物的皮）。唐代借指一种形状特别的帽子，以及由头戴这种帽子的人表演的舞蹈或排成的舞队。唐张鷟《朝野佥载》卷一："唐赵公长孙无忌以乌羊为～毡帽，天下慕之。"李筌《太白阴经》卷五："随筵乐例：大鼓、杖鼓、腰鼓、舞剑、～、角抵。"清《隋唐演义》三一回："试看玉人～舞，梨花满院不扬尘。"　❷ 北方民族用整张动物皮制成的革囊或皮袋，用作容器或渡河的浮囊。唐李筌《太白阴经》卷四："浮囊以羊～皮吹气令满，紧缚其孔，缚于胁下，可以渡也。"明张瀚《松窗梦语》卷三："惟牧驼马牛羊，食其肉，衣其皮，取其血乳置～中酿之月馀，名打酪酥。"清弘历《过蒙古诸部落》之七："折杨共炙倾～，醉趁孤鸿马上飞。"　❸ 浑然天成；纯熟。宋叶適《答刘子至书》："若由此进而不已，～圆成，继两大家，真为盛矣。"元方回《瀛奎律髓》卷二〇评尤袤《梅花》诗："此八句诗，却如～铸成。"清唐右曾《莽式歌》："双童夹镜技～，晚出绝艺惊老苍。"　❹ 全都去掉。元刘岳申《兰雪斋记》："远迹尘外，有蝉蜕富贵，～声利，离去世俗，迥立幽独之意。"明汤显祖《牡丹亭》四七出："近时人家首饰～，就一个盔儿，要你南朝照样打造一付送我。"

【浑衣】　hún yī　和衣；穿着衣服（睡卧）。金张本《九日月中对菊》之五："一书草就～卧，恨煞东方不肯明。"明《金瓶梅词话》七五回："只见妇人已脱了衣裳，摘去首饰，～儿歪在炕上。"清《霓裳续谱·佳人盼才郎》："不怕地下凉，～儿躺下。"

【浑帐】　hún zhàng　❶ 敷衍；应付。明徐阳辉《脱囊颖》四折："精～，精～，谁曾把先生让？"清《绣鞋记》三回："诵甚么经，念甚么佛，分明支吾～，借端想赚人钱。"　❷ 胡乱；随便。也指随便走走。明《型世言》一二回："只得～寻了半日，也没心想再看，忙叫了两个驴回家。"清《醒名花》六回："怎当得高公只把禁子张旺，虚张声势，并不着意追捉，～回了他几次，他也没奈何高公。"《凤凰池》六回："西湖里游人最多，不免到那里去～～罢。"　❸ 糊涂；不明事理。也称糊涂的人，含贬义。明《醋葫芦》一一回："那冷祝原是～的人，那里把此事放在心上。"清《醒世姻缘传》三回："晁大舍这个～无绪官人，不说你家里有一块大大的磁石，那针自然吸得拢来，却说：'杨古月真真合咱相厚，不惮奔驰。'"又六回："谁知晁大舍弃舍了计氏，用八百两取了珍哥，瞒得两个老～一些不知。"　❹ 低劣；不上档次。清《醒世姻缘传》四回："园内也还有团瓢亭榭，尽一个宽阔去处。只是俗人安置不来，摆设的像了东乡～骨董铺。"又二二回："或是那～酒一坛，值不的三四钱银子，成八九钱的算帐。"　❺ 用作詈词。清《醒世姻缘传》三回："浓包忘八！～乌龟！一身怎当二役？"

【浑账】　hún zhàng　同"浑帐❶"。明《梼杌闲评》六回："那先生不过是村学究～而已，每日三人寻壶烧酒，把先生灌醉了，听他们闲游放荡。"

【餫饨】　hún tun　❶ 同"馄饨❶"。《太平广记》卷三四〇引《通幽录》："朱十二母在盐官县，若得一顿～，及顾船钱，则不来。"明李时珍《本草纲目》卷三上："水谷痢、小儿疳痢，（樗白皮）并水和作～煮食。"　❷ 糊涂。明《西洋记》二七回："任是移星转斗擎天手，也要做个懵懂痴呆～人。"

【馄饨】　hún tun　❶ 一种面食。用菱形薄面皮中间裹馅，馀下的面皮两端捏拢成环状。唐段成式《酉阳杂俎》卷七："今衣冠家名食，有萧家～，漉去汤肥，可以瀹茗。"元姚守中《粉蝶儿·牛诉冤》："或是包馒头待上宾，或是裹～请伴侣。"清《儒林外史》一四回："锅里煮着～，蒸笼上蒸着极大的馒头。"　❷ 指馒头。明谢肇淛《五杂组》卷一一："饼，面餈也。《方言》谓之～，又谓之餦。然～即今馒头耳，非饼也。京师谓之馍馍。"　❸ 黑话。像煮馄饨那样把人投入水中淹死。元明《水浒传》三七回："你若要吃～时，你三个快脱了衣裳，都赤条条地跳下江里自死！"清《幻中游》一五回："那贼道：'银子是要拿的，这个～汤你也是要吃了。'那一个贼道：'夜未甚深，江上打渔的还未散尽，俟四更后送他去未迟。'"　❹ 像包馄饨那样地（把身体折弯手足捆在一起）。清《醒世姻缘言传》八八回："吕祥还待支吾强辩，扬州番役把吕祥的衣服剥脱干净，～捆起。"又九六回："将你上下内外衣裳剥脱罄尽，将手脚～捆住，丢在江心！"　❺ 犹"浑帐❸"。明汤显祖《邯郸记》三〇出："却怎生风鼓鞴，一锅儿吹醒睡～？"　❻ 犹"浑帐❹"。清《豆棚闲话》一〇则："主人头上云巾、山蛮道袍、大红云履，同着阊门弄里～书铺两个乡亲，一路打着乡谈，走上山来。"　❼ 犹"浑帐❺"。明《金瓶梅》一回："贼～，不晓事的！"清《后水浒传》一二回："你这该死的贼～！"　❽ 即"浑脱❷"。清余庆远《维西见闻记》："～，即《元史》所载革囊也。不去毛而趸剥羖皮，扎三足，一足嘘气其中，令饱胀，扎之，骑以渡水。本蒙古渡水之法，曰皮～。"

【魂床】　hún chuáng　即"灵床"。明《拍案惊奇》卷一七："我见孝堂中有张～，且是帐褥铺设得齐整。"

【魂旦】　hún dàn　戏曲中的女鬼角色。《元曲选·倩女离魂》二折："〔～相见科，云〕王生也，我背着母亲，一径的赶将你来。"明汤显祖《牡丹亭》二七出："〔～作鬼声，掩袖上〕"清洪昇《长生殿》二七出："〔～白练系颈上，服色照前《埋玉》折〕"

【魂兜】　hún dōu　即"魂轿"。兜，兜子，一种简易的轿。清《生绡剪》九回："三言两语，便喝声'打轿'，登上～去了。"按，例句用作对轿子的恶称。

【魂幡】　hún fān　即"引魂幡"。元宫天挺《范张鸡黍》三折："母亲伴～即便回，婶子共侄儿休落后。"明唐复《凌波仙·春游》："有情人难上难，姻缘簿扯做了～。"清《醒世姻缘传》七四回："薛素姐身穿重孝，手执～，不止佛前参拜，且跟着姑子街上行香。"

【魂轿】　hún jiào　即"引魂轿"。宋《朱子语类》卷八九："先生葬长子丧仪，铭旌，埋铭，～。柩止用紫盖，尽去繁文。"明《金瓶梅词话》六五回："后晌回灵，吴月娘坐～，抱神主魂幡。"清《红楼复梦》九回："你就到杠房里去，定下二十对长幡，二十对大伞，两个亭子，一乘～。"

【魂楼】　hún lóu　墓葬的封土。宋陶穀《清异录》卷下："葬处土封谓之～，凡两品，一如平顶炊饼，一如倒合水桶，上作铜锣形。"

【魂马】　hún mǎ　丧仪中纸扎的马，供亡魂乘坐。明《朴通事谚解》卷下："花果、酒器、家事都装在桌儿上抬着，又是～、衣帽、靴带之类。"

【魂帕】　hún pà　戏剧中鬼魂角色戴的巾帕。清洪昇《长生殿》三七出："〔贴〕土地，杨妃魂灵何在？速召前来，听宣玉敕。〔副〕领法旨。〔下，引旦去～上，跪介〕"

【魂牌】　hún pái　即"灵牌❶"。清《玉蜻蜓·认母》："那志贞，又从房中搁板上取下一只拜匣，开了三黄，取出一块小小木牌。〔旦白〕吓，儿喇，这就是你爹爹～吓。〔生〕是。解元双接过，但见上面有细字写道：'明故府庠生贵升申分之灵位'。"袁枚《子不语》卷一五："道场中设女～于殿之西侧，每日吴髯妻设席亲祭。"

【魂亭】 hún tíng 丧仪中安放魂牌的纸扎亭子。宋陆游《放翁家训》:"近世出葬,或作香亭～寓人寓马之类,一切当屏去。"清《醒世姻缘传》九七回:"分明亦见吴推府戴着～样绉纱巾子,穿着银红秋罗道袍,朝了墙看。"

【魂子】 hún zi 杂剧中扮演鬼魂的角色。元孔文卿《东窗事犯》三折:"〔正末扮岳飞～引二将上,开〕某三人自秦桧屈坏了俺。"《元曲选·昊天塔》一折:"〔正末扮杨令公同外扮杨七郎～上云〕老夫杨老令公是也。"

hùn

【诨】 hùn ❶诙谐逗趣的话。宋陈师道《后山谈丛》卷四:"既而坐事贬官湖外,过黄而见苏,寒温外,问有新～否?"元李伯瑜《小桃红·磕瓜》:"兀的般砌末,守着个粉脸儿色末,～广笑声多。"清《隋唐演义》九五回:"积薪把上项事奏闻,黄幡绰在旁,听了插～道:'弈称手谈,那家妈妈媳妇,却又口著。'" ❷逗趣;开玩笑。明邵璨《香囊记》三出:"〔丑〕我又要一个白里白。〔末〕梨花院落溶溶月,这便是白里白。〔净〕我要个白、白、白。〔末〕～不过三。"凌濛初《宋公明闹元宵》二折:"低声厮～,含娇带嗤。"《醋葫芦》一九回:"子都渐有轻狂态度,青苹也便厮～。" ❸戏剧逗趣的表演。也指做这样的表演。元曾瑞《一枝花·买笑》:"能清歌妙舞捱时霎,会受～承科度岁华。"明沈自徵《霸亭秋》:"〔拜介,俫亦拜介打筋斗～介〕"清方成培《雷峰塔》六出:"〔丑摇船唱《杭州歌》～介〕" ❹欺瞒;哄骗。明《西湖二集》卷二九:"现在房中藏了一位小娘子,特瞒着老身,反来作～!"清孔尚任《桃花扇》二〇出:"文章假,功业～,逢场只合酒沾唇。"《情梦柝》五回:"夫人走到左厢廊下,早已望见。唤住道:'你进来做甚么?'楚卿～一句道:'要问朱妈妈讨个针用。'"

【诨臣】 hùn chén 犹"诨官"。《宋史·乐志十七》:"队舞之制,其名各十……五曰～万岁乐队。"

【诨官】 hùn guān 伶官;乐工。元杨维桢《渔樵谱序》:"遗山天籁之风骨,花间镜上之情致,殆兼而有之。盖风骨过酋则邻于文人诗,情致过媟则沦于～语也。"清厉鹗《事物异名录》卷九引《唐书》:"乐工曰诸臣、～。"

【诨裹】 hùn guǒ 一种教坊、杂剧伎人戴的头巾。也指戴这样的头巾。宋孟元老《东京梦华录》卷九:"教坊色长二人,在殿上栏杆边,皆～宽紫袍,金带义襕。"耐得翁《都城纪胜》:"杂剧部又戴～,其馀只是帽子幞头。"《宋史·乐志一七》:"五曰诨臣万岁乐队,衣紫绯绿罗宽衫,～簇花幞头。"

【诨号】 hùn hào 同"浑号"。明《禅真逸史》二四回:"目下遇了一个晦气星,是巷口桑参将的公子桑嘉,～叫做皮筋。"清《续金瓶梅》三〇回:"或是把客人杀了,或是捆成粽子样,丢在长江里去,因此～叫做铁篙子杨艄公。"《日下旧闻考》卷一六〇引《两朝识小录》:"其曰二十四气者:杀气吴甡,棍气孙晋……尸气钱元悫,各有～。"

【诨话】 hùn huà ❶谑话;玩笑话。特指戏剧、曲艺表演中说的玩笑话。宋陈鹄《耆旧续闻》卷三:"坡至都下,就宋氏借本看。宋氏诸子不肯出,谓东坡滑稽,万一摘数语作～,天下传为口实矣。"《三朝北盟会编》卷三一:"每人禁中为柔曼之容,效俳优～,以说上意。"清《豆棚闲话》六则:"船已渐退,那管家道:'大和尚立在水口,望去止有七八寸长了,请相公放下裙子罢。'只因和尚叫得大了,所以嘲他,这是～。" ❷胡说;瞎说。明梅鼎祚《昆仑奴》一折:"〔众〕你叹气也无益,可知道丙丞相不问牛喘。〔昆仑〕一发～!"汤显祖《紫箫记》一二出:"〔四娘〕你怎的答他?〔樱桃〕俺说他的心怎的问我!问取粘腰细衣,来时有些湿。〔四娘〕～!" ❸谎话;骗人的话。明《东度记》九五回:"你们躲在庙中,希图脱去,又说这～哄了我去。"《西游补》三五回:"我看这老头子,是一派骗人虚头～,便是师父一齐去,他定有法儿骗你。"《石点头》卷八:"汪商道:'小子是徽商水客,向在荆州。遇了吾剥皮,断送了我万金货物……'这几句～,惊得吾爱陶将手乱摇道:'不晓得。'" ❹含糊的话;支吾的话。明《古今小说》卷一四:"按陈抟寿止一百十八岁,虽说是尸解为仙去了,也没有一睡八百年之理。此是～,只是说他睡时多,醒时少。"清《珍珠舶》一〇回:"但那卜者许我,别有一番际遇。据我想起来,只此信宿而归,不知际遇在那里?眼见得又是不足信的～了。"《隋唐演义》五八回:"秦王见了笑道:'我自征讨王世充,与汝何干,却越境而来,犯我兵锋?'建德也没得说,说几句～道:'今不自来,恐烦远取。'"

【诨家】 hùn jiā 犹"诨官"。清吴绮《普天乐》:"我本是排场～,撮空博戏,紧遇看个剪绺生涯。"

【诨名】 hùn míng 同"浑名"。宋陶穀《清异录》卷上:"予阳翟庄舍左右有田老者,不为欺心事,出言鲠直,～撞倒墙。"明沈璟《义侠记》二二出:"自家从幼学得些枪棒,孟州人题我一个～,叫做金眼彪。"清《野叟曝言》四六回:"有一结义哥哥,时常求乞,～铁丐。"

【诨砌】 hùn qì 做谐谑表演。宋张炎《蝶恋花·题末色褚仲良写真》:"济楚衣裳眉目秀,活脱梨园子弟家声旧。～随机开笑口,筵前戏谏从来有。"

【诨人】 hùn rén 犹"诨官"。宋龚明之《中吴纪闻》卷六:"故花纲旁午于道。一日内宴,～因以讽之。有持梅花而出者,～指以问其徒曰:'此何物也?'应之曰:'芭蕉。'"

【诨耍】 hùn shuǎ 打诨耍笑。明杨柔胜《玉环记》二出:"你不说响字,万事全休;你若说响字,计个～。"汤显祖《紫箫记》二〇出:"却被十郎使得东去西去,除了夜间,日间再不能够同睡睡;到不如乌儿两口,镇日在灶前灶后～。"

【诨语】 hùn yǔ 犹"诨话❶"。宋陈长方《步里客谈》卷下:"退之传毛颖,以文滑稽耳。正如伶人作戏,初出一～,满场皆笑。"明陈汝元《金莲记》一二出:"一个要把谑谈～拨转瞳神,一个须将哑谜微言提醒梦幻。"清《情梦柝》一六回:"此人年纪、相貌,与弟无二,同学中朋友,起我两个～:'古胡与口吴,认得也模糊。'"

【诨帐】 hùn zhàng 同"浑帐❷"。明沈璟《义侠记》四出:"已到岗子上,为何不见什么大虫?这厮们都是胡说!连那官府榜文也是～。"张景《飞丸记》七出:"起初羞辱了一场,后来温存了半晌。是非既已明白,号令只宜～。"

【诨子】 hùn zi ❶契丹歌手。《续资治通鉴长编》卷一一〇:"(契丹)有～部百人,夜以五十人番直,四鼓将尽,歌于帐前,号曰聒帐。每谒木叶山,即射柳枝,～唱番歌前导,弹胡琴和之。" ❷一种热烈的乐曲。宋吴自牧《梦粱录》卷三:"教乐所伶人以龙笛腰鼓发～,参军色执竹竿拂子奏俳语口号祝君寿。"

【混】 hùn ❶苟且过活;苟且度过。唐李白《行路难》:"含光～世贵无名,何用孤高比云月。"宋叶適《祭徐子宜侍郎文》:"以医自～,以药自鬻。"清《白雪遗音·耐时》:"稀量糊涂往前～,虚度光阴。" ❷(在水中)翻腾;搅动。《大宋宣和遗事》前集:"青面兽杨志,～江龙李海。"《元曲选·马陵道》三折:"若有风雷际会时,敢和蛟龙～沧海。"《西游记》八三回:"上天撞散万云飞,下海～起千层浪。" ❸扰乱;搅扰。元《七国春秋平话》卷中:"自燕兵～散齐兵，臣领五百军在山林之间屯驻。”明《西游记》五九回：“如火淬水，接声滚沸；若无鼓角之声～耳，即振杀城中小儿。”清《聊斋俚曲·磨难曲》：“还有两个未完的，众人说咱不要～他。” ❹ 支吾；应付；敷衍。《元曲选·虎头牌》一折：“则见他左来右去再说不出甚亲人。为甚么叨叨絮絮占着是迷丢没邓的～？为甚么獐獐狂狂便待要急张拒遂的褪？”清《玉蜻蜓·问卜》：“咯句说话，又弗便说个，也罢，让我～子过去罢。”《歧路灯》四四回：“看着回来愈增羞耻，又图～过一时，只是在亳州憨等。” ❺ 蒙混；哄骗。明《西游记》七四回：“有甚话，当面来说便好，怎么装做个山林之老魔样～我！”袁于令《双莺传》二折：“两个新到的女客，认得什么？待我寻两个来，～他一～！”清《儒林外史》三回：“你晓得我今日没有米，要卖这鸡去救命，为甚么拿这话来～我？” ❻ 随便；胡乱。明《拍案惊奇》卷三五：“怪道他平日一文不使，两文不用，不舍得～费一文。”清李渔《闲情偶寄》卷九：“字则必用剞劂，各有所宜，～施不可。”《霓裳续谱·女大思春》：“我是初生的牛犊儿不怕虎，满屋里～顶人。” ❼ 指在一起生活或相处交往。清《聊斋俚曲·增补幸云曲》：“你若到了安身处，也念念火坑受罪人，休忘了从小一处～。”《红楼梦》二六回：“他在里头～了两日，他却把那有名人口认记了一半。”《歧路灯》二七回：“贤弟，再休要～这土条子，丢了身分。” ❽（一起）玩；耍。明《西游记》四四回：“我欲下去与他～一～，奈何单丝不线，孤掌难鸣，且回去照顾八戒沙僧，一同来耍耍。”《金瓶梅词话》五〇回：“一个叫赛儿，都不上十六七岁。交小伴当在这里看着，咱们～一回子去。”清《情梦柝》一九回：“思量要腾身去与他～～儿，又恨自己没有那话儿。” ❾ 同“浑❷”。明《西游记》六〇回：“拿了一条～铁棍，出门高叫道：‘是谁人在我这里无状？’”

【混榜】 hùn bǎng　宋代公布进士考试座位的名榜。混，表示位次不分高低。宋李攸《宋朝事实》卷一四：“必恐恩归有司，则宜如天圣二年贡举先令考定高下，以～引于殿廷，然后赐第。”洪迈《夷坚志》甲卷九：“独未晓‘逢州便得’之语。及坐图～出，纺名之左一人姓冯，右一人姓周，是岁遂登第。”高承《事物纪原》卷三引《宋朝会要》：“引试进士，预令于贡院纳案子。试前一日，贡院出榜晓示逐人排坐位处所，则引试之有坐位榜自此为始，今亦为之～。”

【混缠】 hùn chán　过分纠缠。明汤显祖《牡丹亭》三二出：“今宵不说，只管人鬼～到甚时节？”清陈端生《再生缘》六〇回：“国丈亭山太可嗔，三番两次～人。”《儒林外史》一九回：“你在客边，要做些有想头的事。这样人，同他～做甚么？”

【混场】 hùn chǎng　入科场考试的谦词。清《红楼梦》一一八回：“就拟几个题目，我跟着叔叔作作，也好进去～。”

【混尘】 hùn chén　混俗；在尘世中混同俗人。宋苏轼《席上代人赠别》之二：“天上麒麟岂～，笼中翡翠不由身。”明李攀龙《送元美》：“～安取金跃冶，养锐更羞锥处囊。”汤显祖《邯郸记》三出：“只因前生道缘深重，此生功行缠绵。性颇～，心存度世。”

【混渎】 hùn dú　扰乱；胡搅。明《于少保萃忠全传》一一传：“这样没头公事，也来～！”清雍正九年二月初六日刘世明奏文：“臣愚昧无知，于奏折中夹杂套语，～圣聪。”《儒林外史》四〇回：“沈大年既系将女琼枝许配宋为富为正室，何至自行私送上门，显系做妾可知。架词～，不准。”

【混沌】 hùn dùn　❶ 形容浑然一体。唐孙思邈《四言诗》：“一体～，两精感激。”宋严羽《沧浪诗话》：“汉魏古诗，气象～，难以句摘。”清《十二楼·十卺楼》二回：“及至到云收雨散之后，问他这～之物忽然开辟的来由，那女子说明就里，方才知道换了一个。” ❷ 混浊；昏暗；含混不清楚。唐王维《送李补阙充河西支度营田判官序》：“拜首汉庭，驱传而出。穷塞沙碛以西极，黄河～而东注。”明《西洋记》九四回：“这三五年后，却～了一场。这五七日中间，才见天日。”清陈端生《再生缘》五七回：“看他面貌何曾像？听彼言词倒似真。～后来难辨白，朝廷竟，将伊交付与门生。” ❸ 搅乱；扰乱。《敦煌变文校注》卷一《伍子胥变文》：“共子争妻，可不惭于天地！此乃～法律，颠倒礼仪。” ❹ 犹“浑帐❸”。唐刘禹锡《祭韩吏部文》：“昔遇夫子，聪明勇奋。常操利刃，开我～。”《元曲选·倩女离魂》三折：“一会家精细呵使着躯壳，一会家～呵不知天地。” ❺ 犹“浑帐❹”。元明《水浒传》二四回：“～浊物，我倒不曾见日头在半天里，便把着丧门关了。”明《金瓶梅词话》一四回：“呸，魍魉～！你成日放着正事儿不理，在外边眠花卧柳。”

【混鬼】 hùn guǐ　糊涂虫。清《续金瓶梅》四六回：“却说王不骄是一好酒～，嫖了一宿，回家看看底衣襟内封的题目，不知落在那里去了。”

【混棍】 hùn gùn　材质单纯（纯木或纯铁）的棍。元明《水浒传》二七回：“两声破鼓响，一棒碎锣鸣，犯由前引，～后催。”又六三回：“狼牙～手中拈。”又七六回：“舞起狼牙～，直取陈翥。”

【混号】 hùn hào　犹“浑名”。清《平定台湾纪略》卷二八：“查蔡福～辽东仔，最为凶悍。”《红楼梦》四八回：“谁知就有一个不知死的冤家，～儿世人叫他作石呆子。”《说唐三传》二七回：“只为生长西番，而又黑丑，～母天蓬。”

【混耗】 hùn hào　打扰；骚扰。金《董解元西厢记》卷二：“俺又本无心，把你僧家～。甚花唇儿故来相恼？”

【混话】 hùn huà　❶ 胡说；说荒唐无理的话。明单本《蕉帕记》八出：“〔生〕你你说将起来，你是假的？〔小旦〕假的倒强似真的。〔生〕～！”清《醒世姻缘传》七九回：“～的！买了人家孩子来，数九的天不与棉衣裳穿，我看拉不上，努筋拔力的替他做了衣裳，不自家讨愧，还说长道短的哩！”《玉蜻蜓·游庵》：“大爷，休多～，请里面来。” ❷ 瞎话；捏造的、骗人的话。明《警世通言》卷一五：“说姐夫床下赃物，实是～，毫不相干。”清《红楼梦》六六回：“原有些真的，叫你又编了这～，越发没了捆儿。”《飞龙全传》一四回：“你这些～骗谁？吃了许多钱去，将这一些儿东西抵押，吾们要他来何用？” ❸ 昏话；糊涂话。明《金瓶梅词话》四三回：“你看这妈妈子说～。这里不见的，不是金子，却是什么？”《醋葫芦》八回：“成茂道：‘人是在那边，只小人不曾见得来。’成珪道：‘好～！敢是醉了。’”清陆陇其《松阳讲义》卷九：“明季讲家有云：‘切切偲偲怡怡’六字成文，如‘温良恭俭让’五字拆开不得。此等～，俱是从皮肤上起见。” ❹ 语义含糊的话。明《西洋记》九七回：“道人说道：‘元帅自家心上明白就是。’元帅道：‘心上明白是个～，我那里晓得。’”又：“道人说道：‘元帅老爷，你自家心上明白就是。’老爷道：‘你只说个～，何不明白说将出来。’” ❺ 混账话；无礼的话。清《隋唐演义》六二回：“那妇人见是一个标致后生，便变脸发话道：‘你这个人钻进来说甚～，快些出去便休。不然，我叫地方来把你送到官府那边去。’”《野叟曝言》三〇回：“不是我吃了你的酒，还说你不是；但不该说这些～，实在难听！”《红楼梦》二三回：“好好的把这淫词艳曲弄了来，还学了这些～来欺负我。” ❻ 支应敷衍的话。清《儒林外史》四六回：“知道他的迂性呆气发了，讲些～，支开了去。”《飞龙全传》一回：“目今世上的医卜星相，都是专靠这些浮词～，奉承得人心窝儿十分欢喜。”

【混混】 hùn hùn　❶ 糊涂；昏沉。唐孟棨《本事诗·嘲戏》：“只缘心～，所以面团团。”宋刘辰翁《水调歌头·寿晏云心》：“偶得洞宾像，～起相从。”清《说唐后传》一二回：“这三人杀到四十回合，罗通两臂酸麻，头晕～，正有些来不得了。” ❷ 含混；含糊。清《醒世姻缘传》六〇回：“狄周媳妇连忙答应，说是：‘害身上疼，还没起来哩。’相大妗子～着也就罢了。”《歧路灯》八〇回：“张家一做仆人，子孙难以抬头。只是装糊涂，想着～的结案。” ❸ 闹哄；搅混。清《醒世姻缘传》四五回：“～着天待中黑上来，薛、连二位夫人又到了素姐屋里，大家又劝说了他一会。”又一〇〇回：“～了两日，打发了这伙婆娘回了家。”《红楼梦》一一〇回：“我们看那宝二爷除了和奶奶姑娘们～，只怕他心里也没有别的事。” ❹ 苟且度日。清《红楼复梦》二回：“就在这奈河桥边开个茶店，随便赚几个钱～，倒也自在。”

【混践】 hùn jiàn 胡乱践踏。用作谦词，犹言搅扰、打搅。《元曲选·连环计》二折：“〔吕布做呕科，云〕吕布酒醉了，～华堂，岂不得罪？”又《荐福碑》一折：“长者，小生在此多多～。”《元曲选外编·黄花峪》四折：“且时住，暂停留，～您些儿改日为友。”

【混搅】 hùn jiǎo ❶ 混合搅拌。宋《九朝编年备要》卷二〇：“置大盆于前，凡馈食者，羹饭饼饵悉投其中，以杓～之，饲之如犬豕。” ❷ 搅乱；纠缠不清。明高攀龙《答泾阳论儒佛善字不同》：“韩子曰：‘彼以煦煦为仁，孑孑为义，其小之也’固宜，如佛氏所谓善，其无之也，亦宜，乃欲将来～圣学，澌灭理义，真大乱之道。”清何焯《义门读书记》卷三：“只主区分雅颂，方使题中各字有着落；不可以‘南’与‘风’～，侈其烦富。” ❸ 胡乱搅闹；瞎掺和。明《拍案惊奇》卷二六：“今夜若不是我伴住他，只如昨夜～，大家不爽利。”清《红楼梦》六七回：“你不用在这里～了。咱们到宝姐姐那边去罢。”《红楼复梦》八回：“你别在我这儿～，你去找你的心上人儿罢。”

【混赖】 hùn lài ❶ 用蒙混手段图占别人的东西或功劳。《元典章·刑部十六》：“既是贾珍赍到马千户关文，止是迟下，不合作本人隐匿关文，～庄田。”《元曲选·薛仁贵》一折：“你就要～他的功劳，这个岂是小事，好～的？”清《后水浒传》八回：“你将公子这些珍珠藏匿，推说包肚破碎，希图～。” ❷ 蒙混；抵赖。《元曲选·看钱奴》二折：“纳了利从头儿再取索，还了钱文书上厮～。”明《二刻拍案惊奇》卷二八：“僧人明知事已露出，～不过，只得认道：‘委实杀了妇人是的。’”清靳辅《减差节省驿站钱粮疏》：“一经驳查，伊等惟有～，岂肯自吐真情。” ❸ 诬赖；把责任或过错硬推在别人头上。清《红楼梦》六一回：“前日那两篓还摆在议事厅上，好好的原封没动，怎么就～起人来？”《姑妄言》六回：“你认真了。自作孽自当，不要～无辜。”

【混乱】 hùn luàn ❶ 搅乱；使混乱。唐刘肃《大唐新语》卷二：“恨不先打竖子脑破，而令～国经。”明《禅真后史》一六回：“然兵火、饥馑、鬼魅、淫邪～四海，大数已定，无所逃避。”清孔尚任《桃花扇》一九出：“只因高杰无礼，～坐次，我们争个明白。” ❷ 乱哄；闹哄。宋元《古今小说》卷三六：“众人再到马观察家，～了一场。又是王保点点捌捌，在屋檐瓦棂内搜出珍珠一包、嵌宝金钏等物。”清《续金瓶梅》三九回：“或是中国无耻的尼姑，吃斋的邪妇，也都投做徒弟，打扮起来，随众～，那里去辨去！” ❸ 搅扰；打搅。清《隋唐演义》二三回：“小弟知兄今日府中有公干，不敢来～。” ❹ 弄糊涂。清陈端生《再生缘》五三回：“亭山国丈言完笑，～东平忠孝王。喜色已生桃颊上，愁痕还在柳眉傍。” ❺ 胡乱；肆意。清《说唐前传》五四回：“人也不认明白，～就拿。”《天豹图》三九回：“尔这恶花虹，靠了父势，～害人。”

【混名】 hùn míng ❶ 同“浑名”。《元曲选·燕青博鱼》一折：“兄弟是燕顺，生的须发蓬松，只因性子粗糙，众人起他一个～，叫做卷毛虎。”明《西洋记》三回：“那邻居道也不知他的姓名，只是闻得他道是鬼谷子的徒弟，～鬼推。”清雍正二年九月十二日陈世倌奏文：“维翰之父～刘二达，确系邪教头目。” ❷ 通名；混称。明张介宾《景岳全书》卷一：“凡云头风者，此世俗之～。”清毛奇龄《三辅黄图书后》三：“夫魏明之徙金狄即魏明之徙铜盘也。金狄而铜人～也。” ❸ 冒名。清《皇朝文献通考》卷五一：“该省地处偏隅，向学者少。他省人士未免乘机～冒考。”

【混闹】 hùn nào 胡闹。清雍正七年九月三日武格奏文：“即署督查郎阿亦对司道有‘抚院相公果然～，无怪外边议论’之言。”《红楼梦》八一回：“如今他在家中只是和些孩子们～，虽懂得几句诗词，也是胡诌乱道的。”

【混匿】 hùn nì 隐瞒。明祁麟佳《错转轮》一出：“可恶人旁张俊，受了枢密之职，谄附逆贼，杀害忠良。又将姓名～，好歹莫辨。”清《八旗通志》卷三二：“现在满洲旗下者察其壮丁，毋许～。”

【混吣】 hùn qìn 胡说；瞎说。吣，猫、狗呕吐。清《红楼梦》七回：“那是醉汉嘴里～，你是什么样的人，不说没听见，还倒细问！”又六一回：“你少满嘴里～！你妈才下蛋呢！”

【混扰】 hùn rǎo ❶ 搅扰；扰乱。元胡祗遹《道心人心》：“譬如一险径，前半途良人，后半途寇贼，一失执守防护，轻则为贼～，重则为贼戕灭。”明李梅实《精忠旗》九出：“〔兀术、众上，接同混杀，自相～，败下〕”清《万花楼》六二回：“薛德礼冲近喝道：‘来将可是狄青否？’元帅道：‘无名小卒，有目无珠，人也不曾认得，还来～！’” ❷ 打扰。多用作谦词。明《西洋记》五七回：“自从老爷荣任以来，已经三二十载，贫道不曾敢来～。”《禅真后史》二〇回：“琰儿～已久，复承夫人抚爱弥至。”清《都是幻·梅魂幻》五回：“能医爱女之病，使沉疴立起，本宦即将三女招赘为婿，决不食言，揭榜为证；如无妙术，不必～。” ❸ 动荡。明车玺《河汾诸老诗集序》：“房公独取诸老当金元～困郁之中，其词藻风标如层峰荡波，金坚玉莹。”清喻昌《医门法律》卷二：“大风折木，云物～，此之谓郁。”

【混身】 hùn shēn ❶ 蔽身。唐段成式《酉阳杂俎》前集卷一七：“乌贼，旧说名河伯从事。小者遇大鱼，辄放墨方数尺以～。” ❷ 寄身；托身。宋姚勉《豫章新建净社院记》：“当时孔孟之大学未明，无以自适其心，晦其迹，故～于莲社。”明梅鼎祚《昆仑奴》四折：“俺磨勒下降昆仑，～仆隶。” ❸ 同“浑身❶”。明张介宾《景岳全书》卷四四：“浆脓初化，脓未成而～瘙痒不宁者，此恶候也。”《欢喜冤家》二〇回：“杀风景四十八事……口吃人相骂，新女婿～新。”清《歧路灯》三一回：“这谭绍闻早已～抽搐，唇齿齐颤。”

【混堂】 hùn táng 澡堂；浴室。宋周密《癸辛杂识》续集卷下：“鞑靼地面极寒，并无花木……仅有一处开～，得四时阳气和暖，能种柳一株。”明《朴通事谚解》卷上：“孙舍，～里洗澡去来。”清《玉蟾记》三〇回：“见园丁吃过酒，去到～洗澡。”

【混语】 hùn yǔ ❶ 犹“混话❷”。明李梅实《精忠旗》六出：“我看温、懿、莽、操忒忠厚，枉得虚名；人言天地鬼神不可欺，却是～。”《于少保萃忠全传》三五传：“汝教人为叛，罪已深矣。又将牵强～，鼓惑吾夫。” ❷ 犹“混话❺”。清《红楼梦》九回：“他到底念了些什么书！倒念了些流言～在肚子里。”

【混帐】 hùn zhàng ❶ 混淆或抵销账目。比喻混同对待或两下相抵。明《韩湘子》二〇回：“算帐算帐，横风打戗；若肯～，到是了当。”《警世通言》卷二二：“老爷优待他忒过分了，与他同坐同食。舟中还可～，到陆路中火歇宿，老爷也要存个体面。”《欢喜冤家》一三回：“我便取笑他道：‘两下换转了如何？’他说：‘却使不得。纵然你阅人多矣，他是个小妻，两下些～儿罢了。’” ❷ 同

"浑帐❶"。明戚继光《纪效新书》卷四："凡军中惟有号令，一向都被～惯了，是以赏也不感，罚也不畏。"袁于令《双莺传》四折："一面差人去请柳麻子说书，～到天明罢了。"清《生绡剪》四回："大凡事体不提破，只管毛胆大，～得去。不知怎么一经说破，左思右想，便有许多不妥当的所在。" ❸ 搅扰；胡缠。明《金瓶梅词话》五四回："他又把手来影来影去，～得人眼花撩乱了。"《警世通言》卷三二："自从那李甲在此，～一年有馀，莫说新客，连旧主顾都断了。"袁于令《双莺传》六折："妹妹，两日被那两个厌东西，妆做江上两生，～得好不耐烦！" ❹ 苟且度过；瞎混；胡来。明《韩湘子》二六回："若只这般～，一日一日难过了。"《拍案惊奇》卷三五："只在花街柳陌，逐日～，淘虚了身子。"清《风流悟》五回："（初起）还在文社、诗社、酒社里边～，落后就不入好淘，竟同一班无赖偷婆娘。" ❺ 同"浑帐❷"。明《警世通言》卷一五："但平日与吏房相厚的，送些东道，他便～开上去，那里管新参役满。"清《隋唐演义》六〇回："俺家公主这封书，不比寻常书札，不知里边写些什么在上。倘若～投下，那些官吏不知头脑，总递进去。"《生绡剪》一四回："这个不难，室帝常与我们猜拳行令～顽耍的。" ❻ 含糊；没根据；不清楚的。明冯从吾《关中书院语录》："如'玄之又玄，众妙之门'，都是～两可模棱话。"《二刻拍案惊奇》卷三三："众官尽叹伏少师有此等度量，却是少师是晓得过去未来事的。这句话必非～之语。"清《儒林外史》六回："严振先只得～复了几句话，说：'赵氏本是妾扶正，也是有的。'" ❼ 同"浑帐❸"。明高攀龙《讲义》："学者痛自参究，自家做个人，如何容他这等不明不白，不干不净，～过了一生。"清李玉《清忠谱》四折："莫怪我～糊涂，其实弗知凶星吉曜。"《歧路灯》三五回："一对儿糊涂～鬼……没有辞明日席，今日却来的理。" ❽ 无理或无礼。明《醒世恒言》卷三七："这人好～，吃透了许多东西，到说这样冠冕话。"《二刻拍案惊奇》卷二八："而今总是～的世界，我们又不是甚么阀阅人家，就守着清白，也没人来替你造牌坊。"清《红楼梦》一二回："道士～，如何吓我！" ❾ 鬼混；做苟且下流的事。明《禅真后史》一四回："老何惊惶，即将前情吐出。县官笑道：'僧尼～，传甚经典，因奸致死，情迹显然。'"清《儒林外史》五一回："我们在船上住家，是从来不～的。今晚没有人，遇着你这个冤家，叫我也没有法了。" ❿ 苟且；勉强。清《说岳全传》四六回："又有那些小番与他勾搭上了，送些牛肉羊肉与他，～过日。"《隋唐演义》四七回："当炀帝无道时，也只随波逐浪，～过日子。" ⓫ 下流；不正当。清《红楼梦》一四回："不要惹你二爷生气，时时劝他少吃酒，别勾引他认得～老婆。"《歧路灯》六一回："这一场儿，不拿出钱来的，便是有本领的人。"《狄公案》四〇回："若欲干那～事件，此时正当其巧。" ⓬ 同"浑帐❹"。清《聊斋俚曲·增补幸云曲》："你拿黄菊高酒来我吃罢，那～酒我吃他不惯。"《醒世姻缘传》六回："一个～狮猫合个鹦哥子，活宝！倒是狗宝哩！"又二三回："若只顾叫那～匠人摆弄，可惜伤坏了这等美才。" ⓭ 同"浑帐❺"。清《红楼梦》六七回："你们这一起没良心的～忘八崽子！"《万花楼》二九回："轻事重报的戎囊，～的狗王八！"

【混账】 hùn zhàng ❶ 同"混帐❶"。明胡居仁《答顾季时》："其于宗支图，条条款款，决然画得分明，决然不会～也。" ❷ 同"混帐❷"。明《石点头》卷四："如今只好～，那里辨得甚么爷，论得甚么娘。" ❸ 同"混帐❸"。清《飞龙全传》二回："就是我们行院中，若或稍慢了他，轻则打骂，重则破家……今日又来～。" ❹ 同"混帐❼"。清《绿野仙踪》四三回："世上赤手空拳起家的不知有多少，何苦着本村人日逐指指点点，笑议你是憨哥儿、～鬼?" ❺ 同"混帐❽"。清《荡寇志》八七回："如所云'陈希真才有可用，欲以缓功收伏'，此言吾未发，岂汝所得做主，甚属～！"《白雪遗音·打胎》："莫不是，家中贫困没钱财。（不是）。莫不是，阳台未遂你的风流兴。（啐，～）。" ❻ 同"混帐❾"。清《斩鬼传》九回："这色中饿鬼与那私窠妇人，～了一个时辰，方才云收雨散。" ❼ 同"混帐⓫"。清《绿野仙踪》三七回："郑三迎着问候，又到于冰前虚了虚，于冰便知是个～人家。" ❽ 同"混帐⓭"。清《聊斋俚曲·墙头记》："倒不如监生自在，省了那～杂毛。"《绿野仙踪》四四回："我将来和你这～贼乌龟过日月，陪人家睡觉的日子还有哩。"

【混字场】 hùn zì chǎng 苟且胡混的场所。字，按《千字文》的字序排序。清《歧路灯》九五回："在～里，他偏会放肆尖俏，一入了衙门，这身子弯曲，腿儿软和。"

【溷帐】 hùn zhàng 同"混帐❸"。清《平山冷燕》六回："若是全然假冒，敢于轻薄甥女，母舅须尽力攻击，使假冒者不敢再来～。"

huō

【豁】 huō 另见 huò。❶ 割破；破裂。唐李白《大猎赋》："～咽喉以洞开，吞荒裔以尽取。"《元曲选·马陵道》四折："再言语～了这厮口，再言语截了这厮舌。"清《情梦柝》二〇回："破衫儿，少袄襟，袖底～。" ❷ 跨；骑。明《山歌·老人家》："结识私情只结识个俏后生，～得窗盘跳得墙。一声响觉人在房门外，罗帐内无人好听渠争。"清《何典》九回："青胖大头鬼拿了拆屋榔槌，～上虎背，领头先进。" ❸ 洗；泼；溅。明《山歌·笃痒》："姐儿笃痒无药医，跑到东边跑到西。梅香道：姐儿拾了弗烧杓热汤来～～。"《拍案惊奇》卷三四："不去时我把水兜～上一顿水，替你洗洁净了那乱代头。"清《豆棚闲话》一〇则："老一挠起脚来，把水～了强舍一脸。" ❹ 甩；抛。明《型世言》一二回："那掌鞭的～上一声响鞭，那驴子扑剌剌怪跑。"清《野叟曝言》三回："（龙）负痛回头，旋又～过尾来。"《荡寇志》一〇二回："成英马快，已扑到吊桥，手中呼的～出软索挠钩，将吊桥铁索钩住。" ❺ 逃跑。明孙柚《琴心记》二〇出："作些聪明哄他，撞得着时便活。只怕一帖跷蹊，背了药箱便～。" ❻ 扯；掀。清《荡寇志》七五回："希真～去道袍，撇了灯台。"又一一八回："说罢，呼的～开被头，立起身来。" ❼ 钻。清《风流悟》四回："店主人见不是头，连忙～出柜来，往隔壁店里一看，那见个人影儿。" ❽ 挑（tiǎo）；翘。清《野叟曝言》九二回："兵役开看，是十足纹银，口便拉开；把戥子一约，又直～起来，不觉大喜。" ❾ 不惜付出。清《红楼梦》一一〇回："为的是你们不齐截，叫人笑话。明儿你们～出些辛苦来罢。"

【豁邓】 huō dèng 搅和；折腾。邓，即"腾"。清《醒世姻缘传》四八回："我要不～的你七零八落的，我也不是龙家的丫头！"

【豁口】 huō kǒu 缺口。《元史·河渠志三》："修堤三重，并补筑凹里减水河南岸～，通长二十里三百十有七步。"《明史·河渠志六》："硝池水溢，决～，入盐池。"

【豁撒】 huō sǎ 抛撒；挥霍。清《醒世姻缘传》六四回："就是俺婆婆留下的这几两银子，我不～他个精光，我待开交哩?"

【豁脱】 huō tuō ❶ 甩掉。清《说唐后传》一八回："～了衣袖，望着扶梯上赶来。" ❷ 喻指舍弃或落空。清《醒世姻缘传》四二回："那典屋的人贪价贱便宜，不肯～。"又六七回："等了二日不来，看看的知道有些～；等到三日不见狄家人到，艾前川自己已是又焦又悔。"

【豁子】 huō zi 口子；破裂处。清《粉妆楼》一二回："只听得一声滑喇，将沈谦的紫袍刺了一个五寸长的～。”

huó

【和必斯】 huó bì sī 即“火不思”。元陶宗仪《辍耕录》卷二八：“鞑靼乐器如筝、秦、琵琶、胡琴、～之类，所弹之曲与汉人曲调不同。”

【和剌】 huó là 搅和；掺和在一起。明《金瓶梅词话》七三回：“人也不知死那里去了，偏有那些佯慈悲假孝顺，我～不上。”

【和揉】 huó róu 在粉状物中加液体调匀揉合。宋王巩《王氏谈录·李廷圭墨》：“公又自能造墨，在濠梁彭门，常走人取兖州善煤，手自～，妙为形体。”元方回《瀛奎律髓》卷一八：“北人～酥酪杂物，蜀人又特入白土，皆古之所无有也。”

【活】 huó ❶有生气；有生命。唐杜牧《池州送孟迟先辈》：“烟湿树姿娇，雨餘山态～。”明汤显祖《紫箫记》一三出：“这玉钗刻得双燕儿，就是～的一般。”清《说唐后传》二八回：“那知辽家弟兄不曾见过响箭，认真道是～的，仰着头只看上面。” ❷在活的状态下。敦煌词《鹊踏枝·征夫早归》：“几度飞来～捉取，锁上金笼休共语。”《元曲选·伍员吹箫》四折：“～拿了费无忌，奏凯而回。”清《说唐三传》六二回：“若恃强不还，将你二人～吃。” ❸动；活动；调整。唐白居易《画雕赞》：“轩然将飞，戛然欲鸣。毛动骨～，神来著形。”《元曲选·冯玉兰》二折：“放下跳板，我往岸上～一～脚去。”清《镜花缘》七四回：“俺说个容易的，好～～准头，就是‘朝天一炷香’罢。” ❹灵活；变通。宋《朱子语类》卷五：“理即是性，这般所在，当～看。”元明《水浒传》三〇回：“那叶孔目已知武松是个好汉，亦自有心周全他，已把那文案做得～着。”明《型世言》三一回：“亏他嘴～，倒也不曾吃大没意思。” ❺可流动；可流通。元陶宗仪《辍耕录》卷八：“水出高源，自上而下，切不可断脉，要取～流之源。”清《风流悟》一回：“原来银子是～的，怎么昨日明明在棺材里，今日走在我床下。”《歧路灯》八〇回：“地是死的，银子在手是～的，听说如今花了一百多。” ❻可活动的；不固定的。清《红楼梦》四五回：“上头的这顶儿是～的，冬天下雪，带上帽子，就把竹信子抽了，去下顶子来。”《绿牡丹》九回：“那窗子乃是两扇～的，用搭钩搭着。” ❼泛指各种劳动。《元典章·刑部三》：“既是郝千驴后妻，自合在家作～过日。”明康海《四块玉·自酌》：“趁年和，做庄～，村醪社鼓舞婆娑。”清《醒世姻缘传》七九回：“空吃我这许多时草豆，一星～儿不肯替做。” ❽副词。a）简直；实在。明孙仁孺《东郭记》一九出：“弄得你酒兴颠狂，～把人儿害。”孟称舜《娇红记》五〇出：“这一对鸳鸯，飞翔上下，自初时到今，捕之不得，逐之不去，～是小姐和申官人相亲相依的景象。”清《歧路灯》二二回：“我明日就要起身，赶上大后日封柩罢。真真的～闷怅死了人！”b）活活地；生生地。明汤式《湘妃游月宫·夏闺情》：“谁承望生折了连枝树上凤凰，不提防～刺了并头花底鸳鸯。”汤显祖《牡丹亭》二〇出：“夜夜孤鸿，～害杀俺翠娟娟雏凤。”c）现世现报地。清《红楼梦》四四回：“为这起淫妇打老婆，又打屋里的人，你还亏是大家子的公子出身，～打了嘴了。”

【活宝】 huó bǎo ❶有生命的宝物。明《禅真后史》二二回：“这玉蟹委实是人世上有一没二的～，但不知从何处得来。”清《情梦柝》二〇回：“我这鱼原是～，只可惜不曾游入大海，成龙上天。”《醒世姻缘传》六回：“那日庙上卖着两件奇异的～，围住了许多人看。” ❷比喻或用来称呼被珍爱的人或物。明姚舜牧《重订诗经疑问》卷一：“生有好儿子，秀出等夷，此是～，而金银又不足宝也。”袁于令《西楼记》一六出：“抱住他亲几个嘴，咬他几口，叫几声亲肉俊心肝～夜明珠。”《禅真逸史》四回：“我的～，放撒手些，定要拿班做势，弄得我一身热汗。” ❸谑称可笑的人。清《无声戏》五回：“我且说个试不杀的～，将来作话柄。” ❹隐指情人或性器。明《醒世恒言》卷二三：“女待诏道：‘要～时尽有，只怕夫人不用。’贵哥道：‘夫人正用得着这～。’”清《无声戏》二回：“也有知道他儿子不中媳妇之意，借死宝去代～的。”《白雪遗音·相逢来迟》：“你只道，一个～好东西，我这里偏偏用不着你。”

【活迸】 huó bèng 活蹦乱跳，形容充满活力。清《红楼梦》八一回：“没十来句话的工夫，就有一个杨叶窜儿吞着钩子把漂儿坠下去。探春把竿一挑，往地下一撩，却～的。”

【活变】 huó biàn ❶变通；灵活处置。宋杨士瀛《仁斋直指》卷三：“在智者通其～，岂可胶柱鼓瑟按图索骥也耶！”明王慎中《寄道原弟书》：“为郎官与做外官要通敏～，随时随事斟酌人情，答应发遣。”清《豆棚闲话》三则：“或买福建海板，或置淮扬盐引，相机而行，随我～。” ❷指动弹；挪动位置。明《金瓶梅词话》五一回：“只怕姐夫进来，我每～～儿。” ❸机灵；灵活。明《石点头》五回：“莲房见莫谁何正阻着去路，这丫头到也～，说道：‘小姐手已净了，烧了香去罢。’”清《红楼梦》九九回：“若论灵机，大不似从前～了。”《补红楼梦》四七回：“春香与杜丽娘的身段不同。春香的身段要～，摇摆脚步要轻巧利便。” ❹想办法筹措。明《金瓶梅词话》三一回：“见官摆酒，并治衣服之类，也并许多银子使，一客不烦二主那处～去？”清《醒世姻缘传》一〇〇回：“这滁县通州都是河路马头，离京不远，尽有生意可做，可以～的钱。”

【活便】 huó biàn ❶灵活敏捷；灵活便利。元明《水浒传》二六回：“原来那老儿年纪小时专一剪径，因见小人手脚～，带小人归去到城里，教了许多本事。”明戚继光《纪效新书》卷一四：“学拳要身法～，手法便利。”又《练兵实纪》卷四：“锤剪是否锋利，锤送堪否架机，倏高倏下倏左右是否～。” ❷宽裕；富餘可供调剂的。清《聊斋俚曲·俊夜叉》：“家里有了～钱，柴米油盐般般有。”《歧路灯》五〇回：“谭绍闻现有一千五百银产价，手头～，脸上下不来，事体自然会多，也自然会办。”

【活病】 huó bìng 指妇女的妊娠反应。清《醒世姻缘传》八〇回：“却说寄姐害了这个～，只喜吃嘴。”

【活剥】 huó bō 比喻生硬地套用别人的诗文。唐张鷟《朝野佥载》卷六：“（张狗儿）才士制述，多翻用之，时为之语曰：‘～张昌龄，生吞郭正一。’”清朱彝尊《题李秀才琪枝画梅》：“平生冷笑林君复，～江为两句诗。”

【活撮】 huó cuō 称小儿女。金《董解元西厢记》卷六：“促织儿外面斗声相聒，小即小，天生的口不曾合。是世间虫蚁儿里的～，叨叨的絮得人怎过？”元明杂剧本《酷寒亭》三折：“大浑家新来亡过，题名儿骂了孜孜的唾，骂那无正事颓唆，则待折损杀业种～。”

【活达】 huó da 灵活；灵便。达，词尾。明《西游记》六一回：“他也有七十二变，武艺也与大圣一般，只是身子狼犺些，欠钻疾，不～些。”

【活动】 huó dòng ❶运动；动弹。唐舒元舆《玉箸篆志》：“霜昼照着，疑龙蛇骇解，鳞甲～，皆欲飞去。”《元曲选·东堂老》楔子：“只见他坐了睡，睡了坐，敢是欠～些。”清《隋唐演义》四二回：“不好了！为何地板～起来？” ❷活络；富于动态。唐杨筠松《葬法倒杖》：“可插处，脉情～如横抛之势；当插处，穴情昭著似直撞之形。”明汤显祖《南柯记》三六出：“怎贪他不住的游龟，倒抛除了～的真龙?"清《野叟曝言》八五回:"铃是最～的东西,又最有声响。" ❸ 运行;运转;流动。宋文天祥《和萧秋屋韵》:"星辰～惊歌笑,风露轻寒敌拍浮。"明汤显祖《紫箫记》一七出:"别样机关,～得奇奇怪怪。"清弘历《邹一桂山水画歌》:"层峦半露古佛龛,幕以流云云～。" ❹ 生动;逼真。宋罗璧《罗氏识遗》卷二:"是多少曲折,笔端自然～。"元陶宗仪《辍耕录》卷五:"宫室人物山水花木禽鸟,纤悉俱备。其细若缕,而且玲珑～。"清《红楼复梦》九七回:"设着一架鳌山灯,原来是全本《西游记》,那些妖魔精怪,做的十分～。" ❺ 犹"活便❶"。宋元《醒世恒言》卷三三:"刘官人侧身躲过,便起身与这人相持。那人见刘官人手脚～,便拔步出房。"清《飞龙全传》一一回:"此时美英动弹不得,匡胤的身躯就觉比前～了些。" ❻ 使活动;移动调整。明戚继光《纪效新书》卷一四:"拳法似无预于大战之技,然～手足,惯勤肢体。"高濂《遵生八笺》卷八:"(欹床)上置倚圈靠背如镜架,后有撑放,～以适高低。" ❼ 可活动;能运转。明胡宗宪《筹海图编》卷一三:"其机～,可以低,可以昂。"陆容《菽园杂记》卷一二:"每辐出枸处系一竹筒,但微系其腰,使两头～,可以俯仰。"清《后红楼梦》一八回:"一段段的人物故事,都用头发丝铜丝儿做出各样～的机关。" ❽ 易于运动;滑润。明《一片情》二回:"抽到百十抽外,里面有些水来～,不免隐隐有些响声。"又七回:"见毯内稍有水～些,他便又进二三寸。" ❾ 松动;动摇。明杨循吉《浚河志略》:"又祟明出巨舰相联内向,爬去壅沙,弃于海中。俟其～,仍决坝放水冲之。"清《红楼梦》三九回:"都还好,就是今年左边的槽牙～了。" ❿ 不坚执;有缓和餘地。明《醒世恒言》卷三:"刘四妈已知美娘心中～了,便道:'老身句句是好话。'"清《醒世姻缘传》五〇回:"他还～些,差不多就罢了。西门外汪家当铺也还有,可是按着葫芦抠子儿,括毒多着哩。"《红楼梦》九五回:"只得陪着笑将袭人等性命关系的话说了一遍,见妙玉略有～,便起身拜了几拜。" ⓫ 头脑灵便;说话或处事灵活。明《禅真后史》三三回:"凡乖觉～的僮仆,都打发出外置货、取帐、坐铺、当官去了,家下仗着荀氏料理事务。"《金瓶梅词话》一七回:"又见竹山语言～,一团谦恭。"清《生绡剪》二回:"蒋承川喜他年纪正好,人物端正,又且～能事,满怀欢喜。" ⓬ 营谋;钻营。明《警世通言》卷三一:"若留得我一两件首饰在,今日也还好～。"清《续金瓶梅》一一回:"如今末世,多有直道难行,只得随时～,遇着这等不公道的容易钱,也略取些来为上下使费。"《绿野仙踪》二回:"人生世上,全要～。" ⓭ 来往。隐指搞不正当的男女关系。明《醒世恒言》卷三四:"那杨氏年三十六岁,貌颇不丑,也肯与人～。只为老公利害,只好背地里偶一为之。"《型世言》三五回:"你说我们同辈,还可～一～,是他一缠住,他到兴完了,叫我们那里去出脱?"清《姑妄言》一回:"且说这昌家女儿,父亲自幼亡故,母亲孀居,也时常同人～。" ⓮ 赚钱;有效益。明徐霖《绣襦记》一五出:"我一家止靠亚仙一个赚钱,如今被郑相公妨占,不得～。"清《醋葫芦》一九回:"自从都大住落秀州,我们好生清淡。不若趁此机会哄他上来,劝他打场闹热官司,大家～如何?"《石点头》一一回:"倘若生意～,就在别处地方寻一偏房家小。" ⓯ 犹"活便❷"。明《古今小说》卷二八:"这几年勤苦营运,手中颇颇～。"袁于令《西楼记》一一出:"叹我老年,只要～钱儿,那顾烟花贱。"清胤禛《朱批谕旨》卷二〇:"况驻防之兵较京兵稍觉～,所奏加米之处且缓。"

【活泛】 huó fàn ❶ 犹"活动❺"。元明《水浒传》七回:"智深正使得～,只见墙外一个官人看见,喝采道:'端的使得好!'"明《西洋记》三〇回:"假做的牛那里有这等英勇～?"清《红楼复梦》七〇回:"我只会拿野兽打老虎,身子倒还～。" ❷ 鲜活;生命力旺盛。明张苇如《一江风·咏朱唇》:"暗忆当初嫁,～小年华。" ❸ 犹"活动⓫"。清《姑妄言》三回:"那人挑上担子,口中咽喉道:'韭菜是兴阳的倒不吃,丝瓜那东西是眠阳的倒要。'那妇人听见这话,忙问道:'你怎这样死相!(此妇真～)既没有丝瓜,韭菜炒肉还不好么?'"又一七回:"刘弘果然～至极,无处不周到。" ❹ 不死板固定;可变动或变通。清江永《数学》卷二:"不知冬至距冬至所得者,～之岁实,而非经恒之岁实也。"《醒世姻缘传》一三回:"指望你到官儿跟前说句美言,反倒证得死拍拍的,有点～气儿哩!"《蜃楼志》二〇回:"第一题将'不改''不'字看得～,前后两段一起一收,中间劈分三比。"

【活该】 huó gāi ❶ 命运注定,不可避免。明《封神演义》一一回:"也是～二臣命绝。旨意出,鄂崇禹枭首,姜桓楚将巨钉钉其手足,乱刀碎剐。"贾凫西《木皮散人鼓词》:"莫不是他强梁的老祖阴骘少,～在龙子龙孙受折磨!"清《霓裳续谱·露滴香阶》:"也是我命～,遇着这不成才。" ❷ 表示本应如此,一点也不委屈、不值得同情。用于诅咒或表示愤恨。明《欢喜冤家》一三回:"玉香道:'～死的!只好暗里做此丑事,闻知于人,岂不羞死。'"清《红楼复梦》一四回:"如此放肆,～打死!"

【活寡】 huó guǎ 有夫之妇长期过独居生活。明《肉蒲团》一四回:"若肯拿来一看,岂但消愁解闷,就是～也守得来,死寡也守得住。"清《十二楼·鹤归楼》二回:"俗语云:'死寡易守,～难熬。'"《红楼梦》八三回:"你日后必定有个好人家,好女婿,决不像我这样守～。"

【活鬼】 huó guǐ ❶ 用在特定的熟语中,指死亡事件的见证人。元俞琰《书斋夜话》卷四:"至如街谈巷语,亦莫不有对:良将手下无弱兵,死人身边有～。"明《石点头》卷四:"常言死人身边自有～。你莫恃自家豪富,把人命当做儿戏。" ❷ 以活人形象出现的鬼魂或以鬼魂形象出现的活人。明汤显祖《牡丹亭》三五出:"〔内旦作哎哟介〕〔众惊介〕～做声了。"清《八洞天》卷一:"鲁翔先入,石氏看见,吃了一惊,大叫道:'～出现了!'"《荡寇志》一一〇回:"李应大惊,急忙两边招架,不防斜刺里杀出一个～来,正是真祥麟。" ❸ 做盗骗事的人。明徐畛《杀狗记》二三出:"你两个是死鬼,我两个是～,有名叫做掩狗皮。" ❹ 比喻形象丑陋或生命衰弱垂危的人。明杨柔胜《玉环记》六出:"手似统臂黑猿,面如～出现。"清《儒林外史》二三回:"屙到三四天,就像一个～。"《绿野仙踪》七九回:"自己房下也还算妇人中好些的,若和这个女儿比较,他便成了～了!" ❺ 称将死或该死之人。清洪昇《长生殿》一三出:"你本是刀头～罪难逃,那时节长跪阶前哀告。"

【活活】 huó huó 另见 guō guō。❶ 形容生命力旺盛。《元曲选·桃花女》三折:"因此不死,还～儿的哩。"明汤显祖《牡丹亭》五四出:"老爷与老夫人,时时痛他孤魂无靠。谁知小姐到～的跟着个穷秀才,寄居钱塘江上。"清《生绡剪》一九回:"～的女儿,被此处山寨贼头抢了去的!" ❷ 在活的状态下。多指有生命的东西平白受损害。《元曲选·张天师》四折:"贬咱到阴山口外,～的折罚煞。"明邓廷瓒《伏羌使武勇毛公传》:"我必将满四马上～擒来。"清《醒世姻缘传》八二回:"日夜殴打,～把小的女儿打死。" ❸ 活生生。形容情态生动或性质真实。明《西游记》一五回:"你看他只管朝天磕头,也不计其数,路旁边～的笑倒个孙大圣,孜孜的喜坏个美猴王。"孙仁孺《东郭记》一六出:"〔盗〕再说,就一刀杀了!〔陈〕还谦,敢把穷肝脍斧尖。〔盗〕～腐儒,饶你去罢。"清《醒世姻缘传》三八回:"从来老鸦子是填不满的坑,娼妇是～的骗贼。" ❹ 整整;十足。明梅鼎祚《玉合记》三八出:"可笑俺老爷,平空地弄甚柳夫人到府里,准准的寡头醋吃了百来瓶,～的干相思害了十几顿。" ❺ 简直。表示程度深。明《西游记》四回："不好说，不好说！～的羞杀人！"《梼杌闲评》四回："一娘对云卿道：'你不自在哩，调理几日再做戏。我再来看你。'吴益之道：'～的疼煞人。我就肉麻死了。'"清《红楼梦》八三回："别修的像我，嫁个糊涂行子守活寡，那就是～儿的现了眼了！" ❻ 实实在在。明《二刻拍案惊奇》卷一八："又是个无根蒂的，没个亲戚朋友与他辨诉一纸状词，～的顶罪罢了。"清《醋葫芦》四回："都氏正待要打，成珪道：'院君不要造次，只求复试一番，再打未迟。'都氏仔细又是一看，果然一毫不差。这晚～饶了一顿肥打。"

【活火】 huó huǒ 燃烧旺盛的火。唐赵璘《因话录》卷二："茶须缓火炙，～煎。～谓炭火之焰者也。"宋苏轼《试院煎茶》："君不见昔时李生好客手自煎，贵从～发新泉。"清吴伟业《秣陵春》七出："百斛清泉新雨后，听松风～床头。"

【活计】 huó jì ❶ 生存；生活。唐段成式《酉阳杂俎》卷三："有百姓起店十餘间，义师忽运斤坏其檐，禁之不止。其人素知其神，礼曰：'弟子～赖此。'"宋赵以夫《解语花》："老来～，浊酒三杯，黄庭一卷。"明杨循吉《沉醉东风·蝶》："金粉翅天生华美，翠香丛～清奇。" ❷ 维持生计；谋生。《太平广记》卷二四〇引《谭宾录》："我辈何用更作～。皇太子若监国，我与姊妹等即死矣。"宋苏轼《李伯时画其弟亮工旧隐宅图》："晚岁与君同～，如云鹅鸭散平湖。"明《石点头》卷一二："不思读书求进，情愿出居海上，捕鱼～。" ❸ 生计；谋生的手段或职业。唐孟郊《送淡公》："倚诗为～，从古多无肥。"《元曲选·货郎旦》三折："你如今做甚么～，穿的衣服，这等新鲜，全然不像个没饭吃的。"清《绿野仙踪》二一回："他说家贫无所归，着求小的替他寻个～。" ❹ 家计；生活资料或费用。唐《建州人歌》："令我州郡泰，令我户口裕，令我～大，陆员外。"宋元《清平山堂话本·简帖和尚》："当时随这姑姑家去看时，家里没甚么～，却好一个房舍。"明孟称舜《英雄成败》四折："积攒起铜斗儿样家缘与～。" ❺ 禅宗指修业或对佛法的理解。《祖堂集》卷七："若是得意底人，自解作～。"《五灯会元》卷三《盐官齐安禅师》："思而知，虑而解，是鬼家～。"清吴伟业《灵隐具德和尚塔铭》："放眼虚空，忽悟自家～，而临济全机大用，当前毕现矣。" ❻ 功课；工夫。宋觉范《冷斋夜话》卷六："然闻清修自守，是道人～，喜之耳。"宋元《清平山堂话本·刎颈鸳鸯会》："无情之物尚尔，何况我终日在情里做～耶？"明杨士聪《玉堂荟记》卷下："得失偶然耳，八股～中夸甚英杰。" ❼ 泛指各种体力劳动。金段成己《江城子》："闲来～未全疏。月边鱼，雨边锄。"明王九思《沉醉东风·西村作》："也做些微～，唤家僮趁雨扶犁。"清《后红楼梦》一九回："我们屯里人家，天天赶的地亩上～。" ❽ 工艺；制作方法；手工技艺。元刘伯亨《朝元乐》："刀尺临逼，正这头裁，那头差了～。"《元曲选·望江亭》三折："则俺这篮中鱼尾，又不比案上罗列，～全别。"清《白雪遗音·绣荷包》："四更里荷包绣完了，拿到长街是人都来睄，人人都说奴的～妙。" ❾ 指手工制品。清《红楼梦》二二回："又一面遣人回去，将自己旧日作的两色针线～取来，为宝钗生辰之仪。"又三六回："原来是个白绫红里的兜肚，上面扎着鸳鸯戏莲的花样，红莲绿叶，五色鸳鸯。宝钗道：'嗳哟，好鲜亮～！'" ❿ 生机；生活情趣。元汤式《一枝花·冬景题情》："翠衾闲剩，鸳枕空虚。怪不得～萧疏，可知道音信全无。" ⓫ 圈套；计谋。明《禅真逸史》六回："诙谐利口若悬河，术秘机深识见多。～摆成花粉阵，芳名播满丽春窝。"

【活结】 huó jié 拽拉能解开的绳结。清《后西游记》二〇回："果然取了两条绳索来，俱打了～。"

【活口】 huó kǒu ❶ 养活家中人口。明沈受先《三元记》二〇出："我是襄阳城中赶脚的马夫，靠这匹马养家～。"清《野叟曝言》三三回："你是费了我八十两元丝银子的，全靠你养家～哩！" ❷ 活的见证人或知情人。明夏言《明封爵以惩挟诈以杜纷扰疏》："有伊写本、军餘陈清、郑堂、单儒漏言～为证。"《梼杌闲评》三三回："既无～，招辞何足为凭！"清《醒世姻缘传》七七回："见放着相家的小随童是个～，你还强辩不认？" ❸ 能说话的口，指生命或活人。清《红楼梦》一〇〇回："我求妈妈暂且养养神，趁哥哥的～现在，问问各处的帐目。"清陈端生《再生缘》四回："两个家人心慌意乱，翻寻公子，不惟～无存，而且死尸难觅。"又一六回："饮食付他休断绝，苟延～免耽饥。" ❹ 松动的口气。清《梦中缘》一二回："吴瑰庵见知府全然没有～，便知是受了嵩旨，要决意谋害。"

【活扣】 huó kòu 犹"活结"。明《西游记》七六回："把一头拴着妖怪的心肝系上，打做个～儿，那扣儿不扯不紧，扯紧就痛。"清傅泽洪《行水金鉴》卷六〇："渐次将埽推入水中，将橛头滚肚用～结于留橛之上。"

【活路】 huó lù ❶ 犹"活计❷"。唐狄仁杰《乞免民租疏》："准例常年纵得全熟，纳官之外，半载无粮。今总不收，将何～？" ❷ 犹"活计❶"。金马钰《满庭芳·赠韩四机宜》："惟好嘲风咏月，稍似山侗～。"《元曲选·渔樵记》二折："似这般穷～，几时捱的彻也？"明梁辰鱼《步步娇·癸亥秋夜》："论孟浪是生平的大都，说薄幸是少年时～。" ❸ 犹"活计❸"。宋佚名《张协状元》一九出："它又更没～，你又更没亲故，盘缠怎生区处？"明《金瓶梅词话》九三回："但做了些小～儿，还强如乞食。"清《歧路灯》七四回："起个头儿，人人渐晓的张宅房子仍旧，家中留下一个好粉头，我就中吃些餘光。是叫你惜老怜贫，与我开一条～的意儿。" ❹ 回旋的餘地。元明《水浒传》七九回："小吏看见诏上已有～：这个写草诏的翰林待诏，必与贵人好，先开下一个后门了。" ❺ 解决问题的途径或方法；门路。明梁辰鱼《浣纱记》二二出："苎萝村一对如花女，一向无人娶。怕背驼遮个包，要腰细常脱裤。这遭选不成，柴垛槁去寻～。"《禅真后史》四二回："有通关节的～，早下锹掘，可以挽回。"清《隋唐演义》八〇回："原来他复姓达奚，小字盈盈，乃朝中一贵官的小夫人。这贵官年老无子，又出差在外，盈盈独居于此，故开这条～，欲为种子计耳。" ❻ 犹"活计❼"。清《醒世姻缘传》五九回："既是撵出丫头去了，这丫头的～就该他做。"《聊斋俚曲·俊夜叉》："张三姐气儿粗，骂强人，贼囚徒，一星～全不做。" ❼ 犹"活络❶"。元佚名《粉蝶儿》："两间罗幕碧纱幮，收拾着睡处，准备～。"按：后当隐一"床"字。活路床，即活络床，可以分合的床。 ❽ 犹"活便❷"。清《何典》五回："只晓得吃死饭，又不会赚些～铜钱归来。"

【活乐】 huó lè ❶ 即"活络❶"。金王喆《踏莎行》："一头～大鲸鱼，万鳞灿烂铺白锦。" ❷ 即"活络❷"。宋陈淳《与郑节夫书》："然所持者亦只是一个死敬，所苦者亦只是一个死行而已，有何运用～处，有何裨补济益处？"又《答问·问以直报怨章》："此其言甚～圆转，无所用而不通。"

【活络】 huó luò ❶ 犹"活泛❷"。宋朱肱《北山酒经》卷下："若无花沫，浆碧色不明快，米嚼碎不酸或有气息，瓮内冷，乃是浆死，盖是汤时不～。" ❷ 圆转融通；灵活。宋罗大经《鹤林玉露》卷八："大抵看诗，要胸次玲珑～。"《朱子语类》卷三七："程子说得却不～。如汉儒之说权，却自晓然。" ❸ 犹"活动❼"。明徐光启《农政全书》卷一四："如留取样墩即可培高，如钉下样桩便易拔起，别有用～样桩者，亦可挖井取出。"清《野叟曝言》三二回："这门闩～的，你摇了开来罢。"《女仙外史》六回："其床大匡，悉皆～，可分可合。" ❹ 血脉循环疏通。清《野叟曝言》三三回："石氏裹在被中，略有暖气，又被烧酒一冲，顿觉周身～起来。” ❺ 不明确；模棱两可。清《醒世姻缘传》四二回：“凡来问甚么的，大约都是这等～说话。”又四八回：“狄大娘定个日子，好叫姐姐家去，这～话怎么住的安稳?”

【活落】 huó luò ❶ 同“活络❷”。宋佚名《张协状元》三二出：“那胜花娘子一意要嫁状元，那张状元心下好不～。”朱熹《答张敬夫》：“若必欲改则新语，亦未甚～。大抵割裂补缀，终非完物。”明王世贞《太祖取云南前后事宜》：“云南地方粮食生受各处安放，军卫务要～调遣，庶使军官军人不致艰辛。” ❷ 同“活络❸”。明陈铎《雁儿落带过得胜令·镟匠》：“腿脚儿不安，跐两道交叉襻。脊背儿常弯，坐一条～板。”《警世通言》卷六：“解下腰间系的旧绦，一搭搭在悖儿里梁上，做一个～圈。”清《聊斋俚曲·增补幸云曲》：“监里有框床，食店铺有～床，棉花铺有亚车床。” ❸ 同“活络❹”。清《醒世姻缘传》八〇回：“你只有这个～口气，我就好替你讲了。”

【活埋】 huó mái ❶ 把活人埋起来弄死。《嘉泰普灯录》卷二九《天童应庵华禅师》：“是则～老僧，不是则打杀昙慧。”明《西游记》四七回：“常言道，斋僧不饱，不如～哩。”清《女仙外史》六〇回：“杀他是便宜了，可～于粪窖中，令其七窍受享腌臜之气。” ❷ 比喻坑害(别人)。明《金瓶梅词话》二六回：“你的六包银子，我收着，原封儿不动，平白怎的抵换了? 恁～人，也要天理。”《西洋记》一九回：“长老见了两个元帅过来，已知其意，笑一笑道：‘阿弥陀佛! 做元帅的都会～人也。’老爷道：‘怎么说个～人? 只是孽畜使风作浪，没奈何处。’”

【活命】 huó mìng ❶ 救命；使存活。此义晋代见一例。宋魏泰《东轩笔录》佚文：“曾鲁公好放生，以蚬蛤之类人不放，而～之多也。”《元曲选·洞庭湖柳毅传》四折：“当初受柳秀才～之恩，一心要报他。”清《野叟曝言》六回：“小姐因受相公～之恩，无以报答。” ❷ 存活；保住性命。《法苑珠林》卷一〇：“慈心怜愍，以食施与。狗得其食，～欢喜。”宋《九朝编年备要》卷五：“彼皆平民，因饥取糇粮以图～尔。”清《万花楼》一〇回：“军中有人得罪了他，常被用药棍毒打，每难～。” ❸ 过活；维持生计。也指维持生计的手段。《法苑珠林》卷一四：“彼家所生，不与世间工巧杂合，亦不贪财以为～。”宋元《醒世恒言》三三：“我从丈人家借办得几贯钱来，养身～。”清纪昀《阅微草堂笔记》卷五：“贫家种麦数亩，资以～。” ❹ 性命；生命。明《西游记》八〇回：“我救他出林，得其～，怎么反是害他?”清陈端生《再生缘》一三回：“孤女蒙恩留～，敢叨承继在船舱。” ❺ 生命存续的可能。明《金瓶梅词话》五〇回：“烟花寨再住上五载三年来，奴～的少来死命的多。”清《玉蜻蜓·问卜》：“吾搭嗯商量商量，阿有～，请位把出来算算，咯死命，免劳照顾罢。”

【活泼】 huó pō ❶ 灵活；不呆滞。《古尊宿语录》卷四五《送净禅者丐南康》：“临事～，应机妙陈。”明袁宗道《杂说》：“子于此心浑沦～处，曾未见得，讵云持守?”清《后红楼梦》二五回：“那晓得这个小船儿到了中流，水性～，就晃荡起来。” ❷ 充满生气和活力。金孙不二《出神》：“圆通此灵气，～一元神。”明无心子《金雀记》七出：“绿窗朱户雀屏高，～盆鱼趣自饶。”清《玉蜻蜓·游庵》：“这是西土边台真活佛，金身罗汉异凡夫。金身的，怎及的肉身的～吓!” ❸ 使具有生气和活力；使灵活。清李渔《闲情偶寄》卷一一：“眼界关乎心境，人欲～其心，先宜～其眼。”《玉楼春》二回：“原来是这个原故，不难不难，且开怀畅饮，～文机。” ❹ 放纵不加约束。明何良臣《阵纪》卷二：“且如长短器械错杂，阵头一齐拥进，起身就戳便砍，虽转手回头尚不可得，岂容～动荡，坐作进退身势手法耶!”清《梦中缘》三回：“容日待弟另置东道，再接堆琼来。那时流牵飞觞，狂歌噱饮，方极我辈～之乐。”《补红楼梦》八回：“设此六样，不过为罚酒之人酒多易醉，取其～变通热闹的意思。” ❺ 生动自然。清沈复《浮生六记》卷一：“杜诗锤炼精纯，李诗激洒落拓。与其学杜之森严，不如学李之～。”《红楼复梦》五一回：“见是一幅单条，画的是江村平远图，笔墨精神十分～。”

【活钱】 huó qián 额外进项的能随意支配的银钱。明《石点头》卷八：“那吾爱陶做秀才时，寻趁闲事，常有～到手。”清《警寤钟》五回：“况我还有这个手艺，寻得～，觅得饭吃。”《儒林外史》二〇回：“我在家里，日逐有几个～。我去之后，你日食从何而来?”

【活切头】 huó qiē tóu 一种舞弊名目，将甲人的名头履历安在乙人身上。明《型世言》一六回：“道中考试又没有如今做～、代考、买通场传递、夹带的弊病，里边做文字都是硬砍实凿，没处躲闪。”清《姑妄言》一八回：“拿了数百金到北京，做了个黑虎跳，又名飞过海，又叫～，冒名顶替。”

【活人】 huó rén 有生命的人。宋陆游《老学庵笔记》卷二：“不管～，只管死尸。”《元曲选·红梨花》四折：“那些儿色胆大如天，把～生扭做死人缠。”清《红楼梦》二八回：“如今那里为这个去刨坟掘墓，所以只是～带过的，也可以使得。”

【活人妻】 huó rén qī 指丈夫仍存活在世的妇女。明《金瓶梅词话》七二回：“见放着他汉子，是个～。”清《歧路灯》四〇回：“这盗卖发妻，是他说合，把人家～卖了么?”

【活人书】 huó rén shū 宋代朱肱著的医书名，后泛指医书。宋叶适《吉州刺史蔡直之挽词》之一：“谅惟医国手，果验～。”明薛瑄《题王医士东白堂》：“野马未穿延客榻，阳乌先照～。”

【活润】 huó rùn 润泽有生气；湿润不干枯。宋何薳《春渚纪闻》卷九：“比丘了能蓄端研，古斗样，青紫色，有二眼，碧晕～。”明郎瑛《七修类稿》卷二〇：“其画山石，自坡脚直上，脉络形势，累累如叠成之状，而无～之态。”薛已《薛氏医案》卷六六：“如饼炙干，用唾津再和炙之，以疮口～为度。”

【活闪】 huó shǎn 闪电。活闪婆，传说中司闪电的女神。元明《水浒传》六五回：“小人姓王，排行第六。因为走跳的快，人都唤小人做～婆王定六。”

【活受】 huó shòu 活活地忍受。清《续金瓶梅》一六回：“今日天不杀他，父子双瞎，使他～!”《醒世姻缘传》三回：“总然你的命还不该死，也要半年一年～。”

【活水】 huó shuǐ 有源头常流动的水。宋朱熹《观书有感》：“问渠那得清如许，为有源头～来。”明《西游记》四〇回：“林中有一条曲涧，涧下有碧澄澄的～飞流。”清《绿野仙踪》一二回：“小沼流泉，凿凿穿穿，引成～。”

【活似】 huó sì 犹“活像”。明汤显祖《牡丹亭》二六出：“却怎半枝青梅在手，～提掇小生一般?”《醒世恒言》卷三八：“山势～一条青龙，从天上飞将下来的。”清《红楼梦》三九回：“一看泥胎，唬的我跑出来了，～真的一般。”

【活套】 huó tào ❶ 习用的格式；俗套；套话。明陆容《菽园杂记》卷一五：“有利其赞而厌其求者，为～诗若干首，以备应付。及其印行，则彼此一律。”施绍莘《好事近·送閤生北游》：“字字如金，非关是离愁谱引，非关是寻常谀语，～叮咛。”清《续金瓶梅》三回：“进的寺门，先问了衙门，就看那车马侍从衣服整齐的，另有上样茶食款待，说几个大老相知禅宗的～，日后打抽丰，上缘簿，缠个不了。” ❷ 窍门；诀窍。明孙一奎《赤水元珠》卷一：“夫此方，予每用，加柴胡，乃总治伤风各经之～也。”周顺昌《与文湛持孝廉书》："至于做官～，尤在多拜客，少讲话。"沈受先《三元记》七出："推造虽是死法，讲命自有～。" ❸ 圈套；假象。清《绣戈袍》八回："刘氏一闻那话，自家原是使铜银大声的～，恨不得众人相劝，好作收科。" ❹ 灵活；灵便。明《西洋记》六二回："西海蛟兵器虽重，重的就呆，到底使得不～。"

【活跳】 huó tiào ❶ 犹"活迸"。明黄相《游西湖》："晓舟呼酒看霜华，～河鱼始上义。"清《锦香亭》一〇回："～的人奈何我不得，不要说死鬼。"《绮楼重梦》四回："走过去逐个抱来细细一瞧，却是鲜龙～的孩子，并没什么别的缘故。" ❷ 犹"活动❹"。清《后水浒传》六回："月仙点染了几枝翠叶，缀就了几朵鲜花。花间蝶翅翩翩，叶底流莺飞舞，觉得鲜艳～，十分动人。"《红楼复梦》一一回："见是一双月白缎绣百子图套袖，看那孩子们的眉眼、衣褶、身势绣得十分～。"《姑妄言》一回："那姑子送了酒来，看着道士只是笑。道士恐到听見见，也一面笑着，一面同到听说闲话。（写得二人～！）" ❸ 犹"活便❶"。明何良臣《阵纪》卷二："故学笼者，必以老成有力而筋骨已硬之人，谓其无～闪赚之势。" ❹ 脆生；声音清脆。清陈端生《再生缘》二五回："如飞跑到丹墀下，～春雷报总戎。"

【活头】 huó tou 活在世上的日子。清《聊斋俚曲·磨难曲》："今夜既不死，想还有几日的～。"

【活托】 huó tuō ❶ 同"活脱❶"。明佚名《锁南枝·风情》："捏一个儿你，捏一个儿我，捏的来一似～。" ❷ 同"活脱❷"。明沈德符《顾曲杂言》："即旦儿《誓云堆》小曲，模拟闺秀娇憨情态，～逼真。"

【活脱】 huó tuō ❶ 像活人脱胎。脱，脱胎，一种漆塑工艺。在泥胎表面贴上薄绸或麻布，经过多次涂漆、干燥、磨光等工序，去掉泥胎成像。也有用此法造肉身像的。金《董解元西厢记》卷七："掂详了这厮趋跄，身分便～下锺馗一二三。"《元曲选·小尉迟》一折："好将军也！分明是～下一个单鞭夺槊的尉迟恭。"明徐霖《绣襦记》一一出："分明～楚虞姬，假饶是重生项羽也心肠碎。" ❷ 形容相似到无区别的程度；完全是。宋史弥宁《邵阳郡圃梅坡》："楚山～青屏样，影得疏花分外明。"明梅鼎祚《长命缕》二四出："道新人～是夫人相，又道乘龙女婿千骑领东方。"清《野叟曝言》四七回："便见侧边一个少年，～是好友金成之。" ❸ 超脱；摆脱；推托。元刘将孙《黄公诲诗序》："东坡神迈千古，至回文作词语更可爱，于以见文人于诗皆寝处而～之。"《元曲选·抱妆盒》二折："陈琳呵，则我似刀刃上偷全得蝼蚁命；太子也，你便似钓竿头～了巨鳌腮。"明徐渭《送推府王公序》："吏束人以繁文，或～而牴牾之，较驳其毫毛，动逾年岁。" ❹ 灵活；变通。明唐顺之《叙广右战功记》："我兵筑堡增戍则益纷然，如刻穴守鼠，而贼～不可踪迹。"《醋葫芦》一四回："如今也要你把几句～话儿，骗得两个差人出来。"清《八洞天》卷四："一个定要写分授文书，不肯说借贷；一个定要说借贷，不肯说分授。众亲友议了多时，商量出个～法儿。" ❺ 机灵；伶俐。明《醒世恒言》卷二三："家奴中有个阎乞儿，年不上二十，且是生得干净～。"清《绮楼重梦》三九回："果然怪俊的一位姑娘，嘴口又～。" ❻ 活跃；富有生气。明庄諟《方山道中》："万物此中元～，眼前何处不流行。"

【活物】 huó wù 有生命力的东西。宋朱熹《答许顺之》："夫人心是～，当动而动，当静而静。"元方回《僧汝州济川字说》："凡有形皆物也，善用之则死物皆～。不遇剑工，太阿龙泉死物也；不遇医工，参术姜桂皆死物也。"清《荡寇志》九〇回："一声撞动，方圆九里之内，但是飞走～，都如醉如痴，动弹不得。"

【活见】 huó xiàn 同"活现❶"。《元曲选外编·西蜀梦》一折："一会家眼前～，一会家口内掂提。"元明《水浒传》容与堂本七七回："三军威势振青天，恶鬼眼前～。"

【活现】 huó xiàn ❶ 活生生地出现；逼真地显现。元吴仁卿《上小楼·佳人话旧》："想在先，忆去年，今番相见，思量的人眼前～。"明《拍案惊奇》卷二四："日日如此叫号，精诚所感，真是叫得泥神也该～起来的。"清沈复《浮生六记》卷四："渡江而北，渔洋所谓'绿杨城郭是扬州'一语已～矣。" ❷ 逼真；活灵活现。明戚继光《纪效新书》卷四："你就说得～，决不信你，只是临阵做出来，便见高低。"清洪昇《长生殿》三八出："听这老翁说的杨娘娘标致，恁般～，倒像是亲眼见的。"《好逑传》四回："我细想令侄女纵然聪慧，哪里就是神仙，说得如此～？" ❸ 犹"活像"。明《禅真逸史》一二回："若剃去了胡须，～是个林和尚了。" ❹ 眼见的；即将到手的。明《禅真逸史》一〇回："眼见得你放他走了，把这～的三百两银子脱下海去了。"

【活像】 huó xiàng 非常像；极像。明《醒世恒言》卷九："粉孩儿变作虾蟆相，少年郎～老鼋头。"《山歌·老鼠》："个个臭贼当时使一个讦较，立地就用一个机关，口里谷谷声做介两声婆鸡叫～。"清《红楼梦》二二回："这个孩子扮上～一个人，你们再看不出来。"

【活业】 huó yè ❶ 资生产业。唐裴休《圭峰禅师碑铭》："凡士俗有舍其家与妻子同入其法分寺而居者，有变～绝血食持戒法起家为近住者。"《旧五代史·晋书·康福传》："我本蕃人，以羊马为～。"宋张齐贤《洛阳缙绅旧闻记》卷五："焦久贫悴，一旦得刘之～，儿为富家翁。" ❷ 资生职业。唐义净译《根本说一切有部苾刍尼毗奈耶》卷一七："食手后来，家人告曰：'饮食已蒙吐罗尼为精煮讫。'食手闻已，种种讥嫌，出恶言语云：'何沙门释女夺人～？'" ❸ 谋生。宋史卫卿《渔父》："～惟耕网，全家只住船。" ❹ 可灵活支配的产业。《元典章·户部五》："都省看详，既有明立典契，即是～。"

【活跃】 huó yuè ❶ 犹"活迸"。元许有壬《记游》："遣捕鱼，得鲤鲫，～几席前。"明吕毖《明宫史》卷一："桥以白石为之，凿狮、龙、龟、鳖、鱼、虾、海兽，水波汹涌，～如生。" ❷ 生动；富有生气。清何焯《义门读书记》卷五一："前十二句叙事，后六句感慨，一路将虚字点拨，文机翔舞，情事～。"

【活转】 huó zhuǎn ❶ 灵活；变通。宋《朱子语类》卷五二："下面'而勿正，心勿忘，勿助长'恰似剩语。却被这三句撑住，夹持得不～，不自在。"陈淳《答陈伯澡再问太极》："推之万古一节，是言圆物～不停，更无头尾也。" ❷ 死而复生。明汤显祖《牡丹亭》四〇出："后来遇赦了，便是那杜小姐～来哩。"清靳辅《恭请钦差阅工疏》："《河防一览》是故明万历年间总河潘季驯的书，徐州月河系故明崇祯八年徐标开的。彼时难道潘季驯又～来么？"《镜花缘》九三回："妻妾见他死而复生，不胜之喜，一齐劝道：'你原因贪杯太过，今才～，岂可又要饮酒！'"

【活罪】 huó zuì 死刑之外的罪罚，如肉刑、差徭等。明沈采《千金记》二六出："～怎么饶得？分付军政司，重打一百。"《西洋记》一三回："天师道：'既蒙圣恩恕臣死罪，怎么又有个～难恕？'圣旨道：'要卿前往西番，取其玉玺与朕镇国，这却不是个～难恕？'"清《说岳全传》四七回："死罪饶了，～难免，与我捆打四十！"

huǒ

【火】 huǒ ❶ 由同类人组成的集体。《元典章·刑部三》：

“为他每田地里草贼生发，交百姓投入贼～里去了。”元陶宗仪《辍耕录》卷八：“人之投其党者曰入～。”元明《水浒传》五七回：“以礼陪话，相待筵宴，令彭玘、凌振说他入～。” ❷ 喻怒气。唐李群玉《自澧浦东游江表途出巴丘》：“中夜恨～来，焚烧九回肠。”元尚仲贤《气英布》一折：“我心头怎按无明～。”清《红楼梦》六七回：“凤姐听了，一腔～都发作起来。” ❸ 指性欲；欲望。明孙柚《琴心记》四出：“媳妇儿极亲我，常放公公杀些～。”清《红楼梦》二一回：“死促狭小淫妇！一定浪上人的～来，他又跑了。”《姑妄言》一二回：“那卜氏有了几分酒意，久违了阳物，有些～上来了。” ❹ 量词。a) 用于同类人组成的集体。唐李儇《招讨王仙芝等诏》：“其主兵大将，若全擒戮得一～草贼数至三百人已上者，超授将军。”《三国志平话》卷中：“蓦闻锣鼓响，见一～强人。”《元曲选·秋胡戏妻》二折：“你将着羊酒呵，领着一～鼓笛。”b) 表示社火表演的次数。元曾瑞《醉花阴·远宵忆旧》：“车马阗阗，赛一～鸳鸯社。”c) 表示用火熔炼、炙烤的次数。明宋应星《天工开物·五金》：“高者名三～黄铜、四～熟铜，则铜七而铅三也。”清《八洞天》卷三：“末后又在两双眼眶之侧炙了一～。”d) 表示性欲发泄的次数。明《古今小说》卷三：“情兴复发，又弄一～。”清《绿野仙踪》五三回：“你要替你闺女挡我一～，只是我禀性不爱老淫妇。”e) 表示说和的回数。清《绿野仙踪》二一回：“与其闲坐着，我且和你去说一～。”

【火把】 huǒ bǎ 可手持燃以照明的用具。《古尊宿语录》卷二〇《次住太平语录》：“又为一僧举起～云：‘昨日也恁么，今日也恁么。’”《元曲选外编·西厢记》四本四折：“恰才见一女子渡河，不知那里去了？打起～者。”清《红楼梦》七三回：“于是园内灯笼～，直闹了一夜。”

【火伴】 huǒ bàn ❶ 本称军中同火共炊者，后泛指同伴。唐元稹《估客乐》：“出门求～，入户辞父兄。”明《老乞大谚解》卷上：“我有一个～落后了来，我沿路上慢慢的行着等候来。”清施闰章《牵船夫行》：“君看死者仆江侧，～何人敢哭声！” ❷ 伙计；帮手。元明《水浒传》四四回：“西山地面广阔，可令童威、童猛弟兄带领十数个～那里开店。”

【火爆】 huǒ bào ❶ 爆竹；炮仗。《敦煌变文校注》卷四《降魔变文》：“雷鸣电吼雾昏天，霹雳声扬似～。”明《挂枝儿·火爆》：“～儿，好似我劣冤家的结构，假星星，你本是一个网糊头，脸皮儿弄得千层厚，有时动了火，半刻也不停留。”清《女仙外史》四〇回：“纸～各一百枚，十枚一束，扣成总药线一条。” ❷ 犹“火冒❷”。明《西洋记》八〇回：“百里雁一天英气，只看见断了口刀，就激得～连天。”《禅真逸史》一〇回：“陈阿保听罢，气得眼中～。”清《情梦柝》一七回：“长卿遂往子刚处，他又出门拜客，不遇，急得眼睛～。”

【火并】 huǒ bìng 同伙自相残杀。元明《水浒传》一九回：“我今日只为众豪杰义气为重上头，～了这不仁之贼。”明许自昌《水浒记》二〇出：“凭小弟三寸不烂之舌，激动众好汉，使他自相～便是。”《二刻拍案惊奇》卷四：“杨二晓得他存心刻毒，后来未必不～自家屋里，家中也养几个了得的家人，时时防备他。”

【火不登】 huǒ bù dēng 发火貌；暴怒貌。不登，表情状的词缀，也可以说成“不邓邓”。《元曲选·儿女团圆》一折：“～红了面皮，没揣的便揪住鬏髻。”

【火不思】 huǒ bù sī 突厥语 qobuz 的音译。波斯、阿拉伯古拨弦乐器，宋元时传入我国。又译作胡拨、琥珀词、浑不似等。元佚名《水仙子》：“番鼓儿劈酶扑桶擂，～必留不刺扑。”《元史·礼乐志五》：“～，制如琵琶，直颈，无品，有小槽，圆腹如半瓶榼，以皮为面，四弦，皮絣同一孤柱。”

【火不腾】 huǒ bù téng 即“火不登”。《元曲选·赵氏孤儿》三折：“我只见他左瞧、右瞧、怒咆哮，～改变了狰狞貌。”

【火仓】 huǒ cāng 储火以供暖的小房间。《五灯会元》卷四《慧觉禅师》：“师曰：‘官家严切，不许安排。’曰：‘岂无方便？’师曰：‘且向～里一宿。’”金元好问《啸台感遇》：“标枝野鹿致足乐，～屋居良所哀。”元王祯《农书》卷二〇：“～，蚕室火龛也。凡蚕生室内，四壁挫垒空龛，状如三星，务要玲珑，顿藏熟火，以通暖气，四向匀停。”

【火舱】 huǒ cāng 船上用于生火做饭的舱。明《醒世恒言》卷三二：“但前舱货物充满，只可于艄头存坐，夜间在后～歇宿。”清《野叟曝言》一四回：“那知～还要搭人，在船诸客因天色向晚，略催了几句，也就罢了。”

【火草】 huǒ cǎo 用于引火或点燃照明的草束。宋苏轼《物类相感志》：“釜底煤可代～引火。”明戚继光《纪效新书》卷一七：“遇警～时时点候，铅子铳心装盖停当，药线装收干燥。”清《豆棚闲话》九则：“或乘人家忙倦之时，带着～软梯，爬墙上屋。”

【火叉】 huǒ chā 一端呈钩形或丫形的兵器或用具。a) 用于火战。宋曾公亮等《武经总要》前集卷一〇：“火镰，以钩刀为刃。～，以铁为两歧。”《续文献通考》卷一三四：“其海运随船军器……火攻箭二十枝，～二十把，蒺藜炮一十个。”b) 用于灭火。明《梼杌闲评》二五回：“只见正殿上红光紫焰有十数丈高，忙叫人取水来救。众僧俗等俱拿～水桶来。”c) 用于拢火、添火。明《山歌·送郎》：“送郎送到灶跟头，吃郎踢动子～头。”清《后水浒传》八回：“一时赶出十餘个火工，各执～竹篦拦住门口。”

【火柴】 huǒ chái 烧火用的木柴。宋蔡絛《铁围山丛谈》卷六：“柁工之妇怒，举～击其首。”《元典章·刑部五》：“因为阙少柴薪烧火，前去周蓬益船上乞觅～。”

【火柴头】 huǒ chái tóu 燃烧着的木柴块。《太平广记》卷三七三引《博异志》：“希昂不信，自去观之，无所见，唯有一～在厕门前。”《五灯会元》卷一七《文准禅师》：“是当时在知客寮，见掉～，有个悟处底么？”元明《水浒传》一〇回：“把手中枪看着块焰焰着的～，望老庄家脸上只一挑将起来。”

【火池】 huǒ chí 燃火用的器皿或设施。a) 石油溢流的燃烧池。宋李流谦《饭客镇驿见壁间书火池事异甚》：“荒亭旧刻书～，火从水出如燎脂。”b) 焚物或烧尸用的设施。《宋史·赵立传》：“立命撤废屋，城下然～，壮士持长矛以待。金人登城，钩取投火中。”明《西游记》五二回：“我但带了这件宝贝，就是入大海而不能溺，赴～而不能焚哩。”c) 地狱中烧献或烧化用的焚烧池。宋元《古今小说》卷一五：“天生奇异，根似龙头之状，世所无者，特地将来兖州奉符县东峰东岱岳殿下～内烧献。”元明《水浒传》七四回：“管～铁面太尉，月月通灵；掌生死五道将军，年年显圣。”清《醒世姻缘传》七五回：“狄希陈在家里守着素姐，真如抱虎而眠，这就是他脱离～地狱的时节。”d) 瞭望台上燃火报信的设施。明戚继光《练兵杂纪》卷六：“～，每座方五尺，张口，庶草多火亮。”e) 火盆旁用于熄灭炭火的容器。明《金瓶梅》七一回：“左右～火叉，拿上一包暖阁水磨细炭，向中间四方黄铜火盆内只一倒。”f) 火盆。清《续金瓶梅》三九回：“这些外道们都在中门外凿下几个大陷坑，暗将～烧起炭来，使一层虚土覆盖上面。”

【火寸】 huǒ cùn 即“焠儿”。寸、焠音近而讹。宋陶穀《清异录》卷下：“有智者批杉条，染硫黄，置之待用。一与火遇，得焰穗然。既神之，呼引光奴。今遂有货者，易名～。”元陶宗仪《辍耕录》卷五：“按，此则焠、寸声相近，字之讹也。”

【火厝】 huǒ cuò 火葬;火化。元戴良《亡妾李氏墓志铭》:“亡后三日,用浮屠法～于吴东门外。”明《古今小说》卷二九:“他要送皋亭山下,不可违之;但遗言～,心中不忍。”

【火刀】 huǒ dāo 即“火镰❶”。宋觉范《芙蓉揩禅师赞》:“～直裰谁得之？醉李故时捕鱼师。”元明《水浒传》二三回:“众人身边都有～、火石,随即发出火来,点起五七个火把。”清《绿野仙踪》二七回:“随手乱摸,到摸着火石、火筒、～三件在一处放着,随即打火照看。”

【火队】 huǒ duì 唐代府兵制的两种基层单位。十人为火,五火为队。泛指基层军队或基层组织。《敦煌变文校注》卷一《汉将王陵变》:“领将陵母,髡发齐眉,脱却沿身衣服,与短褐衣,兼带铁钳,转～将士解闷。”宋觉范《禅林僧宝传》卷二一《慈明禅师》:“公不顾,渡大河,登太行。易衣类厮养,窜名～中。”宋王得臣《麈史》卷二:“夫伐木于山者,其～既众,则各刻其名以为别耳。”

【火囤】 huǒ dùn ❶ 储火的容器。宋元《清平山堂话本·五戒禅师》:“清一依言,抱到千佛殿后一带三间四椽平屋房中,放些火在～内烘他。” ❷ 用火封闭的区域。明《西洋记》二五回:“刘先锋被他木囤囤在正东方上,王应袭被他～囤在正南方上。” ❸ 火遁;借火逃遁的一种法术。明《西洋记》三〇回:“他得了锦囊计,他就化作一道火光,～去了。” ❹ 比喻诈骗的圈套。明张凤翼《灌园记》二六出:“幸问起我个簪子,惹动子我个～肚肠。我思量个只簪子,倒是渠个实犯真赃。”沈璟《义侠记》七出:“这婆子专会做马扁,哄别人钱钞,大官人不要坐在他～里。”《拍案惊奇》卷一六:“那些被赚之人,客中怕吃官司,只得忍气吞声,明受～。”

【火蛾】 huǒ é ❶ 一种元宵节令饰物,作飞蛾赴火状。唐《云仙杂记》卷一:“洛阳人家,正旦造丝鸡、葛燕、粉荔枝,正月十五日造～儿,食玉粱糕。”明梅鼎祚《玉合记》四出:“见翠亭亭戴竿儿挺着细腰,皎团团月儿,艳腾腾～儿簇着绛绡。”清弘历《正月十六日奉皇太后瀛台看烟火》:“谁遣微云点太清,银蛛为让～明。” ❷ 扑火蛾。明王彝《露筋娘子诗》:“春秋伟宋姬,身与～煎。”周履靖《锦笺记》五出:“可恶那～儿,无端抵死趋炎。”《醒世恒言》卷三九:“再说李婉儿才上得床,不想灯火被～儿扑灭。”

【火发】 huǒ fā ❶ 发怒;着急。《元曲选·忍字记》二折:“一回家～,我可便按纳。”明《金瓶梅词话》三三回:“陈经济已是陪应伯爵在卷棚内吃完饭,等的心里～。”清《说岳全传》五六回:“金彪正不住心头～,大骂:‘小番,焉敢伤我兄长!’” ❷ 情欲高涨。明孟称舜《娇红记》三四出:“蓦然见个多娇貌,般般生得真波俏。大爷一见～,心头强难熬。”清《野叟曝言》一七回:“心头～,急求欢会,刻不能耐。”

【火房】 huǒ fáng ❶ 地方上巡更人员的值所,也用于临时收留流浪人员。宋《九朝编年备要》卷三〇:“盖京师升平日久,游手浮浪最多,除旅居外,皆在～、浴堂、柜坊杂居。”清《大清会典则例》卷一二七:“(顺治十年)令五城御史察造空铺～,安息穷民。” ❷ 即“暖阁❷”。明俞汝楫《礼部志稿》卷一〇〇:“大堂每日进部即升堂,先定见堂投文等事,省其久候。堂事毕,方进～,佥押用印。”崔铣《长儿滂圹志》:“鹤翁乃召人工曹～,令学举业。”汤显祖《邯郸记》一三出:“承差的威风休论,役满赴考铨衡,选中了吏部～干事。” ❸ 厨房。明《梼杌闲评》二一回:“定了定神,带上门去～里讨茶吃。”清陈端生《再生缘》七回:“正然欲睡,想起梦中之事,只说照看～,后又步出仪门。”《歧路灯》三三回:“还有二斤把鲤鱼二尾,五斤鲜肥羊肉,白兴吾叫速到～整理起来。” ❹ 厨师。清《石峰堡纪略》卷一六:“我系河州本城回民,本年三月间,到兰州城南马有福羊店里当～。”

【火夫】 huǒ fū ❶ 专司烧火的役夫或用人。唐李炎《上尊号赦文》:“其小铺所由、主人、牙郎、～、牛户,父兄子弟并在,任州县依例使例,所冀劳逸稍均,疲人苏息。”明《西洋记》七八回:“～发了火,何不叫水夫去救哩？”清陈端生《再生缘》四二回:“话说江三嫂走到灶前,那些内厨房的～厨子,一个个立起来道:‘江奶奶作什么？’” ❷ 地方上负责打更、治安、救火的役夫。宋陈规《守城录》卷三:“又以在城～、客户,置籍结甲,上城守御。”《元曲选·来生债》一折:“街坊邻舍,～总甲,救火!”清《醒世姻缘传》八二回:“原来城上的差人走到本管地方,那些铺里的总甲～,就是小鬼见了阎罗大王,也没有这等怕惧。”

【火工】 huǒ gōng ❶ 即“火工道人”。宋《三遂平妖传》一一回:“五台山众行者、～、人夫!我向善王太尉抄化得三千贯铜钱,你众人可来搬去则个!”清《野叟曝言》五三回:“餘僧三名,讯无淫奸情事,与沙弥道人～等,均为省释。” ❷ 店铺中司烧火的工人。也称店伙。宋周密《癸辛杂识》别集卷下:“淳祐甲寅五月,禁中获伪号人,乃是玉津园～包四。”明《二刻拍案惊奇》卷五:“店家听得圣旨二字,晓得利害,急集小二、～、后生人等,执了器械出来帮助。”清《后水浒传》八回:“遂高高兴兴走入一家酒店中坐下,即叫～先打五角酒,切三斤猪首肉来。” ❸ 指铸钱时用火熔铸的工作或司熔铸的工人。《文献通考》卷九引宋蔡絛《国史补》:“盖昔者鼓冶,凡物料～之费,铸一钱凡十得息者一二。”清雍正七年闰七月二十七日高斌奏文:“又收～侵没、缺站扣头等项,此确有实数可计者,共侵欺银七千八百六十餘两。” ❹ 殡殓焚化尸首的役夫或工人。明《禅真后史》四回:“就叫了四个～来,扛至五更,抬棺出门。”《石点头》卷四:“那化人的～,以为希奇,悄地藏过。”清《梦中缘》一四回:“剩下身子,街市攒钱觅～,拉去掷入深坑,也被众犬食尽。”

【火工道人】 huǒ gōng dào rén 未出家而在寺庙做杂役的人。元明《水浒传》四回:“我这酒挑上去,只卖与寺内～、直听轿夫、老郎们做生活的吃。”明《拍案惊奇》卷一七:“黄知观领了两个年少道童,一个～,挑了经箱卷轴之类,一径到吴氏家来。”清《绿野仙踪》一一回:“性慧随即出来,与～说了几句话,复入来相陪。”

【火柜】 huǒ guì 一种里面燃火或火药的柜形器具。❶ 用于取暖。宋程大昌《韵令·硕人生日》:“寒时～,春里花亭。星辰上履,我只唤卿卿。”陈著《灵济寺午睡起》:“江上春风底事寒,主张～一雷鼾。” ❷ 用于作战。宋陈规《守城录》卷三:“王在引兵去,党忠人马仍用洞子～齐攻城门。”清《荡寇志》一〇七回:“原来这巧法亦是刘慧娘的,名唤钢轮～。其法用五寸正方铜匣一个,下铺火药……玛瑙尖锋撞着钢条,火星四迸,火药燃发。”

【火滚】 huǒ gǔn 火热;火烫。❶ 形容温度高;体温高。明《一片情》一二回:“一把捏来,不唯～热,且突突的乱跳。”清《绮楼重梦》三六回:“在他额角上一搭,说:‘～的发烧。’” ❷ 形容情绪或气氛热烈。明《醒世恒言》卷二三:“三个人说得～般热,竟没一些避忌。”《欢喜冤家》一六回:“冯吉被他说得一副心腹,如～一般热将起来。”《一片情》二回:“这杜云到处出热,凡人央他,极冰冷的事,有了他就～热起来。” ❸ 形容情欲强烈。明《型世言》二一回:“自此来来往往,眉留目恋,两边都弄得～。”《欢喜冤家》二一回:“一块儿坐下,搂搂亲亲,两个调得～。”

【火候】 huǒ hou ❶ 烧煮食物时火力的大小与时间的长短。唐段成式《酉阳杂俎》卷七:“物无不堪吃,唯在～,善均五味。”宋苏轼《雨后行菜圃》:“谁能视～,小灶当自养。”清《歧路灯》七五回:“少时,门徒禀道:‘文武～俱到,水已煎成。’” ❷ 指道家炼内外丹的功夫。唐白居易《同微之赠别郭虚舟炼师》:“心尘未净洁，～遂参差。”《元曲选外编·庄周梦》二折：“汞铅丹灶，能平善消，～最难调。”清《女仙外史》八回：“必要九日～已足，方可令出。今止五日，仅得～之半，岂可遽吐？” ❸ 指性交技巧。明《警世通言》卷三：“刘玺用抽添～工夫，枕席之间，二狐快乐。” ❹ 五行中火当令的节候。元贯云石《立春》：“水塘春始波，～春初热，土牛儿载将春到也。” ❺ 比喻学问、技艺等修养的程度。清《儒林外史》三回：“本道看你的文字，～到了，即在此科一定发达。” ❻ 比喻时机成熟的程度。清《姑妄言》一回：“道士看他那光景，也有了五七分酒意，脸上红红紫紫，眼睛饧瞪瞪，不住嘻嘻的笑。暗想道：～到了，下手他罢。”

【火急】 huǒ jí 急速；赶紧。唐王梵志《善劝诸贵等》：“～造桥梁，运度身得过。”《元曲选外编·西厢记》五本三折：“洛阳才子善属文，～修书信。”清《绣戈袍》一九回：“德龙领旨回府～办理，以便颁行。”

【火计】 huǒ jì 同“伙计❶”。明陆容《菽园杂记》卷三：“京民史某与一友为～。史妻有美姿，友心图之。”又卷一一：“客商同财共聚者名～。”

【火夹】 huǒ jiā ❶ 即“火钳”。宋吴自牧《梦粱录》卷一三：“铜铁器如铜铫、汤饼、铜罐、熨斗、火锹、火箸、～。” ❷ 即“火箸”。《辽史·张俭传》：“帝见衣袍弊恶，密令近侍以～穿孔记之。”

【火挟】 huǒ jiā 即“火钳”。元明《水浒传》二六回：“使转了这妇人和那婆子，把～去拣两块骨头。”

【火家】 huǒ jiā ❶ 犹“火工❹”。宋元《警世通言》卷三三：“到褚堂仵作李团头家，买了棺木，叫两个～来河下捞起尸首，盛于棺内。”明《金瓶梅词话》二六回：“贲四、来兴儿同送到门外地藏寺，与了～五钱银子，多架些柴薪，才待发火烧毁。” ❷ 犹“伙计❷”。元明《水浒传》三回：“众邻舍并十来个～，那个敢向前来劝。”明沈璟《义侠记》二二出：“自家是施小管营手下一个～。我们小管营开得好座酒店。”清《荡寇志》七九回：“那店小二同几个～，虽关了店门，还未睡。”

【火筴】 huǒ jiā 即“火箸”。唐陆羽《茶经·器》：“～，一名箸，若常用者圆直一尺三寸，顶平截，无葱台勾锁之属，以铁或熟铜制之。”

【火甲】 huǒ jiǎ ❶ 即龟甲。古代以火灼龟甲占卜。宋王明清《挥麈后录餘话》卷二：“遣吏往捕之，顷刻而至，乃舟中盗铸钱，其模如～状。” ❷ 地方编户联保的基层组织。宋曹勋《上皇帝书十四事》：“窃见诸路州县见行～以御夜盗，民安之若素习。”明韩邦奇《大同纪事》：“你们自编～，禁防盗贼可也。”《明史·李骥传》：“河南境多盗，骥为设～，一户被盗，一甲偿之。” ❸ 这种组织的负责人或役夫。明尹直《謇斋琐缀录》卷一：“骑卒导从正阳门出，所过～笼灯夹道候迓。”《西游记》八四回：“当时就惊动六街三市，各铺上～人夫，都报与巡城总兵。”《金瓶梅词话》二七回：“并责令地方～眼同西门庆家人，即将尸烧化讫来回话。”

【火剪】 huǒ jiǎn 即“火钳”。清《绿野仙踪》八三回：“一个玉～夹破僧头，一个金箍棒顿成蛇尾。”按，此为双关语，隐指女阴。△《儿女英雄传》六回：“一气跑到厨房，拿出一把三尺来长铁～来。”

【火劫】 huǒ jié 结伙抢劫。火，即伙。宋佚名《张协状元》八出：“假使官程担仗，结队～了均分；纵饶挑贩客家，独自个担来做已有。”

【火镜】 huǒ jìng 取火用的凸透镜。唐韦端符《卫公故物记》：“～二，大觿一，小觿一，笇囊二，椰杯一。盖常佩于玉带环者十三物，亡其五。”宋《针灸资生经》卷二：“有火珠曜日，以艾承之得火；次有～耀日，亦以艾引得火。”清《荡寇志》一二五回：“甥女得其～之法，能引太阳真火于十数里外，射入贼营烧毁诸物。”

【火酒】 huǒ jiǔ 烧酒；高度数白酒。可燃。明方以智《物理小识》卷八：“书浥水不开者，～烧过，含其剩水，喷之即开。”清《后水浒传》一三回：“又是几碗果点，并两壶枣儿红烧刀～来。”袁枚《续子不语》卷五：“燃～照之，则真形立见。”

【火镰】 huǒ lián ❶ 引火工具，形似无柄短镰。元程文海《彭城郡刘文靖公神道碑铭》：“有持～过庭下者，客命赋诗，公应声曰：‘金惟主断割，兹镰复何谓？出火济穷途，本以刚为贵。’”《元曲选·张生煮海》三折：“家僮，将～、火石引起火来。”△清《儿女英雄传》四〇回：“装上烟，拿小～儿打了个火点着了。” ❷ 一种镰形兵器。宋曾公亮等《武经总要》前集卷一〇：“火钩，以双钩刀为刃。～，以钩刀为刃。”明唐顺之《武编》前集卷二：“贼以火攻城，则城上应救火之具，有托义、火钩、～、柳洒子。”

【火粮】 huǒ liáng 在额定军粮之外另加的粮额。清《八旗通志》卷一五三：“滇省各标镇协营内，设管队头目，为一队之长。向例，本名粮外，多食步守粮半分，名曰～。”《大清会典则例》卷一二二：“餘丁一项，原系将营中清出～，收养兵丁子弟，每名月给饷银五钱。”

【火亮】 huǒ liàng ❶ 火光。多指微小成点状的。明《西洋记》八五回：“你进门之后，逢～处，照直只管走。”清《歧路灯》四四回：“望见前边有个～儿，想定有人家。”《说唐三传》三二回：“你看满营～通红，各人上马厮杀。” ❷ 照明用的火。清《野叟曝言》一二回：“一手拿过～，细把众盗照看。”又：“几个执着～，几个扛着车子，叫车夫赶着头口，簇拥而行。”

【火炉床】 huǒ lú chuáng 火炕。唐元稹《旅眠》：“夜眠兼客坐，同在～。”宋陆游《老学庵笔记》卷四：“梳洗床、～，家家有之。”

【火路】 huǒ lù ❶ 火道；火燃烧的路径，也指为防止火燃烧而开辟的铲绝草木等可燃物的隔离通道。《五灯会元》卷一五《南雄州地藏和尚》：“师与大容和尚在白云开～。容曰：‘三道宝阶，何似个～？’师曰：‘甚么处不是？’”元虞集《歙士吴宁之墓志铭》：“即率其众诣府，撤其西庑，～绝而官舍免。”清《绣戈袍》八回：“此注定的天火，只可在外面开了～，使火不能连丛出来延累便好。” ❷ 龟板经火灼留下的纹路。明《梼杌闲评》四回：“取过龟板来，焚香默祷过，取火灼了，看上面两道～。”

【火冒】 huǒ mào ❶ 形容焦渴。明《醒世恒言》卷二九：“那轮红日犹如一团烈火，热得他眼中～，口内烟生。” ❷ 发火；生气。清《大双蝴蝶》一九回：“走过人，就～，扯住要把耳光嚣。”《飞龙全传》一八回：“这一句，骂得匡胤满面羞惭，心中～。”《说唐后传》二回：“因见他问了一声，不觉～大恼，恨不得把他一刀劈为两段。”

【火煤】 huǒ méi ❶ 火燃后凝成的黑灰。宋张师正《括异志》卷九：“（以焚餘柴枝击之）惟见一朽腐棺板，长三尺餘，中微骨折，尚有～之迹。”洪迈《夷坚志》支庚卷八：“但见每夜黄昏，必至灶前以～涂面，脱下衣裳而出。”清《女仙外史》六五回：“忽烛焰一爆，～直溅额角。” ❷ 在缺氧状态下缓慢延烧的闷炭或纸媒等。使用时使接触氧气，用于引火或照明。清雍正八年六月二十二日田文镜奏文：“家人换点香烛，将所用～纸不知误遗何处。”《绮楼重梦》九回：“见一个黑大汉子，手里拿着一枝长香，一个～筒儿。”

【火闷】 huǒ mēn 闷闭在容器内使缓慢延烧的火种。清《绿牡丹》三二回：“算计已定，取出～来，暗暗点着香火。又恐～子火大，被人看见，想又收起。”

【火牌】 huǒ pái ❶ 官员因公出行所发的在驿站征夫用火的凭证，明代中期以后专为传报紧急报告或命令所用。明孙传庭《剖明站银斟酌哀济疏》："非系传报紧急军情，部解京边钱粮与夫取办军器等项，例应用勘合～者，不得用驿递一夫一马。"清《大清会典则例》卷一二〇："顺治初年，题准勘合～，内填注奉差官役姓名，并所给夫马车船廪给口粮数目。"《醒世姻缘传》八六回："如今写了两只大官船，兵部里讨的～勘合，一家子都往任上去了。" ❷ 地方官员签发的处置紧急情况或火急办事的凭证。明胡宗宪《筹海图编》卷一二："仍给虎头～一面，上书'专委救火与夫禁缉扰乱地方'等字样，以专委任，亦便夜间救火执照，以开巷门。"《禅真逸史》一〇回："刁应祥领～，飞星奔到李秀家内，将浑家秦氏锁了。"清《都是幻・写真幻》五回："太守即出～，严拿盗犯池苑花。" ❸ 一种形似盾牌的用于火战的兵器。明唐顺之《武编》前集卷六："惧其驾飞翼，搭浮桥，以跨我之河道也。吾则造～，造橦筏于急流，而贼不可施。"

【火票】 huǒ piào ❶ 犹"火牌❶"。明沈榜《宛署杂记》卷二〇："长史司行本县刊刻信牌、信票、～、梨板、刊字匠工食共银贰钱壹分。"清《平定金川方略》卷一四："豫省驿马通共四千五百餘匹，而各驿路当孔道，俱有赍送本章及～公文别样差使，未便全数调拨。"《雪月梅》二〇回："这～是恐你于路迟误，因给你在本汛支应塘马二匹。" ❷ 犹"火牌❷"。明无心子《金雀记》一二出："惟有小子多能，投充都府快皂。打人不敢回手，官府让我前导。腰悬三股麻绳，手执一张～。有钱的假意商量，无钱的苦死闹吵。"清《幻中游》六回："这罗田县知县，姓钱名为党，是个利徒，就差了原差，飞签～，立拿房氏当堂回话。"

【火铺】 huǒ pù ❶ 置火报警用的铺屋。《资治通鉴》卷二八八："乃偃旗卧鼓，但循河设～连延数十里，番步卒以守之。" ❷ 军巡铺屋；地方上用于巡更防火的铺屋。明丘濬《大学衍义补》卷一三六："后世于里巷设为～更夫，使之互相觉察以防盗贼。"

【火气】 huǒ qì ❶ 火性；怒气。宋元《清平山堂话本・李翠莲》："才向西来又向东，休将新妇便牵笼。转来转去无定相，恼得心头～冲。"明王衡《真傀儡》："要炼得～全无，直待到世人不识。"清《醒世姻缘传》八七回："寄姐此时～也渐觉退去，撒泼的不甚凶狠。" ❷ 性欲。明《一片情》九回："单说人家不幸，有了寡妇，或五十六十，此时～已消，叫他终守可也。"《拍案惊奇》卷一七："一心想着吴氏日里光景，且把道童太清出出～。"清《姑妄言》五回："我可怜见你们这些时熬狠了，我来同你们乐乐，消消你们的～。" ❸ 兴头；劲头。明《二刻拍案惊奇》卷一〇："说这几个人，闻得孩子已被莫家认作儿子了，许多焰腾腾的～，却像淋了几桶的冰水，手臂多索解了。" ❹ 犹"火势"。清《荡寇志》九六回："戴春连日匆忙拿出些银子来，托纪二、孙婆办了簇新家伙铺陈，一面赶办聘礼，足有三二千两的～。"

【火签】 huǒ qiān 犹"火牌❷"。明《型世言》二六回："现奉本县老爷～拘你们，怎推得不去？"清《歧路灯》二四回："不料本县老爷做生日，一定要我这戏。原差～催了几回，误了便有弄没趣之处。"《白圭志》六回："于是县主即发～，差人捉拿美玉。"

【火钳】 huǒ qián 夹火炭用的长钳。明高濂《遵生八笺》卷七："(茶寮)炭箱一，～一，火箸一，火扇一。"清《野叟曝言》三一回："张妈丢了～，走出来。"

【火钱】 huǒ qián 用火的花费。元古本《老乞大》："主人家，俺明日五更头早行也，咱每算了房、～者。"明《醒世恒言》卷三："剩下四两二钱之数，拈一小块，还了～。"清雍正十三年二月六日赵弘恩奏文："两江各属征收钱粮积弊多端，以及柜书重戥称收，揹票需索，银匠低估成色，多勒～。"

【火热】 huǒ rè ❶ 形容情势喧闹热烈或权势逼人。五代贯休《长安道》："憧憧合合，八表一辙。黄尘雾合，车马～。"宋王偁《东都事略》卷一一三："太后垂帘，汤沸～。汝时小臣，危言巇巢。"清王士禛《分甘餘话》卷四："招之来广陵，遂与四方之士交游唱和，渐失本色。余笑谓人曰：'一个冰冷底吴野人，被君辈弄做～。'" ❷ 形容温度高；炎热。宋洪迈《夷坚志》甲卷六："少顷，足底～，炎上彻心。"清《飞龙全传》三九回："这般～，亏你耐得！你何不同着乐子去洗一回澡，好不凉哩。"《荡寇志》七三回："酒还～，烫它怎的！" ❸ 形容情绪激切或热烈高涨。元陈宜甫《夜闻陇西歌有怀牧庵左丞》："此时旅肠悲～，陇西歌客歌清切。"明《醒世恒言》卷三："一般你贪我爱，～的跟他，却是一时之兴，没有个长算。"清《歧路灯》五一回："看见儿子正低着头掷的～，且耳朵内又有一百三十两的话儿，果然怒从心上起，恶向胆边生。" ❹ 形容彼此间关系十分密切融洽。《元曲选・两世姻缘》一折："如今伴着一个秀才，是西川成都人，好不缠的～。"明《二刻拍案惊奇》卷四："这兴哥是我们母亲一辈中人，他且是与他过得～。"清《野叟曝言》四二回："只苦了素文，情窦已开，日间滚得～，到夜便要分开。"

【火烧】 huǒ shāo ❶ 着火；失火。唐韩愈《雉带箭》："原头～静兀兀，野雉畏鹰出复没。"明《禅真逸史》三五回："抬头一看，四围芦苇尽皆～。"清《说岳全传》六五回："那秦桧在睡梦之中听得～，惊醒起来，说是花炮房失火。" ❷ 一种圆形烤饼。宋张端义《贵耳集》卷下："愚民得此合，再三焚香感戴。发合取食，但见两枚～而已。"明《古今小说》卷四〇："看见间壁有个点心店儿，不免脱下布衫，抵当几文钱的～来吃。"清《儒林外史》二回："厨下捧出汤点来，一大盘实心馒头，一盘油煎的扛子～。" ❸ 形容情绪热烈。元顾鉴中《醉太平・出浴图》："荡春心～，沐天露油浇。"明《别有香》六回："两个一路行来，说得～，眉来眼去，恨不得一脚就到。" ❹ 形容体温高。清《红楼梦》五二回："伸进被去摸了一摸身上，也是～。"

【火绳】 huǒ shéng 可缓慢延烧的绳。❶ 用于引燃枪炮火药。明郑若曾《江南经略》卷七上："学火器者，必须药线、铅弹、～、锤屑、流杖具备。"清《荡寇志》一一五回："将那三眼枪灌了火药，下了三条铁标，点旺～。"《绿牡丹》三二回："枪头对准房上之人，将～拿过，药门一点，一声响亮。" ❷ 用于引火或照明。清《醒名花》六回："各各整备停当，～火把，木棍铁尺，竟如一伙大盗。"《粉妆楼》四七回："那两个人托的跳开，～一照，叫道：'不要动手！'"

【火石】 huǒ shí 燧石；用于敲击取火的石头。《敦煌变文校注》卷一《李陵变文》："军中有～否？急手出火，烧却前头草，后底火来他自定。"元明《水浒传》二三回："众人身边都有火刀～，随即发出火来。"清袁枚《子不语》卷五："李疑之，取～击火，照见一蓬发人。"

【火势】 huǒ shì 情态；架式。清《聊斋俚曲・翻魇殃》："阎罗就待打的～，仇福慌了，满口应承，才放他去了。"《醒世姻缘传》五七回："把手里拿的条子劈头劈脸的乱打，打的那小琏哥待往地下钻的～。"又七一回："昨日还了老公那点东西儿，也就刷洗了个精光，看着的抱着瓢的～。"

【火速】 huǒ sù 急速。唐易静《兵要望江南・占怪象》："但为战败丧军情，～去移营。"《元曲选外编・渑池会》楔子："则为这无瑕玉璧有光莹，差使命～离京。"清《镜花缘》一〇〇回："文芸～

命人四处追寻，并无踪影。”

【火踏】 huǒ tà 内置火炭可踏在脚下取暖的器具。宋王明清《挥麈后录》卷一一：“偃然坐胡床，双展两足于～子之上。”明沈榜《宛署杂记》卷一五：“冬季与到任帏裙坐褥数同，外送卓套四个，大小炙砚十五个，铁火池一个，木～二个，铜～一个，铜丝手笼二个。”

【火通】 huǒ tōng 即“火筒❶”。明佚名《黄孝子》一九出：“毛竹当作笏板，～当作雷圈，铙钹当了赌本，法衣准作嫖钱。”《笑府》卷一一：“有当笛者，云：‘丝缉～一枝，当银一分。’”

【火同】 huǒ tóng 即“火筒❶”。明《金瓶梅词话》三三回：“空教我拨着双～儿，顿着罐子，等到你更深半夜。”

【火筒】 huǒ tǒng ❶ 吹火筒；吹火使旺的筒状工具。《五灯会元》卷六《本嵩律师》：“昔有一庵主，见僧来，竖起～曰：‘会么？’”明朱有燉《神仙会》二折：“弹绵花的木弓，吹柴草的～，这两般丝竹不相同。”清《说岳全传》七〇回：“既是～，就该放在厨下，拿在手中做甚？” ❷ 可发火的筒状兵器。元佚名《保越录》：“大军将蔡元帅铠甲坐胡床，指挥其众，我军以～射而仆之。”清《后水浒传》四五回：“霎时百般兵器以及～、火箭、火炮、火球，一齐攻击。” ❸ 内藏火种的筒状容器。清《警寤钟》七回：“他摸出～一照，他家墙垣皆插天壁立。”

【火桶】 huǒ tǒng ❶ 一种桶形取暖器具，可烘暖被子等。宋蔡伸《惜奴娇》：“只替，那～儿，与奴暖被。”明朱橚《普济方》卷二七九：“仍先以汤浴了手足，并用被覆，更将～子安被内，盖令热两上瘥。” ❷ 用于火攻的筒状兵器。《续通典》卷一〇四：“队长司一队内攻守，督兵用命。贼近，专发～。”清《野叟曝言》四五回：“火筒喷处，碎纷纷万瓣银花；～倾时，乱滚滚千行赤溜。”

【火头】 huǒ tóu ❶ 可燃物点着火的一端或一侧。唐孙思邈《备急千金要方》卷七六：“治众蛇螫方：炙上三七壮，无艾，以～称疮孔大小爇之。”明《西洋记》七五回：“剑头上摆出一块大火，～上烧了一道飞符。” ❷ 司烧火做饭者。《五灯会元》卷九《沩山灵祐禅师》：“师在法堂坐，库头击木鱼，～掷却火杪，拊掌大笑。”明汤显祖《邯郸记》八出：“只这名叫做锅边秀，便是小的光禄寺厨役灶下养。〔净〕原来是个～哩。”清《续金瓶梅》二四回：“大家送米面油薪，又招了一个道人做～。” ❸ 西南、东南少数民族的一种小头目，相当于内地的里、甲长。元赵世延《招捕》：“昔多夷生其中，自为雄夸、～、大老。”明杨寅秋《平丁改善后议》：“独滇中议充官田，以乡总～领之，岁收子粒输官。” ❹ 失火的肇事者。明《醋葫芦》二〇回：“冷家失火，走了～。”清毛奇龄《杭州治火议》：“从来起火之家名曰～，其罚甚重。”《八洞天》卷五：“县中又差人出来捉拿～，典铺烧了，那些赎当的又来讨赔。” ❺ 火焰；火燃烧的方向。明《古今小说》卷一三：“六魔笑曰：‘有何难哉！’把手分开～，扨身便跳。”清《儒林外史》一六回：“弄了一身臭汗，才一总捧起来朝外跑。那～已是望见有丈把高。”袁枚《子不语》卷八：“看火者见张氏宅上立一黑衣人，手执红旗，逆风而挥，挥到处～便转。” ❻ 比喻事态正处在要害的关头。清《红楼梦》一〇五回：“别的亲友，在～儿上也不便送信，是你就好通信了。” ❼ 借指引起事端的祸首。清《荡寇志》八九回：“廷芳道：‘便是那拼命三郎石秀，还有那病关索杨雄。’永清道：‘这两个便是害我家的～。’”

【火伍】 huǒ wǔ 队伍。火，军队基层单位，若干人共用一火。唐柳宗元《段太尉逸事状》：“皆解甲，散还～中，敢哗者死！”宋范浚《进策·募兵》：“第随州郡，类结～，日加训练。”明王直《赠李先生十题卷序》：“闾巷～之中则曰：‘是能深知我而有志于恤我者也。’”也指伙伴。明苏伯衡《桂府君墓志铭》：“初兰溪民有以私鬻盐系狱者，其～夜劫以去。”

【火下】 huǒ xià ❶ 伙计；伙伴。唐王梵志《兴生市郭儿》：“例有百餘千，～三五个。”庞蕴《心王不了事》：“共贼作～，无由出生死。”特指灶下司火的小伙计。《敦煌变文校注》卷五《妙法莲华经讲经文(四)》：“若要造得胡饼，须教～停腾。若要听得真经，须借法师都讲。” ❷ 地方上的治安人员。宋李纲《建炎时政记》卷中：“昨因金人取索人口，开封府差提事使臣、～等追捉访闻，内有妇人多被使臣、～百端逼胁，致畏避发遣，愿归使臣、～等家。”吴自牧《梦粱录》卷七：“在城九厢界，各厢一员小使臣注授，任其烟火盗贼，收解所属。其职至微，所统者军巡、～、地分，以警其夜分不测耳。”

【火掀】 huǒ xiān 同“火锨”。元明《水浒传》容与堂本二二回：“宋江仰着脸，只顾踏将去，正跐在～柄上，把那～里炭火，都掀在那汉脸上。”

【火锨】 huǒ xiān 撮火炭的工具。明《型世言》三六回：“外面铜杓～都不失，走到房中，只见打开两只箱子。”

【火巷】 huǒ xiàng 房屋之间的空隙巷道，有防火作用。宋周必大《中大夫秘阁修撰赵君神道碑》：“弛竹木税，开古沟，创～，以绝后患。”金《刘知远诸宫调》三：“待害是营司家口，～里闹悠悠。”清毛奇龄《杭州治火议》：“有议开～者，谓曩时每街必有～间截之，今多为民间侵佃，以致堙塞。”

【火性】 huǒ xìng 急躁的性子。唐张祜《戊午年感事书怀》：“灰心志射鹄，～急韦编。”《元曲选·救风尘》三折：“则见他恶哏哏，摸按着无情棍，便有～的不似你个郎君。”清《醒世姻缘传》八九回：“骂得个陈实～发了，又按捺去，按捺了，又发将上来。”

【火浴】 huǒ yù ❶ 火化。《嘉泰普灯录》卷一八《道颜禅师》：“示寂于昭觉，～后，设利甚富。”明唐文凤《灵山二十景诗序》：“累石为龛，厌世长逝。～风化，号曰化僧。” ❷ 火煅；火烧。宋黄文雷《读史感兴》之一：“良玉必～，利刃因岚刓。”元谢宗可《水灯》：“珠浮赤水光犹湿，～丹池夜未干。”

【火院】 huǒ yuàn ❶ 指尘世，谓受煎熬。唐吕喦《沁园春》：“有限光阴，无涯～，只恐蹉跎老却贤。”元马致远《任风子》三折：“你道我担荆筐受苦，强如你担～便宜。”明《清平山堂话本·张子房》：“不去佛前求忏悔，贪迷～受煎熬。” ❷ 指妓院等苦难之境。《元曲选·青衫泪》二折：“偌来大穷坑～，只央我一身填。”又《风光好》四折：“我为你截日离了官司，再不当～家私，便弄针凿。” ❸ 指家业，尘世之累。《元曲选·竹坞听琴》一折：“弃了个铜斗儿似家缘，撇下个泼天也似～，到大来无拘倦。”又《来生债》二折：“〔卜儿云〕我心怎生与你心不同？〔正末唱〕我待将这家业消除，你则待将～、～来做主。”

【火长】 huǒ zhǎng ❶ 军队中司厨膳衣甲的小头目。唐李筌《太白阴经》卷三：“五人～，主厨膳、饮食、养病、守火，内衣、资樵采。”宋《建炎以来繫年要录》卷九六：“故治军之法，战兵之外，车御、～、牧人、工匠之属，皆有定数。”明唐顺之《武编》前集卷一：“如有破用(衣甲)，队头～须知用处。”也用来尊称军卒。清顾炎武《日知录》卷二四：“今人谓兵为户长，亦曰～。” ❷ 地方上司治安的役员。宋苏辙《论雇河夫不便札子》：“七百里至一千里以上，每夫日纳钱三百文省，团头倍之，甲头～之类增三分之一。” ❸ 海船上司罗盘的人。宋洪迈《夷坚志》三己卷六：“淳熙五年，使行钱吴大作纲首，凡～之属一图帐者三十八人，同舟泛洋。”吴自牧《梦粱录》卷一二：“风雨晦冥时，惟凭针盘而行，乃～掌之，毫厘不敢差误。”清屈大均《广东新语》卷六：“凡渡海风波不起，岛屿晴明，忽见朱旗绛节，骖驾双螭，海女人鱼，后先导从，是海神游也。～亟焚香再拜则吉。”

【火帐】 huǒ zhàng 伙食账目。元古本《老乞大》：“至二十五日起程，辞别那汉儿伴当。已前盘缠了的～，都算计明白。”

【火者】 huǒ zhě ❶把式；师傅。源于阿拉伯或波斯语，尊称伊斯兰的学者。元曾瑞《哨遍·羊诉冤》：“许下浙江等处恶神祇，又请过在城新旧相知。待赁与老～残岁里呈高戏，要雇与小子弟新年中扮社直。” ❷元代称宦官，明代指在宫廷中做粗使活计的太监。明权衡《庚申外史》卷下：“朴不花，是我资政院老～看家贫人也，台家何无情而欲逐之？”刘若愚《酌中志》卷一六：“安乐堂，在北安门里，掌房官一员，掌司数十员。凡在里内官及小～有病，送此处医治。”《梼杌闲评》二一回：“正在危急之际，外面来了四五个～，拿着棍棒迎上来。” ❸也称宫外受阉割的奴仆，或泛称奴仆。明吕毖《明朝小史》卷二：“福建、两广等处豪富人家，多有乞觅他人之子，阉割驱使，名曰～。”冯惟敏《仙子步蟾宫·十劣·下桥》：“猱着头姐儿的～，眵着眼鸨儿的候缺，放倒身撅儿的帮贴。” ❹司烧火的人。明郑仲夔《耳新》卷五：“有一僧携犬来，欲化斋四枚。施主曰：‘一人二斋足矣。何得过取。’僧曰：‘犬不食乎？’施主弗从。僧曰：‘平日好施，今何吝耶？’有一～曰：‘我有二枚与之。’”《西洋记》三回：“小僧念他出胎失母，乳哺无人，叫过那～来，抱他到施主家里去布施些乳哺。”清洪昇《长生殿》九出：“揣这厮去打一百，发入惜薪司当～去。”

【火种】 huǒ zhǒng ❶引火物。宋《三朝北盟会编》卷二三五：“潜领民兵孙彦等二十人，各将带～……径赴州仓发火。”明李梅实《精忠旗》三四出：“是进香的，讨些～点烛。”清《飞龙全传》一五回：“郑恩将～儿取出火来，点了香烛。” ❷餘火；火星。元明《水浒传》一〇回：“探半身人去摸时，火盆内～，都被雪水浸灭了。”明《拍案惊奇》卷三一：“丢儿说：‘我烧滚了一会，又添许多柴，看得好了才去，不晓得怎么不滚。’低倒头去张灶里时，黑洞洞都是水，那里有个～？” ❸比喻后续的生存手段。明《禅真逸史》一〇回：“拂意的掳袖揎拳，动口处是窝家贼党。搅得六家没～，都来四境不平安。”清《说唐前传》四二回：“你爷爷在紫金山同宇文化及交锋，被你兄弟李元霸这小畜生头一阵，打得俺十八家没了～，还要一个个跪献降书。” ❹比喻祸端。明《型世言》二九回：“起根都只为一个圆静奸了田有获的妾，做了～，又加妙智、法明拐妇人做了衅端。”

【火种头】 huǒ zhǒng tóu 犹“火种❹”。明《醋葫芦》七回：“况且还道妻子少也有十多个日子住，不料便回，偏又捉着这个～。”清《荡寇志》八九回：“梁山是我的切齿怨仇，杨雄、石秀更是～儿。”

【火烛】 huǒ zhú 指火灾。五代柴荣《许京城街道取便种树掘井诏》：“雨雪则有泥泞之患，风旱则有～之忧。”明戚继光《纪效新书》卷七：“其本夜内惊恐、～、奸细之变，俱罪坐本官。”清《后水浒传》三回：“村中人恐是～盗贼，大家起来窃听的窃听，观望的观望。”

【火箸】 huǒ zhù 即火筷子，夹火炭或通火用的铁筷。唐冯贽《云仙杂记》卷二引《衡山记》：“朱符谓～如两仪成变化，不可缺一。”宋《禅苑清规》卷四：“兄弟围炉递相回避，不得画灰拨火，敲～作声。”清《红楼梦》六回：“手内拿着小铜～儿拨手炉内的灰。”

【伙】 huǒ ❶由同伙组成的集体；帮伙。宋陈规《守城录》卷三：“餘党溃散，投入王在～中。”《元曲选·黑旋风》一折：“某聚三十六大～，七十二小～，半垓来小偻罗。”清袁枚《子不语》卷一九：“元龙以手拒之，奈彼～渐众，为其扯入水中。” ❷量词。用于人群。五代孙光宪《北梦琐言》卷五：“雷满者，偏州一～草贼耳。”《元曲选·伍员吹箫》三折：“恰才若不是大哥打散了这～庄家，着小人好生没意思。”清《儒林外史》一九回：“一～人在那里围着一张桌子赌钱。”

【伙伴】 huǒ bàn 同“火伴❶”。宋赵与时《宾退录》卷一：“木兰诈作男子，代父征行，逮归家易服，～方知其为女。”《元曲选·货郎旦》四折：“与别人无～，单看俺当家儿。”清《醒世姻缘传》七四回：“你是少妇，该结了～才去。”

【伙并】 huǒ bìng 同“火并”。元明《水浒传》四七回：“俺梁山泊好汉，自从～王伦之后，便以忠义为主，全施仁德于民。”

【伙党】 huǒ dǎng 党羽；同伙。明潘季驯《乡兵擒斩劫贼功次兼请申严保甲疏》：“且据称～颇多，岂能一一逃避。”清《平定准噶尔方略》续编卷四：“随将伊及～八人，并所掠妇女牛马，擒拿收获。”《醒世姻缘传》六三回：“不意又被那宋明吾的一班～作刚作柔的撮合，故意讲和，又与了他四两银子。”

【伙儿里】 huǒ ér lǐ ❶成员内部。明冯惟敏《仙子步蟾宫·十劣·钻龟》：“也子道爷儿们合家欢乐，止不过～本分窝巢。” ❷即“伙里❷”。明《金瓶梅词话》二五回：“他每日日只跟着他娘每，～下棋、挝子儿、抹牌顽耍。”

【伙繁】 huǒ fán 犹“夥多”。辽王鼎《蓟州神山云泉寺记》：“儭施以之充牣，徒众因而～。”元王沂《知宣德府王公遗爱碑》：“睠此奥区，拱翼都邑，民物～，风气淳质。”清《河源纪略》杂录：“绵地旷邈，事迹～。”

【伙计】 huǒ jì ❶合伙干事，多指经商。也指合伙干事的人；伙伴。《元曲选·朱砂担》一折：“你是个货郎儿，我也是个捻靶儿的。我和你合个～，一搭里做买卖去。”明《醒世恒言》卷二九：“王屠！我与你一向同做～，怎么诈不认得？”清《醒世姻缘传》七〇回：“老陈公信这童一品是个好人，爽利发出一千银子本来，与童一品合了～。” ❷指店员或其他雇佣劳动者。明冯从吾《发山东运司告示稿》：“而虚掣补关，其病根多在各商之家人～。”《醒世恒言》卷七：“开起两个解库，托着四个～掌管。”清《红楼梦》八五回：“只见有两个衙役站在二门口，几个当铺里～陪着。” ❸共事者或熟人之间的互称。犹言兄弟、朋友。明《古今小说》卷四：“张千一见了李万，不由分说，便骂道：‘好～！只贪图酒食，不干正事！’”阮大铖《燕子笺》一五出：“我们是接场中相公的。～，今年规矩森严，莫挤近栅栏边去。”清李渔《蜃中楼》二六出：“～，这边冷得厉害，且和你到沙门岛上去晒晒日色了来。”

【伙里】 huǒ lǐ ❶因身分等结成的一群人里。元明《水浒传》五〇回：“这厮们～有个甚么小李广花荣，枪法好生了得。”明《金瓶梅词话》五五回：“只有那潘金莲打扮的如花似玉，乔模乔样，在丫鬟～，或是猜枚，或是抹牌。” ❷结成伙儿；大家一起。明《金瓶梅词话》三九回：“早出儿子，不知他什么帐儿，只是～分钱就是了。”《西洋记》七八回：“我国中男子多，女人少，故此兄弟～，大家合着一个老婆。”《型世言》三五回：“况且撞着我与师兄师弟众人～说说笑笑，便来炒闹。”

【伙粮】 huǒ liáng 同“火粮”。清雍正九年二月六日刘世明奏文：“今察出战船舵工于本名战粮之外，历来俱食～一分，以敷养赡。”

【伙目】 huǒ mù 即“伙头”。清雍正四年十二月二十一日鄂尔泰奏文：“而营长～改立乡约保长，一体编甲，将稽查既严，渐染亦易。”又雍正六年三月八日奏文：“窃东川改流虽久，而六营长九～俱沿旧习，各踞一方。”

【伙食】 huǒ shí 饭食。清雍正六年九月二十二日施廷专奏文:"通船舵水每人各带有米数石,丢水者无算。现今近岸,俱无衣食,欲将各名下米石变卖,为～之用。"《红楼复梦》四八回:"吩咐柳嫂子先上船去照应,管理路上～。"

【伙同】 huǒ tóng 与别人一起(做某事)。明潘季驯《报擒屡奉钦依擒拿首贼疏》:"大鸾～杨凤鸾等,打劫宁州不在官梁尚端家财物。"明《封神演义》七四回:"岂他养成气力,今反～那姜尚,三路分兵,取了佳梦关。"清《说唐后传》二二回:"那知道我这等命苦,～兄弟们两转投军,尽皆不用。"

【伙头】 huǒ tóu 同"火头❸"。清雍正四年三月二十日鄂尔泰奏文:"及至赴官告理,备文关提,川省官例问土目～,而土目～惟就中攫利,曲为隐庇。"又雍正五年三月十二日奏文:"既经归流,则把目～之名,自应改为里长甲首。"

【伙长】 huǒ zhǎng ❶ 同"火长❷"。清孙承泽《春明梦餘录》卷六三:"其受皇上重托而冀其不欺者,止掌厂掌卫之臣耳,势不得不转寄耳目于～旗番。" ❷ 同"火长❸"。清雍正五年九月九日高其倬等奏文:"嗣后凡出洋船只,俱令各州县严查船主、～、头椗、水手并商客人等。" ❸ 犹"火头❸"。清黄叔璥《台海使槎录》卷八:"郡县有财力者认办社课,名曰社商。社商又委通事、～辈,使居社中。"蓝鼎元《檄淡水谢守戎》:"查大鸡笼社～许略……蛤仔难～许拔四人,皆能通番语。"

【夥多】 huǒ duō 繁多;众多。唐[日]空海《沙门胜道历山水莹元珠碑》:"遍眺四壁,神丽～。"李邕《嵩岳寺碑》:"今昔纷扰,杂事～。"明葛昕《与程居左方伯书》:"邑人以土瘠不足养赡,相率逐末,实繁有徒,而上户以昨年审添～。"

huò

【或】 huò 突然。《敦煌变文校注》卷二《韩擒虎话本》:"～(忽)遇(语)五道大神:'但某乙请假三日,得之已府(否)?'"又:卷四"太子成道经":"在于路上,～(忽)见一人,削发染衣。"宋《五代史平话・晋上》:"白狐～作人言,道:'您休害我。'"

【或即】 huò jí ❶ 犹"或者"。《敦煌变文校注》卷二《庐山远公话》:"如江湖大海,其中有多少众生。～是鼋鼍,或若是虾蟹龙鱼。如是多般,尽属于水。"又:卷五《维摩诘经讲经文(一)》:"年才长大,稍会东西,不然遣学经营,～令习文笔。"辽希麟《续一切经音义・序》:"～未周三藏,～偏局一经。寻检阙如,编录不次。" ❷ 表示行为动作并列存在或交替发生。时而;忽而;有时。《敦煌变文校注》卷二《庐山远公话》:"六载为奴,驱使常在宅内,～粗语嗔喝。"又:《叶净能诗》:"若不餐,动经三十五十日;要餐,顿可食六七十料不足。～隐身没影,即便化作一百个人。"又:卷五《妙法莲华经讲经文(三)》:"～身贵荣贵,不殊梦里喜欢;忽然处在贫穷,还似梦中恶发。"又:《维摩诘经讲经文(一)》:"有时谈四谛,～赞三乘。"

【或然】 huò rán ❶ 或许;也许。唐杨筠松《撼龙经》:"左穿右博烈笔阵,行龙旌节如旗枪。其间定有神灵应,～世代生王侯。"明《封神演义》六〇回:"老师腹中有响声,请往后营方便方便,～无事,也不见得。" ❷ 倘若;若是。唐易静《兵要望江南・占鸟》:"临阵次,鸟向敌军来。一只一双犹可击,～成阵叫声哀,勿战速当回。"宋苏轼《东坡志林》卷四:"若人久放浪,不觉有病;～持养,百病皆作。"清陈端生《再生缘》二二回:"不知他可是芝田否?～果是凤鸾着,怎受儿夫三叩头?" ❸ 忽然。唐易静《兵要望江南・占鸟》:"城营内,异鸟～来。好慎外归刑祸事,不然军将主身灾。"《太平广记》卷二一四引《野人闲话》:"时捐大绢泥高壁,闭日焚香坐禅室。～梦里见真仪,脱去袈裟点神笔。"明叶颙《述怀》:"偶尔忘怀非造理,～闭目独凝神。"

【或若】 huò ruò ❶ 犹"或者"。《敦煌变文校注》卷二《庐山远公话》:"如江湖大海,其中有多少众生。或即是鼋鼍,～是虾蟹龙鱼。如是多般,尽属于水。" ❷ 犹"或然❷"。《敦煌变文校注》卷一《汉将王陵变》:"～王陵知了,星夜倍程入楚,救其慈母。"又卷二《前汉刘家太子传》:"～治国不得,有人夺其社稷者,汝但避投南阳郡。"《古尊宿语录》卷二七《佛眼和尚语录》:"～当此一问,于佛法中如何祇对?"

【或许】 huò xǔ 犹"或然❶"。元唐元《又书》:"谁悟浮生理,纷纷醉梦中。安贫无愧怍,～是英雄。"明《肉蒲团》五回:"再等几日,他～寻一个来报我,也不可知。"清弘历《题狮子林十六景・清閟阁》:"幼文未免心生忌,～无名却是宜。"

【或者】 huò zhě 连词。表示并列或选择关系。明《西游记》四九回:"～渰杀师父,～被妖吃了。"《拍案惊奇》卷二〇:"～因一句话上,成就了一家儿夫妇;～因一纸字中,折散了一世的姻缘。"清李玉《清忠谱》二三折:"若有素面～线饼,饱餐他一顿,更通。"

【和】 huò 另见 hé、hè。❶ 犹"会⑮"。宋黄庭坚《鼓笛令》:"鼓儿里、且打一～。"宋元《古今小说》卷三三:"韦义方去怀里摸索一～,把出席帽儿来。"元马致远《黄粱梦》四折:"睡朦胧无多一～,半霎儿改变了山河。" ❷ 量词。多用来计量擂击或搅拌次数。宋向子諲《点绛唇・代净众老》:"没鼓打皮,借问今儿～。"明朱有燉《香囊怨》二折:"我想来便驴骡也与他槽头细草添三～,便猪狗也道他命里粗糠有半升。"清《红楼梦》五二回:"晴雯服了药,至晚间又服了二～。"

【和铎】 huò duó 同"镬铎❶"。金《董解元西厢记》卷二:"板钢斧劈群刀砍,一地里热闹～。"

【和朵】 huò duǒ 同"镬铎❶"。元佚名《柳营曲・晋王出寨》:"他铁马金戈,打着骆驼,一火闹～。"

【和和】 huò huò 多种杂粮或杂粮和野菜混在一起煮的稠粥。明《朴通事谚解》卷下:"供养的是豆子粥、饃子、烧饼、面茶等饭。临明吃～饭。"佚名《粉蝶儿・悭吝》:"早饭白粥才餐过,到晚来又插～。"又《醉太平》:"白肉面翻做了糠磨磨,软羊羹变做了齑～。"

【货】 huò 货物,用作对人的贬称。《元曲选外编・西厢记》二本四折:"他怕我是赔钱～,两当一便成合。"明《金瓶梅词话》一二回:"这一家都谁是疼你的?都是露水夫妻,再醮～儿。"清《红楼梦》八五回:"可知也是个心术不正的～。"

【货卜】 huò bǔ 卖卦;以算卦为业。元胡祗遹《赠三命张信卿序》:"其狡狯逃遁者之情以为神异,蛊惑流俗,此市井～者之一律也。"《元曲选外编・裴度还带》二折:"贫道在此～为生。"明佚名《闹铜台》二折:"我如今装做个～的先生。"

【货店】 huò diàn 商店。明邹元标《答钱肇阳孝廉书》:"如人有本钱,开南北～,任君自取。"清李光庭《乡言解颐》卷三:"今之钱店则曰兑换银两,～招牌则曰发兑某项货物。"

【货贩】 huò fàn 做买卖;贩卖。唐元稹《估客乐》:"子本频蕃息,～日兼并。"元汪大渊《岛夷志略》:"田瘠谷少,故多种薯以代粮食。每～于其地者,若有谷米与之交易,其利甚溥。"明《禅真后史》二九回:"你既～宝贝,可曾见一匹墨顶骈的骏马么?"

【货郎】 huò láng ❶ 贩卖杂货的流动商贩。《元曲选外编・绯衣梦》三折:"自家是个～儿,来到这街市上。我摇动不郎鼓儿,看有甚么人来。"元明《水浒传》七四回:"扮做山东～,腰里插着一把串鼓儿，挑一条高肩杂货担子。"清《白雪遗音·货郎儿》："～儿，背着框子遥街串，鼓儿摇得欢。" ❷ 一种模仿货郎的表演。宋周密《武林旧事》卷二："(舞队)散钱行、～。"《元曲选·货郎旦》二折："老汉姓张，是张㦸古，凭说唱～儿为生。"明《金瓶梅词话》八八回："使人门前叫调百戏的～儿进去，耍与他观看。"

【货郎担】 huò láng dàn 货郎挑的杂货担。也借指货郎。《元曲选·桃花女》楔子："我待绣几朵花儿，可没针使，急切里等不得～儿来买。"清谈迁《谈氏笔乘·艺箦》："王元美所著《读书后》四本，捐馆后，公子吏部士骐于～中重价得之。"《醒世姻缘传》六五回："几个挑～子的，就是希奇物了，那有甚么开南京铺的?"

【货料】 huò liào 货色；材料。清《生绡剪》八回："这陆生文理原通得的，只是贪财忘义，可是做官的～么?"

【货买】 huò mǎi 购买；交易。唐牛僧孺《玄怪录》卷三："近甸良田别墅，～甚多。"宋宋祁《又乞养马札子》："及罢河东陕西马禁，许民间与番落自相～。"明沈德符《万历野获编》卷二四："又请内市不许～刀剑诸利器，尤为舛谬。"

【货卖】 huò mài 本义为出售，转称店伙或商贩。元施惠《幽闺记》二二出："且喜兵火已平，民安盗息，不免叫～出来，分付他仍旧开张铺面。"明《醒世恒言》卷一三："只听得叫声：'～过来!'冉贵听得叫，回头看时，却是一个后生妇人。"清《后水浒传》三九回："还亏包裹中存得两张过关钞牒，晓得是个～，将解药放转。"

【货色】 huò sè ❶ 货物的品种与质量。也比喻人的价值。明陈与郊《袁氏义犬》一出："做山人的，当初本钱少，卖弄行头；如今～迟，借铺店面。"清《玉楼春》三回："虽有几家绸铺，都是寻常～。"《说岳全传》一〇回："看着那些刀店内挂着的，都是些平常的～。" ❷ 对人的贬称。明《警世通言》卷二二："当初只指望半子靠老，如今看这～，不死不活，分明一条烂死蛇缠在身上，摆脱不下。"清《野叟曝言》一八回："他倒挺出这样死话来，看去就是失时倒运的～!"

【货师】 huò shī 商人；小贩。《太平广记》卷三二七引《续玄怪录》："薛良，贫贩者也……将出都，为涂刍之阻，问：'何人?'对曰：'～薛良之柩也。'"

【获铎】 huò duó 同"镬铎❶"。元关汉卿《普天乐·随分好事》："葫芦啼到晓，酩子里家去，只落得两下里～。"

【获解】 huò jiè ❶ 考取举人。解，解送，古代地方向中央贡士的制度。宋洪迈《夷坚志》丁卷一四："是岁～，而绌于春官。"明罗洪先《明故野塘张公墓志铭》："至是与公同试高等而～者，或据高位且致其事，而公犹恂恂诸生中讲论不辍。" ❷ 拘捕押送。元陶宗仪《辍耕录》卷二三："责令有司官兵肖形掩捕，刻期～。"明《古今小说》卷四〇："杨总督看见～到来，一者也算他上任一功，二者要借这个题目，牵害沈錬，如何不喜?"清《野叟曝言》八一回："遇有窜匿逸出贼人，即行～。"

【获时】 huò shí 即画时；限时。敦煌文书《后梁龙德四年张某甲雇工契》："城内城外，一般～造作，不得□抛涤工夫。"

【获指】 huò zhǐ 画押；按手印。《吐鲁番出土文书》第五册《唐永徽六年匡某雇人上烽契》："两和立契，～为□。"又：《孙沙弥子夏田契》："两主和可立契，～为信。"

【濩铎】 huò duó 同"镬铎❶"。《元曲选外编·伊尹耕莘》二折："更和那人马可便闹～。"

【濩索】 huò suǒ 同"霍索❶"。宋吴潜《谒金门》："独上小楼闲～，云垂天四角。"

【镬铎】 huò duó ❶ 喧闹貌。金《董解元西厢记》卷一："譬如这里闹～，把似书房里睡取一觉。"明贾仲明《醉花阴·元宵赏灯》："则听的社火～，街衢上迓鼓偏聒噪。"清洪昇《长生殿》三三出："当日个闹～，激变羽林徒。" ❷ 即"惑突"。明《拍案惊奇》卷一："文若虚也心中～，忖道：'不信此物是宝贝，这等造化不成!'"

【镬子】 huò zi 锅。唐拾得《嗟见世间人》："炉子边向火，～里澡浴。"明《山歌·敲门》："七月七个夜头你来得正凑子个巧，省得小阿奴奴～里无油空自熬。"

【祸本】 huò běn 祸根；祸因。唐《李相国论事集》卷六："杨氏一门，竟为～，又何因而不至于乱?"明《醒世恒言》卷一六："张荩不合希图奸骗，虽未成奸，实为～，亦问徒罪。"清纪昀《阅微草堂笔记》卷八："尔不相诱，我何缘受淫? 我不受淫，何缘得死? 推原～，非尔其谁?"

【祸苗】 huò miáo 祸端；祸根。《元曲选·伍员吹箫》四折："若提起驿亭那日多奸狡，他倒要替楚除根绝～。"明《禅真逸史》二五回："腹中怀剑笑中刀，从此图围生～。"清陈端生《再生缘》五三回："季春初入将行聘，从此日，种下灾根与～。"

【祸事】 huò shì 凶事；灾难。《太平广记》卷七七引《大唐新语》及《戎幕闲谈》："泓大惊曰：'～，令公富贵止于一身而已!'"《元曲选·赵氏孤儿》二折："报元帅，～到了也!"清《儒林外史》四一回："你这～不远，却也无甚大害。"

【祸尤】 huò yóu 祸患。元陈高《惩愆》："生晚构屯蹇，性直离～。"明《禅真后史》四二回："匿瑕贪垢是良谋，侠气雄图惹～。"清李玉《清忠谱》二一折："恨当初，自招～；到今朝，照前加厚。"

【祸种头】 huò zhǒng tóu 同"火种头"。明《醒世恒言》卷六："如今越发不该还他了! 若再缠帐，把那～一火而焚之。"清《后水浒传》三〇回："你今弄了这～火殃儿来，我这两口儿只是死。"

【惑弄】 huò nòng 迷惑愚弄。唐法琳《上秦王论启》："实未能益国利人，竟是～朝野。"明《封神演义》三七回："你把左道～姜子牙，使他烧毁'封神榜'，令子牙保纣灭周，这是何说?"清《双凤奇缘》七〇回："汉王仁厚，不曾斩你，你就该知恩报恩，反将狂言～你主，无故兴动人马。"

【惑突】 huò tū 糊涂；迷惑。明《醒世恒言》卷一八："喻氏从不曾见过朱恩，听见叫他是贤弟，又称他是孩子丈人，心中～，正不知是兀谁。"

【霍】 huò 通"豁"。开解；发泄。元李直夫《虎头牌》二折："～不了我心头不怨，趁不了我平生愿。"

【霍绰】 huò chuò 阔绰。明《金瓶梅词话》三一回："且难得这等宽样好看。哥，你到明日系出去，甚是～。就是你同僚间，见了也爱。"

【霍地】 huò de 同"豁地"。宋蒋捷《念奴娇·梦有奏方响而舞者》："六曲阑干，一声鹦鹉，～空花灭。"元明《水浒传》一三回："杨志听得背后弓弦响，～一闪，去镫里藏身，那枝箭早射个空。"清《女仙外史》七回："两个鼠子眼睛，光溜溜的左看右看，～里走到赛儿面前，深深一揖。"

【霍乱】 huò luàn 腹痛难忍，坐卧不宁。引申指折腾、闹腾。唐张说《钱本草》："贪婪者服之，以均平为良，如不均平，则冷热相激，令人～。"《太平广记》卷一四七引《定命录》："每升堂欲食，即腹胀痛～，每日唯吃一碗浆水粥。"明《金瓶梅词话》八二回："唬的经济气也不敢出一声儿来，干～了一夜。"

【霍然】 huò rán 本病愈貌，转指病愈。宋洪迈《夷坚志》补卷二:“后包因他事远戍,而隆病～,家亦温饱。”清《八洞天》卷六:“只见门前已高贴喜单报过进士了,子开病体亦已～。”袁枚《子不语》卷八:“周幼时误食铁针着肠胃间,时作隐痛,自此～。”

【霍闪】 huò shǎn 即闪电。唐顾云《天威行》:“金蛇飞状～过,白日倒挂银绳长。”明《西游记》八七回:“今日见有雷声～,一齐跪下,头顶着香炉,有的手拈着柳枝,都念‘南无阿弥陀佛’。”

【霍索】 huò suǒ ❶ 排遣;消解。宋赵孟坚《好事近·客中感春》:“孤眠不着,重温卯酒整瓶花,总待自～。”佚名《张协状元》四五出:“你出来勉强作礼,叫夫人～你方寸。” ❷ 痛苦;难受。元佚名《小醋大·途思》:“强和哄时把芳樽饮,离绪共别情酒怎哑,～杀千般烦恼萦心下。”《孟姜女》佚文:“欢饮共图微醉,～心头且宽取,免千愁万虑。” ❸ 不情愿。明燕仲义《画眉昼锦·途思》:“～起披襟,见鸡窗下有残灯,把行囊束整。”

【嚯索】 huò suǒ 同“霍索❶”。宋元《古今小说》卷二四:“张二官见说,嗟呀不已,安排三杯与思温～。思温想起哥哥韩忠翊、嫂嫂郑夫人,那里吃得酒下。”

【矐睒】 huò shǎn 同“霍闪”。唐顾况《险竿歌》:“忽雷掣断流星尾,～划破蚩尤旗。”

【豁】 huò 另见 huō。豁免;免除。宋叶適《宋武翼郎邵君墓志铭》:“君初到,受前官牒,亭户借欠钱至六千百餘万,曰:‘已～其半矣。’”刘宰《谢赵使君豁租》:“长榜朱书又墨书,使君颁令～逃租。”明《禅真后史》三六回:“小的实不知情,求老爷超生～罪!”

【豁畅】 huò chàng 豁达顺畅。唐颜真卿《怀素上人草书歌序》:“开士怀素,僧中之英,气概通疏,性灵～。”《建中靖国续灯录》卷一八《灵岩山志愿禅师》:“白云青嶂之内,任运翛然;紫陌红尘之中,随缘～。”《元曲选外编·猿听经》三折:“端的是真图画,小生心胸～,肺腑清嘉。”

【豁除】 huò chú 免除;除去。宋《朱子语类》卷一〇八:“累政即无颗粒见在。虽上司约束分明,奈岁用支使何? 今求上司,不若为之～其数。”《元曲选·风光好》四折:“向烟花簿～了名氏,打叠起狂荡心儿。”清王士禛《居易录》卷上:“所有历年旧欠,悉与～。”

【豁地】 huò de 转瞬;一下子。宋元《醒世恒言》卷三三:“因是小娘子出去了,门儿拽上不关,那贼略推一推,～开了。”《元曲选外编·拜月亭》一折:“每常我听得绰的说个女婿,我早～离了坐位,悄地低了咽颈,缊地红了面皮。”清《荡寇志》九六回:“戴春听了心窍～一开,喜不自胜。”

【豁的】 huò de 同“豁地”。元佚名《赏花时》:“～一会价精细,烘的半晌又昏迷。”《元曲选·单鞭夺槊》一折:“他可也几曾见忽的旗展、～门开、冬的鼓响、当的锣筛?”

【豁免】 huò miǎn 免除。《宋史·陈次升传》:“额外上供之数未除,异日必有非法之敛,愿从熙宁以来创行封桩名钱悉赐～。”明朱长祚《玉镜新谭》卷八:“其逮死各官未完银两,都与～,家属悉与释放,所荐诸臣,分别录用。”清《隋唐演义》二六回:“将一二百金,托人挽回,希图～。”

【豁爽】 huò shuǎng 开豁舒爽。金王吉昌《绿头鸭·大圆觉海》:“坦荡融通,杳冥～,澄澄一混体无荣。”清施闰章《金鱼池歌仿杜乐游园体》:“相国园林尤～,新秋遘会好风日。”

J

jī

【讥察】 jī chá ❶稽查;盘查。《唐六典》卷二:"～有方,行旅无壅,为关津之最。"明徐复祚《红梨记》一〇出:"～非常事,监门役岂轻?"清《聊斋志异·锺生》:"次日侦听,则已行牒～,收藏者弃市。" ❷指稽查官员。《金史·宣宗纪中》:"平阳判官完颜阿剌、左厢～霍定和发宋蔡京故居,得二百万有奇,准格迁赏。"明《金瓶梅词话》七〇回:"须臾打发出来,才是本卫纪事,南北衙两厢、五所、七司捉察、～、观察、巡察、典牧、直驾、提牢、指挥、千百户等官,各具手本递递。"

【讥嘲】 jī cháo 讥讽嘲笑。宋欧阳修《思白兔杂言戏答公仪》:"莫令少年闻我语,笑我乖僻遭～。"明郎瑛《七修类稿》卷二〇:"人以柳州寓言,～时人,以文为戏。"清《好逑传》八回:"若以钻窬相视,借婚姻而故作～,此则不可。"

【讥讽】 jī fěng 用言语指责、嘲笑对方。唐韩愈《石鼎联句诗序》:"刘与侯皆已赋十餘韵,弥明应之如响,皆颖脱含～。"明李梅实《精忠旗》一七出:"谁人昧得良心,把他～?"清《镜花缘》二回:"你不肯开花也罢了,为何语中却带～?"

【讥排】 jī pái 讥刺调侃。唐韩愈《唐故相权公墓碑》:"改左补阙,章奏不绝,～奸幸。"明文秉《烈皇小识》卷六:"通宵聚众,信口～未已也。"清汪琬《重订韵补序》:"至于近世好古之儒,往往～协韵之非,甚而上之疑孔子之系易。"

【讥谑】 jī xuè 讽刺戏谑。《太平广记》卷二五八引《御史台记》:"谕德张元一好～,曰:'岂有武家儿,为你来家老翁制服耶?'"宋周紫芝《食蛤蜊》:"更言且共食蛤蜊,忿气难平两～。"清郑方坤《全闽诗话》卷七引《驹阴冗记》:"三山士人郑堂,有逸才,好～。"

【饥荒】 jī huāng ❶麻烦;尴尬。清《红楼梦》八二回:"如今宝玉有了工课,丫头们可也没有～了。"《绿野仙踪》二二回:"不意一时失算,娶了个郭氏,弄出天大的～。"《霓裳续谱·小红娘进绣房》:"姑娘啊,可有了～:有个人儿本姓张,二十三岁未曾娶妻。" ❷债务;亏空。清《歧路灯》四二回:"倘是输的急了,弄出没趣来,弄出～来,或发誓赌咒,或摆席请人,说自己断了赌。"《后红楼梦》五回:"这里周瑞等见上头有这宗房价,一时从容起来,同事们也就心宽,不过说过了年又～了。赖升道:'你们放心罢,到了明年咱们家也要旺起来。'"

【饥慌】 jī huāng 同"饥荒❶"。清《霓裳续谱·屈死了大郎》:"武二郎回家定有些～,写上一张状子,将你我诉上。"

【饥羸】 jī léi ❶饥饿疲顿。《敦煌变文校注》卷五《维摩诘经讲经文(三)》:"病卧只居方丈内,～起坐甚艰难。"宋苏轼《再乞发运司应副浙西米状》:"见今州县出卖,米价不甚翔踊,但乡村远处～之民,不能赴城市收籴。"明袁宗道《宿古驿》:"兀兀泥途里,～不可支。" ❷饥饿疲顿的人。唐魏徵《为李密檄荥阳守郇王庆文》:"开发太仓,赈恤～,咸从充健。"宋程颢《论十事札子》:"或一州一县有年岁之凶,即盗贼纵横,～满路。"

【饥瘦】 jī shòu 饥饿瘦弱。宋苏轼《再乞发运司应副浙西米状》:"马之～劳苦,则有踶蹐奔逸之忧。"元方回《怀惭》:"数月儿曹尽～,无能衰叟但怀惭。"明《欢喜冤家》一七回:"买得一只金丝哈巴狗儿到家,只是不住的叫,食也不吃,已～了。"

【机】 jī ❶计谋;计策。金王若虚《论语辨惑三》:"其论信美,但恐圣人言下,初不及此意,而子路分上,亦不应设此～也。"明《封神演义》七〇回:"你要成功扶纣王,谁知反中巧中～。"清《聊斋志异·凤仙》:"彼方以此挟妾,如还之,中其～矣。" ❷心意;心愿。《元曲选·灰阑记》四折:"万一个达不着大人～,哥哥也,你须是搭救你亲生妹。"清《平山冷燕》一五回:"只是她的生性骄傲,投得她的～来,百般和气;投不着她的～来,便万般做作。"《白雪遗音·相逢来迟》:"这些金屋娇姿多合你的～,因何不去成鸾凤,反来恋我这草中鸡?" ❸灵感;心机;主意。宋《朱子语类》卷八三:"考叔当时闻庄公之事而欲见之,此是欲拨动他～。及其既动,却好开明义理之说,使其心豁然知有天伦之亲。"清《红楼梦》七〇回:"见未完时,反到动了兴,开了～,乃提笔续道:'落去君休惜,飞来我自知。'"陈端生《再生缘》四四回:"郦相其间失了～,含悲即刻款朝靴。"

【机兵】 jī bīng ❶明代的一种地方性兵种,负责地方侦缉巡逻等事。明叶春及《惠安政书·版籍考》:"民兵者何?弓兵也,～也。弓兵,祖制以讥察,若战御非其所专任。～,因卫所之弊而县各为守者也。"《明史·兵志三》:"弘治二年,立佥民壮法。州县七八百里以上,里佥五人;五百里四;三百里三;百里以上二。有司训练,遇警调发,给以行粮,而禁役占放买之弊。富民不愿,则上直于官,官自为募。或称～,在巡检司者称弓兵。"《拍案惊奇》卷一二:"谁知这人却是扬州一个大光棍,当～,养娼妓,接子弟的。" ❷司机械的士兵。明戚继光《纪效新书》卷一八:"其佛狼机预先立三架在彼,临时止用,各船～到即打放,不必抬行。"

【机筹】 jī chóu 心机;计谋。唐易静《兵要望江南·占云》:"风角鸟云能总解,～谋略又相当,取胜应功良。"《元曲选·连环计》一折:"运～,这功绩难收,可惜万里江山一旦休。"清蓝鼎元《东征记》卷一:"本镇奉檄讨贼,总统水陆万军。遵制府之～,合提军之调度。"

【机坊】 jī fáng 纺织作坊。宋洪迈《夷坚志》支丁卷八:"临安丰乐桥侧,开～周五家,有女颇美姿容。"明汤显祖《邯郸记》二一出："圣旨准奏，其子随便居住，崔氏没入外～织作。"清《野叟曝言》一三九回："内府才需一尺笺，～足费十千钱。"

【机房】 jī fáng 同"机坊"。有时特指设织机的房间。元陶宗仪《辍耕录》卷一三："十二月初三日，有鬼空中言：'我是奉元路南坊开张～耿大第二男顽驴。'"明汤显祖《邯郸记》二三出："～静，织妇思夫痛子身。"清《儒林外史》三〇回："打听得这位姑娘在花牌楼住，家里开着～。"

【机勾】 jī gòu ❶同"机彀❶"。宋元《熊龙峰刊小说·章台柳》："传与东坡尊舅，欲作栏杆护佑。心性慢些儿，先着他人～。"金王喆《集贤宾》："贪利禄，竞虚名，惹～。" ❷同"机彀❷"。明徐复祚《红梨记》一二出："双眸炯炯星光溜，是风流领袖。况诗句清新，包笼着许多～。"

【机构】 jī gòu ❶同"机彀❶"。元郝经《养说》："使薪翁笱妇动其食指，而堕其～，虽遇子产之爱，宁免烹乎！"明叶宪祖《团花凤》三折："他也曾求凰四海游。今朝求风、求凤遭～。"清《增补中州集》卷三五引《甘水仙源录》："先生为人性恬澹，无～，廉洁贞介。" ❷构思；构造。元郝经《续后汉书·技术传上》："于是星公历史卜相医巫，揶揄揣摩，箝错～，巧发奇中，矜眩一世。"明刘凤《读李于麟集》："必剿袭古语，联贯络绎，以攟摭矜衒为累，百篇如一～。" ❸指创业、构建基业。元揭傒斯《送程叔永南归序》："故周公有《鸱鸮》之贻，鲁人贻《闷宫》之颂，诚知～之难，承继之甚不一也。"

【机遘】 jī gòu 同"机彀❹"。明汤显祖《牡丹亭》五〇出："看～，逢奏凯，且迟留。"陈所闻《好事近·代怀嫣然》："它暗投～，向人丛着意周旋。"

【机彀】 jī gòu ❶机关；圈套。元关汉卿《西蜀梦》四折："中他人～，死的来不如个虾蟹泥鳅。"明《醋葫芦》一九回："谁知又落了他的～，把小人拐落秀州。"清姜宸英《湛园札记》卷三："管仲已先办此一言，为楚人解释之地，虽楚使与桓公皆阴入其～而不觉也。" ❷办法；诀窍。元钱霖《哨遍》："晓夜寻思～，缘情钩距，巧取旁搜。"明王錂《春芜记》六出："〔外〕你道似何人才好？〔末〕须一精神似木鸡待斗，还须解弄丸～。"清《女仙外史》六四回："虽也未曾睹面，却晓得方经表字以一，曾戴黄冠，就猜他去了个'以'字，却也正合着～。" ❸缘由；道理。明汤式《赏花时·戏贺友人新娶》："是必将艰难的事由，推辞的～，揾香腮直问到五更头。"《韩湘子》一八回："汝说话全不知～，明明像风颠一般！"清梅文鼎《历算全书》卷一七："地心既非地心，则日体亦非日体，然则其中～，固以示之矣。" ❹机会；机遇。明梅鼎祚《玉合记》一一出："猛偷传一缕柔情，却空抛万种闲愁。想今生没路投～，东风怕不堪回首，可料浮槎替人舟！"汪廷讷《种玉记》二出："还念鸾凰偶何年好逑？须索向君平问个～。" ❺侥幸。明祁麟佳《错转轮》一出："要从头律例皆参透，再休将贿投，枉图些～。"

【机关】 jī guān ❶智谋；心机；圈套。唐刘禹锡《奉和裴令公新成绿野堂》："官名司管钥，心术去～。"明《杜骗新书·牙行骗》："张霸，四川人，为人～精密，身长力勇。"清《红楼梦》四一回："～算尽太聪明，反误了卿卿性命。" ❷禅机；玄机。《景德传灯录》卷八《浮杯和尚》："后有僧举似南泉。南泉云：'苦哉浮杯，被老婆摧折。'婆后闻南泉恁道，笑云：'王老师犹少～在。'"明佚名《赠书记》一七出："此际～谁觑破，我待面壁三年。"清《红楼梦》一一六回："看到尾儿有几句词，什么'相逢大梦归'一句，便恍然大悟道：'是了，果然～不爽。这必是元春姐姐了。'" ❸玄妙；奥妙。唐宪宗郭皇后《命江王即位册文》："聪姿孕粹，清明毓和，智算～，元谋电发。"元周德清《斗鹌鹑·双陆》："四角盘中，三十骑里，多少～。"明《禅真逸史》二三回："杜伏威用心看二仙对弈，一黑一白，侵杀攻守，～莫测。" ❹机密；秘密；隐情。《元曲选外编·东窗事犯》楔子："莫不朝廷中别有甚～事，既不沙却怎竹节也似差天使。"明朱长祚《玉镜新谭》卷三："以待西南之大兵到日，同你们约定的～，里应外合，岂能逃哉。"清洪昇《长生殿》三出："便道我言从计听微有权，这就里～不易言。" ❺诀窍；手段；办法。元明《水浒传》七四回："骁勇燕青不可扳，当场跌扑有～。"明孙仁孺《东郭记》三出："执荆藜以前进，持筐篚而远行。咳，这都是近来求富贵的～也。"清李渔《奈何天》二出："所以生了二十多岁，那些风月～，全然未晓。" ❻机会；机遇。元明《水浒传》三回："事遇～须进步，人当得意便回头。"明张凤翼《灌园记》二七出："悔当时不一剑斩了那妮子。待从容绑去沉河，把～挫过。"清《隋唐演义》八二回："前日科场中轻薄了他，今日乘此～便来报复。" ❼关节；行贿的隐情或途径。清《歧路灯》五二回："邓三变见话已透过八分～，又些须说几句闲散话头，告辞而去。"又六六回："把出钱来，交与巴庚打点，刑房受了请托，转筒也拨了～。"

【机会】 jī huì ❶犹"机关❶"。《元曲选外编·智勇定齐》楔子："俺老子奈他弄～，来往走了数十日。"明《西游记》五〇回："他不听吾言，要穿此晤晤脊背，不料中了大王～，把贫僧拿来。"清《荡寇志》八六回："你不看见他退兵时的闲暇，后面必有准备。若去追赶，必中了他的～。" ❷心愿；心思。元明《水浒传》八三回："省院官甚是不喜欢我等，今又做出这件事来，正中了他的～矣。"明《金瓶梅词话》一二回："饶奴终夕恁提心吊胆，陪着一千个小心，还投不着你的～。"清《好逑传》一二回："今见水运要她差人去请铁公子来谢，正合了她的～。" ❸可能性。明《古今小说》卷一："讨得三分～，老身自来回复。"清《十二楼·三与楼》二回："过到后面，倒越老越健起来。衣不愁穿，饭不少吃，没有卖楼的～。"《红楼梦》六回："咱们谋到了，看菩萨的保佑，有些～，也未可知。" ❹犹"机关❹"。明《封神演义》三三回："末将以目送情，老将军只管说闲话不睬。末将犹恐泄了～，反为不美。"

【机键】 jī jiàn ❶机械。《新唐书·王方翼传》："方翼为耦耕法，张～，力省而见功多。" ❷（文思）机巧；巧妙。唐杜牧《唐故灞陵骆处士墓志铭》："论及当代利病、活人、绥边之策，必亹亹尽吐，冀达于在位者。至于安危～之语，默不出口。"裴延翰《樊川文集后序》："其馀述喻赞诚兴讽愁伤，易格异状，～杂发。"元王沂《送赵叔仪序》："作场屋文字，～开阖，云蒸川流。" ❸关键；紧要处。宋范仲淹《宋故干州刺史张公神道碑》："又平凉、镇戎二城，西陲之～，公历专之。"元郑杓《衍极》卷二："曰夫执笔者，法书之～也。"明王世贞《毕处士暨配吴孺人合葬志铭》："叔季既已壮，任什一息，而处士居其间，尤为精心果，任动必中～。"

【机狡】 jī jiǎo 机巧狡诈。宋程述祖《宋特进少保程公家传》："理宗虽密察其～，然小人易进难退。"金马钰《满庭芳·赠文登小王先生》："常守常清常静，便独行，独坐独卧。忘～，更忘名忘利，忘人忘我。"明李梦阳《送程南昌序》："南昌省下郡，俗～健讼。"

【机阱】 jī jǐng 设有机关的陷阱，比喻险境或陷害人的圈套。唐赵冬曦《请明律例奏》："夫立法者，贵乎下人尽知，则下不敢犯而远～；文义深，则吏乘便而朋附盛。"宋《五代史平话·晋上》："教明公赴郓州者，是欲杀明公于～也。"清李玉《清忠谱》七折："何似保身明哲，免得堕奸人～。"

【机局】 jī jú ❶构思样式；表达格式。明袁中道《宋元诗序》："为诗者处穷而必变之地，宁各出手眼，各为～，以达其意所欲言，终不肯雷同剿袭。"张大复《梅花草堂笔谈》卷九："徐声远云:‘文字须一目一～,引而伸之,乃至如鹿角之与菖蒲花。’”❷智谋方略。明李乐《见闻杂记》卷八:“邑大夫又若见信予者,绝未有见之施行,而衙门吏胥则其言反易人而深信,何也?时移物换,当官者另自一～使然也。”袁中道《郡伯刘公守新安三载报最序》:“诚得如公者,以紫阳之学为治,而移其治一郡者,以宰天下,以为波流茅靡之砥柱,而回其毁方瓦合之狂澜,纪纲法度可振,人心风俗可回,是斡旋世道之一大～也。” ❸机关;圈套。明《欢喜冤家》二二回:“小小雏儿,若不捉他,却不当面错过一桩好买卖也。于是暗埋～,分头缉探。” ❹态势;架势。清钱谦益《特进光禄大夫孙公行状》:“当此时,悍然不顾,则天下已设蝮相待。如～已成,众议为顾,则又何以仰副皇上之付托?”《野叟曝言》四三回:“看他的～,多分是把景王装头,如王世充、唐高祖等故智,待事略定,然后自取。” ❺机械结构。清赵吉士《寄园寄所寄》卷五引《客座新闻》:“因凿渠得一瓦枕,枕之,闻其中鸣鼓起擂。……武孟以为鬼怪,令碎之,及见其中设～,以应夜气。”

【机扣】 jī kòu 犹“机关❶”。宋元《清平山堂话本·柳耆卿》:“柳解元使了计策,周月仙中了～。我交那打鱼人准备了钓鳌钩。”

【机括】 jī kuò ❶犹“机关❶”。唐杜牧《与人论谏书》:“某疏愚怠惰,不识～,独好读书。”明佚名《鹦鹉记》一二出:“谋事在心头,～装成就。滚滚风波平地生,天意从人否?”清《女仙外史》四二回:“这正是我招降绝妙之～。凡当日迎陛下与拒陛下者,总属本朝臣子,只因见理不明,视为二姓革命,所以意见各异。” ❷犹“机关❹”。唐独孤及《清明日司封元员外宅登台设宴集序》:“言必遗累,笑必造适,故谈话不及朝市;迹无町畦,事不～,故和乐不恃笙磬。”明《古今小说》卷二八:“原来英台有心于山伯,要等他来访时,露其～。”清《醒世姻缘传》五〇回:“狄希陈晓得个中～,把狄周支调了出去。” ❸犹“机关❻”。唐独孤及《送长洲刘少府贬南巴使牒留洪州序》:“飞不挎不高,矢不激不远,何用知南巴之不为大来之～乎?”明梅鼎祚《昆仑奴》一折:“直等到主恩少报,限期已满,方可脱身,再图证果。这儿时像是有个～了。”清《十二楼·夺锦楼》一回:“生得标致的,就有几分～了。” ❹犹“机关❺”。明王守仁《传习录》卷下:“舜能化得象的傲,其～只是不见象的不是。”《西游记》七四回:“好大圣,更不说没有,就满口应承道:‘我怎么没牌?但只是刚才领的新牌。拿你的出来我看。’那小妖那里知这个～,即揭起衣服,贴身带着个金漆牌儿,穿条绒线绳儿,扯与行者看看。”《西洋记》八三回:“地里鬼欢喜不尽,说道:‘不意今日拨开云雾而见青天。’这一段都是二位帅曲尽人情,招来远人的～。” ❺犹“机关❷”。清《女仙外史》四七回:“此二句乃汝之佳谶也!向者鲍、曼二师与刹魔公主,皆言汝有三十年风流之福。诗本性情,～已见。” ❻犹“机键❷”。明方孝孺《孙伯融传》:“炎游此两人间,日夜相切劘。益好立～,下纸可尽,辞采烂然,惊动一时。”

【机谋】 jī móu 计谋;计策。《敦煌愿文集·儿郎伟》:“计略能过葛亮,～直迢(超)韩光。”《元曲选·赵氏孤儿》四折:“我跟前习文,屠岸贾跟前习武。甚有～,熟娴弓马。”清《荡寇志》八三回:“忽接吴学究的军令,说～已泄,景阳镇救兵都到。”

【机窍】 jī qiào ❶机巧隐情;隐秘的含义。明文秉《烈皇小识》卷五:“就中～,人不能知也。”《西洋记》四回:“滕和尚听知这两句话儿有些～,他口儿里告辞,袖儿里取出一个黄纸的纸包来,递与云寂。”清《万花楼》四一回:“又有见证推详,反反复复,三推五问,自然有～可寻。” ❷巧诈用心;机谋。明屠隆《昙花记》一六出:“任卖国欺君,只手把日月等闲笼罩。瞿塘峡深～,太行险藏颦笑。”高应玘《醉太平·阅世》:“蛆心狡肚伏～,损人利己为公道。”《西洋记》二八回:“长老道:‘他肯甘心做个破家伙?一定要去泥补。’王尚书道:‘就这个泥补里面,安个～。’”

【机险】 jī xiǎn 诡诈阴险。宋刘子翚《汉书杂论下》:“元帝举直言,钦专指后宫,谓外戚亲属无乖剌之心,阴为凤地谷永之流也,而～过之。”明《于少保萃忠全传》二五传:“徐有贞虽有才华,然其心术～,岂堪为祭酒耶?”清《东周列国志》八〇回:“勾践为人～,今为釜中之鱼,命制庖人,故谄词令色,以求免刑诛。”

【机幸】 jī xìng ❶幸运。宋陈著《申两浙转运司乞牒绍兴府状》:“今载忽承本县以魏彭诡寄张总干户产谷租五十餘,拘入学宫,添助养士,可谓～。”又《通浙东家宪缴札》:“天开～,兹得以属邑小吏受容察于上堂。” ❷巧诈。《宋元戏文辑佚·崔莺莺西厢记》:“怎想诗中藏～?全不解琴中恨,棋内心,把咱厮调引。”明万民英《三命通会》卷三:“带倒食禄鬼者,一生悭吝～,过贱市廛态。”

【机缘】 jī yuán 本佛教语,指人信受佛法的根源和因由,后泛指机会和缘分。宋陈著《水龙吟·寿江阃姚橘洲学士希得》:“乾坤开泰,君臣相遇～恁巧。”明李梅实《精忠旗》二九出:“非干我为他自伤,乘此～夺取封疆。”清《醒世姻缘传》五〇回:“况且姑子李白云曾说,再待三年,还得一面。只怕这就是个偶凑～。”

【机智】 jī zhì 机敏灵活,反应快。五代何光远《鉴诫录》卷五:“唐太师,阆苑人也,美眉目,足～。”宋觉范《林间录》卷上:“慈明阅之笑曰:‘偈甚佳,但易一字,曰“老婆勘破有来由”。’其～妙密又如此。”清《情梦柝》五回:“亏你的～,说得好用心话儿,未得陇先望蜀了。”

【机子】 jī zi 指织布机。清《歧路灯》四回:“潜斋指院里～道:‘府上颇称饶室,还要自己织布么?’”

【毡耙】 jī ba 同“鸡巴”。清《红楼梦》二八回:“女儿乐,一根～往里戳。”

【击搏】 jī bó ❶搏击;争斗。唐张谓《进白鹰状》:“砺其爪距,调其羽翮,徒有愿于～,竟无阶于效用。”宋苏洵《衡论上》:“至于养鹰则不然,获一雉,饲以一雀,获一兔,饲以一鼠。彼知不尽力于～,则其势无所得食,故然后为我用。”清《蜃楼志》一一回:“英雄何吕两少年,铁棒钢叉纷～。” ❷撞击;敲打。宋洪迈《夷坚志》支癸卷四:“乃闭目坐于床,诵咒愈力。时闻敲户～,欲入不能。”元明《三国志通俗演义》卷五:“雷乃天地阴阳～之声,何为惊怕?”清《绿野仙踪》四五回:“又像有水来的光景,再听时,澎湃～之声,甚是惊人。” ❸比喻弹劾、严峻治理或刻意进取等。唐司空图《题东汉传后》:“苟厉锋气,果于～,道不能化,力不能制,是将济时重困。”宋苏轼《秦始皇帝论》:“夫欲有所立于天下,～进取以求非常之功者,则必有卓然可见之才,而后可以有望于其成。”明王廷栋《能理》:“羞～之能,急化诲之务。”

【击触】 jī chù ❶撞击;殴打;敲打。唐柳宗元《序棋》:“既而抵戏者二人,则视其贱者而贱之,贵者而贵之。其使之～也,必先贱者。”宋李石《皇甫孺人墓志》:“士子怙众竞党,瑰挺身指遏,遭诋毁～。”清纪昀《阅微草堂笔记》卷九:“其母闻棺中～声,开视,已复生。” ❷触动。《太平广记》卷三一〇引《传奇》:“后曰:‘再劳贤哲,实所怀惭。然女子所疾,又是何苦?’无颇曰:‘前所疾耳。心有～而复作焉。’”宋苏轼《次韵刘景文登介亭》:“我老废吟哦,赖君时～。”黄庭坚《与胡逸老书》:“偶夜宿山堂,松风泉溜,～笔意,挥写略遍。” ❸摩擦;造成嫌隙。元方回《棣华堂记》:“一家兄弟子孙之所以众,出乎一人之身。则虽或纤微～,有乖离析异之萌,亦自然有所不忍矣。”

【击分】 jī fèn 激愤。《敦煌变文校注》卷一《捉季布传文》："～声凄而对曰：'说者来由愁煞人！'"

【击拂】 jī fú 挥击。❶挥杆击球。也借称打马球。《敦煌变文校注》卷一《捉季布传文》："试交(教)骑马捻球杖，忽然～便过人。"五代孙光宪《北梦琐言》卷一〇："其子少俊，饮博～，自得亲近。" ❷煮茶时用茶匙上下击打。也借指烹茶。宋蔡襄《茶录》："钞茶一钱匕，先煮汤，调令极匀，又添注之，环回～，汤上盏可四分则止。"曾幾《吴傅朋送惠山泉两瓶》："新岁头纲须～，旧时水递费经营。" ❸触动；以论辩启迪思考。宋李之仪《有送梅花者而彦行适在》之五："多谢春光相～，一樽倾倒许谁同？"元袁桷《奇禅师住天童疏》："伏惟天童怪石禅师，潜雷在渊，美玉韫石，法筵～，大辩若讷。"

【击聒】 jī guō 同"咭聒"。清石子斐《正昭阳》八出："不须～，把头献纳。"

【击竞】 jī jìng 争竞；争斗。元佚名《快活三过朝天子》："紧行，慢行，赶不上休～。干戈蛮触枉了战争。"

【击扑】 jī pū 拍击扑打。《太平广记》卷三六五引《集异记》："而呗唱之声寻辍，如闻相～争力之状。"《大宋宣和遗事》后集："守殿卒闻殿中哭声甚哀，又闻～之声，移更方止。"清袁枚《子不语》卷一五："寻闻室中叱咤声，～声，与物腾掷声。"

【击射】 jī shè 激射；冲激迸射。唐任华《怀素上人草书歌》："飘风骤雨相～，速禄飒拉动檐隙。"明谭元春《绣关帝君像赞》："窃意壮缪精光～，依直怵究，千万世人，如魂气熏身。"张岱《陶庵梦忆》卷三："潮到塘，尽力一礴，水～，溅起数丈。"

【击掌】 jī zhǎng 拍击手掌表示信誓。清《聊斋志异·胡四娘》："桂儿益恚，～为誓曰：'管教两丁盲也！'"

【击撞】 jī zhuàng 撞击；碰撞。宋苏轼《书双竹湛师房》之一："暮鼓朝钟自～，闭门孤枕对残釭。"明陆粲《庚巳编》卷三："从此妖变百出：器案互相～，床席自移。"清《野叟曝言》五一回："两把宝剑如掣电一般，与素臣宝刀～铮铮有声。"

【击子】 jī zi ❶敲击用的工具。明《西游记》二四回："但只见窗棂上挂着一条赤金，有二尺长短，有指头粗细，底下是一个蒜疙疸的头子，上边有眼，系着一根绿绒绳儿。他道：'想必就是此物叫做金～。'"《韩湘子》二一回："那庙祝便向袖中取出铁～、粹火纸筒。退之接过在手，左敲右敲，那里有一个火星爆出？" ❷僧道用的一种敲击法器。铜制，钵盂状，用小槌敲打。明《金瓶梅词话》三九回："两个姑子打动～儿，又高念起来。"清弘历《万寿山五百罗汉堂记》："洞之阴，藉草坐石者四：振衣者，举扇者，闭目入定者，击～聒之者，状不一。"《醒世姻缘传》五七回："忽然一伙说因果的和尚，敲着鼓钹～经过。"

【乩案】 jī àn 摆放扶乩用具的桌案。明皇甫汸《与钱侍御书》："期以楼居，要之圆月。幸就～，代致悃诚。"

【乩笔】 jī bǐ ❶指乩语。明王世贞《题文昌祠投词后》："独所谓七十二化，及主文昌福禄，乃至上拟佛天尊号，则皆托之～，或吃菜事魔人附会之。"李贽《焚书》卷二："余又见～亦有甚说得好者：'乐中有忧，忧中有乐。'" ❷扶乩时在沙盘上写字的笔状用具。清《儒林外史》七回："当下留着吃了饭，叶长班到他下处把沙盘～，都取了来摆。"袁枚《子不语》卷七："王如其言，设香案置盘。～砉然有声，穿窗而出。"

【乩词】 jī cí 即"乩语"。清《聊斋志异·乩仙》："至一处，土如丹砂，异之。见一叟牧豕其侧，因问之。叟曰：'此猪血红泥地也。'忽忆～，大骇。"

【乩架】 jī jià 吊乩笔的丁字形架子。扶乩时由二人持乩架两端使乩笔运行。清《红楼梦》九五回："在箱子里找出沙盘～，书了符，命岫烟行毕，祝告毕，起来同妙玉扶着乩。"

【乩鸾】 jī luán 指扶乩用具。扶乩又称扶鸾。清赵吉士《寄园寄所寄》卷四："西陵顾子瞿甫每行，必以～随。"

【乩盘】 jī pán 扶乩时供乩笔写字用的沙盘。清袁枚《子不语》卷二："一日，～大动，书'盼盼'二字。"

【乩神】 jī shén 即"乩仙"。清《聊斋志异·何仙》："长山王公子瑞亭，能以乩卜。～自称何仙，乃纯阳弟子。"袁枚《子不语》卷九："其党无所归，乃诱其再祷于～以试之。"

【乩坛】 jī tán 为扶乩所设的神坛。清《红楼梦》四回："老爷只说善能扶鸾请仙，堂上设下～，命军民人等只管来看。"袁枚《子不语》卷一三："明季，关神下～批某士人终身云：官至都堂，寿止六十。"

【乩头】 jī tóu 称职业扶乩人。明王世贞《题八仙像后》："不佞此跋，即受～詈，所不恤矣。"

【乩仙】 jī xiān 扶乩时请到的神仙。明李梅实《精忠旗》三三出："又闻有以紫姑～请岳飞诗句。"张岱《陶庵梦忆》卷三："言～供余家寿芝楼，悬笔挂壁间，有事辄自动。"清《红楼梦》四回："～批了，死者冯渊与薛蟠原因夙孽相逢。"

【乩语】 jī yǔ 扶乩所得的批语。《明史·桑乔传》："诈为～，具言嵩父子弄权状。"清《聊斋志异·何仙》："李心益壮，～不复置怀。"《红楼梦》九五回："岫烟不及细说，便将所录～递与李纨。"

【乩纸】 jī zhǐ 扶乩时请仙所焚的符纸。清袁枚《子不语》卷二："秋雨闷坐，复思此女，取～焚。乩盘大书曰：'我韦驮佛也。'"

【鸡】 jī 隐指阴茎。明叶宪祖《素梅玉蟾》三折："银床乍挨，罗襟便开，些时醮着～儿快！"汤显祖《牡丹亭》五二出："昨日有个～，不着裤去了。"清《姑妄言》一二回："我扰了你的鸭子，停会吃上兴来，我请你吃～罢。"

【鸡巴】 jī ba 阴茎。常用作詈词。清《醒世姻缘传》一三回："你说的是我那～话！我叫你钻干着做证见来？"

【鸡杷】 jī ba 同"鸡巴"。明孙柚《琴心记》二九出："鹅掌拖黄拌，～带粪尝。"

【鸡疤】 jī ba 同"鸡巴"。《元曲选·盆儿鬼》二折："我把这盆儿送他，等他拿去做夜盆儿。有他那老～魇镇，也不怕他有甚么灵变。"

【鸡公】 jī gōng 公鸡。明王应遴《逍遥游》："几曾见五十只牛做的钓饵？几曾见三只脚的～？"沈采《千金记》二三出："做贼的偷的上手为财，管什么～鸡婆。"汤显祖《南柯记》二一出："下乡袖得小～，送与恩官五更唱。"

【鸡鸡】 jī jī 阴茎。清《姑妄言》一一回："我怕那个银哟，他要拍(掐)我的～呢，我不同他睡哟。"

【鸡奸】 jī jiān 男子与男子性交。《大清律例》卷三三："恶徒伙众将良人子弟抢去强行～者，无论曾否杀人，仍照光棍例，为首者拟斩立决。"《野叟曝言》二二回："先与两妾鏖战，后抱着一小喇嘛～。"

【鸡盲】 jī máng 夜盲症。明田艺蘅《留青日札》卷三一："今人之目至晚不见者，名曰～。"王肯堂《证治准绳》卷一六："雀盲，俗称也，亦曰～。本科曰：高风内障，至晚不明，至晓复明也。"

【鸡毛文书】 jī máo wén shū 紧急传递的信件，封口上粘有鸡毛。清《风流悟》四回："正说得高兴，只见外边传报抚台有～。"《荡寇志》九九回："只见一骑报马飞到，乃是清真山马元的差人，呈上～一角。"

【鸡母】 jī mǔ 母鸡。唐佚名《数术记遗》:"今有鸡翁一只直五文,～一只直四文。"宋李觏《惜鸡诗》:"吾家有～,乘春数子生。"明《醒世恒言》卷二七:"虽有养娘奶子伏侍,到底象小鸡失了～,七慌八乱啼啼哭哭。"

【鸡娘】 jī niáng 即"鸡母"。宋舒岳祥《自寿》:"老妻欲作无面饼,问讯～渠未肯。"

【鸡皮垒】 jī pí lěi 因受冷或受惊,皮肤上形成的小疙瘩。清《醒世姻缘传》一四回:"晁大舍唬得头发根根上竖,～粒粒光明。"

【鸡皮栗子】 jī pí lì zi 即"鸡皮垒"。明《醒世恒言》卷三七:"身上又无绵衣,肚中又饿,刮起一身～,把不住的寒颤。"

【鸡婆】 jī pó 即"鸡母"。明沈采《千金记》二三出:"罢了。母鸡是人家～,偷他怎的?"《古今谭概·文戏部·吴翟戏笔》:"一个吹火通,一个舒火腿,吓得～飞上天去。"

【鸡眚】 jī shěng 犹"鸡盲"。清毛奇龄《西河词话》卷一:"予四十以前目力尚强,独暝后稍晦,若～然。"

【鸡头】 jī tóu 芡实,喻指妇女乳头。明王骥德《男王后》三折:"试温泉有时衫着迟,那其间做不得莲瓣轻盈～软腻。"清《绮楼重梦》一六回:"他问:'要谢什么?'小钰轻轻的说道:'只要一颗樱桃,两颗～便够了。'"

【鸡头米】 jī tóu mǐ 犹"鸡头"。清《隋史演义》二六回:"雾縠腰裙,一条桃子缝微微界限;冰销胸抹,两个～簇簇尖尖。"

【鸡头肉】 jī tóu ròu 犹"鸡头"。宋刘斧《青琐高议》前集卷六:"(帝)指妃乳曰:'软温新剥～。'"清《女仙外史》七〇回:"腰系八幅裁成千蝶裙,裙内藏鲜赤～。"

【鸡翁】 jī wēng 即"鸡公"。唐佚名《数术记遗》:"今有～一只直五文,鸡母一只直四文。"清吴绮《游丰台诗序》:"于时茅屋～应斋钟而破午,竹篱鸠妇随野屐以呼晴。"

【鸡眼】 jī yǎn 脚掌或脚趾等部位角质层增生而形成的小圆形硬结,有压痛。明阮大铖《燕子笺》一六出:"背包自有驼峰耸,搀手何愁～疼。"清《镜花缘》九九回:"这个专管奶奶裹脚布,名叫货布;那个专管奶奶挑～,名叫鸡目。"

【鸡眼睛】 jī yǎn jing 即"鸡眼"。宋《圣济总录纂要》卷二一:"肉刺者,生于足指间,形如鞕胝,与肉相附,隐痛成刺,由靴履急穿相摩而成,名为肉刺,俗呼为～是也。"

【鸡眼子】 jī yǎn zi 即"鸡眼"。明孙一奎《赤水元珠》卷二九:"足指内生～,用鸡胃中食措之,餘者以石压之,立验。"

【鸡爪风】 jī zhǎo fēng 手拘挛之症。元危亦林《世医得效方》卷一三:"川芎散,治～,手口摇动,不能举物。"《元曲选·单鞭夺槊》二折:"我手～儿发了。"

【鸡珠】 jī zhū 芡实。明王世贞《袁履善惠芡实作鸡珠儿歌》:"袁君赠我～儿,为我更作～歌。"

【奇擎】 jī qíng 同"赍擎"。元关汉卿《一枝花·赠朱帘秀》:"你个守户的先生肯相恋,煞是可怜,则要你手掌儿里～着耐心儿卷。"明孟称舜《娇红记》五出:"仗爷娘,心头爱惜,掌上～,当做珍珠样。"清洪昇《长生殿》二出:"这金钗、钿盒,百宝翠花攒。我紧护怀中,珍重～有万般。"

【咭刮】 jī guā 即"咭聒"。清范希哲《四元记》一〇出:"只可厌这妈妈,日日记挂儿子,～着要回家去。"

【咭聒】 jī guō 唠叨;抱怨。元明《水浒传》八回:"薛霸道:'你自慢慢的走,休听～。'董超一路上喃喃咄咄的口里埋冤叫苦。"明无心子《金雀记》一四出:"堪叹尊兄没答煞,受尽老娘多～。"也指鸣叫不停。明《醒世恒言》卷一八:"只听得鸡在笼中不住吱吱喳喳,想道:'这鸡为甚只管～?'"

【咭聒】 jī guō 同"咭聒"。明《别有香》一〇回:"喜妻子不来～,道好,耳根清净。"清《醒世姻缘传》九一回:"定是他情愿避你,也受不得日夜的～。"《警寤钟》一五回:"你何不算算还了他,也好大家丢手,省得他们又来～。"

【咭啈】 jī hèng 耍弄;哄骗。金《董解元西厢记》卷四:"曾和俺诗韵,分明寄着简帖。谁知是～,此恨教人怎割舍?"又卷六:"不肯承当,抵死讳定,只管厮瞒昧,只管厮～?"

【咭溜搭剌儿】 jī liū dā lā er 角落;犄角旮旯儿。明《金瓶梅词话》六八回:"原来不知你在这～里住,教我抓寻了个不发心。"

【聐聒】 jī guō 同"咭聒"。明《金瓶梅词话》一九回:"不许他进房中来,每日～着算帐。"又三七回:"我才到他前头来,乞他～了这一回来了。"

【唧咕】 jī gu 小声说话。清《红楼梦》六回:"周瑞家的又和他～了一会,方过这边屋里来。"

【唧啾】 jī jiū 啾唧;小声说话。元王冕《秋夜雨》:"初来未信鬼～,坐久忽觉神凄楚。"

【唧溜】 jī liū ❶同"唧噹❶"。唐卢仝《扬州送伯龄过江》:"不～钝汉,何由通姓名。"宋洪迈《夷坚志》丁卷一〇:"异事,异事!八坐贵人都著一屋关了,两府直如许多,便没兴不～底,也是从官。"明《禅真后史》一六回:"这女子倒也～,兀谁敢上得他的崖岸?" ❷就;到。"就"的反切语。宋杨泽民《渔家傲·再过兴国》:"先自病来迟～,肌肤瘦减宽襟袖。" ❸灵活;敏捷。"秀"的反切语。清吴伟业《南柯子·凉枕》:"眼多～为知音,受尽两头牵系、像人心。"《后水浒传》一四回:"只是这般尚赤向来是个顽皮,手脚又是～。"

【唧噹】 jī liū ❶精明;伶俐。宋克勤《碧岩录》一则:"说这不～汉。"元冯子振《鹦鹉曲·山亭逸兴》:"嵯峨峰顶移家住,是个不～樵父。"明《醋葫芦》六回:"只说我女儿不甚～,特地与他伏侍的。" ❷情感深厚。宋周邦彦《青玉案》:"玉体偎人情何厚,轻惜轻怜转～。"张镃《夜游宫·美人》:"到老长厮守,不吃饭、也须～。"元石子章《八声甘州》:"前时～,今番抹彪,急料子心肠天生透。" ❸俊美;健康。"秀"的反切语。宋张元幹《点绛唇》:"两眉只解相思皱,悄然难受,教我怎～?"金《董解元西厢记》卷三:"怪不得新来可～,折倒得个脸儿清瘦。"明佚名《白兔记》九出:"如今幸喜身～,把粥食频调产后。" ❹唧啾;碎语。明汤显祖《南柯记》一〇出:"听他～唠叨,絮的我无聊赖。"

【唧哝】 jī nong ❶说长道短;抱怨。元朱庭玉《青杏子·思忆》:"谁敢向他娘行闲～,情性儿点水滴冻。"明《二刻拍案惊奇》卷一:"众人也多呆了,互相埋怨。一个道:'才在我手边,差一些儿不拿得住。'一个道:'在我身边飞过,只道你来拿,我住了手。'大家～。"清《醒世姻缘传》二九回:"狄周背后～说:'没见这个大官人,不拘甚人就招他进来。'" ❷小声说话或鸣叫;叨咕。明王九思《曲江春》三折:"忽听得春鸠叫午风,他伴着那灵雀儿～。"汤显祖《牡丹亭》二九出:"听的柳秀才半夜开门,不住的～。"清《歧路灯》八回:"侯中有想了一想,～道:'鼠是子,五月是午,子午俱是桃花煞入命。'" ❸嗫嚅;吞吞吐吐。明叶宪祖《素梅玉蟾》八折:"冯老妪亲口许下今日迎亲。那女儿不知为何,只管～。"《二刻拍案惊奇》卷一一:"恰象凤翔的事是私下做的,不肯当场说明,但只口里～。"孟称舜《花舫缘》二出:"你有甚事?快对我们说来,不消～。" ❹踌躇;为难。明徐复祚《投梭记》一六出:"他那里一篙烟雨一樯篷，俺这里万种踌躇万～，心逐乱云横。”孟称舜《娇红记》五出：“你唤我两个来，面上却象有些～，怎么说？” ❺ 折磨；磨难。明汤显祖《南柯记》三三出：“你去后俺甘心受～，则这些儿女难同。”叶宪祖《夭桃纨扇》三折：“从来才子气如虹，莫为裙钗苦～。”孟称舜《娇红记》四三出：“是前生命悭，今生命凶，镇凄凉多～。”

【唧筒】 jī tǒng 能汲取和喷出液体的用具。宋曾公亮等《武经总要》前集卷一二：“～，用长竹，下开窍，以絮裹水杆，自窍汲水。”元《三遂平妖传》一七回：“曹招讨交做三伯个～，都盛猪羊二血。”清《说岳全传》一五回：“又取碗口粗的毛竹一万根，细小竹子一万根，及棉花破布万餘斤，做成～。”

【唧喳】 jī zhā ❶ 犹“唧哝❶”。明《金瓶梅词话》五九回：“汉子等闲不到我后边，到了一遭儿，你看背地都乱～成一块。”清《霓裳续谱·忽听得中堂人语喧》：“我则当是为甚～，却原来为花园中事发。” ❷ 犹“唧哝❷”。明汤式《醉太平·约游春友不至》：“闹～隔幽花好鸟鸣山凹，荡光滑乱明霞流水绕天涯。”

【积】 jī 量词。堆。也指成堆的东西。《新五代史·张承业传》：“和哥乏钱，可与钱一～。”宋《五代史平话·唐上》：“晋王指钱～，诏曰：‘和哥哥无钱用度，宜与一～钱。’”

【积剥】 jī bō 同“积泊”。清《醒世姻缘传》五七回：“他干了那点好事？怎么不～得这们等！”

【积泊】 jī bó 由善行或恶行积存下（报应）。清《醒世姻缘传》一五回：“小小年纪，要往忠厚处～，不要一句非言，折尽平生之福。”又六八回：“两个兄弟搽着面，戴着顶头巾，～的个姐姐这们等。”

【积迭】 jī dié ❶ 堆叠；重叠。可用于上下空间，也可用于水平空间。唐杜牧《贺平党项表》：“僵尸～，千山之草木飞腥。”五代齐己《楚寺寒夜作》：“江山～归程远，魂梦穿沿过处高。”清《女仙外史》一六回：“委弃器械粮草，～如山。” ❷ 积累；累计。《五代会要》卷一八：“后人效尤，依前懈惰，～不了公事，为弊滋多。”明陈铎《一枝花·乞儿乍富》：“分文利不耽饶，～成百年铁桶锦窝巢。”清弘历《上元灯词》：“溯开什于摄提，逮昨年之协治，～经三十七次。” ❸ 埋骸骨，指退休。由堆叠义引申而来。明林俊《寿彭幸庵孙九峰》之二：“乞山～荷温存，青社闲行亦主恩。”

【积古】 jī gǔ 年长而见识广。清《红楼梦》三九回：“我正想个～的老人家说话儿。”

【积惯】 jī guàn 积久惯熟。明《西洋记》五回：“这碧峰长老却又是～的，翻身就赶将进去。”《大清律例》卷四五：“学臣考试，有～随棚代笔之枪手，审实枷号三个月。”《歧路灯》一〇六回：“那前令是个～猾吏，看新令是个书愚初任，一凡经手钱粮仓库诸有亏欠之处，但糊涂牵拉，搭配找补。”

【积落】 jī luò 积攒；积存。明《型世言》一五回：“却不知家伙艰难，乱使乱用，只顾将家里～下的银子出来使。”又一九回：“如今两张嘴，还添妻家人情面分，只可度日，不能～还人。”

【积年】 jī nián ❶ 年久惯熟。宋元《古今小说》卷三六：“他两个～捕贼，那有此事？”明陈与郊《袁氏义犬》一出：“不如张着大眼，开着阔口，寻个州县退下～书手，与他算计。”清《续金瓶梅》二〇回：“你不枉是个～子弟，倒底算计的长。” ❷ 指行家、老手。《元曲选·金线池》四折：“你在我衙门里供应多年，也算的个～了，岂不知衙门法度？”明《西洋记》八一回：“那晓得黄凤仙又是个～，看见他撇下马来，就晓得他的诡计。”清《续金瓶梅》二三回：“这李师师错算了，枉是个～。”

【积世】 jī shì 阅世深；老练。金《董解元西厢记》卷三：“是俺失所算，谩摧挫，被这个～老虔婆瞒过我。”又卷六：“那～老婆婆，其时暗猜破。”

【积手】 jī shǒu 老手；行家。清《樵史》二二回：“盖虎儿是个偷婆娘的～。”

【积压】 jī yā ❶ 积存耽搁；拖延滞后。宋韩琦《修仁宗实录毕乞不推恩》：“兼目前有中书枢密院时政记并日历所各～下十餘年文字未曾编修。”刘克庄《跋艾轩缴新除殿中侍御史书黄奏稿》：“近岁词头～，朝士有供职累月衔内犹带新除者。”清《绮楼重梦》四四回：“晚上开送来的动用帐簿，要算到三更过后。若一日不算，～下来，越发忙不开了。” ❷ 堆叠；堆积压迫。元黄溍《石台纪游诗序》：“至其脊，乃有巨石五六，相～如累器物。”明宋应星《天工开物·乃服》：“凡蚕卵中受病已详前款，出后湿热～，防忌在人。”

【积攒】 jī zǎn 积蓄；聚集。宋赵蕃《寄潘恭叔曾幼度》之一：“一冬风雪苦多寒，春至冰霜更～。”《元曲选·冤家债主》一折：“这家私费了我多少辛苦～就的。”清《红楼梦》七七回：“再或有咱们常时～下的钱，拿儿吊出去给他养病。”

【积儹】 jī zǎn 同“积攒”。《元曲选·百花亭》四折：“〔经略云〕这钱钞是那里来的？〔高净云〕是高邈平日～下梯气钱二万贯。”《元史·食货志五》：“看详既有～附餘盐数，据至元五年额盐，拟合照依天历元年住煎正额五万引，不给工本。”

【积趱】 jī zǎn 同“积攒”。宋赵长卿《如梦令》：“身外更无求，只要夏凉冬暖。美满，美满，得过何须～。”《元曲选·陈州粜米》二折：“你～的金银过北斗。”清《醒世姻缘传》二七回：“把那数十年～的东西，差不多都填还了他。”

【积贼】 jī zéi 惯偷；惯盗。清《平定台湾纪略》卷四：“林爽文本系～，因被拿情急，起意抗拒。”《豆棚闲话》九则：“一边就挽几个～，暗地哄说银财便利，手到拿来。”《儒林外史》四回：“次日早堂，头一起带进来是一个偷鸡的～。”

【积滞】 jī zhì 积食；食物滞积不消化。也指滞积不消化的食物。明李时珍《本草纲目》卷三上：“莱菔子练五脏恶气，化～。”清《绿野仙踪》四一回：“方医士说：‘是腹中有旧～，须得下下方好。’”

【积祖】 jī zǔ ❶ 累代；祖辈。宋陈旸《乐书》卷一五九：“龙蕃～传世姓龙，其先名彦瑫。”《元曲选·梧桐雨》楔子：“自家安禄山是也，～以来为营州杂胡。”清《后水浒传》六回：“这王家是～相传穿珠点翠的。” ❷ 一贯；向来。明《拍案惊奇》三八回：“刘员外固然看不得，连那妈妈～护他的，也有些不伏气起来。”

【积作】 jī zuò 犹“积泊”。明朱有燉《香囊怨》四折：“老身不曾～，养下这个忤逆的妮子。”清《儒林外史》五四回：“～的个儿子，在我家那间壁招亲，日日同丈人吵窝子。”《白雪遗音·酒鬼》：“到而今，～的儿孙不像个样。”

【基地】 jī dì ❶ 地基；建筑基址。五代杜光庭《代陶福太保修涢口化请额表》：“顷自用军之后，并已摧残。古殿空坛，仅餘～。”宋《朱子语类》卷一二：“若不做这工夫，却要读书看义理，恰似要立屋无～，且无安顿屋柱处。”清《荡寇志》七一回：“宋江大喜，便邀何道士同一干头领，到那忠义堂屋～上。” ❷ 宅基地；建筑用地。明《古今小说》卷三八：“买下木植，将任珪～盖造一所庙宇。”清《说岳全传》八回：“下官在鱼鳞册上，查出这一带是岳氏～。”《红楼复梦》三二回：“但是大观园的～是同大老爷那边公买的。” ❸ 活动的基础。清《飞花艳想》三回：“雪太守因杭州是人文渊薮，故就把此题仰学试士，一则观赏人文，一则便为择婿～。”

【基图】 jī tú 地基和图纸，借指基业，多指帝王基业。唐苏师道《司空山记》:"司空宅在山之西,去观一十里,今殿宇有像,坛井~,宛然在焉。"宋欧阳修《论江淮官吏札子》:"臣伏思祖宗艰难,创造~;陛下忧勤,嗣守先业。"明于慎行《恭谒孝陵有述》:"~垂万祀,谟烈冠千王。"

【赍赐】 jī cì 赏赐。《新唐书·西域传》:"遣果毅何处罗拔等厚~其国。"明徐渭《奉答少保公书》:"伏蒙明公差人~手札、俸金、考卷、诗序,渭谨对使人四叩首,如数祇领讫。"清《说岳全传》二二回:"故命徐仁~黄金彩缎羊酒花红,即着来京受职。"

【赍带】 jī dài 携带。宋李曾伯《奏湖南运司合支水脚》:"自春半委官团雇纲船,~一半水脚,往漕司闻请一半。"明朱鼎《玉镜台记》二〇出:"我和你~通天犀角,往军前教他燃照。"清《荡寇志》七一回:"便差人~银两,去聘请何道士。"

【赍调】 jī diào 调发;调动。明《西游记》六回:"玉帝闻言,即传调兵的旨意,就差大力鬼王~。"

【赍发】 jī fā ❶携带出发;派遣;发送。宋李纲《奏知发夏国诏书札子》:"臣伏奉宸翰付到夏国诏,即差使臣~前去。"明《封神演义》六二回:"纣王闻奏大喜,即命传诏,~差官往三山关来。"清雍正二年闰四月二十二日杨宗仁奏文:"本年闰四月十一日,据驻京提塘承领内廷交出报匣一个,~到臣。" ❷处置;打发。《元曲选·忍字记》二折:"谢吾师度脱咱,我将家缘尽~。"明《杜骗新书·盗劫骗》:"二更已尽,~厨子去,收拾闭门讫。"清《荡寇志》一一三回:"贺太平书转来,言吕方已就都省正法枭示,所有统制战功已恭折奏闻。天彪便~了来使。" ❸撺掇;怂恿。《元曲选外编·黄鹤楼》一折:"为什么我~俺父亲过江去?那周瑜是个足智多谋的人,俺父亲若有些好歹,他这个位就是我承袭。" ❹周济;资助。《元曲选·冤家债主》四折:"你还记得我~你那两贯钱么?"明刘球《怡轩记》:"其道途之费,又皆吾兄所~。"《二刻拍案惊奇》卷一一:"便做道疏财仗义,要做好人,只该~满生些少,打发他走路才是。" ❺指周济、资助的财物。《元曲选·谇范叔》一折:"你何不寻几个相识朋友,告求些~去。"元明《水浒传》四三回:"不知壮士要将这虎解官请功,只是在这里讨些~?" ❻开销;支付。明《禅真后史》一五回:"即选斩草破土安葬日期,唤土工~银两,堆砌墓道。"清《飞龙全传》一三回:"小人的愚意,欲把这食用房钱,算这一算,告求~则个。" ❼吏役勒索钱财的一种名目。《元典章·户部八》:"茶司以欠茶钱为由,索要~。"明王守仁《南赣乡约》:"百长弓兵机快人等,若揽差下乡,索求~者,约长率同呈官追究。"叶子奇《草木子》卷四下:"其问人讨钱各有名目:所属始参曰拜见钱,无事白要曰撒花钱,……勾追曰~钱。"

【赍负】 jī fù 携带背负(运送)。唐陆贽《重优复兴元府及洋凤州百姓等诏》:"靡幼靡耄,莫获宁居,而又~糗粮,供备顿舍。"《新唐书·史思明传》:"是时举河北悉入贼,生人赀产扫地。壮~,老婴则杀之。"宋洪迈《夷坚志》三己卷九:"村人争~售贩,所获甚厚。"

【赍赉】 jī lài 犹"赍赏"。《唐大诏令集》卷一三〇:"朝廷所以许其通好,议以和亲,使臣累~缯帛。"明王世贞《史乘考误》卷八:"上遣内使至文华宅,有所~。"清《聊斋志异·锦瑟》:"娘子察其廉谨,特赐儒巾鲜衣。凡有~,皆遣春燕。"

【赍领】 jī lǐng 携持;携带。《元曲选·汉宫秋》楔子:"就加卿为选择使,~诏书一通,遍行天下刷选。"元明《水浒传》六三回:"且说首将王定~密书,三骑马直到东京太师府前下马。"《大清会典则例》卷三八:"嗣后解银,将副法马封交解官,~至部,与库贮原法马较准合一,然后兑收。"

【赍排】 jī pái 运送;安排。宋佚名《张协状元》八出:"行货已~,独自难区处。"

【赍捧】 jī pěng 捧举;携带。明陆采《怀香记》三六出:"今奉吾主之命,~降文玺绶,来献大晋王将军麾下。"《明史·云南土司传三》:"乞依永乐间例,仍令通事~金牌信符催督。"清《隋唐演义》九七回:"有内侍~宝瓶,供着那枝仙人所赠的梅花。"

【赍擎】 jī qíng 犹"赍捧"。宋文同《奏为乞免陵州井纳柴状》:"若本家田内所产之少,则须望林回买生湿杂木,翦截~,上州赴场送纳。"《元曲选外编·伊尹耕莘》二折:"他道是~着一纸征贤诏,你着我疾快便临朝。"元明《水浒传》一二〇回:"不期被这奸臣们,将御酒内放了慢药在里面,却教天使~了,径往楚州来。"

【赍赏】 jī shǎng 赏赐。明沈采《千金记》四一出:"军士每,把尸骸抬去,候~。"清《平定准噶尔方略》正编卷二七:"将尔属人释放遣回,并~内缎四匹。"《红楼梦》七七回:"忙命人取了些东西~了他们。"

【赍挽】 jī wǎn 牵挽车辆(运输)。唐元稹《故金紫光禄大夫严公行状》:"公乃秣刍以载于车,烝粮以曝于日,~轻重,人利百倍。"宋欧阳修《论军中选将札子》:"至于方略之人尤为乖滥,试中者仅堪借职县尉参军~而已。"

【赍挟】 jī xié 同"赍携"。宋洪迈《容斋续笔》卷七:"巨舟连樯,白金至五舰。他所~,皆称是。"又《夷坚志》丁卷二〇:"朱随身~,仅有此数,悉与之。"《宋史·食货志上二》:"然豪民赇吏,故徙歉以就丰,~轻货,以贱价输官。"

【赍携】 jī xié 携带。唐唐伸《沣州药山故惟俨大师碑铭序》:"乡人知者,因~饮馔,奔走而往。"宋吴曾《能改斋漫录》卷一五:"四方之人,尽皆~金帛,市种以归者多矣。"明王世贞《弘治三臣传》:"请禁抑马快船~商货而纵横邮道间,妨粮运。"

【赍助】 jī zhù 资助;帮助。《元曲选·举案齐眉》三折:"多谢嬷嬷,~了鞍马盘缠。"元明《水浒传》一四回:"若要去时,又将银两~他起身。"清《后西游记》二二回:"就是一个求讨乞儿,也有人矜怜~。"

【赍子】 jī zi 男阴。清《醒世姻缘传》三七回:"人家这么大的姑娘在此,你却扯出~来对着溺尿。"

【犄角】 jī jiǎo ❶动物头上的角。明《金瓶梅词话》三三回:"儿子世上有两桩儿:鹅卵石、牛~,吃不得罢了。"清《女仙外史》七三回:"鹿怪炼成~,八九丫叉。"《红楼梦》四七回:"必定是龙王爷也爱上了你风流,要招驸马去,你就碰到龙~上了。" ❷角落。清《红楼梦》六〇回:"正值柳家的带进他女儿来散闷,在那边~子上一带地方儿逛了一回。"《补红楼梦》一七回:"便向西转了一个弯子,只见西北~上放着一个大缸。" ❸建筑物的尖端或转角。清《平山冷燕》七回:"见一簇林木苍秀,林木中隐隐露出两个庙宇的兽头~。"《红楼复梦》四一回:"刚转过~,觉得一阵冷气,身上打了个寒噤。"

【畸角】 jī jiǎo 同"犄角❷"。清《红楼梦》八七回:"我头里就进来了,看着你们两个争这个~儿。"

【畸零】 jī líng ❶零头;零碎。唐元稹《论当州朝邑等三县代纳率钱状》:"人户输纳,元无~,蹙数所成,尽是奸吏欺没。"《元史·食货志三》:"五户丝,壬子年,元查真定等处~二百七十户。"清《续红楼梦》三一回:"整千万的银子,可巧没有一点~。" ❷独特孤单。清《红楼梦》六三回:"他自称是~之人,你谦自己乃世中扰扰之人,他便喜了。"

【缉】 jī 另见 qī。❶追查;搜捕。宋周密《武林旧事》卷二:"及命都辖房使臣等,分任地方,以~奸盗。"元明《水浒传》六二回:"一二百做公的分头去~。"清李玉《清忠谱》一六折:"番子手密布在外，倘然～着，我庵中甚是不便。” ❷捆；勒。明《禅真逸史》三〇回：“令军士用细索将周乾手指脚指～了，吊起来悬空挂于梁上。”清《生绡剪》一五回：“～喉谋命之仇，没处抓寻偿抵。”

【缉捕】 jī bǔ ❶搜捕捉拿。宋苏轼《论河北京东盗贼状》：“盗贼纵横，议者不过欲增开告赏之门，申严～之法。”明心一山人《玉钗记》一〇出：“闻得陈练差人～甚紧，倘遭毒手，悔不及矣。”清《镜花缘》二四回：“奈各处～甚严，只得撇了骆家兄弟，独自逃到海外。” ❷执掌缉拿罪犯的。宋洪迈《夷坚志》支乙卷七：“昶者世为医，用叔荫补右列，尝为江东提刑司～官。”明《梼杌闲评》一七回：“你去把～上面的人叫个来。” ❸缉拿罪犯的衙役。宋陈造《房陵》之六：“已借蜡钱输麦税，免教～闹门来。”明《禅真后史》三五回：“一个～直寻出大雄宝殿上来，忽见一人侧卧在佛座莲花之下，～大喝一声，举竹叶枪戳将人去。”清《后水浒传》四回：“县尉吩咐禁役押入重牢，慢慢审究，即暗暗吩咐～去锁拿家小。”

【缉察】 jī chá 侦察；侦缉。明陈洪谟《继世纪闻》卷五：“赴京投太监张锐，送入东厂，～奸事。”《金瓶梅词话》七〇回：“第四提督京城十三门巡察使黄经臣，第五管京营卫～皇城使窦监。”清《聊斋志异·龙飞相公》：“积三四年，官离任，～亦弛。”

【缉访】 jī fǎng 查访；探听。元关汉卿《绯衣梦》三折：“俺二人奉大人的言语，着俺～杀人贼。”明朱长祚《玉镜新谭》卷六：“触忠贤之怒，差东厂振刷～无干事体，罗织国纪，制其死命。”清《好逑传》一回：“着精细人役四路～。”

【缉获】 jī huò 犹“缉捕❶”。宋元《古今小说》卷三六：“众做公的只得四散，分头各去挨查～。”明范濂《云间据目抄》卷三：“知府李多见，以京计去任，合郡士民四行保留。兵道江铎统兵～，始息。”清《东周列国志》七三回：“吾受命守关，不能～亡臣，是无功也。”

【缉拿】 jī ná 犹“缉捕❶”。《元曲选·窦娥冤》四折：“赛卢医三年前在逃，一面着广捕批～去了。”明周元暐《泾林续记》：“尹知为叶所卖，愧悚出院，差捕快四散～。”清《醒世姻缘传》八八回：“告了状，正在严限～。”

【缉批】 jī pī 缉捕的批文。清胤禛《朱批谕旨》卷一四四：“但有司遇盗案窃发，不过出一～，任其所之，毫无整顿。”《十二楼·归正楼》一回：“百姓受了害，告张～拿他。”《野叟曝言》一五回：“临末，揭出一张，却不是札付了，是一张～。”

【缉擒】 jī qín 犹“缉捕❶”。元明《三国志通俗演义》卷一八：“孔明正要分兵～孟获，忽然一人上殿，报说：‘蛮王孟获妻弟带来洞主。’”明吾邱瑞《运甓记》二二出：“蜡书远达，逻骑～，遂使胡将激怒，太尉冤死。”清《剿捕临清逆匪纪略》卷九：“所查拿逆贼周元理现在该处，自应妥速～，勿使漏网。”

【缉事】 jī shì 查访打探情报或案件。宋赵彦卫《云麓漫钞》卷三：“今人呼中官之次者曰阁长，京都～人曰院长。”宋元《古今小说》卷三六：“小的认得他是本府差来～的，他如何有许多宝物？”清李玉《清忠谱》一六折：“小生因～人多，只得频移寓所。”

【缉探】 jī tàn 犹“缉访”。宋苏轼《奏为法外刺配罪人待罪状》：“当有凶奸之人为首纠率，密行～。”《元典章·刑部十一》：“承捕弓兵～未明，限期已到，却乃捉捕疑似之人。”清《珍珠舶》一四回：“前承子期作伐之时，亲许聘后当令贤婿同一苍头亲去～。”

【缉听】 jī tīng 犹“缉访”。元明《水浒传》九三回：“小弟使几个打鱼的去～。若还有人来时，便定计策。”明《型世言》七回：“你甚么官？敢到俺军前～！”清《隋唐演义》二二回：“不知叔宝若说马上一枪一刀的本领，果然没有敌手，若论～的事，也只平常。”

【缉寻】 jī xún 侦察搜寻。清纪昀《阅微草堂笔记》卷一七：“言讫，扬帆顺流去，斯须灭影，～无迹。”《醒名花》六回：“便叫家人等各处挨风～，并无影响。”

【缉役】 jī yì 掌缉捕的差役。清《皇朝文献通考》卷二〇二：“将～姓名申报，责成该管道府不时稽察。”《后水浒传》四回：“这里众～，直到二更时分，一齐打入花家。”

【缉逐】 jī zhú 犹“缉追”。宋洪迈《夷坚志》三辛卷九：“密谕巡逻官属，峻行～。”《续资治通鉴长编》卷五二：“在京有群贼，愿自～收捕。”

【缉追】 jī zhuī 追捕；追查。清于成龙《上张粮道谏止采买禀》：“此辈穷棍，花费一尽，携家逃走，定烦～。”《八旗通志》卷一八六：“奉命领兵百人往～，斩二十餘人而还。”《警寤钟》五回：“求老爷垂仁罢却，免再～为是。”

【缉捉】 jī zhuō 犹“缉捕❶”。宋赵与衮《辛巳泣蕲录》：“是日，委四门官兵～奸细。”明陆容《菽园杂记》卷四：“京营随操军职避事逃者，管队官具奏，通政司引奏～。”清《荡寇志》八〇回：“多应那厮仗着令箭，撞关到城武、鉅野一带去了，移文过去，一同～。”

【髻髻】 jī ba 同“鸡巴”。明《金瓶梅词话》五回：“你这马伯六，做牵头的老狗肉，直我～！”

【稽】 jī 延误；耽搁；推迟。《敦煌变文校注》卷一《王昭君变文》：“灵仪好日须安厝，葬事临时不敢～。”明沈采《千金记》四五出：“就此告回，还要本州通报，恐～时候。”清《东周列国志》八三回：“天诛当行，不可久～。”

【稽查】 jī chá 检查；查考。明张居正《答云南巡抚陈见吾书》：“其诸未受礼仪，亦宜～，毋为干没。”佚名《霞笺记》九出：“连日迎送上司，不曾～诸生日课。”清《醒世姻缘传》一九回：“大人家的饭食，有甚么～？脱不了凭他们厨房里支拨。”

【稽察】 jī chá ❶同“稽查”。唐沈亚之《祈雨文祠汉武帝》：“神明胡不督其～，其欺坏法者戮，后期者笞。”清《醒世姻缘传》一二回：“作的恶一日狠如一日，这巡道来～他，也一日密如一日了。”陈端生《再生缘》一三回：“森罗殿上参冥主，那阎王，～何原一命捐。” ❷查点；巡查。清《风流悟》四回：“其时已有四更天气。禁子正提着灯儿，～犯人。”《万花楼》一七回：“下官巡夜，～到此，二位哪里来？”

【稽核】 jī hé 查核；查考。唐齐论《赵州刺史何公德政碑》：“吾侪小人尝与二三子～今古，否臧时政。”明沈德符《万历野获编》卷五：“盖汤、邓、常、李诸将，尚有裔孙为锦衣，易于～。”清《平定台湾纪略》卷六三：“仍将出汛回汛日期报明督提各衙门～。”

【稽检】 jī jiǎn ❶考核检查。宋陆九渊《与陈倅书》：“是皆民之脂膏，若少～之，或可为后图尔。”《元史·曹鉴传》：“奉旨括释氏白云宗田，～有方，不数月而事集。” ❷查考检索。清《南巡盛典》卷首下：“如初次南巡，则注辛未字，二次注丁丑字，三次至六次仿此。庶几简明，以便～。”

【稽据】 jī jù ❶根据；证据。宋司马光《刘道原十国纪年序》：“上下数千载之细大之事如指掌，皆有～可验。”清施闰章《与张某书》：“搢绅之子有为其先人请祀乡贤乞香火生者，或乡评无甚著，辄出其在官颂德之书为～。” ❷依靠；依凭。宋李攸《宋朝事实》卷一四：“事下有司，判司天监苗守信等议，以为无所～，不可行用。” ❸考察求索；查考依据。宋邹浩《邦典序》：“盖尝论辨至于经史百氏之书，从横～，如出乎其时而目睹其事。”明林俊《大礼正议跋》：“蒋公取而辑之，前后二跋，～周详。”

【稽慢】 jī màn 拖延怠慢。唐裴垍《上德宗实录表》：“伏以国之大典，夙奉德音，编简既终，～为罪。”宋苏轼《司马温公行状》："小臣～，罪当万死。"清彭孙遹《西山率尔有作》："傈直赴东华，王事惧～。"

【稽盘】 jī pán ❶盘问；查考。清李渔《意中缘》二一出："我明日就纳一个前程与你，就是回去的时节，也省得被人～。" ❷核查。清《聊斋志异·刘夫人》："次日又求～，妇曰：'后无须尔，妾会计久矣。'"

【稽索】 jī suǒ ❶考察求索。明尹台《寿大司成东廓先生七十序》："故～古始，不足以效其博；抉擿幽险，不足以钩其奇。"清章学诚《与族孙守一论史表》："毋论能读者未见其人，即授书而令其按籍～，亦不易易。" ❷阻滞索贿。清吴伟业《少保大学士王文通公神道碑铭》："诃輓卒以何不前，对曰：'为红船。'红船者，杨村淤浅转运之船也。具得其～侵牟状。"

【稽误】 jī wù 迟误；耽搁。宋苏颂《谢支赐表》："但虞～之诛，敢觊便蕃之赐。"明徐渭《四声猿·女状元》二出："可也要预备下一顶称头的纱帽，不得～谢恩。"清范承谟《请缓征漕折疏》："地方有司不敢～正供，凡漕粮、白粮等项，俱已极力征完。"

【激】 jī ❶用言语行动等刺激、引发。宋《朱子语类》卷一二三："到元祐出来做事，却有未尽处，所以～后来之祸。"《元曲选·气英布》三折："谁似你这般轻贤傲士没谦柔，～的咱为仇寇。"清《红楼梦》七四回："不过我气急了，拿了话～你。" ❷抑制。《新唐书·宋申锡传》："申锡素孤直少与，及进用，议者谓可以～浮竞。"《宋史·王安石传》："文彦博为相，荐安石恬退，乞不次进用，以～奔竞之风。"

【激烦】 jī fán 唠叨麻烦，指求告。明《金瓶梅词话》三一回："吴二哥文书还未下哩，今日巴巴的他央我来～你。"

【激犯】 jī fàn 受刺激而发怒。明《金瓶梅词话》七二回："这春梅还是年壮，一冲性子不由的～，一阵风走来李瓶儿那边。"又七三回："我怕一时～他起来，激的恼了。"

【激聒】 jī guō 同"咭聒"。明朱长祚《玉镜新谭》卷二："且皇子薨逝，便来～。好生狂悖无礼。"清孔尚任《小忽雷》二出："可恨这些长班，偏把没要紧的事来～。"《醒世姻缘传》八回："他因自己发愿好了病要做姑子，所以日日～那刘夫人。"

【激烈】 jī liè ❶猛烈；剧烈。唐何敬《题吉州龙溪》："狂风～翻春涛，薄雾冥蒙溢清沚。"明《西游记》九九回："风气呼号，雷声～。"清《飞龙全传》三九回："当下赵普见此水势～，波涛不止。" ❷（情绪、言辞）慷慨激昂。唐阎伯玙《歌赋》："若寒云凝于沙漠，秋风起于燕路；情～以怀霜，气絪缊而掩露。"明叶宪祖《易水寒》一折："看你衷肠～，才气飞扬。今日把你平生心事，试说一番。"《型世言》一三回："生得仪容丰丽，器度温雅，意气又～，见义敢为。" ❸激动；情绪被引动。唐元稹《叙诗寄乐天书》："适有人以陈子昂《感遇》诗相示，吟玩～，即日为《寄思元子》诗二十首。"明《型世言》一回："一时～，也便视死如归；一想到举家戮辱，女哭儿啼，这个光景难当。"清陈端生《再生缘》六回："元朝人马齐施勇，外国儿郎死万千。皇甫元戎心～，抬头举目望遥天。" ❹刚烈；强硬有气节。清《十二楼·拂云楼》一回："从二八之年守寡，守到四十餘岁。通族逼之不嫁，父母劝之不转，真是心如铁石，还做出许多～事来。"《聊斋志异·鸦头》："赵知女性～，必当不允，故许以十金为助。"《绿野仙踪》一八回："老贤嫂高风亮节，古今罕有，较之城崩杞国、环缢华山者更为～。" ❺强硬不通融。清孔尚任《桃花扇》七出："圆老一段好意，也还不可～。"又一二出："想因却奁一事，太～了，故此老羞变怒耳。"

【激恼】 jī nǎo ❶触怒；惹恼。敦煌词《捣练子》："孟姜女，陈杞梁。生生～小秦王。"《元曲选·秋胡戏妻》三折："也不知是谁人～那天公，着俺庄家每受的来苦，苦。"清《醒世姻缘传》三回："这话分明是要～晁大舍，要与计氏更加心冷的意思。" ❷打扰；搅扰。元明《水浒传》一五回："阮小五道：'教授休笑话，没甚孝顺。'吴用道：'倒来相扰，多～你们。'"又三七回："半夜三更，莫去敲门打户，～村坊。" ❸烦恼；恼怒。明冯惟敏《不伏老》四折："俺二人已是在此，也省得家中～生气。"《醋葫芦》一三回："成珪听知都飙口出不逊之语，十分发怒，回头看见妻子滚番在地，一发～。"

【羁缠】 jī chán 纠缠；牵缠。唐玄奘《大唐西域记》卷一二："遵其法者，出离生死，迷其教者，～爱网。"宋《朱子语类》卷二〇："向来记得与他说中庸鬼神之事，也须要说此非功用之鬼神，乃妙用之鬼神，～说去，更无了期。"△清《风月梦》一八回："我因店事～，刻难分身。"

【羁迟】 jī chí 滞留；迟延。唐佚名《对作刻出关判》："不能戮辱自明，～取效；而乃背叛西土，蓄积南山。"明杨柔胜《玉环记》三一出："此系军务重情，不得～。"清《平山冷燕》一七回："不意途中劳顿，抱恙未痊，所以～上谒。"

【羁缚】 jī fù ❶捆绑。唐玄奘《大唐西域记》卷三："遇贫婆罗门方来乞匄，既失国位，无以为施，遂令～，擒往敌王，冀以赏财回为惠施。"明金幼孜《狮子歌》："西人致之脱～，载之雕阑覆以幄。" ❷束缚；受限制。宋石介《寄复熙道》："明复无～，我有守官限。"明陈汝元《金莲记》三二出："臣浮沉宦海，～名缰。"清《野叟曝言》四八回："自信年来少～，可教高枕卧云根。"

【羁馆】 jī guǎn 旅馆。宋赵长卿《一剪梅·秋雨感悲》："～残灯，永夜悲秋。"明赵完璧《寒宵赋》："游子未返兮，天涯沦落；～岑寥兮，怅戍烟之残角。"

【羁管】 jī guǎn 拘留管制。宋范纯仁《论交换生口事》："西界凡是捉虏到汉界人口，并一一赴衙头呈纳，多是于近里去处监防～。"《大宋宣和遗事》后集："已上定为叛臣之次，于远小州军编置～。"清《石峰堡纪略》卷一六："所有餘存人口，现俱押送静宁州，暂行～。"

【羁候】 jī hòu ❶拘押等候处置。明王恕《奏解犯人及参镇守官奏状》："除将罕摆等案发云南都司～，时英等先行摘发戎达等牢固枷钉。"郑若庸《玉玦记》三五出："如今张宣抚把你们～癸灵庙里听审。"清《八洞天》卷八："此奴近日因盗了先君遗下的一尊佛像，被治年侄追究了出来，现今送在捕衙～着。" ❷滞留；停留等候。明陈束《返赵怀唐一学何体》："～朝朝别，寒云处处飞。兹时轸远念，忆尔倦游非。"清《八旗通志》卷七七："若在京无接办之员，恐交收迟滞，车辆人夫，不无～之虞。"

【羁禁】 jī jìn 拘留囚禁。明《醒世恒言》卷三四："大尹将人犯～，尸棺发置官坛候检。"郑若庸《玉玦记》二六出："拿了一个南朝书生，～金山寺中。"《大清会典则例》卷二七："原设监狱，除重犯～外，其餘干连轻罪人犯，令地保保候审理。"

【羁拘】 jī jū ❶犹"羁禁"。宋何去非《西晋论》："而其情未尝不怀土而思返，固甚怨夫中国～而贱侮之也。"明郑真《送戴起之归萧山序》："然而在野之民当无事时，有一饭不忘君者，况夫释自～，从容所欲，诚所谓生死而肉骨者。"清冯云骕《伏读御书范忠贞碑恭纪》："忠贞节钺镇闽海，祸生肘腋遭～。" ❷束缚；限制。宋韦骧《和潘通甫颐斋书事》："簿领～日少休，江山清兴未能酬。"明戴鳌《道中漫述》之一："夙志本怡旷，浮踪困～。"

【羁留】 jī liú ❶滞留；耽搁。唐李商隐《为荥阳公上仆射崔相公状》："某早承重顾，今守遐方，唯叹～，莫伸抃贺。"《元曲选·风光好》一折："但我～在此，渐入秋深。"清《红楼梦》八三回："看看已近酉初,不敢～,俱各辞了出来。” ❷使滞留;挽留。唐权德舆《司徒兼侍中上柱国马公行状》:“连帅惮公威望日盛,～幕府。”《元曲选·楚昭公》四折:“小官申包胥,到于秦国借兵,争奈秦王不允,将小官～驿亭。”清《荡寇志》一〇四回:“差杨雄、石秀领二千人马到绕云山住扎,分明是～马元之心。” ❸拘禁;扣押。五代李昉《济州刺史任公屏盗碑》:“恩信著用,以结其心;摄伏～,以杜其变。”明李梅实《精忠旗》三出:“则今看光景,似有～之意,全无放还之情。”清纪昀《阅微草堂笔记》卷九:“此驴前世盗汝钱,汝捕之急,逃而免。汝嘱捕役絷其妇,～一夜。”

【羁络】 jī luò 束缚;控制。宋李新《听王子定吹箫》:“少年英气无～,浩唱高弹神自若。”明洪应明《菜根谭·评议》:“人生只为欲字所累,便如马如牛,听人～。”清张英《读陶诗慨然有作》:“夙昔有微尚,苦欲谢～。”

【羁囚】 jī qiú ❶囚犯。唐刘商《琴曲歌辞·胡笳十八拍》:“如～兮在缧绁,忧虑万端无处说。”明《醒世恒言》卷一九:“程万里见说也是～,触动其心,不觉也流下泪来。”清《珍珠舶》三回:“况一片热心,无非怜尔夫妇,一作～,一为娼妓。所以抛了正务,不惮遍行访实。” ❷拘禁;囚禁。《太平广记》卷三四八引《传异志》:“如何罪责,～如此耶?”明梁辰鱼《浣纱记》一三出:“我也是一国王,平生性气刚,～到此,一旦身名丧。”清《东周列国志》八〇回:“今勾践无道,国已将亡,子君臣并为奴仆,～一室,岂不鄙乎?” ❸放逐;僻地安置。唐柳宗元《首春逢耕者》:“农事诚素务,～阻平生。故池想芜没,遗亩当榛荆。” ❹束缚;迷惑。宋梅尧臣《送李逢原》:“李白负其才,飘落沧江头。后亦多效此,才薄空～。”周紫芝《周秀实陈庭藻携酒见过》:“周旋奉谈笑,领略开～。”明屠隆《彩毫记》二一出:“郎君远游,这门庭清如素秋。闲身便抽脱～,飘然自由。”

【羁舍】 jī shè 犹“羁馆”。宋苏轼《蝶恋花》:“～留连归计未。梦断魂销,一枕相思泪。”

【羁身】 jī shēn ❶受羁束不自由的身体。指罪身或官身。《敦煌愿文集·亡考妣文范本等》:“虽居苦役,三从之礼穷闲(娴);沾在～,四德之能暗晓。”明梁鱼辰《浣纱记》四三出:“念～命孤,前去觅相知,相知在何所?”陆采《明珠记》一四出:“～怎敢逃危难,遥见烽烟满。” ❷缠身;因故不能脱身。明毕自严《庚申焚黄考妣墓文》:“龙章在御,命服在笥,而严～边鄙,不获亲荐墓左。”孙柚《琴心记》一五出:“向来政事～,未及卓家请罪。”清《隋唐演义》九回:“打了他一场,少不得经官动府,又要～在此。” ❸栖身;托身。明许三阶《节侠记》一五出:“南越暂～,瘴海沉云黑。”清《万花楼》八回:“故狄公子也不忍却他之意,权在林贵营中～。”

【羁网】 jī wǎng 罗网,喻指束缚。唐元稹《许刘总出家制》:“脱身～,诚乐所从;舍我絷维,能无永叹?”宋陈三聘《宜男草》:“平生书癖已均恙。解名缰,更逃～。”清叶方蔼《题故人画鹤》:“此身已苦～久,明日拂衣亦何有?”

【羁滞】 jī zhì 淹留;迟延。唐高適《赠别王十七管记》:“我行即悠缅,及此还～。”明《封神演义》三八回:“求即幸临,不可～。”清《风流悟》八回:“近因刘福通作乱,学生因取进京调用,并家眷～在此。”

【齏糟】 jī zāo 叽喳;为琐事吵扰。明《山歌·大人家阿姐》:“小人家一味～无出息,大人家博学有商量。”

jí

【及不来】 jí bu lái 比不上;不如。清《平山冷燕》二回:“行的礼数从从容容,就象见惯的一般,就是嫔妃也～。”《女仙外史》三四回:“小弁向来叫做王铁枪,虽～王彦章,也不把这伙贼人看在眼里!”《荡寇志》八〇回:“独有一件～的本领,最善长的是决狱断案。”

【及得来】 jí de lái 比得上。清《水浒后传》二六回:“不想有这副忠肝义胆,妙计入神。我等只晓得上前厮杀,那里～!”《荡寇志》七七回:“秀妹妹好福气,得这般好老公,谁～!”

【及第】 jí dì 科举会试、殿试得中。发榜名单有甲乙次第,故称。唐陈子昂《故宣议郎高府君墓志铭》:“唐龙朔元年,有制举忠鲠,君对策～,试永州湘源县尉。”《元曲选外编·金凤钗》一折:“小生赵鹗,一举状元～。”清《飞花艳想》一三回:“及至殿试,柳友梅中了第一甲第三名,探花～。”

【及格】 jí gé 达到规定的最低标准。唐韦乾度《条制四馆学生补阙等奏》:“其进士等若重试～,当日便给厨房。其明经等考试～后,待经监司解送,则给厨房。”明锺惺《蔡先生传》:“木分三运,以十之六为～,公以满十报,人服其干。”清《野叟曝言》一二八回:“末将督率参游都守,日夜操练,务期～便了。”

【及瓜】 jí guā ❶指女子年满十六岁,到了出嫁的年龄。瓜,可拆分为两个“八”字。明《警世通言》卷三四:“奈娇鸾一来是～不嫁知情慕色的女子,二来满肚才情不肯埋没。”清吴炽昌《客窗闲话·查氏女》:“有查氏女者,年已～,慧中秀外。” ❷指六十岁。十六的逆序表达。明《别有香》一四回:“但吾闻古男女,非六十不同居。予固～,姨殊尚艾,可无嫌否?”

【及亲】 jí qīn (功名)及于双亲。本指父母在世时享受到功名封赠,引申指父母在世或在世的父母。宋陆游《乡中每以寒食立夏之间省坟》之一:“守墓万家犹有日,～三釜永无期。”李攸《宋朝事实》卷七:“自贯者殃及七祖,地府下痛害～。”元段成己《送贾德远北上》:“～而仕古所乐,敢以崎岖惮行李。”

【及时】 jí shí ❶追赶时尚;时髦。敦煌词《内家娇》:“～衣着,梳头京样。”《元曲选·百花亭》三折:“我也是能骑高价马,贯着～衣。” ❷适时;按时。《敦煌愿文集·天兵文》:“霜雹莫降,随四季而～;外寇狼烟,自参差而星散。”《元曲选·红梨花》三折:“携着个匾篮儿俨然厮趁,卖几朵～花且度朝昏。”清《红楼梦》二三回:“却喜侍儿知试茗,扫将新雪～烹。”

【及至】 jí zhì 表示另提一事;至于。元明《水浒传》一一三回:“那官船里人,急站出来,早被挠钩搭住,三个五个做一串缚了;～跳得下水的,都被挠钩搭上船来。”清《红楼梦》一回:“因见上面虽有些指奸责佞贬恶诛邪之语,亦非伤时骂世之旨;～君仁臣良父慈子孝,凡伦常所关之处皆是称功颂德。”

【极典】 jí diǎn 极刑;死刑。唐李彭年《论刑法不便表》:“若必责之以～,假有罪重仿此者,陛下复何以加之于法乎?”明焦竑《玉堂丛语》卷四:“臣闻国初茶马法初行,有欧阳驸马者贩茶数百斤。高皇帝曰:‘我才行一法,乃首坏之。’遂置～。”清《梦中缘》一四回:“摘其职衔,察其罪状,重则置诸～,轻则放之于极边。”

【极顶】 jí dǐng ❶顶峰;最高处。唐杨光《赤石楼隐难记》:“呀开石门,路通～。天生厚土,荫以森罗。” ❷最高;至极。明《二刻拍案惊奇》卷一五:“三个人尽说三百两是一大主财物,～价钱了。”清《红楼梦》九九回:“他不多几年,已巴到～的分儿。”《镜花缘》一六回:“纵让争名夺利,富贵～,及至无常一到,如同一梦。” ❸十分;最。明《拍案惊奇》卷二八:“只如南北戏文,～好的,多说《琵琶》《西厢》。”

【极力】 jí lì 竭力;用全力。《太平广记》卷四八一引《广异记》:“因傅药矢端,～射之,累中二矢。”宋《朱子语类》卷九:“你要去做，又做不办，～做得三五件，又倦了。”清《红楼梦》六四回：“尤氏却知此事不妥，因而～劝止。”

【极品】 jí pǐn ❶最高等级的官位。唐独孤霖《抚王纮开府仪同三司守司空制》：“驭贵式登于～，承荣允饯于上公。”明于慎行《穀山笔麈》卷三：“文臣位至～，一措大居耳。”清《二度梅》一回：“小的们是吏部衙门执路报子，报老爷高升～。” ❷物品最上等的。宋曾巩《荔枝录》：“一品红，言于荔枝为～也。”元陶宗仪《辍耕录》卷一七：“世所见天宝时大凤环瓶，此～也。”清《红楼复梦》九八回：“此乃嵇叔夜弹广陵散之古桐孙，为琴中之宝，是草木中之～。”

【极其】 jí qí 非常；十分。《敦煌变文校注》卷三《晏子赋》：“使者晏子，～丑陋，面目青黑。”宋《朱子语类》卷九〇：“堂狭地润，颇有失仪。但献官～诚意，如或享之，邻曲长幼并来陪。”清《红楼梦》二回：“两家来往，～亲热的。”

【极是】 jí shì 最是；非常。《太平广记》卷一五六引《逸史》：“一人见鱼曰：‘～珍鲜。’”宋《朱子语类》卷七九：“然此一篇文字～不齐整，不可晓解。”清《醒世姻缘传》二五回：“这单豹是单于民的个独子，少年时人物生得～标致。”

【极头】 jí tóu 极点；极端。《宋诗话辑佚》卷下《童蒙诗训》：“作文不可强为，要须遇事乃作。须是发于既溢之餘，流于已足之后，方是～。”明徐渭《四声猿·翠乡梦》一出：“那个绝顶天仙，也不是～地位。”清《醒世姻缘传》五九回：“调羹平日也还算有涵养，被人赶到这～天地，便觉也就难受。”

【极意】 jí yì ❶犹“极力”。明《拍案惊奇》卷二二：“前日吾见他在本州失事，又看上司体面，～周全他去了。”清《醒名花》一四回：“贾凤～恳求，不好过拂其意，勉强收领。”《豆棚闲话》一〇则：“艾衲偏游海内名山大川，每每留诗刻记，咏叹其奇，何独于姑苏胜地，乃摘此一种不足揣摩之人，～搜罗，恣口诽谑？” ❷十分。清《红楼复梦》一三回：“谁知梦玉虽～的怜玉怜香，并无一点苟且。”《蜃楼志》九回：“打听得赫关道饶于财色，他就～垂涎。”

【极至】 jí zhì 顶点。多指达到最佳境界或最深程度。唐李景亮《李章武传》：“工文学，皆得～。”宋《朱子语类》卷七九：“极之为义，穷极～，以上更无去处。”清《醒世姻缘传》二六回：“你要清早跌落了，那平日～的至亲，极相厚的朋友，就是平日极受过你恩惠的，到了饭后，就不与你往来。”

【急】 jí 同“激❶”。明《西游记》一五回：“原来那猴子吃不得人～他，见三藏抢白了他这一句，他就发起神威。”

【急促】 jí cù ❶仓促；匆忙；准备不足。唐高郢《再上谏造章敬寺书》：“今兴造～，人徒竭作，土木并起，日计万工。”明《型世言》九回：“只见中间一个管哨将官，有些面善。王喜～记不起。”清陈端生《再生缘》三七回：“进喜叩头从直诉，皇亲大悦索书文。休～，勿迟停，快快拿来看一巡。” ❷短促；时间、期限紧迫。唐王梵志《见有愚痴君》：“不知死～，百方更造屋。”清《红楼梦》一〇四回：“儿子起身～，难过重阳。”《雪月梅》三二回：“岑公子道：‘只恐时日太促，料理不及。’严先生道：‘尚隔着十一二天，也不为～了。’” ❸（形势、情状）紧急；急迫。元施惠《幽闺记》一〇出：“朝使，不知朝廷敕旨为何这等～？”明《杨家将演义》一六回：“事已～，若待城破之日，玉石俱焚。” ❹（节奏、频率）快而短促。元明《水浒传》九五回：“只见那耿恭同几个败残军卒，跑的气喘～，鞋歪髻侧。”明何契《竞渡歌》：“轻扬楚些三山落，～吴讴十里闻。”清《雪月梅》三七回：“但皇上顾问，必须从容奏对，不可～。” ❺（经济）紧张；不宽裕。明《石点头》卷六：“自从女儿嫁后，没有帮手，越觉手头～。”又卷八：“居室既卑，妹子的夜钱也减，越觉～。”

【急地】 jí de 仓促；一时间。明《西洋记》二五回：“一时间措手不及，只得把个衣袖儿一展。王良～里掣回枪来，早已把个衣袖儿扯做了两半个。”又九五回：“你离家方才二十餘日，怎么～里就得回来？”《西湖二集》卷一九：“明日难守青春，一时变卦，猛可里要寻丈夫起来，俺～没处寻个大鼻头与你作对。”

【急递】 jí dì ❶通过驿传急速递送。《新唐书·李绛传》：“绛请付度支铁盐～以遗，息求取之弊。”明吾邱瑞《运甓记》六出：“你鱼书～高堂也，把征骖即时转拨。”清纪昀《阅微草堂笔记》卷六：“一少妇凝视久之，忽呼曰：‘齐舜庭在此。’盖追缉之牒，已～至天津，立赏格募捕矣。” ❷指急速传递的文书或传递文书的人。唐冯审《谢追赴阙庭表》：“某月日，度支～到。伏奉某月日敕，追臣赴阙庭者。”宋苏轼《上执政乞度牒赈济修廨宇书》：“深望果断不疑，于一两日内，降付～。”清纪昀《阅微草堂笔记》卷一三：“二鼓有～，台兵皆差出。余从睡中呼梁起，令其驰送。”

【急递铺】 jí dì pù 金、元、明代传递文书的驿站铺屋。《金史·章宗纪四》：“乙丑，初设都提控～官。”明《西游记》三五回：“你们还只是吊着受疼，我老孙再不曾住脚，比～的铺兵还甚。”

【急方】 jí fāng 救急的方剂。唐孙思邈《备急千金要方》卷七八：“治灸疮痛肿～灶下黄土以水和煮令热，渍之。”明《金瓶梅词话》六一回：“你有甚～，合些好药与他吃，我重重谢你。”

【急聒】 jí guō 同“咭聒”。《元曲选外编·村乐堂》楔子：“我才和他～了几句，相公有些怪我。”明《拍案惊奇》卷二：“潘父潘母看见媳妇这般模样，时常～，骂道：‘这婆娘想甚情人，害相思病了！’”

【急喉】 jí hóu 即“喉急❷”。明黄峨《折桂令》：“悄悄冥冥，款款轻轻。偏手妹妹先尝，～姐姐休听。”

【急荒】 jí huāng 即“荒急❷”。《元曲选·紫云庭》一折：“我但有些卧枕着床脑袋疼，他委实却也心内惊，他～的请医人诊了脉却笑容生。”

【急慌】 jí huāng ❶即“慌急❶”。宋元《古今小说》卷一五：“阎招亮听得鬼吏叫，～走回。”元明《三国志通俗演义》卷一：“灵帝惊倒，武士～救出。”《水浒传》七九回：“却说宋江军马见高太尉提兵至近，～退十五里外平川旷野之地。” ❷即“慌急❷”。《元曲选·儿女团圆》三折：“我～里，着些闲散话儿遮。”

【急慌忙】 jí huāng máng 犹“慌急❶”。《元曲选·争报恩》四折：“我这里～那身起，大走到向他根底。”明《西游记》三五回：“抬头看时，是孙行者偷了，～执剑来赶。”清《白雪遗音·灯花爆》：“疼奴的人儿今来到，心痒难搔，～，拿个菱花照一照。”

【急急】 jí jí ❶急速；急忙。《敦煌变文校注》卷五《维摩诘经讲经文（四）》：“我见居士，匆匆行李，～入城。未委新别何方，唯愿慈悲指示。”宋《朱子语类》卷一六：“才剔拨得有些通透处，便须～蹑踪趱向前去。”清《镜花缘》三〇回：“他听这话，恐主人听见，～将银取出。” ❷迅疾；快速。唐克符道者《临济龙》：“波涛～人难会，截断千江水不流。”元关汉卿《乔牌儿》：“百岁光阴，七十者稀。～流年，滔滔逝水。”《元曲选·入桃源》三折：“叹～年光似水，看纷纷世事如棋。”

【急脚】 jí jiǎo ❶急脚递；驿传中最快速的递送。《太平广记》卷一五三引《续定命录》：“欲奉烦为申辞疾，请假一日，发一～附书，宽两处相忧。”宋沈括《梦溪笔谈》卷一一：“驿传旧有三等：曰步递、马递、～递。～递最遽，日行四百里，唯军兴则用之。” ❷最快速递送公文的差役。五代钱元瓘《乞复父旧号表》：“臣瓘等无任感激祈恩战惧依投之至，谨遣～间道奉绢表陈乞奏谢以闻。”宋魏泰《东轩笔录》卷九：“日向夕，忽有来使——俗谓～子者——下先锋状。"金《刘知远诸宫调》一二:"有一个～,言有机密临衙。" ❸也称仙府、地府中急行传信或拘捕勾命的差役。元佚名《小张屠》二折:"城隍奉吾神令:教那～李能,半夜后将王员外儿神珠玉颗抱去,明日午时去在那火池里烧死。"明《西游记》一〇回:"(地府)～子旋风滚滚,勾司人黑雾纷纷。"清《歧路灯》六五回:"也不晓得是阴司内～提魂,是阳世间皂快拿人。" ❹跟快速递送、传信等有关的。明《西洋记》一九回:"那校尉拿了这道～符,丢了下水,也只见水里走出两个老者来。"清《说岳全传》七三回:"既如此,可将～驹借与他乘去,勿误时刻。" ❺脚快;行走能力强。清《绣戈袍》一四回:"谁知陈安邦被唐吉杀得七零八落,走到天明,只剩数十名～的手下。"

【急节】 jí jié 犹"急忙❹"。《元曲选·玉镜台》三折:"则见他无发付氲氲恶气,～里不能勾步步相随。"明汤显祖《紫钗记》四五出:"紫玉钗工费价须百万,～难遇其人。"周朝俊《红梅记》一七出:"小可见便见个妇人,～间也认不出是那一个儿。"

【急捷】 jí jié ❶敏捷急速。宋褚伯秀《南华真经义海纂微》卷七七:"运斤成风,言其～。"明《古今小说》卷一九:"把这道符望空烧了,却也有灵,这恶物就不似发头飞得～了。"清毛奇龄《诰授中宪大夫姜公神道碑铭》:"公丰仪峻整,瞻视越恒量,怀抱荦荦,然见事～如飞隼之及物。" ❷利落;无牵扯。明《古今小说》卷三八:"起来抓扎身体～,将刀插在腰间。"《僧尼孽海·鄠县僧》:"两僧造化,撞得生熊,到死得～,没床席债。"

【急遽】 jí jù ❶紧急;仓促急迫。五代孙光宪《北梦琐言》逸文卷四:"俄而雷声隐隐,绚疑其乖龙,惧罹震厄,乃易衣炷香,抗声祈于雷曰:'苟取龙,幸无～!'"元施惠《幽闺记》二二出:"况～苟且之时,倾覆流离之际,失母从人二百餘里,虽小姐冰清玉洁,惟天可表,清白谁人肯信?"清《十二楼·拂云楼》二回:"我在～之中露出本相,别人也在仓卒之顷吐出真言。" ❷急躁;着急;慌急。宋晁说之《晁氏客语》:"道非～可言,坐而论道,则神闲意定。"明周履靖《锦笺记》二〇出:"〔生〕我中热难自持,〔丑扯生退介〕～还愁犯玉威。"清《飞花艳想》一一回:"只见一个老妇踉跄而来,情甚～。" ❸匆匆;匆忙。明《二刻拍案惊奇》卷二四:"看见街上天光熹微中,一个人当前走过,甚是～。"《禅真后史》七回:"幸得金宝从容料理,不道一入舟内,便～分财,使舟人窥见。"清李玉《清忠谱》一八折:"心忙乱,心忙乱,奔驰卤莽。行～,行～,神魂惚恍。" ❹迅速;快速。明吴嘉纪《粮船妇》:"～离船公,慷慨寻鬼伯。"袁于令《西楼记》二〇出:"掀裙刚凑着,精来揿不住。连忙叫嗳哟,恨其太～。"清纪昀《阅微草堂笔记》卷七:"谛听其语,～搀夺,不甚可辨。"

【急留圪刺】 jí liú gē lá 即"咭溜搭刺儿"。《元曲选外编·玩江亭》二折:"我则待靠着水、偎着山,小小低低,～,椽儿棒儿,拴拴抓抓,盖一座茅庐那幽哉。"

【急溜】 jí liù ❶急流的水。唐元稹《书异》:"瘴云愁拂地,～疑注瓶。"宋郭祥正《伏龙溅》:"潭心有伏龙,～和云溅。"清《红楼复梦》五二回:"这里正是金山的～,水势汹涌,掉下去万无生理。" ❷比喻紧要、关键,也喻指情欲正浓。元赵彦晖《一枝花》:"这一场风月险,唬的我～里忙收缆。"明《西游记》七五回:"望你带挈带挈,但只～处,莫捉弄人。"《醋葫芦》七回:"翠苔力挣不脱,诈道:'院君来也。'成珪正是～里,听得这三个字,却正是:顶门中走去了三魂,脑背后飞出了七魄。" ❸(水流)湍急。清雍正三年十二月己丑上谕:"黄河大溜不能畅直通流,至有淤浅一二处,水势～。"《荡寇志》一三七回:"急要赴水捞救,苦于河水～,那史应德已影迹无踪了。"

【急乱】 jí luàn 慌乱;忙乱。清《野叟曝言》三〇回:"正在～,小厮、丫鬟报说:'西街上大老爷、二老爷来了。'"《白雪遗音·寄柬》之二:"悄立在窗外,咳嗽一声,慌的那狂生,哎哟,～不消停。"

【急忙】 jí máng ❶快速不间断。宋《朱子语类》卷五六:"某尝说,此处与'言不必信,行不必果,惟义所在',皆须～连下句读。若偶然脱去下句,岂不害事?" ❷赶忙;赶紧;抓紧。宋赵善扛《小重山·别情》:"花笺欲写寄天涯。羞人见,罗袖～遮。"明《拍案惊奇》卷二:"一日,汪锡在外行走,闻得县前出告示,道滴珠已寻见之说。～里来对王婆说:'不知那一个顶了缺,我们这个货稳稳是自家的了。'"清方成培《雷峰塔》二出:"你可也戒了贪嗔除烦恼,无边苦海回头早,～里诵弥陀把罪孽消,守清规将因缘觉。" ❸轻易;不费力。元明《水浒传》六三回:"若不乘势追赶,诚恐养成勇气,～难得。"明《西游记》八四回:"我们走路的人辛苦,只怕睡着,～不醒,一时失所,奈何?"清李光地《榕村续语录》卷一八:"贪赃坏法,只是等那一件事过去便了,有那句不好的话入在人心里,～去不了,流害无穷。" ❹仓促;匆忙;一时间。《元曲选·货郎旦》二折:"这一片水悠悠,～里觅不出钓鱼舟。"明汤显祖《牡丹亭》四一出:"风檐寸晷,立扫千言。可敬,可敬。俺～难看。只说和战守三件,你主那一件儿?"清《醒世姻缘传》六回:"如今这一家货又～卖不出去,人家又来讨钱,差不多赚三四个银就发脱了。" ❺骤然;一下子。明徐渭《四声猿·雌木兰》一出:"几年价才收拾得凤头尖,～的改抹做航儿泛,怎生就凑得满帮儿楦?"《西游记》三二回:"他啃了孤拐,嚼了腿亭,吃到腰截骨,我还～不死,却不是零零碎碎受苦?"清李光地《榕村语录》卷七:"如六艺之类,平常不曾习射、习算,～叫他射,叫他算,自然穷了。" ❻紧要;关键。明梁辰鱼《红线女》二折:"休认我闭月羞花情性怯,那其间自有分别。那里知我持刀拔剑心肠劣,～里也不甚差迭。"

【急迫】 jí pò ❶快速;匆促;急促。宋欧阳修《议学状》:"盖古之养士本于舒迟,而今之取人患于～,此施设不同之大概也。"《朱子语类》卷二〇五:"初学恐有～之病。"清《歧路灯》九〇回:"到了次日,喊门声甚是～,绍闻难以假装不曾听见。" ❷窘迫;情急。宋朱熹《奏救荒事宜状》:"上户先已匮乏,是以细民无所仰给,狼狈～,至于如此。"明《拍案惊奇》卷一五:"今日三,明日四,虽不比日前的松快容易,手头也还拼凑得来。又花费了半年把,如今却有些～了。"清《野叟曝言》一九回:"令爱彼时羞怒～,尽力抓掐,幸晚生皮膜尚坚,否则筋脉将断,何论肉乎?" ❸短促。明《型世言》一八回:"又因时日～,取官看卷,又在里边寻自己私人,缘何轮得他着?"

【急且】 jí qiě 同"急切❹"。《元曲选外编·单刀会》四折:"百忙里趁不了老兄心,～里倒不了俺汉家节。"明《老乞大谚解》卷下:"买的人多少驳弹,～难着主儿。"按,元刊本作"急切"。《朴通事谚解》卷中:"我一般杂职人家,满了一任时,～儿时又得除。"

【急切】 jí qiè ❶犹"急忙❷"。唐王播《请令程异出巡江淮奏》:"其度支户部并臣当司合送上都行营钱物,并令～催促,其远年逋欠,亦委具可征之数闻奏。"清洪昇《长生殿》二五出:"是前生事已定,薄命应折罚。望吾皇～抛奴罢。" ❷犹"急忙❻"。宋《朱子语类》卷四三:"此二事须是日日粘放心头,不可有些亏欠处。此最是为人日下～处,切宜体之!" ❸犹"急忙❸"。元刘庭信《寨儿令·戒嫖荡》:"羊尾子相古弄,假意儿厮缠绵,～里到不的风月担儿边。"明《金瓶梅词话》五八回:"本等他嘴头子不达时务,惯伤犯人,俺每～不和他说话。"清《荡寇志》九五回:"小人却知那厮有些膂力,～近他不得。" ❹犹"急忙❹"。元纪君祥《赵氏孤儿》二折："我迟疾死后一场空，精神比往日难同，闪下这小孩儿怎建功？你～老不动你仪容，我怕不待盛活一日显威风，难熬他暮鼓晨钟！"明《拍案惊奇》卷二五："谁知到任事忙，匆匆过了几时，～里没个心服之人相托。"清《聊斋志异·长亭》："石乃大慰，然病久，～不能起。" ❺犹"急迫❶"。《元曲选·马陵道》四折："则见他蓦涧穿林，钻天入地，～难迭。脚趔趄，眼乜斜，恰便似酒酣时节。"清方成培《雷峰塔》二三出："你有甚不白之事，梆声如此～？"

【急热】 jí rè ❶为共同的利害而热心。唐杜牧《感怀》："～同手足，唱和如宫徵。"又《同州澄城县户工仓尉厅壁记》："加以御女官多盘冗其间，递相占附，比～如手足，自丞相、御史咸不能与之角逐，县令固无有为也。"《新唐书·李宝臣传》："（宝臣）与薛嵩、田承嗣、李正己、梁崇义姻嫁，～为表里。" ❷为麻烦事着急。宋李觏《寄祖秘丞》："医师相～，巫觋两经纬。"

【急率】 jí shuài 仓促；急迫草率。明《型世言》二三回："起早了，房下不种得火，～寻不见衣帽，就乱寻着穿戴来了。"又二八回："绿绮钻进去拾时，被他按住，～走不起。"又三七回："到阴司里，被阎王改作女身，也曾道该与你为夫妇，只嫌你太～些。"

【急头】 jí tóu 紧急、紧要关头。宋陈著《次韵淪留避地有书欲归》："～一隙宽，呼儿归暂合。"明《二刻拍案惊奇》卷九："他事在～上，只怕还要疑心是你权时哄他的，未必放心得下。"清《十二楼·拂云楼》五回："七郎正在～上，又怕担搁工夫，一句话也不说，对着牙床，扯了就走。"

【急早】 jí zǎo 趁早；赶紧。唐孙思邈《备急千金要方》卷七六："觉得之，～视其下部，若有疮正赤如截肉者，阳毒最急。"《元曲选外编·蒋神灵应》三折："量你止有十万军马，～投降。"清《醒世姻缘传》九二回："奉祀已不乏人，尚不～回头，重修正果，同上西天，尚自沉沦欲海，贪恋火坑，万一迷了本来，怎生是好？"

【急燥】 jí zào ❶同"急躁"。宋元《清平山堂话本·李翠莲》："婆婆性儿忒～，说的话儿大不妙。"清魏之琇《续名医类案》卷一六："素性～善怒，一日忽吐血七八碗。"《绿野仙踪》六二回："又见他双眉紧蹙，时时用手在心前乱挝，似个因眼中看不见，心上～气恨的意思。" ❷干燥。元齐德之《外科精义》卷下："以纸花子摊于肿焮处贴之，如～，津唾润之。"明朱橚《普济方》卷二八二："兼以膏药贴之，常令开润，勿令～。"王肯堂《证治准绳》卷一四："每服二三十丸，白汤下，以防肛门～。"

【急躁】 jí zào 着急烦躁。《旧唐书·史思明传》："（史思明）鸢肩伛背，廞目侧鼻，性～。"宋《朱子语类》卷一三六："此人性也～。初令王猛灭燕，猛曰：'既委臣，陛下不必亲临。'及猛入燕，忽然坚至，盖其心又恐猛之功大，故亲来分其功也。"清《好逑传》九回："铁公子一时～起来，因用手推开道：'妇人家须惜些廉耻！'"

【急债】 jí zhài 应急的或急须归还的债务。元方回《仲夏书事》之八："弃置乾坤事，归休水竹居。不因征～，尽可读残书。"清朱素臣《翡翠园》二出："借了几两～，不够用度。"《十二楼·归正楼》二回："我老爷出京之日，借一主～用了，原说到任三日就要凑还他。"

【急张拘勾】 jí zhāng jū gōu 即"急张拘诸"。勾，通"句"。明汤显祖《紫钗记》三〇出："听的咿呀呀雁行鸦侣，吱嘶嘶野雉山狐，～的捧头獐，赤溜出律的缺口兔。"

【急张拘诸】 jí zhāng jū zhū 形容忐忑不安。《元曲选·李逵负荆》二折："那老儿，一会家便哭啼啼在那茅店里，他这般～的立。"清洪昇《长生殿》三三出："他不住的唱叫扬疾，唬的我慌忙急遽，只索把～的袍袖来拂，乞留屈碌的腰带来束。"

【急张拘逐】 jí zhāng jū zhú 同"急张拘诸"。《元曲选·虎头牌》一折："为甚么叨叨絮絮占着是迷丢没邓的混？为甚么獐獐狂狂便待要～的褪？"

【急张拘住】 jí zhāng jū zhù 同"急张拘诸"。元孟汉卿《魔合罗》一折："～慢行，早尺留出吕去，我子索滴留滴列整身躯。"

【急章拘诸】 jí zhāng jū zhū 同"急张拘诸"。《元曲选·魔合罗》一折："我与你便～慢行的赤留出律去，我则索滴羞跌屑整身躯。"

【急獐拘猪】 jí zhāng jū zhū 同"急张拘诸"。《元曲选·薛仁贵》三折："唬的我心儿胆儿～的自昏迷，手儿脚儿滴羞笃速的似呆痴。"

【急智】 jí zhì ❶机智；反应快。明《醒世恒言》卷一四："见那女孩儿叫声：'哥哥，你是兀谁？'朱真那厮好～，便道：'姐姐，我特来救你！'"沈德符《万历野获编》卷一三："而新郑出不意中，尚能呼其座师息斗，亦是～。" ❷急中生智；紧急中想出应对办法。明《二刻拍案惊奇》卷三九："原来那个球，就是懒龙在衣橱里把闲工结成，带在身边，防人尾追，把此抛下做缓兵之计的。这多是他临危～、脱身巧妙之处。"清《东周列国志》一五回："小白知夷吾妙手，恐他又射，一时～，嚼破舌尖，喷血诈倒。" ❸紧急中应变的计谋或手段。明《古今小说》卷三〇："苏轼一时着了忙，使个～，跪下奏道：'此乃大相国寺新来一个道人。'"清《情梦柝》六回："若素听得大惊，却有～。对朱妈妈道：'你且顺我的话就是。'"《女仙外史》八五回："到底百姓死不甘心，径聚了数十万众，跪在阙下痛哭。月君用个～，烦令两位剑仙慰谕道：'五日之内，帝师求天雨粟。'"

【急骤】 jí zhòu 急速猛烈。宋叶适《习学记言》卷二一："是时武帝才年十六七，绾、臧不能养之以德，而为希古慕名之虚事，施行～，操切宫庭。"明《醒世恒言》卷四："衙内总要买，也须从容一日，岂是一时～的事。"清雍正十二年十一月八日鄂弥达、杨永斌奏文："因山溪窄小，水流～，近溪土房，亦多浸倒。"

【急仔】 jí zi 即"紧仔"。清《聊斋俚曲·翻魇殃》："俺媳妇子～瞍不上我，不如就给他吧。"又《禳妒咒》："～江城每待打他，我就替他效效劳罢。"

【急总】 jí zǒng 抓紧；赶紧。《敦煌愿文集·儿郎伟》："～荣（营）农作者，莫交谷莳兰珊。"又："家人～着作，秋时广运麦圌。"

【急足】 jí zú ❶疾步；快速。宋何梦桂《王菊山诗集序》："学古人诗如登高山，始莫不～疾走；暨绝顶在咫尺，则跬步不能进。"金赵秉文《送李按察》之四："好酒无深巷，～无善迹。"清赵执信《行次乐社念緦两儿却从后至》："忽从远岸闻招呼，～追奔似飞鸟。" ❷犹"急脚❷"。宋欧阳修《与苏丞相书》之七："近尝奉状。～还，并递中并捧惠问。"范仲淹《与中舍书》："某拜闻中舍三哥，～还领书，承尊候已安，只是少力。"清《野叟曝言》一八回："就雇了～，飞递咨文，也得一两个月哩！" ❸犹"急脚❶"。明单本《蕉帕记》三〇出："我深闺欲寄书非易，你～时传信不难。"

【吉谶】 jí chèn 预示吉祥的话。宋文莹《玉壶清话》卷三："父见颇喜，以为～，留签于家。"明蒋一葵《尧山堂外纪》卷六二："已而中选，攀附史弥远，官至极品，竟赐玉焉，遂成～。"清《红楼梦》八回："宝玉忙托了锁看时，果然一面有四个篆子，两面八个，共成两句～。"

【吉地】 jí dì 墓地。清《儒林外史》四四回："洪武即位之时，万年～，自有术士办理，与青田甚么相干？"

【吉期】 jí qī 好日子。特指婚期。《敦煌愿文集·咒愿新郎文》:"纳亲之后,已过~。"明汤显祖《牡丹亭》九出:"方才取过历书选看。说明日不佳,后日欠好,除大后日,是个小游神~。"清《镜花缘》三四回:"~就在今日,何能更改。"

【吉壤】 jí rǎng 吉地。特指风水好的墓地。宋李攸《宋朝事实》卷七:"于是得锡庆院~,即命丁谓与内侍邓守恩等修建。"明郑晓《今言》卷三:"成祖择寿陵,久不得~。"清《野叟曝言》五三回:"正斋择了一块高原~,替他安葬。"

【吉帖】 jí tiě 庚帖;喜帖。定亲用的生辰八字帖子。《元曲选·楚昭公》四折:"有金枝公主,愿与大王小公子结婚,遣小官亲赍~送上。"明《禅真后史》九回:"凌婆复来见郁氏,送上~,复道:'日昨老身去见聂妈妈,……令我今日送庚帖来此。'"

【吉席】 jí xí 指婚礼。唐牛僧孺《玄怪录》卷二:"崔生在后,即依言营备~所需。"明《二刻拍案惊奇》卷二五:"这首词名〔贺新郎〕,乃是宋时辛稼轩为人家新婚~而作。"

【吉祥板】 jí xiáng bǎn 讳指棺材。清《唐史演义》六回:"又一个内监传宣工部官员,叫预备~。"

【即便】 jí biàn 连词。即使;就算。明《风流和尚》七回:"~寻死,丈夫、父母也不知道,有冤难报。"清《醒世姻缘传》二三回:"自己的伯叔兄长,这是不必说的。~是父辈的朋友,乡党中有那不认得的高年老者,那少年们遇着的,大有逊让。"《万花楼》二一回:"由太君作书一封,由吾侄亲投与令孙,~途中耽搁几天,也无妨了。"

【即或】 jí huò 犹"即便"。明陈子龙《储将才策》:"虽有贤者,以为他事可以自见,孰肯翘翘然以兵为名,而婴终身之忧哉!~有一二人,而朝廷恃此以为得人之具,则疏矣。"《型世言》一一回:"仲含却不走出来,~撞着,避嫌折身转了去。"清《聊斋志异·崔猛》:"行之亦盛德,~不效,亦无妨碍。"

【即渐】 jí jiàn 逐渐;渐渐。唐孙思邈《备急千金要方》卷一五:"年至四十,~眼昏。"《元曲选·两世姻缘》二折:"火燎也似身躯热,锥剜也似额角疼,~里瘦了身形。"明刘基《不雨遣闷》之二:"池上芹泥~干,梁间燕子拾虫难。"

【即将】 jí jiāng ❶将近。《太平广记》卷四三引《神仙感应传》:"相顾笑语,~昏瞑。" ❷行将;将要。明宋濂《赠刘俊民先辈》:"~巢云松,终老友猿狖。"王衡《再生缘》三出:"妾身相见之后,~往生。今在此,亦不久矣。"清《聊斋志异·章阿端》:"生早起,~如教。妻止之曰:'度鬼非君所可与力也。'"

【即景】 jí jǐng ❶眼前的景物。唐钱起《初黄绶赴蓝田县作》:"居人散山水,~真桃源。"清洪昇《长生殿》四八出:"春风秋雨,无非~伤心事。"《隋唐演义》三七回:"但见一派清流随轮带起,泉声鸟和,~幽然。" ❷对着眼前的景物吟诗、作画。宋苏辙《金沙台》:"金沙台上聊舒乐,~题诗阁酒瓯。"元张可久《水仙子·春意洞天》:"~诗千韵,飞空剑一双,月满秋江。"清《镜花缘》八〇回:"你看兰荪姐姐刚才席地而坐,把鞋子都沾上灰尘,芸芝姐姐鞋子却是干净的。我也学个~罢,就是'步尘无迹',打《孟子》一句。"

【即刻】 jí kè 立刻;马上。《五代会要》卷二二:"当授官之日,何人判铨,与何人同官上任,与何人交代,仍勘历任处州县如实,~取命官人三人,保明施行。"《元曲选·赵氏孤儿》楔子:"小官不敢久停久住,~传命走一遭去。"清《镜花缘》九一回:"别人掣签,不过略想一想,~就接令。他是先要谈论一番,然后慢慢再构思。"

【即伶】 jí ling 机灵。明《山歌·有心》:"结识私情只要自~,闲人啰个能当心。"《夹竹桃·五湖烟景》:"身材小,眼~,先结私情晚做亲。"

【即溜】 jí liū ❶走运;顺利。宋王辟之《渑水燕谈录》卷一〇:"顷有秉政者,深被眷倚,言事无不从。一日御宴,教坊杂剧为小商,自称姓赵名氏,负以瓦瓿,卖沙糖。道逢故人,喜而拜之,伸足误踏瓿倒,糖流于地。小商弹指叹息曰:'甜采你~也,怎奈何?'左右皆笑。俚语以王姓为'甜采'。"按,此例以"溜""流"谐音而语义双关,"流"有放逐义。明佚名《赠书记》二八出:"〔旦〕果然。小生身子不快,小姐亦有些小恙。下官独自在书房中歇的。〔贴笑介〕这等你也忒不~了些。"沈璟《义侠记》二二出:"你们直恁不~,却来讨㑩㑩。大胆步难行,自作自家受。" ❷同"唧溜❶"。《元曲选·气英布》一折:"你去军中精选二十个~军士,跟随何出使九江去者。"明冯梦龙《集贤宾·誓妓》:"免躇踌,随伊~,做不得满江兜。"清《水浒后传》二二回:"在此留宿却不妨,晚间只要自己~些。" ❸同"唧溜❸"。明《警世通言》卷一五:"那一夜我眼也不曾合,他怎么拿得这样~?"又卷二三:"乐和身材~,在人丛里捱挤进去。" ❹内行;娴熟。明汤显祖《南柯记》六出:"祖宗七辈儿喜风流,自幼。衣衫破落帽儿彫,狐臭。能吹木屑惯扶头,~。"《醋葫芦》一二回:"又添上一个新友,姓詹名直口,独有变卖行中,一发~。"清《隋唐演义》二一回:"但闲中无事,将劈柴的板斧,装了长柄,自家舞得,到也~了。" ❺稳妥;隐秘。明《警世通言》卷三五:"你做的事,忒不~。"《石点头》卷四:"又且做得~,出入并无一人知觉。"

【即瑠】 jí liū 同"即溜❶"。清佚名《双锤记》二九出:"呀!原来主上与元帅恁般不~的。"

【即留】 jí liú 同"唧溜❶"。《元曲选·货郎旦》二折:"逞末浪不~,只管里卖风流。"

【即忙】 jí máng 急忙;赶紧。《敦煌变文校注》卷二《舜子变》:"舜子~下树。"《元曲选外编·西厢记》五本楔子:"~接了回书来者。过日月好疾也呵!"清《二度梅》一〇回:"想到此处,不觉泪如雨下,~解下腰带,挂在树上。"

【即目】 jí mù 现今;眼前。《旧唐书·虞世南传》:"又汉家大郡五十万户,~人众未及往时,而功役与之一等,此臣所以致疑也。"《元典章·吏部五》:"~正是调遣军马之际。"清佚名《四元记》三〇出:"如今安石已败,新法俱停,~另行会试。"

【即乃】 jí nǎi 随即;就。《敦煌变文校注》卷一《张议潮变文》:"仆射闻吐浑王反乱,~点兵。"《太平广记》卷四五三引《灵怪记》:"行至都下,以求官伺谒之事。期方赊缓,~典贴旧业田园,卜居近坊,为生生之计。"

【即如】 jí rú ❶如果;假如。唐白居易《论姚文秀打杀妻状》:"若以先因争骂,不是故杀。~有谋杀人者,先引相骂,便是交争,一争之后,以物殴杀了,则曰'我因有事而杀,非故杀也',又如此可乎?"沈亚之《上冢官书》:"今西戎邀嫁,移兵寇边,仍岁不已;山东盗卒,杀辱守吏,未闻其归,诚可嗟也!~主上求其往而为理者,阁下度之公卿大臣,而谁择乎?" ❷比如;例如。五代李克用《报西川王建书》:"时移事改,理有万殊。~周末虎争,魏初鼎据。孙权父子,不显授于汉恩;刘备君臣,自微兴于涿郡。"明沈自徵《霸亭秋》:"咱想文武二道不同,然呼吸风云之气,其理则一。~《史记》一篇项王传,非子长之才,不足以记项王;非项王之雄,不足以成子长。"清《儒林外史》三四回:"小弟遍览诸儒之说,也有一二私见请教。~《凯风》一篇,说七子之母想再嫁,我心里不安。" ❸就算;哪怕。明王应遴《逍遥游》:"但此等轮回,如辘轳循转,无有穷尽。~师父是道教真仙,亦有遇劫的时节。"《禅真逸史》二九回："有那样英雄元帅，身先士卒登城。～铁桶也攻开，便是金匝须粉碎。"清《隋唐演义》三一回："如沙妃子的律诗，颇称佳咏。～词臣，亦不过如此。"

【即世】 jí shì ❶今生今世。《敦煌愿文集·愿文范本等》："形同女质，志操丈夫，节(即)世希之有也。"明汤显祖《牡丹亭》一二出："敢再跟娘胡撞，教春香～里不见儿郎。"清查继佐《续西厢》四折："这新的住那天，～谁曾见？" ❷老练世故；装腔作势。元邓玉宾《村里迓古·仕女圆社气球双关》："你看他行针走线，拈花摘叶，～里带着虚嚣。"《元曲选·货郎旦》二折："断不得哄汉子的口，都是些～求食鬼狐犹。"明佚名《集贤宾·追悔》："你若是有钱呵和你一样亲，无钱呵冷似冰。……你看他乔～卖查梨。" ❸称情人，犹言冤家。元张可久《齐天乐过红衫儿·湖上书所见》："小桃花，鬓边插，～儿风流俊煞。"明佚名《端正好·美爱》："见我这风流～，又待要和我再争持。"

【迦溜】 jí liū ❶同"唧噜❸"。金《董解元西厢记》卷七："把个～庞儿，为他瘦损。"清《豆棚闲话》一〇则："许老一就在这里，身段极介～，面孔也介花哨。" ❷同"唧噜❶"。清《后西游记》三三回："但只是那猴子～得紧，倘或你们去后他有甚不得意，三不知走了，却叫我那里去寻他？" ❸同"唧溜❸"。清《后西游记》三三回："小行者看见婆婆手脚～，也自欢喜道：'亏你，亏你，率性奉承你几棒吧！'"

【疾】 jí 捷。能快速达到的。《敦煌变文校注》卷一《张议潮变文》："星夜排兵奔～道，此时用命总须擒。"《太平广记》卷一九〇引《乾䐶子》："上心方骇，谓泚兵有谙～路者，透秦岭而要焉。"《资治通鉴》卷二一〇："以愚观之，此乃仕宦之～径耳！"

【疾便】 jí biàn 迅疾；赶紧。《元典章·刑部二》："如有必合监系之人，～追回断决，勿致淹禁。"《元曲选·还牢末》一折："我在那里等，你～早来。"清《野叟曝言》一〇回："亏得两尼猛将身子一凝，～攀住窗槅，不然就连身跌下去了。"

【疾发】 jí fā 同"挤发"。明《金瓶梅词话》八六回："心里要打伙儿把我～了去，要独权儿做买卖。"又八九回："自因你逞风流，人多恼你，～你出去。"

【疾急】 jí jí 急速；迅速。唐韩愈《秋怀诗》之一："义和驱日月，～不可待。"明陈子龙《捉搦歌》："健马啮刍须～，何惜刀钱空伫立。"清方成培《雷峰塔》二六出："望长堤～前征，顾不得绣鞋帮褪。"

【疾快】 jí kuài ❶赶紧；赶快。《元朝秘史》卷三："～起来，田地颤动的声听得有。"《元曲选·昊天塔》三折："我则怕孟火星今番惹下火烛，～的骤龙驹，紧走些儿路途。"清《后红楼梦》三回："这李纨、宝钗不知里头又闹出什么故事来，～赶去。" ❷轻快；便捷。元明《水浒传》一九回："拣一只～小船，……望着芦苇港里荡去。"明张四维《双烈记》三四出："无风，他大船难动，我船～。" ❸迅速；来得快。明郑墟泉《斗鹌鹑·嘲假斯文》："偷寒送暖偏～，呵叱了又来。"

【疾伶】 jí líng 快速利落。明《西游记》九二回："捻着诀，念声咒语，叫'变'，即变做个火焰虫儿。真个也～。"

【疾忙】 jí máng 同"急忙❷"。《元典章·刑部一》："听得您每如今断底公事也～断有。"明《朴通事谚解》卷中："厨子你来，～做饭。"清《东周列国志》二八回："荀息哭临方退，闻变大惊，～趋入，抚尸大恸。"

【疾忙快】 jí máng kuài 即"快疾忙"。金《董解元西厢记》卷六："是人后～分说，是鬼后应速灭。"《元曲选·百花亭》二折："～去，恐怕那贼汉回来。"元明《水浒传》六八回："你～写书去，教早早牵那匹马来还我。"

【疾俏】 jí qiào 聪明；机智。明《西游记》八九回："渡水过桥能～，偷香弄絮甚欢娱。"

【疾早】 jí zǎo 及早；赶早。宋苏轼《申明户部符节略赈济状》："乞下户部及本路转运提刑两路钤辖司，～相度来年合与不合，准备常平斛斗，出粜救饥。"明孟称舜《娇红记》一三出："急急把音书寄，教他～归来，莫待更迟晏。"

【疾憎】 jí zēng 可恨；可厌。反语。金董解元《西厢记诸宫调》卷一："与那五百年前～的冤家，正打个照面儿。"

【嫉忌】 jí jì 嫉妒；嫉恨。《旧唐书·刘幽求传》："姚崇素～之，乃奏言幽求郁怏于散职，兼有怨言，贬授睦州刺史。"五代孙光宪《北梦琐言》卷一七："唐昭宗以宦官怙权，骄恣难制，常有诛翦之意。宰相崔胤～尤甚。"清《东周列国志》六六回："崔杼独秉朝政，专恣益甚，庆封心中阴怀～。"

【棘场】 jí chǎng 用棘针围起来的场地。❶指刑场。唐高彦休《阙史》卷上："果至十九日方献庙巡鄘，始行大戮。子威是日饫仆饱马，诘旦往～候马。" ❷指科举考场。唐李商隐《为裴懿无私祭薛郎中文》："砚横河汉，纸落烟波。泽宫狸首，～杨叶。"明高启《答胡博士留别二十韵》："～曾中的，芹水旧鸣弦。"清毛奇龄《孙监州君墓志铭》："因辞璧沼，入试鳣堂。藉邻星肆，兼观～。"

【棘科】 jí kē 即"棘针科"。《元曲选·老生儿》三折："你看这祭台和坟台，砖墙也那土墙，长出些个～和这荆科。"明朱橚《普济方》卷三六〇："取～上雀儿饭瓮子未开口者，取瓮子内物，和奶汁研灌之。"

【棘盆】 jí pén 元宵庆赏活动中用荆棘围绕起来的演出场地。宋孟元老《东京梦华录》卷六："自灯山至宣德门楼横大街，约百餘丈，用棘刺围绕，谓之～。内设两长竿，高数十丈，以缯彩结束，纸糊百戏人物，悬于竿上，风动宛若飞仙。内设乐棚，差衙前乐人作乐杂戏。"《续资治通鉴长编》卷四五六："高丽国、三佛齐国进贡，使副已下擅入～观看。"清毛奇龄《西湖蹋灯词序》："而京师无灯，惟廊房百餘家各燃灯两榈间，并无山棚、露栏并～、彩竿之见于街陌。"

【棘手】 jí shǒu ❶空手；无可凭借的手。棘，通"瘠"。宋王庭珪《和刘端礼避地初归见访》："莫将～迎西日，来倚危栏咏落霞。"清陆陇其《答义山叔》："适修县志，有序例数条奉正，亦足见此间荒凉～之概。" ❷刺手。比喻事情难以对付，亦指难以对付的局面或手段。明刘宗周《答祁世培侍御》："第时局难调，物情未悉，不免动成～。"清《后西游记》一一回："原来这泼怪也晓得些风云气色，不与你一个～，你也不怕。"《好逑传》一〇回："初下马时，只道侄女柔弱易欺，故硬要主婚去奉承过公子；今访知侄女的～，恐怕害他做官不成，故又转过脸来，奉承侄女。"

【棘闱】 jí wéi 同"棘围❸"。《太平广记》卷三四五引《尚书谈录》："承嘏惊叹久之，方知～所见，乃鬼也。"明朱九德《倭变事略》："李有文武才，先入邑庠，屡试～。"清《绿野仙踪》三回："何须碎唾壶，～自古多遗珠。"

【棘围】 jí wéi ❶用荆棘围成的围栏。唐舒元舆《上论贡士书》："施～以截遮，是疑之以贼奸徒党，非所以示忠直之节也。"宋朱翌《猗觉寮杂记》卷下："和凝知举，彻～，大开门，士皆肃然无哗。"清《八旬万寿盛典》卷九九："彻～而赐第，列冰衔以竞清。" ❷指用荆棘围栏围成的场地。《新唐书·柳子华传》："设～于市，徇邑中曰：'民有得华清瓦石材用，投围中，逾三日不还者死。'不终日，已山积矣。"《旧五代史·食货志》："弓射分擘盐池地分居住，并在～里面，更不别有差遣，只令巡护盐池。"《宋史·李仕衡传》:"前守捕群盗妻子置～,仕衡至,悉纵罢之使去。" ❸ 特指科举考场。四周有荆棘围栏。唐李绰《尚书故实》:"却归铺,于烛笼下取书帖观览,则程试宛在篋中,匆遽惊嗟,计无所出,来往于～门外。"《元曲选外编·西厢记》一本一折:"将～守暖,把铁砚磨穿。"清《珍珠舶》一一回:"而槐黄忽届,君将鏖战～。"

【棘院】 jí yuàn 犹"棘围❸"。宋欧阳守道《谢解启》:"方董司～,佥期新牓之得人。"明袁于令《西楼记》二八出:"慵将笔砚亲,只待凝眸,一见修文。～重重,料难来芳魂。"清汪由敦《题彭宫允使滇草》:"～深沉逼斗奎,驿程迢递拂尘埃。"

【棘针科】 jí zhēn kē 荆棘丛。科,通"棵"。《元曲选·忍字记》四折:"怎生这等荒了,长出些～。"又《盆儿鬼》三折:"打鬼,打鬼!却原来是～抓住衣袂。"

【集】 jí ❶ 定期聚会交易。也指这样的交易活动或交易场所。唐杜甫《述古》之一:"市人日中～,于利竞锥刀。"明佚名《四贤记》一二出:"请问令姨母杨妈妈在么?〔小旦〕～上买米去了。"清《醒世姻缘传》六回:"明日二十五日是城隍庙～,我要到庙上走走。" ❷ 集镇;村镇。明《二刻拍案惊奇》卷二一:"小店在这～上,算是宽敞的。"清《儒林外史》二回:"周进就问:'此位相公是谁?'众人道:'这是我们～上在庠的梅相公。'"《绿野仙踪》二三回:"你日前说离本村三十八里有个王家～,是个大镇子。"

【集场】 jí chǎng 即"集市"。《元典章·刑部十九》:"又立着～做买卖的教住了罢了者。"明倪岳《广平府同知王君治水记》:"建～于大堤之上,分画布井,招来居民三百餘家。"清《飞龙全传》七回:"约有一里多路,却是一座～,人烟稠密。"

【集凑】 jí còu 凑集;拼凑。明潘之淙《书法离钩》卷八:"人传怀仁《圣教序》为借内府右军书集成者,不知集与刁通乃怀仁刁右军之字而书,非拘拘～也。"清《红楼梦》七〇回:"宝玉自己每日也加工,或写二百三百不拘。至三月下旬,便将字又～出许多来。"

【集市】 jí shì 定期交易的场所。明蒋一葵《长安客话·狄刘祠》:"京师货物咸趋贸易,以席为店,界成～,四昼夜而罢,俗呼狄梁大会。"清于成龙《续增条约》:"每遇～,一伙大盗公然放头开赌。"

【集镇】 jí zhèn 城镇;乡镇。明孙传庭《奏报赈过饥民并发牛种银两数目疏》:"郡邑～,强半邱墟;阡陌田园,只餘蓁莽。"清《歧路灯》七二回:"傍日夕,到了一个～。"《绿牡丹》五〇回:"那一日晚饭时候,到了一个败落～,名为双官镇。"

jǐ

【几】 jǐ ❶ 怎么;怎样。唐李白《送祝八之江东》:"君去西秦适东越,碧山清江～超忽?"宋赵希迈《八声甘州》:"～伤心桥东片月,趁夜潮流恨入秦淮。"《元曲选·楚昭公》三折:"～能勾罢息干戈,还归宫阙,抚安黎庶?" ❷ 副词。a) 屡。唐骆宾王《畴昔篇》:"上苑频经柳絮飞,中园～见梅花落。"《太平广记》卷二三五引《摭言》:"～欲修书,逡巡至今。"宋柳永《玉蝴蝶》:"难忘,文期酒会,～孤风月,屡变星霜。"b) 岂;哪。唐佚名《谒法门寺真身》:"任从将火试,～见陷金锤。"清秦松龄《杂感》:"坐算～闻黄石略,战酣谁奋鲁阳戈?"

【几般】 jǐ bān ❶ 几次;几种。唐武三思《仙鹤篇》:"风前月下路漫漫,水宿云翔去～?"明《西游记》二回:"一则是师父传授,二来也是我昼夜殷勤,那～儿都会了。"清陈端生《再生缘》二七回:"就拿出些金银钱钞,拣上等的买了～。" ❷ 偌多;许多。唐裴夷直《八月十五夜》:"去年今夜在商州,还为清光上驿楼。宛是依依旧颜色,自怜人换～愁。"宋吴潜《柳梢青》:"百种凄凉,～烦恼,没个人怜。"清《万花楼》三〇回:"舞起大刀,劈前挡后,做出～架势来。" ❸ 何等;多么。唐权德舆《放歌行》:"春酒盛来琥珀光,暗闻兰麝～香。"金《董解元西厢记》卷一:"小斋闲闭户,没一个外人知处。一间儿半,擗掠得～来清楚!"明汤显祖《南柯记》三八出:"又早阑干月上,画堂中～清朗。"

【几般般】 jǐ bān bān 犹"几般❶"。唐苏乩《清明日登张女郎神庙》:"公子王孙一队队,管弦歌舞～。"清《续金瓶梅》一九回:"行乐事,岁月～。微服狭邪花烂熳,石山艮岳玉巑岏,四海怨伤残。"

【几般样】 jǐ bān yàng 犹"几般❶"。唐大义《坐禅铭》:"参禅学道～,要在当人能择上。"

【几曾】 jǐ céng ❶ 多曾;几番。表示曾经有过多次。唐元稹《饮致用神曲酒》:"醉荒非独此,愁梦～经。"《元曲选外编·西厢记》四本二折:"我在窗儿外～轻咳嗽,立苍苔将绣鞋儿冰透。"清《野叟曝言》六五回:"狼腰善转,胸腹下～束带三条;虎背多丰,肩项边伊如负粟一斗。" ❷ 何曾;哪曾。表示不曾。五代李煜《破阵子》:"凤阁龙楼连霄汉,琼枝玉树作烟萝,～识干戈!"宋《朱子语类》卷二七:"圣人又～须以己度人!"清《红楼梦》七三回:"～有外头的媳妇子们无故到姑娘们房里来的例!"

【几大】 jǐ dà ❶ 很大。宋杨万里《送刘觉之归蜀》:"陋巷柴扉共寒饿,安知头上天～?"《朱子语类》卷四〇:"且如邵康节,只缘他见得如此,便把来做～作弄,更不加细密工夫。"明汤显祖《紫钗记》三九出:"便分明说与如何?雨云场～风波。" ❷ 多大。用于询问。明《西洋记》四回:"一个空字,能有～的神通?怎么做得佛书的要领?"清《好逑传》六回:"冰心小姐道:'这小丹有～了?'家人道:'只有十四五岁。'"《后水浒传》三二回:"兀地鸟官,～前程,恁么职分?"

【几多】 jǐ duō ❶ 多少。a) 用于询问数目。《大唐三藏取经诗话》一一则:"行者问:'汝年～?'孩曰:'三千岁。'"《元曲选·城南柳》楔子:"师父,买～钱的酒?〔正末云〕买五十文钱的酒。"清《醒世姻缘传》五回:"晁知县道:'约得～物件?'梁生道:'老爷且先定了主意,要那个地方的衙门,方好斟酌数目。'"b) 偏指数量多。犹言许多。唐李白《上云乐》:"西海栽若木,东溟植扶桑。别来～时,枝叶万里长。"《元曲选·鸳鸯被》一折:"他一去～时,杳没个音书来至。"清《隋唐演义》二四回:"众人仍又欢欢喜喜的入席饮酒,分外欢畅,说了几许时话,吃了～时酒。"c) 偏指数量少。唐白居易《骊宫高》:"西去都门～地,吾君不游有深意。"元明《水浒传》三六回:"量这些东西,直得～,不须致谢。"清《绿野仙踪》三六回:"能有～银两,公子不必推辞。" ❷ 副词。多么;何等。宋《朱子语类》卷一六:"只看这数句,～分晓,也不待解说。"《五代史平话·汉上》:"您怕人说服内成亲时,何不具状告官,后召媒改嫁,～稳当!"

【几多般】 jǐ duō bān 多少种;多少次。唐李咸用《庐陵九日》:"四十三年秋里过,～事乱来空。"宋守端《蝇子透窗偈》:"为爱寻光纸上钻,不能透处～?忽然撞着来时路,始觉平生被眼瞒。"明徐渭《四声猿·翠乡梦》一出:"又象俺们宝塔上的阶梯,从一二层扒将八九,不知有～的跌磕蹭磴。"

【几多样】 jǐ duō yàng 许多种;多少种。明柯丹邱《荆钗记》一九出:"后堂中安一张影玲珑光灿烂数十层雕花刻草八柱象牙床,正厅上闲放着四闻香散漫色鲜妍～描鸾画凤九鼎莲花帐。"

徐渭《四声猿·翠乡梦》一出："好象如今宰官们的阶级，从八九品巴到一二，不知有～的贤否升沉。"

【几儿】 jǐ er 什么时候。清《红楼梦》八五回："可是刚才我听见有人要送戏，说是～？"又九七回："我听见宝二爷娶亲，我要来看看热闹儿。谁知不在这里，也不知是～。"

【几家】 jǐ jiā ❶怎样；怎么。元张可久《凭阑人·暮春即事》："小玉阑干月半掐，嫩绿池塘春～？" ❷多大；多少。宋李觏《书麻姑庙》："尘里笙歌千古梦，洞中星斗～天。"明徐元《八义记》一三出："只这两桩事残害了～儿百姓，搬斗得晋灵公百事无成。"

【几娘】 jǐ niáng 多少。偏指少。娘，词尾，含强调语气。明康海《小梁州带过风入松·饮酒作》："名缰利锁，争肯被他魔。好天良夜～多！"又《集贤宾·行乐》："岁月有～些，不饮的谁今在也！"

【几些】 jǐ xiē 多少。《元曲选·百花亭》一折："自笑我有那崔护诗才～，怎敢便大厮八将凉浆谒？"明法杲《十拍歌示彬沙弥》："日秉牙签理残蠹，百千贝叶知～。"张凤翼《九回肠》："一从他相逢月下，欢娱事能有～。"

【几样】 jǐ yàng 怎么；怎样。《元曲选外编·西游记》一本二出："别离～忧，如摘下心肝上肉。"

【己躬】 jǐ gōng 自身。《敦煌愿文集·愿文》："次为先王父母，承(永)生净土；三为施主～，合家保愿平安之福会也。"又《迴向发愿范本等》："若为～及现存眷属报平安之者：惟愿龙神潜卫，释梵冥扶。"

【己私】 jǐ sī 私心；私欲。宋《朱子语类》卷七三："人之所当涣者，莫甚于～也。"明陆树声《清暑笔谈》："快意～，不恤国是，以是为同，非国家之利也。"清《绿野仙踪》七六回："无如文华贪黩性成，惟利是欲，恐朱文炜不便～，于未出都之前，遣文炜先赴泰安。"

【济楚】 jǐ chǔ ❶繁盛；兴隆。《大唐三藏取经诗话》一〇则："又行百里之外，见有一国，人烟～，买卖骈阗。"明《二刻拍案惊奇》卷一五："那江家原无甚么大根基，不过生意～，自经此一番横事剥削之后，家计萧条下来。" ❷整洁鲜丽。宋洪迈《夷坚志》补卷八："须臾间，水流满地。吴衣裳～，虑为所污，数展转移避。"明陆采《明珠记》二四出："若有一件不～，好生罪过你。"清《豆棚闲话》三则："不多时，又见一伙衣冠～，捧着表礼走将进来。" ❸美妙；美好。宋吕渭老《浪淘沙》："无赖是横眸，～风流。一时搂揽着心头。"曹组《脱银袍》："～风光，升平时世。端门支散，碗遂逐旋温来。"金《董解元西厢记》卷一："一个个旖旎风流～，不比其餘。" ❹出色；出众。《元曲选·金线池》三折："想那厮着人赞称，天生的～才能。"明冯惟敏《不伏老》二折："行李萧疏，腰佩着三尺青萍玉辘轳。英雄～，手挥着五花彤管锦模糊。"清《凤凰池》七回："你爹爹见他人物～，仪貌可观，欲试他才学。"

【挤】 jǐ ❶挤压；用压力使出。宋洪迈《夷坚志》丙卷一六："败脓自出，无用手～。"《元朝秘史》卷二："路上多马群中，见一个爽利后生～马乳。"清《醒世姻缘传》二回："又把眼～了两～，吊下两点泪来。" ❷集聚；拥挤。宋梅尧臣《随州钱相公挽歌》之三："可怜飞语后，～恨九幽深。"明张岱《陶庵梦忆》卷二："此时天上被起火～住，无空隙处耳！"清孔尚任《桃花扇》二一出："花花彩轿门前～，不少欠分毫茶礼。" ❸榨取；搜刮。明贾仲明《对玉梳》二折："且顺着虔婆，若不依他有五千场不定交。就叫那呆汉来～上他一场，也绝了念头。"《型世言》六回："汪涵宇极了买求，被二个身边～了一空。"清《儒林外史》一四回："～的干干净净，抖了包，只～的出九十二两银子来，一厘也不得多。" ❹插入；安插。明《梼杌闲评》九回："事不宜迟，明日就来回信，恐迟了被人先～了书子去，就难再发了。"

【挤挨】 jǐ āi 拥挤。清方成培《雷峰塔》一四出："抑且泡制精良，赎药的～不开。"陈端生《再生缘》七七回："马蹄起处灰尘滚，热闹丛中人～。"《歧路灯》四四回："却不防剪绺贼就在～中将瓶口割了一个大口子，将银子摸的去了。"

【挤擦】 jǐ cā 相挨并擦碰。明孟称舜《娇红记》八出："莲叶箭，菇叶箭，挤挤擦擦，擦擦挤挤，猛可也射得飘风扬。"清《野叟曝言》二回："那些女人被和尚～不堪，便趁这雨小，都磕磕撞撞的挣往前边去了。"

【挤撮】 jǐ cuō 排挤。明佚名《粉蝶儿·悭吝》："街坊邻里茫邀喝，众亲朋暗暗的～。"《金瓶梅词话》一二回："不争你们和他合气，惹的孟三姐不怪！只说你们～他的小厮。"清《姑妄言》八回："他们不过怕我在爷跟前说他们的不是，都想～我。我出去就是了。"

【挤讹头】 jǐ é tou 讹诈。清《红楼梦》九三回："这是本官不知道的，并无牌票出去拿车，都是那些混帐东西在外头撒野～。"

【挤发】 jǐ fā 排挤打发。清《醒世姻缘传》一七回："若不把梁生、胡旦～出去，若得他两个在这里，也好商议。"《红楼梦》庚辰本八〇回："这会子人也来了，金的银的也赔了，略有个眼睛鼻子的也霸占去了，该～我了！"

【挤害】 jǐ hài 排挤陷害。《元史·阿鲁图传》："别儿怯不花尝与阿鲁图谋，～脱脱。"清《九云记》一三回："这小猢狲、杨家蛮种亦有死时。何不乘此～。"

【挤毁】 jǐ huǐ 排挤诋毁。唐刘蜕《复崔尚书书》："恃才傲物与？论议险直与？侪伍～与？"宋佚名《靖康要录》卷六："又见国家危急，故各尽忠，不敢怀私以相～。"明陆深《与方叔贤冢宰书》："深自先人背违，旋遭～。"

【挤塞】 jǐ sè 拥挤堵塞。明陆容《菽园杂记》卷六："在城闸北岸，见有洪武三年晓喻往来船只不得～闸口石碣在。"《西游记》六八回："这行者走至楼边，果然～。"清《醒世姻缘传》九三回："那时闸河水少，回空粮船～，行了一月有餘，方才到彼。"

【挤筒】 jǐ tǒng 即"唧筒"。清《野叟曝言》一〇一回："截竹为筒，满贮桐油，做成～。"

【挤陷】 jǐ xiàn 排挤；构陷。《旧唐书·李林甫传》："自是连岁大狱，追捕～，诛夷者数百家。"元陶宗仪《辍耕录》卷二五："商君裂矣，卢生坑矣，而秦以不祀，抑亦自相～之明报而祸淫之道为不遍矣。"《明史·谢瑜传》："嵩亦以初得政，未敢显～，故瑜得居职如故。"

【挤压】 jǐ yā 挤和压。《宋史·刘保勳传》："保勳马陷淖中，利涉自后掀出之。力不胜，人马相～，遂俱死。"明《古今小说》卷一八："在路吃了一惊，但见舟车～，男女奔忙。"陈子龙《特进左柱国少师朱公传》："贼大溃，士马自～，死者数万计。"

【挤轧】 jǐ yà ❶排挤倾轧。明袁袠《世纬》卷下："利合则引援，势倾则～。"陆深《送任宗海序》："田叟村甿，下逮执役之贱，亦口掇书史，援章条，以相～。" ❷犹"挤擦"。清沈复《浮生六记》卷二："瓶口取阔大不取窄小，阔大者舒展不拘。自五七花至三四十花，必于瓶口中一丛怒起，以不散漫、不～、不靠瓶口为妙。"《山水情》一回："我们何可也在人丛中～，寻一个僻静所在去坐一回。"

【挤拥】 jǐ yōng 拥挤。宋佚名《昭忠录》："民趋浮桥，将依金凤洲。敏子已断桥自保，～入水死者十数万人。"明孙传庭《报宝郿剿抚捷功疏》："勇之夷丁，～山下，方寻路急进。"清《玉楼春》

四回："见众人拥挤不开，要看太爷审个奸情，但是畏惧郁公的堂规清肃，不敢十分～。"

【挤匝】 jǐ zā 拥挤；挤成一堆。明《金瓶梅词话》一五回："引惹的那楼下看灯的人，挨肩擦背，仰望上瞧，通～不开。"清孙承泽《春明梦餘录》卷二七："又不分摆与宴官人等依品序坐，致使搀越～，难以供应。"

【挤拶】 jǐ zā 同"挤匝"。明杨士奇《家训》："船行之际，或与人～，须两相避让。"戚继光《纪效新书》卷三："凡临战布阵已定，移足回头行伍，～稀密不均，俱斩其哨官长、牌手并所犯。"

【挤趱】 jǐ zǎn 紧紧追赶。清洪昇《长生殿》一七出："摆围场这间、这间，四下里来～、～。"

【给发】 jǐ fā 发付；发给。《唐会要》卷七三："当管经略押衙兼都知兵马使杜存诚管善良四乡，请～印一面。"《元典章·户部八》："数目亦依号附历～，标写某物该税钞若干。"清《说岳全传》六七回："一面～酒肉，犒劳军兵。"

【给付】 jǐ fù 交付；交给。唐娄师德《镇军大将军契苾府君碑铭》："赐物三百段，便于凉州～。"《元曲选·勘头巾》四折："将刘员外家私，～王小二管业。"清《绿野仙踪》五八回："工价照时～，不敢短少。"

【给还】 jǐ huán 发还；交还。《旧唐书·玄宗纪》："内外官职田，除公廨田园外，并官收，～逃户及贫下户欠丁田。"明李梅实《精忠旗》三七出："所没田产屋宇等，俱令江州～。"清《九云记》二六回："秦义和被诬惨祸，朝野尚共伤惜，宜赐伸雪其冤，～家产。"

【给散】 jǐ sàn 发放；分散发给。唐李恒《平汴宋德音》："其忠武、兖海、武宁、郑滑应赴行营及宋州将士等，并节级各有赏物，已别处分支给，委本军据功劳额例～。"宋吴曾《能改斋漫录》卷一三："仍令礼制局造三十副，下开封府～铺户，为样制卖。"清《醒世姻缘传》三一回："凑了一百五十两，封了三千封，～了贫人。"

【给授】 jǐ shòu 给予；授予。唐元稹《古社》："绕坛旧田地，～有等伦。"明王世贞《皇明异典述》卷七："部拟散官，移交翰林院撰文，付司文监校勘，……仍付司文监对同，署名用印，方付各部～。"《大清会典则例》卷五八："封亲王世子给金册，封郡王给镀金银册，封贝勒以下皆～诰命。"

【脊骨】 jǐ gǔ 犹"脊梁❷"。明《西游记》三六回："可怜啊！我弟子可是那等样没～的和尚？"清《十二楼·鹤归楼》四回："只得老了面皮，硬着～，也学段玉初以前，任凭他摆布而已。"《警寤钟》一三回："如今也件现在不远的事说来，好替天下女人家长些志气，立些～。"

【脊筋】 jǐ jīn 维系脊骨的筋。比喻人体要害处。唐段成式《酉阳杂俎》前集卷一四："遂见数吏检之曰：'合取卢州某里张道妻～修之。'乃书吏之姨也。顷刻吏回，持两条白物各长数尺。"《元曲选·窦娥冤》二折："在城有个蔡家婆子，刚少他廿两花银，屡屡亲来索取，争些捻断～。"清《醒世姻缘传》三一回："那些百姓富豪，你除非锥子剜他的～，他才肯把些与你。"

【脊梁】 jǐ liang ❶ 脊背；脊骨。唐孙思邈《备急千金要方》卷六三："(消渴)灸当～中央解间一处与腰目上两处。"《元曲选·潇湘雨》二折："则我这～上如刀刺，打得来青间紫。"清《飞龙全传》四〇回："右手举拳，向他～上一连几下，打得郑恩火星直冒。"❷ 比喻人的志气、节操等。宋《朱子语类》卷五二："况当世衰道微之时，尤用硬着～，无所屈挠方得。"明《拍案惊奇》卷二九："遮莫做了没～、惹羞耻的事，一床棉被可以遮盖了。"清《醒世姻缘传》一〇〇回："只劝世人竖起～，扶着正念，生时相敬如宾，死去佛前并命。" ❸ 器物相当于人体脊背的部位。清《荡寇志》七三回："看那锋刃时，乃是四指开锋，一指厚的～，镜面也似的明亮。"

【脊梁背】 jǐ liang bèi 脊背。清《歧路灯》四四回："衣服厚了嫌压的～疼，茶热了怕烧着嘴唇皮。"

【脊梁骨】 jǐ liang gǔ ❶ 即"脊梁❶"。《元曲选·黑旋风》二折："我把那厮～各支支生撅做两三截！"明《禅真后史》四九回："～中如锥刺一般，怎生过得！"清《醒世姻缘传》八四回："这帽套可是拣那当～上一色的皮毛，零碎攒够了，合了缝做成的。"❷ 即"脊梁❷"。《景德传灯录》卷一五《宣鉴禅师》："德山老人一条～硬似铁，拗不折。"宋《朱子语类》卷三五："重担子须是硬着～方担荷得去。"

【脊梁筋】 jǐ liang jīn 即"脊筋"。《元曲选·冻苏秦》四折："你若能勾发迹呵，则除是驴生笄角瓮生根，天教穷断～。"清《后西游记》三四回："妖精已被我们捣断～，断送了他的五心三脏了。"《歧路灯》七〇回："只不在公堂上打官司，丢了我这个人。免的远省亲戚传笑，近处街坊指～唾骂。"

【脊杖】 jǐ zhàng 杖击脊背的刑罚。唐韩愈《论变盐法事宜状》："连状聚众人等各决～二十。"《元曲选·燕青博鱼》楔子："被官军拿某到官，～了六十，迭配江州牢城军营。"清《后水浒传》一〇回："即日当堂将杨幺刺配，断了二十～。"

jì

【计禀】 jì bǐng 禀报；请示。《元典章·圣政一》："近侍人员及内外诸衙门，毋得隔越辄便闻奏，其有必合上闻事理，亦须先行～中书省闻奏。"《元曲选外编·西厢记》三本四折："笑你个风魔的翰林，无处问佳音，向简帖儿上～。"明洪武二年九月八日诏命："若你不曾到总兵官跟前时，可差人去总兵官处～了，可以往西京大同去时。"

【计筹】 jì chóu ❶ 计数；数筹码。唐李华《木兰赋》："自昔沦芳于朝市，坠实于林丘，徒郁咽而无声，可胜言而～者哉！"宋陈造《寄何解元再次韵》之三："论世聊扪舌，输棋不～。"明贝琼《正月二十九日杨鸣鹤席上》："小儿行觞不～，大儿割肉能操匕。"❷ 计数用的筹码。喻指国家财会事务，或为国家筹划经营的其他事务。宋宋祁《监中会两禁诸公叶龙图以计省不赴》："捉麈知君非兴浅，枉教华剧～催。"元宋无《双陆》："行采砧声鸣素练，～花片落牙钱。"清玄烨《赐大学士查郎阿》："玉陛资调燮，西陲运～。"❸ 计算；筹划。明崔铣《光禄大夫李公神道碑》："甲戌，内宫灾，新作之。公雅有心思，～详细，量物平价，择旧成新。"

【计处】 jì chǔ ❶ 处置；计议；筹划。宋《三朝北盟会编》卷一一："至更议收复西京，回书只请就便～，如难果意，冀为报示。"明《西洋记》九一回："你们自家～一番，可有个解释之法。"清雍正三年二月十六日嵇曾筠奏文："先事豫图，通融～，率领河员，相机度势，尽心料理。" ❷ 打算；安排。元施惠《幽闺记》五出："无计可奈，只得逃难他方，再作～。" ❸ 对付的办法。明汤显祖《紫钗记》五二出："结发夫妻，赔个小心便了。卢太尉俺自有～，不索惊心。"清陈端生《再生缘》五八回："急到万分无～，没奈何，放些正色与威光。"

【计点】 jì diǎn 查点；计算。元王恽《侵夺民利不便等事》："仰各道按察司不时～多餘之数。"《元曲选外编·裴度还带》二折："为因上司差国舅傅彬，～河南府钱粮。"清《说岳全传》四三回："将船只拢齐，查点数目，共有五六百号；～番兵，不上四五万。"

【计费】 jì fèi 耗费；花销。《法苑珠林》卷四五：“麦唯六石，同置一仓。日磨五升，用供常调。从春至夏，～极多。”明梁云龙《明故资善大夫海公行状》：“措处公羡，召募丁作，乘轻舸往来江上督畚锸。不旬月报竣，～甚省。”清《聊斋志异·霍女》：“女衣必锦绣，数日即厌其故。如是月餘，～不资。”

【计挂】 jì guà 同“记挂❶”。宋元《清平山堂话本·错认尸》：“大娘见大官人不回，～你无盘缠，交我送柴米钱钞与你用。”明汤显祖《邯郸记》四出：“无媒织女容招嫁。休～，没嗟呀，多喜洽。”

【计较】 jì jiào 指责；怪罪。《元曲选·罗李郎》三折：“你若死呵。落得一碗凉浆一陌纸，街坊论说，邻里～，弟兄笑耻。”明施绍莘《懒画眉·相思》：“海誓山盟浑当要，怕有日神明～他。”清《儒林外史》二回：“丁祭肉若是不吃，圣人就要～了，大则降灾，小则害病。”

【计结】 jì jié ❶解决；收场。宋元《警世通言》卷二〇：“若是这事走漏，须教我吃官司，如何～？”元《三遂平妖传》四回：“被我叮咛得紧，不敢变物事，却在这里舞弄法术。且看他怎地～？”明《浪史》一六回：“毕竟后来偷得着也偷不着，怎生～？且听后回分解。” ❷解决的办法；处置的手段。宋佚名《张协状元》四一出：“我不道你痴心，别寻个～来闭门。” ❸共谋。《金史·完颜素兰传》：“臣见文哥牒永清副提控刘温云：所差人张希韩至自南京，道副枢平章处分，已奏令文哥隶大名行省，勿复遵中都帅府约束，温即具言于帅府。然则罪人与高琪～，明矣。”

【计量】 jì liáng 计谋；手段。元刘庭信《端正好·金钱问卜》：“磨着定乌龙墨向端溪砚傍，援着管玉兔笔写在罗纹纸上，恰便似破八卦桃花女～。”明王田《醉花阴·仕女围棋》：“是这般望月瞻星心事谁行告，只那些打风牢龙～谁知道。”佚名《一枝花·才子失约》：“莫不是小胆的冤家无～，好教我无语徜徉。”

【计料】 jì liào ❶估算；计量。唐李纯《上尊号赦文》：“两都国子监馆宇，如有隳坏处，宜令本司～闻奏，当与修葺。”宋《朱子语类》卷一〇六：“向见张安国帅长沙，壁间挂一修城图，～甚子细。” ❷预料；判断。《敦煌愿文集·儿郎伟》：“刘生社内录事，～土公无妨。”明陈全之《蓬窗日录》卷二：“因用于国，因粮于敌，知己之可足，知彼之可因，～定则守之矣。”清赵慎畛《榆巢杂识》卷下：“君子道其常，若变，何可～哉！虽过忧虑奚益？” ❸打算；决定。宋柳永《八六子》：“为妙年、俊格聪明，凌厉多方怜爱。何期养成心性近，元来都不相表。渐作分飞～。”

【计论】 jì lùn ❶计较；争论。明《醋葫芦》九回：“员外府上不敢～。但是我们那水儿十分利害，……还求增些。”《禅真逸史》一〇回：“得来赏银，任凭分派，小人焉敢～。”清《绿野仙踪》五一回：“我原就不～他。若～他，也不来了。” ❷挂念；在意。清《十二楼·合影楼》一回：“随他像也得，不像也得，丑似我也得，好似我也得，一总不去～他。”《醒世姻缘传》八八回：“饭食是不消～。若韦施主供送不便，小庵中四方施主的斋供，也不少这女菩萨的一碗稀粥。”

【计设】 jì shè 设法。元施惠《幽闺记》三二出：“枉自怨嗟，无可～，当不过他抢来推去望前扯。”《元曲选·儿女团圆》三折：“急的我两头儿无能、无能～。”

【计算】 jì suàn ❶阴谋；阴险手段。明徐翙《春波影》三出：“杨奶奶则是怕他使些～，不时亲去探望，又不时送茶送水。”沈鲸《双珠记》一〇出：“贪婪猛鸷胜如雕，覆雨翻云～高。” ❷算计；设谋以害人。清《万花楼》二〇回：“这王天化乃武状元出身，故有千斤臂力。今奸党庞洪，将你～，反把王天化一命断送了。”

【计图】 jì tú ❶谋划；筹划。唐[朝]崔致远《答徐州时溥书》：“今有城中将校，潜来～，请少振兵戎，即便期开泰者。”明陆采《怀香记》三四出：“忝恩命参戎寄专，倾葵赤～万全。”清《飞龙全传》五四回：“王景传令安营，～攻取。” ❷指政府中枢事务。宋张方平《谢赐手诏第二表》：“出当方面，曾风迹以无闻；入总～，顾事功之不立。” ❸图谋；打算。清《无声戏》二回：“忽于本月某夜，席卷衣玩千金，隔墙抛运，～挈拐。”《都是幻·写真幻》二回：“不料潘翁之子，貌陋如鬼，酗酒如狂，终日以博赌为事。妾闻之，不胜怨恨，～改字他人。”

【计智】 jì zhì 智谋；巧计。明田大益《陈矿税六害疏》：“四海之人方反唇切齿，而冀以～甘言掩天下耳目，其可得乎？”清《玉楼春》一六回：“他便心生一～来，假说相公来了半日，想腹中已饥。”《绣戈袍》一五回：“可恨你玷辱满门，反中了奸人～！”

【计置】 jì zhì 筹划备办。宋赵鼎《建炎笔录》卷三：“今所先者，诸军营寨便令～，及于镇江多备舟楫，亦恐缓急放散百司要用也。”金佚名《大金吊伐录》卷一：“犒赏阙数，诚以公私竭尽，无可取刷。候军回路通，四方～，逐旋持送。”元王祯《农书》卷三：“凡农圃之家欲要～粪壤，须用一人一牛，或驴驾双轮小车一辆，诸处搬运积粪。”

【计嘱】 jì zhǔ 嘱托。指行贿、通关节。宋《建炎以来繋年要录》卷九九：“如此，恐贪冒赏典之人～狱司，愈将平人非理致死。”《朱子语类》卷一〇六：“或迟延一月，或迟延两三月，以邀索县道，直待～满其所欲，方与呈州。”明王錂《寻亲记》一三出：“遭冤苦，不由人不认杀人罪。况无钱～，有口难诉。”

【记】 jì ❶皮肤上生下来就有的深色的斑。《元曲选·货郎旦》二折：“孩儿春郎，年方七岁，胸前一点朱砂～。”元明《水浒传》一二回：“面皮上一搭青～，腮边微露些少赤须。”清《野叟曝言》八〇回：“吴其仁左脸上有一搭青～。” ❷量词。表示击打的量。清李玉《清忠谱》一八折：“街坊行走，一～锣，一～鼓，声声霹雳交加。”《飞龙全传》二二回：“想你有些不耐烦，要讨几～棒吃么？”

【记持】 jì chí 记住；记忆。《祖堂集》卷一六《南泉和尚》：“从前～商量语句，已知离此。后有人问毕竟事，作摩生？”《敦煌变文校注》卷五《维摩诘经讲经文(四)》：“略与光严说少许，君须一一～将。”明袁宏道《答王百穀书》：“忆昔吏吴时，曾向小平头言及，足下犹复～不忘。”

【记存】 jì cún ❶想念；挂念。宋吴处厚《青箱杂记》卷八：“然公宽厚长者，～故旧。”元王仲仪《与陈栎书》：“去春承附问，极感～，累欲奉书。” ❷犹“记持”。明范景文《复管驷卿》：“前以长卿所迫，聊作一札，原知无及，岂意门下～不忘耶。”

【记当】 jì dāng 记住。当，语气助词。《敦煌变文校注》卷二《庐山远公话》：“善庆闻之，切须～。”又卷五《维摩诘经讲经文(一)》：“我要流传于末代，汝须～莫因循。”《元曲选外编·拜月亭》二折：“你心间莫缗望，你心间索～。”

【记分】 jì fèn 记性；记忆力。元明《水浒传》一〇四回：“小子好～。我说是姓王，曾在东京开封府前相会来。”

【记挂】 jì guà ❶惦念；牵挂。元明《水浒传》二四回：“你这两日脚步紧，赶趁得频，以定是～着间壁那个人。”明汤显祖《南柯记》四〇出：“俺看见天颜喜洽，多则是中宫～，这几日不曾行踏。”清《红楼梦》二四回：“倒时常～着婶子，要来瞧瞧，又不能来。” ❷存放(念头、心思)。清李光地《榕村语录》卷二七：“某以兵部侍郎衔出为督学，古北口总兵官马进良不依仪注，……及某为巡抚，某标下把总叶保告马酷刑。事下巡抚，马甚惧。不知某胸中何曾有所～，只看理体如何。”又《性理精义》卷一一：“如人为一家之长，一家上下也须常常都～在自家心下始得。” ❸ 浮记；临时登记(账目)。清《万花楼》六回：“我前日吃他的酒肴，未有钱钞，仰恳他～数日账，他却偏偏不肯。”

【记号】 jì hào ❶ 做记录；登记号码。唐邱光庭《兼明书》卷一：“古人封太山者七十二家，刻石～以识，十二而已。”明丘濬《乞储养贤才奏》：“礼部阅视讫，编号封送翰林，考订其中辞藻文理有可取者，按号行取礼部。该司仍将各人试卷～糊名封送。” ❷ 做标记；标上记号。唐冯贽《云仙杂记》卷三引《青州杂记》：“至酒半，阶前旋杀羊，令众客自割，随所好者，彩绵系之。～毕，烝之，各自认取，以刚竹刀切食。”明《于少保萃忠全传》二〇传：“公相了地脉形势，一一与众暗立标的。～已毕，急急回到附近关津，命工匠照式造地雷，并铜将军、佛狼机等铳炮。”清《红楼梦》七七回：“命医生认了，各～上来。” ❸ 作为识别的标记。宋曾公亮等《武经总要》前集卷一五：“凡前有斗敌，主将先须下令：合到远近处所及收军～准节。”《元朝秘史》卷二：“他家的～，打马奶子自夜到明。听着这～行呵，听得打马奶子声，到他家里。”清《醒世姻缘传》四七回：“宗师问：‘你那孩子身上也有些甚么记色没有？’魏三说：‘天已点灯的时候，忙忙的，那里看有甚么～！’” ❹ 用年号纪元。也指年号。宋张世南《游宦纪闻》卷五：“改元始于共和，～创于汉武。”姚宽《西溪丛语》卷下：“开元通宝，盖唐二百八十九年独铸此钱，洛并幽、桂等州皆置监，故开元钱如此之多，而明皇～偶相合耳。”

【记恨】 jì hèn 记住并怀恨。宋胡寅《乞回避吕颐浩张守吕祉札子》：“臣性质愚甚，粗知向学。慕古人责己远怨之方，亦无～颐浩守祉之意，只欲敛迹避祸而已。”《元曲选·合汗衫》一折：“你将他恶语喷，他将你来死～。”清《万花楼》三五回：“我今若到他行中，此人岂不～前情，定然要报雪此恨了。”

【记怀】 jì huái ❶ (把恩怨)记在心里。元明《水浒传》二五回：“你救得我活无事了，一笔都勾，并不～。”明杨廷和《视草餘录》：“本语魏司礼及张锐、钱宁云：‘我与杨廷和陪话，他想不～。’魏等对云：‘朝廷厚恩，杨廷和感激不胜，有何～！’”清《隋唐演义》三〇回：“微物孝顺娘娘，何足～。” ❷ 记得；有印象。明汤显祖《牡丹亭》三六出：“前生事，曾～。为伤春病害，困春游梦境难捱。”又《邯郸记》七出：“后面姓名，下官都不～了。” ❸ 记取；懂得。明佚名《四贤记》二出：“望君家～：你的盛年难再，韶颜易改。” ❹ 惦念；牵挂。明《醋葫芦》一一回：“我做娘的好不～女儿。他做女儿的，全不念我。”清《姑妄言》四回：“此后无事望常来看，免妾身～。” ❺ 胸怀。清雍正二年闰四月初五日上谕：“尔从前督理藩司印务，与巡抚不协；今管理河道诸事，～往往见小尚气，甚负朕委用之意。”

【记将】 jì jiāng 记着；记得。《敦煌变文校注》卷七《故圆鉴大师二十四孝押座文》：“争无里巷明宣说，自有神祇暗～。”《元曲选·谢天香》二折：“柳耆卿临行做了一首词，词寄〔定风波〕，小人就～来了。”清《警寤钟》八回：“马快手方～起来，就是前年还诏敕之事。”

【记览】 jì lǎn 记诵和阅览。唐郑处诲《明皇杂录》补遗：“唐玄宗既召见，谓曰：‘卿何能？’对曰：‘唯善～。’”明陆容《菽园杂记》卷七：“布衣沈鉴文昭，～博洽而放言自废。”清陈端生《再生缘》四五回：“轿内观书～勤，看几篇来翻几页，自家分解自家评。”

【记念】 jì niàn ❶ 记诵；记起；记忆。唐郑处诲《明皇杂录》补遗：“周览既毕，覆其本，～精熟，如素所习读。”《太平广记》卷三三二引《通幽记》：“有老姥，不肯同坐。妻曰：‘倚是旧人，不同群小。’谓晅曰：‘此是紫菊奶，岂不识耶？’晅方～。”清《九云记》二回：“孩子倒～了前生之事，总不能成言出语的。” ❷ 挂心；惦念。唐〔朝〕崔致远《与恩门裴秀才求事启》：“右件人是某座主侍郎再从弟某，去乾符三年冬到湖南起居座主侍郎之时，见于诸院，弟兄中偏所～。”《元曲选·望江亭》一折：“数年不见，音信皆无，也不知他得官也未？使我心中好生～。”清《雪月梅》四回：“你多年没有音信，老身时常～。” ❸ 表示纪念的物品。唐张鷟《游仙窟》：“遂唤奴曲琴，取相思枕留与十娘，以为～。”明王骥德《男王后》三折：“就这白团扇上，画着比翼鸟一对，题诗一首，送与嫂嫂，做个相思～。”清《隋唐演义》六四回：“这是秦王之物。毕竟昨夜他回去，在此经过，晓得我们在内顽耍，故留此以为～。” ❹ 在意；放在心上。明邵璨《香囊记》三四出：“〔外〕尊兄，多多扰害，何以克当？〔末〕吾翁即若翁，何必～！”张四维《双烈记》二七出：“〔众〕禀元帅，闻知韩元帅兵拒江岸，邀截归路。〔净笑介〕呵呵，何须～！俺自起兵以来，谁敢与我为敌？” ❺ 顾及；总想着。清《野叟曝言》六〇回：“先姑因爱怜秋香，故有此遗训；我因～遗训，故每每宽容。”《警寤钟》四回：“就留哥嫂在衙中居住，全不～前仇。”《幻中游》一七回：“石大人却不～夙仇，还周济你回家，真使我愧悔无及了。” ❻ 数珠上用来标示念诵次数的特殊样式的珠子。清《后红楼梦》二七回：“不见了金镯二对，金戒指一匣，……湖珠一十二挂，珠～一串。”△《儿女英雄传》三七回：“是盘八百罗汉的桃核儿数珠儿，雕得十分精巧。那背坠佛头～，也配得鲜明。”

【记取】 jì qǔ 记住。唐张鷟《朝野佥载》卷四：“婆出，当有一人与婆语者，即～姓名，勿令漏泄。”明李梅实《精忠旗》四出：“日月照报此厚恩，～临行，明珠为贶。”清《聊斋志异·连琐》：“君～百日之期，视妾坟前有青鸟鸣于树头，即速发冢。”

【记认】 jì rèn ❶ 记忆；记起。宋陈显微《文史真经言外经旨》卷中：“夫识本无方，虽～千年，而俄顷可去。”明《情史·情幻·吴兴娘》：“至则初不相识也，生言其父姓名爵里，乃己乳名，方始～。”清《万花楼》二四回：“只为多年离别，不期相会，一时～不来。” ❷ 标记；记号。也指作为记号的。宋《朱子语类》卷二三：“北辰无星，缘是人要取此为极，不可无个～，故就其傍取一小星谓之极星。”《元曲选·货郎旦》四折：“〔小末云〕你那小的有甚么～处？〔副旦唱〕俺孩儿福相貌双耳过肩坠。〔小末云〕再有甚么～？〔副旦云〕有、有、有，〔唱〕胸前一点朱砂记。”清《儒林外史》三回：“因取过笔来在卷子尾上，点了一点，做个～。” ❸ 标注；标上记号。《元曲选·昊天塔》三折：“这骨殖都有件数，每件件有郎主朱笔～的字迹在上。那一个敢假得？”明沈德符《万历野获编》卷一五：“凡其同乡江南四府监生卷，皆另为一束～之，不派房，不批阅。”清《绮楼重梦》四回：“李纨道：‘既是双生，须要～明白。’就捡了一件鹅黄的袄儿先给他穿上。” ❹ 识认；辨别。明《警世通言》卷二三：“那顺娘穿着紫罗衫杏黄裙，最好～。”《二刻拍案惊奇》卷五：“臣比时在他背上，想贼人无可～，就于除帽之时将针线取下，密把他衣领缝线一道。”清《二度梅》一〇回：“于是起来～坟墓的踪迹，见坟左首有一座土地庙，路旁又有一支双丫叉的榆树为记。”

【记色】 jì sè ❶ 凭据；信物。明《金瓶梅词话》八五回：“他教你回个～与他，写几个字儿稍了去，方信我送的有个下落。”袁于令《西楼记》一三出：“必欲面见，还要讨一件～，方信小人虚实。” ❷ 记号；标记。明佚名《鸣凤记》二一出：“〔丑〕我儿，只是一件，不要杀苏州人。〔众〕为何？〔丑〕他有～，头发都是空心的，那里像个倭头？”袁于令《西楼记》六出：“〔生〕有～么？〔老旦〕杨柳高楼下，铜环双阖扉。”清《说唐后传》五三回：“明欺尉迟恭上的功簿不写字迹，只打条杠子为～的。” ❸ 即“记❶”。清《醒世姻缘传》四七回：“你那孩子身上也有些甚么～没有？”《野叟曝言》八〇回："青～脸儿，是守前关的。" ❹印章；印记。清《凤凰池》二回："把一个避贤楼四壁粘满词翰诗笺，却将总戎的图书～钤印上面。"

【记诵】 jì sòng 默记；背诵。唐穆员《河南少尹裴公墓志铭》："生而颖秀，长而博辩。质如琼枝，文如春林。尤长～之学。"《元曲选·来生债》四折："一自沉了我那家缘，我将这成道～千篇。"清《平山冷燕》四回："诗赋系各人才情，不妨共见。此不过～之学，若大家看明，便非考较之意。"

【记头】 jì tou 犹"记色❶"。清《平山冷燕》一九回："你那柄扇子，可留在此，做个～。"

【记问】 jì wèn 问候；牵挂问候。唐白居易《与运使郎中状》："久违符采，绝疏～。"宋欧阳修《与程文简公》："衰诚迫塞，不敢时通～。"明杨珽《龙膏记》二五出："谁凭～？耳边消息沉沉。"

【记心】 jì xīn ❶上心；在意；记在心里。唐张说《为将军高力士祭父文》："事必～，言无漏口。"元明《水浒传》七回："再说林冲每日和智深吃酒，把这件事不～了。"清《姑妄言》一九回："你问我姓做甚么？不必～。" ❷存想；心中牵挂的。明孙仁孺《东郭记》三九出："姐姐，这都是～梦。俺那夜不梦见他在家哩！"《醋葫芦》一三回："你梦中见着二娘，乃是～之梦，料无不祥之事。"清《飞龙全传》一九回："四下寻觅，却被门槛绊了一交，遂而惊醒。即时说与妈妈。妈妈道：'此乃你的～，不足为信。'" ❸记性；记忆力。清《儒林外史》一一回："这小姐资性又高，～又好。"《绿野仙踪》九四回："怎二三年不见，便没～到这步田地？"《补红楼梦》二九回："他却还肯念书，～也还好。"

【记省】 jì xǐng ❶记录或记忆以借鉴或标志。宋范祖禹《迩英留对札子》："臣愿陛下以永日观书之暇间览此图，可以见前代帝王美恶之迹，知祖宗创业之艰难，不惟有所戒劝，易于～，亦好学不倦之一端也。"元程文海《赠彭斯立序》："若予之文，藏之金匮石室者，不可浪出；应俗之作，又皆散落，漫不～。"清王式丹《和前韵》："招提金碧半凋零，古碑蔓草双趺并。鹅鸭内官留姓名，成化年时谁～？" ❷记忆；记得。宋苏颂《刁景纯学士寄示嘉篇》："念旧起悲伤，曾游皆～。"元柳贯《元故封从仕郎黄公行状》："款门求交，则授馆延憩，倒壶命饮，尽其欢欣。往往别去，漫不相闻，后再见之，亦莫能～为何人也。"清吴雯《漫堂先生过海门出示倡和诗》："更念琅琊及安德，殷殷慰藉常～。" ❸清醒。宋庞元英《文昌杂录》卷四："行至神水驿，苦风眩，昏乱不～。随行小史辈，皆环坐以泣。" ❹醒悟；识别。宋叶梦得《石林燕语》卷一〇："绍圣间常朝起居，章子厚押班。一日忽少一拜，遽升殿。在廷侍从初不～，见丞相进即止。"明金銮《新水令·晓发北河道中》："这塔儿须～：谁拙也谁能，谁浊也谁清。"邵宝《梦药诗》："人从芜湖来，自谓能～：此物出巴陵，近始露茫颖。" ❺思量；掂量。元范居中《金殿喜重重·秋思》："往事后期空～，我正是桃叶桃根各尽伤。"明汤显祖《紫钗记》五〇出："冷思量，闲～。他所事精灵，自心盟证。怎肯因而奚落，遂尔飘零？"周履靖《锦笺记》三出："念我女、年甫及丁，婚姻事、切莫闲评。还～，媒言两誉难凭。" ❻思念；牵挂。明金銮《新水令·寄情》："几番人去苦叮咛，一纸书来劳～。"

【记性】 jì xing 记忆力。唐郑谷《蜀中寓止夏日自贻》："道阻归期晚，年加～销。"明谢肇淛《五杂组》卷六："凡有～者，皆能覆局，不必国手也。"清《镜花缘》八二回："宝云姐姐的丫环玉儿，写的也好，～也好，教他写罢。"

【记印】 jì yìn 印记；印章。元古本《老乞大》："这钞虽是检了，假伪俺不识。恁使了～者，已后使不得时，俺问牙人换。"明徐渭《四声猿·女状元》三出："小的不合叫那篆刻的人，照依那关防刻一个小～儿。"

【纪纲】 jì gāng 主张；谋略。《元曲选·玉壶春》二折："论胸襟～，我是寨儿中风月的元戎将。"《元曲选外编·西游记》五本一七出："胸襟儿～，扶持得帝王。"

【纪念】 jì niàn 同"记念❸"。清《说岳全传》六回："惭愧我漂流一世，并无积蓄，只有这些须对象，聊作～。"《红楼复梦》四回："郎与姐儿一件衣衫作～，姐送情郎一个大窝窝。"

【忌辰】 jì chén 忌日；去世的日子。《敦煌愿文集·先圣皇帝远忌文》："故于～，行香建福。"明徐霖《绣襦记》三二出："孩儿元和，身丧他邦。今日是他～。"清《醒世姻缘传》三〇回："这六月初八日是他的～，待我自己到坟上嘱赞他一番。"

【忌口】 jì kǒu ❶因疾病或其他原因忌吃不相宜的食品。宋苏轼《与钱穆父书》："微疾想由不～所致，果尔，幸深戒之。"明梁辰鱼《浣纱记》一六出："暮乐朝欢，大碗酒，大块肉，也不～。"清《歧路灯》四三回："请我吃鱼，我说不敢吃。他说不～，眼就会好了。" ❷谗言。宋王阮《送晦翁》之七："～年来积渐除，君王方信是真儒。"明沈德符《万历野获编》卷二五："一则勇于献替，一则过朴诚，俱遭～，动以宫闱见指摘，因迟柄用。"清朱鹤龄《复沈留侯论修志书》："万一人异其怀，旁掣其肘，中道沮格，汗青无期。～听听，必将责以受直息事，糜费无功。" ❸说话有所顾忌。明《金瓶梅词话》七五回："你砍一枝损百枝，～些，郁大姐在这里。"

【伎俩】 jì liǎng ❶技能；本领。《敦煌变文校注》卷五《佛说观弥勒菩萨上生兜率天经讲经文》："泉下不怜多～，松间终是作尘埃。"宋俞文豹《吹剑录》："士生斯时，无他事业，精神～，悉见于时。"清《醒世姻缘传》二三回："讲与他的书，印板般刻在心里；读过的书，牢牢的，挖也挖不吊的。教了三年，那舒秀才的～尽了。" ❷手段；花招。元吴仁卿《梅花引》："堪伤，不做美相知每早使～。左右拦障，笑里藏刀，雪上加霜。"明沈德符《万历野获编》卷二三："其人惯诱娼女，作此等～，非一度矣。"清《绿野仙踪》五四回："这般～，亏他们也想算的出来，真是无耻！"

【妓弟】 jì dì 妓女。妓女又被称作"弟子"，故有"妓弟"之称。宋耐得翁《都城纪胜·酒肆》："天府诸酒库，每遇寒食节前后开沽煮酒，中秋节前后开沽新酒，各用～，乘骑作三等装束。"宋元《清平山堂话本·杨温传》："想这厮必是～家中闲汉。你去他家使钱不归，我叫你归，那行首怕你不去，使他跟着你。"明《醒世恒言》卷一六："张荩见说，吃了一惊，想道：'除非～家什么事故！'"

【妓馆】 jì guǎn 妓院。宋孟元老《东京梦华录》卷二："东去大街，麦梨巷、状元楼，餘皆～，至保康门街。其御街东朱雀门外，西通新门瓦子以南杀猪巷，亦～。"明孟称舜《娇红记》三〇出："只要标致呵，就如你～红楼，就如你～红楼，也都搭上鸾交凤俦。"清《八洞天》卷四："并不拘管岑翼，任凭他往～中玩耍，嫖出一身风流疮。"

【妓籍】 jì jí 乐籍；归教坊编管的户籍。也指名在乐籍的艺伎。宋孟元老《东京梦华录序》："观～则府曹衙罢，内省宴回；看变化则举子唱名，武人换授。"明何乔新《真氏女》："告官脱～，礼送归名家。"清《九云记》五回："有若贱妾，名在～，才貌没称，邂逅于青楼歌舞之场，宁可比议于壶仪。"

【妓家】 jì jiā 指妓院、妓女。唐范摅《云溪友议》卷中："每见报前柳棠秀才多于～饮酒，或三更至暮。"明沈德符《万历野获编》卷二一："至今二三～，尚朱其户，虽枢已脱，尚可辨认，盖微行所历也。"清《珍珠舶》三回："以此虎丘游罢，就把赵相邀入一个～。鸨妪唤做褚秀，手下只有姊妹两个。"

【妓院】 jì yuàn 妓女营业的处所。《旧五代史·梁书·朱瑾传》:“政事相公此夕在白牡丹～,侍者无得往。”清孔尚任《桃花扇》二出:“自出阮衙,便投～,做这美人的教习。”《儒林外史》四二回回目:“公子～说科场,家人苗疆报信息。”

【系】 jì 另见xì。打结;扣。《元曲选外编·西厢记》二本一折:“～春心情短柳丝长,隔花阴人远天涯近。”

【系绊】 jì bàn 约束;牵缠。唐白居易《题报恩寺》:“好是清凉地,都无～身。”宋《朱子语类》卷三二:“心下专在此事,都无别念虑～,见得那是合当做底事,只恁地做将去,是‘先难后获’,便是仁者静。”

【系儿】 jì er 犹“系子”。明《金瓶梅》三一回:“把两个香袋子等不的解,都揪断～,放在袖子内。”

【系缚】 jì fù ❶捆绑。宋司马光《涑水纪闻》卷一一:“访知延州有金明败卒二人自虏中逃还,云刘平、石元孙、李士彬皆为贼～而去。”清《青楼梦》二回:“挹香笑道:‘男女相饮,虽近于私,然亦是宾主往来。倘若红丝～,还当借重于斧柯。’” ❷束缚;约束。《陈书·江总传》:“折四辩之微言,悟三乘之妙理。遣十缠之～,祛五惑之尘滓。久遗荣于势利,庶忘累于妻子。”唐韩愈《与大颠师书》:“愈闻道无疑滞,行止～,苟非所恋着,则山林闲寂,与城郭无异。”明高攀龙《高子遗书·示学者》:“人心日夜～在念上,故本体不现。”

【系裹】 jì guǒ ❶穿戴(衣帽)。宋张齐贤《洛阳缙绅旧闻记》卷一:“揆父殁时,年颜～衣衫无小异。”宋元《古今小说》卷三三:“次日早,韦义方起来,洗漱罢,～停当。” ❷约束;拘束。五代何光远《鉴诫录》卷一:“莫待临时叫菩萨,大丈夫儿须豁豁,莫学痴人受摩捋。也～,也摆拨。”

【系念】 jì niàn 牵挂;挂念。《祖堂集》卷五《德山》:“若毫厘～,皆为自欺。”宋《三朝北盟会编》卷九八:“为我持信寻康王庶知父母～于彼,及此行艰难。”

【系子】 jì zi 指联结在器物上的细绳或带子。清《红楼梦》四二回:“鸳鸯道:‘这是两个荷包,带着顽罢。’说着便抽～,掏出两个笔锭如意的锞子来给他瞧。”

【系著】 jì zhuó 拴附;牵挂。唐王梵志《近逢穷业至》:“东西无～,到处即安居。”明李贽《复京中友朋书》:“此心无所～,即便是学。”

【际】 jì ❶临;逢;遇。唐杜颜《灞桥赋》:“莫不～此地而举征袂,遥相望兮怆离群。”明邵璨《香囊记》四二出:“秉忠义而不忘乎主,～艰危而不辱其身。”清《绿野仙踪》六三回:“你修行了几日,便能～此奇缘,好福运也!” ❷挨;碰。《元曲选外编·三夺槊》二折:“侵着眉楞,～着眼角,则若是轻轻的虎眼鞭抹着,稳情取你那天灵盖半截不见了。”

【际岸】 jì àn 涯岸;边际。宋王令《暑热思风》:“江海可怜无～,等闲假借作波涛。”明林俊《芝峰别言序》:“公居以镇静,柄要阴持,潜运默绾,无～可因为衅用,能脱横祸于罗织猬兴之时。”清厉鹗《放舟河渚至蒹葭里》:“～见山影,尚隐残黄芦。”

【际边】 jì biān 边际;边缘。《云笈七籤》卷一七:“息个动心看动处,动处分明无～。”明罗玘《寿澄江先生八十诗》:“点缀皆形象,卷舒无～。”清《医宗金鉴》卷六三:“发际疮,生发～,形如黍豆。”

【际极】 jì jí 尽头。也借指边疆。唐赵居贞《云门山投龙诗》:“大壑静不波,渺溟无～。”元许有壬《大名路重建铜台驿记》:“～覆载,悉入版图。舟车所通,传置交贯。”明徐一夔《虚白斋铭》:“天君威严泰宇辟,寥豁晃朗无～。”

【际头】 jì tóu 犹“际极”。唐吕喦《赠罗浮道士》:“饮餘回首话归路,遥指白云天～。”宋吴潜《南乡子》:“风树飘摇云树暗,衣飔。目断青天天～。”明《西游记》六八回:“智能光明登彼岸,飔飔,叆叆云生天～。”

【际限】 jì xiàn 犹“际边”。敦煌词《十二时·普劝四众依教修行》:“劝诸人,莫放慢。火宅驱忙无～。”宋叶適《题处州翔峰阁》:“君看齐云上,往往无～。何当蹑蓬莱,一泛五湖浅。”金姬志真《化工》:“长短百年为～,有无千变没期程。”

【际涯】 jì yá 犹“际岸”。宋范仲淹《岳阳楼记》:“衔远山,吞长江,浩浩汤汤,横无～。”明曹学佺《蜀中广记》卷二:“《方舆胜览》云:诸葛井,在大慈寺西里许。自上窥之,只见其三边,更一边不知其～也。”清傅泽洪《行水金鉴》卷四七:“自堤以东,浩浩乎茫无～矣。”

【际垠】 jì yín 犹“际边”。清张英《吴门晤盛珍示却赠》:“天风回紫澜,海波无～。”弘历《固尔札庙火》:“诸鄂拓兵无～,狡计近窥喇嘛垣。”

【际遇】 jì yù ❶遭际;际会;运气。多指君王的赏识。唐王涯《辞免起复太宰表》:“鞠育提携,逮夫有立。夤缘～,玷冒高华。”明孙柚《琴心记》三一出:“不道关河烽火隔,等闲烧断合欢枝。长卿,长卿,不料你生平～,一至此乎!”清《八洞天》卷五:“难得这些银子到我手里,也是我一场～。” ❷特指得到君王的赏识。宋朱熹《申建宁府状一》:“重念熹一介微贱,本无寸长,～圣明,累叨奖拔。”元陶宗仪《辍耕录》卷八:“平江会道观主邓山房道枢,绵州人,在宋季,为道士。时斋法已精,～理度两朝。”明宋濂《佛智弘辨禅师杰峰愚公石塔碑铭》:“其五传至荆叟,功用益弘。～穆陵,宠遇甚至。” ❸遇到;见面。宋苏颂《和神水馆逢齐叶二国信》:“千里边疆难～,一封京信况同来。”曾巩《祭晁少卿文》:“会合乖阔,则有书问。开纸披辞,犹若～。”明程嘉燧《潞安元夕》:“佳节太平难～,传柑灯宴说京华。” ❹机会;时机。明袁中道《游居柿录》卷三:“然则人生如遇此等时节,便是好～,不可错过。”清《镜花缘》四一回:“天下竟有如此奇事!怪不得叔叔说是我们闺中千载难逢～,真是旷古少有。” ❺经历。清《绿野仙踪》四回:“献述又把别后～说了一番。说毕,呵呵大笑道:‘宦途数年,贫仍故我。’”

【祭】 jì 供奉。五代何光远《鉴诫录》卷六:“判内门提得御厨杂使衙官偷肉云:斤斤肉是官家物,饱～喉咙更将出。不能为食斩君头,领送右巡枷见骨。”

【祭拜】 jì bài 祭祀礼拜。唐杜牧《上李太尉论江贼书》:“凡杀六人,内取一人,屠刳心腹,仰天～。”《元曲选·合同文字》二折:“俺和母亲先～了也,你如今从头的拜祖先咱。”清《女仙外史》六回:“直到新阡,先葬父母,次葬公子,又到祖坟～。”

【祭丁】 jì dīng 仲春、仲秋上旬丁日祭祀孔子的仪式。宋马纯《陶朱新录》:“通判监酒赵诗者,昔在学校,尝因～熟寐。众与戏,以香烛、花果、楮镪之类设供于卧榻前而潜伺之。”《元曲选·潇湘雨》二折:“〔崔甸士云〕我做秀才,怎么不识字?大人,那个鱼儿不会识水?〔试官云〕那个秀才～处不会抢馒头吃?”清《绿野仙踪》七九回:“体仁最是俭省,一年四季,只有～后方见肉。”

【祭盘】 jì pán 送葬或祭祀时呈献祭物的盘子。唐封演《封氏闻见记》卷六:“大历中,太原节度辛景云葬日,诸道节度使使人修范阳祭,～最为高大,刻木为尉迟鄂公突厥斗将之戏,机关动作不异于生。”《唐会要》卷三八:“其送葬～,不得作假花果及楼阁,数不得过一牙盘。”宋黄庶《过少姨庙》:“阴森老柏少姨庙,炉烟蓬勃疑行云。～狼藉山鸟饱,巫祝生涯来往人。”

【祭旗】 jì qí 出兵或出猎时祭祀旗帜的仪式。元胡天游《女从军》之三:“柳营清晓促征期,女伴相呼看~。”明沈采《千金记》二九出:“再传令各营将官,子时~,寅时出军,如违令者枭首。”清《醒世姻缘传》一回:“卯时俱到教场中取齐发脚,也要得一副三牲祭祭山神土地,还得一副三牲~。”

【祭赛】 jì sài 祭祀酬神。宋夏竦《禁淫祀》:“元元从之,祈禳厌胜,且鸡豚醴酌祀无名土木,贫者货鬻以供~。”明谢肇淛《五杂组》卷一一:“一村氓夜卧荒庙中,闻二鬼语曰:‘我辈受某家~多矣,其病本易治,但医不识耳。’”清孔尚任《桃花扇》续四〇出:“今乃戊子年九月十七日,是福德星君降生之辰。我同些山中社友到福德神祠~已毕,路过此间。”

【祭扫】 jì sǎo 祭祀洒扫(坟墓)。宋程俱《江氏小山祖墓记》:“岁时~,上不过四世而已。”明焦竑《玉堂丛语》卷五:“杨士奇南还~先茔,至南京。”清《好逑传》四回:“这九月二十日,乃她母亲的忌辰。年年到这日,必要到南庄母亲坟上去~。”

【祭献】 jì xiàn 祭祀供奉。《通典》卷四三:“必若一神两祭,便则五祭十祠,~频繁,礼亏于数。”元陶宗仪《辍耕录》卷二三:“但有所见,即便~,称名爷爷。”清李玉《清忠谱》二二折:“如今先到上塘桐泾桥林家巷内,请了周公子,同到周老爷坟上~便了。”

【祭葬】 jì zàng 朝廷派人参与葬礼祭奠的仪式。《旧唐书·职官志三》:“京官四品已上,如遭丧薨卒,量品赠~,皆供给之。”明焦竑《玉堂丛语》卷六:“吴文定公卒后,朝廷赠官议谥,命~,仍官其一子为中书舍人。”清《儒林外史》八回:“中堂在朝二十餘年,薨逝之后,赐了~,谥为文恪。”

【济护】 jì hù 救助保护。《敦煌愿文集·患文》:“愿使恒沙诸佛,垂应救之果;现[世]如来,非(飞)临~。”五代杜光庭《胡璠尚书地网醮词》:“永承~之恩,敢负真灵之祐。”

【济惠】 jì huì 援助施舍。五代徐铉《稽神录》:“豫章逆旅,梅氏颇~。行旅僧道投止,皆不求直。”《元曲选·荐福碑》三折:“先生但肯谒托一两个朋友呵,必有~。”明陈子龙《拟上遣御史赈恤关中饥民诏》:“祖宗二百餘年,岂无恩信可结?尔其行仁有术,~以权。”

【济助】 jì zhù 救济;帮助。宋《三朝北盟会编》卷一九〇:“朕备尝险阻,知其忠实。潜善伯彦,更同心~,以副朕考慎之意。”《元朝秘史》卷二:“我见你辛苦着来,所以~做伴去,如何做外财般要你的。”清《醒世姻缘传》三五回:“如今且只当~一般,万一会试再有前进,这一发是先生的玉成。”

【洎】 jì 几;几乎。《祖堂集》卷七《雪峰和尚》:“若不是吾,~被汝惑。”《五灯会元》卷四《寿州良遂禅师》:“良遂若不来礼拜和尚,~被经论赚过一生。”

【洎合】 jì hé 几乎要。《祖堂集》卷一四《江西马祖》:“今日若不遇和尚,~空过一生。”《古尊宿语录》卷八《首山念和尚语录》:“师云:‘打草败要惊蛇。’僧云:‘未审怎生下手?’师云:‘适来~丧身失命。’”《五灯会元》卷八《太傅王延彬居士》:“长庆谓太傅曰:‘雪峰竖拂子示僧,其僧便出去。若据此僧,合唤转痛与一顿。’公曰:‘是甚么心行?’庆曰:‘~放过。’”

【洎乎】 jì hū 几乎。《古尊宿语录》卷五《兴化存奖禅师语录》:“若不遇大觉师兄,~误却我平生。”《五灯会元》卷一九《何山守珣禅师》:“自非个俗汉知机,~巧尽拙出。”

【既不阿】 jì bu ā 要不然;否则。阿,语气助词。《元曲选外编·紫云庭》三折:“我觑了这般世杀,不法(发)闲病,决定风魔。~,便恁末,人行趄剁。”

【既不呵】 jì bu ā 同“既不阿”。元徐琰《沉醉东风·赠歌者吹箫》:“引青鸾玉箫声韵,莫不是另得东君一种春,~紫竹上重生玉笋。”《元曲选外编·西厢记》五本二折:“写时管情泪如丝。~,怎生泪点儿封皮上渍?”明汤显祖《邯郸记》二〇出:“敢是地方走了贼?反了狱?~,怎的响刀枪人哄马?”

【既不沙】 jì bu shā 犹“既不阿”。沙,语气助词。《元曲选·黄粱梦》三折:“为甚春归早,~可怎生蝶翅舞飘飘?”清洪昇《长生殿》一九出:“~,怎得那一斛珍珠去慰寂寥!”

【既不唦】 jì bu shā 同“既不沙”。《元曲选·灰阑记》四折:“你只想马大浑家做永远妻,送的我有去无归。~你两个赶到中途有何意?”又《竹叶舟》三折:“是探故乡亲旧?〔陈季卿云〕不是。〔正末唱〕~,你怎生在长江侧畔将咱候?”

【既不是】 jì bu shì 犹“既不阿”。是,语气助词。元杨景贤《二郎神·怨别》:“多应他意重我情薄,~可怎生雁贴鱼缄音信杳。”

【既不索】 jì bu suǒ 犹“既不阿”。索,语气助词。《元曲选外编·刘弘嫁婢》二折:“~,可怎生短命死了颜回,却怎生延年老了盗跖。”

【既然】 jì rán 连词。用在前一分句中表示前提,后一分句表示先对现实或已有的结论予以承认,而后进一步做出判断。《祖堂集》卷三《慧忠国师》:“麻谷来,绕师三匝,震锡一下。师曰:‘~任摩,何用更见贫道?’”《元曲选·窦娥冤》二折:“~有了药,且饶你罢。”清《红楼梦》三七回:“~定要起诗社,咱们都是诗翁了,先把这些姐妹叔嫂的字样改了才不俗。”

【既是】 jì shì 犹“既然”。《敦煌变文校注》卷四《悉达太子修道因缘》:“~陛下梦见双陆频输者,为宫中无太子,所以频输。”明《老乞大谚解》卷上:“~这月初一日离了王京,到今半个月,怎么才到的这里?”清《儒林外史》九回:“~太师老爷府里发的有帖子,这事何难?”

【继】 jì 拴缚;牵扯。继,通“系”。《敦煌变文校注》卷二《韩擒虎话本》:“到得南岸,应是舟船,溺在水中,遂却~自家旗号,显其衾虎之名。”又卷五《维摩诘经讲经文(三)》:“认取理,莫疑猜,休纵迷心~在怀。”敦煌词《破阵子》:“应是潇湘红粉~,不念当初罗帐恩,抛儿虚度春。”

【继半】 jì bàn 同“继绊”。《敦煌变文校注》卷五《维摩诘经讲经文(三)》:“既无贪~,净肯爱珍财。”

【继绊】 jì bàn 即“系绊”。《敦煌变文校注》卷五《金刚般若波罗蜜经讲经文》:“~网罗不用入,无明颠倒莫教侵。”又《维摩诘经讲经文(五)》:“今日若收,似白鹿重遭于~。”

【继缠】 jì chán 系缠;纠缠。《敦煌变文校注》卷五《维摩诘经讲经文(三)》:“迷意终难段,痴心尚~。”

【继念】 jì niàn 即“系念”。《敦煌变文校注》卷五《维摩诘经讲经文(三)》:“清旦何妨专~,夜深却请细寻思。”

【悸怖】 jì bù 惊惧;害怕。《太平广记》卷三六四引《集异记》:“须臾,乃复本形,因大~而谓友章曰:‘妾非人也。’”宋洪迈《夷坚志》甲卷八:“妻梦二童子,色漆黑,仓卒~,疾走而去。”明卢柟《与陈一泉外翰书》:“每传钟鼓及狱卒喧呼警报,则便~,久之始能定。”

【悸骇】 jì hài 犹“悸怖”。《新唐书·西域传上》:“闻王师至碛口,~无它计,发病死。”明杨廷宣《连云栈赋》:“拾级坎壈,连步错愕,怔忡~,倦临色勃,久而后定。”

【悸惊】 jì jīng 犹“悸怖”。宋许翰《辞免尚书右丞札》:“寇难以来,心形惧悴,视已昏翳,动辄~。”明杨琚《太岳太和山赋》:“跻欲半而~,凭危栏而上陟。”清《医宗金鉴》卷八五:“通里主治温热病，无汗懊憹心～。”

【悸惧】 jì jù 犹“悸怖”。唐孙思邈《备急千金要方》卷四〇：“竹沥汤，治心实热，惊梦喜笑，恐畏～不安。”《太平广记》卷一四三引《广古今五行记》：“庆在军，忽梦已化为羊，为典所杀，觉后～流汗。”明沈德符《万历野获编》卷一七：“既而有流言，谓贼首汪直、汪五峰者，与胡少保俱徽人，潜通重赂，贷其族诛。胡～无策。”

【悸恐】 jì kǒng 惶恐；忐忑不安。唐韩愈《魏博节度观察使沂国公先庙碑铭》：“惟时臣愈，承命～。”宋晁公遡《与宋提刑札子》：“某治郡不进，两辱轺车临之，实大～。”明史鉴《辞县令请乡饮书》：“某闻命～，汗流浃背。自顾菲薄，一无所堪。”

【悸栗】 jì lì 怕得发抖。唐韩愈《至邓州北寄上襄阳于頔相公书》：“及至临泰山之悬崖，窥巨海之惊澜，莫不战掉～，眩惑而自失。”宋黄休复《茅亭客话》卷八：“虎欲相及，二客～，以拄杖揞之。”明刘炳《歌风台赋》：“剑光迸星，麾幢蔽日，熊罴震骇，虎豹～。”

【悸慑】 jì shè 犹“悸怖”。唐裴庭裕《东观奏记》卷下：“延陵～失序，上抚而遣之。”《宋高僧传》卷一二《唐明州栖心寺藏奂传》：“奂瞑目宴坐，色且无挠。盗众皆～，叩头谢过。”元胡助《龙门行》：“我行不敢过其下，引睇雄奇心～。”

【寄泊】 jì bó ❶寄宿；寄居。《太平广记》卷四四三引《潇湘录》：“忽一日，有一道士谒祜。自称华山道士学真，携一张琴，负一壶药，来求～。”宋叶適《沉氏萱竹堂记》：“古之人惟颜子知自备天地万物之道，其陋巷饮水，如～焉。”清彭孙遹《移居》：“狭室如囷小，全家～时。” ❷（船只）临时停泊。明胡宗宪《筹海图编》卷五：“必不得已，～一宵。若停久，恐风反别迅，不能支矣。”清黄叔璥《台海使槎录》卷二：“由内港驾至北山瓦硐港～登岸，四里至通梁。”

【寄存】 jì cún 暂时存放。明顾宪成《复张继山书》：“辱念～，生死肉骨，谊高千古矣。”清《平定两金川方略》卷一二八：“并预备人夫一千名，～各站，以备添设新站之用。”《隋唐演义》六八回：“陛下的朝臣尉迟恭有制钱三库，～在阴司。”

【寄厝】 jì cuò 把棺木寄存或暂时浅埋以待迁葬。明罗玘《封淑人廖母赵氏权厝志铭》：“吾母年四十三，十月二日殁。父北鹜也，不及诀。归悼，誓必葬永定。然～黟黟，殊增衷悲。”王澹《樱桃园》一折：“本府张刺史之女，得病而死，棺木～廊下。”清雍正六年五月十六日杨鹏奏文：“不意十六年之中，臣之妻子女媳相继沦亡，皆～长沙。”

【寄搭】 jì dā ❶附带搭载或分担。宋苏轼《乞禁商旅过外国状》：“因此与高丽国先带到实封文字一角，及～松子四十餘布袋前来。”朱熹《条奏经界状》：“所谓俵寄者，正田不知下落，官司恐失租米，即以其租分俵～邻近人户，责令送纳。” ❷依托；依附。宋《朱子语类》卷七三：“他见得许多道理了，不肯自做他说，须要～放在经上。”又卷九四：“有气禀，性方存在里面；无气禀，性便无所了～。”

【寄顿】 jì dùn ❶积存；积压。宋《建炎以来繫年要录》卷五九：“乞转由海道之盐竢到州县日为始，～邸肆之盐竢盐主到日为始。自是之后，钱有未足者，许质盐于税务而宽其期。”文天祥《正气歌序》：“仓腐～，阵阵逼人，时则为米气。”明胡应麟《再报大来明府》：“而且怀以新诗，授以素笔，至酒赀之馈，～杜康，至今尚酩酊柴桑之秋也。” ❷犹“寄存”。宋洪迈《夷坚志》三己卷九：“三年艰辛，织得绸绢三十匹，布十五匹，～汝家。”明何乔新《奏议集略》：“杨辉自合将前项黑铅入官，不合令人运至地名三溪，～土民赵月升家。”清《绿野仙踪》一七回：“手内也弄下有一千四五百两，又不敢在衙门中存放，恐文魁盗用，皆暗行～。” ❸指寄存的物品。多指被转移的赃物。明杨寅秋《史采疏》：“即左右之给使，安能尽当圣意？藉没之～，岂无扳累？”沈德符《万历野获编》卷八：“其后追逮王少宰、曾司空所～，终不及数。”《梼杌闲评》四九回：“抚院因参本上论他赃私狼藉，便追他的～。家人等苦告并无别寄，抚院只得把现在的题奏。” ❹犹“寄泊❶”。明杨寅秋《与子嘉祚》：“数家僮朝南夕北，或～舟中，或暂住城中。”王骥德《针线箱·张道士女为人窃去戏作》：“便宜了祝家庄孤孀嫂子，连累了侧水牌～舟师。恶姻缘闹动蒲东寺。”清《绿野仙踪》三一回：“而邹炎更是超众，其武勇与师尚诏一般。诸贼将家口～永城，全仗此人保守。” ❺犹“寄厝”。明徐霖《绣襦记》二三出：“我若死后，可买棺木盛了，～寺中。”清《二度梅》七回：“只因他触犯了卢相爷，将他斩在西郊外天地坛，棺柩～在相国寺。”

【寄放】 jì fàng ❶犹“寄存”。宋朱熹《答蔡季通书》：“不知他许多禅～甚处，临此等小小利害，便如此手足皆露也。”《元曲选·冤家债主》楔子：“下山来抄化了这十个银子，无处～。”《大清会典则例》卷三七：“有应正法者，即照例正法，其搜察宦囊家产及于～宗族亲党之处，应不必行矣。” ❷犹“寄泊❶”。明王守仁《琅琊山中》之一：“草堂～琅琊间，溪鹿岩僧且共闲。”郑若庸《玉玦记》一九出：“小生当初因与这烟花设誓，将山妻玉玦～此庙。”清《野叟曝言》四八回：“素臣把救出鹣鹣，～保定之事说知。成之喜道：‘吾兄真不愧昆仑、押衙！’” ❸犹“寄厝”。元明《水浒传》二二回：“尸首把棺木盛了，～寺院里。”清《红楼梦》一五回：“原来这铁槛寺原是宁荣二公当日修造，现今还是有香火地亩布施，以备京中老了人口，在此便宜～。”

【寄奉】 jì fèng ❶寄赠（尊长）。五代孙光宪《北梦琐言》卷一〇：“杜给事孺休典湖州，有染户家池生青莲花。刺史收莲子，归京种于池沼，或变为红莲，因异，驿致书问染工。曰：‘我家有三世治靛瓮，常以莲子浸于瓮底，俟经岁年然后种之。若以所种青莲花子为种，即为红矣。盖还本质，又何足怪。’乃以所浸莲子～之。”明赵䜣《寄原乡宗父兄书》：“兹有细葛各二端，谨欲～，以表万里鹅毛之意。”清《歧路灯》八六回：“往者侄以侥幸联捷，曾由都门～乡会朱卷四本，到今未获札诲。” ❷寄存供奉。明《禅真后史》三五回：“瞿琰唤翼儿取刀斧来劈开，荀氏拦定道：‘这是我师父～真经，怎敢擅行劈毁！’”

【寄父】 jì fù 义父；拜认的父亲。清《玉蜻蜓·追诉》：“我当闻那些人，说起我家当年的～，时常此地来游玩。”《镜花缘》三一回：“唐敖道：‘我因寄女说“珠汪”是个“庄”字；忽然想起上面“珠洼”二字，若以“珠汪”一例推去，岂非“挝”字么？’兰音点头道：‘～说的是。’”

【寄附】 jì fù ❶寄存；寄赠；寄送。唐李亨《御丹凤楼大赦制》：“其隐盗仓库，及偷劫逆贼家钱物，或受贼～，并与贼请料禄等，因此隐没者，并限敕到十日内，于所由陈首。”《唐会要》卷七九：“其出使朝廷边上，一物以上，并不得受领，却到京后，方镇亦不得辄～。”清《珍珠舶》一二回：“及至分镇吴淞，咫尺姑苏，莫能～一信。” ❷依托；依附。唐智昇《开元释教录》卷三：“显留三年，学梵书梵语，躬自书写。于是持经像，～商客到师子国。”宋岳珂《愧郯录》卷六：“其他夤缘请托，～姓名，平时不相谁何，足迹未尝一到，如闻市肆等辈，亦得滥厕其间。”《明史·广西土司传二》：“于府治设教授一员，量给廪生六名。其～太平府者，悉归本学。”

【寄附铺】 jì fù pù 寄卖店。唐蒋防《霍小玉传》：“往往私令侍婢潜卖箧中服玩之物，多托于西市～侯景先家货卖。”《说郛》卷一七引宋叶氏《爱日斋丛钞》:"今世所在市井有～,唐世已然矣。"

【寄籍】 jì jí ❶在原籍之外的地方登录户籍。有时特指冒籍,或指客居。唐李翱《唐故金紫光禄大夫徐公行状》:"公讳申,字维降,东海剡人,永泰元年～京兆府,举进士。"明汤显祖《牡丹亭》六出:"家世大唐年,～潮阳县。"清《平山冷燕》一三回:"原来有此一段缘故,或者为～改名,也未可知。" ❷暂时落籍。是名在乐籍的委婉说法。明顾大典《青衫记》一五出:"我女儿原～教坊。平白地干戈扰攘,飘蓬断梗知何向。"徐复祚《投梭记》一三出:"〔旦〕他是什么人家呢?〔生〕他～平康多美誉。" ❸挂名;寄名。明王世贞《地方水患恳乞天恩大赐蠲恤疏》:"严核京营行伍,务要实在沙汰锦衣诸卫～老弱。"清王士禛《池北偶谈》卷二五:"昔侍御与贫道为方外交,其公子方在襁褓,～释氏,为我弟子。"

【寄监】 jì jiān ❶临时监押。也指把犯人收入监牢。元明《水浒传》二七回:"且把武松同这婆子枷了,收在监内。一干平人～在门房里。"明张景《飞丸记》一九出:"日行到晚,便合随处～,明日再行。"清《聊斋志异·太原狱》:"人犯到,公略讯一过,～讫,便命隶人备砖石刀锥,质理听用。" ❷寄名或寄身在国子监。《明会典》卷七七:"(洪武)三十年,令再试～下第举人。中式者次其等第,除教授、教谕、训导。"清《国子监志》卷四五引《南雍志》:"纳粟监生年二十四岁以下者,自备柴米,～读书。"

【寄禁】 jì jìn 犹"寄监❶"。唐殷侑《请禁度支盐铁等官收系罪人奏》:"度支盐铁转运户部等使下职事及监察场栅官,悉得以公私罪人于州县狱～,或自致房收系,州县官吏不得闻知。"元王恽《乌台笔补牒呈》:"旧台中无狱,有须留问,～大理。"△清《七剑十三侠》一六一回:"所有眷口概行拿来,分别～,候奏明皇上定夺。"

【寄口】 jì kǒu 寄食;求得饮食。明徐元太《喻林》卷三七引《天禄阁外史辞受》:"乞人一日不得食,则饿死沟壑,是欲～而不可得也。"唐寅《与文徵明书》:"将春掇桑椹,秋拾橡实,餘者不迨,则～浮屠。"汤显祖《牡丹亭》一三出:"于今藏身荒圃,～髯奴。思之,思之,惶愧,惶愧。"

【寄库】 jì kù ❶生时焚冥币寄藏地府,以备死后享用。宋洪迈《夷坚志》支甲卷八:"(鄂渚王氏)好事佛,稍有积蓄则尽买纸钱入僧寺,如释教纳受生～钱。"明祁麟佳《错转轮》楔子:"俺有个表亲李二妈,～一千贯,着俺看守,借与你罢。"《西游记》四七回:"和尚家岂不知斋事?只有个预修～斋、预修填还斋,那里有个预修亡斋的?" ❷收入府库中保存。宋王之望《论造弓箭衣甲奏议》:"并脚钱之类,共只费十五万引,一月而办,送往军前。吴璘止令于河池～,至今支散未尽者尚多。"元明《三国志通俗演义》卷二〇:"某等俱各有罪,若蒙反受其赏,乃丞相赏罚不明也。且请～,候今冬赐与诸军未迟。"清《绿牡丹》一五回:"将赃物～,审定口供,再令失主来领。" ❸借指记录在案。元明《水浒传》二八回:"打了倒干净。我不要留这一顿～棒,寄下倒是钩肠债,几时得了!"

【寄留】 jì liú ❶犹"寄泊❶"。唐王度《古镜记》:"两月前,有一客携此婢从东来,时婢病甚,客便～。"宋洪迈《夷坚志》补卷二二:"今将还乡乞食,赶路不上,望许～一宿。"元明《水浒传》九二回:"除杨志患病,不能征进,～丹徒外,其餘将校,拨开两路。" ❷犹"寄存"。五代石敬瑭《招安魏府敕》:"应自去年七月十九日已前,有诸色商旅,或城内与城外,亲情相识,应是～诸色钱物羊马牛畜等,或经括率,或以没纳入官,或破罄尽,不计是何公私官员寄付,并不许更有论索。"元明《水浒传》三回:"只自收拾了些少碎银两,打拴一个包裹。餘者多的,尽数～在山寨。"明王慎中《李竹坡先生请祀乡贤呈文》:"监～之储于东郡,大袪宿蠹而千艘无淹。"

【寄名】 jì míng 儿童在道观或佛寺受一法名,做名义上的出家弟子。明《古今小说》卷三七:"黄员外说:'待周岁,送到上刹,～出家。'长老说:'最好。'"清魏之琇《续名医类案》卷四一:"其家信奉鲁湖黑神,此子～于神。"《姑妄言》五回:"华胄敬他如活佛一般,阖家都尊称他为大师傅。姚华胄就把祖官～与他做了徒弟。"

【寄母】 jì mǔ 干妈;拜认的母亲。清《镜花缘》四三回:"妹子当日若非寄父带来医治,久已性命不保。如此大德,岂敢相忘!今姐姐海外寻亲,妹子分应在家侍奉～,何须相托。"

【寄女】 jì nǚ 义女;结认的女儿。清《镜花缘》三一回:"今日大家糊里糊涂把字母学会,已算奇了;～同侄女并不习学,竟能听会,可谓奇而又奇。"

【寄榻】 jì tà 寄住;暂居。唐皮日休《题同官县壁》:"余行邑过此,偶无令长,遂～县宇。"明高濂《玉簪记》一二出:"～权消暑,行囊暂息肩。"清《聊斋志异·黄英》:"仆虽固贫,茅庐可以～。不嫌荒陋,无烦他适。"

【寄投】 jì tóu ❶投寄;寄送。唐殷文圭有《次韵九华杜先辈重阳～宛陵丞相》。宋梅尧臣《哀国子黄助教》:"去年来京师,满箧分～。半在吴楚间,半入赵卫郾。"清洪昇《长生殿》四九出:"鹤转瀛洲,信物携将远～。" ❷投宿。明袁宏道《游盘山记》:"其刹宇多不录,～者,曰千像、曰中盘、曰上方、曰塔院也。"

【寄下】 jì xià ❶寄存;寄放。宋朱熹《按唐仲友第四状》:"又据开茶店百姓蒋三乙状,首高宣教～纱一十匹。"《元曲选·冤家债主》楔子:"〔和尚云〕我是五台山僧人,抄化了十个银子。一向闻知长者好善,特来寄放你家,……〔正末云〕～不妨。"清《醒世姻缘传》一七回:"前日～的行李正苦没处相寻,如今顺带了回去罢。" ❷存储;存留。宋杨万里《十月四日同诸弟访三十二叔祖》:"何如～未尽瓢,留得早梅赏疏影。"明沈璟《义侠记》二四出:"〔外〕武松,怜你奔波潦倒,把杀威制棒权停了。〔生〕～时割肚牵肠,倒不若当时消缴。"清《锦香亭》七回:"权且～此头,借你的口,说与那安禄山知道。" ❸寄宿;寄留。《元曲选·黑旋风》楔子:"恰才那官人～的女人,平白地唱了一声,外边一个人也唱了一声,他两个私奔走了。"明《型世言》一回:"且方便寻个所在,～这兄弟,自己单身去看一看再处。"清《绿牡丹》三九回:"到了擂台,徐家的家人将牲口俱送观音阁～。" ❹邮寄;寄送。明方孝孺《与王修德书》:"先令兄进德,近为草得一传,颇自谓无愧辞望。界一纸～,当为书去嘉猷之。"清《野叟曝言》八六回:"现在靳监京饷,改从回家粮船上～,非此人不能取。" ❺拘留。清《绣戈袍》一三回:"我皇果然高见,不若我主暂将尚杰～天牢。"

【寄养】 jì yǎng 委托别人抚养或饲养。《通典》卷九〇:"今女子母携重适人,～他门。"明陆容《菽园杂记》卷四:"正统十四年,京师有警,乃选取以备军资,养于顺天府近京属县,谓之～骑操马。及京师无事,～之马不复散去,至今遂为故事。"清《东周列国志》一二回:"自为公子时,与其父庄公之妾名夷姜者私通,生下一子,～于民间。"

【寄足】 jì zú 立足;落脚。引申为存身。五代何光远《鉴诫录》卷八:"常投福泉寺僧房～。"明《徐霞客游记》卷一下:"予欲从西北别下宝冠,重岩积莽,莫可～。"清《赛花铃》六回:"只因被盗之后,骨肉分离,竟无～之地。"

【偈句】 jì jù 即"偈文"。唐智昇《开元释教录》卷一三下:"前经但纂～,不兼长行。今此后经兼说偈之由起。"宋晁迥《昭德新编》卷上:"谚曰：扬汤止沸，不如散薪。愚因拟之别为~曰：制心息虑，不如简缘。"清弘历《舣舟亭迭旧作韵》:"东坡喜逃禅，往往~警。"

【偈文】 jì wén　佛经中的颂词。一般音节整齐，便于诵记。偈，"偈佗"之省，梵语"颂"的音译。唐智昇《开元释教录》卷一三下:"比前~，此略不备；又前后~，互有增减。"明吴之鲸《武林梵志》卷一〇:"忽梦游宝所，大乘菩萨教之互跪作礼，口唱忏辞。觉而思之，乃普贤《净行品》~也。"清《红楼梦》一二〇回:"又从头的细细看了一遍，见后面~后又历叙了多少收缘结果的话头。"

【偈言】 jì yán　即"偈文"。《法苑珠林》卷五:"以如斯义，是故遍净得寿六十四劫。故彼毗昙说是~：七火次第过，然后一水灾。七七火七水，复七火后风。"元明《水浒传》五回:"智深跪下道：'洒家愿听~。'长老道：'遇林而起，遇山而富。遇水而兴，遇江而止。'"清《说岳全传》四五回:"那日上金山去问道悦和尚指迷，那和尚赠我~四句，谁知藏头诗，按着'老鹳河走'四个字在头上。"

【偈语】 jì yǔ　即"偈文"。宋觉范《林间录》卷上:"遂出世，住泐潭，有~甚多，今止记其三首。"《元曲选·东坡梦》一折:"外面来到一个主儿，不言姓名，道两句禅语，又叫做~：眉山一块铁，特地来相谒。"清《红楼复梦》二四回:"堂头已将云板击过三遍，内外和尚齐赴斋堂，高诵消斋~。"

【偈子】 jì zi　即"偈文"。《祖堂集》卷一八《仰山和尚》:"相公就沩山乞~，沩山云:'觌面相呈，犹是钝汉，岂况上于纸墨?'"明《金瓶梅词话》五一回:"打发两个姑子吃了些茶食儿，又听他唱佛曲儿，宣念~儿。"清查慎行《偶阅雪关酬和诗辄效其体》之一〇:"八万四千~，猛逢毒手多删。"

【鲫令】 jì lìng　"精"的反切语。宋宋祁《宋景文笔记》卷上:"凡人不慧者即曰不鲫溜，谓团曰突栾，谓精曰~。"明田汝成《西湖游览志餘》卷二五《梨园市语》:"以精为~。"

【鲫溜】 jì liū　"秀"的反切语。宋宋祁《宋景文笔记》卷上:"凡人不慧者即曰不~。"明田汝成《西湖游览志餘》卷二五《梨园市语》:"以秀为~。"

【鲫跳】 jì tiào　"俏"的反切语。明田汝成《西湖游览志餘》卷二五《梨园市语》:"以俏为~。"

【髻子】 jì zi　发髻。宋李清照《浣溪沙》:"~伤春慵更梳，晚风庭院落梅初。"元施惠《水仙子·赠姑苏朱阿娇会玉真李氏楼》:"合欢~楚云松，斗巧眉儿翠黛浓。"清《醒世姻缘传》五八回:"又把他头发取将开来，分为两股，打了两个~。"

jiā

【加二】 jiā èr　❶ 加二成。也指二成。宋司马光《上神宗应诏言朝政阙失》:"农民值丰岁，贱粜其所收之谷以输官，比常岁之价或三分减二，于斗斛之数或十分~，以求售于人。"明《禅真后史》四二回:"遍处措置，止凑得三百两银子，内中说合者~扣除。"清《醒世姻缘传》八二回:"你五钱，我一两，登时凑足了二十五两，倒还有几两多餘，被兵马勒了~的火耗，扯了个直帐。"　❷ 十足。清《红楼复梦》六二回:"他要说谎，偏又没有打听明白，真是个~的冒失鬼。"又六三回:"那王仁的老婆赶着平儿一口一声叫姑奶奶，~的奉承。"

【加紧】 jiā jǐn　❶ 愈加紧迫。《续资治通鉴长编》卷二六八:"今之来牒乃开端耳，已后次第必须相继遮逦，渐渐~理会。"清《歧路灯》六六回:"若是主户颓败，只得把相与二字暂行注销，索讨账目少不的而于此又~焉，只是怕将来或有闪损。"《绿牡丹》三四回:"我料今后嘉兴防护更是~，一时不可再往。"　❷ 抓紧；赶紧。清《荡寇志》七七回:"遂传令各营日日~操演，准备厮杀。"《绮楼重梦》二〇回:"~用功，这是终身福泽所关，不可大意。"❸ 加急。清陈端生《再生缘》八〇回:"这道圣旨一颁行，内阁中书钞写清。立时登刻颁天下，八百里文书~行。"《绮楼重梦》四一回:"今儿接到广东巡抚八百里~奏章。"

【加添】 jiā tiān　❶ 添加；增加。唐白居易《书事咏怀》:"日遭斋破用，春赖闰~。"《元曲选·陈州粜米》三折:"那厮每不依钦定，私自~，盗粜了仓米，干没了官钱。"清《绿野仙踪》四一回:"如玉见黎氏饮食~，心下大喜。"　❷ 额外加入或加上。明宋诩《竹屿山房杂部》卷一六:"如韭姜汁和面不敷，~新水。"高濂《遵生八笺》卷一三:"用明净朱砂一斤半，先取四两入水火阳城罐，打大火一日二夜，取出研细，又加四两，如此~。"清李玉《清忠谱》一二折:"歹东风疾吹一帆，狠舟师~几橹。"　❸ 指加添的东西。明冯惟敏《折桂令·刘谷有感》:"毒收头先要合封，狠催伸又讨~。"《二刻拍案惊奇》卷一六:"你父亲只管道便宜了他，勒措着文书不与他，意思还要他分外出些~。"　❹ 加上；而且。明《古今小说》卷二二:"唐氏正在吃醋，巴不得送他远远离身，却得此句言语，正合其意；~县宰之势，丞厅怎敢不从?"《醒世恒言》卷八:"那珠姨、玉郎都生得一般美貌，就如良玉碾成，白粉团就一般。~资性聪明，男善读书，女工针指。"

【枷板】 jiā bǎn　枷的板片。枷由两片枷板组成，各有半环状缺口，拼合后夹束人的颈项。明陈铎《朝天子·打谈》:"睁着眼说谎，号令在~上。"

【枷棒】 jiā bàng　❶ 枷和棍，两种刑具。唐张鷟《朝野佥载》卷二:"左右皆不见，唯弘称:'叩头，死罪!'如受~之声，夜半而卒。"《元曲选·黄粱梦》二折:"我则见飕飕的~摔，打的他纷纷的皮肉开。"　❷ 用枷和棍施刑。唐王梵志《沉沦三恶道》:"倒拽至厅前，~这身起。"　❸ 比喻敲诈手段。《元曲选·百花亭》一折:"既然解元要与妾身为伴，怎也推辞。但是俺娘拳手大，~重，只怕你当他不起。"

【枷柄】 jiā bǐng　犹"枷板"。唐灵辩《嘲道士李荣》:"柱枷异支策，擎枷非梋梧。闭口临~，真似滥吹竽。"

【枷杻】 jiā chǒu　❶ 颈枷和手杻(手铐)，两种刑具。《太平广记》卷一〇七引《报应记》:"为狱吏所掠，遂自诬服罪，将科断。到节帅厅，~自解。"明郑若庸《玉玦记》三二出:"都上了~，押去监了。"清周弘《道旁叹》:"县帖纷纷催乐输，大儿枵腹披~。"❷ 戴上枷杻。《唐律疏议》卷二九:"狱官令禁囚死罪~，妇人及流以下去杻。"

【枷打】 jiā dǎ　施以枷刑和杖刑。明《梼杌闲评》四回:"这起奴才既~过，就饶他罢。"清雍正三年正月二十六日高其倬奏文:"此不过如他处攻打冒籍之事，学臣王奕仁革顶~，已足蔽辜，无庸再惩。"《姑妄言》二〇回:"他们这几个穷百姓，能欠多少钱粮，就这样的~。"

【枷犯】 jiā fàn　被戴枷示众的犯人。《大清会典》卷八一:"刑部狱囚及各门~，每月满汉御史各一人稽察。"《蜃楼志》一七回:"好好的将两名~看管，倘若走脱，二罪俱发。"

【枷封】 jiā fēng　贴在枷板上注明枷刑缘由及期限的封条。清《野叟曝言》一八回:"知县吩咐，取一面重枷，判着'枷号三个月满日责四十板释放'的~，当下将计多枷号出去。"

【枷锢】 jiā gù　上枷囚禁。也指刑枷。宋赵抃《奏札乞放泗州酒坊钱》:“至有死亡逃窜者,州县~欠人骨肉,追及亲邻。”倪朴《拟上高宗皇帝书》:“杖责不辞于体,~不离于项。”

【枷号】 jiā hào ❶戴枷示众。一种刑罚。《元曲选·秋胡戏妻》四折:“你去与县官说知,着重责四十板,~三个月。”明何乔新《奏议集略》:“偷采银矿囚犯,初犯~三个月。”清《风流悟》一回:“明日还要打了~在贡院前示众。” ❷枷的型号,有长短、轻重之别。清《姑妄言》二〇回:“那屠四是窝家,受刑既多,~又大,家中并无一亲人照看,也死于枷内。”

【枷禁】 jiā jìn 犹“枷锢”。唐李漼《夏令推恩德音》:“~所施,在防奸蠹,举便欠负,未涉重条。”《敦煌变文校注》卷三《燕子赋(一)》:“果见论官理府,更被~不休。”清《平定准噶尔方略》续编卷二二:“若常人有似此者,定行永远~。”

【枷拷】 jiā kǎo 犹“枷打”。宋《三朝北盟会编》卷一五〇:“周节推以下官十餘员,尽被追摄~,不胜其苦。”

【枷栲】 jiā kǎo 同“枷拷”。宋李纲《乞正李宏擅杀马友典刑奏状》:“擅置刑狱,~州县官僚。”《续资治通鉴长编》卷二六四:“郑州~百姓,令贱卖产,以给军赏。”

【枷孔】 jiā kǒng 枷板上用来夹束人颈项的孔洞。清康熙二十年八月丁酉上谕:“今闻尔部~大小不一,板有厚薄。贿嘱者板薄而孔大,否则板厚而孔小。”

【枷窟】 jiā kū 即“枷孔”。元《三遂平妖传》一二回:“大尹见~里不见了和尚,却缚着一把苕帚。”

【枷扭】 jiā niǔ ❶即“枷杻❷”。《旧唐书·懿宗纪》:“贼初劫乌江县,雍令步奏官二人探知。雍犹不信,二人并被~。”明陈与郊《袁氏义犬》五出:“〔生〕叫鬼判一面幡幢宝盖引领卢綦,一面地狱中取狄灵庆赴审。〔綦上,净~跪伏科〕”徐元《八义记》四一出:“这老子庄上遭~,这一个埋尸首,这婆娘泪交流,也不知有甚冤仇?” ❷即“枷杻❶”。明张景《飞丸记》一九出:“去~,带去取收管回报。”又三一出:“都上了~,原差领了回批,带去南康府发落。”

【枷纽】 jiā niǔ ❶同“枷扭❶”。元胡祗遹《论仓粮》:“事发到官,~连岁,无追征者。”明《西游记》六二回:“贫僧昨晚到于天府,一进城门,就见十数个~之僧。”《西洋记》七四回:“弟子今后再不敢妆神做鬼,妄生是非。乞求赦除已往之愆,解脱这个~之罪罢。” ❷同“枷扭❷”。明朱鼎《玉镜台记》三二出:“犯人没钱的,~、铁镣、匣床不要苏他,日间不许他吃饭,夜间不许他在床上睡。”

【枷钮】 jiā niǔ 即“枷杻❶”。明孙柚《琴心记》三五出:“幸有狱官怜念,少弛~。”

【枷梢】 jiā shāo 刑枷离枷孔较远的一端。宋元《清平山堂话本·简帖和尚》:“山前行看着静山大王,道声与狱子,把枷稍一纽,~在上,道士头向下,拿起把荆子来,打得杀猪也似叫。”元刘壎《义犬传》:“卒入狱,命杰醉饱,起立,悬~于梁,囊沙置脑后,扼其气,遂死。”《元曲选·蝴蝶梦》二折:“似这般狠毒,又无处告诉,手扳定~叫声儿屈。”

【枷稍】 jiā shāo 同“枷梢”。《元曲选·曲江池》三折:“你实拿住风月所和奸罪名,检着这乐章集依法施行,常拚着~上长钉钉。”元明《水浒传》六九回:“挣脱了枷,只一~,把那小节级面上正着一下,打倒在地。”

【枷示】 jiā shì 犹“枷号❶”。宋陈著《劝粜榜》:“违者并差官封桩,官司自立价发泄,仍重断~,仍申台府。”明《韩湘子》六回:“待地方上送你到官,把你打上几十荆条,~几处市井,追了度牒,钉回原籍,这便是官休。”清《绮楼重梦》三四回:“把老尼姑发给本坊保正,押他在庵门口~半个月,满后勒令还俗。”

【枷条】 jiā tiáo 犹“枷封”。明《欢喜冤家》二二回:“少年田元上前一看,见~上写着‘枷号奸骗尼僧犯人一名黄金色’。”

【枷头】 jiā tóu 刑枷跟枷稍相对的另一端。唐陈长官《下狱有作》:“要使茧丝殚地力,愿将骨肉伴~。”元明《水浒传》六二回:“行出东门,董超、薛霸把衣包雨伞,都挂在卢员外~上。”

【枷系】 jiā xì 用枷束缚(躯体)。《文献通考》卷三三一:“复伺其同郡人来,亦~之。”明顾起元《说略》卷一七:“曰三木者,头、手、足~也。”

【枷匣】 jiā xiá 刑枷和柙床。两种刑具。参见“柙床”。五代郭威《命诸州恤刑诏》:“当令净扫狱房,洗刷~,知其饥渴,供与水浆。”

【枷项】 jiā xiàng 用枷束颈。一种刑罚。唐灵辩《嘲道士李荣》:“何不乘凫游帝里,翻被~入长安。”明汪廷讷《狮吼记》二二出:“旦囚首短衣,杻手~,哭上。”《醒世恒言》卷二四:“家产破用皆尽,犹有不足。~笞背,然后鬻卖子女以供官费。”

【枷械】 jiā xiè ❶犹“枷锢”。《法苑珠林》卷八八:“因呼恪弟,弟死已数年矣。既至,~甚艰。”明王守仁《太傅王文恪公传》:“瑾方威钳士类,按索微瑕,辄~之。” ❷指约束犯人的械具。五代郭威《虑囚敕》:“涤洗~,无令蚤虱。”

【枷讯】 jiā xùn 施以枷刑并审讯。宋王明清《挥麈后录》卷八:“述入境,良往迓之,就坐擒下~。”刘一止《乞令县丞兼治狱事札子》:“凡追呼~等事,丞先以禀令,然后得行。”

【枷眼】 jiā yǎn 即“枷孔”。清《歧路灯》五二回:“禁卒硬把两个学生的头塞入~。董公判了赌犯朱字,押令分枷四街。”《姑妄言》二〇回:“只枷了三五日,就呜呼哀哉,死于~之内。”

【枷责】 jiā zé 用枷刑责罚。明孙传庭《纠参婪赃刑官疏》:“视民命如草菅,~立毙。”清《儒林外史》五回:“这件事,你汤老爷也忒孟浪了些。不过~就罢了,何必将牛肉堆在枷上?”

【枷肘】 jiā zhǒu 犹“枷杻❶”。肘,肘杻。明屠隆《昙花记》二六出:“行到黑山,取生放~科,与外相见科。”《大清律例》卷四五:“土哨奸民附和苗人,伏草捉人,横加~,勒银取赎者,枷号两个月。”

【枷子】 jiā zi 连枷。一种用轴连在长柄上的片状农具,可转动拍击以脱粒。明《挂枝儿·磨子》:“又打稻~谜云:有道则见,无道则隐,瞻之在前,忽焉在后。”

【夹】 jiā ❶掺杂;混杂。宋岳珂《桯史》卷三:“适得旨,欲变钱法,烦公依旧~锡样铸一缗,将以进入。”《元曲选·盆儿鬼》四折:“又将我烧灰捣骨,~泥水捏做盆儿。”清《风流悟》六回:“听见一吓,又变了~惊伤寒,三四日一病而亡了。” ❷正对(某部位)。宋元《清平山堂话本·李翠莲》:“摸着一条面杖,将先生~腰两面杖。”《元曲选·气英布》一折:“等我来帮你,将那黥面的囚徒~领毛一把拿他见大王也。”清《万花楼》七回:“狄青伸手~胸抓住。” ❸同“连”“夹”“带”等搭配使用,表示连同。明《西游记》六三回:“手起处,钯头着重,把个龙子~脑连头,一钯筑了九个窟窿。”《禅真逸史》九回:“不村不郭,造一带瓦屋茅房;~旧夹新,排几处柜头案子。”清《醒世姻缘传》一九回:“提了一个柳条篮,里边二十多个雪白的大馍馍,一大碗~精带肥的白切肉。”

【夹板】 jiā bǎn ❶用于夹护固定的板片。元明《水浒传》九五回:“炮风正伤了董平左臂,回到寨里,就使枪不得,把~绑了臂膊。”清《红楼梦》六七回:“一面说,一面又见两个小厮搬进了两个~夹的大棕箱。”《歧路灯》二四回:“寻那两个时,淡如菊在破驮轿里边睡着,夏逢若在一架围屏~上仰天大吼。” ❷即“夹棍”。明李梅实《精忠旗》二〇出："你还不认罪，左右，将～伺候着。" ❸用来构成夹层的板片或这样的夹层。清雍正十一年三月二十五日李如柏奏文："孰意尚有瞀不畏法之徒，于载货车厢重用～，暗藏火药铅子并铅，希图夹带出口。"《红楼复梦》四〇回："我这炕背后～墙里，还有老太太留下的十七万银子。" ❹称用夹板构成的物品。a) 一种内藏夹层用于作弊的骰子名目。明《醋葫芦》一一回："眼挫里换下一付药色，也不知是甚么大小面，～、吊角、钻铅、灌水之类，加之钳红坐绿，在张煊那一些儿不会?"b) 用夹板封固的奏本。明杨寅秋《绥交上三院揭帖》："登庸乃震怖请死，黎维潭首事，即具～申款。"清《平定台湾纪略》卷五〇："本日福康安递到六百里加紧～一副。"c) 夹板船(一种用两层板建造的航海船)。清黄叔璥《台海使槎录》卷四："侦知夷䑸，分泊彭湖，设计勒捕。焚～一只，擒酋七名。"d) 一种人造沉香。清吴绮《岭南风物记》："海南别有一本，其质坚纫，略带酸香。土人截成方片，用铁条炽热，沃以香水，名为～。"

【夹帮】 jiā bāng ❶即"夹棍"。《宋史·刑法志二》："或断薪为杖，掊击手足，名曰掉柴；或木索并施夹两脰，名曰～。" ❷从旁帮助。明《型世言》二二回："那官儿雷也似大吼一声，一手持刀，一手持桌脚，赶将出来，道：'避我者生，当我者死!'那校尉也挺着刀，～着。"清陈端生《再生缘》六六回："猜不到，太后宫中两～，狂药三杯吞下去，只落得，一朝沉醉露行藏。"

【夹棒】 jiā bàng ❶一种缀有旄节或索链的棍棒，用作仪仗或兵器。元明《水浒传》四四回："监司出入，皂花藤杖挂宣牌；帅府行军，～黄旗书令字。"明郑若曾《江南经略》卷八上："使杂器之家凡十：曰铁鞭，曰～，曰单手燥铁链子。" ❷即"夹棍"。明《梼杌闲评》二三回："你二人语言不对，其为奸细无疑，取～上来!"清李渔《怜香伴》二九出："还不直招! 取～过来。"《二度梅》二七回："军门道：'好个会挨刑的狗才。'又向着衙役问道：'～可收紧了吗?'那执刑的说道：'已收足了。'"

【夹壁】 jiā bì ❶内有夹层的墙壁。宋《朱子语类》卷一二七："宦官者逃在人家～中底，也一齐捉出来。"元明《三国志通俗演义》卷一四："伏后情知事发，便于殿后椒房门内～中藏之。" ❷用笆片涂泥建成的墙壁。明《禅真逸史》二二回："摆几张半旧半新椅凳，铺两处不齐不整座头。～尽是芦柴，墙屋何曾砖瓦?" ❸隔壁。明《山歌·妻》："绝标致个家婆捉来弗直钱，再搭东～个喇达婆娘做一连。"《石点头》卷一〇："王从事的下处紧～也是一个妓家，那妓家姓刘名赛。"

【夹布子】 jiā bù zi 月经布。清《醒世姻缘传》一一回："把那白绫帐子拿下来，我待做～使哩!"又："我希罕你使白绫做帐子! 叫人气不过，要拿下来做～!"

【夹层】 jiā céng 双层的片状物品，中空或夹着别的东西。也比喻掺杂其他内容或喻指中间环节。清《平定两金川方略》卷一二五："贼人修有～木城，其～之内填以土石。"《说岳全传》三七回："做书的一枝笔，写不得两行字；一张口，说不出～话。"《姑妄言》二〇回："我替他们还了银子，你给他们个执照，不要把我的这项钱弄在～里去。"

【夹插】 jiā chā 夹杂插入。宋《朱子语类》卷一二六："今则文字极多，大概都是后来中国人以庄、列说自文～其间，都没理会了。"

【夹衩】 jiā chà 比喻岔开话题。衩，衣服下摆开口。金《董解元西厢记》卷三："夫人可来～，刚强与张生说话。"《花草萃编》卷四引佚名《缕缕金》："这几日言语～，只推道，娘的控把。"

【夹炒】 jiā chǎo 掺和；搅和。清《麟儿报》八回："若是贝家行聘不约定是今日，还好慢慢商量，却又恰恰正是今日。两下～，却怎生区处?"《玉支矶》一八回："今不期管侍郎还没有消息，早添出个长孙榜眼来～。"

【夹持】 jiā chí ❶从两边或四面夹住以扶持或加固、保护。唐柳宗元《河间传》："河间号且泣。婢～之，或谕以利，或骂且笑之。"宋胡大初《画帘绪论》："其库壁须用板～，十分坚固。"明唐顺之《武编》前集卷六："敌来冲突，一夫推之，而前四卒各执刀枪以～之。"清《女仙外史》二二回："而尸转辗向外，终不向内，数十人各用铁棒四面～之，尸才面北。" ❷辅佐；互相支持协助。宋《景定建康志》卷三八："士皆新募，挽弓蹶弩，鲜能应格。遂遴选江淮精兵，发下各屯，～训习。"明郑若曾《苏松水陆守御论》："又于其中添置游兵把总二员，分驻竹箔、营前二沙，往来会哨，所以巡视海洋而警报港口也。内外～，水陆兼备。" ❸约束。清李光地《榕村语录》卷五："即如教小学生，先要使他欢喜去读书，不要使他拘囚困苦，这是'劳之来之'。他如何能一律驯谨? 万一有走作，只得～起来，便是'匡之直之'。"

【夹打】 jiā dǎ 施以夹棍和杖刑。明王樵《戊申笔记》："怒临淮侯，则拿其仆从，非刑～。"《二刻拍案惊奇》卷一五："贼首是顽皮赖肉，那里放在心上? 任你～，只供称是因见江溶殷实。"清李玉《清忠谱》一五折："只恨倪文焕、许显纯两贼不容分辨，一味严刑～。"

【夹带】 jiā dài ❶私自夹藏携带。宋范仲淹《论元昊请和不可许者三》："今既为强敌之虏，稔祸未已，必窥伺国家及～亡命入蕃。"《元曲选·赵氏孤儿》一折："这箱儿里面是什么物件?〔程婴云〕都是生药。〔正末云〕可有什么～?〔程婴云〕并无～。"清《春柳莺》三回："却说花婆别过石生，手提花篮，～诗笺，竟往毕小姐先春园来。" ❷夹杂；混杂。宋宋祁《又论京东西淮北州军民间养马法》："所养马不得～川蜀淮马至小怯者充数。"元明《水浒传》八一回："梁山泊诸色人等，恐有～入城。因此着仰各门，但有外乡客人出入，好生盘诘。"明徐渭《四声猿·翠乡梦》一出："闻得他年少多才，象似个担当的气魄；但恐金沙未汰，不免～些泥滓。" ❸特指考试时暗中携带与试题有关的资料。明汤显祖《牡丹亭》五二出："则这陈秀才～一篇海贼文字，到中得快。"《型世言》一六回："道中考试，又没有如今做活切头、代考、买通场传递、～的弊病，里边做文字都是硬砍实凿，没处躲闪。"《大清律例》卷四五："举监人等应试，其夫匠等受财代替～传递，及不举察捉拿者(边外为民)。" ❹携带。清《飞龙全传》五〇回："原来史魁带来的军士，每人身旁多～着粮米。"

【夹袋】 jiā dài 可夹藏于身上的口袋。宋洪迈《夷坚志》乙卷三："颜索水银十两，置釜中，取～内红粉末，刀圭糁其上。"清《十二楼·归正楼》二回："笔客就向～之中取出一个经折，凡是买笔的主顾，都开列姓名。"

【夹单】 jiā dān ❶附在正式奏章内专言某事的帖子。《大清会典》卷八一："上裁不得一衙门为一议，及用～申明前议，指驳后议。"△《官场现形记》二一回："另外又附一张～，是求藩台替他斡旋那戒烟善会的事情。" ❷夹在婴儿腿间承接屎尿的布片。清陈端生《再生缘》七七回："龙袍蟒箭俱双件，刻丝顾绣押洋金。～尿片俱绫缎，抱裙褓褓锦裁成。"

【夹缝】 jiā fèng 物体中间的狭窄空隙。明《徐霞客游记》卷四上："左转一罅，西裂最深，直自崖巅及麓底。扳～仅可胁肩上。"清《绿野仙踪》一六回："方才向石床上一坐，只见对面山上～内，陡然走出两个大汉。"

【夹杠】 jiā gàng 即"夹棍"。明佚名《诏狱惨言》："是日诸君子各打四十棍，拶敲一百，～五十。”清《醒世姻缘传》二〇回：“止带了两个首恶到了县堂，每人四十大板，一～。”

【夹棍】 jiā gùn 一种刑具，二短木棍，用绳索收紧夹人小腿或脚踝部。明杨继盛《自著年谱》：“问官云：‘若此，岂敢回本。’又敲五十二敲，夹一～。”《二刻拍案惊奇》卷一五：“取～来，把贼首夹起。”清李玉《清忠谱》五折：“他又极口叫冤，当不起又夹一～，加上二百穿梭。”

【夹活】 jiā huó 趁活着。明《西游记》二五回：“大仙道：‘把唐三藏、猪八戒、沙和尚都使布裹了！’众仙一齐上前裹了。行者笑道：‘好，好，好！～儿就大殓了！’”又六七回：“见鸡鹅囫囵咽，遇男女～吞。”

【夹和】 jiā huo ❶掺和；掺杂。宋杨士瀛《仁斋直指》卷四：“以不换金正气散送下，仍～白圆子佐之。”元陶宗仪《辍耕录》卷二九：“至魏晋时，始有墨丸，乃漆烟松煤～为之。”清何焯《义门读书记》卷三一：“况又非律非经，～在此，亦错杂无序。” ❷掺杂不纯。清《何典》一回：“侧首坐着几个歪嘴和尚，把棒槌敲着木鱼，正在那里念那～金刚经。”

【夹间】 jiā jiān ❶把……夹在中间。元《三国志平话》卷下：“却说骑马～，曹公用鞍鞊遮其首，顺流而下。”又：“吕蒙班军复回，军师引军后赶。两壁有马超、关平～。” ❷之间。元《三国志平话》卷下：“听的贼人巧说，今困皇叔绵、汉～。”明《徐霞客游记》卷五下：“平坝在东西两山～，而城倚西山麓。”△清《儿女英雄传》三七回：“嘴里再偶然有些倒不过来的东西，溃在牙床子、嘴唇子的两～儿。”

【夹剪】 jiā jiǎn ❶用剪刀剪。明田汝成《西湖游览志餘》卷二五《梨园市语》：“白手骗人谓之打清水网，～衫袖以掏财物谓之剪绺。” ❷剪切金银或铁器的剪刀状工具，柄较长而刃较短。清《飞龙全传》七回：“棚内放着一只银柜，柜上摆着那些天平、戥子、算盘、～等物。”《绿牡丹》二三回：“一个人肩扛一个大铜算盘，一个人手拿二尺餘长一把琵琶戥子，两个人同抬一把六十斤的铁～。”

【夹拉】 jiā la （用臂）夹。拉，词尾。清《醒世姻缘传》九二回：“我记的往你家来时，衣裳穿不了，青表蓝里梭布夹袄，蓝梭布裤，接去的媳妇子还～着来了。”

【夹脑】 jiā nǎo 即“夹脑风”。《元曲选·举案齐眉》一折：“老孟是个真～，酒不醉来食不饱。”明佚名《拔宅飞升》一折：“人说你～，果然有些儿。”

【夹脑风】 jiā nǎo fēng 一种风邪侵入人脑的疾病。喻指人痴傻、做事不合常理。宋《太平惠民和剂局方》卷一：“（龙脑天麻煎）暗风、～、偏正头疼，并皆治之。”明《金瓶梅词话》八六回：“还要旧时原价？就是清水，这碗里倾倒那碗内，也抛撒些儿。原来这等～。”清《荡寇志》八四回：“爹爹好道有些～。既同他厮并，却又不许杀他，还同他讲仁义哩！”

【夹片】 jiā piàn 即“夹单❶”。清《国子监志》卷二九：“凡本监题奏各事，随时详识。岁终将一年所有奏折～，呈堂上官查核。”袁枚《续子不语》卷六：“按察使秦公与抚台某伤其子之孝，狱奏时为加～序其情节。”《歧路灯》一〇四回：“到任之后，上了一本，说：‘浙人柔脆，不任战事，请假臣以事权，诛赏得以便宜行事。’又～奏：‘浙人徐海，潜居日本。’”

【夹墙】 jiā qiáng ❶中间夹有通道的两座墙壁。宋袁寀《世范》卷下：“善虑事者，居于城郭，无甚隙地，亦为～，使逻者往来其间。”清《红楼复梦》二六回：“别叫大爷到后院里去。瞧见走到～门口就赶紧止住着。” ❷筑有夹层用于隐藏的墙壁。明《禅真后史》三九回：“即将印家～拆倒，取出孩子们尸骸，埋葬已毕。”清《剿捕临清逆匪纪略》卷一〇：“凡～、套屋、地窨、地沟，无不拆看挖掘。”《情梦柝》一〇回：“我房里楼梯边～板内，有扁匣一只。”

【夹生】 jiā shēng ❶犹“夹活”。明《西游记》七七回：“师父被妖精等不得蒸，就～儿吃了！”《韩湘子》二九回：“韩清初然间怕他～儿吃了下去，惊得木呆。”清《荡寇志》九八回：“林冲见了衙内，眼睁睁看了半晌，却没摆布处，恨不得～的碎嚼了他。” ❷未加工透；半生半熟。宋晁季一《墨经》：“剔除去毛，以水浸，去尘污。浸不可太软，当须有性，谓之～。”明《西游记》七七回：“再烧起火，弄得我两边俱熟，中间不～了？” ❸比喻不尽熟练。清《红楼梦》七三回：“至上本《孟子》，就有一半是～的，若凭空提一句，断不能接背的。”

【夹食】 jiā shí 积食。宋王衮《博济方》卷三：“～、伤食，白汤下亦得。黏食不消成气块，即用煮面汤下。”明胡世宁《保养圣躬疏》：“初发一二日宜表汗，三四日宜和解，或有～当兼消导者。”

【夹细】 jiā xì ❶仔细；详细。宋《朱子语类》卷三六：“后人求之太深，说得忒～了。”《建炎以来繫年要录》卷六二：“除曾任侍从外，每员具～脚色家状。”《续资治通鉴长编》卷一一三：“又诸州科纳，止令县具单帐供州，不得令逐乡造～帐，以致烦扰。” ❷吝啬；小气。明陈铎《耍孩儿·嘲人盖屋》：“异样的忒～，一斤肉也秤个轻重，一文钱也讨个便宜。”薛论道《桂枝香·悭吝》：“锱铢毫末，一针不挫。虽有些～名声，却无那奢华罪过。”佚名《粉蝶儿·悭吝》：“官人是～哥，娘子唤乞瞍婆。”

【夹厢】 jiā xiāng 厢房。清雍正十三年《浙江通志》卷三〇：“絜矩堂之北为正楼五间，平房五间，左右～。”《缀白裘》初集卷四《寻亲记》：“老客人，有个～拉乱，住子一夜罢。”

【夹叙】 jiā xù 插入叙述其他相关话题。清方苞《四书文》卷二《管仲之器小哉》评语：“高古跳脱。其～夹断，使题之层折无不清出。”《歧路灯》四一回：“看官试想，程嵩淑这几位来，与惠养民有何商量？原来祥符县出了一宗彝伦馨香的事体，～一番。”

【夹讯】 jiā xùn 夹打审讯。清《石峰堡纪略》卷一七：“本州来家踏勘，见了地窖，就～女婿王舍。”《红楼梦》一一二回：“现在～，要在他身上要这一伙贼呢。”《绿野仙踪》二二回：“此事王法天理两不相容，只求老爷将金不换、尹鹅头等严行～。”

【夹杂】 jiā zá 掺杂；混杂。唐冯贽《云仙杂记》卷八：“曲江春游之家，以脂粉作红餤，竿上成双挑挂，～画带，前引车马。”宋《朱子语类》卷六九：“不可道这里却～些阴柔，所以却说纯粹精。”清《镜花缘》三一回：“若说屁与学问～就算亵渎，只怕还不止俺一人哩。”

【夹帐】 jiā zhàng 虚账；花账。参见“打夹账”。明《金瓶梅词话》六二回：“背地里和印经家打了一两银子～。”清《醒世姻缘传》五三回：“那一年托他煮粥籴米，赈济贫人，他没有一毫欺瞒～。”

【夹壮】 jiā zhuàng 粗壮。元明《水浒传》七三回：“第二个～身材，短须大眼。”清《缀白裘》一〇集卷二《绣襦记》：“我驮你家来，养得你肥肥胖胖，夹夹壮壮。”

【夹子】 jiā zi ❶一种夹馅的面食。宋苏轼《与程正辅提刑书》：“铁炉爜可作时罗～者，亦告为致一副中样者。”范镇《东斋记事》逸文：“一日，陈方食～，忽就楪失之。已而，乃见在莱公祠外土偶手中。”明朱橚《普济方》卷八一：“右为末，以羊肝一具，竹刀批，掺药半匀，用面作～。每食后吞一服。” ❷夹取或夹固用的工具。宋佚名《银海精微》卷下：“夹时先审转看上下胞睑，有瘀血处可剃，至平血尽方止，方可夹上～。” ❸指蟹螯。清《红楼梦》

三八回："黛玉独不敢多吃，只吃了一点儿～肉就下来了。"

【家报】 jiā bào 家信。宋张耒《公麟》之三："官书便夜读，～索亲题。"明马光《两粤梦游记》："值瞿使从家乡来，附有～，知先慈已于春间二月弃世。"清李渔《蜃中楼》一八出："奴家还有一封～，你可差个的当的差役，投到洞庭龙宫。"

【家边】 jiā biān ❶家里；家中。宋周紫芝《谢王侍郎寄东仓祖送图》："锦轴牙签浑未识，忽随双鲤到～。"明《二刻拍案惊奇》卷二二："借打猎为名，迂道到彼～，极意酒食款待。"清《歧路灯》九九回："家伯春秋已高，举动需人，～内里不和，诸事我心里萦记。" ❷指邻家。宋吴曾《能改斋漫录》卷一八："有村人失牛，卜之。曰：'所占失牛，已被～载上州。欲知贼姓一斤求，欲知贼名十干头。'乃邻人邱甲尔。"

【家常】 jiā cháng ❶平日居家；平常家用。唐孙思邈《备急千金要方》卷三六："脂当下沉，取一斤，酿米一石，水七斗，好曲末二斗，如～酿酒法，仍冷下饭，封一百日。"宋陶穀《清异录》卷上："腽肭脐不可常得。野雀久食，积功固亦峻紧，盖～腽肭脐也。"清洪昇《四婵娟·管仲姬》："半臂着羊肝，只这～打扮。" ❷跟平日居家生活相关的，如家常饭、家常情况等。《敦煌变文校注》卷三《燕子赋(一)》："使人远来冲热，且向窟里逐凉。卒客无卒主人，暂坐撩治～。"明《西游记》四八回："三藏见品物丰盛，再四不安道：'既蒙见留，只可以～相待。'"清袁枚《子不语》卷五："邀至其家，谈～，讯亲故近状。" ❸僧人化缘的用语。《敦煌变文校注》卷四《难陁出家缘起变文》："世尊直到难陁门前，道三两声'～'。"五代齐己《寄山中叟》："应笑晨持一盂苦，腥膻市里叫'～'。"《景德传灯录》卷一九《漳州保福院从展禅师》："师见僧吃饭，乃托钵曰：'～。'" ❹指正常的家庭日用生活或过上这样的生活。宋元《警世通言》卷四："逍遥快乐是便宜，到老方知滋味别。粗衣淡饭足～，养得浮生一世拙。"金王玠《沁园春·樵》："这日用～，随缘随分，今朝明日，自有新条。"明王衡《真傀儡》："致仕多年，家业有无若何？〔末〕臣有！臣有！只今日茶饭～，仰仗恩光。" ❺普通；寻常。也指跟普通人一样。明汤显祖《邯郸记》二七出："我只道是～雅乐，原来教坊之女。咱人不可近他。"徐畛《杀狗记》七出："人家雄鸡报晓，～之事。雌鸡乱啼，有甚吉祥？"清《歧路灯》三三回："谭相公虽是主户人家，极～，极和气，你不要作怪。"

【家丑】 jiā chǒu 家中不体面的事。宋方岳《与族人》："宗盟不可内叛，～不可外扬。"明沈璟《义侠记》八出："〔生〕这回～堪羞杀！〔小旦背介〕自恨当初错认他！"清《醒世姻缘传》五六回："狄员外惟恐～外扬，千万只有一个独子，屈心忍耐。"

【家慈】 jiā cí 称自己的母亲。明陈汝元《红莲债》三折："～怀我时，梦一瞽目和尚走入房中。"清《聊斋志异·黄九郎》："～在外祖家，常多病，故数省之。"

【家当】 jiā dàng ❶家产。《元曲选·罗李郎》三折："我舍了半个～，好歹搭救你。"元明《水浒传》五三回："若还不肯出来，放一把鸟火，把你～都烧做白地。"清《醒世姻缘传》五三回："这晁近仁的～，您待分与不分，嗣过与不过，我从此不管。" ❷家境；家庭的社会地位及经济状况等。明《二刻拍案惊奇》卷六："金家父母见说了，惭愧不敢当，回复媒妈家：'我家甚么～，敢去扳他？'"清《红楼梦》七九回："贾赦见是世交之孙，且人品～都相称合，遂青目择为东床娇婿。"

【家第】 jiā dì ❶家宅；府第。唐至咸《河南府押衙张府君夫人樊氏墓志铭》："以贞元廿年四月十日，终于～，享年五十。"清《聊斋志异·阎王》："问：'此谁～？'云：'人自知之。'" ❷门第；家庭的社会地位及经济状况等。《太平广记》卷二八一引《河东记》："儿有在城何亲故，并抄名姓，并具～。"清《红楼梦》一〇回："昨因冯大爷示知，大人～谦恭下士，又承呼唤，敢不奉命。"《歧路灯》八七回："品格风度，竟是大家儿女，略问了些～，出下题目《吾与点也》。"

【家丁】 jiā dīng ❶家中奴仆。宋范成大《桂海虞衡志序》："又以攻剽山獠及博买嫁娶所得生口，男女相配，给田使耕，教以武技，世世隶属，谓之家奴，亦曰～。"明汤显祖《牡丹亭》五出："陈斋长在此清叙，着门役散回，～伺候。〔众应下，净扮家童上〕"清《红楼梦》五九回："王夫人在后，亦坐一乘驮轿；贾珍骑马，率领众～围护。" ❷私家豢养的兵丁、打手。明孙仁孺《东郭记》三六出："昨移下文书章子军中，教他先驱诱敌，俺以练下～，各持木棍竹竿，从旁杀入。"沈璟《义侠记》二二出："施恩是我姓和名，我父中城做管营。快活林中称地虎，安平寨内养～。" ❸家族按规定名额出资供养的戍边军卒。明《拍案惊奇》卷一四："守宗在卫，要人到祖籍讨这一项钱粮。有个～叫做杨化，就是蓟镇人。他心性最梗直，多曾到即墨县走过遭把的，守宗就差他前来。"

【家法】 jiā fǎ 家长责打子女、奴婢的用具。明汤显祖《牡丹亭》七出："则问你几丝儿头发，几条背花？敢也怕些些夫人堂上那些～。"清《荡寇志》八二回："刘母连叫：'取～来！'刘夫人只得捧过戒尺来。"

【家府】 jiā fǔ 称自己的父亲。宋《朱子语类》卷九〇："今人又谓父为～。"晁说之《送斯立人京》："莱衣娟～，芳樽延国士。"元王恽《忍箴》："～维训，挺挺而全。谓予平生，半在官联。万变前陈，履薄临渊。"按，后世多称作"家府君"。

【家花】 jiā huā 喻指妻子。清《霓裳续谱·劝友》："无奈野花偏有味，～怎比野花鲜，妙趣不可言。"《绮楼重梦》一回："有了～，也要有些野草助兴。"

【家怀】 jiā huái 平易亲切；容易亲近。宋张任国《柳梢青》："旧店新开，熟事孩儿，～老子，毕竟招财。"明《西游记》一八回："那高老道：'这小长老倒也～。'行者道：'你若肯留我住得半年，还～哩。'"清《醒世姻缘传》七五回："李奶奶约有二十六七年纪，好不～，就出来合狄周答话，一团和气。"

【家活】 jiā huó ❶家产；家业。宋《二程遗书》卷二下："今人于家里有多少～屋舍，被人问着，已不能知。"元曾瑞《端正好·自序》："时不遇也恁么，且耕种置个～。"《元曲选·忍字记》四折："谁想这脱空禅客僧瞒过，干丢了铜斗儿～。" ❷同"家火❷"。宋郑刚中《答张子韶》："前日于家旁益，树桑种果，浚池粪田，作老农～。"《宋史·林大中传》："朕不惮屈己为民讲和，之后亦欲与卿等革侂胄弊政，作～耳。"元刘庭信《折桂令·忆别》："好时光谁曾受用？穷～逐日绷拽。" ❸同"家火❸"。宋陆游《食荠》之三："风炉歙钵穷～，妙诀何曾肯授人。"《元曲选外编·破窑记》二折："要他女儿家去，他不肯去也，将我～都打碎了。"明《金瓶梅词话》七回："房儿我没带去，都留与小叔。～等件，分毫不动。" ❹同"家火❹"。《五灯会元》卷三《百丈怀海禅师》："岩曰：'因甚么不教伊自作？'师曰：'他无～。'"元薛昂夫《端正好·高隐》："秃厮姑紧紧的将绵花纺，村伴姐慌将麻线搓，一弄儿农器～。"明《金瓶梅词话》五二回："小周儿在后面桌上铺下梳篦～，与他篦头栉发。"

【家火】 jiā huǒ ❶指家庭日常伙食费用或日用花销。宋元《清平山堂话本·错认尸》："放心不下，因此叫洪大工去与周氏说：'且搬回家，省得两边～。'"明《醒世恒言》卷一："我教当直的每日另买一分肉菜供给他两口，不要在～中算帐，省得夺了你的口食。"罗洪先《明故中宪大夫欧阳公墓志铭》："减月例～以宽农，核武官职田以代俸。" ❷泛指生计、生活。宋刘克庄《与游丞相书》："今冬男冠女笄，～浸迫，环堵萧然。"元《三遂平妖传》一一回："只因～相逼，适间言语不到处，望看官们恕罪则个！"明杨廷和《一枝花·盆池四榴连蒂志喜》："把教儿孙充了国课，把读诗书做了～。" ❸家庭生活用品；日用器物。元佚名《柳营曲·风月担》："倒施计搬尽他～，后来卑田院乞化为活。"明周是修《保国直言》上篇："见好王城宫殿，一应～。便想着：这是朝廷起造，这般整齐，着我来受用。"清《风流悟》六回："常氏不待家主开口，即将自己首饰～连夜变卖，清完零星。" ❹工具；用具。元明《水浒传》五四回："李逵看他屋时，都是铁砧、铁槌、火炉、钳凿～，寻思道：这人必是个打铁匠人。"明刘麟《应诏陈言疏》："或令查奏未备，如造酒～、掠马索麻之类，许令临事称停。"王錂《春芜记》二一出："想那王小四的吃饭～割了去，怎么好？" ❺兵器；武器。明沈采《千金记》一〇出："小人请问爷爷使什么～？〔外〕使刀。"《封神演义》三六回："风林是短～，攻不进长枪去。"清《后西游记》三二回："想你是个螃蟹变的，但他们的～，又光又圆又滑，所以被你夹去。" ❻产品。《元曲选·盆儿鬼》二折："呀，一窑的～都走的无了也，则剩下一个盆儿。"

【家伙】 jiā huǒ ❶同"家火❶"。明《型世言》七回："况且管库时是个好缺，与人争夺，官已贴肉掜；还要外边讨个分上，遮饰耳目；兼之两边～。" ❷同"家火❷"。明佚名《精忠记》一〇出："家住塞北号沙沱，住坐。牛羊马匹是～，且过。"《型世言》一五回："如今要做个家主婆腔，却不知～艰难，乱使乱用。" ❸同"家火❸"。明《醒世恒言》卷三："秦重一闻此言，即日收拾了～，搬回十老家里。"清于成龙《严禁轻生谕》："指尸讹诈，纠众毁人房屋，碎人～，抢人衣货。"《霓裳续谱·独占》："明日先将白银三百拿去，准备房屋，置办～。" ❹同"家火❹"。明高濂《遵生八笺》卷一三："用净绵布滤过入瓶，凡～俱要洁净。"清李玉《清忠谱》二二折："付、小生、老旦扮农夫，掮锄头～上。"陆陇其《时务条陈六款》："心红纸张、修宅～，此州县所必不能免者也。" ❺同"家火❺"。明佚名《精忠记》七出："那人娘的换了～了。〔末〕换了甚么兵器？"《西洋记》二〇回："老猴道：'你这一付～，是那里得来的？'李海从直说道：'不是个铁枪，就是你这山上的苦竹。'"清《万花楼》三〇回："不容你不送。你若不送此马，我手中～强蛮了。" ❻隐指性器。明吕天成《齐东绝倒》三出："况且我哥哥，又不是好这把刀的，～也不十分弄坏。我老象也不是十分要处子的，将就用得。"清《醒世姻缘传》四五回："狄周媳妇笑说：'你该叫着个拘盆钉碗的来才好。'薛三省媳妇笑说：'怎么？姐姐的～没的破了？'"

【家鸡】 jiā jī 喻指妻子。宋黄庭坚《戏书少游壁》："莫愁野雉疏～，但愿主人印累累。"明汤显祖《紫钗记》三九出："知他，厌了～挑凤，背了鸳鸯打鸭。"清《风流悟》六回："一个是舍了缘砖抛黄金，一个是撇了～偷野食。"

【家计】 jiā jì ❶家产；家财。五代陈裕《咏浑家乐》之二："北郡南州处处过，平生～一驴驮。"宋《朱子全书》卷三："如人一家中，合有许多～，也须常点认过。"清《珍珠舶》三回："冯氏亦追悔前事，勤苦帮助。不上三年，仍挣了数百金～。" ❷自家的安排、筹划。宋《二程遗书》卷七："兵阵须先立定～，然后以游骑旋旋量力分外而与敌人合。"《朱子语类》卷一〇三："孟子曰：'学问之道无他，求其放心而已矣。'须如此做～。"佚名《张协状元》二〇出："妇人爱酒贪欢喜，终久后又成何济？想起，这妇人害了我～。" ❸指家庭生活或婚配。宋朱敦儒《洞仙歌》："问先生有甚，阴德神丹，霜雪里、鹤在青松相似。总无奇异处，只是天然，冷淡寻常旧～。"元关汉卿《古调石榴花·怨别》："当初指望成～，谁想琼簪碎；当初指望无抛弃，谁想银瓶坠。"《元曲选外编·千里独行》一折："骤征騑，寻～，插翅走如飞。"明冯惟敏《僧尼共犯》四折："热突突暖被窝，两口儿喜孜孜成～。" ❹朋友。《元曲选·曲江池》四折："你可认的那旧～郑元和？〔末见科，云〕夫人，他是谁那？〔正旦唱〕他是你同伴的老哥哥。"

【家甲】 jiā jiǎ ❶私人武装。清《东周列国志》一一回："带勇士十餘人，暗藏利刃跟随，再命公子阏率～百餘，郊外接应防变。"又二〇回："寝处宫中，三日不出。～数百，环列宫外。" ❷犹言里甲。以十家为一甲，互相连保。清蓝鼎元《东征集》卷三："至各处乡民欲入深山采取树木，或令～邻右互结，给与腰牌。"蔡世远《安溪县训导季父君晦府君墓志铭》："奉委点～，却陋例。至村乡，则聚父老子弟，与言慈孝。"

【家间】 jiā jiān 家里；家中。宋朱鉴《文公易说》卷一六："旧时～常养鸡。"元明《水浒传》二六回："～多扰了街坊，相请吃杯淡酒。"清《绿野仙踪》四三回："只是～穷困之至，虽减去了若干人口，上下还是二十多人吃饭。"

【家眷】 jiā juàn 家庭眷属，指妻、儿等。唐寒山《多少般数人》："～实团圆，一呼百诺至。"明刘宗周《人谱类记》卷下："靖康中金兵临境，黼以误国获罪，与～拘囚寺中。"清《红楼梦》一二〇回："雨村因叫～先行，自己带了一个小厮，一车行李，来到急流津觉迷渡口。"

【家口】 jiā kǒu 家人；家中人口。唐张说《与执政书》："～在洛，身徒入京。"明文徵明《会稽双祠碑》："虽尝没入，土田～寻给还之。"清《醒世姻缘传》九〇回："梁奉母命，节减～饔飧，搜括累年藏贮，愿代穷民以完正额。"

【家里】 jiā lǐ 夫称妻；妻称夫；妓院男仆称妓女。宋姚宽《西溪丛语》卷下："《南史·张彪传》呼妻为乡里。云：'我不忍令乡里落他处。'今会稽人言～，其意同也。"明《拍案惊奇》卷一四："于得水道：'此冤仇实与我无干，如何缠扰着我～？'李氏口里道：'暂借贤妻贵体，与我做个凭依。'"清《醒世姻缘传》七一回："俺～一行好好的，拿倒地就害不好，自己来不的。"按，此称夫。《歧路灯》五七回："谭绍闻道：'你先行一步，一路走着不好看。'乌龟回头道：'你老人家就来。若是哄我，俺～就亲来了。'"按，此称妓女。

【家门】 jiā mén ❶家世；门第。唐赵璘《因话录》卷二："张弘靖三世掌书命，在台座，前代未有。杨巨源赠公诗云：'伊陟无闻祖，韦贤不到孙。'时称其能与张家说～。"明《石点头》卷二："及叙起～来，却又与李月坡是表兄表妹。"清李玉《清忠谱》一折："荆妻吴氏，有子四丁。琐琐～，何须齿及。" ❷门风；门面。《敦煌变文校注》卷一《捉季布传文》："本来事主夸忠赤，变为不孝辱～。"《元曲选·看钱奴》楔子："上朝取应去，但得一官半职，改换～，可不好也！"清《平山冷燕》七回："试看孩儿的作用，断不至玷辱～。" ❸戏曲小说开头概括介绍剧情人物的文字。六十种曲本《琵琶记》一出："原来是这本传奇。待小子略道几句～，便见戏文大意。"明《韩湘子》一回："看官仔细听着，说出～大意，便见这本希奇的故事。"《醋葫芦》一回："却说目今又有一户人家，……他的～颠末，又赛过《狮吼记》。" ❹(全)家；(一)家人。《元曲选·蝴蝶梦》四折："今日的加官赐赏，一～望阙沾恩。"明柯丹邱《荆钗记》二一出："男百拜，拜覆母亲尊前妻父母。［正是才人，一句包了一～。］"清《风流悟》三回："只见县官来到家里拿人，一～吓得魄散魂飞。"

【家婆】 jiā pó ❶妻子。脉望馆本《楚昭公》三折："可打破则个锅，把个～来叫吖吖，吵闹得似风魔。"清《一片情》八回："有了些田园世产，不免雇人耕种，怎少得～煮茶做饭。讨个老婆，是水家的女儿。"《醉醒石》一四回:"府前有个开酒店的,三十岁不曾讨～。" ❷管家婆;年长仆妇。清《续金瓶梅》五七回:"数息观空,合眼蹦跌去了。捱得这侍女心焦,～眼困。"《野叟曝言》二八回:"先是春红领着贵哥儿在毡子上一同拜了;次及翠环、大怜、玉琴;次及总管、家人、～。" ❸称年长妇女。清《续金瓶梅》四回:"黄面无须,嘴下绉纹如挂线;细声低语,人前说话似～。"

【家亲】 jiā qīn 亡故的亲人,即家鬼。唐王梵志《四时八节日》:"侍养不孝子,酒食祭先灵。总被外鬼吃,～本无名。"《元曲选·货郎旦》三折:"我只索念会咒语,数会～,诵会真言。"清《醒世姻缘传》六三回:"凡鹞鹰进房,俱是～引领外鬼,要来捉人魂灵。"

【家雀】 jiā què 麻雀。《艺文类聚》卷九二引《沙洲记》:"寒岭去太阳川三十里有雀鼠同穴,雀亦如～。"明朱橚《普济方》卷三六七:"用～屎末,水丸如麻子大,用温酒服。"清《红楼梦》八二回:"听得竹枝上不知有多少～儿的声儿,啾啾唧唧,叫个不住。"

【家山】 jiā shān 故乡。唐刘长卿《瓜洲驿奉饯张侍御公》:"江国伤移律,～忆考盘。"宋黄休复《茅亭客话》卷二:"曩所言久别～,颇思归乡,斯之谓乎?"清《女仙外史》二一回:"华表柱头千载后,忠魂依旧到～。"

【家生】 jiā shēng ❶即"家生儿"。唐佚名《世间慵懒人》:"唤女作～,将儿作奴使。" ❷家计;家庭生活。宋陈亮《蝶恋花·甲辰寿元晦》:"冷淡～冤得道。旖旎妖娆,春梦如今觉。" ❸器具;家什。宋吴自牧《梦粱录》卷一三:"～动事,如桌、凳、凉床、交椅。"明袁于令《西楼记》一一出:"打破～如雪片,一场惨祸,管使西楼闹喧喧。"清《醒世姻缘传》五三回:"收拾了一所不大的洁净房,紧用的～什物都也粗备。" ❹特指武器。元明《水浒传》二回:"史进又不肯务农,只要寻人使～较量枪棒。"又七回:"这几日见师父演力,不曾见师父～器械。"

【家生儿】 jiā shēng ér 家中奴婢所生的子女,身分仍为奴婢。清沈自南《艺林汇考·称号篇》卷三:"奴婢所生子曰～。《汉书·陈胜传》:'免骊山徒,人奴产子。'师古曰:'奴产子,犹今云～也。'"

【家生孩儿】 jiā shēng hái er 即"家生儿"。宋元《警世通言》卷三七:"自从小时绾着角儿,便在万员外家中掉盏子,养得长成二十餘岁,是个～。"《元曲选·罗李郎》二折:"我道你是～,一定不要。"

【家生女儿】 jiā shēng nǚ er 家中奴婢所生的女儿。明《醋葫芦》五回:"既如此,何不明日就把我妹子家下那个～说了与他?"清《红楼梦》四六回:"因满府里要挑一个～收了,又没个好的。"

【家生俏】 jiā shēng qiào ❶即"家生哨"。明顾大典《青衫记》三出:"怪得我～。～、忒恁妆乔,把歌和舞镇日轻抛,教咱怨着,竟不顾我凄凉门户发萧骚。" ❷指妻子。明沈璟《义侠记》一二出:"〔净〕莫不是花胳膊陆小四的～?〔丑〕也不是。〔净〕莫不是卖粉团许大郎的留客标?〔丑〕都不是。"王克笃《塞鸿秋·闲笑》:"到几时精块块积儿屋鸦青钞,到几时娇滴滴娶几房～。"

【家生哨】 jiā shēng shào 家盗;内贼。哨,骗子。《元曲选·盆儿鬼》二折:"我养着～里。我一年二祭,好生供奉你,你不看觑我,反来折挫我。"明佚名《粉蝶儿·割耳寄》:"偷奸妇莫厢情饶,倒养着～。"《金瓶梅词话》八三回:"做奴才,里言不出,外言不入,都似这般,养出～儿来了。"

【家生厮儿】 jiā shēng sī ér 即"家生儿"。《敦煌变文校注》卷二《庐山远公话》:"阿郎不卖,万事绝言;若要卖之,但作～卖。"又:"此是白庄家[生]厮儿,为复别处买来?"

【家生肖】 jiā shēng xiào 即"家生哨"。明佚名《捉彭宠》三折:"他都是～儿! 和他说甚么? 拿出去哈剌了罢!"佚名《石榴园》三折:"我说一句,他破一句,我可是么养着～。"

【家生子】 jiā shēng zǐ 即"家生儿"。明张志淳《南园漫录》卷一:"宁初名福宁儿者是也,本李巡检之～。"清《红楼梦》四五回:"他又比不得是咱们家的～儿,他现是太太的陪房。"

【家什】 jiā shí 器物;用具。清许鸿磐《三钗梦》二折:"先提这篮儿,盛了～回去。"《雪月梅》四一回:"那边～具备,有人伺候,应用之物我这里送去便了。"

【家事】 jiā shì ❶家产;家业。《法苑珠林》卷三一:"卿贪～,以财为贵;吾好经道,以慧为珍。"《元曲选·桃花女》二折:"他～又富,女婿又生的俊。"清《醒世姻缘传》二回:"禹明吾在晁家对门住,是个屯院的书办,家里也起了数万～。" ❷家什;器具。宋佚名《道山清话》:"一日,子厚坦腹而卧,适子瞻自外来,摩其腹以问子瞻曰:'公道此中何所有?'子瞻曰:'都是谋反底～。'"吴自牧《梦粱录》卷一三:"小儿戏耍～儿,如戏剧糖果之类。"《元曲选外编·刘弘嫁婢》一折:"但是人家使用的那吃食物件动用～,一年四季的柴米,你都休着少了者。"

【家数】 jiā shù ❶指文学艺术的流派、格调。宋严羽《沧浪诗话·附答吴景仙书》:"世之技艺,犹各有～。"清万经《分隶偶存》卷上:"虽传刻失真,然气体雄伟,不落佻巧～。"《绮楼重梦》二二回:"至于限体小巧,晋唐人从无此格。自宋元以降,才有此饤饾～。" ❷指宗教的传承、风格。明《西洋记》三回:"法眼最下,慧眼稍中,天眼稍上,佛眼才是他的～。"又一二回:"他又把个言话儿挑他一挑,说道:'你做和尚的,也自说出你和尚的～来。'长老满拚着输的,自己说道:'我们游方僧有个甚么大～哩。住的不过是个庵堂破庙,穿的不过是个百衲鹑衣。'" ❸武术传承或习用的套数。明戚继光《练兵实纪》卷八:"号令金鼓、走阵下营,别是一样～。"清《说岳全传》一二回:"岳大爷将枪杆横倒,望右边架住。这原是'鹞子大翻身'的～。"《野叟曝言》六〇回:"你这枪是何人所教? 怎一些～没有。" ❹泛指本领、招数。明《山歌·春书》:"个样出套风流～侪有来奴肚里,那得我郎来依样做介个活春图。"清《红楼复梦》三一回:"我再拿出点儿～来引他上了手,就要在他身上发个财。" ❺程式;路数。明《拍案惊奇》卷四〇:"开了外封,也是与前两番一样的～,写在里面道:某年月日,江陵副使忽患心痛,开第三封。"《西洋记》三五回:"那番将的名叫做鱼眼将军,他本等是水里的～。"清《隋唐演义》一八回:"公子只道有这么一个～:五个人正舞,一个要从上边舞将下来。" ❻作派;式样。明李梅实《精忠旗》二出:"爱把忠臣传读,笑孱弱男儿～。"《二刻拍案惊奇》卷一七:"你道此时若是个男人,必然动了心,就想妆出些风流～,两下做起光景来。"清《醒世姻缘传》九九回:"掌印的拖了印绶,夹在那两司队里,倒也尽成个～。若教他领些兵去与那土官的兵马厮杀,这是断然没有的事。"

【家私】 jiā sī ❶家财;家产。《太平广记》卷四九五引《独异志》:"玄宗尝召王元宝,问其～多少。"《元曲选·冤家债主》一折:"怎生攒下这～,都着他花费了也。"清《红楼梦》七五回:"他姊妹三个人,只有你令伯母年长出阁,一分～都是他把持带来。" ❷家世;家中底细。《太平广记》卷四四八引《乾𦠆子》:"一旦,其弟至焉,与让之话～中外。"清李渔《风筝误》九出:"说是相公,他若访问你的～,连诗的成色都要看低了。" ❸家庭日用器物。唐李商隐《杂纂·失本体》:"早晚不点检门户～,失家长体。"宋元《清平山堂话本·合同文字》:"你爹娘来时,盘缠无一文,一头挑着孩儿，一头是些穷～。”清《隋唐演义》九回：“我要把他～打做齑粉，房子拖坍他的，不过一翻掌间。” ❹日子；家庭日常生活。《元曲选·风光好》四折：“我为你截日离了官司，再不当火院～，便弄针黹。”又《争报恩》一折：“你道赤手空拳本利少，怕见我面情薄，往日～甚过的好。敢则是十年五载，四分五落，直这般踢腾了些旧窝巢！”《元曲选外编·三战吕布》一折：“俺这里衙门静，活计艰，每月家俸钱刚把～办。” ❺家庭。《元曲选·合汗衫》一折：“我这～里外，早晚索钱，少个护臂。”明《拍案惊奇》卷三〇：“父亲既死，～里外，通是荣祖一个掌把。”

【家堂】 jiā táng 安放祖先神位的屋宇，多借指祖先的神位。宋强至《韩忠献公遗事》：“一日，逼冬至，祠家庙，列百壶于～前，弟皆击破之。”《元曲选·窦娥冤》一折：“避凶神要择好日头，拜～要将烟火修。”清《野叟曝言》一三六回：“无论庙宇～，但供神佛像位者，亦一体由地方官查明册报。”

【家头】 jiā tou ❶家；家庭。头，量词衍化成的词尾。《元曲选·黑旋风》楔子：“天色将晚也，则去兀那泰安州寻一个～房子去来。” ❷量词。称量人。清方成培《雷峰塔》一一出：“渠两～既然说明白哉，选俦日子！”《蜃楼志》一七回：“男师父、女师父，搭故个小师父，你三～来哩做啥法事？”

【家徒】 jiā tú ❶家人；家属；家族。唐沈亚之《湘中怨解》：“生之兄为岳州刺史，会上巳日，与～登岳阳楼。”明李东阳《对鸥阁赋》：“国版受肇，～外迁。鞠彼蓬藋，荡为荒园。”《西洋记》八八回：“你还不认得这后一位的，是江州陈义门，九世同居，～七百餘口，南唐立为义门。” ❷家资；家产。唐白居易《得丁丧亲卖宅以奉葬判》：“思葬具之丰备，欲袝九原，顾～之屡空，将鬻五亩。”李商隐《祭裴氏姊文》：“胤绪犹阙，～屡空。”宋杨亿《故信州玉山令府君神道表》：“世故纷纶，～窘绝。未遑射策，奄兹沦逝。” ❸家丁；门徒。明徐贲《送珦楚山还广济》：“鸡罩山前明月夜，～相候启禅扉。”清毛奇龄《中州和尚黄山赋序》：“若近代狡狯～，集唐诗以为诗，不过挹彼注此，移易方幅。”《东周列国志》六八回：“亟聚～，授甲入朝，奉主公以伐陈、鲍，无不克矣。”

【家橐】 jiā tuó 家中盛钱物的囊袋，代指家资。宋韩琦《故客省使张公墓志铭》：“公帑不充，则倾～以济之。”明李东阳《乐亭知县蒋原用墓志铭》：“常廪费不足，则继以～，未常苟取。”清施闰章《灵璧县知县马公墓志铭》：“君既以此自娱，不问～。”

【家翁】 jiā wēng 另见 gū wēng。❶“亲家翁”之省，结姻的两家男主人的互称。《旧五代史·唐书·李愚传》：“此事贤～所为，更之不亦便乎！” ❷家长；家主。a) 指父亲。《太平广记》卷三〇六引《奇事记》：“有神扣门言曰：‘我要为祠宇。尔～见来投我，尔当速去。不然，皆杀之。’”宋葛胜仲《立秋日六兄将仕先入都》：“～昔初仕，恬退声藉甚。”b) 指丈夫。明吕天成《齐东绝倒》四出：“〔二旦扮娥、英后服上〕丢妻夫婿逃将去，怕内～捉转来。”程可中《点绛唇·吴次鲁止畊堂》：“笑～是苍头识字老农夫，对山妻是黄头解事老村妪。”c) 指奴仆的男主人。明《醒世恒言》卷二九：“雇工人死，无～偿命之理。”

【家下】 jiā xià ❶家中。宋杨万里《六月将晦夜出凝归门》：“五更月出还～，不早相期作伴行。”《元曲选·鸳鸯被》楔子：“刘员外云：‘他～有谁？’道姑云：‘他家别无亲人，止有一个小姐。’”元明《水浒传》二回：“小人～，萤火之光，照人不亮，恐后误了足下。”清《醒世姻缘传》七二回：“又背净所在另搭一棚，安顿～女人。” ❷指家中的人。明《清平山堂话本·戒指儿记》：“我们～说，师父翌日遣礼去陈丞相府中。”《醒世恒言》卷七：“就是老兄昨日说的洞庭西山高家这头亲事，于～甚是相宜。”《型世言》一一回：“怎令堂一时老病起来？莫不小儿触突，～伏侍不周？”清陈端生《再生缘》五三回：“那时候我家也只道亡于火内。幸亏长兄问分明，～方才放了眉。”

【家小】 jiā xiǎo ❶妻子儿女。《太平广记》卷三一引《仙传拾遗》：“德祖悄然忽念未别～，白兽屹然不行。”明李梅实《精忠旗》三〇出：“自家押解岳爷～的解子李乙是也。”清《飞龙全传》二八回：“两年前从大名府带了～，来到我们镇上。” ❷妻子的俗称。明冯惟敏《不伏老》二折：“望相公如今做了一官半职，我挣些打狗的钱儿，寻一房～。”《警世通言》卷二四：“哥哥，你到家，只怕娶了～不念我。”清《醒世姻缘传》七五回：“撇他在家，另娶一房～。”

【家绪】 jiā xù ❶家族世系；家族功业。宋韦骧《寄示二小子》：“当知汉唐世，～有公侯。”元杨翮《勖斋箴》：“惟东原之士，曰刘珪彦琬，克绍～，笃嗜文学。”明薛瑄《故处士顾君伯常墓表》：“琳不肖，奉遗教，敬惧不怠，粗得绍～。” ❷家业；家产。《宋史·赵安仁传》：“元舆早卒，～浸替，安仁屡以金帛济之。”明张宁《陈处士墓碣》：“晚季付～于诸子，暇辄登楼咏诵。”

【家严】 jiā yán 称呼父亲。语本《周易·家人》：“家人有严君焉，父母之谓也。”宋胡宿《都官员外郎致仕卢器男洪可试将作监主簿制》：“往参匠属，庸示朝恩。且慰～之情，勿忘子舍之恪。”明《二刻拍案惊奇》卷二九：“妾见郎君韶秀，不能自持，致于自荐枕席。然～刚厉，一知风声，祸不可测。”清《情梦柝》一五回：“不意随父来京复命，～病故。今权寓母舅处。”

【家用】 jiā yòng 家庭日用开支。《太平广记》卷八二引《异闻集》：“列鼎而食，选声而听，使族益茂而～肥，然后可以言其适。”明《杜骗新书·在船骗》：“今半年无生意，～穷迫，故以你假嫁与贾知县。”清《粉妆楼》三回：“老母在家，无人照应，而且～将完，难以度日。”

【家缘】 jiā yuán ❶犹“家绪❶”。《敦煌变文校注》卷一《董永变文》：“娘子记(既)蒙再三问，一一具说莫分张：～本住朗山下，知姓称名董永郎。”元明《三国志通俗演义》卷四：“臣乃中山靖王之后，……先祖刘贞封涿鹿县陆城亭侯，因此～流落。”明吕天成《齐东绝倒》四出：“说不得农夫蹈海～贱，也须念圣主临朝国本牢。” ❷犹“家绪❷”。宋吴锡畴《客思》：“妻病～废，奴逃书问稀。”《元曲选·忍字记》二折：“刘均佐一心待跟师父出家去，争奈万贯～、娇妻幼子无人掌管。”清《续金瓶梅》五二回：“大儿子刘体仁中了金朝进士，回乡看守坟墓，整理～。” ❸佛门称跟家庭有关的俗缘。宋晁迥《法藏碎金录》卷二：“予今又观枝末三缘，结为烦恼网，谓身缘、～、世缘是也。”金王喆《述怀》：“慧刀磨快劈迷蒙，锉碎～割已空。”清《续金瓶梅》五五回：“鹿门学得庞公法，洗尽～是大乘。” ❹家事；家庭。《元曲选·窦娥冤》三折：“念窦娥从前已往干～；婆婆也，你只看窦娥少爷无娘面。”明周履靖《锦笺记》一四出：“有良人日图沈湎，几曾肯顾着～。”叶宪祖《夭桃纨扇》三折：“学成早向皇家货，～事好腾挪。” ❺家小；妻子。《元曲选·鲁斋郎》一折：“休想肯与人方便，衠一片害人心，勒掯了些养～。”明叶宪祖《丹桂钿合》五折：“儿番要丢了这桩道路，争奈没甚么养活～。”汤显祖《牡丹亭》五二出：“有了俏～，风声儿落谁店？少不的大道上行走。”

【家长】 jiā zhǎng ❶丈夫。元《三国志平话》卷上：“贱妾本姓任，小字貂蝉，～是吕布。”《元曲选·铁拐李》二折：“你便守熬呵刚挨到服满三年。你嫁个知心可意新～。”明《西游记》八回：“洞里原有个卵二姐，他见我有些武艺，招我做了～。” ❷船家；船主。元明《水浒传》三七回：“只见那梢公放下橹，说道：‘……你三个却是要吃板刀面？却是要吃馄饨？'宋江说道：'～休要取笑。'"明徐复祚《投梭记》二四出："～，风息了，开船罢。"清《醒世姻缘传》一五回："又称了四两银子交与船上的～，作回去的四十日饭钱。" ❸宋时江南一代对狱吏的尊称。元明《水浒传》三八回："那时故宋时金陵一路，节级都称呼～；湖南一路，节级都称呼做院长。"

【家中宝】 jiā zhōng bǎo 丑媳妇的代称。俗谚"丑妻俊地家中宝"。《元曲选·鲁斋郎》楔子："你不如休和他争，忍气吞声罢，别寻个～，省力的浑家。"明《金瓶梅词话》九一回："常言丑是～，可喜惹烦恼。"清《醒世姻缘传》八四回："待要看娘子哩，要俊的？丑的才是～哩。"

【家中俏】 jiā zhōng qiào 即"家生俏❶"。元佚名《替杀妻》三折："空养着～，我跟前欲待私情暗约。"

【家中哨】 jiā zhōng shào 即"家生哨"。《元曲选外编·金凤钗》二折："你个孟尝君，自养着～。"

【家主公】 jiā zhǔ gōng 男主人；家长。明顾璘《王太安人吴氏墓志铭》："为～以给事中言事谪普安判官，太安人从行。"崔时佩、李日华《西厢记》四出："听叫琴童，两脚走如风。慌忙来到，呀，原来是～。"清《醒世姻缘传》九一回："媳妇要奉承～，走进房内问道：'新来的他两个，奶奶分付，叫他在那里？'"

【家主母】 jiā zhǔ mǔ 女主人。明《醒世恒言》卷一："(贾昌妻)一等老公出门，三日之后就使起～的势来。"清《聊斋志异·夜叉国》："家人拜见～，无不战栗。"《驻春园》一四回："小婢奉～吴夫人之命，以公子外出未归，见园内夜合盛开，乞赐一枝。"

【家主婆】 jiā zhǔ pó ❶即"家主母"。明《山歌·汤婆子竹夫人相骂》："啰道是个～听得，喝骂高声。"《二刻拍案惊奇》卷一〇："双荷也是巴不得这样的，既脱了狠～，又别配个后生男子，有何不妙？"清《风流悟》六回："你果有心，我就嫁了你。～妒忌家主公，巴不得即时卖我出去哩。" ❷妻子。明《二刻拍案惊奇》卷二五："你到我家里，就做我～，享用富贵了。"清钱大昕《恒言录》卷三："今乡村小民呼其妻曰～。"《玉蜻蜓·问卜》："～，王老相来哩，泡茶出来。"

【家主翁】 jiā zhǔ wēng 即"家主公"。元陶宗仪《辍耕录》卷六："世言家之尊者曰～，亦曰家公。"明汤显祖《紫钗记》四九出："俺～要借尊府会客，送钱十万，求做酒筵。"

【家主爷】 jiā zhǔ yé 犹"家主公"。用于仆婢称男主人。明汤显祖《紫钗记》五二出："那太尉呵，笼莺打翠真是奇：～呵，背东风不愿于飞。"清《说岳全传》三二回："你休要和他讲，只拿他去见～便了。"《说唐前传》六二回："当下罗春叫道：'～呵，你岂不晓穷寇莫追么？'"

【家状】 jiā zhuàng 记述乡贯、三代、履历、年貌等的表状。唐宋之问《在桂州与修史学士吴兢书》："往送～，蒙启至公之恩；希果实言，深蓄自私之感。"宋周煇《清波杂志》卷三："建炎绍兴初，仕宦者供～，有'不系蔡京、王黼等亲党'一项。"清赵翼《题竹初自述文》："竹初自述文，亦以代～。"

jiá

【夹里】 jiá lǐ 衣服或被褥的里子。宋曾三异《同话录》："长不过腰，两袖仅掩肘，以最厚之帛为之，仍用～。"明《平妖传》一一回："紫花细布道衣一件，将白绫做了～。"清《野叟曝言》六回："一条闪绿红锦面子、清水杭绸～、中间夹着通照湖绵的薄被。"

jiǎ

【甲榜】 jiǎ bǎng ❶科举会试、殿试取中的名榜。殿试榜分一、二、三甲，一甲三人赐进士及第，二甲七人赐进士出身，三甲赐同进士出身。《元曲选·玉壶春》一折："～争先，独占文场选。"明邵璨《香囊记》三八出："下官自从那年勉承母命，献策圣朝，忝中～之魁。"《西湖二集》卷二七："竟中高第，廷试又在～，擢应奉翰林文字。" ❷指登录科举会试、殿试名榜的人，即进士。《明史·选举志三》："间推一二举人如陈新甲、孙元化者，置之要地，卒以倾覆。用武举陈启新为给事，亦声名溃裂。于是朝端又以为不若循资格，而～之误国者亦正不少也。"清《聊斋志异·郭安》："此等明决，皆是～所为，他途不能也。"

【甲次】 jiǎ cì ❶科举殿试榜一、二、三甲的名次。宋王辟之《渑水燕谈录》卷七："(贡举)自兴国二年吕蒙正榜，始分～。"明胡应麟《艺葵园草序》："寻大来再入试都下，则嵬然掇上第，以～出宰西昌矣。"清汤斌《镇江府海防同知吴公墓志铭》："成进士，～例得京职。" ❷泛指一般的甲乙等次。《宋史·兵志十》："应殿前马步军诸班诸军员，并分作～，于崇政殿逐人唱名引见。"

【甲第】 jiǎ dì ❶豪宅，借指豪门贵族。唐杜甫《醉时歌》："～纷纷厌粱肉，广文先生饭不足。"清《平山冷燕》八回："以姐姐高才，岂无～门楣，乃为轻薄至此？" ❷唐代进士科(省试科目的一种，另有明经、秀才等科)考试第一等。《新唐书·选举志上》："凡进士，试时务策五道、帖一大经，经、策全通，为～；策通四、帖过四以上，为乙第。"后指科举会试、殿试登第(考取者称进士)。宋张伯寿《水调歌头》："早拾巍科～，归作日边仙客。"明王錂《寻亲记》二九出："见说孩儿乍登～，略展愁怀。"清《醒世姻缘传》三七回："如今虽然也还不曾断了书香，只是不象先年这样蝉联～。" ❸代称进士。清《飞花艳想》一四回："昨老太师见年兄青年～，闻知未娶，特托小弟作伐。"

【甲户】 jiǎ hù ❶宋代编户以十户为一甲，因称户为"甲户"，后代沿称。宋黄震《差场脚走递文字》："自今并不许诸场差都灶首，就将今来团结十户为甲，每月轮～催盐，周而复始。"朱熹《社仓事目》："～：大人若干口、小儿若干口、居住地名某处；……逐户开列。"清雍正七年五月壬申上谕："如有力能建造房屋及搭棚棲身者，准其在于近水村庄居住，与齐民一同编列～，以便稽查。" ❷按资产列为甲等的民户。宋陈渊《代龟山与南剑张守》："寻常所恃，唯～枪手缓急可用。"元杨瑀《山居新话》卷三："松江夏义士者，乃～也。"

【甲科】 jiǎ kē ❶原本考试科目名，如汉代考核士子的科目分甲乙丙科，唐初明经有甲乙丙丁四科等。到唐宋时期，进士试分甲乙科，以登甲科为荣，因此"甲科"又指登进士第。唐张鷟《游仙窟》："前被宾贡，已入～；后属搜扬，又蒙高第。"《元曲选·扬州梦》楔子："自中～以来，累蒙圣恩，除授豫章太守。"清《醒名花》七回："原来这全主事也是成都府人，～出身。" ❷泛指科举考试。唐高適《送桂阳孝廉》："桂阳少年西入秦，数经～犹白身。" ❸指登甲科(即进士出身)的人。明《二刻拍案惊奇》卷一七："两个～与闻参将辨白前事，世间情面那里有不让缙绅的？"清周亮工《书影》卷一："一～问于莲池曰：'世间何等人最作孽？'"《醒世姻缘传》七回："举人出身，那得如～们风力？"

【甲马】 jiǎ mǎ ❶铠甲和战马或披甲的战马。泛指军备或战事。唐杜甫《严氏溪放歌行》："天下～未尽销，岂免沟壑常漂漂。"五代徐夤《江令归金陵赋》："岂不闻三秦～，已过乎淝水之阳。"明沈鲸《双珠记》二九出："～初安，疮痍始苏。" ❷一种巫术所用的神符。参见"神马"。元明《水浒传》三八回："（戴宗）把两个～拴在两只腿上，作起神行法来，一日能行五百里。"明《西洋记》一七回："各项委官逐一报齐，烧了天地～，祭了铁锚祖师，开了炉。"清袁枚《续子不语》卷一："有～三：一画冕旒秉圭，一画常服，一画披发跣足仗剑而立。每遇危急，焚冕旒者辄应。"

【甲首】 jiǎ shǒu ❶科举殿试三甲的第一名。也泛指等级考试取在甲等。宋洪迈《夷坚志》三壬卷五："虽未知人何甲，窃料必忝～。潘贺曰：'要笏记叙谢，非大魁不足当之。'及唱名，果为第一。"金元好问《毛氏宗支石记》："矩字仲方，承安元年，由州掾属保随朝吏员，试秋场，中～。"明黄佐《翰林记》卷五："又数日，新任者回席，比前务加盛。若～，则状元出燕钱倍。" ❷即"甲长❷"。宋洪迈《夷坚志》支癸卷五："后五日，里正报'严陀村道侧有卧尸'。牒尉检视，曾以～往会。"《元曲选·虎头牌》一折："我偌大年纪，也无些儿名分，～也不曾做一个。"清《醒世姻缘传》二四回："渐渐门子、民壮、～、青夫、舆人、番役、库子、禁兵，尽是一伙魔头助虐。"

【甲头】 jiǎ tóu ❶管领一部分人的头目。五代程仁绍《请蠲免夫役状》："其户内杂色差配夫役～等，伏乞元帅大王鸿恩特降批命，……准前蠲免。"宋孙觌《上何丞相札子》之二："某据大学斋仆～状称，本学秀才五六十人，手持白棒，赶逐巡更斋仆。"明《金瓶梅词话》七五回："就是孤老院里也有个～。" ❷即"甲长❷"。《宋史·食货志上五》："司农寺乞废户长、坊正，令州县坊郭择相邻户三二十家，排比成甲，迭为～，督输税赋苗役，一税一替。"明汤显祖《邯郸记》一一出："〔丑扮～拿纸钱上〕我做甲长管十家，十甲。"清雍正二年二月十四日上谕："百姓完纳钱粮，当令粮民户户到官，不许里长～巧立名色，希图侵蚀。" ❸指最优秀的。元刘时中《小桃红·武昌歌妓吴氏春卿》："温柔乡里～，无何乡里主首，便权一日也风流。"

【甲役】 jiǎ yì ❶按户承当的差役。明俞汝楫《礼部志稿》卷九九："本局人役，近年各该官司不遵旧例，仍拘应当～，有误工作。"潘季驯《举劾各营官员疏》："管屯田则科索尽革，司船政则～均平。"《明史·食货志二》："以户计曰～，以丁计曰徭役，上命非时曰杂役。" ❷指地方上承当差役的人。《大清会典则例》卷一五〇："该地～知有私立水窝不即举报者，照不首告律，分别治罪。"

【甲长】 jiǎ zhǎng ❶乡兵或军队中十人（户）一组的头目。《宋史·兵志六》："建炎元年，诏诸路州军巡社并以忠义巡社为名，隶宣抚司，后募乡民为之。每十人为一甲，有～，有队长；四队为一部，有部长；五部为一社，有社长；五社为一都，有都正。"《元史·太宗纪》："军中凡十人置～，听其指挥。"《明史·丁瑄传》："编民为甲，择其豪为长，得自置兵仗，督民巡徼。沙县佃人邓茂七素无赖，既为～，益以气役属乡民。" ❷宋以来地方户籍编制，十户为甲，头目称"甲长"。明汤显祖《邯郸记》一一出："〔丑扮甲头拿纸钱上〕我做～管十家，十甲。"清法式善《陶庐杂录》卷六："今保甲之法，十家有长，曰～。百家有长，曰保正。"《后水浒传》三一回："凡在甲内之家，虽有亲戚往来，款留过宿，亦必报知～。" ❸犹"甲头❶"。特指乞丐头或作为乞丐的讳称。明徐霖《绣襦记》二八出："自家卑田院～是也。收养跛聋残疾鳏寡孤独之人在此。"佚名《赠书记》二出："〔副净扮乞儿持竹筒上〕本身为～，始祖是齐人。自家乞儿的便是。"

【甲正】 jiǎ zhèng 一种二十五人的军队编制的头目。宋李纲《建炎进退志》卷三："今宜法古，五人为伍，中择一人为伍长；五伍为甲，别选一人为～；四甲为队，有队将正、副二人。"《宋史·李纲传上》："二十五人为甲，～以牌书伍长五人姓名；百人为队，队将以牌书～四人姓名。"明张位《建辅城定兵制疏》："即以此千百人充伍长～，部队名色视将领官职崇卑以定多寡差等。"

【假扮】 jiǎ bàn 装扮成跟本人不同的另一种人或另一个人。《元曲选·渔樵记》一折："那一等本下愚，假扮做儒，他动不动一刬地谎喳呼。"明《西游记》八三回："思凡下界，～妖邪，将我师父摄去。"清《平定两金川方略》卷一三："八月二十四日夜，有贼二三十人～革什咱土兵混入营内。"

【假便饶】 jiǎ biàn ráo 犹"假饶❶"。宋张昇《满江红》："～、百岁拟如何？从他老。"

【假便是】 jiǎ biàn shì 犹"假是❶"。明宛瑜子《耍孩儿·冯莹》："～芙蓉院里，那有这样妖娆。"

【假吃跌】 jiǎ chī diē 假装吃亏而不计较；装糊涂。明《型世言》二三回："她母亲原待要靠陈有容过活，便～收了他礼物，与他往来。"清《清夜钟》二回："你花枝样后生，～也混混罢，还有好处。"

【假话】 jiǎ huà 虚假或虚伪的话。宋元《警世通言》卷一四："真人面前说不得～，旱地上打不得拍浮。"明李梅实《精忠旗》三六出："拔舌呵，把哄君王～儿，拉不出他一个字。"清《红楼梦》三五回："老太太时常背地里和我说宝丫头好，这倒不是～。"

【假或】 jiǎ huò ❶即或；纵使；哪怕。唐贺兰敏之《僧道拜君亲议》："～恭敬被于群品，据理尚有可通，况唯拜伏君亲，未审于何不可。"宋张俞《上文密学书》："况有不求而自至，安有拒而不受者邪？～有之，天下之人，孰信其然邪？"契嵩《非韩下》："～唐之天子以佛而为恶也，韩子乃当婉辞而密谏；况其君未果为恶，乌得讦激而暴扬其事乎！" ❷假设；如果；倘若。唐陆淳《春秋集传辨疑》卷二："～早谋而今修之，则当纳币之时致命，何为于逆乃言修好乎？"宋季陵《淫雨诏求直言疏》："自臣臆度，决无是事。～有之，不几于狂乎！"吴曾《能改斋漫录》卷一八："然事关幽显，理未可知。～可知，其中宵牛语之事，亦可知矣。"

【假居】 jiǎ jū 借住；租住；寄居。唐白居易《养竹记》："始于长安求～处，得常乐里故关相国私第之东亭而处之。"元高德基《平江记事》："荷一竹杖来，～葑门道堂后架小室数椽。"清朱象贤《闻见偶录》："贫无以自活，～岳家。"

【假母】 jiǎ mǔ ❶义母。唐孙棨《北里志·海论三曲中事》："妓之母，多～也，亦妓之衰退者为之。"明《情史·情秽·唐玄宗杨贵妃》："且贵妃，固明皇真子妇也。真子妇可妻，于～何有焉。" ❷指鸨母。宋金盈之《新编醉翁谈录》卷七："曲中诸女，多为富豪辈日输一缗于～，谓之买断。"明汤显祖《邯郸记》二七出："且其幼色取自鲜妍，～教其精细。"清沈复《浮生六记》卷四："稍不合意，即掷酒翻案，大声辱骂，～不察，反言接待不周。"

【假捏】 jiǎ niē 假造；捏造。《元曲选·秋胡戏妻》四折："元来那厮～流言，夺人妻女。"明刘麟《清解纳以塞弊源疏》："又有～批单，公然附卷而恣意侵分者。"清《绿野仙踪》二二回："～小人二月间坠江身死，将小人母亲谎信。"

【假女】 jiǎ nǚ 义女；养女。特指鸨母养育的妓女。唐孙棨《北里志·张住住》："北曲王团儿～小福，为郑九郎主之。"明《情史·情憾·王福娘》："王团儿，前曲自西第一家也。有～数人。"清《姑妄言》一回："把董贤之妻就与你做～，你不应有嗣，只好得两个假子罢了。"

【假饶】 jiǎ ráo ❶犹"假或❶"。唐李山甫《柳》之二："～张绪如今在，须把风流暗里销。”明《西洋记》二〇回：“～你千百个将军，近他不得，何况独自一人。”清汪光被《芙蓉楼》二四出：“～翠绕珠围丽，何似青灯黄卷荣。” ❷犹“假或❷”。宋柳永《木兰花·杏花》：“～花落未消愁，煮酒杯盘催结子。”明李梅实《精忠旗》三六出：“～你尽人迎的乘舆至，我那时便死也是快活的。”清朱彝尊《鹊桥仙·鞋》：“～无意把人看，又何用明金压绣。”

【假如】 jiǎ rú ❶犹“假或❶”。唐韩愈《寄卢仝》：“～不在陈力列，立言垂范亦足恃。”金《董解元西厢记》卷八：“～活得又何为，枉惹万人嗤！”清《儒林外史》一五回：“～时运不好，终身不得中举，一个廪生是挣的来的。” ❷例如；像……。用于举例。唐刘恂《岭表录异》卷上：“象肉有十二种，合十二属，胆不附肝，转在诸肉中。～正月建寅，胆在虎肉上，餘月率同此例。”明王锡爵《对玉环带清江引·和唐六如叹世词》：“～傀儡一登场，多少悲欣状。”清《八洞天》卷六：“～今日人情恶薄，势利起于家庭，见儿子一旦富贵，便十分欣喜，偏是他全不看富贵在眼里。”

【假若】 jiǎ ruò ❶犹“假或❶”。元薛昂夫《朝天曲》：“党家门户，玉纤捧绿醑。～，便俗，也胜穷酸处。”《元曲选·忍字记》二折：“～是金银堆北斗，无常到来与别人。”明王九思《曲江春》一折：“～是显中兴，千载勋，也须索刻磨崖一代文。” ❷犹“假如❷”。《元曲选·度柳翠》三折：“〔正末云〕～生死止在何处？速道，速道。〔旦儿云〕师父，我答不的这一转语。” ❸犹如；如同。元高文秀《遇上皇》二折：“～韩退之蓝关外不前骏马，孟浩然灞陵桥也不肯骑驴。”

【假是】 jiǎ shì ❶犹“假或❶”。金马钰《满庭芳·寄段录事道友等》：“常常谨谨专专。～苏秦陆贾，说不回肩。”元朱庭玉《祆神急·道情》：“～功勋，图象麒麟阁，争如忙里闲，暂放眉间锁。”《元曲选·任风子》一折：“～得生，正法难遇。” ❷犹“假或❷”。《元曲选·看钱奴》三折：“他～搬的走了，我这五个钱问谁讨？”

【假手脱】 jiǎ shǒu tuō 即“假脱手”。明《型世言》九回：“众人团局，崔科也只得依处。霍氏也便～散了伙，自与儿子过活。”

【假似】 jiǎ sì ❶犹“假或❷”。《元曲选·生金阁》三折：“～你手里拿着把刀子，可怎了？”又《昊天塔》二折：“～不放他过来，他打我呢？”明佚名《五龙朝圣》三折：“～他们知道了，怎么整治？” ❷犹“假如❷”。明《西游记》一四回：“我老孙五百年前，据花果山称王为怪的时节，也不知打死多少人。～你说这般到官，倒也得些状告是。”《二刻拍案惊奇》卷二四：“～缪千户欺心混赖，负我多金，反致得无聊如此，他日岂无报应？”

【假宿】 jiǎ sù ❶借宿；借住。唐皇甫湜《东还赋》：“念～之若狂，嗟尔居人兮谁置于毒。”明汪道昆《洛水悲》：“车烦马虺，前驱不行，不免在此～一宵。”清袁枚《子不语》卷四：“尼语之故，哀求～。妇怜而许之。” ❷假睡；装睡。清《十二楼·拂云楼》六回：“要他也像初次一般，先到小姐房中～一会，等她催逼几次，然后过来。”

【假榻】 jiǎ tà 犹“假宿❶”。唐周如锡《题古寺》：“自古洗心须净地，何须～坐禅空。”明王履《宿玉女峰》：“～玉女峰，主人有深意。”清《聊斋志异·刘夫人》：“生方皇惧，更不暇问其谁何，便求～。”

【假脱手】 jiǎ tuō shǒu 假装失手；趁机；顺势。明《型世言》二六回：“光棍恐怕耽延长久，妇人等不得赶进来，便～道：‘罢，罢，再要添也不成体面。’作辞去了。”清《一片情》六回：“麻氏才觉有些儿畅快，道：‘且息息力儿再来。’红大便～立了起来，闲步几步，踅出房来。”《后西游记》三三回：“这猴子贪着与婆婆耍棒，自然也～放了。我们去后，任你们一早一晚安心耍棒，岂不快活？”

【假意】 jiǎ yì ❶虚假的情意或心思。元曾瑞《一枝花·买笑》：“见别人有破绽着冷句儿填扎，见别人生科泛着笑话儿逼匝。见别人乾厮研着～儿承塌。”《元曲选·曲江池》一折：“他自有锦套儿腾掀，甜唾儿粘连，俏泛儿勾牵，～儿熬煎。”清《绿野仙踪》五〇回：“你这读书，是真心，还是～？” ❷假装；故意。《元曲选·赚蒯通》四折：“〔正末～跳油镬科，萧相云〕住！住！住！”明戚继光《纪效新书》卷一二：“师父初～杀来或打来，我或接着或挑着，决不宜贪心就进去伤他。”清《万花楼》六七回：“想罢，～冲锋，不上数合，小姐拍马诈败而走。”

【假造】 jiǎ zào ❶仿造；伪造。《唐大诏令集》卷八〇：“不得于街衢致祭，及～花果禽兽，并金银平脱宝钿等物，并宜禁断。”明《二刻拍案惊奇》卷二〇：“取这纸公牒去看，明知是～的，只不知奸人是那个。”清洪昇《长生殿》二三出：“因此～敕书，说奉密旨，召俺领兵入朝诛戮国忠。” ❷虚构；捏造。唐刘子元《孝经老子注易传议》：“河上所释无闻焉尔，岂非注者欲神其事，故～其说耶？”清《平定三逆方略》卷三：“又复～讹言，潜行传布，以冀摇动愚民。”《野叟曝言》五九回：“奚囊这些说话，玉奴只认是～出来的，故此不服。” ❸假装。清《绣戈袍》八回：“素娥又～个悲哀，叫句：‘夫，罢，你如此枉死！’”

【假直饶】 jiǎ zhí ráo 即“假饶❶”。元长筌子《洞玄歌》：“～、绮陌长游，争似向，烟岗深处。”

【假妆】 jiǎ zhuāng ❶假扮；假冒。《元曲选·赵氏孤儿》二折：“你则将我的孩儿～做赵氏孤儿，报与屠岸贾去。”明《醒世恒言》卷一一：“小妹才晓得那化缘的道人是秦少游～的，付之一笑。”清《醒世姻缘传》六回：“也叫我们众家佃户庄客，～了百姓，与他脱脱靴。” ❷故意表现出一种动作或情况来掩饰真相。元赵彦晖《一枝花》：“我且纳佯书诈会低微，卷旗枪佯推会羞惨，退残兵～会痴憨。”清《隋唐演义》八〇回：“禄山内藏奸狡，外貌～愚直。”《霓裳续谱·佳人睡眠迟》：“动不动你～风魔，啐，你臊谁的皮。”

【假装】 jiǎ zhuāng ❶同“假妆❶”。宋元《清平山堂话本·简帖和尚》：“这婆子不合～姑姑，同谋不首，亦合编管邻州。”明胡宗宪《筹海图编》卷一一：“盖谓之奸细，必至一二人，～吾民，或探听消息，或潜为内应。”清《续金瓶梅》三〇回：“他先使了几个戏子，领着两个粉头，在金山寺下～吴公子和那和尚假名月江。” ❷同“假妆❷”。明《古今小说》卷一七：“神魂飘荡，不能自持，～醉态不饮。”清《万花楼》四八回：“当时刘氏～美意，怀抱吾太子，又邀吾到昭阳宫饮宴。”《白雪遗音·想多情》：“好叫我，难割难舍难撇掉，不是～着。” ❸伪造；编造。明《古今小说》卷二一：“董昌依其言，乃～朝廷诏命，封董昌为越王之职。”

【假作】 jiǎ zuò ❶犹“假装❶”。唐刘恂《岭表录异》卷下：“南中小郡多无缁流，每宣德音，须～僧道陪位。”明梁辰鱼《浣纱记》九出：“又不知是个闲游浪子～官僚，又不知果是个范蠡大夫故来调哄。”清《平山冷燕》一六回：“你既是侍妾，何～小姐取笑于我？” ❷犹“假装❷”。宋吴自牧《梦粱录》卷二〇：“调爽，～难猜，以走其智。”明《醒世恒言》卷三九：“外貌～谦恭之态，却到十分贪淫奸恶。”清《玉蜻蜓·访庵》：“所以～不知来动问，微微含笑把言开。” ❸犹“假装❸”。《唐律疏议》卷四：“其假与人官者，谓所司假授人官，或伪奏拟，或～曹司判补。”清《十二楼·归正楼》四回：“焉知不是本观之人要你替他造殿，～这番诳语，也未可知。”《聊斋志异·细侯》：“贾又转嘱他商，～满生绝命书寄细侯，以绝其望。” ❹当作；看作。金王喆《惜黄花》：“我家妻、～一枝花狗。我谨切提防，恐怕著一口。”侯善渊《声声慢》：“玉磬权为煮料，把瑚琏、～齑盆。”

【假做】 jiǎ zuò ❶同“假作❶”。《元曲选·货郎旦》一折：“你便～梢公，载俺上船。”明于谦《忠肃集》卷六：“与了他几匹马，～进贡名色，专来腹里探听事情。”清《醒世姻缘传》二六回：“先把那败子引到家内，与他～相知。” ❷同“假作❷”。宋元《古今小说》卷三六：“把一把扇子遮着脸，～瞎眼。”明《山歌·诈困》：“胧胧困觉我郎来，～番身仰转来。”清《儒林外史》一七回：“接过诗来，虽然不懂，～看完了，瞎赞一回。” ❸同“假作❸”。元高明《琵琶记》六出：“只怕～庚贴被人告，吃拷。”清《醒名花》一〇回：“富春～个谎道：‘不要说起，我本是陶提督同乡人。’”《后西游记》二七回：“小行者就将怎生遇见，怎生入洞，怎生寻见太后，怎生～佛言之事，说了一遍。” ❹同“假作❹”。元明《水浒传》七三回：“李逵叫讨大碗，滚热酒，十瓶～一巡筛。”

jià

【价钞】 jià chāo 价款。元高安道《哨遍·皮匠说谎》：“丁宁说了一回，分明听了半日，交付与～先伶俐。”《元典章·户部四》：“官司揭下钱债，将妻邓嫌儿卖与周都运男周二为躯，得到～丝一千一百两。”明李实《北使录》：“初二日，居庸关给～办酒席，馆待使臣。”

【价例】 jià lì 法定或例定的价格。《五代会要》卷二六：“勘逐不虚，所犯之人，当行重断，其地仍准～，画时交与所买之人。”宋李攸《宋朝事实》卷一七：“所有诸州盐，各取逐处～，三分中与减一分。”《元曲选·青衫泪》三折：“我则道蒙山茶有～，金山寺里说交易。”

【价钱】 jià qián ❶工钱；役费。唐陈子昂《上蜀川军事》：“夫担粮轮送，一斗之米，～四百，使百姓老弱，未得其所。”李恒《蠲免京畿悬欠敕》：“顷差搬运军粮，今又修营陵寝，虽因缘驱役，皆给～。” ❷物品价格。唐陆贽《请以税茶钱置义仓以备水旱疏》：“如时当大稔，事至伤农，则优与～，广其籴数。”《元曲选·陈州粜米》三折：“俺二人自从到陈州开仓粜米，依着父亲改了～，插上糠土，克落了许多钱钞。”清《红楼梦》一六回：“大爷派他去，原不过是个坐纛旗儿，难道认真的叫他去讲～会经纪去呢！” ❸按价格计算应收付的钱。《祖堂集》卷二《惠能和尚》：“送将至店，道诚与他柴～。”明李梅实《精忠旗》一四出：“你且去，自有～与你，不消伺候得。”清袁枚《子不语》卷八：“年餘，朱卖屋得～十五千。” ❹工本；成本。明《醒世恒言》卷二五：“但凭众人笑话，他却面不转色，直到唱完了，方答道：‘休要见笑，我也是好～学来的哩。’”《梼杌闲评》四五回：“各处寻好玉带古玩，织造好锦缎，置造好酒器，不惜～，只要胜人。”

【价银】 jià yín ❶按银两标定的物品价格。明范濂《云间据目抄》卷三：“冬至，糙米一石～一两二钱。”《西游记》九一回：“这油每一两值～二两，每一斤值三十二两银子。”清《都是幻·写真幻》一回：“可见是忠贤古迹，～三两一幅罢。” ❷指物品、产业按价买卖所应收付的银两数。明王守仁《类奏擒斩功次疏》：“俘获贼属并牛马赃物俱变卖，～入官。”《醒世恒言》卷一〇：“或有人多把与他，他便勾了自己～，餘下的定然退还。”清陈端生《再生缘》二〇回：“约值～五百两，白白地，送与强盗作横财。”

【价值】 jià zhí ❶犹“价钱❶”。唐李隆基《缓修大明宫诏》：“所有先役工匠，即优还～，勿令悬欠。”杨齐哲《谏幸西京疏》：“长安府库及仓，庶事空缺，皆藉洛京转输，～非率户征科，其物尽官库酬给，公私靡耗，盖亦滋多。” ❷犹“价钱❷”。《唐会要》卷八九：“其器物约每斤～不得过一百六十文。”明《醒世恒言》卷三二：“此坠～几何？老汉意欲奉价相求。”清《玉楼春》三回：“郁公道：‘我同你松绫每匹～多少？’金员外禀道：‘松绫价贵，每匹实价二两五钱。’” ❸犹“价钱❸”。《太平广记》卷二三一引《博异志》：“其牙人云：‘～契本，一无遗缺。’并交割讫。”明《金瓶梅词话》七一回：“何太监道：‘他要许多～儿？’西门庆道：‘他对我说来，原是一千三百两。’”清《雪月梅》二〇回：“不知用了多少～？老侄谅必知道。” ❹物品能交换的金钱数目。明汤式《一枝花·赠妓素兰》：“并头莲合欢草多清致，如意朵珊瑚枝有～，瘦影清香足风味。”按，值，唐以前多写作“直”。

【驾崩】 jià bēng 称帝王去世。元明《三国志通俗演义》卷一七：“先主～，文武官僚，哀痛至甚。”明葛昕《先祖考太子少保葛公行述》：“方士王金等先以进药世皇，会当～，皆问死系狱。”清李玉《清忠谱》二一折：“〔付〕起来说，皇爷怎么样了？〔外〕龙驭仙游。〔付〕～了！”

【驾到】 jià dào 本义为帝王车驾到来。用作敬词，称对方到来。清《儒林外史》二八回：“昨日三位老爷～，贫僧今日备个腐饭，屈三位坐坐。”《飞龙全传》三回：“贤弟自从～敝府，倏忽之间，二载有餘。”《万花楼》三一回：“小役不知将军爷～，望乞宽容免罪。”

【驾肩】 jià jiān ❶并肩。《太平广记》卷一四四引《玉堂闲话》：“所屯之地，盖兵书谓之绝地。人不～，行一舍，方至夷坦之处。” ❷比喻处在同等地位。唐窦俨《陈政事书》：“如此则士大夫足以陈力，贤不肖无以～。”《旧唐书·元稹白居易传论》：“由是争务雕虫，罕趋函丈，矫首皆希于屈、宋，～并拟于风、骚。” ❸表示统一行动。《旧唐书·崔咸传》：“栖楚等十餘人～排度，而朝士持两端者日拥度门。” ❹置身；立足。唐舒元舆《斫琴志》：“觉神立寥廓上，洞见天地初气，～太古，阔视区外。”高彦休《阙史》卷上：“紫微曰：‘卢六卢六，曾莫顾我，何也？’夕拜曰：‘月限向满，家食相仍；日诣台庭，以图外任。’紫微貌惨曰：‘～权门，所不忍视。’” ❺车驾和肩舆。唐元稹《两省供奉官谏驾幸温汤表》：“陛下若骑从轻驰，则道途无拱辰之备；若乘舆稍具，则邑县有～之忧。”苏鹗《杜阳杂编》卷下：“长安豪家，竞饰车服，～弥路。”清《聊斋志异·颠道人》：“章丘有周生者，以寒贱起家，出必～而行。”

【驾空】 jià kōng ❶凌空；悬空。唐金颖《新罗国普照禅师灵谥碑铭》：“禅师托体之年，尊夫人梦日轮～，乘光贯腹。”宋周密《武林旧事》卷三：“有木床铁擎为仙佛鬼神之类，～飞动，谓之台阁。”明吕诚《巨浸诗》：“银涛～山岳摧，转眼奔流浸扉壁。” ❷凭空；没有依据。宋罗璧《罗氏识遗》卷一：“由是益坚后学之信，不知《庄子》一书多～寓言。”明朱国祯《涌幢小品》卷一二：“一切奏状皆出其手，然～，亡事实。”清徐恭士《竖人臧说评》：“无中生有，～蹈虚，发出大论。”

【驾临】 jià lín 犹“驾到”。宋元《古今小说》卷三九：“汪革早在门外迎候，说道：‘不知都监～荒僻，失于远接。’”明周履靖《锦笺记》四〇出：“〔揖介，外〕礼都摆着，专候～！〔丑〕有烦通报。”清《粉妆楼》四四回：“本府连日事冗，未及奉覆，不想公子又～敝署。”

【驾娘】 jià niáng 驾船的妇女。清《红楼梦》四〇回：“令小厮传～们到舡坞里撑出两只船来。”《补红楼梦》四一回：“小船也有四五只呢，也还有几个～，教几个丫头们采莲。”

【驾牌】 jià pái 皇家发出的牌票。明汤显祖《牡丹亭》五二出：“你瞧这～上：钦点状元岭南柳梦梅，年二十七岁。”《于少保萃忠全传》一九传:“我是写字校尉袁彬,见有～在照。”清《太常续考》卷四:“一行礼部祠祭司,关领文字牙牌手本;一行锦衣卫,关领～手本。”

【驾票】 jià piào 即“驾帖❶”。明汤显祖《邯郸记》二〇出:“有～在此,跪听宣读。”清《醉醒石》九回:“文书房写了～,并红本送至刑科。科官签了,校尉赍至刑部。锦衣卫官将犯人绑缚,同刑部官押赴西角头。”

【驾帖】 jià tiě ❶秉承皇帝意旨,由刑科签发的逮捕人的公文。明杨士聪《玉堂荟记》卷下:“凡缇骑有所逮系,须奉～。其～先经由刑科,姓名之下,以墨笔乙之,防增入也。”《梼杌闲评》三二回:“忠贤也不题本,竟自给出～,差锦衣卫拿解来京。”清李玉《清忠谱》一〇折:“周蓼老被逮,～已到,今日在西察院开读。” ❷犹“驾牌”。清《锦香亭》一四回:“次早起来,外面报有～下来,子仪忙出迎接,展开～来看,原来是景期攻围安庆绪不下,奏请添兵。圣旨着子仪部下仆固怀恩前去助战。”

【驾头】 jià tóu ❶仪仗或队列领头的。五代和凝《宫词》之七六:“龙凤金鞍软玉鞭,雪花光照锦连乾。～直指西郊去,晓日寒生讲武天。”宋刘弇《伤蔡文仲秋闱失意》:“翼摧云外鹄,身绊～鹏。”元柯九思《题王仁寿画驼》:“仗内垂铃珠错落,～蒙背锦斓斑。” ❷帝王出行时仪仗之一。宋沈括《梦溪笔谈》卷一:“正衙法座,香木为之,加金饰,四足堕角,其前小偃,织藤冒之。每车驾出幸,则使老内臣马上抱之,曰～。”明张四维《双烈记》二六出:“那仪鸾卫司摆设何如?〔校尉〕老爹听禀:卤簿～先设,五门五岳仪锽。” ❸即“驾头杂剧”。元黄雪蓑《青楼集·珠帘秀》:“杂剧为当今独步,～花旦、软末泥等,悉造其妙。”

【驾头杂剧】 jià tóu zá jù 指表演帝王、宫廷故事的杂剧。元黄雪蓑《青楼集·南春宴》:“姿容伟丽,长于～,亦京师之表表者。”明顾起元《客座赘语》卷一〇:“但有亵渎帝王圣贤之词曲、～,非律所该载者,敢有收藏传诵、印卖,一时拿送法司究治。”

【驾长】 jià zhǎng 对艄工或船工的尊称。明《禅真后史》七回:“这船上水手们暗中瞧见了若干财物,心下吃惊,悄悄暗通～,互相计较。”清孔尚任《桃花扇》二七出:“～,这是吕梁地面了,扯起篷来,早赶一程。”《雪月梅》六回:“～哥,如今天色尚早,若从下水放船,还好到得荻浦。”

【驾掌】 jià zhǎng 同“驾长”。清《无声戏》四回:“～曳起风篷,方才离了虎穴。”《绿牡丹》二三回:“～恐都用过饭了,该开船过江了。”

【架儿】 jià er ❶即“架子❶”。宋吴自牧《梦粱录》卷一三:“又有经纪人,担瑜石钉铰金装～,共十架,在孝仁坊红杈子卖皂儿膏、澄沙团子。”《元曲选·窦娥冤》二折:“坟头上土脉犹湿,～上又换新衣。”清《霓裳续谱·一间幽斋》:“六才子书在～上摆。”❷出入妓院为嫖客、妓女跑腿拉关系的人。明陈铎有《朝天子·～》。《金瓶梅词话》一五回:“忽见帘子外探头舒脑,有几个穿褴褛衣者——谓之～,进来跪下。”清《续金瓶梅》四五回:“你替我做牵头,我替你做～,好一路养汉。”《野叟曝言》三三回:“就是篾客、～,每年间也要陪些茶酒,润润他的喉管。” ❸即“架子❸”。清《后红楼梦》五回:“是汉子,摆什么～,还要闹长随呢!”又一六回:“你瞧着,而今到底谁捆谁?你坐在堂上这～那里去了?” ❹即“架子❹”。清《飞龙全传》二〇回:“说罢,放下包裹,脱去了袍服,摆了两个～。”

【架阁】 jià gé ❶犹“架子❶”。《太平广记》卷三〇〇引《处士萧时和为杜鹏举所作传》:“房廊四周,簿帐山积。当中三间,～特高,覆以赤黄帏帕,金字榜曰《皇籍》。”明杨慎《落灯风》:“彩～秋千,红绳紧、香尘满地。” ❷比喻搁置、阻断。明汤式《醉花阴·离思》:“俺娘铁石心肠,更狠如虎豹,将、将、将,好姻缘成～。”

【架格】 jià gé ❶同“架隔”。金《董解元西厢记》卷二:“办得个～遮截,欲胜那僧人砐上砐。”清《野叟曝言》二三回:“被那乞丐两手～,将木篙纷纷格入水中。”《绮楼重梦》一三回:“忙用个乱劈柴势,把双拳往下一撇,～开了。” ❷犹“架子❷”。元周德清《一枝花·遗张伯元》:“出削个好歹,但成个～,未敢望将如栋梁采。”

【架隔】 jià gé 招架并拨开。《元曲选·小尉迟》三折:“我又不敢还他,则是遮截～些儿者。”明戚继光《纪效新书》卷六:“复单人以长枪短刀对较,能～长枪刀棍,翼狼筅,出人杀人为熟。”清《绿野仙踪》三一回:“林岱也不答话,提戟就刺。尚义即忙～。”

【架话】 jià huà 掺话;插入挑拨的话。清《醒世姻缘传》七五回:“你说那里有影儿?这们两头～哩!”

【架谎】 jià huǎng 插谎;加添谎言。明《金瓶梅词话》七回:“有话当面说,省得俺媒人们～。”又九二回:“这杨大郎名唤杨光彦,绰号为铁指甲,专一枭风卖雨,～凿空。”

【架空】 jià kōng ❶同“驾空❶”。唐岑居中《石桥铭》:“穹隆云梁,飞云～。悬流下激,绝岸旁通。”清袁枚《子不语》卷一六:“两手～而行,若有人提之者。” ❷同“驾空❷”。唐刘禹锡《答饶州元使君书》:“今研核至论,渊乎有味,非游言～之徒。”宋洪迈《夷坚志》支癸卷一〇:“刘本无术,但～吓人耳。”明杨柔胜《玉环记》二二出:“怎么在爹爹面前无中生有,～说这一场?”

【架落】 jià luò ❶撺掇;怂恿挑动。清《醒世姻缘传》三二回:“你每日～着七叔降人,你在旁里戳短拳。”又:“单只～着七叔降人?今日七叔没在这里,咱两个就见个高低。” ❷拨打使跌落。清《说唐后传》一四回:“说什么祖车轮斧法不如你,被你～尘埃。”

【架捏】 jià niē 虚构;伪造。明于谦《忠肃集》卷一:“又复～虚词,夸大张皇,肆为欺罔。”王守仁《告谕庐陵父老子弟》:“取其近似者,穷治之,亦多凭空～,曾无实事。”《封神演义》六回:“杜元铣与方士通谋,～妖言,摇惑军民。”

【架桥】 jià qiáo 比喻两头扯谎。明《西游记》四七回:“我们是扯谎～哄人的大王,你怎么把这谎话哄我!”《金瓶梅》二〇回:“老虔婆见西门庆打的不相模样,还要～儿说谎,上前分辨。”清《红楼梦》六三回:“你如今也学坏了,专会～拨火儿。”

【架舌】 jià shé 搬弄口舌。明《金瓶梅词话》八六回:“几时进屋里吃酒来?原来咱家这大官儿,恁快捣谎～!”又九〇回:“当初只因潘家那淫妇,一头放火,一头放水,架的舌,把个好媳妇儿生逼临的吊死了。”

【架设】 jià shè 架构设置。明胡宗宪《筹海图编》卷一二:“每扇约阔三四尺,或长七八尺,环城～。”

【架式】 jià shì 犹“架子❹”。清雍正元年十二月三日韩良辅奏文:“而粤西山多林密,利于牌刀。故将弓箭软弱～平常者,改为藤牌挑刀。”《飞龙全传》二三回:“那大王见输了一掌,就把～改过,收回飞脚,换了长腿。”《补红楼梦》六回:“湘莲便掣出鸳鸯剑来,先走了～,然后斜行拗步的舞了起来。”

【架势】 jià shì 同“架式”。清《平定金川方略》卷一六:“该省兵丁,弓箭～虽有可观,而弓力率多虚报。”《醒世姻缘传》四三回:“珍哥使起～,两个在白沟河大战一场。”《万花楼》三〇回:“舞起大刀,劈前挡后,做出几般～来。”

【架说】 jià shuō 掺言;从中说不利的话。清《醒世姻缘传》三三回:“又有吃了那官亏的百姓,恼得我的仇人都来归罪,～报冤,这才关系着身家性命。”又五九回:“无奈先是那妯娌不和,枕边～了瞎话，以致做男子的妻子为重，兄弟为轻。”

【架虚】 jià xū ❶犹“驾空❶”。唐韩休《驾幸华清宫赋》：“琼楼～兮灵仙保，长生殿前兮树难老。”宋薛季宣《至樊口》之三：“舴艋～掀舞甚，可堪破舶问前湾。” ❷犹“驾空❷”。唐刘轲《再上崔相公书》：“日者有自边兵来，曰凡事阅于目而可置于口，非凿空～事游谈者也。”明佚名《满庭芳·西厢十咏》：“你专一～，枉自败风俗。”《禅真逸史》六回：“踢天弄地，～造谎，天下疑难的事经我手，不怕他不成。”

【架言】 jià yán ❶托言；伪造言辞。明章潢《图书编》卷四七：“及恋住不归，又～复仇卫喇特。我信而不疑。”《封神演义》七八回：“此俱是边庭武将，钻刺网利，～周兵六十万来犯关庭。”清雍正七年七月二十二日徐鼎奏文：“实则乐起衅端，方可就中取利，或～恐吓。” ❷从中说挑拨的话。清《绿野仙踪》五九回：“苗贼～致卿于死，而究其所以死卿者，实由于如玉也。”

【架造】 jià zào ❶捏造。宋范纯仁《缴奏欧阳修朋党论》：“近日颇有匪人～谤言，毁黩良善。”叶绍翁《四朝闻见录》卷四：“于是胡纮、刘德秀等且～险语，且欲株陷良人。”《续资治通鉴长编》卷四二四：“故党人共出死力，～言语，无所不至。” ❷构架建造。宋《朱子语类》卷一二一：“这大底道理，如旷阔底基址，须是开垦得这个些，方始～安排有顿放处。”《元典章·吏部六》：“其烧不尽木植，已是不堪～。”明汤显祖《邯郸记》二二出：“狗排栏～无般妙，个里难轻造。”

【架子】 jià zi ❶用于支撑或搁置东西的用具。唐陆龟蒙有《石笔～赋》。宋孟元老《东京梦华录》卷六：“唯焦鎚以竹～出青伞上，装缀梅红缕金小灯笼子，～前后亦设灯笼。”清《红楼梦》四一回：“这里也有扁豆～。” ❷形式；外在结构。《五灯会元》卷一九《护国景元禅师》：“杨岐大笑，眼观东南，意在西北。白云悟去，听事不真，唤钟作瓮。检点将来，和杨岐老汉，都在～上将错就错。”清冯班《钝吟杂录》卷二：“熟看廿一史，便知自古天下之不治皆由于家不齐，然后可以看《大学》。不然，便以为～说话。”又卷七：“二王法帖只是影子，惟～尚在可观耳。” ❸身分；派头。元施惠《幽闺记》九出：“〔净倒科。丑〕罢了，倒了虎头山的～。”明吕坤《呻吟语摘》卷上：“今人苦不肯谦，只要拿得～定，以为存体。”清《儒林外史》二〇回：“凡事立起体统来，不可自己倒了～。” ❹动作姿势；武术招式。《元曲选·气英布》三折：“〔樊哙做扯～科，云〕想是他还恼哩，待我老樊与他打一个流星十八跌。”明《西游记》二回：“那魔王丢开～便打，这悟空钻进去相撞相迎。”清李玉《清忠谱》二折：“净、丑各脱衣介；两边扯～介。” ❺用作量词。套。《元曲选·救风尘》一折：“那周舍穿着一～衣服，可也堪爱哩。”又《东堂老》二折：“你只是把眼儿撑着，看我这～衣服如何？”

【假告】 jià gào ❶告假；请假。《新唐书·百官志一》：“（郎中）一人判簿及军戎调遣之名数，朝集、禄赐、～之常。”《元典章·吏部五》：“～事故，官员不报曹状，罪犯一次，罚俸八两。”明韩邦奇《韩邦靖传》：“应行者数辈皆惧甚，～图免。” ❷假期。宋张詠《陈州到任谢表》：“皇帝宽给～，倍加安存。”

【假开】 jià kāi 假期结束。《唐会要》卷二三：“但假内往来，不限日数。有因此出城，～不到者。”《旧五代史·周书·王峻传》：“节假之内，未欲便行；已俟～，即依所奏。”宋文彦博《乞罢重任札子》：“今冬节～，伏望圣慈矜允，早赐处分。”

【假日】 jià rì ❶规定为休假的日子。唐姚合《武功县中作》：“青山隔几重，～多无事。”宋叶梦得《石林燕语》卷六：“阍吏亦以榜揭于门曰：～不见客。”清袁枚《子不语》卷一七：“伊都拉，年二十一，入直羽林。～，猎芦沟桥之西。” ❷假期；休假的期限。明《西湖二集》卷一三：“一连在岳母家过了几日，～已满，王立遂将娘子搬到寨中居住。”

【假帖】 jià tiě 假条。《元曲选·还牢末》楔子：“〔正末云〕他有～在此。〔孤看帖科，云〕～上误了一个月限。这厮说谎。”

【假限】 jià xiàn ❶期限。唐郑仁表《左拾遗鲁国孔府君墓志铭序》：“新进士得意归去，多不伏拘束～，往往关试不悉集。”《元曲选·还牢末》楔子：“路途遥远，风雨阻隔，因此上误了～。”明焦竑《玉堂丛语》卷六：“而公衰绖疏水，竟三年，然后赴阙，则阅～两岁矣。” ❷假期。《元曲选·李逵负荆》一折：“奉宋公明哥哥将令，放俺三日～，踏青赏玩。”元明《三国志通俗演义》卷一三：“妻死于临洮，告两月～，归葬其妻便回。”清《野叟曝言》一二七回：“三月初一日，到了吴江。因有十日～，遂择于十六日上任。”

【假休】 jià xiū 休假。宋楼钥《少师观文殿大学士王公行状》：“～亦入，抵暮始归。”《宋史·仁宗纪三》：“诏执政大臣：非～不许私第受谒。”明徐渭《策》：“至而不为～示缓之计，声东击西衔枚窃发之图，而乃盛其鼓吹、犒赏、启行之节。”

【嫁奁】 jià lián 即“嫁妆”。宋陈耆卿《竹村居士林君墓碑》：“金夫人行实媲君，空～助之。”元方回《七十五翁吟》：“长女亡六载，次女病未瘳。假使即勿药，～将焉筹？”清《二度梅》三五回：“地方官给他几十两银子，以作～之资。”

【嫁母】 jià mǔ 父亡再嫁之母。《资治通鉴》卷二一五：“（唐玄宗天宝六年）又令天下为～服三载。”《元典章·礼部三》：“～，父亡母改嫁适人者。”清汪琬《经解六》卷二五：“～、出母为父后者，犹无服，何有于妻母之出且嫁者乎？”

【嫁事】 jià shì ❶嫁；嫁给。事，服侍，谓女子出嫁事夫。宋舒璘《竺硕夫妻舒氏圹志》：“年二十而～硕夫，三十有八年而嫠。”《五代史平话·汉上》：“昨～刘光赞为妻。”明徐畛《杀狗记》三五出：“念妾姓杨名月真，～孙华为妻。” ❷婚事。明孟称舜《花舫缘》三出：“借蝶粉，取莺梭，备香奁，成～。”清《红楼复梦》八八回：“祝母们料理修云～刚有头绪，接著王夫人们一齐俱到。” ❸指嫁妆。明《二刻拍案惊奇》卷一五：“徽商受了，增添～，自己穿了大服，大吹大擂，将爱娘送下官船上来。”清《野叟曝言》一〇回：“一个十五六岁，名叫了缘，进京去，替苏州在京的太太小姐做绣作帮～的。”《姑妄言》八回：“如今赔的～是不消说，将来这几十万家私房产地土，都是女婿承受。”

【嫁妆】 jià zhuang 女子出嫁时，娘家陪嫁的财物。宋元《清平山堂话本·李翠莲》：“随即讨乘轿子，交人抬了～，将翠莲并休书，送至李员外家。”《明会典》卷一三一：“笃疾者加一等，并令归宗子孙之妇追还～。”清《红楼梦》一九回：“各样的～都齐备了，明年就出嫁。”

【嫁装】 jià zhuang 同“嫁妆”。宋庄绰《鸡肋编》卷中：“女年十四五，即使自营～，办而后嫁。”明《警世通言》卷三〇：“褚公备千金～，亲送女儿过门成亲。”清陈端生《再生缘》四五回：“全副～多备下，寻得个，房头他是孟家人。”

【嫁资】 jià zī 即“嫁妆”。宋司马光《家范》卷二：“其处女亦蒙首执牒，自讦于府庭，以争～。”明沈鲸《双珠记》三九出：“〔净〕这珠是远来之物，只恐不是你家的。〔老旦〕双双随～。〔净〕元来你的珠是两颗。”清《情梦柝》一七回：“那沈长卿正在家料理若素～，忽报录的打进来。”

jiān

【尖】 jiān ❶形容声音细而高或使声音细而高。唐李商隐

《安平公》："时禽得伴戏新水，其声～咽如鸣梭。"《元曲选·货郎旦》一折："他那里～着舌语刺刺，我这里掩着面笑呵呵。"明唐枢《国琛集》卷下："其韶乐，大抵因王虔休《蔡氏新书》能究其辞意，而加以四清声，音律～高非昔比矣。" ❷新巧；奇峭；露锋芒。唐姚合《和座主相公西亭秋日即事》："酒浓杯稍重，诗冷语多～。"明沈德符《万历野获编》卷二六："诗语虽～，似近于薄。"杨慎《庾信诗》："绮多伤质，艳多无骨，清易近薄，新易近～。子山之诗绮而有质，艳而有骨，清而不薄，新而不～，所以为老成也。" ❸(风)凌厉。金王万锺《春宵》："风～月细春犹浅，酒冷灯昏夜向深。"明蒋一夔《尧山堂外纪》卷八六："云意模糊雪意兼，六龙城下晚风～。"清《霓裳续谱·忽听得中堂人语喧》："这壁厢缺少个白云堆，牛头夜叉；那壁厢缺少个朔风～，五鬼獠牙。" ❹竖；呈尖状或凸起状。宋欧阳修《戏答圣俞》："兔蹲而累，～两耳，攒四蹄。"明戚继光《纪效新书》卷一五："除此之外，或以铁为锋，或云用鹅毛、人发，或用密纸，或用皮漆，或用竹木而～其脊。"清《歧路灯》三三回："不多一时，抹桌摆来，果然～碗满盘十来器排在桌上。" ❺刺；扎。明《杜骗新书·假银骗》："再用银打一尖子～之，又以铁凿子凿之。" ❻耳目灵敏。《元曲选·曲江池》二折："下死手，无分寸。眼又～，手又紧。"清《红楼梦》六三回："偏你这耳朵～，听得真。"《白雪遗音·云淡风轻》："你可看得出鱼的雌雄，算你眼睛～。" ❼尖刻；刻薄。明汤式《湘妃引·代人送》："干相思心绪乱如丝，虚疼热恩情薄似纸，死僝僽语话儿～如刺。"清《红楼梦》五七回："他那些丫头妈妈，那一个是省事的？那一个是嘴里不～的？"《霓裳续谱·泪涟涟叫了声丫鬟》："姑娘莫怪我嘴头儿～，想此事姻缘不周全。" ❽善于出头争先的人。明陈继儒《珍珠船》卷三："郭景尚，字思和，善事权宠，世号郭～。" ❾指女鞋，或借指脚。明孟称舜《娇红记》二七出："我今把这鞋拿去还他，看他怎么说？我把双～拾在绣衾傍。"沈德符《万历野获编》卷二三："又每人给一圈屏一溲器，可谓曲体之至，但宫掖邃远，以春～徒步为苦耳。"汤显祖《南柯记》二七出："〔丑〕小哥，看飞～。〔贴放丑倒介。丑〕不信老娘倒了架。" ❿量词。明徐渭《四声猿·女状元》一出："一～巾帼，自送高堂风烛。"汤显祖《南柯记》七出："一～红绣鞋，双飞碧玉钗。"邵宝《容春堂续集》卷六："每石得耗米三斗一升两～。"

【尖担】 jiān dàn 用来挑东西的扁长棍，两头尖。《元曲选·救风尘》三折："这婆娘他若是不嫁我呵，可不弄的～两头脱？"明《警世通言》卷一："取～挑了蓑衣斗笠，插板斧于腰间。"

【尖儿】 jiān er 出众的人或新鲜少见的物。明《金瓶梅词话》五八回："哥今日拣的这四个粉头，都是出类拔萃的～了。"清《红楼梦》三九回："瓜果菜蔬也丰盛。这是头一起摘下来的，并没敢卖呢，留的～孝敬姑奶奶姑娘们尝尝。"

【尖儿手】 jiān er shǒu 作为哨探的军兵。明谭纶《比例请讨行粮料草以便克敌疏》："今该镇标兵多系调到燕、石、马、太四路～，故得照调出事例，日支行粮料草。"朱九德《倭变事略》："辽东义勇卫虎头枪手三千名，河间府义勇～三千名。"章潢《图书编》卷四四："今纵不能复祖宗之旧制，重四夷馆之选，然各路夜不收、～之属凡通夷语者，独不可遴选而劝征乎？"

【尖风】 jiān fēng 凌厉的风。唐李商隐《蝶》："只知防皓露，不觉逆～。"宋葛胜仲《西江月·灵观夜燕作》："寂寂回廊小院，冥冥细雨～。"元乔吉《卖花声·悟世》："～薄雪，残杯冷炙，掩清灯竹篱茅舍。"

【尖利】 jiān lì ❶(器物)尖而锋利。唐张鷟《朝野佥载》卷六："真腊王取大牛肉，中安小剑子，两头～。"明彭大翼《山堂肆考》卷二一二："其喙～如锥，取茅莠为巢。"清《红楼复梦》八七回："齿白如丁，上下～。" ❷精要；高妙。宋《朱子语类》卷四九："今教小儿，若不匡，不直，不辅，不翼，便要振德，只是撮那～底教人，非教人之法。"又卷一一七："只将颜渊、曾点数件事重叠说，其他诗书礼乐都不说。如吾友下学，也只是拣那～底说，粗钝底都掉了。" ❸为人精明尖刻或言语尖刻锐利。宋《朱子语类》卷一三〇："问：邢恕少年见诸公时，亦似好。先生曰：自来便～出头，不确实。"清《醒名花》二回："谁晓得佛奴做人最是～的，前日为了湛生，受了小姐的这场闷气，今日见翌王拿得诗笺，竟要去了，便思想设个法儿捉弄他。"《好逑传》九回："亏我言语来得～，他看见不是头路，下不得手，故假作悻悻而去。" ❹凌厉。明王世贞《跋赵松雪墨迹》："赵吴兴《拟古》五首，～遒逸，出入李北海。"清曹庭栋《养生随笔》卷二："另有一种冷气，分外～。譬之暗箭马，中人于不及备，则所伤更甚。" ❺声音细而高。明张瀚《松窗梦语》卷五："鸟中最警敏者，土人呼为聒聒鸡，以其声之～也。"清《医宗金鉴》卷三四："撮口唇音极短，高清柔细，透彻～。"

【尖灵】 jiān líng 精明机灵。明《梼杌闲评》一三回："娘太～爷太呆，两口儿合不着。"

【尖泥】 jiān ní 即"泥头❷"。宋王之道《次韵董令升梅花》："花前樽酒泻～，痛饮仍欣客到齐。"陈克《鹧鸪天·阳羡总部竞渡》："倾两耳，斗双螭，家家春酒泻～。"

【尖巧】 jiān qiǎo ❶尖新奇巧。宋陈允平《黄莺儿·柳浪闻莺》："数声娇啭，婉娩如愁，调簧弄歌～。"明张岱《陶庵梦忆》卷六："沈虎臣出语尤～。"清袁枚《随园诗话》卷九："李笠翁词曲～，人多轻之。" ❷敏锐灵巧；精明乖滑；锋利乖巧。清陈端生《再生缘》一四回："聪明～项南金，未看文臣看武臣。"《野叟曝言》七五回："轻狂的就庄重起来，～的就忠厚起来。"《红楼梦》一〇五回："凤丫头病到这个分儿，这张嘴还是那么～！"

【尖哨】 jiān shào 即"尖儿手"。明汤显祖《邯郸记》一五出："访的军中有一～，叫做打番儿汉，讲得三十六国番语，穿回入汉，来去如飞。"李梅实《精忠旗》一二出："〔小净〕唤能行会走通南音的～儿上来。〔丑扮～儿上〕全凭两脚如飞，做我一生活计。"《明史·兵志一》："增营兵为五千，又十选一，立～五百骑。"

【尖耍】 jiān shuǎ 闲荡；浪游。宋朱敦儒《好事近》："一棹五湖三岛，任船儿～。"杨无咎《人月圆》："闹蛾斜插，轻衫乍试，闲趁～。"

【尖酸】 jiān suān ❶奇巧；刻薄；刁钻。明王思任《批点玉茗堂牡丹亭词序》："至其传奇，灵洞散活～。"吾邱瑞《运甓记》一二出："搅着子个老江湖个主顾，算计得我介刻骨样～。"清《豆棚闲话》一〇则："倘遇着苏州人嘴头刻薄，我们也要整备在肚里～答他！" ❷指刁钻奸滑的人。明《挂枝儿·蚊子》："随你悭吝贼逢他定是出血也，你这小～少不得死在人手里。"《山歌·老鼠》："只一钻，只一钻，阿奴欢喜小～，来去身松快便。" ❸挖苦；讥讽。明《欢喜冤家》一七回："那素梅口角极会～，见了先生道：'先生对得好课！'"《西游补》九回："这个老头儿，今日反来～我了。"清《生绡剪》九回："及至过来周旋玉峰，反被他～开了。"

【尖头】 jiān tóu 顶端。宋叶適《明觉寺》："云山～海潮涌，九月天雪山叶重。"明《拍案惊奇》卷六："要他伸出舌头来看，已自没有～了。"清《荡寇志》一三〇回："把那支铁杆～往粪门里套入，插将进去。"

【尖纤】 jiān xiān ❶纤细；细巧。多用来形容女人手指。唐张祜《丹阳新居》："勃窣松栽短，～石笋圆。"宋贺铸《辨弦声·迎春乐》："琼琼绝艺真无价。指～、态闲暇。"清《醒世姻缘传》五二回："猛着莲弯窄短，细观笋末～。" ❷ 借指女人手指。宋杨泽民《花犯·桃花》："～向、鬓边戴秀，芳艳在、多情云翠里。"李吕《木兰花》："暂时得近玉～，翻羡缕金红象管。"

【尖削】 jiān xiāo （山峰）如削砍般尖利。明徐复祚《投梭记》二七出："看山形险赚，～如簪。"《西洋记》二四回："东边是一座～的高山阻住。"清顾炎武《读史方舆纪要》卷七四："山峰～，状如鹿角。"

【尖新】 jiān xīn 新颖；别致。《敦煌变文校注》卷一《捉季布传文》："据君良计大～，要其舍罪收皇敕，半由天子半由臣。"金刘祁《归潜志》卷三："（刘勳）平生诗甚多，大概～，长于属对。"清严廷中《沉醉东风·秘春》："小姑言语特～，轻薄时教人待怎？"

【尖夜】 jiān yè 夜出侦探的军卒。明谭纶《分布兵马以慎秋防疏》："慎选伶利忠实～，各给与路费，令其远入近边营帐，多方侦探彼中向往消息。"姚士粦《见只编》卷中："余尝见陕中～张得三，时从虏中盗得其马。"

【尖嘴】 jiān zuǐ ❶ 吻部向前突出。也指这样的嘴型。元高安道《哨遍·嗓淡行院》："吹笛的把瑟歪着～，擂鼓的撅丁瘤着左手。"明汤显祖《南柯记》二一出："〔吏〕又要几个～的教坊。〔丑〕要他怎的？〔吏〕会吹。"清袁枚《续子不语》卷五："不但此也，恐～雷神还要来闹。" ❷ 多嘴或说话尖酸刻薄。明《梼杌闲评》三三回："臭～骚根子，再说胡话，咱就送你到前门上去！"《型世言》二六回："他说：'千定不可把家中得知。'昨日不曾分付得，我又尖了这遭嘴。"清《醒世姻缘传》六六回："～小厮，做弄的我差一点儿没把俺婆子打杀。" ❸ 费唇舌。清《歧路灯》七三回："况我今日自老师衙门回来，人人以为当有厚赠，我也筹度怎还他们，一定要楚结些～账目。"

【奸】 jiān 狡黠；精细；刁滑。唐王建《宫词》之七六："鹦鹉谁教转舌关，内人手里养来～。语多更觉承恩泽，数对君王忆陇山。"元佚名《满庭芳》："婆婆最～。输石镯钏，锡钗环，他道是锦衣裳到不如家常扮。"清《蝴蝶缘》八回："我这敝地的骗子最～。既被他骗去，你一个外路人往那里去缉访得着？"

【奸弊】 jiān bì 欺诈、蒙骗、舞弊的行为或弊端。唐张蠙《赠南昌宰》："每锄～同荆棘，唯抚孤惸似子孙。"宋王林《燕翼诒谋录》卷一："铨曹吏人～最甚，掌铨者虽聪明过人，皆不能出。"清《续金瓶梅》四六回："一封了门，再不许片字相通，以防～。"

【奸刁】 jiān diāo 狡诈。也指狡诈的手段。明《包龙图判百家公案》卷六："隆亦是个～之徒，不容相让，讼之于官。"清傅泽洪《行水金鉴》卷一三五："军民商贾便无颠覆沉溺之忧，不必乞灵于鬼神，而闸棍虽～亦无所用其巧矣。"陈端生《再生缘》四八回："朝廷准了辞婚语，那女子，倒放～出巧言。"

【奸夫】 jiān fū 通奸的男子。《金史·张大节传》："近郭有男子被杀者，闻其妻哭声不哀，召而审之，果为～所杀。"元李文蔚《燕青博鱼》三折："哥哥，俺嫂嫂有～也。"清《醒世姻缘传》二〇回："只见一个汉子背了两个人头往城内走，管门夫拦住诘问，说是从雍山庄割的～淫妇的首级。"

【奸妇】 jiān fù 通奸的女子。元周达观《真腊风土记》："～之夫或知之，则以两柴绞奸夫之足，痛不可忍。"《元曲选·灰阑记》三折："奸夫～都在这店里，咱和你拿他去来。"清《野叟曝言》九九回："再听那～口供，却正是柯浑之妾，与和尚通奸。"

【奸棍】 jiān gùn 险恶奸诈的油滑之人。明范景文《更定经制疏》："今后各镇如有废弃罪弁、无籍～钻营咨荐听用的，该督抚即指名参来，严究重治。"清孙承泽《春明梦餘录》卷六三："～赵瞎子等口称厂卫捏指漏税，密擒于崇文门东小桥庙内。"《儒林外史》一九回："访得潘自业，即潘三，本市井～，借藩司衙门隐占身体。"

【奸吝】 jiān lìn 奸滑吝啬。《星命溯源》卷三："面如火胆，大多～。"明《金瓶梅词话》三回："我知你从来～，不肯胡乱便使钱。"

【奸门】 jiān mén 相面部位，在外眼角。宋佚名《太清神鉴》卷二："～主奸私之事，有黑痣为奸盗所害。～有肉起，淫秽不避亲疏。"明徐谦《仁端录》卷一："左太阳上截、两眼眶、凤尾、丝竹、～、泪堂，及左手，足肝之经也。"《金瓶梅词话》二九回："根有三纹，中岁必然多耗散；～红紫，一生广得妻财。"

【奸便】 jiān pián 奸计；圈套。唐赵元一《奉天录》卷三："贼徒胆破，军势不安，逃遁有迹，日夜枝梧，免落～。"《敦煌变文校注》卷一《汉将王陵变》："若捉他知更官健不得，火急出营，莫洛（落）他楚家～。"元刘将孙《送临川二艾采诗序》："石湖先戏之云：'陆参议诗中第一，汝能动之否？'妓笑曰：'可。'放翁至，石湖亦先以告，且曰：'毋落儿女子～。'"

【奸骗】 jiān piàn ❶ 骗奸；诱骗奸淫妇女。宋元《清平山堂话本·错认尸》："不则一日，不想玉秀被这小二～了。"明林俊《抚处王武等疏》："诓掳财物，～妇女，烧毁房屋。"清《赛花铃》六回："文成设局～，坏人名节，情实可恨。" ❷ 指诈骗。明祁麟佳《错转轮》楔子："这一条路专有～鬼魂，解往变畜者，生捉行路鬼魂充数。"《醒世恒言》卷一三："这厮不合淫污天眷，～宝物，准律凌迟处死。"清张英《聪训斋语》："夫人厚积，……则必有亲戚之请求，贫穷之怨望，僮仆之～。"

【奸人】 jiān rén 奸细；暗探。《敦煌变文校注》卷一《张议潮变文》："～探得事宜，星夜来报仆射。"明徐元《八义记》三四出："曙色才分出禁城，虑他前后有～。心慌不怕程途远，错走前村半里程。"《型世言》三〇回："观此人既能盗印，他把～已布在老大人左右了。"

【奸宿】 jiān sù 奸淫并一起过夜。宋元《警世通言》卷七："新荷供说：'我与可常～有孕。'"《元史·张珪传》："比者也先铁木儿之徒，遇朱太医妻女故省门外，强拽以入，～馆所。"清《绿野仙踪》二二回："招赘金不换做养老女婿，把小人妻子平白被他～二十餘夜。"

【奸顽】 jiān wán ❶ 奸诈不法的人。唐元稹《野节鞭》："誓以鞭～，不以鞭蹇跛。"《元曲选·王粲登楼》一折："外镇边关，内剪～。"清《醒世姻缘传》三一回："这也是老天收捕～，不教那大家拯援饿殍。" ❷ 奸诈不老实。元佚名《新水令·闺情》："他性格～，不寄平安。章台柳恣意留连，蟾宫桂未许跻攀。"《明史·周忱传》："耕者借贷，必验中下事力及田多寡给之，秋与粮并赋，凶岁再振。其～不偿者，后不复给。"清《隋唐演义》二七回："为因父母俱亡，其兄～，贪了财帛，要将他许配钱牛。"

【奸污】 jiān wū ❶ 强奸或诱奸。唐李商隐《杂纂·恶不久》："～僧尼骂行童。"《元史·胆巴传》："传舍至不能容，则假馆民舍，因迫逐男子，～女妇。"清《野叟曝言》六七回："我是马成天媳妇，我被这道士骗进庙来～了。" ❷ 指奸邪污秽的行为或人。宋王安石《萧注责授团练副使制》："乃公为～，不忌边禁，以至擅发丁壮，采金蛮夷。"明薛瑄《送刘佥宪之任序》："其必大有所设施，涤濯～，慰柔良善。"清《绣球缘》五回："小民虽死，誓必阴噬胡贼，杀却～，快息冤魂怨魄！" ❸ 玷污。元王恽《汲冢怀古》："孔子修六经，亦已防～。"明王世贞《苏松参将梁公德政记》："病，吾药之；即不幸死，吾棺之。慎毋轻狡为盗，～乃公三尺也。"

【奸细】 jiān xì 为敌方刺探消息的人。五代石敬瑭《招抚尹晖娄继英敕》："此后诸处收捉到～文字等，其捉事人依旧支给优赏，其细人画时处斩，文字当处焚烧。"明《二刻拍案惊奇》卷六："在这门前探头探脑的，莫不是～么？"清洪昇《长生殿》三四出："〔末〕大哥每，你看那御河桥树枝，为何这般乱动？〔老〕莫不有甚～在内。"

【奸占】 jiān zhàn 奸污并占有妇女。《元曲选·窦娥冤》四折："张驴儿毒杀亲爷，～寡妇，合拟凌迟。"明沈德符《万历野获编》卷二七："上命撤所建违式宫殿，出他～宫女。"清《野叟曝言》八二回："奴与寡母路行，被潘承日抢回，～为妾。"

【间】 jiān ❶犹言处，表空间范围。唐张鷟《朝野佥载》卷四："通川界内多獭，各有主养之，并在河侧岸～。"《元曲选·汉宫秋》四折："枕席～，临寝处，越显的吾身薄幸。"清《红楼梦》二七回："再里头床头～有一个小荷包，拿了来。" ❷犹言时，表时间范围。唐张鷟《朝野佥载》卷三："未处分～，有告文智诈受赂贿验，遂斩之。"金《董解元西厢记》卷一："贞元十七年二月中旬～，生至蒲州。"清《儒林外史》一回："弹指～，过了半年光景。" ❸犹言里，表行政管理范围。《太平广记》卷三八〇引《博异记》："初将谓州县～，犹冀从容。而俄被使人曳将，怕惧。"清孔尚任《桃花扇》二九出："俺小店乃坊～首领，只得聘请几家名手，另选新篇。" ❹犹言中，表人际范围。宋张师正《括异志》卷五："明年韩登第，曾以兹事说于亲旧～。"明《拍案惊奇》卷九："一时公卿～，多称诵他好处。"清《红楼梦》二七回："他兄妹～多有不避嫌疑之处。"

【间架】 jiān jià ❶指房屋的结构形式。唐罗隐《镇海军使院记》："地耸势峻，面约背敞。肥楹巨栋，～相称。"宋《朱子语类》卷一九："如人个门，方知门里房舍～。"清《野叟曝言》一二〇回："即当奏闻，撤牌换额，改去～，方敢迁住。" ❷用作房室计量单位。唐司空图《华帅许国公德政碑》："凡筑新城若干尺，增构营舍若干～。……须用方圆之术。"宋《朱子语类》卷一〇："须是人去里面，逐一看过，是几多～，几多窗棂。" ❸间架税。唐中叶始行的按房屋间架数及等级所征收的杂税。唐赵元一《奉天录》卷一："（建中四年）户部侍郎赵瓒上封事，请税三辅、两畿居宇～。"陆贽《论关中事宜状》："其京城及畿县所税～、榷酒、抽贯、贷商、点召等，诸如此类，一切停罢。"《明史·李自成传》："是时，秦地所征曰新饷，曰均输，曰～，其目日增。" ❹借指书画、诗文的结构布局。宋《朱子语类》卷一二："读书先须看大纲，又看几多～。"明费瀛《大书长语》："规画～，穿插得宜，胸中有成字，而后下笔。"清《补红楼梦》二一回："画却也还画得出去，只是章法～还不好。"

【坚固子】 jiān gù zǐ 即"舍利"。宋《四明尊者教行录》卷七："世所谓～者，或青或黄或红或白，滋生于骨上。"明朱国祯《涌幢小品》卷二八："荼毗，得～半升，众弟子分去。"清《女仙外史》五回："元阴不漏，月事不行，便成～。佛家所谓舍利是也。"

【坚悍】 jiān hàn ❶健壮；健旺。唐韩愈《唐故中散大夫胡良公墓神道碑》："年几八十，～不衰。"元张光祖《言行龟鉴》卷五："然七年间未尝一日病，年几八十，～不衰。"清钱谦益《南京刑部浙江司郎中李公神道碑铭》："神明～，老而不衰。" ❷强悍。唐司空图《泽州灵泉院记》："自汉江北渡以至魏晋之郊，其俗～难诱。"金张师颜《南迁录》："忠献王爱其山川广袤，风俗～，力劝自取。"清钱谦益《瞿少潜哀辞》："居平退然不胜衣，其临大义，～如此。" ❸坚硬。宋苏轼《孤山二咏引》："孤山有陈时柏二株。其一为人所薪，山下老人自为儿已见其枯矣，然～如金石，愈于未枯者。"

【坚久】 jiān jiǔ ❶坚持长久。唐王璲《大唐会稽郡化□寺主真法师行业赞》："贤哉真公，戒业～。宣揭宝偈，义传金口。"宋苏轼《论给田募役状》："但役人所获稍优，则其法～不坏。"清《野叟曝言》一四四回："吾弟既悔前非，欲行今是，只宜～，而不可锐急。" ❷坚固耐久或使坚固耐久。宋苏轼《乞相度开石门河状》："然近江土薄，万一数十年后，江水转移，河不～。"《元曲选外编·庄周梦》二折："伤人点水傍边酉，玉液琼浆不～。陷人风波万丈坑，人人送死皆因酒。"明洪应明《菜根谭·闲适》："德者事业之基，未有基不固而栋宇～者。" ❸坚硬持久。明《型世言》二九回："临战时多不～，妇人的意思不大在他。"清《姑妄言》五回："这宦孽人虽愚蠢，倒生得一根成文的大阳物具，又还～。"

【坚苦】 jiān kǔ 坚毅刻苦。唐喻凫《送潘咸》："～今如此，前程岂渺茫。"宋《朱子语类》卷一一六："且如邵康节始学于百原，～刻厉，冬不炉，夏不扇，夜不就席者有年。"清纪昀《阅微草堂笔记》卷一五："有浙僧立志精进，誓愿～，胁未尝至席。"

【坚僻】 jiān pì 固执怪僻。宋谢逸《故朝奉大夫渠州使君季公行状》："士固有博闻强记，贯穿坟典，文章学问为一世所宗者，然迂缓～，不达世务。"清孙承泽《春明梦餘录》卷四五："圣明在上，崇正息邪，固难容此～伪辩之徒也。"《蜃楼志》一六回："清正有餘，才力不足，更有一种～之性，都是着了那时文书卷的魔头。"

【坚朴】 jiān pǔ ❶坚固而朴素。宋钱彦远《敦俭》："今郊庙大礼，陈国初器械，车服～，素质至甚。"岳珂《桯史》卷一："墉堞楼橹虽甚藻饰，而荡然无向时之～矣。"清曹溶《后瓠杯歌》："各能推择尚～，八月九月留霜柯。" ❷坚毅而质朴。明夏良胜《庆宫保大司马菊庄先生寿叙稿》："平生操履～无外饬，出处久速不先有适意。"冯梦龙《智囊补·兵智·用间》："有紫山寺僧法崧，世衡察其～可用，延致门下。"

【坚挺】 jiān tǐng ❶坚强刚直。宋赵善璙《自警编》卷二："吴文肃公子璟，素以～有气节称。"明薛瑄《送刘宪副之任序》："况刘公以～之资，通敏之识，出入风纪者二十餘年。" ❷坚硬挺拔。宋强至《上知府卿书》："夫良匠构厦，必度～之材。"明《僧尼孽海·沙门县献》："其肉具～直竖，若矛若杵。"

【坚意】 jiān yì 坚决；执意。《敦煌变文校注》卷三《八相变（一）》："当时～誓心贞，顾岭嵯峨不畏惊。"元曾瑞《梧叶儿·赠喜温柔》："痴心候，～守，喜温柔。"清《醒世姻缘传》六七回："狄员外见他～不收，只得收回那十二两的原封。"

【坚毅】 jiān yì 坚定有毅力。宋程大昌《演繁露》卷一三："若其笃古～，死且不易，上于人多矣。"清恽敬《上举主陈笠帆先生书》："若夫文之～者必能断，文之精辩者必能谋。"

【坚壮】 jiān zhuàng 坚固雄壮；结实。宋苏辙《论黄河软堰札子一首》："若使所塞～不可动摇，则涨水咽怒必为上流之患。"金张师颜《南迁录》："凡控扼险要，悉筑城垒，务令～。"清《续金瓶梅》六〇回："随甚么破坏直裰，一经了这水，都是光明干净的，又不沾灰泥，又～耐穿。"

【肩】 jiān ❶用肩膀扛或背。唐卢肇《汉堤》："背囊～杵，奔走蹈舞。"明康海《中山狼》一折："且缚了囊口，～上这驴背。"清《儒林外史》一六回："（匡超人）先把猪～出一个来杀了。" ❷并列。犹言比肩。唐张读《宣室志》卷七："吾子当先学炼金，如是，则可以～赤松、驾广成矣。"元陶宗仪《辍耕录》卷六："愿公珍此石，美与众物～。" ❸量词。金刘祁《归潜志》卷一二："金钗易牛肉一～。"明佚名《白兔记》二八出："且往井边，挑几～水。"清《聊斋志异·张诚》："使樵，日责柴一～。"

【肩巴】 jiān ba 肩膀。明《二刻拍案惊奇》卷四："撞着有志气～硬的，拚得个不奉承他，不求告他，也无奈我何。"

【肩膀】 jiān bǎng ❶人体颈下臂上部分。元刘庭信《寨儿令·戒嫖荡》："假若你便铜脊梁，者莫你是铁～，也擦磨成，风月担儿疮。”清于成龙《黄协弁兵争功看语》:“兵王可先～中一铳,穿透。” ❷代指身分地位。清《醒世姻缘传》一回:“向日那些旧朋友都还道是昔日的晁大舍,……谁知晁大舍道这班人～不齐了,虽然也还勉强接待,相见时,大模大样,冷冷落落,全不是向日洽浃的模样。”△《三侠剑》三回:“我弟兄当年曾闲谈过,～齐了为弟兄,要有穷的便不是朋友了。”

【肩背】 jiān bèi 肩膀。明《英烈传》一二回:“摸着四五尺长一块条石,他便担在～上,一步步儿踏上水面。”《西游记》三三回:“这大圣慌的把头偏一偏,压在左～上。”清《红楼复梦》九三回:“摘下鞍上铜锤,照头一下打去。狗巴叫声‘不好’,扭过头去,～上著了一下。”

【肩比】 jiān bǐ ❶肩并着肩,形容人多。唐玄奘《大唐西域记》卷四:“众推此隶与我谈论,常谓僧中贤明～,以今知之,夫何敬哉?”明王世贞《汪山人传》:“而山人之先,……至官太宰、司马、中丞者～。” ❷水平相等。犹言比肩。五代黄滔《省试人文化天下赋》:“夫如是则～三王,威销五霸。”元马治《酬登西冈望龙池诸峰赠马二山人》:“自多岩洞胜,衡庐可～。”

【肩膊】 jiān bó 肩膀。唐孙思邈《备急千金要方》卷二五:“厥逆上气,胸胁～痛。”明《西洋记》二三回:“只见～子上輅轄一声响,响里吊出九口飞刀。”清《万花楼》二六回:“一拳打在他～上,孙云叫痛。”

【肩差】 jiān chā 肩相差次。指并立。唐韩愈《奉和杜相公太清宫纪事》:“四真皆齿列,二圣亦～。”宋汪藻《安人王氏墓志铭》:“诸幼累累～,朝夕孺慕,人不堪其忧。”明李东阳《桃溪杂稿序》:“必其识与学皆起乎一代,乃足以称名家传后世～而踵接者,代亦不过数人。”

【肩担】 jiān dān 另见 jiān dàn。❶指以肩挑为业的,如挑夫、小贩之类。明《醒世恒言》卷二七:“第三等,乃朝趁暮食～之家。此等人家儿女,纵是生母在时,只好苟免饥寒。”清李斗《扬州画舫录》卷一一:“清明前后,～卖食之辈,类皆俊秀少年。”《绿野仙踪》二八回:“推车赶脚～乞丐之类,内中俱有他的党羽。” ❷担负;承担。清《万花楼》四三回:“出京之日,一力～,怎生倒翻杨宗保之手?”

【肩担】 jiān dàn 另见 jiān dān。担子。也比喻责任。宋文莹《湘山野录》卷中:“自昔游钓之所,尽蒙以锦绣,或树石至有封官爵者。旧贸盐～,亦裁锦韬之。”明《封神演义》一五回:“不想子牙不是久挑担子的人,把～抛在地旁,绳子撒在地下。”徐贲《晋冀纪行·渡沁》:“我来坐其涯,～欣暂弛。”

【肩担戏】 jiān dàn xì 木偶戏;傀儡戏。因道具简单,一人携之可行,故称。清李斗《扬州画舫录》卷一一:“(凤阳人)又围布作房,支以一木,以五指运三寸傀儡,金鼓喧嗔,词白则用叫颡子,均一人为之,谓之～。”

【肩二】 jiān èr 枪的隐语。宋陶穀《清异录》卷下:“王建初起,军中隐语代器械之名,……剑曰夺命,刀曰小逡巡,枪曰～。”

【肩贩】 jiān fàn 挑担经营。也指行街的小贩。明孙承恩《与双江方守书》:“城守之人,皆街巷小民,～度命。”清《珍珠舶》六回:“日则～养母,夜借邻烛读书。”吴炽昌《客窗闲话·吴桥案》:“有～张乙,恒负布四方求售。”

【肩夫】 jiān fū 挑夫或轿夫。宋文莹《湘山野录》卷下:“至全州,中途欲僦一仆,得一～,乃游袁州日所役旧奴也。”元方回《次韵康庆之催借所著》:“闻道公家所著书,担囊荷箧喘～。”清《无声戏》一二回:“罗氏、莫氏得了这个替死之人,就如罪囚释了枷锁,～丢了重担。”

【肩尖】 jiān jiān 肩头。本穴位名,位于肩、臂骨相接处。清《说唐后传》三三回:“把身躯一闪,～上着了刀头,连皮带肉去了一大片。”陈端生《再生缘》七四回:“有几骑,飞尘滚滚鸾铃响。见多人,包将黄袱背～。”

【肩轿】 jiān jiào 人工肩抬的轿子,跟畜力驮的轿子相对。明佚名《鸣凤记》一一出:“叫驿卒速备～两乘,官马一匹。”

【肩井】 jiān jǐng 肩膀凹陷处。本穴位名。《太平广记》卷二四七引《谈薮》:“散骑常侍陇西辛德源谓思道曰:‘昨作羌妪诗,惟得五字云:“皂陂垂～。”苦无其对。’思道寻声曰:‘何不道“黄物插脑门。”’”元王恽《坐倦即眠》:“膂膑痴绝疑盘石,～斜倾似堕鸢。”《元曲选·陈州粜米》一折:“也不知打着的是脊梁,是脑袋,是～;但觉的刺牙般酸,剜心般痛,剔骨般疼。”

【肩上】 jiān shàng 肩膀上首。❶指位于左侧。明《英烈传》七回:“因指着郭英～一个说:‘他也姓郭。’” ❷指排行在上。明孟称舜《娇红记》三出:“俺～止有一姊,适与同郡申庆为妻。”

【肩上肩下】 jiān shàng jiān xià 谓水平相仿,不相上下。明《醒世恒言》卷一二:“那谢端卿的学问,与东坡～。”清《平山冷燕》九回:“不期考来考去,总是～之才,并无一人出类拔萃。”

【肩梢】 jiān shāo 肩的外端。也指肩膀。明单本《蕉帕记》二〇出:“你可竖着腰叉,挺着～,撩他去蜃市茫茫,沧溟渺渺,弱水滔滔。”王世贞《为吴舍人题匈奴出猎图》:“哀魄黯霸归荒烟,～袒割太剧颠。”清《医宗金鉴》卷六八:“肩风毒生于～臑上骨尖处。”

【肩挑】 jiān tiāo 犹“肩贩”。明《杜骗新书·谋财骗》:“歙县刘兴,乃孤苦民,一向出外,～买卖十餘载未归家。”清允禄《谕行旗务奏议》卷一二:“凡系～及开设铺面货卖食物者,照常准其贸易。”《珍珠舶》一七回:“四边邻居,不在衙门,就是～生理。”

【肩头】 jiān tóu ❶肩膀。《太平广记》卷九五引《纪闻》:“有夜叉至其前,左～负五色毯。”元吴弘道《金字经·咏樵》:“卖了～一担柴。哈,酒钱怀内揣。”清《儒林外史》一二回:“恰好有个乡里人在城里卖完了柴出来,～上横捎着一根尖扁担。” ❷指衣衫的肩膀部位。明《山歌·补肩头》:“新做海青白绵绸,吃个喜虫哥咬破子个两～。”清《飞花艳想》一五回:“一顶方巾透脑油,海青穿袖破～。”

【肩窝】 jiān wō 肩膀的凹陷部位。也指肩膀。元关汉卿《普天乐·母亲变卦》:“咫尺间如同间阔,其实都伸不起我这～。”明《封神演义》八〇回:“把乾坤圈祭起,正中陈庚～上。”清《红楼梦》二一回:“回来风吹了,又嚷～疼了。”

【肩下】 jiān xià 肩膀下首,通常指右侧。元《三遂平妖传》一四回:“左黜上草厅来,与仙姑唱个喏,便坐在众人～。”明沈璟《义侠记》一八出:“你老人家,在我嫂嫂～坐罢。”清《聊斋志异·耿十八》:“回顾,一短衣人立～,即以姓氏问耿。”

【艰】 jiān ❶谨慎;用心。唐陆贽《兴元论赐浑瑊诏书等议状》:“损之又损,尚惧汰侈之易滋;～之惟～,犹患戒慎之难久。”《新唐书·陆贽传》:“凡任将帅,必先考察行能,……若曰不足取,当～之于初,不宜诒悔于后也。”明叶宪祖《鸾鎞记》一九出:“只是因题咏觅句～,苦沉吟不觉把节旄犯。” ❷缺乏;欠缺。宋洪迈《夷坚志》丁卷一一:“方谷贵～食,吾家五口难以偕生。”明柯丹邱《荆钗记》八出:“亲老家贫囊又～,羞杀荆钗裙布。”清《歧路灯》一回:“只因生育不存,子息尚～。” ❸紧俏。清《歧路灯》六八回:“异日回去,咱省城房子颇～,亦可出赁他人。”

【艰瘁】 jiān cuì 艰难困顿。宋郑刚中《青词》:“伏念臣～一生,昏迷至老,虽当富贵之日,不忘寒苦之时。”元黄溍《白云许先生墓志铭》："文既老而益～，僦屋以居。"清《平定金川方略》卷二一："番境道路奇险，军行～。"

【艰乏】 jiān fá 困乏。《唐会要》卷一八："当草昧之时，兵力～。"明徐光启《农政全书》卷四三："况贷之于今，而收之于后，足以赈其～而终无损于储偫之实。"清俞森《屠隆荒政考》："省荒后之耕以给将来大饥之后，不惟民食～，即耕种亦苦。"

【艰服】 jiān fú 丧服。唐赵璘《因话录》卷四："姚仆射南仲廉察陕郊，岘初释～，候见。"

【艰梗】 jiān gěng 艰阻；艰难阻隔。唐郑谷《试笔偶书》："世路多～，家风免坠遗。"元王恽《大都通州郭氏迁茔碑铭》："往返数千里间，冒涉～，举宗全庆，竟不失旧物。"清傅泽洪《行水金鉴》卷一二："今御河淤淀，转输～。"

【艰关】 jiān guān ❶崎岖辗转；历尽艰险。《法苑珠林》卷二一："骞等负第二像行数万里，备历～，难以具闻。"宋黄履翁《古今源流至论别集》卷二："伊川先生之流落涪州，～困踬之餘，濒于一死。"明周履靖《锦笺记》二九出："匆匆分袂，日夕怀思，不惜～，冀图一会。" ❷艰难。宋李之彦《东谷所见》："浙右素号沃饶，亦如此～万状，蔑裂百端。"明孙承恩《拟重修诸葛武侯祠记》："而武侯崎岖从先主矢石间，左支右撑，～立国。"

【艰晦】 jiān huì 艰深晦涩；使艰深晦涩。宋陈淳《答徐懋功二》："扬雄惟善恶无别，故其文浅短而～。"清朱彝尊《天发神谶碑文考序》："石三段，文字～不可读。"陈启源《毛诗稽古编》卷一三："且使序果出汉儒手，何难依傍经文为明白易晓之语，而故～其词，开后世以疑端乎？"

【艰蹇】 jiān jiǎn ❶行走困难不便。宋尹洙《谢公行状》："登闻检院以步履～，求西京留司御史台。"明林俊《东郭草堂话别》："年逾只觉行～，才小难禁事错盘。" ❷人际关系或人生道路阻滞难通。宋真德秀《西山读书记》卷三三："孟子曰：'行有不得者，皆反求诸已。'故遇～，必反求于身有失而致之乎，是反身也。"元安熙《寄题龙首峰》："虎踞龙蟠，朝楚暮秦，世路～，夕阳淡淡。"袁桷《以辟谷图寿张治中》："桷大父严州于太中情好深厚，每相顾，语时事～，思欲如参预公嘉泰时，不可得。" ❸文理晦涩难通。明王鏊《容春堂文集序》："文如韩柳，可谓严矣。其末也，流而为晦，甚则～钩棘，聱牙而难人。"

【艰疚】 jiān jiù 谓丧亲之痛。唐张九龄《让起复中书侍郎同平章事表》："臣实单人，本无大用。况在～，触绪哀迷。"宋苏轼《与胡郎仁修书》："不意变故，奄罹～。伏惟孝诚深笃，追慕痛裂。"明郑善夫《祭方母文》："吾母～，息吾一身。"

【艰巨】 jiān jù 形容事情的难度高、量大。《唐大诏令集》卷六一："累膺将帅之重，积有～之勋。"宋范仲淹《重建浒墅文正书院记》："盖工力～，时会有需，累三十年而始克告竣。"清曹国榘《顾梁汾纂张太岳书札奏疏小引》："有明一代，～之事，众所不敢承者，率楚人当之。"

【艰窭】 jiān jù 贫困。唐杜甫《祭外祖祖母文》："缅惟夙昔，追思～。"元杨维桢《送如一翁归曲江草堂序》："诗似杜，其平生～窘厄，亦近似之草堂。"清朱鹤龄《史弱翁诗集序》："弱翁尊君某，甫登贤书而殁。弱翁～万状，遂发愤为诗文。"

【艰难】 jiān nán ❶为难；痛苦；伤心。唐李白《送魏十少府》："～此为别，惆怅一何深。"《元曲选·看钱奴》二折："倒是挑我一条筋也熬了，要打发出这一贯钞，更觉～。"明汤式《寄情》："半缄书好寄平安，几句别离，一段～。泪湿乌丝，愁随锦字，望断雕鞍。" ❷刁难；磨难；折腾。《敦煌变文校注》卷四《难陀出家缘起》："我今发心求剃度，师兄缘甚暑（置）～？"明《封神演义》三三回："我等出五关，费了多少～，十死一生。"清《二度梅》三回："一来是梅公内升，新官不敢刁难；二来梅公并没私弊，因此不费～，三五日一概交清。" ❸欠缺；匮乏。明《古今小说》卷二一："两日不曾做得生意，手头～。"清《飞龙全传》四一回："但子息～，未许承欢膝下。"《白雪遗音·烟花场》："衣服钗环，使费～，当差登门，房主要钱。" ❹贫穷；贫困。明柯丹邱《荆钗记》九出："你爹爹许了王家，母亲见他～，将你许了孙半州。"沈采《千金记》二三出："韩信家里这等～，灰也不上一担在家，怎么去偷他？"清《红楼梦》六回："我们家道～，走不起。"

【艰涩】 jiān sè ❶晦涩难懂。唐孙樵《与友人论文书》："故其习于易者，则斥～之辞；攻于难者，则鄙平淡之言。"明王叔承《石鼓歌》："奇珍岁久魂离魄，古文断落增～。"清蓝鼎元《经学考》："蔡九峰谓今文多～，古文反平易。" ❷指文思阻滞。《宋史·韩丕传》："丕属思～，及典书命，伤于稽缓。"明金幼孜《永思堂记》："每属笔伸纸辄先就，未尝有窘束～之状。"清《歧路灯》一〇二回："某一篇一挥而就，某一篇～而成。" ❸行走困难貌。宋欧阳修《论不才官吏状》："视听不明，行步～。"明罗钦顺《谢赐先臣祭葬疏》："今动履～，欲进不能。"清《聊斋志异·凤阳士人》："觉丽人行迅速，女步履～。" ❹粗涩不润滑。宋陈櫰《负暄野录》卷下："今人多为面阳而背阴，盖以阳面虽粗而光滑，不凝滞，阴背虽细而～，能沁墨故也。"明《二刻拍案惊奇》卷一八："只是阴户塞满，微觉抽送～。"清《八洞天》卷三："乘醉交欢，颇觉～。" ❺因困难或匮乏而不易运行。宋魏了翁《奏乞宣谕大臣趣办行期》："臣于是申严约束，收拾官吏，庶几指日可行。而数日以来，有司调度，倍觉～。"又《朝奉大夫太府卿李公墓志铭》："夫以三百万缗，分为数年，对减虚额，是每年所放不满百万，其～如是。"清弘历《前题再赋得灵字》："今阅各卷佳者颇少，盖缘九青韵稍～。" ❻味苦涩。元郝经《橄榄》："齿牙喷～，苦硬不可持。"

【艰啬】 jiān sè 困乏不足。明侯一麐《四贫士记》："时吾童习章句，殊不晓～事，无何转盼，则故业已靡。"清《红楼梦》五六回："外头帐房里一年少出四五百银子，也不觉得很～了。"

【艰深】 jiān shēn 深奥难懂。宋《朱子语类》卷八七："心要平易，无～险阻。"明王守仁《传习录》卷上："圣人何苦为此～隐晦之词？"清《十二楼·十卺楼》一回："众人见了，才知道他文义～，非浅人可解。"

【艰息】 jiān xī 犹"艰子"。息，子息、（年幼的）儿女。清《歧路灯》六七回："堪叹世间骨肉亲，同堂～产常侵。"

【艰噎】 jiān yē 阻塞难通。宋苏轼《进单锷吴中水利书状》："自长桥、挽路之成，公私漕运便之，日葺不已，而松江始～不快。"明王樵《尚书日记》卷五："三江不通，太湖所以～不快，而东南水患之所以多也。"

【艰拙】 jiān zhuō 笨拙；愚昧。宋宋祁《代加大资知相州榭表》："忘臣以朴忠，闵臣以～。"范浚《凌霄花》："栽松待成阴，种漆拟作器。人皆笑～，往往后得利。"周必大《谢东宫笺》："平生～，已绝望于功名。"

【艰子】 jiān zǐ 缺少子嗣。明万尚烈《章斗津先生行状》："以～，与夫人陈常祷于神。"袁中道《袁母锺太孺人墓志铭》："其少壮～，而晚得令子，亦相若也。"《古今小说》卷一："此人向来～，后行取到吏部，在北京纳宠，连生三子。"

【兼】 jiān 颇；很。表示程度高。唐刘驾《春夜》："近日欲睡～难睡，夜夜夜深闻子规。"金《董解元西厢记》卷四："踏实了地，～能把戏。你还待要跳龙门，不到得恁的。"

【兼程】 jiān chéng 以加倍速度赶路。唐易静《兵要望江南·委任》："莫为时多蒙躁进，勿从刚暴速～，虑彼伏潜兵。"《元曲选·伍员吹箫》一折："你晓夜～来探访，似这般彷也波徨，都只是为我行。"清《东周列国志》三四回："宋襄公正与郑相持，得了楚兵之信，～而归。"

【兼及】 jiān jí 并及；同时关联到。《太平广记》卷四二一引《博异记》："赵齐嵩选授成都县尉，收拾行李～仆从，负札以行，欲以赴任。"明《梼杌闲评》三五回："许知府叫他们扳出些亲戚来，又追不起，于是因亲及亲，～朋友邻里。"清吴伟业《鹿樵纪闻》卷上："大兵掩至，一时束身受屠，～外岗，无得免者。"

【搛】 jiān 夹持；夹取。《花草萃编》卷一一引宋苏轼《翻香令》："背人偷盖小重山，更～沉水与同然。"清《春柳莺》六回："叫人斟了一碗酒，～了两块肉，递与石生。"《红楼梦》四一回："姥姥要吃什么，说出名儿来，我～了喂你。"

【监】 jiān ❶关押；被关押。宋文天祥《宫籍监诗序》："予～一室，颇潇洒。"明徐畛《杀狗记》六出："你如今到府县告了，一定把他～了。"清《说岳全传》五〇回："倘王佐推托，即将他家小～了，他自然肯去。" ❷监狱；牢房。宋元《警世通言》卷一六："将我打一顿毒棒，拘禁在～。"明王錂《寻亲记》一二出："从你下～来，灯油钱又没有，柴火钱又没有，却怎么说？"清《聊斋志异·诗谳》："又将爰书细阅一过，立命脱其死械，自～移之仓。" ❸指狱官或狱卒。清《聊斋志异·成仙》："黄亦骇，谋杀周，因赂～，绝其饮食。"《后水浒传》三三回："兄弟救哥哥，错砍鸟～，吃了好苦。"

【监霸】 jiān bà 狱霸；监狱中欺压其他犯人的囚徒。清《醒世姻缘传》五一回："程谟驳了三招，问了死罪，坐在监中，成了～，倒比做光棍的时候好过。"

【监伴】 jiān bàn ❶监督陪伴。宋苏轼《乞令高丽僧从泉州归国状》："所有带到金塔二所，据寿介等令～职员前来告臣云，恐带回本国，得罪不轻。"《续资治通鉴长编》卷三二九："寻添差金州监当，令泾原路差人～前去。"元《前汉书平话》卷上："帝令近人～三日，不放出内。" ❷负责监督陪伴外国或外族来使的职官。宋马永易《实宾录》卷八："晋天福中，契丹使至，朝廷以近侍李泳为～。"

【监比】 jiān bǐ 监押并限期追偿。明《型世言》七回："可怜王邦兴尽任上所得，赔偿不来，日久不完，上司批行～。"清《世宗宪皇帝上谕内阁》卷七〇："贼犯蔡三脱逃，该县将捕役张秀家属～。"《醒世姻缘传》一二回："每日上门打骂，屡次要拿出妇女去～。"

【监簿】 jiān bù 另见jiàn bù。监狱登录人犯及监管情况的簿册。明朱鼎《玉镜台记》三二出："叫禁子拿～来看。新到犯人赵一，未有拜见钱。"沈鲸《双珠记》二八出："取～上来看。一名赵甲，为恐吓诈财事，问杖一百。"

【监场】 jiān chǎng 监察考场。也指担任监察考场工作的人员。明周晖《金陵琐事》卷四："监生不自怀挟，御史代之，大都主试、房考、提调、～，通同作弊。"《二刻拍案惊奇》卷六："争奈将军不做美，好像个～的御史，一眼不煞坐在那里。"清《歧路灯》四三回："你看那神灵是有眼的，伽蓝老爷～，管保小山主魁名高中。"

【监点】 jiān diǎn 监督指点。清《疗妒缘》六回："一月之内，叫巧珠总不要劳动，参苓汤药，粥饭调事，必要亲自～。"

【监犯】 jiān fàn 囚犯；在押犯人。明王玉峰《焚香记》四〇出："～一名金垒，昨晚三更气绝了。"《二刻拍案惊奇》卷二五："是日正逢五日比较之期，嘉定知县带出～徐达，恰好在那里比较。"清梁恭辰《北东园笔录》四编卷四："道光某年，房以～越狱镌职，郁郁以亡。"

【监防】 jiān fáng 监视防范。宋司马光《涑水纪闻》卷四："昙坐贬南恩州别驾，仍即时～出城。"《朱子语类》卷一〇八："～太密，则有魏之伤恩；若宽去绳勒，又有晋之祸乱。"清《荡寇志》七四回："我须不曾犯罪，你为何叫人～着我？"

【监房】 jiān fáng 牢房；囚禁犯人的房间。元石君宝《紫云庭》四折："则交你住构栏，不交你坐～。"明陆容《菽园杂记》卷一〇："凡遇寄居无引者，辄以为盗，悉送系兵司马。一二日间，～不能容。"清《醒世姻缘传》一四回："看着把珍哥上了匣床，别的囚妇俱各自归了～。"

【监工】 jiān gōng 监督工作。《元史·顺帝纪》："帝于内苑造龙船，委内官供奉少监塔思不花～。"明陆采《明珠记》二六出："远远见个官员来了，莫不是～的？"清《镜花缘》三六回："这里唐敖指点～，那众百姓见他早起晚归，日夜辛勤，人人感仰。"

【监故】 jiān gù 犯人在监狱中死亡。明陆容《菽园杂记》卷一一："在任犯罪～，子弟应优给者，月给半俸。"《明会典》卷一〇六："武职有犯劫盗问拟明白者，不分典刑～，子孙永不许袭。"清黄六鸿《福惠全书·刑名》："监禁死者，称～。"

【监锢】 jiān gù 监禁；禁锢。宋刘挚《论役法疏》："州县劳于督责，患及保任，～系累，终无偿纳。"《续资治通鉴》卷一四〇："今州县迫于期限，且冀有厚赏，不免～保长，抑勒田邻。"清《平定三逆方略》卷三二："欧国勋、邓骏解送到，臣今～候旨。"

【监管】 jiān guǎn ❶监督管理。唐于志宁《谏太子承乾书》："且丁匠官奴入内，比者曾无～。"元明《水浒传》四四回："令马麟～修造大小战船。"清《雪月梅》一六回："就吩咐用整布周围灰布，多用油料，不许草率，仍着家人～。" ❷拘押看管。宋岳珂《金佗续编》卷二五："程吏部已得杨华，拘留～，具事理申奏朝廷。"《金史·百官志三》："牢长，～囚徒及差设牢子。"清《姑妄言》一九回："吩咐一个仆妇缪氏～着，饿他三天，不许给他饭吃。" ❸指监督管理的人。清《红楼梦》一七至一八回："直到十月将尽，幸皆全备：各处～都交清账目。"

【监候】 jiān hòu ❶监禁候审。元《三遂平妖传》二〇回："李遂解王则、胡永儿到面前，文招讨交牢固看守～。"明佚名《民抄董宦事实》："复称本宦家人陈明等，平时助虐罪状，随行拘责～。"清《醒世姻缘传》一二回："交付捕官，发下牢固～，听另牌提审。" ❷明清两代称已判死刑而不立决，等秋审、朝审复核的为"监候"，有斩监候、绞监候两种。明文秉《先拨志始》卷上："今光复罪宜比附论死，第念时方亢旱，姑著～处决。"清《康熙起居注·康熙十年》："崔廷宣所犯之罪较强盗少异，应改立斩为～，秋后处决。"《连城璧》寅集："大盗穷不怕已经定罪～，俟申详处决。"

【监纪】 jiān jì 监察记录(功罪)。明文秉《烈皇小识》卷三："～，纪功罪耳，追剿自有将吏在。"《明史·方震孺传》："帝命震孺巡按辽东，～军事。"清汪琬《江天一传》："唐藩自立于福州，闻天一名，授～推官。"

【监禁】 jiān jìn ❶关押限制其人身自由。唐李漼《夏令推恩德音》："如闻府县禁人，或缘私债，及锢身～，遂无计营生。"明王守仁《奏闻宸濠伪造檄榜疏》："其餘大小职官胁从不遂者俱被～。"清吴伟业《秣陵春》三六出："我家老爷没来由把徐爷管家～，如今到要我低声下气去求告他。" ❷约束；限制。元佚名《粉蝶儿·阅世》："粗衣淡饭无～，闷来时看四周翠岫烟霞景，闲来时诵一卷黄庭道德经。" ❸指监狱。清陈端生《再生缘》二七回："说完立刻离～，二位忠臣亦凝猜。"又四〇回："刘捷夫妻听信因，又惊又喜又伤心。一边自己临～，一回差人报女知。"

【监酒】 jiān jiǔ ❶酒宴上监察行酒礼仪或行酒令时监察罚酒的人。《新唐书·武平一传》："后宴两仪殿，帝命后兄光禄少卿婴～。"元明《三国演义》四五回："公可佩我剑作～。今日宴饮，但叙朋友交情，如有提起曹操与东吴军旅之事者，即斩之！"清《镜花缘》九三回："今日的酒，真是络绎不绝。又有两位令官～，丝毫不能容情。" ❷宋代设置的监管酒税的职官。宋邵伯温《邵氏闻见录》卷八："尹师鲁谪崇信军节度副使，移筠州～。"周密《癸辛杂识》后集："余时为帅幕，一日以公事至，见有薛～方叔在焉。"《宋史·高若讷传》："黜知衡山县，道上书言时事，再贬永州～。" ❸酒宴上负责供酒的人。明张四维《双烈记》二六出："〔官〕是好手段。那～，你酒何如？〔～〕老爹听禀：白玉缸盛琥珀，紫檀榨滴琼浆。"

【监决】 jiān jué ❶监刑；监察执行死刑。《唐会要》卷六〇："伏以京城囚徒准敕科决者，臣当司准旧例，差御史一人～。"明马生龙《凤凰台记事》："狱成，将弃市，校出呼曰：'某人妻是我杀之，奈何要他人偿命乎？'遂白～者。"《型世言》二二回："圣旨依拟，着巡按～，将张志枭首。" ❷监察罪案决断。《旧唐书·穆质传》："掌赋使院多擅禁系户人，而有笞掠至死者。质乃论奏盐铁转运司应决私盐，系囚须与州府长吏～。自是刑名画一。"又《仲郢传》："今秀才犯杀人之科，愚臣备～之任。此贼不死，是乱典章。"宋王林《燕翼诒谋录》卷三："州长吏不亲～，中唐以来为然，遇引断，皆牙校～于门外。太宗恤刑，虑有冤滥，至道元年六月己亥，诏诸州长吏，凡决徒罪，并须亲临。"

【监看】 jiān kān 另见 jiān kàn。监视看守。元明《水浒传》七三回："奴家昼夜泪雨成行，要寻死处，被他～得紧。"

【监看】 jiān kàn 另见 jiān kān。监督视察。《法苑珠林》卷二二："当时奉敕，令京城巧匠至中台，使百官诸学士～，令画西国志六十卷图。"《大金集礼》卷二："并差刘仲渊等～，成造宝册。"清《雪月梅》一五回："这里蒋公吩咐管庄家人～木匠造椁。"

【监牢】 jiān láo ❶监狱；牢房。明《西湖二集》卷一三："沉没奴家尸首在三圣桥河中，害得哥哥～中一年受苦。"《大清会典则例》卷一一七："旗员看守重犯～不严，听任重犯与外人肆言者，革职。"《醒世姻缘传》四三回："做官第一是精详，吃紧～要紧防。" ❷狱吏；看守牢房的役卒。明王錂《寻亲记》一二出："～念取，权把门开放，可容奴见夫主行。"又："望乞～相担待，把绳索放解。"

【监理】 jiān lǐ 监督治理。唐独孤及《晚秋陪卢侍御游石桥序》："殿中御史范阳卢子至，～下国，未浃辰而居简乘暇，行镳载勒致为客。"明杨一清《西征日录》："改调管粮参政等官及复设按察司佥事，～边储。"清《女仙外史》二〇回："月君即拜吕律为军师，命胡先～兵饷，沈珂参赞军政。"

【监临】 jiān lín 本指到场监察，明清时特称派御史监察科举乡试，也称担任此项工作的御史。明朱国祯《涌幢小品》卷七："乡试～非制也，自御史颛差，乃任其事，立其名。"清袁枚《续子不语》卷九："闻人声轰然，冯与李皆披衣起，～、监试两主考皆起，使人察问。"《醒世姻缘传》一六回："偏偏第三场落了一问策草，誊录所举将出来，～把来堂贴了。"

【监令】 jiān lìng 监察行酒令，也称担任此项职务的人。明何良俊《四友斋丛说》卷三三："唐饮酒则有觥录事。今世既设令官，又请一人～，正诗人复佐之史之意也。"《醒世恒言》卷二五："请置～，有拒歌者，罚一巨觥。"清《镜花缘》八二回："但昨日并无～，今日妹子意欲添两位～；人数既多，并又离的穹远，必须再添两位监酒。"

【监牌】 jiān pái 通知牢房关押或提取犯人的牌票。清《醒世姻缘传》一三回："公差要缴～，不敢停留，催促珍哥进了监去。"《二度梅》九回："一个标了～，众衙役上前，把假公子上了刑具，押出来收监。"《玉蟾记》二二回："滑知县标两面～，把两人寄监。"

【监票】 jiān piào 即"监牌"。明《二刻拍案惊奇》卷一："太守不开言问甚事由，即写～，发下监中去。"《型世言》三〇回："他又在投到时，叫写～，可以保的竟落了监。"清《绿牡丹》四七回："老张遂发～，提出八九个强盗。"

【监铺】 jiān pù 监狱和仓铺，清康熙后单指监狱。据雍正四年四月许容奏文，直省州县原分设监、铺，以狱神堂为界分内外，外为仓铺，羁押尚未定罪的轻犯；内为监狱，关押重罪嫌犯或已定罪羁押的囚犯。康熙四十五年依周清原条奏，拆去仓铺，只存监狱，但"监铺"名称仍沿用之。明高攀龙《申严宪约责成州县疏》："轻犯罪人勿得轻送～，致染瘟疫及为牢头索诈。"《警世通言》卷一七："被地方拿他做火头，解去官司，不由分说，下了～。"清于成龙《批苏松道清理狱禁详》："严饬守令，各捐己资，将～房屋凡有倾颓损坏之处，逐一修葺。"

【监囚】 jiān qiú ❶在押的囚犯。《辽史·穆宗纪下》："庚戌，杀鹘人胡特鲁、近侍化葛及～海里，仍锉海里之尸。"明佚名《精忠记》一六出："为国战无休，平白地把我作～。"清《皇朝文献通考》卷一九七："凡行劫～，不论曾否得囚，有无伤人，将为首之人拟斩立决。" ❷监押囚禁。元孙叔顺《粉蝶儿》："他做官司的剖决明，告私情的能指实，～在里人心碎。"明《杨家将演义》二回："即提朴刀入亭后，大叫曰：'谁敢～赞将军者休走！'"清《荡寇志》一三三回："逼近了陷阱，尚自游衍，以致拷打～，受尽许多苦痛。"

【监觑】 jiān qù 犹"监看(jiān kàn)"。金《董解元西厢记》卷一："法本众僧徒，别了莺莺、夫人子母，佛堂里自～，觑着收拾铺阵来的什物。"

【监试】 jiān shì 监考官。明顾起元《客座赘语》卷五："至二十九卷，主考与～曰：'天明矣，不容更待。'"《拍案惊奇》卷四〇："到得～面前，不消搜得，巾中文早已坠下。"清梁恭辰《北东园笔录》三编卷一："求之至再，始准入，而蒋～忽大声曰：'迟矣。'"

【监视】 jiān shì 看管；严密观察并看守。宋辛弃疾《南渡录》："是日，四人无晚饭，泽利使人～愈甚。"《三朝北盟会编》卷九九："子能在军中屡求死，使人昼夜～之。"明《二刻拍案惊奇》卷二一："王爵推说日辰有犯，叫王惠～着四个妇女做一房锁着，一个人不许来看。"

【监侍】 jiān shì 监护陪侍。唐李邕《唐东京福唐观邓天师碣》："二十五年冬，恩敕许归觐省，出中使二人～。"宋王辟之《渑水燕谈录》卷二："仁宗已不豫，久不御殿，……公叱之曰：'安有宰相一日不见天子！'遂趋入见，因乞～祈祷，留宿殿中。"《大宋宣和遗事》后集："外户锁闭，～者十餘人，日所食止有粗饭四盂，米饮四盂而已。"

【监收】 jiān shōu ❶监督收取。宋洪迈《夷坚志》支戊卷二："厅下官钱好好排垛，我今自出～。"明陈懋仁《泉南杂志》卷下："库贮败铁甚夥，皆先后所收不堪军器也。余尝～，目击可用。"清《红楼复梦》六一回："只见垂花门送来一个知单，奉老太太派出五位大奶奶到怡安堂～盐锞。" ❷收监囚禁。《大宋宣和遗事》后集："耶律延禧同赵某并免朝见，并赐入鸿翼府～。"元张养浩《折桂令》："一个十大功亲戚不留，一个万言策贬窜忠州。一个无罪～，一个自抹咽喉。"明《包龙图判百家公案》卷六："包公疑而未决，将潘秀～狱中。"

【监束】 jiān shù 监禁。《元曲选·潇湘雨》四折："你、你、你，恶狠狠公隶～，我、我、我，软揣揣罪人的苦楚。"

【监送】 jiān sòng 监督护送。唐白居易《陵园妾》："老母啼呼趁车别，中官～锁门回。"金刘祁《归潜志》卷一一："又分令诸生～军士饮食，视医药，书炮夫姓名。"明《石点头》卷一三："玄宗遣金吾左卫上将军陈玄礼起夫～，迤逦直至潼关。"

【监搜】 jiān sōu 监视搜查。唐李昂《停奏事监搜诏》："众僚既退，宰臣复进奏事，其～宜停。"明沈德符《万历野获编》卷八："始出宅门时，～者至揣及亵衣脐腹以下。"清陈康祺《郎潜纪闻》二笔卷一三："道光己亥应顺天乡试，携瓶酒入，～者呵曰：'去酒。'"

【监系】 jiān xì 监守拘囚。宋《朱子语类》卷一三八："蔡元长遂以为天锡有幻术，令人～，日置猪狗血于其侧。"元曾瑞《哨遍·羊诉冤》："便似养虎豹牢～，从朝至暮，坐守行随。"清佚名《研堂见闻杂录》："遂发一朱单，拘至官，责二十五，～数日。"

【监辖】 jiān xiá ❶监管；监押。宋朱熹《缴纳南康任满合奏禀事件状》："本军遂行下告示张世亨等依数桩米，伺候给历付饥民，差官～赈济。"明《禅真后史》七回："主仆上岸，～行囊，回家拜见母亲。"清包世臣《齐民四术》卷七上："其弊由于督、抚两司首府同在省城，官虽互相～，幕则连为一气。" ❷负责监管的职官。宋华岳《翠微先生北征录》卷一："一酒务以一官监而犹不能办集也，乃又添一提督，添一～，而争蚕食焉。"

【监下】 jiān xià 投监囚禁。《元曲选·后庭花》三折："张千，把这婆子～者。"明《朴通事谚解》卷下："一个挟仇的人，却点馈那官人。这两日官司里告了，～老安要追里。"清《荡寇志》八六回："希真、刘广大喜，当夜先将高封同阮其祥一处～。"

【监陷】 jiān xiàn 囚禁；关押。明《西游记》三八回："若问我个不才之罪，～羑里，你明日进城，却将何倚？"

【监押】 jiān yā ❶监督押送。唐[朝]崔致远《上太师侍中状》："逦迤至扬州，得知圣驾幸蜀，高太尉差都头张俭监～至西川。"明陆采《明珠记》一四出："小生与塞鸿～行李，在灞陵桥下等候他一家儿。"清《绿野仙踪》六五回："随即又有几个带刀的壮士，将如玉～着急走。" ❷监禁拘押。元《通制条格》卷一四："随处解到钱物，照依临库坐到数目，画便收受，出给朱钞申部。若有短少不足之数，即将纳物人～申解。"《元曲选·后庭花》三折："为甚么将原告倒～？"清《聊斋志异·伍秋月》："凶犯逃亡，捉得娘子去，见在～。" ❸负责监押的官吏或差役。《元曲选外编·东窗事犯》四折："～都是恶鬼狞神。"明李东阳《木绵庵》："君王不诛～诛，父仇国愤一时摅。" ❹"兵马监押"的省称，五代和宋代掌诸州兵马的武官。本由中官出任，故称"监押"，后成常设武职。五代李存勖《平汴州大赦德音》："其逐处节度、观察、防御、团练等使，及诸州刺史、～，及伪庭先差出行营将校都监等，并颁恩诏，不议改更。"《旧五代史·汉书·张鹏传》："契丹迫澶州，鹏为前锋～，奋身击敌。"宋《朱子语类》卷一一二："又如今诸路兵将官，有总管、路分、路钤、都监、～、正将、副将，都不曾管一事。"

【监狱】 jiān yù ❶监管牢狱的职官。宋喻良能有《为何～题种德堂》。元陈高《愚翁墓志铭》："绍兴初，钱唐主簿冈、潭州～硕，连翩出仕。"明朱橚《普济方》卷二四二："昔有杨～，晚年苦此，亲见用之效。" ❷关押犯人的处所。元李茂之《行香子》："把条款别体倒违礼煞，寨儿中、～儿内、禁牢儿里下，则恁傍人每鉴咱。"明潘希曾《异常大水幸保运道疏》："夜三鼓，将察院、仓库、～、六房各官宅舍淹倒。"清《歧路灯》六四回："将管九上了铐锁，押赴城内，收入～。"

【监斩】 jiān zhǎn 监督执行死刑。宋马令《南唐书》卷九："马仁裕～，壮其言，闻于烈祖，释之。"元施惠《幽闺记》四出："就差聂贾列前去～，不得有违。"清《说岳全传》七四回："即传旨命牛皋～，将各犯押往栖霞岭下岳王坟前处决。"

【监阵】 jiān zhèn 押阵；临阵督战。《旧唐书·裴度传》："时诸道兵皆有中使～，进退不由主将。"《元曲选·薛仁贵》一折："当日有杜如晦大人～来，军师不信，只请将监军来便知这个端的。"△清《薛刚反唐》五六回："为首四个人，一个面如赤金，一个头生三角，一个蓝面红须，一个面分五色，在那里～。"

【监主】 jiān zhǔ ❶谓监临主守的官员。《唐律疏议》卷五："假有外人发意，共左藏官司主典盗库绢五匹，虽是外人造意，仍以～为首，处徒二年。"宋魏泰《东轩笔录》卷四："事下右军穷治，舜钦以～自盗论，削籍为民。" ❷主管监狱的官员。《太平广记》卷一九三引《原化记》："吏惊曰：'汝何所能？'囚曰：'吾解绳技。'吏曰：'必然，吾当为尔言之。'乃具以囚所能白于～。" ❸牢头；监狱中囚犯的头目。明朱鼎《玉镜台记》三二出："〔末〕老爷老官去了，且叫各～出来商量讨钱则个。〔净扮牢头上〕含冤昔日罹天网，囹圄于今作福堂。禁子哥，今日卖买如何？"又："我当初活打死人，问死罪时，家当不济。如今做了～，被我置偌大家产！官府提控与我相交，禁子皂隶服吾驱使，犯人磕头拜跪。"

【监追】 jiān zhuī 监押以追缴财物。宋朱熹《奏绍兴府指使密克勤偷盗官米状》："仍令绍兴府疾速根勘，～所盗米斛送纳入官。"明屠隆《彩毫记》四出："妾父薄宦，逋欠官粮，～在狱。"清《醒世姻缘传》三二回："小米买到八两一石，那漕粮还不肯上本乞恩改了折色，把人家孩童儿女都拿了～。"

【监卒】 jiān zú 狱卒；监守的士兵。《大宋宣和遗事》后集："仍命～四人，半壮半老，主其出入饮食。"金元好问《续夷坚志》卷一："及放归时，曾问～：'吕师何故受罪？'"△清《施公案》三〇二回："所有～人等，皆因中秋佳节，个个皆赏月，吃得大醉。"

【笺幅】 jiān fú 笺纸；信笺。宋吴文英《瑞鹤仙》："试挑灯欲写，还依不忍，～偷和泪卷。"元刘壎《与丹徒陈教谕书》："然埙读而感，感而悲，即具～托胡教转附。"清汪由敦《恩赐御笔画幅恭记序》："兹复特颁～，御笔亲书臣名。"

【笺札】 jiān zhá 指书信。五代孙光宪《北梦琐言》卷三："其先人讳景，本连州人，少为汉南郑司徒掌～。"明宗臣《报张范中》："盖其中祚衰微，不能护守筐笥，至皇纶～往往流散村家。"清叶廷琯《吹网录》卷二："余因胡心耘得交季言，～常通，终未一面。"

【笺纸】 jiān zhǐ 文书用纸。《艺文类聚》卷五八引《语林》："王右军为会稽令，谢公就乞～。"《元曲选·碧桃花》三折："他可便拂金星砚将龙香墨研，染紫霜毫把～展。"清《绿野仙踪》四四回："自己取出一张泥金细～，恭恭敬敬的写了回字。"

【缄】 jiān ❶书信；信笺。唐皇甫枚《步非烟》："象启～，吟讽数四。"明沈自徵《霸亭秋》："题名记是一篇募修雁塔，泥金～是一纸抄化题桥。"清钮琇《觚賸续编》卷三："发其～，寒暄外，唯问红娘子无恙。" ❷用于封缄的物品。唐独孤授《清簟赋》："发～而冰气骛客，入座而波文满目。"宋欧阳修《圣俞会饮》："滑公井泉酿最美，赤泥印酒新开～。"清纪昀《阅微草堂笔记》卷二："遽开饮，尽一罂，尚欲开其第二罂，～甫半启，已颓然倒矣。" ❸量词。用于书信、包裹等。唐李复言《续玄怪录》卷三："霞于是遗钱十万，授书一～。"明陈与郊《文姬入塞》："你待觅半～离恨赦，却早领一道追魂索命牒。"《驻春园》一九回："(绿筠)道：'公子尚在修书，姐姐莫若遣月妹将小妹所封书及白金一～，乘间贻之，岂不是好？'云娥遂将包封银子付与爱月。"

【缄裹】 jiān guǒ 封裹。唐韦绚《刘宾客嘉话录》："写毕，夜色犹早，以纸～，置于箧中。"清《聊斋志异·老饕》："称秤握算，可饮数杯时，始～完好。"

【缄翰】 jiān hàn 犹"缄书"。翰，长羽毛，可用于书写，代指信笺。唐李匡乂《资暇集》卷下："四方～，日满阍者之袖。"宋欧阳修《皇帝回契丹皇帝告哀书》："承遣使车，特贻～，不意凶变。"明孙承恩《与宋文忠书》："忽接～，甚慰鄙衷。"

【缄护】 jiān hù ❶封缄保护。宋章如愚《群书考索》续集卷一六："瑶编金轴藻饰愈崇，宝钥缥囊～愈密。" ❷护理；保护。宋周密《癸辛杂识》别集卷下："银花专心供应，汤药收拾，～检视，早晚点心二膳，亦多自烹饪。"元《至元嘉禾志》卷一一："殿西南隅有梁朝桧，……朱勔之党尝加～。"明王肯堂《证治准绳》卷一五："是故壅滞而生病焉，调养～尚恐无及，乃反劳挣强视。"

【缄结】 jiān jié 犹"缄裹"。唐符载《寄南海王尚书书》："遂祈戎使君致健步，持短书，并备旧文，～敬献阁下。"五代毛文锡《赞成功》："海棠未坼，万点深红，香包～一重重。"

【缄鐍】 jiān jué 犹"缄锁❶"。鐍，套锁的环。唐高彦休《阙史》卷下："囊笈四所，重不可胜，～甚严。"宋文莹《玉壶野史》卷二："以一半积贮于御史府西楹，令来使～而去。"清汪琬《张赠公小传》："以原橐归焉，～如故，众大叹服。"

【缄书】 jiān shū 封信，指书信或写信。唐上官仪《王昭君》："～待还使，泪尽白云天。"元关汉卿《普天乐·崔张十六事·远寄寒衣》："想张郎，空僝僽，～在手，写不尽绸缪。"清田雯《春日》之三："～送药儿多虑，补屋牵萝婢亦愁。"

【缄束】 jiān shù ❶缠束；捆绑。唐颜师古《封禅议》："玉牒玉检，式韫灵琦，传之无穷，永存不朽。至于广袤之数，足以载文辞；～之方，务在申胶固。"宋杨简《慈湖诗传》卷一五："行縢者，言行而～之。"元张达《先泽斋卷为黄以实作》："珍藏百氏典，卷卷自～。" ❷比喻约束。明《醋葫芦》一回："娶下一房妻室，便有了一个～。"又五回："况又受你～，不许娶妾，在家何益？"

【缄素】 jiān sù 犹"缄书"。素，白生绢，古以绢帛作书。宋董嗣杲《洁牲谢响应龙庙》："～展真忱，要终寄冥冥。"明王慎中《餘干道中寄怀》："～词难极，驰情间山川。"陈子龙《寒日卧邸中让木忽缄腊梅花》："有客驰～，中更尺一辞。"

【缄锁】 jiān suǒ ❶用绳锁封固，也指这样的状态或用具。唐张读《宣室志》卷六："观殿有石函，……而～极固，泯然无毫缕之隙。"宋洪迈《夷坚志》乙卷一九："设一榻其中，外施～，他人皆不得至。"明吕调阳《奉国中尉约畲墓志铭》："以箧笥寄公，仓促忘其～，内有银物若干。" ❷约束；限制。宋张侃《犇牛梅花开最晚》之二："～芳英春意闹，转头青子已盈枝。"

【缄题】 jiān tí ❶封裹并题写标记。也指题写。《太平广记》卷三三七引《通幽录》："取纸笔作书，又取衣物等，皆～之。"明张凤翼《灌园记》一一出："幸垂怜，赐周旋，草草～不尽言。"清叶方蔼《与友人饮酒》："每计一罂到，何啻十金直。～复再拜，辇载输豪室。" ❷指封裹物和所题写的标记。唐李峤《为武攸暨谢赐锦表》："跪开～，伏视文彩，烂若朝霞之初起，粲如春花之竞发。"清《隋唐演义》八五回："即刻于袖中取出一封书来，内有累然一物，外面重重～。" ❸指书信。唐刘威《送元秀才入道》："空有～报亲爱，一千年后始西归。"《宋史·王继恩传》："与参知政事李昌龄～往来，多请托。"清查慎行《秋怀诗》之八："珍重先生期许意，～欲报每迟徊。"

【缄帖】 jiān tiě 简帖；信札。宋郑刚中《与楼枢密书》："近领六月二十八日所赐～，既荷不忘，又得以详起居。"明《英烈传》一〇回："徐达便各与～一纸，再三叮咛说用心做事。"清《女仙外史》六一回："看了～，莫不错愕赞叹。"佚名《一枝花》："暗想人儿性薄劣，再休寄陷郎君的～。"

【缄札】 jiān zhá 书信。唐高彦休《阙史》卷上："复有掷书者，……启其～，蒲蜡昧札如上。"《旧五代史·唐书·庄宗纪七》："早者，曾上秦王～，张皇蜀地声尘。"宋李吕《与何少卿干墓志书》："诗桶之联翩，～之往来，炯耀箧楮，至今宛然。"

【缄纸】 jiān zhǐ 笺纸；信笺。宋李之仪《与刘延仲书》："二缶～极精，但未知包藏如何耳。"王千秋《喜迁莺·梅》："试妆竞看吹面，寄驿胜传～。"

【煎逼】 jiān bī 煎熬逼迫。《敦煌变文校注》卷五《双恩记》："阎浮提，随业力，但自安和莫～。"元宋褧《太白酒楼》："人间火宅谩～，政是玉山倾倒时。"清高士奇《神功圣德诗》："鼎之沸鱼，日就～。"

【煎促】 jiān cù 急煮。也比喻紧逼。宋李石《谢杨寿卿送双鸭》："前时馋客错欢喜，益水添薪费～。"梅尧臣《田家语》："里胥叩我门，日夕苦～。"

【煎堆】 jiān duī 油炸糯粉团。清屈大均《广东新语》卷九："啖～白饼沙壅，饮柏酒。"又卷一四："广州之俗，岁终以烈火爆开糯谷，名曰炮谷，以为～心馅。～者，以糯粉为大小圆，入油煎之，以祀先及馈亲友者也。"

【煎烦】 jiān fán 焦愁烦恼。宋觉范《子中见和复答之》："坐令十年心，清凉去～。"元乔吉《乔牌儿·别情》："无边岸，黑海也似那～。"清厉鹗《扬州课舍夜雨》："十日秋来九风雨，田家客子同～。"

【煎夫】 jiān fū 煮盐工。宋赵彦卫《云麓漫钞》卷二："～穿木履立于盆下，上以大木杴抄和。"叶绍翁《四朝闻见录》卷五："盐亭～迓之越于常。"

【煎聒】 jiān guō 烦扰吵闹。宋王之望《候边事稍宁乞差宫祠朝札》："奴婢随行者久而不赎，妨其丁壮，朝夕～。"元曾瑞《端正好·自序》："既无那抱关击柝名～，且守这养气收心安乐窝。"明康海《醉春风·代友人宦邸书怀》："那里有安车驷马拥高牙，到～的我傻。"

【煎唧】 jiān jī 唧唧搅闹或呻吟。明袁宏道《广庄·德充符》："促局如茧中之虫，～如在釜之蟹。"

【煎剂】 jiān jì 汤药。宋张方平《刍荛论》："延属于腠理，浸淫于血脉，而又怠于针熨～之救，滋入于膏肓。"明朱橚《普济方》卷三八〇："身上生疮，瘰疬核块，多恶～，服食不成。"清《飞龙全传》一三回："你可用心～，足要八分，即刻温服。"

【煎苦】 jiān kǔ 焦愁苦恼。《法苑珠林》卷六五："又问云：'汝母忧忆垂死，可令见汝不？'建曰：'不须相见，益怀～耳。'"

【煎盘】 jiān pán 即"鏊子"。宋吕祖谦《宽平通鉴佚老帖》："溲成剂，于板上捍成饼子，于～内烙食。"《元曲选·金线池》一折："这纸汤瓶再不向红炉顿，铁～再不使清油混。"清《女仙外史》七八回："爬将起来，如～上蚂蚁，无处可走。"

【煎烹】 jiān pēng 犹"煎煮❶"。唐刘禹锡《答道州薛侍郎论方书书》："齐和之宜，炮剔之良，暴炙有阴阳之候，～有少多之取。"《元史·食货志二》："李日新自具工本，于浏阳永兴矾场～，每十斤官抽其二。"清《聊斋志异·续黄粱》："沸油入口，～肺腑。"

【煎洗】 jiān xǐ ❶本谓煮药洗创伤，泛指清洗。宋佚名《银海精微》卷上："每日侵晨用桑白皮入盐熏洗，或大寒后不落桑叶名为铁扇子～。"《续资治通鉴长编》卷三："每见僧，无老少，辄拜之，捧匜执帨，亲为～。"明《醒世恒言》卷九："身上东疼西痒，时时抚摩；衣裳血臭脓腥，勤勤～。" ❷比喻受影响。元李存《怀祝直清》:“伤哉苟且风,奈此羞缩磷。幸逢～餘,宜得消息新。”清姜宸英《题蒋君长短句》:“陈则滥觞于稼轩,朱则～于白石。”

【煎销】 jiān xiāo　熔炼;熬制。明徐阳辉《有情痴》:“这银虽是散碎的,拿去银铺里～～,一钱稳有二分半煎。”清《一片情》一四回:“次日巧姐将首饰持与腊梨～。”《平定台湾纪略》:“而火药惟以久年泥墙下段二三尺之土,拆取～。”

【煎忧】 jiān yōu　煎迫担忧。元陈镒《贺西涧主人祈雨有应》:“今年忽大旱,疲民实～。”明张凤翼《灌园记》一一出:“忍耐免～,安身万事休。”清《女仙外史》七七回:“啸聚山林凶恶俦,善良无事苦～。”

【煎喳】 jiān zhā　犹“煎唧”。明汤显祖《邯郸记》二〇出:“苦、苦、苦、苦的这男女～,痛、痛、痛、痛的俺肝肠激刮。”

【煎煮】 jiān zhǔ　❶煮;熬。《敦煌变文校注》卷四《难陀出家缘起》:“不求佛教,恋著色身,合向于此镬汤～。”明《古今小说》卷一三:“即时唤集居民,汲水～,皆成食盐。”清《隋唐演义》九九回:“随手取一剂来,亲自～好了,手持与杨氏。”　❷比喻折磨。《敦煌变文校注》卷五《父母恩重经讲经文(一)》:“尽驱驰,受～,岂解酌量些子许。容易抛离不肯归,等闲弃背他乡土。”宋觉范《七月十三示阿慈》:“此生为口腹,梦幻相～。”

【嚷唧】 jiān jī。同“煎唧”。宋吴潜《二郎神·再和》:“任景物换来,蛙鸣蝉噪,耳边～。”

jiǎn

【拣】 jiǎn　拾取。明《醒世恒言》卷三四:“再旺又在兜肚里摸出一文钱来,连地下这文钱～起,一般样摊在第二手指上。”清《红楼梦》七三回:“我掏促织儿,在山石上～的。”《霓裳续谱·惧内的苦》:“我的房子是现钱租,～粪挣来的铜箍辘。”

【拣拔】 jiǎn bá　挑选提拔。唐杜牧《上河阳李尚书书》:“伏自尚书树立,锻炼教训,～法术,尺寸取于古人。”《宋史·范师道传》:“宜～将帅,训练卒伍,诏天下预为备御。”清玄烨《谕大学士温达等》:“今岁考取进士额数无多,止一百六十一人,～庶吉士者,不过四五十人。”

【拣别】 jiǎn bié　区别;分别。敦煌词《十二时·普劝四众依教修行》:“饥火侵,难制遏,道俗僧尼无～。”宋宋祁《论养马札子》:“盖自来马种杂乱,……配放时不曾～,是致无由生得高大好马。”清钱谦益《紫柏尊者别集序》:“一言半偈,称性流出,如水银撒地,颗颗皆圆,余不敢轻为～。”

【拣刺】 jiǎn cì　指征兵。宋制,兵卒在身体指定部位刺字,以为标志。《续资治通鉴长编》卷一三三:“臣谓～土兵,自有祖宗旧法,在行与不可行耳。”《宋史·兵志四》:“治平初,诏置保毅田承名额者,悉～以为义勇。”《续资治通鉴》卷四五:“臣谓～土兵,自是祖宗旧法。今或只刺手背及充保毅弓箭手名目,终与民不殊。请黥为禁军,人给刺面钱二千,无用例物。”

【拣点】 jiǎn diǎn　❶挑选;选取。特指征兵。《唐律疏议》卷一六:“～之法,财均者取强,力均者取富,财力又均先取多丁。”宋朱熹《龙图阁直学士吴公神道碑》:“成役方还复行,～以动众心,凡事有不合于理、不便于时者,无不悉意尽言。”清《补红楼梦》四七回:“人虽多,也只好～着要紧的人作,怎能全呢。”　❷指点;指斥。《敦煌变文校注》卷七《解座文汇抄》:“懈慢心,难诱劝,～师僧论贵贱。□凡道圣有偏坡,也是与身为大患。”　❸查点;留意。明孙慎行《劾方从哲疏》:“凡进御药,须太医院官呈方,并传示天下,药咀片须一一～明白,恐致失误。”清《绿野仙踪》四九回:“想是我有不～处,得罪下你。”又七七回:“即小事偶失～,小弟自应留心。”

【拣发】 jiǎn fā　❶拣选调发。宋张方平《论京师军储事》:“盖自庆历七年,～京东西江湖淮浙宣毅兵士,充填在京诸军。”陈亮《吏部侍郎章公行状》:“朝廷尝～诸路厢禁土军,若五分弓手,就阅行在所。”明熊廷弼《请处分以重封疆疏》:“兵弱马羸甚急,催各省镇～精壮而漫不著意。”　❷清代官制用语,指从候选人员中拣选分发任用。清《国子监志》卷四〇:“嗣后以知县用之留学教习遇有～,一体报名遴选。”《平定准噶尔方略》前编卷二五:“敕部～游击十二人,守备十二人赴陕备用。”《歧路灯》一〇回:“浙江监军内臣,果有奏请～海疆佐贰人员沿海备倭以凭差遣一疏。”

【拣放】 jiǎn fàng　拣选放出或开除。唐白居易《请拣放后宫内人》:“顷者已蒙圣恩,量有～闻诸道路。”宋司马光《涑水纪闻》卷五:“以国用不足,同议省兵,于是～为民者六万餘人。”明潘希曾《剿平流劫叛贼疏》:“将老弱兵夫先行～。”

【拣换】 jiǎn huàn　挑选置换。宋叶適《淮西论铁钱五事状》:“既有新旧诸钱并私钱色样不一,曾经～,钱文抵牾。”清《醒世姻缘传》一回:“使下低钱,任凭～。”△《二十年目睹之怪现状》四六回:“总开到两三个,第一个总是应该补的,第二三个是预备督抚～的。”

【拣金】 jiǎn jīn　同“减金”。明《金瓶梅词话》五九回:“又掏出个紫绉纱汗巾儿,上拴着一副～挑牙儿。”

【拣勘】 jiǎn kān　拣选考察。《唐会要》卷七五:“各于本府本道常选人中～,择堪为县令、司录、录事、参军人名,具课绩才能闻荐。”《续资治通鉴长编》卷一九四:“材任相违,职业废弛,而～出身,比类资序,其于审官,不亦远乎!”

【拣看】 jiǎn kàn　拣选察看;检索阅看。《五灯会元》卷一八《法轮齐添禅师》:“此四喝,有一喝堪与祖佛为师,明眼衲僧试请～。若拣不出,大似日中迷路。”宋《朱子五经语类》卷六五:“适间～,许多沟洫川浍与乡遂之地一般,乃是子约看不仔细耳。”清《平定准噶尔方略》前编卷二二:“令侍卫岱噶尔会同该总管,详加～其马匹行粮。”

【拣口儿】 jiǎn kǒu er　任凭口味挑选(食物)。元古本《老乞大》:“吃饭呵,～吃。清早晨起来,梳头洗面了,先吃些个醒酒汤,或是些点心,然后打饼熬羊肉。”《元曲选外编·剪发待宾》二折:“百味珍羞～,喝婢呼奴换套儿。”明《金瓶梅词话》八一回:“要一奉十,～吃用。”

【拣取】 jiǎn qǔ　选取;选择并采取。唐李隆基《命两京及诸州简兵诏》:“宜差使于两京及诸州,且～十万人。”《元曲选·秋胡戏妻》一折:“你当初只该～一个财主,好吃好穿。”清《风流悟》八回:“～几枝奇巧时新花儿,将一个好花篮儿来盛着。”

【拣汰】 jiǎn tài　淘汰;拣选汰除。宋欧阳修《六一诗话》:“盈前尽珠玑,一一难～。”金张师颜《南迁录》:“～老弱,收集精兵,委弃罗郭,坚守内城。”清胤禛《谕科甲出身官员》:“用是荟萃翰詹诸臣奏折,细加～,其与朕之谕旨间有符合者,采摭联缀,融会成篇。”

【拣相】 jiǎn xiàng　挑选鉴别。明《二刻拍案惊奇》卷一七:“这个小娘子也古怪,自来会～人物。”又卷一八:“随你奉承他,多是可嫌的,并那平日见的好处,要～出不好来。”

【拣寻】 jiǎn xún　挑选寻找;搜寻。明《拍案惊奇》卷二〇:“又延一个有名的地理师,～了两块好地基。”《西湖二集》卷一四:

“有的说这女子假以卖鱼为名，特来～丈夫之意。”清《平定两金川方略》卷一二六：“多拨人夫，再行～，复又拣得炮子数千颗。”

【拣用】 jiǎn yòng 挑选使用。宋周密《齐东野语》卷六：“令依真本纸色及印记对样装造，将元拆下旧题跋进呈～。”明徐光启《农政全书》卷三六：“只须～极细梢枝三四根，拨刺令平。”清《醒世姻缘传》八回：“晚间脱了那顶包巾，连那俗家的相公老爹、举人秀才、外郎快手，凭咱～。”

【拣阅】 jiǎn yuè ❶审看选拔。唐许嵩《建康实录》卷四：“料取大臣将吏子女十五六者，具名～。～不中，乃许出嫁。”宋吕颐浩《上边事备御十策》：“伏愿疾速处画，～人兵，布列行阵。”清《绿野仙踪》七八回：“于副、参、游、守水陆两营内，四人公同～，择精壮勇悍者一百餘员。” ❷搜检阅看。《太平广记》卷三七七引《广异记》：“其人不得已，将手力来取，～之声，家人悉闻。”明《肉蒲团》一二回：“此时开了箱子把那些哀艳之物细细～，阅到一把扇子就是他的。”

【拣妆】 jiǎn zhuāng 同“减妆”。明《金瓶梅词话》二三回：“上房～里有六安茶，顿一壶来俺每吃。”又四四回：“我～里有果馅饼儿，拾四个儿来与银姐吃罢。”

【柬】 jiǎn ❶柬帖、信件、名片等的统称。唐皮日休《鲁望以竹夹膝见寄》：“大胜书客裁成～，颇赛溪翁截作筒。”明孟称舜《娇红记》二四出：“猛可的说不尽伤情句，如今有回～送与官人。”清《红楼梦》四八回：“明儿我补一个～来，请你入会。” ❷寄信给；用信柬告知。唐徐凝有《～白丈人》。宋元《熊龙峰刊小说·彩鸾灯》：“词后，复书云：……妾当焚香扫门迎候翘望。妾素香拜～。”明蒋一葵《尧山堂外纪》卷九二：“伎适被罪当罚米，康以事在刘宪副大谟，乃～刘曰：狠架子是我表子。”清唐堂《与冯伯宗》：“伯敬～友夏曰：曹能始近日诗文有浅率之病。”也指写柬。 ❸量词。用于书柬。清《霓裳续谱·相国行祠》：“谢张生伸致，一～书到便兴师。”又《半万贼兵》：“谁承望一～书，倒为了媒证。”

【柬板】 jiǎn bǎn 同“简版❶”。宋庄绰《鸡肋编》卷上：“元祐中，予始见士大夫间有用蜡裹咫尺之木，以书传言，谓之～。”李攸《宋朝事实》卷一三：“理宗用黄封～，或以牙作，号御槧。”清《野叟曝言》一一回：“铁口取过～，拿起笔来，……在板上写了一个‘女’字。”

【柬册】 jiǎn cè 册页；书册。宋夏僎《尚书详解》卷一八：“盖古者视史之官将告于神，必书告之之辞于～，然后读之。”明郑日奎《信民谣》之一：“铅山纸，堪～，厚如钱，白如雪。”

【柬房】 jiǎn fáng 衙署中办理文书的办事房。也指其办事人员。清宋荦《特纠贪滥监司疏》：“复昌勒索漕规银二百两，系尚善亲，交有道蠹～锺祥生、号吏熊三灿知情。”袁枚《子不语》卷七：“至第三名，即本州之皂隶某也；第八十五名，本州之～吏某也。”《都是幻·写真幻》五回：“随即称了三钱酒仪，送与～，说此一封家书，乃是海都爷女婿、山尚书府中带来的，乞求老先生一送。”

【柬帖】 jiǎn tiě 信札；帖子。《续资治通鉴长编》卷四六七：“陛下既见得令作宰相亦牢笼不得，如何寻常一～可以牢笼?”宋元《古今小说》卷三：“怀中将～子递与吴山，吴山接柬在手，拆开看毕。”清《飞龙全传》八回：“我有个～儿在此，还有八个铜钱，交付与你。”

【柬札】 jiǎn zhá 书信；柬帖。明陆深《跋东海草书卷》：“此卷～，皆后乐先生所得于交游者。”《西游记》一七回：“行者度他匣内必有甚么～，举起棒，劈头一下。”清毛奇龄《诰授嘉议大夫赵君暨恭人许太君墓表》：“凡文教书檄及亲宾去复～，皆手自濡削。”

【俭腹】 jiǎn fù ❶空腹。清厉鹗《吴瓯亭席上食哈密瓜》：“衰年安～，登垅荷锄倦。” ❷比喻学识贫乏。清彭孙遹《人日》：“～搜奇闲隶事，枯毫忍冻细题笺。”郎廷槐《师友诗传录》：“若五七言古诗，其神韵声光，自足以饫～而被词华。”

【捡】 jiǎn ❶拣；挑选；收拾。明《西游记》七九回：“假僧将那些心，血淋淋的，一个一个～开与众看。”《型世言》四回：“就略～了些自己衣物，托言要访定慧，离了庵中。”清《儒林外史》三〇回：“择一个日子，～一个极大的地方，把这一百几十班做旦脚的都叫了来，一个人做一出戏。” ❷拾取。清《红楼梦》二六回：“方才他问你什么手帕子，我到～了一块。”又四〇回：“偏又滑下来滚在地下，忙放下箸子要亲自去～，早有地下的人～了出去了。”

【捡点】 jiǎn diǎn ❶同“拣点❸”。宋赵与时《宾退录》卷二：“苏子瞻如武库乍开，干矛森然，见之不觉令人神悚，子细～，不能无利钝。”孔武仲《苏子瞻雪堂》：“邻翁笑我来何暮，～风烟尽兴归。”清《红楼梦》一一一回：“到了辞灵之时，上上下下也有百十餘人，只鸳鸯不在。众人忙乱之时，谁去～。” ❷约束。宋陆游《老学庵笔记》卷六：“唐以来，皇子不兼师傅官，以子不可为父师也。其后失于～，乃有兼者。”清《镜花缘》二四回：“偶然失于～，作了违法之事，并无大罪。”

【捡看】 jiǎn kàn 同“拣看”。唐义净译《根本说一切有部毗奈耶》：“然彼苾刍，应自守护所有诸物，复应～虫及蜂窠。”明《西游记》九六回：“有两个妃子，将净桶～，说不尽那秽污痰涎，内有糯米饭块一团。”清汪绂《参读礼志疑》：“今温公集中有碑载其制度颇详，亦是一世一室而以右为上，自可～。”

【捡拾】 jiǎn shí ❶拾取。宋徐元杰《与袁守札》：“分付吏卒，遍走群岗，～暴露之骨，使不为乌鸢所食。”明宋儒醇《先侍御稿鹿园集并藏书俱烬于火》：“狼籍灰烬餘，～不盈束。” ❷搜寻；挑剔。金王若虚《瑞竹赋》：“妒忌忿疾，以相～；阴营私积，以自植立。” ❸收拾；归拢。清《白圭志》六回：“尔可去到寓所收拾铺盖，并将前日老夫人私下送来的金宝缎匹俱～，可即雇一快船俟候。”《绣鞋记》六回：“着凤姐～衣物，等候人来相接，一同动身。”

【捡寻】 jiǎn xún 同“拣寻”。《太平广记》卷二五九引《朝野佥载》：“时促命制敕，令史持库钥他适，无旧本～，乃斫窗取得之。”宋胡仔《渔隐丛话前集序》：“余今但以年代人物之先后次第纂集，则古今诗话不待～已粲然毕陈于前。”清康熙三十五年五月二十一日上谕：“我兵常只身独行，～贼物。”

【检】 jiǎn ❶拣选；挑选。《敦煌变文校注》卷六《欢喜国王缘》：“父母爱怜，即便～药寻医，拟延女命。”宋元《古今小说》卷三六：“四公将禁魂张员外家金珠一包，就中～出几件有名的宝物，递与赵正。”清《儒林外史》一五回：“又到自己书架上，细细～了几部文章，塞在他棉袄里卷着。” ❷拾取。明方以智《物理小识·蛤蚧》：“蛤蚧为人得，即自啮其尾。以月首上寅可～，以是日交也。”《醒世恒言》卷四：“这班子弟各自回家，恰像～得性命一般，抱头鼠窜而去。” ❸系束；收藏；缄封。明《古今小说》卷一：“暖雪等不及解完，慌忙～了裤腰，跑出门外，叫住了瞎先生。”《警世通言》卷二七：“仙人与我紫金杯、白玉壶，在书柜里，与我～好。”△清《海上尘天影》三〇回：“于是把信～好了，留下一个字条儿交栈司。” ❹解(开)。明《古今小说》卷一二：“耆卿看他卓上摆着一册书，题云《柳七新词》，～开看时，都是耆卿平日的乐府。”△清《花月痕》四六回：“仲池不解，无可答应，只得收了。抵寓～开包裹，灿灿金条。”

【检才】 jiǎn cái 詈词。弃货；废物。检，谓从人类中捡出。宋元《古今小说》卷三六：“打脊的～！我是你师父，却教我摸你爷头！”明佚名《孤儿记》一〇出：“叵耐无端老～，劝农不待我来。”

【检查】 jiǎn chá 查验；察看。明葛昕《请正德王葬价疏》："该府辅导官员即宜钦遵明命，听领价值，却乃故违新例，分外渎扰，以致司府等官失于～，而抚按等官亦遂转为奏请。"《警世通言》卷三一："多多少少都放在春儿处，凭他使费，并不～。"清纪昀《阅微草堂笔记》卷二〇："吾法能治凡狐耳。昨召将～，君家之祟乃天狐，非所能制也。"

【检偿】 jiǎn cháng 查究抵罪。明《拍案惊奇》卷一一："尸首依旧抬出埋藏，不得轻易烧毁，听后～。"清雍正十年《江西通志》卷七〇："人命应～。其父固郡守，乌得轻议检耶？"

【检抄】 jiǎn chāo 查抄；抄检。清《红楼梦》七四回："要抄检只抄检咱们家的人，薛大姑娘屋里，断乎～不得的。"

【检点】 jiǎn diǎn ❶查点；逐一检查验看。唐李昂《定常参官书罚敕》："文武常参官，承前朝参不到，台司皆据品秩书罚。……宜自今已后，～不到，据所请料钱，每贯罚二十五文。"元萧德祥《小孙屠》一〇出："静中～生平事，闲里搜寻自所为。"清《万花楼》三八回："将征衣～明白，散给众军兵。" ❷省察；自省。宋《朱子语类》卷四二："须是截断了外面它人过恶，只自～，方能自攻其恶。"明袁宗道《读论语》："其不自知安逸也者，乃其所谓真安且逸者乎？若彼人常常～曰：'我安且逸。'若是，则心不闲旷甚矣。" ❸搜求（缺点）；诟责（不足）。宋《朱子语类》卷九四："而今只管去～古人不是处，道自家底是。"明陈继儒《读书镜》卷五："东坡告王定国，薄俗好～人，小疵不可不留意。"袁宏道《德山麈谈》："今人见一切人无过者，是自己脾胃好；～一切人者，是自己脾胃有病。" ❹谨慎；慎重。宋周密《癸辛杂识》别集卷下："盖胥吏亦有识义理，文字之不可不～也如此。"明叶宪祖《鸾鎞记》六出："闻得我娘子大有诗才，今晚亦须～。若被他考倒，可不辱抹了杜拾遗的家风。"清《荡寇志》一〇九回："我一时不～，这穹庐旁用两翅，使军士负翅飞行，是老大毛病。" ❺约束；控制。明屠隆《彩毫记》一三出："铃索风传百和香，广殿云屏敞。却正好～花神，约束封姨，管领东皇。"清《红楼梦》一九回："只是百事～些，不任意任情的就是了。"《姑妄言》二〇回："我虽吃酒，还有个～，不像别人死贪着他。" ❻搜检；抄检。明《禅真后史》三五回："门吏禀复，太爷亲往党家～妖物未回。"又三八回："乞娘娘将彼拘禁，赐臣手诏，并委大臣立刻～家资，搜捕羽翼。" ❼料理；收拾。清纪昀《阅微草堂笔记》卷一二："我去，君何以自存？且金尽仍饿死。不如留我侍君，庶饮食医药，得以～，或可冀重生。"《红楼梦》一〇三回："都是男人进来，你们将女人动用的东西～～。"袁枚《子不语》卷二二："吴私嘱其婶母曰：'侄今病甚，须早卧。望婶母为我锁房，切不可令人擅入动我衣履。此侄生死关头也。'婶母甚骇，问其故，不告，乃阴为～之。"

【检幅】 jiǎn fú 修整边幅。指谨慎言行。《新唐书·温廷筠传》："彦博裔孙廷筠，少敏悟，……然薄于行，无～。"宋李彭《有怀雪堂旧游》之二："杜史秦郎无～，笔端真有大夫辞。"清《聊斋志异·任秀》："母劝令设帐，而人终以其荡无～，咸诮薄之。"

【检刮】 jiǎn guā 掠夺搜刮。元陶宗仪《辍耕录》卷八："军行尚首功，资抄掠。抄掠曰～。～者，尽取而靡有孑遗之意。"必才《即事》之一："忍饥受冻可奈何，直须～焚其窠。"明沈周《盗发》："～空腰缠，体至衣裘褫。"

【检计】 jiǎn jì 审计。《旧唐书·宪宗纪下》："每田一亩，种桑二树，长吏逐年～以闻。"《唐会要》卷六七："宜赐延康坊阎令琬宅一所，仍令所司～，与量修改，及逐要量约什物。"《宋史·河渠志四》："乞依元丰已修狭河身丈尺深浅，～物力，以复清汴。"

【检举】 jiǎn jǔ ❶检看审验；检点。唐李商隐《樊南乙集序》："时公始陈兵新作教场，阅数军实。判官务～条理，不暇笔砚。"《旧五代史·唐书·明宗纪三》："凡京城民庶之家，死丧委府县～，军家委军巡，商旅委户部。然诸司～后，具事由申台。"宋范成大《满江红·冬至》："著意调停云露酿，从头～梅花曲。纵不能、将醉作生涯，休拘束。" ❷选取；列举。宋周煇《清波杂志》卷一："皇帝纳后有期，已令入内内侍省～施行者。"真德秀《西山政训》："田里利病，县政否臧，颇闻一二。今～前在任日约束，及今来合行事件，开具于后。"《宋史·哲宗纪一》："乙未，～先朝文武七条，戒谕百官遵守。" ❸考核提拔。宋李光《与胡邦衡书》："郊赦虽有～之文，仇人在朝，固已绝望，死生祸福，定非偶然。"《续资治通鉴》卷一二七："己未，诏责授清远军节度副使、吉阳军安置赵鼎，遇赦永不～。" ❹揭发（错失或罪行）。元德辉《敕修百丈清规》卷五："或有留被在堂不随众者，或有暂来随众留袈裟在被位于外放逸者，皆当～惩罚。"明《西游记》二七回："你在这荒郊野外，一连打死三人，还是无人～，没有对头。"清纪昀《阅微草堂笔记》卷一一："岳神谓事由疏舛，虽无自利之心，然恐以～妨迁擢，则其罪与自利等。"

【检拾】 jiǎn shí ❶搜检拾取；捡拾。宋《朱子全书》卷六一："孔明治蜀不曾立史官，陈寿～而为蜀志，故甚略。"明胡宗宪《筹海图编》卷一一："夫自古战败之餘，固有假遗财物于道，以使敌人～而缓其追蹑者。" ❷收拾。清《绣鞋记》一七回："陈氏闻言，立即归房，～停当。"

【检束】 jiǎn shù ❶（自身）检点约束。唐韩愈《感春》之二："近怜李杜无～，烂漫长醉多文辞。"明陆采《怀香记》一〇出："他若不来，使我心猿意马，不能～。"清《聊斋志异·瞳人语》："由是益自～，乡中称盛德焉。" ❷（外界）束缚限制。唐白居易《短歌行》之二："未敢议欢游，尚为名～。"宋惟净等译《金色童子因缘经》卷一〇："何者为彼极恶杻械～其身，我为脱免。"元钱嗣成《骂玉郎过感皇恩采茶歌·四时闺怨》："欢娱俭，愁～，闷拘钳。" ❸规正；监督约束。唐阳伯成《太常燕国公张说谥议》："谥者，德之表，行之迹，将以激励风俗，～名教，固无虚誉，是尊实录。"《金史·完颜赛不传》："监察御史言其不能～士众，纵之虏略，请正其罪。"明《杜骗新书·伪交骗》："不数年，涧故，石孝居忧，无人～。" ❹整理；收拾。明《杜骗新书·假银骗》："广收其银，～行李，与乡里即雇骡车，直到临清去买回头货物。"

【检搜】 jiǎn sōu 检查搜寻。明卢柟《嵩阳赋》："逍遥容与，精神益寿，然后～岩穴，探饮玉浆。"清《南巡盛典》卷五九："有汉员雇用旗仆者，于皇上启銮之前，尽行自行～，解送来京。"《说唐三传》七八回："张君左吩咐去仔细～。那些军士一声喊，到处搜寻。"

【检踏】 jiǎn tà 实地观察调查。宋周煇《清波杂志》卷一二："今上林三官，提封九路，～无遗。"《元典章·台纲二》："江州彭泽县水淹了田禾，本路王总管等不曾～。"《大清律例》卷九："地方官不查丈明确，以至拨补舛错，查出，照官吏不用心从实～律分别议处。"

【检选】 jiǎn xuǎn 挑选。宋李曾伯《回奏宣谕》："臣亦令～强壮之人，以备秋防。"清《康熙起居注·康熙十年》："吏部会同礼部为补郎中员缺，～员外郎辛保、员外郎帕海拟正。"《后西游记》一一回："点石与众僧还要苦留过夜，好～精勇胆大的和尚跟去。"

【检寻】 jiǎn xún 搜检；查找。《敦煌变文校注》卷一《董永变文》："将为当时总烧却，～却得六十张。"明《禅真逸史》二一回："桌上细细～，也不见有，谅来是杜伏威偷了。"清纪昀《阅微草堂笔记》卷二〇："皆非难得，惟～其厚薄均，轮廓正，色泽匀者，日积月累,比较抽换。"

【检责】 jiǎn zé 检查督责。唐玄觉《禅宗永嘉集》:"今子细～,令粗过不生。"《宋史·陈靖传》:"两京东西千里,～荒地及逃民产籍之,募耕作。"金王寂《先君行状》:"乃大新庙学,延集诸生,亲为指授,～其日课。"

【检择】 jiǎn zé 挑选;选择。宋文莹《玉壶野史》卷一:"为王友～累日,惟得崔遵度、张士逊尔。"清弘历《栖云楼得句》:"云岂于人有～,思虑辄至好恶纷。"《说岳全传》一一回:"此乃国家大典,岂容你我私自～?"

【检閘】 jiǎn zhá 查点。閘,通"查"。《元典章新集·户部》:"那钞内～出一千三百一十二定有餘掐补挑剜假伪等钞来有。"《明会典》卷一二八:"若宝钞库不行用心～,朦胧交收在内者,罪亦如之。"

【检妆】 jiǎn zhuāng 同"减妆"。明沈周《落花》之二六:"钿盒～餘故靥,胆瓶和水弃残枝。"《山歌·摆祠堂》:"爹娘面前弗敢带重孝,短短头梳袖里藏。袖里藏,袖里藏,再来～里面摆祠堂。几遍梳头几遍哭,只见祠堂弗见郎。"

【减薄】 jiǎn bó 降低;减轻。五代王定保《唐摭言》卷一〇:"无何,溥奏诸将各领一麾。凝古获濡润而不之谢,溥因兹～。"元胡祗遹《司吏迁转之弊》:"以身在官门,～本户差发,庶能粗遣。"清《兰州纪略》卷一四:"虽例不成灾,但收成均不免～。"

【减动】 jiǎn dòng ❶减去。常指肌体消瘦。宋向子諲《生查子》:"可惯独眠寒,～丰肌雪。"元曾瑞《愿成双·赠老妓》:"得扶侍容颜越伶俐,旧风流不～些儿。"《元曲选外编·西厢记》三本四折:"小生为小姐如此容色,莫不小姐为小生也～丰韵么?"❷(病状)减轻。明《拍案惊奇》卷三二:"把心放宽了,病体～了好些。"《梼杌闲评》二二回:"脉渐平伏了,病也～了。"清《醒世姻缘传》二回:"这病比昨日～六七分了。"

【减刮】 jiǎn guā 刮薄;刮除。元高安道《哨遍·皮匠说谎》:"～的休显刀痕迹,剜裁的脸戏儿微分间短,扰揎得腮帮儿省可里肥。"

【减金】 jiǎn jīn 一种金加工工艺。指在器物表面凿嵌金丝。参见"减铁"。明沈德符《万历野获编》卷三〇:"可汗妃二人白泽虎豹朵云细花等段十六匹,采段十六匹,花～铁盔一顶,戗金皮甲一副。"《老乞大谚解》卷下:"夏里系玉钩子,最低的是菜玉,最高的是羊脂玉。秋里系～钩子,寻常的不用,都是玲珑花样的。"《大清会典则例》卷九三:"贵妃仪仗,～黄、赤、黑素扇各二。"

【减可】 jiǎn kě (病情)减轻。可,病情减轻,痊愈。宋陈直《寿亲养老新书》卷一:"日自看承戏玩,自以为乐,虽有劳倦,咨煎性气,自然～。"明《金瓶梅词话》五三回:"或是许了赛神,一定～些。"清魏之琇《续名医类案》卷九:"遂用五积散二剂,汗出如淋,咳嗽亦～。"

【减克】 jiǎn kè 克扣。《唐会要》卷八五:"长吏惧在官之时破失人户,或恐务免正税,～料钱。"宋曾敏行《独醒杂志》卷四:"有人供送茶饭者,亦须画时转送,不得邀难～。"清《万花楼》二回:"此缘孙秀是奸贪之辈,每二百两～了八十两。"

【减刻】 jiǎn kè 同"减克"。唐李翱《疏绝进献》:"若非兵士阙数不填及～所给,则钱帛非天之所雨也,非如泉之可涌而生也,不取于百姓,将安取之哉?"《唐会要》卷三八:"～过多,遂令人情易逾禁。"《宋史·食货志上六》:"当进奉使如李承之之徒,所至已辄～,元祐改法,又行减削。"

【减口】 jiǎn kǒu ❶缺食;节食。宋觉范《至抚州崇江县寄彭思禹》:"去年岁饥民～,晨无炊烟闲甑缶。"清查慎行《偶咏庭前花木·茉莉》:"一本值数千,探支一月俸。贫官俸有几,～为日用。" ❷减少家口。宋张邦基《墨庄漫录》卷七:"余友李广德邵以二猫送余,仍以二诗。一云:……老病毗邪须～,从今休叹食无鱼。"《元曲选·合同文字》楔子:"如今为这六料不收,上司言语,着俺分房～。"清《歧路灯》七六回:"自古云,添粮不如～。他们又不愿跟咱,不如善善的各给他们几句好话,打发他们出去。"

【减免】 jiǎn miǎn 减轻或免除。唐元稹《弹奏山南西道两税外草状》:"兴元府二万围,内五千围每年折征价钱充使司杂用,每围一百二十文,据元和三年使牒～不征。"明《梼杌闲评》四七回:"凡一应钱粮久经追比,家产尽绝者,查勘～。"清赵慎畛《榆巢杂识》卷下:"凡唐古忒番人犯罪者,分别轻重,罚以金、银、牛、羊,即行～。"

【减却】 jiǎn què 省去;消减。唐张籍《移居静安坊答元八郎中》:"更喜往还相去近,门前～送书人。"元明《三国志通俗演义》卷一九:"但恐稍有参差,动摇一世之英名,～西蜀之锐气也。"清《霓裳续谱·冷冷清清》:"我盼不得相逢,～了芳容。"

【减色】 jiǎn sè ❶减少光彩或色泽。宋孔武仲《登涵晖亭》:"罨画园林春～,水晶宫阙昼添寒。"明《西湖二集》卷二三:"自白乐天归海山院,苏东坡为上界奎星之后,这西湖便十分～。"清阮葵生《茶餘客话》卷二〇:"珍珠不宜近铁器柏木尸气粪气,多～易碎。" ❷失去光荣;脸面无光。明范景文《募建文昌阁小引》:"吾邑向来科第相望,迩乃寥寥,踵几不接。文献旧地,飒然～。"清《歧路灯》九〇回:"况且衣服褴褛,虽说绸缎,却不免纽扣错落,绽缝补缀,自顾有些～。"《凤凰池》一三回:"此时鼓不鸣,锣不响,傧相无颜,乐人～,家人一场扫兴。" ❸(面色)失去红润。清陈端生《再生缘》五四回:"夫人言着泪如梭,捶枕摇床惨惨呼。玉体发寒遮翠被,花容～皱了眉。" ❹(米粮)减等;降低等次。也指这样的米。清雍正三年八月十六日上谕:"今年雨水过多,米价腾贵,可将廒内旧贮米～平粜。"《皇朝文献通考》卷一三六:"如现在京、通各仓气头廒底之米,运贮五城发粜者,每日尚粜百餘石。此项～之米,若按成计算舂碓折耗,其价实与十成粳米无异。乃十成者所卖甚少而～所卖较多,总缘～米石向无囤贩之禁,司坊官无所畏避。"《大清会典则例》卷五三:"如果米好色纯,即敕令各该司坊官照数散振;如系～,仍照例赴仓支领。"

【减杀】 jiǎn shā 减少;减弱。宋吴处厚《青箱杂记》卷四:"已上三十六善皆全者,当位极人臣,寿考令终;或有不全,则祸福相折,以次～。"明徐霖《绣襦记》一七出:"囊空情～,礼貌欠从容。"清傅泽洪《行水金鉴》卷一三六:"非但骆马湖黄河之水势得以～,而郯、沂、邳、宿、峄各州县亦可免淹没之患矣。"

【减汰】 jiǎn tài 淘汰。宋李心传《建炎以来朝野杂记》甲集卷一七:"今费财最甚,莫如养兵。近陈敏～二千人,戚方～四千人。"明郑真《送邳州睢宁县主簿何振纪朝京序》:"未几,以～冗员,调睢宁县簿。"清《平定台湾纪略》卷六〇:"其有伤残病废者,即可酌加～。"

【减铁】 jiǎn tiě 一种铁加工工艺。减,通"鋄(jiǎn)"。明李实《蜀语》:"铁上镂金银文曰鋄。"元古本《老乞大》:"更有小孩儿每小铃儿一百个,马缨颏一百颗,～绦环一百个。"《元史·百官志六》:"～局,管勾一员,提控二人,掌造御用及诸宫邸系腰。"《明会典》卷五九:"官员鞍辔,公侯、一品、二品用银～事件。"

【减银】 jiǎn yín 一种银加工工艺。参见"减金"。《元曲选·勘头巾》楔子:"我要两件信物,芝麻罗头巾,～环子。"明王世贞《皇明异典述》卷九:"赐北虏之厚,无过于正统时瓦剌不花王太师也先者,……～折铁刀并鞘一。"

【减妆】 jiǎn zhuāng 便携式的梳妆匣。因不带妆台、镜架等,故称"减妆"。除妆具外,亦可储藏随身取用的零星物品。明张凤翼《灌园记》二三出:"小姐,你把～儿自家收拾过了。"《醒世恒言》卷三:"忙忙的开了～,取出二十两银子。"清《隋唐演义》四七回:"你到院中去,把～内做完的蛮凤灯儿尽数取来。"

【减装】 jiǎn zhuāng 同"减妆"。宋吴自牧《梦粱录》卷一三:"又有铙子、木梳、篦子、刷子、刷牙子、～、墨洗、漱盂子。"

【剪】 jiǎn ❶拍打;挥动;横扫。元乔吉《梁州第七·射雁》:"血模糊翅搧,扑剌剌可怜,十二枝梢翎向地皮上～。"元明《水浒传》一一回:"只待那人来得较近,却把朴刀杆～了一下,蓦地跳将出来。"清《锦香亭》六回:"那大虎因扑不着人,咆哮发怒,把尾在地下一～,刮得沙土飞卷起来。" ❷(双手在背后交叉)捆绑。《元曲选·朱砂担》三折:"粗滚滚麻绳将那厮脖项来拴,丢天灵～手腕,着凌迟受磨难。"清《儒林外史》八回:"把王道台反～了手,捉上大船。"《隋唐演义》五一回:"轻轻扶秦王出了神柜,叫手下宽松～了,扶出庙门。" ❸双手(在背后)交叉。明《欢喜冤家》一七回:"第一戒,房上洗脚下靴鞋。第二戒,背～双手足行走。"《别有香》六回:"反～了手,踱来踱去。"清《儒林外史》五二回:"把两手背～着,把身子一扭,那条柱子就离地歪在半边。" ❹打断(话头);中止(进程)。明《古今小说》卷四〇:"张千、李万说一句,妇人就～一句。妇人说得句句有理,张千、李万抵搪不过。"清《红楼复梦》二三回:"闲文～去书归正,且将那申大娘娘说一回。"《补红楼梦》四六回:"贾母嫌闹的慌,便摇手叫快～了锣鼓罢。于是,登时煞锣下场。" ❺横渡(江河)。意谓剪断水流。明《警世通言》卷三二:"公子别雇了民船安放行李,约明日侵晨～江而渡。"清弘历《玉河泛舟》之三:"～湖片刻到东堤,卫士轻舆候已齐。"袁枚《续子不语》卷一〇:"露一蛇首,大如石瓮,徐徐自山下～溪过。" ❻"剪绺""剪径"的省语,指割包盗窃或拦路抢劫。明《梼杌闲评》一七回:"只见袖底有一个小洞,五六层衣服总透了,原来被爬手～去。"清纪昀《阅微草堂笔记》卷一四:"一日,行市中,壶卢为偷儿～去。"《隋唐演义》二一回:"响马,银子便～去,好好看守。我回去禀了刺史,差人来缉拿你。"

【剪断】 jiǎn duàn 干脆利落;简捷明快。清《红楼梦》二七回:"刚才这两遭说话虽不多,口角儿就很～。"△《小八义》二一回:"书要～方为妙,说些罗嗦困明公。"

【剪拂】 jiǎn fú 隐语。结拜;下拜。疑取"剪草为香,拂土下拜"之省。元明《水浒传》六回:"智深说姓名毕,那汉撇了朴刀,翻身便～。"明佚名《墨娥小录》卷一四《行院声嗽》:"拜,～。"清《说唐前传》二二回:"大凡强盗见礼,谓之～。"

【剪荷包】 jiǎn hé bāo 即"剪绺❶"。明佚名《临潼斗宝》楔子:"我也不做贼了,我去羊市角头学～去也。"

【剪截】 jiǎn jié ❶裁剪(衣料)。宋周密《武林旧事》卷六:"小经纪:……～段尺,出洗衣服,簇头消息。"《元曲选·朱砂担》:"这一宗是个开～铺的。将那好段子大尺儿量进来,小尺儿卖出去。"明杨慎《升庵诗话》卷一二:"予尝谓须溪乃开～罗缎铺客人,元不曾到苏杭南京机坊也。" ❷指裁剪下的布料。明《金瓶梅词话》二三回:"常在门首,成两价拿银钱买～、花翠、汗巾之类。" ❸指裁剪铺的招幌。明《金瓶梅词话》四〇回:"我做裁缝姓赵,月月主顾来叫。……～门首常出,一月不脱三庙。" ❹简捷。清《醒世姻缘传》四七回:"将魏三拟一个徒罪,晁无晏拟一个杖罪,连人解将上去,定了驿分,这不是～的营生?谁知这刑厅素性一些也不肯担事,即针鼻大的事情也都要往州县里推。"《雪月梅》七回:"你若应允,可即兑起银子来,立刻同到船中去写契成交,一割两断岂不～?"

【剪径】 jiǎn jìng 拦路抢劫。宋佚名《张协状元》八出:"如今要过五肌山,怕有～底劫掠人。"元明《水浒传》四三回:"小路走,多大虫,又有乘势夺包裹的～贼人。"清《说岳全传》七五回:"你既有这样本事,为什么不去干些功名,倒在这里～?"

【剪绝】 jiǎn jué 快捷;麻利。清《绿野仙踪》八〇回:"定在三日内搬清方可。他图价钱,我为～。"《补红楼梦》二四回:"到底是尤三妹妹给别人不同,说话都这么～的有趣儿。"《三侠五义》一〇六回:"他却跌倒的快当,爬起来的～。"

【剪柳】 jiǎn liǔ ❶射柳;以射中柳枝竞技的军中游戏。宋范成大《郊外阅骁骑～》:"不知掣电弯弓过,但觉柳梢随箭飞。"元刘鹗《广东宣慰司同知德政碑》:"至于朝贺之公会,～之宴赏,虐民尤甚。"《明集礼》卷三五:"元制,自天子公卿至郡国将佐,皆有射垛～之法。" ❷同"剪绺❶"。《元曲选·渔樵记》二折:"或是跳墙蓦圈,～搠包儿,做上马强盗,白昼抢夺。"明王衡《郁轮袍》六折:"状元偷在荷包里,又被京城～多。"沈采《千金记》一〇出:"〔生上介〕长官。〔丑〕是～的?〔生〕我特来投军的。〔丑〕才扎起营,就来偷军?"

【剪绺】 jiǎn liǔ ❶剪破他人衣袋窃取钱物,也指这样的人。《元曲选·勘头巾》二折:"〔令史云〕这个是甚贼?〔张千云〕这是～的。"明《石点头》卷七:"状元瘪在荷包里,又被京师～多。"清冯桂芬《与李方赤太守书》:"北寺一带,夙为丐薮,～、挖包、抢帽之事,日不绝闻。" ❷比喻插足。明《二刻拍案惊奇》卷三五:"二女喜之不胜,停当了布匹等他,一团春兴。谁知程老儿老不识死,想要～。"

【剪路】 jiǎn lù 即"剪径"。明《西游记》五七回:"前日在山坡下打杀两个～的强人,师父怪他。"清《二度梅》二二回:"今被～强人将衣服、行李尽行劫去。"

【剪头】 jiǎn tóu ❶剪发。奴仆的发式。《敦煌变文校注》卷一《捉季布传文》:"髡发～披短褐,假作家生一贱人。"五代孙光宪《北梦琐言》卷三:"图南素薄行鲁,闻之大笑曰:'不能～剃面,而趋事健儿乎!'"明王世贞《金吾行赠戴锦衣》:"但令奚雏～至,赤手卧夺黄金章。" ❷劈头;当头。宋佚名《张协状元》四一出:"说一和你惺惺,才相见～来骂人。"

【剪屠】 jiǎn tú 屠杀;杀戮。唐柳宗元《祭姊夫崔使君简文》:"何谪于天,降此～。柩不及归,寓葬荒墟。"明朱鼎《玉镜台记》二一出:"死馘生俘,长鲸短狐皆～。"清《荡寇志》一一九回:"焚掠州郡,～生灵。"

【剪尾】 jiǎn wěi 甩动尾巴。元《三遂平妖传》一〇回:"(大虫)～能惊獐鹿,咆哮吓杀狐狸。"明《封神演义》八三回:"化作一个金须鳌鱼,～摇头,上了钓竿。"清《醒世姻缘传》七一回:"通是那大虎的模样,也能作威,也能～,也能呜呜的吼。"

【剪直】 jiǎn zhí 径直;直截。清蒋士铨《香祖楼·蚓悔》:"只是高驾到来,怎好意思～硬来。"《后红楼梦》二二回:"瞧见他什么不好,～的回我,狠狠的打他。"

【剪子】 jiǎn zi 剪刀。《古尊宿语录》卷一〇《并州承天嵩禅师语录》:"问:'如何是此经。'师云:'郭家～,天下人闻。'"明《朴通事谚解》卷上:"我猜大哥是棒锤,二哥是运斗,三哥是～,四哥是针线。"清《红楼梦》二八回:"黛玉弯着腰拿着～裁什么呢。"

【谫薄】 jiǎn bó 浅薄。宋刘安世《初除右正言第一章》:"右臣近被圣恩,擢置谏列,内惟～,愧无以称。"《金史·纥石烈良弼传》:"臣等过蒙嘉惠,虽～,敢不尽心。"清吴伟业《与宋尚木论诗书》:"宋氏之书,以悬国门而登明堂,非弟之～愚陋所能拜下风者也。”

【谫劣】 jiǎn liè 浅薄低劣。宋杜范《便民五事奏札》：“臣～愚陋。”明袁宏道《与孙太府书》：“走以～，谬辱知遇。”清《珍珠舶》一回：“某虽～，素以侠义自许。”

【谫陋】 jiǎn lòu ❶（才识）浅陋。也指才识浅陋的人。宋刘攽《为傅学士谢除直昭文馆启》：“致兹～，骤尔甄收。谨当勉懋初心，坚持壹意。”明汪廷讷《广陵月》二出：“某不揣～，归而成〔寄生草〕一阕。”清《歧路灯》一〇八回：“这个亲爱的柔情，千古没这管妙笔形状出来。可笑不敏～，辜负了好情况也。” ❷简陋；微少。清和邦额《夜谭随录・梁生》：“但寒士聘仪～，勉奉百金为寿，肯见许否？”

【谫昧】 jiǎn mèi 浅薄愚昧。明祝允明《白郡侯林公帖子》：“愚生～，不知兵事。”李默《上三宰相书》：“仆～鄙人，岂曰能忠。”

【谫浅】 jiǎn qiǎn 浅薄。宋程俱《傅冲益寄淮口阻风及清淮道中》：“回观白虎儒，～安可侔。”元袁桷《李陵台次韵李彦方应奉》：“褒功实～，议刑良刻哉。”明陈霆《两山墨谈》卷一六：“观其援引不伦，序次无法，类～者所为。”

【谫微】 jiǎn wēi 浅薄低微。也指才识浅薄、身分低微的人。宋曾巩《代皇太子免延安郡王第一表》：“敢图奖渥，荐及～。”陈襄《陈州谢富相公启》：“顾惟～，素被提奖。”明张原《再辞俸疏》：“顾臣～，亦荷滥放。”

【谫庸】 jiǎn yōng 浅薄平庸。宋真德秀《求孙设醮青词》：“伏念臣～无取，忝幸独多。”明范景文《饬属疏》：“臣才识～，素暗军旅，猥以时急，叨冒隆恩。”清李霨《御定资政要览后序》：“故臣学术～，何能窥测万一。”

【简】 jiǎn ❶题写。唐范摅《云溪友议》卷下：“后坛与祜卷，欲其润饰之。祜乃戏～二十字，……昔人有玉碗，击之千里鸣。今日睹斯文，碗有当时声。” ❷笏；手版。唐赵璘《因话录》卷一：“女优有弄假官戏，其绿衣秉～者，谓之参军妆。”宋元《警世通言》卷一三：“某善能听～笏声知进退，闻鞋履响辨死生。”清《平山冷燕》一回：“只见阁臣中闪出一位大臣，执～当胸，俯伏奏道。” ❸简板。乐器。明《西游记》七〇回：“手敲渔鼓～，口唱道情词。”《醒世恒言》卷三八：“偈云：见石而行，听～而问，傍金而居，先裴而遁。” ❹兵器名。后多写作“锏”。宋司马光《涑水纪闻》卷一二：“福策马运四刃铁～与虏斗，身被十矢。”元《七国春秋平话》卷上：“手把三尖两刃刀，腰上双悬水磨～。”明《西游记》九〇回：“那猱狮精轮一根铁蒺藜，雪狮精使一条三楞～，径来奔打。” ❺量词。用于书信、柬帖。唐李贺《咏怀》：“惟留一～书，金泥泰山顶。”元高栻《集贤宾・怨别》：“一～书和泪封，一篇词带愁寄。”明《禅真逸史》三一回：“手内常擎书一～，肩上横担令字旗。”

【简板】 jiǎn bǎn ❶笏；手版。唐锺辂《前定录》：“两廊多有衣冠，或有愁立者，或白衣者，或执～者，或有将通状者。” ❷同“简版❶”。宋周必大《题六一先生九帖》：“宣和后～盛行，日趋简便，亲旧往来之帖遂少。” ❸同“简版❷”。《元曲选・鲁斋郎》四折：“〔正末愚鼓～上，诗云〕身穿羊皮百衲衣，饥时化饭饱时归。”明《警世通言》卷四〇：“忽有一人，头戴逍遥巾，身披道袍，脚穿云履，手中拿一个鱼鼓～儿，潇潇洒洒，徐步而来。”清《霓裳续谱・江山万代》：“张果老骑定了神驴儿走，渔鼓～唱道情。” ❹一种记事牌。表面涂漆，可拭去旧字重复使用。明郎瑛《七修类稿》卷二六：“俗以长形薄板涂布油粉，谓之～，以其易去错字而省纸；官府用之，名曰水牌，盖取水能去污而复清，借义事毕去字而复用耳。”袁宏道《天池》：“庵内行脚挂搭者多，余意欲讽其去，因大书～曰：……闲云野鹤，何天不可飞？”清袁枚《续子不语》卷三：“令左右授以～，自书其上。张援笔直书，两面写完，尚觉未尽。”

【简版】 jiǎn bǎn ❶一种用来写字以代柬帖的木板。宋陆游《老学庵笔记》卷三：“人士因有用金漆版代书帖与朋侪往来者。已而苦其露泄，遂有作两版相合，以片纸封其际者。久之，其制渐精，或又以缣囊盛而封之。南人谓之～，北人谓之牌子。后又通谓之～，或简牌。”元陆友《墨史》卷下：“盖松烟之法久绝，故刘、叶之徒专尚油烟，宜～不宜纸也。”明毕自严《祭杨冲所座师文》：“昔陈臬于淮上，与滁阳而错趾，～诗简往复累累。” ❷即“简子❷”。明朱有燉《神仙会》一折：“〔末打渔鼓～引八仙上云〕罗浮道士谁同流？草木衣食轻王侯。”

【简查】 jiǎn chá 检阅查考。明高攀龙《山西布政司右布政使王公行状》：“本官～条例，首倡公论，断断乎有扶持纲常之志。”卢象昇《与蒋泽垒先生书》：“所谕疏稿，容某回郧之后，如数～奉报。”清雍正十二年《山西通志》卷一八七：“于是～案籍，旧欠甚多。”

【简尺】 jiǎn chǐ 尺牍；书信。宋邵博《邵氏闻见后录》卷二三：“司马光～具存，吕惠卿责词犹在。”张淏《云谷杂记》卷四：“先朝人书状～多用押字，非自尊也，从简省以代名耳。”明王世贞《与顾宪副益卿书》：“不知神交之契，固有出于～之外者。”

【简当】 jiǎn dàng 简约得当。《唐会要》卷三九：“即令商量条流要害，重修格式，务于～，焚去冗长。”明陆容《菽园杂记》卷四：“奏疏悉令属曹正官具草，稍加笔削，人往往以～服之。”清《绿野仙踪》三九回：“如此办理，极为～。”

【简点】 jiǎn diǎn ❶同“拣点❶”。唐吴兢《贞观政要》卷二：“简点使右仆射封德彝等，并欲中男十八以上～入军。”宋吴处厚《青箱杂记》卷四：“谚云：薄饼从上揭。刘郎才及第，岂得便～人家女？”清傅泽洪《行水金鉴》卷四〇：“趁此人冬冰冻用工颇易，移文河南巡抚曾如春预先料理，一面仍候～总河大臣，庶不致于误事。” ❷同“拣点❸”。唐崔协《请令国子监学生束脩光学等钱充公使奏》：“如收补年深，未闻艺业，虚沾补牒，不赴试期，亦委监司～其姓名年月，一一分析申奏。”明朱时恩《佛祖纲目》卷三七：“若是做工夫，须要时时～，刻刻提撕。那里是得力处，那里是不得力处。”清《东周列国志》五七回：“～人数，单单不见庄姬。”

【简断】 jiǎn duàn 干脆利落。清《红楼梦》六一回：“都悄悄的来买转平儿，一面送些东西，一面又奉承他办事～。”

【简校】 jiǎn jiào 查核。唐李峤《请令御史检校户口表》：“臣以为宜令御史督察～，设禁令以防之，垂恩德以抚之。”清余森《荒政丛书》卷九：“收获之日，随其所得，劝课出粟及麦，于当社造仓窖贮之，即委社司执帐～。每年收积，勿使损败。”

【简较】 jiǎn jiào 同“简校”。唐李治《禁留狱诏》：“虽法有常规，恐典吏妄生威福，官人不存～，或颜面嘱请，触类以之。”明《二刻拍案惊奇》卷一三：“明日早起来，区处家事，～庄租簿书，分毫不爽。”清钱谦益《奉谒少师高阳公于里第》：“入郊先问躬耕地，～秋原几树桑。”

【简捷】 jiǎn jié ❶简单直接。宋沈括《梦溪笔谈》卷一八：“若位数少，则颇～；位数多，则愈繁，不若乘除之有常。”明《欢喜冤家》一〇回：“我劝世上人有八个字，极～，依了他自然发福：众善奉行，诸恶莫作。”清《绮楼重梦》二八回：“也有执贽门墙的，不尽是逋逃的，不很该括，不如简简捷捷题着‘秽墟’两字的好。” ❷快捷。清《红楼梦》七三回：“只因他生得体肥面阔，两只大脚，作粗活～爽利。”

【简径】 jiǎn jìng 简单直接。宋《朱子语类》卷一一二：“如此，则重权归一，太守自治州事，而刺史则举刺一路，岂不～省事。"刘克庄《满江红·再和》:"一盏勘书殊～,万灯侍辇曾荣耀。"清汤斌《二十一史论》:"李延寿南北二史,删略繁芜,编摩～,比之正史,实为过之。"

【简倨】 jiǎn jù 高傲;轻慢。唐张鷟《朝野佥载》卷六:"唐衢州盈川县令杨炯,词学优长,恃才～,不容于时。"明沈德符《万历野获编》补遗卷二:"唐自以前辈威名,新被简用,公卿俱下之,恚王之～,复命疏内,讥其一卒不练。"清吴广成《西夏书事》卷二九:"梁乙逋使宥州回文,言辞～,不肯少屈。"

【简绝】 jiǎn jué 简练干脆。清《红楼梦》九四回:"礼貌上又能,说话儿又～,做活计儿手儿又巧。"《红楼复梦》八六回:"况且梦玉做亲是向来常事,就照着那年瑞姑娘出嫁一样办,再没有这些～。"

【简勘】 jiǎn kān 审验。《唐会要》卷九三:"宜委御史台仔细～,具合征放钱数,及量诸司闲剧人目,加减,条流奏闻。"明《二刻拍案惊奇》卷一:"都管当中送进一年薄籍到夫人处查算,一向因过岁新正,忙忙未及～。"清喻昌《医门法律》卷五:"况综列群方,赞其所长,核其所短,俾学者一一～而心地朗然。"

【简括】 jiǎn kuò ❶搜检查看。《法苑珠林》卷一一二:"～国中,唯此一人,忠良直事。"唐常衮《减京兆尹以下俸钱制》:"遂委中书门下条录奏闻,而躬亲～,巨细精详。"《明史·王元翰传》:"元翰乃尽出其筐箧,异置国门,纵吏士～,恸哭辞朝而去。" ❷搜罗;搜集总括。明陈子龙《朱子强古今治平略序》:"唐宋以来,则有杜君卿、马贵与、郑渔仲之流,～典故,以事为类,以时为次,缀而成书。"清施闰章《易经揆一序》:"探索有年,～诸家易说,勒成一编。"钱谦益《四川叙州府兴文县知县张振德谥烈愍》:"高文襄当国,归熙甫以仆丞管制敕,一时赠祭文尔雅可观。厥后办事者多用乙科阑人,阁中亦视为故纸,不复～。" ❸犹"检刮"。明《西湖二集》卷一七:"士卒伏路曰坐草,军行尚首功,资抄掠曰～。" ❹简要而概括。清何焯《义斋读书记》卷四四:"'故务壅塞居水者'数语～。"《野叟曝言》一二三回:"三卷俱佳,而首卷尤～精当。" ❺概括;简叙。清弘历《唐宋文醇》卷一二《武冈铭》评语:"'不夸首级,为己能力;专务教诲,俾邦斯平。'数语能～治蛮夷大要。"毛奇龄《王君慎斋诗集序》:"亦或殚心著作,高文典册,连累乎笔札,间为短章杂什,以～其志意。"

【简搜】 jiǎn sōu 搜寻。清《醒世姻缘传》五二回:"忽然想起孙兰姬的眠鞋,因起来忙迫,遗在床里边褥子底下,不曾带在身边,恐怕被素姐～得着。"

【简帖】 jiǎn tiě 书信。宋司马光《看阅吕公著所陈利害札子》:"臣自公著到京,止于都堂众中一见,自后未尝私相见,及有～往来。"《元曲选外编·西厢记》三本一折:"小娘子将～儿去了,不是小生说口,则是一道会亲的符箓。"清《二度梅》六回:"卢杞走入内书房,写了一联～,藏在袍袖之中。"

【简亵】 jiǎn xiè 怠慢亵渎。明尹直《謇斋琐缀录》卷八:"不惟遵时王之制,亦且得康节、祁公之意,非～也。"高濂《玉簪记》三三出:"但莫责我清贫～,在此垂老何妨。"清《镜花缘》一六回:"今以草舍冒昧屈驾,未免～,尚求海涵。"

【简验】 jiǎn yàn ❶检验。明代以后多指检验尸首。唐李隆基《禁创寺观诏》:"若有破坏,事须条理,任经所繇,陈牒～,然后听许。"明《金瓶梅》四八回:"安童见其尸大哭道:'正是我的主人,被贼人所伤,刀痕尚在。'于是～明白,回报曾公。"《二刻拍案惊奇》卷二〇:"出牌吊尸,叫集了地方人等,～起来。" ❷指简明有效的(药方)。唐刘禹锡《谢赐广利方表》:"遂长驱和、扁,高视农、轩。删彼繁芜,摭其～。"《宋史·艺文志六》有李端愿《～方》一卷。

【简子】 jiǎn zi ❶柬帖;书信。宋佚名《张协状元》五〇出:"〔末〕张佥判有～申呈。〔净〕在那里?〔末〕～在这里。〔净接信〕"宋元《古今小说》卷三:"写罢,折成～,将纸封了。"清吴伟业《鹿樵纪闻》卷下:"鲜红～书申敬,献纳通家八股生。" ❷说唱曲艺时用以伴奏的打击乐器。元邓学可《端正好·乐道》:"闲遥遥唱些道情,醉醺醺打个稽首,抄化些剩汤残酒,咱这愚鼓～便是行头。"明王圻《三才图会·器用》:"～,以竹为之,长二尺许,阔四五分,厚半之。其末俱略反外,歌时用二片合击之以和者也。"《韩湘子》二九回:"(道童)右肩上背着葫芦一枝,花篮一个,右手中擎着渔鼓一腔,～一副。"

【蹇薄】 jiǎn bó ❶驽钝浅薄。唐赵璘《因话录》卷三:"鄙人～,晚方通籍。"宋曾巩《福州谢到任表》:"伏念臣～多艰,戆愚少与。"清吴伟业《与宋尚木论诗书》:"弟材力～,于此道未有证人。" ❷(命运)困厄低微。宋《虚堂和尚语录》卷五:"自是一生多～,夜深犹立古皇前。"明刘仕义《新知录摘抄·梦》:"予命运～,弗克取第,以酬宿心亦既已矣。"清纪昀《阅微草堂笔记》卷一一:"贫家嫠妇,赋命～,正以颠连困苦,为神道所怜,得此寿耳。"

【蹇缓】 jiǎn huǎn 艰难缓慢。《续资治通鉴长编》卷四〇二:"逵言语～,步履艰难。"宋吕祖谦《与枢使书》:"然血气之衰残,必不能跋涉道路;动履之～,必不能胜任衣冠。"清《聊斋志异·巧娘》:"女一回首,妖丽无比,莲步～。"

【蹇晦】 jiǎn huì (命运)困厄不顺。明王慎中《别虞清溪先生序》:"才不才之际最难居也。居于其际,则人多不见其为才,～沉固之迹,无以异于无能者之所处。"张宇初《答张司业书》:"自知运数～,学力荒陋。"

【蹇劣】 jiǎn liè ❶驽钝拙劣。唐薛用弱《集异记·裴珙》:"下驷～,日势已晚,方至石桥。"明王守仁《奏报田州思恩平复疏》:"臣以～,缪承任使。"清吴伟业《与冒辟疆书》:"佳贶远及,自惭～,有负盛雅。" ❷衰弱。《太平广记》卷四三六引《河东记》:"尝有人遗一黑驹,初甚～,传素豢养历三五年,稍益肥骏。"明文徵明《病中》之一:"自怜身～,渐与老相将。" ❸困厄不顺。唐韦应物《幽居》:"自当安～,谁谓薄世荣。"柳宗元《祭万年裴令文》:"顾余～,厕迹奔逸。二纪于今,交情若一。"清赵翼《杖》:"～平生愧逐群,一枝藤助草鞋勤。"

【蹇落】 jiǎn luò 困顿没落。明凌义渠《梦言序》:"吾友光父蒋子文,行之尊古者也,～不偶。"清吴伟业《嘉议大夫按察司使江公墓志铭》:"后三十年家居,公折辈行与余及鲁冈游。当是时,同里中如余兄弟最称～矣。"《聊斋志异·颜氏》:"生制艺颇通,而再试再黜,身名～,饔飧不给。"

【蹇卫】 jiǎn wèi 瘸驴。也用作驴子的鄙称、谦称。卫,驴的别称;蹇亦驴也,蹇、卫同义连文。《太平广记》卷八四引《幽闲鼓吹》:"春景暄妍,策～出都门。"《元曲选·黄粱梦》一折:"到的这店门首,将这～拴下。"清查慎行《丁卯秋闱报罢呈诸先辈》:"已买吟瓢租～,西山游兴近来多。"

【蹇味儿】 jiǎn wèi er 即"蹇卫"。明《金瓶梅词话》六三回:"这个姓包的,就和应花子一般,就是个不知趣的～。"

【蹇畏儿】 jiǎn wèi er 即"蹇卫"。明王九思《水仙子带过折桂令·归兴》:"骑一个～南村北垅。"

【蹇喂】 jiǎn wèi 即"蹇卫"。明王九思《曲江春》二折:"备过～来,我骑上走一遭者。"

【蹇騳】 jiǎn wèi 即"蹇卫"。元胡祗遹《快活三过朝天子·赏春》:"～山翁,轻衫乌帽,醉模糊归去好。"

【蹇滞】 jiǎn zhì ❶滞涩不通畅。唐慧立、彦悰《大慈恩寺三藏法师传》卷二："法师亦明目酬对，无所～，由是诸贤亦率惭服。"明林弼《书张师夔所藏捕蛇者说卷后》："此卷又得健笔佳纸之助，故驰骋精神，略无～。"清管世铭《鹤半巢诗集序》："而当众举其职，独应对～，擂写窘率，少年英果，群以钝汉目之。" ❷阻厄；困窘不顺利。唐李咸用《投知》："自是远人多～，近来仙榜半孤寒。"元明《三国志通俗演义》卷二四："将军此行，必然克蜀，成其大功也，但可惜～不能还。"清《聊斋志异·念秧》："生平～，出门亦无好况。"

【蹇拙】 jiǎn zhuō ❶迟钝笨拙。唐柳宗元《乞巧文》："幸而与之巧，驱去～，手目开利。"明叶盛《水东日记》卷六："钩玄索隐，已为古人所先。孤陋～，倦于搜罗，姑存简约，冀示久远。"清吴伟业《孙孝若稿序》："京师三公贵人无不援孝若以为重者，而亟得余之一言，岂文章道谊朋友之投分固有数欤？抑余之～无似，龃龉于世，孝若因以取之欤？" ❷困窘不顺利。唐方干《赠信州高员外》："～命中迷直道，仁慈风里驻扁舟。"元明《水浒传》四二回："我命运这般～，今番必是休了。"清周亮工《甫发钱塘一仆失足溺水》："重来予～，独累尔烦冤。" ❸(文词)拙劣不通畅。宋朱熹《答蔡季通》："自觉语意～，终不快利也。"明张居正《遵诏自陈不职疏》："文词～，无以参著作而藻皇猷。"

jiàn

【见】 jiàn 另见 xiàn。❶拟；欲；愿。表示打算或愿意。唐张籍《寄王奉御》："～欲移居相近住，有田多与种黄精。"白居易《驯犀》："尧民不自知有尧，但～安闲聊击壤。"李贺《南园》："～买若耶溪水剑，明朝归去事猿公。" ❷用在动词后，表示持续。唐韩偓《春闺》之二："长吁解罗带，怯～上空床。"宋李清照《永遇乐》："如今憔悴，风鬟雾鬓，怕～夜间出去。"金《董解元西厢记》卷六："便不辱你爷、便不羞～我？" ❸用在动词后，表示结果。唐张若虚《春江花月夜》："空里流霜不觉飞，汀上白沙看不～。"明陈汝元《红莲债》四折："俺寻得～渡河船，恁办不了买山钱。"清《绮楼重梦》二六回："昨儿闻不～菊花香，为什么今儿个这样香得很？" ❹比试；较量。元明《水浒传》八五回："你那短见无能之人，早出来打话，～个胜败输赢。"明《封神演义》八四回："主将明日与周兵～一阵，如胜则以胜而退周兵，如不胜，然后坚守。"清《绿野仙踪》七二回："于冰笑道：'你们还怕我～不过他么？'二女妖道：'他的道行与萤火相似，岂有个天心皓月反～不过他？只恐世叔心存旧隙，不肯轻饶。'"

【见便】 jiàn biàn 识方便；懂事；知趣。宋元《清平山堂话本·五戒禅师》："清一见他生得清秀，诸事～，藏匿在房里。"元明《水浒传》二四回："何不去叫间壁王干娘安排便了？只是这般不～。"

【见不到】 jiàn bu dào 注意不到。《元曲选·谢天香》一折："老夫在此为理，多有～处。我料贤弟必有嘉言善行教训老夫咱！"明《醒世恒言》卷二〇："起初是我一时～，错怪了你。"清《姑妄言》二〇回："我一时想不起，有～处，你有何高见，只管说来。"

【见不的】 jiàn bu dé ❶同"见不得❶"。《元曲选·看钱奴》二折："我两个眼里偏生～这穷厮。陈德甫，你且着他靠后些，饿虱子满屋飞哩。"又《燕青博鱼》一折："不知我这兄弟为着那一件来，偏生两个眼里～我那嫂嫂。" ❷同"见不得❹"。《元曲选·风光好》三折："我如今也回不的大宋去，也～唐主。我且至杭州寻个前程。"清《醒世姻缘传》七五回："他～我么，只传言送语的？"《歧路灯》二六回："我如后话不照前言，且休说我再不见你，连赵大姐，我也～。" ❸同"见不得❷"。清《歧路灯》三三回："我～这酒盅子。我不吃罢，休误了我的生意。"又六九回："你是～银子的人。有了你，就坏事。"

【见不得】 jiàn bu dé ❶看不惯；眼里容纳不下。《元曲选·杀狗劝夫》楔子："虽然是我的亲手足，争奈我眼里偏生～他。"明《型世言》一四回："南边妆扮是三柳梳头，那奶奶道：'咱～这怪样。'"清《红楼梦》三四回："薛蟠本是个心直口快的人，一生～这样藏头露尾的事。" ❷经受不住；敌不过。《元曲选·黑旋风》四折："谁着你一世为人将妇女偷，～皓齿星眸。"清《绿野仙踪》五三回："那大汉果然利害，不想～萧大爷，要教他来就来，要教他去就去。"《红楼梦》二四回："我如今要告诉他那话，倒叫他看着我～东西似的，为得了这点子香，就混许他管事了。" ❸见不到；见不着。明《警世通言》卷九："二人都是爱财之人。贤弟却无金银买嘱他，便有冲天学问，～圣天子。"《挂枝儿·自明》："我若今日欺心也，明日就～你。"清《后西游记》三八回："倘或不是路，到不得灵山，～佛祖，求不得真解，成不得正果。" ❹羞于见；不好让人看见或知道。明《西游记》一八回："这样个丑嘴脸的人，又会不得姨夫，又～亲戚。"清《绿野仙踪》八回："不但羞见张二爷，连妻子也～。"《镜花缘》七二回："就是四等，也不见得有甚么回不得家乡、～爷娘去处！" ❺说不定；有可能。明《西游记》二八回："这不是甚么寺院，是一座妖精洞府也。我师父在这里，也～哩。" ❻看不出。清《姑妄言》一四回："这风水也～甚么好，怎就出了我这样个杀星？"

【见长】 jiàn cháng ❶从长远着眼。元武汉臣《老生儿》三折："您理短，俺～，姓刘的家业姓刘的当，您没埋怨爷娘。"明徐畛《杀狗记》一二出："兄见短，咱～。哥哥，你把身子略放松些便好。"《金瓶梅词话》八九回："咱娘儿们会少离多，彼此都～着。" ❷显现长处。明陆时雍《诗镜总论》："世称韦柳，则以本色～耳。"清《红楼梦》一七至一八回："宝玉便念道：'宝鼎茶闲烟尚绿，幽窗棋罢指犹凉。'贾政摇头说道：'也未～。'"《镜花缘》一七回："况此等小聪明，也未有甚～之处。"

【见处】 jiàn chù 犹"见地"。《祖堂集》卷二《弘忍和尚》："若有～，各呈所见。"宋《朱子语类》卷二三："子游～高明，而工夫则疏。"明李贽《答周西岩书》："据渠～，恰似有人生知，又有人不生知。"

【见得】 jiàn dé ❶见到；能见到。唐白居易《游紫霄宫》："日高公子还相觅，～山中好酒浆。"金《董解元西厢记》卷一："来日向道场里须～你。"清《说岳全传》八回："望外一看，～门外射进火光。" ❷看出；知晓。宋沈义父《乐府指迷》："若全篇只说花之白，则是凡白花皆可用，如何～是梨花。"元高明《琵琶记》一〇出："〔末〕怎～好马？〔丑〕但见耳批双竹，鬃散五花。"清《儒林外史》二四回："天下同名同姓最多，怎～便是我谋害你丈夫？" ❸显现；表现出。宋陈著《鹊桥仙·次韵元春兄》："家贫是苦，算来又好，～平生操守。"元明《水浒传》贯华堂本一一回："可容他在这里做个头领也好，不然，～我们无义气。"清李玉《清忠谱》二四折："为甚的媚灶无功，失却了狡兔三窟。今日个损威严，受尽媟狎，也～人心公道。" ❹眼见得；即将。金《董解元西厢记》卷二："～十分是命夭，略等我仁事，与贤家一万刀。"又卷三："即时呈表闻帝阙，功业～凌烟阁上写。"又卷四："想料死冤家心中先有，琴感其心，～十分能勾。"

【见地】 jiàn dì 见识；见解。宋洪迈《夷坚志》丁卷一二："士隆学无所不通，～尤高明渊粹，刚正而有识。”明袁中道《送观察周公迁光禄少卿序》：“动心忍性之馀，骨力愈坚，～愈卓。”清《飞龙全传》四三回：“先生之言，大有～。”

【见短】 jiàn duǎn ❶眼光短浅；见识低下。唐李德裕《授刘沔招抚回鹘使制》：“匈奴～，嘉娄敬之善筹；马邑设权，戒王恢之兵首。”明《警世通言》卷二四：“他媳妇～，不见尚书家来接，只道丈夫说谎。”清《姑妄言》二〇回：“你妇人家好～，见我没挣头，就要嫁汉子去。” ❷想不开，指寻死。清《都是幻·梅魂幻》五回：“解下膝带接长了，抛在树枝，竟欲缢死。南斌忙忙向前，低声道：‘姐姐有恁冤情，如此～？’”

【见风】 jiàn fēng 接受放风。指犯人出牢室活动，换空气。《元曲选·灰阑记》三折：“哥哥，你在这里，我要～去也。”

【见怪】 jiàn guài 责怪。唐戴孚《广异记·李播》：“此是唐宰相，不识府君，无宜～。”《元曲选外编·渑池会》四折：“大夫，看俺一殿之臣，旧日之交，休得～。”清《红楼梦》四回：“你贾家姨娘未必不苦留我们，咱们且忙忙收拾房屋，岂不使人～？”

【见鬼】 jiàn guǐ ❶一种通鬼神的巫术。唐李复言《续玄怪录》卷二：“某能知未来之事，乃～者也。”宋洪迈《夷坚志》支丁卷五：“艮山门外潘先生，善理幽冥间事，俗呼为潘～。”《元曲选·渔樵记》三折：“呆弟子孩儿，漫坡里又无人，～的也似自言自语，絮絮聒聒的。” ❷形容并无其事，妄自惊扰。元明《水浒传》二一回：“宋江道：‘忘了在你脚后小栏干上。这里又没人来，只是你收得。’婆惜道：‘呸！你不～来！’”明单本《蕉帕记》一七出：“呀！～了，有什么明珠与你？”清《醒世姻缘传》六二回：“～的小忘八羔子！这一定是狄家小陈子的枉口嚼舌！” ❸捣鬼。明佚名《四贤记》五出：“道人你又来～，笑谈中原非真意。”清《风流悟》四回：“又来～了！巷口那里有什么王家？”

【见好】 jiàn hǎo ❶感觉好；印象佳。宋《朱子语类》卷一〇：“圣人言语如千花，远望都～，须端的真见好处始得。”又卷一八：“某当初亦未晓得，如吕，如谢，如尹、杨诸公说，都～。后来都段段录出，排在那里，句句将来比对，逐字称停过，方见得程子说攧扑不破。”《元曲选·留鞋记》楔子：“这胭脂粉不～，还有高的换些与我。” ❷示好；显示友好。明《警世通言》卷二五：“何不于他乡私下置些产业，慢慢地脱身去，自做个财主，那时报他之德，彼此～。”清《风流悟》二回：“我今不合嫁了他，若不与他些甜头，他用强也是正理，又不～了。” ❸显好；展示优点。明《西洋记》七九回：“圣人之心有七窍，才会题诗。咱学生只好两三窍儿，故此点水不漏，题得不十分～。”清《绿野仙踪》二回：“这二十岁寿文，题目既新，看来～还不难。”《补红楼梦》四五回：“声调流丽，易于动听，再能句法清新，就格外～呢。” ❹有好的结果或前途。明《封神演义》一二回：“长曰金吒，次曰木吒，三曰哪吒，俱拜名山道德之士为师，虽未～，亦不是无赖之辈。”《欢喜冤家》一六回：“好个夫人八字！今年定生令郎，将来运不～。”清《荡寇志》九六回：“兄弟出门多年，虽做几桩生意，也不～。” ❺（病情）好转。明王衡《再生缘》一出：“你这病好久了，怎生还不～也？”《型世言》四回：“妙珍也仍旧寻医问卜，求神礼斗，并不～。”清《醒世姻缘传》一七回：“只是晁大舍病了一个多月，只不～。”

【见话】 jiàn huà ❶听说。唐韦应物《与村老对饮》：“乡村年少生离乱，～先朝如梦中。”明吴宽《题启南写游虎丘图》：“西去阳山十里遥，冒雨有人归不早。明朝～入云岩，扼紧捋须空懊恼。”《山歌·歪缠》：“后生～气膨膨，将言几句答娇娘。” ❷会话。清《绿野仙踪》四四回：“我此刻就去～，今日就与他们立了契罢。”《歧路灯》三回：“只因有一宗生意拉扯，约定在会上～。”又四九回：“你就回去也罢，我后日去～罢。”

【见家】 jiàn jiā 行家；内行。清《后西游记》三二回：“好猴儿，果名不虚传，是个～。”《姑妄言》二回：“大爷是此道中老～，这一句话又来得外行了。”

【见节】 jiàn jié 拜贺节日。明《金瓶梅词话》七八回：“众伙计主管，门下底人，伺候～者，不计其数。”清《儒林外史》二回：“和尚走来，与诸位～，都还过了礼。”《歧路灯》一〇一回：“到了盛宅，～方毕，娄朴来到。”

【见解】 jiàn jiě 对事理的认识和看法。敦煌本慧能《坛经》：“汝作此偈，～只到门前，尚未得入。”宋《朱子语类》卷一〇一：“后细观之，终不离禅底～。”清《镜花缘》一七回：“大贤高论极最，可见读书人～自有不同。”

【见景】 jiàn jǐng 见世面；识好歹。明《笑府》卷一三：“问者曰：‘汝说谎。穿了金打的海青，如何作揖？’答曰：‘呸！你真是不曾～的，皇帝与那个作揖？’”清《飞龙全传》一七回：“你忒也不知～了，难道没有一个耳信的？请你不要多嘴，你偏要多嘴。”

【见来】 jiàn lái 眼见；果真。唐杜甫《寒雨朝行视园树》：“锁石藤梢元自落，倚天松骨～枯。”宋吕渭老《握金钗》：“胡蝶入帘飞，郎声似莺啭。～无计拘管，心似芭蕉乍舒展。”金元好问《赠王仙翁道成》：“览照休惊白发新，弈棋翻覆～频。”《说郛》卷八〇引聂奉先《续本事诗·市语》：“今时市语答人真实事，则称～。”

【见临】 jiàn lín 光临。唐张读《宣室志》卷四：“某一贱士，不意君之～也。”明《西湖二集》卷二一：“请之尚不能来，今幸～，是老夫之幸也。”清《聊斋志异·考弊司》：“又云：‘何事～？’生以秀才意具白之。”

【见面礼】 jiàn miàn lǐ ❶初次相见时赠送的礼物。清《说岳全传》五八回：“也是我小爷的时运好，出门就撞见个宝货。快拿头来，送我去做～。”《镜花缘》六七回：“今日诸位年侄女初次见面，我也没备甚么～，这却怎好！” ❷官员初见下属时索要的贿金。清郭琇《会参污吏疏》：“本官恣意贪婪，勒令粮里十九家，照现年六百三十丁石，派银六百三十两，名曰～。”

【见面钱】 jiàn miàn qián ❶犹“见面礼❶”。明《西游记》三三回：“那怪道：‘你怎么睡在这里，绊我一跌？’行者道：‘小道童见我这老道人，要跌一跌儿做～。’那妖道：‘我大王～只要几两银子，你怎么跌一跌儿做～？’”《二刻拍案惊奇》卷五：“妃嫔每要奉承娘娘，亦且喜欢孩子，争先将出宝玩金珠钏镯等类来做～。” ❷初嫖某妓的报酬。《元曲选·青衫泪》二折：“小人久慕大名，拿着三千引茶来与大姐焐脚，先送白银五十两做～。”清《姑妄言》二回：“明日再送一分厚礼做～，然后大爷驾去。他门户人家是识窍的，见大爷如此举动，自然百般趋奉。” ❸犹“见面礼❷”。明沈錬《边词》之五：“愿留守将多年岁，省得重科～。”清陈鼎《东林列传》卷一五：“（元朝末年）其间人讨钱各有名目，下属始参曰～，无事白要曰撒花钱。” ❹入狱或被囚时送给管事者的贿金。明陈汝元《金莲记》一九出：“旧例，进监的有些～、油火钱。”《型世言》八回：“管狱老爹要～，提控要纸笔钱，我们有些常例，料必晓得。”清《风流悟》四回：“莫拿我见驿丞，送个出格的～，驿丞欢喜得了不的。” ❺结亲时长辈接受晚辈叩拜后送给晚辈的礼物。清陈端生《再生缘》四一回：“摆些糕果斋上佛，再备了，承继姑娘～。”《后红楼梦》二八回：“我一辈子惜穿惜戴，留一点子给环儿媳妇同兰哥、芝哥媳妇，做个～。”

【见拟】 jiàn nǐ ❶比拟。唐张九龄《荔枝赋》：“且欲神于醴露，何比数于甘橘？援蒲桃而～，亦古人之深失。”明胡应麟《文待诏春山乔木图》：“不知迩来异书迭出，几倍成弘二酉山房六万卷。

琅琊长公为记，以宛委石箦、禹穴洞庭～。”王世贞《弇州山人四部续稿》卷二〇三：“足下过以苏长公～，仆何敢望长公!” ❷打算；准备。唐张九龄《敕平卢使乌知义书》：“顷有没蕃人出，云其～东行。蕃汉诸军，须有严备。”贾岛《题隐者居》：“犹嫌住久人知处，～移家更上山。”宋王禹偁《朝簪》：“白头郎署成何事，～休官自种田。”

【见情】 jiàn qíng　显见情分；领受情分。清《飞龙全传》二四回：“丈夫之事何不一力承当，也与他和解，觉得～些。”《警寤钟》五回：“若待他缉访败露时，不但他不～，我就拂理不清，倒弄在浑水里。”《女仙外史》八回：“我的灵丹，虽尽乾坤之珍宝也换不来。你如今勒索嫦娥，倒不～了。”

【见趣】 jiàn qù　见识情趣。宋朱熹《答石子重》：“伯崇精进之意反不逮前，而择之～操持愈见精密。”金刘迎《徐梦弼以诗求芦菔》：“呜呼后来者，～远不逮。”明瞿佑《归田诗话》卷上：“二公虽齐名，～不同如此。”

【见觑】 jiàn qù　见识；见解。明黄元吉《流星马》一折：“出的雁门关，到沙漠，我自有个～。”佚名《陈仓路》三折：“一个个志气迂，有～。”

【见却】 jiàn què　推辞；拒绝。金《董解元西厢记》卷六：“贫生旅食，姑此为礼，无以微～。”明《警世通言》卷五：“亲翁若～，就是不允这头亲事了。”清《聊斋志异·姊妹易嫁》：“启视，则金具在，方悟～之意。”

【见人】 jiàn rén　中人；见证人。《元曲选·救孝子》二折：“为甚来起衅？是那个主谋？是那个～?”明《朴通事谚解》卷中：“恐后无凭，故立此文契为用。某年月日卖儿人钱小马，同卖人妻何氏，～某，引进人某。”《二刻拍案惊奇》卷三一：“即具状到县间，告为立杀父命事，将族长告做～。”

【见识】 jiàn shí　❶见闻与识辨能力。唐沈亚之《上使主第二书》：“亚之～孱浅，无足以奉请事。”元曾瑞《快活三过朝天子·警世》：“有～越大夫，无转理楚三闾。”清《儒林外史》一回：“此兄不但才高，胸中～大是不同，将来名位不在你我之下。” ❷主意；打算。《元曲选·金线池》二折：“若他也是虔婆的～，没有嫁我之心，却不我在此亦无指望了。”六十种曲本《琵琶记》三七出：“我的父母知他存亡如何？我决不学那不奔丧的～。”清《绿野仙踪》五四回：“自己又不敢规谏，止存了个多支架一年是一年的～，因此总不肯替他说。” ❸计谋；办法；手段。宋元《醒世恒言》卷三三：“杀死丈夫劫了钱，又使～，往邻舍家借宿一夜，却与汉子通同计较，一处逃走。”《元典章·台纲一》：“但是勾当里行的官人每，使～行无体例的勾当呵，体察者。”清《荡寇志》一三七回：“小弟使个～，教偏将假扮救兵，冲入重围。” ❹技艺；武艺；本领。元刘伯亨《朝元乐》：“刀尺临逼，正这头裁那头，差了活计；针线拘系，缝半边忘半边，错了～。”《元曲选外编·千里独行》一折：“则俺这兄弟张飞谁近的，他端的有～，使一条点钢枪敢与万人敌。”明《西游记》四六回：“好大圣，他却有～，果然是腾那天下少，似这伶俐世间稀!” ❺争执；计较。《元曲选·看钱奴》二折：“秀才休怪，你慢慢的去，休和他一般～。”元明《水浒传》四回：“你们且没奈何，休与他一般～。”清《醒世姻缘传》三回：“你老人家倒不凡百保佑，合人一般～，拿的人头疼发热。” ❻叠用，谓认识事物、扩大眼界。清《红楼梦》四〇回：“贾母少歇一回，自然领着刘姥姥都～～。”《飞龙全传》一五回：“但听人说妖怪，不曾见面。今日才得遇着，原来是这等形儿，也算～～。”《说岳全传》六五回：“既是老爷叫我们看，也让我们～～，极好的了。”

【见说】 jiàn shuō　听说；闻说。唐贾岛《送人南归》：“虽然南地远，～北人多。”宋《三朝北盟会编》卷一六三：“前来蒙丞相惠书，止是说淮南不得屯驻军马，即不曾～占据之事。”清《红楼梦》二五回：“马道婆～，果真便挑了两块袖将起来。”

【见喜】 jiàn xǐ　❶喜欢；喜爱。宋宗杲《宗门武库》：“师在宝峰时，元首座极～。”《元曲选·赵氏孤儿》四折：“那屠岸贾将我的孩儿十分～，他岂知就里的事。”清《白圭志》一五回：“何不令其毕婚，然后上表申奏，圣上必然～。” ❷冲喜；用喜事冲动煞气。明《警世通言》卷二：“开棺～，不敢将凶服冲动，权用锦绣，以取吉兆。”《醒世恒言》卷八：“常见人家要省事时，还借这病来～，何况我家吉期送已多日。” ❸有喜。多用作婉词。a) 指新婚初夜见喜红。明柯丹邱《荆钗记》二九出：“怎误我白罗帕～?”汤显祖《紫钗记》一一出：“一搦女儿身，齐眉作妇人。人生初～，花草一年春。”b) 指结婚。明沈受先《三元记》二五出：“若要脱体，直待～；若不～，一定不起。况小姐今年红鸾、天喜在命。”清《雪月梅》三〇回：“天喜照临，婚姻不远，九、十月间必然～。”c) 指生育。明《型世言》三一回：“目下该～，应生一个令郎。”清《绿野仙踪》八六回：“女取干生为子，这年必定～。”d) 指出天花。清《红楼梦》二一回：“替夫人奶奶们道喜，姐儿发热是～了。”

【见小】 jiàn xiǎo　❶见识短浅；眼界不宽。明杨柔胜《玉环记》一七出：“他日得了功名，你爹爹只说是将金银贿赂。只为你父亲是个～之人，男子汉自当赤手成名，实不敢要。”《禅真后史》一〇回：“姆姆一时～，讲了些闲活，婆婆不必介怀。”清《醒世姻缘传》九八回：“你要是个～记恨人的，你八秋儿撺掇他干了这事，你还肯再三再四的劝他么?” ❷指计较小利，贪小便宜。清《续金瓶梅》八回：“老婆们～，因取包袱，险不争起来。”《歧路灯》五九回：“那人～之辈，性子又粗，……可楚结了他，无使我作难也。”

【见笑】 jiàn xiào　笑话；被人笑话。可用作谦词。唐杜荀鹤《书斋即事》：“乡里老农多～，不知稽古胜耕锄。”元明《水浒传》一一回：“不然，见的我们无意气，使江湖上好汉～。”清孔尚任《桃花扇》二八出：“〔小生作画完介〕～，～!”

【见谕】 jiàn yù　见教。用于敬称对方的话。唐韦应物有《答故人～》。宋欧阳修《与吴正献公书》：“京西忽已逾年，承～，谨当志在下怀也。”清《红楼梦》三三回：“大人既奉王命而来，不知有何～?”

【见阵】 jiàn zhèn　交锋；对阵。宋岳飞《陈州颍昌捷奏》：“逢贼马军三千馀骑，～掩杀，其众望城奔走。”《元曲选外编·伊尹耕莘》二折：“我做元戎实是美，～交锋敢对垒。”清《飞龙全传》三二回：“(郭威)知是汉主亲征，便问众将道：‘那位将军出去～?’”

【件把】 jiàn bǎ　表示约数，数量接近于“一件”。元明《水浒传》二四回：“他便央你做得～衣裳，你便自归来吃些点心，不值得搅恼他。”明《拍案惊奇》卷二六：“这门子未免恃着爱宠，做～不法之事。”清《醒世姻缘传》二九回：“彼此推想他的为人，都有～好处。”

【件目】 jiàn mù　❶文件目录。也借指文件。唐何超《晋书音义序》：“其列传载记，各自区分，都成三轴，～如左。”宋智昭《人天眼目序》：“予游方时，所至尽诚咨扣尊宿五宗纲要。其间～，往往亦有所未知者。”明朱存理《答史明古》：“米元章有《宝章待访》、周公谨有《云烟过眼》，而止述其～，使人垂涎耳。仆今备录全文，可能一快读也。” ❷名目。明顾起元《说略》卷二五：“脾析、蜃、豚拍，皆五齑中～。”

【件色】 jiàn sè　各样；样样。明《醒世恒言》卷二一：“原来这寺和尚极会受用，～鸡鹅等类，都养在家里，因此捉来便杀。”清

《隋唐演义》六回:“行李文书～分开,只有银子不曾分开。”《生绡剪》一七回:“终不然你～东西鳖在身边?”

【件数】 jiàn shù 事物的数目。五代龙敏《条陈台中事宜疏》:“凡有诸色文按印发之时,指挥诸司,各置印历一道,具其事节～,书在历中。”《元曲选·昊天塔》三折:“这骨殖都有～,每件件有郎主朱笔记认的字迹在上。”清《歧路灯》三一回:“你不曾亲交,如何～这样清白?”

【件物】 jiàn wù 成件的东西。《续资治通鉴长编》卷三八六:“逐人所分事件,不过一二件,所行之事,止于军器、仪仗、防城～等数事而已。”《元典章·兵部三》:“站内槽前鞍辔、苫毡、绳索,一切～须要完整。”清《八旬万寿盛典》卷二〇:“恭具金叶表文并小国土产～,差心腹头目便居也控、苏合觉、应荅觉等,……随同天使进关。”

【间壁】 jiàn bì 隔壁。《元曲选·两世姻缘》一折:“对门王大姐家张姐夫,～李二姐家赵姐夫,都赶选登科去了。”明《朴通事谚解》卷中:“徐五的徒弟李大,如今搬去法藏寺西边混堂～住里。”清《聊斋志异·阿霞》:“女厉声抗拒,纷纭之声达于～。”

【间别】 jiàn bié ❶差别。唐苏鹗《杜阳杂编》卷下:“有非朋游者,俄而见十数人,仪貌无所～。”宋欧阳修《拜赦》:“乃知天地施,幽远无～。”《朱子语类》卷一三八:“而国初言礼者错看,遂作纸衣冠,而不用纸钱,不知纸钱衣冠有何～?” ❷挑拨;离间。唐元稹《江陵梦》之一:“他人生～,婢仆多谩欺。君在或有托,出门当付谁?”《元曲选外编·哭存孝》三折:“他两个厮～,犯口舌,不教分说。” ❸分别;分离。宋花仲胤妻《失调名·答外》:“情人不解其中意,问伊～几多时,身边少个人儿。”元关汉卿《单刀会》四折:“俺这故友才相见,剑呵,休交俺弟兄每厮～。”清《赛红铃》六回:“姐姐～多时,愈觉丰姿秀丽。” ❹隔绝;隔断。《元曲选·对玉梳》一折:“～了俺故人恩爱,便绝了咱子母情分。”

【间错】 jiàn cuò ❶间杂;错杂。唐[日]圆仁《入唐求法巡礼行记》卷三:“遍台砂石～,石塔无数。”宋赵长卿《探春令·早春》:“笙歌～华筵启,喜新春新岁。”清《荡寇志》一二四回:“四队军马,五花三层价～着。就中最吃苦的是宋江,夹在中层,左冲右突,厮杀不出。” ❷间隔错开。宋阳枋《说经》:“四时错行,是一阴一阳～而行。”清《红楼梦》八回:“今儿他来了,明儿我再来,如此～开了来着,岂不天天有人来了?”

【间迭】 jiàn dié 同“间谍”。《元曲选外编·贬夜郎》四折:“君王行厮～,听谗臣耳畔说,贬离了丹凤阙。”

【间谍】 jiàn dié 挑拨;离间。宋邵伯温《邵氏闻见录》卷九:“有入内都知任守忠者奸邪反复,～两宫。”金《董解元西厢记》卷七:“这畜生肠肚恶,全不合神道,着言厮～,忒奸狡。”元王鹗《汝南遗事》卷一:“得卿奏章,以魏璠专擅,～君臣,请诛之以厉其餘。”

【间叠】 jiàn dié 同“间谍”。《元曲选外编·拜月亭》三折:“那一个爷娘不～,不似俺,忒哞嗻,劣缺!”

【间断】 jiàn duàn 中间隔断不相连接。唐杜牧《杭州新造南亭子记》:“凡千万生死,穷亿万世,无有～,名为无间。”宋《朱子语类》卷六:“忠信者,真实而无虚伪也。无些欠阙,无些～,朴实头做去,无停住也。”清《红楼梦》五七回:“既吃燕窝,又不可～,若只管和他要,太也托实。”也指隔断之处。《姑妄言》一一回:“如演戏至半本时,杂以跌打弹唱,做一～,使眼目略新一新,然后戏子重复上场,亦更有趣味。”

【间或】 jiàn huò 偶尔;有时候。唐李甘《寓卫人说》:“于卫有人焉,污群洁独,师圣友贤,不明于诸子,～从孟轲游。”明《二刻拍案惊奇》卷三九:“小人只为有些小智巧,与亲戚朋友作耍之事,～有之。”清袁枚《子不语》卷一一:“即鬼祟索食,～有之,究无关于生死也。”

【间阔】 jiàn kuò ❶远隔;久别。语本《汉书·诸葛丰传》:“元帝擢为司隶校尉,刺举无所避,京师为之语曰:‘间何阔,逢诸葛。’”唐李適之《大唐蕲州龙兴寺故法现大禅师碑铭》:“虽～积年,而诲诱无远。”《元曲选外编·西厢记》二本三折:“有意诉衷肠,争奈母亲侧坐,成抛躲,咫尺间如～。”清《说唐三传》六四回:“一向～,今日补请,与美人畅饮一杯。” ❷指久别后的情况或思念、情怀等。宋洪迈《夷坚志》补卷二二:“忽于中庭见故嫂,恍惚间忘其死,与叙～。”明王守仁《与黄诚甫书》:“先妻不幸于前日奄逝,方在悲悼中。适陈子文往,草草存～。”清《春柳莺》九回:“二人同叙了在河南别后的～。”

【间深】 jiàn shēn 紧要;关键。后多接“里”“处”等,表示时候。宋石孝友《惜奴娇》:“合下相逢,算鬼病、须沾惹。～里、做场话霸。”元李子昌《梁州令》:“我、我、我,起初时且是敬他,他、他、他,～也和咱罢。”明《二刻拍案惊奇》卷三四:“弄到～之处,任君用觉得肌肤凑理与那做作态度,略是有些异样。”清《女仙外史》六九回:“明日战到～里,闻擂鼓声即便退回。”

【间探】 jiàn tàn ❶刺探(军情)。宋苏籀《上赵枢密都督书》:“虽有娄旷之聪明,终必凭于～之精。”《三朝北盟会编》卷一〇六:“又多方～京城事迹,即令其人供具罪状,以蜡弹赴大元帅府。”元陆文圭《武节将军吕侯墓志铭》:“募士往淮南～,侯应募而前。” ❷间谍;密探。宋李纲《奏陈防秋利害札子》:“然臣窃见～所报,伪齐乞兵于金人。”李璧《中兴战功录》:“杜杞守北门,且明斥堠及募土人作向导～。”元郝经《复与宋国丞相论本朝兵乱书》:“夫贵朝臆料之见,岂若仆等之亲见;～不根之说,岂若仆等之亲说。”

【间替】 jiàn tì 更迭;间断。唐玄奘《大唐西域记》卷六:“野象群行,采花以散,冥力警察,初无～。”《云笈七籤》卷一七:“垢净两忘,无有～,故名不替。”

【间息】 jiàn xī 间断;停息。《法苑珠林》卷三六:“唯一心归命观世音,念无～。”明朱橚《普济方》卷一六二:“疗咳嗽昼夜无～,气欲绝。”清汪由敦《恭跋御制诗初集》:“且日以为程,如天之有行,未尝～。”

【间歇】 jiàn xiē 停顿;中断。《祖堂集》卷三《慧忠国师》:“他炽然说,恒说常说,无有～。”明佚名《鸣凤记》二六出:“愿琴声瑟调,常无～。”清《聊斋志异·焦螟》:“瓦砾砖石,忽如雹落,家人相率奔匿,待其～,乃敢出操作。”

【间杂】 jiàn zá ❶混杂;掺杂。唐顾少连《嵩岳少林寺新造厨库记》:“若游息不殊,则其道～;若散漫无守,则其风寂寥。”宋《朱子语类》卷一六:“他彻底只是这一个心,所以谓之自慊。若才有些子～,便是两个心,便是自欺。”清纪昀《阅微草堂笔记》卷一七:“居者于后门设木肆,贩鬻屋材,而阴拆宅内之梁柱门窗,～卖之。” ❷错杂;交错。《太平广记》卷四〇八引《述异记》:“叶似杜若,而红碧～。”清《聊斋志异·口技》:“三人絮语～,刺刺不休。”《儒林外史》二回:“河边却也有几树桃花柳树,红红绿绿,～好看。”

【间簉】 jiàn zào 间杂。簉,杂。唐韩愈《南山诗》:“西南雄太白,突起莫～。”宋黄伯思《汝州新刻诸帖辨》:“杂取法帖、续帖中所有者,时载之,又珉玉～,不能辨也。”明章潢《三海岩》:“有白有红,有紫有绿,错综～。”

【间者】 jiàn zhě 间谍;探子。宋文莹《玉壶清话》卷九:“太祖于京城南池按甲航战舰,日习水战。～归报,主误猜疑。”许洞《虎钤经》卷三:“阴选精兵分道,早夜兼时,以乘不备,此以使者为～也。”《宋史·张叔夜传》:“叔夜使～觇所向,贼径趋海濒。”

【建陈】 jiàn chén 提议陈请。宋王安中《谢雄守辟留再任启》:“若乃新书之细绎,本因议者之～。”《元史·董文忠传》:“安童以右丞相入领中书,～十事,言忤旨。”清李光地《施将军逸事》:“知事不可为,则以偏裨有所～。”

【建醮】 jiàn jiào 道教徒举行施法仪式。唐王翰有《龙行观金箓～》。宋吴自牧《梦粱录》卷一九:“(北极佑圣真君)诞辰日,佑圣观奉上旨～,士庶炷香纷然。”明《醒世恒言》卷二六:“请了几个有名的道士,在青城山老君庙里～,祈求仙方,保护少府回生。”清孔尚任《桃花扇》四〇出:“诸天群灵俱到,列星众宿来朝,幡影飘飖,七月中元～。”

【建树】 jiàn shù ❶建筑;构建。元程文海《洞阳万寿宫碑铭》:“弟子所居洞阳,地复产薄。宋淳祐间几废,赖住持朱可道力振之。今幸遭圣代,非大有～,能终保无他乎?”明祝允明《镇江府道纪司移建记》:“盖凡有所～,以集庸究职也者,其必有存乎财与力之外者欤?” ❷谓建言献策或建立功绩。元刘岳申《中书参知政事耿公德政颂》:“及其为省臣,又不必有所～,比于摧陷廓清,而人服之。”明《石点头》卷九:“方今王室多艰,四方不静,正丈夫～之秋。”清吴伟业《编年考序》:“揭节垂组,立功立事,则未尝不望尔之显且有所～也。”

【建竖】 jiàn shù ❶犹“建树❶”。唐莫休符《桂林风土记》:“(东山亭)～多年,不记岁月。”元明《水浒传》九二回:“却说林冲等四将,在东城～云梯飞楼。”清钱谦益《募建表胜宝恩聚奎宝塔疏》:“趣斯塔亟宜～,不啻三令而五申。” ❷犹“建树❷”。明袁中道《应天武举乡试录后序》:“天下庸庸之福,志士所不享,意亦欲有所～于世。”《明史·章存道传》:“宏才大节,～伟然。”清钱谦益《明故贵州永宁州吏目李公墓碑》:“使其游光扬声,～当世,出其一节,亦将惊怖激绝,以为能事。”

【健】 jiàn ❶勇猛。《新唐书·李密传》:“须陀～而无谋,且骤胜易骄。”元明《水浒传》六一回:“卢俊义全然不慌,越斗越～。”清《聊斋志异·王成》:“鹑～甚,……三战三胜。” ❷张;飏;飘。《字汇·人部》:“健,举也。”唐白居易《偶咏》:“御热蕉衣～,扶羸竹杖轻。”薛能《春居即事》:“榆荚奔风～,兰芽负土肥。”宋范成大《上沙遇雨快凉》:“刮地风来～葛衣,一凉便觉暑光低。” ❸盛;繁;浓。唐胡杲《七老会诗》:“裴回玩柳心犹～,老大看花意却勤。”宋杨无咎《水调歌头·韩倅九月八日生辰》:“满泛黄花称寿,细看红萸枝～,和气蔼芳筵。”明杨慎《诗品·张安国》:“笔酣兴～,顷刻即成。” ❹副词。非常。唐元稹《遣病》之三:“忆作孩稚初,～羡成人列。”宋陈亮《复胡德永书》:“心知～仰而不获一见,甚以为恨。”清《聊斋志异·白于玉》:“其行～速,家人坌息始能及焉。”

【健步】 jiàn bù ❶迅疾有力的步伐。唐杜甫《天育骠骑歌》:“年多物化空形影,呜呼～无由骋。”谢观《骥伏盐车赋》:“由是腾～,奋奇毛。连嘶自若,骧首弥高。” ❷指迈着迅疾有力的步伐。唐张谔《三日岐王宅》:“玉女贵妃生,嫛婗始发声。……何时学～,斗取落花轻。”明《禅真后史》一九回:“瞿琰～赶来。”清《聊斋志异·阿绣》:“女子～若飞隼,苦不能从。” ❸善于快走的。唐刘禹锡《山阳城赋》:“使人得譬乎逐鹿,固～者所先。”明沈采《千金记》四三出:“与我选个～铺兵,一面打探长递通报文书。”清《歧路灯》九一回:“县令飞差～皂役,跑向城中。” ❹指能快走的用来代步的马等。清《聊斋志异·画马》:“崔有好友,官于晋,欲往就之,苦无～,遂捉马施勒乘去。”

【健啖】 jiàn dàn 犹“健饭”。啖,吃。宋周煇《清波杂志》卷八:“(张齐贤)每食数斤,犹未厌饫,～世无比者。”《金史·药安国传》:“安国～,日饱之以鱼。”清钱谦益《虎丘秋月图题赠似虞周翁》:“翁今年九十,～足若飞。”

【健倒】 jiàn dǎo 直挺挺地摔倒。唐卢仝《村醉》:“昨夜村饮归,～三四五。”元刘时中《朝天子·邸万户席上》:“稚子牵衣,山妻迎笑,急投床脚～。”明赵完璧《春夜饮王吉安兄弟宅醉归》:“紫陌醉迷青海日,苍苔～白头翁。”

【健饭】 jiàn fàn 能吃饭;饭量大。指身体健康。宋胡寅《答张子韶侍郎》:“又闻～甚康,不胜欣羡。”明袁宏道《荷叶山居后堂板扉题字》:“百谷老矣,未知～否?”清蒋士铨《升平瑞》一出:“喜天赐期颐,～聪明。”

【健决】 jiàn jué 坚决果敢。唐白居易《史备可濠州刺史制》:“史备变通～,有良吏之用。”宋洪迈《夷坚志》支癸卷四:“邑宰吴直奉议,～吏也,恶其妖异惑众,集里保丁壮击碎之。”明倪元璐《题王懋远孝廉近艺》:“然余甚贵其人静凝,使持天下事,不必不如乃公～也。”

【健朗】 jiàn lǎng 健康硬朗。明邹元标《柬徐匡岳督学》:“宜乘精力～,报答明世为祝。”《金瓶梅词话》六一回:“你老人家高寿了,还这等～。”清《红楼梦》三九回:“这么大年纪了,还这么～。”

【健浪】 jiàn làng 同“健朗”。明郑岳《招社友游梅陇》:“共喜筋骸犹～,况堪时节正芳菲。”陆深《京中家书》:“自承天还京,虽劳苦异常,颇觉身体～,脾胃胜前。”《醒世恒言》卷二六:“你这鱼!既是恁的～,停一会等我送你到滚锅儿里再游游去!”

【健强】 jiàn qiáng ❶健康强壮。宋苏轼《赠张刁二老》:“两邦山水未凄凉,二老风流总～。”明倪谦《庆孙母董太夫人寿九十序》:“心益怡乐,体益～,耳目聪明,饮食加进。”清施闰章《祭舅氏》:“舅氏早龄多病,中岁～。” ❷强劲;强盛。明孙承恩《菊庄陆翁墓志铭》:“翁自少疾,食饮～。”《金瓶梅词话》四九回:“每服一厘半,阳兴愈～。”清蓝鼎元《遥祝张逸夫八十寿序》:“须髯如银,朱颜酡若,膂力～犹昔。” ❸强横。宋梅尧臣《依韵吴冲卿秋虫》:“秋虫如里胥,促织何苦忙。……岂知哀敛人,督责矜～。”

【健实】 jiàn shí 强健结实。宋《朱子语类》卷七七:“如人春夏间阳胜,却有懈怠处;秋冬间阴胜,却有～处。”明徐用诚《玉机微义》卷二八:“观先哲用肾气丸等,以收精气之虚脱,为养气滋肾,伐火导水,使机关利而脾土～之意是焉。”

【健忘】 jiàn wàng 容易忘事。唐白居易《偶作寄朗之》:“老来多～,唯不忘相思。”《元曲选·陈抟高卧》四折:“辜负一醉无忧老杜康,谁信您卢仝～。”清《红楼梦》八五回:“恕我～,回来叫宝琴过来拜姐姐的寿。”

【健旺】 jiàn wàng 强健旺盛。宋《太平惠民和剂局方》卷五:“长服补益元气,筋骨壮健,耳目聪明,夫人血气～。”明《古今小说》卷一〇:“倪太守罢官鳏居,虽然年老,只落得精神～。”清《十二楼·奉先楼》二回:“就把眼目一睁,精神一抖,不觉地～如初,竟与吃饱之人无异。”

【健壮】 jiàn zhuàng 强壮。唐道宣《行事钞·瞻病送终篇》:“～则亲昵,病弱则损舍,鄙俗恒情未能忘此。”明《警世通言》卷一八:“鲜于公年已八旬,～如牛。”清《红楼梦》七九回:“生得相貌魁梧,体格～。”

【健足】 jiàn zú ❶犹“健步❶”。唐符载《贺樊公畋获虎颂序》:“拉榛棘,秘梗橦,高块埠,踣～,划骁翅。脂染鸣镝,血湔飞帆。"元明《水浒传》三八回："～欲追千里马，罗衫常惹尘埃，神行太保术奇哉。"明《古今小说》卷二三："远觑近观，只在双眸传递；捱肩擦背，全凭～跟随。" ❷犹"健步❸"。也指善于快走的人。宋曾公亮等《武经总要》前集卷五："平陆，别置～之人；水路，亦作飞艇，或五里或十里一铺。"明徐渭《陶宅战归序》："君独能令两～，裸走视贼巢中。"清袁枚《子不语》卷四："家人仓皇遣～奔市，购纸轿一乘。"

【揵踢】 jiàn tī 踢毽子。明《挂枝儿·～》："揵子儿，打扮得多风趣，只爱你铜钱大两片儿皮。"《山歌·揵踢》："结识私情像个～能，个个顽皮精脚脚来搭卖风情。"

【键闭】 jiàn bì 封锁；关闭。唐薛逢《题剑门先寄上西蜀杜司徒》："梯航百货通邦计，～诸蛮屏帝都。"《太平广记》卷三五一引《宣室志》："坤因与偕行，至贯门，而门已～。"《云笈七籤》卷六八："将塞也，则万户～；欲通也，则积滞俱荡。"

【键关】 jiàn guān ❶门闩。比喻屏障。唐王徽《创筑罗城记》："界彼邛滇，靡设～。在古侵残，为蜀之艰。"明刘基《送穷文》："岩嶅石核立～，丘林陵麓产植蕃。阏隔风气限夷蛮，颔云腹雨濡旱干。" ❷比喻事务的关键。唐刘禹锡《赠别君素上人诗序》："是余知突奥于中庸，启～于内典，会而归之，犹初心也。"元耶律楚材《屏山居士金刚经别解序》："析六如之生灭，剖四相之～。"明沈鍊《兵说·权道》："举不失道，寡而能博，是操其～，而天下之出入由我矣。" ❸关闭门户或闸门。元陆文圭《居隐堂记》："而吾独～下榻，不交人事。"明潘季驯《河防一览》卷一二："再拨新募人夫十名以司启闭，如遇黄涨～固守，消落即行开放。"清黄景仁《恼花篇时寓法源寺》："花开十日不曾看，～不与花气通。"

【荐】 jiàn ❶认识。《祖堂集》卷九《栖贤和尚》："僧曰：'既不是祖，又来东土作什摩？'师云：'为汝不～祖。'僧曰：'～后如何？'师云：'方知不是祖。'"《五灯会元》卷一五《云居晓舜禅师》："闹市门头识取天子，百草头上～取老僧。" ❷至；达到。唐韩愈《曹成王碑》："文被明章，武～畯功。"清汪懋麟《阻东昌三日》："杜北韦南留客苦，冰桃火枣～牙酸。" ❸佐食。由进献饮食义引申而来。唐刘恂《岭表录异》卷上："又取小蚌肉，贯之以篾，晒干，谓之珠母。容桂人率将烧之，以～酒也。"宋江休复《醴泉笔录》卷上："河朔人食油汤鲙，以～酸浆粟饭。"明都穆《都公谭纂》卷上："每客一美姬侍，共摘樱桃～酒，名樱桃宴。" ❹举办佛、道等宗教活动以求超度亡灵。由祭祀献牲义引申而来。《大唐三藏取经诗话》一七则："长者一日思念考妣之恩，又忆前妻之分，广修功课，以～亡魂。"《元曲选·窦娥冤》三折："你去那受刑法尸骸上烈些纸钱，只当把你亡化的孩儿～。"清《二度梅》一三回："老夫昨日准备香案，供奉梅年兄的牌位，无非～一～在天之灵。" ❺指科举考取。由推荐义引申而来。宋洪迈《夷坚志》支癸卷八："词场～不利，遂应武举。"明佚名《鸣凤记》八出："明朝同问九姑仙，试说向何年高～？"清《珍珠舶》五回："今以吾兄乡闱高～，必作明庭伟器。"

【荐拔】 jiàn bá 犹"荐❹"。宋谢采伯《密斋笔记》卷五："仍设水陆，～群羊超升人天者。"明柯丹邱《荆钗记》三八出："生的报答心方稳，死的～情颇宽。"清《醒世姻缘传》七四回："你与我请十二位女僧，超度丈夫狄希陈，兄弟薛如卞、薛如兼，合在一处～。"

【荐保】 jiàn bǎo 推荐保举。《续资治通鉴长编》卷三八六："夫以血气衰耗，有苟得之心；～不及，无向进之意。"清孔尚任《桃花扇》一一出："一片忠心天可告，怎肯背深恩，辱～。"《皇朝文献通考》卷五六："朕思～人材，关系国家辨才论官之要道。"

【荐陈】 jiàn chén 举荐陈述。唐柳宗元《奏荐从事表》："比于流辈，颇为滞淹。辄敢～，伏希奖录。"宋方逢辰《辞兼直舍人院札子》："敢～于愚朴，祈转彻于穹窿。"元刘岳申《改葬邓礼部祭文》："昔我祖父，世接芳邻；而我小子，尝忝～。"

【荐导】 jiàn dǎo 推荐引导。五代王定保《唐摭言》卷三："主司方一一言及～之处，俾其各谢挈维之力。"宋蒲宗孟《老苏先生祭文》："携其文章，出力～。"宋元《清平山堂话本·蓝桥记》："闻郎君恳求甚切，吾当为书而～之。"

【荐悼】 jiàn dào 做佛事悼念死者。宋丁特起《靖康纪闻》："琼出己钱，为殡于僧舍，及作斋～。"明柯丹邱《荆钗记》四五出："节届元宵，灯月灿然高，到观门拈香～。"清胡煦《卜法详考》卷五："失字形，必有散失，谋事不成，病者冤牵，……作善～，免致恓惶。"

【荐奠】 jiàn diàn ❶陈设祭品向死者致敬。唐令狐楚《祭丰州李大夫十八丈文》："魂兮何之，音容悄然。攀輀～，若泪潺湲。"宋《朱子语类》卷九六："若全不见闻，则～有时而不知，拜伏有时而不能起也。"《大清通礼》卷一六："子弟复奉羹饭，从主人荐羹饭讫，以次诣各案，～如前仪。" ❷指祭品。唐梁镇《谏罢违典左道吕祠表》："今湫竭已久，龙安所存？陛下又崇饰祠宇，丰洁～，为去龙之穴，破生人之产。"元稹《祭亡妻韦氏文》："叙官阀，志德行，具哀词，陈～，皆生者之事也，于死者何有哉！"

【荐度】 jiàn dù 念经或做法事使亡灵超升。宋李增伯《黄箓心词·谢醮》："兹伏黄坛之～，用超黑簿之沉沦。"明佚名《四贤记》九出："为因祖母丧亡，要在圣前～。"清《醒世姻缘传》七四回："这一定因我～，你们建醮虔诚，他两个的魂灵回来受享。"

【荐福】 jiàn fú 祭献神佛以求福。唐白居易《大唐故贤妃京兆韦氏墓志铭》："执匪懈之心，视奠于灵座；修无上之道，～于崇陵。"宋洪迈《夷坚志》补卷二五："婺州武义县了蒙，为一邑僧首。……邑人欲～追远者，不问数十里，必属蒙僧首焉。"清毛奇龄《宁州龙安山兜率寺重兴碑记》："而即其两赴京师，随大觉老人说法御前，几欲留内庭～。"

【荐供】 jiàn gòng 奉献供品。宋赵孟坚《祭女文》："遇汝每七，～于斯。"居简《佛涅槃疏》："尚堪～效野人之芹，譬夫存羊告宗庙之朔。"洪迈《夷坚志》支丁卷八："泊舟龙王庙下，当具牲牢礼谒。其人素强倔，且惮费，～菲薄。"

【荐馆】 jiàn guǎn 推荐人做私塾先生。明《禅真后史》一回："刘浣候二人棋毕，即将～与瞿天民之意细细说知。"清陈端生《再生缘》四五回："回说家下苦寒，托人～，我就留他教儿子念书。"《镜花缘》二二回："你既同他们一样，为何还要求我～？"

【荐奖】 jiàn jiǎng 推荐褒奖。宋黄震《陆大博墓志铭》："当时独大参陈公铧目击其事而～之。"明《二刻拍案惊奇》卷二六："因而有求～的，有求免参论的，有求出罪的。"清俞森《荒政丛书》卷八："行之得法众口称平者，重加优异，转报各院，另行～。"

【荐口】 jiàn kǒu 推荐赞美之辞。唐韩愈《雪后寄崔二十六丞公》："几欲犯严出～，气象硉兀未可攀。"明唐桂芳《送汪生彦通之广信》："传心已得曾参学，～翻惭鲍叔知。"清陈廷敬《吴耕方翰林三为国学官诗》："尝欲开～，揣分辄逊避。"

【荐款】 jiàn kuǎn ❶向神灵奉献款诚。唐武则天《高宗天皇大帝哀册文》："云封～，日观申虔。告成七庙，归功九天。"司空图《泽州灵泉院记》："况帝梦可征，华缘已熟。山川神祇，罔不～。" ❷比喻滋养、调和。《元曲选·萧淑兰》四折："蔷薇露秋菊春兰，紫苏盐姜醋～，碧芥芽葱针寸段。"

【荐酹】 jiàn lèi 浇奠；洒酒祭祀。唐白行简《李娃传》："常闻竹林神者，报应如响，将致～求之，可乎？"宋王阮《谢赵宰拜襄敏墓序》："某不肖，既获躬执耒耜，被抚田间，又获奉承～，感泣墓下。"元牟巘《新庙记》："迄今又将百有餘年，日毁弗不治，～无所。"

【荐辟】 jiàn pì 举荐招聘。宋罗大经《鹤林玉露》卷九："东汉徐孺子矫矫特立，诸公～皆不就。"明吾邱瑞《运甓记》四出："闻得你上司～，除授官职。"清《续金瓶梅》四六回："即如汉高帝灭秦破楚，去春秋战国、三代夏商周不远，还依旧选举德行，～人才，不专重文词。"

【荐剡】 jiàn shàn ❶推荐信。剡，剡溪，出佳纸，因用以代称纸。宋三槐《百字谣·寿主簿》："百里民怀德。交腾～，褒迁大振勋业。"明柯丹邱《荆钗记》三七出："省台飞～，看文章，擢任吉安为太守。"清顾炎武《与李星来书》："今春～，几遍词坛。" ❷推荐。明吾邱瑞《运甓记》二二出："如今虽蒙刘公～，薄沾寸禄，无甚烦难职守。"清《风流悟》四回："奇才难没，特为～。"《平山冷燕》四回："但辱窦掌科～，又蒙圣上诏遣，故不得已应诏而来。"

【荐送】 jiàn sòng ❶推荐保送。唐裴潾《谏信用方士疏》："诸处荐药术之士，有韦山甫柳泌等，或更相称引，迄今狂谬～渐多。"宋洪迈《夷坚志》甲卷九："阴令其子自为下家状求试。纺不得已从之，遂与富子俱～。"清《绿野仙踪》一回："余于十二日三鼓时始得此卷，深喜榜首必出吾门，随于次早～。" ❷指科举考中。宋洪迈《夷坚志》丙卷一一："使改名哲，且曰：'子若～，吾以女嫁子。'是岁，哲果登名于春官。"

【荐头】 jiàn tóu ❶推荐人。也指推荐人的身分。明周履靖《锦笺记》一三出："个向邹家还未有先生，旧年听我卖葛个何老女，惯向渠家走动，须索寻渠做个～。"《鼓掌绝尘》三七回："我老李想了两年的馆，再没个～。"《禅真后史》一七回："我这靠肚仙的～有限，又传他个方子，令他办了些礼物，到那占卦的詹师长、卜龟的吴先生、城隍庙孙道士、观音庵洪长老四处吹嘘。" ❷推荐。明《醋葫芦》一二回："亏得裘先生～，又添上一个新友，姓詹名直口。"

【荐托】 jiàn tuō 推荐托付。唐李商隐《与陶进士书》："时素重令狐贤明，一日见之于朝，揖曰：'八郎之交谁最善?'绹直进曰'李商隐'者。三道而退，亦不为～之辞。"《五代会要》卷一七："如有内外臣僚辄行～，当举宪章。"宋真德秀《大学衍义》卷四三："势位之家更相～，有如互市。"

【荐亡】 jiàn wáng 念经或做法事超度亡灵。宋吴自牧《梦粱录》卷六："十五日，水官解厄之日。宫观士庶，设斋建醮，或解厄，或～。"明柯丹邱《荆钗记》三二出："～虽已完，邀亲岂宜缓?"清《女仙外史》六回："随请有名僧道，做七七四十九日～法事。"

【荐委】 jiàn wěi ❶连连下降；屡屡下垂。唐李峤《为百寮贺雪表》："荟蔚方兴，起太山之肤寸；参差～，自平地而盈尺。"宋杨亿《代中书贺宣示合穗麦状》："故得洪覆眷怀，殊祥～。"清薄有德《万寿诗》："恭遇圣寿六旬，景福咸臻，佳祥～。" ❷推荐委托。宋程俱《席益差知温州》："～重寄，未之或辞。毋轻小邦，犹足观政。"文同《谢知兴元府启》："不图猥琐之才，～藩宣之任。"明王玉峰《焚香记》二五出："蒙韩相国～，镇守淮扬。"

【荐选】 jiàn xuǎn 推荐选送。宋洪迈《夷坚志》支景卷五："是岁预～，次年南省奏名，廷试居第一。"《宋史·选举志五》："初，累朝以广南地远，利人不足以资正官，故使举人两与～者，试刑法于漕司。"

【荐扬】 jiàn yáng 推荐赞扬。唐陆贽《请许台省长官举荐属吏状》："指陈才实，以状上闻。一经～，终身保任。"明《禅真逸史》一二回："或亲戚相知，～保举，虽胡行乱做，反升美任。"清袁枚《子不语》卷一〇："闻新任淮徐道孙公署中一友得急疾殂，乃托宿迁令某～，一说而就。"

【荐主】 jiàn zhǔ 推荐人。《太平广记》卷二六六引《玉堂闲话》："后～见而诘之，崔曰：'潘公虽勤厚，鼻柱之左有疮。……'～大咍。"明《梼杌闲评》一〇回："既为圣门弟子，乃拜太监做～，也是个不安分的。"清《东周列国志》一〇一回："话说郑安平以兵降魏，应侯范睢是个～，法当从坐。"

【贱卑】 jiàn bēi ❶低贱卑微。唐牛僧孺《玄怪录》卷三："尔沦下土，～万品。"宋吕南公《华藏寺佛殿记》："帝公之贵富，臣庶之～，惟听其所煽惑而已。"明唐文凤《古风》："苏秦古辩士，特生战国时。欲说万乘君，岂肯甘～。" ❷看作低贱卑微。清《九云记》五回："蟾月又道：'若复青楼中人物，人所～。'"

【贱婢】 jiàn bì ❶卑贱的婢女。唐王焘《外台秘要方》卷三三："淫女偷生，～独产，亦未闻有产死者。"明《禅真逸史》三六回："但这妮子是厮役～，岂堪与郎君为妾?"清《续金瓶梅》四三回："自己把梅玉的头发剪下，用火烧了，做了一个髠头～，使两个丫头押着在厨房烧火做饭。" ❷鄙称婢女。金《董解元西厢记》卷四："不良的～好难容，要砍了项上颅头。"明佚名《霞笺记》二五出："这～！我看你每日双眉锁翠，两目流霞。" ❸谦称自家的婢女。明《警世通言》卷二六："因他无室，教他于～中自择。他择得秋香成亲。"清《歧路灯》八三回："方才我从～那院过来，见墙垣如故，不曾见有匠人垒的模样?" ❹詈称女子。明《西游记》六〇回："那女子一听铁扇公主请牛魔王之言，……泼口骂道：'这～，着实无知！'"《西湖二集》卷五："李后便叫几个心腹勇健宫人，将黄贵妃绑缚将来，大骂道：'你这个贼～！大胆引汉的～！'"清《荡寇志》八二回："慧娘笑道：'……望祖母三思。'刘母气得暴跳如雷，拍着桌子大骂：'～！把我当做甚么人!'" ❺女子自称。含自谦意。明《拍案惊奇》卷三："(那妇人)指着死虎道：'～今日山中遇此泼花团，争持多时。'" ❻婢女或身分相当于婢女之人自称。清《后水浒传》一八回："织锦一时不敢隐瞒，只得哭着说道：'这不与～相干。'"《野叟曝言》一八回："～因奉小姐之命，代主报恩，昼夜在床，灌汤灌药。"《隋唐演义》二回："那宫女见隋主问他，因跪道：'～乃尉迟回的孙女。'"

【贱表】 jiàn biǎo ❶谦称自己的表字或表号。明叶宪祖《碧莲绣符》三折："不如改易姓名，就用～，唤做孔兼。" ❷鄙称妓女。明单本《蕉帕记》三出："今日之游，可谓极乐，只是少个妓者。明日待小弟作东，携了几个～，再来走走何如?"

【贱才】 jiàn cái 詈词。下贱之人。宋元《警世通言》卷七："老～！老无知！好不识廉耻。"《元曲选·红梨花》一折："泼～，堪人骂，再休来利齿能牙。"清《后水浒传》一八回："许蕙娘见她是双空手，便含怒道：'这～，恁个模样!'"

【贱材】 jiàn cái 同"贱才"。元《武王伐纣平话》卷上："～，有何面目来见我!"明汤显祖《牡丹亭》一一出："你这～，引逗小姐后花园去。倘有疏虞，怎生是了!"

【贱辰】 jiàn chén 谦称自己或家人的生日。明赵完璧《谢维扬严绍峰贰守》："又闻垂念～，猥惠锦制。"清《绿野仙踪》四八回："承这位温大爷的盛情抬举我，因为我的～，补送礼物。"《玉楼春》一一回："小女～，小姐何得过费。"

【贱齿】 jiàn chǐ 谦称自己的年纪或生日。宋楼钥《谢再任宫观表》："～已开于七秩，亲年既越于九龄。"明陆采《明珠记》三四出："下官大历十八年人宫，今年～三十一岁。"清《品花宝鉴》一七回："～之辰，上邀诸贵人眷顾，使蕙芳何以克当。"

【贱虫】 jiàn chóng 詈词。指人。《元曲选·窦娥冤》二折：

“人是～，不打不招。”元明《水浒传》二一回：“这阎婆惜贼～，他自和张三两个打得火块也似热。”

【贱诞】 jiàn dàn 犹“贱辰”。明柯丹邱《荆钗记》三出：“今日是老夫～，聊备蔬酒。”德清《谢于见素公惠麈尾》：“辰丁～，天赐清凉。”清《隋唐演义》七一回：“～是九月二十三日。”

【贱地】 jiàn dì ❶谦称自己所处的地方或居所。《太平广记》卷三三四引《广异记》：“劳致钱～，所由已给永年优复牒讫。非大期至，更无疾病耳。”明沈璟《义侠记》七出：“大官人光临～，他便来歪缠厎答。”清《歧路灯》三八回：“孔学兄贵足初踏～，失误迎迓。” ❷下贱场所。明《二刻拍案惊奇》卷七：“喜的是亏得遇着亲眷，又得太守做主，脱了～，嫁个丈夫，立了妇名。”清《野叟曝言》二六回：“这又不是我家，说不得贵人不踏～。”

【贱房】 jiàn fáng 谦称自己的妻子。明汤显祖《牡丹亭》三八出：“打听大金家兵粮凑集，将次南征，教俺淮扬开路，不免请出～计议。”清《绣戈袍》五回：“但贤弟再宁耐一两天，待～稍愈一二。”

【贱根】 jiàn gēn 犹“贱坯”。清孔尚任《桃花扇》一七出：“小私窠～，小私窠～，掉巧舌讪谤尊亲。”

【贱庚】 jiàn gēng 犹“贱齿”。庚，年龄。元王恽《诗梦》：“又推予～，曰：‘谁谓中州无人乎？’”明何孟春《餘冬序录》卷六外篇：“新愁白发镜中生，三十年来数～。”清《春柳莺》四回：“盖吾兄年在妙龄，不惯客路；在弟～痴长，颇多经历野店寒烟之苦。”

【贱骨】 jiàn gǔ ❶不自尊；不知好歹。也作詈词，指这样的人。《元曲选·丽春堂》二折：“这本是～无知，怎肯便应声也那做美？”明都穆《南濠诗话》：“枕润连云石，窗明照佛灯。浮生多～，时日恐难胜。”《禅真逸史》二五回：“老奴～，不经刑罚，焉肯成招！” ❷谦称自己的骸骨。清《红楼复梦》二回：“又蒙老爷酹奠，并将～附葬先茔。”

【贱骨头】 jiàn gǔ tou 即“贱骨❶”。元行秀《万松老人评唱天童觉和尚拈古请益录》：“这僧虽解切瑳琢磨，(弄泥团汉！)也只向奴儿婢子边着到。(终是～！)”明孙仁孺《东郭记》二二出：“〔仆推生倒介，旦〕苦，直推倒也，这～呵！”清《荡寇志》八二回：“难为卿姊面上，饶你这～。”

【贱号】 jiàn hào 谦称自己的号。明王錂《春芜记》一八出：“我是前街王小四，一生～千斤也。”《二刻拍案惊奇》卷二四：“小子姓南，～少营。”清施闰章《复汪惕若先生》：“至于～愚山，得之梦中。”

【贱讳】 jiàn huì 犹“贱名❷”。明徐元《八义记》六出：“家居汾水，号周坚是吾～。”

【贱货】 jiàn huò ❶便宜货。唐义净译《根本说一切有部毗奈耶》卷二一：“然泥波罗国有两种～，谓羊毛、雄黄。”《太平广记》卷四六四引《广异记》：“岛上大山悉是车渠、玛瑙、玻璃等诸宝，不可胜数，舟人莫不弃己～取之。”清《醒世姻缘传》三五回：“买那～，便要与人争行相竞；卖那贵货，未免就有赊欠等情。” ❷下贱的东西。多用作对女性的詈词。明《二刻拍案惊奇》卷三五：“不知好歹的～！必要打你肯顺随了才住。”清《飞龙全传》一一回：“那郑恩却在尸旁，嗒嗒的又踢上几脚。匡胤道：‘三弟，这不过是个～皮囊，你只管踢他何益？’”《驻春园》二二回：“吴家～如许无状，大人必将彼名字达于本府，填在册中。”

【贱疾】 jiàn jí 谦称自己的病。宋林之奇《答张安国舍人父子书》：“～自今岁来，日以佳健。”明沈采《千金记》二三出：“我有些～，不吃羊肉。”《金瓶梅词话》九九回：“～不安，有失期约，姐姐休怪。”

【贱技】 jiàn jì 卑微的技艺。宋觉范《智证传》：“至于百工～，承蜩、意钩、履豨、画墁，未有不同者也。”明许浩《复斋日记》卷上：“此～微劳，赏以金帛可也。”清《蝴蝶缘》九回：“琵琶～，偶尔替小姐遣闷，不料被官人窃听。”

【贱妓】 jiàn jì 妓女。宋罗璧《罗氏识遗》卷五：“杀一～而名流于敌，岂无可疑？”明孟称舜《娇红记》二三出：“奴身虽为～，夙昔蒙你相爱。”清《姑妄言》一回：“初做～，偿还宿债。怜其以后矢贞，能为丑子捐躯，终为良妇。”

【贱降】 jiàn jiàng 谦称自己或家人的生日。《元曲选·儿女团圆》一折：“今日腊月十五日，是我那二嫂～之日。”明王世贞《喻邦相书》：“五日为～，与儿曹拥炉小坐。”清《姑妄言》二〇回：“今日弟之～，承众位光临在舍。”

【贱荆】 jiàn jīng 犹“贱房”。荆，荆钗，借指妻子。明汪廷讷《狮吼记》八出：“～但见我呵，奉约兢兢，何敢些儿背？”胡应麟《与王世叔通侯书》：“班白在堂，孩提在抱，加之～沦丧，半壑之外，步武惟艰。”清《十二楼·鹤归楼》四回：“等到回家之日，把～的肥瘦与尊嫂的丰腴比并一比并，就知道了。”

【贱累】 jiàn léi 谦称自己的家属或妻子。宋杨亿《求解职领郡表》：“盖念臣扶侍慈亲，提挈～，旅寓辇毂三十口有餘。”元高明《琵琶记》四〇出：“卑人正欲拜扫了，和～都来拜谢公公。”清《醒世姻缘传》五四回：“童奶奶道：‘好位齐整相公！就是大奶奶生的么？’狄员外笑道：‘也止有一个～。’”

【贱流】 jiàn liú 卑贱之辈。《唐律疏议》卷一三：“婢乃～，本非俦类。”明《古今小说》卷二九：“倘师父不弃～，情愿供养在寒家。”《二刻拍案惊奇》卷二九：“经商亦是善业，不是～。”

【贱陋】 jiàn lòu ❶简陋。唐张九龄《让赐宅状》：“臣生身蓬荜，所居～，衅属苴麻，岂图宏敞？”张鷟《游仙窟》：“儿家堂舍～，供给单疏，只恐不堪。” ❷(身分)卑贱鄙陋。《敦煌变文校注》卷五《双恩记》：“此世孤寒甘～，前生饥薄致穷危。”宋金盈之《醉翁谈录》卷七：“妾名不系于官籍，傥蒙君子不鄙～，费用妾自为之。”《明史·华敏传》：“臣虽～，不胜痛哭流涕。” ❸指身分卑贱鄙陋的人。唐张九龄《谢赐诗及衣服绢状》：“实为九族，遍有光华，匪唯～，独称荣庆。”李节《饯潭州疏言禅师诣太原求藏经诗序》：“以菲薄勤苦为修行，以穷达寿夭为因果，故～可得而安也。”清钱谦益《吴门袁母吴氏旌节颂序》：“世道交丧，匹庶～，感慨立节者不得以与被斯典。”

【贱名】 jiàn míng ❶卑贱的名字。唐柳宗元《愚溪对》：“夫恶弱，六极也；浊黑，～也。”宋佚名《道山清话》：“人家小儿要易，长者往往以～为小名。”明叶春及《纠官邪》：“夫俗者，辱行也；奴者，～也。” ❷谦称自己的名字或自家店铺的名号。宋葛胜仲《代谢赐名表》：“奠食久浮，敢图～更出睿意。”明《西游记》八四回：“我舍下在此开店多年，也有个～。先夫姓赵，不幸去世久矣，我唤做赵寡妇店。”清《绿野仙踪》六四回：“老兄何以知道～？”

【贱内】 jiàn nèi 犹“贱房”。明王錂《寻亲记》二一出：“家下虽有几个～，怎如得娘子一貌如花？”清《老乞大新释》：“我的～与小儿们，都平安么？”《镜花缘》三九回：“但恐传了韵学，庶民闻知，只怕～还有离异之患哩。”

【贱奴】 jiàn nú ❶奴仆。《敦煌变文校注》卷二《庐山远公话》：“相公买得～，便令西院佳(家)人领于房内安下。”又：“启将军，西边是掳来者～念经声。” ❷奴仆或女子自称。《敦煌变文校注》卷二《庐山远公话》：“若不要～之时，但将～诸处卖却，得钱与阿郎沽酒买肉。”明徐霖《绣襦记》四〇出：“蒙抬举～，笑妆奁衣饰无。” ❸詈称或鄙称奴仆。宋王明清《投辖录》：“张且惊且怒，以仆为戏己，骂曰：'～侮我也！'"明徐畛《杀狗记》二二出："腌臜小～，怎不思量取。我是你东人，你是咱奴婢。"《西游记》七〇回："出来看时，原来是有来有去拿了金铃儿哩。妖王上前喝道：'好～！怎么偷了我的金铃宝贝在此胡弄！'" ❹用作詈词。明《西洋记》二三回："却说那个番官绰了三枝箭，拿在手里，轻轻的拗做六枝。唐英见之，越加大怒，骂说道：'番～！敢折我宝贝。'"清《隋唐演义》七一回："因恨王皇后、萧淑妃，令人断其手足，投于酒瓮中道：'二～在昔骂我至辱。'"

【贱坯】 jiàn pī 詈词。下贱(的人)；贱种。清《好逑传》七回："不期游到此处，又触怒了这个～知县。"《海上花列传》三二回："俚个人生来是～。"

【贱人】 jiàn rén ❶指奴婢。《敦煌变文校注》卷一《捉季布传文》："髡发剪头披短褐，假作家生一～。" ❷詈称女子。宋洪迈《夷坚志》丁卷一五："俄顷，作澄语骂其妻曰：'～来！吾死能几时，汝已萌改适他人意。'"《元曲选·燕青博鱼》三折："你这～，我且问你，怎生与奸夫在这里吃酒？"清《说岳全传》三五回："好～！我看你是个女子，好言问你取讨。" ❸女子自称。宋元《清平山堂话本·柳耆卿》："月仙向前跪拜，告曰：'相公恕～之罪。'"元明《水浒传》八一回："李师师见天子龙颜大喜，向前奏道：'～有个姑舅兄弟。'"清《都是幻·写真幻》三回："垂杨因身上无衣，满身发战，口打寒噤，回言道：'这这都都不干～之事。'"

【贱日】 jiàn rì 犹"贱辰"。宋史浩《生日谢皇太子赐物笺》："桑蓬～，敢图储禁之宠颁。"明《金瓶梅词话》一四回："月娘道：'～早哩。'潘金莲接过来道：'大娘生日是八月十五。'"

【贱冗】 jiàn rǒng ❶低微闲散(的官员)。唐白居易《与杨虞卿书》："赞善大夫诚～耳。朝廷有非常事，即日独进封章，谓之忠，谓之愤，亦无愧矣；谓之妄，谓之狂，又敢逃乎？"宋叶適《朝请大夫沈公墓志铭》："丞相患淳熙末知名士不采察而沉废于～，数年间拔用几尽。" ❷谦称自己事情繁忙。宋陈襄《又答许太博书》："某以～，不时还谢，惶恐为深。"明吴炳《绿牡丹》二出："家下有些～。"清《巧联珠》五回："本当在此奉陪，但有些～，要往青州去。"

【贱身】 jiàn shēn 谦称己身。《敦煌变文校注》卷四《欢喜国王缘》："～生居草也(野)，长向王宫。"清《九云记》二〇回："贱妾鄙陋之身，不敢与玉体同乘。～谨当执镫而随后呢。"

【贱生】 jiàn shēng ❶谦称自己或家人的生存或生命。宋苏舜钦《送施秀才》："～罹凶丧，日与死亡逼。"梅尧臣《田家屋上壶》："收挂烟突近，开充酒具迟。～无所用，会有千金时。"清《警寤钟》一〇回："可怜我年老止得一子，望神天老爷救我儿子的～。" ❷犹"贱辰"。宋王珪《谢赐生日表》："而旧物不遗，曲记～之日，出赐常于内庭，起殊观于私庭。"许纶《次韵毛漳州遗价为寿》之一："～已觉年骎暮，远祝应难日再中。"明孙传皋《答施嵊县》："值～，则于牛首峰头一面自寿。"

【贱室】 jiàn shì 犹"贱房"。宋何薳《春渚纪闻》卷二："此皆非所问者，但～以怀妊过月，方切忧之，所以问耳。"明《警世通言》卷三二："～不足虑。所虑者，老父性严，尚费踌躇耳！"《二刻拍案惊奇》卷一五："～既忝同乡，今日便同亲戚。"

【贱胎】 jiàn tāi 犹"贱坯"。明王錂《春芜记》一三出："念我是个区区～，要拆他此日鸾俦，须仗我平生蜂虿。"清《缀白裘》五集卷三《人兽关》："〔净〕个顶纱帽轻胎个。〔付〕吓，我只道是～个。"

【贱体】 jiàn tǐ 谦称自己的身体。宋王庭珪《与周秀实监丞书》："或此去～平复，瞻视稍爽，即戒行李，进谒门下。"明周履靖《锦笺记》二八出："〔老旦〕小姐，为何这般清减了？〔旦〕～不快。"清《好逑传》七回："幸蒙调护贱恙，～已平。"

【贱相】 jiàn xiàng ❶卑贱的相貌。唐佚名《月波洞中记》卷下："妇人有阴眉极浓厚散者，主身不荣。此～也。"清《野叟曝言》八〇回："咱是十足～，怎敢望配那贵相？"《歧路灯》六九回："头一件，脚步轻，……第二件，说话声低，对面听不得他说的是什么。这两件不但是～，必定是心术奸险。" ❷指令人鄙薄的言谈举止。宋王直方《直方诗话》："参寥言旧有一诗寄少游。少游和云：……平康何处是？十里带垂杨。孙莘老读诗至末句，云：'这小子又～发也。'"清《绿野仙踪》六四回："见他虽在极贫之际，却举动如常，没有那十般～。那十般：一曰耸肩，二曰垂头，……"

【贱恙】 jiàn yàng 谦称自己或家人的病。明王守仁《书与顾惟贤》："其时～当亦平复，即可放舟东下。"袁于令《西楼记》五出："女儿为有～，且是生疮。"清《醒世姻缘传》四回："愚下因～，没从梳洗。"

【贱造】 jiàn zào 谦称自己的生辰八字。造，生命之始。《元曲选·陈抟高卧》一折："有劳先生，将我两人～看一看。"元明《水浒传》六一回："叫当直的取过白银一两，放于卓上，权为压命之资，'烦先生看～则个'。"清《九云记》一〇回："～主何凶吉？"

【贱字】 jiàn zì 犹"贱表❶"。明佚名《霞笺记》六出："请问大姐，小生素未相识，何以见呼～？"《警世通言》卷一："小子姓锺，名徽，～子期。"清《镜花缘》一〇回："女子道：'岭南有位姓唐的，号叫以亭，可是长者一家？'唐敖道：'以亭就是～。'"

【贱走】 jiàn zǒu 指从事婢仆走使职业的人。唐沈亚之《别前岐山令邹君序》："闻令家无女使～，宾客食，必夫人亲治之。"元揭傒斯《与萧维斗书》："进退语默，必有其时，岂庸竖～所能察识哉！"明陶安《送学录吴仲进序》："吾见物议有嘉，而庸人～无毁也。"

【践暴】 jiàn bào 践踏；糟蹋。唐玄奘译《阿毗达磨大毗婆沙论》卷五一："如野干等～麻芦，但损苗茎不除根栽。"宋洪迈《夷坚志》支癸卷五："未尝为兵戈～，故多古迹。"明袁宏道《柳浪馆杂咏》之四："无人～汝，宜近亦宜低。"

【践蹅】 jiàn chǎ 践踏；踩踏。清蒲松龄《农桑经·农经·打蝻》："其或田主因苗已尽，不愿逐蝻者～其地。当禀邑令明文，勿听其以私害公。"

【践踹】 jiàn chuài 犹"践蹅"。清《红楼梦》二二回："我要有外心，立刻就化成灰，叫万人～！"

【践历】 jiàn lì ❶经历；经过。《法苑珠林》卷八三："既至帝宫，经见～，略皆金宝，精光晃昱，不得凝视。"明李日华《六研斋笔记》卷二："因诘其西来缘起，囊结袖出一编相示，盖其～踪由也。"清蒋溥《平定金川歌序》："步行天射山，～冰雪。" ❷仕宦所经历；任职。唐郑谷《故许昌薛能尚书尝为都官》："都官虽未是名郎，～曾闻薛许昌。"金元好问《聂元吉墓志铭》："而元吉起田亩，能以雅道自将，～台阁，若素宦然。"清昭槤《啸亭续录》卷五："祥德，姓王，本和恭王弄童之孙，品甚鄙吝，以部郎～臬使。"

【践列】 jiàn liè 排列；摆列。宋周邦彦《汴都赋》："于是山罍房俎，牺樽竹篚，～于两楹。"元柳贯《敕赐天妃庙新祭器记》："顾见尊斝笾豆～参差，喟然叹曰：'国家敬恭神明洁蠲器币之意，岂若是耶？'"

【践躏】 jiàn lìn 蹂躏；破坏。宋吕祖谦《左氏博议》卷一三："是先王之教未经～，岿然独全者，惟风雅颂而止耳。"元吴师道《敬乡录》卷一四："(金人)遂自关入～蕲时，公已逾满。"明王世贞《杨忠愍公行状》："敌～我陵寝，虔刘我赤子。"

【践履】 jiàn lǚ ❶遵循;依照。唐杜牧注《孙子·九地》"践墨随敌":"言我常须～规矩,深守法制,随敌之形。"明倪元璐《倪文贞讲编》卷三:"得以率循我先王,……继述之道,～我高祖成汤已行之迹。" ❷追随。唐刘禹锡《复荆门县记》:"初,公以县之之便闻于上也,禹锡方以郎位贴职于计曹,章下之日,得以省事。逮今以迁人获宥于善部,工休之日,得以～。" ❸行迹。唐柳宗元《石涧记》:"古之人其有乐乎此耶? 后之来者有能追予之～耶?"白行简《车同轨赋》:"顾～之奚到,岂独不东;信应用之无疆,宁惟诸夏。" ❹指行为、德行。唐李纯《册皇太子赦文》:"工部侍郎归登,给事中吕元膺,并～端方,行义修洁。"明焦竑《玉堂丛语》卷一:"识见既浅,～必薄,规为必粗。"清蓝鼎元《祭大宗伯仪封张公文》:"矧学术之醇正,～之沉潜,不为异端学说俗学功利汩没濡沾。" ❺任职。唐权德舆《为卢相公谢除中书侍郎表》:"因缘忝幸,～班荣,诚不自意,忽焉过量。"明温纯《庸病不堪重任疏》:"虽尝～中外,实惭岁月虚糜。"清侯方域《书周仲驭集后》:"倘其自此～公卿,天下必且益附之,以为景星庆云,岂复有议其刚傲者?" ❻实行;实践。宋司马光《再乞资荫人试经义札子》:"其文虽不多,而立身治国之道,尽在其中。就使学者不能～,亦知天下有周公孔子仁义礼乐。"明归有光《浙省策问对》:"其学一以真实～为本。"清黄宗羲《陈乾初先生墓志铭》:"北面未深,冥契心髓。不无张皇,而笃～。"

【践盟】 jiàn méng 犹"践约"。宋梅尧臣《和正仲再和罢饮》:"～几欲驱车去,尘事无端日日堆。"明袁于令《西楼记》一四出:"他须要～,料严亲防范明。"清《开国方略》卷二:"尔等～,则已有渝盟者。待三年不悛,吾仍征之。"

【践诺】 jiàn nuò 履行诺言。明罗洪先《奠亡室曾孺人》:"使臂不痈,痈不甚,必且～。"清《红楼梦》九九回:"如蒙～,即遣冰人。"《品花宝鉴》一七回:"意欲不去,又不好却众人情面,只好～。"

【践糅】 jiàn róu 同"践蹂"。《新唐书·李密传》:"民食兴洛仓者,给授无检,至负取不胜,委于道,～狼扈。"

【践蹂】 jiàn róu 犹"践蹦"。《通典》卷一九六:"猋骑蚁聚,轻兵鸟集,～禾稼,焚爇闾井。"宋《密庵和尚语录》:"卵塔虽成,四面墙堑未就,恐牛羊～,于义不便。"清施闰章《冯氏两节妇篇》:"戎马忽～,自分委豺狼。"

【践袭】 jiàn xí ❶袭击蹂躏。宋阳枋《社稷祈雨祝文》:"粤自去冬,戎马～。此邦之民,存三之一。" ❷蹈袭;沿袭。宋文同《成都府运判厅宴思堂记》:"寻废既复,亦～往制,回曲庳狭,不足以视清旷,讲燕休。"张行成《易变通》卷一二:"尧夫论《易》,不～前人之说。"元李源道《故宋文节先生谢公神道碑》:"为文章,伟丽卓然天成,不～陈言宿说。"

【践信】 jiàn xìn 信守诺言。明姚舜牧《重订诗经疑问》卷三:"尝言娶妻矣,今遘之子也,笾豆灿然,其有～乎?"孙承恩《濬涯朱处士合葬墓志铭》:"～不爽于初终,守业足供乎宾祭。"李梅实《精忠旗》二四出:"既幸抽身免难,何知～酬恩?"

【践扬】 jiàn yáng 谓仕宦所经历。宋李攸《宋朝事实》卷三:"～贵职,绰有奇才。"元虞集《赵平章画像赞》:"历事累朝,～台省,垂五十年。"明王祎《杨晔除中书左丞诰》:"～众职,政业昭著。"

【践约】 jiàn yuē 履行约定。宋岳珂《桯史》卷六:"乃事俟秋凉,即得～。"明孟称舜《娇红记》五〇出:"王娇怜才誓死,化石之节何惭;申纯～捐生,抱柱之贞奚愧。"清《东周列国志》八五回:"吾与虞人有约,彼必相候于郊,虽不猎,敢不亲往以～哉?"

【剑】 jiàn 用剑割削。《元曲选外编·渑池会》二折:"你若保主公无事回还,我面搽红粉,～去髭鬓也。"

【监簿】 jiàn bù 另见 jiān bù。将作、军器、国子等监主簿的省称。多作为荫职,也可以捐得。宋苏轼《与王子高书》:"某惊闻大郎～遽弃左右,伏惟悲悼。"文莹《湘山野录》卷下:"不数日,引一纳粟牛～者。"张师正《括异志》卷二:"俄有称～者,年甫弱冠。"

【监察】 jiàn chá 鉴别;辨别。监,通"鉴"。《元曲选·竹坞听琴》二折:"你将那无显验的文书是～,须不是俺孔宣圣遗留下。"又《红梨花》一折:"你岂知他那有志题桥汉司马,怎不教人嗔怒发,是和非你心中自～。"

【监元】 jiàn yuán 国子监课业考试的第一名。宋邵伯温《邵氏闻见录》卷八:"文忠自～、省元赴廷试,锐意魁天下。"明杨士聪《玉堂荟记》卷上:"有诸城丁某者,以三百金得～。"《警世通言》卷一七:"明春就考了～,至秋会魁。"

【监照】 jiàn zhào 监生的凭证。清袁枚《子不语》卷一四:"即为捐监,以待入场。及年长,顽蠢异常,不能识字,留～无用,乃以与族侄。"陈端生《再生缘》一四回:"话说闰七月初头,学院已考遗才。京内～未到,只急得康公员外坐立不安。"《红楼复梦》三〇回:"这花子空买了人家一张同姓不同名的～,自家就称起老爷来。"

【鉴别】 jiàn bié 辨别(真假优劣)。唐赵璘《因话录》卷四:"(僧昼)作古体十数篇为贽。韦公全不称赏,昼极失望。明日写其旧制献之,韦公吟讽,大加叹咏。……昼大伏其～之精。"明《西洋记》一〇回:"世人嗜竽不嗜瑟,真赝缤纷谁～?"清《野叟曝言》一五回:"我与他性情学问,孰优孰绌,是异是同,有谁～?"

【鉴定】 jiàn dìng ❶裁定;判定。唐佚名《对莱田征税闲人执事判》:"凶年人散,省其谓何? 现在甄详,方可～。"清《一片情》一三回:"我学生明日就打发人去,星夜接来。老先生自有～,始信我学生所荐不差。"《女仙外史》三七回:"兹尔两军师吕律、高咸宁,可会同在廷诸臣,斟酌损益,毋乖于古,适协于今,奏请～。" ❷辨别确定(真假优劣)。宋陆游《跋中和院东坡帖》:"此一卷皆苏仲虎尚书所藏,～精审,无一帖可疑者。"明方孝孺《书兰亭墨本后》:"此卷刘会孟诸公～,以为定武旧本。"清黄宗羲《申自然传》:"魏国徐六岳闻其名,客之,出所藏名迹,使之～。"

【鉴亮】 jiàn liàng 同"鉴谅"。宋方逢辰《达宋云叟荐毛伯明》:"崖率奉简,不如书仪,切祈～。"明王守仁《寄翟石门阁老》:"舟中伏枕,莫既下怀,伏祈～!"屠隆《彩毫记》三六出:"白冤状甚明,傥皇情不～,臣情愿让王爵,辞恩赏。"

【鉴谅】 jiàn liàng 体察并谅解。宋欧阳修《代人辞官状》:"方听俞音,尚希旧贯。伏望某官轸念庸识,～危衷。"明蔡清《与曾侍御书》:"此意非可言尽,惟知己虚心～,当终收之度内也。"清《飞龙全传》五五回:"况有职役在身,不敢违背太后之心,望诸位年兄～。"

【鉴临】 jiàn lín 如镜照临。唐韩愈《论佛骨表》:"凡有殃咎,宜加臣身。上天～,臣不怨悔。"明张瀚《松窗梦语》卷一:"天地鬼神～焉,敢昧公心,以淆是非?"清《好逑传》一回:"劝君不必遮人目,上有苍苍日～。"

【鉴取】 jiàn qǔ 如镜明察。取,助词,表示动作的进行。《元曲选·救风尘》四折:"现放着休书,望恩官明～。"明孟称舜《娇红记》三一出:"负盟言,灵神～,早死葬黄泉。"清纳兰性德《红窗月》:"道休孤密约,～深盟。"

【鉴赏】 jiàn shǎng 鉴定欣赏。唐张彦远《历代名画记》卷三:"已上并未寻讨去处,皆是～宝玩之家印记。"明文秉《烈皇小识》卷六："饮酒半，尽陈诸宝玩，以供～。"清《绣戈袍》一回："这些同寅同年，都闻得唐尚书蒙珍袍之赐，正要到尚书府中，一来道喜，二来～。"

【鉴原】 jiàn yuán 犹"鉴谅"。明沈鍊《寄张白河兵宪书》："疏草初就，笔削之，～之，无任幸甚。"佚名《鸣凤记》六出："兵部丁汝夔，下官委他点盘军器，不得进见，望太师～。"清《飞花艳想》一〇回："因考期在迩，不敢停留，万望～。"

【鉴昭】 jiàn zhāo 明鉴；明察。宋洪适《抚谕归正将士诏》："天地～，朕不食言。"明汤显祖《牡丹亭》四七出："凭陆贾，说庄蹻。颙望麾慈即～。"清洪昇《长生殿》一三出："微臣呵，寸心赤，只有吾皇～。"

【渐】 jiàn ❶顿时；一下子。唐张鷟《游仙窟》："才舒两颊，熟疑地上无华；乍出双眉，～觉天边失月。"《敦煌变文校注》卷一《伍子胥变文》："子胥见人不受，情中～觉不安。" ❷正。唐李商隐《喜雪》："粉署闱全隔，霜台路～赊。"《太平广记》卷二一九引《玉堂闲话》："尝中蛊毒，医治无门，遂长告，～欲远适寻医。"宋陈允平《垂杨》："银屏梦觉，～浅黄嫩绿，一声莺小。"

【渐次】 jiàn cì 逐渐。《敦煌变文校注》卷六《不知名变文(一)》："若是浮灾横疾，～减除；傥或大限到来，如何免脱。"《元曲选·青衫泪》楔子："自安史之乱，藩镇强盛，寡人用裴度之谋，～削夺。"清《醒世姻缘传》六回："封出一百两喜钱，众人嫌少，～又添了五十两。"

【渐迤】 jiàn yí 渐渐。《元典章·刑部三》："若不严行断治，江南新附诚恐～风俗浇薄。"

【谏当】 jiàn dāng 劝阻。当，阻挡。《元曲选外编·黄鹤楼》一折："若主公不听赵云～呵，知他是甚风儿吹过汉阳江？"

【谏沮】 jiàn jǔ 劝阻。明祝允明《野记》："众犹～，公即命骑，令开门去。"陆粲《庚巳编》卷一〇："父老吏卒复交口～，而公执愈坚。"清《东周列国志》五七回："且臣闻赵朔、原、屏等，自恃宗族众盛，将谋叛逆。楼婴欲行～，被逐出奔。"

【谏坡】 jiàn pō 指谏官或谏官衙署。唐时称谏院为"坡"(参见宋叶梦得《石林燕语》卷五)。宋黄庭坚《次韵答高子勉》之四："君不居郎省，还应上～。"元许有壬《南乡子·和欧阳玄之韵》："健笔挽银河，君在鸾坡我～。"清陈廷敬《王黄麋在吏垣有文名》："禁掖难胜感旧情，～留得几人名？"

【谏劝】 jiàn quàn 规劝。唐玄觉《禅宗永嘉集·净修三业》："见斗诤人，～令合。"《元曲选外编·东墙记》一折："见姐姐身体不快，以此～。"清《红楼梦》五五回："任人～，他只不听。"

【谏训】 jiàn xùn 规劝训导。明《警世通言》卷一一："只有徐用平昔多曾～，且苏爷夫妇都受他活命之恩，叮嘱儿子要出脱他。"

【谏阻】 jiàn zǔ 劝阻。《元曲选·东坡梦》一折："我想这青苗一出，万民不胜其苦，为害无穷，小官屡次移书～。"明文秉《烈皇小识》卷三："近者中使四出，大臣惧不～，小臣又安敢抵触？"清《镜花缘》四回："公主再三～，武后哪里肯听。"

【僭分】 jiàn fèn 越礼；超越本分。元李士瞻《与燕平章书》："小子日抱杞人之忧，屡尝～催之。"明《封神演义》二四回："老臣荷蒙洪恩，以礼相聘，尚已感激非浅，怎敢乘坐鸾舆，越名～？"清《醒世姻缘传》七九回："朝廷坐的御车，任凭甚么人，但有～坐的，法当砍了双脚。"

【僭国】 jiàn guó 越礼建立国家。《新唐书·萧铣传》："帝怒其不屈，诏斩都市，年三十九。自～至灭凡五年。"《宋史·谭世勣传》："张邦昌～，令与李熙靖同直学士院，皆称疾卧不起。"明《英烈传》一回："大来削平～，建都汴梁。传至徽、钦二宗，俱被金人所掳。"

【僭客】 jiàn kè 主人越礼占据客人的位次。清《野叟曝言》一回："何如不～，让无外先说，我等三人同说。"《镜花缘》七一回："至愚姐妹在舅舅家里，既不能～，又是奉命陪客的。如四位姐姐坐过，自然该是文锦、兰言诸位姐姐。何必再让。"

【僭冒】 jiàn mào ❶越分冒充。唐吕温《功臣恕死议》："率劳怙宠，崛强自负，～无厌，见利忘义。"清钱谦益《答杜苍略论文书》："仆所以重自退损，不敢妄插牙颊，～于著作之林，为此故也。" ❷越分冒用；越分冒犯。唐陆龟蒙《告白蛇文》："考鼓用币，～其上。岁时奔走，畏再人后。"宋契嵩《上田枢密书》："悯其忧在道法，不为身名，宽其～之诛。"明方孝孺《学士亭记》："然六一亭之作，文忠之门人苏长公实记其事。其文传，故其事著。某贱且騃，何敢～，以污伟迹哉！"

【僭名】 jiàn míng ❶越分妄称(名号)。唐李适《赠太尉段秀实纪功碑》："元恶大憝，诱奸作狂，窃器～，反易天常。"明无温《山庵杂录》卷二："优昙化去未及百载，而庸民～所谓白莲七佛教者，其弊滋甚。"清《野叟曝言》一二三回："今更～其居曰承天，称尊号，改服色。" ❷越分妄称的名号。宋司马光《涑水纪闻》卷一一："～理不可容，臣不敢奉诏。"叶梦得《石林燕语》卷八："元昊果肯称臣，虽仍其～可也。"

【僭谈】 jiàn tán 越分妄谈。明《警世通言》卷一："伯牙笑道：'惟恐你不知琴理。若讲得有理，就不做官，亦非大事，何况行路之迟速乎！'樵夫道：'既如此，小子方敢～。'"

【僭紊】 jiàn wěn 越分搅乱(名分礼序)。宋庄绰《鸡肋编》卷上："又有杨通者，任提举学事官，上殿札子云：'人臣而持主斧，～名器。'遂行禁止。"《宋史·韩侂胄传》："有司籍其家，多乘舆服御之饰，其～极矣。"明张永明《重操江疏》："坐次照京营事体，不许～。"

【僭先】 jiàn xiān 越礼占先。明李梅实《精忠旗》三七出："今已到五凤楼前，学生～了。"《醒世恒言》卷二三："小妮子安敢～？只望夫人饶恕。"清《后红楼梦》一四回："紫鹃也不肯，一则怕黛玉寂寞，二则不肯～，三则也害臊，总推着晴雯。"

【僭言】 jiàn yán 越分妄言。可用作谦词。唐柳宗元《上裴晋公度献唐雅诗启》："出位～，惶战交积。"明沈采《千金记》三〇出："将军自有高见，卑末何敢～？"清《飞龙全传》二五回："愚甥越分～，望母舅勿罪。"

【僭易】 jiàn yì 谦词。犹言冒昧、轻慢。宋柳开《上王太保书》："开儒学议兵，不识远大，～闻启，惶惧实深。"熊以宁《鹊桥仙·寿帅守硕人》："～尘献，上祝椿鹤之算。"明王守仁《答何叔京书》："前此～拜禀，博观之蔽，诚不自揆。"

【僭逾】 jiàn yú 非分超越。可用作谦词。唐陆贽《均节赋税恤百姓疏》之六："其道存，则贵贱有章，丰杀有度，车服田宅，莫敢～。"明危素《欧阳文忠公集后记》："末学非敢评公之文以犯～之咎，姑记其后，使有考焉。"清钱谦益《憨山大师梦游全集序》："今兹雠勘，僭有行墨改窜，实禀承大师坠言，非敢～，犯是不韪也。"

【箭】 jiàn 量词。表示一个箭杆或射出一箭所经的距离。《旧唐书·高仙芝传》："藤桥阔一～道，修之一年方成。"宋吴文英《踏莎行》："午梦千山，窗阴一～。香瘢新褪红丝腕。"清《红楼梦》九六回："信着脚从那边绕过来，更添了两～地的路。"

【箭袋】 jiàn dài 盛箭的袋子。宋《三朝北盟会编》卷二四二："视所策小将军，但身汗如水，收～而数之，亦失其一。"明汤显祖《南柯记》二九出:“女由基扣雕弓,断琅琅金泥～。”清《荡寇志》七四回:“那丽卿便去箭架上挑选了十五支雕翎狼牙白镞箭,把来插在～里。”

【箭道】 jiàn dào ❶射出之箭所经的轨迹。唐王绩《三日赋》:“射堂高望,修衢迥寻。弓声中绝,～平临。晕张堋满,尘惊埒深。”宋宋祁《春夕闻雁》:“足书烦寄远,～怯虚闻。”清高士奇《皇帝亲平漠北颂》:“～同的,弩机共犷。” ❷可以像箭那样快速通行的或狭窄笔直的道路。唐李商隐《失猿》:“莫遣碧江通～,不教肠断忆离群。”宋范成大《题开元天宝遗事》之四:“剥啄延秋屋上乌,明朝～入东都。”清《林兰香》七回:“两层陪厅之后,俱有～甬路,内通东西二所。” ❸供练习射箭的场地。《元曲选·丽春堂》一折:“不剌剌引马儿先将～通,伸猿臂揽银鬃,靶内先知箭有功。”清查慎行《陈留后圃习射》:“初看剪蓬艾,次第拾瓦砾。朝来～成,百步尽所历。”《镜花缘》七九回:“面前长长一条～,迎面高高一个敞篷,篷内悬一五色皮鹄。”

【箭垛】 jiàn duò 箭靶。宋张舜民《画墁录》:“踏翻地面,射倒～。”明唐顺之《古北口观降夷步射》:“告言天暖弓力弱,～乞移三四咫。”清《荡寇志》一〇六回:“将木头刻做爷爷的像,教他喽啰们演射,作～用。”

【箭房】 jiàn fáng 即“箭袋”。宋曹勋《结客少年场行》:“百宝装犀甲,千金饰～。”明高启《军装十二咏·箙》:“鱼皮作～,行响豹鞬傍。”《拍案惊奇》卷三:“～中新矢二十餘枝。”

【箭壶】 jiàn hú ❶漏壶。壶内有标示时间刻度的箭,随水面高低浮动。宋姜夔《秋宵吟》:“蛩吟苦,渐漏永丁丁,～催晓。”佚名《上元宴》:“必资管籥之欢,庶撤～之漏。” ❷投壶;把箭投入箭壶中。元赵文《盘中记》:“军领客是中,笺诗觞酒,弦琴～,扫地焚香,啜茶看画。”明詹同《题所翁墨龙》:“笑玉女兮～,轰丰隆兮鼓车。” ❸即“箭袋”。元明《水浒传》九回:“柴进随即解了弓袋～,就请两个公人一同饮酒。”明《西洋记》一六回:“一个个～儿小小,上八洞,中八洞,下八洞,洞里有无限的神仙。”清《隋唐演义》四九回:“线娘把箭放在～里,蹙着眉头叹道:‘罗郎你好用心也!’”

【箭袖】 jiàn xiù ❶一种窄衣袖,靠手背一侧稍长,另一侧稍短。本是箭手所用。清佚名《金川妖姬志》:“会广泗方置酒高会,阿扣蛮靴～,为广泗舞剑。”《隋唐演义》四回:“脱去行衣,换了一件～的纻袄。”陈端生《再生缘》六五回:“但见他,身穿～绿罗袍,蛮带金环束在腰。” ❷指配有这样衣袖的紧身服装。清《红楼梦》八回:“身上穿着秋香色立蟒白狐腋～,系着五色蝴蝶鸾绦。”

【箭衣】 jiàn yī 即“箭袖❷”。明张岱《陶庵梦忆》卷四:“姬侍服大红锦狐嵌～、昭君套,乘款段马。”清《豆棚闲话》一〇则:“后边随着四个戴一把抓帽儿、小袖～的管家。”《儒林外史》一二回:“头戴一顶武士巾,身穿一件青绢～。”

jiāng

【江步】 jiāng bù 渡口;码头。步,通“埠”。唐吴融《寄贯休上人》:“几同～吟秋霁,更忆山房语夜分。”宋王阮《代胡仓进圣德惠民诗》:“～时时到,村虚日日穿。”按,原注:“楚语以江岸为步,村市为虚。”清朱彝尊《捉人行》:“大船峨峨驻～,小船捉人更无数。”

【江次】 jiāng cì 江边。唐刘恂《岭表录异》卷上:“不数日,忽见五小蛇壳,一斑四青,遂送于～。”《新五代史·南唐世家第二》:“及觉奉使,见舟师列于～甚盛。”元王冕《送云屋僧》:“兰若边～,羁栖喜得邻。”

【江渡】 jiāng dù 江边渡口。唐杜甫《橘柏渡》:“青冥寒～,驾竹为长桥。”《金史·宗弼传》:“宗弼军渡自东,移剌古渡自西,与世忠战于～。”明《徐霞客游记》卷二:“又北逾一岭,六里,渡涖水而北,宿于～。”

【江湖】 jiāng hú ❶奔走四方靠抢劫、卖艺等为生的行当。宋元《古今小说》卷三六:“这婆娘不认得～上相识,莫是吃那门前客长摆番了?”明王玉峰《焚香记》一六出:“他是～上人,口没遮拦,不要恼他。”清袁枚《续子不语》卷一〇:“其用棍无法,亦无授受,惟恃勇力横击,无能御者,～皆呼为‘韩铁棍’。” ❷指四方流浪,以卖卜、卖艺为生者及强盗、窃贼等。元施惠《幽闺记》二二出:“这官儿是老～,不要哄他。”清《野叟曝言》二二回:“靳仁在外结识～,全靠他叔子这一宗赃银。”《歧路灯》二八回:“这孟嵩龄、邓吉士是客中大本钱,老～。”

【江降】 jiāng jiàng 顶撞;强辩。唐王梵志《尊人嗔约束》:“尊人嗔约束,共语莫～。纵有些些理,无烦说短长。”按,他本又作“江绛”“肛降”“将降”等。今河南浚县有“讲讲”(读阴平)一词,音义与此相近。

【江米】 jiāng mǐ 糯米。唐李贺《始为奉礼忆昌谷山居》:“长枪～熟,小树枣花春。”明刘嵩《秋日燕城杂赋》之三:“长帘卖酒夸～,小槛分鱼说海鲜。”清刘献廷《广阳杂记》卷五:“稻有水旱二种,又有秫田,其性黏软,故谓之糯米,食之令人筋缓多睡,其性懦也,作酒之外,产妇宜食之。又谓之～。”

【将】 jiāng ❶以为。唐韦应物《新秋夜寄诸弟》:“无～别来近,颜鬓已蹉跎。”《敦煌变文校注》卷一《伍子胥变文》:“丈夫为仇发愤,～死由如睡眠。”《元曲选外编·渑池会》一折:“你若～容易得,便做等闲看。” ❷介词。a)与。兼作连词。唐皇甫冉《酬权器》:“南望江南满山雪,此情惆怅～谁说?”白居易《霖雨苦多》:“湖阔～天合,雪地与水和。”宋杨万里《月夜观雪》:“月色还～雪色同,雪光却与月光通。”b)随着。唐骆宾王《饯郑安阳入蜀》:“魂～离鹤远,思逐断猿哀。”c)从;由。《大宋宣和遗事》前集:“徽宗遂入茶坊坐定,～金篋内取出七十足伯长钱,撒在那桌子上。” ❸助词。用在动词之后,有的表示动作的完成或实现,有的表示动作的持续,有的仅相当于一个词缀。唐张籍《赠贾岛》:“蹇驴放饱骑～去,秋卷装成寄与谁?”《敦煌变文校注》卷三《燕子赋(二)》:“燕有宅一所,横被强夺～。”清《红楼梦》六八回:“说着,便呜呜咽咽哭～起来。”

【将帮】 jiāng bāng 帮扶;提携。清《醒世姻缘传》五七回:“千万只是为咱晁家人少,～起一个来是一个的。”又九六回:“起动二位千山万水的～了他来。”

【将傍】 jiāng bàng ❶陪伴;携同。宋朱敦儒《鹊桥仙·和李易安金鱼池莲》:“幽阑共晚,明珰难寄,尘世教谁～。”李曾伯《醉蓬莱》:“中夜庭前,小山丛畔,韵度从来别。那更今年,留连秋色,～菊月。”元明《三国志通俗演义》卷九:“玄德～百姓而行。孔明曰:‘追兵不久必至。’” ❷抚养;扶持。《元曲选外编·五侯宴》一折:“我指望待～的孩儿十四五,与人家作婢为奴。”又《剪发待宾》四折:“我教训他攻书,～的成人。” ❸将近。宋佚名《张协状元》一二出:“奴家在此庙中,～六七年。”宋元《清平山堂话本·花灯轿》:“时辰～,不见下轿。”明《夹竹桃·闲敲棋子》:“画眉人远,相思病加黄昏～,心如乱麻。”

【将持】 jiāng chí ❶携带;拿。《法苑珠林》卷二三:“出家之人不得～涂香、秫香及诸香鬘。”宋王令《寒林石屏》:“虢山之远数千里，虢石之重难～。舟车虢来每苦重，釜盎尚弃不肯携。”❷挽扶；牵挽。引申指抚养。宋王明清《摭青杂说》：“金尉乃引将仕人中堂见七娘，兄妹～大哭。”元王恽《细君推氏哀辞》之一二：“～仲子庶同嫡，主葺贫家俭作丰。”

【将次】 jiāng cì ❶挨次；逐渐。唐陆贽《收河中后请罢兵状》：“是以朱泚灭而怀光戮，怀光戮而希烈征，希烈傥平，祸～及。”宋《朱子语类》卷二〇：“若能时习，～自晓得。”清《醒世姻缘传》五六回：“况且要好的人家有气，只是暗忍，不肯外扬。狄老头也就～生病，狄婆子越发添灾。” ❷将要；即将。宋《三朝北盟会编》卷二三：“如今檄书～到来，承宣亦须见理。”《元曲选·儿女团圆》二折：“如今我这大嫂腹怀有孕，十个月满足，～分娩。”清《儒林外史》九回：“看看二更多天气，两公子～睡下，忽听一片声打的河路响。” ❸将近。明汤显祖《牡丹亭》二五出：“小姐去世，～三年。”《型世言》三回：“～巳牌，一个人年纪约五十多岁，进来买酒。”清《情梦柝》七回：“井氏孤零不过，～傍晚，往孝堂假哭。”

【将带】 jiāng dài ❶携带；夹带。五代南唐长兴四年盐铁使定私盐科罪奏：“所有折博并每年人户蚕盐，并不许～一斤一两入城。”宋元《熊龙峰刊小说·彩鸾灯》：“数日后，～琴剑书箱，上京应试。”《元曲选·魔合罗》三折：“有夫李德昌，～资本课银一十锭，贩南昌买卖。” ❷带领；率领。宋周去非《岭外代答》卷一〇：“左下一大痕及数十小痕，指所论仇人～徒党数十人以攻我也。”《元曲选外编·贬黄州》四折：“已蒙天使～入朝，见在朝外等宣。”明《古今小说》卷四：“你替我将这件物事，寄与阮三郎，～他来见我一见。”

【将待】 jiāng dài ❶等待；期待。唐朱子奢《立庙议》：“请三昭三穆，各置神主，太祖一室，考而虚位，～七百之祚，递迁方处。”元结《自释书》：“当以漫叟为称，直荒浪其情性，诞漫其所为，使人知无所存有，无所～。” ❷将要。《元曲选·红梨花》三折：“正是那个婆娘，缠俺孩儿，狠毒冤魂。向这里，又～，要咱亲近。”清《醒世姻缘传》三〇回：“那和尚们将已到齐，都穿了袈裟，～上坛。”又三六回：“到了三年，晁知州～脱服。”

【将扶】 jiāng fú 搀扶。清《聊斋志异·寄生》：“五娘向有小恙，因令婢辈～，移过对院。”《九云记》二一回：“正路上一齐前来，打起辇帘，扶着公主下了辇，～郑小姐出辇。”

【将好】 jiāng hǎo ❶将要。明《金瓶梅词话》四六回：“又被乔亲家娘在门首让进去吃酒哩，也～起身。”清《警寤钟》一六回：“有量目今～回来，倘然要起人来怎么处？” ❷将近。清《醒世姻缘传》五四回：“谁家一个九月～立冬的时节，打这们大雷！”又六四回：“来到门口，～掌灯时候。”

【将后】 jiāng hòu 以后；后来。明汪廷讷《狮吼记》八出：“试想眼前众有从何而来？～究竟复归何处？”△清《续济公传》二三四回：“～你我可作忘形交。”

【将近】 jiāng jìn 临近；接近；行将。❶用于空间。唐张建封《竞渡歌》：“鼓声渐急标～，两龙望标目如瞬。”《元曲选·百花亭》一折：“离百花亭～也。”清《儒林外史》二回：“～河岸，看时，中舱坐着一个人。” ❷用于时间。唐刘方平《宛转歌》：“晓～，黄姑织女银河尽。”明《四游记·东游记》三九回：“～日晡，郡主力乏，冲动其胎。”清《醒世姻缘传》四回：“～午转，两个吃了饭。” ❸用于数量。唐李世民《为战亡人设斋行道诏》：“手所诛翦，前后之数，～一千。”明梁辰鱼《浣纱记》三二出：“我连年压上这些租债，算来～十万石。”清《醒世姻缘传》一八回：“年纪也～三十多了。” ❹用于过程或程度。明《西游记》九〇回：“功行未完，却也～。”清《霓裳续谱·香闺冷落》：“你看那天边的月儿，～待落。”《警寤钟》五回：“只见那妇人骑在睡的醉汉身上，同那男子下手绞把，～危急。”

【将久】 jiāng jiǔ ❶已久；时间长。唐李白《金陵江上遇蓬池隐者》：“共语一执手，留连夜～。”明朱元璋《谕曹国公李文忠等敕》：“既逐去本处贼徒，若不守御，～又为后患。”许三阶《节侠记》二八出：“匹马行～，征途去转难。” ❷持久。宋《朱子语类》卷一一：“观书，须静著心，宽著意思，沈潜反覆，～自会晓得去。”又卷八一：“如此读将去，～自解踏著他关捩了。”

【将就】 jiāng jiù ❶提携；带领。引申指抚养。唐张说《让封燕国公表》：“幸得依附光景，游泳恩渥。岂敢虚承启发之恩，谬荷～之报？”又《唐赠丹州刺史先府君碑》：“顾复幼孤，～成立。家道不殒，夫人是赖。”元古本《老乞大》：“一个手打呵喃不得有，一个脚行呵去不得有。咱每人厮～厮附带行呵好。” ❷迁就；放任。宋吕祖谦《与陈同甫书》：“若不能察人之情而轻受事任，或虽知其非诚，而～借以集事，到得结局，其弊不可胜言。”《元曲选·窦娥冤》楔子：“你也不比在我跟前，我是你亲爷，～的你；你如今在这里，早晚若顽劣呵，你只讨那打骂吃。”明《型世言》一五回：“后边又劝他择个好先生，又道：‘左右是读书不成的，等他胡乱教教罢！’沈实见老家主这等～，在外嫖赌事也不敢说了。” ❸关照；维护；体恤。宋朱熹《皇考左承议郎朱公行状》：“公性至孝，事太夫人左右无违。友爱诸弟，委曲～，有人所难能者。”元明《水浒传》三六回：“你若是晓事的，便把儿子宋江献出来，我们自～他。”明陆深《同异录》卷下：“故善为国者，如晨圃然。初则养育其材，勿使之夭折；终则～其美，勿使之摧折。”清《绿野仙踪》六六回：“一个眉蹙声弱，低呼‘驸马，你～我些些’；一个气喘神劳，高叫‘公主，我和你再弄弄’。” ❹宽恕；饶过。《元曲选·灰阑记》一折：“你哥哥便有甚的不是，你也～些儿，不要记怨了。”明陈洪谟《治世餘闻》上篇卷一：“这遭且～罢，今后再敢来说，必剥皮示众！”清《醒世姻缘传》一一回：“奶奶，只～这条裤子罢！赤条条的跪在奶奶跟前，没的奶奶就好看么？” ❺勉强；迫不得已；不由自主地。宋元《清平山堂话本·花灯轿》：“李押录见妈妈说，只得～应允了。”《元曲选·东堂老》三折：“我不叫，他又打我。不免～的叫一声。”清《歧路灯》六四回：“管九儿见了盛公子，竟是有小巫大巫之分，～取了一盅茶，也不敢多言。” ❻竭力；尽量。明《醒世恒言》卷三八：“待要与他扯一扯直，岂知是个僵尸，就如一块生铁打成，动也动不得，只得～抬入棺中，钉上材盖。”清《儒林外史》三二回：“少爷这里没有，只好～弄几十两银子给你。”《风流悟》四回：“我如今吊他出监，～问个徒罪，发配他在好地方去。” ❼凑合；胡乱对付或承受。《元曲选·看钱奴》三折：“你与他争甚么，俺每～在那边歇罢。”元明《水浒传》二一回：“却说宋江坐在杌子上，只指望那婆娘似比先时先来偎倚陪话，胡乱又～几时。”清《儒林外史》一二回：“那官便是街道厅老魏，听见这话，～盖个喧，抬起轿子去了。” ❽仅能够；刚刚胜任。明《西游记》二九回：“国王道：‘既是天将临凡，必然善能变化。’八戒道：‘不敢，不敢，也～晓得几个变化儿。’”《醒世恒言》卷二七：“到得～挑得担子，便限着每日要赚若干钱钞。”又：“又亏着那老妪这几钱银子，～半饥半饱，度到临洮府。” ❾普通；不怎么样。明《老乞大谚解》卷下：“高丽地面里卖的货物，十分好的倒卖不得，则宜～的货物，倒着主儿快。”清《十二楼·夺锦楼》一回：“这样绝色女子，也不是～男人可以配得来的。”《姑妄言》六回：“他先也只说一个戏子的女儿，不过是～人物，谁知是这样个花朵般俊庞。” ❿相应；合适；适当。明《二刻拍案惊奇》卷三七：“惟恐卖不去，只要有捉手便可成交，价钱甚是～。”《型世言》三回：“我到苏州，看有～些妇人，讨个作伴罢。”《禅真后史》二三回：“本待一箭射死这厮，也除了人间一害，但与我无仇，怎下毒手？且～送他一矢，受些苦楚。” ⑪以便。明朱有燉《香囊怨》二折：“暂时依彼，～瓦全；终日违他，恐防玉碎。”《二刻拍案惊奇》卷二四：“自实走去，寻得几间可以收拾得起的房子，并叠瓦砾，～修葺来住。” ⑫接近；快要。明郎瑛《七修类稿》卷一：“（太岁）在辛巳重光。重，再也；光，新也。言万物～成熟而再新也。”清《醒世姻缘传》三回：“一来跌的那脸目肿也消去了一半，身上也不甚疼苦，～也渐好了。” ⑬依顺；顺从。清《霓裳续谱·儿番盼不到黄昏后》：“银牙咬定罗衫袖，见他来，半推半露半～。”

【将军柱】 jiāng jūn zhù ❶起支撑固定作用的大柱。宋张耒《明道杂志》：“凡牌，皆中立一柱，贯出牌下，所以候水深浅，谓之～。”明王徵《诸器图说·风硙》：“硙上扇中凿方孔，深三寸，用安～下端。～长丈有二尺，上端安铁钻，……直尖入上横梁。”潘季驯《河防一览》卷四：“（车船坝）东西用～各四，柱上横施天盘木各二，下施石窝各二。” ❷捆缚犯人动刑用的柱子。元王氏《粉蝶儿·寄情人》：“我上船时如上木驴，下舱时如下地府，靠桅杆似靠着～。”《元曲选·还牢末》二折：“～钉头发梢，十字下滚肚索，紧邦邦匣定脚。”清《续金瓶梅》五七回：“绑出杀人场～上，剜出心来，吃个佛心汤。” ❸立于船头的柱子。明《醒世恒言》卷三六：“将三个人一齐扣下船来，跪于～边。”清纪昀《阅微草堂笔记》卷一〇：“（狮）系船头～上，缚一豕饲之。” ❹比喻起主持作用的人。明邵宝《梅坡张君配郭氏墓志铭》：“母以哭妹致疾。疾革，嘱辐曰：‘汝知谚所谓～者乎！’”

【将郎】 jiāng láng 男傧相，婚礼中陪伴新郎的人。《敦煌变文集·下女夫词》：“女答：使君贵客，远涉沙碛，～通问，体内如何？”

【将理】 jiāng lǐ ❶休养调理。唐钱珝《为集贤崔相公论京兆除授表》：“忽患疮痍，不离枕席。近虽溃穴，尚有本根。固极虚羸，且须～。”《宋史·张焘传》：“除资政殿大学士、提举万寿观兼侍读。谒告～，许之。”明顾清《与汪有之太史书》：“田间僻处，自～病躯外，亦无他事。” ❷治理；清理。唐于邵《送金坛韦明府序》：“～大国，若烹小鲜。”《太平广记》卷一二五引《异杂篇》：“吾复照烛，～裙污，而狼籍殆遍。”明杨寅秋《平播覆议机宜》：“如随营各项匠役及不在器械之内者，亟应及时点选～。”

【将为】 jiāng wéi 以为；认为。唐聂夷中《杂兴》：“理身不知道，～天地聋。”《元曲选·赚蒯通》四折：“朕以谬听人言，～叛逆，遂令未央钟室，冤血尚存。”明《醒世恒言》卷一五：“意为老和尚谋死，却不见形迹，难以入罪；～果躲在家，这老儿怎敢又与他讨人？”

【将为道】 jiāng wéi dào 犹“将为”。宋元《古今小说》卷一五：“只见前面走出一队人马拦住路，刘太尉吃一惊，～是强人。”《警世通言》卷三七：“那婆婆开放门，便着手来接这儿子，～儿子背上偷得甚底物事了喜欢。”

【将息】 jiāng xī ❶调养；休息。唐白居易《病中数会张道士见讥》：“亦知数出妨～，不可端居守寂寥。”明李梅实《精忠旗》三〇出：“你须索勉强走动，早些到了，也得自在～。”清《八洞天》卷一：“只得挨回旧路，投一客店住下，～病体。” ❷保重。用作道别或问候语。宋石孝友《醉落魄》：“相逢后会知何日。去也奴哥，千万好～！”元关汉卿《沉醉东风》：“手执着饯行杯，眼阁着别离泪。刚道得声保重～，痛煞煞教人舍不得。”明瞿佑《普天乐·离情》：“一声好去，一声～，粉泪交流。”

【将惜】 jiāng xī ❶珍惜；怜惜。《元曲选·两世姻缘》二折：“紧紧的将咱搂定，那温存，那～，那劳承！” ❷同“将息❷”。元徐琰《蟾宫曲·青楼十咏》之十：“是则是难留恋休掩泪眼，去则去好～善保台颜。” ❸同“将息❶”。明汤式《一枝花·冬景题情》：“瘦了沈约，病了相如。怕不待勉强须臾，～身躯。”清《二度梅》一八回：“且免愁烦，～自己的身子要紧。”

【将意】 jiāng yì 表达心意。宋郭子正《永遇乐·多积阴功》：“狂歌～，知公难老，永助庆堂尊酒。”金佚名《大金吊伐录》卷一：“叙好云初，无以～，辄有薄礼，具如别幅。”清《品花宝鉴》一一回：“些须微物，聊以～，何足尚邀齿及。”

【将引】 jiāng yǐn 带领；引领。唐刘肃《大唐新语》卷四：“李绩征高黎，～其子婿杜怀恭行，以求勋效。”《元典章·台纲二》：“遇巡按～书史、书吏人等，合骑铺马数目，钦依圣旨条画施行。”元关汉卿《西蜀梦》四折：“来日交诸葛将二愚男～丁宁奏，两行泪才那不断头。”

【将治】 jiāng zhì 调养治疗。宋司马光《涑水纪闻》卷一六：“既愈，复给假十日～。”苏辙《门下侍郎孙固乞致仕不允仍给宽假诏》：“所请宜不允，仍给宽假～。”

【将作】 jiāng zuò 以为；认为。敦煌词《水调词》：“为言无谷还逢谷，～无山更有山。”《敦煌变文校注》卷三《燕子赋（一）》：“～你吉达到头，何期天还报你！”《五灯会元》卷一二《华严道隆禅师》：“或闻或见，千奇百怪，他总～寻常。”

【浆】 jiāng 纸张或衣物浸以米汁晾干使平挺。也泛指洗涤。元方回《日长三十韵寄赵宾》：“败絮熏还曝，麄絺洗更～。”明《山歌·烧香娘娘》：“个样也算来是个小事，我先脱个小衣裳洗洗～～。”清《醒世姻缘传》三二回：“让别人也呵点汤，看撑出薄屎劳来，没人替你～裤子。”

【浆包】 jiāng bāo 胎胞；胎衣。清《绿牡丹》三〇回：“只听下边一阵响，～开破，……竟产下了一个五六个月的小娃子。”

【浆饭】 jiāng fàn ❶稀饭。明《西湖二集》卷六：“感得山神化作一个老人，扶他起来，与他一碗～吃了，方才挣得起。” ❷“凉浆水饭”之省，指浇奠给亡者的饮食。明《西游记》四六回：“国王闻言道：‘也是，那中华人多有义气。’命取些～、黄钱与他。”清《红楼梦》七八回：“若要迟延一时半刻，不过烧些纸钱，浇些～。那鬼只顾抢钱去了，该死的人就可多待些个工夫。”

【浆饭水】 jiāng fàn shuǐ 犹“浆饭❷”。《元曲选·赚蒯通》二折：“我为甚的瀽一碗～，烧一陌纸钱灰？则为咱行军数载不相离，曾与你刎颈为交契。”

【浆粉】 jiāng fěn ❶水粉；过水面。宋陆游《清暑》：“厨人具～，童子鬻山茗。”《续资治通鉴长编》卷一〇：“时已盛暑，上命大官设麻～赐继筠，食讫辞去。” ❷用来浆纸、布等的米或面粉。宋赵与时《宾退录》卷二：“临安有鬻纸者，泽以～之属，使之莹滑。”明《型世言》一九回：“年年春夏衣服，定要央人，出些缝补钱、～钱，甚是没手没脚。”清《十二楼·鹤归楼》三回：“况且所赍之货，并无～，任凭洗濯。”

【浆家】 jiāng jiā 浆店。浆，饮料，有多个品种。也泛指简易的饭店。宋毕仲游《上刘莘老相公》之三：“如蒙燕闲无事，曲赐观览，譬食野人之芹而留～之馈。”范成大《骖鸾录》：“又逆旅～皆不设圊溷，行客苦之。”清查慎行《上巳泰安道中和西溟》：“惭愧～供野味，树头小串摘榆钱。”

【浆糨房】 jiāng jiàng fáng 内廷司浆洗的机构。明王恕《督修孝陵工完奏状》：“～墙垣损坏六十五丈，未曾修理。”徐元《八义记》四一出：“既是老恩人讨饶，发在～去罢。”

【浆泡】 jiāng pào ❶水疱。宋佚名《小儿卫生总微论方》卷二〇：“熛浆疮者，先起～破而成疮；此疮先乃生疮，后即四面叙生～。” ❷浆液气泡。宋朱翼中《北山酒经》卷下：“寻常汤米，后第二日生～，如水上浮沤。” ❸ 即“浆包”。明《西游记》五三回：“既知摧阵疼，不要扭动，只恐挤破～耳。”

【浆皮袋】 jiāng pí dài 乳房。明徐渭《四声猿·女状元》五出：“摸着他老蚌壳双珠砢，大得来果珍李上加脬奈。他胸堂不彀挂两只瘪丁当～。”

【浆水】 jiāng shuǐ ❶ 犹“浆饭❷”。明程敏政《送疥文》：“告毕，乃爇楮币，乃奠～，有狞其鬼，来自灯底。”《元曲选·青衫泪》二折：“刘员外既要成亲，容我与侍郎瀽一碗～，烧一陌纸钱咱。”清《醒世姻缘传》八〇回：“阎王拿人，那牛头马面也还容人烧钱纸，泼～儿。” ❷ 包浆；玉石表面形成的润色。宋张世南《游宦纪闻》卷五：“玉分五色，……～又分九色。” ❸ 疮液；体液。明《禅真后史》六回：“这孩子吃了一惊，顷刻间痘疮倒靥，～干涸，痰壅发喘。”清《荡寇志》八六回：“你这厮奶牙未退，～儿还不长足，便到这里来讨死么！” ❹ 比喻利益。清《歧路灯》五八回：“细皮鲢道：‘卖豆腐发迹有十年，已久不推磨子了。’貂鼠皮道：‘十年不拐磨子，他儿子还有什么～呢？’”

【浆水饭】 jiāng shuǐ fàn ❶ 犹“浆饭❶”。宋吴自牧《梦粱录》卷三：“看盘如用猪、羊、鸡、鹅、连骨熟肉，并葱、韭、蒜、醋各一碟，三五人共一～一桶而已。”《元曲选·货郎旦》二折：“看他这天淡云开雨乍收，可便去寻一个宿头，觅一碗～润咱喉。” ❷ 犹“浆饭❷”。元郑廷玉《看钱奴》一折：“瀽了些～那肯停时霎，巴的纸钱灰烧过无牵挂。”《元曲选·窦娥冤》三折：“此后遇着冬时年节，月一十五，有瀽不了的～，瀽半碗儿与我吃。”

【浆水粥】 jiāng shuǐ zhōu 犹“浆饭❶”。唐张鷟《朝野佥载》卷五：“正一夜须～，非玉素煮之不可。”戴孚《广异记·王方平》：“梦二鬼相语，欲入其父腹中。一鬼曰：‘若何为入？’一鬼曰：‘待食～，可随粥而入。’”

【浆洗】 jiāng xǐ ❶ 洗并浆。宋周密《癸辛杂识》别集卷下：“缝补、～、烘焙替换衣服，时其寒暖之节。”明徐畛《杀狗记》一三出：“浑身上下水淋漓，请官人脱下与奴～。”清《醒世姻缘传》一九回：“虽是粗布衣服，～得甚是洁净。” ❷ 指担任浆洗差事。清《红楼梦》四六回：“他哥哥金文翔现在是老太太那边的买办，他嫂子也是老太太那边～的头儿。”

【浆液】 jiāng yè 汁液。唐白居易《荔枝图序》：“瓤肉莹白如冰雪，～甘酸如醴酪。”清屈大均《广东新语》卷二〇：“乳时雄者餐米至咽，米成～，乃吐出以喂其子。”

【缰绳】 jiāng shéng ❶ 牵马的绳子。宋李纲《云居勤老以书见邀不果往》：“师既拗折拄杖不出山，我亦扯定～不下道。”元高明《琵琶记》九出：“〔丑唱〕乖头口抵死要回身转。〔末白〕怎的不勒过？〔丑唱〕战兢兢只怕～断。”清《醒世姻缘传》五三回：“打了个七八将死，解下骡上的～，捆缚了手脚。” ❷ 比喻束缚。宋朱敦儒《鼓笛令》：“这些个、光阴煞短。解散～休系绊，把从前、一笔句断。”

【缰子】 jiāng zi 缰绳。宋孟元老《东京梦华录》卷七：“马上亦有呈骁艺者，中贵人许畋押队招呼成列，鼓声，一齐掷身下马，一手执弓箭，揽～就地。”

jiǎng

【讲白】 jiǎng bái ❶ 讲说；议论。元杨维桢《南楼记》：“与门客寮友之所～者，皆经国之道和济时艰之策也。”明湛若水《明故翰林院检讨陈先生改葬墓碑铭》：“东所张子敏也，子何不之～？弗白弗讲，且不高谈，然儿禅矣。” ❷ 讲明；说清。明《西洋记》九二回：“我和你～了：去动得人来，重赏银一百两，……动不得人，重重有罪。”

【讲拜】 jiǎng bài 行拜见礼；按礼仪规定下拜。宋朱弁《曲洧旧闻》卷一〇：“予幼年随侍，犹及见客有初相见者，必设拜褥，虽多不～，而遗风尚存，近世不复见矣。”《朱子语类》卷一二八：“进士入试之日，主文则设案焚香，垂帘～。”周密《癸辛杂识》后集：“面西北再拜谢恩毕，与学官同舍～者，再次诣忠文庙，次诣直舍，通门状谢学官。”

【讲辨】 jiǎng biàn 讲议辨论。《新唐书·尹愔传》：“每释奠，～三教，听者皆得所未闻。”金刘祁《归潜志》卷五：“闲闲本注《太玄》，子忠尝言，亲授于关中隐士薛子明，因相与～甚久。”清李光地《重建鹅湖书院记》：“原其～豪芒之指，一则虑玩心高明之失实，一则恐著意精微之离真。”

【讲唇】 jiǎng chún 讲说；闲聊。清《何典》二回：“你且去探探他的口气，方好～。”又七回：“陪着一个美秀而文的行当小伙子坐着说话，臭花娘也在旁边听～。”

【讲倒】 jiǎng dǎo 谈定；说定。《元曲选·灰阑记》楔子：“我女孩儿过门来，倘或受他欺负，又不如在家的好，也要与员外说个明白。一发～了，才好许你这亲事。”明《拍案惊奇》卷三五：“我这家正要泥坯，～价钱，吾自来挑也。”《二刻拍案惊奇》卷四：“看了红花，～了价钱，两人各取银子出来兑足了。”

【讲道】 jiǎng dào 说道；说。明张凤翼《灌园记》一〇出：“臧儿一出门时，就听得外面沸沸扬扬，～燕兵尽破齐城。”《禅真逸史》六回：“这两句是拆白的话，讲出他那姓来，……他与你～他姓黎。”清《十二楼·归正楼》四回：“竟有一位真仙下降，亲口对我～：‘某处地方新建一所道院。’”

【讲动】 jiǎng dòng ❶ 讲出；讲起。元顾德润《点绛唇·四友争春》：“他见这恩情脱空，便把那是非～，划地向树头树底觅残红。”明《封神演义》六三回：“～《黄庭》方入圣，万仙总领镇东方。” ❷ 众口传言；议论纷纷。元明《水浒传》一一回：“看看挨捕甚紧，各处村坊～了。”清《醒梦骈言》六回：“众人这般～，月英夫妻听见了，又羞又恼。”《荡寇志》一〇七回：“听那些人哄哄～，方知是种经略征辽得胜。” ❸ 因讲说而引动。明汤显祖《牡丹亭》九出：“说你讲《毛诗》，毛的忒精了。小姐啊，为诗章，～情肠。”

【讲翻】 jiǎng fān 犹“讲动❷”。明《隋史遗文》三〇回：“小弟适才西门朋友邀去吃酒，人都～了：贾润甫家中到了十五骑大马。”

【讲讽】 jiǎng fěng ❶ 讲读。唐李隆基《答裴光庭诏》：“以为道者元妙之宗，德为教化之本，～微旨，稽详秘文，庶无为而政成，不宰而物应。”宋蔡襄《尚书屯田员外郎林君墓志铭》：“少喜学问，手钞经史传记数千万言，日～自休，以是终其身。” ❷ 讲读讽谏。也指这样的职务。《旧唐书·光庭传》：“张燕公有扶翊之勋，居～之旧，秩跻九命，官历二端。”《宋史·邢昺传》：“是冬，昺上表自陈夙侍～，迁右谏议大夫。”明徐渭《任处士行状》：“震有孙曰德甫，为翰林承旨，嫉权奸，以～放归。”

【讲和】 jiǎng hé ❶ 媾和；作战双方谈判取和。《新唐书·赵文恪传》：“时中国经大乱，马耗。会突厥～，诏文恪至并州，与齐王诱市边马以备军。”宋洪迈《夷坚志》三己卷三：“明年，南北～，以地与虏。”清《说岳全传》四四回：“除非送还我二帝，退回我汴京，方可～。否则，请决一战。” ❷ 说和；和解。元明《水浒传》三三回：“知府诚恐二官因私仇而误其公事，特差黄某赍到羊酒，前来与你二官～。”明《二刻拍案惊奇》卷一〇：“他小厮家新做了财主,定怕吃官司的,央人来与我们～,须要赎得这张纸去才干净。"清《醒世姻缘传》一〇回:"晁大舍封了二十两银子,叫晁住袖了,走到计三家去,央他做主～。"

【讲话】 jiǎng huà ❶谈话;交谈;说话。宋李昭玘《敕谥灵慧大师传》:"忽有二梵僧参礼,师引纳尤厚。尝中夜～,但闻婆罗门语。"明《二刻拍案惊奇》卷一七:"半路上遇到一个朋友处～,直到天黑回家。"清李玉《清忠谱》一一折:"贵县且去分付士民中一二老成的上前～。" ❷递话;说和。明汤显祖《牡丹亭》四七出:"俺大王助金围宋,攻打淮城。谁知北朝暗地差人去到南朝～!"《古今小说》卷八:"过了一年有餘,不见中国人来～,乌罗心中不悦,把他饮食都裁减了。"清《醒世姻缘传》八二回:"狄家送了一两银子,争也没争就罢了。我道他一定有话说,后晌必定偷来～。" ❸辩白;质证。明沈鲸《双珠记》二七出:"妹子且不要忙,待点名过了,和他们～。"《醒世恒言》卷三四:"他今夜吊死在他门上,方表你清白,也出脱了我的丑名。明日我好与他～。"清《醒世姻缘传》七二回:"你诬枉清白女儿,我天明合你当官～,使稳婆验看分明。" ❹言语表达或用语言打动。明佚名《霞笺记》二出:"〔丑〕杏花十里去如飞。大相公管取状元及第。〔外〕这小厮倒会～。"《西洋记》五二回:"王明道:'久后得了一官半职,回京之时,不好～。'老爷道:'怎么不好～?'王明道:'南京人的口不好。假如小的们在街上走,他就在廊底下骂,说道:好日的货,你下西洋一个卵功。'"清李光地《榕村语录》卷一八:"伊川难～,想是明道还肯说,故邵子云:伯淳之言条畅。" ❺话;说法。明《西洋记》三九回:"只见那两个小老鼠恰象省得人～的,你也咬一口,我也咬一口,把个葛藤二股咬断了一股。"清《情梦柝》一六回:"若素道:'本不该辞,奈小弟素爱独睡。'喜新笑道:'这等～,一世不做亲了?'"《续金瓶梅》六一回:"因此,龙女献珠,在佛法比个如意,在仙家比为还丹。此段～,出在道经。"

【讲画】 jiǎng huà ❶口讲手画;讲解。宋王安石《送郑叔熊归闽》:"方今边利害,口手能～。"朱熹《直秘阁赠朝议大夫范公神道碑铭》:"公所以怜熹者亦益厚,至于亲为～,反复辨告,盖惟恐其迷昧没溺,丧失所守。" ❷讲求谋划;策划。宋蔡襄《苏才翁墓志铭》:"逮边隅兵兴,夙夜～谋策,要以术数翦屈夷虏。"明王轼《平蛮录》:"今特命尔前去提督军务,照依兵部议奏事理,博采众论,～方略。"清李光地《己丑会试策问》:"常平之箢于官者,则主守之出纳宜严;社仓之贮于民者,则乡正之选择宜慎。将无～之详者存乎法,行法之善者存乎人欤?"

【讲欢】 jiǎng huān ❶修好;交好。宋韦骧《白燕京留守三幅书》:"～邻域,叨指使以载驰;假道留都,幸宗臣之相际。"洪迈《夷坚志》三壬卷二:"时宗安已亡,仍升堂拜母,曲意～如旧日,将以全姻好而消冥谴也。"元刘将孙《戴勉斋墓志铭》:"要两家皆厚勉斋,交往俱不疑,率由一言～而不受德。" ❷男女交欢;性交。宋张君房《才鬼记》:"每～之暇,即恳托谢邻妇杨氏。"元明《水浒传》四五回:"色胆动时,方丈内来寻行者,仰观神女思同寝,每见嫦娥要～。"明《古今小说》卷二三:"两个～已罢,舜美曰:'仆乃途路之人,荷承垂盼,以凡遇仙。'"

【讲价】 jiǎng jià 讨价还价。宋姚勉《拟上封事》:"陛下未尝有殉货利之愆也,而人则曰:宋臣导陛下以～西园卖官鬻职矣。"明《二刻拍案惊奇》卷二九:"你要买长,我要买短,多讨箱笼里东西自家翻看,觌面～。"清《镜花缘》九六回:"一手提著酒壶,一手拿著衣服,同一老者～,把衣服卖了。"

【讲究】 jiǎng jiū ❶钻研;探讨。唐雍陶《学然后知不足赋》:"始也傥易足于谀闻,无求备乎～。顾群籍而是弃,虽勤师而莫诱。"明《警世通言》卷四〇:"遂就旧时隐居,终日与诸弟子～真诠。"清徐用葛《得何义门太史凶信》:"汉代诸经师,一一得传授。君学谨派别,原本初～。" ❷评议;讨论。《元典章·刑部十九》:"各状申呈会集耆老、儒人等～得,今江南归附已后一十八年,人心宁一,灯火之禁,似宜宽弛。"《元曲选外编·东窗事犯》三折:"忠臣难出贼臣彀,陛下宣的文武公卿～,用刀斧将秦桧市曹中诛。" ❸议论;非议。明佚名《点绛唇》:"眼趁上姻缘难措手,也是自家心顺,怕甚外人～。"清《红楼梦》九〇回:"不但紫鹃和雪雁在私下里～,就是众人也都知道黛玉的病也病得奇怪,好也好得奇怪,三三两两,唧唧哝哝议论着。"又:"送点子东西没要紧,倒没的惹人七嘴八舌的～。" ❹章法;规矩;习惯。明沈德符《万历野获编》补遗卷二:"饮茶精洁无过于近年,～既备,烹瀹有时,且采焙俱用芽柯,无碾造之劳,而真味毕现。"清《绿野仙踪》二八回:"你日前说他的脚是有～的,果然包的好。"《儒林外史》二四回:"那是二十年前的～了!南京这些乡绅人家寿诞或是喜事,我们只拿一副蜡烛去,他就要留我们坐着一桌吃饭。" ❺道理;名堂;诀窍。清《红楼梦》九三回:"所以知声,知音,知乐,有许多～。"《九云记》三五回:"即如为人在世,那做人的一切,举止言谈,存心处事,其中～,真无穷尽。"《补红楼梦》二九回:"这剑术的～原大。当日黄帝与神女讲击刺之法,要守如处女,出如脱兔。" ❻功夫;本事。清《儒林外史》四九回:"他的手底下实在有些～,而且一部《易筋经》记的烂熟的。" ❼在意;注重;刻意追求。清《红楼梦》六四回:"等打完了结子,给你换下那旧的来。你虽然不～这个,若叫老太太回来看见,又该说我们躲懒。"《绿野仙踪》七九回:"谁家寒士还～衣服、被褥?越穷人越敬重。"《歧路灯》三〇回:"如今世上结拜的朋友,官场上不过是势利上～,民间不过在酒肉上取齐。" ❽考究;讲求精美完善。清《红楼梦》五四回:"只是像方才〔西楼·楚江晴〕一支,多有小生吹萧和的。这大套的实在少,这也在主人～不～罢了。"又八三回:"咱们一日难似一日,外面还是这么～。" ❾追究;理论;计较。清《野叟曝言》二三回:"况且是个妓女,非比原聘良家,可以仗理执词,合他～得的。"《白雪遗音·留多情》:"心儿里欲舍又难丢,口儿里要留不敢留,……这也值的这样～!交新弃旧天不管,你真心想留我也要走。"《绿牡丹》三九回:"朱彪不识真假,还在那里～。台内栾镒万早已望见那颗珍珠有圆子大,……遂着人出台道:'三壮士,就是那帽子当五百多两。'银子、帽子俱搁在一张琴桌之上。～完了,鲍自安方才解下大衣,系紧束腰带。二人丢开架子,在台上比武。" ❿讲解;指授。清《红楼梦》八六回:"听见妹妹～的叫人顿开茅塞。"《绿野仙踪》九九回:"于冰日昼与众弟子～元理,一交亥时中刻,便各运用坐功。"《镜花缘》三二回:"小弟记得卫夫人～书法,曾有墨猪之说。" ⓫撑持;装门面。清《白雪遗音·伤心最怕》:"在人前,强玩笑来强～;无人时,凄凄凉凉实难受。"

【讲开】 jiǎng kāi ❶开讲(佛经)。唐道宣《续高僧传·慧眺》:"承象王哲公在下龙泉～《三论》,心生不忍,曰:'《三论》明空,讲者着空。'"《祖堂集》卷一三《福先招庆和尚》:"大士梁天请～,始登莲座蹑梯回。"《敦煌变文集·无常经讲经文》:"酒肉茶妆尽恣情,见说～却失笑。" ❷说清;讲明。明沈采《千金记》一三出:"〔外趋语介,净〕不须说了,已～了。"《西游记》三三回:"驮便驮,须要与你～:若是大小便,先和我说。"清《醒世姻缘传》四〇回:"我先合你～:要是管家来冲撞你,可不许你合他一般见识。"

【讲口】 jiǎng kǒu ❶说大话。明《西游记》五四回:"泼物!不须～!但说比势,正合老孙之意。走上来,吃吾之棒!"《杨家将演义》二二回:"宋将有勇者出马比试,勿徒～。" ❷口角;言语争执。明沈鲸《双珠记》一四出:"这王秀才极不忠厚。受你多少恩惠，便是一个老婆不肯相让，直得～！”❸话语；言辞。明《西游记》九八回：“行者见他～扭捏，不肯传经，他忍不住叫噪道：‘师父，我们去告如来。’”

【讲款】 jiǎng kuǎn 议和；讲和。明温纯《与刘两峰中丞书》：“既久～，仆不知其详云何，独将士之气万万不可少挫也。”文秉《烈皇小识》卷一：“朕之封疆，止仗一喇嘛僧～，不令虏轻中国耶？”清钱谦益《特进光禄大夫孙公行状》：“当是时中外畏奴甚，喧传袁崇焕挟奴～，咸欲倚崇焕以媾奴。”

【讲礼】 jiǎng lǐ ❶讲究礼节；按礼仪规定行事。宋范成大《秋日田园杂兴》之一二：“村巷冬年见俗情，邻翁～拜柴荆。”元古本《老乞大》：“教你受礼，坚执不肯。满饮一盏，休留底酒。咱每都休～，吃一盏酒。”清《红楼梦》五二回：“你只管带了人出去，有话再说。这个地方岂有你叫喊～的？你见谁和我们讲过礼？”❷叙礼；行礼。宋洪迈《夷坚志》支庚卷一：“行半程，饭旅店，逢一客某州教授者来，相与～。”明郑若庸《玉玦记》三四出：“〔外〕状元登殿～。〔生登殿拜，外答拜介〕”清《平山冷燕》八回：“遂走转下来，欲要与冷绛雪叙礼。冷绛雪止住道：‘小姐且请完了圣旨再～也不迟。’”

【讲理】 jiǎng lǐ ❶遵从道理。明《西洋记》四四回：“老母道：‘我已收了金枪，佛爷爷你须把个钵盂揭起。’佛爷道：‘既和气～，我怎么不揭起钵盂。’”清《红楼复梦》三四回：“横竖祝太太们都是～的，别叫他们笑话。”《品花宝鉴》三回：“你这人好不～，方才说二两，怎么如今又要六两，你不是讹我么？”❷讲道理；申说道理。明《醒世恒言》卷三七：“子春正摔脱不开，只听有人说叫道：‘莫要打！有话～。’”清《东周列国志》三三回：“欲待与他～，他又不管理之长短；欲作脱身之计，又无片甲相护。”《红楼梦》一〇三回：“便要与他～，他们也不听。”❸理论；争辩是非曲直。明张岳《报过抚剿残苗疏》：“龙塘、栗凹等寨，～私仇，亦俱赴道诉理，听与处分。”《禅真后史》四五回：“我正待亲去与县官～，怕有谁来追捕？放胆速行，不须过虑。”清《醒世姻缘传》一二回：“你出来，同着街坊邻舍合你～，得个明白，我拿了休书就走！”

【讲量】 jiǎng liáng 研究考量。宋《朱子语类》卷五九：“某常说操则存、克己复礼、敬以直内等语，不须～，不须论辨，只去操存、克复便了。”陈埴《近思杂问附》：“一铭中言，义理匝，正好～，却不于血肉上理会，乃于皮肤之外起意。”

【讲论】 jiǎng lùn ❶争论；理论。明《西游记》八〇回：“本寺僧人软弱，不敢与他～，因此把这前边破房都舍与那些强人安歇。”《二刻拍案惊奇》卷二七：“小生但求得一纸牒文，自会去与他～曲直，取讨人口。”清《飞龙全传》三七回：“方才若是动手，这会儿膀子上早套了索子了。看那打倒的这名军士横卧在地，到了此时，那里去～？”❷议论；非议。明徐畛《杀狗记》七出：“又恐怕夫妻争竞，只落得外人，只落得外人胡言～。”《金瓶梅词话》三三回：“因此街坊这些小伙子儿，心中有几分不愤，暗暗三两成群，背地～。”❸计较。清《醒世姻缘传》三一回：“先与你～饭食：晌午要吃馍馍蒜面，清早后晌俱要吃绿豆水饭。”《姑妄言》九回：“又不好在饮食上～，只得捏着鼻子拿来充饥。”

【讲命】 jiǎng mìng 讲说命理；算命。元马致远《陈抟高卧》一折：“俺今日开坛～，断文明白鬼神惊。”元明《水浒传》六一回：“这个道童姓李，江湖上卖卦营生。今来大郡，与人～。”清陆陇其《三鱼堂賸言》：“朱子以顺天命解夔字，注疏则以《国语》伶州鸠之言五位三所者解之，便如今星家之～一般。”

【讲摩】 jiǎng mó 讲习研摩。唐李湛《宝历元年试制举人诏》：“条列坦明，咸本经意，固子大夫之所～矣。”宋文莹《玉壶清话》卷五：“不疑晚学益深，经史沿革，～纵横，文章诗歌，举笔则就。”元柳贯《代同门友上许左丞谢解启》：“间因丽泽之～，窃窥考亭之述作。”

【讲磨】 jiǎng mó 同“讲摩”。宋文同《谢就差知兴元府表》：“是正讹谬，学问浅而未精；～本元，才识短而多泥。”《朱子语类》卷一〇六：“明日烦教授诸职事共商量一规程，将来参定，发下两学，共～此事。”明胡直《与郭相奎书》：“且不能似前为乡中及四方士～，故不得已著此书。”

【讲亲】 jiǎng qīn 议亲；讲说亲事。《新唐书·魏知古传》：“虽遣使请婚，恐豺狼之心，弱则顺伏，强则骄逆，月满骑肥，乘中国饥虚，～际会，窥犯亭鄣，复何以防之？”明《警世通言》卷三〇：“小娘子一生九死，官人便要～，也待病痊。”清《儒林外史》一九回：“却因～的时节，不曾写个婚书，没有凭据。”

【讲情】 jiǎng qíng 说情。明鹿善继《扶孤始末说》：“余笑曰：‘渠以余书为～耶？’”清《醒世姻缘传》九四回：“再三又与知府～，申了文书，坐委狄希陈署印。”《飞龙全传》二四回：“却不道两罪俱发，谁来～？”

【讲劝】 jiǎng quàn ❶讲业劝学。《新唐书·姚珽传》：“今司经无学士，供奉无侍读。宜视膳时奏请其人，俾奉～。”宋欧阳修《和景仁试明经大义多不通有感》：“无徒诮其陋，～在公卿。”明袁宗道《刻文中子序》：“今观《中说》所载～之言，出处之迹具在焉。”❷讲说劝解。清《野叟曝言》二四回：“日里边悄悄说得一两句话，那些女人都挤了来，只得就撒开了。那得细细的～呢？”

【讲数】 jiǎng shǔ 计较。清《醒世姻缘传》一六回：“这又不是用本钱做买卖，怎可～厚薄？只是凭他罢了。”

【讲述】 jiǎng shù 述说。清钱谦益《新刻十三经注疏序》：“《十三经》之有传注、笺解、义疏也，肇于汉晋，粹于唐，而是正于宋。欧阳子以谓诸儒章句之学，转相～，而圣道粗明者也。”《红楼梦》六一回：“都悄悄的来买转平儿，一面送些东西，一面又奉承他办事简断，一面又～他母亲素日许多不好。”《风流悟》八回：“便深深唱一个喏道：‘那事如何？’施十娘细细～一遍。”

【讲索】 jiǎng suǒ 讲习探索。宋梅尧臣《送曾子固苏轼》：“朝廷有巨公，～无遗录。”洪咨夔《东山婆娑岩壑记》：“后每解官还里，辄抱书山房绎其业，～益精，造诣益深。”明宋濂《梅府君墓志铭》：“折辈行为忘年交，过从～，殆无虚日。”

【讲谈】 jiǎng tán ❶讲究谈论。唐沈亚之《东渭桥给纳使新厅记》：“而儒良至者，必与～其道。”明沈自徵《簪花髻》：“你道他～些道理，原来只论着闺帏。”《禅真逸史》四〇回：“昼夜～兵法，两下甚是相得。”❷谈话；说话。明《型世言》四回：“且讲甚首饰时样，带来好看，衣服如今仔么制度才好，甚么颜色及时，你一丛，我一簇，倒也不是个念佛场，做了个～所。”清《飞龙全传》九回：“原来这所住房，就是董达的家园；这说话的，便是董达与他老子～。”❸言语；话。明汤显祖《南柯记》三七出：“昨日约了灵芝夫人、上真子，早晚公主处上香，回来过此，必有～也。”

【讲讨】 jiǎng tǎo 讲究探讨。唐柳宗元《答元饶州论春秋书》：“未及～，会先生病，时闻要论，尝以易教诲见宠。”《元史·韩镛传》：“每治政之暇，必延见其师生，与之～经义。”清《醒世姻缘传》一〇〇回：“每日隔着禅关，与胡无翳～佛法。”

【讲头】 jiǎng tou 可供讲说的。清《红楼梦》八二回：“宝玉觉得这一章却有些刺心，便陪笑道：‘这句话没有什么～。’”

【讲行】 jiǎng xíng 谋划推行。《宋史·宁宗纪二》：“庚午，诏两淮京西监司、帅守～宽恤之政。”明陆容《菽园杂记》卷四：“为今之计，莫若～救荒之政，平籴价以纾民力。”清蔡世远《送陈石民令益都序》:"君又尝著《清漳风俗》一书,与余同~文公家礼。"

【讲叙】 jiǎng xù ❶讲说;论述。唐张籍《赠殷山人》:"昔日交游盛,当时省阁贤。同袍还共弊,连辔每推先。~居重席,群儒愿执鞭。"宋苏颂《回殿前太尉》:"岂谓某官敦修契素,~彝仪。白雪长言,借华褒于丽句;南辰妙相,形善祝于馀龄。" ❷叙说;述说。明《熊龙峰刊小说·双鱼扇坠》:"荣乃信义人也,接入中堂,~家事。"

【讲绎】 jiǎng yì 讲论探讨。《新唐书·李勉传》:"择言守汉州,独引同榻坐,~政事,名重当时。"宋孙应时《李叔文墓志铭》:"每闻~圣贤言行,常大喜。"清朱彝尊《康熙二十年江南乡试策问》:"皇上圣学懋勤,蚤夜孜孜,与儒臣~群经。"

【讲益】 jiǎng yì 互相讲习而有所增益。宋陆九渊《与侄孙浚书》:"乃知汝质本不昏滞,独以不亲~,故为俗见俗说牵制埋没耳。"《宋史·郑穆传》:"每~,无问寒暑,虽童子必朝服廷接,以礼送迎。"明倪谦《承仕郎林公墓志铭》:"时缙绅硕儒谪居于是者众,公往从之,资其~。"

【讲嘴】 jiǎng zuǐ 吵嘴。明《醒世恒言》卷一:"你这样不通理的人,我不与你~。"又卷八:"李都管本欲唆孙寡妇、裴九老两家与刘秉义~,鹬蚌相持,自己渔人得利。"

【奖宠】 jiǎng chǒng 奖励宠爱。唐李恒《命元稹守同州刺史制》:"为善有闻,必资~,罹于惩谤,用罢台阶。"宋朱熹《庚子应诏封》:"陛下亦闻其说之可喜而未究其实,往往误加~,畀以事权。"明危素《惠州路东坡书院记》:"一时居显荣者,汲汲焉以荐贤报国为先务,所以矜嗟~者,无所不用其极。"

【奖奉】 jiǎng fèng 夸奖奉承。《元曲选·燕青博鱼》二折:"我着几句言语~他咱。嫂嫂,你是那南海南观音的第一尊。"

【奖顾】 jiǎng gù 犹"奖眷"。五代黄滔《呈崔右丞启》:"平言南北,犹悄神魂。况今攀托门墙,依凭~。"宋觉范《禅林僧宝传》卷一六《广慧琏禅师》:"病夫夙以顽蠢,获受~。预闻南宗之旨,久陪上国之游。"明冯从吾《贡士樊公传》:"每试裒然前列,尤以德行屡为督学使者所~。"

【奖激】 jiǎng jī 嘉奖激励。唐王昂《对沈谋秘略科策》:"今若垂旌扬之期,崇~之道,用不求备,任惟其材,举吴起则舍其贪,推穰苴则略其贱。"宋苏轼《杭州召还乞郡状》:"及服阕入觐,便蒙神宗皇帝召对,面赐~,许臣职外言事。"清储大文《光禄大夫范公神道碑铭》:"公又新江宁学,季课江南北江西士,~尤悫。"

【奖寄】 jiǎng jì 赏识并委以重任。唐元稹《祈雨九龙神文》:"大惧兹岁患成于人,以羞陛下之~。"宋范仲淹《谢传宣表》:"窃念臣素乏才策,误膺~,经制西事,三年于兹。"

【奖荐】 jiǎng jiàn 称许推荐。《新唐书·李百药传》:"好~后进,得俸禄与亲党共之。"明汪廷讷《狮吼记》三〇出:"过蒙仁兄~,但小弟久无用世之心。"清陆陇其《察吏策》:"而其人卓然有守,可以风励天下,则宜令督抚破格~。"

【奖教】 jiǎng jiào 劝勉教诲。唐王维《为画人谢赐表》:"臣得舐笔麟阁,继踵虎头,频蒙~之恩,益用精诚自励。"《敦煌变文校注》卷五《父母恩重经讲经文(一)》:"婴孩童子,乃至盛年,~礼仪。"

【奖借】 jiǎng jiè 推许;称赞。宋文莹《湘山野录》卷下:"子方少年,若老夫以一语~,必凌忽自惰,故掷地以奉激。"明梅鼎祚《玉合记》六出:"〔贴〕郎君常道相公才貌来。〔生〕多承~。"清魏裔介《杨犹龙诗序》:"其所~,皆天下第一流贤士大夫。"

【奖藉】 jiǎng jiè 同"奖借"。金元好问《故河南路课税所杨公神道之碑》:"有片善,则委曲~,唯恐其名之不著。"明袁宏道《与冯琢庵师书》:"遂不自量,尽出鄙作,而师宽其督责,谬加~。"清吴绮《怀旧诗序》:"才非杞梓,谬辱品题。家本瓠芦,长逢~。"

【奖眷】 jiǎng juàn 赏识眷顾。唐李商隐《上河中郑尚书状》:"某早获趋承,常深~,末由祇谒,无任驰诚。"明宋濂《元故荣禄大夫康里公神道碑铭》:"唯公所历最远,复命最先。上悦,深被~。"清《平定台湾纪略》卷四五:"但伊等葳功奏绩,远涉宣勤,亦应加以宴赉,用示~。"

【奖夸】 jiǎng kuā 称赞;夸奖。明杨柔胜《玉环记》二四出:"乔妆乔扮满面麻,摆摆摇摇自~。"

【奖赉】 jiǎng lài 奖赏。赉,赐。唐李漼《即位赦文》:"宿陈仗卫,师旅有劳,委质蕃方,偏裨著效,咸加~,庶洽恩荣。"《明史·翁万达传》:"寇登山,见官兵大集,乃引去。事闻,赐敕~。"清《隋唐演义》五九回:"各将士鞍马劳顿,着光禄寺在太和殿赐宴~。"

【奖劳】 jiǎng láo ❶奖励功劳业绩。唐李儇《南郊赦文》:"裨补除任,实在~。奏请繁多,则为过滥。"元稹《授薛昌族王府长史等制》:"朕河山在念,肯忘~。藩邸求才,实思高选。"《明史·伍文定传》:"谏等上文定忠勇状,诏所司~。" ❷嘉奖慰勉。宋王安石《与孙子高书》:"辱赐教,~甚渥,反复诵观,惭生于心。"明袁宗道《迪功郎南安少尹方先生行状》:"当事者知其修饰名行,不以他丞视之,先后~不置。"清《隋唐演义》三五回:"更亏这几个习学的,一夜里就弄得这样出神入化,使人听之,愈见陛下情深,陛下不可不~之。"

【奖美】 jiǎng měi 奖励称赞。唐杜牧《唐故尚书吏部侍郎赠吏部尚书沈公行状》:"凡所交友,皆当时名公,~所长,复救所不及。"《明史·夏言传》:"尽复其官阶,玺书~,赐宴礼部。"清《歧路灯》五回:"这谭年兄忠弼的善行,竟是人人说项,所以前日与陈寅兄送匾~他。"

【奖勉】 jiǎng miǎn 奖励。宋苏轼《答参寥书》:"远承差人致问,殷勤累幅,所以开谕~者至矣。"《明史·顾佐传》:"帝喜,立擢右都御史,赐敕~。"清吴雯《莫亚夫先生赠我临帖二册》:"温言~意良厚,凭几含酡兴未孤。"

【奖赏】 jiǎng shǎng ❶奖励赏赐。唐白居易《云州刺史高荣朝除太子宾客制》:"高荣朝常领锐师,入攻坚寇,因累~,位至专城。"明杨涟《二十四大罪疏》:"今日讨~,明日讨祠额,毁人居室,建立牌坊。"清《歧路灯》七回:"乔龄~了糖果四封,着门斗同王中送回各家。" ❷赏识鼓励;赏鉴;夸奖。明朱国祯《涌幢小品》卷三:"(周天球)少为文徵仲~,感之甚,设像中堂,岁时祀如祀先。"《拍案惊奇》卷三二:"拙妻陋质,虽蒙~。小弟自揣,怎敢有犯尊嫂?"清《雪月梅》一九回:"臬宪道:'这也即使得。'因~了几句道:'此番送你到院,必有遭际。'" ❸奖品;赏银。清《红楼复梦》六二回:"凡师徒的茶饭点心、修金月费以及笔墨纸张、学生~,都在学地租子里开销。"△《孽海花》二五回:"统帅言紫朝还在那里捏报胜仗,邀朝廷二万两的~。"

【奖识】 jiǎng shí 赏识。宋吴曾《能改斋漫录》卷一二:"范祖禹淳父,极为司马文正~。尝为《进论》,求教于公。"清吴伟业《致云间同社诸子书》:"主持大雅,~同人,结集篇章,勒成卷轴。"

【奖慰】 jiǎng wèi 鼓励安慰。宋苏舜钦《杜公求退第一表》:"金口曲加于~,玉色已形于开从。"清《聊斋志异·小谢》:"花判已,自顾不如小谢,有惭色。生~之,颜霁。"《女仙外史》四七回:"月君即刻召见,~一番,令彦杲暂收为副将。"

【奖许】 jiǎng xǔ 称赞。宋员宗兴《再答缙云书》:"自度无由合于君子之门,而执事乃贬抑情文,~过盛。"明李东阳《明故南京户部郎中罗公墓表》:"自通判至是,其考最之辞皆备极～。"清《醒世姻缘传》二三回:"适间多承你二位～我这们一顿,多谢!"

【奖掖】 jiǎng yè 称许提携。宋方岳《深雪偶谈》:"遂辱撰先公墓铭志,中有'文不逮岳,而岳强以铭'之语,当知前辈～后进有如此也。"明王沄《越游记》:"予逊谢不敏,先生勖之,一言之获,必加～。"清《蜃楼志》二〇回:"本府上官大老爷听得苏芳有此善举,忙请他进去,～一番。"

【奖异】 jiǎng yì 破格奖励。唐颜真卿《朝议大夫颜君神道碑铭》:"真卿越自婴孩,特蒙～,且兼师父之训,岂独犹子之恩。"明沈鲸《双珠记》四六出:"矧纲常之大,风化攸基,不加～,天下罔知所劝。"清毛奇龄《读何使君卷子书后》:"南驱闽峤东越疆,已经～称维良。"

【奖挹】 jiǎng yì 犹"奖掖"。《新唐书·李频传》:"合大加～,以女妻之。"清顾炎武《答王苕文书》:"～过甚,殊增悚愧。"

【奖引】 jiǎng yǐn 奖励提拔;鼓励提携。唐李昂《开成改元赦文》:"勋臣子弟,有能修词务学,应进士明经及通诸科者,委有司先加～。"明方孝孺《答陈元采》:"病向时悦人取誉之具,朋友交相～,以为可喜者,非惟不暇为,亦不复为矣。"清王士禛《香祖笔记》卷一:"阮亭性和易宽简,好～气类。"

【奖诱】 jiǎng yòu 勉励诱导。《旧五代史·唐书·李袭吉传》:"性恬于荣利,～后进,不以己能格物。"明归有光《送县大夫杨侯序》:"如吾数十人者之不肖,而侯不鄙夷,甄陶～。"清《野叟曝言》五九回:"此虽先生～后学之意,然把他一片好奇嫉俗之念,指出病原。"

【奖遇】 jiǎng yù 赏识奖许。唐陆贽《论两河及淮西利害状》:"荐承过恩,文学入侍,每自奋励,思酬～。"宋钱易《南部新书》己集:"崔群在翰苑,为宪皇～最深。有宣云:今后学士进状,并取崔群连署。"清吴伟业《复社纪事》:"熊鱼山则复社初起时所宗,来之以邑诸生亲受～者也。"

【奖誉】 jiǎng yù 夸奖赞许。《新唐书·李商隐传》:"开成二年,高锴知贡举,令狐绹雅善锴,～甚力,故擢进士第。"明王錂《春芜记》二三出:"如今国人都不～他,乘此机会,不免进见楚王,倘然问及,就把这些言语添些作料,诽谤他一场。"清《聊斋志异·花姑子》:"贪此生涯,致酒腾沸。蒙君子～,岂不羞死!"

【奖赞】 jiǎng zàn 犹"奖誉"。清《二度梅》二三回:"晚生拙作,无非是鄙俚之语,焉足～。"《红楼复梦》六九回:"老太太将各人劳慰一番,拉著宝钗、探春十分～。"

jiàng

【匠手】 jiàng shǒu ❶技艺高明的人;能手。五代杜光庭《画五岳诸神醮图词》:"伏为丈人观久为荒毁,……今则挥毫～,彩布循垣,灿若星陈,矗如云拥。"《宋高僧传》卷一二《餘杭径山院洪諲》:"如是往还云岩,沩山,各为切磋,蔚成～。" ❷工匠。宋蔡絛《铁围山丛谈》卷四:"召～为之改塑其神,由是怪不复作。"元陆友《墨史》卷上:"又如李元伯,……邵兴宗之徒,往往作墨,然多成于～而假名耳。"清《荡寇志》一一三回:"又没得这许多上好镔铁,哪怕～多,二十日工夫要造二百座,如何赶得及?" ❸手艺;匠作技艺。明汤显祖《紫钗记》三出:"〔老叫浣取钗看介〕好～也!"

【匠头】 jiàng tóu 工匠头目。也尊称匠人。明唐顺之《武编》前集卷五:"鸟铳～义士马十四呈,每铳一杆用福铁二十斤。"《禅真逸史》三八回:"林澹然亲往庙中观看,匠人贴金彩画已毕,一个～磕头求赏。"清《野叟曝言》一二回:"流落在琉璃厂里,替～挑砖瓦过日。"

【匠役】 jiàng yì 官用工匠。宋朱熹《右司张公墓志铭》:"积餐钱数十万,义不自取。会泾潦败官舍,～或过前约,悉取以僦之。"《明史·戴冠传》:"近京师势要家子弟僮奴苟窃爵赏,锦衣官属数至万餘,次者击籍勇士,投充监局～。"清《歧路灯》一〇六回:"当即叫各色～,垒照壁,砌甬道。"

【匠作】 jiàng zuō 另见jiàng zuò。❶从事工匠作业;工匠作业。宋范公偁《过庭录》:"同官有兴作制器用,诚老未能无意。每欲为之,先令～者计工用若干。"明皇甫汸《建三公堂记》:"梓材既集,～斯兴。"清《野叟曝言》六三回:"庄户中有会作～的,叫了几个,从一线天破石壁中过去。" ❷工匠;匠人。元明《水浒传》三九回:"小生只会作文及书丹,别无甚用。如要立碑,还用刊字～。"明郑仲夔《耳新》卷一:"筑塘时与～同甘苦,课督有法。"清《隋唐演义》一六回:"至大雄宝殿,见许多的～在那里做工。" ❸工艺作坊。明《西游记》三回:"满城中军民无数,必有金银铜铁等～。大王若去那里,或买或造些兵器。"

【匠作】 jiàng zuò 另见jiàng zuō。工匠之作。指缺乏艺术创造的作品。明冯时可《雨航杂录》卷上:"有摘弇州诗'悲歌碣石虹高下,击筑咸阳日动摇',以为奇语。不知此是弇州之病,近于～而远自然。"清王夫之《薑斋诗话》卷二:"咏物诗,齐梁始多有之。其标格高下,犹画之有～、有士气。"

【降笔】 jiàng bǐ 旧时求神问卜的一种巫术。指扶乩时鬼神降临以乩笔写字。金元好问《续夷坚志》卷四:"太和末,都城阎贯道与文士辈请仙,元章～。"明《警世通言》卷一五:"后有人于徽商家扶鸾,皮雀～,自称原是天上苟元帅。"清刘献廷《广阳杂记》卷二:"有乩仙～,称为'仙人李杨机'云。"

【降步】 jiàng bù 敬词。❶称人前往或到来。《敦煌变文校注》卷一《伍子胥变文》:"儿有贫家一惠,敢屈君餐。情里如何,希垂～。" ❷称人步行。宋叶梦得《石林诗话》:"慈寿辇至,神宗即～,亲扶慈圣出辇。"清毛奇龄《圣孝辞》:"比至寝殿,又复～。"

【降辰】 jiàng chén 诞辰。宋晁子西《上漕使生日小简》:"九冬几满,气候将周,乃某官～谷诞。"明何景明《寿母赋》:"美吾母之～兮,维岁月之协良。"清陈端生《再生缘》七七回:"假满回朝,忻逢太子～,臣等恭贺吾皇上洪福齐天。"

【降诞】 jiàng dàn ❶降生。唐王建《宫词》之七一:"妃子院中初～,内人争乞洗儿钱。"明《西游记》六六回:"怀胎一十四个月,于开皇元年甲辰之岁三月初一日午时～于王宫。"清钱谦益《太祖实录辨证一》:"太祖高皇帝以天历元年戊辰九月十八日～于锺离。" ❷诞辰。唐唐绍《请停四季节日起居诸陵奏》:"今圣灵日远,仙驾难追,进止起居,恐乖先典。……望停四季及忌日、～并节日起居。"明《封神演义》一回:"且言女娲娘娘～三月十五日,往火云宫朝贺伏羲、炎帝、轩辕三圣而回。"

【降发】 jiàng fā ❶降职发落。明朱长祚《玉镜新谭》卷九:"本当肆市以雪众冤,姑已从轻,～凤阳。"刘若愚《酌中志》卷五:"于是将诚～南海子净军,看守墙铺。" ❷处置发落。清《万花楼》四一回:"单言李沈氏,天子虽说～他在刑部天牢,沈御史即日弄了些手脚,只与司狱官知照,说了数言,李沈氏仍归御史衙中。"

【降化】 jiàng huà 下凡。《太平广记》卷二二引《神仙感遇传》:"真人～,保国安人。"明《拍案惊奇》卷七:"陛下乃真人～,保国安民,万乘之尊。"

【降乩】 jiàng jī 即"降箕"。明袁中道《游居柿录》卷一二:

"次早～,乩云:穆君之书,梦也,幻也,不足为虑也。"张岱《陶庵梦忆》卷三:"文懿公,张无垢后身。无垢～与文懿,谈宿世因甚悉。"清叶梦珠《阅世编》卷四:"先是吕仙于海上曹氏～,谓公已冠八百地仙之籍。"

【降箕】 jiàng jī 一种巫术。术者扶箕请神,在碎米、沙盘或纸上画写文字,谓神灵降旨。明闵文振《涉异志·晏公庙》:"其神忽然灵显,～言事,如响应声。"《于少保萃忠全传》二四传:"昨者召箕仙,蒙李太白～指示吾师。"

【降接】 jiàng jiē 呈现谦恭的容色下座相接,以示礼遇。唐陆贽《兴元论续从贼中赴行在官等状》:"杖策从君,其能有几?推心～,犹恐未多。"宋沈括《梦溪笔谈》卷九:"举人无没阶之礼,宜少～也。"《明史·张彩传》:"铨政率由彩,多不关白宇,即白宇,宇必温言～。"

【降履】 jiàng lǚ 犹"降步❶"。唐辨机《大唐西域记赞》:"刻檀佛像一躯,通光座高二尺九寸,拟劫比他国如来自天宫～宝阶像。"

【降落】 jiàng luò ❶坠落;下降。唐孔颖达疏《礼记·曲礼下》"羽鸟曰降":"羽鸟飞翔之物,今云其～,是知死也。"金侯善渊《七言绝句六十首》之一九:"静中一鉴凭谁力,～玄珠晃太清。"明李日华《六研斋三笔》卷四:"人饭后即睡卧,则食不消。……以食才入胃,未～至脾,位不当真火蒸炼之处。" ❷凋零。唐孔颖达《礼记正义·月令》:"从奎五度至胃六度在戌,总曰降娄。降,降也。娄,敛也。言万物～而收敛。" ❸黜落;贬降。元胡祗遹《论迁转太速》:"庸庸碌碌汩泥扬波者反得升迁,廉慎公干不交权贵者沉滞～。"明《西游记》三一回:"令爱乃侍香的玉女,因思凡～人间。"清《说岳全传》一回:"我这里用你不着,今将你～红尘,偿还冤债。" ❹降低。清黄宗炎《周易寻门餘论》卷下:"孟子以性善原难错诸词说,不得已而～一层,但言情善。"

【降魄】 jiàng pò 指生命终结。道家谓人死后,魂生于天,魄降于地。唐段成式《酉阳杂俎》前集卷二:"～之处,非馆非寺,非途非署。"宋宋祁《杨太尉墓志铭》:"邓乡鲜原,昭穆同阡,～于此,可作无年。"明王慎中《挽周迹山山周以谏杖死》之四:"～兹乡返,精魂何所依?"

【降日】 jiàng rì 犹"降辰"。唐苏鹗《杜阳杂编》卷中:"上～,大张音乐,集天下百戏于殿前。"宋刘辰翁《扫花游·和秋崖见寿》:"记湘累～,留词劝酒。不是行边,待与持杯论斗。"元魏初《献龟诗序》:"六月二十二日,予～也。青溪早发,舟人以龟来献。"

【降色】 jiàng sè 呈现谦恭的容色。《新唐书·陆亘传》:"礼史孟真练容典,博士～访逮,史倚以倨横。"宋曾巩《亡妻宜兴县君文柔晁氏墓志铭》:"与人居,未尝见其喜愠,折意～,约己以法度。"明王世贞《上傅中丞》:"至疏草一下,上官～,僚吏改目。"

【降问】 jiàng wèn 下问。唐李白《答杜秀才五松见赠》:"飞笺络绎奏明主,天书～回恩荣。"刘肃《大唐新语》卷七:"士卒遭丧多矣,将军未尝～,吊叔宝何也?"《宋史·张浚传》:"赐坐～,浚从容言。"

【降香】 jiàng xiāng ❶降真香。香的一种,传说能降神。唐罗隐《题延和阁》:"烧尽～无一事,开门迎得毕将军。"明《警世通言》卷二八:"我有一块好～,舍与你拿去烧罢。"清屈大均《广东新语》卷二六:"～,一曰降真香,杂诸香焚之,其烟直上,辄有白鹤下降。" ❷烧香朝拜。《宋史·礼志》:"其神州之坛,方三丈一尺,……仍遣内臣～,有司摄事如仪。"明《封神演义》一回:"女娲娘娘圣诞之辰,请陛下驾临女娲宫～。"清《霓裳续谱·王瑞兰进花园》:"我今～,不为别事,保佑堂上爹娘安。"

【降形】 jiàng xíng ❶神灵下凡现形。唐郑子春《北岳庙碑》:"初有南阳人田登封于此祈福,神君～而谓之曰:'吾方助顺,取彼残孽。'"《云笈七籤》卷一〇一:"此女前生万劫,已奉灵宝,致灵凤～,得封南极元君之号。"清袁枚《子不语》卷二〇:"后遂白日～其家,周旋如妻妾。" ❷指尸体。道家谓人死后气升于天而形入于地。宋王安石《节度推官陈君墓志铭》:"浮扬清明,升气之乡;沉翳浊墨,～之宅。"元黄溍《赠奉议大夫王府君墓志铭》:"其升在上,神游故墟;～在下,兆兹坤隅。"

【降宣】 jiàng xuān 降敕宣旨。宋张方平《论国计事》:"今夫赋敛必降敕,支给必～,是祖宗规摹,二府共司邦计之出入也。"周密《齐东野语》卷一八:"御笔不允,～趣行。"清陈端生《再生缘》六四回:"上宫太后帘中见,慌忙叫,内外诸人代～。"

【降仰】 jiàng yǎng 钦佩仰慕。五代黄滔《颍州陈先生集序》:"先生之作也,为试官严郎中下都之吟讽,秋场五十人之～。"孙光宪《北梦琐言》卷六:"方干诗名著于吴中,陆未许之。一旦顿作诗五十首,装为方干新制,时辈吟赏～"。

【降抑】 jiàng yì ❶敬词。抑制。宋苏籀《代慰国哀表》:"伏惟～哀恸,俯全礼经。" ❷贬抑。宋苏颂《光禄卿葛公墓志铭》:"初在优等,为覆考误～之,犹不失上第。" ❸谦逊退让。宋苏籀《上秦丞相第二书》:"窃料每存～,深自挹损,故使宠命稽停。"清《聊斋志异·司文郎》:"遇餘杭生于旅次,极道契阔,深自～。"

【降岳】 jiàng yuè ❶美称人降生。语本《诗经·大雅·崧高》:"维岳降神,生甫及申。"五代杜光庭《谢恩除户部侍郎兼加阶爵表》:"元勋贞佐,捧日扶天,人杰时英,诞星～。"宋曹勋《水龙吟·庆王诞辰》:"维神～,维熊占梦,姿仪玉聘。"明胡应麟《寿何宗伯启图六秩》:"图书再睹生申地,甲子初会～年。" ❷美称诞辰。明陆采《怀香记》七出:"相公独立青霄,早扶红日。今逢～,特造称觞。"清陈维崧《益都冯相公寿诗跋》:"欣逢～,操觚帚而思前;幸值悬弧,踵高甍而恐后。"

【降责】 jiàng zé ❶施以责罚。唐李华《李夫人传》:"姑怒责幼贱,夫人则跪请曰:'此诚违教,尊宜～。'" ❷降职问罪。宋曾敏行《独醒杂志》卷二:"大臣被～,须有章疏。"《宋史·常安民传》:"此之奸状,恐非法之所能尽。愿重为～,以肃百官。"明王世贞《恳乞天恩以伸公论疏》:"臣父荷蒙先皇帝恩宥,戴罪防秋,止是暂令住俸,并无～。"

【降谪】 jiàng zhé ❶官吏被降职并外放。宋《建炎以来繫年要录》卷六:"李擢改军器少监分司西京,筠州居住,以擢靖康末已经～故也。"明佚名《鸣凤记》一一出:"幸蒙皇上薄赐～,贬我为口外边城典史。"清《后水浒传》四〇回:"闻得当年苏学士～,在此湖头往来寄傲,诗酒自乐。" ❷天仙罚降人世。唐赵璘《因话录》卷二:"每闻长属说其风格容仪,真神仙也。……天人～,信不诬矣。"元顾德润《点绛唇·四友争春》:"眼前青供,玉人～笑相逢。"清《绿野仙踪》四五回:"我们都是西王母之女,因为思凡,～人间。"

【降趾】 jiàng zhǐ ❶犹"降步❶"。唐玄奘《大唐西域记》卷八:"伫望来仪,愿垂～。"又卷一〇:"今夕何夕,～僧坊。" ❷犹"降步❷"。明方孝孺《郊祀颂》:"玉辂望门,～而趋。"清朱珪《万寿九叙》:"歌禾词以劝穑,抚御耦而～。"

【降重】 jiàng zhòng 屈驾光临。唐田宏正《与李渤书》:"思君子～,为邑人启茅塞之心。"明王玉峰《焚香记》一九出:"明日薄酒,与状元饯行,千万～。"清《东周列国志》七四回:"子恶欲设享相延，托某探相国之意，未审相国肯～否？”

【将备】 jiàng bèi 军将。清《平定金川方略》卷八：“拣派勇干历练～二三员，兼程来营，以资委用。”《儒林外史》四三回：“朝廷每年费百十万钱粮，养活这些兵丁～，所司何事？”《绿野仙踪》七八回：“语未毕，有百十餘兵丁，还有三四个～，暴雷也似的一声答应。”

【将弁】 jiàng biàn 军将、武官的统称。明《梼杌闲评》一九回：“两边～俱是戎装，刀枪密匝，把守得铁桶相似。”《明史·杨继盛传》：“～惟贿嵩，不得不朘削士卒。”清李光地《榕村语录》卷二七：“人君不与民接，如大帅令～，～令士卒，便可联如臂指。”

【将爷】 jiàng yé 对将军的敬称。也用作对兵士或军官的敬称。清于成龙《进屯吕王城谕各区》：“初八日黎明，辄敢摇旗下山。李～统马步兵迎至山腰。”孔尚任《桃花扇》一一出：“两位～，借问一声，那是将军辕门？”《醒名花》一三回：“小弟虽有此意，倘众哥们执法，亦无可如何，那～还该谢众哥们。”

【酱斗】 jiàng dǒu 行路时带的深斗状菜肴盛器。清《醒世姻缘传》二三回：“二人从～内取出的豆豉腌鸡，盛了两碟。”又六八回：“在家替素姐寻褥套、找搭连、缝衮肚、买辔头、装～，色色完备，单候素姐起马。”

【酱瓜】 jiàng guā ❶用酱腌制的瓜。唐王焘《外台秘要方》卷二七：“湿瓜蒂七枚，绵裹内下部。如非时，～亦得。”明《朴通事谚解》卷上：“休吃酸甜腥荤等物，只着些好～儿就饭吃。”清《歧路灯》三四回：“你那豆芽、～，到半夜里作饭罢。” ❷喻指遭拒绝、无脸面。酱，谐音“僵”，尴尬。《元曲选·秋胡戏妻》三折：“〔正旦做出门科，云〕兀那禽兽，……你道黄金这般好用的，可不道书中有女颜如玉。〔秋胡云〕呀，倒吃了他一个～儿！”明徐畛《杀狗记》三四出：“〔生〕羊酒虽好，只是心疼病发，吃不得。免劳免劳。〔净出介，丑〕二哥，如何说？〔净〕这等一个大～，放在六月里吃。你进去。〔丑〕……特备一杯水酒接风。〔小生〕我腰痛，也不敢劳。〔丑出介〕二哥，你便～，我是糟茄子。”袁于令《西楼记》一二出：“一见我来，便抛弃笔砚，急走进去了。这冤家，怎避咱？为他行吃尽糟茄，为他行吃尽糟茄！找绝个蔫头～。”

【酱块】 jiàng kuài 作酱曲用的豆制块状物，置适宜环境中使发酵。清《醒世姻缘传》一一回：“计老头子爷儿两个外边发的象～一般，说要在巡道告状。”又三九回：“前日打了他那一顿，连赵完说打了他的姑夫，发作成～一样。”

【酱胖】 jiàng pāng 酱发酵不当产生的酸败气。清《警寤钟》三回：“菜易于～气，故酱不得则圣人吐之矣。……若有一些～之气，欲求圣人之沾唇而不吐之也，得乎哉！”

【酱棚】 jiàng péng 相公的隐语。酱缸盖多用竹篾编制，而相公谑称为篾片。《元曲选·举案齐眉》一折：“孟相公家请俺二人，不知有甚事，……〔做见科，张云〕老～，呼唤俺两人，有何说话？”

【酱篷】 jiàng péng 同“酱棚”。清《野叟曝言》一八回：“不要只管唠叨，惹我相公动气。……停会出来，大家动手，打他一个烂熟，看他是竹～，还是铁～。”

【强】 jiàng 另见 qiáng。❶执拗；不变通。《元曲选·青衫泪》一折：“休～波！灞陵桥踏雪寻梅客，便是子猷访戴，敢也冻回来。”明汤显祖《邯郸记》二九出：“老夫人言词太抢，老相公尊性儿厮～。俺孝顺儿郎，爹爹拣口儿咱尽情供养。”清《天豹图》九回：“尔念他是～性子，况且只来得三日，不要逼他。” ❷违拗；抗衡。《元曲选·青衫泪》四折：“那虔婆不由分说，把妾嫁与茶客。妾～不过，只得随他而去。”元明《水浒传》二四回：“那厮以定～不过我，且慢慢地相问他。”清《吴江雪》一三回：“一把头发扯将去，后面钢叉、金瓜锤、雪白拨风刀乱搠将来，你敢～一～么？” ❸强嘴；强辩。《元曲选·岳阳楼》四折：“〔正末〕则俺两口儿先生姓吕。〔郭云〕你不要～，和你告官去来。”明《型世言》二七回：“你两个不要～。陈爷已见刑厅，道没有这事。仔么还要争？”清李玉《清忠谱》四折：“一顿老拳头，几个凶巴掌，打得我好一似落汤鸡，弗敢～。”

【强道】 jiàng dào 硬说；强辩。金《董解元西厢记》卷一：“心头怀着待不思忆，口中～不憔悴，怎瞒得青铜镜儿里？”明《二刻拍案惊奇》卷四：“佥事换了小服，跪在厅下，口里还～：‘不知犯官有何事故，钧牌拘提。’”

【强强】 jiàng jiàng ❶勉强；吃力地。金《董解元西厢记》卷二：“苦苦的与他当，～地与他熬，似狡兔逢鹰鼠见猫。”元荆幹臣《醉春风》：“茶不茶饭不饭恹恹害，死不死活不活～捱，相思何日得明白。”尚仲贤《三夺槊》二折：“见齐王元吉都来到，半晌不迭手脚，我～地曲脊低腰。” ❷倔强不顺貌。清《飞龙全传》九回：“见是一条黑汉，形相狰狞，容颜凶恶，肩上驮了一根枣树，～的立在背后，屹然不动。”

【强禁】 jiàng jìn 僵硬不听使唤。元明《水浒传》二七回：“那两个公人，只见天旋地转，～了口，望后扑地便倒。”

【强酒】 jiàng jiǔ 硬劝酒。明《拍案惊奇》卷三二：“狄氏只说是某亲眷到来留着吃饭，怕你来～，吃不过，逃去了。”清平步青《霞外捃屑》卷一〇：“越俗以不能饮而豪饮者曰～，读如‘木强’之‘强’。”

【强口】 jiàng kǒu 即“强嘴”。明柯丹邱《荆钗记》四三出：“自家非～，管教成配偶。”《拍案惊奇》卷一七：“吴氏只好肚里恨，却说他不过，只得～道：‘娘不到得逃走了，谁要你如此监守？’”清《歧路灯》六七回：“那杏花儿还不曾唧哝出一句话来，又听杜氏道：‘你还想～么！’”

【强舌】 jiàng shé 犹“强嘴”。元施惠《幽闺记》二〇出：“〔小生〕无非买命与赎身，但随行有何囊箧赀费？〔生、旦〕没有，将军。〔众〕快口～，休同儿戏！”明《禅真后史》一三回：“我郑爷专要砍那硬嘴～的好汉，便与恁杀一阵，待怕怎的？”

【强说】 jiàng shuō 即“强道”。元冯子振《鹦鹉曲·泣江妇》：“夏侯瞒智肖杨修，～不多来去。怕文章泄漏风光，谜语到难开口处。”明《禅真逸史》二二回：“只见这店小二初时～不怕鬼，不怕贼，心下实有几分害怕。”清《姑妄言》二回：“他此时要～是乌药，自然是他弄鬼无疑，定然是要打的了。他真认是错拿了，倒不好打他。”

【强斯挺】 jiàng sī tǐng 即“强挺”。明柯丹邱《荆钗记》九出：“合穷合苦没福分，丫头～，令人怒憎。”

【强挺】 jiàng tǐng 强辩；顶撞。《元曲选·玉镜台》二折：“遮莫你骂我尽情，我断不敢回你半声，也强如编修院里和书生每厮～。”明徐元《八义记》一四出：“合着口，噤着声，我跟前容不得你～。”

【强性】 jiàng xìng 执拗的性子。清《野叟曝言》一二一回：“秋香，你是最有～的，怎肯依他吩咐。”

【强言】 jiàng yán 即“强道”。明佚名《白兔记》五出：“〔旦〕莫埋怨，口食身衣宿世缘。母亲，留在家中听使唤。〔老旦〕休～，守闺女不当汝占先。”

【强语】 jiàng yǔ 硬话；语气强硬的话。明孟称舜《娇红记》一七出：“人前～支，著迷只自知，谁诉与我心头事？”清陈端生《再生缘》四回：“我家公子那方去了？莫非～假遮瞒，已把我儿丧九泉。”

【强遭瘟】 jiàng zāo wēn 硬找倒霉。明无心子《金雀记》五出：“〔小净〕过来，老娘与你一个果子，与你一个黑溜湫荞麦的饺饵。〔丑〕啐！～，真没趣！”清《后西游记》二八回：“口中吆吆喝喝，像是个不服善的～，众人恐拿他不来，挫了锐气。”

【强嘴】 jiàng zuǐ 强辩。元周德清《斗鹌鹑·双陆》：“到此际人难～，空打的马不停蹄。”明《型世言》二七回：“你这蛮子教学生强奸人妇女，还要～！”清《红楼梦》一〇九回：“宝玉自己惭愧，哪里还有～的份儿，便依着搬进来。”

【糨】 jiàng ❶即“浆”。宋陈槱《负暄野录》卷下：“新安玉板，色理极腻白，然质性颇易软弱，今士大夫多～而后用。”元睢景臣《哨遍·高祖还乡》：“新刷来的头巾，恰～来的绸衫，畅好是妆么大户。”清《醒世姻缘传》七七回：“是不是穿了一领明青布大袖夹袄，缀了条粉～白绢护领？” ❷稠液；糨糊。金刘完素《宣明方论》卷一〇：“用井水一桶，将前药同煮三五时，如稠～水。”明宋诩《竹屿山房杂部》卷七：“用楮树汁、飞面、白芨末，三味调如～用之。”清《醒世姻缘传》一五回：“写完，用～粘封了口。” ❸特指糨衣、糨纸用的糨液或糨粉。明张琦《捣衣妇》：“冰霜入～不柔匀，万杵边头闻不闻？”徐渭《石壁观音》：“总付裱工牢着～，有时跳下在人间。”又《答唐府公》：“缘纸多矾粉，深恐浮～拒墨，益显拙陋，敬更纸书呈。” ❹黏结；粘贴。清周亮工《书影》卷五：“戚首为血～，乃因之固，渐能起。”毛奇龄《诰封奉政大夫李先生墓志铭》：“顾无书，就市粥败书，～缀残缺而重编摘之。”

【糨糊】 jiàng hú ❶面粉等调制成的糊状物，用于粘贴。《大清会典则例》卷一五四：“内阁开馆～用面，据各馆来文给发。”《姑妄言》二回：“舍不得钱买面打～，两口子刮下来许多牙黄，沾在玄坛怀中。” ❷比喻糊涂，不清楚。明《西洋记》七三回：“尊者却就吃了一肚子～，不见些清白。”清《醒世姻缘传》三三回：“凡百事情，无般不识的伶俐，只到了这诗云子曰，就如～一般。”

【糨糊盆】 jiàng hú pén 犹“面糊盆❶”。明《西洋记》六回：“师父是个点头即知，我弟子却还坐在～里。”

【糨气】 jiàng qì 糨裱产生的气味或功用。明徐渭《古装褫书画定式》：“画必用檀轴有益，开匣有香，而无～。”《二刻拍案惊奇》卷一：“揭开里头看时，却是册页一般装的，多年不经裱褙，～已无，周围镶纸多泛浮了。”

【糨子】 jiàng zi 即“糨糊❶”。明朱橚《普济方》卷二六八：“用藜芦一两，山柰子一两，研为末，……入～内和作糊。”清《醒世姻缘传》二九回：“一条裤子穿不上两三日就是涂了一裤裆～的一般。”《红楼复梦》八回：“我的二太爷，你真是窗糊眼儿抹～，忒瞧不起人。”

jiāo

【交】 jiāo ❶惹；沾；遇。唐张鷟《游仙窟》：“元来不见，他自寻常；无事相逢，却～烦恼。”明《警世通言》卷一五：“我爹真是～了败运，干这样没正经事。”清《儒林外史》一六回：“将来只到二十七八岁，就～上好的运气。” ❷及；到(某一时间或年龄)。唐李世民《谒并州大兴国寺》：“梵钟～二响，法日转双轮。”元曾瑞《集贤宾·宫词》：“恰过半夜，胜似三秋，才～四更。”清《玉蜻蜓·戏芳》：“你今年多少年纪了？小婢年方～二八。” ❸交易；贸易。唐元稹《白氏长庆集序》：“至于缮写模勒，衒卖于市井，或持之以～酒茗者，处处皆是。”元古本《老乞大》：“更添五定，做九十定，成～呵。”清《歧路灯》三六回：“我慢慢寻个售主，成了～，还这宗利息银子。” ❹交付；付给。五代严子休《桂苑丛谈·太尉朱崖辩狱》：“前后主之者，积年已来，空～分两文书，其实无金。”明柯丹邱《荆钗记》八出：“先将金钗一对，压钗银四十两。～了年庚吉帖，就有礼物登门。”清《儒林外史》一回：“此事～在我身上。” ❺使令；教。后多作“教”字。《敦煌变文校注》卷一《汉将王陵变》：“今夜且去，明夜还来，～王急须准备。”宋元《清平山堂话本·曹伯明》：“州尹～打，当拖番在地，打了二十下。”明《二刻拍案惊奇》卷五：“喝～加力行杖，各打了六十讯棍。” ❻致使；使得。后多作“教”字。唐岑参《叹白发》：“白发生偏速，～人不奈何。”宋元《清平山堂话本·花灯轿》：“若是不见你时，～我们回去怎的见你爹娘？”明《金瓶梅词话》一一回：“没的大家省事些儿罢了，好～你主子惹气。” ❼被；让。后多写作“教”。宋元《清平山堂话本·瑞仙亭》：“若是他得了官时去看他，～人道我趋时奉势。”元马致远《夜行船》：“楚岫云迷，蓝桥水淹，没气性休～人啜赚。”明《金瓶梅词话》八回：“他离城四十里见蜜蜂儿㨃屎，出门～獭象拌了一交——原来觑远不觑近。” ❽跤；跟头。宋调露子《角力记》：“帝持甘蔗为仗，下殿数交，二中其臂。此是单角其手技，非争～竞力也。”明《挂枝儿·骂杜康》：“醉倒我冤家，进门来一～儿跌在奴怀下。”清杨潮观《寇莱公思亲罢宴》：“是甚么将吾滑倒，一连跌了几～？” ❾占卜时掷出的三枚卦钱都是面朝上的卦象。元刘庭信《寨儿令·戒嫖荡》：“百媚千娆，末尾三稍，眼挫里吃单～。”按，吃单交犹言被算计。明吾邱瑞《运甓记》一七出：“〔生祷外卜介〕拆～拆，单拆拆。陶大人，好好，这是大富贵之卦。”清《红楼梦》一〇二回：“将筒内的钱倒在盘内，说：‘有灵的头一爻就是～。’拿起来又摇了一摇，倒出来说是单。第三爻又是～。” ❿周；遍。宋元《清平山堂话本·三塔记》：“这西湖不深不浅，不阔不远。大深来难下竹竿，大浅来难摇画浆；大阔处游玩不～，大远处往来不得。” ⓫交代；介绍。明佚名《古城记》一出：“～过排场，紧做慢唱。”清《红楼复梦》六回：“贾琏开工造桥之事～过不表，另提那陆宾的主人祝府之事。”又四一回：“只可惜花子空闹了个四大皆空，如是而已。此话～过不提。” ⓬量词。回合；遍。《元曲选·杀狗劝夫》三折：“谁欺负哥哥来？你兄弟舍一腔儿热血，和他两个上一～。”明《醒世恒言》卷三四：“这一～，合该长儿擲了，忍不住按定心坎，再复一擲，又是二字。”清《儒林外史》一四回：“前前后后跑了一～，又出来坐在那茶亭内吃了一碗茶。”

【交杯】 jiāo bēi ❶一种酒杯。唐李商隐《可叹》：“冰簟且眠金镂枕，琼筵不醉玉～。”明刁孔教《将进酒》：“将进酒，客莫辞。玉～，金屈卮。” ❷指相对饮酒。唐戴孚《广异记·李苌》：“苌因与～，至狐，其酒翕然而尽。”宋蔡伸《镇西》：“记红窗夜雪，促膝围炉，～劝酒。”清《雪月梅》五〇回：“当夜新郎内外道了安置，却是少夫人送他上楼，与两位新人～细叙。” ❸婚礼上以彩丝连系二杯使新人交互共饮的仪式。也指进行这样的仪式。宋王得臣《麈史》卷三：“今也以双杯彩丝连足，夫妇传饮，谓之～。”《元曲选·金钱记》四折：“就请小姐出来行礼成了亲事，等我好回圣人话去。〔梅香拥旦上，行礼～科〕”清《白圭志》一五回：“行交拜之礼毕，亦入洞房～。” ❹举行这样的仪式所饮的酒或所送的酒礼。也指男女狎昵所共饮之酒。清《警寤钟》三回：“到戚家去与大公子花烛拜堂，当饮了～，依旧送他在庵中养病。”《歧路灯》一〇六回：“新人屋也来了几个邻妇叩喜，送了～。”《都是幻·写真幻》四回：“那利青钱把交椅掇转，并坐了。搭肩携手，连饮～。”

【交杯酒】 jiāo bēi jiǔ ❶即“交杯❸”。宋孟元老《东京梦华录》卷五：“然后用两盏以彩结连之，互饮一盏，谓之～。” ❷即

"交杯❹"。《元曲选外编·裴度还带》四折:"夫妻饮罢～,准备今宵闹卧房。"清《风流悟》八回:"立时买一花烛纸马,拜起堂来,吃了～。"

【交杯盏】 jiāo bēi zhǎn 即"交杯酒❷"。宋元《清平山堂话本·错认尸》:"周氏将酒篩下,两个吃一个～。"《元曲选·㑳梅香》四折:"将酒来,与状元饮个～儿。"清《雪月梅》三二回:"坐床撒帐,吃过～,然后一同都请到外厅见礼。"

【交并】 jiāo bìng 相互拼斗。元明《水浒传》三五回:"王矮虎见砍了这妇人,心中大怒。夺过一把朴刀,便要和燕顺～。"△清《薛刚反唐》一回:"待臣设计,使周成、齐豹互相～,来归主公。"

【交承】 jiāo chéng ❶官员离职移交接任。宋强至《回王宣徽书》:"比缘病质,丐领僻州。帅路别都,遽蒙于委寄;守符留钥,遂忝于～。"明王守仁《批留岭北道杨璋给由呈》:"生疏～之际,必至弊乘间隙,遂有出柙之虞。"清钱谦益《跋方言》:"纸背是南宋枢府诸公～启札,翰墨灿然。" ❷指移交接任的人或这样的关系。《五灯会元》卷二〇《径山宝印禅师》:"十五年冬,奏乞庵居,得请。绍熙元年十一月往见～智策禅师,与之言别。"宋苏轼《与赵德麟书》:"幸德麟替后想必有殊命,万一尚未,一来为无咎～亦佳。"明陶安《送李国用赴宗文山长》:"～是我同年士,为说故人华发生。" ❸前后交接;交替。宋李慧之《最高楼·寿梅屋儒学谭提举》:"梅与菊,此～。酌公菊水来称寿,期公梅实去和羹。"陈著《赠医者赵自堂》:"春夏～红与绿,岁寒三友松与竹。"元吴澄《赠罗叔厚》:"人琴两寂寞,裘葛十～。" ❹接合;交集。明潘季驯《河防一览》卷一四:"为今之计,相应查照前项顷亩,于高下～之处,筑一束湖小堤。"清汪由敦《恭和御制见新耕者》:"南樯北辙～处,荷笠扶犁与细评。"吴绮《栗亭赋》:"高堂疏豁而独启,文轩磊落而～。"

【交床】 jiāo chuáng 一种能折叠的坐具。唐吴兢《贞观政要》卷五:"隋炀帝性好猜防,专信邪道,大忌胡人,乃至谓胡床为～。"《元曲选·冻苏秦》四折:"陈用,将～来我坐!"清《姑妄言》五回:"还有一张～,上面放着一个像小孩垫底尿褥子。"

【交搭】 jiāo dā ❶交叉搭合。明吴正志《柳梢青·盛开梅》:"樛枝～,白遍山村。"清翟均廉《海塘录》卷四:"又虑水入竖处,以铁锭一尺一锭,上下牢扣,盖欲合二十丈石为一块石也。其～即以木石扣笋合缝为之。"沈宗骞《芥舟学画编》卷四:"每见古人所作,细按其尺寸～处,不无小误。" ❷沟通搭讪。明《拍案惊奇》卷六:"到内室念佛看经,体格终须是妇女,～更便。"

【交代】 jiāo dài ❶交付;交递。明《金瓶梅词话》七六回:"那日孟玉楼在月娘房内攒了帐,递与西门庆,就～与金莲管理。"《梼杌闲评》八回:"旋将食盒打开,一锭锭在灯下～明白,殷太监叫管库的收了。"清《镜花缘》七三回:"题花道:'你们二位把赌的东西放在我处,我才放心哩。'青钿随即把镯子～了,紫芝也把烟壶递给题花。" ❷嘱咐;吩咐。清《红楼梦》四一回:"便袖着那杯,递与贾母房中小丫头拿着,说:'明日刘姥姥家去,给他带去罢。'～明白。"《野叟曝言》九四回:"萨氏苦留不住,只得着人送回,～明日一二日后,即仍要送还。" ❸复命;上报。清《红楼梦》三五回:"你递给我吃了,你好赶早儿回去～了,你好吃饭的。"又八八回:"照帐点清,送往里头～。" ❹说明;介绍。清《说岳全传》七二回:"上回何立之事,已经～,如今要说那黑蛮龙。"《镜花缘》八三回:"毕竟那老者姓甚名谁?夫子见与不见?下文～。"《万花楼》三四回:"书中～,前日焦廷贵若说明狄青功劳,李成断不敢冒。"

【交当】 jiāo dāng 同"交裆"。《元典章·刑部十六》:"黄喜儿曾用脚穿靴只,于王伴儿右腮连耳,并～内不便处踢伤身死。"元明《水浒传》容与堂本四回:"双手拿住匾担,只一脚,～踢着。"

【交裆】 jiāo dāng 连裆(古代裤不连裆)。也指裤裆或两腿相连部位。五代马缟《中华古今注》卷中:"周文王所制裈,长至膝,谓之弊衣。……至魏文帝赐宫人绯～,即今之裈也。"元明《水浒传》四回:"用右手扭住任原,探左手插入任原～,用肩胛顶住他胸脯。"明何孟春《餘冬序录》卷五:"比符之时,仍要搜检精细,揣捏～,或将带金银、段匹、衣服等项,须凭勘合放出。"

【交点】 jiāo diǎn ❶(将财物)点清并交付。唐李昂《处分断裂制敕敕》:"如库官令史考满日,须据实～。已后检报称有断裂,甲库官及本行令史节级处分。"《元曲选·昊天塔》三折:"俺这里明明白白都～,您那里件件桩桩亲接取,便可也留下纸领状无虚。"清《情梦柝》一九回:"有要紧箱笼,请我上去,自己～。" ❷线与线相交的点。明徐光启《新法算书》卷九:"一弧之心在～,从心引出线为两腰,而弧在两腰之间。"

【交兑】 jiāo duì ❶交付(钱财、税赋等)。明张瀚《松窗梦语》卷八:"听候新粮派到,即督各官前赴水次～,完日就便赴运。"清《聊斋志异·薛慰娘》:"适有冯氏卖宅,直六百金,仓猝未能取盈,暂收契券,约日～。"《情梦柝》一一回:"凑集得一千七百两,着黄正送到汝宁府一个通商绸缎店～。" ❷交易。明《拍案惊奇》卷一:"那国里见了绫罗等物,都是以货～。" ❸交换;兑换。明《拍案惊奇》卷三二:"只因前日狄氏说了不肯～的话,信以为实,道是个心性贞洁的人。" ❹交代;介绍。清《玉蜻蜓·问卜》:"王定来至里边,就在屏后开言——要晓得此际申府中,尚未设立云板。直要到娘娘二十岁,里外隔断,有事是有云板相传——此言～。"

【交发】 jiāo fā 交付发出。清翟均廉《海塘录》卷一三:"其采买木石,～钱粮,令粮储道刘廷琛承办。"《大清会典则例》卷一四:"如奉传不即赴钞,或钞出不即～,以致迟延者,照迟延例罚俸三月。"《红楼梦》一四回:"一面又搬取家伙:桌围、椅搭、坐褥、毡席、痰盒、脚踏之类。一面～,一面提笔登记。"

【交番】 jiāo fān 轮班。《唐会要》卷三〇:"左厢给开门鱼一合,右厢给闭门鱼一合,左符付监门掌,～巡察。"宋洪迈《夷坚志》支景卷八:"盖州郡每日申时兵校～,其当直军员必大声曰:'上番来。'当下者继之曰:'下番去。'"金赵秉文《玉堂》:"玉堂看到午阴移,日薄春闲下直迟。误喜～旗脚转,隔墙送过小桃枝。"

【交分】 jiāo fèn 交情;情分。唐白居易《东南行》:"名声逼扬马,～过萧朱。"宋孔平仲《续世说》卷一:"时权德舆为相,与凭～最深。"清朱鹤龄《书史仲彬事》:"且莫氏与张氏居最迩,世有～,岂不知仲彬作而必代为之讳乎?"

【交逢】 jiāo féng 相遇;遭逢。唐萧邺《岭南节度使韦公神道碑铭》:"比甍,医问相属;比葬,吊赠之使～。"明《封神演义》五三回:"枪迎枪,箭迎箭,两下～乘不意。"《警世通言》卷一七:"其年正是三十二岁,～好运。"

【交付】 jiāo fù ❶交给;给付。唐李绛《论户部阙官斛斗疏》:"今天下户部阙官斛斗,伏请便令所在州县收贮。……如有迁转改易,分明～后人。"明徐复祚《投梭记》二〇出:"银子老爹兑准了,明日送女儿到宅上,就把银子～我。"清《歧路灯》四六回:"程公道:'你这五百银子何处～?'贾李魁道:'张宅。'" ❷委付;嘱托。《元曲选·黄粱梦》二折:"相公当初将这两个孩儿和夫人,～在老汉身上。"明叶宪祖《鸾鎞记》二〇出:"春风旖旎,把韶华万种,一齐～花王。"清《醒世姻缘传》六回:"到初七日,收拾了当,～看家的明白了,大家起身往北前进。" ❸委身;寄身。是前一义的特指。元张可久《寨儿令·收心》:"尤花殢雪情肠,驱风驾月文章。遍游春世界,～锦排场。" ❹移交;转换。明单本《蕉帕记》一七出:"相公,小姐,老夫人去了,我小英也～台场,方便你们去罢。"又二五出:"〔生〕小英点起香烛,你自回避。〔中净点介〕～台场,慢拆慢唱。"清《连城璧》子集:"只见到了罾边,那个大鱼竟象知道有人捞救,要～排场,好转去的一般,把他身子一丢,竟自去了。"

【交感】 jiāo gǎn ❶相互感应。唐陆贽《奉天论前所答奏未施行状》:"陛下思念宗庙,痛伤黎元,仁孝～,至于愤激。"宋《朱子语类》卷六七:"若论阴阳,则须二气～,方成岁功。"清《平山冷燕》四回:"而后天人～,上气下垂,下气上升,故五色征于云,而祯祥见于天下。" ❷性交。明汤显祖《牡丹亭》三二出:"分明是人道～,有精有血。怎生杜小姐颠倒自己说是鬼?"《二刻拍案惊奇》卷三〇:"遂欣然留与同宿,～之际,一如人道。"清《野叟曝言》七七回:"古人有于梦中～而得子者。你曾否梦与男子交媾,醒来如有真感者?"

【交割】 jiāo gē ❶办理移交;结清事务。唐王仲舒《为荆南节度使谢恩表》:"臣团练判官太子舍人兼侍御史杨洽,久更吏涂,兼练戎事,谨差专领留务,待李衡～。"明杨柔胜《玉环记》二五出:"范克孝授骁骑将军,亦暂任西川,同理军务。即随韦皋,亲赍玉音～。"清《荡寇志》一一一回:"不数日,都省员弁下来,一番～,不必细表。" ❷割让;交付;付给。唐白居易《与吐蕃宰相钵阐布敕书》:"虽两国盟约之言,积年未定;但三州～之后,克日可期。"元王晔《庆东原·风月所举问汝阳记》:"当不过冯魁斗谝,甘不过苏氏胡扇。且～丽春园,免打入悲田院。"清《醒世姻缘传》二二回:"约二十二日出乡～土地,就着与他们的粮食。" ❸交代;托付。五代常准《请禁摄官冲替奏》:"切不得以摄官冲替,须待正授替官,即令对面～县务,然后本州使出给解由批书历子。"明《封神演义》六二回:"张山等候交代官洪锦,～事体明白,方好进兵。"清《醒名花》一三回:"其河口事务,尽～贡参将掌管。" ❹交易;买卖。唐郑还古《博异志》:"到斋时,便到立德坊一宅中,其大小价数一如清化者,其牙人云:'价直契书,一无遗阙。'并～讫。"明郑国轩《白蛇记》一一出:"两相～无亏损,玛瑙珍珠任你称。"清《情梦柝》一〇回:"二来我家租税俱在碧山庄,管家黄正卖田粜米,～又方便。" ❺两相交换割切计算。是前一义的引申。宋魏了翁《减字木兰花·许侍郎奕硕人生日十二月二十二日》:"新符旧历,～新年馀七日。" ❻斟酌;权衡。明汤显祖《牡丹亭》五五出:"你夫妻赶著了轮回磨,便君王使的个随风柁,那平章怕不做赔钱货。到不如娘共女,翁和婿,明～。"

【交关】 jiāo guān ❶(物体)相连属;相交。唐卢偁《对筑墙判》:"重閈～,楼台相距。"清李渔《闲情偶寄》卷四:"法于门户～之地,上、中、下共设三纽,若妇人之衣扣然。"李斗《扬州画舫录》卷五:"若不即此之求,而或于诸曜之性情冷热,别究其～之故,则转属支离矣。" ❷构成相互连属的部件,如关轴、折页等。唐李贺《屏风曲》:"蝶栖石竹银～,水凝绿鸭琉璃钱。"明汤显祖《紫箫记》二九出:"焚香拜临仙圣,翠～儿曲银屏。" ❸交错;混杂。唐李端《鲜于少府宅看花》:"回落报荣衰,～斗红紫。"李贺《送韦仁实兄弟入关》:"我在山上舍,一亩蒿硗田。夜雨叫租吏,春声暗～。"宋《朱子语类》卷六二:"天理人欲,毕竟须为分别,勿令～。" ❹相关;相依存。宋《朱子语类》卷二七:"曾子说忠恕,如说'小德川流,大德敦化'一般,自有～妙处。"清陈端生《再生缘》六六回:"可知圣意有深机,祸福～未可期。"《镜花缘》九六回:"嗣后万万不可亲自下山,惟恐被人看出,彼此性命～。" ❺交点;关头。明衍门《钱相国诞日疏》:"兹者岁添一算,乃宜喜宜惧之～;事且百丛,觉为人为己之相间。"清《白雪遗音·姊妹玩月》:"机关败露非同小,生死～难转湾。"

【交合】 jiāo hé 性交。《太平广记》卷四六四引《洽闻记》:"(海人鱼)阴形与丈夫女子无异,临海鳏寡多取得,养之于池沼。～之际,与人无异。"明郑若庸《玉玦记》八出:"鸨儿是山中之鸟,有雌没雄,与百鸟～。"清《野叟曝言》六八回:"我叫各姨都与他～一遍,一则流动他的阳精,二则堵他们的嘴便是了。"

【交厚】 jiāo hòu 交情深厚。唐张鷟《朝野佥载》卷五:"其子昉,与萧佺～。"《元曲选·赵氏孤儿》二折:"他与赵盾是一殿之臣,最相～。"清纪昀《阅微草堂笔记》卷一九:"与君～,不敢欺。"

【交欢】 jiāo huān 性交。唐李景亮《李章武传》:"每～之暇,即恳托在邻妇杨氏,云:'非此人,谁达幽恨?'"元徐琰《蟾宫曲·青楼十咏》之七:"向珊瑚枕上～,握雨携云,倒凤颠鸾。"清《八洞天》卷三:"乘醉～,颇觉艰涩,好似初毕姻之夜。"

【交还】 jiāo huán 归还。《五代会要》卷二五:"应自前及今后有逃户庄田,许人请射承佃,供纳租税。如三周年内,本户来归业者,其桑土不以荒熟,并庄田～一半;五周年内归业者,三分～一分。"《元曲选·看钱奴》一折:"我如今将那家的福力权且借与他二十年。等到二十年后,着他双手儿～本主便了。"清《醒世姻缘传》二二回:"你可把我们的文书借与暂时照一照,即刻～与你。"

【交换】 jiāo huàn ❶对调;对换。唐张鷟《朝野佥载》卷二:"若尔,吏部令史官共鸾台凤阁～。"李靖《卫公兵法辑本》卷中:"若军回,……其次第准前却转,其虞候军职掌,准初发～。"《旧唐书·李愬传》:"乃移愬为徐州刺史、武宁军节度使,代其兄愿。兄弟～岐、徐二镇。" ❷各自把自己的给对方。宋范纯粹《论交换生口事》:"若于此时便议将生口与之～,即恐体势不重,有害事机。"《元曲选·萧淑兰》四折:"香馥馥合卺杯～,正良宵胜事攒。"清《聊斋志异·陈锡九》:"自小姑入人家,何曾～出一杯温凉水?吾家物,料姥姥亦无颜啖啖得。" ❸轮番;交替轮换。宋《朱子语类》卷九五:"易者,阴阳错综,～代易之谓,如寒暑昼夜,阖辟往来。"明戚继光《练兵实纪》卷七:"马兵每队轮一人,各醒坐,一更～。"清《隋唐演义》五六回:"我把你的双锏打,你把我的单鞭打,大家～用力。"

【交会】 jiāo huì 性交。《唐会要》卷一〇〇:"有毒女,与常人居止宿处,即令身上生疮,与之～即死。"明汤显祖《南柯记》四四出:"天上夫妻～,可似人间?"《拍案惊奇》卷二〇:"人之不能生育,多因～之际,精力衰微,浮而不实,故艰于种子。"

【交加】 jiāo jiā ❶两相依偎。唐韩偓《春闺》之一:"愿结～梦,因倾潋滟尊。"明《清平山堂话本·风月相思》:"～双粉蝶,交颈两鸳鸯。"清纳兰性德《忆王孙》:"睡起重寻好梦赊。忆～,倚着闲窗数落花。" ❷纷扰;牵连。唐韩偓《寄友人》:"伤时惜别心～,揩颐一向千咨嗟。"宋戴复古《久寓泉南待一故人消息》:"俗事无～,客身自闲暇。"清《一片情》一四回:"若说明,恐怕人性命～。" ❸欺枉;受侵害。宋元《清平山堂话本·简帖和尚》:"一件物事教我把去卖,吃人～了,到如今没这钱还他。"明孙仁孺《东郭记》九出:"罗帕,今晚～,一点新红缀玉纱。" ❹闹腾;争嚷。《元曲选·桃花女》二折:"则见乱～不知是那个,则听的沸滚滚热闹镬铎。" ❺凶猛;厉害。也形容这样的情状。金《董解元西厢记》卷二:"和尚何曾动着,子喝一声那时唬煞。贼阵里儿郎謥眼不扎,道:'这秃厮好～!'"元王大学士《点绛唇·青哥儿》:"一个兜答,一个奸滑。一个～,一个皱查。这一坐乔民闹～,定害的爷娘骂。"明黄元吉《流星马》三折:"歹婆娘是～,又不道有争差。"

【交界】 jiāo jiè ❶地域相接。宋郑兴裔《论宣州设备状》:“合于逐路～处所,严设卒旅,以备敌充斥。”《元曲选·汉宫秋》三折:“这是黑江,番汉～去处。”清洪昇《长生殿》一五出:“这是金城东乡,与渭城西乡～。” ❷地域相接之处;疆界。宋洪迈《夷坚志》三己卷九:“占城及真腊两国～,有大山名曰婆律。”明《欢喜冤家》一六回:“那船摇到塘西住了,次早又到崇德～。”清《镜花缘》三一回:“刚出歧舌～,兰音之病果然痊愈。” ❸范围或时间相接。宋《朱子语类》卷七八:“舜说便不如此,只云‘人心惟危,道心惟微’。渠只于两者～处理会。”元陈栎《答问》:“易今岁之终为来岁之始,凡两年～间所当变易之事是也。”清李玉《清忠谱》一一折:“死生～应非要,怎容向鬼门占卦?”

【交口】 jiāo kǒu ❶众口齐声。唐韩愈《柳子厚墓志铭》:“诸公要人,争欲令出我门下,～荐誉之。”宋洪迈《夷坚志》支癸卷九:“少年中两人最不堪,且又恃众,～肆骂。”清《好逑传》一八回:“满城臣民,皆轰传二人是义夫侠妇,无不～称扬。” ❷对话;交谈。宋苏轼《张文定公墓志铭》:“今禧黠虏,愿如故事,令大臣与议。无屈帝尊,与虏～。”明《二刻拍案惊奇》卷九:“彼此有意,只不曾～。”清《醒世姻缘传》八七回:“既在一处吃酒,难道不～的不成?定然说话。” ❸口角;争吵。《大宋宣和遗事》前集:“遇一个恶少后生要卖宝刀,两个～厮争。” ❹口对口。明唐顺之《武编》前集卷五:“枪用白竹片为身,用起火二桶,～颠倒之,连身长七尺,径一寸五分,丝麻缠绑一处。”清《隋唐演义》八六回:“乃促其坐同剖,～而食。”《女仙外史》三九回:“又换过杯子来,斟满了递在飞娘面前,说:‘吃个～双杯。’” ❺入口;进嘴。明宋濂《严宗奭小传》:“吾与世人言,口液干不领吾意;与酒未～,心已相醉。”

【交连】 jiāo lián 狗交配。明《石点头》卷四:“没来由走出门前,看见两只烧剥皮～一处,拖来拽去。”

【交练】 jiāo liàn 同“交连”。清《一片情》一〇回:“只见两只狗子,～做一块。”

【交恋】 jiāo liàn 同“交连”。明《金瓶梅词话》八五回:“因见阶下两只犬儿～在一处,说道:‘畜生尚有如此之乐。’”《醒世恒言》卷二三:“鸡踏雄犬～,即交合之状也。”

【交马】 jiāo mǎ ❶唐与吐蕃使者在边界换乘对方提供的马匹入境。唐封敖《与吐蕃赞普书》:“所遣使须遵旧例,不得剩更差人。勿令～之后,妄有论请。”李商隐《为濮阳公上陈相公状》:“伏承首座相公特论某所请不许吐番～,事合大体。”佚名《盟吐蕃题柱文》:“蕃汉并于将军谷～。其绥戎栅已东,大唐祗应;清水县已西,大蕃供应。” ❷即“拒马”。宋华岳《翠微先生北征录》卷一一:“惧吾步岸之易登也,吾则立伏牛～,使贼人之船近岸不得以下卸。” ❸马上交战。元《三国志平话》卷上:“有长沙太守孙坚引军出马,与吕布对阵。～都无三合,孙坚大败。”《元曲选·鞭夺槊》四折:“元来是单雄信与某家段志贤～。两员将扑入垓心,不打话来回便战。”清《飞龙全传》五〇回:“二将～,约战十餘合。”

【交拿】 jiāo ná ❶交杂纷扰;交缠。宋胡寅《叙古千文》:“貂珰专命,霜凝冰至;藩镇～,虐悖狂恣。”明李东阳《忠爱祠赋》:“两造具狱,群辞～。侯居其间,左牒右书。”清曹寅《中台》:“清旸晃雪岭,宝网纷～。” ❷交汇。明程敏政《瀛东别业赋》:“西行二里餘,为涧河两水～,中得平地,结草堂其间。”

【交年】 jiāo nián ❶交年节。宋孟元老《东京梦华录》卷一〇:“二十四日～,都人至夜,请僧道看经,备酒果送神,烧合家替代钱纸,帖灶马于灶上。”清弘历《祀灶毕啖糖饧》:“破腊今知岁序周,～渐觉春光近。” ❷泛指新旧岁交替之际或新岁之始。宋欧阳修《与颜直讲书》:“～积雪,极寒,体况想佳。”晁补之《失调名》:“五更催驱傩,爆竹起,虚耗都教退。～换新岁,长保身荣贵。”明《金瓶梅词话》六七回:“眼见的这第二个孩子又大了,～便是十三岁。”

【交年节】 jiāo nián jié 农历十二月二十四(或二十三)日。该日民间有诵经、祭灶等活动。明袁华《丙申嘉平二十四日灯下偶成》:“岁晏萧萧风雨生,～近月书正。”

【交盘】 jiāo pán ❶交缠盘曲。宋延寿《山居》之一:“古树～簇径深,阒无人到为难寻。”元叶兰《墨画草虫图》:“虾蟆池头野苗绿,蝘蜓～蜗角触。” ❷盘点数量以接受或缴纳。宋黄震《更革社仓公移》:“三日一次申敛数,六日一次请机察,～入廒,不可俟敛足而后盘入,以耽搁人户。”《建炎以来繫年要录》卷一九九:“盖恢复之初,虽据诸处申到有许多实数,元不曾核实～。”清《醒世姻缘传》九九回:“量罚他二百石谷子备赈收仓,～册见在。” ❸特指官吏或执事者离任、接任时盘点移交。明沈榜《宛署杂记》卷一三:“其铺行卷册,如遇官吏更代,即同钱粮文簿～。”《二刻拍案惊奇》卷一九:“只见一个庄家老苍头,奉着主人莫翁之命,特来～牛畜与他。”清《玉蜻蜓·追诉》:“曾授两任苏州府知府,因为代赔属下亏缺钱粮一万三千餘两,～不能完结。”

【交期】 jiāo qī ❶友谊;友情。唐李商隐《祭长安杨郎中文》:“平生世路,缱绻～。孙金卢米,百赋千诗。”宋孔武仲《代简答次中见留》:“但使～在,不须论远迩。”清计东《郯城吊谢茂秦山人》:“诸王礼数何常绝,七子～竟不终。” ❷朋友。唐杜甫《秦州见敕目薛三璩授司议郎》:“～余潦倒,材力尔精灵。”明沈璟《义侠记》二九出:“从此～会面遥,英雄志各自怀着。” ❸相会之期。清《绿野仙踪》六一回:“还有男看上女,女爱上男,眉目送意,眼角传情,或私相笑语,或暗订～。”

【交契】 jiāo qì ❶交好;交情深厚。唐戴少平《镇国大将军王荣神道碑》:“予以素承～,见托临终。”元明《水浒传》九〇回:“昔日与燕将军～,不想一别有十数个年头。”清《聊斋志异·素秋》:“素秋以未奉兄命为辞。生亦以公子～,故不肯作无媒之合。” ❷友谊;交情。《太平广记》卷四二七引《宣室志》:“往者吾与执事同年成名,～深密,异于常友。”元明《三国志通俗演义》卷一九:“吾与公明～深厚,非比他人。”清陈端生《再生缘》四回:“只说相逢无顾忌,谁知～有更移。” ❸知交;契友。五代潘佑《为李后主与南汉后主第二书》:“煜与足下叨累世之睦,继祖考之盟,情若弟兄,义同～。”明朱鼎《玉镜台记》二八出:“况太真乃我～,决不相负。”清陈端生《再生缘》八回:“倘然果肯成～,今日厅前结拜盟。”

【交洽】 jiāo qià 协调融洽。唐韩愈《顺宗实录》卷一:“上之为太子,于父子间,慈孝～无嫌。”明李东阳《送邵文敬知思南序》:“当其情兴～,虽有他故,不复顾忆。”清《荡寇志》一一九回:“我想他在我山寨多年,情分十分～,今日也不到得有此内叛之事。”

【交群】 jiāo qún 与群鸟交配。明《西游记》六回:“花鸨乃鸟中至贱至淫之物,不拘鸾、凤、鹰、鸦,都与～。”

【交涉】 jiāo shè ❶干连;牵涉。唐李晔《改元天复赦文》:“其左降官,非与十一月五日～者,并与量移。”明汤显祖《南柯记》四出:“我看衲子们谈经说诵的,不在话下。一般努目扬眉,举处便喝,唱演宗门,有甚里～也?”清《绿野仙踪》九一回:“老公公与他毫无～,怎么说‘仇恨’二字?” ❷接触;往来。唐王方庆《魏郑公谏录》卷一:“至于宫人出使,不与州县～,惟得供其饮食,自外何所参承?”明归有光《与余同麓太史书》:“自此绝不与吏民～,日日闭门,亦无士大夫往来。”清《平定准噶尔方略》正编卷三:“并将该夷目等各自居住,不得与内地兵役稍有～。”

【交识】 jiāo shí ❶相识；结识。宋郑侠《连州灵禧真君记》："惟有道焉，不父子而亲，不～而知。"元郝经《义士诗序》："杖屦去家，观览山川，～名右。"清《绿野仙踪》二八回："与公子有一面～，今日穷途，投奔阶下。" ❷相识者；熟人。宋郑侠《谢夫人墓表》："盖轩车之至门者日无阒时，而内外亲族、闾井～又密于此。"明丘濬《送陈汝翼归琼山诗序》："汝翼，邑故家子，知礼重义，而姻亲～，又无非大家世族为乡人望者。"清《绿野仙踪》二回："房主人罗老爷，看来是个有作用的人。早晚相公中了，也是个～。"

【交事】 jiāo shì 官吏向后任交代有关事宜。宋程大昌《演繁露》卷八："唐制，太守～皆合铜鱼为信。"叶梦得《赵夫人慕容氏志铭》："明年，新知州杨卓来～，侍夫人避地大洪。"元佚名《东南纪闻》卷二："令其交代本职，帅遂办公用迎人礼上李。～后越两日，中风死。"

【交手】 jiāo shǒu 手对手(交易、移交或交付)。唐杜牧《祭城隍神祈雨第二文》："民物吏钱，～于市。小大之狱，面尽其词。"明《二刻拍案惊奇》卷三二："闻知朱景先丁了母优，因是他～的前任官，多有首尾的，特差人赍了赙仪奠帛，前来致吊。"清《野叟曝言》三一回："二来有个口信，还有些银子，要～交你，所以造府的。"

【交谈】 jiāo tán 互相谈话。唐张说《夕宴房主簿舍》："～既清雅，琴吹亦凄凝。"宋《朱子语类》卷八："刘元城每与人相见，终坐不甚～。"清《镜花缘》二五回："彼此一经～，他们那种和颜悦色、满面谦恭光景，令人不觉可爱可亲。"

【交替】 jiāo tì 接替。唐魏扶《请委录事参军专判钱物斛斗文案奏》："今后诸州府钱物斛斗文案，委司录事参军专判，仍与长史通判。每至～，各具申奏。"宋元《清平山堂话本·陈巡检》："倏忽却早三年官满，新官～。"清袁枚《续子不语》卷三："杭州故事：新婚妇手执宝瓶，内盛五谷，入门～。"

【交头】 jiāo tóu 整整。清《醒世姻缘传》二八回："其水经夏不坏，烹茶也不甚恶，做极好的清酒，～吃这一年。"

【交托】 jiāo tuō 交付委托。宋陈傅良《桂阳军告谕纳税榜文》："又虑税户日前已将钱米～于揽子店户等人，却被兜收入己，致作名下挂欠。"明归有光《太仆寺新立题名记》："上免朝参，下谢～，殚力王事，七便也。"清《珍珠舶》一三回："即将家内之事～外母管理，外面帐目俱着周吉主持。"

【交卸】 jiāo xiè ❶(把货物等)卸下交付。宋朱熹《与建宁诸司论赈济札子》："然后却用溪船节次津般，前来建宁府～。"明《古今小说》卷四〇："贾石教老婆迎接沈奶奶到内宅安置，～了行李，打发车夫等去了。"清《万花楼》二二回："吾恨不能早到边关，～了征衣，方得心头放下。" ❷卸任交代。唐司空图《唐故宣州观察使王公行状》："商于属邑，颇病～。主吏骤更，破产不给。"宋刘克庄《最高楼·戊戌自寿》："仙都玉局才～，新衔又管华州山。"清《二度梅》二回："只候署印老爷一到，我～了，即便起行。" ❸交给；托付。《元曲选·刘行首》三折："休侵枝叶，你将这干家心担儿～。"明《古今小说》卷一〇："何不把家事～与孩儿掌管，吃些见成茶饭。"清《连城璧》子集："指望传个后代出来，把担子～与他，自己好回去养老。" ❹交付；给付。清《十二楼·三与楼》一回："一应厅房台榭、亭阁池沼，都随契～。"又《鹤归楼》二回："岁币之中原有金、帛二项，为数甚多。金人要故意刁难，罚他赔补，最不容易～。赍金者多则三年，少则二载，还能够回来复命。赍帛之官，自十年前去的，至今未返。"

【交倚】 jiāo yǐ 即"交椅❶"。"椅"为后起字。宋曾三异《同话录》："～谓之绳床。"明陆容《菽园杂记》卷三："今俗吏于移文中，如价直之直作值，枪刀之枪作鎗，案桌作案棹，～作交椅，此类甚多。"

【交椅】 jiāo yǐ ❶一种能折叠有靠背、扶手的坐具。宋叶梦得《石林燕语》卷七："幕次列于外殿门内两庑，惟中丞以～子一只坐于殿门后。"明《警世通言》卷一一："只见徐爷将一张～，置于面南，请苏爷上坐，纳头便拜。"清袁枚《子不语》卷八："旁有虎皮～，坐白须人。" ❷用在序数词后，表位次。《元曲选·还牢末》楔子："晁盖哥哥并众头领让我坐第二把～。哥哥三打祝家庄身亡之后，众兄弟让我为头领。"元明《水浒传》一一回："王伦接来拆开看了，便请林冲来坐第四位～。"清《醒世姻缘传》七三回："这伊秀才娘子是本镇一个坐第二把金～的副元帅。"

【交谊】 jiāo yì ❶交情；友谊。宋郑应时《寄张武子》："升沉不足数，～果如何？"明崔时佩、李日华《西厢记》三六出："念平生～，念平生～，亲同骨肉。"清《隋唐演义》七八回："姚崇实与臣有～，不识陛下何由知之？" ❷联谊；结义。也指结义的人。明汪廷讷《种玉记》七出："〔外〕公孙兄，与你萍水相逢，愿～联昆仲。〔净〕卑人是刑餘之人，怎敢与大贵人结义。"张凤翼《红拂记》三三出："想当时灵石成～，十餘年远隔天涯。"

【交运】 jiāo yùn ❶命理用语。以生日推出起运之时，以后小运五年一易，大运十年一易，曰交运。宋范成大《元日立春感叹有作》之二："行年申直戊，～丑支辛。"明万民英《星学大成》卷三："当退还本年十二月初七日子正一刻～，从此算后十周年方换一运。"清《绿野仙踪》八六回："生子年头却在～这年。这年是丙寅运，流年又是甲辰。" ❷指交好运。《元曲选·来生债》一折："那人也算的着，轮到你那磨眼儿今日合～。"明《挂枝儿·花开》："约情人，约定在花开时分。预把牡丹台芍药栏整葺完成，等着那花发芽，便是奴～。"清《八洞天》卷五："足下正当～之时，置货自然得价。"

【交仗】 jiāo zhàng 交战。清《平定两金川方略》卷一八："今温福日与贼人～，岂如当日讷亲坐守营中任性迫促官兵乎？"《野叟曝言》一三七回："及探闻各处并无～之事，暗自疑讶。"《绿牡丹》五一回："好似～的一般，不知是那方客商，入庄与他争斗也？"

【交阵】 jiāo zhèn 军队接阵厮杀。宋岳飞《奏复南城军捷状》："南城军北角与金人～，拥掩落水溺死敌众不知其数。"明唐顺之《武编》前集卷六："近阵门，则刀斧枪手突出；～，则出骑兵两向掩击。"△清《薛刚反唐》八三回："武三思见了大怒，抡刀杀来，薛刚举枪～。"

【交知】 jiāo zhī ❶知心朋友。唐伍乔《闻杜牧赴阙》："他时得意～仰，莫忘裁诗寄钓乡。"明许三阶《节侠记》一八出："棨戟门墙，何止相如四壁；～馈赠，还多陆贾千金。"清《聊斋志异·何昭翰》："仆郡城东南人，去北里颇远；年又最少，无多～。" ❷相交；结交。《太平广记》卷八六引《野人闲话》："余比与子～久矣，子今忘我也。"

【交直】 jiāo zhí 交班。唐郑谷《文昌寓直》："何逊空阶夜雨平，朝来～雨新晴。"赵璘《因话录》卷五："尚书省二十四司印，故事悉纳直厅，每郎官～时，吏人悬之于臂以相授。"宋洪迈《夷坚志》甲卷一："语未毕，有从者入报曰：'～矣。'张乃起。"

【交子】 jiāo zǐ ❶宋代通行的一种纸币。起于四川民间，仁宗天圣元年由政府发行。宋李攸《宋朝事实》卷一五："始，益州豪民十餘万户连保作～，每年与官中出夏秋仓盘量人夫及出修糜枣堰丁夫物料。诸豪以时聚首，同用一色纸印造。"洪迈《夷坚志》丙卷三："逢道人，遗～二千，授以书，曰：'倩汝送与仙井唐八郎。'"周密《齐东野语》卷九:"及淮西军回,人仅得～五贯。"❷交情。明崔时佩、李日华《西厢记》一五出:"〔丑〕禀元帅:与张先生甚么～?〔外〕君瑞同窗,是我胶漆故知。"

【郊人】 jiāo rén 农民。宋魏了翁《潭州外十县惠民仓记》:"建安真公德秀守潭日,尝为惠民仓以粜于国人,为社仓以贷于～。"清《东周列国志》六七回:"将及郏郊,～疑为楚王,惊报国中。"

【郊赦】 jiāo shè 即"郊天赦"。宋吴曾《能改斋漫录》卷一〇:"崔发驱曳中人,因系狱,不以～原。"元陆文圭《跋黄子高先诰》:"其一通则淳熙十三年四月可赠通直郎,因公之子安丰判官讳浒,引～恩乞赐其父者。"明于慎行《榖山笔麈》卷三:"宋时,每遇～,普赐恩阶。"

【郊天赦】 jiāo tiān shè 古代帝王祭天给予的普遍赦免。又称"郊天大赦"。也指这样的赦免文书或比喻免除责任。元萧德祥《小孙屠》一一出:"你是一纸～飞下九重天,杀人罪愆怎的免!"明陆采《明珠记》三八出:"昨日圣上郊天大赦,一应有罪人犯,不拘大小,已发觉未发觉,已结正未结正,尽皆赦除。"清《醒世姻缘传》九四回:"素姐道:'我希罕你去!我那个口角叫你去来?……'再冬道:'这就是姐姐的郊天大赦!'"

【胶锅】 jiāo guō ❶熬胶的锅。元高安道《哨遍·皮匠说谎》:"几番煨～借揎头,数遍粘主根买桦皮,喷了水埋在糠糟内。"❷比喻眼睛睁不开。《元曲选·曲江池》四折:"则见他发似丝窝,眼似～,口似番河。"清《醒世姻缘传》一七回:"熬得那母亲两眼一似～儿,累得两鬓一似丝窝儿。"

【胶口】 jiāo kǒu 闭口。《五灯会元》卷一二《净因继成禅师》:"善曰:'望禅师慈悲。'师曰:'任从沧海变,终不为君通。'善～而退。"宋韦骧《咏唐史·苏世长》:"莫谓口忠心则诈,何如～不言人。"明胡直《言末》上:"虽然孔子固尝循循为诱,终日为语。《周易》为之十翼,《春秋》为之笔削,未能一朝而～废言也。"

【胶粘】 jiāo nián ❶(用胶)黏结;粘合。《太平广记》卷三三八引《广异记》:"励云:'我非马医,焉得疗马?'其人笑云:'但为～即得。'"明佚名《白兔记》六出:"一磨去,二磨来,两眼～拨不开。"清纪昀《阅微草堂笔记》卷一三:"伺隙偶一接唇,竟～不解,擘之则痛彻心髓。" ❷像胶那样黏;黏稠。元危亦林《世医得效方》卷一一:"良久,药裹涎随大便过,如稠涕～,乃药之神效。"清《平定金川方略》卷一二:"且其地势陡峻,土性～,加以雨雪,则冻滑难行。"《野叟曝言》九回:"方才因陪侍大人,不敢告便,却满身臭汗～,十分难过。" ❸比喻羁束、沉迷等。宋程公许《上曹宪使》:"清波一引手,浊水脱～。"明陈继儒《岩栖幽事》:"余辈～五浊,羁锁一生。"又《范牧之外传》:"牧之既深情,～不解,而复为诸客所激,若圆石遇坂,转触转下,势不得不与俱尽。" ❹比喻贴切。宋《朱子语类》卷九:"如不曾下工夫,一时去旋揣摸他,只是疏阔。真个下工夫见得底人,说出来自是～。" ❺喻指结合、联系。清《野叟曝言》七〇回:"但将此身命,与子～一片,贫富苦乐,安危生死,分拆不开,便是从子。"

【胶浅】 jiāo qiǎn 指舟船搁浅。明陈全之《蓬窗日录》卷三:"所立海上高丘尚存,舟行停泊不患～。"潘季驯《河防一览》卷一〇:"筑宝应县西土堤二十里,束水刷沙,俾无～之患。"清钱谦益《国初群雄事略》卷四:"溃兵趋舟,值潮退～,卒不能动。"

【胶执】 jiāo zhí 过于坚持;固执不变通。宋欧阳修《论杨察请终丧制乞不夺情札子》:"岂可不通人情,～旧弊,推禄利之小惠,废人臣之大节。"明《型世言》一一回:"走至洞门边,又想道:'他若见拒,如何是好?'便缩住了,又想道:'天下没有这等～的,还去看!'"清《隋唐演义》四回:"我听得你家公公也是东宫卫士出身,你也不可～了。"

【胶滞】 jiāo zhì ❶阻滞;凝滞;搁滞。宋岳珂《经进鄂王行实编年》卷三:"俄而草木坌积舟轮下,～不行。"元陆友《墨史》卷上:"故其墨虽经久或色差淡,而无～之患。"明潘季驯《河防一览》卷三:"或筑束水小坝冲刷深广,俾漕舟无～之虑。" ❷谓拘泥不善变通。宋袁甫《跋方友民家藏五遂堂遗墨》:"后世学者～拘牵,往往于训释言语间欲求大道,不亦惑欤?"明宋濂《阿育王山广利禅寺照公石坟碑文》:"禅定之宗,至宋季而敝,～局促,无以振拔精明。"清《玉楼春》一八回:"虽此事有些胎含,但天下事,尽有极幻的,也不可～。"

【浇薄】 jiāo bó 薄;不厚。明徐谦《仁端录》卷一三:"一儿甫半岁,身热即见痘,皆以树少花多,顶平脚塌,根窠～。"李日华《六研斋三笔》卷四:"纸色不嘉,或～渗墨者,不许混送。"

【浇肠】 jiāo cháng 以酒食充肠。唐韩愈《感春》之四:"数杯～虽暂醉,皎皎万虑醒还新。"宋王之道《减字木兰花·和张文伯对雪》之一:"寒粟生肤,一盏～可得无?"清顾嗣立《和前韵》:"软脚频倾圣贤杯,～旋煮龙凤饼。"

【浇奠】 jiāo diàn 洒酒祭奠。唐沈亚之《刘岩夫哀文》:"三爵与洗,祝延呼兮。为君～,一飧余兮。"《元曲选·汉宫秋》三折:"大王,借一杯酒望南～,辞了汉家,长行去罢。"清《雪月梅》一三回:"汝他日恩荣济美之时,夫妻同至墓前～一杯,为父欣慰不浅。"

【浇坟】 jiāo fén 犹"浇墓"。明程敏政《清明日发舟偶过广福寺》:"廿年赐火惭君宠,四野～怆客情。"张景《飞丸记》一三出:"可怜他飘泊孤魂无主,有谁来一滴～?"

【浇裹】 jiāo guǒ ❶日常费用。清《品花宝鉴》三四回:"此时连帐、连寓中的～,并新年的花消,总得要八百吊钱方下得去。" ❷支出日常费用;使用。清《后红楼梦》一五回:"儿子在任所寄到了过年盘缠,奴才还够～。"又一九回:"家人们除有正经执事的,不许用三爷四爷,便是自己～他也不许。"

【浇酒】 jiāo jiǔ ❶洒酒祭祀。唐王建《主人故亭》:"～向所思,风起如有灵。"《元曲选·青衫泪》二折:"〔正旦烧纸～科,云〕侍郎活时为人,死后为神。"清《醒名花》一六回:"八只紫燕,又复成对儿立住不飞,直待～拜毕,然后连绕三匝,飞入云端去了。" ❷饮酒。也指所饮的酒。宋李正民《和尹叔见寄》:"愁肠索寞频～,病骨支离懒正冠。"明孙柚《琴心记》二一出:"～入愁肠,化作相思泪。"清毛奇龄《息县阻雪同诸公集》:"周燔兽炭～热,重见寒空搅冰冽。"

【浇梅根】 jiāo méi gēn 同"浇媒根"。清《荡寇志》九五回:"戴春甚喜,道:'全仗妙计。'便取过酒壶来,与纪二满斟一杯道:'先～。'"

【浇媒根】 jiāo méi gēn 以酒食酬谢媒人。清《一片情》七回:"温柔放了一箭,就到活无常家来道:'……若得成就姻缘,终身感戴不尽。'活无常道:'且待他来,另有计较。你且来浇一浇媒根着。'"《何典》四回:"便教鬼囡去买端正几样下酒小菜,好待六事鬼来浇浇媒根。"

【浇墓】 jiāo mù 墓前奠酒。也指以酒食祭墓。宋周密《增补武林旧事》卷三:"十月朔日,人家祭奠祖考,或举扫松～之礼。"明童轩《寒食书怀》:"城南麦饭谁～,山下梨花自吐香。"徐翙《春波影》二出:"〔梅递酒,旦～介〕西陵芳草骑辚辚,内信传来唤踏春。杯酒自浇苏小墓,可知妾是意中人?"

【浇泼】 jiāo pō ❶泼洒。宋洪迈《夷坚志》支丁卷三:"以此肉切生，用盐醋～，想见甘美。"《元曲选·赚蒯通》二折："你怎生将纸钱水饭在我根前～?"明《禅真后史》三五回："忙唤取狗血来～，免使妖人再遁。" ❷倾倒；斟(茶、酒)。宋黄庭坚《次韵答杨子闻见赠》："金盘厌饫五侯鲭，玉壶～郎官清。"吴则礼《代书寄净明道人》："眷我梁宋游，茗碗屡～。" ❸洗荡；消除。宋赵彦端《西江月·为寿》："觥船一棹百分空，～胸中云梦。"元潘伯修《甲午六日卧病柔川》："眠从朱老诗～，书及黄郎使往回。"清田雯《叹须》："如此礧磈须～，摒挡后车寻酒鸥。"

【浇手】 jiāo shǒu 用酒菜犒劳为自己出力的人。元明《水浒传》二四回："那妇人道：'干娘自便相待大官人，奴却不当。'那婆子道：'正是专与娘子～，如何却说这话?'"明沈璟《义侠记》一四出："一客不烦二主。大官人便做个主人，替老身与娘子～则个。"清《歧路灯》一六回："就在此陪客，你扎的枕头，我就当与你～哩。"

【浇头】 jiāo tóu 加在饭或面上的菜或汤汁。清顾禄《清嘉录·六月》："早晚卖者，则有臊子面，以猪肉切成小方块为～。"《红楼梦》六一回："通共留下这几个(鸡蛋)，预备菜上的～。"《歧路灯》九九回："与双庆大钱二百文，就把后边西蓬壶馆中面卤汤，用小盆盛来作～。"

【浇臀】 jiāo tún 用酒食慰问受杖刑者。清《歧路灯》三二回："盛大哥前日顺便过我，言指日为贤弟压惊，为我～，治酒相请。"又一〇〇回："径上道衙而来，恰逢一群衙役搀着夏鼎上酒馆吃～酒。"

【浇洗】 jiāo xǐ ❶冲洗。《法苑珠林》卷四五："唤舍利弗脱衣树下，以水～，身得清凉。"明《二刻拍案惊奇》卷一九："忙去打些水来，替他～腐肉。"清《野叟曝言》九一回："羊运叫人取水替他～，换了三次，把溺全洗净了。" ❷消除。宋喻良能《鉴湖道中口占》："胸中磊磈须～，未厌伤多酒入唇。"

【娇惯】 jiāo guàn 溺爱纵容。宋赵佶《宫词》："仙姿婉娈玉肌肤，～心情每自娱。"《元曲选·举案齐眉》二折："往常时画堂～数年春，锦绣四时新，凌波罗袜不生尘。"清《续金瓶梅》一五回："问他是那里人，那孩子养的～，又说不明白。"

【娇贵】 jiāo guì ❶宠幸尊贵。唐崔颢《卢姬篇》："人生今日得～，谁道卢姬身细微?"宋曹组《水龙吟·牡丹》："金殿筠笼岁贡，最姚黄、一枝～。"清《白圭志》一〇回："最难得者帝女，最～者帝婿。" ❷看得或显得贵重；在意；珍重。明《金瓶梅词话》二八回："他是你家主子前世的娘！不然，怎的把他的鞋这等收藏的～?"清《续金瓶梅》二〇回："颜色也只平常，打扮得十分～：穿一件天蓝翡翠漏地风穿花绉纱衫儿，下衬着绛红绉罗衲袄。"《红楼梦》七四回："这也有的常情，跟姑娘的丫头原比别的～些。"

【娇客】 jiāo kè ❶女婿。宋陆游《老学庵笔记》卷三："秦会之有十客，……吴益以爱婿为～。"《元曲选·窦娥冤》一折："帽儿光光，今日做个新郎；袖儿窄窄，今日做个～。"清《说岳全传》三五回："老夫意欲将两个小女，招赘二位为东床～。" ❷娇贵的人。《元曲选·黄粱梦》二折："我这里割舍了老性命，搭救这两个小婴孩。……把双眼揉开，趁起身来，望不见～。"清《红楼梦》五五回："如今小姐是～，若认真惹恼了，死无葬身之地。"《姑妄言》："他们是老女婿女儿了，你二位是～，不消让得。" ❸芍药的别称。宋程棨《三柳轩杂识·花客》："木笔为书客，芍药为～。"方岳《海棠》："花比红儿谁作谱，诗传～已成编。"

【娇娘】 jiāo niáng 姣好的年轻女子。唐李贺《唐儿歌》："东家～求对值，浓笑书空作唐字。"明张凤翼《灌园记》二六出："牧童路上撞～，撞着子～就无主张。"清《续金瓶梅》三一回："那些少年浪子，白面郎君，和那游山的少妇，拾翠的～，挨肩擦臂，彼此顾盼。"

【娇娃】 jiāo wá 犹"娇娘"。唐元稹《梦游春》："鹦鹉饥乱鸣，～睡犹怒。"《元曲选·金钱记》一折："这～是谁家，寻包弹觅破绽敢则无纤掐。"清《醒名花》七回："你是贵室～，怎想做这勾当?"

【焦熬】 jiāo áo ❶谓极端干燥。唐刘禹锡《楚望赋》："涉夏如铄，逮秋愈炽。土山～，止水瀵沸。"元范梈《送张炼师归武当山》："元年逾冬旱，朱火烧四国。野谷方～，六月畿甸赤。" ❷比喻极端困苦。五代韩熙载《上睿帝行止状》："得之则佐时成绩，救万姓之～；失之则遁世藏名，卧一山之苍翠。"宋《朱子语类》卷五一："当时之人～已甚，率欢欣鼓舞之民而征之，自是见效速。"元戴表元《三江盐场兴造记》："昔之～憔悴晨盰嚣嚣而莫之给者，一鞭不施，谈笑辨集。"

【焦憋】 jiāo biē 焦躁憋闷。《元曲选·儿女团圆》三折："他将那锦绷儿绣藉，盖覆的个重叠。但有些儿～，便解下摇车，乳哺的宁贴。"明佚名《认金梳》一折："你是一个乡魁第一婴童舍，做甚末焦焦憋憋行乖劣。"

【焦臭】 jiāo chòu 物体被烧焦的臭味。《法苑珠林》卷二六："遥见一人在火中，号呼不能言，形变不复可识，而血肉～，令人伤心。"清《聊斋志异·张氏妇》："火既熄，燔尸～。人问之，妇曰：'两猪恐害于兵，故纳坎中耳。'"《飞龙全传》一三回："睁眼一看，那药已煎干冒烟～了。"

【焦烦】 jiāo fán ❶焦热烦躁。宋曾巩《喜寒》："威加乾坤从，冽冽气貌正。人无～忧，冰释天下病。"杨士瀛《仁斋直指》卷八："感风者鼻塞声重，伤冷者凄清怯寒，挟热为～，受湿为缠滞。" ❷焦急烦恼。明祝允明《上阁老座主太原相公书》："下而宜劳者反逸，上而宜佚者更劳，仰窥尊抱，未免～。"清弘历《观麦》："回思十日前，望泽诚～。"

【焦忿】 jiāo fèn 同"焦愤"。明邵璨《香囊记》二〇出："我心上好～，怒气冲天心喷火。"

【焦愤】 jiāo fèn 焦急愤怒。明潘季驯《闻报起用辞疏》："～之餘，脏血陡下，血愈虚，足愈弱。"张景《飞丸记》一一出："休～，管教他蓦地风雷，火熄灰烬。"

【焦腐】 jiāo fǔ 焦烟腐烂；枯焦腐烂。明张介宾《景岳全书》卷六一："先以鳖甲铺铜锅底，次入杂药，一面～。"刘茝《秋佩生作墓志铭》："流贼火吾居，祠堂尽毁，四龛及神主出于煨烬之中，略不～。"清喻昌《医门法律》卷一二："凡治肺痈病，以清肺热，救肺气，俾其肺叶不致～，其生乃全。"

【焦干】 jiāo gān ❶干枯；极干燥。唐权德舆《论旱灾表》："今则甸畿之内，多有不下种而不生出者，才出短苗，旋即～者，大率皆赤地而无所望。"明《西游记》二六回："他把我的杨柳枝拔了去，放在炼丹炉里，炙得～。"清蓝鼎元《请修补普宁形胜序》："溪水来短去长，河隍～，地理浅薄。" ❷比喻拮据。《元曲选·东堂老》一折："我们两个吃穿衣饭，那一件儿不是他的。我这儿日不曾见他，就弄得我手里都～了。"

【焦槁】 jiāo gǎo ❶干枯。借指干枯的植物。宋苏轼《后苑瑶津亭开启祈雨道场斋文》："普集山川之守，来登梵释之筵。罔吝膏濡，以兴～。"张孝祥《水调歌头·隐静山观雨》："洗了从来尘垢，润及无边～。"朱熹《运判宋公墓志铭》："公又为祷于灵湫，一夕不雨而水溢，沟浍皆满，～以苏。" ❷比喻穷困或穷困的人。元元明善《吴幼清先生南归序》："吴先生明易者也，殆以是促装速驾，就道疾驱，讵肯～林壑而为一夫之事邪!"甘复《章子渔诗藁序》:"士之生长草泽,不见用于时以行其志,则有穷愁～无闻之叹。"明孙承恩《送锺君升广东佥事》:"为霖泽枯株,～多生颜。"

【焦聒】 jiāo guō 闹吵烦扰。《元曲选·还牢末》一折:"孩儿又语言～,大嫂又性命颠危。都则为一二载烟花新眷爱,送了俺二十年儿女旧夫妻。"又《桃花女》二折:"急回来可早日头儿末,不知俺家中有甚的人～。"

【焦黄】 jiāo huáng 干黄;枯黄。宋《太医局诸科程文格》卷五:"以炭火周回熁之,令鱼～。"《元曲选·秋胡戏妻》四折:"第一来怕鸦飞天道黑,第二来又则怕蚕老麦～。"清《醒世姻缘传》五二回:"狄希陈唬的那脸蜡滓似的～。"

【焦惶】 jiāo huáng 焦急惶恐。唐苏颋《为群官固请公除表》:"群心累切,圣感未回。臣等～,不安启处。"于邵《中书门下请听政表》:"所天未覆,何地自容? 伏自～,罔知攸处。"

【焦急】 jiāo jí ❶(声音)急脆。《类说》卷一三引《羯鼓录》:"(都昙答腊)鼓如漆桶,盛以绳床,击用两杖,其声～。"宋王质《绍陶录》卷下:"(鱼姑)多栖芦苇间,声～。"宗泽《义乌满心寺钟记》:"旧虽有钟,形度小琐,发响～。" ❷(形势)急迫。宋史尧弼《与张丞相小简》:"但乡邑耕民与茶园者,～特甚于嘉、眉间。春时流殍载路,所不忍见。" ❸(心情)忧虑急切。明《拍案惊奇》卷四〇:"正在～头上,猛然想道:仙兄有书,分付道'有急方开'。"清《平定两金川方略》卷二九:"臣等目击情形,愤懑之中,尤深～。"陈端生《再生缘》七回:"店家娘子变容颜,心～,泪将涟。"

【焦煎】 jiāo jiān 困顿窘迫。《法苑珠林》卷七〇:"初时须达长者家贫～,蒙佛说法,身心清净。"《云笈七籤》卷三二:"多喜则忘错昏乱,多怒则百脉不定,多好则专迷不治,多恶则～无欢。"明林俊《甲申冬地震昼黑纪事》:"最苦斯生无酒量,末由长醉谢～。"

【焦惧】 jiāo jù 犹"焦惶"。唐苏颋《为群官固请公除第二表》:"天心弥固,日虑徒勤,是用怔惶,但深～。"

【焦虑】 jiāo lǜ 焦急忧虑。唐陆贽《论裴延龄奸蠹书》:"斯愚臣所以～疚怀,以陛下为过者,良有所以也。"明《西游记》四八回:"恐违了钦限,又怕的是妖魔凶狠,所以～。"清《蜃楼志》三回:"上负主恩,下辜民望,～实深。"

【焦乱】 jiāo luàn 焦急烦乱。明王璞《植芳堂记》:"瘁精神于形欲,挫明虚于是非,恣纵～,使本然之生凛如一发。"清《霓裳续谱·暮秋九月》:"自愁自叹心～,谯楼上更鼓闹穰穰。"△《小八义》三四回:"想罢多时心～,昏昏沉沉闭双眼。"

【焦闷】 jiāo mèn 焦急烦闷。明张景《飞丸记》一七出:"哥哥,你何故如此～?"清《平定两金川方略》卷九六:"特因崖险泥深,未能攻扑,深为～。"《情梦柝》一七回:"夫人因小姐不到,心上～。"

【焦恼】 jiāo nǎo 焦急烦恼。明《西游记》二二回:"师父放心,且莫～。"又六一回:"大圣休～,天蓬莫懈怠。"又九五回:"行者寻一会不见动静,心甚～。"

【焦怒】 jiāo nù 犹"焦愤"。明王肯堂《证治准绳》卷一一二:"一男子年近三十,滋味素厚,性多～。"

【焦盆】 jiāo pén 烧冥纸的盆。元佚名《小张屠》一折:"把三岁喜孙,到三月二十八日,将纸马送孩儿～内做一炷香焚了。"又四折:"你孩儿急煎煎无处安身,望东岳神祠一郡,掿幼子喜孙儿火焚在～。"

【焦瘦】 jiāo shòu 干瘦。明王肯堂《证治准绳》卷九〇:"小儿泄利甚青黄,……朝朝～渐羸尪。"清《万花楼》四七回:"衣衫褴褛,面目～。"

【焦熟】 jiāo shú (食物)焦干并达到可以食用的程度。唐王焘《外台秘要方》卷三六:"右药以乳汁和,于铜器中微火上煎,令～。"明王肯堂《证治准绳》卷七〇:"右三味以生姜汁搜面,裹半夏,为七饼子,煨～。"清袁枚《子不语》卷九:"或戏以生饼覆其背,须臾～可食矣。"

【焦萎】 jiāo wěi 枯萎。❶指农作物。唐李隆基《遣官祈雨诏》:"如闻侧近禾豆,微致～,深用忧劳。"宋曾巩《太清明道宫谢雨文》:"得雨应祈,曾不旋日。～可起,种艺可施。"清叶梦珠《阅世编》卷一:"七月十七日庚辰,连日风雨,晚禾遍野～。" ❷指人体。元许衡《有感》:"我自无遐福,形骸变～。"明朱橚《普济方》卷三六〇:"凡婴儿失之灌溉,长必～。"

【焦尾巴】 jiāo wěi ba 詈词。诅咒人绝后。清《后红楼梦》一回:"到如今他何处去了? 还焦了尾巴,只留下了一个巧姐。"

【焦尾巴梢子】 jiāo wěi ba shāo zi 即"焦尾巴"。清《红楼梦》一一七回:"看风姑娘仗着老太太这样的利害,如今焦了尾巴梢子了,只剩了一个姐儿。"

【焦尾靶】 jiāo wěi ba 同"焦尾巴"。明《金瓶梅词话》七回:"你这嚼舌头老淫妇,挣将钱来～! 怪不的恁无儿无女!"

【焦忧】 jiāo yōu 犹"焦虑"。唐李漼《太皇太后寝疾权不听政敕》:"情方切于～,政岂遑于听断?"明葛昕《与黄慎轩太史书》:"寻以小侄腹中积块陡发,热延齿颊。日召医为扑燎原之势,～孔棘,情况甚无聊。"清《荡寇志》七七回:"小弟境遇又不顺,累他～。"

【焦皂】 jiāo zào 同"焦躁"。宋元《清平山堂话本·董永遇仙》:"我前日在傅长者面前,以说佣工三年准债。今日见我夫妻二人入门,只恐～。"明佚名《斗鹌鹑》:"漏滴铜壶良夜迢,越添～。"

【焦唣】 jiāo zào 同"焦躁"。明汪廷讷《广陵月》五出:"陛下休得～! 臣此去收了长安,复提兵来马嵬,手夺杨妃,奉归万岁。"《金瓶梅词话》三回:"我把门拽上,关你和他两个在屋里,若～跑了归去时,此事便休了。"

【焦慥】 jiāo zào 同"焦躁"。宋岳珂《金佗续编》卷二五:"惟恐无功罢去,日逐～,不能自安。"宋元《清平山堂话本·杨温传》:"看见师父输了～,一发都上来要打那承局。"清汪光被《广寒香》一四出:"我日间操练鬼兵,惊了女儿,心上好生～。"

【焦噪】 jiāo zào 同"焦躁"。宋元《清平山堂话本·简帖和尚》:"再四问他不应,字文绶～。"

【焦燥】 jiāo zào 同"焦躁"。宋佚名《张协状元》三出:"几番～,命直不好。"明柯丹邱《荆钗记》一〇出:"因甚苦死执迷,惹得娘～。"清《绣鞋记》三回:"亲家鹏举在外等候多时,心中～,口内流涎。"

【焦躁】 jiāo zào 焦虑烦躁。宋《太平惠民和剂局方》卷二:"小儿五心烦热,～多哭。"明单本《蕉帕记》二四出:"怎么诏使还不见到来,好生～。"清《红楼梦》七三回:"况一夜之功,亦不能全然温习,因此越添了～。"

jiáo

【嚼】 jiáo 议论;说。多含贬义。宋杨无咎《醉落魄·龙涎香》:"几回殢酒襟怀恶。莺舌偷传,低语教人～。"明《金瓶梅词话》一二回:"是那个不逢好死的嚼舌根的淫妇,～他那旺跳身子。"清《玉蜻蜓·问卜》:"吴松年哪吴松年,看嗯造化。～得着,也是今日；～弗着，也是今朝。据吾算来三岁应克母。”

【嚼本】 jiáo běn 吃老本。明《二刻拍案惊奇》卷一〇：“这边不着那边着，好歹也有几年缠帐了，也强似在家里～。”又卷一九：“你何不投与他家了，省得短趁，闲了一日，便待～。”

【嚼吃】 jiáo chī ❶咀嚼吞吃。宋陈直《寿亲养老新书》卷一：“右为末，炼蜜为膏，如皂子大。每服一丸，～。”元明《水浒传》三八回：“李逵也不使箸，便把手去碗里捞起鱼来，和骨头都～了。”清《后水浒传》三回：“不好了！前面有个活老虎咬个死人在那里～。” ❷指生活费用。清《红楼梦》一一三回：“种些菜蔬瓜果，一年卖的钱也不少，尽够他们～的了。”又：“刘姥姥见凤姐真情，落得叫青儿住几天，又省了家里的～。”

【嚼啜】 jiáo chuò 吃喝；饮用。唐韩愈《月蚀诗效玉川子作》：“从官百餘座，～烦官家。”宋李觏《闻女子疟疾偶书》：“寄书诘医师，有药且～。”

【嚼啖】 jiáo dàn ❶犹“嚼吃❶”。宋洪迈《夷坚志》补卷一六：“有妹未嫁，忽染祟，～陶器，拈弄炭火。”清田雯《西邻枣树》：“冬官～不称意，日饱笼饼槃无巢。” ❷犹“嚼说”。元马致远《夜行船》：“有魂灵晓事伊台鉴，没寻思休惹人～。”

【嚼服】 jiáo fú 咀嚼吞服。宋王衮《博济方》卷五：“口中有涎即吐出，候冷即可细细～之。”清《医宗金鉴》卷六四：“取出去壳，切开去蟹螯，五更空腹和米饭～。”

【嚼环】 jiáo huán （马）嚼子、（牛）鼻环等的通称。元明《三国志通俗演义》卷二一：“背后两员将赶上，扯住马～而言曰：‘都督勿惊。’”清《歧路灯》一〇一回：“有个少年孤客，骑了一头骡子，行李甚重。店小二拉住牲口～硬往内拉。”

【嚼酒】 jiáo jiǔ 下酒；饮酒。《说郛》卷一一二引《韩仙传》：“二翁对酌，童子捧符，一童进朱橘～。”《元曲选外编·智勇定齐》一折：“今日若不得财，公子，必然有人请你～。”清《醒世姻缘传》一三回：“众人吃晚饭，差人仍旧嫖娼～个不歇。”

【嚼咀】 jiáo jǔ ❶咀嚼。宋曾巩《送刘医博》：“囊中珍丸撮星斗，俾我～心颜怡。”明王肯堂《证治准绳》卷一八：“先炙肥猪肉一大脔置口中，～其津膏而勿食。”清《满洲祭神祭天典礼》卷一：“其朝祭之肉，除皮骨外，一概不准出户。凡食祭肉，虽奴仆经家长使役，亦不得口含～以逾户阈。” ❷琢磨；体会。宋王柏《通赵星渚书》：“朱子谓‘无形而有理’非不明白，但于周子命词之意～未破。”张洪《朱子读书法》卷三：“读书须是将本文熟读，且～其味。”

【嚼句】 jiáo jù 斟酌词句。宋吴潜《朝中措·再用韵》：“可人想见倚庭干，～有甘酸。休问沈腰潘鬓，何妨岛瘦郊寒。”魏了翁《次韵虞果州泛雪》：“拨灰～不忍吐，竟日南望双眸穿。”元王恽《明农亭》：“九华安足服，～充朝饥。”

【嚼念】 jiáo niàn 念叨；反复地说。清《绿野仙踪》三三回：“殷氏淫声艳语，百般的～，比素常加出十倍风情。”又五四回：“口中～的都是吃亏话，没一句儿讨便宜。”又六〇回：“我这姓温的，可是你～的么？”

【嚼蛆】 jiáo qū 咕哝；胡说。《元曲选外编·西厢记》五本四折：“那吃敲才，怕不口里～，那厮待数黑论黄，恶紫夺朱。”明《挂枝儿·散伙》：“不信你精油嘴一味里～，到如今眼见得虚情虚意。”清《豆棚闲话》八则：“我是听别人嘴里说来的，即有差错，你们只骂那人～乱话罢了。”

【嚼舌】 jiáo shé ❶咬舌头。形容悔言。宋王之道《送张仲甫赴江西参议》：“惩非每～，事已复自蹈。可怜愚不灵，蹭蹬到今老。” ❷乱说；搬弄是非。《元曲选·货郎旦》二折：“干我甚么事，说我推他，要你来～。”明《拍案惊奇》卷三九：“我打你这在口～的。不要慌，哪曾见我鄄都去了？”清《红楼梦》六三回：“吵嚷的那府里谁不知道，谁不背地里～说咱们这边乱帐。”

【嚼舌根】 jiáo shé gēn ❶犹“嚼舌❶”。明《梼杌闲评》一一回：“他看了我，叫他烂眼眼；他说我，叫他～。” ❷犹“嚼舌❷”。明《梼杌闲评》一一回：“可是～！他是那里人，我就同他一处玩？”清《红楼梦》八三回：“不知道的，还说我打算的不好；更有那一种～的，说我搬运到娘家去了。”《霓裳续谱·莺莺红娘》：“都是没有的事，他～。”

【嚼舌头】 jiáo shé tou 犹“嚼舌❷”。明《金瓶梅词话》七回：“你这～老淫妇，挣将钱来焦尾靶！”清《红楼梦》六三回：“再遇见那脏心烂肺的爱多管闲事～的人，吵嚷的那府里谁不知道。”《后红楼梦》二回：“有他们这班～的在外扬言，怪不得那年我同琏二奶奶从那府里同车回来，那焦大喝醉了，口里胡闹，连‘养小叔子’也就乱喷出来。”

【嚼说】 jiáo shuō 讲说；议论。明《金瓶梅词话》二五回：“千也嘴头子～人，万也～，今日打了嘴，也说不的。”清《红楼梦》九四回：“这些话可是混～得的么？”《醒世姻缘传》三二回：“你吃你那饭罢，你～我待怎么？”

【嚼味】 jiáo wèi ❶咀嚼体验味道。唐陆羽《茶经·六之饮》：“阴采夜焙非造也，～嗅香非别也，膻鼎腥瓯非器也，膏薪庖炭非火也。”宋苏轼《和钱安道寄惠建茶》：“嗅香～本非别，透纸自觉光炯炯。” ❷品味；品评。宋黄庭坚《奉和王世弼寄上七兄先生》：“吟哦口垂涎，～有餘隽。”李之仪《跋吴师道小词》：“～研究，字字皆有据而其妙见于卒章。”

【嚼牙】 jiáo yá ❶咬牙。唐李华《庆王府司马徐府君碑》：“凶残朋党，～顿翼，起于上国，延及诸夏。”明林俊《明瓢湖居士郑朴轩墓志铭》：“刘独身门户，～结顶，粗衣大笠，冒风雨撄触虎豹，出深林以循溪陂，指授田作无虚日。” ❷犹“嚼舌❷”。清《霓裳续谱·乡里亲家》：“休胡吣，少～，乡里的人实可夸。”

【嚼咬】 jiáo yǎo 吃；白吃。元明《水浒传》二四回：“人只道一个亲兄弟做都头，怎地养活了哥嫂，却不知反来～人！”

【嚼用】 jiáo yòng 指日常花销。清《红楼梦》一〇回：“若是站不住，家里不但不能请先生，反倒在他身上添出许多～来呢。”又：“你这二年在那里念书，家里也省好大的～呢。”

【嚼子】 jiáo zi 勒在马口中的链形铁器，两端连在缰绳上，以便驾驭。也可作刑具。元古本《老乞大》：“这马都卸下行李，松动肚带，取了～，这路傍边撒了著吃草者。”清《红楼梦》六八回：“你的嘴里难道有茄子塞着？不然他们给你～衔上了？为什么你不告诉我去？”《女仙外史》八六回：“（道衍）命以～勒其口，挖其左眼，械其两手，令人牵之去。”

【嚼嘴】 jiáo zuǐ 说嘴；胡乱说。清《情梦柝》五回：“楚卿道：‘我只向夫人要你，难道他不肯？’采绿微笑道：‘不要～，快些写诗与我拿去。’”

【嚼作】 jiáo zuò 大吃。含贬义。明《型世言》一五回：“轮着作文，这便是他～时节，午后要甚鱼面肉面，晚间要甚金酒豆酒。”清《豆棚闲话》九则：“遇着三朋四友扯去店上大肆～，始初人也怜他，不要还席。”

jiǎo

【角本】 jiǎo běn 脚本；剧本。清《红楼梦》二三回：“把那古今小说并那飞燕、合德、武则天、杨贵妃的外传与那传奇～买了许多来，引宝玉看。”《姑妄言》六回：“见阴氏识字，更加欢喜，教他念～。”

【角出】 jiǎo chū 特出；突出。宋俞成《萤窗丛谈》：“夫以画学之取人，取其意思超拔者为上，亦犹科举之取士，取其文才～者为优。”金王寂《赠郭伯达》：“豪气从来～，雄文未易肩倖。”清丁澎《前明宁前兵备张公传》：“朕见中原名将，虎视～，逌势绌计困，倒戈归命。”

【角距】 jiǎo jù ❶牛角与鸡距。比喻武器或精锐部属。唐韩愈《曹成王碑》：“希烈北取汴郑，东略宋，围陈，西取汝，薄东都。王坐南方北向，落其～。”元吴莱《柳博士寄诗借韵和呈》：“略志皮毛马埒贵，贾餘～鸡场雄。”明阮汉闻《通蒐》：“十餘年祸天应悔，犹见狼星～张。” ❷比喻党羽。明沈德符《万历野获编》卷二：“及吏科都陈锦江等入幕后，献谀画策，与韩蒲州诸公无异，顾一一任为腹心，资其～，恬不为异。”清汪由敦《平定金川赋》：“贼徒既刳腹心而落～，谓将翘足而陨覆也。” ❸指形状像牛角鸡距的。明王世贞《送太史王胤昌先生还朝序》：“请为先生言石。今夫凝然而镇重者，突然而耸立者，嶷然而～棱峭者，皆其德也。”

【角落】 jiǎo luò 两墙相交处的下端或类似的凹角、凸角处。唐孔颖达《礼记正义》卷一〇：“云于椁前后四角树之者，谓椁前后及两旁树之，～相望，故云四角。”明袁于令《西楼记》一〇出：“篾纏头、蜡烛头，一壁～；残拜帖、旧封筒，受子满房。”《西游记》八三回：“那晓得在那东南黑～上，望下去，另有个小洞。”

【角落头】 jiǎo luò tou 即“角落”。头，后缀。宋《朱子语类》卷一二一：“须教他心里活动转得，莫著在那～处。”元明《水浒传》七四回：“那伙人齐道：‘你只引我们去张一张。’店小二指道：‘那～房里便是。’”

【角束】 jiǎo shù 捆缚。《敦煌变文校注》卷一《孟姜女变文》：“祭之已了，～夫骨，自将背负。”

【角头】 jiǎo tou ❶即“角落”。宋佚名《颅囟经》卷下：“右用屋四～茅草烧灰，使鸡子白调涂之。”清《野叟曝言》四回：“寻到抽屉～，居然有一个小瓦瓶。” ❷泛指物体的边端处。唐孙思邈《备急千金要方》卷四五：“丁酉日，自往市买远志，裹著衣中～还，末服之，不复忘。”元佚名《夜行船》：“两三番个嫁字儿看看道道，来到口～连忙咽了。”清《荡寇志》七三回：“还有副鞍鞯，是这马上的，你一发买了去罢，省得在奴的眼～。”

【角先生】 jiǎo xiān sheng 女性泄欲器具。明《醒世恒言》卷二三：“见阿里虎忧愁抱病，夜不成眠，知其欲心炽也，乃托宫竖市～一具以进。”清《醒世姻缘传》六五回：“你年纪小会浪，要不着和尚就要～。”

【角子】 jiǎo zi ❶植物结的角状果实。宋赵彦卫《云麓漫钞》卷五：“汉东人以豌豆苗为菜，……今临安人目之曰豆莱，连～卖。”明朱橚《救荒本草》卷一：“（猪牙菜）结～似蔓菁角，长二寸许。”清《醒世姻缘传》五六回：“童七回送了三两贶仪、两匹京绿布、一十沉速香、二百个～肥皂。”按，此指皂角子。 ❷角落。唐张祜《容儿钵头》：“两边～羊门里，犹学容儿弄钵头。”宋陈克《南歌子》：“蠢蠢吴蚕卧，娉娉楚女闲，红阴～共尝酸。肠断个侬憨态、小眉弯。”清《红楼梦》二三回：“园子东北～上，娘娘说了，还叫多多的种松柏树。”也指角落处的房间。《元曲选·朱砂担》二折：“有干净房子打扫一间，我歇息咱。〔店小二云〕这间～里干净，你就在这里歇息罢。” ❸边角；角状边缘。宋孟元老《东京梦华录》卷六：“有花装男子百餘人，皆裹～向后拳曲花幞头。”龚明之《中吴纪闻》卷五：“今付去半，则银三挺、钱二十五千足，掩子内～有九成亲批‘字绍祖’三字，及两头有‘如此’二字及封印。”《朱子语类》卷一四：“然亦就他一～有发见处：看他也自有父子之亲；有牝牡，便是有夫妇；有大小，便是有兄弟。” ❹角状物。a）一种发髻。宋《三朝北盟会编》卷一三五：“乃令其众皆作钻风～，各附墨而行。遇战则去红布，唯见钻风～，又用墨抹抢于眼下。”元明《水浒传》七四回：“头绾一窝穿心红～，腰系一条绛罗翠袖。”b）一种食物，即今饺子。宋王巩《甲申杂记》：“慈圣光献出饼～以赐进士，出七宝茶以赐考试官。”陆游《老学庵笔记》卷一：“第一肉咸豉，第二爆肉双下～，第三莲花肉油饼骨头。”清《聊斋志异·司文郎》：“生强搜得，见文多圈点，笑曰：‘此大似水～！’”c）一种量器。宋陈自明《妇人大全良方》卷六：“每服二钱，水一盏，胭脂一小～，煎至六分。”元《农桑辑要》卷七：“取清者，以小～受一鸡子者灌两鼻，各一角。” ❺用作量词。宋苏轼《答宝月禅师》：“黄州无一物可为信。建茶一～，勿讶尘浼。”

【狡辩】 jiǎo biàn 狡猾地辩解。清雍正十年十一月二十五日王士俊奏文：“若辈到案，自知必当正法，往往茹刑～。”《荡寇志》一一九回：“清夜自思，恐已羞惭无地矣。尚敢饰词～，殊属厚颜。”《补红楼梦》三一回：“他今儿还不认是刀伤，～是酒碗砸的。”

【狡棍】 jiǎo gùn 谙于狡猾处事的人。明《杜骗新书·妇人骗》：“此佃母一～也，述与后人知防。”

【狡狠】 jiǎo hěn 狡诈狠毒。宋范仲淹《资政殿大学士范公墓志铭》：“西羌～，必有窥边之心。”明《二刻拍案惊奇》卷四〇：“吴江一个知县，治行贪秽，心术～。”清毛奇龄《赠太仆少卿狷斋谢公传》：“礼部尚书严嵩贪而～，以掌礼而坏天下之礼。”

【狡赖】 jiǎo lài 狡辩抵赖。清雍正三年九月初一日黄国材奏文：“彼等即有～，臣亦当一一著落具奏。”《野叟曝言》八六回：“明是他架的蜃楼海市，到了三法司堂上，怕就～不去了。”《品花宝鉴》三二回：“归自荣不能～，只得据实供明。”

【狡饰】 jiǎo shì ❶狡猾伪装。《明史·鞑靼传》：“其华人被掳归正者，查别无窃盗，乃许入，一审经权，一戒～。” ❷狡辩掩饰。清《平定金川方略》卷九：“果尔，则时日甚久，兵丁何以自存？恐属～之语。”《野叟曝言》一三一回：“到此时你还敢～，岂以我为虎狼专食人肉者乎？”

【狡伪】 jiǎo wěi 狡诈虚伪。宋《朱子语类》卷二一：“若口里说庄敬，肚里自慢忽，口里说诚实，肚里自～，则所接事物还似无一般。”明《古今小说》卷四〇：“那萧芹原是中国一个无赖小人，全无术法，只是～，哄诱你家抢掠地方。”清蓝鼎元《与吴观察论治台湾事宜书》：“土番顽蠢无知，近亦习为～。”

【狡险】 jiǎo xiǎn 狡诈阴险。唐韩愈《顺宗实录》卷一：“延龄尤～，判度支，务刻剥聚敛，以自为功。”宋朱熹《答张敬夫书》：“凡廷臣之～逢迎软熟趋和者，以渐去之。”明《杜骗新书·伪交骗》：“毕和，山西人，心术～，阴悍暗毒。”

【狡展】 jiǎo zhǎn 狡赖推脱（罪责）。清雍正八年六月初八日田文镜奏文：“道员向无承审之责，招案多未练达。奸胥或因之而舞弊，刁犯或藉此而～。”《平定台湾纪略》卷六四：“柴大纪复思～，翻供抵赖。”《龙图耳录》一九回：“好恶贼，竟敢如此的～。左右，与我拶起来。”

【绞缠】 jiǎo chán ❶交错缠绕。宋林希逸《考工记解》卷下：“紾者，～之纹也；错，杂乱也。牛老则其角有～之状而纹理错乱也。” ❷犹“浇裹❶”。明《西游记》四七回：“拚了一百两银子，可买一个童女，连～不过二百两之数。” ❸犹“浇裹❷”。清《姑妄言》一九回：“你方才说十多两银子够你～媳妇了，你母子就不要添件衣服？”

【绞肠沙】 jiǎo cháng shā 即"绞肠痧"。宋杨士瀛《仁斋直指》卷六："～作痛，以樟木煎汤大吐。"明《醒世恒言》卷二八："焦榕假惊道：'好端端地，为何痛得恁般利害？'焦氏道：'一定是～了。'"

【绞肠痧】 jiǎo cháng shā 霍乱的俗称。明《西洋记》二九回："花幼儿连日发了～，不曾起来。"清《医宗金鉴》卷五三："干霍乱者，乃寒暑凝结，欲吐不吐，欲泻不泻，腹中绞痛，俗名～病也。"

【绞凳】 jiǎo dèng 绞刑用的踏凳。去掉踏凳，套颈绞索被拉紧。清《二度梅》三七回："卢杞藐视君王，擅操国柄，屈忠害良，卖官鬻爵，发～一张，即行绞死。"又："只见～已到，剥去衣裳，用绳将奸贼绞起。"

【绞缚】 jiǎo fù 捆绑；扎缚。宋洪迈《夷坚志》支癸卷一："先于旁～云梯，而偕同辈腰巨斧以上。"元明《水浒传》八一回："我在外面，漾过两条索去。你就相近的柳树上，把索子～了。"清弘历《南红门外作》之四："～彩棚由祝贺，得无程督地方官？"

【绞挤】 jiǎo jǐ 绞扭使水分排出。明《醒世恒言》卷三四："赵家的妇人正～湿衣，听得打死了人，带水而逃。"

【绞监候】 jiǎo jiān hòu 判处绞刑但不立即执行，监押待秋后复审。明杨继盛《自著年谱》："比依诈传亲王令旨律，～。"《梼杌闲评》二二回："法司将刘光复拟～，后来光宗登位，方才赦免。"清《红楼梦》九九回："将薛蟠依《斗杀律》拟～。"

【绞脚】 jiǎo jiǎo 裹脚布。元《三遂平妖传》一回："行缠～，多耳麻鞋。"元明《水浒传》三回："行缠～，衬着踏山透土多耳麻鞋。"明《醒世恒言》卷一〇："行缠～，八搭麻鞋，身上衣服甚是褴褛。"

【绞结】 jiǎo jié ❶ 犹"绞纽"。《法苑珠林》卷三一："即于其日饮石蜜浆，腹中～，至七日旦，即便命终。"明张介宾《景岳全书》卷五八："胡芦巴丸：治小肠气蟠，……或～绕脐攻刺呕吐者。"《封神演义》四八回："起在空中，如二龙～；落下来，利刃一般。" ❷ 系结；捆扎。清方苞《仪礼析疑》卷一二："使上下左右停均平帖，然后以衾左右掩覆而～坚牢也。"

【绞脸】 jiǎo liǎn 用双股线交互缠绞，绞去脸上汗毛。明《型世言》二五回："复身到城里，寻了原媒张篦娘，是会篦头～、卖鬏髻花粉的一个老娘婆。"清陈端生《再生缘》一一回："风俗相传各一方，嫁过门时方～。"

【绞面】 jiǎo miàn 即"绞脸"。明《醒世恒言》卷二三："分咐当直的去叫女待诏来：'夫人要篦头～。'当直的道：'夫人又不出去烧香、赴筵席，为何要～？'"《开卷一笑》卷二："～个阿姨配子篦头个大舍。"

【绞摸】 jiǎo mō 搅动摸索。元明《水浒传》三八回："李逵伸手去船板底下一～时，那里有一个鱼在里面。"

【绞纽】 jiǎo niǔ 缠绞扭结。明黄云《常熟致道观七星桧》："索绹～互联络，风涛鼓舞交苍寒。"《西洋记》三四回："三个人～做一团，三匹马嘈踏做一堆。"

【绞桩】 jiǎo zhuāng 绞架。清《歧路灯》六五回："押赴市曹～之上，一个淫魂，上四川酆都城内去了。"

【脚板】 jiǎo bǎn ❶ 脚掌。宋佚名《张协状元》一六出："从头至～，件件味都甜。"宋元《警世通言》卷三七："唬得五个人顶门上荡了三魂，～下走了七魄。"清《姑妄言》一三回："一腔忿怒直从～冲将上来。" ❷ 脚步。宋虞俦《乌程宰十三日往龙洞祷晴》："畦丁露宿腰镰健，馌妇泥行～轻。" ❸ 比喻行为、行径。明陈献章《戊子秋开化吴廷介为寿诗以送之》："高下原从～分，江山富贵几般人。"庄杲《除夜和黄子明员外》："严光～无人禁，知可清风是钓丝。"沈周《复刘龙洲墓》："权门欲招～硬，顾逐诗朋兼酒徒。" ❹ 保护建筑基础用的板片。元沙克什《河防通议》卷上："攀面拽后橛八条，～二片，闸板八片。"清翟均廉《海塘录》卷四："东塘钱家坂迤西一带桩板老塘，护沙洗去，直射塘～木，年久朽烂欹斜。" ❺ 上下踏脚用的木板。明王世贞《弇山堂别集》卷二二引《枝山野记》："拥其登舟，待行渡～，即掀挤其下水。"

【脚本】 jiǎo běn ❶ 诗文的素材或文本。清黄宗羲《平阳铁夫诗题辞》："僧中之诗，人境俱夺，能得其至清者。……岂若今之支那撰述，恶诗村偈，粗厉噍叫之音，剽取市尘以为～乎？"又《提学佥事来庵袁公墓志铭》："黔土兵火穿窜，疮痍未起。公谓宜稍示休息，俾温～。若岁试科试兼行，则士不胜其扰。" ❷ 戏曲的文本。清孔尚任《桃花扇》二五出："你就在这熏风殿中，把《燕子笺》～三日念会。"《连城璧》子集："念～的时节，不许他交头接耳；串科分的时节，唯恐他靠体沾身。"《歧路灯》二三回："只见厢房有几个末、丑角儿，在那里读～。"

【脚绷】 jiǎo bēng 腿绷；裹腿。宋吴则礼《赠希先》："太兄远从方广来，进打～梢草鞋。"元明《水浒传》六三回："鹭鸶腿紧系～，虎狼腰牢拴裹肚。"明朱橚《普济方》卷三〇六："右以薰～草履之类及袍袖间，即百毒不敢侵害。"

【脚絣】 jiǎo bēng 即"脚绷"。元明《水浒传》二二回："上穿白缎子衫，系一条梅红纵线绦。下面缠～衬着多耳麻鞋。"

【脚步】 jiǎo bù ❶ 行进跨出的步子。宋晓莹《罗湖野录》卷二："须令向千岁松下讨茯苓，逼将上百尺竿头试～。"明戚继光《纪效新书》卷一二："（杨家枪法）其最妙是左右二门拿他枪手法，其不如是撒手杀去而～不进。"清《十二楼·闻过楼》一回："到底仕宦的～轻贱杀了也比平人贵重几分，十次之中走去就教一两次，把七八次写帖相邀，也就是折节下交谦虚不过的了。" ❷ 比喻立场、准则、规矩等。宋《朱子语类》卷二〇："义理才觉有疑，便扎定～，且与究竟到底。谓如说仁，便要见得仁是甚物。"明杨爵《杂诗》之一〇："男儿～，自有圆方。由我颠踬，之死何妨。"清《歧路灯》八七回："这大相公不过年轻老实些，一时错了～。" ❸ 指步行的声响。宋佚名《张协状元》一出："霎时间只听得鞋履响，～鸣。"元明《水浒传》二一回："阎婆听得女儿～下楼来了，又听得再上楼去了。"清《绿牡丹》二五回："只听得～声音，又似妇女行走之态，非男子之～。" ❹ 步态；步姿。也比喻行径。《元曲选外编·西厢记》五本一折："谁承望跳东墙～儿占了鳌头？怎想道惜花心养成折桂手？"明单本《蕉帕记》二出："胸中无字，一味疏狂。但酒间花畔，长听商量。也学邯郸～，胡诌弄几曲登场。"清《野叟曝言》六〇回："撩起衣襟，埋好～，蹲身下去，用手攥住石角，挣将起来。" ❺ 步伐；步幅。元《三遂平妖传》九回："曳开～来赶瘸师。"明《西洋记》四七回："虽说有百里之遥，其实女人国～儿狭窄，只当得中国的三五十里。"清孔尚任《桃花扇》一出："大撒～正往东北走。" ❻ 脚力；跑路付出的体力。《元曲选外编·裴度还带》楔子："小生有马一匹，送与先生，权代～，往京师去。"清《幻中游》五回："幸逢老爷在家，俺两个方不枉费了～。"《歧路灯》八〇回："送节礼，有他们～赏封；出远门，有他们盘费馀头。" ❼ 脚。《元曲选·儿女团圆》二折："天色将晚了也，我口里便强着，～里也走动些儿。"又《赵氏孤儿》二折："若不是急流中将～抽回，险些儿闹市里把头皮断送。"清《隋唐演义》一二回："在他房门外边，柜栏柱磉门房格子，做起软绊地绷来，绊他的～。" ❽ 走动的次数。明《型世言》二三回："从此～越来得紧，钱也不道肯用。这陈有容也觉有些相厌。" ❾ 足迹；脚印。比喻事迹、样子或行踪。明杨爵《杂咏》之二："迷途岂但年程远，～空留百代嗟。"清《女仙外史》七回：

"强似你们学仙的，跟着人～走路。"《儒林外史》五二回："他的～散散的，知他是到南京去，北京去了。"

【脚步钱】 jiǎo bù qián 跑路的报酬。元《三遂平妖传》四回："员外取出六两银子来，道：'与你二人做～。若亲事成时，自当重重的谢你。'"明《金瓶梅词话》二六回："胡乱讨些钱米，勾你路上盘费便了。谁指望你甚～儿！"清《野叟曝言》六回："我们相与有日，也不要你甚么～。只是两处房里的纸笔之费，却要浓艳些。"

【脚步帐】 jiǎo bù zhàng 犹"脚步钱"。清《歧路灯》九六回："到了百姓人家，坐他的上席睡他的炕，瓶口还要～。"

【脚步纸】 jiǎo bù zhǐ 行路前为祈吉利而烧的纸。明《隋史遗文》九回："吾儿六月里同你差出门，烧～起身。"

【脚册】 jiǎo cè ❶登记册或履历簿。清钱泳《履园丛话》卷一四："又称能出神上天，亲见天宫殿庭路径，捏画十图，并造～记载宫室名目。"《说唐前传》一〇回："(叔宝)就取罗公那封荐节，自己开个～手本，……往唐璧帅府投书。" ❷履历；身世。明《醋葫芦》一一回："我也拼得罚酒，只把～乱道与你们听：小易牙，小易牙，身伴原无一技佳。一技佳，不惟煮水，且会烹茶。"清《平山冷燕》一六回："至于平如衡，则一味鲁莽，见了女子，也不问其为谁，便深深作揖，细陈～矣。"

【脚叉】 jiǎo chā 行迹可疑。元《三遂平妖传》六回："两个不像是夫妻，事不一心，有些～样。"元明《水浒传》六二回："我店里有两个人，好生～。"

【脚缠】 jiǎo chán 裹脚布；裹腿。明《拍案惊奇》卷九："急忙叫人追轿回来，急解～，将姜汤灌下去。"清陈端生《再生缘》六四回："这是女，定非男，故此重重裹～。"《野叟曝言》一〇二回："苗丁把～解开，见腿上血污，是刳开股肉，把油纸包裹一书在内。"

【脚程】 jiǎo chéng ❶运输费；路费。明杨一清《关中奏议》卷一一："银买虽若简易，缘地方时值道里远近不同，计算～，多致末逾其本。"《金瓶梅词话》二回："次日，领了知县礼物，金银驼垛，讨了～，起身上路。" ❷行走能力或速度。明《金瓶梅词话》三八回："～紧慢多有他的，只是有些毛病儿，快护槽踶蹬。"△清《彭公案》八八回："这个人～甚快，我须快跑方好。"

【脚船】 jiǎo chuán 大船后拖带的供驳运的小船。也泛指小船。宋洪迈《夷坚志》乙卷四："须臾舟已溺，藻立近舷外，虞候挟之登～，取佩刀断缆，仅得至岸。"明《西洋记》六六回："这等一个寡船儿，莫非是大船后面吊了的～儿？"清《二度梅》二五回："那家人将那银子丢在船上，将玉姐抢过小～，一直奔上那官船去了。"

【脚蹉】 jiǎo cuō 失足。明《二刻拍案惊奇》卷三五："儿子每来看着，不知其由，只道是老人家～，自跌死了的。"

【脚错】 jiǎo cuò 同"脚蹉"。明《石点头》卷一三："将身一闪，一个～，跌翻在地。"清《八洞天》卷六："走到一条青石桥上，把不住滑，一个～，扑通的跌下水去。"

【脚跐】 jiǎo cuò 同"脚蹉"。明《古今小说》卷一："他因年老～，自家跌死，不干小人之事。"清《东周列国志》一四回："纷如渐渐退步，误绊石阶～，亦被连称一剑砍倒。"

【脚搭】 jiǎo dā 即"脚踏❶"。清《霓裳续谱·孤灯闪闪》："呆呆呆，自思量，小金莲轻轻放在～儿上。"

【脚带】 jiǎo dài 裹脚布。宋赵希蓬《瑞鹧鸪》："温柔乡里睹春容，无语闲将～松。魂梦阳台迷暮雨，丰姿洛浦挹仙风。"明吴中情奴《相思谱》九折："现今脚上穿的～，日深月久烂臭了，不曾洗得。"清《隋唐演义》五六回："幸喜金莲不甚窄窄，靴子里裹了些～，行走毫无袅娜之态。"

【脚担】 jiǎo dàn 脚夫担子；挑脚的人工和挑脚所用的担子。明张宁《汀州府行六县榜》："廒门进出～，分路各行。"《二刻拍案惊奇》卷一五："提控转来，受了礼物，出了盒盘，打发了～钱。"

【脚凳】 jiǎo dèng 供搁脚、踏脚或健足用的矮凳。明黄佐《泰泉乡礼》卷三："虽富贵，冬毋炉，夏毋扇，坐毋用～。"文震亨《长物志》卷六："～：以木制滚凳，长二尺，阔六寸，高如常式。中分一铛，内二空中。车圆木二根，两头留轴转动，以脚踹轴，滚动往来。"清《红楼梦》一一一回："然后端了一个～自己站上，把汗巾拴上扣儿套在咽喉，便把～蹬开。"

【脚底板】 jiǎo dǐ bǎn 脚掌。宋元《古今小说》卷一五："两条忿气，从～贯到顶门。"《元曲选·谢金吾》三折："剥了他朝靴，看他～上刺着两行朱砂字。"清《歧路灯》五一回："适然遇着双庆来请，心肝叶、～两处都是痒的。"

【脚地】 jiǎo dì ❶底子；花纹图案的衬托面。明吕震等《宣德鼎彝谱》卷二："(黄明矾)此矾作鼎彝点染蜡茶色～用。(白明矾)作鼎彝点染各色～用。" ❷底托；基础。明朱橚《普济方》卷二八四："取高～铜盘，用水小滴捣取汁，熬成膏。"《大清会典则例》卷一三五："江南塘工需用青石及铺底黄石，每丈连运费给银六钱六分；黄～石，每丈连运费给银六钱一分。" ❸比喻垫底的。明《型世言》二一回："便是见官，也要吃了钟去，道是壮胆；人请他吃酒，也要润润喉咙去，道打～。"

【脚店】 jiǎo diàn ❶宋代卖酒的分店或散店(跟有榷酒权的正店相对而言)。宋黄榦《申提领所乞惩治钱福状》："榦昨尝以拍户钱福不赴库打酒，私下多置～，自造私酒，出卖乡里。"孟元老《东京梦华录》卷二："在京正店七十二户，此外不能遍数，其餘皆谓之～。"吴自牧《梦粱录》卷一六："大抵酒肆除官库、子库、～之外，其餘谓之拍户，兼卖诸般下酒。" ❷犹"脚户"。清《石峰堡纪略》卷一六："我在马营听得开～的马一、麻目并沙三说：草芽沟张阿浑要上石峰堡造反。"

【脚费】 jiǎo fèi 即"脚钱"。唐刘禹锡《夔州论利害第二表》："比及三年，漕运七百万石，省～三十餘万贯。"明陈全之《蓬窗日录》卷二："若于运河窄浅，舳舻挤塞，～倍于物直。"清《红楼复梦》四回："将那些应用的石灰、桐油、白矾、麻筋、木桩、铁绊以及匠人们的工价、运石的～细细估计，必得二千五百银子才能完工。"

【脚夫】 jiǎo fū 搬运货物行李的夫役。五代李亶《科决丁延徽等敕》："相徇私情，擅出官物，～论告，赃状分明。"明沈鲸《双珠记》三六出："批上有～朱快，官婆田氏，即刻就要起程。"清《儒林外史》三四回："那解官督率着～将银鞘搬入店内，牲口赶到槽上。"

【脚根】 jiǎo gēn ❶起初；根本；初始。宋《九朝编年备要》卷二九："我又索营、平二州，则曰：海上～底元约，石晋所献之地当如元约。"清《连城璧》子集："要说这段因缘，须从～上叙起。"《歧路灯》六六回："将来未必发财，只求够本就算还好哩，总是～下就吃了亏。" ❷同"脚跟❶"。也指眼下。宋杨万里《小舟晚兴》之一："枕底席边俱绿水，～头上两青天。"明邹元标《答冯少墟侍御》："若吾辈年俱老大，归根复命是～下事。" ❸同"脚跟❷"。宋杨万里《中途小歇》："～倦时且小歇，山色佳处须细看。" ❹同"脚跟❹"。宋觉范《题云居弘觉禅师语录》："大低渠～下稳当，苟不如此，虽说得如花锦，无益也。"清汤斌《封中宪大夫先考府君行实》:“古来贤豪,只因～不定,随风逐波,失其生平。” ❺同“脚跟❺”。也指基础。明姚文灏《修圩歌》:“修圩只修内,培得～大。脚大岸自高,不怕东风潮。”清翟均廉《海塘录》卷一四:“则潮溜直逼塘脚,昼夜冲刷。～既虚,塘身岂能坚固?”《无声戏》八回:“(银子)面上无丝不到头,细如蛛网;～有眼皆通腹,密若蜂窠。” ❻同“脚跟❼”。清《风流悟》三回:“即历年来,那一个鼎甲的才貌,赶得这三位的～儿。” ❼同“脚跟❽”。清《醒世姻缘传》二七回:“丁利国道:‘实不瞒你说。如此如此,这般这般。他所以认我们是他的父母。’店家听说,嗔道:‘原来～不正。’”《绿野仙踪》三六回:“待我出去,查查他的～,再作理会。”《女仙外史》九〇回:“少不得我们也与他面会一番,详察详察他的～,然后动手。” ❽根源。清《平山冷燕》七回:“只因这一去,有分教:相思两地无头绪,缘分三生有～。”

【脚根头】 jiǎo gēn tou 同“脚跟头❶”。明《山歌·瞒娘》:“昨夜同郎做一头,阿娘困在～。”清《风流悟》四回:“照见蔡拐子的老婆睡在～,臂上露出赤金镯儿。”

【脚跟】 jiǎo gēn ❶脚下。喻指身外。宋洪咨夔《念奴娇·敬借老人灯韵为寿》:“脑后功名,～富贵,梦断春旗仗。”明屠隆《昙花记》六出:“心中暗忖,盼天涯已在～。” ❷脚步;脚力。元刘壎《隐居通议》卷二三:“伏愿心地清平,～强健,饱食安眠。”明孟称舜《死里逃生》三出:“则趁著这晓风残月,～轻蹑。呀!猛回头、那答树影云遮。”康海《中山狼》一折:“奔走天涯,～消乏青驴跨。” ❸足迹;行踪。宋元《警世通言》卷一九:“踏着酒保～入去,到酒缸前。”《元曲选外编·西厢记》一本一折:“游艺中原,～无线、如蓬转。”明袁宏道《致吴因之书》:“～不定,待何时定?” ❹比喻立场、行为准则。宋《朱子语类》卷九三:“世衰道微,人欲横流,不是刚劲有～底人,定立不住。”明《古今小说》卷二九:“阿婆立～不牢,不免又去做媳妇也。”清《姑妄言》一回:“易于仁就做你的名字。你须顾名思义,不可再错～。” ❺指建筑或物体的下端。元佚名《梧叶儿·甘露寺》:“手掌里金山寺,～下铁瓮州。翻滚滚水东流,一线系三江夏口。”△清《施公案》一六二回:“壁角高高的一囤白米,墙～堆了数十瓮五彩花坛泥头陈绍酒。” ❻立足点;根据地。明何良臣《阵纪》卷一:“临战则先为逋北,欲其扎定～犹不可得,又何能望其取胜。”清蓝鼎元《六月丙午大捷露布》:“层霄二险连收,～已踏实地,从兹城垒可据,进战退守皆安。”《荡寇志》一〇四回:“且慢,我们且把莱芜、新泰两处～立定了再商。” ❼程度;水平。明《醒世恒言》卷三:“九阿姐家有几个粉头,那一个赶得上你的～来?”又卷二〇:“他目下虽穷,后来只怕你还跟他～不着哩!” ❽根底;根基。明《山歌·鞋子》:“看子后生十分像意,弗知那亨个家门,原来是好人家脚气,弗是个样打弗穿个～。”清《野叟曝言》二八回:“他怕不知道你的～,教我把官势来压你。”《姑妄言》一二回:“还骂了计氏一场,说他做娘的～不正,才养得女儿不长进。” ❾底细。清《姑妄言》一三回:“马氏听说着了～,料瞒不住。”

【脚跟头】 jiǎo gēn tou ❶脚下;脚边。宋华岳《有感》:“若使渊明逢鲁肃,折腰应到～。”明《挂枝儿·竹夫人》:“你两个贴肉的相亲也,就放我在～。”清《儒林外史》一六回:“匡超人将被单拿来,在太公～睡。” ❷旁边;附近。明《醒世恒言》卷三四:“说话的,这田在赵完屋～,如何不先砟了,却留与朱常来割?”《西湖二集》卷一九:“定要把人做话柄,说是灶～、烧火凳上、壁角落里不长进的龌龊货。” ❸内部。明《型世言》三六回:“老杜忠厚,奶子与阿财须不忠厚。应捕也说是～人。”

【脚行】 jiǎo háng 以替人运输为业的铺行。清雍正八年二月二十五日立卫奏文:“又访拿问罪脱枷在逃伊与～沈天佑等结仇最深。”△《三侠剑》二回:“你们这十三省总镖局向来优待～,不用说价啦。”

【脚户】 jiǎo hù 以替人运输为业的人户。五代后唐明宗长兴四年五月盐铁使定私盐科罪奏:“所有元本家业田庄,如是全家逃走者,即行典纳。仍许般载～、经过店主人、脚下人力等纠告,等第支与优给。”清《醒世姻缘传》五回:“又叫宅里再暖出一大瓶酒来与～吃,做刚做柔的将～打发散去。”《歧路灯》七四回:“卸完了载,交与隆吉管待～。”

【脚货】 jiǎo huò 质量差的货物。清雍正十年《江西通志》卷一三五:“瓷器出窑,每分类拣选,以别上色、二色、三色、～等名次,定价值高下。”《十二楼·生我楼》三回:“那些乱兵要把丑的老的都卖尽了,方才卖到这些人。今日～已完,明日就轮到此辈了。”

【脚迹】 jiǎo jì ❶时运。犹言踩在点儿上。唐赵璘《因话录》卷二:“李太师逢吉知贡举,榜成未放而入相。……及第人就中书见座主,时谓‘好～门生’。”《元曲选·货郎旦》一折:“这也是我～儿好处,一入门先妨杀了他大老婆。” ❷脚步。宋文天祥《登楼》:“高鸿尚觉心期阔,蹇马何堪～长。”明《封神演义》二六回:“只听的殿后有～之声,黄元帅望后一观,见比干出来。”清《醒梦骈言》五回:“豁拳行令,欢呼达旦,～也不踅到灵座前来。” ❸行踪。宋饶节《次韵李二》:“男儿生堕地,～付九州。”元王义山《贺新郎·乙亥春题雁荡山》:“灵运当年为太守,佳处都曾游历。独不见、此山～。” ❹脚力;脚技。宋魏了翁《通谢尚书启》:“鬓毛尚青,～正好。”王明清《挥麈后录》卷八:“值王在园中蹴鞠,俅候报之际,睥睨不已。王呼来前询曰:‘汝亦解此技邪?’俅曰:‘能之。’漫令对蹴,遂惬王之意。……不次迁拜。其侪类援以祈恩,上云:‘汝曹争如彼好～邪!’” ❺比喻供遵循的榜样、规矩等。宋罗璧《罗氏识遗》卷六:“宋儒释经高出前古者,以不袭汉晋以来训诂旧～,及溺于谶纬巫怪之说。”朱熹《书麻衣心易后》:“然予前所见本有张敬夫题字,犹摘其所谓‘当于羲皇心地上驰骋,莫于周孔～下盘旋’者,而与之辨。” ❻痕迹;迹象。明《型世言》三六回:“冯外郎正在家里等回报,见了周一道:‘物来了么?’周一道:‘八分是你的,～相。’”

【脚家】 jiǎo jiā 犹“脚户”。唐李炎《定盐铁度支等官赃罪诏》:“度支盐铁户部等司官吏及行纲～等,如隐使官钱计赃至三十匹,并处极法。”宋黄震《申提举司水利状》:“加以般渡之舡梢,夯担之～,惟利塘摧水竭,以邀客旅。”明《警世通言》卷五:“不是别人,却是哥哥吕玉,兄弟吕珍,侄子喜儿,与两个～,驮了行李货物进门。”

【脚价】 jiǎo jià 运输费用。唐权德舆《论旱灾表》:“应给～,皆与实钱,务令速到京师,不计在途省费。”明陈全之《蓬窗日录》卷三:“每米一石减陆挽费银四分五厘,岁省漕夫～银十万餘两。”清《歧路灯》六六回:“但只是家兄贩货进京,芦沟桥上税,到海岱门下了行开发～,得好儿百两。”

【脚舰】 jiǎo jiàn 即“脚船”。元明《三国志通俗演义》卷一四:“军士见大船将覆,争下～逃命。”

【脚力】 jiǎo lì ❶行走或搬运的能力。唐杨筠松《疑龙经》上篇:“只恐寻龙易厌教,虽有眼力无～。”明汤显祖《邯郸记》一一出:“东京运米西京,费尽人牛～。转搬多有折耗,颠倒刻减顾直。”清《醒世姻缘传》六九回:“常功见狄希陈走的甚是狼狈,气息奄奄,～不加。” ❷传递文书或递运货物的差役或民丁。《唐律疏议》卷八:“放烽讫而前烽不举者,即差～往告之。”《元典章·兵部三》:“官司～搬运,其餘诸物,无搬运的体例。” ❸付给搬运、跑腿者等的费用。《元典章·户部八》:“年例户部行下各处和买纸札印造发去办课,缘大都相去地远,不惟迟到,恐误使用,抑亦多费～。”清《快心编》三集一回:“丽娟叫兰英封了二钱银子,付香公作～。”△《双凤奇缘》四回:“进城来至馆驿,打发抬人～去了,孙、赵二人自己抬了黄金入内。” ❹指供运输或代步的牲口。元《通制条格》卷一七:“诸和雇～,皆尽行车之家,少则听于其餘近上有车户内和雇。”明佚名《鸣凤记》一一出:“老夫人一路行来,万般辛苦,特与杨爷讨个～。”清《歧路灯》七二回:“缘此马甚良善,跑差已将次近老,到我家可替个～,亦可充碾磨之用。” ❺能力。借指权势或靠山。明《拍案惊奇》卷二二:“他们做得兴头的,多是有根基,有～,亲戚满朝,党羽四布,方能够根深蒂固。”清《平山冷燕》九回:“你道张寅为何这等殷勤?原来他倚着父亲的～,要打点考一个案首。”《荡寇志》八四回:“此段冤狱,非有大～的人救不得。” ❻比喻引路的人。明《醒世恒言》卷二三:“从来男子不许擅入中堂。便是那人来,也有个女待诏做牵头,小妮子做～,才走得进来。”

【脚炉】 jiǎo lú 内置炭火或火灰以供暖足用的小炉。元倪瓒《与介石书》:“先公竹杖、～、小巾,倘有之,希寻以见惠。”明《山歌·汤婆子竹夫人相骂》:“道是我热闹闸介有趣,暖烘烘介对科,弗比薰笼介碍事,又强如火炭个～。”清《风流悟》四回:“天色渐冷,得个～烘一烘便好。”

【脚路】 jiǎo lù 路径;行走的路线。特指行劫盗窃的线路。明罗洪先《与谢子贞书》:“切勿又作别见解,又疑～未的,支搅此心。”清《何典》七回:“还亏少时臭鬼曾领了他到过这庙里几次,想起～来还依稀有些认得。”《野叟曝言》二五回:“他们是两个小孩子,看什么～?咱船上又没财物。”

【脚驴】 jiǎo lǘ 替人运输取酬用的驴。明谭纶《访获疏》:“恺与周辅雇送～二头,比刘保步行随后。”清《绿野仙踪》六回:“又雇了两个～儿,替换的骑。”《歧路灯》四四回:“过了府衙门街口,只听得一个人说道:‘相公骑～儿罢。’谭绍闻道:‘我正要雇脚哩。’”

【脚盘】 jiǎo pán 脚腕。明朱橚《普济方》卷三〇九:“凡～出臼,用人以脚从腿上踏一搬,双手一搏,摇二三次。”王肯堂《证治准绳》卷一一八:“若或内外踝骨、左右～锉跌损伤,用脚踏直拽正,按捺平正。”

【脚盆】 jiǎo pén 洗脚盆。《元曲选·连环计》三折:“拿大钟子来。若没大钟子,便～也罢。”明朱橚《普济方》卷二七:“服此药后,常暖葱汤于～内,探手掬水洗谷道。”清《儒林外史》五三回:“拿出一包檀香屑倒在～里,倒上水,请四老爷坐洗脚。”

【脚婆】 jiǎo pó 内盛热水用以暖足的器皿。宋黄庭坚《戏咏暖足瓶》之一:“千金买～,夜夜睡天明。”元陈镒《春日次韵罗善先照磨》之一:“人生用舍如刍狗,世态炎凉似～。”清李光庭《乡言解颐》卷四:“若木榻冷衾,颇不可耐,于是有～之设。”

【脚气】 jiǎo qì ❶根基;出身。明《山歌·鞋子》:“看子后生十分像意,弗知那亨个家门,原来是好人家～,弗是个样打弗穿个脚跟。” ❷根由;原因。明《禅真逸史》一〇回:“只见一人披头散发,指手划脚的喊叫,口里不住的恨说没了三百两银子。刁应祥谅得有些～,分开众人,向前将陈阿保捉住。”清《鼓掌绝尘》三五回:“陈珍心内自知～,吓得就如木偶人一般。” ❸时运;运气。清《八洞天》卷一:“都是这妖物～不好,克杀了夫主。”《风流悟》六回:“刚讨得媳妇进门,就无病急死,莫不媳妇的～不好?”

【脚钱】 jiǎo qián 搬运费;跑腿钱。唐裴耀卿《请置武牢洛口等仓疏》:“今若且置武牢、洛口等仓,江南船至河口,即却还本州,更得其船充运,并取所减～,更运江淮。”元《三遂平妖传》七回:“好意载你许多路,～又不与我。”清《歧路灯》二二回:“连昨日林宅,共唱了三个戏,还不够箱的～。”

【脚色】 jiǎo sè 另见 jué sè。❶履历。多指官员申报的家世、出身、任职、所受奖惩情况等。宋韩元吉《集议颁冗虚伪弊事状》:“其间～无瑕疵,或曾任繁难大县,或诸司列荐人,往往或注列郡倅,或注诸司干官。”明孟称舜《娇红记》五出:“四座诸宾请弗喧,听我两人念～:我祖号为戈十贝,我父号是马户册。”清《醒世姻缘传》五〇回:“后来选官写～,上司见是廪监,俱肯另眼相待。”也指呈报履历的文书。明汤显祖《邯郸记》二九出:“小九卿堂上官,共一百八十员名,～问安到堂。” ❷根基;来历;出身。宋胡次焱《与贵池县于丞书》:“不料青衿子之～,而为黄绶吏之头颅。”明《西游记》五二回:“你且放心,待老孙再去查查他的～来也。”清吴伟业《秣陵春》三六出:“乡科～正堂衔,考察愁填老疾贪。……下官秣陵县正堂董成龙的便是。七十岁老乡科,三个月新知县。” ❸脚的样子。明杨柔胜《玉环记》六出:“〔丑〕我又不曾冲撞他,为何要呈我?〔净〕他也直说你脚大,侵占他的地方。〔丑〕狗骨头,你才知老娘的～!”按,此例语义双关。字面指脚样,暗指身分。❹底色。明高濂《遵生八笺》卷一四:“其伪制法:铸出剔摩光净,或刀刻纹理缺处,方用井花水调泥矾,浸一伏取起烘热,再浸再烘,三度为止,名作～。” ❺本色;真实身分。明《禅真逸史》一三回:“汝到彼处,不可露出道士～。称我为相公,陈大叔为大官儿。”清孔尚任《桃花扇》三出:“〔丑〕一年到头不吃素。〔副净〕腌胙。〔丑〕啐!你接得不好,到底露出～来。” ❻踪迹;底细。明《警世通言》卷二一:“只见外面一个人入来,到房门口探头探脑。公子大喝道:‘什么人敢来瞧俺～?’”《醒世恒言》卷三〇:“不想店主人见他们五人五骑,深夜投宿,一毫行李也无,疑是歹人,走进来盘问～。”清《说岳全传》六回:“你是什么歹人,敢在我庄上来相～?”

【脚梢皮】 jiǎo shāo pí 脚掌边的死皮。比喻卑贱奔走、无足轻重、可随时舍弃的人。明佚名《锁白猿》二折:“量这等山精鬼怪,都是～东西,怎生敢搅乱五姓之家。”又《李云卿》三折:“你跟着这～先生,则好师姑庵里送简儿罢了。”又《长生会》二折:“成仙了道都无我,则我是光边油嘴～。”

【脚梢天】 jiǎo shāo tiān 仰面跌倒,四脚朝天。《元曲选·伍员吹箫》一折:“那拳头刚擦的一擦,便一个～哩。”又《铁拐李》四折:“出门来推了个～,这婆娘不将我睬。”按,元刊本作“捎”。元明《水浒传》一〇三回:“黄达扑通的攧个～,挣扎不迭。”

【脚手】 jiǎo shǒu ❶指脚和手的状况、形状。唐顾况《露青竹杖歌》:“蛟龙稽颡河伯虔,拓羯胡雏～鲜。”明沈采《千金记》四九出:“如今就没饭吃,也落得～轻捷。不像你坏了这眼,行走不得。”清《霓裳续谱·玉美人在绣房》:“〔正〕想是那人年小。〔小〕二九十八的青春。〔正〕想是他头脸干净。〔小〕～件件应人。” ❷指脚和手的动作。唐韩愈《月蚀诗效玉川子作》:“径圆千里纳女腹,何处养女百丑形。杷沙～钝,谁使女解缘青冥?”宋洪迈《夷坚志》甲卷九:“三舅报无常,诸甥～忙。熟捶三挺皂,烂煮一锅汤。”清《天豹图》二三回:“原来这妖怪～甚慢,与陶天豹杀不上十餘合,被陶天豹打了七八下竹刺。” ❸手法;手段;本事。宋赵德麟《侯鲭录》卷七:“近世人多学传师,又不至,但有小人跳簁蓦圈,～令人可憎。”明《二刻拍案惊奇》卷一六:“又到转运司告了,批发县间,一发是原问衙门。只多得一番纸笔,有甚么相干?落得费坏了～,折掉了盘缠。”清《红楼复梦》六〇回:“他在夫家时,原是走门子做卖婆，……因为～儿去得，那些老爷、相公们都还同他走得上。” ❹手脚；暗中采取的行动。宋《朱子语类》卷一一六：“不合将许多条法与寿皇看，暴露了，被小人知之，却做了～。”元明《水浒传》六六回：“因此累累寄书与梁中书，教道且留卢俊义、石秀二人性命，好做～。”明《挂枝儿·调情》：“早是不曾做～，险些露出马脚儿。” ❺马脚；痕迹；漏洞。《景德传灯录》卷一八《漳州报恩院怀岳禅师》：“问：‘如何是报恩一灵物？’师曰：‘吃如许多酒糟作么！’曰：‘还露～也无？’师曰：‘这里是什么处所！’”明胡应麟《诗薮·古体上》：“《朔风》稍露词人～，格调在汉魏间。”《二刻拍案惊奇》卷二一：“这等，我们只在这家买酒吃，就好相～盘问他。” ❻角色；某种人物。宋克勤《碧岩录》一一则：“大中天子曾经触，三度亲遭弄爪牙，黄檗岂是如今恶～！”《景德传灯录》卷六《中邑洪恩禅师》：“还有人定得此道理么？若定不得，只是个弄精魂～。”又卷一九《云门山文偃禅师》：“汝若不是个～，才闻人举便当荷得，早落第二机也。” ❼指鞋袜。元明《水浒传》四四回：“石秀已把猪赶在圈里，却去房中换了～，收拾了包裹行李。”明洪武十二年《苏州府志》：“鞋袜曰～。”清《醒世姻缘传》七三回：“衣架上的衣服旧鞋～都收拾在一个厨里，上了锁。” ❽偏指脚或女子的脚型。明无心子《金雀记》七出：“〔净撞丑头介，丑踢净脚介，丑〕是那个头头撞着？〔净〕是那个～牵缠？”清《醒世姻缘传》九回：“计氏戴了不多几件簪环戒指，缠得～紧紧的。”《歧路灯》四回：“那鞋儿小的有样范，这～是不必说的。” ❾手脚活动能力；体力。明冯惟敏《不伏老》四折：“但得个身心安乐，长则是～坚牢。”清《玉蜻蜓·访庵》：“你们有大慈大悲观音佛，保佑你们身体康宁～松。” ❿拳脚。明徐畛《杀狗记》一〇出：“休得迟延，吃吾～。” ⓫工具；用具。明《金瓶梅词话》一三回：“这西门庆使用梯凳扒过墙来，这边早安下～接他。”《醒世恒言》卷一四：“俱是日间安排下～，下刀挑开石板下去，到侧边端正了。”《西洋记》二八回：“雨来却要了我们没～的，不免到这个山凹底下躲一躲儿。”

【脚水】 jiǎo shuǐ 洗脚水。明《金瓶梅》一二回：“替他脱衣解带，伺候茶汤～。”袁于令《双莺传》五折：“夜深人静，往那里去？自然歇在这里。小厮，快担～来。”清《玉蜻蜓·游庵》：“等我先去冲头阵，掇～总是我老娘家晦气。”

【脚踏】 jiǎo tà ❶供上下或坐床、椅时踏脚用的器物。宋吴自牧《梦粱录》卷一：“执从物如校椅、金花、……躄百花背座御椅子并～。”清《醒世姻缘传》一四回：“两个丫头坐在床下～上，三四个囚妇，有坐矮凳的，有坐草墩的。”《红楼梦》三回：“地下面西一溜四张椅上，都搭着银红撒花椅搭，底下四副～。” ❷脚掌。明汤显祖《邯郸记》三出：“怎头直上非烟非雾，～下非楚非吴，眼抹里这非赤也非乌？”

【脚蹋】 jiǎo tà ❶脚滑。比喻失误。明《型世言》二一回：“爱姐道：‘莫不有些～？’徐铭笑道：‘我这机谋，鬼神莫测，从那边想得来？’”清《豆棚闲话》七则：“设或今朝起义，明日兴师，万一偶然～手滑，未免做了招灾惹祸的都头。” ❷比喻行为不正。明《型世言》六回：“后边也见寡妇有些～手歪，只做不晓。”

【脚踏板】 jiǎo tà bǎn 供上下或床前踏脚用的板子。唐孙思邈《备急千金要方》卷二三：“悬板为桥，去汤二寸许，以～拄脚坐。”《元曲选·楚昭公》三折：“渡过江了，撺下～，请登岸。”明《金瓶梅词话》三一回：“书童儿晚夕只在床～上搭着铺睡。”

【脚踏子】 jiǎo tà zi 即“脚踏❶”。宋王明清《挥麈前录》卷三：“乘轿直抵～始下，呵舆之声惊耳。”

【脚汤】 jiǎo tāng 洗脚热水。元《三遂平妖传》六回：“店小二掇～来，那厮洗了脚。”元明《水浒传》二一回：“灶里见成烧着一锅～，再铸上些柴头。”

【脚桶】 jiǎo tǒng 洗脚用的桶。宋吴自牧《梦粱录》卷一三：“面桶、项桶、～、浴桶、大小提桶。”明《山歌·姑嫂》：“深山里落叶弗要扫，～宽来只要箍。”《型世言》一九回：“两只黑漆箱、马桶、～、梳桌、兀凳。”

【脚头】 jiǎo tóu ❶脚边；脚端。唐杨德辉《征青州长老嘲僧门》：“行者趁教门里卧，尼师留在～眠。”明《封神演义》二四回：“你至黄昏时候，睡在坑内，叫你母亲于你头前点一盏灯，～点一盏灯。”清《醒世姻缘传》一六回：“只见一床夹被在～皮箱上面，晁夫人去扯那床夹被。” ❷脚步。也指奔波。宋李之仪《与储子椿简》：“京师久住，意况可乐处多，闻见所博，固不在言。而～所到，便可卒岁。”《元曲选·朱砂担》一折：“过了些芳草长亭，再不曾半霎儿得这～定。”清《风流悟》四回：“即往后一看，只见一步一步，～印儿多向外的。” ❸行程。宋洪迈《夷坚志》甲卷一五：“躇曰：‘大人且在是，当呼大兄来。’父止之曰：‘我～紧，便去矣。’” ❹指行踪。《元曲选·救风尘》三折：“只是你～乱，一时间那里寻你去？” ❺路径；行动线路。元明《水浒传》二回：“李吉，张我庄内做甚么？莫不来相～？”明《西湖二集》卷一三：“日间走到周思江后门，相了～端正。” ❻行进的方向。明《古今小说》卷一：“叫住了瞎先生，拨转～，一口气跑上楼来。” ❼脚。明汤显祖《邯郸记》一三出：“手儿弯弯抱子帝王颈，～弯弯搭子帝王肩。”《醒世恒言》卷一〇：“～缠紧，套上一双窄窄的尖头鞋儿，看来就像个女子。”清《歧路灯》四〇回：“惠观民亲取自己布被，盖了兄弟～。” ❽水流或物体等的下端。明陈献章《次韵送陈秉常之荆门州任》：“闲望白云飞彩水，～落处洞门宽。”清《绿野仙踪》八一回：“何氏只当丈夫说他苦了，越发在床～哽哽咽咽，悲伤不已。”《醒世姻缘传》三六回：“黑夜叫他在炕～睡。” ❾脚夫头目。清《警寤钟》九回：“话说扬州府泰兴县城外有个～，姓杭名童。”

【脚头妻】 jiǎo tóu qī 妻子。脚头，脚边，言其关系密切。元岳伯川《铁拐李》三折：“这其间啼哭杀娇养儿，烦恼杀～。”《元曲选·冤家债主》四折：“两个儿命掩黄泉，你那～身归地府。”明佚名《锁白猿》三折：“我想这泼妖魔罪不容诛，强占我～怀内子。”

【脚头人】 jiǎo tóu rén 称妻、妾。明梅鼎祚《玉合记》三八出：“红鸾运轮孤辰，打褪闭门，走却～。”

【脚膝】 jiǎo xī 膝盖。唐孙思邈《备急千金要方》卷八二：“每旦夕，面向午，展两手于～上，徐徐按捺肢节。”明《绣榻野史》卷下：“麻氏坐在东门生～上，单裙掀过。”清《荡寇志》九一回：“山凹内雪没着～价深，谷风又大。”

【脚膝头】 jiǎo xī tóu 膝盖。清《十二楼·拂云楼》五回：“男子汉的～，只好跪上两次。”又：“你这副～跪过了我，不许再跪别人。”

【脚下】 jiǎo xià ❶指物体的下端或所覆盖的范围。唐刘迥《烂柯山·石桥》：“凭槛云～，颓阳日犹早。”明《封神演义》三六回：“只见对阵旗幡～有一将，银盔素铠。”清《隋唐演义》四回：“有在我门下效劳得一官半职的，有长安～有甚么亲故的，这几项人，都不要随我去了。” ❷门下；属下；名下。《祖堂集》卷二《菩提达摩》：“路上逢僧礼，～六枝分。”清《醒世姻缘传》九三回：“众人问道：‘你是甚人，知得如此详细？’黄巾后生道：‘我就是圣姆～的管茶博士。’”《八洞天》卷八：“所遗薄田并～住房，都交付与思恒贤弟收管。” ❸当下；马上。宋钱愐《钱氏私志》：“子瞻若能～承当，把一二十年富贵功名贱如泥土，努力向前。”清《玉蟾记》四回：“再说胡宗宪之妻褚氏亦在～分娩，收生婆早已接在家中。” ❹指鞋子。明《警世通言》卷二八：“便是雨不得住，鞋儿都踏湿了，教青青回家取伞和～。”

【脚下人】 jiǎo xià rén 奴仆。明《金瓶梅词话》二〇回：“复请了西门庆进去，然后才把～赶出去，关上仪门。”清《绣戈袍》一八回：“自来每每一班官宦家前来聘他为婚，但所来的非亲家志趣与你的姨丈不同，或～不免袍裤气习。”

【脚线】 jiǎo xiàn ❶拴在飞禽脚上用以控驭的线。清《飞龙全传》二八回：“忽听得一声铃响，只见一只带～的黄鹰飞来。”❷隐秘的信息；暗号。清《醒世姻缘传》一二回：“巡道看说：‘那七百两银子有甚凭据？’计巴拉道：‘在那朱票日子底下暗有～。’巡道照见了‘五百’二字。”又四三回：“囚妇因禁子递了～，不曾闩上外门。”

【脚野】 jiǎo yě 胡乱行走，没有约束。明《挂枝儿·醋》：“不是我看得你紧，只怕你～往别处去波。”

【脚印】 jiǎo yìn ❶脚步痕迹。清《醒世姻缘传》一九回：“晁大舍屋门口有唐氏的湿～直到房门口边。”《风流悟》四回：“去了不远，我同你急依着～赶去，还赶得着的。”《荡寇志》九一回：“你但看地下的雪一望如镜，并不见一个马～。” ❷比喻以往的行为。清《歧路灯》八二回：“我大爷在世，走一步审一步～儿，一丝儿邪事没有。”

【脚影】 jiǎo yǐng ❶踪迹；踪影。明《醒世恒言》卷三六：“整整闹了数日，卞福～不敢出门。”清《醒世姻缘传》一九回：“晁大舍晓得小鸦儿在家里，故意～也不到前边。”《醒梦骈言》七回：“从早至晚，戾姑的～也不见踅来。” ❷比喻可供揣摩的迹象。明《型世言》四〇回：“先时人还道他偶然，到后来十句九应，胜是市上这些讨口气踏～课命先生。”

【脚硬】 jiǎo yìng 命硬；福分大，生命力强。明《金瓶梅词话》三〇回：“李大姐养的这孩儿甚是～，到三日洗了三，就起名叫做官哥儿罢。”又三七回：“到明日你家姐姐到府里～，生下一男半女，你两口子受用。”

【脚鱼】 jiǎo yú 鳖的讳称。明屠本畯《闽中海错疏》卷下：“鳖，一名团鱼，一名～。”李日华《六研斋二笔》卷二：“今太湖渔人以三等网行湖中。最下为铁，～之善沉者遇之。”清《儒林外史》四七回：“看见他们大肥肉块、鸭子、～，夹着往嘴里送，气得火在顶门里直冒。”

【脚爪】 jiǎo zhǎo 脚；爪。唐孙思邈《备急千金要方》卷四〇：“或言未竟便住，以手剔～，此人必死。”明朱橚《普济方》卷三五一：“取蟹～，以酒及醋汤煎服。”《韩湘子》一一回：“张千连忙拿锤凿，把狮子凿下一只～。”

【脚直】 jiǎo zhí 即“脚钱”。《唐六典》卷三：“各准配租调远近，州县官司收其～，然后付国邑官司。”《金史·漕渠志》：“凡挽漕～，水运盐每石百里四十八文。”清《聊斋志异·鸦头》：“途中～供亿，烦费不赀，因大亏损。”

【脚子】 jiǎo zi ❶脚。宋洪迈《夷坚志》支乙卷五：“乃料简其不能行者，得八百人，谕其徒曰：‘各纳～。’须臾间，则八百女双足剁叠于庭。”明《金瓶梅词话》八〇回：“见今你便长伸着～去了，丢下子如斑鸠跌弹，倚靠何方？”清《醒世姻缘传》五九回：“这贼淫妇，快着提溜～卖了！” ❷脚状物；器物插脚或建筑地基。唐王焘《外台秘要方》卷二二：“右七味捣筛，以蜡及鹅脂和丸，稍长作，以钗～穿中心为孔。”宋李诫《营造法式》卷二六：“鸱尾，每一只铁～四枚，各长五寸。”清《品花宝鉴》二五回：“其一带大山是土做～，上面堆起崇山峻岭。” ❸比喻牵涉处。宋《朱子语类》卷三五：“又问：‘志于道，据于德，依于仁’，与此相表里否？曰：也不争多。此却有‘游艺’一～。” ❹脚夫。明倪岳《灾异陈言疏》：“每遇钱粮进入，辄便拦当，或将解子赶逐，或将～赶打。”张岱《陶庵梦忆》卷三：“惠山泉不渡钱唐，西兴～挑水过江，喃喃作怪事。”清《粉妆楼》三七回：“叫～挑了行李物件，同史忠、秋红弃舟登岸。” ❺专门代人长途送信或捎带东西的人。清恽敬《与来卿书》：“十一月甫回任，有福建～过瑞金，立等作书，已写大纲付寄。”《红楼复梦》二九回：“三舅老爷差了一个包程～送书子来，老爷瞧了，叫请大爷说话。” ❻手脚；圈套。清《醒世姻缘传》四六回：“这是你们做的～哄那徐大爷。”

【脚踪】 jiǎo zōng ❶脚迹；脚印。宋张舜民《晚秋》之三：“沙鸥性在终难下，只解沙头印～。”《元曲选外编·西厢记》一本一折：“若不是衬残红芳径软，怎显得步香尘底样儿浅？且休题眼角儿留情处，则这～儿将心事传。”清《续金瓶梅》三三回：“书房门首见一双小～儿，在泥里走得横三竖四。” ❷犹“脚迹❷”。明汤显祖《牡丹亭》三〇出：“你来的～儿恁轻，是怎的？”《醒世恒言》卷二一：“隐隐的闻得～声近，急忙里用力去推那些醉汉。”清《东周列国志》三〇回：“～到处，将晋兵乱砍。” ❸犹“脚迹❸”。明孙柚《琴心记》一〇出：“自家守候小姐多时，如何杳无音问？天呵，～空蹑，～空蹑，咽吐空劳内热。”清《歧路灯》四五回：“王中又着双庆儿细查夏鼎～，却见每日在街头走动。” ❹比喻动向。明《二刻拍案惊奇》卷一一：“死后数月，自有那些走千家管闲事的牙婆每，打听～，采问消息。” ❺犹“脚迹❺”。清《红楼梦》六四回：“若要随人～走去，纵使字句精工，已落第二义，究竟算不得好诗。”又七一回：“凤丫头仗着鬼聪明儿，还离～儿不远。咱们是不能的了。”《补红楼梦》九回：“你比我还想的周到。明儿出了嫁，真赶得上你妈妈的～儿。” ❻指行为牵连。清《歧路灯》六四回：“但宗宗匪案，都有此人～，定然是个不安本分、恣意嫖赌的后生。”

【脚足】 jiǎo zú 脚。唐王焘《外台秘要方》卷四〇：“凡入山路行草木中，常以腊月猪膏涂～指间趺上及著鞋处。”《敦煌变文校注》卷二《前汉刘家太子传》：“如若凭～而[行]，虽劳一生，终不得见。”明王肯堂《证治准绳》卷二六：“如人感风湿，流注～，痛不可忍。”

【搅】 jiǎo ❶绞转；转动。《元曲选外编·黄鹤楼》二折：“那秃二姑在井口上将辘轳儿乞留曲律的～，瞎伴姐在麦场上将那碓臼儿急并各邦的捣。”清《荡寇志》八六回：“楼内四小卒～起桦车，那座飞楼豁剌剌的平地涌起四十餘丈。”又一三〇回：“便把那支枪～了个花心，往后面吐出去。” ❷缠绕；扭结。元明《水浒传》一三回：“两个在阵前来来往往，番番复复，～做一团，纽做一块。”清江旭东《台湾外记》卷上：“各乘一舟，亡台湾为盗，风引桅带，～而为一。”《荡寇志》一二七回：“这边梁山营里宋万、杜迁见官军添了两将，一齐杀出阵来。兰生、史进仍复狠命～住。” ❸纠缠；掺和。明《拍案惊奇》卷一七：“何不讨一房媳妇与他？我们同弄他在混水里头一～，他便做不得硬汉。”清《红楼复梦》三五回：“让平丫头同太太先去接亲家，咱们～在里面干什么？” ❹缠磨；用拖延的手段对付。明《挂枝儿·心虚》：“不合我做了亏心事，被他瞧破怎么好，且昧着心儿也，罢，拼着和他～。”清《霓裳续谱·你说你呆》：“二达子，别～了，你去罢，看我妈妈来。”《补红楼梦》九回：“你看今儿我们这儿位姑奶奶，也没一个儿善静好缠的，姥姥那里～的过他们呢。”

【搅拌】 jiǎo bàn 搅动拌和。宋朱肱《北山酒经》卷中：“已上草拣择锉碎烂捣，用大盆盛新汲水浸，～似蓝淀水浓为度。”《元典章·刑部九》：“车船人户用水～，插和糠尘，因而盗用官粮者，十石以上剌面，杖一百七下。”明宋诩《竹屿山房杂部》卷二二：“拌匀日晒，频～，但到汁尽。”

【搅拨】 jiǎo bō 搅和拨动。宋洪迈《夷坚志》三辛卷九：“锅径阔丈餘，煎油滚沸，牛王举杈～。”朱肱《北山酒经》卷下：“再人瓮，厚盖合，且候隔两夜，方始～。”明朱橚《普济方》卷八〇：“炒药末，徐徐入瓶内，旋以柳枝子～，不令着瓶子四边。”

【搅缠】 jiǎo chán ❶搅动缠裹。宋朱肱《北山酒经》卷下：“取时以细竹子一条，头边夹少新绵，款款抽屑子，以器承之。以绵竹子遍于瓮底～尽着底浊物，清即休缠。” ❷纠缠；牵扯。《元曲选·张天师》三折：“你侄儿陈世英是花月之妖～成病，待贫道结一坛场，剿除妖怪。”明《金瓶梅词话》一一回：“我亲自听见你在厨房里骂，你还～别人。”清《歧路灯》四〇回：“惠养民觉着～不清，忍气吞气睡了一夜。” ❸花费；开销。明《金瓶梅》六回：“这两日倒要些银子～，且落得用了。”清《醒世姻缘传》九二回：“买了一口薄皮棺材，装在里面，扛抬埋葬，把一千钱～得一文不剩。”又九四回：“虽然有个布铺，还不足自己的～，那有供素姐的浪费？” ❹交易；交换（价值）。清《醒世姻缘传》一〇回：“这八刀纸，六十两银～不下来。”又五三回：“我只当就止一位三奶奶来，送了一两银子，我换了钱～的抬出材来。”又七五回：“只得把财钱也要收几两用，只是～出女儿来就罢了，没的好指着女儿赚钱使呀？”

【搅肠沙】 jiǎo cháng shā 同“绞肠痧”。元明《水浒传》九九回：“杨雄发背疮而死，时迁又感～而死。”明张介宾《类经图翼》卷一一：“干霍乱，即俗名～也。”

【搅吵】 jiǎo chǎo 搅扰吵闹。用作谦词。清《雪月梅》三〇回：“侄儿在这里～日久，还要姑姑费心。”又三九回：“承老太太、娘娘们的抬举，只恐在那里～。”

【搅炒】 jiǎo chǎo 纷扰不安；搅闹吵嚷。宋觉范《林间录》卷上：“日出卯，自～。眼诵经，口相拗。”明《拍案惊奇》卷一七：“亲生的正在乎知疼着热，才是儿子。却如此拗别～，何如没有他到干净！”

【搅登】 jiǎo dēng 搅闹折腾。清《续金瓶梅》四五回：“两人一路把主瞒，～的一家大小望影怕。”

【搅聒】 jiǎo guō 烦扰；搅闹。宋苏轼《西山戏题武昌王居士》：“荆笋供脍愧～，干锅更戛甘瓜羹。”朱熹《答陈卫道》：“久远到得真实乐处，意又自别，不似此动荡～人也。”

【搅裹】 jiǎo guǒ 犹“嚼用”。清《醒世姻缘传》六八回：“叫我找入十两银子，一切～都使不尽。”

【搅过】 jiǎo guò 犹“嚼用”。清《红楼梦》五九回：“况且我是寡妇，家里没人，正好一心无挂的在里头伏侍姑娘们。姑娘们也便宜，我家里也省些～。”

【搅害】 jiǎo hài 骚扰侵害。元《三遂平妖传》一三回：“叵耐你这妖僧，敢来帝辇之下使妖术～军民。”清雍正五年二月初三日上谕：“猺猓杂处，不时统众越境仇杀，～邻封地方。”陈端生《再生缘》二四回：“过处地方无～，军民百姓感恩波。”

【搅诨】 jiǎo hùn ❶同“搅混❶”。明《挂枝儿·蚊子》：“蚊虫哥，休把巧声儿在我耳边来～。” ❷胡闹。清《说唐后传》三五回：“你又在此～了。军师大人尚不认真，反要你割起首级来！”

【搅混】 jiǎo hùn ❶搅扰。明《金瓶梅词话》八六回：“耳边厢叫叫唧唧，～人半夜三更不睡。”清《醒世姻缘传》二一回：“莫去～他，且看他怎么死得。” ❷掺杂；搅扰混杂。明徐光启《新法算书》卷一四：“既水与地为连体，则重浊～，岂得通明？”清《绿野仙踪》六三回：“他原是酒色丛中歪货，若将他度了来，不但终于无成，连我们也被他～坏了。”

【搅给】 jiǎo jǐ ❶犹“搅缠❸”。明《金瓶梅词话》七八回：“若征收些出来，斛斗等秤上也够咱每上下～。”又：“得勾你老人家～，也尽我一点之心。” ❷犹“搅缠❹”。明《金瓶梅词话》四五回：“休说屏风，三十两银子还～不起这两架铜锣铜鼓来。”

【搅计】 jiǎo jì 同“搅给❶”。明《金瓶梅词话》九八回：“三五日教他下去查算账目一遭，转得些利钱来，也勾他～。”清《醒世姻缘传》八六回：“一件佀青坐马，一腰绰蓝布夹裤，通共～了四两多银。”又九三回：“把这坟止庄子留着，咱兄妹二人～。”

【搅家】 jiǎo jiā 搅乱家庭。《元曲选·神奴儿》四折：“则为这～泼妇心愚鲁，故要分居灭上祖。”清《醒世姻缘传》五二回：“若是这妯娌两个也象别人家唆汉子篡舌头，～合气，你就每日三牲五鼎，锦绣绫罗，供养那婆婆，那老人家心里不自在。”《白雪遗音·婆媳顶嘴》：“好吃酒，爱要钱，～不良的老养汉。”

【搅挠】 jiǎo náo 搅扰阻扼。唐元稹《竞渡》：“群动皆～，化作流浑浑。”宋苏轼《论高丽买书利害札子》：“所至差借人马什物，～行市，修饰亭馆，民力暗有陪填。”元方回《八月初一日》：“闲被贫为魔～，病须凉当药医治。”

【搅恼】 jiǎo nǎo 搅扰烦恼。元明《水浒传》五七回：“聚集着五七百小喽罗，打家劫舍，如常来～村坊。”明柯丹邱《荆钗记》二三出：“说道得了头名状元，人赘万俟丞相府中，教娘离了媳妇，因此僝僽～。”

【搅闹】 jiǎo nào 扰乱；搅扰吵闹。《元曲选外编·不伏老》一折：“如有～功臣筵宴者，着下官先斩后奏。”明《西游记》九七回：“教你们趁早解放他去；不然，教我在家～一月，将合门老幼并鸡狗之类，一个也不存留。”《大清律例》卷六：“下第诸生不安义命，逞忿混行～者，发附近充军。”

【搅蛆扒】 jiǎo qū pá 比喻搬弄是非、扰乱家庭秩序的女人。《元曲选·酷寒亭》一折：“咱须是官宦家，怎么好人家娶这等～。”又《灰阑记》四折：“这的是谁做就死冤家，哎，都是那～。”明佚名《勘金环》一折：“如今那满城里都唤你做败坏人伦～。”

【搅攘】 jiǎo rǎng 搅闹吵嚷。攘，通“嚷”。明汤显祖《牡丹亭》三二出：“前夕美人到此，并不堤防姑姑～。今宵趁他未来之时，先到云堂之上攀话一回，免生疑惑。”《西游记》七回：“将天宫让与我，便罢了；若还不让，定要～，永不清平。”

【搅绕】 jiǎo rào 扭搅盘绕。明顾起元《客座赘语》卷七：“小进食，蛔蛲上争啖，胸次～作恶耳。”《封神演义》四〇回：“空中金蛇～，遍地一块黑烟。”又：“金蛇～半空，火光飞腾满地。”

【搅撒】 jiǎo sǎ ❶胎气动，将分娩。明《金瓶梅词话》三〇回：“李大姐七八临月，只怕～了。” ❷即“觉撒”。明《朴通事谚解》卷中：“只怕同房人～了，又怕窗孔里偷眼儿看。”又卷下：“弓王～了，穿着下次人的衣服，逃走在山里。”

【搅手】 jiǎo shǒu 缠手；难办。清《歧路灯》五回：“阎相公道：‘这是恭喜的事，还有什么～么？’潜斋道：‘～多着哩。……上下申详文移，是要钱打点的。’”

【搅闲】 jiǎo xián 搬弄是非。元王实甫《四块玉》：“都一般运拙时乖，怎禁那～人是非，施巧计栽排。”季子安《粉蝶儿·题情》：“冷落了蜂媒蝶使，稀疏了燕侣莺朋，多应是～人将话儿哄。”佚名《新水令》：“～风吹散楚台云，天对付满怀愁闷。”

【搅用】 jiǎo yòng 同“嚼用”。清《醒世姻缘传》二七回：“一年包你十二两束脩，再要不够你～，我再贴补你的。”又五三回：“桌椅木器之类，只说家中没的～，都变卖了钱来收起。”

【搅阵】 jiǎo zhèn ❶冲锋陷阵。唐李贺《马诗》之一二：“他时须～，牵去借将军。”清邵长蘅《周将军》：“将军票鹞健绝伦，生驹～刀截云。” ❷搅成团。明《清平山堂话本·羊角哀》：“纷纷柳絮狂飘，片片鹅毛乱舞。团空～，不分南北西东。”

【缴】 jiǎo ❶缠绕；系结。《太平广记》卷四二一引《博异志》：“常以马鞭拂小树枝，遂被鞭梢～树，猝不可脱，马又不住，遂坠马。”宋孟元老《东京梦华录》卷五：“又以花红～檐上，谓之缴檐红。”明陆粲《庚巳编》卷一：“腰以下可见，皆花缯～股，其行甚疾。” ❷摆动；摇。宋苏轼《蝎虎》：“暗中～尾伺飞虫，巧捷功夫在腰膂。”明佚名《精忠记》一三出：“〔丑〕待我再～一卦。〔～介〕呀，一发不好了。此卦主男子有血光之灾。”清《野叟曝言》三七回：“长卿颠倒推详，一时难解，因又～了一签。” ❸转；拧；绞。《元曲选·任风子》三折：“每日把辘轳绳直～到众星稀，我可甚爱日月夜眠迟。”按，元刊本作“绞”。元明《水浒传》二回：“将棒一掣，却望后生怀里直搠将来，只一～，那后生的棒丢在一边。”清《醒世姻缘传》四四回：“狄婆子把他脸上十字～了两线，上了鬏髻。” ❹缴纳；上缴。宋欧阳修《与苏丞相简》：“记得当时离南都时，似缴纳了，恐未曾～时，须要见归着也。”明汤显祖《牡丹亭》五〇出：“今日文武官僚吃太平宴，牌簿都～了。”清《野叟曝言》五六回：“现在各府县规礼，还没～齐。” ❺揩；擦。明朱橚《普济方》卷五四：“右为细末，先～耳净，将药干掺耳中。”汤显祖《牡丹亭》二〇出：“小姐，再不叫咱把领头香心字烧，再不叫咱把剔花灯红泪～。”《山歌·陈妈妈》：“霍在肉上个样东西在上～了～，再惹得我介腤臜。”

【缴鼻】 jiǎo bí 剃鼻毛。宋洪迈《夷坚志》支庚卷五：“因令剃工～，为僧智全从傍过，误触其首。刀中断，牢不可取。”

【缴壁】 jiǎo bì 罩壁；人工遮饰的墙壁。宋耐得翁《都城纪胜·四司六局》：“帐设司，专掌仰尘、～、卓帏、搭席、帘幕、罘罳、屏风、绣额、书画、簇子之类。”《宋史·舆服志五》：“凡帐幔、～、承尘、柱衣、额道、项帕、覆旌、床裙，毋得用纯锦遍绣。”元明《水浒传》八回：“恰好府尹坐衙未退，但见：绯罗～，紫绶桌围。当头额挂朱红，四下帘垂斑竹。”

【缴驳】 jiǎo bó 驳正退还（奏议）。也泛指驳议。宋蹇驹《采石瓜洲记》：“朝廷又欲除杨正使而以允文副之，金安节、刘珙舍人等～，以为用存中不当，事寝。”罗大经《鹤林玉露》卷二：“白石道人新拜号，断无～任称呼。”明何孟春《应诏万言疏》：“六科得而～，十三道得而纠举，定不至以水济水，泛害无极也。”

【缴缠】 jiǎo chán ❶同“搅缠❷”。宋王质《达磨大师行龛记》：“梁武～名利之末，固不足以领达磨所付。”金《董解元西厢记》卷四：“不惟道鬼病相持，更有邪神～。”元孙周卿《水仙子·舟中》：“诗和雪～，一笑琅然。” ❷同“搅缠❸”。《元曲选外编·金凤钗》三折：“从今后，除了家私～外，拴衣做鞋，籴米买柴。”明《西游记》九一回：“三盏灯，每缸有五百斤，三缸共一千五百斤，共该银四万八千两，还有杂项～使用。”清《醒世姻缘传》五〇回：“这附学援纳～四百多金，说比监生优选。”

【缴呈】 jiǎo chéng 呈进；向上递送。宋魏了翁《与郑丞相书》：“不欲循袭谬例，～录本，乃以鄙见即封章之词，节成短启。”李曾伯《条具边事奏》：“此书臣于五月二十五日尝～。”清《野叟曝言》一二七回：“这起下去，第二起真女已到，八百银子亦～案上。”

【缴额】 jiǎo é 罩额；供遮饰的门脸上部。宋吴自牧《梦粱录》卷一九：“如帐设司，专掌仰尘、录压、桌帏、搭席、帘幕、～、罘罳、屏风、书画、簇子、画帐等。”

【缴耳】 jiǎo ěr 刮剃耳毛耳垢。宋洪迈《夷坚志》支庚卷五：“宇文子英尚书表弟李生～，亦被触，刀刃在中。”

【缴裹】 jiǎo guǒ 同“搅裹”。清《清夜钟》七回：“一日拼～他二钱银子，不消五钱东道，也是个经济嫖。”

【缴脚布】 jiǎo jiǎo bù 裹脚布。宋唐慎微《证类本草》卷九：“故～，无毒，主行劳复。”明李时珍《本草纲目》卷四下：“（产后无子饮乳欲回转者）～勒乳一夜，即回。”

【缴结】 jiǎo jié ❶缠扭。五代杜光庭《墉城集仙录》卷八：“二子花间窥，见千虬万龙互相～而为桥矣。”宋陈直《寿亲养老新书》卷一：“食治老人冷气心痛～气闷桂心酒方。”元王恽《榕树》：“～如蛇蚓，坚凝比柏松。” ❷（文章）收束归结。宋吕祖谦《古文关键·总论》：“第四看警策句法：如何是一篇警策，如何是下句下字有力处，如何是起头换头佳处，如何是～有力处。”魏天应《论学绳尺》：“～收拾处要紧切，前后相照。”元倪士毅《作义要诀自序》：“至宋季则其篇甚长，有定格律。首有破题，破题之下有接题，有小讲，有～，以上谓之冒子。” ❸统计具结。明于谦《兵部为贼情事奏》：“各将勘过缘由、杀虏人财等件、花名户口数目～，各申到府。”

【缴勒】 jiǎo lè 缠勒；缠绞。《太平广记》卷四五九引《玉堂闲话》：“逼而视之，见大蛇缠其身，解之不可。于是取利刃断其蛇，一段段置于地，弯弯然不展。～闷绝，因而失喑，旬日而卒。”

【缴臁】 jiǎo lián 裹腿的护具。臁，小腿的两侧。元明《水浒传》七四回：“护膝中有铜裆铜裤，～内有铁片铁环。”

【缴络】 jiǎo luò 缠裹；捆束。宋孟元老《东京梦华录》卷七：“池苑内除酒家艺人占外，多以彩幕～，铺设珍玉、奇玩、匹帛、动使、茶酒器物关扑。”《金史·礼志十一》：“凡在馆铺陈～器皿什物，户部差官与东上直阁同点检。”元商衜《一枝花·叹秀英》：“禽唇撮口由闲可，殴面枭头甚罪过，圣长里厮搭抹，倒把人看舌头斯～。”

【缴纳】 jiǎo nà 上缴；缴还。宋洪迈《夷坚志》支乙卷六：“觳惧而从之，且上章谢罪，～法式，誓不复敢行。”潘牥《水龙吟》：“玉带悬鱼，黄金铸印，侯封万户。待从头，～君王，觅取爱卿归去。”明《西游记》一〇〇回：“徒弟，将通关文牒取上来，对主公～。”

【缴绕】 jiǎo rào ❶环绕；缠绕。唐柳宗元《晋问》：“其小者则连牵～，仰乳俯龁，蚁杂螽集，啾啾濼濼，旅走丛立。”明潘季驯《河防一览》卷六：“又用大麻索竹絙周船身～上下，令牢不可破。”清查慎行《得朱悔人石泉书却寄》：“蛛丝～鹊联翩，信使来从古石泉。” ❷纠缠；缠扰。宋叶梦得《避暑录话》卷上：“空花妄想，初何所有？而况冤亲相寻，～何已？”洪迈《夷坚志》丙卷一〇：“汝为山魈～，曲折吾已尽知。”

【缴销】 jiǎo xiāo 缴回注销。清陆陇其《严禁冗牙示》：“其有从前朦胧请帖者，俱行～。”《野叟曝言》一〇四回：“素臣令将印信诰敕，公服器用等物，发还各府县，通报～。”《荡寇志》一一六回：“你干了这场功德，虽迟了些路程，日后正果了，却～一起大公案。”

【缴用】 jiǎo yòng 同“搅用”。清《情梦柝》一三回：“你两个先取三百五十两，兑还典价，餘俟进京～。”

jiào

【叫】 jiào ❶唱；演奏。唐李白《九日登山》：“胡人～玉笛，越女弹霜丝。”韩愈《奉酬卢给事云夫四兄曲江荷花行》：“撑舟昆明度云锦，脚敲两舷～吴歌。”明袁宏道《竹枝词》：“玉娘一曲～天鹅，此地曾经牙板过。” ❷称作。宋《朱子语类》卷二八：“如这刀有此钢则能割物，今～割做钢，却不得。”《元曲选·赵氏孤儿》四折:“这个穿红的那厮好狠也,他～什么名氏?”清《红楼梦》二回:“今年才十六岁,名～贾蓉。” ❸使令;吩咐。宋朱熹《按唐仲友第六状》:“去年三月内,唐仲友～上辉就公使库开雕杨子、荀子等印板,辉共王定等一十八人在局雕开。”六十种曲本《琵琶记》一五出:“如今爹爹苦不放过他,又～媒婆去说。”按,元刊本作“教”。清《醒世姻缘传》二回:“我～人做些酸辣汤,你吃他两碗。” ❹致使;使得。《敦煌变文校注》卷二《韩擒虎话本》:“三十步腰间取箭,四十步搭阔(括)当弦,拽弓～圆,五十步翻身倍(背)射。”六十种曲本《琵琶记》四出:“你如今劝我孩儿去赴选,千万～他做个养济院头目回来,众人也不敢欺负我。”清《醒世姻缘传》一回:“这个晁大舍原是挥霍的人,只因做了穷秀才的儿子,～他英雄无用武之地。” ❺容让;听任。明沈采《千金记》六出:“这等清清白白一个人,～他吃饭? 快快出去!”《警世通言》卷一:“我也不计较了。左右的,～他去罢。”清《红楼梦》五七回:“姑娘常常吩咐我们,不～和你说笑。” ❻雇用。明《警世通言》卷一五:“令史们时常～他的船,都是相熟的。”清陈端生《再生缘》三九回:“买罢东西重又走,～车一直转旋身。来回之价都言定,忙忙的,赶到招商店面前。”《醒世姻缘传》一回:“又有银子使用,买尺头,打银带,～裁缝,镶茶盏,～香匠作香。” ❼算;当作。明《挂枝儿·虚名》:“白头翁举不得乡约长,纺织娘～不得女工头。”《梼杌闲评》三三回:“那珠子不～甚么好,还不及昨日年兄拿的哩。”清《儒林外史》四〇回:“前日要不为追赔,断断也不能回家;父亲送终的事,也再不能自己亲自办。可见这番回家,也不～做不幸。” ❽介词。被。清《醒世姻缘传》二回:“莫说～乡里议论,就是～任里晁爷知道,也不喜欢。”《红楼梦》二六回:“明儿～上屋里听见,可又是不好。”《白雪遗音·玫瑰花儿》:“人到了三十,就是朵鲜花也～风吹坏。”

【叫唱】 jiào chàng 高声唱。《法苑珠林》卷九四:“诸小铁虫,见其一时拍手～之声,如烟如火,同时被烧。”宋洪迈《夷坚志》三补:“忽感心疾,常谵语不伦,时时作市廛小辈～果子。”明《石点头》卷六:“觅了一付鼓板,沿门～莲花落。”

【叫称】 jiào chēng 高声说或称呼。宋洪迈《夷坚志》支癸卷四:“才及日暮,张氏忽引手拊心胸～极痛。”明梁辰鱼《浣纱记》四四出:“前夜闻半空中人马奔腾,旌旗来往,连连～相国,不知其故。”清《平定两金川方略》卷六二:“今早见有贼番三人～:底木达布朗郭宗俱已抢得。”

【叫道】 jiào dào ❶喊道;说道。宋《三朝北盟会编》卷八二:“侍郎向前抱持皇帝令不得脱,被十餘番人拽过一边。～:‘此大朝真天子。你杀狗辈不得无礼!’”元吕止庵《集贤宾·叹世》:“闻杜鹃花下啼,声声～‘不如归’。”清《歧路灯》三回:“行礼已毕,～:‘宋隆吉,来与先生磕头。’” ❷即“喝道❶”。宋曾乾曜《丑奴儿》:“赤帕那、迪功郎儿。气岸昂昂因权县,厅子～,宣教请后,有无限威仪。”

【叫更】 jiào gēng 夜里高声数更报时。明《西洋记》一七回:“左右的就是～的一般,他只是一个不醒。”《西游记》九二回:“这会怎么不～巡逻,梆铃都不响了?”清黄宗羲《苦雨》:“无端滞雨向蠡城,枕上鸡寒不～。”

【叫聒】 jiào guō 鸣叫吵扰。唐李白《江上寄元六林宗》:“停棹依林峦,惊猿相～。”明杨慎《为唐池南题秋江远眺图》:“寻穴玄驹迷东西,卜树乌鸦相～。”清谢重辉《题田生泛舟图》:“岑头老树势杈丫,洲边鹅鹳相～。”

【叫喊】 jiào hǎn ❶大声叫;嘶叫。《太平广记》卷二七三引《玉堂闲话》:“妻手接其刃,号救～。”元曾瑞《醉花阴·怀离》:“胆儿又虚,色儿又惨,百忙里蹿行马儿不住～。”清《飞龙全传》一九回:“当下妈妈～起来,员外听得,慌忙赶至房中。” ❷特指喊冤告状。明《警世通言》卷一五:“却说捕盗知得秀童的家属～准了,十分着忙。”清《蜃楼志》一七回:“叫众人小心照应,自己再至广府～。” ❸呼唤;招呼。明沈鲸《双珠记》一三出:“凌尊犯上动吴钩,～地方:‘小军王楫杀人!’”清《玉楼春》四回:“左右扶了两臂就走,张氏～邻人,央他寄信丈夫。”《品花宝鉴》二三回:“此时见人散了,又听得主人～,即忙走进。” ❹争吵;吵嚷。明《西游记》一八回:“不期撞着你这个纥刺星扯住,误了我走路,故此里外受气,我无奈,才与你～。”清《红楼梦》三四回:“妈和哥哥且别～,消消停停的,就有个青红皂白了。”

【叫嗥】 jiào háo 动物吼叫。也指人大声叫。元丁复《送方伯华巡检还池州》:“往有豪客住村舍,白日把弓骑大马。酗酒～邻社怕,将军捉之不劳把。”明刘嵩《猎犬篇》:“晨起同出猎,跳梁相～。”金幼孜《澹湖八景记》:“遂使向之遗迹沦于莽苍闲旷之墟,而为狐兔鸟鼠～栖息之所矣。”

【叫嚎】 jiào háo 哭喊。明汤式《一枝花·咏素蟾》:“噪晴蛙枉～,脱壳蝉徒悲泣。”清徐乾学《读礼通考》卷一一八:“(锡兰)其丧家娶亲,亲邻之妇都将两手齐拍胸乳而～哭泣为礼。”

【叫号】 jiào hào ❶犹“叫名”。明徐霖《绣襦记》八出:“〔生〕叫做甚么名字?〔净〕～亚仙。” ❷喊号子。明谢肇淛《北河记》卷四:“每漕船至此,上下毕力,终日～,进寸退尺。”

【叫喝】 jiào hè 呼喝;大声叫。《太平广记》卷四三七引《原化记》:“章华～且走,虎又舍王华,来趁章华。”明胡宗宪《筹海图编》卷一二:“每更分二名巡视垛口,不许～,摇打梆铃。”清《万花楼》四七回:“告诉众人到门不可～,犹恐惊坏娘亲。”

【叫吼】 jiào hǒu 吼叫;大声叫。唐卢仝《寄男抱孙》:“莫学村学生,粗气强～。”元高安道《哨遍·嗓淡行院》:“诧跋的单脚实村纣,呼喝的担倈每～。”清《后水浒传》三回:“只这虎吼与杨幺的叫声,直～得满林树木皆摇。”

【叫化】 jiào huā ❶乞丐。《元曲选·曲江池》三折:“那～头,你又来怎的?”清《十二楼·生我楼》二回:“孤老院中少了个～头目,要买你去顶补。” ❷乞讨。《元曲选·儿女团圆》一折:“前街后巷,则是～为生。”明《杜骗新书·拐带骗》:“每日遣出～,有钱米归则有食,丐得稀少便痛打无食。”清《情梦柝》一三回:“那个稀罕万贯家私! 你若～,我随你去～。”

【叫化子】 jiào huā zi 乞丐。清方成培《雷峰塔》一〇出:“前日有个～,睡在屋檐底下。”《十二楼·归正楼》二回:“就在～身上骗得一件衲头,也好备逃难之用。”

【叫花】 jiào huā ❶同“叫化❶”。《元曲选外编·遇上皇》一折:“似这等贪酒恋杯不干生理～头,短命弟子孩儿,我也难与他为妻。” ❷同“叫化❷”。清《说唐后传》一七回:“你们这班狗头,眼珠都是瞎的? 公子爷怎么将来比做～的?”

【叫花子】 jiào huā zi 同“叫化子”。清《绿野仙踪》一〇回:“于冰见他形貌腌臜,是个～,也就过去了。”《梦中缘》六回:“腌头搭脑,如同～一般。”

【叫欢】 jiào huān 欢呼;喧哗。唐韩愈《唐故河南令张君墓志铭》:“免符下,民相扶携,守门～为贺。”元杨维桢《两浙盐使司同知木八剌沙侯善政碑》:“及亭工楮,毫厘皆到民,无异时撙捐,民咸抃手～。”清李光地《榕村语录》卷二六:“止因众祟绕榻,彻夜～,连旬不能合眼。”

【叫唤】 jiào huàn ❶号叫;哭号。唐王梵志《生时不共作荣华》:“生时不共作荣华,死后随车强～。”明《梼杌闲评》一九回:“被虎咬了腿,故此～。”清《聊斋俚曲·慈悲曲》:“您娘养你四年整，哄着还怕你～。” ❷使唤。引申指照顾。宋佚名《张协状元》一二出：“奴家在此庙中将傍六七年，不得公公～，谁来管你？” ❸动物鸣叫。《元曲选外编·五侯宴》四折：“忽见鸭雏飞入水中，恐防损伤性命，雌鸡在岸飞腾～。”清《歧路灯》八六回：“但听见书声，耳朵内就如蛤蟆～一般，聒的脑子也会痛起来。”

【叫街】 jiào jiē 乞丐在街上呼喊求乞。《元曲选·合汗衫》三折：“谁不知我是金狮子张员外的浑家，如今可着我～，我不叫！”明郑纪《简魏国公》：“且各役俱是北方远人，贫病相仍，其中日间应役昏夜～者有之。”清《续金瓶梅》四五回：“不提防一个～的小花子领着一个狗，也在人丛里打砖化钱。”

【叫苦】 jiào kǔ 喊叫或述说痛苦。《敦煌变文校注》卷一《李陵变文》：“陵闻老母被君诛，～号啕而气咽。”元郑廷玉《楚昭公》三折：“那厮大惊小怪老村夫，～，唬的我魄散魂无。”清《红楼梦》一〇〇回：“宝钗听得明白，也不敢则声，只是心里～。”

【叫令】 jiào lìng 使令；吩咐。明王樵《审录重囚疏》之二：“伊兄袁华节遇应登，～取讨膏药与袁成敷贴。”《禅真逸史》三八回：“忽报猛土官差人到来禀事，薛举～进来。”清《风流悟》一回：“他偶然路见不平，～家人辈救护了他。”

【叫驴】 jiào lǘ 公驴。宋元《警世通言》卷四：“马是没有，止寻得一头骡，一个～。”明朱橚《普济方》卷三〇四：“治恶刺并狐尿刺方：以乌～尿渍之。”清《醒世姻缘传》一〇回：“这一个槽上也拴的两个～么？”

【叫卖】 jiào mài 吆喝兜售。宋孟元老《东京梦华录》卷八：“十五日供养祖先素食，才明即卖穄米饭，巡门～，亦告成意也。”明《古今小说》卷一九：“又有一只船上～蒟酱。”清《飞龙全传》一四回：“乐子～了半日，并没有个主儿。”

【叫门】 jiào mén 呼唤开门。宋范公偁《过庭录》：“谢仕褒阳，王远至，夜～见之。”《元曲选·救风尘》一折：“听的有人～，我开门看咱。”清《红楼梦》二六回：“忽听又有人～，晴雯越发动了气。”

【叫名】 jiào míng 名字叫作；称作。宋元《清平山堂话本·错认尸》：“当时有一个破落户，～王酒酒。”《元曲选·神奴儿》四折：“是小人～何正。”清《豆棚闲话》八则：“且说中州有个先儿——那地方称瞎子～先儿。”

【叫命】 jiào mìng ❶索命；讨命。明汤显祖《邯郸记》二七出：“皓齿蛾眉，乃伐性之斧。莺声燕语，乃～之枭。” ❷詈称人催促呼叫。明《金瓶梅词话》五三回：“走到后边，见了大姐道：‘你怎的忙不迭的～！’”清《风流悟》六回：“陶氏打着门道：‘莫不也死了，为何这样好困？’魏二梦里哝道：‘你为甚如此～！’”

【叫呶】 jiào náo 喧哗叫闹；大叫。唐柳宗元《平淮夷雅》之一：“狂奔～，以干大刑。”宋洪迈《夷坚志》支景卷九：“邑人祭享沓至，宰猪烹羊，往来必经廷下。从朝至暮，～冗杂。”清纪昀《阅微草堂笔记》卷一九：“谛视，即所遇叟也，愤激～，欲入捕捉。”

【叫破】 jiào pò ❶打破（宁静意境）。宋徐梦孙《官舍双桂》：“好梦偏为蛩～，吟声那似蝶飞轻。”元王元鼎《醉太平·寒食》：“声声啼乳鸦，生～韶华。”明屠隆《山中吟》：“山空云冷胡不归，荒猿～秋天暝。” ❷喊破（喉咙、嘴皮）。形容竭力陈说。元曾瑞《红绣鞋·风情》：“由那快抡锹的闪着手腕，散楚的～咽喉，俺两个痛关心的情越有。”明孙仁孺《东郭记》八出：“都来俺处传授。嘴皮儿可也～，唾津儿可也咽干。”清《飞龙全传》一二回：“郑恩只是不依，凭你～喉咙，彼却越拉得紧，越跑得快。” ❸戳穿；道破。明王衡《郁轮袍》六折：“我如今将那前日的事～了他，便是两个都做不成，也出我这口气。”《金瓶梅词话》五三回：“那时即欲～骂他，又是争气不穿的事，反伤体面。”清赵吉士《寄园寄所寄》卷六引《鹏升集》：“许七艺已草完矣，隔号生曰：‘与我七草，方不～。’又从之。” ❹报告或声张，使有关人知道。明王錂《寻亲记》八出：“如今地方已～了，你去说与黄德哥哥黄文知道。”《禅真后史》一四回：“妇人因人命重情，已经～地邻。”清《野叟曝言》一〇回：“两手紧掰双人腰胯，抵死不放。双人因素臣之言，不敢～。”

【叫屈】 jiào qū 呼叫冤屈；诉说受到冤屈。《古尊宿语录》卷四六《滁州琅琊山觉和尚语录》：“作么生是自家珍宝？若也不会，拄杖子～去也。”六十种曲本《琵琶记》七出：“〔净〕前日行到学中，夫子潜自～。〔末〕呀，圣人如何～？〔净〕道是可惜这个秀才，眼中一字不识。”清《镜花缘》九一回：“如此佳品，求其列之于友而不可得，能不替他～！”

【叫嚷】 jiào rǎng ❶犹“叫喊❶”。明温纯《纠劾有司官员以备考察疏》：“虽王渊等通衢～，而亦涵容。”《禅真逸史》二六回：“只见闹丛丛围着数十人，在那里大惊小怪的～。”清《警寤钟》九回：“屠氏见他～，连忙道：‘不要嚷，不要嚷。’” ❷犹“叫喊❹”。清《红楼梦》二〇回：“大家侧耳听了一听，林黛玉先笑道：‘这是你妈妈和袭人～呢。’”

【叫问】 jiào wèn 呼叫询问。《敦煌变文校注》卷四《八相变（一）》：“数伴～，都没应挨，推筑再三，方始回答。”元《三国志平话》卷中：“当夜二更，众官、军人皆走，前去荆州城下～。”清《粉妆楼》五五回：“夫人见了这般光景，～老家人道：‘你带公子到那里去玩的？为何弄出这般光景回来？’”

【叫喜】 jiào xǐ 道喜；贺喜。明《警世通言》卷二四：“却说金哥在门首经过，知道公子在内，进来磕头～。”清吴伟业《秣陵春》三八出：“你父亲偏生古执，……说状元不是我家女婿。那聋子一句听不出，只管打恭～。”《风流悟》二回：“合家俱出望外，齐来叩头～。”

【叫响】 jiào xiǎng ❶发出声响。明《醒世恒言》卷一五：“只见一间房里有人～，毛泼皮推门进去看时，却是一个将死的老尼姑。”清《说唐后传》二八回：“我身边带一枝活箭，射到半空中～起来，你们道希奇不希奇？” ❷呼唤；招呼。明《拍案惊奇》卷六：“春花也为起得早了，在小师父房里打盹，听得家主婆～，呵欠连天，走到面前。”《欢喜冤家》一五回：“王文因心下不乐，还睡着，听见～，忙起穿衣，下楼开看。” ❸称呼。清《生绡剪》九回：“衙内只听得奶奶的～，并没有第二样的称呼。”

【叫嚣】 jiào xiāo 大声叫喊喧闹。唐柳宗元《憎王孙文》：“山之灵兮，胡不贼旃。跳踉～兮，冲目宣龂。”元杨维桢《吏部侍郎贡公平粜记》：“民病久矣，悍卒扣门～，犹不即奉命。”清钱谦益《陈府君合葬墓志铭》：“余甫削藁，上浮屠，穿廊庑，～跳掷。日下舂归院，伯子犹刺促砚席间。”

【叫哮】 jiào xiào 同“叫嚣”。宋《朱子语类》卷一三七：“如一个人～跳踯，我这里只是不做声，只管退步。少间～跳踯者自然而屈。”

【叫言】 jiào yán 大声说。宋洪迈《夷坚志》丁卷一九：“但闻女悲泣呻吟，手足挠乱，～人来逼己。”明《警世通言》卷一五：“一头～，一边又重新寻起，就把这间屋翻转来，何尝有个影儿。”清《后水浒传》五回：“官长执旗，～：‘前进有功退必罚。’”

【叫夜】 jiào yè ❶夜间鸣叫。唐沈亚之《为人撰乞巧文》：“枯寒劲干兮忆弃叶，摆风～兮留燥雪。”明刘基《辛卯仲冬雨中作》之一：“乌啼黄昏雁～，鼓角惨淡愁悲风。”清《绿野仙踪》五〇回：“安惟有灰此心，断此肠，学～子规，做天地间第一愁种已尔。” ❷夜晚叫化乞讨。明《二刻拍案惊奇》卷二八：“已访得这～僧人在宁国府地方乞化，夜夜街上叫了转来，投在一个古庙里宿歇。”

【叫应】 jiào yìng 能叫到；招呼得应。也指招呼、呼唤。明《西游记》七二回：“平日间一望无边无际，你们没远没近的去化斋。今日人家逼近，可以～，也让我去化一个来。”清《隋唐演义》九五回：“积薪转辗未寐，忽闻那婆婆～了媳妇说道：‘良宵无以消遣，我和你对弈一局如何？’”《野叟曝言》六回：“向门外～道：‘你就挑进来罢。’只见脚夫挑进一担行李进来。”

【叫语】 jiào yǔ 犹“叫言”。唐孙思邈《备急千金要方》卷七四：“药含极乃咽之，禁姜、五辛、猪、鱼、生菜、大吹、大读诵、大～等。”金元好问《送高信卿》：“三冬兔园册，牧竖～粗。”

【叫冤】 jiào yuān 犹“叫屈”。唐李商隐《为荥阳公上马侍郎启》：“远差推事，既无所嘱求；近欲～，岂蘧能止遏？”明汤显祖《牡丹亭》五五出：“多早晚女儿还在面驾，老身踹入正阳门～去也。”清《姑妄言》一回：“只见人丛中一个尼姑大喊告状，王大喝道：‘何物野鬼，擅敢到我台下～？’”

【叫早】 jiào zǎo 清早鸣叫。元张之翰《寄茅山许宗师》之二：“孤月堕时猿～，五云深处鹤来迟。”明单本《蕉帕记》三一出：“荒鸡～，〔内打四更介〕这些时四鼓频敲。”

【叫子】 jiào zi 一种放在口内吹的响器。宋沈括《梦溪笔谈》卷一三：“世人以竹木牙骨之类为～，置人喉中吹之，能作人言。”《古尊宿语录》卷二八《舒州龙门佛眼和尚语录》：“眼里瞳人吹～，达法在其中。”清《吴江雪》一三回：“鸣锣打鼓，吹着～，听听镗镗，低低多多。”

【觉】 jiào ❶同“较❹”。《元曲选·忍字记》楔子：“〔正末云〕兀那君子，你这一会儿比头里可是如何？〔刘均佑云〕这一会～过来了些儿也。”《元曲选外编·西厢记》四本四折：“害不了的愁怀，却才～些；掉不下的思量，如今又也。” ❷解除；缓解。元狄君厚《介子推》三折：“我每日割着身上肉，推做出林内拾得野物肉，与太子～饿。” ❸同“较❻b)”。清《风流悟》四回：“且顿一顿，待这书呆子睡着，然后上去，～稳些。” ❹同“较❻c)”。宋沈瀛《减字木兰花》：“少恕予何，近日衰翁病～多。”《元曲选·儿女团圆》二折：“大嫂，天色也～早哩。等孩儿吃些茶饭，着院公送的他学堂里去。”明《挂枝儿·劝》：“我和你相交时，比他在先，你待我比待他情儿～冷淡。” ❺同“较❻d)”。《元曲选外编·裴度还带》三折：“雪～小些儿，我出的这庙门来。”

【觉别】 jiào bié 同“较别”。明崔时佩、李日华《西厢记》一一出：“今夜晚妆呵，比每日～。我看他到其间，怎的瞒我。”

【觉可】 jiào kě 同“较可❷”。《元曲选外编·西厢记》二本四折：“不甚醉颜酡，却早嫌玻璃盏大。从因我，酒上心来～。”按，此言酒醉还可，相思难奈。

【觉头】 jiào tou 睡意。清《粉妆楼》二回：“你等在此打醒了俺的～，敢是送路费来与我老爷的么？”

【校】 jiào ❶同“较❶”。唐柳浑《牡丹》：“今朝始得分明见，也共戎葵不～多。”杜甫《狂歌行赠四兄》：“与兄行年～一岁，贤者是兄愚者弟。” ❷同“较❸”。唐令狐楚《立秋日》：“心中旧气味，苦～去年时。” ❸同“较❹”。唐张籍《患眼》：“三年患眼今年～，免与风光便隔生。”姚合《从军乐》之一：“眼疼长不～，肺病且还无。” ❹同“较❻b)”。唐王建《书赠旧浑二曹长》：“僮仆使来传语熟，至今行酒～殷勤。”白居易《秋雨中赠元九》：“莫怪独吟秋思苦，比君～近二毛年。” ❺同“较❻c)”。唐王建《新晴》：“夏夜新晴星～少，雨收残水入天河。”

【校别】 jiào bié ❶同“较别”。唐白居易《读灵澈诗》：“言句怪来还～，看名知是老汤师。” ❷考察甄别。清汪由敦《辛酉顺天武乡试录序》：“～弓马技勇，拔其尤者列好字号。”《开国方略》卷一二：“至是预试者三百餘人，命诸臣～优劣，得二百人。”

【校场】 jiào chǎng 供操练或比武用的场地。唐李濯《内人马伎赋》：“始争锋于～，遽写鞚于金埒。”宋《朱子语类》卷一〇六：“每日轮番入～挽弓，及等者有赏。”清《说岳全传》五回：“只见县主李春，前后跟随了一众人役，进～下马，在演武厅上坐定。”

【校床儿】 jiào chuáng er 即“校椅”。明《金瓶梅词话》六一回：“不一时申二姐来，望上磕了头起来，旁边安放～与他坐下。”

【校刀手】 jiào dāo shǒu 持刀的军士。元《三国志平话》卷中：“行无二十里，见五百～，关将拦住。”元明《三国志通俗演义》卷一一：“关某也不须用三千军马，只消本部下五百～足矣。”清《锦香亭》九回：“第二层，通是团牌～；第三层，通是狼牙长枪手；第四层，通是乌铳钢叉手。”

【校量】 jiào liàng 同“较量❷”。唐刘肃《大唐新语》卷一：“然文武之烈，未尝无将相。何用临朝对众，与其～？”宋张师正《括异志》卷七：“张起视之，乃一老道士也，疑其狂且醉，不复与之～。”

【校椅】 jiào yǐ 即“交椅❶”。宋吴自牧《梦粱录》卷一：“手执御～、金花瓶、……御扇等物，俱搭步行。”《元曲选·看钱奴》三折：“听的道是儿愿爹爹寿命长，又见那～上顶戴着亲娘。”明《金瓶梅词话》六九回：“穿着大红团袖蟒衣玉带，虎皮～坐着观看兵书。”

【较】 jiào ❶差；相差。唐易静《兵要望江南·占蛇》：“兵发日，路上遇横蛇。或入水中应大胜，蛇还赤地战无涯，胜负～些些。”《祖堂集》卷一一《睡龙和尚》：“饶你与摩，亦与老师～一阶地。”宋杨万里《樊系》：“可惜一杯金屑酒，饮来只～早些时。” ❷强；胜。唐王梵志《他人骑大马》：“他人骑大马，我独跨驴子。回顾担柴汉，心下～些子。”岑参《叹白发》：“今朝两鬓上，更～数茎多。”明郑若庸《玉玦记》二九出：“你则与荷锸刘伶争～些，每日价酕醄曲糵。” ❸逊；比不上。唐曹松《拜访陆处士》：“性灵比鹤争多少，气力登山～几分。”元刘庭信《寨儿令·戒嫖荡》：“双蝎蝎，两头蛇，比虔婆狠毒犹～些。” ❹(症状)减轻；(病)痊愈。宋秦观《品令》之一：“好好地恶了十来日。恰而今、～些不？”元施惠《幽闺记》三二出：“这一炷香呵，愿我抛闪下男儿疾～些。”明汤显祖《牡丹亭》二四出：“日来病患～些，闷坐不过。” ❺计较；争竞。宋元《清平山堂话本·刎颈鸳鸯会》：“本妇如鸟出笼，似鱼漏网，其餘服饰，亦不～也。”明《古今小说》卷一〇：“就是家私田产，总是父母挣来的，分什么尔我？～什么肥瘠？”清《醒世姻缘传》一六回：“邢皋门又因他爹娘的情面，只不与他相～。” ❻用于比较，表示程度。a) 正；恰。唐杜甫《人日》：“冰雪莺难至，春寒花～迟。”宋元《清平山堂话本·杨温传》：“杨温道：‘今年二十四岁了。’杨员外道：‘我却三十岁，～长六岁，我做你哥哥。’”b) 更；更加。宋曾觌《江神子·赠章邃道》：“今日相逢谁～健，应怪我、鬓先秋。”明方孝孺《中秋对月》之一：“夜深把酒问明月，月色与愁谁～多？”清《荡寇志》一〇九回：“你那攻城铁穹庐，比木驴果然～好。”《歧路灯》八八回：“只见街上添了许多楼房，增了许多铺面，比旧日繁华～盛。”c) 偏；甚。宋元《古今小说》卷三：“行不得，倘被人知觉，却不好看。况此间耳目～近。”清《醒世姻缘传》六四回：“你这罪过犯的～重大些，光止念经拜忏当不的甚么事。”d) 略；稍。清《姑妄言》一一回：“门外砂碛中置铁钮五，其一～小。” ❼跟……相比；比起……。用于数量、程度、性状等比较。宋吴泳《满江红·洪都生日不张乐自述》：“～香山、七十欠三年，吾衰矣。"明梁辰鱼《浣纱记》二〇出:"微子去箕子为奴,～比干谏死何如?"清《镜花缘》一回:"每交午后,或逢双日,尤其焕彩,～平时迥不相同。"

【较白】 jiào bái 辩白;争论。清《杏花天》一回:"不料被那不贤晓得,与愚人～宽的好,紧的好,把个房门关锁了,不放我出来。"《绿野仙踪》八一回:"你只回书房里睡去就是了,何必苦苦向我～。"又九五回:"小的也曾与他～过几次,邻里通知。"

【较比】 jiào bǐ ❶较量(liáng);考察比较。宋欧阳修《送朱职方表臣提举运盐》:"利害难先言,岁月可～。"朱熹《答黄教授书》:"今偶有便,信笔及之,非欲～是非,亦欲老兄深察于公私名实之间,而真得其所谓本心之正耳。"明邵宝《纠举运官状》:"指挥、千百户等,官体同守、令,以次～,其罪惟均。" ❷犹"比并❶"。宋王令《与刘秀才书》:"自获来过,日见颖发,方且骇愕叹爱,疑～而不及,何暇自乘以师耶?" ❸犹"较❼"。元丁复《祖孝子行》:"笑貌未改语音是,～去时差老颜。"明孟称舜《娇红记》四五出:"腰肢怯,剩得翠裙儿刚三褶,～黄花更瘦些。"清《品花宝鉴》七回:"次则素兰可以匹敌,然～琴官起来,毫厘之间终觉稍逊。" ❹较量(liàng);比试。明何良臣《阵纪》卷二:"～之时,先看单枪,试其手法身法、进退步法。"又:"～牌标之法:悬银钱三个于三十步内,滚牌进标,如临敌势,标中银钱者,以银钱赏之。" ❺犹"比较❷"。明《于少保萃忠全传》一一传:"见一伙小民皆被缠索连串缚着,立于道旁。公即命住轿,问曰:'这干人为何事的?'众人齐跪下诉曰:'是王府～房钱的。'"

【较别】 jiào bié 不一样。宋《朱子语类》卷二七:"此是三十岁以前书,大概也是,然说得不似,而今看得又～。"《元曲选·谢天香》一折:"〔正旦云〕耆卿,你休去。〔柳云〕不防事,哥哥待我～哩。"清吴绮《应天长·春思》:"意中愁,眉上结,瘦比前春～。"

【较场】 jiào chǎng 同"校场"。明郑纪《奏设武举以培养将材疏》:"末场则兵部请钦命,京营总兵官府掌府事并科道掌印官,于大～中考试。"清蓝鼎元《平台纪略》:"李茂吉为贼所执,至南～见戴穆。"

【较好】 jiào hǎo 犹"较可❶"。《元曲选·争报恩》三折:"不幸染了一场重病。不甫能将息的身子～,要回梁山去。"明《老乞大谚解》卷下:"今日早晨才吃了些粥,～些了。明日病痊疴了时,太医上重重的酬谢。"清《醒世姻缘传》三〇回:"晁夫人问说:'亲家这些时～些么?'计巴拉说:'好甚么!那些时扶着个杌子还动的,如今连床也下不来了。'"

【较近】 jiào jìn 犹"较亲"。元明《三国志通俗演义》卷一〇:"张辽拈弓搭箭,觑着黄盖～,一箭射去。"《水浒传》七〇回:"觑得徐宁面门～,只一石子,可怜悍勇徐宁,石子眉心早中,翻身落马。"清《儒林外史》三九回:"那少年觑的～,弹子过处,一下下都打了一个准。"

【较可】 jiào kě ❶犹"较❹"。宋周必大《思陵录》上:"甲寅常朝奏事毕,问太上圣体。上曰:'～三二分。'"《元曲选·谢金吾》二折:"因拆门楼得了些腌臜气,这几日才～。"明汤显祖《紫箫记》二七出:"〔小玉〕长笑女伴们害相思的,如今到俺了。〔樱桃〕一时着他惯了,久后～。〔小玉〕怕转要相思。" ❷一般;还可以。宋李觏《早起有怀》:"岂是客愁浑～,只因书卷解忘归。"元周德清《蟾宫曲·送客之武昌》:"吟既能吟,听还能听,歌也能歌。和白雪新来～,放行云飞去如何?"清《野叟曝言》五七回:"任公心如刀割,尚碍观瞻,哭犹～;古心、素臣同气情深,鸾吹感恩心切,哭得已是利害。"

【较口】 jiào kǒu 斗嘴。清《红楼梦》七三回:"因恐迎春今日不自在,都约来安慰他,走至院中,听得两三个人～。"

【较量】 jiào liàng ❶比试;竞争高下。唐章孝标《咏弓》:"～武艺论勋庸,曾发将军箭落鸿。"元明《水浒传》二回:"小官人若是不当村时,～一棒耍子。"清《蜃楼志》一〇回:"这日隆冬天气,兄弟们在野外大路边～弓箭。" ❷计较;争执。宋苏轼《与范元长书》:"况其平生自有以表见于无穷者,岂必区区～顷刻之寿否耶!"明《型世言》一五回:"成契定要二百五十两,花、甘两个打合二百两。沈刚心里贪着屋中有物,也就不与～。"清《镜花缘》八八回:"况彼既俯首无词,毫无～,亦可略消气恼。" ❸比赛酒量。明冯惟敏《不伏老》三折:"你说我老呵,我与你较力;说我醉呵,我与你～。"清《绿野仙踪》二三回:"我多预备几壶酒,与二相公家～。他不吃,我与他跪下磕头,定教他吃几大杯。"《野叟曝言》九回:"那样没要紧事,那在小弟心上?我是来请刘大哥去吃酒～哩。"

【较论】 jiào lùn ❶辩论;争执。唐玄奘《大唐西域记》卷八:"南印度有外道,不远千里,来求～。惟愿降迹,赴集论场。"元《三遂平妖传》一回:"这先生定要当,主管再三不肯。两个正～之间,只听得鞋履响,脚步鸣,中间布幕起处,员外走将出来。"明孙仁孺《东郭记》三一出:"谁肯把好田园不～?可知道得寸也王之寸。"清《绿野仙踪》二五回:"讲到分家,到是段诚还～了几句。他无片语争论,就被我立刻赶出去。"袁枚《子不语》卷一五:"我极力挣脱逃来,不料此人拦住,心实忿忿,故与～。"又卷二一:"金陵有老翁持数金至北门桥钱店易钱,故意～银色,哓哓不休。" ❷顾及;在意;看重。宋《二程外书》卷七:"圣人于利,不能全不～,但不至妨义耳。"明沈采《千金记》六出:"行当自立身,饭何须～?愿你早把前程奋。"清《后水浒传》一八回:"至于碎坏宝杯,万物皆有无常,何足～。" ❸商量计议;权衡斟酌。明《金瓶梅词话》二一回:"如今你我这等～,……今日安排一席酒,一者与他两个把一杯,二者当家儿只当赏雪,耍戏一日。"清章学诚《文史通义》卷二:"墓田陇亩,祠庙宗支,履勘碑碣,不择鄙野,以谓～曲直,舍是莫由得其要焉。"又卷五:"即唐、宋诗话,论诗虽至浅近,不过～工拙,比拟字句,为古人所不屑道耳。" ❹较量;比试。清《绿野仙踪》一四回:"法术二字,当于万不得已时用之,断断不可频试,与世人～高深。"

【较切】 jiào qiè 犹"较亲"。明《醒世恒言》卷二八:"只是隔着许多路,看得不十分～。"《拍案惊奇》卷九:"拜住不敢十分抬头,已自看得～,不比前日墙外影响。"清《后水浒传》二〇回:"觑得～,弓开如月样,箭去似流星,当的一声,正射个着。"

【较亲】 jiào qīn 明白真切。宋张方平《贻王生略杂言》:"彭老金钥匙,火候著精微。更有徐真人,论鼎语～。"元明《水浒传》六三回:"就马上拈弓搭箭,觑的索超～,飕的只一箭,正中索超左臂。"清《女仙外史》三四回:"左手在怀里探锤和索,向后觑得～,劈面一掷。"

【较清】 jiào qīng 犹"较亲"。明《清平山堂话本·贬霸王》:"去马鞍前鞒暗取流星锤在手,觑得崔平～,飘一锤飞来,打个正中。"《二刻拍案惊奇》卷三四:"暗处看明处～,见任君用俊俏风流态度,着实动了眼里火。"清《女仙外史》六五回:"楚宝随搭上箭,扣满弓,觑的～,直贯红心。"

【较痊】 jiào quán 犹"较可❶"。《元曲选外编·拜月亭》四折:"你而今病疾儿都～,你而今身体儿全康健?"

【较试】 jiào shì ❶较量比试。《法苑珠林》卷二六:"五岳诸山道士六百九十人,朝正之次上表,请与西域佛道～优劣。"明陈子龙《江南乡兵议》:"今莫若清之,以尽属渔户,而稍约束之为兵,岁时亦～于郡县。”清《隋唐演义》六回:“只消如此如此,赚他来～一番,才能便见了。” ❷铨选考察;考试。《宋史·选举志二》:“或酬聚敛之能,或徇权贵之荐。未尝～,遂获贴职。”明宋濂《故岐宁卫经历熊府君墓铭》:“从父受经义,通之。每私～,辄冠其乡人。”汤显祖《王季重小题文字序》:“乃幸为诸生,困未敏达,蹭蹬出没于～之场。”

【较似】 jiào sì 犹“较❼”。宋卢承皋《洞仙歌·赋茉莉》:“玉肌翠袖,～酴醿瘦。”明凌义渠《又赋伤心行》之六:“问伊千万苦,～死离不?”清汤右曾《遂宁冢宰有作因次其韵》:“岂敢对公终不饮,惜花～醉差贤。”

【较些】 jiào xiē ❶略微;稍稍。宋袁去华《满庭芳·八月十六日醴陵作》:“婵娟依旧,出海～迟。”佚名《戛金钗》:“比并年时～少。愁底事,十分清瘦了。” ❷险些;差一点儿。元刘时中《水仙操·寓意武昌元贞》:“等闲又见菱花破。玲珑奈尔何,～儿病了维摩。”

【较争】 jiào zhēng ❶较量;争执。宋赵善括《上苏侍郎书》:“凡降服者,皆得出入宫庭,亲御鞍马,与六飞交驰,击圜挽强,～胜负。”明方良永《厓门吊古记》:“况二三公之名实昭然史册间,当与日月争光,区区磨崖胡能轻重而必与之～哉!”清万斯大《学礼质疑》卷一:“以周人言周时岂有错误,而欲以生居千百年后之人,与之～得失乎?” ❷用于比较,表示略逊于。宋陈德和《落梅风·雪中十事·陶穀烹茶》:“试烹来是觉风韵美,比羊羔～些滋味!”方岳《江城子》:“五十八翁,堪喜亦堪嗟。忽忆香山居士语,还失笑,～些。”明汤显祖《牡丹亭》五五出:“则你这辣生生回阳附子～些,为什么翠呆呆下气的槟榔俊煞了他?”

【较正】 jiào zhèng ❶争辩;辩论。宋曾肇《论韩维不当罢门下侍郎疏》:“臣前奏乞令韩维指陈范百禄所为不正,非欲令维与百禄～是非,止欲考核维之欺君与不欺君尔。” ❷执拗地辩正是非;较真。清《歧路灯》五八回:“谁不知道虎不久一个兵丁头子,与他～的是什么?”

【较证】 jiào zhèng ❶同“较正❶”。《续资治通鉴长编》卷四〇三:“以此罢其职,岂谓与范百禄～是非,然后为有罪耶?” ❷同“较正❷”。清《红楼梦》二九回:“宝玉见了这般,又自己后悔方才不该同他～。”又三四回:“是你说的也罢,不是你说的也罢,事情也过去了,不必～。”

【较逐】 jiào zhú 角逐;竞争或追逐。五代顾敻《渔歌子》:“酒杯深,光影促。名利无心～。”宋邵雍《题四皓庙》之一:“正是英雄～时,未知鹿入何人手。”赵善璙《自警编》卷四:“大辂与柴车～,鸾凤与鸱枭争食。”

【轿】 jiào 一种箱式的代步工具,多用人抬行。宋惟晤《次韵奉和杨公游山归遇雨》:“兴高未肯辍清诗,舍～重扶栟栗枝。”明佚名《霞笺记》七出:“吴绫鹤氅狐裘袄,三檐伞儿花藤～。”清《万花楼》一回:“狄爷连忙吩咐备了两乘大～伺候。”

【轿车】 jiào chē 轿式车子。宋元绛《慰朱丞相书》:“计约旆护拥太夫人～已抵雷丘。山川奇秀,谅惟卜兆,当得佳城。”明宋应星《天工开物·舟车》:“其驾牛为～者,独盛中州。两旁双轮,中穿一轴,其分寸平如水。横架短衡,列轿其上。人可安坐,脱驾不欹。”清《醒世姻缘传》一二回:“若四嫂怕见骑头口,咱家里放着～,再不坐了抬的轿。”

【轿窗】 jiào chuāng 轿顶或轿箱上开的窗子。宋许棐《送赵兰坡》:“江冷雪随帆幅去,路晴梅傍～行。”元明《水浒传》五八回:“看见太守那乘轿子,却是暖轿。～两边,各有十个虞候。”清《品花宝鉴》五五回:“琴仙在～里看时,高高下下,弯弯曲曲,有长松夹道,有修竹成林。”

【轿顶】 jiào dǐng 轿的顶部。多有檐脚伸出轿箱外以防雨水。宋《朱子语类》卷九一:“某在同安作簿时,朝廷亦有文字令百官皆戴帽。某时坐轿有碍,后于～上添了一圈竹。”《明会典》卷一八二:“红板轿一乘,高六尺九寸五分。～高一尺六寸五分,外红漆。近顶装圆匡蜊壳窗,在上镀金铜火焰宝珠带仰覆莲座,高六寸九分,四角镀金铜云朵。”清《花月痕》三九回:“州里备一座蓝呢四轿,轿杠加两道红彩,～结个彩凤,下垂四角彩结。”

【轿番】 jiào fān 衙府或大家宅院养用的轿夫。宋黄震《戒谕仓库欺弊移文》:“又有府第宅舍干人～,月请主家俸给,而亦以无产业求历。”周密《癸辛杂识》别集卷上:“盖其中有僧普通及陈～者未出官。……是日解囚上州之际,陈～出觇,于是成擒。”宋元《警世通言》卷八:“叫两个当直的～,抬一顶轿子,……郭立同两个～来取秀秀。”

【轿夫】 jiào fū 抬轿子的人。宋赵希鹄《洞天清录》引《夷坚志》:“其子妇方怀妊,～颠仆而半产。”《元曲选·渔樵记》二折:“你老子卖豆腐,你奶奶当～,可是甚么福?”清《红楼梦》五三回:“尤氏等闪过屏风,小厮们才领～,请了轿出大门。”

【轿杆】 jiào gān 安置在轿箱两侧共抬轿用的长杆。四人以上大轿另有供分抬用的中、小轿杆。清康熙三十三年十月十四日上谕:“又使年老首领督领摆拨。此辈自顾走路不暇,岂能出力帮扶,即扶掖～,转致累坠。”《歧路灯》九二回:“观察命把匣子、毡包放在轿内,篑初坐上。夏鼎把住～,出了道署。”《补红楼梦》四回:“出来了八个小幺儿,将贾母的大轿抬起,那少爷扶了～,转身进了仪门。”

【轿竿】 jiào gān 同“轿杆”。明《金瓶梅》七二回:“你是这屋里什么儿?压折～儿要你来?”《大清会典则例》卷一三八:“(大礼轿)～装抹金铜龙头尾。”

【轿杠】 jiào gàng 即“轿杆”。宋周去非《岭外代答》卷八:“漕属王仲显沿檄失～,从者斫道旁木代。”明《型世言》九回:“又等他回,便赶过去把～攀住道:‘表兄,怎做这副脸出来?’”清《醒世姻缘传》九回:“计氏自己把那顶新轿拆下几扇,烧锅做饭,又把那～都用火烧的七断八截的。”

【轿柜】 jiào guì 轿座。座内可放物品,有箱柜的功用。清《儒林外史》二七回:“叫阿三在～里拿出来,一包一包交与鲍廷玺。”《好逑传》四回:“又叫家人寻一大石,用包袱包了,放在～上面。”《姑妄言》七回:“闵氏坐了一乘,那孩子坐了一乘,将包袱塞入～下,一直来家。”

【轿帘】 jiào lián 轿门上挂的帘子。宋邹浩《入湖南界》:“从教卷起～子,吹尽几年岚瘴烟。”《元曲选·救风尘》二折:“我揭起～一看,则见他精赤条条的,在里面打筋斗。”清《红楼梦》三回:“众婆子上来打起～,扶黛玉下轿。”

【轿幔】 jiào màn 轿子四围的帷幔。明袁于令《西楼记》一〇出:“内里失子物事,一概门上支当。客人无子～,又要我去赔偿。”清《好逑传》四回:“然后将轿门关上,用锁锁了,放下～遮了。”

【轿仆】 jiào pú 抬轿的仆夫。宋洪迈《夷坚志》乙卷一四:“二～震怖殆死,担仆窜入轿中屏息。洋素持观音大悲咒,急诵之。”又支景卷三:“迨至彼,元无一客。尼持钱犒～,遣归。”

【轿上】 jiào shàng 犹“轿番”。明朱国祯《涌幢小品》卷九:“中后,索赏赐者必多,分毫皆不可与。即如我～门上,一切拒之。”《二刻拍案惊奇》卷一七:“小姐晓得有歹人来了,分付～:‘你们只管前走,我在此对付他。’”清陈端生《再生缘》四四回:“你去叫厨房款待那些长班～的酒饭。”

【轿围】 jiào wéi 同“轿帏”。清《醒世姻缘传》七八回：“只见徐太太合吴太太两顶福建骨花大轿，重福绢金边～，敞着轿帘。”又：“太太又嫌别的轿坐不惯哩。新做的绢～，单等着钉环哩。”

【轿帏】 jiào wéi 即“轿幔”。明沈榜《宛署杂记》卷一四：“雨～五十副，赁价三两五钱；……～飘带用红绿绒羊皮金，共价八分。”清《醒世姻缘传》四回：“晁大舍从此也就收拾行李，油～，做箱架，买驮轿与养娘丫头坐。”

【轿衣】 jiào yī 轿子的外罩。明《金瓶梅词话》四三回：“惟乔五太太轿子在头里。轿上是垂珠银顶，天青重沿销金走水～。”《明会典》卷一八六：“红销金罗～一件，顶销金宝珠文沥水，香草文看带。”清《野叟曝言》一一七回：“天子乃易青毡红云子～、红韋褥坠索。素臣力辞不获，只得谢恩。”

【轿子】 jiào zi 轿。宋司马光《与张舜民等充馆阁札子》：“许乘～，三日一至都堂聚议。”《元曲选·百花亭》四折：“我若是知道，早早的抬一乘～，送到你家里多时了。”清《儒林外史》一回：“说话之间，知县～已到。”

【轿卒】 jiào zú 抬轿子的役卒。宋杨简《奠高处约辞》：“念即奔赴，而～已散去，度再集不可往返。”洪迈《夷坚志》丁卷五：“王索轿送我，～恐惧奔窜，不得已独行。”黄震《名臣言行录·吕荥阳公》：“然公习静，至～溺死不为动。”

【教场】 jiào chǎng 同“校场”。唐杨巨源《赠邻家老将》：“拂雪陈师祭，冲风立～。”元明《水浒传》一二回：“教军政司告示大小诸将人员，来日都要出东郭门～中去演武试艺。”清袁枚《续子不语》卷一：“言其幼时逢漳郡官兵征台湾，致祭～中，某随父往视。”

【教当】 jiào dāng 教唆；指教。宋柳永《击梧桐》：“近日书来，寒暄而已，苦没切切言语。便认得、听人～，拟把前言轻负。”明何良俊《四友斋丛说》卷三三：“琅琊秀惠清歌，常有出蓝之声。比得数新曲，恨未得亲～耳。”清沈起凤《文星榜》一五出：“好意～～唔，倒差哉。”

【教坊】 jiào fāng ❶宫廷或政府设立的教习乐舞或管理乐人的机构。唐白居易《琵琶行》：“十三学得琵琶成，名属～第一部。”《旧唐书·职官志二》：“内～，武德已来，置于禁中，以按习雅乐，以中官人充使。则天改为云韶府，神龙复为～。”清陈端生《再生缘》三二回：“～奏乐，内监抬车，娘娘就此起驾。” ❷指妓院。元陶宗仪《辍耕录》卷一五：“李当当者，～名妓也，姿艺超出辈流。”明徐复祚《红梨记》三出：“都打发去，止留～妓女，在此送酒。”清《野叟曝言》三三回：“那老人道：‘谁是匡相公家人？对你实说了罢，我是扬州～。’指着那养娘道：‘他就是我家的妈妈。’”

【教化】 jiào huā ❶指僧道人求布施。《景德传灯录》卷一四《药山惟俨禅师》：“甘行者问：‘什么处来？’僧曰：‘药山来。’甘曰：‘来怎么？’僧云：‘～。’……遂添银施之。”《太平广记》卷一一七引《儆戒录》：“伪蜀大慈寺赐紫慈昭大师绍明，主持文殊阁，常～钱物，称供养菩萨圣像。” ❷同“叫化❶”。元明《水浒传》四九回：“我家比你家，各有内外。你看这两个～头，倒来无礼！”清《无声戏》三回：“谁知有你这个～差人，又有一对～的原被告，也是千载奇逢，就差你去拿。” ❸同“叫化❷”。宋佚名《张协状元》三五出：“没盘费，～归，回乡里。”宋元《古今小说》卷三六：“只见一个汉，……手把着个笊篱，觑着张员外家里，唱个大喏了～。”《元曲选·看钱奴》四折：“俺这婆婆害急心疼，有酒么？～一盅。”

【教门】 jiào mén ❶宗教门类或门派。唐李邕《大照禅师塔铭》：“大弟子惠空、胜缘等，相与追过去，示方来。一以抒宿心，存妙用；一以奉慈训，宏～。”《元曲选·竹坞听琴》四折：“成就了碧桃花下凤鸾交，怕甚么出家儿被～中耻笑。”明《西湖二集》卷三〇：“我与你同是出家之人，虽然～各别，也该见人恭敬，怎生如此轻薄？” ❷指宗教教规。《元曲选·来生债》四折：“坏～遗臭人间，堕阿鼻老僧罪大。”明《西洋记》八六回：“至今国人，悉遵～，不养猪，不造酒。”清《姑妄言》一六回：“那铁氏虽是回子家女儿，嫁来久了，也就无所不吃，早忘了他的～了。” ❸泛指门风、规矩、作派。《元曲选·金线池》三折：“明知道书生～儿负心短命，尽教他海角漂零。”又《风光好》三折：“昨夜个横着片风月胆房中那亲，今日个绝着柄冰霜脸人前又狠，空这般苦眼铺眉立那～。”明徐复祚《投梭记》四出：“假谦恭赛过王莽，施诡谲不数曹瞒。人都道我是楚元极的～，我自想还是吴伯嚭的腔调。” ❹泛指某一门派。明谭元春《大座主李翰林公帐序》：“吾师以忠孝一念，～弟子各致于君亲。”清钱谦益《曹母陈孺人七十序》：“曾子，孟子之师而受《孝经》于夫子者也。盖尝轻齐、楚之禄，终身不仕。而其～弟子，则曰战战兢兢，如临深渊，如履薄冰。” ❺特指回民信奉的伊斯兰教派。清《儒林外史》四二回：“少刻就排上酒来，叫的～厨子，备的～席。”《歧路灯》三三回：“无物可敬，割了五斤牛肉，是～的干净东西，略伸薄敬。”《姑妄言》二回：“～是七月初一日过年，老回子把了一个六月的斋。”

【教墨】 jiào mò 对他人书信的誉称。宋苏轼《与钱穆父书》：“未皇上状，先枉～，得闻比日起居佳胜，感慰兼集。”朱熹《答刘德修书》：“兹承不鄙，远贻～，所以抚存之意甚厚。”明郑岳《复林于成书》：“忽承价至得～，始知疾革时日。”

【教师】 jiào shī ❶有资格传授佛法的僧人。宋苏辙《龙井辩才法师塔碑》：“我观世～，皆谓教是实。由谓教实故，则为禅所诃。”元程端礼《元兴天僖慈恩教寺记》：“选僧任～者三十人，布江南诸路，择名山开讲。”《元曲选·东坡梦》四折：“〔东坡云〕待我再过去问禅。那和尚，可惜巫山窈窕娘，梦魂偏嫁你秃襄王。〔正末云〕堂上～无答语，坐中狂客恼柔肠。” ❷传授各种技艺的人。元黄雪蓑《青楼集·王奔儿》：“长于杂剧，然身背微偻，……流落江湖，为～以终。”明佚名《白兔记》三二出：“如今请两个～，教会了拳头。”清《续金瓶梅》五三回：“又请一个女～来，教他梳头勾脸、点腮画眉，在人前先学这三步风流俏脚步儿。”《醒世姻缘传》六回：“我脱不了是皇城里边鹦哥儿的～，有数的六个月就要教会一群。” ❸在各级学校任教职的人。元杨维桢《送马彦远旌德教谕序》：“钱唐马生彦远，由明经举为师儒之官，初去为晋陵县～。”明宋濂《故翰林侍讲学士危公新墓碑铭》：“分监上京，辍餐钱，建监门，葺斋舍，勒开国以来分～之名于石。”清《醒世姻缘传》四〇回：“我们三人都是蒙他取在五名之内，他是我们的知己～。”

【教手】 jiào shǒu 即“教师❷”。《元曲选·争报恩》楔子：“第二个月差金枪～徐宁下山接应去，也不见回来。”明岷峨山人《译语》：“仍预选伍等～各列一行，听人愿从习学，前认武艺，使各熟闲。”清孔尚任《桃花扇》二四出：“生口不如熟口，清客强似～。”

【教首】 jiào shǒu ❶即“教头❷”。宋王明清《挥麈餘话》卷一：“选为～，严其军号，精其服饰，而骄锐出矣。”明佚名《活拿萧天佑》二折：“某姓杨名景，字彦朗。父乃金刀～杨令公。” ❷即“教头❶”。明佚名《东平府》三折：“打擂的～，上露台来。” ❸即“教头❻”。清雍正六年九月初八日田文镜奏文：“诸城县拿获杨文、邱志柱，供出～牛三花拉。”《兰州纪略》卷二〇：“在安定县拿获～马明心。”

【教授】 jiào shòu 本为儒学官职，借称教书先生。宋元《警世通言》卷一四:“当日正在学堂里教书,只听得青布帘儿上铃声响,走将一个人入来。吴~看那入来的人,不是别人,却是半年前搬去的邻舍王婆。”明汤显祖《牡丹亭》二九出:“止因陈~老狗,引下个岭南柳秀才,东房养病。”清《珍珠舶》六回:“学生乃是西湖上一个老~,吾兄不要看错了。”

【教唆】 jiào suō 怂恿指使别人做坏事。宋杨杰《申明诬告官员罪犯》:“遂至豪猾奸恶之人,~鼓扇,自谓得计。”明《挂枝儿·促织》:“促织儿,没来由,在窗儿外噪。是何人,~你,絮叨叨。”清《万花楼》二七回:“皆因表亲飞天狼不好,~他行此坏事。”

【教调】 jiào tiáo 调教;训练或指教。宋司马光《论两浙不宜添置弓手状》:“一旦使弃其所工,学所不能,徒烦~,终无所成。”清《霓裳续谱·不受教调》:“不受~,叫我难瞧。人家那里说话,你就拿眼瞟。”《绿野仙踪》三四回:“我知道你这小淫妇子,狡滑的了不得,朱文魁儿硬是你~坏了。”

【教头】 jiào tóu ❶即“教师❷”。宋程大昌《演繁露》卷一二引《洛中纪异》:“(唐)乾符初,教坊内~张口笑者,以银捻幞头脚,上簪花钗,与内人裹之。”清毛奇龄《双带子》:“君在~歌昔昔,妓看垂手落掺掺。”《后水浒传》一一回:“他自小不守本分,同着一班闲汉,延请~学习枪棍。” ❷宋代军队中负责教练武艺的职官。宋《三朝北盟会编》卷六五:“有薄坚者,能用杆棒,在街市作场。京取以为~。”《宋史·兵志六》:“总二十二县为教场十一所,大保长凡二千八百二十五人,每十人一色事艺,置~一。凡禁军~二百七十,都~三十,使臣十。”元明《水浒传》二回:“于内只欠一名八十万禁军~王进,半月之前,已有病状在官。” ❸犹“教师❸”。元汪元亨《雁儿落过得胜令·归隐》:“优游,诗酒村学究;风流,文章老~。” ❹叫化头。《元曲选·曲江池》四折:“俺如今有过活,你兀自难存坐。哎,你个卑田院老~。” ❺教唆;教唆的人。明《醋葫芦》九回:“都氏正怪着周智是个~,心下好生怀恨。”又:“如今不知听了那一个~,故意革去此礼,怎不叫我恨他?”又一五回:“老裘自坐馆以来,从没这番说话,莫不是子都~?” ❻宗教会社的头目。清雍正十年闰五月初一日乔世臣奏文:“路过天津,遇有大成~周士成,授以此教。”

【教演】 jiào yǎn 指导演练。《元曲选·曲江池》四折:“不争你那地塌下摇铃子,对着这衙厅上~他唱挽歌。”明唐顺之《武编》前集卷五:“凡操牌俱攒一处,二十五人一行,令通晓跳牌官旗~,听锣声为节制。”清《红楼梦》一七至一八回:“将梨香院早已腾挪出来,另行修理了,就令教习在此~女戏。”

【教正】 jiào zhèng 指导改正。把自己的作品送给别人时的礼貌语。明王守仁《答王门庵中丞》:“谨以新刻小书二册奉求~。”清《儒林外史》三三回:“杜少卿看见墙上贴着一个斗方,一首《识舟亭怀古》的诗,上写‘霞士道兄~’,下写‘燕里韦阐思玄稿’。”

【教政】 jiào zhèng 同“教正”。明谭元春《奉郡尊叶公玉壶书》:“始作一诗十二韵,与其旧稿呈上~。”清《杏花天》一〇回:“十娘道:‘平康陋质,词俚不堪,恳祈~。’遂口占道:‘翠华香薰玉质肤,楼中从凤肯孤虚。’”

【窨藏】 jiào cáng ❶用窨埋藏或收藏。宋文彦博《乞令团结秦凤泾原番部》:“委曲晓谕部族,逐急早收田稼,凭附险固,~斛㪷。”明刘若愚《酌中志》卷二〇:“是月分菊花、牡丹。凡花木之~者,开隙放风。”清《聊斋志异·遵化署狐》:“事未就,姑~于班役之家。” ❷指窨藏的东西。宋陈师道《后山谈丛》卷二:“乱既作,食尽樵绝,民所~为李氏所夺,皆饿死。”明沈德符《万历野获编》卷六:“文炳籍后,有空房为邻泗山洗马赁居,中有~二万餘金。”清《野叟曝言》六四回:“银子是东方侨~,与我无涉。”

【窨坑】 jiào kēng ❶用作窨藏的坑。元《农桑辑要》卷六:“深掘~,窨底用草衬藉,将秸秆竖立收藏于上。” ❷茅坑。明《禅真后史》四八回:“整整烧了一日,骨肉方成灰烬。瞿琰令众人扫起,撇在~之内。”清《醒梦骈言》五回:“又去屋后~内捞起些屙来逼他吃。” ❸用窨坑藏。清《生绡剪》一二回:“米油吃着~,垃圾留下换碗。”

【窨贮】 jiào zhù 犹“窨藏❶”。《大清会典则例》卷一六〇:“盛京庄头~米粮,定为三万石。”《镜花缘》八八回:“始命御史进于釦墀,再命太医列于阶序。斟酌囊携,校量~。”

【窨子】 jiào zi 地窖。宋朱翌《猗觉寮杂记》卷下:“后人偶掘地得钱,谓之掘著~。”明朱橚《普济方》卷三一五:“倾磁器中,以砖盖口,掘~埋树阴下。”清《续金瓶梅》八回:“后园有个埋葫罗葡的~,使上些草,把金子连匣盛着,用土埋好。”

jiē

【阶层】 jiē céng 一层一层的台阶。宋张镃《木兰花慢·纪梦》:“檐楹万花灿倚,映~、十二总雕琼。”明李东阳《再次仁辅韵》:“晓风残雪上~,谢眺楼头客未登。”

【阶道】 jiē dào 作为通道的台阶。《敦煌变文校注》卷五《妙法莲华经讲经文(一)》:“楼台玛瑙修,~琉璃布。”《元曲选·谇范叔》一折:“俺这里下~。范雎,你不辞而回,是何礼也?”清《聊斋志异·酆都御史》:“视之,~阔朗,有广殿十餘间。”

【阶级】 jiē jí ❶台阶。唐王绩《醉乡记》:“至乎末孙桀纣,怒而升其糟丘,~千仞,南向而望,卒不见醉乡。”宋沈括《梦溪笔谈》卷一八:“~有峻、平、慢三等,宫中则以御辇为法。”清《歧路灯》一〇回:“二公已上~,柏公急忙出迎。” ❷阶段。宋《朱子语类》卷一〇三:“然为学自有许多~,不可不知也。”△梁启超《中国史叙论》:“而石刀期中,又分为新旧二期,此进化之一定~也。”

【阶坡】 jiē pō 台阶;坡道。明《徐霞客游记》卷七下:“三人因同步殿右,循~而西,北则寺后上崖,复有坪一方。”《醋葫芦》八回:“言毕,便向~上乱撞。周智慌忙扯住道:‘贤侄,不须如此。’”清陈端生《再生缘》三三回:“进喜叩头说‘晓得’,欣然退下石~。”

【阶台】 jiē tái 台阶。明《西游记》八〇回:“黄金装圣像,白玉造~。”清《说岳全传》六六回:“就望着那堂~上一头撞去。正是:可怜红粉多娇妇,化作南柯梦里人。”《说唐后传》五回:“粮在殿前~之下,去泥三尺便见。”

【阶头】 jiē tóu 台阶。宋觉范《禅林僧宝传》卷一四《神鼎諲禅师》:“有时示众曰:雨下~湿、晴干又没泥。”明《挂枝儿·夜客》:“站~一更多,姻缘天凑。叫一声有客来,点灯来上楼。”清《风流悟》四回:“我只道也要买什么鱼,上你~,我不睬着。”

【阶衔】 jiē xián 官阶;职衔。《五代会要》卷一四:“一应诸色官阶合格后,却受陵台令、州县官,或带诸杂散职,或授场监职衔,有碍格条者,却即引前任~论。”宋岳珂《金佗续编》卷七:“飞欲于告札背后题写~,押字用印,以为凭凭。”明郑纪《御书阁上梁文》:“~荣列于六御,诰轴兼隆乎三代。”

【阶沿】 jiē yán 台阶;台阶边缘。明李诩《戒庵老人漫笔》卷二:“乾清宫~石,取西山白玉石为之。”清洪昇《长生殿》四六出:“眠猧不吠,宿鸟无喧。叶宁树杪,虫息~。”《飞龙全传》二〇回:“出了山门,立在~石上观看。”

【阶檐】 jiē yán 同“阶沿”。清《无声戏》九回:“午后去的,连屋角头也没得蹲身，只好在～底下，乱草丛中，打几个瞌睡而已。”《麟儿报》一回：“我只在此～站立，等雪略住些就去。”

【阶直】 jiē zhí 台阶。《元曲选·勘头巾》二折：“～下排两行恶哏哏行刑汉子，书案边立着个响珰珰责状曹司。”又《灰阑记》三折：“我这里攥住衣服，则被她撇撒我～下。”又《鸳鸯被》二折：“不索你～下絮絮答答，门儿外唱叫呀呀。”

【阶址】 jiē zhǐ 台阶的地基。也借指台阶或门第。唐李德裕《易州候台记》：“廊庑旅乎荆棘，～穴其狐兔。”金《董解元西厢记》卷二：“觑着～恰待褰衣跳，众人都唬得呆了。”明凌濛初《宋公明闹元宵》二折：“谁许轻来觑罘罳，须不是闲～！”

【结】 jiē 同“揭❷”。清《幻中游》八回：“次日回到家里，托人～了八百银子，亲自带到桂娘家来。”

【结巴】 jiē ba 口吃；说话吃力，有不自然的停顿、重复。清《镜花缘》七七回：“董翠钿道：‘我……我……我对“佛桑”。’紫芝道：‘他又～了。’”《补红楼梦》一二回：“谁知小大奶奶也不大认得字，还是尤家二姨儿、三姨儿大家打伙儿凑着，这才结结巴巴的念了一遍。”《品花宝鉴》六回：“一见嗣元那个猴头狗脑的嘴脸，又是期期艾艾，一口～，就在帐里哭了半日。”

【结借】 jiē jiè 借（钱）。清《十二笑》第六笑：“到赌极的地位，衣服也肯脱下来，儿女也肯卖出去；加一的营债，也肯～他几票。”

【结实】 jiē shi ❶健壮。明《西游记》二〇回：“想我老孙虽小，颇～，皮裹一团筋哩。”清《野叟曝言》一五回：“竟自种下病根，却因他身子～，一时不能发作。”《姑妄言》一四回：“他丈夫也是个做庄稼的～汉子。” ❷牢固。明《西游记》四八回：“这河忒也冻得～，地凌响了，或者这半中间连底通锢住了也。”清《绿野仙踪》六〇回：“你们拿好～沉重鞋底，加力打这奴才的嘴和脸。”《飞龙全传》四〇回：“当时三春把头上乌绫帕紧了紧，把裙子整个～，卷起袖儿，缓步进了园门。” ❸确实；确定不移。明《西游记》三四回：“撞将进去，朝上跪下道：‘奶奶磕头。’那怪道：‘我儿，起来。’行者暗道：‘好，好，好！叫得～。’”清《野叟曝言》六回：“告示内的字眼，个个都下得～的。”《后红楼梦》一一回：“良玉从前应承的那样～，而今怎样的改过口来，便也左支右吾的。” ❹着实地；狠狠地；卖力地。清《野叟曝言》二五回：“咱没工夫，停会要～打这忘八哩。”《荡寇志》一二〇回：“后来纠缠不清，吃汪恭人～发挥了一顿，从此无人敢来问了。”《蜃楼志》一六回：“进才晓得是有理伤心的事，且与必元相好，因～替他回道：‘乌必元实在没有串通和尚。’” ❺沉稳；稳妥。清《镜花缘》五六回：“至郡元文字，虽不及二位姐姐英发，但～老练，通场无出其右。”又八五回：“宝云姐姐这个厨子，明日一定要重重赏他，难为他做的这样～。”《补红楼梦》二七回：“我们的主意还～的很呢，今儿吃了兰大奶奶的东道，明儿不管你们是谁邀二社、三社，也不怕你们不来请我们呢！” ❻十足；充分。清《野叟曝言》九三回：“备菜要丰盛，先生来得久了，拘着大姑娘不便宜，只吃得几个包子，肉要～，饭更要多盛些哩。”又一一一回：“次及飞霞、翠云、碧云，三人相仿，虽不能及素臣手力～，却甚伶俐，毫不吃力。” ❼切实；可靠。清《红楼复梦》二三回：“西张累坠呢，他要个～保人，他才肯放。”又七一回：“只要门子～，事情倒还容易，须得如此这般去办。” ❽实诚，没有虚浮成分。清《红楼复梦》一七回：“这一跤栽了个～，大半拉身子同一边胳膊皮俱擦伤。”

【接茶】 jiē chá 女方接受男家的婚聘。聘礼中有茶，故称。明《二刻拍案惊奇》卷九：“须得说是老孺人的亲外甥，就在孺人家里～出嫁的，方有门当户对的来。”清《醒世姻缘传》五四回：“狄员外道：‘好位齐整姑娘！有了婆婆家不曾？’童奶奶道：‘还没有～哩。’”

【接触】 jiē chù 相接；触及。元陈高《远山轩记》：“是故君子于此，必有以寓其思于耳目之所～焉。”△《玉梨魂》一二章：“昔日见之，以为牵愁惹恨之媒者，此时乐意在心，～于目者，无不足以增加其愉快。”

【接唇】 jiē chún 接吻。明《醒世恒言》卷二三：“重节强起，拔去门拴。海陵突入，搂抱～。”《禅真逸史》三三回：“张善相欣喜不胜，便欲搂小姐之肩～。”清《说唐前传》一四回：“把夫人紧紧抱住，求一～。”

【接次】 jiē cì ❶挨次；顺次逐一地。宋丁谓《丁晋公谈录》：“敕纸广幅与常纸不同，年月日先，后署执政、参政、宰相衔，署字后方～列以使相。”清《醒世姻缘传》六〇回：“恰好相大舅、相于廷、相大妗子、相于廷媳妇并崔家三姨都～来到。” ❷接连；连续。明祝允明《游罗浮记》：“高处峰崖，～不断。”清《兰州纪略》卷七：“饬令沿途迅速行走，臣又～迎催，约计二十内外可抵兰州。”《红楼复梦》七二回：“现今沾母亲福庇，～添丁，从此子孙自然兴旺。” ❸接着；接下来。清《醒世姻缘传》三八回：“～薛如兼，再次相于廷，又次薛如卞，都已出尽，都说是面试都蒙宗师取准。”又七一回：“进士观了政，选了户部主事，～管差。”又九三回：“日长夜生，擢茎吐穗，～种了秋苗。”

【接凑】 jiē còu ❶连接；凑接。宋《朱子语类》卷一一八：“凡吾身日用之间无非道，书则所以～此心耳。故必先求之于身，而后求之于书。” ❷拼凑接续。明何孟春《闭银场第二疏》：“都司递年追并紧急，将各土军卖男鬻女～补纳。”清《野叟曝言》一一〇回：“几年来都是靠着针指度日，若～不来，便甘心忍饿。”《豆棚闲话》六则：“寺内风水原是圣地，所以禅师佛祖屡屡现身，各处布施倒也年年～。” ❸拼合；拼接。清乾隆四十七年八月二十一日陈辉祖奏文：“每行只用整石一块，俾无～参差痕迹。”

【接风】 jiē fēng 设宴款待远道来的客人或从远处回家的人。《元曲选·竹坞听琴》一折：“便安排酒肴，与孩儿～去来。”明杨一清《为遵奉敕谕起解反逆贼寇奏》：“假说与新来李太监～，约至本月初五日会饮。”清《醒世姻缘传》一八回：“一旦衣锦还乡，那亲戚看望，送礼～，这是形容不尽。”

【接管】 jiē guǎn 接手管理。明王守仁《处置从逆官员疏》：“又押令刘斐、王玘替伊巡守，并押令许效廉、赖凤替伊～放粮。”《古今小说》卷五：“前年赵三郎已故了，他老婆在家守寡，～店面。”清《红楼复梦》八五回：“让探春在此料理，将楚宝堂事务～办事。”

【接济】 jiē jì ❶从人力、物力上予以援助。唐[朝]崔致远《答江西王尚书》：“若能～师徒，粗得振扬声势。而乃周司空却自弃同即异，不能舍短从长。”《元曲选·气英布》二折：“咱如今到成皋关隔的一射之地，咱也道汉家怎没些儿粮草～咱家军马。”清《红楼梦》一〇七回：“若是这两个世俸不动，外头还有些挪移。如今无可指称，谁肯～。” ❷拯救；掩护救助。《法苑珠林》卷一〇四：“喻之良医，能消饥渴；喻之甘露，～沉溺。”元明《水浒传》六七回：“且说关胜等军马回到金沙滩边，水军头领棹船～军马，陆续过渡。”明佚名《鸣凤记》三二出：“倘天幸逃出，亦可～。不幸被害，亦必乘此黑夜埋灭尸首，倘见之时，就此叫破。” ❸接续；连续供给或补充。元陈椿《熬波图》卷下：“三四月间，柴苗方长尺许，已是开荡樵斫。至八九月内，已无～，不免多募人丁工具，将荡内茅根乍柴，再行刮削砍斫。”明郑若曾《江南经略》卷七上：“鸟铳最利而捷，但苦于不能～。贼每见铳来伏地而避，见铳不能应手即便冲来。”清《镜花缘》七〇回：“设或一时马扁儿来的不～，少不得也买些干铳儿或玫瑰露勉强敷衍。” ❹掌握；把握。明汤显祖《牡丹亭》四六出：“〔外戎装佩剑，引众上〕～风云阵势，侵寻岁月边陲。”何良臣《阵纪》卷二：“故习射者必精刀剑，弓解则有～之兵矣；学弩者必熟杈镰，矢尽则有利用之具矣。”

【接驾】 jiē jià 迎接皇帝的敬词。宋《三朝北盟会编》卷七六：“百官不复入局，日至御路～。”《元曲选·梧桐雨》一折：“报～的宫娥且慢行，亲自听。”清《镜花缘》五六回：“同河北都督姚禹起了一枝雄兵前去～。”

【接脚】 jiē jiǎo ❶顶替。唐李炎《加尊号赦文》：“其茶盐商，仍定斤石多少，以为限约。其有冒名～，短贩零少者，不在此限。”《旧唐书·韦陟传》：“后为吏部侍郎，常病选人冒名～，阙员既少，取士良难，正调者被挤，伪集者冒进。”《唐会要》卷七四：“两都士类，散在远方，三库敕甲，又经失坠。因此人多罔冒，吏或诈欺。分见官者，谓之擘名；承已死者，谓之～。” ❷指续娶或再嫁。《太平广记》卷一八四引《玉泉子》：“敏中始婚也，已朱紫矣，尝戏其妻为～夫人。”宋洪迈《夷坚志》补卷一：“(吴氏)无子寡居，而事姑尽孝。姑老且病目，怜吴孤贫，欲为招婿～。”明汤显祖《紫钗记》五〇出：“好姻缘看忒轻，亏你别弄箫声，再填河影。是谁做了领头风史，～的牛星？” ❸即“接脚夫”。《元曲选·窦娥冤》二折：“谁知他两个倒起不良之心，冒认婆婆做了～，要逼勒小妇人做他媳妇。” ❹接手；接班。含贬义。明《型世言》三〇回：“向来吏书中有几个因他入院，在这厢～过龙，门子有几个～得宠。”《西湖二集》卷二〇：“那时曹妙哥已娶了两个粉头～，自己洗干净身子，与吴尔知做夫妻。”清范希哲《鱼篮记》三出：“通不邓的儿子今年一十八岁了，岂非～有人？” ❺踏脚；脚踩着或脚踩处。明郎瑛《七修类稿》卷五一：“遂以凳～，以绳挂梁兜项，而势将缢也。”清《粉妆楼》一七回：“不想那些松树都是两手抱不过来的大树，又没有～，又没有底枝，如何扒得上去？”陈端生《再生缘》四〇回：“板凳一张为～，白罗三尺挂横梁。” ❻接踵；脚跟着脚。明《醒世恒言》卷一五：“空照往后就走，大卿～跟上。”清《野叟曝言》八〇回：“一面说，一面立起身，望屏后就走。三人见素臣大怒，都吓慌了，～跟进。”《警寤钟》八回：“黄按院恐云里手有失，就差人兼程赶来催提，还不放心，又差四人～出门。” ❼紧接着。明《醒世恒言》卷一七：“回得一家去时，～又是一家来说。门上络绎不绝，都是讨债之人。”清《警寤钟》一〇回：“又猛然一个大电，～就是一个大霹雳。”

【接脚夫】 jiē jiǎo fū 妇女续招的丈夫。宋米芾《六顺晓示》：“妇义，谓感翁姑之恩夫之义，夫没不改嫁，不招～。”程大昌《演繁露》续集卷一：“义子孙、舍居婿、随母子孙、～等见为保甲者，候分居日比有分亲属给半。”《朱子语类》卷一〇六：“绍兴有继母与夫之表弟通，遂为～，擅用其家业。”

【接脚屋】 jiē jiǎo wū 披屋；正房外接的偏屋。明《醒世恒言》卷三七：“单单剩得夫妻二人搬向几间～里居住，渐渐衣服凋敝，米粮欠缺。”

【接脚婿】 jiē jiǎo xù 即“接脚夫”。宋周密《癸辛杂识》别集卷上：“既而元杰家为伐柯一村豪家，为～。”

【接客】 jiē kè 特指妓女接待嫖客。宋元《清平山堂话本·曹伯明》：“小桃一心要嫁他，争奈倘都军没钱，因此还～。”明陆容《菽园杂记》卷九：“南京妓女刘引静，幼为一商所眷，商死。……誓不～。”清《白雪遗音·叹五更》：“梳妆打扮，迎宾～，一点不到，又被亡八鸨儿来打骂。”

【接口】 jiē kǒu ❶物体接合处。唐王焘《外台秘要方》卷三二：“瓶口内以纸泥泥两瓶～处，不令土人。”明宋应星《天工开物·锤锻》：“凡铁性逐节粘合，涂上黄泥于～之上，入火挥槌，泥滓成枵而去。”清《红楼复梦》五四回：“如意匠用个小圆刨子在脖子上刨成一样平正，～不齐之处，将小刀子四围修刷，十分妥当。” ❷接别人的话题。元吴师道《教经堂记》：“是皆随声～而不深察夫事情者也。”明《二刻拍案惊奇》卷三七：“程宰只做不晓得，不来～。”清陈端生《再生缘》七回：“骡夫～开言道：‘不过须臾有所归。’”

【接力】 jiē lì ❶延续体力；增添气力。宋朱熹《与宰执札子》：“实恐将来饥民日食半升之米，不足充虚～，不能作业营生。”明《西湖二集》卷三三：“既是路途遥远，怎生不进小寺奉一杯茶去，接一接力？”清《荡寇志》一一五回：“快把酒来，与我接一接力。” ❷助力；帮助或代替别人出力。明《西游记》六一回：“自昨日申时前后与老孙战起，直到今夜未定输赢，却得你两个来～。”清《野叟曝言》二一回：“如此走法，怕乏了，反不妙，还是雇骡～。”△《春闺秘史》三回：“大汉只好放她一马，令旁边的梅芳～替代。”

【接气】 jiē qì ❶口对口吹气使对方延续或恢复呼吸。宋佚名《小儿卫生总微论方》卷一五：“凡中恶邪或魇死者，不得用灯火照之，亦不得近前言唤，或与～，恐被注染。”明《禅真逸史》三七回：“遵老爷～之法，妻子渐渐醒转。”清《连城璧》子集：“看这光景，分明是医得活的，不如替他接一接气。” ❷增添人气。清《儒林外史》五三回：“后来长了胡子，做不得生意，却娶了一个老婆，只望替他接接气。那晓的又胖又黑，自从娶了他，鬼也不上门来。”

【接洽】 jiē qià ❶接触融洽，和谐相处。《旧五代史·晋书·胡饶传》：“清泰初，冯道出镇同州，饶时为副使。道以重臣，希于～，饶忿之。”清《后红楼梦》二六回：“以此早晨往上头去，婆媳两个都不～些。”《品花宝鉴》三九回：“王恂作人素来和蔼，见同席都不能～，勉强要和合起来。” ❷联络；联系。清《平定两金川方略》卷五〇：“此等喇嘛既与僧格桑素为～，难保其不探听内地之事，与贼潜通消息。”黄生《义府》卷下：“《三国志·骆统传》：‘人人别进，问其燥湿。’燥湿，犹寒暄，言人人以情意相～也。”黄宗炎《周易象辞》卷一一：“嘻嘻之和婉亲爱，本以情相～，彼此无所阻滞。” ❸接续使通畅。清傅泽洪《行水金鉴》卷一一〇：“且每岁山水先坏堤岸，春时无水～，夏则漫流，渰没田禾。”

【接亲】 jiē qīn 结婚时男方到女家接新娘。明叶宪祖《鸾鎞记》六出：“你听鼓乐喧阗，一定是赵家～的到了。”《醒世恒言》卷一：“赵二在混堂内洗了个净浴，打扮得帽儿光光，衣衫簇簇，自家提一碗灯笼前来～。”清《风流悟》六回：“几个亲戚来～，那桃花也欣欣然剃了面，穿了两件新衣服，拜别了家主下船。”

【接三】 jiē sān ❶婚后三日，娘家接女儿女婿回门。清《醒世姻缘传》六六回：“你长大出嫁的时节，我与你打簪环，做铺盖，买梳头匣子，我当自家闺女一般，～换九。” ❷丧后三日夕，丧家举行仪式，接引亡灵往吉方去。清《红楼复梦》七回：“你还去歇歇罢，等着晚上～再来叫你。”《品花宝鉴》三六回：“到了～那日，有些人来，……看烧了纸才散。”

【接生】 jiē shēng 帮助孕妇分娩。也指做这事的人。清陈端生《再生缘》七七回：“呱呱啼哭声音响，～称喜是储君。”袁枚《续子不语》卷七：“安东县村中一妇产子，唤稳婆～。”《绣鞋记》一三回：“叶氏安人知她瓜期已至，连忙备办蜡丸、羌酒等物，并吩咐仆人去请～。”

【接收】 jiē shōu ❶收到；收下。宋周必大《乾道庚寅奏事录》：“递中～闽宪信札。”明于谦《兵部为安边事奏》：“将掳去军民、金银、马匹，送与各官～。”清《绣鞋记》九回：“即时开箱取出三百两细丝交与，显国亲手～，便将揭数存贮。”❷接管。清《红楼梦》六二回：“在厨房内正乱着～家伙米粮煤炭等物，又查出许多亏空来。”《红楼复梦》八二回：“平儿～一切各帐，林之孝领著执事家人到宅请安。”❸接生。清《野叟曝言》一四八回：“三个收生妇闻唤即至，大家争接。凤姐令先到一步者～，餘两人帮同伏侍。”

【接手】 jiē shǒu ❶接续；添补。《五灯会元》卷一五《雪窦重显禅师》：“十方无壁落，四面亦无门。古人向甚么处见客？或若道得～句，许你天上天下。”清《醒世姻缘传》七一回：“咱实得百十两银接接手才好哩；要不，也就捉襟露肘了。”❷援手；帮助一把。宋朱熹《答吕伯恭》：“其人老成，孝友诚悫，朋辈间所难得。然苦贫，此行甚费力，或有可～处，得与垂念，幸甚幸甚。”明锺惺《乙亥藏稿》之七：“仓卒前功真可惜，眼前～一人无。”❸帮手；帮助或接应的人。元王恽《大元故宣武将军千户张君家传》：“当时诸军大小四十餘壁，每翼镇抚一员，号之曰～，日听将令于都镇抚。”明《英烈传》二四回：“倘得他做个～，也是天生一对好汉。”清雍正四年九月初二日高其倬奏文：“澎湖地方并无出产无可贩运，不过为偷渡之人作～耳。”❹从手中接过。明朱国祯《涌幢小品》卷二：“进诣御案前跪，出手展讲章，二太监～摊书，以金尺镇定。”清《歧路灯》五四回：“边公将来文掷与谭绍闻。谭绍闻～一看，上面红印朱批。”《红楼复梦》六七回：“探春笑着起身，才要来接，被秋瑞～抱了过去。”❺接班；接替。明刘若愚《酌中志》卷四：“应元实逆贤所靠为亲信，～后劲人也。”清《万花楼》四六回：“如今我们～代办，比他格外加厚，有何不可。”《补红楼梦》二一回：“四姑娘画了四五年都没成功，他一～就画起来了。”❻接班人；接替的人。清《歧路灯》三回：“这学生自幼儿就好，先岳抱着常说是将来～。”又七四回：“恰遇敝世兄告了终养要回籍去，～是个刻薄人，百般勒掯。”❼过手；接交的。清《红楼梦》三六回：“这个事我不过是～儿，怎么来，怎么去，由不得我作主。”❽紧接着前一个或前一人的动作。顺手；随手。清《东周列国志》五一回：“养繇基乘他那一闪时，～放一箭来，斗越椒不知箭到，躲闪不及。”《野叟曝言》一〇四回：“素臣挽着，飞身先上。碧莲等～俱上。”❾接着；接下来。清《粉妆楼》三〇回：“只为秋红逃走，～又是罗盘这桩事，闹得不清，也没有到王媒婆家去讨信。”

【接受】 jiē shòu ❶容纳而不拒绝。唐李恒《南郊改元德音》：“天下两税外，不得别有差率。刺史若违越，委观察使举奏；观察使或有事乖格敕，刺史不得～。”❷收取；领受。宋朱熹《按唐仲友第三状》：“皆称仲友到任以来，少曾出厅受领词状，多是人吏应褒、林木～财物，方得签押。”《元曲选·救风尘》四折：“又是俺共里同村一处居，～了钗环财物，明是个良人妇。”清《女仙外史》四八回：“月君发下玺书，高咸宁、吕儒等～了，拜辞阙廷。”

【接丝鞭】 jiē sī biān 一种女方择婿的婚俗，将丝鞭赠送男方，接受表示同意结姻。宋佚名《张协状元》二七出：“谁信道不～，毕竟是非奴姻眷。”《元曲选·梧桐叶》三折：“待结彩楼，等状元游街时抛绣球，～，求取佳配。”明刘兑《娇红记》卷上：“来岁中科选，得了纸皇宣，咱不～，恁紧候归轩。”

【接替】 jiē tì ❶接任代替。明温纯《燃眉以保治安疏》：“乃臣等情词愈迫，天听愈高。岂以在道御史尚可那移，而各差～不妨延缓欤？”清《平定台湾纪略》卷二四：“倘不能如期赶上，臣宝琳即先行督催前进，俟永庆前途赶到～，再行回省。”《大清会典》卷六四：“遇有倾圮，次第修理。本营官随时巡阅，遇新旧～时察验交代。”❷轮流替换；交接替换。明王世贞《巡幸考》：“选委千百户一百二十员分头管理，各分拨班次，更番～。”清宋荦《条议解送旗员疏》：“每至～处所，必将家口按名查验，方取印结回转。”《醒世姻缘传》八三回：“原来工部管街道的司官，合五城都属他所管，逐铺的总甲，～迎送。”

【接头】 jiē tóu ❶物体端头对接处。也指被接出的那一部分。唐[朝]崔致远《致幽州李可举太保》：“金花陷银拓裹合大小共三具，银～红牙匙箸一十对。”明《朴通事谚解》卷中：“板子又薄，都是～补定么，多有节子。”《大清会典则例》卷一三二：“面石，每丈～扣生铁锭二个。”❷特指嫁接用的植物梢头。也指嫁接。宋欧阳修《洛阳牡丹记》：“姚黄一～直钱五千。秋时立契买之，至春见花乃归其直。”元鲁明善《农桑衣食撮要》卷上：“拣好嫩枝条，签于芋头或萝卜头上，栽易活。脑上用箬叶包之。若签诸般花枝～，亦得。”明王骥德《男王后》三折：“〔旦〕怎么一树倒开着两样花？〔小旦〕这牡丹是～的。他根子上还是芍药花哩。”❸接续；过渡。也指起这样作用的人。宋陈埴《木钟集》卷一〇：“大凡寒暑晦明之交，～处须两下侵带些。”元王义山《讲义》：“人心立极，虽有间断处，亦好～。否则终日向学，不免散而无统也。”明魏校《答林烈》：“尧舜禹以后汤以前，全是伊尹接得来。中间无伊尹，斯道之脉果谁继？尧舜禹以后汤以前，伊尹是一个大～。”❹接话头。明《型世言》二一回：“爱姐道：‘嫂嫂好么？’徐铭故意差～道：‘丑，赶不上你个脚趾头。’”清《荡寇志》九七回：“只见阴婆上堂，世德问道：‘纪明、姚莲峰在你楼上与杨氏通奸，好不安分！’阴婆听了这话，全不～。旁边经承回官道：‘这人是杨田氏。这件通奸打人之处，是孙周氏的家里。’”

【接续】 jiē xù ❶衔接；前后相接。唐李儇《南郊赦文》：“所至稽停，每发一纲，便逾星岁。致令供军使频申，三处月限，不相～。”宋范祖禹《乞罢河役状》：“朝廷既已兴工，不可中辍，必须～应副。”清《歧路灯》九三回：“三十两银子净了，这赎的地收打的粮食便～上了。”❷接连；连续不断开。唐韦悫《重修滕王阁记》：“其他廛阓之地～，邮亭甍栋缅连，疾飚一惊，遂至延及。”清《飞龙全传》三五回：“见那街市喧哗，店铺～，人烟辐辏，风景繁华。”❸扩展；延展。唐殷盈孙《修宗庙议》：“伏缘十一室于五间之中，陈设隘狭。伏请～厅之两头，成一十室荐飨之。”❹连接；把断开的或分段的连在一起。唐王建《七夕曲》：“河边独自看星宿，夜织天丝难～。”元佚名《集贤宾·秋怀》：“断弦破镜怎～？枉自求神与问卜。”清《醒世姻缘传》二四回：“打一切粮食，垛秸秆，摔稻子，～了昼夜，也还忙个不了。”❺延续；承接。元《三遂平妖传》五回：“欲待不娶与他，小人止生得这个儿子，没个～香火。”明高濂《遵生八笺》卷一：“食不欲粗并欲速，宁可少餐相～。”清陈端生《再生缘》八〇回：“《再生缘》，～前书《玉钏缘》。”❻陆续；接连地。宋田锡《谢内降札子奖谕》：“兼得逐旋进呈，以备～披览。”明李祯《晚春郊外》之一：“多般野菜参差老，几样林花～开。”

【接应】 jiē yìng ❶呼应支援。宋曾公亮等《武经总要》后集卷一五：“河南留守张全义召牛存节谋，遂以本军及右龙武羽林等军，往～上党。”《元曲选·赵氏孤儿》四折：“到明日小主人必然擒拿这老贼，我须随后～去来。”清《说岳全传》一三回：“老元戎且请先领兵前去。待我明日再奏圣上，添兵～便了。”❷接续；后续支持。《元曲选·东堂老》二折：“你有一日出落得家业精，把解典处本利停，房舍又无，米粮又罄；谁支持，怎～？”明郑纪《备荒五事》：“马快船近二千只，终年差使，无时休息，非惟人夫难以～，而船只亦易损坏。”清《姑妄言》九回：“这是三两银子，够你三个月用度。等你令兄回来，就有～了。”❸呼应。明《拍案惊奇》卷六：“那门里咳嗽一声，卜良外边也～咳嗽一声，轻轻的一扇门开了。”

【揭】 jiē ❶掀；剥。《敦煌变文校注》卷三《燕子赋（一）》：

“捋出脊背，拔却左腿，～却脑盖。”元尚仲贤《柳毅传书》二折：“古都都～了瓦陇，吸哩哩提了斗栱。”清《红楼梦》九回：“等我闲一闲，先～了你的皮。” ❷欠；借；赊。偏指付较高利息的。明《型世言》三二回：“援纳等项，费去银千餘两，无处打捞，还～下许多债负。”清《聊斋志异·折狱》：“夫何甲～数百金作贸易，被胡杀死。”《歧路灯》二六回：“绍闻道：‘药方儿呢？’逢若笑道：‘那是我在姚杏庵铺子里～的。’” ❸揭帖。明《型世言》一七回：“他看了～，已晓得项总督甚有经纬，灭贼有日了。”陈子龙《澄吏道》：“或有造单投～相挟持者，赂必尤重。”清钱谦益《丁丑狱志》：“钱家人纪纲，具在原～，何谓无之？” ❹呈文告发。清黄宗羲《朱止谿先生墓志铭》：“令得逸，求源赎其妻子。源赎之归，令反以此谓源通贼，～之巡抚。”《醒名花》一五回：“原来高公被都察院～了，即日械送京师。” ❺解；卸。清《歧路灯》四九回：“适才我到家，～了褡裢，就来看有你没你。”

【揭巴】 jiē bā 犹“巴结❹”。清《聊斋俚曲·禳妒咒》：“到处为家，教书为业，过的～。”

【揭白】 jiē bái ❶就人死后的面容画像。画像前须揭起盖在亡者脸上的白布，故称。明《金瓶梅词话》六三回：“只见来保请的画师韩先生来到。西门庆与他行毕礼，说道：‘烦先生～传个神子儿。’”清《醒世姻缘传》一八回：“画士不一时写出稿来。众人都道：‘有几分相似。’画士道：‘～画的，怎得十分相肖？’” ❷呈文辩白。《明史·贺逢圣传》：“广宁之败，同乡官将～廷弼之冤。” ❸明白宣示。清刘大櫆《湖南按察司副使朱君墓志铭》：“与其阳禁阴违，曷若～而晓谕之。”

【揭榜】 jiē bǎng ❶揭下张贴的榜文，表示可以承担榜文所示的内容。《敦煌变文校注》卷四《悉达太子修道因缘》：“大王遂处分所司，榜示令诏相师。忽有一仙人向前～，云称：‘我善能解相。’”明徐元《八义记》三〇出：“〔净上〕谁～？〔末〕草泽医人。”清《镜花缘》三五回：“此时众百姓闻得有人～，登时四方轰动。” ❷张贴文告或告知性的文字。唐佚名《诮失婢》：“～讳因依，千声叫不归。”宋丁特起《靖康纪闻》：“其医官各于行李笼篋上～云‘太子元帅府医官某人行李’，或云‘国相元帅府’。”清《隋唐演义》九〇回：“哥舒翰退至关西驿中，～收合败卒，欲图再战。” ❸发布应试录取的名单。宋《朱子语类》卷三六：“譬如士人赴试，须要必得，到～后，便已必不得了。”明单本《蕉帕记》二六出：“〔末〕其餘这些取上的卷子怎么处？〔丑〕都混帐填去，明早～罢了。”清姚鼐《代州道后冯氏世谱序》：“应乡试时，夜～，有走报其已得举者。” ❹张挂匾额。宋洪迈《夷坚志》甲卷一七：“郡圃有亭名‘天绘’，……有范滋者为易曰‘清辉’。已～，徐谒李，同坐亭上。”叶梦得《石林燕语》卷二：“七月成，始迁入，新省～曰‘文昌府’。”

【揭报】 jiē bào ❶揭帖；上报的文书。宋朱熹《戊申封事》：“既而又有匿名～暴其过恶者，亦被决配。”清《红楼梦》九九回：“便有几处～，上司见贾政古朴忠厚，也不查察。” ❷明确报告；揭露、报告。明杨寅秋《平播条议机宜》：“兼查经过津渡去处，有无埋伏、阻塞、半渡邀击之虞，先期～。”清《平定金川方略》卷七：“其餘各营，现据粮务官员～，约足餘半月或二十餘日之粮可资豫备。”《野叟曝言》八八回：“同城镇将，既徇情不行题参；各卫指挥，复畏威不敢～。”

【揭标】 jiē biāo 设立标榜、标的、标志。宋真德秀《放生池记》：“砻石刻名，于其侧～，上下共十里，以禁采捕。”明彭辂《与友人论诗》：“遡其初，必有名公钜卿～树鹄于其上，而学士大夫位在下风者，翕然钦挹而乐为之驱。”罗洪先《论年谱书》：“于目中诸书～，令人触目，亦是提醒人处。入梓日以白黑地别之。二卷、三卷如举‘良知’之说，皆可～于目中矣。”

【揭剥】 jiē bō 揭起剥除。宋李诫《营造法式》卷三：“造石作次序之制有六：一曰打剥，用錾～高处；二曰粗抟，稀布錾凿令深浅齐匀。”元刘时中《端正好·上高监司》：“捶钞的～的不怕他人心似铁，小倒的兴贩的明放着官法如炉。”

【揭参】 jiē cān 揭发弹劾。明孙传庭《纠参贪横监司疏》：“徇劣令，则一县之钱粮侵混至一万有餘，竟欲使知府不敢～。”清钱谦益《明故南京国子监祭酒许公合葬墓志铭》：“乌程怒，攘臂～。”《绿野仙踪》四回：“这年八月间，本县县官被上宪～回籍。”

【揭呈】 jiē chéng ❶具揭呈告。明孙继皋《与连德清荣洲书》：“夫辱莫辱于登床骂詈，恨莫恨于捏名～。”清《国子监志》卷三〇：“查明有假与否，然后～两厢究治。” ❷呈告的文书。明《醒世恒言》卷二九：“再说汪知县因此谋不谐，遂具～，送各上司。”清雍正六年十二月初六日迈柱奏文：“臣恐一时提审，有误目前公事，因将史惇化～暂缓批发。”

【揭帝】 jiē dì 同“揭谛❷”。金《董解元西厢记》卷一：“中心的垒壁，周回的画像，是吴生亲手。金刚～骨相雄，善神菩萨相移走。”明《西洋记》二七回：“一架一迎，那数他～神收魍魉于阴山之前。”清李玉《清忠谱》二折：“儿郎凶狠，一个个罗刹夜叉；将帅雄强，一人人金刚～。”

【揭谛】 jiē dì ❶佛典《心经》的咒语。当为梵语音译，义待考。唐玄奘译《心经》：“故知般若波罗蜜多，是大神咒，是大明咒，是无上咒，是无等等咒。能除一切苦，真实不虚。故说般若波罗蜜多咒，即说咒曰：～～，波罗～，波罗僧～，菩提萨婆诃。”刘乾《招隐寺赋》：“惊怪木之如龙，悦鸟语之禅味。悟我生之无始，卑佛书之～。”《古尊宿语录》卷四六《滁州琅琊山觉和尚语录》：“上堂云：‘……且道露柱里明得什么边事？若也不会，拄杖子为汝念个～真言。’以拄杖卓一下。” ❷由《心经》咒语衍生出的佛教护法神。五代孙光宪《北梦琐言》卷六：“后有传侯昌业疏词不合事体，其末云：请开～道场，以消兵厉。似为庸僧伪作也。”宋龚明之《中吴纪闻》卷三：“僧恐甚，亟诵揭谛咒语。～神与龙角力，龙不能胜，破其山而去。”清《后西游记》三九回：“一霎时就变做八菩萨、四金刚、五百阿罗、三千～、十二大曜、十八伽蓝，两行排列。”

【揭调】 jiē diào 另见 jiē tiáo。❶高亢激烈的调子。唐吴融《赠李长史歌》：“铿訇～初惊人，幽咽细声还感神。”宋张松《风入松》：“何处东风院宇，数声～《甘州》。”明汤显祖《紫箫记》三二出：“～催弦怕听。风月关人，月壮风多晕更生。” ❷以这样的调子唱。《宋高僧传》卷二〇《唐江陵府些些传》：“尝遇醉伍伯，伯于涂中辱之，抑令唱歌。些便扬音～，词中皆讦伍伯从前阴私恶迹。”宋晏殊《渔家傲》：“求得浅欢风日好。齐～，神仙一曲《渔家傲》。” ❸以高亢激烈的调子吟诵或创作。也指这样风格的作品。清田雯《稼雨轩诗序》：“今人目未了数家之书，辄尔矜诩～，捋扯剽盗，补缀篇章。”又《桐餘音集序》：“胸春志塞，悉发之于诗。诸体已优，其～尤在乐府。”

【揭短】 jiē duǎn 揭发别人的短处。明《西游记》八回：“是那个在山上吟诗，揭我的短哩？”清《醒世姻缘传》八七回：“寄姐性子象生菩萨似的，岂容狄希陈揭着短骂这们一顿？”《歧路灯》六七回：“打人休打脸，骂人休～。”

【揭黄】 jiē huáng 取消黄簿记录，子孙不再承袭勋业。黄簿，明代记录武职官员功勋世次的簿册。明佚名《嘉靖东南平倭通录》：“上谓大猷纵寇，所宜逮治，始革其祖职，～。”沈德符《万历野获编》卷五：“武选司选官俱以黄为据。黄分内外，旧官新官，各有黄簿。每官一员，名下注写功升世次，……罪止及身，子孙仍许袭承，然必身首异处者，方～停袭。”《型世言》三一回：“次日升堂，正值外边解审，将来一造板子打死，免了～。”

【揭火】 jiē huǒ 取火。明《二刻拍案惊奇》卷三九：“大象口中牙，蠢婢将来～；犀牛头上角，小儿拿去盛汤。”

【揭借】 jiē jiè 借(债)。揭，指付较高利息的。元至元八年五月二十七日魏初奏议：“脱因雨水变坏，则百姓～钞本无以偿。”明《杜骗新书·丢包骗》：“我失银三两，作一包，是～纳官的。”清《白雪遗音·讨饭》：“欲待～，没人给我。”

【揭局儿】 jiē jú er 揭开局儿。指事到终了。《元曲选·竹坞听琴》二折：“将一片打劫的心，则与人争论高下，直等待那～死时才罢。”

【揭露】 jiē lù ❶揭示；发露。宋张九成《孟子传》卷一八：“其论舜与文王，乃昌言于天下曰：‘先圣后圣，其揆一也。’倘非在其道中，又安敢晓然～判别如此乎？”觉范《余居百丈天觉方注楞严以书见邀》之二：“四义仅能分肉髻，八还终恐隔花冠。争如劈佛丹霞手，～从教觌体看。”元郝经《续后汉书·葛洪传赞》：“神扃奥锁，冥探灼索。～阴机，戒之在得。” ❷彰显；显露。明范景文《扬州重新石塔寺常住碑记》：“南栖衡霍，北指燕云，阐馨老之箕裘，可谓家私～；上摄王侯，下滋氓庶，翼圣代之彰瘅，足称神化宜民。”汤显祖《哀黄生赋》：“不善为容，～喉齿，掉臂而行，槃跚步屣。”

【揭票】 jiē piào 借据。清《歧路灯》三〇回：“王中，你问一个宗儿，叫大相公出～。”又四八回：“爽快还完时抽了这张～，也是快事。”

【揭破】 jiē pò 戳穿；暴露。清《平定两金川方略》卷九八：“阿桂等斥詈之语词，义虽觉严正，究于贼人奸诈底里未曾～，不能使之畏慑。”《野叟曝言》一三七回：“上皇哀诏下来，已知此事不妙，及番僧被逐，朝廷主意，业已～。”《万花楼》五七回：“他在朝中，任谁有些破绽，都被他～。”

【揭券】 jiē quàn 即“揭票”。清《歧路灯》六〇回：“王隆吉说个宗儿，先讨了谭绍闻花押～一纸。”

【揭赏】 jiē shǎng 悬赏；出示赏格或赏单。宋苏轼《上韩丞相论灾伤手实书》：“而今之法，～以求人过者，十常八九。”元黄溍《月泉吟社诗序》：“始作月泉吟社，四方吟士从之，三子者乃为其评较～。”明俞汝楫《礼部志稿》卷四九：“其在于今，则人多禄寡，支用不敷。假货～，朔食望米，以致资身无策，日不聊生。”

【揭示】 jiē shì ❶指出；标明；阐明。《太平广记》卷二〇四引《逸史》：“至第十三叠，～谬误之处，敬伏将拜。”宋俞成《萤雪丛说》：“然而所试诗赋题目，或出经、史、传记、注疏、文集、诸子百家，难以遍知，今乃～本文，其法亦善矣。”清《野叟曝言》一〇回：“素臣遂倾箱倒箧，把那古文之法，不传之秘，一齐～。” ❷公布；公示。宋丁特起《靖康纪闻》：“又～赏格，自获酋长迨小番等，赏各有差。”明宋濂《上天竺慈光妙应普济大师碑铭》：“勤旧僧欲～氏名，以励其餘。选工书者，众卒无以应。”清姚元之《竹叶亭杂记》卷二：“乾隆间，考试差，入选者注榜～。” ❸公告；公示或传谕的文字。宋王明清《挥麈餘话》卷二：“会盐法忽变，有大贾睹～，失惊吐舌，遂不能复人。”朱熹《白鹿洞书院～》：“父子有亲，君臣有义，夫妇有别，长幼有序，朋友有信。右五教之目，尧舜使契为司徒，敬敷五教，即此是也。学者学此而已。”明戚继光《练兵实纪》卷二：“凡应行军务系有文字，事缓者除通行～外，若值紧急军机，虽有文字抄示不及者，主将门上掌号笛，各偏裨传带头目，自百总以上，赴听面谕。” ❹发布公告。宋丁特起《靖康纪闻》：“金人移文开封府索军器，封府～：许人收藏军器，悉纳赴官。”《宋史·安丙传》：“金人～境上，得丙首者与银绢二万匹两。”清《聊斋志异·青梅》：“尼往求吏部某公～严禁，恶少始稍敛迹。” ❺指示；指点；指令。宋洪迈《夷坚志》三辛卷一：“梦就试省闱，遇紫袍神人持金榜～之曰：‘此题目也。’”明陈全之《蓬窗日录》卷五：“夫《中庸》传道之书也，而公初～后学如此。非见道分明者耶？”沈德符《万历野获编》卷一一：“都察院掌院左都御史张永明不能平，～司务厅，命复旧规。” ❻昭示；显示。《续资治通鉴》卷四：“及贼境，～威信，所招集又得三千人。”

【揭条】 jiē tiáo 同“揭挑”。明《金瓶梅词话》二九回：“各人冤有头，债有主。你～我，我～你。”

【揭调】 jiē tiáo 另见 jiē diào。同“揭挑”。明《金瓶梅词话》五九回：“那薛姑子和王姑子两个，在印经处争分钱不平，又使性儿，彼此互相～。”

【揭挑】 jiē tiǎo 揭发挑明(短处)。明《西游记》八三回：“古人说得好，死了莫与老头儿同墓。干净会～人！”清《儒林外史》二三回：“他是程明卿家管家，最怕人～他这个事。”《红楼梦》七一回：“这两个婆子一则吃了酒，二则被这丫头～着弊病，便羞激怒了。”

【揭帖】 jiē tiē 另见 jiē tiě。❶同“揭贴❹”。宋文彦博《乞兵部厢军密院置籍奏》：“欲乞令密院祇于兵部取索厢兵等人数，于兵籍房置簿拘管，逐年～，常见实数。”苏辙《论衙前及诸役人不便札子》：“候岁终除支外，尚有宽剩钱数，令封桩户房置簿，候诸路逐年申到数目～。”吴泳《论今日未及于孝宗者六事札子》：“凡三衙及在外诸统帅之兵，则书注各人武艺于册，谓之掌记；自准备将以上至统制官，则排比全军姓名于籍，号曰～。” ❷同“揭贴❸”。元王冕《江南妇》：“大家～出陈帐，生谷十年还未足。” ❸同“揭贴❺”。元虞集《京畿都漕运使善政记》：“收支之数，有所勘会，止从本司～图帐申报，无烦文也。” ❹粘贴。偏指“帖(贴)”。元虞集《故翰林学士吴公行状》：“徽庵未出，而外斋有～片纸满壁，皆徽庵特见以语学者之说。”

【揭贴】 jiē tiē ❶揭下与粘贴(任职、黜职者的名单)。宋《建炎以来繫年要录》卷一一六：“举可以为监司郡守者，中书置籍。遇有阙，卿等议以差填。朕亦当书屏风，置诸左右，以时～。” ❷指可揭下或粘贴的任、黜职者名单。宋《朱子语类》卷一二七：“或言孝宗于内殿置御屏，书天下监司帅臣郡守姓名，作～于其上。” ❸出示文书；发布文告。宋李椿《奏议》：“州督财赋于县，或立帐，或挂图，或～，具县之合解色目。” ❹登记；登录。宋苏辙《论衙前及诸役人不便札子》：“坊场钱并依上件助役钱，已得指挥，令封桩户房一就置簿～。”周必大《桩积米数文字回奏》：“行在丰储仓、镇江诸仓等处旧桩积米数文字四件，今已～开具讫。”《宋史·兵志七》：“乞令诸将各置籍，日具有无开收，旬具元额见管及逃亡事故细目，申总管司。本司～都簿，委机宜一员，逐时抽摘点检。” ❺指登记、登录的簿册。元《通制条格》卷一四：“司吏除年销局照算窟点，旬申～，省部呼唤照勘一切文字。”

【揭帖】 jiē tiě 另见 jiē tiē。❶揭明事由的文书。《元曲选·神奴儿》四折：“他都是那～上学定了的，休听他说。”明李贤《缴进两广事宜疏》：“备将用兵事宜，开写～呈示。”清《歧路灯》九五回：“如有慢视民瘼者，定行～揭上几个，断不叫这等尸位病民者得以漏网。” ❷揭明事由的招帖或公告。明王世贞《恳乞容令休致疏》：“不意许仕彦聚集各生二十餘人倡首，数百人和之，遍立匿名～。”清孔尚任《桃花扇》一出：“小弟做了一篇留都防乱的～，公讨其罪。”《野叟曝言》七七回：“把这些情节写成～，各处晓谕，令宅内家人及合村男妇都知道你冤枉。” ❸通名或通事的帖子；

名片。明袁于令《西楼记》一〇出:"压起子手本～,要点啥手里香香。"清《八洞天》卷二:"时严公正驻节夔州,长孙陈写着孙去疾名字的～,到彼参见。"《锦香亭》七回:"万春向未曾见面过的,不敢冒渎,备了～,叫店小主跟了,径投守御使衙门上来。"

【揭席】 jiē xí 酒席结束。元睢玄明《要孩儿·咏西湖》:"灵芝港～人散,趁着海棠风赏玩忘归。"《元曲选·谢天香》一折:"我直到～时来,到家时,我又索趱下些功夫忆念尔。"又《丽春堂》二折:"怎当他酬酢处两三巡,～时五六杯,醉的我将宫锦淋漓。"

【揭晓】 jiē xiǎo ❶指明;阐明。宋程珌《与袁郎中书》:"伏拜诲翰,凡数百言。又蒙示教,～邦人文檄。" ❷公布;揭明。宋李曾伯《条具广南备御事宜奏》:"所有内郡荒田,欲望朝廷颁降黄榜,下本司～,谕民从事开垦。"周密《癸辛杂识》后集:"至引试日,题将～,循例班列拈香。"元胡炳文《答定宇陈先生》:"明经课文,凡自藻鉴～后,远朋竞来观录。" ❸特指发布应试录取的名单。宋陈著《谢解启》:"伏睹使府九月十二日～,叨预荐名者。"明沈受先《三元记》三四出:"～之朝,亲见冯京榜上标。"清《醒世姻缘传》九八回:"秀才进过三场,……洗了耳朵,等～的喜报。"

【揭扬】 jiē yáng 昭示;宣扬。唐李漼《贬杨收端州司马制》:"去岁验其事迹,未忍～,委以察廉,冀塞愆咎。"宋史浩《葬五世祖衣冠招魂辞》:"或～崔杼之逆节兮,或形容鲁僖之寿祉。"清《五美缘》五三回:"你这个狗头在外～,岂不坏了我的声名。"

【揭约】 jiē yuē 即"揭票"。清《歧路灯》四八回:"王经千在腰间纸袋内,掏出来一张～。王中早把算盘放在桌上,邓吉士伸指拨算。"《绣鞋记》一二回:"妾身现备揭数三百两奉还,恳乞老爷将此～交还妾身。"

【揭债】 jiē zhài ❶赊账;借钱。指付较高利息的借贷。《元曲选·救风尘》二折:"咱这几年来待嫁人心事有,听的道谁～、谁买休。"明杨继盛《赴义前一夕遗属》:"切记不可～。若～,则日日行利,累的债深,穷的便快。"清《歧路灯》四八回:"南乡有名大财主吴自知,咱城中许多客商家,行常问他出息～哩。" ❷指所揭的债。清《歧路灯》四八回:"此中也有欠～的,也有欠借债的,也有欠货债的,也有请来陪光的,一齐都到了碧草轩。"

【揭账】 jiē zhàng ❶结清账目。明《梼杌闲评》一一回:"张惺连头共输一千三百餘两。进忠道:'且歇歇再来。'揭了账。" ❷犹"揭债❶"。清《歧路灯》六九回:"总之,～做生意,这先就万万不可。"又八四回:"总不～,他们怕大哥做甚的?"

【揭折】 jiē zhé 折抵;抵偿。宋元《清平山堂话本·董永遇仙》:"不免将身卖与人佣工,得钱～。"

【揭资】 jiē zī 犹"揭债❶"。清《聊斋志异·白秋练》:"独冀明岁南来,尚须～,于是留子自归。"

【街坊】 jiē fang ❶城市里供通行的街道和供居住的坊巷。也借指城镇、市井。五代崔憓《请正～疏》:"近岁居人渐多,里巷颇隘,须增屋室,宜正～。都邑之制度既成,华夏之观瞻益壮。"吕琦《请疏通注拟奏》:"窃虑阙员渐稀,人数转多。抛耕稼于乡里,忍穷饿于～。"宋周密《武林旧事》卷二:"内人及小黄门百餘,皆巾裹翠蛾,效～清乐傀儡,缭绕于灯月之下。" ❷泛指街道、里巷。宋袁寀《世范》卷下:"市邑小儿,非有壮夫携负,不可令游～,虑有诱略之人也。"元明《水浒传》四回:"为是恩人前日老汉请在楼上吃酒,员外误听人报,引领庄客来闹了～。"清《霓裳续谱·读书未就》:"我是宁可买卖经营,要去学肩挑,在～赚些个钱和钞。" ❸邻居。《敦煌变文校注》卷五《双恩记》:"应是～相屈唤,无论高下总来听。"《元曲选·儿女团圆》一折:"～每都听知,谁敲牙波料嘴?这婆娘家便背悔也,忒瞒心昧己。"清《醒世姻缘传》二回:"我就是到门前与～家说几句话,也还强似跟了许多孤老打围丢丑!" ❹负责在街市化缘的僧职。《古尊宿语录》卷四二《宝峰云庵真净禅师语录》:"监院荷檐竭力,～善巧化人,知客临时接引,长老据款结案。还有不涉斯美者么?"《五灯会元》卷一一《宝寿和尚》:"南方禁夏不禁冬,我此间禁冬不禁夏。汝且作～过夏。"宋洪迈《夷坚志》支甲卷一:"既作僧,为～化士,嗜酒不检,一意狎游。"

【街鼓】 jiē gǔ 设置在京城街道上用以警夜的鼓。后泛指更鼓。唐刘肃《大唐新语》卷一〇:"旧制,京城内金吾晓暝传呼,以戒行者。马周献封章,始置～,俗号冬冬,公私便焉。"明汤显祖《紫钗记》六出:"趁灯宵遨游狭邪,听～儿几更初打。"清《风流悟》八回:"到黄昏～微动,文世高就悄悄到施十娘家等候。"

【街邻】 jiē lín 街坊邻居。明《金瓶梅词话》六六回:"西门庆分付来兴儿打发斋馔,送各亲眷～。"清雍正七年十二月十五日迈柱奏文:"因～说不是好人,不容他住。"《白雪遗音·雪映竹窗》:"忽听～爆竹响,原来是,村舍人家祭灶王。"

【街面】 jiē miàn ❶街道的宽窄面积。明陶安《龟头山》:"又有鳖皮蛇,褊阔类～。尖首如狗,吐丝草头缠。"清允禄《谕行旗务奏议》卷一〇:"查东安门、西安门内大街,两旁～宽平,纵有车马往来,不致拥滞。" ❷街道;市面。明戚继光《练兵实纪》卷六:"大小将领于各所管兵歇处～露坐,待各项官军都到人家门首立定,听放炮一个,沿街传锣,各军俱进人家安歇。"刘球《堤备京师水患奏》:"并募官民军匠人等,于空闲～住坐,以壮观京师。"清《歧路灯》一五回:"前站着三四个家人,隆吉也有见过的,都是～上常走的。"

【街市】 jiē shì ❶街道集市。多偏指人烟凑集的街道。唐张说《皇帝在潞州祥瑞颂·羊头山北童谣》:"荧惑降精,是为天使。会合龆龀,讴谣～。"清《隋唐演义》三回:"起初是乡村乱说,后来～喧传;先止是小儿胡言,渐至大人传播。"《镜花缘》一九回:"城门甚矮,弯腰而进,里面～极窄,竟难并行。" ❷市井或跟市井相关的处所。元刘时中《端正好·上高监司》:"堪笑这没见识～匹夫,好打那好顽劣江湖伴侣。"元明《水浒传》七二回:"但是李师师说些～俊俏的话,皆是柴进回答。"明贾仲明《凌波仙·吊王守中》:"通～,知稼穑,躲不了深土培埋。"

【街司】 jiē sī 管理街道的机构或官吏。唐段成式《酉阳杂俎》前集卷一五:"井匠惧,不敢掘,～申金吾韦处仁将军。"《五灯会元》卷二〇《剑门安分庵主》:"行次江干,仰瞻宫阙,闻～喝'侍郎来',释然大悟。"宋刘克庄《汉宫春·四和秘书弟家赏红梅》:"恍徐娘虽老,尚有丰姿。纷纶绛节导从,不要～。"

【街头】 jiē tóu 街上;街面上。唐杜甫《逼仄行赠毕曜》:"～酒价常苦贵,方外酒徒稀醉眠。"元刘时中《折桂令·代马诉冤》:"再不敢鞭骏骑向～闹起,则索扭蛮腰将足下殃及。"清《醒世姻缘传》三八回:"小孩子们父母没有家教,多与了他的银钱,胡买乱买,镇日～闲荡。"

【街沿】 jiē yán 街道的边沿。多指位于该处的台阶。明《醒世恒言》卷一八:"一眼觑见一家～之下,一个小小青布包儿。"《禅真逸史》八回:"两个走入一条冷巷里,～上坐了。"

【街檐】 jiē yán 街道两边房屋向外伸出的屋檐。宋翁元龙《隔浦莲近》:"～插缀翠柳,憔悴清明后。"宋元《古今小说》卷三:"直到新桥市上吴防御门首,坐在～石上。"清《无声戏》一二回:"走到～底下,离麟如一丈多路,磕了几个头。"

【街子】 jiē zi ❶掌管街道治安、扫除等事的差役。唐段成式《酉阳杂俎》前集卷八:"荆州～葛清,勇不肤挠,自颈已下,遍刺白居易舍人诗。"宋蔡絛《铁围山丛谈》卷二:"于是士大夫进退之间犹驱马牛，不翅若使优儿～，动得以指讪之。”元刘时中《朝天子·同文子方邓永年泛洞庭湖》：“有钱，有权，把断风流选。朝来～几人传，书记还平善。” ❷街道。宋孟元老《东京梦华录》卷三：“开宝寺，在旧封丘门外斜～，内有二十四院。”清《八旗通志》卷三〇：“小～、史家胡同、干面胡同、小哑叭胡同，此四胡同为四参领之六佐领居址。” ❸集市。云南方言。元李京《云南志略》：“市井谓之～，午前聚集，抵暮而罢。”明《徐霞客游记》卷六下：“明日为～，候渡者多。”注：“贵州为场，云南为～，广西为墟。”程本立《江头绝句》之一七：“纷纷趁～，卖酒坐藤轮。”

【喈嘈】 jiē cáo ❶喧闹；吵闹。明周瑛《题孙氏画梅》：“～鸟语酒初醒，呜咽角声天未曙。”《西游记》二九回：“你看他两个喈喈嘈嘈，埋埋怨怨，三藏只是解和。”清《聊斋志异·偷桃》：“但闻人语～，鼓吹聒耳。” ❷受骚扰、搅乱。明周瑛《赠明府吴侯书满序》：“如是者逾十年，始登朱希周榜进士。中间～世故，备尝黐苦。”

【喈喳】 jiē zhā 犹“喈嘈❶”。明康海《中山狼》一折：“您休得～，俺加些挣扎。”汤显祖《邯郸记》二〇出：“一任他前遮后拥闹～，挤的俺前合后偃走踢踏。”

jié

【节钞】 jié chāo 明代节日赏赐给不能参加宫廷宴会的官员的钱钞。明俞汝楫《礼部志稿》卷三：“洪熙元年正月，上谕礼部尚书吕震曰：遇节，皇亲例赐钞。在廷文武股肱之臣，朝夕相与，可否机务，而有故不宴者，即同疏远小臣，皆给～五贯。”焦竑《玉堂丛语》卷三：“君子爱人以德，不以姑息。其免贺及宴，仍赐～。”清孙承泽《春明梦餘录》卷七：“赐宴之日，其官卑禄薄者，免宴赐以钞，谓之～。”

【节次】 jié cì ❶一个接一个；逐次。唐陆贽《诛李希烈后原宥淮西将士诏》：“其中首建谋议同斩希烈人等，宜并条录闻奏，～褒赏。”宋周密《武林旧事》卷七：“次日，皇太后宅亲属到宫进香，并本宫人吏、后苑官属、作苑使臣等并～进香。”清《野叟曝言》一〇二回：“奚奇、叶豪领斧兵，张顺、锦囊领弓手，士豪、韦杰、易彦领大军，～截杀，方得成此大功。” ❷挨次；接下来。宋朱熹《按唐仲友第四状》：“至六月十八日，王静移过庙弄严蕊旧屋居住。～是十八宣教到家宿卧，至四更回州。”元《通制条格》卷四：“幼亡父母，因于黄官人船上乞觅饭食，收留不令下船。～到来御河，为患病弃于岸上。”明《醒世恒言》卷一三：“叫下一名说评话的先生，说了几回书。～说及唐朝宣宗宫内，也是一个韩夫人。” ❸程序；次序。宋苏辙《再乞放积欠状》：“臣窃谓朝廷将施舍已责，救民于沟壑之中。其施行～当如救焚，不可少缓。”《元曲选·勘头巾》二折：“把文卷依～，请新官题判时，先呈与个押解牒文，后押上个拘头佥字。” ❹限度。清《醒世姻缘传》九四回：“谁知人的愁喜悲欢，都要有个～，不可太过。” ❺说明过程的文书。宋洪迈《夷坚志》支庚卷一〇：“吏呼二医视之，已无可言，共议作～申郡，而令出钱买棺。”明杨士聪《玉堂荟记》卷上：“大都上未尝至皇五子病所，皆诸人撰造～，遣人传报。” ❻陆续；接连。元《通制条格》卷五：“在前那庙有赡庙地陆伯顷来，在后兵革时分，百姓每～占了来。”元明《水浒传》二二回：“虽然～收得华翰，只恨贱役无闲，不能勾相会。”清《醒世姻缘传》七一回：“误了草料，被那管草料的官～打了几遭。” ❼指示；措置。元刘一清《钱塘遗事》卷四：“贾似道嘉熙戊戌以其姊贵妃之故，得赴廷对。是时贵妃在大内，廷对之日，～当事人供奉汤药饮食。”又卷八：“自古失律之师，未有如此之谬者！吾已～，明正其罪。” ❽节令；节序。明沈德符《万历野获编》卷一八：“刑部侍郎齐韶之斩西市也，时为正统十三年之七月初旬。罪既不蔽其辜，～亦非其候，天下至今冤之。”

【节级】 jié jí ❶唐宋时的低级武职。也用来尊称乡兵。唐佚名《炀帝开河记》：“又令少年骁卒五万人，各执杖督工为吏，如～、队长之类。”宋洪迈《夷坚志》三己卷八：“宣和中，开封长垣县两弓手适村野巡逴，遇妇人携一猪蹄独行，为三狼所逐。……妇谢曰：‘两～不救，我已死了。’”《宋史·兵志四》：“(乡兵)五百人为指挥，置指挥使；百人为都，置正、副都头二人、～四人。” ❷宋代仪卫职名。宋周密《武林旧事》卷四：“杖鼓色：德寿宫：张名高、孟清。衙前：高宣(～)、时思俊(守阙～、部头兼板)。”《宋史·仪卫志一》：“次大神旗六，分左右。卫尉寺押当仪仗职掌四人，排仗通直官二人，大将二人，～二人，检察六人；左右金吾仗司押当职掌、排列官各一人。” ❸会社活动中负责仪卫节次的人员。宋元《清平山堂话本·杨温传》：“三月三十七日，～部署来见员外，员外叫道：‘哥哥，我去上岳。’”明《醒世恒言》卷三一：“只听得街上锣声响，一个小～同个茶酒保，把着团书来请张员外团社。” ❹狱吏。元明《水浒传》三〇回：“只是买求两院押牢～，便好可以存他性命。”明李梅实《精忠旗》二三出：“我每大理寺狱中两个～是也。”清《续金瓶梅》四九回：“又变了一个男身，生在汴京厂卫衙门里一个班头～家，乳名庆哥。”

【节敬】 jié jìng 节礼；节日馈送的钱物。清李斗《扬州画舫录》卷九：“因掷一柬示之，乃礼物单款式，署‘门下徐五庸叩首上～五百两、年敬一千两’。”《红楼复梦》八二回：“转眼之间，已近端阳佳节，先将各处水礼～，早早四路差人分送完毕。”

【节口】 jié kǒu 节食；节制口腹之欲。唐杜牧《燕将录》：“缩衣～，以赏战士。”宋苏轼《酒子赋》：“米为母，曲其父。蒸羔豚，出髓乳。怜二子，自～。饷滑甘，辅衰朽。”明唐顺之《万古斋公传》：“至歉岁，家人～而食。”

【节料】 jié liào ❶节料钱。唐宋时期，每逢节日人们相互分送以表庆贺的钱。唐陆贽《重原宥淮西将士诏》：“将士衣赐～并家口粮赐等，一切并准旧例。”宋蔡絛《铁围山丛谈》卷一：“今七夕节在近，钱三贯与娘娘充作剧钱，千五与皇后、七百与妗子充～。”《宋史·礼志二十二》：“海外诸蕃进奉领刺史以上，至寒食，并赐～。” ❷明代教坊在岁首前往富贵人家奏乐以博赏的活动。明周晖《金陵琐事》卷四：“教坊司每于岁首五日内，或四人，或五六人，往富贵人家奏乐一套，谓之送春，又谓之～。主人皆有以赏之。”

【节令】 jié lìng ❶节气时令；某个节气的气候与物候。唐胡直钧《中和节百辟献农书赋》：“农为务本，春则岁华。……吾君将以发教源于仲序，配～于孔嘉。”《元曲选·汉宫秋》四折：“不争你打盘旋，这搭里同声相应，可不差讹了四时～。”清《歧路灯》九七回：“至于扇囊，由于～已届初冬，绍闻道：明年热天还有用扇时候，我收了就是。” ❷节日。《元曲选·生金阁》三折：“时遇元宵～，预赏丰年。”《明史·礼志四》：“京师都城隍之神者，旧在顺天府西南，以五月十一日为神诞辰，故是日及～皆遣官祀。”清《醒世姻缘传》四八回：“薛三省、薛三槐两个的媳妇，薛教授都禁止了，不许来看他；凡遇～，也通不着人接他回去。”

【节略】 jié lüè ❶摘录；摘取要点。宋张方平《请节录唐书记传进御疏》：“欲乞今后～唐书纪传中事迹今可施行有益治道者，间录一两条上进。”《朱子语类》卷一〇：“圣制经者，乃是诸书

～本，是昭武一士人作，将去献梁师成。"明郎瑛《七修类稿》卷四八："因～数条，并录于左，以见代皆有人。" ❷删节省略。宋佚名《道山清话》："顷时尚见其它小说往往互见，今皆为人～去，人少有知者。"元德异《坛经序》："惜乎《坛经》为后人～太多，不见六祖大全之旨。"明杨士奇《续宋编年资治通鉴跋》："此本～已甚，又多差误。" ❸概要；提纲。宋朱熹《劝农文》："今恐人户未能遍知，别具～，连粘在前，请诸父老常为解说。"清雍正十二年三月初六日高斌奏文："请将河务实在情形，开具～，敬谨奏请上训。"《雪月梅》三五回："欲作一四六寿文，已将与他交情始末、宦途政绩叙一～在此，烦贤契勿吝珠玉。"

【节目】 jié mù ❶项目；程序。唐陆贽《平朱泚后车驾还京大赦制》："今年正月一日赦书～有所未行者，所司并举而行之。"宋苏洵《上欧阳内翰第四书》："朝廷之事，其～期限，如此之繁且久也。"清《野叟曝言》一三六回："此十二条，皆入手稽查之法。其～较繁，总须各省查造数目，奏报进来，方可逐事施行。" ❷枝节；末节；细节。宋洪迈《夷坚志》支癸卷九："以为省部事无巨细，尽出此曹手。若挟贵临之，愈生～。"《朱子语类》卷八："理会得大底了，将来那里面小底自然通透。今人却是理会那大底不得，只去搜寻里面小小～。"清《补红楼梦》六回："贾夫人又告诉了林如海，将秦鐘、智能儿搬进衙门居住，智能儿从此留发还俗。这些～，也不须多赘。" ❸大要；要害；关键。宋《朱子语类》卷一四："如《大学》，只说个做工夫之～。自不消得大段思量，才看过，便自晓得。"清《绿野仙踪》二八回："不但诗词歌赋他弄不来，连明白通妥一封书启、一扣禀帖，也做不到中～处。"《姑妄言》六回："阮大铖之请铁按院，乃嬴阳报仇之～。铁按院反复盘问，足见细心。"

【节年】 jié nián 历年；多年。明张瀚《松窗梦语》卷七："将去任，乃檄郡守检～所贻，开具一刺，往投蜀府。"朱橚《普济方》卷二九八："稻蒿洗方，治血痔风冷，～难差。"清《醒世姻缘传》三二回："把那～积住的粮食，夜晚睡不着觉的时候，料算了一算，差不多有两万的光景。"

【节拍】 jié pāi ❶应和节拍。唐周繇《梦舞锺馗赋》："顿趾而虎跳幽谷，昂头而龙跃深渊。或呀口而扬音，或蹲身而～。" ❷乐曲中周期性出现的有一定强弱分别的拍子，是衡量节奏的单位。《敦煌变文校注》卷五《双恩记》："曲上早能分～，弦中更巧贴音声。"宋欧阳修《思白兔杂言戏答公仪忆鹤》："低垂两翅趁～，婆娑弄影夸娇娆。"清钱谦益《跋一笑散》："歌咏则口吐涎沫不绝，按～则脚点楼板皆穿。" ❸比喻有规律的进程。宋《朱子语类》卷一二七："神宗极聪明，于天下事无不通晓，真不世出之主，只是头头做得不中～。"王柏《大学沿革后论》："圣人言语虽极精密，而气象却甚宽大。既立三纲，法当继之以目，血脉不断而～从容，非若后世之浅迫易露也。"

【节盘】 jié pán 节日礼物。金杨奂《录汴梁宫人语》之五："内府颁金帛，教酬贺～。两宫新有旨，先与问孤寒。"清《风流悟》五回："到了节中，依然买了～，封了束脩，送张同人归家。"

【节钱】 jié qián 犹"节钞"。也泛指节日的贺钱。明余继登《皇明典故纪闻》卷一四："祖宗以来，凡遇圣节、正旦、冬至，皆赐群臣宴。官卑禄薄者免宴，赐以钞，谓之～。"《型世言》八回："他却不像如今的教官，只是收拜见、索～，全不理论正事的。"△清《风月梦》九回："他节下总拿我的～，去岁年节是送灶那日就拿去了。"

【节啬】 jié sè ❶节约；节俭。宋朱熹《答吕子约》："今既能以前事为戒，凡百应酬，计亦例加～。"明陈子龙《议财用》："神祖临御，意在～，凿金征商，以为封椿大盈之储者，无虑千万。"《型世言》三一回："同贫贱之妻，毕竟质朴少容华，毕竟～不骄奢。" ❷节制；克制。明袁中道《砚北楼记》："中年以后，血气渐衰，宜动少静多，以自～。"清钱谦益《圣王必以其欲从天下之心》："～其形，劳苦其神，自以为能绳约吾以就天下，而其与天下之心，隔于凑理，则已久矣。"

【节缩】 jié suō ❶节省缩减。宋叶适《绩溪县新开塘记》："(王木叔)治县～。稍得餘钱，遂请于监司，买民田使为之。"明焦竑《玉堂丛语》卷二："诸生贫不能婚、病不能医、死不能丧者，～餐钱，力为赡给。"清黄宗羲《谢时符先生墓志铭》："流寓羸露，君～担石，与之公其饥饱。" ❷缩略。宋《朱子语类》卷一二六："《大般若经》卷帙甚多，自觉支离，故～为《心经》一卷。"

【节仪】 jié yí 犹"节敬"。宋周必大《龙飞录》："戊戌，讲筵所例赐冬至～，讲读官钱五十千，酒六斗；修注官钱三十千，酒四斗。"明周履靖《锦笺记》一三出："〔丑〕嗄！年家多少束脩？〔净〕嗦，公冶作脩金。〔末〕咦！五十两？〔丑〕还有～。"清《歧路灯》三八回："弟虽未暇与小婿订明束金多寡，大约二十金开外，～每季二两。"

【劫掳】 jié lǔ 抢劫掳掠。宋杨时《上钦宗皇帝书》："比闻金人驻兵磁相，～无有纪律。"明李梅实《精忠旗》三出："弃子与抛妻，逃窜中途遭～。"清《都是幻·梅魂幻》五回："一伙大盗，将田埠头一只客商船罄行～。"

【劫路】 jié lù 拦路杀害或抢劫。宋黄休复《茅亭客话》卷八："夜来以拄杖揞损虎眼，是斯人伪为虎～耶？"清《后水浒传》四回："欲入山躲避，不期突出强人～。"

【劫抢】 jié qiǎng 抢劫。明韩邦奇《大势敌人拥众深入奏议》："抬营前到镇西岢岚～人畜。"《禅真后史》三回："况～杀人，事非小可。"清《二度梅》一九回："关内因兵部袁老爷亡后，大米被外国～殆尽。"

【诘驳】 jié bó 诘问辩驳。《旧唐书·徐文远传》："文远所讲释，多立新义，先儒异论，皆定其是非，然后～诸家，又出己意。"宋曾丰《策问》："天子下之后省，后省而不～也，谓之过中。"《大清会典则例》卷九："此等人员既以不能胜任，经督抚奏请改补，内部执例～，往返之间，转得迁延时日。"

【诘捕】 jié bǔ 检查盘问逮捕。元胡祗遹《大元故怀远大将军台公神道碑铭》："人畏其凶强，莫敢～。公严责有司，立获于卫州市。"明许自昌《水浒记》一六出："限勒严明，那管～频惊邑人。"清《剿捕临清逆匪纪略》卷八："仍虞其四散溃逸，沿河而南窜入丰、沛境内，则谕高晋于徐州与山东接壤处所，派兵～。"

【诘究】 jié jiū 查问追究。《新唐书·戴至德传》："时刘仁轨为左，人有所诉，率优容之；至德乃～本末，理直者密为奏。"明王世贞《华阳馆诗集序》："江山之诡特险绝，土风物候之羯羠柴虒，莫可～。公又时采之，以益吾奇。"清《珍珠舶》六回："那翰林听说跌碎了玉碗，勃然大怒，正欲～其事。"

【诘勘】 jié kān 勘问；审问。五代李亶《论诉人不许淹滞敕》："若未经州府论诉，蓦越陈状，即须留本人据事理～。"明杨寅秋《绥交上三院揭帖》："一面将译审过黎、莫情由及申请委官～具详。"

【诘明】 jié míng 拂晓；黎明。《云笈七籤》卷九九："选迅足者，百餘里召永年，～将至。"清窦光鼐《驾幸贡院》之一："盛典初开选吉辰，～凤驾出重闉。"

【诘日】 jié rì 明天；第二天。《旧五代史·唐书·朱有谦传》："继麟登逍遥楼，闻哭声四合，～讯之，巷无丧者。"宋余靖《宋故峡州军事推官魏公墓志铭》:"中夕痊平,~赴赤墀之试。"明彭大翼《山堂肆考》卷一九引《杨公笔录》:"公甚异之,~遍问,莫能原其意。"

【诘审】 jié shěn 犹"诘勘"。元明《三国志通俗演义》卷二一:"司马懿反复~,果然是实。"明康海《送沈仁夫序》:"奸吏豪民之治不严,徒以区区小过细事~劘切。"清于成龙《兴利除弊条约》:"两江地方俗尚健讼,小忿辄装大案,远事捏称新冤,载鬼张弧,问官无从~。"

【诘调】 jié tiáo 同"揭调(jiē tiáo)"。明佚名《桃符记》二折:"〔正旦云〕你这妮子不识羞,等我~你哩。〔唱〕你逐朝则把门儿靠。〔小旦唱〕你每日守定帘儿笑。"

【诘询】 jié xún 查问;询问。清雍正七年八月十二日查郎阿奏文:"惟现当军兴之际,行人络绎载途,势不能逐名~。"《平定两金川方略》卷五三:"及差人~,竟至出言无状。"《万花楼》一六回:"潞花王复~小英雄道:'狄青,看你青年俊美,不意有此奇能。'"

【诘早】 jié zǎo 清晨。唐陈叔达《州城西园入斋祠社》:"升坛预洁祀,~肃分司。"《辽史·礼志二》:"翼日~,率群臣、命妇诣山陵,行初奠之礼。"

【诘折】 jié zhé 犹"诘驳"。《新唐书·王叔文传》:"文珍随语~,叔文不得对。"元郝经《春秋三传折衷序》:"故其文约,其辞切,其辨精,反复~,使圣人微婉之旨可推而见。"马祖常《金燕南河北道肃政廉访司事赵公神道碑》:"听其讼必~,得其情所为者,使自服。"

【杰郎】 jié láng 同"洁郎"。《元曲选·竹叶舟》楔子:"外扮~惠安领丑行童上。"明朱有燉《豹子和尚》一折:"既受了持戒师,既做了善~。"

【洁】 jié 僧人。"洁郎"的省称。《元曲选外编·西厢记》一本二折:"〔净扮~上〕老僧法本,在这普救寺内做长老。"又四折:"~与众僧发科,动法器了。~摇铃跪宣疏了,烧纸科。"

【洁病】 jié bìng 过分讲究清洁的一种心理疾病。宋陈鹄《耆旧续闻》卷三:"世传米芾有~,初未详其然。后得芾一帖,朝靴偶为他人所持,心甚恶之,因屡洗,遂损不可穿。"明何良俊《何氏语林》卷三〇:"廉夫狂诞,脱妓人鞋行酒,令坐客传饮。元镇素有~,见之大怒,翻案而起。"

【洁除】 jié chú 清除;打扫干净。宋苏轼《张文裕挽词》:"济南名士新凋丧,剑外生祠已~。"明凌濛初《宋公明闹元宵》四折:"臣妾~几席,专候驾临。"清弘历《清晏堂》:"却以延闲赏,还嫌费~。"

【洁腹】 jié fù 空腹;饿肚子。唐孙樵《骂僮志》:"晨起散去,~出户。"宋范浚《衢州龙游县学田记》:"廪米不继,士至~诵经。"清雍正二年九月初四日鄂尔泰奏文:"无力贫民,按户散给。助其苫盖薪粟之资,免于露处~之惨。"

【洁疾】 jié jí 即"洁病"。宋曾敏行《独醒杂志》卷六:"(米元章)又有~,器用不肯令人执持。"明朱理存《云林子逸事》:"云林子有~,每盥頮易水数十次。"清孙廷铨《颜山杂记》卷二:"近有城内人赵起凤,有~,又善疑,常择井而饮,择米而炊。"

【洁净】 jié jìng ❶ 清理;使干净。明王錂《寻亲记》一三出:"我已曾分付你~街道,不许闲杂人喧嚷,怎么容留妇人叫喊告状?"《西湖二集》卷二八:"张漆匠只得又净了一番手脚,又取面汤来~了口齿。"清《痴人福》二回:"快些吩咐厨下丫环烧了香汤,替他~沐浴,不得辞劳。" ❷ 尽净;无餘。明《拍案惊奇》卷一:"不数年,把个家事干圆~了。"清《醒世姻缘传》九三回:"当夜不知被那个偷儿挖了一个大洞,将那九两多的银钱偷了个~。" ❸ 清楚;没有牵连。明《禅真后史》五回:"若措银不与,彼必空中生有,寻衅图害,你孤儿寡妇家,怎与那破落户挣得~?"又一八回:"求县官差委缉捕公人,一条绳子捆将来。咦,只怕浑水中洗澡,也不得~哩。"

【洁郎】 jié láng 僧人的讳称。《元曲选外编·西厢记》一本二折:"〔末唱〕崔家女艳妆,莫不是演撒你个老~?〔洁云〕俺出家人那有此事?"清《八洞天》卷三:"夭风吹落满头芳,谁道轮老我~。"

【洁癖】 jié pǐ 格外讲究清洁的癖好。宋张知甫《可书》:"米元章有~,屋宇器具,时一涤之。"清厉鹗《东城杂记》卷下:"(徐茂吴)有~,客过者先使人觇,冠服鲜楚方与接对。"

【结拜】 jié bài 结为异姓兄弟姐妹。《元曲选外编·黄花峪》二折:"三十六~为兄,祖辈传大刀关胜。"明徐熥《夜闻吴女诵经》:"还于女伴歌吟懒,自与尼师~多。"清《醒世姻缘传》一六回:"又知道他与梁生、胡旦~兄弟,这又是绝低不高没有廉耻的人了。"

【结并】 jié bìng 结成同盟。元明《水浒传》四八回:"此间有三个村坊~。所有东村李大官人,前日已被祝彪那厮射了一箭,见今在庄上养病。哥哥何不去与他计议?"

【结场】 jié chǎng ❶ 终场;结束场面或场地活动。宋王迈《贺陈思表兄西上》:"叠来三巡皆得注,~一掷定成卢。"明叶子奇《草木子》卷三下:"差盐亭户丁煮盐,至十月~住煎。" ❷ 收场;收拾局面。明杨寅秋《征播与子嘉祎书》:"小大老少皆怯懦无比,事事可笑。不知此事作何~也?"清《歧路灯》八〇回:"只是打下来,次后怎的~?"又一〇八回:"抚台太太看是难以~,吩咐请弟妇巫氏。"

【结断】 jié duàn ❶ 结案;判决。唐李隆基《加天地大宝尊号大赦文》:"顷者详诸条目,已从简易,至于~,尚虑深刻,所贵从宽,示其知禁。"《五灯会元》卷一七《报慈进英禅师》:"报慈有一公案,诸方未曾~。幸遇改旦拈出,各请高著眼看。"清《白圭志》七回:"再烦贵府将那船上人一概拿下。近有一紧事,欲借贵府公案~。" ❷ 了断;了结。宋朱熹《答何叔京》:"'好名之人',如此说甚善。但'苟非其人'一句不通,而此章两事亦无收拾~处。"《答陈安卿》:"君子于其所当怒者,正其盛怒之时,忽有当喜事来,则如何应?将应怒了而后应喜耶?抑中间且辍怒而应喜、喜了又~所怒之事耶?"元陈栎《答问》:"韩、张之徒之说,只说得极数知来之谓占。浑囵说了,殊不知此三句是~'自天地定位'以下五句也。" ❸ 结清(账目)。清《幻中游》八回:"意欲要走,二妓道:'蔡爷早饭未用,前账未~,走不的。'"

【结勾】 jié gōu 勾结。《元曲选·还牢末》一折:"李孔目~梁山泊贼人山儿李逵,与他一双金钗。"《元曲选外编·东窗事犯》二折:"知你~他邦,可甚于家为国。"元明《水浒传》四〇回:"犯人一名戴宗,与宋江暗递私书,~梁山泊强寇。"

【结果】 jié guǒ ❶ 结出果实。佛门用来比喻佛法传播或修习佛法所产生的后果。敦煌本慧能《坛经》:"吾本来兹土,传法救迷情。一花开五叶,~自然成。"《古尊宿语录》卷二〇《海会演和尚语录》:"达磨大师信脚来,信口道,后代儿孙多成计校。要会开花~处么?郑州梨,青州枣,万物无过出处好。"宋佚名《沁园春·贺生第二子》:"看他日名登千佛经。正翁翁矍铄,婆婆老福,薰修觉海,~初成。" ❷ 结裹;装束。《敦煌变文校注》卷五《维摩诘经讲经文(五)》:"希奇魔女,一万二千;最异珍珠,千般~。"《景德传灯录》卷一一《径山洪湮禅师》:"后问师云:'一毫穿众穴时如何?'

师曰：'光靴任汝光靴，～任汝～。'" ❸ 指人生最终所达到的境界；归宿。宋《朱子语类》卷三六："盖是颜子未到那处，未到那成就～处。盖颜子一个规模许多大，若到那收因～，必有大段可观者也。"明汤式《一枝花·劝妓女从良》："则除是三般儿～收因：招一个莽庄家便是良人，嫁一个穷书生便是孺人，苫一个俊孤答便是夫人。"清《红楼梦》一七至一八回："衣食起居不宜回乡。在此静居，后来自然有你的～。" ❹ 有结果。指实现愿望、约定或宿缘等。宋汪应辰《答张侍郎》："诸公皆谓：'进用在即而乃求补外，岂有所疑乎?'终不见察。左府云：'少待～了，去亦未晚。'"洪迈《夷坚志》三辛卷八："又问之曰：'近日曾做得好弓否?'对曰：'述而不作。'言不曾用工也。王云：'此后～了，欲回一两张。'对曰：'做得中使，便当纳来。'"清纪昀《阅微草堂笔记》卷五："君与彼已～矣。自今以往，慎勿造因可也。" ❺ 在一定阶段或某种条件下，事物呈现的最终状态。宋仇元《如梦令》："特特问花消息，～剩红残白。芍药可人怜，相约荼蘼留客。消得，消得，犹有一分春色。"宋庠《前同州冯翊县令张造可著作佐郎制敕》："具官张造，吏铨～，殿最有常，诏恩举知，保任为重。"清《万花楼》五一回："庞太师福运很好，是以孙武立下此意，想卸脱他帮助于己，～反得斩罪。" ❻ 发落；处置。金《董解元西厢记》卷八："您两个死后不争，怎～这秃屌?"明孙继皋《答孙此部瑶岑》："第朝鲜我外藩，朝廷不得不援。言不必援，似非通论也。在任事者，早做～耳。"清《歧路灯》五三回："咱大爷一世忠厚端方，天爷断乎不肯苦～了咱大爷。" ❼ 成就；成全。《元曲选·罗李郎》四折："我也曾勘婚，过门，便就亲，～了他夫妻和顺。"明单本《蕉帕记》二六出："俺长春子撇不下龙生，已曾授他天书三卷。如今春榜动，选场开，一发～了他前程之事。"清《野叟曝言》六回："一来完了哥嫂心念，二来～他终身。这是一桩大事。" ❽ 结束；了结；了断。元汪元亨《沉醉东风·归田》："快～钱山邓通，易消磨金谷石崇。想世间百岁人，似石上三生梦。"《元曲选·王粲登楼》一折："有一日梦飞熊得志扶炎汉。才～桑枢瓮牖，平步上玉砌雕栏。"明王守仁《书正宪扇》："象之不仁，丹朱之不肖，皆只是一'傲'字，便～了一生。" ❾ 杀死；吞掉。《元曲选·酷寒亭》四折："少不得先～了他，方才慢慢的处置你。"明《西洋记》二六回："忍不住的馋头儿，却把那两杯酒都断送了他的，把那两枚青枣儿都～了他的。"清《说岳全传》六一回："写一小票藏在里边，叫人转送与勘官，教他今夜将他三个就在风波亭～了。" ❿ 装裹；送终；发送。元《三遂平妖传》一回："家私虽是有些，奈我和你无男无女，日后靠谁～?"明张大复《金刚凤》一七出："爹妈身丧，没些儿～。"清《红楼梦》一〇七回："我所剩的东西也有限，等我死了，做～我的使用。" ⓫ 用在章回小说一回的结尾，指对后面情节的发展做出交代。明《西游记》五〇回："可恨法身无坐位，当时行动念头差。毕竟不知这番怎么～，且听下回分解。"清《醒世姻缘传》二五回："后来不知怎生～，再看下回接说。"

【结裹】 jié guǒ ❶ 同"结果❽"。唐郑愚《潭州大沩山同庆寺大圆禅师碑铭》："善恶报，正身当。自～，无人将。"宋丁谓《丁晋公谈录》："俨兄弟五人皆不为相，兼总无寿。其间唯四哥稍得，然～得自家兄弟姊妹了，亦住不得。"明唐顺之《答王生宗道书》："且唐君在当时，淹蹇不得一第，而老于郎署，又年不满六十。其清修绝俗，亦自足以～此身而风末世。"也指谢世。宋陈傅良《答张端士》："某近复苦泄泻，今幸稍愈。以年例论之，如此浸久，是～之证也。万事已置勿论。" ❷ 缠束；捆扎；连接不使断开。唐王焘《外台秘要方》卷二六："寸白，从食牛肉饮白酒所成，相连一尺则杀人。服药下之，须～溃然出尽乃佳。"宋李诫《营造法式》卷一九："凡安勘、绞割屋内所用名件、柱额等，加造作名件功四分。卓立、搭架、钉椽、～，又加二分。"明张旭初《刷子带芙蓉·拟闺怨》："载花船，凭谁把舵；断弦琴，随他～。" ❸ 扎裹；装束；打扮。宋任广《书叙指南》卷八："妇人～，曰铅膏采绨。"刘克庄《沁园春·和林卿韵》："谢锦袍打扮，佯狂太白；黄冠～，老大知章。"金王喆《渔父咏·咏假俏汉》："艳色衣裳香远喷，频整顿，重重～粗如囤。" ❹ 装饰；构筑；构建。宋沈与求《有怀山中》："轩裳～非吾事，野性从来在一丘。"朱熹《与朱鲁叔书》："去岁归来，计度不审，妄意作一小屋，至今方得迁居。然所费百出，假贷殆遍，今尚未能～圆备。"明高攀龙《光州学正薛公墓志铭》："天生英隽，决不欲其斤斤～自家闺阈。" ❺ 体格；格局；风格。宋宋祁《又论养马札子》："欲乞今后阶、文两州买到第一第二等马内，如有迭标格、好～及事艺、别无病名，堪充作马翁马母。"严羽《沧浪诗话·诗法》："诗难处在～。譬如番刀，须用北人～；若南人，便非本色。"《朱子语类》卷一三五："汉之四皓，元稹尝有诗讥之。意谓楚汉纷争却不出，只为吕氏以币招之，便出来。只定得一个惠帝，～小了。"柴世昌《兰亭考》卷五："此帖尤丽，～圆转，趣媚不穷。" ❻ 处置；摆平。宋沈与求《闻招冠》："戢奸在斧钺，赏诱讵云可。萌芽缓诛锄，猖披费～。"《朱子语类》卷四二："或曰：'今州郡有三项请受最可畏：宗室、归正、添差使臣也。'曰：'……更有那班里换受底大使臣，这个最可畏。每人一月自用四五百千～他。'" ❼ 着落；坐实；落脚。宋《朱子语类》卷二三："看'志'字最要紧，直须～在'从心不逾矩'上。"明陈献章《题余别驾中流砥柱图后》："余读彭秋官序文，虽非正说此图，而意已足。末举元贞事一段～，尤警策有力。"罗洪先《答戚南玄》："已而观其精神志意，毕力在世情圈套外～，以此益深自发愤。……今世谈学者，往往自附高明，毕竟皆在世情圈套内～，以此动人口舌。" ❽ 结局；下场。元王仲晖《雪舟謰语》："文文山天祥、刘中斋梦炎，一般状元宰相，末后～不同。"洪希文《如梦令·灯花》："安顿莫风摇，应恐夜寒花瘦。搔首，搔首，～望天将就。"明陈献章《赠容一之归番禺序》："但恐游心太高，着迹太奇，将来成就～处，既非寻常意料所及。"

【结伙】 jié huǒ ❶ 结伴；结成同伙。元明《水浒传》二三回："更兼单身客人，务要等伴～而过。"明温纯《与衷洪溪书》："以万金令百餘人～贩易，使利尽归贩者。"清《雪月梅》四四回："却说这伙强盗就是贾、孙二人～所扮。" ❷ 伙同；跟……结伙。明《西游记》八一回："在此处专一～强盗，强盗得了手，买些猪羊祭赛你。"

【结记】 jié jì 惦记；记挂。清《绿野仙踪》四回："于冰道：'止有一子，今年才十四岁了。'献述道：'好极，好极！这是我头一件～你处。'"

【结局】 jié jú ❶ 终局；结束某件事情或某件事情结束。唐易静《兵要望江南·委任》："狂寇定，乘马复还京。～奏功须均赏，莫将亲识冒功升。"宋叶適《送程传叟赴官临海》："去年无禾虽种菽，乞命只指今年熟。家人未可便喜欢，少待上司催～。"清《歧路灯》五一回："开场的人，却是经的多了，只以走开后，便算～完账，依旧又收拾赌将起来。" ❷ 定局；形成局面。明李梅实《精忠旗》三二出："不得诸公左右其间，老夫纵居鼎鼐之司，和议安能～?" ❸ 收场；收拾局面。明《醒世恒言》卷三四："看的人随后跟来，观看两家怎地～。"清《醒世姻缘传》三一回："我看你寻不出儿子来怎样～！" ❹ 着落；归宿；下场。明《拍案惊奇》卷二："有人见他兄妹一路来了，拍手道：'好了，好了，这官司有～了。'"清方成培《雷峰塔》二五出："许郎倘被他点悟，我终身就无～了。"《野叟曝言》一三七回："与其罹兵刃之灾，不若怛然火化，完我佛门～。" ❺ 结果。清于成龙《饬励学正事宜》："童生试卷必经发府拆号填名，所以学道之权往往知府得以操之。……累千盈万，据为己有。及学道索取～，府官以业经红案有名，恃为无可如何，竟致白赖者。” ❻了断；了结。清《醒世姻缘传》五七回：“后来老病善终，晁梁都遵了母命以礼殡埋，开了晁思才的坟茔合葬。这许多年来方～了晁无晏的孽帐。”

【结绝】 jié jué ❶审结；判决结案。五代李重贵《禁盛夏滞狱敕》：“宜令逐处长吏严切指挥本推司，及委本所判官疾速～断遣，不得淹延。”《元曲选·勘头巾》二折：“既有赃仗，可怎生前官手里不～？”明《二刻拍案惊奇》卷二〇：“我昔年取你家财，阳世间偿还已差不多了。阴间未曾～得，多一件多受一样苦。” ❷终结；结束。金《董解元西厢记》卷一：“比及～了道场，恼得诸人烦恼。” ❸了结；消灭。明《西洋记》四一回：“鹞鹰虽是爱人，终是寡不足以敌众，必须怎么～了他的火鸦才好。”

【结抹】 jié mǒ ❶同“结末❷”。宋朱熹《与刘智夫书》：“版筑之计直当罢休，但陶甓之费已六七万，散积旷野之中，若不收拾～，则此皆为弃物矣。”元顾德润《点绛唇·四友争春》：“不放一时花，空负三生梦，我与你～了青楼卷宗。”清芮长恤《纲目分注拾遗》卷三：“‘略尽’句乃是～上文，以下事又是另起另叙，各成首尾。” ❷联结；寄托。明叶宪祖《鸾鎞记》一七出：“〔贴〕奴家见炼师有碧玉鸾鎞一枝，十分精巧，何不就赠了他？……〔小旦〕这也说得是。且待我做起诗来。〔做诗介〕打迭下新诗样，～在瑶钗上。”

【结末】 jié mò ❶结尾；末了。宋《朱子语类》卷一三九：“近来文字，开了又阖，阖了又开，开阖七八番，到～处又不说，只恁地休了。”明《禅真后史》六回：“嫡亲弟兄三个，长兄叫做仰大，第二个叫仰二，～的叫做仰三。”清《野叟曝言》八〇回：“再听到后来，便痛泪直下，滴落如雨；又听～一段，觉着毛骨悚然。” ❷结束；了结；收场。宋《朱子语类》卷一三四：“胡致堂云：《通鉴》久未成书，或言温公利餐钱，故迟迟。温公遂急～了，故唐五代多烦冗。”《元曲选·黄粱梦》四折：“你那罪过，怎过活，做的来实难～，自揽下千丈风波。”明《醒世恒言》卷七：“他们好似见鬼一般，我好象做梦一般。做梦的醒了，也只扯淡；那些见神见鬼的，不知如何～哩。” ❸指处死。元佚名《满庭芳》：“龙泉剑～了子胥，犊鼻裩蹭蹬杀相如。”《元曲选·争报恩》三折：“往常我清闲坐，列鼎食重裀卧，今日在法场上～。” ❹发落；处置。元石君宝《紫云庭》三折：“今后去了这獃汉子的小鬼头，看怎～那吃勤儿的老业魔，再怎施展那个打鸳鸯抖搜的精神儿大。”《元曲选·谢金吾》二折：“不争你沉沉不醒，撇下了即世的婆婆。却教俺怎支持，怎发付，怎～？” ❺联结；成全。字当作“结抹”。明佚名《小桃红·西厢百咏·莺柬期生》：“情书写就带愁封，特遣梅香送。致意多才那张珙，把心通，今宵～了鸾和凤。”又《红劝夫人》：“与姐姐既有，望奶奶将就，～了燕莺俦。”

【结扭】 jié niǔ 揪扯。宋元《醒世恒言》卷三三：“当下大娘子～了小娘子，王老员外～了崔宁，四邻舍都是证见，一哄都入临安府中来。”明徐霖《绣襦记》二五出：“可怪你是来历不明之子，～去告官司。”清《八洞天》卷八：“等他奉差出外，在府城外伺侯着了他，～到府前来叫喊。”

【结契】 jié qì ❶结交。契，本指盟契，结交的盟约。唐耿湋《赠兴平郑明府》：“深情先～，薄宦早趋尘。”明吴中情奴《相思谱》七折：“幸喜此间朋友，见我才识不凡，～颇多。”清《无声戏》一二回：“那朋友姓万字子渊，与麟如自小～，年事相仿。” ❷指结交的朋友。元姚桐寿《乐郊私语》：“伤余～，仲实不幸早逝，惟友直足为旅人相依，今复尔。” ❸缔结契约。《古尊宿语录》卷二八《舒州龙门佛眼和尚语录》：“若论此事，如人买田地相似。四至界畔一时分明～了也，唯有中间树子，犹属我在。”《五灯会元》卷二〇《荐福悟本禅师》：“这一队不唧留汉，无端将祖父田园私地～，各据四至界分，方圆长短，一时花擘了也。”

【结煞】 jié shà ❶犹“结果❽”。宋周密《齐东野语》卷一六引法辨《鹊桥仙》：“年年此际一相逢，未审是甚时～。”元佚名《庆东原》：“难收救，怎～？小恩情播弄得天来大。”明《醋葫芦》一三回：“今日夫妻二人，何为又是这等打闹？又不要官司～。” ❷结牢；系结实。《元曲选·误入桃源》二折：“～同心心已同，绾就合欢欢正浓。” ❸犹“结果❸”。明《二刻拍案惊奇》卷二六：“穷秀才～，除了去做官，再无路可走了。”清《荡寇志》一〇五回：“小时不禁压，到老没～。” ❹犹“结果⓫”。清《女仙外史》一六回：“全军大溃，不啻星散云飞，土崩瓦解。且俟下回～。”又九九回：“玄机不可尽泄，且看下文～。”

【结识】 jié shí ❶与人相识并交往。《敦煌变文校注》卷五《父母恩重经讲经文(一)》：“不曾～好知闻，空是剜㓷恶伴侣。”《元曲选·争报恩》三折：“没来由～这个，认义那个。我正是识人多者是非多。”清《醒世姻缘传》四二回：“但那真正有钱的大户，不是～的人好，就是人怕他的财势，不敢报他。” ❷用作反语，言舍命相搏，使知道厉害。明《醒世恒言》卷八：“如今害了我女儿，须与他干休不得，拼这老性命～这小杀才罢！”《拍案惊奇》卷二六：“老和尚是个骚头，本事不济，南北齐来，或是你，或是我，做一遭不着，～了他，他就没用了。”清《痴人福》四回：“何小姐道：‘……从今以后，朝夕不离。若有人来缠我’，随厉声道：‘我就拼了这条性命～他！’” ❸指所结识的人。清毛奇龄《怀董含》之二：“～空区宇，谁能迥出群？”

【结束】 jié shù ❶笔势的收束。宋苏洵《颜书》：“虞柳岂不好，～烦羁羁。”苏轼《和子由论书》：“体势本阔略，～入细么。”明赵宧光《寒山帚谈》卷上：“‘韦’之在‘围’，‘或’之在‘国’，必须就简～，若仍用独体之法，便不是书。” ❷末了；终了。宋陆游《春晚叹》：“堂堂一年春，～听杜宇。” ❸下场；结局。宋陆游《送宣书记并寄其兄县万二公》：“家世无高年，我今六十翁。俯仰儿时客，～已匆匆。”明归有光《淮阴侯庙》：“五年战龙虎，～在肉俎。”清古月老人《荡寇志序》：“第诈伪之情虽显，而奸徒之～未详。” ❹安排；处置。宋吕南公《奉和内翰太中残春口占》之二：“～东洲计，诗编问酒瓢。”明《西洋记》二七回：“那三尺长的小道童又来讨战，口里不知高、不知低的说道：‘要生擒道士，要活捉和尚。’总兵老爷说道：‘须得天师，才有个～还他。’”《醒世恒言》卷一：“那老亡八把这两个瘦马养着，不知作何～！” ❺了结；了断。元佚名《夜行船·忆所见》：“楚阳台步步荆榛隘，担阁下两厢情色。相思卷何年～，糊突谜甚日明白。”明《西洋记》二四回：“实指望赶他下去，一狼牙棒～了他的终生。”清《醒世姻缘传》六五回：“狄希陈只因作戏捉弄智姐打了一顿，却自己受了无限的苦楚，丢坏了许多的银钱，到此还不知可以～得这段报应否。” ❻文章的结尾。明王世贞《艺苑卮言》一：“然后徐而约这，使指有所在。若汗漫纵横，无首无尾，了不知～之妙。”清纪昀《阅微草堂笔记》卷一五：“此事竟可作传奇，惜末无～，与《桃花扇》相等。”《后红楼梦》二〇回：“他这一大部书间架也大，头绪也繁，不是疏密相间，雅俗相参，如何叙得？就是到后来没有～，也是烟波无际，宕逸不收。” ❼犹“结果⓫”。明《西洋记》四七回：“毕竟不知押赴东门怎么～，且听下回分解。”清《醒世姻缘传》一九回：“不知这事后来怎生～，再看后来接说。”又六八回：“及至烧了香来，更不知还有多少把戏，还得一回再说这进香的～。”

【结算】 jié suàn ❶结账核算。宋洪迈《夷坚志》支癸卷九：

“忘记带钱来，且剧赌，俟了后～。”《大清会典则例》卷一四九：“五城兵马司粜卖成色米定例，年终报销，须以十二月三十日为止，方能截定数目，～造册。”《情梦柝》四回：“把礼物件件买完，一齐送进，存银开帐，～明白。” ❷总结。宋蒋捷《沁园春·次强云卿韵》：“～平生，风流债负，请一笔勾。”《朱子语类》卷三八：“此是到末梢又～则个。若众人到末梢，便撒了。圣人则始乎敬，终乎敬，故到末梢，又整顿则个。”

【结头】 jié tou 即“结子❶”。元明《水浒传》一七回：“把一条索子绑了师父，小人自会做活～。”明汪廷讷《种玉记》五出：“不免把这玉绦环，解散了这个～，只说拿进去央他结一结。”清《野叟曝言》九七回：“我见他峒内人，腰间都束一条丝绦，可把药丸打在里面，留一～，要用时解结取用。”

【结尾】 jié wěi ❶词曲诗文收尾的部分。唐南卓《羯鼓录》：“今但按旧谱数本寻之，竟无～之声。”明徐渭《四声猿·女状元》二出：“中间两三句与那～呵，也似有神助。”清《赛花铃》三回：“展开一看，只见自破承题以至～，涂抹之处，不计其数。” ❷末了；终场。明陆采《明珠记》四一出：“寄恨传情，引得人魂扬；～收稍，成就人欢赏。谁料寸珠，功劳千样。” ❸收束；终止。明戚继光《纪效新书》卷一二：“凡小门一揭一打，一打又一揭，终无～，必须乘揭用小剪（如铁门锈）过大门～；或将身抽退，他打来，我就大门下起接剪他杀～。” ❹下场；结局。清《红楼复梦》六〇回：“看不出那个人是这样～，真个报应的好快！”

【结证】 jié zhèng ❶取证结案。宋《朱子语类》卷七一：“然狱亦自有十三八棒便了底，亦有须待囚讯鞠勘录问～而后了底。”《元曲选外编·延安府》四折：“老夫奉圣人的命，着老夫疾驰驿马，亲往延安府～此事。”清《说唐全传》二〇回：“除犯十恶大罪、谋反叛逆不赦，其餘流徒笞杖等，不论已～，未～，已发觉，未发觉，俱皆赦免。” ❷证明；阐明。宋杨简《慈湖诗传》卷七：“鲁桓不能制文姜，齐侯来淫而归。惟言‘归’者，亦～其恶。齐人不敢预料其君于恶也。”清《隋唐演义》一〇〇回：“（今此一书）有一词为～：闲阅旧史细思量，似傀儡排场。……前因后果，炀帝与明皇。” ❸了结；了断。明陈继儒《唐公子传》：“今日一段心事，为汝～了也。”《韩湘子》三〇回：“韩夫人道：‘芦英便是师父的伴儿，已在此了。怎的又有一个伴儿在恁么深潭底下?’湘子道：‘这是我前世的因由，要在今生～。’” ❹根基；来历；因由。明《西洋记》一二回：“你那里晓得我的～：曾经天上三千劫，又在人间五百年。”《韩湘子》一回：“判讫，灵灵小姐与捽不动低首无言，各寻头路。这便是白鹤、香獐前生的～。”又四回：“传汝筑基炼已工夫，周天火候秘诀，……日月同居，长生不老，这便是长生的～。”

【结状】 jié zhuàng 当事人出具的表示证明、担保或了结的文书。《五代会要》卷二五：“俟本户归业日，却依元数责令交付讫，具无欠少罪～，申本州县。”明李梅实《精忠旗》三〇出：“我只为那病死了的，到这本处官司讨个相验～，好去相府回话。”清《醒世姻缘传》三七回：“我叫他送～来与内侄，嫂嫂你相看就是了。”

【结子】 jié zi ❶带状物挽结成的系束物。宋吴自牧《梦粱录》卷六：“医士亦馈屠苏袋，以五色线结成四金鱼同心～，或百事吉～。”明程可中《折桂令·寓嘲》：“死疙疸同心～，闷葫芦两处相思。”清《红楼梦》三二回：“怪道上月我烦他打十根蝴蝶～，过了那些日子才打发人送来。” ❷结尾；了结篇。清《荡寇志》一四〇回：“陈丽卿一生事迹交代已结，若务要追究仙迹，且等《荡寇志》完了，再看百年后～。”又：“在下的《荡寇志》七十卷，～一回，都说完了。”

【捷讥】 jié jī ❶即“节级❶”。《元曲选·盆儿鬼》三折：“俺这里高声叫有贼，慌走到街里。又无一个巡军～，着谁来共咱应对?”明佚名《闹铜台》三折：“曾在郓县为～，今归山内度时光。” ❷元明戏剧中的滑稽角色。明朱权《太和正音谱》：“～，古谓之滑稽。院本中便捷讥谑者是也。”朱有燉《复落娼》一折：“～的办官员穿靴戴帽，副净的取欢笑抹土搽灰。”

【捷机】 jié jī 机敏。《景德传灯录》卷一七《福州香溪从范禅师》：“师因僧披衲衣，示偈曰：迦叶上名衣，披来须～。才分招的箭，密露不藏龟。”宋柳子文《秋日同文馆》：“～闻堕灶，妙论及交梨。”金尹志平《瑞鹧鸪·示众》：“论道谈禅斗～，朦胧合眼便昏迷。”

【捷剧】 jié jù 即“捷讥❷”。明汤式《哨遍·新建构栏教坊求赞》：“～每善滑稽能戏设，引戏每叶宫商解礼仪。”

【截道】 jié dào 犹“截路❷”。元施惠《幽闺记》二四出：“不得已～打家，聚亡生，集舍死，山间林下。”《元曲选·黑旋风》一折：“你休与人厮丢厮打，做那打家～杀人放火的勾当。”明《西游记》五六回：“那厮专生恶念，不务本等，专好打家～，杀人放火。”

【截割】 jié gē ❶切割；割断。唐王焘《外台秘要方》卷三二：“解开就模出四分，以竹刀子约筒～，令齐整。”《敦煌变文校注》卷五《佛说阿弥陀经讲经文（二）》：“利刀～将来吃，养者凡夫恶业身。”金王喆《满庭芳·赠友人问题》：“须剪断，攀缘爱念，～如无。” ❷分割；割裂。宋苏舜钦《寄富彦国》：“奸谋阴就一朝发，直欲～吾土疆。”清王夫之《夕堂永日绪论外编》五：“以题从法者，豫拟一法，～题理而入其中，如舞文之吏，俾民手足无措。”

【截近】 jié jìn 直截简短。清《歧路灯》二六回：“话儿太长，怕劳着你，我只～说了罢。”又四二回：“说起来话长，～说了罢。”

【截路】 jié lù ❶拦路；阻断道路。唐易静《兵要望江南·占地》：“敌骑欲来冲突我，差人～莫轻闲，移寨庶几安。”《宋高僧传》卷一六《后唐东京相国寺贞峻传》：“年十四，忽超然离俗，人莫我知。虽二亲褰衣，昆弟～，终弗能沮之。”清《东周列国志》八八回：“原来孙膑早已打听魏兵到来，预作准备，先使牙将袁达，引三千人～搦战。” ❷同“劫路”。明《梼杌闲评》一一回：“老田是个坏人，他惯干～短行之事。”清于成龙《治罗自纪》：“间有～伤命无踪盗情，务期跟寻缉获。”《续金瓶梅》八回：“有一伙土贼起来抢了村坊，和些大营的逃兵做了响马，约有二三百人，不时～。”

【截齐】 jié qí 整齐。明《石点头》卷四：“只因家道饶裕，遍体绮罗，上下～。”

【截日】 jié rì 即日。宋吕胜己《满庭芳·乙巳八月十日登博见楼作》：“十载劳心问道，今悟罢、～停参。”《元曲选·风光好》四折：“我为你～离了官司，再不当火院家私。”明余继登《辞俸疏》：“凡内外文武官员，患病三个月之上，俸粮～住支。”

【截替】 jié tì 替换（职位）；代替。元马致远《青杏子·悟迷》：“颠不剌的相知不绻他，被莽壮儿的哥哥～了咱。”元明《水浒传》一三回：“叫军政司便呈文案来，教杨志～了周谨职役。”《明会典》卷五：“定考功付到考满官，司勋付到起复官，及内外衙门送到降用、裁减、～、别用官员，就凭来文附簿立案。”

【截头】 jié tóu ❶齐头；平头。指没有尖角。金《董解元西厢记》卷二：“眉粗眼大，担一柄～古定刀。”明《禅真逸史》三〇回：“曹汝丰舞手中～大刀，飞出阵来助战。”清《荡寇志》七六回：“生得疙瘩麻脸，使一口九环～大砍刀。” ❷断头。指通道断绝。《元曲选·风光好》一折：“恰便似犬逢饿虎～涧，更险似军骑羸马连云栈。”又《城南柳》三折：“到这渡头，原来是个～路。”又《竹叶舟》三折：“来到此间，是一个～渡了。怎生得一个船来，渡我过去才好。”

【截途】 jié tú ❶犹“截路❷”。明李东阳《应诏陈言奏》：“及出军之际，蛮贼～，总兵方面等官横被戕害。”杨慎《兵备姜公去思记》：“时有某宪臣行部，遇寇方～。”清雍正十年四月初六日郝玉麟奏文：“阿里史牛骂土番在犁头庄～，杀死挑贩数人。”❷犹“截路❶”。清《平定台湾纪略》卷二三：“但当扰乱之际，～抢剥，必须从严惩治。”

jiě

【姐】 jiě ❶称同父母而年长于自己的女性。唐李白《秦女休行》：“何惭聂政～，万古共惊嗟。”宋吴泳《知宁国府丐祠状》卷七：“忽得蜀道家信，闻亲～归徐氏者，去冬死于寇。”清《歧路灯》三回：“俺～若知道先生跟姐夫在我家过午，也是喜欢的。”❷称年轻的女性。含昵爱义。金《董解元西厢记》卷三：“恰正张生闷转加，蓦见红娘欢喜煞，叉手奉迎他，连忙陪笑，道：‘～坐来么！’”元高明《琵琶记》三出：“若还寻得个并头红，惜春～，早把你芳心引动。”清《霓裳续谱·姐在房中》：“～在房中绣荷包，忽听的门外闹吵吵。”❸称女儿。宋洪迈《夷坚志》支癸卷八：“当二十二日正危之次，仿佛见父在床前拊之曰：‘二～，你莫烦恼。我与你催促医人下药，管取安好。’”❹用作女子名称。宋吴自牧《梦粱录》卷二〇：“私名妓女，如苏州钱三～、七～，文字季惜惜，鼓板朱一～，媳妇朱三～。”清《姑妄言》二〇回：“儿子的小名便叫做宦大、宦二，女孩儿的小名也唤做宦大～、宦二～。”❺指妓女。明《警世通言》卷二四：“常言‘～爱俏，鸨爱钞’。你多拿些银子出来打动他，不愁他不用心。”❻尊称同辈与自己年纪相仿的女子。清《说唐三传》五三回：“窦、陈二～，我今打阵，与番将大战一日，冲动胎气。”

【姐儿】 jiě er ❶即“姐❷”。元佚名《清江引·咏所见》：“后园中～十六七，见一双胡蝶戏。”明孟称舜《娇红记》二〇出：“小小～惯成精，今夜房中学偷汉。”清《镜花缘》九九回：“老婢姓子，那些～哥儿因我年老，都叫我子母。”❷即“姐❶”。明《古今小说》卷一：“定下他幼女与儿子为婚。今日取过门来，果然娇姿艳质。说起来，比他两～加倍标致。”《警世通言》卷一五：“阴捕到时，李大又不在家，吓得秀童的～面如土色。”❸即“姐❺”。明佚名《霞笺记》三出：“多少从良的～不得了当，前船便是后船的样子。”清《醒世姻缘传》三八回：“我听说家里叫下的步戏，城里叫了三四个～等待这二日了。”《白雪遗音·教妓》：“鸨儿无事把～叫，用心听着。有客登门，仔细观瞧。”❹称婢女或侍妾。明《古今小说》卷一：“大娘怕没有精致的梳具，老身如何敢用？其他～们的，老身也怕用得。”《醒世恒言》卷三五：“三娘同～们，也做些活计，将就度日，不要动那资本。”清《野叟曝言》二八回：“春红虽大爷心爱，却没有上头，还在～数内。”❺即“姐❸”。清《歧路灯》八五回：“女儿生得略有才智，便硬说：‘俺这～，是合户中第一个有道理有本领的姑娘。’”

【姐夫】 jiě fū ❶称姐姐的丈夫。元王恽《纠弹良乡尉司非理拷勘状》：“私下拷勘，抑令虚招及妄指～刘德林寄藏上项赃物。”明《山歌·阿姨》：“揪起子竹竿拔起子橹，捉个小阿姨推倒在后船仓。阿姨道：‘～呀，你弗要慌来弗要忙。’”清《说岳全传》六二回：“牛夫人先拜过了～、姐姐，然后命牛通来拜姨爹、姨母的寿。”❷岳父母称女婿。宋元《醒世恒言》卷三三：“丈人取出十五贯钱来，付与刘官人道：‘～，且将这些钱去。’”明孟称舜《娇红记》四九出：“前将小姐许聘帅家，指望～过门，半子承欢。”清《儒林外史》二七回：“老太又把姑爷说了一番，道：‘他不知道好歹，～不必计较他。’”❸家奴称年轻的男主人。《元曲选·黄粱梦》二折：“老汉是高太尉家一个院公。有俺～吕岩，做了征西大元帅。”明柯丹邱《荆钗记》二二出：“老员外，老安人，～中了状元。”《古今小说》卷三八：“（春梅）见了任珪，惊得呆了，立住脚头，高声叫道：‘任～来了！’”❹妓家称嫖客。《元曲选·两世姻缘》一折：“对门王大姐家张～，间壁李二姐家赵～，都赶选登科去了，你还只在俺家缠。”明《警世通言》卷二四：“老鸨丢个眼色与丫头：‘请这大哥到房里吃酒。’翠香、翠红道：‘～请进房里，我和你吃钟喜酒。’”《型世言》一回：“我待寻个舍钱～，与他梳栊，又得几百金；到后来再寻个二～，也可得百十两。”

【姐姐】 jiě jie ❶即“姐❷”。五代孙光宪《浣溪沙》：“醉后爱称娇～，夜来留得好哥哥。不知情事久长么？”金《董解元西厢记》卷三：“君瑞恩情试想，自家倒大采。百媚的冤家，风流的～，有分同谐。”明《山歌·困弗着》：“我弗是恋新弃旧，只是路远山遥。今夜我来迟失信，望你宽洪～饶饶。”❷即“姐❶”。宋洪迈《夷坚志》支丁卷六：“姊家述亡者之言，付以镜。妹悲哭捧咽，……曰：‘～见在镜子里唤我。’”《元朝秘史》卷六：“我有～名也遂，颜色又美，可以配皇帝。”清方成培《雷峰塔》四出：“只有一个～，嫁与钱塘李君甫。”❸即“姐❸”。宋洪迈《夷坚志》补卷二四：“商死，其女嫁廉访之子成之，……归启箧笥，凡黄白器皿皆不见，但公牒一纸存，惊扣妾。妾曰：‘比者府牒以赴天申节，尽数关借。当时遣仆驰白～及贾郎，回云：“府命不可不与。”遂悉以付之。’”按，“妾”指父妾。明《西游记》一八回：“那老儿硬着胆叫道：‘三～！’那女儿认得是他父亲的声音，才少气无力的应了一声道：‘爹爹，我在这里哩。’”清《霓裳续谱·乡里亲家》：“〔正〕到了亲家房，下了驴儿，我叫声姑娘，我的～啊！〔小上〕哦，让房里，我往房里让；让娘亲，我把娘亲让。”❹称母亲。宋叶绍翁《四朝闻见录》卷二：“上侍太后，拜而有请曰：‘德妃吴氏，服劳滋久。外廷之议，谓其宜主中馈。更合取自～旨。’”❺妾称正妻，或众妾之间敬称。宋叶绍翁《四朝闻见录》卷二：“宪圣（宋高宗妃吴氏）再拜，对曰：‘大～（称高宗元妃邢氏）远处北方，臣妾缺于定省。’”《元曲选·谢天香》三折：“〔二旦扮姬妾上，云〕俺二人是钱大尹家侍妾。今日无甚事，去望姓谢的～走一遭去。〔见旦科，云〕～，俺二人竟来望～。〔正旦云〕二位～请坐。”清《儒林外史》五回：“昨日典铺内送来三百两利钱，是你王氏～的私房。”❻称妻子，或称对方的妻子。宋洪迈《夷坚志》支戊卷一〇：“刘遂别娶妇，而中心常若有负者。……但时时悲叫曰：‘～少缓我，我相随去。’”宋元《警世通言》卷八：“走进房中，只见浑家坐在床上。崔宁道：‘告～，饶我性命！’”元明《水浒传》二一回：“婆子道：‘……且再和～睡一睡，到大明去。’”❼仆婢称年轻的女主人。《大宋宣和遗事》前集：“徽宗闻言甚喜，即时同高俅、杨戬望李氏宅来。有双鬟门外侍立，‘请殿试稍待，容妾报知～。’少刻双鬟出道：‘俺～有命，请殿试相见。’”金《董解元西厢记》卷一：“百媚莺莺正惊讶，道：‘这妮子慌忙则甚那？管是妈妈使来唦！’红娘低报：‘教～睡来呵！’”清《醒世姻缘传》四五回：“薛夫人把薛三槐娘子数说：‘叫你先来了这们一日，你可不催着你～起来。’”❽即“姐❻”。宋元《清平山堂话本·陈巡检》：“金莲、牡丹二妇人再三劝说：‘你既被摄到此间，只得无奈何。……’如春告金莲云：‘～，你岂知。’”清洪昇《长生殿》四出：“永新～，这几日万岁爷专爱杨娘娘，不时来往西宫。”❾即“姐❺”。元高明《琵琶记》三三出：“是有个婆娘来，背着一个琵琶，到和～厮象。”明汤式《湘妃怨·闻嘲》：“买笑金哥哥休俭，缠头锦婆婆自接，卖花钱～无赊。”清《醒世姻缘传》七回：“每日客来，听着人说：‘丫头，～要水哩，姐夫要下房。’”❿（主人）尊称或昵称仆妇婢女。明《醒世恒言》卷二三:"你这～只好躲在夫人跟前拆白道绿,喝五吆三,那曾见希奇的活宝来?"清《续金瓶梅》五回:"春梅道:'娘这罗是那里的?'金莲笑道:'～你忘了?这是我初死了,你在我坟上烧的。'"《红楼梦》六回:"凤姐忙说:'周～,快搀起来。'"按,此例称仆妇周瑞家的。

【姐妹】 jiě mèi ❶姐姐和妹妹。a)指嫡亲的。宋乐史《太平寰宇记》卷一九三:"嚈哒三妻,皆婆罗门～也。"明孙仁孺《东郭记》三出:"先君姜氏之裔,不幸弃世之后,止留下俺～二人。"清《红楼梦》六四回:"却说贾琏素日既闻尤氏～之名,恨无缘得见。"b)表亲或叔伯亲的。清《红楼梦》四回:"今黛玉虽客寄于斯,日有这般～相伴,除老父外,餘者也都无庸虑及了。"c)指结义的。明孟称舜《死里逃生》一出:"奴家姓张,排行大姐,与东家李六娘结为～。"清《镜花缘》五三回:"如果才女榜上有你～之分,莫讲这点路程,就再加两倍也是不怕。"《绿牡丹》五三回:"家嫂与巴九嫂结拜过～,舍侄女乃是他的子女。"d)指妻妾或众妾之间相互称呼。明《金瓶梅》一四回:"奴取笑,斗二娘要子。俺～们人多,那里有这些相送!"《二刻拍案惊奇》卷三四:"餐花姨姨十分瞧科了,笑道:'筑玉夫人为何不说一句,莫不心下有事?不如实对～们说了,通同作个商量。'"清《白雪遗音·舟遇佳期》:"我妻房贤德量宽宏,不分大小称～,同欢同乐妙无穷。"e)指妯娌。清《绿野仙踪》二三回:"殷氏走来说道:'二兄弟家,你连日愁闷,我今日备了一杯水酒,咱～们好好的吃几杯。'"f)指辈份相同或者身分地位相近的妇女。清《霓裳续谱·三阳开泰》:"有几个玉美人儿莺声燕语,娇娇滴滴唤～。"《红楼梦》九四回:"紫鹃道:'我今儿瞧了瞧～们去。'黛玉道:'敢是找袭人姐姐去么?'"《补红楼梦》一一回:"再者脸上过不得,这些～们跟前也不好看,还求赏照常办事。"g)泛指兄弟姐妹。清《红楼梦》九八回:"老太太、太太知道你～和睦,你听见他死了,自然你也要死,所以不肯告诉你。"《歧路灯》二八回:"王春宇道:'……姐姐说的是行不的事。'～们话不投机。"❷称妓女。明《醋葫芦》一五回:"请他吃杯酒也罢,甚么去寻～;便～也罢了,偏又寻这个光棍老狗。"清《十二楼·归正楼》三回:"这个～叫做苏一娘,原是苏州城内一个隐名接客的私窠子。"《绿野仙踪》五五回:"一个乐户人家,原指着～和闺女过日子。"

【姐丈】 jiě zhàng 姐姐的丈夫。清《一片情》三回:"我～在嘉兴六里街虞家桥开一布行。"方成培《雷峰塔》二六出:"请娘子权且到我～家中住下,再作区处。"《情梦柝》一一回:"闻得令甥女贤淑,十分仰慕。若蒙俯俞,令～就是岳父,一应事情,俱在晚辈身上。"

【解】 jiě 另见jiè。❶动作招数。《元曲选外编·独角牛》二折:"你看我横里丢,竖里砍,……马前剑扑手有那三十～。"明佚名《东平府》三折:"恰才衙内爹爹唤您呈几～要子哩。"清《醒世姻缘传》六五回:"爬在白姑子身上,二十四～之中卖了个'老汉推车'之～。"❷量词。回;次。元马致远《集贤宾·思情》:"听夜雨无情,哨纱窗紧慢有三千～。"《元曲选·黑旋风》楔子:"我恰才嘱付了三回五～。〔搽旦扯孔目科,云〕孔目,你早些儿回来。"❸排泄(屎尿)。明佚名《霞笺记》四出:"〔生〕先生在此,学生告一～再来。〔末〕请自便。"《警世通言》卷二一:"于路只推腹痛难忍,几遍要～。"清《飞龙全传》九回:"那肚里恁般的绞肠作痛,谁知用力的挣,这下面兀是～不出来。"

【解罢】 jiě bà 解除罢免(职务)。唐赵儋《大唐剑南鲜于公为故拾遗陈公建旌德之碑》:"每上疏言政事,词旨切直,因而～。"宋刘克庄《蒙恩监南岳庙》:"人欺～青油幕,帝遣监临紫盖山。"元袁桷《有元玄教大宗师张公家传》:"在御三十四年,命相凡二十餘人,或～,或斥逐,独张公无少疵病。"

【解拆】 jiě chāi ❶辩说;解劝。唐沈亚之《上九江郑使君书》:"此～之言,诚不当为阁下说,说亦不能降听。"元明《水浒传》三八回:"这个只除非是院长说得他下,没奈何烦院长去～则个。"清《生绡剪》二回:"家里闹闹吵吵,十分～不开。"❷分开;拆分;开裂。宋苏轼《开湖祭祷吴山水仙五龙三庙祝文》:"鱼龙前导以破坚,菰苇～而迎锐。"元明《水浒传》七九回:"两个只把空拳来在水中厮打。一递一拳,正在深水里,又拖上浅水里来。正～不开,岸上一彪军马赶到。"清《聊斋志异·褚遂良》:"移时腹中痞块,隐隐作～声。"❸摆脱;解除。元明《水浒传》四四回:"杨雄被张保并两个军汉逼住了,施展不得,只得忍气,～不开。"又:"多得二位仁兄～小人这场,却又蒙赐酒相待,实是不当。"

【解馋】 jiě chán ❶满足食欲。《元曲选外编·西厢记》二本二折:"这些时吃菜馒头委实口淡,……腔子里热血权消渴,肺腑内生心且～,有甚腌臜?"清朱彝尊《瑞洪》:"市酒难为醉,罾鱼乍～。"《镜花缘》九回:"妹夫吃时,可还剩条腿儿,给俺解解馋么?"❷比喻满足欲望。明王世贞《跋赵吴兴佑圣观记》:"余至湖州访墨妙亭,墨迹无一在者,用此～耳。"周履靖《锦笺记》二〇出:"我虽是借春花蕊,～滋味。也须知,未曾惯,风和雨。"《二刻拍案惊奇》卷三四:"如霞弄得兴头上,问夫人道:'可比得男子滋味么?'夫人道:'只好略取～,成得什么正经。'"

【解答】 jiě dá 解释答复。宋苏轼《拟进士对御试策》:"天下以为害,陛下以为仁;天下以为贪,陛下以为廉。不胜其纷纭也,则使二三臣者极其巧辩,以～千万人之口。"又《故龙图阁学士滕公墓志铭》:"或中夜降手诏,使者旁午,公随事～,不自嫌外。"

【解道】 jiě dào 懂得;知道。唐张籍《凉州词》:"边将皆承主恩泽,无人～取凉州。"明屠隆《彩毫记》五出:"只～喜时六幅翠裙长,又谁知悲来三尺红罗短。"清钱谦益《十一月初六日召对文华殿》之九:"论交最喜廉颇客,～朝盈与夕虚。"

【解分】 jiě fēn ❶排解;解决。元明《三国志通俗演义》卷三:"今曹兵已至此,无人～。备作一书,令人送去。操若不从,厮杀未迟。"明《禅真后史》三回:"老夫些须之物,不足挂齿,但耿家人财两失,何以～?"清陈端生《再生缘》二二回:"吾若负屈含冤死,岂不是,世世深仇费～。"❷辩解;解释。明柯丹邱《荆钗记》二四出:"〔外〕世间谁是预知人?何须斗口与我相争。〔丑〕都忍耐,莫～,家必自毁令人哂。"清《隋唐演义》七九回:"娘娘们诗词唱和,奴婢有几句粗言俗语～。"

【解割】 jiě gē ❶锯解;切割;割除。宋李诫《营造法式》卷一二:"凡材植,须先将大方木可以入长大料者盘截～。次将不可以充极长极广用者,量度合用名件,亦先从名件中就长或就广～。"杨万里《舟中晚酌》:"竹陵春酒绝清严,～诗肠快似镰。"明刘基《宝林同讲师渴马图歌》:"老瞒渡江俘楚囚,骨肉～庖刃游。"❷消除。金《刘知远诸宫调》一:"洪信、洪义嗔怒尚难消,不能～。"又一二:"也不打不骂不诛戮,咱～了冤仇做亲故。"

【解馆】 jiě guǎn ❶塾馆停办或解除塾师聘约。宋洪迈《夷坚志》支景卷九:"度必不免,求～归诀妻孥。"明周履靖《锦笺记》一三出:"从弗回家过夏,～直到煞年。"清《聊斋志异·五通》:"岁暮,～欲归,女复至。"❷塾馆放假。清《醒名花》一回:"一日,节届清明,翌王～,同村中几个父老,并旧日在城相契的朋友,沿村寻花访柳。"《姑妄言》二一回:"十岁就学外家,岁暮～,遇白髯老人摄入深山。"❸明代进士结束在馆阁六部的实习,开始担任官职。明皇甫汸《梦泽集序》:"孝庙时登壬戌进士,为吏部郎生。……岁餘～,拜为吏科给事中。"于慎行《穀山笔麈》卷五:"及

～，诸吉士以次授翰林、台省。”

【解和】 jiě hé ❶解除纷争；和解。唐李筌《太白阴经》卷八：“日两珥相对，将欲～；日晕而珥，外军凶。”《元曲选外编·渑池会》楔子：“便差令人说与廉颇，便着与相如～了者。”清陈端生《再生缘》一四回：“帝主～无所怨，安居京内补原官。” ❷劝说使和解。《新唐书·南蛮传下》：“后欲兴兵报仇，辛说遣人持牛酒音乐～，并遗其母衣服。”元明《三国志通俗演义》卷三：“帝知郦能言，令去～两边。”清《镜花缘》三八回：“每遇两国争斗，他即代为～，海外因此省了许多刀兵。” ❸放弃和解；解除和约。宋欧阳修《论乞与元昊约不攻唃厮啰札子》：“且攻此数族，是贼本心所贪，闻我此言，必难听约。用此为说，亦可～。臣所以区区惟愿未和者，盖臣愚虑知不和患轻，易为处置；和后患大，不可枝梧。”陈师道《后山谈丛》卷一：“故契丹之臣，皆愿～而构战，与国争利。” ❹解除；消解。元明《水浒传》八八回：“我等无计破他阵势，不若取将小将军来，就这里～这阵，两边各自罢战。”明温璜《温氏母训》：“堂上有白头，子孙之福。堂上有白头，故旧联络，一也；……～少年暴急，五也。”

【解恨】 jiě hèn 消解怨恨。明崔嫣然《别黄玄龙》之四：“此曲由来能～，一时凄切半缘君。”清《平定两金川方略》卷五一：“惜杀贼尚少，不能～。”《绿野仙踪》三八回：“还要着他将京中原带出来的财物，也鬼弄他个精光，使他倒折本钱，与万人～。”

【解化】 jiě huà ❶解脱肉体，化入仙途。指人死亡。唐丁敬之《桐柏真人茅山华阳观王先生碑铭》：“九日寅时，异香入室，整褐端笏，奄从～。”宋洪迈《夷坚志》丁卷四：“预言八月十七日当～。及期，具衣冠端坐而卒。”清胤禛《朱批谕旨》卷一：“仙佛尚然～，人生岂无终极。” ❷化解；消融。宋佚名《小儿卫生总微论方》卷二：“凡病有热者，或疏利～之后无虚证者，勿得用温补之。”明《西游记》二二回：“又只见那骷髅一时～，作九股阴风，寂然不见。”△清《狐狸缘》二二回：“一旦的冤怨未明，这口气凝倩住，再也不能～的。” ❸幻化；依托变化。明《西游记》三五回：“有一位太上老祖，～女娲之名，炼石补天。” ❹理解；领悟。明王守仁《传习录》卷下：“学问也要点化，但不如自家～者，自一了百当。”

【解会】 jiě huì 理解；领会。《祖堂集》卷九《罗山和尚》：“天下横行，罗笼自在，须是与摩汉临机隐现，搓挼临时自由，不是你呢呢惹惹底便～得。”明《古今小说》卷三〇：“喜看的是诸经内典，一览辄能～。”清弘历《就松室》：“迩来～个中趣，每就乔松葺朴屋。”

【解籍】 jiě jí 从籍簿中除名。❶指乐妓从良。宋王谠《唐语林》补遗三：“卢澄为李司空蔚淮南从事，因酒席请一舞妓～，公不许。”赵德麟《侯鲭录》卷八：“九尾野狐者，一日下状～，遂判云：五日京兆判断自由，九尾野狐从良任便。” ❷指官吏解职。宋杨亿《答并州王太保书》：“引领北望，缅怀故人，恨不得～金闺，从军紫塞。”宋庠《忧阕还台次韵和道卿学士》之二：“～书林同遇春，茕茕孤影吊穷尘。”

【解骑】 jiě jì 下马。唐李公佐《南柯太守传》：“吾与诸女坐北牖石榻上，时君少年，亦～来看。”明王慎中《宿碧云寺》：“杖藜日晚寻丹壑，～霜晴宿碧云。”

【解匠】 jiě jiàng 锯木工。宋李新《与陈子明书》：“十七日晚，先拨前～四名归。小可兴修，全赖应副。”明周履靖《锦笺记》一三出：“皮匠裁缝我至亲，～堪舆我近邻。”清《醒世姻缘传》三三回：“但凡人家有卖甚么柳树枣树的，买了来，叫～锯成薄板。”

【解交】 jiě jiāo 化解纠纷。明许自昌《水浒记》二四出：“〔老旦〕我自有冤报冤，于你何与？〔丑〕我也以德报德，替他～。”《杜骗新书·伪交骗》：“若捕得，可轻打些。彼必叫我～，我谕他多送你些银。”清《痴人福》二回：“既逢催命鬼，须用～人。”

【解酒】 jiě jiǔ 醒酒；解除酒醉。宋王巩《随手杂录》：“时子瞻半醉，命以新水漱口～。”明徐复祚《投梭记》五出：“〔占〕前边河水最清，好～。〔生〕又道是酒渴爱江清。”清《镜花缘》九一回：“假如今日多饮几杯，明日吃甚么可以～？”

【解救】 jiě jiù 使脱离危险苦难。唐拾得《出家求出离》：“助佛为扬化，令教选路行。何曾～苦，恣意乱纵横。”《元曲选外编·裴度还带》楔子：“小生慌忙向前～二人。”清《醒世姻缘传》六三回：“狄员外着了极，只得去央薛夫人来～。”

【解锯】 jiě jù 锯解；用锯锯开。宋赵善括《船场纲运利害札子》：“今能省官增匠，～不乏，则木常有餘。”明《金瓶梅词话》七九回：“当下吴二舅、贲四往尚推官家买了一付棺材板来，教匠人～成椁。”清《红楼梦》一三回：“贾珍听说，忙谢不尽，即命～糊漆。”

【解渴】 jiě kě 犹“解馋❷”。明《拍案惊奇》卷二六：“杜氏正被和尚引起了兴头没收场的，却得智圆来，正好～。”《禅真逸史》一九回：“若有些儿差错处，还要打两个大头搭。若还俊俏些，就要把沙弥来～。”清《绿牡丹》五回：“那桃花坞踩软索的女子，等明早先唤来与大爷～如何？”

【解宽】 jiě kuān ❶解开放松（捆绑）；解开脱下（衣服）。元明《三国志通俗演义》卷四：“布叫曰：‘缚之太急，乞缓之。’……操曰：‘且稍～。’”明陆采《怀香记》二五出：“只见一个锦裆松卸，一个香罗～。” ❷放宽（惩戒规限）。明《古今小说》卷二一：“哥哥若营为时，须一例与他～。若放一人到官，众人都是不干净的。”

【解劳】 jiě láo 解除疲劳。多指酒食慰问。唐段成式《酉阳杂俎》续集卷一〇：“王母桃，洛阳华林园内有之。十月始熟，形如栝蒌。俗语曰：‘王母甘桃，食之～。’”明《西游记》七一回：“安排酒来与大王～。”清《雪月梅》五〇回：“命光禄寺陪御宴三日，为四卿～。”

【解闷】 jiě mèn 消解烦闷；开心。《敦煌变文校注》卷一《汉将王陵变》：“脱却沿身衣服，与短褐衣，兼带铁钳，转火队将士～，各决杖伍下。”明徐元《八义记》一〇出：“府中张维说得好评话，叫他来说评话～。”清《红楼梦》二六回：“看了混帐书，也来拿我取笑儿。我成了爷们～的。”

【解趣】 jiě qù 识趣；懂得情趣，知好歹。明《金瓶梅》一〇回：“我的儿，你会这般～，怎教我不爱你！”又一六回：“他们放了你，也还～哩。”

【解权】 jiě quán 卸任。明杨慎《姨母黄淑人墓志铭》：“石稳～家居，事舅姑，滫糒极丰。”金銮《一枝花·丙申年除夕》：“寒威正～，暖律初传信。”

【解劝】 jiě quàn 劝解；劝导宽解。宋刘天迪《虞美人·春残念远》：“子规～春归去，春亦无心住。”明徐畛《杀狗计》六出：“既是我哥哥恼我，望二位～则个。”清《醒世姻缘传》一五回：“大家着实～了一番，安慰了晁夫人。”

【解禳】 jiě ráng 即“禳解”。宋洪迈《夷坚志》补卷二〇：“仆曰：‘已堕他术中，当且住，作计～。’乃买钱索十餘条，使沈紧系其腰，仆亦如之。”《元曲选·桃花女》楔子：“真个该今夜三更前后，三尺土底下板僵身死。只是也还可～哩。婆婆，我救你小大哥咱。”清《豆棚闲话》一则：“后来文公省得此物在内作祟，无法～，直到周天王老库中，请出后妃传下来百炼降魔破妒金刚宝锤。”

【解识】 jiě shí ❶解读辨识。唐佚名《颜氏家训序》：“众乃谢余，令为～。余遂作音义以晓之。”清《红楼梦》九五回：“岫烟便问：‘请是何仙？’妙玉道：‘请的是拐仙。’岫烟录了出来，请教妙玉

～。妙玉道：'这个可不能，连我也不懂。'” ❷知晓；理解。宋洪迈《夷坚志》支庚卷六：“时无应选者，独里中小巫郎二师粗～阴阳向背，呼使护役。”明王錂《春芜记》六出：“萧条对短褐，激烈投长缨。时人不～，往往呼狂生。”清《绿野仙踪》七回：“起句结句，犹可～，愿闻次联、中联之妙论。”

【解事】 jiě shì ❶懂事；明白事理。唐李商隐《齐鲁二生·程骧》：“少良默惮之，出百餘万谢其党曰：'老妪真～，敢以此为诸君别。'”明陆采《明珠记》二六出：“愿花骢～，停骖驻桥傍，留连一饷。”清《品花宝鉴》五二回：“你好不～，今日这个好日子，你拿这《断肠词》扇出来，不教人忌讳的么？” ❷逞能；充行家。宋陈渊《与胡康侯侍读》：“谏臣所论，罪在无知，盖不足辩。经筵一二公尚放得下，间人又可强～耶？”周紫芝《正月十日雪》：“疏梅强～，一笑矜芳香。”清黄宗羲《天一阁藏书记》：“强～者以数百金捆载坊书，便称百城之富，不可谓之好也，故曰藏书尤难。” ❸顶用；有用。宋李之仪《初夜有雨意欲晓风大作》：“迩来眼力不～，仿佛推堕此境中。” ❹免职；解除事权。明罗玘《署指挥使王君墓志铭》：“甫两月，真令至，公～还幕。”王世贞《广东南雄府照磨何公墓表》：“佐方坐京营，闻讣，恸几绝，又域于例，不获即～奔丧。”清《红楼梦》一九回：“李嬷嬷已是告老～出去的了，如今管他们不着。”

【解手】 jiě shǒu ❶分手；离别。唐韩愈《祭河南张员外文》：“两都相望，于别何有。～背面，遂十一年。”宋刘辰翁《山花子·春暮》：“东风～即天涯，曲曲青山不可遮。” ❷排泄屎尿。宋元《醒世恒言》卷三三：“叙了些寒温，魏生起身去～。”明无心子《金雀记》一二出：“他就劈面一巴掌，说谁看上黑魆魆臭哄哄～茅坑。”清《红楼梦》二八回：“宝玉出席～，蒋玉菡便随了出来。” ❸解决问题的手段。元明《水浒传》三九回：“我教仁兄一着～，……你可披乱了头发，把尿屎泼在地上，就倒在里面，诈作风魔。”明《西洋记》三九回：“既有马声，想必是个慈悲方寸，我的～却在这一番了。”又四七回：“倘或南船上大胜，有此一干人是个～；若是南船上大输，拿了道士和尚，一齐处斩。” ❹脱手；摆脱干系。明《古今小说》卷一九：“若把这恶物打死在这里，那老人也就死了，恐不好～。他的子孙也多了，必来报仇。”《醒世恒言》卷二二：“罢，罢！你还了我剑，两～。”

【解数】 jiě shù ❶武术中化解对方攻势的招数。也泛指武术、运动技艺的动作。元关汉卿《斗鹌鹑·女校尉》：“演习得踢打温柔，施逞得～滑熟。引脚蹑龙斩眼，担枪拐凤摇头。”明李昌祺《美人蹴圆图》：“眼亲步活转移速，～般般谁道难。”清《说岳全传》一二回：“岳大爷使个～，叫作童子抱心势，东来东架，西来西架。” ❷指性交技巧。明《如意君传》：“因命历记作过风流～，逐一命敖曹为之。”清《女仙外史》七一回：“非烟自从修道以来，淫火已熄，少时这些风流～，久已生疏。”《姑妄言》一三回：“二来还要他竭力报效做那春宫中～，恐一时发将出来，不好收转。”

【解溲】 jiě sōu 犹“解手❷”。清《隋唐演义》一五回：“平常起来～，媳妇同两个丫头搀半日还搀不起来。”

【解析】 jiě xī ❶解释分析。宋朱熹《答程正思》：“此处觉得尚未有言语～得出，更俟款曲细看。”清陈廷敬《太子太保清端于公传》：“公～譬晓，神色怡易。” ❷分解；拆开。宋赵时庚《金漳兰谱》卷中：“欲分其兰而须用碎其盆，务在轻手击之，亦须缓缓～其交互之根。”明宋诩《竹屿山房杂部》卷四：“烹(鳖)糜烂，～其肉，投熬油中。”

【解奚】 jiě xī 即“解携❷”。《敦煌变文校注》卷一《王昭君变文》：“嗟呼数月连非祸，谁为(谓)今冬急～(携)。”

【解息】 jiě xī 止息；平息。《敦煌变文校注》卷五《双恩记》：“强欺弱者，几时～于冤家；富役贫人，何日破除于辛苦。”元刘履《风雅翼》卷六：“自刘聪、石勒作舋于永嘉之末，至符监侵迫于太元之始，中原丧乱，无时～。”清汤斌《举行乡约以善风俗告谕》：“敦尚朴实，～忿争。”

【解晓】 jiě xiǎo 明白知晓。宋洪迈《夷坚志》三辛卷九：“凡诗篇歌呗，俱非昔所～，始验祟凭附。”明王慎中《得家兄病后手书》：“诵与儿曹相～，起居堂上慰慈亲。”王世贞《送王员外新甫视广西学政序》：“地多山，荒僻箐瘴，士故不甚～文义。”

【解携】 jiě xié ❶解离(衣服、缆绳等)；松开(手)；离手。唐骆宾王《与博昌父老书》：“自～襟袖，一十五年，交臂存亡，略无半在。”五代孙光宪《北梦琐言》卷六：“其餘面交，皆如携手过市，见利即～而去。”明黎民表《宗吕二牧邀游石室山》：“风起长林暝，清樽未～。” ❷分手；离别。唐宋之问《发端州初入西江》：“骨肉初分爱，亲朋忽～。”宋朱熹《与李季章书》：“～之际，但有一人衰暮，便足令满座作恶。”清毛奇龄《送钱刑部提学贵州》：“都官视学本含鸡，帝里春风惜～。” ❸指离别的人。唐李咸用《谢友生遗端溪砚瓦》：“得自新知己，如逢旧～。”宋陈造《次韵杨宰宿北阿》：“寒事峥嵘念～，芳樽忆共拆红泥。”明胡应麟《寄燕中友人》之四：“长啸秋风问～，黄金台上几扳跻。”

【解卸】 jiě xiè ❶休息。《敦煌变文校注》卷三《燕子赋(一)》：“但雀儿衹缘脑子避难，蹔时留[连]燕舍。既见空闲，暂歇～。” ❷解下；脱下。宋吴彦夔《传信适用方》卷下：“去浴堂内～衣服了，以羊蹄根一枝取自然汁滴在盏内，咽下药便用热汤澡洗。”元邓玉宾《村里迓古·仕女圆社气球双关》：“～了一团儿娇，稍遍起浑身儿俏，似这般女校尉从来较少。”清《歧路灯》五一回：“猛然见小掌柜投缳自缢，吓了一跤，又～不下。” ❸分解；卸开。清《格致镜原》卷二八引《太平清话》：“至正间，吴漆工王氏以牛皮制一舟，内外饰以漆，～作数节，载至上都。”

【解星】 jiě xīng 化解命中灾厄的星。明佚名《灵城精义》卷上：“认气于化煞为权看～，认气于逢绝而生看恩星。”清《聊斋志异·锺生》：“论前定数，君当横折。今孝德感神，已有～入命，固当无恙。”《玉蜻蜓·问卜》：“幸有～在内，还可逢凶化吉，遇难成祥。”

【解药】 jiě yào 解除毒力或原有药力的药。宋周去非《岭外代答》卷六：“溪峒弩箭皆有药，……苟中血缕必死，唯其土人自有～。”元明《水浒传》三九回：“你那火家，且与我把～救醒他来。”清《野叟曝言》三一回：“老实与张妈商量做那勾当，却自知老年，不敢轻试。张妈说出李四嫂叮嘱的话，倘或支架不住，还有～。”

【解援】 jiě yuán 救援；援助以解困。宋吴曾《能改斋漫录》卷二引《僧史》：“唐天宝元年壬子，西蕃五国来寇安西。二月十一日，奏请兵～。”元袁桷《周隐君墓志铭》：“遇朋友急厄，倾资～裕如也。”清《聊斋志异·巩仙》：“见其去地绝远，登楼共视，则葛端系棂上，欲～之，则葛细不堪用力。”

【解秩】 jiě zhì 解除官职。秩，俸禄。宋欧阳修《与冯章靖公书》：“自～天府，于今一期，正以《唐史》残编为累。”周煇《清波杂志》卷九：“后永坚～还，公一见，语之：'尔女无恙。'”清钮琇《觚賸续编》卷三：“不逾年，拔为本省提塘，复改文职，以同知～归。”

【解状】 jiě zhuàng 另见 jiè zhuàng。申请解除诉讼的状子。明《西游记》九七回：“待天明就去本府投递～，愿认招回，只求存殁均安也。”又：“你昨日递了失状，就与你拿了贼来，你又领了赃去，怎么今日又来递～？”

【解粽】 jiě zòng ❶剥食粽子。宋陆游《初夏》：“已过浣花天，行开～筵。”宋元《警世通言》卷七：“郡王与夫人～，就将一个与可常。”明《西游记》六九回：“三年前，正值端阳之节，朕与嫔后都在御花园海榴亭下～插艾，饮菖蒲雄黄酒。” ❷借指举行端午活动。宋元《警世通言》卷七：“每年五月重五，入寺斋僧～，今日依例布施。”明《金瓶梅词话》一六回：“李瓶儿治了一席酒，请过西门庆来，一者～，二者商议过门之事。”

【觧匠】 jiě jiàng 同“解匠”。明《警世通言》卷二二：“那人引路到陈家来，陈三郎正在店中支分～锯木。”

jiè

【介】 jiè ❶戏曲中表示动作的用语。宋佚名《张协状元》二出：“〔净〕若与子路同行，一拳一踢。〔打末着～。末〕我却不是大虫。”明徐渭《南词叙录》：“相见、作揖、进拜、舞蹈、坐跪之类，身之所行，皆谓之‘科’。……今戏文科处皆作‘～’，盖书坊省文。”清李玉《清忠谱》一折：“〔生〕正所谓百年粗粝腐儒餐也。〔外持腐摆桌～，外斟酒～，末、生饮～〕” ❷指示代词。这(那)；这(那)样；这(那)么。明单本《蕉帕记》二三出：“张家里蜜蜂飞过李家墙，飞来飞去只为～点野花香。”《山歌·作难》：“今日四，明朝三，要你来时再有～多呵难。”清方成培《雷峰塔》一一出：“是～一位标致娘娘，那说是妖怪？唔，年纪轻轻的，勿要～恶口毒舌。” ❸助词。相当于“着”“的”“地”等，或表示停顿。明单本《蕉帕记》八出：“身边有我里介一个小红娘，若再有介会跳墙个张生来孛相，大家里昆腔昆板做～一只北《西厢》。”《警世通言》卷一一：“大吹大擂～饮酒。”《禅真逸史》四回：“小苗儿忒煞风流，镇日～舞榭歌楼。”清吴毓昌《三笑》一一回：“行为虽有三分像，然而～，满面浮华油滑腔。” ❹副词。极；十分。清《豆棚闲话》一〇则：“许老一就在这里，身段极～即溜，面孔也～花哨。马爷与他相处极好，是～对结个哉。” ❺语气词。表示祈使或疑问等语气。清方成培《雷峰塔》六出：“使勿得！我舱里有位官人，勿便～。”沈起凤《才人福》六出：“走得吃力哉，等我坐坐勒～。”吴毓昌《三笑》二八回：“个只花梨床有几化开阔进深～？”

【介白】 jiè bái ❶耿直清白。明胡直《复宋镇山中丞》：“谭鸿哲之照，则秦镜不为明；夸～之操，则冰听不为清。”姚士粦《见只编》卷上：“刘熙台先生，生平～。” ❷戏曲中的动作与道白。明《肉蒲团》一二回：“念过一遍不见响动，就把落款年月与写字之人的姓名，当做曲子里面的～一般，也念出来。”清李渔《闲情偶寄》卷三：“北曲之～者，每折不过数言，即抹去宾白而止阅填词，亦皆一气呵成，无有断续。”

【介没】 jiè mò 那么。清方成培《雷峰塔》一二出：“～阿狗，我大家去讨点糕酒吃吃。”《玉蜻蜓·问卜》：“弗为房钞，～有啥个贵干，到要请教。”

【介绍】 jiè shào 居间沟通，使双方发生关系。《新唐书·张行成传》：“古今用人未尝不因～。若行成者，朕自举之，无先容也。”明宋濂《示吕生》：“持刺望门拜，不复资～。”清《姑妄言》四回：“此系锺兄与钱娘宿缘所致耳，我不过偶～乎其间。”

【芥蒂】 jiè dì ❶比喻积在心中的怨恨、不满或不快。唐司空图《释怨》：“明坦夷于末路，抉～于情心。”按，另本作“蒂芥”。明张景《飞丸记》三出：“严世蕃位高心下，～谅已风消。”清《十二楼·合影楼》三回：“两家释了～，相好如初。” ❷介意；不满。宋苏颂《资政殿学士孙公神道碑铭》：“故更利害历夷险，未尝～于中心。”明《拍案惊奇》卷一：“古来多少王公大人，天子宰相，在尘埃中屠沽下贱起的，大丈夫正不可以此～。”清《醒世姻缘传》六二回：“大家和好如初，别要～。”

【芥视】 jiè shì 视如芥菜子，表示轻视。唐吴蜕《镇东军监军使院记》：“叛臣～生灵，鼠窃位号，屏王臣于湫隘，而毁彻其官署。”金刘祁《归潜志》卷一：“躯干短小而～九州，形容寝陋而蚁虱公侯。”清钱谦益《重修维扬书院记》：“彼其人皆脱屣身世，～权幸，其肯蝇营狗苟、欺君而卖国乎？”

【界碑】 jiè bēi 用作分界标志而立的碑。宋王象之《舆地碑记目》卷四：“南隆州牟县～，在恩阳县西北百里有断碑，刻云‘南隆州牟县界’。”明余子俊《外夷侵占地方疏》：“即于剥淰沿江彼界，镌立极大～数处。”

【界边】 jiè biān 边界。宋张方平《刍荛论》：“夫～之郡，民多习斗。”李曾伯《赋家山夕秀》：“碧落～将塔对，苍芜断处送山来。”清弘历《过卜克岭行围即景》之一：“却因流寓增于昔，私垦翻多占～。”

【界尺】 jiè chǐ ❶用于隔界、画线或镇纸的尺状文具。宋洪迈《夷坚志》支甲卷八：“其子读书窗下，灯忽自灭，有物立于旁。子暗中击以～，反为所夺。”明熊三拔《简平仪说》：“去赤道线各第十五度，是本日日躔黄道，距交度为两界次，用一线或～隐取两界。”清胡亶《中星谱》：“欲考各星经度分，用长～从图心引贯本星中央，视～末端，切某宫度分，即本星之经度分。” ❷即“戒尺❶”。明《醒世恒言》卷二二：“便把手中～去桌上按住大众道：‘老僧今日不说法。’”清纪昀《阅微草堂笔记》卷一五：“酒一再行，道士拍～一声，即有数小人，长八九寸，落局上。” ❸即“戒尺❷”。明《西洋记》二八回：“即时取出一尺二寸长的铁～来，照着无底洞的孤拐上扑冬一～，打得个无底洞跌翻地上。”

【界道】 jiè dào 行格；作为书写规限的线条。《法苑珠林》卷一八：“黄金为经牒，白玉为～，白银为字。”明宋濂《陶府君墓志铭跋尾》：“后一年，太朴还中朝，承旨翰林，始为作乌～缮谨写就。”清钱泳《履园丛话》卷九：“王莽时天凤二年刻石，七行，俱有～，其后有‘后子孙毋坏败’六字。”

【界地】 jiè dì ❶地界；地域。明林俊《复刘文焕》：“近时趋奉过礼，迎送至出～。”清薛凤祚《两河清汇》卷三：“止因旧地浸废，～不明，民乘干旱，越界私种。”《说唐后传》三一回：“今到我邦～，凭你有三头六臂，法术多端，只怕也难免丧在我赤铜刀下。” ❷一种用界线工艺织出的织物质地。明《老乞大谚解》卷下：“到冬间，～纻丝袄子，绿绸袄子，织金膝栏袄子。”按，“界地”元刊本作“斜纹”。《朴通事谚解》卷中：“这明绿通袖膝栏绣的做帖里，这深肉红～穿花凤纻丝做比甲，这鸡冠红绣四花做搭护，这鸦青织金打蟒龙的做上盖。”张岱《陶庵梦忆》卷四：“剔纱为蜀锦，墁其～，鲜艳出人。”

【界断】 jiè duàn 隔断；分开。宋佚名《少年游·题锦标社疏》：“新竿～一天游，万弩向云头。彩羽飞星，红心破日，胜集总名流。”元陈栎《答问》：“谓动静无端，阴阳无始，动前是静，阳前是阴，所以难截然～言之。”清《红楼梦》一六回：“当日宁荣二宅虽有一小巷～不通，然这小巷亦系私地，并非官道，故可以连属。”

【界方】 jiè fāng ❶犹“界尺❶”。《太平广记》卷六五引《神仙感遇传》：“因以压书～击之，豚声骇而走。”宋元《古今小说》卷二四：“书案上文房四宝，压纸～下露出些纸。”清陈端生《再生缘》一〇回：“又寻出一张二尺长的素纸铺下，用玉石～押住。” ❷犹“界尺❷”。元明《水浒传》五一回：“那白秀英早上戏台，参拜四方。拈起锣棒，如撒豆般点动。拍下一声～，念了四句七言诗。”明《醒世恒言》卷二二：“众人道：‘好个先生，答得好！’长老拿～按定，众人肃静。”沈榜《宛署杂记》卷一五：“修各号口水牌七十面，油饰，价八钱九厘。添造～、收卷签并签筒，共价一两一钱六分。”❸犹“界尺❸”。明刘若愚《酌中志》卷一六：“其餘小事，轻则学长用～打，重则于圣人前罚跪。”清《聊斋志异·狐妾》：“一日，张方祝，似有人以～击额，崩然甚痛。”《荡寇志》一二〇回：“这黄先生教法极严，板子、～不少贷。”

【界分】 jiè fēn ❶界限；边界。《太平广记》卷一一二引《冥祥记》：“吾世有此山，游居所托。君既来止，虑相犯冒，恒怀不安。今欲更作～，当杀树为断。”宋《二程遗书》卷二上：“此势却似稻塍，各有～约束。”元《三遂平妖传》一九回：“必须再用前日之法，直杀到～，交他十万人马不留一个。” ❷境界；疆域。《法苑珠林》卷五：“如是～，众生居住。”宋朱熹《奏巡历至台州奉行事件状》：“本州黄岩县～阔远，近来出谷最多。”元明《三国演义》一回：“且说张角一军前犯幽、燕～，校尉邹靖来见幽州太守。” ❸阶段。清钱谦益《唐诗鼓吹序》：“唐人一代之诗，各有神髓，各有气候。今以初、盛、中、晚厘为～，又从而判断之。”

【界隔】 jiè gé ❶立界隔断；分割开。唐刘知古《日月元枢论》：“子当右转，午乃东旋，卯酉～，主定二名。”明张岳《与张龙湖阁老书》：“湖贵之苗，非有高山大川为之～，其田地犬牙相错。”❷界限。宋包恢《介轩说》：“故凡处是非邪正公私之间，当行止取舍去就之际，分限明而～严，犹律度之定而分寸长短不可乱也。”金姬志真《跋真理融会堂》之二：“削去门墙无～，打开关锁不缄封。”

【界河】 jiè hé 作为分界标志的河。宋赵彦卫《云麓漫钞》卷四：“至白沟，或曰：‘过～也。’仰天大呼。”《元曲选·昊天塔》二折：“我去那～边恰才巡罢，我做的一个个活捉生拿。”清《续金瓶梅》一九回：“过了天雄，将次白沟～岸边扎营。”

【界划】 jiè huà ❶同“界画❷”。《说郛》卷九二下引元汤垕《画论》：“故人以～为易事，不知方圆曲直，高下低昂，……求合其法度准绳，此为至难。”明唐志契《绘事微言》卷上：“～虽末科，然重楼叠阁，方寸之间，向背要分明，必用～为之。”清《红楼梦》四二回：“这些楼台房舍，是必要用～的。一点不留神，栏杆也歪了，柱子也塌了。” ❷同“界画❹”。清《御览经史讲义》卷一〇：“且‘静而知几以图康’一语，于经文～亦欠分晓。” ❸同“界画❼”。清张谦宜《絸斋诗谈》卷一：“换韵不顶韵，古多有，气味却要灌注，～尤须分明。”

【界画】 jiè huà ❶边栏；作为边界标志的线条。《太平广记》卷一一三引《法苑珠林》：“寺为邻火所延，什物餘经，并成煨烬，而此经止烧纸头～外而已，文字悉存。”明陈继儒《笔记》卷一：“黄鹤山樵《铁网珊瑚官窑轴》，其画止散树三四株，四面界画之。其～外第一首诗，有‘铁网珊瑚’起句者，故名。” ❷中国画用界笔、直尺画线以表现宫室楼台的技法。宋郭若虚《图画见闻志·叙制作楷模》卷一：“今之画者，多用直尺，一就～，分成斗栱。”清沈宗骞《芥舟学画编》卷四：“今之论～者，但用尺引笔，而于折算斜整会意处能一一无差，便称能手。” ❸勾勒；勾画。金宋九嘉《题寿安烟霞亭》：“妆銮土壁红千点，～银沙绿一钩。”元乔吉《沉醉东风·泛湖写景》：“干办出苍松翠竹，～成宝殿珠楼。” ❹区划；划分。元吴澄《邬畇兄弟字说》：“畸者，恳辟之餘也；畴者，～之分也。”清毛奇龄《皇清敕封文林郎卢公墓志铭》：“民役以官雇，而公私置舍各有～。”雍正九年六月二十六日彭维新奏文：“仰见我皇上睿虑周详，不惟使侵蚀民欠逐一～分明，且恩怜臣等愚蒙，得以厘谬正误。” ❺用线条勾画出边栏、刻度、界限等。明陈继儒《笔记》卷一：“黄鹤山樵《铁网珊瑚官窑轴》，其画止散树三四株，四面～之。”徐光启《新法算书》卷一五：“用素板作圜，～分秒，以承日光。”《金瓶梅词话》六二回：“用白灰～，建立灯坛，以黄绢围之。” ❻线条；条纹。清周亮工《闽小记》卷一：“江瑶柱出兴化之涵江，形如三四寸扁牛角，双甲薄而脆，～如瓦楞。”袁枚《续子不语》卷六：“雁宕有石如女子独立，……裙色惨绿，若天然染就状，～分明。” ❼界限；规则。清管世铭《读雪山房唐诗序例》：“韵宽者转更出入旁通，韵狭者则～谨严，险阻不避。”方世举《兰丛诗话》：“诗屡变，而至唐，变止矣。格局备，音节谐，～定，时俗准。”

【界路】 jiè lù ❶作为界划的线路。元王祯《农书》卷一九：“若别无隔碍，则当踏视地形，用策索度其高下，及经由处所，画为～，先引浚犁耕过，后复浚掘。” ❷犹“界道”。明郎瑛《七修类稿》卷四二：“(印)四边仍有线纹，中分～，亦古印一法也。”

【界牌】 jiè pái 用作分界标志的牌子。宋杨万里《过润陂桥》：“忽见桥心～子，脚根一半出江西。”《元曲选·灰阑记》四折：“～外结绳为栏，屏墙边画地成狱。”清《飞龙全传》二三回：“又见路旁有一座～，上面写着‘千家店’三个大字。”

【界畔】 jiè pàn 边界；界限。《法苑珠林》卷七九：“或画一步，乃至多步，若水若灰，用为～。”《元典章·兵部三》：“插立标杆，明示～。”明徐渭《半禅庵记》：“又如炼赤求朱，矫白为赤，齐铅作粉，熨白为玄，变染而成，各有～。”

【界墙】 jiè qiáng ❶用作分界标志的墙。唐白居易《渭村退居寄礼部崔侍郎》：“禁闼青交琐，宫垣紫～。”《元曲选·儿女团圆》楔子：“嫂嫂打起这～，咱便是不厮见了。”清《醒世姻缘传》七三回：“因是篱笆夹的～，伊秀才悄地挖了一孔，暗自张看。”❷比喻规矩、界限。明《二刻拍案惊奇》卷三二：“当得人家父亲护着女儿，不晓得调停为上，正要帮他立出～来，那管这一家增了好些难处的事。”

【界石】 jiè shí 用作分界标志的石头。唐韩愈《潮州祭神文》：“谨遣耆寿成寓，以清酌少牢之奠，告于～神之灵。”明顾璘《武冈道中雨》：“～记州名，旗亭报客程。”清袁枚《子不语》卷一三：“汪为清理，果有旧碑记存墓侧土中，题‘大唐贵妃杨氏墓’，乃为别置～，兼买树百株植其上。”

【界限】 jiè xiàn ❶不同事物的分界。唐韩愈《喜雪献裴尚书》：“地空迷～，砌满接高卑。”清纪昀《阅微草堂笔记》卷一一：“此草种两家田塍上，用识～。”《红楼梦》八四回：“以后作文，总要把～分清，把神理想明白了再去动笔。” ❷划定事物间的分界；设界。宋史浩《陪洪景卢左司马游蒋山》：“截然当地险，～天东南。”元王义山《通湖南帅参政皮枭渌札》：“以之辅东宫，则辨明乎尊王黜伯之义；以之断国论，则～乎崇阳抑阴之严。”清《女仙外史》一三回：“蝗虫，天地之所以特生也。……此正造化之微权，盖有所分别～于其间者。” ❸疆界；疆域。明佚名《鸣凤记》六出：“先王守在四夷，谓彼此各有～。王者不治夷狄，谓华夷不可相侵。”《英烈传》四三回：“不意此贼搅扰～，倘有疏失，我当万死以报主公。”清《后水浒传》三八回：“若再去百餘里，便是广陵～。”❹范围；所限制的区域。清《野叟曝言》一三六回：“外来游方僧道不得入境，各所属城乡寺观僧道亦不得出境朝山募化，以凭各就～，确查人数。”《女仙外史》四三回：“不但灵符自有～，即驱使追魂之鬼神，也只到咒的所在。咒的一军，只死一军，不沾着局外的。若没有～，岂不连自己都咒死了？” ❺阵线；交战双方各自把守的界线。清《荡寇志》七一回：“马队当先，徐徐而出，到了～，一声鸣金，齐齐的收住。”又九一回：“郝思文、宣赞也恐关胜有失，都纵马到～上防护。”

【界线】 jiè xiàn ❶标志分界的线条。元王晔《折桂令·闺情》:“春意犹昏,杨柳青牵绵正滚;香腮微印,海棠横～留痕。”明徐光启《农政全书》卷一九:“以八平分之一为度者,谓以甲己为度,从庚至辛,作庚辛、辛壬等短～,至丙而止。”清《荡寇志》一〇六回:“里面细花装出湘纹席模样的床面,浑身淡描细画,端的～分明,花纹清刻。” ❷一种经纬线纵横交织的织补技法。清《红楼梦》五二回:“晴雯道:‘这是孔雀金线织的。如今咱们也拿孔雀金线就像～似的界密了,只怕还可混得过去。’……然后用针缝了两条,分出经纬,亦如～之法,先界出地子来,后依本纹来回织补。”

【界址】 jiè zhǐ ❶土地界划的范围。宋陈淳《上傅寺丞论民间利病六条》:“(寺院)多买土居尊官为庇护,举院～皆托名为土居尊官坟林。”明葛昕《请更大炭山场疏》:“将前项勘定山场,定立～,即设立窑座。”清《姑妄言》一三回:“坟山后来恐有人吞占,山地～都有砖字埋在地下。” ❷土地分界之处。元袁桷《松林行》:“阴阴松林八百里,相传昔日为～。”

【界至】 jiè zhì ❶地界的四至。唐刘汾《大赦庵记》:“其山已有四大～,诸人不许侵占。”明王樵《戊申笔记》:“《禹贡》以山川表疆界,此为后世书地理～之始。”清朱彝尊等《日下旧闻考》卷三七:“此条乃具录金时都城内各坊之名,其方位～,岁久已就湮没。” ❷特指边界或边界所至的标志。宋欧阳修《论乞与元昊约不攻唃厮啰札子》:“又闻虏人已欲议移～,渐示相侵。”苏辙《论前后处置夏国乖方札子》:“及所立～,虽有自来远近体例,或山斜不等,不许边臣固执争占。”金尼伊拉齐《与楚计会陕西地书》:“所有～,如或指定地名城堡处所,内有出入悬邈者,相度地势,各容接连,两相从便分画。” ❸范围。宋朱熹《答廖子晦》:“此无可说,只缘有个私字分了～,故放不下耳。”《朱子语类》卷五二:“四者初无与养气事,只是立此～,如东至某,西至某,其中间一段方是浩然处也。”

【戒程】 jiè chéng 登程;出发上路。唐张九龄《奉和圣制送十道采访使》:“～有攸往,诏饯无淹泊。”元陶宗仪《辍耕录》卷一二:“商方坐下坐,忽指之曰:‘公大富人也,惜乎中秋前后三日内数不可逃。’商惧,即～。”明许相卿《与严玉山粟夫书》:“方为邦人贺,入觐即已～。”

【戒惩】 jiè chéng 惩戒;惩罚以使戒惧。唐白居易《论左降独孤朗等状》:“免至贬官,各令罚俸,感恩知失,亦足～。”宋陈襄《弹刘攽王介状》:“欲乞深示～,特行贬斥。”清《醒世姻缘传》三一回:“众生丛业,天心仁爱无穷;诸理乖和,帝德～有警。”

【戒尺】 jiè chǐ ❶僧道宣戒用的响器,多用硬木制成,一仰一俯,相击作声。唐《百丈清规·沙弥得度》:“社戒师座儿,与住持分手。儿上安香烛、手炉、～。”明袁宏道《题常觉和尚卷》:“手提顶骨数珠,腰悬生铁～。走遍南阎浮提,要与英雄结识。”清《野叟曝言》一一回:“素臣、双人帮着那人支起木架,钉好绳橛,扶起桌子、板凳,把地下的纸墨笔砚、课筒、历本、水注、笔架、柬板、～、字匣等物,一件件收拾起来。” ❷惩罚戒饬用的尺。明《西游记》二回:“(祖师)手持～,指定悟空道:‘你这猢狲,这般不学,那般不学,却待怎么?’”《禅真逸史》二二回:“令小三执了灯,自拿一条～,同进客房里。”清《绿野仙踪》六〇回:“吩咐刑房,将他两只手上重责四十～。” ❸犹“戒箍❶”。元明《水浒传》二七回:“如今只留得一个箍头的铁～,一领皂直裰,一张度牒在此。”按,“戒尺”一作“界尺”。

【戒刀】 jiè dāo 僧人外出时的佩刀。只用于割衣,不得用以杀生,故称。五代赞宁《僧史略》卷上:“禅师持澡罐、漉囊、锡杖、～、斧子、针筒,此皆为道具。”《元曲选外编·西厢记》二本楔子:“～头近新来钢蘸,铁棒上无半星儿土渍尘缄。”清《飞龙全传》二一回:“长老丢了磬儿,身边拔出～,当门拦住。”

【戒牒】 jiè dié 传戒寺院发给受戒僧人的证明文书。跟政府颁发的度牒有别。宋史浩《论归正人第二札子》:“今北人将片纸来者,即与官;僧道虽无度牒,但持～来者,即与度牒。”洪迈《夷坚志》支乙卷四:“一僧乞给公凭游方,视其～,则元祐三年者,立涂毁之。”明田汝成《西湖游览志餘》卷一四:“(昭应寺戒坛)人授～一纸,……得之者,若士人之应举中式云。”

【戒方】 jiè fāng 即“戒尺❷”。明《朴通事谚解》卷上:“到晌午,写仿书。写差字的,手心上打三～。”清李渔《比目鱼》一〇出:“〔净〕谁料一般遭夏楚,〔丑〕～终日不离头。”《说岳全传》三回:“一手接住铁尺,一手将王贵夹背一拎揪倒在凳上,取过～,将王贵重重的打了几下。”

【戒箍】 jiè gū ❶带发修行僧人戴的束发箍。元明《水浒传》五七回:“直裰冷披黑雾,～光射秋霜。……钢刀两口并寒光,行者武松形像。”明沈璟《义侠记》三三出:“往年店中坏了个头陀,遗下一个铁～,一身衣服。”清《野叟曝言》一四回:“(头陀)头上束一条～,把头发束住。” ❷即“戒指”。清《红楼复梦》二回:“我有两双银镯子,几枝钗子,三个金～儿,银包里还有三十几两子。”

【戒归】 jiè guī ❶归戒;皈依佛门戒律。唐独孤及《唐故扬州庆云寺律师一公塔铭》:“凡今学徒～,若涉大水而无梁。” ❷踏上归程。唐柳宗元《河间传》:“且暮,驾车相～,河间曰:‘吾不归矣。’”宋王安石《贺致政杨侍读启》:“伏审得谢中槛,～下国。”明倪谦《送王公佩归侍诗序》:“兹公佩念二亲衰暮,久旷定省,得请于上,翩然～。”

【戒儆】 jiè jǐng ❶警戒;放哨巡逻。宋刘攽《宣义郎向宗杰可权通判制》:“今以安肃付汝,无以私垒为小,怠于～;无以蕞邑为易,慢于刑政。”明沈鲸《双珠记》一五出:“为营长辖众兵,朝夕铜鱼常～。”清毛奇龄《两浙张中丞放榜谒谢公序》:“而一经锁院,遂晨夕～,防卫周密。” ❷警惕诫勉;警示告诫。宋袁说友《过宫后再入奏状》:“臣愿陛下修省～,愈久愈笃,坚志详虑,细大必谨。”明杨士奇《故通议大夫罗君墓志铭》:“武人儌幸,不知～,反为得计。”清弘历《朱批谕旨后序》:“其陷于过,始则训饬之,能改则已;不悛则～之,使知悔艾。”

【戒警】 jiè jǐng ❶同“戒儆❶”。宋陈傅良《历代兵制》卷二:“黔首嚣然,不及讲其射御。用其～,一旦驱之以即强敌,犹鸠雀捕鹰鹯。”明林弼《青水洋》:“舟楫多艰虞,行役增～。” ❷同“戒儆❷”。宋苏颂《钱起居神道碑》:“州县颇罹其毒,望严加～,俾修实效。”明杨士奇《戒法司慎刑诏》:“古之盛时,恒采民言,用之～。”清《后红楼梦》二九回:“重新叮咛～了几句,执了王夫人、宝钗、黛玉的手,吩咐他们二、八日进去。”

【戒腊】 jiè là 僧徒受戒后的年数。唐智昇《开元释教录》卷四下:“当进感戒之夕,朗亦通梦,乃自卑～,求为法弟。”宋刘克庄《最高楼·乙卯生日》:“我不与、少年争遇合,你莫共、老僧争～。”明王恭《送袖子西游》:“风霜移～,水月印禅心。”

【戒勉】 jiè miǎn 劝诫勉励。五代孙光宪《北梦琐言》卷八:“夫人愊忆,失声而哭,亡魂倏而灭矣。然后～,令其抑割。”明徐咸《西园杂记》卷下:“爱逾诸子,旦暮～,务底予于成。”清《荡寇志》一二七回:“今当分离,大有恋恋不舍之意,希真～了几句。”

【戒约】 jiè yuē ❶告诫约束。唐林楚翘《普劝四众依教修行》:“只知劳役有为身,不为～无厌口。”宋元《古今小说》卷三三:“韦谏议～家人,不许一人去张公家去。”清《隋唐演义》九二回:

“原来安禄山不意车驾即出，～潼关军士勿得轻进。” ❷戒示性的条约。元明《三国志通俗演义》卷二一：“既丞相有～，长史当收执。”明郑岳《陈林坟山纪事》：“兹特详述颠末，暨今～，付各房收执存照。”清《杏花天》一四回：“娘子等共立～与我，大是有理。”

【戒指】 jiè zhǐ 手指所带的环形装饰品。元张可久《一枝花·牵挂》：“三般儿寄与娇姿：麝脐薰五花瓣翠羽香钿，猫眼嵌双转轴乌金～，獭髓调百和香紫蜡胭脂。”明沈榜《宛署杂记》卷一七：“庶民家男女年命合婚，得吉即往相视，留一物示意，簪花、～、巾帕之类。”清《醒世姻缘传》七二回：“周龙皋从袖子里掏出来了两方首帕、两股钗子、四个～、一对宝簪，递与媒婆手内。”

【借】 jiè ❶珍惜；怜惜。唐元稹《放言》之三：“霆轰电焕数声频，不奈狂夫不～身。”宋陆游《书驿壁》：“女儿薄命天不～，青灯独宿江边舍。”明汤显祖《牡丹亭》一六出：“如花娇怯，合得天饶～。风雨于花生分劣，作意十分凌藉。” ❷连词。即使，表让步。唐柳宗元《师友箴》：“吾欲从师，可从者谁？～有可从，举世笑之；吾欲取友，谁可取者？～有可取，中道或舍。”《新唐书·狄仁杰传》：“朝廷～乏贤，如本立者不鲜。” ❸向人索取的婉词。《元曲选·李逵负荆》四折：“他杀不如自杀。～哥哥剑来，待我自刎而亡。”清李玉《清忠谱》一三折：“〔外〕太爷亲发朱单，要在你地方上拿五个要紧人哩！〔付〕～牌来看。〔外〕看不得的。”《风流悟》五回：“只是不好搅扰，正要到宝庵～杯茶吃。”

【借办】 jiè bàn ❶凑办；借取凑集。宋真德秀《申尚书省乞降度牒添助宗子请给疏》：“诸卒月粮犹费～，宗子之米又何以供用？”明《警世通言》卷二二：“价钱依了你，只是还要到一个朋友处～，少顷便来。”清《无声戏》一二回：“千里装丧，须得数十金盘费，如今空拳白手，那里～得来？” ❷官府向民户征派器物用品，事后退还或折价补偿。《元史·秦起宗传》：“有司供张甚盛，问其费所从出，小吏不敢隐，曰：‘～于民。’遂亟使归之，几席仅给而已。”明《西洋记》一三回：“要寻个物件，或是各牙行去支取，或是官府家去～，或是朝廷里面去请旨，快当些说罢。”清《平定准噶尔方略》正编卷五〇：“各州县～军需，盖免赔补。民间旧欠新征，叠与蠲豁。”

【借便】 jiè biàn ❶给予方便。唐吴仲舒《南风之薰赋》：“倪高飙之～，顺下风而长鸣。”张祜《献太原裴相公》：“风云如～，开眼即天衢。”明叶砥《送乡友王俊杰南归》之三：“造物倘于人～，掉头卸却虱兜鍪。” ❷趁便；乘机。唐高迈《鲲化为鹏赋》：“谁无～之事？九万三千，故非常情之所希冀；谁无回翔之图？一举六月，故非常情之所觊觎。”明《欢喜冤家》一七回：“孔良宗诱奸主妾，王楚楚～风流。”清汤斌《与宋牧仲书》：“某离家三载，老母年高，～归省。” ❸地方官吏因急需而就便支借官库钱物。唐刘禹锡《谢恩放先贷斛斗表》：“伏以关辅之间，频年歉旱，田租既须矜放，公用又不支持。承前长吏，例有～，以救一时之急。”李昂《优恤旱蝗诸州诏》：“应方镇州府～度支盐铁户部钱物斛斗，经五年以上者，并宜放免。”

【借步】 jiè bù ❶犹“借一步”。明《型世言》二二回：“那官道：‘～到后堂有话。’张知县只得请进后堂留茶。” ❷顺脚；趁脚步。清孔尚任《桃花扇》五出：“今日清明佳节，独坐无聊，不免～踏青，竟到旧院一访。”

【借凑】 jiè còu ❶犹“借办❶”。明刘麟《清解纳以塞弊源疏》：“遇有各项急紧工程，只得～库藏别项官银接济。”清《豆棚闲话》四则：“到了衙内，刘蕃即备俸银及各县～千两之数，差人前往临朐接请公子。” ❷挪移凑合。清沈复《浮生六记》卷二：“其间台级为床，前后～，可作三榻。”

【借单】 jiè dān 犹“挂单”。清《杏花天》二回：“悦生随尾上前道：‘老师父安担在于何处？’那道人回道：‘施主，贫道在二郎庙喻奇玄房中～。’”

【借当】 jiè dàng 借东西去典当。明张四维《双烈记》一三出：“银钱从那里来？不管你～与我去。”清《野叟曝言》一二四回：“做了国公宰相，又不便～，埋没君恩。”《红楼梦》七四回：“前儿我和鸳鸯～，那边太太怎么知道了？”

【借端】 jiè duān 假托事由。宋吕陶《奏为榷买川茶不便状》：“每斤直八十文，只折四十文，～刻剥。”明文秉《先拨志始》卷上：“奉严旨，责其恣肆，～轻侮，不谙大体。”清《八洞天》卷七：“二人奉了钦差，遂～索诈民间贿赂。”

【借掇】 jiè duō 挪借。明《拍案惊奇》卷一一：“王生殷殷勤勤待他，不敢冲撞，些小～，勉强应承。”《禅真逸史》六回：“既无柴米，何不着人到我这里～？”

【借故】 jiè gù 假托某种原因。清雍正七年五月十八日鄂尔泰奏文：“或因伙犯未获，或因供证未明，～拖延。”《大清会典则例》卷五〇：“芦洲大丈届期之年，均于十月举行，而丈竣之期，例内未经指定。牧令等官，辄多～稽迟。”《补红楼梦》一六回：“林如海观书疑黛玉，贾夫人～问鸳鸯。”

【借馆】 jiè guǎn ❶犹“借居”。宋程公许有《督堰至岷下，～南浦张叔全家》。明李廷梁《立斋遗文序》：“不佞幸生先生故里中，幼～先生祠堂肄业。” ❷谋求塾馆职位的婉词。清《春柳莺》一回：“要访才女，扬州乃风流古地，正当～以图佳丽。” ❸借用饭馆。指在饭馆请客。清《歧路灯》一八回：“逢若大叫：‘走堂的过来！’解开瓶口，取了昨晚赢的一个银锞儿，说道：‘这是越外加的四五样菜儿，孝敬这三位爷台。’……隆吉道：‘这是我们～敬盛大哥的，如何叫夏兄费钱。’”

【借光】 jiè guāng ❶沾被光明；被光亮照映。唐李邕《日赋》：“与圣人兮齐朗，宜君子兮～。”明陈献章《种萆麻》：“短檠他夜照书床，一簇萆麻也～。”汪廷讷《广陵月》二出：“某幸蒙高力士荐拔，得受殊恩，虽不敢假虎作威，尽可以～于日。” ❷借用别人家的或自然界的光亮。宋葛胜仲《勉夫示诗鸣其穷》：“异鬼时相笑，邻家许～。”元杨维桢《雪巢志》：“后世乃有～于窦者，谓之雪窗。”明温纯《祭刘太翁及李太夫人文》：“其～剪衣，笃旧睦亲，及佐翁服官，状不一宜。” ❸沾被光辉。美称跟对方接触。宋洪适《贺广漕郑郎中启》：“尚～于仁里，仍接眇与治台。” ❹借重；仰仗。指以事托人。明毕自严《与孙恺阳书》：“谨将疏草五册，奉尘清览，仍欲～片言，以为九鼎。”徐渭《四声猿·女状元》四出：“我先世乡中近日立木兰的祠，诸友可又来讨上梁文。〔起揖介〕这几件可都要～于贤友。”清《儒林外史》三四回：“朝廷大典，李大人专要～。不想先生病得狼狈至此。不知几时可以勉强就道？” ❺比喻趁着某种机会实现自己的意图，或凭借别人的名声、地位而获益。明李梅实《精忠旗》二〇出：“他若见怪起来，不但把我这一片孝顺的心肠，一箬帚扫个干干净净，还怕杀岳飞这些厌物的法场上，要把我来～东席哩。”按，此为反语。清《霓裳续谱·念书的学生》：“独占鳌头去把状元中，那时节我～，你有名。”《红楼梦》二二回：“你特叫一班戏来，拣我爱的唱给我看。这会子犯不上跐着人～儿问我。” ❻求告的婉词。清《绿野仙踪》四二回：“咱们如今不是～亲戚的时候，还有母亲留下两皮箱衣服。……不如且当上一箱，救救急。”

【借换】 jiè huàn ❶书法为书体美观而省并变换笔画或移易偏旁位置的技法。唐欧阳询《书法》：“～，谓如醴泉铭‘祕’字，就‘示’字右点作‘必’字左点，此～也。” ❷借贷或以物抵换。宋元《警世通言》卷一三："有些房卧，都使尽了。没计奈何，告妈妈～得三五百钱，把来做盘缠。"元明《水浒传》二〇回："这阎婆无钱津送，停尸在家，……又没～处。"

【借或】 jiè huò 即使。宋李廌《兵法奇正论》："穷兵之理，动累数十，分强弱而已，鲜知奇正。～有人，但能知奇为奇，知正为正而已，鲜知奇正之变。"明韩邦奇《慎重边疆以保安地方疏》："三关一带可以永保无虞，～大同有警，亦可克期调用矣。"戚继光《纪效新书》卷八："～场操之际，肯有亲人行伍内一试之者，亦自知其利不可以口舌楮笔载也。"

【借吉】 jiè jí 指子女在为父母服丧期间成婚。唐韦彤《谏张茂宗借吉尚主疏》："伏见驸马都尉张茂宗犹在母丧，圣恩念其亡母遗表所请，许公主出降，仍令茂宗～就婚者。"《旧唐书·蒋乂传》："臣闻里俗有不甚知礼法者，或女居父母服内，家既贫匮，旁无至亲，即有～以就礼者。男子～而娶，臣未尝闻之。"宋《朱子语类》卷八三："想古时是这般大事，必有个权宜，如～之例。"

【借景】 jiè jǐng ❶趁景；利用景色。宋黄人杰《念奴娇·游西湖》："～留欢排日醉，不负莺花盟约。"元王冕《春晚客怀》："寄眠听夜雨，～看春华。"清《春柳莺》一回："也有各携杖头，～陶情；也有独抱琵琶，逢场作戏。" ❷趁机；利用机会。明《石点头》卷一〇："不如隐了家丑，～摆布周玄罢。"清《后红楼梦》一七回："没有什么好的，不过～消寒罢了。"

【借居】 jiè jū 借他人的地方暂住。唐张读《宣室志》补遗："东都陶化里有空宅，大和中，张秀才～肄业。"明邵璨《香囊记》二九出："且到旧时朋友家～了，再作区处。"清《镜花缘》六一回："因闻燕员外向来最肯与人方便，每逢客店住满，凡来～，莫不容留。"

【借据】 jiè jù 借钱人写的借款凭证。清《歧路灯》四三回："谭绍闻少不得照样写讫，写了一张'谭绍闻借到贾李魁纹银五百两，白兴吾作保'的～。"

【借口】 jiè kǒu ❶借别人之口（传述）。唐李观《与睦州独孤使君论朱利见书》："观与此生，非有半面故素，一夕优狎，非有斗筲之惠，杯酌之好。但私心助痛，～为言。"清《聊斋志异·素秋》："我家公子尚健耶？～寄语：秋姑亦甚安乐。"《驻春园》一二回："诉出衷肠劳～，星盘认定随伊走。" ❷借某事为理由。《新唐书·哥舒翰等传赞》："玄宗虽为左右蒙暫，然荒夺其明亦甚矣。卒使叛将得～，执翰以降贼。"宋陆游《家世旧闻》卷下："京大喜，因得以～，穷极土木之工。"清《儒林外史》三九回："你若是～不肯前去，便是贪图安逸。" ❸随口；顺着别人的口气。明《西游记》四二回："（小妖）一同跪倒，磕头道：'爷爷！小的们是火云洞圣婴大王处差来，请老大王爷爷去吃唐僧肉，寿延千纪哩。'行者～答道：'孩儿们起来。'"

【借赖】 jiè lài 仗赖；依仗。唐元稹《有唐赠太子少保崔公墓志铭》："先是岐吴诸山多椽栎柱栋之材，薪炭粟刍之数，京师～焉。"元魏初《先君墓谒铭》："初辈虽不能肖似，～先世遗泽，知自守而已。"清《红楼梦》六回："不过～着祖父虚名，作了穷官儿，谁家有什么，不过是个旧日的空架子。"

【借留】 jiè liú ❶暂时留下借用。唐薛调《无双传》："仙客立取而至，古生端相，且笑且喜云：'～三五日，郎君且归。'"宋苏轼《答李康年书》："《通言》略获披味，所发明者多矣。谨且～，得为究观。"明《西湖二集》卷三一："昔日曾闻吕尚之，明时罕见王君子。～衣钵种前缘，但笑懒牛鞭不起。" ❷官员任届期满，地方请求留任。唐权德舆《送歙州陆使君员外赴任序》："邦人虽欲遮道～，末由也已。"宋陈著《宝鼎现·代邑士送韩君美经历》："清到底、冰壶满了，欲～来无计也。"清钱谦益《南京户部主事曾舜渔授承德郎制》："～务以优贤，固已盘桓而久次；简郎潜之宿望，自当连茹以偕升。"

【借眠】 jiè mián 犹"借宿"。元睢景臣《黄莺儿·寓僧舍》："僧相待，～何碍。"明徐献忠《客窗杂兴》："酒渴呼童汲井华，～苔径月初斜。"胡应麟《废寺》之二："草阁萤潜住，绳床鹿～。"

【借名】 jiè míng ❶借用姓名；冒名。唐杨夔《复宫阙后上执政书》："今凡称衣冠，罔计顷亩。是奸豪之辈，辐辏其门。但许～，便曰纳货。"宋苏轼《论河北京东盗贼状》："如敢～为人影带，分减盐货，许诸色人陈告。"清《情梦柝》一九回："楚卿、喜新原是一人，子刚不过是他～。" ❷假借某种名义或理由；借口。宋欧阳修《正统论》下："李氏因之～讨贼，以与梁争中国，而卒得之。"明《型世言》二一回："蓝氏自知女儿已破身，怕与了人家有口舌，凡是媒婆，都～推却。"清李渔《玉搔头》三〇出："寡人为寻刘倩倩，～讨贼而来。"

【借票】 jiè piào 犹"借据"。明黄佐《泰泉乡礼》卷四："有社内贫民缺种子者，当告该甲转告约正人等，立～一纸。借五斗以下不必起息，一石以上方起耗息一斗。"《警世通言》卷三一："写～时，只拣上好美产，要他写做抵头。"清《八洞天》卷五："我今索性再在其中取了九两，明日只还他九十两，拼得写个十两的～与他。"

【借契】 jiè qì 犹"借据"。明海瑞《方淙争谷参语》："方淙明有～，而因阻夺致漏失，谷不满数。"《警世通言》卷二五："如今我也莫说有欠无欠，只问他把～出来看。"清《珍珠舶》一回："当面说明，取出～，方为了局。"

【借亲】 jiè qīn 犹"借吉"。《说郛》卷七三引《东谷所见》："父母垂死，人子于此正哀痛彻骨，几不欲生之时也。今人反以送死为缓，惟以～为急。父母死未即入棺，仍禁家人辈不得举哀。弃亲丧之礼，而讲合卺之仪。"

【借情】 jiè qíng 顺情；趁势。明《金瓶梅词话》一八回："那官吏接了，便问：'你要见老爷，要见学士大爷？……'这来保就～道：'我是提督杨爷府中，有事禀见。'"又四〇回："你不如把前头这孩子的房儿，～跑出来使了罢。"

【借倩】 jiè qìng ❶借请；雇用。唐王建《洛中张籍新居》："～学生排药合，留连处士乞微松。"《元曲选·桃花女》楔子："敢不是你儿子私下～这个小厮，要我的银子，来坏我的买卖。"清《醒世姻缘传》一二回："杜苞苴，绝奔竞。塞居间，严～。" ❷利用；凭借。明韩邦奇《安设兵马防御敌骑疏》："起拨无马军士，～屯田空闲舍餘，轮班修筑。"祝允明《蒋外生西楼读易图记》："今之读《易》者，～之买名利官禄耳。"

【借券】 jiè quàn 犹"借据"。明《警世通言》卷二五："肯相周济，愿留～。倘有好日，定当报补。"清纪昀《阅微草堂笔记》卷一〇："闻西商被盗，并箧中新旧～皆席卷去矣。"《儒林外史》三一回："娄老伯见他还不起，娄老伯把～尽行烧去了。"

【借如】 jiè rú ❶假如；如果。唐杨炯《幽兰赋》："思公子兮不言，结芳兰兮延伫。～君章有德，通神感灵，县车旧馆，请老山庭。"宋程颐《答周孚先问》："狂者进取，曾皙之徒是也。～颜子不能拳拳服膺，亦必至于此。"清弘历《李昭道洛阳楼图跋》："～所云，曾归元汴家，何以幅中不见有项氏收藏诸图记？" ❷譬如；例如。唐虞世南《笔髓论·契妙》："心悟非心，合于妙也。～铸铜为镜，非匠者之明；假笔传心，非毫端之妙。"宋苏轼《论诸处色役轻重不同札子》："勘会逐处色役，各随本处土俗事宜，轻重不同。～盗贼多处，以弓手耆长为重；赋税难催处，以户长为重。"金赵秉文《张文正公碑铭》："～军士应须俘略，与其出自上命，不若出于帅臣之为愈也。” ❸ 即如；就像。唐元稹《决绝词》之一：“君情既决绝，妾意已参差。～死生别，安得长苦悲。”明凌云翰《画菜》：“谁写春菘人画图，～挑得付庖厨。” ❹ 即使；就算。唐杨炯《中书令汾阴公薛振行状》：“～风后天老，左右轩皇，萧何曹参，谋猷汉室，未有一心事主四十餘年。”宋王令《再寄满子权》之一：“～无梯不得上，亦欲大叫呼天神。”明陈献章《病中咏梅》之一〇：“～桃有实，方朔不来偷。”

【借润】 jiè rùn 给予润泽。比喻给以关照或从中获取利益。唐郑云《投户部郑员外启》：“傥或冰壶～，水镜分光，如其积玉之名，示以鉴金之誉。”宋王以宁《踏莎行》：“分辉～须邻曲，柳家兄弟莫瞋人，狂奴小户元低促。”明毕自严《覆议屯田书》：“至于征收之法，则慎管屯之选，而无使贪弁～于脂膏。”

【借若】 jiè ruò ❶ 犹“借如❶”。《资治通鉴》卷二一七：“（唐颜）真卿曰：‘平原兵新集，尚未训练，自保恐不足，何暇及邻。虽然，～诺子之请，则将何为乎？’”宋郑獬《论丙吉问牛喘》：“牛虽不喘，吉遂不知寒暑耶？～时过，又欲以何术治之？” ❷ 犹“借如❷”。宋司马光《贡院乞逐路取人奏》：“即乞令封弥官将国子监、开封府及十八路，临时各定一字为偏傍立号。～国子监尽用乾字，开封府尽用坤字。”李廌《荐举论》：“～甲为长吏于此，乙为长吏于彼。甲举乙之所私，然后乙举甲之所私。非有意于所举之人也，甲乙自为施报也。”

【借使】 jiè shǐ 即使；纵然。唐张九龄《应道侔伊吕科对策第一道》：“岁时高集，士裔累万。～崔毛重起，裴乐复存，观貌察言，且犹未暇，考行征实，其可得乎？”明锺惺《信者国之大宝策》：“皇上概以为沽名嗜进耳，～天下皆不爱名誉、不爱爵禄之人，皇上安得而用之？”清袁枚《咏史》：“北门夺军时，四皓骨已朽。～木未拱，能安刘氏否？”

【借势】 jiè shì 借机；顺便。清《红楼梦》三五回：“单做给他吃，老太太、姑妈、太太都不吃，似乎不大好。不如～儿弄些大家吃。”

【借手】 jiè shǒu 借此；趁便。元高明《琵琶记》二八出：“奴家自画着公婆真容，一路上将去～教化，早晚与他烧香化纸。”明《醒世恒言》卷三五：“原来拨我在三房里，一定他们道我没用了，～推出的意思。”《二刻拍案惊奇》卷三〇：“此子有贵征，必能大君门户。今以还郎，抚养他成人，妾亦～不负于郎矣。”

【借寿】 jiè shòu 许愿把自己的寿数借给病重的亲人，以延续他的生命。明单本《蕉帕记》六出：“母亲有病，孩儿又不耐烦割股，又不耐烦～。”《西湖二集》卷五：“因此病势日重一日，渐渐危笃，遂于东岳观命道士打醮～。”清《荡寇志》一三五回：“彼时晁盖病笃未死，吴用等六人都开列自己生辰，具疏～。”

【借宿】 jiè sù 借他人的地方住宿。宋洪迈《夷坚志》三壬卷三：“夜色既阑，故不可反舍。就此～，得乎？”元佚名《错立身》九出：“向村庄上～安此身。”清《儒林外史》三五回：“投不着宿头，只得走小路，到一个人家去～。”

【借索】 jiè suǒ 用借的名义索取。唐李漼《夏令推恩德音》：“本州县界并须如法先自备办排比，切不得临时差配百姓，及～扰人。”金《董解元西厢记》卷六：“不合～，总赖弟兄情。”清《八旗通志》卷一五三：“每减价勒买牛，或～海参。”

【借榻】 jiè tà 犹“借宿”。宋觉范《南昌重会汪彦章》：“僧房～营夜语，灯光照人如梦寐。”明孙柚《琴心记》七出：“思欲将琴挑动，又怕识者猜疑，只得佯醉，～书斋。”清《春柳莺》四回：“果然有一房两床，一客背着脸收拾行李。石生近前拱手道：‘客官，小弟特来～。’”

【借托】 jiè tuō ❶ 请托；借用（名义）委托（事由）。《续资治通鉴长编》卷四〇三：“陶包羞觊幸，～请救，乃复得之。”明沈德符《万历野获编》卷二〇：“以故近年棍徒以开矿抽税请者，必～一在京武弁为疏首。” ❷ 假借；假托。元陈致虚《周易参同契分章注》卷上：“寻详仙翁之本意，次第铺陈，就中～玄言，直指金丹、药火、鼎器、造化四密。”明《肉蒲团》一三回：“男子出去之后就像门上少了关，可以～事端直进直出了。”清纪昀《阅微草堂笔记》卷一三：“妓家～盛名，而不解文义，遂误认颜标耳。”

【借问】 jiè wèn 向人询问的敬词，犹言请问。《元曲选·竹坞听琴》四折：“～一声：这庵里的郑道姑那里去了？”明《醒世恒言》卷一四：“女孩儿道：‘这里莫是樊楼？’酒博士道：‘这里便是。’女孩儿道：‘～则个，范二郎在那里么？’”清纪昀《阅微草堂笔记》卷二三：“鬼兄，鬼兄，～前途水深浅？”

【借歇】 jiè xiē 犹“借宿”。明张内蕴、周大韶《三吴水考》卷一三：“敢有私去人家～及偷盗强抢人物者，……其千长、百长、小甲俱坐以罪。”沈受先《三元记》一五出：“店主，前夜有甚么人在此房～？”清《说岳全传》一三回：“因有一个兄弟伤了些风寒，不能行走，要～几天。”

【借言】 jiè yán 借口；假托某事作为理由。《元曲选·两世姻缘》三折：“委实似我亡妻，非为～调戏。”明郎瑛《七修类稿》卷一〇：“乃定计以众官谢生日酒时，～有旨，而后发逆。”清陈端生《再生缘》三九回：“只有孟龙图在头门外道了个喜，～有事，便打轿而回。”

【借一杯】 jiè yī bēi 请人饮酒的谦词。《元曲选·冯玉兰》二折：“老夫聊～，与大人少叙闲话而已。”明《浪史》六回：“浪子饮过，也答着一杯道：‘感承美意，特～，权作答耳。’”清《聊斋志异·狐谐》：“会当饮，戏以觥移上座曰：‘狐娘子太清醒，暂～。’”

【借一步】 jiè yī bù 请人前往附近（说话）的谦词。宋元《警世通言》卷一二：“权～，某有实情告诉。”元《三遂平妖传》一回：“此非说话处，请～方好细言。”清《风流悟》七回：“我们娘娘闻得元相公回去，并欲寄语世间，乞～。”

【借易】 jiè yì 借贷。《元史·世祖纪二》：“禁勿擅用官物，勿以官物进献，勿～官钱。”明王錂《寻亲记》四出：“没钱时须当～。目下文书紧急，官司限期，莫误时刻。”

【借意】 jiè yì ❶ 利用寓意假借。宋洪迈《夷坚志》支乙卷六：“梅者惠英自喻，非敢僭拟名花，姑以～。”《元曲选·扬州梦》三折：“知音吕～儿嘲风咏月，有体段当场儿擫竹分茶。”明谢榛《四溟诗话》卷二：“古辞曰：黄檗向春生，苦心随日长。又曰：桑蓟蚕不作茧，昼夜长悬丝。……此皆吴格指物～。” ❷ 托言；假借某种名义。明《醒世恒言》卷一八：“众人不晓得他是勤俭，都认做～监工，没一个敢怠惰偷力。”清《杏花天》二回：“悦生一见道：‘好了。’～赶猫，奔至爱月身边。”玄烨《读贾谊传》：“～贾生，自摅所学。雄浑可以，吞吐一切。”

【借应】 jiè yìng 出借以接济。宋元《古今小说》卷三：“告官人，有银子乞～五两。”明《金瓶梅词话》九八回：“你有银子，乞～与我父亲五两。”清方成培《雷峰塔》六出：“清早出门，忘带零钱。你可问许官人～，到家奉还。”

【借寓】 jiè yù 犹“借居”。宋魏了翁《安化军节度使赵公神道碑铭》：“～僧舍，紬今考古，凡八年。”明《警世通言》卷四〇：“小子～读书，何必计利。”清李玉《清忠谱》一六折：“不想前日有一个下路的小伙子，特来～。”

【借约】 jiè yuē 犹“借据”。元杨瑀《山居新话》卷一：“（乩仙）降笔云：‘适有鑿翁平章在此，可立～。’汝遂写契。”清《儒林外史》五回："央中向严乡绅借二十两银子，每月三分钱，写立～，送在严府。"《绿野仙踪》一七回："文炜将刘贡生等～二张拣出，交付文魁。"

【借债】 jiè zhài ❶借钱。宋司马光《涑水纪闻》卷一二："缘边禁军弓箭手，连年～，修葺城寨。"元曾瑞《迎仙客·风情》："～我做着傍牌，可敢别烧上风流怪。"清《情梦柝》七回："到十八岁做亲，～嫁女，妆资倒赔数百金。" ❷指由借贷产生的债务。清《歧路灯》四六回："程公看了一看，说道：'你们是一起赌博，强索赌债，彼此争执，还敢胆大瞒天来告谎状！'贾李魁道：'不是赌博，是～。'"《绮楼重梦》二回："我问是什么债？他说你儿子赌输的～。"

【借仗】 jiè zhàng 仰仗；凭借。宋苏轼《枸杞》："仙人傥许我，～扶衰疾。"清《绿野仙踪》三三回："原是大家要～他的法术取胜，谁想他并不使展法术，惟凭实力战斗。"《红楼复梦》七八回："请太空和尚在甘露寺作七昼夜道场，焰口施食，专超度我等九幽横死之鬼，～佛力得转轮回。"

【借账】 jiè zhàng 犹"借债❷"。清《歧路灯》三〇回："绍闻心中又想他还前日～，又想还他戏箱，慌忙跑出迎接。"又："～以及粮饭现同着夏逢若，莫不是没这一宗，我白说上一宗不成？"

【借职】 jiè zhí ❶宋代侍从武职的一级，为散秩官。除武举考试外，还可从纳捐、祖荫、宗室等途径获得。后作为低级武职的代称。宋赵彦卫《云麓漫钞》卷四："初武官处以三班，号祗应官，有左、右班，供奉班是也。至太宗，以其资品少，又创三班～、三班奉职。"明《二刻拍案惊奇》卷一九："只看宋时嘉祐年间，有一个宣议郎万延之，……儿子因是附马孙婿，得补三班～。"清查慎行《次韵答吴西斋》之二："举朝才笔输吴质，～犹堪押右班。" ❷指临时委以职衔。元王恽《中堂事记》中："上命中山人刘芳～兵部郎中，使其国。"

【借纸】 jiè zhǐ 犹"借据"。清《后红楼梦》二六回："环儿就连'待父天年'的～也写了无数出去，实在可恨。"△《官场现形记》五三回："至于那个欠帐的，他那张～怎么会到外国人手里？"

【借重】 jiè zhòng ❶借他人的名望、地位、奖誉以自重。宋曾巩《回人贺授史馆修撰状》："矧奖饰之逾涯，俾衡缘而～。其为感幸，难既敷陈。"朱熹《跋曾裘父赠屈待举诗》："屈君以诗见知于艇斋矣，而犹不能不～于众口。"明徐渭《代谢阁下启》："至如三锡之新荣，实感片言之～。" ❷仰仗；借助；需求。宋朱熹《答李叔文》："正欲～贤德，以化邑人，不谓滞留豫章。"史达祖《风入松·茉莉花》："～玉炉沈炷，起予石鼎汤声。"清《绿野仙踪》四二回："你家离了谋叛和买棺材的事，也没什么～我处。" ❸用作请人帮忙的敬词。明《封神演义》三四回："到了相府，对堂候官曰：'～你禀丞相一声，说朝歌黄飞虎求见。'"《欢喜冤家》一七回："屈老先生在此过年，明年就好～。"清孔尚任《桃花扇》六出："〔老旦〕这个砚儿，倒该～香君。〔众〕是呀！〔旦捧砚，生书扇介〕" ❹加害的讳词。明李梅实《精忠旗》一七出："把他的头颅～，把他的性命送终，又不劳你王贵半分铜。"《警世通言》卷一八："悔气遇着别人有势有力，没处下手，随你清廉贤宰，少不得～他替进士顶缸。"清李玉《清忠谱》九折："门生适奉宪檄，才知～老师。恐明早就逮，便不及将家事处分了，因此昏夜飞骑，报知老师。"

【借住】 jiè zhù ❶犹"借居"。唐司空图《借居》："～郊园久，仍逢夏景新。"明《封神演义》八〇回："四位将军且不必出关，且～民家。"清李玉《清忠谱》一六折："前日改易衣妆名姓，～此庵。" ❷犹"借留❷"。宋晁补之《西平乐·广陵送王资政正仲赴阙》："争欲攀辕～。功成绣衮，重与江山作主。"

【借转】 jiè zhuǎn 挪借；借用过来。明《西洋记》一二回："他与铁冠道士赌胜，四九天道，他还～来做个三伏天道。"又九六回："落后孙行者护送唐僧在这里经过，牒着海龙王～硬水走船。"△清《海上花列传》一四回："生意里～点，碰着法有啥进益，补凑补凑末还脱哉。"

【借装】 jiè zhuāng 假扮。宋耐得翁《都城纪胜·瓦舍众伎》："在京师时，村人罕得入城，遂撰此端，多是～为山东、河北村人，以资笑。"

【借状】 jiè zhuàng 犹"借据"。宋叶適《宋武翼郎邵君墓志铭》："吏与甲头故为～者，方大怨君。"清雍正六年七月二十一日王朝恩奏文："甚至有本户应完之粮不肯全完，出具～，以本年之未完，算作来春之新借者。"

【藉】 jiè 顾；惜。宋魏泰《东轩笔录》卷二："精于吏事，朝廷～其才。"清方成培《雷峰塔》七出："若不弃，相怜～，愿把同心结送。"

【藉背】 jiè bèi 垫背，比喻抵偿。《元朝秘史》卷六："他若杀咱每时，每人袖着一把刀，也要杀他一人～却死。"

【藉不的】 jiè bu de 同"藉不得"。元关汉卿《拜月亭》一折："如今索强支持，如何回避？～那羞共耻。"

【藉不得】 jiè bu de 顾不得。金元好问《续小娘歌》之二："北来游骑日纷纷，断岸长堤是阵云。万落千村～，城池留着护官军。"元佚名《要孩儿·拘刷行院》："老卜儿～板一味地赳，狠撅丁夹着锣则顾得走。"《元曲选外编·三夺槊》一折："打得匹不剌剌征驗走电光，～众儿郎，过涧沿坡寻路荒。"

【蹦柳】 jiè liǔ 即"射柳"。宋程大昌《演繁露》卷一三："最后折柳环插球场，军士驰马射之，其矢镞阔于常镞，略可寸餘，中之辄断，名曰～。其呼'蹦'若'乍'声。"清陆求可《巫山一段云·端阳值雨》："受水烹枭易，扬鞭～难。"

【解】 jiè 另见 jiě。❶州县向中央举送参加进士考试的人选。最早由每年秋季派往地方审核财政的计吏看管赴京，故称"解"。后也泛指科举取中。唐卢肇《逸史》卷三："皇甫弘应进士举，华州取～，酒忤于刺史钱徽，被逐出。"宋朱熹《答魏元履》："三哥失～，能自遣否?"清《醒世姻缘传》一六回："果然头场荐了～，二场也看起来，偏偏第三场落了一问策草。" ❷上行文书的一种。《唐会要》卷七四："本州长官精加选择，堪奖拔者具～申送，依例赴集。"《五代会要》卷二二："今后选举人文解差谬，过在发～州府官吏。"元《通制条格》卷二八："先将堪中数目依期具～，开写毛齿、膘分，差有职役不作过犯之人，称时管押，赴都交纳。" ❸押送。宋沈俶《谐史》："一日所属，～一贼至。"明柯丹邱《荆钗记》四〇出："乞将孙汝权～京，与承局面证完卷。"清《说岳全传》四七回："那岳云公子～了兵粮来到营门交割。" ❹租用。宋元《清平山堂话本·杨温传》："杨三官人同那妻子和当直去客店，～一房歇泊。"《警世通言》卷三七："见一所客店，姊妹两人～了房，讨些饭吃了。" ❺典当或放债。宋元《古今小说》卷三六："这条带是昨日申牌时分，一个内官拿来，～了三百贯钱去的。"元刘时中《端正好·上高监司》："则发迹了些无徒米麦行，牙钱加倍～，卖面处两般装。"明《禅真后史》一二回："只得脱下一条旧布裙子，典铺中～得十五文钱。" ❻指典当物或典当业务。元郑廷玉《看钱奴》二折："把当的一周年下架休赎～，趱的五个月还钱本利也该。"武汉臣《老生儿》一折："再休寻便宜放～，再不惹官司征债。"元明《水浒传》六一回："卢员外正在解库厅前坐地，看着那一班主管收～。" ❼缴纳；送交。元刘时中《端正好·上高监司》："赴～时弊更多，作下人就做夫，检块数几曾详数，止不过得南新吏贴相符。"清《醒世姻缘传》一五回:"要一万两军饷,不拘何项银两,要即刻借发,可可的把库里银子昨日才～了个罄尽。" ❽ 指押送者。明王錂《寻亲记》一六出:"犹兀自喜孜孜赏着张～,教他打死,直待要惨刻刻行凶,害了周秀才。"沈采《千金记》四七出:"这是州凭县～,县凭乡～。我每当役人说了方便,就遮盖了你。"

【解榜】 jiè bǎng 乡试中选名榜。宋王谠《唐语林》卷七:"闻～内有人曾与路岩作文书者,仰落下。"欧阳修《与苏丞相简》:"及见～,喜贤弟被荐。"洪迈《夷坚志》乙卷四:"贾如愚秀才居邑东,赴乡举,梦～揭楼上。"

【解差】 jiè chāi 押解物品或犯人的差役。《大清会典则例》卷二五:"嗣后递解人犯,解到之州县务将～点验,如人数不足,或有雇替情弊,即令就近究明惩治。"袁枚《续子不语》卷三:"随点役二人,备文解去。～手执红棍,将胡三哥锁押而去。"《说岳全传》六四回:"梁夫人送回驿中,已见那四个解官、二十四名～催促起身。"

【解呈】 jiè chéng ❶ 押解呈送。明王守仁《剿平安义判党疏》:"并于杨子桥巢内搜获伊原助逆领授南昌护卫中千户所印信一颗,合就～。" ❷ 申述押解事由的呈文。明《醒世恒言》卷二〇:"众府快都至杨洪家里,写了一张～,拿了赃物,带着这班强盗,来到总捕厅前伺候。"

【解当】 jiè dàng ❶ 典当;以物抵押贷钱。元高明《琵琶记》一〇出:"奴自有些金珠,～充粮米。"明《醒世恒言》卷二〇:"将平日积下些小本钱看看摸尽,连衣服都～来吃在肚里。"清《后水浒传》一九回:"倒去将婆子的衣饰去～做路费,明日空手回来,受婆子的絮聒。" ❷ 指典当铺。清《后水浒传》一九回:"我二人正在烦恼,商量要到～中去典贷些银两。"

【解当库】 jiè dàng kù ❶ 即"解当铺"。明《朴通事谚解》卷中:"一个放债财主,小名唤李大舍,开着一座～。" ❷ 当铺的库房。明《金瓶梅词话》二〇回:"李瓶儿那边楼上,厢成架子,阁～衣服、首饰、古董、书画、玩好之物。"又三一回:"家中平安儿小厮,又偷盗出～头面,在南瓦子里宿娼。"

【解当铺】 jiè dàng pù 当铺;经营典押业务的店铺。明《金瓶梅词话》二〇回:"又打开门面二间,兑出二千两银子来,委傅伙计、贲地传开～。"《醒世恒言》卷一七:"那时张孝基生下两个儿子,门首添个～儿,用个主管总其出入。"

【解典】 jiè diǎn 犹"解当❶"。宋郑侠《上王荆公书》:"勒令脱破衣弊裤以～质当于人,以纳税钱。"元《通制条格》卷一七:"今后诸人～金银,贰周岁不赎,许令下架。"六十种曲本《琵琶记》一七出:"你衣衫尽～,囊箧已罄然。"

【解典库】 jiè diǎn kù 即"解当库❶"。《元曲选外编·绯衣梦》二折:"今日开开这～,看有甚么人来。"明沈榜《宛署杂记》卷二〇录元碑圣旨:"但属寺家的水土、园林、碾磨、店铺、～、浴堂、人口、头匹,不拣甚么,不拣是谁,休倚气力夺要者。"《拍案惊奇》卷三五:"不上几年,盖起房廊屋舍,开了～、粉房、磨房、油房、酒房。"

【解典铺】 jiè diǎn pù 即"解当铺"。《元曲选·合同文字》三折:"我这家私,火焰也似长将起来,开着个～。"又《货郎旦》一折:"自家长安人氏,姓李名英,字彦和,在城开着座～。"

【解牒】 jiè dié ❶ 向上呈报的公文。唐段成式《酉阳杂俎》前集卷八:"介休县百姓送～,夜止晋祠宇下。"《唐会要》卷二六:"至圣历元年四月十一日制敕:公文钱物仓库计赃科罪,传符过所,各依式及别敕作大字。餘寻常文按～进奏,并依常式。" ❷ 科举乡试合格获举参加上一级考试资格的证明文书。宋周必大《论科举代笔》:"须文理不至纰谬,用字不至颠错,方给～,令赴省试。"吴自牧《梦粱录》卷二:"诸州士人,自二月间前后到都,各寻安泊待试,遂经部呈验～,陈乞纳卷用印。"清邓显鹤《湖南靖州训导毛府君墓志铭》:"中格者随～上之礼部,不中格者绌。"

【解发】 jiè fā ❶ 宋代地方向中央举送参加进士考试的人选或任期届满待入铨选的官员。宋欧阳修《论逐路取人札子》:"今广南东、西路进士,例各绝无举业,诸州但据数～。"李纲《建炎时政记》卷中:"应诸路～材武人并锡庆院,材武人昨有偶缘事故趁试不及之人,窃虑遗材,仰经礼部投状。"《宋史·职官志九》:"入额人一任实满四年与～。如差监当、监税,即以二年为一任,理两摄,并～赴铨。" ❷ 押解发送。宋丁特起《靖康纪闻》:"二月初一日,～女妓、津搬庶物不辍。"明《韩湘子》一七回:"务要供称擅入衙门,搅扰筵席,搬演戏术,拐带人口,待我照律～他回原籍去。"清毛奇龄《绍兴府太守许公见思碑记》:"遂于饷额之外羡餘输若干,公立督～而还邑所羡。"

【解犯】 jiè fàn ❶ 押解犯人。明祁麟佳《错转轮》三出:"那九月十五日～儿起?快查报者。"清雍正八年九月二十日史贻直奏文:"是以公文上下,与夫解粮～等事,具系绕道而行。"《说岳全传》七五回:"山下有一起官家～在此经过,打听得有些油水。" ❷ 被押解的犯人。清宋荦《请给解犯口粮疏》:"庶动用有额设之款项,支给有一定之数目,而～得沾实惠,可免饥寒。"《大清律例》卷三六:"直省并无监狱,地方该管官遇有～到境,即行按数各拨兵役,于店房内严加看守。"

【解赴】 jiè fù 犹"解送❷"。宋汪藻《神武前军统制王𤫉等奖谕敕书》:"生擒胡少隆、胡木香～朝廷。"明徐复祚《投梭记》一八出:"钱凤起初要将我～军前,见了报事官,就把我释放了。"清《说岳全传》五三回:"叛逆大罪,理应～临安处斩。"

【解副】 jiè fù 科举解试录取的第二名。唐张固《幽闲鼓吹》:"便欲首荐,京尹曰:'乔彝峥嵘甚,宜以～荐之。'"五代王定保《唐摭言》卷二:"篚篚之外,率皆资以桂玉。解元三十万,～二十万,海送皆不减十万。"清王士禛《池北偶谈》卷二四:"康熙庚子,又有童谣云:'一裹针,三条丝。'是科解元新城李嗣真,～益都高三思也。"

【解贡】 jiè gòng ❶ 宋元时地方向中央举送参加进士或职官考试的人选。《续资治通鉴长编》卷二三:"自今～举人,依吏部选人例,每十人为保。"元王恽《论教官俸给事状》:"选餘闲子弟入学修习儒业,……选试行义修明、文笔优赡、可以从政者,然后～。"《元史·选举志三》:"遇按察司、本路总管府岁贡之时,于学生内选行义修明、文学优赡、通经史、达时务者,保申～。" ❷ 押解贡品进献。明潘季驯《两河经略》卷一:"粮运过完,即行封闭,惟遇～船只,方许启放。"清雍正十三年《浙江通志》卷一〇二引明天启《平湖县志》:"本县例该岁进黄鱼三百尾,每年金役～。"

【解官】 jiè guān ❶ 解送官府。宋庄绰《鸡肋编》卷上:"又尝夜至邑中灵山寺,以知事不出参,呼而捶之,曰:'我是国家命官,怎敢恁地无去就?'欲作状～。"明佚名《鸣凤记》三一出:"我大爷明日早上就要这两个头儿来～了,如今教我那里去寻他来讨赏赐?"清《情梦柝》七回:"但如此伤风败俗,必要～发落为是。" ❷ 负责押解的差官。明朱国祯《涌幢小品》卷四:"即水次设厂,竹木至,验入,即与～批回。公私便之。"佚名《鸣凤记》一〇出:"我是刑部典差～,差我解送老夫人等往广西去的。"清《隋唐演义》三八回:"只见六七个解差,同着一个～,押着四个囚徒。"

【解户】 jiè hù ❶ 被点中押解税赋、贡物或军犯的人家。六十种曲本《琵琶记》一七出:"点催首放富差贫,保～欺软怕硬。"明《杜骗新书·强抢骗》:"县城有一银匠,家颇殷实。～领秋粮银,常托其倾煎。"清顺治十年四月甲寅上谕:"民间充解物料款项烦多，以致佥发～，赔累难堪。” ❷解差。清《隋唐演义》七回：“小的是山东济南府～，伺候老爷领回批。”

【解据】 jiè jù 犹“解牒❷”。元陈栎《发解谢路总管张公启》：“右某伏蒙顷给省府～，叨中乡试第一十六名者。”《通制条格》卷五：“乡试中选者各给～，录连取中科文。……申台转呈都省，以凭照勘会试。”《元史·选举志一》：“举人入院，搜检讫，就将～呈纳。”

【解军】 jiè jūn ❶押送充军的人犯。明陆粲《庚巳编》卷七：“县桥居民许氏为里长，当～至湖广五开卫。”张景《飞丸记》二一出：〔解人带净上〕～的投到。〔外看文卷科〕奇哉，奇哉！严世蕃的军，就配到我幕下来。”清《隋唐演义》五回：“秦叔宝与樊建威，自长安～挂号出来，也到临潼临山下楂树岗边经过。” ❷押送犯人的军士。明《杨家将演义》二八回：“王钦差～四十人，来催杨六使、焦赞等即行。”清《说岳全传》四九回：“将杨宾推入囚车，带了这四名～出营，望着潭州一路而来。”

【解库】 jiè kù ❶当铺。宋《三朝北盟会编》卷二三〇：“又占临安府从官宅二所，一所与其弟继善，一作～。”元《通制条格》卷一七：“有势之家，方敢开～，无势之家，不敢开库。”明《醒世恒言》卷八：“那知他紧间壁的邻家姓李，名荣，曾在人家管过～。” ❷解缴国库。明蔡清《御史无公利民一事记》：“凡渔民课米，每石通征折色银三钱五分～。”《梼杌闲评》四一回：“其山场木植银四十馀万，着工部遣干员会同该抚按估计变价～。”《大清会典则例》卷一三二：“饬令左右二营分采，全数交工，按例缴价～。”

【解吏】 jiè lì 负责押解的吏员。《宋史·罗处元传》：“郡士曾极题金陵行宫龙屏，迕丞相史弥远，谪道州。～窘极甚，必元释其缚，使之善达。”清孙承泽《春明梦馀录》卷四〇：“据～闻报三百袋，袋多四两有馀，亦非勘合正数。”《大清会典》卷一〇：“受饷二省抚司拨饷，布政使司钤封部定权衡，付～赍往。”

【解名】 jiè míng ❶科举乡解的名分或名次。唐崔瑄《论令狐滈及第疏》：“及（令狐）绹去年罢相出镇，其日令狐滈于礼部纳卷。伏以举人文卷，皆须十月已前送纳，岂可父身尚居枢务，男私挟其～干挠主司？”宋曾巩《谢曹秀才书》：“不以～失得置于心，而汲汲以相从讲学为事。”明刘球《马喻送王善广赴春闱》：“昔举于乡而～杂，未尽见其能舒其志。” ❷科举乡解的名额。宋苏轼《乞诗赋经义各以分数取人状》：“见今本土及州学生员，多从诗赋，他郡亦然。若平分～，委是有亏诗赋进士。”周颐《论改学制事目》：“然而人数岁岁增添，以外处～比之，五百人额当有万馀人奔凑。” ❸指科举乡解的名单。明宋濂《黄仁渊静字辞序》：“仁初名文仁，有司援例以文犯周西伯之谥，加水于其左。及～上，中书吏以白右丞相汪公。公曰：‘仁之义甚弘，无所不包，其可冠以汶字乎？’”

【解纳】 jiè nà 押解上缴或献纳。宋李纲《申省乞留四色钱数应副支用状》：“未审将前项目经制司四项窠名钱数，依旧～月桩库。”元《通制条格》卷一五：“城子里抽分到的头匹羊口，回易作钞～。”清《开国方略》卷一八：“又令舂米酿酒，～猎取兽肉，分给新附之人。”

【解配】 jiè pèi 押解发配。清《皇朝通典》卷八二：“其本犯军流改发者，即由陕甘总督照例～。”《皇朝文献通考》卷二〇四：“如无拒捕、行凶、为匪别故，亦照遣所逃脱之例，枷责～管束。”

【解批】 jiè pī 解送物品或人犯的批文。明张永明《议处铺行疏》：“上江二县取用物料，有～，有申文，有印信，票皆申‘解内府供应上用’。”《二刻拍案惊奇》卷四：“知县登时签了～，连夜解赴会城。”清《野叟曝言》四六回：“一个大汉便向素臣怀中，扯出一角文书并那张～来。”

【解铺】 jiè pù 即“解当铺”。明《拍案惊奇》卷三五：“那馆不是教学的馆，无过在～里上些帐目。”《禅真后史》八回：“这刘浣不下数千金资本，于延宁寺前开一～。”清《野叟曝言》二九回：“小人同他到～里，发一银票与他。”

【解人】 jiè rén 即“解差”。《元曲选·黑旋风》一折：“有我八拜交的哥哥晁盖，知某有难，领倭罗下山，将～打死。”《明史·严本传》：“～与囚同舟，为盗，囚必知之。”清《隋唐演义》一三回：“小开门，唤潞州～带军犯秦琼进见。”

【解审】 jiè shěn 押解送审。《元曲选·窦娥冤》四折：“分付该房佥牌下山阳县，着拘张驴儿、赛卢医、蔡婆婆一起人犯，火速～。”明王守仁《收复九江南康参失事官员疏》：“又擒杀贼共三百三十馀名颗，各～讫。”清《续金瓶梅》一一回：“这事已申报按院，立等～。”

【解试】 jiè shì 获取解送资格的考试。唐宋由州县举行，明清按省举行，称乡试。唐张固《幽闲鼓吹》：“乔彝京兆府～。时有二试官，彝日午叩门，试官令引入。”明归有光《重交一首赠汝宁太守徐君》：“而诸省～类以御史监临，主司之权遂移于帘外。”清施闰章《吏部考功司员外郎王君墓碑铭》：“明年迁稽勋员外郎，典河南～。”

【解首】 jiè shǒu 科举解试录取的第一名。唐范摅《云溪友议》卷下：“及就府试，冯涯侍郎作掾而为试官，以～送言也。”明何良俊《四友斋丛说》卷九：“邹吉士汝愚名智，四川合州人，秀伟聪悟，弱冠领～。”清《聊斋志异·姊妹易嫁》：“主人又曰：‘秀才宜自爱，终当作～。’入试，果举贤书第一。”

【解送】 jiè sòng ❶选送（应试的士人或迁置的官员）。唐韦乾度《条制四馆学生补阙等奏》：“其明经等考试及格后，待经监司～，则给厨房。”宋徐度《却扫编》卷下：“国朝制科初因唐制，……内外职官前资、见任、黄衣、草泽人，并许诸州及本司～上吏部。”王明清《挥麈前录》卷三：“凡省闱～则有主文，故所取士得以称门生；殿试盖天子自为座主，岂可复称门生于他人？” ❷押解前往。五代孙光宪《北梦琐言》逸文卷三：“执送忠州，推问不伏，遂～江陵。”《元曲选·汉宫秋》三折：“将毛延寿拿下，～汉朝处治。”清《说岳全传》二一回：“各路闻风，也渐渐起行，～粮米接应。”

【解帖】 jiè tiě ❶犹“解牒❷”。宋洪迈《夷坚志》支乙卷三：“友人袁公辅，梦有送～两道至，其一为袁世成，一为周孝若，……皆易名入试，遂俱荐送。”《宋季三朝政要》卷四：“科场弊幸百出，有发解还省而笔迹不同者，有冒已死人～免举者。” ❷当票；典押收据。元《通制条格》卷一七：“孔胜不依通例明发～，暗行出典，加一取息，俱系违法。”《元曲选外编·刘弘嫁婢》一折：“昧着你那一片的黑心，下的笔去那～上批上一行。”

【解头】 jiè tóu ❶即“解首”。唐范摅《云溪友议》卷下：“时京兆尹张大夫毅夫，以冯参军解送举人有私，奏谴澧州司户。再试，退～宋言为第六十五人。”明《拍案惊奇》卷四〇：“止有王摩诘一人有科第，又还亏得岐王帮衬，把《郁轮袍》打了九公主关节，才夺得～。”清袁枚《子不语》卷二一：“朱衣者持《福建题名录》来，关帝蹙额云：‘此第一人平生恶武断，何以作～？’” ❷被点中作为解送粮税贡物头目的人户。明高攀龙《解头问》：“或问～之役，曰：江南自粮解外，解役之最重者有四，一朱漆解也，一茶蜡解也，一皇砖解也，一胖袄解也。”蒋一葵《尧山堂外纪》卷九一：“桑民怿尝过一富家，见其碌碌置田产，戏为口号遗之曰：广买田产真可爱，粮长～专等待。”清吴伟业《芦洲行》：“诏书昨下知民病，～使用今朝定。早破城中数百家，芦田白售无人问。”

【解文】 jiè wén ❶解送举人的文书。宋欧阳修《谢国学解元启》：“伏睹～，滥膺名荐。肄三合雅，方列于胄筵；旅百在庭，遽陪于方贡。"范镇《东斋记事》卷五:"有堂吏尝梦火山军姓刘人作状元。阅火山军~,无姓刘人。明年,刘辉作状元。" ❷押解犯人的公文。明《禅真后史》四五回:"当晚取下解子等衣帽腰牌、各犯~藏顿,拣选雄伟喽罗八人停当。"清《隋唐演义》一三回:"吩咐挂号官,将别衙门文书掣起,只把潞州~挂号。"

【解役】 jiè yì 即"解差"。清孔尚任《桃花扇》三〇出:"外升厅介,净扮~投文,押生、末、小生带锁上。"袁枚《续子不语》卷七:"忽狂飙大发,众皆目眯。少顷,而僧及~数人俱杳然矣。"《绿野仙踪》四回:"见几个~,押着一个老妇人和一个少年郎君。"

【解由】 jiè yóu ❶官员调任时给的证明文书。五代常准《请禁摄官冲替奏》:"如令佐正官月限已满,除替未到,不限时月,切不得以摄官冲替,须待正授替官,即令对面交割县务,然后本州使出给~批书历子。"元《通制条格》卷六:"诸官员~已有定式。凡当该给由,官司并须依式勘会,别无不尽不实事理,方得保申。"明《朴通事谚解》卷中:"替的官人有么? 有了,守我半年来,五月初头礼上了也。~得了不曾? 别没不了的事件,又没过犯,为甚么不得?" ❷指解除关系的证明文书。金马钰《继王喆藏头诗韵》:"向妻男取~,园付与便回头。"元赵彦晖《点绛唇·省悟》:"风月所近新来给了~。谁信你鬼狐由,误了我谈笑封侯。"

【解元】 jiè yuán ❶即"解首"。五代王定保《唐摭言》卷九:"知柔谓纂是开府门人来嘱,斯必开府之意也,非~不可。由是以纂居首送。"明何良俊《四友斋丛说》卷一七:"顾东江清于弘治六年以~会魁登第。"清《玉蜻蜓·访庵》:"你是江南一省榜中魁,无事庵堂来徘徊。你自道~才学好,不该在我跟前卖弄乖。" ❷用作对读书人的敬称。金《董解元西厢记》卷一:"张生心乱,法聪频劝:这里面狼籍又无看玩。不是厮遮拦,~听分辩。"明蒋一葵《尧山堂外纪》卷八一:"解为诸生时,游青楼。伎奉茶进曰:'一盏清茶,解解~之渴。'" ❸借指第一名。清《女仙外史》六回:"遂有林公子者,素称花月~,雅号风流飞将。"

【解状】 jiè zhuàng 另见 jiě zhuàng。❶犹"解文❶"。《唐六典》卷二:"员外郎一人,掌选院,谓之南曹。每岁选人有~籍书资历考课,必由之以核其实。"《太平广记》卷一七八引《摭言》:"弘正已试两场,马植下~。植将家子,从事辈皆窃笑,楚曰:'此未可知。'"《续资治通鉴长编》卷五:"若州府违限,及~内欠少事件,不依程序,本判官罚直。" ❷犹"解文❷"。宋郑克《折狱龟鉴》卷八:"咏察其诳,即于~后判云:虽然子为父隐,其奈执辞不定。"明《醒世恒言》卷一四:"到次早解入南衙开封府,包大尹看了~,也理会不下。"

【解子】 jiè zi 即"解差"。《元曲选·灰阑记》二折:"着那张海棠画了字,上了长枷,点两个~,押送开封府定罪去。"明沈榜《宛署杂记》卷一五:"押解囚犯,每囚一名,~三名、皂隶一名。"清《醒世姻缘传》九八回:"象那林冲、武松、卢俊义这们主子,都打不出~的手掌哩!"

【解卒】 jiè zú 即"解军❷"。明祁麟佳《错转轮》三出:"此鬼作弊,~必是同谋,快把~姓名查报。"清《后水浒传》一二回:"县尉见人命重情,便喝骂两个押差道:'你充~,怎敢受贿!'"

【褯子】 jiè zi 小儿尿布。明《朴通事谚解》卷上:"底下铺蒲席,又铺毡子,上头铺两三个~,着孩儿卧着。"清蒲松龄《日用俗字》:"~撇开大事毕,不用裁缝动剪刀。"

jīn

【巾裹】 jīn guǒ ❶头巾。五代孙光宪《北梦琐言》逸文卷一:"穆生后以医药有效,南平王高从诲与~,摄府衙推。"宋曹勋《山居杂诗》:"忽为道复得,瞿昙加~。"《建炎以来繫年要录》卷六八:"殿极卑陋,茅屋才三楹,侍臣行列,~触栋宇。" ❷裹头巾。用作士人、汉人的身分标志。五代孙光宪《北梦琐言》卷四:"使院小吏罗九皋~步履,有似裴条郎中。大貂遥见,促召衫带,逼视方知其非,因笞之。"宋王千秋《瑞鹤仙·张四益生日》:"罄毡裘俱耆,笑清边琐,遗民冀~。"孟元老《东京梦华录》卷七:"次有一击小铜锣,引百餘人,或~,或双髻,各着杂色半臂。" ❸指裹出头巾花样或所裹头巾的样式。五代孙光宪《北梦琐言》卷三:"(路严)善~,蜀人见必效之。"元方回《夜梦吕洞宾》:"喜逢~真相似,获接杯行岂偶然。"明王世贞《正月六日送舍弟》之四:"道人~比丘衣,炊黍烹葵尽鲜肥。" ❹指男子成年加冠(巾)。宋王巩《闻见近录》:"前人每子弟及冠,必置盛馔,会乡党之德齿,使将冠者行酒,其巾裹如唐人之草裹,但系其脚于巾者。……右席者乃焚香善祝,解其系而伸之。冠者再拜谢而出,自是齿于成人,冠服遂同长者,故谓之~。"

【巾子】 jīn zi 头巾。唐张鷟《朝野佥载》卷一:"魏王为~,向前踣,天下欣欣慕之。"明王克笃《步步娇》:"歪戴着~,翻披着布袄。"清《醒世姻缘传》九七回:"分明亦见吴推府戴着魂亭样绉纱~,穿着银红秋罗道袍,朝了墙看。"

【今次】 jīn cì 这回。唐张鷟《朝野佥载》卷六:"汝杀众生亦已多,~到汝,汝其图之。"《元曲选外编·遇上皇》一折:"与我问六房吏典,~上西京递送公文该谁去哩?"清《女仙外史》三二回:"当日卿救永平,不出一月,建立奇功。~奏绩当亦如是。"

【今儿】 jīn er 今天。清《红楼梦》五七回:"公子王孙虽多,那一个不是三房五妾,~朝东,明儿朝西?"《歧路灯》六三回:"我~听说你很不成人。"

【今儿个】 jīn er ge 即"今儿"。个,助词。清《红楼梦》八五回:"~闹了一天,你去歇歇儿去罢。"《绿野仙踪》九一回:"你~和我一会,咱们从今日就是好哥儿。"《绮楼重梦》二回:"你就夜里懒得起来,~也该早些过来望望。"

【今番】 jīn fān 这回;此次。宋李复《与运使张少卿书》:"候二税纳足,或团厢军般运,或~就请即石州便足。"元关汉卿《西蜀梦》四折:"~若不说,后过难来。"清《儒林外史》四〇回:"我~押运北上,不敢停泊。将来回到敝署,再请先生相会罢。"

【今后】 jīn hòu 从今以后。《唐会要》卷八六:"臣请~每阴雨五日,即令坊市闭北门,以让诸阴。"元高安道《哨遍·皮匠说谎》:"从前名誉休多说,~生活便得知。"清《万花楼》二三回:"今赠你二宝。~你一生建立功劳,安民保国,赖此二物。"

【今回】 jīn huí 犹"今番"。宋晁元礼《河满子》:"留下一场烦恼去,~不比前回。"明《醒世恒言》卷九:"~是陈某自己情愿,并非舍亲家相逼。"

【今日个】 jīn rì ge 即"今儿个"。元商衜《一枝花·远寄》:"粘花惹草心,招揽风流事,都不似~这娇姿。"明《西洋记》六回:"你今日寻徒弟,寻的费了力;我~等你,等的费了神。"清《白雪遗音·酒鬼》:"打~起,我再喝酒,你骂我个,越拉越长的个八宝皮糖。"

【今日里】 jīn rì li 犹"今日个"。元孛罗御史《一枝花·辞官》:"闲时节笑咱,醉时节睡咱,~无是无非快活煞。"明张丑《真迹日录》卷四:"十载事临池,~始归真。"《挂枝儿·嗔妓》:"我分付你再不要吃醉,~缘何吃得醉如泥。"

【今日头】 jīn rì tou 犹"今日个"。清《玉蜻蜓·问卜》:"弗巧咳,吾吴松年,~死在老虎洞里。"

【今天】 jīn tiān 本日；事情发生的那一天。清《万花楼》一三回：“～早晨闻老管门言，有位小英雄名狄青。”

【金】 jīn 用作敬词，指称对方或第三方的（身体、行为等）。唐顾云《代人上路相公启》：“望朱门而尚远，铭丹慊以先深。必也果践玉书，不移～诺。”明《西洋记》三〇回：“看我国师～面，饶了你去。”清《红楼梦》五三回：“门下庄头乌进孝叩请爷、奶奶万福～安，并公子小姐～安。”

【金吹】 jīn chuī ❶秋风。唐于邵《送河南王少府还任序》：“前郊一叶，凉风已半；～淅沥，凄然欲寒。”五代贯休《送梦上人归京》：“萧萧～荆门口，槐菊斗黄落叶走。”宋薛季宣《秋意》：“月娥素魄溢婵娟，～凄凉冷淡天。” ❷喇叭之类金属管乐器。明黄佐《春兴》之六：“踏青闻幸芙蓉苑，红日未高～鸣。”

【金贵】 jīn guì 珍贵；贵重。清《红楼梦》三四回：“好～东西！这么个小瓶子，能有多少？”《后红楼梦》二回：“他两个近日好不～呢！林姑娘同他时刻不离，太太也不去使唤他。”

【金井】 jīn jǐng 墓穴的讳称。唐杨筠松《葬法倒杖》：“似借外城，浅开～，浮土正葬，垒土成坟，先富后贵之地也。”宋洪迈《夷坚志》三壬卷一〇：“闻来日开～，如见妾等，切不可怕。”清《红楼复梦》六八回：“将尚书们两口灵柩，各在～前安设，摆上祭席。”

【金枪】 jīn qiāng 阴茎的讳称。明佚名《雁儿落带得胜令》：“爱的是一处眠，爱的是酥胸傍，爱的是玉腕交，爱的是～壮。”《二刻拍案惊奇》卷一八：“即夜度十女，～不倒，此乃至宝之丹，万金良药也。”清《醒世姻缘传》三九回：“那虚病的人，渐渐的成了～不倒，整夜不肯暂停。”

【金印】 jīn yìn 讳称犯人脸上刺的字。宋元《警世通言》卷一六：“张胜看张员外，面上刺着四字～。”明沈璟《义侠记》三三出：“你脸上有～，防护的人马又少，路上怎么行得？”清《后水浒传》一七回：“见这人两颊上有颗～，知是刺配囚徒。”

【金汁】 jīn zhī 粪清的美称。明缪希雍《神农本草经疏》卷一五：“粪清：……一名黄龙汤，俗名～。”清王子接《绛雪园古方选注》卷一二：“治痘用浊阴方甚多，如人中黄、人中白、童便、～。”△《七侠五义》四三回：“有个方子可解，非～不可。如不然，人中黄亦可。”

【金纸】 jīn zhǐ 黄纸；冥纸。元张国宾《汗衫记》二折：“那没子嗣，没根芽，烧大驼细马，将～银钱香火加。”元明《水浒传》三九回：“解下甲马，取数陌～烧送了。”清袁枚《续子不语》卷九：“归家天已明，视元宝则～叠成。”

【金资】 jīn zī 钱财。宋杨时《与梁兼济书》：“乞会计每岁官中所得酒课若干数目，均在人户作酒利钱送纳，吾郡合五邑人户裒～以往。”《元曲选·蝴蝶梦》一折：“似这般逞凶撒泼干行止，无过恃着你有权势、有～。”清《聊斋志异·罗刹海市》：“马以～分给旧所与交好者，欢声雷动。”

【斤斗】 jīn dǒu 同“筋斗”。《类说》卷一三引《归田录》：“相国寺前，熊番～；望春门外，驴舞柘枝。”元高安道《赏花时》：“刚道子世才红粉高楼酒，没一个生斜格打到二百个～。”

【斤斧】 jīn fǔ 称人批评修改自己作品的美词。宋苏轼《与滕达道书》：“向承示谕，～鄙词，非见爱之深，岂能尔耶？”李之仪《与石端若兄弟简》：“方欲附去而从者适来，谨上呈，敢望～付还也。”明邹元标《答冯少墟侍御》：“惟门下大加～，无贻同志笑也。”

【斤两】 jīn liǎng ❶称量重量的单位。借指轻重。无斤两，即不知轻重好歹。元张可久《庆宣和·春晚病起》：“病骨岩岩，无～腌臜担儿担，自揽，自揽。”郑玉宾《一枝花》：“阔论高谈，是一个无～的风云但，蟭蟟虫般舍命的贪。” ❷指重量、分量。《元曲选·玉镜台》一折：“虽是副轻台盏无～，则他这手纤细怎擎将？”明《西游记》三一回：“尿泡虽大无～，秤铊虽小压千斤。”清《说岳全传》一〇回：“杨再兴把枪一抬，觉道有些～。” ❸指身分、价值、水准。《元曲选·曲江池》三折：“你嗓磕他怎的？他比那柳耆卿也不～轻。”明兰楚芳《四块玉·风情》：“～儿飘，家缘儿薄，积垒下些娘大小窝巢。”单本《蕉帕记》三六出：“略知些腔调宫商，任闲口，漫雌黄，压着咱则是《西厢》《琵琶》记，输些～。” ❹指把握、处置的能力。明《禅真后史》一六回：“这是我的计策，令那小厮去试拨他，不想妮子却有此～。” ❺指责任。清《锦香亭》五回：“今日见他本上胡说我不是，你所以说出这等不担～的话儿。”

【斤量】 jīn liàng ❶按斤计的额定重量。宋李心传《建炎以来朝野杂记》甲集卷一四：“井户既为商人所要，因增其～以予之，每担有增至百六十斤者。”明王恕《议事奏状》：“毋多收斛面，毋多称～，为国爱惜民力。”《大清会典则例》卷一六〇：“每亩征银五分，应纳豆一～。每～合仓斗三斗六升。” ❷指力量。明《西游记》四二回：“共借了一海水在里面，你那里有架海的～，此所以拿不动也。”

【斤头】 jīn tóu ❶犹“斤量❶”。清雍正十年正月十八日王士俊奏文：“商人每于年底需盐之时，捏称盐缺，暗短～，重价累民。” ❷即“筋斗”。清《施公案》一四〇回：“梦见虎头驴尾的怪物，扑了老爷一个～。”

【斤削】 jīn xuē ❶砍削，也指用于砍削的器具。宋赵希鹄《洞天清录》：“工人供～之役，若绳墨、尺寸、厚薄、方圆，必善琴高士主之。”明娄坚《岩泉上人墓志铭》：“尽供～涂泥役，凡有为法皆不空。”张羽《拟河南乡试录后序》：“今夫农不以多获舍其耒耜，工不以绝艺废其～。” ❷指权柄。宋黄榦《谢江西章提举荐启》：“眷言耳目之官，实握权度之柄。持至狭之～，驭至众之英才。”陈文蔚《向夫人墓志铭》：“使入幕参决，知可任以事，畀以～。” ❸犹“斤斧”。宋李之仪《与友人往还书》：“复唤索所遗，亦不容措手。勉投匠手，以丐～。”《元曲选·风光好》四折：“小官偶作一词，望大人～。”明陈继儒《答张上马毅仲》：“神交知己，宇宙寥寥。谨撰数言，以候～。”清朱鹤龄《寄王玠石书》：“望停云于遥浦，搔首如何；仰～于郢人，疏麻莫展。”

【斤正】 jīn zhèng 犹“斤斧”。元郑禧《春梦录》：“尚赖达人之大观，特加～。”《元曲选·渔樵记》一折：“小生有做下的万言长策，向在布衣，不能上达，望大人略加～咱。”明王世贞《与大司马张公书》：“先君子奏议并所草近稿，附嘉币往，祈赐～。”

【津】 jīn ❶贴补；资助。宋楼钥《跋扬州伯父所藏张魏公帖》：“魏公在连，则时节馈问其母；自潭过永，又～其行。”明汤显祖《邯郸记》一三出：“息从文武，俱有公馆；帐房人役钱粮，也有东京七十四州县～分帖济。” ❷借助。明陈子龙《特进柱国少师兵部尚书恒岳朱公传》：“所取士多巨儒，显人有借誉～势者，立黜之。”

【津般】 jīn bān 同“津搬”。宋陈襄《弹步军副指挥使宋守约状》：“及分布东西窑灶，变造砖甓，～土木，以至脱堑打草之类，莫非军人。”洪迈《夷坚志》支景卷七：“命诸县籍富民藏谷者责认粜数，令自～随远近赴于某所。”朱熹《论木炭钱利害札子》：“都昌则距使台甚近，而～不难。”

【津搬】 jīn bān 搬运；运输。本指从水路运输，后多泛指。宋《建炎以来繫年要录》卷四八：“缘行在至婺洲不通水路，难以～。”刘挚《劾程昉开漳河疏》：“又有差官采漳堤榆柳，及监牧司地内柳株，共十餘万，皆是逐州自管～。”

【津步】 jīn bù 码头。宋贺铸《江夏八咏》之八小题：“右龙穴渡，相传有龙出于此，今为～。”金杨宏道《古兴》之二：“平原陷为湖，浩荡迷～。”清彭孙遹《西江夜发寄陈伯玑》：“云低～树，日薄颖侯城。”

【津发】 jīn fā ❶发运。本指从水路发运，后多泛指。宋朱熹《与赵帅书》：“但上流籴米之数似亦太多，盖虽未即～，然收之官，民间便阙此数。”《金史·太祖纪》：“若克中京，所得礼乐仪仗图书文籍，并先次～赴阙。” ❷资助钱物发遣。宋朱熹《按唐仲友第三状》：“公然与之落籍，令表弟高宣教以公库轿乘钱物～归婺州别宅。”《五代史平话·周上》：“便向爷爷柴仁翁说知，～郭威离了家门，投潞州去。”清《皇朝通典》卷四七：“诏守臣支给衣粮，随朝鲜使臣～回国。” ❸指资助发遣的钱物。宋《五代史平话·梁上》：“意下谒那贤豪，讨些～，奔归乡里。”

【津筏】 jīn fá ❶渡河的木筏；渡船。宋郭思《林泉高致集》：“水之～桥彴以足人事，水之渔艇钓竿以足人意。”明王应遴《逍遥游》：“是于生死海中捞个～，并将名利分外抛却筌蹄矣。”清黄宗羲《陕西巡抚高公墓志铭》：“及于桃花江，公已先去其～，皆溃而就溺。” ❷比喻导引的门径。唐权德舆《唐故相国右庶子崔公夫人墓志铭》：“受微言于顺禅师，以莲华普门为方寸～。”明袁宗道《刻文章辨体序》：“自凿一堂，猥云独喻千古；全舍～，猥云凭陵百代。”清冷红词客《白石道人歌曲序》：“且俾朋辈传钞，冀有心者为之雕播，洵称白石功臣，更可作词坛～。”

【津口】 jīn kǒu 渡口。唐段成式《酉阳杂俎》前集卷一四：“欲求好妇，立在～；妇立水旁，好丑自彰。”明郑若庸《玉玦记》三〇出：“〔末〕请大人稳便，小人即忙驾船。〔生〕岐路正亡羊，喜～出鸣榔。”清《豆棚闲话》一则：“讵料段氏阴魂不散，日日在～忽时有声，忽时现形，只要伺候丈夫过津。”

【津沫】 jīn mò 涎沫；汁液。宋洪迈《夷坚志》丁卷二〇：“妇困卧不能起，形肿腹胀，～狼籍。”明卢之颐《本草乘雅半偈》卷八：“～营注，木理坚实，剥而取之，入水或浮或半浮者，为栈香。”朱橚《普济方》卷三九九：“小儿肚腹紧胀，天明叫唤，吐～，要羹肉吃。”清《情梦柝》六回：“他说没有水，只得吐些～，把指头调了灶烟，画在墙上。”

【津遣】 jīn qiǎn ❶犹“津发❶”。宋文彦博《论西事奏》：“兼臣在洛中，～陕西军须不少，亦闻陕西事体颇详。”元王恽《乙亥岁京师除夜》：“干禄自惭三釜粟，借车～五穷船。” ❷犹“津发❷”。宋张师正《括异志》卷三：“亟召同僚，具以事告，且诉乡里辽远，期～孥累之意。”明王世贞《与王胤昌书》：“稍损橐装，～嫠弱。”清《皇朝文献通考》卷二九五：“有日本船飘至，……鄞、定二县具衣装～之费八百餘两。”

【津送】 jīn sòng ❶犹“津发❷”。五代孙光宪《北梦琐言》卷四：“特于私第延坐与语，期为落此猥籍，～入京。”金元好问《答大用万户书》：“孙德谦、张梦符～至魏京，今东归矣。”清王夫之《永历实录》卷一八：“衔敕间道走衡、永，所至慕义者～之。” ❷发送（丧亡）。《五灯会元》卷三《百丈怀海禅师》：“某已脱野狐身，住在山后。敢乞依亡僧～。”元明《水浒传》二五回：“西门庆取银子把与王婆，教买棺材～。”明王玉峰《焚香记》三出：“奴家岂惜微躯，忍将父母暴露，只得央媒卖身～。”

【津贴】 jīn tiē ❶补贴；补助。元《通制条格》卷一六：“其元抛下事产，拟令正军崔忠种养为主，收到子粒等物，～军钱。”明《警世通言》卷二四：“但是开口，无有不从，恨不得连家当都～了他。”清《康熙起居注·康熙四十四年》：“这船户～银米，着照旧支给。” ❷作为补贴的钱物。元《通制条格》卷二：“据丈人出备财钱，别行求与妻室及分讫事产～者，依旧同户应当差役。”明《型世言》九回：“小民怕见官府，毕竟要托他完纳，银加三，米加四，还要～使费。”清洪昇《长生殿》四二出：“虽然陆路冲繁，却喜～饶溢。”

【津头】 jīn tóu 渡口。唐杜甫《春水生》之二：“南市～有船卖，无钱即买系篱旁。”明郑若庸《玉玦记》一二出：“西陵先有月华生，好向～问去程。”清《豆棚闲话》一则：“路上人娓娓说长说短，都是这～的旧事。”

【津吐】 jīn tǔ 即“津唾❶”。明汪机《外科理例》卷七：“用胆矾、白矾末并水银，各三钱五分，入香油～各少许，和匀。”高濂《玉簪记》一八出：“强将～咽凡心，争奈凡心转盛。”清《一片情》一二回：“把个指头去拨拨儿，挖挖儿，又将些～去涂涂儿。”

【津唾】 jīn tuò ❶唾液；唾沫。宋苏轼《物类相感志》：“呵镜子以～，画镜令干，呵镜自见。”明《西游记》六九回：“那老龙在空中，渐渐低下乌云，直至皇宫之上，隐身潜象，仡一口～，遂化作甘霖。”清《野叟曝言》一五回：“每用一丸，以～调搽，可变色百日。” ❷比喻零碎的语句。《清世祖实录》卷五七：“若仰人颜面，拾人～，即幸免于议，宁无愧于心？”

【津涎】 jīn xián 即“津唾❶”。元叶兰《煮石轩联句》：“餐玉润肠胃，辟谷渴～。”明汪机《外科理例》附方：“每一两作五丸，以新锦裹噙化，咽～吐出。”《西游记》六九回：“那老龙在半空，运化～，不离了王宫前后。”

【津致】 jīn zhì ❶资助；补贴。唐李观《贻睦州纠曹王仲连书》：“侧闻州将抚之甚厚，言与～，事犹陵阻。”五代何光远《鉴诫录》卷二：“太祖甚嘉其言，因槛送上都，～颇厚。”元方回《松江使君张周卿致泖口蟹》：“内黄侯承～矣，但欠青州从事耳。” ❷资助使前往。五代朱温《加恩前朝官寮诏》：“仍令录其名姓，尽复官资，兼告谕诸道，令～赴阙。”宋洪迈《夷坚志》支癸卷七：“仁宗朝，令郡县～赴京师，召入宫。” ❸从水路运往，泛指运往。宋蔡絛《铁围山丛谈》卷四：“是时独有一王海康趯者，颇能为流人调护。海上所无薪粲百物，海康辄～之。”朱熹《与赵帅书》：“或谓当募出等商贾，使之抱认～，虽或优其佣费，亦未敌官运折欠之多也。”

【津置】 jīn zhì ❶犹“津致❷”。唐李儇《委使臣征访兵术贤才诏》：“并委使臣，榜示访求，长吏～发遣。”五代孙光宪《北梦琐言》卷一九：“周玄豹昔曾言朕事，颇有征，可诏北京～赴阙。”宋周煇《清波杂志》卷三：“继以礼～赴行在所，馆于太学。” ❷犹“津致❶”。五代王建《郊天改元赦文》：“其有不幸者，量与～殡送，仍抚其孤弱。” ❸犹“津致❸”。宋王安石《茶商十二说》：“既仰巨商，须置榷务，诸郡～，或数千里，所载纲运，率自省破。”赵彦卫《云麓漫钞》卷七：“遂取太湖巧石，大者寻丈，皆运至阙下。又令发运司～，谓之花石纲。”

【津助】 jīn zhù 资助；贴补。元蒲道源《赠日者汪得心求助疏》：“但道路萍踪之久，乏资粮扉屦之供。已割餘俸，略为～。”明宋濂《留耕公传》：“凡婚丧不能供张者，亦～焉。”邵宝《建言漕事状》：“仍乞严敛物馈送之禁，申带货～之例，以加惠军士。”

【筋倒】 jīn dǎo 即“筋斗”。明《鼓掌绝尘》一二回：“被他一脚踢来，翻～跌去。”

【筋兜】 jīn dōu 同“筋斗”。明吾邱瑞《运甓记》一三出：“以会颠三椝两，钉钉捉七；以会斗牌买快，虎跳～。”

【筋斗】 jīn dǒu 头朝下，脚向上，翻身过去的动作。唐段安节《乐府杂录·鼓架部》：“吐火吞刀，旋盘～，悉属此部。”元杨景贤《红绣鞋·咏虼蚤》：“身材儿怎生捞？翻个～不见了。”清《女仙外史》一〇回：“那猴精一个～跳上半空。”

【筋陡】 jīn dǒu 同“筋斗”。《元曲选·朱砂担》三折：“〔净云〕直着他钟鼓司～房里托生去。〔鬼力云〕可怎么着他在～房里托生去？〔净云〕这边栽也由他，那边栽也由他。"《元曲选外编·独角牛》一折："你去兀那熟耕地里可都翻～。"明佚名《齐天大圣》三折："系上条茜红褡膊，山顶上打会～。"

【筋节】 jīn jié ❶笔锋；文理；节奏。宋陈思《书小史》卷六："(孔琳之)善隶行草书，张怀瓘曰：师于小王，稍露～。"元辛文房《唐才子传》卷四《韩翃》："比讽深于文房，～成于茂政，当时盛称焉。"清李渔《闲情偶寄》卷二："戏场锣鼓，～所关。当敲不敲，不当敲而敲，与宜重而轻，宜轻反重者，均足令戏文减价。" ❷门道；条理；诀窍。明《西游记》四五回："国王在上听见，心中暗喜道：'那小和尚说话倒有些～。'沙僧听见，暗笑道：'不知一肚子～，还不曾拿出来哩。'"清《隋唐演义》一一回："这马若叔宝自己鞴的，便有～，捎的行李，就不得拖将下来。"《野叟曝言》一八回："我倒好心和他说正经话，教他～，他倒挺出这样死话来。" ❸把柄；证据。明吴炳《绿牡丹》九出："似你假惺惺面孔将人诧，敢怕有实丕丕～被人拿。"清《野叟曝言》五九回："也是气头上因话搭话说出来的几个字，他就拿住～，整日合小的淘气。"《姑妄言》七回："两人明明是通奸，还要胡赖。被他拿住～，我没得说了。" ❹结实；壮健。明《西游记》三一回："咱老孙小自小，～。"《醒世恒言》卷三二："黄生又是个书生，不是～的，一只手如何带得住？"清屈大均《广东新语》卷一一："广州谓美曰靓，……壮健曰～。" ❺精明；能干。清《十二楼·拂云楼》五回："拜堂合卺的虚文虽让小姐先做，倚翠偎红的实事到底是她～不过，毕竟占了头筹。"《云仙笑》五册："比着父亲更觉～，那些家资却又多了几倍。"同治年刊《安吉县志》卷七："少年能事者曰～。"

【筋头】 jīn tou 即"筋斗"。清《蜃楼志》九回："从窗缝里头张看，见这和尚在内翻～顽耍。"《姑妄言》二〇回："三杯和万事，一醉翻～。"

【禁】 jīn ❶胜过；抵得。唐张鷟《游仙窟》："计时应拒得，佯作不～他。"宋柳永《归去来》："持杯谢、酒朋诗侣：餘醒更不～香醑。"清《醒世姻缘传》二回："晁大舍虽然少壮，怎～他昼夜挑战，迭出不休。" ❷控制；约束。唐《大业拾遗记》："帝色不自～，回辇召绛仙，将拜婕妤。"元王嘉甫《八声甘州》："待等些气高，难～脚拗，不由人又走了两三遭。"清《野叟曝言》一五回："今日夜里跳下房来，手拿尖刀，～住奴家，不许叫喊。" ❸忍受；承受。唐唐彦谦《春阴》："一寸回肠百虑侵，旅愁危涕两争～？"明《挂枝儿·小尼姑》："守空门便是活地狱，难～难架。"清《野叟曝言》五六回："看这厮不出，会～大刑！拿脑箍来，箍出脑髓，看他会～！" ❹牵惹；纠缠。唐李涉《柳枝词》："不必如丝千万缕，只～离恨两三条。"元周文质《一半儿》："羞～奶娘掩面色，要开怀，一半儿殃及一半儿买。"明汤显祖《紫钗记》五〇出："侯门春色苦相～，暂话尘缘一散心。" ❺耐；经得起。《敦煌变文校注》卷一《汉将王陵变》："陵母遂乃吃苦不～，扑却枪、枷如(而)倒。"明《型世言》二五回："现今屋子也难支撑，在这里还～得甚木植磕哩。"清《醒世姻缘传》一四回："标致妇人不～磕打，一时磕打坏了，上司要人不便。" ❻处置；奈何；摆布。唐杜甫《草堂即事》："蜀酒～愁得，无钱何处赊？"元刘庭信《寨儿令·戒嫖荡》："良夜深，漏初沉，可人憎把咱别样～。揉损衣襟，不藉寒衾，鸳枕上凤鸾吟。" ❼免；避。明《西游记》二七回："长老才有三分儿信了，怎～猪八戒气不忿，在旁漏八分儿唆嘴。"清《十二楼·生我楼》一回："青冢魂多难觅取，黄泉路窄易相逢，难～面皮红。"《飞龙全传》一七回："因我一言指点，赢棋反作输棋，怎～他嗔怪于我？"

【禁熬】 jīn áo 忍受煎熬。清《女仙外史》六回："如纯阳子尚不能～，还去寻着白牡丹来消遣，何况凡人。"

【禁不的】 jīn bu de ❶同"禁不得❶"。《元曲选·留鞋记》三折："我则索从头儿认下，～这吊拷与绷扒。"明汤显祖《牡丹亭》一四出："这两度春游忒分晓，是～燕抄莺闹。"清《醒世姻缘传》五五回："一来，这臭肉的年纪也忒大了；二来，也～我们爷和他挤眉弄眼的。我看拉不上。" ❷同"禁不得❸"。明《金瓶梅词话》五六回："又见常二不揪不采，自家也有几分惭愧了，～吊下泪来。"

【禁不得】 jīn bu de ❶当不得；受不了；经受不起。宋朱熹《答林择之》："'仲弓'一段太迫切，观渠气质与识致所及，似～如此钳锤也。"明《西洋记》一七回："小的们～这等打。"清《醒世姻缘传》二九回："一村十万餘人家，～一阵雨水，十分里面足足的去了七分。" ❷无奈；奈何不得；约束不住。宋程垓《雨中花令》："小园闭门春悄悄。～、瘦腰如袅。豆蔻浓时，酴醾香处，试把菱花照。"明《型世言》一回："欲待除他，兵马单弱，～他势大；欲待从他，有亏臣节。"清《荡寇志》七八回："众头领都劝阻不住，连宋江的号令都～。" ❸忍不住；不由得；不由自主。明汤显祖《紫钗记》八出："〔老〕那生说甚来？〔浣〕说他青春大曾无室家，是～他赚玉留香多霎。"《二刻拍案惊奇》卷五："家人上前来争看，认得是小衙内，倒吃了一惊。不觉大家手舞足蹈，～喜欢。"清方成培《雷峰塔》一三出："这风光魂销奈何，心里没些裁夺。～乜斜星眼，忍笑微睃。" ❹莫非。明《型世言》三回："早辰是夫妻去，怎到如今母子回？～是盛氏告在那衙门，故此反留下掌珠，给还他母亲。" ❺只是；但是。表示语意转折。清《醒世姻缘传》五四回："这尤聪原是盐院承差尤一聘的个小厮，从小使大，与他娶了媳妇。～那媳妇原是人家的使女，用了五两财礼，两抬食盒，娶到家来。"又八八回："有钱的人家，多费了几斗米，倒也不放在心上，～那浑家日逐在耳边咭咭聒聒，疑起心来。"又九八回："秀才自己轮钯抡镢，种菜灌园，母子相依度日。～性地聪明，功夫勤力，次年岁考取了案首。" ❻只不过；仅仅。清《醒世姻缘传》八八回："又兼他恶贯满盈，阎王催符来至，～三四日，断了茶水，把一条绝歪的狗命，顷刻呜呼。"

【禁不定】 jīn bu dìng 犹"禁不得❷"。宋杨无咎《夜行船·周三五》："记得谯门初见处。～、乱魂飞去。"

【禁不过】 jīn bu guò ❶犹"禁不得❶"。宋周密《南楼令·又次君衡韵》："新雁旧蛩相应和，～、冷清清。"《元曲选·渔樵记》二折："你看我似粪土之墙朽木材，断然是捱不彻饥寒，～气恼。"明《西洋记》六四回："那番船～这许多火器攻打，也要走动。" ❷犹"禁不得❷"。宋陆游《满江红·夔州催王伯礼侍御寻梅之集》："疏蕊幽香，～、晚寒愁绝。"金《董解元西厢记》卷六："只管厮瞒昧，只管厮咭啐。好教我～，这不良的下贱人！" ❸敌不过；比不上。元周文质《寨儿令》："杨柳妖娆，兰蕙丰标，～烂银锹。"

【禁不起】 jīn bu qǐ ❶犹"禁不得❶"。明《封神演义》八九回："把口一张，吐出一阵毒气。姚庶良～，随昏于马下。"清《醒世姻缘传》三三回："同窗会友，亲戚相知，成几部的要赊去；这言赊即骗，～骗去不还。"《女仙外史》三一回："我闻得蔡经当日曾受过二十鞭，难道我就一鞭也～？" ❷犹"禁不得❷"。清《醒世姻缘传》九九回："要推他下江里去，又～众人防备，行不得这个的低心。" ❸犹"禁不得❸"。清《红楼梦》庚辰本三五回："口里说着，眼睛里～也滚下泪来。"

【禁不住】 jīn bu zhù ❶犹"禁不得❷"。宋陈德武《清平乐·咏风》："呼来吸去，毕竟谁为主？软力慢扶花柳舞，～颠狂处。"明孙柚《琴心记》一〇出："莫是小姐与那丫鬟做这般乔妆束？我且看一个仔细下手。正是情慌～，行近恐难真。"清《醒世姻缘传》二三回："禁了人的身子，～人的心。" ❷犹"禁不得❸"。明

《警世通言》卷三一："可成自知理亏，懊悔不迭，～眼中流泪。"《二刻拍案惊奇》卷三七："程宰不胜哀痛，望着空中～的号哭起来。"清《绿野仙踪》三五回："见他夫妻投奔，有些动人可怜，不由的吊下泪来。段氏看见，也～大哭。" ❸免不得；避不开。明《拍案惊奇》卷二〇："更有那荷锸农夫，经商工役，辛勤陇陌，奔走泥涂，雨汗通流，还～那当空日晒。" ❹犹"禁不得❶"。清《红楼梦》二八回："林妹妹是内症，先天生的弱，所以～一点风寒。"《说唐前传》三二回："～督工官鞭挞，在路上不知死了多少。"《双凤奇缘》八回："念犯官年老，～这刑法了。"

【禁持】 jīn chí ❶约束；掌控。明徐渭《嫡母苗宜人墓志铭》："其才略酬应，畜酿种植，出入筹策，驳辨～，则宗戚子妇、宾客塾师、老牙妪、悍奴婢靡不失气。"清《醒世姻缘传》六三回："那龙氏亦因没了薛教授的～，信口的把个女儿教道。" ❷撑持；支撑。宋李师圣等《产育宝庆集》卷下："缘气虚，～未得，却多昏眩。"辛弃疾《鹧鸪天》："一夜清霜变鬓丝，怕愁刚把酒～。"明汤显祖《紫钗记》三六出："把这旧家门户空～，老夫人一段伤心难寄与。" ❸摇摆；摆动。宋刘弇《再用前韵酬达夫》："岸柳～人学舞，墙花勾引客窥邻。" ❹摆布；折磨。宋李流谦《千秋节·别情》："清梦断，更随月色～我。"金《董解元西厢记》卷二："法聪出地过，谁人比得他骁果？～得飞虎心胆破，手亲眼便难擒捉。"明陈铎《满庭芳·乞儿》："东家跪了西家跪，受尽～。" ❺纠缠；缠绵。宋吕渭老《浣溪沙》："春意正愁梅漏泄，客情尤怕病～。"元佚名《步步娇》："休恁厮～，直等我绣了鞋儿呵睡。"清钱谦益《柳枝》之三："簇缕垂绦阿那姿，风流种性会～。" ❻忍耐；经受。《元曲选·救风尘》二折："如今朝打暮骂，～不过。"明《封神演义》八一回："一棍刷在城敌楼上，把敌楼打塌了半边。徐芳～不住，急下城来。"清蒋士铨《四弦秋》三折："洗却剩脂零粉，～细雨斜风。春情已逐晓云空，但与芦花同梦。" ❼焦忧；煎熬。明《挂枝儿·咳嗽》："墙有风，壁有耳，切忌着疏虞。来一会，去一会，教我～一会。"清钱谦益《病榻消寒杂咏》之二六："寒炉竟日画残灰，情绪～未破梅。" ❽珍惜。明王九思《梧叶儿·菊枕》："嘱咐你好～，休落在芙蓉帐底。"

【禁挫】 jīn cuò 搬移。明《西游记》八九回："神师兵器，本不同凡，就有百十餘人也～不动。"

【禁当】 jīn dāng 承受；忍受。唐易静《兵要望江南·占霞》："角姓怕逢霞气白，羽音黄气莫～。"明徐畛《杀狗记》一二出："身无衣，口无食，饥栋难～。"清《镜花缘》一回："王母见罪，小仙如何～得起？"

【禁动】 jīn dòng 移动；挪动。明吕天成《齐东绝倒》一出："没来由随班儿太足恭，没来由北面儿相瞻奉。好教人意惶惶不自容，好教人色惨惨难～。"《西游记》三回："都来拿那宝贝，却便似蜻蜓撼铁树，分毫也不能～。"

【禁害】 jīn hài ❶约束；束缚。宋刘克庄《贺新郎·王实之喜余出岭命爱姬歌新词》："老大被他～杀，身与浮名孰重。这鼓笛、休休拈弄。"元高明《琵琶记》三七出："便是他当元在家辞赴选，他父母也不从他，这是三不从把他厮～。" ❷折磨；难为。《元曲选·王粲登楼》二折："恨汝等将咱厮～。〔带云〕我若得志呵，〔唱〕把你掳掠中军帐门外。"明王九思《曲江春》四折："年华迈，酒量窄，怎当他玉天仙、把人～。"《金瓶梅词话》六一回："你令正病才好些，你又～他。" ❸承受；忍耐。明徐复祚《红梨记》一〇出："冲风起、带星来，瘦腰肢战怯难～。"

【禁加】 jīn jiā ❶犹"禁持❹"。元赵天锡《风入松·忆旧》："眉儿淡了不堪画，愁和闷将人～。"清洪昇《长生殿》二五出："若是再～，拚代你陨黄沙。" ❷犹"禁持❻"。元佚名《小醋大·情》："叠叠离情，重重忧恨，羁旅怎生～。"

【禁架】 jīn jià ❶犹"禁持❻"。元高明《琵琶记》三〇出："不想道相揶把，这做作难～。"明《二刻拍案惊奇》卷二："小道人就像热地上蛐蜒，好生打熬不过，～不定。"清洪昇《长生殿》二五出："〔旦哭介〕众军逼得我心惊唬。〔生作呆想，忽抱旦哭介〕贵妃，好教我难～。"也指支撑或承受力。清《野叟曝言》一〇回："偏偏房舱内桌子是折叠的，有甚～？便自直掀转来。" ❷撑持（架子）。参见"禁持❷"。明汤显祖《紫钗记》八出："母亲行白忙闲话，真和假那些～？你不信看玉燕钗头，玉梅花下。"梅鼎祚《昆仑奴》二折："〔生摇头科〕这事也甚难哩！〔昆仑〕小娘子既坚确如此，亦小事耳。他说着英雄话，你怎的乔～？使不得推聋做哑。" ❸犹"禁持❺"。明徐翙《春波影》一出："闲着这灯下笙歌，月底琵琶，彻曙缠绵，半宵～。" ❹受折磨。参见"禁持❹"。明杨珽《龙膏记》一八出："他是栋梁材暂时～，须教发达。"

【禁奈】 jīn nài 同"禁耐"。宋孔平仲《种花口号》："～久长颜色好，绕阶更使种鸡冠。"

【禁耐】 jīn nài 犹"禁持❻"。宋周弼《留题唐栖寺》："惟有溪梅最～，傍篱争发向阳花。"明胡文焕《新水令·绣鞋》："便菩萨也须喝采，便石人怎生～？"《封神演义》八九回："凭天降，冷祸胎，六花飘堕难～。"

【禁忍】 jīn rěn 犹"禁持❻"。《元曲选·虎头牌》三折："打的来一棍子一刀锥，一下起一层皮，他去那血泊里难～，则着俺校椅上怎坐实？"

【禁受】 jīn shòu 犹"禁持❻"。宋陈允平《六丑》："更杜鹃、院落黄昏近，谁～得？"金《董解元西厢记》卷四："自来心肠怡，更读着恁般言语，你寻思怎～？"清《醒世姻缘传》九七回："狄希陈觉得通身渗凉，略可～。"

【禁头】 jīn tou 把柄。清《情梦柝》七回："他听说赵大央他来的，先被拿住～，开口不得。"

jǐn

【尽】 jǐn 另见 jìn。❶任凭；听任。唐白居易《病中答招饮者》："顾我镜中悲白发，～君花下醉青春。"金《董解元西厢记》卷一："放二四不拘束，～人团剥。" ❷足以；堪。唐韩偓《红芭蕉赋》："鹤顶～侔，鸡冠讵拟。"清《醒世姻缘传》四回："看那人倒是个四海和气的朋友，山人清客也～做得过了。"《野叟曝言》八〇回："相貌既美，兼有贵相，～配得过。" ❸甚；极。唐李咸用《苔》："生处景长静，看来情～闲。"元关汉卿《新水令》："～可怜，芙蓉面。腕松着金钏，鬓贴着翠钿，脸朵着秋莲。"清《歧路灯》二八回："每日只在新人房中系恋着。任凭厨下～忙，只是靠着两个爨妇摆布。" ❹只是；总是。唐吴融《雨后闻思归乐》："山禽连夜叫，兼雨未尝休。～道思归乐，应多别离愁。"按，"尽"一作"祇"。宋杨樵云《小楼连苑·梅》："又匆匆过了，春风半面，～长把、重门闭。"明湛然《鱼儿佛》三出："小神听了菩萨所言，～从实地上埃着蹭蹬，当头棒喝，一毫也无用处。" ❺仅；止。宋郑刚中《春热》："迎风～著单衣坐，净几留心看药方。"明顾清《六月廿二日天彝生日》："眼前地步放教宽，～著前行后便难。"清汪琬《戏遣》之二："～著垫巾犹有碍，可能容汝切云冠。" ❻虽然。宋汪莘《满江红·客有索赋梅词者》："到和靖先生诗出，古人俱拙。写照乍分清浅水，传神初付黄昏月。～后来、作者斗尖新，仍重叠。"明《拍案惊奇》卷二四:“此间来往的～多,却多是游耍的,并无一个舍财施主。” ❼竟然。《元曲选·东坡梦》二折:“他那厮向绒毛毡里扑绵被,～强如俺入龙华会,兀的不辱没杀释迦的这牟尼。” ❽尽让;让对方优先(选择)。《元曲选·赵氏孤儿》一折:“去不去我儿回家将伊～,可怎生到门前兜的又回身?”明《金瓶梅词话》三五回:“拿了他厢内一套织金衣服来,亲自来～我,我只是不要。”清《红楼梦》四三回:“他出不出,也问一声儿,～到他们是理。” ❾在某个范围内选取或限定。明《醒世恒言》卷一:“每得好绸好绢,先～上好的寄与石小姐做衣服穿。”清《红楼复梦》一二回:“我的意思且不报县,先～上头通报,过后再到县里去报。” ❿(程度数量等)足够。明《警世通言》卷三一:“且如妇人中,只有娼流最贱,其中出色的～多。”清《红楼梦》一七至一八回:“前日贾政闻塾师背后赞宝玉偏才～有,贾政未信。” ⓫缩;减。明陈克明《粉蝶儿·怨别》:“这些时缕带～了三分,罗裙掩过半幅。” ⓬用在方位或数量词前,表示极至。清《红楼梦》三七回:“那槅子～上头的一对联珠瓶还没收来呢。”《幻中游》六回:“转入后殿,里面是观音菩萨,～后边才是禅堂。”《歧路灯》五回:“这翻手合手,～少说也得一两个月,才得上来的。”

【尽场】 jǐn chǎng 另见 jìn chǎng。❶整场;自始至终。元马致远《四块玉·叹世》:“共诗朋闲访相酬和,～儿吃闷酒,即席间发淡科,倒大来闲快活。”《元曲选·杀狗劝夫》四折:“你枉做个顶天立地的男儿,教那厮越妆模越作势,～儿调刺。” ❷彻底;无保留地。《元曲选·风光好》四折:“我这里～分说心间事,拼两个双棒儿阶前觅一个死。”又《张天师》三折:“谢真人勘问我赴西池对会词,拼的个～儿诉出俺心间事,都向那蟠桃会上听仙旨。” ❸到底;终究。《元曲选·黑旋风》四折:“专等待来追究,便将他牢监固守,只落得～儿都做了鬼胡由。”又《合同文字》三折:“他把俺合同文字赚来无,～儿揣与俺个闷葫芦。”

【尽从】 jǐn cóng 任从;任凭。五代李煜《喜迁莺》:“片红休扫～伊,留待舞人归。”宋李纲《水龙吟·次韵和质夫子瞻杨花词》:“深院美人慵困,乱云鬟、～妆缀。”清吴绮《扬州柳枝词》之二:“自逐刘家旧鸡犬,～时世斗妆梳。”

【尽够】 jǐn gòu (程度或数量)足够。《元曲选·岳阳楼》二折:“〔正末云〕郭马儿,你学谁哩?〔郭云〕我学你哩。〔正末云〕但学的我～了也。”明《警世通言》卷三一:“我家当之外,还有些本钱,又没第二个兄弟分受,～你夫妻受用。”清《红楼梦》四九回:“你们四分子送了来,我包总五六两银子也～了。”

【尽管】 jǐn guǎn ❶只管;尽情地。宋王之道《贺新郎·送郑宗丞》:“燕社鸿秋人不问,～吴笙越鼓。但短发、星星无数。”清《隋唐演义》九八回:“汝～说来,朕不罪汝。”《白雪遗音·嘛哒摩诃》:“荒郊野外把他邀,土井盖席让他坐。坐在上面掉不下踟,鱼儿赴水～喝。众人一见黄了脸,这件事怎么说?” ❷只是;一个劲地。清《红楼复梦》五三回:“你怎么不说说话儿,～发什么呆呢?”《绮楼重梦》四〇回:“别～灌他了,一会子醉了,撒起酒风来闹个不了。”《蜃楼志》一一回:“又逶气忿忿地酒都不吃,～囊饭。”

【尽好】 jǐn hǎo ❶正宜;足堪。宋王洋《前诗似不尽意别成二小诗》之二:“玉容红的犹堪忆,纤手拳头～夸。”元卢挚《蟾宫曲·襄阳怀古》:“鹿门山～幽栖,且听甚群儿,争唱铜鞮。”清《野叟曝言》一一〇回:“此处僻静,～说话。” ❷甚好;极好。宋《朱子语类》卷一三一:“如先公解《春秋》,～议论,只是无一句行得。”宋元《古今小说》卷三九:“此间武强山广有隙地,风水～,我先与你葺理葬事。”清《风流悟》二回:“赵家待我～。你我两口到家,靠甚过日子?” ❸极为;十分。明《西洋记》六九回:“三个大仙仔细看一看时,～怕人也。”又七九回:“两眼两唇把青石磨水妆点花纹以为美饰,～齐整。”又八六回:“适来经过的街市上,～热哄哩。” ❹最好;至极。清《歧路灯》三三回:“绳祖笑道:‘你只说那一个是～的?’戏子道:‘这黑缎袋子内,就算一等一了。’”又六一回:“所以一个大发的地不能科第,～不过选拔岁荐而已。”

【尽后】 jǐn hòu 极后;最后。清《女仙外史》六回:“有分教:十年名妓,且权充女帅的偏裨;半世贞心,竟幻作伪王的妃后。事在～,且看次回。”又四九回:“日行三十里,故意落在～。”《红楼复梦》三五回:“这会儿要拉上我拜姐妹,我情愿在～做个妹妹。”

【尽教】 jǐn jiào ❶任凭;听任。唐牟融《写意》之二:“林下贫居甘困守,～城市不知名。”金《董解元西厢记》卷五:“～人问当,不能应对,眼儿里空恁泪汪汪地。”清《野叟曝言》六〇回:“已得人怜,何妨便落他人后;～风瘦,从今不怨晚风前。” ❷直教;致使;使得。《敦煌变文校注》卷五《金刚般若波罗蜜经讲经文》:“若干国土若干人,若干沙数若干身。佛有若干光照耀,～总得出沉沦。”六十种曲本《琵琶记》四出:“你说这乞丐事,～我听了半日。”清《醒世姻缘传》四一回:“凡百不留跬步地,～没趣在儿孙。” ❸纵然;即使。宋杨无咎《西江月》:“名字纵非俦匹,夤缘自合欢娱。～涂抹费工夫,到底翻成吃醋。”陈德武《西江月·春暮》:“时序去如流水,功名冷似寒灰。～江庾赋多才,一刻千金难买。”明许三阶《节侠记》二八出:“～您突围挑战,只落得自投灾难。” ❹直待;直至。宋阳枋《寿程彦彪签判乃翁》:“莫学刘阮穷溪源,～亲见眼前七世森仍孙。”危稹《水龙吟·庆齐年诸丈》:“庆礼十年还又,更十年、依前难老。～百岁,做人高祖,见孙白首。” ❺只是;一味地。元马致远《乔牌儿》:“有那等愚浊～,～向愚海内钻、红尘中聚、白身里跳。争如俺拂袖归,掀髯笑。”张可久《庆东原·次马致远先辈韵》:“说家门～,守齑盐慢熬,请荆布休焦。”明王衡《真傀儡》:“〔耍傀儡上场打锣介〕分得梨园半面,～鲍老当筵。丝头线尾暗中牵,影翩跹。” ❻全都;尽行。明陈汝元《金莲记》一一出:“湖光十里,看千山寒翠,～漾入琼卮。”《禅真后史》二四回:“印府众虞候见了,慌的滚入堂上,哀求代家主受杖。刘廉访振怒,～逐出。”清汪由敦《恭和御制落花诗》:“赖有筌熙写生手,～收拾画图中。” ❼只求;惟愿。清《后水浒传》四二回:“龙君各言忍耐,莫惹天罡;河伯～省事,休犯地煞。”

【尽堪】 jǐn kān 足以。宋柳永《凤归云》:“霜月夜凉,雪霰朝飞,一岁风光,～随分,俊游清宴。”明佚名《四贤记》三七出:“此间有座古殿,我你～避雨。”清《珍珠舶》一三回:“所以东方生每日与贾公在园游赏,～消遣。”

【尽可】 jǐn kě 犹“尽堪”。宋陈著《水调歌头·寿颐斋兄安世》:“随意后园花木,满眼家山松竹,～适平生。”明沈受先《三元记》一三出:“如今开个酒饭店在此,～度日。”清《红楼梦》五八回:“这些人原是买的,如今虽不学唱,～留着使唤。”

【尽力】 jǐn lì 自在;无拘束。元刘因《避暑玉溪山》:“风露撩人～清,也应知我到禅扃。”明李梅实《精忠旗》二出:“眼见得满朝奸佞,谁容你～驰驱?”清《红楼梦》四四回:“因见袭人等不在房内,～落了几点痛泪。”

【尽令】 jǐn lìng ❶只教;任使。宋杨万里《都下和同舍客李元老》:“～俗客不妨来,白眼相看勿分剖。”元黄玠《郑彦昭书巢》:“～无用束高阁,坐使民风返淳古。”明《如意君传》:“幸我一身未死,～君有受用处。” ❷致使;使得。元王恽《汾脽怀古》之三:“只为一非无所格,～方士出妖淫。”

【尽让】 jǐn ràng 让别人优先。唐元稹《赠左散骑常侍裴公墓志铭》:“冬曹晋阳,宠备幽穸,而又勤～,不为竞争。”《元曲选·

老生儿》一折："俺一家儿看着老的面皮上，都～小梅。"清《红楼梦》三回："你三个姊妹倒都极好，以后一处念书认字学针线，或是偶一顽笑，都有～的。"

【尽饶】 jǐn ráo ❶听任；任凭。五代许岷《木兰花》："当初不合～伊，赢得如今长恨别。"宋郭祥正《同赏落梅》之二："已许冰雪分外莹，～桃李向人红。"陆佃《依韵和孙勉教授梅花》："苦劝白衣成酩酊，～红粉插朱萸。" ❷纵然；即使。宋晏幾道《醉落魄》："～别后留心别，也待相逢，细把相思说。"辛弃疾《最高楼·用韵答晋臣敷文》："面皮儿上因谁白，骨头儿里几多香。～他，心似铁，也须忙。"金元好问《紫牡丹》之一："～姚魏知名蚤，未放黄徐下笔亲。" ❸已堪；足宜。宋程公许《题罗江云盖寺》："岁月～僧结足，风烟耐与客消愁。"明王世贞《华存叔暨犹子幼圜数有慰和之咏》："秋色～归计早，阳春番觉和人多。" ❹只有。金元好问《官园探梅同康显之赋》："柳麦榆椒寂寞边，～梅事得春偏。"

【尽少】 jǐn shǎo 至少。清《歧路灯》二一回："那唱旦的，～有三十岁。"

【尽使】 jǐn shǐ ❶任凭；听任。宋魏了翁《杨仲博生日》："任教寒畯著先鞭，～权豪紊选班。"明孙柚《琴心记》四二出："看白云缥缈，乱封诸岭。薜萝衣薄，～峡风吹冷。"清毛奇龄《昆山徐母顾夫人寿》："但看殿帔赐朝霞，～宫衣舞秋月。" ❷致使；使得。宋魏了翁《刘左使之生正月十日》："我愿时清无一事，～公闲。"明殷奎《寄公暨卢同知》："题诗为贺兼相劝，～男儿志气雄。" ❸即使；哪怕。宋任希夷《石头城》："～西风能举扇，可堪重见伯仁书？"清王士禄《祝英台近·用吴淑姬韵》："愁城阻，～费尽输攻墨守。"

【尽先】 jǐn xiān （次序）排在最先。元王恽《浣溪纱·至元九年秋九月登秋风亭观雨》："官事何忧严限促，天心不负老农勤。夜窗孤客～闻。"明潘季驯《申明河南修守疏》："但解京钱粮与本地方急用银两，～征解。"清雍正五年七月十九日常赉奏文："差人往别省置买湖丝、茶叶等货，贮如升行，饬令～卖完，方许各行卖货。"

【尽许】 jǐn xǔ 任凭；听任。宋岳珂《闻画眉鸟声戏作》："～如簧啼白昼，未须对镜学青春。"明沈周《鹧鸪天》："清风～奚囊括，明月还凭拄杖挑。"清吴雯《寄盛悔亭》："桃叶不须思白下，梅花～似江南。"

【尽也】 jǐn yě 甚；极。《元曲选·窦娥冤》一折："我一向搬在山阳县居住，～静办。"又《张生煮海》三折："我看那小行者～有些风韵。"又《碧桃花》一折："这后园～齐整。"

【尽意】 jǐn yì ❶恣意；自在无拘束。唐陆希声《阳羡杂咏·桃溪》："也知百舌多言语，任向春风～啼。"元张可久《齐天乐过红衫儿·元夜书所见》："天，愿长夜如年，看鳌山～儿留连。"清《荡寇志》七九回："那刘世让便把阿喜抱入怀里，～的啰唣。" ❷尽心；竭尽心意。《敦煌变文校注》卷二《唐太宗入冥记》："依卿所奏，与朕～如法勾改。"元卢挚《蟾宫曲·阳翟道中田家即事》："翁媪真淳，杯盘罗列，～相迎。"明《梼杌闲评》五回："一娘被二盗缠住，～做作，哄得二盗满心欢喜。" ❸不尽；无限。宋陈与义《雨晴》："今宵绝胜无人共，卧看星河～明。"清吴绮《新雁过妆楼·西湖见倚楼者》："知他因何，独自向杏花影里，～凄凉。"

【尽着】 jǐn zhe ❶任由；哪怕。《元曲选外编·西厢记》一本二折："又没甚七青八黄，～你说短论长，一任待掂斤播两。"明《挂枝儿·坚心》："死活只这一遭，～人将我两个千腾万倒。"清孔尚任《桃花扇》一一出："看这长枪大剑列门旗，只当深林密树穿荒草。～狐狸纵横虎咆哮，这威风何须要？" ❷只管；放任不克制。《元曲选·蝴蝶梦》一折："有权有势～使，见官见府没廉耻。"明《二刻拍案惊奇》卷二："奴有事相央，嬷嬷～有话便说。"清《绿野仙踪》七九回："他～看我，难道不许我看看他？" ❸可着；以某个范围为最大或最小限度。元汪元亨《沉醉东风·归田》："纱帽短妆些样子，布袍宽～材儿。"明王守仁《传习录》卷上："各人～自己力量精神，只在此心纯天理上用功，即人人自有，个个圆成。"清《歧路灯》四一回："你协同节妇邻人，～城中铺子看棺木。" ❹竭尽；尽最大可能。《元曲选·还牢末》三折："你个萧行首八步周行。～你风流情况，做出些轻狂势相。"明《二刻拍案惊奇》卷二："若不见许，便当～本事对局，不敢容情。"清《警寤钟》一一回："师父要结什么个人缘，若是我老身有的，～奉上。" ❺尽管；就算。明孟称舜《花舫缘》楔子："～他春山能笑水能妍，有一日春色阑珊直几钱，恰花蕊正堪怜。"陈与郊《昭君出塞》："～他箜篌马上汉家腔，央及煞愁肠。俺自料西施北方，料西施北方，百不学东风笑倚玉栏床。" ❻犹"尽先"。清《醒世姻缘传》二回："有衣裳～教他扎括，我一嗔也不嗔。"《歧路灯》五九回："谭家这宗账先～要在手里，咱先多使几两。" ❼只是；一味地。清孔尚任《桃花扇》三五出："元帅不疼我们，早早投了北朝，各人快活去，为何～等死？"《儒林外史》四五回："嚼了半日睁开眼，又把那土拿在鼻子跟前，～闻。"《品花宝鉴》二二回："琴言家里的几个人～招陪软央，说道：'琴官实在有病。'"

【尽自】 jǐn zì ❶只管；只得。表示放任地或无奈地去做某事。宋林洪《恋绣衾》："既得个、厮偎伴，任风霜、～放心。"元阿里西瑛《殿前欢·懒云窝》："懒云窝，醒时诗酒醉时歌，瑶琴不理抛书卧，～磨陀。"清李玉《清忠谱》一五折："〔末〕想着吾孙伊托，你有遗孤，两姓谁担代？〔生含泪介〕～由他。" ❷足够；够得上。宋魏了翁《木兰花慢·许侍郎奕生日》："数初度庚寅，未来甲子，～宽闲。"明《醒世恒言》卷三六："有同年寓所离此不远，他房屋～深邃。"清《续金瓶梅》六回："这金银宝贝～不少，那里去藏去？" ❸本自；原本。宋《朱子语类》卷一三一："如吕安老，才气～过人，观其议论，亦甚精确。"明顾宪成《柬高景逸》："此理～分明，更何可疑？"《西湖二集》卷二〇："话说妓女之中，人品～不同，不可一律而论。" ❹固然。宋李曾伯《回奏庚递宣谕》："目前～帖息，但去秋阶不过三月，兵粮之事皆合预计。"清魏裔介《答孙徵君锺元书》："王文成公生平学问功业～辉煌绚烂，其阐发良知有功后学，但《传习录》一书，……未免贻误后学。" ❺犹；还；尚且。宋曹彦约《与黄帅管札子》："义郴～不妨，若越数百里趋利倍道而来此，背城一战，足以成擒。"明王世贞《徐茂吴司理解事之后三辱过》之四："莫安渔父无人妒，～能操物外权。" ❻连词。用于强调已有的条件，后面连用"又""还"等，表示继续添加条件。宋元《清平山堂话本·李翠莲》："～伯伯和我嚷，你又走来添些言。" ❼纵然；就算。元卢挚《蟾宫曲·浔阳怀古》："笑元规尘尽清谈，便～风流，用世何堪？"《七国春秋平话》卷下："～秦兵势雄，赵兵也不弱。" ❽只是；一味地。明《二刻拍案惊奇》卷二："妙观亦以师道自尊，妆模做样，～矜持，言笑不苟。"清《霓裳续谱·留神听》："手拿着拉琴，嘴里念诵，也有围着把他看，也有坐着～听。"《补红楼梦》八回："当着姪子，不说短话。姥姥为什么～只是说三姑娘呢？" ❾足以；完全能够。清《续金瓶梅》四七回："上鞋结帽子，～养的家。"《野叟曝言》四五回："别事不能，这烧火煮饭，～去得。"

【尽子】 jǐn zi 即"尽自❶"。清《红楼梦》九二回："妈妈说我瞎认，不信，说我一天～顽，那里认得。"又九三回："爱散的先散去，谁爱陪芹大爷的，回来晚上～喝去。"

【尽足】 jǐn zú 另见 jìn zú。足以；完全能够。唐皮日休《怀锡山药名离合》之一:“历山居处当天半,夏里松风～听。”明吾邱瑞《运甓记》二二出:“无甚烦难职守,母子～相依。”清《歧路灯》二回:“我想娄潜斋为人,端方正直博雅,～做幼学楷模。”

【紧】 jǐn ❶缩;束;收拢。唐李邕《大照禅师塔铭》:“草席遇水而～,草绳遇水而舒。”宋李元膺《菩萨蛮》:“花前姊妹争携手。先～绣罗裙,轻衫束领巾。”清《红楼梦》九八回:“那手却渐渐～了,喘成一处。” ❷紧密;间隙小。唐封演《封氏闻见记》卷五:“兵部尚书严武裹头至～,将裹,先以幞头曳于盘水之上,然后裹之。”明《挂枝儿·大脚》:“急归来缠上他七八遭,～些儿疼得很,松些儿又痒得慌。”清《醒世姻缘传》二回:“俺那旧宅子～邻着娘娘庙。” ❸不放松;使严密。唐李晔《复陈敬瑄官爵诏》:“则卢绾之在四夷,尚～宿卫;周勃之居一县,足表厚诬。” ❹唐宋州县等级之一,指京城及近畿之外的重要州县。也借指重要的职位。唐欧阳詹《送常熟许少府之任序》:“始入仕,一有县尉,或中或上或～,铨衡评才,若地称而命之。至于～,无得幸而处;而～中之美者,尤难其人。”宋王谠《唐语林》卷八:“故当代以进士登科为登龙门,解褐多拜清～,十数年间拟迹庙堂。”洪迈《夷坚志》甲卷五:“家人曰:‘黄公今何在?’曰:‘见判阴间一司,极雄～。’” ❺紧要;要害。唐刘轲《牛羊日历》:“由是轻薄奔走,以关节～慢为甲乙,而三史六经曾不一面。”明《山歌·篷》:“小阿姐儿随人上落像个一扇篷,拿着～处弗放松。”清《歧路灯》一二回:“目下棺木是头一件～事。” ❻亲热;亲密。唐任华《与庾中丞书》:“然公之相待,何前～而后慢若是耶? 岂华才减于前日,而公之恩遇薄于兹辰?”《元曲选·救风尘》三折:“则这～的到头终是～,亲的原来只是亲。”又《谢金吾》四折:“我须是割不断的～亲属,因此上熬一片痛苦心肠。” ❼紧急;紧迫。唐易静《兵要望江南·占云》:“庚辛日,前忌赤云来。势～迫吾须大战,彼军得胜我军摧。”清《歧路灯》一二回:“旧年泰隆号掌柜的孟三爷得了～症,用银五十两,买了王知府坟里一棵柏树。”《白雪遗音·嫖账》:“世界上最～～不过窑子帐,挂肚牵肠。” ❽快速;急速。唐冯贽《云仙杂记》卷七:“夜卧,闻被下有数人齐念《阿房宫赋》,声～而小。”宋张先《天仙子·观舞》:“密教持履恐仙飞,催拍～,惊鸿奔。”清《醒世姻缘传》三回:“若不是我拦护得～,他要一交跌死你哩。” ❾使劲;用力。唐元稹《山枇杷》:“压枝凝艳已全开,映叶香苞才半裂。～捋红袖欲支颐,慢解绛囊初破结。”元孔文卿《东窗事犯》三折:“躬身叉手～低头,又不敢把龙床叩。”清《醒世姻缘传》三一回:“两口子用一条绳套在那学生项上,一边一个～拽,登时勒死。” ❿牢牢地;紧紧地。《祖堂集》卷七《岩头和尚》:“不同窒塞人～把著事不解传得,恰似死人把玉擩玉相似。”明《夹竹桃·疑是蟾宫》:“进他门去,被他～缠,郎心迷恋。”清《飞龙全传》一二回:“但愚兄也有叮咛,亦望贤弟～记。” ⓫短促。宋朱敦儒《桂枝香·南都病起》:“年光自趁飞花～。奈幽人、雪添双鬓。”吴潜《满江红·戊午秋半偕胡景回》:“今老矣,一年～似,一年时节。” ⓬狭窄,也指狭窄处。宋吴潜《八声甘州·寿吴叔永文昌季永侍郎》:“向槐厅深处,松厅～里,却立徘徊。”明梁辰鱼《浣纱记》一六出:“不觉年华似水流。在此～中寻壳,闲处垂钩,暗里藏阄。” ⓭急躁。《元曲选·勘头巾》一折:“小后生从来火性～,发狂言信口胡喷。”元明《水浒传》七三回:“只是我性～上错做了事。” ⓮紧缺;不宽裕。《元曲选·范张鸡黍》一折:“怪不着赤紧的翰林院那伙老子每钱上～。〔王仲略云〕怎见得他钱上～?〔正末云〕有钱的无才学,有才学的却无钱。”明周履靖《锦笺记》四出:“又道是盐～好卖,贼～好偷。”清《歧路灯》六七回:“小侄近况着实手～,索讨填门。” ⓯看重;上紧。《元曲选·曲江池》二折:“俺娘钱亲钞～,女心里憎恶娘亲近,娘爱的女不顺。”又:“〔卜儿云〕不知害甚么病死了那?〔正旦唱〕想则为那苦克瞒心钞儿上～。”明《型世言》五回:“只是年纪大了妇人十多岁,三十餘了,‘酒’字～了些,‘酒’字下便懈了些。” ⓰用作补语,表示程度深。《元曲选·看钱奴》三折:“岂知俺父亲他一文也不使,半文也不用,这等悭吝的～。”明《挂枝儿·花开》:“一般样的春光也,难道他那里的花开偏迟得～。”清《醒世姻缘传》三回:“热也渐渐退了,只是那头更觉疼得～。” ⓱严紧;严密。明徐元《八义记》三三出:“近日看守孤儿～,直欲划草去其根。”《型世言》三回:“他做生意扣～些,也是做家的心。”清《歧路灯》二六回:“街上夜～,盘查也厉害。我明早去罢。” ⓲厉害;严重。明《警世通言》卷一一:“郑夫人腹痛一阵～一阵。”清《野叟曝言》四一回:“二媳今早忽然腹痛,这会更觉～些。”《红楼梦》九七回:“饭后,忽然又嗽又吐,又～起来。”

【紧衬】 jǐn chèn 紧密不松散。清《红楼梦》五八回:“宝玉道:‘他这本来面目极好,倒别弄～了。’晴雯过去拉了他,替他洗净了发,用手巾拧干,松松的挽了一个慵妆髻。”△《三侠剑》四回:“姑娘收拾～,带上跨虎篮。”

【紧趁】 jǐn chèn ❶紧追或紧随。明汤显祖《紫箫记》四出:“小侯王繁华多骑从,玉容将相麒麟种,～青春闲哄。”清《隋唐演义》六六回:“我家郭、刘二妹还好些,那张、尹与这班都～着帮衬他。” ❷紧。清《聊斋俚曲·禳妒咒》:“若不是我找的～,他也就忘了书斋。”

【紧凑】 jǐn còu ❶紧贴;极贴近。明《金瓶梅词话》一六回:“情浓胸～,款洽臂轻笼。”清《野叟曝言》一一七回:“却碍着达赖喇嘛头颈～素臣宝刀之下,不敢向前。” ❷犹“紧衬”。元明《水浒传》三一回:“脱了身上旧衣裳,把那两件新衣穿了,拴缚得～。”明《肉蒲团》一〇回:“那阴户里面渐渐～起来,不像初干的时节汗漫无际了。”清《十二楼·三与楼》二回:“这座园亭大而无当,倒不若那座书楼～得好。” ❸节奏连贯而密切。清《绿野仙踪》五八回:“你家中岂无子侄亲友,著他们每人都递一张呈子,岂不更～些么?”《镜花缘》八二回:“今日我们所说一百个,必须前后接连不断,就如一线穿成,方觉～。”

【紧促】 jǐn cù ❶紧急短促。清《荡寇志》九二回:“下官赴任限期～,不敢久留,就此告辞。” ❷窘迫;穷蹙。清《荡寇志》一二二回:“本是尽善之法。今日叵耐山寨被徐官儿所困,以致如此～。”△《跻春台·双金钏》:“每年出息不敷,用度看看～。”

【紧簇】 jǐn cù 犹“紧衬”。明《醒世恒言》卷一三:“潘道士结束得身上～。”《拍案惊奇》卷一七:“这所在反加些围屏,围得～。”

【紧固】 jǐn gù ❶严格;切实。宋《朱子语类》卷六八:“知得是是非非之正,～确守不可移易,故曰知。” ❷紧密封闭。明宋应星《天工开物·丹青》:“凡升汞,上盖一釜,釜当中留一小孔,釜傍盐泥～。” ❸牢固;结实。清乾隆二十八年八月十四日庄有恭奏文:“俾内外镶夹～,庶大汛期内可保无虞。”《醒世姻缘传》九五回:“窗户又甚～,推撬不开。”

【紧关】 jǐn guān 紧要关键。元《通制条格》卷四:“如～情节未问便行拟断,委有可疑,取元问官吏招伏,听别委官推理。”明《杨家将演义》二一回:“此系～大事,兄宜用心体探。”清陆圻《纤言》上篇:“李进忠等俱系偷盗宫中传代宝物钱粮～人犯也。”

【紧急】 jǐn jí ❶(丝、绳、皮肤等)被拉或束得很紧。唐蒋防《任公子钓鱼赋》:“吞钩之时,其势回互。觉巨絙之～,惊白波以鼓怒。”《云笈七籤》卷六一:“凡导引服气之时,衣带常欲宽,若～即损气,气海闷。”明张介宾《类经》卷三:“形充而皮肤和缓者,气脉从容,故当寿;形充而皮肤～者,气脉促迫,故当夭。” ❷(关节、筋节)僵硬或闭合紧密。宋佚名《小儿卫生总微论方》卷六："石膏汤治中风口噤，颔颊～。"元明《水浒传》五二回："牙关～，连朝水米不沾唇。"明李时珍《本草纲目》卷一八下："(紫金藤丸治)项筋～，背髀劳倦，阴汗盗汗。" ❸迅疾；急速。唐佚名《炀帝开河记》："水势～，龙舟阻碍，牵驾之人，费功转甚。"《元曲选外编·蓝采和》四折："叹光阴忒～，嗟岁月苦奔驰。"清《白雪遗音·夏景》："行路客，～跑，田内农夫栽稻苗。" ❹紧张急迫。唐李筌《太白阴经》卷五："如有盗贼动静～，即具言其事。"元施惠《幽闺记》七出："此人去后，当有显荣之日。如今被军马追赶～，汝可隐形全庇此人这场大难。"清《续金瓶梅》二六回："这扬州番捕拿贼的公人极多，这二日，来我这船上打探得好不～。" ❺期限短。唐李恒《优恤将士德音》："使命往来，本于传达，军期～，遂至繁多。"《元曲选·潇湘雨》楔子："限次～。兴儿，与我唤将排岸司来者。"清《赛花铃》一四回："钦限～，老先生只索即日起程。" ❻急骤；仓促。宋《二程遗书》卷一八："人语言～，莫是气不定否?"《朱子语类》卷五六："语势有不同，一则说得～，一则说得有许多节次，次序详密。"明《西洋记》九八回："我和你当原日出门之时，开船～，吊下了一条棕缆。" ❼缺乏；不足。宋欧阳修《与大寺丞书》："汝书言待盖草堂并庵，此不急之务，不是汝去时议定且只修房，钱～，因何又却及此?"苏轼《与程正辅书》："众人皆云今年米实无价，若官中价钱～，人户更不敢惜米，得钱便卖。" ❽关键；要害。《古尊宿语录》卷三六《投子和尚语录》："盖缘日夕一切处路熟，恰到自己～处便懈怠去。"宋《朱子语类》卷六〇："又如孟子答'今之乐，犹古之乐'，这里且要得他与百姓同乐是～。若就这里便与理会今乐非古乐，便是不知务。" ❾严紧；严密。明孙柚《琴心记》八出："我也愿随你，只是闺门～，孤红无赖，如何是好?"《醒世恒言》卷一五："虽然也扮作尼姑，常恐露出事来，故此门户十分～。"清《锦香亭》八回："连日要出城他往，奈城门～，没个机会。"

【紧口】 jǐn kǒu 嘴严，不乱说。明陆采《明珠记》三三出："心慌犹恐他人听，事密须将～防。"清陈端生《再生缘》四四回："既已目睹今日之情，概不许传出于外。若肯人人～，我日后也不亏负你们。"

【紧括】 jǐn kuò 犹"紧衬"。明《山歌·鞋子》："爱我口儿～，喜我浅面低跟。"

【紧牢】 jǐn láo ❶牢牢地。金王喆《浣溪沙》："修行谨按日时寻，急将猿马～擒。"明徐渭《四声猿·女状元》一折："包袱～拴髻篦，待归来、自有金花帽簇。"清《白雪遗音·路柳墙花》："到不如，心猿马，～拴，戒酒除花总不贪。" ❷脉象沉实。元滑寿《难经本义》卷下："脉之虚实者，濡者为虚，～者为实。" ❸牢固；结实。明薛已《薛氏医案》卷六九："勿去夹板，恐摇动患处。至骨～，方不用板。"清《东周列国志》五八回："这枝箭直透过七层坚甲，如钉钉物，穿的～，摇也摇不动。"

【紧流】 jǐn liú 同"紧溜❶"。《续资治通鉴长编》卷四八〇："若如水官之计，乘～向东，候北河浅小，便要闭塞，回夺全河。"

【紧溜】 jǐn liù ❶急流。宋范祖禹《又乞罢河役状》："故每～走移，或东或西，所向即决。"元明《水浒传》八三回："却教楚明玉、曹明济开放水门，从～里放船出去。"清雍正十二年三月初六日高斌奏文："再加挑闸上河底，开宽闸下兜湾，以纾～。" ❷急速。元明《三国志通俗演义》卷一九："背后铁车正行得～，急难收救，拥并而来，自相践踏。" ❸比喻关键、要害。明《西洋记》七回："正在追赶的～处，非幻说道：'这两个妖精只望西北上飞，莫非是到峨眉山上去讨救兵来也?'"清《醒世姻缘传》三〇回："也算计寻下副板，偏这～子里没了钱。"《红楼梦》五五回："趁着～之中，他出头一料理，众人就把往日咱们的恨暂可解了。"

【紧慢】 jǐn màn ❶(情况)缓急。五代李从厚《答卢文纪请对便殿诏》："或事属机宜，理当密秘，量事～，不限隔日及当日，便可于阁门祗候，具榜子奏闻。"明《金瓶梅词话》九九回："至公厅叙礼坐下，商议军情，打听声息～。"清《醒世姻缘传》五八回："看那风犯儿的～，要不大紧，他没大发恶，流水的脱了衣裳，进到被窝子里头去。" ❷借指情况。元明《三国志通俗演义》卷三："某素与徐晃有一面之交，今晚扮一小卒，偷入晃营，看～使言说之来降主公。"

【紧忙】 jǐn máng 紧要；要紧(时节)。《元曲选·货郎旦》一折："数量着哝过，～里做作，似蝎子的老婆。"

【紧密】 jǐn mì ❶密实不松散。唐徐成《宝金歌》："肋骨弯而须～，排鞍肉厚稳鞍轮。"明《石点头》卷六："我船上芦席已破，又被媳妇错脚踏穿，堕下水中。亲家公有～些的，可带几扇与我。"清《隋唐演义》三八回："真个好绸子，又～，又厚重。" ❷密集；数量多而连续。唐杨筠松《葬法倒杖》："来龙气缓，虽结珠块，坡穴大小不均，小面有牙爪～，不成局段。"清《平定两金川方略》卷一二〇："且又碉寨卡栅互相应援，枪炮滚石极为～。"《歧路灯》七回："第一好处两邻～，不怕偷儿生心。" ❸严密没有缝隙。宋黄休复《茅亭客话》卷八："勿伤其皮，插于野树罅中，外与野树皮相齐等，～用牛粪泥封之。"明《西游记》六回："列公将天罗地网，不要幔了顶上，只四围～，让我赌斗。"《醒世恒言》卷三九："那净室虽然～，俱有暗道可人。" ❹严谨；缜密。宋岳珂《金佗续编》卷二六："如别个寨栅，犹自通人来往。唯是杨么寨大段～，水泄不通。"明《西游记》九五回："那妖精与行者又斗了十数回，见行者的棒势～，料难取胜。"清方成培《雷峰塔》一四出："收藏～，回家去切莫漏伊知。" ❺紧要机密。宋《朱子语类》卷一三三："我有～事欲达宋皇，恐所遣使不能密，故欲得宋皇亲近之人而分付之。"《大清会典则例》卷一〇九："授～军令私告他人，以致宣扬误事者，斩。"《野叟曝言》一一三回："四档俱系中空，内藏～奏启。"

【紧迫】 jǐn pò ❶紧逼。明马文升《恤民弭灾再奏疏》："加以官吏之贪酷，惟知催科之～。小民困苦，无所控诉。"《禅真后史》五一回："妖神弃枪而遁，瞿琰～不放。"清《女仙外史》三四回："朱、丘二将无心恋战，飞马脱去，宾鸿、刘超～紧杀。" ❷犹"紧急❺"。明王守仁《钦奉敕谕切责失机官员》："师期～，军马钱粮，必须调度，势难远出。"《禅真后史》二五回："朝廷钦限～，立等交代。"清袁枚《续子不语》卷九："因官程～，不能逗留。" ❸犹"紧急❹"。清孔尚任《桃花扇》三六出："这情形～，各人自裁，谁能携带?"《隋唐演义》五五回："只见有晋阳浍州文书飞马来报，说刘武周围城～，危在旦夕。"《双凤奇缘》四六回："今日兵部一连接了雁门紧急三报，十分～。"

【紧俏】 jǐn qiào 紧凑。明《山歌·锯子》："腰里着雾舍了能～，你没要进门便屑子了就行程。"按，此例语义双关。《浪史》九回："李文妃时常弄的倒也～。春娇不过寻两个私偷偷，怎么倒也容易。"

【紧峭】 jǐn qiào ❶雄健。宋《朱子语类》卷一二二："子静则不然，精神～，其说分明，能变化人。"元方回《瀛奎律髓》卷二："此诗三联～精神，尾句亦善用郎署事。"明宋濂《杭州灵隐寺故辅良大师石塔碑铭》："是儿骨骼清耸～，恐非世间法可缚。" ❷紧束；紧缚。《古尊宿语录》卷一五《云门文偃禅师广录上》："进云：'未审师意如何?'师云：'～草鞋。'"按，"峭"一作"捎"。宋葛长庚《阮郎归》："一条柱杖横肩，芒鞋～，正风清月好。" ❸紧衬；紧凑贴身。明《二刻拍案惊奇》卷三九："懒龙安然住在锦绣丛中，把上好衣服系束得～。”

【紧切】 jǐn qiè ❶急切；峻急；严重。《敦煌变文校注》卷一《捉季布传文》：“皇帝恨兄心～，专使新来宣敕文。”宋《朱子语类》卷四二：“方说得缓慢，人便不将做事；须是说得～，要忽然间触动他。”元明《水浒传》一一回：“看看天色冷得～，渐渐晚了。” ❷紧密切实。五代刘知远《改元乾祐大赦文》：“若不归本家，复罪如初，当令～擒捕，必无矜恕。”辽天庆四年东京兵马都部署司致高丽牒：“仍～防备，勿令走入彼界险要处所，依据闪避。” ❸紧要；重要；关键。宋欧阳修《再奏乞免差人往岢岚军筑城》：“今岢岚修城功限比定州全小，路分事宜紧慢又与河北不同，亦未销得远涉三千里于～处抽人。”明《禅真后史》三〇回：“正杀到～之际，忽听一声响亮，那冈子崩下来。”清钱谦益《湖广提刑按察司佥事管公行状》：“谨考核祖宗成宪，及当今事宜，撮其～重大者，条九事以闻。”

【紧身】 jǐn shēn ❶紧佩或紧随在身边。《元曲选·合汗衫》三折：“每日山中打虎归，窝弓药箭～随。”清《一片情》五回：“他是现任牛参将奶奶，小字如花，我是他～侍妾影儿。” ❷贴身；紧贴身体。清《说岳全传》六九回：“张公子露出锦缎～蟒龙袄，摆个门户。”《粉妆楼》四六回：“那孙氏翠娥内穿～软甲，暗藏了一口短刀。” ❸贴身穿的短衣。元明《水浒传》一〇四回：“里面是箭杆小袖～，鹦哥绿短袄。”清《红楼梦》七〇回：“雄奴却仰在炕上，穿着撒花～儿，红裤绿袜。”同治六年《宁乡县志》：“小袄曰滚身，一曰～。”

【紧是】 jǐn shì 非常。清《绿野仙踪》四九回：“金锺儿～气愤，听得你一句，我一句，把个何公子鄙薄的没一点人气儿。”又五六回：“金锺儿～气恨不过，听了他们这些话，心上就和有十七八个吊桶，一上一下的乱翻。”

【紧头】 jǐn tóu 紧要处或紧要时。宋陈著《念奴娇·寿姚橘州》：“～上立，问如何、犹向清溪盘礴。”明《型世言》二二回：“立法一新，官府正在～里，毕竟日夜出来查点。”

【紧挽】 jǐn wǎn 关系密切，也指关系密切的友人。明《型世言》二三回：“那宗旺道：‘这是文德坊裘小一裘龙的好朋友，叫陈有容，是他～的。’朱恺道：‘怎他这等相处得着？’姚明道：‘这有甚难？你若肯撒漫，就是你的～了。’”又三三回：“一副风吹不黑的好脸皮，妆妖做势，自道好的人，与鲍雷是～好朋友。”

【紧严】 jǐn yán ❶严紧；严密。金王喆《水云游》：“玉性玉性，玉锁～，金关牢钉。”明《二刻拍案惊奇》卷三四：“太尉心性猜忌，防闭～。”清《剿捕临清逆匪纪略》卷二：“临清城内现在官兵虽防守～，而城外兵少牵缀。” ❷严谨。明袁中道《答须水部书》：“今《华嵩游草》是也，～深厚，较往作又一格矣。”清《野叟曝言》四七回：“绝妙好辞，格律～，应在吾诗之上。” ❸紧迫；期限短。明《醒世恒言》卷二三：“一个顾不得女身点破，一个顾不得王命～。鸳鸯云雨百年情，果然色胆天来大。”

【紧要】 jǐn yào ❶重要；关键。《唐会要》卷六六：“诸道牧监官有阙～者，委本使简择明闲牧养者奏付选司，勘实补拟。”《元曲选·生金阁》四折：“这没头鬼在门外叫声应声，怎么～去处，倒不做声？”清《儒林外史》五一回：“此事也不关～，因而吩咐祁知府从宽办结。”也指重要官职。《唐会要》卷七五：“其中书主书、门下录事、尚书都事，七品官中亦为～，一例不许，颇乖劝奖。” ❷紧急；危急。元明《三国志通俗演义》卷一七：“各引兵三万为左右五路救应，却使屯兵于中央，随处～，便当救之。” ❸急于；急迫。元明《水浒传》七九回：“(呼延灼)拍着马望山坡下便走，韩存保～干功，跑着马赶来。”明于谦《为紧急边务事奏》：“即目边方多故，～用人。”《拍案惊奇》卷三一：“傅忠兵带领人马来到总督府，与杨巡抚一班官军说朝廷～擒拿唐赛儿一节。” ❹侧重；着重。明《封神演义》四〇回：“魔家四将乃左道之术也，须～提防。”

【紧则】 jǐn ze 犹“尽自❻”。清《醒世姻缘传》二二回：“～你爷甚么？又搭上你大叔长长团团的。”

【紧着】 jǐn zhe ❶赶紧；赶快。明《西洋记》七回：“他两个在前面飞，长老拽着一根锡杖领着两个徒弟，～在后面赶。”清《野叟曝言》四七回：“他顾奶奶好几年不回家了，这一去，～也是十月里的事。”《豆棚闲话》六则：“到那不足时节，就有人～送来，才度得这些日子。” ❷犹“尽自❻”。明《金瓶梅词话》一一回：“～西门庆要梳笼这女子，又被应伯爵、谢希大两个一力撺掇，就上了道儿。”又一二回：“～他恁麻犯人，你又胡说。” ❸犹“尽自❽”。明徐翙《春波影》三出：“瘦丰标，～褪。谁解我膏肓深病？”清《红楼梦》一〇九回：“二爷也睡罢，别～坐着，看凉着。”《绿野仙踪》九一回：“又把严老头子～问，你到的是心上疼他还是恼他哩？” ❹着紧；紧张。明《金瓶梅词话》七回：“～起来，朝廷爷一时没钱使，还向太仆寺借马价银子支来使。”

【紧自】 jǐn zì 犹“尽自❻”。明《金瓶梅词话》八回：“～他麻犯人，你又自作耍。”又五八回：“金莲～心里恼，又听见他娘说了这一句，越发心中撺上把火一般。”

【紧子】 jǐn zi 犹“尽自❻”。清《醒世姻缘传》七五回：“舍着俺两个的皮脸替狄大爷做去，～冬里愁着没有棉裤袄合煤烧哩。”

【紧仔】 jǐn zi 犹“尽自❻”。清《醒世姻缘传》二一回：“～年下没钱，又叫你们费礼。”又五二回：“～睃拉他不上，又挑头子。”又七三回：“我～待做寡妇没法儿哩！我就回家去。写了休书，快着叫人送与我来。”

【谨空】 jǐn kòng 书信末尾用语。一说犹言顿首。宋黄庭坚《杂论》：“(九拜)三曰空首，拜头至手，所谓拜手也。唐人书末言～，盖空首也。”一说犹言不宣，或谓谨留空白，以待回字。唐颜真卿《与李太保帖》：“二十九日，刑部尚书颜真卿状上李太保大夫公阁下。～。”宋尹焞《与王著作书》：“焞顿首再拜，六月二十四日，～。”明李东阳《与巡按王御史书》：“其视屋宇之惠盖万万也，餘～。”

【锦标】 jǐn biāo ❶用锦制成的卷册标志。唐张怀瓘《二王书录》：“大王真书唯得五十纸，行书二百四十纸，草书二十纸，并以金宝装饰。……小王四十卷，张芝一卷，张昶一卷，并檀轴～而已。”宋刘克庄《念奴娇·壬寅生日》：“比如去岁前年，今朝差觉门庭静。玉轴～无一首，知道先生还佞。”明《英烈传》六〇回：“其敕书用～玉轴，与各处有异。” ❷竞赛夺胜的标的。最初用锦，故称。唐白居易《和春深》之一五：“齐桡争渡处，一匹～斜。”宋史浩《生查子·即席次韵陆务观》：“双蛟画鼓催，一水银蟾满。见夺～回，却倚花枝看。”清《十二楼·夺锦楼》一回：“要识英才于未遇之先，特悬两位淑女、两头瑞鹿做了～，与众人争夺。” ❸唐代卢肇考取状元后有诗曰：“向道是龙刚不信，果然衔得～归。”后以锦标借指状元。宋李曾伯《水龙吟·送馆人管顺甫父子赴省》：“从此青云阔步。看龙门、～双取。”佚名《满江红·庆发举友人》：“看明朝、夺取～归，头方黑。”清方成培《雷峰塔》三三出：“〔老旦〕且喜士麟侄儿，春闱高中状元。……〔小生上〕～连理欢方始，风木望云哀未忘。” ❹泛指第一名。元元淮《立春日赏红梅之作》：“青枝绿叶何须辨，万卉丛中夺～。”明《禅真逸史》三三回：“袋中试取弓和箭，曾向围场夺～。”清《荡寇志》九五回：“再说那秀兰向有一个阿姐，名唤秀英，也是烟花阵里的主帅，在徽州时夺得好大～。”

【锦标社】 jǐn biāo shè 一种比赛射箭的结社。宋周密《武林旧事》卷三："百戏竞集，如绯绿社（杂剧）、齐云社（蹴球）、……～（射弩）、锦体社（花绣）。"元明《水浒传》六一回："若赛～，那里利物，管取都是他的。"

jìn

【仅】 jìn 几乎达到；将近。唐韩愈《张中丞传后叙》："初守睢阳时，士卒～万人，城中居人户亦且数万。"宋范仲淹《上资政晏侍郎书》："某官小禄微，然岁受俸禄～三十万。"元辛文房《唐才子传》卷一〇《陈抟》："时居云台四十年，～及百岁。"

【尽】 jìn 另见 jǐn。全；都。宋杨万里《中和节日步东园》之三："莫恨峭寒花较晚，留连春色～从他。"《元曲选外编・西厢记》三本四折："来时节肯不肯～由他，见时节亲不亲在于您。"

【尽边】 jìn biān 犹"尽头❹b)"。清《醒世姻缘传》七回："不料到了二月～，那也先的边报一日紧如一日。"

【尽场】 jìn chǎng 另见 jǐn chǎng。终场。清《玉蟾记》一三回："领卷仍归本号翻白眼，数屋椽。等到～时，交个白卷。"

【尽底】 jìn dǐ 彻底；统统。唐高骈《回云南牒》："江桥则～焚烧，采筏则从头覆没。"宋《朱子语类》卷一四："无缘便要～都晓得了，方知止有定。"清《野叟曝言》八〇回："你须～把实话说出。"

【尽都】 jìn dōu 全都；统统。金李俊民《沁园十二咏・富览亭》："自古山阳景佳处，～分付与闲人。"元张养浩《折桂令・凿池》："满意清香，～是千叶莲栽。"清《红楼梦》七四回："两手捉着，底子朝天，往地下尽情一倒，将所有之物～倒出。"

【尽端】 jìn duān 终端；尽头。元刘履《风雅翼》卷四："天末，谓天之～。"

【尽多】 jìn duō 即"尽都"。唐苏鹗《苏氏演义》卷上："乃以钱投水中，劝酬饮，～酣畅，皆得大醉。"明《拍案惊奇》卷二二："茅舍中破锅破灶破碗破罐，～撇下。"清《飞龙全传》一〇回："家中老爷、太太并合家男女老幼，～打死。"

【尽光】 jìn guāng 精光；无剩餘。明《西游记》七〇回："烧得那窝中走兽连皮烂，林内飞禽羽～。"《醋葫芦》一八回："另设筵席，款待众人，吃得人人～，个个满怀。"

【尽净】 jìn jìng ❶极干净。唐孙思邈《备急千金要方》卷六四："（右二味）极细作末，以水五升搦取汁，令～，密器盛贮。"明朱橚《普济方》卷二九二："右为散，每先用温盐浆水洗疮，令～，拭干，以鸡子清调涂于帛上贴之。" ❷彻底；无保留。宋萧廷之《南乡子》："～露天机，只恐时人自执迷。" ❸完全除掉。清《聊斋志异・某公》："皮片片断裂，不得～，既脱，近肩处犹粘羊皮大如掌。"《绿野仙踪》九七回："翠黛自受这番折磨，始将凡心～。" ❹全无；一点不剩。清《醒世姻缘传》五一回："把一个生龙活虎倚了家主欺凌嫡室的心性也消磨得～。"《红楼梦》一〇七回："如今被抄～，本是愁苦，又恐人埋怨。"

【尽绝】 jìn jué ❶禁绝；断除。唐杜牧《上李太尉论江贼书》："江南北岸添置官渡，百里率一，～私载，每一宗船上下交送。是桴鼓之声，千里相接，私渡～。"明《二刻拍案惊奇》卷一一："只有文姬父女这一点念头，还有些良心不能～。"清《镜花缘》一二回："惟世之君子～其习，此风自可渐息。" ❷犹"尽净❹"。宋刘过《贺新郎》："玻璃三万六千顷。洗精神、尘埃～，夐然端整。"元佚名《喜春来》："为闻金缕歌讴彻，不觉银瓶酒～。"明《封神演义》一五回："违禁进城，猪羊牛马入官，本钱～。" ❸完全除掉；全部灭绝。元明《水浒传》五四回："高廉军马神兵，被宋江、林冲杀个～。"明《禅真逸史》一四回："比如寺中和尚，要我等一个个亲手杀过，毕竟有些漏网，安能～？"清《红楼梦》七九回："也并没有哥儿兄弟，可惜他竟一门～了。" ❹指丧命。明《封神演义》四七回："你今日至此，也是封神榜上有名的，合该此处～。" ❺到头，不留餘地。清《情梦柝》三回："但姐姐既蒙见爱，也不要说了～话。"《疗妒缘》七回："我却听了仆妇一番鬼话，把话说得～，倒做一个负心薄幸之人。"

【尽情】 jìn qíng ❶纵情；恣意；尽兴。《敦煌变文校注》卷四《太子成道吟词》："拨棹乘船过大池，～歌舞乐神祇。"元吕止庵《夜行船・咏金莲》："啀弄着彻心儿欢，高跷着～儿耍。"清《红楼梦》一六回："奶奶说的太～了。我也乐了，再吃一杯好酒。" ❷尽力；竭力。宋元《警世通言》卷二〇："到店中床上拖起周三，缚了解来府中，～勘结。"明汤显祖《牡丹亭》二四出："俺这里～供养，他于意云何？"清《红楼梦》七四回："两手捉着，底子朝天，往地下～一倒，将所有之物尽都倒出。" ❸绝情；令人难受。《元曲选・玉镜台》二折："遮莫你骂我～，我断不敢回你半声。"明《警世通言》卷二五："正要数一数二的叫骂出来，小舍人急忙劝住道：'今日求人之际，且莫说～话。'"《山歌・破鬏帽歌》："我前世作尽子扯孽，你公婆两个摆布得我介～。" ❹全部；统统。元明《三国志通俗演义》卷二一："马岱一齐放火，将欲～烧死。忽天降大雨，火不能着。"明陈与郊《袁氏义犬》五出："谩说当年培植，只绛帐华筵，可怎地～忘记？"清《醒世姻缘传》三回："不意其中详细都被一个丫头听见了，～学与珍哥知道。"

【尽世】 jìn shì ❶举世；满世界。唐元觉《答朗禅师书》："其或心径未通，瞩物成壅，而欲避喧求静者，～未有其方。"宋林逋《曹州寄任独复》："交结文章～惊，城中幽隐更无营。"明汤显祖《南柯记》一六出："不说倾宫罗绮，～膏粱；且说贵主娇姿，尽我受用，有何不足？" ❷一世；终生。元石君宝《紫云庭》一折："你交俺～儿厮守着。娘呵，你这般毒害心，狠劣情。"元明《水浒传》六回："一个～不看梁武忏，一个半生懒念法华经。"明孟称舜《娇红记》二四出："偏我今生不得与他家谐凤卜，难道俺秀才们～儿做孤独？"

【尽数】 jìn shù ❶按照数目。宋洪迈《夷坚志》三己卷九："汝是我亲生之女，如何欺死瞒生，便不将出？宜～还我，教父兄货鬻充修营费。"清《醒世姻缘传》一六回："又将胡旦、梁生的六百三十两银子～还完了。" ❷悉数；统统。宋洪迈《夷坚志》补卷二二："君家有若干人口，无论老少男女，～来前，当为相何人合贵。"金《董解元西厢记》卷六："贫僧积下几文起坐，～分付足下。"清《醒世姻缘传》二回："又将那只死狐番来覆去看了一会，真是毛深温厚，颜色也将～变白了。" ❸极限之数。《元曲选・老生儿》楔子："俺这男子汉到八八六十四，妇人七七四十九，乃是～。"

【尽头】 jìn tóu ❶从头。《敦煌变文校注》卷六《譬喻经变文》："既将铁棒，直至墓所，寻得死尸，且乱打一千铁棒，呵责道：……～呵责死尸了，铁棒高台打一场。" ❷埋头。五代贯休《渔家》："前山脚下得鱼多，恶浪堆中～睡。" ❸引申指浑然、全然。《祖堂集》卷一八《仰山和尚》："只如慧寂，在江西时，～无惭无愧。今时和尚见了，唤作学禅人不？" ❹末端；梢头；终点。a）指空间。唐高骈《赠歌者》之二："便从席上风沙起，直到阳关水～。"明梁辰鱼《浣纱记》一二出："今日晴和，不免到青山～，白云深处，闲步一回。"清《儒林外史》九回："两人走上岸，来到市梢～邹吉甫女儿家。"b）指时间。唐徐凝《过马当》："三月～云叶秀，小姑新著好衣裳。"元古本《老乞大》："恁这月～到的大都那到不得？"清《珍珠舶》一五回："郎若再要会妾，只在年年三月～，牡丹盛吐之际。"特指月底。明《金瓶梅词话》三七回："他连今才去了八日，也得～才得来家。"c) 用于抽象事物。宋仲并《忆王孙·秋闺》："愁绪如丝无～。思悠悠。怅望王孙空倚楼。"明孟称舜《娇红记》一〇出："两人心事，一样害春愁。夜夜朝朝无～，生生死死几时休。"清《后水浒传》八回："授受遗失，便追到～，只问得个不小心。"d) 用于具体事物。明《西洋记》三五回："火药～在彼处，则用两员大将截其归路。"清《红楼梦》七六回："于是二人起身，便从头数(栏杆)至～，止得十三根。" ❺ 结束；罢休；终止。宋杨万里《闰六月立秋后暮热追凉》："夏欲～秋欲初，小凉未苦爽肌肤。"明汤显祖《邯郸记》一七出："这壁厢唐家～，那壁厢番家对交，万千年天山立草为标。"佚名《鸣凤记》一一出："不斩元凶志不休，不到乌江不～。" ❻ 下场；结果。元明《水浒传》二六回："请看褒姒幽王事，血染龙泉是～。"明孙柚《琴心记》一八出："芒砀山好风水，俺要住他一个月。乌江路没～，至今不学八千人。" ❼ 末路；没有出路。明湛然《鱼儿佛》三出："可怜那世人好愚也！兜心里跳不出软绵圈，～时走不断乌江道。"清《梦中缘》九回："奶奶、小姐都不要说这～的话，从来生死有命。"《续金瓶梅》三一回："想起富贵时节，在岳庙林下多少妯娌姊妹顽耍，今日到了这个～日子。" ❽ 极端；极点。清《醒世姻缘传》一〇回："大凡天下的事都不要做到～田地，务要留些路儿。"《幻中游》八回："让到十分～，老妈说道：'姑爷既然不肯，给老身回几票当罢。'"《歧路灯》一一回："后来'逞豪华门前放烟火'，热就热到极处；'春梅游旧家池馆'，冷也冷到～。" ❾ 终极。清《续金瓶梅》七回："别有一般用刑的恶鬼，俱非人非兽，不止牛头马面。才知这阎罗殿果然是～的法地，立命的刑天。"《醒世姻缘传》二七回："这等显应，他作恶依旧作恶，不知叫是甚么省改，只等后来～的异报才罢。"

【尽头话】 jìn tóu huà ❶ 极端、没有回旋餘地的话。明《古今小说》卷二："梁尚宾一向夫妻无缘，到此说了～，憋一口气，真个就写了离书。" ❷ 不好、没有后路的话。明《石点头》卷二："一朵花方才放，怎说这样～？"清《野叟曝言》四一回："病还要好起来，怎说出这～？" ❸ 极透彻的话。清《绿野仙踪》四九回："金老宜永记此言，这实是为你到～。"

【尽头路】 jìn tóu lù ❶ 到头的路。明沈自徵《霸亭秋》："这里是乌江亭，～了。"《西洋记》八七回："我这里叫酆都鬼国，是西天尽头处。你走到这个～上来。"清《说唐前传》四二回："秦王转过山坡，又叫一声苦。原来却是一条～。" ❷ 比喻没有前途的行为或打算。清《豆棚闲话》六则："那知其中不论贤愚好歹及奸盗诈伪之人，都因日常间走了～，天不容、地不载。"《梦中缘》九回："小姐，不要想这～。你怎么比的俺们？"《野叟曝言》一〇九回："奴方才说的，要你照管王子，存奴一脉，切莫走那～儿。"

【尽行】 jìn xíng 全都(予以)。五代李重贵《改元开运大赦文》："诚非欲为，盖不获已。赦书到日，～罢征。"《元曲选·赵氏孤儿》楔子："将您满门良贱，～诛戮。"清《儒林外史》一回："都是黄河沿上的州县被河水决了，田庐房舍～漂没。"

【尽总】 jìn zǒng 犹"尽都"。《敦煌变文校注》卷二《庐山远公话》："万法皆通，是无不会，世间之事，～皆之(知)。"宋元《清平山堂话本·三怪记》卷四："筵间摆列，无非是异果蟠桃；席上珍羞，～是龙肝凤髓。"金《董解元西厢记》卷三："百千般闷和愁，～撮在眉尖上。"

【尽足】 jìn zú 另见 jǐn zú。❶ 十足；充足。唐白居易《与回鹘可汗书》："虽都数未得～，然来使且免稽留。"清《说唐后传》四回："他们粮草～，当不得被他困住半年六月怎么处？" ❷ 充分；尽量。《敦煌变文校注》卷一《伍子胥变文》："更蒙女子劝谏，～食之，惭愧弥深。" ❸ 满足。明《西游记》四二回："我让你得些便宜，你还不知～，又来欺我。"

【进步】 jìn bù ❶ 向前迈步(行走)。《敦煌变文校注》卷二《庐山远公话》："牙人未言，远公～向前启相公。"明戚继光《纪效新书》卷一二："急大～，吊剪他手。"清陈端生《再生缘》四回："言完～忙辞别，事不宜迟就此行。" ❷ 前进。唐易静《兵要望江南·占日》："倘或忽闻如此兆，外藩草莽竞兴妖。～疾兵消。"《敦煌变文校注》卷五《维摩诘经讲经文(一)》："不挥篙而难已(以)行舟，不举棹而如何～？"清《女仙外史》六二回："自己独立船头，前不能～，后又无退路。" ❸ 指人或事物向前发展，比原来好。宋《朱子语类》卷一二〇："季成只是守旧窠窟，须当～。"明王守仁《与辰中诸生书》："诸友宜于此处着力，方有～。"《古今小说》卷一〇："再过两年，等你读书～，做娘的情愿卖身来做衣服与你穿着。" ❹ 特指升迁或取得出身。宋洪迈《夷坚志》支丁卷七："当路多知己，自谓已攀侍从，然竟不复～而终。"《元曲选·冻苏秦》一折："先生若肯屈节于人，必有～之日。"清《隋唐演义》一四回："举荐你到他标下去做个旗牌官，日后有功，也还图个～。" ❺ 起步；起始。明张凤翼《红拂记》一六出："谁想连你的事也不成了，如今只得把我的退步，让与你做个～罢。"清《红楼梦》一七至一八回："况此处并非主山正景，原无可题之处，不过是探景一～耳。" ❻ 进入，也指进入的通道。明《西游记》二回："倒背着手走入里面，将中门关上者，教他从后门～，秘处传他道也。"《醋葫芦》六回："成珪又费药料抹了龟身，再三又搠一番，一发没个～，止不住躁烦起来。"清《说岳全传》四八回："当年之事，不过是～之策，怎么当起真来？" ❼ 留地步。明《西游记》七六回："大圣虽英雄，甚为唐僧～。他见妖魔哀告，好奉承的人，也就回了善念。" ❽ 武术上步的招数。明《封神演义》三回："戟有尖有咎，九九八十一～，七十二开门。"

【进呈】 jìn chéng ❶ 呈送；(向上级)递送。唐元稹《进西北边图经状》："其图四卷，随状～。"明汤显祖《牡丹亭》四一出："试卷俱已详定，左右跟随～去。"清《万花楼》四一回："依卿所奏，着黄门官取状～。" ❷ 递交诉状。呈，呈子。清《蜃楼志》一六回："少爷～，自然是关部，但要求他批发广府才好。"又一八回："吉士果然叫人～释放，两个差人还来致谢了一番。"

【进程】 jìn chéng ❶ 动身；启程。宋司马光《涑水纪闻》卷一二："乞军马司星夜～，发兵救应。"明佚名《精忠记》一二出："离朝省，离朝省，疾忙～。"清《绣戈袍》三三回："正在着人打听双谷口近日平宁否，以便取路～。" ❷ 前行；继续走。《宋高僧传》卷一八《唐京兆法秀传》："初无所睹，复～，见碾石一具。"元袁桷《上京杂咏》之七："仆夫催～，山风急于箭。" ❸ 行程；去路。《续资治通鉴长编》卷三一八："本路之军虽已启行，盘桓并塞，尚未深入，独鄜、延、麟府之兵～已远。"明孙仪《海口思家》："舟子拨波轻，～过所拟。"

【进奉】 jìn fèng ❶ 藩属对宗主国或臣子对君主敬献(贡品)。唐李峤《为凤阁侍郎李元素进冬椹表》："暮秋生子，初冬椹熟，今谨取得，专辄～。"明孟称舜《娇红记》八出："叵耐宋朝北臣契丹，西和西夏，蔑视咱国，不来～。" ❷ 指进奉的物品。五代郭威《即位赦文》："诸道所有～，皆助军国支费。"元明《水浒传》五回："因来老汉庄上讨～，见了老汉女儿。"清《说岳全传》一四回："恐怕晓得了，还要来纳些～，送些盘缠来与我们哩。" ❸ 赠送；供给。清《醒世姻缘传》六三回："张茂实托了在行的店主买了一套鲜明出色的裙衫，带了回家～那细君。"

【进贡】 jìn gòng ❶ 犹"进奉❶"。《敦煌变文校注》卷二《长兴四年中兴殿应圣节讲经文》:“从今剑阁商徒人,自此刁州～来。”《元曲选·赵氏孤儿》楔子:“后来西戎国～一犬,呼曰神獒。”清《红楼梦》二五回:“那是暹罗～来的,我尝着也没什么趣儿。”❷犹“进奉❸”。清《豆棚闲话》九则:“正经那大伙打劫人的本根老贼,到在家中安享,每月每季只要寻些分例～他们。”《醒世姻缘传》九回:“年下蒸馍馍包偏食是俺的麦子,插补房子是俺的稻草,这是刊成板,年年～不绝的。”《红楼梦》六〇回:“我可拿什么比你们,又有人～,又有人作干奴才。”

【进画】 jìn huà ❶献计;谋划。《隋书·王勇传》:“(萧子宝)～奸谋,要射荣利,经营间构,开造祸端。”《旧五代史·唐书·武皇纪下》:“仁恭数～于盖寓,言幽州可取之状。” ❷进呈文件请皇帝审批。《新唐书·百官志二》:“凡诏旨制敕,玺书册命,皆起草～;既下,则署行。”元刘𫍯《至正甲申岁大饥》:“宣文阁静万机暇,时遣中官催～。”明郑晓《今言》卷四:“起草～,若漏泄稽缓,遗失妄误,皆有罚。”

【进境】 jìn jìng 进步。宋何梦桂《方叔规诗集序》:“平日吟咏,著之篇章,皆灿然可观,～殆未易量。”清蔡世远《与李世賁书》:“阔别以来,未有～。”《野叟曝言》一回:“倘得功夫纯熟,不至如野马无缰,便是弟的～了。”

【进具】 jìn jù 履行具足戒仪式,成为正规的僧人。《祖堂集》卷一五《永泰和尚》:“年二十四,～于双峰寺。”辽王鼎《蓟州神山云泉寺记》:“俗姓李氏,本家神山。髫年辞亲,冠岁～。”清钱谦益《闻谷禅师塔铭》:“年二十四,入云栖～。”

【进卷】 jìn juàn ❶向皇帝呈送官员考核应升迁者的名单。也指这样的名单。宋岳珂《桯史》卷五:“文书衔袖,取观之,则名登于～矣。”明杨士聪《玉堂荟记》卷下:“或言吏部～之日,胡梦大雨雷震,西北奋起一龙,失惊而寤。及旨下,易己者乃山西李化龙也。” ❷向皇帝呈送科举廷试取中者的名单。也指这样的名单。《宋史·选举志二》:“故事,廷试上十名,内侍先以卷奏定高下。帝曰:‘取士当务至公,岂容以己意升降,自今勿先～。’”元虞集《庚午廷试次韵》:“待漏宫门听钥开,袖中～总贤才。”明汤显祖《牡丹亭》四一出:“〔净〕老先生奏边事而来?〔外〕便是。先生为～而来?〔净〕正是。……臣看卷官苗舜宾谨奏俺主。临轩的、临轩的文章看就,呈御览、呈御览定其卷首。” ❸应皇帝诏举而呈送的答卷。也泛指应答诏问的奏文。宋晁说之《晁氏客语》:“举子吴中应大科,以～遍投从官。”《朱子语类》卷一三九:“前辈作者多读书,亦随所见理会,今皆仿贤良～胡作。”元郭翼《送卢公武应诏北上》:“～内廷承顾问,鹄袍端立殿西头。”

【进门】 jìn mén ❶指初次进入人家。《元曲选·救风尘》二折:“从到他家,～打了五十杀威棒。”明《西游记》一八回:“一～时,倒也勤谨,耕田耙地,不用牛具。”清《白雪遗音·独占》:“自从美儿～之后,终日车马盈门,钱财日进。” ❷特指女子嫁到丈夫家。明王骥德《男王后》二折:“我和你入宫多年,倒不能勾那件买卖到手。他才则～,就这们作怪。”《二刻拍案惊奇》卷三二:“当初不要我时,凭得你家。今既娶了～,我没有得罪,须赶我去不得。”清《醒世姻缘传》七二回:“僮仆林立,婢女成行,～就做主母。”

【进寿】 jìn shòu 敬寿;进酒祝寿。唐韩愈《乳母墓铭》:“时节庆贺,辄率妇孙列拜～。”清钱谦益《马母李太孺人寿序》:“太孺人顾视堂阤之间,与子姓列拜～者,皆供奉赤墀下,接武夔龙而簉羽鹓鹭者也。”《东周列国志》三四回:“郑文公同妻女更番～,自午至戌,吃得楚王酩酊大醉。”

【进屋】 jìn wū 迁居。清《十二楼·三与楼》二回:“只望他早死一日,早做一日的孤魂,好看自家～。”《八洞天》卷五:“奉桂是日成交,即于是夜～。”《后红楼梦》五回:“宝钗也照依王夫人的言语告诉他,又将林良玉寄信,王元～诸事一一告诉。”

【进鲜】 jìn xiān 贡献时鲜物品。宋杨侃《皇畿赋》:“仲冬之月,礼尚～。介麋素出于逢泽,狡兔复多于梁园。”《元曲选·梧桐雨》二折:“因贵妃娘好啖鲜荔枝,遵奉诏旨,特来～。”清《醒世姻缘传》七一回:“又寻了几个佛手柑,与老公～。”

【进香】 jìn xiāng 佛、道信徒等到圣地或庙宇去烧香朝拜。宋周密《武林旧事》卷七:“先十日,驾诣德寿宫～,并进奉银五万两。”《元曲选·黑旋风》楔子:“但是南来北往官员士庶人等～的,都在我这店中安歇。”清《醒世姻缘传》二八回:“春秋两季往泰安～的,一日成几十万人经过。”

【进学】 jìn xué 进入国家办的太学或地方府、县学学习。明代以后,童生须通过县、府、院三级考试才能入学。宋曾巩《上齐工部书》:“～之制,凡入学者,不三百日则不得举于有司。”明汤显祖《牡丹亭》四出:“小子自幼习儒,十二岁～,超增补廪。”清《儒林外史》二回:“众人将分子送到申祥甫家备酒饭,请了集上新～的梅三相做陪客。”

【进益】 jìn yì ❶进账;资财入手。明宗广《京都铁塔正觉禅寺化缘疏》:“开关起钥,年年宝藏丰盈。指廪挥金,日日资财～。”《古今小说》卷一二:“更兼日用之需,无从～。日逐车马填门,回他不脱。”清《姑妄言》二一回:“学生待罪礼曹,终年连一个大钱也没得～。” ❷进项;收入。明《醒世恒言》卷五:“或农或商,胡乱得些～,以养父母。”《二刻拍案惊奇》卷一七:“这城中极兴的客店,多是他家的房子,何止有十来处,～甚广。”清《野叟曝言》三三回:“五六个月来了,没得你分毫～。”

【进造】 jìn zào ❶指科举。唐李德裕《进上尊号玉册文状》:“臣本以门荫入仕,不由～之选。”欧阳修《谢国学解元启》:“然皆谨能书而上献,始扬～之名;随计吏而与偕,乃署秀廉之等。”清毛奇龄《奉辞征檄揭子》:“帖括一兴,士之厕身～者,率以此为科第之阶。” ❷进逼;前往。也指造访。《资治通鉴》卷九一:“子远～其壁,权渠出兵拒之。”明徐溥《奏为谢恩事》:“顾不能～廷陛,面致一辞,用是慊然,实悚实惧。”归有光《与林侍郎书》:“昨～,承款待过厚。”

【进旨】 jìn zhǐ ❶降旨。唐褚遂良《再谏五品以上妻犯奸没官表》:“臣今月五日诣虔化门进封表,论五品以上官人妻及女等有犯罪者没为官婢,既未～,下情惶惧。” ❷指圣旨。唐王缙《进王维集表》:“中使王承华奉宣～,令臣进亡兄故尚书右丞维文章。”刘肃《大唐新语》卷二:“禄山见臣宣～,踞床不起。”《敦煌变文校注》卷二《唐太宗入冥记》:“至□(皇)帝前拜舞,叫呼万岁,匐面在地,专候～。”

【进驻】 jìn zhù (军队)前往驻扎。《旧五代史·晋书·景延广传》:“亲率六师,～澶渊。”明《西湖二集》卷一〇:“是日元兵～钱塘江沙上。”清吴伟业《鹿樵纪闻》卷下:“王师～湘潭,尚王从东路渡江攻燕子窝。”

【近】 jìn 赚;获取(利润)。明李诩《戒庵老人漫笔》卷五:“觅利之言曰寻钱,曰摸钱,曰赚钱,曰～钱。”《拍案惊奇》卷一三:“他两个刻剥了这一生,自己的父母也不能勾～他一文钱钞。”《二刻拍案惊奇》卷八:“见那守分一日里辛辛苦苦,巴着生理,不能勾～得多少钱。”

【近傍】 jìn bàng 靠近;接近。宋胡宿《和蔡君谟阁前紫柏》:“庭鹤宜留侧,台乌莫～。”《元曲选·黑旋风》四折:“想这厮是个有权有势的人,李山儿一个如何～得他?”清《歧路灯》七二回:“那马早倒退了两步,鼻出粗气,又作惊驰之势。老叟怎敢～?”

【近边】 jìn biān ❶靠近边界。也指靠近边界的地方。唐严郢《论自徒已下罪人并徙边州议》:“又边州及～犯死及徙流者,复何以处之?”明《型世言》一七回:“又是两日,渐渐望见墩台,知道～了。”《大清律例》卷一〇:“除实犯死罪外,其餘属军卫者发～充军,属有司者发边外为民。” ❷靠近;逼近。唐段成式《酉阳杂俎》前集卷二〇:“头及顶遥看悉白,～熟视,乃有紫迹在毛心。” ❸边缘。唐樊绰《蛮书》卷八:“取一幅物,～撮缝为角,刻木如樗蒲头,实角中。”清《医宗金鉴》卷八九:“盖其肋～可以著手,则断肋能复其位也。” ❹四周;周边。明徐光启《农政全书》卷四一:“于塘～钉四桩,张布袱其上。”清纪昀《阅微草堂笔记》卷一五:“至所居室中,惟一大方几,～略具酒果,中央则陈一棋局。” ❺近旁;附近。明沈璟《义侠记》一八出:“常言道:远亲戚不如～邻里。”《醒世恒言》卷二七:“待我访问～有人入京的,托他与你带信到家。”清《风流悟》一回:“立了半日,只得在～人家借住了。”

【近侧】 jìn cè 旁边;附近。《敦煌变文校注》卷四《降魔变文》:“遂唤阿难来～:‘架上取我僧伽梨。’”明佚名《四贤记》一九出:“闻得～吉一叔在尊府中赴席,烦乞转致。”清《凤凰池》六回:“随题词一首吊他,写在～林公祠内。”

【近地】 jìn dì 附近的地方;附近。唐张说《常州刺史平君神道碑》:“先天元年仲冬,薨于河南之正平里第,遗令～便葬。”明袁宏道《答梅客生书》:“～所可游处,则有北安门湖水及诸梵刹。”清《后水浒传》二二回:“他在此往来,必是～村人,容易缉获。”

【近迩】 jìn ěr 近处;附近。宋黄伦《尚书经义》卷一九:“若火燎于平原广野之中,因风乘便,岂可向之～乎?”明李梦阳《闻吴郡黄山人将游五岳》:“住居吾～,先肯到嵩丘?”《型世言》三九回:“不意～强邻,恣其贪淫之性。”

【近房】 jìn fáng ❶犹“近支”。唐李炎《加尊号赦文》:“高秩峻级,荣荫子孙,盖宠劳能,著存令式。近者渐寡廉朴,多补名身,不独假荫～,兼有规求厚利。”元武汉臣《老生儿》三折:“这上坟是女儿侄儿,是～远房?”清《野叟曝言》一五回:“想嗣子不知是远支～,那知我与未公世谊。” ❷讳指性交。《云笈七籤》卷七八:“凡正服药,病未全疗,必不得～,一犯损十日药。”宋[日]丹波康赖《医心方》卷一九:“食味甘美,其阳气日盛,数起之,慎不得～。”

【近间】 jìn jiān ❶近来。指时间。唐窦仪《条陈贡举事例奏》:“且明经所业,包在诸科,～应者渐多,其研精者益少。”《元曲选外编·西厢记》三本二折:“张生～面颜,瘦得来实难看。”清宋荦《重修沧浪亭记》:“而～过之,则野水潆洄,巨石颓仆。” ❷附近。指空间。明汤显祖《紫钗记》四八出:“〔豪〕～可有名姬唤来?〔保〕对门有王大姐,隔壁有刘八儿。”

【近里】 jìn lǐ ❶近处;附近。唐韦稔《涿州新置文宣王庙碑》:“乃视县前～之爽垲,心规其制,口划其地。”明何景明《长歌行赠旺兄》:“女长适人止～,男大为农不出乡。”清《聊斋志异·花姑子》:“访诸～,此姓绝少。” ❷内地。相对边疆而言。宋范仲淹《乞先修诸寨未宜进讨札子》:“又诸寨侧近蕃部亦多惊起,在～与汉户杂居。”辽耶律洪基《遣萧德崇等使宋为夏议和札子》:“今则深入～地分,及于朝廷边界相近诸要害处。”明郑纪《上清理财赋四书》:“但～膏腴之地,军容债帅吞为己业。……临边尽有可耕之地,又不能设法防御。” ❸内里;内部。相对外部而言。宋吴彦夔《传信适用方》卷下:“于疮晕尽处向两边围绕贴之,候晕渐收～,即别剪差小者再摊药围贴;晕又收,即又再移～贴。”清《医宗金鉴》卷三三:“较之大青龙之寒热,已向～一层,故其证不见之表里际,而只见之上下际。” ❹入里;切己。指通过切身体会而达到透彻理解。宋《二程遗书》卷一一:“学只要鞭辟～,著己而已。”明何良俊《四友斋丛说》卷四:“夫能自反于事亲、事君、从兄、处友之间,而能言顾行、行顾言,则学者切实～之功。”清李光地《榕村语录》卷二五:“姚江以一段灵明者为性,虽少～,然所见乃心而非性也。” ❺最近的一段时间;当下。元王伯成《天宝遗事诸宫调·禄山泣杨妃》:“～话也不合题,说着早森森地。”清《聊斋俚曲·慈悲曲》:“你跟着您姑强的您娘,娇儿呀,我～还来走一趟。”《醒世姻缘传》三四回:“你有心不在～,改日有日子哩。”

【近旁】 jìn páng 旁边;附近。明黄巩《重修孝感董氏墓记》:“四周为垣,前为甬道,复使～居民汤氏守之。”夏寅《武宁县儒学记》:“市民张文献以～地十餘亩充学基。”

【近前】 jìn qián ❶前来;到跟前。《敦煌变文校注》卷六《秋胡变文》:“汝且～,听娘□之语。”元郑光祖《智勇定齐》楔子:“兀那使命,你～来听者。”清查慎行《江行六言杂诗》:“遥见一滩白鹭,～知是浪花。” ❷位置在前。唐邱光庭《兼明书》卷一:“立春在十二月望,即策牛人～,示其农早也。立春在十二月晦,及正月朔,即策牛人当中,示其农事也。立春正月望,即策牛人近后,示其农晚也。” ❸眼前;旁边;跟前。唐王建《过赵居士拟置草堂处所》:“犹嫌～树,为碍看南山。”《元曲选·抱妆盒》一折:“弦放的不偏,正芍药阑～;弹去的不远,在牡丹丛里面。”清《情梦柝》八回:“三人不信,走到～一看,果然完了。”

【近觑】 jìn qù 近视。宋苏籀《栾城遗言》:“欧阳文忠公读书五行俱下,吾尝见之,但～耳。若远视,何可当!”清《一片情》一一回:“眼睛～的休来入坐,牙疼的吃了一半大亏。”《绮楼重梦》四八回:“那小茹儿～了一双眼,把脑袋都粘到腿缝里去瞧那趣话儿呢。”

【近上】 jìn shàng 接近上层的;地位高的。《旧五代史·梁书·太祖纪》:“如活捉得刘知俊骨肉及～都将并枭送阙廷者,赏赐有差。”宋《朱子语类》卷一一一:“虏人初破京城时,只见来索～宠幸用事底宦者数人。”元《三国志平话》卷中:“(于番)又把曹操与黄盖书。周瑜言曰:‘大事已成也。’加官赐赏与于番。元帅令～官人众官看。”

【近身】 jìn shēn ❶放在身边。《唐律疏议》卷八:“其甲、槊、弓、箭之类,有时应执著者并不得远身,不应执带者常自～。辄远身者,各杖六十。” ❷靠近、逼近身边。唐李复言《续玄怪录》补遗:“有一物若驴状～,乘之,又觉走于风涛之上。”元明《三国志通俗演义》卷一二:“马超堕于地上,操军逼合,枪刀～。”清《红楼梦》六四回:“贾琏便笑着欲～来拿,二姐怕人看见不雅。” ❸贴身;紧挨身体。《太平广记》卷一二六引《耳目记》:“主公遂裂～衣袂,方圆寸餘。”清查慎行《槐阴露坐》:“～安片席,餘荫给邻家。”纪昀《阅微草堂笔记》卷一三:“妇女～之物,多被盗掷于他处。” ❹指血缘关系近。宋洪迈《夷坚志》再补:“又尊闱父母兄弟～亲人,无一存者。” ❺随身;紧随身边。《元曲选·老生儿》楔子:“婆婆为他精细,着他～扶侍老夫。”清《隋唐演义》二七回:“张成见他两个是炀帝的～太监,不便隐瞒。”《万花楼》一回:“带了八名～勇士,一千护送宫女的兵丁,一路长行。” ❻身边;跟前。明《西游记》五〇回:“着八戒、沙僧侍立左右,把马与行李都放在～。”《二刻拍案惊奇》卷三六:“五客内中一个为首的唤到～,附耳低言。”清《东周列国志》五九回:“清沸魋假作禀话,捱到～,抽刃刺犨。” ❼接触身体。隐指性行为。明佚名《霞笺记》七出:“只要你家女儿～,医我满身骚病。”《醒世恒言》卷一六:“若得他～时,魂灵儿都掉了。”《二刻拍案惊奇》卷一五:“爱娘把顾娘子相待甚厚，并提控不进房、不～的事，说了一遍。"

【近时】 jìn shí ❶近期；近来。唐杜甫《韦讽录事宅观曹将军画马图》："昔日太宗拳毛䯄，～郭家狮子花。"明沈鲸《双珠记》八出："只因～丧偶，孤帏独宿。"清《镜花缘》六一回："因～茶叶每每有假，故不惜重费，于各处购求佳种。" ❷趋时；跟时尚。唐薛能《杨柳枝》："刘白苏台总～，当时章句是谁推。"宋王庭珪《次韵酬国子生赵秀才》："堪笑长安～客，纷纷骑马傍谁门？" ❸及时；赶上适宜时间。宋褚澄《褚氏遗书》："羸女宜～而嫁，弱男宜待壮而婚。" ❹当下；立时。明《欢喜冤家》一八回："万事劝人休碌碌，～报应不差分。"

【近晚】 jìn wǎn 傍晚。唐唐廪《题蔡处士居》："鹧鸪～啼深竹，鸂鶒新晴立浅沙。"宋文同《面川亭》："～独乐此，有谁相与闲？"清《绣戈袍》一六回："时已～，又不即刻入关安歇，是以一时被那班强徒算害。"

【近新】 jìn xīn 最近；近来。戏曲多后缀助词"来"。唐杜甫《奉酬薛十二丈判官见赠》："卓氏～寡，豪家朱门扃。"明《二刻拍案惊奇》卷二五："他元是个游嘴光棍，这篦头赞礼，多是～来学了撺哄过日子的。"清碧蕉轩主人《不了缘》一出："～来，甚处留连？"

【近行】 jìn xíng 在身边行走。指亲随、亲信。宋陈师道《谢傅监》："今年贺公归，乃复过我庐。当使有～，应门无长须。"元《通制条格》卷一三："那般者，～的每、我认得的一般的每根底，与者；其餘外头行的汉儿、回回每根底，休与者。"《元典章・圣政一》："世祖皇帝之后各枝儿里～的官人每，等上位奏了，多与了。"

【近叶】 jìn yè 犹"近支"。清《绿野仙踪》四三回："凡任凭是家支～，以及至亲契友，想要使他一文钱，吃他衙门中一口水，比登天还难。"

【近支】 jìn zhī 家族中血缘关系近的支派。宋苏颂《皇侄令羽可旧官服阕制》："具官某，宗室之～，台闺之显列。"清《醒世姻缘传》二〇回："～绝没有人，这是几个远族。"《歧路灯》一〇七回："时刻藩、臬、道、府都晓的萧墙街黄岩公是大人的～族好。"

【近枝】 jìn zhī 同"近支"。清《醒世姻缘传》五七回："凡是那族人中有死了去的，也不论自己是～远枝，也不论那人有子无子，倚了自己的泼恶平白地要强分人的东西。"

【妗】 jìn 称舅母。宋司马光《类篇》卷三五："妗，……又巨禁切，俗谓舅母曰～。"明孟称舜《娇红记》三三出："昨在园中为飞红所卖，只得告辞舅～回去。俺舅氏尚有徘徊之意，～意略不相留。"清《聊斋志异・贾儿》："有舅氏城居，素业猎。儿奔其家，舅他出，～诘母疾，答云：'连日稍可。'"

【妗妗】 jìn jin 犹"妗子❷"。宋洪迈《夷坚志》丙卷一四："外舅女弟五姑，名宗淑，自幼明慧知书。既笄，嫁襄阳人董二十八秀才。……二嫂往视之，笑曰：'姑夫恰在此，闻～至，去矣。'问：'为谁？'曰：'二十八郎也。'"《元曲选・金线池》三折："妾身张嬷嬷，这是李～，这是闵大嫂。俺们都是杜蕊娘姨姨的亲眷。"

【妗母】 jìn mǔ 舅母。清《醒世姻缘传》四四回："那林大舅就是你娘的弟，娶了你后来这个～。"《梦中缘》九回："适才与你～祝寿，听的你舅舅说去年宸濠作反。"《天豹图》二七回："我在扬州见一个人与～私通，将母舅谋死。"

【妗奶】 jìn nǎi "妗子❶"的尊敬称呼。清《歧路灯》一一回："孝移道：'先生口语是外来的人。曲米街这宗亲戚，你知道么？'王中道：'听说先生内眷与～是干姊妹。'"又七七回："巴氏爱女，仍旧住下。王～曹氏也住下了。"按，例一是奴仆自贬的称呼，例二是指小称呼，即以自己子女的辈分去称呼对方。

【妗奶奶】 jìn nǎi nai 奴仆艺妓等对主人内兄之妻的敬称。奶奶，对有地位的年轻已婚女子的尊称。清《野叟曝言》三二回："大奶奶吩咐出来，～与姨奶奶供给，都在里边送出。"

【妗娘】 jìn niáng 舅母。清《续金瓶梅》六回："沈家第五个妾，……用手去摸他心口，不住的乱跳，忙道：'～休哭，这孩子还不死。'"按，此例实称妻弟之妻，是妾自贬而称。

【妗氏】 jìn shì 舅母。宋孟元老《东京梦华录》卷五："先媒氏请；次姨氏或～请，各斟一杯饮之。"陈著《馈妗氏生日》："某拜覆～太安人尊前：……某忝在甥联，幸随宾履。"清《聊斋志异・黄九郎》："即闻诸～，当不相见罪。"

【妗子】 jìn zi ❶称舅母。宋蔡絛《铁围山丛谈》卷一："今七夕节在近，钱三贯与娘娘充作剧钱，千五与皇后、七百与～充节料。"《元曲选・墙头马上》二折："今日老身东阁下探～回来，身子有些不快。"明沈榜《宛署杂记》卷一七："呼舅母曰～。"清《歧路灯》一八回："且说～要见外甥，姑娘要见侄儿。他两个初来时，都打了一个照面，三不知就不见了。" ❷称妻兄、妻弟的妻子。兄妻特称大妗子，弟妻称小妗子。金《刘知远诸宫调》一一："洪信生嗔，洪义发恶，两个～忿起。"明《金瓶梅词话》一四回："话说一日吴月娘心中不快，吴大～来看。"清《歧路灯》四一回："他～上好的人材，又是好手段，他舅也必舍不的。"按，此为女性指小称呼，即以自己子女的辈分去称呼对方。

【浸润】 jìn rùn ❶亲热交好。宋元《警世通言》卷一九："当时则是取笑，谁知～之间，太真与禄山为乱。"元明《水浒传》三九回："闻知这蔡九知府是当朝蔡太师儿子，每每来～他。"明《金瓶梅词话》八回："妇人尝与他～，他有甚不是，在西门庆面前替他说方便。" ❷进奉（钱物）。也指进奉或收取的钱物。明《禅真逸史》二八回："因裘澄是个清官，无甚金银～。"《型世言》二四回："若是收了他的，到任他就作娇告病，不来请见，平日还有～。"清《西湖佳话》卷六："此时贾姨奔走殷勤，缠头～，也成了一个家业了。"

【禁班】 jìn bān 朝班。也指朝廷。宋李曾伯《沁园春・庚寅为亲庭寿》："门前，咫尺长安，但只恐纶音催～。"元刘壎《贺安抚卢尚书》："挥毫琐闼，曳履～。"明佚名《精忠记》一二出："君王诏，不等闲，十二道金牌出～。"

【禁捕】 jìn bǔ 拘捕禁止。宋文彦博《奏陕西铁钱事》："陕西私铸铁钱，虽严行～，抵法者甚重。"明《警世通言》卷二一："那强人势大，官司～他不得。"清《开国方略》卷一三："其休养降民、分办衣帽、～奸细、爱惜官员等项，朕已有书谕二贝勒。"

【禁步】 jìn bù ❶禁止穿行的标志。宋岳珂《金佗续编》卷一五："其主山地名剑门岭履泰山，与坟地～相去逼近。"杨至质《谢县宰免伐墓樟》："故法垂穿心～之条，而礼著为室斩丘之戒。"明韩雍《古庙乔松》："殷勤筑～，勿使根株连。" ❷妇女裙脚饰物，大步快行则有声，提醒慢行。宋元《清平山堂话本・李翠莲》："金银珠翠插满头，宝石～身边挂。"元杜仁杰《集贤宾・七夕》："彩衣轻纱织翠，～摇绣带垂。"清《醒世姻缘传》七一回："先把家中首饰，童奶奶的走珠箍儿，半铜半银的～七事，坠领挑排簪环戒指，赔在那儿只象的肚里。"

【禁封】 jìn fēng ❶国家典礼日禁止上封事（奏章）。明王世贞《与元驭阁老书》："计兹时已投公车令，但不知岁杪～，得无碍进御前否？"周顺昌《吏部揭帖》："除大祀在迩，遵例～，中间启事，仅仅三日耳。" ❷关闭封锁。明沈采《千金记》一三出："～府库，牢闭宫门，待大王到来。"

【禁革】 jìn gé 禁止革除。唐许嵩《建康实录》卷一二："（南朝宋诸葛阐谓）今者民人夏至有五色续命缕之服，以为无用之费博矣，谨率愚管，谓宜～。”《明史·食货志二》：“兵备道壮丁，府州县乡兵，率为民累，甚者指一科十，请～之。”清《醒世姻缘传》一〇〇回：“那罢闲官吏的～，缉访更严。”

【禁鼓】 jìn gǔ ❶禁城（宫城）夜间击以报时的鼓。也泛称各地夜间报时的更鼓。唐康骈《剧谈录》卷上：“～才动，军门已锁。”《元曲选·㑇梅香》二折：“你听那～冬冬将黄昏报，等的宅院里沉沉都睡却。”明郎瑛《七修类稿》卷五：“～一千二百三十声为一通，三千六百九十声为三通，在外更鼓三百三十挝为一通，千挝为三通。”清冯培《和沈舫西寄怀之作》：“燃残官烛记寸刻，数来～传三挝。” ❷官衙用以传事、传令的鼓。明《禅真逸史》三七回：“汝是何人？有甚紧急军情，擅击～？”

【禁筦】 jìn guǎn 宫门管钥。比喻宫廷机要部门。《新唐书·苏珽传》：“父子同在～，朝廷荣之。”宋沈与求《赐张深程唐刘子羽奖谕诏》：“阀阅通于～，未减颇牧之贤。”清陈廷敬《行庐赠张上舍》：“行庐周微垣，索铃连～。”

【禁管】 jìn guǎn 拘管；管束。明王九思《清江引·次龙渠韵杂咏》：“白发山人谁～，名利心都消散。”清雍正六年八月初十日高其倬奏文：“餘者加重枷责，押过海，交原籍～安插。”《后水浒传》七回：“他母舅也～他不下。”

【禁喝】 jìn hè 呵斥禁止。明《禅真逸史》四〇回：“次早上山来烧香的人，若男若女，何止千万。近传官～不许近庵。”清《红楼梦》八〇回：“薛姨妈跑来～说：‘不问明白，你就打起人来了。’”

【禁戢】 jìn jí 约束禁止。唐裴抗《魏博节度使田公神道碑铭》：“唯公～属兵，托以戒严他盗。”明《西湖二集》卷三四：“遂上本请朝廷移谕日本国王，要他～部落，其实察王直消息也。”清钱谦益《山东青登莱海防督饷布政使司谭公墓志铭》：“有容惧，乃传箭～，捕获其戎首。”

【禁籍】 jìn jí 登载宫中供职人员姓名、身分的册籍。唐白居易《内常侍赵宏亮加勋制》：“列名～，祗命宫闱。”《宋史·燕达传》：“以材武隶～，授内殿崇班。”清《千叟宴诗》卷四：“分司～典车徒，年老欣逢赐大酺。”

【禁近】 jìn jìn 指翰林院或官署在宫中的近侍之臣。唐韩翃《为凤翔李尚书请使人拜扫表》：“臣职叨～，事绝私情。”明屠隆《彩毫记》四〇出：“雪冤人早离尘坌，列清班更叨～。”清吴伟业《送沈绎堂太史之官大梁》：“惟留诗句满长安，清切长宜～官。”

【禁拘】 jìn jū 犹“禁捕”。宋曾肇《曾太师公亮行状》：“契丹纵边人渔界河，边吏不能～。”

【禁口】 jìn kǒu ❶忌口；因患病而不能进食或不宜食用某些食物。宋《太平惠民和剂局方》卷六：“斗门散治八种毒利（痢），……兼治～恶利（痢）。”《元曲选·看钱奴》二折：“发背疔疮是你这富汉的灾，～伤寒着你这有钱的害。”清《儒林外史》二三回：“那痢疾又是～痢，里急后重，一天到晚都痢不清。” ❷噤口；不能或不许出声、谈论。宋周弼《戴式之垂访村居》：“君不见古者防川不～，里谚村谣无不有。”《元曲选·谢天香》四折：“把商角调填词韵脚搜，唱到‘惨绿愁红’‘事事可可’，一时～。”明《醒世恒言》卷二三：“妮子～，勿得胡言。” ❸闭口；不张口。或使不能张口。宋张伯端《真人歌赠桂林白龙洞刘道人》：“问他金木是何般，～不言如害哑。”明高濂《遵生八笺》卷一：“饮食餐完，～端坐，莫起邪念，世事俱忘。”戚继光《纪效新书》卷一八：“顺风燃火，则流泪喷涕，闭气～。” ❹比喻抑制欲望，不去做某事。明陈汝元《红莲债》二折：“一个女色初侵，犹如饿鬼监厨，焉能～？”

【禁虐】 jìn nüè 折磨侵害。《云笈七籤》卷八七：“咎气流注，蒸产而相生，为凶淫～遗衅之烬。”元王伯成《天宝遗事诸宫调·彩楼春》：“雨云新扰，那更宿酒～？”清洪昇《长生殿》四五出：“凄凉万种新旧绕，把愁人～得十分恼。”

【禁牌】 jìn pái 尊称狱卒。牌，狱卒佩带的身分标志，表示不敢直称其人，而以牌代之。明《醒世恒言》卷三九：“若肯悄地放我三四人回寺取来，～的常例，自不必说，分外再送一百两雪花。”又：“佛显一口应承道：‘但凭～分付罢了，怎敢违拗。’凌志即与众禁子说知。”

【禁钱】 jìn qián 赚钱。明《金瓶梅词话》八六回：“要独权儿做买卖，好～养家。”

【禁声】 jìn shēng 闭上嘴不发出声响。唐孙思邈《备急千金要方》卷五八：“凡合（药）～，勿语道‘作药’。虫当闻，便不下。”明叶宪祖《团花凤》一折：“请娘行～，请娘行～。地僻少人行，天高总不应。”清《聊斋志异·珊瑚》：“诉未毕，珊瑚自帏中出。生大惭，～欲出。”

【禁系】 jìn xì 拘禁；监押。唐杜甫《说旱》：“非雩之时，奈久旱何？得非狱吏只知～，不知疏决，怨气积，冤气盛，亦能致旱？”明归有光《山斋先生文集序》：“而王府交通近幸，必致胡公死地，～连年。”《大清律例》卷三六：“凡牢狱～囚徒，年七十以上、十五以下废疾，散收。”

【禁压】 jìn yā 禁止镇压；管束。明《梼杌闲评》三五回：“只见来拿香的纷纷蜂拥，何止万人，抚按各官哪里～得住？”清《女仙外史》四〇回：“从者就有数千，那些官员～不得。”《荡寇志》一〇五回：“小时不～，到老没结煞。”

【禁押】 jìn yā ❶犹“禁压”。明《古今小说》卷六：“大军一齐并力，长驱而进，唐兵大乱。李存璋～不住。”又卷二二：“舳舻簸荡，乍分乍合，溺死者不可胜数，似道～不住。” ❷犹“禁系”。清雍正六年六月王玑奏文：“见同先获之师刑、樊中花、王彪等分别～。”《荡寇志》一三六回：“二人同声称是，经略便吩咐一齐～了。”《绣鞋记》一八回：“目今叶主事身罗重罪，～监牢。”

【禁魇】 jìn yǎn 以巫咒害人或避害。明李时珍《本草纲目》卷三八引《起居杂记》：“夜卧～：凡卧时，以鞋一仰一覆，则无魇及恶梦。”清袁枚《子不语》卷二一：“不～人，则过期己身必死。”《女仙外史》四三回：“先用灵符～他的心神，再用符敕追摄他的魂魄。”

【禁夜】 jìn yè 禁止夜间在户外行动。《敦煌变文校注》卷二《叶净能诗》：“坊市百姓，一任点灯，勿令～。”明叶宪祖《团花凤》一折：“防奸须～，息盗可安民。”清《野叟曝言》一一回：“两有所赖，更自欢然，直吃到金吾～，玉漏频催。”

【禁狱】 jìn yù ❶下狱监禁。宋佚名《靖康要录》卷一〇：“世英行遇杀，而卒使管押之人害之也，复追世英之父与祖丞府～。”明《拍案惊奇》卷二九：“张幼谦犯奸～，本县为情擅放。”清于成龙《示亲民官自省六戒》：“若徒任意～与任意加刑，甚有徇情面恣苞苴。” ❷内廷直接掌管的监狱。也泛指监狱。明李乐《见闻杂记》卷六：“尝偕僚联名疏请查入内供应器皿，下～问所由。”《封神演义》二三回：“东、南、北连朝歌俱有～，惟西岐因文王先天数祸福无差，因此人民不敢逃匿，所以画地为狱。”清钱谦益《怀远将军北镇抚司掌司事王府君墓志铭》：“国有～厂西东，黄门北寺寄命隆。” ❸指狱卒。明《四游记·北游记》二〇回：“却说广西府牢中犯人甚众，有一～姓孟名山，在府当禁子。”

【禁约】 jìn yuē 约束性条文；发布禁令的文告。宋苏辙《乞借常平钱买上供及诸州军粮状》：“限以三年节次收籴，重立～，不得别作支用。”明沈采《千金记》二五出：“辕门上有两面牌，待我看：军中不遵号令者斩，失机者斩，军人足迹越此者斩。原来这

～在此，我萧何几乎犯了。”清《八洞天》卷一：“不意妖人闻各道观俱容留闲人在内躲避，出示～。兵丁借此为由，不时敲门打户的来查问。”

【禁治】 jìn zhì 禁除整治。五代李存勖《禁短陌敕》：“如有辄将短钱兴贩，仰所在收捉～。”《元曲选·勘头巾》二折：“专一削除滥官污吏，～顽鲁愚民。”清《后水浒传》三回：“日劫过商，夜扰村落，官府几次～他不得。”

【禁子】 jìn zi 狱卒。宋朱熹《按唐仲友第二状》：“及节次差下承局～等人，络绎在道，乞觅搔扰。”元明《三国志通俗演义》卷一六：“狱中有一～，姓吴，人皆称为吴押狱。”清李玉《清忠谱》一七折：“自家镇府司～是也。目今司中人犯，惨不过是东林一案。”

【禁足】 jìn zú ❶佛教徒从农历四月十五至七月十五在寺内修习不得外出行脚。《敦煌变文集·秋吟一本》：“僧□佛戒，～九旬，合持匪石之坚，将益如松之操。”《古尊宿语录》卷二八《舒州龙门佛眼和尚语录》：“三月安居九旬～，禀如来之教旨，乃释子之清规。”宋吴自牧《梦粱录》卷三：“盖孟夏望日，乃法王～、释子护生之日，自此有九十日，可以安单办道。” ❷也指佛教徒专于一处修习而不外出。唐李远《赠潼关不下山僧》：“～已教修雁塔，终身不拟下鸡山。”《宋高僧传》卷八《智封传》：“倏辞出蒲津安峰山，～十年，木食涧饮。”明《梼杌闲评》二四回：“贫僧草字玉支，……在伏牛戒坛～已二十年矣。” ❸泛指不外出或不往来。明《情史·情贞·张宁妾》：“而二姬～小阁，且五十餘年。”《别有香》一五回：“蒙君姊妹交荐枕床，爱不忍分。后以情败～，各以愁死。”

【禁卒】 jìn zú ❶禁军兵卒。《新唐书·刘崇望传》：“含光门未开，～左右植立，将大掠长安中。”宋洪迈《夷坚志》支景卷七：“圃与～营栅为邻，墙垣不固。营犬十数成群，竞至其傍。”明杨子器《早朝诗》：“鼓严正促千官入，鞭静犹闻～诃。” ❷狱卒。明袁中道《游居柿录》卷一二：“收之囹圄中，密招狱吏曰：‘夜间可酒之使睡，令～以大斧破其头。’”《禅真后史》二四回：“分付辖牢人役等好生看管二人，这一班～谁敢违慢?”清《幻中游》九回：“是时监内人犯，俱各睡熟。～也暂去安歇。”

【噤喉】 jìn hóu ❶咽喉。比喻紧要之地。宋《三朝北盟会编》卷二一〇：“故古人言形势者，或谓之上流，或谓之～。”清《明史纪事本末》卷一二：“曲靖，云南之～。彼必并力于此以抗我师。”乾隆元年《甘肃通志》卷四：“若出景谷达江油，又蜀地之～也。” ❷堵住咽喉。明薛论道《朝元歌·宦警》：“鼎鼐梅盐，～噎嗓。说甚么封侯拜将，紫绶金章。”

【噤舌】 jìn shé 结舌；不出声。宋范纯仁《祭范蜀公文》：“群公戚忧，寒心～。孰不畏祸，相顾莫发。”元王逢《题费长文所藏徽庙暮雪寒鸦》：“寒乌立枯槎，翮鎩深～。”清弘历《五月芒种节三候·反舌无声》：“哢喉已过阳极盛，～因于阴始生。”

【噤痒】 jìn shěn ❶同“噤噚”。唐韩偓《日高》：“朦胧犹认管弦声，～餘寒酒半醒。”宋苏舜钦《奉酬公素学士见招之作》：“开缄朗咏毛发竦，通夕～睫不交。”清金农《吴中春雨泊舟入夜寒甚》：“苦寒～夜不宁，水际一灯如孤萤。” ❷毛发森立貌。唐韩愈、孟郊《斗鸡联句》：“磔毛各～，怒瘿争磈磊。”

【噤噚】 jìn shěn 瑟缩寒战貌。宋辛弃疾《菩萨蛮·题云岩》：“松篁通一径，～山花冷。”

【噤渗】 jìn shèn 同“噤噚”。宋苏舜钦《顶破二山诗》：“夜堂人～，阴壁风飕飗。”范成大《雪复大作》之四：“伶俜冻雀蹲晚，～疏梅锁春。”

【噤瘆】 jìn shèn 同“噤噚”。唐孙思邈《备急千金要方》卷七六：“初未有疮，但恶寒～。”牛僧孺《题太湖石》：“～微寒早，轮囷数片横。”宋洪适《生查子·收灯日次李举之韵》：“廉纤小雨来，～轻寒乍。”

【噤声】 jìn shēng 同“禁声”。宋陈德武《清平乐·咏蝉》：“薄暮背将斜月，～飞上高枝。”明汤显祖《牡丹亭》五五出：“～。再休提探花鬼乔作衙，则说状元妻来面驾。”清《说岳全传》九回：“若有山高水低，贤弟们只好在外～安待，切不可发恼鼓噪。”

【噤语】 jìn yǔ 闭口不语。宋宋祁《严遵赞》：“李强牧州，喜欲吏君，揖风而惭，～于唇。”元王恽《大元故中顺大夫王公神道碑铭》：“公折以理，拒以威，辄落其机牙，束手～而去。”明顾清《为潘克承题林良芦雁》：“灵苕翠羽不自危，鸲鸽～晞玄衣。”

【噤战】 jìn zhàn 冷颤；打哆嗦。宋《三朝北盟会编》卷六六：“城楼禁火，士卒～，不能执兵。”范成大《桂海虞衡志》：“此物出炎方，稍北中冷，则发瘴～。”

【噤颤】 jìn zhàn 同“噤战”。《法苑珠林》卷三四：“山遇寒风暴起，慧景～不能前。”明《禅真逸史》一二回：“一时间手足～，口眼歪斜，跌倒堂上。”

jīng

【京报】 jīng bào ❶京城来的报告。元刘壎《义犬传》：“总管犹欲全之，故缓其事待～。未几果闻懿旨召杰。”明沈受先《三元记》三四出：“〔生〕到此来报甚事?〔丑〕有～，令郎连中三元。”清《红楼梦》一〇〇回：“前儿老爷打发人回来说，看见～，唬的了不得。” ❷指京报人。清《绿野仙踪》七六回：“那几个京报人叩贺毕，将报单呈阅。文炜问道：‘你这信从何处得来?’～道：‘小的们是吏部所差人役。’”《二度梅》三二回：“忽听得有～回来说：‘邹公见驾，奏过诸事。’”

【京报人】 jīng bào rén 从京城来报信的人。明黄淳耀《上座师王登水先生书》：“家间复苦～乞索无厌，乃归家丐贷以遣之。”《二刻拍案惊奇》卷三：“～那管甚么头由，早把一张报喜的红纸高高贴起在中间。”清《赛花铃》一六回：“坐席未定，又见～报着，红生亦升了兵部左堂。”

【京朝】 jīng cháo 朝廷。《太平广记》卷六引《仙传拾遗》：“(王乔)有神术，每月朔望，常诣～。”宋王辟之《渑水燕谈录》卷五：“设详议六人，择～晓律、常任法寺官者为之。”清《野叟曝言》一三八回：“素臣于元旦朝贺之后，～百官陆续到府拜年。”

【京府】 jīng fǔ 京兆府；掌管京城地方事务的政府。唐常衮《授贾至京兆尹制》：“今～九卿，率由旧典，大变风俗，以明朝纲。统尹之重，益难其任。”明沈愚《吊城南薛烈妇冢》：“良人犯法因贪墨，～差官受驱迫。”清《姑妄言》一六回：“～巡道即是外省的按察司。此时巡道衙门设在镇江府，都氏带着陶沃同哥哥往镇江府去了。”

【京花子】 jīng huā zi 称京城无业游民。明《醒世恒言》卷三六：“自此流落京师，逐日东走西撞，与一班～合了伙计，骗人财物。”清《醒世姻缘传》八三回：“一伙报喜的～，约有二三十人，一齐赶将来家。”

【京剧】 jīng jù ❶指京城繁重的事务。唐苏颋《授秦守一京兆少尹制》：“委之～，时许能声。”《唐会要》卷六九：“长安、万年县令，授任～，职在养人。”宋宋庠《开封府兵曹参军王翼可著作佐郎制》：“身言补吏，掾于～，再结岁劳，府列荐辞。” ❷指繁华的京城。唐富嘉谟《丽色赋》：“客有鸿盘～者，财力雄倬，志图丰茂，绣毂生尘，金羁照路。”

【京样】 jīng yàng　京城样式。借指时兴的样式。敦煌词《内家娇》："及时衣着，梳头～，素质艳丽青春。"明沈受先《三元记》一二出："裙衫～，称身材不短不长。"清《续金瓶梅》一八回："金丝高髻，一半是～宫妆；油鬓斜梳，又像是市头娼扮。"

【京债】 jīng zhài　外官赴任前在京借的债，到任后加利奉还。唐郭崇韬《条陈三铨事例奏》："兼每年南曹及三铨停滞，多及周岁，致选人广作～。经费倍多，致其到官必不廉慎。"宋魏泰《东轩笔录》卷一五："服除，再知玉山县，带～八百千赴任。既而，玉山县数豪僧为偿其债。"清《八洞天》卷五："郤老先生因适间到了个讨～的，立等要二百金还他。"

【惊騃】 jīng ái　惊呆。明《山歌·娘咳嗽》："结识私情窗里来，吃娘咳嗽捉～。滩塌草庵成弗得个寺，何仙姑丫髻两分开。"

【惊报】 jīng bào　令人惊恐的报告。宋欧阳澈《梦仙谣》："云关初叩闲无人，松梢鹤唳如～。"明汤显祖《邯郸记》二〇出："落弹者失圆之象也，碎瓦者分飞之意也。天呵，眼下莫非有十分～乎？"清《绿野仙踪》七四回："又过了几日，浙江～到来：'倭寇已至杭州。'"

【惊猜】 jīng cāi　惊恐猜疑。唐李白《赠黄山胡公求白鹇序》："自小狎驯，了无～。以其名呼之，皆就掌取食。"宋韩淲《浣溪沙·科辛卿壁间韵》："海鸥飞下莫～，机心消尽重徘徊。"清《女仙外史》二九回："陡见坛南有一道素彩冲天而起，诸臣拭泪视之，互相～。"

【惊惨】 jīng cǎn　惊恐悲伤；感到惊恐悲伤。《太平广记》卷一五二引《前定录》："李定～其事，因问，具以告之。"明汤式《新水令·秋怀》："沈约羞惭，都道年来腰瘦减；潘安～，自怜老去鬓髡鬖。"《西游记》一〇回："太宗听说，心中～。"

【惊诧】 jīng chà　惊讶诧异。宋赵希迈《满江红》："今老大，空嗟呀。思往事，还～。"明汤显祖《牡丹亭》二八出："何处一娇娃，艳非常使人～。"清《醒世姻缘传》七〇回："陈公一见，甚是～。"

【惊痴】 jīng chī　惊呆。明汤显祖《牡丹亭》三二出："〔旦急下，生～介〕奇哉，奇哉！柳梦梅做了杜太守的女婿，敢是梦也？"

【惊怵】 jīng chù　惊慌害怕；使惊慌害怕。宋褚伯秀《南华真经义海纂微》卷三七："以妄相易，以技相系，疲薾形体，～心神。"明尹台《柏泉胡公督抚奏议序》："江西诸郡县～于盗之蹂躏，民不敢望有宁室。"清刘大櫆《祭左和中文》："途逾远而日盱兮，窃自返观而～。"

【惊搐】 jīng chù　受惊而抽搐。宋王衮《博济方》卷四："延寿散，治小儿～不定。"明吴宽《吴叙州妻安人夏氏墓志铭》："长子东幼患～，安人适亦病卧于床。"清《野叟曝言》一二三回："水夫人也怕复发～，安慰道：'已与你父亲说了，饶你初犯。'"

【惊怆】 jīng chuàng　惊骇悲伤。宋李石《庞氏母墓志铭》："顷之，子孙省之，已寂矣。远迩～涕泪。"元李存《慰汪仲罕》："先大夫遽捐馆舍，……为之～，不能已也。"明杨士奇《祭王行敏文》："闻讣～，永绝来觏。"

【惊呆】 jīng dāi　吃惊发呆；使吃惊发呆。宋元《清平山堂话本·花灯轿》："众人都～了，道：'不曾见，不曾见。'"明沈周《悯日歌》："所该百而去七大大半，又复使我心～。虽欲不～，猛见霜丝雪缕垂两腮。"清陈端生《再生缘》七〇回："皆因是我心肠狠，未免～忠孝王。"

【惊犯】 jīng fàn　惊动冒犯。唐温大雅《大唐创业起居注》卷二："此外任诸公从民所欲，然七庙及代王并宗室支戚，不得有一～。"明陆采《明珠记》一四出："〔生〕不曾～官家？〔净〕官家的带领后主官员。"清《说岳全传》六六回："小儿误听奸臣之言，～夫人。"

【惊愤】 jīng fèn　惊讶愤怒。唐［朝］崔致远《奏请叛卒鹿晏弘授兴元节度使状》："臣久窃宠光，深怀～，远详事意，辄具奏陈。"《旧五代史·梁书·赵犨传》："巢党知孟楷为陈所擒，大～，乃悉众东来。"宋范仲淹《答赵元昊书》："朝廷中外，莫不～，请收行人，戮于都市。"

【惊闺】 jīng guī　货郎及磨刀剪的人走街串巷时用来声闻闺中的响器。明《金瓶梅词话》九〇回："不想一个摇～的过来。那时卖胭脂粉、花翠生活，磨镜子，都摇～。"《醒世恒言》卷一七："（冉贵）手执着一个玲珑珰琅的东西，叫做个～，一路摇着，径奔二郎神庙中来。"清《格致镜原》卷四八引《齐东野语》："用铁数片，长五寸许，阔二寸五分，如拍板样。磨镜匠手持作声，使闺阁知之，名曰～。"

【惊闺叶】 jīng guī yè　即"惊闺"。明《金瓶梅词话》五八回："只听见远远一个老头儿斯琅琅摇着～过来。潘金莲便道：'磨镜子的过来了。'"清《野叟曝言》一三回："只听豁琅琅一片声响，吓了一跳，却是小厮把那磨镜的几片～儿乱拍。"

【惊恨】 jīng hèn　吃惊愤恨。宋宋祁《寄连元礼屯田员外》："他年会面须～，瘦尽昆山玉树枝。"明王世贞《史乘考误》卷五："江不省。明日调工部石瑛于兵部，而出江于工部，始大～。"清《聊斋志异·向杲》："自视，则毛革顿生，身化为虎，道士已失所在。心中～。"

【惊还】 jīng huán　惊醒；从梦境中受惊回到醒着的状态。宋韦骧《宿零壁驿》："午梦～远，征途久觉劳。"明顾清《白燕》："月明昨夜风帘动，～起随白练飞。"高濂《玉簪记》一四出："好梦又～，剪西风败叶姗姗。"

【惊荒】 jīng huāng　同"惊慌❶"。《敦煌变文校注》卷四《须大拏太子好施因缘》："从床而堕，闷不识人。以水洒，良久乃苏。二万夫人，无不～。"金《刘知远诸宫调》二："知远听得道，好～，别了三翁，急出祠堂。"

【惊慌】 jīng huāng　❶ 害怕慌张。元《三遂平妖传》二〇回："一应军民人等安心职业，不必～。"《元曲选外编·降桑椹》四折："你在山中见了延岑，威严摆布，你～之中，说些甚么来？"明《二刻拍案惊奇》卷五："夫人～，抽身急回。"　❷ 惊扰；惊吓；使害怕慌张。明《清平山堂话本·戒指儿记》："只见牙关紧咬难开，摸着遍身冰冷，～了云雨娇娘。"《封神演义》三回："今因小事，劳民伤财，～万户。"《西洋记》七三回："敢是船上跳得板动，他却吃了～，故此就翻过脸来。"

【惊回】 jīng huí　犹"惊还"。《古尊宿语录》卷二四《潭州神鼎山諲禅师语录》："官人指木鱼问：'这个是什么？'师云：'～多少瞌睡人。'"元商衟《风入松》："秋声儿也是无情物，忽～楚台人去。"清《玉蟾记》三三回："彩鸾梦既～，那里还睡得熟。"

【惊悔】 jīng huǐ　惊恐后悔。唐孙棨《北里志·楚儿》："光业遥视之，甚～，且虑其不任矣。"明《二刻拍案惊奇》卷三九："众人听见这话，大家～。邻里闻知某家捉贼，错打了亲家公，传为笑话。"清纪昀《阅微草堂笔记》卷一五："一人引满射狼，乃误中番妇，倒掷堕山下。众方～，视之，亦一狼也。"

【惊吉利】 jīng jí lì　即"惊急列"。明佚名《龙门隐秀》一折："吓的我～不敢孜孜看。"

【惊急里】 jīng jí lǐ　即"惊急列"。明张凤翼《红拂记》三一出："人着箭浪抢身歪，马中枪～脚失。"

【惊急力】 jīng jí lì　即"惊急列"。《元曲选·红梨花》四折：

"唬的他对面无言，有似风颠。～前合后偃。"又《朱砂担》二折："唬的我呆打颏空张着口，～怕抬头。"

【惊急列】 jīng jí liè 形容惊愕、惊恐、惊慌等。急列，形容词后缀。元高克礼《黄蔷薇过庆元贞》："唬得我～蓦出卧房门，他措支剌扯住我皂腰裙。"范康《竹叶舟》四折："见他战笃速～慌慌走着，划地痴呆汉呆答孩孜孜觑我。"尚仲贤《三夺槊》二折："则若轻轻地抹着，敢教你睡梦里～地怕到晓。"

【惊急烈】 jīng jí liè 同"惊急列"。《元曲选·张生煮海》二折："动风雨，满尘埃，则怕～一命丧尸骸。"

【惊驾】 jīng jià 惊动君王车驾。是惊动君王的婉词，不敢直称君王，以车驾代。明魏学洢《答故人书》："颇闻面奏之罪名～，～则立擒。"汤显祖《牡丹亭》五五出："学生，你做鬼，怕不～?"清《隋唐演义》八九回："此鬼敢于乘虚～，臣特来为陛下驱除。"

【惊窘】 jīng jiǒng 惊慌窘迫。《旧五代史·周书·孙晟传》："显德三年春，王师下广陵，江左～。"宋洪迈《夷坚志》支戊卷六："胡视酒器下皆镌'扬州公用'字，～良剧，以为窃公家物必累我。"清雍正六年八月初八日李卫奏文："再诘，便有～之状。即此一人，行迹堪疑。"

【惊沮】 jīng jǔ ❶ 因惊慌而意气不扬。唐元稹《莺莺传》："生私为之礼者数四，乘间遂道其衷。婢果～，腆然而奔。"明孙承恩《张室杨孺人墓志铭》："他所闻则～驰归，已无及，抚尸哭之恸。"清《八旗通志》卷二三七："餘党搜杀略尽，贼失内应，皆～。"❷ 因惊慌而败坏。明海瑞《又复唐敬亭》："事欲其速，反～其成。"

【惊诳】 jīng kuáng 惊慌。金《刘知远诸宫调》一："忽地心～，见槐影之间，紫雾红光。"

【惊愧】 jīng kuì 惊慌惭愧。宋马令《南唐书》卷一八："父～之，因献金，如亡儿言，以为许君寿。"明《醒世恒言》卷八："玉郎被母亲嗔责，～无地。"清《野叟曝言》一二三回："谢迁初不肯信，及见龙儿三策，不觉咋舌～。"

【惊虑】 jīng lǜ 惊慌忧虑。唐朱敬则《北齐文宣论》："属主暴政荒，时艰路涩，未有裂裳远窜，行从近关。闻者尚足动心，遇者曾不～?"元姚守中《粉蝶儿·牛诉冤》："好教我心～，若是将咱卖与，一命在须臾。"明《禅真后史》一五回："其中玄妙，汝等岂知，待我去斟酌再行，尔等休～。"

【惊忙】 jīng máng 惊恐慌忙。唐张九龄《贺盖嘉运破贼状》："忽闻嘉运此入，复有破伤，必其～，当有携散。"明《英烈传》五九回："士诚～逃回城中，坚闭不出。"清陈端生《再生缘》二九回："上房什物俱遭劫，伏乞侯爷作主张。三位佳人俱唬倒，刘侯座上～。"

【惊慕】 jīng mù 惊叹羡慕。唐吕温《南岳弥陀寺承远和尚碑铭》："照公退而～，径涉衡峰，一披云外之尘，宛契定中之见。"宋洪迈《夷坚志》丁卷一九："僧衣金栏袈裟，坐壁间青莲华上，类世所画佛菩萨然。妻～作礼。"明方以智《何谓知言》："学士多～，以为美谈。"

【惊挠】 jīng náo 惊扰。唐刘肃《大唐新语》卷四："夫为政不可骤革其习俗，……如或禁之，岂无～耶?"《太平广记》卷四五五引《奇事记》："骊山下有一白狐，～山下人，不能去除。"元张养浩《资德大夫陈公神道碑铭》："相君不出，众必～。班次事小，一方军民事大。"

【惊恼】 jīng nǎo 受惊烦恼或恼怒。宋黄榦《与李子敬司直书》："元思报果州兄之病，令人～。"陈自明《妇人大全良方》卷一二："(一方)疗妊娠被～，胎向下不安。"明佚名《六壬大全》卷五："遇凶神凶将，主损失，虽动无益，有重重～。"

【惊闹】 jīng nào 受惊而喧闹。《太平广记》卷四一引《会昌解颐》及《河东记》："百万之众，鼎沸～，左右武士欲擒杀之。"清《聊斋志异·王桂庵》："王屣履追之，则已投江中矣。王大呼，诸船～。"

【惊怕】 jīng pà ❶ 惊慌害怕。《敦煌变文校注》卷二《韩朋赋》："使者下车，打门而唤。朋母出看，心中～。"元乔吉《玉交枝·闲适二曲》之二："受～连云栈，想起来满面看，通身汗，惨煞人也蜀道难。"清《绿野仙踪》七一回："众妇人也有～的，也有微笑的，只是不能说话。" ❷ 吓人；使惊恐。《太平广记》卷一九三引《原化记》："忽见一物如鸟飞下，觉至身边，乃人也。以手抚生，谓曰：'计甚～，然某在，无虑也。'"明李梅实《精忠旗》八出："奴家原是这副嘴脸，有些～人。"《古今小说》卷一九："那浪掀天括地，鬼哭神号，～杀人。"

【惊奇】 jīng qí ❶ 迥异；极不寻常。唐张怀瓘《书估》："(王献之)神用独超，天姿特秀，流传简易，志在～。"清王士禛《戏仿元遗山论诗绝句》之九："草堂乐府擅～，杜老哀时托兴微。"袁枚《续子不语》卷九："匍匐而升，危崖盘驳，～怪异，气色昏黯。" ❷ 惊讶奇怪。唐郑綮《开天传信记》："瑰大～，骤加礼敬。"明张孟兼《送郑叔车》："闻者大～，见者辄夸诩。"清《白圭志》一一回："话说帝见刘忠之表及白圭之说，十分～。"

【惊气】 jīng qì 由惊吓引起的致病因素。唐孙思邈《备急千金要方》卷八〇："～入腹，腹痛环脐。"《元曲选·来生债》楔子："小生得了这一口～，遂忧而成疾。"清《野叟曝言》一二三回："不妨事，是～入心，痰涌厥晕。"

【惊怯】 jīng qiè ❶ 惊恐胆怯。宋史达祖《醉落魄》："墙阴月白花重迭，匆匆软语屡～。"明《封神演义》八九回："又有一少年人，亦跣足渡水，惧冷行缓，有～之状。"清《聊斋志异·青梅》："忽闻数人挝户大哗。女意变作，～不知所为。" ❷ 惊吓使胆怯。明《禅真逸史》三〇回："待敌将入寨之时，布起风雷，～其胆，敌兵必退。"

【惊骚】 jīng sāo ❶ 惊扰骚动。唐高適《还京次睢阳祭张巡许远文》："贼臣通逆，国步～，两河震恐，千里嗷嗷。"宋王安石《寄黄吉甫》："欲问庙堂谁镇抚，尚传边塞敢～。"孙觌《宋故左朝请大夫孙公墓志铭》："剧贼张遇兵压南陵境上，吏民～，空县逃去。"❷ 侵扰使骚动。唐陈叔齐《大唐故文林郎河南士府君墓志铭》："倏遇禄山兴狂，～帝里。"宋叶適《定山瓜步石跋三堡坞状》："顷自虏寇～，淮人奔进南渡。"

【惊伤】 jīng shāng ❶ 因吃惊而受伤害或因此而感伤。《太平广记》卷三三〇引《广异记》："命当重活，与君好合。后三日，君可见发，徐候气息，慎无横见～也。"明汤显祖《南柯记》三三出："自家生成弱体，加以围困～，又听周弁败兵，驸马惶愧，奴家一发伤心。"清《后水浒传》四一回："只因这一番，有分教：众天罡齐会面，两弟兄大～。" ❷ 惊扰伤害。明《西游记》二九回："贫僧那徒弟丑陋，不敢擅自入朝，但恐～了陛下的龙体。"《禅真后史》三四回："又怕～了女儿，按胆佯为不理。"

【惊赏】 jīng shǎng 惊奇赞赏。《太平广记》卷三〇七引《原化记》："见一老人持弓逐一鹿绕林，一矢中之，洞胸而倒。仲殷～。"明郎瑛《七修续稿》卷四："及知选举，见范质之文，尤为～。"清《野叟曝言》四三回："素臣暗暗～，按刀问道：'壮士何来?'"

【惊慑】 jīng shè 惊慌害怕；震惊。唐玄奘《大唐西域记》卷三："利多王～无措，遂斩其首。"宋苏辙《次韵答陈之方秘丞》："田中射虎豹，后骑不容蹑。丈夫贵自遂，老大饶～。"明归有光《元忠张君家传》："元忠从旁辩其诬，已而果然。县中老吏皆～。"

【惊神】 jīng shén ❶精神受到震撼;使精神受到震撼。唐司空图《成均赋》:"襄阳之浓艳~,邺下之无愁忘返。"宋赵抃《酬剑守王嘉锡郎中》:"顾我虚名惭过分,得公佳句读~。"清毛奇龄《杨童子歌序》:"童儿九岁,文飒俊妙,玉肤色,持觞随杨君后,相~也。" ❷受惊的心神。明《拍案惊奇》卷五:"喘吁吁吐气不齐,战兢兢~未定。"清沈复《浮生六记》卷一:"一灯如豆,罗帐低垂,弓影杯蛇,~未定。"

【惊耸】 jīng sǒng 震惊;吃惊。宋韩玉《水调歌头·上辛幼安生日》:"早岁来归明圣,~汉庭臣。"明文秉《烈皇小识》卷七:"时殿门未启,忽闻内有异响,众共~。"佚名《赠书记》三一出:"心~,姻事多虚哄。"

【惊堂】 jīng táng 即"惊堂木"。明《梼杌闲评》四〇回:"每人各打四十板,拍着~,叫他们招。"清孔尚任《桃花扇》三〇出:"〔拍~介〕叫左右预备刑具,叫他逐个招来。"

【惊堂木】 jīng táng mù 审案时用以敲击案桌以警戒、威吓被问者的木块。清《醒世姻缘传》五一回:"(按院)把几根黄须扎煞起来,用~在案上拍了两下。"《万花楼》七回:"于是把~一拍,大喝道:'你小小年纪,说话糊涂。'"

【惊痛】 jīng tòng ❶震惊悲痛。唐刘宽《谏中官打人表》:"瓦砾交下,傍中朝臣,不胜~。"韩愈《女挐圹铭》:"既~与其父诀,又舆致走道撼顿,失食饮节,死于商南层峰驿。"清《白雪遗音·百病缠身》:"猛听的,一声要去心~。暗问声苍天,不知何日相逢。" ❷受惊负痛。清《聊斋志异·伏狐》:"衿襦甫解,贯革直入。狐~,啼声吱然。"袁枚《续子不语》卷七:"郑乃以枪自后打之,虎~,咬破其门,坏屋檐而去。"《九云记》三〇回:"即在和尚秃头上,狠狠打了一掌。和尚~不耐。"

【惊吓】 jīng xià ❶惊动吓唬;恐吓。宋《朱子语类》卷二八:"是他说得大惊小怪,被他~者岂不恶之。"明梁辰鱼《浣纱记》三五出:"传示范文二位大夫,吴国大王又不在此,不得~我。"清《绿野仙踪》六九回:"必是我与公主行房事得罪了他,故意儿~我。" ❷受惊害怕;惊恐。宋罗与之《题采石李太白祠》:"万言倚马不为难,坐令神鬼皆~。"明汤显祖《邯郸记》二〇出:"耽~,耽~,一刻丝儿,故人刀下。"清《连城璧》子集:"少不得要陪些~,受些苦楚,方才送得他去。"

【惊唬】 jīng xià ❶同"惊吓❶"。元施惠《幽闺记》二五出:"叫他悄悄的进来,不要~了他。"清《红楼梦》六八回:"便忙将王信唤来,告诉他此事,命他托察院只虚张声势~而已。"《白雪遗音·盼五更》:"才待要相逢两情佳,又被风儿来~。" ❷同"惊吓❷"。清洪昇《长生殿》二五出:"众军逼得我心~。"《红楼梦》一回:"再兼上年~,急忿怨痛,已有积伤。"《绿牡丹》五三回:"他主仆身子软弱,恐受~。"

【惊諕】 jīng xià ❶同"惊吓❶"。《元曲选·汉宫秋》一折:"传旨去教他来接驾,不要~着他。"明孟称舜《娇红记》二〇出:"二位姐姐呵,休干把人相~。" ❷同"惊吓❷"。《大宋宣和遗事》前集:"天子览罢,~得汗流龙体,半晌如呆。"明冯惟敏《新水令》:"乐陶陶,醉乡深处无~。"清李玉《清忠谱》一一折:"天家缇骑魂~,〔作手势介〕若抗拒,一齐搭咤。"

【惊险】 jīng xiǎn ❶被险象所惊。宋魏野《三门留题》:"游客虽~,居僧不厌喧。"明陆深《十四日夜徐州洪逢周一之》:"脱险方~,思君喜见君。"任环《题人扇景》:"年来尘梦多~,休怪先生抱石眠。" ❷失惊与危险。元贯云石《清江引》:"竞功名有如车下坡,~谁参破?"明《型世言》九回:"虽受了~,得这横财,尽好还乡度日了。"清《绿野仙踪》三〇回:"幸亏我家中人离财散,若在虞城,又担一番~。"

【惊羡】 jīng xiàn 犹"惊慕"。宋洪迈《夷坚志》丁卷一八:"既出,端丽绝人,默~,以为向所未睹。"明《封神演义》九四回:"不意元帅总六师之长,为诸侯之表率,真荣宠崇耀令人~。"清《十二楼·归正楼》四回:"净莲听到此处,就张眼吐舌,~不已。"

【惊喧】 jīng xuān ❶惊扰吵闹;受惊扰而吵闹。五代杜光庭《安宅醮词》:"土木之功,曾无避忌;穿凿之处,深有~。"明汤显祖《牡丹亭》一〇出:"不提防沉鱼落雁鸟~,则怕的羞花闭月花愁颤。" ❷惊恐喧嚷。《太平广记》卷三七八引《神仙感遇传》:"忽闻庄中有~哭泣之声,问其故,主人之子暴卒。"宋曾布《水调歌头·排遍第五》:"醉眠人、醒来晨起,血凝螓首,但~,白邻里、骇我卒难明。"明《禅真后史》三五回:"宜令女侍们管守,切莫~移动。"

【惊眩】 jīng xuàn ❶惊惧而眩晕。《法苑珠林》卷二一:"或石或塑,千变万化,有礼敬者,~心目。"明孙一奎《赤水元珠》卷六:"热痰则烦躁、头风、烂眼、燥结、怔忡、懊憹、~。"清施闰章《彭蠡湖遇迅风》:"帆樯饱掣天欹斜,儿童转侧头~。" ❷震撼迷眩。宋蔡襄《光禄少卿方公神道碑铭》:"有浮屠人曰李道者,能以术却寒暑,~民俗。"明朱元璋《明施论》:"若出禅房游市井,使俗人见之,则衣颓而形槁,故所以世俗耳目无所~,不得布施耳。"朱鼎《玉镜台记》一〇出:"群胡分道寇中原,朝野皆~。"

【惊呀】 jīng yā 同"惊讶❶"。宋范成大《婆罗坪》:"仙圣飞行此是家,路逢真境但~。"《元曲选·忍字记》二折:"我这里猛抬头觑见了自~,吓的我这两手便可剌答。"清《痴人福》六回:"两人一面交拜,一面偷看,各自~。"

【惊讶】 jīng yà ❶惊异;惊异于。唐崔橹《过南城县麻姑山》:"~昔人曾羽化,此中争不接瑶台。"金《董解元西厢记》卷一:"百媚莺莺正~,道:这妮子慌忙则甚那?"清《红楼梦》三七回:"众人看一句,~一句,看到了,赞到了。" ❷惊疑;惊扰。清《霓裳续谱·红铺闲砌》:"雏莺越柳,乳燕穿帘,惹起了无限~,心事儿乱如麻。"又《一更里盼郎》:"才待要相逢,两相佳,却被风儿又~。"

【惊耀】 jīng yào 震惊辉映;震惊炫耀。唐皇甫湜《韩文公墓铭》:"豪曲快字,凌纸怪发,鲸铿春丽,~天下。"宋王庭珪《答董体仁参政》:"示以金石绝妙之文,~耳目。"明《西游补》九回:"他待宰相到身,以为华藻自身之地,以为~乡里之地。"

【惊悦】 jīng yuè 惊喜。唐段成式《酉阳杂俎》前集卷一二:"含颦上诉,冶态横生。王~之,遂载以后乘。"《太平广记》卷一九三引《原化记》:"官大~,且令收录。……令效绳技。"宋王十朋《潜涧严阁梨塔铭》:"阐扬奥旨,缘饰以文,音吐鸿亮,听者~。"

【惊乍】 jīng zhà 惊慌紧张。宋刘子翚《邵圃观酴醾》:"银苞翠蕊宛如昨,瘦骨苍头忽~。当时我最推少年,想见同游更衰谢。"《元曲选·鸳鸯被》二折:"不由我意张狂,心~,谁曾向街巷行踏?夜深也紧避在房檐下,方信道色胆有天来大。"

【惊战】 jīng zhàn 惊惧战栗。宋洪迈《夷坚志》三壬卷一〇:"彭细视两人,方悟身在泉路,~不已。"《元曲选·勘头巾》四折:"回头儿观觑女蝉娟,早唬的来胆破心~。"清《后水浒传》一七回:"只吓得心摇体战,嚷叫起来,早因~,将这寿字玛瑙杯失落在地。"

【惊颤】 jīng zhàn 同"惊战"。宋张杲《医说》卷三:"秀州进士陆迎忽得疾,吐血不止,气蹶~,狂躁跳跃。"《元曲选外编·猿听经》二折:"他将这殿门来拦住高声叫,我这里心~、心~腿鞓摇。"清《东周列国志》五七回:"忽然怪风一阵卷入堂中,寒气逼人,在座者无不~。"

【惊张】 jīng zhāng ❶声张使惊动。唐李商隐《与陶进士书》："然至于文字章句，愈帖息不敢～。尝自咒，愿得时人曰：'此物不识字。'"明《二刻拍案惊奇》卷一四："你可与我悄悄请过来，竟到房里来相见，切不可～。"清雍正七年正月二十二日李卫奏文："深知士庶之家一经奉旨提犯，或督抚访拿，无不身家立破。是以无论大小，一切并不～。" ❷惊慌。唐卢仝《自咏》之一："日月黏髭鬓，云山锁肺肠。愚公只公是，不用谩～。"《敦煌变文校注》卷五《维摩诘经讲经文(三)》："肠胃内恰似车鸣，筋骨中也似刀搅。浑家怕怖，满坐～。"清《隋唐演义》二二回："雄信吐舌～道：'吓杀我。'" ❸使惊慌；惊动。元明《水浒传》三一回："弄风山鬼，向溪边侮弄樵夫；挥尾野狐，立岩下～猎户。"明《西游记》二五回："师兄莫嚷，我们且整了衣冠，莫要～了这几个和尚。"

【经】 jīng 禁受；经受。明黄戍儒《寄生草·嘲悭吝》："不怕死三顿儿～的饿，不愁寒只身儿精得过。"《二刻拍案惊奇》卷一〇："落了他们圈套，这人家不～拆的。"清《红楼梦》九回："地狭人多，那里～得舞动长板？茗烟早吃了一下。"

【经谙】 jīng ān 历久而熟知。宋文彦博《举冯诰任允孚札子》："缘秦、凤日近频有蕃界事宜，须藉～本处事体才干官吏逐急差使。"金王寂《上大人通奉寿》之一："月旦人材口不谈，市朝冰炭饱～。"明佚名《一枝花·道情》："过中年往事～，消磨尽少年风月胆。"

【经板】 jīng bǎn ❶印刷经文的板片。宋苏轼《乞禁商旅过外国状》："为徐戬不合专擅为高丽国雕造～二千九百餘片，公然载往彼国。"明《金瓶梅词话》五七回："如今这付～现在，只没人印刷施行。"清昭梿《啸亭续录》卷一："初贮～于馆中，后改为实录馆，乃移其板于五凤楼中存贮焉。" ❷比喻刻板不变或记忆深刻。《元曲选·青衫泪》一折："～似课名排日唤，落叶似官身吊名差。"又《冻苏秦》四折："当日个父亲行得处分，恰便似～儿由然在心印。"明《拍案惊奇》卷三八："姑娘大恩，～儿印在心上，怎敢有忘？"

【经办】 jīng bàn 经手办理。元王恽《平阳府临汾县新廨记》："既度其人之乐用，遂～焉。"清《平定台湾纪略》卷四〇："徐嗣曾现在省城，并无～要件。"《补红楼梦》三四回："园里都是环三太爷～的。"

【经包】 jīng bāo 包裹着经卷的包袱。明《西游记》九八回："行者见～破落，又被香风吹得飘零，却就按下云头顾经，不去追赶。"《二刻拍案惊奇》卷一："辨悟叫个道人随了，带了～，一面过湖到山塘上来。"

【经忏】 jīng chàn ❶佛教道教的经文与忏文。宋居简《梵蓬居塔铭》："先三年习～，十三剃落。"《元曲选外编·西厢记》四本三折："从今～无心礼，专听春雷第一声。"清《红楼梦》九三回："沙弥与道士原系老尼收管，日间教他些～。" ❷指诵经拜忏等法事活动。《元曲选·蝴蝶梦》三折："我有一本《孟子》，卖了替父亲做些～。"

【经衬】 jīng chèn 请僧道诵经的报酬。衬，衬钱。明《金瓶梅词话》三九回："许多厚礼，诚有愧赧。～又且过厚，令小道愈不安。"《拍案惊奇》卷六："巫娘子与他约定日期到庵中，先把五钱银子与他做～斋供之费。"

【经谶】 jīng chèn ❶犹"经忏❶"。清李渔《奈何天》六出："替我把～、蒲团、木鱼、钟磬都摆列起来。"《后西游记》二七回："不多时众僧～念完，要午斋献供。" ❷犹"经忏❷"。清毛奇龄《长山心庵自置食田碑记》："特庵有食产，皆两人自置，不布施，不～，各摅其力。"

【经承】 jīng chéng ❶经受；受到。唐韩愈《柳子厚墓志铭》："衡湘以南为进士者，皆以子厚为师。其～子厚口讲指画为文词者，悉有法度可观。"宋吕祖谦《祭曾知县德宽》："凡策名天陛崭然见头角兮，谁非～指授？"元杨翮《白云稿序》："且尝～作者讲画，是以词气光焰流丽可观。" ❷经历；遭受。《宋史·陈抟传》："自言～五代离乱，幸天下太平，故来朝觐。" ❸承办。明方以智《通雅》卷二六："盖主典未完，～之人谓其侵渔，故坐之。"《梼杌闲评》三九回："又将两淮商人名下派出二十万，餘下二十万派在～书吏身上完纳。"清《隋唐演义》七回："～吏将批取过来，蔡刺史取笔签押。" ❹承办人。特指承办事务的吏员，也作为办事吏员的代称。明刘宗周《再请申饬京兆职掌疏》："致今日檄催，明日守催，今日提～，明日提欠户。"清叶梦珠《阅世编》卷六："缙绅士庶，莫从查其真额，但凭～派额完粮而已。"《绿野仙踪》一回："到京嫌店中人杂，于香炉营儿租了户部王～前院住房安歇。"

【经从】 jīng cóng 经由；经过。宋周煇《清波杂志》卷三："往还～汴都，顾瞻宗庙宫室。"元戴良《过营丘》："轨路偶～，延瞰一悲辛。"明吾邱瑞《运甓记》三八出："如今便道挈领，展拜先茔，即便赴任。～贵治，再图相叙。"

【经担】 jīng dàn ❶盛放佛事用物的担子。元明《水浒传》四五回："只见道人挑将～到来，铺设坛场，摆放佛像供器。"明《禅真后史》三四回："随后众道士齐哄出厅外，令道人收卷～，无颜含愧而去。"清《续金瓶梅》三七回："忙的个尼姑福清师徒三个挑着～衣钵，连夜搬进师师府来。" ❷挑经书的担子。明《西游记》九八回："沙和尚护守着～，孙行者急赶去如飞。"

【经当】 jīng dāng 承受；担当。清陈端生《再生缘》四八回："但恐朝廷发怒起来，那时叫他～不起。"《绿野仙踪》二二回："你老人家怕什么？我们做媒人的～不起。"又七七回："把我乱动无情夹棍，我这老骨头如何～的起？"

【经度】 jīng dù 另见 jīng duó。❶观测天体运行所划分的度数，所指不一。五代王朴《奏进钦天历表》："今以日月～之大小，较去交之远近，以黄道之斜正，天势之升降，度仰视旁视之分数，则交亏得其实矣。"元赵有钦《革象新书》卷一："各度皆以二十八宿之距星纪数谓之～。"清《荡寇志》一二五回："明日巳初三刻，太阳地平～系正东偏南十五度有零，却好这东高峰向城中是乙山辛向，也是正东偏南十五度有零，与太阳地平～符合。" ❷度过；经过。宋张继先《望江南·观棋作》："松影里，～几回春。"明《西游记》五七回："自别大国以来，～诸邦。"

【经度】 jīng duó 另见 jīng dù。经营规划。唐于邵《送郑判官之广州序》："公治分汴东之幕，～邦赋于桂之南。"明宋濂《王节妇汤氏传》："上承舅姑，米薪盐醯之费，靡不～。"清钱谦益《得卢德水宿迁书却寄》："帝曰汝往哉，漕事汝～。"

【经房】 jīng fáng ❶僧院藏经或僧人诵经的房间。也借指僧房。唐贾岛《哭柏岩禅师》："塔院关松雪，～锁隙尘。"清谈迁《谈氏笔乘·空玄》："相国父疾，迎医于嘉兴楞严寺前，偶憩～。"《续金瓶梅》三回："两下相见问讯了，就请在～安歇。" ❷科举乡、会试各同考官阅卷的房间。最初分经设立，故称。明沈德符《万历野获编》卷一〇："是科～同考官、检讨黄国鼎，亦晋江人。"陈与郊《袁氏义犬》三出："〔末〕你便不认狄灵庆，那个不认得你是狄灵庆来。〔净〕小人自有个脱皮换壳的法儿。过屠门，轻剜鼻凹斜拖墨，卖与～薄行人。"《石点头》卷七："此时各～分考官，及大提调内外监场官，众目咸在，一时改换不得。" ❸借指同考官。明周元暐《泾林续记》："甲辰会试，江汝璧为主考，彭风为～。"《警世通言》卷一八："主司同各～在至公堂上拆号填榜。《礼记》房首卷是桂林府兴县学生。"

【经管】 jīng guǎn 经营管理。五代王建《郊天改元赦文》:"官中收没屋舍庄田,除已有指挥及有人～收买外,餘无人射买者,有本主及妻儿见在无处营生者,并宜给还。"明刘若愚《酌中志》卷一六:"宝和等店,～各处商客贩来杂货。"清《红楼梦》八八回:"奴才在这里～地租庄子。"

【经惯】 jīng guàn 犹"惯经"。宋陈自明《妇人大全良方》卷一六:"宜预择年高历练生婆一人,并稳当曾～妇人一两人扶持。"《元曲选·谢金吾》三折:"多来少去关西汉,杀人放火曾～。"明《醒世恒言》卷二七:"但他年纪幼小,道途跋涉,未曾～。"

【经画】 jīng huà 经营筹划。唐卢恕《楚州新修吴太宰伍相神庙记》:"太宰伍相庙,置在吴时,临邗沟。当伐越时,为馈运所开,太宰～。"明《于少保萃忠全传》一七传:"出则～军务,进则防豫事机。"清吴伟业《陈确庵尊人七十序》:"劝谕父老,筑堤设防,～指点,悉有成法。"

【经纪】 jīng jì ❶做买卖;经商。唐王梵志《经纪须平直》:"～须平直,心中莫侧斜。些些征取利,可可苦他家。"《敦煌变文校注》卷五《父母恩重经讲经文(一)》:"不愁与本教～,媿在徒(图)儿立得身。"清《儒林外史》二一回:"我们～人家,那里还想甚么应考上进?" ❷生意;经营求利的行业或行为。也隐指抢劫财物。宋洪迈《夷坚志》支庚卷五:"我终年劳苦筋骨,受尽寒贱,何曾好得一饱。不如做此一场～。"《元曲选·燕青博鱼》二折:"〔搽旦云〕……饶你明说到夜,夜说到明。我不还你,则是不还你!〔正末唱〕怎将俺这小本～来揩。"清《说唐前传》一四回:"在下姓雄名阔海,本山人氏,作些无本～。" ❸经纪人。明《杜骗新书·牙行骗》:"出外为商,以漂渺之身,涉寡亲之境,全仗～以为耳目。若遇～公正,则货物有主;一投狡侩,而抑货亏价必矣。"清孔尚任《桃花扇》一七出:"皮肉行里～,只许你们做么?俺也同去。"《十二楼·夺锦楼》一回:"湖广武昌府江夏县有个鱼行～,姓钱,号小江。" ❹节约;吝啬。明徐元《八义记》八出:"去年屠老爷劝农,甚是～。"《西游记》六八回:"那行者原是要他,那里肯买,道:'贤弟,你好不～。再走走,拣大的买吃。'"《醋葫芦》一九回:"若要大官人将半分三厘把与小人用,果然极是～;若说用与他人,且是溜索。" ❺行家;在行。明《型世言》二一回:"别个不知痛痒,我老～,伏事个过的,难道不晓得路数?"

【经纪人】 jīng jì rén ❶买卖人;生意人。宋周密《武林旧事》卷二:"及为乔～,如卖蜂糖饼、小八块风子,卖字本,虔婆卖旗儿之类,以资一笑者尤多也。"宋元《古今小说》卷三六:"我与你二两银子,你一文价卖生萝卜,也是～。"清《白雪遗音·醉归》:"又恐蟾宫来贵客,小可～吓,恐被傍人话短长。" ❷隐指盗贼。宋费衮《梁溪漫志》卷一〇:"一夫忽前耳语曰:'某辈～也,欲得此家所暴缣帛,告官人勿言。'……士私念彼所染物皆高揭于通衢之前,白昼万目共睹,彼若有术可窃,则真黠盗也。" ❸为买卖双方介绍交易以取得佣金的商人。明《拍案惊奇》卷二二:"没奈何就寄住在永州一个船埠～的家里,原是他父亲在时走客认得的。"清《蜃楼志》二回:"众商见万魁告退,也就照他的样式,退了几个～名字。"

【经今】 jīng jīn ❶迄今;至今。唐韩愈《桃源图》:"听终辞绝共凄然,自说～六百年。"金《董解元西厢记》卷六:"～半载,双双每夜书帏里宿。"清《珍珠舶》三回:"令爱一事,～半月,尚无踪迹。" ❷如今。《太平广记》卷四六三引唐段成式《酉阳杂俎》:"晋太元中,营道令何偕之去职。……营道～属道州。"

【经诀】 jīng jué 经文和概括经文的要诀。唐杨筠松《撼龙经》:"寻龙且用依～,好把星峰细辨别。"明汤式《一枝花·赠人》:"奇略饱阴阳～,壮怀吞星斗文章。"《四游记·东游记》二回:"初受～,未克成功,是以待子于此。"

【经魁】 jīng kuí 科举乡、会试考取的第一名。起初分经考试,各经头名称经魁。后不分经,仍袭旧称,或作为考取者的通称。宋洪迈《夷坚志》支甲卷七:"暨榜出,杜为～,罗同奏籍。"明《型世言》一九回:"次年弘治戊午,中了福建榜～。"清《歧路灯》一〇八回:"到了秋闱,中了第四名《春秋》～。"

【经络】 jīng luò 人体的经脉和络脉,比喻诀窍、门道。清《何典》二回:"形容鬼也不懂打官司～,茫茫无定见的。"△《官场现形记》三〇回:"冒得官听了,心上寻思:'原来求差使有这许多～。'"

【经脉】 jīng mài 人体气血运行的通路,比喻关键处。明《石点头》卷一二:"这婆子正要与他计较,却好被他道着～。"清沈起凤《才人福》一〇出:"若医得拉～浪呢便罢,若医得弗著骱脉,就打碎俚革招牌。"

【经识】 jīng shí ❶接触或经历过而知晓。明杨柔胜《玉环记》二一出:"幼年曾接丰标,及壮未曾～。"《醒世恒言》卷二三:"积年做马泊六的主子,又不是少年媳妇,不曾～事的。"清《豆棚闲话》一一则:"要他将当日受那乱离苦楚从头说一遍,也令这些后生小子手里练习些技艺,心上～些智着。" ❷指经手人或知情人。清雍正四年三月十六日周瑛奏文:"代为借垫,尚未结清,督臣现在行提该管～查核清理。"又十年五月二十二日迈柱奏文:"据～禀称,此项公费银两俱系中营扣出,留作提督取用。"《大清会典则例》卷一八:"如该场官催征不力,许该县提比～。"

【经手】 jīng shǒu ❶过手;亲手经办。唐白居易《戊申岁暮咏怀》之二:"紫泥丹笔皆～,赤绂金章尽到身。"明沈采《千金记》一九出:"钱粮未曾～,我是知数的,非干我事。"清《红楼梦》八三回:"你倒是那里～的人,这个自然还知道些。" ❷指经办人。清《豆棚闲话》五则:"阍者入报,富翁道:'唤～问其取足本利,还其原券是矣。见我何为?'"

【经受】 jīng shòu ❶(江河)流经与接受(的支派河流)。《新唐书·苏瓌传》:"瓌乃绘布陇右、山南九州,且载河所～为图。" ❷经历;遭受。清《豆棚闲话》一则:"你们后生小伙子不曾～,从不曾出门看见几处,又不曾逢人说着几个,如何肯信?" ❸承受。清赵怀玉《苏幕遮》:"春病春愁,寂寞谁～?"《绿野仙踪》四七回:"只得也与苗秃几句锥心刺骨的假屁吃,这秃子那里～得起?"《蕉叶帕》四回:"放出他的娇媚,令人魂销。龙生那里～得起?"

【经头】 jīng tóu ❶经文的开头或头绪。《敦煌变文校注》卷五《双恩记》:"未说间,大众有疑;忽然闻道'如是我闻',大众方知是阿难。所以～上先置'如是'。"明《金瓶梅》五三回:"今日央你做好事保护官哥,你几时起～?"《二刻拍案惊奇》卷二四:"一个人当前走过,甚是急遽,认得是元自实,因为怕断了～,由他自去,不叫住他。" ❷月经初来的势头。清《野叟曝言》三二回:"那两碗冷水正吃在经水将来,把～遏住,月事不行。" ❸清代科举乡、会试誊录各经房卷子的头目。清《皇朝文献通考》卷五一:"又议革除乡、会试～名目。"《皇朝通志》卷七二:"乡、会试誊录所每经设～领司其事,多因之舞弊。"

【经纬】 jīng wěi ❶谋略。宋苏辙《送交代刘莘老》:"翩翩下鸿鹄,一一抱～。"明张四维《双烈记》二一出:"我只道二贼胸中实有～,原来无计。"清《后红楼梦》七回:"正经咱们从前通不知大姑娘胸中有这样～,怪不得你舅舅那么样疼你。" ❷有胸襟谋略。明《型世言》二回："不如当饮忍时饮忍，当激烈时激烈，只要得报亲仇，不必论时先后，是大～人。"清《后红楼梦》四回："政老爷年纪渐渐大了，怎么得个～人出来把持把持。" ❸尺度；规矩。明《禅真逸史》一九回："看这小子容颜古怪，相貌稀奇，言语甚有～，决非落后之人。"清《红楼梦》三二回："他如今说话越发没了～，我故此没叫他了，由他过去罢。"

【经验】 jīng yàn 经历体验。明郭奎《上人一首》："山河王气重～，茅土功臣定见褒。"张宁《顾守恒地理书跋》："守恒于此书甚自信重，推其信重己甚者而乐与人同之，不必一一～。"清《红楼梦》七八回："老太太还有什么不曾～过的？"

【经营】 jīng yíng 营求财利。《敦煌变文校注》卷六《目连缘起》："儿拟外州，～求财，侍奉尊亲。"明《醒世恒言》卷一："贾昌因牵挂石小姐，有一年多不出外～。"清《霓裳续谱·读书未就》："我是宁可买卖～，要去学肩挑，在街坊赚些个钱和钞。"

【经帐】 jīng zhàng 经手交易的账目单。宋洪迈《夷坚志》支景卷四："寺知事僧来谒，言有一道人持～为某家售地。"明《醒世恒言》卷三五："阿寄偶然闻得这个消息，即寻中人去讨个～。恐怕有人先成了去，就约次日成交。"清《情梦柝》一三回："又将花园一座、庄房一所、要造屋的隙地数亩，值六百餘金，～俱已写就，替你折代妆奁。"

【经折】 jīng zhé 记事的折子。元明《水浒传》一八回："只见何清去身边招文袋内摸出一个～儿来，指道：'这伙贼人都在上面。'"明《西洋记》一四回："只见一个～儿尽是大青大绿妆成的故事：青的是山，山就有行小字儿，注着某山；绿的是水，水就有行小字儿，注着某水。"清《十二楼·归正楼》二回："笔客就向夹袋之中取出一个～，凡是买笔的主顾，都开列姓名。"

【荆】 jīng "荆钗"之省，用作称自己妻子的谦词。宋陈著《答竺梅潭亲家》："某薄下春，随动皆病。老～衰惫，诸儿又无生可业。"明袁于令《西楼记》四出："亡～颜氏，止生一男。"清《聊斋志异·陆判》："山～，予结发人，下体颇亦不恶，但头面目不甚佳。"

【荆布】 jīng bù ❶荆钗布衣，平民或贫民女子的装束。宋孙觌《邵令人余氏挽词》："遗衣尚～，故物有箪瓢。"明《拍案惊奇》卷三二："虽只是～淡妆，种种绰约之态，殊异寻常女子。"清陈端生《再生缘》四六回："万里云山为旅客，三年～隐蓬门。" ❷借指平民或贫民女子。明王錂《寻亲记》四出："此是女萝根，岂为～伍？" ❸谦称己妻。宋陈自明《妇人大全良方》卷一八："余家～方产，一日忽见鬼物。"明陈汝元《金莲记》二五出："且喜儿子长成，只是目断椿萱，心怀～。"清《醒世姻缘传》一六回："～人幸而无恙，见与不孝同在服丧。"

【荆钗】 jīng chāi 荆条做的发钗，贫女所用。❶借指侍女或平民、贫民女子。宋陈自明《妇人大全良方》卷一八："遣～辈视之，奄殆无气。"金徐世隆《胡氏杀虎歌》："谁谓～辈，乃有如此英。"清《红楼复梦》九〇回："咱们又来一姐妹，～十二俱已齐集。" ❷谦称己妻。明许自昌《水浒记》三二出："复垂怜阃内～，使夫妻团圆无恙。"清李玉《清忠谱》一折："清吏名传，清彻女中原宪。老～，萧萧宦眷。" ❸谦称聘礼。明周履靖《锦笺记》一七出："〔老旦〕这亲事聘下几年了？〔生〕下～三年有奇。"清方成培《雷峰塔》二七出："喜得鸳鸯相并，～愧乏谐秦晋。"《蝴蝶缘》五回："谬蒙称许东床之选，实愧王郎。但客中苦无厚聘，各有微物一种，聊伐～。" ❹指婚姻。明王玉峰《焚香记》一九出："梁鸿已毕～愿，忍破菱花泣舞鸾。"

【荆妇】 jīng fù 对他人谦称己妻。宋《朱子语类》卷九〇："～有所生母在家间养，百岁后，只归祔于外氏之茔，如何？"明《金瓶梅词话》六三回："西门庆交温秀才起孝帖儿，要刊去，令写'～奄逝'。"清陈端生《再生缘》三〇回："丽君小女能书写，自写真容未嫁前。～悲心时要看，如今不在我身边。"

【荆棘】 jīng jí ❶佛家比喻缠缚真性、妨害省悟的妄念俗情。唐司马承祯《收心》："爱见思虑，是心～，若不除剪，定慧不生。"宋夏元鼎《水调歌头》："愚底转生分别，划地唤爷作父，～满心田。去道日以远，至老昧蹄筌。"克勤《碧岩录》一则："达磨本来兹土，与人解粘去缚，抽钉拔楔，划除～。因何却道'生～'？非止当时，诸人即今脚跟下，已深数丈。" ❷比喻嫌隙、阴谋。唐孟郊《择友》："面结口头交，肚里生～。"明《欢喜冤家》一九回："木知日以小托而见信，谅大委而不负。岂料江仁不仁，腹栽～，暗窃其财，巧奸其妇。"清李玉《清忠谱》七折："那毛、李二人呵，免不得笑里藏刀～生。" ❸比喻束缚。宋朱熹《乞加封陶威公状》："一人仕途，～万状。"元明《三国演义》一〇回："密遣心腹侍帝左右，观其动静。献帝此时举动～。" ❹比喻思绪阻滞、才技荒疏。宋方岳《沁园春·和林教授》："不是我曹不肯来。君且住，怕口生～，胸有尘埃。"清《杏花天》一一回："月来餘日，诗句～，笔墨生疏。"《春柳莺》五回："小顽烦托名师教以指南，实愧～，有屈鸾凤。" ❺比喻妨害、威胁。清《隋唐演义》六六回："建成晓得了，只道去此～，可以无忧。"

【荆棘刺】 jīng jí là 即"惊急列"。《元曲选外编·西厢记》二本四折："～怎动挪，死没腾无回豁。"

【荆棘列】 jīng jí liè 即"惊急列"。《元曲选·后庭花》四折："听说道～半日，猛觑了呆打颏一会。"明佚名《折桂令·离情》："～取次离别，短局促不似今番。"

【荆棘律】 jīng jí lǜ 即"惊急列"。《元曲选·黑旋风》一折："唬他一个痴挣，唬得～的胆战心惊。"又《竹叶舟》四折："则见他～忙忙走着，〔做摇手科，唱〕哎，你个痴呆汉休来赶我。"

【荆奴】 jīng nú 妻子自谦之称。明张四维《双烈记》三一出："相公吾心自忖量，～惭愧，屡沐恩光。"

【荆聘】 jīng pìn 聘礼的谦词。荆，荆钗。清《凤凰池》一〇回："小弟与令妹有缘，不敢过辞了。但客中愧乏双璧，愿录出前诗，以作～何如？"

【荆妻】 jīng qī 犹"荆妇"。宋赵公豫《夜窗独饮》："独酌亦能消永夜，倡酬殊苦少～。"明《禅真逸史》三七回："我那～，博通书史，谨守妇道。"清李玉《清忠谱》一折："～吴氏，有子四丁。琐琐家门，何须齿及。"

【荆请】 jīng qǐng "负荆请罪"的缩略。明曹于汴《刘介达先生墓志铭》："季幼稍抗礼，先达则督责～。"孙柚《琴心记》一五出："学生先返，望公曲求一见，尚容异日同～。"清《姑妄言》四回："闲花野草，小弟实不愿看。辜兄美情，容当～。"

【荆人】 jīng rén 犹"荆妇"。明张介宾《景岳全书》卷二〇："向余～患此，几致不救。"清《聊斋志异·公孙九娘》："具各无恙，但～物故矣。"《醒世姻缘传》六一回："要看～的时节，我等他回娘家去，约你去乘便一看。"

【荆识】 jīng shí 初见相识的美辞。语本唐李白《与韩荆州书》："生不用封万户侯，但愿一识韩荆州。"明杨荣《送检讨陈嗣初还姑苏》："忆昔未～，林居养幽贞。"朱鼎《玉镜台记》二一出："久仰芳名，未获～。"沈鲸《双珠记》三出："三位俱大贵人也。素未～，此来必有见谕。"

【荆室】 jīng shì 犹"荆妇"。元陈栎《云萍小录》："考讳源长，字复之；妣同县旌城汪氏；～同乡回溪朱氏。"明陈汝元《金莲记》八出："常思故国萱堂，难消岁月；料应客途～，备历风霜。"清《歧路灯》一八回："赚了钱时，养活萱堂～。"

【荆颜】 jīng yán 初识对方的美辞。参见"荆识"。清《荡寇志》八一回："久钦山斗，未识～。今日驾临，实为深幸。"

【精】 jīng ❶瘦(肉)；没有皮、骨的(肉)。参见"精肉❶"。《五灯会元》卷三《盘山宝积禅师》："见一客人买猪肉，语屠家曰：'～底割一斤来。'"明韩奕《易牙遗意》卷上："用猪肉肥～半，切作小骰子块。"清《风流悟》六回："王二见说，即将桶盖开了，拿出来。敬山道：'为何都是～的?'" ❷光；空。《元曲选·黑旋风》三折："还有～着腿，无个裤儿穿的。"明《山歌·烧香娘娘》："城里人十分介轻狂，屋里～无一塌，硬三蛮极要行。"清《飞龙全传》八回："这酸枣树倒也沉重，何不拔他一株，当当兵器？强似～着拳头，抵当不便。" ❸纯粹；一味。明佚名《升堂记》二折："你这厮似那切刀劈柴，你～是个薄福头。"《金瓶梅词话》三五回："我～攮气的营生，平白的爹使我接的去，教五娘骂了我恁一顿。"清《无声戏》四回："可见他口里的话，都是～胡说的。" ❹十分；极。明丁彩《金衣公子·愤怨》："买鳔来不黏，买蜜来不甜，买的盐来～哩淡。"《石点头》卷六："好个聪明叫化丫头，六言歌化作许多套数，胥老人是～迟货了。"清《金台全传》三六回："软壳鸭蛋，勿要发呆，被雷蓬一脚踏得～瘪。" ❺受妖精惑害。明《警世通言》卷二七："本庙华光菩萨最灵感，原在庙里被～了，我们备些福物，做道疏文烧了，神道正必胜邪，或可救得。"

【精采】 jīng cǎi ❶光芒；光辉。宋姚勉《沁园春·七月朔寿卢守》："揽玉壶英气，钟为人物，银河～，融作文章。"清《女仙外史》九六回："玉卵分开，跳出个小女孩儿来，长有八九寸，好似放光出匣，～映照一室。" ❷光彩；光泽色彩。宋黄庭坚《与运使中舍书》之五："钓丝竹笋，大为珍惠，瓜匏琐琐，尤觉此物于匕箸间有～也。"范成大《桂海虞衡志》："鹦鹉螺，状如蜗牛。壳磨治出～，亦雕琢为杯。"明高濂《遵生八笺》卷一五："矾染既多，～迥异。其花草红若初旸，绿如碧瑱。" ❸气象；面貌。宋李曾伯《沁园春·饯余蜀帅》："看作新～，叶符气运，转旋机括，元在人心。"李璧《中兴战功录》："夜布火，易旗帜，逮晓，军阵～一新，乐声震山谷。"明杨一清《嘉靖四年奉诏督师西征》："十乘戎行新节钺，三边～旧关河。" ❹有光彩；有声誉或文采。宋《朱子语类》卷一一二："官无大小，凡事只是一个公。若公时，做得来也～，便若小辟，人也望风畏服。"明文震亨《长物志》卷五："伪作者，其色黄而不～。"清查慎行《题泰州宫氏春雨草堂图》："正赖后多贤，画图益～。" ❺文采；艺术作品的神韵。宋陈淳《答杨行之》："而圣贤理义文字本无相妨，理义明则文字益条畅有～。"明宋濂《跋苏叔党书黄山谷慈氏阁诗后》："然濂见斜川书颇多，此纸尤～焕发。"清蔡世远《寄宁化五峰诸生》："心有实得，则文字自有～。" ❻眼光，指识别力或注意力。宋《朱子语类》卷四四："此章固是要人不得先去逆度，亦是要人自著些～看，方得。"又卷五九："操存舍亡，只在瞬息之间，不可不常常著～也。"明吴之鲸《武林梵志》卷八："诸人长须着～，不可说禅道之时，便有个照常的道理，洗菜作务之时不可便无知也。" ❼健旺；有生气活力。明《西洋记》三七回："好个张狼牙，威风凛凛，杀气腾腾，转战转添～。"清查慎行《龙牙滩》："幸以险著名，设防亦每每。篙师出全力，遇此愈～。"《醒世姻缘传》三回："珍哥虽还不曾再病，新节间也甚是少魂没识的，不大～。"

【精彩】 jīng cǎi ❶目光。精，通"睛"。清《医宗金鉴》卷七七："瞳中隐隐似翳，渐无～射人。"《女仙外史》七三回："纶巾鹤氅，隆准修髯，双眸如电，～逼人。" ❷同"精采❶"。也指光芒闪耀。唐陶拱《天晴景星见赋》："能使嘉祥昭于国典，景星耀于天维。岂徒呈光芒而出矣，遇～而见之?"元佚名《集贤宾·忆佳人》："悬明镜月华～，散残棋星斗斜横。"清《雪月梅》一六回："(剑)抽出鞘来，寒光凛凛，月下看来，分外～。" ❸同"精采❷"。唐王勃《广州宝庄严寺舍利塔碑》："然则麟凤下灵，犹称瑞贶；玉石微玩，尚腾～。"明罗钦舜《祭督宪金公德润文》："公由乡校，起擢巍科，郎胄～，如镜初磨。"清《绿野仙踪》九八回："(仙骨)大如梧桐子，五色相间，～夺目，光耀逼人。" ❹同"精采❸"。五代贯休《寄杜使君》："杉松经雪后，别有～出。"明余继登《贺御史刘公八十寿序》："公至，明号令，申约束，壁垒旌旗，～皆变。"陈全之《蓬窗日录》卷三："痛革宿弊，修得旧规，使耳目一新，～一变。" ❺同"精采❹"。宋陈郁《藏一话腴》甲集卷上："太白云：请君试问东流水，别意与之谁短长；江南李后主曰：问君还有几多愁，恰似一江春水向东流。略加融点，已觉～。" ❻同"精采❺"。《太平广记》卷二一四引《野人闲话》："曾于青城山丈人观，绘画五岳四渎真形并十二溪女数堵。笔迹遒健，～欲活。"清汪由敦《跋手临苏书金刚经》："壬申春，于懋勤殿值次，见文重此卷，～奕奕动人。" ❼同"精采❻"。《古尊宿语录》卷二九《舒州龙门佛眼和尚语录》："岂不见德山老子向你道：未踏船舷时好与三十棒也。诸人也着些子～着，饭袋子也好与三十棒。"明魏校《答聂郡守文蔚》："须屏绝一切见解，扫除许多语言，只就'放去处收回得'这欛柄入手，～当自迥别。"李贽《焚书》卷四："故'原无生死'四字，不可只恁么草草读过，急着～，便见四字下落。" ❽同"精采❼"。元王伯成《春从天上来·闺怨》："巡官算我，道我命运乖，教奴镇日无～。"明《禅真逸史》三六回："小姐病体日渐痊可，饮食如旧，不数日，便觉花容～，玉体妖娆。"清胤禛《朱批谕旨》卷九上："朕曾记范宗尧人甚～，但恐过于聪明耳。"

【精赤】 jīng chì 完全裸露。作形容词时，多加"洒洒""条条"等后缀。《元曲选·救风尘》二折："我揭起轿帘一看，则见他～条条的在里面打筋斗。"明《山歌·汤婆子竹夫人相骂》："我看你～洒洒，无介点趣向。"《禅真逸史》二一回："将裙裤尽皆扯下，浑身～。"清《醒世姻缘传》三回："跳下炕来，～着身子，往晁源被里只一钻。"

【精赤剥】 jīng chì bō 犹"精赤"。明《醒世恒言》卷二六："明明见少府慌慌忙忙，～的跑入门来，满身都是鲜血。"

【精出】 jīng chū 犹"精赤"。明《山歌·粽子》："撞你介个馋痨捉我剥得～子，一连两个正救子肚饥人。"清《一片情》一四回："只见腊梨探头探脑，～下身来与妇人求欢。"

【精打光】 jīng dǎ guāng ❶精光；一无所有。清《醒世姻缘传》九二回："一个老婆婆，有衣有物的时节，还要打骂凌辱；如今弄得～的，岂还有好气相待不成?"《女仙外史》七三回："火龙火马，电掣雷飞，不消刹那之顷，烧得个～。" ❷彻底；没有餘地。清《白雪遗音·婆媳顶嘴》："把双红绫子睡鞋，溺了个～，没太阳，叫我怎么着晾?"

【精打精】 jīng dǎ jīng 犹"精打光❶"。明赵南星《喜连声》："弄的这秀才家有上稍无下稍成甚乖，哄的那破拉沽～光打光又去合谁热。"清孔尚任《桃花扇》一出："见一伙乱臣无礼教歌舞，使了个些小方法，弄的他～。"

【精到】 jīng dào 精妙到位；精细周到。唐胡证《奉和山亭书怀》："飞泉天台状，峭石蓬莱姿。……居然尽～，得似书妍词。"明刘基《题富好礼所畜村乐图》："想应临榻出秘府，笔意～世罕俦。"清赵翼《瓯北诗话》卷六："放翁工夫～，出语自然老洁。"

【精干】 jīng gàn 精明干练。《太平广记》卷二四三引《乾膜子》:“因选就众材,及陆博局数百,鬻于本行,乂计利百餘倍。其～率是类也。”元王鹗《汝南遗事》卷三:“昌孙为人短小～,性复悌恺,雅为上所知。”清雍正十一年九月四日南天祥奏文:“臣请遴选～千把,外委数员,各挑带强壮兵丁数名,专任捕盗之责。”

【精高】 jīng gāo 精通某事,技艺高超。《太平广记》卷二九引《逸史》:“唐太宗年,有禅师行道～,居于南岳。”宋《朱子语类》卷一二一:“他直得恁地用力,所以后来做得诗来极是～。”清《载花船》五回:“偶然来到一位堪舆先生,江西人士,艺术～。”

【精乖】 jīng guāi 精明乖巧。清《续金瓶梅》二六回:“原来是积年扬州瘦马,又在门户里出身,苗员外使四百两银子包他一年,甚么事不～?”《歧路灯》七六回:“他的门头儿大,宅院深邃,满相公又诸事通融～。此时若打断了,盛宅大做的事,便难接绪推许。”

【精怪】 jīng guài ❶妖魔鬼怪。《敦煌变文校注》卷二《叶净能诗》:“又闻蜀王殿上作乐,直至天明。蜀郡人深怪,倍加搜获,疑是异人;捕逐纷□(纭),恐是～。”《元曲选·张生煮海》三折:“前日有一秀才在我这房头借住,因夜间弹琴,被一个～迷惑将去了。”清《绿野仙踪》一六回:“你系何等～,乃敢横行,不畏天地?” ❷喻指丑陋的人。《敦煌变文校注》卷六《金刚丑女因缘》:“小娘子如今娉了,免得父孃烦恼。推得～出门,任他到舍相抄(吵)。”

【精光】 jīng guāng ❶形容身上一丝不挂或头上没一根头发。明汤显祖《牡丹亭》五五出:“一到了阴司,捋去了凤冠霞帔,赤体～。”《醒世恒言》卷三九:“李婉儿伸手去摸他头上,乃是一个～葫芦。”清李玉《清忠谱》一八折:“唤出阱,～跣剥,饶伊好汉也消魂。” ❷净尽;一无所有。明汪道昆《远山戏》:“〔丑〕我有金精草。〔小旦〕我有金光草。〔贴〕这个却好。〔丑〕我每斗得～,却没有了。”《石点头》卷六:“到此无依,也是一～赤汉,并无衣食。”清《红楼梦》一○七回:“只可怜凤丫头操心了一辈子,如今弄得～。”

【精寒】 jīng hán 极寒。也形容受饥寒。明黄淳耀《周文矩嵇康弹琴图歌》:“风灯漠漠山～,耸肩缩颈来路难。”汤显祖《牡丹亭》二二出:“〔生作哎呀介,末〕怎生来人怨语声高?〔看介〕呀,甚城南破瓦窑,闪下个～料。”

【精空】 jīng kōng 空无所有;一点不剩。明《山歌·蒸笼》:“我只指望你火气退时依还听你重相聚,啰得知后来原哄得我～。”《西游记》八六回:“连洞府烧得～,却回见师父。”清《醒世姻缘传》二五回:“单于民新买添的产业,卖得～。”

【精灵】 jīng líng 机灵。元明《水浒传》九四回:“只想张顺是个～的人,必然死于无辜。”明汤显祖《紫钗记》五二出:“他脱了神,当时画的人,猛然间想起今难认。一会儿～,一会儿昏晕。”清《野叟曝言》三三回:“那知乌龟、鸨子,是世上第一等～不过的东西,鉴貌辨色,早已猜透了九分。”

【精能】 jīng néng 精通熟练。唐方干《观项信水墨》:“险峭虽从笔下成,～皆自意中生。”《元史·郭宝玉传》:“太宗诏大臣忽都虎等试天下僧尼道士,选～经文者千人,有能工艺者,则命小通事合住等领之。”清《绣鞋记》六回:“他虽是个男子,却无半点机谋,但伊妻运筹握算,甚是～。”

【精胖】 jīng pàng 精壮;壮实。清《何典》四回:“寻着个好性格、吃得温暾耐得热的～小伙子,已算是造化了。”又八回:“跑出一个腰细肩胛阔的～后生来。”

【精皮】 jīng pí ❶光皮肤。《元曲选·赵氏孤儿》三折:“是那一个实丕丕将着粗棍敲,打的来痛杀杀～掉。” ❷指嘴唇。明崔时佩、李日华《西厢记》七出:“〔贴〕谁不知穷伴儅,单身一条光棍。〔丑〕这臭丫头,响嘴两片～。” ❸讳指女阴。明许自昌《水浒记》二四出:“你打劫不来,叫这女儿骗人。……两片～,拐人无穷白镪。”《禅真逸史》二一回:“这女人浑身脱剥,赤着两片～。”清《野叟曝言》六九回:“满房都站着赤条条寸丝不挂的女人,胸前悬着一双嫩乳,股间夹着片～。”

【精虔】 jīng qián 赤诚;精到虔诚。《敦煌变文校注》卷五《维摩诘经讲经文(一)》:“可于意地发～,只是心田兴妒害。”明《石点头》卷九:“蒙仆射礼忏～,感动阎罗王天子,十日之内,便往托生。”清洪昇《长生殿》四六出:“这全托赖着大唐朝君王福分,敢夸俺小鸿都道力～。”

【精穷】 jīng qióng ❶精心穷尽(研究)。唐李世民《大唐三藏圣教序》:“承至言于先圣,受真教于上贤。探赜妙门,～奥业。”宋欧阳修《谢赐庆历七年历日表》:“伏惟尊号皇帝陛下,……～天人,著为玉历之文,以叶明堂之政。”清弘历《咏宣德雕漆士女盒》:“大字填金掩永乐,笑他何必太～。” ❷赤贫;穷得一无所有。明谢谠《四喜记》四一出:“自家唤作渔翁,一身弄得～。”清《儒林外史》五二回:“可知道,不怕该债的～,只怕讨债的英雄。”《歧路灯》一○○回:“可怜我王春宇若仍是当年～,谁做生日哩?”

【精确】 jīng què 精密确切。唐房玄龄《玉牒议》:“金玉重宝,质性贞坚,宗祀郊禋,皆充器币,岂嫌华美,实贵～。”宋赵与时《宾退录》卷七:“与时旧见象山陆先生所作《荆公祠堂记》,议论尤～。”清《野叟曝言》七三回:“今遇文爷,议论～,连两先生都倾倒。”

【精肉】 jīng ròu ❶纯肉;不带皮、骨的肉。《太平广记》卷二三四引《大业拾遗记》:“于海取得鮸鱼,……去其皮骨,取其～缕切,随成随晒。”元《三遂平妖传》九回:“再去蒸笼里捉一个馒头与他。瘸师接得在手里,又捻一捻,问任迁道:‘哥哥!里面有甚的?’任迁道:‘一色～在里面。’”清《风流悟》六回:“昨晚正打一只肥狗,遇着一个老妪,要我的狗皮与儿子做暖帽,肯出三钱银子,所以剥了皮去,纯是～了。” ❷也指去除皮壳的果实。宋苏轼、沈括《苏沈良方》卷六:“蘩麻子,以柳木制硙子磨之,马尾筛取黄肉,其乌壳弃不用。每十两得四两～。” ❸瘦肉。元佚名《醉太平·讥贪小利者》:“鹭鸶腿上劈～,蚊子腹内刳脂油,亏老先生下手。”元明《水浒传》三回:“要十斤～切做臊子,不要见半点肥的在上头。”

【精湿】 jīng shī 湿透。清《醒世姻缘传》三○回:“穿了～的衣裳,垂头丧气,走了四五里路。”《姑妄言》二○回:“雨虽不大,连绵不住,浑身淋得～。”

【精爽】 jīng shuǎng ❶清朗;清明。唐卢士开《日月如合璧赋》:“合璧之为状也,颖耀相向,圆明比象,丽重光于一轨,开混茫而～。”元杰《浈阳果业寺开东岭洞谷铭》:“涵孕～,澄凝气源,信列仙之攸居,岂尘俗之所止哉?”明归子慕《奉寿外舅念东翁六十序》:“而东滨公之夫人,今者亦年逾九十,神气～,行且度百岁而过之。” ❷清楚明断。唐庾承宣《唐前义成军节度李公二州慰思述》:“先之以端庄肃怠惰,齐之以～攻矫诬。清明烛于无间,机权制于有眹。”明沈鲸《双珠记》七出:“觑丰仪,真英朗;听言辞,尤～。信是士类之宗,儒林所仰。”清玄烨《古文评论·曾巩〈说用〉》:“诠理之文,而措辞倍觉～,特类子书。” ❸精神焕发;神清气爽。唐陆龟蒙《麈尾赋》:“道林乃摄艾衲而～,捉犀柄以挥揖。天机发而万目张,大壑流而百川入。”宋元《清平山堂话本·刎颈鸳鸯会》:“言讫,欻然不见了。本妇当夜似觉～些个。”清《霓裳续谱·相思害的》:“这病儿倒有些奇缘故,一回～,一回糊涂。”

【精松】 jīng sōng 极稀松平常。清《野叟曝言》五三回:“看那势儿，实是～。我就死，也挡他几刀儿，怎一赶就散了?”又:“那样～的强盗，怎当不起他一踢一压?”

【精髓】 jīng suǐ ❶人体的精气元髓。明吴中情奴《相思谱》九折:“就是奴家一死，也是他昼夜戏弄，以致～枯竭，遂不能活。”清《说岳全传》七六回:“吾师曾赐我一件法宝，有五千四百零八条驼龙，能大能小，收在葫芦内，专一吃人～。” ❷比喻维系生命的必要物质条件。宋郑獬《礼法论》:“而今之浮屠之居，包山林，跨阡陌，无有裁限，穹桀鲜巧，穷民～。” ❸比喻事物的精要部分。宋王道《古文龙虎经注疏》卷上:“是知日月升降阴阳往来皆在天地之中也，故乾坤～常聚于鸡足山中玄明之内，而为大药之祖宗、金丹之根蒂也。”吴泳《自警图跋》:“观此二字，即是洙泗传道之～，《语》《孟》扶世之命脉。”清《女仙外史》一回:“此池非下界之水，乃是融成玉之～，溶溶漾漾，竟如酒浆一般。”

【精透】 jīng tòu 精到透彻。宋《朱子语类》卷一一五:“待读此四书～，然后去读他经，却易为力。”明钱德洪《答论年谱书》:“苟能一路～，始信圣人之道至广大，至精微。”清《野叟曝言》一回:“夫人水氏，贤孝慈惠，经学湛深，理解～，是一女中大儒。”

【精细】 jīng xì ❶精明细致;警觉细心。《敦煌变文校注》卷二《舜子变》:“娘子虽是女人，说计大能～。”元马致远《要孩儿·借马》:“不晓事颓人知不知? 他又不是不～，道不得‘他人弓莫挽，他人马休骑’。”清《荡寇志》八三回:“希真打发一个～庄客，踅进城去到孔厚家探消息。” ❷仔细;用心。五代刘知远《改元乾祐大赦文》:“所供用之物，务在丰洁，宜令有司～点检。”宋王衮《博济方》卷三:“每日不以旦暮，或食后，揩齿表里，～耐烦揩之。”明《二刻拍案惊奇》卷三八:“二郎处虽曾说过两番，晓得有这个意思，反不曾～叮咛得，不做整备的。” ❸周详;周到;严密。元佚名《寨儿令》:“犯由牌写得～:劈先里拿下王魁，省会了陈殿直，李勉那厮也听者，奉帝敕来斩你伙负心贼。”《元曲选·铁拐李》三折:“满口贤惠，一划～，要一供十，举案齐眉。”明汤显祖《紫钗记》四八出:“且卢家刺客布满长安，好不～哩。” ❹能耐;武艺;把戏。元宋方壶《一枝花·蚊虫》:“闲时节不离了花香柳影清阴里睡，闷时节则就日暖风和叶底下依，不想瘦躯老人根前逞～。”明佚名《赠书记》一六出:“若拿得妇女，送到军前听用。……看这妇人尽有～，不免把酒麻倒他，送到府中去。”《西游记》二三回:“你师父忒弄～。在我家招了女婿，却不强似做挂搭僧，往西跄路?” ❺厉害;高明;高强。元石君宝《紫云庭》二折:“越道着越查声破嗓越骂得～，前面他老相公听的。”《元曲选·谢天香》三折:“那里为些些赌赛绝了交契，小小输赢丑了面皮，道我不～。”明佚名《白兔记》一五出:“忽朝名挂在云台上，方知武艺～。” ❻苏醒;清醒。《元曲选外编·五侯宴》四折:“〔(李从珂)做昏倒科，众做救科，李嗣源云〕从珂儿，～着。〔正旦云〕从珂儿，苏醒着。”元明《水浒传》八回:“你须～着:明年今日，是你周年。”清吴伟业《秣陵春》一五出:“一会儿～，也能使着身躯;忽地里沉迷，便是软瘫一垛。” ❼警惕;小心。明汤显祖《牡丹亭》四〇出:“你路上～些，现如今一路里画影图形捕凶党。”清《绿野仙踪》二四回:“不意你们过于小心～，我也只得道破了。”《荡寇志》七五回:“你一双脚在被外，我与你盖好。下次须～着。”

【精娴】 jīng xián 精熟;极娴熟。宋《三朝北盟会编》卷一六五:“身率军行，日加训练，骑射惯习，技击～。”明邢侗《王履吉墨迹跋》:“此轴阳邱铨部胡公家藏，神明焕发，校别作更觉～。”清《石峰堡纪略》卷五:“将曾经出兵及技艺～者，每营挑派五百名。”

【精晓】 jīng xiǎo 精通;深刻了解。唐孙思邈《备急千金要方》卷二:“圣人设教，备论厥旨，后生莫能～。”明柯丹邱《荆钗记》一七出:“我学生八八六十四卦，三百八十四爻，无不～。”清纪昀《阅微草堂笔记》卷八:“其师～六壬，而不为人占。”

【精贼】 jīng zéi 强贼。《元曲选·杀狗劝夫》二折:“俺孙员外不枉了结义这等～，你便十分的觑当他，他可有一分儿知重你。”明孙传庭《疆事十可商书》:“贼动称十万，动称数十万，而老本～毕竟无几。”清《姑妄言》二一回:“此一次闯曹二贼合攻汴梁，～约有三万，胁从之众有四十餘万。”

【精湛】 jīng zhàn 精深。明倪元璐《题王懋远孝廉近艺》:“懋远之文，～如乃公而别有昌华。”清陆以湉《冷庐杂识》卷二:“楹联云:慷慨誓师，守睢阳蕞尔之区，孤城中人皆乐死;从容尽节，振河北英雄之气，千载后貌尚如生。运意～。”《绿牡丹》四二回:“巴氏夫妻亦爱甥女生得人品俊俏，武艺～。”

【精致】 jīng zhì ❶(心思)细密新巧。唐司空图《疑经后述》:“锺陵秀士陈用拙出其宗人岳所作《春秋折衷论》数十篇，赡博～，足以下视两汉迂儒矣。”清《红楼梦》九回:“他到底念了些什么书! 倒念了些流言混语在肚子里，学了些～的淘气。”又一七至一八回:“且满墙满壁，皆系随依古董玩器之形抠成的槽子，诸如琴、剑、悬瓶、桌屏之类，虽悬于壁，却都是与壁相平的。众人都赞:‘好～想头。’” ❷(制作)精巧细致。唐郑处诲《明皇杂录》卷下:“曾有暴风拔树，委其堂上。已而视之，略无所伤。既撤瓦以观之，皆承以木瓦。其制作～，皆此类也。”明汪廷讷《狮吼记》九出:“我看这扇儿～，多应是风流年少人物。”清《镜花缘》七〇回:“他因蚕茧织得不薄不厚，甚是～，所以都买了去。” ❸(相貌)标致秀美。明汤显祖《紫箫记》一〇出:“与李十郎说，讨个～小使赏你。”《警世通言》卷一一:“看这道姑，生得十分～。”清《醒世姻缘传》一七回:“只见岸上摆了许多盒子，两个～小和尚立在跟前。”

【精壮】 jīng zhuàng ❶雄伟宏壮。唐李肇《国史补》卷下:“请笛而吹，甚为～，山河可裂。”宋苏辙《送任师中通判黄州》:“一别都门今五年，剧谈～故依然。”宋元《古今小说》卷一一:“忽见白壁之上有词二只，句语清佳，字画～。” ❷质优而粗壮。宋张耒《冀州州学记》:“凡学之百需皆具，～完好，可以传久远。”程珌《壬申富阳劝农文》:“故土膏肥美，稻根耐旱，米粒～。”元王恽《劝农文》:“结穗既繁，米粒又复～。” ❸精明干练，敢于担当。宋王安石《广西转运使李君墓志铭》:“其于吏治，～果敏，机张键闭，奸不可知。”清钱谦益《东昌府通判王君墓志铭》:“君于吏治，～果敏。” ❹精悍强壮。宋王安石《与王子醇书》:“谓宜喻成珂等放散其众，量领～人马防招，随宜犒劳，使悉怀惠。”明张凤翼《红拂记》二五出:“凡遇男子～的，便用他从军。”清《隋唐演义》八回:“马，你在山东捕盗时，何等～，怎么今日就垂头丧气到这般光景!” ❺指精悍强壮的人。宋朱松《上皇帝疏》:“今既召张俊扈跸，但料择～三万，选将使守盱眙。”明《古今小说》卷二一:“某挑选～，一可当百。”清《东周列国志》二一回:“汰下疲病，只用～，兼程而进。”

jǐng

【景迹人】 jǐng jì rén 同“警迹人”。《书序指南》卷一八引《豪士赋序》:“～曰名编凶顽之条。”宋赵汝愚《按罗源县尉龚史良状》:“县尉迪功郎龚史良疑是邻近～项德为盗，遂并捕其子受僧。”《续资治通鉴长编》卷二二一:“得大户作都副保正，自言管辖～，若便废罢，即却被～仇害。”

【景界】 jǐng jiè ❶景色。宋吴自牧《梦粱录》卷八:“殿庑雄丽，圣真威严，宫囿花木，靡不荣茂，装点～，又一新耳目。”明佚名

《四贤记》二九出："不要说此间～，你看那梁父山呵，中有仙人玉井黄金廪。"清《聊斋志异·仙人岛》："忽念下方～，未审何似，隐将两眸微开一线，则见大海茫茫。" ❷景况；情景。元杨梓《霍光鬼谏》四折："阴司～好与人世不同呵。"明车任远《蕉鹿梦》六折："以后乌有辰复梦见魏无虞得鹿，到他家中，两相争论。朦胧～人难剖，仿佛因由鹿可原。"清《姑妄言》一一回："他闭目凝神，虚空摹拟怎样个标致的男儿，在被中是怎样个温存，这个中是怎个～。"

【景况】 jǐng kuàng ❶盛况。宋周必大《明堂大礼赦文首词》："甫竣熙事，爰霈湛恩。嘉与多方，共迎～。"洪适《保平军节度使王彦加食邑实封制》："乃逢祈谷之辰，获展钦柴之礼，爰新～，普洽绵区。"清彭孙遹《南郊赋》："举南郊之盛典，答～于高旻。" ❷情形；光景。宋董嗣杲《入寓双泉寺》："自罹开庆扰，～恍如昨。"明《二刻拍案惊奇》卷二〇："又娶富人之女为妻，规模日大一日，不似旧时母子旅邸荒凉～。"清《霓裳续谱·黄花点点》："黄花点点，红叶霏霏，作出了悲秋～。"

【景趣】 jǐng qù 观景的情趣。唐韩愈《河南令舍池台》："规摹虽巧何足夸，～不远真可惜。"明谢谠《四喜记》一七出："筵席排在暖阁庭中，梅花正开，传杯弄盏，倒有些～。"清《绿野仙踪》二七回："于冰一边听城璧叙说旧话，一边行行止止，领略那高下峰岚、泉石树木的～。"

【景色】 jǐng sè ❶日色。多用指祥和的天气或气象。唐高适《贺斩逆贼徐知道表》："大军庆快，云物改容；百姓欣欢，～相贺。"《旧五代史·周书·太祖纪四》："自正月朔日后，～昏晦，日月多晕。"清蓝鼎元《河清颂序》："每有郊庙祀事，乘舆出入，无不天霁日朗，～和舒。" ❷景致；风景。唐牛僧孺《玄怪录》卷一："楼阁重复，花木鲜秀，似非人境。烟翠葱茏，～妍媚，不可形状。"明《西游记》四四回："师徒们在路上游观～，缓马而行。"清《飞龙全传》四七回："弟兄二人在楼上游玩了片时，郑恩坐在栏杆之上，看那外面～。" ❸景象；景况。明王衡《再生缘》二出："你看四壁徒存，一灯黯惨，～萧条，不由人不断肠也。"《型世言》二〇回："不一日到了任，只见～甚是萧条。"清《红楼复梦》九〇回："军中～迥异家庭，塞上风情实非人境矣。" ❹情形；情况。明《型世言》一一回："但欲知别来乡国～，愿秉达旦之烛，得尽未罄。" ❺情趣；妙味。明《别有香》四回："但交欢～，尽在男子丢时。我不留心，任他讨尽便宜。"

【景态】 jǐng tài ❶景象；情景。宋赵鼎《己亥秋陪伯山游中条》："山亦为君容，～互明焕。"明屠隆《归田与友人》："更喜贫甚道民，～清冷，都无吴越间士大夫家艳气。"《于少保萃忠全传》四传："二人问曰：'夜间这～，不知为何？'乌全真曰：'昨夜之事，此乃天真雷火之劫也。'" ❷样态；作派。明《禅真后史》一回："敝友才识不凡，立身诚实，断不似旧师的～。"清《飞龙全传》二七回："万种妖娆，露出勾魂～；千般娇艳，装成吸魄形容。"

【景头】 jǐng tóu 境界；现象。《元曲选外编·猿听经》二折："我着他见个～，必然大悟也。"

【景象】 jǐng xiàng ❶情景；状况。唐赵璘《因话录》卷一："今群鸥盛集，又觉～宛如昔时。"明徐复祚《投梭记》七出："王敦贼臣，常欲称兵犯阙，国势甚危。闻得今日朝见，又不知作何～。"清《绿野仙踪》五一回："今夜小温和金钟儿不知和好不和好？我且偷的去看个～儿。" ❷景色；物候。明梅鼎祚《玉合记》一七出："新桐饮露，密柳眠风，却就是初夏～。"《西游记》九二回："西方～不同，此时正月，蛰虫始振，为何就有萤飞？"《古今小说》卷三二："离城约行数里，乃荒郊之地，烟雨霏微，如深秋～。" ❸形象；样子。明《醒世恒言》卷二〇："文秀当初谋他命时，还是一个小厮，如今顶冠束带，换了一番～，如何便认得出？"《拍案惊奇》卷一〇："次日便来寻着张、李二生，故意做个慌张的～，说道：'怎么好？'"清《聊斋志异·婴宁》："婢推之以入，犹掩其口，笑不可遏。媪嗔目曰：'有客在，咤咤叱叱，～何堪！'" ❹影像；症状。明《西游记》九三回："每于禅静之间，也曾见过几番～。若老爷师徒，弟子聊知一二。"《古今小说》卷三七："海船千艘，精兵猛将，都过大海，要来厮并。道林长老入定时，见这～。"清《荡寇志》一一六回："刘夫人问道：'孔叔叔看这～何如？'孔厚道：'嫂嫂放心。'"

【景致】 jǐng zhì 景色；风景。唐高骈《途次内黄马病寄僧舍》："红叶寺多诗～，白衣人尽酒交游。"元宫天挺《七里滩》四折："俺那七里滩，好过这～：麋鹿衔花，野猿献果。"清《醒世姻缘传》八六回："素姐心忙，也没得在马头所在观玩～。"

【景状】 jǐng zhuàng ❶景色；风景。唐韩偓《冬日》："～入诗兼入画，言情不尽恨无才。"元杨维桢《书画舫记》："四时朝暮，～不同，又大画苑也。"清汪由敦《热河寓斋记》："不出户阈，而岩秀参差、林霏晦明之～，皆在目前。" ❷情状；样态。明《禅真后史》二三回："急得那猴子就地乱滚，嘶嘶地叫个不住。众人看这～，俱拍掌大笑。"清雍正七年四月十四日范时绎奏文："臣于在工之日，接见效力人员，看其～，似属拮据。"《聊斋志异·画壁》："觉耳际蝉鸣，目中火出，～殆不可忍。" ❸景象。清《圣祖仁皇帝亲征平定朔漠方略》卷二五："击贼之地，我兵常只身独行，检寻贼物，有廓然荡平～。"《姑妄言》二〇回："举目一看，真是桑户绳枢，茅檐草舍。萧条～，鄙不堪言。"

【警报】 jǐng bào ❶危急情况的报告或信号。宋赵鼎《建炎笔录》卷三："今已冬深，虽别无～，独不知来岁动静如何。"明张瀚《松窗梦语》卷八："至如巡司哨守官兵，分定界域，一遇～，协同截杀。"清《绿野仙踪》一三回："沂州部兵接了这样～，片刻不敢耽延。" ❷警告或提醒的信息。元明《三国演义》一三回："忽起旋风，吹倒马前帅字旗。玄德问庞统，统曰：'此～也。杨怀、高沛二人必有刺主公之心。'"明汤显祖《牡丹亭》一四出："那梦里书生，曾折柳一枝赠我。此莫非他日所适之夫姓柳乎？故有此～耳！"《二刻拍案惊奇》卷三六："想着做梦，也或有之，不该两个相同。敢是我们还有些造化，故神明有此～？" ❸警告；报警。明《醒世恒言》卷一八："又与儿女联姻，并不要宰鸡，亏鸡～，得免车轴之难。"《禅真逸史》一五回："铜杖化蛇，预先～，乃不祥之兆。"清《万花楼》四七回："老夫只因风吹落帽，疑有冤屈～。"

【警察】 jǐng chá ❶警戒巡察。《太平广记》卷四六二引《玉堂闲话》："雁宿于江湖之岸，沙渚之中，动计千百。大者居其中，令雁奴围而～。"明徐元《八义记》二出："风火不测，有司官常加～；盗贼生谋，金吾军不时巡捕。"清高士奇《皇帝亲平漠北颂》："亭烽燧火，亲巡～。" ❷警惕省察。宋朱熹《答吕伯恭》："至于择交游、谨出入，尤望垂意～。"明张宁《读史录》："古者，上天示变，君臣上下相与忧惧～，以答天心。"清金埴《不下带编》卷一："莲师棒喝，当路者可不时时～乎！"

【警告】 jǐng gào 告诫使警觉。五代杜光庭《司徒青城山醮词》："恐臣过咎所招，仙岳降异常之兆；灾蒙所袭，神峰垂～之祥。"《宋史·贾昌朝传》："近年寺观屡灾，此殆天示～。"清李光地《魂魄说》："人为主而交于鬼者，祭祀感格是也；鬼为主而交于人者，吉凶～是也。"

【警迹】 jǐng jì ❶指警迹人。元黄溍《青阳县尹徐君墓志铭》："僧为飞书，诬其夫及有他怨隙者七人，故以书堕逻卒家。七人中或以罪黥，卒得之，曰：'此～也。'因捕治不疑。"《明会典》卷一三〇:"凡盗贼曾经刺字者,俱发原籍收充～。"《大清律例》卷二五:"收充～,谓充巡警之役以踪迹盗贼之徒。～之人俱有册籍,故曰收充。" ❷巡警跟踪(贼迹)。明沈榜《宛署杂记》卷五:"无论大利小害,即以一醉饱故,至囊头福堂,一邮置,亦所甘心。"李维正《刘小鹤墓志铭》:"为清邮传,缮墙堡,严～,宽徭省刑,盗息而民安。" ❸贼警;警情。明顾起元《客座赘语》卷二:"自此各街巷要处皆有队伍,一有～,传哨四路,飞马赴之。"戚继光《纪效新书》卷一七:"其条内事宜,平日务各件件备完停当,随坏随用者,随补随完。遇有～,务要依后条款举放传报。"

【警迹人】 jǐng jì rén 初犯盗窃等罪而被刺字编管的人。《元典章·刑部十一》:"强盗不该死并窃盗,除断本罪外,初犯者于右臂上刺'强盗一度'字号,……发付元籍官司籍记,充～。门首置立红泥粉壁,开写姓名所犯,每上下半月赴官衙贺。令本处社长、主首、邻佑常加检察,但遇出处经宿或移他所,须要告报得知。"《元史·刑法志三》:"凡～缉捕之外,有司毋差遣出入,妨其理生。"明徐复祚《红梨记》一九出:"是贼,我是钻穴蓝桥尾生,～相如薄幸。"

【警觉】 jǐng jué ❶警醒觉悟。唐玄奘译《阿毗达磨俱舍论·分别根品二》:"作意谓能令心～,胜解谓能于境印可。"宋《朱子语类》卷一一九:"～之念虽至,而惰怠之习未除。"明孙承恩《存斋记》:"故一念少懈,即已外驰;一念～,此心即在。" ❷警惕发觉。唐李旦《诫励风俗敕》:"人怀弛慢之心,官无～之意,遂使颍、宋二州,屡奏乱常之党。"韩翃《为李希烈谢留后表》:"三军潜怨,臣不能～。苍黄之际,遂成祸阶。"明唐顺之《武编》前集卷二:"若贼加梯棚上,则棚软不乘其梯,其砖石坠击城下,而内悬木石坠落墙内,守垛者且自～。" ❸借鉴警悟。《太平广记》卷四一五引《潇湘记》:"幸且共芳樽,惜美景,以古之兴亡为～,以人间用舍为拟议,又何必涉绮阁,入龙舟,而方尽一醉也?" ❹提醒;警告使醒悟。唐李翰《通典序》:"今《通典》之作,昭昭乎其～群迷欤?"《元曲选·忍字记》一折:"多管是南方在道,他故将人来厮～。"清《十二楼·闻过楼》二回:"求你刻刻提撕,时时～,免使我结怨于桑梓。" ❺惊动或提醒而使察觉戒备。宋真德秀《故资政殿学士李公神道碑铭》:"而边头小人初无远虑,轻出钞掠,以～之。我谋既泄,彼遂生心。"曾公亮等《武经总要》前集卷六:"夜持更者,每铺十人,每更二人,候漏鼓击板。一人专听杂事,以致睡魔警众者,亦须递相～。" ❻警报。宋许洞《虎钤经》卷六:"每晨及夜,平安,举一火;闻～,举二火;见烟尘,举三火。" ❼清醒;醒悟。元郝经《答庞参军》:"～不寐,怡然欢忻,轶起远蹈,驭风骑云。"明《西洋记》九二回:"玉迩和尚再不～,只说是真。"清《红楼梦》六六回:"说毕,一阵香风,无踪无影去了。湘莲～,似梦非梦,睁眼看时,那里有薛家小童。" ❽警惕并感觉敏锐。明《禅真后史》三〇回:"猕猴～性通灵,项挂琼珠类诵经。"

【警厉】 jǐng lì ❶同"警励❶"。唐吴兢《贞观政要》卷二:"可委以栋梁之任,将以其无所避忌,欲以～群臣。"明宋濂《净慈禅师竹庵怀渭公白塔碑铭》:"一日,全悟～诸徒,众未有对。清远直前肆言,如俊鹘横秋,目无留行。" ❷同"警励❷"。宋《朱子语类》卷四:"某年十五六时,读中庸'人一己百,人十己千'一章,因见吕与叔解得此段痛快,读之未尝不竦然～奋发。"明倪岳《警庵》:"人生贵～,弗警欲易逞。"

【警励】 jǐng lì ❶告诫勉励。唐李晔《答韩建让封昌黎郡王诏》:"是用寝美号重封之泽,就谦光崇让之规,足以～贪夫,教化疲俗。"明《金瓶梅词话》七八回:"如今我接管承行,须得也要振刷在册花户,～屯头,务要把这旧管新增开报明白。"清《镜花缘》八一回:"此等灯谜虽是游戏,但细细揣度,却含著'君子疾没世而名不称'之意,真是～后人不少。" ❷警醒激励。宋欧阳修《再论按察官吏状》:"甚恶者黜,有善者升,中材之人尽使～。"明杨荣《故奉训大夫林君墓志铭》:"在朝十有五年,人则恭勤趋事,惕然～,虽隆冬盛暑不自知其为劳。"

【警勉】 jǐng miǎn 警诫劝勉。宋张浚《奏飞蝗为灾状》:"伏望圣慈,益加钦畏,以答天心。抑天之爱陛下,殆将有以～于初,助成圣德,恢张皇业。"明张宇初《张氏宗系后序》:"昔韩魏公之言'谨家牒而不忘乎先茔者,学之大也。'可不～焉?"清蒋洞《为恭缴谕旨事奏》:"仰蒙皇上训诲之恩,～谆切,慈爱有加。"

【警劝】 jǐng quàn 犹"警勉"。宋晁迥《法藏碎金录》卷六:"补过之速有如此者,灵应疾愈之速又有如此者,可以～信士存至诚结胜缘耳。"明史明古《吴江水利议》:"顽者治之,贫者宽之,由是人知～而法在必行。"清蔡世远《送张又渠出守扬州序》:"清操正己以率属,推诚心与之共治,惩其不率者而～之。"

【警示】 jǐng shì 警告提示。《旧唐书·罗道琮传》:"道琮设祭恸哭,告以欲与俱归之意,若有灵者,幸相～。"明《于少保萃忠全传》三三传:"复有旨命本处抚按协同三司等官,勘验实落,开棺枭首断尸,籍没,以～天下。"清雍正九年《广东通志》卷九:"望斗者,古所谓爵室也,居中候望,若鸟雀之～也。"

【警醒】 jǐng xǐng ❶惊醒。宋姚勉《市心重建观音阁缘化榜语》:"晨钟雷轰,～群梦;夜灯月照,烛破冥途。"明《韩湘子》二回:"原来那敲渔鼓的道人就是吕祖师,唱的是一阕《桂枝香》,正提醒着鹤儿宿世之事,故此孩子惕然～。"清《十二楼·拂云楼》一回:"将醒未醒之际,觉得身上有个男子,只说还在良人未死之时,搂了奸夫尽情欢悦。直到事毕之后,忽然～,才晓得男子是个奸人。" ❷警告提醒。宋葛谦白《谢赐戒石铭》:"子孙袭藏,永作缇巾之宝;晨昏～,揭为坐右之观。"明《封神演义》五七回:"我观你遭此重伤,是上天～你我耳。"清雍正元年九月三十日何天培奏文:"此实圣主格外垂慈、～愚蒙之厚恩也。" ❸警觉醒悟。明高攀龙《讲义·人之生也直章》:"总在一念～上,～便直,不～便罔。"《醒世恒言》卷三四:"如今听在下说这一文钱小小的故事。列位看官们,各宜～,惩忿窒欲。"清《十二楼·三与楼》二回:"众人听到此处,虽然～,究竟说他迂阔。"《隋唐演义》六六回:"秦王是个豁达之主,只道他们～,毫不介意,被英、齐二王以鸩酒相劝。" ❹睡眠中容易觉醒。明《二刻拍案惊奇》卷二九:"那狐性极灵,虽然睡卧,甚是～。"清《红楼梦》七七回:"因晴雯睡卧～,故夜间一应茶水、起坐呼唤之事,悉皆委他一人。"

jìng

【净】 jìng ❶除落;剃除或割除。特指阉割。《祖堂集》卷一《第五祖提多迦尊者》:"汝欲出家,各应自念,非假刀剃。随所念故,鬓发自～。"宋周密《武林旧事》卷八:"仍令太医局差产科大小方脉医官宿直,……申学士院撰述～胎发祝寿文,排办产阁了毕。"清《十二楼·萃雅楼》二回:"须是与公公一样,也替他～了下身,使他只想进来,不想出去,才是个长久之计。" ❷纯;纯粹。也指纯净物。宋庄绰《鸡肋编》卷中:"国朝铸钱料例凡四次增减。自咸平五年后来用铜铅锡五斤八两,除火耗,收～五斤。景祐三年,依开通钱料例,每料用五斤三两,收～四斤十三两。"明《石点头》卷一:"原是五百两本银,如今除去盘费,还～存七百两。"清《醒世姻缘传》九回:"八个木匠自已磕了三十两的拐,又与计大官圆成了三十两谢礼，板店～情一百六十两。” ❸戏剧角色。参见“净脚”。元李伯瑜《小桃红·磕瓜》：“手内无他煞难过，得来呵，普天下好～也应难躲。”《元曲选·谢天香》楔子：“〔～扮张千上，云〕小人张千，在这开封府做着个乐探执事。”清《醒世姻缘传》一六回：“除了这几样，那生、旦、～、末一本戏文，全全的都是邢皋门自己一个唱了。”

【净办】 jìng bàn ❶沉静；纯净。宋陈淳《答西蜀史杜诸友序文》：“如果有能做得此工夫～至到，则是理可复全于我。”元《武王伐纣平话》卷上：“此玉女是古贞洁～炼行之人，今为神女。” ❷清静；安静。《元曲选·冻苏秦》楔子：“等他自措盘缠求官去来，省的在我耳朵根边，终日‘子曰子曰’，伊哩乌芦的这般闹炒，倒也～。”元明《水浒传》二四回：“时常吃官司，教我要便随衙听候，不曾有一个月～。” ❸了当；了断。指干脆利落地处理或处理得干脆利落。《元曲选·儿女团圆》楔子：“我两个不曾娶老婆哩，分另这家私倒也～。”又《抱妆盒》二折：“你将太子刺死，丢在金水桥河内，也是一个～。”明《清平山堂话本·戒指儿记》：“师父，怎地把找兄弟坏了性命？这事不得～。”

【净扮】 jìng bàn 同“净办❷”。清《醒世姻缘传》八五回：“该扮个戏儿奉请，敝寓窄狭，且又图～，好领教。”

【净鞭】 jìng biān 帝王仪仗之一，用黄丝做成，鞭梢涂蜡，击地发声，令人肃静。《大宋宣和遗事》前集：“～三下响，文武两班齐。”元马致远《陈抟高卧》四折：“早朝听到的～三下响，识甚斟量。”清《儒林外史》三五回：“隐隐听见鸿胪寺唱‘排班’，～响了三下，内官一队队捧出金炉，焚了龙涎香。”

【净光】 jìng guāng 精光；一点不剩。明《金瓶梅词话》三四回：“众人都一阵风卷残云，吃了个～。”清《续金瓶梅》一八回：“亏了大殿没有烧，把东西抢的～。”《歧路灯》五六回：“我与人家说了一宗媒，挣了一千多钱。运气低了，一场输的～。”

【净光王佛】 jìng guāng wáng fó 佛号之一，用作戏谑语，实指“净光”。明《金瓶梅词话》一二回：“当下众人吃得个～，西门庆与桂姐吃不上两钟酒。”清《野叟曝言》一三三回：“用棉絮浸油，裹其阳物，点火烧之，……却早成了一尊～矣。”

【净教】 jìng jiào 佛教。唐皇甫曾《赠霈禅师》：“～传荆吴，道缘止渔猎。”宋王珪《太皇太后生辰功德疏》：“敢归虔于～，用助广于胜缘。”

【净尽】 jìng jìn ❶一点不剩。唐刘禹锡《再游玄都观》：“百亩中庭半是苔，桃花～菜花开。”明梁辰鱼《浣纱记》三二出：“令豺狼食其肉，野火烧其骨，风沙簸扬，骨肉～。”清《万花楼》四回：“岂知他乃一员虎将，食量自然广大，店主多送酒馔，一概吃个～。” ❷清除；除尽。明袁中道《寄吴观我太史》：“安得与先生合并一处，～餘疑也。”许潮《南楼月》：“年年此夕，清清冷冷，把炎氛～。”清《平定金川方略》卷四：“务期俘擒首恶，然后分兵四出，～根株。”

【净脚】 jìng jué 戏剧角色，俗称“花脸”。明《梼杌闲评》三回：“认得叫他的是陈三，也是个有名的～。”清《品花宝鉴》五七回：“绮香又点了一出《闹庄》，也是～戏，生、旦俱不应到。”

【净军】 jìng jūn 阉人组成的军队。明陆容《菽园杂记》卷二：“京畿民家，羡慕内官富贵，私自奄割幼男，以求收用；亦有无籍子弟，已婚而自奄者。礼部每为奏请，大率御批之出，皆免死，编配口外卫所，名～。遇赦，则所司按故事，奏送南苑种菜；遇缺，选入应役。”刘若愚《酌中志》卷五：“于是将诚降发南海子～，看守墙铺。”清洪昇《长生殿》九出：“揣这厮去打一百，发入～所去。”

【净口】 jìng kǒu ❶漱口。《法苑珠林》卷一一八：“以水著口中，三回转之，是名～法。”明《古今小说》卷二二：“那妇人又将大磁壶盛着滚汤，放在桌上，道：‘尊官～。’”清《续金瓶梅》二四回：“二人用毕，又是苦茶～。” ❷绝口；不再提及。明《拍案惊奇》卷一五：“你如今只将我这三百两利钱出来还我，修理庄居，写一纸伏辨与我，我们便净了口，将这只脚烧化了，此事便泯然无迹。”

【净侣】 jìng lǚ 道友。多用称僧人。唐权德舆《湖上晚眺呈惠上人》：“此时何所忆，～话玄关。”明袁宏道《答无念》：“公如退步知非，发大猛勇，愿与公同结～。”清吴绮《五峰万玉庵墙角得古梅树》：“护持烦～，珍重为题诗。”

【净门】 jìng mén 清净之门。指僧门或道门。《宋高僧传》卷二三《晋凤翔府法门寺志通传》：“早知遗世，克务～。选礼名师，登于上品。”《元典章·刑部七》：“僧道既处～，理宜洁身。”清孙廷铨《颜山杂记》卷一：“乃共誓不嫁，投身～。”

【净瓶】 jìng píng 洁净的瓶子。僧人用以贮水净手，俗或用以贮雪、插花、供摆等。《祖堂集》卷五《道吾和尚》：“师唤沙弥，沙弥应喏，师云：‘添～水著。’”宋元《古今小说》卷三三：“董双成掌管贮雪琉璃～，瓶内盛着数片雪。每遇彤云密布，姑射真人用黄金箸敲出一片雪来，下一尺瑞雪。”明汤显祖《牡丹亭》二七出：“今日折得残梅，安在～供养。”

【净器】 jìng qì 厕具；便器。明谢肇淛《五杂组》卷三：“古之人君，便必如厕，如晋景公如厕陷而卒，汉武帝如厕见卫青，北齐文宣令宰相杨愔进厕筹，非如今～之便也。”

【净色】 jìng sè 即“净脚”。元明《水浒传》八二回：“第四个～的，语言动众，颜色繁过。”

【净身】 jìng shēn ❶清净身。指佛身或僧身，也指修炼清净之身。唐陈集源《龙龛道场铭》：“悟其指则直心是道场，契其源则～为佛土。”敦煌本慧能《坛经》：“化身报身及～，三身元本是一身。”清施闰章《赵阆仙膳部作头陀小像》：“君家清献亦不俗，岂必蒲团是～。” ❷洗身；清洁身体。《云笈七籤》卷七九：“奉之者，不可不～清神，若行邪乱慢，不尊所受，忽贱灵信，轻侮宗末者，祸至灭家。”明《西游记》八三回：“这太子三朝儿就下海～闯祸，踏倒水晶宫。”《禅真逸史》六回：“今日就要吃蔬～，初八日起早梳洗，我来接了你同去。” ❸阉身；（男子）割去外生殖器。明余继登《皇明典故纪闻》卷一六：“今后敢有私自～者，本身并下手人处斩，全家发边远充军。”《二刻拍案惊奇》卷三四：“这几个壮士是谁？乃是平日内里所用阉工，专与内相～的。”清《隋唐演义》二七回：“凡～之人，都是命犯孤鸾，伤克刑害。” ❹空身；不携带任何东西。清《歧路灯》五四回：“我如今既然得罪，情愿～出去，自寻投向。”

【净手】 jìng shǒu ❶洗手。唐王建《饭僧》：“温泉调葛面，～摘藤花。”明《封神演义》二六回：“妲己方～焚香，做成圈套。”清《情梦柝》六回：“弄得两手漆黑，寻水～。” ❷大小便的婉词。元佚名《红绣鞋》：“这场事怎干休？唬得我摸盆儿推～。”明《警世通言》卷二八：“酒至半酣，却起身脱衣～。”清《醒世姻缘传》一五回：“一个推说～，一人推去催马，俱竟去不来。”

【净数】 jìng shù 实数；不含虚假成分的数目。明徐用诚《玉机微义》卷一：“滤去沙石，约取～一两，慢火熬成膏子。”清《醒世姻缘传》一〇〇回：“算那除盘搅以外，～带回家的不多不少，正合那石槽底下五千之数。”

【净素】 jìng sù 素净；洁白或淡雅洁净。明谢肇淛《五杂组》卷九：“（蝇）且变芳馨为臭腐，涴～为缁秽。”吴与弼《兰轩记》：“兰之产，恒在幽远，而花叶～，类君子暗然自修。”清陈端生《再生缘》七八回："这日六月十九日观音圣诞，王府中合门～，顶礼慈航观世音。"

【净桶】 jìng tǒng 马桶；便桶。《元曲选外编·降桑椹》二折："我坐的是～，玩的是粪坑。"明《醒世恒言》卷二〇："起身出恭，床边却摸不着～。"清魏之琇《续名医类案》卷二九："令其家人从～中觅之，有寸白虫四十餘条。"

【净头】 jìng tóu ❶寺院中管清洁工作的职事僧。宋张元幹《赠庆绍上人》："师来访我问～。我若访师寻～。"明吴之鲸《武林梵志》卷九："归访师灵隐，无识之者，于～寮舍，物色得之。"《西洋记》四回："就是茶头、饭头、菜头、火头、～也都说道：'长老何事削发留须？'" ❷借指厕所。元《三遂平妖传》一二回："长老道：'贫僧引路，交观察搜便了。'从僧房里到厨下、～、库堂，都搜不见。" ❸剃头；削发。明《拍案惊奇》卷三四："这房头有个未～的小和尚，生得标致异常。"《醋葫芦》一二回："况～之意，正要意绝、心绝、情绝、欲绝，才是出家本色。" ❹洗头；濯发。清《后红楼梦》二〇回："黛玉慌忙走上去看，说道：'好呢，亏的头发上没沾着泥。再若沾着泥，便难净呢。'湘云笑道：'宝哥哥，你快快的把脑瓜子再往河泥里钻一钻，好等林妹妹试个～的手段儿。'"

【净洗】 jìng xǐ 洗净。唐刘禹锡《瀑布泉》："风泉～高人耳，松柏化为君子材。"元卢挚《蟾宫曲·白莲》："～炎埃，轻摇羽扇，琼立冰壶。"清《醒世姻缘传》六四回："次早起来，～了面，细细的搽了粉。"

【净浴】 jìng yù 洗浴。《法苑珠林》卷一〇七："乃令～清净，披僧衣，为忏悔。"明《醒世恒言》卷一："赵二在混堂内洗了个～，打扮得帽儿光光，衣衫簇簇。"清《玉楼春》二三回："此时五月中，天气炎热，邵才讨汤～。"

【净纸】 jìng zhǐ 厕纸；手纸。明《笑府》卷三："一人如厕，适旁厕先有人。偶乏～，云愿出一文买之。"

【静办】 jìng bàn ❶同"净办❷"。五代郭威《令州县军镇各守职分敕》："其州府不得差监征军将下县，庶期～，无使烦劳。"宋元《警世通言》卷二〇："戚青却年纪大，便不中那庆奴意，却整日闹吵，没一日～。"明佚名《新水令·气》："引得个人争强弱，搬得个人不～。" ❷同"净办❸"。清钱谦益《太祖实录辨证四》："你不见胡党事至今不得～，我家李四每又犯了，以此无心肠去整理。"

【静扮】 jìng bàn 同"净扮"。《元曲选外编·陈母教子》三折："母亲要打我，番番不曾～。"

【静鞭】 jìng biān 同"净鞭"。《旧五代史·晋书·高祖纪三》："已未，宣遣～官刘守威、左金吾仗勘契官王英、司天台鸡叫学生商晖等并赴契丹。"元邓玉宾《端正好》："～三下如雷响，阶下时直报日光。"《大清会典》卷七七："～，四黄丝组之，箠末渍蜡，柄刻龙首，警跸者肃焉。"

【静侣】 jìng lǚ 栖心物外的朋友。唐白居易《梦得相过援琴命酒》："闲居～偶相招，小饮初酣琴欲调。"清施闰章《程非二吴爂公招集问政山》："冬晴山气佳，～尘务省。"

【径】 jìng ❶硬。副词。《集韵·径韵》："～，直也，坚也。""坚也"，即副词"硬"之义。《敦煌变文校注》卷三《燕子赋（二）》："丛中逢一鸟，称名自雀儿。摇头～野说，语里事呼嗁。"又："恒常事皂大，～欲漫胡瓶。" ❷特意；专程。《元曲选外编·风云会》一折："因统制官王全斌举荐阁下有文武全才，～差潘美赍礼币鞍马，前来聘请赴京授职。"明汤显祖《牡丹亭》三六出："这梅花观一发兴哩，也是杜小姐冥福所致。因此～来相约，明午整个小盒儿同柳兄往坟上随喜去。"《金瓶梅词话》九一回："衙内谋之于廊吏何不韦，～使官媒婆陶妈妈来西门庆家访求亲事。" ❸已然；已经。明汤显祖《牡丹亭》五〇出："〔末、净〕樽前且进平安酒。看福寿有，子女悠，夫人又。〔外〕～醉矣。〔旦、贴作扶介〕"

【径窦】 jìng dòu ❶小道和旁门。有类书引《孔子家语》称，孔子的弟子子羔"避难而行，不径不窦"。后因称不循规矩为"径窦"。元程端学《乙丑初至江东精舍》："道讲如砥矢，学谨不～。"明张景《飞丸记》一四出："当时子羔逃难，不径不窦，我嗤杀羔柴，～何妨迈，喙息奔驰路怎捱？"清《凤凰池》四回："因为礼法所制，难通问候。今见相公病势如此，只得从权～，特遣贱婢问候。" ❷孔道；细长状通道。元戴启宗《脉诀刊误》卷上："精溺之泄也，同为一～而出。"明《徐霞客游记》卷三上："洞门乳柱纵横，～逆裂，北有一径高穹下坠。"清顾炎武《读史方舆纪要》卷一〇五："其西南一里有递莲洞，自石门入，～委曲，大小凡五洞，甚深邃。" ❸泛称道路、路径。明佚名《鸣凤记》三一出："〔付末〕如今却怎么好？〔老旦〕寻～逃生莫待。"清《平定准噶尔方略》前编卷二八："自凉抵肃，～繁多，外通边墙。" ❹比喻门径、门道。多指不正当的。明邹元标《王门宗旨序》："某生也晚，犹得闻及先生门者謦欬，窃窃然疑之，乃任其僻愚，自寻～。"《型世言》三〇回："我还误信他年纪小，没胆，不敢坏我的事，把他～已熟，羽翼已成。"清雍正八年七月二十五日李卫奏文："并闻另有文字～，串同伊子，朦蔽作弊。"

【径急】 jìng jí 敏捷迅速；快捷。《新五代史·司天考一》："推星行之逆顺伏留，使舒亟有渐，而五纬齐矣。然不能宏深简易，而～是取。"宋朱熹《答程正思》："若只据己见，却恐于事理有所不周，欲～而反疏缓也。"明谭元春《李朱实圹铭》："君通畅深密，好为深坐闲谈，然多益人根性，喜悟人，不为一切～之语。"

【径捷】 jìng jié ❶（路径）直捷无曲折或阻碍。唐崔融《谏税关市疏》："于是各徇通财，争趋作巧，求～之欲速，忘岁计之无餘。"《唐会要》卷六八："一周年在本任无破缺，即任奏请充权知刺史。宦途之内，犹甚～。"清《河源纪略》卷三四："敦煌至高昌，取道～而中隔沙碛。" ❷指坦率直白的意见。唐王勃《上李常伯启》："伏愿暂停左右，曲流国士之恩；广进刍尧，俯息樵夫之议。轻陈～，退用彷徨。" ❸简便；直截了当。《宋高僧传》卷五《法藏传》："藏乃指镇殿金狮子为喻，因撰义门，～易解。"明袁宏道《陕西乡试录序》："薄平淡而乐深隐，其颇僻同也；师新异而骛～，其跳越同也。"清王夫之《读通鉴论》卷二四："达之以其情，导之以其绪，曲折以尽其波澜，而～以御之坦道。"

【径饶】 jìng ráo 直饶；尽管。《敦煌变文校注》卷一《李陵变文》："军无将不战，兵无粮不存。～将军有黄石三略，陈平六奇。"

【径遂】 jìng suì ❶田间小道和排水沟。也泛指道路沟渠。唐郑子春《北岳庙碑》："工无遗巧，人不劳力。垣墉～，内方外直。"宋苏辙《蹇师嵩山图引》："此嵩山图也。予昔尝游焉。峰岭、～、观刹皆是。"元虞集《新修开元浴室院记》："遂以葺其院，……端其～，高其门閈。" ❷恣情遂意。明林俊《赠朱三峰兴化郡伯序》："夫郡有所事，有所使，有所专，亦有所不得～者。"清俞森《荒政丛书》卷一〇下："至出粜平粜之时，俱各知会诸家，集议而行，不得专擅～。"《品花宝鉴》五回："所以这些名旦，个个与他忘形略迹，视他为慈父恩母，甘雨祥云，无话不可尽言，无情不可～。" ❸（行文）直截。清沈德潜《说诗晬语》卷上："七言律，平叙易于～，雕镂失之佻巧，比五言为尤难。"龚炜《巢林笔谈》续编卷下："（改文之法）呆板则启其灵机，～则导之层折，单薄则加以衬托，枯竭则生以波澜。"

【径须】 jìng xū 直须;只管。唐张鷟《游仙窟》:"他家解事在,未肯辄相嗔。～刚捉着,遮莫造精神。"元王恽《平湖乐》:"翠盖银瓶醉时捧,使君公,～倾倒玻璃瓮。"清汪琬《过林屋旸谷诸洞至无碍庵》:"～攀藤踏浓翠,穿尽绝壑穷层颠。"

【径直】 jìng zhí ❶简便直接。《祖堂集》卷一〇《镜清和尚》:"师因在帐里坐,僧问:'乍入业林,乞师指示个～之路。'"宋《二程粹言》卷二:"佛氏引人入道,比之孔子为～乎?"清钱谦益《浙江乡试程录·第一问》:"不讳危亡,不辟不祥,不恶～而不厌累复。" ❷率直无隐讳。唐柳宗元《送赵大秀才往江陵谒赵尚书序》:"观其迹,温密简靖;闻其言,～端诚。"宋欧阳发等《先公事迹》:"与人言,抗声极谈,～明辨,人人以为开口可见心腑。"清《歧路灯》五一回:"老朽既已勉允,不妨～说明,好请二位放心。" ❸犹"径捷❶"。宋道璨《踏雪下云居山》:"立处贵稳密,取道贵～。"明归有光《水利后论》:"盖江自太湖来源不远,面势既广,若～,则又易泄,而湖水不能蓄聚,所以迂回其途。"清《平定两金川方略》卷一二:"官兵一经渡河,即可直捣敌酋巢穴,颇为～。" ❹直接。元王恽《中堂事记》下:"奉到圣旨及令旨文字,不经由本路官司,～于州县开读。"《元典章新集·朝纲》:"各道宣慰司隶属行省,行宣政院非其所统,～札付,于理未应。" ❺一直;中途不拐弯、不停顿。宋赵孟坚《题陈山龙祠》:"长啸奋双袂,～上山颠。"《元曲选外编·裴度还带》三折:"则见有娘女二人,～来到庙中来。"清《说岳全传》六三回:"带了七八个有力的庄客,出了庄门,～到关帝庙来。" ❻径自;自行。清《荡寇志》七九回:"便去取了一百两银子送与世让,世让也不廉让,～收了。"

【竞持】 jìng chí ❶相持;静止。唐韩琮《咏风》:"～飘忽意何穷,为盛为衰半不同。" ❷争持;争竞。明徐元《八义记》一七出:"只愁自家相～,外邦闻知必笑耻。"

【竞斗】 jìng dòu 争斗。《祖堂集》卷一〇《长生和尚》:"素面相呈犹不识,更添暗彩～看。"明《西游记》五八回:"汝等俱是一心,且看二心～而来也。"清纪昀《阅微草堂笔记》卷二三:"此求归之鬼,有系恋心;开窗之鬼,有争据心;缘篱之鬼,有～心。"

【竞励】 jìng lì 激励。明王鏊《临海陈公哀词》:"遂居宿学宫,士子～,两庑灯烛如昼。"张四维《双烈记》四四出:"通义郡王夫人梁氏,直言抗疏,而劲节忠心,凛凛共冰霜～。"

【竞气】 jìng qì 斗气;闹意气。金玄虚子《警世》之二:"哀哉尘务苦忙忙,～贪财事事伤。"明《型世言》二六回:"不知近日为些甚么,与老母不投,两边时常～。"《禅真逸史》二四回:"谁想醉后兴狂～,桑皮筋出一妾,家主也出一妾,写定文契,胜者得人。"

【竞扰】 jìng rǎo 争扰;纷争。唐武三思《大周无上孝明高皇后碑铭》:"群龙战野,旗鼓潜张,白骑于是争驱,青犊由之～。"宋李正民《刘洪道知楚州制》:"敌国内侵,兵无宁岁。寇攘～,民靡奠居。"明梅鼎祚《玉合记》三二出:"蝇营蚁聚还～,这馀膻怎污牙颊?"

【竞头】 jìng tóu 竞相;争相。唐《镇州临济慧照禅师语录》:"若人修道道不行,万般邪境～生。"《祖堂集》卷一六《古灵和尚》:"师于窗下看经次,蝇子～打其窗,求觅出路。"《古尊宿语录》卷二五《筠州大愚芝和尚语录》:"大愚相接大雄孙,五湖云水～奔。～奔,有何门?"

【竟】 jìng 径直;直接。竟,通"径"。唐司空图《解县新城碑》:"但既逼寇仇,且当津要。车徒遝至,～赴齐盟;戎夏骏驱,共匡京室。"元明《水浒传》二回:"迤逦回到东京,～来金梁桥下董生药家,下了这封书。"清陈端生《再生缘》四七回:"叫孟太太见郦相在房时,～掀开了帐子,扯住了认起亲来。"

【竟而】 jìng ér 同"竟尔❶"。唐苏颋《凉国长公主神道碑铭》:"～瑶草沦霜,桂枝辞月,开元十二载八月辛巳,遇疾薨于京邸永嘉里第。"《太平广记》卷四五一引《广异记》:"玄宗固就求之,甑生不与,～伏法。"明《如意君传》:"兹复不宜如此粗率,倘若不少息,我～长逝矣。"

【竟尔】 jìng ěr ❶乃至;以至于。唐孙蕖《罔两赋》:"静躁匪肃,吉凶由人。虽谗构不能以相闲,安绳墨之～相因。"宋洪迈《夷坚志》三辛卷一〇:"忽大叫仆地,两齿坠落,～不起。"清《驻春园》七回:"奈尔时为友人见招,只得修书作别。弗获一面,～怅怅就道。" ❷竟;竟然。清李玉《清忠谱》五折:"正以缇骑四出,同抱杞忧。不想浙中魏廓园兄,～独先被逮。"

【竟然】 jìng rán ❶即;就;便。明汤显祖《邯郸记》一九出:"你说他为何到得天山～转马?原来与番将热龙莽交通贿赂。"清陈端生《再生缘》一五回:"国舅心中存主意,～修本在书房。请兵要战吹台寇,以报朝廷雨露长。"又四七回:"他如当下认椿萱,一笔勾消不必言。如若其时还未说,～昏迷在床前。" ❷居然。表示出乎意料或常理。明《型世言》二九回:"讲过今日还有三百,他～赖了。"清《飞龙全传》四一回:"他吃了几个瓜,也值得甚么?～将他拿住。"《荡寇志》九七回:"戴春听了这话,大怒道:'～如此。乌兄还有何事,老实说不妨。'"

【竟直】 jìng zhí 径直;一直。明《西洋记》四八回:"道犹未了,王莲英一人一骑,当头一枝女兵随后,～赶近身来。"清《一片情》三回:"罗氏忙称了五两银子,递与肖花嘴。肖花嘴接银就走,～去了。"《女仙外史》七〇回:"见有多少人把守重门,更无拦阻,～闯到正宫。"

【竟至】 jìng zhì ❶终至;终于达到。表示结果是预期的。唐李世民《征辽还宴赐父老诏》:"仗兹协力,～升平,怀彼勤劳,何忘晷刻?"《太平广记》卷三二八引《广异记》:"后庚累遇提挈,～一州。" ❷犹"竟然❷"。唐杜牧《上李司徒相公论用兵书》:"其功非细,只以张汶之故,自谓不洁淋头,～羞死。"《太平广记》卷一六〇引《玉堂闲话》:"是时,女婴虽遇其酷,～无恙。"清《红楼梦》九〇回:"却说黛玉自立意自戕之后,渐渐不支,一日～绝粒。" ❸直至;直到。用于客观叙述。《太平广记》卷四三一引《广异记》:"自尔不敢出寺门,～死。"元秦竹村《行香子·知足》:"引个奚童跨蹇驴,～皇都,只道功名掌中物。"清《聊斋志异·长清僧》:"抵长清,视风物如昨。无烦问途,～兰若。"

【竟自】 jìng zì ❶径自;自行;自顾自。元施惠《幽闺记》三六出:"不意他父亲王尚书缉探虎狼军回,到招商店中,遇见是他女儿,～夺回去了。"明沈德符《万历野获编》卷一九:"随亦奏闻正罪,则又不待上命,～以军法行谴矣。"清《儒林外史》九回:"说罢,也不晓得请进去请坐吃茶,～关了门回去了。" ❷竟然。《元曲选·马陵道》三折:"他原来诈风魔,～走了也。"明《二刻拍案惊奇》卷四:"果然去年在汤家嫖的正是。只是依他家说起来,～不曾往京哩。"清《镜花缘》六回:"小仙只顾在此著棋,不知其详,未去奏明上帝,以致数百年前同嫦娥所定那个罚约,～输了。" ❸径直;一直;直接。明叶宪祖《团花凤》三折:"到此已是笮河留家,～进去。"《型世言》二五回:"莫说临着海,便是通海的江河浦港,也都平长丈餘,～穿房入户,飘凳流箱。"清孔尚任《桃花扇》一六出:"不要叫高、姜二相夺了俺的大权,且慢回家,～入阁办事便了。" ❹只是。明《醒世恒言》卷一五:"非细相熟的主顾,或是亲戚,方才得见。若是老尼出外,或是病卧,～辞客。"袁于令《西楼记》二四出:"今日小饭,倒不奉陪,省得他厌我。～你二人细谈半晌。"清李玉《清忠谱》六折:"如今咱们两个都是爷的亲生骨肉一般，不须行这大礼，也不用礼生虚文，～多磕几个头儿就是了。”❺随即；就。明《醒世恒言》卷二八：“二人说到情浓之际，阳台重赴，恩爱转笃，～一觉睡去。”袁于令《西楼记》二四出：“适才他结义姐姐刘姑娘拜访，报了于相公的凶信，二娘～缢死。”清《镜花缘》二〇回：“未免自渐形秽，鸣了两声，朝著云母石一头撞去，～身亡。”

【境地】 jìng dì ❶地理环境；地域。五代崔彦㧑《有晋高丽法镜大师慈镫之塔碑铭》：“悠悠骞岭，往以居之。～偏佳，山泉甚美。”明《二刻拍案惊奇》卷二六：“教且离了所巡～，或在省下，或游武夷。”清《玉蜻蜓·游庵》：“姑苏～名公少，不比他乡山水同，斗艳争芳惟粉黛，当年大小慕乔公。” ❷处境；境况。明锺惺《明茂才魏长公太易墓志铭》：“太易所处之～时事，无非专设预待以穷太易者，仅得志于诗。”湛然《鱼儿佛》三出：“譬如那上路的有山遥水渺，大海里撑舟有波浪扰。及至他回家到岸尽开交，静悄悄，问前途～，那里见纤毫。”清《绮楼重梦》四五回：“穷愁士子听了应该发感，现在二爷处着这样好～，听了尽好助兴，怎也感叹起来?”❸境界。a) 指诗文意境。明锺惺《明茂才魏长公太易墓志铭》：“读君诗，诧其～如此，似有晚年意。”清田雯《古欢堂杂著》卷二：“青莲作近体如作古风，一气呵成，无对待之迹，有流行之乐，～高绝。”b) 指身体感受。明《韩湘子》一〇回：“那香獐接得在手，三咽下腹，顿觉～清凉，五内宁谧。”

【境界】 jìng jiè ❶（诗文）意象所达到的程度。唐张怀瓘《书断》：“公且自评，书至何～？与谁等伦?”清黄宗羲《明文案序上》：“议者以震川为明文第一，似矣。试除去其叙事之合作，时文～，间或阑入，求之韩、欧集中无是也。”纪昀《阅微草堂笔记》卷一八：“缘才子之笔，务殚心巧；飞仙之笔，妙出天然。～故不同耳。”❷景象；情形。宋洪迈《夷坚志》支戊卷五：“眼前～不好，必是夏主簿公事发，要我供证。”金《董解元西厢记》卷二：“来后怎生当待？思量恁怪那不怪，由然甚矮也不矮，仿佛近此中～。”明《禅真逸史》一三回：“忽然惊觉，天已大晓。暗详梦中～，闷闷不乐。”❸境遇；处境。宋赵与时《宾退录》卷一：“胡忠简之贬，李似之侍郎书十事以赠。……四曰～违顺，当以初心对治。”清陈端生《再生缘》七回：“若然即日钦差至，一定要，押解亲娘上帝都。途路风霜祈保重，眼前～莫悲伤。”《镜花缘》一五回：“不意老师～竟至如此。令人回想当年光景，能无伤感?” ❹指体验、感知的程度。明《拍案惊奇》卷六：“弄得狄氏遍体酥麻，阴精早泄。原来狄氏虽然有夫，并不曾经着这般～，欢喜不尽。”清《歧路灯》四四回：“谭绍闻自哺乳褪褓之日，并不曾晓得饥字的滋味是这样的难尝。出的寺来，一发把悔字的～，又深入几层。”

【境况】 jìng kuàng ❶犹“境界❷”。明袁中道《游居柿录》卷七：“黎明，诸亲友皆散，予收泪步阡陌间，～凄恻。”清《绿野仙踪》六九回：“回想那梦中～，不由的伤感起来。”《姑妄言》二〇回：“一片荒郊，杳无人迹。有几句道那时的～：十里俄惊雾暗，九天倏睹云昏。” ❷犹“境界❸”。清《绿野仙踪》二四回：“打听四川秀才林岱夫妻在他衙门内没有，如在，再打听他～好不好。”《姑妄言》一九回：“求寸布如异锦之难，其寒家之～，可想而知了。”

【境头】 jìng tóu 幻化出的境界。《元曲选·任风子》二折：“我教他眼前见些恶～，然后点化此人。”又《张天师》四折：“若不将他魂魄勾摄前来，看见这个～，怎得有痊可之日?”明《拍案惊奇》卷二八：“到得五十年后，我来指你个～，等你心下洞彻罢了。”

【境遇】 jìng yù 境况与遭遇。元刘鹗《回也不改其乐论》：“～之纷乘，事势之困迫，世故之震撼，千态万状而莫之纪。”清黄宗羲《节妇金孺人墓志铭》：“母氏章太夫人，依外家以活，颇与孺人～相似。”《飞龙全传》四一回：“人生～，通在八字中造定的。”

【敬身】 jìng shēn 躬身行礼。金《董解元西厢记》卷一：“君瑞～，大师忙答。”

【敬思】 jìng sī 风流放浪。当是“秉敬诚思”的反语。元锺嗣成《醉太平》：“拥竹杖绕遍莺花市，提灰笔写遍鸳鸯字，打爻槌唱会鹧鸪词，穷不了俺风流～。”脉望馆本《罗李郎》三折：“人都道你～，人都道你浪子。”明朱有燉《复落娼》二折：“入门来忒～，拜公婆忒放肆。”

【敬心】 jìng xīn ❶表示尊敬的心意。多用于请人接受礼物的场合。《元曲选·救孝子》一折：“村酒不堪奉献，可也是老身的一点～。”明《禅真逸史》六回：“礼虽菲薄，到是住持一点～。”清《红楼复梦》九回：“我有碎银四两，请二哥交给两位师兄。这是我一点～，不要推让。” ❷持敬心；以恭敬的心情。明冯惟敏《朝天子·候客不至》：“～往来，用意儿刮划，为只为两世通家爱。”

【敬意】 jìng yì ❶特意。《元曲选·小尉迟》四折：“他～的降唐，认咱父亲来。”《元曲选外编·符金锭》四折：“这一席酒，～的则是与你两口儿庆贺。”清《醒世姻缘传》五二回：“你爹～教人来接咱，咱为甚么不去?” ❷犹“敬心❶”。明《二刻拍案惊奇》卷三九：“还有一主东西在某处桥垛之下，哥哥去取了，也见小人一点～。”《禅真逸史》六回：“既是锺住持送来的，也是一点～，收了待后回礼就是。”清《红楼复梦》七回：“这是他的一点～，求太太赏个脸。” ❸指礼物或作为尊敬的表示。明《浪史》六回：“妾有一个小～，却不嫌了怠慢，千万款坐一回。”清《红楼复梦》二一回：“两只鸭子值几个钱？是他的一点孝心，叔叔赏脸收了他的这点儿～罢。” ❹恭敬；表示恭敬。明《风流和尚》八回：“他便姿意干将起来了，一抽一送，着实奉承～了一回。”清《野叟曝言》八〇回：“素臣见已彩画铺设，成一新房模样，就要搬出。天生抵死不肯，道：‘一来～，二来仗文爷洪福，得个利市。’” ❺犹“敬心❷”。明冯惟敏《朝天子·巫》：“买金银纸烧，请师婆赛了～把邪神报。”

jiōng

【扃闭】 jiōng bì ❶关闭。唐鱼玄机《闺怨》：“～朱门人不到，砧声何事透罗帏。”明《二刻拍案惊奇》卷三七：“托言腹痛，把门～，静坐虔想。”清《珍珠舶》二回：“时将亭午，门犹～未开。”❷沉沦隐没，不得发扬。明康海《与彭济物书》：“自人有罪者之籍，污秽终身，莫能自洁，使平日所立之志～沦落。”又《先公墓碑铭》：“乃淹晦以终其身，至于予先君昆弟犹～不发。” ❸限制约束。明王世贞《奉训大夫郭公暨配吴夫人合葬志铭》：“凡公之居官，治外而不问内，急于公不能及子，其～束约与所以诲成子直，皆安人任之矣。”

【扃锢】 jiōng gù ❶关闭；闭锁。明张佳胤《江西奉新县县丞李恭懿先生传》：“学究日夜～笥中如宝，诸生非厚利不得视。”佚名《天变邸抄》：“张家湾亦有火神庙，积年～不开。”清《聊斋志异·西湖主》：“复寻故径，则重门～矣。” ❷禁闭；囚禁。清《女仙外史》九三回：“第十一大罪：～孝康帝子皇孙。”

【扃关】 jiōng guān ❶门闩。唐白居易《晚归香山寺因咏所怀》：“中有古精舍，轩户无～。”也指闩上门闩。宋胡寅《泮州谯门记》：“则封疆之界不足以域，山溪之险不足以固，而况于墉乎？于閈闳而～乎?” ❷比喻保护措施。唐杜牧《贺中书门下平泽潞启》：“太行夷仪为其～，健马强弓为其羽翼。” ❸指开关装置。

唐张彦振《指南车赋》:“观其作也,～脉凑,衡枢星设,烟萦电转,鬼聚神灭。”

【扃合】 jiōng hé 关闭;闭合。元薛昂夫《端正好·高隐》:“收耕罢织足衣食,将柴门紧紧～。”

【扃键】 jiōng jiàn ❶门闩锁头。唐姚震《对官门误不下键判》:“～空施,堤防靡寄。且此之职守,用备非常,放而不严,谁曰其误?”清毛奇龄《明太子少保兵部尚书吴公传》:“置译馆,使五锐士夹一使,加～焉。”《聊斋志异·花姑子》:“又虑女来不得其门而入,潜出斋庭,悉脱～。” ❷用闩锁封闭。《太平广记》卷三五一引《宣室志》:“一夕,告其仆曰:‘我病不起矣。’即令～其门。”明戚继光《纪效新书》卷一一:“一军之门户,如人之居室,未有门户～,而盗贼能入者。”清《聊斋志异·董生》:“醺中自忆,必去时忙促,故忘～。” ❸比喻统领、约束。唐权德舆《唐故宝应寺大律师多宝塔铭》:“故尸罗毗尼,以摄妄想,五部四分,是为～。”《唐大诏令集》卷四六:“总庶官之职业,为百度之～。惟此重任,属于黄扉。”宋金君卿《赠僧惟益》:“妙理脱～,高谈腾辅颊。”

【扃鐍】 jiōng jué ❶犹“扃键❷”。唐刘轲《上韦右丞书》:“白麻未及下,而门已～。”明王鏊《故中宪大夫文公继室吴安人墓志铭》:“悉籍图史及官府簿书,～以须其子之至。”清《聊斋志异·申氏》:“大姐可向东舍一瞩,汝奁妆悉在椟中,忘～未也。” ❷比喻控扼、封锁、隔绝。唐白居易《除周怀义丰州刺史天德军使制》:“况兹要镇,实扼戎吭,犄角诸军,～右地。”五代徐夤《忆潼关》:“须知皇汉能～,延得年过四百餘。”清黄宗羲《过云木冰记》:“盖其地当万山之中,嚣尘沸响,～人间。” ❸犹“扃键❸”。唐权德舆《唐故中书侍郎齐成公神道碑铭序》:“公以冢宰少宗伯为官人取士之本,盖天子有司之重寄。至于避小嫌,乱旧章,适滋旁歧,孰谓～? 蹇蹇坦坦之道,岂如是耶?”皎然《苏州支硎山报恩寺大和尚碑》:“以十身佛刹微尘数修多罗,如悬帝网,丕出正念,无遗即中,盖如来一斯教之～也。”清钱谦益《天台泐法师灵异记》:“当此时,阐扬台事,大明如来一期教之～,譬则破昏夜以月灯,开盲人以眼目。”

【扃试】 jiōng shì 考生在封闭环境中就试。明赵锁《故城县丞汪先生行状》:“至正六年,县尹唐棣征各郡名儒～,延前贡省元李廉为主文。”清赵慎畛《榆巢杂识》卷上:“尝值隆冬～,诸童各给炭以御寒。”《八旗通志》卷一五三:“且考试必在学臣来按临之先,号舍桌凳俱备,请府县即就学棚编号～。”

【扃束】 jiōng shù 闩束,引申指拘束、束缚。唐权德舆《唐故朝议大夫韦君墓志铭序》:“平夷疏达,造适遗累,有君子之概焉,与夫拘挛枯槁～于一代者,异日论也。”宋王安国《清溪亭记》:“夫居者厌于～,行者甘于憩休,人情之所同。”

【扃锁】 jiōng suǒ ❶犹“扃键❶”。唐皇甫枚《三水小牍》卷下:“仍刳神前柱并匣置之,外设小扉加～焉。”明周履靖《锦笺记》一〇出:“笑重门～空加,帘前惟有鸟雀喳喳。”清王夫之《永历实录》卷二六:“城门不开,庞天寿、马吉翔麾壮士以利斧断～,上单骑走。” ❷犹“扃键❷”。唐范摅《云溪友议》卷上:“大梁城北门常～不开,开必有事。”明《禅真后史》三五回:“忙忙跳下月台,问荀氏道:‘那～小楼是甚去处?’荀氏道:‘这间侧楼乃老身奉佛诵经之所。’”清袁枚《子不语》卷一:“杭州北关门外有一屋,鬼屡见,人不敢居,～甚固。” ❸犹“扃键❸”。唐白居易《和知非》:“思苦膏火煎,忧深～秘。”仲无颇《气球赋》:“惧欲挤于沟壑,将不出于户庭。智不待乎～,妙乃存乎苞裹。” ❹犹“扃鐍❷”。宋李曾伯《水调歌头·丙戌寿蜀阃》:“十乘晋军旗鼓,三岁秦关～,地利属人和。”明黄辉《自军庄寻滴水岩下作》:“小龙引双须,顾盼左右纵。裾裔互蔽亏,～绝耘种。”

【扃闼】 jiōng tà ❶闩闭的小门。唐贾至《沔州秋兴亭记》:“值严凝之节,则栖同云于～,见雪之纷矣。”蔡希寂《登福先寺上方然公禅室》:“当暑敞～,却嫌絺绤寒。” ❷指帝苑或内廷。唐宋之问《秋莲赋》:“伫命拱立于御桥之西。玉池清泠,红蕖菡萏。谬履～,自春徂秋。”宋余靖《谢知制诰启》:“所以烝进英髦,充备～;乃能规益谋虑,申布词令。”清《皇舆西域图志》卷三四:“属八纮于～,抚异类如赤子。” ❸比喻要地、屏障。唐李华《临淄县令厅壁记》:“邓为天下～,两都南蔽。秦汉以来,多封将相姻戚。”韦承庆《灵台赋》:“至于宅义依仁,栖贞履顺。崇礼让之～,耸温恭之墙仞。”

【扃钥】 jiōng yuè ❶犹“扃键❷”。唐张读《宣室志》卷四:“院之东庑北室,空而～。观因请居,寺僧不可。”宋范成大《吴船录》:“后太守不敢居,～奉祠之。”清纪昀《阅微草堂笔记》卷九:“北河总督署有楼五楹,……历任总督,皆～弗居。” ❷比喻开启真谛的关键。唐李华《杭州开元寺新塔碑》:“先法师释道贞,华严秘宗,香象至底;先法师释藏晖,三藏～,吾方启之。”明应大桂《祭阳明先生文》:“吾念先生之悟道也,以良知为～;其收功也,以格致为实际。”清魏裔介《四书简捷解序》:“自有汉儒之注疏而～以开,有晦庵之注疏而堂奥以启。” ❸犹“扃鐍❷”。唐李峤《上雍州高长史书》:“是以虚己之求,有屈位而伸道;泛接之爱,或开怀而受物。乃能崇峻官垣,～阃奥。”宋范成大《请息斋书事》之三:“岩扉绣幌牢～,不是渔樵不与开。”清顾炎武《读史方舆纪要》卷九三:“明初规取浙右,克婺州而固守之,～东陲,鞭棰臣猾。” ❹指掌控权力。唐王勃《上绛州上官司马书》:“下官者,康衢之贱耳。……岂不知尘形俗状,游水镜而多惭? 抱鼓援鼙,过雷门而自失? 而欲刻鹄饰凫,唐突～者耶!” ❺犹“扃闼❸”。元邹弘道《潼关》:“眈眈虎视秦～,郁郁龙蟠汉国都。”清顾炎武《读史方舆纪要》卷一二八:“由京口而东,渐近大海,岛夷出没,京口尤为～之地。”施闰章《自西海门登始信峰至石笋矼作》:“邃壑开虚无,海藏失～。”

jiǒng

【窘促】 jiǒng cù ❶局促不开阔。唐韦承庆《灵台赋》:“弥性场而极览,溥情囿而环瞩,鲜开旷而闲凝,多郁堙而～。”元辛文房《唐才子传》卷五《孟郊》:“当时议者,亦见其气度～,卒漂沦薄宦,诗讖信有之矣。”清周济《宋四家词选目录序论》:“蒲江～,等诸自郐;竹屋硁硁,亦凡响耳。” ❷窘迫难应付。宋曾敏行《独醒杂志》卷七:“后腊以食少人众,势稍～,遂独从千餘人入剡溪洞,死拒不出。”明锺惺《王文肃公专祠诗》:“正使日三接,群情弥～。乙卯庚申事,可以见碌碌。”清姜宸英《族侄华林升平阳郡丞序》:“风掀日炙,笔干不得下。人方～,君就坐席,展卷疾书。”

【窘悴】 jiǒng cuì 窘迫困苦。也指窘迫困苦的人。宋李流谦《重修尉廨南康祠记》:“尉之居如蚁垤,如蜗庐,吏卒如冻蝇,尉～清苦如寒蝉。”《三朝北盟会编》卷一八二:“有功而必见知,无善而常弗弃,遂令～得与褒加。”明唐胄《淮安户部分司题名记》:“我国家当元人～之餘,深笃民念,宣德初始,立关税钞。”

【窘厄】 jiǒng è ❶窘迫困厄。唐房琯《上张燕公书》:“琯幼而先相国弃代,委翳于蓁芜之下,因物遂迁,与农者莫辨。不忍～,然后以菑获为怀,将祗若遗谋。”《太平广记》卷三一〇引《传奇》："君～如是，能取某一计，不旬朔，自当富赡。"明罗洪先《外母王夫人六十序》："侍翁为县令，……进大仆，称朝廷大臣，固未尝一日遭～事。" ❷ 逼迫阻厄。唐李儇《招讨王仙芝等诏》："或攻劫郡县，抗拒官军，或～商徒，俘掠进奉。"

【窘骇】 jiǒng hài 犹"窘惧"。宋洪迈《夷坚志》支丁卷五："虎作势撑拒，头入愈深，如施枷械者。大～，负之奔出。"

【窘寒】 jiǒng hán 窘困贫寒。宋赵蕃《送赵一叔江西漕赴召》之二："公持使节豫章郡，蕲以过公道～。"清《珍珠舶》一回："那顾敬亦从旁赞襄，说兄实系～无措，始有肯让一半之意。"

【窘急】 jiǒng jí ❶ 艰难窘迫。明《二刻拍案惊奇》卷二四："到了下处，旅寓荒凉，柴米～。"清《荡寇志》七九回："刘世让便诉说家下十分～，老母有病不能赡养。" ❷ 为难着急；惶恐着急。清纪昀《阅微草堂笔记》卷五："为狐所媚，每摄其财货去，使～欲死，乃于他所复得之。"《聊斋志异·莲香》："莲以身闭门，李～不知所出。"袁枚《子不语》卷二三："言毕，故意将妇人交唇摩乳以夸示之。生～，叩头求去。"

【窘煎】 jiǒng jiān 窘困煎熬。宋梅尧臣《李审言遗酒》："大梁美酒斗千钱，欲饮常被饥～。"清顾图河《断砚歌》："诸公百僚压其巅，禄米不救饥～。"

【窘竭】 jiǒng jié ❶ 穷尽窘困。《元经》卷八"元嘉二十一年春，帝正月，诸郡禁酒"唐薛收传："是时国～，故榷酒利以苟安焉。"宋司马光《论覃恩札子》："况今庶官滥溢，经费～，岂可复踵往岁之失以增今日之弊？"明何景明《刘孺人廉氏墓志铭》："孺人乃尽脱珥簪衣服易粟，周旋～，使太夫人不失甘旨。" ❷ 坚持不下去。清褚廷璋《平定两金川诗》："合围噶依，炮火震烈。犹以死拒，继乃～。"

【窘沮】 jiǒng jǔ 窘迫沮丧。唐高骈《回云南牒》："诸眉就戮，思缙自裁。董译龙之凄惶，范昵些之～。江桥则尽底焚烧，采筏则从头覆没。"《宋史·司马光传》："光顾谓台吏曰：'引蔡寺丞归本班。'吏即引天申立监竹木务官富赞善之下。天申～，即日行。"

【窘惧】 jiǒng jù 窘迫畏惧。宋蔡絛《铁围山丛谈》卷六："会发运使上计，而小龙者又复出。大漕甚～，乃焚香祝之。"周密《齐东野语》卷一八："讼之于官，词虽不及谢，而谢甚～。"清何秋涛《征乌梁海述略》："以青滚咱卜悔罪乞宥具奏，诏弗许。青滚咱卜～，为拥兵自卫计。"

【窘窭】 jiǒng jù ❶ 窘困贫穷。宋朱熹《延平答问》："吾人大率坐此～，百事驱遣不行。"金姬志真《郭子渊之汴索诗》："余生懒癖居林泉，茅茨～孰可怜。"明王慎中《沈青门诗集序》："君生其土，而故少司寇省庵公之季子也，习其家学。……非生于～崛侧者比也。" ❷ 匮乏；罄尽。宋张守《祭范丞相文》："溃卒狂盗，长驱并骛。王师单弱，邦储～。"

【窘绝】 jiǒng jué 窘困匮乏。唐元稹《海侄等书》："以下士之禄，持～之家，其间半是乞丐羁游，以相给足。"宋卫泾《故特进资政殿大学士程公墓志铭》："今部以罢卒赀用～，不稍代更，则往者未必生也。"包拯《再请移那河北兵马及罢公用回易》："昊贼猖獗，调发旁午。公私～，迄今未复。"

【窘蹶】 jiǒng jué 穷困潦倒。明林俊《迩言序》："以慷慨数言事，柄臣者中之，～穷悴，流寓徐淮间。"清刘大櫆《马湘灵诗集序》："奈何～涪湛，抱能不一施，遂为山泽之癯以老也。"

【窘苦】 jiǒng kǔ ❶ 困苦。宋欧阳修《回丁判官书》："若不鞭肤刑肉以痛切其身，则必择恶地而斥之，使其奔走颠踬～。"《宋史·黄震传》："告私债则以属尉，民多饥冻～，死尉卒手。"清《聊斋志异·酆都御史》："冥黑如漆，不辨行路，公甚～。" ❷ 艰涩痛苦。宋黄文雷《看云小集自序》："才分既以褊迫，生世不谐，思致～，虽知其然而未之能变也。"清《医宗金鉴》卷一六："不使临期燥屎巨鞭，谷道难出，～万状也。"

【窘匮】 jiǒng kuì 贫困；窘困匮乏。宋苏舜钦《王公行状》："公谪官灵仙，至～，乃举族蔬食。"金佚名《大金吊伐录》卷二："今罄竭府库，应副犒军之用，恐必不能如数，实出～。"清《圣祖仁皇帝亲征平定朔漠方略》卷二四："若大兵前进，则距所运米太远，回时粮饷必至～。"

【窘愧】 jiǒng kuì 窘迫惭愧。宋洪迈《夷坚志》支癸卷八："赵戏怀其袈裟，置于廊庑间大柱下，已而舍去。僧～，经日无由可揭取。"清纪昀《阅微草堂笔记》卷八："有客排闼入，书生～，而客若无睹。"

【窘挠】 jiǒng náo 因受阻而为难。宋洪迈《夷坚志》甲卷九："期限峻迫，仓卒未能办，彪意绪～。"刘克庄《亡室墓志铭》："余方～，君夷然如平时。"明祝允明《简义上人》："昨夜梦被人诬以杀人，～间，忽得师来导引。"

【窘迫】 jiǒng pò ❶ 指时间紧促。唐韦应物《种瓜》："直以春～，过时不得锄。"刘知幾《史通》卷九："夫地之偏小，年之～，适使作者采访易洽，巨细无遗，耆旧可询，隐讳咸露。" ❷ 指经济拮据，日用匮乏。唐崔陟《鸿渐赋》："乡国迢遥，箱笼～。慕侣心断，冲天望隔。"明《拍案惊奇》卷一三："六老又思量替儿了毕姻，却是手头委实有些～了，又只得央中写契，借到某处银四百两。"清方成培《雷峰塔》七出："许官人若说～，我娘娘囊中自有。" ❸ 逼迫使困窘。《金史·蒙古纲传》："镇防军遽征逋课，～陵辱有甚于官。"明陈洪谟《继世纪闻》卷二："逆瑾以富国为名，每欲巧取横敛，且因以～文臣。"清《隋唐演义》五七回："今日一见，弟正有要言欲商，幸勿～吾主。"

【窘穷】 jiǒng qióng 窘迫穷困。唐韩愈《送高闲上人序》："喜怒～，忧悲愉佚，怨恨思慕，酣醉无聊不平，有动于心，必于草书焉发之。"宋邹浩《李季侔墓志铭》："尝由族属达于里闾，周其～，而任其婚姻丧葬之事。"清弘历《唐德宗论》："惧藩镇之祸而继以姑息，念～之敝而加以好货。"

【窘涩】 jiǒng sè ❶ 窘迫艰难。宋郭印《留宿田家》："马饲牛栏下，人眠狗窦边。此行频～，吾意亦安然。"阳枋《与黄循斋札子》："真一大藩屏，惟工役浩瀚，而钱粮～耳。"明宋濂《故宁海郭君妻黄氏墓铭》："家单不能备物，夫人极意营集，不使知～之状。" ❷ 局促褊狭；狭窄或蹇涩不通畅。宋翟耆年《籀史》："但篆画行笔当行于所当行，止于所当止。今位置～，促长引短，务欲取称，如'柳、帛、君、庶'字是也。"刘一止《辞免第二状》："又年龄衰迈，智识昏昧，文辞～，鞭策不前。"李昭玘《傅主簿墓志铭》："考卜既宜而地并山，行径～。方秋成，不敢轥民田出入。"清《医宗金鉴》卷四六："孕妇小便频数～，点滴疼痛，名曰子淋。"

【窘束】 jiǒng shù ❶ 囚禁；捆束。唐张说《狱箴》："所贵仁恕，非矜～。吏苟吹毛，人安措足？"清查慎行《秋感》之二："（盆景）看看耳目玩，屈辱到松柏。可怜千丈材，～不盈尺。" ❷ 束缚；拘束。唐王绩《游北山赋》："喜方外之浩荡，叹人间之～。"萧颖士《庭莎赋》："厌公门之～，玩纤草于兹庭。"宋朱熹《答陈同甫》："春间至彼，山高水深，红绿相映，亦自不恶。但年来～殊甚，诗成屋未就，亦无人力可往来。" ❸ 拘束于；被束缚。唐李峤《楚望赋》："栖遑卑辱之地，～文墨之间。以此为心，心可知矣。"宋欧阳修《归田录》卷二："前此为南省试官者，多～条制，不少放怀。"清《女仙外史》八二回："自王安石造为制艺之文，而奇才～；朱晦庵集成经书之注，而学者眼孔锢蔽。”❹管束；限制。宋朱熹《晓示人户送纳秋苗》：“与公吏通同作弊，拖延不纳，窥伺县道～全无措置，即将下等籼米，以应副预借为名，动欲减饶合数。”元辛文房《唐才子传》卷八《皮日休》：“今则限以韵声，莫违次第。……必至～长才，牵接非类。”❺困迫；窘迫。宋华岳《翠微先生北征录》卷九：“召募间谍，明远斥堠，则屯边之兵无事得以休息，有事不至～。”洪迈《夷坚志》三壬卷四：“到中流，风雨骤作，吹仆帆樯。舟人～无措。”明罗洪先《刘晴川公六十序》：“夫以颠顿～之中，而不忘恐惧修省之诚。”❻拘谨不展。宋邵博《邵氏闻见后录》卷一四：“视他人拘拘～，一步武不敢外其事者，胆智甚薄也。”《朱子语类》卷九七：“此语不可晓。当时问时，辞意亦自～。”明宋濂《题梁元帝画职贡图》：“今所书字形体～，绝无俊逸之气。”

【窘缩】jiǒng suō ❶局促。宋陈造《吴门芹宫策问》：“太过则繁冗，或为～支离，或为拘忌。”明归有光《昆山县倭寇始末书》：“况既上官文移，则操纵由己。虽不宜冗滥，又何必拘拘常格而自取～哉？”❷逼仄；狭窄。明《徐霞客游记》卷九下：“南人三丈而止，北人十餘丈，亦～不能进，乃复出。”❸蜷缩；困迫畏缩。清高士奇《神功圣德诗》：“彷徨～，惴恐股栗。服毒自杀，悔祸靡及。”

【窘索】jiǒng suǒ ❶逼讨；勒索。唐范摅《云溪友议》卷中：“以石使君许下之日，曾负弘约资货，累自～。”明吕本《兵部右侍郎陶公墓志铭》：“人渡河，每中流苦舟人～。”❷匮乏；窘乏。宋李石《眉州劝农文》：“士俗以诗书为耕，以笔砚为富，往往薄于农桑，～于衣食者，非岁之罪也。”洪迈《夷坚志》甲卷一八：“食毕，李亟欲去，陈问故，李曰：‘比日～，谋鬻少物耳。’”清阮葵生《茶餘客话》卷一六：“年既衰暮，回忆旧所披览，已无只字。下笔～，徒有怅恨。”

【窘畏】jiǒng wèi 犹“窘惧”。宋洪迈《夷坚志》丁卷四：“赵遽起抱之，颇～，为欲去之状。”明孙传庭《报宝郿剿抚捷功疏》：“彭至言贼甚～，各头目共议出山，而群贼惮险不从。”

【窘狭】jiǒng xiá ❶贫乏；不充足。《新唐书·高骈传》：“骈久囚拘，供亿～。群奴彻延和阁阑楯为薪，煮革带以食。”明顾清《代家君祭先母文》：“追惟平生，～之日长而优裕之日短。”❷偏狭；逼仄。宋真德秀《玫瑰先生楼公文集序》：“公生于故家，……文备众体，非如他人～僻涩以一长名家。”清赵执信《怀旧诗·洪昇小传》：“才力本弱，篇幅～，斤斤自喜而已。”△朱庭珍《筱园诗话》卷二：“(赵秋谷诗)时有率笔，篇外亦无餘味，不及阮亭处处典雅大方，得失正复相等。心餘讥其篇幅～，诚中其病。”❸狭窄。宋王巩《张方平先生行状》：“中原～，盐禁竣密，民苦刑报。”

【窘鲜】jiǒng xiǎn 匮乏。唐王勃《上郎都督启》：“而道里夐遥，资粮～。秩寡钟釜，债盈数万。”

【窘乡】jiǒng xiāng 困难处境。清梁恭辰《北东园笔录》初编卷六：“时文毅已贵显，以丁外忧归里，始悉其颠末，怜黄女在～，赠之五十金。”《野叟曝言》一四回：“弟在～，不能代吾兄措完糟米。”

【窘忧】jiǒng yōu 窘迫忧愁。元刘将孙《江东铅山州黄柏王道者灵应记》：“当时～，局蹐靡措。”明李梦阳《陈公六十寿序》：“是故民至老无疢疠夭札之灾，生鲜～而终之安然。”清《聊斋志异·狐妾》：“贫至饔飧不给，而当道者又多所需索，因而～欲死。”

【窘逐】jiǒng zhú 逼迫追赶驱逐。宋周邦彦《过羊角哀左伯桃墓》：“何事荆将军，掺戈相～。”洪迈《夷坚志》丙卷四：“常为市中小儿～，必求观乃止。”褚伯秀《南华真经义海纂微》卷八七：“为子不幸而遇虐父～流离，即水中有火焚槐之时也。”

【窘怍】jiǒng zuò 犹“窘愧”。宋洪迈《夷坚志》支庚卷二：“详扣乡里踪迹，其人应答～，欲起不能。”

jiū

【纠参】jiū cān 检举弹劾。宋王珪《华阳集》附录引《文昌杂录》：“如被选之人不循分守，敢有僭紊，执政官委御史台弹奏，尚书已下听长官～以闻。”明朱长祚《玉镜新谭》卷八：“如有隐匿等情，许据实～。”清《雪月梅》二五回：“这侯巡按已被黄总制～，早离任去了。”

【纠曹】jiū cáo 州、郡、县衙负责纠弹的属官。唐赵居贞《新修春申君庙记》：“初余之拜命也，表授广陵～张禺、兵曹苏相为判官。”宋牟巘《木斋记》：“尝为吴兴～，又为台省掾，皆有声。”明胡直《敦典堂记》：“凡三传，礼瑞潭州路司理，礼端万安县～。”

【纠缠】jiū chán ❶搅扰不休。唐钱起《叹毕少府以持法无隐见系》：“毕公在囹圄，世事何～。”明《梼杌闲评》五回：“那陈买儿见一娘回来，逐日又来～。”清《聊斋志异·黄九郎》：“生甘言～，但求一亲玉肌。”❷干连；牵扯。清《镜花缘》六〇回：“姐姐回去，作何回复你家表兄，也须预为筹画，省得临期又有～。”《荡寇志》七四回：“他走虽不能定他日期，或者因别事～，却随早随迟也难定。”《绮楼重梦》三六回：“要知小钰这时候也有些按捺不住，怕又～出别的事故来，因此就走了。”

【纠党】jiū dǎng ❶结党；聚众。《唐大诏令集》卷一二七：“结朋～，蠹物害公。”《明史·须烈妇传》：“市儿乃～聚谋，将掠之。”清《绣戈袍》一九回：“目无君上，阴谋不轨，恐其在外煽惑愚民，～为乱。”❷纠合；纠集。清《绣戈袍》二四回：“遂～三四人，果然去到。”又二九回：“贼～多人开了他医馆门，慢慢将家伙什物拈得清清楚楚。”

【纠赌】jiū dǔ 纠合人赌博。明《二刻拍案惊奇》卷八：“两人只道是又来～，正要翻手，三脚两步忙忙过来。”清汤斌《严禁赌博以绝盗源告谕》：“如有不法棍徒，开场～，以及私造纸牌，暗行发卖，许地邻保甲人等协力擒拿。”

【纠遏】jiū è 检举并加以阻止。唐虞世南《北堂书钞》卷七二：“监察郡县，～非常，诣京奏事。”五代王定保《唐摭言》卷一一：“其为御史也，则察视臧否，～奸邪。”

【纠合】jiū hé 凑集。明《梼杌闲评》三五回：“不若我们为他～些银，代他完赃。”清《绣球缘》六回：“待我等各出己囊，～数千金，来敷使费。”

【纠互】jiū hù 缠绕交错。明阮大铖《郊居杂兴》之一：“我居向山曲，草树复～。”

【纠伙】jiū huǒ ❶犹“纠党❶”。明《古今小说》卷一八：“日本国年岁荒歉，众倭～，又来入寇。”清赵翼《檐曝杂记》卷四：“时有相杀事，恃人众则择最旺之山踞之，别有～更众者则又来夺占。”《大清律例》卷二四：“如有～持械，按捺事主，搜劫多赃者，照强盗例科断。”❷犹“纠党❷”。明《警世通言》卷一一：“岂期船户积盗徐能，～多人，中途劫夫财，谋夫命。”

【纠集】jiū jí ❶召集聚结。唐[朝]崔致远《报戴卢书》：“卢竭诚报国，倾产忘家，～义军，训齐宗族。”明张景《飞丸记》九出：“我受主公恩厚，誓不与此贼共天。不免～兄弟们计较一番。”清《东周列国志》九回：“只得～车徒，遣大夫伯爰诸统领，望郑国进发。”❷凑集。清毛奇龄《湘湖水利永禁私筑勒石记》：“湖豪孙凯臣等～畚锸，一麾而千人，不鸣官，不暴众，筑堤数里。”

【纠酒】 jiū jiǔ 纠察酒令。明陈汝元《金莲记》二三出：“〔坡〕欲罄千钟，须行一令。〔佛〕请太史主盟，学士～。”清钱谦益《圣野携妓夜饮渌水园戏题》之二：“～频将罗袖挥，觥船芗泽指横飞。”

【纠聚】 jiū jù ❶纠合聚集。宋佚名《昭忠录》：“楚才于其乡岭村～丁壮，称义兵，张榜声罪。”明朱长祚《玉镜新谭》卷六：“苏州之鼓噪侵晨，有声梆号召者，为马杰；临其传香盟众者，为颜佩韦；同时有～徒众者，为沈扬。”清《红楼梦》八〇回：“有时喜欢，便～人来斗牌掷骰行乐。” ❷聚合；凝集。明徐祯卿《告谴文》：“疟气～，蓬蓬作云。”

【纠勘】 jiū kān 检举勘问。《唐大诏令集》卷一〇：“其病坊，据元敕各有本利钱，委所在刺史、录事参军、县令～。”元王恽《弹聊城贪官污滥事状》：“其污滥非为如此，合行～。”明康海《一枝花·秋兴》：“又不是大官茶饭愁～，意到处湖山任览。”

【纠理】 jiū lǐ 审查处理。唐白居易《李德循除膳部员外郎制》：“尚书郎自奏议弥纶外，凡邦之牲、豆之品、醴膳之数，实～之。”明王世贞《送按察王君督四川屯政序》：“严法而威之，法久不任，特分外台臣专～之，亦密矣。”清雍正十年《湖广通志》卷四七：“(冯京)以翰林侍读学士召还，～刑狱。”

【纠连】 jiū lián ❶纠合串连。明归有光《宋史论赞·石守信》：“方镇之祸，～盘固，每一动摇，环顾而起。”《石点头》卷一二：“又～闽浙两广亡命，及海洋大盗，出没彭湖，杀人劫财。”清《野叟曝言》七三回：“其餘各省，近北者，都奉景王；近南者，又奉靳直。却都～一局。” ❷缠绕连接。清傅泽洪《行水金鉴》卷一三〇引《明光宗实录》：“百里间黑气～天海，仿佛中见有物隐显。”

【纠领】 jiū lǐng 纠合率领。明王樵《审录重囚疏》：“向徐邦奇捏说，徐尧年怨恨，要～胡龙等持枪杀害。”清雍正十二年九月九日赵弘恩奏文：“系候选州同李缙～佃户打手多人，争割秫秫起衅。”《醒世姻缘传》一〇回：“晁监生被计都父子～了族人，打得伤重。”

【纠拿】 jiū ná ❶纠绕盘曲。明《徐霞客游记》卷八下：“山间巨松皆五鬣，耸干参天，而老龙鳞颇无大者，遂以～见奇。” ❷交错纠缠。清方苞《礼记析疑》卷五：“疏乃以郑注周官三命受位，谓列国之卿三命始有列位于王朝，与此记相～。”允礼《春秋论》：“条分缕析，辨三传之～，依义理为标准。”

【纠扰】 jiū rǎo ❶纷乱骚扰。清陆埜《七哀诗·钱士馨》：“才高数何奇，国步方～。” ❷纠缠搅扰。清恽敬《与来卿书》：“仆人止可作小传，若将陈明光缘起叙入，亦非法，且笔下～矣。”

【纠拾】 jiū shí 检举弹劾。明文秉《先拨志始》卷下：“乙丑大计，南京吏科给事中杨朝栋循例～，逆贤力为挽奏。”陈子龙《澄吏道策》：“铨部掌黜陟，台省掌～，此定制也。”清钱谦益《故礼部尚书王公行状》：“丁巳内计，群小方用事，遂以～中公。”

【纠掾】 jiū yuàn 犹“纠曹”。唐元稹《有唐赠太子少保崔公墓志铭》：“其府吏以下未尝获一钱，公乃悉出所餘，命～以下均取之。”宋朱熹《答吴伯丰》：“～程允夫官亦未满，尚得从容，亦可乐也。”

【纠约】 jiū yuē ❶捆绑束缚。宋王观国《学林》卷三：“然则为弓者，以木为干，加以角筋胶丝漆，以为之～耳。”元吴澄《书纂言》卷一：“慎，谨也；徽，以绳～之意。” ❷纠察约束。宋章如愚《群书考索》续集卷三六：“五曹坐南台，则综核天下之法立；为内朝，则～百官之失。” ❸纠缠束缚。明李维桢《尹于皇诗序》：“期不越旦暮，地不越寻丈，幽仄枯寂，～壹郁，即有结撰，不胜寒俭之态。” ❹纠合约集。清《八旗通志》卷二四〇：“且立一义会，～所属，勿分贵贱，但遇有丧之家，每人出银一钱相助。”昭梿《啸亭杂录》卷五：“贵家宫里雁与结些国人～厂众至木梳铺劫杀，兵始退。”《补红楼梦》三二回：“因荣府撵出，～盗贼，俱祸潜逃。”

【究】 jiū 终归；到底。清《红楼梦》一〇二回：“众人虽然听见，那里肯信？～无人敢住。”《镜花缘》六六回：“妹子屡要进去力劝姐姐还乡，～因男女不便，不好冒昧相见。”

【究办】 jiū bàn 查究惩办。清《平定两金川方略》卷二一：“此即系轻视将军，不惟不应接收，即呈禀之人亦应拘留～。”《二度梅》二四回：“倘有书役人等扰累，许即面禀～，决不姑宽。”《歧路灯》九三回：“自宜按律～，以儆效尤。”

【究处】 jiū chǔ 追查处分。明谭纶《谭襄敏奏议》卷八：“限一面行令跟缉的系何项姓名，另行～。”清《聊斋志异·嫦娥》：“汝既知罪，姑免～。”《幻中游》九回：“如惹着他，无论男女，尽法～，甚是利害。”

【究度】 jiū duó 推究度量。宋刘攽《朝散郎陈知新可知华州制》：“守倅之任，有地千里，承流宣化，推广上恩，兴利除害，～民事。”《宋史·食货志下一》：“刘挚遂乞悉罢创增吏禄，诏韩维等～，然不果罢。”明王慎中《南安县重修秩祀坛庙记》：“益～其所以勤于民者，至于期年而后知其时之可也。”

【究访】 jiū fǎng 查访。宋苏颂《职方郎中沈君墓表》：“君悉为～，且知主名区处。”赵汝郕《常熟县主簿题名记》：“往者莫知，～之故老，仅得今尚书萧公而下十有三人焉。”何薳《春渚纪闻》卷三：“某于十洲三岛～，并无此人名籍。”

【究归】 jiū guī ❶终究归结(于)。元赵文《得中斋记》：“然而如里克之中立，胡广之中庸，其～于靡然而已矣。”明袁中道《游太和记》：“彼秦皇汉武，不得其术，而以腐骨望神仙，以淫胎饮浩露，宜乎疏天亲地，～玄壤也。”清《镜花缘》五四回：“此书～何处，尚望姐姐留意。” ❷终归；毕竟。明周顺昌《题竺坞募田疏》：“王侯过隙，金玉瓦砾。从佛观之，～何有？”清蓝鼎元《思补集序》：“言无补世道人心，纵鸿篇巨章，～安用？”

【究诘】 jiū jié 查问；查考。唐李漼《遣使宣慰徐宿二州敕》：“朕以好生为心，怀土可恕，不令～，但任归还。”宋朱熹《答陆子美》：“盖缘近世说《易》者于象数全然阔略，其不然者又太拘滞支离，不可～。”清《绣鞋记》一六回：“旋经督抚二人宪亲提会勘，反复～，众口不移，以成信谳。”

【究竟】 jiū jìng ❶结局；结果。五代何光远《鉴诫录》卷一〇引王梵志诗：“欺诳得钱君莫羡，～还是输他便。不信但看槽上驴，只是改头不识面。”《元曲选·度柳翠》三折：“师父，我柳翠将来的～，可是如何？”清《聊斋志异·马介甫》：“此事余不知其～。后数行，乃毕公权撰成之。” ❷终归；毕竟；到底。a) 用于叙述，表示根究所得的结论。《敦煌变文校注》卷六《大目乾连冥间救母变文》：“青提夫人虽遭地狱之苦，悭贪～未除，见儿将得饭钵来，望风即生吝惜。”宋苏轼《观妙堂记》：“欲求多分可以说者，如虚空花，～非实。”清《镜花缘》一五回：“况被害一事，据贤契之言，虽可消灭，～吉凶未卜，岂可冒昧钻入罗网。”b) 用于追问或拟问，以加强语气。《敦煌变文校注》卷一《捉季布传文》：“一自汉王登九五，黎庶昭苏万姓忻。唯我罪浓忧性命，～如何向此身？”宋《朱子语类》卷一一四：“夜来说神仙事不能得了当，～知否？”清《绿牡丹》二七回：“于是四个人同至大门。～不知会见有何话说，且听下回分解。” ❸了断；了结。宋苏辙《颍滨遗老传》：“微仲口虽不伏，而意甚屈，曰：‘软堰且令具功料申上朝廷，更行相度。’辙曰：‘如此终非～。’”洪迈《夷坚志》补卷六：“我欲为汝～此段恶事。汝能捐钱千贯，买度牒一道，使之出家为僧，永绝冤业。” ❹推求；追究。宋刘昌诗《芦浦笔记叙》：“苟未惬其心，则纡轸而勿敢释，旁稽力探，偶～其仿佛，则忻幸亦足以乐。”明贺钦《医闾漫记》：“当时得功有此逆天悖理之徒，作乱如此，而在位略不加意～，恐坏其功。”《欢喜冤家》二一回：“那太守见是朝公子，自然准理差捕。～起来：人是你家家人搠死的，与他何干？况又无证见，乃捕风捉影之事，那里究得？” ❺下落。《元曲选·竹叶舟》三折：“慌慌忙忙的醒来，便要赶那道士去。从来的风僧狂道，有甚么～，知道那里赶他？” ❻点拨使明白。明王应遴《逍遥游》：“我只为劝化你们，所以做这个骷髅的伎俩；只为～你们，所以指这个净土的路头。” ❼末了；最终。明《古今小说》卷三二：“落墨污坏了奏牍，立刻教重换来，又复污坏，～写不得一字。”张岱《陶庵梦忆》卷八：“半年学《石上流泉》一曲，生涩犹棘手。王本吾去，旋亦忘之。旧所学又锐意去之，不复能记忆。～终无一字。”清李渔《闲情偶寄》卷一：“《啸餘谱》中载《务头》一卷，前后胪列，岂止万言。～‘务头’二字，未经说明，不知何物。” ❽其实；实际上。清李渔《闲情偶寄》卷一：“一本戏中，有无数人名，～俱属陪宾。原其初心，止为一人而设。”《儒林外史》一回：“可笑近来文人学士，说着王冕，都称他做‘王参军’。～王冕何曾做过一日官？”《姑妄言》二回：“孰知他只好自费几百文钱，抬在街上摇摆，～一日到晚，药箱还不曾发市。”

【究考】 jiū kǎo 考究；考查。宋欧阳修《集古录跋尾·后汉杨君碑阴题名》：“其名氏可见者，当时皆无所称述，顾其人亦不足～。”明孙传庭《请陛见疏》：“然于一切军国大计，窃尝留心～，稍窥约略。”△清徐宗亮《归庐谭往录》：“其谓事涉暧昧者，固不足辨。～其实，复仇一说，亦在疑似之间。”

【究拷】 jiū kǎo 追究拷问。明《警世通言》卷一五：“此事有我做主，与列位无涉。只要严刑～，拷得真赃出来。”

【究理】 jiū lǐ ❶推求道理。唐刘润《对无夫修堤堰判》：“探源若混其淄渑，～颇别于泾渭。”元吕止庵《集贤宾·叹世》：“不如闻早去来兮，乐清闲，穷～，无辱无荣不萦系。”清《补红楼梦》三〇回：“咄咄手书空，不向那儒书～；默默心解脱，竟来将内典参禅。” ❷究查审理。《太平广记》卷一七一引《谭宾录》：“涓周立案验，乃上直中官遗火所致也。……德宗在东宫，常感涓之～详细。”宋韩元吉《朝奉大夫魏君墓志铭》：“然挟权势以隐征者，则正色～不顾。”明朱国祯《涌幢小品》卷一二：“境内有大狱，久不～，令具闻处治。”清雍正三年九月二十日福敏奏文：“前事内称甲商浮派盐规银三十万两等语，臣未即～，先传杭州县官问明缘由。” ❸整理；清理。元柳贯《跋晏右司撰冲素处士郑绮墓铭》：“处士七世孙钦近至宗人景仁处～家牒，并得此文以归。”明倪贞《嘉议大夫陈先生神道碑铭》：“在太常时，守备中贵～乐器，岁久损失益多，欲归咎先生。” ❹追究。明《醋葫芦》八回：“翠苔之事竟被妻子瞒过，如今方才知觉，然又不敢～，徒自眼泪汪汪。”清《聊斋志异·素秋》：“公子于宪府～甚急，邑官皆奉严令，甲知不能复匿，始出至公堂，实情尽吐。”《警寤钟》四回：“吓得那家登时请死，必成也不～，又替哥哥赔偿他租米之数。”

【究论】 jiū lùn 追究论罪。明何孟春《应诏万言疏》：“陛下置之不～者，咸归陛下能惜大体。然言路峥嵘，昉立风采，陛下亦当黜一二之大者以示后劝。”《杜骗新书·奸情骗》：“若不配合，须将汝女官卖，将银～张鲁合惩通奸之罪耳。”清叶梦珠《阅世编》卷一〇：“汝第言自姓刘，说书生理，可免祸，否即首官～矣。”

【究遣】 jiū qiǎn 论罪发配。明谢肇淛《北河记》卷六：“违者听巡堤夫役拿送管河官，解赴军门，捆打一百，坐赃～。”《欢喜冤家》一三回：“前件速行，如违，申报上台，理合从重～。”清孙承泽《春明梦餘录》卷四〇：“违禁者，从重～。”

【究属】 jiū shǔ 总归；毕竟。清袁枚《子不语》卷一九：“夜间映射灯月之下，有火光照灼，终不知此山鸽～何怪。”吴毓昌《三笑》四回：“虽无闲杂人等窥探，然而小娘仵一干子勒朵拜台浪，～不当稳便。”《绣戈袍》二〇回：“虽则我有智谋，又父兄如此势大，倒未必日后有事，～心内有些不免。”

【究搜】 jiū sōu 穷极探讨。唐李商隐《与陶进士书》：“思欲～极讨，洒豁怀抱。”《元曲选·桃花女》楔子：“独擅阴阳三十秋，犹餘妙理未～。”

【究索】 jiū suǒ ❶研究探索。唐苏源明《元包说源》：“哲人观象立言，垂范作则，将以～厥理，匡赞皇极。”宋朱熹《答詹帅书》：“又不知他事如何，恐亦合讨论～，预为之防也。”清《八旬万寿盛典》卷一一：“因反复～，藉以窥我皇上保乐洽寿之本。” ❷追索；检索。宋洪迈《夷坚志》丁卷一一：“鉴到学，询此士姓名。曰：‘孙行中，字强甫，束带著帽而出。’鉴呼其隶，使以物色～。”明杨士奇《宝晋斋帖跋》：“自幼家笥中未尝见有也，幸得还乡里，当～以奉纳。”

【究问】 jiū wèn 查问。《隋书·尔朱敞传》：“追骑寻至，初不识敞，便执绮衣儿。比～知非，会日已暮，由是得免。”《元曲选·后庭花》三折：“这桩事其中必有暗昧，你与我仔细～。”清《幻中游》七回：“那人～详细，石生把当年汉家的故事说了一遍。”

【究习】 jiū xí 研究学习。唐玄奘《大唐西域记》卷九：“其父高才博识，深鉴精微，凡诸曲籍莫不～。”明《禅真后史》六回：“当下昼夜～医理，参详解悟。”清汪由敦《甲子科顺天乡试策》：“周官戴记，究说多详。士礼～，差少其可。”

【究心】 jiū xīn 用心；专心研究。唐杜淹《文中子世家》：“遂～道德，博考经籍。”宋《朱子语类》卷一八：“如人读书，初未理会得，却不去～理会。”清《豆棚闲话》一〇则：“想是这书画骨董足下不大留心，那宫商音律乃是～的了。”

【究寻】 jiū xún ❶研究探寻。《南史·徐伯珍传》：“伯珍往从学，积十年～经史。”宋觉范《禅林僧宝传》卷一四《谷山崇禅师》：“且以日及夜～将去，忽然一日觑见，更莫以少为足。”清秦蕙田《五礼通考》卷二五四：“～礼令之意，明是嫡子先亡而祖亡，以适孙承重。” ❷追究寻问。唐吴兢《贞观政要》卷三：“元济因此更事～，二千人内惟九人逗遛不明。”《唐大诏令集》卷八二：“及于三司陈诉，不为～；向省告言，又却付州县。”五代和凝《疑狱集》卷二：“公乃～经过，密勘于里属，辞多异同，遂劾其司店者。” ❸跟踪追寻或查考。《太平广记》卷三〇七引《河东记》：“唯乘旧马，从女僮，倏忽往来，略无踪迹。初且欲顺适其意，不能～。”宋《三朝北盟会编》卷二二二：“遗迹故道尚可～，瓦梁诚塞后湖为渊。”明杨士奇《展墓录》：“今之所幸知者，实多思贻兄～之功。”

【究询】 jiū xún 追究询问。宋楼钥《代谢隆兴府到任表》：“兹延见于吏民，方～夫风俗。”明王守仁《议处官吏禀俸》：“大小官吏以赃问革者相望，而冒犯接踵，～其由，皆云家口众多，日给不足。”清《万花楼》四一回：“陛下若不～虚实，而该氏果有重冤，何忍听其伸诉无门。”

【究讯】 jiū xùn 推究审问。明《醒世恒言》卷二九：“不一月，忽然获到，将严刑～，审出真情。”《大清律例》卷三五：“如无票私拿，即将该番役解送刑部，～治罪。”

【究研】 jiū yán ❶研究。宋胡宿《谢翰林侍读学士表》：“延集诸儒，～群典。”明《欢喜冤家》一八回：“将三十六卷，又加意细看，存下二十四卷。仔细～，取定十四卷。”清张伯行《张横渠集序》："(今学者)且无张子昼为宵得、息养瞬存功夫，亦无以识其用意之所存，而能反覆～，庶几有得也。" ❷推究研审。宋胡宿《赐判大理寺郭中锡等敕书》："汝等持法甚平，以文无害，～惟允，操决靡留。"

【究责】 jiū zé　推究责罚。清雍正六年八月二十七日费金吾奏文："过期即严提经承～。"《醒世姻缘传》三七回："若是遇着个风力的官府把卷子贴将出来，提那先生～，不当要处。"《珍珠舶》八回："待我焚符一道，将他拘审～。"

【究正】 jiū zhèng　查究更正。宋佚名《靖康要录》卷九："若不～其罪而显黜之，则非所以定国是也。"明陈全之《蓬窗日录》卷三："京师操练，所以厚畿护运国威也，近归权门，鬻以免班，莫敢～。此衰弱之所由。"《明史·周冕传》："臣职守攸关，义不敢隐，乞特赐～，使天下晓然。"

【究治】 jiū zhì　❶追究处理。宋赵与时《宾退录》卷八："遂僦民屋，章子厚又以为强夺民居，下州逮民～。"明张瀚《松窗梦语》卷八："如或仍前怠缓，参奏～，庶无废事。"清《幻中游》四回："且石峨为人刚直，十分～，未必甘罪。" ❷推敲研究。宋汪应辰《太上皇后阁端午帖子词》："上古遗书～终，长编通鉴更参同。"原注："上语云：日读《尚书》《通鉴》。" ❸体察治疗。明徐用诚《玉机微义》卷四五："陈氏治例，未能以尽其变，推其病体～。"孙一奎《医旨续餘》卷上："有云治喘逆气急者，有云气喘者，不可不分别明白～。"

【究追】 jiū zhuī　追究。明倪元璐《鼓铸大计疏》："至南北铜商领价逗官，逋欠巨万，屡旨～。"徐霖《绣襦记》一一出："我今若回去，他父亲必然着人～下落。"清《绿野仙踪》一一回："我与你又无仇怨，你何苦～不已？"

【揪】 jiū　❶扯；扭；拽。宋元《清平山堂话本·李翠莲》："若是恼咱性儿起，～住耳朵采头发。"《元朝秘史》卷一二："～着出时，门限外原准备的三个力士，迎着拿了。"清《霓裳续谱·风流俊俏》："莺声燕语，～人的胆；珠围翠绕，恰更似勾魂的票。" ❷幧(qiāo)，一种缝纫法。元张可久《寨儿令·春愁》："想合欢绣扇亲描，记同心罗帕轻～。" ❸睬；理睬。明佚名《集贤宾·闷损》："意沉沉言谈懒，情设设话不～。" ❹抽；拔。明《山歌·阿姨》："～起子竹竿拔起子橹，捉个小阿姨推倒在后船舱。"清《醒世姻缘传》九五回："寄姐着了忙的人，把小成哥～了奶往旁里一推。"《锦香亭》一四回："管家钻进舱里，假意～开平基搜鱼。" ❺抽；鞭打。清《霓裳续谱·玉美人在绣房》："一捆他好像似那猴儿啃桃，拿皮鞭～的那负心的人儿似过呲牙鬼。" ❻同"鬏❶"。清《醒世姻缘传》八四回："焦黄稀棱挣儿根头发，扎着够枣儿大的个薄～。"

【揪拔】 jiū bá　揪扯拔出。清《醒世姻缘传》一一回："～了头面，卸剥了衣裳，长吁短气，怪恼。"又九七回："偏生那条角带再三～不开，圆领的那个结又着忙不能解脱。"

【揪把】 jiū bǎ　扯拽。清《醒世姻缘传》五七回："再说晁思才那日～了小琏哥来家，晁夫人绝不晓得。"

【揪采】 jiū cǎi　❶纠缠；混杂。宋《朱子语类》卷七三："这两卦各自是一个物，不相～。" ❷揪；扭。明刘麟《分明情罪早赐发落以安地方疏》："就被本官带领赖宗等，前来职衙门～凌辱。"《金瓶梅词话》三四回："反被这伙人群住，～在地，乱行踢打。"清《雪月梅》四四回："那强盗正待往车上来～，只听得平空里霹雳般一声喊。" ❸理睬。明沈受先《三元记》九出："谁想你如今去了呵，使我孤形吊影有谁～？"《熊龙峰刊小说·风月相思》："情默默，有谁～？"清《女仙外史》六七回："直到午后，见无人～，方回去缴令。"

【揪扯】 jiū chě　扭拽；撕打。《元曲选·酷寒亭》一折："恨不的嘴缝上拳头打，我待～着他。"明何孟春《贪官违法疏》："杜凤又令伊未到，父杜达，将杨玉枝～，复讨前银。"清《粉妆楼》三一回："我心中不服，同他～一阵，可怜气个死。"

【揪撮】 jiū cuō　犹"揪扯"。《元曲选·谢金吾》二折："他他他又不曾将我头跌破，又不曾将我断～。"

【揪打】 jiū dǎ　扭住殴打。明邵璨《香囊记》二九出："被强贼索要财物～，昏闷在地。"《西游记》一〇回："那建成、元吉就来～索命。太宗躲闪不及，被他扯住。"清《红楼梦》九回："贾菌便跳出来，要～那一个飞砚的。"

【揪儿】 jiū er　同"鬏儿"。明《西游记》四二回："把那怪分顶剃了几刀，剃作一个太山压顶，与他留下三个顶搭，挽起三个窝角～。"清《品花宝鉴》二三回："身穿一件白布短衫，头上挽了一个长胜～。"

【揪记】 jiū jì　揪心惦记。清《白雪遗音·留多情》："不管人身体羸瘦，耽不住忧愁，～了一宿。"

【揪角儿】 jiū jiǎo er　即"揪儿"。清《荡寇志》八四回："那希真将五柳长髯打了辫结，蓬了头发，挽个～。"

【揪捻】 jiū niǎn　揪捏；扯拢。明陈铎《满庭芳·豁子》："细针儿斜拱，～着两边缝。"

【揪扭】 jiū niǔ　抓住并扭结在一起。明王樵《审录重囚疏》："八不忿，将傅九～，手拿竹火瓦照伊脚面上打讫一下。"《金瓶梅词话》二六回："于是一头撞将去，两个就～打在一处。"清《儒林外史》二四回："当下两人～出了黄家门，一直来到县门口。"

【揪撇】 jiū piē　扯断撇下。《元曲选·玉壶春》三折："休道你那绿窗前针指不曾拈，便小生也土培了砚台，～下诗才。"

【揪拖】 jiū tuō　揪扭拖拽。明吕天成《齐东绝倒》二出："忍终教束手囹圄，急堤防劈面～。"

【揪挦】 jiū xián　揪扯；揪拔。《元曲选·灰阑记》三折："早早早又被～了头发。"明郭登《笔》："绾蚓涂鸦不自嫌，却将毫末强～。"朱有燉《清江引·癸丑岁春时汴中风沙极大》："薄情的封家十八姨，太逞狂心力。～万片红，挼碎千条翠。"

【揪絷】 jiū zhí　揪扭捆缚。明陈洪谟《治世餘闻》下篇卷三："奉旨：'拿！'就于丹陛下～，出午门外跪候。"

【揪捽】 jiū zuó　揪扯。金《董解元西厢记》卷二："欲待～没头发。"《元典章·刑部三》："棍棒敲打，按拗～，屈招杜罪，如是数多。"元明《三国志通俗演义》卷一三："夫人喝侍婢向前～，被赵云推倒。"

【啾唧】 jiū jī　❶发出响声；鸣叫。唐王梵志《狼多羊数少》："生死如江河，波浪沸～。"元曾瑞《山坡羊过青哥儿·过分水关》："山雨霏微，草虫～。"清《聊斋志异·秀才驱怪》："夜鸟秋虫，一时～。" ❷吵闹；喧哗。唐王梵志《富饶田舍儿》："丑妇来恶骂，～搦头灰。"《敦煌变文校注》卷三《茶酒论》："阿你酒能昏乱，吃了多饶～。"《古尊宿语录》卷一四《赵州真际禅师语录》："钟不闻，虚度日，唯闻老鼠闹～。" ❸纷乱；纷争。唐王梵志《当官自慵懒》："赋敛既不均，曹司即潦乱。～被人言，御史秉正断。"宋吴潜《二郎神·己未自寿》："随见定性缘，餐饥眠困，喜无～。"《古尊宿语录》卷二九《舒州龙门佛眼和尚语录》："鸳鸯绣了任君看，不露金针太绵密。褒禅奉劝各回头，莫待临行却～。" ❹烦恼或搅扰(而不安)。唐佚名《灵棋经》卷下："是非～，求祷乃安。"明徐翙《春波影》二出："少年家惯学的～，那能勾赏心乐意？"清《儒林外史》五四回："吊动了一个计都星在里面作扰，有些～不安，却不碍大事。” ❺ 指身体不适。明《英烈传》五回：“圣躬有些～，也是我们保护不周。”清《飞龙全传》一七回：“这病染得不轻，虽无大患，终有～之虞。” ❻ 呻吟。清《野叟曝言》一二八回：“偶有疾病，即捧颦如西子；稍有疥癣，亦～如秋虫。”

【啾疾】 jiū jí 指疾病。明《西游记》七一回：“佛母忏悔以后，吩咐教他拆风三年，身耽～。”清《绿野仙踪》七三回：“又兼时抱～，应酬尽废。”

【啾问】 jiū wèn 理睬；过问。明王宠《醉罗歌·闺思》：“细雨梨花又黄昏，深院谁～？”《金瓶梅词话》七六回：“苦恼俺每这阴山背后，就死在这屋里也没个人儿来～。”

【啾喧】 jiū xuān ❶ 喧哗；吵闹。宋欧阳修《沧浪亭》：“水禽闲暇事高格，山鸟日夕相～。”明徐渭《倪某别有三绝见遗》之三：“桃李成蹊不待言，鸟言人昧枉～。”清陈廷敬《沧浪亭次欧阳公韵》：“冷梅苦竹亦间发，时有百舌来～。” ❷ 喧嚣；张扬宣传。宋朱熹《答刘子澄》：“盖世俗～，自其常态，正使能致焚坑之祸，亦何足道。”元吴师道《伏生授经图》：“考古贵求是，执要元不烦。请诵班马书，毋为浪～。” ❸ 哭喊。明徐相卿《祭天济兄文》：“方期捷报，倏以讣闻。白首号啕，黄口～。”

【鬏】 jiū ❶ 髻；头发盘成的结。明史槃《鹣钗记·齐微》：“偶然在菊花枝上取将来簪上奴～，敢请夫人明说知。”清沈复《浮生六记》卷四：“前发齐眉，后发垂肩，中挽一～似丫髻。”《儒林外史》四一回：“里边便是一个十八九岁妇人，梳着下路绺～。” ❷ 义髻；假发髻。明俞汝楫《礼部志稿》卷一八：“凡中宫供奉女乐、奉銮等官妻，本色～，青罗圆领。”

【鬏儿】 jiū er 即“鬏❶”。清《白雪遗音·梳油头》：“金钗拿在手，牙梳桌上丢，绕上一个～且去风流。”《镜花缘》三二回：“头上梳一盘龙～，鬓旁许多珠翠。”

【鬏髻】 jiū jì 即“鬏❶”。明张四维《双烈记》三出：“人道我是油～的魔王，真个是粉骷髅的太岁。”清《霓裳续谱·乍相逢》：“云鬟彷佛坠金钗，偏宜～歪。”

jiǔ

【九百】 jiǔ bǎi 痴呆；神气不足。宋陆游《家世旧闻》卷下：“自言年九十五，得法于仙人李艮，艮盖年八百岁，谓之李八百者是也。数往为京师，京师少年戏之，曰：‘汝师八百，汝～耶？’盖俗狂痴者为～。”金《董解元西厢记》卷三：“～孩儿，休把人厮啅。”明丁彩《山坡羊·闺怨》：“糊涂杀我了，是心风那～？”

【九伯】 jiǔ bǎi 同“九百”。元石君宝《紫云庭》一折：“郎君每我行有十遍雨云期，除是害～风魔病。”《元曲选·岳阳楼》二折：“他又风，我又～，俺大家要一会。”元明《水浒传》八二回：“第五个贴净的，忙中～，眼目张狂。”明汤显祖《南柯记》二九出：“这风魔也似～，使村沙恶茶白赖。”

【九陌】 jiǔ mò 即“九百”。陌，通“佰”。元明杂剧本《酷寒亭》三折：“言多语少，小人有些～风魔。”

【久白】 jiǔ bái 同“九百”。明佚名《粉蝶儿·悭吝》：“又不是～风魔，又不是一梦南柯。”

【久常】 jiǔ cháng ❶ 长久；长远。宋王谠《唐语林》卷三：“突厥平，温仆射彦博请迁于朔方，以实空虚之地，于是入居长安者且万家。魏郑公以为夷不乱华，非～之策。”明袁于令《西楼记》三出：“那些流水行云，岂是～交？”清陈端生《再生缘》六一回：“才做朝廷未～，就听了，奸臣准奏害忠良。” ❷ 持久；长久持续。元王好古《医垒元戎》卷九：“苟或力强，肾气乃伤，高骨乃坏，何以～？”明陈与郊《袁氏义犬》一出：“死到也好。彭祖八百岁后的受用就是三十岁前的受用，～他什么？”汤显祖《紫钗记》三四出：“非关猎火光，是平安报～，玉门关守定这封侯相。” ❸ 总是；一直。明徐翙《春波影》二出：“旧事迷，今事非，好花开落任封姨。些个事，～宜。”《醒世恒言》卷二七：“两只脚～赤着，从不曾见鞋袜面。”清《说唐后传》三回：“我只道你～不败，谁知也有今日大败。”

【久惯】 jiǔ guàn 久经其事而老练。宋晁说之《久客》：“客子能～，将何号有生？”明薛论道《桂枝香·俗语》：“争名利，千方百计。用不尽～劳成，卖不了精细伶俐。”清李玉《清忠谱》一折：“～拿人手段滑，这番差使差了瞎。”

【久已后】 jiǔ yǐ hòu 将来；长久以后。元关汉卿《普天乐·张生赴选》：“～虽然成佳配，奈时间怎不悲啼。”《元曲选·铁拐李》二折：“我～好歹要娶了他。”明《韩湘子》二回：“目今安否暂拘束，～升腾紫霄，名镌洞府。”

【久以后】 jiǔ yǐ hòu 同“久已后”。元施惠《幽闺记》二二出：“再生之恩难报，～衔环结草，敢忘分毫。”《元曲选·救风尘》一折：“～你受苦呵，休来告我。”明《西游记》七三回：“～定要贡脓，纵然好了，也是个破伤风。”

【久永】 jiǔ yǒng 永久；长远。唐李翱《释怀赋》：“处一世而若流兮，何～而伤情？”宋龙衮《江南野史》卷四：“朕与江南分义既定，然宋齐丘不死，殆难保其～。”明佚名《鸣凤记》一九出：“我为兵戈惊恐，谅桑林难～。”

【酒】 jiǔ 即“酒头❷”。明《型世言》二三回：“只有姚明因没了赌中～，心里不快。正走时，只见背后一个人叫道：‘姚二哥，那里去？’正是赌行中朋友钱十三，道：‘今日赵家来了个～，你可去与他来一来。’”

【酒伴】 jiǔ bàn 饮酒的伙伴。唐韩愈《和席八》：“多情怀～，馀事作诗人。”金元好问《西斋夜宴》：“飘零无物慰天涯，～相逢饮倍加。”清钱谦益《族兄观伯钱君墓志铭》：“先生讳继科，饮酒赋诗，慷慨善谈论。余六岁就傅，先君请为童子师。五母卞夫人笑曰：‘若为儿择师，乃自觅～耶？’”

【酒榜】 jiǔ bǎng 宣传某处酒佳的榜文。唐皎然《张伯英草书歌》：“长安～醉后书，此日骋君千里步。”宋王楙《野客丛书》卷一七：“仆尝效程子山作～，其间一联云：一月二十有九日笑人世之太狂，百年三万六千场容我生之长醉。”吴泳有《太乙宫通真斋马高士～》。元王恽有《张氏秋香馆～》。

【酒保】 jiǔ bǎo 酒店的伙计；卖酒的小贩。唐韩偓《欲明》：“岳僧互乞新诗去，～频征旧债来。”《大宋宣和遗事》前集：“又丰乐楼～朱氏子，其妻年四十馀，忽生髭髯。”清《霓裳续谱·鲁智深游戏山门外》：“～你挑上山，卖与洒家吃个爽快。”

【酒标】 jiǔ biāo 酒店的标帜、招牌。明何良俊《四友斋丛说》卷一六：“三朝行香，偶酒家～挂低了，掣落其纱帽。”《山歌·走》：“黄柏皮做子～标得奴肚里介苦，百万仓相对两边廒。”清方成培《雷峰塔》九出：“〔末〕连～也不撑起来，〔丑〕撑子起来就是哉。”

【酒鳖】 jiǔ biē 酒器名。状扁平如鳖，多革制，便于携带或运输。宋林洪《山家清事》：“旧有偏提，犹今～。长可尺五而扁，容斗馀。上窍出入，犹小钱大，长可五分，用塞。设两环带，以革唯漆为之。”周密《武林旧事》卷二：“通犀于阒刀，角靶于阒刀，～子。”明《朴通事谚解》卷中：“盘子、茶盘、抬盏、壶瓶、～、铜杓，都收拾下着。”

【酒博士】 jiǔ bó shì 酒店伙计。宋元《警世通言》卷一六：

"张胜回头看时,是一个~。"明《醒世恒言》卷一四:"女孩儿迤逦走到樊楼酒店,见~在门前招呼。"《金瓶梅词话》九四回:"安排酒肴杯盘,各样时新果品,好酒活鱼,请张胜坐在上面饮酒。~保儿筛酒。"

【酒槽】 jiǔ cáo 榨酒时用来盛原料以供压榨的槽子,底有口,供出酒。宋黄庭坚《清平乐·示知命》:"蜀娘漫点花酥,~空滴真珠。"王灼《糖霜谱》第四:"(器用)曰榨斗,又名竹袋,以压蔗,高四尺,编当年慈竹为之。曰枣竿,以筑蔗入榨斗。曰榨盘,以安斗,类今~底。曰榨床,以安盘。"清朱彝尊《沈上舍南还以诗送之》:"都篮茶具列,月波~压。"

【酒场】 jiǔ chǎng ❶饮酒场合或场所。唐沈亚之《上使主第三书》:"然诚恐积暴不除,异日~恃醉,率肆所为。"明李流芳《游虎丘小记》:"士女倾城而往,笙歌笑语,填山沸林,终夜不绝,遂使丘壑化为~,秽杂可恨。"清《蜃楼志》二回:"这仕途升降久已不在心窝,只要不误我的~诗社许多狂兴就是了。" ❷榷酒场;政府批准的酒交易场所。五代何光远《鉴诫录》卷六:"(宋光嗣)《判简州刺史安太尉申院状希酒场》云:'系州收榷安胡,安胡空有髭须。所见不远,智解全愚。~是太后教令,问你还有耳孔也无?'"宋李攸《宋朝事实》卷五:"(治平四年)罢江淮近岁衙前复乞置村乡~强率人沽酒者。"《续资治通鉴》卷一三:"(宋雍熙四年)秦州长道县~官李益,家饶于财。"

【酒船】 jiǔ chuán 一种船形的酒具,取载酒流觞之意。唐李濬《松窗杂录》:"忽一少年持~唱令曰:'宜以门族官品备陈之。'……上因联饮三银船。"宋朱敦儒《减字木兰花》:"痛饮何言,犀箸敲残玉~。"明田艺蘅《留青日札》卷二五:"今~以金银为之,内藏风帆十幅。注酒满一分,则一帆举;饮干一分,则一帆落。"

【酒船台】 jiǔ chuán tái 即"酒台❷"。元马致远《青衫泪》一折:"送了几辈儿茶员外,都是这一副儿~。"

【酒床】 jiǔ chuáng 榨酒的榨床。参见"酒槽"。唐陆龟蒙有《奉和袭美酒中十咏·~》:"六尺样何奇,溪边濯来洁。槽深贮方半,石重流还咽。"明张岱《西湖梦寻》卷四:"时有熏风至,西湖是~。醉翁潦倒立,一口吸西江。"清王士禛《西堂柑橘初熟招东痴》之二:"楚颂吟来忆左徒,~新漉待招呼。"

【酒刺】 jiǔ cì 生在面部的黄色或红褐色的小疙瘩。也称粉刺或面疱。明汤显祖《南柯记》三一出:"一个~儿大红疙瘩。"清《医宗金鉴》卷六二:"天泡、火丹、~者,用靛汁调搽。"

【酒大工】 jiǔ dà gōng 酿酒的技工。宋元《警世通言》卷三三:"门首交赛儿开张酒店,雇一个~叫做洪三,在家造酒。"《资治通鉴》卷二二三"以刃刺酒翁"元胡三省注:"酒翁,酿酒者也。今人呼为~。"明陈铎《一枝花·嘲作儿贺节》:"~与缸榨相别,磨博士向箩箱告免。"

【酒敌】 jiǔ dí 饮酒时堪匹敌的对手。宋欧阳修《归田录》卷二:"有刘潜者,亦志义之士也,常与曼卿为~。"明顾清《崔士兴宅奉次涯翁韵》:"~棋朋四座分,不知何处是东君。"清查慎行《送周青士南归》:"战回~黄花老,收取诗名白发深。"

【酒底】 jiǔ dǐ 酒令的后半部分,饮酒后说出。参见"酒面❹"。清孔尚任《桃花扇》五出:"侯相公速干此杯,请说~。"《野叟曝言》六一回:"我们四人在此,掷一个四喜罢,不拘何喜掷见,俱饮一杯,说一个~。"

【酒碟】 jiǔ dié 下酒的果菜碟。明《金瓶梅词话》六八回:"这应伯爵用~安三个钟儿,说:'我儿,你们在我手里吃两钟。'"清《歧路灯》一四回:"院中闲散了一会,每桌又是十二个~,安排吃酒。"《雪月梅》三二回:"不觉已是上灯时候,就在新房内摆上~,又让严太太吃了几钟酒。"

【酒东】 jiǔ dōng 请人喝酒的东道或这样的东道主人。清《红楼梦》七五回:"晚间或抹抹骨牌,赌个~而已。"《万花楼》一四回:"庞喜道:'我们没有~。'李继英道:'都是我叫的酒肴。'二人道:'如此叨扰了。'"

【酒恶】 jiǔ è 因醉酒而不适。五代李煜《浣溪沙》:"佳人舞点金钗溜,~时拈花蕊嗅。"宋曹勋《分题墨梅》:"扬鞭敲镫荒寒路,~难禁赖销释。"清厉鹗《摸鱼儿·芜城清明》:"飞絮近,作~寒轻,只是无人问。"

【酒坊】 jiǔ fáng ❶酿酒作坊,多由官方榷营。唐皮日休《新秋即事》之一:"~吏到常先见,鹤料符来每探支。"宋《朱子语类》卷一〇六:"浙东之病,如和买之害,~之害。置~者,做不起破家,做得起害民。"《大清会典则例》卷一八:"至~卖酒,应听雇车载运。毋许车户设立车牌,开写姓名,认定一店,不令别人揽运。" ❷指酒铺。《敦煌变文校注》卷四《降魔变文》:"园虽即好,林木芙疏,多有~猖(娼)淫之室,长众生之昏暗,滋苦海之根源。"明《二刻拍案惊奇》三六回:"临安府市民沈一,以卖酒营生,家居官巷口,开着一个大~。"

【酒房】 jiǔ fáng ❶(家庭)酿酒或贮酒的房间。唐白居易《醉吟先生传》:"遂率子弟入~,环酿瓮,箕踞仰面,长吁太息。"宋元《清平山堂话本·错认尸》:"小二不敢推辞,一饮而尽,不觉大醉倒了。洪三也有酒,自去~里睡了。"清《儒林外史》三一回:"就叫邵老丫拿钥匙开了~门,带了两个小厮进去,从地下取了出来,连坛抬到书房里。" ❷酿酒作坊或酒铺。《元曲选·看钱奴》二折:"盖起这房廊、屋舍、解典库、粉房、磨房、油房、~,做的生意就如水也似的长将起来。"明陈铎《醉太平·挑担》:"担头上讨了些儿利,~中买了一场醉。"《拍案惊奇》卷三五:"开了解典库、粉房、磨房、油房、~,做的生意就如水也似长将起来。"

【酒风】 jiǔ fēng 酒后发狂耍赖。《元曲选·王粲登楼》一折:"王粲,你发~哩!〔正末云〕我吃你甚酒来?"明王锜《寓圃杂记》卷八:"与臣素熟,真一~汉耳。"清《醒世姻缘传》二五回:"也吃得几杯酒,却从不晓得撒甚么~。"

【酒风头】 jiǔ fēng tóu 犹"酒鬼❶"。明王克笃《步步娇》:"看他天涯岁寄经营扰,去韶艳及还衰貌,碌碌奔波,到不如~便宜了。"

【酒疯】 jiǔ fēng 同"酒风"。清《后水浒传》八回:"今日却要吃个尽量,回去便不撒~,也使婆娘见我醉了,不敢撩拨近身。"《歧路灯》五六回:"原来珍珠串的乌龟,在朱仙镇撒了一个~,街坊都要打他。"

【酒钩】 jiǔ gōu 酒台上推拉酒杯用的器具,状如兵器钩(有柄,柄一端有钩)。唐张籍《寄昭应王中丞》:"独凭藤书案,空悬竹~。"章孝标《蜀中上王尚书》:"丁香风里飞笺草,邛竹烟中动~。"清田雯《偶作》之一:"石堪坐处铺棋局,花正开时置~。"

【酒馆】 jiǔ guǎn ❶酒店。宋史达祖《东风第一枝·灯夕清坐》:"~歌云,灯街舞绣,笑声喧似箫鼓。"明汤显祖《紫钗记》四七出:"崇敬寺今春牡丹盛开,约韦夏卿~商量,去请李郎玩赏。"清《儒林外史》三四回:"天长县站不住,搬在南京城里,日日携着乃眷上~吃酒。" ❷旅店。明徐霖《绣襦记》二一出:"不免借这~歇宿一宵,明日早行。"《拍案惊奇》卷一二:"走到一个~中,蒋生拣个僻净楼房与他住下了。"

【酒规】 jiǔ guī 行令饮酒的规矩。清《镜花缘》九一回:"薛蘅香道:'我不会说笑话,只好行个抽梁换柱小令。'青钿道:'一切~照前,不必再宣。'"又:"此后酒令所剩无几,所有~,自应仍照前例。”

【酒鬼】 jiǔ guǐ ❶詈指贪酒无度的人。元杨维桢《龙眠居士画扪虱图》：“金榼堕地非～，巾箱以驴行万里。”明《型世言》二一回：“多也醉，少也醉，不醉要吃，醉了也要吃，人人都道他是～。”清《情梦柝》一一回：“长卿是个犯官，可以势压；汝锡是个～，可以利图。” ❷醉酒而死的鬼。明丘濬《将进酒》：“入地为～，升天为酒星。”清《说岳全传》二六回：“是个醉汉，就砍了他，也是个～。”

【酒海】 jiǔ hǎi ❶一种大型的盛酒容器。因其量大而称“海”。唐白居易《就花枝》：“就花枝，移～，今朝不醉明朝悔。”明沈德符《万历野获编》卷二五：“盖已预储污水，以～灌三大盂，梁气索强尽之，大吐委顿。”清《补红楼梦》八回：“原来这个玛瑙～子，是一块整玛瑙石根子雕出来的，外面明处盛酒有限，里面暗处藏酒最多。” ❷喻称酒量大的人。明《禅真逸史》三九回：“李谔又饮三觞。林澹然道：‘李侍中诚为～。’”

【酒汉】 jiǔ hàn 酒徒；嗜酒男子。明汤显祖《南柯记》三九出：“不料俺王招请扬州～淳于棼为驸马，久任南柯，威名颇盛。”清《歧路灯》一四回：“苏霖臣向程嵩淑道：‘嵩翁，这酒味极佳，可多吃一杯儿。’程嵩淑道：‘霖老真以～视我么？’”

【酒户】 jiǔ hù ❶酒量。以量大小分称大、中、小、下户。唐元稹《酬白太傅》：“渐能高～，始是入诗狂。”宋陆游《老学庵笔记》卷九：“禁中供御酒名蔷薇露，赐大臣酒谓之流香酒，分数旋取旨，盖～大小已尽察矣。”清钱谦益《酒逢知己歌》：“莫辞～小，莫放良夜终。” ❷经官方许可的私营酒坊。《唐会要》卷五九：“（贞元二年）度支奏请于京城及畿县行榷酒法，每斗榷一百五十文。其～并蠲免杂役。从之。”宋欧阳修《乞不配卖醋糟与人户札子》：“本务见管醋糟六千餘石，本州见取索在州及诸县坊郭乡村～等第，及州县色役公人姓名，欲行俵配次。其糟，每斗价钱二十五文足陌。”《元史·食货志二》：“（至元十六年）罢上都醋课，其酒课亦改榷沽之制，令～自具工本，官司拘卖，每石止输钞五两。” ❸指酒店或卖酒人家。宋张蕴《纪游》：“堠亭新粉壁，～小村鄘。”清田雯《三春》：“买得狸奴将数子，移来～在西邻。”

【酒花】 jiǔ huā 浮在酒面上的泡沫。唐李群玉《望月怀友》：“～荡漾金尊里，棹歌飘飖玉浪中。”宋苏轼《行香子·秋兴》：“都将万事，付与千钟。任～白，眼花乱，烛花红。”又《西江月·坐客见和复次韵》：“灯花零落～秾，妙语一时飞动。”

【酒幌】 jiǔ huǎng 即“酒标”。清《红楼梦》一七至一八回：“此处都好，只是还少一个～，明日竟做一个来。”△《济公全传》三六回：“见路北有一座酒楼，字号是天和，挂着～子。”

【酒匠】 jiǔ jiàng 酿酒技工。清《歧路灯》一九回：“少爷叫我一来跟礼到府上，还要到西门刘宅借～去。”

【酒脚】 jiǔ jiǎo ❶酿酒时用作酒引的发酵米浆，天气冷暖会影响到米浆的发酵程度。宋石介《岁晏村居》：“天寒～落，春近腥头香。” ❷酿酒榨取清酒后的残渣或贮酒器底部的沉淀物，即酒糟或含糟的浊酒。参见“酒面❷”。宋朱肱《北山酒经》卷下：“收酒：上榨以器就滴，……瓶不在大，以物阁起，恐地气发动～，失酒味。”《元曲选外编·黄花峪》三折：“五瓶酒，酸了三瓶，瀽了两瓶，吃了些～儿，醉了也。”清佚名《调鼎集》卷一：“榨新酒时，将～淀清，少加盐煎过，入坛泥封，伏日晒透，至冬开坛，取糟油。”

【酒精头】 jiǔ jīng tóu 犹“酒鬼❶”。明赵南星《折桂令·永平赏军作》：“寻些～成群打伙，做一个酒疯子信口开阖。”

【酒纠】 jiǔ jiū 饮宴时劝酒监酒令的人。唐孙棨《北里志·郑举举》：“同年宴，而举举有疾不来。其年～，多非举举，遂令同年李深之邀为～。”明汤显祖《紫箫记》二九出：“便是善才，五陵年少推为～，也是当筵绝唱。”清纪昀《阅微草堂笔记》卷一五：“一日，～宣觞政，约各言所畏，无理者罚。”

【酒局】 jiǔ jú ❶政府中掌管酿酒、榷酒的机构。《隋书·百官志中》：“家令，领食官、典仓、司藏等署令、丞，……其食官，又别领器局、～二丞。”宋孙觌《与向侍郎书》：“嘉兴～，今闻增羡。”胡宿《宋故奉直郎王公墓志铭》：“业已黜询，莅河阳～，然寻起通判陇州。” ❷酒店。宋洪迈《夷坚志》支癸卷三：“主簿闾丘天用好弈，品颇高。每以暇日诣～，与角胜负。”陈善《扪虱新话》：“都人士女方幸一时无事，日日出游湖上，而予乃日陪二公坐～中清谈。” ❸酒会；酒宴。《元朝秘史》卷一一：“把门的贴门立者，门内二人管～者，管营盘的，于宿卫人的选充者，围猎时共围猎。”清《歧路灯》一六回：“希侨要安排大饮一场，就叫收了碟碗，另排～。”

【酒渴】 jiǔ kě ❶酒后口干。也泛指口渴。唐畅当《军中醉饮寄沈八》：“～爱江清，餘甘漱晚汀。”明徐复祚《投梭记》五出：“小生～得慌，借杯茶吃。”清《聊斋志异·萧七》：“徐～思饮，揖叟求浆。” ❷渴酒思饮。唐许浑《病中》之一：“三年婴～，高卧似袁安。”明徐渭《四声猿·女状元》四出：“又收拾一大盒子青城山的雪蛆，好备你～诗枯之用。也再不要你做诗了，只管放心吃酒。”清《醒名花》一六回：“随手接过佛奴的酒，笑脸儿捧到杏娘面前道：‘下官一时～，打断了夫人话头。’”

【酒力】 jiǔ lì 酒的效力。唐白居易《赠东邻王十三》：“驱愁知～，破睡见茶功。”元马致远《任风子》二折：“消～晚风凉，助杀气秋云暮，尚兀自身趔趄醉眼模糊。”清《绿野仙踪》七五回：“文华造了一种百花酒，进与明帝，面奏此酒益寿延年。明帝还未深信，文华便奏说：‘臣师严嵩之寿，皆此～。’”

【酒帘】 jiǔ lián 一种布制的酒标。五代荆浩《画山水赋》：“渔舟倚岸，水浅沙平，冻云黯淡，～孤村。”《元曲选·看钱奴》二折：“俺将这～儿挂上，看有甚么人来。”清《歧路灯》三回：“～儿飞在半天里，绘画着吕纯阳醉扶柳树精，还写道‘现沽不赊’。”

【酒量】 jiǔ liàng 喝酒的能力和限度。宋王称《东都事略》卷一九：“天必赐卿～，试为吾饮之。”《元曲选·东坡梦》四折：“只教你似刘伶怎惜的～，似李白怎爱的诗章，似周郎待按着宫商。”清《蜃楼志》二二回：“杜宠本来无甚～，竭力推辞。”

【酒令】 jiǔ lìng ❶宴饮助兴的游戏。推一人为令官，定令规，按规定完令饮酒，违令者罚。唐苏鹗《苏氏演义》卷下：“北齐徐之才家贫，割所居门外地以养亲。忽宾客会中，有言‘徐六卖却门前地’，之才第六也，卢思道恐辱之才，乃止之曰：‘不用道。’时人遂因之，用言成戏，而今～名‘徐六’者，盖此始也。”明沈德符《万历野获编》卷二二：“有一别驾起明经者，偶以～与高相争言，遂各出揭相攻。”清《补红楼梦》八回：“咱们今儿要行个～儿，我的意思要说两句‘四书’上的话，还要两头都有个人字。” ❷行酒令用的道具。清《红楼梦》六七回：“外有虎丘带来的自行人，～儿，水银灌的打筋斗小小子。”《歧路灯》一七回：“昨日浙江朋友送了我一幅西湖图～，只用一个色子，各人占点，有秀士、美人、缁衣、羽士、侠客、渔翁六样儿。”《补红楼梦》八回：“说着，便向翠缕道：‘你把那个～儿拿来。’翠缕答应，去不多时，拿来递给湘云。大家看时，只见是四颗牙骰子，上面刻的并非红绿点数，乃是一面镌着两个字，每骰六面共十二个字。” ❸指令杯，即行酒令的专用杯。清《野叟曝言》六一回：“难儿推过双杯，拿起～，低着头一饮而尽。”

【酒侣】 jiǔ lǚ 犹“酒伴”。宋王奕《贺新郎》：“忆少游、回首斜阳树。又访著、山阳～。”元王实甫《集贤宾·退隐》：“乐桑榆酬诗共酒，～诗俦，诗潦倒酒风流。”明徐复祚《投梭记》二出：“冠挂东门，吟成梁父，到处诗朋～。”

【酒律】 jiǔ lǜ ❶犹“酒令❶”。唐皇甫松《醉乡日月》：“昔宾常为～，与今饮酒不同，盖止迟筹，寻弃于世。”韩偓《送人弃官入道》：“～应难忘，诗魔未肯徂。”宋赵蕃《和祖上人见贻》：“骤喜诗情浃，还增～严。” ❷酒戒；限制饮酒的戒律。明德祥《雨中留宿息耘轩话旧》：“直须开～，相醉尽馀年。”

【酒幔】 jiǔ màn 即“酒帘”。唐顾况《送友失意南归》：“邻荒收～，屋古布苔茵。”明杨慎《兰亭会》：“杏花村里鼓喧阗，那更摇拽晴风～褰。”清张英《乙亥三月中旬出西直门》之一：“雾敛西村飘～，尘消南陌度香车。”

【酒面】 jiǔ miàn ❶饮酒后的面色。唐杨巨源《谢人送鲫鱼》：“腹空羞迫诗肩瘦，鳞活能生～寒。”宋宋祁《同小侄珪璞溪上泛舟》：“诗怀随物放，～任风吹。”清《绣戈袍》六回：“南楼一闻此话，内有原由，不觉～添红。” ❷酿酒时酒液的上层或表面。参见“酒脚❷”。唐皮日休《奉和鲁望早春雪中作吴体见寄》：“竹根乍烧玉节块，～新泼金膏寒。”宋朱肱《北山酒经》卷下：“候酘饭消化，沸止方熟，乃用竹篘篘之。若～带酸，篘时先以手掠去酸，而然后以竹篘插入缸中心取酒。” ❸容器内酒的表面。宋韩维《西江月·席上呈子华》：“风花绣舞乍晴天，绿蚁新浮～。”明宋诩《竹屿山房杂部》卷一五：“以每瓶贮清酒一斗，用菊花头二两，绢袋盛，悬于～上，约离一指高。”清《玉楼春》五回：“李虚斋把面前一杯酒，口中念些甚么文，将左指在～画了几画，向段长班耳旁说了几句，便把这杯酒递与他拿去。” ❹未饮而先行之酒令。参见“酒底”。清《红楼梦》二八回：“说完了，喝门杯，～要唱一个新鲜曲子，酒底要席上生风一样东西。”△《海上尘天影》二七回：“这是酒底呢，～就是这六句。”

【酒魔】 jiǔ mó ❶酒瘾；酒兴。唐白居易《斋戒》：“～降服终须尽，诗债填还亦欲平。”明高启《客中述怀》：“多愁未必关花事，长醉原非困～。”清《野叟曝言》一二五回：“到得～战退，春兴双浓，已种下一小国公矣。” ❷醉酒。《元曲选·儿女团圆》三折：“则你休听他这～的汉呵，一谜里便胡诌乱说。” ❸指醉酒的人。明王衡《真傀儡》：“他曾为将来，则他雄赳赳驱兵将，为甚一堆儿～上?〔净对众〕也只是个酒徒。”

【酒魔头】 jiǔ mó tóu 犹“酒鬼❶”。《元曲选外编·黄花峪》四折：“打你个软的欺硬的怕镴枪头，你是个无道理无仁义～。”

【酒母】 jiǔ mǔ 酒曲。宋方岳《唐律》之一〇：“秋蔓茶僧老，春泓～淳。”清钱谦益《采花酿酒歌示河东君》：“此方本出修罗宫，百花百药为～。”《镜花缘》四五回：“这些倮儿刚才已吃～，皮肉未免带有酒味。”

【酒娘】 jiǔ niáng 即“酒酿”。宋吴氏《中馈录》：“入瓮中捺实，倾金华酒或～，腌过各物两寸许。”明汤显祖《牡丹亭》三四出：“翦裁寸方，烧灰～，敲开齿缝把些儿放。”清《儒林外史》九回：“在洪武爷手里过日子，各样都好。二斗米做酒，足有二十斤～子。”

【酒酿】 jiǔ niàng 带糟的甜米酒。明《徐霞客游记》卷一〇上：“有卖浆者，连糟而啜之，即余地之～也。”清《女仙外史》二七回：“酒是女真国奶子烧，半侵～，又加百花自然汁。”《红楼梦》六二回：“小燕接着揭开，里面是一碗虾丸鸡皮汤，又是一碗～清蒸鸭子。”

【酒牌】 jiǔ pái 行酒令用的牌。明高濂《遵生八笺》卷八：“中作一替，上浅下深，置：……～一，诗牌一。”朱安涀《酒筹序》：“尝见昔人以名士姝姜制为～之令者，公曰：‘昔贤岂可唱名驱使哉！’”清《歧路灯》一五回：“希侨道：‘不猜拳，咱们揭～罢。’宝剑儿取过～，……揭过一看，只见上面画着一架孔雀屏，背后站着几个女子，一人持弓搭箭，射那孔雀，旁注两句诗，又一行云：‘新婚者一巨觥。’”

【酒旆】 jiǔ pèi 即“酒帘”。唐杜牧《赠沈学士张歌人》：“吴苑春风起，河桥～悬。”元明《水浒传》三九回：“正行到一座酒楼前过，仰面看时，傍边竖着一根望竿，悬挂着一个青布～子，上写道‘浔阳江正库’。”清《二度梅》二回：“绿柳影里游人戏，红杏村中飘～。”

【酒朋】 jiǔ péng 犹“酒伴”。宋佚名《汉宫春慢》：“光阴迅速如飞。邀～共欢，且惩开眉。”明无心子《金雀记》一〇出：“不耕不种，如枭如獍。博友～，气求相应。”清《十二楼·闻过楼》评语：“其馀诸老，既乏闻过之虚衷，又无谋野之实意，不过于高谈阔论之时，增一～诗客而已。”

【酒棚】 jiǔ péng 临时的棚式酒铺。清赵翼《檐曝杂记》卷三：“若两相悦，则歌毕辄携手就～，并坐而饮，彼此各赠物以定情。”《歧路灯》四二回：“进得～，他叫酒家烫了一钴酒。”《姑妄言》一回：“有携着春盛的，也有抬着食盒的，或在～内饮酒的，或在茶棚内吃茶的。”

【酒铺】 jiǔ pù 犹“酒馆❶”。《元曲选·生金阁》一折：“我开开这～，烧的这镟锅儿热，看有甚么人来。”明刘若愚《酌中志》卷一九：“直房各具宽大茶厨房，双煤灶，访善烹调内官答应，似面店～，煤火烈焰，爆炒煎炸。”清《歧路灯》三七回：“却又不敢上孔耘轩家去，只得在巷口一个～内吃了一瓶酒。”

【酒旗】 jiǔ qí 即“酒帘”。唐张籍《江南曲》：“长干午日沽春酒，高高～悬江口。”《元曲选·青衫泪》一折：“从天未拔白，～挑在歌楼外。呀地门开，早送旧客迎新客。”清《后水浒传》一一回：“见一家门首高插着一面～，随风飘漾出‘桃园小饮’四个字来。”

【酒钱】 jiǔ qián ❶买酒的钱。唐皮日休《续酒具诗序》：“郑广文贫而好饮，苏司业送之～。”《元曲选·冤家债主》一折：“你少我五百瓶的～，快些拿出来还我。”清《歧路灯》六四回：“吃了给肉钱，喝了给～，赌了给头钱，嫖了给房钱。” ❷借指酬金、赏钱。《元曲选·铁拐李》一折：“怎生与你兄弟做个面皮，我出去放了那老子，讨些～养家。”明《型世言》二回：“世名便将来楷楷的写上两个字。铁匠依样凿了，又讨了两分～。”清《歧路灯》一〇回：“到家留他们住一天，赏他们～一吊。路上伺候的好，～再添一吊。”

【酒社】 jiǔ shè 饮酒的结社。宋辛弃疾《水调歌头·巩采若寿》：“政平讼简无事，～与诗坛。”明袁中道《回君传》：“偕回及豪少年二十馀人结为～。大会时，各置一巨瓯，校其饮最多者，推以为长。”清《风流悟》五回：“(初起)还在文社、诗社、～里边混帐，落后就不入好淘，竟同一班无赖偷婆娘、斗叶子，嫖赌起来。”

【酒生】 jiǔ shēng 犹“酒保”。元明《水浒传》一〇回：“忽然背后人叫，回头看时，却认得是～儿李小二。”明《禅真逸史》一〇回：“且说李秀酒店中，新换了一个～，姓陈，小名阿保。”清《醒世姻缘传》八回：“走堂的过卖，提壶的～，站住了脚，在店后边听。”

【酒水】 jiǔ shuǐ ❶酒和水，泛指饮品或饮用之所需。宋朱熹《戊申封事》：“凡其饮食、～、衣服、次舍、器用、财贿，与夫宦官宫妾之政，无一不领于冢宰之官。”清《后水浒传》一三回：“张鸨儿见光景不象，便常来絮聒，渐渐捉鸡骂狗，比张说李，连饮食～俱不来照管。”《九云记》二八回：“因俯于船头，‘哇’的一声，呕了～并晚饭吐出来。” ❷指酒席招待(的费用)。明《型世言》一五回：“沈刚心里贪着屋中有物，也就不与较量。除中人～之外，着实修理。"《梼杌闲评》四回:"那班蛮奴才,好不轻薄,还不肯吃残肴,连～,将近要十两银子。"清《雪月梅》七回:"这样成交,连中人的～不曾费你老人家一文。" ❸泛指酒饭。清《红楼梦》八回:"那李嬷嬷听如此说,只得和众人去吃些～。"《姑妄言》一四回:"拣个好日子,抬了来罢。我家中备个～,岂不两家省事?"

【酒台】 jiǔ tái ❶供摆酒饮宴的高台。宋朱敦儒《苏幕遮》:"～空,歌扇去。独倚危楼,无限伤心处。"明汤显祖《牡丹亭》二三出:"瞧了你润风风粉腮,到花台～? 溜些些短钗,过歌台舞台?"徐贲《雨中闻黄鹂》:"高树重重覆～,黄鹂飞绕不惊猜。" ❷台盏;摆放(着)酒盏的台盘。明汤显祖《牡丹亭》三出:"贴持～,随旦上。"又《紫箫记》二〇出:"问你～食格,俱要齐整。十郎将到,就要游去。"

【酒太公】 jiǔ tài gōng 即"酒大工"。明冯惟敏《新水令·治邑考最忌者诬以卖酒》:"一个～将象简拿,一个店小二把金鱼挂。"《金瓶梅词话》五〇回:"炕上有两个戴白毡帽子的～,一个炕上睡下,那一个才脱裹脚。"

【酒头】 jiǔ tóu ❶榨制酒最先出槽或蒸馏酒最先出釜的那一部分酒,质最纯。宋李光《五月望日梁军判送酒头》之三:"曲米新篘只隔墙,西风吹过～香。"清屈大均《广东新语》卷一四:"广人谓烧酒新出甑者曰～。" ❷称赌博场中易被欺骗的人。元明《水浒传》一〇四回:"那赢的,意气扬扬,东摆西摇,南闯北踅的寻～儿再做。"明《二刻拍案惊奇》卷八:"那不识事的小二哥,一团凡兴,好歹要赌,俗名唤作～。"清吴伟业《秣陵春》四出:"但到院子里嫖,胡姑姑、贾姐姐,认定真大老官,尽意科排;赌场里赌,刁三官、滑大舍,撺弄真正～,尽情结打。" ❸酒性发作关头。明《型世言》二一回:"一定新娘子做腔不从,撞了这简胜～上,杀死有之。" ❹酒边。指嗜酒(的人)。清《红楼梦》二一回:"不想荣国府内有一个极不成器破烂～厨子,名叫多官。"△《七侠五义》五回:"这和尚素来爱喝酒,小人也是～鬼儿。"

【酒碗】 jiǔ wǎn ❶指饮酒往来。明《金瓶梅》一回:"哥快去叫那个大官儿邀他去,与他往来了,咱到日后敢又有一个～儿。"清《一片情》一四回:"却说裁缝有个～弟兄,姓马行九。" ❷指把柄。明《型世言》二八回:"当日你原叫他看仔细,他也看出一张不像,他却又含糊收了。他自留的～儿,须不关你我事。"

【酒望】 jiǔ wàng 即"酒帘"。宋朱翌《猗觉寮杂记》卷下:"酒家揭帘,俗谓之～子。"元刘敏中《清平乐·次前韵》:"悠扬～,点缀春情状。"清《镜花缘》九六回:"远远有个～子飘在那里,连忙趱行,来到酒肆门首。"

【酒务】 jiǔ wù ❶榷酒酤酒的机构,也指其主事官员或所司事务。唐陆龟蒙《和醉中偶作见寄韵》:"初呈～求专判,合祷山祠请自差。"宋《朱子语类》卷一二八:"虽尝为谏议官,亦有为监当者,如监船场～之属。"明金幼孜《北征录》:"道边有土垣宛如一小城。问人,曰:'此元时官～,每岁驾幸上都,于此取酒。'" ❷泛称酒坊、酒店。宋王林《燕翼诒谋录》卷三:"余曩仕山阳,中元、下元～张灯卖酒。"《元曲选·谢天香》一折:"妾送你到城外那小～儿里,权与你饯行咱。"清《歧路灯》五七回:"把串儿叫出来,将银子付与他。咱把这五百钱,开发～的赊欠。"

【酒性】 jiǔ xìng ❶酒量。唐萧颖士《赠韦司业书》:"～不多,涓滴辄醉。"张籍《晚春过崔驸马东园》:"早早诗名远,长长～同。" ❷酒的功能、特性。元戴良《抱一翁传》:"～大毒大热,而反以热剂加之,是火其火也。"清《红楼梦》八回:"难道就不知道～最热,若热吃下去,发散的就快。" ❸酒后的性情、情绪。元关汉卿《单刀会》二折:"那汉～躁,不中调斗,你是必挂口儿则休提着那荆州。"元明《水浒传》二一回:"便是押司生的眼凶,又～不好,专要杀人。"清《锦香亭》三回:"虢国夫人～勃发,春心荡漾。" ❹酒劲;酒的效力。明《拍案惊奇》卷三一:"刚剩得侯元一个,带了～,急念不出咒话,被擒住了。"清《万花楼》一七回:"这～好,比药力还烈,是以狄青醉得沉沉不醒。"《镜花缘》九三回:"适值他～发作,忽然大吐。"

【酒硬】 jiǔ yìng 酒后逞强横。明《金瓶梅词话》八一回:"你这狗骨头,原来这等～!"

【酒友】 jiǔ yǒu 犹"酒伴"。唐白居易《醉吟先生传》:"安定皇甫朗之为～,每一相见,欣然忘归。"元不忽木《点绛唇·辞朝》:"寻几个诗朋～,向尘世外消磨白昼。"清《隋唐演义》一二回:"他二人是～,等不得安席,先将几样果菜在大殿上,取坛冷酒试尝。"

【酒糟鼻】 jiǔ zāo bí 慢性皮肤病,鼻子尖呈红色。亦指患此疾的鼻子。清《儒林外史》三一回:"一个通红的～,一部大白胡须。"《品花宝鉴》六回:"红而光,～子悬中央。"

【酒糟脸】 jiǔ zāo liǎn 患有慢性皮肤炎症,色红而粗糙的面部。清《儒林外史》四六回:"只见一人,方巾,蓝布直裰,薄底布鞋,花白胡须,～。"△《小五义》八六回:"～,斗鸡眉,小眼睛。"

【酒糟头】 jiǔ zāo tóu 犹"酒鬼❶"。《元曲选·儿女团圆》一折:"你一个鬼精灵会魔障这生人意,可知我这个～不识你这拖刀计。"清《品花宝鉴》一二回:"我是乘间脱逃,不然也要波及无辜,难道去向～索命么?"

【酒政】 jiǔ zhèng ❶榷酒酤酒的事务。宋王安石《送李著作之官高邮序》:"初君视金陵～,人皆惜君不试于剧而沦于卑冗。"张端义《贵耳集》卷下:"袁彦纯尹京,专一留意～。"《宋史·沈作宾传》:"知台州,首访民疾苦,弛盐禁,宽租期,均徭役,更～,决滞狱。" ❷酒令。明沈周《荷华燕》:"便应此会同桃李,～频教罚后诗。"陈汝元《金莲记》四出:"闷饮何当,须颁～。"清《野叟曝言》一回:"成之欲取酒筹行令,敬亭道:'知己谈心,不必干以～,还是讲学论文罢。'"

【酒帜】 jiǔ zhì 即"酒帘"。唐陆龟蒙《奉酬袭美先辈吴中苦雨》:"～风外皶,茶枪露中撷。"元宋褧《春莫双清亭小酌怀张孟幼》:"～隔津标柳陌,渔舟避浪向蒲塘。"清钱谦益《石田翁画奚川八景图歌》:"杨柳微风飏～,杏花小雨提村沽。"

【酒酌】 jiǔ zhuó 酒。唐穆员《为留守郑侍郎祭李相公文》:"以～少牢之奠,敢昭告于故相国尚书左仆射赠司空李公之灵。"清孔尚任《桃花扇》四出:"叫家僮安排～,我要和杨老爷在此小饮。"《歧路灯》五一回:"小厮捧上～,邓三变告便而回,邓汝和陪吃数杯。"

【酒字下】 jiǔ zì xià "色"的隐语。俗以"酒色财气"并举。明《醒世恒言》卷二九:"趁着酒兴,未免走了～这道儿。"《型世言》五回:"只是年纪大了妇人十多岁,三十餘了,酒字紧了些,～便懈了些。"

【酒子】 jiǔ zi ❶酒初熟时的酒汁。也泛称酒。宋苏轼《酒子赋》:"南方酿酒,未大熟,取其膏液,谓之～。"方岳《酹江月·寿老父》:"唱个曲儿,吃些～,检点茅檐竹。"△清《海上尘天影》三〇回:"我们行令,你们这般胡闹,要罚～。" ❷造酒的工匠。明《金瓶梅词话》五〇回:"不防飕的只一拳去,打的那～只叫着阿唷,裹脚袜子也穿不上,往外飞跑。"

【酒佐】 jiǔ zuǒ 劝酒的歌伎。《太平广记》卷三四九引《宣室志》:"既而中郎又曰:'良会不可无～。'命玉山召蕙娘来。"明李昌祺《剪灯餘话·田洙遇薛涛联句记》:"相公尚使没量斗,穷～三条椽有一条曲,又何足怪?"

【酒座】 jiǔ zuò 酒店或酒宴的座位。实指座位上饮酒的人。唐杨巨源《述美寄申州卢拱使君》:"～微酣诸客倒,球场慢拨几人随。"元明《水浒传》三回:"这个哭的,是绰～儿唱的父子两人。"△清《济公全传》六一回:"次日带上几吊钱,吩咐伙计:'好好照应～,我到马爷家里去一趟。'"

jiù

【旧锅粥】 jiù guō zhōu 比喻旧事、旧业。明《金瓶梅词话》一八回:"不是活时偷食抹嘴,就是死后嚷闹离门,不拘几时,还吃～去了。"清《歧路灯》七四回:"先把房子收拾了,好为下文张本。不过是还吃～罢。"

【旧家】 jiù jiā ❶世家。指上代有勋劳和社会地位的家庭。唐李商隐《为同州侍御上崔相国启》:"此皆相国推孔李之素分,念国高之～。"明汤显祖《牡丹亭》三二出:"少什么～根叶,着俺异乡花草填接?"清《红楼梦》八〇回:"亏你是～人家的女儿,满嘴里大呼小喊说的是什么!" ❷故居;旧时住处。唐韩翃《送营城李少府》:"新绶映芳草,～依远林。"明陆采《明珠记》四二出:"试看梁燕归来意,还向～飞。"清《续金瓶梅》二二回:"忙了二日,把太夫人送葬于寺后,待太平再回～坟墓。" ❸旧时;昔日。宋柳永《少年游》:"想得别来,～模样,只是翠蛾颦。"明梁辰鱼《浣纱记》一七出:"〔净、丑〕是我。〔旦〕前来看,呀,却原来是～姊妹访孤贫。"陆采《明珠记》二〇出:"漂泊无人问,谁知得遇侯门。重整～珠翠,含羞奉事新人。" ❹指旧家子弟。明汤显祖《紫钗记》八出:"才情有年貌佳,李十郎陇西～。"《警世通言》卷二三:"话说南宋临安府有一个～,姓乐名美善。"清《歧路灯》二四回:"逢若道:'我只赢够七串多,老淡足赢了十几串。'绍闻方晓得是个开赌的～。"

【旧年】 jiù nián ❶新年的上一年;去年。唐张说《苏摩遮》:"惟愿圣君无限寿,长取新年续～。"明佚名《鸣凤记》三一出:"老夫～阅各省乡试录,见先生独占高魁,……今春谅必大魁天下矣。"清《红楼梦》三二回:"～好一年的工夫,做了个香袋儿。今年半年,还没拿针线呢。" ❷往年;从前。五代王周《再经秭归》之一:"总角曾随上峡船,寻思如梦可凄然。夜来孤馆重来宿,枕底滩声似～。"《元曲选·儿女团圆》三折:"我常记的～时节,你身子儿薄怯,发着潮热,他将那锦绷儿绣藉,盖覆的个重叠。"清《歧路灯》八回:"你若～早读八股,昨年场中有两篇俗通文字,难说学院不进你。"

【旧岁】 jiù suì 犹"旧年❶"。唐元稹《莺莺传》:"一昨拜辞,倏逾～。"宋周密《武林旧事》卷一:"淳熙三年,光尧圣寿七十,预于～冬至加上两宫尊号,立春日行庆寿礼。"清《八洞天》卷八:"自～二月中受胎,至是年三月中生育,算来此孕果然是十二个月方产的了。"

【旧套】 jiù tào 陈规;旧习。明戚继光《练兵实纪》卷四:"即有小过,料督抚拘泥～,恐有临敌易将利害,必然姑容。"徐渭《四声猿·女状元》二出:"上年这场屋中主司命题,大约遵奉前规;你每诸生条对,可也多循～。"清《镜花缘》八三回:"主人让酒让菜这些～,必须蠲了才好。"

【救搭】 jiù dā 搭救;拯救。《元曲选·两世姻缘》三折:"怎～,怎按纳,公孙弘东阁闹喧哗?"清吴伟业《通天塔》一出:"气那萧娘不下,偏不肯把兵来～。"《八洞天》卷四:"但有小人勾搭,更没亲人～,弄得滥搭搭,糟搭搭,糊搭搭,贱搭搭。"

【救驾】 jiù jià ❶援救帝王。宋丁特起《靖康纪闻》:"枢密孙傅躬亲宣谕士卒,下城守内～。"《元曲选·抱妆盒》楔子:"我想陈琳思量～,报答皇恩,已不是寻常阉宦之比。"清《东周列国志》三〇回:"主公已被秦兵困于龙门山泥泞之中,可速往～。" ❷泛指解救急难。明《禅真后史》四四回:"若非阿姨出来～,这会子头已不在颈上了。"《醋葫芦》一三回:"都氏爬得起来,要来～,又被都飙脚尖到处,番筋斗又是一交。"△清《孽海花》二〇回:"不妨事,吾有十幅马湘兰～。"

【救口】 jiù kǒu 充饥。宋苏轼《书东皋子传后》:"然东皋子自谓五斗先生,则日给三升,～不暇,安能及客乎?"明《西游记》五七回:"我师父在路饥渴了,家中有锅巴冷饭,千万化些儿～。"清蓝鼎元《论台中时事疏》:"九营将弁,人人有～不赡之叹。"

【救捞】 jiù lāo (从水中)搭救捞起。明柯丹邱《荆钗记》四八出:"见佳人果然声韵高,投水江心早,梢公～。"《醒世恒言》卷一〇:"那岸上看的人虽然有～之念,只是风水利害,谁肯从井救人?"清钱泳《履园丛话》卷一六:"为鬼怪所惑,自投于井,赖家人～得不死。"

【救扑】 jiù pū 扑救(火灾)。也喻指扑灭祸患。宋洪迈《夷坚志》支戊卷五:"忽报本营遗火,潜归～。"明彭士望《冬心》之五:"祸发慎初几,燎原难～。"清《野叟曝言》六回:"昭庆寺西房失火,延烧大殿各房,本县业经督率兵役竭力～。"

【救取】 jiù qǔ 解救;救助。五代刘崇远《金华子杂编》卷下:"可惜了一城人命,须与～。"元明《水浒传》三九回:"点了人马下山去打江州,～宋三郎上山。"清孔尚任《桃花扇》三一出:"只愿～公子早早出狱。"

【救提】 jiù tí 犹"救搭"。元施惠《幽闺记》三五出:"那时一身没靠,举目无亲,幸遇秀才蒋世隆恻隐存心,～作伴。"

【救挽】 jiù wǎn 挽救。清叶梦珠《阅世编》卷七:"见者怵惕,而莫能～。"《聊斋志异·杜翁》:"谨立此,勿他适。恐一迷失,将难～。"昭梿《啸亭续录》卷五:"当神、熹二宗庸昏之王,乃能遇事～,保全善类。"

【救星】 jiù xīng ❶星相学所谓能救正危难的星相。辽耶律纯《星命总括》卷上:"方入煞神之初,或出煞神之末,不见～来,未有不凶者。"明汪廷讷《狮吼记》一七出:"〔净牵羊上见生〕相公,我幸有羊存,君应～进。〔净解生绳系羊足介〕"清《红楼梦》一〇二回:"低着头又咕哝了一会子,便说:'好了,有～了。算出巳上有贵神救解。'" ❷比喻解救急难的人或化解危难的希望。明沈璟《义侠记》二三出:"〔末急上〕好汉权饶过,其间就里话儿多。〔净〕好了,～到了。"清《醒世姻缘传》一八回:"若请个明医来看,或者还有～也不可知。晁源单单要请杨古月救治,……且是无益而反害之。"《粉妆楼》一七回:"小姐才吊上去的时候,早遇见一位～来了。你道这位～是谁?原来柏太太坟旁边住了一家猎户。"

【救应】 jiù yìng 救援接应。唐佚名《灵应传》:"寻已入界,数道齐进,烟火不绝,请发兵～。"《元曲选·单鞭夺槊》二折:"我只是慢慢的去,等他～不到,必有疏失。"清《镜花缘》一三回:"邻邦被兵,遣使求救。国主因念邻国之谊,发兵～。"

【救拯】 jiù zhěng 拯救;挽救。唐严绶《文武孝德皇帝册文》:"我高祖神尧皇帝～焚溺,应天立极。"明张景《飞丸记》二一出:"一似我当年初落阱,空哀告有谁来～?"清《聊斋志异·八大王》:"此名酒凶,不可～。"

【救正】 jiù zhèng 匡正;纠正。唐陈子昂《上军国利害事三条》:"深知妙选以～此弊,使天下之人稍得以安。"明王守仁《传习录》卷中:"其肯遂以教我,而反复晓谕,恻然惟恐不及～之乎?"清《醒世姻缘传》五四回:"狄周只该凡事～,岂可与这样凶人结了一党。”

【救治】 jiù zhì ❶救护医治。明王玉峰《焚香记》三八出：“那时百般～，一昼夜方才苏醒。”清《红楼梦》一一六回：“用手在心窝中一摸，尚是温热。贾政只得急忙请医灌药～。” ❷匡正；纠正。宋苏轼《张文定公墓志铭》：“悉陈其本末羸虚所以然之状，及当今所宜～施行之略。”朱熹《答刘子澄》：“所论著文字，亦坐此病，多无着实处，回首茫然，计非岁月功夫所能～。”清阎若璩《潜邱札记》卷一：“故一时之所就止，可有补偏～之术，而非有拔本塞源之功也。”

【就】 jiù ❶依随；伴随。《隋书·元胄传》：“上与近臣登高，时胄下直，上令驰召之。及胄见，上谓曰：‘公与外人登高，未若～朕胜也。’”《敦煌变文校注》卷一《伍子胥变文》：“吾当不用弟语，远来～父同诛，奈何！”清《醒世姻缘传》二五回：“等我们回来的时节，～了他同去。” ❷主动亲近。唐孟浩然《过故人庄》：“待到重阳日，还来～菊花。”《元曲选外编·西厢记》四本一折：“半推半～，又惊又爱。”清《红楼梦》三〇回：“话说林黛玉与宝玉角口后，也自后悔，但又无去～他之理。” ❸结合。特指结亲。唐李冗《独异志》卷下：“兄曰：‘天若遣我兄妹二人为夫妻，而烟悉合；若不使，烟散。’于是烟即合，其妹即来～兄。”元王和卿《拨不断·胖妻夫》：“一个胖双郎，～了个胖苏娘，两口儿便似熊模样。”明《醒世恒言》卷五：“况又邻居，一夫一妻，遂～了这头亲事。” ❹趁机；顺便。《大宋宣和遗事》前集：“有八个大汉来我家里吃酒，道是往岳庙烧香，问我借一对酒桶，～买些个酒去烧香。”《元曲选外编·西厢记》一本一折：“路经河中府过蒲关上，有一人姓杜名确，字君实，与小生同郡同学。……小生～望哥哥一遭，却往京师求进。”清《醒世姻缘传》四六回：“我这到家就着原起保亲的送回聘礼来，合奶奶说，～把我的婚书回礼也都查了回去，再不必又往返多事。” ❺遵循；迁就依从。宋陆游《老学庵笔记》卷一：“则公非不能歌，但豪放不喜裁剪以～声律耳。”元明《水浒传》四回：“如今便要去时，那里投奔人？不如～了这条路罢。”清《醒世姻缘传》八回：“你要不～他，他一着高低把个妹子断送了。” ❻依照；按照。《元曲选·生金阁》二折：“～我看，我这嘴脸，尽也看的过。”明《石点头》卷一三：“～我今日看来，此言信非虚也。”清《荡寇志》一一九回：“只～你一人而论，清夜自思，恐已羞惭无地矣。尚敢饰词狡辩，殊属厚颜。” ❼用在动词后，表示就绪、完成。《敦煌变文校注》卷二《庐山远公话》：“不觉蜘蛛在于其上，团团结～，百匝千遭。”《元曲选外编·西厢记》五本楔子：“我写～家书一封，与我星夜到河中府去。”清《醒世姻缘传》四五回：“所以然处多加了那要紧开路的东西，认～了门，猛力往里一闯。” ❽副词。a) 表示前后的因果关系，在某种条件或情况下怎么样。《敦煌变文校注》卷四《祇园因由记》：“七日已满，～于城南广博之地，遂建道场。”《元曲选·窦娥冤》二折：“我不与你，你～怎地我？”清《红楼梦》六回：“有了钱～顾头不顾尾，没了钱～瞎生气。”b) 表示顺接，后一个动作接前一动作发生。宋洪迈《夷坚志》甲卷一八：“读彻，吏问曰：‘是乎？’道士辞服，～取所读文书包裹之。”明《挂枝儿·调情》：“一口儿咬住奴粉香腮，双手～解香罗带。”清《儒林外史》一回：“走到村学堂里，见那闯学堂的书客，～买几本旧书。”c) 强调事情发生得早或早该发生。已；已经。唐赵璘《因话录》卷六：“元和初，韩尚书皋在夏口，～加节度使，自后复为观察使。”明柯丹邱《荆钗记》三出：“正不曾吃得酒，～收拾了。”清《歧路灯》二回：“小儿已七八岁了，早～该上学。”d) 表示在很短的时间内。即刻；马上。宋朱熹《再乞给降钱物及减放住催水利等状》：“奏乞特降睿旨，～拨绍兴府先给到度牒一百道换到米，及明州先蒙降到二十万贯籴到米。”明汤显祖《紫钗记》三八出：“〔鲍〕可～回来？〔哨〕早哩，敢要就了卢太尉小姐也。”清《歧路灯》二回：“五位爷刻下～到。”e) 强调时间、数量、范围的极限。只；竟。宋《朱子语类》卷一三〇：“人有书翰来者，拆封皮埋放一边，～倒禅床睡少时，又忽起来写一两字。”明《西游记》五回：“常年～在瑶池演礼谢恩，如何先去通明殿演礼，方去瑶池赴会？”清《聊斋俚曲·禳妒咒》：“粗唇大口窝抠眼，做鞋～得二尺绸。”f) 语气副词，表肯定。宋《朱子语类》卷一〇五：“到着《大学》亦只是这道理，又教人看得～切实如此，不是胡乱恁地说去。”元《三遂平妖传》五回：“从屋脊上骨碌碌滚将下来，跌得～似烂冬瓜一般。”清《白雪遗音·婆媳顶嘴》：“〔老〕这从小儿谁没干过的营生。〔旦〕我～没有。〔老〕我～不敢说嘴。”g) 语气副词，用于反诘。元《三遂平妖传》一回：“我与你年纪未老，终不然～养不出了？”明赵南星《山坡羊》：“冤家，瞒你也不打紧，～不怕神灵监察？”清《醒世姻缘传》六六回：“你只当放生罢，你～不怕伤阴骘么？” ❾介词。a) 表示方向和起始点。向；自。唐李端《张左丞挽歌二首》之二：“无由～日拜，空忆自天归。”元高明《琵琶记》一〇出：“我且～这里人家借一个马与你骑。”清《红楼梦》六回：“因此，便～此一家说来。”b) 表示范围或处所。在。《敦煌变文校注》卷五《妙法莲华经讲经文(四)》：“只～三乘求解脱，长于五性悟无生。”元高明《琵琶记》二出：“～花下酌杯酒，与双亲称寿。”清《红楼梦》四一回：“宝玉连忙将自己的杯捧了过来，送到王夫人口边，王夫人便～他手内吃了两口。”c) 引进所趋向的处所。到；至。《敦煌变文校注》卷一《伍子胥变文》：“子胥控马笼鞭，～水抱得小儿。”宋《二程遗书》卷一八：“行数里，方觉不是，却须要回～大路上。”清《聊斋志异·聂小倩》：“女乃入，～烛下坐。”d) 引进动作的对象。与；跟。《太平广记》卷三四四引《潇湘录》：“至夜深，亲～冀谈话。”宋曾巩《代书寄赵宏》：“僧堂取酒～君饮，不觉乘欢盏频釂。”清姚鼐《印松亭家传》：“居君寓舍常满，有求索者必应。事有～君谋者，必尽其虑。”e) 表示时间段。在。元古本《老乞大》：“咱每休磨拖，趁清凉，～马每吃的饱时，赶动者。” ❿连词。用在复句的后一分句里。a) 跟“若”“既”等呼应，表示在前一条件下将如何。《元曲选·汉宫秋》二折：“若不肯与，不日南侵，江山难保。～一壁厢引控甲士，随地打猎，延入塞内。”清《红楼梦》一四回：“既托了我，我～说不得要讨你们嫌了。”《白雪遗音·既要贪花》：“既要害怕～不必贪花，既贪花，～死花心怕甚么。”b) 跟“不但”呼应，表递进。清《痴人福》三回：“不但家主身荣，～你也有好处。”

【就便】 jiù biàn ❶取便；随机或随意(处置)。唐钱珝《为集贤崔相公论京兆除授表》：“无事则各营耕稼，有虑则便执干戈。不假馈粮，又非失业。既安必集，～不烦。”元《长春真人西游记》附录成吉思汗圣旨：“我前时已有圣旨文字与你来，教你天下应有底出家、善人都管着者。好的歹的，邱神仙你～理合，只你识者。”清《野叟曝言》一七回：“因急向厨房查问，果因大雨，汲水费力，～在院内水缸中提来的。” ❷乘机；顺便。宋苏轼《乞桩管钱氏地利房钱修表忠观状》：“令钱自然已下徒弟，永远住持，渐次修葺，兼得～照管坟庙，不致荒废。”元明《水浒传》四〇回：“往常来的家书，却不曾有这个图书来，只是随手写的。今番以定是图书匣在手边，～印了这个图书在封皮上。”清孔尚任《桃花扇》续四〇出：“那江岸之上，有几个老儿闲坐，不免上前讨火，～访问。” ❸便利；方便。元古本《老乞大》：“咱每则投顺承门官店里下去来，那里～，投马市里去哏近。”元明《水浒传》六二回：“多只两程，少无数里，～的去处结果了他性命。” ❹随即。《元曲选·朱砂担》一折：“我这酒虽然薄，可有桩好处，刚吃到肚里～骨碌碌的响动。”元明《水浒传》七三回：“搬出饭来，两个吃了，～歇息。”清《聊斋志异·阿英》：“丈夫吼怒，龁手断指，～嚼食。” ❺即刻；当下。元明《水浒传》五九回："我不可久停久住了，～回梁山泊报与哥哥知道。"明王守仁《剿捕漳寇方略牌》："其餘亦不得辄乱行次，违者～以军法斩首。"清《醒世姻缘传》二九回："这是我心举了一举意，他怎么～晓得？" ❻表示让步。即使。明郎瑛《七修类稿》卷二八："但～人宋，死亦未必发葬闽地，恐崇安之墓为讹，不知陆公何据也？"清孔尚任《桃花扇》七出："～真是魏党，悔过来归，亦不可绝之太甚。"《红楼梦》三四回："～为这些人死了，也是情愿的。" ❼表示在某种条件下自然怎样。于是。明《拍案惊奇》卷一三："为是严家夫妻养娇了这孩儿，到得大来，～目中无人。"《型世言》一八回："四下看，止得一个秀才，～在睡中拿住。"清《镜花缘》六七回："若花恐众人看不见，未免着急，～顺口高声朗诵，从头念了下去。" ❽跟"若""既"等呼应，表示在前一条件下将如何。那么。明《西洋记》八五回："既有军令状，～自罢了。"清《醒世姻缘传》六回："若是进去了，衙门规矩，～不出来了。" ❾用于反诘。清《醒世姻缘传》一五回："行不去，难道家里没有几亩薄地？～冻饿不成？"又二五回："强盗的头目也有个大王，难道你这秀才们～没个头目？"

【就此】 jiù cǐ ❶就在此时或此地。宋洪迈《夷坚志》补卷一〇："与其倩行媒，淹岁月，孰若～成夫妇哉。"《元曲选·扬州梦》楔子："小生不敢久留，～告辞长行去也。"清《镜花缘》一〇回："孙女～拜认义父，带著乳母，跟随前去。" ❷从此。清《儒林外史》八回："蘧太守知道了，成事不说，也～常教他做些诗词。"

【就待】 jiù dài 就要；马上要。《元曲选·陈州粜米》三折："那怕你天章学士有夤缘，～乞天恩走上金銮殿，只我个包龙图元铁面。"明《拍案惊奇》卷二："昨日说了他几句，～告诉他爷娘去。恁般心性泼刺。"清《醒世姻缘传》一〇回："我从头里～出去看，只为使着这两只手。"

【就待要】 jiù dài yào 即"就待"。《元曲选·黑旋风》四折："他见了咱拿着的是饭羹羊肉，～一气儿呷上两盏三瓯。"又《生金阁》二折："直恁般痛着忙，～安排共宿芙蓉帐。"清《醒世姻缘传》九五回："绰过一根鞭杆，～照着狄希陈劈头劈脸的打去。"

【就地】 jiù dì ❶就势；趁便。元明《水浒传》二三回："武松再寻思道：'我～拖得这死大虫下冈子去。'就血泊里双手来提时，那里提得动？"明《西游记》三〇回："八戒～扯个谎，忙道：'委是想你。'"清《绣戈袍》六回："二人游玩一番，少不得觅个酒楼，兄弟上去，～把盏。" ❷当下；立刻。明《醒世恒言》卷二一："心中渐渐昏迷，暗道：'这所在那得恁般好酒！且是昏迷神思，其中决有缘故。'～生出智着来，假做腹痛，吃不下酒。"《禅真后史》四三回："那勇汉大恼，唤左右拿去砍了。羊雷～大喝一声，恰似半空中起个霹雳。"清《荡寇志》一三二回："昨夜三更时分，小人遇一奇兆，本要～禀公孙军师，因公孙军师吩咐，不许惊睡，所以特到这里来禀告。" ❸入土。指死亡。明宋濂《故筠西吴府君墓碑》："吾～之日近，故惓惓为尔辈言之。" ❹落地。指落到实处。清《儒林外史》一四回："这个正合着古语'瞒天讨价，～还钱'。我说二三百银子，你就说二三十两。"《镜花缘》一一回："俗云：'漫天要价，～还钱。'今老兄不但不减，反要加增。" ❺在原地。清《平定台湾纪略》卷二九："审明从贼打仗，并未受有伪职，俱～正法。"《荡寇志》一二七回："刘唐、呼延绰回阵商议，～扎营。"

【就地里】 jiù dì li ❶内地里。《元曲选·曲江池》一折："俺娘呵，外相儿十分十分慈善，～百般百般机变。" ❷在地上。清洪昇《长生殿》一七出："一回呵滚沙场兔鹿儿无头赶，都难动弹，～踠跧。"

【就儿里】 jiù er lǐ ❶即"就里❶"。《元曲选·谢金吾》一折："这书上已明开，休的胡猜，～关连着大利害。" ❷即"就里❸"。《元曲选·柳毅传书》三折："我这里两眉颦，他则待暗传芳信。对面的辞了亲，～相逗引。" ❸即"就里❺"。元岳伯川《铁拐李》二折："那里发付那有母无爷小业冤，～难言。"明柯丹邱《荆钗记》三一出："把～分明说破，免孩儿疑虑生。" ❹即"就里❼"。《元曲选·柳毅传书》一折："俺家在南天水国居。～非无尺素书，奈衡阳不传鸿雁羽。" ❺即"就里❽"。《元曲选·陈抟高卧》四折："撮合山错了眼光，～我也仓皇。"又《度柳翠》一折："人笑我是风魔的和尚，～包含着醉乾坤。"

【就儿中】 jiù er zhōng 其中。《元曲选·百花亭》一折："则见来往佳人教我难应接，离百花亭将近也，～这一个尤娇绝。"

【就馆】 jiù guǎn ❶到主人家授徒或充幕僚。宋赵叔向《肯綮录》："今士人就馆聚徒，皆谓之～，亦语忌也。"洪迈《夷坚志》甲卷四："家苦贫，教生徒以自给。绍兴丁卯，～于同邑董时敏家。"明伍餘福《苹野纂闻》："张淮先生善吟咏，晚而孤贫，～琴川钱氏。"清袁枚《子不语》卷六："罗还家，选期尚早，乃～某氏。" ❷犹"捐馆"。明徐渭《任处士行状》："处士病，余就问于内榻；予病，处士就问予于内榻。其后予变作就理，处士～。余自计必先处士矣，而处士顾先予，何也？处士之捐也以痞，……而医不知也。"

【就即】 jiù jí ❶随即；就。清《隋唐演义》五八回："四鼓时候，～传令催兵马造饭。"《荡寇志》一二二回："宋江一退入关，～教卢俊义同了张清、燕青、张魁保守二关。自己带同李应、徐宁、燕顺、郑天寿，率领后半人马，同吴用飞速去策应后关。"《绣鞋记》三回："荫芝把银两瓜分停当，～转回陈馆。" ❷即刻；立即。清《珍珠舶》一三回："专候官人拆看来书，讨一回札，星夜～赶回去的。"《粉妆楼》二八回："若解长安，惟恐中途有失，发该府～斩首。"

【就教】 jiù jiào ❶接受教导。唐李庾《西都赋》："左立太学，前惇广文，膳丰中厨，～九年，稽以博士，总之成约。" ❷前往受教。明《拍案惊奇》卷三四："又会写作，又会刺绣，那些大户女眷，也有请他家里来教的，也有到地庵里～的。"清《十二楼·闻过楼》一回："到底仕宦的脚步轻贱杀了也比平人贵重几分，十次之中走去～一两次，把七八次写帖相邀，也就是折节下交谦虚不过的了。" ❸纵然；即使。明徐渭《四声猿·渔阳弄》："老瞒，～你自家处此，也饶自家不过了。"梅鼎祚《玉合记》二一出："～一苇定堪杭，却正似洪涛经变野，翠岛属成桑。"《石点头》卷三："且慢言你没处去寻，～当面遇见，你也认不出是生身老子。" ❹女子主动接受性行为的讳语。清《姑妄言》二回："那人知他是～的意思，上前抱住亲了个嘴，伸手就去摸了下身。"又五回："那素馨的男人是有名无实的，他时常假说上边叫他上夜，每每的来～。"

【就近】 jiù jìn ❶择近；(选择)在近处。《唐会要》卷四一："今后望请诸流人应配者，依所配里数，无要重城镇之处，仍逐罪配之，准得～。"宋欧阳修《论救赈雪后饥民札子》："量散口食，并各于有官场柴炭草处～支散，救其将死之命。"明吾邱瑞《运甓记》一四出："吾已差陶旺到庐江地方僦房迁住，下官～渡江。"清《好逑传》一回："铁公子心慌，也不暇去拣择大户人家，只～在村口一家门前便下了马。" ❷贴近；靠近。明《石点头》卷三："又抹过一个林子，显出一所神祠。～观之，庙宇倾颓。"清《聊斋志异·胡四姐》："遥见四姐坐树下，生～之，执手慰问。"《红楼梦》八回："宝玉此时与宝钗～，只闻一阵阵凉森森甜丝丝的幽香。" ❸在近期。清《雪月梅》四一回："只须～择一吉期，请贤昆玉前两日先往小庄暂住，至期就在那边起身。"

【就礼】 jiù lǐ ❶前去敬礼。《敦煌变文校注》卷六《频婆娑罗王后宫彩女因缘变》："是时佛在山林内，三时～每精诚。"宋文天祥《上仓守李爱梅谢解》："方司镇钺，石生随～罗王；豫章未下，荀爽已腾辟剡。"元杨弘道《过济南洪济院》："将迁僧宝塔，～佛头山。" ❷指举行婚礼。《敦煌变文校注》卷一《伍子胥变文》："妾是伍茄之妇细辛，早仕于梁，～未及当归，使妾闲居独活。"《太平广记》卷四五四引《宣室志》："李遂留生，卜日～，妻色甚姝。"宋元《清平山堂话本·蓝桥记》："仙童、侍女引航入帐～讫，航拜妪感谢。" ❸指遵循丧礼仪规。唐张说《河州刺史再府君神道碑》："遭家不造，府君捐馆，五日绝浆，三年泣血，虽麻葛～，而栾棘加人。"宋朱熹《答吕伯恭》："伏惟伉俪义重，伤悼难堪，区区所愿约情～，为君亲德业千万自重。"六十种曲本《琵琶记》四一出："事当逆来顺受，抑情～通今古。"

【就里】 jiù lǐ ❶从中；在其中。《隋书·礼仪志》："开皇中，～欲生分别，故衣重宗彝，裳重黼黻，合重二物，以就九章。"元明《水浒传》六二回："张孔目已得了金子，只管把文案拖延了日期。蔡福～又打关节，教及早发落。"明汪廷讷《广陵月》三出："臣偶歌新制〔寄生草〕一曲，那张氏竟不须复歌，便自熟记。就中间有不合拍处，他便～搜求。" ❷位置靠里。宋《朱子语类》卷九〇："祔祭旁观者，右丈夫左妇女，坐以～为大。" ❸就此；趁此（机会）。宋李曾伯《奏为边报疏》："惟愿将士～杀退，则不胜封疆之幸。"明《西洋记》八二回："番王也是个狡猾的，～一个小小的谎儿，说道：'左右头目不堪提起。'"清吴伟业《秣陵春》二九出："臣缉获在荒村，秀才赃证，子曰诗云，～都逃遁。" ❹细微处。宋《朱子语类》卷六四："'知风之自'是知其身之得失由乎心之邪正；'知微之显'又专指心说～来。" ❺内情；底细；缘由。《元曲选·抱妆盒》三折："只待问起时节，因而说开～，使他母子团圆。"明《朴通事谚解》卷下："你知道他～么？常言道：画虎画皮难画骨，知人知面不知心。"清《醒世姻缘传》八一回："单完是衙门人，省得腔的，已是知道～。" ❻知内情。元明《水浒传》六九回："其日，使个～的人，乘势来问这头亲事。"清吴伟业《秣陵春》三九出："亏杀我梅香泄漏，〔指生介〕到如今～、如今～，才能成就。" ❼内中；里边。元贯云石《孝经直解》一八："安排棺椁和～的衣服，覆盖着好者。"明汤显祖《牡丹亭》二四出："好一座山子哩。〔窥介〕呀，～一个小匣儿。"清洪昇《长生殿》三出："便道我言从计听微有权，这～机关不易言。" ❽内心；骨子里。元石君宝《紫云庭》三折："外相儿行户小可，～最胸襟洒落。"《元曲选·张生煮海》一折："行童终日打勤劳，扫地才完又要把水挑。～贪顽只爱要，寻个风流人共说风骚。"明叶宪祖《夭桃纨扇》五折："适才几句闲谈试恁情儿也，你～行藏奴尽知。" ❾暗中；背地里。元明《三国志通俗演义》卷一〇："吾欲将计就计而行，要教他通报消息。汝可殷勤相待，～提防。"明汤显祖《牡丹亭》一八出："待不思量，怎不思量得？～暗销肌，怕人知。"《型世言》三八回："朱颜绿鬓色偏娇，～能令骨髓消。" ❿怎样；究竟；如何。元高明《琵琶记》一四出："不肯坦腹东床，谩自去哀求金殿。想他每～，将人轻贱。"明李梅实《精忠旗》一〇出："岳飞那厮啊莽心难挫。我思量～如何可，怕金家有失。"孟称舜《娇红记》二九出："则见您淡扫眉峰，尚兀把翠烟轻锁。想伊心～，想伊心～，愁城千朵，难猜难破。"

【就亲】 jiù qīn ❶完婚；成亲。唐蒋防《霍小玉传》："时生所定卢氏女在长安，生既毕于聘财，还归郑县。其年腊月，又请假入城～。"《元曲选·玉镜台》三折："这小姐则管不～，做的个违宣抗敕哩！"清《后西游记》二五回："师父说得极是。只是又不打门，又不～，却怎生能够出去？" ❷指男子出赘女家。明汤显祖《紫钗记》四八出："十郎薄幸，～卢太尉府中，再不回步。"清翟灏《通俗编》卷四："俗谓出赘外家曰～。"《好逑传》一六回："铁翰林不是娶水小姐来家，是～到水尚书家中去。"

【就让】 jiù ràng 犹"就教❸"。清《红楼梦》一一一回："不要说他们送殡去了，家里剩下几个女人，～有多少男人也不怕。"《镜花缘》四三回："若不如此，～母亲寻见父亲，也恐父亲未必肯来。"

【就蓐】 jiù rù 分娩的婉词。宋洪迈《夷坚志》甲卷二："至十月，将～，宜哥焚诵之次，见神人十辈立侍于旁，异光照室，少焉生。"明王济《君子堂日询手镜》卷下："形如蝙蝠，大如野狸，妇人～，藉其皮则易产，名飞生。"清陈维崧《征毛太母黄太孺人八十寿事启》："经以免身，鏊而～。"

【就势】 jiù shì 趁势；顺势。❶用于形势、机会。《元曲选·梧桐雨》三折："寡人呵万里烟尘，你也合嗟讶，～儿把吾当唬。国家又不曾亏你半掐，因甚军心有争差？"元明《水浒传》三二回："原是车家出身，为因半路里见财起意，～劫了客人。"清《红楼复梦》四六回："请薛二姐姐、石姑奶奶们同你作几天伴，～儿将身子养好。" ❷用于动作。元明《水浒传》三回："郑屠右手拿刀，左手便来要揪鲁达，被这鲁提辖～按住左手。"清陈端生《再生缘》五五回："多娇听说芳心喜，～儿，玉手挑帘走出房。"《飞龙全传》二〇回："照着腿就是一脚，匡胤将身一闪，却踢个空，～打个反背。" ❸用于笔意。明李日华《六研斋二笔》卷二："先用焦墨作攒针碎枝湾曲取态，后以澹墨～加叶，得纷披亚迭之趣。"徐渭《七字书诀》："（钩）须竖笔徐行，近左～而侧。"赵宧光《寒山帚谈》卷上："草书～为体，放逸为用。" ❹用于地形。清雍正八年三月二十九日李卫奏文："所有前后殿宇寝宫、祠坛楼阁、廊庑房屋等项，～酌拟大概规模，绘就图式。"《大清会典则例》卷一三四："各洼淤平，～筑堤。"

【就是】 jiù shì ❶表示确定或强调。即是；乃是。《元曲选·倩女离魂》三折："寻问张公弼宅子，人说这里～。"又《丽春堂》二折："他喝幺六～幺六，这骰子是你的骨头做的？"明杨士聪《玉堂荟记》卷上："飞在当时，固是忠勇，然亦未必尽如所云。但因秦桧逸构，飞遂不得其死。后世怜之，所以说得飞更好，～古今所无。"清《红楼梦》六回："你道这琏二奶奶是谁？～太太的内侄女。" ❷用于承接对方的话，表示赞同。《元曲选·玉镜台》二折："来日是个好日辰，……既如此，～明日。"清《聊斋俚曲·禳妒咒》："娘既爱他，～如此。" ❸用于比拟。就似；正像。《元曲选·金线池》一折："我这门户人家，巴不得接着子弟，～钱龙入门，百般奉承他。"明朱国祯《涌幢小品》卷二一："既生子，于奶奶只隔一胎，却是老爷亲骨血，抚养成人，～奶奶亲生一般。"《金瓶梅词话》三五回："俺们是没时运的，行动～乌眼鸡一般。" ❹表示行为的重复。也是；又是。《元曲选·东坡梦》一折："〔正末云〕行者看酒来。小娘子满饮一杯。〔旦儿云〕吃不了这些。〔行者云〕～小行者替吃罢。"又《荐福碑》三折："我这寺中碑亭内有一统碑文，是颜真卿写的，～他亲手镌的。" ❺表示限定范围。只是；仅仅是。明陈继儒《狂夫之言》卷一："但不知萧何与语大奇者，是何等说话？决不～登坛数语，惜太史公失载，可恨。"清《聊斋俚曲·姑妇曲》："大伯拿着当奴才，～不曾拿绣鞋，～不曾给他拴裤带。"《红楼梦》二八回："实在没有见你去。～宝姐姐坐了一坐，就出来了。" ❻表示时间过得快。已是。明李贽《焚书》卷二："日过一日，壮者老，少者壮，而老者又欲死矣。出来不觉～四年。"《挂枝儿·相会》："我两个相会时，只辨得凄凉，哭一哭，说一说，～东方亮。" ❼用在句末表示肯定。后多加助词"了"。明沈德符《万历野获编》补遗卷三："你每只将殷正茂与沈汝梁两个来，取供问罪～了。"徐渭《四声猿·女状元》四出："就照依贤友的问么，覆本发落～了。”清《红楼梦》三二回：“你别管是谁说的，横竖我领情～。” ❽用于提示。清吴伟业《秣陵春》四出：“偏是我撞着一班小伙子，掂子舌头，动弗动点点搠搠。～我几件衣裳，但穿子栗壳色、粉皮青，活像江西窑变；海棠红、瓜皮绿，笑是河南烧斑。”李玉《清忠谱》一折：“古来曹节、王甫，倾危汉祚。程元振、鱼朝恩，几复唐宗。童贯、梁师成，凌夷宋室。～我朝王振、汪直、刘瑾辈，流毒三朝，诛戮善类。阉宦之祸，今古皆然。” ❾连词。a）表示假设的让步。即使；就算。往往和副词“也”搭配使用。《元曲选·救孝子》三折：“你～不去，我也要打他。”明《老乞大谚解》卷下：“似你这般定价钱，～高丽地面里也买不得。”清《红楼梦》二四回：“～我说错了，你到底也还坐坐儿。”b）跟前面的“休说”“岂止”“不但”等搭配，引出更进一步的条件。《元曲选·救风尘》三折：“休说一两日，～一两年，您儿也坐的将去。”明杨士聪《玉堂荟记》卷上：“既是卿这等说，岂止赦他，～用他也不难。”清《红楼梦》六七回：“不但没熟吃不得，～熟了，上头还没有供鲜，咱们倒先吃了。”c）跟前面的“不是”对举，表示二者必居其一，或二者都有可能。清孔尚任《桃花扇》一一出：“这个老儿是江北语音，不是逃兵，～流贼。”《红楼梦》五四回：“父亲不是尚书，～宰相。”

【就手】 jiù shǒu 随手；顺手。元明《水浒传》四二回：“李逵见他两个赶来，恐怕争功，坏了义气，～把赵能一斧砍做两半。”明《韩湘子》一八回：“拿起钵盂要吃，被窦氏～夺来，倾在地上。”《醋葫芦》一三回：“早被都飙瞧见，～捉把交椅挡住。”

【就算】 jiù suàn ❶算作；相当于。明《古今小说》卷二一：“今日二钟来，你替我将几两碎银做个东道，～我请他一席。”清《醒世姻缘传》一七回：“那欧阳御史不过是听那辛阁下的指使，原与晁老无仇，参过他一本，～完他的事了。” ❷被认作；承认。明《西洋记》六六回：“各随各俗，箭中了～赢家。”清孔尚任《桃花扇》三三出：“阿弥陀佛！免了上枷床，～好的狠哩。”《红楼梦》二〇回：“你敢挑宝姐姐的短处，～你是好的。” ❸犹“就教❸”。清《醒世姻缘传》六〇回：“我～着是气杀了婆婆，也到不得偿命的田地。”《红楼梦》七一回：“～你是个没出息的，终老在这里，难道他姊妹们都不出门的？”《镜花缘》九回：“这些野兽～嘴馋好吃，也不能吃得颗粒无存。”

【就要】 jiù yào ❶将要；即将。《元曲选·窦娥冤》楔子：“小生目下～上朝进取功名去，留下女孩儿在此，只望婆婆看觑则个。”明徐畛《杀狗记》二九出：“他两个都不来。霎时～天明了，怎么好？”清《平定两金川方略》卷一四：“小金川兵已逃一半，～进至达木宗巴。” ❷非得；一定要。《元曲选·救风尘》一折：“妹子，你为甚么～嫁他？〔外旦云〕则为他知重您妹子，因此要嫁他。”元明《水浒传》二四回：“第四件，小，～绵里针忍耐。”明汤显祖《邯郸记》二三出：“这‘宣威沙漠’字号的锦，～沙一般薄，‘臣伏戎羌’的锦，～绒一般软软的。” ❸就会；有可能。《元曲选·黑旋风》一折：“你见他山棚上摆着许多利物，只怕你忍不过，～厮打起来，也不见得。”明李乐《见闻杂记》卷一一：“时张江陵在朝，试官～阿谀，破题便说：‘众臣效其能，相臣擅其美。’”清《白雪遗音·十二月》：“原说年底～回来，正月十五还不见面。” ❹即使要；就算。《元曲选·薛仁贵》一折：“你～混赖他的功劳，这个岂是小事，好混赖的？”明《欢喜冤家》一三回：“～如此，也不难事，只因两家内不放松，故此倒也算做一桩难事。”清李玉《清忠谱》一二折：“〔外〕我们要上岸买些酒肉哩！〔付〕～买东西，且到无锡去挽舡。” ❺打算；想要。元明《水浒传》四〇回：“他几番～大牢里放了我，却是我怕走不脱，不肯依他。”明王恕《处置边务奏状》：“在前交阯吞了占城之时，～乘势来犯天朝。”清《醒世姻缘传》一九回：“晁大舍几番～下手，那晁住合李成名的娘子这两个强盗，吃醋捻酸，管得牢牢的。” ❻当下；即刻。明汤显祖《紫箫记》一二出：“〔四娘〕青儿是那十四五岁的，会干些甚么事？要他！〔樱桃〕终不然～干得大事，也有大的日子。”清孔尚任《桃花扇》二五出：“圣驾将到，选定脚色，～串戏。”

【就着】 jiù zhe 顺便。明《西游记》三四回：“到老奶奶处多多拜上，说请吃唐僧肉哩。～带幌金绳来，要拿孙行者。”清《醒世姻缘传》二二回：“约二十二日出乡交割土地，～与他们的粮食。”

【就中】 jiù zhōng ❶从中；在其中。唐张鷟《朝野佥载》卷四：“恒总追集男女三百餘人，～唤与老婆语者一人出。”明叶宪祖《团花凤》二折：“他连朝出入多亲昵，幽闺笑语无疑忌，或恐～传递。”清《红楼梦》七一回：“只哄着老太太喜欢了，他好～作威作福。” ❷其中。《敦煌愿文集·儿郎伟》：“适从远来至宫门，正见鬼子一郡郡（群群）。～有个黑论敦，条身直上舍头存。”《元曲选·勘头巾》二折：“看了王小二不是个杀人的，～必有暗昧。”清《荡寇志》一二四回：“四队军马，五花三层价间错着。～最吃苦的是宋江，夹在中层，左冲右突，厮杀不出。” ❸其间；之间。用于空间或时间。唐马异《答卢仝结交诗》：“以胶投漆苦不早，～相去万里道。”明高启《题滕用衡所藏山水图》：“白沙翠壁经过好，～儿度曾幽讨。” ❹内里；内部。也指实质。唐孙思邈《备急千金要方》卷四：“妇人产讫，五脏虚羸，……若行驶药，转更增虚，～更虚，向生路远。”元曾瑞《哨遍·古镜》：“～硬胜刚，外面软似绵。”清《康熙起居注·康熙二十三年七月》：“江南徽州府、山西平阳府民人既能节俭，亦复勤于农事，外视极似淡薄，～积蓄厚。” ❺尤其；倍加。唐元稹《上令狐相公诗启》：“居易雅能为诗，～爱驱驾文字，穷极声韵，或为千言，或为五百言律诗。”《敦煌变文校注》卷四《悉达太子修道因缘》：“其太子观看之次，忽见一人～劣瘦，兼有粥碗在于头边。”宋龚明之《中吴纪闻》卷六：“做园子，得数载，栽培得那花木，～堪爱。” ❻实在是；着实。唐薛能《自讽》：“行处便吟君莫笑，～诗病不任春。”明《西湖二集》卷二四：“若放他进城，～为祸不小。”清《荡寇志》一一六回：“慧娘瞑目凝神，齁齁的睡去，～快活煞了孔厚。” ❼无端；忽地。唐王建《春去曲》：“～一夜东风恶，收拾红紫无遗落。”宋元《清平山堂话本·陈巡检》：“陈巡检先上床脱衣而卧，只见～起一阵风。” ❽唯独；偏偏。《古尊宿语录》卷一〇《并州承天嵩禅师语录》：“师因开方丈门不得，有僧问：‘石壁山河无阻碍，此门锁为什么开不得？’师云：‘石壁山河即易，～此门难开。’”《五灯会元》卷三《西园昙藏禅师》：“师一日自烧浴次，僧问：‘何不使沙弥？’师抚掌三下。僧举似曹山。山云：‘一等是拍手抚掌，～西园奇怪。’”金李俊民《杜门》：“门终待学张家塞，闼恐难当哙等排。恶客～多气岸，时时下马系堂阶。” ❾即使；哪怕；就算。唐王建《早秋过龙武李将军书斋》：“～爱读英雄传，欲立功勋恐不如。”陆龟蒙《别墅怀归》之二：“东去沧溟百里餘，沿江潮信到吾庐。～家在蓬山下，一日堪凭两寄书。”宋李觏《乌鹊》：“乌鹊翩翩竞羽毛，南飞无树过良宵。～管得他人事，只与天孙倩作桥。” ❿本质；秉性。金李俊民《半丈红》：“艳冷香清是～，等闲不肯媚春风。” ⓫暗中；偷偷地。明汤显祖《紫箫记》一〇出：“不如着樱桃假作鲍四娘养女儿，到李生客馆，说商量亲事，～透出情怀。”清吴伟业《子夜歌》之五：“为郎数还期，～屈双指。” ⓬缘由。清陈端生《再生缘》三二回：“宽袍又见香罗帕，暗暗惊奇问～：呵，家人们，可是你等拾来的么？”

【就做】 jiù zuò 犹“就教❸”。明《醒世恒言》卷二六：“如今既是暖的，～不信他，守到半月二十多日，怎忍便三日内带热的将他殓了？”又卷三七：“莫说有银子，～没有，也不可不去。”清《鸳鸯针》一卷一回：“王氏欲安慰丈夫一番，只是自家也在伤心之际，一时讲不出口。～讲时，言语未免激切。”

【就做道】 jiù zuò dào 即“就做”。明施绍莘《惜奴娇·舟居旅怀》：“判死，～铁心肠，怕也难堪此矣。”

jū

【拘】 jū 收缴；扣留。明《金瓶梅词话》二五回：“～了他头面衣服，只教他伴着家人媳妇上灶，不许他见人。”清《红楼梦》四三回：“有了钱也是白填送别人，不如～来咱们乐。”

【拘板】 jū bǎn 拘束呆板。明孙慎行《困思抄》：“凡学问最怕～，必有一种活动自得处。”清《红楼梦》七八回：“每作诗亦如八股之法，未免～庸涩。”《镜花缘》七九回：“射箭最要洒脱，一经～，就不是了。”

【拘绊】 jū bàn ❶用绳索系缚（马足）。唐谢观《吴坂马赋》：“伏枥而谁怜～，倚辀而但见清羸。”宋王禹偁《送晁监丞赴婺州关市之役》：“五马来迎使者车，应知骥足暂～。”明王直《雪中散牧图赋》：“嗟柔毛与大武，一圈局而～。” ❷用以系缚（马足）的系缚物。《太平广记》卷四七九引《仙传拾遗》：“马闻其言，惊跃振迅，绝其～而去。” ❸约束；束缚。唐寒山《寒山出此语》：“冥冥泉台路，被业相～。”宋罗大经《鹤林玉露》卷五：“只为他见趣高，故合则留，不合则拂袖便去，更无～。”明陆采《怀香记》二五出：“乘月色，趁风光，无～。” ❹（衣物）牵绊；缠束。宋罗大经《鹤林玉露》卷六：“五更酒醒，觉衣衫～，索烛览镜，羞愧无以自容。”朱熹《休致后客位咨目》：“其所便者，但取束带足以为礼，解带可以燕居，免有～缠绕之患、脱著疼痛之苦而已。” ❺拘禁。元方伯成《端正好·忆别》：“自那日私情犯，料想娇姿遭～。”

【拘逼】 jū bī 拘泥局促。宋《朱子语类》卷一六：“少间只管见这意思，到不消恁地处也恁地，便～了。”明洪应明《菜根谭·评议》：“密则神气～，疏则天真烂漫，此岂独诗文之工拙从此分哉！”

【拘闭】 jū bì ❶拘禁幽闭。《敦煌变文校注》卷四《须大拏太子好施因缘》：“臣亦不敢使王太子禁止～也，但乃逐出宫城，置野山中十二年。”《云笈七籤》卷二二：“蒿里父老，丘丞相掾，皆为驱除，无复～谪役之患。”明徐元太《喻林》卷五五：“今攀以去而尚～其家，以情推之，其念为毒螫必滋甚矣。” ❷封闭；闭塞。清魏之琇《续名医类案》卷一四：“况麻桂青龙正为冬时虚寒而设，如～藏之，令不宜汗，则仲景此等汤剂必待春夏伤寒而后用乎？”

【拘蔽】 jū bì 局限遮蔽。宋《朱子语类》卷七九：“礼义本诸人心，惟中人以下为气禀物欲所～，所以反著求礼义自治。”明周瑛《题嘉鱼李氏义学》：“盖在己者有所～，故所发不无偏重之殊。”清陈确《与刘伯绳疏》：“兄看书率多～，如引‘皇降天命’‘克己寡欲’‘子路’等语，俱未得正解。”

【拘捕】 jū bǔ 拘留逮捕。宋洪迈《夷坚志》三壬卷三：“叶令随口供状，饵以符，使纳膳饮，仍牒城隍司～孽祟。”明戚继光《练兵实纪》卷二：“各营官军，有犯事同一起者，不许擅自～问理。”清雍正六年六月十二日鄂尔泰奏文：“自卫甚固，差役不敢窥探，官兵莫能～。”

【拘缠】 jū chán ❶拘裹缠束。唐杜甫《寄题江外草堂》：“尚念四小松，蔓草易～。” ❷拘束纠缠。宋陈造《蝶恋花·范参政游石湖作》：“不许冷官人所贱，～自叹冰蚕茧。”明文彭《双林里》：“谁能令～，吾道任张弛。”

【拘撮】 jū cuō 扣留征集。《元典章·工部二》：“官司差人搬贩米麦物斛，重载船只，指以雇讫船为名，强行剥卸～，致使客旅不通。”《续文献通考》卷一九：“运盐网船，诸人不得～应副。”

【拘当】 jū dāng 拘管在案，不许自由活动。宋苏轼《应诏论四事状》：“前后官司催督监锢，继以鞭笞～在官，使之离业。”明汤显祖《紫钗记》三九出：“有家法～得才子天涯，没朝纲对付的宰相人家。”

【拘定】 jū dìng 限定。宋欧阳修《论矾务利害状》：“并许依则例算射兴贩，更不～杜升等六户认纳年额钱茶。”明沈德符《万历野获编》卷一〇：“谓翰林不当～内转，宜上自内阁以下，而史局俱出补外。”清《红楼梦》三八回：“也不必～坐位，有爱吃的大家去吃，散坐岂不便宜？”

【拘方】 jū fāng ❶拘泥刻板。宋刘跂《寄尹迁介叔》：“～等尽归，放意差独乐。”明陈子龙《答戴石房》：“纵横于神仙剑器，沉寂于浮图之说，亦非袭章缝之容、守～之器者也。”清《后红楼梦》一五回：“贾政虽则～，也禁不住，直到了一更天方完。” ❷拘泥于成方；照方。明王肯堂《证治准绳》卷二七：“以药有难致，～取足，则毕世不成矣。小有出入，有何不可。”朱曰藩《燕薁引》：“流年时物感豳风，～服食依农草。”清纪昀《阅微草堂笔记》卷八：“苟无口诀真传，但依法运用，如检谱对弈，弈必败；如～治病，病必殆。” ❸刻板不变的方式、方法。明徐渭《上提学副使张公书》：“重耳奔窜而霸，马援牧边而达。奋名发迹，岂有～？”又《玉公分得黄字时已先去代作》：“多尔诸君子，道大无～。”

【拘缚】 jū fù ❶拘拿捆绑。五代杜光庭《墉城集仙录》卷七：“诸僧一夕皆僵立尸坐，若被～，口噤不能言。”元明《水浒传》一六回：“怎知客人为些微名薄利，又无枷锁～，三伏内只得在那途路中行。”明吕天成《齐东绝倒》二出：“也只为老年亲父受～，半生孝子救生活。” ❷约束；束缚。唐王申伯《唐故内供奉謩空和上塔铭》：“导真如之理，解～之劳。登高抗音，化所不化。”明沈鲸《双珠记》四〇出：“你如今为朝廷命官，～，须知此身縻宦籍。”清《野叟曝言》七一回：“若一人尘缘之累，便为～，夫妻情欲，儿女牵缠，有如苦海。”

【拘管】 jū guǎn ❶约束；束缚。唐孙棨《北里志·张住住》：“及住住将笄，其家～甚切，佛奴稀得见之。”明刘兑《娇红记》卷下：“一片芳心，被春～，重寻云翼盟约。”清《豆棚闲话》二则：“可见平日他在山里住着，原没什么父母～得他。” ❷拘留管制；拘收管制。宋辛弃疾《南渡录》：“本年十月九日，少帝复至燕京，与契丹耶律延禧同～鸿翼府。”元明《水浒传》一一一回：“近日吕枢密听得大军来和他厮杀，都把船只～过润州去了。”清《平定台湾纪略》卷三：“有回潮行迹可疑者，一面盘诘，一面～，无许轻易释放。”

【拘唤】 jū huàn 传讯；传唤。《元曲选外编·蓝采和》二折：“因他误了官身，我着人～去了。”明林俊《参驳杨友谋复官职衙门疏》：“臣看得杨友逃避山林，不服～。”清《飞龙全传》三七回：“你今不服～，反把御林军打伤。”

【拘获】 jū huò 捕获；捉住。明何孟春《强贼激变疏》：“被那受生拗，不出听理，只～中成等到官。”清《东周列国志》八九回：“公子少官率领军士，～车仗人等。”《后水浒传》一〇回：“本府因念罪在起衅之人，又恐你恃顽不服～，故诱来入罪。”

【拘集】 jū jí ❶征集；召集。宋《三朝北盟会编》卷二三〇：“临安府内外第宅，房廊田园，有司尽行～，强买奴婢。”元明《三国志通俗演义》卷一一：“周瑜只得休兵罢战，～众多军马，且回柴桑郡养病。”清《东周列国志》七五回：“子沿汉列营，将船只尽～于南岸。” ❷传讯集中。元明《水浒传》三回：“一面教～郑屠家邻佑人等，点了仵作行人，着仰本地坊官人，并坊厢里正，再三检验已了。”明《古今小说》卷一〇：“喝教皂快押出善继，就去～梅氏母子，明日一同听审。"清《聊斋志异·布客》："然牒上名多，～尚需时日。子速归，处置后事。"

【拘籍】 jū jí ❶（把拘管、罚没等项）造入簿籍。宋真德秀《对越甲稿·故事》："不穷告讦之虚实而广事株连，不原情犯之重轻而例行～。"《金史·太宗诸子传》："海陵使太府监完颜冯六籍宗本诸家，戒之曰：'珠玉金帛入于官，什器吾将分赐诸臣。'冯六以此不复～什器，往往为人持去。"《元史·刑法志三》："诸强窃盗充警迹人者，五年不犯，除其籍。……再犯，终身～之。" ❷按簿籍征收或核查。宋洪迈《夷坚志》支丁卷四："初，巫以创造法院，敛民钱几千缗，悉～人官帑充日桩。"丁特起《靖康纪闻》："朝廷又命开封府及使臣等，于交质库金银匹帛诸铺家至户到摊认～，一铺动以千万两计。"《金史·河渠志》："并河防所用物色，委都水监每岁于八月以前，先～旧贮物外实阙之数，及次年春工多寡，移报转运司计置。" ❸指登记有拘管、罚没等项的簿籍。元王逢有《李司徒命僚佐物色战舰，乡邻徐氏船在～中，予以家船代之》。

【拘监】 jū jiān ❶拘捕监押；拘集看守。宋《三朝北盟会编》卷八三："每得宗室及家属，悉被～，饥饱不问。"明周是修《正固萧先生行述》："杂造不必团局～，以便民自为。" ❷拘束；束缚。明康海《一枝花·秋兴》："怕～，爱淡恬。"

【拘紧】 jū jǐn ❶（身体）收缩发紧。宋苏轼、沈括《苏沈良方》卷三："才觉头痛，背膊～，便宜服之。"清《医宗金鉴》卷六一："发热恶寒身～，无汗表散功最长。" ❷管束严禁或严紧管束。明崔时佩、李日华《西厢记》二五出："〔生〕只怕老夫人～，不能够出来。〔贴〕不愁夫人～，只怕小姐不肯来。"清《歧路灯》六回："你又叫一个先生不住气儿傍着，只怕读不出举人、进士，还要～出病来哩。"《蜃楼志》四回："他又不欠功课，先生又没有分付，伯母也不要太～他了。"

【拘禁】 jū jìn ❶约束；束缚。《元曲选·萧淑兰》三折："是前日打秋千斗草处无～，脱衣时敢被风侵。"明《杨家将演义》一八回："时焦赞路途辛苦，到官两日，亦不觉得，连住了几日，～得荒。"清《红楼梦》四回："原不欲在贾宅居住者，但恐姨父管约～，料必不自在的。" ❷抓寻；追寻捉拿。明沈璟《义侠记》一五出："〔老旦哭介〕偷儿直恁情毒甚，哭得我气衰声噤。〔旦背介〕恐伤亲意偷悲喑，〔合〕何处寻，何处去相～？〔旦〕娘亲病后宜安寝，怕忧思忿怒相侵。〔老旦〕恐伤儿意休悲喑，〔合前〕却是何处寻追，何处去～？"

【拘窘】 jū jiǒng ❶拘泥不大方。五代李煜《书评》："褚遂良得其意而失其变化，薛稷得其清而失于～。"宋阮阅《诗话总龟》后集卷一三："余谓荆公未必有此意。使果如好事者之说，则作诗步骤亦太～矣。"清汪由敦《跋手临沈学士书圣主得贤臣颂》："不端重则佻脱而近于肆，无风神则～而入于俗。" ❷困促窘迫。宋黄庶《答王甫判官示游兴庆池》："缠绵簿书间，～若囚盗。"陆游《上殿札子》："若夫日趋于～怯薄之域，臣实惧国势之浸弱也。"元方回《次韵胡正卿》："小复低回从吏隐，未应～叹官囚。"

【拘究】 jū jiū 收捕并追究罪行。明朱长祚《玉镜新谭》卷一〇："着差去内外各官，将本内有名人犯，速行～。"《型世言》二六回："王氏不孝，两邻证之已详，一出无辞矣。姑免～，准与离异。"清顾栋高《读春秋偶笔》："此如病急求医，县报杀人而有司遣人～，不逾晷刻。"

【拘倦】 jū juàn ❶关节、肌肉紧张僵硬。宋陈自明《妇人大全良方》卷六："柴胡半夏汤，治痰热头痛，利膈除烦闷，手足烦热，荣卫不调，肢节～。"明《梼杌闲评》五回："睡至五更，觉得头疼脑闷，身体～。" ❷拘束；束缚。《大宋宣和遗事》前集："且是暂时间厌皇宫～，误至于此。"《元曲选·竹坞听琴》一折："弃了个铜斗儿似家缘，撇下个泼天也似火院，到大来无～。"又《抱妆盒》一折："尚兀自嫌他～，向御园中别是一壶天。" ❸厌烦。明刘兑《娇红记》卷上："老人家，只管里紧躬身，问候无～。"

【拘括】 jū kuò 搜刮；搜捕。《大宋宣和遗事》后集："分厢～民户金银钗钏环钿等，星铢无餘。"元王鹗《汝南遗事》卷二："寻又定罪～，凡得马千餘匹。"《元史·高祖纪四》："辛丑，诸王忽剌出～逃民高丽界中。"

【拘累】 jū léi ❶拘押捆绑。宋欧阳尊道《送梁主簿序》："～其人，旬月不得脱。"明张羽《古诗三十二韵奉寄兰室居士》："居人私往来，互市可相资。边吏要功赏，诱敢遭～。" ❷拘束；束缚。宋刘敞《兀兀栖精庐》："～偣形骸，忧危积肺肝。"明王世贞《读书后》卷一："彼见夫仁义之日伪而诈力之日深，且其身傀焉而苦礼乐之～。"佚名《沉醉东风》："好懒散心无～，会当家口不甘肥。"

【拘缧】 jū léi 同"拘累❶"。唐范摅《云溪友议》卷下："偶寻长街柳阴吟咏，忽被都虞候～数日。"韩愈《与少室李拾遗书》："干纪之奸，不战而～；强梁之凶，销铄缩栗，迎风而委伏。"宋苏颂《谢钦恤刑》："盛德在火，式临蕴暑之辰；至仁如天，爰念～之党。"

【拘恋】 jū liàn 拘泥迷恋；束缚。《法苑珠林》卷三一："迷远理者谓至道虚说，滞近教者则～章句。"明王慎中《祭刘长史文》："谊有世讲，异于凡民之有丧；而官守～，有所不得致其情。"杨应奎《新水令·题小庄闲坐》："心中有何闲～，饮村醪中圣贤。"

【拘陋】 jū lòu 拘泥浅陋。明徐渭《奉赠师季先生序》："其～者溺旧闻，视附会溃烂之谈，辄摇手不敢出一语。"王慎中《论学示友人杂诗》之七："埋没精神钻故纸，世儒～信堪羞。"清施闰章《答侯官高云客》："怀友思卓荦，寻山豁～。"

【拘挛】 jū luán ❶绑缚；拘禁。宋蔡节《论语集说》卷三："古者狱中以黑索～罪人。"明汪廷讷《狮吼记》一七出："足上～，教我怎出门？"清《十二楼·鹤归楼》三回："他用了这个秘诀，所以随遇而安，全不觉有～桎梏之苦。" ❷结成的疙瘩。宋程颐《伊川易传》卷八："人君之道当以至诚感通天下，使天下之心信之，固结如～，然则为无咎也。"

【拘卖】 jū mài 专卖；垄断性买卖。宋《建炎以来繫年要录》卷一七三："又居民日用蔬菜茶果之类，近因牙侩陈献置团～，克除牙钱太多，致细民难于买卖。"《宋史·食货志上一》："于是诏所在常平没官户绝田，已佃未佃、已添租未添租，并～。"《元史·食货志二》："其酒课亦改榷沽之制，令酒户自具工本，官司～。"

【拘闷】 jū mèn ❶郁闷。唐杜甫《雨》："～出门游，旷绝经目趣。"宋朱熹《与王尚书书》："庐阜山水之胜，粗快野心，然非休务不敢出，出又不得留，愈觉～。"清陈端生《再生缘》六九回："方才郦婿说，三日后便知分晓，还要我周全其事，叫人好生～。" ❷紧；不舒畅。明朱橚《普济方》卷二四五："牛膝丸：治脚气、……背膊～，手心多汗。"

【拘縻】 jū mí ❶拴锁；捆缚。五代郭威《命诸州恤刑诏》："念囹圄之闭固，复桎梏之～。处于炎蒸，何异焚灼？"宋洪迈《夷坚志》支景卷七："营犬十数成群，竞至其傍，肆意侮啮。襄犬以颈索～之故，不能敌。" ❷拘捕；拘禁。唐高彦休《阙史》卷下："正欲～之际，则齐登峻塔，投身而下。"宋《三朝北盟会编》卷五八："金人不道，称兵朔方。～天祚，剪灭其国。"清采蘅子《虫鸣漫录》卷二："庆先拘其仆，讯之良是，乃就席上～焉。" ❸拘束；束缚。宋苏辙《高安青词》之四："饱暖安闲，虽感恩于造物；～窘逼，常兴叹于异乡。"丘密《沁园春》："放旷如君，～如我，试问人生谁乐哉?”金刘迎《题刘德文戏彩堂》:“～岂合坐冗曹,献纳直宜趋禁所。”

【拘谬】 jū miù 拘泥乖谬。清马骕《左传事纬》前集卷二:“又曰隐不爵命大夫,宋三世无大夫。此皆～违经,不可为训。”蒋士铨《空谷香》二出:“却怪书生太～,纵情深,不应如此悠悠。”

【拘拿】 jū ná ❶扣留征用。元明《水浒传》七九回:“不论是何船只,堪中的尽数～,解赴济州。” ❷拘捕;捉拿。明王守仁《处置府县从逆官员疏》:“后宁王临行,将何维周等释放,又将知事张澍～上船。”清方成培《雷峰塔》一〇出:“适差捕役前去～白氏、青儿。”《二度梅》九回:“官长～纠四邻,街坊公论受恩深。”

【拘泥】 jū nì ❶古板守旧不知变通。唐曾文辿《青囊序》:“阳山阳向水流阳,执定此说甚荒唐。阴山阴向水流阴,笑杀～都一般。”明袁于令《西楼记》二五出:“〔老旦〕今日是吉行,不敢说。〔末急问〕你我两人,怎么这般～?不妨明言。”清《野叟曝言》二回:“又因素臣备述家事,已娶妻室,恐性情～,引嫌不从。” ❷拘束;拘谨。明顾清《周母太恭人李氏墓志铭》:“芝云倜傥和易,喜宾客,爱山水,搜奇览胜,无～。”清《红楼梦》五七回:“只是邢岫烟未免比先时～了些,不好与宝钗姊妹共处闲语。”

【拘怕】 jū pà 拘谨畏惧。明冯惟敏《桂枝香·梦想》:“乔才鬼诈,全无～。起初时做小伏低,到如今心粗胆大。”薛岗《朝天子·适志》:“趁春秋好戏耍。人佳,景佳,豪放也无～。”

【拘牌】 jū pái 官府拘传人的凭证。清蒋士铨《梦中说梦》:“尽他们欺了君、卖了国,为甚不早些儿预先把笔判～?”《无声戏》三回:“次日签押出来,领了～,寻了副手同去。”《飞龙全传》六回:“即忙批判了～,就差勾魂鬼使,跟随了张氏家鬼,协同鬼甲,前去解送无常。”

【拘票】 jū piào 犹“拘牌”。清《聊斋志异·仇大娘》:“明日,～已至,赵行行不置意。”《醒世姻缘传》九四回:“快手齐完了人,早辰投了～。”

【拘迫】 jū pò ❶拘束;束缚。宋延寿《永明山居》之六〇:“散诞疏狂得自然,免教～事相牵。”《二程遗书》卷一八:“学者须恭敬,但不可令～,～则难久矣。”明皇甫涍《二日与子木》:“荏苒风尘内,蹭蹬见～。” ❷限制紧迫。元许有壬《会议还司》:“旧制日月～,不能遍历。改拟八月中分巡,四月中还司。” ❸拘禁胁迫。元明《三国演义》二二回:“班扬符赏,布告天下,咸使知圣朝有～之难。”明皇甫冲《燕歌行》:“质子当年苦～,马为生角乌头白。”清《剿捕临清逆匪纪略》卷一五:“此外有郑应节、石发二犯,为贼～,供役未久。”

【拘牵】 jū qiān ❶牵制(于);钳制;拘束限制。唐卢藏用《纪信碑阴》:“乡人白孔府君,请为纪公建立碑表。府君具状申请,而州寮以为异代风烈,令式无文,且惧乡人头会,抑而不建。孔府君感激忠义,～下僚,……乃自减私俸,将斩石采山,以旌忠烈。”柳宗元《乞巧文》:“胶加钳夹,誓死无迁。探心扼胆,踊跃～。”清佚名《十醋记》三四出:“出入～,难由我主。” ❷怀疑;迷惑。唐白居易《酬别微之》:“博望自来非弃置,承明重入莫～。”杨巨源《寄江州白司》:“莫谩～雨花社,青云依旧是前途。”明王世贞《答张肖甫司马书》:“(李宗伯)云,近与兄相闻,饮啖宏壮,步武轻娇。弟不免有伤逝之感。情在我辈,故易～。” ❸拘缩;伛偻(病);局促。宋杨士瀛《仁斋直指》卷二二:“凡发热憎寒,头痛恶心,筋节～,气急闷闷,或病渴经年,是皆欲发痈疽之证。”明程嘉燧《空斋行》:“北城贫生老好事,出须凭舆走且颠。南邻两脚差快健,伛偻行试同～。”清汪由敦《恭和御制效李长吉体瀛台木变石歌》:“平泉甲乙尤～,岂若瑶岛巨丽观。” ❹迟误;耽搁;拖延。元陆文圭《祭袁心华母文》:“春秋享奠牖下之屦几满,而帷堂之殡弗克举者二十餘年。岂阴阳之避忌,或时月之～。”明陈子龙《送徐公省试金陵》:“资格久～,变通良不易。”清《八旗通志》卷五三:“将原参革职之案,准其开复,按其所犯轻罪分别议处。倘～斥驳,准本人赴部告理。” ❺拘囚;禁闭。明丘濬《鹦鹉》:“只为性灵多巧慧,一生常是被～。”徐威《中秋咏怀》:“廉都多宠顾,贪守一～。固谓身无绌,原来命独遭。” ❻招致;致使。明宋登春《春日饮唐山人竹园》:“尔莫截竹学凤笙,～众乐相和鸣。”清嵇永仁《劣酒》:“杯中断绝一年无,病里～筋脉枯。欲博微酣沽市上,酸浆赢得满匏壶。”

【拘钤】 jū qián ❶制约;督责;约束。元俞琰《周易参同契发挥》卷中:“一或溢度过节,则离女从而～之,庶几魂魄相制而不致乎淫奢也。”《元典章·兵部三》:“仍～管站头目人等,常切在站听候,毋得辄离站赤,失误支持。”明汤式《一枝花·旅中自遣》:“一片心远功名无甚沾粘,两只脚信行藏有甚～。” ❷用印记限定。钤,印章,也指加盖印章。元刘时中《端正好·上高监司》:“逐户儿编褙成料例来,各分旬将勘合书。逐张儿背印～住,即时支料还原主。”乔吉《水仙子·为友人作》:“税钱比茶船上欠,斤两去等秤上掂,吃紧的历册般～。”《元典章新集·刑部》:“冬月糊塞窗户,措置暖匣,～囚粮,不致克减。” ❸拘牵;牵惹;干扰。元王仲元《普天乐·题情》:“交下情疏恩情俭,欲阑珊却又～。常寻我喜,稀行你怪,频去娘嫌。”明盛从周《折桂令·风情》:“断魂属残梦～,花下藏藏,月底潜潜。”佚名《醉花阴·愁闷》:“又被这铁马儿鸣檐,吉玎珰不住声偏厌,受尽～。” ❹拘泥;束缚(于)。明林鸿《寄蔡殷》:“～礼法坐桎梏,鞭挞童稚生仇雠。”

【拘钳】 jū qián ❶同“拘钤❶”。元奥敦周卿《一枝花》:“本是连枝芳树,比翼鸣鹣,尺紧他遭坎坷,俺受～。”《元曲选·倩女离魂》楔子:“你不～我可倒不想,你把我越间阻越思量。”明叶宪祖《碧莲绣符》二折:“相公亡后,夫人嫉妒,苦被～。” ❷同“拘牵❺”。明徐渭《设为鱼虾所诘》:“等为一盗耳,何猛此彼宽。窃东子则许,窃西子～。”

【拘拳】 jū quán ❶拘挛蜷曲。唐柳宗元《斩曲几文》:“在肩为偻,在膝为挛。戚施踦跂,匍匐～。”宋崔敦礼《游龟山》:“舟行十日困～,到此登蹋意尽掀。” ❷拘束;束缚。宋张九成《秋兴》:“我生本闲放,胡为此～。”元王结《立春》:“出门步虚徐,如脱身～。”

【拘确】 jū què 同“拘榷❶”。宋李曾伯《奏襄樊经久五事》:“官耕则选委将士,分任～;民耕则招募头目,团结队伍。”《四明续志》卷四:“数军实,考货源,亟请于朝,以经总制司归之制府,自催自给,且得旨创大使司物斛官一员～之。”《元典章·户部八》:“随处洞治出产诸物,别无亲临～规画官司,以致课程不得尽实到官。”

【拘榷】 jū què ❶专卖;专营。宋真德秀《乞给降钱会下本路灾伤州郡下户收籴麦种》:“麦熟之日,令民随税输纳,臣等谨当～还之,县官不敢分毫使用。”《大宋宣和遗事》前集:“天下立茶场,～茶货。”《元史·世祖纪九》:“又请立～课税所,其长从都省所定,次则王府差设,从之。” ❷专营机构。宋袁甫《论会子札子》:“凡赏钱皆置历～,专以激犒官吏,断断不敢侵移他用。”

【拘摄】 jū shè ❶摄取;控制。唐沈汾《续仙传》卷下:“女子春时闲步溪侧,为蛟所窥,已～精魂在其穴矣。”宋张浚《紫岩易传》卷七:“妙与天通,有回天之功,非数所得而～焉。”明《禅真后史》三六回:“党宅二女魂魄,被汝～琉璃之中,今不放还,何也?” ❷拘拿;捕捉。《元曲选·赵氏孤儿》二折:“闻的那屠岸贾见说走了赵氏孤儿，要将普国内半岁之下、一月之上小孩儿每，都～到元帅府里。”明戚继光《练兵实纪》卷九：“富贵之家，既无官事～之难，又无工作行役之苦。”清纪昀《阅微草堂笔记》卷一〇：“官出牒～，媪已携女先逃。”

【拘审】 jū shěn　拘捕审理。明王樵《钦恤疏》：“汤敬具通状告部，送福建司～明白。”《古今小说》卷三一：“只有汉初四宗文卷，至今三百五十餘年未曾断结，乞我王～。”清《聊斋志异·邵临淄》：“李亦自悔，求罢。公怒曰：‘公门内岂作辍尽由尔耶？必～。’”

【拘收】 jū shōu　❶拘禁；拘捕。元《秦并六国平话》卷下：“臣取齐邦已了。七十二郡经图，十车金定，～齐王来纳降。”明邵璨《香囊记》二二出：“南朝新来使臣张侍郎，一同旧使臣洪皓、王伦等，暂且～四太子兀术下，不许还国。”　❷征集；收缴。宋丁特起《靖康纪闻》：“已令开封府措置，日下～，转送大金军前。”《元典章·刑部十九》：“民间倒死牛马，筋角依条～，皮货听从民便。”清《绿野仙踪》三四回：“就是朱义弟闻知，也未免心上不歉仄。又将他的银两～，越发动人议论了。”　❸录入。宋叶梦得《定风波·鲁卿见和复答之》：“莫待霜花飘烂漫，苹岸，更凭佳句尽～。”

【拘束】 jū shù　用绳索等固定；捆扎束缚。唐王焘《外台秘要方》卷二四：“凡发背候，憎寒壮热，身如～，或口干不用食，疮初出如青紫色者，毒重。”宋林希逸《考工记解》卷上：“‘左不楗’者，尊者居左，车既安则尊者安，不～也。‘楗’有～之意。”元曾瑞《哨遍·麈腰》：“喜则喜，深兜玉腹，浅露酥胸，～得宫腰细。”

【拘刷】 jū shuā　❶催索；征派；搜罗。宋《建炎以来繫年要录》卷一九九：“果能经画，致有赢餘，亦合候边事宁息，具数申禀朝廷，以听取拨。不应供馈方急，逐事～，使之窘束。”元佚名《耍孩儿·拘刷行院》：“没一盏茶时候，道有教坊散乐，～烟月班头。”清《醒名花》一二回：“先～货船三只，装满粮食在内，便顺风扬帆，望湖内而去。”　❷搜捕；捉拿。《大宋宣和遗事》前集：“以此官司～抗命僧人，拘囚押至京师。”《元曲选·还牢末》一折：“将普天下小妇每～来，一搭里砧刀上剁做肉泥。”明《二刻拍案惊奇》卷三七：“凡是饭店经商，尽被～转去，收在伙内，无一得脱。”　❸整顿；检查；搜查。元《通制条格》卷二：“今次取勘户计，若有脱漏者，从尚书省立限～施行。”又卷一七：“有子柒岁，其姑玖拾伍岁，眼昏且病，不能行止，依旧孝养。遇有事出，置姑局户，将子寄于邻居学舍。后蒙官司～户计，标附收养。”明沈德符《万历野获编》卷二九：“时有物如猪头，其色正绿，堕于上前。又～诸妇人之所，皆有人头悬挂满壁。”

【拘送】 jū sòng　逮捕押送。唐韩愈《月蚀诗效玉川子作》：“弊蛙～主府官，帝箸下腹尝其皤。”宋孙觌《乞出第一状》：“不幸二月六日变故非常，臣亦～招讨司凡五十餘日。”明林俊《贬李梦阳狱疏》：“不合将跟随郑岳门子～宸濠。”

【拘锁】 jū suǒ　❶拘禁；拘拿并施以枷锁。宋周密《癸辛杂识》别集卷上：“后以词诉为徐帅择斋明叔所治，押往五年，摧锋军寨，～而殂。”明陆采《明珠记》二五出：“鹪鹩已占枝头早，孤鸾～，何日得归巢？”清《万花楼》五九回：“催命鬼手执钢叉，跑进监牢，吓得仰面一交，跌得昏迷，认做已死，只由他～而去。”　❷拘束；束缚。明胡文焕《石榴花·警悟》：“便读书也自多～，总输与遗世飘飘，那能够终日呵呵。”清《万花楼》一二回：“岂知马性顽强，不伏鞍辔～，反伤陷了几名家丁。”

【拘提】 jū tí　官府出传票传讯。明王恕《参提夺占南甸田地军职奏状》：“何无将各官与百夫长刁克蛮等～到官。”李梅实《精忠旗》一八出：“岳飞共彼相朋比，并子岳云，罪莫赦，速～。”清《荡寇志》九七回：“除验明尸伤外，当即～凶犯。”

【拘头】 jū tóu　申请拘捕的由头。《元曲选·勘头巾》二折：“请新官题判时，先呈与个押解牒文，后押上个～佥字。”

【拘问】 jū wèn　犹“拘审”。《续资治通鉴长编》卷三四三：“是时狄諮、刘定纵保甲暴横，州县不得～。”明《石点头》卷一二：“大尹见此呈与前言暗合，大是惊骇。方待～，恰好州中帖文又下，三处相符，更无疑惑。”清《东周列国志》二回：“王后，六宫之主。虽然有罪，不可～。”

【拘辖】 jū xiá　统辖；管束。宋欧阳修《乞条制催纲司》：“兵梢恣于村坊作过，及偷卖钉板，提辖、催纲司元无～，无由点检。”明《西游记》三七回：“他被妖魔～，连一个生身之母尚不得见。”清《孝经衍义》卷七二：“然初未尝立～钩管之制，要不使妄费而已。”

【拘讯】 jū xùn　犹“拘审”。清雍正十一年五月二十二日迈柱奏文：“密吊伟璁收税红簿，～经承牙行。”方成培《雷峰塔》一〇出：“〔副净〕只求老爷将白氏青儿拿来一问，便知端的。〔外〕差你～彼，莫教惊避。”《歧路灯》一〇四回：“飞牌滨海府县，将附敌之冯应昂等～。”

【拘押】 jū yā　押送；拘捕关押。宋朱熹《约束榜》：“或钱违限不到，即追本县桩钱，典吏及～钱官下承行厅子并行勘断施行。”清《平定两金川方略》卷七七：“经该府将各商～，虽已将运脚银追出数万两，下欠尚有二十餘万两。”《玉蟾记》二九回：“又嘱滑知县～陈素娥，捺捺他的傲性。”

【拘役】 jū yì　❶拘禁服役的刑罚。也指被强行从事某项工作。唐锺辂《前定录》：“某以～有限，不得到人间，从此永诀矣。”明归有光《又乞休文》：“大户李田等之被～者，因投入署官衙内，与之为一。”清纪昀《阅微草堂笔记》卷一一：“又问：‘何以走无常？’曰：‘梦寝中忽被～，亦莫知所以然也。’”　❷拘束；束缚。宋朱熹《同安官舍夜作》之二：“无事一翛然，形神罢～。”《元曲选·刘行首》二折：“你休笑我无～腤臜的这布袍，敢强似你那有罪业轻盈的这绛绡。”清汤右曾《排闷》：“苦因～闲常少，只为衰羸病较多。”

【拘幽】 jū yōu　❶拘禁；关押。宋朱敦儒《木兰花慢·和师厚和司马文季虏中作》：“～，化碧海西头，剑履问谁收？”明郑若庸《玉玦记》三〇出：“被金酋所虏，～在金山寺里。”清宋荦《山东臬司条议四事》：“或染瘟疫而殒生，或被棰楚而毕命。～莫告，野葬无期。”　❷指琴曲《拘幽操》。相传周文王被拘羑里时所作。宋刘黻《闻陈正学理琴》：“猗兰未冷～浓，那知斯道将遂穷。”元柳贯《次韵伯康无题》之二：“琴中莫置～恨，圣德宣昭到越裳。”

【拘迂】 jū yū　拘泥迂腐。元许有壬《宋诚夫文集序》：“绝去儒生～懦讷气习，若老于吏牍者。”明韩邦奇《国子生西河赵子墓表》：“持己庄，接人恭信而无伪，默而寡辞，若～之士。”清《野叟曝言》七回：“是我～，累你们悲苦，怎反劳多礼？”

【拘约】 jū yuē　拘管约束。清《红楼梦》七九回：“四五十日后，就把他～的火星乱迸，那里忍耐得住？”

【拘责】 jū zé　拘捕责罚。《旧唐书·张俭传》：“既亲属分住，私相往还，俭并不～，但存纲纪，羁縻而已。”《明史·解一贯传》：“御史方启颜以杖死宦官家人落职，元城知县张好古以～戚畹家族镌级。”清《八旗通志》卷一三九：“倘～地保里邻，逃亡益多。”

【拘执】 jū zhí　拘泥固执。唐王焘《外台秘要方》卷三七：“务取安稳，不可～古论，舍己从人。”宋《三朝北盟会编》卷一：“理贵变通，情无～。”清《品花宝鉴》一回：“若有些～鲜通，胶滞不化，也算不得全才了。”

【拘滞】 jū zhì ❶拘禁留滞。五代杜光庭《张氏国太夫人就宅修黄箓斋词》："九元七祖，往逝先亡，或～昏衢，未超福路。愿承道力，便遂往生。"宋江休复《醴泉笔录》卷上："关门不放过，诉云：'母老病，～于此，母必不全。'"元郝经《上宋主陈请归国万言书》："欲于大变之后抵巇投罅，～使人而别作为。" ❷拘挛不通畅；行动不便利。明张介宾《景岳全书》卷一二："若筋脉～伸缩不利者，此血虚血燥证也。"

【拘追】 jū zhuī 追捕。元谢应芳《拟谢常州官府启》："叠叠乎县帖～，累累乎里人被执。"明胡宗宪《筹海图编》卷一一："逃亡有里户可以～，横肆犹法制可以制御。"清《歧路灯》四六回："似此以强欺弱，小人难以存活。为此具禀青天老爷案下，恩准～施刑。"

【拘缀】 jū zhuì ❶羁绊；束缚。唐韩愈《答殷侍御书》："八月益凉，时得休暇。倘矜其～，不得走请，务道之传，而赐辱临。"明王慎中《别章君美中之齐河序》："得以脱去名位之～，而修游讲之雅。"清方苞《与李刚主书》："闻太夫人既祔葬，仆身～，儿章疹后，不可以风，将使献岁赴吊。" ❷用力牵动；抽搐。元戴表元《二歌者传》："数女奴皆如法咿咿呜呜，动摇其唇辅，～其肢体而为之。"明陈献章《赠克修别驾迁梧州守来别》："少年恣行游，老病徒～。"清刘大櫆《吴君墓志铭》："君既遘废疾，手足～。"

【拘捉】 jū zhuō 犹"拘拿❷"。元明《水浒传》五七回："望水边逃命的，尽被水军头领围里上船去，拽过滩头，～上山。"明叶盛《水东日记》卷三："弓兵分管十二都，但办什物，～军人，至今不得安息。"清《八洞天》卷七："我被统制尹大肩～，与所选民间女子一齐封置公馆。"

【居第】 jū dì 住宅。唐高彦休《阙史》卷上："三峰端揆李公，有～在长安修行里。"明《石点头》卷一〇："从事在汴梁城中，觅了小小一所～。"清《聊斋志异·胡四姐》："问其～，但笑不言。"

【居凡】 jū fán 尘世；在尘世。《敦煌愿文集·亡考妣文范本等》："虽为白衣之服，还修不二之因；混迹～，每晓真如之利(理)。"唐李辅《魏州开元寺琉璃戒坛碑》："威仪既明，定惠斯了。～非造，履达方游。"清《绿野仙踪》九回："大真人乃～待诏之仙，弟子今得际遇，荣幸曷极。"

【居贩】 jū fàn 居积贩卖。唐柳宗元《答问》："食人之食，衣人之衣，用人之货，无耕织～。"《续资治通鉴长编》卷一七七："有能～自赡者，市人持以法。"

【居恒】 jū héng 居常；时常。唐戴孚《广异记·王光本》："～恸哭，哀感傍邻。"明吾邱瑞《运甓记》三一出："盖～习筋骨之劳，斯临难励死绥之节。"清《珍珠舶》六回："谁料年纪渐老，则生徒渐幼，馆资渐轻，金生～怏怏。"

【居里】 jū lǐ ❶居于乡里。指退休或隐居。唐柴少儒《居丧惰绩判》："既称家而罕制，复～而无职。且啜菽饮水，乐尽其中。"宋王安石《右侍禁王餘庆率府副率致仕制》："以东宫率府之官，为尔～之宠，是亦荣矣。"清姚鼐《陕西道监察御史兴化任君墓志铭》："其后，鼐以病先归，君旋遭艰～。" ❷居住的乡里。也指住宅。宋朱熹《夫人虞氏墓志铭》："后公四十有一年卒，其嗣子明将以淳熙甲辰二月庚申朔旦葬于其～普光之原。"明《西洋记》八二回："进了城门，转东湾，抹西角，找到仙师的宫中，蓦进仙师的～。"清《聊斋志异·陆判》："内有无赖贼窥而艳之，遂阴访～，乘夜梯入。"

【居邻】 jū lín ❶邻居。宋苏轼《次子由诗相庆》："庶几门户有八慈，不恨～无二仲。"《元曲选·来生债》一折："这钱呵，使作的仁者无仁，恩者无恩，费千百才买的～。"清袁枚《续子不语》卷五："明日询其～，知为新死而葬者。" ❷(居处)相邻。清《醒世姻缘传》一九回："那邪皮子货，就住到四不～的去处，他望着块石头也骑拉骑拉。"

【居落】 jū luò 居民聚居的村庄。宋苏颂《和过打造部落》："边人～瞰重林，背倚苍崖面曲浔。"明《徐霞客游记》卷九上："又北七里，为甸头村之新屯，～颇盛。"陆深《张文水六十寿序》："文水之上，～在焉。"

【居平】 jū píng 犹"居恒"。唐刘禹锡《答道州薛侍郎论方书书》："常思世人～不读一方，病则委千金于庸夫之手。"明徐复祚《投梭记》一出："江左风流，谢郎称最，～醉日恒多。"清吴伟业《海防鲁公赠言序》："皆当预之以时而定之以法，俾其下～无劳苦叹息之声，临事无供顿颠踣之怨。"

【居起】 jū qǐ 起居；作息。用于书信问候(健康等)状况。明何孟春《餘冬序录》卷一："汝侍皇帝～多不律，今当赐汝死。"李东阳《家君以诗戒夜归》："向来风雪夜，偶阙问～。"王慎中《与张少越推官书》："价还，特此申问～。"

【居孀】 jū shuāng 守寡。唐佚名《唐故右内率府朱府君夫人樊氏志铭》："不幸～，志在掬育。"明柯丹邱《荆钗记》六出："老身柏舟誓守，自甘半世～。"清雍正六年三月二十一日上谕："恐天下凶暴之徒，仗母氏之～而逞好勇斗狠之事者，不少矣。"

【居停】 jū tíng ❶停留；寄寓。《法苑珠林》卷一六："渐渐行至一天祠中，共妇相随，～而住，食粮罄尽。"明沈德符《万历野获编》卷二四："京师五方所聚，其乡各有会馆，为初至～，相沿甚便。"清《绿野仙踪》四三回："我家茅庵草舍，也不敢～贵客。" ❷即"居停主人"。也指作为居停主人。《唐会要》卷八二："游客、官人子弟勒还本贯，十日外杖一百，～同罪。"明徐复祚《红梨记》一九出："〔生〕小生为钱令公送来暂住，不知是小姐宅上，甚是打搅。〔旦〕鸡黍惭无，深愧～。"清陈森《品花宝鉴序》："及～回都，又携余行，劝余再应京兆试。" ❸指寄居的处所。宋文天祥《玄潭观和龚宰韵》："晋代何曾谷此陵，到今楼观隐～。"明徐复祚《红梨记》一〇出："山路崎岖褪绣鞋，欲觅～门未开。"清吴伟业《砚清湖诗序》："水鸟树林，依稀如故，而～数椽，断砖零甓，罔有存者。" ❹勾结；操纵。宋蔡戡《又上论边事疏》："唯西浮洞主王安政叛盟，～贼党，为之囊橐。"明许相卿《见山孙君墓志铭》："有力者～盐鹾，废著鬻财，机巧干没，以与上争利。"清郭琇《特参近臣疏》："凡督抚藩臬道府厅县以及在内之大小卿员，皆王鸿绪、何楷等为之～哄骗，而夤缘照管者馈至成千累万。"

【居停主】 jū tíng zhǔ 即"居停主人"。元宋褧《送钱思复下第还梧州》："冬烘却是～，江上芙蓉莫怨秋。"明祁麟佳《错转轮》三出："惊魂待作～，幻壳还为梦里人。"袁宏道《与华之台书》："吾乡王幼度，每会极口推服足下，云不可不一结识。因欲徼惠，觅一～。"

【居停主人】 jū tíng zhǔ rén 容留寄居的人或人家。唐李适《禁欠陌钱敕》："自今已后，有因交关用欠陌钱者，宜但令本行头及～牙人等检察送官。"明袁中道《游居柿录》卷一〇："病之前数日，屡招其～，云：'袁三先生到否？'"清《隋唐演义》八九回："来此别了～，要往雍邱地方走走。"

【居闲】 jū xián ❶处闲；日常无事。唐苏颋《小园纳凉即事》："烦暑避郁蒸，～习高明。"宋洪迈《夷坚志》乙卷一："董与母妻隔阔滋久，消息杳不通，～戚戚，意绪终不聊赖。"清田雯《试牍序一》："惟处静以观动，～以窥冗，而后得失辨焉。" ❷赋闲。指退官或隐居。唐韩愈《从仕》："～食不足，从仕力难任。"宋曾敏行《独醒杂志》卷八："张商英罢，蔡京复用，遂以散官出，～十有餘年。”清施闰章《仙源胡白水校书郡斋》：“～慕箕颍，抗迹蹑濂洛。”

【居役】 jū yì 刑法名，罚令囚犯服劳役。《唐律疏议》卷三：“加役流者，本法既重，与常流理别，故流三千里，～三年。”宋《建炎以来繫年要录》卷五九：“当杖脊，流二千里，～一年。”元陶宗仪《辍耕录》卷二：“盐徒既决而又鐐之，使～也。”

【居址】 jū zhǐ 住所；住址。唐杨智远《梅仙事实》：“自后浮屠占之为～，弃仙像，塑佛像，改名观音院。”明徐复祚《投梭记》三一出：“圣上又怜谢鲲向来落拓，落星桥～湫隘，特赐甲第一区。”清《野叟曝言》一二七回：“金砚访明秦衡玉系其表兄，～邻近。”

【鞠抚】 jū fǔ 鞠育抚养；养育培训。唐李峤《为独孤氏请陪昭陵合葬母表》：“赖母氏劬劳，顾存～，渐离尪瘵，以至成立。”宋苏籀《论将》：“平居刁锐蓄勇，～士卒，赖其治戎。缓急提鼓抗旌，倡率师律。”明陶安《广陵杨节妇》：“甘旨供餘勤～，舅姑欢颜儿饱乳。”

【鞠究】 jū jiū 同“鞫究”。元郑元祐《前平江路总管道童公去思碑》：“乃遣近臣御史乘传南下，～虚实。”明胡宗宪《筹海图编》卷一一：“其或诈冒无据者，即～明白，坐以抵命。”清《都是幻·写真幻》二回：“官司～真情，已斩首阶衢矣。”

【鞠勘】 jū kān 同“鞫勘”。《五灯会元》卷二〇《天童昙华禅师》：“玉皇大帝恶发，追东海龙王，向金轮峰顶～。”宋《朱子语类》卷七一：“然狱亦自有十三八棒便了底，亦有须待囚讯～录问结证而后了底。”

【鞠窠】 jū kē 球洞；击鞠戏设置的把鞠（球）击人得分的洞。宋何梦桂《挽宁谷居士何公》之二：“西郊有地存诗窖，后园无人负～。”

【鞠审】 jū shěn 同“鞫审”。明王樵《戊申笔记》：“事闻，操江都察院批行太平府同知龙宗武～。”《石点头》卷七：“会同法司，严提诸犯及主文官，～奏报。”

【鞠视】 jū shì 抚养照顾。宋王安石《宁国县太君乐氏墓志铭》：“屯田君二弟皆尚幼也，夫人～如己子。”岳珂《桯史》卷一：“上顾以占对不凡，且叹其早惠，曰：‘是有子矣。’令暂留，钦圣～。”明《情史·情憾·南唐昭惠后》：“其季仲宣，标字清峻。后尤钟爱，自～之。”

【鞠问】 jū wèn 同“鞫问”。唐刘肃《大唐新语》卷七：“太宗大惊，亟命召之，以出期不～，且将贯其死。”元明《三国志通俗演义》卷六：“尽皆收下狱中～，俱皆招认明白。”《大清律例》卷七：“施行以后，因事发露，虽经久远，～明白，斩。”

【鞫按】 jū àn 审讯拷问。唐卢怀慎《陈时政得失疏》：“臣窃见内外官人，有不率宪章，公犯赃污，侵牟万姓，劓割蒸人，～非虚，刑宪已及者。”《宋史·刑法志一》：“～之任，委在胥吏，求无冤滥，岂可得也？”《辽史·萧翰传》：“帝不欲发其事，屋质固诤以为不可，乃诏屋质～。”

【鞫案】 jū àn ❶同“鞫按”。唐康骈《剧谈录》卷上：“遂遣理曹掾与军吏数人，就～其事。”宋司马光《涑水纪闻》卷七：“僧往索之，因喧斗。事发，下御史台～。”《辽史·顺宗濬传》：“帝信之，幽太子于别室，以耶律燕哥～。” ❷审录的案卷。唐徐有功《再驳论邱神鼎罪议》：“使人的知是反，～何不具言？”宋范公偁《过庭录》：“李至，于～中取事，令吏问白。”明杨基《送王国忠之邵武推官》：“斯时到官舍，～手自检。”

【鞫断】 jū duàn 审理判决。唐李漼《疏理滞狱诏》：“向闻～，动隔炎凉。不惟理且未伸，多致疾而成夭。”《续资治通鉴长编》卷三〇二：“案发，邓州官吏～私酝酒富民事及改换文案所坐罪未当。”明王樵《送海楼左公赴内召序》：“我朝重慎刑狱，于内设刑部以司～，又设大理以司平审。”

【鞫劾】 jū hé 审问查究。唐魏謩《论董昌龄量移硖州刺史疏》：“伏蒙陛下睿圣慈悯，念其狂横，特令～。”宋魏泰《东轩笔录》卷六：“吏人盗用公使库钱，事发，下开封府～。”文莹《续湘山野录》：“时开封方～次，一小珰驰骑急传旨，令放其物。”

【鞫究】 jū jiū 审问追究。五代朱瑱《贷华温琪赃罪诏》：“朕若不与～，谓予不念赤子；若遂行典宪，谓予不念功臣。”明潘季驯《勘过原任张布政复职疏》：“又不合妄报本年历日减扣银三百三十两九钱，致与先审数目互异。再四～公费正支下落。”清《珍珠舶》三回：“知县重吊一干人犯，当堂～。”

【鞫勘】 jū kān 审问查验。五代李亶《贬成景宏绥州司户敕》：“差廪吏以非公，取货财而润己。才行～，果伏罪尤。”《元典章·刑部二》：“外巡尉捕盗官提获盗贼，随时发与本县公座推问是实，解本州府再行～施行，不得转委吏人及弓手人等拷问。”清《八旗通志》卷一三七：“寻追论在军营时～将士功罪不实，应革爵罢任。”

【鞫理】 jū lǐ 犹“鞫审”。唐大中四年五月御史台请禁断供应户奏：“请各牒诸州府勘会，巨细申台，以凭～。”《旧唐书·穆赞传》：“属吏有赃犯，赞～承伏。延龄请曲法出之。”《明史·广西土司传二》：“溥诉于制府，下三司官～。”

【鞫炼】 jū liàn 审问拷打。宋岳珂《金佗粹编》卷八：“属吏王应求请于俊，以为密院无推勘法，恐坏乱祖宗之制。俊不从，亲行～。”明李梅实《精忠旗》三六出：“早着哩！少可也～千来次。”

【鞫审】 jū shěn 审讯。明王世贞《皇明异典述》卷一〇：“已将通虏人犯勾引情迹，～得实。”《醒世恒言》卷二七：“天子重瞳亲照，怜其冤抑，倒下圣旨，着三法司严加～。”清《隋唐演义》一二回：“这事也大，烦该应细心～解来。”

【鞫问】 jū wèn 犹“鞫审”。《太平广记》卷二六三引《朝野佥载》：“席未散，并擒送羽林，～皆实。”明李梅实《精忠旗》一九出：“你可用心～，我这里重重推擢。”清《女仙外史》二七回：“前者文曲星景清归天，告他杀戮忠良，大伤天道。众仙真皆云，应俟数尽～。”

【鞫系】 jū xì 审讯囚禁。宋洪适《向通判墓志》：“大贾讼盐债，～数十百人。”明王祎《绍兴谳狱记》：“县长官～董连二十三人。”归有光《戴楚望集序》：“当是时，廷臣以言事忤旨，～者先后十数人。”

【鞫讯】 jū xùn 犹“鞫审”。唐徐有功《论天官秋官及理匦愆失表》：“时多逆节，～结断，刑狱至严。”明宋濂《故江东佥宪郑君墓志铭》：“君反接～，知隶平章政事庆童公帐下，械送而请治之。”清《野叟曝言》一三四回：“然后～家丁，供出：‘木秀以此岛为巢穴。’”

【鞫验】 jū yàn 审问查验。唐李昂《贬宋申锡太子右庶子制》：“朕以事状之间，虑其冤滥；～之际，须务详明。”宋司马光《涑水纪闻》卷二：“～事状明白，乃加诛。”刘克庄《方宁乡墓志铭》：“漳浦有僧毙于佃户，～皆曰服毒。”

【鞫谳】 jū yàn 犹“鞫断”。唐太和八年二月中书门下请禁断称冤越诉奏：“又～已具，便合就行刑。”明宋濂《赣州圣济庙灵迹碑》：“自述其阴私颇悉，类有人～之。”清沈德潜《百一诗》之一：“～恣挞辱，需索空鸡豚。”

【鞫正】 jū zhèng 审理验正。宋韩元吉《方公墓志铭》：“虽有论列按劾而未经～者，免待以法。”《建炎以来繫年要录》卷一五二：“欲乞日后～凡赃明甚者，于上项诏书，仿皇朝旧制，于所举官量坐谬举之罪。”《续资治通鉴》卷二〇二：“以此论之，即非细务。

宜以济里、布哈仍付刑曹，～其罪。”

【鞫治】 jū zhì 犹“鞫炼”。《新唐书·房玄龄传》：“帝敕长孙无忌～，乃得主与遗爱反状。”宋苏轼《与章子厚书》：“郭先生等皆已～得实，行法久矣，蒙恩授殿直。”清纪昀《阅微草堂笔记》卷一五：“乃捕逮术者，～得状。”

【鞫状】 jū zhuàng ❶审讯罪状。《新唐书·桓彦范传》：“帝震怒，三思猥曰：‘此殆彦范辈为。’命御史大夫李承嘉～，物色其人。”《元史·英宗纪一》：“拜住请～，帝曰：‘彼若借太皇太后为词，奈何？’命悉诛之。”清《聊斋志异·三生》：“冥王～，怒其狂猘，笞数百。” ❷指审讯记录。唐韩愈《唐正议大夫尚书左丞孔公墓志铭》：“博陵崔易简杀从父兄，～具。京兆尹左右，三翻其情。”

jú

【局】 jú ❶宴会；筵席。《敦煌变文校注》卷六《金刚丑女因缘》：“密计相宜，要[看]公主。递互传～，流行屈到家中，事须妻出劝酒。”宋文莹《续湘山野录》：“三日为饮～，有日者同席。”清《歧路灯》三三回：“一面吩咐把肉炒上三斤，收拾几个盘子来。绍闻道：‘不用，不用。’白兴吾道：‘见笑些，粗～没啥敬。’” ❷铺子；店铺。宋周密《武林旧事》卷三：“厨行果～，穷极肴核之珍。”《元曲选·魔合罗》一折：“隔壁儿是个熟食店，对门儿是个生药～。”清《红楼梦》七九回：“凡这长安城里桂花～，俱是他家的。” ❸饭店内掌肴馔制作的部门。宋孟元老《东京梦华录》卷四：“人人索唤不同，行菜得之，近～次立，从头唱念，报与～内——当～者谓之铛头，又曰着案——讫。” ❹连接固定；封锁。宋周密《癸辛杂识》续集卷上：“正方而上有盖，盖丰下杀上，上书某朝某官某人墓志，此所谓书盖者。盖底两间，用铁局～之。”明沈德符《万历野获编》卷一一：“选司官每遇大选前二三日，辄～其火房，手自粘帖地方。” ❺圈套；骗局。宋周密《武林旧事》卷六：“游手奸黠，实繁有徒，有所谓美人～，柜坊赌～，水功德～，不一而足。”《元典章·刑部十七》：“其局骗者结成党与，白日设～，强骗人物。”清《白雪遗音·备上马儿》：“野草鲜花少采几枝，莫入人家的～。” ❻诈骗；哄骗。明《型世言》三二回：“孙监生算定了，邀了个舅子惠秀才、外甥钮胜，合伙要～詹博古。”清《豆棚闲话》一〇则：“老一被这几个～得快活，也就直了喉咙喊个不住。”《幻中游》八回：“骰是铅的，三个搭勾，同～一个。” ❼赌局；赌场。明《二刻拍案惊奇》卷八：“身边还有剩下几百张，其餘金宝他物在外不动，还思量再下～去，博将转来。”清《红楼梦》七五回：“公然斗叶掷骰，放头开～，大赌起来。” ❽情势；局面。明文秉《烈皇小识》卷一：“时群奸力持残～，海内正人，概不得登启事。”《古今小说》卷一：“这个灵柩如何处置，也是你身上一件大事。便出赁房钱，终久是不了之～。”清孔尚任《桃花扇》二〇出：“～已变，势难支，踌躕中夜少眠时。” ❾特指关键处。清《后西游记》一一回：“那怪的幡杆乃是世间顽铁，怎当得金箍棒是天河神铁？正斗到～中，忽一声响，金箍棒将铁幡杆打做两截。” ❿情面约束。清《儒林外史》三回：“屠户被众人～不过，只得连斟两碗酒喝了。”又五〇回：“叫管家捧出十二封银子，每封足纹一百两，交与高翰林道：‘……’高翰林～住，不好意思，只得应允。” ⓫量词。多用于弈棋。唐李肇《国史补》卷上：“良宵难遣，可棋一～乎？”明高濂《玉簪记》一〇出：“〔净〕请问相公，输赢若何？〔外〕仙姑连胜二～。”清《万花楼》一〇回：“今日本藩不往看操，且取棋来与你下几～吧。”

【局博】 jú bó 赌博。明《石点头》卷六：“吴公佐本来资性通达，文章诗赋以外，酷好的是呼卢～。”

【局场】 jú chǎng 赌场。清《聊斋志异·王大》：“公子家燕子谷，捉获博徒在观音庙，相去十餘里。公子从无设～之事。”

【局赌】 jú dǔ 以赌博为圈套骗人钱财。明《拍案惊奇》卷二二：“那伙闲汉又领了好些王孙贵戚好赌博的，牵来～。”《型世言》三二回：“詹博古也就知他们～他了，喜的是亏得买时占了便宜，故此输时做得这许多。”清陆陇其《禁赌博示》：“该地方不时严查，不许无籍棍徒～诱惑，酿成盗患。”

【局段】 jú duàn ❶体段；气度；格局。唐杨筠松《撼龙经》：“外山百里作罗城，此是平洋龙～。”宋吴潜《贺新郎·寄赵南仲端明》：“谁把青红吹到眼，知有醉翁～。”清方南堂《辍锻录》：“或情事关会，或景物流连，有所欲言，取精多而用物宏，脱口而出，自成～。” ❷招数；手段；计谋。宋《五代史平话·梁上》：“从这曹操开端篡汉，在后司马懿也学他这～篡了魏。”金《董解元西厢记》卷七：“说尽虚脾，使尽～，把人赢勾厮欺谩。”《元曲选·风光好》二折：“他兀的锦绣文章，更做着皇家卿相，被我着个小～儿早打入天罗网。”

【局断】 jú duàn 同“局段❷”。元彭寿云《八声甘州》：“机谋主仗风月景，～经营旖旎乡。”曾瑞《红绣鞋·风情》：“假认义做哥哥般亲厚，行人情似妹妹般追逐，着小～儿包藏着鬼胡由。”

【局格】 jú gé 格局；局面与格式。唐王希明《太乙金镜式经》卷一：“五日六十时一移～，巽变为气用。”宋朱鉴《文公易说》卷一：“故论其～，则太极不如先天之大；而详轮其义理，则先天不如太极之精。”清姚鼐《复刘明东书》：“见赠五言排律，句格颇雄，此是长进处。但于杜公排律布置～，开阖起伏变化而整齐处，未有得也。”

【局计】 jú jì 排局设计。清《赛花铃》一五回：“不肖命途多舛，数遇凶危，始遭方兰赖姻事，与何半虚～，诬陷窝主，被擒收禁私狱。”

【局家】 jú jiā 赌局的主家。清《红楼梦》七五回：“皆约定每日早饭后来射鹄子，贾珍不肯出名，便命贾蓉作～。”

【局面】 jú miàn ❶博局的形势、场面。唐傅梦求《围棋赋》：“转盼变乎风云，倏忽交乎电雹，乃～之一新，岂依傍而保角？”元周德清《斗鹌鹑·双陆》：“盘中排营寨城池，眼前无弓箭旌旗。心内有刀枪剑戟，～儿几般形势。”清《儒林外史》五五回：“下了半盘，站起身来道：‘我这棋，输了半子了。’那些人都不晓得。姓卞的道：‘论这～，却是马先生略负了些。’” ❷规模格局。唐杨筠松《葬法倒杖》：“倚下倚上谓之冲杀，纵得～之奇，必见衰凌之患。”明张景《飞丸记》三三出：“繁华如传，却笑他触蛮相战。～转，只有水竹云山长见。”清《姑妄言》二一回：“小人但恨本钱少，铺中不过三几百金的～。若家私大，就助一千二千也该的。” ❸棋盘、棋桌的表面。宋洪迈《夷坚志》支景卷四：“其一象棋桌，高一尺五寸，阔二尺五寸。空中以贮棋合，四围有阑，沉香为～，牙棚界之。” ❹情形；势头。宋吴泳《满江红·仓江分韵送晏铃干司》：“鹿走未知真～，兽穷渐近空篱落。”元明《水浒传》五〇回：“李逵再轮起双斧，便看着扈成砍来。扈成见～不好，拍马落荒而走。”清孔尚任《桃花扇》二二出：“看这～，拗不去了。孩儿趁早收拾下楼罢。” ❺场面；处境。《元曲选·扬州梦》一折：“他那里应答的语话投，我这里笑谈的～熟。准备着夜月携红袖，不觉的春风倒玉瓯。”清《姑妄言》一九回：“当日若非锺亲家，今日我身家性命不知作何～。” ❻体面；排场。元高明《琵琶记》三三出：“〔末〕你把袄子都脱了，身上寒，甚么意思？〔净〕寒也自寒，不可坏了我～。”清《绿野仙踪》三回：“房子虽不如此～，喜的还是个旧东家。”

《野叟曝言》一一四回："先是奉皇上住在沧海楼，有美女奉御，内侍宫人伏侍，一切供应，还像个～。" ❼机彀；机谋；圈套。元明《水浒传》四九回："不想他这两个不识～，正中了他的计策。"明蒲安禅师《次韩都事秋怀韵》："拚身易进竿头步，覆手难防～机。"清《珍珠舶》三回："昨日又来请去吃酒，决定还有什么～做出来。" ❽铺面。明《金瓶梅词话》五八回："收拾房子卸货，修盖土库～，择日开张举事。"又："铺子～，都叫漆匠装新油漆。"

【局弄】 jú nòng 设置圈套摆布。清《珍珠舶》三回："必系赵云山晓得你家有些汤水，故既把他二百餘金～完了，昨日又来请去吃酒，决定还有什么局面做出来。"

【局骗】 jú piàn ❶设置圈套行骗。《元典章·刑部十九》："(无籍之徒)寻常纠合恶党，欺遏良善，～钱物。"明朱有燉《曲江池》四折："俺二人为帮闲～了人财物，被官司追要赔偿。"清《珍珠舶》三回："将来必致自由自主，不放你在眼内，还要被那赵云山～。" ❷骗局；圈套。清《飞龙全传》一回："你我不入他的～，也就罢了，闹他则甚？"

【局势】 jú shì ❶棋局的形势或招势。唐张廷珪《弹棋赋》："夫～将毕，观者逾乐，两敌相持，三顾而作。"明《禅真逸史》二四回："日前来了这位游方师父，围棋甚高，承师父指点几个～。"清钱谦益《兵使慈溪冯公进秩督学福建叙》："闽之在海内，以～论之，当为边角，不当为腹腴。" ❷指政治、经济等一个时期内的发展形势。唐白居易《代梦得吟》："竿头已到应难久，～虽迟未必输。"明沈德符《万历野获编》卷七："似此～，即使孝宗犹在御，华容公亦未必善去也。"清孔尚任《桃花扇》一九出："不料～如此，叫俺怎生收救？" ❸规模；结构；布局。唐杨筠松《撼龙经》："看此样形临～，中间乳穴是为真。"明锺惺《二十一史撮奇序》："夫采缉之难于自运也久矣，未可为俗学读书作文者道也。自运者，～机格，吾得自主之。"清《荡寇志》一一六回："今日便请公公带了丈夫、媳妇去登高一望，以观其～，再行定计。" ❹势头；情状。清袁枚《续子不语》卷六："是夜，与赵成持刀直入牛家。友谅见～不好，逃入山洞中。"《绿野仙踪》八三回："蕙娘见闹的不成～，方出来解劝。"《姑妄言》一回："看了几回，见那娘的样子有个十分快活的～，想道：这件事原来这样受用。"

【局束】 jú shù ❶拘束；束缚。唐梁肃《述初赋序》："且不知夫曩岁之浮游，与今之～，彼乎此乎？是欤非欤？"明顾清《题颜山人画送刘可大先生》："雄姿犀角日点缀，～不奈冠与裳。"清姚鼐《金麓村招同浦柳愚毛俟园宗棠圃饮》："鄙人谢～，粗得展吟啸。" ❷窘迫；困窘；狭小压迫。唐柳宗元《与裴埙书》："且天下熙熙，而独呻吟者四五人，何其优裕者博，而～者寡，其为不一征也何哉？"明高启《洞庭山》："久欲寻真未能去，～世故缘妻孥。"清厉鹗《赵意林添购隐几山楼》："予生苦畀栖，篱壁常～。" ❸拘谨；拘泥。宋黄伯思《东观餘论》卷上："写此者，字法～，天然太少。"明顾璘《碧云寺》："但令伟丽后莫比，不用～循王章。" ❹收束；约束。宋章定《名贤氏族言行类稿》卷二三："锐卒精兵～而不用，以至胡马南牧。"

【局肆】 jú sì ❶店铺；商家。宋李心传《建炎以来朝野杂记》乙集卷一七："小民闻知后时人情汹汹，市中～皆怨嗟盈路。" ❷指场面应酬。元佚名《点绛唇》："樽前席上，偶然相遇俏萧娘。闲通～，善晓宫商。"

【局缩】 jú suō ❶萎缩；(地域、局面)缩小。唐韩愈《送诸葛觉往随州读书》："我虽官在朝，气势日～。"宋刘敞《没蕃士》："敌兵方强梁，边境日～。"王安石《用前韵戏赠叶致远直讲》："趋边耻～，穿腹愁危棊。" ❷蜷缩。宋蔡絛《铁围山丛谈》卷六："蜈蚣虽大，遇从下过，托胎虫必故自落于地。蜈蚣为～不得行。"明沈周《松卷为德韫弟作》："只嫌纸短手～，腕间风雨生苍翠。"清袁枚《子不语》卷二三："其身～如僵蚕，提起即长，放手即缩，盖骨节已震碎矣。" ❸畏缩；恐惧退缩。宋刘敞《闻伯庸再安抚泾原》："百万气未苏，吾民且～。"明王九思《卖儿行》："去冬蹉跎负官税，官卒打门相逼促。豪门称贷始能了，回头生理转～。"清朱彝尊《中宪大夫陆公墓志铭》："平阳被围，守以下～不能画一策。"

【局套】 jú tào 陈规；俗套。明高攀龙《答祁长洲书》："直是真性流行，非从～点缀，始无负大丈无出世一番耳。"清《红楼梦》七五回："两个娈童都是演就的～，忙都跪下奉酒。"

【局体】 jú tǐ 格局体制。明李梦阳《尚书黄公级传》："然志存纳约，行在精审，苟济其事，小枉安焉，～又变矣。"王世贞《与汪司马书》："要之，告诘一开，～遂变。"顾起元《客座赘语》卷五："言其诗律细而调高，然似吴中新起富翁，～止是华俊精致。"

【局席】 jú xí 宴席。唐赵璘《因话录》卷二："李尚书益，有宗人庶子同名，……尝姻族间有礼会，尚书归，笑谓家人曰：'大堪笑，今日～两个坐头，总是李益。'"《唐会要》卷五八："三公、仆射不常除官，每至上时须有聚会，宜令度支户部准开贡例勾当～。"五代王定保《唐摭言》卷三："其曲江大会朝官及题名、～，并望勒停。"

【局戏】 jú xì 博戏；赌博游戏。明李东阳《谢谢方石惠石棋子》："世间成败等～，何必燕然刻石高嵯峨。"清李光地《暮春三月集汪氏窝斋》："杯行忘礼让，～仍干戈。"《品花宝鉴》四回："每一会必有一样顽意儿，或是行令，或是～。"

【局筵】 jú yán 筵席。五代王仁裕《玉堂闲话》卷四："彼人谓细粪为圣虀，若无此一味者，即不成～矣。"

【局诈】 jú zhà 设圈套骗人。明《型世言》二六回："奸人妻子，被人杀死，被旁人～，这数种劫也是寻常有的。"清《红楼圆梦》二五回："先将地棍詹和人等审实～，打的打，枷的枷，都开发了。"

【局长】 jú zhǎng ❶掌局务的官职名。宋俞文豹《吹剑录外集》："(太医局)有八斋，率四日设一早膳，公帑钱粮悉入～之家。"《金史·百官志一》："直省局。～，从八品，掌都堂之礼及官员参谢之仪。"明马文昇《题振肃风纪裨益治道事》："自成化年间以来，光禄寺官不行用心，～作弊尤甚。" ❷对厨师的尊称。宋代掌饮宴膳食有四司六局。明佚名《霞笺记》一七出："只见船舱里面有个妇人声音，不知唱曲儿，也不知是哭。又听得只顾叫道'～，～'。"佚名《粉蝶儿·悭吝》："会支分的东家省俭，听使唤的～斟酌。"

【局阵】 jú zhèn 局面阵势。 ❶用于文章结构。明沈自徵《霸亭秋》："我道一篇篇部伍萧萧，～迢迢，也当得诗里射雕，文队嫖姚。"清方世举《兰丛诗话》："前半专叙孙吴，五句以七字总括东晋、宋、齐、梁、陈五代，～开拓，乃不紧迫。"玄烨《古文评论·高愍女碑》："于大处发论，～展舒，波澜空阔。" ❷用于空间。清《歧路灯》六四回："虎镇邦看见～宽敞，正是宰杀浮浪子弟的好锅口，说道：'谭相公，咱既成伙计，一家人就不用说那两家的话。'" ❸用于场面。清《歧路灯》五四回："又添上管贻安、鲍旭、赍浩波一班儿殷实浮华的恶少，这夏家赌娼场儿，真正就成了～。"又九八回："固然回赎即是转当，毕竟办成僦居方与主人有益。况且银子是王象荩拿出来的，话不清白，后来难以作个～规程。" ❹用于情面。清《歧路灯》七四回："好容易设下姜氏～，备下酒席，方有了许诺。"

【局滞】 jú zhì ❶束缚受限制。宋刘敞《将入京得淮南王工部书》："谁言数舍近，～成天涯。" ❷拘束不展开。明方孝孺《读博物志》:“博而不得其要,则涣漫而无归;徒约而不尽乎博,则～而无术。”宋濂《赠医师贾生序》:“碌推五运六气之变,撰为《天元玉策》,周详切密,亦人之所难,苟泥之则～而不通矣。”李东阳《书颜鲁公祭文稿后》:“书家者流,或颇疑其～。”

【局主】 jú zhǔ 犹“局家”。清《红楼梦》七三回:“近来渐次发诞,竟开了赌局,甚至有头家～,或三十吊五十吊三百吊的大输赢。”

【局子】 jú zǐ 另见 jú zi。棋子。唐段成式《酉阳杂俎》前集卷一:“上数子将输,贵妃放康国猧子于坐侧,猧子乃上局,～乱,上大悦。”宋曹勋《北狩见闻录》:“尝用象戏～,裹以黄罗,书‘康王’字贴于‘将’上。”清董以宁《百媚娘》:“漫拂玉纹楸～,赌个今宵无偶。”

【局子】 jú zi 另见 jú zǐ。铺面;商店。元明《水浒传》二四回:“王婆只在茶～里张时,冷眼睃见西门庆又在门前踅过东去。”清《红楼复梦》六二回:“那老婆子领着媳妇、孙女走到屋里,只见陈设的就像个古董～。”特指妓院、赌场等。清《红楼复梦》四一回:“我听说孙姨娘同花子空打了伙儿开了～,十分兴旺。我因带着身子,道上难走,也常想着到那儿,趁我的年纪还轻,赚几个钱过过下半辈子。”《姑妄言》三回:“昨日他家～里有几个人,都是外路来的。我看他都是些雏儿,成千家银子拿着。我因没有现梢,不敢下场。”

jǔ

【沮惨】 jǔ cǎn 凄惨。宋李流谦《龙角山福志寺修造记》:“殿寮荒压,像设翳昧。山神地灵,面目～。”明《禅真后史》八回:“朝夕虽与瞿天民谈笑,每有～不豫之色。”

【沮摧】 jǔ cuī 颓丧不振作。宋张载《贺蔡密学启》:“继闻为渭师所败,溃遁而东,其气～,十亡八九。”明王世贞《正士风议》:“尔今乃使狱吏抑按之,榜笞甚齐民,头抢地,赤肤体亵,观听～,其气何如也?”

【沮挫】 jǔ cuò ❶犹“沮摧”。宋陈东《上高宗皇帝第二书》:“缘此之故,三军～,竟无斗志。” ❷损害;挫折。宋赵长卿《探春令》:“竹篱茅舍,凄凉风雨。被摧残～,精神依旧。”元胡祗遹《上执政书》:“论难之间,一有～,则神色丧失,手板倒持。”

【沮短】 jǔ duǎn 诋毁。《新唐书·元载传》:“而田神功～其议,乃曰:‘兴师料敌,老将所难。陛下信一书生言,举国从之,误矣。’帝由是疑不决。”又《陆贽传》:“而贽孤立一意,为左右权幸～,又言事无所回讳,阴失帝意。”

【沮夺】 jǔ duó ❶犹“沮摧”。宋刘弇《诫谕士大夫敦尚名节》:“甚者掉之以得丧,慄之以死生,则低摧～,惘然自失。” ❷因阻挠而改变。辽佚名《故同中书门下平章事贾公墓志》:“人为大理寺丞,持法强固,不为权势～。”明陆粲《拟上边备状》:“不为人言～,使得展布,以尽其才。”

【沮厄】 jǔ è 同“沮遏”。明叶山《叶八白易传》卷一四:“如管蔡之流言乎周公,臧仓之～乎孟子,其能引吉无咎者,几希矣。”李东阳《明故镇国将军王公墓志铭》:“用不竟施,而横见～,岂不惜哉!”

【沮遏】 jǔ è 阻挠遏制。唐韩愈《张中丞传后序》:“以千百就尽之卒,战百万日滋之师。蔽遮江淮,～其势。”金佚名《大金吊伐录》卷二:“而奸臣童贯等违国擅命,～信使。”明《醒世恒言》卷二三:“一见弥勒,心神摇动;惧惮海陵,强自～。”

【沮改】 jǔ gǎi 阻挠更改。宋欧阳修《与田元均论财计书》:“建利害更法制甚易,若欲其必行而无～,则实难。”《续资治通鉴长编》卷一五七:“时执政～范仲淹、富弼所行事。”

【沮格】 jǔ gé 阻挠中断。《新唐书·张说传》:“说畏其扰,数～之。”宋《朱子语类》卷四:“上欲行而下～,上之人亦不能一一去督责得他。”清纪昀《阅微草堂笔记》卷二〇:“有妒之者嗾其父多所要求,事遂～。文鸾竟郁郁发病死。”

【沮隔】 jǔ gé ❶同“沮格”。宋陆渊《与龟山先生杨谏议书》:“督责之政不施于其间,欺蔽～甚于前日。”明俞汝楫《礼部志稿》卷七一:“本院官并医生、医士子孙弟侄凡有谙习举业者,例得应顺天府乡试。近给事赵竑奏,止许食粮当差医士、医生应试,而子弟不得复与进用人才不宜,故为是～也。”吾邱瑞《运甓记》四〇出:“谁不愿捷奏勋垂?终～权轻职微。” ❷阻碍隔绝。《续资治通鉴长编》卷三七〇:“因此汴水浅涩,～官私舟船。”

【沮骇】 jǔ hài ❶恐吓;威胁。《新唐书·裴度传》:“元济外连奸臣,刺宰相及用事者,～朝谋。” ❷恐惧;害怕。《新唐书·陈京传》:“后对延英,帝谕遣,京～走出,罢为秘书少监。”明宋濂《赣州圣济庙灵迹碑》:“部使者郑逢辰檄王舜进攻,如有神立青霄上,凶徒～,卒就殄灭。”

【沮害】 jǔ hài 抵制;破坏。宋范纯仁《乞早分画西夏地分札子》:“今乃为边将贪鄙之论,～远图。”洪迈《容斋随笔》卷一五:“盖其一疏,抑扬援证,明白如此,故以丞相匡衡、中书石显,出力～,竟不能夺。”元虞集《朝列大夫赵公神道碑铭》:“僧格专政用事,深忌御史台不便于己求,所以～之者。”

【沮恨】 jǔ hèn 伤心不平;恐惧愤恨。五代徐铉《岐王墓志铭》:“珠沈媚泽,兰陨芳馨。人犹～,我若为情。”宋朱熹《直秘阁赠朝议大夫范公神道碑》:“公皆以法义正之,则大～,密为浸润以去公。”《宋史·范如圭传》:“宗官大～,密为浸润以去如圭,遂以中旨罢。”

【沮间】 jǔ jiàn 犹“沮格”。《新唐书·卢杞传》:“怀光自以千里勤难,有大功,为奸臣～,不一见天子,内怏怏无所发,遂谋反。”《历代名臣奏议》卷一〇:“孝宗时袁说友上奏曰:‘……臣愿陛下声其号令,严其诛罚,一有妄行沮议者,必戮无赦,则亦何患于～者哉?’”

【沮惧】 jǔ jù 犹“沮骇❷”。宋张方平《平戎十策》:“事出虑表,众怀～。”明宋濂《景祐庙碑》:“金人将舟师追其后,将及,见赤旗数万蔽海上。金人～而退。”又《惠州何氏先祠碑》:“而贼焰渐逼,调广德、宁国之兵,仅一百五十人,贼号百万,众皆～。”

【沮绝】 jǔ jué 犹“沮隔❷”。明吾邱瑞《运甓记》二六出:“领着一彪人马,危困长沙,使司马丞仓皇不能自顾,陶士行～未得远来,此亦制越一奇也。”

【沮难】 jǔ nàn 推阻刁难;辩驳问难。《新五代史·萧希甫传》:“初,明宗欲以希甫为谏议大夫,豆卢革、韦说颇～之。”宋苏轼《论仓法札子》:“但恐执政不乐臣以疏外辄议已行之政,必须却送户部,或却令本路监司相度,多方～,决无行理。”朱熹《答滕德章》:“若与人商量,必有以伪学相～反致传播者。”

【沮挠】 jǔ náo 阻挠;败坏。唐陆贽《论朝官阙员及刺史等改转伦序状》:“不求责于力分之外,不～于局守之内,是以事极其理,人尽其材。”明吾邱瑞《运甓记》三三出:“当初都督送来之意,只为他自家后边大事,恐怕老爷～,要我和你在他面前赞扬。”清钱谦益《特进光禄大夫孙公行状》:“人主勤思恢复之功,中朝曲肆～之术。左枝右梧,前跋后疐。”

【沮逆】 jǔ nì ❶抗拒违犯。宋刘敞《春秋意林》卷上:“幸而发愤，赫然以诛卫为事，而诸侯成同类，党同行，～天子之命。”明王守仁《晓谕安仁餘千顽民牌》：“逃避山泽，～王化，已将数年。” ❷ 相抵触；阻隔。宋苏舜钦《太常博士宋仲达墓铭》：“君独以理折其冲，不能遂行，或先几绝其孳萌，是以事多～少合。”明韩邦奇《外孙廪膳生南阳张士荣墓志铭》：“善用自牖遇巷之谋，故行无不利而少～。”程敏政《经筵日讲》：“不要轻率把不可行的事发出来，却至于～行不将去。”

【沮破】 jǔ pò 挫败。唐邵说《让吏部侍郎表》：“比朝义将败，谋守河阳，臣知回纥利于野战，～其计。”明张志淳《南园漫录》卷七：“而范增舞剑之计，俱～于伯。”

【沮怯】 jǔ qiè 沮丧胆怯。宋范仲淹《天章阁待制滕君墓志铭》：“时定川事后阴翳仅十日，士皆～。”朱熹《经界申诸司状》：“而贤士大夫之喜安静厌纷扰者，又或不能深察其情，而望风～。”《续资治通鉴长编》卷二二一：“今抚宁新陷之后，士气～。”

【沮屈】 jǔ qū 沮丧屈服。宋欧阳修《为君难论上》：“其所陈天时人事，坚随以强辩折之，忠言谠论皆～而去。”明归有光《送夹江张先生序》：“宽和乐易，不设防畛，而介然之操，不为势利之所～。”清姚鼐《奉政大夫严君墓志铭》：“与侍卫武人共宴饮角射，君最后发，三矢中的如一，武人大愕～。”

【沮却】 jǔ què 犹“沮格”。《新唐书·裴谞传》：“将用为御史中丞，为元载～，故拜河东租庸盐铁使。”宋洪迈《夷坚志》三辛卷七：“念孙方为乡部使者，势难～。既饮竟，命妾再拜侍侧。”朱熹《辞免直秘阁状》：“有司顾以微文～其事，至今未见报行推赏指挥。”

【沮辱】 jǔ rǔ 挫伤侮辱或使感到屈辱。唐司空图《注愍征赋后述》：“且上自圣智，下至豪特之士，得于文学者多矣，岂一灵运之狂而可～天下之奇伟哉！”宋欧阳修《亳州第五表》：“若乃艰危险陷，仅存将尽之餘龄；～摧伤，无复平生之壮气。”朱熹《与赵帅书》：“取其尤怠慢者申县改差，而稍加～以警其餘。”

【沮塞】 jǔ sè ❶ 阻隔；闭塞。宋叶適《故枢密参政汪公墓志铭》：“欲有所建白，答上恩遇，常～不得间。”明王肯堂《证治准绳》卷一一八：“气血内停，～真气不得行者，必死。”陈洪谟《继世纪闻》卷六：“南北科道官亦交章论劾泽～言路，由是谪曹嘉外知县。” ❷ 灰心丧气，没有出路。宋邵博《邵氏闻见后录》卷二一：“执笔者又惮之，不敢书其恶，则恶者愈恶，而善人常～不振矣。”明罗玘《锦衣卫千户安君墓志铭》：“一时奸人飞奇反间嫁祸于人者，皆见～，敛手避去。”梁潜《杨氏家乘序》：“盖太平之际，贤者皆乘时而用，及其乱也，皆～而困穷。”清李光地《覆江南督抚互参及科场两案札子》：“至科场一案，坏乱已极，士气～，物论腾沸。”

【沮缩】 jǔ suō 畏缩。《新唐书·回鹘传下》：“帝引使者谓曰：‘归语尔可汗，我父子东征，能寇边者可即来。’夷男～，不敢谋。”宋吕陶《又谢中书舍人表》：“岁月耗凋于奔走之后，行迹～于忧患之餘。”明徐渭《策问》：“持以数年之久，杀伤大吏，堕坏名城，妨废耕织，而提数万之重任者，乃因循～，牵制而踵袭如此。”

【沮索】 jǔ suǒ 沮丧消索。《新唐书·李景略传》：“于是房容气～，不敢抗，以父行呼景略。”宋李纲《与折仲古承旨书》：“将士奋厉，敌气～。”清吴伟业《绥寇纪略》卷五：“及传庭稍厉威即挺而迸逸，三胜之气坐此～矣。”

【沮畏】 jǔ wèi 畏惧。《新唐书·黄巢传》：“巢大～，乃诣天平军乞降。”宋洪迈《夷坚志》丙卷一二：“饶氏愈益～。讫子妇死，鬼始谢去。”《三朝北盟会编》卷二一八：“自是金人一再败衄，稍知～。”

【沮误】 jǔ wù 败坏耽误。明张宁《亡妻王氏墓志铭》：“为臣当忠，为子当孝，妾岂敢～正事？”清《万花楼》三回：“寇公又惧王钦若诡谋多端，～军国大事，奏他出镇大名府。”

【沮疑】 jǔ yí 恐吓使怀疑。《金史·宗望传》：“遂使使谕夏国，示以和好，所以～其救辽之心也。”清《万花楼》三回：“军国大事，非你所知也。如再～君心，所误非浅。”

【沮抑】 jǔ yì 阻遏抑制。唐张九龄《上姚令公书》：“即虽有所长，一皆～，专谋选众之举，息彼讪上之失。”明海瑞《复徐继斋尚宝少卿》：“无故惊疑，自称～。然则必俟君为尧舜，然后可以行吾志耶?”清蒋士铨《四弦秋》四出：“向来阴结八关十六子，倾害朝士，～正人。”

【沮淤】 jǔ yū 阻塞淤积。唐刘晏《遗元载书》：“河汴有初不修则毁淀，故每年正月，发近县丁男，搴长茭，决～。”明王鏊《姑苏志》卷四〇：“浚～以利用。”清《皇朝文献通考》卷四：“垦熟地内有～斥卤，不堪耕种。”

【沮折】 jǔ zhé ❶ 沮丧消沉。唐姚崇《十事要说》：“燕钦融、韦月将以忠被罪，自是诤臣～。”宋杨时《枢密曹墓志铭》：“一于和则敌势凭陵，国威～。”周紫芝《大宋中兴颂》：“庙谋一定，群议～，袖手何言，瞠目卷舌。” ❷ 排斥打击；摧折。宋陆游《答刘主簿书》：“己所未知者辄讪薄之，以为不足学，排抑～，惟恐不力。”元程文海《济南公世德碑》：“～逆萌，闻者敬慨。”明张宁《王运副挽诗序》：“造物竟～之，使老母弱妻无嗣可托。” ❸ 挫折。元袁桷《题闵思齐诗卷》：“和平多而凄怨少，不以～为可挠。”

【沮止】 jǔ zhǐ 阻止；遏止。《旧唐书·李晟传》：“不欲晟去，数谋～晟军。”宋李纲《靖康传信录》卷三：“命既行，为南仲～。”清钱谦益《明故平阳县知县陆君墓志铭》：“而邑中豪衔君执法，飞谋钓谤，具草劾奏。抚臣为传遽～，其事得解。”

【沮滞】 jǔ zhì ❶ 阻挠；限制。《续资治通鉴长编》卷三二九：“上且有意于改作，会有～者，其事竟寝。”《明会典》卷三一：“该收课程钞，不问一十文至五十文，一百文至五百文，皆照旧收。其买卖行使，亦不许～。”清朱轼《史传三编》卷三九：“襄汉之间所欲规画者甚备，值时无贤宰，凡事～，百不及一。” ❷ 相抵触；阻碍。宋张虙《月令解》卷四：“桀俊以才，言必赞之，惧其或堙晦也；贤良以德，言必遂之，惧其有～也。”明罗洪先《复三符翁论濮议》：“此两项正当发明，使后日统嗣二继方无～也。”陈子龙《振主权策》：“是以其中有不能无弊者，则庸人之说纷然以相难，而我无必然之理以辨之，故～而难行。” ❸ 阻滞；阻塞；阻隔。《宋史全文》卷二四上：“若行桩垛，本钱即日支遣，则客旅不至～。”明魏濬《易义古象通》卷五：“惟至事终，精神必懈倦，而止于此，接续不来，故行之亦不能久，即见有～不通之处。”清《平定两金川方略》卷八四：“询问经过之人，俱云兵丁可以行走，但兵少，不免稍有～。”傅泽洪《行水金鉴》卷一三七：“粮艘皆由一闸经行，未见～。”

【举保】 jǔ bǎo 担保推荐。宋陆游《家世旧闻》卷上：“于前任、见任幕职州县官内，各～一员，堪充京官亲民任使。”《元曲选·百花亭》四折：“其人文武全才，智勇兼备，老夫～他做先锋西凉节度使。”清《双凤奇缘》一回：“着地方总甲～美貌女子，自十一二岁起至十七八岁止，尽行报名。”

【举报】 jǔ bào ❶ 上报；报告。明郑若曾《江南经略》卷七下：“查本日十家之中，倘有面生可疑之人，踪迹不明之事，即时～。”清《康熙起居注·康熙二十二年》：“原任都统穆占私带逆贼吴三桂家人八名。穆占故后，伊妻不行～，应鞭一百。”《荡寇志》八一回：“传令守汛弁兵，加紧防守，毋稍疏忽，遇有贼盗，递相～。” ❷ 推举。明沈鲸《双珠记》三一出：“不想朝廷要取宫女，本州～令妹充选去了。”清姚鼐《节孝堂记》：“抑或身亡无后，及有后而衰困稚弱，不能～。其为懿美，吏不能知。"《歧路灯》七回："这学院乃是一个名儒，首重经术，行文各学，责令～儒童中有能背通《五经》者。" ❸检举告发。清《平定台湾纪略》卷六三："如本汛徇庇容隐，准令邻汛弁目一体～。"

【举场】 jǔ chǎng 科举考场。唐封演《封氏闻见记》卷三："文士多于经不精，至有白首～者。"《元曲选·曲江池》一折："来到都下，～未开。"清《醒世姻缘传》四回："是因清唱赵奇元说起他有极好的药线，要往省下赶～说起，才合他相处了没多几日。"

【举动】 jǔ dòng ❶指演奏音乐。宋孟元老《东京梦华录》卷七："及上竿、打筋斗之类讫，乐部～，琴家弄令。"元明《三国志通俗演义》卷六："鼓才～，云长早已胜到面前。"明王衡《再生缘》三出："方士们～鼓乐，作法召魂也。" ❷举起；挥动。明《禅真逸史》二三回："两个不识轻重，又来扛抬，挣得筋出汗流，不能～。"清陈端生《再生缘》二六回："朝鲜元帅重重怒，～双锤照顶摇。"《飞龙全传》四回："当先下楼，～了短棍，往外打将出去。" ❸(疾病)发作。清《儒林外史》二六回："他自己也添了个痰水疾，不时～，动不动就要咳嗽半夜。"

【举发】 jǔ fā ❶检举揭发。唐李世民《度僧于天下诏》："其部内有违法僧不～者，所司录状奏闻，庶善者必采，恶者必斥。"明王守仁《计处地方疏》："故先有副使胡世宁直言指陈，续该科道等官交章～，言皆有据，事非无征。"清王夫之《永历实录》卷七："既为王昺侄孙，何人～？内官公侯多从北来，何无一人确认？" ❷举哀发丧。唐张鷟《朝野佥载》卷二："(李谨度)遭母丧，不肯～。哀讣到，皆匿之。"《唐律疏议》卷一〇："夫之父母，妾为女君。此等闻丧，即须～。若匿不举哀者，徒一年。"《敦煌变文校注》卷一《董永变文》："父母骨肉在堂内，又领(令)～出于堂。见此骨肉声哽咽，号咷大哭是寻常。" ❸列举阐发；点拨。宋叶適《郭府君墓志铭》："澄静而敏，所论质皆能记忆，所～皆能推见。"《宋高僧传》卷一一《唐澧阳云岩寺昙晟传》："续受药山～，全了无疑，化徒孔勤，受益者众。" ❹(疾病、欲望等)发作。宋佚名《银海精微》卷上："眼目递年～无时者，何也？"明王玉峰《焚香记》七出："在家终日思想做诗，谁想成了诗癖。若诗癖～，一连这等十来遭。"清《姑妄言》五回："说情说趣，乃至引得春心～起来。" ❺发动；开始行动。宋邵伯温《邵氏闻见录》卷六："唯有勾抽，不同～。一则我无斗志，一则彼有仇心。"明佚名《鸣凤记》一七出："昨已分付头目徐明山等打造战船数千，率领倭夷数万，整备五须枪、铅锡铳、燕尾箭、福清刀等器械，一齐～，径到福、浙、苏、松等处，攻劫城郭村乡。"清《野叟曝言》四三回："各寺观都藏着他的兵马钱粮，只要一有机会，便各处～。" ❻发射。明唐顺之《武编》前集卷六："皆击鼓为节，枪铳弓弩一齐～，当者无不立毙。"于谦《为捷音事奏》："铳炮火器～，苗贼败走。"《杨家将演义》三八回："宗保～火箭，焚其通明殿。" ❼发生；出现。清雍正七年八月十一日郝玉麟奏文："粤省海滨居民每有吹飘之患，但看海风～之大小不同耳。"《绿野仙踪》九六回："至次晚，其光照旧～，我在河岸边来回寻的好苦。"

【举凡】 jǔ fán 凡是；所有的。元杨瑀《山居新话后序》："～事有古今相符者，……不论目之所击，耳之所闻，悉皆引据而书之。"明孟称舜《娇红记》五〇出："～佳人才子，量其应否悉与如愿，勿使错配，有负生成。"清《绿野仙踪》六五回："～三坟五典，八索九邱，天文地理，诸子百家，无一不读，无一不晓。"

【举放】 jǔ fàng ❶发行(债券)。《唐会要》卷八八："比来公私～，取利颇深，有损贫下。"明《金瓶梅词话》九九回："刘二又怎的各处巢窝加三讨利，～私债。"清《大清律例》卷一四："若监临官吏于所部内～钱债典当财物者，杖八十。" ❷发射；点燃。宋《三朝北盟会编》卷六八："以镳铲拗上洞子皮上并泥勾著，即速～火炬灌油烧之。"明岷峨山人《译语》："墩军利其所有，或畏其攻墩，反传递消息。人则佯为不知，去后～炮火。"清《平定准噶尔方略》前编卷五四："倘有贼人消息，即～烟火。"

【举口】 jǔ kǒu 开口；启齿。指发言。宋元《古今小说》卷三三："这两个媒人：开言成匹配，～合和谐。"明金华宋氏《题邮亭壁歌》："半途日暮姑云饥，欲丐奉姑羞～。"清《镜花缘》二回："但仙姑不过～之劳，偏执意作难。"

【举念】 jǔ niàn 动意；起念头。《敦煌变文校注》卷四《降魔变文》："舍利弗～暂思惟，毗沙天王而自至。"明佚名《四贤记》二出："妾方～，君亦同心，敬从尊命。"清《醒世姻缘传》三六回："这个事是我自己心里～，再没有人知，如何有此帖在地？"

【举首】 jǔ shǒu 检举；告发。明王守仁《咨报湖广巡抚右副都御史秦夹攻事宜》："但有平昔入畲为盗，即今潜出，许其～。"佚名《赠书记》九出："又要十家一牌，五家一保，逐日捱查。不～者，一体同罪。"清《醒世姻缘传》三一回："叫他老婆同他两个都出来冒领粥票，被乡约～出来，发县审究。"

【举似】 jǔ sì 说给；告诉。《祖堂集》卷四《石头和尚》："侍者持此偈～师。师答曰：'任你哭声哀，终不过山来。'"元张雨《喜春来·赠龟溪医隐唐茂之》："放取诗瓢去，携将酒榼还。把酒倩歌鬟，休～江南小山。"清黄宗羲《赠以灵上座》："殆欲因缘相～，无忘行脚过江东。"

【举扬】 jǔ yáng 宣扬；阐扬。《祖堂集》卷一〇《报恩和尚》："十二年来～宗教，诸人怪我什摩处？"宋吴处厚《青箱杂记》卷二："国法须遵守，人非莫～。"清吴伟业《封征仕郎孙公暨邹孺人合葬墓志铭》："先生于三十年之后，重为～大指，良以见先臣居官立朝为君父持论者在此。"

【举子】 jǔ zǐ 科举考试的应试人。唐孙棨《北里志序》："上往往微服长安中，逢～则狎而与之语。"六十种曲本《琵琶记》八出："槐花正黄，赴科场～忙。"清《说岳全传》一一回："且说众弟兄一齐进了校场，只见各省～先来的后到的，人山人海。"

jù

【讵敢】 jù gǎn 岂敢；怎敢。《法苑珠林》卷一〇七："今且谨依撰成大辙，拟为自用，～兼人？"金佚名《大金吊伐录》卷四："神明可质，～及于匪图；天地无私，遂得安于愚分。"清吴伟业《陈母夏安人墓志铭》："吾妻得土为幸，～谋诸榆柎。"

【讵料】 jù liào 岂料；不想。宋刘黻《风水》："不雨五十日，一雨生意回。～雨复痴，日日闻震雷。"明沈鲸《双珠记》三七出："同枝落落遭时蹇，～今朝赵璧完，信是骨肉悲欢意各专。"清《珍珠舶》三回："氏被丈夫毒打情极，思欲投井而死。～开得后门，遇恶蒋三站在壁边窃听。"

【讵奈】 jù nài 怎奈；无奈。明《锺馗捉鬼传》四回："～德修而谤兴，道高而毁来。"清张勇《为病危笃恐误封疆事奏》："～臣之中毒已入骨髓，有愈久愈剧之势。"

【讵期】 jù qī 犹"讵料"。唐苏颋《夜闻故梓州韦使君明当执绋》："序发扶阳赠，文因司寇酬。～危露尽，相续逝川流。"明《西洋记》五一回："已幸当年肃聆文教，～今日载见武功。"清陈维崧《征毛太母黄太孺人八十寿言启》："～噩梦之未终，更遇惊飚之不定。"

【讵谓】 jù wèi 谁说;哪里是。唐王棨《握金镜赋》:“诚非出匣以斯举,～临台而下取。”明孙柚《琴心记》一五出:“曩念相如,作书图聚,～风情既畅,硕德遂凉。”清魏裔介《罗子地理管见序》:“朱紫阳详论天下,称冀州大风水。～此非儒者事而忽之哉?”

【讵意】 jù yì 犹“讵料”。唐元稹《和乐天折剑头》:“闻君得折剑,一片雄心起。～铁蛟龙,潜在延津水。”明王世贞《皇明异典述》卷一〇:“～此逆怀蓄异志,欺诳朕躬。”清《野叟曝言》一三七回:“～天子算到,早请太医每日诊视。”

【讵欲】 jù yù 哪想;不是要。唐柳宗元《游朝阳岩遂登西亭》:“所怀缓伊郁,～肩夷巢。”宋司马光《双竹》:“～寻支遁,安能向辟疆。屡来非别意,未与此君忘。”清弘历《赋得濠濮间》:“聊因构朴屋,～拟华林。”

【拒】 jù ❶撑;拄。《隋书·沈光传》:“手足皆放,透空而下,以掌～地,倒行数十步。”明顾璘《萝峰记》:“拂天关于空濛,～地维而盘礴。”清《格致镜原》卷四一:“李定献偏架弩似弓而施干镫,～地而张之,射三百步能洞札,谓之神臂弓。” ❷关闭。唐薛渔思《河东记·蕴都师》:“遽引燎照之,至则～户闼,禁不可发。”明刘元卿《贤奕编》卷三:“有小丈夫者,得一金楼而藏诸家,～户而守之。”清陈廷敬《赠詹事府少詹事田公墓志铭》:“有美其居,～门弗开。”

【拒辞】 jù cí 拒绝推辞。明吴世忠《为赠谥以彰劝惩事奏》:“其礼颇厚,其意甚勤,本官～,一无所受。”《禅真逸史》三四回:“奉命剿贼,正臣子报效之日,岂敢以年老～?”

【拒挡】 jù dǎng 抵挡。清《绿野仙踪》三三回:“众贼已拔开了鹿角,撞入营门。桂芳只得率众～。”

【拒敌】 jù dí ❶抵挡;抵抗。《敦煌变文校注》卷一《张议潮变文》:“其贼不敢～,即乃奔走。”明谢肇淛《五杂组》卷一:“而人家有小儿新死者,辄指为魃,率众发掘。其家人极力～,常有从殴至死者。”清《万花楼》四〇回:“圣上命他把守边关,～西戎,经年累月,不能退敌。” ❷抗拒。明《封神演义》二回:“前者题反诗,今日杀军斩将,～王命,此皆不赦之罪。” ❸匹敌;相比。明《西洋记》九回:“陛下朝里的宝贝,莫说是斗量车载,就是堆积如山,也难以～这一个宝。”

【拒地】 jù dì 站立(不动)。唐韩愈《忆昨行和张十一》:“阳山鸟路出临武,驿马～驱频隤。”宋朱翌《猗觉寮杂记》卷上:“蜀人谓立地为～。”牟巘《王维画孟浩然骑驴图》:“向来十上困旅尘,驴饥～愁向洛。”

【拒斗】 jù dòu 抗拒格斗;抵御战斗。《唐律疏议》卷二〇:“注云‘因而杀伤人者,同强盗法’,谓因略人～,或杀若伤,同强盗法。”明林俊《通江捷音疏》:“各贼畏惧,蓝廷瑞一万餘人卖踪,先奔红口,廖惠等七千餘人殿后～。”清张玉书《诰封太宜人李母董太君墓志铭》:“会守乘夜率健卒往捕,翕惊起,持刃～。”

【拒扼】 jù è 扼守;把守控制。宋何去非《邓艾论》:“姜维以摧折之师,奋于奔命,虽能～,而终非坚敌也。”清《荡寇志》一二七回:“天彪大喜,即发慰劳文书,并添拨四千人马,教毕应元～秦封山。”

【拒马】 jù mǎ 用来防御骑兵的障碍物。《新五代史·南唐世家·李昪》:“彦贞之兵施利刃于～,维以铁索。”《宋史·吴璘传》:“凡阵,以～为限,铁钩相连。”

【拒殴】 jù ōu 对抗殴打。《唐律疏议》卷二一:“乙不犯甲,无辜被打,遂～之。乙是理直,减本殴罪二等。”《明会典》卷一七三:“迁发种田:……～追摄人,威力制缚人。”《大清律例》卷三五:“若并未纠约聚众,实系一时争斗～,致有杀伤,仍照各本律定拟。”

【拒弃】 jù qì 拒绝;放弃。五代孙光宪《北梦琐言》卷三:“清河公乃东依梁主而求际会,盖为天水～,竟为梁相也。”明叶春及《不奉改学请》:“职不敢违礼,本道可于其言而～之乎?”

【拒却】 jù què 拒绝;推却。《旧唐书·任瑰传》:“退谓瀋曰:‘……既遣县人杀贼质子,冤隙已大,吾何患焉?’枢果～圆朗。”明张凤翼《灌园记》一〇出:“但得他开缄后便收留,无～似鸟投林。”清《隋唐演义》五〇回:“他始则再三～不从,被臣说先帝惨弑,将军宜志在报仇,他即慨然应允。”

【拒推】 jù tuī 排斥或拒绝。明邵璨《香囊记》四出:“〔贴〕当今黄榜选英才,〔生〕母命如何敢～?”清弘历《邀山室》:“去亦弗遮留,来亦弗～。”

【拒先】 jù xiān 当先。《敦煌变文校注》卷一《张淮深变文》:“恰到平明兵裹合,始排精锐～冲。”

【拒抑】 jù yì 拒绝抑止。唐李隆基《出宫人诏》:“往缘太平公主取人入宫,朕以事虽顺从,未能～。”清雍正二年五月二十日上谕:“朕虽未为仁人,群臣当辅朕以成仁人。果能尽言规谏,朕并无～也。”

【拒御】 jù yù 捍卫防御。《唐太宗李卫公问对》卷中:“春秋鱼丽阵,先偏后伍,此则车步无骑,谓之左右拒,言～而已,非取出奇胜也。”宋华岳《翠微先生北征录》卷一:“而荆襄守御之兵,自信阳、安复至荆门、光化,亦不过六七屯戍,间道甚多,～不及婴其四集之锋。”明《杨家将演义》一五回:“已知辽兵留镇云州,将为再寇之计。太宗得报,与群臣商议～之策。”

【拒张】 jù zhāng 抗拒。唐张仲素《贺破贼表》:“此贼敢肆～,恃兹薄戍。望其悛革,又已稽诛。”《敦煌变文校注》卷二《叶净能诗》:“其官人见毡下血流傍地,语(净)能曰:‘杀人处目验见在,仍敢～。’”《宋史·李至传》:“幽州为敌右臂,王师所向,彼此～。”

【拒止】 jù zhǐ 杜绝遏止。唐韩愈《与华州李尚书书》:“接过客俗子,绝口不挂时事,务为崇深,以～嫉妒之口。”宋周必大《论西贼议和请以五问诘大臣疏》:“见今契丹往来,尚在沿边市易,岂可西蕃绝远,须要直至京师。只以此词,自可～。”清万斯同《石经考》卷下:“欲取宋高宗所传九经石经为浮屠基,推官申屠致远力～之。”

【拒阻】 jù zǔ 拒绝阻挠。《金史·世纪》:“是时,邻部虽稍从,孩懒水乌林答部石显尚～不服。”明邵璨《香囊记》三〇出:“休～,莫致疑,妾是伊家老奴婢。”清《隋唐演义》六〇回:“倘若门上～,有他当年赠我的没镞箭在此,带去叫他门上传进。”

【具】 jù ❶陈述;开列。唐韩愈《故金紫光禄大夫董公行状》:“谨～历官行事状,伏请牒考功,并牒太常议所谥。”元《通制条格》卷六:“开写某官姓名,～年甲、籍贯、入仕根脚、实历请俸月日,并任内行过事迹,呈报本司。”《大清会典》卷三四:“首领官引自东阶升堂,～衔名履历,告于各长官。” ❷撰写;签署。唐韩愈《与孟东野书》:“张籍在和州居丧,家甚贫。恐足下不知,故～此白,冀足下一来相视也。”明汤显祖《南柯记》一六出:“卿但～书相问,未可便去。”清《醒世姻缘传》四七回:“这批到刑厅,不过是招了口词,～一个招,加一个参语,将魏三拟一个徒罪。”

【具办】 jù bàn 备办。《法苑珠林》卷一四:“～幡华,种种伎从人物,不可称计,送妃至家。”宋周密《武林旧事》卷八:“太史择日降旨,令太常寺参酌旧礼,有司～仪物。”明《古今小说》卷六:“我生平不作戏言,已曾取库上六十万钱,替你～资妆去了。”

【具报】 jù bào 具文上报。元《通制条格》卷二二:“今后被差离职官员,拟同事故一体报台,还职日亦行～。”明《醒世恒言》

卷二七："那焦氏的邻家，平昔晓得玉英才貌兼美，将名～本府。"清《雪月梅》四二回："仰该丞前往确查仓储库项，果否赈济，有无额外亏空情弊，据实～。"

【具禀】 jù bǐng ❶禀报；上报。宋朱熹《与江西张帅札子》："前记之恳虽出僭易，然亦仁人君子所宜动心也，今再～及以公文为请。"明《醋葫芦》二回："李敬山带了香炉五事，笑哈哈走来～，转一气唱了七八个喏。"《梼杌闲评》一回："二官无奈，只得～申院。朱公来看了，心中大怒。" ❷用于招状开头写状人的姓名之前，表示是谁具写该状。明《醋葫芦》二回："面前摆一张招头，写道：～老汉韦泽，禀为悬怜孤老事。"清《醒世姻缘传》四六回："那揭帖上面写道：～人魏镜，禀为强夺亲子事。"《绿野仙踪》二〇回："从袖中取出一张字稿儿来，上写道：～小的金不换，系本县人，住城外赵家涧，为据实出首事。"

【具告】 jù gào ❶上报。宋李曾伯《乞留夔帅手奏》："臣累陈愚画，～公朝。正望先阴雨以绸缪，庶几作风寒之遮护。"明王守仁《给思明州官孙黄永宁冠带札付牌》："该袭之时，～抚按衙门，另行具奏施行。"清雍正三年六月初十日田文镜奏文："且民欲无厌，一闻皇恩敕查免粮，无论沙土地亩，纷纷～。" ❷告状；投诉。明王錂《寻亲记》九出："昨夜把我兄弟杀了，特来～。"《西游记》三七回："你何不在阴司阎王处～，把你的屈情伸诉伸诉？"《大清律例》卷一二："逼勒至死者，家属赴控。上司如不行准理，许赴通政司鼓厅衙门～。"

【具官】 jù guān ❶具写官衔的省略。为行文简便，制诰、奏疏、函牍上把应具写的官职爵位用"具官"二字代替。唐张说《授武攸宁冬官尚书制》："～建昌郡王攸宁，道臻八元，名高两献，行兼为善，业茂多才。"明佚名《鸣凤记》一五出："〔末〕有何文表，就在此披宣。〔生〕～臣继盛启，仰荷皇恩旨，升臣为署郎官职。"清钱谦益《(刘一爆)祖母陈氏赠一品夫制》："某氏乃～某之曾祖母，仪法在躬，作嫔令族。……兹特赠为一品夫人。" ❷指应具写的官衔。宋赵彦卫《云麓漫钞》卷四："国初公状之制，前～别行，叙事后云'牒件状至如前，谨状'。宣和以后，始用今制，前～别行，稍低，叙事讫，复别作一行稍高云'右谨具申闻，谨状'。" ❸徒居官位充数，或指徒具形式的官职。宋叶绍翁《四朝闻见录》卷五："自庆元以来，政出于韩，而师旦之门如市。宰相已为～，左右不复预事。"明钟惺《岱记》："又上，乃得小天门，秦五大夫松在焉，～而已。"清钱泳《履园丛话》卷四："盖专官之要，虽在于得人，而修举之宜，惟先于足用。人不得，所设皆～也；用不足，所议皆空谈也。" ❹题写官衔。清吴广成《西夏书事》卷一："思忠为继迁远租，史不～，谅非显秩。"又卷二："前书仁福不～，兹特～者，殆以后唐继统嘉其反正乎？"

【具结】 jù jié 向官署提交的担责文书。明戚继光《纪效新书》卷一七："先将各墩旗军备完件数，该管官～缴来查考。"《醒世恒言》卷三八："刺史不敢怠慢，即唤李清左近邻佑，责令～前来。"清《红楼梦》一〇三回："贾琏在外也将他儿子吓住，他情愿迎到刑部～拦验。"

【具庆】 jù qìng ❶称父母俱在。五代李亶《赠臣寮父母敕》："～者继颁恩渥，俾耀晨昏；既亡者宜泽泉扃，以光封树。"明《石点头》卷一："贤契如此青年，自然～了。"清《赛花铃》三回："仁兄学业已成，又在～之下。今虽偃蹇，后当显达。" ❷指父母双亲。宋黄震《黄氏日抄》卷三二："勖长子道辅知乡郡，在～下侍立，年八十九。"元杨维桢《春草轩记》："～在堂上，年俱高矣。"明倪谦《故新建荣僖侯夫人赵氏墓志铭》："侯幼从戍营州左护卫，在～下，夫人执妇道，事舅姑，尽孝敬。" ❸指全家团圆。明朱鼎《玉镜台记》一六出："母亲在堂，岂敢久游？料不久还～，别吾慈策步登。"

【具实】 jù shí 翔实。唐李湛《罚李方现俸敕》："假如品官凌忽，只合～奏闻。辄肆狂疏，恣行殴击。"元《通制条格》卷一六："未复业者，有司～申报。"清《好逑传》一七回："今蒙圣恩下采，谨～奏闻。"

【具题】 jù tí 具文上报。明王守仁《交收旗牌疏》："候到，先将收领过日期号数，径自奏报查考等因～。"《型世言》二四回："岑猛首级解至军门，军门～，把田副使与沈参将做首。"清李玉《清忠谱》一二折："力致当道，上疏～，得造节妇牌坊。"

【具位】 jù wèi ❶犹"具官❶"。《大唐开元礼》卷二七："维某年岁次月朔日子，嗣天子臣某谨遣～臣姓名，敢昭告于大明。"《大宋宣和遗事》前集："臣冒昧万死，伏候圣旨。年月日～臣张商英表。"明叶盛《水东日记》卷五："维年月日，～某官敢昭告于风云雷雨之神。" ❷犹"具官❸"。《新唐书·苏味道传》："味道练台阁故事，善占奏。然其为相，特～，未尝有所发明。"宋王明清《挥麈后录》卷一："顾此薄材，尚容～。中谢。"明顾璘《正月乡饮赋一首》："蹇予负明谴，～牧斯民。" ❸犹"具官❷"。宋龚明之《中吴纪闻》卷四："郑诗题云《寄同年叔懋秘校》，刘于诗前～加'榜下'二字于其上，乃原父之弟也。"

【具写】 jù xiě 题写；撰述。唐武三思《大周无上孝明高皇后碑铭》："曾于方寸，～千言，总游雾于毫端，穷偃波于笔杪。"元《通制条格》卷一六："今后诸军户典卖田宅，先须于官给据，明立问帐，～用钱缘故。"《大清律例》卷七："～奏本，其奏事及当该官吏金书姓名，明白回奏。"

【俱都】 jù dōu 全；都。明《金瓶梅词话》一四回："恰说一日杨府尹升厅，六房官吏～祗候。"清《醒世姻缘传》五九回："惟素姐直拍拍的站着，薛夫人逼着，方与狄婆子合他大妗子三姨磕了几个头，～坐下。"《万花楼》四一回："众位忠良大臣，～无言，独有庞国丈满面透红。"

【俱各】 jù gè 每个；全部。唐裴度《请罢知政事疏》："～努力，方交小安；不然，必有溃散。"《元典章·刑部八》："或有罪买嘱官吏，求胜脱免，不论其事已未结绝，～没官。"清《绿野仙踪》一回："后因与本管知府不合，两下互揭起来，～削职回籍。"

【俱皆】 jù jiē 犹"俱都"。唐庞蕴《城内数万户》："时时师子吼，禽兽～卒。"元明《三国志通俗演义》卷六："尽皆收下狱中鞠问，～招认明白。"清《说岳全传》六〇回："那倪狱官与禁子看了，～落泪。"

【俱总】 jù zǒng 犹"俱都"。《敦煌变文校注》卷一《伍子胥变文》："臣惧子胥手中剑，子胥怕臣～收。"明《封神演义》二七回："太师奏疏，俱说得是。此三件事，朕～行。"清《野叟曝言》一五〇回："各女亲俱体贴水夫人之意，只检顶真尊辈作一次受了拜礼，其馀与本家等辈～行小礼。"

【惧惭】 jù cán 恐惧羞惭。宋王令《与刘秀才书》："虽得以饱，然其谓所学何？以是～无宁日。"元刘将孙《明善堂记》："起敬而心不白，～而志愈违，为人兄者不可以不之明也。"明孙承恩《楚国王赐礼回答启》："诵揄扬之已甚，见奖借之过优。浅薄何堪，～交集。"

【惧惮】 jù dàn 害怕；惧怕。唐牛僧孺《玄怪录》卷一："太常协律韦生，有兄甚凶，自云平生无～耳。"《元典章·刑部十八》："于内纵有勘当得实者，其亲属～地远，不能前来识认。"清《荡寇志》七七回："本府太守高封那厮也～他。"

【惧愕】 jù è 恐惧惊讶。唐戴孚《广异记·秦时妇人》："有妇人，并衣草叶，容色端丽，见僧～，问云：‘汝乃何人？’”

【惧惊】 jù jīng 惊恐；害怕。唐韦承庆《灵台赋》：“～怀其若坠，忧结念其如束。”宋陈著《沁园春·和元春兄自寿》：“输兄，炼得闲成。□无辱无忧无～。”清《野叟曝言》一四四回回目：“二老来归君臣同乐，双翎未展母后～。”

【惧恐】 jù kǒng 犹“惧惮”。《太平广记》卷四七九引《稽神录》：“忽见甲士清道，自东来，传呼甚厉。乃弟～，伏于草间。”明屠隆《昙花记》三四出：“婢女送茶到门，闻你凶谋，～事泄，手刃此婢。”清《医宗金鉴》卷四一：“内生～求人伴，外触骇然响动惊。”

【惧内】 jù nèi 怕老婆。元元怀《拊掌录》：“安鸿渐有滑稽清才，而复～。妇翁死，哭于路。其孺人性素严，呼入穗幕中，诟之曰：‘路哭，何因无泪？’”明陆采《怀香记》二九出：“老爷平素～的。夫人有言，并不违忤。”清《醒世姻缘传》五八回：“这人肯替老婆洗裹脚合裤腿子的，必定～。”

【惧怕】 jù pà 犹“惧惮”。《法苑珠林》卷二二：“诸人～，皆悉四散，唯长年一人，心不惊动。”《元曲选·窦娥冤》四折：“那张驴儿道：‘你若不肯，我依旧勒死你。’俺婆婆～，不得已含糊许了。”清《红楼梦》六四回：“心中虽不愿意，无奈～贾珍等势焰，不敢不依。”

【惧怯】 jù qiè 犹“惧惮”。宋《三朝北盟会编》卷二三七：“洋察湛有～退走意，不从洋请。”《元曲选·岳阳楼》一折：“我往常间上这楼来，坦然而上，今日如何心中～？”清《万花楼》五四回：“难道他～包拯，反不畏我？”

【惧悚】 jù sǒng 犹“惧惮”。唐林简言《纪鸮鸣》：“每伺宵晦，辄登树鸮鸣，凡侧于树，若小若大，莫不懔然～。”明沈鲸《双珠记》二四出：“那七个僧人生得古怪。你须大着胆，见奇形休～。”清袁枚《续子不语》卷二：“彼日我游园时，忽阴风吹来，毛发～。”

【剧繁】 jù fán ❶指繁重的职务或事务。五代李从珂《委三司重议税法诏》：“勉怀成务之勤，以副～之选。”宋范祖禹《乞致仕第三表》：“惟是～之地，必资强敏之才。”明丘濬《送蒲进士赴铅山县》：“牛刀初小试，遽尔莅～。” ❷繁重。元赵汸《处士汪君墓志铭》：“内附初，调发～，巨室皆重困。”

【剧怜】 jù lián 可怜。宋宇昭《晓发山居》：“～诗思苦，凄恻向长沙。”明王世懋《复出莆阳即事因之有怀家兄》：“五马骖騑又复东，～行色有壶公。”清《野叟曝言》一二回：“四膝落尘埃，此日～如伏虎；一朝得云雨，他年端不让飞熊。”

【剧烈】 jù liè 猛烈。金张从正《儒门事亲》卷七：“痛极则发昏，服药则病转～。”△《玉梨魂》一〇章：“大凡爱情之作用，其发也至迅捷，其中也至～，其吸引力至强，其膨胀力至大。”

【剧戏】 jù xì ❶嬉戏；游戏。唐张鷟《游仙窟》：“向来～相弄，真成欲逼人。”明沈明臣《游张公洞》：“万拳之石何累累，幻形变态将胡为？造物无以显灵异，故此～令人疑。”清钱谦益《李贯之先生存餘稿序》：“世所号为魁士硕儒，敢于嗤点谟诰，镌夷经传，大书浓抹，以典训为～。” ❷戏剧；演戏。宋邵伯温《邵氏闻见录》卷一〇：“遣人入大辽侦事，回云：‘见辽主大宴群臣，伶人～。’”明王骥德《男王后》四折：“我看那做～的，也不过是借我和你这件事，发挥他些才情，寄寓他些嘲讽。”清钱谦益《石林长老七十序》：“开堂付拂，近在邻并，朋徒歙集，利养炫曜，一灯暗晦，阡陌迢然，如观～，如见博弈。” ❸指幻术、烟火变幻等表演。元陶宗仪《辍耕录》卷二二：“若夫断而复续，死而复生，药欤？法欤？是未可知也。但～中似此者，果亦罕见哉。”明邵宝《王母献桃图赞》：“彼周穆之荒游，汉朔之～，又奚足计邪？”刘绘《元夕同杂宾里中观放烟火》：“麝膏芳藿夜将阑，蔓延～几回看。铁铗烬销歌曲转，铜荷溜滴舞衣单。”

【据】 jù ❶论；按……说。金《董解元西厢记》卷八：“多谢哥哥此般厚意。～自家，寡才艺，尽都是父母阴功所得。”《元曲选·倩女离魂》一折：“～胸次，那英豪；论人品，更清高。”明汤式《一枝花·同前意》：“～标格是有那画阁兰堂的分福，论娇羞怎教他舞台歌榭里淹留。” ❷远指代词。渠；彼。元侯正卿《醉花阴》：“～踪迹疏狂似浮萍，山般誓，海样盟，半句儿何曾应？”《元曲选·货郎旦》四折：“～一表仪容非俗，打扮的诸餘里俏簇，绣云胸背雁衔芦。他系一条兔鹘、兔鹘，海斜皮偏宜衬连珠，都是那无瑕的荆山玉。”《三国志平话》卷上：“～贼兵势大，寡不敌众，你多将军兵去。” ❸那样；那么。元尚仲贤《气英布》四折：“此一阵不寻俗，英布谁如？～慷慨堪推举。”《前汉书平话》卷中：“第三坐者，～精神猛恶。寡人见之甚惧，是谁也？” ❹用在人称代词前，表示一种无奈承认或让步的语气。犹言真个、就算。金《董解元西厢记》卷四：“恰才～俺对面不敢支吾，白受恁闲惊怖。细寻思，吾也干白。”明《挂枝儿·送别》：“～你说，烧窑人，教我怎么不气。砖儿厚，瓦儿薄，既是一样泥，把他做砖我做瓦，未为无意。”清《玉蜻蜓·问卜》：“别人道我做铁嘴，～吾是直头乱嚼。”

【据称】 jù chēng 犹“据说❷”。宋郭庭坚等《掌祠府帖》：“提督官书拟王掌祠，～未曾给帖。”明《型世言》二一回：“徐豹～已死，姑不深求。”清《万花楼》四一回：“臣思李沈氏乃一妇人，～身负大冤，无门伸雪，故敢于吾主驾前求伸。”

【据凭】 jù píng ❶凭借；依据。唐吴兢《贞观政要》卷七：“刊正姓氏，普责天下谱牒，兼～史、传，剪其浮华，定其真伪。”《元曲选·冻苏秦》一折：“往前去赚入坑，往后来褪入井，两下里怎～，折磨俺过一生。”明倪岳《为灾异陈言事》：“著为成法，颁行南京。如有违犯，～论断。” ❷凭证；证据。宋《三朝北盟会编》卷四：“若不具录，虑彼别无～，今开列如后。”楼钥《先兄严州行状》：“此等既非正支，止是私置文记，遇出即注，才入即销，虽有～，终难检柅。”元郑元祐《亚中大夫扬珠格尔公政绩碑》：“计粮船发期与到日，官皆明给～，庶不罹其扰害。”

【据窃】 jù qiè 窃据；非法占据。唐温大雅《大唐创业起居注》卷三：“群凶～，一鼓而崩，此又王之功也。”《宋史·陈琰传》：“丁谓因缘险佞，～公台。贿赂包苴，盈于私室。”清李重华《剑阁》：“残山通仄狭，留险藉控扼。谁知徒长奸，～逞荷戟。”

【据恃】 jù shì 凭借；依仗。宋李纲《乞差罗选要部兵捍御猺贼奏状》：“武冈军猺贼～山险，出没作过。”《元典章·圣政二》：“～巢险，出没不常。”

【据说】 jù shuō ❶依据说法；所论。宋朱熹《答廖子晦》：“时道中妄陈所见，以及无极太极、动静阴阳、五气五性与夫万事善恶之出，因言：‘大端人伦似只如此，不审如何著工夫，方见得尽？’先生云：‘～亦只是如此，无可思索。’”又《答潘恭叔》：“或谓游氏以犯上作乱为两节，据友恭所见，只是一节。～‘不好犯上’处亦贯忠顺而言，则知其非两节也。”明李实《北使录》：“及实行三十里，才到营内得见。言说：‘如今虏人要和是实情，你每回去说，可将些衣服段匹来与我做人情，着我守祖宗陵寝也好，着我做百姓也好。’～，臣等切详，虏人悔过请和，此是天地宗庙之福。” ❷根据别人说；根据传言。清雍正七年四月二十六日柏之蕃奏文：“勾合小的到开元寺琵琶桥北首顾忠思家，～钦天监做过官，知些天文术数。”《红楼梦》九二回：“～这就叫做母珠。”《镜花缘》五回：“此处石榴，乃朕特命陇右节度使史逸从西域采办来的。～此花颜色种类既多不同，并有夏秋常开者。”

【据证】 jù zhèng ❶采取证据；采为证据。《隋书·裴政传》："凡推事有两，一察情，一～，审其曲直，以定是非。"宋郑克《折狱龟鉴》卷六："凡～折狱者，不唯查问知见辞款，又当检勘其事，推验其物，以为证也。"吕祖谦《大事记解题》卷一二："是犹或发之于口，或笔之于书，得以～。" ❷论证；斟酌。《景德传灯录》卷三〇《道寻遍参三昧歌》："～灵由辟万机，横挥祖刃闻三域。"明郑楷《翰林学士承旨宋公行状》："其冠婚丧祭仪制礼文，多参问于先生。先生则～古今，准酌时宜，以成一家之法。"清李清馥《闽中理学渊源考》卷三："准则之以语孟，权衡之以五经，～之以历代之史。" ❸证据；凭证。《宋史·选举志二》："士子得历，可为～；有司因历，可加稽验。"清《红楼梦》三三回："现有～，何必还赖?"《情梦柝》一六回："令妹亲笔字一幅，寄豆腐店约弟到府的；现有亲笔《春闺》诗一首。这几桩～，不怕他飞上天去。" ❹依据。明蔡清《易经蒙引》卷七上："况蜗、虾、蟇、蛙，字皆从虫，而鲋字却从鱼。不知先儒乃不依有所～之韵书，而独用无所～，以蜗、虾、蟇、蛙之属为说。"冯复京《六家诗名物疏》卷四二："天子畿内公卿比外诸侯，或亦奏肆夏，未可知。但天子公卿及诸侯祭礼亡，无所～。"

【遽匆】 jù cōng ❶匆遽；匆忙。宋觉范《同景庄游浯溪读中兴碑》："取非其子又～，灵武君臣无怍容。"元吴皋《送郡守入觐》："眷此千里遥，执别惜～。"明周瑛《次石阡晓发新添韵》："宦情羁思相催促，因笑浮生太～。" ❷迅疾；快速。宋觉范《次韵公弱寄胡强仲》："笔力扛九鼎，奇语出～。"明许自昌《水浒记》二五出："叩双环～，叩双环～。怕缧绁相从，把缣囊偷纵。"清双庆《燕九日赵北口行营应制联句》："荣叨给札沾优渥，速愧传笺讶～。"

【遽促】 jù cù 匆遽；急迫。明皇甫汸《送李子植卿自圮县迁和顺》："人世别筵那～，天涯后会渺难期。"清严虞惇《读诗质疑》卷二一："百谷既多，种同齐熟。收刈～，力所不足。"

【遽尔】 jù ěr ❶骤然；突然。唐元稹《赠郑馀庆太保制》："天胡不仁，～歼夺。而今而后，谁其屏余?"明孟称舜《娇红记》四〇出："我昔待君，亦为不薄。岂君一旦身贵，～见弃了?"清《歧路灯》一〇回："二公之事，老朽已知巅末。只是～言旋，情不自胜。" ❷急切；迅速。唐刘长卿《李侍御河北使回至东京相访》："王程～迫，别恋从此始。"宋司马光《为宠相公谢官表》："靡由阶渐，～直登。"清《绣戈袍》四回："弟奉着严亲有召，必早日过庭方妥。聚首有期，何劳～小人如蜜之态?" ❸仓促；轻率。唐杨筠松《葬法倒杖》："若不细察，～投棺，则生气受伤，子母遭挫。"明佚名《精忠记》一二出："虽有班师之命，而一旦～回军，只恐金人乘势复入，将有不测之变。"清《疗妒缘》二回："事到危急，自然拼得一死。幸得强人不在，或可商量，何必～轻生?" ❹冒然；冒昧。宋洪迈《夷坚志》甲卷一六："金章贵人在焉，揖吴坐上坐。吴辞曰：'逑，布衣也。今～，恐涉冒仕之嫌，必不敢。'"清《隋唐演义》五二回："那十年前婆婆正六十寿诞，我记得姑太太曾差两员银带前程的官儿前来上寿。如此亲谊，可谓不薄矣。今若～回他，只道是我们薄情。"《歧路灯》一〇一回："～瞻韩，屡蒙见召，尚未暇拜谢。"

【遽即】 jù jí 立即。《法苑珠林》卷一〇三："其夜忏达四更，闻户外有人言曰：'君死业已尽。'～开户，都无所见。"宋《三朝北盟会编》卷三五："书未及上，而陛下先已施行。恐成观望，～寝罢。"清《八旗通志》卷二〇五："朕览所奏，倘亦如汝～见诸施行，竟至滋扰地方，其害曷胜枚举。"

【遽急】 jù jí ❶匆忙急迫。宋宋祁《赐中书门下诏》："民如驭马，安得骇惊；理犹乱绳，弗宜～。"《三朝北盟会编》卷三〇："今城下之战，计社稷之安危，不可～。" ❷峻急；紧急严重。明杨士奇《王九成传》："时冰雪寒冱，韶徒跣走百里祷焉，归得疾～。"

【遽疾】 jù jí 急忙。宋强至《谢和诗》："窗外家僮～呼，开门满幅把明珠。"

【遽可】 jù kě 岂可；怎能。唐李世民《帝范》卷二："～以今日之一恶，忘其前日之累善哉!"宋罗濬《宝庆四明志》卷九："生事窘甚，一繈褓之子，～保乎?"清《绮楼重梦》四八回："于是兰皋主人搁笔而笑，不复再续。客有款门而请者，曰：'《红楼梦》续至此，～画然止乎?'"

【遽忙】 jù máng 匆忙。明汤显祖《邯郸记》二九出："成惊恍，忒～。敲破了枕函，我也无伎俩。"徐渭《歌代啸》二出："你也忒莽撞，忒～，全无些智量。"

【遽宁】 jù nìng 犹"遽可"。明袁宏道《新安江行记》："水行舟楫，陆行车挽，卷江海而注之徽，而其俗又皆纤啬力作，虽山不折江不萦，～不富也!"又《公安二圣寺重修天王殿疏》："诸君子悼文献之久湮，思盛事可以义起也。虽微福田，～恝然已乎?"

【遽迫】 jù pò ❶骤临；迫近。唐佚名《为王尚书遗表》："某孝未立于家，忠未报于国，而桑榆～，风烛俄惊。"刘禹锡《为杜相公慰王太尉薨表》："方膺作翰之寄，～归泉之期。"宋苏轼《谢除龙图阁学士表》："犹冀桑榆之收，～犬马之疾。力求闲散，庶免颠挤。"李攸《宋朝事实》卷六："灵期～，朝露易晞。" ❷急迫；惶遽。宋苏轼《与何正道教授》："登舟～，不果造别。"明袁宏道《纪怪》："其求食之状，甚～，极可哀怜。"清蒲松龄《慰历友丧偶》："来日无多真～，佳人难再只吟思。"

【遽切】 jù qiè ❶急切；迫切。唐李治《改元弘道大赦诏》："所以身处九重，而情周万姓。建本之怀～，抑末之念愈深。"宋孙觌《回强守奉直启》："爰属下车之始，～求旧之先。" ❷猛烈；严重。明王慎中《儒林郎易愧虚先生行状》："规过攻慝，不为～，常以微词成讽。"清弘历《故大学士于敏中惜辞》："给假期犹愈，永辞～伤。"

【醵分】 jù fèn 凑份子。也指凑份子时每人应出的份额。清查慎行有《诸同年～饯行于陈秉之寓楼即席而别》。《红楼梦补》三八回："这一天，因同年相好送到知单～，只得换了衣服出去应酬。"《品花宝鉴》一七回："我们主人六个，添上湘帆七个，媚香、瑶卿、香畹、佩仙、静芳、蕊香、瘦香、小梅共是八个，要三席才可坐。～之说，不能预定多少，只好办了再算。"

【醵赙】 jù fù 凑集营葬费用。宋欧阳修《与梅圣俞书》："邓氏～已止，皆如雅意。……祭文挽辞极佳。"清李清馥《闽中理学渊源考》卷五二："(杨琅)自起更衣冠坐舟中，乃卒。诸生哀感，～以归。"

【醵会】 jù huì 凑份子结会。宋洪迈《夷坚志》三辛卷八："还次双牌群小家，方～，一客留，二客俟于桥上。"李光《渔家傲》序："每至花发，乡中人多～往游。"清吴任臣《十国春秋》卷二九："诸生有～市羊者，是夜梦一羊望载乞命。"

【醵饯】 jù jiàn 凑份子饯行。明倪岳《赠户部右侍郎吴君归省诗序》："君踊跃拜命，治装南归。同升之士在朝者，～于都门之外。"程敏政《满道清风图卷诗引》："宪副谈公时英之赴官于蜀也，凡同年友在京师者，～于学士李公世贤之第。"

【醵酒】 jù jiǔ 凑钱买酒共饮。宋《朱子语类》卷一〇七："少迟，诸人～至，饮皆醉。"明李蓘《送唐生上京》："～嗷花神，江山发灵助。"清《聊斋志异·五通》："今日四郎以美人见招，会当邀二郎、五郎～为贺。"

【醵敛】 jù liǎn 凑钱聚饮。《敦煌愿文集·亡文范本等》："即有斋头及诸郎君等～清斋，一为乞倍胜之田蚕，二乃当常岁之佳会。"明岳元声《方言据》卷下："敛钱聚饮谓之～。"

【醵率】 jù lǜ 按规定的标准凑钱(聚饮)。唐李商隐《杂纂·迟滞》:“新妇见客,穷汉~,贫家嫁娶。”五代王定保《唐摭言》卷三:“会时及荐新状元,方议~,覃潜遣人厚以金帛预购数十硕矣。”宋钱易《南部新书》乙集:“亦有十人五人~酒馔,请题目于知己朝达,谓之私试。”

【醵宴】 jù yàn 聚集宴会。唐元稹《酬翰林白学士代书一百韵》:“僧餐月灯阁,~劫灰池。”郑谷《贺进士骆用锡登第》:“题名登塔喜,~为花忙。”明孙绪《沙冈赋》:“然诺有符,庆吊有需,过从有期,~有词。”

【醵饮】 jù yǐn 聚集宴会。宋陈著《宝鼎现·寿范著林》:“拚~、任金尊倒,醉把羲娥傲。”明王士性《广志绎》卷四:“臬司分道中一树,根下空洞处可列三棹,同僚尝~其中。”清吴伟业《矾清湖》:“馌耕看赛社,~听呼卢。”

【聚话】 jù huà 会话;聚谈。宋洪迈《夷坚志》三辛卷四:“邻船~间,遥望东北方火光亘天。”元宋方壶《山坡羊·道情》:“竹风松月浑无价,绿绮纹楸时~。”清《赛花铃》一五回:“府尊连忙接进衙宾馆内,~多时。”

【聚积】 jù jī ❶淤积;堆积。唐玄奘《大唐西域记》卷二:“时属风寒,人皆饥冻,~樵苏,蕴火其下。”清傅泽洪《行水金鉴》卷一四〇:“上流所刷之沙,~下流平缓之处。” ❷积蓄;储备。唐李渊《沙汰佛道诏》:“出入闾里,周旋阛阓,驱策畜产,~货物。”明汤显祖《南柯记》一四出:“隔江西畔有一郡南柯,他~的膻香可奈何?”清《儒林外史》五回:“像这,都是历年~的,恐怕我有急事好拿出来用的。”也指储备的物资。宋苏舜钦《上范希文书》:“屠其栅垒,火其~。” ❸集合;聚结。明王守仁《疏通盐法疏》:“水势汹恶,冲断桥索,以致奸商计乘水势,~百船,执持凶器,用强越过。”《封神演义》一〇回:“次日,早朝升殿,~两班文武。”清《平定两金川方略》卷八〇:“击败贼众皆~于此,悉力固守。”

【聚讲】 jù jiǎng ❶一种峰凸会聚如聚徒讲学状的堪舆地形。唐杨筠松《撼龙经》:“乱峰顶上乱石间,此处名为~山。~既成即分去,分宗拜祖迢迢路。”明佚名《灵城精义》卷上:“不知龙有起,有止,有行度。起处必要~,如层云叠雾,合气运形,大以数百里,小以数十里,横亘绵延,或五星聚而不分,谓之~。”沈榜《宛署杂记》卷四:“夫大行自天之西柱奔腾以北,云从星拥,几千万派,而至宛平三岔口,析而为二,此堪舆家所谓大~也。” ❷聚众讲学或讲论。元戴表元《奉化州庠小学箴》:“噫嘻州儒,~有庐。”明佚名《民抄董宦事实》:“学台必欲以学政难诸生,谓十五之~,即坐以衅端,安得云无涉?”清钱谦益《云阳草堂记》:“生公说法见摈,列石~,……石为移听。” ❸集合;会聚。清钱谦益《李缉夫墓志铭》:“岁在甲子七月,五星~于张,王室必再兴。”

【聚旧】 jù jiù 旧友或老亲聚会。宋王迈《贺福帅王侍郎启》:“惟七~,安于击壤。”明佚名《鸣凤记》四一出:“我老爷特差我打听消息,若邹爷到来,我老爷奶奶也要同归~。”

【聚拢】 jù lǒng 集合;围到一起。元明《水浒传》四八回:“宋江又教小喽罗筛锣,~众好汉,且战且走。”明《禅真后史》一四回:“众人~询问,妇人指着庵里道:‘我卧房内失火。’”清《姑妄言》一三回:“过路的人看见,~来看。”

【聚旅】 jù lǚ 招聚旅人。宋罗愿《宋汪长者传》:“汪廷美,婺源人,孝友纯至,义居数十年,~数百口。”元黑老五《粉蝶儿·集中州韵》:“听称名姓叮咛诉,则向那~无虞去处宿。”

【聚论】 jù lùn 会聚议论。唐李翰《难进论》:“士固有怀经济之略,蕴弼谐之才,而拟非其伦,履失其位。皆屑屑~者,腾喧咋之辞;连袂并驱者,效趋走之技。”宋韦骧《寄提刑岑岩起》:“登途先后无多日,~参差已过时。”明宋濂《故龙泉汤师尹甫墓碣铭》:“中书移行省,召郡守诣宪府~。奏上,减官煮盐十万引。”

【聚面】 jù miàn 会面;相会。明顾璘《吕太史仲木舍对菊》之三:“飘蓬俱异域,~复都城。”崔时佩、李日华《西厢记》二出:“归来重~,绣筵前,玉屑飞香起笑喧。”清《幻中游》一三回回目:“观音寺夫妻重~。”

【聚首】 jù shǒu ❶碰头;头顶头。唐顾况《莽墟赋》:“前山极高,犹在其下。~峨峨,去天无多。”宋孟元老《东京梦华录》卷一〇:“又有裹锦缘小帽、锦络缝宽衫兵士,各执银裹头黑漆杖子,谓之‘喝探兵士’。十餘人作一队,~而立,凡十数队。”明崔溥《漂海录》卷一:“权山等曰:‘天若开霁,测以日月星辰,犹未知海上四面。……’~而哭。” ❷犹“聚面”。五代徐铉《送谢仲宣员外使北蕃序》:“犬羊百万,以攻战为事,不可以威武服也;酋豪~,以奸诈为常,不可以智力胜也。”元高明《琵琶记》二八出:“要相逢不能勾,除非梦里暂时略~。”清《十二楼·归正楼》三回:“我如今回去葬亲,将有一年之别,来岁此时方能~。”

【聚谈】 jù tán 会谈。唐白居易《记异》:“周视其四旁,则堵墙环然无隙缺;复视其~之所,则尘埃幂然无足迹。”明佚名《鸣凤记》三四出:“他乡遇故,方欲~,请坐了。”清《镜花缘》四三回:“大家一经~,倒象都有夙缘,莫不亲热。”

【聚头】 jù tóu ❶犹“聚首❶”。唐寒山《快哉混沌身》:“朝朝为衣食,岁岁愁租调。千个争一钱,~亡命叫。”《祖堂集》卷一三《报慈和尚》:“五六百人~吃粥吃饭,为复见处一般,见处别?”△清《孽海花》一一回:“潘尚书接着一看,正是纯客手札,大家都~来看着。” ❷犹“聚首❷”。宋吴芾《和远老》之一:“归来已快平生志,况有高人来~。”明《醋葫芦》九回:“恰好冤家~,门外一官抬过。”清陈端生《再生缘》五九回:“如今咫尺王都内,竟未能,骨肉相亲聚聚头。”

【聚完】 jù wán 完聚;团聚。《元曲选·萧淑兰》四折:“这都是姻缘前判,幸今生得~。”

【聚啸】 jù xiào ❶啸聚;呼哨招聚。多指聚集做歹事。唐杜牧《上李太尉论江贼书》:“雄健~之徒,尽不能获。为江湖之公害,作乡闾之大残。”元王逢《赠别赵杭州伯器》:“火狐方~,海鳄未全驯。”清倪瑞璿《过凌城庙谒古戴二公忠义冢》:“忆昔明运衰,群盗起~。” ❷聚会吟啸。清《十二楼·萃雅楼》一回:“每到风清月朗之夜,一同~其中,弹的弹,吹的吹,唱的唱。”

【聚喧】 jù xuān 聚集喧哗或争闹。唐苏颋《太阳亏为宰臣乞退表》:“所以素餐加责,~于下;薄蚀生灾,见昭于上。天之所戒,臣不可逃。”明袁于令《西楼记》二六出:“行行车马长途倦,投宿店征夫~。”清雍正四年四月十四日杨文化奏文:“但因旗棍~小事,该中军即思借端躲避,倘身临大事,安望其忘身家以报国恩?”

【聚义】 jù yì 为正义或义气而聚集在一起。多指反抗统治者的武装斗争。唐李贞《随大善知识信行禅师兴教之碑》:“若夫七处~,能力末藉于假人,等大地之广持,类元天之遐覆。”《元曲选·争报恩》楔子:“~的三十六个英雄汉,那一个不应天上恶魔星。”清《飞龙全传》二五回:“母舅虽系绿林~,山寨生涯,然须保善锄强,不愧英雄本色。”

【聚攒】 jù zǎn 积攒。清《补红楼梦》一四回:“他私下~了五两金条子,值得着八十多两银子。”又二一回:“你便多~下几个钱儿来,过几年工夫再拣个合式的人嫁了他去。”

【聚坐】 jù zuò 围坐。唐张鷟《朝野佥载》卷四:“中央一群汉,~打杯觥。”宋苏轼《涂巷小儿听说三国语》:“涂巷中小儿薄劣,其家所厌苦,辄与钱,令~听说古话。”明《拍案惊奇》卷二六:

“一日有一伙闲汉，～闲谈，门子挨去听着。”清《聊斋志异·负尸》：“盖众适～，忽空中堕一人头。”

juān

【捐馆】 juān guǎn “捐馆舍”的省文，讳指人死亡。唐张说《故洛阳尉赠朝散大夫马府君碑》：“清河之丧也，卜宅于洛阳北邙南麓。后君～，因窆其所。”明袁中道《游居柿录》卷三：“旧有地主萧紫芝，名成芝。时已～，一城遂觉冷落。”清《歧路灯》二〇回：“只见盛公子说道：‘晚生告辞罢，先祖今日忌辰。’嵩淑问道：‘是初度之辰，是～之辰？’”

【捐舍】 juān shè 犹“捐馆”。唐沈亚之《祭胡同年文》：“念嘉欢之平生，君何先而～。”明冯从吾《杨继母传》：“当县尹公～时，庞氏抚棺，且泣且誓。”清魏裔介《别驾沱滨高公暨魏孺人合葬墓志铭》：“王太孺人～时，家务倥偬，一切含敛之事，尽其哀痛。”

【捐世】 juān shì 弃世，讳指人死亡。唐李师政《内德论》：“至如汉昭哀之二主，魏文明之两帝，或未三九而登遐，或仅五八而～。”明蒋一葵《尧山堂外纪》卷八二：“头戴野花，肩舆遍游田间，狂醉三日，乃～去。”清《九云记》一一回：“公主～，太后娘娘怜其呱呱，取以养育。”

【捐委】 juān wěi 舍弃；抛弃。宋秦观《进人材策》：“宜一切置而不问，以责异时之功，则彼将输沥肝胆，～躯命。”邹浩《绿珠井》：“玉容～画楼尘，一死甘酬石氏恩。”清黄宗羲《刘伯绳先生墓志铭》：“子刘子野死，先生～故业，践荆棘于群虎之中，孤露万山，岁馀复返。”

【圈禁】 juān jìn ❶清代刑罚，限制在一定范围内行动，用于宗室。清《世宗实录》卷二：“凡宗室觉罗，大罪薄惩，小罪宽免。历年无一人及于刑辟者，必不得已，乃令～。”《开国方略》卷二一：“瑚钮、玛福等坐器械不修，各～二日。”《野叟曝言》一〇五回：“除了他正妃是受过朝廷册封的，只能照例～。其馀诸妃，都无位号，便与凡民无异。” ❷囚禁。清《野叟曝言》一一四回：“将皇上～木笼，栅内栅外，令勇士日夜防守。”《后西游记》二九回：“就是捉来的那日，已差人送到造化山去～了。”

【圈留】 juān liú ❶挽留；设法留住。明唐寅《集贤宾》：“报道东君连夜去，须索～他住。”《山歌·吊桶》：“姐儿生来好像吊桶能，吃个篾片～缠住子身。”清《八洞天》卷四：“若说我新店里会招揽客商，他老店里也须会～主顾，为何不～住了？” ❷囚禁；强行留住。明《石点头》卷一〇：“但此身～在此，不知是甚地方，又不晓得这贼姓张姓李，全没把柄。”清《好逑传》一二回：“只好送我出去，便万事全休；若还～，叫你人人都死！”

【镌罢】 juān bà 免职；罢官。宋徐经孙《缴吕开先复官疏》：“弹文即上，仅从～向时朋党之人，已为轻矣。”朱熹《章茂献》：“某拜～之命，罪大责轻，唯知感戴，尚复何说。”《宋史·孙子秀传》：“与丞相丁大全议不合，去国。差知吉州，寻～。”

【镌裁】 juān cái ❶凿削裁割。宋佚名《道山清话》：“姜遵在永兴毁汉唐碑之坚好者以代砖甓，……何斯举诗云：长安古碑用乐石，虿尾银钩擅精密。缺讹横道已足哀，况复～代砖甓。” ❷削减。宋吕祖谦《为人作论旱札子》：“虽号为大声疾呼者，亦恐重陛下之忧，困厄危迫之状，～减削，十仅能达其三四耳。” ❸雕琢剪裁。宋仲并《和耿时举梅雪》之一：“羞杀漫山桃李树，枉教春力费～。”

【镌劖】 juān chán ❶推敲；描写。唐韩愈《酬司门卢四兄云夫院长望秋作》：“若使乘酣骋雄怪，造化何以当～。”清施闰章《石门吴右驺进士诗仿韩孟》：“语创烦～，韵险岂堆垛。”彭孙遹《寄寿柏乡相国》：“泛涉诸家资采获，穷搜万象恣～。” ❷雕琢；雕刻。宋范成大《骖鸾录》：“石状怪诡，皆嵌空装缀，巧过～。”元吴莱《寄陈生》：“更疑异笔发古帖，先汉废碣求～。” ❸删改；订正。宋陈造《暗用古人名诗寄程帅》：“更驱行李申此情，句法政用公～。” ❹摧残；折磨。明张邦奇《宝云禅房遣兴》之二：“世路只今荆棘满，寄身方外免～。” ❺指刻版(印刷)。清弘历《世宗朱批谕旨》：“积而成帙，爰付～。”

【镌镵】 juān chán ❶挖掘开凿。宋文同《富春山人为予道其所获石》：“～牵挽置庭下，犀角鲸牙蛟蜃骨。”李纲《自晋康顺流六十里有岩洞可容千人》：“当年补天手，不顾山石裂。～馀旧痕，琐碎委环玦。” ❷同“镌劖❷”。宋欧阳修《紫石屏歌》：“不经老匠先指决，有手谁敢施～。”明李昌祺《经浯溪读元结大唐中兴碑》：“平生念浯溪，～有遗迹。”清王士禛《弹子矶》：“～复穿漏，鬼工肆皴皱。” ❸同“镌劖❶”。宋郑獬《酬随子直十五兄》：“中怀洞然无由岐，～文字千有司。”杨万里《都下和同舍客李元老赠诗》：“遗我骊珠三百颗，字字～未曾苟。”元宋无《送金华黄晋卿之诸暨州判官》：“激切波澜立，～物象危。” ❹同“镌劖❺”。宋洪适《谢洪庆善提刑遗法帖》：“纷纷渴骥竞秋蛇，～收拾俱名家。”杨万里《答福州帅张子仪尚书》：“畴昔呼偷儿之简，遂玷～。送以墨本，览之汗如水浆。”

【镌斥】 juān chì 贬斥；指斥贬黜。宋葛胜仲《宣义郎致仕王公墓志铭》：“子孙所为有不当其意者，不显～，微示以意。”《宋史·蒋重珍传》：“自劾其不能取信朝廷之罪，乞～置闲散。”清姜宸英《己卯乡试策问》：“凡百鞅掌，一挂吏议，～立随。”

【镌除】 juān chú ❶犹“镌罢”。宋苏颂《谢集贤院学士》：“不学无术，尚拘流俗之为；果自触于严科，坐～于近籍。”王洋《端明殿学士李邴复资政学士诰》：“尝因旁累，遂坐～。” ❷凿除；刊落。清钱谦益《王二溟布政谢事家居奉赠》之一：“犹恐非熊频入梦，～溪石不名蟠。”又《冬夜假我堂文宴诗序》：“杜陵笺注，刊削豕鱼；晋室阳秋，～岛索。”

【镌黜】 juān chù 犹“镌罢”。宋楼钥《文林郎赵善谦降一资放罢》：“偿券焚历，欲盖弥彰。～示惩，尚服宽典。”李曾伯《再申丐祠状》：“某昨以敌寇深入，罪在阃臣，尝具奏申，乞加～。”《宋史·选举志二》：“精选强敏巡按官及八厢等人谨切巡逻，有犯，则～官员。”

【镌诋】 juān dǐ 贬斥诋毁。《新唐书·裴度传》：“穆宗不君，憸人腐夫乘衅～，而度遂无显功。”宋洪适《恶蝇赋》：“燕公～裴度，拔仙客于河湟，置延龄于省部。”元张宪《吊裴晋公》：“～虽无害，浮沉大可伤。”

【镌雕】 juān diāo ❶雕凿；雕刻。唐佚名《罗汉寺碑》：“～石像，用陈员寂之心。”宋范成大《小峨眉》：“降商讫周谨呵护，磬氏无敢加～。”元贡奎《高侯画桑落洲望庐山》：“直峰横岭藏曲折，笔力巧处疑～。” ❷装饰。唐佚名《瓦松赋》：“既乏栋梁之用，宁怯～之变。”

【镌发】 juān fā ❶开导启发。宋苏轼《子由自南都来陈三日而别》：“冥顽虽难化，～亦已周。”又《答范景山书》：“久不闻馀论，顽鄙无所～，恐遂汩没于流俗矣。” ❷阐发；发扬。宋高斯得《次韵王深道见寄》：“新诗妙～，字如汤铭盘。”元牟巘《俞好问摘西铭玉成二字揭之座右》：“如琢如磨，君子自修。既恂且慄，～孔周。”

【镌罚】 juān fá 降职处罚。《宋史·食货志上四》：“所籴至万石者旌擢，其不收籴与扰民及不实者～，庶几郡县趋事，蓄积岁增。"元曾巽申《宋大理评事胡公萝昱出身印纸》："笔者洪舍人咨夔，即纸尾所书同时～者也。"清王起元《条陈垦荒升科定限等事》："所以各官一经～，遂有朝夕不给之忧。"

【镌祓】 juān fú 清除。清钱谦益《明士张君文峙墓志铭》："其为经义也，清真简妙，～烦溢，松风徐奏，孤桐新引。"

【镌改】 juān gǎi 删改；订正。宋吕好问《论彗星疏》："陛下欲行善政，多为左右～。盖今所用之人，乃昔日之人也。"朱熹《与郑参政札子》："磨勘则所供考第不知比之庶官月日如何？恐或不足，则亦当～。"金王若虚《新唐书辨》："子京～旧文，诡异僻涩，殆不可读。"

【镌诃】 juān hē 犹"镌斥"。清钱谦益《吴祖洲八十序》："当操切之世，事英明之主，责任殷重，～刺促。兄独传古谊，引大体。"汪琬《中大夫秦公墓志铭》："而定性和厚无町畦，虽小胥贱隶，不轻～。"

【镌诲】 juān huì 告诫教诲。宋朱熹《答程可久》："《易学启蒙》当已经省览矣，有未安处，幸辱～。"元姚燧《安西路同州儒学正潘君阡表》："久人信之，妇妇姆女，皆取为法，且图诸孙，受所～。"明王慎中《与万鹿园疏》："与魏山人来，公必有示我，望详切～。"

【镌级】 juān jí 降职；降级。宋王洋《蒋璨叙官制》："以擅收库息而免官，以侵用廪粟而～。"明张岱《西湖梦寻》卷三："湖中遥望堤上万蜡，湖影倍之。萧管笙歌，沉沉昧旦。传之京师，太守～。"清钱谦益《南京刑部浙江司郎中李公神道碑铭》："内计～调用，遂不起。"

【镌减】 juān jiǎn 削减。宋刘一止《应诏条具利害状》："臣愿少抑赐予之费，与所谓杂色供奉冗食无用之人，稍～之，示好恶于天下。"《宋史·食货志下一》："有诏～财赋，命御史中丞张克公与吴居厚、许几等置局议论。"《续资治通鉴》卷一一〇："(宋高宗绍兴二年)顷缘议者务减吏员，诸州教授，例从～。"

【镌降】 juān jiàng 免官降职。宋楼钥《龙图阁待制赵公神道碑铭》："因任过失，苟非已甚，且令～，以责后效。"《辽史·刑法志下》："其职官诸局人有过者，～决断之外，悉从军。"《明史·郭英传》："褫刑部尚书吴山职，侍郎都御史以下～有差。"

【镌阶】 juān jiē 犹"镌级"。阶，官阶。明沈德符《万历野获编》卷二七："时相因醉，跌伤一臂，不能从陆，乃轻舟亟进，意不过～供事而已。"又卷二九："次年大计，李不免～。"

【镌戒】 juān jiè 劝戒。宋朱熹《答黄直卿》："更烦时与提撕，痛加～，勿令怠惰放逸。"明沈德符《万历野获编》补遗卷四："其弟来诉，上又～，令还弟资产。"清汪琬《诰封薛母王宜人墓志铭》："宜人忧其如此，必随事慰勉之，且乘间数出苦语，以相～。"

【镌款】 juān kuǎn 器物上镌刻的落款。清陆廷灿《续茶经》："大彬～用竹刀画之，书法闲雅。"《聊斋志异·司文郎》："见有金爵，类多～，审视，皆大父字讳。"

【镌免】 juān miǎn 犹"镌罢"。宋朱熹《答曾景建》："熹以台评，蒙恩～。尚为轻典，感幸深矣。"魏了翁《梓潼庙祝文》："尚赖宽恩，仅从～。"

【镌磨】 juān mó ❶雕凿打磨。唐吕令问《掌上莲峰赋》："掌形仙蹠，石容天壮，虽造次于自然，若～于意匠。"元赵孟頫《赋张秋泉真人所藏研山》："粤从混沌元气判，自然凝结非～。"清钱谦益《华山庙碑歌》："此碑传自延熹载，石经未立先～。" ❷砥砺锤炼。唐王孝通《上缉古算经表》："臣长自闾阎，少小学算，～愚钝，迄将皓首。"宋苏轼《密州到任谢执政启》："谨当～朽钝，箠策疲驽。虽无望于功名，庶少逃于罪戾。"明王直《赠曾训导序》："开导其善心，禁制其邪念，～之久，濡染之深，其文行将必有可观者。" ❸磨损；销磨。清钱谦益《奉赠太傅崇明侯岐武杜公诗》之二："记取鹰扬非少壮，莫将芒角自～。"

【镌譬】 juān pì 指示晓喻。宋朱熹《与范直阁书》："前日诸疑，亦望早赐～，俾毋疑为望。"

【镌噍】 juān qiáo 同"镌诮"。唐孙逖《唐齐州刺史裴公德政颂》："公始自知供，迨于卒业，不鞭一卒，不贯一吏，绳责勿用，～无施。"

【镌诮】 juān qiào 批评指责。宋楼钥《乞归田里第三札》："与其偃蹇于朝，重贻～；孰若曲从所请，先赐保全。"佚名《木笔杂抄》卷一："龙川才高而学未粹，气豪而心未平。水心每以为然也，作《抱膝轩》诗，～规责，切中其病。"明何乔新《送兴化王太守赴任序》："然承上不以道则～及之，莅下不以道则讪谤丛焉。"

【镌谯】 juān qiào 同"镌诮"。唐柳宗元《唐故朝散大夫永州刺史崔公墓志》："政令烦拏，贡奉丛沓。一日不葺，～四至。"明敖英《东谷赘言》卷上："晏子之御，气盈而志陋，其妻能～之以求去，其志也伟哉!"清吴伟业《江南巡抚韩公奏议序》："郡邑守相，日有要，月有成，趋办不及，即～随之。"

【镌切】 juān qiē 砥砺切磋。宋王安石《李通叔哀辞》："常感古人汲汲于友，以相～，以入于道德。"朱熹《答陈君举》："然愚悃之未能尽发于言者亦多，每恨无由得遂倾倒，以求～。"明王慎中《与张缨泉书》："倘不终弃，尚冀正言～，使得闻所未闻，勉其不足。"

【镌锓】 juān qǐn ❶犹"镌切"。宋苏轼《监试呈诸试官》："却顾老钝躯，顽朴谢～。诸君况才杰，容我懒且嚛。"葛胜仲《立秋日六兄将仕先入都》："兄材济也美，圣读近天禀。所长皆盖人，无一可～。"明李东阳《兆先赴试三河念之有作》："汝师文场手，夺锦春江浔。蓬麻得依附，玉石劳～。" ❷推敲琢磨。清汤右曾《己亥五月足疾杜门》之二："连年领书局，捆载车接轸。休沐无餘闲，肝肾费～。"

【镌锼】 juān sōu ❶犹"镌雕❶"。宋苏辙《同子瞻次梅圣俞旧韵题乡舍木山》："江寒水落惊霜秋，危根瘦节鸣寒流。脆朽吹去谁～，连峰叠嶂立酋酋。"刘克庄《辰山》："豁然崖谷判，万态谁～？"元刘诜《临江傅用宾以诗见贽并贻端石》："坚锥启石矿，利刀斩荆藜。～后土閟，百丑得一奇。" ❷犹"镌锓❷"。宋虞俦《和郁簿述怀古风》："不作颜公乞米帖，吟诗肝肾愁～。"清钱谦益《新安汪氏收藏目录歌》："一生嗜好存谱录，十载～劳肺肠。"

【镌损】 juān sǔn ❶犹"镌除❷"。宋赵希鹄《洞天清录》："兰亭帖世以定武本为冠。自薛珦作帅，别刻石易去，于元石～'清流映带'四字以惑人。" ❷犹"镌裁❷"。宋陆游《老学庵笔记》卷一："而知大宗正事，设官始于濮安懿王，始权任甚重，颇～云。"元姚燧《荣禄大夫史公神道碑铭》："又禁官市恶盐，～江东金额。" ❸去除。宋彭百川《太平治迹统类》卷一四："事之善者固当存之，其未善者则～之。"

【镌汰】 juān tài 犹"镌裁❷"。宋王明清《挥麈后录》卷一一："论崇、观以来，泛滥受赏迁擢与夫入仕之人，官曹淆乱，宜从～。"

【镌晓】 juān xiǎo 犹"镌譬"。宋朱熹《与范直阁》："更乞教其不至者，重赐～，使得所正焉。"范浚《吴子琳墓志铭》："君因以祸福～其人：'盍即效顺，无久迷缪，为此不祥。'"真德秀《问太极中庸之义》："故因垂问及之，更望详加～，以补昏愚之所不逮。"

【镌削】 juān xuē ❶犹"镌劖❷"。宋李纲《同叔易季言游虎丘寺》："～露天巧，胚胎劳混茫。"元张世昌《玉女洞》："神剜鬼凿妙～，瑶台清冰出万壑。" ❷犹"镌减"。宋李攸《宋朝事实》卷三："所以抑侥幸，澄浮伪，垂裕无穷，盖非五季～之计。"陆游《家世旧闻》卷下："已而公殁，时事一变。又闻追夺碑额，～恩数，遂无一人复至者。"叶梦得《避暑录话》卷下："范尧夫每仕京师，早晚二膳自己至婢妾皆治于家，往往～，过为简俭。" ❸指谪降、免职。宋廖刚《谢降官表》："已孤任使，甘俟诛夷。仰荷保全，姑从～。"胡舜陟《论反正六事疏》："昔之叨冒恩宠者未加～，怀材抱器者陆沉州县。"明王世贞《与俞仲蔚书》："家君僇力矢石，横拒出塞，幕府上事，翻被～。" ❹刊削；删改；删除。宋陈造《谢张尚书举自代书》："诗文若干篇，尘献以求～。"元吴莱《观秦丞相斯峄山刻石墨本碑》："文章谀佞合～，笔墨瑰绝强则效。"清钱谦益《游黄山记》："以海名山，以黄名海，纰缪不典，当一切～，为山灵一洗之也。" ❺比喻指教、栽培。宋李流谦《送夔路费漕》："小夫质朽谢～，尺寸不能供负叉。"

【镌夷】 juān yí 削减；删削。清钱谦益《重修维扬书院记》："及其禁之弛也，天下皆～其廉隅，喙吃其颊舌。"又《李贯之先生存馀稿序》："世所号为魁士硕儒，敢于嗤点谟诰，～经传，大书浓抹，以典训为剧戏。"

【镌谕】 juān yù ❶劝诫训示。《新唐书·刘崇望传》："王重荣怨宦竖，不肯率职，时高选使者，即河中～使自新。"宋蔡絛《铁围山丛谈》卷一："慈圣一日使亲近密以情～之：'官家即位已久，今圣躬又痊平，岂得左右无一御侍耶？'"明沈德符《万历野获编》卷四："上命烷速还，仍吝不与。上怒，～甚厉，始归于盟津。" ❷犹"镌譬"。明陆粲《与太宰罗公论困知记书》："伏望一一详加～，以祛愚惑。"

【镌喻】 juān yù 犹"镌譬"。宋朱熹《与留丞相札子》："又蒙～丁宁，褒与隆厚，仰认至意，尤切凌兢。"又《与留丞相书》："至如朋党之论，则前记所陈有未究者，致烦～。"

【镌载】 juān zǎi 刻录；刊刻。唐元稹《告畬三阳神文》："图籍～，耆艾传述。通之盛时，户四万室。"元戴表元《宋氏墓表》："表元辞不获命，谨实录底里，～琬琰，揭之垄上。"

【镌凿】 juān záo ❶犹"镌镵❶"。唐严善思《论则天不宜合葬乾陵表》："其门以石闭塞，其石缝隙铸铁以固其中。今若开陵，必须～。" ❷犹"镌劖❷"。《法苑珠林》卷四五："即命石上～，坐身高百三十尺。"宋李诫《营造法式》卷一六："柱上～像生师子，每一枚二十功。"清袁枚《子不语》卷二四："崖上大书十三字云：金七里，银七里，金银只在七七里。字画遒劲，不知何年～。" ❸比喻刻意修饰文字。宋苏舜钦《赠释秘演》："作诗千篇颇振绝，放意吐出吁可惊。不肯低心事～，直欲淡泊趋杳冥。"元辛文房《唐才子传》卷五《庄南杰》："气虽壮遒，语过～。" ❹开发；开启。宋朱熹《答吕子约》："大率前贤语意宽广，不若今人之急迫。今人见得些道理，便要～开，却正是心量小、不耐烦耳。"金元好问《龙虎卫上将军术虎公神道碑》："人知椎钝朴鲁、拙于变通、艰于～之为无所取，而不知聪悟敏给、敢于负荷、安于堕窳为大可哀也。" ❺掩饰；伪装。元谢应芳《代张希良祭王文甫文》："公之一生，磊磊落落，操心至公，俯仰无怍，出辞必信，不事～。" ❻削除；丧失。明程本立《拙斋说》："而凡其所行事，日趋于浇恶狙诈，～其本真，剥琢其天性。"

【镌造】 juān zào 雕刻制作；刻制。《法苑珠林》卷二四："于是擎灯发誓，愿博山～十丈石佛，以敬拟弥勒千尺之容。"唐段成式《酉阳杂俎》续集卷二："融州河水有泉半岩，将注其下，相次九磴。每磴下一白石浴斛承之，如似～。"清弘历《重刻五朝册宝尊藏太庙礼成谕》："敬惟太庙尊藏五朝宝册系随时～，玉色长短，未能一律。"

【镌责】 juān zé ❶降低官职追究责任。宋周密《齐东野语》卷五："三人者，皆以西师之败～。赵欲于此立功，以为复官之地。"《明史·陈德传》："诏书言其征西时有过被～，遂与惟庸通谋，爵除。" ❷指责；追究责任。宋朱熹《答吕伯恭》："其不听人言语皆类此，到彼幸时呼来痛～之。"清钱谦益《特进光禄大夫孙公行状》："公之当关也，不问势要，不顾情面，有干犯者，不引法～，则露章劾奏。"

【镌职】 juān zhí 降职；解职。宋毕仲游《欧阳叔弼传》："叔弼自去蔡后，系元祐籍，复～降官。"明范景文《姚给谏奏疏叙》："最后以论穀城抚寇事，失柄人意，为所挤排，借题～以去。"清汪琬《敕赠乔母潘孺人墓志铭》："及回道，诬奏府君所荐非是，得旨～。"

【镌识】 juān zhì ❶犹"镌志❶"。宋刘克庄《上巳与二客游水月洞》："岩扉滑如玉，岁月可～。" ❷指所刊刻的说明文字。宋周应合《景定建康志》卷四六："伪吴太和六年，毗陵郡公徐景运复为其亲造(寺)，曰'报先'，南唐升元改'兴慈'。无～可考。"清弘历《元班惟志宋端天一砚》："宋端石元人用，～分明曰恕斋。"

【镌志】 juān zhì ❶刊刻(说明文字)。元王恽《游东山记》："其～本末，以寺石考之，为高齐所造无疑。"陶宗仪《辍耕录》卷四："既死，国人殓以石棺，仍满用蜜浸，～岁月于棺盖，瘗之。" ❷刊刻墓志。明张大复《梅花草堂笔谈》卷一三："尝客苕霅间，更数寒暑为人～，据石而脱。"清于成龙《骁骑将军柱石王公墓表》："公之葬也，既砻石～纳圹中。"

【镌治】 juān zhì ❶雕刻整治。宋欧阳修《后汉殽阬君神祠碑》："碑文已摩灭，初不可辨。以面填其刻，稍寻其点画，命工～之，乃可读。"杜绾《云林石谱》卷下："石理有横纹，微粗，扣之无声，稍润。土人～为方圆器。" ❷惩治。宋苏颂《屯田郎中知博州梁君墓志铭》："君至，则为之～宿蠹，易军校代主者，委积有素，出纳有定。" ❸克制。宋朱熹《答敬夫孟子说疑义》："心气未和，每加～，竟不能悛。"又《答刘平甫》："然此等事，更留意体察，勤加～为妙。"

【镌秩】 juān zhì 降级或降职。宋王珪《降授朝奉郎徐峣任国子博士特复朝散郎致仕制》："尔为博士长而进退失容，至于～。"明王世贞《皇明异典述》卷七："此则夏公以忤旨～，急欲光复故也。"清钱谦益《明都察院右佥都御史冯公墓志铭》："公覆疏请戒其禁，勿蹈东京苇笥覆辙，坐～，降山东盐运判官。"

【镌琢】 juān zhuó ❶雕刻琢磨。《法苑珠林》卷二〇："(像)坐高三尺五寸，连光及座通高六尺五寸。尽～之奇，极金䧟之巧。"明谢肇淛《五杂组》卷一二："转市新石，妙加～，视之宋砚，毫发不殊。" ❷指刻石记录。唐濮阳宁《闽迁新社记》："坛倚浮屠祠，争出眉睫。吾患将来有醉浮屠，或易于迁徙焉。苟非～，则本末无所彰。" ❸比喻品德的砥砺或诗文、绘画等的刻意修饰。唐杜牧《张直方授左骁卫将军制》："念其生自戎旅，素不～，既触法网，亦可矜容。"宋苏轼《江瑶柱传》："闽越素多士人，闻媚川之来，甚喜。朝夕相与探讨，又从而～之。"元陶宗仪《题李州铭所藏毛泽民山水》："物物本然具画理，妙处岂在～间。" ❹发掘；剥除。宋文同《奏为乞差京朝官知井研县事》："始因土人凿地植竹为之卓筒井，以取咸泉鬻炼盐色。……乃倚之为奸，恣用～。"赵鼎臣《戒杀辩》："而复～鳞羽，刳剔卵壳，左炰右烹，掉舌待饷。"

juǎn

【卷】 juǎn 无所顾忌地说话;骂。明顾起元《客座赘语》卷一:"其尽所欲言也曰～。"清《醒世姻缘传》八七回:"一面口里村～,一面将那做的衣裳扯的粉碎。"

【卷班】 juǎn bān ❶(官员或仪仗等)班次按序退出。宋吴自牧《梦粱录》卷五:"天明,仗仪卤簿甲骑～回丽正门。"《大宋宣和遗事》前集:"皇帝驾坐不多时,有殿头官身穿紫窄衫,腰系金铜带,踏着金阶,口传圣旨道:'有事但奏,无事～。'"清孙承泽《春明梦餘录》卷七:"和声郎唱曰:'奏贺圣明之乐。'乐作,上位还宫。乐止,百官～。" ❷退班。指贬官或退闲。宋叶绍翁《四朝闻见录》卷三:"节钺轻授,甚至致仕亦有封驳者,有正授而中司～以出者,有缴真俸者,是以视权尚书为重也。"元刘壎《贺张侍郎宫观》:"暂～于碧落,且寻胜于清时。"明梵琦《燕京绝句》之四:"始人彤庭又～,何心拄笏看西山。鹭鸶遥对鸬鹚语,我与渔翁一样闲。"

【卷伴】 juǎn bàn 裹挟他人妻女潜逃。宋范成大《桂海虞衡志》:"村落强暴窃人妻女以逃,转移他所,安居自若,谓之～。"黄震《黄氏日抄》卷三九:"诱他人妻贩卖,谓之～。"

【卷包】 juǎn bāo 卷起包裹(离开)。实指收拾资财、物品。宋李流谦《无为长老月公塔铭》:"未几,圆悟即世。师～南下。"清《红楼梦》六二回:"秦显家的听了,轰去魂魄,垂头丧气,登时掩旗息鼓,～而出。"

【卷饼】 juǎn bǐng 即"卷子(juǎn zi)"。古代面食均称"饼"。元黎崱《安南志略》卷一:"寒食,以～相馈。"明姚士粦《见只编》卷下:"其常供以日易,一日卷煎,……二十一日～。"方以智《通雅》卷四九:"起面饼,亦谓～。程大昌曰:'起面饼,人教面中。'(教)今书作'酵'。"

【卷窗】 juǎn chuāng 可以卷起的窗子或窗帘。元《农桑辑要》卷四:"南北窗上少糊～。(蚕)一眠之后,但遇白日晴明,若是南风,却卷北窗。"清《品花宝鉴》五一回:"一直推进了房,把房门闩上,下了～。"

【卷单】 juǎn dān 僧人卷起挂单(离开)。参见"挂单"。清《缀白裘》三集卷四《虎囊弹》:"那里去讨烟蓑雨笠～行,敢辞却芒鞋破钵随缘化?"

【卷店】 juǎn diàn 卷裹店铺资财(离开)。清袁枚《子不语》卷一:"从前此墙系山东济南府赵三安歇客寓之所,某年～逃归山东。"

【卷裹】 juǎn guǒ ❶捆束;捆扎。唐王焘《外台秘要方》卷九:"以羊脂涂青纸一张,以散药著纸上,～之。"清《皇朝通典》卷八六:"(抛尸)刨坑弃井,情形不一,总须～扛抬。" ❷团裹包围。清《女仙外史》四七回:"时有云气出于石罅,拂面沾衣,若香烟缭绕。以手揽之,缥缈不断。或至浓蔚之时,则连人与马～而行,前不能睹后,右不能见左。"

【卷怀】 juǎn huái 卷裹入怀。清《聊斋志异·金和尚》:"后本师死,稍有遗金,～离寺,作负贩去。"又《爱奴》:"头上玉饰金钏,都如新制,又视腰间,裹黄金数铤,～之。"

【卷煎】 juǎn jiān 即"卷煎饼"。《元曲选外编·蒋神灵应》一折:"经带阔面轮五碗,～烂蒜夹肉吃。"清孙承泽《春明梦餘录》卷一八:"(奉先殿每月供献)初一日～,初二日髓饼。"《醒世姻缘传》五六回:"吃着麻花、馓枝、～、馍馍,喝着那川芎茶。"

【卷煎饼】 juǎn jiān bǐng 一种卷馅油煎的薄饼,类似春卷。明高濂《遵生八笺》卷一三:"～:饼与薄饼同,馅用猪肉二斤,……须多用葱白或笋干之类,装在饼内,卷作一条。两头以面糊粘住,浮油煎令红焦色。"

【卷掳】 juǎn lǔ 卷裹掳取。明《拍案惊奇》卷八:"那伙人也不来和你说话,也不来害你性命,只把船中所有金银货物,尽数～过船。"《二刻拍案惊奇》卷三六:"目下趁师父不在,何不～了这偌多家财。"

【卷骂】 juǎn mà 谩骂。明《金瓶梅词话》七二回:"他还嘴里硶里剥剌的,教我一顿～。"清《醒世姻缘传》四一回:"只问说是谁的主意,口里胡言乱语的～。"

【卷师】 juǎn shī 退兵。唐李华《言医》:"秦人感君皆泣,妇人处子亦请执兵报楚。楚朝闻而夕～。"

【卷束】 juǎn shù ❶包围;卷裹;卷起并固定。唐周夔《到难》:"两崖～,势合如屋。"宋洪迈《夷坚志》支乙卷六:"乃令画工复写别本为坐像,而～旧物,覆以东坡石刻墨竹。"朱熹《童蒙须知》:"凡盥面,必以巾帨遮护衣领,～两袖,勿令有所湿。" ❷约束;控制。宋魏了翁《处士魏雄飞墓志铭》:"逮阅变既久,困心衡虑,于是～豪锐,以从其所当事者。"又《水调歌头·范靖州良辅生日》:"收拾五湖气度,～蟠胸兵甲,春意满人间。"

【卷堂】 juǎn táng 全堂散伙。指生员集体罢学或僧人集体离寺。宋俞文豹《吹剑录外集》:"今月十三日武学生员为临安府擅将柯子冲、庐德宣挞逐,～而去。"元明《水浒传》四回:"满堂僧众大喊起来,都去柜中取了衣钵要走,此乱叫做～大散。"明王世贞《偶阅楞严作》:"何似～聊散去,任他鱼鸟各飞沉。"

【卷逃】 juǎn táo 家人、经管人等卷裹资财逃走。清沈复《浮生六记》卷三:"见余归,卒然曰:'君知昨午阿双～乎?'"《野叟曝言》一〇五回:"府中人都说你与医生因奸～。王爷知道,要画形拿捉。"

【卷箱】 juǎn xiāng 另见 juàn xiāng。(剧团)卷裹戏箱(离开)。清袁枚《子不语》卷一七:"顷刻,堂上灯烛灭尽,宾客全无。取火照之,是一荒冢,乃急～而归。"

【卷帐】 juǎn zhàng ❶新郎就婚于女家,三日后夫妇携带嫁奁回男家。宋元《古今小说》卷一五:"柴夫人就孝义店嫁了郭大郎,却～回到家中,住了几时。"又卷三三:"做成了亲事,～回,(张老)带那儿女归去了。" ❷坐馆的教师休教回家。帐,讲帐。清《聊斋志异·五通》:"岁暮,解馆欲归,女复至。……曰:'终岁之好,分手未有一言,终属缺事。闻君～,故窃来一告别耳。'"

【卷蒸】 juǎn zhēng 即"卷子(juǎn zi)"。明李乐《见闻杂记》卷八:"平生款客未尝设馒头,一日,施西亭宪副访之,亦止设～。"清屈大均《广东新语》卷一四:"水面外,若干饼、蓑衣油饼、饽饦、水晶包、～之属,……而广人亦不多食。"

【卷子】 juǎn zi 另见 juàn zi。一种面食。和面(多用发酵面)擀成薄片,一面涂上油盐或果酱、肉馅等,再卷起蒸熟。《元曲选外编·降桑椹》一折:"一盘～,一盘羊肉,你吃。"明《警世通言》卷二八:"贫僧是保叔塔寺内僧,前日已送馒头并～在宅上。"清《补红楼梦》一七回:"贾珠教潘又安掇了四盘点心上来,是一盘桃花烧卖,一盘水晶包子,一盘鸡油～,一盘牛奶饽饽。"

【𩜆蒸】 juǎn zhēng 同"卷蒸"。明《型世言》三四回:"他也不管馒头～、干粮煤炒,收来吃个罄尽。"

juàn

【卷案】 juàn àn 案卷;记录事件的文卷。明陈洪谟《治世餘闻》下篇卷四:"其～在刑部福建司,人多录出,以为或有所待。"汪廷讷《狮吼记》二二出:"罪人～多端,先将重大者呈上览决。"清袁枚《子不语》卷一三:"文达公科头,衣茧绸袍,二童侍,几上～甚多。"

【卷卜】 juàn bǔ 以随意翻开的书卷的文字占卜。清《聊斋志异·白秋练》:"我两人事,妾适以～,展之得李益江南曲,词意非祥。"

【卷册】 juàn cè ❶卷和册。书籍或文献、字画装帧的两种样式。宋司马光《乞令六曹删减条贯白札子》:"所申修到敕令格式一千餘～。"清姚鼐《代州道后冯氏世谱序》:"夫谱欲简要而～少,俾子孙百世,流转海内,易携以行。"范邃《刻古夫于亭杂录附记》:"乃携归刻之广陵,以餍远近慕好者之意。其～先后一仍原本。" ❷指装帧成卷、册的书籍、字画等。宋郑獬《通州雨夜寄孙中叔》:"南窗灯火夜可喜,箧中～聊铺舒。"明董其昌《题楷书雪赋后》:"若退颖满五簏,未必不合符前人。顾经岁不能成千字～,何称习者之门?"清《红楼梦》五回:"那仙姑知他天分高明,性情颖慧,恐把仙机泄漏,遂掩了～。" ❸指卷案、册籍。元许有壬《正始十事》:"监察御史建言,明立～,拨付省部,以助经费。"明沈榜《宛署杂记》卷一三:"一曰严～之守,以防埋没。夫文卷册籍,所以纪往示来,有司之符卷也。烛弊防奸,恃有此耳。"清雍正七年十月初一日刘于义、葛森奏文:"其应追应减之项,实有～炳据,经承供吐确凿,可以不用行提查讯之人。" ❹指史册。明田况《儒林公议》卷下:"陛下自专政以来,三逐言事者矣。若习以为常,不甚重惜,则恐书于～,亏玷太平之治。" ❺童生参加县、府考试的证明文书,上面开列姓名、籍贯、履历以及担保人姓名等项。清雍正二年六月二十五日嵇曾筠奏文:"东社并无一人应考,甚至抢拾童生～。欲借多人附和,希图仍分儒户名色,不与齐民一例纳粮当差。"《歧路灯》八七回:"绍闻即叫兴官锁门回家,自与张正心办～,届期赴考。"

【卷次】 juàn cì 书籍按卷分的次序。宋张栻《二程粹言序》:"余始见之,～不分,编类不别,因离为十篇,篇标以目。"明沈德符《万历野获编》卷二二:"伊珍被笞见本卷郡守被笞一则,此云见五卷,足证刻本非原本～。"清王士禛《池北偶谈》卷一三:"见公集稿二册,未编～,序记、碑志、杂文凡二百四十六首。"

【卷第】 juàn dì 犹"卷次"。唐权德舆《答杨湖南书》:"初不敢以制集自命,但全其文而已,因其猥多,分列～。"宋欧阳修《答李淑内翰书》:"故虽编摭甫就,而首尾颠倒,未有～。"清《四库总目提要·古经解钩沉》:"又以传从经,钩稽排比,一一各著其所出之书。并仿《资暇集》《龙龛手镜》之例,兼著其书之～,以示有征。"

【卷面】 juàn miàn ❶书卷、画卷的封面。明李东阳《题清明上河图》:"图成进入缉熙殿,御笔题签标～。"《醒世恒言》卷一一:"老泉此时手足无惜,只得将～割去,重新换过。"清《聊斋志异·郭生》:"取读本锁箱簏中,旦见封锢俨然,启视则～涂四画。" ❷科举试卷的封面,上面开列考生姓名、履历、所在房分、座号及阅卷情况等项。明周晖《金陵琐事》卷四:"秀才方逢明,三场已选中,将填榜,见～是皿字号,遂以他卷易之。"《型世言》一六回:"里边做文字都是硬砍实凿,没处躲闪;纳卷又没有衙役割～之弊,当时宗师都做得起。"清《绿野仙踪》一回:"直到第四日,方将落卷领出。于冰见～上打着个印记,是'书二房同考试官翰林院编修孙馨阅荐。'" ❸答卷的外观。清叶梦珠《阅世编》卷二:"若墨涂油污～甚者,禀明监临给换。"

【卷皮】 juàn pí 犹"卷面❷"。清《歧路灯》七回:"我当日做秀才时,～原写习《诗经》。其实我只读过三本儿,并没读完。"

【卷首】 juàn shǒu ❶书卷、文卷、经卷等的开头或前面的那一部分。唐孔颖达《易正义序》:"庶望上裨圣道,下益将来。故叙其大略,附之～尔。"宋苏轼《书杜介求字》:"杜几先以此纸求余书,云:'大小不得过此。'且先于～自写数字。"清《蝴蝶缘》一回:"小弟连日为检点先君遗稿,发刻编次方完,正欲拜求大序,以光～。" ❷文卷的首篇。五代孙光宪《北梦琐言》卷七:"其诗卷首有一对语云:'隔岸水牛浮鼻渡,傍溪沙鸟点头行。'京兆杜光庭先生谓曰:'先辈佳句甚多,何必以此为～。'"明陈宏绪《寒夜录》卷上:"元儒程黟南有《韩文钞》,止取十篇,以《李愿归盘谷序》为～。" ❸诗歌的卷次。首,计诗的量词。唐白居易《与元九书》:"仆数月来检讨囊箧中,得新旧诗,各以类分,分为～。" ❹首卷;成绩最优的考卷。明汤显祖《牡丹亭》四一出:"临轩的、临轩的文章看就,呈御览、呈御览定其～。"又《邯郸记》七出:"～定萧裴,怎到的寒户那狗才?"

【卷头】 juàn tóu ❶犹"卷首❶"。五代王定保《唐摭言》卷一五:"一曰闻多见少,迹静心勤。～有眼,肚里没嗔。二曰貌谨气和,见面少,闻名多。"明《拍案惊奇》卷六:"等贫姑通了诚,先起个～,替你念起几卷。"清《聊斋志异·五通》:"女曰:'……如徒求驻颜,固亦大易。'乃书一方于～而去。" ❷指书卷的数量。头,量词。宋杨万里《甲子初春即事》之四:"只有观书乐,其如病眼何。但令吾意适,不必～多。" ❸犹"卷面❷"。宋刘宰《上钱丞相论罢漕试太学补试札子》:"弊者,一曰冒名入试,二曰同场传义,三曰换易～。"元刘一清《钱塘遗事》卷一〇:"士人皆以御题录于～草纸上,以黄纱袋子垂系于项上。"清《绮楼重梦》二一回:"官卷民卷分作两起,弥封～,填明姓名,年貌。还要填个已字、未字,有服无服。" ❹书卷的天头;书卷上端留白的部分。明胡应麟《与顾叔时论宋元二代诗》:"二集童时所阅,以～时涂沫漫,往印正大方。" ❺清代殿试前,考生投送给可能成为考官的人以求托关照的拟对策开头的一段文字。清赵翼《檐曝杂记》卷二:"殿试前,有才之士例须奔竞,以所拟对策首三十餘行,先缮写送诸公之门。卷内有当切题处,固不能预拟,而颂圣数语则不拘何题皆可通用也,谓之送～。"△《红楼真梦》一〇回:"吴侍郎便要看贾兰的～。原来那时风气,新贵殿试以前,都要预做对策。前几行的空话,拿大卷写了,凡是朝贵中有交情,可望阅卷的,都预先送去。名为～,如同关节。"

【卷箱】 juàn xiāng 另见 juǎn xiāng。盛文卷的箱子。明余继登《皇明典故纪闻》卷一六:"端门之左有直房五间,系坊局官候朝公会及收贮～之所。"清《豆棚闲话》一〇则:"刘公笑了一笑,叫书童～内取那个花樽来与敬山赏鉴。"《飞花艳想》八回:"门上扛进几只～,就是学里送来的诗笺在内了。"

【卷子】 juàn zi 另见 juǎn zi。❶考试写答案的用纸。唐窦仪《条陈贡举事例奏》:"其进士及诸科所殿举数,并于所试～上朱书封送中书门下。"六十种曲本《琵琶记》八出:"这些秀才,每人给与～一本,蜡烛一条,各分东西廊下,伺候题目。"清《儒林外史》三回:"那童生还穿着麻布直裰,冻得乞乞缩缩,接了～,下去归号。" ❷字画卷轴。宋蒋捷《贺新郎·题后院画像》:"金钗断股瓶沈井。问苏城、香销～,倩谁题咏。"明陈献章《晚酌示藏用诸友》之二:"客携～抄诗草,儿上松枝挂酒提。"清《红楼复梦》二六回:"素兰点头道:'……你那～是什么?'梦玉道:'是顾老二给我画的小照。'" ❸书卷;文卷。宋朱熹《答邓卫老》:"昨所示～,久无便,不得报。所论鬼神者,甚有条理。"清《儒林外史》三三回:"我裱了个手卷在此,愿捐的写在上面。……'华士,你也勉力出五十两。'

也就写在～上。"

【卷宗】 juàn zōng ❶案卷；分类汇存的文件。元《通制条格》卷六："开写某官姓名、年甲、籍贯、入仕根脚、请俸月日，并任内刷过～，追到钱物，弹劾官吏起数，保举可用人材，所陈利害及应行过事迹，移牒本司。"明汤显祖《牡丹亭》五五出："比如阳世府部州县，尚然磨刷～，他那里有甚会案处！"清《荡寇志》九三回："此案～，我已教押司们连夜叠成，你看可着何人解往都省？" ❷指户籍。元顾德润《点绛唇·四友争春》："不放一时花，空负三生梦。我与你结抹了青楼～。"

【眷】 juàn 亲属；家属。有时特指妻子。《新五代史·裴皞传》："裴氏自晋魏以来，世为名族，居燕者号东～，居凉者号西～，居河东者号中～。"明汤显祖《牡丹亭》一〇出："则为你如花美～，似水流年，是答儿闲寻遍。"清《儒林外史》一四回："自走进去，如此这般，把方才这些话说与乃～鲁小姐。"

【眷爱】 juàn ài ❶（上对下的）关爱。唐权德舆《与张秘监书》："猥见征求，出于～。休沐发箧，追怀怆然。"明谢谠《四喜记》三〇出："自家叨为内使，得蒙主上～。"清《隋唐演义》四八回："宇文化及见萧后花容，大有姿色，心下十分～。" ❷指家眷、眷属。宋苏轼《答杨君素书》："递中领来教，欣承起居佳胜，～各无恙。"元贯云石《斗鹌鹑·佳偶》："美～，俏伴侣。叶落归秋，花生满路。"明孟称舜《娇红记》一九出："谢你冰人成～，光光帽，喜满腮。" ❸恩爱。元白贲《祆神急》："当时～，如今阻隔，准备从今因他害。"清《珍珠舶》一二回："遂即解衣安寝，其夫妇～之意，不待细表。"

【眷宠】 juàn chǒng 关注宠爱。宋洪迈《夷坚志》补卷二二："有侯将军者，富贵名族，仕御马院，蒙天子～。"明朱有燉《风流醉翁》："阮步兵～，李太白遗风。殷勤翠袖捧金钟。"清《隋唐演义》一六回："自此将乐昌公主与执拂张氏另眼～，为女官，领左右两班金钗。"

【眷酬】 juàn chóu （君王的）关爱酬劳。明天启七年八月初八日上谕："赏银五十两，彩段四表里，羊二只，酒三十瓶，新钞三千贯。仍赐敕奖励，以示～至意。"王世贞《徐文贞公行状》："朕已命所司议拟，重加恩赉，用示～。"清陈鼎《东林列传》卷末下："岁支五千石，庄田再加一千顷，以示～。"

【眷存】 juàn cún 关注；眷念。《敦煌愿文集·比丘法坚发愿文》："若乃高悬佛日，竖立法幢；四壁～，八方来凑，大王之德也。"金佚名《大金吊伐录》卷二："更承减金万铤，兹为厚惠，益稔～。"明《西洋记》五〇回："进椎髻之夫，与冠裳之盛。虽天王之～即厚，而元帅之左右实深。"

【眷弟】 juàn dì ❶姻弟。如妻弟、妹夫等。宋陈著《祭姊夫童庆纯文》："维年月日，～陈某谨以清酌庶羞之类，致祭于故处士童庆纯姊夫之灵。" ❷用于有姻亲或乡里关系的长辈对幼辈的谦称。根据关系远近，称"姻眷弟""年家（通家）眷弟""乡眷弟"等。清叶梦珠《阅世编》卷八："其尊行致幼辈，向止用眷教或眷生，谦者称眷侍教生。今虽白叟致黄童，无不称～。甚至姑夫致内侄，表叔致表侄，年伯致年侄亦然。其他父执，又不必言矣。"《绿野仙踪》二回："他是个现任中书，我是个秀才，又年少，不好与他～帖；写个晚生，我心上又不愿意。"《二度梅》一二回："取了一只笔，拈在手中道：'伯伯，写帖子是什么称呼？'王正云：'年家～二十个，姻～二十个，眷侍生十个。'"《春柳莺》一回："关书上道：乡～梅深顿首拜，请大三元池翁石老师台教训小儿。"

【眷好】 juàn hǎo ❶犹"眷爱❶"。唐白居易《答户部崔侍郎书》："并别睹手翰，访叙绸缪，何～勤勤若此之不替也，幸甚幸甚。"宋赵承之《贺中书周舍人启》："某获缀班联，猥承～。蒙眖书之甚宠，愧占谢之不勤。" ❷犹"眷爱❷"。明程敏政《韫斋处士程公墓铭》："三子持状请铭以诏后。予忝～，知公德详，不辞，乃序而铭。"清《聊斋志异·薛慰娘》："犬马齿二十有二，尚少良配。惠意～，固佳；但何处得翁之家人而告诉也？"

【眷厚】 juàn hòu 厚爱；爱重。唐韩愈《与孟尚书书》："辱吾兄～，而不获承命，唯增惭惧。"明方孝孺《与采苓先生书》："某鄙劣无状，向尝获厕下宾之末。过爱～，感刻无量。"清沈彤《与沈六如论东湖行述书》："已辱吾兄之～，宜无漏言，故并及之。"

【眷奖】 juàn jiǎng 眷爱奖励。唐吕颂《黔州刺史谢上表》："一览繁词，三蒙～，宣付史馆，列在图书，此微臣之荣一也。"宋朱熹《辞免直宝文阁状》："惟是进职恩命～隆深，自顾么微，莫堪称塞。"明王直《三茅山崇禧万寿宫重修三清殿碑》："识太宗于龙潜时，由是深加～，赐所居额曰'太平观'而改创焉。"

【眷教】 juàn jiào 有姻亲或乡里关系的长辈对幼辈的谦称。清叶梦珠《阅世编》卷八："其尊行致幼辈，向止用～或眷生，谦者称眷侍教生。"

【眷教弟】 juàn jiào dì 有姻亲或乡里关系的同辈人的谦称。清《八洞天》卷三："莫豪乃私问黎家的小童，方才得知了晁家的住处，竟写个～帖儿自往拜访。"

【眷聚】 juàn jù 眷属；家眷。宋苏轼《与潘彦明》："辱书，喜承起居佳胜，～各佳。"元蒲道源《祭辛伯迁文》："前日～，今作孤嫠；前日笑语，今作悲啼。"明林俊《西水奇遇记》："吾嫠无足恃，家可墟，～不可污渫。"

【眷客】 juàn kè ❶恋客；厚待客人。宋周密《齐东野语》卷一五："花虽～，然我辈胸中空洞，几为花呼叫称冤。"林希逸《舟离和州别史君》："～留连久，分携少惘情。"元卢挚《游茅山诗序》："既信宿矣，主人～殊未艾也。" ❷女客。清《聊斋志异·胡四娘》："筵中诸～始请见四娘，姊妹惴惴，惟恐四娘衔恨不至。"又《宦娘》："温偶诣之，受命弹琴，帘内隐约有～窥听。"

【眷口】 juàn kǒu 家属。明《禅真逸史》二九回："查讷亦赠金帛，释其全家～，团聚而去。"清《平定两金川方略》卷五〇："其随出人内，精壮番丁亦少，且携有～。"《飞龙全传》三〇回："举眼看那史弘肇及合家～，共有一百零三口，个个绑缚而立。"

【眷赉】 juàn lài 恩赏；眷顾赏赐。《新唐书·吕向传》："久之，迁主客郎中，专侍皇太子，～良异。"明宋濂《故荣禄大夫李公权厝志》："克享禄位，施及子孙。至于令终，～尤厚。"清雍正五年三月初三日上谕："若恣情纵欲，暴殄天物，则必上干天怒，不蒙～。"

【眷睐】 juàn lài 惠顾；青睐。宋黄榦《与郑成叔书》："传谕尊丈宣义，～之意甚厚，秋深当走求瞻拜。"元姚燧《报恩寺碑》："是年裕圣幸五台，德实从，～优渥。"清陈廷敬《紫毫笔歌》："侍中直庐蒙～，奎章云翰常携持。"

【眷赖】 juàn lài 爱重依赖。《新唐书·房玄龄传》："让，诚美德也。然国家相～久，一日去良弼，如亡左右手。"宋欧阳修《抚问护葬使向传式诏》："方将事以在涂，顾劳心于祇役。～之意，不忘于怀。"清《圣祖仁皇帝亲征平定朔漠方略》卷四："其历年久远，职贡恭顺，竭尽诚心者，益加～焉。"

【眷礼】 juàn lǐ 爱重礼遇。《新唐书·狄仁杰传》："后幸三阳宫，王公皆从，独赐仁杰第一区，～卓异，时无辈者。"宋卫泾《盖经行状》："以故虽在外久而～不衰。"清雍正八年十二月初一日上谕："着赐谕祭一坛，令抚臣致祭，以示朕～大臣、推恩先世之意。"

【眷怜】 juàn lián 怜爱；垂爱。《敦煌变文校注》卷五《维摩诘经讲经文(二)》:"君王宠爱,偏沾于雨露之恩;皇后~,数受于珠珍之惠。"元谢应芳《祭妻祖文》:"所可感者,永别终天。女孙归宁,谁其~!"清《八旬万寿盛典》卷一九:"圣慈~,谆恳周到。臣感激涕零,不知所云。"

【眷念】 juàn niàn 怀念;想念。唐权德舆《与黜陟使柳谏议书》:"俟他时进修,与诸生齿,方冀当大君子~之至,申鄙夫报效之分。"明王玉峰《焚香记》二一出:"重荷不鄙寒微,俯垂~。既辜大德,反辱见招,不胜惶惧。"清《飞龙全传》三四回:"臣受主上天恩~,焉有不奉诏旨之理?"

【眷盼】 juàn pàn 犹"眷睐"。唐梁肃《祭独孤常州文》:"亟承国士之遇,又忝公车之荐。奉明诚以周旋,尽深衷于~。"宋苏颂《刁景纯学士寄示嘉篇》:"故人勤~,尺书询动静。"郑獬《贺定州知府滕侍郎启》:"某雅深~,喜有褒荣。嗟贺染之未遑,愧诲题之已及。"

【眷戚】 juàn qī 姻眷;亲眷。《敦煌变文校注》卷四《太子成道变文》:"数中为(唯)有耶殊彩女,识辩(辨)毫相,便施与太子指环。其悉达太子收在怀中,散后告说父王夫人:'只此耶殊彩女纳~。'"明徐渭《注参同契序》:"夫长者赀财,记分众子,帐籍自别。然当其未分,不特为众子画饼,抑且起众子支属妄拟某物当得某房,夸示~。"

【眷亲】 juàn qīn 犹"眷戚"。明《杜骗新书·衙役骗》:"适~易乡官,素与植相善,知其事属仇陷,默地代拆于太府。"

【眷任】 juàn rèn 爱重信任。《新唐书·房琯传》:"帝虽恨琯丧师,而~未衰。"宋苏辙《三论举台官札子》:"光被~最深,康亦素有清誉,或为二圣所知。"明陆深《来雁轩解》:"凡才能必录,而奇特之士尤所~。"

【眷赏】 juàn shǎng 爱重赏识。宋韩淲《江西赵漕送丞相行状索挽诗》:"两宫传~,诸老竞招徕。"明沈德符《万历野获编》卷二五:"至邱文庄作《衍义补》,进孝宗御览,遂大荷~,且奉旨发刊。"清汪由敦《跋查声山宫詹书》:"先生书妍婉秀丽,兼两文敏之长;冠裳佩玉,中有李邺侯珊珊仙骨,其受~不虚也。"

【眷生】 juàn shēng 尊长对姻亲或乡里晚辈的自称。明宋濂《华峰施氏宗谱序》:"均善弟均助,予侄女婿也。谱成,乞余序。予难以不文辞,故书之以示渊源之所自云尔。时皇明洪武乙卯岁仲秋月吉旦,太子太傅翰林院大学士~宋濂撰。"《金瓶梅词话》三八回:"自此两家,都下~名字,称呼亲家。"清《醒世姻缘传》三三回:"择了十二月二十二日,同了狄员外的妻弟相朝号栋宇,备了三个~全帖,一个公请启,同到程乐宇家拜过,递了请启。"

【眷侍教生】 juàn shì jiào shēng 尊长对姻亲或乡里晚辈的谦称。清叶梦珠《阅世编》卷八:"其尊行致幼辈,向止用眷教或眷生,谦者称~。今虽白叟致黄童,无不称眷弟。"

【眷侍生】 juàn shì shēng 犹"眷侍教生"。清叶梦珠《阅世编》卷八:"前朝两榜乡绅拜客,除亲戚故交照常投帖外,其泛然士流,俱用~名帖。"富鸿基《忠贞范公祠堂碑记》:"丙午顺天武闱主考治年家~富鸿基篆额。"《二度梅》一二回:"取了一只笔,拈在手中道:'伯伯,写帖子是什么称呼?'王正云:'年家眷弟二十个,姻眷弟二十个,~十个。'"

【眷私】 juàn sī 垂爱;眷顾。唐常衮《谢让加银青福建观察使表》:"以奉纶言,曲承~,累渐阶历,遂参重务。"元戴表元《回舒子燕送鹅酒启》:"政自安于险陋,谁或达于高明?乃行~,远致庆问。"明宋濂《上存清公书》:"别久怀人,非言可尽。兹被手记,足仞~。"

【眷晚生】 juàn wǎn shēng 姻亲之间卑幼者对尊长的自称。乡亲间也可以套用。明《金瓶梅词话》六九回:"西门庆见了手本拜帖,上写着'~王寀顿首百拜'。"清叶梦珠《阅世编》卷八:"前朝两榜乡绅拜客,除亲戚故交照常投帖外,其泛然士流,俱用眷侍生名帖。士林拜两榜乡绅,亦除亲戚故交照常外,其泛然交际俱用~名帖,不论先后进年齿也。"《儒林外史》八回:"一副红全帖上写'~蘧景玉拜'。王太守开了宅门,叫请少爷进来。"

【眷委】 juàn wěi 信任委付(职权)。《新唐书·王琚传》:"帝于琚~特异,豫大政事,时号'内宰相'。"元明《三国演义》二一回:"臣才薄任重,深蒙~。令臣坚守不战,以待其蔽。"明祝允明《会道观修建记》:"昔者邓君,斋科精严,朝禁~,逮乎高峰之青章。"

【眷渥】 juàn wò 眷爱与恩泽。唐李商隐《为尚书渤海公举人自代状》:"倘召以急宣,被之~,必能明张条目,峻立堤防。"宋丁无悔《满庭芳》:"廊庙手,蓍龟先见,日月精忠。自从机初解,~尤隆。"清李光地《御书戏彩堂恭纪》:"蹑鳞附翼,自托不朽,斯已荣矣,况有皤白之亲,同沐~。"

【眷惜】 juàn xī ❶眷顾爱惜。宋韩琦《宋故推诚保德崇仁翊戴功臣欧阳公墓志铭》:"公在亳,已六上章请致政。上~之,不允。"明蔡清《与碧川先生书》:"上为天子之所~加恩,下为士夫之所光荣叹慕。"清胤禛《朱批谕旨》卷一二六之四:"陈世倕,朕亦尚在~。但此番掣肘,似属有意。" ❷留恋;舍不得。宋吕南公《与张户曹论处置保甲书》:"平日小民犯分于觞酒脔肉睚眦之际,而臀肤屡破,然不顾者,自以虽死无所~故也。"王安石《嘲白发》:"久应飘转作蓬飞,~冠巾未忍违。"洪迈《夷坚志》支景卷一:"吾业为不义,杀人如践蝼蚁。今全尔一家,可谓恩惠,而~一女子邪!" ❸珍惜;看重。清弘历《微雨》:"微雨才成寸,曾无~心。为因收麦候,却恐作梅霖。"

【眷相】 juàn xiàng 眷爱佑护。唐柳宗元《沛国汉原庙铭》:"以约法之仁,安知不流其神,~旧邦之遗黎欤?"宋王珪《赐陕西诸州宣抚敕书》:"凡在抚循,并申~。"文天祥《拟册立皇太子文》:"祖宗在天~,惟兹蔽自朕志,贻厥孙谋。"

【眷恤】 juàn xù 眷爱体贴。唐梁肃《祭李处州文》:"予集艰棘,哀恫苦辛。~何深,吊问殷勤。"宋王安石《与沈道原书》:"承~,重以感慰。衰莫眩昏,幸而获愈。"清雍正三年四月初三日黄国材奏文:"臣跪读圣训,仰见皇上~保全。"

【眷依】 juàn yī 仰慕;依恋。宋葛叔忱《与育王大觉禅师帖》:"病体衰惰,坐隔禅席。~餘教,驰情何已。"明顾清《辞李文正公文》:"回瞻师门,庶以无愧。今当永别,不胜~。"

【眷倚】 juàn yǐ 宠爱并倚重。唐白居易《与茂昭诏书》:"~之怀,并具前诏,想宜知悉。"宋文莹《湘山野录》卷中:"吕申公累乞致仕,仁宗~之重,久之不允。"明朱长祚《玉镜新谭》卷四:"仍赐敕奖励,以示~。"

【眷姻】 juàn yīn ❶婚姻。元贯云石《醉太平·失题》:"长街上告人,破窑里安身。捱的是一年春尽一年春,谁承望~?"《元曲选外编·西厢记》五本三折:"甚的是软款温存,硬打捱强为~,不睹事强谐秦晋。"明孟称舜《娇红记》四九出:"大古来相谐~,都则有命儿存。" ❷也指男女偷情关系。元明《水浒传》二四回:"直饶匹配~偕,真实偷期滋味美。"

【眷姻晚生】 juàn yīn wǎn shēng 犹"眷晚生"。清《儒林外史》七回:"周学道已升做国子监司业了,(严贡生)大着胆,竟写一个'~'的帖,门上去投。"

【眷寅教弟】 juàn yín jiào dì 同寅官员之间为套近乎而用的谦称。清《绿野仙踪》六六回:"如玉看了看,见写的都是~帖,心里说道：'他两个素常都与我是侍生帖，怎么今日又这般谦恭起来?'"又七七回："你们可写我一年家～帖与朱大人，……再写年家眷侍生两帖与二总兵。"

【眷泽】 juàn zé 恩泽。五代李亶《许孟知祥奏赵季良等授节旄诏》："傥蒙委以节旄，则望付臣宣赐，仍希～，各转官阶。"宋李新《乞遂宁府遇阙守臣以监司兼权札子》："远民厚幸，蒙被～。敷锡府号，遴择卿士，责以职名。"

【眷宅】 juàn zhái 宅眷；家眷。明朱淛《钝斋杨老先生八十初度》："诸儿鹄立，内外子孙，莫是神仙真～?"许三阶《节侠记》三一出："一路行来，问说老爷～在此，不免径入。"

【眷知】 juàn zhī ❶恩宠知遇。唐陆贽《论裴延龄奸蠹书》："良由内顾庸昧，一无所堪，夙蒙～，唯在诚直。"明沈德符《万历野获编》卷一六："久不奉旨，比入闱之夕始下，则已不及辞矣。岂命当罹毁，因而误受～耶?"清王士禛《池北偶谈》卷五："两相受上～之深，费许多心计，竟不能用一私人，岂寻常世主所及哉。" ❷泛指相知。宋苏轼《与程正辅书》："恃～，如此率易，死罪! 死罪!"陈鹄《耆旧续闻》卷一〇："虽迫于典故，姑令王勃以居前；而结此～，行见鲁公之拜后。"

【眷重】 juàn zhòng 宠爱倚重。唐白居易《与茂昭诏书》："言念再三，发于嗟叹，～之至，并在予怀。"明陈子龙《祭遵》："世祖～，世哀备礼，瞻车流涕，临朝叹息。"王玉峰《焚香记》一一出："愧朽钝之樗材，蒙圣恩之～。职司喉舌，义属股肱。"

【眷瞩】 juàn zhǔ 眷顾瞩望。唐白居易《答王承宗谢洗雪及复官爵表》："永言尔志，甚叶朕怀，勉思始终，用副～。"辽耶律延禧《遣耶律师傅等赐高丽国王太子册》："镂竹泥金，示优加于～；若带如砺，当共保于安荣。"明《西洋记》八六回："敬勒短函，用伸～，愿宽洪造，不尽钦承。"

【眷注】 juàn zhù 垂爱关注。唐刘禹《论镇州赵赞诏》："况车驾按幸，已及晋州，无致他人，别邀富贵。临轩～，寤寐不忘。"宋沈括《梦溪笔谈》卷九："上益嘉其诚实，知事君体，～日深。"清《品花宝鉴》一〇回："亦必两意～，始可言情，断无用情于陌路人之理。"

【眷族】 juàn zú 亲戚；亲眷。五代佚名《毗沙门佛龛碑》："六亲～，悉利胜缘；九元祖宗，咸升净域。"明《西游记》一一回："陛下有甚么放不下心处，说与我等，不要弄鬼，惊骇了～。"清《剿捕临清逆匪纪略》卷九："至所获王伦之～义子及小头目等颇多，现在逐一清查。"

【倦惫】 juàn bèi 困倦疲惫。宋陆九渊《与曾宅之书》："气力～，又未能作复。"明《僧尼孽海·水云寺僧》："身体～，睡至天曙。"清《珍珠舶》六回："只捡那热闹之处，往来观看。至～时，就向人家门首借坐暂憩。"

【倦惮】 juàn dàn 疲劳害怕。元金仁杰《追韩信》二折："对一天星斗跨雕鞍，不由我～。"《元曲选外编·三战吕布》一折："哥也，敢战兀那三千合我也不～。"

【倦倒】 juàn dǎo 疲倦得站不住。明文徵明《步步娇·闺怨》："冰弦懒调，春纤未举先～。"袁于令《西楼记》二〇出："我～了，你扶我在床上去。"《金瓶梅词话》一一回："不要说起，今早～了不得。"

【倦乏】 juàn fá 疲倦困乏。宋吴彦夔《传信适用方》卷上："四肢～，不进饮食，并宜服之。"朱熹《与饶廷老书》："证候虽浅，然服药发散出汗多，～不可言。"清《野叟曝言》七〇回："随氏因狐死被惊，～不过，沉沉睡去。"

【倦烦】 juàn fán 厌倦烦扰。唐元稹《含风夕》："炎昏～久，逮此含风夕。"宋苏舜钦《迁居》："家人颇～，行路亦叹呼。"杨万里《安乐庙头》："千峰万岭争投奔，一陟三休却～。"

【倦困】 juàn kùn 犹"倦乏"。宋洪迈《夷坚志》丙卷四："疑有它意，辞以不能饮，且长涂～，遂就寝。"元明《三国演义》八回："又立一个时辰，玄德浑身～，强支不辞。"清《玉楼春》九回："今与邵郎必是有缘，不然文新梦寐中怎么有这样奇事? 况我日间身子极～。"

【倦懒】 juàn lǎn 困倦懒怠。宋洪迈《夷坚志》支癸卷二："匠有～舍去者，或病或死，皆怖畏不敢怠。"明《二刻拍案惊奇》卷八："久病～，怕着冠带，愿求便服相见。"△清《小五义》八五回："自己睡醒，就觉得身上～。我们劝着他老人家散逛散逛。"

【倦劳】 juàn láo ❶疲倦劳累。或指这样的人(军队)。宋曾公亮等《武经总要》前集卷三："击其～，避其闲窕。"按，此例见于托名司马穰苴的《司马法》。元刘敏中《送高案牍序》："夫年衰而事益繁，禄薄而责益剧，宜其有～之伤，有饥寒之忧。"明徐谦《仁端录》卷一："百会山根铁叶焦，呵欠脾家必～。" ❷怕劳累。宋刘敞《贤论》："是以日昃不～于求士，所执贽见者十有餘人，所交友者百有餘人。"元胡祗遹《论臣道》："～避事者幸有所委，府州司县公廨为之一空。"明龚敩《次韵翁好古道过芗溪》："万里番禺不～，此身端为斯文重。"

【倦闷】 juàn mèn ❶疲倦烦闷。唐孙棨《北里志·王团儿》："予在京师，与群从少年习业。或～时，同诣此处。"宋洪迈《夷坚志》补卷一六："行役～，值一笄女于茅冈桑林边，含笑相迎。" ❷中医指肢体淤滞乏力。宋王衮《博济方》卷四："泽兰丸，治妇人血海虚损，……四肢～。"明王肯堂《证治准绳》卷六四："脊背～，煎糯米秦艽汤化下。"

【倦疲】 juàn pí 犹"倦惫"。宋觉范《余将北游留海昏》："诗成思掀豁，熟读忘～。"明江瓘《名医类案》卷八："后吐痰，声嘶面赤，～而殁。"邵璨《香囊记》三〇出："身孤苦力～，饥寒怎当怯路歧?"

【倦怯】 juàn qiè 疲倦发怵。明许三阶《节侠记》八出："朦胧匀睡脸，～试罗裳。为谁瘦损娇模样?"孟称舜《娇红记》四出："我停针不语身～，觑著那画眉帘外日儿斜也。"

【倦劬】 juàn qú 犹"倦劳❷"。宋舒岳祥《五月初四日浴阁成》："壶觞休～，草阁一开浴。"

【倦衰】 juàn shuāi 疲乏衰惫。元戴表元《质野堂记》："于是筋骸～，世念益薄。"又《题董彦醇诗后》："前所见子弟皆肄习修饰，咸伟丈夫，而余年浸～，交游益荒。"

【倦息】 juàn xī 疲倦不振。明朱橚《普济方》卷二四："两胁膨胀，胸膈痞闷，四肢～，不美饮食。"《醒世恒言》卷二四："帝日夕沉荒于迷楼，罄竭其力，亦多～。"清魏之琇《续名医类案》卷四一："昏睡不苏，便溏能食，乃脾主困，因便而脾虚，～而昏睡也。"

【倦懈】 juàn xiè 疲惫懈怠。《宋高僧传》卷一一《唐天目山千顷院明觉传》："好问求知，曾无～。"明宋濂《元故朱夫人戚氏墓铭》："督教愈于夫在时，粥钗钏资之，俾无～。"清王永吉《人臣儆心录·旷官论》："惬其意，则殚力任之而不辞；少拂抑焉，即～心生而故为不克胜任之状。"

【倦厌】 juàn yàn 厌倦。唐韩愈《喜侯喜至赠张籍张彻》："常思得游处，至死无～。"元王恽《大元光禄大夫乌兰氏先庙碑铭》："城邑中人，遇劳苦即～，逗挠气惰。"△清《孽海花》二八回："不过这个人生，我还是觉得～。"

【倦慵】 juàn yōng 犹"倦懒"。明朱橚《普济方》卷一五七："肢体～，咽干口燥，饮食减少。"

【绢光】 juàn guāng ❶光滑。清《一片情》七回："遂褪下裤儿，露出那雪白滚圆绵软～的屁股来。"《绮楼重梦》二八回："把一只手探进被去，刚摸着了琼蕤的～溜滑的腿。" ❷精光；一点不剩。明《警世阴阳梦·阳梦》三回："随他使乖，不弄他个～也不罢休。"清《生绡剪》一五回："一把火烧得～。"

【绢头】 juàn tóu ❶绢匹的端头。明王世贞辑《剑侠传》卷一："以绢重缚士人胸膊讫，以～系女身，女纵身腾上，飞出宫城。" ❷手绢；手帕。明冯梦龙辑《黄山谣·谜语》："又衬子一块旧～，滚得个硬肚皮光油油。"《金瓶梅词话》五三回："袖中摸出旧绿～来，包了这盅米。"清《野叟曝言》二九回："悄悄把袖里～塞进女儿阴户，里外揩抹干净。" ❸绢面。指绢质的画面。明刘孔和《题赵松雪宫女啜茗图》："不点疏萤和月色，～已作百年凉。"

【绢子】 juàn zi ❶绢；绢匹。元古本《老乞大》："俺往直南济宁府东昌高唐，收买些～、绫子、绵子。"佚名《卧冰记》一三出："念王祥蒙娘语，装～推车前去，海州城作经济。" ❷犹"绢头❷"。明朱橚《普济方》卷四四："用白～裹药末一钱，于新汲水内浸过，滴向患处。"清《红楼梦》八三回："宫女儿递过～，元妃一面拭泪，一面传谕。"

juē

【撅】 juē 另见 jué、juè。❶攻打；击败。唐杜牧《注孙子序》："驱兵数万，～其城郭，系累其妻子，斩其罪人，亦吏之所为也。"又《贺平党项表》："比以回鹘未殄，吐蕃正强，且须羁縻，未可重～。"《新唐书·褚遂良传》："昔侯君集、李靖皆庸人尔，犹能～高昌，缨突厥。" ❷挥；扫。五代贯休《读杜工部集》之二："甫也道亦丧，孤身出蜀城。彩毫终不～，白雪更能轻。"又《和毛学士舍人早春》："书斋山帚～，畔馔药花甘。" ❸阻隔；束缚。宋何耕《假山》："空庭幻出小嶙峋，假外应须别有真。只恐话头成两～，若为融摄主和宾？"明《金瓶梅词话》六二回："哥儿死了，我原说的教你休～上奶去。"清《姑妄言》二回："奈本钱短少，转不过来，老爹放的账一时又收不起来。今日买了一桩米，差二三十两银子就～住了。" ❹叩击；敲打。《元曲选·蝴蝶梦》二折："割舍了待泼做：告都堂，诉省部；～皇城，打怨鼓；见銮舆，便唐突。"清毛奇龄《九怀词·张十一郎官》："撞天关，～雷鼓。男旁招，女拂舞。" ❺折；折断。《元曲选·黑旋风》二折："我把那厮脊梁骨，各支支生～做两三截！"清《红楼梦》二一回："你不趁早拿出来，我把你膀子～折了。" ❻蜷曲；折屈。明《金瓶梅词话》一九回："解救下来，～了半日，吐了一口精涎，方才苏醒。"又四二回："唐胖子吊在醋缸里——把你～酸了。"清《姑妄言》八回："～了一会，一口痰涌出，又重新哭将起来。" ❼翘；努；鼓起。明《金瓶梅词话》三四回："那平安儿因书童儿不请他吃东道，把嘴头子～着，正没好气。"清《醒世姻缘传》二回："放他家那～尾巴骡子臭屁！没的那砍头的臭声！"《姑妄言》六回："那老儿嘴笑得咧着，眼白瞪着，～着几根白胡子，看着他。" ❽掀；挑。清《荡寇志》七六回："丽卿追上去，赶着一枪一个，尸首都～得老远。"又一〇九回："宋江亏黄信挑起那箭，只爆在眼睛上，幸不深入，却已将山根射伤，眼珠～出。"《品花宝鉴》三回："便索性把桌子一～，这一响更响得有趣。那三个相公一个已唬跑了，两个死命的解劝。" ❾擎；举。明《金瓶梅词话》九五回："忘八见他使钱儿猛大，匣子蹙着金头面，～着银挺子打酒，与鸨儿买东西。" ❿骂；恶语回绝。明《金瓶梅词话》二一回："刚才若他～了不来，休说你哭瞎了你眼唱门词儿。"

【撅丁】 juē dīng 妓院男佣；乐工。元商衢《一枝花·叹秀英》："纣～走踢飞拳，老妖精缚手缠脚，拣挣勤到下锹镬。"高安道《哨遍·嗓淡行院》："吹笛的把瑟歪着尖嘴，擂鼓的～瘤着左手，撩打的腔腔嗽。"明朱有燉《香囊怨》二折："但有些钱呵，又道是豪旺了那五奴～。"清张梦徵《青楼韵语》："～，妓家男子也。"

【撅害】 juē hài 侵害。宋张栻《题蒋邕州墓志铭后》："则又或以姑息为惠，以纵弛为宽，以秫棱为善处，故其能适以贾怨贻毒，～邦本。"

【撅救】 juē jiù 用屈折肢体的方法抢救昏迷者。明《金瓶梅词话》二六回："割断脚带，解卸下，～了半日。"清《姑妄言》一三回："抬到屋里床上，～了一会，才醒转来。"

【撅俫】 juē lái 即"撅丁"。俫，青年男子。元赵彦晖《一枝花》："若不是铁屑船门闭的严，教了些小～坐守行监，老波么，朝敲暮斩。"明佚名《红绣鞋》："乔断事～杂嗖，望梅花子弟单兜，闵子里姨夫做冤仇。"

【撧】 juē ❶掰(开)；拗(折)；折(断)。宋蒋捷《秋夜雨·冬》："醉无香嗅醒，但手把、新橙闲～。"元明《水浒传》四回："推翻供卓，～两条卓脚，从堂里打将出来。"明朱橚《普济方》卷四二三："用细草一茎，随所患左右手量中指，自掌尽处横纹量起，通三节至指尽处为则，不量指甲，～断。" ❷揪；扯；撕。金《董解元西厢记》卷七："把引睡的文书儿强披阅，检秦晋传检不着，翻寻着吴越，把耳朵～。"明佚名《斗鹌鹑·送别》："等那厮来时节，把耳朵儿～。"朱橚《普济方》卷二五五："以煮酒瓶上纸，碎～如杨花。" ❸解。宋蒋捷《秋夜雨·春》："宝筝弦断尽，但万缕、闲愁难～。"又《夏》："有人凉满袖，怕汗湿、红绡犹～。"

jué

【决鞭】 jué biān 疾鞭；快速加鞭。《敦煌变文校注》卷一《汉将王陵变》："两盈(楹)不知，赚下落马，踟跪存(蹲)身，受口敕之次，便乃～走过。"又："被汉将诈宣我王有敕，赚臣落马受口敕之次，～走过。"

【决别】 jué bié 诀别；告别。唐韩愈《顺宗实录》卷四："客寄有根蒂，吏纵求得城家。坐吏于门，与约饮～，涕泣送之郊外。"元汪斌《紫岩先生汪公行状》："与亲厚～，至是遂终焉。寿高九十有二岁。"清《荡寇志》八七回："又写了三封书信：一封与云天彪～。一封与兄万年，托以宗祠香火。一封与师父栾廷芳。"

【决打】 jué dǎ 责打。宋周必大《取见刘汉臣案奏》："只据虚词，～杜亮之妻，致令后数日损孕。"元明《水浒传》四回："但凡和尚破戒吃酒，～四十竹篦，赶出寺去。"明叶春及《乡约篇》："许用竹篦荆条量情～，不许拘集。"

【决当】 jué dāng ❶必定；一定。唐陆贽《均节赋税恤百姓六条》："就于一管之中，轻重不得偏并，虽或未尽齐一，～不甚低昂。"明沈璟《义侠记》一一出："大官人说了苏州许多贤人，小子也要与苏州争气，～为朋友而死。"清《玉蜻蜓·游庵》："今日还要潇洒一天，明日为始，～闭户攻书。" ❷必须；一定要。清《飞龙全传》三三回："众心已定，明公～允从。况诸将已与刘氏为仇，岂肯束手服乎？"

【决赌】 jué dǔ 赌博决胜。唐牛僧孺《玄怪录》卷三："剖开，每橘有二老叟，……剖开后，亦不惊怖，但与～。"明《二刻拍案惊奇》卷二："小子不愿各殿下破钞，小子自有利物与小娘子～。"清

《聊斋志异·王成》:“主人喜,以金授王,使复与子弟～,三战三胜。”

【决发】 jué fā ❶迸发;发泄。唐孙樵《序陈生举进士》:“久愤湮郁,一旦～,若风波之得宣泄,吁可当耶!”沈光《过任城题李白酒楼》:“乃以聪明移于月露风云,使之娟洁飞动;……移于车马弓矢,悲愤酣歌,使之驰骋～,如睨幽并。”宋何薳《春渚纪闻》卷六:“刘贡父舍人,滑稽辨捷,为近世之冠。晚年虽得大风恶疾,而乘机～,亦不能忍也。” ❷判断处理。宋范仲淹《段君墓表》:“临事无大小,无难易,～如流。”曾巩《访石仙岩杜法师》:“我今归来尚踟蹰,羡君～真丈夫。”

【决乎】 jué hū 必定。明《醋葫芦》九回:“将欲具张和息,不知老不贤尚且还道恨气未消,～不肯歇息。”清《歧路灯》一〇回:“即令太监少知自敛,而跟从之厮役,差使之胥皂,又～没一个好的。”《姑妄言》四回:“因恋着先赢的那几场,～不肯放手。”

【决截】 jué jié 犹“决绝❸”。明《醒世恒言》卷二九:“若先申上司,必然行查驳勘,便不能～了事;不如先开释了,然后申报。”

【决绝】 jué jué ❶分离;别离。多指永诀或生离。唐杜甫《前出塞》之四:“哀哉两～,不复同苦辛。”明《二刻拍案惊奇》卷六:“我与你～过了,便同路人,要你管我怎的。”清吴绮《读秋笳集有感》:“关塞故乡轻一别,父子弟兄长～。” ❷断绝;抛弃。唐李白《登敬亭山南望怀古》:“～目下事,从之复何难?”元稹《古决绝词》之一:“君情既～,妾意亦参差。”清钱谦益《湖广提刑按察司佥事管公行状》:“公自此～仕进,一意以鸣道淑人为事矣。” ❸决然;不犹豫黏滞地。唐韦应物《燕衔泥》:“岂不解～高飞碧云里,何为地上衔泥滓?” ❹坚决;果断。宋叶適《上孝宗皇帝札子》:“若流涕行诛,显示～,而国信所藏,典故具在,亦恐天下之大义未足以易有司之常守。”明《醒世恒言》卷九:“今番见女婿恁般病体,又有亲笔诗句,口气～,不觉也动了这个念头。”清《歧路灯》九回:“那官儿见话头～,不便再强。” ❺截断。宋李新《更生阁记》:“～新谷三溪水,赡军池涸。” ❻败亡;灭绝。宋胡寅《上皇帝万言书》:“未有乘衰微～之后,窃窃焉因陋以为荣,施施焉苟且以为安,而能久长无祸者也。”元吴师道《赠姚学正序》:“其英隽明达为时儒器者不少,不幸而有滥厕其间往往速戾败官。议者遂相诟病,以一概百,直～之而后已。” ❼自尽;自绝。宋刘辰翁《山心记》:“盛年抚剑,浮沉宾主,欲隐则不能,欲～则不可,于其时老是乡也。”明叶春及《明伦五条》:“又女已嫁常庸奴,其夫亡抵他人。官以法合之,则至～而死。”清魏裔介《张贞女诗》:“女言若不死,许我往奔丧。否则必～,勿用徒忧伤。” ❽了结;了断。明《拍案惊奇》卷一七:“只求老爷早早～,小妇人也得干净。”袁于令《西楼记》二〇出:“于鹃为想素徽,只愿一病而亡,～了这段姻缘。”清吴伟业《贺新郎》:“故人慷慨多奇节。为当年、沉吟不断,草间偷活。艾炙眉头瓜喷鼻,今日须难～。”

【决口】 jué kǒu ❶豁开嘴。《旧五代史·晋书·张彦泽传》:“高祖不得已而从之。既至,～割心,断手足而死之。” ❷水冲破堤岸形成缺口。也指这样的缺口。宋苏轼《徐州贺河平表》:“窃闻黄河～,已遂闭塞者。”明《梼杌闲评》一回:“去年黄淮～,有一潭其深莫测,正与～相连。”清黄宗羲《王孝女碑》:“有如奔流壅塞,势不能函,～而出,动魄摧颜。” ❸豁嘴。明汤显祖《紫钗记》三〇出:“急张拘勾的捧头獐,赤溜出律的～兔。”

【决列】 jué liè 同“决烈❷”。《敦煌变文校注》卷一《孟姜女变文》:“妇人～感山河,大哭即得长城倒。”

【决烈】 jué liè ❶刚烈;坚毅。《隋书·地理志下》:“其人率多劲悍～,盖亦天性然也。”《元曲选·度柳翠》四折:“大丈夫具～志气,慷慨英灵,踏破化城,归家稳坐。”清《荡寇志》八五回:“希真见丽卿如此～,亦甚叹息,便捧过信牌付与丽卿。” ❷贞烈。宋元《熊龙峰刊小说·彩鸾灯》:“调光经于中蕴奥,爱女论就里玄微。～妇闻呼即肯,相思病随手能医。”明高濂《玉簪记》一八出:“〔净〕他家十分豪富。〔旦〕从教富贵更豪奢,怎如我清贫守道,自有～。”《型世言》一〇回:“媳妇光景似个～的。但我与你岂有不委曲劝慰,看他这等死?”

【决裂】 jué liè ❶迅疾冲击;飞奔。唐高適《奉和李泰和鹘赋》:“始灭没以略地,忽升腾而参云。翻～以电击,皆披靡而星分。”明卢柟《信陵亭行赠张幕史》:“身骑宛马铁花骢,霜蹄～耳生风。” ❷撕裂;崩裂。唐李翱《祭吏部韩侍郎文》:“欲别千万,意如不穷。临丧大号,～肝胸。”明胡宗宪《筹海图编》卷一三:“铳外又以木包铁箍,以防～。”清徐彬《金匮要略论注》卷七:“乃复因循,至大败～,肺叶欲尽,尚可为耶?” ❸猛烈;强烈。唐薛用弱《集异记·丁岩》:“若暴虎之猛悍,况厄陷阱,得人固当恣其狂怒,～噬啮,以豁其情。”宋《朱子语类》卷六:“仁便有个流动发越之意,然其用则慈柔;义便有个商量从宜之义,然其用则～。”元朱震亨《局方发挥》:“苍术性燥气烈,……虽有陈皮、甘草之甘缓甘辛,亦是～耗散之剂。”明朱长祚《玉镜新谭》卷六:“奋厉呼号,莫可名状,冲突撞击,势甚～。” ❹崩坏;失去掌控,不可收拾。宋《朱子语类》卷四四:“须是克己,涵养以敬,于其方萌即绝之。若但欲不行,只是遏得住,一旦～,大可忧。”明陈子龙《与张庶常书》:“昔李元礼等系狱,陈仲举上疏力争,盛称其贤,而并仲举策免。东汉之祸,遂至～。”清黄宗羲《子刘子行状》:“以为朝野属意于先生,先生稍霁其威严,则前之阳羡,后之贵阳,不至～如是。” ❺舍弃;离弃。宋孙应时《答吕寺丞书》:“以事势言之,虽幺么不系轻重而便去,亦诚未有代任慈责者,故难～耳。”明王世贞《上太宰杨公书》:“第向时出处之际,颇晓自爱。只有相公肉骨生成恩重,不能～,再叨迁转。” ❻指弃世修道或避世隐遁。宋吴曾《能改斋漫录》卷一八:“遂弃官,与妻隐去。郡僚挽留不可,咸作诗以饯行。时新建主簿刘纯臣有诗(云):……‘莫怪少年参～,蓝田夫妇总登真。’”刘克庄《谢王侍郎举所知启》:“明主弃,故人疏,舍山林而焉往?未能～,尚尔低回。”清黄宗羲《杨士衡先生墓志铭》:“故卑者茅靡于时风,高者～于方外。其能确守儒轨,以忠孝之气贯其终始者,盖亦鲜矣。” ❼坚毅;果决。宋刘弇《送真藏主赴沩潭乾老会中》:“男儿贵～,勉哉行问津。”王迈《嘲解》之九:“齐霸分明诛子纠,唐宗～用仇臣。”清《十二楼·合影楼》二回:“珍生见她回得～,不敢再为佻达之词,但写几句恳切话儿,以订婚姻之约。” ❽结论;结果。元高明《琵琶记》一二出:“他势压朝班,威倾京国,你却与他相别。只怕他转日回天,那时须有个～。”明《醒世恒言》卷五:“女儿年纪长成了,把他担误,不是个常法。你也该与勤亲家那边讨个～。”又卷三八:“既是前两次不来,难道这一次又来得成?包你五日里面,就有～。” ❾(堤坝)溃决。明潘季驯《河防一览》卷一一:“先年已有石堤,目前加筑埽堤,尚可保无～。”清顾炎武《读史方舆纪要》卷一二六:“且大势尽趋浊河,出小浮桥者,不过十之一二。～之患,正恐不免。”柴绍炳《与巡抚范承谟论修塘书》:“而识者以塘大,～即嘉湖而下不免波及者。” ❿破碎;支离。明王守仁《答顾东书》:“此后世之学所以析知、行为先后两截,日以支离～,而圣学益以残晦者,其端实始于此。”章衮《书临川文集后》:“始也群臣共为一党以抗君,终也君子小人各自为党以求胜,纠纷～,费时失事,至于易世而尤不知止。” ⓫败露;败坏;失败。明《二刻拍案惊奇》卷三二:“王俊自知此事～,到不得官,苦央族长处息。”清《平定金川方略》卷一八:“自知身名～,且无子嗣，计无所出。”《荡寇志》九四回：“到处招风惹火，嗆酒撒泼，可是同他做得机密事情？同去便要～。” ⓬ 出格；离谱。明《封神演义》六〇回：“这孽障不知听何人唆使，中途改了念头。也罢，此时还未至大～，我明日使他进西岐赎罪便了。”清《醒世姻缘传》五六回：“随把家事与房中箱柜的钥匙尽数都交付他掌管。他虽也不能如主母一了百当，却也不甚～。”《荡寇志》一四〇回：“乃是宣和墨宝，到如今一百四十多年了。你纵然寿长，也会他不着。这谎太撒得～了。” ⓭ 问题；纰漏；毛病。明袁宏道《与刘云峤祭酒书》：“如此世界，虽无甚～，然阁郁已久，必须有大担当者出来整顿一番。”《禅真逸史》二一回：“虽是救人一命，事非切已，总属卤莽。设有～，汝二人取罪非轻。”清纪昀《阅微草堂笔记》卷五：“遇此等事，当以不解解之。一作聪明，则～百出矣。”

【决囚】 jué qiú 秋季对死刑犯执行死刑。也指处决囚犯。《隋书·后妃传》：“后颇仁爱，每闻大理～，未尝不流涕。”明杨循吉《苏谈》：“忽有～使臣自北来者，邮卒执小黄旗驰报，呼云‘杀人者至矣’。”清《野叟曝言》一一〇回：“不过～，怎要关城防守？昨日已经决过，今日怎还不开城？”

【决然】 jué rán ❶ 断然；坚决果断地。唐韩愈《答杨子书》：“知人，尧舜所难，又尝服宰予之诫，故未敢～挹，亦不敢忽然忘也。”明王玉峰《焚香记》二四出：“那员外又教他来说你亲事，～嫁了他罢。”清《飞龙全传》五四回：“将军莫如弃暗投明，～归附，他日英名重于竹帛。” ❷ 冲决貌。唐柳宗元《晋问》：“溃溃焉若海神驾雪而来下，观其四散惝恍，开合万状，喜者鹊厉，怒者人搏，～坌跃，千里相角。”李复言《续玄怪录》卷二：“旁有一鱼曰：‘顾足下不愿耳。正授亦易，何况求摄，当为足下图之。’～而去。” ❸ 绝对；无可怀疑或绝无通融餘地。唐吕让《楚州刺史厅记》：“昔贤行事，亦有据经合道，不夺阴阳鬼神之说，然未有～违俗与众祸福之见，牢甚不可破。”《元曲选·来生债》一折：“〔正末云〕请先生受了者。〔曾云〕我小生～不敢受。”清玄烨《亲征漠北纪略》上：“朕因是深知此人，势炽心侈，愍不畏死，窥伺中原，～不肯宁息。” ❹ 一定；必定。唐易静《兵要望江南·占日》：“太阳畔，举手若两分。或作扫形居两手，君王帝位欲分更。不散～成。”明《警世通言》卷六：“争奈此人箪瓢屡空，若待媒证求亲，俺父亲～不肯。”清方成培《雷峰塔》二〇出：“你若不遇我老爷，性命～休矣。”

【决撒】 jué sǎ ❶ 败露；戳穿。宋元《警世通言》卷一六：“到亏当日小夫人入去房里自吊身死，官司没～，把我断了。”《元曲选·连环计》二折：“～了，老爷都听见了也。”清《醒世姻缘传》八一回：“事体～了。我且不合你说，俺还得安排另铺谋哩。” ❷ 耽误；败坏。《元曲选·百花亭》四折：“这的是证明师，～了也春风骄马五陵儿。”又《玉壶春》二折：“～了高烧银烛照红妆，没指望月夜双歌玉壶腔，空压杀春风一曲杜韦娘。”清《女仙外史》三九回：“那女秀士是心虚的，恐怕～了大事，假意道：‘你两位要我挈带，也要好好的说。’” ❸ 失误；差错或出差错。元《三遂平妖传》一一回：“每常揭起卧单，那孩儿便跳起来。今日接不上，～了。”明王世贞《与范司理书》：“筑基之际，少不如式，不能无～。”《醒世恒言》卷二五：“自知年纪渐老，万一西番南夷有些～，恐损威名。” ❹ 闹别扭；不顺遂或不如意。明孟称舜《娇红记》六出：“我待做渔郎去问津，硬撞入桃源路。〔止介〕不中，倘他～起来，可不误了好事也。”王錂《春芜记》二一出：“倘然楚王用了他，他日逐使起嘴脸来，我一发弄得～了。”清《续金瓶梅》四三回：“想是那话儿藏不住，你家太太有些～了。”钱谦益《复灵岩老和尚书》：“生平潦倒，儒风梵行，一往～。惟是一点血心，远依佛祖，近对祖宗。” ❺ 即“搅撒❶”。明《金瓶梅词话》七九回：“慌的玉楼、李娇儿就来问视，月娘手按着害肚内疼，就知道～了。玉楼教李娇儿守着月娘，他便就使小厮快请蔡老娘去。” ❻ 了结；结束。清吴伟业《秣陵春》三四出：“万一半路上撞个歹人，他的性命定然～了。”

【决舍】 jué shě 离弃；弃舍。唐韩愈《与崔群书》：“或慕其一善，或以其久故，或初不甚知而与之已密，其后无大恶，因不复～。”明张岳《与聂双江苏州书》：“使于义决不容不去，而其人尚爱恋，不能～。为朋友者，岂得不以大义责之，使之速去。”清袁枚《峡江寺飞泉亭记》：“至峡江寺而意难～，则飞泉一亭为之也。”

【决疏】 jué shū ❶ 疏浚（水道）。唐柳宗元《零陵三亭记》：“乃发墙藩，驱群畜，～沮洳，搜剔山麓，万石如林，积拗为池。”宋欧阳修《送吴生南归》：“昆仑倾黄河，渺漫盈百川。～以道之，渐敛收横澜。”苏辙《北京南开二股河祭河渎星辰祝文》：“乃者暑雨过常，河流东溢。因有司之来告，请以时而～。” ❷ 疏通；扫荡（弊端）。唐柳宗元《上裴晋公度献唐雅诗启》：“宗元虽败辱斥逐，守在蛮裔，犹欲振发枯槁，～潢污，罄效蚩鄙，少佐毫发。”

【决算】 jué suàn 运算决定。元明《三国演义》一回：“后人有诗赞玄德曰：运筹～有神功，二虎还须逊一龙。”明王世贞《许长公小传》：“季善心计，～多奇。”清《飞龙全传》四三回回目：“苗训～服柴荣，王朴陈词保匡胤。”

【决挞】 jué tà 用鞭、杖击打。唐元稹《野节鞭》：“指拗狡兔踪，～怪龙睡。”宋朱熹《施行旱伤住征官物一月》：“然而访闻诸县催征无术，不免～保长，搔扰人户。”明朱潮《寿节推沈少波尊翁七十二文》：“故侯官于此摄县者二年矣，缁尘不染，未尝轻于～一人。”

【决责】 jué zé 责打。唐王涯《准敕详度诸司制度条件奏》：“如有违越，没入所犯物，仍量加～。”元《通制条格》卷七：“若有违限，将首领官吏追呼～。”明李贤《天顺日录》：“但量轻重，～惩戒，俾之改过自新。”

【决知】 jué zhī ❶ 审知；辨识。宋苏轼《与参寥书》：“吴子野至，出颖沙弥行草书，萧然有尘外意，～不日脱颖而出，不可复没矣。”明谭元春《雨儿除夕挝鼓歌》：“吾家子侄仗人天，初赖天性后赖习。～诵读从此生，明年人塾忘鼓声。”清方苞《答礼馆诸君子》：“若一岁而遍征六服之诸侯，一时而尽空一方之君长，则～其无是也。” ❷ 确知；必定知晓。宋王安石《与吴司录议王逢原姻事书》：“渠却望二舅有信来，～亲事终如何，幸一赐报也。”元亢文苑《一枝花·为玉叶儿作》：“若做个玉盆儿必定团圆，做个玉箫管～音律，做个玉镜台雅称妆梳。”明《禅真逸史》一二回：“谅林澹然脱难之时，程公～消息。”

【决嘴】 jué zuǐ 翘嘴；努嘴。宋元《清平山堂话本·杨温传》：“那茶博士～道：‘你说。’”

【诀法】 jué fǎ 术数的口诀和方法。五代宋齐邱《玉管照神局》卷下：“今将气色形图及九州气色图，并克应～及生死论详着，附于形部。”元明《水浒传》五四回：“公孙胜拜授了～，便和戴宗、李逵三人，拜辞了罗真人。”清《后西游记》三回：“又捏着腾云～，将脚一顿，叫声‘起去’，早已起在半空。”

【诀窍】 jué qiào ❶ 口诀与窍门；门道。明孙慎行《记论文》：“自古及今，实有正气一脉真传，自《史》《汉》及唐宋八大家，虽调格不同，其得是～一也。”清《十二楼·合影楼》一回：“屠珍生的风流～，原是有传受的：但凡调戏妇人，不问他肯不肯，但看他笑不笑。”《女仙外史》四回：“他常看小说上有采战的法，就痴想要得此～。” ❷ 关键；要害。明陆深《京中家书》：“如丈量一事，此公不甚知～。”冯惟敏《端正好·徐我亭归田》：“踩着他转关儿登时成败，犯着他～儿当日兴衰。”清《歧路灯》八三回：“至于还债之时，只要一个去恶务尽。若是斩草不除根，依旧还发芽。这是后日还债之时的～。” ❸底细；玄妙；机关。明《西游记》三三回：“那小妖那知什么～，就于袖中取出两件宝贝，双手递与行者。”清《醒世姻缘传》六一回：“狄希陈不知内中～，只道当真法术灵奇，敬得那邓蒲风即如重生父母。”《野叟曝言》六一回：“数是算出来，但不该这等浅易，怕还有甚～藏着。” ❹手段；办法。清《十二楼·夏宜楼》三回：“倘或榜上无名，竟许了别个新贵，却怎么处？须要想个～，预先传授他才好。”《风流悟》一回：“孟瑚道：‘请到不难，你如何便访得他出？’弄生道：‘我自有个绝妙～。’”

【抉】 jué ❶挺；直立。唐谢偃《高松赋》：“何兹松之挺茂，～修干于孤林。映丹霄而有叶，凌青霞而矫心。” ❷擢；挑选；选拔。唐卢杞《唐太原府司录先府君墓志铭》：“年十九，明经～第。”明章衮《书临川文集后》：“畜二年之粮，藏十匹之帛，则已目为富户，～充衙前。” ❸揭发；发露。唐陆贽《奉天请数对群臣兼许令论事状》：“不忌怨，不避亲，不～瑕，不求备。”明《封神演义》五〇回：“九曲曲中无直，曲尽造化之奇，～尽神仙之秘。”清王士禛《双江唱和集序》：“谢康乐出，始创为刻画山水之词，务穷幽极渺，～山谷水泉之情状。” ❹撅；翘。明《西游记》三三回：“我若把尾子一～，飕的跳起走了，只当是送老孙。”

【抉发】 jué fā ❶揭发；发露。宋刘攽《赠兵部侍郎王公墓志铭》：“其为御史所论列，必时政大体，未尝掇拾小过，～阴事。” ❷揭示；阐发。明章衮《书临川文集后》：“二公之言，虽已～隐义，提挈宏纲，而其端绪曲折，尚若有未暇及者。”宋濂《柳氏宗谱序》：“恒谓贤者言论足以予夺当世，文章足以～至理，所为与造物者争强，故天道尤忌之。”清许重炎《铁庐先生年谱》：“先生至宜，大声疾呼，扫除词章训诂之习，～本心，开示蕴奥。”

【抉露】 jué lù 揭示；阐发。宋吴泳《答严子韶书》：“至武夷朱晦翁、紫岩张南轩，则句句而释，字字而解，精微妙密之蕴，盖已～无餘矣。”元柳贯《鹤山庵记》：“峣峰窈谷，湛泉秀樾，所以～神閟，披发奇采。”清周厚辕《万寿恭编御制诗八征耄念记进表》：“题六字以成文，勒出天章云篆；抒一篇而作记，～乾端坤倪。”

【抉搜】 jué sōu 挖掘搜取。宋苏舜钦《哭师鲁》：“君欲举拔萃，声耦日～。”元袁桷《郭子昭淮南经历饯行诗序》：“将考其山川，询其废兴，～幽奇，悉出于翰墨。”清田雯《丹壑诗序》：“义山之诗，博奥极矣。摭拾群书，～隐怪。”

【抉剔】 jué tī ❶抠挖。《太平广记》卷三〇七引《室异记》：“宗训性疏复，不以神鬼为意，以鞭划其墙壁，～其衣袂，言笑慢亵。”宋苏轼《与子由弟》：“骨间亦有微肉，……终日～，得铢两于肯綮之间。”清纪昀《阅微草堂笔记》卷二三：“或龁啮，或搔爬，如蚊虻虮虱之攒咂；或～耳目，擘裂口鼻，如蛇蝎之毒螫。” ❷排除；剪除。唐裴延翰《樊川文集后序》：“其～挫偃，敢断果行，若誓牧野，前无有敌。”宋赵善括《送史吏部赴召序》：“况夫官污吏蠹，俗薄民蔽，实赖～渐摩之效。”清钱谦益《叶九来锄经堂诗序》：“要其天才激越，郁负秀气，～剽贼佣贩之病，合于自然。” ❸挑选；搜求。唐顾云《唐风集序》：“五声劳于呼吸，万象悉于～，信诗家之雄杰者也。”宋苏轼《寄刘孝叔》：“保甲连村团未遍，方田讼牒纷如雨。尔来手实降新书，～根株穷脉缕。”清《野叟曝言》一一回：“吐哺公旦发皤皤，多方～争爬罗。” ❹修补挖改（文稿、乐器等）。宋周密《齐东野语》卷一六：“余尝见当时手稿，揩摩～，如洗玉浣锦，信前辈作文不惮于改如此。”金孟宗献《旧蓄一琴弃置者久之李君仲通为张弦》：“形神久已坐灰槁，一旦～驱盲聋。” ❺探求；探究。明宋濂《故文明海慧法师塔铭》：“盖法师～经髓，敷绎祖训，如山川出云，顷刻变化。”王祎《务光先生张君诔辞》：“攟摭遗经，罗网轶史，发摘秘要，～微旨。”

【抉挑】 jué tiǎo 挑动。宋刘克庄《木兰花慢·客赠牡丹》：“一自朝陵使去，赚洛阳、花鸟望升平。感慨桑榆暮景，～草木微情。”又《题方友民诗卷》：“合止笙镛成雅奏，～草木示微情。”

【抉择】 jué zé 选择。元薛延年《人伦大统赋序》：“是书蔓延于世甚伙，苟不～而欲遍览，犹入海算沙。”明王守仁《重修宋儒黄文肃公家谱序》：“前事每多～，后事弥昭审慎。故为人子孙，而欲光昭令绪，莫此为大焉。”清钱谦益《注杜诗略例》：“注土门杏园，则概举长安之土门杏园，不辨其在河南也；注马邑，则概举雁门之马邑，不辨其在成州也。诸家惟黄鹤颇知援据，惜其不晓～耳。”

【抉摘】 jué zhāi ❶选择；择取。唐元稹《上令狐相公诗启》：“自以为废滞潦倒，不复以文字有闻于人矣。曾不知好事者～刍荛，尘黩尊重。”宋朱熹《答陈肤仲》：“向来知举辈盖知恶之，而不能识其病之所在，顾反～一字一句以为瑕疵，使人嗤笑。” ❷揭发；指摘。唐李商隐《为荥阳公贺牛相公状》：“～奸豪，指切贵近。”明文秉《烈皇小识》卷三：“后禾嘉与大寿相讦，大寿抗章，～其贪秽。”清姜宸英《工部尚书睢阳汤公神道碑铭》：“公亦久劳簿领，精耗神疲。殿幄起居，动见～。” ❸探求；探究。唐陆龟蒙《甫里先生传》：“好读古圣人书，探六籍，识大义，就中乐《春秋》，～微旨。”宋朱熹《答汪尚书》：“抑康节之学～窈微，与佛老之言岂无一二相似？而卓然自信，无所污染，此其所见必有端的处。”

【角】 jué 角色；人物。《元曲选外编·西厢记》一本三折：“这声音便是那二十三岁不曾娶妻的那傻～。”明《梼杌闲评》四五回：“这三河县没甚富家，俊～子弟亦少，也难中他之意。”清《歧路灯》一九回：“玉花儿扮一个女～儿，冶态丽容，在中间唱。”

【角奔】 jué bēn 竞相奔走。唐杜牧《守论》：“而自河以北蟠城数百，金坚蔓织，～为寇。”宋苏轼《策略四》：“夫天下之未平，英雄豪杰之士，务以其所长，～而争利。”清尤侗《平朔颂》：“台吉寨桑，～来归。尔丹亦云，愿为属国。”

【角斗】 jué dòu 争斗；搏斗。宋曾公亮等《武经总要》后集卷二：“至浦洛河，与虏～，大败之。”明陈子椷《金陵行》：“六帝云浮几苍狗，三国～真蜗牛。”清袁枚《子不语》卷二：“先一日昏晕，鼾呼叫骂，如与人～者。”

【角赌】 jué dǔ 争赌胜负；赌博。《旧唐书·李皋传》：“常以酒肴棋博游公卿门，～之际，每伪为不胜而厚偿之。”清《八洞天》卷六：“晏敖之妻方氏，见儿子终日～，不肯读书，知道为父的管他不下。”

【角伎】 jué jì ❶同“角妓”。元刘将孙《汪水云复索西湖一曲》：“宝祐坊街无～，西湖书院有书生。”明顾起元《客座赘语》卷六：“黄琳美之元宵宴集富文堂，大呼～，集乐人赏之。”《金瓶梅词话》五五回：“平康巷、青水巷这些～，人人受他恩惠。” ❷同“角技”。明邝露《赤雅》卷上：“半年始与婿归，盛兵陈乐，马上飞枪走球，鸣铙～，名曰出寮舞。”

【角技】 jué jì 竞技。《法苑珠林》卷五二：“三亿弟子于舍利弗所出家学道，～讫，已各还所止。”明张凤翼《红拂记》二出：“我自有屠龙剑，钓鳌钩，射雕宝弓。又何须弄毛锥，～冰虫？”清《飞龙全传》一七回：“寂寥村庙夜偏长，～陶情待曙光。”

【角妓】 jué jì 出色的艺妓。宋《建炎以来繫年要录》卷一一：“俊取杭州～张秾以归。”元明《水浒传》七二回：“（宋江）问茶博士道：‘前面～是谁家？’茶博士道：‘这是东京上厅行首，唤做李师师。’”明孟称舜《娇红记》五出：“此间有～丁怜怜，名为殊色，日日接来陪酒伴宿。”

【角进】 jué jìn 竞进；争前。《旧五代史·唐书·袁象先传》："淮寇急攻其垒，梯冲～，是日州城几陷。"宋苏轼《杜处士传》："船破须筎，酒成于曲，犹君之录英才也。彼贪禄～者，可诮之也。"明王慎中《破阵子·观竞渡作》："～不辞鸣棹急，患失惟防叠鼓衰。"

【角口】 jué kǒu 斗嘴；言语争执。《法苑珠林》卷九七："但为贪生，恒忧不止，遂使妻儿～，兄弟阋墙。"明高攀龙《答缪仲淳》："若与～，即堕其计中；若畏其口，亦堕其计中。"清《红楼梦》六四回："却说紫鹃端了茶来，打量他二人不知又为何事～。"

【角利】 jué lì ❶争利；角逐利益。唐李甘《窜利说》："然独时有忍心者，亦由害于利也。是故利滋博者，忍滋多也。吾方与之～，将在所不忍乎？"元马祖常《赠亚中大夫董君行状》："君平日务质朴，不事靡习，不与人～。"清《情梦柝》八回："学究如嵩林，纷纷起～。" ❷争锋；较量高下。明田汝成《炎徼纪闻》卷三："重营密栅，勤其间觇，严壁而居，勿与～。"

【角牌】 jué pái 赌牌。明《僧尼孽海·封师》："妇未笄时，与邻儿华生戏于后园，～赌胜。"清《八洞天》卷六："原来晏敖平日又有一样所好，最喜的是赌钱，时常约人在家～。"

【角气】 jué qì 赌气。明《西游记》二六回："被他赶上，把我们就当汗巾儿一般，一袖子都笼了去，所以～。"

【角色】 jué sè ❶戏曲演员生、旦、净、丑等专业分工的类别；行当。清《红楼梦》三〇回："这女孩子面生，不是个侍儿，到像是那十二个学戏的女孩子之内的，却辨不出他是生、旦、净、丑那一个～来。"《歧路灯》二一回："然后开了正本，先说关目，次扮～，唱的乃是《十美图》全部。" ❷即"脚色(jiǎo sè)❷"。清《蝴蝶缘》八回："当下就悄悄向院子问了蒋青岩的～，听得是司马的公子，心中都想要赚一个大包儿。"

【角杀】 jué shā 拼杀。宋魏了翁《题吴武安所得高孝两朝宸翰》："迨富平后，我师始与彼～。金平之后，我师始挫其锋。"清黄宗羲《子刘子行状》："黄鸣俊入觐，其兵抵京口，与防江兵～。"

【角艺】 jué yì 犹"角技"。宋《建炎以来繫年要录》卷一八六："陛下早朝而退，引数校以～，而严其诛赏。"元曹伯起《张文在府教以诗示举人》："涵空白露嫩凉天，～公堂结庆缘。"清《东周列国志》二六回："其子名视，字孟明，日与乡人打猎～，不肯营生。"

【角争】 jué zhēng 竞争。宋范浚《为周昌对吕后辞》："太后始与戚姬～，宫中俱思后祸。"明危素《横州新城诗序》："盖人之并生于天地之间，血气嗜欲，易于～。"清纪昀《阅微草堂笔记》卷一五："逢场作戏，胜败何关。若当局者～得失，尚慎旃哉！"

【角嘴】 jué zuǐ 犹"角口"。也指争较言辞高下。唐卢仝《寄赠含曦上人》："见时谈谑乐，四座尽～。不见养天和，无人聒人耳。"明《禅真逸史》一回："今日不与你～，明日早朝后，同你到会议堂高爷处说个明白。"清《绣戈袍》六回："一边说，一边倒口过来与先生～。"

【觉岸】 jué àn 佛道两家指破除迷惘而至觉悟的境界。唐沈元明《成唯识论后序》："晦斯心境，苦海所以长沦；悟彼有空，～于焉高蹈。"明陈汝元《红莲债》四折："虽则是禅杖未扶，难登～；又谁知屠刀一放，可证菩提。"清刘献廷《广阳杂记》卷四："黄鹤楼后有道院，甚精丽，其额颜曰～，内塑纯阳睡像。"

【觉察】 jué chá ❶检举揭发。唐张鷟《朝野佥载》卷六："奏请合宫尉刘缅专当屠，不～，决一顿杖。"宋李攸《宋朝事实》卷一三："如官司并邻人不～造作者，亦当勘罪重断。"明《型世言》二一回："卢麟扛尸原不知情。邻里邴魁等该问他一个不行～，不行救护。" ❷检查；查看；查访。《旧五代史·食货志》："每有舟船到岸，严加～，不许将杂铅锡恶钱往来换易好钱。"明《禅真逸史》三六回："澹然庄上修行，不愿随任，暇时兼可进城～僮仆，督理田产。"清《醒世姻缘传》一九回："后来小鸦儿也渐渐有些疑心，也用意～这事，常常的用了计策倏然走将回来撞他。"

【觉场】 jué chǎng 佛教道场；宣扬佛法的场所。指法会或佛寺等。唐裴休《圭峰禅师碑铭》："金汤魔城，株杌情田。销竭芟伐，大道坦然。功高～，会盛法筵。"《五灯会元》卷一六《开圣栖禅师》："选佛场开人天普会，莫有久历～罢参禅客，出来相见。"清毛奇龄《湖南净慈寺舜瞿禅师塔志铭》："泉堆赀累万万，以故灵隐～为之一新。"

【觉道】 jué dào 觉得。宋张炎《满庭芳·小春》："晴皎霜花，晓熔冰羽，开帘～寒轻。"明李梅实《精忠旗》三六出："恁般说起来，我自家也～当时忒不会算计了。"清《醒世姻缘传》六五回："睡中明明～有人云雨，也觉得甚是快活，只是困倦不能醒来。"

【觉的】 jué de 同"觉得"。《元曲选·金线池》二折："你道是别匆匆无多半月，我～冷清清胜似三秋。"明《醒世恒言》卷三六："喘了一回，～颈下难过，勉强挣起手扯开。"清《红楼梦》三八回："明儿叫你日夜跟着我，我倒常笑笑～开心。"

【觉得】 jué de 感受到。宋韩淲《太常引·腊前梅》："一阵暗香来。便～、诗情有涯。"《元曲选·看钱奴》一折："说话中间，～身体有些困倦，我且在这屋檐下暂时歇息咱。"清《红楼梦》五回："刚至房门，便有一股细细的甜香袭人而来，宝玉～眼饧骨软。"

【觉地】 jué dì ❶犹"觉岸"。唐顾况《题灵山寺》："～本随身，灵山重结因。"《景德传灯录》卷二九惟劲《觉地颂》："略明～名同异，起复初终互换生。"明宋濂《雪窗禅师语录序》："菩提达摩西来，以不立文字为宗，盖欲扫空诸相，直究本心，而趋真实～者也。" ❷佛地；西方极乐之地。也借称佛寺。唐慧立、彦琮《大慈恩寺三藏法师传序》："以爱海无出要之津，～有栖神之宅。故削发矫翰，翔集二空，异县他山，载驰千里。"宋苏颂《章懿皇后斋日祭文》："伏愿安处净方，超登～。"清弘历《过清凉山诸寺》："无尘～猿能定，不系禅心云共闲。"

【觉帝】 jué dì 佛的别称。唐修雅《闻诵法华经歌》："我闻此经有深旨，～称之有妙义。"五代秀登《朝海峰》："影落阳侯宅，根连～居。"元刘壎《寿节贺表》："领苾刍众，敬宣～之真诠；绕莲华台，齐祝圣皇之上寿。"

【觉关】 jué guān 悟道的关津。宋黄公绍《水陆戒约施金刚经忏会榜》："世界无涯，佛为度筏。人生如梦，经是～。"胡次焱《明经桥记》："先儒谓吾道有两关：以知之致为梦觉关，以意之诚为人鬼关。必问津乎明经之桥，方可唤醒梦关为～，摆脱鬼关为人关。"

【觉皇】 jué huáng 犹"觉帝"。《敦煌变文校注》卷五《维摩诘经讲经文(一)》："只候～倾法雨，专希大圣振春雷。"明梵琦《怀净土》："必欲超魔界，从今奉～。"清钱谦益《大报恩寺修补南藏法宝募缘疏》："原其来渐，厥有二端：一者青色邪师黄头外道，建瞿利为天主，抹杀～。"

【觉撒】 jué sǎ 同"决撒❶"。清《续金瓶梅》二三回："银瓶生怕～，待员外缠到四更，略一放手，被他按住。"

【觉王】 jué wáng 犹"觉帝"。唐李渊《沙汰佛道诏》："自～迁谢，像法流行，末代陵迟，渐以亏滥。"明屠隆《昙花记》五五出："悟无生长依～，何如不死仙乡。"清吴伟业《清凉山赞佛》之四："持此礼～，贤圣总一轨。"

【觉醒】 jué xǐng ❶从睡梦或醉酒等状态中清醒。宋刘敞《和邻幾八月十五日夜对月》："向晦专寝然，～忽天明。"明谢迁

《杏庄春游次帘山韵》："醉梦经春乍～，无边春色送春声。"清汪琬《倚杖》："倚杖斜阳外，炎蒸顿～。" ❷醒悟；从迷茫中清醒。宋蔡襄《和杨龙图獐猿屏》："可怜省省沉迷处，每到中轩顿～。"王迈《晚过白沙》："气吞宇宙原无馁，心醉功名未～。"清孙廷铨《颜山杂记》卷二："休等待人情问者，知那日～来，急回头，晚了也。"

【觉苑】 jué yuàn ❶犹"觉地❷"。唐玄奘《皇太子生三日贺表》："绍隆像化，阐播元风；再秀禅林，重晖～。"宋觉范《荐经》："伏愿妙具信心，深依法力，超登～，导从愿王。"明宗泐《奉制赋灵谷寺住持澹天渊》之二："～喜逢今日盛，道林行见古风还。" ❷指佛家教义或修行境界。元柳贯《慈慧庵记》："昔予讲礼之暇，稍窥～之际，见世之谈实相者，迷空假之原。"清珙《闲咏》："心田不长无明草，～长开智慧花。"

【绝产】 jué chǎn ❶无后嗣继承的财产。宋《建炎以来繫年要录》卷一九二："遂尽笼公私之利，亏损官课，贱市～。"明袁中道《哭亡友宜都刘孝廉玄度》之六："有人争～，无子护遗文。"清《醒世姻缘传》四六回："晁乡宦无子，族里人欺他，要当～分他的家事。" ❷妇女不能生育。明李时珍《本草纲目》卷五："妊妇勿食，令儿骨瘦。水浆尤不可饮，令～。"清王子接《绛雪园古方选注》卷一〇："妇人血积胞门，或寒凝子宫，致任脉不荣，积年不孕，断续～。"

【绝呈】 jué chéng 犯人死亡的报告单。明《禅真后史》三六回："次日，进上～一纸，说史西鱼脑上受伤，发晕而死。"《欢喜冤家》一六回："我想他陷你打死人命，料难对审，故此着我先动病呈，再后～。"《型世言》二九回："道刁僧留不得，取了～。可怜这两个淫僧，被狱卒将来，上了匣床，脸上搭了湿毛纸，……一时间活活闷死。"

【绝出】 jué chū ❶超出；超越。唐杜牧《太常寺奉礼郎李贺歌诗集序》："某其夕不果以书道其不可。明日就公谢，且曰'世谓贺才～于前'，让。"宋朱熹《答何叔京》："间者窃闻执事家学渊源之正，而才资敏锐，～等夷。"清钱谦益《策第三问》："譬之匠人县地视景，其目力～于都邑之外，而后可以营建都邑。" ❷奇特；不同流俗。宋朱熹《送夏医序》："盖夏君之医，处方用药奇怪～，有若不近人情者。"辽柴德基《故银青崇禄大夫张思忠墓志铭》："其有禀性孤奇，为人～。秩峻侯伯，力勤公家。" ❸杰出；超出一般。宋契嵩《法云十咏诗序》："法云庭宇潇洒，林岭盘郁环翠，比乎慈山之他寺，其又～者也。"明归有光《建安尹沈君墓志铭》："同考官得其卷，以为～，持以示他教官。"清钱谦益《瑞芝山房初集序》："其所为歌诗，风骨峻拔，气韵清远，而五言古诗，尤为～。" ❹凸出；凸现。明程嘉燧《自昌化至履溪》："更薄暮过车盘岭，岭高四五里，在层山中，不能～也。"袁宏道《华山后记》："至青柯坪，西峰斗～，诸山忽若屏息。"清钱谦益《游黄山记》之八："陟老人峰，悬崖多异，松负石～。"

【绝单】 jué dān 即"绝呈"。明《二刻拍案惊奇》卷一："可速回寺中去取那本《金刚经》来，救你师父，便得无事。若稍迟几日，就讨～了。"

【绝地】 jué dì ❶用作宅基或墓址将会招致不吉的地块。宋陆游《老学庵笔记》卷九："姚麟敕葬乃～，故其家遂衰。"元武汉臣《老生儿》四折："咱早子～上不安坟，向孝堂里有亲人。"明谢肇淛《五杂组》卷六："致政归，筑室于西湖之上。面城背水，四面巨浸，人以为～，公不听也。传及子孙，贫落日甚。" ❷（脚）离地（奔走）。清《东周列国志》二八回："我有客屠岸夷者，能负三千钧，～而驰。"

【绝顶】 jué dǐng ❶至极；达到极端的程度。明谭元春《与舍弟五人书》："非但钝根如我，只可一遇，即圣贤知慧～，不遇之亦竟不遇之矣。"《禅真后史》四〇回："武后是个聪明～的皇后。"清《绿野仙踪》一二回："我这几天正口中淡到～，可将他带回洞中，待我慢慢的咀嚼。" ❷顶尖；达到最高程度的。明徐渭《四声猿·翠乡梦》一出："假饶想多情少，止不过忽剌剌两脚，立道上能飞能举的紫霄宫十八位～天仙。"《拍案惊奇》卷二二："酒散后，就留一个～的妓者，叫做王赛儿，相伴了七郎。"清《十二楼·萃雅楼》一回："吹的吹，唱的唱，都是～的技艺，闻者无不销魂。" ❸顶级；最高境界。清王士禛《池北偶谈》卷九："王文成公为明第一流人物，立德、立功、立言皆蹈～。"《歧路灯》五五回："此位是敝友苏霖臣，大草小楷，俱臻～。"《品花宝鉴》四一回："这是各人的好处。况且你那刺绣工夫，也算～了。" ❹极端；十分。清叶梦珠《阅世编》卷七："全幅七八尺者，不过以一金为上下；～细巧者，不过二三金。"《红楼梦》八七回："黛玉本是个～聪明人，又在南边学过几时，虽是手生，到底一理就熟。"《姑妄言》四回："他虽非～的好人，还是个一邦之善士。"

【绝后】 jué hòu 最终。元明《水浒传》一〇〇回："话说为何只说这三个到任，别的都说了～结果？为这七员正将，都不厮见着，先说了结果。"

【绝户】 jué hù 无后嗣之家。口语多用作詈词。元武汉臣《老生儿》二折："那汉骂～的穷民敢放刁，只一句道的我肉战身摇。"明《拍案惊奇》卷三八："怎当得刘九儿不识风色，指着大都子'千～，万～'的骂，道：'我有儿子，是请得钱，干你这～的甚事？'"清《醒世姻缘传》五七回："老婆子待要把那住房当了与人。人都知他是个～老婆，他那些族人不可轻惹，没人来揽帐。"

【绝户计】 jué hù jì 使人绝后的计谋。比喻极端毒辣的计谋。明《金瓶梅词话》二六回："你就信着人，干下这等～。"清《绿野仙踪》二九回："这小厮只图内里清净，不想反中了乔贼的～。"《霓裳续谱·郭巨埋儿》："秦桧定下～，奸心瞒昧就害忠良。"

【绝路】 jué lù ❶阻断道路；道路不通。宋曾公亮等《武经总要》前集卷一一："（水）可以遏而止，可以决而流，或引而～，或堰以灌城。"韩琦《过吴儿谷》："千峰疑～，一径俯容车。" ❷不出现在路上。《续资治通鉴长编》卷三九："田畴日荒，樵苏～。"元姚燧《赵君和父墓志铭》："自其居至墓所，祭不～。" ❸失去退路或生路。元明《三国志通俗演义》卷八："琦遇难，先生不教，是～也，请死于君前。"又卷二四："不如且退去救剑关可也。若剑关一失，是～也。" ❹阻隔不通或难于通行的路。元张雨《再次倪元镇韵》："乳香从令飞鼠饮，～或与樵人逢。"明《杨家将演义》四〇回："我视其处，四下皆～，惟东边一片平阳地。"清《飞龙全传》五一回："此去～难行，君须望南而走，便是大路。" ❺比喻没有希望的境地。清陈端生《再生缘》三三回："呵唷，皇天呀，置妾身于～了。"

【绝卖】 jué mài 将产权卖断，永远不得赎回。明《警世通言》卷二五："衣衾棺椁，一事不办，只得将祖房～与本县牛公子管业。"《醒世恒言》卷三七："将祖遗的厅房、土库几所，下连基地，时值价银一万两，一一面议定，亲笔填了文契，托他～。"《大清律例》卷九："卖产立有～文契，并未注有找贴字样者，概不准贴赎。"

【绝末】 jué mò 结尾；末了。元杜仁杰《耍孩儿·庄家不识构阑》："唇天口地无高下，巧语花言记许多。临～，道了低头撮脚，爨罢将幺拨。"

【绝然】 jué rán 绝对；完全。《太平广记》卷三〇六引《奇事记》："又如风雨而去，迩后～不至矣。"《金史·纥石烈良弼传》："至于私门请托，～无之。"清《情梦柝》五回："喜新的话，明明是为着我。他又道'功名易，妻子难'，眼见得不是下人，衾儿～绊他不住。"

【绝手】 jué shǒu ❶技艺超绝的高手。唐段成式《酉阳杂俎》前集卷一二："乐工贺怀智、纪孩孩，皆一时～。"宋郭若虚《图画见闻志》卷四："李中主保大五年，尝令(朱澄)与高太冲等合画《雪景宴图》，时称～。"明周晖《金陵琐事》卷三："痴翁寻两京～琵琶张禄授之，尽得其妙。" ❷停手；完工。五代朱温《改南郊日期敕》："两都宫内修造，尚未毕功。过此一冬，方当～。宜令于来年正月内选日申奏。"宋文同《梓州永泰县重建北桥记》："始癸卯仲冬之丁未，讫甲辰孟春之壬子，杌栈柝垩，一已～。"清毕沅《中州金石记》："碑述大定重修中岳庙，始于十六年四月丁未，～于十八年六月戊子。" ❸杀手；致命的手段。清《说唐前传》四五回："尉迟恭举丈八蛇矛，即便相迎。秦王却叫：'秦王兄，你却下不得～的啊。这人孤家要他投降的。'"△《三侠剑》一回："老胜英将我二弟劈死，又镖打我的三弟，我若不下～，岂能对得过我那死去的二弟？"

【绝特】 jué tè 独特；不同寻常。唐韩愈《新修滕王阁记》："愈少时，则闻江南多临观之美，而滕王阁独为第一，有瑰玮～之称。"明胡直《三才子传》："即如贾生《治安策》，为千古～，岂专以辞哉！"清方苞《书孝妇魏氏诗后》："后世人道衰薄，天地之性有所壅遏不流。其郁而钟于一二人者，往往发为～之行。"

【绝样】 jué yàng ❶无比漂亮；绝顶风流。明徐渭《四声猿·翠乡梦》一出："〔生〕那妇人老也小？〔道〕止不过十七八岁，一法生得～的。"陆采《明珠记》一〇出："〔贴〕觑解元又风流容貌真～。〔生笑介〕是小生的庞儿也看得过。"《四游记·东游记》二七回："于是自化为～才子，以剑作随行童子，丹点白金一锭，竟往牡丹之家。" ❷无比；绝顶。明徐翙《春波影》一出："～繁华塞路衢，绮罗香里斗珊瑚。"孟称舜《娇红记》五出："我正想娶大娘，那得有～标致的？"又九出："看他～娇娆，这花容更比前宵好。"

【绝早】 jué zǎo ❶一大早；清早。宋欧阳修《与梅圣俞书》："后日～过吃不托，适简误云食后。"金《董解元西厢记》卷三："～侵晨，早与他忙梳裹。"清《绿野仙踪》二回："到第三日～，于冰整齐衣冠，同龙文到西江米巷。" ❷赶早；早早地。宋苏轼《与冯祖仁书》："欲告借前日盛会包子厨人一日，告白朝散，～遣至。"明《拍案惊奇》卷二四："进城止有二十里。客官何不搬了行李，到小房宿歇了？明日一肩行李，脚踏实地，～到了。"清《品花宝鉴》三四回："请唐和尚过来守岁，～关了山门，一夜的泥筒花炮放不绝声。" ❸极早。清《醒世姻缘传》一四回："谁知到了次日清早，晁大舍恐那典史不放心，起了个～，拣了两个圆混大坛，妆了两坛绝好的陈酒。"《品花宝鉴》三九回："况且他起得～，另在一间房内梳妆，而且要关了门，这是何故？"

【掘】 jué 同"撅(juē)⑩"。清《聊斋俚曲·寒森曲》："我只待～他娘一阵，既嫌俺班配不上，退了婚我就起身。"又："看二相公～了一场，撅着嘴也没敢做声。"《醒世姻缘传》六四回："我就只说了这两句，没说完，他就秃淫秃歪的～了我一顿好的。"

【脚色】 jué sè 另见 jiǎo sè。❶同"角色❶"。明王衡《真傀儡》："我看那杜相公，真伶俐，～般般会。"清孔尚任《桃花扇》试一出："更可喜把老夫衰态，也拉上了排场，做了一个副末～。"《儒林外史》四九回："长班带着全班的戏子，都穿了～的衣裳，上来禀参了全场。"也指文学作品中的人物。清《姑妄言》四回："锺情是一部书内的一个正经～，自然要写得他高。" ❷具有某种身分的人。清《儒林外史》一四回："蘧公孙是甚么慷慨～！这宗银子，知道他认不认？"《粉妆楼》一八回："我前日见镇口一个豆腐店里，倒有个上好的～，不知可肯与人做小？"《绣戈袍》一〇回："奈张公子平日最是穿花插柳的～，自见他一面，惹出个眼火来。"

【厥丁】 jué dīng 妓院中的杂役。也用作詈词，王八。元佚名《水仙子过折桂令·秋景》："劣～使不透鸦青钞。把一片惜花心空费了，引的人梦断魂劳。"明陈铎《水仙子·嘲风月》："狠～挖儿处陷人坑，贱妮子拴千条系足绳。"

【厥儿】 jué er 犹"厥丁"。明陈铎《耍孩儿·嘲南戏》："这一个帮闲子弟生来好，那几个贪馒～不肯推。"

【厥今】 jué jīn 如今；当今。《敦煌愿文集·愿文范本等》："～施主所生(申)意者，奉为亡贤者小祥追念诸(之)嘉会也。"宋《三朝北盟会编》卷二："～天下之危如累卵。"明宋濂《罗氏五老图诗卷序》："罗氏一门，获之为多，诚稀世之盛事，～之奇逢。"

【厥倈】 jué lái 同"撅倈"。明陈铎《一枝花·火烧上新河唱店》："逼拶的些昧死饭使闲钱垒～扒叉叉恨不得钻泥。"

【憠丁】 jué dīng 同"厥丁"。元佚名《柳营曲·风月担》："保儿心雄纠纠，～脸冷搊飕。"

【撅】 jué 另见 juē、juè。❶樗蒱游戏中掷得的三白二黑或三白一黑一犊的骰色(骰用五枚)，得彩较低(三筴)。唐李翱《五木经》："樗蒱五木，元、白判。厥二作雉，背雉作牛。王采四：卢、白、雉、牛；甿采六：开、塞、塔、秃、～、擣。……白三元(玄)二曰～。"郑谷《永日有寄》："两掷未离犍～内，坐中可惜为呼卢。"宋文同《樗蒱格序》："独所异者，卢、白、雉、犊、开、塞、塔、秃、～、枭之外，复加进退二采。" ❷桩；栓。撅，通"橛"。唐段成式《酉阳杂俎》续集卷七："天未明，遂踣之于地，以发系～，覆以驼毯寝其上。"明袁于令《西楼记》二〇出："看你径锁门～，将人不睬而别。待打断铜环，踹破双靴。"清《八旗通志》卷一八二："漕船往来下～施犁，(河堤)日渐残塌。" ❸一种凿挖的工具；镢头。宋曾公亮等《武经总要》前集卷一〇："带环、铁～十条，皆下锐。"清《姑妄言》二一回："数十贼头持刀驱其负门，持短～入原掘洞口。" ❹同"橛"。明《型世言》三四回："见两只手一顿捻，捻在这两个锅里，却是两～干狗屎。"清《姑妄言》二回："忙起来一看，果然两三～屎在那褥子上。"

【撅撒】 jué sǎ 同"决撒❶"。元明《水浒传》七二回："明日看了正灯，连夜便回。只此十分好了，莫要弄得～了。"又七三回："燕青生怕～了事，柱着杆棒，也跳过墙来。"清《醒世姻缘传》七〇回："要是为交的货物不停当，这已是过了这半年，没的又脑后帐～了？"

【撅头】 jué tóu 另见 jué tou。即"撅头船"。清曹尔堪《风入松·大舆上人四十有赠》："麈尾能谈五觉，～同访三支。"吴锡麒《普天乐·渔》之二："唱竹枝，拍铜斗，撵来～。"

【撅头船】 jué tóu chuán 一种船头翘起的轻快小船。唐张志和《渔父》："钓车子，～，乐在风波不觉寒。"按，"撅"或作"橛"。元王逢《吴江书所见》之二："～儿叶不如，渔郎冲风暮打鱼。"清钱谦益《送瞿稼轩给事南还》："～里新茶灶，折脚铛边旧佛龛。"

【撅头舫】 jué tóu fǎng 即"撅头船"。清宋荦《雨》："劝农且驾～，斗酒慰劳循畦塍。"

【撅头】 jué tou 另见 jué tóu。同"镢头"。《元曲选·来生债》一折："你拿那锹锄～往那里去？俺家里又不盖房脱坯，你都来做甚么？"明《金瓶梅》四二回："朝廷挑河，把石头吃做工的两三～坎得稀烂。"

【橛】 jué 量词。段；截。《祖堂集》卷五《德山和尚》："和尚便下来，拈起猫儿云：'有人道得摩？有人道得摩？若有人道得，救这小猫命。'无对。南泉便以刀斩作两～。"《元曲选·竹叶舟》

三折：“我这里将半～孤桩船缆住，则听得汪汪犬吠竹林幽。”清黄宗羲《东星鉴禅师塔铭》：“密曰：‘汝虽到不疑之地，其奈古人全机大用何？’师曰：‘话作两～。’”

【橛株】 jué zhū ❶树桩。宋叶梦得《避暑录话》卷上：“然此三桧，一槁死于道，一沉于海，一仅以免，盖欲为道旁～不可得也。”金赵秉文《和渊明归田园居送潘清容》：“年荒拾橡栗，湿柴烧～。”明宋濂《太乙玄征记》：“臣为文之时，独潜阖庐，五官内守，形若～。” ❷比喻平庸低劣的人物或作品。宋黄庭坚《即席》：“天民尝逸驾，近稍就～。知命虽畸人，清谈颇有餘。”郭祥正《雨中喜君仪要温老希圣同见过》之二：“～方自笑，忽枉故人过。”清朱鹤龄《吴弘人示余汉槎秋笳集感而有作》：“忽见制作新，卓轢诸美备。排奡摧～，春容贯组璲。” ❸比喻低微的地位或偏远的地方。宋苏颂《次韵签判梁寺丞阻水见寄》：“安得生双翼，徒然处～。”清田雯《送冯敬南之任梧州》：“人生不作白翎雀，～北地毛羽僵。” ❹比喻个头矮小。元程文海《徐君允谐以长篇将荔枝为贶》：“我姓炎方见子都，栗肌皺面身～。”

【橛子】 jué zi ❶桩；插入起支撑或固定作用的条状物。宋李诫《营造法式》卷一六：“（筑城）纽草萋二百条，或斫～五百枚。”元耶律楚材《过燕京和陈秀玉韵》：“斫断葛藤闲伎俩，系驴～不须留。”清《醒世姻缘传》八五回：“山腰里凿了窟窿，插了～，挡上板，人合马都要打上头走哩。” ❷比喻倔强不知变通的人。清《聊斋志异·一员官》：“是时泰安知州张公，人以其木强，号之～。”

【蹶踣】 jué bó ❶倒伏；跌倒。唐杜甫《封西岳赋序》：“至于封禅之事，独轩辕氏得之。夫七十二君，罕能兼之矣。其餘或～风雨，碑版祠庙，终么麽不足追数。”宋张师正《括异志》卷四：“未半里～道左，众掖起，夺剑而诘之。” ❷比喻失误或挫折。宋苏舜钦《杜公求退第二表》：“陟降左右则常虞～，议论政事则莫能开陈。”蔡襄《都卢之言》：“夫擿于砥道，或离～之患，又我之所为乎？”文同《谢提刑谢司封启》：“十年之中罹祸难，被困苦，盖滨于颠陨～者实屡矣。”

【蹶跌】 jué diē ❶犹“蹶踣❶”。唐陆贽《请不与李万荣汴州节度使状》：“有巨力而加重负，犹惧～之不虞；择安地而置大器，尚虑倾覆之难备。”明王守仁《传习录》卷下：“譬如行路的人遭一～，起来便走，不要欺人，做那不曾跌倒的样子出来。”清查慎行《连日车行泥淖中》：“～岂及防，康庄有排挤。” ❷犹“蹶踣❷”。宋刘弇《讲春秋序》：“至于剖析条流、探味理诣博矣，而踸踔腾轩尚恨数有～，可不惜哉？”《朱子语类》卷一三五：“养个女子便顿放在宫中，十餘年后便穷极富贵。到得有些～，便阖族诛灭无遗类。”

【蹶劣】 jué liè ❶踢跳不老实。明陈铎《沉醉东风·鞭杖行》：“残病马加功喂息，～骡不住操习。”清《醒世姻缘传》九一回：“纱帽笼头，假妆乔，几多～。总豪门，强宗贵族，受他别掣。” ❷骤起貌。清《绿野仙踪》一〇回：“那花子被缠不过，一～坐起，大怒道：‘这是那里的晦气？’”又八六回：“周琏睡了片刻，一～扒起，在枕头上用手乱捻。”

【蹶仆】 jué pū ❶犹“蹶踣❶”。宋黄休复《益州名画录》卷上：“有一老僧入寺，～于门下。”明李时珍《本草纲目》卷五一下：“今契丹及交河北境有跳兔，……一跳数尺，止即～。”清《聊斋志异·武技》：“李觉膝下如中刀斧，～不能起。” ❷犹“蹶踣❷”。元袁哀《求志赋》：“爰锡胙于汝颖兮，广采壤于餘支；及嬴项之～兮，通宛洛之说辞。”明张宁《王道君子赋》：“三王步，五霸趋，秦汉既～者，接迹百代而下。”

【蹶撒】 jué sǎ 同“撅撒”。元乔吉《一枝花·私情》：“不能够偷工夫恰喜喜欢欢，怕～也却忑忑忐忐，知消息早哝哝喃喃。”

【蹶失】 jué shī ❶犹“蹶踣❶”。唐裴铏《传奇·聂隐娘》：“能于峭壁上飞走，若捷猱登木，无有～。”五代张昭《谏畋猎疏》：“人君宴游，不离苑囿。御马来往，辇路坦夷。不涉荒郊，何忧～。”明郑真《四明王氏二子名说》：“马之性驯，周旋进退，安其教驯。以之齐驱比驾，不趋以前，不殿以后，无颠越，无～。” ❷犹“蹶踣❷”。五代李亶《严定童子科场敕》：“委主司精专考较，须是年颜不高，念书合格，道字分明，兼无～，即放及第。”

【蹶踬】 jué zhì ❶犹“蹶踣❶”。宋许洞《虎钤经》卷四：“（敌战败不可追者）吏士奔走不甚～，步骑不相参错，四也。”胡寅《送余泽还义兴》：“谓宜云路恣腾踏，岂料霜蹄多～。”明《禅真后史》五〇回回目：“为渡银河装～，因方花貌受煎熬。” ❷犹“蹶踣❷”。《续资治通鉴长编》卷三九：“政当～之辰，复起转输之役。”

【攫】 jué 同“撅（juē）⑩”。明顾起元《客座赘语》卷一：“凭怒而以语诟詈之也曰～。”

【攫搏】 jué bó ❶攫取；掠夺。唐舒元舆《坊州按狱》：“～如猛虎，吞噬若狂獒。”清《醒世姻缘传》一七回：“皇上之金钱～无忌，尚何有于四境之民也。”又三九回：“穷奇泼恶，帝远天高恣暴虐，性习苍鹰贪～。” ❷伸爪搏取状。清黄叔璥《台海使槎录》卷四：“赤山乌山，上港中港，钩婴樛突，～呷呀。”宋韦金《前题同汉荀作》：“龙头槐～，凤尾竹鬖髿。”

【攫持】 jué chí 抓取。唐刘禹锡《救沉志》：“适有挚兽如䝙夷而前，～流枿，首用不陷，隅目旁睨。”明李时珍《本草纲目》卷五一下：“似猴而大，色苍黑，能人行。善～人物，又善顾盼，故谓之玃。”

【攫夺】 jué duó 抢夺；夺取。唐马总《意林》卷二：“齐人有欲得金者，清旦往市，适见货金者，因～而去。”明《型世言》三九回：“妾因拒之，郎犹巧为～。妾保抱虽固，恐势不支。愿得公一贴，可以慑伏强邻。”清《皇朝通典》卷八六：“或预谋持械肆行强抢，或一时起意徒手～，所犯既有重轻，则惩治亦宜分差等。”

【攫敛】 jué liǎn 掠夺搜刮。唐张说《龙门西龛苏合宫菩萨像颂》：“故强毅临之，则～猋扰，虣虐不辜，以抶扑睚眦，是称辩吏。”李纯《平李锜德音》：“每念疲甿，久罹虐政，而又迫于逆命，驱以馈军。～则灌以漏卮，伤残则烈于猛火。”宋赵抃《乞勘鞫珹融纳马庆长马奏状》：“奈何使朝廷威福之柄，为贪夫～之资。”

【攫取】 jué qǔ ❶抓取；拿取。唐韦处厚《兴福寺大义禅师碑铭》：“尝问尸利禅师：……答曰：‘佛犹如水中月，可见不可取。’后因问大师，曰：‘佛性非见。必见水中月，何不～？’”宋周密《癸辛杂识》别集卷上：“锦之下则承以竹丝细簟。一小厮～，掷地有声，视之，乃金丝所成也。”清《隋唐演义》九五回：“虎头人笑道：‘我道有云行雷掣，却原来在这里。’乃与众虎望着树上，跳身～。” ❷夺得；抢夺。宋苏洵《上张侍郎第一书》：“年少狂勇，未尝更变，以为天子之爵禄可以～。闻京师多贤士大夫，欲往从之游。”明许自昌《水浒记》五出：“仗义集英豪，生辰纲把来轻轻担上挑。那怕着官军势骁，干戈卫牢，霎时间～如拾草。”清《平定准噶尔方略》正编卷一四：“惟知寻获被抢人口，～牲只为务。”

【攫攘】 jué rǎng ❶攫夺纷争。宋苏轼《大悲阁记》：“一人而千心，内自相～，何暇能应物。”明高启《静学斋铭》：“凡人之心，本寂而虚。纷纭～，为欲所驱。”清钱谦益《角黍词哀东皋氏》：“稚孙置食而问故兮，屈何辜而自戕；楚人何昵而荐黍兮，蛟龙何仇而～？” ❷手舞足蹈，喧嚷赞赏。宋吕午《方舆胜览序》：“使吾和父，涉历弥长，闻见弥详，纪载益铺张，而胜览益辉煌。是乃为邦家之光，予尚得以～其旁。"元王逢《题赵善长为李原复所画山水》："旁观众～，妙洒独心苦。神工精会合，鬼物毛竦竖。"清钱谦益《孙子长诗序》："余以昆山抵鹊之人，幸得～其旁。探子长之意，以余犹为能识玉者，故不辞而为之序。"

【攫拾】 jué shí 犹"攫搏❶"。唐杜甫《前殿中侍御史柳公画太一天尊图文》："夫鸟乱于云，鱼乱于河，兽乱于山。是罼弋钓罟削格之智生，是机变退邀～之智极。"令狐楚《刻苏公太守二文记》："自荡平而还，三政相继。不銛锋摩刃，以战斗为务；则长臂利爪，而～是谋。"金元好问《扁鹊庙记》："至于世之阴忌贼诈、贪饕～、心魂斫丧、若醉若狂、溃然而不能自还者，百千为群。"

【攫跃】 jué yuè 跳跃攫取。《太平广记》卷四三〇引《闻奇录》："俄有白狸者至，视其人而哮吼～，使人升木愈高。既皆不得，环而守之。"明刘基《题群龙图》："蚴蟉偃蹇欻腾冲，蜿蟺～鬐发茸，呿呀奔拿曲如弓。"曹学佺《蜀中广记》卷一〇六："(画龙)蜿蜒怪状，不与常同，逼视远观，势欲～。"

【钁头】 jué tou 一种刨土工具。《祖堂集》卷六《神山和尚》："师与洞山锄茶次，洞山抛却～云：'我今日困，一点气力也无。'"《元典章·刑部三》："当日夜，茶合马下手，用～将刘怀玉打死。"清厉鹗《游灵隐寺巨公饭予》："今年秋季风洒然，～重举旧因缘。"

juě

【撅子】 juě zi 同"蹶子❶"。《元曲选·陈州粜米》三折："三不知我骑上那驴子，忽然的叫了一声丢了个～，把我直跌下来。"清《姑妄言》五回："听得说大老爷呼唤，小人恨不得连手放在地下，如狗一般摽着～跑来。"

【蹶子】 juě zi ❶骡马等用后腿向后踢。清《儒林外史》五二回："那马十分跳跃，不堤防，一个～把一位少年客的腿踢了一下。"《红楼复梦》八回："牲口眼岔，猛然间将头低了两低，接着几个～，忽喇喇一辔头飞腾而去。" ❷也形容人飞跑的腿部动作。清《醒世姻缘传》一九回："你就端端正正的立住，那晁大舍也只好看你几眼罢了，却撩着～飞跑。"又五七回："看见晁思才，撩着～往后飞跑。"

juè

【撅】 juè 另见 juē、jué。倔；态度生硬不随和。清《醒世姻缘传》七五回："俺见童奶奶说得话～～的，拣人家，挑女婿的。"△《儿女英雄传》四回："即或在大面儿上，有那个～老头子，这些闲杂人也到不了跟前。"

jūn

【军班】 jūn bān 一种较低级的军职。宋范仲淹《答安抚王内翰书》："将佐之中，少精方略。或因门第，巧于结托，以取虚名；或出～，昧于韬钤，以致败事。"赵昇《朝野类要》卷三"～"："内外诸军兵，并班直军头司等人，年劳或有功得官皆是。"元明《水浒传》四四回："当日戴宗别了众人，次早打扮做个承局，下山去了。但见：虽为走卒，不占～。一生常作异乡人，两腿欠他行路债。"

【军曹】 jūn cáo 衙署中分管军事的办事机构。也称其主管官员或办事人员。唐卢藏用《陈子昂别传》："建安谢绝之，乃署以～。子昂知不合，因箝默下列。"宋叶梦得《石林燕语》卷一〇："张靖父为辇运司～，司知其所在，迎归使与靖同处。"元王逢《古孝篇赠军曹陈贞》："卓哉～掾，尝事乡大儒。"

【军差】 jūn chāi 因军事而发生的差使。《唐会要》卷九九："西川新旧～已众，况蛮蜑小丑，必易枝梧。今已道路崎岖，馆驿穷困，更有军顿，立见流移。"《元曲选·铁拐李》一折："〔张千云〕兀那老子，俺哥哥着我问你当差是军身？是民户？〔韩魏公云〕老汉～也当，民差也当。"清《蜃楼志》二一回："一面领了文书，关了军饷，下船进发。因是～，一路都有地方官迎送。"

【军城】 jūn chéng 以戍兵为主要构成人员的城镇。唐牛僧孺《玄怪录》卷一："～夜警，有喧诤者，蒙君见嘉，敢不敬命。"《大宋宣和遗事》前集："将杨志诰札出身尽行烧毁，配卫州～。"清潘耒《登五老峰最高顶》："南康～一叶浮，扬澜左蠡横天流。"

【军持】 jūn chí 盥洗用的注水瓶罐。为梵语的音译。《法苑珠林》卷六五："时比蓝欲澡自手，倾于～而水不出。"明湛然《鱼儿佛》二出："只为慈悲心欠下了慈悲债，因此上急忙忙走下莲台。竹篮筐换了木槵～，宝幡幢变了荆布裙钗。"清顾贞观《开先漱玉亭》："纵横题石字，但见莓苔绿。洗钵注～，餘生此焉足。"

【军丁】 jūn dīng 兵卒；士兵。《太平广记》谈氏初印本卷二七〇引《岭表录异》："秦末五岭丧乱，冼氏点集～，固护乡里。"明孟称舜《娇红记》一六出："俺们是把守成都的～，因为番兵入犯，奉帅府军令。"清《隋唐演义》六七回："差五十名～，护送娘娘到雷塘墓所去。"

【军队】 jūn duì 军事队列。宋曾公亮等《武经总要》后集卷一六："军营既成，有蛇入营求食者，营欲荒，急移营，吉。在～中，有阴谋。"《元曲选·小尉迟》三折："雁翅张，鱼鳞砌，列寨栅，攒～，齐臻臻排开阵势。"

【军犯】 jūn fàn 充军的罪犯。明沈德符《万历野获编》补遗卷三："近闻中途亦有逃者，则长解自充～，雇一二男女，一为军妻，一为解人，投批到卫收管。"梁辰鱼《浣纱记》一三出："前日上面发下两名～，一名军妻，到此石室中来养马。"清《后水浒传》一一回："你是朝廷～，我是押差，俱有公务在身，终不然在此与他比并高低？"

【军符】 jūn fú 执掌、调遣军队的印信凭证。唐李隆基《饯王巡边》："金坛申将礼，玉节授～。"宋欧阳修《赐知建昌军沈造敕书》："汝职守～，政兼民穑。乐此有秋之实，择其嘉谷之英。式陈常贡之仪，弥体恪官之意。"清陈端生《再生缘》二四回："刘侯拜罢抽身起，手内～举得高。元帅端然承敕命，下阶双跪一撩袍。"

【军棍】 jūn gùn 执行军法所用的刑杖。清《女仙外史》五〇回："汝果系认错了鼓声，或者倒可恕得。权且记着，发责～八十。"《万花楼》一〇回："只一时犯了些小军法，被他责了二十～。"

【军汉】 jūn hàn 军人。元明《水浒传》四回："今有这个表弟，姓鲁名达，～出身，因见尘世艰辛，情愿弃俗出家。"明李梅实《精忠旗》三一出："原来是个～，好大胆！"清《后水浒传》二一回："只见先有十餘骑，上面坐着长大～，俱是持弓挟矢。"

【军火】 jūn huǒ 军中所用的火器弹药。明王守仁《请止亲征疏》："交兑正驮马匹，关给～器械，上紧前去南京，相机战守。"戚继光《练兵实纪》卷四："凡随带百样～器械，随坏随治。"清《平定两金川方略》卷二九："是以令董天弼专管资哩旧营存贮～粮石。"

【军健】 jūn jiàn 兵卒。唐段成式《酉阳杂俎》前集卷一四：

“令～数百人具畚锸，与二将偕往其所，因发冢，获陈粟数十万斛。”金《刘知远诸宫调》三：“满营～，都皆喜悦笑无休。”清《荡寇志》七五回：“上厅去点齐家将，带了百餘名～，同那两个制使，刀枪棍棒杀奔辟邪巷去。”

【军匠】 jūn jiàng 身在军籍的工匠；军中工匠。宋吕陶《奉使回奏十事状》：“至元丰六年，奏创上供机院。令～八十人，织大料细法锦透背鹿胎，共七百三十餘匹。”明沈德符《万历野获编》卷二〇：“今轼起自～，不谙天象，妄以己意求改，所言不可行。”清《荡寇志》一〇四回：“便传令～立时削齐粗竹箭一万支，箭上都涂了松香、桐油、硫黄、焰硝之类。”

【军牢】 jūn láo ❶军卫牢城；充军犯人服役之所。宋吴曾《能改斋漫录》卷一二：“政和元年，张、郭得罪，而觉范决脊杖二十，刺配朱崖～。” ❷被官府用作亲随使役的兵丁和狱卒。元明《水浒传》三一回：“众人叫起里面亲随，外面当直的～，都来看视。”明沈璟《义侠记》二九出：“这两个～怕不怀好意，你堤防须早。”清《平定三逆方略》卷三九：“镇将各官多以食饷兵丁充伴当、书记、～等役，至临阵十不得七。”

【军令状】 jūn lìng zhuàng 受命时订立的如不能完成任务愿受严厉处分的保证书。宋欧阳修《又三事奏》：“医官、坐婆～皆云：‘去岁腊月，黎永德奉使成都未还。’”《明史·曹变蛟传》：“兵部尚书陈新甲覆议，请独斩朴，勒科～，再失机即斩决。”清《荡寇志》八六回：“魏虎臣见无人肯担此任，只得用他，便取了～。”

【军流】 jūn liú ❶军事运输。五代石敬瑭《谕盐铁度支户部等敕》：“制置场务，总榷课程，将期共济于～，免使偏竭于民力。” ❷充军流放。清《康熙起居注·康熙二十三年》：“直隶各省～人犯，请照流徙尚阳堡、宁古塔例，严寒盛暑之时，宜停发遣。”《红楼梦》一〇七回：“虽说是比～减等，究竟生离死别。”《野叟曝言》一八回：“事情重大，谅不到～斩绞的地位，便有误事，也没懊悔。”

【军铺】 jūn pù 军巡铺屋。地方上夜间巡警、救火防盗、收领公事的机构。宋赵鼎臣《政和重建～录序》：“都城四厢无虑若干坊，坊有徼巡卒合若干人。故尝筑庐以居，岁久庐坏，或废徙亡失，……讼者莫知所赴愬，盗贼益玩肆无忌惮。”元张之翰《议盗》：“城郭内外，元有～除已设外，更许增置。……无～之处，从本管官司保结，验人烟多少，官为量给有印烙凿记军器，不过数十件，令纯实之家收掌，以备不虞。”明谢肇淛《北河记》卷六：“兖东二府各州县卫所管河闸官下，民铺夫每名种（柳）二十株，～十五株。”

【军妻】 jūn qī 随行到边远地区服军役的人的妻子。宋苏轼《与程正辅书》：“不惟军人缘此贫乏，……～缘此犯奸者众。”明陆采《明珠记》二〇出：“他日小心不到，定要卖做～。”清《姑妄言》二二回：“后来家赀籍没，同劳正到了华阴，做了～。”

【军情】 jūn qíng ❶军事情况或情报。唐李德裕《幽州镇魏使状》：“须速平刘稹各要，遣使谕旨，兼潜探三镇～。”《元曲选外编·西厢记》二本楔子：“今日升帐，看有甚～来，报我知道者。”清《说岳全传》五五回：“王佐有机密～，求见元帅。” ❷军心；军队境况。唐易静《兵要望江南·委任》：“赏与罚，须是要均平。不可循私行喜怒，稍偏亲旧失～。否则祸灾生。”明《西洋记》三一回：“偏军伍中有鬼，偏我们这里没鬼。这都是妄言祸福，摇动～，依律该斩。”清《荡寇志》一〇〇回：“上年蔡京提兵征剿，适逢瘟疫流行。朕因体恤～，传旨收兵而返。”

【军身】 jūn shēn 身属军籍（成年须服兵役）。也指这样的人。宋洪适《招安海贼第二札子》：“在船首领一百四十七人内，五人元系～，餘人并系温、台州等百姓。”《元曲选·救孝子》一折：“这～元是俺家的，多亏这贴户替俺当了二十年。今年轮也轮着俺家当了。”明戚继光《练兵实纪》卷四：“殊不知此皆步下所用之器，只是借马驮送甲胄～行路，临时必然下马，止好步下用。”

【军台】 jūn tái ❶用于军事瞭望、指挥的高台。明叶春及《惠安政书·地里考》：“今所惟属墩四：青山、赤山、大岞、古雷，并其中～，共戍军二十五名。”清毛奇龄《江水》：“山前空幕府，无复旧～。”乾隆四十四年《盛京通志》卷六七：“城内总兵祖大寿望见之，以为果援兵也，统众出至西南隅，攻～。” ❷清代在东北、蒙古、新疆等地设置的供邮传、警备、输送用的台站。清《皇舆西域图志》卷三一：“（西域）地周二万餘里，为之遍置～，而于其岩疆要隘设卡伦，以资捍卫。”纪昀《阅微草堂笔记》卷六：“后由中书舍人官至奉天府尹，坐谴谪～，其地曰葵苏图，实第三台也。”

【军头】 jūn tóu ❶唐代府兵首领官职名，掌一军府之兵。唐李德裕《潞磁等四州县令录事参军状》：“所冀刺史得主兵权，免受牵制。官人皆由选择，可委缉绥，既无～干侵，自然得施教化。”《唐会要》卷七二：“武德元年五月，改隋鹰扬郎将为～；六月十九日，改～为骠骑将军，副为车骑将军。”《旧唐书·段志玄传》：“义兵起，志玄募得千餘人，授右领大都督府～。” ❷宋代低级武职名。《宋史·职官志十一》：“（殿前司）自宣武都指挥使三十千，……捧日军将二千，至龙猛、骁骑、带甲剩员～、十将三百。”又：“（侍卫马军步军司）自员僚直、龙神卫都虞候月给二十千，……～、十将自龙、神卫千三百，至顺化三百。” ❸犹“军身”。《元史·兵志一》：“正军贫乏无丁者，令富强丁多帖户权充正军应役，验正军物力，却令津济贴户，其正军仍为～如故。”

【军团】 jūn tuán 一种地方军事组织。忙时务农，闲时军训，战时组团成兵。是府兵制的延续。唐戴胄《谏修洛阳宫表》：“比见关中河外，尽置～，富室强丁，并从戎旅。”李隆基《安养百姓及诸改革制》：“其所放丁，委县令对乡村一一审定，务须得实，仍令太守子细案覆，本道使察访。如有不当者，本里正村正先决一百，配入～。”宋韩维《皇弟右骁卫大将军可德州防御使制》：“陟环尹之资，内联朝位；竣～之命，外假使麾。”

【军徭】 jūn yáo 军役；为军事而征发的劳役。也指服军徭的役夫。明陈铎《粉蝶儿·佛诉冤》：“把～查一查真实数，有一个逃亡解一个补。”《金瓶梅词话》四八回：“切惟我国初，寇乱未定，悉令天下～丁壮，集于京师。”清王夫之《读通鉴论》卷二三：“丧乱猝兴而典籍乱，～数动而迁徙杂。”

【军役】 jūn yì ❶犹“军牢❷”。宋王楙《野客丛书》卷一一：“而今州郡送故迎新，交错道路，所费不訾，而势力之家私占～，不以为非者，其殆晋之流风乎？”明《禅真后史》四六回：“天色已暝，～不齐，况贼徒勇悍，虚实难测，不如消停过夜，明早申明州道。”清《隋唐演义》九一回：“驾过左藏，只见有许多～，手中各执草把在那里伺候。” ❷因身在军籍而产生的服兵役的义务。元孔齐《至正直记》卷一：“徐州村民一妻一妹，家贫，与人代当～。”《元曲选·铁拐李》一折：“你问他当～？纳差徭？〔张千云〕兀那老子，俺哥哥着我问你当差是军身？是民户？”又《救孝子》一折：“这～是俺家的，小人合该当军去。”

【军餘】 jūn yú 在正军之外隶属军籍的人，充警备、屯田、筑造等务。元胡炳文《故广西两江道宣慰使司马君墓志铭》：“元帅唐怀远受省委招谕，领～二千人留田州。军无纪律，大为民扰。”《明会典》卷二七：“正统二年，令修盖德胜等门做工～人匠，每名月支食盐一斤。”清《醒世姻缘传》九八回：“这秀才家中极贫，是个卫里的～。”

【军员】 jūn yuán 宋代低级武职名。也泛称职衔不高的军职。宋曾公亮等《武经总要》前集卷一四:"阵亡～子孙,指挥使、副指挥使,录用三人;副都头、副兵马使已上,二人。"李攸《宋朝事实》卷一七:"如闻收复州县,其伪署～兵士或投窜山林,或散匿民舍。"《宋史·河渠志五》:"淤田役兵多死,每一指挥,仅存～数人。"

【军仗】 jūn zhàng ❶军械。《法苑珠林》卷五六:"王子去时,都不与兵甲。时诸从者白王子言:'今往伐彼,无有～,云何得平?'"元姚燧《参知政事贾公神道碑》:"别遣方招讨,将其～舟中,伪为商农,径造茇社生禽。"清张玉书《拟勘石拖诺山恭纪圣武神功之碑》:"追击三十里,略获子女及牲畜～,填委山积。" ❷军用仪仗。五代马缟《中华古今注》卷上:"昔秦始皇东巡狩,有猛兽突于帝前。有武士戴狸皮白首,兽畏而遁。遂～义服皆戴作狸皮白首,以威不虞也。"明《西洋记》二三回:"勒住马回头一看,只见门旗影里,～森严,四盖八麾,双旌坐纛。"清《红楼复梦》九〇回:"众官兵摆列～队伍,姜总镇迎请登台,见礼用茶。"

【军壮】 jūn zhuàng 军丁和民壮。泛指士兵、役卒。元余阙《再上贺丞相书》:"城中～四千,精锐者不满千人。"明《古今小说》卷六:"他为自家贫未娶,只在府厅耳房内栖止,这伙守厅～都称他做厅头。"清《后水浒传》六回:"他是天雄山大盗,在我地方杀了府差～二十餘人。"

【军状】 jūn zhuàng ❶即"军令状"。《元曲选·黑旋风》一折:"若是有差迟失了军中令,哥也,我便情愿纳下一纸儿～为凭。"元明《三国志通俗演义》卷一一:"孔明大喜,责了～,选三千精兵随赵云去。"清《平定三逆方略》卷三八:"未能剿除逆贼,克复疆土,而于失机将士,复不严责～。" ❷军中报事文书。元明《水浒传》九三回:"宋江当日催趱军马,直近寒山寺下寨,升赏朱仝。裴宣写了～,申覆张招讨。"

【军罪】 jūn zuì 充军的刑罚。明徐渭《那鉴》:"受者则罢,却者即毒以死。或受者持金首临安,不首者,发则辄得～。"《二刻拍案惊奇》卷三八:"喝教把郁盛打了四十大板,问略贩良人～。"《大清会典》卷六九:"凡罪囚决配在京,徒流罪从顺天府,～从兵部。"

【均敌】 jūn dí 对等;相当。唐路岩《义昌军节度使浑公神道碑》:"家产稍赡,则以振昆弟宾客。士有贤者,虽贫贱必与之～。"《资治通鉴》卷六九:"本非君臣者,皆以列国之制处之。彼此～,无所抑扬。"明王世贞《艺苑卮言》一:"联句在于才力～,声华情实中不露本等面目,乃为贵耳。"

【均衡】 jūn héng 同"钧衡"。宋刘一止《代会使相上冢回致语》:"人总～之重,术绥槐鼎之荣。"王炎《萧参政挽诗》之一:"八叶～后,三朝柱石臣。"

【均停】 jūn tíng 均等;多寡、高下、远近等取中适宜。唐易静《兵要望江南·委任》:"途顿止,调节要～。力若有餘兵有锐,纵逢强贼亦堪征。不致有惶惊。"明戚继光《纪效新书》卷一七:"其屋内不拘柴草,务相～,一层柴一层草,填实盈满。"清雍正十三年四月十五日嵇曾筠、高斌奏文:"其原设墩铺,远近不一。除相隔十里以内道路～者不议外,相隔十二三里至十七八里者,未免瞭望不及,防御难周。"

【均逸】 jūn yì 分担闲逸。指官员被外放或处于闲职。宋王安石《谢范资政启》:"思皇廊庙之材,～股肱之郡。即还大政,以泽含生。"《元史·郝天挺传》:"寻俾～于外,拜河南行省平章政事。"明顾清《奉饯定庵张先生之南台》:"两京～天心在,莫向霜台梦午桥。"

【均匀】 jūn yún ❶分布在事物各部分的数量、间隔相等。唐刘恂《岭表录异》卷上:"(铜鼓)其身遍有虫鱼花草之状,通体～,厚二分以来。"清李渔《闲情偶寄》卷四:"但宜疏密断连,不得～配合,是谓参差。"《红楼梦》七〇回:"白玉堂前春解舞,东风卷得～。" ❷平等;公正。唐李枧《均文武俸料敕》:"文武百官自一品以下,逐月所给料钱,并须～。数目多少,一般支给。"明沈鲸《双珠记》四〇出:"富贵从来别等伦,皆因造化不～。有福之人人伏侍,无福之人伏侍人。"清方成培《雷峰塔》六出:"官人这等青年,还是形单影只,可怪那月下老人,太不～了些。" ❸适宜;得体;合适。元明《水浒传》一六回:"前日只是趁早凉走,如今怎地正热里要行?正是好歹不～。"明《二刻拍案惊奇》卷三九:"世上于今半是君,犹然说得未～。懒龙事迹从头看,岂必穿窬是小人!"清《醒世姻缘传》引起:"依了这等说起来,人间夫妻都该搭配～,情谐意美才是,如何十个人中倒有八九个不甚相宜?" ❹平均搭配。清《醒世姻缘传》九二回:"师姐这话也说不通,还是依我的,～四分,拈阄为妥。"《飞龙全传》二一回:"将积贮的金银珠宝、细软物件等类～分了,放火烧了山寨。"

【钧】 jūn 敬词。用称尊长或对方。犹言大。宋朱熹《与陈丞相书》:"中夏毒热,恭惟仆射平章枢使相公～候起居万福。"明《金瓶梅词话》六七回:"又赖在老爷～前,常为锦覆,则生始终蒙恩之处,皆亲家所赐也。"

【钧安】 jūn ān 大安。用于对尊长的问候。宋朱熹《答吕伯恭》:"眷集伏惟～。此间有骫,勿外。"△清《七侠五义》一六回:"所有在府看守之人俱各相见,众人跪请了老爷的～。"

【钧庇】 jūn bì 敬称对方的庇护。宋强至《代问候青州安抚大资状》:"右某自违～,日企台光。"薛季宣《与汪参政明远书》:"某区区之脚迹,仰托～。"清《珍珠舶》一五回:"特有一事仰求鼎力,倘蒙～,容图厚报。"

【钧裁】 jūn cái 敬称对方的裁断。宋程俱《乞留邓根通判秀州》:"或依平江,添差一员,候春暖无事日罢。更取～。"清《女仙外史》五四回:"小邦有能通汉语者,要求赐教,特请～。"《歧路灯》五四回:"似乎当摘录口供,送过临潼。如临潼再行关文,然后发解到案对质未迟。仰希老父师～。"

【钧察】 jūn chá 敬称对方的体察。宋李纲《与张相公第二十五书》:"今遣元杀败及招降将官马仙管押赴都督府,伏幸～。"元谢应芳《代与李中丞书》:"下情无任悚惧感慕之至,伏惟～。"元明《三国志通俗演义》卷二四:"舆榇在近,不复缕陈。乞将军～。"

【钧慈】 jūn cí 对尊长的敬称。谓其仁厚慈爱。宋夏竦《谢枢密相公生辰启》:"岂谓～,俯记生日。降缄縢之荣问,示筐篚之厚仪。"朱熹《乞住招军买军器罢新寨状》:"欲望～特赐敷奏,乞依元降指挥且以二百人为额。"明吴与弼《回清漳王太守书》:"伏望～察其无似,哀其疾病,俾得以遂其畎亩之私。"

【钧夺】 jūn duó 犹"钧裁"。清《歧路灯》九三回:"卑职怕是同人们穷极生巧,或者可以宽纵?未敢擅便,禀候大人～。"

【钧翰】 jūn hàn 敬称对方的书信。宋夏竦《八月里启》:"岂谓台慈,先贻～,感佩之至。"朱熹《与王枢密札子》:"熹伏自铅山拜领～之赐,开譬详悉,爱念良厚。"明章懋《与李西涯阁老书》:"三复～,身教之言,端为确论。"

【钧衡】 jūn héng 比喻国家政务重任。唐高彦休《阙史》卷上:"丞相陇西公之秉～也,以特达自负,鱼服民间。"宋曾敏行《独醒杂志》卷五:"言者复谓公睥睨～,谋为不靖,遂贬英州。"清陈端生《再生缘》六五回:"身为奸女窃～,全不畏,阴阳卖弄该何罪。"

【钧诲】 jūn huì 敬称对方的教诲。宋宋祁《上曾太尉书》:"莒公尝谕～,令饵金液丹。"元胡祗遹《寄答徐尚书诗序》:"拜违

～，倏乎十餘年。”清《野叟曝言》一三六回：“窃幸事毕可以硇叩府门，再亲～，以质证舟中之言。”

【钧鉴】 jūn jiàn 敬称对方的鉴察。宋戴栩《元正贺丞相启》：“虽慕结苍梧，莫举班庭之礼；然心驰贺柄，敢忘裁赞之恭。俯惧尘芜，仰祈～。”元明《三国志通俗演义》卷八：“宁遂召数百人，渡江来投主公，乞取～。”明祝允明《呈分巡顾佥宪帖》：“以此少缓起行，统惟～海容。”

【钧教】 jūn jiào 犹“钧诲”。宋宋祁《上曾太尉书》：“病势留连，未能悉平。敢不用～，以救危喘。”员宗兴《答洪丞相问隶碑书》：“迩者伏奉～，忘其不肖，咨以川蜀两汉碑墨之所从来。”元明《三国志通俗演义》卷一九：“适承～，安敢少息。窃谓司马懿之事，达以为必不惧也。”

【钧眷】 jūn juàn 尊称对方或权贵人家的眷属。宋林季仲《与赵参政书》：“风俗淳朴，与他处不同。～寄居，良为得所。”明《醒世恒言》卷一三：“庙官知是杨府～，慌忙迎接至殿上。”柯丹邱《荆钗记》二六出：“若无～在船，事有可疑。既有～在船，去也无妨。”

【钧览】 jūn lǎn 尊称对方阅览。宋毕仲游《上范尧夫相公书》：“夏中太原签判李通直还颍昌，上状起居，伏想已尘～。”朱熹《论都昌创寨札子》：“其都昌县与诸寨相去远近里数形势，今并彩画成图，连粘在前，乞赐～。”明《拍案惊奇》卷二七：“只得写两幅字卖来度日，乃是不得已之计，非敢自道善书。不意恶札，上达～。”

【钧令】 jūn lìng 尊称尊长的命令。元明《水浒传》七八回：“情知水路里又折了一阵，忙传～，且教收兵回济州去。”明戚继光《练兵实纪》卷五：“少间中军禀称：声息尚远，前路且窄，一路发兵行营，请～。”清洪昇《长生殿》一七出：“请问王爷，传集某等，不知有何～？”

【钧履】 jūn lǚ 尊称尊长的动止（身体状况）。多用于问候健康。宋苏辙《代齐州李谏议问候文侍中启》：“即日冬候凝冽，～康宁。”元胡祗遹《寄李参政诗序》：“伻来，敬审～安佳，且辱念问。”郝经《与贾丞相书》：“太簇布气，惟冀惠绥～，膺受厚福。”

【钧命】 jūn mìng 犹“钧令”。宋契嵩《受佛日山请先状上蔡君谟侍郎》：“召某往净惠禅院住持，今月二十日于登云禅寺已恭受～矣。”元施惠《幽闺记》三五出：“〔外〕媒婆休要多言，疾忙递丝鞭去。〔丑〕～敢迟延！”清《二度梅》三四回：“春生见他如此，也不谦让，行了师生之礼，说道：‘遵老太师的～了。’”

【钧念】 jūn niàn 敬称对方的挂念。宋夏竦《回大王启》：“猥蒙～，曲示诲函。”朱熹《与执政札子》：“比以灾旱告急于朝，窃计已蒙～。”文天祥《通江参政古心书》：“伏蒙～，劳苦有加。祗服训辞，至今亹亹。”

【钧牌】 jūn pái ❶尊称上级发下的令牌。元《三遂平妖传》五回：“公差领了～，飞也似赶到胡员外家里来。”明王守仁《八寨断藤峡捷音疏》：“随准参将张经手本密奉本院～：仰候牛肠事毕，即便移兵进剿古陶诸贼。”徐复祚《投梭记》三二出：“龙江关驿丞奉谢老爷～，迎候王老爷并两位夫人。” ❷指持牌的役卒。明沈鲸《双珠记》一五出：“已曾行牌提问，待他到来，依法究治。左右那里，快唤～。〔左右唤介。末带丑、净、生上〕”

【钧旆】 jūn pèi 尊称对方或尊长的行踪。旆，旌旗，借指官员出行用的仪仗。宋赵鼎臣《贺大名韩观文启》：“伏审远驱～，近届都城。”岳珂《桯史》卷九：“熙宁七年四月，王荆公罢相，镇金陵。是秋，江左大蝗，有无名子题诗赏心亭，曰：‘青苗免役两妨农，天下嗷嗷怨相公。惟有蝗虫感恩德，又随～过江东。’”薛季宣《与汪枢使明远书》：“伏自～分正别都之后，某以贫甚，不能专介诇问起居。”

【钧批】 jūn pī 尊称上级的批文。宋文天祥《授刑节制司与安抚司平冦循环历》：“累日不见山前报来，继得历中～则未以所行为照。”元明《水浒传》一七回：“我自从领了这道～，到今未曾得获。”明《金瓶梅词话》九五回：“小官才待做文书申呈老爷案下，不料老爷～到了。”

【钧票】 jūn piào 尊称上级发下的公事凭证。明杨一清《为敌众入境官军斩获事奏》：“续蒙总兵官郑卿～，备行本职，分兵设伏，相机战守。”清方成培《雷峰塔》一九出：“奉总捕老爷～，缉拿萧太师府中八宝明珠巾一案的赃贼。”《后水浒传》四回：“小人素行戆直，屡奉相公～催征，不敢徇私，未免招人怨恨。”

【钧示】 jūn shì 尊称对方或尊长的指示。明《禅真后史》四六回：“县主已颁～，待各州兵马聚集时，即往大王爷山寨来也。”清汤斌《上郡守宋公书》：“乞发～，令各项地亩概从旧例，不得那移纷更。”《野叟曝言》一三六回：“坚行总称宁蹈东海而死，不愿归儒，主讲监院实在没法，故请公相～。”

【钧枢】 jūn shū 犹“钧衡”。也指执掌中央政务的人。唐韩愈《示儿》：“凡此座中人，十九持～。”明崔铣《显考参政南郭君述》：“番人越制乞请业，赂～许之，先君不肯署。”清储大文《蒦泽田公文集序》：“胥以文名至陟～而蕲立言者，则蒲州二少师张氏、韩氏。”

【钧台】 jūn tái 尊称对方或尊长。台，桌案。表示不敢径称其人。宋田锡《上宰相书》：“锡今进虽奉书而退必焚稿，幸相公～之鉴，恕小人忠谅之诚。”黄庭坚《与王元直帖》：“每承诸贤见，目以～，甚不安也。凡名皆须宜称耳，……如司谏、正言、三院御史、修撰、直阁、大卿监，皆不呼台候、台旨也。”明张四维《双烈记》四〇出：“〔净〕奏闻未曾？〔末〕小黄门未敢申闻，报～请自施为。”

【钧陶】 jūn táo ❶用钧（转轮）制作陶器。或泛指工艺制作。唐史翙《丹甑赋》：“异～之有作，符造化之为功。千箱以之而发咏，万姓无嗟乎屡空。”元刘壎《通谢都大书》：“生财有道，行彰坏冶之勋；播物无垠，式广～之业。”《大清会典》卷七二：“凡物材，或成于～，或市于商贾。” ❷比喻帝王的管理。唐李世民《帝范序》：“大德曰生，大宝曰位。辨其上下，树之君臣。所以抚育黎元，～庶类。”明《西洋记》五一回：“维兹阿鲁国，敢外～！仰中国之圣人，夙有依归之愿。”清汪由敦《恭跋御制圆明园四十景诗》：“仰见皇上，圣性渊涵，～万有，阖辟元化。” ❸指自然变化或自然变化的力量。古人认为大钧造化之神造化万物。宋欧阳修《大热》之一：“四时成万物，寒暑迭～。”王安石《吴正仲谪官得故人寄蟹以诗谢》：“甘餐饱觞咏，餘事付～。”元胡祗遹《木兰花慢·庆翰长八十》：“四海名卿奇士，百年齐入～。笑将经济让儿曹。” ❹比喻栽培、治理等。宋朱熹《与周丞相书》：“欲望丞相始终哀怜，少假～之力，使得复供鸿庆守祧之役。”元宋无《送牟都事景阳赴浙东帅幕》：“训练群材进，～众彦迁。”明魏校《与邹谦之书》：“郑婿若曾，尝受教于泾野，今卒业南雍，获在～之内。”

【钧帖】 jūn tiě 敬称对方或尊长的柬帖。元余阙《再上贺丞相书》：“即日又有鄂尔和平章收捕之军，得一～调来共攻。”明沈德符《万历野获编》卷一：“抄奉钦差总督军务、威武大将军、总兵官、后军都督府、太师镇国公朱～，照得养豕宰猪，固寻常通事。”清《二度梅》三五回：“随命堂候官，发～一张，拨五城兵马五百名，差官一员，追赶逃官邱魁。”

【钧听】 jūn tīng 敬称对方或尊长的听闻。宋苏颂《代提刑王绰上宰相书》：“事实言直，浼渎～。某无任悚惧激切之至。”元明《三国志通俗演义》卷一二:"专人谨奉尺书,上乞～。"明魏校《与张巡抚书》:"是以忘其鄙陋,敢妄舆人之言,达于～。"

【钧威】　jūn wēi　敬称对方或尊长的威严。宋戴栩《再乞外补札子》:"某一介么愚,辄冒～,申沥悃忱。"陈著《谢王枢密举升陟书》:"干冒～,伏楮战栗。"元明《三国志通俗演义》卷六:"知故主之微恩,忘丞相之大德,乱言片楮,冒渎～。"

【钧问】　jūn wèn　敬称对方或尊长的询问。宋员宗兴《上绍兴师相洪文惠公》:"但～辞严义密,及众碑所出何地何里,不敢以不详对。"刘克庄《与范丞相书》:"因～之下及,竭鄙情而上诉者,恃吾相道广而无党偏也。"宋元《警世通言》卷一二:"十年来未曾泄之他人。今既承～,不敢隐讳。"

【钧席】　jūn xí　❶敬称对方或尊长的席位。或代指对方。宋周紫芝《时宰生日诗序》:"余不自揆,固尝屡草芜词,上尘～。"晁补之《谢韩仪公启》:"自违～,愈揽蓬心。"　❷指重要的职位。宋韩琦《次韵答宫保张相公以长篇见寄》:"众望归～,群生入化炉。"王庭珪《贺赵参政启》:"伏审初被锋车之召,即日威严入参～之荣。"刘弇《上熊侍郎书》:"阁下一日拥传北引,副天子倚注眷瞩,入当～。"

【钧言】　jūn yán　敬称对方或尊长的言语。宋王洋《上叶帅启》:"比因假职,望帅座之荧煌;遂获抠衣,听～之温厉。"明《禅真逸史》三九回:"适见天子诏书,足感皇上洪恩。又闻西秦王达侍中～,铭刻肺腑。"

【钧严】　jūn yán　敬称对方或尊长的威严。或代指对方。宋胡宿《贺参政侍郎启》:"某属当官守,阻觌～。"元刘壎《代包尚书申省乞朝假状》:"干犯～,下情不胜俯伏俟命之至。"明祝允明《上巡按陈公辞召修广省通志状》:"倘果欲为,必乞镇以～之重,备行条约。"

【钧颜】　jūn yán　敬称对方或尊长。宋元《古今小说》卷一五:"李霸遇要郭威钱,不令郭威参见令公～。"元明《三国演义》二回:"教坊之乐,不足以供奉～,辄有草舍女乐,敢承应乎?"清《野叟曝言》一二八回:"大老爷入境,礼应叩见～。"

【钧意】　jūn yì　敬称对方或尊长的意思。宋李纲《与吕相公第二书别幅》:"尝以料理淮南以为藩篱蓄锐待时之策,献于左右。更望深留～,不胜幸甚。"元明《水浒传》八六回:"待父亲来时,瓮中捉鳖,一鼓扫清宋兵。不知父亲～如何?"清《蜃楼志》二回:"准情酌理,似乎尚在矜全之列,不知～若何?"

【钧语】　jūn yǔ　犹"钧言"。《元曲选·扬州梦》二折:"小人是太守府内亲随,奉老爹～,着我打扫的这翠云楼。"明《西游记》一〇回:"我领了十王～,送他还魂。"清《蜃楼志》一回:"大人～是大家听见的,只好得罪。"

【钧谕】　jūn yù　敬称帝王或尊长的指示。宋《三朝北盟会编》卷八五:"重蒙～,仰识眷存。"明《禅真后史》二一回:"遵依～,不拘轻重犯人,尽行宽放。"清《镜花缘》三三回:"奉国主～,问王妃此后可遵约束?"

【钧札】　jūn zhá　犹"钧翰"。宋曹泾《与贵池县尉胡同年书》:"某去冬恭拜～,谓以胡尉之才之美,敬尝斋沐回中云云。"明徐渭《奉答少保公书》:"门下小子渭伏奉～,不胜欢喜。"清《女仙外史》五九回:"某遵～,直到神兵回营之后,杀入西关。"

【钧照】　jūn zhào　❶犹"钧鉴"。宋李纲《与吕相公第十一书别幅》:"已逐一具申禀,伏幸～。"元《三国志平话》卷上:"生擒吕布,上见太平。伏乞～,不备。"明任环《呈诸台揭》:"言出血诚,不敢隐讳,请乞～。"　❷敬称对方的关照。宋韩琦《与昭文相公启》:"某夙叨～,适系郡条。燕贺厦以居多,徒深窃抃;金在镕而罔间,更仰裁成。"胡寅《寄参政》:"微禄终赖国恩。～既深,必蒙垂念,倘得闲局,不弃分阴。"李昴英《上郑丞相书》:"首乞～昴英疏远之踪,狂迂之性。"

【钧旨】　jūn zhǐ　犹"钧谕"。宋张端义《贵耳集》卷中:"镊工亲得～,遂与外人言之。"《元曲选·秋胡戏妻》一折:"有勾军的奉上司～在于门首,唤您孩儿当军去。"清《荡寇志》七三回:"那日因奉高俅的～,到归德府公干方回。"

【钧轴】　jūn zhóu　钧以转陶,轴以转车。比喻关键、要害。多指国家重任。唐孙思邈《千金翼方序》:"然则三部九候,乃经络之枢机;气少神餘,亦针刺之～。"明吾邱瑞《运甓记》三八出:"将谓名高八座,可享～尊严,不谓变发一朝,竟膏奸邪砧斧。"清蓝鼎元《从子云枢字说》:"秉～佐太平,固为政也;一官一邑,亦政也。"

【钧座】　jūn zuò　犹"钧席❶"。多用于书信。宋叶梦得《与秦相公论防冬书》:"某顿首再拜仆射相公～:秋暑犹未退,即日伏惟钧候动止万福。"元明《水浒传》八一回:"侍生闻焕章沐手百拜奉书太尉恩相～前:贱子自髫年时出入门墙,已三十载矣。"清《歧路灯》七二回:"门生谭绍闻谨禀老师～:昨谕来役,送至祥符,不意此人本日到店陡染大症。"

【君家】　jūn jiā　敬称对方。犹言您。唐张说《兵部尚书国公赠少保郭公行状》:"今欲齐举大事,苦乏资用。闻～信至,颇能相济否?"元高明《琵琶记》三〇出:"妾岂爱一身,误君百行。妾当死于地下,以谢～。"清《红楼梦》一〇三回:"重复将那道士端详一回,见他容貌依然,便屏退从人,问道:'～莫非甄老先生么?'"

jùn

【俊】　jùn　❶雄健;英武。唐李晔《授张实段逸兼御史中丞敕》:"张实等忠勇冠时,韬钤出众,～轻雕鹗,气激风云。"元张可久《金字经·观猎》:"雪点苍鹰～,玉花骢马骄。"清朱锡《幽梦续影》:"鹤令人逸,马令人～,兰令人幽,松令人古。"　❷透彻;爽利。《祖堂集》卷七《雪峰和尚》:"师示众云:'我寻常道钝汉,还有人会摩?若也有人会,出来呈似我,我与你证明。'时有长生出来云:'觌面峻,临机～。'"《古尊宿语录》卷一八《云门匡真禅师广录》:"除却臘脂帽子,脱却膻臭布衫。教伊洒洒地作个衲僧,岂不～哉!"《五灯会元》卷一六《崇德智澄禅师》:"觌面相呈,更无餘事。若也如此,岂不～哉!"　❸豪;纵情。宋米友仁《念奴娇·村居九日》:"歌狂饮～,满簪还更盈把。"晁元礼《玉楼宴》:"记红颜日、向瑶阶,得～饮、散蓬壶。"　❹漂亮;美丽。宋赵彦端《鹧鸪天·桑雅》:"星眼～,月眉弯。"《元曲选外编·西厢记》二本一折:"他脸儿清秀身儿～,性儿温克情儿顺。"清《醒世姻缘传》一九回:"比你白净些,那鼻口儿还不如你～。"　❺风流;俏皮。元刘庭信《折桂令·题情》:"好把风流,名姓编籍。嫩者属村,村方学～,～也成贼。"明贾仲明《对玉梳》一折:"你待要传香弄粉,妆孤学～,〔带云〕呆汉!〔唱〕便准备着那一年春尽一年春。"《山歌·姹童》:"张伯起先生有所欢,既婚而瘦,赠以歌云:'个样新郎忒煞矬,看看面上肉无多。思量家公真难做,弗如依旧做家婆。'～绝,一时诵之。"　❻灵;巧。明汤显祖《牡丹亭》一出:"玉茗堂前朝复暮,红烛迎人,～得江山助。但是相思莫相负,牡丹亭上三生路。"又《紫钗记》四四出:"〔道姑拿画轴小龟上〕冠儿正歪,人道小仙才。这龟儿～哉,前去打光来。"清《红楼梦》四一回:"偏这雀儿到了你们这里,他也变～了,也会说话了。"

【俊楚】　jùn chǔ　华美动人。唐封演《封氏闻见记》卷三:"冀州进士张昌龄、王瑾并文词～，声振京邑。”元刘仁本《送浙西宪府译史徐子信序》：“又尝见其赋诗～，染翰清新，信多才多艺者。”

【俊达】 jùn dá 俊逸通达。唐杜牧《上池州李使君书》：“足下性～圣明，心正而气和。”清李清馥《闽中理学渊源考》卷八六：“发为文章，渊宏～，有秦汉之风。”

【俊刮】 jùn guā 漂亮；俊俏。明《西游记》二〇回：“你这个老儿，忒也没眼色，似那～些儿的，叫做中看不中吃。”清《野叟曝言》五七回：“头上梳着髻儿，一般的玉簪关头，丝鞋净袜，～不过。”

【俊豪】 jùn háo ❶俊朗豪迈。宋赵汝鸿《再用韵答》：“不羡丛菊并二螯，羡君出语真～。”叶适《黄端明谥简肃议》：“夫～跌宕脱略于绳检之外者，岂非其自善以为伟人名士之所为哉?”清吴伟业《秣陵春》一一出：“绿杨尘里，齐楚楚好～。退朝花底散，洒金扇，藤兜轿。” ❷指俊朗豪迈之人。宋王安石《次韵酬宋玘》之四：“远迹荒郊谢～，春风谁与驻干旄。”明叶宪祖《鸾鎞记》二二出：“谁家一～？谁家一～？将奴魆地瞧。”清《飞龙全传》五八回：“心交义合相欢洽，应是周王重～。”

【俊健】 jùn jiàn ❶（体魄）雄健。唐张鷟《飞骑将军刘恭膂力轶群》：“越稷门之宇，～有闻；举大国之关，骁雄可尚。”元张宪《二月八日游皇城西华门》：“生狻～双臂长，左脚蹋镫右蹴缰。”清《聊斋志异·促织》：“掭以尖草，不出；以筒水灌之，始出。状极～。” ❷（风格）遒劲有力。宋胡宿《宋故宣徽北院使郑公墓志铭》：“旁接谈宾，行答尺牍。毫法～，书意婉文。”《朱子语类》卷一四〇：“如‘疾风冲塞起，砂砾自飘扬。马尾缩如猬，角弓不可张’，分明说出边塞之状，语又～。”明徐贲《瑶芳楼》：“药师老成饱兵学，安石～夸文雄。”

【俊娇】 jùn jiāo 俊秀娇媚。《元曲选·扬州梦》三折：“笋条儿游冶子，花朵儿～娃，堪写入风流仕女丹青画。”明佚名《霞笺记》七出：“翠娘音妙，信天生，风流～。”清《续金瓶梅》五七回：“夜夜与朝朝，尽人前卖弄～。”

【俊捷】 jùn jié ❶快速直捷。唐封演《封氏闻见记》卷三：“宦途之士而历清贵有八俊者：一曰进士出身，制策不入，……八曰中书侍郎、中书令不入。言此八者尤为～，直登宰相，不要历餘官也。”宋张耒《上元思京辇旧游》之三：“仕路飞腾输～，山城留滞感功名。” ❷（动作）矫健敏捷。唐张鷟《朝野佥载》卷四：“得霜鹰～，被冻蝇顽怯。”明胡奎《画鹰》之四：“青天掷下决云儿，正是霜高～时。”梁辰鱼《红线女》二折：“小身躯真～，暂离公舍两三更，也不当别须踏破千里巢穴。” ❸（思路）洒脱敏捷。宋王禹偁《左街僧录通惠大师文集序》：“常从义者，文章～，谓之文虎。”晁说之《扬雄别传》：“然帝于辞赋自～，亦苦相如之艰。尝谓相如曰：‘以吾之速易子之迟，可乎？’”

【俊快】 jùn kuài ❶畅快；舒畅。唐孙思邈《备急千金要方》卷一：“虽曰病宜速效，要须临事不惑，为当审谛覃思，不能于性命之上率尔自逞～，邀射名誉。”《云笈七籤》卷七八：“凡欲合铁胤神丹者，必先辩诸铁性，……自古以来，楚金等一。其性劲快，服者必～。”元胡祗遹《语录》：“为人臣者，务一时之～，雷厉风飞。殊不知祸福之儿，展转激发，有不少御者矣。” ❷颖悟晓畅。《五灯会元》卷一八《雪峰慧空禅师》：“～底点著便行，懑钝底推挽不动。便行则人人欢喜，不动则个个生嫌。山僧而今转此懑钝为～去也。” ❸洒脱不羁。宋韩淲《涧泉日记》卷下：“刘原甫《莱公传》亦颇有史笔，但文伤～。”元贡师泰《跋李则平宪副所藏东坡墨迹》：“此帖盖少年所书，已飘逸～如神驹健鹄，不可控搏。”清魏裔介《严方贻诗序》：“因数得读长公方贻诗，见其英华果锐，～逼人，笔下无一点尘。”

【俊丽】 jùn lì ❶（文词）华美。唐福琳《唐湖州杼山皎然传》：“文章～，当时号为释门伟器哉。”明叶宪祖《鸾鎞记》二二出：“才情～，正是少年得意之文。”清贺裳《皱水轩词筌》：“鬟间、簟上、枕边，举护花者之张设，戴花者之神情，摹拟毕到，语复～。” ❷（容貌）俊美有精神。元明《水浒传》九回：“只见远远的从林子深处，一簇人马来。但见：人人～，个个英雄。”明郎瑛《七修类稿》卷二七：“苏小小，钱塘名娼也。容色～，颇工诗词。”清《红楼复梦》一五回：“一张瓜子脸儿，两道春山，桃腮杏脸，十分～。”

【俊利】 jùn lì ❶畅快；痛快。唐李儇《招讨王仙芝等诏》：“或窘厄商徒，俘掠进奉，出彼入此，鸟逝风驱。虽云～于一时，岂不忧危于终日？” ❷颖秀锐利。唐康骈《剧谈录》卷上：“常蓄小仆，年甫十八九，神彩～，使之无往不届。”五代柴荣《慎择诸司寺监官诏》：“今后收补役人，并须人材～，身言可采，书札堪中。”明赵恒《与曹黄门书》：“师谓是儿～，当有以折伏之。一日，跪之庭，授之千餘言，成诵。” ❸生动流利。宋孔平仲《续世说》卷四：“唐俭言词～，善和解人，酒杯流行，发言可喜。”

【俊流】 jùn liú 颖悟、才智杰出之辈。《祖堂集》卷九《罗山和尚》：“当锋一箭，谁肯承当？不是～，徒劳措口。”明贾仲明《凌波仙·吊曹明善》：“士林中逞～，万人内占了鳌头。”清钱谦益《瞿元立画像赞》：“公往官两都，与曾于健、于中甫、丁右武诸君子游，清谭缓步，高自标置。于时以为～，至有图之绢素者。”

【俊髦】 jùn máo 才能出众的人。唐崔珝《授李丕鄜州节度使制》：“自古王者因而法之，旁求～，应彼形象。”元陶宗仪《辍耕录》卷一五：“世间多少偷生者，黄甲由来出～。”清《九云记》二六回：“于是群臣承命退朝，会于朝堂，各举～。”

【俊美】 jùn měi ❶（景象）秀美；精美。唐严维《晚霁登王六东阁》：“连空青嶂合，向晚白云生。～要殊观，萧条见远情。”宋沈辽《纣锡妲己冠帔图》：“二嫔侍侧，龙黻金儿。巧工图写，穷其～。” ❷（功名）清雅高贵。五代宋齐丘《玉管照神局》卷上：“山根不折者，功名～；学馆清高者，凌云折桂。” ❸（言辞、声音等）美妙。宋苏辙《贺欧阳副枢启》：“昔者汉之贾谊谈论～，止于诸侯相。”元任士林《翰音赋》：“音声～，容止轻鲜。”明王慎中《寄道原弟书》：“其声调虽～，体格虽涵厚，而变化终不足盛唐之诗。” ❹味美。宋吴仁杰《离骚草木疏》卷二：“此物煮为羹臛，极～。”刘过《春日即事》：“谷雨笋茶俱～，条风杞菊竞甘腴。” ❺（才能）卓越。也指卓越的人才。元李存《赠张举之宣城后序》：“余居深山之中，虽未尝一涉千里之外，稍览天下之～，而近识李君正卿焉。”清顾英《初夏送夫子北上》：“君行既雅醇，君才复～。但保金石心，豪门勿投趾。” ❻姿容美好。明王世贞《封承德郎蓉泉史公墓志铭》：“蓉泉公生而～，父抚爱之。”徐霖《绣襦记》九出：“俺姐姐昨日在门前站立，偶见一个郎君，十分～。”清《姑妄言》七回：“他这妻子荀氏，生得风骚～。”

【俊敏】 jùn mǐn 聪明灵敏。五代徐铉《五代新说》：“沈麟士幼～，七岁听叔父岳言玄，宾散，言无所遗。”《五灯会元》卷九《南塔光涌禅师》：“少甚～，依仰山剃度，北游谒临济。”元陆友《墨史》卷下：“嗣子觉，字彦先，幼～有文。”

【俊气】 jùn qì 豪气；雄壮气概。唐刘禹锡《酬乐天感秋凉见寄》：“檐燕归心动，鞲鹰～生。”宋赵长卿《眼儿媚》：“几醉使君筵。少年～，曾将吟笔，买断江天。”明尹台《送张月山参军赴守思州郡》：“粲粲月山子，～夙开张。”

【俊俏】 jùn qiào ❶姿容美好。唐段成式《酉阳杂俎》续集卷六：“独孤有婢名怀香，稚齿～，常悦西邻。”明《西游记》二七回：

“那八戒见他生得～，呆子就动了凡心。”清吴伟业《秣陵春》三四出：“我记得去年同蔡客卿到黄家门首，见一位聪明～的女娘，难道就是你？” ❷指姿容美好的人。宋郭应祥《渔家傲·用履齐韵赠邵惜惜》：“自古餘杭多～，风流不独夸苏小。”明汤显祖《紫箫记》七出：“只想我当初呵，年少，暗抛红豆，相调～。” ❸灵透；玲珑。金王喆《金鸡叫·警刘公》：“占得虚空呈～。玄中玄，妙中绝妙，自然五彩通灵照。”明杨慎《山岩之异》：“绵衍庞魄，河北之山也；～巧丽，江南之山也。”清陈端生《再生缘》七三回：“～心肝俱折碎，窃取鞋儿当宝珍。” ❹(视觉、听觉)敏锐。明汤显祖《紫钗记》四六出：“多则是云髻懒，月梳斜，镜台边，那年留下。〔丑〕李老爷好～眼哩。”崔时佩、李日华《西厢记》一九出：“怎生借得那一阵顺风，将小生这琴声，吹入俺那小姐玉堆成、粉捻就、知音～的耳朵里去。” ❺风流俏皮。元明《水浒传》七二回：“但是李师师说些街市～的话，皆是柴进回答。”

【俊洒】 jùn sǎ 秀美洒脱。明杨士奇《跋赵孟頫晚年书洛神赋》：“文敏隶楷之妙，～飘逸，盖得于《洛神》为多。”汤显祖《紫钗记》八出：“却为甚～多才，尚没个衬褡人家？”

【俊秀】 jùn xiù ❶秀美。唐李季贞《仙都山铭》：“雄冠群山，孤高亭亭。挺拔～，氛氲青冥。”《元曲选·儿女团圆》四折：“如此般蠢坌身子，粗桀腰肢，却生的这般～的孩儿。”清《歧路灯》一二回：“这端福儿聪明～，将来自是象贤之裔。” ❷称通过捐纳获得监生资格的人。明陆容《菽园杂记》卷六：“军卫独治一城，无学可附者，皆立卫学。……武官子弟曰武生，军中～曰军生。”《明史·选举志一》：“且庶民亦得援生员之例以入监，谓之民生，亦谓之～。”《大清会典则例》卷五五：“生员捐米三百石，准贡～；捐米二百石，准入监读书。”

【俊雅】 jùn yǎ 风雅俊美。也称这样的人。宋觉范《劝学次徐师川韵》：“君看乌衣里，～争清妍。”明孙仁孺《东郭记》五出：“是何方～，偶然一盼，便尔踌躕？”清《十二楼·拂云楼》一回：“住在临安城内，生得～不凡。”

【俊妍】 jùn yán ❶漂亮。明汤显祖《牡丹亭》一〇出：“忽见一生，年可弱冠，丰姿～。” ❷指优秀美好的人。明胡直《立秋后有怀京洛诸故旧》：“念我三生友，磊落皆～。”

【俊眼】 jùn yǎn ❶高明的眼力。《古尊宿语录》卷三〇《舒州龙门佛眼和尚语录》：“苟非知方～，出格上机，举一明三，普同流浪。其或循言执滞，病在见闻，杜口藏形，过归傍认。”元盍西村《小桃红·杂咏》：“莫道无人识真赝，这其间，急流勇退谁能辨？一双～，一条好汉，不见富春山。”清《情梦柝》一八回：“所以，若素一双～，就视得胜于喜新。” ❷秀美的眼睛。宋江致和《五福降中天》：“斜日映珠帘，瞥见芳容。秋水娇横～，腻雪轻铺素胸。”明孟称舜《娇红记》一九出：“则见他一个个妙色堪人爱，～将人睐。”清《绿野仙踪》一六回：“那妇人掉转身躯，见于冰站在对山石堂外面，复用～将于冰上下一看。”

【俊壮】 jùn zhuàng 雄壮。宋苏轼《与元老侄孙书》：“六郎亦不废学，虽不解对义，然作文极～，有家法。”《建炎以来繫年要录》卷一三九：“德曰：‘德当身先士卒，为诸军前锋。’～之将士皆鼓舞欢噪。”《朱子语类》卷七三：“弋是～底意，却只弋得这般物事。”

【郡马】 jùn mǎ 郡主的丈夫。宋欧阳修《归田录》卷二：“皇女为公主，其夫必拜驸马都尉，故谓之驸马。宗室女封郡主者，谓其夫为～，县主者为县马。”《元曲选·谢金吾》一折：“功劳大，更打着个～的名色，那厮也怎敢便来胡拆？”清《镜花缘》五五回：“骆公子虽系九王府中～，郡主久已亡过。”

K

kāi

【开】 kāi ❶弥漫；遍布。唐王勃《春夜桑泉别王少府序》："既而星河渐落，烟雾仍～。"孟浩然《游凤林寺西岭》："烟容～远树，春色满幽山。"宋宋祁《观烧》："白草～平野，炎晖照暮云。" ❷飞翔；奔跑。唐王勃《为人与蜀城父老书》："归云止雁，流曙响于东津；落照～鸿，写晴规于北岸。"李白《少年子》："鞍马四边～，突如流星过。"明汤显祖《牡丹亭》八出："何处行春～五马？采郊风物候秾华。" ❸开行；运行。唐杜甫《登白马潭》："水生春缆没，日出野船～。"明汤显祖《牡丹亭》三六出："叫童儿寻只赣船，夤夜～去。"清《儒林外史》二二回："牛玉圃同牛浦上了船，～到扬州。" ❹刊刻；勾画；书写。唐席豫《奉和圣制送张尚书巡边》："已勒燕山颂，犹～遣戍篇。"《元曲选·王粲登楼》三折："青山绿水，浑如四壁～图；红叶黄花，绝似满川铺锦。"明《拍案惊奇》卷二四："又自取库中公费银十两，～了疏头，用了印信。" ❺建造；构筑；制作。唐孟浩然《题融公兰若》："精舍买金～，流泉绕砌回。"宋元《古今小说》卷一五："获得一对蕲州出的龙笛材，不曾～成笛。"清《醒世姻缘传》四一回："～坟也用不多钱。" ❻开办；经营。《太平广记》卷一八引《仙传拾遗》："亦～肆卖卜，卦无不中。"元张国宾《汗衫记》四折："俺向马行街～着个门面。"清《醒世姻缘传》一回："那城中～钱桌的，放钱债的，备了大礼，上门馈送。" ❼(水)沸腾。唐王焘《外台秘要方》卷二七："羊肚系盛水令满，急系两头，熟煮～，取水顿服之。"明朱橚《普济方》卷三九二："用黄蜡净者半两，银器内重汤煮～，入药拌匀。"△清《品花宝鉴》三三回："宝珠见水～了，自己于博古厨内取出一个玉茶缸，配了四种名茶。" ❽说。《太平广记》卷一六〇引《异闻录》："师泛叙寒温而已，更不～一语。"元武汉臣《老生儿》一折："往常我瞒心昧己，信口胡～，把神佛毁谤。"《元曲选·黄粱梦》一折："这先生～大言。似你出家的，有甚么仙方妙诀，驱的甚么神鬼？" ❾特指戏剧演出、卖艺等开场时，上场的角色或主持人说介绍或概括性的话。《元曲选外编·西厢记》一本楔子："〔外扮老夫人上～〕老身姓郑，夫主姓崔。"元明《水浒传》七四回："部署请下轿来，～了几句温暖的呵会。"明《金瓶梅词话》三一回："当先是外扮节级上～：法正天心顺，官清民自安。" ❿举办；举行。《元曲选·谢天香》楔子："今年春榜动，选场～。"明沈受先《三元记》三出："如今沈员外大～赈济，我和你同去他家走一遭。"清《红楼梦》一三回："我这一社～的又不巧了。" ⓫开除；开脱；注销。元明《水浒传》二二回："我这逆子宋江，他和老汉并无干涉，前官手里已告～了他。"明《金瓶梅词话》六七回："从新问理，连他家儿子孙文相都～出来。"清《儒林外史》八回："到京才～了假，早见长班领着一个报录的人进来叩喜。" ⓬解除；破除(禁忌)。《元曲选·东坡梦》一折："〔正末云〕既如此，贫僧～酒不～荤。〔东坡云〕不怕他不一桩桩～将来。"清《儒林外史》二回："外祖母道：'丁祭肉若是不吃，圣人就要计较了，大则降灾，小则害病。'只得就～了斋。俺这周长兄，只到今年秋祭，少不得有胙肉送来，不怕你不～哩。" ⓭开发；支付。清《歧路灯》一〇一回："这店中～钱起身，那少年到上房磕了头。" ⓮杯中的茶冲一次叫一开，也指冲茶。清《儒林外史》一五回："即向茶室里～了一碗茶，送在马二先生跟前。"又三三回："因在茶桌上坐着，吃了一～茶。"《荡寇志》七四回："两个轮流来坐着，两三日了。～着茶永不肯走，讨厌得狠。" ⓯用在动词后面，表示分开、抛除等。唐牛僧孺《玄怪录》卷三："剖～，每桔有二老叟，须眉皤然。"明孟称舜《娇红记》一四出："今后这衷肠，则索丢～了。"清《红楼梦》一三回："若说料理不～，我包管料理的～。"

【开岸】 kāi àn (船)离岸。宋《三朝北盟会编》卷二三九："其船～，呼噪挥棹，辄便冲过江。"张弋《高邮送紫芝》："明日帆～，平湖水接天。"明《西洋记》八六回："道犹未了，宝船已自一齐～。"

【开白】 kāi bái 解释；禀告。《新唐书·李绛传》："帝召绛议，欲逐绌，绛为～，乃免。"宋《朱子语类》卷九一："但拜字承用之久，若遽除去，恐不免讥骂前辈，只云某启。启是～之义。法帖中有顿首，韩文中有再拜，其来已久。"

【开板】 kāi bǎn 刊刻印板。宋《朱子语类》卷六七："李寿翁甚喜之，～于太平州，周子中又～于舒州。"清《四库总目提要·平宋录》："燕山平庆安，～印造《平宋录》。"

【开办】 kāi bàn 兴办；创建。明王恕《陈治安疏》："以言乎银两，矿场之～，粮草之折纳，非不广也。"清《野叟曝言》一三六回："共寺观二千三百四十八处，僧道三万九千零九名，尼姑道姑五百二十名，专候顺天～有期，按章施行。"△《红楼真梦》二五回："好容易瞧见中城一本，却是奏明冬季～粥厂，请发银两的。"

【开包】 kāi bāo ❶避忌语。指医生开始诊病。明《梼杌闲评》一九回："床后女眷们听见，十分欢喜，送出十两银子来～，讲明医好时谢仪一百两。" ❷切口语。妓女第一次接客，也泛指女子初次性交。通常作"开苞"。清《白雪遗音·叹五更》："～落水，恼恨爹妈，当初做的差。"

【开报】 kāi bào 呈报。宋佚名《靖康要录》卷一二："诸军有不服处，并令斩首，～即领兵抚定。"元明《水浒传》二回："所有一应合属公使衙将，都军禁军，马步人等，尽来参拜，各呈手本，～花名。"清《醒世姻缘传》五二回："街邻公举，里约咸推，～了上去。"

【开剥】 kāi bō ❶散开。宋韩维《和谢主簿游西湖》："云阴～日光穿，和气随风近酒船。" ❷开膛剥皮；剥取。元胡祗遹《民间疾苦状》:"农人牛死,举家哀号,不经申官,不敢～。"明王恕《同南京吏部等衙门应诏陈言》:"行取江西南昌府土民八名到园剥棕,所得棕毛不过二百斤,俱差内官一员监看～。"清《儒林外史》三七回:"当下厨役～了一条牛、四副羊。" ❸ 引申指剖析。明黄道周《榕坛问业》卷四:"今日不居学识,又倒在一贯上去层层～,现出本身。"罗钦顺《答欧阳少司成崇一》:"向来奉复,诚欲资丽泽之益,故词繁而不杀。兹承逐条～,俾得闻所未闻。"

【开拔】 kāi bō ❶ 开挖(河道或堤坝)。宋苏辙《乞罢修河司札子》:"不然,但掠行～口地,则北外丞司自可办事,自不须复存修河司。"《续资治通鉴长编》卷二五八:"汴水依前阻塞,可差程昉火急前去,相度～,早令通快。" ❷ 拨除;革去。宋韦骧《再和陈成伯见寄》:"两篇藻思敌青春,～尘昏向此身。"清《歧路灯》六五回:"书办的本官按法究治,打了四十杠子,革退目丁,～了钱粮。"

【开采】 kāi cǎi 挖掘(矿藏)。唐王涯《请开采铜铁奏》:"衮海等道,铜铁甚多,或～未成,州府私占。"明《型世言》一五回:"目下圣上为大工差太监～。我只出首,追助大工。"清蓝鼎元《钱币考》:"广东铜矿,亦可～。"

【开查】 kāi chá 另见 kāi zhā。检查并开列。明王恕《查勘失机官员功罪奏状》:"右参将都指挥王信,案验～。"清孙承泽《春明梦馀录》卷五:"今将弭盗根本及先年捕盗事件,～明白。"

【开拆】 kāi chāi ❶ 裂开;绽放。唐王维《华岳》:"天地忽～,大河注东溟。"元王结《立春》:"梅柳竞～,草芽亦芊芊。"明黄淳耀《岁暮闲居》之一〇:"檐梅背日迟～,窗竹含风细动摇。" ❷ 打开;展开;开通。唐元稹《酬孝甫见赠十首各酬本意》之一〇:"～新诗展大璎,明珠炫转玉音浮。"《元曲选外编・西厢记》三本二折:"～封皮孜孜看,颠来倒去不害心烦。"清傅泽洪《行水金鉴》卷五三:"此坝～深通,则黄水入海自是畅达。" ❸ 分析;辨别。宋文彦博《奏定夺所勾人吏事》:"伏望圣慈将所定理曲之状付臣,容臣一一仔细～闻奏。"陈靖《乞天下宫属三年替移一年一考》:"并至年终,具逐人功过事状,～申奏。"魏泰《东轩笔录》卷八:"而当时官吏畏惧,不敢～,故此田亦在籍没。" ❹ 拓展;建造。唐白居易《酬微之～新楼初毕相报》:"海山郁郁石棱棱,新豁高居正好登。"叔孙矩《大唐扬州六合县灵居寺碑》:"郁兴台殿,造化～。下控安流,上侵凝碧。"

【开刬】 kāi chǎn 拓展。宋《朱子语类》卷十五:"且如一穴之光,也唤做光,然逐旋～得大,则其光愈大。"

【开忏】 kāi chàn 举行诵经拜佛的活动。《法苑珠林》卷一〇二:"若有犯者,不牒名种,所以～。惟此忏悔,为除罪障。"△清《官场现形记》三八回:"这回起建水陆道场,～的那一天,宝小姐到场。"

【开场】 kāi chǎng ❶ 开科场;设场举行科举考试。五代黄滔《南海韦尚书启》:"且凡～试士,就铺属词,从物外之课虚,向灯前以应限。"明汤显祖《紫钗记》一六出:"天子留幸洛阳,～选士。"清《九云记》三回:"及至～期日,一省各坊青襟,纷纷应点。" ❷ 设场地演出。宋赵佶《宫词》:"齐警～设鼓钲,雷霆凛凛奏严声。"佚名《异闻总录》卷一:"遂～于平里坊下,歌声遏云,观者如堵。" ❸ 开始演出。宋游九言《沁园春・五十五自述》:"叹世间名利,傀儡～。"清《飞龙全传》五二回:"当时点戏～,酬酢劝侑,客主尽欢,席终而散。" ❹ 正式表演或演出前作为开场或介绍剧情的表演或演出。明吾邱瑞《运甓记》一出:"〔副末～〕画堂今日歌金缕,座集貂蝉簪组。"《西洋记》七九回:"歌的歌完,舞的舞罢,却一下锣,一下鼓,齐齐的住了。这便是个～。"清《醒世姻缘传》八三回:"这穿冠服都有一定的先后。你是不是没穿靴,没戴官帽,先穿红圆领?这通似末上～的一般。" ❺ 比喻一般活动的开始。明《西洋记》七三回:"左一脚,右还一踹;右一脚,左还一踹。这是个两平交～的家所。一会儿,尊者狠起来,口里连喝道:'那里走!'"清《女仙外史》二七回:"这回书自然要叙出张总兵与吕军师交战的事情了,不意～又是别出。"《镜花缘》八二回:"我想五福寿为先,任凭怎样吉例,总莫若多寿最妙,先把这个做了～,自然无往不利了。" ❻ 开设赌场。明《禅真逸史》二四回:"先去府中呈告,说有虎棍积赌杜某叔侄二人,专一妆局骗人,～肆恶。"清《聊斋志异・王大》:"汝主人～诱赌,尚讨债耶?"《歧路灯》六四回:"闲赌一赌,就输了四百多两。前日回来时,那～的就跟上来,要这宗赌账。"

【开敞】 kāi chǎng ❶ 宽敞。唐王勃《为人与蜀城父老书》:"北斋～,南馆虚闲,诗酒同归,琴书合契。"明彭大翼《山堂肆考》卷二四:"初极狭,行数十步,豁然～。"清《野叟曝言》一三七回:"洞门阔止尺许,二三十步即觉～。" ❷ 打开;开启。宋孙逢吉《职官分纪》卷四四:"端闱正门也,宜以时～,用达阳气。"明李东阳《重修黄鹤楼》:"轩窗～天日霁,百里江山皆席儿。"清陈端生《再生缘》七三回:"八间宫殿齐～,单留卧室靠东房。"

【开承】 kāi chéng 继承前代开启基业。《隋书・炀帝纪》:"甘野誓师,夏～大禹之业,商郊问罪。"宋吴泳《天基节贺表》:"窃考历代～之统,无如皇家。"明黄道周《易数疏》:"方陛下～之始,外清逆党,内扫权党。"

【开除】 kāi chú ❶ 免除;除名;开脱。宋《朱子语类》卷一〇六:"某人世为良宰,云要紧处有八字:～民丁,划割户税。"明《金瓶梅词话》七七回:"这雷兵备,就是问黄四小舅子孙文相的,昨日没曾对我题起～他罪名来了?"清佚名《四元记》一五出:"昨晚拜成新姐妹,今日～旧主奴。" ❷ 账目中的支出项目,也泛指账目。元孔齐《至正直记》卷三:"然计算私籍,其式有四:一曰旧管,二曰新收,三曰～,四曰见在。"明佚名《罗衫记》四折:"须征聘一个文墨之士,登记簿籍,掌管～。"清《隋唐演义》一四回:"蔡刺史叫库吏取仁寿二年寄库赃罚簿。库吏与库书除旧管、新收、～、实在,将赃罚簿呈现到公座上。" ❸ 开列;填载。明汤显祖《牡丹亭》二三出:"叫掌案的,这簿上～都也明白。"清汪琬《诰授奉政大夫李公墓表》:"因锁书吏密室中,昼夜～,以新册申上官,竟得请。"特指虚报。洪昇《长生殿》四二出:"送分例,落下些折头;造销算,～些马匹。" ❹ 处治;处置。引申指杀死。《元曲选・赵氏孤儿》四折:"再休想咱容恕,我将他轻轻掷下,慢慢～。"明《型世言》五回:"'我且先～这淫妇。'手起刀落,把妇人砍死。"清《隋唐演义》五回:"小弟一身尽够～这伙盗贼。" ❺ 抛撇;甩掉。元汪元亨《沉醉东风・归田》:"口消镕龙肝凤髓,眼～螓首蛾眉。"王晔《水仙子・驳》:"明明的退佃丽春园,暗暗的～了双解元。"又《折桂令・问黄肇》:"休强支吾,这样恩情,便好～?"

【开从】 kāi cóng 允许。宋苏舜钦《杜公求退第一表》:"愿踰诞圣之期,以得退休之请。金口曲加于奖慰,玉色已形于～。"《三朝北盟会编》卷五五:"区区之意已尝禀知,敢望国相元帅早与～。"

【开达】 kāi dá 启发。《法苑珠林》卷三〇:"愚暗近智,如瓢斟味,虽久狎习,犹不知法;～近智,如舌尝味。"宋张方平《湖州新建州学记》:"能～学者之志虑,使广大深实知道之所以为用,兹可以为师矣。"

【开单】 kāi dān ❶ 展开僧单(僧人坐卧或用餐时铺的布单),指开法或用餐。唐法才《光孝寺瘗发塔记》:"既而于菩提树下，～传宗旨。”《古尊宿语录》卷二八《舒州龙门佛眼和尚语录》：“二时展钵～，逐日屙屎送尿。”宋陆游《山居食每不肉戏作》：“莫笑～成净供，也能扪腹作徐行。” ❷ 开列清单。明王恕《参奏南京经纪私与番使织造》：“将原领番银、香货并织违禁段疋数目，并领象牙，逐一～，粘连具状。”清《红楼梦》一一二回：“贾政过了一会子问：‘失单怎样开的？’贾芸回道：‘家里的人都不知道，还没有～。’”

【开刀】 kāi dāo ❶ 执行斩刑。《元曲选·马陵道》二折：“午时三刻到了，～！”明何孟春《强贼激变疏》：“纵令党恶刀斌等，将百姓光你等绑缚～斩首。”清《飞龙全传》三〇回：“午时已到，快些～！” ❷ 医生做割治手术，也泛指割开人体。明江瓘《名医类案》卷一〇：“毒已成，非药所能，必～乃可。”高濂《遵生八笺》卷一八：“麻木药，用蟾酥一钱，半夏、闹羊花各六分，胡椒、草乌、川乌各一钱八分，荜拨二钱。右为末，每吃半分，好酒下。要大～，加白酒药一丸。”《西游记》七八回：“专待今日午时～，取此小儿心肝作引。” ❸ 动刀；祭刀。明黄仲昭《雪后西郊即事》：“应疑天上有神工，～碎剪昆山玉。”清《说岳全传》五七回：“某家乃大金国四太子帐前元帅鹘眼郎君是也。特到临安来擒你那南蛮皇帝，今日且先把你来～。”引申指军事行动开始。明刘颖《题报捷音疏》：“克定本年六月初二日卯时，各趋所指地方，～进剿。”清《女仙外史》一九回：“月君随取剑丸抛起，在合抱大树根前一转，如天崩地裂，平截倒于地下。曰：‘以此～！’”

【开吊】 kāi diào 办丧事的人家择日进行丧祭仪式，接受亲友吊唁送礼。清毛奇龄《湖南净慈寺舜瞿禅师塔志铭》：“至于～送龛等，所行无钱，不必也。”《八洞天》卷四：“七中治丧～，岑金在幕外答拜，礼数甚恭。”《歧路灯》一二回：“看了含殓，还要都住下，明日好料理送讣～的事。”

【开动】 kāi dòng ❶ 打开；开启。唐李适之《大唐蕲州龙兴寺故法现大禅师碑铭》：“寺前南岭，地为吉祥。掘绵巨石，不可～。”清《醒世姻缘传》二〇回：“里面的宅门，俱照旧紧紧关闭，不曾～。”陈端生《再生缘》八〇回：“外有小小花梨桌，装饰全无如柜形。钥匙～中消息，现出娉婷四美人。” ❷ 舒展；展开。明《拍案惊奇》卷三：“东山听罢，不觉须眉～，唇齿奋扬。”

【开冻】 kāi dòng 冰冻的江河、土地融化。宋韩维《许昌道中》：“日薄不～，风凄还作阴。”明文彭《乞休致喜》：“待得春风～后，扁舟南下乐何如？”清《说唐后传》一七回：“河内成冰，等了六七天还不～。”

【开读】 kāi dú 开始读或拆开阅读（诏旨、奏折、书信等）。宋《建炎以来繫年要录》卷七五：“顷承漕司牒，～至此，群吏以目。”《辽史·礼志二》：“使右下殿受书匣，上殿奏封，全～讫，引使副南阶。”清《红楼梦》七〇回：“其餘家信事务之帖，自有贾琏和王夫人～。”

【开端】 kāi duān ❶ 开头；起始。唐韩愈《嘲鲁连子》：“～要惊人，雄跨吾厌矣。”元程端学《国子监贺正表》：“四序～，肇春王之正月；千官拱肃，祝天子之万年。”清《红楼梦》五五回：“如今俗语‘擒贼先擒王’。他如今要作法～，一定上先拿我～。” ❷ 开头的部分。宋林之奇《上何宪书》：“《论语》之～，既以学而时习之为可说矣，然必至于朋来自远而乐之者，盖讲学之乐也。”明姚舜牧《重订诗经疑问》卷一二：“九章则叙其所以新寝庙者，以应首章～之语。”

【开发】 kāi fā ❶（花）开放。《法苑珠林》卷二二：“每至肇春，迄到晚秋，华迭～。”宋蔡襄《一百五日开千叶间金》：“莫怪芳丛～早，欲将红艳送行人。”清《飞花艳想》二回：“梅花为寒所勒，与桃杏相次～。” ❷（船）启行。明《警世通言》卷三：“东坡讨个江船，自夔州～，顺流而下。” ❸ 处理；发落；打发。明《梼杌闲评》一五回：“黄氏道：‘三十不够呀，况且呈色又丑，如何够打发？’印月道：‘他说代我们～哩。’”清《儒林外史》五一回：“万中书～了原差人等，官司完了，同凤四老爹回到家中。”《野叟曝言》一二八回：“明日又是满案文书题奏事件，俱要～。” ❹ 支付。清《红楼梦》一一二回：“外头拉的帐不～使得么？”《飞龙全传》一六回：“好汉只管放心注码便了，倘遇输赢，我自～。”《白雪遗音·我嫖不与》：“现～，从来不欠窑子账。”

【开法】 kāi fǎ 僧道宣讲法旨，开启法门。唐白居易《如信大师功德幢记》：“有唐东都临坛～大师，长庆四年二月十三日终于圣善寺华严院。”宋觉范《禅林僧宝传》卷二《慈云弘明禅师》：“刘王命州牧何承范请偃继其法席，又迎至府～。”清《女仙外史》一〇〇回：“在开封时，司公曾托梦，言某术数当为西洋～之祖。”

【开帆】 kāi fān 开船。唐杜甫《遣遇》：“磬折辞主人，～驾洪涛。”宋李复《送阳孝章户曹》：“想见江神能世态，～风满送归舟。”清《说岳全传》四四回：“正值南风，～如箭。”

【开方】 kāi fāng ❶ 方圆；面积。宋陈藻《东林春晚作》：“相距能几何？～只百里。”清《荡寇志》九〇回：“那山南原有一座空城，向驻一员捕盗巡检，城内面～五六里。” ❷ 超过一万。“方”字除去一点为“万”，指钱财以万计。清《歧路灯》一〇八回：“舅爷王春宇的生意已发了大财，开了方，竟讲到几十万上。” ❸ 开度；人死后请僧尼、道士超度亡灵使出地狱的一种活动。清《红楼梦》一四回：“这日乃是五七正五日上，那应佛僧正～破狱，传灯照亡。”

【开坊】 kāi fāng 指明清翰林院的编修、检讨升职为詹事府左右春坊官。后亦指翰林初任官的升迁。清《大清会典》卷六：“一等官，除内阁侍读学士，翰詹～，各官不引见，不优叙。”《儒林外史》一二回：“鲁大老爷～升了侍读。”

【开放】 kāi fàng ❶ 敞开；打开。宋赵汝鐩《过黄园》：“～园门千嶂入，爱他山阁一溪横。”金《董解元西厢记》卷四：“急离门首，连忙～锁，直奔书帏里来见他。”清《镜花缘》六六回：“二门～，方准呈进。” ❷ 舒展；张开。宋朱熹《答陈才卿》：“滞此却恐硬差排不得，着意～，却成病痛。”金《董解元西厢记》卷八：“收拾行李，一步地都行上，两口儿眉头暂～。”清《镜花缘》一回：“仙姑何不趁此也发个号令，使百花一齐～，同来称祝？” ❸ 发射。清《平定台湾纪略》卷一〇：“督率官兵，～枪炮，毙贼甚多。”

【开风】 kāi fēng 排便的讳语。明《西游记》二五回：“但只是大小便急了，若在锅里～，恐怕污了你的熟油，不好调菜吃。”

【开讽】 kāi fěng 劝谏。宋欧阳修《大夫孙公墓志铭》：“至言宫禁事，他人犹须委曲～，而公独曰：‘所谓后者，正嫡也，其餘皆犹婢尔。’”明陆深《海日先生行状》：“先生特诵说，朗然～，明切左右。闻者皆缩颈吐舌，而上乐闻。”

【开敷】 kāi fū （花）开放。《法苑珠林》卷五：“面如莲华～。”明吴之鲸《武林梵志》卷六：“西顶有石，如青莲～。”

【开扶】 kāi fú 扶助。宋苏舜钦《上杜侍郎启》：“若舜钦辈，才术甚疏，无足称道，或当前时，宜训戒～，使就成人之业。”

【开工】 kāi gōng 开始修建。明潘季驯《恭报两河工程次第疏》：“大小委官，集夫办料，择于玖月拾伍日～。”清《镜花缘》三六回：“贵人高论，胜如读《河渠书》《沟洫志》。但～吉期，定在何时？”

【开沽】 kāi gū 开始卖酒。也泛指卖酒或借指开饮新酒。宋赵抃《奏状乞下淮南路应人户买扑酒坊》：“不免官中，却自～，重成劳费。"元王恽《为蝗旱救治事状》:"一在都酒务～者,应有现在稻糯。"清朱彝尊《十日周上舍招饮》:"周郎冲泥过,促赴～约。"

【开光】 kāi guāng 佛像、神像塑成后,择吉日举行仪式,给像点睛,开始供奉。《法苑珠林》卷一八:"慧日既～,清八岳立功。"明怀林《三大士像记》:"处士又曰:'某日～,须用活鸡一只刺血点目睛。'和尚曰:'我这里佛自解放光。'"清《醒世姻缘传》九〇回:"四月初八日,晁夫人的祠堂落成～。"

【开光明】 kāi guāng míng ❶ 即"开光"。宋苏颂有《景灵宫天兴殿雅饰了毕～奉安奏告圣祖御容青词》。元郑廷玉《看钱奴》三折:"你那里知道,画匠～,又要喜钱。"明《禅真逸史》三八回:"土地神像塑完,今～,求太爷赏赐。" ❷ 死人入殓前由亲属用棉花沾清水揩拭眼睛。明《金瓶梅词话》六三回:"西门庆要亲与他～,强着陈敬济做孝子,与他抿了目。"

【开棍】 kāi gùn 官员出门,衙役为之执棍开道。明方以智《物理小识》卷九:"其干则京师四品以上～用之,号甘蔗根。"清《醒世姻缘传》八三回:"你爽利再加擦给他几两银子,加了卿衔,金带黄伞,骑马～,这比经历何如?"

【开果】 kāi guǒ 恢宏果断。《新唐书·元载传》:"元载智略～,久得君,以为文武才略莫己若。"宋宋祁《故崇仪使高府君墓志铭》:"谕性～,有文武方略。"

【开行】 kāi háng 另见 kāi xíng。❶ 分行;排开行列。唐李治《大唐纪功颂》:"始见～迹雁,分彼阵以弱其锋;终乃合势形蛇,离敌众而孤其力。"清陈端生《再生缘》七三回:"辇前侍卫～走,随后宫娥手执灯。" ❷ 行户(行会下属的商户)开始营业。宋吴自牧《梦粱录》卷一六:"坝北修义坊,名曰肉市……自三更～上市,至晓方罢市。" ❸ 开办商行。明陆粲《庚巳编》卷一:"阊门一民家,忘记姓名,以～为业。"清方成培《雷峰塔》一四出:"只为～以来,货物到得甚多,并无客商来贩。"《歧路灯》四四回:"总因～一家,店中担着客商大宗银两干系,怎敢与不知来历的生人缠绞。"

【开号】 kāi hào 受封某一爵号。唐韩愈《唐故江西观察使韦公墓志铭》:"六世祖孝宽,仕周有功,以公～于郧。"宋王安石《尚书工部侍郎狄公神道碑》:"维狄先公,～于梁。"明林俊《三朝恩命跋》:"惠和敦大,笃生硕人,诸配疏封,～骏命。"

【开呵】 kāi hē 艺人在说唱、表演开始前或告一段落时向观众交代缘起以求赏赐。元商衢《一枝花·叹秀英》:"忍耻包羞排场上坐,念诗执板打和～。"元明《水浒传》容与堂本三六回:"那人却拿起一个盘子来,口里～道:'小人远方来的人,投贵地特来就事。'"明徐渭《南词叙录》:"宋人凡勾栏未出,一老者先出,夸说大意以求赏,谓之～。"

【开喝】 kāi hē 同"开呵"。元睢玄明《耍孩儿·咏鼓》:"若有闲些儿个了,除是扑煞点砌,按住～。"

【开河】 kāi hé ❶ 开辟或开通河道。《旧唐书·齐澣传》:"自虹县下～三十餘里入于清河,百餘里出清水,又～至淮阴县北岸入淮。"宋《朱子语类》卷一三三:"是时,襄汉蜀中别有主,所以屯淮上,～抵江"。清《隋唐演义》三三回:"只为～,这总管好吃的是小儿,将来杀害。" ❷ 河道解冻。明《金瓶梅词话》七七回:"冻河还没人要,到～船来了,越发价钱跌了。"

【开后门】 kāi hòu mén ❶ 比喻留后路。宋邵雍《谢君贶宣徽用少微今已应星文》:"闲人早是无凭据,更与闲人～。"明魏校《答熊悦之》:"贼徒追我师,但触下体,不敢伤上体,盖欲自～也。"清《绿野仙踪》六六回:"蕙娘道:'只怕外边有人告诉他,却不管我事。'冷氏道:'这是～话了。'" ❷ 比喻事后找补。清《绿野仙踪》四二回:"如玉坐下说道:'我原不计论他,若计论他,也不来了。'苗秃子道:'这都是～的话。'"

【开斛】 kāi hú 开始买卖粮食。清李绂雍正元年十月十三日奏文:"十月初二日～起米,大小臣工踊跃趋事。"

【开花】 kāi huā ❶ 绽裂;破裂。明《古今小说》卷二七:"但见:～帽子,打结衫儿。"《山歌·拆帐》:"过子八月半重阳蚊子口～我听你拆帐罢,叫化和尚口里念个要正经。"按,此例语义双关,口开花,明指蚊子针形口器开裂,暗指耍花腔。清《野叟曝言》一四回:"一管～水笔,斜插在算盘之上。" ❷ 娼家指雏妓性成熟。明《醒世恒言》卷三:"原来门户中梳弄,也有个规矩。十三岁太早,谓之试花……十四岁谓之～,此时天癸已至,男施女受,也算当时了。到十五谓之摘花。" ❸ 指生女儿。清《醒世姻缘传》二五回:"你们薛爷对我告诉,也说从有算命的许他五十四上先要～。不知小夫人有甚喜信?'薛三省道:'小夫人昨日二月十六日添了一位小姐。'"

【开花仙】 kāi huā xiān 一种变出花朵或使花朵开放的幻术。元杜仁杰《耍孩儿·喻情》:"～藏撅过瞒得你,街道司衙门唬得过谁。"

【开话】 kāi huà ❶ 说开场的话,也泛指开口说话。宋《梦粱录》卷一九:"民庶家俱用茶酒司掌管筵席合用金银器具,及暖荡,请坐,咨席,～,斟酒,上食,喝揖。"元明《水浒传》四一回:"宋江饮酒中间,在席上～道:'今次宋江投奔了哥哥晁天王,上梁山泊去一同聚义。'"清《九云记》三〇回:"未及～,兰阳公主开了门帘。" ❷ 开场白。元明《水浒传》五一回:"说了～又唱,唱了又说,合棚众人喝采不绝。"

【开荒】 kāi huāng 喻指祖先无功名,其子孙开始参加科举考试。五代孙光宪《北梦琐言》卷四:"卢相光启,先人伏刑。尔后弟兄修饰赴举,因谓亲知曰:'此乃～也。'"

【开荒剑】 kāi huāng jiàn ❶ 初次杀人的剑。《元曲选·陈州粜米》三折:"为头儿先吃俺～,则他那性命不在皇天。" ❷ 喻指诱人入圈套的言语或手段,犹言宰人刀。元王实甫《苏小卿月夜贩茶船》残曲:"心严,财钱信口添,着这厮吃我～。"明贾仲明《萧淑兰》一折:"秀才每难托志诚心,好吃～。"

【开荤】 kāi hūn ❶ 信奉佛教等宗教的人解除吃素的戒律或已满吃斋的期限,开始吃荤。也指经常食素的人偶然吃荤。宋李光《与赵元镇书》:"闻自重阳后～甚善,以血肉补血肉。"明《醒世恒言》卷三:"此日大排筵席,秦公不肯～,素酒素食。"清陈端生《再生缘》三八回:"刘燕玉长斋未曾～,陪着梵如吃素。" ❷ 隐指兵器损伤人体。元尚仲贤《三夺槊》三折:"水磨鞭来日再～。" ❸ 隐指初次性行为。明《山歌·新》:"新出景个嫖客还涨红子脸,那个新～阿姐会寻人。"清《绮楼重梦》四二回:"玉卿就捱着小钰身旁坐下,问道:'……今晚天上月圆,人间也该开开荤了。'小钰会意,笑道:'月虽圆,嫦娥是依旧独处的。'"《姑妄言》一回:"两人弄了一会,俱是初次～,并不知内中趣味。"

【开豁】 kāi huò ❶ 豁然张开或打开;扩展;舒展。唐张说《龙门西龛观世音菩萨像颂》:"尔其北对宫观,南驰荆越,阙路～而中断,伊水逶迤而长注。"五代钱镠《建广润龙王庙碑》:"一郭军民,尽承甘润,逐年～,森若浤□。"锺允章《碧落洞天云华御室记》:"豁是龙颜～,圆盖舒晴。缓抚瑶琴,弄流泉之激越。" ❷ 消除;散开;消散。唐康骈《剧谈录》:"郡既兴盥漱,便觉愁愤～。"宋洪迈《夷坚志》三壬卷八:"语罢,阴云四合,迨于～,失叟所在矣。"《元史·董抟霄传》:"妖雾～,诸伏兵皆起。" ❸ 使思想、胸怀开阔;开导启迪。《旧唐书·高尚传》:"阿浩,非汝谁能～我心里事!"宋《朱子语类》卷一一五:"须是～胸次,令磊落明快。"清《女仙外史》一〇回："此儿已昧本来，性根中惟有素娥二字，必须得云英仙子的玄霜，方可～智慧。" ❹ 开脱；释放；宽恕。元明《水浒传》贯华堂本三五回："知县自心里也有八分～他，当时依准了供状。"按，容与堂本作"出豁"。明冯惟敏《端正好·吕纯阳三界一览》："～了强人复业，比较着失主追赃。"清《荡寇志》八九回："如今他已不敢强了，姊姊～了他罢。"

【开价】 kāi jià 提出货物的价格。清《皇朝文献通考》卷四一："以～少者为错误，以～多者为实数。"《镜花缘》三二回："海外卖货，怎肯预先～，须看他缺了那样，俺就那样贵。"

【开假】 kāi jià 销假。宋王安石《谢手诏慰抚札子》："臣岂敢尚有固志以烦督责，只候～即入谢。"清《儒林外史》八回："话说王员外才到京～，早见长班领报录人进来叩喜。"

【开缄】 kāi jiān 拆开(书信)封缄。唐李白《捣衣篇》："玉手～长叹息，狂夫犹戍交河北。"宋苏轼《答王定民》："～奕奕满银钩，书尾题诗语更遒。"清《隋唐演义》一一回："叔宝～和泪读罢，就去收拾行李。"

【开交】 kāi jiāo ❶ 分解；离开；分开。明蔡清《四书蒙引》卷一二："若父子责善，一不合，便至难～。"湛然《鱼儿佛》三出："譬如那上路的有山遥水渺，大海里撑舟有波浪扰。及至他回家到岸尽～，静悄悄，问前途境地那里见纤毫。"《山歌·葫芦》："葫芦老时两～，东也瓢来西也瓢。" ❷ 分手；断绝关系。明《挂枝儿·交恶》："我的亏也吃勾了，早～便如脱祸殃。"《欢喜冤家》一七回："到五月初，送了半年束脩，好好～。"清《绿野仙踪》六三回："好歹和我混上几日，大家～就是。" ❸ 了断；了结；摆脱干系。明黄道周《榕坛问业》卷四："当时若有门人请问，不知子贡如何～？"崔时佩、李日华《西厢记》二三出："〔贴〕姐姐，他说你写诗去叫他来。〔旦〕诗在那里？〔生付诗介〕这不是你写的？〔旦扯碎介，生寻介。〕〔贴〕还好。不是，我怎生～！"清《儒林外史》五回："设或闹了进来，看见张世兄，就有些～不得了。" ❹ 处置；打发。也指处置的办法。明汤显祖《邯郸记》二二出："怎～？遇鲸鳌。则他眼似明珠摄摄的把人瞧。翅邦儿何处落？才一闪，命秋毫。"清孔尚任《桃花扇》三〇出："拿了蔡益所，他三人如何～。"《红楼梦》二五回："正闹的天翻地覆，没个～，只闻得隐隐的木鱼声响。" ❺ 罢手；罢休。明李开先《傍妆台》："鹿为马，狗续貂，得～处且～。"清《儒林外史》二四回："分明是你把我丈夫谋害死了，我怎肯同你～！"《红楼梦》五六回："买办买的是那样的，他买了好的来，买办岂肯和他善～。" ❻ 开溜；溜掉。清《醒世姻缘传》五三回："众人没了晃思才，也就行不将去了，陆续溜抽了～。"蒲松龄《墙头记》："你在此从容叫罢，我可待扯腿～。"

【开酒】 kāi jiǔ 打开酒瓮或酒瓶。也指饮酒。宋司马光《书仪》卷一〇："执事者一人升，～拭瓶口。"元萨都剌《蒲萄酒美鲥鱼味肥赋蒲萄歌》："李郎载酒过江来，～斫鱼醉春晚。"清《姑妄言》二〇回："此时说断，停会见了酒，喉咙一痒，好又想～。"

【开局】 kāi jú ❶ 指官府设置编写书籍的机构。宋司马光《进资治通鉴表》："自治平～，迨今始成。"《宋史·律历志》："今若降旨～，不过收聚此数人者，和会其说，使之无争。"清李光地《榕村集》卷三〇："自～以迄成书，逐旬进呈。" ❷ 设置赌局。清《红楼梦》七四回："有人来告柳二媳妇和他妹子通同～，凡妹子所为，都是他作主。"

【开具】 kāi jù 开列。宋《三朝北盟会编》卷四三："备述陛下笃孝之诚，一一～。"《宋史·食货志》："计所用之多寡，度物力之轻重，依式～，使民通知。"清《红楼复梦》五八回："应更换棉帘子、棉铺垫，各堂～颜色、件数清单，至芳芷堂去领。"

【开掘】 kāi jué 挖掘。五代李畴《请禁陵封内～奏》："自兵乱后，来人户多于陵封内～烧砖窑灶。"明殷奎《陪祀长陵作》："当年一抔土，经今几～。"清《隋唐演义》三二回："众夫正在～，忽见乌云陡暗。"

【开科】 kāi kē ❶ 犹"开场❶"。宋周密《浩然斋雅谈》卷上："元祐庚午岁，以方～应诏来京师，见鲁直九丈于酺池寺。"明汤显祖《牡丹亭》五三出："天上人间忙不忙？～失却状元郎。"清《儒林外史》四三回："明年朝廷必定～，大爷、二爷一齐中了。" ❷ 犹"开呵"。宋元《警世通言》卷三九："只见一个先生，把着一个药瓢在手，～道：'五里亭亭一小峰，自知南北与西东。'"元明《水浒传》贯华堂本三五回："那人却拿起一个盘子来，口里～道：'小人远方来的人，投贵地特来就事。'" ❸ 说有寓意或暗示的话。明《醒世恒言》二三回："贵哥在旁把嘴一努，那女待诏就知其意，口儿～说道：'夫人头垢气色及时，主有喜事临身。'"《禅真逸史》二五回："吃罢茶，就～，道其来意：有某人，为某事，单告着伊。"

【开口货】 kāi kǒu huò 张口吃食的货物，指人或动物。明《型世言》二五回："我们隔壁朱小官也造化，收得个～。"清《豆棚闲话》三则："～从来不当，出去！出去！"

【开扩】 kāi kuò ❶ 宽广。宋张栻《答朱元晦》："正以见得～，便谓圣人境界不下颜曾。"清玄烨《玉澜堂写怀》："～平湖几顷餘，本因种稻利菑畲。" ❷ 使宽广。宋朱熹《答许顺之》："案上只看六经、语、孟及程氏文字，着～心胸。"明金幼孜《澹湖八景记》："若李氏父子祖孙，连世相承守而勿失，而又益能思，有以显扬而～之。"清蓝鼎元《阴琫素寿序》："～心胸，砺世磨钝。"

【开阔】 kāi kuò ❶ 空间或面积广大。唐韩愈《南山诗》："前低划～，烂漫堆众皱。"宋吴潜《水调歌头·小憩袁氏园用前韵》："颇欣天地～，烟钓与云耕。"清《荡寇志》九一回："行过山峡，前面四山环抱，地势～。" ❷ 气度恢弘；大度。《法苑珠林》卷九六："立弟邕为帝，太祖第三子也。～大度，统御群小。"宋黄震《黄氏日抄》卷四〇："子静亦坚实有力，但欠～耳。"清《后红楼梦》一九回："从前个个说他尖酸，而今变得像两个似的，行的事这样～。" ❸ 开拓；加大；使宽广。宋《二程遗书》卷二上："观天理，亦须放开意思，～得心胸，便可见。"张孝祥《西江月》："酒兴因君～，山容向我增添。"清《绿野仙踪》六八回："从未有一卒不伤，一箭不折，尽歼丑类，～边疆，如驸马温如玉成功之速者也。" ❹ 宽度；宽窄；面积。明《禅真逸史》一六回："原来墙内有空地一大片，约五六亩～。"清《豆棚闲话》一则："况且绵竹之山七百里～，实难踪迹。"陈端生《再生缘》七八回："讲到银銮殿后，共有三十一带楼房殿宇，三十餘间～。"

【开犁】 kāi lí 一年中开始耕地。清胤禛《朱批谕旨》卷九二："又一时买牛不出，止买数只，用骑骡搭配～。"汪由敦《题吴总宪匡庐观瀑图》："作霖雨遍洒，膏壤～稷。"

【开脸】 kāi liǎn 女子出嫁时用线绞净脸上的汗毛，修齐鬓角。明《一片情》八回："隔仰家三五家有个待诏，姓贾名空……恁你美貌的佳人，妖娆的女子，要他～。"清陈端生《再生缘》一九回："廿四日发嫁妆～，顾仪堂的夫人上冠。次日崔家迎娶，就把雪贞嫁将过去。"《镜花缘》三四回："到了次日吉期，众宫娥都绝早起来替他～，梳裹，搽胭抹粉。"

【开撩】 kāi liáo 挖掘；疏浚。宋苏轼《申三省起请开湖六条状》："盖西湖水浅，茭葑壮猛，虽尽力～，而三二年间人工不继，则随手葑合，与不开同。"《宋史·河渠志三》："三年八月诏沈纯诚～兔源河。"

【开裂】 kāi liè ❶ 分裂；裂开。唐邱光庭《海潮论》："又史书每称天开天裂，天若无形，将何～?”明顾璘《碧云寺》：“山灵擘洞石～，海若驱水龙彷徨。”清《绿野仙踪》九七回：“众侍女便将翠黛吊起，打的百般苦叫，浑身皮肉～。” ❷ 分别；区分。宋《朱子语类》卷九四：“其初有毫忽之微，至于穷察之久，渐见充越之大，天然有个道理～在那里。”程珌《送吴进士序》：“故天文、地理、历象、术数、风云、占候、医药、卜筮，古之儒者未尝不兼通之……司马子长始裂为九，使之各为家为流，而后道术裂矣……由唐以来，～尤甚，殆不可合矣。”

【开炉】 kāi lú 宋代农历十月初一日，宫廷、寺院等开始烧炉取暖，称开炉节，有节令活动。宋蒋捷《瑞鹤仙・寿东轩立冬前一日》：“锦堂寒早近，～时也。”金盈之《醉翁谈录》卷四：“旧俗，十月朔～向火，乃沃酒及炙脔肉于炉中，围坐饮啖，谓之暖炉。”吴自牧《梦粱录》卷六：“十月孟冬……诸大刹寺院，设～斋供贵家。”

【开路鬼】 kāi lù guǐ 即“开路神”。明《金瓶梅词话》六五回：“狰狰狞狞～，斜担金斧；忽忽洋洋险道神，端秉银戈。”清《绿野仙踪》二三回：“身材高胖，仿佛巨灵神嫡孙；臂骨宽阔，依稀～胞弟。”

【开路神】 kāi lù shén 丧家出殡时行进在送葬队伍最前面的纸糊偶像，名方相，躯体高大，状貌狰狞。明董斯张《广博物志》卷七：“夏禹始制明器、刍灵，商汤设含巫咸，始造～。”清陈端生《说岳全传》一五回：“身长一丈，膀阔三停。分明是狠金刚下降，却错认～狰狞。”

【开落】 kāi luò 除名。《宋史・兵志八》：“乞每营置籍乡贯年甲招刺日月悉书之，一留本营，一留户部，一留总领，以备～。”《五代史评话・周下》：“仍令诸州每岁造僧帐，有死亡归俗，皆随时～。”

【开眉】 kāi méi 舒展眉头；笑；高兴。唐贾岛《落第东归逢僧伯阳》：“老病难为乐，～赖故人。”宋晏殊《更漏子》：“且～，盛年能几时。”清陈端生《再生缘》二六回：“一队战船追下去，城头元帅大～。”

【开门钱】 kāi mén qián 婚俗之一。迎亲队伍到女家时，女家关门，谓避煞气，或曰煞新郎性子。男家为求得开门迎娶，送上红包(有的还须满足女家提出的一些小要求)，谓之开门钱。清《儒林外史》一〇回：“到了鲁宅门口，～送了几封。只见重门洞开，里面一派乐声迎了出来。”△《绿牡丹》六〇回：“我等切不可早发新人，只推山东有此规矩，要～。看他来时，即将大门关闭，向他要大大的～。”

【开面】 kāi miàn ❶ 犹“开脸”。明《拍案惊奇》卷二六：“三日之前，蕊珠要整容～，郑家老儿去唤整容匠。”清《野叟曝言》六回：“真个人要梳妆，姑娘这会子就精采了许多，明日开出面来，不知如何标致哩。” ❷ 一种很细的硬毫画笔，用来细画人物面部。清《红楼梦》四二回：“小着色二十支，～十支，柳条二十支。”

【开年】 kāi nián 过完旧的一年进入新的一年，或指明年、第二年。唐张旭《赠别江头》：“计程频破月，数别屡～。”明《金瓶梅词话》七六回：“伯爵看了看，～改了重和元年，该闰正月。”清《儒林外史》五：“到～替奶奶大大的做几回好事，剩来的银子，料想也不多。”

【开排】 kāi pái ❶ 开挖使水通过。宋苏辙《议修河决》：“勘会北流元祐二年河门元阔几里，水面阔几里，逐年～，直至去年，只阔三百二十步，有何缘故?”金魏抟霄《田若虚游龙门宝应》：“少室右臂禹所断，～清伊来高寒。” ❷ 排列；安排。宋李纲《招降到安镇等人兵奏状》：“臣见取索的实，立功官兵等第姓名～，别具奏闻。”《续资治通鉴长编》卷二六八：“令中书下所司，各依臣所奏，具因依～月日进呈，免使臣久遭诬罔。”清《续通典》卷二：“其有田业散在诸乡者，并就烟爨地分，～总结，并随秋科税。”

【开铺】 kāi pù ❶ 开办店铺。唐李隆基《禁坊市铸佛写经诏》：“如闻坊巷之内，～写经，公然铸佛。”《元曲选・桃花女》一折：“我见他～三十多年，刚则是那石婆婆的孩儿石留住一个，可也算错了。”清《醒世姻缘传》二五回：“或是卖不行，怎么没个～的?” ❷ 打开铺面(营业)。《元曲选・桃花女》楔子：“今日清早起～，就算着这一卦，好不顺当。” ❸ 打开铺盖卧具，也指安排铺位。清《儒林外史》五一回：“这时船上水手倒也～去睡了。”《歧路灯》一四回：“你与大相公～，打发他睡。”沈复《浮生六记》卷四：“及终席，有卧吃鸦片烟者，有拥妓而调笑者，使头各送衾枕至，行将连床～。” ❹ 指宿妓。清《红楼复梦》三一回：“像那一天你没有带钱来，咱们没有叫你～吗?”又：“趁这空儿，奶奶同杜二爷就在这里开个铺儿，我坐在门儿瞧着人。”

【开晴】 kāi qíng 天放晴。宋司马光《和宋复古大雨》：“须臾～万物鲜，仰视白日当青天。”元仇远《喜晴》：“一帘迟日忽～，侧近园池得散行。”△清《花月痕》一八回：“这回料定明天必定～，倒帖然安卧。”

【开去】 kāi qù ❶ 展开；开放；开启。唐徐凝《红蕉》：“差是斜刀剪红绢，卷来～叶中安。”宋杨万里《瑞香花新开》之四：“小留供鼻观，～未须忙。”清《驻春园》七回：“小门久闭，不便～也。倘不细腻，定被外厢知觉。” ❷ (船)开走；开动离去。明汤显祖《牡丹亭》三六出：“叫童儿寻只赣船，夤夜～，以灭其踪。”《拍案惊奇》卷五：“众人扛扶其人上了船，叫快快解了缆～。”清《红楼复梦》一三回：“一齐打着号子，将船～。” ❸ 离开；离去。宋《朱子语类》卷六七：“各自～，不相沾黏。”明《二刻拍案惊奇》卷一六：“我只是守住在你家，不～了。”清《野叟曝言》一一回：“两位都是读书人，不必拿他，好好扶他～就是了。” ❹ 除去；释放；去除。明归有光《奉熊分司水利集并论今年水灾》：“姑且略循近世之迹，～两岸茭芦，自昆山慢水江迤东至嘉定、上海，使江水复由跄口入海。”卢柟《上魏安峰明府辩冤书》：“由是殷公释袁济、马氏，而复问吕敖、侯宗儒，寻亦～，独执柟于丧，械送大名守张公。”清《平山冷燕》二〇回：“天子展开龙目一观，见二人俱是青年，人物十分俊秀，皆因首桎梏，因传旨～。” ❺ 用在动词后面。a) 表示扩大或扩展。宋《朱子语类》卷五：“别有一件物事在那里，至玄至妙，一向说～，便入虚无寂灭。”明张凤翼《灌园记》八出：“只怕军人们七嘴八舌，要讲～，怎生是好?”清《醒世姻缘传》三一回：“要盖一座龙王庙侍奉香火，原有个旧基，只还要扩充～几步。”b) 表示分开或离开。宋陈淳《答陈伯澡再问太极》：“但须将‘无极’二字急连‘太极’二字合一看，方见此理之为妙，不可分～，恐成二截，不相贯了。”明胡宗宪《筹海图编》卷一三：“如腰细则软而无力，虽手法之妙，不能拿打他枪～也。”清《红楼梦》四一回：“那婆子指与地方，便乐得走～歇息。”c) 表示开始并继续下去。宋《朱子语类》卷一〇三：“天下道理各见得，恁地剖析～，多少快活。”明《西洋记》六四回：“风要刮～，雨要淋下来，不许迟延误事!”清《醒世姻缘传》二六回：“那些忠厚遗风渐渐的浇漓，那些浮薄轻儇的子弟渐渐生将出来，那些刻薄没良心的事体渐渐行将～。”d) 表示消除、罢休或放弃。清《醒世姻缘传》一六回：“那个旋风登时散～，一霎时将船渡过。”又五一回：“只除他两口子不见就罢，教他看见，他必定要千方百计破了～。”《后红楼梦》一〇回：“所以宝玉经此一番，不但撂不～，益发的出神起来。”

【开融】 kāi róng 融化。清《平定准噶尔方略》前编卷二二：“官运粮车至此，冰忽～，舟行无阻。”《野叟曝言》三八回：“西风势紧,把田岸都冻得生硬,今日是不能～的了。"

【开丧】 kāi sāng 犹"开吊"。明俞汝楫《礼部志稿》卷八六:"自六月初三日～为始,二十七日而除。"《醒世恒言》卷一七:"七七之中,～受吊,延请僧道,修做好事。"清《红楼梦》六三回:"三日后便～破孝,一面且做起道场来等贾珍。"

【开山】 kāi shān ❶ 创建寺庙。寺庙多建于山中,故称。也指创建宗教或宗教门派。唐杜昱《大唐故大智禅师塔铭》:"简兹尽美,略而不书。犹迷变海之期,示勒～之记。"明《金瓶梅词话》五七回:"话说那山东东平府地方,向来有个永福禅寺,起建自梁武帝普通二年,～是那万回老祖。"汤显祖《邯郸记》三〇出:"眼睁着张果老,把眉毛褪。虽不是～作祖,仙分里为尊。" ❷ 指创建寺院的僧人。宋慧开《无门关》:"百丈将选大沩主人,乃请同首座对众下语……山乃趯倒净瓶而去。百丈笑云:'第一座输却山子也!'因命之为～。" ❸ 借指创建房屋、开创事业或流派。宋佚名《沁园春·庆云山创屋》:"晚乃经营,欢言结架,夭矫晴虹朝已跻。～了,一灯灯相续,第一宗师。"明沈采《千金记》四六出:"不思念～股肱,逐一个寻他疾病。"清《豆棚闲话》一〇则:"伯嚭大夫掇臀捧屁,传了这个身段。这却是我辈～始祖。" ❹ 转指第一次或第一位。元睢玄明《耍孩儿·咏鼓》:"～时挂些纸钱,庆棚时得些赏贺。"按,此指首次演出。明《石点头》卷八:"这九姓人丁甚众,从来不曾出一个秀才,到吾爱陶破天荒做了此村的～秀才。"清《醒世姻缘传》七〇回:"其父童一品是个打乌银的～祖师,使了内官监老陈公的本钱,在前门外打造乌银。" ❺ 指开启坟墓。山,山头,坟堆。明汤显祖《牡丹亭》三五出:"土地公公,今日～,专为请起杜丽娘。"

【开赦】 kāi shè 宽恕;赦免。宋苏轼《王者不治夷狄论》:"有善则汲汲而书之,惟恐其不得闻于后世;有过则多方而～之,惟恐其不得为君子。"明夏言《祭祀疏》:"伏望皇上,少霁天威,曲垂～。"清《薛刚反唐》一回:"彼时太宗那一件不赦,甚至掘皇陵、杀皇亲这等罪,也都～。"

【开手】 kāi shǒu ❶ 松开手;张开手。唐孟郊《读经》:"驿驿不～,铿铿闻异铃。"宋洪迈《夷坚志》补卷一二:"归家密白其父,～示之,才用一钱毕,又有一钱在手。"清《隋唐演义》八五回:"二人哈哈大笑,即～来看时,却果一个也不见了。" ❷ 出手;指花费或施舍。元古本《老乞大》:"到那里,教那弹弦子的谎厮每捉弄著,假意儿叫几个'舍人郎中',早～使钱也。"《三遂平妖传》七回:"那些众贫婆因早起到今不曾讨得一文钱,算定这女眷定肯～的,如何放过。"清《女仙外史》九回:"初意不过想他多～些,谁知道竟做周有大赉起来。" ❸ 送钱物请人着手做事,也指请人做事所付的报酬。明《醒世恒言》一六回:"今日先有十两白物在此,送你～。事成之后,还有十两。"《古今小说》卷四:"这银子权当～,事若成就,盖庵盖殿,随师傅的意。"王錂《春芜记》一三出:"今日先奉～银五两,日后成事,重重谢你。" ❹ 开始着手(习武、做事);下手。元明《水浒传》三回:"史进看病了,却认的他,原来是教史进～的师父,叫做打虎将李忠。"明王錂《寻亲记》三出:"〔末〕何官无私? 何水无鱼? 到那一家～去? 〔丑〕到周羽家去。他是一个懦儒,就把他～。"清陈端生《再生缘》二五回:"神武真人蹙了眉,叫声元帅怎生为? 来人～先飞剑,难保我军不吃亏。"也指一般的动手。《醒世姻缘传》五六回:"他也好大的年纪了,为这孩子～打过三遭了。" ❺ 开头;起初;开始。清陈端生《再生缘》二〇回:"状元提笔从头写,～先标即热军。"《十二楼·十卺楼》二回:"揭起纱笼一看,又是一桩诧事! 原来这位新人不是别人,就是～成亲的石女。"《荡寇志》八一回:"自此以后,梁山兵马每破了城池,常洗涤百姓,实是从这一回～。" ❻ 分手;了结;罢休。明《警世通言》卷二四:"王尚书公子在我家,费了三万银子,谁不知道? 他去了,就～了。"汤显祖《牡丹亭》二九出:"便依说,～罢。"清《醒世姻缘传》五八回:"二人方知真是素姐所为,笑了一阵～。" ❼ 放手(不追究);收场。清《醒世姻缘传》二〇回:"却也是大尹故意要做个～,叫晁夫人做个情在众人身上。"又三二:"都齐去央那驿丞做了个～,叫他立了个服罪的文纸,放他去了。"又八三回:"杨主事也要将错就错的做个～,说道:'姑饶发问。'"

【开首】 kāi shǒu 同"开手❺"。宋《朱子语类》卷八三:"书郑伯克段即兄弟之事也,一～,人伦便尽在。"明汤显祖《牡丹亭》五出:"则《诗经》～便是后妃之德,四个字儿顺口,且是学生家传,习《诗》罢。"清《歧路灯》七回:"学院大堂点名,～便叫娄朴。"

【开舒】 kāi shū 舒展。唐吕温《长孙邳公顺德》:"泰山未明雷郁幽,崖日观赫～为。"明《禅真后史》二〇回:"再说媚姐自与儿子相会,愁眉顿放,心事～。"清陈廷敬《百鹤阡记》:"冈岭联绵,丰原坛曼,纡徐～。"

【开水】 kāi shuǐ 煮沸的水。明朱橚《普济方》卷一四五:"右各等分为末,临卧,用～调服。"清《红楼梦》三五回:"姑娘吃药去罢,～又冷了。"

【开谈】 kāi tán 开口说话。宋黄庭坚《送钱一泉卿》:"～屡邀人,落笔若挥扫。"元王恽《寿绍开外郎》:"以义取交知己最,～通俗见才全。"清《镜花缘》三九回:"此时已交十月,王兄还照常～,其非反舌,可想而知。"

【开坦】 kāi tǎn 坦率。明张宁《琴妙亭记》:"其为人温厚～,不滞于物。"

【开堂】 kāi táng ❶ 寺院新任住持首次上堂说法。五代欧阳熙《洪州云盖山龙寿院光化大师碑铭》:"彰名既毕,庄严遂陈。延请～演法,垂手度人。"《旧唐书·方伎传》:"神秀禅门之杰,虽有禅行,得帝王重之,而未尝聚徒～传法。"清《豆棚闲话》六则:"大凡大和尚到一处～,各处住静室的禅和子,日常间都是打成一片。" ❷ 官员升堂办公。明《拍案惊奇》卷一九:"浔阳太守张公～,地方人等解到一干人犯。"

【开淘】 kāi táo 挖掘。唐朱庆餘有《送唐中丞～西湖》。宋苏轼《申省论八丈沟利害》:"自下蔡县界以东,江陂镇以西,地颇卑下之处,难为～者。"明归有光《水利后论》:"以为太湖东注松江,正在下流,请自封家渡古江～,至大通浦。"

【开天窗】 kāi tiān chuāng 开花账;在经手的账目中虚立名目克扣。明郎瑛《七修类稿》卷四九:"今之敛人财而为首者克减其物,谚谓～。"《型世言》二回:"两个族长交了银产,单邦收拾里邻,竟开了许多天窗。"《隋史遗文》四三回:"那无赖秀才,还思就科敛中～。"

【开头】 kāi tóu ❶ 水手撑头篙。也泛指开船或行船。唐杜甫《拨闷》:"长年三老遥怜汝,捩柂～捷有神。"宋苏辙《放闸》之一:"正柂迟回久,～取次轻。"清王士禛《泰和道中寄陈说》:"捩舵～不计程,睡餘真爱赣江清。" ❷ 花朵开放。宋翁元龙《朝中措·赋茉莉》:"花情偏与夜相投,心事鬓边羞。薰醒半床凉梦,能消几个～。"《元曲选·罗李郎》一折:"可不道饮酒只待饮深瓯,带花须带大～。"明《二刻拍案惊奇》卷一九:"过了一会看时,另结一枝～牡丹,花朵丰满,枝叶繁茂。" ❸ (排序)最先;最早。宋文莹《玉壶野史》卷七:"(贾黄中)七岁举童子,～及第。李文正昉以诗赠之:'……七人科第排头上,五部经书诵舌端。'"明胡居仁《易像钞》卷一六:"乾知大始,是人家始初～一个太祖公,子子孙孙皆其一体所分。"清《无声戏》八回:"竺生～一次写契,心上还有些不安，面上带些忸怩之色。写到后来，渐渐不觉察了。” ❹ 开端；开始。元曾瑞《红绣鞋·风情》：“着厮拾掇为了题目，闲打骂做了～，两个虚难当又真个有。”明汤显祖《紫钗记》二七出：“知他去后，个底思量否？长相见还怕旧，禁约真个～，真个丢手。”李光地《榕村语录》卷二一：“列传为太史公创体，岂有自创一体，～一篇即用变体者。” ❺ 开始的部分。明贺士諮《医闻集》卷三：“《孟子》～便曰：‘王，何必曰利！亦有仁义而已。’”清《野叟曝言》七〇回：“今日这尿，敢有精在内，～那两口就合那爷说的味儿一样。”《补红楼梦》四五回：“这《山门》里的曲子都好。～儿是‘树木槎枒’，那后头的一支《寄生草》还更好呢。”

【开屠】 kāi tú 准许屠宰，也指开荤。《唐会要》卷四一：“自今已后，逼节，放三日～。”《元曲选·东堂老》三折：“则你那五脏神也不到今日～。”清雍正七年九月十五日武格奏文：“七月初八日还愿，请臣吃肉一次，在～之后，并非斋戒之时。”

【开屯】 kāi tún 开垦荒地。《元史·兵志》：“民丁于上浪、忠州诸处～，耕种十年。”清《续金瓶梅》二一回：“一面～，一面战守，把失去城池渐渐恢复。”

【开脱】 kāi tuō ❶ 注销；扣除。《五代会要》卷一六：“如有身死还俗逃亡者，旋申报，逐处州县次年帐内～。”清雍正五年五月二十八日上谕：“且隆科多名下未完银两甚多，而刑部故意将此项～，是又何心乎？” ❷ 解脱；释放。明张鸣凤《桂胜》卷一：“大都见善能～，天上人间任往还。”清《绿野仙踪》四五回：“洞门封锁，出去不得，还求夫人～。” ❸ 解除或推卸（罪名、责任）。清纪昀《阅微草堂笔记》卷九：“刀笔舞文，曲相～。遂使凶残漏网，白骨沉冤。”《绿野仙踪》七八回：“又看到胡宗宪，文炜替他极力～，说他原本书生，未娴武略。” ❹ 宽宥；赦免。清《绿野仙踪》三七回：“曹邦辅深知严嵩利害，也只好语言间行个方便，赖情面～一二无辜人。”《万花楼》七回：“只有祥符知县心中不悦，恨着包公多管闲事，必要带去～凶身。”

【开外】 kāi wài 用在数量词之后，表示超出这一数量。清《儒林外史》五二回：“他若是要二分～，我就是羊肉不曾吃，空惹一身膻，倒不如不干这把刀儿了。”《歧路灯》六回：“漫说数郡毕至，就是这本城中，也得百十席～哩。”《万花楼》六回：“却说胡伦年方二十～，生得面貌丑陋。”

【开味】 kāi wèi 增进食欲。金赵秉文《酷暑》：“林鸦～忘飞腾，天地为炉万象蒸。”清《授时通考》卷六六：“蒸食，～，补五脏。”

【开胃】 kāi wèi 增进食欲。宋《太平惠民和剂局方》卷三：“常服，～消痰，散壅思食。”元李杲《药性赋》：“橘皮～去痰，导壅滞之逆气。”清《红楼梦》八〇回：“横竖这三味药都是润肺～不伤人的。”

【开闲门】 kāi xián mén 经营游艺行业。明《隋史遗文》二一回：“你这位朋友～，六艺中朋友也不知有多少依傍在门下。”

【开箱】 kāi xiāng 犹“开包❶”。清《醒世姻缘传》八回：“刘夫人道：‘不多的帐，发市好～。’那郎中方才收了，取出一包丸药来。”

【开消】 kāi xiāo ❶ 消散；销蚀；融解。宋胡宿《除韩琦特授依前工部尚书制》：“至阳显见，积晦～。还御端门，饮至大寝。”陆游《东轩》：“终日在东厢，～百刻香。”明杨一清《关中奏议》卷九：“一应合用工料，预为措置，待黄河～之后，哨探套内无贼，起倩军民人夫。” ❷ 破解；破除（疑惑）。明刘宗周《论语学案》卷三：“茂叔教人每令寻孔颜乐处，所乐何事。此个疑案，后人鲜～得，一似指空花，蹈幻影，无有是处。” ❸ 花费；支付。明《梼杌闲评》三六回：“也不行文到苏州查勘～过多少，竟自照参疏上题个拷问过的本。”清傅泽洪《行水金鉴》卷一五二：“不致措施孟浪，有始鲜终，则～一分金钱，即得一分实济。”《歧路灯》六九回：“若说银钱窝里，由得我使；使费帐上，由得我～。非一百二十四分正人君子，不能一毫勿欺。”

【开销】 kāi xiāo ❶ 同“开消❸”。宋朱熹《按唐仲友第六状》：“将上件绵与县丞说过，送纳了，出卖见成，抄与人户～。”清袁枚《子不语》卷一〇：“今年科场粥饭，冥司派老僧给散。一名不到，老僧无处～。”《歧路灯》五回：“你同王中先拆开五十两，去衙门办理，日后算帐时，～上一笔。” ❷ 指支付的项目和费用。清《红楼梦》一四回：“凤姐命彩明要了帖念过，听了一共四件，指两件说道：‘这两件～错了，再算清了来取。’”《荡寇志》八六回：“那差官少不得要需索好看钱，各项～，永清只得竭力发付与他。”

【开心】 kāi xīn ❶ 开启心智。元高明《琵琶记》三六出：“翰墨开心，丹青入眼，强如把语言相告。”明《禅真逸史》一七回：“林澹然细查历日，二月十五是个～入学吉辰。”《西湖二集》卷四：“他父母拣个历日上～的日子，备了一封贽仪，送到李先生处读书识字。” ❷ 放开心情；心情舒畅；高兴。清《红楼梦》一七至一八回：“才他老子拘了他这半天，让他～一会子罢。”陈端生《再生缘》七八回：“拜过家堂参祖父，太王爷，连连称赞大～。”《镜花缘》二七回：“他们自从略知人事，就是满腹忧愁，从无一日～。” ❸ 使心情舒畅。清《红楼梦》二三回：“茗烟见他这样，因想与他～，左思右想，皆是宝玉顽烦了的。”《万花楼》六回：“如今公子建造此楼，时常到来赏花游玩，饮酒～。”《白雪遗音·醉归》：“有些冷清清的，不免待我唱一个小曲儿，开开心罢。” ❹ 取乐；寻开心。清《儒林外史》四七回：“说要买田、买房子，讲的差不多，又臭骂那些人一顿，不买，以此～。”《红楼梦》三一回：“这是怎么说，拿我的东西～儿！”《镜花缘》八五回：“姐姐言谈最是纯正，何苦却拿妹子～？”

【开行】 kāi xíng 另见 kāi háng。启航；航行。明谢肇淛《五杂组》卷四：“～二三日，海天一色，并无岛屿可以停舟。”《西洋记》六〇回：“宝船又～两三日，到了大葛兰国。”清陈端生《再生缘》三三回：“次日～朝北走，滔滔一路上长安。”

【开眼龟】 kāi yǎn guī 听任妻子有外遇的人。明《禅真逸史》二四回：“上官氏寻思：夫既拐得小官，偏我相处不得朋友？即和隔壁富商黄草包通奸，管贤士禁止不得，只索做了～。”

【开洋】 kāi yáng 航海。元谢应芳《夏五杂书》：“明朝漕运～去，几日风帆到直沽。”明《拍案惊奇》卷一：“一齐上船，烧了神福，吃了酒，～。”清《野叟曝言》五二回：“这和尚是重犯，怎便～起来？”

【开查】 kāi zhā 另见 kāi chá。扎开；张开。明《西游记》六五回：“悬胆鼻，孔窍～；四方口，牙齿尖利。”

【开展】 kāi zhǎn ❶ 开放；展开。唐孟东野《戏赠陆大夫十二丈》：“春水徒荡漾，荷花未～。”五代徐夤《画松》：“涧底阴森验笔精，笔闲～觉神清。”清《绿野仙踪》九九回：“那仙官将敕书～，口中宣读。” ❷ 打开；开启。《太平广记》卷九五引《桂林风土记》：“今有旧经一函，且寄宅中。一周年不回，即可～。”明《清平山堂话本·飞将军》：“广在皮囊中诈死不动，胡人以为真死，～视之。”清《隋唐演义》三二回：“有两石门，关得甚紧，不能～。” ❸ 扩展；使开阔。宋司马光《论北边事宜》：“或以～荒弃之地十数里为功劳，或以杀略老弱之兵三五人为勇敢。”《元曲选·谢金吾》一折：“我是奉圣旨～街道。现今你这楼正占着官街，应得拆毁的。”清《南巡盛典》卷三九：“越河已经奏明，再加～。” ❹ 开阔；宏大。宋苏辙《和子瞻司竹监烧苇园因猎园下》：“乍分乍合势～，苍烟被野风腾腾。”明《徐霞客游记》卷一二下：“而远者又以宾川东山并梁王山为龙虎，中央，益～，无前直抵小云南、东水盘诸岭焉。”清《红楼复梦》六七回：“一切气概光景，比当年荣府时数倍的～热闹。”

【开绽】 kāi zhàn ❶ 裂开。唐崔令钦《教坊记》：“自今后缝压壻土袋，当加意夹缝缝之，更勿令～也。” ❷ 开放；绽放。宋吴感《折红梅》：“独红梅、自守岁寒，天教最后～。”《元曲选·红梨花》三折：“到的是春间天道，万花～。”明杨一清《关中奏议》卷八：“至六月终，花蕊～。”

【开张】 kāi zhāng ❶ 经营；开设。宋吴自牧《梦粱录》卷一六：“杭城食店多是效学京师人，～亦效御厨体式。”《元典章·刑部十九》：“今后若是～兑房，聚众赌钱，事发到官，不分首从痛断。”清《醒世姻缘传》二五回：“拣了日子，～布铺。” ❷ 开始营业。宋洪迈《夷坚志》支庚卷四：“绍熙五年，又执一肆于常熟梅里镇，择七月十二日～。”孟元老《东京梦华录》卷三：“夜市直至三更尽，才五更又复～。”清《歧路灯》六四回：“这几日咱两个只用知会赌友，约定十五日～。” ❸ 开始；开头。清《歧路灯》六二回：“我才进宅来，～便说主人做的不是，未免有些唐突。”

【开招】 kāi zhāo 上级复审时推翻已经问成的招卷，予以开释。明《醒世恒言》二九回：“也有直达汪知县，要他宽罪的，也有托上司～的。”《石点头》卷一二：“招中字眼放活了，待我再到京师，营谋个恤刑御史前来，～释放。”

【开樽】 kāi zūn 举杯。唐孟浩然《晚春》：“酒伴来相命，～共解酲。”宋司马光《赠邵兴宗》：“长舒四五榻，客来辄～。”清吴伟业《赠李肤公五十》：“只看五月～宴，拨刺江鱼入馔新。”

【开坐】 kāi zuò 开列。五代刘承祐《详核增户添租敕》：“据数须本处户合征税赋物数目，于解繇历子内一一～批书，方得准天福八年三月十日敕条施行。”宋《建炎以来繫年要录》卷一一四：“及是复～二十四项，凡调官迁秩任子皆令吏部审量以闻。”明王守仁《处置平复地方以图久安疏》：“地方以图久安长治，事理未敢擅便，为此～，具本请旨。”

【揩擦】 kāi cā 涂抹；按摩；擦拭。宋王衮《博济方》卷三：“右四味杵罗为末，临卧时，以手指蘸，～齿上。”明高濂《遵生八笺》卷一：“摩热手心熨两眼，仍更～额与面。”清《野叟曝言》一九回：“大小女喉间黑影，起自心胸，已有数日，～不去。”

【揩改】 kāi gǎi 涂改；改抹。唐道吾《乐道歌》：“禀性成，无～，结角罗纹不相碍。”《旧唐书·王徽传》：“时考簿‘上、中、下’字朱书，吏缘为奸，多有～。”宋楼钥《文华阁待制杨公行状》：“时中书积狱案甚多，月日或有～之迹。”

【揩免】 kāi miǎn 抹去。《元曲选·勘头巾》四折：“强打挣做质辨，护奸贼坏良善，臭名儿怎～。”

【揩摸】 kāi mō 擦拭；打磨。明汤式《一枝花·莲卿王氏者楼居潇洒》：“碧玲珑透月窗，锦灿烂藏春帐，黑～乌木几，金嵌镂紫檀床。”徐光启《新法算书》卷二三：“两镜或受尘垢，勿用手～，只以新净绢帛轻轻拂拭。”

【揩摹】 kāi mó 涂擦描画。揩，指修改画稿。清《玉蜻蜓·游庵》：“随肩进，伴娇娥，丰神绝世耐～，分明是月中仙女姐娥现。”

【揩摩】 kāi mó ❶ 犹“揩擦”。唐王焘《外台秘要方》卷三二：“膏成去滓，每日～鬓发。”《云笈七籤》卷三二：“夜欲卧时，常以两手～身体，名曰干浴。”清陈廷敬《双鐙檠》：“～老眼困，一字屡诘曲。” ❷ 打磨；销磨；磨砺。宋王洋《秀实惠简问闲居消息》：“空花若解～尽，方识人间一笑春。”曹勋《四槛花》：“心地常自乐，谁能问枯荣？一味情尘～尽，人间世、更没亏成。”元张宪《咏穷博士》：“歌罢自激励，慷慨豪声伸。～雄胆略，弃舍贫贱身。” ❸ 琢磨；推敲。宋张洪、齐熤《朱子读书法》卷一：“欧阳则就作文上改换，只管～，逐旋捱将去，久久渐渐～得光。”清佚名《四元记》三二出：“未娴政体羞寮佐，欲归家仔细～。”

【揩磨】 kāi mó ❶ 同“揩摩❶”。《法苑珠林》卷一一：“以大热石压其身上，回转～，骨肉糜碎。”宋吴曾《能改斋漫录》卷一八：“以瓶挂树端，瓶重木弱，为风所摇，木叶～，所着处皆成金色。”清《镜花缘》三三回：“一个替他解褪中衣，一个用大红绫帕蘸水，在他下身～。” ❷ 同“揩摩❷”。宋觉范《次韵君武中秋月下》：“世间垢习～尽，但餘猿鹤哀吟声。”明吴与弼《日录》：“事逆虽动于中，随即消释，怒意未形。逐渐如此～，则善矣。” ❸ 同“揩摩❸”。宋苏轼《次韵范淳父送秦少章》：“秦郎忽过我，赋诗如《卷阿》。句法本黄子，二豪与～。” ❹ 折磨。明周履靖《锦笺记》一四出：“轻则逐嘴搰拳，甚则上绳落水。铁好汉当不得这样～，活菩萨怎忍得那般呕气？” ❺ 比喻砥砺品行。《朱子语类》卷一四：“《大学》重处，都在前面，后面工夫渐渐轻了，只是～在。”

【揩抹】 kāi mǒ ❶ 涂抹；涂改。《唐会要》卷八二：“如有妄称失落欠少，本令史及专知官请准检报，～违越条例处分。” ❷ 擦抹。《元曲选·荐福碑》二折：“你可休不挂意～了这把带血刀。”明王肯堂《证治准绳》卷一七：“牙痛，有风毒热壅龋蛀，肾虚，未辨何证，俱用消风散～。”清《儒林外史》二五回：“鲍文卿回来，和浑家说下，把乐器都～净了，搬出来摆在客座里。”

【揩痒】 kāi yǎng 在固定的硬物上摩擦以止痒。《敦煌变文校注》卷七《四兽因缘》：“我到树边之时，倚树～。”宋张镃《石林轩》：“至今～虎，来认读书声。”

kǎi

【剀拂】 kǎi bì 劝诫匡正。《新唐书·陆贽传》：“所言悉～帝短，恳到深切。”明包节《马见田纪行稿序》：“日夕宸幄，不能出踦语单谣～君上，徒狎猥佻。”

【剀切】 kǎi qiè 恳切；中肯。宋《三朝北盟会编》卷二一七：“力陈秦桧误国，词义～。”明佚名《鸣凤记》一四出：“毕竟是衷情～，面诉君王。”清《荡寇志》一一九回：“可将朝廷顺逆大理，～晓谕。”

【剀直】 kǎi zhí 诚恳直率。元欧阳玄《考古臆说序》：“宜其～而无讳，明白而可行也。”明王樵《樗庵王公传》：“数言事，皆～。”

【凯】 kǎi ❶ 敲击。《元曲选·来生债》三折：“我则见云偶斗空中乱摆，恰便似千百面征鼙乱～。” ❷ 砍；杀。宋元《警世通言》卷八：“若有罪过，只消解去临安施行，如何胡乱～得人？”又：“若真个在，把来～取一刀。”

【楷范】 kǎi fàn 模范；榜样。《旧唐书·欧阳询传》：“人得其尺牍文字，咸以为～焉。”元袁桷《谢王尚书书》：“言为～，道蕴经纶。”清玄烨《手诏东平王国传》：“恩谊笃挚，词致渊雅。为善最乐之言，允为宗亲～。”

kān

【刊板】 kān bǎn ❶ 雕刻印版。也泛指刻版印刷。宋《建炎以来繫年要录》卷一〇八：“取程颐文并杂说，～作帙。”明《醋葫芦》一八回："可速唤雕刻匠～，普施人间。"清《十二楼·合影楼》三回："这段逸事出在胡氏《笔谈》，但系抄本，不曾～行世。" ❷ 比喻定不可改，如同刻在印版上。清《醒世姻缘传》八四回："这就像～儿似的，一点儿也不消再算计，就是这们等行。"又九回："年下蒸馍馍包扁食是俺的麦子，插补房子上俺的稻草。这是刊成板，年年进贡不绝的。"

【刊报】 kān bào 刻印消息供人传报的印刷品。清《醒世姻缘传》六回："晁书二人尚未到家，报喜的已先到了十日。见了～，送在寺内安歇，也发付的众人心满意足。"

【刊补】 kān bǔ 修正补充（已刊行的书籍）。唐刘知幾《史通·补注》："亦有躬为史臣，手自～，虽志存该博，而才阙伦叙。"宋朱熹《楚辞辩证》卷下："余于吴氏书多所～，皆此类。"《大清会典·凡例》："即有关大体者亦止～一二条，无烦全书更动。"

【刊裁】 kān cái 修订。宋韩琦《进嘉祐编敕表》："且多触禁之民，几不知其所避，舞文之吏，足缘之而为奸，不有～，讵能永久？"清魏裔介《山西乡试录序》："虽涉思坌涌，缀平台而采南皮，犹且～不录。"

【刊镂】 kān lòu 刻印。宋韩维《谢赐陈书表》："校雠绝五日之疑，～极一时之妙。"元姚燧《妙化助顺真君殿碑》："徽宗易观为宫，～玉册。"清张玉书《御制文集议》："孝文诏令，有三代遗风，而～成集。"

【刊墨】 kān mò 刻版印刷。宋叶适《播芳集序》："择其意趣之高远、词藻之佳丽者而集之，名之曰《播芳》。命工～，以广其传。"

【刊润】 kān rùn 修改润色。宋苏颂《补注神农本草总序》："改凡补注并据诸书所说，无所～。"真志道《学庸集编原序》："虽从或问、辑略、语录中出，然铨择～之功亦多。"清《四库总目提要·尚书通考》："似乎随笔记录之稿，未经～成书者。"

【刊删】 kān shān 删改。宋汪应辰《题吕申公集》："大虬考订，～为二十卷。"明王守仁《琅琊山中》："六经散地莫收拾，丛棘被道谁～。"清弘历《中秋帖子词》："胜地良辰可放闲，携来诗稿自～。"

【刊刷】 kān shuā 印刷。明徐光启《农政全书》卷九："行规则～易知单册，给与纳户，以便交纳扣除。"《大清律例》卷三七："刑部于霜降前，摘紧要情节，～招册。"

【刊文】 kān wén 被选来刊印的科举范文。也指这样的印刷品。明韩邦奇《通议大夫陈公墓志铭》："弘治己酉中乡试第二，～为程序。"何瑭《宪副吴公墓志铭》："汝祖三十以后始奋发读书，或夜无油，就月色读，尚能明礼经，中式～。"清《醒世姻缘传》三五回："先生必定要自做一首程文，又要把众学生的文字随了他本人的才调与他删改，又还要寻一首极好的～与他们印正。"

【刊修】 kān xiū 修订。唐郑璘《王搏诸道盐铁转运等使制》："是用践黄枢之峻级，总青简之～。"宋岳珂《缴进奏状》："《通叙》一卷，并《家集》十卷，已于嘉泰三年十一月～了毕。"清顾炎武《日知录》卷二六："委官覆定，使诘难纠驳，审定～，然后下朝臣，博议可否。"

【刊印】 kān yìn 刻版印刷。宋晁补之《题大宝箧经后》："琦即书写，命工～，普劝人子亡失父母如我苦者。"明王守仁《申明赏罚以厉人心疏》："臣即～数千百纸，通行所属，布告远近。"清《大清会典则例》卷一五八："每年二月初一日进呈来岁时宪书式，竢御览毕，翻译～。"

【刊铸】 kān zhù 刻版铸造。清《大清会典则例》卷四六："顺治元年，令宝泉局～铜板，刷印盐引。"

【刊琢】 kān zhuó 雕刻。唐韩云卿《虞帝庙碑铭》："长老愿～表识，以彰懿烈。"宋司马光《答孙长官书》："凡～金石，自非声名足以服天下，文章足以传后世，虽强颜为之，后人必随而弃之。"元王恽《修理大都南京石经事状》："所有九经石刻，～极精。"

【看管】 kān guǎn ❶ 照顾；照料。宋《建炎以来繫年要录》卷二〇〇："差占抽强壮披带之人，以充担擎～杂役，实为蠹兵之弊。"《元曲选·鲁斋郎》二折："则是家中有一双儿女，无人～。"清《红楼梦》六回："青板姊妹两个无人～，狗儿遂将岳母刘姥姥接来一处过活。" ❷ 监督；看押；监视。《元曲选·忍字记》三折："师父有个大徒弟，看他～我修行。我若凡心动，他便知道就打。"清《平定准噶尔方略》前编卷六："或于科卜多地方另筑一城，驻兵～充发人等耕种。"《红楼梦》六八："凤姐听了，便命周瑞家的记清，好生～着，抬到东厢房去。" ❸ 看守；守卫。《元曲选·冯玉兰》三折："怎生偌大一只船，没有一个人～？咄！兀那船里的人！"明徐畛《杀狗记》一二出："余这二锭钞和羊脂白玉环，都藏在靴桶里。兄弟好生～。"清《二度梅》九回："我们的衣服行李，都在里面，好生～。"

【看护】 kān hù ❶ 照顾；照料。元张之翰《金缕曲·乙未清明》："先茔松柏谁～？想东风、杯盘萧索，饥乌啼树。"明汤显祖《邯郸记》二九出："我也则是图些寿算，～子孙，难道是瞒着你取乐？"清袁枚《子不语》卷三："会其母将产，举家守生，无人～。年子昏沉，身随风荡。" ❷ 看守；守卫。明《西游记》八五回："你去打马草的，怎么这般狼狈回来？想是山上人家有人～，不容你打草么？"

【看活】 kān huó 治愈。元薛宗海《送俞美之判官暨阳》："念君自是医国手，～群儿如活母。"元明《水浒传》二五回："如今武大不对你说道，教你～他？"

【看家】 kān jiā 看守门户；照看家庭。《敦煌变文校注》卷四《破魔变》："世尊不在之时，我解～守舍。"元杜仁杰《要孩儿·喻情》："木猫儿守窟瞧他甚，泥狗儿～守甚黑。"清《姑妄言》六回："三年孝满，要想娶个妻子～。"

【看家的】 kān jiā de ❶ 指最后用来应急的（本领或技艺）。明《金瓶梅词话》三三回："我还有两个儿～，是银钱名《山坡羊》，亦发孝顺你老人家罢。" ❷ 称寺院住持。明《西游记》四四回："唐僧取袈裟披起，拜毕金身，方入。众僧叫：'～！'老和尚走出来。"

【看坡】 kān pō 看守庄稼。清《醒世姻缘传》六七回："破着不赎算了我的工食，我穿着放牛～，也是值他的。"

【看钱奴】 kān qián nú 有钱而吝啬的人。《元曲选·老生儿》楔子："那个不说刘员外那老子，空有钱呵，割舍不的，他是个～。"又《忍字记》三折："我虽有钱呵〔唱〕一厘也不肯罚，一毫也不肯拔。我道吃了穷汉的酒，闲汉的茶。笑～武养家，叹～武没法。"

【看守】 kān shǒu ❶ 守护；看管。唐韩愈《论变盐法事宜状》："不得辄于诸军诸使觅职，掌把钱捉店、～庄硙，以求影庇。"宋《五代史评话·周上》："武安令郭威去～晒谷。"清《红楼梦》六四回："外面仆妇，不过晚间寻更，日间～门户。" ❷ 监押。《元曲选·单鞭夺槊》二折："我如今分付～的人，则要死的，不要活的。"清孔尚任《桃花扇》二九出："我们有何罪过，着人～？"《红楼梦》六一回："如今且将他交给上夜的人～一夜，等明儿我回了奶奶再做道理。"

【看押】 kān yā 拘留看管或押送。清《钦定平定台湾纪略》卷五九："沿途小心～，毋致有畏罪自戕等事。"《绮楼重梦》四四回："跳起身，往外边吩咐：'把原士规～起来！'"《绿牡丹》四五回："将贺世赖拿下，亦～在狱神堂中。"

【勘】 kān ❶ 审问；审理。唐刘肃《大唐新语》卷二："魏元忠以摧辱二张，反为所构，云结少年，欲奉太子。则天大怒，下狱～之。"《元曲选·赵氏孤儿》四折："你当初屈～公孙老，今日犹存赵氏孤。"清《万花楼》五四回："郭槐乃八旬以外之人，哪里抵换得重刑？倘假事～成真的，即大不妙了。" ❷ 通"刊"，砍；斫。《元曲选外编·西厢记》二本楔子："有小的提起来将脚尖踺，有大的扳下来把髑髅～。"

【勘辨】 kān biàn 禅语，谓考测、检验对方领悟禅法之深浅。宋陆游《跋兰亭序》："观兰亭，当如禅宗～，入门便了。"元郑元祐《立雪堂记》："蒲团禅板，如大丛林，～根研，以发明国师之道。"清吴伟业《圣恩剖石和尚语录序》："无以考验其浅深得失，故设为权实照用，料简回互，以策励而～之。"

【勘查】 kān chá 同"勘察"。明徐光启《农政全书》卷八："然而吏书作弊，或未及应税之期而出帖～，良民受其扰。"清于成龙《请禁讦告以正名义疏》："天津道复委周同知往～。"吴伟业《秣陵春》八出："缱绻司签押，鸳鸯牒～。呆子弟乔装着封神诈。"

【勘察】 kān chá 核查；检查。唐齐映《河南府论被谤表》："职为耳目，身在都城，固谙纤微，望委～。"《明史·姚夔传》："乞敕天下有司，岁再发廪，必躬～。"清《红楼梦》七四回："王夫人正嫌人少，不能～。"

【勘当】 kān dāng 核查。唐张鷟《朝野佥载》卷五："前后三使，推不能决，敕令差能推事人～取实。"宋刘安世《论都司官吏违法拟赏事》："其劳绩合推恩，依条送吏部～，上尚书省。"《元史·选举志》："假满百日，所在官司～，申部作阙。"

【勘点】 kān diǎn ❶ 点验；逐一核查。《敦煌变文校注》卷六《目连变文》："同姓同名有千姟，煞鬼交错枉追来。～已经三五日，无事得放却归回。"清《国子监志》卷三六："或一艺通然后改授，或一日之间更次为之，俾国子学官常加～，务要俱通。" ❷ 校勘标点。宋魏华甫《鹤山书院》："周公仲尼在左右，～六籍开凡愚。"陈耆卿《竹郁居士林君墓碑》："家已卷数千，犹典衣抄传恐晚。丹铅～，蝇头蛰然。"

【勘断】 kān duàn 审理。唐李治《申理冤屈制》："所有诉说冤滞文案，见未断绝者，并令当处速为，尽理～，务使甘伏。"《元曲选·陈州粜米》二折："着老夫再差一员清正的官去陈州，一来粜米，二来就～这桩事。"清《万花楼》五八回："岂料包黑贼硬捉破绽，领旨审供。他比不得别官，免不得严刑～。"

【勘对】 kān duì 检验核对。宋黄榦《徐十论诉谢知府宅九官人强奸》："两名所供异同，权官即不曾～。"明《封神演义》九九回："凡一应生死，转化人神仙鬼，俱从东岳～，方许施行。"《大清会典则例》卷一三："每月将已未完结之处造册，分送六科科钞，并见理事件造册，分送各道～。"

【勘合】 kān hé ❶ 拼合；接合为一体。《太平广记》卷三七六引《定命录》："见冥司一人，髡桑木如臂大，其状若浮沤钉。牵其人头身断处，如令～，则以桑木钉自脑钉入喉，俄而便觉，再见日月。"《宋史·兵志十》："铜符上篆刻曰'某处发兵符'，下铸虎豹为饰，而中分之。右符五，左旁作虎豹头四；左符五，右旁为四窍，令可～。"明朱橚《普济方》卷五〇："更取一瓶子，须盛得前药瓶子者，～，然后穿地坑，陷空瓶子与地面齐。" ❷ 验证核对符契文书相合。《唐律疏议》卷一六："执兵之司得左符皆用右符～，始从发兵之事。若不合符即从事，或勘左符与右符不合不速奏者，各徒二年。"《新唐书·车服志》："应召命左二右一，左者进内，右者随身。皇太子以玉契召，～，乃赴。"《金史·百官志四》："尚书备录圣旨，与符以函同封，用尚书省印记之，皆专使带牌驰送至彼。主符者视其封，以右符～，然后奉行。" ❸ 验证核对符契文书。唐窦泉《述书赋》："今见具姓名正书启，两段合为一纸五行，其半先在官，半在外，及得之，～如一，得新故异也。"元《前汉书平话》卷中："惠帝与刘肥盒子为勘同，各收一扇，'如寡人宣皇兄时，将此一扇，～相同为准；如无，乃诈也。'"清《歧路灯》一〇四回："原来谭绍衣已上兵部，知会～，定于后日早晨起身。" ❹ 勘验；查验。宋文彦博《言运河奏》："臣～所开运河，在臣部内兼御河穿北京城中过。"金李道玄《与张大师参同》："大道无为本自然，假禅～见真禅。"清胡煦《周易函书约存》卷二："及其注释先天四图，曾无一语通于图书，竟似伏羲之图分外杜撰出来，则是并未闻圣人则之之说，则是并未将此四图关会图书一一～过也。" ❺ 指勘合钱。宋代征收的一种契税。宋朱熹《按唐仲友第四状》："张元亨看验其绵，不曾经官投税，其四百屯又合纳～、头子钱一百六贯七十文。"叶適《经总制钱》一："得产有～，典卖有牙契。"《宋史·汪应辰传》："～不以钞计，而以贯石匹两计，是阳为减而阴实增之也。" ❻ 在文书骑缝处加盖印信，或信符一剖为二，当事双方各执一半以供核对的凭证形式，也指这样的凭证。元刘壎《讲究堤备湖寇事宜状》："若或船无火印及无～，即是贼船。"元明《水浒传》一八回："为是官司行下文书来，着落本村，但凡开客店的，须要置立文簿一面，上用～印信。"《大清律例》卷一三："凡监临官吏诡名及权势之人，中纳钱粮，请买盐引～，侵夺民利者，杖一百。"

【勘劾】 kān hé 审查纠举。唐吕才《东皋子集序》："君笃于酒德，颇妨职务。时天下乱，藩部法严，屡被～。"宋范仲淹《奏议许怀德等差遣》："臣窃见许怀德在延州，为不进兵击贼及军民虚惊，抛弃随军粮草，遂送永兴～。"清《钦定续通典》卷一一七："如系赃罪，已经～者，乞止依元断条法施行。"

【勘核】 kān hé 调查核实。唐陆贽《甄奖陷贼守节官诏》："事迹昭著众所明知者，并委御史台访察～其事，勿容虚滥。"宋朱熹《答吕子约》："须痛下功夫钻研～教透彻了，方是了当。"清范承谟《请踏勘荒田疏》："须查核者必博问查核，应丈量者必按抽丈量，台温二府～已毕。"

【勘会】 kān huì 会勘；会审。唐韩愈《再论水灾状》："此未漕之米，诚不可不惜。然少辍以济急时，亦未有所阙。欲下三司～，若实如臣所闻，则乞量辍五七十万石。"宋陆游《奏筠州反坐百姓诉人吏冒役状》："臣近因民间词诉～，到本路筠州。"明《西湖二集》卷二四："便拿住周必大并邻比五十餘人，单单除出王家诸人，尽数下在狱中，奏行三省官～。"

【勘婚】 kān hūn 定婚前考察男女双方的生辰八字，看命相是否相合。宋吕希纯《上宣仁皇后论立后当采用德阀不当勘选》："然而昭宪太后，实生太祖、太宗，为万世福，是岂～之力哉？"元关汉卿《调风月》一折："自～，自说亲，也是贱媳妇责媒人。"《元曲选·罗李郎》四："我也曾～，过门，便就亲，结果了他夫妻和顺。"

【勘箭】 kān jiàn 验箭。箭为古代军中传令契符，宋辽两代皇帝出巡回宫时，在宫门举行勘验令箭仪式。宋朝神宗熙宁年罢。宋王珪《乞罢勘箭札子》："臣前为南郊礼仪使，窃见乘舆所过门必～，然后出入。"岳珂《梦尚留三桥旅邸》："声彻铜鱼催～，影斜金雀在孤棱。"《辽史·礼志四》："～仪：皇帝乘玉辂至内门，北南臣僚于辂前对班立，～官执雌箭门中立，东上合门使诣车前，执雄箭在车左立，勾～官进。～官揖进至车约五步，面车立，合使言：'受箭行勘。'～官拜跪受箭，举手勘讫，鞠躬奏：'内外勘同。'"

【勘鞫】 kān jū 审讯。唐韦嗣立《论刑法多滥疏》："及览辞状，便已周密，皆谓～得情，是其实犯。”明王世贞《内阁公侯审录》：“将见监死罪、重囚，逐一面加～，务得真情。”清《八旗通志》卷二〇六：“蠹役害民，有～得实者，严治其罪。”

【勘理】 kān lǐ 审理。元明《水浒传》八回：“解去开封府，分付滕府尹好生推问～，明白处决。”明倪岳《大明故奉政大夫白君墓志铭》：“癸巳南京公干，遂～浙江诸路盐钞。”《型世言》二四回：“这抚台也有个意儿要他收拾，他恼了不肯来；委司道～，他又不来相见。”

【勘破】 kān pò ❶ 禅宗用语，谓识破对方的禅机。《祖堂集》卷一八《赵州和尚》：“有人举似师，师云：‘老僧自去～。’师自去，问：‘赵州路什摩处去？’老婆云：‘蓦底去。’师归院，向师僧云：‘敢破了也。’”《古尊宿语录》卷一〇《并州承天嵩禅师语录》：“工部问：‘百尺竿头独打球，万丈悬崖丝系腰时如何？’师云：‘幽州着脚，广南厮扑。’部无语。师云：‘～这汉。’”《五灯会元》卷九《沩山灵祐禅师》：“仰山见二禅客歇，将一橛柴问曰：‘还道得么？’俱无对。仰曰：‘莫道无人会禅好！’仰归举似师曰：‘今日二禅客，被慧寂～。’师曰：‘甚么处被子～？’仰举前话。师曰：‘寂子又被吾～。’” ❷ 用于一般意义的看破。宋吴潜《谒金门》：“～人生都已了，江湖归兴渺。”明王守仁《浰头捷音疏》：“若要伸，先用屈。赣州伎俩，亦须亲往～。”清《红楼梦》五回：“～三春景不长，缁衣顿改昔年妆。”

【勘契】 kān qì ❶ 验对符契。唐郑谷《入阁》：“门严新～，仗入乍承宣。”《新唐书·兵志》：“凡发府兵，皆下符契，州刺史与折冲～乃发。”《辽史·仪卫志三》：“朝贺之礼，宣徽使请阳面木契下殿，至于殿门，以契授西上阁门使云：‘授契行勘。’～官声喏，跪受契，举手～同，俯，兴，鞠躬，奏：‘内外～同。’” ❷ 作为勘验凭证的符契。宋文莹《玉壶野史》卷二：“～者，以香檀刻鱼形，金饰鳞鬣，别以香檀板为鱼形坎而为范。其鱼则驾前司掌焉，其范则宫殿门司掌焉。銮舆过宫殿门，以鱼合范，然后开扉迎驾。” ❸ 审理；评判。明陆深《草堂遗稿序》：“土官板雅氏者，兄弟争长杀人，连岁不休，属先生～其事。”又《方溪刘公墓志铭》：“客至则赋诗属对，相与～法书名画，摩挲古彝器为乐。”

【勘探】 kān tàn 调查。宋苏辙《乞罢杜纮右司郎中状》：“岁月甚久，大理寺所～，报过公事。”《三朝北盟会编》卷八一：“今再契～，报大金。”

【勘同】 kān tóng ❶ 犹“勘合❷”。《唐六典》卷二五：“凡京司应以籍入宫殿门者，皆本司具其官爵、姓名，以移牒其官门司，送于监门，～，然后听入。”宋曾公亮等《武经总要》前集卷一二：“作雌雄契符以巡城，所至与守队～乃过。” ❷ 犹“勘合❺”。宋俞文豹《吹剑录》外集卷一：“先是牙税外，每千收～钱千文，后又增三钱并入总制，后于牙契～外，每千又收五十六钱。” ❸ 犹“勘合❻”。五代佚名《重给告身事例奏》：“焚毁告身～人及失坠文书等，臣伏请重给告身。”元《前汉书平话》卷中：“惠帝与刘肥盒子为～，各收一扇，‘如寡人宣皇兄时，将此一扇，勘合相同为准；如无，乃诈也。’”

【勘问】 kān wèn ❶ 审问。唐张九龄《敕吐蕃赞普书》：“蛮中抄掠，彼人～，亦有此事。缘其初附，法令未行。”元《三遂平妖传》一三回：“叫取第一等枷过来，将和尚枷了，交押下右军巡院，～乡贯、姓氏。”清李玉《清忠谱》二四折：“因周吏部公子动了血疏，奉旨发到我老爷衙门～。” ❷ 查询；调查询问。唐陆贽《请减京东水运收脚价于缘边州镇状》：“臣已令度支巡院～诸军州米粟时价。”李德裕《请问薄仲荣贼中事宜状》：“缘薄仲荣是贼之心腹，必尽知谋计，终要遣使出城，～贼中兵马多少，诸界布置防备何处。”清《医宗金鉴》卷五〇：“若喜按者为虚，不喜按者为实。保赤者须诚心～，对证施治，庶随手奏效矣。”

【勘验】 kān yàn ❶ 核查；检验。《唐律疏议》卷二九：“若依法拷决而邂逅致死者，勿论，仍令长官等～，违者杖六十。”宋《朱子语类》卷四一：“黄达才问：‘颜子如何尚要克己？’先生厉声曰：‘公而今去何处～他不用克己？’”明《封神演义》八九回：“妾虽系女流，少得阴符之术，其～阴阳，无不奇中。” ❷ 特指实地勘察案发现场或尸身证据等。明《于少保萃忠全传》三二传：“复有旨命本处抚按协同三司等官，～实落，开棺枭首断尸。”清纪昀《阅微草堂笔记》卷七：“官来～，尸无伤，语无证，又死于夫侧，无所归咎。”《蜃楼志》二回：“回署后，番禺县马公禀称：‘下午～，不能赴席。’” ❸ 犹“勘辨”。《禅林僧宝传》卷二七《金山达观颖禅师》：“至于二乘禅定，外道神通，非我肉眼所能～。”《五灯会元》卷二〇《道场法全禅师》：“汝等诸人，个个顶天立地，肩横楖栗，到处行脚，～诸方，更来这里觅个甚么？”

【勘责】 kān zé 审查；追查。唐张九龄《籍田赦书》：“孝悌力田，乡闾推挹者，本州长官～。有才堪应务者，各以名闻。”段成式《酉阳杂俎》卷一三：“庄客悬欠租课积五六年，邈因官罢归庄，方欲～，见仓库盈羡，输尚未毕。”宋张方平《请止中使传宣诸司》：“逐处有司，或敢违慢，自应合行～。”

【勘宅】 kān zhái 宋代商贩在宅舍宫院前用扑买的方式售货。参见“扑买”。宋孟元老《东京梦华录》卷三：“每日如宅舍宫院前，则有就门卖羊肉、头肚、腰子、白肠……博卖冠梳领抹、头面衣着、动使铜铁器、衣箱、磁器之类，亦有扑上件物事者，谓之～。”明方以智《通雅》卷一九引《梦华录要》：“就人贸易扑物事者谓之～。”

【勘杖】 kān zhàng 打板子；处以杖刑。宋胡太初《昼帘绪论·听讼》：“若有犯到官，定行～刺环，押出县界。”王十朋《与安抚论张侍郎论鲁六伤犬》：“契勘张侍郎论鲁六等伤犬事，蒙判鲁六～八十。”明许三阶《节侠记》七出：“裴伷先着该衙门官在朝堂上～一百，长流岭南。”

【勘正】 kān zhèng ❶ 审问驳正。宋洪迈《夷坚志》三辛卷九：“理院吏鞠亮妻子，颇知所在，阴虑～之后，沉金未必入手，或凶人脱去，翻为怨仇，不肯诵说。”周必大《敷文阁学士汪公神道碑》：“命官公过，非经～，勿关刑寺注簿。”宋元《警世通言》卷三七：“押下司理院，绷爬吊拷，一一～，三人各自招伏了。” ❷ 校勘订正。清朱彝尊《眉山彭氏太平治迹统类跋》：“卷帙次第为装钉者所乱，佣书人不知～，别用格纸抄录，以致接处文理不属。”

【堪堪】 kān kān 即将；将要。用于时态或事态逐渐发展的场合。清《红楼梦》二回：“～又是一载的光阴，谁知女学生之母贾氏夫人一疾而终。”《野叟曝言》二回：“不觉酒多生话，话多生节，～干连到和光身上来。”《白雪遗音·雷峰塔》：“～来到大佛殿，禅师便开言。”

【堪可】 kān kě ❶ 可以；适宜；正适于。《法苑珠林》卷二〇：“此阎浮洲三十二国，是众诸生并有大根，～流行迦叶遗教。”《元曲选·赵氏孤儿》二折：“那老宰辅是个忠直的人，那里～掩藏。”明李梦阳《东园花树下》之一：“钱家东园好李树，～铺排无酒钱。” ❷ 胜任。宋司马光《为病未任人谢札子》：“今忽闻制命，超升左辅，俾之师长百僚，岂臣空疏所能～。”谢绛《游嵩山寄梅殿丞书》：“直觉冷透骨发，羸体将不～，方即舍。”明唐顺之《武编》前集卷一：“主将须亲行询问材伎、勇怯、强弱、高下，选拣～作何任使。” ❸ 恰好；正好。《元曲选·连环计》三折：“我三五日间成其大事，则少这么一个好夫人。司徒，你若肯与了我呵，～两全其美也。"清《霓裳续谱·王妈妈开言》:"你又青春他又少,~一对好姻缘。"《妖狐艳史》一二回:"至二三个月,~院考相连,明媚进场已毕。"

【龛】 kān ❶僧棺;塔状的僧人盛尸器。宋道诚《释氏要览》卷下:"今释氏之周身,其形如塔,故名~。"唐李俨《益州多宝寺道因法师碑文》:"遽嗟分岸,永泣摧梁。~留旧影,室泛残香。"明徐渭《翠乡梦》一出:"我且报知殿上大众,把师父或是火化,或人~造塔。"清《醒世姻缘传》二一回:"把我的尸首不要葬了,将~来垒住,待我自己回来掩埋。" ❷小的窟穴或房屋。宋范成大《一龛》:"一~窄似鸟窠禅,世界悠悠任大千。"清昭梿《啸亭杂录》:"家筑诗~之间,凡所投赠诗句,皆悬~中。"

【龛子】 kān zi 即"龛❶"。唐崔致远《物状》:"海东人形参一躯,银装~盛。"宋元《警世通言》卷七:"长老将自己~装了可常,抬出山顶。"清《红楼复梦》五回:"这就是那尊金佛,奴才家里有个现成的小~,倒配得上。"

kǎn

【坎】 kǎn 扣;戴。清《醒世姻缘传》四回:"随把网巾摘下,~了浩然巾,穿了狐白皮袄,出去接待。"《儒林外史》四一回:"酒糟的一副面孔,一顶破毡帽~齐眉毛。"

【坎儿】 kǎn er 指事情的当口。清《红楼梦》二〇回:"你只顾一时为我们那样,他们都记在心里,遇着~,说的好说不好听,大家什么意思。"又七四回:"我的心里很看不上那狂样子,因同老太太走,我不曾说得。后来要问是谁,又偏忘了。今日对了~,这丫头想必就是他了。"

【坎肩】 kǎn jiān 不带袖子的上衣。清《红楼梦》八九回:"但见黛玉身上穿着月白绣花小毛皮袄,加上银鼠~。"《镜花缘》一五回:"那些国人,头戴斗笠,身披~,下穿一条鱼皮裤,并无鞋袜。"

【坎男】 kǎn nán 犹"坎子"。唐彭晓《参同契明镜图诀》:"离女驾龙为木埒,~乘虎作金翁。"

【坎子】 kǎn zǐ 道教指汞,炼丹家谓为人体内的阴精。唐吕嵒《西江月》:"北方~是金精,认得黄牙方盛。"明林弼《道伏龙虎图》:"凡此类也,矧其养丹、神鼎、~、离午、铅儿而汞女。"

【砍】 kǎn ❶挥击;打。明《金瓶梅词话》八三回:"叫将小厮来,拿大扳子尽力~他二三十板,看他怕不怕!"清《醒世姻缘传》一〇回:"大尹道:'可恶!~出去,~出去!'" ❷同"坎"。清《醒世姻缘传》三一回:"只见吴学周的老婆挠了个头,乱~了个鬏髻,叉了一条裤子,逼在门后边篩糠抖战。"

【砍寨】 kǎn zhài 偷营劫寨。宋刘克庄《象奕一首呈叶潜仲》:"南师未宜轻,夜半防~。"明何良臣《阵纪》卷一:"因得机情,而偷营~,致敌自扰。"清《女仙外史》三二回:"~之时,却要人人呐喊,如千军万马一般。"

kàn

【看】 kàn ❶如;似。唐高適《别张少府》:"嗟我久离别,羡君~弟兄。"岑参《送费子》:"~君失路尚如此,人生贵贱那得知!" ❷听;听见。引申指知道。唐杜甫《西阁口号呈元二十一》:"~君话王室,感动几销忧。"金《董解元西厢记》卷六:"这事体休声扬,着人~不好。"《元曲选外编·裴度还带》二折:"~说此一事,韩公实是冤枉。" ❸料想;估计。唐李白《送别》:"~君颍上去,新月到应圆。"高適《送田少府贬苍梧》:"丈夫穷达未可知,~君不合长贫贱。"清《醒世姻缘传》三五回:"我~你断不肯慨然做个人情叫我知感,你将来必定人也做不着、鬼也做不着才罢。" ❹看待;对待。唐李德裕《论田牟请许党项仇复回鹘事状》:"又回鹘安孝顺云,赤心宰相问:'汉国中~你回鹘好无?'"元《三国志平话》卷上:"丞相归堂,叫貂蝉:'吾~你如亲女一般看待。'"明《西游记》三四回:"二大王平日~你甚好,我推一句儿在你身上。" ❺款待;照看。唐杜甫《南邻》:"惯~宾客儿童喜,得食阶除鸟雀驯。"《敦煌变文校注》卷一《董永变文》:"娘子便即承(乘)云去,临别分付小儿郎。但言好~小孩子,共永相别泪千行。"清陈端生《再生缘》七七回:"领他外边拜见了老千岁与小王爷。好生~他,去去就来。" ❻安排;备办。指具体事物或礼仪方面的款待、照看。《元曲选·老生儿》一折:"孩儿每,~头口儿,送你父亲庄儿上去来。"明徐霖《绣襦记》二九出:"银筝,~茶酒伺候。"《金瓶梅词话》五四回:"西门庆~了太医的椅子。太医道:'不消了。'也答~了西门庆椅子。" ❼物色;挑选。唐王建《赠溪翁》:"~日和仙药,书符救病人。"明《金瓶梅词话》六二回:"谁家有好材板,你和姐夫两个拿银子~一副来。"清《儒林外史》一八回:"还要买些肉馒头,中上当点心。于是走进一个馒头店,~了三十个馒头。" ❽当心;留意。表示提醒对方留意可能发生的不好的事情。《祖堂集》卷一九《临济和尚》:"切须自~,可惜时光,各自努力。"《元曲选外编·西厢记》三本二折:"〔旦做揪住科〕我逗你耍来。〔红云〕放手,~打下下截来!"清《红楼梦》二九回:"姑娘们,这是街上,~人家笑话!" ❾诊治;诊视。金《董解元西厢记》卷五:"请医人至,令~其脉。"明《老乞大谚解》卷下:"我有些脑痛头眩,请太医来诊候脉息,~甚么病。"清《儒林外史》一五回:"我这里竟拿十两银子与你,你回去做些生意,请医生~你尊翁的病。" ❿顾念;顾及。明《牡丹亭》七出:"师父~他初犯,容学生责认一遭儿。"《西游记》四二回:"不~僧面~佛面,千万救我师父一难罢。"清《醒世姻缘传》九回:"就不为妹夫,也~晁大爷公母两个的分上。" ⓫指望。宋元《警世通言》卷一六:"自从没了你爷,便满眼只~你。若是你做出事来,老身靠谁?"明《拍案惊奇》卷三三:"我们兄弟两个,只~你一个人。偌大家私,无人承受。" ⓬副词。行将;眼看。唐李建勋《金陵所居青溪草堂闲兴》:"素壁题~遍,危冠醉不簪。"刘禹锡《酬令狐相公杏园下饮有怀见寄》:"三春~又尽,两地欲何如?"宋晁元礼《沁园春》:"政声朝奏,除书夕至,即~归趋丹凤楼。" ⓭助词。用在动词之后,表示尝试。唐白居易《松下赠琴客》:"偶因群动息,试拨一声~。"元明《水浒传》四四回:"今见兄长行步非常,因此唤一声~。不想果是仁兄。"清方成培《雷峰塔》六出:"〔贴〕你看这等大雨,又无处躲避,烦你对船内官人说,望行方便则个。〔丑〕是哉。让我问~。"

【看不的】 kàn bù de ❶同"看不得❷"。《元曲选·紫云庭》一折:"我~你这般粗枝大叶,听不的你那里野调山声。"清《醒世姻缘传》五二回:"我也做不成那孝妇,我也~那牌坊。我就有肉,情知割给狗吃,我也做不成那股汤!" ❷同"看不得❸"。《元曲选·误入桃源》三折:"吃紧得理不服人,言不谙典,话不投机。~乔所为,歹见识,刁天决地。" ❸同"看不得❹"。清《歧路灯》一六回:"希侨道:'俺们上阁上看看针线何如,捎两件,回家做样子。'慧照笑道:'~。'"

【看不得】 kàn bù de ❶看不成;未能看到。宋元《警世通言》卷一六:"当夜~那灯,独自一个行来行去。"清《野叟曝言》六回:"素臣随手抽出一本《纲鉴》,走向正中床上坐着,~几行,早已昏然欲睡。” ❷ 看不上；瞧不入眼。表示轻视。元明《水浒传》二四回：“奴家平生快性，～这般‘三答不回头，四答和身转’的人。”明沈璟《义侠记》五出：“看了武大郎这个模样，不要说娘子着恼，就是老身也～。” ❸ 看不过去。表示不能容忍或不忍心。明李梅实《精忠旗》三〇出：“皇天，道你分明也忒难。但是人都～，亏伊只做等闲看。”《拍案惊奇》卷三八：“刘员外固然～，连那妈妈积祖护他的，也有些不伏气起来。”清李玉《清忠谱》一五折：“我与你相携同上也望乡台，～累累妻孥哭草莱。”也用来表示事态严重。明《拍案惊奇》卷二二：“再过两日，店主人寻事吵闹，一发～了。” ❹ 不能看。表示怕人看或不允许看。明《醒世恒言》卷一六：“陆婆道：‘是一件要紧物事，你～的。’寿儿道：‘怎么～？我偏要看！’”《拍案惊奇》卷二六：“不过是摆设得精致，别无甚奇怪珍秘，与人～的东西。”清李玉《清忠谱》一三折：“〔付〕借牌来看。〔外〕～的。〔付〕说了罢！〔外〕悄悄说你知道。” ❺ 不必看。表示已有对照，情理显然。清《儒林外史》三回：“都是些粗心浮气的说话，～了。左右的，赶了出去！”《绮楼重梦》一六回：“见他那边三个的本事，以下的武进士就都～了。” ❻ 不能只看（表面或某一方面）。清《红楼梦》七七回：“虽有一枝全的，他们也必截做两三段，镶嵌上芦泡须枝，掺匀了好卖，～粗细。”《红楼复梦》五回：“这人虽是个下人，生得浓眉大眼，～他相貌粗鲁，颇有忠心肝胆。”

【看不过】 kàn bù guò ❶ 受不了被盯住了看。元明《水浒传》二四回：“那妇人吃了几杯酒，一双眼只看着武松的身上。武松吃他～，只低了头。”清《荡寇志》七三回：“笑迷迷的只管盯住了丽卿看。丽卿吃他～，也笑了。” ❷ 犹“看不得❷”。明《醒世恒言》卷一：“暗暗地颠唇簸嘴，批点那飞天夜叉之丑。王奉自己也～，心上好不快活。” ❸ 犹“看不得❸”。明《警世通言》卷三一：“初时硬了心肠，不管闲事。以后夫妻之情～，只得又是一五一十担将出来。”清《红楼梦》一九回：“见宝玉不在家，丫鬟们只顾玩闹，十分～。”《歧路灯》三二回：“我做的原不成事。你要是～，你就出去。”

【看不起】 kàn bù qǐ 犹“看不得❷”。清《红楼梦》九回：“你那姑妈只会打旋磨子，给我们琏二奶奶跪着借当头。我眼里就～他那样的主子奶奶！”《绿野仙踪》七四回：“他们劫州掠县，也不知得过多少金帛。少了他断断～，多了那里去弄？”《镜花缘》二三回：“但俺腹中本无一物，若再谦恭，他们更～了。”

【看不上】 kàn bù shàng ❶ 犹“看不得❷”。金《董解元西厢记》卷五：“岂止风流好模样，更一段儿恁锦绣心肠，道个甚教人～？”明汤显祖《南柯记》二九出：“我好～他嘴脚儿，赤体精骸。” ❷ 犹“看不得❸”。清《续金瓶梅》一五回：“这孩子又不见了娘，又是饥饿，一路啼哭。应二老婆～，有带的干饼和炒面，给了孝哥些吃。”《霓裳续谱·清晨早起》：“这两日行动坐卧我～，你端了来的脸水，烫了我的手。”《红楼梦》七四回：“我的心里很～那狂样子，因同老太太走，我不曾说得。”

【看菜】 kàn cài ❶ 宴会上供摆设观看并不食用的菜肴。宋吴自牧《梦粱录》卷三：“御厨制造宴殿食味，并御茶床上看食、～，匙箸、盐碟、醋樽，及宰臣亲王看食、～，并殿下两朵庑看盘、环饼、油饼、枣塔，俱遵国初之礼在，累朝不敢易之。” ❷ 样菜；酒店用来做样子供顾客选择的菜肴。宋吴自牧《梦粱录》卷一六：“初坐定，酒家人先下～，问酒多寡，然后别换好菜蔬。”明《西湖二集》卷一一：“酒未至，先设～数碟，及举杯，又换细菜。如此屡易，愈出愈奇。” ❸ 供应菜肴款待或待客时让菜敬菜。明《金瓶梅词话》六一回：“你陪他坐去，我这里吩咐～儿。”清《歧路灯》九七回：“一席是三位礼宾序年庚坐了。绍闻陪一桌，篑初斜陪一桌。这安杯～的常礼，一言略过。”

【看茶】 kàn chá 供应茶水（款待）。《元曲选·冯玉兰》二折：“可开那船舱门，一面～，待老夫与他厮见咱。”明《西游记》二三回：“一一相见礼毕，请各叙坐～。”清《儒林外史》二八回：“客还未到，厨子、～的，老早的来了。”

【看长】 kàn cháng 从长远考虑。清《醒世姻缘传》一五回：“是什么是！我只说是爷儿们不～！”又二一回：“凡事～，不要短见。”

【看场】 kàn chǎng 观看竞技、游艺表演的围场，也指观看这样场所的表演。唐常非月《咏谈容娘》：“马围行处匝，人压～圆。”明朱太学《清明日过高粱桥作》：“～压处掉都卢，走马跳丸何事无？”清《歧路灯》四九回：“其实幼学少妇赶会～，弄出的事体，其丑声臭闻，还有不可尽言的。”

【看成】 kàn chéng ❶ 成为；变作。宋曾觌《忆秦娥·赏雪席上》：“舞衣旋趁霓裳曲，倚阑相对人如玉。人如玉。锦屏罗幌，～不足。”洪适《思佳客·次韵蔡文同集钱漕池亭》：“花信今无一半风，芙蓉出水儿时红。～弱柳阴阴绿，自在迁莺巧语中。”明孙柚《琴心记》二一出：“昨日相知今又非，昨夜成双今不知。谁知命运当奇，忽～咫尺天涯。” ❷ 当作；认为。宋刘辰翁《摸鱼儿·和谢李同年》：“笑步步鸣蛙，～两部，正似未忘鼓。”明徐复祚《投梭记》五出：“老爷，须不是路李，莫～野卉。”清《绿野仙踪》一九回：“你若把我这话当知心话，你的事就是我的事……你若是～放屁，我也不过长叹一声罢了。” ❸ 同“看承❶”。《元曲选·荐福碑》二折：“他请我在庄儿上教村学，也曾～的我至好。”明汪廷讷《狮吼记》一二出：“奴家乃苏老爷侍儿秀英是也。自幼～，年今二八。”叶盛《水东日记》卷一一：“大男小女好～，恩深夫妇情何极。” ❹ 同“看承❷”。元侯正卿《醉花阴》：“气命儿般～，心肝般钦敬，倒将人草芥船轻。”明《警世通言》卷二八：“实是大胆汉子，把我们公人作等闲～。”清《绿野仙踪》八八回：“望二位大人以儿女～，莫疑为妖灵狐媚。” ❺ 将要。明汤显祖《紫钗记》二五出：“记一对儿守教三十许，盟和誓～虚。”又五二出：“你为男子不敬妻，转关儿使见识，到底你～甚的？” ❻ 那样；那般。明朱有燉《风月牡丹仙》一折：“我也不似蔷薇刺藤～的薄幸，等闲觅约寻盟。”

【看成做】 kàn chéng zuò 看作；当作。元刘时中《一枝花·罗帕传情》：“拜而，受之，～护身符的意思绥文字，谁敢道待的其须。”《元曲选·小尉迟》一折：“你将我这口中言～耳边风。”又《神奴儿》一折：“则你那状本儿如瓶注水，俺亲弟兄～了五眼鸡。”

【看承】 kàn chéng ❶ 照顾；照看。《敦煌变文校注》卷二《庐山远公话》：“从此意（忆）念病成，～服药。”宋柳永《击梧桐》：“自识伊来，便好～，会得妖娆心素。”明《金瓶梅词话》：“我便请他来，拨间房子住下，只一口儿，也好～的。” ❷ 看待；对待。五代牛希济《生查子》：“夫婿不风流，取次～妾。”元马致远《要孩儿·借马》：“近来时买得匹蒲梢骑，气命儿般～爱惜。”清《红楼梦》六回：“当日你们原是和金陵王家连过宗的。二十年前，他们～你们还好。”

【看答】 kàn dā 看。答，词尾。明《金瓶梅词话》一八回：“怪剌剌教丫头～着，甚么张致！”又二三回：“拿到这边来吃罢。在后边李娇儿孙雪娥两个～着，请他是不请他是？”

【看待】 kàn dài ❶ 招待。《法苑珠林》卷七七：“若无此物，复无别施，止得出常住僧物～人客。”宋《五代史平话·唐上》：“未免排办茶饭，～诏使。”清弘历《蔚藻堂》：“～主人无别物，起吟佳趣面前呈。” ❷ 照料；照看。唐王梵志《耶娘绝年迈》：“晓夜专

～,仍须省睡眠。”《云笈七籤》卷一一三:“遂赐宫女四人,香药金彩,又遣中使二人专～。”清《红楼梦》八回:“因见宝玉吃了酒,遂命他自回房去歇着,不许再出来,因命人好生～着。” ❸ 对待。金《刘知远诸宫调》一:“～老儿浑如无物,高声叱喝,驱使有若奴仆。”元明《水浒传》一六回:“休说我上相公家都管,便是村庄一个老的,也合依我劝一劝,只顾把他们打,是何～。”清《说岳全传》三八回:“倘或有些差池,只要～这三个兄弟,犹如小弟一般,就足见盛情了。” ❹ 且看(事态如何发展)。金元好问《小重山》之二:“无情月,～几时圆。”明孙仁孺《东郭记》二一出:“分明嫁了个乞丐了。且随他到东郭,～如何。”清《别有香》一三回:“我且向前挑拨他一番,～如何。”

【看的】 kàn de 观众。宋佚名《张协状元》一出:“〔末白〕～,世上万般俱下品,思量惟有读书高。”元关汉卿《斗鹌鹑·女校尉》:“不要那～每侧面,子弟每凝眸。”

【看的过】 kàn de guò 同“看得过”。清《歧路灯》二三回:“须是现银子,又省价钱,又拣好的,茅兄来,也～。”

【看的上】 kàn de shàng 同“看得上”。明《金瓶梅词话》二一回:“好个汗邪的货,教我有半个眼儿～你!”清《红楼梦》三五回:“这会子现世现报,教我那一个眼睛～!”

【看得】 kàn dé ❶ 看见;看到。宋韩维《谢朱厚之惠米》:“水边～霜秔熟,月下春来玉粒寒。”元明《水浒传》六〇回:“～两边各折了些人马,晁盖回到寨中心中甚忧。”清《歧路灯》七〇回:“原来当日被夏逢若说合,这姜氏已心愿意肯,～委身事夫,指日于飞。” ❷ 公文用语,犹勘到,谓经审查认定。明李梅实《精忠旗》三七出:“该大理寺奉旨:～秦桧,亘古穷奸,欺君逆贼。”清《红楼梦》九九回:“～薛蟠实系泼酒失手,掷碗误伤张三身死。”

【看得过】 kàn dé guò 能入眼;说得过去。明《西游记》二〇回:“不敢夸言,也将就～。”清《醒世姻缘传》一〇〇回:“狄希陈原是故旧人家,宦囊也～。”

【看得上】 kàn dé shàng 能入眼;看重。明《警世通言》卷三〇:“愚弟兄陪足下一行,倘有～肯的,沽饮三杯。”清《醒世姻缘传》六九回:“他既是知不道好歹,惹得奶奶心里不自在,咱没的～么?”

【看灯蟹】 kàn dēng xiè 称农历正月的螃蟹。宋岳珂《以螃蟹寄高紫微》:“得君净洗沙漠尘,归趁看灯更奇绝。”原注:“蟹至正月重出,俗谓之～。”元高德基《平江记事》:“正月上元,渔人所藏～三四只,重一斤,风味殊胜。”

【看底】 kàn dǐ 同“看的”。宋佚名《张协状元》三二出:“〔末出〕～,莫道水性从来无定准,这头方了那头圆。”

【看读】 kàn dú 阅读。唐褚遂良《请节劳表》:“又数年已来,耽玩书史……臣愚诚恐陛下今犹～。”五代郭威《答宰臣王峻诏》:“其所进图,已令于行坐处张悬,所冀出入～,用为鉴戒。”清《绿野仙踪》七回:“今日是文期,出此题考予门弟子,故先做一篇,着伊等～,以为矜式。”

【看垛钱】 kàn duò qián 宋代金银、钞引交易铺门前陈列的金银和现钱。宋吴自牧《梦粱录》卷一三:“自五间楼北,至官巷南街,两行多是金银、盐钞引交易铺,前列金银器皿及现钱,谓之～。此钱备准榷货物算清盐钞引。”

【看饭】 kàn fàn 供饭(款待)。明沈采《千金记》六出:“今日有客在此,你去～来。”《梼杌闲评》三〇回:“忠贤叫～来。小内侍摆下饭,恰好侯七官也进来。”清《醒世姻缘传》七一回:“太太甚是喜欢,叫人～相待。”

【看风】 kàn fēng 望风;放哨;察看动静。清《鸳鸯针》四卷三回:“到替齐氏～勾引,做了马泊六。”△《儿女英雄传》一一回:“沿路上并不是不曾遇见歹人。不是他们二人匀一个远远的先去～,就是见了面,说两句暗语,彼此一笑过去。”

【看顾】 kàn gù ❶ 照顾;照料。元危亦林《世医得效方》卷一八:“又恐再出窠,时时～,不可疏慢。”元明《水浒传》三六回:“休要为我来江州来,弃撇父亲,无人～。”清《醒世姻缘传》五回:“适然有一班苏州戏子,持了一个乡宦赵侍御的书来,托晁知县～。” ❷ 指提携、奖赏等。明张四维《双烈记》一五出:“你我是旧同僚,不可作模样,～～何如?”清《无声戏》三回:“凡是各役中,衣帽齐整,模样干净的,就～他。见了那褴褛龌龊的,不是骂,就是打。”《粉妆楼》五回:“留下你的女儿,我家大爷少不得重重～你。你若是不肯,休想活命!” ❸ 看待;对待。清《风流悟》二回:“你顺了我,我多与你银子买果儿吃,做衣服与你穿,孙仁我另眼～。”《二度梅》一五回:“喜童这个孩子,大有根基,不是平常之辈,以后要另眼～他。” ❹ 看望。明《西游记》八回:“承～! 承～! 我在此度日如年,更无一个相知的来看我一看。”《古今小说》卷三:“姐姐,依着我口,寻个僻静所在去住,我自常来～你。”

【看官】 kàn guān 戏剧和话本、章回小说中对看戏或听书的人的称呼。元佚名《错立身》二出:“～不认是阿谁,我是一个佗背乌龟。”明《金瓶梅词话》六九回:“～听说,水性下流,最是女妇人。”清《红楼梦》一回:“列位～:你道此书从何而来?”

【看果】 kàn guǒ 宴席上供观赏的以木、蜡等制的果品。宋吴自牧《梦粱录》卷三:“翰林司排办供御茶,床上珠花～,并供细果,及平章、宰执、亲王、使相高坐果桌上第～。”又卷一九:“果子局,掌装簇饤盘～、时新水果、南北京果……劝酒品件。”

【看好】 kàn hǎo 探望问好。明《金瓶梅词话》九七回:“正月里我往他家与孝哥生日,勾搭连环到如今,他许下我生日买礼来～一节。”

【看候】 kàn hòu 看视诊断或看望问候。五代李亶《禁滞狱敕》:“在狱疾病,委随处官吏当面录问,令医人～。”明《醒世恒言》卷二〇:“徐氏方接过口来,把张权被人陷害前后事情,细说一遍。又道:‘想他～父亲去了。’”清《红楼梦》一〇六回:“正在独自悲切,只见家人禀报各亲友进来～。贾政一一道谢。”

【看话】 kàn huà 禅家语。谓对前代禅师的某些机缘语句进行内省式的参究。宋觉范《禅林僧宝传》卷二三《黄龙宝觉心禅师》:“大事本来如是。和尚何用教人～下语、百计搜寻。”陈师道《后山谈丛》卷三:“今人根钝,闻一知一。故雪窦以古人初悟之语,为学者入道之门,谓之因缘;退而究之,谓之～。”朱熹《杂学辨》:“张氏之云,乃释氏～之法,非圣贤之遗旨也。”

【看即】 kàn jí 眼看着;就要。唐崔涂《南山旅舍与故人别》:“一日又将暮,一年～残。”宋寇准《春望书事》:“～流芳无处问,但将餘兴滞黄醅。”清《续金瓶梅》一回:“浮世短景倏成空,石火电光～逝。”

【看将】 kàn jiāng 眼看;即将。唐陆龟蒙《徐梁怨别》:“寥寥缺月～落,檐外霜华染罗幕。”《敦煌变文校注》卷五《维摩诘经讲经文》:“白云岭上渐生,红日～欲没。”宋欧阳修《招许主客》:“楼头破鉴～满,瓮面浮蛆拨已香。”

【看脚】 kàn jiǎo 市语。踏看作案的门径。也说成“看脚路”“相脚头”等。清《野叟曝言》二五回:“咱们这船走了好几日了,怎么你这两个女人还只顾跟着,莫非是～的歹人吗?”

【看阶】 kàn jiē 同“看街❶”。明《警世通言》卷二八:“门前四扇～,中间两扇大门,门外避藉陛。”

【看街】 kàn jiē ❶ 安有格子窗以观看街上动静的住宅临街

门。宋吴文英《六丑》:"～临晚,放小帘低揭。星河潋滟春云热,笑靥欹梅。"宋元《古今小说》卷一五:"是日桑维翰与夫人在～里观看往来军民。"明《警世通言》卷二八:"许宣看时,见一所楼房,门前两扇大门,中间四扇～格子眼。" ❷ 观看街景。明《古今小说》卷一一:"仁宗手执一把月样白梨玉柄扇,倚着栏杆～。"清《云仙笑》二回:"等尊夫人立在门首,只做～,待我同这人走过,略看看儿就是。"《醒世姻缘传》八九回:"寻到县前,正见素姐在一家下客的门口凳上坐了～。"

【看街楼】 kàn jiē lóu 住宅的面朝街道的楼,可观看街景。五代刘崇远《金华子杂编》卷上:"宰相宅有～子,皆封泥之,惧其纠劾也。"元张国宾《汗衫记》一折:"孩儿,道与交安排酒者,咱～上赏雪咱。"

【看酒】 kàn jiǔ 供酒(款待)。《元曲选·谢天香》一折:"张千,就讼厅上～来,管待学士。"明徐霖《绣襦记》九出:"〔贴〕延宾馆暂款留。〔小旦〕待奴家～来。"清《红楼梦》六五回:"贾琏忙命人:'～来,我和大哥吃两杯。'"

【看看】 kàn kàn ❶ 副词。表示时态或事态的变化。随变化的疾缓,大致有如下用法。a) 当即;骤然。敦煌词《十二时·普劝四众依教修行》:"弥陀佛,功力大。能为劳生除障盖。猛抛家务且勤求,～被送荒郊外。"明《情史·情外·张幼文》:"及冠,为之娶妻。而倪容聚减。先生为吴语谑之云:'个样新郎忒煞干,～面上肉无多。'"清李渔《蜃中楼》一二出:"似这等离父母,～瘦,怎经得做媳妇,迢迢嫁?"b) 眼看;即将。唐王建《关山月》:"边风割面天欲明,金沙岭西～没。"元张国宾《薛仁贵》四折:"爷娘～七十八,死限儿来时,谁与我拽布拖麻?"清《飞龙全传》五回:"早把那大王杀得只有招架之功,更无还兵之力,～要败将下来。"c) 渐渐;逐渐。唐杜荀鹤《春日登楼遇雨》:"～水没来时路,渐渐云藏望处山。"元明《水浒传》二三回:"武松正走,～酒涌上来。"清《雪月梅》三回:"再过两个月,～弄得衣食不周,就思量到小梅身上来了。"d) 表示一般的时态或事态的变化。元明《水浒传》八回:"搀着林冲,又行不动,只得又挨了四五里路。～正走动了,早望见前面烟笼雾锁,一座猛恶林子。"清《儒林外史》三回:"～上京会试,盘费、衣服,都是金有餘替他设处。"《飞龙全传》六回:"公同凑出了份资,置办祭礼,亲到灵前祭奠。～已有二十餘日,张员外择日,将小姐发送坟茔,埋葬下了。" ❷ 助词。用在动词之后,表示试一试。《敦煌变文校注》卷四《降魔变文》:"大决～,然可定其胜负。"六十种曲本《琵琶记》三四出:"我如今寻思起来,你弹得也不好,唱得也不好。你不信时,再弹唱一曲～。"清《红楼梦》一〇回:"这如今明显出一个水亏木旺的症候来,待用药～。"

【看来】 kàn lái 表示经观察而作出的判断。宋刘过《水龙吟·寄陆放翁》:"谪仙狂客何如,～毕竟归田好。"《元曲选·青衫泪》三折:"这等～,还是活的。"清《红楼梦》一回:"据我～,第一件,无朝代年纪可考。第二件,并无大贤大忠理朝廷治风俗的善政。"

【看冷暖】 kàn lěng nuǎn "世情看冷暖"之省,指区别或计较亲疏贵贱。元明《水浒传》一七回:"好兄弟,休得要～,只想我日常的好处,休记我闲时的歹处。"

【看理】 kàn lǐ 探听打理;打听过问。元明《水浒传》四一回:"只留下朱贵、宋万在穆太公庄,～江州城里消息。"清《东游记》五六回:"众视之,乃是观音,见二处战争,来此～。"

【看疗】 kàn liáo 诊断治疗。唐张九龄《敕碛西支度等使章仇兼琼书》:"今遣医人将药,就彼～。"《太平广记》卷五一引《续仙传》:"俄患遍身恶疮,王老乃求医药～。"明杨士奇《寄升侄秫子》:"母亲有病,请蒋先生～。"

【看楼】 kàn lóu 供娱乐或瞭望的楼。唐郑处诲《明皇杂录》卷下:"每正月望夜,又御勤政楼观作乐。贵臣戚里官设～。夜阑,即遣宫女于楼前歌舞以娱之。"宋周煇《清波杂志》卷三:"王夫人者,一日于～见一僧顶笠自楼下过。"△清《海上尘天影》四三回:"进来两边廊屋十二间,上有～,东西相向。"

【看脉】 kàn mài 诊视脉搏以判断病情。唐孙思邈《备急千金要方》卷八九:"每针常须～。脉好乃下针,脉恶勿乱下针也。"明温纯《与弟书》:"遂给路费脚力,令来家～,从容调治。"清《红楼梦》一〇回:"此时精神实在不能支持,就是去到府上也不能～。"

【看觅】 kàn mì 找寻。唐刘商《行营送人》:"回来～莺飞处,即是将军细柳营。"《敦煌变文校注》卷六《大目乾连冥间救母变文》:"狱主更问:'第七隔中有青提夫人已否?''若～青提夫人者,罪身即是。'"

【看命】 kàn mìng 算命。宋张知甫《可书》:"又～必先谈其不好处,使人骇动,谓之插却。"明王绂《病中述怀》:"有客来～,犹谈蔗境甜。"《梼杌闲评》一九回:"再查五星～:正丑宫玉堂临照,火罗居于福德,大有威权。"

【看牌】 kàn pái 玩骨牌或纸牌。明《金瓶梅词话》一八回:"既是姐夫会～,何不进去咱同看一看?"清胤禛《朱批谕旨》卷一二五:"每昼则～赌钱,夜则饮酒酣睡。"《醒世姻缘传》五回:"不许在此坐卧喧哗,～赌博。"

【看盘】 kàn pán ❶ 宴席上供摆设的食品菜肴。宋吴自牧《梦粱录》卷三:"每位列环饼、油饼、枣塔为～。若向者高宗朝,有外国贺生辰使副,朝贺赴筵……～如用猪、羊、鸡、鹅、连骨熟肉。"明《西游记》七九回:"～高果砌楼台,龙缠斗糖摆走兽。"《梼杌闲评》二二回:"～簇彩巧妆花,色色鲜明;接席堆金狮仙糖,齐齐摆列。" ❷ 验看聘礼。盘,盛聘礼用的盘,借指聘礼。清《好逑传》三回:"水运开了小门,接冰心小姐过去～。"《红楼圆梦》一六回:"果茶三献,又请吃早面。然后～,盘共三十六架。"

【看棚】 kàn péng 用席、木等搭建的供观看用的棚式建筑。五代王定保《唐摭言》卷三:"痛饮于佛阁之上,四面～栉比,悉皆褰去帷箔而纵观焉。"宋邹浩《至日依韵和老杜》之四:"～尚倚天街柳,恩信先通桂岭梅。"△清《儿女英雄传》一五回:"正中搭了座戏台,两旁扎起两路～来。"

【看破】 kàn pò 犹"看透"。宋朱熹《答詹帅书》:"若《论语》《孟子》二书皆蒙明眼似此～,则鄙拙幸无今日之忧久矣。"明王守仁《寄杨仕德》:"近来学者时行症候,仕德既已～,此病早晚自不废药石。"清《红楼梦》六七回:"或～那道士的妖术邪法,特意跟他去,在背地摆布他,也未可知。"

【看乔】 kàn qiáo 看出虚假,引申指轻视、小看。明《金瓶梅词话》二〇回:"你既收了他许多东西,又买了房子,今日又图谋他老婆,就着官儿也～了。"清《儒林外史》四回:"难道是怕小婿怪?惹绅衿老爷们～了,说道:'要至亲做甚么呢?'"

【看轻】 kàn qīng 轻视;看得不重要。《元曲选·抱妆盒》二折:"〔承御云〕那个是小哇哇,你看的他这等轻那!〔正末云〕你道我～了,他敢是太子?"明高攀龙《高子遗书》卷四:"'不失'两字,不要～了,有多少工夫在。"清《红楼梦》六七回:"姑娘的千金贵体,也别自己～了。"

【看擎】 kàn qíng 举在手中观看,比喻珍爱。明《金瓶梅词话》三四回:"不想他第七个房里生了个儿子,喜欢的了不得,也象咱当家的一般,成日如同掌儿上～。"

【看取】 kàn qǔ ❶ 看;察看。取,助词,无实义。唐李白《长相思》之二："不信妾肠断，归来～明镜前。"《元曲选·窦娥冤》二折："劝普天下前婚后嫁婆娘每，都～我这般傍州例。"清《别有香》一五回："两人仍往缸边～螺壳，已早不见。" ❷ 照顾；照料。明《拍案惊奇》卷三一："凡百事要老爹老娘～，后日另有重报。"《型世言》三六回："太尊因他正直受诬，着实～，诸事都托他。"清《八洞天》卷二："君既死兮儿没主，飘泊天涯，更有谁～！"

【看觑】 kàn qù ❶ 看；察看。宋吕陶《奏为官场买茶亏损园户状》："昨蒙提举推官，躬亲在茶场内～。"元《七国春秋平话》卷上："张奢问：'为何暗出齐城？'言曰：'小人是艰难人也。'奢～，身上泥土破衣，张奢放了。"清李玉《清忠谱》一六折："何人阙前喧嚷，急急～则个。" ❷ 看望；探望。宋洪迈《夷坚志》三己卷二："我既薄醉思汝，又念家间乏人～。"金《董解元西厢记》卷五："没亲熟病染沉疴，可怜我四海无家独自个，怕得工夫肯略来～我么？"明陆采《怀香记》三〇出："我今有病，母亲必来～。我做个假意儿，用些言语激动他一番。" ❸ 照顾；照料。宋《建炎以来朝野杂记》乙集卷一四："为岳飞故节饮食成病，依律合召家人入侍，已就令岳雷入侍～。"《元曲选·窦娥冤》楔子："小生目下就要上朝进取功名去，留下女孩儿在此，只望婆婆～则个。"清《八洞天》卷二："你的儿子，原得你自去～他。我是继母，不会～他的！" ❹ 看待；对待。明张凤翼《灌园记》一三出："孩儿看此人不是灌园的。可对爹爹说，还该另眼～他。"《金瓶梅词话》一回："想当初姻缘错配，奴把他当男儿汉～。"清《珍珠舶》七回："我曾蒙你另眼～，将着海棠许我。" ❺ 诊治。《元曲选·黑旋风》三折："早～着，不要迟了，怕变做疔疮哩。"

【看人】 kàn rén 观看者。《敦煌变文校注》卷二《庐山远公话》："叹念之次，～转多。是时远公心怀惆怅，怨恨自身。"金《董解元西厢记》卷一："诸僧与～惊晃，瞥见一齐都望。"清洪昇《长生殿》三七出："郊外喧喧引～。"

【看上】 kàn shàng 中意。《元曲选·窦娥冤》楔子："我有心～他，与我家做个媳妇。"元明《水浒传》二一回："这婆惜是个酒色倡妓，一见张三，心里便喜，倒有意～他。"清《红楼梦》四回："他便一眼～了这丫头，立意买来作妾。"

【看生婆】 kàn shēng pó 接生婆。宋佚名《张协状元》三五出："还是卖珠婆、牙婆、～，不要它来。"

【看食】 kàn shí 宴席上供摆设的食品。宋钱易《南部新书》卷九："九饤食，以牙盘九枚装食味其间，置上前，亦谓之～。"吴自牧《梦粱录》卷一九："厨司，事前后掌筵席生熟～、粹饤、合食，前后筵九盏食。"明方以智《通雅》卷三九："～，今人列围卓上者。古称饤坐，谓饤而不食者。"

【看侍】 kàn shì 照料；侍奉。唐冯翊子《桂苑丛谈》："然公幼年时读书，早起夜卧～，即要乳母；今年长为公相侯伯，焉用乳母哉？"明孟称舜《娇红记》三八出："〔末〕二哥何不同来？〔生〕老亲在堂，特留～。"清《红楼梦》八回："遂命他自回房去歇着，不许再出来了。因命人好生～着。"

【看视】 kàn shì ❶ 犹"看觑❶"。《法苑珠林》卷四九："七日斋毕，华更鲜红，～罂中，稍有根须。"明韩邦奇《衰弱不能供职恳乞天恩休致事》："字画谨细，臣必映对日光，方能～。"清《红楼梦》一四回："说着，便吩咐彩明念花名册，按名一个一个的唤进来～。" ❷ 犹"看觑❷"。明《金瓶梅词话》六一回："月娘告诉李瓶儿跌倒之事，西门庆慌走到前边来～。"清《聊斋志异·林氏》："长名长生，已七岁，就外祖家读书。林半月辄托归宁，一往～。"《红楼梦》一六回："每逢二六日期，准其椒房眷属入宫请候～。" ❸ 犹"看觑❸"。《法苑珠林》卷八三："六亲在侧，昼夜～，初不休息。"明孟称舜《娇红记》二出："哥哥，你奉双亲，好生～。"清《后水浒传》一六回："今日丈人身体欠安，你在此～，我去取了来。" ❹ 犹"看觑❹"。清《红楼梦》七四回："王夫人向来～邢夫人之得力心腹人等原无二意。"《野叟曝言》一〇四回："岑浚以奴～受贰，受贰骄蹇惯的，如何当得？" ❺ 犹"看觑❺"。宋《太平惠民和剂局方·指南总论》卷中："教他更请医者～，不可乱发药也。"《元曲选外编·西厢记》五本二折："早间太医院着人来～，下药去了。"清《红楼梦》一〇二回："贾珍忙请了大夫～，说感冒起的。"

【看耍】 kàn shuǎ 观赏游玩。元明《水浒传》五一回："这胡子和我街上～，又买糖和果子请我吃。"明王錂《春芜记》一一出："〔开门见介〕我且问你，你是甚么人？这等不知事体，辄敢走到这里！〔净〕我们～子儿的。"《禅真逸史》五回："这道场做了七昼夜，城里城外，不知引动了多少人来～。"

【看诵】 kàn sòng 读诵(经书)。宋朱熹《答廖子晦》："但画一图，朝夕～，仍于指掌间轮之，久久自熟。"明《西游记》一〇〇回："此经成就之时，有比丘圣僧将下山与舍卫国赵长者家～一遍。"清《隋唐演义》一〇回："这日正在鹤轩内～《黄庭》。"

【看探】 kàn tàn 探看；侦察或观察。《敦煌变文校注》卷二《前汉刘家太子传》："刘家太子，逃逝多时，不知所在。汝乃莫令人知，往彼～。"元明《水浒传》四五回："我却难去那里踅。若得你先去～有无，我才可去。"清《荡寇志》九四回："四面各处～，人影也无。"

【看透】 kàn tòu 透彻地了解(实质或真相)。宋朱熹《答陈卫道》："便渐见得他一二分错处，迤逦～了后，直见得他无一星子是处。"明高攀龙《高子遗书》卷四："大要先～天下万事，除了修己，更无别事。"清《醒世姻缘传》九四回："且是连次吃亏以后，众人又都～了他的本事。"

【看玩】 kàn wán ❶ 观赏；赏玩。五代王仁裕《开元天宝遗事》卷三："因寒所结檐溜皆为冰条，妃子使侍儿敲下二条～。"明孟称舜《娇红记》三〇出："今日休暇，且～他一番。"清《醒世姻缘传》七八回："你倒不如顺着道儿，撺掇叫我～一回，咱死心塌地的走路。"也指赏玩之处。金《董解元西厢记》卷一："张生心乱，法聪频劝：'这里面狼籍又无～。'" ❷ 指仔细阅读、反复体味。宋《朱子语类》卷一二一："某为见此中人读书大段卤莽，所以说读书须当涵泳，只要子细～寻绎，令胸中有所得尔。"

【看望】 kàn wàng ❶ 犹"看觑❶"。唐张籍《桃坞》："日西殊未散，～酒缸头。"明汤显祖《南柯记》四三出："则老僧与先生登于坛上，～诸天中有甚么景像也。"清《红楼梦》一六回："一应点景等事，又有山子野制度，下朝闲暇，不过各处～～。" ❷ 犹"看觑❷"。《元曲选外编·西厢记》三本二折："小姐～先生，相待兄妹之礼如此，非有他意。"明王守仁《禁约驿递牌》："又有或～亲朋，或经过买卖，因与驿递官吏相识，求买关文。"清《说岳全传》三回："今闻得老相公在此，特来～。" ❸ 犹"看觑❸"。《大唐三藏取经诗话》一七则："再三又祝～痴那，无令疏失。"

【看席】 kàn xí 犹"看卓"。明沈榜《宛署杂记》卷一五："乡试场上下马二宴，每宴上席八席……有大～各一，用饼锭八个，斗糖八个，糖果山五座，又糖五老五座……定胜插花十枝，绒戴花二枝，豆酒一尊。"清汤斌《严禁奢靡告谕》："又有优觞伎筵，酒船胜会，排列高果，铺设～，靡费不赀，争相夸尚。"《醒世姻缘传》三九回："至日共摆了六席酒，鼓手乐人吹打，一样三分～，甚是齐整。"

【看下】 kàn xià ❶ 看好；相中。《元曲选·冤家债主》楔子："白日里～这一家人家，晚间偷他些钱钞，埋葬我母亲。"明汤显祖《紫钗记》四出："俺已～郑娘小女。此女美色能文，颇爱慕十郎风调。” ❷ 定下;备妥。明《金瓶梅词话》六二回:“姐夫,你早替他~副板儿,预备他罢。”清《醒世姻缘传》三回:“你叫媳妇子~攒盒,咱看灯放花耍子。”《儒林外史》二七回:“你作速~一所房子,价银或是二百两、三百两都可以。”

【看相】 kàn xiāng 另见 kàn xiàng。❶ 察看;窥探。《太平御览》卷二六一:“~小吏资质佳者,辄令就学,择其先进擢登右职。”明《二刻拍案惊奇》卷三:“又不知他曾有妻未,不好就启齿。且再过几时,~机会圆成罢了。”又卷三九:“懒龙说罢,先到混堂把身子洗得洁净,再来到船边~动静。” ❷ 觊觎;图谋。明《西湖二集》卷一三:“后来赌穷了,只来~哥哥。争奈贪心无厌,哥哥如何赈济得许多?”清《生绡剪》二回:“一向贫穷无赖,~伯伯家私,每每借贷不还。”《荡寇志》八二回:“只因青云山和那猿臂寨两处的强人,时常有心~这几处村庄,只惧惮着云亲家镇守景阳,不敢蠢动。” ❸ 勾引。明《型世言》三五回:“只是无垢当时有个师祖管住,没人来~他……因他标致,又没了个吃醋的定公,却假借探望来缠。”《西湖二集》卷三三:“见许昂年纪后生,心中也有几分~许昂之意,不时将眉眼言语来勾引许昂。”清《别有香》六回:“人看他,疑他是个龙阳,不知他不屑为此勾当。人上每每~他,俱不得到手。”

【看详】 kàn xiáng ❶ 公文用语。审阅(下级呈送的公文或试卷)。五代梁文矩《请详议任瑶封事奏》:“臣~左拾遗任瑶所进封事,切见唐庄宗朝宰臣豆卢革韦说。”明汤显祖《牡丹亭》四一出:“殿闱深锁,取试卷~回话。”清朱彝尊《易璇玑序》:“或令秘书~,或令有司给札,或与堂除,或补上州文学。” ❷ 揣摩分析或揣摩观察。元明《水浒传》八五回:“宋江取出罗真人那八句法语,递与吴用~,不晓其意。”明《二刻拍案惊奇》卷六:“连忙在里头去取出十来封书启来,交与金生道:‘就烦舅舅替我~里面意思,回他一回。’”清陈端生《再生缘》二二回:“年轻司马心喜,只待临期细~。”

【看想】 kàn xiǎng ❶ 同“看详❷”。宋元《古今小说》卷一一:“仁宗不悦,就御案上取文房四宝,写下八个字,递与赵旭曰:‘卿家~,写着“单單、去吉、吴矣、吕台”,卿言通用,与朕拆来。’” ❷ 同“看相(kàn xiāng)❷”。明《型世言》六回:“你在他家,与老寡妇走动罢了,怎又~小寡妇,主唆婆婆逼他?”清《隋唐演义》一二回:“若土著之民,富有资财,先得了一个守财虏的名头,又免不得个有司~,亲友妒嫉。”《豆棚闲话》四则:“钱财易于耗散,囤在那里惹人~。”

【看相】 kàn xiàng 另见 kàn xiāng。❶ 相面;观察形貌推断吉凶。明谢谠《四喜记》一二出:“〔生〕有累你,今来贺我老爹寿,你相他还有多少寿?〔外〕先奉了酒,然后~。”清《飞龙全传》二五回:“孩儿想起日前有个相面先生,名叫苗光义,到山上来~。” ❷ 面子;外观;样子。《大宋宣和遗事》前集:“朕恐街市小民认的,~不好,故来迟也。”清《隋唐演义》八回:“放在草铺上,地湿发了铜青。叔宝自觉没有~,只得拿一把穰草,将铜青擦去。”《歧路灯》五九回:“若说家里装几个皮箱走当,母亲妻妾面前说个什么?且童仆家人辈不成个~。”

【看行】 kàn xíng 送行。清《歧路灯》七回:“娄先生与王隆吉等已从过道里过来,到前门~。”又一〇回:“戚公差人送路菜一瓮,随带包封家信,说不能~。”

【看省】 kàn xǐng ❶ 视察;探望。唐许嵩《建康实录》卷二:“融乃继进甘果酒肉,自巡床,周流~,终日不倦。”《太平广记》卷六三《玄怪录》:“今小娘子阿姊在逻谷中,有胁,故日往~。”明《西湖二集》卷一:“其妃嫔每岁归临安一次,~坟墓。” ❷ 领悟;体会。《云笈七籤》卷四六:“凡道士修受上法,欲有所~,诵读经文。发篋之时,皆当烧香左右,心拜经前,叩齿三通。”

【看循】 kàn xún 顾情面;徇私情。《金史·张行信传》:“监察职主弹劾,而或~者,非谓凡失察皆然也。”元魏初《奏议》:“本都官豪富要之家,厘勒减价收籴,却赴仓中,纳仓官通同~,便行收受。”《元典章·吏部六》:“若令本道书吏补充本道宣慰司令史,中间凡事不无~,切恐日久害公。”

【看验】 kàn yàn 查验;观察检验。五代严子修《桂苑丛谈》:“用火之后,日日亲自~。”《旧五代史·周书·世宗纪二》:“今岁所放举人,试令~,果见纰缪。”清《儒林外史》四〇回:“到了任,查点了运丁,~了船只,同前任的官交代清楚。”

【看养】 kàn yǎng ❶ 照顾;抚养。唐白居易《祭弟文》:“骨兜、竹石、香钿等三人,久经驱使。昨大祥斋日,各放从良,寻收膳娘新妇~。”宋《五代史平话·梁上》:“取将孩儿下来,抱归家里~。”清《儒林外史》二一回:“孙儿,我不容易~你到而今。” ❷ 放牧;饲养。宋陈旉《农书》卷下:“(蚕)自有叶~,宁叶多而蚕少。”元《秦并六国平话》卷上:“又有马乱吞告大王曰:‘……小臣每赶驴马去雁门关牧。’大王曰:‘~怕甚的?’”明张昱《鹈笼》:“恩重主家~别,不教鹅鸭混阶墀。”

【看样】 kàn yàng ❶ 作为榜样;引作借鉴。《元曲选·东堂老》三折:“不成器的~也!自家扬州奴的便是。”明《警世通言》卷三:“他聪明了一世,懵懂在一时,留下花锦般一段话文,传与后生小子恃才夸己的~。”清《东周列国志》九七回:“卖国贼死得好!好教后人~!” ❷ 仿效;模仿。明佚名《鸣凤记》二五出:“你与我寻思一计,结果了他,省得他人~。”清《飞龙全传》七回:“拿住这个红脸凶徒,一来与我众人们报仇,二来不使后边交税的人~。” ❸ 攀比;争竞。明佚名《精忠记》五出:“裁胸背剪坏了兽头,裁补子差了花样。只好缝些叉口布袋,也来与我师父~。”清《八洞天》卷四:“弟子有不是处,哥子也耐他些。若大家~起来,必至兄弟相争。”《后西游记》三八回:“各人走的是各人的路,各人走是各人的前程,莫要~!” ❹ 比照样品。明《西游记》八八回:“次日请行者三人将金箍棒、九齿钯、降妖杖,都取出放在篷厂之间,~造作。”《二刻拍案惊奇》卷三六:“起先那铸镜匠人打造时节,只说寺中住持无非~造镜。”清《八洞天》卷八:“他已铸过这佛两次,心里甚熟,不消~,恁空铸就一尊。” ❺ 做样品;做样子。明《拍案惊奇》卷一:“不知这些银子要买多少,也不见秤秤,且先把一个与他~。”《二刻拍案惊奇》卷一九:“这东西多哩。我只拿得他一件来~。”清《姑妄言》一八回:“你要我们,原图生儿育女,难道娶我来~儿的么?”

【看议】 kàn yì 察看审议。宋王之望《乞令湖广应副吴拱襄阳官兵钱粮》:“特赐指挥检会前状,并今来所申,逐项子细~利害。”明倪元璐《回奏用间疏》:“馆监教习事宜,该部~具覆。”清陈鼎《东林列传》卷一九:“詹尔选直言触上,怒,下狱,命三谟~,从轻。”

【看语】 kàn yǔ 审断案子的文辞。清胤禛《上谕内阁》卷四六:“吏部将李绂等议以罚俸,~含糊,又称嗣后通行各处,明为李绂解释,甚属不合。”《歧路灯》五回:“我们即速传稿,加上禀帖,催出~,连夜写细,不过一天就到府太爷那边。”

【看阅】 kàn yuè 察看;检阅。唐智昇《开元释教录》卷八下:“中书侍郎李义府等,时为~,有不稳便处,即随事润色。”元明《水浒传》七八回:“诸军尽皆得令,整束了三日,请高太尉~诸路军马。”清玄烨《谕皇太子》:“喇嘛等今作何状,亦寄信来?此情事令大臣~。”

【看盏】 kàn zhǎn 宋代宫廷宴席上教坊司色长二人为饮酒司仪。宋孟元老《东京梦华录》卷九:“教坊色长二人,在殿上栏干边,皆诨裹宽紫袍,金带义栏,～。斟御酒,～者举其袖,唱引曰:‘绥御酒。’声绝,拂双袖于栏干而止。”《宋史·礼志二二》:“次引～二人稍近前,喝拜两拜,随拜万岁。喝上殿祗候,分东西上殿立。”

【看着】 kàn zhe ❶ 眼看;就要。唐司空图《退居漫题》之三:“莫愁春又过,～又新春。”罗邺《早发宜陵即事》:“身事不堪空感激,鬓毛～欲凋衰。”清《醒世姻缘传》二八回:“娘子生产不下,～要死。他却如何晓得?” ❷ 对着;照着。元《三遂平妖传》九回:“只见他～我锅里吹一口气便走了去。”元明《水浒传》六二回:“那人进得门,～蔡福便拜。”明《警世通言》卷六:“不如题了诗,推开窗,～湖里只一跳。” ❸ 顾及;顾念。《元曲选·虎头牌》三折:“相公,叔叔老人家了也。～你小时节,他怎么抬举你来。”又《李逵负荆》四折:“呼保义哥哥见责,我李山儿情愿餐柴。第一来～咱兄弟情,第二来少欠他脓血债。”清《醒世姻缘传》三四回:“～宾梁的体面,一厘也不该要;只是这乡约的苦,宾梁是知道的。” ❹ 指望;期待。《元曲选·神奴儿》二折:“两房头则～神奴儿一个,你怎么下的将他勒死了。”元明《水浒传》五一回:“老身年纪六旬之上,眼睁地只～这个孩儿。”明汤显祖《紫箫记》二五出:“兼程赴,稳～龙庭捷奏,麟阁名图。” ❺ 想着;算计。明张凤翼《红拂记》一八出:“官人,～与你私出西京,不道今日又同到此。”又二九出:“姐姐,～送你官人出去,不觉又经年了。” ❻ 认为;看作。清《红楼梦》二四回:“我如今要告诉他那话,到叫他～我见不得东西似的。”又七二回:“你们～你家什么石崇邓通!把我王家的地缝子扫一扫,就够那么过一辈子了。” ❼ 酌量;估计。清《红楼梦》七五回:“你请你奶奶～送罢,我还有别的事呢。”《歧路灯》二五回:“见楼上窗纸明着,寂无人声,～是不曾回来光景。”又四四回:“只因年轻,不更事体,～回来愈增羞耻,又图混过一时,只是在亳州憨等。” ❽ 外观;表面。清《醒世姻缘传》二回:“他说俺大爷～壮实,里头是空空的。”《绿野仙踪》四三回:“少刻,端上两盘白煮猪肉,两盘煎鸡,两盘炒鸡蛋,两盘调豆腐皮。～是八盘,究竟止是四样。”《歧路灯》三六回:“况且行息之债是撑不住的,～三分行息没啥关系,其实长的最快。”

【看真】 kàn zhēn 看清楚;看准。清《红楼梦》二六回:“你～了是‘庚黄’?”《歧路灯》二九回:“王氏方想起夫君在世,看见这女娃便一眼～,拿定主意要与孔耘轩结姻,真正眼色高强。”

【看治】 kàn zhì 诊断治疗。宋张杲《医说》卷四:“气塞不通,命在顷刻。询诸郡人,云:‘惟马行街山水李家可～。’”明徐霖《绣襦记》一九出:“待我回去,请个医人～。”清《万花楼》六三回:“元帅受伤,范爷一见大惊,急召医生～。”

【看中】 kàn zhòng 中意。宋孟元老《东京梦华录》卷五:“若相媳妇,即男家亲人或婆往女家,～即以簪子插冠中。”明《拍案惊奇》卷九:“闻得堂上请夫人、小姐时,晓得是～了女婿。”清《红楼梦》七二回:“我已经～了两个丫头,一个与宝玉,一个给环儿。”

【看众】 kàn zhòng 观众。《法苑珠林》卷一六:“太子以手触彼,皆悉倒地。尔时彼释及诸～,皆生奇特之心。”《敦煌变文校注》卷二《庐山远公话》:“东西举步而行。～咨嗟,无不爱念。”宋佚名《张协状元》二出:“出入须还诗断送,中间惟有笑偏饶,教～乐酶酶。”

【看桌】 kàn zhuō 同“看卓”。清《十二楼·归正楼》一回:“见他吃桌之外另有～,料想终席之后定要撤主送他。”

【看卓】 kàn zhuó 筵席或祭仪上供摆设只看而不食用的果品的桌子。明沈榜《宛署杂记》卷一八:“敕祭河间、定兴二王……～大高顶花一座,斗糖八个……大馒头八个,盆花五盘。”何孟春《餘冬序录》卷一:“其疏专论各处茶食、铺店所造～糖饼,大小不一。”

【看坐】 kàn zuò 安排座位请人坐。明吾邱瑞《运甓记》二六出:“列位皆公卿领袖,文武班头,～。〔众〕丞相在上,不敢坐。”《古今小说》卷一〇:“先向朝南的虎皮交椅上打个恭,恰象有人～的一般。”清魏裔介《关夫子送木记》:“乐吾祖置椅～,关夫子斜佥其椅。”

【看座】 kàn zuò 同“看坐”。明沈自徵《鞭歌妓》:“张千,～与先生坐者。”《梼杌闲评》一〇回:“鲁太监道:‘请换了衣巾,～儿来。’文焕不敢坐。”清《歧路灯》一八回:“希侨叫宝剑儿～儿,逢若早已拉个兀子坐下。”

【看做落】 kàn zuò luò 袖手旁观。明《警世通言》卷二八:“李募事寻思到:‘看自家面上亲眷,如何～?’只得与他央人情,上下使钱。”

kāng

【慷慨】 kāng kǎi 大方;不吝惜。元明《水浒传》五回:“鲁智深见李忠、周通不是个～之人,作事悭吝。”六十种曲本《琵琶记》二五出:“谢公公～,把钱相贷。”清《红楼梦》二四回:“只是还怕他一时醉中～,到明日加倍的要起来,便怎处?”

【慷爽】 kāng shuǎng 开朗爽快。明康海《先平阳府君夫人张氏行实》:“贤仕为南京鸿胪序班,～有执。”清《聊斋志异·聂小倩》:“宁采臣,浙人。性～,廉隅自重。”《女仙外史》二六回:“我看这仝相士到是～有智识的。”

káng

【扛抬】 káng tái 另见 gāng tái。共同用手或肩搬东西。《元典章·刑部十九》:“凡有倒死水黄牛只,不以远近,须令牛主～赴官,相视过,方许开剥。”清《儒林外史》三回:“众人七手八脚将他～了出来。”

【抗】 káng ❶ 用肩膀承担。清《醒世姻缘传》一三回:“走到晁源床底下扯了一吊钱。～上褥套,往外就走。”又八五回:“每人～了两个肩膀,两合大嘴,都在那里虎咽狼食。”又九五回:“来了一大伙子,～门的～门,弄窗户的弄窗户。” ❷ 承担。清《醒世姻缘传》一四回:“有咱这们个汉子,怕甚么官司～不住?”

【抗牢】 káng láo 从监牢往外扛死尸。清《一片情》一一回:“只见蜜箢箕轻轻掩在侧边道:‘你们快来瞧,两只狗子恋做一块,快拿些水来。’羊振玉骂道:‘～的,还不轻些!’”

kàng

【亢】 kàng 大吃。宋佚名《张协状元》一一出:“不知我屋里长长～大麦饭,长长吃大芋羹。”

【亢傲】 kàng ào 高傲;傲慢。宋洪迈《夷坚志》支丁卷五:“其人素～,尤侮鬼神。”明《杜骗新书·谋财骗》:“询其来历,始知佺为人～，乃致此也。”清《歧路灯》六二回：“其间言吉的大约都在恐惧、敬谨一边，言凶的多在～、倾邪一边。”

【亢悍】 kàng hàn ❶强悍。明姚虞《岭海舆图》：“三大姓者，尤桀骜难训，虽有统者，而狼性～。”清唐甄《潜书》：“伐其竞躁之心，消其～之气。” ❷喻指水势强大。明章潢《图书编》卷五三：“其或河流～，不可复回，则计出于引沁矣。”

【亢热】 kàng rè ❶(天气)酷热。宋方逢辰有《毛伯玉以六月廿七日来访是年天不雨梅～异常》诗。清喻昌《尚论》后篇卷三：“譬若～已极，一雨而凉。” ❷体温极高。明张介宾《景岳全书》卷五八：“治阳邪～，血脉不通，四肢厥逆。”清《医宗金鉴》卷六〇：“如风热所生，皮肤～色亮，游走不定，俱用蜜水调敷。”

【亢爽】 kàng shuǎng ❶地势高而干爽。宋王安石《信州兴造记》：“营州之西北～之墟，以宅屯驻之师。”元陆文圭《先考陆府君圹志》：“吾志丘壑，死则择～之地葬我焉。”明曹于汴《婺源朱氏藏书楼记》：“厥地～，厥制壮丽。” ❷性格、气度直爽大方。宋郭祥正《送陈辑都曹致仕还乡》：“君怀能～，吾意亦侵寻。”明韩邦奇《王公行实序》：“王公～不羁，所为皆大度。”清《歧路灯》五六回：“笔气～，语语到家。” ❸(天气)清爽。清《儒林外史》四六回：“此时正是九月初五，天气～。”

【亢炎】 kàng yán 炎热。也借指干旱。《法苑珠林》卷二二：“刺史以～既久，便往祈请。”元明《三国志通俗演义》卷二〇：“方今天道～，兵必不出。”

【亢燥】 kàng zào 干燥。元舒頔《适耕堂为吴琴汪寿甫扁而赋之》：“衣冠济楚信行惇，筑室～依山根。”明朱右《震泽赋》：“天无～之灾，人乐沃土之俗。”清《山西通志》卷三三：“不惟～七里民田，而北山道路亦绝。”

【亢壮】 kàng zhuàng ❶同“伉壮❶”。宋李流谦《雅安榜州学文》：“且学宫～甲两蜀，士游其间，讲习磨砻，亦天下之至乐。” ❷同“伉壮❷”。明沈德符《万历野获编》补遗卷二：“沈揣其时其势，非可用～之时，别为此术以结言官。”汤显祖《感宦籍赋》：“捐～以和颜，算幽忧而委念。”又《紫箫记》二二出：“男儿～，勉力功名。”

【伉壮】 kàng zhuàng ❶高大而结实；壮实。宋李流谦《游圣寺分韵得共字》：“幽禅远城郭，～塔庙涌。”元徐硕《至元嘉禾志》卷一八：“明年十月寺告成，重扉～，两庑深靓。”清汪由敦《九月初一日冒雨行至波罗河屯》：“封驼虽～，遇滑易僵卧。” ❷昂扬；激昂。宋《朱子语类》卷一〇一：“他文字极是实，说得好处，如千兵万马，饱满～。”

【抗辩】 kàng biàn 直言争辩。宋楼钥《签书枢密院事王公神道碑》：“公与之～，旁若无人。”明魏学洢《答故人书》：“严鞫之日，门外逻卒以千数，～与否，门下何自闻之?”清纪昀《阅微草堂笔记》卷一七：“延正一真人劾治，婢现形～曰：‘始缘祈请，本异私奔；继奉主命，不为苟合。’”

【抗尘】 kàng chén 冲冒尘土，指奔走世尘。宋林楠《太白五松书院》：“而我～良自愧，来游只得片时闲。”明顾禄《题王叔明所画松下弈棋图》：“我今读书三十载，～走俗犹未闲。”清黄宗羲《节妇陈母沈孺人墓志铭》：“有陈易字潮生者，愚巾凡裘，～踽踽，若单门寒隽。”

【抗词】 kàng cí 直言陈说。唐刘蕡《应贤良方正能直言极谏科策》：“樊哙排闼而雪涕，袁盎当车以～。”宋袁说友《善颂堂》：“～严庙制，勇去乐亲荣。”清《隋唐演义》六九回：“太宗把二十条事，细细详问，马周～质辩，一一剖悉。”

【抗斗】 kàng dòu 抵抗争斗。清《八旗通志》卷二〇二：“率兵驱逐，众蒙古～，伤害我兵十数人。”《东周列国志》七一回：“他人往，太子必将～。不若密谕司马奋扬，使袭杀之。”《九云记》一四回：“城里援兵已来，不战何为? 如是懒怯，不敢～，何不自缚出城。”

【抗击】 kàng jī 抵抗反击。唐萧颖士《与崔中书圆书》：“冲要缺缮完之备，甲兵无～之利。”

【抗美】 kàng měi 抗衡媲美。《明史·礼志》：“至若有明一代之臣～前史者，或以功勋，或以学行。”清《石渠宝笈》卷三三：“闲暇时，检有片楮尺素，悠然听笔之所之，而才情风致，便与古人～。”

【抗逆】 kàng nì 违抗；抵抗。唐韩愈《与鄂州柳公绰中丞书》：“提童子之手，坐之堂上，奉以为帅，出死力以～明诏。”宋张守《赐吕颐浩乞宫观不允诏》：“比者李成越境南渡，～王师，有吞噬江左之心。”清《粉妆楼》六八回：“为此草檄，告于四方。如敢～，降之百殃。”

【抗世】 kàng shì 与世俗抗衡；超乎世俗。宋李廌《贺小苏先生》：“夷齐～清何早，元凯登庸事可期。”元傅若金《竹深亭记》：“洁也，可与厉贪；高尚也，可与～。”明钱宰《葵南草堂记》：“树兰者，吾知其有～之志。”

【抗玩】 kàng wán 玩忽抗命。明徐光启等《新法算书》卷七：“臣又安能坐视其～游移，而不一请圣明之干断耶?”清于成龙《请更定宣属文武仪注疏》：“使各知分之所在，不复敢纵恣～，而公务获济矣。”

【抗违】 kàng wéi 违抗。明海瑞《何耀宗争坟地参语》：“令迁移，各出田贰亩，卖银合葬父母，孟荣～至今。”清《说岳全传》五九回：“圣上连发十二道金牌召我，我怎敢～君命!”

【抗章】 kàng zhāng 向皇帝上奏章。唐权德舆《岐公淮南遗爱碑铭》：“慰安斯人，雪泣～，积诚上陈，结恋明庭。”宋李纲《跋张嵇仲枢密遗稿》：“城陷被执，犹惓惓～，欲立赵氏。”△清《红楼真梦》一五回：“侍者果然是他的知己。只是他要～玉阙，这便如何呢?”

【炕】 kàng 北方人用土坯或砖砌成的一种床，底下有洞，可以生火取暖。宋《三朝北盟会编》卷三：“环屋为土床，炽火其下，相与寝食起居其上，谓之～。”清《红楼梦》三回：“正房～上横设一张炕桌。”

【炕床】 kàng chuáng 一种里面是炕，外面镶床的床。元杨允孚《滦京杂咏》之八二：“泥土～银瓮酒，佳人椎髻语侏离。”明《金瓶梅词话》三七回：“让进里房坐，正面纸门儿，厢的～。”清《九云记》二回：“就将预备下的被子裹好，安顿在～上睡好。”

【炕洞】 kàng dòng 炕面下的烟道，一端通灶，一端通烟囱。也有的不起外灶，把炕洞口当灶直接烧炕，或把一种矮炉推进炕洞内加热炕面。温室也用这样的窄炕洞(或称烟洞)升温保暖。明《金瓶梅词话》八六回：“是猫咬老鼠，钻在～底下嚼的响。”清高士奇《金鳌退食笔记》卷下：“种植瓜蔬于～内，烘养新菜，以备春盘荐生之用。”

【炕房】 kàng fáng 有火炕的或用火炕保温的房间。明《金瓶梅词话》五八：“原来孙雪娥在后边也住着一明两暗三间房，一间床房，一间～。”清《醒世姻缘传》三回：“从～内抬出来两盆梅花，两盆迎春，摆在卧房明间上面。”

【炕头】 kàng tóu 火炕靠着炉灶的一头。借指家里。元王恽《安坐》：“～有春温，安坐收两脚。”明《金瓶梅词话》八一回：“你每只好在家里说～子上嘴罢了。”清《红楼梦》六回：“你老只会～儿上混说，难道叫我打劫偷去不成?”

【炕屋】 kàng wū 即“炕房”。明《金瓶梅词话》七三回：“约后晌时分，月娘放两个桌儿，～里请坐。”

【炕沿】 kàng yán 炕面靠外一侧的边沿，多指镶在炕沿部位的一根横木。明《金瓶梅词话》三七回：“妇人接了盏，在下边～儿上陪坐。”清《八旗通志》卷九〇：“～下供醴酒一罇。”

kǎo

【考驳】 kǎo bó 审查驳正。宋罗泌《路史》卷三九：“然而举天之下，奔走企羡至数十百年，而不可止。君子于此，可不～其流而微怪之。”《明史·太祖纪二》：“十二月丁巳，命翰林春坊官～诸司章奏。”清毛奇龄《东阳李紫翔诗集序》：“其于三家之是非，多所～。”

【考查】 kǎo chá 审查；查考。明刘麟《积谷预备仓粮以赈民疏》：“升迁，则起送不留；行取，则～无碍。”戚继光《练兵实纪》卷二：“以上一法，全在哨将之督责，千把总之～，而哨将总之稽考也。”清《红楼梦》二回：“自东汉贾复以来，支派繁盛，各省皆有，谁逐细～得来？”

【考场】 kǎo chǎng 举行考试的场所。明《型世言》一二回：“后来罗状元到京，恰～中被火，另改了场期。”清弘历《赋得秋香动桂林》：“～无桂树，蟾窟望枝森。”

【考捶】 kǎo chuí 同“拷捶”。唐司空图《冯燕歌》：“诬执张婴不自明，贵免生前遭～。”《资治通鉴》卷二四〇：“五坊使杨朝汶妄捕系人，迫以～，责其息钱。”

【考订】 kǎo dìng 考核订正。宋秦观《进策·谋主》：“故～卿士之议，参酌庶人之言，所以谋之于明也。”明沈受先《三元记》二四出：“〔净〕莫不是旧方？〔末〕旧方曾～，或减或增加。”清《儒林外史》三四回：“这千秋大事，小弟自当赞助效劳。但今有一事又要出门几时，多则三月，少则两月便回。那时我们细细～。”

【考官】 kǎo guān 主持考试的官员。唐韩愈《答侯继书》：“仆又为～所辱，欲致一书开足下，并自舒其所怀。”明袁袠《唐伯虎集序》：“江阴徐经者，通贿～程公敏政家人，得其节目。”清《镜花缘》五一回：“这是何意？难道～不识真才么？”

【考稽】 kǎo jī 查考。宋苏颂《贺受传国玺》：“茂对元符，～故实。”明徐霈《四礼议》：“祭礼，今民间俱祭高曾祖，～诸古，似不合古者。”清弘历《淳化轩记》：“重刻之由，～之故，已见于帖前之旨，册后之跋。”

【考鉴】 kǎo jiàn 查考鉴别；借鉴。《金史·后妃传》：“故自初起至于国亡，列其世次，著其族里，可～焉。”明魏允孚《华泉集序》：“因叙入集中，为重锓之。匪徒不朽于先生之词，且俾论世者有所～。”清弘历《宋高宗书马和之画鲁颂图跋》：“承泽素精～，于诗图之散阙未全，何以置而不论？”

【考较】 kǎo jiào ❶ 考核比较(优劣)。唐高锴《先进五人诗赋奏》：“其今年试诗赋，比于去年，又胜数等。臣日夜～，敢不推公。”《元典章·刑部二》：“令医官提领医学教授一同仔细～，但诊脉处方用药治疗稍涉不如法者，随事究问。”清《红楼梦》一回：“忽念及当日所有之女子，一一细～去，觉其行止见识，皆出于我之上。” ❷ 考察(政绩)；稽查。《旧五代史·职官志》：“其时所司虽有举明，大都诸官亦无～之事。”元明《三国志通俗演义》卷五：“时郭嘉～钱粮方回，听知曹公已遣玄德进兵徐州。” ❸ 考试；考问。宋王称《东都事略》卷三五：“太宗惜其才，寻命之殿试～。”清《儒林外史》二九回：“天申兄，还是去年～时相会，又早半载有餘了。”《绿野仙踪》九一回：“若是这样，小弟只在此处坐罢，被老公公～倒了，那时反难藏拙。” ❹ 拷问推究(罪责)。明屠隆《昙花记》四五出：“又谁知神明密密窥，纤毫善恶难逃避。真官～能详细，狱卒行凶苦禁持。”《金瓶梅词话》六六回：“命三官宽～之条，诏十殿阁推研之笔。”清《野叟曝言》九回：“如今已蒙母亲择于五月初八日领回完聚。从前之事，还～他则甚！” ❺ 根据；查考的依据。清《野叟曝言》七二回：“又一个老女人道：‘咱们这洋面上，不是金龙大王管，另换了香烈娘娘来管了，大姑娘可知道吗？’飞娘道：‘这阴空的事儿，有甚～？’”

【考镜】 kǎo jìng 犹“考鉴”。宋吕南公《请见李宣义书》：“使善评理义之士～于此，则亦有众人常多、君子常少云云焉耳。”明高攀龙《阐幽录序》：“则奉化戴公名澳，后之览者～焉。”清弘历《重刻通典序》：“则是书实～所必资，岂以供博览而已哉！”

【考篮】 kǎo lán 科举时代考生用以盛文具、食物的提篮。清袁枚《子不语》卷六：“日未午，即收拾～，携白卷求出。”△《儿女英雄传》三四回：“只见老爷从自西屋里把自己当年下场的那个～，用一只手挎出来。”

【考练】 kǎo liàn ❶ 犹“考选”。练，通“柬”，选择。唐张鷟《朝野佥载》卷一：“选司～，总是假手冒名，势家嘱请。”宋孙觌《宋故资政殿大学士王公墓志铭》：“今勿计在彼之强弱，盍先自治，～文武之才以择将帅，简汰冗食之卒以搜战士。” ❷ 考索；求证。练，通“柬”，求索。唐李峤《大周降禅碑》：“乃包含艺文，～风俗，采儒术，征礼官，窥五岁之典章，核四朝之制度。”宋葛胜仲《谢除馆职启》：“或由少讫老而手不置书，或自甲至丁而卷能谈事，或聚七千帙而～，或课五十纸而校求。”明冯复京《六家诗名物疏·叙例》：“故所述之书，或芟烦就简，或移后从前，或着论隐括其言，或他章错综其义。盖编次惟取省文，～尚宜探本。”

【考满】 kǎo mǎn 官吏的考绩期限已满。《法苑珠林》卷一二：“兴州官二人～，当赴京选。”明《醒世恒言》卷三六：“大凡吏员～，依次选去，不知等上几年。”清毛奇龄《朱公传》：“再～，加左柱国。”

【考判】 kǎo pàn 考试定等。唐独孤及《唐故朝议大夫权公神道碑铭》：“凡所升奖，皆当时才彦，～之目，由此始也。”《新唐书·刘宪传》：“武后时，敕吏部糊名～，求高才。”清顾炎武《日知录》卷一七：“或托于诗赋，讽刺～官。”

【考取】 kǎo qǔ ❶ 举行考试以录取人员。《宋史·选举志三》：“凡试者十人取一，开封～亦如之。”明沈鲤《学政条陈疏》：“上焉者，～门生，以植日后之恩私。”清《镜花缘》四二回：“考试先由州县～，造册送郡。” ❷ 考中；被录取。明王世贞《与元驭阁老》：“为大臣庶吉士，每岁当考，～不得过十四五人，留者不得过五六辈。”沈鲸《双珠记》三二出：“长大读书，～进学，人都叫我做钱买的秀才。”清《儒林外史》二〇回：“不想教习～，要回本省地方取结。”

【考识】 kǎo shí 查考鉴别。宋崔敦礼《平江府教授厅壁记》：“虽官资岁月不能尽省，而先后之次皆可～，愿刻诸石，以图永久。”元许有壬《记画》：“余病不博览，无从～。”清毛奇龄《自为墓志铭》：“据臆所见，稍加以～，著韵书十二卷，名《古今通韵》进之。”

【考索】 kǎo suǒ 探索研求。宋《朱子语类》卷八九：“更专一用心，去～制度名物。”明汪仲鲁《余左丞哀辞》：“《易》之一经，尝求得古书，～积思有年。”清盛时彦《阅微草堂笔记序》：“老而懒于～，乃采掇异闻，时作笔记。”

【考选】 kǎo xuǎn 通过考试或考查的方法选用人才。唐欧阳詹《上郑相公书》：“其～年数，又如太学。”明高攀龙《龙江沈先生泰交始末记》："七望起用废弃，八望照例～。"清《儒林外史》七回："现今～科道在即，你我的资格，都是有指望的。"

【考引】 kǎo yǐn 考查引证。唐韩愈《郓州溪堂诗》："斯堂之作，意其有谓，而喑无诗歌，是不～公德，而接邦人于道也。"明孔克表《潞州庙学记》："将何以～侯德，而被民于道也？"清朱彝尊《经义考》卷一〇九："伯厚诗，～诸书字义异同。"

【考阅】 kǎo yuè 查看；审读。唐柳宗元《监祭使壁记》："百工之役，先一日咸至于祠，而～焉。"明余继登《修史疏》："臣尝～实录，思成祖所以改建文五年为三十五年者，盖缘即位之初，欲以子继父为名，不欲以叔继侄为名。"清《九云记》五回："既参席末，如何不赋诗？做的时，同就桂娘之～；如做不来时，罚依金谷酒数。"

【考择】 kǎo zé 犹"考选"。宋刘一止《江少虞等充宣谕司属官》："一时僚属，～异能。"元陆文圭《拟劝学诏》："自今有敦行谊谨名节明经笃学者，有司具以名闻，朕将～而用之。"清《大清会典则例》卷一五七："取中四人并卷咨送吏部，再行～充补。"

【考证】 kǎo zhèng 考察验证。宋欧阳修《论删去九经正义中谶纬札子》："去圣既远，莫可～，偏学异说，因自名家。"《宋史纪事本末》卷一一："臣料当时必有案牍章疏可以见其煅炼附会，愿～其实，以正奸臣之罪。"清《绿野仙踪》四五回："这都是没～的屁话。"

【考质】 kǎo zhì 考察质正。宋欧阳修《苏明允墓志铭》："乃大究六经、百家之说，以～古今治乱成败、圣贤穷达出处之际。"明吴讷《文章辨体序题》："仍以康衢童谣为首，终于荀卿成相，汇置卷端，以俟～。"清孙承泽《春明梦餘录》卷四〇："光瞻礼仪，～文物，熏炙迁化，大有开益。"

【考秩】 kǎo zhì 考查确定官员的禄秩或品秩。也泛指官员考核。唐李亨《察访刺史县令诏》："计～满后，各与成资。"元柳贯《元赠太中大夫田公墓碣铭》："延祐四年，朝请大夫德州知州田君泽既去官，以老中书为～，进太中大夫。"清孙承泽《春明梦餘录》卷三四："俟完足之日复原官，复官之日始计俸～。"

【考最】 kǎo zuì 政绩考列上等。也泛指官员考核等第。《唐六典》卷九："凡承旨撰集文章，校理经籍，月终则进课于内，岁终则～于外。"明杨士奇《萧自诚先生庆寿诗序》："方岳之臣，一～者予诰，三～封赠其亲。"清《八旗通志》卷二三八："(白登明)设条教，劝耕读，～升江南太仓州知州。"

【拷棒】 kǎo bàng 用棒拷打；杖刑。宋李觏《上孙寺丞书》："是以穷夫细人，～且死，噤不得言。"明王錂《寻亲记》一二出："听得呻吟响，是何人遭～？"

【拷捶】 kǎo chuí 拷打。五代刘知远《至东京大赦文》："其京城内，先遭张彦泽明行～，劫掠资财。"李象《邂逅致死勿论奏》："据言有故者，则是曾行～，及违令式，或粗枷大棒，强相抑压。"

【拷打】 kǎo dǎ 敲击。多指用刑。《唐律疏议》卷二九："于法杖之外，或以绳悬缚，或用棒～。"《元典章·刑部七》："若觅钱不敷盘缠，更行～。"清《霓裳续谱·忽听得》："把俺这怯生生小胆儿来惊怕，怎忍见姊妹们受无端～。"

【拷击】 kǎo jī 敲击；捶打。《太平广记》卷三〇二引《广异记》："见其妇为所由系颈于树，以棒～。"宋欧阳修《归田录》卷二："其义本谓～，故人相殴，以物相击，皆谓之打。"按，一作"考击"。

【拷较】 kǎo jiào 同"考较❹"。明《西游记》九七回："今日却该我～你们了，枉拿平人作贼，你们该个甚罪？"清《红楼梦》五八回："把一个莺莺小姐，反弄成～红娘了。"

【拷鞫】 kǎo jū 刑讯。《唐律疏议》卷二九："若拷未毕，更移他司，仍须～。"明王世贞《中官考》六："以千户张璞、张荣代理司事，仍严～。"《僧尼孽海·闽寺僧》："公俱命去其僧帽，见一黑顶者，立～之，得其状。"

【拷治】 kǎo zhì 刑讯。宋黄震《黄氏日抄》卷三七："有跃马者踏了小儿，以属知录，云：'已～。'"明林文俊《赠后峰黄先生赴南京大理丞序》："连日～，体无完肤。"《明史·周新传》："新微服行部，忤县令，令欲～之。"

【栲栳】 kǎo lǎo ❶ 圆斗形的盛器。多用柳条编制，用来盛米或量米。唐段成式《酉阳杂俎》卷八："每电起光中，见有人头数十，大如～。"明《型世言》五回："耿埴见远远一个人，顶着一个大～走。"清纪昀《阅微草堂笔记》卷五："巨雹如鹅卵，已中伤仆地。忽风卷一五斗～堕其前，顶之得不死。" ❷ 噱指怕老婆。语本唐孟棨《本事诗·嘲戏》："内宴唱《回波》词，有优人词曰：'回波尔时～，怕妇也是大好。'"栲栳，疑用来形容人团团转。宋黄庭坚《送曹子方福建路运判》："奋髯相对亦可欢，回波一醉嘲～。"金赵秉文《试院中愁坐叔献学博忽送红梅》："天上公子被花恼，一笑回波嘲～。" ❸ 形容围成圆如栲栳口的形状。金《董解元西厢记》卷三："～大队精兵，转过拽脚慢坡。" ❹ 指栲栳椅，有近似圆形的扶手连靠背的座椅。扶手连靠背的形状如栲栳口，故称。元杨维桢《张猩猩胡琴引》："西来天官坐～，羌丝啁啁听者恼。"清《生绡剪》一二回："伯婆回了，便自去在那～儿上坐着。"

【栲栳圈】 kǎo lǎo quān 形容制成或围成的圆圈，形状如栲栳口。《元曲选·渔樵记》三折："着两个公吏人把老汉按在那～银交椅上。"元明《水浒传》二〇回："晁盖等头领都上到山寨聚义厅上，簸箕掌～坐定。"清《野叟曝言》四四回："领着几十个剧贼，泼风般赶上，撒个～儿，团团围住。"

kào

【犒赏】 kào shǎng 用酒食赏赐慰劳。也指作为奖赏慰劳的酒食。《旧唐书·杨虞卿传》："寻令奉使西北边，～戍卒。"明蒋德璟《大司寇苏公传》："于是以二人领兵，行过慈溪，复勒～。"清《红楼梦》七六回："这两个老婆子关了月饼果品并～的酒食来，二人吃得既醉且饱。"

【犒设】 kào shè 提供酒食赏赐慰劳。也指这样提供的酒食。《旧唐书·僖宗纪》："候宋威到本道日，供给～，并取上供钱支给。"宋《三朝北盟会编》卷五八："不打城壁，只要～酒食等物。"宋元《警世通言》卷一九："众人扶策著衙内，归到府中。一行人离(领)了～。"

【犒享】 kào xiǎng 犹"犒赏"。宋汪应辰《书吴忠烈遗事》："辟旷土，招流民，减冗员，节～，汲汲焉，以爱民体国为意。"明毕自严《新饷出入大数疏》："未几，而城守防援、刍料輓运、～行月之费，悉索新库。"

【靠】 kào ❶ 面向；朝。唐曹松《宿溪僧院》："煎茶留静者，～月坐苍山。"元宋方壶《水仙子·隐者》："饮数杯酒对千竿竹，烹七碗茶～半亩松。"明崔时佩、李日华《西厢记》二五出："面～湖山背阴饮，这片药方难寻。" ❷ 倚；傍；凭借他物立或竖着。《太平广记》卷一九二引《玉堂闲话》："小仆持短枪，～扉而立，连中三四魁首。"元明《水浒传》三六回："两个公人把行李歇了，将水火棍～在壁上。"清陈端生《再生缘》二回："但观一座高楼上，身～栏杆多少人。" ❸ 抵；夹(使固定)。元明《水浒传》一〇回："旁边止有一块大石头，掇将过来，～了门。"明朱橚《普济方》卷三〇九："里外用砖～定，勿令腿摇动。” ❹ 依赖；凭仗。宋洪迈《夷坚志》补卷五：“我被仆害命，只～你它时做主，为我伸冤。”《五代史评话·梁上》：“～他混一天下，张着锦帆，造着迷楼，一向与妃子游荡忘返。”清《红楼梦》三三回：“这会子你倘或有个好歹，丢下我，叫我～那一个？”也用作名词。宋陆九渊《象山语录》卷四：“便只去引文牵义，牵枝引蔓，牵今引古，为证为～。” ❺ 紧贴；挨近。指在空间上接近或最接近某一物体。元王好古《医垒元戎》卷一〇：“～鹿顶截角，用赤石脂、盐泥于截动处涂，固之，勿令透气。”佚名《寄生草·情叙》：“原来是娇娃独立花阴下，露苍苔湿透凌波袜，～前来叙说昨宵话。”元明《水浒传》八二回：“宿太尉上了马，～龙亭东行。”特殊场合指拉开距离，是相反方向的挨近。明汤显祖《南柯记》四四出：“〔生〕我的妻呵。〔旦〕人天气候不同，～远些儿也。” ❻ 偏；选择向一边倾斜。宋张端义《贵耳集》卷下：“内禅之前，上谕曰：‘处置许多事，蔡攸尽道不是。只传位一事，～要做他功劳。’”朱熹《答黄子耕》：“近至浙中，见学者工夫，议论多～一边，殊可虑耳。” ❼ 通“拷”。拷问。宋吕陶《奏乞蠲放开封欠常平钱状》：“多者不满千钱，少者才过一二百，而追呼监～，动有骚扰。”清《红楼梦》九六回：“二爷别生气，～他算个什么东西，饶了他，叫滚出去罢。” ❽ 通“拷”。叩问；问难。禅家语。宋《明觉禅师语录》卷二：“雪窦名山，多有具眼底衲僧，忽相～来，长老作么生支遣他？”《密庵和尚语录》：“大小世尊，被阿难轻轻～着，未免唤钟作瓮。”

【靠傍】 kào bàng 依靠；依赖。宋《朱子语类》卷一二六：“学佛者尝云：‘儒佛一同。’某言：‘你只认自家说不同。若果是，又何必言同？只这～底意思，便是不同。”明《二刻拍案惊奇》卷一〇：“我与你失了这泰山的～，今生再无好日子了。”清《儒林外史》四五回：“这都是你令兄太自傲处，及到弄出事来，却又没有个～。”

【靠背】 kào bèi ❶ 用背依靠。宋王晔《道山清话》：“子弟书室中皆坐草缚墩子或杌子，初无有～之物。”元邹铉《寿亲养老新书》卷三：“若欲危坐即撑起，令子面直上，便可～，以枕承脑。”△清《双凤奇缘》四九回：“怕的冻坏娘娘，想了一个主意：并马～，借他阳气，以暖娘娘的阴气。” ❷ 座位上供人倚靠脊背的用具。宋王明清《挥麈三录》卷三：“用木为荷叶，且以一柄插于～之后，可以仰首而寝。”明高濂《遵生八笺》卷八：“～以杂木为框，中穿细藤如镜架然。高可二尺，阔一尺八寸。下作机局，以准高低。置之榻上，坐起靠背。”清《红楼梦》三回：“临窗大炕上铺着猩红洋罽，正面设着大红金钱蟒～。” ❸ 游娱场所悬挂的一种标识饰物。元明《水浒传》五一回：“便和那李小二径到勾栏里来看。只见门首挂着许多金字帐额，旗杆吊着等身～。”又七四回：“见轿栏杆子上坐着二三十相扑子弟，面前遍插铺金旗牌，锦绣帐额，等身～。” ❹ 靠山；可以依仗的人或势力。清《野叟曝言》二三回：“怪是这两个客人辣气，定是有大～的，咱们白替他担忧！”《何典》二回：“平白拿本官做了大～，专一在地党上扎火囤，拿讹头，吃白食诈人的。”

【靠番】 kào fān 挨班；轮到班次。元赵彦晖《一枝花》：“的等你～时却把你个姨夫拦，占胜也那场铲，使的骨损筋伤形像儿淹，喘不迭向磨儿上横担。”

【靠阁】 kào gé 搁浅。宋欧阳修《乞条制催纲司》：“故意损坏～，便于本处拆拽推垛。”朱彧《萍洲可谈》卷二：“海中不畏风涛，唯惧～，谓之凑浅，则不复可脱。”

【靠后】 kào hòu ❶ 退后。《元曲选·秋胡戏妻》三折：“小娘子，你随顺了我罢！〔正旦做推科云〕～！”元《七国春秋》卷下：“当下袁达叫众将～，‘吾先撞一阵。’” ❷ 暂且搁置；放在后边。元明《水浒传》三五回：“老叔自说的是，家中官事且～。”清《霓裳续谱·郭巨埋儿》：“咱把这二十四孝且～，听我说忠奸节烈的古人名。”《红楼梦》五回：“贾母万般怜爱，寝食起居一如宝玉，迎春探春惜春三个亲孙女到且～。”

【靠家大】 kào jiā dà 倚仗在自己家里而占优势。明《醒世恒言》七回：“哄得新人进门，你就～了，不怕他又夺了去。”清《后西游记》四回：“我要打你两个，明日玉帝知道，不说你这些豪奴～刁难宾客，只说我上门欺负他寡妇。”

【靠近】 kào jìn 彼此间相距很近。清《红楼梦》九三回：“贾政看了气的头昏目晕，赶着叫门上的人不许声张，悄悄叫人往宁荣两府～的夹道子墙壁上再去找寻。”

【靠老】 kào lǎo 防老；依靠养老。明《警世通言》卷二二：“当初只指望半子～，如今看这货色，不死不活，分明一条烂死蛇缠在身上。”《石点头》卷四：“原打帐招赘女婿，来家～。”清《缀白裘》一一：“这孩子我要～的，不卖的。”

【靠褥】 kào rù 半躺半卧时垫在腰后的褥子。《明会典》卷六六：“锦～二个。”清《野叟曝言》一一七回：“杠有龙头、龙尾，～衣幔坠索皆黄，臣死不敢奉旨！”

【靠色】 kào sè 搭配的颜色接近，如蓝与绿、褐与红。清《红楼梦》四九回：“只见他里头穿着一件半新的～三镶领袖、秋香色盘金五色绣龙窄褙小袖掩衿银鼠短袄。”

【靠山】 kào shān 比喻足以依靠的人或势力。明《型世言》一六回：“到后来一得宠，或是生了儿子，他就是天蝴蝶有了～，料不服你。”清雍正九年三月十二日楼俨奏文：“而听唆之人遂视彼为～，供其食用，任其指使。”

【靠身】 kào shēn ❶ 自愿投靠豪门为奴仆。明《二刻拍案惊奇》卷二二：“既已～，但凭使唤了。”清赵吉士《寄园寄所寄》卷一〇：“后其子泮游，人谢于公。潘曰：‘汝子已系朝廷士子，可以门生礼见，勿复作主仆观也。’即捡其～文书还之。”《十二楼·三与楼》二回：“我家有禁约在先，不受平民的投献。这～二字不必提起。” ❷ 靠近身体；贴身。清《医宗金鉴》卷六二：“即用方盘一个，～于疮下放定。”《歧路灯》七三回：“不知卢重环已～而坐。听见马上有了动静，这卢重环一手掐住德喜脖项，搬翻在地。”《妖狐艳史》一回：“两边的小生、小旦，俱是穿的～白亮纱裤，做的贴皮贴骨。” ❸ 座位上供人倚靠身体的用具。清《野叟曝言》一二〇回：“日升堂内设伽楠榻一张，俱是绛红帷帐，织金垫褥，～倚手，麈尾唾壶，各色具备。” ❹ 靠山；依靠。清陈端生《再生缘》七三回：“千金正色忙开口：‘干娘吓，半子将来有～。’”

【靠实】 kào shí ❶ 贴实；落到实处。唐杨筠松《葬法倒杖》：“突之单者用挨法，当～放棺，以挨拶为义。”清《歧路灯》四〇回：“惠养民心中有事，见这个光景，更慌更疑，越是要～跟问。” ❷ 踏实；不虚浮。宋《朱子语类》卷四二：“谓里要如此，便外面也如此，事事～去做也。”清《野叟曝言》六二回：“朱子是～做去，做得一分，就有一分；陆子是凭空想去，想得十分，实没一分。”

【靠损】 kào sǔn 连累损害或因遭连累而受损害。元王恽《上世祖皇帝论政事书》：“数年之间，编氓已是～。其小户困苦，不较可知。”《元曲选·扬州梦》四折：“哎，你个孟尝君妒色独强性，～了春风软玉屏，戏金钗早吓掉了冠缨。”明杨时乔《太仆寺户马》：“其丁多大户，敢有不行自养马匹，仍前轮流～小民者。”

【靠托】 kào tuō 依靠。元高明《琵琶记》三四出：“心事无～，这几日番成悲也。”清《何典》五回：“平日～了阎王势，作威作福。”

【靠歇】 kào xiē 待会儿。歇，通“些”，一会儿。宋佚名《张协状元》九出：“草系门君解破，～须有人温顾。”又一六出：“～两个成亲后，须要吃酒。”又：“～子有个猪头至。”

【靠倚】 kào yǐ ❶ 犹“靠❷”。宋《朱子语类》卷三五：“小南和尚偶～而坐。其师见之，厉声叱之曰：‘恁地无脊梁骨！’小南闻之耸然，自此终身不～坐。”明王樵《与仲男肯堂书》：“后巷屋宜向东，既身坐厚处而背后～高处，为得其宜。” ❷ 犹“靠❹”。元《三国志平话》卷中：“曹操无端兮，有意为君；献帝无力兮，全无～。” ❸ 束缚妨碍。明唐顺之《武编》前集卷五：“它甲惟欲紧束，则挽弓刺枪无所牵制；弩手惟欲松宽，则踏蹬衮桩无所～。”

【靠枕】 kào zhěn 半躺半卧时凭靠腰肘的方形或长方形的枕头。《宋史·舆服志》：“红纻丝～一，佩玉大环一，皆非臣庶服用之物。”清《霓裳续谱·摘头换鞋》：“摘头换鞋等候着郎来，斜倚～，手儿托着腮。”

【靠子】 kào zi ❶ 铐子；手铐。清《醒世姻缘传》八二回：“将手也使铁～靠住，丝毫不能动转。” ❷ 传统戏剧中武将穿的铠甲。清《皇朝文献通考》卷一七三：“舞盘二人，皆衣～。”《儒林外史》四二回：“那小戏子一个个戴了貂裘，簪了雉羽，穿极新鲜的～，跑上场来，串了一个五花八门。”

kē

【砢碜】 kē chen 同“可碜❷”。明《金瓶梅词话》一七回：“甚么材料儿，奴与他这般玩耍，可不～杀奴罢了。”又九五回：“那活宝溺的裤子提溜不动，把我又是那笑又是那～。”

【砢碜】 kē chen ❶ 同“可碜❷”。明《金瓶梅词话》五九回：“如何天生恁怪剌剌的儿，红赤赤，紫溷溷，好～人子。” ❷ 出丑；难为情。清《醒世姻缘传》八七回：“人脸上没有肉，可也有四两豆腐。难道教人这们～拉拉的争，我又好留你的？”又八九回：“越发骂的十分利害，百分～。人说不出来的，他骂的出来。”

【砢碎】 kē cuī 同“可碜❷”。明《金瓶梅词话》三二回：“甚么行货子！可不～杀我罢了。”

【科】 kē ❶ 通“窠”“棵”。用于计量植株或动物的窝巢。唐李白《访道安陵遇盖寰为余造真箓》：“革日万乘坟，今居一～蓬。”明汤显祖《南柯记》四二出：“好大风雨来了，这一～蚁子都坏了他罢。”《二刻拍案惊奇》卷一九：“拿着锲刀，望山前地上下手斫时，有一～草甚韧，刀斫不断。” ❷ 用在植物名词后，表示丛生态。《元曲选·老生儿》三折：“长出些个棘～和这荆～，那里有白杨也那绿杨。”又《黄粱梦》四折：“瓢古自放在灶窝，驴古自映着树～。”明《西游记》二八回：“也罢，且往这草～里睡睡。” ❸ 削剪；修理。唐薛能《寄终南隐者》：“扫坛花入梦，～竹露沾衣。”段成式《酉阳杂俎》前集卷一四：“暇日，智园向阳～脚甲。”宋刘弇《人日》：“～桑洗竹真吾事。” ❹ 脱去；除下。明《醒世恒言》卷七：“丫鬟奉命，只等新郎进来，便替他解衣～帽。” ❺ 空；缺。《元典章·户部六》：“若存‘贯文省’三字，内～一字者。不见‘二’字，终无可凭，又恐剜去，当作不堪；若有‘二’字，合许倒换。” ❻ 指科举考试。也指科举考试的届次或参加科举考试。明汤显祖《牡丹亭》四九出：“蒙杜小姐阴司热宠，得为夫妇，相随赴～。”《醒世恒言》卷二二：“却说后来淑儿与元礼生出儿子，又中乙未～状元。”清《醒世姻缘传》一回：“你如今不要廷试，坐了监，～他一遍科举。” ❼ 戏曲用语。指角色的表演动作。也泛指情态动作。元王伯成《贬夜郎》三折：“〔外末将荔枝上了。外末央正末吃～。正末取物签～。〕”明徐渭《南词叙录》：“相见、作揖、进拜、舞蹈、坐跪之类，身之所行，皆谓之～。”△清《一层楼》九回：“采花美人唱新歌，劝君莫作悄语～。” ❽ 语气词。相当于“呵”。明汤显祖《南柯记》九出：“这一座会经堂高过似彩楼多，是个人儿都不着～。瑶芳，瑶芳，我和你选这个人儿刚则可。”清《醒世姻缘传》七二回：“要好与你老人家～，俺从八秋儿来合你说了。” ❾ 祸根。《元曲选·货郎旦》一折：“休这般枕上说，都是他栽下的～。”

【科白】 kē bái （戏曲表演的）动作和对白。清《姑妄言》六回：“遂把小旦贴旦的曲子也教会了他好些，又将关目～都传授了。”

【科贬】 kē biǎn 处罚。唐李隆基《诫励僧尼敕》：“所在州县不能捉搦，并官吏辄与往还，各量事～。”《旧唐书·食货志》：“应犯钱法人色目，决断～。”

【科拨】 kē bō 摊派征调（徭役、赋税）。宋李曾伯《回奏庚递宣谕》：“于湖南和籴米内，特赐～十餘万石。趁此夏潦，起运入广。”《宋史·食货志上二》：“天下租赋～支折，当先富后贫，自近及远。”元《通制条格》卷二：“近年以来，各投下官员恃顽不同常调，但凡所须物色，悉皆～本管人户。”

【科差】 kē chāi ❶ 征派徭役。唐李儇《南郊赦文》：“所在州县，除前资寄住实是衣冠之外，便各将摄官文牒及军职赂遗全免～。”元明《水浒传》一五回：“我虽然不打得大鱼，也省了若干～。”清弘历《九月十三日进张家口》：“刀耕困硗确，箕敛忍～。” ❷ 指派；派遣。《法苑珠林》卷一九：“诸长老今～比丘多闻智能是阿罗汉者，时即差得四百九十九人。”清查慎行《初假》：“简编从庋阁，典校免～。”

【科场】 kē chǎng ❶ 科举考试的场所或举行的时间。唐裴庭裕《东观奏记》卷中：“朝廷将裨教化，广设～。”明佚名《霞笺记》一九出：“～已近，你可在此攻书。”清《儒林外史》六回：“我们～是朝廷大典，你我为朝廷办事。” ❷ 指科举考试。宋欧阳修《又论馆阁取士札子》：“自～改为间岁后，第一人及第者，须两任回方得试。”清《儒林外史》一三回：“小弟补廪二十四年，蒙历任宗师的青目，共考过六七个案首。只是～不利，不胜惭愧！”

【科地】 kē dì 空地。特指供伎乐人表演的空场，也指艺人圈场地演出，俗称打地。五代王定保《唐摭言》卷三：“第一部乐官～每日一千，第二部五百，见烛皆倍。”元高安道《哨遍·嗓淡行院》：“似兀的武光头刘色长曹娥秀，则索赶～沿村转疃走。”《元曲选外编·蓝采和》四折：“是一火路岐，料应在那公～，持着些枪刀剑戟、锣板和鼓笛。”

【科段】 kē duàn ❶ 文章的段落或部分。唐李匡乂《资暇集》卷上：“至于～，互相不同，无似余家之本该备也。”《五灯会元》卷一八《胜因咸静禅师》：“今日信手拈来，从前几曾计较。不离旧时～，一回举著一回新。”清杭世骏《经解》：“章句者，训解～之名，惟疏定于唐初。” ❷ 戏曲表演的身段动作。喻指手段、花样。金《董解元西厢记》卷五：“你好不分晓，是前来～，今番又再使。”元明《水浒传》容与堂本二一回：“宋江道：‘恁地要紧只得去。’便起身要下楼，吃那婆子拦住道：‘押司不要使这～。’”清褚人穫《坚瓠八集》卷三：“江斗奴演《西厢记》于勾栏。有江西人观之三日，登场呼斗奴曰：‘汝得虚名耳！’指其曲谬误并～不合者数处。”

【科断】 kē duàn 判决。唐武则天《减大理丞废秋官狱敕》：“百姓或有所犯，必须尽理推寻，审知罪状分明，方可禁身～。”明胡世宁《病痼陈言毕献餘忠疏》：“下之司寇，责问罪状明白，轻重诛黜，皆依律～。”清《绿野仙踪》五七回：“这事到的因你而起，只怕做官的人，他要按律～哩。”

【科兑】 kē duì 把货物一总按价折合给人。科，种类。明《金瓶梅词话》一六回："家中有三个川广客人在家中坐着，有许多细货要～与傅二叔。"

【科泛】 kē fàn ❶征派需索。唐常衮《宣慰湖南百姓制》："亦命近臣慰抚，俾喻求瘼之意，用舒～之急。" ❷同"科范❷"。元陶宗仪《辍耕录》卷二五："其间副净有散说，有道念，有筋斗，有～。教坊色长魏、武、刘三人鼎新编辑，魏长于念诵，武长于筋斗，刘长于～。" ❸同"科范❸"。元曾瑞《一枝花·买笑》："见别人有破绽着冷句儿填扎，见别人生～着笑话儿逼匝。"

【科范】 kē fàn ❶道教仪式规格。宋韩维《内中福宁殿天庆节道场青词》："惟～之克成，顾斋虔之亦至。"元姚燧《长春宫碑》："凡金箓～不涉释言者，在斯听为。"明张宇初《玄问》："矧道之设象，皆则夫天真地祇昭布森列之仪，是有～仪典之制焉。" ❷杂技、戏曲等表演规定的动作程式。元邓玉宾《村里迓古·仕女圆社气球双关》："他来的你论道儿真，寻的你查头儿是，安排的～儿牢。子弟呵，知他踢疼了你多多少少。"《元曲选外编·西厢记》三本四折："〔洁引太医上。'双斗医'～了。下〕" ❸喻指诈骗人的名目、套数，或应付人的虚套子。元方伯成《端正好·忆别》："无奈被人讪，妆成～，将咱好事拦。"明汤式《新水令·秋怀》："何堪，青楼集，乔～；难甘，白头吟，冷句劖。"佚名《渔樵闲话》二折："呆里奸，直里弯，虚头～。" ❹喻指规矩、套路。明《金瓶梅词话》三三回："春梅做定～，取了个茶瓯子，流沿边斟上递与他。"又六七回："西门庆要茶吃。两个已知～，连忙攛掇奶子进去和他睡。" ❺泛指待人接物的举止态度。清《霓裳续谱·玉美人在绣房》："〔正〕想是他风流齐整。〔小〕赛过那和番的昭君。〔正〕想是他～好。〔小〕比见姑娘更亲。"

【科分】 kē fèn ❶犹"科范❷"。清《连城璧》一回："怎奈那教戏的先生，比父亲更加严厉。念脚本的时节，不许他交头接耳；串～的时节，唯恐他靠体沾身。" ❷犹"科范❸"。元明《水浒传》贯华堂本二〇回："宋江道：'恁地要紧，只得去。'便起身要下楼，吃那婆子拦住道：'押司不要使这～。'"明《拍案惊奇》卷二二："那鸨儿又有做生日，打差买物事、替还债许多～出来。"《二刻拍案惊奇》卷一："如此不止一次。这《金刚经》到是那太守发～、起发人的丹头了，因此明知这经好些难取，一发上心。" ❸犹"科范❺"。明《拍案惊奇》卷三〇："李参军平日许多杠自风标俏倬，谈笑～，竟不知撩在爪哇国那里去了。" ❹科举的分位、轮次、名次。清《世宗宪皇帝上谕内阁》卷一五四："至举人铨选教职，亦须挨照～，历久方能铨补。"《幻中游》一回："一连七次，俱被贴出。但穷且益坚，立志不懈，待至年过四十，却又是一个～。"《歧路灯》八回："明岁，后岁，流年更好，一定是游泮的。你十六岁，～更好。"

【科贡】 kē gòng ❶科考与贡拔，古代选士的两种制度，也指被这样选中的人。科，科举考试。贡，地方向中央推举人才，科举制度确定后，指府州县举荐人才入国子监习业。元刘诜《祭仲子尚文》："刘氏自南唐保大间，由临江徙吉水南岭，～相望。"明杨荣《送何先生赴松江教授诗序》："夫学校之职，其满也，以其徒～之多寡为黜陟。"清吴伟业《仝氏族谱序》："大抵仝姓自明以来……皆有显人，率以～入仕。"也指在国子监学习的监生(监生除由地方贡举外，通过乡试的举人也可以入监学习)。《明史·选举志》："洪永间，国子生以数千计，今在监～共止六百餘人。" ❷指通过贡拔途径做官，或通过贡拔途径做官的人。明《警世通言》卷一八："进士官就是个铜打铁铸的，撒漫做去，没有敢说他不字；～官，兢兢业业，捧了卵子过桥，上司还要寻趁他。"《明史·高拱传》："拱又奏请～与进士并用，勿循资格。"清魏裔介《请剿抚残寇疏》："用楚粤～，以任守土之官。"

【科薅】 kē hāo 砍伐拔除(枝条、杂草等)。宋梅尧臣《送刘郎中知广德军》："劭农井田桑，～重钼斧。"元王恽《劝农文》："桑麻之务，衣服所资，切须多方栽种，趁时～。"

【科唤】 kē huàn 征调(差役)。《唐律疏议》卷一六："非时～丁夫，驱使十庸。"张九龄《敕处分十道朝集使》："鳏寡惸独，征镇之家，倍须抚存，勿有～。"《旧唐书·刘仁轨传》："直据寻常～田家，已有所妨。"

【科诨】 kē hùn "插科打诨"之省。❶在戏曲中插入的滑稽动作与对话。明柯丹邱《荆钗记》二三出："〔末〕未相请，谁来报你?〔净〕我在戏房中听得。〔末〕这～休要提。"清《红楼梦》五四回："正唱《西楼·楼会》这出将终，于叔夜因赌气去了，那文豹便发～道：'你赌气去了。恰好今日正月十五，荣国府中老祖宗家宴，待我骑了这马，赶进去讨些果子吃是要紧的。'"《歧路灯》一〇回："这个猪八戒的～俳场，言语挑逗，故作掯耳挠腮之状。这众人的笑法，早已个个捧腹。" ❷泛指戏谑玩笑。明《二刻拍案惊奇》卷八："有等奸胎，惯弄乔才，巧妆成～难猜。"《醋葫芦》一四回："裘屹、青萍忍不住一笑，连都飙也未解意。张煊随即帮衬道：'大相公饱学人，故意发此～。'"清《歧路灯》六四回："不说他们～戏谑，单讲他们赌博热闹。"

【科集】 kē jí 征集。《旧唐书·黄巢传》："自少迄长，不知战阵。初闻～，父子聚哭，惮于出征。"明胡世宁《陈言治河通运以济国储而救民生疏》："一面～工力，一面亲验。"《明史·黄龙传》："志～溃卒，至长城岛。"

【科甲】 kē jiǎ ❶指科举。汉唐取士分甲乙丙等科，故称。《太平广记》卷五四引《神仙感遇传》："刘令久在名场，所以不登甲乙之选者，以其褊率，不拘于时，舍～而就卑宦。"明王恕《议左监丞郭镛建言选法奏状》："近年以来，专以～取士。"清《红楼梦》二回："次子贾政，自幼酷喜读书，祖、父最疼，原欲以～出身的。" ❷指科举考中，多指考取进士。唐李治《严考试明经进士诏》："其中亦有明经学业该深者，惟许通六，进士文理华赡者，竟无～。"明沈鲸《双珠记》三七出："幸叨～，倾扪天捧日之诚。"清《儒林外史》四七回："元武阁是令先祖盖的，却是一县发～的风水。而今～发在彭府上，该是他家拿银子修了。"

【科校】 kē jiào 限期征收(赋税等)，逾期问责。唐大中元年正月十七日赦文："仍从前应有此色欠负，不问多少，更不得～征索。"宋司马光《乞罢保甲状》："其贼发地分，更不立三限～，但令捕贼给赏。"赵蕃《闻桑叶贱甚感叹有作》："田租减放犹～，况此全催可后程?"

【科戒】 kē jiè 佛教、道教的科条戒律。唐李昂《条流僧尼敕》："且僧尼本律～甚严，苟有违犯，便勒还俗。"《宋高僧传》卷二："遂依～，而为节文。"《云笈七籤》卷三八："然秘要之阶，不过慈善；慈善之法，不违～。"

【科臼】 kē jiù ❶同"窠臼❶"。宋朱熹《武夷精舍杂咏》："当中～，自然如灶，可爨以瀹茗。" ❷同"窠臼❸"。清《九云记》三回："文章岂独在～，必采奇才秀士，不负朕眷眷至意。"

【科考】 kē kǎo 科举考试。宋胡寅《思归》之二："自书政拙催～，今古舂陵复永陵。"清《兰州纪略》卷一八："捐监之数缴足，即给予执照，许其～。"《儒林外史》七回："本道来～时，访知你若再如此，断不能恕了!"

【科敛】 kē liǎn 政府摊派征收赋税。唐李隆基《处分朝集使敕》："其征镇人家，每须优赏，～之事，必在均平。"明王恕《乞取回买玩好王太监奏状》:"以馈送下程为由因,而～军民财物。"清《醒世姻缘传》九四回:"乡约承了县票,挨门～,银钱兼收。"

【科率】 kē lǜ 官府于民间定额采购物资。唐李豫《改元永泰赦》:"其百姓除正租庸外,不得更别有～。"宋包拯《请差京东安抚》:"东路州军以近年～差役频,并民力困重。"《明史·刘玉传》:"有司不得借复核,阴行～。"

【科买】 kē mǎi 征购。宋司马光《论修造札子》:"有司于外州～,百端营致。"明王直《营建纪成诗序》:"凡材物取诸官府之积者,不～于人。"

【科卖】 kē mài 政府依法专卖。宋苏舜钦《两浙路转运使司封郎中王公墓表》:"中出缣帛五十万,～民间,取赀以市粟。"《宋史·高宗纪》:"庚辰,禁诸州～仓盐。"明文徵明《先叔父中宪大夫文公行状》:"今日马政除补足种马之外,上之所须,独备用一事而已。岂有～征解诸扰民之令哉!"

【科目】 kē mù ❶ 唐代以来分科选拔官吏的名目。唐李适《令应选人习三礼诏》:"应诸色人中习三礼者,前资及出身人依～例,白身人依贡举例,每经问大义三十条,试策三道。"清《飞龙全传》六〇回:"撰通礼,正乐书,定大乐,设～,而文教彬彬。" ❷ 科举考试及第的人。元刘壎《补史十忠诗·枢密闽广宣抚史陈公》:"不有二忠存,千古笑～。"清《儒林外史》四三回:"这太守姓雷名骥,字康锡,进士出身,年纪六十多岁,是个老～。"

【科纳】 kē nà 缴纳赋税。宋赵抃《奏状乞减省益州路民间科买》:"臣昨知蜀州江原县日,备见民间～之际,忧愁亡聊。"《元史·食货志》:"包银之法,宪宗乙卯年始定之。初汉民～包银六两,至是止征四两,二两输银,二两折收丝绢、颜色等物。"

【科派】 kē pài ❶ 官府派征力役、税赋等。宋杨时《荆州所闻》:"其聚敛～,盖不若今之悉也。"《元曲选·风光好》一折:"丁单,将～摊,刚刚的对付难上难。"清《荡寇志》八三回:"怎奈那骡马行仗,官府～徭役十分烦重。" ❷ 摊派;借名目索要(钱物)。明《金瓶梅》一回:"不是我～你们。这结拜的事,各人出些,也见些情分。"《警世通言》卷二四:"老鸨要生心～,设一大席酒,搬戏演乐,专请三官、玉姐二人赴席。"《二刻拍案惊奇》卷二〇:"他内外揽权,百般欺侵,巴不得姐夫有事,就好～用度,落来肥家。" ❸ 分派。清《豆棚闲话》六则:"这些名目～出来,写下一张榜文,贴在茶寮却也好看。" ❹ 安排调度。明《拍案惊奇》卷一八:"到得天明,商量安炉。富翁见这伙人～,自家晓得些,也在里头指点。"

【科配】 kē pèi 官府摊派正项赋税以外的临时加税。唐陆贽《论裴延龄奸蠹书》:"既有番递之伦,永无～之扰。"元王恽《挽漕篇》:"木石动万计,～困氓伍。"清俞森《荒政丛书》卷一:"官司以户等高下,一例～,且不时到场检点。"

【科扰】 kē rǎo 以捐税差役骚扰百姓。宋范祖禹《又乞罢回河札子》:"非时斩伐林木,残害天地之所生,～州县乡村坊郭人民。"明何孟春《闭银场第二疏》:"旋复～害生,侵欺弊出。"清《醒世姻缘传》一七回:"发了一百万内帑,散在北直隶一带州县,储积草豆,以备征剿,不许～百姓。"

【科试】 kē shì 科举考试。唐元稹《上令狐相公诗启》:"某初不好文章,徒以仕无他歧,强由～。"宋蔡襄《苏才翁墓志铭》:"初,才翁少年,欲以文词进,愿还官就～,思与天下英豪角逐于笔研间。"清《红楼梦》一一九回:"他父母延师读书,新近～中了秀才。"

【科输】 kē shū 缴纳赋税。宋范成大《送同年万元亨知阶州》之三:"十年关陇困～,圣德如天尽扫除。"明文徵明《故资善大夫顾公墓志铭》:"～烦扰,期会促迫,民日益贫。"

【科索】 kē suǒ 官府向百姓摊派任务、索取钱物或购买货品。宋耐得翁《都城纪胜·诸行》:"市肆谓之行者,因官府～而得此名。"明杨一清《一为乞留守备官员以慰边人事》:"比年以来,兵荒相继,～无已,军民困惫。"清胤禛《朱批谕旨》卷一三八下:"严禁地棍包揽,以免诓骗～。"也指设名目索要(财物)。明《禅真后史》一三回:"这银两必须得一庄主出手买了,然后去见老瞿,自有妙计打合～,厚价转卖与他。"

【科琐】 kē suǒ 科条烦琐。宋王迈《东归至衢城十五里头》:"往岁淮甸间,边吏困～。"李曾伯《贺郑丞相克复襄樊》:"谋谟密契于宸衷,～曲详于边吏。"

【科套】 kē tào 程式;套子。明张介宾《景岳全书》卷四〇:"即今幼科所尚,无不以此为～,全不知脉,而信口胡猜。"

【科需】 kē xū 政府于常规正赋外,因临时需要科征财物。宋许应龙《次年劝农文》:"复罢～,蠲工役戢。"明王直《周文襄公祠堂记》:"其达北京而舟楫失利,或官有～,及民间饥窘无措者,皆以所积之赢通给之,不责偿。"《于少保萃忠全传》一〇传:"孰若捐贷以赈饥贫,上舒朝廷之隐忧,下为子孙之积福,中又不致为里甲之～。"

【科选】 kē xuǎn 科举。唐李恒《命元稹守同州刺史充本州防御制》:"游艺资身,明经筮仕,累应～,益振芳华。"明汤显祖《牡丹亭》四八出:"〔旦〕他来～。〔老旦〕这等是个好秀才,快请相见。"△清《双凤奇缘》一〇回:"今当科场大比之年,正我主取士得人。伏望钦点试官,以重～大典。"

【科徭】 kē yáo 税赋徭役。唐白居易《李祐授晋州刺史制》:"夫均其征役,简其～,谨身省事,以临其人。"明宋濂《故丹溪先生朱公石表辞》:"有田则～随之,君等入胥吏饵而互相顾,非策之上也。"清吴伟业《矾清湖》:"～视他境差缓,故其民日以饶,不为盗。"

【科仪】 kē yí 指宗教仪轨法式。唐颜真卿《茅山玄靖先生广陵李君碑铭》:"他日请传道法,先生辞以足疾不任～者数焉。"明《型世言》二八回:"学生不晓这～,一定要老师亲临。"清《野叟曝言》三〇回:"然后往各房并厅堂、廊巷、厨厕、井灶一切处所镇了一遍,谢了神将,收了～,散了福物,已是天明了。"

【科役】 kē yì 征发徭役。《旧唐书·代宗纪》:"～百姓,致户口凋弊。"宋文彦博等《上仁宗答诏论星变》:"虽有～,亦不至于暴刻矣。"清于成龙《招安六安州麻埠谕》:"或有难白之隐情,切肤之痛楚,以及饥寒、～、仇倾、势挟,种种苦情,不妨径赴本府投诉。"

【科约】 kē yuē ❶ 用条例规定约束。《法苑珠林》卷一三〇:"今欲～行业,条列顺违。" ❷ 条例或规定。《新唐书·李德裕传》:"蜀人多鬻女为人妾,德裕为着～:凡十三而上执三年劳,下者五岁,及期则归之父母。"明康海《送大复先生还信阳序》:"于是具以～,示以程序,先之以身,而董之以实。"清胤禛《朱批谕旨》卷一七六:"量宽其力,以下则起～,可得额赋一二千两。"

【科责】 kē zé 处罚。唐元稹《弹奏剑南东川节度使状》:"本判官及刺史等,伏乞准前～,以息诛求。"宋司马光《乞罢保甲札子》:"住止及窝藏去处,其本地分严行～。"明罗洪先《赠欧两川年兄移令丹棱》:"即今～百费兴,里中流析谁能结。"

【科杖】 kē zhàng 处以杖刑。《唐律疏议》卷六:"假有考校九人,二人故不实,合～一百七;人失不实,亦合～一百。"宋苏轼《乞医疗病囚状》:"如诈称病,狱官、县令皆～六十。"

【科折】 kē zhé 唐宋时征收赋税,许以物折物、以物折钱或以钱折物，称为科折。宋吕陶《奉使回奏十事状》："至于米豆逐料，～不一，或折丝绢，或折绸布。"陈傅良《缴奏紫霄宫免科敷等事状》："况今贫民困于～，若更令游手坐食之徒反得幸免……是恩足以及游手而不至于百姓。"元袁桷《大都乡试策问》："社仓之法唐首用之，后复有～之患焉。"

【科子】 kē zi 同"窠子❺"。《元曲选·救风尘》三折："店里有个好女子请你哩。〔周舍云〕咱和你就去来。〔做见科，云〕是好一个～也。"清《续金瓶梅》四一回："却有一个尼姑，原是外河小巷里～。"《醒世姻缘传》七二回："我也不合他到官，我只拿出小～来叫列位看看明白。"

【科座】 kē zuò 同"窠坐❷"。明李诩《戒庵老人漫笔》卷五："所居谓之～。"

【窠】 kē ❶ 衣物上织绣的团花。唐李豫《禁断织造淫巧诏》："在外所织造大张锦、硬软瑞锦、透背及大裥锦、竭凿六破已上锦、独～文纱四尺幅，及独～吴绫、独～司马绫等，并宜禁断。"五代鹿虔扆《思越人》："双带绣～盘锦荐，泪侵花暗香销。"《宋史·舆服志五》："景祐元年，诏禁锦背、绣背、遍地密花透背采段，其稀花团～、斜～、杂花不相连者非。" ❷ 书写大字或刻制印章时划分的界格或镂出的空白。唐卢肇《金钱花》："轮郭休夸四字书，红～写出对庭除。"《旧唐书·南诏传》："仍赐牟寻印，铸用黄金，以银为～，文曰'贞元册南诏印'。"清弘历《集古玉印百皮檀匣因作歌》："禁中古印集所有，数得其百胥琼玖。鼻腹～纽灿纷陈，核之印谱皆合偶。" ❸ 坑；凹处。唐岑参《送李卿赋得孤岛石》："绿～攒剥藓，尖顶坐鸬鹚。"元王仲元《江儿水·妇人脸上笑靥》："抬叠起脸上秋，出落腮边俏，千金这～里消费了。"清《风流悟》六回："可知那妇人，我说了，欣然就允嫁他。如此我今去说，正打在拳～里去了。" ❹ 窝，借指居室、卧处、安身之所。宋辛弃疾《鹧鸪天·三山道中》："抛却山中诗酒～，却来官府听笙歌。"明吕天成《齐东绝倒》三出："粗粝冷齑，草～布被，俱在此。你两个自吃自睡。"汤显祖《邯郸记》一七出："南朝那一敲，西番这一嚣，老天天望不着咱那～儿到。" ❺ 也指事物丛聚之所。明陆采《明珠记》一〇出："只为虚飘飘凌烟阁，送上那颤巍巍跨海桥。算到了是非～。"王应遴《逍遥游》："生死关头逐逐，利名～内憧憧。"

【窠巢】 kē cháo 兽禽的窝。❶ 喻指居所、地方势力盘踞处。五代李亶《赐豆卢革韦说自尽诏》："近者西方邺虽复要害，高季兴尚固～，增吾旰食之忧。"《元曲选·东堂老》一折："原是祖父的～，谁承望子孙不肖，剔腾了。"清蓝鼎元《东征集》卷二："采探有无匪类踪迹，并熟视进兵路径，果有～，即大举扑灭之耳。" ❷ 喻指门户、局限。元刘壎《隐居通议》卷三："夫子之门为人物准的，千岁人物要得人此～，乃无愧千岁而上。"明顾宪成《先弟季时述》："居恒妄意，欲作天下第一等人，不近狂乎？反而按其实，尚未能跳出硁硁～也。"

【窠道】 kē dào 窠巢与道路，喻现成格式。《五灯会元》卷一二《南岳云峰文悦禅师》："语不离～，焉能出盖缠？片云横谷口，迷却几人源？"

【窠地】 kē dì 同"科地"。宋洪迈《夷坚志》支庚卷七："我乃路岐散乐子弟也，知市上李希圣宅亲礼请客，要去打～。"

【窠妇】 kē fù 妓女。明《笑府》卷七："你看大老官那一个不识？小娘～那一个不识？"清于成龙《弭盗安民条约》："且流枭黠贼埋名改姓，托身于游娼～之家。"《吴江雪》七回："原来雪婆年少时，是一个半开门的～。"

【窠臼】 kē jiù ❶ 用于承托可旋转支撑物（如臂骨、门轴等）嵌入部分的凹坑。元危亦林《世医得效方》卷一八："（脱臼）须锁骨下归窠，或出外则须搦入内，或出内则须搦入外，方入～。"明《醒世恒言》卷三四："众人一齐动手乒乒乓乓将遮堂乱打。那遮堂已是离了～的，不消几下，一扇扇都倒下去。" ❷ 像窠臼的东西。《五灯会元》卷一四《圆通德止禅师》："四方观察，上下推穷。见云行时，便于行处作计较；见云住时，便于住处立个～。"宋陈櫄《负暄野录》卷下："布缕为纸，今蜀笺犹多用之。其纸遇水滴则深作～然者。"陈自明《妇人大全良方》卷一："血崩乃经脉错乱，不循故道，淖溢妄行。一二日不止，便有积瘀之血凝成～。" ❸ 比喻现成的格式；老套子。宋觉范《林间录》卷上："真自是知其机辩，脱略～，大称赏之。"《朱子语类》卷一一三："'戒慎恐惧'虽是四个字，到用著是无他，只是紧鞭约令归此～来。"清《红楼梦》七六回："如今直用作轩馆之名，更觉新鲜，不落～。" ❹ 喻指案底、存案。清傅泽洪《行水金鉴》卷四四："于出纳之际，本折若干，存发若干，各按册籍，细加查核，必尽翻～，彻底澄清。"

【窠窟】 kē kū ❶ 禽兽的窝。唐元稹《和李余古题乐府·君莫非》："燕在梁栋，鼠在阶基。各自～，人不能移。"《敦煌变文校注》卷三《燕子赋（二）》："知他～好，乃即横来侵。" ❷ 犹"窠巢❶"。宋黄庭坚《题远近图后》："穷山野水，亦是林下人～。"明胡宗宪《筹海图编》卷四："外浯屿乃五澳地方番人之～也，附海有浯屿、安边等哨守之兵。"黄溥《闲中今古录摘抄》："窃据台、温、明十二郡十有八年，而吾明久为其～。" ❸ 犹"窠巢❷"。《祖堂集》卷六《洞山和尚》："僧曰：'和尚病，争看得他？'师曰：'某甲若看，则不见有病。'问：'正与摩时如何？'师曰：'是阇梨～。'"《五灯会元》卷四《赵州从谂禅师》："至道无难，唯嫌拣择。是时人～否？"宋《朱子语类》卷七三："却便先萌个计功计获底心，要如何济他，如何有益，少间尽落入功利～里去。" ❹ 喻指职位。明叶子奇《草木子》卷四下："觅得钱多曰得手，除得州美曰好地分，补得职近曰好～。"

【窠罗】 kē luó 即"栲栳❸"。明《山歌·鱼船妇打生人相骂》："我弗怕你搭一～个十姊妹，也弗怕你搭鹞鹰头鹘子眼个星小贼精。"

【窠罗圈】 kē luó quān 即"栲栳圈"。清《说唐前传》四五回："程咬金见了，哈哈大笑，故意把小白龙连转几个～，吓得众人都没命的跑。"

【窠啰】 kē luó 同"窠罗"。清沈起凤《才人福》九出："富仁坊是道士～里。"

【窠名】 kē míng 科名；用于选拔或征派的条款名目。唐郑谷《锦》之二："礼部郎官人所重，省中别占好～。"宋黄震《回申本军拨隶～状》："今若拨下～，是又重为使军之费也。"明顾清《回聂令加赋助役及请令武臣隔州监兑书》："昔人不欲并省征税，～为一项。"

【窠团】 kē tuán 事物丛聚成堆（的地方）。明叶宪祖《北邙说法》："跳不出业～，躲不迭甜冤对，便上非想天一骨碌到底。"

【窠栅】 kē zhà 栅笼，囚禁人的装置。《宋史·理宗纪五》："己未，诏在京置～私系囚并非法狱具，台宪其严禁戢，违者有刑。"

【窠子】 kē zi ❶ 禽兽的窝。《五灯会元》卷一一《兴化存奖禅师》："我今日问新到，是将死雀就地弹，就～里打？" ❷ 窝状或窝状物；容器。宋杨士瀛《仁斋直指》卷二六："以黄泥入少赤石脂并盐，杵为～，纳裹蜘蛛，烧令通红。"《朱子语类》卷一〇一："如五峰之说，则仁与不仁、义与不义、礼与无礼、智与无智，皆是性。如此，则性乃一个大人欲～。"又："如何天理人欲同体得？如此，却是性可以为善，亦可以为恶，却是一团人欲～，将甚么做体？"

❸ 植株。宋陈思《海棠谱》卷上："每岁冬至前后，正宜移掇～。"明朱橚《普济方》卷二九六："右用槿花，不拘多少，采时不得用手，以竹箸就～摘。" ❹ 量词。用于植株。宋杨万里《题桄榔树》："君看桄榔一～，竹身杏叶海棠枝。" ❺ 娼妓。也用作詈词，骂妇女。明《金瓶梅词话》二回："南街子又占着～卓二姐，名卓丢儿，包了些时，也娶来家居住。"孙柚《琴心记》一六出："呀，不好了，去了罢。谁知～人家，现出拿魂太岁。"清《醒世姻缘传》二二回："晁思才见降不倒他，软了半截，骂自己的老婆，道：'老～！你休涎脸多嘴多舌的！'"

【窠坐】 kē zuò ❶ 职位。宋欧阳修《乞将误降配厢军依旧升为禁军当司近牒》："本军不敢接状，然亦以其人等怨忿，不敢差使功役，只与闲慢处～羁縻。"《朱子语类》卷一〇六："某在漳州，凡胥吏辈～，有优轻处、重难处，尽与他摆换一次。优者移之重处，重者移之优处。"《宋史·辛弃疾传》："军人则利于优闲～，奔走公门，苟图衣食。" ❷ 居所。明沈采《明珠记》一八出："千里归来，无些～。"《型世言》五回："罢！嫂子，怎丢了～儿别处去？"清乾隆年刊《昆山新阳合志》卷一："安身处曰～。"

【颗恰】 kē qià 同"可恰"。元乔吉《一枝花·杂情》："收拾得所事儿温柔，妆点得诸餘里～。"

【搕脑】 kē nǎo 同"磕脑❶"。宋佚名《张协状元》八出："有采时捉一两个大虫，且落得做袍、～。"

【嗑】 kē 嘲讽；多嘴。元张可久《燕引雏·有感》："相识每～，推不动花磨。朱颜去了，还再来么？"明贾仲明《吊赵明道·凌波仙》："茶坊中～，勾肆里嘲。明明德，道泰歌谣。"六十种曲本《西厢记》一九出："我待不～来其实怎忍？〔郑〕你再～一声我听。〔贴〕你这般颓嘴脸，则好偷韩寿下风头香，傅何郎左壁厢粉。"

【嗑睡】 kē shuì 同"瞌睡"。《元曲选·冤家债主》二折："我一顿吃了五碗饭，吃得饱饱儿了，我便～去。"清厉鹗《东城杂记》卷下："向读欧阳炯长歌，叹其妙绝，如听经弟子拟闻声，～小童如有梦。"

【嗑牙】 kē yá ❶ 说话（含贬义），多指说闲话。元乔吉《小桃红·赠刘牙儿》："风流漫惹闲唇齿，含宫泛徵，咬文嚼字，谁敢～儿？"《元曲选外编·西厢记》三本三折："没人处只会闲～，就里空奸诈。"《元曲选·误入桃源》三折："我这里道姓呼名，他那里～料嘴。" ❷ 牙齿相撞；磨牙。明《梼杌闲评》六回："原来是路傍一株大树上，有老鹳做窠在上面～，就像人咳嗽一般。"

【磕】 kē ❶ 碰撞；敲击。唐杜牧《大雨行》："云缠风束乱敲～，黄帝未胜蚩尤长。"《元典章·刑部十六》："伊夫与王买驴相扯跌倒，被竹根～著阴囊身死。"清《红楼梦》六六回："说着，将头上一根玉簪拔下来，～作两段。" ❷ 由上往下戴；扣。参见"坎"。明《金瓶梅词话》五三回："因这冤家作怪捣气，头也不得梳，又得大娘来，仓忙的挽一挽儿，胡乱～上鬏髻。"《醒世恒言》卷六："这主人家被他把大帽儿一～，便信以为真。" ❸ 嗑（kè）；用牙咬开。明《警世通言》卷二四："纵有羊羔美酒吃不下，那有心绪～瓜仁。"清《红楼梦》一九回："也有赶围棋的，也有掷骰抹牌的，～了一地瓜子皮。"

【磕铳】 kē chòng 瞌睆；瞌睡。清《缀白裘》五集卷三《一文钱》："恐怕打盹耽误子工夫，唱些歌头曲尾在革里解解～。"

【磕打】 kē dǎ ❶ 敲击；杖击。明杨一清《关中奏议》卷一六："李镇、圆惠等，肘镣～脱卸，各执骨朵。"清《醒世姻缘传》一四回："标致妇人不禁～，一时～坏了，上司要人不便。" ❷ 比喻折腾、折磨。清《醒世姻缘传》七一回："小人的意思，好支虚架子儿，没等一个钱，就支十个钱架子，其实禁不得～。"又七六回："毕竟有了年纪的人，不禁～，儿场气，病势入了腠理。"

【磕顶】 kē dǐng 犹"磕脑❷"。宋《三朝北盟会编》卷八九："送狱根究，搜检到丁顺所与章金人战袍、～头巾。"

【磕额】 kē é 额头凸出。明《西游记》四四回："～金睛幌亮，圆头毛脸无腮。"清《红楼梦》九三回："但见包勇身上五尺有零，肩背宽肥，浓眉爆眼，～长髯，气色粗黑。"

【磕伏】 kē fú 上身前倾靠在物体上；趴。明《金瓶梅词话》四八回："那官哥儿諕的在奶子怀里～着，只倒咽气，不敢动一动儿。"又六二回："月娘因见西门庆～在他身上，挝脸儿那等哭。"

【磕瓜】 kē guā 戏曲表演用的道具。木胎用皮包毡裹成瓜形，有柄，打人声音大却不太疼。元李伯瑜《小桃红·～》："木胎毡衬要柔和，用最软的皮儿裹。"明《金瓶梅词话》六〇回："西门庆笑令玳安儿：'拿～来，打这贼花子。'"清李调元《雨村剧话》卷上："副末执～以扑靓，即昔所谓苍鹘是也。"

【磕拐】 kē guǎi 经手钱财时从中克扣归己。参见"打拐"。磕，扣。清《醒世姻缘传》九回："讲了二百二十两银子，八个木匠自己磕了三十两的拐。"

【磕磕】 kē kē 犹"可可❺"，恰恰。明《金瓶梅词话》一回："原来不曾打着大虫，正打在树枝上，～把那条棒折做两截。"

【磕困】 kē kùn 瞌睡。明《金瓶梅词话》三九回："潘金莲熬的～上来，就往房里睡去了。"《西洋记》五九回："～就撞着个枕头，却不是天使我成其大功！"

【磕脑】 kē nǎo ❶ 能严密遮护头颈的一种厚帽（古代也称头巾），武士、猎人等佩戴。宋佚名《张协状元》一出："如何打扮？虎皮～虎皮袍，两眼光辉志气豪。"《元曲选外编·存孝打虎》二折："就用这死虎皮做一个虎皮～，虎皮袍，虎筋绦。" ❷ 指这种帽子的样式。元明《水浒传》五一回："只见一个老儿裹着～儿头巾，着一领茶褐罗衫。"清《女仙外史》五二回："面黑而狭，束一顶～毡帽，刚称头之大小。"

【磕仆】 kē pū 跌倒在地，形容极其困顿。《太平广记》卷一九引《神仙拾遗》："栖旅困馁，所向拘碍，几为～。"

【磕扑】 kē pū 骤跪貌。《元曲选·伍员吹箫》三折："他～的跪在街基。"《元曲选外编·五侯宴》五折："～的跪在尘埃。"

【磕敲】 kē qiāo 敲击。唐姚合《天竺寺殿前立石》："苔粘月眼风挑剔，尘结云头雨～。"清弘历《苏轼偃松图》："～应作青铜声。"

【磕睡】 kē shuì 同"瞌睡"。宋《朱子语类》卷一二："恰如～，强自唤醒。"明《醒世恒言》卷三一："你却怎地不来？独自在这里打～。"清《儒林外史》二回："不觉～上来，伏着号板打一个盹。"

【磕头】 kē tóu ❶ 一种以头着地或近地的跪拜礼。《旧唐书·刘栖楚传》卷四五四："栖楚捧首而起，因便陈论，～见血。"明王樵《勘覆诚意伯刘世延事情疏》："你可速铸几十两银子，与我主人～，饶你送官。"清《红楼梦》九回："金荣强不得，只得与秦钟作了揖。宝玉还不依，偏定要～。" ❷ 一种卜术。唐张鷟《朝野佥载》卷二："梁有磕头师者，极精进。梁武帝甚敬信之，后敕使唤～。" ❸ 犹"磕额"。明《西游记》一八回："看见行者咨牙倈嘴，火眼金睛，～毛脸。"

【磕牙】 kē yá ❶ 同"嗑牙❶"。宋元《警世通言》卷八："咸安王捺不下烈火性，郭排军禁不住闲～。"《元曲选·后庭花》四折："你则待斯摘离暗欢喜，对清官～料嘴。"清《聊斋志异·凤阳士人》："何处与人闲～？望穿秋水，不见还家。" ❷ 指卖弄口才，插科打诨。《元曲选·百花亭》二折："折莫是捶丸气球，围棋双陆，顶针续麻，拆白道字，买快探阄。锦筝搊，白苎讴，清浊节奏。

知音达律，～声嗽。” ❸ 同“嗑牙❷”。明《西游记》八〇回：“又见那大虫摆尾，老虎～。”《挂枝儿·瓜子》：“有缘法遇着个好～的子弟，不知费了多少唇和舌，你的身子儿才脱离。”按，此例语义双关。

【磕匝】 kē zā 环绕。唐韩愈《月蚀诗效玉川子作》：“后时食月罪当死，天罗～何处逃汝刑。”阎立本《巫山高》：“君不见巫山～翠屏开，湘江碧水逶山来。”

【磕竹】 kē zhú 即“杯珓”，用两块蛤形竹片投空掷地，视仰覆以占吉凶。清《醒世姻缘传》四回：“叫瞎子算命，请巫婆跳神，请～的来～，请圆光的圆光。”

【磕撞】 kē zhuàng 碰撞。宋范仲淹《奏辩陈留移桥》：“所损舟船五十五只内，五十只因风并相～致损。”清《醒世姻缘传》二九回：“夹石带人，不惟被水，更兼那石头～得骨碎肉糜。”

【瞌睡】 kē shuì 困倦欲睡。唐刘恂《岭表录异》卷中：“鄙俚谓之狗～鱼，以其犬在盘下，难伺其骨，故云狗～鱼也。”《祖堂集》卷一二：“满眼觑不见，眼根昧；满耳听不闻，耳根背。二途不晓，只是～。”清《醒世姻缘传》六二回：“你夜间难道不曾睡着？这样的～困倦。”

ké

【壳菜】 ké cài 称作为菜肴的贝类。宋邵博《邵氏闻见后录》卷三〇：“盖蛤蜊，一名～也。”

【壳漏子】 ké lòu zi 佛教指人的躯体。《祖堂集》卷四《药山和尚》：“离却这个～后，与师兄什麼处得相见？”明罗钦顺《困知记续录》卷上：“临命终时，亦不被恶业所牵，堕诸恶趣，换却～。”

【壳陋子】 ké lòu zi 同“壳漏子”。明罗钦顺《困知记续录》卷三：“学道人但识得本心了，无常来时抛却～一边著，灵台觉性迥然而去，名为解脱。”

【壳子】 ké zi ❶ 外壳。宋《朱子语类》卷一四：“《大学》一书，如行程相似。自某处到某处几里，自某处到某处几里，识得行程，须便行，始得。若只读得空～，亦无益也。”明朱橚《普济方》卷二一一：“用酸石榴五枚，合～捣，绞取二升汁，服。”清《儒林外史》四二回：“只见那外科周先生，红着脸，腆着肚子，在那里嚷大脚三，说他倒了他家一门口的螃蟹～。” ❷ 指人的躯壳。宋《朱子语类》卷九四：“心不在～里，如发狂相似。”

kě

【可】 kě ❶ 寻常；不严重。形容轻微。唐赵璘《因话录》卷五：“谈话之误差尚～，若著于文字，其误甚矣。”宋陈允平《江城子》：“瘦却舞腰浑～事，银蹀躞，半阑珊。”清《红楼梦》三三回：“王夫人哭着贾珠的名字。别人还～，惟有宫裁，禁不住也放声哭了。” ❷ 特指病情减轻或痊愈。唐刘肃《大唐新语》卷七：“仆射病～，须问之；既甚矣，何须问也。”《元曲选·扬州梦》四折：“毕罢了雪月风花，医～了游荡疏狂病。”清佚名《金兰谊》一五出：“谁料中途沾恙，如今幸得稍～。” ❸ 尽（jǐn）着；就着。唐白居易《红线毯》：“披香殿广十丈餘，红线织成～殿铺。”《元曲选·岳阳楼》三折：“～乾坤做一床黄绸被，单搠着陈抟睡。”清《醒世姻缘传》一四回：“～屋周围又垒了一圈墙，独自成了院落。” ❹ 副词。a）表示疑问。最早（汉代？）用于反诘，相当于“怎”“岂”“哪”。唐岑参《北庭》：“～知年四十，犹自未封侯。”宋刘克庄《贺新郎》：“～但红尘难着脚，便山林未有安身地。”清《红楼梦》三一回：“阴阳～有什么样儿？不过是个气。”唐代开始用于一般性询问，相当于“是否”，有加强语气的作用。《祖堂集》卷三《怀让和尚》：“马师曰：‘～有成坏不？’师曰：‘若契于道，无始无终，不成不坏。’”《元曲选外编·剪发待宾》四：“老母，你～认的我么？”清纳兰性德《满江红·茅屋新成却赋》：“～学得，海鸥无事，闲飞闲宿？”元代开始可用于选择问。《元曲选·东堂老》三折：“那油盐酱旋买也～是零沽？”《元曲选外编·黄花峪》一折：“你说，～是我的是？～是他的是？”清《歧路灯》二〇回：“～是令祖生日，是归天之日？”b）表示语意转折，相当于“却”。唐李白《相逢行》：“相见情已深，未语～知心。”《元曲选外编·刘弘嫁婢》二折：“既不索，～怎生短命死了颜回？却怎生延年老了盗跖？”清《红楼梦》七七回：“咱们私自顽话，怎么也知道了？又没外人走风的，这～奇怪。”c）表示时态或情态。恰；正。唐李白《古风》之一：“吾亦澹荡人，拂衣～同调。”《元曲选·曲江池》一：“～临郊外，乍到城边。”元明《水浒传》七三回：“谷雨初晴，～是丽人天气；禁烟才过，正当三月韶华。”d）复；再。《元曲选·玉壶春》楔子：“那时分，恁时节，我～将仁兄结草的这衔环谢。”又《黑旋风》四折：“我把这一颗头且放在这里，我～杀白衙内去。”明佚名《临潼斗宝》楔子：“先夺了他的宝物，～来见我。”e）表示肯定。的确；确实。元曾瑞《集贤宾·宫词》：“唱道是人和闷～难争，则我瘦身躯怎敢共愁肠竞！”《契丹国志·天祚帝纪》：“观夫孱主，～谓痛心。”《元曲选外编·三战吕布》一折：“今年吕布威镇于虎牢关，搠戟勒马，～有一关之壮。”f）表示强调。宋周密《武林旧事》卷七：“官家已醉，～一路小心照管。”《元曲选·青衫泪》二：“小子～等着了！”清《红楼梦》四三回：“阿弥陀佛！～来了！把花姑娘急疯了。”g）表示祈使。千万；务必。元明《水浒传》一二回：“雇请庄家挑那担儿，不想被你们夺了，～把来还洒家如何？”明《古今小说》卷一八：“随童，我是你旧主人，～来救我！” ❺ 让；使。《元曲选·玉镜台》一折：“怎能彀～情人消受锦幄凤凰衾，把愁怀都打撇在玉枕鸳鸯帐。”明屠隆《彩毫记》三三出：“制凌波，五色鲜，却与佳人脚下穿，行一步，～人怜。”清《红楼梦》一〇一回：“说起来真真～人恼！” ❻ 某些形容词或副词的后缀。《元曲选外编·西厢记》二本三折：“而今烦恼犹闲～，久后思量怎奈何。”明汤显祖《南柯记》八出：“他言轻～，谁看破？” ❼ 语气词。相当于“啊”。可用在句中、句末。清《醒世姻缘传》五三回：“嫌材不好，这是死才活着～自己买的！”又七二回：“你难道不晓得这人么？要好与你老人家～，俺从八秋儿来合你说了。”又八三回：“风冠霞帔，通袖袍带，你还没试试哩。你别要也倒穿了～。” ❽ 终了；平息。明《金瓶梅词话》七三回：“我痴心终日家等待你，何日是～？合少离多，咱命薄命薄。”清许廷录《五鹿块》七出：“心头怒气虽稍～，细思量还非安妥。” ❾ 通“磕”，敲击。明《金瓶梅词话》二〇回：“趁早与我后边请去，请不将来，～二十栏杆。” ❿ 通“嗑”，咬。明《西游记》八回：“是我咬杀母猪，～死群彘，在此处占了山场，吃人度日。”

【可便】 kě biàn ❶ 纵使；即便。唐吴融《上巳日花下闲看》：“～无心邀窈娟，还应有泪忆袁熙。”宋张詠《柳枝词》之一：“～消兵无好术，忍教攀折怨东风。”《元曲选·谢天香》三折：“相公，整过了三年。～调理，无个消息。” ❷ 怎能；岂能。唐白居易《醉题候仙亭》：“酒兴还应在，诗情～无？登山与临水，犹未要人扶。”《元曲选·东堂老》二折：“虽然道贫穷富贵生前定，不俫，咱～稳坐的安然等？”清叶方蔼《戏题西樵考功长斋绣佛图》之三：“趺居～了尘牵，长日清斋结净缘。” ❸ 副词。就；即。宋何应龙《杜鹃》：“君若思归～归，故乡只在锦江西。”《元曲选·谢天香》三折:"赌钱的,不伶俐,姐姐你～再掷。"《春柳莺》五回:"舍下坏事家人王文,怀兄～写一革条革出,不可令他在家。"按,魏晋时已见"就、即"义的连词用法。 ❹ 却。元曾瑞《哨遍·麈腰》:"为你知心腹倚仗着伊,～半腰里无主戚。" ❺ 须;要。《元曲选·虎头牌》一折:"只将这边关守紧,你～舍一腔热血报明君。"明孙仁孺《东郭记》二四出:"此人不比得王驩那厮,～备些礼物去见他也。" ❻ 曲文中用作衬字,无义。元庾吉甫《定风波·思情》:"人病久,何日休,思情欲待罢无由。哎! 你个多情你～怎下的辜负!"《元曲选·秋胡戏妻》二折:"则俺那青春子,何年～甚日回?"又《东堂老》三折:"我其实～消不得你这娇儿和幼女,我其实～顾不得你这穷亲泼故。"

【可便道】 kě biàn dào 即"可不道❶"。《元曲选·黑旋风》一折:"～'恭敬不如从命',今日里奉着哥哥令。若有人将哥哥厮欺负,我和他两白日便见那簸箕星。"

【可便是】 kě biàn shì ❶ 同"可便似"。《元曲选·昊天塔》一折:"～因杀南山老大虫,枉自有爪和牙成甚么用? 都做了一齐分付与东风!"明孟称舜《娇红记》二〇出:"娇脸儿教人爱煞,～月殿里嫦娥,向人间并倚菱花。"清郑瑜《鹦鹉洲》:"你我相依,～伯鸾侨傍要离冢。" ❷ 岂能;怎能。《元曲选·冤家债主》四折:"你怎生直恁的心性狠,全无些旧情分,～亲者如同那陌路人?" ❸ 正是;就是。明孙仁孺《东郭记》四一出:"〔生〕未也。俺还要做一故事,与二位夫人一笑。〔旦〕做甚的故事?〔生〕～您当初张俺的故事。" ❹ 可是;是否是。用于询问。清《后水浒传》九回:"郤元道:'……不知老丈～丁太公?'丁太公连忙答应。"又一二回:"王豹道:'这骆敬德～阳城中的猎户么?'那人道:'正是,正是。'"

【可便似】 kě biàn sì 恰似;好像。《元曲选·金钱记》一折:"你看那指纤长铺玉甲,髻嵯峨堆绀发。～舞困三眼柳,端的是这春风恰破瓜。"明孟称舜《娇红记》一二出:"要你下去呵,～颠风倒走黄河岸,瘦马逆行连云栈,死囚押赴森罗殿。"《西游记》六五回:"那座山也不知有多少高,～接着青天,透冲碧汉。"

【可不道】 kě bù dào ❶ 岂不闻;岂不知。引用成语套话时用,表示人人都知道。《元曲选·救风尘》三折:"～'一夜夫妻百夜恩',你可便息怒停嗔。"明孟称舜《娇红记》二八出:"可不道'捉贼见赃'。窃听人言,赃在那里?"清《风流悟》七回:"怎么恁早,～'欢娱嫌夜短'么。" ❷ 不是说。引用对方说过的话或传闻时用,表示现状和旧话不符。《元曲选·单鞭夺槊》二折:"〔尉迟云〕元帅,～招贤纳士哩!〔正末云〕三将军,敬德有何罪,将他下在牢中?"又《忍字记》二折:"刘均佐,～你出家来。你看经念佛,划地杀人?"明《拍案惊奇》卷三八:"员外、妈妈见是小梅,大惊道:'你在那里来? ～逃走了?'" ❸ 岂不知;岂不是。用于反诘语气,表示情理或结果显然,人人都应该知道,不必要说出。元高明《琵琶记》一九出:"我千辛万苦,有甚情怀? ～我脸儿黄瘦骨如柴。"明《韩湘子》六回:"你说直有丈二,横有八尺,如今说藏在袖中,～手长衣袖短?"清李玉《清忠谱》九折:"〔生〕朝廷拿我,岂是你代得的?〔小生〕爹爹嗄! 子孝臣忠同一例,～全爹大节彰儿罪!" ❹ 却是;倒是。表示语义的转折。《元曲选·黑旋风》二折:"兀那厮,～'寄在不寄失'? 你是个小主人家,～管着一个甚也?"又《玉镜台》四折:"你在黑阁落里欺你男儿。今日呵～指斥銮舆,也有禁住你限时,降了你乖处。" ❺ 怎知;不知。表示意外。可用于反诘,也可用于顺接。《元曲选·㑳梅香》一折:"不争向琴操中单诉着你飘零,～窗儿外更有个人孤另。"《元曲选外编·博望烧屯》一折:"〔张飞云〕谁不知我是莽张飞也?〔正末唱〕～你外名儿是莽撞张飞。"明徐复祚《红梨记》一五出:"夫人到好话,只说一个他,一个你,不说出姓名来,～他是何人你是谁。" ❻ 莫不是;或许是。表示推测。《元曲选·黑旋风》二折:"我适才途中马上见他些,那一个妇人叠坐着鞍儿把身体趄,那一个乔才横摔着鞭儿穿插的别。我打个模状儿说,～有一半儿朦胧倒有一半儿切。"又《勘头巾》四折:"赵仲先,这桩事～你也和他曾有首尾来?" ❼ 岂能;怎么会。表示情理上不可以或不可能。《元曲选·救风尘》二折:"御园中～是栽路柳,好人家怎容这等娼优?"

【可不的】 kě bù de ❶ 即"可不道❶"。《元曲选·谢金吾》三折:"～'山河易改,本姓难移。'" ❷ 即"可不道❸"。《元曲选·赵氏孤儿》四折:"若不是爹爹照觑,把您孩儿抬举,～二十年前早撄锋刃?"又《魔合罗》四折:"若非有天理,这当堂假限刚三日,～势剑倒是咱先吃。"又《冻苏秦》四折:"假使一朝马死黄金尽,～依旧苏秦,做陌路看承被人哂!" ❸ 竟然。表示对意外的强调。《元曲选·薛仁贵》三折:"这的是甚所乔为,直吃的恁般沙势,～失掉了镴钗鉀,歪斜着油鬏髻。"

【可不闻道】 kě bù wén dào 犹"可不道❶"。《敦煌变文校注》卷一《伍子胥变文》:"国相,～'成谋不说,覆水难收';事已如斯,勿复重谏!"又卷二《庐山远公话》:"汝～外书言:堪与言即言,不堪与言失言。"

【可曾】 kě céng 另见 kě zēng。❶ 何曾;哪曾。用于曾经的否定,犹言不曾。唐李廓《长安少年行》之六:"赏春唯逐胜,大宅～归。"《元曲选·看钱奴》四折:"则他这庞居士,世做的亏心事,恨不把穷民勒死。满口假悲慈,～有半文儿布施?"清毛奇龄《送高生祐釲南还并游会稽》之二:"机息～逢抱瓮,谈深不必傍参寥。" ❷ 怎能;岂能。用于可能的否定,犹言不能。宋王十朋《九日寄昌龄弟》:"去岁重九日,吾亲窀穸期。东篱自黄菊,泪眼～知。"明周瑛《出郭》:"骑马出东郭,茅檐遍拊循。吏需宁复急,民俗～淳。" ❸ 用于询问,问情状、行为是否发生过。《元曲选·窦娥冤》二折:"孩儿,你～算我两个的八字,红鸾天喜几时到命哩?"明《西游记》二二回:"唐僧道:'～捉得妖怪?'行者道:'那妖怪不奈战,败回钻入水去也。'"清陆可求《琐窗寒·蟋蟀》:"霜天分外秋声透。问西邻寒女,萧条机杼,～闻否?"

【可碜】 kě chen ❶ 丑陋;难看。《元曲选外编·蓝采和》二折:"画的十分～,怎觑那般行径。" ❷ 感到丑;厌恶;恶心。《元曲选·岳阳楼》二折:"〔正末又吐科,郭云〕～杀我也!"

【可道】 kě dào ❶ 虽说。唐白居易《早春怀微之》:"～眼前光景恶,其如难见故人何?"元明《三国志通俗演义》卷一一:"夫人之心,～如此,争奈国太与吴侯,安肯容夫人去也?"明胡应麟《苏君禹观察过访奉赠》:"亦知倾盖元如故,～浮踪隔草莱。" ❷ 犹"可知❷"。宋毛滂《清平乐》:"银河秋浪,遥出昆仑上。忽变澄澜添碧涨,～升平无象。"《元曲选·合汗衫》三折:"哎,～哩,饿纹在口角头,食神在天涯外。"又《后庭花》四折:"这杀人贼有了也不干你事,你回去罢。〔王庆云〕～不是我。我回家去来。" ❸ 犹"可知❶"。清《醒世姻缘传》一一回:"'这一位是那一们亲家? 虽是面善,这会想不起来了。'孔举人娘子道:'～面善,这是晁亲家宠夫人。'"

【可怪】 kě guài 令人诧异;使人难堪。用在句子开头,表示出乎意外,多指不如意的、使人难以接受的。宋周邦彦《浣溪沙慢》:"～近来,传语也无个。"明佚名《八仙过海》一折:"非是这吕洞宾心粗气莽,～这小业畜谋多智广。"清《醉醒石》三回:"～我的叔叔没来头做主,把我嫁这个老穷酸。"

【可好】 kě hǎo ❶ 恰巧;偏偏。用于不如意的巧合。《元曲选·合汗衫》三折："你来早一步儿，～斋都散完了也。"明《金瓶梅词话》五九回："一面哭起来叫丫头：'快请你爹去，你说孩子待断气也。'～常时节又走来说话，告诉房子儿寻下了。" ❷ 用于询问。a) 好不好，征询对方意见。《元曲选·生金阁》一折："与你些宝贝金珠～?"明汤显祖《牡丹亭》一〇出："这一霎天留人便，草借花眠。小姐，～?"清《歧路灯》四〇回："滑玉道：'这个姐夫～?'滑氏道：'读书人，没用。'"b) 可否，探寻是否适宜、能否接受。明徐复祚《红梨记》二〇出："老哥报什么喜信，～就对我说说。"《封神演义》一二回："哪吒走得汗流满面，乃叫家将：'看前面树荫之下，～纳凉?'"清《儒林外史》五五回："季先生的尊履坏了，～买双换换?"c) 表示问候。明徐畛《杀狗记》二〇出："〔外〕吴忠～?〔丑〕吴忠阿哥好。"清《隋唐演义》六一回："他竟像与兄认得的光景，便问兄近日行止，并身体～。" ❸ 用于反问。a) 岂能；怎好。表示不宜。明徐渭《渔阳三弄》："就是天子无故要杀一个臣下，那臣下～就去? 当面一把手采将他妈妈过来，一刀就砍做两段，世上可有这等事么?"《西游记》五五回："你好痴哑! 常言道，干鱼～与猫儿作枕头?"b) 难道不能。表示能够。明《西游记》三八回："行者道：'你要作甚?'八戒道：'我不如你们乖巧能言，人面前化得出斋来。老猪身子又夯，言语又粗，不能念经，若到那无济无生处，～换斋吃么!'"

【可可】 kě kě ❶ 翩然貌。唐张鷟《游仙窟》："双燕子，～事风流，即令人得伴，更亦不相求。" ❷ 浑然貌；含糊貌；淡远貌。唐元稹《春》："九霄浑～，万姓尚忡忡。"宋柳永《定风波》："自春来、惨绿愁红，芳心是事～。日上花梢，莺穿柳带，犹压香衾卧。"周密《南楼令·次陈君衡韵》："暗想芙蓉城下路，花～、雾冥冥。"明汤显祖《牡丹亭》一四出："个中人全在秋波妙，～的淡春山钿翠小。" ❸ 寻常；一般。表示程度轻。唐寒山《昔时～贫》："昔时～贫，今朝最贫冻。"薛昭蕴《浣溪沙》："瞥地见时犹～，却来闲处暗思量。"宋史浩《青玉案·为戴昌言歌姬作》："惊落梁尘浑～。一声峭处，故园春近，桃李还知么。" ❹ 些微；少许。表示数量小。宋佚名《渔家傲》："雪点江梅才～，梅心暗弄纤纤朵。"刘辰翁《摸鱼儿·甲午送春》："春去也，尚欲留春～。" ❺ 恰恰；正好。《元曲选·灰阑记》一："这嘴脸～是天生一对，地产一双。"明柯丹邱《荆钗记》二二出："我一了说他娘儿两个，脑后见腮，定是无义之人。～的信了我的嘴。"《西游记》一八回："那高才入了大门，径往中堂上走，～儿的撞见高太公。"转指幸好。明《型世言》九回："自己伤了枪，也不能走动，坐在林子里，只见远远有人来，王喜道：'～还剩得一个人，好歹与他走道儿罢。'" ❻ 偏偏。表示不公平或不如意的巧合。唐王梵志《经济须平直》："些些征取利，～苦他家。"《元曲选·鲁斋郎》一："也是俺连年里时乖运蹇，～的与那个恶那吒打个撞见。"清《醒世姻缘传》八〇回："～的造化低，把个丫头又死了。" ❼ 循循；渐渐。金王喆《吃酒赌钱》："道门好人时时重，王法须遵～奢。"明孙仁孺《东郭记》四出："呀，～耳有闻，目有见也。谁知俺廉士之命，竟生于一李乎?" ❽ 诺诺，应答之词。a) 指凡事称可，不加反对或评议。宋辛弃疾《千年调·庶庵小阁名曰卮言》："卮酒向人时，和气先倾倒。最要然然～，万事称好。"谭处端《恣逍遥》："他是他非，于予～。眼前事，近来识破。腾腾兀兀，随缘且过。"金刘处玄《出家冷七翁升化》之三："世为知空，般般～。相近六旬，万种识破。"b) 表示允诺。明汤显祖《紫钗记》九出："他口儿不应，心儿～，道人在春风喜气多。"清《别有香》五回："林觉奶有意属裴，请道：'夫人如爱他，不靳我四人共榻。省得愁蕊妹小，替他耽忧。'奶笑允道：'～。'"

【可可儿的】 kě kě er de 犹"可可❺"。用于反诘，表示哪里会这么巧，即言不可能。明《金瓶梅词话》一五回："～来! 自古有恁说，没这事。"又一九回："～来! 我不信一个文墨人儿他干这个营生!"又二八回："六娘叫门我不替他开，～就放进人来了?"

【可口】 kě kǒu ❶ 适口；口感好。也指可心。唐段公路《北户录》："噎鸠饼脆，骑驴酒新。无非～，兼乃着人。"明《挂枝儿·橄榄》："你浑身的意味真～，那知味的人儿怎肯丢?"清《姑妄言》八回："自尝了这可心～的妙物，越发夜夜不肯放空。" ❷ 满口。唐陆龟蒙《奉酬袭美先辈吴中苦雨》："江南多事鬼，巫觋连瓯粤。～是妖讹，恣情专赏罚。"

【可来】 kě lái 甚。来，词缀。金《董解元西厢记》卷一："忒昏沉，忒粗鲁，没掂三，没思虑，～慕古。少年做事，大抵多失心粗。"又卷三："夫人～积世，瞧破张生深意。"

【可怜】 kě lián ❶ 可羡；可贵。唐白居易《长恨歌》："姊妹弟兄皆列土，～光彩生门户。"李商隐《读任彦升碑》："任昉当年有美名，～才调最纵横。" ❷ 可怪；异常。唐李商隐《贾生》："～夜半虚前席，不问苍生问鬼神。"《敦煌变文校注》卷四《降魔变文》："六师忿怒在王前，化出水牛甚～。"宋毛滂《浣溪沙·武康社日》："玉醅新压嫩鹅黄，半青橙子～香。" ❸ 可惜；可叹。唐韩愈《寒食日出游》："～物色阻携手，空展霜缣吟九咏。"元明《水浒传》六七回："～韩伯龙做了半世强人，死在李逵之手。"清《红楼梦》八三回："你们只顾要我喜欢，～我那里赶得上这日子!" ❹ 可恨；可恶。唐沈佺期《杂诗》："闻道黄龙戍，频年不解兵。～闺里月，长在汉家营。"元明《水浒传》二四回："从来男女不同筵，卖俏迎奸最～。"清《醒世姻缘传》六〇回："素姐伸出胳膊，露出腿来，打的象紫茄子一般肿的滴溜着，说道：'你看，～杀人的，这怎么起的去?'"

【可怜不见】 kě lián bù jiàn 即"可怜见"。清《醒世姻缘传》七九回："珍太太，狄太爷，～的饶了我，不似数落贼的一般罢!"△《儿女英雄传》三二回："咱们高了兴，打过来，骂过去，他还得没说强说、没笑强笑的哄着咱们。在他只不过为着那儿两银子，怪可怜不大见儿的。"

【可怜见】 kě lián jiàn 可怜。见，语助词。❶ 可怜；怜悯。宋《五代史平话·梁上》："天帝～三功臣无辜被戮，令他每三个托生做三个豪杰出来。"元关汉卿《普天乐·崔张十六事》："为功名，伤离别，～关山万里，独自跋涉。"清《醒世姻缘传》二回："天爷～，叫你好了罢! 你要有些差池，我只好跑到你头里罢了!" ❷ 开恩宽大；发慈悲施恩惠。多用于请求对方原谅。《元典章·刑部九》："皇帝～呵，与一个月日限，教他每尽实出首者。"《元曲选·争报恩》楔子："这也只是拳头无眼，过误打死了人。娘子怎生～。"清《野叟曝言》一〇九回："四时八节祭祀上坟，奴也没敢怠慢。～，放松一条，待爷斋醮作飨，多做好事，超荐着早升天界。" ❸ 怜爱；疼爱。《元曲选·争报恩》楔子："我有心要和你吃儿钟梯气酒儿，你心下如何?〔丁都管云〕小奶奶～，我正要吃儿钟酒。"△清《后红楼梦》二一回："定着神细细的瞧他听他，果真是五儿的声音。宝玉非但不怕，益发～他。" ❹ 招人怜悯；样子可怜。明《金瓶梅词话》一九回："我见他且是谦恭礼体儿的，见了人把头儿低着，～儿的。"清《霓裳续谱·正愁烦》："我如今待要打你，又怪～。"《姑妄言》六回："看他时时焦愁，又～的，实在也没法。" ❺ 可爱；招人怜爱。清《红楼梦》二二回："贾母深爱那作小旦的与一个作小丑的，因命人带进来，细看时益发～。"又六九回："忽见凤姐带了一个绝标致的小媳妇儿进来，忙觑着眼瞧，说：'这是谁家的孩子? 好～儿的。'" ❻ 可叹；令人叹息。明《禅真逸史》四回："老苗儿费尽了平生辛力，一味价剜肉成疮，经营货殖。～破服缠身，齑盐充口，何曾见锦衣玉食?"《禅真后史》一二回："不料老爷、公子相继而亡，留下小官人是一败子，～将铁城似一个大人家弄做雪消春水。”清《姑妄言》二回：“～的，家里要半个刮沙的钱也没有，拿甚么去买？”

【可怜生】 kě lián shēng （情状）可怜；可爱；让人怜悯或疼爱。生，语助词。唐寒山《或有衒行人》：“绳牵未肯行，锥刺犹不动。恰似羊公鹤，～懂懵。”《祖堂集》卷八《龙牙和尚》：“问：‘达摩未来时如何？’师答曰：‘～。’”宋范成大《请息斋书事》之一：“覆雨翻云转手成，纷纷轻薄～。”清陈端生《再生缘》四七回：“千岁见时忙步近，看了看，多娇睡态～。”

【可怜许】 kě lián xǔ 犹“可怜生”。许，语助词。唐王梵志《父母生男女》：“父母生男女，没娑～。”《太平广记》卷二八六引《河东记》：“彼虽有过，然遭君亦甚矣。～，请从此放之。”宋贺铸《呈李之仪》：“病侵老境～，春入故园何似生。”赵蕃《老卿携诗三篇来复答》：“贫家尊酒～，饮君宁得到无何。”

【可奈】 kě nài 怎奈；无奈。宋叶梦得《同敦立游蒋山》：“岂无山水心，～簿领缠。”《元曲选·窦娥冤》二折：“～那窦娥百般的不肯随顺我。”清《醒世姻缘传》三五回：“县官道：‘你这个也说得是。’指着自己的心道：‘～他又不依！’”有时只表示语义的转折，犹言却说。清《醒世姻缘传》一九回：“～旧年间，有一个皮匠，生得有八尺多长，一双圆眼，两道浓眉。”

【可耐】 kě nài 同“可奈”。《太平广记》卷一七六引《国史异纂》：“娄体肥行缓，李屡顾待，不即至，乃发怒曰：‘～杀人田舍汉！’”宋赵希樯《道傍木犀》：“～西风相料理，为谁消得许清香。”明《平妖传》一回：“莫说灯花成怪异，寻常～是淫偷。”

【可恼】 kě nǎo ❶ 可气；令人烦恼或恼怒。《元曲选·赵氏孤儿》三折：“这老匹夫赖肉顽皮，不肯招承，～，～！”明王世贞《小西馆选帖》：“襄阳米芾在苏轼黄庭坚之间，自负其才，不入党与，此大可笑，又～也。”清《红楼梦》七五回：“这样说原～的，怨不得舅太爷生气。” ❷ 可怜。明《醒世恒言》卷三六：“原来是位小姐，～受着苦了！但我们都做主不得，须请老爹来与你计较。”

【可能】 kě néng ❶ 岂能；难道。可，通“何”。唐李商隐《华清宫》：“当日不来高处舞，～天下有胡尘？”宋王安石《呈陈和叔》：“永日终无一杯酒，～留得故人车？”清朱柔则《方舟庐先姑墓感赋》：“纵使慈乌能反哺，～飞得到重泉！” ❷ 能否；可否。《敦煌变文校注》卷五《妙法莲华经讲经文》：“～舍得己身，与我充为高座？”明《西游记》三回：“但不知大王水里～去得？”清《红楼梦》一〇〇回：“只是三丫头这一去了，不知三年两年那边～回家？”

【可怕】 kě pà ❶ 使人害怕。唐韩愈《县斋有怀》：“气象杳难测，声音吁～。”明《禅真逸史》二〇回：“铜铃突眼露獠牙，赤发蓬松～。”清《聊斋志异·鸟语》：“大火难救，～！” ❷ 哪怕；哪怕是。可，通“何”。唐杜甫《陪李金吾花下饮》：“醉归应犯夜，～李金吾。”《元曲选·度柳翠》一折：“你～那风雨里那，你休那般絮纷纷似香绵乱滚。”明《西游记》三四回：“～你叫上千声，我就答应你万声。” ❸ 岂非；难道。《元曲选·黑旋风》楔子：“做多少家鞋弓袜窄，～不打扮得十分像胎？”又《秋胡戏妻》二折：“有人道：梅英也，请一个太医看治你那奶奶。你～不说的是也。” ❹ 是否怕；怕不怕。明《西游记》四六回：“老孙这般舞弄，他倒自在。等我作成他捆一绳，看他～。”清《镜花缘》三回：“我去凡间访求明师，就便将弈秋请来，看你～？” ❺ 值得怕；畏惧。清《红楼梦》八〇回：“那薛蟠自为是过了明路的，除了金桂，无人～。”

【可恰】 kě qià 合宜；中意。元萧列《八声甘州》：“～生飘零到荼蘼，依然旧销魂。”刘时中《罗帕传情》：“还房～，尺素宽虞，并无些俗叶繁枝。”《元曲选·梧桐叶》一折：“～才题句客，兀的不徯幸杀断肠人！”

【可人】 kě rén ❶ 称人心意；令人满意、喜欢。宋李之仪《踏莎行》：“紫燕衔泥，黄莺唤友。～春色暄晴昼。”金《董解元西厢记》卷五：“是必你叮咛嘱付，你那～的姐姐，教今夜早来些！”明《醒世恒言》卷四〇：“此子之才，信亦～。” ❷ 合心意之人，特指情人。唐司空图《诗品·清奇》：“～如玉，步寻幽。载行载止，空碧悠悠。”明《警世通言》卷二六：“拟向华阳洞里游，行踪端为～留。”清《醒世姻缘传》九三回：“河岸头四五十家娼妇，没有一个不是～。”

【可杀】 kě shā ❶ 同“可煞❶”。《祖堂集》卷五《道吾和尚》：“因高僧冲雨上堂，药山笑曰：‘汝来也。’高僧曰：‘窠里。’药山云：‘～湿。’”《景德传灯录》卷二一《越州清化师讷禅师》：“问：‘如何是西来意？’师曰：‘～新鲜。’”宋武衍《闻角呈宗谕方蕙岩》：“吴儿～无风味，老却梅花只当闲。” ❷ 同“可煞❷”。《古尊宿语录》卷二七《舒州龙门佛眼和尚语录》：“山僧恁么道，～不识好恶？虽然如是，直饶你彪得，我更问你。”宋杨万里《归云》：“～归云也爱山？夜来都宿好山间。”

【可杀作怪】 kě shā zuò guài 同“可煞作怪”。明《拍案惊奇》卷一四：“你道～！那死尸潮上潮下，退了多日，一夜乘潮逆流上来。”清《飞龙全传》九回：“～，那肚里恁般的绞肠作痛，谁知用力的挣，这下面兀是解不出来。”

【可煞】 kě shà ❶ 十分；非常。程度副词。宋王之道《南乡子·和张元助咏雪词》：“雅与佳人回舞袂，相宜，试比冰肌～肥。”宋元《警世通言》卷八：“～事有斗巧，方才开得铺三两日，一个汉子从外面过来，就是那郭排军。”《元曲选·望江亭》一折：“谁想今日成合了我侄儿白士中这门亲事，我心中～喜也。” ❷ 可是；是否。疑问副词。《敦煌变文校注》卷五《维摩诘经讲经文》：“净土庄严汝见否？～丘山有众苦？”宋李清照《鹧鸪天》：“骚人～无情思？何事当年不见收！”宋元《古今小说》卷一五：“试问清轩～青，霜天孤月照蓬瀛。”

【可煞作怪】 kě shà zuò guài 实在奇怪；非常奇怪。表示事情偶然、意外、不合常理。金《董解元西厢记》卷四：“思量～，夜静也私离了书斋，走到寡妇人家里，是别人早做贼捉败。”宋元《古今小说》卷三三：“～！大雪中如何种得这甜瓜？”清《醒世姻缘传》一六回：“～，那晁夫人虽是个富翁之女，却是乡间住的世代村老。”

【可霎作怪】 kě shà zuò guài 同“可煞作怪”。明《金瓶梅词话》九二回：“玉楼在廉内观看，～，不是他兄弟，却是陈姐夫。”清《野叟曝言》一四回：“～，身子便要坐下去，那臀尖却不知不觉的与那椅子若离若合，如蜻蜓戏水一般。”

【可甚】 kě shén ❶ 算什么；哪里做到或表现出。用在成语或俗语之前，以反诘句式表示没有做到。元周文质《斗鹌鹑·咏小卿》：“划的进功名仕途，直赶到风波深处，双渐你～‘君子断其初’？”明汤式《醉太平·嘲秀才上花台》：“多则与少则许又骂酸丁吝，寝不言食不语又道秀才村，我～‘文章立身’？”佚名《锁白猿》一折：“我则见后拥前拿，亡魂丧魄，心惊胆战，你～‘无事小神仙’？” ❷ 哪能；怎么能。用于反诘，表示不可能。元佚名《骂玉郎过感皇恩采茶歌》：“那枪忽的早刺中彪躯，那刀亨地掘倒战马，那汉扑地抢下征鞍。俺牛羊散失，您～人马平安？”《元曲选·汉宫秋》三折：“您也要左右人扶侍，俺～糟糠妻下堂！”明《梼杌闲评》二一回：“惟存正气完天理，～惊心半夜愁。” ❸ 何尝；哪里有。用于反诘，表示不曾有或没有。《元曲选·还牢末》一折：“一壁厢官司又临逼。我～家有贤妻！”又《张天师》二折：“怪不着你正是遥授夫妻，你～步步相随？”明谷子敬《集贤宾·闺情》：“我～千娇百媚？全不似旧日容仪。” ❹ 为什么；怎么。《元曲选·谇范叔》一折：“若依着先王典教，贫而无谄富无骄，俺～一身流落，半世辛劳？”又《争报恩》一折：“您做事～人不知鬼不觉？他把这房也波门房门可早关闭了，你可便走将来轻将这门扇敲。”又：“这里又无他那盛料盆，又无那喂马槽，妹子也，你～空房中来和草？” ❺ 却是；只是；正是。《元曲选·赵氏孤儿》四折：“想俺这壁厢爹爹，每日见我心中喜欢；今日见我来，心中～烦恼，垂泪不止。”又《小尉迟》二折：“他则是劣马乍调嫌路窄。向尉迟行说兵机，向尉迟行夸战策。我～冷笑咍咍。”又《后庭花》一折：“〔王庆云〕你看这糟头，则是强嘴。〔正末唱〕哥也，你～自己贪杯惜醉人。” ❻ 什么是。元佚名《斗鹌鹑·妓好睡》：“两件儿，试问你：～爱月迟眠，惜花早起？”

【可甚的】 kě shén de ❶ 即“可甚❶”。《元曲选·薛仁贵》一折：“敢待卖弄你这英雄大丈夫，谁也波如。自窨付，～‘养由基善穿杨百步餘’？” ❷ 即“可甚❷”。《元曲选·桃花女》二折：“劝周公莫便生嗔，将酒礼强勒成亲。不争我藏头露尾，～知恩报恩？” ❸ 即“可甚❸”。《元曲选·来生债》二折：“怕不他表德相呼，你问波～是那衣冠文物。” ❹ 即“可甚❹”。《元曲选·东坡梦》一折：“〔正末唱〕～吴山楚水生劳顿。〔东坡云〕共君一夕话。”又《谢金吾》楔子：“我～要拆倒清风无佞楼？也只为咱与杨家话不投。”清洪昇《长生殿》一九出：“往常见红日影弄花梢，软咍咍春睡难消，犹自压绣衾倒。今日呵，～凤枕急忙抛？” ❺ 即“可甚❺”。《元曲选·冯玉兰》一折：“我巴不得两三朝飞到泉州郡，～沿路只逡巡。”明汤显祖《南柯记》三五出：“〔王〕又不是全无少女风先凛。〔老〕～为有姮娥月易沉？”

【可甚里】 kě shén li 即“可甚❹”。明沈自徵《霸亭秋》：“大王你与我睁开那重瞳子一句句阅着，高抬起扛鼎手一段段评驳。大王也，～文高中不高。”

【可甚么】 kě shén me ❶ 即“可甚❶”。《元曲选·虎头牌》三折：“你甚的‘官清民自安’！我～‘妻贤夫祸少’？呸！也做不得‘子孝父心宽’。”又《丽春堂》四折：“我觑了这穷客程，旧行装，我～‘衣锦还乡’？” ❷ 即“可甚❷”。明汤显祖《南柯记》五出：“俺抛眉晕，忍笑痕，～人烟聚里看不出有情人？”清《醒世姻缘传》八九回：“这诬告人谋反，是甚么事，你直脖子往里钻，这～救你？” ❸ 即“可甚❸”。《元曲选·谢天香》二折：“我见他严容端坐挨着罗幌，～‘和气春风满画堂’！”又《老生儿》三折：“多管是雨下的多，人来的稀，和这草长的荒。我～子孙兴旺？”清《醒世姻缘传》七八回：“你老人家是俺爷的表嫂，却在俺爷的个长班家里住着，俺爷～体面？” ❹ 即“可甚❹”。《元曲选·忍字记》三折：“好打这点地脚，他～出山像，又搅下这师长？” ❺ 即“可甚❺”。《元曲选·后庭花》二折：“待要你十拷九棒，万死千生，打杀这个射粮军。哥也，你～那得甚福？”又《看钱奴》二折：“眼见的一家受尽千般苦，～十谒朱门九不开，委实难捱。”又《潇湘雨》一折：“元来他敬儒流，意绸缪。～是非只为多开口，倒道我女大不中留。” ❻ 靠什么；拿什么。《元曲选·曲江池》三折：“人问道亚仙的今世今生，则俺那郑元和～了身达命。”又《东坡梦》四折：“那里有和尚做女婿的？俺～帽儿光光。”又《灰阑记》一折：“我这衣服头面，都是员外和姐姐与我的，教我～与他？”

【可是】 kě shì ❶ 用于询问。是否；是不是。唐秦韬玉《吹笙歌》：“逸艳初因醉态见，浓春～韶光与？”明汤显祖《牡丹亭》二三出：“花神，这女鬼说是后花园一梦，为花飞惊闪而亡。～？”清《儒林外史》一〇回：“这牛布衣先生，～曾在山东范学台幕中的？” ❷ 用于反问。岂是；难道。唐白居易《苦热题恒寂师禅室》：“～禅房无热到，但能心静即身凉。”明《挂枝儿·冬》：“便有那绵被千重也，～孤眠人盖得暖？”清《儒林外史》三〇回：“圣贤～这样人讲的！” ❸ 用于否定反问。岂非；岂不是。唐白居易《病中答招饮者》：“不缘眼痛兼身病，～尊前第二人？”明《西游记》三九回：“师父，弄我金丹也不能救活，～掯杀老孙么！” ❹ 用于选择问。还是。《元曲选·燕青博鱼》三折：“奸夫在那里？姓张姓李？姓赵姓王？～长也矮？瘦也胖？”《元曲选外编·圯桥遗履》二折：“你看我命里有，～我运未通达？” ❺ 恰是；正是。五代齐己《送谢尊师自南岳出入京》：“中朝旧有知音在，～悠悠入帝乡。”《元曲选外编·五侯宴》三折：“他来你这里甚么勾当？〔正旦唱〕～他赶玉兔因来到俺这地面。”明《金瓶梅词话》五四回：“（白来创）连忙数自家棋子，输了五个子。希大道：‘～我决着了！’” ❻ 真的；果真。明《金瓶梅词话》一五回：“他～没有这个话，我就替他赌了大誓。”《醒世恒言》卷三六：“相公，何如？～我们不说谎么？”清《霓裳续谱·双锁山上刘金定》：“咳哟！～不好了！我那将军在南唐身有病。” ❼ 究竟；到底。《元曲选·燕青博鱼》二折：“哥，我实对你说，我须不是歹人。〔燕大云〕你不是歹人，～甚人？”《霓裳续谱·红娘哭的心酸恸》：“老夫人问的我就干发怔，打的我浑身～那一块不疼？”又《一轮明月当空挂》：“也不知在何处贪恋着野草闲花，～流落在谁家。” ❽ 却是。表示委婉或语义转折。《元曲选·燕青博鱼》一折：“哥也，您兄弟有句话，～敢问哥哥么？”又三折：“我如今打发他在房中都歇息去了。～为何？我心中不待与他吃酒，我则想着衙内。”清《霓裳续谱·我问大哥一个信》：“那个人年纪不过二十岁，耳朵上带着一付金镶坠，雪白的脸蛋～通红的嘴唇。” ❾ 承接他人说话，表示附和。明《金瓶梅词话》一三回：“谢希大道：‘～来，自吃应花子这等韶刀，哥刚才已是讨了老脚来。’”清《红楼梦》二六回：“宝玉果见瓜藕新异，因笑道：‘我的寿礼还未送来，到先扰了。’薛蟠道：‘～呢，明儿你送我什么？’”

【可是么】 kě shì me 即“可甚么❻”。《元曲选·金钱记》三折：“你本是寻芳误见女婵娟，推向花园拾翠钿。将这开元通宝传心事，你～一春常费买花钱。”又《老生儿》四折：“小梅，你是近身扶侍我的，怎么跟别人走了？这小贱人，〔唱〕你～一夜夫妻百夜恩？”《元曲选外编·三战吕布》二折：“我可甚么高枕无忧，空抄定拽硬弓搠长枪阿呸我这对捉将手？我～低头来切肉？怒睁开我这辨风云别气色这一对杀人眸。”

【可是作怪】 kě shì zuò guài 即“可煞作怪”。元明《水浒传》三回：“鲁提辖道：‘～，你与我唤的他来！’”明《梼杌闲评》五回：“～！好好的住着罢了，又去怎的？”

【可畏】 kě wèi 夸赞之词，相当于“了不起”“不得了”；有时用作程度副词，相当于“甚”“非常”。俄藏敦煌本《维摩碎金》：“十方贤圣尽歌杨（扬），～释迦牟尼佛。”唐刘崇远《金华子杂编》卷下：“韦楚老少有诗名……布袍貌古，群稚随而笑之。即以杖指画，厉声曰：‘上不属天，下不属地，中不累人，～韦楚老！’”《敦煌变文校注》卷五《维摩诘经讲经文》：“我适离处，别却道场。甚生富贵端严，～光花（华）炽盛。”

【可兀的】 kě wù de 曲中衬字，多无义，有的表示肯定，或加强肯定的语气。《元曲选·金钱记》一折：“我虽不能勾朝云和暮雨，也强似流水～泛桃花。”又《冻苏秦》楔子：“俺稳情取敲金镫，～献功来。”明王玉峰《焚香记》三一出：“铠砌银纹，恰便是龙驾雨；鳌斜金翅，～虎生翰。”

【可喜】 kě xǐ ❶ 可爱。《太平广记》卷三三四引《广异记》：“有一少年，年二十餘，白皙～。”金《董解元西厢记》卷五：“恣恣地觑了～冤家，忍不得恣情呜嘬。”清《红楼梦》一回：“士隐见女儿越发生得粉妆玉琢，乖觉～，便伸手接来，抱在怀内。” ❷ 喜爱。金《董解元西厢记》卷三：“平生～秦筝，若论弹琴擘阮，前后绝伦。”清《红楼梦》二八回：“～你天生成百媚娇，恰便似活神仙离碧霄。”

【可喜才】 kě xǐ cái 可爱的家伙。对恋人的昵称。明《金瓶梅词话》四四回：“半叉绣罗鞋，眼儿见了心儿爱。～，舍着抢白，忙把这俏身挨。”

【可喜娘】 kě xǐ niáng 可爱的女子。元张可久《折桂令·元夜宴集》：“～春纤过茶，风流煞真字续麻。”《元曲选外编·西厢记》一本一折：“颠不剌的见了万千，似这般～的庞儿罕曾见。”清《绿野仙踪》八〇回：“真是颠不剌的随时见，～行盖世无！”

【可戏】 kě xì 同“可喜❶”。元马致远《湘妃怨·和卢疏斋西湖》：“山过雨颦眉黛，柳拖烟堆鬓丝。～杀睡足的西施。”佚名《蟾宫曲·酒》：“一个烦恼人乞惆似阿难，才吃了两三杯～如潘安。”

【可笑】 kě xiào 用如程度副词，相当于“甚”“非常”。唐[日]圆仁《入唐求法巡礼行记》卷四：“龛窟盘道，克饰精妙，便栽松柏奇异之树，～称意。”《敦煌变文校注》卷六《欢喜国王缘》：“日夕不离数(椒)房，旦暮欢于金殿。如斯富贵，～殊严。”《祖堂集》卷五《云岩和尚》：“洞山息疑情，乃作偈曰：‘～奇，～奇，无情解说不思议。’”

【可要】 kě yào ❶ 岂要；哪须；何必。唐白居易《滩声》：“自从造得滩声后，玉管朱弦～听。”方干《山中言事》：“潜夫自有孤云侣，～王侯知姓名！”陆龟蒙《松江秋书》：“如何循世浮沉去，～抛官独自归。” ❷ 欲要；将要。唐方干《送王霖赴举》：“郄诜～真消息，只向春前便得知。”胡宿《忆荐福寺牡丹》：“尊前～人颓玉，树底遥知地侧金。” ❸ 想要；打算。《元曲选·金钱池》一折：“无钱的～亲近，则除是驴生戟角瓮生根。”明张凤翼《红拂记》七出：“此处来，锅灶也有，～做饭么？”清《霓裳续谱·盼郎归》：“拆开柬贴仔细看，使性子撕了一个粉粉碎，我～打腊梅。” ❹ 务要；务须。《元曲选·墙头马上》三折：“院公～在意者，则怕老相公撞将来。”元明《水浒传》八三回：“今次厮杀，不比在梁山泊时，～先探水势深浅，方可进兵。”清《玉蜻蜓·诘真》：“贫尼讲便对你讲，～周全才好。” ❺ 是否要。元明《水浒传》贯华堂本九回：“李小二人来问道：‘～吃酒？’”明《西游记》六九回：“今遇老孙，幸而获愈，但不知～金圣宫回国？”清《儒林外史》五五回：“季遐年问道：‘你这墨～写字？’和尚道：‘这是昨日施御史的令孙老爷送我的。我还要留着转送别位施主。’”

【可已】 kě yǐ 同“可以”。清《红楼梦》二九回：“这个话一传开了，别人都还～，只是那些丫头们，天天不得出门槛子，听了这话，谁不要去？”

【可以】 kě yǐ 表示不要紧；过得去。清《红楼梦》三七回：“别人还～，赵姨奶奶一伙的人，见是这屋里的东西，又该使黑心弄坏了才罢。”又七五回：“西瓜往年都还～，不知怎么今年就不好了。”

【可又来】 kě yòu lái 用在话语开头，承接他人说话，相当于“可不是嘛”。《元曲选·渔樵记》二折：“刘家女，你有一件儿好处，四村上下别的妇人都学不的你。〔旦儿云〕～！我也有那一桩儿好处，你说我听。”明《金瓶梅词话》一九回：“夏提刑看了拍案大怒，说道：‘～，见有保人文契，还这等抵赖！’”清《红楼梦》一一二回：“～，若是强盗，倒打不过你们的人么？”

【可曾】 kě zēng 另见 kě céng。同“可憎”。《敦煌变文校注》卷六《金刚丑女因缘》：“王郎见妻端正，指手喜欢，道数声‘～！～！’。”又卷七《齖䶗新妇文》：“新妇乃索离书：‘废我别嫁～夫婿’。”

【可憎】 kě zēng 可爱。也指可爱的人。为反语。唐顾况《李供奉弹箜篌歌》：“爇玉烛，点银灯。光照手，实～。”金《董解元西厢记》卷一：“须看了～底千万，兀底般媚脸儿不曾见。”明孟称舜《娇红记》三二出：“睡起看花倍～，红蜡残脂冷。”

【可憎才】 kě zēng cái 犹“可喜才”。元佚名《新水令》：“眼挫了～，心疼煞志诚俺。”《元曲选·金童玉女》四折：“杨柳形骸，海棠颜色，端的是～。”

【可憎娘】 kě zēng niáng 犹“可喜娘”。元白朴《阳春曲·题情》：“向前搂定～，止不过赶嫁妆，误了又何妨。”

【可着】 kě zhe 按着同样的范围或数量加以限制。清《醒世姻缘传》一四回：“～屋周围又垒了一圈墙，独自成了院落。”《红楼梦》七五回：“这几样细米更艰难了，所以都～吃的多少关去，生恐一时短了，买的不顺口。”

【可知】 kě zhī ❶ 当然。宋佚名《张协状元》一一出：“〔末〕是你有钱，珠子王员外！〔净〕～！我屋里有钱，屋外有田，屋后有园，屋傍有船。”明《金瓶梅词话》一〇〇回：“官人下顾，～好哩！”清查继佐《续西厢》二折：“俺姐姐可寻着了人也，～喜也。” ❷ 果真；确实。宋元《古今小说》卷三六：“宋四公道：‘……原来却才丞局便是你！’赵正道：‘～便是赵正。’”《元曲选·酷寒亭》三折：“～有奸夫！我踏开这门进去。”清《聊斋志异·公孙九娘》：“～是大家，蜗庐人焉得如此娟好！” ❸ 原来。《元曲选·薛仁贵》四折：“～是孩儿薛仁贵！我报复您父亲去。”明《二刻拍案惊奇》卷三：“温峤曾输玉镜台，圆成钿合更奇哉。～宿世红丝系，自有媒人月下来。”清《野叟曝言》二八回：“怪道许多狗子都不叫唤，～家贼狗不吠哩！” ❹ 难怪；怪不得。元乔吉《新水令·闺丽》：“我凝眸罢，心内顽麻。～曲江头三次遗鞭，我粉墙外几乎坠马。”《元曲选·两世姻缘》四折：“元来哪些，～韦皋他前日见面生情也。”元明《水浒传》三一回：“就月光下看那刀时，已自砍软了。武松道：‘～割不下头来。’” ❺ 岂不知；须知；应知。《元曲选·张天师》二折：“老人家不晓事，耳根边只管聒絮，～我染病哩。”清洪昇《长生殿》四四出：“唉，李三郎、杨玉环，～俺破一夜工夫都为着你！”《聊斋志异·梅女》：“郎如爱妾，当以指弹北壁，微呼曰‘壶卢子’，即至。三呼不应，～不暇，勿更招也。” ❻ 怎知道；却不知。《元曲选·冤家债主》一折：“〔福僧云〕父亲，你孩儿趁着如此青年，受用快活，也还迟哩！〔乞僧云〕～你受用快活，单只苦了谁也！”明汤显祖《牡丹亭》一〇出：“你道翠生生出落的裙衫儿茜，艳晶晶花簪八宝填，～我常一生儿爱好是天然。”清《野叟曝言》一三回：“你嫌他瘦，～他筋骨的利害哩！” ❼ 可见；可以知道。明《醒世恒言》一卷：“我在家尚然如此，我出外时，～连饭也没得与他们吃饱。”《二刻拍案惊奇》卷二五：“告别人做贼也是你，及至要个证见，就说情愿不究，～是诬赖平人为盗。”清《绿野仙踪》六回：“他今日做这般刀斩斧断的事，～他平日心中也不知打过几千回稿儿。” ❽ 难道。是“果真”义的反话。明陈与郊《文姬入塞》：“～你冰雪怀，洗向琉璃海？那里管鹧鸪天，吹翻鹦鹉杯？”《醒世恒言》卷二九：“他总是有才，与你何益？今日讨恁般怠慢，～好么！” ❾ 乃是；正是。加强肯定语气。《元曲选·玉壶春》三折：“你虽然先在他家走，怎比的我有三十车羊绒潞䌷，～现世生苗哩。”元明《水浒传》九回：“你这厮～在东京做出事来，见我还是大剌剌的！”清《后水浒传》一四回：“你既说明怕我动手，我只不动手，到府中去自有话与他对理。～不是没头官司，怕他怎么！” ❿ 如果；若是。清《后水浒传》一三回："我小女不肯吃酒，却是她的好意，借花献佛，替你老人家得酒得色。～将她灌醉了，夜间有甚鸟弄?"

【可知道】 kě zhī dào ❶ 即"可知❶"。宋佚名《张协状元》一六出："我个神道灵。〔净〕～灵!"《元曲选·竹叶舟》一折："难道你要度我么?〔正末云〕～来!"明《二刻拍案惊奇》卷一〇："若得列位如此相帮，～好，只是打从那里做起?" ❷ 即"可知❷"。《元曲选·丽春堂》三："我这里回头猛然觑艳姝，～落雁沉鱼。" ❸ 即"可知❸"。《元曲选·灰阑记》一折："～你这贱人旧性复发，把衣服头面与了奸夫去，瞒着夫主，做这等勾当哩。"明《醒世恒言》卷三八："我生长在青州已七十岁了，那晓得这座云门山是环着州城的。～开了北窗，便直看见青州城里。"清洪昇《长生殿》一八出："怎教冻蕊寒葩，暗识东风面。～身虽在这边，心终系别院。" ❹ 即"可知❹"。宋元《清平山堂话本·简帖和尚》："浑家王氏见这丈夫不归，理会得道：'我曾做诗嘲他，～不归。'"《元曲选外编·西厢记》五本一折："你几时来?～昨夜灯花报，今朝喜鹊噪。"元明《水浒传》七七回："蓑衣里面，一片熟铜打就，披着如龟壳相似，～箭矢射不入。" ❺ 即"可知❺"。《元曲选·蝴蝶梦》二折："一壁厢磣可可停着老子，一壁厢眼睁睁送了孩儿。～福无重受日，祸有并来时。"明汤显祖《牡丹亭》五三出："春容分明是殉葬的。〔生〕～是苍苔石缝，迸坼了云踪。"清《红楼梦》七七回："打谅我隔的远，都不知道呢。～我身子虽不大来，我的心耳神意时时都在这里。" ❻ 即"可知❻"。清《续金瓶梅》二九回："他便说有了董玉娇一个名妓，又骗了银瓶、樱桃一切妆资，财色俱足了。～他能享不能享!"《野叟曝言》一四九回："你们只知道素灵、敏慧两夫人千辛万苦，～玑衡夫人的千辛万苦。" ❼ 即"可知❼"。明《古今小说》卷三八："原来如此!～前日说你与甚么阿舅有奸，眼见得没巴鼻，在我面前胡说。"《二刻拍案惊奇》卷一五："这个扮皂隶的，正是卖饼江溶，你却又不认得，就说道无干。～你受人买嘱来害江溶，原不曾认得江溶的么!"清《后水浒传》一二回："你全不放我眼内，竟公然大胆放走了他。～与他打闹时，你只袖手闲看，散你心儿。若不与他同伙，定是暗中挑拨。" ❽ 即"可知❽"。清《野叟曝言》二八回："墙门里面，无过只这几家人家，～月亮掉下嫦娥来哩!"

【可中】 kě zhōng ❶ 如果;假使。唐王建《镜听词》："～三日得相见，重绣锦囊磨镜面。"《敦煌变文校注》卷三《燕子赋(一)》："赖值凤凰恩择(泽)，放你一生草命。～鹞子搦得，百年当时了竟。" ❷ 此中;这里。《敦煌变文校注》卷六《大目乾连冥间救母变文》："今朝弟子是名官，暂与阇梨检寻看。～果报逢名字，放觅纵由亦不难。"《五灯会元》卷一四《洞山云禅师》："秋风卷地，夜雨翻空。～别有清凉，个里更无热恼。"金萧贡《真容院》："魔宫佛界等虚空，此理何曾属有无?直向台山始相见，～还有二文殊!" ❸ 可巧;凑巧。明刘基《赠周宗道》："窜伏草莽间，股栗面玄黄。窥伺不见人，湍汗走伥伥。～得火伴，约束归营场。顺途劫寡弱，又各夸身强。"汤显祖《忽见缪仲淳》之一："紫柏去时春色老，～还有到人来。"

【渴病】 kě bìng ❶ 即消渴病。《法苑珠林》卷一一三："有辟支佛，甚患～。"明张宁《送周民表进士养病南还》："愁多顿觉归心急，吟苦谁怜～生。"清施闰章《闰中秋》："漫夸仙掌露，～已潜消。" ❷ 比喻情欲急切。明无心子《金雀记》二八出："真薄幸!原何陇蜀相兼并?这般～!这般～!"清孔尚任《桃花扇》六出："秀才～急须救，偏是斜阳迟下楼，刚饮得一杯酒。"

【渴疾】 kě jí 犹"渴病❶"。唐李德裕《让官表》："患风毒脚气十五餘年，服药过虚，又得～。"宋洪迈《夷坚志》丁卷一〇："编修嗜酒，得～，每主药必以凉为上。"

【渴见】 kě jiàn 急切地想见到。唐杜牧《李珏赠司空制》："饱闻声闻，～风采。"明程敏政《书仪礼逸经后》："太司寇何公廷秀，亦～此书。"清《野叟曝言》一三〇回："今日不留卿宴，亦不令入宫，慰卿～父母之心。"

【渴慕】 kě mù 非常想望。明吴与弼《观濂洛关闽诸君子遗像》："偶从黄卷中，瞻像慰～。"《拍案惊奇》卷三二："胡生就求欢道：'～极矣!'"清孔尚任《桃花扇》五出："一向～，今才遂愿。"

【渴盼】 kě pàn 急切地盼望。清弘历《题宋人三秋喜报图》："正子～红旗候，吉语征来有共情。"

【渴求】 kě qiú 急切地寻求。宋陈舜俞《上欧阳参政侍郎书》："古之大臣者，尝寤寐善士，～人材，得而举之，以事其君。"明《徐霞客游记》卷一下："公～珍植，幸得两枚，少慰公怀。"

【渴睡】 kě shuì 同"瞌睡"。宋许月卿《无山》："～车中莺一啭，愁吟路上蝶双飞。"明《拍案惊奇》卷一二："看看～上来，伸伸腰，打个呵欠。"清汤传楹《懒画眉·秋月》："怪隔墙～汉，抛得妆残酒醒。"

【渴想】 kě xiǎng 极想念。宋陈襄《与同年周岐员外书》："凉秋雨阕，研讲多暇。轩车来临，以慰～。"元萨都剌《寄金山长老》："～杨枝旧甘露，何时一到病人家。"清《儒林外史》二九回："小弟～久了，今日才得见面!"

【渴欲】 kě yù 极想;迫切想要。宋欧阳修《与尹师鲁第一书》："师鲁欢戚不问可知，所～问者，别后安否?"明徐复祚《红梨记》二九出："望仁兄，～相从，谩把离情控。"清《儒林外史》二二回："于冯琢庵年兄处，得读大作，～一晤，以得识荆。"

kè

【克】 kè ❶ 卡;用手虎口按住。宋元《清平山堂话本·简帖和尚》："就把只手去～着他脖项，指望坏他性命。" ❷ 克扣;削减。《金史·百官志四》："十万贯以上盐酒等使，若亏额五厘，～俸一分。"明《西游记》九回："你违了玉帝敕旨，改了时辰，～了点数，犯了天条。"《金瓶梅词话》八一回："这来保还～了一锭，到家只拿出一锭元宝来与月娘。" ❸ 通"可"。程度副词，甚。《敦煌变文校注》卷一《汉将王陵变》："闻道将军在界首，举目南占～是嗔。" ❹ 通"剋"。必定。《敦煌变文集·搜神记》："慎莫发看，发看必令人贫矣;若不发看，后～富贵。"

【克剥】 kè bō ❶ 盘剥;克扣。唐李漼《赐严譔自尽敕》："供馈方繁，或擅纳衣粮，或广补戍卒，～求取，知无不为。"明《醒世恒言》卷三五："他做了许多年数，～的私房，必然也有好些。"清《醒世姻缘传》九三回："只劝道休要武断乡曲，～穷民。" ❷ 折磨。元明《水浒传》一〇二回："王庆昨夜被老婆～，今日被官府拷打，真是双斧伐木，死去再醒。" ❸ 刻薄;(待人、说话)冷酷无情，过分苛求。元明《水浒传》一二回："高太尉你忒毒害，恁地～。"《西游记》四二回："一路上也捉了几个妖精，不似这厮～。他问我甚么家长礼短、少米无柴的话说。"

【克毒】 kè dú 狠毒。明戚继光《练兵实纪》卷九："凡军民相干之事，一切肆其～，务要军将受亏，曲护小民，以为仁爱。"清《红楼梦》三六回："我从今以后倒要干几样～事了。"

【克敦】 kè dūn 使敦厚;敦厚。《旧唐书·越王贞传》："九族以亲，～其教，百代必祀，允敬厥德。"宋王之望《通楼枢密启》："～薄俗，必属伟人。"清《儒林外史》一七回："果然内行～，文辞都是末艺。”

【克伏】 kè fú ❶克制降伏；战胜。唐易静《兵要望江南·占风角》：“水被土凌能～，定知主败客来追。莫要展旌旗。”元《秦并六国平话》卷中：“魏邦朱真君朱亥闻得燕丹被秦始皇～，取了燕丹首级。”清钱谦益《伤寒捷径书序》：“然其论病相，曰五脏、四大增减，五阴、六神～，固已精义入神矣。” ❷强制；逼迫。元《秦并六国》卷上：“只是秦帝～诸国来降，诸王不悦。”

【克服】 kè fú 降伏；攻克。唐崔群《文武孝德皇帝册文》：“爰洎宣王～蛮荆，劳来安集。”明《封神演义》三七回：“方今贼盗乱生，如之奈何！吾欲去，家国空虚；吾不去，不能～。”清《飞龙全传》五七回：“将军～此关，其功不小。”

【克化】 kè huà 消化；化除。宋张杲《医说》卷七：“又有痹气偏虚、饮食迟化者，止宜助养，脾胃则自能消磨，不须用～药耳。”清《红楼梦》一一回：“昨日老太太赏的那枣泥馅的山药糕，我倒吃了两块，倒像～的动似的。”《歧路灯》一〇三回：“总是外甥多像舅，他秉的他外祖那一宗种气，断断乎～不了。”

【克扣】 kè kòu 扣除他人钱财归己。明毕自严《答李河岑》：“官价尽数给发，而毋令衙役之～。”清赵翼《廿二史札记》卷二六：“常平春借秋还，出则～，入则浮收，徒供不肖官吏之渔利。”《红楼梦》五八回：“他干娘亦发羞愧，便说芳官‘没良心，花掰我～你的钱’。”

【克苦】 kè kǔ 刻苦。《旧唐书·冯伉传》：“表微少时，～自立。”宋曾巩《司封员外郎蔡公墓志铭》：“家贫，尤自～，养其母。”清《醒世姻缘传》二七回：“人怜他是～挣来的钱，有借有还。”

【克落】 kè luò 克扣并私自占有。宋王炎《上刘岳州》：“役人雇钱，钱会中半支出，暗行～。”《元典章·礼部二》：“周伴叔告唐兀卫百户即力嵬尼～军人口粮。”清《醒世姻缘传》九三回：“乡约～之餘，剩了十两之数交到县中。”

【克农】 kè nóng 凑合；对付。清《醒世姻缘传》七五回：“里边小衣括裳，我陪上几件，～着过了门，慢慢的你们可拣着心爱的做。”

【克什】 kè shí 满语。原意为恩赐，多指长上赏赐的食物。旧时把撤下来的祭品看作是神或祖先的恩赐，因借指祭品。清《红楼梦》一一八回：“太太叫人送来给二爷吃的。这是老太太的～。”《补红楼梦》三九回：“这会子把供献搬回去了，也只算是老太太赐他们的～罢了。”

【克食】 kè shí ❶帮助消化。明王肯堂《证治准绳》卷九五：“故夫～之药，不可多用。”《金瓶梅词话》六七回：“每日清辰噙一枚在口内，生津补肺，去恶味，煞痰火，解酒～。” ❷同“克什”。清蓝鼎元《青海平定雅序》：“复逐队臣工入朝太和殿始终，成礼前后，蒙赐～。”

【克择】 kè zé ❶（术士）按相生相克的原则选时择地以避凶趋吉。宋《三朝北盟会编》卷三三：“是日也，用术士楚天觉～劫寨之日。”元吴澄《赠黄医跋》：“月林黄季卿，三世治方药，又能推占、～、埋葬，亦多技矣。”清《协纪辨方书》卷三三：“～之法，取其将化者，补以财禄正旺者，培以根元向旺者。” ❷指以克择为业的术士。宋文天祥有《赠～徐吉甫》。

【克择官】 kè zé guān 宋代在官府供职的以选时择地为业的术士。宋薛季宣《上王守议后服札子》：“某窃睹～状，选定初十日申时发哀。”吴自牧《梦粱录》卷二〇：“其女家以酒礼款待行郎，散花红、银碟、利市钱会讫，然后乐官作乐催妆，～报时辰，催促登车。”

【克制】 kè zhì ❶按生克原理加以抑制或控制。宋刘宰《钱贤良行述》：“岁运不相～，敌必不能加我。”元王恽《辨说·恩多怨深》：“生物者，土也。物既长，不得不～其土，自然理也。”清《女仙外史》七一回：“那五个厉鬼，按金木水火土，各有～人的符咒。” ❷控制；制伏。《大金吊伐录》卷四：“若有如上事理，本司力难～，仰计会申覆左监军，取候指挥。”明周顺昌《福州高珰纪事》：“睹税监殊横，自愧官卑弗～，勃然动拂衣想。”清吴伟业《清河家法述》：“吾等焦唇敝舌，始～一么麽。”

【刻定】 kè dìng 限定、指定（时刻）。古代用漏壶计时，壶内置一刻度箭，一昼夜分一百刻，随水面下降变化显示时刻。刻定的本义即在刻度箭上标明预定的时刻。宋吴自牧《梦粱录》卷二〇：“至迎亲日，男家～时辰……前往女家，迎取新人。”清《东周列国志》六四回：“～时辰，约会二韩守关。”

【刻毒】 kè dú 苛刻狠毒或刻薄狠毒。《太平广记》卷二六七引《御史台记》：“俊臣等～，愿陛下假条反状以付之，无大小皆如状矣。”明《型世言》三六回：“那～的又道：‘有在一家不知的？拿赃出来，实搭搭是贼。’”清《醒世姻缘传》六回：“这个晁父母不说自己在士民上～，不知的只说华亭风俗不厚。”

【刻晷】 kè guǐ 片刻。晷，古代计时器，上有刻度。唐沈亚之《沈参军故室李氏墓铭》：“韶妖之葩笄～兮，触烟寤露条委衰兮。”明苏伯衡《钩勒竹赋》：“扫胸中之全竹，骇生成于～。”清张玉书《跋御书卷后》：“皇上总揽万几，躬亲裁决，未尝～少释。”

【刻减】 kè jiǎn 克扣；减少。《唐会要》卷五九：“委观察使风闻按举，必重加科贬，以诫～者。”明魏学洢《家书》：“是以从来兵变，无不以～军粮为端。”清《镜花缘》一一回：“其实小弟所付业已～。若说过多，不独太偏，竟是违心之论了。”

【刻扣】 kè kòu 同“克扣”。清《红楼梦》九三回：“原来着水月庵是我交芹儿管的，大约～了月钱。”《荡寇志》九〇回：“怎奈魏虎臣那厮～军粮，一味贪恶。”

【刻苦】 kè kǔ ❶勤苦；努力。唐韩愈《柳子厚墓志铭》：“居间益自～，务记览，为词章泛滥停蓄，为深博无涯涘。”明柯丹邱《荆钗记》四出：“此篇陈辞未纯，立论不正，宜加～之功，须革富贵之相。”清《豆棚闲话》三则：“前番一万胡乱做去，如今却要多些，～翻转那一万本来才好。” ❷生活艰苦。唐李商隐《献相国京兆公启》：“若某者，幼常～，长实流离。”宋苏颂《工部侍郎致仕掌公墓志铭》：“家无妾媵，躬操几案之事。人或讥其～，公亦不为改。” ❸（诗文）生涩不灵动。宋严羽《沧浪集》卷一：“孟郊之诗～，读之使人不欢。”元方回《瀛奎律髓》卷四七：“‘萤入定僧衣’，此一句古今无之。他有‘坐学白塔骨’、‘坐石鸟疑死’，～太甚，不如此之闲雅。”

【刻酷】 kè kù ❶残酷；苛刻。《金史·宋扆传》：“扆天资～，所至不容物，以是蹭蹬于世。”清纪昀《阅微草堂笔记》卷九：“君知～之积怨，不知忠厚亦能积怨也。” ❷（诗文或言语）深刻谨严。元陈绎曾《诗谱》：“汉郊祀歌，煅意～，炼字神奇。”清姜炳璋《诗序补义》卷一二：“且观其诗，沈痛～，展转莫救，且悲且涕，非身膺君父之危急，不足以语此诗。”《野叟曝言》二六回：“处士盗名，鄙夫窃位。骂得～。”

【刻励】 kè lì 刻苦勤勉。唐司空图《解县新城碑》：“凡立科条，皆能～五使。虽优于兼俸，一毫不润于私家。”明杨士奇《陈孟京墓志铭》：“愈自～，口诵手录，穷昼夜不废。”清《歧路灯》二〇回：“今世兄伟表敏才，亦当加意～，以绳祖武。”

【刻露】 kè lù 过分显露。宋李之仪《分宁县厅双松道院记》：“山～峭拔，溪流回环，可鉴毫发。”明锺惺《题吴康虞逸初堂法帖》：“吴中巧匠以意为锋，务求～。”清《歧路灯》五六回：“苦语良言告少年，莫嫌此话太～：子赌父显怒，父赌子暗怖。”

【刻顷】 kè qīng　顷刻；片刻。宋万里《海鳅赋》：“倏忽往来，～万周。”李昴英《题东坡竹》：“笔为化工壁为地，～种成此君子。”明唐顺之《叙广右战功》：“军中无尺布，伐岸竹揭竿，而编篾以为缕，～成数百旗。”

【刻忍】 kè rěn　苛刻坚忍。宋陈埴《木钟集》卷一一：“景帝天资～，却将黄老好处转作不好处。”元郝经《幽思》之四六：“与物都无情，～恩遂寡。”明方孝孺《逊志斋集》卷四：“其天资固～之人，是以见弃于曾子之门。”

【刻时】 kè shí　❶ 即刻；当即。唐《玉泉子》：“德裕至中书，召御史中丞李回，具言上意曰：‘中丞必一行，责戎帅，蚤见成功，慎无违也。’回～受命。”宋范仲淹《延州谢上表》：“臣夙夜敢宁，奔驰罔暇，～莅事，翌日兴师。”清陈端生《再生缘》二回：“都督闻言喜非常，果然吉祥应黄粱。～生下裙钗女，少刻还当产一郎。”❷ 定下时刻，或指规定的时刻，或按照规定的时刻。宋欧阳守道《跋陆象山包克堂遗墨》：“而克堂于其老也，见其语不凡，～观化，告别好友，如期而逝，为作墓志，标以‘异人’之号。”元苏天爵《元故大中大夫王公神道碑铭》：“文书下州县，皆画～，以远近难易为期。”明《警世通言》卷二三：“这首诗，单题着杭州钱塘江潮，元来非同小可。～定信，并无差错。”

【刻手】 kè shǒu　❶ 刻工；雕刻的人。宋曹士冕《谱系杂说》卷上：“中兴以后复刻石其间，凡遇旧帖损缺处，并不复刻字，亦无卷尾岁月。～甚谬，殊不足观。”明朱存理《书杨铁崖遗文二》：“蜀中刻《东维子》集一部，～甚孟浪，编者亦疏略无次序。”　❷ 雕刻的技术。明何乔新《书国学群书残编后》：“然其存者，字画既妙，～亦精，非今书坊卤莽之比。”清姜宸英《跋群玉堂帖》：“然～极精，纸墨亦好。”

【刻下】 kè xià　马上；立刻。元明《水浒传》八六回：“与汝突骑五千，精兵二万，就做先锋，即便会同太真驸马、李金吾，～便行。”明孙传庭《报甘兵抵凤并请责成疏》：“臣清屯事竣，～即亲诣凤翔，逐名选验，分别去留。”清《歧路灯》六八回：“请～就到，俺家大爷在书房立等着。”

【刻限】 kè xiàn　❶ 时限。唐张读《宣室志》卷二：“赵辞以相国有命，使长安，且有～，不然当死。”明徐渭《渔阳三弄》：“玉帝差人召祢先生。殿主爷说～甚急，教老爹这里径自厚赀远饯。”❷ 规定(时限)。明柯丹邱《荆钗记》一四出：“即日黄榜动，选场开，郡中～十五日起程。”戚继光《纪效新书》卷一八：“捕舵兵夫上岸，买办柴米及神福、船具，俱赴中军船，给筹票，～时日回销。”清《皇朝通志》卷八三：“伏乞就于调粮之始，添调二万名，～正月发行，二月到镇。”　❸ 限定时间。明潘季驯《勘过原任张布政复职疏》：“案行，本司将张柱被劾事情，催行原委官员～会勘明白。”张内蕴、周大韶《三吴水考》卷一一：“伏乞速行，措处补库，接放兵饷，～完工。”　❹ 片刻。明王衡《再生缘》三出：“你可在此多留几时么？〔旦〕堪哀，～也难耽待。”

【客】 kè　旅居或迁徙(的)；非本地(的)。《敦煌变文校注》卷二《叶净能诗》：“长安两市百姓，悉知玄都观内一～道士，解医疗魅病。”元张宪《次韵许万户》之二：“壮心惊～雁，病眼乱寒梅。”清姚廷遴《历年记续》：“要花种者俱到太仓嘉兴，沿乡沿镇田户人家，零星收买，尚有将～花插入混卖者。”

【客边】 kè biān　客中；旅居他乡或借居他人家中。唐唐彦谦《寄友》之二：“寒灯孤对拥青毡，牢落何如似～。”明《型世言》三八回：“你自病还须自医，～在这里，要自捉摸。”清查慎行《喜陈允文自故乡至》：“十日春风释砚冰，～诗句拟催征。”

【客殡】 kè bìn　葬于外乡。宋吕陶《朝散郎费君墓志铭》：“艰勤一世，竟卒于贫，～无归，葬为旅人。”明夏良胜《祭夏母匡宜人文》：“～方集，旅旐斯扬。”

【客倡】 kè chāng　流动谋生的歌妓。唐柳宗元《太府李卿外妇马淑志》：“氏曰马，字曰淑，生广陵。母曰刘，～也。”

【客程】 kè chéng　旅程。唐刘长卿《酬李郎中夜登苏州城楼见寄》：“～无地远，主意在人安。”《元曲选·丽春堂》四折：“我觑了这穷～，旧行装，我可甚么衣锦还乡？”清彭孙遹《钖山道中与陈泰和别》：“～应计日，前路入兰陵。”

【客处】 kè chǔ　旅居。唐司空图《国史司马先生辞荣归隐》：“想家山之醉石，认～之渔舟。”宋张镃《题寒绿轩》：“顷年～东濒海，灌畦不仰园官菜。”清《豆棚闲话》九则：“那刘豹思想起来，本地并无一人怜惜，只当个～他乡一般。”

【客地】 kè dì　他乡；外地。唐张祜《题僧壁》：“～多逢酒，僧房却厌花。”明王懋明《冬日同潜坤道丈过学士公》：“～罕登览，平泉聊共攀。”△清《海上尘天影》一三回：“今在这里虽然～，我就同你到子山堂逛逛。”

【客店】 kè diàn　旅店。唐白居易《闲夜咏怀因招周协律》：“高置寒灯如～，深藏夜火似僧炉。”明郑汸《梁家堰》：“～上帘沽白酒，商船结缆度青泥。”清《醒世姻缘传》七四回：“同到了济南府门口，寻了个～住下。”

【客丁】 kè dīng　❶ 已成年应服役纳税的客籍(外来户籍)男子。宋吴泳《奏宽民五事状》：“且如梅州一郡，～租例纳米，本州军粮全仰此米。”《续资治通鉴长编》卷二二一：“百姓买弓一张至千五百，箭十只六七百。当此青黄不接之际，穷下～如何出办？”清宋荦《请免准徐二属缺丁详文》：“又缺额异户～四百四十七丁，久已审勘逃亡。”　❷ 仆人；庄丁。宋黄庭坚《奉送周元翁赴礼部试》：“系船溢城秣高马，～结束女缝裳。”元王沂《送武秀才还湖广》：“一朝结束催～，思与众人朝沧溟。”《文献通考》卷一五六：“其户下率有子弟～，遇有寇警，一切责办主户。”

【客冬】 kè dōng　去年冬天。宋郑兴裔《平山堂记》：“经始于～之九月，竣事于今春之二月。”明《型世言》二〇回：“～在北京，过临清，有个在京相与的内乡窦主事，见管临清钞关，托我此处娶妾。”清弘历《闻山东河南得雪诗以志意》：“齐豫～旱，南顾久萦切。”

【客断】 kè duàn　指来客所吃饭食。断，断中。僧徒过午不得吃饭，故僧徒化斋称作断中。唐[日]圆仁《入唐求法巡礼行记》卷三：“一年中寺中诸庄及交易并～诸色破用钱物帐，众前读申。”

【客贩】 kè fàn　商贩。宋郑刚中《与范丞相》：“虽朝廷得明州米五千斛，并～继来，但贫者无一金可籴。”明罗玘《送尤溪胡煐司训》：“市有人携菌，船多～麻。”清《镜花缘》二七回：“就只利息不能预定，只要～稀少，也就获利了。”

【客坊】 kè fāng　客店；房客赁租的房间。五代王定保《唐摭言》卷一一：“初到都下，同止～。”《太平广记》卷一六五引《原化记》：“庄宅尤广，客二百餘户。叟尝巡行～，忽见一客方食，盘飧丰盛。”宋李攸《宋朝事实》卷九：“国家分命群官，外厘庶务。每代还于京辇，或寓止于～，杂处嚣卑，颇罹渎嫚。”

【客房】 kè fáng　❶ 专门用来招待宾客的房间。《法苑珠林》卷五二：“便引尽北行东出，至本～中，欢笑通宵。”宋苏辙《约洞山文老夜话》：“今夕～应不睡，欲随明月到林间。”清《绿野仙踪》七九回：“朱清会意，将沈襄领入～内，急入内院，向体仁夫妇说知。”　❷ 酒店、客店提供给客人用的房间。宋吕本中《读司马公集解大玄》：“～夜凉冷，气体亦粗胜。”明汤式《一枝花·旅中自遣》："～儿冷落似邯郸店。"清《红楼梦》八六回："小的在柜上，听见说～里要酒。不多一回，便听见说'不好了，打伤了'。"

【客纲客纪】 kè gāng kè jì 在外经商者的规矩或经验。或指懂经商规矩、有经验的客商。明《西游记》八四回："孙二官人诚然是个～。早是来到舍下，第二个人家也不敢留你。"《拍案惊奇》一回："（店主人）说了一遍，说得文若虚与张大跌足道：'果然是～，句句有理。'"清《广东通志》卷五七："嘉靖三十五年，海道副使汪栢乃立～，以广人及徽、泉等商为之。"

【客官】 kè guān ❶ 在外任职的官员。五代孙光宪《北梦琐言》卷七："有一～人寄寓于此。室女有美才，贫而未聘。"明高启《夜发钱清》："钱清渡头船夜开，黄茅苦竹闻猿哀。～酾酒水神庙，风雨满江潮正来。"《情史·情缘·郑任》："后嫁一～为晚妻。此官位尚书，女封夫人。" ❷ 称跟自己没有统属关系的官员。宋宋祁《仆射孙宣公墓志铭》："总大农事，以给太常太学，～皆洊领焉。"元《三国志平话》卷上："西廊下一将，听得玄德此歌，应声而和曰：'我有长剑则空挥叹息……'皇叔下阶，认得～乃是恒山赵子龙。"清《石峰堡纪略》卷六："五岱又系～，呼应不灵。" ❸ 对客人、顾客的尊称。《元曲选·朱砂担》一折："小二哥，我和你两个算算酒钱。〔店小二云〕～，你是个好人，只要公道算还。"元明《水浒传》二七回："～，歇脚了去，本家有好酒好肉。"清《儒林外史》三五回："～，你行路的人，谁家顶着房子走？借住不妨。"

【客话】 kè huà 客气话；客套话。明《醒世恒言》卷二〇："我与尊相从小相知，怎说恁样～！"清《八洞天》卷五："乡邻间怎说～，今日不但吃酒，还有话要说哩。"《红楼复梦》三五回："此时太太们在正厅上说些谦虚～，桂太太称王夫人是太亲妈老太太。"

【客火】 kè huǒ 同"客伙"。《元曲选·救风尘》三折："我在～里，你弹着一架筝，我不与了你个褐色绸缎儿？"又："早起杭州散了，赶到陕西～里吃酒，我不与了大姐一分饭来？"

【客伙】 kè huǒ 成伙的客商，亦泛指客商。元宋本《水木清华亭记》："虽颇野逸，吾犹以近城郭，过～，往往闻官府里巷事，为可厌。"明《金瓶梅词话》六六回："～中标船几时起身？"清《歧路灯》三六回："休看那～们每日爷长爷短，相处的极厚，他们俱是钱上取齐的。"

【客货】 kè huò ❶ 异地贩运的货物。唐杜荀鹤《献池州牧》："江路静来通～，郡城安后绝戎装。"明沈璟《义侠记》二三出："念张青初来此坡，劫掠些单身～。"清方成培《雷峰塔》二三出："～被窃，不白难明呀！" ❷ 客商搭载或寄存的货物。明《警世通言》卷一一："原来坐船有个规矩，但是顺便回家，不论～私货，都装载得满满的。"《杜骗新书·牙行骗》："凡牙侩之弊，～入店，彼背作纲抵侻，又多窃取供家。"

【客家】 kè jiā ❶ 客商；商人。宋佚名《张协状元》八出："假使官程担仗，结队火劫了均分；纵饶挑贩～，独自个担来做已有。"明《杜骗新书·牙行骗》："况福建～多巨富，若后日生子，分其家财，居此致富，享福非小。" ❷ 客作；雇工。清《醒世姻缘传》六九回："又同走了许多路，渐渐熟识。也没有甚么杨尚书宅里的奶奶，都是杨尚书家的佃户～。"

【客旌】 kè jīng 古代官吏出使或出行途中使用的旌节。泛指出行或行踪。唐骆宾王《畴昔篇》："赖有边城月，常伴～悬。"明何景明《送寇定州》："五月燕京寺，高云动～。"清查慎行《寄吴少融二十六韵》："自我辞书局，凭谁问～。"

【客路】 kè lù 旅途。唐储光羲《渭桥北亭作》："乡魂涉江水，～指蒲城。"宋苏轼《用前韵再和许朝奉》："高门元世旧，～晚追游。"清《醒名花》六回："正摸不着，～已误了许多日子。"

【客侣】 kè lǚ ❶ 旅途中的伴侣。唐白居易《分司初到洛中偶题》："招呼新～，扫掠旧池台。"清蒲松龄《聊斋志异·柳氏子》："初与义为～，不图包藏祸心，隐我血赀，悍不还。" ❷ 旅客。宋曾几《平桥》："～经过少，官曹簿领疏。"元明《水浒传》二三回："第一乡中人民有福，第二～通行，实出壮士之赐。"明沈受先《三元记》一四出："看看斗柄横东，房中～笑声雄，唱饮通宵兴更浓。" ❸ 宾客；客人。明《醋葫芦》一〇回："随请众客就筵。成珪送位，都飙把盏，男女～各各尽欢。"

【客气】 kè qì 待人谦让有礼貌。明《警世通言》卷一五："自己弟兄，怎么这样～？"清《红楼梦》八九回："又等了一会子，黛玉经才写完，站起来道：'简慢了。'宝玉笑道：'妹妹还是这么～。'"《镜花缘》五一回："妹子此番回去，要去观光，一切正好叨教。惟恐初次见面，各存～。"

【客人】 kè rén ❶ 在外为客的人；客居的人；路人（尊称）。唐鲍溶《秋怀》之四："一忆故乡居，一望～还。"《太平广记》卷一五二引《嘉话录》："赵璟、卢迈二相国皆吉州～，旅众呼为赵七、卢三。"清《红楼梦》三九回："必定是过路的～们冷了，见现成的柴，抽些烤火去也是有的。" ❷ 宾客；到人家做客的人。唐佚名《客人莫直入》："～莫直入，直入主人嗔。扣门三五下，自有出来人。"《元曲选外编·西厢记》二本二折："〔末云〕别有甚～？〔红唱〕单请你个有恩有义闲中客，且回避了无是无非窗下僧。"清《醒世姻缘传》五一回："～散了酒席，一个帖子送到武城县，二十个大板。" ❸ 客商；行商。宋欧阳修《论矾务利害状》："晋州折博务，元定年额钱一十六万餘贯，自来许～入中。"明朱有燉《香囊怨》一出："有个卖盐的～，十分有钱。"清《儒林外史》二回："金有餘择个吉日，同一伙～起身，来到省城杂货行里住下。" ❹ 特指嫖客。《元曲选·救风尘》一折："妹夫，我可也待嫁个～。"明《醒世恒言》卷三："原来妓家有个回客法儿，小娘躲在房内，却把房门反锁，支吾～，只推不在。"《山歌·拣孤老》："市学里先生弗拣学生子，那了小娘倒要拣～。" ❺ 顾客，或对顾客的称呼。元明《水浒传》二九回："一个当头的酒保过来，看着武松道：'～，要打多少酒？'"《元曲选·盆儿鬼》一折："倘有甚么～到我店中投宿，你只推先要房钱。"清《绿野仙踪》九回："少刻店主人出来，笑问道：'～回来了？'"

【客身】 kè shēn 身居异乡的人。唐李德裕《春日独坐思归》："只有～去，幽山自灌园。"宋刘敞《负暄》之四："天地大逆旅，～一飘蓬。"明沈璟《义侠记》一出："别馆孤贫，孝姬苦节，正倚孙娘寄～。"

【客岁】 kè suì 去年。元吴澄《复柳道传提举书》："～七月后，一病数月冬。"明《禅真后史》三三回："学生贱庚十七。～与老师对弈时，已曾请教过，却又忘了？"清弘历《诣香山祷雨叠旧作诗韵》："～历招提，相隔倏已久。"

【客套】 kè tào ❶ 客气；见外；疏远。清《红楼梦》一一五回："太太这话又～了。如今我们家还有什么，只怕人家嫌我们穷罢了。"陈端生《再生缘》一五回："携玉手，扯鸾绡，含笑殷勤逊酒肴：骨肉至亲休～。"《说岳全传》五回："周侗道：'如此甚妙，只恐高攀不起。'李春道：'相好弟兄，何必～。'" ❷ 礼仪形式；讲究礼仪形式。清《儒林外史》一〇回："寒暄已毕，摆上两席酒来。鲁编修道：'你我世交，知己间何必做这些～！'"陈端生《再生缘》七七回："一天辛苦，快些坐坐。自己姊妹，休要～了。"《镜花缘》七一回："刚才诸位阿姐都不肯上坐，也不过因姐妹相聚，那里论得～。" ❸ 客气的话语；说客气的话。清《飞花艳想》一四回："二人叙了些寒温～，赵文华便开口道。"陈端生《再生缘》二四回："贤弟刚明何出此？我和你，世间～不须云。"《绣戈袍》一四回："只得二人草草～，随接了圣旨。"

【客途】 kè tú 犹"客路"。唐李商隐《圣女祠》："杳蔼逢仙迹，苍茫滞～。"元刘秉忠《丁未始还邢台》之二："布袍抖擞～尘，闾里归来感慨频。"清《警寤钟》一四回："我们如今在～患难之中，你若再与这等匪类相交，就难保无祸。"

【客位】 kè wèi 客厅；客房。宋洪迈《容斋随笔》卷四："司马温公作相日，亲书榜稿揭于～曰：'访及诸君，若睹朝政阙遗，庶民疾苦，欲进忠言者，请以奏牍闻于朝廷。'"元明《水浒传》八一回："人到～前，见周回吊挂名贤书画，阶檐下放着三二十盆怪石苍松。"清《儒林外史》一九回："匡超人听见这话，忙请那人进到～坐下。"

【客席】 kè xí ❶ 客人的席位。唐崔祐甫《广丧朋友议》："忽忆永泰中，于穆鄂州宁会～，与故湖南观察韦大夫之晋同宴。"元程端学《丁燕诗序》："予既间～，不得辞，为书于卷首。"清《野叟曝言》一一一回："里边是洪氏及四妾坐～，飞霞做主人。外边是素臣、玉麟坐～，如包、虎臣做主人。" ❷ 招待客人的宴席。明周瑛《送濮守乃侄归省》之一："亭上鸟声喧～，马头山色映诗囊。"清《歧路灯》八八回："但问老哥曾否用过午饭，家中现有～，取办甚易。"

【客乡】 kè xiāng 外地。宋陈渊《钱塘过廖次山以诗见赠》："樽酒每思难会面，～何意复趋隅。"明王守仁《祭永顺保靖土兵文》："使尔络绎奔走于道途，不获顾其家室，竟死～。"清《隋唐演义》一一回："雄信陪叔宝饮到天明，拥炉谈笑，却忘了身在～。"

【客邮】 kè yóu 驿站的旅舍。宋韩奇《又次韵答夜宴陈桥驿》："～聊得接交亲，夜席开谈彼此真。"元方回《赠滕君必绍》："～曾旅进，邑子例垂怜。"明杨慎《海风行诗序》："予夕憩～，闻吼声傍枕，发眗尤雄。"

【客葬】 kè zàng 犹"客殡"。唐韩愈《祭石君文》："～秦原，孤魂谁附？"明王恭《挽林医敬仲殁爪蛙图》："魂飞随汉使，～感夷王。"

【客长】 kè zhǎng 对旅客或顾客的尊称。宋佚名《张协状元》八出："～是那里人？〔末〕是梓州人。～仙乡那里？〔净〕我是浙东路处州人。"明王錂《寻亲记》三二出："小～休怪，方才我听得你言语，好似我河南开封府声音。"清《隋唐演义》九回："殊不知我们开店生理，正要延纳四方君子，况～又不是不修边幅的人。"

【客帐】 kè zhàng 指客舍。唐李贺《崇义里滞雨》："忧眠枕剑匣，～梦封侯。"元李孝光《送郭仲方》："官船贤圣酒，～短长亭。"清吴雯《寄石袍朱丈》之二："柳拂新丰酒，花明～筝。"

【客中】 kè zhōng 犹"客边"。唐李白《醉后赠从甥高镇》："马上相逢揖马鞭，～相见～怜。"宋吴龙翰《别厉制使》："何日林间理故书，～岁月只蘧庐。"清《红楼梦》六六回："小弟素系寒贫，况且～，何能有定礼？"

【客坐】 kè zuò ❶ 客人、门客的席位。唐元稹《旅眠》："夜眠兼～，同在火炉床。"明屠隆《昙花记》三四出："你造言谤萧黄流交通史思明谋逆，说萧黄流曾在～上说史思明也是一员良将。"清《续金瓶梅》三七回："铺上锦毯，叫福清在西南炕上坐，原来金人以西南为～。" ❷ 客房。明《醒世恒言》卷三〇："引过一层房子，乃是小小～，点将灯烛荧煌。"清《醒世姻缘传》四回："管家只得在～里等，等困了，也有床在内面。"

【客座】 kè zuò ❶ 同"客坐❶"。明张治道《翰林院修撰对山康先生状》："先生往，见～皆邪媚者，曰：'此为排谢招我耶？'"清《歧路灯》四八回："到了轩中，吴自知一伙起身为礼，便让谭绍闻上座。谭绍闻道：'我是主人，那有僭～之礼'。" ❷ 同"客坐❷"。明何允泓《癸亥春夜泊娄江哭徐子元》之四："～褷蛸依网户，影堂灯火照纶巾。"《金瓶梅词话》一五回："仪门进去，两边厢房，三间～。"清《儒林外史》二五回："把乐器都揩抹净了，搬出来摆在～里。"

【客作儿】 kè zuò er 雇工。唐拾得《后来出家子》："博钱沽酒吃，翻成～。"宋吴曾《能改斋漫录》卷二："凡言～者，佣夫也。"明《醒世恒言》卷三一："打脊～！员外与我银子，干你甚事？"

【客作汉】 kè zuò hàn 犹"客作儿"。唐寒山《世有一般人》："虽有一灵台，如同～。"《祖堂集》卷一八《赵州和尚》："问：'澄澄绝照时如何？'师云：'我此间不著这个～。'"

【课簿】 kè bù ❶ 功课簿，用以记载修业进度、成绩等情况。宋谢良佐《上蔡语录》卷二："昔日作～，以记日用言动视听，是礼与非礼者。"明陆容《菽园杂记》卷一二："洪武年间，国子监生～仿书，按月送礼部。"《国子监志》卷三七："其初学者，由线部按次肄习，填注～，期于精熟。" ❷ 供查看起课（一种占卜方式）结果用的簿册。清《醒世姻缘传》六五回："把课筒在香案上熏了两熏，拿在手中晃了几晃，倒出那三个钱来，铺在桌上，查看～，真真'上上'两个大字。"

【课册】 kè cè 犹"课簿❶"。宋欧阳守道《辞鹭洲月送书》："始者，公文名此钱曰朱墨之费，盖为点检～故耳。"元方回《次韵刘元辉初寒夜坐》："跨灶郎来温～，齐眉人为折深衣。"清《四库全书总目·云庄礼记集说》："视明代《大全》抱残守匮，执一乡塾～以锢天下之耳目者。"

【课钞】 kè chāo 税金。元赵世延等《经世大典序录》："元贞丙申，每引增～为六十五贯。"明倪谦《登仕佐郎薛公墓碑铭》："诸司盗～事觉，朝廷命追偿。"《大清会典则例》卷三三："今食盐～久经摊入地粮，而该省尚循旧例办理。"

【课程】 kè chéng ❶ 考核。唐李昂《授李石平章事制》："内贞百度，外靖四方，参毗宏规，～庶绩。"宋陈造《八月晦试院中作》："官居～地，生有文字癖。" ❷ 征收税金。五代石敬瑭《谕盐铁度支户部等敕》："制置场务，总榷～，将期共济于军流，免使偏竭于民力。"宋欧阳修《通进司上皇帝书》："至论～之法，课必与商贾共利，方能取少而致多。" ❸ 税金，也泛指税赋。五代刘承祐《即位大赦文》："顷经戎虏，所在惊骚，于场院～，州府管系，既有陷失，宜示矜蠲。"宋俞德邻《沽酒行》："道逢醉者惊相顾，老夫仓忙问其故。答云近日添～，去城十里皆官库。"明柯丹邱《荆钗记》三七出："图小利讨充社长，谁知也不安宁。又要报写粉壁，又要催讨常行～。" ❹ 设计工程，也指工程或施工。宋刘昌诗《芦浦笔记》卷九录《白玉楼赋》："然后大匠～，群工谨度。琢瑗砻瑛，斗珪叠璐。"明徐光启《农政全书》卷一四："河工完后，考验～果否如法。"清储大文《平阳府学记》："以学宫肇葺而不克告成，深惧无以祇荐祀事，乃鸠工～，崇闳肃谧，视昔有加。" ❺ 工作或学习的进度规划。宋朱熹《答方耕道》："今当小立～而守之以笃，博穷物理而进之以渐。"明王直《题段侍郎燕集图后》："于时近臣，有请立～以速其成者，上不许，俾从容以学。"清《野叟曝言》六〇回："从明日初一起，立一～，恪守勿越……素臣敬受看时，上写着：文水氏日课：分日作三分：一分看书，一分督课，一分纺绩。" ❻ 学习的科目、内容等。宋朱长文《与诸弟书》："居官三年来，学者甚众，诵讲～，孜孜所职。"明谢谠《四喜记》三出："闻得今日令兄请老先生讲～，且待讲毕，我与你再商量。"清《说岳全传》四〇回："岳云独自一个在书房中，将岳爷的～细细翻阅，那些兵书战策件件熟谙。" ❼ 督促课业的学习与进程。清施闰章《陈母张太夫人挽诗》:"正色貽存教,传经手～。"《歧路灯》四三回:"谭绍闻得了正经指点,倒比那侯冠玉、惠养民～之日,大觉长进。" ❽ 借指职守。明王守仁《龙蟠山中用韵》:"真惭廪食虚官守,只把山游作～。"

【课讲】 kè jiǎng 课程讲解。元仇远《秋晚斋居》:"肯为功名亏道义,常因～费吟哦。"明殷奎《与昆山州学论守制状》:"仍早为择师,不废～。"清《皇朝文献通考》卷二一二:"而《易》及《学》《庸》均被以'成均～'之名,盖其官祭酒时所与诸生讲说之本也。"

【课金】 kè jīn ❶ 税金。《元史・食货志二》:"至元十年,听李德仁于龙山县胡碧峪淘采,每岁纳～三两。"明耿定向《先进遗风》卷下:"凡人民～,辄令纳户自称,而亲为监督。"清胤禛《朱批谕旨》卷一二五:"金厂除报部～七十四两八分外,每年约餘金五六十两不等。" ❷ 学费。明李梦阳《南新二县在城社学碑》:"乃其师不曰予养蒙者也,顾月征其～、鸡米、酒食,民之子或苦而不来,则辄禀诸官,句摄而鞭笞之。" ❸ 占课的酬金。明《西游记》九回:"如是明日有雨,依你断的时辰数目。我送～五十两奉谢。"清《巧联珠》五回:"闻生似信不信的收了课帖,意思要送他～,又不好出手。"

【课卷】 kè juàn 试卷。明胡居仁《居业录》卷五:"伊川学制,则因时制而裁酌之,未免于～文字。"清《国子监志》卷三〇:"肄业诸生各就班位,揖毕,传题课试,～面缴。"

【课口】 kè kǒu 依法纳税服役的男子。《唐律疏议》卷一二:"若其户内漏口,或有课役、无课役罪名不等者,从并满之法,以～累不课口科之。"《新唐书・食货志一》:"凡主户内有～者,为课户。"

【课敛】 kè liǎn 征收赋税。唐《通典・食货》:"敬则以功力有餘,悉～为钱,以送台库。"宋费枢《廉吏传》卷下:"治众十年,无～。"元翟思忠《魏郑公谏续录》卷上:"今户口不加,租赋岁倍,此由～多。"

【课料】 kè liào 课钱与俸料,唐代付给官员的薪俸及折俸实物。唐李纯《以户部钱充州县官～敕》:"河东、河中、凤翔、易定四道,州县久破,俸给至微……宜以户部钱五万五千贯文,充加四道州县官～。"卢徵《请赴任官以到任日起支课料奏》:"伏请起今以后,并须挟名勒留敕到任,方为上日,支给课钱。其附甲官有给脚依前勒留直诸司者,待附甲后签符到州为上日,支给～。"《旧唐书・敬宗记》:"乙卯,罢理匦使。以谏议大夫李渤知匦,奏请置胥吏、添～故也。"

【课马】 kè mǎ 骒马;母马。以母马产驹课税而称之。课,后字形作"骒"。唐李吉甫《元和郡县志》卷三:"天宝十二年,诸监见在马总三十一万九千三百八十七匹,内一十三万三千五百九十八匹～。"宋孔平仲《珩璜新论》:"俗呼牝马为～,出《唐六典》:凡牝四游五课,羊则当年而课之。课,岁课驹犊。"明陆容《菽园杂记》卷四:"如民间有此,勘验无诈,以为送驿走递,别给～,责令领养孳生。"

【课蒙】 kè méng 教授幼童。明方孝孺《春和》之三:"～聊给膳,教子力勤耕。"清袁枚《子不语》卷二二:"杭州王生绳玉,～于横塘钟氏。"

【课蜜】 kè mì 采蜜。宋张镃《春晴独坐次叔祖阁学韵》:"鬖髿绿柳拂垣衣,～蜂忙踏蕊归。"明唐文凤《咏睿笔画蜂》:"报衙～日飞忙,竞采群芳浥露香。"《元曲选・误入桃源》二折:"花呵干闪下闹西园一队队～游蜂。"

【课命】 kè mìng 算命。宋《三朝北盟会编》卷七七:"金玉杂伎诸工(如消、碾、染……带、皮、铁之类)、～、卜祝、司天台官……并许以家属行,日下津般赴南薰门朝天门交割。"明高濂《玉簪记》一七出:"句容有一个方先生,在此～,倒有些意思。"《封神演义》一六回:"此位先生,～准的好,该照顾他一命。"

【课目】 kè mù 官吏考核的项目。宋胡宿《李郏可驾部员外郎制》:"夫陟典之宽,则才路无壅;考法之密,则～难究。"宋祁《国子博士魏琰可虞部员外郎制》:"～来上,岁次亦周。"

【课钱】 kè qián ❶ 税金。五代郭威《赐青州敕》:"别征进奏院粮～,及递铺钱鞋,分配县镇,今后并止绝。"《续资治通鉴》卷一九三:"江南宋时行两税法,自阿尔哈雅改为门摊,增～至五万锭。"清朱鹤龄《邑志私考十三则》:"秩满既去,适河内旧亏～三千五百文,主者指以诬公。" ❷ 薪俸,特指薪俸中的现金部分。《唐会要》卷九一:"如文武内外官应给俸料～,及公廨料度、封户租调等,远近不均,贵贱有异。"《五代会要》卷二八:"今除东京管内州县官见支手支～且依旧外,其三京并诸州于旧日支遣钱数等第,重定则例。" ❸ 债款;放债取利的钱。宋佚名《张协状元》五出:"有人少我～,千万与娘下状论。"明《古今小说》卷二九:"乃央间壁王妈妈问人借钱,借得羊坝头杨孔目～,借了三千贯钱。"《型世言》一五回:"见他身边拿得出,又哄他放～。从来不曾有去嫖的放借,可得还么?" ❹ 问卦的酬金。《元曲选・桃花女》楔子:"只教他管铺,无非开铺面,挂招牌,抹桌凳,收～。"明《封神演义》一六回:"课既准,可就送我～。如何只管口说!"清《醒世姻缘传》七六回:"相大舅叫他进来,与狄希陈起课,说是'速喜',时下就到。相大舅打发了瞎子的～。" ❺ 占卜时用作卜具的钱。一般三枚,卜前由卜卦人持握祷告,摇动后掷出,视反正搭配的组合占断吉凶。明吾邱瑞《运甓记》二三出:"排八字那晓得运度星辰,颠～谁知这休囚旺废。"佚名《精忠记》一三出:"〔老旦〕取～来。〔祷介〕夜来一梦跷蹊,不知主何凶吉。虔诚祷告天和地,免教人心中疑虑。"《古今小说》卷一:"三巧儿分付,唤在楼下坐启内坐着,讨他～,通陈过了,走下楼梯,听他剖断。"

【课诗】 kè shī 督促或催促作诗。唐杜荀鹤《近试投所知》:"拟动如浮海,凡言似～。"宋文天祥《又用韵简李深之》:"门外谁车马,故人来～。"清弘历《夏兴》之四:"净洗端溪焦白砚,凭栏又是～时。"

【课书】 kè shū ❶ 研习书文。唐元稹《酬许五康佐》:"～同吏职,旅宦各乡愁。"明归有光《封奉政大夫王君墓表》:"宗常～自给,而教子以经学。"清沈复《浮生六记》卷一:"因暑罢绣,终日伴余～论古,品月评花而已。" ❷ 教授或督促人读书。金元好问《学东坡移居》:"南荣坐诸郎,～所依于。"元刘诜《寿仲兄诚翁》:"～要寿传家脉,止酒能安不病身。"明王錂《寻亲记》三四出:"势逼临危,毁容以全节;～教子,弃职而寻亲。" ❸ 占卜的书。清《镜花缘》七五回:"后来才知袖占一课,就是如今世上所传大六壬课。妹子听了,四处购求～,日日习学,再也不能入门。"

【课诵】 kè sòng 赞颂;吟诵。宋晁迥《法藏碎金录》卷七:"予好读内典,非以～为功,必也详求入道之要。"清《儒林外史》二〇回:"自此之后,老和尚每日早晚～,开门关门,一定到牛布衣柩前添些香。"

【课算】 kè suàn ❶ 计算。唐王方庆《对西蕃通来几时》:"乃榷估盐铁,征税关市,～舟车,告缗卖爵。"明胡直《刻濂溪先生集序》:"唯旦夜持筹～子母,记籍充栋,而居积自矜。" ❷ 卜算。宋周密《癸辛杂识》后集:"选宗室子与号十岁已下者,各与～五行。"元陶宗仪《辍耕录》卷一三:"我～,拣性格聪明的童男童女,用符命法水咒语迷惑。"明杨柔胜《玉环记》一〇出:"且说你年月日时来,我还要～。若两命无妨,就此可成。"

【课帖】 kè tiě 课单；记录起课结果的纸片。清《巧联珠》五回："闻生似信不信的收了～，意思要送他课金，不又不好出手。"《野叟曝言》三三回："忙招到房中取过一看，却是一张～，上写着：'六月初十日占行人'，中间点着卦爻，后面批着道：'白虎文书爻动，行人已在路上。'"

【课筒】 kè tǒng 摇课用的签筒。明《挂枝儿·问课》："手执着～儿深深下拜，战兢兢止不住泪满腮，祝告他姓名儿我就魂飞天外。"清《说岳全传》七一回："忽见一个先生，左手拿着～，右手拿扇，招牌上写着两句道：八卦推求玄妙理，六爻搜尽鬼神机。"

【课徒】 kè tú ❶ 教育学生。明李中馥《原李耳载》："某年至晋～，某年方去，安能分身禁地也！"清吴绮《宿再公房》："摘豆朝飡客，浇花日～。" ❷ 学生。清《梦中缘》一回："只有赵、郑二生是他～，又极相契，或金御史请来相叙，或二人自往拜谒。"

【课养】 kè yǎng ❶ 饲养。《唐六典》卷一九："凡孳生鹅鸭鸡彘之属，皆令官奴婢为～之。" ❷ 学业修养。宋蔡絛《铁围山丛谈》卷二："广州泉南请建番学，高丽亦遣士就上庠。及其～有成，于是天子召而廷试焉。"

【课艺】 kè yì ❶ 考较艺业。艺，指古代教育应掌握的学业技能，明清时偏指跟科举应试文体即八股文相关的学业技能。唐李显《集学生制》："去岁京畿不稔，仓廪未实，爰命乐群，暂停～，遂令子音罔嗣，吾道空归。"宋刘挚《谢免省启》："比年～，幸据上游，今日程文，复叨优等。"清《歧路灯》一〇一回："每月～十五六篇不等，即以原稿原批送署。" ❷ 指与八股文相关的学问或课业。清《红楼梦》一七至一八回："按此四字并'有凤来仪'等处，皆系上回贾政偶然一试宝玉之～才情耳，何今日认真用此匾联？"《歧路灯》九五回："极不然者，也应有考试的八股，会文的～。" ❸ 致力于种植。艺，种植。宋周紫芝《畦蔬》引："乃畦舍西之地，植野蔬而食之，聊以当肉。～有成，情见乎诗。"元虞集《竹林七贤图》："或莳名药，或钓游鯈，～嘉植，坐思远游。"清储大文《陶子师先生墓表》："或～蓝蔗，辟市通商，榔榔诸税胥蠲之。"

【课议】 kè yì 考核评议（政绩、人品、学问等）。元萨都剌《山中怀友》："～难容我，交游重有吾。"明孙传庭《吴太孺人乞言述》："不肖孤会友～，或下帷攻苦，母喜且不寐。"

【课易】 kè yì 占卜。宋黄仲元《序赠吴丹阳》："丹阳吴兄某，富沙人，精于～。"

【课引】 kè yǐn 征收盐税。引，盐引，运盐销盐的凭证。《元史·食货志》："河东盐池，除捞盐户口食盐外，办～数，今后宜从运官，设法募商兴贩。"明何孟春《马政疏》："夏秋晴暖，水面皑皑，如雪如霜，随取随足，以今权之～旧额，伤于狭矣。"《大清会典则例》卷一八："以一官全完一年～者，无论正署，均照地丁钱粮全完例议叙。"

【课征】 kè zhēng 征收赋税。《唐会要》卷六八："合至其年，并收租赋，如称营田～所效，须云'本合得若干万石，在任已来加若干万石'，以明核实。"明毕自严《旧饷出入大数疏》："盐课居边饷之半，而两淮积引屡告能保额～解之。"

【课治】 kè zhì 治理。《新唐书·路嗣恭传》："嗣恭起州县吏，以～进至显官。"明贺士諮《简石斋陈先生》："加以壬辰析居以来，创构室庐，～田事，不克专意于学。"清汤右曾《送吕山渕之临朐》："三年～行，天际翔羽翼。"

【课子】 kè zǐ 税银。宋洪适《荆门军奏便民五事状》："其虚名营田，勒人户附种白纳～之数，并乞除免。"《建炎以来繫年要录》卷一〇三："营田～，除桩出种子外，且令官收四分，客户收六分。"《宋史·孝宗纪》："壬寅，蠲两淮归正人撮收～。"

kěn

【肯】 kěn 副词。❶ 能；会。表示客观的可能或主观的判断，跟表示主观意愿的"愿意"义不同。唐杜甫《徐卿二子歌》："丈夫生儿有如此二雏者，名位岂～卑微休！"《元曲选·潇湘雨》二折："我则道他不～弃糟糠妇，他原来别寻了个女娇姿。"清《野叟曝言》五九回："要知玉奴怎～似二姐、三姐一般安心等待，自然该有气淘了。" ❷ 用于反诘，相当于"岂""怎能"。唐岑参《梁园歌送河南王说判官》："当时置酒延枚叟，～料平台狐兔走。"明《金瓶梅词话》二六回："你家主西门庆既要摆布了一场，他又～发出你媳妇并箱笼与你？"清郑燮《山色》："渔家破蓑笠，天～令之闲！" ❸ 恰；正。唐武元衡《送魏正则擢第归江陵》："会府登筵君最少，江城秋至～惊心。"宋秦观《一落索》："～如薄幸五更风，不解与花为主。"明杨柔胜《玉环记》六出："一曲清商，满座皆惊动。何似今生有幸逢，～似襄王一梦中。" ❹ 能否；能不能。表示祈请或不能肯定的判断。宋黄庭坚《汴岸置酒赠黄十七》："吾宗端居丛百忧，长歌劝之～出游？"宋元《清平山堂话本·杨温传》："告员外，周全杨温则个，～共社头说了，交杨温与他使棒。"元《前汉书平话》中："你是灵禽，～与贱妾传一书信，下与邯郸赵王我儿如意。" ❺ 时常；易于。清《红楼梦》二二回："你又拿我作情，到说我小性儿，行动～恼。"《歧路灯》二三回："家父有个胃脘疼痛之症，行常～犯。"

【肯分】 kěn fèn 恰恰（表示正好）；偏偏（表示不如意的巧合）。元马致远《寿阳曲·洞庭秋月》："金莲～迭半折，瘦厌厌柳腰一捻。"《元曲选·老生儿》二折："天那，你看我那命波！～的我那姐夫正在门首，可怎么好？"清沈谦《粉芍药·新欢曲》："奈乏倾城貌，～地撞着娉婷。"

【肯酒】 kěn jiǔ 女家接受男家提亲时所吃的酒。也称"允口酒""许亲酒"等。《元典章·户部四》："赵速儿既有母在，其兄在外吃～，为子之道，礼无自专，难议从兄许亲为定。"《元曲选·鲁斋郎》楔子："兀那李四，这三钟酒是～。我的十两银子与你做盘缠；你的浑家，我要带往郑州去也。"明《西游记》五四回："既然我们许诺，且教你主先安排一席，与我们吃钟～，如何？"

【肯可】 kěn kě 赞成；同意。宋李新《上张丞相书》："汝向后自会在片言之发，如矢中的，凡所～，若九鼎大吕。"清查慎行《种竹诗次晚香长老韵》之三："秋凉约往看，我意大～。"《聊斋志异·青凤》："女似～，启关出，捉其臂而曳之。"

【肯首】 kěn shǒu 首肯；点头表示同意。宋苏辙《东坡先生墓志铭》："上虽恭默不言，闻所论说，辄～喜之。"明王世贞《祭曹中丞文》："以此酹公，当亦～。呜呼哀哉！尚飨。"清《痴娇丽》一一回："夫人～，曰：'是固是矣，从今吾不强矣。'"

【肯心】 kěn xīn 甘心；称心。唐良价《宝镜三昧歌》："随其颠倒，以缁为素。颠倒想灭，～自许。"《元曲选·来生债》一折："这银子是我～儿愿与。"清《醒世姻缘传》二五回："饭钱草料，些微有些赚手就罢，不似别处的店家，拿住了死蛇，定要取个～。"

【啃】 kěn ❶ 用牙齿切下物体或食物，也泛指吃。元王元鼎《河西后庭花》："有酒时唫，有饭时～，你来我跟前委实图甚？"明《拍案惊奇》卷六："卜良痛极，放手急挣，已被巫娘子～下五七分一段舌头来。"清《姑妄言》二二回："远处去抢，天又晚了，只得把马放于野地～草。" ❷ 比喻分润沾光。清《醒世姻缘传》二六回："这个麻相公是有名没德行的个人，～和尚吃道士的。"《姑妄言》

一七回："不想些营运，只～哥哥嫂子，脸弹子也不害羞么？"

【啃家子】 kěn jiā zi 啃脚丫子。形容极其贫穷。家，脚、丫的合音。明《金瓶梅词话》三五回："想必是家里没晚米做饭，老婆不知饿得怎么样的。闲的没的干，来人家抹嘴吃……正是：外头摆浪子，家里老婆～。"

【啃嚼】 kěn jiáo 用牙啃并咀嚼，也比喻分润沾光。清《醒世姻缘传》一四回："闻得珍哥一块肥肉，合衙门的人没有一个不～他的。"《荡寇志》八二回："把那几匹战马，都去后面菜地里，由它～。"

【啃啮】 kěn niè 啃咬。明《禅真逸史》二〇回："看着下面那虎，又将树根～。"

【啃青】 kěn qīng 放牲口吃青草。清《隋唐演义》八回："因连日没心绪，不曾牵去饮水～刷刨，鬃尾都结在一处。"《荡寇志》七一回："那些战马都背着鞍鞒，散放着地下～。"

【啃咬】 kěn yǎo 用牙齿切下物体或食物，也比喻像啃咬那样的动作。清《荡寇志》一一五回："待咬断豹子的喉管，一时汇不转头来，只在颈脖边着力～。"《杏花天》六回："那件大东西是活的，自己往里一钻，就顶入花心内钉住，一顿～，浑身酥快。"

【垦】 kěn 挖；掘。引申指摧毁。明《醒世恒言》卷一八："一面择吉铺设机床，自己将把锄头去～机坑。"沈璟《义侠记》三六出："把关隘除，寨基～，旗帜改，战袍新。"梁辰鱼《浣纱记》三三出："我只怕勾践将姑苏来～，总就有三华瑞露，九转灵丹，卢医妙手，扁鹊神针，也医不活你吴邦众子孙。"

【垦伐】 kěn fá 开垦采伐。《法苑珠林》卷二一："每烧田墟，辄有一处丛草不然，经久怪之，不复～。"明张宁《开济乡朱氏先茔表》："其间非无侈为堂垣封植留情久远者，不一再传，或已卖迁～，荡为蓬墟。"

【垦掘】 kěn jué 挖掘。清《后水浒传》三九回："叫人只往下～，掘起的泥土，俱装入箩中。"

【垦挖】 kěn wā 挖掘。清《后水浒传》三七回："二人忙用刀～，挖作一条水沟。"

【垦艺】 kěn yì 开垦种植。宋刘攽《检覆郯城旱田示同官》："～不可分，四旁生蒺藜。"明顾璘《明故山西行太仆寺卿陈先生墓志铭》："发官帑市牛百餘头，给民～。"清弘历《驻伊犁大臣阿桂等奏报二麦大熟》："绿旗本习农，～令乘时。"

【垦种】 kěn zhòng 开垦种植。宋王禹偁《黄州齐安永兴禅院记》："文遇掌化募施利典座，道真掌庖厨直岁，省慎掌～，此之谓知事僧。"元黄溍《奉议大夫李公墓志铭》："视地之肥瘠，定为岁入之数，募有力者，使～之。"清弘历《两间房行宫即景》："～人家已满百，昔名犹说两间房。"

【啯】 kěn 同"啃❶"。《元曲选·李逵负荆》二折："鸦嗛肝肺扎煞尾，狗～骷髅抖搜毛。"明朱有燉《仗义疏财》三折："这壁厢猫拖着人肝肺，那壁厢狗～着死人头。"

【啯咬】 kěn yǎo 同"啃咬"。《元典章·圣政一》："纵放马匹，踏践田禾，～桑枣。"

kèn

【掯】 kèn ❶ 减损；节俭。唐孟郊《古意》："～气入空房，无憀乍从容。"按，掯，一作"捐"。元武汉臣《老生儿》四折："万苦千辛，吃了半生骂，受了一生～。" ❷ 扣；克。指严格限定日期、数量等，或按着这样的限定达到。宋李纲《乞将赡给丘赟军钱粮充申世景支遣奏状》："所有本路诸州应诸色上供经制、折帛、系省、不系省等钱，一切尽系漕司拘桩～定科拨。"朱熹《延和奏札》三："若府州只据现米～定人口抄札粜济，则所及不广。"方岳《社日》："燕子今年～社来，翠瓶犹有去年梅。" ❸ 留；扣留。金赵秉文《涌云楼雨》之二："雷声驱雨东山去，～下斜阳恰半楼。"清毛奇龄《敕授文林郎沂州郯城县知县金君墓志铭》："及事过，诣所济领银，辄～不发。"《醒世姻缘传》二二回："是人，肯～住人的文书么？" ❹ 勒索；敲诈。《元曲选·燕青博鱼》二折："你是那南海南观音的第一尊，怎将俺这小本经纪来～？"明陈罴斋《跃鲤记》一六出："如今学医的乘人之危，～人钱财。"《西游记》九八回："蒙如来吩咐传经，被阿傩、伽叶～财不遂，通同作弊，故意将无字的白纸本儿教我们拿去。" ❺ 作弄；难为；刁难。明汤显祖《邯郸记》四出："〔老〕秀才，小姐分付，回廊外香水堂洗澡去。〔生笑介〕好不～人！"《西游记》三九回："弄我金丹也不能救活，可是～杀老孙么！"《型世言》三八回："我有誓在先，毕竟要与姐姐成其夫妇。姐姐莫要～我。" ❻ 揿；按。清《儒林外史》一六回："又把耳朵边～着看看，道：'却也还有个虚惊，不大碍事。'"

【掯除】 kèn chú 扣除。元成宗大德七年郑介夫奏文："九品一月之俸，仅了六日之食，而合得俸钞，又多为公用～。"赵世延等《经世大典序录》："或病时已卖粮为资用，则取偿其火五人粮，曰～。"王士点《秘书监志》卷三："如有拖欠利息，随于代保人名下月俸内～还官。"

【掯害】 kèn hài 坑害；刁难陷害。明《西游记》三五回："他曾许我到急难处亲来相救，如今反使精邪～。语言不的，该他一世无夫！"

【掯勒】 kèn lēi ❶ 刁难；要挟。宋黄震《申提刑司辨总所欲追治本仓状》："取运江西米到转般仓交收，被仓斗以干为湿，以净为杂，百端～。"元明《水浒传》一一八回："你这伙草贼，只好在梁山泊里住，～宋朝招安诰命，如何敢来我这国土里装好汉！"清宋荦《条议采买竹木疏》："严饬经收人员，毋得借端～吹求，则全省之民得免重累。" ❷ 勒索；敲诈。《元曲选·铁拐李》二折："旧官行～些东西，新官行过度些钱。"明胡世宁《遵祖法以处外夷疏》："且使再得金印城池，以为后日～求索之计耳，于我中国何益也？"《封神演义》四五回："离此五里，留个渡口，都要从他那里过，尽他～渡河钱。" ❸ 扣留。明《警世通言》卷二四："以后米面柴薪菜蔬等项，须是一一供给，不许～短少，直待我嫁人方止。"清玄烨《谕吏户兵三部》："有民间运到米豆草束，地方官故意迟延～。"

【掯留】 kèn liú 扣留；留住不放。宋彭龟年《代临江军乞减上供留补支用书》："如是，朝廷以有碍石部支遣，难以～。"明《拍案惊奇》卷三三："这纸文书，我要他糊窗儿？有何用处？若果侄儿来，我也欢喜，如何～他的？"清弘历《陵园妾》："自幼养成指使惯，遂致～弗婚配。"

【掯索】 kèn suǒ 勒索。明海瑞《启户部正堂郭一泉》："粮解因有解户苦被各衙门人～，蔡知府改差官解。"杨寅秋《平播复议机宜》："运至官仓，老营不收，即指称～留难；收之，则军兵往往不肯交领。"《大清律例》卷二五："至来历分明而官媒～，许即告官惩治。"

kēng

【坑】 kēng ❶ 坑害；使受损害。《元曲选·柳毅传书》二折："谁想我水府事情，倒落凡人之手。～杀俺小龙儿也！"明《古今小说》卷四:“当初原是儿的不是,～了阮三郎的性命。”清《红楼梦》六九回:“想来都是我～了你。” ❷ 坑骗;用欺骗手段占有。《元曲选·曲江池》三折:“想俺这虔婆好是不中,见元和有些钞物,都～了他的。”明《金瓶梅词话》九三回:“有些本钱儿,都吃人～了。”清《醒世姻缘传》四七回:“那昝被人杀了的晁源曾～了这梁和尚的六百多银子。” ❸ 比喻亏欠。《元曲选·东堂老》二折:“你便闯一千席呵,可也填不满你这穷～!”清《歧路灯》八四回:“无非到任以后,侵帑克民,好填这个～。” ❹ 囚禁。明沈受先《三元记》一三出:“为被豪民胡大才,贪我妻色,将我虚陷盗赃,～入牢底。” ❺ 藏。明《开卷一笑》卷五:“隐渠来席底下,～渠来被傍边。”清《何典》五回:“刘打鬼还只道他有甚私房～那里,要逼他说出来。” ❻ 厕所;便池。一般指露天的。明陈汝元《金莲记》一一出:“我归堤上寻～,却是湖边撒溺。”《警世通言》卷一一:“虽则厕屋,喜得不是个露～。”清《醒世姻缘传》三三回:“先生每日扳了那根树橛,去～岸上撅了屁股解手。”

【坑厕】 kēng cè 厕所。元明《警世通言》卷四:“荆公见屋傍有个～,讨一张手纸,走去登东。”清《聊斋志异·王十》:“冥中新阎王到任,见奈河淤平,十八狱～俱满,故捉三等人淘河:小偷、私铸、私盐;又一等人使涤厕,乐户也。”

【坑害】 kēng hài 陷害。明吕天成《齐东绝倒》四出:“当初整日把舜～,今他做了帝,再不恨我。”《二刻拍案惊奇》卷九:“天杀的窦家兄弟～了我!千难万难,到得今日才得成就,未曾到手,平白地搅开了。”清陆陇其《禁图赖人命示》:“原其意,谓拼一死以图赖他人。殊不知自尽无抵命之条,人未尝～,而己死不可复生。”

【坑户】 kēng hù 唐宋以来采矿的在籍专业户。唐李纯《条贯钱货及禁采银敕》:“其天下自五岭以北,见采银坑并宜禁断,恐所在～,不免失业。”宋黄裳《法曹俞君墓志》:“商旅～,稍稍来归,宝货发露,场用以兴。”《大清会典则例》卷四九:“泰顺等县,向有产铁砂坑,今覆明～十有五,炉户五十有九。”

【坑骗】 kēng piàn 坑害欺骗。清《皇朝文献通考》卷三一:“牙行惟图用钱,任铺户～客商者。”《醒世姻缘传》二七回:“人怜他是克苦挣来的钱,有借有还,倒从不曾有～他的。”《歧路灯》三〇回:“这样～人的狗攮的,我实在气的慌!”

【坑堑】 kēng qiàn 地面凹陷处。❶ 比喻束缚人的或能带来危险的环境。唐郑谷《永日有怀》:“能消永日是摴蒱,～由来似宦途。”宋蔡襄《许处士墓表》:“视公府门若～,不敢投足。”明杨珽《龙膏记》一七出:“袁大娘,你把我那金盒呵,谁道姻缘翻为～?” ❷ 比喻骗人的圈套或手段。明陈汝元《金莲记》一四出:“谁识暗藏～?奈肠摧李贺,笔梦江淹。”《杜骗新书·牙行骗》:“此穷牙常态也,施守训在不早审牙家,致落此～。”清《野叟曝言》二六回回目:“丫鬟怜月貌漏泄机关,公子觑花容安排～。” ❸ 窠臼;老套子。《清诗别裁集》卷九《严陵江》诗评:“王贞白诗后,赋严陵者,俱落～。”

【坑闪】 kēng shǎn 坑害使失去依靠。明《金瓶梅词话》一四回:“到明日没的把这些东西儿吃人暗算夺了去,～得奴三不归。”

【坑陷】 kēng xiàn 坑害;陷害。宋刘克庄《辛巳答傅谏议》:“或言其不知变,～一城生灵。”元明《水浒传》六九回:“我这行院人家,～了千千万万的人。”清《二度梅》一一回:“为何～出家人,是何道理?”

【坑冶】 kēng yě 金属矿藏的开采与冶炼。宋李觏《上蔡学士书》:“又给凭由,使兴置银铜～。”元王逢《张孝子》:“至大三年,选授麟绛路～提举,弗就。”明《西洋记》六回:“他职掌的是人世上金、银、铜、铁、锡,五宝五金,陶铸～,埴埏坯坩。”

【坑子】 kēng zi 坑,特指墓穴。唐王焘《外台秘要方》卷二一:“掘地作小～,坐艾于坑中。”明《醒世恒言》卷一四:“是个暗行人,日常惯与仵作约做帮手,也会与人打～。”清《醒世姻缘传》九四回:“或是寻个乱葬冈,深也罢,浅也罢,掘个～埋了。”

kōng

【空帛】 kōng bó 朴素无花的丝织物。唐李庾《东都赋》:“贫庾而稻,贱筒而裼。比屋相视,耻衣～。”

【空茶】 kōng chá 不放其他佐味之料的茶水。古人烹茶有时加上葱、姜、枣、橘皮、茱萸、薄荷、芝麻等物。唐[日]圆仁《入唐求法巡礼行记》卷一:“屈诸寺老鬫,于库头～空饭,百种周足,兼设音声。”宋朱南杰《延陵道中即事》之三:“小立青帘卖酒家,味虽薄薄胜～。”清《醒世姻缘传》三回:“大眼看小眼,说了几句淡话,～也拿不出一钟。”

【空孱】 kōng chán 才疏力薄,也指才疏力薄的人。宋强至《代都运赵待制谢上表》:“若臣～,于事迂拙,向引两川之漕,近贰大农之司,率惋竭于愚衷,讫罕通于利术。”夏竦《谢赐生日羊酒米面表》:“岂谓伏蒙尊位皇帝陛下,曲礼～,特延赉及。”

【空饭】 kōng fàn 无菜肴的饭食,至多有醋和盐。唐王梵志《家有梵志诗》:“～手捻盐,亦胜设酒肉。”宋毛滂《隋堤采蕈》:“谓当此行且～,弹铗而歌绕淮市。”△清《七侠五义》八〇回:“王大在旁见他尽吃～,便告诉他道:‘王第二的,你怎么不吃咸菜呢?’”

【空光】 kōng guāng 清光,指月光。唐李贺《贝宫夫人》:“秋肌稍觉玉衣寒,～帖妥水如天。”元马臻《积雪》:“～映书幌,劲气逼吟灯。”明贝琼《月奁匀面》:“瘦怯～照,娇怜颜色回。”

【空过】 kōng guò ❶ 白白经过,没有收获。唐刘禹锡《夔州始兴寺移铁像记》:“寺僧法照瞻礼发信,赤肩白足,入诸大城乃至聚落无～者。积十餘年,得信财无量。”明《二刻拍案惊奇》卷三九:“所到之处,但得了手,就画一枝梅花在壁上,在黑处将粉写白字,在粉墙将煤写黑字,再不～。”清金义植《江上》:“江上不来双鲤鱼,堤边～七香车。” ❷ 虚度。《法苑珠林》卷一五:“～一生无所闻,岂非是我失大利。”明许潮《写风情》:“春风笑二乔,明月羞双妙,把千金夜儿～了!”清《荡寇志》一三〇回:“今夜好月色,岂可～。” ❸ 没有礼物待客或送人。《敦煌变文校注》卷五《佛说阿弥陀经讲经文(二)》:“我于然灯佛前,得值八百四千万亿那由他佛,悉皆供养无～者。”明《金瓶梅词话》二〇回:“那日～他。我恐怕晚了他每,客人散了,就打发他来了。”清《歧路灯》二回:“～三位老先生,不好意思的。”

【空话】 kōng huà 虚语;无意义或不能兑现的话。宋魏了翁《尚书要义》卷一〇:“欲征则殷勤誓众,既克则～祷神。圣人有作,理必不尔。”明《金瓶梅词话》八六回:“(张二官府)拿着两封银子来兑,还成不的,都回去了。你这小孩儿家,空口来说～,倒还敢奚落老娘!”清李光地《榕村语录》卷二五:“天地位,万物育,不是～,是实事。”

【空架】 kōng jià ❶ 武术中只图好看没有实效的架势。清《女仙外史》九三回:“也曾经转战沙场,弓飞马驶。谁道丈八蛇矛只支～,方天画戟却弄虚花。”《野叟曝言》一九回:“空手捻着一对拳头,上托天,下捺地,前推后勒,侧撞横勾的,支那～子,想要博几文赏钱。”△《绿牡丹》二二回:“今日是要与余谦赌胜,他就不肯先用力气，不过在那里些微走两个势，出两个～子。” ❷ 比喻虚撑门面，空有其表。清《红楼梦》六回：“谁家有什么，不过是个旧日的～子。”《后红楼梦》一一回：“越到这荣国府的势分，尽着消磨，尽着要支架子。可怜见的，这～子好难玩儿。”

【空壳】 kōng ké ❶ 里面没有内容、子实的外壳。唐王焘《外台秘要方》卷二：“取鸡子～，碎之，熬令黄黑。”宋《朱子语类》卷一〇六：“南康自有五六万石，漳州亦六七万石，尽是浮埃～，如何敢挑动？”清查慎行《香螺》：“客厨贪一饱，～付僧吹。” ❷ 比喻表面或徒具形式的事物。唐贯休《胡无人》：“肉胡之肉，烬胡帐幄。千里万里，唯留胡之～。”宋《朱子语类》卷一四：“《大学》一书，如行程相似。自某处到某处几里，自某处到某处几里。识得行程，须便行始得。若只读得～子，亦无益也。”明单本《蕉帕记》三六出：“还有个他甘身跳汨江，倒把～落认为正果，反将主人公撇在边傍。”

【空口】 kōng kǒu ❶ 口中无食物；未进食。《太平广记》卷二五七引《启颜录》：“惭愧，无所啖嚼，遣亲家母～来，～去。”宋黄震《黄氏日抄》卷一四：“庐陵胡氏谓：主人食，殽未遍，客不～尔。”清陆求可《千秋岁引·维扬怀古》：“罗绮满楼歌方奏，玉鲙金齑不～。” ❷ 停口；松口。宋周紫芝《上皇帝书》：“卢奕为御史中丞，被服，坐台骂贼不～。” ❸ 不拿出事实、实际好处或采取措施，光凭口说。《旧唐书·宪宗纪》：“凡好事口说则易，躬行则难。卿等既言之，须行之，勿～说。”明《梼杌闲评》一四回：“进忠道：‘拜托大力。’邱老道：‘只恐～未必说得来。’”清《白雪遗音·想多情》：“～说话你不信，摘下心来与你瞧。”

【空落】 kōng luò 落空；不中目标。明《拍案惊奇》卷三：“弓马熟娴，发矢再无～，人号他连珠箭。”

【空慢】 kōng màn 亏待；简慢。明《金瓶梅词话》七八回：“日昨姐夫下降，我又不在家，失迎，～姐夫来了。”

【空门客】 kōng mén kè 称僧人。唐太奉《五言四韵奉赠河西大德》：“嗢嗢～，洋洋艺行全。”

【空门士】 kōng mén shì 称僧人。唐郑良士《寄富洋院禅者》：“谁能学得～，冷却心灰守寂寥。”宋陈舜俞《赠通慧大师净务》：“子诚～，胡为甘隐沦？”

【空门子】 kōng mén zǐ 称僧人。唐白居易《客路感秋寄明准上人》：“借问～，何法易修行？”明王世贞《王太学穉登》：“讵学～，无净入三昧。”

【空腔】 kōng qiāng 浮辞；缺少深刻内容或深厚功力的文字表达。宋梅尧臣《依韵自和送诗寄潘歙州》：“开口必典实，省腹唯～。”清魏裔介《宫定庵窗艺序》：“若必以～熟调浅近易人者为元法、元机、元脉、元局，此优孟之假叔敖耳，何足贵哉。”延君寿《老生常谈》：“然必有真实学问，方能手挥目送，役使群物，刻划化工。若俭腹之人，无真兴会而仿为之，则定落～。”

【空头】 kōng tóu 另见 kòng tóu。❶ 空虚不实之处或空虚不实之物。明《挂枝儿·香筒》：“只道心肠热，谁知有～。少了些的温存也，就不着人的手。”清《野叟曝言》一四回：“然后拣着租工丑麦，抬了好麦价钱，有短些升斗，搀些～，打发出来。” ❷ 没来由；靠不住。元《三遂平妖传》一二回：“这是我们的职事。我们家中各有老小，不去惹～祸。”明谢谠《四喜记》一七出：“我只将几句谎话，说了这桩～事体，骗了他许多东西。”清《玉蟾记》二〇回：“穷人想发～财，连菩萨都拿他玩。” ❸ 有名无实；空有虚名，不切实际。明李贽《复焦弱侯书》：“大抵圣言切实有用，不是～。”《西游记》六八回：“哄我去买素面、烧饼、馍馍我吃，原来都是～！”清《红楼梦》二二回：“罢，罢，这～情我不领。” ❹ 虚幌骗人的行为或手段。明杨柔胜《玉环记》六出：“包先生，人人说你干～，果然有些。我学生在此候久了。”《韩湘子》一〇回：“只有那白日鬼弄着自己～，趁着别人眼错，不管三七二十一，一味的哄人。”清《野叟曝言》二八回：“以后要吃酒，却在这边吃，不许你掉铁嘴，弄～，背地里干那偷天换日的事。” ❺ 空架子；摆空架子的人。清《野叟曝言》一二回：“听着小人言语，认是扯架子，装～的人，故此作笑。”《豆棚闲话》二则：“吴王是个苏州～，只要肉肉麻麻奉承几句。” ❻ 亏空。清《红楼梦》一〇六回：“库内的银子出多入少，虽没贴补在内，已在各处做了好些～。”《后红楼梦》四回：“如今多少～帐，琏儿只拿西间壁这所空房子抵当。”

【空枵】 kōng xiāo （腹部）空虚。元叶颙《题友琴堂》：“七尺身长形固美，两翁调古腹～。”清朱鹤龄《吴弘人示余汉槎秋笳集》：“瞽学趋～，识者深嗟喟。”《痴人福》八回：“终不然闯席的任情饕餮，先来客反忍～。”

【空心】 kōng xīn ❶ 空腹。唐寒山《纵你居犀角》：“暖腹茱萸酒，～枸杞羹。终归不免死，浪自觅长生。”明《金瓶梅词话》七九回：“只怕你～虚弱，且坐着，吃些甚么儿着。”清《红楼梦》五一回：“～走来，一肚子冷风。” ❷ 虚浮；不实在。明《韩湘子》一〇回：“众人道：‘原来是本地人，怎的不老实，惯说～话？’湘子道：‘列位施主在此，贫道不打诳语不瞒天，句句说的是实话，为何说我～？’” ❸ 虚张外表，实际不济。清《后红楼梦》二五回：“平儿道：‘……他就没猴子弄了，就勾出这位爷去，往前门外听档儿。’黛玉点着头笑道：‘是了，他开手，这～大老官怎么上场呢？’”

【空心架子】 kōng xīn jià zi ❶ 即“空架❶”。明《西洋记》九〇回：“两只手攒着两个拳头，前四后二，左五右六，上七下八，支起个～，实指望打倒那五个鬼。” ❷ 即“空架❷”。明沈受先《三元记》三出：“自家唤做白手要，逢人只是呵呵笑。～搭得高，转眼机谋十分妙。”《西游记》二四回：“你在那个面前捣鬼，扯甚么～！”

kǒng

【孔洞】 kǒng dòng 孔；窟窿。清《醒世姻缘传》四二回：“夜壶底都替钻了～，饭里边都撒上粪土。”

【孔方兄】 kǒng fāng xiōng 指钱。钱币外圆孔方。语出晋鲁褒《钱神论》：“亲之如兄，字曰孔方。”宋苏轼《赠王仲素寺丞》：“虽无～，顾有法喜妻。”清《歧路灯》六五回：“巴庚本不是笨人，只把这会说话儿的～撒出，那～运出万事亨通的本领，先治了关格之症。”

【孔窟】 kǒng kū 洞穴。明《西游记》：“那呆子真个一溜烟跑过山去，果见有个～。”

【孔笼】 kǒng lóng 窟窿；坑。唐王梵志《暂出门前观》：“纵得百年活，还入土～。”

【孔目】 kǒng mù 本指档案目录，后称掌管档案簿书的吏员。唐张九龄《皇太子纳妃敕》：“礼官、傧者、夹侍官及～官，使典主旌节等，择日优与处分。”明杨士奇《李氏黄塘阡表》：“至景嗣为承信郎、吉州～，迎其父母就养。”清《九云记》二七回：“那～、节级们咸道至宜。”

【孔兄】 kǒng xiōng 即“孔方兄”。宋吴则礼《赠泗州杨吉老》：“～掉头去，宁复挽渠住？”明王慎中《钱颂》：“嗔者目曰铜臭，爱则呼之～。”

【恐】 kǒng ❶“肯”的音借字。《敦煌变文校注》卷二《韩擒虎话本》:“贺若弼才请军之次,有一个人不~。”又:“虎无爪牙,争~猛利!” ❷ 如果。元关汉卿《单刀会》一折:“今日三分已定,~引干戈,又交生灵受苦。”《武王伐纣平话》卷上:“妾言不敢虚诳,~太子不信,去梧桐树下看之便见也。”

【恐防】 kǒng fáng ❶ 恐怕;担心。唐王建《宫词》之一一:“骑马行人长远过,~天子在楼头。”明《醒世恒言》卷八:“孙寡妇听见女婿病凶,~误了女儿。”清《红楼梦》一一五回:“二奶奶正要来回太太,~太太说我们大惊小怪。” ❷ 提防;防备。元《三国志平话》卷上:“~有失,你可将取五百军去。”明佚名《四贤记》二四出:“家中要防火患。须牢记,~赤壁东风起,一夜楼船火蝶飞。”清《万花楼》七回:“若论包爷身为开封府尹,此时不是圣上差他做个日巡官,乃是包公因目下奸党甚多,~作弊陷民。”

【恐悸】 kǒng jì 惊慌害怕。唐柳宗元《故秘书郎姜君墓志》:“与夫拳拳~,蒙谄负义,得之拘拘,荣不盖愧,以终其身,而不能止者,不犹优乎?”明温纯《因母久病惊悸成疾乞赐放归疏》:“臣亦因以惊忧~,致精血耗损,耳鸣心动。”

【恐怕】 kǒng pà ❶ 害怕;使害怕。敦煌词《失调名》:“承闻黄河长,不信宽。身上渡明官,~人。”明徐畛《杀狗记》一七出:“曹操长子曹丕,见兄弟子建七步成文,~夺位,以此曹丕要谋害其弟。”《西游补》三回:“当时天里嚷住,我们也有些~。” ❷ 副词。a) 表示担心。唐白居易《官牛》:“昨来新拜右丞相,~泥涂污马蹄。”宋《朱子语类》卷九五:“如此用功夫,~轻费了时月。”清《醒世姻缘传》五九回:“今日是这里姐姐的喜事,~他韶韶摆摆的不省事,叫接他且住家去。”b) 表示推测。元佚名《阳关三叠》:“劝君更尽一杯酒,只~西出阳关,眼前无故人。”明汪廷讷《种玉记》二出:“他说得太好了,只~未必有这等际遇。”清《红楼梦》二六回:“~院内的丫头没听真是他的声音,只当是别的丫头们了,所以不开门。”c) 表示或然;或许。元许衡《中庸直解》:“孔子传之曾子,曾子传之子思。当时只是口口相传,及到子思之时,~去圣愈远,后面未免有差失处,乃把平日口授的言语写在书上,传与他弟子。”佚名《归来乐》:“动不动说甚么玉堂金马,虚费了文园笔札。只~渴死了汉相如,空落下文君再寡。”明《拍案惊奇》卷一〇:“粗蠢黑的面孔,还~认做了绝世芳姿;宽定当的东西,还~认做了含花嫩蕊。”

kòng

【空】 kòng ❶ 间隙;可乘的机会。《法苑珠林》卷四八:“后群贼知灯指未还,伺其~,便往到其家,劫掠钱财。”明郑若庸《玉玦记》八出:“但凡有钱的,住得长远,便放些~与他也罢。若只一两次的主顾,狠死抓他一下,不要饶他!”清《歧路灯》四七回:“争乃程公慈祥为怀,口中虽说了‘详革’‘开场诱赌’,传稿转申,却留下~儿,叫张绳祖、王紫泥自行生法求免。” ❷ 留出空白。元明《水浒传》一七回:“去何涛脸上刺下‘迭配……州’字样,~着甚处州名。”明王錂《寻亲记》四出:“我将文契~着。你去借得一锭,填上一锭,借得两锭,填上两锭。”清《醒世姻缘传》四一回:“祭轴上写了祭文,~了名字。” ❸ 空闲;空间或时间没有占用。元明《水浒传》七四回:“只有两眼房,~着一眼。”明《西游记》九〇回:“六口噙着六人,还~了三张口。”清陈端生《再生缘》三九回:“那几个有夫的仆妇是住在外厢的,有几个该班上去伺候夫人的。这些是闲~着的了。” ❹ 间隔;时间或空间上不连贯。明《欢喜冤家》一七回:“一夜一房,尚且轮流来也是疏懒的了,还经得~了几夜不成?”清《无声戏》一二回:“谁想淹淹缠缠,只不见死,~了几时不受药,那病反疰可起来。”《红楼梦》五三回:“因此诗社之日,皆未有人作兴,便~了几社。” ❺ 餘下;除了。明《醒世恒言》卷三九:“将寺中僧从尽都绑缚,止~了香山道人并两个幼年沙弥。”《石点头》卷八:“一个大酒工,一个帮做生意姓王的伙计,尽都缚去,只~了一个丫头,两个家人妇。”清《野叟曝言》八二回:“昨日那般厮杀,各人出力,独~着奴。” ❻ 亏空。明《醒世恒言》卷二七:“一窝子坐食,能勾几时。况兼为封荫、选妃二事,又用~了好些。”清《文武香球》七回:“莫非赌~输干净,想必是要来与奴索花银。” ❼ 空闲时间。明《金瓶梅词话》五六回:“常二哥那一日在哥席上求的事情,一向哥又没的~,不曾说的。”清《歧路灯》一八回:“盛爷明日叫伺候客,明日就去,还要问个~儿么?误了人家,万不敢误了咱府上事。”《红楼复梦》一九回:“我那里有点儿的~?直忙到这会儿才歇手。” ❽ 腾让;使空。清《野叟曝言》一〇八回:“先是一人肩上背负一个,~出地方,轮流坐卧。” ❾ 空旷;空间大。清《红楼梦》四八回:“我们园里又~,夜长了,我每夜做活,越多一个人岂不越好?” ❿ 空缺;空位。清《红楼梦》七六回:“偏又把凤丫头病了,有他一个人说说笑笑,还抵得十个人的~儿。”《飞龙全传》一六回:“那五个答道:‘使得,使得。’即便挤了一个~儿,让匡胤坐下。”《红楼复梦》八五回:“男女老少堆如山积,兼之文武大小衙门两处道喜,甄家门口找不出一点儿~。” ⓫ 同“控❷”。元王伯成《贬夜郎》三折:“一壁恰~得锦袍干,又酒淹得衫袖湿。” ⓬ 同“控❶”。清《红楼梦》二八回:“才吃了饭,这么~着头,一会子又头疼了。”

【空白】 kòng bái 空着未填满或未被利用的部分。清胤禛《朱批谕旨》卷九六:“总督衙门书吏代作辩呈,将所带~印文写就投递。”《醒世姻缘传》八六回:“何尝有甚么文凭在内?刚刚只有一张~湖广呈文。”

【空便】 kòng biàn 方便的时候、机会,或在方便的时候、机会。《元典章·台纲二》:“机密的勾当有呵,俺~里奏有来。”明《拍案惊奇》卷二四:“明日觑个~,连瓮将去,抛在江中,方无人知觉。”清蔡应龙《紫玉记》一二出:“~偷闲,闲要一会。”

【空地】 kòng dì ❶ 虚空处;不是实际着力或不起作用的地方。元明《水浒传》二回:“王进回身,把棒望~里劈将下来。那后生见棒劈来,用棒来隔,王进却不打下来。”明《西洋记》二四回:“姜金定要报父兄之仇,心生巧计,把个双刀~里一撇,败阵而走。”清《镜花缘》五八回:“此番辛苦,岂不用在~!” ❷ 空隙;仅存或剩餘的空间。明《韩湘子》二六回:“我上无片瓦遮身,下无立锥~。”清《野叟曝言》六回:“你哥哥说请文相公进房安息,但房内除了你我两处床铺,更没~。”《红楼梦》五三回:“阶上阶下两丹墀内,花团锦簇,塞的无一隙~。” ❸ 白地;没有任何遗存的地面。清《儒林外史》一六回:“一村人家房子都烧成~。”《荡寇志》八九回:“大寨又被他两路兵劫了,杀成一片~。” ❹ 没人的地方。清《醒世姻缘传》六九回:“有的走不上几里说肚腹不大调和,要下驴来寻~屙屎。” ❺ 空场;有一定面积的场地。清《蜃楼志》一一回:“这里都没有~,须走去二三里,一带山岗,接连到羊蹄岭,才是个大宽展处。”

【空洞儿】 kòng dòng er 空子;漏洞。明《型世言》二八回:“当日仔么替你说,又留这~等和尚钻?”

【空缝】 kòng fèng 孔隙;缝儿。也比喻可乘之机。清《野叟曝言》二回:“因亭小人多,并至挨肩擦背,没些~。”又三三回:“鉴貌辨色,早已猜透了九分;昼夜防闲,休想有一毫~。”又九六回:

“因用刀刮削成一条～，仔细一看，竟是风井边花砌。”

【空漏】 kòng lòu 空子；漏洞。清《绿野仙踪》七四回：“赵文华参奏朱文炜不肯率河东人马接应张经，本内大有～。朱文炜非武职可比，不过在军中参赞军务。今绍兴失守，岂可专罪他一人？”△《绿牡丹》一五回：“且盗王伦之物并无三日五日，或者落些～，小的好来禀告；乃昨夜之事，天明就被拘，小的如何能知？”又四〇回：“二人自早饭时候斗至中饭时候，彼此精神倍增，毫无～。”

【空头】 kòng tóu 另见 kōng tóu。（文书）空着抬头。宋邵伯温《邵氏闻见录》卷九：“责蕲州团练副使蕲州安置，取～敕填之，差使臣即日押行。”明王錂《寻亲记》五出：“这文契原来是～的，正中吾计。我如今要图他也不难，多填他娘几十锭几百锭也不打紧。”清《说唐前传》五六回：“可将～官诰，前往红桃山，看锦囊上行事。”

【空子】 kòng zi 空当；机会。清《醒世姻缘传》三八回：“若不是狄周死鳔白缠，他还要搀～待跑。”《红楼梦》六回：“这一下来他吃饭是个～，咱们先赶着去。若迟一步，回事的人也多了，难说话。”《荡寇志》七七回：“得个～，偷转右手，抽出那口青錞宝剑来。”

【控】 kòng ❶ 悬；垂。《元曲选外编·符金锭》一折：“则见那秋千闲～玉人归。”又《猿听经》一折：“我子见碧霄碧霄云～，绿岩绿岩畔风动。”明《西游记》五〇回：“只见是三间大厅，帘栊高～，静悄悄全无人迹。” ❷ 沥除水分，或排出人腹腔、胸腔里的积水等。宋朱肱《酒经》卷中：“先将糯米拣簸一斗，急淘净，～极干为细粉。”明王肯堂《证治准绳》卷一：“溺水死，捞起以尸横伏牛背上，无牛以凳，～去其水。”《朴通事谚解》卷中：“你把那镟壶瓶汕的干净着，～一～，且旋将酒来吃一盏。”

【控背】 kòng bèi 曲背（施礼）。明《西游记》一六回：“好行者，一筋斗跳上去南天门里，唬得个庞、刘、苟、毕躬身，马、赵、温、关～。”清《霓裳续谱·正盼佳期》：“那人儿～躬身，尊了一声大嫂。”

【控避】 kòng bì 告请回避。宋胡宿《除宋庠河阳三城节度使》：“眷言俊老，久典烦机。比陈～之章，宜举闵劳之典。”明王世贞《祭太师徐文贞公文》：“镕毁方炽，霆霹纷如，莫可～。”

【控陈】 kòng chén 向上级（帝王）陈诉。宋胡宿《赐宰臣富弼不允批答》：“志惭且悸，再尝批谕，犹执～。”明倪元璐《救四累臣疏》：“臣以承乏踵事，颇知详实，冒昧～。”

【控持】 kòng chí ❶ 扯拽；牵拉。宋洪迈《夷坚志》三辛卷六：“又泣拜其仆求救，将自投于火。妻子惊骇～，走出报。”元张翥《画马》：“绯衫圉郎紧～，直恐骄腾收不得。” ❷ 控制把持。宋陈东《登闻检院三上钦宗皇帝书》：“一旦南渡，即恐振臂，乘势窃发，～大江之险。”金《董解元西厢》卷二：“到此怎惜我贞共孝，多被贼人～了。” ❸ 难为；折磨。宋陈允平《红林檎近》：“～紫燕，芹泥未上雕梁。”元高明《琵琶记》二〇出：“糠，遭砻被舂杵，筛你簸扬你，吃尽～，悄似奴家身狼狈。”明佚名《白兔记》二三出：“他还有舅舅亲人，下得将他厮～。”

【控辞】 kòng cí 告请辞免。宋苏颂《谢兼侍读》：“～弗获，就列增惭。”明《梼杌闲评》四八回：“～具见诚恳，准将公爵改为锦衣卫指挥。”

【控扼】 kòng è 控制。唐李隆基《赐郭虔瓘等玺书》：“自从开四镇，立诸军，～有常，置额久定。”《续资治通鉴》卷六：“郭进～西山逾十年，使我无北顾忧。”清《野叟曝言》一一一回：“依着奴家愚见，必得仍复东胜，方足～胡人。”

【控免】 kòng miǎn 告请免职。宋周必大《御批辞免兼太子詹事降诏不允》：“臣猥以小司马，蒙恩承乏，亟具奏～。”方岳《代赵同知奏札》：“臣夙夜以思，大惧驽劣，无以称隆指分顾忧者，陈情～。”

【控身】 kòng shēn 犹“控背”。清《红楼梦》二九回：“贾珍到贾母跟前，～陪笑说：‘这张爷爷进来请安。’”

【控压】 kòng yā 控制镇压。唐李华《杭州刺史厅壁记》：“若密迩京师，或～冲会，万商所聚。”明王世贞《王守仁传》：“巡抚权轻，不足以～诸道。”胡直《双鹤楼记》：“盖予邑宿有祝圣古刹，旁列钟楼，峙居邑学左。形家者以是称～焉。”

kōu

【抠】 kōu ❶ 扣；用手指按住狠抓。唐张鷟《朝野佥载》卷五：“踊身腾上，一手撮耳，一手～目，马战不敢动。”明《金瓶梅词话》二五回：“于是把李瓶儿裙子掀起，露着他大红底衣，～了一把。”清《醒世姻缘传》五八回：“咱拿出陈阁老打高夫人的手段来，替哥教诲教诲，兜奶一椎，～定两脚，脊梁一顿拳头。” ❷ 挖；掏。元明《水浒传》二六回：“双手去挖开胸脯，～出心肝五脏。”明张介宾《景岳全书》卷四二：“两眼看手，咬指～鼻。”清《红楼梦》三〇回：“手里拿着根绾头的簪子在地下～土。” ❸ 比喻搜刮。清《醒世姻缘传》六七回：“他自来治人，必定使毒药把疮治坏了，他才合人讲钱，一五一十的～着要。” ❹ 借作“眍”。明《醒世恒言》卷一一：“东坡因小妹双眼微～，复答云：‘几回拭脸深难到，留却汪汪两道泉。’”《封神演义》九一回：“高身数丈体槲头，口似窑门两眼～。”清《姑妄言》一五回：“眼睛也～下去了，眼皮子饧着睁不开。”

【抠搂】 kōu lōu 眼窝下陷。清《红楼梦》五三回：“再熬上半夜，明儿把眼睛～了，怎么处！”

【抠索】 kōu suǒ 勒索。清《醒世姻缘传》四三回：“又向魏氏～出三十多两银子，同了魏才来到省城布政司里递了援例状子。”

【抠挖】 kōu wā 用手指伸进去掏。清《十二楼·奉先楼》二回：“就把几个指头伸进喉内，再三～，定要哇而出之。”《野叟曝言》六五回：“那美女心慌，一手挤捻肾囊，一手～双眼。”

【眍】 kōu 眼珠凹陷在眼眶里。元佚名《叨叨令过折桂令·驮背妓》：“眼儿～，鼻儿凸，驱处走了猢狲怪。”清《水浒后传》一二回：“见一个人满面黑斑，两眼～进。”

【眍兜】 kōu dōu 脸庞中间凹陷貌。元明《水浒传》一五回：“～脸两眉竖起，略绰口四面连拳。”

kǒu

【口】 kǒu ❶ 指被贩卖的奴隶。《敦煌变文校注》卷一《捉季布传文》：“朱解忽然来买～，商量莫共苦争论。”又卷二《庐山远公话》：“相公宅内消得此～。” ❷ 声；句。《敦煌变文校注》卷一《捉季布传文》：“臣骂汉王三五～，不施弓弩遣抽军。”元马致远《要孩儿·借马》：“有一话你明明地记：饱时休走，饮了休驰。” ❸ 表示口味嗜好。元明《水浒传》三八回：“便是不才酒后，只爱～鲜鱼汤吃。”明《禅真逸史》七回：“你怎的贪这～黄汤，吃得滥醉！”

【口采】 kǒu cǎi 讨吉利的话。采，采头，利物。清陈端生《再生缘》七四回：“五色绢，巧缀成，～名儿百十盆。宫花对对俱锦绣，喜果双双彩束成。”

【口彩】 kǒu cǎi 同“口采”。清《绮楼重梦》一七回:“又各赐玉如意一枚,取个吉祥～。”

【口厂】 kǒu chǎng 同“口敞”。明《山歌·镬子》:“姐儿生来镬子能,一生～也无心。”

【口敞】 kǒu chǎng 说话不谨慎。明《西游记》六九回:“我这兄弟,是这般～,但有个经验的好方儿,他就要说与人。”清《野叟曝言》九五回:“隔墙有耳,沈兄怎这样～?”

【口碜】 kǒu chěn 食物中夹着沙子,嚼起来牙齿不舒服,比喻言语荒唐难出口。《元曲选·儿女团圆》一折:“亏你不害～,说出这等话来。”又《渔樵记》二折:“你砂子地里放屁,不害你那～,动不动便说做官。”

【口疢】 kǒu chèn 指话难听,不好开口说。疢,丑。清《醒世姻缘传》五九回:“我待对着你学学,我嫌～,说不出来。”

【口承】 kǒu chéng ❶ 口头应允;许诺。《敦煌变文校注》卷一《汉将王陵变》:“陵母于霸王面前,～修书招儿。”又卷四《祇园因由记》:“其母将子共浴,父王不许,恐溺水也,子便啼泣。乳母～母一能保,到水之傍。” ❷ 承认;招伏。稗海本《搜神记》卷八:“遂即将侯周送县,一问即～如法。”

【口承人】 kǒu chéng rén 许诺人,指卖主。敦煌文书《后唐天复九年安力子卖地契》:“中间若亲姻兄弟及别人诤论上件地者,一仰～男榻槿兄弟祇当,不干买人之事。”

【口词】 kǒu cí ❶ 所说的话。唐崔致远《谢降顾状》:“姜维之胆气虽粗,邓艾之～甚讷。”明《金瓶梅词话》四七回:“西门庆道:‘既是恁般,我分付原解,且宽限他几日拿他,教他即便进礼来。’当下乐三娘子得此～,回报苗青。”清《春柳莺》二回:“田又玄迎着问道:‘那事如何?’石生笑道:‘据白兄～,颇有姿色。’” ❷ 特指口供或口头述说的证词。宋黄庭坚《与明叔少府书》:“或不欲自行,即欲县中投一勾干人状,并乞责人取～耳。”元明《水浒传》八回:“府尹听了林冲～,且叫与了回文。”清《醒世姻缘传》一三回:“也将就不曾究治,只替他从新改了真实～,注了参语,放行出来。”

【口粗】 kǒu cū 对饮食不挑剔。金《刘知远诸宫调》二:“胯大肫高,决(撅)片牛唇,～能饮村酒。”

【口大】 kǒu dà ❶ 夸口;说大话。金《董解元西厢记》卷二:“不是咱家～,略使权术,立退干戈。” ❷ 指提出的条件高。明《型世言》二七回:“吴仰坡道:‘伙计,这是看牌包儿。若说差使钱,毕竟我你二人一人一个财主。’陈公子听了木呆,钱公布附耳道:‘～,怎么处?’”

【口歹】 kǒu dǎi 说话恶毒。《元曲选·黑旋风》楔子:“哥哥,不是你兄弟～也。你可敢记着一场天来大小利害。”

【口袋】 kǒu dài 用布、皮等做成的装东西的用具。《宋史·宋琪传》:“征马每匹给生谷二斗,作～,饲秣日以一升为限。”清《红楼梦》三九回:“又有两三个丫头在地下倒～里的枣子、倭瓜并些野菜。”

【口淡】 kǒu dàn 口里无味。五代齐己《荆门病中寄怀乡人》:“～莫分餐气味,身羸但觉病肌肤。”清《绿野仙踪》三七回:“二人轮流砍柴做饭,～到极处,采些山花野菜来润喉。”

【口钝】 kǒu dùn 口头慢;言语迟钝。宋王楙《野客丛书》卷一四:“至于以～而责上林尉,以辩给而迁啬夫……是皆出于一时之喜怒。”

【口肥】 kǒu féi 口味丰厚,指饮食享受。明《西游记》五四回:“他生得食肠宽大,一生要图～,须是先安排些酒食与他吃了,方可行事。”

【口分】 kǒu fèn 按人口食用之需规定,也指分内应得的口食。《唐六典》卷三:“凡给～田,皆从便近。”宋杨万里《花果》:“蜂蝶行粮猿鹤饭,一生～两无争。”清《醒世姻缘传》二五回:“你见他些果子吃,嫌他夺了你的～?”

【口风】 kǒu fēng ❶ 话中透露出来的消息、意思。明杨珽《龙膏记》二三出:“打情骂趣,他肯骂你,是有～了。”《醒世恒言》卷三六:“刚有了这句～,那些媒人互相传说,几日内便寻下若干头脑。”清《荡寇志》七一回:“我和二位打扮了,混进御教场探听,或者得他些～。” ❷ 话头;口气。清《野叟曝言》二五回:“翠莲得了这话,心才放定,就趁着～说道:‘还是这位爷知道。’”《蜃楼志》一回:“这万魁听他的～,已知是跟门上的二爷了。” ❸ 消息;舆论。清《十二楼·拂云楼》四回:“若还主意定了,放些～出去,怕他不来再求?”《姑妄言》六回:“你同他们弄弄罢,一来压～,二来才得长久。”

【口福】 kǒu fú ❶ 饮食的享受。清厉鹗《菽乳和许初观》:“泚笔聊继咏,～徒营营。”《绿野仙踪》八六回:“赵师傅的好～,我已经与你顿暖在此。”《镜花缘》三九回:“即如小弟一生无所好,就只最喜讲究享点～。今日吃了这几样,明日又吃那几样。” ❷ 隐指情欲享受。清《妖狐艳史》四回:“总不如还在梅花亭上,同明媚官人去玩耍玩耍,尝尝新～,活动活动身子,倒底是好。” ❸ 借指人的寿命。清袁枚《续子不语》卷八:“叶、李、孙三人以非己事肯踊跃争先,排难解纷,戒人勿渎神明,各增～三年。”

【口腹】 kǒu fù 指饮食。宋杨万里《暮春》:“又与山禽争～,执竿挟弹守樱桃。”元明《水浒传》三九回:“自贪～,吃了些鲜鱼,苦无甚深伤,只坏了肚腹。”明《二刻拍案惊奇》卷三九:“不要为这点小小～,失脚落在井中了。”

【口隔】 kǒu gé 口吃;说不出连贯的话。明《古今小说》卷二六:“大保、小保被问,～心慌,答应不出。”

【口供】 kǒu gòng 受审人口头陈述的与案情有关的话。明林俊《通江捷音疏》:“审据廖惠～,手下约有七千在阵,擒斩杀跌身死,走脱不及七八十人。”清《红楼梦》六九回:“张华的～上现说不曾见银子,也没见人去。”

【口过】 kǒu guò ❶ 口臭。唐孟棨《本事诗》卷四:“则天见其诗,谓崔融曰:‘吾非不知之问有才调,但以其有～。’盖以之问患齿疾,口常臭故也。”明许三阶《节侠记》一一出:“他前日献《明河篇》求用,圣上道他有～,不中意他。”《笑府》卷一〇:“或谓～者曰:‘别人也罢,亏你自家的鼻头如何过了!’” ❷ 口角;言语纠纷。清《金云翘》一二回:“这卫华阳原替我有～的,如今此事落在他手中,定然要取气的。”《醒世姻缘传》五九回:“外面弟兄们有些～,当不得各人的妻子也在枕头这一顿劝解,凭你甚么的气恼也都消了。”

【口含钱】 kǒu hán qián 装殓时放在死人嘴里的钱。用为钱的诅咒语。元郑廷玉《看钱奴》四折:“只为折赔～,干折了拖麻拽布子。”《元曲选·灰阑记》二折:“街坊每常好是不合天道,得这些～直恁般使的坚牢。”

【口号】 kǒu hào ❶ 一种口头吟咏或呼喊的赞语或颂诗,后多用来传播地方新闻。宋文莹《湘山野录》卷上:“顷有眉守初视事,三日大排,乐人献～,其断句云:‘为报吏民须庆贺,灾星移去福星来。’”明《金瓶梅词话》九回:“地街上编了四句～,说得极好:‘堪笑西门不识羞,先奸后娶丑名留。轿内坐着浪淫妇,后边跟着老牵头。’”清《红楼梦》一六回:“如今还有个～儿呢,说:‘东海少了白玉床,龙王来请江南王。’这说的就是奶奶府上了。” ❷ 暗号。《元曲选·争报恩》一折:“小奶奶,休大惊小怪的,我有个～

儿，赤赤赤。"元明《三国演义》七二回："夏侯惇入帐，禀请夜间～。操随口曰：'鸡肋！'"清《荡寇志》一一〇回："解珍、解宝一来见～不错，二来望见卖李谷认真火起，三来见万年的兵果然尽去，如何不信，便开门请人。" ❸ 外号；诨名。清《隋唐演义》四二回："如今咱老子替你改个～，叫做'庞一刀'罢。"

【口滑】 kǒu huá ❶ 说话随便，脱口而出。《景德传灯录》卷一九《韶州云门山文偃禅师》："千差万巧，广设问难。只是赢得一场～。"明《古今小说》卷一〇："从前之事，在儿子面前一字也不题，只怕娃子家～，引出是非。" ❷ 因适合口味而饮啖不能禁止。元明《水浒传》四回："一连吃了十来碗酒，吃得～，只顾要吃，那里肯住。"又七五回："吃得～，一连吃了四瓶。"

【口话】 kǒu huà ❶ 口说。清《绣戈袍》七回："～无凭，须要上告穹苍，方表真意。" ❷ 言语里带出来的意思；口风。清《红楼梦》一一〇回："只听见鸳鸯姐姐们的～儿好像怪琏二奶奶似的。"△《儿女英雄传》三六回："这二位好容易听着他～儿松了点儿了，谁还说道个'不'字。"

【口疾】 kǒu jí 口快。《元曲选·谢天香》三折："许来大官员，恁来大职位，发出言词忒～。"又《举案齐眉》三折："调弄他舌巧～。这厮村的来恁般村性格。"

【口强】 kǒu jiàng 另见 kǒu qiáng。❶ 嘴硬；强辩。金《董解元西厢记》卷三："道忘了，是～，难割舍我儿模样。"明《梼杌闲评》四五回："灵犀虽然～，终是拗不过。"清孔尚任《桃花扇》二九出："目下访拿逆党，功令森严。你容留他们选书，还敢～！" ❷ 口舌僵硬。明《西游记》八九回："他啐了我们一口，我们就脚软～，不能言语。"

【口角】 kǒu jiǎo 另见 kǒu jué。❶ 嘴边。唐李商隐《韩碑》："愿书万本诵万遍，～流沫右手胝。"《元曲选·虎头牌》一折："眼脑又剔抽秃揣的慌，～又劈丢扑搭的喷。"清《醒世姻缘传》二七回："你爹教那学，使得那～子上焦黄的屎沫子。" ❷ 言语；说的话。宋董嗣杲《西湖百咏·北高峰》："市人祈福心苗异，庙祝求金～灵。"明《杜骗新书·谋财骗》："知有己而不知有人，～无惩，致逢七等忿而布谋，搬丝诘讼。"清《歧路灯》二九回："孔耘轩～未免微劝读书以绍先泽之意。" ❸ 口齿；语言能力。元锺嗣成《折桂令·咏西域吉诚甫》："胸次天诚，～河倾，席上风生。"明《欢喜冤家》七回："那素梅～极会尖酸，见了先生道：'先生对得好课！'"清《补红楼梦》四七回："不但能唱曲，并且登场，身段、～、神情还驾梨园之上。" ❹ 口吻；口气。明孙仁孺《东郭记》三三出："右师兵法数语，又酷似淳于老先生～了。"清《聊斋志异·诗谳》："向避雨南郭，见题壁诗与箑头之作，～相类，故妄度李生。"《绮楼重梦》九回："诗固然好极了，只嫌有些像尼姑的～。" ❺ 犹"口风"。清《野叟曝言》八六回："那背本的承差被殴太重，恐有不测，按院必定严紧催缉，张扬出来，恐露～哩！"《幻中游》六回："毛氏得了这个～，就回信给王诠。"《歧路灯》二八回："绍闻把冰梅兴官儿话露了～，这慧娘便把冰梅另样看起来了。" ❻ 口头话；惯常话。清《红楼梦》二四回："如此说了之后，他原是富贵公子的～，那里还把这个放在心上。" ❼ 话头。清《隋唐演义》七回："王小二在内跑将出来，叫一声：'爷不是我有心得罪……'～略顿了一顿，'这些人竟走进去坐，倒不肯出来。'"

【口角头】 kǒu jiǎo tou ❶ 即"口角❶"。宋邵博《邵氏闻见后录》卷二一："惟有三四寸竹管子，向～褒善贬恶。"元佚名《夜行船》："两三番个嫁字儿看看道道，来到～连忙咽了。"《元曲选·萧淑兰》一折："将他那模样儿心坎上频频垫，名字儿～时时念。" ❷ 即"口角❸"。元兰楚芳《四块玉·风情》："意思儿真，心肠儿顺。只争个～不囫囵，怕人知，羞人说，嗔人问。"

【口紧】 kǒu jǐn ❶ 言语盯得紧，不放松。元《三遂平妖传》五回："知府见他三个苦死不招，先自心软，况兼胡员外也淡淡地不～要人，知府便道：'这也说得是。'一边把三个人放了。"清《后西游记》三八回："牧童笑嘻嘻说道：'是你不是你，我都不管。只是没有钱财，谁肯引路？'猪一戒见牧童～，因对唐半偈说道：'师父，你不要不言语。'" ❷ 言语利便；口头快。《元曲选·渔樵记》三折："道你是个木乳饼钱亲也那～，道你是个铁扫帚扫坏他家门。"明《西游记》五一回："许旌阳笑道：'这猴头还是如此放刁！'行者道：'不是放刁。我老孙一生是这口儿紧些，才寻的着个头儿。'" ❸ 说话小心，不乱讲。明《古今小说》卷四："我们出家人，第一～。小姐有话，不妨分付。"清《歧路灯》九三回："俗语说'媒婆口，没梁斗。'小女人却是～的。" ❹ 嘴馋。明《西游记》八五回："八戒有些躲懒，不肯出头，却只是有些～，好吃东西。"

【口净】 kǒu jìng 同"口静"。明《拍案惊奇》卷一四："他万一攀扯出来，得也得不稳。何不了当了他，倒是～。"《二刻拍案惊奇》卷三一："你们须要我～，也得大家吃块肉儿；不然，明有王法，不到得被你躲过了。"

【口静】 kǒu jìng 保持沉默。指避免是非纠纷。明《二刻拍案惊奇》卷一六："这元八郎是个穷汉，与他些东西，买他～罢。"

【口角】 kǒu jué 另见 kǒu jiǎo。争吵；言语纷争。明《醒世恒言》卷二九："但钮成原系我家庸奴，与家人卢才～而死，却与我无干。"清《绿野仙踪》七九回："何氏问他，也不回答，还当他与会中人闹了～。"袁枚《子不语》卷四："我城中施姓女子，与夫～，一时短见自缢。"

【口快】 kǒu kuài ❶ 口舌伶俐，应对灵敏。宋赵长卿《汉宫春》："讲柳谈花，我从来～，饮说他家。"明《西游记》四六回："徒弟啊，休要弄我。先前不是～，几乎拿去典刑。"清陈端生《再生缘》六一回："虽则情虚和理短，只须～与言强。" ❷ 说话不假思索，冲口而出。宋《朱子语类》卷二八："佞，不是谄佞，是个～底人。事未问是不是，一时言语便抵当得去。"元同恕《题韩尚书家藏米元章帖》："妙处都从苦心得，若为～说公狂。"清《续金瓶梅》三九回："黎寡妇恼得答应不出来。张都监娘子好顽～，拉过金桂姐的手来，道：'你看看这等一个好媳妇！'"

【口困】 kǒu kùn 口乏；嘴累。《元曲选·后庭花》一折："你但来絮的头昏，不嫌～，施呈尽。"又《任风子》四折："休则管闲淘气，絮的你～，休想我心回。"清《醒世姻缘传》八九回："凭他怎么骂，只当耳边风。叫他骂的牙酸～，他自然的夹着屁股走。"

【口粮】 kǒu liáng ❶ 每人日常生活所需要的粮食。唐李隆基《发诸州义仓制》："令诸县审责贫户应粮及种子，据其～贷义仓，致秋熟后，照数征纳。"元明《水浒传》八五回："卢俊义来到一个去处，马无料草，人绝～。"清《红楼梦》七二回："开恩放几家出去，一则他们各有营运，二则家里一年也省些～月钱。" ❷ 指军队、官府按人发给士兵、役夫的粮食。唐王悚《开元寺陇西公经幢赞》："公乃增崇雉堞，克浚池隍，颁月俸以具～，伺农隙而兴畚筑。"明袁凯《病阿速》："～开除但乞丐，终日哀鸣行路傍。"清玄烨《谕大学士勒德洪明珠学士》："郎中博奇所监种田地较诸处收获为多，足供驿站人役之～。"

【口令】 kǒu lìng ❶ 口头暗号，用于识别敌我。《唐开元占经》卷七二："流星色白，入两角间，有诸侯客来者。诸侯有～。"《五灯会元》卷一八《荐福道英禅师》："更道这个是平实语句，这个是差别门庭，这个是关捩巴鼻，这个是道眼根尘。递相教习，如七家村里传～相似，有甚交涉？"明戚继光《纪效新书》卷首："或以泥塑为山谷巢穴状，或以朱墨笔图别分布，使各头目了然如素履，然后克期分路如所议，给信票～，以进于敌所。” ❷ 口说的酒令。《太平广记》卷三二九引《玄怪录》：“又一女郎起，传～。仍抽一翠簪，急说，传翠簪过令，不通即罚。”明柯丹邱《荆钗记》四八出：“〔外〕年兄出一令。〔净〕老拙说个数目～，说着数，就是他吃。”清《风流悟》七回：“又明道：‘山年兄，我们如今行一～耍子。’右玉笑：‘我要说一个字后，查合式者免饮，不合式者三大觥再说。’”

【口门】 kǒu mén ❶ 嘴巴。五代延寿《金刚证验赋》：“或乃身枷自解，母眼双明，～光耀，肉体坚贞。”宋觉范《南安岩主定光生辰》之五：“欲问死生～窄，更分僧俗眼皮宽。”又：《禅林僧宝传》卷二七《金山达观颖禅师》：“大阳不道不是，但～窄，满口说未尽。” ❷ 用于流通排泄的口子。明朱橚《普济方》卷三五九：“脾部所主，唇即～。语言之明，舌居其中。”清雍正三年十二月十五日齐苏勒奏文：“是以设有滚水石坝三座，～各宽五六十丈不等，以备宣泄暴涨之水。”张伯行《居济一得》卷四：“河头建草坝一座，中留丈餘宽～。”

【口面】 kǒu miàn 口角；口舌是非。宋吴潜《望江南》：“六字五胡生～，三言两语费颜情。赢得鬓星星。”明王应遴《逍遥游》：“适才我为挖这一个含钱，弄出这般大～来！”清《醒世姻缘传》三四回：“咱这里小人～多。俺摇旗打鼓的吃了你的酒，再有人撒骚放屁的，俺不便出头管你。”

【口皮】 kǒu pí 嘴皮；嘴巴。宋《密庵和尚语录》：“远过恒沙国，近在～边。”明孙仁孺《东郭记》二出：“道胸中奇奇异异，怎年来流离琐尾？笑不了时人～。”《西洋记》九七回：“这原不是个～儿说的，原是个心上发的。”

【口铺】 kǒu pù 设在关口的驿递铺屋。唐[日]圆仁《入唐求法巡礼行记》卷二：“恐所在州县关津、～及寺舍等不练行由。伏望使君仁造，特赐公验，以为凭据。”宋李复《守坐台铺议》：“臣昨见沿边守坐烽台～，最是重难。”

【口气】 kǒu qì ❶ 口中的气味、气息。《太平广记》卷二三六引《拾遗录》：“芬芳之气彻十餘里，食之令人～常香。”明《金瓶梅词话》九三回：“睡不多回，又说他～喷着，令他吊转身子。”清《聊斋志异·金生色》：“女合眸，面色灰败，～细于属丝。” ❷ 偏指口臭。宋乐史《太平寰宇记》卷一六五：“藤叶和而嚼之，香美，除～。” ❸ 口头意气；言语争执。宋佚名《红窗迥》：“内有丙丁并壬癸，这两尊神，为你争些～。火星道：‘我待逞些神通，不怕你是水。’” ❹ 方音；口音的地方特征。元明《水浒传》一〇二回：“列位都像东京～。”清袁枚《子不语》卷二二：“先作女声曰：‘我荷花儿也。’继作男声曰：‘我王奎也。’皆北京～。”《飞龙全传》一五回：“～又不是本处人，好像东京声口。” ❺ 语调；口音的性别、年龄等特征。明《警世通言》卷一五：“小学生就舞将起来，像一个捧剑之势，口称‘邓将军下坛’，其声颇洪，不似小学生～。”《拍案惊奇》卷一七：“达生听得明白，假意插着～道：‘今夜来不得了，回去罢。’”清《蜃楼志》一一回：“何武走至那说话的地方，还有火光射出，听得里边有男人～。” ❻ 话语中流露出来的意思或感情色彩。明陆深《诗话》：“分付九门休上钥，便是帝王～矣。”《金瓶梅词话》四五回：“大官人分付教俺过节去，～儿只是捣那五百两银子文书的情。”清《玉蜻蜓·问卜》：“卖卜之人城外多，俱是些顺嘴胡诌来算命，无非套人～走江湖。” ❼ 职业习惯用语。清《玉蜻蜓·问卜》：“也罢，让吾把点江湖～，签刚签刚。”

【口契】 kǒu qì 口头约定。金马钰《和宁海刘殿试》：“若诸时常作伴，违～永难随。”又《瑞鹧鸪·督韩三官人》：“男儿决烈在言谈，～相违亦害惭。”

【口强】 kǒu qiáng 另见 kǒu jiàng。❶ 能言善辩。宋洪迈《夷坚志》支庚卷一〇：“我本不须彼物。正以文官～，常时受他侮薄不少，故聊窘挫之。”《元曲选·玉镜台》一折：“他每都恃着～，便仪秦呵怎敢比量？都恃着力强，便贲育呵怎敢赌当？” ❷ 口气夸大；夸口。清《东周列国志》八二回：“臣观吴王～而色惨，中心似有大忧。”《豆棚闲话》一一则：“预先我已说明莫要害怕，你也～说道不怕，如何便怕到这个地位？”

【口轻】 kǒu qīng ❶ 轻声；说话小声。明周履靖《锦笺记》一九出：“〔老旦〕呀！菩萨说他们许你二十金。〔净掩老旦口介〕～些！怕得不成的苦哩！” ❷ 说话轻忽随便。明《二刻拍案惊奇》卷一四：“如此～！你一个官，我一个妻子，只值得五百千么？”清《何典》序：“～唐唐，半句不通。”

【口券】 kǒu quàn 发给出差军人的一种补助证券，可支领钱粮等。宋文彦博《奏令陕西沿边牒送降到番部》：“结胜放罪，量支盘缠，结～，转送与鄜延路。”元王义山《度宗谥册》：“褒谕将士，谨固封守，增～，以给足军食。”

【口软】 kǒu ruǎn 说话态度不强硬，不敢坚持原来的意见。宋王令《赠慎东美伯筠》：“世儒～声如蝇，好于壮士为忌憎。”清《歧路灯》三〇回：“这茅拔茹及那唱净的便～了些。”《荡寇志》一一二回：“宋江见李成～，便怒视众头领道：‘都是你们得罪了李将军，快与李将军赔罪。’”

【口声】 kǒu shēng ❶ 说话声；语音。宋《三朝北盟会编》卷九六：“若水大骂，至死而～乃绝。”明佚名《霞笺记》七出：“适才答应～，犹如莺啭花梢。”清《野叟曝言》九回：“只听见秋香顶嘴～，进房根问其故。” ❷ 指开口说话。《元曲选·后庭花》二折：“又不曾麻搥下脑箍，你怎么～的就招伏。” ❸ 信息；口风。明《金瓶梅词话》九二回：“那李通判一个文官，多大汤水！听见这个利害～，不怕不教他儿子双手把老婆奉与我。”清雍正六年八月初八日李卫奏文：“有苏州余姓洋客露出～，言倭王原系中国人苗裔。” ❹ 犹“口气❹”。明袁宏道《踏堤曲》之三：“陌上～多汴语，垆头结束尽唐装。”清《照世杯·百和坊》：“你这蛮子～，像是外方。”《野叟曝言》二回：“听～不似浙中。” ❺ 犹“口气❺”。明徐畛《杀狗记》一二出：“我孙荣在此嚷了这一回，那东邻西舍，都晓得我的～。这汉子酒醒了，回去还好。倘然不醒，冻死了，明日他每起来看见，只道我谋死了他。”《二刻拍案惊奇》卷二〇：“安静得两日，又换了一个～道：‘我乃陈妾丁氏。’”清《野叟曝言》七七回：“这说话那里是奶奶的～，不活像陈渊的女人么？” ❻ 说话的声调作派与借此表达的含意；语气。明吴中情奴《相思谱》九折：“你这泼贱，死也死了，还说死也甘心！分明又露出枕边假誓～。”《型世言》三五回：“徐文见他～来得阔绰，身边有百来两之数，听了不觉有动火。”清雍正八年正月初六日李卫奏文：“似属旗下中不材之人所为，而～故作民语，以为掩饰之计。” ❼ 犹“口气❻”。清《后水浒传》四三回：“太阴老母这些～，招纳他来，要与他哩连理罗。”《风流悟》八回：“须看风使船，且待他～何如。”《野叟曝言》八五回：“又全此时方知独拿随氏之故，暗忖按院～还未搜出密札诰敕，心便略定。” ❽ 私下的议论；口实。清雍正六年七月二十五日西琳奏文：“今春总督访知要参，巡抚竭力庇护蔡琏，是以总督止将骡行一事参审，至今～沸腾。”《红楼梦》五五回：“二奶奶的事，他还要驳两件，才压的众人～呢。” ❾ 口齿，指口才。清《红楼梦》二七回：“方才两遭，说话虽不多，听那～就简断。”

【口述】 kǒu shù 口头叙述。唐吕温《代李侍郎与徐州张尚书书》：“使者～，伏惟昭悉。”清《野叟曝言》一五〇回：“圣公问吉王：‘这是目击之事了？’吉王道：‘彼时寡人尚未入继，得自先王

～耳。'"

【口数】 kǒu shù 即"口数粥"。宋周密《武林旧事》卷五："二十四日，谓之交年，祀灶用花饧米饵，及烧替代，及作糖豆粥，谓之～。"

【口数粥】 kǒu shù zhōu 农历十二月二十四日或二十五日，煮食赤豆粥以祀食神，人口一份，称为口数粥。宋范成大《腊月村田乐府》序："二十五日，煮赤豆作糜，暮夜阖家同飨，云能辟瘟气，虽远出未归者亦留贮口分，至襁褓小儿及僮仆皆预，故名～。"

【口谈】 kǒu tán ❶ 说话的用语及语气作派。明《禅真逸史》一三回："这人的～，是个酒生无疑，身边银两从何而得?"清《女开科传》一一回："还只是他一向住在苏州，习惯了苏州空头的～。"《痴人福》八回："从前船中相遇，是丑陋不堪之人，如今的面貌～，竟变了个有才的美男子。" ❷ 方音。明《拍案惊奇》卷二七："听小师父～，不是这里本处人。" ❸ 话柄；议论的对象。明《封神演义》五六回："将以为元帅相女配夫，谁信元帅权宜之术，为国家行此不得已之深衷也。徒使令爱千金之躯作为话柄，闺中美秀竟作～。"

【口头】 kǒu tóu ❶ 嘴巴；口腔。唐韩愈《双鸟诗》："两鸟各闭口，万象衔～。"明《拍案惊奇》卷二："程金便一把叉住喉咙，叉得手重，～又不通气，一霎呜呼哀哉了。" ❷ 道路、容器等通往外边的部分。《敦煌变文校注》卷五《维摩诘经讲经文(六)》："四城门上，展开三尺之书；诸坊～，各放一道之榜。"明朱橚《普济方》卷一七四："瓷瓶子底下先铺干灰半寸已来，次下硇砂灰填实，～更着干灰覆盖。"清《蜃楼志》一三回："到得～，来路已经塞断。" ❸ 只是嘴边说说，不当真；空头。唐孟郊《择友》："面结～交，肚里生荆棘。"《元曲选·金钱记》一折："兄弟，这的是～之言，不可深信。"明《型世言》四〇回："乡官来讲分上，心里不听，却做～人情。" ❹ 口感；口味。宋韩淲《苦益菜》之二："老觉闲身便野蔌，～虽苦意殊高。"了元《满庭芳》："世人何事，刚爱～浓，痛把群生割剖。"清《红楼梦》程乙本二五回："凤姐道：'我前日打发人送了两瓶茶叶给姑娘，可还好么?'……宝钗道：'～也还好。'" ❺ 嘴边，也指某些话经常挂在嘴边。《元曲选·合汗衫》一折："那眉下无眼筋，～有饿纹。到前面不是冻死，便是饿死的人也。"清《十二楼·十卺楼》一回："少不得把衙门的声势装在面上，官府的威风挂在～，要逼他过去传说。"《红楼梦》三回："况且这通身的气派，竟不像老祖宗的外孙女儿，竟是个嫡亲的孙女，怨不得老祖宗天天～心头一时不忘。" ❻ 口中表达的。金王喆《见丹阳每和诗篇篇猛烈》："声声只道烧香火，未必心头似～。"元明《水浒传》二四回："武松道：'嫂嫂休听外人胡说，武二从来不是这等人。'妇人道：'我不信，只怕叔叔～不似心头。'" ❼ 指语言表达；说话。明徐𤊹《杀狗记》二二出："见官人忠孝心，思量后～忒紧，不合出言伤触了大人。"《二刻拍案惊奇》卷二六："况且世上人的眼光极浅，～最轻，见一两个箱儿匣儿略重些，便猜道有上千上万的银子在里头。"清《野叟曝言》一五回："素臣暗暗留心，惟恐错说。过了几日，～熟溜，居然是白又李了。" ❽ 口才；语言表达能力。清查慎行《陈允文见过》之二："～截断君休问，看取新抄贝叶书。"孔尚任《桃花扇》一〇出："那些随机应变的～，左冲右挡的膂力，都还有些儿。"

【口头禅】 kǒu tóu chán 佛教语。指不能领会其中哲理，只作为谈话点缀而被袭用的某些谈禅用语。宋王楙《临终诗》："平生不学～，脚踏实地性虚天。"明卢象昇《游海螺山》："济胜且论尘外事，逢僧聊话～。"清《后西游记》三九回："师兄不要～，要呆子。若说这样佛那里没有，何必辛辛苦苦，远到西天来求?"

【口头话】 kǒu tóu huà ❶ 口头的语言。明杨慎《升庵诗话》卷一："寻常言语～，便是诗家绝妙辞。" ❷ 口中随便说说的话。明《封神演义》五六回："别的好做～，夫妻可是暂许得的?"

【口头语】 kǒu tóu yǔ ❶ 口头的语言。明王世贞《阿子曲》："郎作～，那得见衷曲。"丘濬《答友人论诗》："眼前景物～，便是诗家绝妙辞。" ❷ 经常挂在嘴边，在说话时随便说说的话语。清《醒世姻缘传》六四回："白姑子道：'你昨日对着我骂了你公公一声"老獾叨的"……'素姐说：'爷哟！这是我的～儿，没的也是罪过么?'"袁枚《续子不语》卷六："金陵吴观星工琴，常为余言：琴是先王雅乐。不过～耳，未之信也。"

【口顽】 kǒu wán 爱唠叨。明《型世言》六回："这便是婆婆～，媳妇耳顽，弄得连儿子也不得有孝顺的名。"

【口稳】 kǒu wěn 说话谨慎。《元曲选外编·西厢记》三本二折："红娘，早是你～哩，若别人知呵，甚么模样!"《元曲选·后庭花》一折："俺夫妻～，你子母休心困。"明《浪史》一一回："你早是吾的心腹人，是～哩，倘被别的觑破，怎的是好。"

【口涎】 kǒu xián 口水。宋李处权《谢翁士特惠笋》："～馋嚼笑早计，食指蠕动能前知。"明孙仁孺《东郭记》四二出："当日呵，肉和鱼些须有缘；别后呵，汤和水干流～。"清汪由敦《题朱声仲孝廉小照》："譬若嗜饮徒，见曲流～。"

【口衔钱】 kǒu xián qián 即"口含钱"。《元曲选外编·五侯宴》一折："儿也，你寻些个～赎买您娘那一纸放良书。"

【口信】 kǒu xìn 说话的信用。《元曲选·赵礼让肥》二折："我也等不的哥哥来到，怎肯失～与儿曹!"明《二刻拍案惊奇》卷二："只是他说娘子失了～，如何回他?"又卷一七："弟妇誓欲以此报兄，全其～。"

【口音】 kǒu yīn ❶ 带有个人、地方、民族特征的语音。明叶盛《水东日记》卷一四："相传嘉定中有厉布衣者，自江右来广……广人～，称赖布衣云。" ❷ 口信；口头传达的信息。明杨士奇《南归纪行录》上："亭午过直河驿，遇河南道广昌陈御史自凤阳还，寄～报康甥平安。"清《红楼复梦》四九回："我有蕉扇一柄奉赠，望郎君代为寄一～，说道：'白云僧问询。'"

【口硬】 kǒu yìng ❶ 说话强硬不变通。宋洪适《先君述》："汝作和事官却～，谓我不能杀汝耶?"明《金瓶梅词话》八六回："经济见这虔婆～不收钱，又向头上拔下一对金头银脚簪子。"清《歧路灯》一八回："那汝潘金莲的，一定是玉花儿。果然好，嗔道掌班的恁样～。" ❷ (牲畜)年龄小，有力气。口，牙口，以牙齿磨损程度判断牲畜年龄。《元曲选·倩女离魂》四折："骑一匹龙驹畅好～，恰便似驮张纸不恁般轻。"

【口语】 kǒu yǔ ❶ 犹"口词❷"。明《拍案惊奇》卷一一："知县录了～，喝退胡阿虎，便叫周四上前来问。"又："吕大跪上前禀道：'小人前日过渡时节，果然有个流尸，这话实是真情了。'知县也录了～。" ❷ 口信。清《聊斋志异·陈云栖》："烦嘱子侄辈一传～，但道其寄栖鹤观师叔王道成所。" ❸ 口音；方音。清《飞龙全传》三六回："况且匡胤打扮一如行伍中人，相貌非凡，又是东京～，知他是甚来历?"《歧路灯》五回："上号吏道：'你怎的是上边人～?'阎楷道：'我是那里账房里相公。'"

【口札】 kǒu zhá 作诗文不起草稿，随口而成。五代孙光宪《北梦琐言》卷七："已公坚请～，押衙抑扬朗吟曰：'可怜洞庭湖，恰到三冬无髭鬚。'以其不成湖也。"

【口栈】 kǒu zhàn 说话刻薄。栈，应作"刬"。元明《水浒传》一六回："不是我～。量你是个遭死的军人，相公可怜，抬举你做个提辖，比得草芥子大小的官职，直得人恁地逞能。”

【口绽】 kǒu zhàn　说话唱歌出差错。元佚名《庆东原》：“花阴话，柳影歌，世不曾～些儿个。”

【口直】 kǒu zhí　言语爽直。元明《三国志通俗演义》卷九：“坐议立谈，谁人可及；临机应变，百无一能。诚为天下取笑耶。子布莫怪～。”清《绿野仙踪》六〇回：“生员为人～，得罪的人原极多。”

【口重】 kǒu zhòng　话说得严重。明《警世通言》卷二二：“刘妪见老儿～，便来收科道：‘再等女儿带过了残岁，除夜做碗羹饭起了灵，除孝罢。’”

【口壮】 kǒu zhuàng　贪吃；能吃。明《西游记》一〇〇回：“因汝～身慵，食肠宽大……凡诸佛事，教汝净坛。”

【口拙】 kǒu zhuō　嘴笨；不善言语。明温纯《衰病不职恳乞圣恩速赐罢归疏》：“实臣望轻行薄～言多所致，安敢尤人！”清《野叟曝言》四九回：“文白强辞夺理，臣以～，不能与争。”

【口子】 kǒu zi　❶ 嘴；嘴巴。唐张鷟《游仙窟》：“腰支一遇勒，心中百处伤。但若得～，餘事不承望。”《敦煌变文校注》卷五《佛说阿弥陀经讲经文(二)》：“烦恼稍重者，来抱我身，共我～，便成佛果。”　❷ 容器跟外部相通的部位。宋杨士瀛《仁斋直指》卷一八：“黑牵牛一斤，用猪尿胞装满，以线缚定～。”明《西游记》七五回：“好大圣，把头一扭，变做个喇叭～，张在他喉咙之下。”　❸ 道路、关隘等的出入口。宋欧阳修《自劾乞罢转运使》：“右臣检会转运司，近为相度顺安军塘泊水～，与杨怀敏等所奏颇有异同。”元明《水浒传》六一回：“离小人店不得二十里路，正打梁山泊边～前过去。”清《樵史》二五回：“且说山海关外一带边墙各～，时时有边兵往来窥探。”　❹ 器物的开口或裂口；伤口。宋李诫《营造法式》卷一六：“安钩阑螭子石一段，凿札眼，剜～，共五分功。”明《醒世恒言》卷一六：“银匠动了手，乒乒乓乓鏨开一个～，那银皮裂开。”清《野叟曝言》一一三回：“把左边半个额角擦破，拉了一道～。”　❺ 指人。多指家庭成员。金王喆《小重山》：“一个麻囊一个瓢，我咱三～，过清朝。”清《歧路灯》五三回：“推开庙门，三～进去，就如避荒的老小一般。”《补红楼梦》一八回：“他们那一～说，他在青楼的时候，曾遇见过一个年轻的公子，名唤崔子虚。”

【口嘴】 kǒu zuǐ　❶ 容器跟外部相通的部位。宋赵佶《大观茶论》：“注汤害利，独瓶之～而已。嘴之口差大而宛直，则注汤力紧而不散。”明高濂《遵生八笺》卷一四：“有酒注，鋈金铜镶～。”　❷ 嘴；嘴巴。明孙仁孺《东郭记》四〇出：“鼻头时嗅葱和蒜，～多沾咸与酸。”《古今小说》卷二八：“天下只有三般～，极是利害：秀才口，骂遍四方；和尚口，吃遍四方；媒婆口，传遍四方。”清《说岳全传》七〇回：“～歪斜，手瘸足跛。”　❸ 鸣叫；说话。也指所说的话。元洪希文《明皇太真避暑按乐图》之三：“日晏朝回机务停，雪衣～许惺惺。”明吾邱瑞《运甓记》二九出：“况兼平日～尖酸，人多怪我。”清《后西游记》三七回：“或是～伤人，被人咒死了。”　❹ 口齿；语言能力。明邹元标《答钱继修太仆》：“～说得明，笔下写得开，济得甚事！”孙仁孺《东郭记》二三出：“那些个在家中意气巍，全不似俺跟前～儿会。”清《十二楼·拂云楼》二回：“独有能红这个女子，是乖巧不过的人，算计又多，～又来得。”　❺ 言语冲突；议论(多偏指不好的)。明万民英《星学大成》卷六：“月孛一生多～，水星伶俐木都美。”沈璟《义侠记》五出：“这武大身长三尺，家无一椽，赁房居住，卖饼为活，街坊上人～叫他是三寸丁、榖树皮。”清《醒世姻缘传》三五回：“后来那小人妒忌的～，怎能杜得没有人说话？”　❻ 咒语；预言。明《西洋记》二四回：“咒语念得烦琐了，神通都不灵验，～都不准信。”《西游记》九回：“要赢他有何难处？臣有小计，管教灭那厮的～。”《醒世恒言》卷二〇：“昔年赵昂和瑞姐曾来劝谏，只为一时之感，反将他来嗔责。如今却应了他们～，如何是好？”

kòu

【叩】 kòu　磕头礼拜。元李序《敬次叔父适庵先生六观图韵》之六：“在渊灵物或飞天，祷雨何须～祝蜓。”明《西游记》五回：“四个健将领众～迎那大圣。”清《红楼梦》一三回：“那道士们正伏章申表，朝三清，～玉帝。”

【叩安】 kòu ān　磕头请安。清《绿野仙踪》四回：“两人就坐，王范等入来～。”《荡寇志》一一〇回：“小侄久要来～。近得召家村报称，梁山贼兵滋扰贵寨。”

【叩拜】 kòu bài　磕头下拜。《云笈七籤》卷六九：“每日清晨，洁心东向，启告三清上帝君真仙官众，然后～而服之。”清《镜花缘》三四回：“走到国王面前，只得弯着腰儿，拉着袖儿，深深万福～。”

【叩背】 kòu bèi　同“扣备”。明《西游记》四八回：“收拾行囊，～马匹，趁此层冰，早奔西方去也。”

【叩发】 kòu fā　询问探讨使义理得到阐发。《五灯会元》卷一一《汾阳善昭禅师》：“剃发受具，杖策游方，所至少留，随机～。”明王樵《紫薇堂札记》：“人谓庄周孟子未尝相遇，相遇而有以相～，必有可观。”清查慎行《送刘雨峰出守真定》：“过从往往得一醉，～谈议交纵横。”

【叩激】 kòu jī　犹“叩发”。《景德传灯录》卷六《大珠慧海禅师》：“时学侣渐多，日夜～，事不得已，随答其辩。”宋韦骧《再和所酬》：“殷勤鄙句复～，自喜牙琴还遇钟。”

【叩节】 kòu jié　前往祝贺节日。清雍正四年五月初九日上谕：“五日，王大臣等赴圆明园～。”《儒林外史》一一回：“我在娄府～，两位少老爷说到这话。”

【叩颡】 kòu sǎng　磕头。颡，额头。唐柳宗元《上赵宗儒尚书启》：“～南望，窃以动心于无情之地。”清《隋唐演义》七八回：“张说祭吊毕，公子～拜谢。”

【叩身】 kòu shēn　同“扣身”。宋元《清平山堂话本·刎颈鸳鸯会》：“梳个纵鬓头儿，着件～衫子，做张做势，乔模乔样。”

【叩厅】 kòu tīng　同“扣厅”。元《前汉书平话》卷上：“青远～而拜。”

【叩问】 kòu wèn　❶ 询问；请教。唐《开元释教录》卷八下：“自此常参内禁，～沉隐，翻译相续，不爽法机。”明《醒世恒言》卷二：“暇则读书，时时将疑义～哥哥。”　❷ 敲门并问询。清蓝鼎元《洪烈妇传》：“天欲明，绫～无声，挤户入见，嫂头颈低向，残灯未灭，呼之不语，方知与兄俱逝。”

【叩谢】 kòu xiè　拜谢。宋李之仪《与吴思道书》：“累承宠顾，牵迫未果～，亦未能相从周旋。”明《西游记》一六回：“弟子屡感菩萨圣恩，未及～。”清于成龙《陛见恭谢疏》：“钦赐鞍马一匹，臣随祇领，一并～。”

【叩谒】 kòu yè　拜见。宋李弥逊《祈雨祝文》：“谨率郡僚，～祠下。神其不待，转晷上叩。”清《镜花缘》一五回：“门生多年未见老师，无日不思。今日得瞻慈颜，不胜欣慰，自应登堂～。”

【叩咨】 kòu zī　询问；请教。《新唐书·蔡廷玉传》：“廷玉有沉略，善与人交，内外爱附。泚多所～，数遣至京师。”

【扣】 kòu　❶ 拴；用纽襻、搭扣等套牢缚定。唐陆龟蒙《奉和袭美太湖诗·孤园寺》："幡条玉龙～，殿角金虬舞。"元明《水浒传》六一回："卢俊义取出朴刀，装在杆棒上，三个丫儿～牢了。"清《白雪遗音·留多情》："忙乱乱顾不的梳头，青丝儿挽个纂，罗衫儿不～钮。" ❷纽扣；结子。元张可久《山坡羊·别怀》："衣松罗～，尘生鸳甃，芳容更比年时瘦。"明《西游记》七六回："那～儿不扯不紧，扯紧就痛。"清《聊斋志异·云萝公主》："因取生胸前带，连结十餘～。" ❸按照(规定)。《元曲选·鸳鸯被》楔子："刘员外金银广有，只要～日子还得至诚。"元明《水浒传》四〇回："且说戴宗～着日期回到江州，当厅下了回书。"清《儒林外史》九回："像我这酒是～着水下的，还是这般淡薄无味。" ❹对合；笼罩；戴。明《金瓶梅词话》二三回："上下锡古子～定，那消一个时辰，把个猪头烧的皮脱肉化。"清《绿野仙踪》一四回："用大铁罩～鸡鸭于内，中置一水盆。"陈端生《再生缘》一〇回："齐眉斜～瓜楞帽，罩体翩披布直身。" ❺一种回环加针的缝纫、刺绣、装订方式。明《醒世恒言》一三回："这只靴……止无过皮儿染皂的，线儿～缝的，蓝布吊里的。"清《醒世姻缘传》五九回："纱白花膝裤，沙蓝绸～的满面花弯弓似的鞋。"《野叟曝言》一〇回："中间一本一本俱是薄罗装面，双丝～钉，松绫包角。" ❻扣除；克扣。明《醒世恒言》卷三："从明日为始，逐日将本钱～出，餘下的积趱上去。"清洪昇《长生殿》四二出："日支正项俸薪，还要月～衙门工食。"《红楼梦》三九回："我那里还有几两银子，你先拿来使，明儿我～下你的就是了。" ❼扣押；扣留。清《绿野仙踪》六回："你主人托成安县潘知县之子寄字与我，说家中有大关系事，被人～住，非假严中堂名色走不脱。"《红楼梦》四七回："我这一张牌定在姨妈手里～着呢。"《歧路灯》三五回："慧娘接将过来，剥了几个松子、龙眼、瓜子儿，吃不尽的都～在手中。" ❽限制；约定。引申指雇佣牲口、车辆。清靳辅《减差节省驿站钱粮疏》："使之宽然有餘，便于遵照，不必～定数目，反致伊等不敷乘坐，格外多索。"《醒世姻缘传》二六回："叫他瞒了父兄，指定了产业，～住了月分，几十分行利的数目，借些银子与他。"《歧路灯》七回："谭爷上京，只要到骡马厂～几头好骡子。" ❾比喻做成(圈套)；设下(计谋)。清《歧路灯》三四回："二人～定，依旧又入残酌。"又四三回："这一起儿出门外假装解手，又都～了圈套。" ❿切合；紧贴。清徐念祖《唐棣之华》："落笔之先，伏下节神脉，恰又如题～住，不漏下意。"《红楼梦》八四回："你原本'幼'字便～不清题目了。"《镜花缘》八一回："'事父母'三字把个'子'字～定，'几谏'二字把个'规'字～定，真是又贴切，又自然。" ⓫折扣。清《儒林外史》五二回："情愿七～的短票，借一千两银子。"《红楼复梦》二三回："我借了西张的三吊钱，是九～三分利。"

【扣绊】 kòu bàn 纽扣和扣住纽扣的套儿。绊，通"襻"。清《野叟曝言》六回："大红绉纱围的帐子，面前垂下四条画花白绫飘带，带上～俱全。"

【扣备】 kòu bèi 套拴牲口、车辆。明《西游记》九六回："长老吩咐收拾行李，～马匹。"清《飞龙全传》二三回："匡胤～鞍马，捎上盔甲、行李、包裹、军器等项。"

【扣背】 kòu bèi 同"扣备"。明《西游记》一四回："谢毕，就去收拾行李，～马匹。"又一〇〇回："将朕御车马～，请御弟上马，同朕回朝。"

【扣除】 kòu chú 从总额中减去。宋朱熹《答林一之》："但此却只说得'百亩而彻'耳，'七十而助'之法，则须就公田七十亩中～庐舍而实计。"明《警世通言》卷一七："内开某月某日某事用银若干，某该合认，某该独认。如此非一次，随将古董书籍等项估计～，不还一件。"清宋荦《酌议运船饭米疏》："京口兵粮于留漕米内～，带运部覆，仍令折银起解。"

【扣搭】 kòu dā ❶(用锔钉、钌铞、绳带等)搭连并扣牢。清《南巡盛典》卷六二："不等其灌浆开缝，～铁锔，务令钩抿周密。"《野叟曝言》七一回："现在各处窗槅及总房门，俱是～好的，这老爷从何处出去？"《荡寇志》七四回："同丽卿把那新买的两副鞍辔背在马上，～好了，牵出槽来。" ❷用来搭连并扣牢门窗及箱柜开关等的环扣。清《野叟曝言》七一回："昨日关房门出去，是搭好～的。"

【扣抵】 kòu dǐ 扣除抵销。明温纯《恳乞天恩俯赐议处漕粮疏》："额征民七银三万一千三百餘两，军三银系减存运军月粮内～。"清玄烨《谕户部》："或不行察核，重复支给，又不为～，或蒙混重领，希图利己。"

【扣减】 kòu jiǎn 削减。明郑纪《简魏国公》："正统十四年，～月粮，逃亡过半。"清《平定两金川方略》卷一三六："其裁改营屯及～马步饷干米折养廉公费等项，仍令详悉妥议，咨部核办。"

【扣克】 kòu kè 截留财物，不按规定数目发给。明韩邦奇《请官专管库藏以便收放事》："新官无肯接管者，知其利重弊多，先已～其餘矣。"清《儒林外史》一回："翟买办～了十二两，只拿十二两银子送与王冕。"

【扣刻】 kòu kè 同"扣克"。清《豆棚闲话》三则："你们众伙计旧规俱已晓得，不过以旧抵新，移远作近，在日用使费上～些须。"

【扣留】 kòu liú 截留。明张岳《处置灾伤第一疏》："臣查上年因抚臣奏请，多准於兑军兑淮南北折银内改折～，亦视灾伤分数以为多寡俱合。"清钱谦益《太常寺少卿鹿公墓志铭》："每岁广东解金花银两，恭进大内，此近例也。顷督部有～之议，此时仍进大内，则部议终成画饼。"《雪月梅》四三回："因求大老爷鸿恩，将解浙军饷～三千两发与卑职买补。"

【扣门儿】 kòu mén er 衣服上为系结纽扣所开的孔眼或另加的环套儿。清《歧路灯》六四回："叫素馨出来，与我缀个扣子。先时我下马来，忽的扯掉了～。"

【扣捺】 kòu nà 缝纫针法。重叠细密地缝。捺，通"纳"。明《金瓶梅词话》三九回："我说他敢有老婆，不然怎的～的那好针脚儿。"

【扣纽】 kòu niǔ 纽扣。明《挂枝儿·叮嘱》："机梳儿，是奴家亲手做就，香茶儿并～，都藏在里头。"

【扣请】 kòu qǐng 询问；请教。宋方岳《回米权郡》："得见其闻孙，则元祐故家之餘风遗俗，犹幸～一二。"《五灯会元》卷一七《仰山行伟禅师》："一日～，寻被喝出，足拟跨门，顿省玄旨。"

【扣颡】 kòu sǎng 同"叩颡"。唐李华《卧疾舟中相里范二侍御先行》："华病不能拜，拳拳～，敬陈先生。"明倪谦《通判严公传》："公至，察知其枉，辨出者一十八人，咸～曰：'活我者公也。'"

【扣身】 kòu shēn 可体；紧贴身。明《金瓶梅词话》一回："梳一个缠髻儿，着一件～衫子，做张做势，乔模乔样。"《禅真后史》二一回："忙脱下道袍，止穿～小衣，拿了弓箭杆棒，奔出后堂轩子前。"

【扣数】 kòu shù 按数；依照规定的数额。明杨一清《为整理边务以备寇患事》："照臣原拟，～给与银两，以酬其劳。"《金瓶梅词话》二一回："虽是日逐钱打我手里使，都是～的，使多少交多少。"清《野叟曝言》六三回："你救起几个人，～儿估足了去。"

【扣算】 kòu suàn 按一定数额结算或折算。元王恽《中堂事记上》："近为大军调遣，方当征进之日，未见回军之期。省府～年销所用粮料秆草，验诸路军均科除。"明《警世通言》卷二四："公子把底帐～，分厘不欠。"清陈廷敬《抚臣亏饷负国据实纠参疏》："以今～之数，较前采买之价，相去不啻霄壤。"

【扣厅】　kòu tīng　当厅。《元曲选·金线池》四折："失误了官身，本该～责打四十。"《元曲选外编·蓝采和》二折："不遵官府，失误官身，拿下去～打四十。"

【扣头】　kòu tóu　折扣额度。元明《水浒传》一〇五回："今日有事，那～常例又与平日一般克剥。他们平日受的克剥气多了，今日一总发泄出来。"清《红楼复梦》三一回："他问我是个什么～，我只回答说，听见是外马子的银子，～很轻。"

【扣问】　kòu wèn　同"叩问❶"。宋《朱子语类》卷一〇四："遂疑此僧更有要妙处在，遂去～他。"明王世贞《陶氏五隐传》："梁武帝与弘景有布衣之素，垂当革命，使使～国号。"《二刻拍案惊奇》卷八："彼时南省开科，纷纷举子多来～得失。他一一决来，名数不爽。"

【扣账】　kòu zhàng　抵账。清《歧路灯》七六回："把前院截断，拣欠哩多的客户租与他，每年以房租～。"

【扣折】　kòu zhé　折扣；折合抵消。明倪元璐有《～漕运疏》。清胤禛《朱批谕旨》卷五五："所有亲丁名粮五十五分，～银两，理合饬司，存库公用。"

【扣子】　kòu zi　❶条状物结成的套儿。宋《朱子语类》卷八五："绞带象革带一头有～，以一头串于中而束之。"　❷算计人的圈套。明《西洋记》五五回："这等凶神也不曾出得我的～，怎么今日反不奈一个小神何！"　❸纽扣；搭扣。清《歧路灯》六四回："叫素馨出来，与我缀个～。"《荡寇志》八八回："几个女兵上前取那甲来披在身上，搭好～，果然又轻又稳。"　❹机扣；能拉伸可击发的装置。清《荡寇志》八六回："卸下弹弓，搭上一粒铜刃，拽满～，一弹丸打中高封肩胛。"

kū

【哭包】　kū bāo　哭；哭丧。包，犹词尾"巴"。明《西游记》三二回："这般样个～脸，是虎唬我也？"又三六回："一定打来。不是，怎么还有些～声？"

【哭号】　kū háo　大声哭叫。宋石介《上王状元书》："执事人在忧患，则～叫诉，以求恤于人。"明吴宽《朱孺人墓志铭》："诸女弱孙，爰及孀妇，～于野，扶送其柩。"

【哭嚎】　kū háo　同"哭号"。清《红楼梦》一一一回："他只得也跟进去帮着盛殓，假意～了几声。"

【哭穷】　kū qióng　口头上对人装穷。《元曲选·对玉梳》二折："我与你觅下的金寻下的银，买下的锦攒下的罗，珠和翠整箱儿盛垛。娘呵，你那～口恰似翻河。"清《绿野仙踪》四一回："今到这步光景，有钱的也～，无钱的更～。"

【哭丧】　kū sāng　心情不快，脸上露出不高兴的表情。明《金瓶梅词话》二八回："妇人叫采出他院子里跪着，秋菊把脸～下水来。"清《醒世姻缘传》六六回："小玉兰～着脸，走到湖亭席上。"《红楼梦》三五回："宝玉见他还是这样～，便知他是为金钏儿的原故。"

【哭丧棒】　kū sāng bàng　出殡时的孝子拄持的棍子。也谑称打人的棍子。明《西游记》八五回："若不是师兄的～相助，我也莫想得脱罗网回来也。"清《醒世姻缘传》二七回："那皂隶不惟不怕，一发拿起一根～来，一顿赶打。"《说唐前传》四九回："秦王满身穿白，程咬金手拿～，把刘武周首级尸骸用朱红棺木盛殓。"

【哭丧杖】　kū sāng zhàng　即"哭丧棒"。明《西游记》二二回："你是个甚么～，断叫你祖宗看杖！"

【哭竹棒】　kū zhú bàng　即"哭丧棒"。清《豆棚闲话》一〇则："堪嗟孝子吃黄汤，面似蒲东关大王。不是手中～，几乎跌倒在街坊。"

【窟巢】　kū cháo　禽兽的窝，也指某一种势力盘踞的地盘。宋李流谦《待鹤亭记》："兰若久荒圮，枭狐～，如逃屋亡家。"清陈廷敬《故明前兵部尚书张公墓碑铭》："二源者，贼所～。"《后水浒传》四五回："道长乱天朝，啸聚湖中作～。"

【窟洞】　kū dòng　洞；洞穴。明王士贞《休沐归里值大旱》："～走饿獭，园丁焚枯鱼。"孟称舜《死里逃生》三出："有屋上一个大～，扒出去了。"

【窟窠】　kū kē　犹"窟巢"。清蓝鼎元《请班师书》："所有～俱已搜寻，焚山烈泽，寮棚毁尽。"玄烨《海东青》："鸷鸟从来有～，海东青窟鲜逢他。"

【窟栊】　kū lóng　同"窟笼❶"。明汤显祖《南柯记》四二出："这槐树下不是个大～？"

【窟笼】　kū lóng　"孔"的切口语。宋宋祁《宋景文笔记》卷上："反切语本出于俚俗常言，……谓孔曰窟笼。"　❶孔；洞。《元曲选·勘头巾》二折："拿过一块板来，上头有个～，套在我脖子上。"明《封神演义》一八回："接着九龙桥栏杆，望下一撺，把水打了一个～。"　❷比喻破绽；脱露处。宋《三朝北盟会编》卷二三："况交结女真恢复燕山事，乃是大王经手。今有～，却须大王与补了。"《元曲选·勘头巾》二折："大人，可知王小二那厮称冤叫屈，这文书不中使。〔令史云〕怎么不中使？……〔正末云〕这上面都是～，又无招伏，无赃仗。"

【窟窿】　kū lóng　同"窟笼❶"。宋元《警世通言》卷三七："就身上解下一个刺绣香囊，从那窗～子掉出。"元明《水浒传》一九回："便是蔡京亲自来时，我也搠他三二十个透明的～。"清朱素臣《十五贯》一七出："那～是个老鼠窝。"

【窟巃】　kū lóng　同"窟笼❶"。《五灯会元》卷二〇《福州玉泉昙懿禅师》："我不似云门老人，将虚空剜～。"

【窟陇】　kū lǒng　同"窟笼❶"。明陆容《菽园杂记》卷七："蜀人以笔为不律，吴人以孔为～。"

【窟弄】　kū lòng　同"窟笼❶"。明汤显祖《邯郸记》三出："枕儿两头大～，先生害头风出气的？"佚名《白兔记》三二出："牙齿打做一把骨，鼻子打做两个～。"

【窟窍】　kū qiào　❶犹"窟巢"。金侯善渊《神威》："玉兔惊回寻～，金乌飞上桂枝柯。"　❷比喻诀窍；窍门。元邓玉宾《村里迓古·仕女圆社气球双关》："跷跟儿掩映着真圈套，里勾儿藏掖着深～，过肩儿撒放下虚笼罩。"

【窟臀】　kū tún　臀；屁股。六十种曲本《琵琶记》一〇出："又不见前年跨马李试官，跌了～没半边？"明《杜骗新书·诗词骗》："千呼万呼呼不出，只待人来打～。"刘麟《与吴可行书》："昔者平江侯患此，至不能朝谒。上赐舆而洞其坐处。上见其朝，曰：'烂～老陈来耶？'"

【窟子】　kū zi　❶洞穴。宋《朱子语类》卷八："天下更有大江大河，不可守个土～，谓水专在是。"元刘壎《官文翁所作性命论跋》："今世妙龄俊秀，无不蒙头塞耳，钻人污泥中寻死～。"清逍遥子《后红楼梦》二回："而今一样地～里，谁翻身，谁不翻身？"　❷宋代称专司挖地道的匠作与兵种。宋王得臣《麈史》卷一："宋次道《东京记》说：八作司之外，又有广备攻城作。今东西广备隶军器监矣。其作凡一十目：所谓火药、青窑、猛火油、金火、大小木、大小炉、皮作、麻作、～作是也。"元《三遂平妖传》一九回:"小将手下见管着五百名～军。"又:"和诸葛遂智指挥～手,穿地洞打入贝州来。"

kǔ

【苦】 kǔ ❶偏;独。唐李白《公无渡河》:"旁人不惜妻止之,'公无渡河'～渡之。"杜甫《成都府》:"自古有羁旅,我何～哀伤!" ❷过分;一再。唐李群玉《人日梅花病中作》:"已被儿童～攀折,更遭风雨损馨香。"《敦煌变文校注》卷一《捉季布传文》:"朱解忽然来买口,商量莫共～争论。"明《金瓶梅词话》五三回:"敬神如神在,不要是这样的寡薄嘴,调笑的他～。" ❸用在否定词"不"的前面,加强否定语气,略含反驳的意味,相当于"并"。唐元结《与何员外书》:"次山漫浪者也,～不爱便事之服、时世之巾。"金《董解元西厢记》卷一:"张生闻语意如狂,相抛着大地～不远,没些儿忌惮,便发狂言。"清《荡寇志》七七回:"原来刘麒、刘麟的娘子也是将门之女,也会些武艺,只是～不甚高。" ❹用作补语,表示程度深。《元曲选·赵氏孤儿》四折:"那穿红的也好狠哩,又将一个白须老儿打的好～也。"元明《水浒传》一回:"欲待再上山去,方才惊唬的～,争些儿送了性命,不如下山去罢。" ❺执意;一味。《太平广记》卷一一四引《冥祥记》:"处伯思荆楚之言,心甚惧,求萧解职,将适衡山,萧～不许。"宋元《清平山堂话本·李翠莲》:"公婆不必～憎嫌,十分不然休了罢。"清《聊斋志异·念秧》:"两人辞欲起,秀才牵裾,～不令去。" ❻损害;使受苦。元明《水浒传》三六回:"宋太公哭道:'是我～了孩儿!'"清《两交婚》一七回:"便～门下不着,拼些辛苦,暗暗的跟随他前去。"《歧路灯》:"究其实俱是～百姓的。" ❼耗费(钱财)。明《金瓶梅词话》二九回:"吊死了你还瞒着汉子不说。早时～了钱,好人情说下来了,不然怎了?"清《大双蝴蝶》一七回:"～个千把银子,讨个绝色佳人。"

【苦挨】 kǔ ái 艰难地忍受(痛苦或艰难);苦撑(时间)。明《二刻拍案惊奇》卷三八:"此时灯烛已灭,又无月光,正在黑暗中～着寒冷。"清《绿野仙踪》一九回:"又～了几天,受不得饥饿。"《万花楼》四回:"不料父亲亡后,与母借些薄产,～清贫。"

【苦熬】 kǔ áo 犹"苦挨"。明《夹竹桃·也应无计》:"奴年幼弱,力怯体娇,被郎强逼,教奴～。"《石点头》卷三:"存剩这几亩田地,虽则不多,苦吃～,还可将就过日。"清《警寤钟》一三回:"遂隐忍不言,一味自己～。每日在针头上寻得升把大麦,将来磨成粯子,煮成粥与丈夫吃。"

【苦楚】 kǔ chǔ ❶钳束;折磨。五代道清《磁州武安县定晋山重修古定晋禅院千佛邑碑》:"道清睹此圣事,乃全枯意马,～心猿,又罄勤忠,焚香发愿。"宋元《清平山堂话本·陈巡检》:"你孺人性真烈,不肯依随,被他剪发赤脚,挑水浇花,受其～。"清方成培《雷峰塔》二六出:"你听信谗言,把夫妇恩情,一旦相抛,累我每受此～。" ❷指酷刑。唐张鷟《朝野佥载》卷二:"周秋官侍郎周兴推劾残忍,法外～,无所不为。"《敦煌变文校注》卷四《悉达太子修道因缘》:"只有耶输养其乱宫之子,往(望)大臣奏一～来,要罪耶输、罗睺二人。"

【苦淡】 kǔ dàn 生计贫困清苦。宋黄庭坚《次韵子瞻和王子立风雨败书屋》:"十年为从学,～共堙厄。"元吴澄《江西廉访司经历司厅壁记》:"得清江范君椁,志合德同,皆能以～自持,清白自励。"明唐顺之《声承集序》:"渐斋子以其真率～之节,而使海内高士争慕。"

【苦毒】 kǔ dú ❶狠毒;恶毒。唐张鷟《朝野佥载》卷二:"在下卑贱,势不自由。娘子锁项,～何甚!"宋洪迈《夷坚志》支戊卷六:"后数日,胡正与五人语,僧从外来。五人狼狈而窜曰:'胡承务害得我辈～。'"明《山歌·歪缠》:"你常摸进来搭我挨肩擦背,你常时捉我拽拽布衫,我匡备道要听你～趿舌。" ❷刑罚;施加刑罚。是其痛苦义的引申义。宋洪迈《夷坚志》三壬卷一〇:"两人虽受～,坚相推托,不肯招。"清《野叟曝言》五四回:"公子几番要～他,又爱他相貌,怕着损伤。" ❸焦躁;焦躁性子发作。明《二刻拍案惊奇》卷二一:"年纪虽小,也倒晓得些光景,便～道:'你们自要入属,干我甚事?'"又卷二五:"谢三郎～,时时催禀。"《山歌·困弗着》:"对子房里一跪,就来动手动脚搩住子我个横腰,我便做势介一个～假意介个心焦。"

【苦瓜】 kǔ guā 犹"苦瓠子"。清《白雪遗音·逛庙》:"南关有座天齐庙,正月里甚热闹,满城的～,都来把香烧。"

【苦瓠子】 kǔ hù zi 比喻穷苦人。瓠子为葫芦的一种,味苦。清《红楼梦》四三回:"这么些婆婆婶子凑银子给你做生日,你还不足,又拉上两个～做什么?"

【苦患】 kǔ huàn 痛苦。《法苑珠林》卷一四:"菩萨在母胎,行住坐卧无所妨碍,不令母有诸～事。"清陈廷敬《陟屺楼》之一八:"人生兄弟真难再,我老妻孥～多。"

【苦煎】 kǔ jiān 犹"苦熬"。宋梅尧臣《田家》之四:"自从备丁壮,及此常～。"元袁桷《天师留公返真空洞步虚词》之一〇:"感赏千古心,生世常～。"清《补红楼梦》三〇回:"嫁豺狼可怜甚奇缘孽缘,又何堪～把身捐命捐。"

【苦克】 kǔ kè ❶恶毒对待;折磨。《敦煌变文校注》卷一《孟姜女变文》:"当别已后到长城,当作之官相～。命尽便被筑城中,游魂散漫随荆棘。" ❷恶毒。《元曲选·看钱奴》二折:"你还这等～瞒心骂我来,直待要犯了法遭了刑你可便恁时节改。" ❸苛刻;吝啬。《元曲选·曲江池》二折:"〔卜儿云〕不知害甚么病死了那?〔正旦唱〕想则为那～瞒心钞儿上紧。"明《拍案惊奇》卷三五:"生性悭吝～,一文也不使,半文也不用。"清《红楼梦》五五回:"再要穷追～,人恨极了,暗地里笑里藏刀。"

【苦刻】 kǔ kè 刻苦。唐韩愈《顺宗实录四》:"城山人,能自～,不乐名利,必谏诤死职下。"明何景明《明故大中大夫李公墓志铭》:"少好读书～,父母虑而禁之。"

【苦口师】 kǔ kǒu shī 指茶。宋陶榖《清异录》卷下:"一日,中表请尝新柑……未顾尊罍而呼茶甚急,径进一巨瓯,题诗曰:'未见甘心氏,先迎～。'"

【苦苦】 kǔ kǔ ❶执意;过分。唐玄奘《大唐西域记》卷一一:"人鬼异路,非其匹合。～相逼,当断汝命。"明《挂枝儿·醉归》:"我哥哥的量又不十分好,～灌他做甚的?"清《红楼梦》三三回:"我如今已将五十岁的人,只有这个孽障,必定～的以他为法,我也不敢深劝。" ❷十分恳切。宋刘辰翁《霜天晓角·寿萧静安》:"～留君不得,携孺子、到汾曲。"元明《水浒传》四一回:"多感晁头领并众豪杰～相留。"清《红楼梦》一三回:"王夫人心中怕的是凤姐儿未经过丧事,怕他料理不清,惹人耻笑。今见贾珍～的说到这步田地,心中已活了几分。" ❸十分辛苦;煞费苦心。宋赵长卿《满庭芳·元日》:"明知生似寄,何须～,役慕蹄轮。"明佚名《鸣凤记》三三出:"我～里挣得一个都巡盐,他烈轰轰倒做了都总制。"又三五出:"这等好明月,闲要一要倒不好?～里做甚么针指。" ❹痛苦;苦恼。宋赵长卿《水龙吟·莺词》:"向黄昏、～娇啼怨别,那堪更、东风起。"金《董解元西厢记》卷一:"莺莺泣谢曰:

'今当改过自新,不必娘自～。'"明《挂枝儿·药名》:"只为甘草口甜甜的哄到如今,因此黄连心～里为伊担闷。" ❺ 残酷。明柯丹邱《荆钗记》二六出:"萱堂～责打奴。只得拚死在黄泉路。"

【苦怜】 kǔ lián 可怜。明《山歌·汤婆子竹夫人相骂》:"～我被窝中准夜如牵磨,一脚就碾开奴。"《石点头》卷八:"遍身这一顿棍棒,打得好不～。"

【苦闷】 kǔ mèn 苦恼烦闷。宋元《古今小说》卷一一:"赵旭心中～,作词一首,词名《鹧鸪天》。"明张介宾《类经附翼》卷四:"建里内关,扫尽胸中之～。"清《聊斋志异·霍女》:"朱惧,又委曲承顺之。每～,辄令十数日一招优伶为戏。"

【苦恼】 kǔ nǎo ❶ 可怜。明《三遂平妖传》九回:"任迁见他说得～子,要与他一文钱。"《元曲选·东堂老》三折:"我宁可与你家担水运浆,扫田刮地,做个佣工,准还你罢。〔卖茶云〕～!～!你当初也是做人的来。"清《儒林外史》五五回:"邻居见他说的～,因说道:'老爹,你这个茶馆里,冷清清的,料想今日也没甚人来了。趁着好天气,和你到南门外顽顽去。'" ❷ 辛苦;艰难;不容易。《元曲选·黑旋风》三折:"若是要见他,须是替他将油灯钱、～钱都与我些。"明《醒世恒言》卷三五:"孤孀娘子的银两是～东西,莫要拿去弄出个话靶。"清《后水浒传》三〇回:"你这厮有甚本事,敢来懊恼村中,欺侮良善,白夺穷人～衣食。" ❸ 遭受折磨;折磨。元明《水浒传》一四回:"我着甚来由～这遭?多亏晁盖完成,解脱了这件事。"明朱鼎《玉镜台记》五出:"〔丑〕小姐,你又～我也。〔旦〕贱人,执麻枲治丝茧,都是你分内事,有甚～?" ❹ 苦;痛苦。明《山歌·无郎》:"姐儿立在碧纱窗,眼观孤雁好恓惶,黄连抹子猪头～子,好像个败落山门无子廊。"又《破鬃帽歌》:"捉个猪胆去油,教我受子多少腌臜～;捉个百药箭上色,教我吃子多少乌皂泥筋。"清孔尚任《桃花扇》四〇出:"方才梦见马士英被雷击死台州山中,阮大铖跌死仙霞岭上。一个个皮开脑裂,好～也。"

【苦恼人】 kǔ nǎo rén 犹"苦恼子❷"。清《后水浒传》五回:"若是经纪～的银两,即着他领回,不动分毫。"

【苦恼子】 kǔ nǎo zǐ ❶ 可怜。明《三遂平妖传》九回:"任迁见他说得～,要与他一文钱。" ❷ 可怜的人;命苦的人。明单本《蕉帕记》三六出:"弟子胡连,～,～,苦难相求。"清李玉《清忠谱》一一折:"这些大阿哥都叮嘱了书房里,不开名字进去。竟拿我新着役～公人,点去承值。"《后红楼梦》一〇回:"莺儿看不过,就说道:'～,这不是林姑娘害的!'"

【苦切】 kǔ qiè ❶ 恳切;迫切。唐李隆基《杨珣碑铭》:"生极其养,不违亲以易身。孝本乎仁,岂怀宝而迷国。又太夫人有～之诫,乃应命焉。"元明《水浒传》六二回:"宋江见卢俊义思归～,便道:'这个容易,来日金沙滩送别。'"清《飞龙全传》四三回:"柴荣总不肯退,只是～相求,委曲陈奏。" ❷ 仇恨;痛苦。唐张云《复论令狐滈疏》:"臣子岂无常人之情,有何～,频将单脆微蔑之身,与强家立怨立敌,自取倾危也。"明佚名《白兔记》一二出:"好～甘生受,只得到此且藏羞。"清《说岳全传》三三回:"不是为弟的不思念哥哥,实系心中～,故此忘怀了。" ❸ 悲切;哀伤。《敦煌变文校注》卷五《父母恩重经讲经文(二)》:"怀耽十月欲将临,～之声不忍闻。"明《古今小说》卷一〇:"夫妻两口儿乱了一回,自去了。梅氏思量～,放声大哭。"清《玉蜻蜓·问卜》:"娘娘听了这句话,止不住腮边两泪倾。慢叙娘娘多～,再讲松年把八字评。"

【苦情】 kǔ qíng ❶ 痛苦的情状或事情。明《封神演义》八回:"二人痛哭,彼此不忍,你推我让,那里肯舍。方弼、方相看见如此～疼切,二人一声叫:'苦杀人也!'"清纪昀《阅微草堂笔记》卷一七:"缘有～,迫于陈诉,虽嫌造次,勿讶淫奔。"《白雪遗音·罗成托梦》:"我的夫,你有甚么～对我讲。" ❷ 苦苦;竭力。明《杜骗新书·拐带骗》:"乡官问:'因何打?'丐婆不敢说,只～求救。"清《痴娇丽》五回:"吾见三姬均所注意,由此达彼,良有是心。但～为卿,方馋人手,又思及彼,非越分妄求乎?" ❸ 痛苦;可怜。清《野叟曝言》一四六回:"王妃爱文骕才勇,又怜郡主～,遂与泾王商量议婚。"《白雪遗音·伍子胥》:"最可叹,望日楼损目摘心,死的～。"又《秦琼》:"老来征东犯了病,最可叹,口吐鲜花死了个～。"

【苦屈】 kǔ qū ❶ 痛苦冤屈。唐仆罗《诉授官不当上书》:"久被沦屈,不蒙准例授职,不胜～之甚。"元明《水浒传》三四回:"看了浑家首级,气破胸脯,分说不得,只叫得～。"清《绿野仙踪》二二回:"这人心里不知怎么难过,包藏着无限～,只怕要死在这河内。" ❷ 遭受痛苦冤屈。敦煌词《望江南》:"生灵～青天见,数年路隔失朝仪。目断望龙墀。" ❸ 可惜;可怜。《祖堂集》卷七《雪峰和尚》:"师为书状头造偈:～世间错用心,低头曲躬寻文章。"《景德传灯录》卷一九《云门山文偃禅师》:"好山水堪取性,多斋供易得衣钵,～!图他一粒米,失却半年粮。如此行脚,有什么利益?" ❹ 为难;解不清。《景德传灯录》卷一九《云门山文偃禅师》:"便是屎上青蝇相似,斗竞接将去。三个五个聚头地商量,～兄弟。"《古尊宿语录》卷三七《鼓山先兴圣国师和尚》:"诸和尚,上来为什么?有什么～底事,有什么不了处,还有疑者么?若有即出来,与兄弟定当。"

【苦肉计】 kǔ ròu jì 故意伤害身体,以骗取对方的信任,从而进行反间的计谋。元明《三国演义》卷一〇:"欲令他诈降,先须用～瞒过曹操。"明《挂枝儿·妓》:"没法了,他把头发剪,～将皮肉烧。"清《说唐三传》七四回:"薛家父子万夫之勇,那里绑得他住。不如用个～。"

【苦杀】 kǔ shā ❶ 谓痛苦到极点。宋黄庭坚《鼓笛令》:"恰得尝些香甜底。～人、遭谁调戏。"明《三遂平妖传》一四回:"知州～我们有请的也!我们役过了三个月日,如今一个月钱米也不肯关与我们。"清《霓裳续谱·夏日天长》:"他两个正在情浓处,～哉!又被个蜘蛛儿惊散了。" ❷ 至不济;最低限度。元明《水浒传》六二回:"老爷们～是个公人,那里到来扶侍罪人?"明《醒世恒言》卷一三:"我们～是做公人!世上有这等糊涂官府。"

【苦是】 kǔ shì ❶ 引出痛苦的原因;痛苦的是……明《型世言》一〇回:"～在寺里又被和尚缠,在阶上又被花子卧满阶,叫的喊的,扯的拽的。"又一四回:"～南边一个媚柔小姐,却做了北虏粗使丫鬟。" ❷ 表示不如意的条件;无奈的是……明《型世言》二一回:"爱姐失惊,要走起来,～怕人知,不敢高声。"《型世言》二五回:"他慢慢将箱子带住了,～箱子已装满了一箱水。"清《隋唐演义》一回:"譬如日月,他本体自是光明,撞在轻烟薄雾中,毕竟光芒射出,～人不识得。" ❸ 甚是;极为。清《妖狐艳史》一一回:"又扒著那屠能的尸首,烧的～难看。"

【苦死】 kǔ sǐ ❶ 再三;执意。《敦煌变文校注》卷五《妙法莲华经讲经文(一)》:"公主闻兮～留连,慈母见兮殷勤安抚。"宋彭汝砺《有感》:"渊明缘底事,～赋归来。"清《荡寇志》八三回:"阮其祥那厮,～要与令亲刘防御作对。" ❷ 竭力;拼命地。宋李复《依韵答胡直孺》:"相逢便欲～留,恐跨飞鲸动归鬣。"《元曲选·酷寒亭》二折:"他和你又没甚杀爷娘的仇共隙,怎这般～的怕相依?"清《后西游记》二八回:"沙弥急要上前去救,又被阴阳二妖两条枪紧紧裹住,只得～把禅杖支撑。" ❸ 犹"苦杀❶"。《元曲选·青衫泪》三折："～人也！教我一言难尽。"明李梦阳《哭新县》："～可怜灵宝子，有官十数同时死。"清《霓裳续谱·黄柏树下一座庙》："泪珠儿只在腮边上掉，手拍着供桌，～我了。" ❹ 肯定。明《二刻拍案惊奇》卷二一："真静想了一想，通红了脸，低低道：'是了，是了，不该与这狠厮说。这秀才～是他杀了。"

【苦胎】 kǔ tāi 对穷苦人的贱称。宋佚名《张协状元》一一出："我适来担至庙前，见一个～与它厮缠。"

【苦头】 kǔ tóu 苦楚；磨难。清《荡寇志》一〇六回："即如我陈希真，吃尽多少～，尚且不敢作退休之想。"

【苦志】 kǔ zhì 刻苦发愤。唐王冰《素问六气元珠密语序》："余少精吾道，～文儒，三冬不倦于寒窗，九夏岂辞于炎暑。"明《拍案惊奇》卷二〇："我～一生，得登黄甲，死亦无恨。"清《玉蜻蜓·游庵》："芸窗～把鳌头占，不负翁姑将阴惊修。"

【苦衷】 kǔ zhōng 有苦处或感到为难而不便说出的心情。宋张纲《乞再致仕第一状》："右臣辄沥～，上干天听。"清《镜花缘》五三回："但老身年虽望六，志切观光，诚恐限于年岁，格于成例，不获叨逢其盛。尚望小姐俯念～，设法斡旋。"

【苦主】 kǔ zhǔ 人命案中被害人的家属。元王恽《纠弹良乡尉司非理考勘刘德林事状》："有刘德林于闰十一月十三日，因拷疮身死。今问得尉司司吏刘君祥并～刘德林妻阿张，并当原。"《元曲选·魔合罗》三折："这十锭银可是官收了？～收了？"清《绿野仙踪》二三回："姓乔的远奔山东，那里去拿他？你做原告的不上紧，谁与他做～？"

kù

【库】 kù 自家酿酒的酒店。宋耐得翁《都城纪胜》："动大乐迎酒样赴府治，呈作乐，呈伎艺杂剧，三盏退出，于大街诸处迎引归～。"吴自牧《梦粱录》卷二："首以三丈餘高白布写：'某～选到有名高手酒匠，酝造一色上等酴辣无比高酒，呈中第一。'"周密《武林旧事》卷六："每～设官妓数十人，各有金银器千两，以供饮客之用。"

【库丁】 kù dīng 在国家仓库中当差服役的人。《大清会典》卷七六："～二十四名，每三岁各给羊裘。"△清《孽海花》二一回："下去吧！还当你的～去吧！"

【库妓】 kù jì 酒店雇佣的妓女。宋周密《武林旧事》卷三："～之琤琤者，皆珠翠盛饰，销金红背，乘绣鞯宝勒骏骑。"

【库平】 kù píng 清朝部库征收租税、出纳银两所用的衡量标准。清翟均廉《海塘录》卷一五："严饬该管员弁，将应给夫匠工价，照依～纹银，实数支发。"《后红楼梦》九回："每日每位许开销～纹银一两。"

【库司】 kù sī ❶ 仓库；库房。唐陆贽《中书奏议论裴延龄奸蠹书》："左藏～多有失落，近因检阅使置簿书，乃于粪土之中收得银十三万两。"宋曹勋《六和塔记》："居士董仲永以家之器用衣物咸舍以供费，先造僧寮、～、水陆堂、藏殿安存。"明《西洋记》一六回："第一号是个帅府，头门、仪门、丹墀、滴水、官厅、穿堂、后堂、～、侧屋，别有书房、公廨等类，都是雕梁画栋。" ❷ 掌管政府仓库的官吏。宋廖行之《论弓手请给札子》："其～亦不照券旁支，钱发下本尉，当面给散。"元王逢《怀先民赋序》："予不敏，盖有赖先君子～，勤公于兹土。" ❸ 掌管寺院仓库的僧人。宋余靖《东京左街永兴华严禅院记》："异其～，慎拣请也；俨其温浴，尚涓洁也。"金《董解元西厢记》卷六："先生平昔与法聪有旧。法聪新当～，先生归而贷之，何求不得！"元明《水浒传》九〇回："我师不纳，可令～办斋，供献本寺僧众。"

【库子】 kù zǐ 犹"库司❷"。唐段成式《酉阳杂俎》续集卷七："王殷常读《金刚经》，不茹荤饮酒。为赏设～，前后为人误累合死者数四，皆非意得免。"元明《水浒传》二七回："又把各人供状招款看过，将这一干人一一审录一遍。把赃物并行凶刀仗封了，发与～，收领上库。"清《醒世姻缘传》二四回："渐渐门子民壮、甲首青夫、舆人番役、～禁兵，尽是一伙魔头助虐。"

【酷刻】 kù kè ❶ 残酷。五代杜光彦《请旌乐寿令表》："政不～，以抚字为心。"元赵孟頫《故嘉议大夫陈公碑》："屡持宪节，不为搏击～之事，使人改过自新而已。"明倪谦《赠武尹俞君重理嘉定序》："莅民者，率多～。" ❷ 剥削。清《醒世姻缘传》三六回："阿弥陀佛！～这穷汉的东西，叫人卖儿卖女的！"

【酷累】 kù lěi 菜和面拌和在一起蒸熟的食物。《元曲选外编·村乐堂》三折："后兴，同知相公叫我牢里问事去，着你娘做些～来。"

kuā

【夸】 kuā 即"夸子"。用作量词。宋周密《武林旧事》卷二："仲春上旬，福建漕司进第一纲蜡茶，名北苑试新，皆方寸小～。进御止百～。"金佚名《大金吊伐录》卷一："兴国茶场拣芽小龙团一大角，建州壑源夸茶三十～(共二百角，每角一～)。"

【夸称】 kuā chēng 称赞；夸张叙说。元牟巘《七儿应复同客饮樱桃园》："诗老～作崖蜜，野翁惊看泻银盘。"明孙柚《琴心记》一七出："休得～肆中乐事，快率我们去见小姐。"《二刻拍案惊奇》卷五："又对近侍～道：'如此奇异儿子，不可令宫闱中人不见一见。'"

【夸官】 kuā guān ❶ 古时考中状元或蒙加封官爵的人骑马游街。《元曲选·梧桐叶》三折："我兄弟二人得了文武状元，今日～。"明《金瓶梅词话》一回："众里正大户都来与武松作贺庆喜，连连～，吃了三五日酒。"清孔尚任《桃花扇》二二出："呵呀！灯笼火把，轿马人夫，杨老爷来～了。" ❷ 泛指夸耀。清《儒林外史》四一回："烟花窟里，惟凭行势～；笔墨丛中，偏去眠花醉柳。"

【夸好】 kuā hǎo 美好。夸，美好。唐刘禹锡《杨柳枝词》之二："桃红李白皆～，须得垂杨相发挥。"宋梅尧臣《韩钦圣问西洛牡丹之盛》："今年～方绝伦，明年更好还相比。"

【夸口】 kuā kǒu 说大话。宋王铚《续杂纂·不识羞》："贱物作贵，赌输～。"《元曲选·薛仁贵》一折："不是我张士贵～，那个似我这等？骑的劣马，拽的硬弓。"清《万花楼》八回："你小小年纪，这般～！且试演你一回，便知分晓了。"

【夸说】 kuā shuō 赞美；称赞。宋吕陶《府学经史阁落成记》："然则冠天下而垂无穷，非～也，考实以议也。"明《拍案惊奇》卷九："拜住归家来，对着母～此事，盛道宣徽诸女个个绝色。"清《醒世姻缘传》二九回："狄周到了后边，对了狄员外的娘子～不了。"

【夸赞】 kuā zàn 犹"夸称"。明《西游记》一三回："三藏～不尽，道：'太保真山神也！'"《梼杌闲评》一五回："皆是些粗货，蓟州人便以为奇，众人就十分～。"清陈端生《再生缘》七七回："一心不舍娇容样，齐声～郦明堂。"

【夸子】 kuā zi 装茶叶的长方形小笼。金佚名《大金吊伐录》卷二："小龙团茶一十斤，大龙团茶一十斤，～正焙茶一十斤。"

【夸嘴】 kuā zuǐ 犹"夸口"。《元曲选外编·五侯宴》三折:"我做庄家快～,丢轮扯炮如流水。"明梁辰鱼《浣纱记》二二出:"我两个的模样,不是～说,也将就看得过。"清《绮楼重梦》二四回:"舜妹妹一力保的优昙姐妹,如今却和我们一个样儿。倒也罢了,省了～。"

kuǎ

【侉】 kuǎ 口音与本地不同。清《续金瓶梅》六〇回:"那里来的一起村野～蛮妇们,平白的到我庵里作践。"《醒世姻缘传》三五回:"把那眼睛瞅了鼻子,口里说着蛮不蛮、～不～的官话,做作那道学的狨腔。"《姑妄言》一九回:"只见一个人打着一个人,拳头脚尖齐上,口中～声～气不住的骂。"

【侉话】 kuǎ huà 带有外地口音的话。清《醒世姻缘传》九四回:"素姐小浓袋回出那山东绣江的～来,那四川的皂隶一句也不能听闻。"

【侉子】 kuǎ zi 对带外地口音、举止粗俗者的鄙称。清《八旗通志》卷三:"调别任,以丰盛额管理,续以～管理～。"《儒林外史》四九回:"那秦二～已从后门里骑了马,进小营看试箭法了。"

kuà

【跨】 kuà 挎;佩挂。元明《水浒传》三回:"枪架上各人～了腰刀,拿了朴刀,拽扎起。"清《荡寇志》七四回:"那口腰刀已是选好,～在腰里。"

【跨所】 kuà suǒ 即跨院儿,正院旁边的院子。清《红楼梦》九六回:"惟将荣禧堂后身王夫人内屋旁边一大～二十餘间房屋指与宝玉,餘者一概不管。"

【跨灶】 kuà zào 儿子胜过父亲的隐语。灶上有釜(锅),跨灶则越过釜。釜、父同音,故子胜过父为跨灶。宋佚名《百字歌·寿父子同日》:"清赏阿戎防～,大小欧阙相敌。"明陈汝元《金莲记》三二出:"那堪负荷,问庭前诗礼,羞言～。"清《醒世姻缘传》一五回:"然虽是说不尽得了夫人解劝的力量,其实得了那～干蛊的儿子不在跟前。"

kuǎi

【蒯】 kuǎi 扢;用指甲抓、搔。明《西游记》六六回:"等不得好歹,就弄手脚。抓肠～腹,翻根头,竖蜻蜓,任他在里面摆布。"清《醒世姻缘传》七一回:"却说陈公这内官性儿,叫童奶奶拿着一片有理无情的话,～着他的痒痒,就合那猫儿叫人～脖子的一般,呼卢呼卢的自在,夸不尽童奶奶是个好人。"

kuài

【块头】 kuài tóu 称成块的东西。明《拍案惊奇》卷一:"他便思想一个久远方法:手头用来用去的,只是那散碎银子若是上两～好银,便存着不动。"《山歌·破鬃帽歌》:"大～儿改变凉鞋着着,斜～儿改子外公头一束包巾……碎～儿做子一顶细密网巾。"清《隋唐演义》六回:"不知还是多在里头,要拣成～与我?不知还是少在里头,只管摸了去?"

【块子】 kuài zi ❶犹"块头"。明《西游记》九〇回:"把五个都剁做一二两重的～,差校尉散给州城内外军民人等,各吃些须。"清《醒世姻缘传》六八回:"你没跟了我去,怎么也烧回信香来了,也没人敢把我掐了～去呢?" ❷特指银锭、银块。明汤式《一枝花·自省》:"赤紧的做鸨儿不宽大。但有个权势的姨夫大～拟,便笑靥儿攒腮。"《梼杌闲评》五回:"将二三钱的小～拣出来,将帖身的一件小袄脱下,将银块衲在内。" ❸量词。块。清《红楼梦》二五回:"有的没的都在这里,你不嫌,就挑两～去。"

【块坐】 kuài zuò 独自静坐。宋刘克庄《鹊桥仙·足痛》词:"有时～,有时扶起,门外草深三尺。"明胡直《龙西华先生墓志铭》:"尝～一室,外事一不挂耳。"

【快】 kuài ❶锋利。唐杜甫《戏题王宰画山水图歌》:"焉得并州～剪刀,剪取吴松半江水。"明《金瓶梅词话》二六回:"是一把背厚刃薄扎尖刀,锋霜般～。"清《白雪遗音·逛庙》:"他不依,磨～了钢刀把毬割吊。" ❷擅长;能。唐白居易《有感》之三:"马肥～行走,妓长能歌舞。"元张国宾《汗衫记》一折:"恰才卖花唇,显精神,说他善搠枪,～使刀,能抡棍。"明《金瓶梅词话》八六回:"原来咱家这大官儿,恁～捣谎驾舌。" ❸容易发生某种行为或呈现某种现象。《元曲选·虎头牌》三折:"那婶子抱着你睡,你从小里～尿,常是浇他一肚子。"明《金瓶梅词话》三四回:"小的不敢吃,吃了～脸红,只怕爹来看见。" ❹好。多指身体健康。宋佚名《张协状元》八出:"你命～,撞着我一道行。"元张国宾《汗衫记》三折:"也合探您这老爷娘～也不～。"《元曲选·渔樵记》三折:"'伯伯,王安道哥哥好么?'我说道:'～。'" ❺赌博用语。掷出的铜钱或骰子的花色点数符合赢钱的规定。《元曲选·百花亭》二折:"拆白道字,买～探阄。"元明《水浒传》三八回:"李逵又拿起头钱,叫声:'～!'"清《歧路灯》二七回:"须臾上场,你叫幺,我喝六,你恨不掷～,我恼只弄叉。" ❻用在短语之后,表示离将要出现的结果不远。明《警世通言》卷一五:"吏房也有管过的,也有役满～的,已不在数内。"《拍案惊奇》卷一五:"陈秀才风花雪月了七八年,将家私弄得干净～了。"清李玉《清忠谱》一五折:"都御史杨爷,打了一百铁扛子,死～了,让俺收监去。" ❼副词。将要;即将。清《平山冷燕》三回:"天～晚了,还要回复皇爷与两宫娘娘的旨意哩。"《红楼梦》三四回:"我已经～五十岁的人,通共剩了他一个。"《荡寇志》七七回:"丽卿道:'这条岭好长。'希真道:'就～完了。'" ❽用在否定词前,起强调作用。明孟称舜《娇红记》四七出:"儿～休说此话,你自挣扎呵!"清《红楼梦》一九回:"～别动!那是说了给袭人留着的。"《歧路灯》二九回:"你～休恁样没良心!"

【快便】 kuài biàn ❶快捷方便。宋吴自牧《梦粱录》卷一三:"盖经纪市井之家,往往多于店舍旋买见成饮食,此为～耳。"明《拍案惊奇》卷四:"果有小路～,相烦指示同行。" ❷快捷灵活。明戚继光《纪效新书》卷一八:"此船吃水六七尺,与贼舟等耳。其捞取首级,水潮中可以摇驰而～。"《山歌·老鼠》:"阿奴欢喜小尖酸,来去身松～。"清《说唐三传》一七回:"这匹龙驹好不～,但听得风声,不消片时来到山西。"

【快畅】 kuài chàng ❶形容截决或尽情;痛快。宋晓莹《罗湖野录》卷一:"坐脱立亡,不若水葬。一省烧柴,二免开圹。撒手便行,不妨～。"明范景文《西郭雪游记》:"起登小楼上,俯瞷万瓦鳞鳞,参差相间,犹以垣壁小碍,不大～。"清《醒世姻缘传》四八回:"知是素姐因狄婆子打了他,又恨打的狄希陈不曾~,所以放火烧害。" ❷ 舒服畅快;高兴。明袁于令《西楼记》七出:"竟将这桩事情,再点缀些,与他父亲于雪宾一说,可不~!"《拍案惊奇》卷二:"高高下下,往往来来,弄得滴珠浑身~。"清《飞花艳想》一八回:"又将朝霞一看,分明就是那日揭廉时的侍女,满心~。" ❸ 通畅舒服。清《医宗金鉴》卷五:"今仍腹微满,郁郁微烦,必胃有阻留,而下后仍不~也。"

【快当】 kuài dāng ❶ 快速;简捷。宋佚名《张协状元》一一出:"〔净〕来,来! 我去讨米和酒并豆腐,断送你去。〔丑〕我得老婆便去。〔末〕且是~!"明《醒世恒言》卷七:"今后不须言三语四。若果有人才出众的,便与他同来见我。合得我意,一言两决,可不~!"清《醒世姻缘传》八一回:"吕祥主作,调羹助忙,所以做的甚是~。" ❷ 快快;赶快。明《西洋记》一三回:"侍郎道:'要寻个物件,或是各牙行去支取,或是官府家去借办,或是朝廷里面去请旨,~些说罢。'长老道:'这个都不洁净,莫若还是我自家的罢。'侍郎道:'也~些取出来。'" ❸ 痛快;畅快。元明《水浒传》九三回:"李逵再说到杀却奸徒,踢翻桌子。那边鲁智深、武松、石秀听了,都拍手道:'~!'"明王世贞《王赠君兆祯传》:"及君卒而一一酬验,若取左券者,天定也。人谓君得生见之,~甚。"汤显祖《邯郸记》二二出:"〔净〕怎生叫做下剔上?〔丑〕但是讨宝,没有的,不管死活,从颏下一剔剔上去。〔净〕~,~!"

【快儿】 kuài er 筷子。明陆容《菽园杂记》卷一:"民间俗讳,各处有之,而吴中为甚。如舟行讳住,讳翻,以箸为~,幡布为抹布。"《山歌·箸》:"姐儿生来身小骨头轻,吃郎君捻住像个~能。"

【快果】 kuài guǒ 梨的讳称。梨、离同音,讳分离。宋董嗣杲《过林口市》:"~甘如饴,浊醪淡如水。"元王祯《农书》卷九:"梨谓之~。"

【快活】 kuài huó ❶ 舒适;快乐。唐段成式《酉阳杂俎》前集卷一五:"又失其弟,家人恸哭,警独不哭,曰:'他亦甚~,何用哭也。'"元明《水浒传》三回:"哥哥便只在此间做个寨主,却不~!"清方成培《雷峰塔》一二出:"我好~啊! 叫化逍遥。" ❷ 通畅;晓畅。宋《朱子语类》卷八:"若能于一处大处攻得破,见那许多零碎,只是这一个道理,方是~。然零碎底非是不当理会,但大处攻不破,纵零碎理会得些少,终不~。"又卷九:"看理到~田地,则前头自磊落地去。" ❸ 灵悟;敏捷。宋《朱子语类》卷九七:"所以道理也要个聪明底人看,一看便见,也是~人。"《五灯会元》卷一四《长芦清了禅师》:"只么承当,自是平常~。还有具透关眼底么?"

【快疾】 kuài jí ❶ 迅即;快速。宋洪迈《夷坚志》支景卷五:"乃一无头人织草履,运手~。"《元曲选·还牢末》四折:"早是我~来,猛然见了觑明白。"清《野叟曝言》四四回:"素臣拔刀在手,横跃一丈,竖跃八尺,~如风。" ❷ 快快;赶快。元吴弘道《上小楼·春日闺怨》:"唤小梅,你~,重门深闭。"元明《水浒传》一回:"~与我打开,我看魔王如何。"明汤显祖《南柯记》二〇出:"君王国母亲临饯,~着绿槐幢下。"

【快疾忙】 kuài jí máng 犹"快疾❷"。金《董解元西厢记》卷四:"今宵待许我同欢悦,~报与您姐姐,道门外玉人来也。"元蒲察善长《新水令》:"~飞过蓼花汀,听人家寝睡长门静。"《元曲选·罗李郎》二折:"你有和无打~道。他可又不肯言,不肯告。"

【快健】 kuài jiàn ❶ 干练;处理果断。唐崔令钦《教坊记》:"舞曲终,谓之合杀,尤要~,所以更须能者也。"宋黄庭坚《与徐彦和书》:"其人好学善士,但恐为吏不堪~,不称尊怀。"朱熹《中奉大夫王公神道碑铭》:"事有难处,为之反复计虑深远,不以一旦决遣~为己能。" ❷ 强健;爽快健朗。宋朱熹《答应仁仲》:"又喜只今已渐平复,窃计比日起居益~、气体愈清实也。"明程嘉燧《空斋行》:"南邻两脚差~,伛偻待试同拘牵。"庄杲《游衡山记》:"会天宇新霁,人人自觉神形~。" ❸ (风格)雄健有力;简捷流畅。宋梅尧臣《同蔡君谟观宋中道书画》:"一埽一幅太~,檀溪跃过瘦的颅。"魏泰《临汉隐居诗话》:"王禹偁《橄榄诗》……盖六句说回味。欧阳文忠公曰:'甘苦不相入,初争久方知。'极~也。"明徐渭《书评》:"王绍宗书笔下流利,~难方。"

【快捷】 kuài jié 快速;敏捷。宋吴自牧《梦粱录》卷一:"龙舟~者,赏之。"明《二刻拍案惊奇》卷三九:"乃是此人善做狗嗥,就假做了狗,爬墙越壁,~如飞,果然把狐白裘偷了出来。"清《万花楼》三一回:"幸喜龙驹跑得~,焦廷贵两腿如飞,一连跑了十里。"

【快口】 kuài kǒu ❶ 利口;说话尖利或不假思索。元施惠《幽闺记》二〇出:"无非买命与赎身,但随行有何囊箧赀费?〔生、旦〕没有,将军。〔众〕~强舌,休同儿戏!"明方以智《东西均·名教》:"古人抑扬杀活,有权有实,处处以万世为心,岂与专以~博名为心者同。"沈璟《义侠记》三二出:"这厮~哄谁行? 谋财致命两不相妨。" ❷ 适口;口感好。清《警寤钟》三回:"夫酱,作料也。多则咸而且苦,少则淡而无味,务在不多不少之间,菜方~。"

【快快】 kuài kuài ❶ 畅快;开心。宋胡宏《吴承远讥登山》:"洞里道人心~,云间游子自翩翩。"元汪元亨《朝天子·归隐》:"孟浩然跨驴,严子陵钓鱼,~煞闲人物。"明王世贞《答张助甫书》:"大丈夫杖旄钺,拥铁骑,登赫连台,坐受呼韩稽颡。然后勒颂贺兰,铭勋熟釜,亦一一~事也。" ❷ 急速;利索。《元曲选外编·西厢记》四本三折:"马儿迍迍行,车儿~随。"明杨基《新弦曲》:"不敢临风~弹,却恐新弦急还断。"汤显祖《紫钗记》八出:"书生眼~。恁是个香闺女孩,逗的个女孩,女孩伽伽的拜。" ❸ 赶快。宋元《清平山堂话本·李翠莲》:"~夹了里面去,窝风所在坐一坐。"明《挂枝儿·查问》:"床儿前,~的双膝跪,唤丫鬟剥去了帽和衣。"清《醒世姻缘传》三回:"你与我~的拿出去,别要惹我没那好的!"

【快利】 kuài lì ❶ 痛快;感觉爽利。《广弘明集》卷二六:"不思形神之疲劳,而重口腹之~。终糜碎于大地,何所补于精灵乎?" ❷ 通畅;畅达。唐孙思邈《备急千金要方》卷六四:"取七升,分七服,日四夜三,得小便~为度。"宋梅尧臣《杂言送当世待制知扬州》:"少年俱是玉墀人,文章~生铜吼。"清傅泽洪《行水金鉴》卷六八:"运河之水半长,中河之水亦大,粮船通行~。" ❸ 便利;灵活;敏捷。宋陶穀《清异录》卷下:"在外细线为绳,三道编联,使卷舒~。"岳珂《金佗粹编》卷二五:"令人夫踏车,于江流上下往来,极为~。"明张流芳《山中喜张鲁生至》:"出门何翩翩,两足殊~。" ❹ 伶俐;领悟快,有机变。《五灯会元》卷七《鼓山兴圣国师》:"向高山顶上看山玩水,未见一人~,通得个消息。"明宋濂《故集贤大学士吴公行状》:"但见其坚凝醇笃,有若懡㦬不知,遇事~,若风鹘掠林,健驭挟舟以飞也。"《型世言》二八回:"心极玲珑,口极~,常把些玄言悟语打动乡绅。" ❺ 速效。宋觉范《禅林僧宝传》卷一《抚州曹山本寂禅师》:"恁么体会,修行莫趁~。"明贺士諮《医闻集》卷二:"用人犹医之用药。和缓者宜于久远,而短于应急;~者速于去疾,亦能损伤真气。"孙继皋《贺方伯济寰杨公奏最》:"前是滇中诸土司袭其世官,则藩司操其急。以故袭者往往行金柄事者,以希~。"

【快惬】 kuài qiè 称心适意;使称心适意。唐马总《意林》卷五:"～如志,人之所欲也。"明沈鲤《学政条陈疏》:"各量其善恶轻重,分别赏罚,务俾群情～,的然可示劝惩。"吾邱瑞《运甓记》二二出:"贤主遭凶,忠魂幽愤,腑肺忧萦。欲叩天扃,～九京赍恨。"

【快适】 kuài shì 畅快舒适。宋苏舜钦《金山寺》:"气象特清壮,所览辄～。"明归有光《己未会试杂记》:"昨自瓜州渡江,四顾无人,独览江山之胜,殊为～。"

【快手】 kuài shǒu ❶ 动作敏捷;动作敏捷的人。宋陈师道《答无咎画苑》:"能事莫促迫,～多粗疏。"洪炎《再赋弈棋》之四:"眉山非～,弈胜亦欣然。"清朱彝尊《经义考》卷一六一:"然于大学也,积众疑而参之,～疾书,得正文一通。" ❷ 衙署中专管缉捕的差役。宋司马光《涑水纪闻》卷六:"里正白:'不能督顺之。'乃使～继之。"明《金瓶梅词话》五一回:"巡按宋爷家差了两个～、一个门子送礼来。"清《醒世姻缘传》二〇回:"一群～赶到里面,锁了六个,少了两个。"

【快爽】 kuài shuǎng ❶ 疏通爽朗;使疏通爽朗。宋陈旉《农书》卷下:"略疏通窗户以～之。"明卢柟《送林越山广文之石城尹》:"粤海炎洲气未疏,高凉～此安居。"清玄烨《喜晴即事》:"昨晓大安礼梵宇,山衢～值晴明。" ❷ 爽利;捷截果断。明崔铣《少保兼太子太傅王公神道碑》:"为诗跌宕～,能道人意中事。"清《好逑传》一二回:"你家小姐料事怎如此～,用心怎如此精细!"陈端生《再生缘》一一回:"侍女荣兰真～,相随立刻出房门。" ❸ 舒爽;感觉舒服;痛快。明缪希雍《先醒斋广笔记》卷三:"执燃者离疮四五分,自外而内徐徐照之,疮上微微觉热,即心神～。"李梅实《精忠旗》三三出:"忽尔精神病惚恍。床头枕底,为不了冤仇,添起惆怅。〔贴〕愿只愿今朝～。"《醋葫芦》九回:"何不家下自立例规,不遵就骂,不守就打,一五一十,自己'才丁',岂不～?" ❹ 快速。明《西洋记》一一回:"那七位神仙去得～些,独有吕纯阳驾着云,蹑着雾,自由自在,迤逦而行。"

【快速】 kuài sù ❶ 频率高,速度快,或指用时短。唐窦臮《述书赋》卷上:"仲伦则～无度,驰突不疏,尺题已终,笔势仍餘。"宋佚名《小儿卫生总微论方》卷八:"餘酒与乳母饮之为佳,能令疮出～。"元许衡《中庸直解》:"以人立政,易于兴举。譬如以地种树,易于发生,甚是～。" ❷ 迅疾;及时。清《万花楼》一〇回:"非用药～,不出十天之内,毒气传于六腑,难以挽救。"《后水浒传》二二回:"往常天变,也没恁般～。"又三四回:"怎来得这般～,实意想不到。" ❸ 急速;赶快。清《女仙外史》二八回:"我是本州指挥,～开关。"《万花楼》九回:"教他待王爷一到,～喊救,可得活命。"△《绿牡丹》六一回:"到了潼关,对胡大爷说,叫他～前来抵挡抵挡。"

【快头】 kuài tóu 快班头目;快手(捕役)的头儿。清《歧路灯》七七回:"少爷把那粗糙东西……分成四个箱,卖与历城县一个～儿。"又八四回:"县公差～,押令速办速结。"

【快慰】 kuài wèi ❶ 欣慰;高兴而心安。五代孟知祥《收下夔州并黔南榜》:"指期荡定,以固封宇,凡曰军民,攸同～。"明赵完璧《拟夏日赐扇群臣谢表》:"则仁风拟大块而同德,餘光昭汗简以不磨,四海播扬,万年～矣。"清《镜花缘》一五回:"今幸遇贤契,～非常。" ❷ 安慰;使欣慰。《续资治通鉴长编》卷四二五:"谨用祖宗之法,～臣民之心。"清《红楼梦》九九回:"今幸棨戟遥临,～平生之愿。"

【快鞋】 kuài xié 便于快行的轻便鞋。清《醒世姻缘传》五一回:"珍哥戴了帽子,穿了坐马,着了～。"《说岳全传》七五回:"脚下缠着卷腿,穿着一双～。"

【快行】 kuài xíng 即"快行家"。宋李纲《快行亲从官待罪札子》:"臣前月二十八日奉御批,守御使司～亲从官十二日发遣归本司,臣实时依禀圣旨发遣归本司讫。"宋元《古今小说》卷一一:"姓赵名旭,见今在状元坊店内安歇。仁宗命～急宣。"明李东阳《济阳怨》:"宫中～过巷门,巷中皇子心如焚。"

【快行家】 kuài xíng jiā 宋代皇帝身边任奔走急传的役吏,有时也兼作其他差事。宋李纲《乞不推赏王以宁札子》:"王以宁、许孝烈等,以斗敌捉获金人一百餘人,特与转三官内,王以宁仍除直秘阁承御前,差～赍到。"王明清《玉照新志》卷二:"(郑绅)甫出寺门,有～者数辈宣召甚急。"

【快性】 kuài xìng ❶ 急性子;爽朗性格。宋洪迈《夷坚志》支癸卷五:"其家～,才说便要成。幸勿迟缓!"元古本《老乞大》:"我是～,捡好钞来。临晚也,贱合杀卖与你。"清《醒世姻缘传》六四回:"别说狄大嫂是个～人,受不的这们顿碌,就是我也受不的。" ❷ 动作麻利。隐指利落杀死。《元曲选·任风子》三折:"兄弟,咱宰了一个牲口儿,与他个～儿。"又《赵礼让肥》三折:"太仆,小生来了也。与个～,杀杀杀。"清《醒世姻缘传》五五回:"这手段要好,是不消说第一件了。可也还要～,又要干净。" ❸ 痛快;干脆。借指干脆了断。明《金瓶梅词话》八五回:"留了我两对翠花,一对大翠围发,好～,就称了八钱银子与我。"清《醒世姻缘传》七六回:"一个老子病的待死,连话也管着不叫说一声,要这命做甚么!你倒与我个早～罢!"

【快靴】 kuài xuē 便于快行的轻便靴。清《说岳全传》二一回:"身穿便衣,脚登～。"《白雪遗音·柳迎春》:"腰系皮鞓,足登～。"

【快悦】 kuài yuè 愉快。宋孔平仲《谈苑》卷三:"永叔梦为鹳鹆,飞在树上,意甚～。"清孙承泽《春明梦餘录》卷三五:"公私两便,商民不亏,庶几人心～,怨声消弭。"

【快燥】 kuài zào 迅疾;快速。燥,快。明李梅实《精忠旗》三四出:"也罢,容你近前去,～些!"清沈起凤《报恩缘》一七出:"趁差人弗曾来,～点收拾仔走罢。"《野叟曝言》七二回:"今日这风好不～。再略大些,这船敢就翻一个转!"

【快壮】 kuài zhuàng 地方衙署的两种差役。快班管捕盗,壮班管站衙。也泛称衙役。明王世贞《议防倭上傅中丞》:"备倭留民兵,莫若严阅诸道之～。"清法士善《陶庐杂录》卷六:"今之州邑,惟～数人供奔走而已。"△《小五义》二二〇回:"县老爷要能人办案,～两班班头把我公举出去。"

【快子】 kuài zi ❶ 即"快手❷"。宋佚名《张协状元》二七出:"旗帜交加乐器催,～行如电,簇着大魁。"明《金瓶梅词话》七九回:"随即差～拿牌赶回东平府批文来,封回与春鸿书中。" ❷ 筷子。明《金瓶梅词话》一二回:"这个抢风膀臂,如经年未见酒和肴;那个连二～,成岁不逢筵与席。"清赵翼《陔餘丛考》卷四三:"俗呼箸为～。"

【快嘴】 kuài zuǐ 犹"快口❶"。明《古今小说》卷二:"众人中有～的便道:'依着道理,平半分也是该的。'"《型世言》一六回:"一个～的便道:'二娘嫁字心里肯,口里不说的。'"清《隋唐演义》六一回:"这位大姐姐,好像前日在阵前的～女兵。"

kuān

【宽】 kuān ❶ 松;不紧密。唐李白《拟古》之一:"别后罗带长,愁～去时衣。"明《山歌·姑嫂》:"深山里落叶弗要扫,脚桶～

来只要箍。”清李渔《闲情偶寄》卷三:“皮肉之黑而～者易白,黑而紧且实者难白。” ❷宽裕,指数量或可能性大。唐杜甫《遣闷戏呈路十九曹长》:“晚节渐于诗律细,谁家数去酒杯～。”明《醒世恒言》卷二八:“不瞒小姐说,我的食量颇～。”清《歧路灯》七回:“希图《五经》人少,中的数目～些。” ❸指时间加长。多用于挽留人的场合。宋陈师道《和南丰先生西游之作》:“山僧煮茗留～坐,寺板题名卜再来。”明《拍案惊奇》卷二六:“小房尽可住得,便～留几日不妨。”清《儒林外史》四〇回:“老爷且～住一日。” ❹特指茶、汤用水比一般的量大。元明《水浒传》二四回:“老身看大官人有些渴,吃个～煎叶儿茶如何?”明韩奕《易牙遗意》卷下:“洞庭塘南橘一百个,～汤煮过。” ❺用在数量词后,表示比这个数量略多些。明《二刻拍案惊奇》卷二六:“做了两三任归来,囊中也有四五百金～些。”清《白雪遗音·私订又拆》:“赤金镯一对来相赠,还有黄金数两～。” ❻卸脱;解开。明《金瓶梅词话》五九回:“西门庆叫玳安上来,把上盖青纱衣～了,搭在椅子上。”《拍案惊奇》卷八:“回头吩咐小喽罗,～了众人的绑。”清陈端生《再生缘》六六回:“腰间玉带皆～去,身上朝袍也解开。”

【宽杯儿】 kuān bēi er 大酒杯。明《金瓶梅词话》三三回:“拿～来,筛与你姐夫吃。”

【宽畅】 kuān chàng ❶舒畅。五代何溥《灵城精义》卷上:“回龙之势多凑促,其气不舒,必得～,逡巡气乃和也。”宋吕祖谦《与朱侍讲书》:“尔以进道言之,亦须平衍～,然后充大长楙也。”清《红楼梦》一七至一八回:“贾政方略心意～,又请贾母等进园,色色斟酌,点缀妥当。” ❷宽阔空敞。清《说岳全传》九回:“这里投东去一条胡同内,有大空地～好出恭。”《九云记》三三回:“红雨院最～华丽。”

【宽超】 kuān chāo 同“宽绰❶”。元佚名《十棒鼓》:“将簪冠戴了,麻袍～;拖一条藜仗,自带椰瓢。”

【宽程】 kuān chéng 路上时间宽松。唐李翔《石鹤》:“辽海未曾重寄语,缑山今更请～。”宋张孝祥《风雨石首呈同行寄荆州僚旧》:“～且作三旬约,要看庐山紫翠屏。”元刘壎《通吕保相》:“尚少～督之,威安田里而无愁,当勉竭拊摩之力。”也指不需要紧急赶往的路程。宋李弥逊《临海观望》:“神山端可往,九万作～。”

【宽除】 kuān chú 脱下;摘除。清陈端生《再生缘》七六回:“回头复把王爷叫,君侯吓,～冠带好安眠。”

【宽绰】 kuān chuò ❶宽大;不狭窄。宋黄庭坚《书赠福州陈继月》:“大字难于结密而无间,小字难于～而有餘。”元邓玉宾《村里迓古·仕女圆社气球双关》:“场户儿～,步骤儿虚嚣。”清《荡寇志》八一回:“宋江便吩咐打扫～的房屋,与他夫妻二人居住。” ❷开朗;舒畅。宋陈著《俞荪墅示以杂兴四首》:“间关谙世梦,～养天根。”清《歧路灯》一二回:“你要过闷时,叫王中请娄先生、孔亲家来说几句知心话儿,你心里～些。” ❸富餘;宽裕。宋魏了翁《问兵民财吏之弊今日何以为》:“自今本根既厚,而国用～。”清《红楼梦》程乙本五九回:“藕官认了我姨妈,芳官认了我奶,这几年着实～了。”《歧路灯》一一回:“府上供用极好,贱内也颇能节俭,甚觉～。”

【宽打周遭】 kuān dǎ zhōu zāo 走路绕圈子。比喻绕圈子说话。《元曲选·东堂老》一折:“这老儿可有些兜搭难说话,慢慢的～和他说。”《元曲选外编·拜月亭》三折:“待不你个小鬼头春心儿动也?我与你～向父亲行说。”

【宽打周摺】 kuān dǎ zhōu zhé 即“宽打周遭”。《元曲选·黑旋风》二折:“两下里慌速速怕甚么途路赊,必然个宽打着大周摺。”

【宽定宕】 kuān dìng dàng 宽松不紧密。隐指非处女。宋周密《癸辛杂识》前集:“胡卫道三子,孟曰宽、仲曰定、季曰宕,盖悉从宀。其后悼亡妻,俾友人作志,书曰:‘夫人生三子,～。’读者为之掩鼻。盖当时不悟为语病也。”明《拍案惊奇》卷一〇:“粗蠢黑的面孔,还恐怕认做了绝世芳姿;～的东西,还恐怕认做了含花嫩蕊。”

【宽泛】 kuān fàn 内容意义牵涉面宽广。清李光地《榕村语录》卷三:“君子博学于文,约之以礼。礼即文之切近,处文于吾身,必竟～些。”《镜花缘》八五回:“至于诗句,惟闺阁之书准用,餘皆不准,才不～。”

【宽广】 kuān guǎng (数目、种类)多。明《金瓶梅词话》七回:“如今知府、知县相公来往,好不四海结识人～。”又九五回:“如今周爷朝廷新与他的敕书,好不管的事情～。”

【宽话】 kuān huà 不关痛痒、不切实际的话。明《西游记》七七回:“哥呀!且不要说～。如今已与阎王隔壁哩,且讲甚么‘雏儿’‘把势’!”

【宽怀】 kuān huái 即“宽心❷”。唐綦毋潜《送郑务拜伯父》:“奉料竹林兴,～此别晨。”明《西洋记》二八回:“列位但～,俺家师父若无本领,焉敢领兵来下西洋。”清玄烨《初秋晚雨后观仪器》:“～自有数行字,乐志须操一算筹。”

【宽豁】 kuān huò 宽阔开豁。明《徐霞客游记》卷八:“南抱为壑,颇～。”清《红楼梦》一七至一八回:“再进数步,渐向北边,平坦～。”

【宽急】 kuān jí (肚皮)宽松有弹性,指饭量、度量大。明《型世言》三四回:“这班僧人道:‘怪道饿得。他一顿也吃了半个月食了,只当饿得半月。’又一个道:‘只是这肚皮忒～了些。’”清《野叟曝言》一五二回:“有素兄这等～肚肠,与他歪缠,若不吓走了他,我们的酒令,何时结局?”《何典》一回:“落开那张顋死嘴,凸出了～肚皮,眉花眼笑的坐在上面。”

【宽解】 kuān jiě ❶宽松;松缓。元贯云石《水仙子·田家》:“衣～,事不关,直吃的老瓦盆干。”清《白雪遗音·好事不成》:“病恹恹,带围～腰肢瘦。” ❷(情绪)缓解。明《醒世恒言》卷二六:“得了这个消息,心中少觉～。”清《歧路灯》一〇六回:“惟有儿子到跟前问痒问疼,这疼痒就会～。”《白雪遗音·三更月照》:“孤另另,谁知疼来谁知爱,何时～。”

【宽空】 kuān kōng ❶指上天或天空。唐孙樵《迎春奏》:“青帝何功,而飨乎～?”聂夷中《题贾氏林泉》:“清流逗密条,直干入～。” ❷宽松;空旷。清《醒世姻缘传》四回:“如今觉的肚内稍稍～了。”《绮楼重梦》一四回:“将身走到～处,口中念咒。”

【宽快】 kuān kuài ❶宽松;通畅。宋《朱子语类》卷八:“为学何用忧恼,但须令平易～去。”《元曲选·金童玉女》四折:“我如今丫髻环绦,椰瓢执袋,麻袍～,布袜芒鞋。”清魏之琇《续名医类案》卷一六:“吐讫,胸中～。” ❷宽阔;宽敞。元《农桑辑要》卷四:“蚕屋须要～洁净,通风气。”清《醒世姻缘传》四三回:“这老张婆子影不离灯的一般,又不是外头～去处,支了他那里去?” ❸舒坦;痛快。明邵璨《香囊记》二三出:“适来见先生说了,心上稍觉～些。”《西洋记》一四回:“倒埋了碧峰,服了这口气,心上老大的～。”又一六回:“但说起个选将练师,我心上就有许多不～处。” ❹富餘;宽裕。清《醒世姻缘传》四一回:“路费～,口里说着话,眼里看着景致,再走着那铺路,本等是十里,只当得五里地走。”

【宽阔】 kuān kuò 宽大;宽敞。唐寒山《平野水宽阔》:“平野水～,丹丘连四明。”《元曲选·张生煮海》三折:“我看这海有偌般～,无边无岸,想是连着天的。"清《红楼梦》一七至一八回:"直由山脚边忽一转,便是平坦～大路。"

【宽谅】 kuān liàng 宽恕;原谅。宋苏辙《制置三司条例司论事状》:"公见,～其不逮,特赐敷奏,使辙得外任一官。"阳枋《上淮阃赵信庵论时政书》:"姑以致爱莫能助之之意云尔,惟国公～之。"清《梦中缘》二回:"与金公素无相识,不便登门,故未造谒。望吴兄～。"

【宽量】 kuān liàng 同"宽谅"。清《白雪遗音·迎新送旧》:"你若是真疼奴,诸凡事儿求～,再莫论短长。"

【宽慢】 kuān màn 宽松;不严格。《旧唐书·郝处俊传》:"荆轲匹夫耳,而匕首窃发,始皇骇惧,莫有拒者,岂不由积习～使其然乎?"元王恽《大元故正议大夫孙公神道碑铭》:"剸裁错节惊龙泉,吏惟～猛则残。"明《西游记》九一回:"这一向也不曾用着你们,你们见老孙～,都一个个弄懈怠了。"

【宽免】 kuān miǎn 减免;赦免。唐皇甫湜《韩文公神道碑》:"民急如是,请～民徭,而免田租之弊。"《元曲选·汉宫秋》一折:"妾父母在成都,见隶民籍,望陛下恩典～,量与些恩荣咱。"清《红楼梦》一〇六回:"若皇天见怜,念我虔诚,早早赐我一死,～儿孙之罪。"

【宽皮】 kuān pí 同"宽脾"。清《醒世姻缘传》一三回:"次日,那书办做成了招稿,先送与晁大舍看了,将那要紧的去处都做得～说话。"《好逑传》一回:"你们乡下人,怎这样胆小没义气?只怕还是没人知道消息,说这～话儿。"

【宽脾】 kuān pí 和缓;不着痛痒。清《后水浒传》二五回:"全不知俺欲动,烧着心儿里痒痒的,盼望不得早来,怎说这～没力话!"

【宽皮毛】 kuān pí máo 比喻不关痛痒。清《荡寇志》九六回:"纪二、阴婆、秀兰都去劝慰,戴春也～的劝了几句。"

【宽脾胃】 kuān pí wèi 犹"宽脾"。清《醒世姻缘传》四回:"救治人命,且说这们～的声嗓。这极不杀人么!"

【宽衫】 kuān shān 大衫;长衫。宋孟元老《东京梦华录》卷六:"武官皆顶双卷脚幞头,紫上大搭天鹅结带～。"元明《水浒传》二回:"头戴遮光暖帽,身穿直缝～。"清《野叟曝言》四六回:"飞霞扮作军官模样,两侍女也是～高笠,悬弓插箭。"

【宽剩】 kuān shèng ❶ 多或大而有剩餘。宋洪迈《夷坚志》甲卷七:"后作江州能仁副院,将～米沽酒。"庄绰《鸡肋编》卷中:"缘物料～,适足以资盗窃。"元郑光祖《驻马听近·秋闺》:"金炉烟烬,锦衾～越难熬。" ❷ 即"宽剩钱"。宋朱弁《曲洧旧闻》卷九:"新法初行,师中希司农意指,多取～,令韩公与富民均出钱,亦为士论所鄙。"

【宽剩钱】 kuān shèng qián 宋代行免役法时于所收免役钱、助役钱之外增收的钱。宋司马光《乞罢提举官札子》:"别作名目,占免役～。"陈傅良《赴桂阳军拟奏事札子》:"其它杂敛,皆起熙宁。于是有免役钱、常平～。"

【宽适】 kuān shì 宽松舒适。清玄烨《谕皇太子》:"朕大事已毕,意殊～,日与诸臣每一语及,辄一为欣忭。"

【宽疏】 kuān shū 不严密。唐李隆基《遣使黜陟诸道敕》:"又闻河堤穿决,使有漂流。谅由州县～,不时修塞。"《元史·礼乐志三》:"礼文简省,禁网～,还风太古,跻世华胥。"清赵吉士《寄园寄所寄》卷六:"但其赋性～,门客宵人乘机假借,延儒不能尽知。"

【宽爽】 kuān shuǎng ❶ 宽敞。《太平御览》卷一八〇:"禄山旧宅在道政坊,玄宗以隘陋,更于亲仁坊选～之地,出内库钱粮,更造宅焉。"明梁潜《春熙堂记》:"～深靓,周旋拜起,可以容众而合族。"△清《官场现形记》六回:"不如就把书院腾了出来,路又近,房子～。" ❷ 宽解舒爽。明《禅真逸史》六回:"小僧听了干娘这话,不觉病体～了一半。"清《绿野仙踪》四一回:"每日家只害胸隔胀闷,不思饮食。如玉设法劝慰,也不得～,渐渐的骨消肉瘦起来。"

【宽肆】 kuān sì 宽阔。金刘祁《麻信之游龙山记》:"北望川口最～。金城原野,分尽条列,历历可数。"元王恽《西山经行记》:"洞腹～,窿穹巉岩。"

【宽松】 kuān sōng ❶ 松;不紧密。宋杜安世《合欢带》:"被你厌厌牵系我,怪纤腰、绣带～。"清《隋唐演义》五一回:"轻轻扶秦王出了神柜,叫手下～剪了,扶出庙门。"《姑妄言》八回:"我生产过的东西,自然～。" ❷ 松懈;不严密。元明《三国志通俗演义》卷五:"暗使左右故意～,军士得脱,偷走出营。"《水浒传》六三回:"你若是拘束得紧,诚恐丧命。若教你～,又怕他走了。"明高攀龙《申严宪约责成州县疏》:"狱中重囚,日间～,夜间当严。" ❸ 宽缓;放松。元明《水浒传》四三回:"且请壮士解下腰间包裹,放下朴刀,～坐一坐。"清《九云记》二七回:"～我暂时,我且供真的。"《白雪遗音·凤凰得病》:"只因相思鸟儿病体凶,画眉笼中干着急,莺哥架上不～。" ❹ 宽畅;通畅。清《醒世姻缘传》四回:"又停了一会,又打了两个嗳,更觉～了好些。"《野叟曝言》五〇回:"天然之病,一团忧郁而成;今事已谐,胸中便～了许多。" ❺ 宽敞。清《说唐后传》一九回:"仁贵连忙钻入柜中,到也来得～,睡在里边了。" ❻ 看轻;减轻;轻松。明李梅实《精忠旗》一七出:"良心劝你且～。太师主意,敢不迎逢?"清《白雪遗音·五更佳期》:"红娘姐,叫声张相公,你的病体可～?"《说唐后传》一九回:"他少了薛仁贵吃饭,略觉～几日。"

【宽褪】 kuān tùn 因瘦损而觉衣服肥大。金《董解元西厢记》卷七:"罗衣～肌如削,闷答孩地独自个。"明孙蕡《阿娇怨》:"斗帐香销荳蔻垂,舞裙～丁香结。"清《隋唐演义》六五回:"那肌肤的白怯,真似柔荑瓠犀,但觉楚腰～了些。"

【宽闲】 kuān xián 从容闲散。《敦煌变文校注》卷二《叶净能诗》:"况且道士美貌清畅,情伤(肠)～。"明《西游记》七七回:"退下我着头上箍儿,交还如来,放我弟子回花果山～耍子去罢!"清《豆棚闲话》九则:"做了一帐两帐,手便滑利,心便～,吃得肥肥胖胖,也就象个好汉。"

【宽懈】 kuān xiè 松懈;松弛。明王守仁《案行广东福建领兵官进剿事宜》:"至于今日,已为持久之师,且宜示以～,待间而发。"清蔡世远《答鳌峰书院诸生》:"大抵以清真雅醇为主,起讲不欲其多而犯实也,起比不欲其长而～也。"

【宽心】 kuān xīn ❶ 放宽心情。宋朱熹《与方耕道书》:"老兄且加意～将息,不必过虑。"明邵璨《香囊记》二三出:"婆婆请自～,毋以死伤生。"清《醒世姻缘传》九六回:"老爷身上不安,正是气血伤损的时候,极要～排遣,不可着恼。" ❷ 放心;安心。宋元《清平山堂话本·李翠莲》:"爷开怀,娘放意。哥～,嫂莫虑。女儿不是夸伶俐,从小生得有志气。"《元曲选·气英布》二折:"你则～儿等待者,我汉王少不得重用你哩。"明《西游记》二回:"大王,你好～!怎么一去许久?"

【宽延】 kuān yán 宽缓;延缓。明李贤《四乞终制》:"内臣即日迫臣上道。臣欲～数日,亦不可得。"清魏裔介《详陈救荒之政疏》:"此正拯溺救焚之时,非可以～日月者。"

【宽衣】 kuān yī ❶ 肥大的衣服。唐郑处诲《明皇杂录》卷上:"明日,复召来,韦氏举家视其帘下,～碧衫,疏瘦而长。"清张英《题翁康饴观获图》之一："～博带丰神古，人在豳风藻绘中。"《东周列国志》一八回："宁戚～大带，昂然而入。" ❷脱衣。明佚名《鸣凤记》三一出："请易先生～少坐。〔脱衣坐介〕"清弘历《午热》："午热全非前日比，～林下有凉飔。"

【宽易】 kuān yì　宽厚平易。唐杜牧《唐故范阳卢秀才墓志铭》："一取约束，无禁限疑忌，广大～，嬉游终日。"元吴澄《瑞州路正德书院记》："陈君瑞之，高安人，～倜傥，重义轻财。"明薛瑄《送镇江府推官郑聪序》："予尝知希古之为人，纯笃～。"

【宽餘】 kuān yú　❶宽松；不严密或不紧密。宋韩琦《上大名知府王龙图启》："奸讹自息，不烦钩距之能；犴狱无冤，动协～之禁。"元朱庭玉《哨遍·春梦》："自觉香肌销怯，裙腰松掩，衫裉～。" ❷宽裕；富餘。宋朱熹《乞蠲减漳州上供经总制额等钱状》："向来州郡费出有经，县道亦有～，可以桩办。"明毕自严《新饷出入大数疏》："各以地方应输饷额，凛凛期会新库，稍觉～。"清《野叟曝言》一一回："你我盘费虽没～，当尽所有者助之。"或用来形容水大。明王士贞《舒司马要饮天妃宫后桥亭》："淮水～浸，丹桥抱古亭。" ❸宽敞。宋蔡戡《新居用韩昌黎诗韵》之六："我居本～，湫隘良有以。"

【宽裕】 kuān yù　充足；富裕。明《古今小说》卷四〇："取得这项银两，一路上盘缠也得～，免致吃苦。"清胤禛《朱批谕旨》卷一二三下："一切雇募价值，应从～者据实题请，务令小民乐于趋赴。"《姑妄言》二四回："他手头～，又恋土难移，嬴氏难舍丈夫儿子，都不愿去。"

【宽窄】 kuān zhǎi　指宽度。明《西游记》七三回："那箱儿有八寸高下，一尺长短，四寸～，上有一把小铜锁儿锁住。"

【宽展】 kuān zhǎn　❶宽敞开阔。宋黄庭坚《与人简》："盖三间屋中，欲尽去几案，令～耳。"《元曲选·三夺槊》四折："我则见御园，怎生迭这战场～。"清《隋唐演义》六三回："前队尉迟兄弟，正要寻一个大～的饭店。" ❷放宽（期限）。宋苏辙《三论回河札子》："若范百禄等以开河为便，犹当计校利害，～岁月，调兵买梢，皆非今岁所急。"清弘历《蓟州道中》之二："～赈期终四月，尚希麦熟救斯民。" ❸展开；扩展。《元曲选·赵礼让肥》二折："～那猿猱臂，侧坐着虎熊腰，雄纠纠施呈那燥暴。"清《豆棚闲话》四则："孰知汪君等算然，掀天揭地，已如龟卜而烛照之矣。锦囊一段波澜，固是著书人～机法耳。" ❹宽松；舒展。宋元《古今小说》卷三九："大尹院上官下吏都得了贿赂，汪革稍得～。"明《二刻拍案惊奇》卷四："知县叫承差守定，不放～。" ❺宽裕；富餘。明《醒世恒言》卷一："老媳妇原许下与他娶一房妻小的，因手头不～，挨下去。"△清《品花宝鉴》二一回："又因华公子待他有些颜面，银钱又～起来，便有些小人得志。"

【宽转】 kuān zhuǎn　❶绕道走，喻指绕圈子。金刘处玄《颂》："一别又经秋，去都过保州。尊官为念道，～近西游。"元《三遂平妖传》一四回："如今要晓得媚儿的下落，少不得打个大～，又起一宗话头了。"《元曲选·连环计》二折："一个眼传情羞掩芙蓉面，一个坐不稳难登玳瑁筵。则见他佯带酒推更衣且～。" ❷宽缓；疏松；松懈。元王恽《乞权免中都远仓脚钱粮事状》："合无将今岁五路带纳远仓脚钱税粮权行蠲免外，据近仓税石更为～限次送纳。"明朱橚《普济方》卷二六五："以木杵臼捣碎，用疏生绢袋盛之，令极～，即结袋头。"清《一片情》二回："冤家，你空使了心，这瞎子好不利害，如密篦箕，一会也不容你～。" ❸宽敞，有回旋餘地。明《金瓶梅》一回："因他没有～地方儿，晚夕又没甚好酒席，不好请哥坐的。"《醒世恒言》卷五："勤自励走到树边，挨身入内，甚是～。"清《隋唐演义》六八回："好一个大～的所在，又无山水，又无树木。" ❹宽裕；富餘。明《石点头》卷六："趁得少，吃得多，手头没一日～。"清《风流悟》六回："那何敬山是惯放印钱的，便道：'要几两？'魏大道：'借得四两，便～些。'"

kuǎn

【款】 kuǎn　❶缓；慢。元稹《冬白纻歌》："吴宫夜长宫漏～，帘幕四垂灯焰暖。"明《金瓶梅词话》五八回："两个轻舒玉指，～跨鲛绡，启朱唇，露皓齿。"清洪昇《长生殿》二一出："只见你～解云衣，早现出珠辉玉丽。"引申指延缓、宽限。《歧路灯》五九回："难说你没本事对虎兵丁说，叫他～我几天么？" ❷叙说；吐露。唐韩思彦《酬贺遂亮》："累日同游处，通宵～素诚。"韦应物《难言》："未若不相知，中心万仞何由～。" ❸逢；遇。唐萧翼《答辨才》："邂逅～良宵，殷勤荷胜招。"明高濂《玉簪记》六出："念蒲柳甘弃捐，愧荒凉，何因～刘阮？" ❹招接；款待。唐杜荀鹤《李昭象云与二三同人见访》："贫舍～宾无别物，止于空战大尊罍。"明《醒世恒言》卷三二："韩翁有邻舟相识，拉上岸于酒家相～。"清《霓裳续谱·水绕桃花坞》："草堂～宾主，列珍馐，陈鸡黍。" ❺条款；项目。唐元稹《台中鞫狱忆开元观旧事》："哀哉剧部职，唯数赃罪锾。死～依稀取，斗辞方便删。"明汤式《新水令·春日闺思》："我恓惶事攒下万千般，他风流罪攒来数十～。"清《红楼梦》一〇五回："风闻是珍大哥引诱世家子弟赌博。这一～还轻，还有一大～，强占良民之妻为妾，因其不从，凌逼致死。" ❻书函或书画作品上所具的题名、题写时间等文字。《敦煌变文校注》卷一《张淮深变文》："遂请幕府修笺，述之露布，封函结～。" ❼即"款头❶"，指审讯时写在纸上的问题。唐张鷟《朝野佥载》补辑："后孙敬业扬州反，弟敬贞答～曰：敬业初生时……"宋王谠《唐语林》卷六："有士人遇于中道，不避，乃为前驺所拘。绅命鞫之，乃宗室也。答～曰：'勤政楼前，尚容缓步；开封桥上，不许徐行？'"洪迈《夷坚志》三壬卷四："边命捕逮禁鞫，凶子答～曰：'人不应生牛，是其家不积阴德，为恶神所谴尔！'" ❽拷问；审问。敲击的引申义。唐康骈《剧谈录》："于是舁至左军，一～而伏。" ❾供词；案卷。宋洪迈《夷坚志》三壬卷三："东阳陈亮同父，以杀人坐狱，鞫于衢。前者数翻成～。"又三己卷五："今若尽法断治，须追取亡者尸柩至此发验之，乃可结～。"《朱子语类》卷七八："伯恭说'子朱启明'之事不是。此乃为放齐翻～。" ❿拜谒；访问；探望。《新唐书·王君廓传》："乃独～诜，诈曰：'有急变，当白！'诜方沐，握发出，即斩之。"宋苏轼《同王胜之游蒋山》："欲～南朝寺，同登北郭船。"明孟称舜《娇红记》三七出："如瓜期未及，幸一过～，使蓬户生辉也。" ⓫留；止。宋杨万里《同君俞季永步至普救寺》之一："湖山有意留侬～，约束疏钟未要声。"明《英烈传》五四回："吾岂不爱将军雄杰，但天理人情上，难以相～。"清《水浒后传》二八回："李大官人本是见我斗法赢了，～我静室，怎又听信郭京狂言，要拿去解送童贯？" ⓬踏；迈。明崔时佩、李日华《西厢记》一九出："梦断巫山一片云，起来移步～红尘。"清《霓裳续谱·金乌坠落》："～金莲偷出香闺，背丫鬟转过妆楼。"《白雪遗音·青山在》："薄命伤怀，盼想多才，慢～金莲转瑶阶。" ⓭拴；扣。明《警世通言》卷三五："（秀姑）按定了胆，把房门～上，急跑到叔公邱大胜家中报信。" ⓮款式；章法；规矩。宋《朱子语类》卷一八："诸公致知、格物之说，皆失了伊川意，此正是入门～。于此既差，则他可知矣。"明《西游记》四五回："大圣吩咐，谁敢不从？但只是得一个号令，方敢依令而行；不然，雷雨乱了，显得大圣无～也。"清《儒林外史》五三回："邹泰来笑道：'这成个甚么～！那有这个道理！'"

⑮ 派头；架子。清《红楼梦》四四回："往常倒有些体面，今儿当着这些人，倒拿起主子的～儿来了。"又五五回："既这么说，环儿出去，为什么赵国基又站起来？又跟他上学？为什么不拿出舅舅的～来？"

【款案】 kuǎn àn 案卷。《太平广记》卷一七二引《玉堂闲话》："洎不任其苦，乃自诬杀人，甘其一死。～既成，皆以为不缪。"宋黄震《黄氏日抄》卷四六："仓公既以缇萦免刑，召问医治，纤悉如～。"《续通典》卷一一三："（宋孝宗）每岁临轩虑囚，率先数日令有司进～披阅，然后决遣。"

【款拜】 kuǎn bài 敬拜；敬礼。宋韩琦《与状元大着学士书》："庄溟载运，谅翔鹍以何攀；原野未遗，冀亡簪之在念。尚辽～，良切倾颙。"明孙仁孺《东郭记》一七出："皮相者谓我乞人，肉眼者笑予无赖。惟有室人不知，终日双双～。"

【款边】 kuǎn biān 叩边。指外族前来通好。唐柳宗元《唐故衡州刺史东平吕君诔》："戎悔厥祸，～求侍。"《新唐书·韦皋传》："又明年，云南～求内属。"

【款别】 kuǎn bié 设酒食送别。明《古今小说》卷四〇："临行，世蕃治酒～，说道：'烦寄语杨公，同心协力。'"清《野叟曝言》一四九回："初七日，设宴～各国王、国妃。"

【款兵】 kuǎn bīng ❶ 缓兵。宋孙觌《崇政殿集众官议合不合弃三镇》："三关之地，可以～而纾祸也。"明张岳《与督府蔡半洲论抚谕交夷》："彼国就欲用兵，安知此不为～之辞？" ❷ 募集兵。明归有光《昆山县倭寇始末书》："时太仓陶指挥所募～适至，又命二守督率并进，意在刻期剿灭。"清吴伟业《矾清湖序》："是时姑苏送～至，不戮一人。"

【款步】 kuǎn bù ❶ 缓步。宋李之仪《又次韵》之一："～昔陪下泽，剧谈今愧高流。"清《红楼梦》二回："意欲到那村肆中沽饮三杯，以助野趣，于是～行来。" ❷ 脚步声。明方孝孺《王进德传》："或饮酒欢笑，闻其～，即皆畏避。"

【款打】 kuǎn dǎ 拷打；搏击。元明《水浒传》一二回："既是自行前来出首，免了这厮入门的～。"明王守仁《咨两广总制都御史杨共勤国难》："烦为选取骁勇精壮兵快夫～手人等，大约四五千名，各备锋利器械。"

【款待】 kuǎn dài 热情优厚地招待。五代孙光宪《北梦琐言》逸文卷三："高氏以贵公子任行军司马。常以歌筵酒馔～数公。"明《西游记》四回："小的们！安排筵宴～。"清胤禛《朱批谕旨》卷一六六："送至公馆，随备饭～来使。"

【款单】 kuǎn dān 分条列举犯罪事实的单子。明范景文《直陈除害安民诸款疏》："虚摭事件，不妨李戴张冠；巧立～，每至甲移乙室。"清《儒林外史》一九回："县尊也不曾问甚么，只把访的～掼了下来，把与他看。"

【款地】 kuǎn de 缓缓地。金《董解元西厢记》卷五："香烟上度过把封皮儿拆，明窗底下，～舒开。"

【款额】 kuǎn é 数额。明周起元《题为仰恳天恩宥负累之属吏疏》："臣为织造事，奏报钱粮～，并辩府佐杨姜无罪被诬，皆字字实录，不敢饰说偏护，自干欺罔。"毕自严《酌议征解书》："遵照原疏开去～，元二两年，刻期完解。"清汤斌《详陈苏松逋赋难清之由疏》："虽严加追比，究之～空悬。"

【款饭】 kuǎn fàn 用饭食招待。明沈采《千金记》四三出："有劳天使远来，请坐～。"

【款缝】 kuǎn fèng 在公文、书笺、契约等纸缝上盖章或署字。唐颜师古《匡谬正俗》卷六："问曰：'今官曹文案于纸缝上署记，谓之～者，何也？'答曰：'此语言元出魏晋律令。《字林》本作鏉，刻也。古未有纸之时，所有簿领皆用简牍。其编连之处，恐有改动，故于缝上刻记之，承前已来，呼为鏉缝。今于纸缝上署名，犹取旧语，呼为鏉缝耳。'"宋黄庭坚《薛乐道自南阳来入都留宿》："每持君家书，平安觑～。"岳珂《宝真斋法书赞》卷一三："是帖实与山谷汤方蔬法同，有小玺～。"

【款话】 kuǎn huà 从容交谈；叙谈。唐刘长卿《颍川留别司仓李万》："客里相逢～深，如何岐路剩沾襟。"宋洪迈《夷坚志》支癸卷八："或诣其家邀之出，就相近茶肆～。"明《拍案惊奇》卷二八："方欲就坐～，忽见虚檐日转，晚色将催。"

【款缓】 kuǎn huǎn ❶ 徐行貌。唐元稹《野节鞭》："春来信马头，～花前辔。" ❷ 延缓；迟缓。唐李绛《论安国寺不合立圣德碑状》："碑楼功积大，卒拽不倒，～令拆，意欲延引，候方便再论。"宋《三朝北盟会编》卷一九："至如罢常胜军请受，尤宜～，待其辟田就绪乃可罢也。"清张烈《读易日钞》卷二："然阳刚志疏，阴柔术密。平日不觉，其畜势愈～而濡蒸已透阳。"

【款会】 kuǎn huì 相会；会面。宋洪迈《夷坚志》三己卷七："但其人满面多疮，贴以翠靥。方～之间，不容边扪其首。"潘祐《代李煜遗刘伥书》："凡于事机，不得～。屡达诚素，冀明此心。"

【款件】 kuǎn jiàn 项目及事件。清李光地《榕村续语录》卷一三："予将参君何事？君居家又不与人讼事，又不强霸人产，又不说事得财，势必假造～。"雍正年刊《江西通志》卷一四二："公夏出冬归，历三千餘里，登对～无毫发舛迕。"《绿野仙踪》九一回："且说邹应龙自林润出巡江南后，日夜留心严嵩父子～，虽皆件件的确，只是不敢下手。"

【款结】 kuǎn jié 交结；交好。唐陆贽《兴元请抚循李楚琳状》："李楚琳乘时艰危，俶扰岐下，贼杀戎帅，～凶渠，奉天之围，颇亦有助。"《新唐书·则天顺圣皇后传》："故昭仪伺后所薄，必～之，得赐予，尽以分遗。"清雍正年刊《陕西通志》卷五四："复～北人，并无侵掠。"

【款局】 kuǎn jú 抚局。指安抚地方，也用来指称和议（隐指未取得胜利）的局面。明杨寅秋《答粤西杨济寰中丞》："职蚊负～，备尝艰阻于蛮瘴烟雨者三年，习知土司情态。"范景文《与友书》："弟之受螫此君，虽为纲常，中其隐病而道破～，饮恨甚深。"《明史·鞑靼传》："～垂成而复梦之，既示察哈尔以不信，亦非所以为国谋。"

【款叩】 kuǎn kòu ❶ 请教。宋李之仪《与何给事书》："尚幸再约，趋风以竟～尔。"李纲《庆餘长老开堂疏跋尾》："吕公泣涕痛悔，恨未尝～师之关键。" ❷ 敲打（门户）。引申指侵犯（边境）。明于谦《为被虏走回人口事》："万一敌人果于自相攻击，其溃散败亡之敌不无～我边。"《明史·列女传》："族兄弟暮夜叩门，姑燃帚照之，极启户，具酒食。～者告曰：'吾辈夜行灭火，就求烛耳。'"清《聊斋志异·胡氏》："扃闭俨然，不闻～而已在室中矣。"

【款留】 kuǎn liú ❶ 殷勤留客。唐唐彦谦《索虾》："于时同相访，数日承～。"明《西游记》九〇回："小神等知大圣下降玉华州，因有贤王～，故不敢见。"清蓝鼎元《李求可墓志铭》："四方游客及君子之至于斯者，必诚敬～，致其欢以去。" ❷ 停留。清《白雪遗音·留多情》："不管你有甚么要紧的事儿，务必奉求。今日你的尊步，暂且～。"

【款慢】 kuǎn màn 从容徐缓。元《三国志平话》卷中："皇叔起军，宜与众官～参详，然后起军未晚。"《元曲选·玉镜台》三折："为甚我今日媒人根前做小伏低？教他～里劝谏的俺夫妻和会。"

【款目】 kuǎn mù ❶ 条目；项目。元明《水浒传》四回："白头老叟，尽将拐棒柱髭须；绿鬓书生，却把文房抄～。行行总是萧何法，句句俱依律令行。"明海瑞《督抚条约》："系民务关治理者，先立～，一有闻见，援笔书之。"清汤斌《严行设法催提永禁滥差告谕》："江南各属为财赋重区，～滋繁。" ❷ 账目。明高珩《石隐园藏稿序》："公精敏娴熟，天下大计朗朗于胸，屈指兵食～如观掌。"

【款纳】 kuǎn nà 招待接纳。宋洪迈《夷坚志》支甲卷九："家稍丰赡，有丹灶黄白之癖。凡以此术至，必～。"明罗洪先《明故云南清吏司主事黄公墓铭》："善山慈和，曲意～，而君严简难近，未尝假色笑于人。"《拍案惊奇》卷八："仁兄若非尘埃之中深知小可，一个素不相识之人，如何肯欣然～？"

【款陪】 kuǎn péi 奉陪。宋佚名《满江红·寿命妇》："～王母宴瑶池，蟠桃熟。"元陈镒《和刘益洲训导见惠》："何日相过溪竹外，～尊酒到斜阳。"△清《五美缘》三一回："回到厅上吩咐家人摆席，邀请诸亲友入座。童仁在此极力～。"

【款洽】 kuǎn qià 融洽接待。宋楼钥《从兄楼府君墓志铭》："尤好宾客，至则谈笑，～小酌。"明《醒世恒言》卷二八："不一时，贺司户回拜。吴府尹～间，因唤吴衙内相见。"清《歧路灯》三七回："就是谭绍闻此时来访，未必就肯～，何况夏鼎。"

【款软】 kuǎn ruǎn 同"软款❷"。明袁于令《西楼记》二出："管盼杀翠红乡，绮罗丛，～话绵藤。"孙仁孺《东郭记》一九出："笑对俺两裙钗，十分恩爱，消受他～温存，好教俺羞无奈。"

【款式】 kuǎn shì ❶ 样式；规格。宋周必大《临江军阁皂山崇真宫记》："如以铁钟为开皇旧物，视其～，则咸通十三年所铸也。"清《歧路灯》六二回："至于搭棚摆设，棚布、柱脚、撑竿、围屏，得几百件，凭在贤弟吩咐，就叫老满来搭。如敢弄的不合～，我来吊纸时看见了，我吆喝他。"《万花楼》六〇回："将此旧窑改作王府，依照王宫～。" ❷ 样子；派头。清《姑妄言》八回："贾文物进来时不曾顾得关门，他心中以为，就是别的丫头来看见，都是素常调戏熟了的人，把他看看这个～，使他也好动情。"又九回："只看他厅上的一番摆设，俗气冲人，真是财主家～。"

【款书】 kuǎn shū 落款。唐张鷟《朝野佥载》卷五："诈为徐敬业反书以告，差使推光。～是光书，款语非光语。前后三使，推不能决。"元范梈《夜上乌岩》："蜈蚣宵行蛛网结，不识～何岁时。"清《蜃楼志》四回："正中一副对联是：德可传家，真布帛菽粟之味；人非避古，胜陶朱猗顿之流。～吴门李国栋。"

【款熟】 kuǎn shú 结识并熟悉。宋洪迈《夷坚志》支戊卷一〇："旋饮以酒，稍～，又询其人伦之学。"张栻《吴监庙墓志铭》："平时游公卿间，以忠信自将，一见即～。"

【款头】 kuǎn tóu ❶ 问头；审讯、参奏时提出或列举的问题。唐孟棨《本事诗》："尝记得君～诗……'鸳鸯钿带抛何处？孔雀罗衫付阿谁？'非～何邪？'"宋庄绰《鸡肋编》卷下："故阿睹有钱目之异，宁馨有美恶之殊，而张谓诗云：'家无阿睹物，门有宁馨儿。'与～无异矣。"清《万花楼》八回："孙秀道：'你奏他什么来？'包公道：'只奏他纵子行凶，欺压贫民，人人受害的～。'" ❷ 里巷地方上负责稽查治安的役夫。清雍正元年九月二十八日孔毓珣奏文："臣因细加查访各属乡村居民，向有团练、堡目、～之设，虽名色不同，而借以御盗则一。"

【款问】 kuǎn wèn ❶ 拷问；审问。《太平广记》卷一二四引《报应录》："冥司勘非理杀人事，～甚急。" ❷ 询问；细问。宋苏轼《与程正辅提刑书》："某前者留博罗一日，再见邓道士，所闻别无异者，方欲邀来郡中～也。"明《拍案惊奇》卷二八："啜茶已罢，正要～仔细。"《于少保萃忠全传》九传："公皆和颜悦色，～风俗。"

【款项】 kuǎn xiàng ❶ 条目；项目。元胡祗遹《又稽迟违错之弊》："朝廷仁爱，问民疾苦，使诉陈官吏奸弊，每人每月每年须上陈若干～。"清汤斌《缠地议》："睢州地亩，州卫错杂，～繁多。"《红楼复梦》二〇回："回了各人应办的事务，应发应驳的～，一件一件请太太示下。" ❷ 账目。明毕自严《酌议征解疏》："钱粮各有～，挪借事或难行。"清《醒世姻缘传》四二回："又责备他将银子尽数抵盗家去，一宗宗说的～分明。" ❸ 成笔的钱。明《梼杌闲评》三九回："这几宗～委实无多，如今也说不得没有。"清《荡寇志》九二回："若要弥补添修，～库中不敷支销。" ❹ 行当；业务。清《歧路灯》六九回："'我想这一千二百两银子，先做个小营运。异日再设法添些本钱，好干那本大利宽的事。只是请那一样伙计，做那一样～呢？'谭绍闻道：'不如开药铺罢。'"

【款谢】 kuǎn xiè 答谢。《宋史·牟子才传》："成帝将幸西太乙宫～，实欲游西湖尔。"清《野叟曝言》八三回："天生大排筵席，～素臣。"

【款叙】 kuǎn xù 叙谈。《太平广记》卷三二六引《异闻录》："警亦备记此事，执手～，不能自已。"明杨爵《与田道充主簿书》："把袂客馆，倾怀～。"清《万花楼》一三回："二人把盏畅饮，～中韩爷询道：'你武艺精通，须要寻个进身之地。'"

【款延】 kuǎn yán 招接款待。宋陈藻《避喧记》："故有时烹芋满锅，或作盐齑汤饼，～老夫。"明李时勉《胡氏寿藏记》："性喜宾客，壶觞尊俎，～弗倦。"

【款宴】 kuǎn yàn ❶ 设宴款待。宋欧阳修《与赵康靖公书》："至于朋旧又喜来归，独不得亲～，言以为恨尔。"明《于少保萃忠全传》二七传："石亨又令换席后堂，复邀二公进内～。"清毛奇龄《题何君画像》之四："少小才名重，宾朋～稠。" ❷ 宴集；宴会。清宋荦《桂枝香·蟹》："又早是重阳～，叹秋色殊佳，簖金初遍。"宋至《小除日漫堂燕集》："迂辛与短李，骑驴赴～。"

【款燕】 kuǎn yàn 即"款宴❶"。明邵宝《故承事郎侯君墓表》："四方游士及其门，自～及赠贿无失。"清曹席珍《题壁词》："珍赠皮裘壹袭，仍借盘费四十两，～加渥。"

【款样】 kuǎn yàng ❶ 条款的式样；作为条款引用的样例。宋《朱子语类》卷七九："所谓律者，汉书所引律便是，但其辞古，难晓。如当时数大狱，引许多词，便如而今～，引某罪引某法为断。" ❷ 式样；款式。清《聊斋志异·黎氏》："观君衣服袜履～，亦只平平。"《红楼复梦》八七回："这僵尸生前不是平等人家的妇女。你看两耳上带着珠环，身上衣裙～俱极精细。" ❸ 情状；模样。清《蕉叶帕》一〇回："只见龙生有欲说不说、欲吐不吐的～。小姐说：'这等你是不肯说的了。'"

【款要】 kuǎn yào 关键；要害。明《醒世恒言》卷二："引古证今，议论悉中～。"清弘历《读孟子滕文公章句下》："北人言舟，南人言马，必不能得其～。"

【款迎】 kuǎn yíng 奉迎。宋姚勉《和陈和卿》之一："绝交久是孔方兄，赊得村醪小～。"明汤显祖《邯郸记》五出："兄弟，我近来情怀耿耿，有失～。"清乾隆年刊《江南通志》卷一四五："上官移起风讯之，令～甚谨，私致千金。"

【款语】 kuǎn yǔ ❶ 亲切交谈。唐段成式《酉阳杂俎》卷五："方有小事，未暇～，且请迟回休憩也。"宋欧阳修《渔家傲》："画栋归来巢未失，双双～怜飞乙。"清田雯《与詹广文书》："使者每召见，必～移时。" ❷ 轻声细语。明陆采《怀香记》一六出："见时须索～低声，提防他隔墙外有人听。" ❸ 温柔的话语。清孔尚任《桃花扇》一七出："到那边～商量，柔情索问，做一个闲蜂蝶花里混。"《红楼梦》二〇回："宝玉见了这样，知难挽回，打叠起千百样的～温言来劝慰。"

【款约】 kuǎn yuē ❶ 真诚约请。宋郑清之《到龙井寺》："～

朋从归去路，马头应有月纤纤。”史达祖《东风第一枝·壬戌闰腊望》：“寄声沽酒人家，～嬉游伴侣。” ❷ 盟约。清《东周列国志》二四回：“不用寸兵成～，千秋伯业诵齐侯。”

【款占】 kuǎn zhàn 指断案所据的律条、供词及判语等。唐徐有功《论天官秋官及理匦愆失表》：“格律昭然，无心遵奉。断事则不依～，不据条间，状表生情，法外构理。”《旧唐书·裴延龄传》：“忠不胜楚毒，并依延龄教抑之辞，具于～。”《宋史·南唐李氏传》：“凡所诘，元必具诵～，指述曲直。”

【款制】 kuǎn zhì 规格式样。明吕震等《宣德鼎彝谱》卷六：“下有阳识‘大明宣德年制’六字，真书匾印，二鼎～一同。”清《续金瓶梅》一五回：“造的有长的、短的、方的、圆的，还有造的两件的、三件的，也有还成一件的，随各家～不同，终是这一块铜铁，尽他支炉改灶。”

【款致】 kuǎn zhì ❶ 致意。书信结尾用语。宋李之仪《与储子椿书》：“七日不举箸，十年不制衣，亦恐未为贫尔。一笑一笑，他须～。” ❷ 款式；式样。明杜濬《一杯叹》：“我所好者只是宣德成化嘉靖万历窑，温润销魂可人意。启祯年间眼稍恕，不论岁月论～。”清《醒世姻缘传》一八回：“画戴黑丞相帽子罢。我毕竟要另用一个～，不要与那众人家一般才好。” ❸ 情致；意态。清《情梦柝》一八回：“及至京门外店中相遇，虽则大模大样，却是言尖语辣，有凌逼的意思，若素满心提备，先带一分拒他的主意，却不曾有倚翠偎红的～。”

【款住】 kuǎn zhù 留住；稳住。元明《水浒传》四三回：“曹太公回家来～李逵，一面且置酒来相待。”明孟称舜《花舫缘》楔子：“因此名列青衣，视同爱女。常是～深闺刺绣，有时命陪宴坐清谈。”清《隋史遗文》四二回：“李密见这一干人来问他，便想到是物色他的了，惟恐将他～，难以脱身。”

【款状】 kuǎn zhuàng ❶ 申述文书。唐佚名《谦公安公构造残碑记》：“则有檀那众户，同连～，共诣府门。”《敦煌变文校注》卷二《唐太宗入冥记》：“二太子在来多时，频通～，苦请追取陛下□□(对直)。”宋《三朝北盟会编》卷一四九：“青从之，德忠即命倒旗枪，通～于官军，遂受招安。” ❷ 案卷；供词。唐李忱《科吴湘狱敕》：“李恪详验～，蠹害最深，以其多时，须议减等，委京兆府决脊杖十五。”元明《水浒传》二七回：“把一干人审问相同，读～与武松听了，写一道申解公文，将这一干人犯解本管东平府。”明王世贞《中官考四》：“都察院议，以为穆等所奏止是勘词，无诸人～。”

【款字】 kuǎn zì 落款。明朱谋垔《画史会要》卷五：“古画无名款者，多画院进呈卷轴，皆有名大家，乃御府画也。世以无名人画，即填某人～，深为可笑。”《拍案惊奇》卷二七：“高公看见画得精致，收了他的，忙忙里也未看着题词，也不查着～，交与书童。”

【款坐】 kuǎn zuò 舒适地坐。宋赵蕃《用前韵呈硕父昆仲》：“夜窗～屡续灯，有酒更倒樽如岑。”明沈鲸《双珠记》二五出：“这酒肆干净精洁，甚好～。”清方成培《雷峰塔》二七出：“你陪舅母～，我去着人整治酒肴，与兄弟、舅母接风。”

kuāng

【匡】 kuāng ❶ 料想；估计。明《山歌·旧人》：“尔没要做子桑叶交秋弗釆子我，啰～尔再是黄梅天日出弗长晴。”《醒世恒言》卷三：“那～你会温存，能软款，知心知意。”《二刻拍案惊奇》卷二一：“小人原～小主们将到，故与李牌头迎上来。” ❷ 拚得；豁出。明沈采《千金记》一八出：“若遇汉兵来厮杀，只～两脚急逃奔。”周履靖《锦笺记》一三出：“〔末〕个馆夺去再无哉！〔丑〕嗏，～去画门神，再弗凿些坑浮。” ❸ 量词。用于坟墓。清洪昇《长生殿》四三出：“惨凄凄一～空墓，杳冥冥玉人何去？”

【匡道】 kuāng dào 料道；想到。明《山歌·陈妈妈》：“当初跟随子织女天仙，弗～沉埋得我更个凌替。”

【匡得】 kuāng dé 拚得；豁出去。明张凤翼《灌园记》八出：“闲时编些楚歌起来，～一二年编成，一二年唱会。”《拍案惊奇》卷一一：“奴家～卖尽田产，救取官人出来。”《型世言》二六回：“我们衙门里人，～伸直脚打两腿；你有身家的人，怎当得这拷问？”

【匡扶】 kuāng fú 救助扶持。唐王绩《答程道士书》：“吾尝好其遗文，以为～之要。”明李梅实《精忠旗》二出：“都这等巧于规避，国家事谁去～？”清《歧路灯》二〇回：“大家～，咱三个耐着心察看他。”

【诓】 kuāng 同“匡❶”。明《二刻拍案惊奇》卷三五：“也只～妈妈就来，谁知到了天晚，还不见回。”《型世言》七回：“那～捱了两限不完，县中竟将王邦兴监下。”

【诓得】 kuāng dé 同“匡得”。清《野叟曝言》六七回：“你这先生若早说些，就大家上去看看，～耽搁半日。”

【诓害】 kuāng hài 欺诈侵害。明王樵《勘覆诚意伯刘世延事情疏》：“鲍周等军犯也托为腹心，而～市酤小民。”

【诓哄】 kuāng hǒng 欺骗。明林俊《参驳杨友谋复官职衙门疏节略》：“投认杨友管束为词，～本官，强夺前寨。”清《万花楼》五六回：“今故意～他明天审断，使他今夜不加提防。”

【诓惑】 kuāng huò 欺骗迷惑。宋廖刚《乞禁妖教札子》：“为首之人盖有所利而为之，～愚民，怵以祸福而取其财物。”《靖康要录》卷六：“迭相倡和，为绍述之论，以～人主。”

【诓骗】 kuāng piàn 欺骗。明冯惟敏《不伏老》四折：“我不和你算了！你是久惯～无利息的帐的。”《西游记》六〇回：“这大圣下雕鞍，牵进金睛兽；弄大胆，～女佳人。”清于成龙《再陈粤西事宜》：“惟听外江流棍唆哄告状，～使用，及至提审，茫无一应。”

【诓设】 kuāng shè 设计骗得。明《封神演义》四八回：“方才见二人驾土遁，风声古怪，吾想必是抢了书来。吾随设一谋，仗武王洪福，把书～过来。”又：“问其抢书一节，杨戬把～一事，说与子牙。”

【诓言】 kuāng yán 谎言；假话。明《型世言》四〇回：“姐姐女流，恐胆怯，不能夜行，怕是～。”

【诓诱】 kuāng yòu 欺骗引诱。唐韩愈《唐故江南西道观察使王公神道碑铭》：“罢军之息钱，禁浮屠～，坏其舍以葺公宇。”△清《七侠五义》一〇三回：“白玉堂又将～南侠人岛，暗设线网，拿住展昭的往事述了一番。”

【诓诈】 kuāng zhà 欺诈。明林俊《禁约民害》：“指称衙门～，名曰撞太岁。”《型世言》二七回：“今日亲自府间下状，连公子都告在里边，说你设局～。”

【诓赚】 kuāng zhuàn 欺骗。明周瑛《寄太守鹤洲兄书》：“禁绝小人一节甚善，榜招人首告～亦甚善。”清《梦中缘》五回：“见了我的姿色，竟充作我的叔叔，将我～于此。”

【恇】 kuāng 同“匡❶”。《元曲选·生金阁》一折：“我那里～郭成的浑家这等生的风流，长的可喜！”明许三阶《节侠记》一一出：“他狂言甚无忌讳，奈圣恩反加宽恕。料来已作炎荒鬼，那～他如鱼得水。”

【駏】 kuāng 诓；骗。明《型世言》八回：“有时坐在人家门前，看他路径，诱他妇女，非盗即奸。若只抄化，～人钱财的，也还是上品。"清《白雪遗音·妓女悲伤》:"渐渐长大把梳栊客～,衣服几套,铺盖几床。"

【駈骗】 kuāng piàn 同"诓骗"。六十种曲本《西厢记》二〇出:"你这厮怎么要～人的妻子,行不仁之事?"明沈鲸《双珠记》一〇出:"～钱钞似掏摸,赛过江湖老劫贼。"

kuáng

【狂逞】 kuáng chěng 放肆;逞露狂态。明《封神演义》五六回:"小姐娇香艳质,不才渴德久矣,安敢～。"清施闰章《衮山葬记》:"吾属～,至犯上扞法。"

【狂放】 kuáng fàng 任性放纵,不加节制。宋吕胜己《满庭芳·乙巳八月十日登博见楼作》:"清兴有时～,扁舟上、绿水澄潭。"明《醒世恒言》卷四:"那十八姨性颇轻佻,却又好酒,多饮几杯,渐渐～。"清《聊斋志异·青凤》:"耿有从子去病,～不羁。"

【狂率】 kuáng shuài 轻狂草率。唐段成式《酉阳杂俎》卷一九:"遂为街西假僧院,令读书。经旬,寺主纲复诉其～,韩遽令归。"清《雪月梅》四四回:"此人～无礼,若遇蒋叔丈必定叫他带伤。"

【诳词】 kuáng cí 虚假的言辞。明周顺昌《与朱得升孝廉书》:"在明旨未下之先,～捏告,扰害地方。"清于成龙《晓谕周铁爪等牌》:"本府从无～,鬼神可鉴。"

【诳诞】 kuáng dàn 荒诞。唐白居易《海漫漫》:"徐福文成多～,上元太一虚祈祷。"明李东阳《应诏陈言奏》:"若斋醮一事,～尤多。"清《绿野仙踪》三回:"清平圣治之世,何出此～不吉之言?"

【诳吓】 kuáng hè 欺骗恐吓。宋曾协《超宗道人妙用庵记》:"如张空拳,～小儿啼止。"清胤禛《朱批谕旨》卷八下:"但将麦德罗指为奇货,到处～。地方官相待越礼,亦甚失国体。"

【诳赫】 kuáng hè 同"诳吓"。《敦煌变文校注》卷二《庐山远公话》:"人生在世,若有妙术,合有千岁之人。何不用意三思,枉受师人～。"

【诳唬】 kuáng hǔ 犹"诳吓"。金《董解元西厢记》卷八:"你甚倚强压弱,厮欺厮负,把官司～,全无畏惧?"

【诳话】 kuáng huà 谎话。明《西洋记》三四回:"众人都晓得国师是个不打～的,一个个提心吊胆。"清《镜花缘》七九回:"此是～。但这雷声倒可算知里数。"

【诳谩】 kuáng màn 欺骗。宋文天祥《西涧书院释菜讲义》:"然而外头如此,中心不如此,其实只是脱空～。"

【诳骗】 kuáng piàn 欺骗。《元曲选外编·西厢记》五本四折:"你这厮怎么要～良人的妻子,行不仁之事。"明《醒世恒言》卷三四:"如今日久腐烂,巧言～爷爷,希图漏网反陷。"清陈端生《再生缘》四回:"若非暗有人施计,为甚事,～家丁到外厢。"

【诳罔】 kuáng wǎng 欺骗。《旧唐书·宪宗纪》:"殿中少监驸马都尉于季友～公主,藏隐内人。"《明史·广西土司传》:"如贼不除,地方不靖,乞究臣～之罪。"

【诳赚】 kuáng zhuàn 欺骗。宋梅尧臣《新安潘侯将行约游山门寺》:"莫陪太守车,然诺岂～。"《建炎以来繫年要录》卷一二三:"巧赐甘言,以相～。"

【诳子】 kuáng zǐ 骗子。清《荡寇志》一〇六回:"你着了～也,那个冒我的戳记拉的!"

【诳嘴】 kuáng zuǐ 说大话。明《西洋记》四七回:"你还不晓得我老娘的手段,你敢在这里～么?"△清《七侠五义》三三回:"纵然他就是～,也无非多花几两银子,有甚要紧!"

kuàng

【况】 kuàng ❶副词。a) 恍如;仿佛。唐元稹《酬乐天书怀见寄》:"想君书罢时,南望劳所思。～我江上立,吟君怀我诗。"宋晁补之《忆少年·别历下》:"刘郎鬓如此,～桃花颜色。"b) 正;恰。唐赵嘏《别麻氏》:"分离～值花时节,从此东风不似春。"李复言《续玄怪录》:"时崔丧妻半岁,中馈无主,幼稚零丁,因求娶于希仲。希仲家贫时危,方为远适,女～成立,遂许成亲。"c) 乃;就。宋司马光《和范景仁闻蝉》:"心闲宁感物,道合～忘年。"明《西游记》七二回:"你～是个父辈,我等俱是弟子。古书云:有事弟子服其劳。等我老猪去。" ❷介词。向;往。《敦煌变文校注》卷二《韩擒虎话本》:"箭既离弦,不东不西,～雕前翅过。"又《庐山远公话》:"交我将你,～甚处卖得你?"

【况复】 kuàng fù 副词。恍如;仿佛。唐寒山《昨夜梦还家》:"昨夜梦还家,见妇机中织……呼之回面视,～不相识。"王维《泛前陂》:"秋空自明迥,～远人间。"

【况乃】 kuàng nǎi 副词。正;恰。唐杜甫《毒热寄简崔评事十六弟》:"炎宵恶明烛,～怀旧邱。开襟仰内弟,执热露白头。"白居易《友人夜访》:"檐间清风簟,松下明月杯。幽意正如此,～故人来。"

【况且】 kuàng qiě 连词。用于引出更进一层的条件或情况等。唐宋璟《乞休表》:"臣闻力不足者,老则更衰;心无主者,疾而尤废。臣昔闻其语,今验诸身,～兼之,何能为也?"六十种曲本《琵琶记》一二出:"小姐是瑶台阆苑神仙,状元是天禄石渠贵客。～玉音主盟,金口说合。"清《红楼梦》一〇回:"你说我心焦不心焦?～如今又没个好大夫。"

【况味】 kuàng wèi 境况;情味。宋田锡《渭北春尽日作因思蜀洛旧游》:"去年方与君游洛,～争如不在家。"金《董解元西厢记》卷一:"多病的情怀,孤眠～,说不得苦恹恹。"清厉鹗《春雪密香斋拥炉同少穆耕民作》:"冷淡交情宜岁晚,清严～在晨兴。"

kuī

【亏】 kuī ❶凭仗;仰赖。《元曲选·汉宫秋》二折:"当日个谁展英雄手,能枭项羽头,把江山属俺炎刘?全～韩元帅九里山前战斗,十大功劳成就。"明《醒世恒言》卷三五:"萧颖士日常～杜亮服侍惯了,到得死后,十分不便。"清《荡寇志》七四回:"你不～我,此刻好道进鬼门关了,那得在此受用。" ❷幸而;多亏。表示侥幸。元佚名《沉醉东风·僧犯奸得马表背救》:"吓的他赤条条东躲西扒,这耳朵今番轮到他,～了个救命王菩萨姓马。"明《挂枝儿·扇子》:"冷时就撇了我,热时又温存,～我情长也,耐得你热和冷。"清《儒林外史》三〇回:"如今～我留神打听,打听得这位姑娘,在花牌楼住。" ❸亏得。反话,表示讥讽。元赵彦晖《醉中天·嘲人右手三指》:"把盏难舒手,施礼怎合十?～他朝朝洗面皮,早是刚拿管笔。"明《金瓶梅词话》一八回:"～你还有脸儿说哩!"清《红楼梦》二〇回:"～你还是个爷,输了一二百钱就这么着!"

【亏不尽】 kuī bù jìn 幸亏;多亏。清《醒世姻缘传》二二回:

"～汉子强梁，所以没人欺侮。"《梦中缘》九回："～悟圆是天生好人，不惟不嫌他带脚，连一路盘费却都是他一面包管。"

【亏待】 kuī dài 待人不公平或有所欠缺。清《野叟曝言》二九回："他不过是房里姐儿，这样发送，也不算～他了。"《荡寇志》七六回："大丈夫纵然不能得志，切不可怨怅朝廷，官家须不曾～了人。"

【亏得】 kuī dé 幸亏；多亏。明徐翙《春波影》三出："还～俺杨奶奶，在他大娘子跟前，千方百计说合，放得他出来。"清陆求可《谢池春·夏日》："竹初长，莲未吐，池塘绿浅，～前朝雨。"《绿野仙踪》一回："～他一老家人陆芳深明大义，一边营办丧葬大事，一边抚恤孤雏。"

【亏短】 kuī duǎn 亏欠；短少。明高攀龙《申严宪约责成州县疏》："与市民两平易买，不得倚官减值，～赊欠。"《杜骗新书·伪交骗》："特洪本富贾，从予诱其游饮，不事生理，致赀本消折，而以银借之。其间以八当十，加三算息，～田价，稍蚕食之。"清李光地《条陈清查钱粮亏空疏》："半年中亲至辖属，秉公清察。如有～，立行揭报。"

【亏负】 kuī fù ❶ 亏损；亏折。《续资治通鉴长编》卷九九："主者欲自增课，委官吏度异时不至～，然后上闻。"《元史·食货志五》："于今三载，尚有～。盖因户口凋残，十已八九。"清《聊斋志异·细柳》："且汝初学跋涉，亦不敢望重息，只此三十金得无～足矣。" ❷ 侵占；使亏损。明钱薇《海上事宜议》："市易之际，差官检押，不得乘机～。" ❸ 辜负；对不住。宋《三朝北盟会编》卷二〇七："国家有何～你，三人都要反背。"元关汉卿《调风月》二折："你养着别个的，看我如奴婢，燕燕那些儿～你？"清《儒林外史》一五回："他～了我甚么？我到底该感激他。" ❹ 凭仗；仰赖。《元曲选外编·周公摄政》二折："若论着顺有道伐无道，～杀吕望《六韬》。"明邵璨《香囊记》一三出："我和你朝暮生受，多～东邻王婆婆，每日来陪我吃饭。"佚名《鸣凤记》三八出："多～了兵部张大人，困危中饥周廪饩寒添絮。"

【亏耗】 kuī hào 损耗。唐张九龄《让赐宅状》："上则～国器，下则招集身尤。"明王肯堂《证治准绳》卷九七："早近女色，精血～，五脏齐损。"△清《九命奇冤》二八回："病他一年半年，就让他好了，也～极了。"

【亏空】 kuī kōng ❶ 亏蚀变空。唐成元操《故清河郡张夫人墓志》："石茆未封，月桂～。令范斯树，景命不融。" ❷ 亏损不足额。明《梼杌闲评》四六回："到一处，不过阅一阅兵，看看城池，查点钱粮～。"清《康熙起居注·康熙十年》："张汧～钱粮，你可知其真否？"《歧路灯》六四回："他近日光景，也比不得从前，况且才行殡事，八下的～。"

【亏苦】 kuī kǔ ❶ 亏损；亏折。明葛昕《请增大料运价疏》："衙门车户宁受比责，竟不肯往役。垂涕诉告，咸以大料价少～为辞。"张永明《议处铺行疏》："至于南京纱缎，取用尤多，～亦剧。"明潘季驯《河防一览》卷七："若一概取必而授之值，则～者有不均之叹。" ❷ 损害；受损害。明杨时乔《马政纪》卷一二："勿增数以贻累苑牧，勿惜茶而～番民。"清《聊斋志异·江城》："妻子～，反窃窃与外人交好！此等男子，不宜打煞耶！" ❸ 痛苦；苦头。明王肯堂《证治准绳》卷八四："惟眉膊背臀之疮，展转摩擦，最受～。"《警世通言》卷四〇："那晓得吴绰的斧子又厉害些，当头一劈，受了老大的～，头脑子虽不曾破，却失了项下一颗明珠。"清《后水浒传》三一回："兄弟爱我，吃这～。如今头可疼痛？"

【亏了】 kuī le ❶ 即"亏❶"。《元曲选·看钱奴》四折："～他二十年用心把钥匙，也则是看守俺祖上的金赀。"明张四维《双烈记》三出："莫夸一貌倾城，青春才五十有四。～些铅粉胭脂涂抹，在脸上妆妖假媚。" ❷ 即"亏❷"。元明《水浒传》一八回："～他稳住那公人在茶坊里侯候。他飞马先来报知我们。"清孔尚任《桃花扇》一出："全要打破纸窗看世界，～那位神灵提出俺火坑。"《红楼梦》三四回："我的儿，～你也明白，这话和我的心一样。" ❸ 即"亏❸"。明汤显祖《牡丹亭》三六出："〔丢去棺物介〕向人间别画个葫芦，水边头洗除凶物。〔众〕～小姐整整睡这三年！"《拍案惊奇》卷一七："知观一时赖不得，只得说道：'那妇人是小道姑舅兄妹，央浼小道，所以帮他。'府尹道：'～你是舅舅！所以帮他杀外甥。'"

【亏累】 kuī lèi ❶ 亏欠；使受损害。明孙传庭《纠参婪赃刑官疏》："日用买办，不许～行户。"清《歧路灯》一〇七回："总为大人做道员时，驿上草料豆子，公买公卖，分毫不～民户。" ❷ 亏损；亏空。明邵宝《拟祀先儒状》："陆路车脚所费过于京仓，又加包陪带运布花脚价并买补折纳之数，委的～。"清徐锡龄、钱泳《熙朝新语》卷一五："投赠无虚日，坐是～，变产以偿。" ❸ 损伤；不利。明《封神演义》七六回："子牙会过韩荣一次，那里知道有这场～，去提防他。"

【亏欠】 kuī qiàn ❶ 欠缺；不足。宋陈埴《木钟集》卷一："既是勾当得自身上道理无～处，更复何求？"元朱震亨《局方发挥》："妇人以血为主，血属阴，易于～。"清《红楼梦》一〇一回："赶他的生日咱们还他一班子戏，省了亲戚跟前落～。" ❷ 拖欠；亏空。宋田锡《上太宗条奏事宜》："或偶有出剩，不询出剩之由；或偶有～，必责～之过。"清《绿野仙踪》一七回："他反申文上宪，说林岱～国帑。"《幻中游》三回："回到署中，把仓库检点了一番，并无半点～。" ❸ 有亏；对不住。明《金瓶梅词话》六二回："平时我又没曾～了人，天何今日夺吾所爱之甚也！"清《歧路灯》五一回："事到如今，也讲说不起。况他平日，也不曾～咱。"

【亏柔】 kuī róu 犹"亏弱"。清《红楼梦》五七回："痰迷有别，有气血～，饮食不能熔化痰迷者。"

【亏弱】 kuī ruò 虚弱不足。宋陈自明《妇人大全良方》卷二二："凡产后，五脏皆虚，胃气～。"清《红楼梦》五七回："本来气血生成～，受胎以来，想是着了些气恼，郁结于中。"

【亏杀】 kuī shā ❶ 苦杀；难于应付。宋陈亮《贺新郎·酬辛幼安再用韵见寄》："壮气尽消人脆好，冠盖阴山观雪，～我一星星发。"金元好问《雪行图》："骑驴～吟诗客，到处相逢是雪中。"金《董解元西厢记》卷八："你好羞，你好呆，～人也姐姐！" ❷ 难为；难以做到。明徐渭《女状元》二出："～他跟着措大，走遍天涯，还消得领雉头裘，付酒家酬债。"祁麟佳《错转轮》三出："～你急追寻，似健翮风雕，也难救的离弦飞箭，绝岸孤帆，断锁潜蛟。"清《飞龙全传》一七回："所以此庄无人居住，～了公子住这一晚，若非大福之人，恐怕性命难保。" ❸ 即"亏❶"。元高明《琵琶记》二一出："甘旨之奉，～这赵五娘子，把些衣服首饰之类尽皆典卖，籴些粮米，做饭与公婆吃。"《元曲选·赚蒯通》一折："～俺韩元帅，自把先锋做，遣五侯赶到合休处，赚重瞳走入阴陵路。"明《石点头》卷三："你出门时我还在襁褓，乳名原儿，～母亲抚养成人。" ❹ 即"亏❷"。元明《水浒传》二六回："～了这个干娘！我又是个没脚蟹。不是这干娘，邻舍家谁肯来帮我？"明许三阶《节侠记》二五出："正要寻个计儿害他。～近来有一句谶，说道：代武者刘。" ❺ 即"亏❸"。明汤显祖《牡丹亭》二八出："～你走花阴不害些儿怕，点苍苔不溜些儿滑，背萱亲不受些儿吓，认书生不着些儿差！"

【亏煞】 kuī shā ❶ 同"亏杀❶"。明屠隆《彩毫记》三四出："叹双星佳期有定，岁岁年年绊此情，只～姮娥无伴，万古凄清。"《昙花记》三七出："想寂寞空门岁月长，一盏寒灯一炷香。～他夜雨秋霜，～他夜雨秋霜。”❷同“亏杀❸”。《元曲选·冤家债主》一折：“这家私～俺爷娘生受来，我便是释迦佛也恼下莲台。”明屠隆《彩毫记》一五出：“为甚这孤轮奔驰日夜劳？～你把大地山河照。”清《荡寇志》九二回：“招安贵寨，家兄兀自费尽心血，又～蔡太师的大气力，方得官家准奏。”❸同“亏杀❹”。明《禅真逸史》八回：“我自那晚欢会之后，切切思思，恨不能够一面。～那赵干娘用尽心机，今夜又得相逢。”清《生绡剪》一二回：“～左布政怜他年小，免得枷号。”

【亏折】kuī shé 损失；亏损。宋田锡《上太宗条奏事宜》：“偶有～，即可令于出剩时补填。”元佚名《满庭芳》：“娘毒似蝎，无钱撒撇，有钞和协。笑柱门不律头天生劣，不肯输半点～。”清《说岳全传》三〇回：“众喽罗挤命逃奔，自相践踏，反伤了许多兵卒。岳爷却不曾～了一人。”

【亏输】kuī shū 失败；亏损。金《刘知远诸宫调》一二：“～底，似雨洒黄莺金翅重；得胜底，似风吹白鹭玉毛轻。”明林俊《明进中顺大夫郭先生墓志铭》：“公为盐笑～之偿，力时匮，先生承，以学子之金并脱其内人簪珥以尽。”清嵇永仁《扬州梦》三一出：“则么在震方助他精兵，四围赶的奔突，杀的～。”

【亏图】kuī tú 图谋损害。元刘时中《新水令·代马诉冤》：“有一等逞雄心屠户贪微利，咽馋涎豪客思佳味。一地把性命～，百般地将刑法陵迟。”《元曲选·救风尘》四折：“现放着保亲的堪为凭据，怎当他抢亲的百计～。”又《生金阁》一折：“赤紧的先要了我这希奇无价物，又生出百计～。”

【亏枉】kuī wǎng 冤屈；冤枉。明海瑞《申军门吴尧山并守巡道请改招详文》：“种种招情，极出～，此本县所以同合县人不输服也。”吕坤《呻吟语摘》卷下：“只缘当伪看，又把真底当伪。这里便宜了多少小人，～了多少君子。”朱鼎《玉镜台记》三二出：“听得上司与外郎说，某犯人～，外郎好生替你方便。”

【亏误】kuī wù 失误。宋范仲淹《奏为陕西四路入中粮草及支移二税》：“如能依此，减省入中万数及图回财用不致～，即加奖擢。”元明《水浒传》一三回：“教你两个俱各用心，如有～处，定行责罚。”

【亏心】kuī xīn 负心；对不住良心。宋陈著《西江月·送公棠戎》：“钱影何曾过眼，笔头那肯～。”元明《水浒传》三四回：“～折尽平生福，行短天教一世贫。”清袁枚《续子不语》卷三：“人着此衣在身，暧昧～之事不觉自吐。”

【盔】kuī 用盔头使帽子定型。引申指做或买帽子。明《金瓶梅词话》六八回：“应伯爵又早到了，～的新段帽。”清《醒世姻缘传》二八回：“严列宿巴拽做了一领明青布道袍，～了顶罗帽。”

【窥避】kuī bì 设法避开。《唐律疏议》卷二七：“器物符印之类以下，虽有～而故弃掷，限内访得者，听减本失罪一等。”明王守仁《训蒙大意示教读刘伯颂等》：“视师长如寇仇而不欲见，～掩覆以遂其嬉游。”

【窥睹】kuī dǔ 观看。宋韩维《答曼叔见谢颍桥相过之什》：“时时娇首尘埃下，～风月偷吟哦。”明《醒世恒言》卷三二：“偷眼～窗棂，不甚分明，而香气芬馥，扑于鼻端。”清佚名《皇清奏议》：“惟是镌刻流传仅什之一，而抄录储藏者，外间仍无由～，岂朕右文本意乎？”

【窥度】kuī duó ❶暗中图谋。宋王安石《辞集贤校理状四》：“臣恐进趋之士，有以～圣世，将或立小异。”❷猜测。宋朱熹《答周益公》：“吕公之心，固非晚生所能～。”明宋濂《七儒解》：“千变万化，不可～。”清《红楼梦》三四回：“究竟袭人是听焙茗说的，那焙茗也是私心～，并未据实。”❸观察估量。元李存《答李耐轩》：“使其有效，犹不当有所取受。况其浅率，～不中，天渊之殊如冰炭之异乎？”元明《三国志通俗演义》卷二二：“素有大志，但见高山大泽，辄～指画，何处可以屯兵，何处可以积粮。”

【窥看】kuī kàn 看；偷看。《法苑珠林》卷五四：“还闭房户，慎勿轻慢～。”明《拍案惊奇》卷一七：“你两个须守着门，不可使外人～，破了法术。”清《说岳全传》四九回：“岳爷忙进林中，张保也走了进来～。”

【窥瞰】kuī kàn ❶俯视。唐苏鹗《苏氏演义》卷下：“有乘高～者，亦射之。”宋张耒《宿樊溪》：“奔流略溪口，龙蜃屡～。”❷偷看。宋李流谦《彦博为偷儿妄意作诗见贻》：“偷儿妄～，不用苦笞掠。”明《平妖传》二回：“闻仙官张楷能作五里雾，愿乞天恩借来，遮掩洞门，遮免外人～。”

【窥觑】kuī qù 犹“窥看”。唐刘禹锡《马嵬行》：“属车尘已远，里巷来～。”《元曲选·东堂老》三折：“我这里猛抬头，则～，他可也为甚么立钦钦恁的胆儿虚？”清《平山冷燕》三回：“此楼上供御书，系才女书室，闲人不得在此～。”

【窥探】kuī tàn ❶侦察；暗中察看。唐李德裕《赐缘边诸镇密诏意》：“计卿军镇必有旧人谙练边事，深入～，来往是常。”《元曲选·气英布》一折：“虽则项王不信，然也不能无疑于咱，累次差使命来到咱这里～动静。”清《红楼梦》一一六回：“你是那里来的蠢物，在此～仙草！”❷观察探索。宋刘才邵《亡叔墓志铭》：“既已～幽赜，至于持斋诵咒一切有为之法，亦复不废。”清弘历《良乡行宫再叠旧韵》：“豁赋省耕度河务，其它无欲孰～。”❸猜测；试探。明李贤《上中兴正本策》：“举措一失其当，则远近之人得以～其好尚之偏，可不惧哉。”《石点头》卷九：“每在语言之中，使唤之际，～他的情窦如此。”清姜宸英《先太常公传略》：“姜某沽名卖直，～上意，着降极边杂职。”

【窥图】kuī tú 同“亏图”。元姚守中《粉蝶儿·牛诉冤》：“圈门前见两个人来觑，多应是将我～。”

【窥瞻】kuī zhān 犹“窥看”。宋刘攽《与孙巨源苏子瞻刘莘老广陵相遇》：“壮士怀惴栗，怯夫窃～。”明温纯《五日同使君谒子贡祠对酌》：“千年墙室～好，五日椒兰感慨生。”

kuí

【魁解】kuí jiè 科举乡试第一名。也称解元。明李东阳《儿子兆先墓志铭》：“同试者传诵其文，期必得～。”《警世通言》卷二四：“王爷又看他后场，喜道：‘不是散举，决是～。’”清《十二楼·夺锦楼》一回：“夺到手者，即是本年～。”

【魁名】kuí míng 高名；科举考试头名或前几名。宋李流谦《贺张都督启》：“况以～之旧，固殊将钺之常。”宋元《古今小说》卷一一：“愿孩儿蚤夺～，不负男儿之志。”清《九云记》七回：“彼若以金榜状元为说，孩儿通关节，点得了～，不但倍为生辉，彼有前言，更无可辞呢。”

【魁渠】kuí qú 首领；头目。渠，通“巨”，大。唐李适《赠淮宁军大将军周曾等敕》：“事方垂成，为～之所纠察。缅怀义烈，悉撄屠戮。”《敦煌变文校注》卷一《王昭君变文》：“单于脱却天子之服，还着庶人之裳，披发临丧，～并至。”清《平定台湾纪略》卷五六：“南北两路贼氛尽扫，～首恶悉就生擒。”

【魁手】kuí shǒu 魁首；第一名。宋元《清平山堂话本·杨温传》：“李贵几年没对，自是一个使棒的～。”《渊鉴类函》卷一九六：“巨手～，磊落相望。”

kuǐ

【傀儡】 kuǐ lěi ❶ 用土木制成的偶像。宋高承《事物纪原·博弈嬉戏·傀儡》："世传～起于汉高祖平城之围，用陈平计，刻木为美人，立之城上，以诈冒顿阏氏，后人因此为～。" ❷ 不能自主、受人操纵的人。清李渔《怜香伴·欢聚》："这等看起来，把我当做个～，从那时节掣到如今，还不知觉。" ❸ 块垒；郁积在心中的愤懑、愁苦。清吴绮《洞仙歌·集寄畅园听小奚度曲》："银瓮葡萄，将～且付温柔排遣。"《女开科》四回："当初有一个奇人，抱才不遇，～难平，每向人前说的都是疯癫大话。"《世无匹》一五回："千白虹一时之忿，拔倒了驿里五十亩稻子，怒悻悻的向酒店中去消～了。"

kuì

【愧】 kuì 感激。唐杜甫《奉赠韦左丞丈二十二韵》诗："甚～丈人厚，甚知丈人真。"《敦煌变文校注》卷二《唐太宗入冥记》："朕深～卿，与朕再三添注。"

【愧惭】 kuì cán 感激。"惭愧"的倒文。《敦煌变文校注》卷五《双恩记》："～天子恩波及，感荷王孙库藏开。"宋宋祁《天台梵才师长吉在都数以诗笔见授》："～禅嫡来相问，刮目探怀授珍蕴。"

【愧荷】 kuì hè 感激。《敦煌变文校注》卷一《伍子胥变文》："子胥～鱼人，哽咽悲啼不已。"宋宋祁《回河杨王殿丞启》："比过大邑，枉迎饯勤勤，不任～。"清储大文《与吴荆山书》："澄江肃晤，耿耿至今，迭承垂问，～何似。"

【愧贺】 kuì hè 同"愧荷"。贺，"荷"的音借字。《敦煌变文校注》卷一《伍子胥变文》："王之势力，得惬仇心，～大王，仰王无尽。"元许有壬《方旱得雨九龄平章征诗志喜》："神功帝力犹能赋，都雅从教～深。"

kūn

【昆玉】 kūn yù 对他人兄弟的敬称。宋赵善括《挽王漕稚川》："～皆龙凤，唯公最白眉。"明邵璨《香囊记》八出："鸿雁联登，张兄～必然高中。"清《荡寇志》八七回："贤弟共有几位～？"

【昆仲】 kūn zhòng 兄弟。兄弟排行，长为昆，次曰仲。唐杜牧《银青光禄大夫崔公行状》："亲～六人，皆至达官。"明《西游记》四六回："猜不着，凭陛下问拟罪名，雪我～之恨，不污了二十年保国之恩也。"清《红楼梦》六六回："如今既是贵～高谊，顾不得许多了。"

【髡囚】 kūn qiú 对僧人的詈称。髡，剃去头发的刑罚。宋文天祥《湖南宪司咸淳九年隆冬疏》："古之强兵猛将得之于盗贼～者，正自不少。"金《董解元西厢记》卷二："打脊的～，怎敢把爷违拗？"明《禅真后史》一三回："～诡辩破生涯，不利三言计实佳。"

【髡人】 kūn rén 指僧人。唐冯翊子《桂苑丛谈》："～乃具实以闻曰：'居寺者乐于知事，前后主之者，积年已来空交分两文书，其实无金。'"明霍韬《与林汝桓书》："若不废僧寺，则僧田之在寺，所以豢养此犬豕～者，犹夫昔也。"

【髡徒】 kūn tú 犹"髡囚"。宋朱熹《戊申封事》："其未有以闻于陛下者，使陛下过听～诳妄之说。"金《董解元西厢记》卷二："只一合，活把～捉。"明《僧尼孽海·水云寺僧》："寺内和尚甚多，皆是贪淫浊恶～，不晓得持律守戒。"

kǔn

【捆】 kǔn ❶ 用绳、布等拴束。《元曲选·生金阁》三折："拿绳子来～了，丢在八角琉璃井里死了也。"元明《水浒传》五回："两拳打翻两个小喽罗，便解搭膊，做一块儿～了。"清袁枚《子不语》卷六："乃以绳～于柱，拟天明将投之江。" ❷ 扎成一束或一卷的东西。宋赵叔向《肯綮录》："草束曰～。"元明《水浒传》四五回："将了两个衣服，卷做一～包了。"明《醒世恒言》卷五："张稍砍下些丛木在地，却教韦德打～。" ❸ 量词。用于成捆的东西。宋孔平仲《珩璜新论》："京兆岁送麦稍三万～，麦麸二百车。"明王玉峰《焚香记》一七出："你看鞋帮内又藏一大～生辰。"清《野叟曝言》四回："复到厨下柴堆中，抽出一～茅柴。" ❹ 比喻体统、规矩。明《金瓶梅词话》六五回："豆芽菜儿，有甚～儿！"清《醒世姻缘传》八八回："这骡情管不是你的。不然，你怎么说的都是没～的价钱？"《红楼梦》六六回："原有些真的，叫你又编了这混话，越发没了～儿。"

【捆绑】 kǔn bǎng 即"捆❶"。明《西游记》六回："被七圣一拥按住，即将绳索～。"清《醒世姻缘传》一一回："浑身就如～了一月，打了几千的一般痛楚。"《大清律例》卷二五："如～本地子女在本地售卖，为首拟斩监候，为从发近边充军。"

【捆倒】 kǔn dǎo 捆束使躺倒在地。明《西游记》二五回："将唐僧绑在阶下矮槐树上，八戒、沙僧各绑在两边树上，将行者～。"《杜骗新书·盗劫骗》："相邀入看，一家人皆被～，如醉未醒。"清《儒林外史》二三回："你是何等样人？被甚人剥了衣裳～在此？"

【捆定】 kǔn dìng 肯定；一定。清《生绡剪》二回："每日数钱银子～有的。"又六回："就是三日不发市，～要买鱼买肉，一家受用。"

【捆番】 kǔn fān 同"捆翻"。明《醒世恒言》卷一三："将来一索～，不怕他不招。"

【捆翻】 kǔn fān 犹"捆倒"。元明《水浒传》六九回："喝把郁保四、王定六一索～，打得皮开肉绽。"清《儒林外史》三八回："一声梆子响，即刻有人～了你，送在庵里去。"

【捆风】 kǔn fēng 比喻说大话、吹牛。明《西游记》二四回："只讲老孙会捣鬼，原来这道童会～。"

【捆缚】 kǔn fù ❶ 即"捆❶"。宋张纲《驳李绍祖差遣指挥状》："乃归罪于造船监官王康国，送狱～棰楚。"元《三遂平妖传》一二回："众人把那和尚～做馄饨儿一般。"清袁枚《子不语》卷四："幸亏我解下缠足布～其手，裁得牵来。" ❷ 比喻束缚、笼络。清袁枚《续子不语》卷五："颁行《四书大全》，通行天下，～聪明才智之人。"《绿野仙踪》四四回："只因知道他不能久留，温如玉是把长手，所以头前才做出许多不愿意的光景，～如玉。"

【捆卷】 kǔn juǎn 卷起并捆扎。清《聊斋志异·胡大姑》："蓄细葛，将取作服，见～如故。"

【捆捆子】 kǔn kǔn zi 即"捆❷"。清《歧路灯》六九回："若是药铺，不过是郏州、汉口弄些包包子、～，整年整月，等着谁害病哩。"

【捆拿】 kǔn ná 捆绑捉拿。清《野叟曝言》五二回："卫所各官因活佛升天，说是妖僧，将妙化等～，就要用刑。"

【捆绳】 kǔn shéng 绑绳；用于捆绑的绳索。《太平广记》卷三一四引《稽神录》："有仆夫执～百千丈，又一人执橛桡数百枚，前白：'请布围。'紫衣可之，即出，以桡钉地，系绳其上。"

【捆束】 kǔn shù 即"捆❶"。明田汝成《西湖游览志餘》卷二四《委巷从谈》："棕榈树以丝自裹，剥之可为雨衣及～之用。"清《隋唐演义》一〇回："那双锏，我叫道人搓两条粗壮草绳，～在一处。"《雪月梅》四二回："将行李～停当，雇下船只。"

【捆索】 kǔn suǒ 犹"捆绳"。明唐顺之《武编》前集卷四："一军持～以进。"清《女仙外史》二二回："生有神力，仰天一呼，～尽断。"

【捆载】 kǔn zài 捆绑并装载或携带。唐李商隐《为荥阳公上荆南郑相公状》："寻欲慎择时才，式将好币。属楚南越北，苦异繁华；～橐装，更无珍妙。"明李梅实《精忠旗》一六出："南朝可痛悲，譬取之于寄，手到擒回。垂橐而入，转眼～而归。"清袁枚《子不语》卷一四："其母虑为怪所害，以绳缚之，～还家。"

【捆扎】 kǔn zā 即"捆❶"。清袁枚《子不语》卷三："众亟视之，则新妇团伏一小漆椅下，四肢如有～之状。"《歧路灯》一〇回："邓祥等又复检点行囊，务要～妥适，以便长行。"

【捆执】 kǔn zhí 即"捆❶"。明汤显祖《南柯记》三一出："诸人听指挥，将他～，量决一刀，做个旁州之例。"

【捆絷】 kǔn zhí 同"捆执"。清蓝鼎元《论海洋弭捕盗贼书》："闻声落帆，惟恐稍缓，相顾屏息，俟贼登舟～。"

【捆捉】 kǔn zhuō 犹"捆拿"。清《荡寇志》一一二回："燕顺挥众军掩上，将李成～去了。"又一三一回："宣赞翻身下马，众回兵一齐上前～去了。"

【捆子】 kǔn zi 即"捆❷"。明《封神演义》一六回："好柴！干的好，～大，就是一百文也罢。"

kùn

【困】 kùn ❶ 睡；卧。宋王定国《甲申杂录》："忽错～如梦。"明《山歌·熬》："二十姐儿～弗着在踏床上登，一身白肉冷如冰。"清《醉醒石》三回："开门出来，只见一人～倒在门边。" ❷ 疲乏思睡。明《金瓶梅词话》三九回："小大哥原来～了，妈妈送你到前边睡去罢。"清《红楼梦》七六回："我不～，白闭闭眼养神。"

【困话】 kùn huà 梦话。明《醒世恒言》卷二一："急忙里用力去推那些醉汉，那里推得醒？也有木头般不答应的，也有胡胡卢卢说～的。"

【困觉】 kùn jiào 另见 kùn jué。睡觉。明《金瓶梅》四〇回："今日乏困的这样的，大白日～。"清《绿野仙踪》四八回："如玉同众人吃了早饭，因昨夜短了睡，到后边～。"

【困觉】 kùn jué 另见 kùn jiào。睡醒。明《山歌·诈困》："胧胧～我郎来，假做番身仰转来。"

【困头】 kùn tou 睡意。明《金瓶梅》二四回："早些关了门睡了罢，他多也是不来，省的误了你的～。"《型世言》六回："安你在身边，捆捆耸耸，搅人～。"清《红楼梦》七六回："黛玉又是个心血不足常常失眠的，今日又错过～，自然也是睡不着。"

【困卧】 kùn wò 躺卧；睡觉。宋洪迈《夷坚志》丁卷六："家人惊迫，以巨棒痛击方退。彭已～血中，昏不能知人。"周邦彦《如梦令·思情》："长昼，长昼。～午窗中酒。"清《绿野仙踪》八四回："贡生自此日始，只在书房宿歇，庞氏又不与被褥，就是这样和衣～。"

【困歇】 kùn xiē 睡；躺倒休息。金《刘知远诸宫调》二："到日午，暂于庙中～熟睡。"《元曲选外编·西厢记》四本四折："我这里奔驰，他何处～？"

kuò

【阔】 kuò 富有而气魄大。明《二刻拍案惊奇》卷二二："公子银子接到手，手段～惯了的，那里够他的用？"《型世言》三二回："他要卖，没这样快，想是那里那得一二两银子，就～起来。"清《平山冷燕》五回："却喜身边还积有几两银子，一身游客的行头还在，见押解去了，便依旧～起来，到乡绅人家走动。"

【阔绰】 kuò chuò ❶ 宽松；宽阔。明《灯草和尚》三回："好作怪，为何你的生门反觉得～了许多？" ❷ （排场、声势）阔大。明魏校《与方思道书》："故人～，能干大事。"《型世言》三五回："徐文见他口声来得～，身边有百来两之数，听了不觉有些动火。"清《醒世姻缘传》四回："你平日虽是大铺腾，也还到不的这们～。"

【阔落】 kuò luò 宽舒；宽敞。宋苏轼《次韵子由论书》："体势本～，结束入细么。"清《儒林外史》一〇回："这厅事也太～，意欲借尊斋，只须一席酒，我四人促膝谈心，方才畅快。"

L

lā

【垃圾】 lā jī 清扫出的废、脏之物。宋吴自牧《梦粱录》卷一二:“更有载~粪土之船,成群搬运而去。”明宋诩《竹屿山房杂部》卷一七:“造酱先以盐淘净,去泥滓垃圾,酱自佳。先以鐗盛水,次以筲箕盛盐于水中搅漉,好盐自隔箕儿下,~石土粪草之类皆留箕中。”

【垃圾相】 lā jī xiàng 邋遢貌。宋元《清平山堂话本·李翠莲》:“丈夫若是假乖张,又道娘子~。”

【拉】 lā ❶ 击;打。唐段成式《酉阳杂俎》续集卷七:“刘吡令~坐杖三十。时新造赤棒,头径数寸,固以筋漆,~之不仆,数五六当死矣。”明权衡《庚申外史》:“月怯察儿追之,~其腰而死。”❷ 牵挽;拽;拖。唐刘禹锡《花下醉中联句》:“谁能~花住,争换得春回?”明《西游记》三三回:“行者才~将起来,背在身上。”清魏裔介《请停察荒之差疏》:“而况东省之民,困于修河,困于~船,困于驿站,困于防海。” ❸ 牵扯;牵连。清《红楼梦》五七回:“惟有妈说动话就~上我们。” ❹ 邀约;约请。唐杜荀鹤《李昭象云与二三同人见访有寄》:“得君书后病颜开,云~同人访我来。”明《型世言》二八回:“恰好一个朋友也来相~,他便去见他。” ❺ 延长。清《红楼梦》二七回:“他们必定把一句话~长了作两三截,咬文咬字,拿着腔儿,哼哼唧唧的。”《小额》:“把眼睛一睁,喝,老声老气~着长声儿就唱起活儿来了。” ❻ 拖欠。清《红楼梦》一一三回:“外头~的帐不开发,使得么?” ❼ 置于数词与量词之间,表示概数。清《聊斋俚曲·富贵神仙》:“走了勾十~里路,那太阳就落下去了。”

【拉把】 lā bà 同“拉巴”。清《醒世姻缘传》九五回:“你待活,多活几日;不待活,你少活几日。替你买薄皮子棺材的钱也还有,装在里边,打后头开个凹口子~出去。”

【拉巴】 lā ba 拉;拖。巴,词缀。清《醒世姻缘传》七九回:“再三~着,寄姐才放了手没打。”又八〇回:“拿领席来卷上,铺里叫两个花子来~出去就是了。”

【拉扯】 lā chě ❶ 拉;拽。明《金瓶梅词话》一五回:“应伯爵使保儿去~,西门庆只说:‘我家里有事。’那里肯回来。”清胤禛《朱批谕旨》卷一二五:“十四日率官兵将运粮路径焚搜,有苗四五百于山梁上放枪呐喊,兵丁放枪对敌。大炮打死数名顽苗,即~背负逃去。” ❷ 扶助;扶持。清《红楼梦》五五回:“太太疼你,你该越发~~我们。你只顾讨太太的疼,就把我们忘了。”△《儿女英雄传》三二回:“为甚么从前我在道上的时候,走一天~他一天,到了我歇了业了,我也不叫他出去了?” ❸ 牵扯;牵连。清袁枚《随园诗话补遗》卷五:“首句用李后主事,尚可~,至次句,则全是杜撰矣。”《绿野仙踪》二九回:“十分迟了,归德一破,被同事人~出来,就不好了。” ❹ 辛苦抚养。清《红楼梦》八八回:“这也不枉你大哥死了,你大嫂子~他一场,日后也替你大哥哥顶门壮户。” ❺ 挪借。清胤禛《朱批谕旨》卷一七四:“现在止有小贩数人,每家不过二三百金。大处不能行运,始向此等地方赊欠灶盐,~零卖,搜索微利。”

【拉拉】 lā lā ❶ 流淌不断貌;流淌。《元曲选·东坡梦》一折:“我这等和尚,有什么佛做?熬得口里清水~的汤将出来。望学士可怜见,多与些小和尚吃。”清《醒世姻缘传》七二回:“要经了官,孩子们禁的甚么刑法?没等的套上拶子,下头就~尿,口里就招不迭的哩!” ❷ 趿拉;拖(鞋子)。清《醒世姻缘传》九回:“那时小珍哥平时威风已不知都往那里去了,……拖拉着一条旧月白罗裙,~着两只旧鞋。” ❸ 同“剌剌”。清《醒世姻缘传》五七回:“晁夫人道:‘这孩子脱不了一肚子痞,也活不久,教他在这里住几日罢,可怜人~的。’”又八八回:“看他在本官面前大意~的,一定是有些根基的物件。”

【拉拉扯扯】 lā lā chě chě ❶ 形容又拉又拽。清《红楼梦》一〇三回:“(金桂母亲)便拉薛姨妈说:‘你到底把我女孩儿怎么弄杀了?给我瞧瞧!’周瑞家的一面劝说:‘只管瞧去,不用~。’” ❷ 指纠缠不休。清《后西游记》九回:“若肯早说送我一匹,我去久矣,谁耐烦与他~!” ❸ 指亲昵地牵手挽臂。清《飞龙全传》三五回:“及至到了这里,看他有些齐整,你便不肯老成,~,讲起情话来了。”《红楼梦》三〇回:“谁同你~的,一天大似一天,还这么涎皮赖脸的!”

【拉剌】 lā là 拉。剌,词尾。明《金瓶梅词话》二〇回:“一个人也~将来了,那房子卖吊了就是了,平白扯淡,摇铃打鼓的看守甚么?”

【拉剌剌】 lā là là 拉。剌剌,词尾。明《金瓶梅词话》二六回:“你只因他甚么,打与他一顿?如今~着送他那里去?”又:“奴才无礼,家中处分他便了,好要~出去惊官动府做甚么?”

【拉溺】 lā niào 小便。明徐渭《四声猿·雌木兰》二出:“想起花大哥,真希罕,~也不教人见!”

【拉劝】 lā quàn 拉开并劝解吵架的人。明《金瓶梅词话》二一回:“我叫小厮打了李家一场,被众人~开了。”清《红楼梦》六〇回:“袭人等忙上来~,说:‘姨奶奶别和他小孩子一般见识。’”《皇朝文献通考》卷一九九:“袁大山听而气忿,遂与赵应恕斗殴。时适昏夜,袁氏在赵应恕背后~,袁大山暗中失顾,用枪误扎伊姊身死。”

【拉飒】 lā sà 衰疲;褴褛。唐苏鹗《苏氏演义》卷上:“~者,与龙钟继缕之义略同。”

【剌搭】 lā dā 耷拉；下垂。元曾瑞《哨遍·羊诉冤》："我如今～着两个蔫耳朵，滴溜着一条粗硬腿。"

【剌答】 lā dā 同"剌搭"。《元曲选·忍字记》二折："我这里猛抬头觑了自惊呀，唬的我这两手便可～。"

【剌达】 lā dá 同"剌搭"。明佚名《六国朝·风吹羊角》："用手忙扶策，紧抓住头梢，软兀剌的身躯倒，我则见～了手脚。"

【剌剌答答】 lā lā dā dā 肮脏、不整洁貌。明朱有燉《获驺虞》一折："便做道沉沉重重的丑妇是家中宝，也不曾见这泼弟子～的忒爊糟。"

【剌塌】 lā tā ❶ 懒散。《孤本元明杂剧·开诏救忠》一折："我平生性儿～，好没生着我厮杀。" ❷ 肮脏，不整洁。《孤本元明杂剧·开诏救忠》一折："腥臊臭秽人皆躲，～皮袄搊杀人。"元明《水浒传》八二回："裹一顶油油腻腻旧头巾，穿一领剌剌塌塌泼戏袄。"

【剌塔】 lā tǎ ❶ 耷拉；下垂貌。元卢挚《蟾宫曲》："太公庄上，杨柳阴中，磕破西瓜，小二哥昔涎～。"按，"昔"一本作"音"，疑有误。 ❷ 趿拉貌；拖着鞋子行走貌。元朱庭玉《青杏子·归隐》："拖藜杖芒鞋～，穿布袍麻绦搭撒，捻衰髯短发鬖髿。"

【喇喇】 lā lā 同"剌剌"。清《聊斋俚曲·增补幸云曲》："六哥道：'逼什么？你挣了钱来我待使哩，怨人～的。你还回去不的么？'"

【邋遢】 lā tā ❶ 趿拉貌；拖着鞋子行走貌。《元曲选·误入桃源》一折："眼见得路迢遥，芒鞋～，抵多少古道西风瘦马。" ❷ 糊涂；懒散。明梁辰鱼《红线女》三折："好笑那田家翁做人来真～，困腾腾像半死的虾蟆。"郎瑛《七修类稿》卷二三："～，《海篇》云：'行歪貌。借为人鄙猥糊涂意也。'" ❸ 肮脏；不整洁。《说郛》卷八五引《金壶字考》："～，音猎榻。不整貌。"清《缀白裘》二集卷三《痴梦》："只是我形龌龊，身～，衣衫蓝缕，把人吓杀。"《醒世姻缘传》二七回："若只论他皮相，必然是个～歪人，麻布裙衫不整。"

【邋遢货】 lā tā huò 指窝囊、猥琐的人。清《醒世姻缘传》九四回："凭你是个龚遂、黄霸这等的循良，也没处显你的善政，把那～荐尽了，也荐不到你跟前。"

【邋遢头】 lā tā tóu 即"邋遢货"。明《西洋记》一一回："那隔壁的门里，又闪出一个不尴不尬、不伶不利、没摆布的～来。"

lǎ

【啦咀】 lǎ zuǐ 同"喇嘴"。清《聊斋俚曲·俊夜叉》："我说道，你不敢，给你把钢刀也嗻不着俺。不是说句～的话，你有那心没乜胆！"

【喇虎】 lǎ hǔ 无赖；泼皮。明何瑭《温县知县王侯德政记》："又使人觉察四境民有酗酒者、赌博者、强凌弱众暴寡者，及光棍～放火行劫为民患而莫敢谁何者，悉捕而治以重典。"《二刻拍案惊奇》卷三一："陈福生有个族人陈三，混名陈～，是个不本分、好有事的。"清于成龙《兴利除弊条约》："至江宁、镇江有扒手，苏州、松江有打降，皆地方～。该有司一并访拿重处，以绝奸宄。姑息容隐，察出并究不贷。"

【喇伙】 lǎ huǒ 凶恶无赖。清《儒林外史》二九回："龙老三！这～的事，而今行不得。惹得上面官府知道了，大家都不便。"

【喇子】 lǎ zǐ 无赖；泼皮。清《儒林外史》二九回："他是个～，他屡次来骗我。"又四二回："二爷同那个姓鲍的走到东花园鹫峰寺旁边一个人家吃茶，被几个～囮着，把衣服都剥掉了。"

【喇嘴】 lǎ zuǐ 把嘴割开，比喻说大话、说绝对的话。喇，割，割开。明《金瓶梅词话》二六回："我若教贼奴才淫妇与西门庆做了第七个老婆，我不是～说，就把潘字吊过来哩！"

【藞苴】 lǎ zhǎ ❶ 邋遢；不检束；乖戾不合。宋谢薖《寄题朱氏小隐园》："嗟予亦旷荡，与世自～。方期访桃源，更欲结莲社。"《嘉泰普灯录》卷二九《阐提照禅师》："自小来打硬，佛祖不奈何。放～住院，殃害杀禅和。"《五灯会元》卷一七《泐潭文准禅师》："一日，举杖决渠，水溅衣，忽大悟。(真)净诟曰：'此乃敢尔～邪！'" ❷ 宋时中原人谓四川人颇不检束，故以"藞苴"称之。常含有戏谑意味。宋宗杲《宗门武库》："黄鲁直闻而笑曰：'无尽所言灵犀一点，此～为虚空安耳穴！'"按，张无尽系四川人。《密庵和尚语录》："万里南来川～，奔流度刃扣玄关。"《虚堂和尚语录》卷一〇："正如邪，活如死。一个无羁～翁，莫教触着无明起。"

【藞蔖】 lǎ zhǎ ❶ 同"藞苴❶"。宋李光《己巳二月已发书殊不尽意偶成长句》："旧日琴书都～，新年行步渐羸垂。" ❷ 同"藞苴❷"。宋黄庭坚《五祖演禅师真赞》："谁言川～，具相三十二。"按，五祖法演系四川人。

【蘫苴】 lǎ zhǎ ❶ 同"藞苴❶"。宋《朱子语类》卷一一："沩山作一书戒僧家整齐，有一川僧最～，读此书，云：'似都是说我！'"《大慧禅师语录》卷一二："～全似川僧，萧洒浑如浙客。"又："落落魄魄闹市行，蘫蘫苴苴没羞耻。"明汤显祖《邯郸记》四出："三十无家，邯郸县偶然存札，坐酸寒衣衫～。" ❷ 不成熟，不中用。宋《密庵和尚语录》："灵隐佛海禅师遗书至，上堂，僧问：'……佛海禅师迁化向什么处去？'师云：'大众证明。'进云：'恁么则烦恼海中为雨露，无明山下起云雷。'师云：'川僧得与么～！'" ❸ 同"藞苴❷"。明岳元声《方言据·藞苴》引宋黄庭坚语："中州人谓蜀人放诞、不遵轨辙，曰'川～'。"

là

【剌八】 là bā 两腿张开貌。明《金瓶梅词话》一九回："那蒋竹山打的那两只腿～着，走到家。"

【剌扒】 là bā 同"剌八"。明《金瓶梅词话》三五回："且说平安儿被责，来到外边。打内～着腿儿走那屋里。"

【剌剌】 là là 助词。表示状态、情态。明《金瓶梅词话》一九回："然后在桌上纤手拈了一个鲜莲蓬子与他吃，西门庆道：'涩～的吃他做甚么？'"又五一回："也罢，省的他恁说誓～的，你替他说说罢。"

【剌梨】 là lí 瘌痢。《元曲选外编·飞刀对箭》二折："他那里雄赳赳，气昂昂，一个个都是好汉；我领着些无鼻子，少耳朵，驼着腰，瘸着腿，都是些鹰嘴～。"

【剌子】 là zǐ 栅栏。元明《水浒传》四回："跳上台基，把栅～只一拔，却似撅葱般拔开了。"又七四回："面前别无器械，便把杉～撅葱般拔断，拿两条杉木在手，直打将来。"

【喇喇叭叭】 là là bā bā 即"剌八"。清《醒世姻缘传》六〇回："他才喃喃喏喏的口里嘓哝，～的腿里走着，走到房里，使了小玉兰来叫狄希陈往房里去。"

【辣】 là ❶ 狠毒。清《野叟曝言》三六回："县里老爷心肠极险，手段极～。" ❷ 泼辣。清《醒世姻缘传》五八回："你只造化，没撞着哩，可不叫你说嘴说舌的怎么？你要撞见这们个～拐子，你还不似我哩！"

【辣浪】 là làng 放浪不拘。金《董解元西厢记》卷五："～相如，薄情卓氏，因循堕了题桥志。"《宋元戏文辑佚·风流王焕贺怜怜》："两人漫自胡厮逞，更有一个，风流～的也么哥。"

【辣手】 là shǒu ❶做事刚猛的人。宋马永易《实宾录》卷七："陈彭年方咸平中更科场体式，结怨士人，时谓之～。"也指厉害的手段。宋《虚堂和尚语录》卷七："半怯春寒病未苏，出门无力为三呼。诸方～如灵验，秋晚应归捋虎须。" ❷能手；老手。元王义山《送按察王佥事除行台察院》："只为外台要精采，更烦～大支撑。"清《绿野仙踪》三三回："你果然算把～！"又三九回："剥皮是会吃钱的～，什么骨窍还不晓得！" ❸凶狠毒辣的手段。明《醒世恒言》卷二七："你不从我么？今晚就与你个～！"清孙承泽《春明梦餘录》卷二五："夫魏忠贤所以盗窃主权，杀人爵人者，旧辅臣魏广微授之柄；广微所以倾陷善良，放开～者，门生李鲁生之引其绪。"

【辣燥】 là zào 泼辣；厉害。清《醒世姻缘传》四四回："狄亲家婆虽是有些～，却是个正经的妇人，不是那等没道理的歪憋。"又七二回："依着他～性气，真是人看也不敢看他一眼，莫说敢勾引他。"《儒林外史》二七回："现今这小厮傲头傲脑，也要娶个～些的媳妇来制着他才好。"

【辣子】 là zǐ 同"喇子"。清《红楼梦》三回："你不认得他，他是我们这里有名的一个泼皮破落户儿，南省俗谓作～，你只叫他凤～就是了。"

【腊】 là 僧龄。僧人受戒后，每过一次安居增加一腊，即一年一腊。唐刘禹锡《袁州平乡县杨歧山故广禅师碑》："生三十而受具，更～五十二而终。"《景德传灯录》卷四《法融禅师》："显庆元年，邑宰萧元善请出山住建初，……明年，丁巳闰正月二十三日终于建初。寿六十四，～四十一。"明《平妖传》九回："蛋子和尚道：'贫僧虚度一十九个～了，从幼出家的。'原来僧家不序齿，只序～。"

【腊八】 là bā 农历十二月初八日。相传为释迦牟尼佛成道日。宋《虚堂和尚语录》卷二："～上堂，僧问：'释迦老子弃金轮宝位，雪山苦行六年，于腊月八夜，忽睹明星悟去，还端的也无？'"吴自牧《梦粱录》卷六："此月八日，寺院谓之～。"清弘历《腊八日》："蜡八相沿讹～，八日号腊何所指？当年饮粥成风俗，果糜杂和期相侈。或传此日浴佛节，阿谁能辨非与是。"

【腊八粥】 là bā zhōu 农历十二月初八，寺院及百姓人家用谷物和果子杂料煮成的粥。宋孟元老《东京梦华录》卷一〇："初八日，……诸大寺作浴佛会，并送七宝五味粥与门徒，谓之～。都人是日各家亦以果子杂料煮粥而食也。"明高濂《遵生八笺》卷六："腊月八日，东京作浴佛会，以诸果品煮粥为之～。吃以增福。"清《红楼梦》一九回："明儿是腊八儿了，世上的人都熬～。"

【腊茶】 là chá 同"蜡茶"。宋欧阳修《归田录》卷一："～出于剑、建，草茶盛于两浙。"明张介宾《景岳全书》卷五四："小儿虚风，用～清调，下半钱，更量儿大小加减服。"清王士禛《香祖笔记》卷一一："《谈圃》记曾鲁公七十餘，病痢。乡人陈应之用水梅花～服之遂愈，但不知水梅花是何物。"

【腊旦】 là dàn 农历十二月初一。宋觉范《花药英禅师生日其子通慧设斋作此》："甲辰～底时节，太虚完全无一缺。"《五灯会元》卷二〇《华藏宗演禅师》："～上堂：'一九与二九，相逢不出手。'"

【腊梨】 là lí 同"剌梨"。《元曲选·李逵负荆》三折："那一个是稀头发～，如今这个是剃头发的和尚。"

【腊里】 là lǐ 腊月（农历十二月）期间。明《金瓶梅词话》一五回："说他从～不好到如今，大官人通影边儿不进里面看他看儿。"李攀龙《紫陌行》："共道朝来斗彩春，谁知～偷寒芷。"清傅恒《冰嬉联句》："三素云中凝皎晶，六花～积芊绵。"

【腊药】 là yào ❶腊月（农历十二月）里制作的药物。宋吴自牧《梦粱录》卷六："腊月内可盐猪羊等肉，或作腊犯、法鱼之类，过夏皆无损坏，惠民局及士庶修制～，俱无虫蛀之患。" ❷特指腊月里作为赠品的应时实用药物。宋周密《武林旧事》卷三："腊日，赐宰执、亲王、三衙从官、内侍省官并外阃、前宰执等～，系和剂局造进及御药院特旨制造。"周必大《赐皇子判明州魏王恺敕》："今差入内内侍省内侍黄门梁晫赍赐卿金合～，至可领也。"元马祖常《拟宫词十首》之九："盘雕晕锦是冬衣，鸽炭初生酒力微。闻道边臣风雪苦，口宣～布皇威。"

【腊月三十日】 là yuè sān shí rì 本义为农历年最后一日，禅家常以喻指人的临死时刻。宋《慧南禅师语录》："后代儿孙忘正觉，弃本逐末尚邪言，直到～，一身冤债入黄泉。"明郑文康《同钝庵诸公吊李侍御墓》："一朝谢病解朝簪，托身便筑圆明庵。自言～，散场似与禅和参。"清魏裔介《募修崇光寺藏经阁大藏经疏文》："直待～，阎王老子来呼唤时，四大无主，眼光入地，如螃蟹落汤。"

【腊月三十夜】 là yuè sān shí yè 犹"腊月三十日"。宋周煇《清波杂志》卷七："人生～，要当了了，方见平生着力处。"元《明本禅师杂录》卷中："今日眼眨眨地用心不得，便是你～无用心处底影子现前也。"

【腊月扇子】 là yuè shàn zi ❶喻无用途之物。《五灯会元》卷五《仙天禅师》："某甲有口，痖却即闲，苦死觅个～作么？"宋《虚堂和尚语录》卷一："天地不仁，以万物为刍狗。衲僧不仁，以自己为～。" ❷禅家语。喻安闲淡泊，系得道者的境界。《古尊宿语录》卷二八《舒州龙门佛眼和尚语录》："～功勋绝，浩浩凉风动寥泬。"宋绍昙《五家正宗赞》卷三《云居宏觉禅师》："体得底人，心若腊月扇。"

【腊查】 là zhā 同"蜡渣"。明《金瓶梅词话》六一回："李瓶儿睡在炕上，面色～黄了。"《古今小说》卷二六："看那沈秀脸色～黄的，昏迷不醒。"

【蜡鼻】 là bí 俗称一种鼻黄如蜡的鹞鹰，喻没出息的后代。宋吴曾《能改斋漫录》卷一五："鹞有数种，……最下者羽毛粗重，鼻根黄如蜡色，俗呼之曰～。更无他能，反为众鸟所侮，故江湖间呼不肖子为～。"

【蜡茶】 là chá 产于福建的一种名贵茶叶。宋周密《武林旧事》卷二："仲春上旬，福建漕司进第一纲～，名'北苑试新'，皆方寸小夸，进御止百夸。"明徐光启《农政全书》卷三七："～最贵，而制作亦不凡。择上等嫩芽，细碾入罗，杂脑子诸香，膏油调齐如法。"《明史·毕自严传》："内府六百万，自金花籽粒外，皆丝绵、布帛、～、颜料之类，岁久皆朽败。"

【蜡搽】 là chá 涂上蜡，形容脸色因疾病或惊恐等原因而发黄。明《拍案惊奇》卷二二："心中转转苦楚，面如～，饮食不进。"清《后水浒传》三五回："看罢，早吓得一似分开八块顶阳骨，一个面～也似黄了下来。"

【蜡弹】 là dàn 即"蜡丸"。宋韩驹《某已被旨移蔡贼起旁郡》之二："昨夜黄昏得蜡书，老臣恨已解兵符。"原注："十二月得京城～，有旨，守臣部兵应援。"《三朝北盟会编》卷一："李良嗣密遣人来雄州投～。"又卷一〇六："又于靖康元年～奏状。"

【蜡煤】 là méi 蜡烛燃烧时结出的炭渣。宋欧阳修《春日词》之三："待晓铜荷剪～，绣帘春色犯寒来。"清《野叟曝言》一二八回:“忙剔去～,看龙儿伏睡在桌,呼之不应。”清梁清标《连理枝·闺情》:“望远游孤客,～消尽,金钗坠响。”

【蜡枪头】 là qiāng tóu 犹“镴枪头”。《元曲选外编·三战吕布》二折:“我则道你是衠钢锏,呸!你原来是个～!”明《金瓶梅词话》一九回:“把你当块肉儿,原来是个中看不中吃～,死王八!”清《醒世姻缘传》九回:“计氏是有性气的妇人,岂是受得这等冤屈的?所以晃大舍倒～戳石块,卷回半截去了。”

【蜡书】 là shū 藏在蜡丸里的密件。《新唐书·郭子仪传》:“大历元年,华州节度使周智光谋叛,帝间道以～赐子仪,令悉军讨之。”宋岳珂《桯史》卷四:“蜀宣司故尝以～通问,为夏人所获,致之虏庭,雍酋益怒。”清施闰章《李阁学原庵得假奉母夫人归里》:“乍离丹陛向沧洲,风义从来第一流。报国～传阙下,全身虎口寄壶头。”

【蜡丸】 là wán 蜡制的丸,可用以封藏奏状、密信等。唐赵元一《奉天录》卷二:“信使使飞表于～中,论少游收财事,上深不平。”《新五代史·孙晟传》:“景知二将之相疑也,乃以～书遗重进,劝其反。”清查慎行《秋怀》之一四:“浴铁甲分秋练白,～书傍烛花红。”

【蜡查】 là zhā 同“蜡渣”。元明《水浒传》二五回:“王婆当时就地下扶起武大来,见他口里吐血,面皮～也似黄了。”明《金瓶梅词话》一四回:“脸唬的～也似黄,跪着西门庆,再三哀告。”清《续金瓶梅》四三回:“那一时金二官人不敢往别处去,从后门上了马,走到拓跋家里,一个脸似～般,唬的焦黄。”

【蜡渣】 là zhā 制蜡的渣滓,多喻脸色因惊恐或疾病等原因而发黄。《元曲选·薛仁贵》一折:“但听一声催战鼓,脸皮先似～黄。”清《醒世姻缘传》五九回:“狄希陈唬得个脸～黄,逼在墙上。”又八一回:“寄姐看看的脸就合～似的黄,脚下一大洼水。”

【蜡诏】 là zhào 用蜡丸封藏的诏书。《旧五代史·王清传》:“九年春,契丹南牧,围其城。清与张从恩守之。少帝飞～勉谕,锡之第宅。”宋《三朝北盟会编》卷一〇三:“女真兵至都城之外,～康王为兵马大元帅。”

【蜡滓】 là zǐ 即“蜡渣”。金《董解元西厢记》卷二:“一个走不迭和尚,被小校活拿,唬得脸儿来浑如～,几般来害怕。”清《醒世姻缘传》五二回:“狄希陈唬的那脸～似的焦黄,战战的打牙巴骨,回不上话来。”

【镴牌】 là pái 南宋的一种代用钱币。以镴(铅锡合金)铸造,故称。宋吴自牧《梦粱录》卷一三:“朝省因钱法不通,杭城增造～,以便行用。”

【镴器】 là qì 用镴(铅锡合金)制成的器具,如果盆、酒盅等。宋吴自牧《梦粱录》卷一三:“其巷陌街市,常有使漆修旧人,荷大斧斫柴间,早修扇子,打～,修灶,提漏。”又:“～如樽榼、果盆、果合、酒盏、注子。”明叶盛《水东日记》卷三一:“在湘潭,有范重二者尝过友家,乘虚撺其供佛～以归。”

【镴枪头】 là qiāng tóu 用镴做的枪头,比喻中看不中用的人。镴,铅锡合金,锃亮而质软。《元曲选·百花亭》二折:“我王焕是个百花亭坠了榜的～。”清《醉醒石》一五回:“这王公子～,便软了,也就没布摆。”

lái

【来】 lái ❶ 产生;开始;出现。唐李白《酬张司马赠墨》:“今日赠予兰亭去,兴～洒笔会稽山。”又《月下独酌》之四:“愁多酒虽少,酒倾愁不～。”宋《二程遗书》卷二二上:“欲治国治天下,须先从修身齐家～。”清《红楼梦》一〇回:“经期有两个多月没～。” ❷ 置于动词前,表示要做某事。唐李白《古风》之三四:“丑女～效颦,还家惊四邻。”白居易《三年除夜》:“堂上书帐前,长幼合成行。以我年最长,次第～称觞。”清《红楼梦》一四回:“我们里面也得他～整治整治,都特不像了!” ❸ 做。常指做某种动作。金《董解元西厢记》卷一:“莫胡～!便死也须索看,这里管塑盖得希罕。”明《金瓶梅词话》七四回:“达,你将就饶了我罢,我～不得了。” ❹ 置于动词或动词结构后表示趋向。唐李白《越女词》之三:“笑入荷花去,佯羞不出～。”《五灯会元》卷四《黄檗希运禅师》:“彼即褰衣蹑波,若履平地,回顾曰:‘渡～!渡～!’”明《金瓶梅词话》五八回:“吃的酩酊大醉,走入后边孙雪娥房里～。”清《红楼梦》六回:“周瑞家的又和他唧咕了一会,方过这边屋里～。” ❺ 表某时至今的时段。唐李白《送杨燕之东鲁》:“二子鲁门东,别～已经年。”《祖堂集》卷五《云岩和尚》:“石头曰:‘老僧面前一踏草,三十年～不曾锄。’”《古尊宿语录》卷二七《舒州龙门佛眼和尚语录》:“今日七月二十,解夏～又是五日也。” ❻ 表约数;大约。多置于数量词或疑问代词后。唐韦瓘《周秦行纪》:“见前一人纤腰修眸,容甚丽,衣黄衣,冠玉冠,年三十～。”金《董解元西厢记》卷一:“三停～是闺怨相思,折半～是尤云殢雨。”清《红楼梦》四一回:“那盒内一样是一寸～大的小饺儿。” ❼ 以后;以来。《太平广记》卷三二引《纪闻》:“贾拜吊已,因向灵言曰:‘闻姨亡～大有神,言语如旧,今故谒姨,何不与贾言也?’”金王喆《戚氏》:“夜静～,转觉严凉。”《刘知远诸宫调》一:“也生二子,长大～为人不善。” ❽ 表示比况,略相当于一般、一样。多置于名词之后、形容词或名词之前。宋吕渭老《如梦令》:“多谢西池桃李,伴我一春沉醉。能有几多香?陪了一江～泪。”《元曲选·杀狗劝夫》四折:“他道你怕见官司,拿着个天～大杀人公事。”清《隋唐演义》一七回:“牌楼上扎个圈儿,有斗～大,号为彩门。” ❾ 助词,置于介宾结构和谓语动词之间,有连接作用。宋庄绰《鸡肋编》卷上:“时黄鲁直在馆中,每月常以史院所得笔墨～易米。”宋元《清平山堂话本·简帖和尚》:“殿直焦躁,把门～关上,搲～搲了,唬得僧儿战做一团。”明《金瓶梅词话》二六回:“谁知倒把我～挂住了,不得脱身。” ❿ 助词,置于句中或复句的前分句末,表示假设语气。《敦煌变文校注》卷一《捉季布传文》:“藏着君～忧性命,送君又道灭一门。”宋《三朝北盟会编》卷一六二:“你们所说待信～,又已前数次失信;待不信～,又怎生全不信得?”元明《水浒传》四回:“若是留提辖在此,诚恐有些山高水低,教提辖怨怅;若不留提辖～,许多面皮都不好看。” ⓫ 助词,引出补语,略相当于“得”。唐姚合《寄王度居士》:“瘦马寒～死,羸童饿得痴。”金王喆《蓦山溪·赠文登县骆守青》:“行得正,立～端,步步莲花并。”《刘知远诸宫调》一一:“知远惊～,魂魄俱离壳,前来扯定告娇娥。” ⓬ 句尾助词,表示事态的过去。唐张鷟《朝野佥载》卷六:“老贼吃虎胆～,敢偷我物!”元关汉卿《拜月亭》一折:“怎生这秀才却共这汉是弟兄～?”清《红楼梦》二四回:“贾芸恐他母亲生气,便不说起卜世仁的事～。” ⓭ 助词,置于表次序的词(多为数词)后表示列举。《古尊宿语录》卷三一《舒州龙门佛眼和尚小参语录》:“其次～迷外得悟者亦甚多,故不足道。”元马致远《任风子》三折:“第一～将女色再不亲,第二～把香醪再不吃。”清《红楼梦》八二回:“我们一～道喜,二～送行。” ⓮ 动词后缀,表示行为动作的完成或持续。唐张籍《赠王秘书》:“赋～诗句无闲语,老去官班未在朝。”元高明《琵琶记》二一出:“黄卷看～消白日,朱弦动处引清风。”清《红楼梦》七回:“天下竟有这等人物,如今看～,我竟成了泥猪癞狗了!” ⓯ 时间名词后缀。唐李白《对酒》:“昨～朱颜子,今朝白发催。”《五灯会元》卷一六《金山善宁禅师》:“敢问诸禅德,且道与前～是同是别?”金《刘知远诸宫调》一二:“安抚天晚归衙内,对岳氏从头说破:‘早～私地奔沙陀,一星星见了本末。’” ⓰ 副词后缀。《祖堂集》卷九《云盖和尚》:“尽乾坤都～是你当人个体,向什么处安眼耳鼻舌?”《元曲选·玉镜台》一折:“大纲～阴阳偏有准,择日要端详。”《元曲选外编·西厢记》一本二折:“既不沙,却怎睃趁著你头上放毫光,打扮的特～晃。”

【来不的】 lái bu de 同“来不得”。清《醒世姻缘传》八一回:“我又没合人打惯官司,这样事我通～。”又八五回:“是那里人? 肚儿里可不知来的～?”

【来不得】 lái bu de 没能力;办不了。明《拍案惊奇》卷一九:“须得写众人姓名,通诚一番。我们几个都识字不透,这事却～。”清《醒世姻缘传》三九回:“这弟子谢师的礼,也要称人家的力量,若他十分～,也就罢了。”

【来不及】 lái bu jí 因时间短促而无法顾到或赶上。明许自昌《水浒记》三二出:“那梁山泊张榜说来救我们,只怕～了。”清《说岳全传》一二回:“你看人情汹汹,众心不服,奏闻一事也～。不如先将岳飞放了,先解了眼前之危,再作道理。”

【来辰】 lái chén 同“来晨”。唐薛用弱《集异记·裴珙》:“尔可缓驱疲乘,投宿于白马寺西吾之表兄窦温之墅,～徐归。”《祖堂集》卷一五《大梅和尚》:“师言已掩室,～化矣。”清《天雨花》一回:“夫人听说心欢喜,～便去议婚姻。”

【来晨】 lái chén 第二天早晨;明天早晨;日后。唐沈佺期《奉和春日幸望春宫应制》:“定是风光牵宿醉,～复得幸昆明。”《祖堂集》卷四《丹霞和尚》:“～,诸童行竞持锹钁,唯有师独持刀、水,于大师前跪拜揩洗。”明皇甫涍《近岁忆寄子循》:“索处自怜旬岁病,椒盘传祝泰～。”

【来春】 lái chūn 明年春季。唐白居易《香炉峰下新卜山居》:“～更葺东厢屋,纸阁芦帘著孟光。”宋《虚堂和尚语录》卷九:“～又要架僧堂,移行堂,立行者名次。与么时节,方可闭门作活。”清宋荦《赈毕谢恩疏》:“际此严冬,既免饥馁之患;～力作,亦无乏食之虞。”

【来旦】 lái dàn 明天早晨;明天。宋《三朝北盟会编》卷一四九:“于是(丁)顺使众呼于城下曰:‘不攻汝城矣,～我归矣。’城守者不信。”

【来的】 lái de 同“来得❶”。《元曲选·赵氏孤儿》五折:“这孩子手脚～,不中,我只是走的干净。”清《醒世姻缘传》八五回:“是那里人? 肚儿里可不知～来不的?”《红楼梦》五五回:“倒只剩了三姑娘一个,心里嘴里都也～。”

【来得】 lái de ❶ 犹“了得❷”。《元曲选·气英布》一折:“这英布手脚好生～! 若不是两个拿他一个,可不倒被他拿了我去?”明《西游释厄传》卷九:“这猴子曾闹天宫,果是～!”清《醉醒石》九回:“王老四是京师～的人,咱们托着他,后面也有好处。” ❷ 办得成。明《古今小说》卷一:“我家也要备些薄薄妆奁,一时如何～?” ❸ 做得;表现得。宋元《古今小说》卷三六:“侯兴也会水,～迟些个。”△清《儿女英雄传》一八回:“先生! 你这也～过逾贫了,怎么这句又来了呢?”

【来方】 lái fāng 来源;进项。明《警世通言》卷一五:“他吃溜了口,没处～,见了大锭银子,又且手边方便,如何不爱?”

【来过】 lái guò 来访;来临。唐李白《送于十八应四子举落第还嵩山》:“三花如未落,乘兴一～。”《祖堂集》卷一五《庞居士》:“开门待知识,知识不～。”清赵执信《孤山》:“秾桃落尽客～,更问梅花意若何?”

【来后】 lái hòu 助词,置于假设复句的前分句末,表示假设语气。金《董解元西厢记》卷六:“莺莺待道‘不愿’来,是言与心违;待道‘愿’～,对娘怎出口?”

【来来】 lái lái 以来。唐皮日休《病中书情寄上崔谏议》:“十日～旷奉公,闭门无事忌春风。”宋晁端礼《上林春》:“相识～,真个为伊,尽把精神役破。”《宋诗纪事》卷九〇:“相别～一百秋,幻泡重作故人游。”

【来历】 lái lì ❶ 经历;履历。宋王明清《摭青杂说》:“人不知～,亦不肯娶我。”《元典章·刑部十八》:“本处官司审过住贯、亲属姓名、被掳被卖～,难便凭准。”清玄烨《谕内阁》:“嗣后有买主审实知情者,或并妻子解京或充发远省。则买人者知所畏惧,必细察～始买,而拐卖之事亦决少矣。” ❷ 原委;来由。宋《朱子语类》卷四:“某尝谓《原性》一篇本好,但言三品处,欠个‘气’字,欠个～处,却成天合下生出三般人相似。”元明《水浒传》一九回:“朱贵急写了一封书呈,备细说众豪杰入伙～缘由。”清黄宗羲《明儒学案》卷五八:“一向不知象山、阳明学问～,前在舟中,似窥见其一斑。” ❸ 指人的身分或背景、来头。明《西游记》八一回:“众僧听着,暗点头道:‘这贼秃开大口,说大话,想来有些～。’”清李渔《意中缘》一六出:“兄弟,照他这等说来,像是有些～的,你便进去说一声。”《醒世姻缘传》八四回:“你要是什么大官,衙门事多,有来路,费二三百两请一个大～的去。”

【来情】 lái qíng 来由;情由。元明《水浒传》五七回:“行了两日,早到山下,那里小喽啰问了备细～。”明《古今小说》卷二:“门公方知是鲁公子,却不晓得～,便道:‘老爷不在家,小人不敢乱传。’”

【来情去意】 lái qíng qù yì 前前后后的情况。元明《水浒传》三八回:“当下戴院长与宋公明说罢了～,戴宗、宋江俱各大喜。”又一一一回:“张顺都问了备细～,一刀也把吴成剁下水里去了。”

【来去】 lái qù ❶ 来和去。唐白居易《京路》:“西来为看秦山雪,东去缘寻洛苑春。～腾腾两京路,闲行除我更无人。”元揭傒斯《送玄上人》:“涌金门外潮～,曾是钱唐江上住。”清王士禛《点绛唇·春词和漱玉韵》:“水满春塘,柳绵又蘸黄金缕,燕儿～,阵阵梨花雨。” ❷ 生和死。唐王梵志《生即巧风吹》:“生即巧风吹,死须业道过。～不相知,展脚阳坡卧。” ❸ 来,“去”字无实义。宋黄庭坚《昼夜乐》:“夜深记得临岐语,说花时,归～。” ❹ 交往。宋元《清平山堂话本·简帖和尚》:“自从小年夫妻,都无一个亲戚～。”明《金瓶梅词话》九五回:“来兴儿又打酒和奶子吃,两个嘲戏勾,～就刮剌上了。” ❺ 来由;来龙去脉。《元曲选·度翠柳》二折:“这小鬼头倒说的有个～。”清《后水浒传》一回:“祖师具天人冰鉴,自悉其中～,特来恳求,万望指迷!”《红楼梦》一一六回:“宝玉看了,心下想道:原来如此! 我倒要问问因果～的事了。” ❻ 距离。元明《水浒传》八七回:“两个马头,却好相迎着,隔不的丈尺～。”明《醒世恒言》卷一三:“仔细看时,正比庙中所塑二郎神模样,不差分毫～。” ❼ 差错。元明《水浒传》四五回:“今日哥哥既是收了铺面,小人告回,帐目已自明明白白,并无分文～。” ❽ 犹左右、上下,表示约数。元明《水浒传》三五回:“令尊太公却才在我这里吃酒了回去,只有半个时辰～,如何却说这话?”

【来日】 lái rì ❶ 未来的日子。唐王勃《秋晚入洛于毕公宅别道王宴序》:“维恐一邱风月,侣山水而忘年;三径蓬蒿,待公卿之～。”元刘炳《来日苦短黄子邕同赋》:“～苦短,去日苦长。人生如朝露，不如笑歌置酒临高堂。”清彭孙遹《卜算子·夏至日》：“草草百年身，悔杀从前错。～还如去日长，没个安排处。” ❷往日；到来的时候。唐李白《来日大难》：“～一身，携粮负薪，道长日尽，苦口焦唇；今日醉饱，乐过千春，仙人相存，诱我远学。”元辛文房《唐才子传》卷七《任蕃》：“榜罢进谒主司曰：‘仆本寒乡之人，不远万里，手遮赤日，步来长安，取一第荣父母不得。侍郎岂不闻江东一任蕃，家贫吟苦，忍令其去如～也？’”清汪由敦《园中杏花》：“窗前红杏手移栽，七度花时总未来。只有今年差不负，主人～恰花开。” ❸归期；回来的日子。唐李白《王昭君》之一：“一上玉关道，天涯去不归。汉月还从东海出，明妃西嫁无～。”白居易《晚春酤酒》：“春去有～，我老无少时。”

【来撒的】 lái sā de 厉害；有手段。《元曲选·昊天塔》四折：“这和尚倒～，那三门又关了，我可往那里出去？”《元曲选外编·圯桥进履》三折：“这厮倒～，我近不过他，走！走！走！”

【来生】 lái shēng 来世；下一世。唐寒山《寄语食肉汉》：“只取今日美，不畏～忧。”明《古今小说》卷三一：“你不须伤情，寡人还你个公道，教你母子～为后为君，团圞到老。”清汪琬《留别》之一：“此别断无重见日，故应前烛话～。”

【来书】 lái shū 来信。唐杜甫《中宵》：“亲朋满天地，兵甲少～。”元明《水浒传》三九回：“你不信，请看蔡九知府的～。”清查慎行《次德尹见怀原韵》之一：“倦飞无力出风尘，每对～辄损神。”

【来头】 lái tou ❶指人的身分或背景。元施惠《幽闺记》二二出：“韩景阳大～，你却是何等人家？愿闻。”明佚名《草庐记》三〇出：“好大～！进得去与你通报，这不是好耍的，要砍头哩！”清《绿野仙踪》二一回：“兵丁们见他衣服虽然平常，光景像个有～的，走去达知巡捕官。” ❷来由；根据。《元曲选·张生煮海》一折：“这秀才好没～！谁问你有妻无妻哩。”明《欢喜冤家》一回：“捉贼见赃，捉奸见双，好没～，为何杀得我！” ❸来源；进项。明《欢喜冤家》八回：“不想日用之物高贵，又没甚大～生意，不过一日卖了二三百文钱，只好度日。”清《三侠五义》六〇回：“你这买卖一年有多大的～？” ❹来势；气势。清《红楼梦》一〇五回：“众人看见～不好，也有躲进里间屋里的，也有垂手侍立的。”△《儿女英雄传》：“褚大娘子虽是善谈，看了看今日这局面，姑娘这～，不是连顽带笑便过得去的。”

【来往】 lái wǎng ❶反复。明《西游记》二四回：“忙入人参园里，倚在树下，往上查数，颠倒～，只得二十二个。” ❷置于数量词后表示约数，相当于“上下，左右”。清《红楼梦》二回：“若问那赦公，也有二子，长名贾琏，今已二十～了。”又二一回：“今年方二十～年纪。”

【来休】 lái xiū 句尾助词。宋杨万里《送黄仲秉少卿知泸州》之二：“醉中有话在，欲说忘～。”明高启《醉赠宋卿》：“劝君归～，莫作淡荡游。”清朱彝尊《折桂令》：“归去～！老子尊前，最爱歌喉。”

【来许】 lái xǔ 置于数量词后表示约数。宋杨万里《题严州新堂郡圃旧亭》：“更烦好手铲东皐，放出钓台寸～。”

【来夜】 lái yè 明天夜晚。宋《虚堂和尚语录》卷三：“且道药山因甚不肯承嗣马祖？出来下一转语看。不然，～请首座对众说破。”又卷九：“学人～果子还有分也无？”

【来因】 lái yīn ❶来此的原因。明《拍案惊奇》卷一：“主人王老儿见金老揖坐了，问其～。”清《隋唐演义》一六回：“两人重新叙礼，握手就坐，各问～。” ❷来历；缘由。明《西游记》九四回：“国王问道：‘那三位是圣僧驸马之高徒？姓甚名谁？何方居住？’……长老恐他村鲁惊驾，便起身叫道：‘徒弟啊，陛下问你～，你即奏上。’”清《野叟曝言》八回：“你话必有～，快些直说我听。”

【来由】 lái yóu ❶来历；缘由。唐白居易《感兴》之一：“吉凶祸福有～，但要深知不要忧。”宋绍昙《五家正宗赞》卷四《清凉法眼禅师》：“行脚人著甚～安块石在心头耶？”清《红楼梦》一一二回：“正在吵闹，只见妙玉的道婆来找妙玉。彩屏问起～，先唬了一跳。” ❷禅家用语，指对禅法的体悟。《祖堂集》卷一〇《长庆和尚》：“有一日，心造坐不得，却院外绕茶园三匝了，树下坐，忽底睡着。觉了却归院，从东廊下上，才入僧堂，见灯笼火，便有～。”《景德传灯录》卷一九《云门山文偃禅师》：“汝若有少许～，且昧你亦不得；你若实未有得，方便拨汝则不可。”元行秀《从容庵录》四一则：“至晚，唤从上座：‘你今日祇对，甚有～。’” ❸结果；结局。《古今杂剧·救风尘》一折：“他便初间时有些志诚，临老也没有～。”

【来于】 lái yú 来到。明《平妖传》一回：“话说处女下了南山，～越国。”《西湖二集》卷一二：“话说嘉熙丁酉年间，一人姓潘名用中，是闽中人，随父亲～临安候差。”

【来月】 lái yuè 下个月。唐李隆基《上圣祖及诸庙帝后尊号推恩制》：“仍以～五日，朕亲奉册礼。”《景德传灯录》卷六《江西道一禅师》：“吾之朽质，当于～归兹地矣！”清《女仙外史》七三回：“这进贡日期，竟约定～何如？”

【来早】 lái zǎo 明天早晨；第二天早晨。唐薛调《无双传》：“今日已夜，郎君且就客户一宿，～同去未晚。”宋《朱子语类》卷九〇：“夜亦不举烛，只黑地，主祭一人自去烧香祷祝了，祭馔不彻，闭户以待，～，方彻。”明《古今小说》卷七：“不期中途遇雨，无觅旅邸之处，求借一宿，～便行。”

【来蚤】 lái zǎo 同“来早”。蚤，通“早”。明《古今小说》卷二九：“你可去道人房中权宿，～入城。”

【来朝】 lái zhāo 第二天早晨；明日早晨；明天。《祖堂集》卷三《一宿觉和尚》：“～辞祖师，禅师领众送其僧。”金《刘知远诸宫调》一一：“李三娘，今日有言，祝付刘郎：‘～领取兵和将，早犯沙陀庄上。’”清《隋唐演义》四一回：“众人撇不过他叔侄两人之情，只得住了一宵，～五更时分，就起身告别。”

【来着】 lái zhe 句尾助词。表示行为动作曾经或已经发生。清《红楼梦》一七至一八回：“我何曾把你的东西给人～？”又四六回：“他必定也帮着说什么～。”又八二回：“二爷早来了，在林姑娘那边～。”

【倈】 lái ❶杂剧里扮演少年儿童的角色。《元曲选·黄粱梦》楔子：“〔正末改扮高太尉同旦儿两～上云〕老夫殿前高太尉的便是。……止有个女孩儿，……所生一儿一女。”《元曲选外编·西厢记》一本楔子：“〔旦～扮红见科〕〔夫人云〕你看殿上没人烧香呵，和小姐闲散心，耍一回去来。”又四本二折：“〔夫人云〕这桩事都在红娘身上，唤红娘来！〔～唤红科。红云〕哥哥唤我怎么？” ❷称青年男子，多含轻蔑意。《元曲选·风光好》二折：“梅香，兀那月下闲行的正是那～！”《元曲选外编·西厢记》三本一折：“哎，你个馋穷酸～没意儿，卖弄你有家私，莫不图谋你的东西来到此！” ❸句尾助词。《元曲选·百花亭》一折：“我也曾向烟月所上花台做子弟～。” ❹同“唻”。《元曲选·桃花女》二折：“哎，周公～，你便有灵验的阴阳敢可也近不的我。” ❺曲中衬字，无实义，有调节音律的作用。《元曲选·杀狗劝夫》一折：“闪的我无投～无奔，则向这破窑中和月待黄昏。”又《冤家债主》二折：“常言道：‘好人～不长寿。’这一场烦恼怎罢休？”

【倈儿】 lái ér ❶即“倈❶”。《元曲选·灰阑记》四折：“〔包待制云〕着他过来！〔搽旦、～并街坊老娘入跪科〕”又《赵礼让肥》

一折:"〔～云〕爹爹,我肚里饥!"又《鲁斋郎》三折:"〔～上云〕我是张孔目的孩儿金郎,妹子玉姐。" ❷ 即"倈❷"。明朱有燉《香囊怨》二折:"孩儿到那时,你再拣个称心的～,留也不迟,如今且看他这钱面么。"

【倈人】 lái rén 即"倈❶"。《元曲选外编·西厢记》一本一折:"〔正末扮骑马引～上开〕小生姓张,名珙,字君瑞,本贯西洛人也。"

【倈子】 lái zǐ 即"倈❷"。《元曲选·玉壶春》四折:"老虔婆唱叫扬疾,更狠如剔髓挑筋索命鬼;见～撅天扑地,不弱如打家劫舍杀人贼。"

【啉】 lái 一音 lài。助词。多置于名词之后引起注意。《元曲选·李逵负荆》二折:"宋江～! 这是甚所为,甚道理? 不知他主着何意,激的我怒气如雷!"又《合汗衫》一折:"陈虎～! 咱两个则休要轴头儿厮抹着。"

lài

【赖】 lài ❶ 可惜;怎奈。表示遗憾、惋惜语气。《五灯会元》卷八《报慈光云禅师》:"问:'承闻超觉有锁口诀,如何示人?'师曰:'～我拄杖不在手!'" ❷ 食言;不守信。《太平广记》卷四六九引《广古今五行记》:"晋安郡民断溪取鱼,忽有一人着白帢,黄练单衣,来诣之,即同饮馔。馔毕,语之曰:'明日取鱼,当有大鱼甚异,最在前,慎勿杀!'明日,果有大鱼,长七八丈,径来冲网。其人即～杀之。破腹,见所食饭悉有。其人家死亡略尽。"宋庄绰《鸡肋编》卷上:"渭州潘原讳'～'。云始太祖微时,往凤翔谒节度使王彦才,得钱数千,……至潘原,与市人博,大胜。邑人欺其客也,殴而夺之。及即位,亡几,欲迁废此县。故以'～'为耻。"也指以欺骗或食言的方式占有。《元曲选·鲁斋郎》二折:"这厮强～人钱财,莽夺人妻室。"清《红楼梦》二〇回:"一个作爷的,还～我们这几个钱。" ❸ 无赖,也指耍无赖。明汤显祖《牡丹亭》五〇出:"〔外问介〕军门外谁敢喧嚷?〔丑〕是早上嫡亲女婿,叫做没奈何的,破衣、破帽、破褡褙、破雨伞,手里拿一幅破画儿,说他饿的荒了,要来冲席。但劝的都打,……〔外恼介〕可恶! 本院自有禁约,何处寒酸,敢来胡～?" ❹ 抵赖;不承认自己的罪行、错误,推卸责任。宋佚名《张协状元》二四出:"〔净〕你讨房钱还我!〔丑〕你来劫我! ……〔净〕～我房钱!〔丑〕它劫我钱!"《元曲选·东堂老》一折:"你平日间所行的勾当,我一桩桩的说,你则休～!"清《红楼梦》六一回:"林之孝家的听他辞钝色虚,又因近日玉钏儿说那边正房内失落了东西,几个丫头对～,没主儿,心下便起了疑。" ❺ 诬赖;诬栽。《元曲选·灰阑记》一折:"明明你下这毒药在汤儿里,怎～得我? 怕你不去偿命!"明《金瓶梅词话》二六回:"不知听信了甚么人言语,平白把小厮弄出去了。你就～他做贼,万物也要有个着实才好。"清《红楼梦》二〇回:"宝玉道:'我说我自己死了干净,别听错了话～人。'"

【赖得】 lài dé 幸亏;幸好。唐乔知之《人日登高》:"暂若升云雾,还似出嚣尘。～烟霞气,淹留攀桂人。"《祖堂集》卷一八《赵州和尚》:"上堂,师念《心经》,有人云:'念经作什摩?'师云:'～阇梨道念经,老僧洎忘却。'"清朱彝尊《明瑟园杂咏》之一:"黑云堕地晚风号,～山栖置屋牢。"

【赖骨顽皮】 lài gǔ wán pí 形容刁猾顽劣。也用作对此种人的詈称。《元曲选·望江亭》二折:"这桩事你只睁眼儿觑者,看怎生的发付他～。"又《窦娥冤》二折:"这媳妇年纪儿虽小,极是个～,不怕打的。"

【赖皮】 lài pí 无赖;刁滑顽劣。也用作对此种人的詈称。明徐元《八义记》四出:"〔丑〕赊酒无钱学～,赵家府内告轮回。〔小生〕非关我每无行止,你若无钱便得知。"《西游记》八三回:"天师吃惊道:'这个～,不知要告那个?'"清《飞龙全传》一六回:"我们从来在此赌钱,并不曾遇着你这等～,赢了要钱,输了便赖,还要想抢我们的银钱。"

【赖皮赖骨】 lài pí lài gǔ 犹"赖骨顽皮"。元明《水浒传》三三回:"这等～,不打如何肯招。"

【赖肉顽皮】 lài ròu wán pí 犹"赖骨顽皮"。《元曲选·蝴蝶梦》二折:"非干是孩儿每～,委的衔冤负屈。"又《神奴儿》三折:"这厮～,不打不招。"

【赖是】 lài shì 幸亏;幸好。唐白居易《琵琶》:"～心无惆怅事,不然争奈子弦声?"宋克勤《碧岩录》二则:"若不是这老汉,被他拶着,往往忘前失后。～这老汉有转身自在处,所以如此答他。"清汪由敦《香山值雨》:"黑云一片树头生,电掣雷轰雨倒倾。～西风吹易散,碧空如洗夕阳明。"

【赖图】 lài tú 用不正当手段谋求或强占(他人之物)。清《醒世姻缘传》二二回:"这样～人的事,当初晁大舍都与晁住两个干的。"又:"其餘那八顷多地,这都是你大叔一半钱一半～人家的,我都叫了原主儿来,叫他领了去。"

【赖象】 lài xiàng 同"癞象"。明《西游记》六一回:"行者打个滚,就变作一只～,鼻似长蛇,牙如竹笋。"清《醒世姻缘传》六二回:"那～就如山大的一般凶物,撞着不可意的人,把鼻子伸将开来一卷,往上一丢,跌成肉酱。"

【赖秀】 lài xiù 詈词。无赖秀才。宋佚名《张协状元》二四出:"〔净〕打脊篭簪～!〔丑〕打脊篭簪赖狗!"

【赖遇】 lài yù ❶ 幸亏;幸好。唐钱起《罢章陵令山居过中峰道者》:"～无心云,不笑归来晚。"《景德传灯录》卷一四《汾州石楼和尚》:"师问僧:'近离什么处?'曰:'汉国。'师曰:'汉国主人还重佛法么?'曰:'～问着某甲,若问着别人即祸生!'" ❷ 表示遗憾、惋惜等语气,相当于"怎奈""可惜"等。《祖堂集》卷一三《龙潭和尚》:"问:'古人道:横说竖说,犹未知向上一关捩子。如何是向上一关捩子?'师云:'～娘生臂短!'"《景德传灯录》卷一九《云门山文偃禅师》:"问:'如何是学人自己?'师曰:'游山玩水。'曰:'如何是和尚自己?'师曰:'～维那不在!'"

【赖帐】 lài zhàng 赖掉所欠的钱。清郑燮《板桥润格》:"礼物既属纠缠,赊欠尤为～。"

【赖值】 lài zhí ❶ 犹"赖遇❶"。宋克勤《碧岩录》二三则:"如今禅和子,恁么问着,便只口似匾担。～问着长庆。"又二六则:"这僧便礼拜,似捋虎须相似,只争转身处。～百丈顶门有眼,肘后有符,照破四天下,深辨来风,所以便打。若是别人,无奈他何。" ❷ 犹"赖遇❷"。宋克勤《碧岩录》一八则:"举,肃宗皇帝问忠国师:……国师云:'吾有付法弟子躭源却谙此事。'"克勤评语:"～不掀倒禅床!"又七五则:"这个拄杖子,……雪窦意要独用,～这僧当时只与他平展。"

【癞儿牵伴】 lài ér qiān bàn 牵扯他人作为同伴,含互为同道知音之义。癞儿,本指无赖之徒,此含戏谑意味,并无贬义。宋克勤《碧岩录》一二则引雪窦诗句"因思长庆、陆大夫"下克勤评语:"～。"又九六则引雪窦诗句"木佛不渡火,常思破灶堕"下克勤评语:"～。"

【癞骨顽皮】 lài gǔ wán pí 同"赖骨顽皮"。《元曲选·杀狗劝夫》四折:"使不着你～,逞的精神,说的强词,公厅上捱杖子,胡攀乱指。”

【癞汉指头】 lài hàn zhǐ tou 一种常见树木的俗称，即枳椇，又名机枸子、鸡脚爪树等，其果实形同鸡脚爪，味甜。癞汉，麻风病者。因其手指拘挛僵硬，形同鸡脚，故有此俗称。宋《朱子语类》卷八一：“问‘枸’，曰：‘是机枸子，建阳谓之‘皆拱子’，俗谓之～，味甘而解酒毒。’”明李时珍《本草纲目》卷三一：“棘枸实如鸡距，故俗谓之‘鸡距’，亦曰～。”

【癞皮】 lài pí 同“赖皮”。明袁于令《西楼记》一三出：“到说得冠冕，你是个扎火囤～光棍！”

【癞肉顽皮】 lài ròu wán pí 犹“赖骨顽皮”。《元曲选·抱妆盒》三折：“这妮子～，倒是熬得打的，再与我着实打呀！”

【癞象】 lài xiàng 象的俗称。象皮粗糙，如生癞，故称。明《金瓶梅词话》六回：“他离城四十里见蜜蜂儿搠屎，出门交～拌了一交，原来觑远不觑近。”《西游记》四七回：“我只会变山、变树、变石头、变～、变水牛，变大胖汉还可，若变小女儿，有几分难哩。”清《野叟曝言》四二回：“这不是烂草绳绊倒了～吗？”

lán

【兰单】 lán dān 同“阑单❶”。唐苏颋《咏死兔》：“兔子死～，将来挂竹竿。”

【兰若】 lán ruò 佛寺。梵语音译词。唐法海《六祖大师法宝坛经略序》：“师游境内，山水胜处辄憩止，遂成～一十三所。”《五灯会元》卷一八《灵隐道枢禅师》：“后退居明教永安～，逍遥自适。”明《石点头》卷三：“向旅店中取了行李，安身～，日供樵汲。”

【拦】 lán ❶遮挡；阻挡。唐李白《襄阳歌》：“襄阳小儿齐拍手，～街争唱白铜鞮。”宋杨万里《雨中入城送赵吉州器之》之一：“拂溪杨柳缕生金，～路山矾香杀人。”清《红楼梦》九回：“贾瑞急的～一回这个，劝一回那个。” ❷当；正对着。《祖堂集》卷七《岩头和尚》：“(大彦上座)始跨方丈门，师便透下床，～胸一擒，云：‘速道！速道！’”明《隋炀帝艳史》二一回：“遂叫武士将大棒～脑门着实痛打。”清《照世杯·七松园》：“阮江兰浓睡到日夕方醒，……惊骇道：‘我如何～街睡着？’” ❸即“拦告”。《元典章·刑部六》：“百端需要，元告人自愿拦告休和，文状到官，擅便准～了当。”

【拦当】 lán dāng 即“拦挡”。《元典章·刑部十九》：“又有佃客男女婚姻，主户常行～，需求钞贯、布帛、礼数，方许成亲。”明《老乞大谚解》卷上：“这个马怎么这般难拿？……咱们众人～着，拿住。”《金瓶梅词话》四三回：“两边街上看的人，鳞次蜂排一般。平安儿同众排军执棍～再三，还涌挤上来。”

【拦挡】 lán dǎng 阻拦；阻挡。元明《水浒传》三八回：“戴宗～不住，李逵一直去了。”清《隋唐演义》一八回：“就是街市上，也有旁观的，那个不晓得宇文公子，敢来～劝解。”

【拦告】 lán gào 谓原告撤回诉状。《元典章·刑部四》：“苦主刘恩要讫烧埋钱钞六定，～休和。”又《刑部十五》：“若已～，所在官司不许轻易再接词状归问。”

【拦截】 lán jié 隔断；阻挡。宋《朱子语类》卷一二：“学者之于善恶，亦要于两夹界处～分晓，勿使纤恶间绝善端。”元宫天挺《范张鸡黍》二折：“我恰待向前些，他把我紧～。”清毛奇龄《湘湖水利永禁私筑勒石记》：“筑堤数里，自湖西至东两山之间，横跨湖面而～之。”

【拦门】 lán mén 在门口阻挡。 ❶民间婚俗，婚礼之日，新娘花轿抬到男家门外，贺客、仆役等人讨索钱物，称为“拦门”。亦作“栏门”。宋孟元老《东京梦华录》卷五：“迎客先回至儿家门，从人及儿家人乞觅利市钱物花红等，谓之‘～’。”按，一本作“栏门”。明蒋冕《村田景》：“圈豕登盘酒满壶，高堂红烛瑞烟敷。里巫唱罢～曲，新妇升堂拜舅姑。”清厉鹗《南宋杂事诗》：“儿童拾果攒花斗，争乞～利市钱。” ❷民间宴俗，宴客告辞时，主人在门口挽留，亦称拦门。明《金瓶梅词话》六三回：“那戏子又做了一回，约有五更时分，众人齐起身。西门庆拿大杯～递酒，款留不住，俱送出门。”

【拦门钟儿】 lán mén zhōng er 宴饮将结束时，主人挽留客人的酒。《元曲选·举案齐眉》一折：“老官儿，你请俺吃酒，酒又不醉，饭又不饱，就着俺起身，也等俺家吃个～去。”

【拦头】 lán tóu 迎头；当头。元关汉卿《调风月》三折：“见一个耍蛾儿来往向烈焰上飞腾，正撞着银灯，～送了性命。”清《飞龙全传》一〇回：“开了房门，跳将过来，望着匡胤～就是一刀。”

【栏衫】 lán shān 同“襕衫”。《祖堂集》卷七《岩头和尚》：“师沙汰时，著～戴席帽。”宋郑獬《赐西南蕃龙异阁等敕书》：“今回赐汝江中锦旋～一领，八两浑镀银腰带一条。”

【阑】 lán 同“拦❷”。宋《虚堂和尚语录》卷四：“祖云：‘道甚么？’僧拟开口，被祖～胸一拳，云：‘不是！’”又：“岩头见他来处分晓，便与他～口一筑。”

【阑单】 lán dān ❶衰疲貌。唐刘知幾《史通》卷二：“碎琐多芜，～失力。” ❷一种刑具。唐张鷟《朝野佥载》卷二：“每讯囚，必铺棘卧体，……上麦索，下～，人不聊生，囚皆乞死。”

【阑干】 lán gān 栏杆。唐李白《鲁郡尧祠送窦明府薄华还西京》：“红泥亭子赤～，碧流环转青锦湍。”宋《虚堂和尚语录》卷七：“水面绿盘擎雨出，临风几度倚～。”元高明《琵琶记》二八出：“十二～光满处，凉浸珠箔银屏。”

【阑珊】 lán shān ❶零落；凋败；将尽。唐白居易《偶作》：“～花落后，寂寞酒醒时。”宋《朱子语类》卷六六：“‘贞’是在里面做主宰底，‘悔’是做出了末后～底。”清《隋唐演义》四七回：“正月明回首，春事～。” ❷衰减；消沉。唐白居易《咏怀》：“白发满头归得也，诗情酒兴渐～。”清彭孙遹《问家兄仲谋肺疾即用来韵却寄》之三：“料得疏狂时纵酒，竹林清兴未～。”

【澜翻】 lán fān ❶波澜翻腾貌。宋彭汝励《岘山》：“至今山外溪，日夜波～。”元郝经《东坡先生画像》：“颠倒六合江河倾，～奔注汹四溟。”清查慎行《读白耷山人诗和恺功》之一：“随身一掬～泪，不哭穷途哭战场。” ❷比喻言说或诵读滔滔不绝。唐韩愈《记梦》：“夜梦神官与我言，罗缕道妙角与根。挈携陬维口～，百二十刻须臾间。”宋《大慧禅师语录》卷一二：“一生舌本漫～，何曾唱得胡家调？”清陈廷敬《久雨喜晴怀王颛庵侍郎兼简阮亭》：“说书口～，论古人辟易。” ❸形容诗文或书画气势跌宕充沛。宋曾慥《题苏养直词翰轴后》：“～翰墨惊人眼，一段清冰在玉壶。”明李日华《六研斋笔记》卷二：“俞君作记～浩汗，虽白首暮年，犹不除少年举子习气耳。”清赵翼《瓯北诗话·黄山谷诗》：“东坡随物赋形，信笔挥洒，不拘一格。故虽～不穷，而不见有矜心作意之处。”

【斓斑】 lán bān ❶纵横散乱貌。唐杜牧《朱坡》：“蜗壁～藓，银筵豆蔻泥。”宋《虚堂和尚语录》卷一五：“黄叶殒时风骨露，水边依旧石～。”清弘历《题女史陈书写生十帧·香林翠羽》：“薇红卮白各为观，生意～正未阑。” ❷斑痕狼藉貌。多形容泪点。宋苏轼《次韵胡完夫》：“青山别泪尚～，十载江湖困抱关。”元张翥《王贞妇》：“数行血字尚～，雨荡霜磨消不得。”清王士禛《南将军庙行》："中丞侍郎同日亡，碧血～照青史。"

【襕】 lán 指"襕衫"。《景德传灯录》卷一一《关南道吾和尚》："凡上堂示徒，戴莲花笠，披～执简，击鼓吹笛，口称鲁三郎。"《元曲选外编·西厢记》二本二折："乌纱小帽耀人明，白～净，角带傲黄鞓。"

【襕衫】 lán shān 一种较长的外衣，即袍子。初因下摆以横幅为襕，故称。多为士人所穿，明清时为秀才举人公服。唐韦绚《刘宾客佳话录》："我致政之后，必买一小驷八九千者，饱食讫而跨之，着一粗布～，入市看盘铃傀儡，足矣！"《五灯会元》卷一四《石门慧彻禅师》："陋巷不骑金色马，回途却着破～。"清厉鹗《独游沧浪亭》之四："祠屋如闻神爽在，未应蕉萃旧～。"

【襕衣】 lán yī 即"襕衫"。《太平御览》卷九一二引《广五行记》："遥见前路有数妇人，皆着红紫～歌吟而来。"明《西游记》五四回："女王卷帘下辇道：'那一位是唐朝御弟？'太师指道：'那驿门外香案前穿～者便是。'"明方以智《通雅》卷三六："裳用横幅，谓之～。"

【婪】 lán 蠢笨；呆傻。婪，通"林"。元王元鼎《河西后庭花》："走将来笑吟吟，妆呆妆～。"参见"老林"。

【婪耽】 lán dān 形容潦倒贫困，仪容不整。金谭处端《永遇乐·赠潍州王三校尉》："落魄～，蓬头垢面，朝日常如醉。"马钰《满庭芳·立誓状外戒》："布素～度日，饥寒后，须凭展手街前。"丘处机《望海潮·学道》："贪利喻仇，观身似梦，～不整容仪。"

【婪尾】 lán wěi ❶ 宴饮称酒巡至末座为"婪尾"。唐苏鹗《苏氏演义》卷下："今人以酒巡匝为～。又云：婪，贪也，谓处于座末得酒为贪婪。"《太平广记》卷四二九引《河东记》："有顷，妪自外挈酒壶至，……(申屠澄)因揖让曰：'始自主人。'翁即巡行，澄当～。"清厉鹗《东湖月出回船中流有作寄舒明府》："尚忆连宵趋府客，不同～试深杯。" ❷ 末尾；最后。宋杨万里《八月朔晓起趣办行李》："破除～暑，领略打头清。"清弘历《喜晴》："前朝骤雨昨细雨，虽日间晴恐作霖。何幸细雨作～，夕阳蝃蝀全收阴。"❸ 指芍药花。宋陶縠《清异录》卷上："胡嶠诗'瓶里数枝～春'，时人罔喻其意。桑维翰曰：'唐末文人有谓芍药为～春者，婪尾酒乃最后之杯，芍药殿春，亦得是名。'"清张英《澹人见赠芍药赋此》之一："昨夜春风过邻圃，数丛～发萧斋。"田雯《四月八日》："手自焚香童扫地，一枝～插窑瓶。"

【儖儳】 lán chán 即"蓝搀"。《广韵·淡韵》："～，形皃恶也。"

【蓝搀】 lán chān 形容相貌丑陋，多用于鼻子。《太平广记》卷二五二引《玉堂闲话》："～鼻孔，真同生铁之椎；靦甸骷髅，宛是熟铜之罐。"

【蓝镵】 lán chán 同"蓝搀"。《五灯会元》卷一九《保宁仁勇禅师》："有个汉，怪复丑，眼直鼻～，面南看北斗。"

【蓝衫】 lán shān 同"襕衫"。唐韦应物《送秦系赴润州》："近作新婚镊白髯，长怀旧卷映～。"明《金瓶梅词话》五六回："你看我，两只皂靴穿到底，一领～剩布筋。"清弘历《过武清县》："儒士～列，耆民黄褶稠。"

【蓝尾酒】 lán wěi jiǔ 宴饮轮至最后饮者称"蓝尾酒"。唐白居易《七年元日对酒》之三："三杯～，一楪胶牙饧。除却崔常侍，无人共我争。"宋王十朋《次韵潘先生寒食有感》之二："且尽一杯～，莫将身事恼生前。"清彭孙遹《元夕》："万事后人～，一官如客白头翁。"参见"婪尾❶"。

【蓝舁】 lán yú 同"篮舆"。舁，通舆。唐白居易《偶作》："～出即忘归舍，柴户昏犹未掩关。"宋司马光《和子骏新荷》："懒不窥园久，元非效仲舒。新荷满沼密，～出门疏。"李弥逊《送仲宗之建安》："念子～晚山里，可能来共拾馀霞？"

【篮舆】 lán yú 轿子，多以竹制。唐韩翃《送客归江州》："闻道泉明居止近，～相访为淹留。"宋高翥《晓出黄山寺》："晓上～出宝坊，野塘山路尽春光。"清厉鹗《雨中肩舆至永兴寺看绿萼而返》："～轧轧傍溪限，野寺看梅又一来。"

lǎn

【揽减】 lǎn jiǎn 谓灾荒减产。系淮河一带方言词。宋陈造《送学生归赴秋试因省别业》之二："宁堪再～？又抱两呕鸦。"原注："淮人谓岁饥为年岁～。"

【懒】 lǎn ❶ 没兴趣；不愿意。宋道潜《春日杂兴》之三："去岁春风上苑行，烂窥红紫厌平生。而今眼底无姚魏，浪蕊浮花～问名。"元明《水浒传》七回："林冲连日闷闷不已，～上街去。"❷ 灰心；情绪低落。宋方士繇《升山即事》："黄卷经心～，青纶入梦稀。"元明《水浒传》一五回："王伦那厮不肯胡乱着人，因此我弟兄们看了这般样，一齐都心～了。"清《红楼梦》二六回："说了一会，见宝玉有些～～的了，便起身告辞。"

【懒待】 lǎn dài 即"懒得"。明《金瓶梅词话》三四回："旋使小厮街上买了这坛酒来，打开只吃了两钟儿，就～吃了。"清《红楼梦》一〇回："那两日，到了下半天就～动，话也～说，眼神也发眩。"

【懒得】 lǎn de 不愿意；没兴趣。明《金瓶梅词话》五九回："你若～去，等我对老爹说了，教姓甘的和保官儿打外，你便在家卖货就是了。"清《绿野仙踪》四一回："黎氏也不吃药了，除大便之外，只是睡觉，～与人说话。"

【懒凳】 lǎn dèng 长条凳子。元明《水浒传》四回："信步行到半山亭子上，坐在鹅项～上，寻思道：'干鸟么！'"清《隋唐演义》九回："定睛一看，两带琵琶栏杆的外边，都是厢房，厢房里都是条桌～。"

【懒放】 lǎn fàng 懒散；不振作。唐白居易《自问行何迟》："眼底一无事，心中百不知。想到京国日，～亦如斯。"元马臻《春霁陪葛元白游南山》："野夫元～，杜宇足酸辛。"明王守仁《答潘直卿》："病废日久，习成～。"

【懒架】 lǎn jià 一种可以半坐半躺的椅子。宋沈与求《呈唐子明同年》："老盆贮酒心犹健，～抛书趣亦高。"吴自牧《梦粱录》卷一三："豆袋、竹夫人、～、凉簟。"清汪琬《东轩》之一："～抛书久，尘床卧笔多。"

【懒能】 lǎn néng 犹"懒得"。宋佚名《张协状元》八出："嫌杀拽犁使耙，～负重担轻。"

【懒散】 lǎn sǎn 懒惰散漫。宋苏轼《徐大正闲轩》："君看东坡翁，～谁比数？形骸堕醉梦，生事委尘土。"明《西游记》四〇回："只是我们做惯了和尚，是这般～。若做了皇帝，就要留头长发，黄昏不睡，五鼓不眠。"清毛奇龄《和秋日闲居诗》之一："登朝真～，涉世太迂疏。"

【懒率】 lǎn shuài 懒散随意。宋葛长庚《瑞鹤仙》："赋情多～，每醉后疏狂，醒来飘忽。"王履道《李成山水》："我生～便疏放，只有幼舆岩石相。"元刘诜《春怀》："清心近～，壮事成寂寞。"

làn

【烂】 làn ❶ 物体的软湿稀糊状态。宋《虚堂和尚语录》卷二:"踏着～如泥。"明《西游记》七三回:"把七个蜘蛛精,尽情打～,却似七个劖肉布袋儿,脓血淋淋。"清《红楼梦》二二回:"宝钗深知贾母年老人,喜热闹戏文,爱吃甜～之食。" ❷ 破碎;破败;破烂。五代齐己《升天行》:"五三仙子乘龙车,堂前碾～蟠桃花。"明《醒世恒言》卷六:"破芭蕉化为罗服,～荷叶变作纱巾。"清《红楼梦》三九回:"如今日久年深的,人也没了,庙也～了。" ❸ 无节制;尽情。唐韩愈《刘生诗》:"妖歌慢舞～不收,倒心回肠为青眸。"宋道潜《春日杂兴》之三:"去岁春风上苑行,～窥红紫厌平生。"明《梼杌闲评》一四回:"小沈却是～赌,每常不拿,专等他昨日在刘道士家才拿。" ❹ 谓花朵盛开;茂盛。唐寒山《去年春鸟鸣》:"去年春鸟鸣,此时思弟兄;今年秋菊～,此时思发生。"宋吴曾《能改斋漫录》卷八:"莫恨红葩犹未～,叶香元自胜花香。"清施闰章《以诗代柬寄金长真宪副》:"积雪明山楼,疏梅～江寺。"

【烂打】 làn dǎ 痛打。宋《朱子语类》卷五三:"如～一顿,固是痛,便轻掐一下,也痛。"

【烂精银】 làn jīng yín 犹"烂银❶"。《元曲选·范张鸡黍》一折:"着我做官人,有人来告状,则要～。"

【烂漫】 làn màn ❶ 情态真挚坦率。唐杜甫《与鄠县源大少府宴渼陂》:"主人情～,持答翠琅玕。"元仇远《题高房山写山村图卷序》:"元气淋漓,天真～,脱去画工笔墨畦町。"清查慎行《寓楼读陶诗毕敬题其后》:"颜谢非同调,千秋第一人。精深涵道味,～发天真。" ❷ 尽情;酣畅。唐李白《醉后答丁十八》:"待取明朝酒醒罢,与君～寻春晖。"宋葛胜仲《蝶恋花》:"二月春游须～,秉烛看花,只为晨曦短。"清厉鹗《寒食湖上冶春绝句》之一:"三日湖山～游,汀花沙鸟为勾留。"

【烂泥】 làn ní 湿软的泥。形容身体瘫软或烂碎。宋《朱子语类》卷二:"如人掷一团～于地,泥必溃开成棱瓣也。"《元曲选·青衫泪》三折:"每日江头如～,把似嚏不的少吃。"清《醒世姻缘传》四一回:"大雷霹雳,把个汪为露的尸骨震得～一样。"

【烂泥酱熟】 làn ní jiàng shú 喻极其熟练,完全成熟。宋《朱子语类》卷一二一:"这个须是～,纵横妙用皆由自家,方济得事也。"

【烂熟】 làn shú ❶ 谓果实熟透或菜肴等烧煮得熟透。唐沈彬《洪州解至长安》:"玉殿大开从容入,金桃～没人偷。"宋元《古今小说》卷三:"当日金奴与母亲商议,教八老买两个猪肚,把糯米莲肉灌在里面,安排～。" ❷ 极其熟悉或熟练;理解透彻。宋《朱子语类》卷四一:"唯能'所存者神',是以'所过者化'。此等言语,人皆～,以为必须如此说。"《元曲选外编·醉写赤壁赋》楔子:"讲《百家姓》'赵钱孙李',念《千字文》'天地玄黄',～就如流水,并无一字差异。"清《儒林外史》四九回:"他的手底下实在有些讲究,而且一部《易筋经》记的～的。" ❸ 形容睡得实,睡得死。清《醒世姻缘传》一九回:"只见两个人脱得精光,睡着～。"又六五回:"两个姑子睡得～。"

【烂桃】 làn táo 比喻作风败坏淫乱之人。明《金瓶梅词话》七二回:"你这波答子～行货子,豆芽菜有甚正条捆儿也怎的!"清《醒世姻缘传》八回:"不拘什么人,挦他的毛,捣他的孤拐,揣他的眼,息他的鼻子,淫妇窠子长,～歪拉骨短,他偏受的。"

【烂银】 làn yín ❶ 白而亮的银子;纯银。五代王定保《唐摭言》卷七:"袍似～文似锦,相将白日上青天。"宋苏轼《次韵参寥》:"朝来处处白毡铺,楼阁山川尽一如。总是～并白玉,不知奇货有谁居。"清顾祖荣《芍药赋》:"远而望之,郁郁纷纷。浓如锦绮,浅如～,碎如剪绡,厚如迭茵。" ❷ 比喻白亮如银。唐徐夤《依韵和尚再赠牡丹花》:"～基地薄红妆,羞杀千花百卉芳。"元明《水浒传》七六回:"素色罗袍光闪闪,～铠甲冷森森。"清汪由敦《十六夜独登听涛亭待月》:"～宫阙琼为田,瑶草琪花蕊珠亚。"

【烂银盘】 làn yín pán 喻指月亮。唐卢仝《月蚀诗》:"～从海底出,来照我家草屋东。"元张观光《题东山玩月图》:"一片天景涵水色,海涛拥出～。"清弘历《登高台而待明月》:"过云擎出～,盈袖天香露华绮。"

【烂饮】 làn yǐn 痛饮;狂饮。宋葛长庚《水调歌头》:"奉陪诸友,今宵～过三更。"元耶律楚材《寄天山周敬之》:"当年倾盖识君初,～天山驻使车。"

【烂游】 làn yóu 畅游;尽情游玩。宋邵雍《春游》之四:"白马蹄轻草如剪,～于此十年强。"元张养浩《饮城东刘氏园亭》:"～偿我从前债,沉醉由他已后名。"

【烂醉】 làn zuì 大醉。唐杜甫《杜位宅守岁》:"谁能更拘束?～是生涯。"元行秀《从容庵录》九〇则:"屈原独醒正是～,仰山说梦却似觉时。"清《红楼梦》八八回:"前年我在东府里,亲眼见过焦大吃的～,躺在台阶子底下骂人。"

【烂醉如泥】 làn zuì rú ní 大醉后瘫软貌。宋强至《寒食安厚卿具酒馔邀数君子游》:"花前烂醉如泥淤,犹恐花过嗟空株。"元方回《同伯儿过张子范子周兄弟园池》:"一时触目多佳思,～竟未奇。"清《醒世姻缘传》九四回:"那道士得了这十两非义之财,当时称肉打酒,与庙中道士吃了将近一两,吃得个～。"

【澜浪】 làn làng 放浪;潇洒。宋洪咨夔《念奴娇·敬借老人灯韵为寿》:"鹤骨松筋年望八,得醉不妨～。"元王晔《水仙子·答问黄肇》:"风流双渐惯轮锏,～苏卿能跳塔。"

【滥贱】 làn jiàn 价格极低。明《老乞大谚解》卷上:"临晚也,我～卖与你。"《朴通事谚解》卷上:"罢,罢,将银子来,～的卖与你。"

【滥叨】 làn tāo 谓不胜任某职。多用作谦词。宋欧阳修《通判谢上表》:"臣以～词职,窃守藩封。"明《醒世恒言》卷三〇:"自愧谫陋菲才,～民社,还要求恩相指教。"清于成龙《饬励学政事宜》:"遂有市井游手无赖之人,目未识丁,不谙骑射,贿托钻营,～名器。"

【爁】 làn 一音 lǎn。❶ 焚烧。《集韵·敢韵》:"～,火焚也。"《元曲选·萧淑兰》二折:"将韩王殿忽然火～,蓝桥驿平空水淹。" ❷ 煎;烤炙。宋林洪《山家清供》:"适有人携双鸳至,得之步以油～,下酒酱香料燠熟。"《元曲选外编·西厢记》二本楔子:"那些时吃菜馒头委实口淡,五千人也不索炙煿煎～。"佚名《快活三过朝天子》:"亲检名方,真诚修合,自炮～自捣罗。"

láng

【郎】 láng ❶ 主人;主子。与"奴"相对。亦用作奴仆对主人之称。唐《临济禅师语录》:"今时学者总不识法,犹如触鼻羊逢着物安在口里,奴～不辨,宾主不分。"柳理《上清传》:"相国窦公居光福里第,月夜闲步于中庭。有常所宠青衣上清者,乃曰:'今欲启事,～须到堂前,方敢言之。'"《祖堂集》卷六《洞山和尚》:"僧云:‘学人有何颠倒?’师曰:‘若不颠倒,你因什麼认奴作～?’” ❷ 称青少年男子。常用作敬称。唐李白《采莲曲》:“岸上谁家游冶～,三三五五映垂杨。”《敦煌变文校注》卷三《燕子赋(一)》:“雀儿怕怖,悚惧恐惶。浑家大小,亦总惊忙。遂出跪拜鴝鵒,唤作‘大～!二～!’”清《聊斋志异·姊妹易嫁》:“无何,毛～补博士弟子,往应乡试。” ❸ 女子对丈夫或情人之称。唐李白《巴女词》:“巴水急如箭,巴船去若飞。十月三千里,～行几岁归?”宋康与之《长相思》:“～意浓,妾意浓,油壁车轻～马骢,相逢九里松。”清邹祗谟《惜分飞》:“分手柴扉陈数愿,一愿～心不变,二愿娘身健,今生为妾图方便。”

【郎罢】 láng bà 福建等地方言对父亲的称呼。唐顾况《囝》:“囝别～,心摧血下。”原注:“闽俗呼子为囝,父为～。”宋杨万里《三月三日上忠襄坟》之三:“女唱儿歌去踏青,阿婆笑语伴渠行。只亏～优轻杀,擸子双担挈酒瓶。”清查慎行《建溪棹歌词》之一二:“生小离家惯水行,涛波虽恶片篷轻。不须阿囝呼～,但是同舟便有情。”

【郎伯】 láng bó 妻子称丈夫。唐杜甫《元旦寄韦氏妹》:“～殊方镇,京华旧国移。”

【郎当】 láng dāng ❶ 衣服过于长大下垂貌,多谓舞衣。宋杨大年《傀儡》:“鲍老当筵笑郭郎,笑他舞袖太～。若教鲍老当筵舞,转更～舞袖长。”《元曲选·东坡梦》四折:“一个个逞歌喉歌婉转,一个个垂舞袖舞～。”清弘历《赐马》:“岂如我国家,衣冠制便好。既喜温凉适,更免～搅。” ❷ 拖沓;疲软;孱弱。宋慧开《无门关跋》:“达磨西来,不执文字,直指人心,见性成佛。说个‘直指’,已是迂曲;更言‘成佛’,～不少。”明《醒世恒言》卷二一:“在山东兖州府马头上,各家的管家打开了银包,兑了多少铜钱,放在皮箱里头,压得那马背～,担夫疼软。”清查慎行《庭前红梅花时恰值春寒》:“恻恻餘寒薄薄妆,疏花嫩蕊太～。能禁腊底三番雪,翻怕春来十日霜。” ❸ 潦倒;狼狈。唐郑綮《开天传信记》:“明皇自蜀还,以驼马载珍玩自随。明皇闻驼马所带铃声,谓黄幡绰曰:‘铃声颇似人言语。’幡绰对曰:‘似言三郎～!三郎～!’明皇笑而愧之。”宋《朱子语类》卷七八:“鲧也是有才智,想见只是狠拗自是,所以弄得恁地～。”清彭孙遹《臣扬有閶门夜泊见怀诗》:“身同车铎～甚,心比帘旌上下悬。” ❹ 昏乱;糊涂。宋《朱子语类》卷一〇一:“他所以尊上蔡而不甚满于游、杨二公,看来游定夫后来也是～,诚有不满人意处。”元明《水浒传》一〇二回:“便把王庆脸上打了一掌道:‘～怪物!却终日在外面,不顾家里。’”清田雯《归途六绝句》之一:“满朝传笑太～,老眼昏花疏数行。”

【郎官】 láng guān 对侍郎、郎中等职官的通称。后用作对一般男子的尊称。《祖堂集》卷二《惠能和尚》:“忽闻道诚念《金刚经》,惠能亦闻,心开便悟。惠能遂问:‘～,此是何经?’”

【郎讲】 láng jiǎng 粗重貌。引申为不灵便、不熟练。宋吴潜《水调歌头》:“潦倒戏衫舞袖,～门槌拍板,端的这回收。”

【郎君】 láng jūn ❶ 对富贵人家子弟的称呼。唐刘肃《大唐新语》卷一三:“则天时衣男子服,乳母抱出,天纲大惊曰:‘此～神彩奥澈,不易可知。’”元《七国春秋平话》卷中:“这孩儿是谁家～?” ❷ 对青年男子的称呼,多用作美称。唐刘肃《大唐新语》卷七:“李义府,侨居于蜀,袁天纲见而奇之,曰:‘此～贵极人臣,但寿不长耳。’”明《古今小说》卷三四:“少顷,屏风后宫女数人,拥一～至。”清贾凫西《历代史略鼓词·正传》:“最可笑吕后本是他结发的妇,是怎么又看上了姓审的～合他私交?” ❸ 女子对丈夫或恋人的称呼。《太平广记》卷一九八引《云溪友议》:“中书舍人卢渥应举之岁,偶临御沟,见一红叶,命仆搴来。叶上及有一绝句,置于巾箱,……渥后亦一任范阳,独获其退宫人,睹红叶而吁怨久之曰:‘当时偶题随流,不谓～收藏巾篋。’”明《石点头》卷九:“从此后称呼‘韦家～’,再不叫‘韦家哥哥’了。”清《绿野仙踪》一一回:“趁我父母探亲未回,聊效红拂私奔,与君共乐于飞,愿～勿以残花败柳相视。” ❹ 指男主人。唐王梵志《撩乱失精神》:“妻是他人妻,儿被后翁使;奴事新～,婢逐后娘子。” ❺ 指嫖客。《元曲选·风光好》三折:“人都道秀才们村,不会将女色亲。他每则是识廉耻正心不肯,但出语也做的个～。”《元曲选外编·云窗梦》一折:“老身姓郑,是这汴梁乐籍,止生得一个女儿,小字月莲,风流可喜,卖笑求食,～每见了,无有不爱的。” ❻ 金朝宗室、贵臣之称。宋《三朝北盟会编》卷三:“女真,古肃慎国也。……其宗室皆谓之～,事无大小,必以～总之。”明《古今小说》卷三二:“其时金兵陷汴,徽、钦二帝北迁。秦桧亦陷在虏中,与金酋挞懒～相善。”清《说岳全传》五七回:“兀术听了大喜,就命鹘眼～领兵五千,悄悄地抄路,望临安一带进发。”

【郎君子弟】 láng jūn zǐ dì 指富家子弟。宋耐得翁《都城纪胜·闲人》:“此等刀镊,专攻街市宅院,取奉～,干当杂事,说合交易等。”《元曲选·百花亭》三折:“香闺绣阁风流的美女佳人,大厦高堂俏倬的～。”

【郎忙】 láng máng 同“狼忙”。宋慧开《无门关·久响龙潭》:“龙潭大似怜儿不觉丑,见他有些子火种,～将恶水蓦头一浇浇杀。”绍昙《五家正宗赞》卷一《雪峰真觉禅师》:“圆木球辊出,玄沙火急作牌;鳖鼻蛇撺来,云门～打草。”

【郎幕】 láng mù 军政长官衙署内的吏胥。《祖堂集》卷六《洞山和尚》:“颜曰:‘合句当事不?’师曰:‘自有～在。’”按,宋《密庵和尚语录》举此公案,“郎”作“廊”。宋刘跂《次黄完仲见寄韵》:“府宽～尊,森卫走呼吸。”

【郎衣】 láng yī 指贫家男子新婚时穿的绢衣。宋庄绰《鸡肋编》卷下:“贫家终身布衣,惟娶妇服绢三日,谓为～。”

【郎中】 láng zhōng ❶ 本系中央各部的职官名,后泛用作对吏胥差役等的敬称。元明《水浒传》三〇回:“施恩便对武松道:‘兄长,这几位～是张都监相公处差来取你。’” ❷ 对医生的称谓。金王喆《折丹桂·赠丹阳》:“气财酒色相调引,迷惑人争忍?因斯染患请～,鬼使言,你且尽。”明《西游释厄传》卷九:“贱地无～,只老夫自己有些三花丸子膏,把与你点点看。”清《儒林外史》六回:“自此严监生的病一日重似一日,再不回头。诸亲六眷都来问候,五个侄子穿梭的过来,陪～弄药。”

【郎主】 láng zhǔ ❶ 主人;主子。《太平广记》卷三四〇引《通幽录》:“吾哀尔疾危,是以来救,汝愚～,却唤我作鬼魅也。”《敦煌资料》第一辑(五)《宋淳化二年韩愿定卖妮子契》:“出卖女人～韩愿定(押)。”明何良俊《何氏语林》卷一八:“若以人望人,文中子于六籍,犹奴婢之于～也。” ❷ 妻妾对夫主的称呼。唐李贺《江楼曲》:“萧骚浪白云参差,黄粉油衫寄～。”清厉鹗《悼亡姬》之八:“～年年耐薄游,片帆望尽海西头。将归预想迎门笑,欲别俄成满镜愁。” ❸ 外国君主和少数民族首领之称谓。宋周文璞《题边女骑》:“海东青过流沙西,黄头～独自归。”《元曲选·昊天塔》三折:“这骨殖都有件数,每件件有～朱笔记认的字迹在上,那一个敢假得?”清尤侗《平朔颂》:“天讨有罪,用祚我邦家。头目兽散,～载耙。生不朝帝阙,没归我中华。”

【狼狈】 láng bèi ❶ 困窘貌。唐王梵志《巡来莫多饮》:“巡来莫多饮,性少自须监。勿使闻～,交他诸客嫌。” ❷ 急忙;匆忙。《旧唐书·隐太子建成传》:“既而太宗心中暴痛,吐血数升,淮安王神通～扶还西宫。”宋司马光《尚书驾部员外郎司马府君墓志铭》："少时家贫，有衣一笥，夜遗火，比家人觉，～救之，笥衣已尽。"清汪琬《史评·高祖二》："帝王之师，未有无名者也，故能一战而成大功。若～举事而不合，于义则盗贼而已矣。" ❸ 残败；破败。明《西游记》三八回："彩画雕栏～，宝妆亭阁欹歪。"《封神演义》二五回："社稷这等～，国事日见颠危。" ❹ 瘦弱；衰羸。明《金瓶梅词话》二六回："半月光景，没钱使用，弄的身体～，衣服蓝缕。"《禅真后史》一六回："瞿天民复感风疾，自觉～，唤一家男女进房，嘱以后事。"清《儒林外史》三四回："朝廷大典，李大人专要借光。不想先生病得～至此。"

【狼狈为奸】 láng bèi wéi jiān 比喻互相勾结做坏事。清《隋唐演义》八五回："安禄山向同李林甫～。"弘历《广安寺志事》："又闻红帽喇嘛沙玛尔巴与酋长之叔巴都尔萨野～，意在饱其欲壑。"

【狼当】 láng dāng ❶ 同"郎当❷"。明高濂《玉簪记》一七出："潘郎病不脱体，着枕～，身上发寒发热，口里要茶要汤。" ❷ 同"郎当❸"。宋《朱子语类》卷九〇："却又率五诸侯，合得五十六万兵走去彭城，日日去吃酒，取那美人，更不理会，却被项羽来杀得～走。" ❸ 同"郎当❹"。宋《朱子语类》卷八三："当时厉公恁地弄得～，被人掉掇，胡乱杀了，晋室大段费力。"

【狼毒】 láng dú ❶ 一种草药，有毒。《旧唐书·王弘义传》："我之文牒，有如～、野葛也。"明钱嶫《悯黎咏》之三："海避愁蛟蛇，山匿畏虎兕。蛇虎犹可虞，～不可迩。"清《医宗金鉴》卷六二："四虎散敷阴疽痈，顽肿不痛治之平。厚似牛皮难溃腐，草乌～夏南星。" ❷ 禅家用来比喻启发僧徒的峻刻猛烈的方法。宋绍昙《五家正宗赞》卷二《南堂静禅师》："晚坐钓鱼山中，乖崖峭壁，十倍其师；～砒霜，不容下口。"《虚堂和尚语录》卷四："此老用处，动着便是砒霜～。" ❸ 喻凶狠毒辣。明苏复之《金印记》三二出："秦邦～太无情，六国每每受欺凌。"

【狼杭】 láng háng 犹"狼犺"。引申为不灵便；不熟练。明《西游记》二二回："若论赌手段，凭你在高山云里，干甚么蹊跷异样事儿，老孙都会；只是水里的买卖，有些儿～。"

【狼藉】 láng jí ❶ 零落；衰败。唐白居易《杏园花落时招钱员外同醉》："花园欲去去应迟，正是风吹～时。"宋元《警世通言》卷三八："殊不知其女春色飘零，蝶粉蜂黄都退了。韶华～，花心柳眼已开残。" ❷ 困顿；窘迫。宋司马光《遗表》："今溃败失亡，～如此，而建议行师之人，晏然曾无愧畏，或更蒙宠任。" ❸ 胡乱；昏乱。宋《如净禅师语录》卷下："众中若有人，勇猛出来，劈屎口椎落牙齿，衬向屎坑里去，免见～取次欺人。"《法演禅师语录》卷上："大小云门错下注脚。老僧当时若见，向伊道：普请处不得～。" ❹ 累累，多貌。唐张鷟《朝野佥载》卷一："郑愔为吏部侍郎掌选，赃污～。"宋洪迈《容斋四笔》卷四："所至干托州县，赂遗～。" ❺ 糟蹋；浪费。明王衡《郁轮袍》六折："谢贤王肯作媒，劳重恁牵傀儡，可惜～了王阳气力。"清《醒世姻缘传》五四回："不许洒泼了东西，不许～了米面，不许做坏了饭食。" ❻ 折磨；凌辱。清《水浒后传》二六回："如今害得家破人亡，我在这里又被他这般～。"△《青楼梦》一一回："不料此园花神之主说我盗窃春容，献媚惑君，大加～，不许妾托根此园。"

【狼籍】 láng jí ❶ 同"狼藉❶"。宋《朱子语类》卷三："忽到一庙，但有三间弊屋，～之甚。"清查慎行《自怡园藤花》："朱藤春季花，入夏已～。名园开较晚，间作一旬隔。" ❷ 同"狼藉❷"。唐白居易有《携诸山客同上香炉峰，遇雨而还，沾濡～，互相笑谑，题此解嘲》。明冯梦龙《智囊补·术智·徐道覆》："呜呼！奇才策士郁郁不得志，而～以死者比比矣。"清《醒世姻缘传》五一回："谁知这八百两银子聘的美人，～得也只合寻常囚犯一般。" ❸ 同"狼藉❸"。《五灯会元》卷二〇《龙翔南雅禅师》："二祖礼三拜，依位而立，已是周遮；达磨老臊胡，分尽髓皮，一场～。其餘之辈，何足道哉！"明祝允明《野记》："况锺字伯律，南昌人，始由小吏为郎，郡由前政～，公私悆焉。" ❹ 糟蹋；摧残。明《古今小说》卷三七："范道在寺多年，一世奉斋，并不敢有一毫贪欲，也不敢～天物。"《二刻拍案惊奇》卷二六："东家取了一条梁，西家就想一根柱，……听凭他没些搭煞的，把一所房屋～完了。"△清《青楼梦》六二回："他既骗人财到手，便欺凌弱质，薄幸时形，～名花，朝凌夕虐。" ❺ 滴落；洒落。清《醒世姻缘传》二〇回："却说晁住媳妇一觉睡到黎明时候方才醒转，想那正房的当面有他昨晚～在地下的月信，天明了不好看相。"

【狼伉】 láng kàng 同"狼犺"。明《西游记》四七回："这呆子念动咒语，把头摇了几摇，叫：'变！'真个变过头来，就也象女孩儿面目，只是肚子胖大～不象。"

【狼抗】 láng kàng 同"狼犺"。明《西洋记》一一回："你看长老的法身，长有八尺五寸，好不～！"又一七回："这个锚忒大了也～用不得，忒小了也浪荡用不得。"

【狼犺】 láng kàng 粗大；笨重。明《西游记》六一回："好魔王，他也有七十二变，武艺也与大圣一般，只是身子～一些，欠钻疾，不活达些。"《拍案惊奇》卷一："主人登舟，一眼瞅去，那舱里狼狼犺犺这件东西早先看见了，吃了一惊。"又卷五："行了多日，已是二月尽边，皆因船只～，行李沉重，一日行不上百来里路。"

【狼忙】 láng máng 急忙；匆忙。五代何光远《鉴诫录》卷二："有神人报云：'薛相公来！'微僧～惊起，披挂出院迎待。"宋何薳《春渚纪闻》卷七："继而火起舟尾，～走报。"《五灯会元》卷一七《归宗志芝庵主》："茶芽蔍蔌初离焙，笋角～又吐泥。"

【狼主】 láng zhǔ 同"郎主❸"。《元曲选外编·村乐堂》一折："小官完颜女直人氏，完颜姓王，仆察姓李，自跟着～，累建奇功，加某为蓟州同知之职。"清《说岳全传》一五回："当时哈迷蚩上殿，俯伏朝见已毕，奏道：'～万千之喜。'老～道：'有何喜事？'"

【筤抗】 láng kàng 同"狼犺"。清《醒世姻缘传》三六回："卷了细软东西，留下些～物件，自己守着新夫，团圆快活。"

【廊当】 láng dāng 破烂；破败。《景德传灯录》卷一一《灵树如敏禅师》："～屋舍勿人修。"

【廊幕】 láng mù 同"郎幕"。宋薛师石《送赵端行廷对少寓期待之意》："独谢归～，诗呈第一篇。"

【榔槺】 láng kāng 同"狼犺"。明《西游记》三回："奈我这口刀着实～，不遂我意，奈何？"

【榔糠】 láng kāng 同"狼犺"。明《西游释厄传》卷二："奈我这口刀着实～，不遂我意，奈何？奈何？"

lǎng

【朗然】 lǎng rán ❶ 明亮貌。唐李白《赠从孙义兴宰铭》："～清秋月，独出映吴台。"宋《虚堂和尚语录》卷二："只如三更半夜，众星～，不知是见那个星悟去？"清叶方霭《宿通州水月庵》："明月如积雪，招提悄无人。～入怀抱，鉴吾须眉真。" ❷ 虚旷貌。唐李白《雉子斑》："所贵旷士怀，～合太清。"《祖堂集》卷七《夹山和尚》："侍者又问：'青山无霞，云从何生？'师云：'骏马不露峰骨，～清虚。'"明顾清《锺卿密绣衣示近报有怀傅文穆公》："皋夔事业诚遐矣，房杜襟怀亦～。” ❸ 明白开悟貌。《祖堂集》卷五《龙潭和尚》：“师既领宗要，触目～。”《景德传灯录》卷三《菩提达磨》：“彼众闻已，心意～，钦礼信受。”《元曲选·来生债》四折：“我一闻其言，心下～省悟。” ❹ 行动爽利、干脆貌。明《杨家府》八回：“言罢，～飞去。约有两个时辰，遂转回来。” ❺ 形容声音响亮。明杨一清《海日先生墓志铭》：“内侍李广方贵幸，尝讲《大学衍义》，至唐李辅国结张后表里用事，众以事颇涉嫌，欲讳之，公～诵说，无少避忌。”清蔡世远《阮道泰小传》：“尝手抄《四书大全》及先儒讲解唐宋诸大家文，～成诵。”

【朗润】 lǎng rùn （声音）清亮圆润。宋觉范《云庵真静和尚行状》：“凡大经论咸造其微；解帙捉麈，词音～。”《景德传灯录》卷九《黄檗希运禅师》：“额间隆起如肉珠，音辞～，志意冲澹。”清魏裔介《且亭秋响序》：“隋珠和璧，未足比其晶莹；玉振金声，庶可方其～尔。”

【朗声】 lǎng shēng 大声；高声。《太平广记》卷三六五引《集异记》：“元和中冬夜月明，二僧各在东西廊～呗唱。”明《二刻拍案惊奇》卷五：“内中有老成人摇手，叫四旁人莫嚷，～问道：‘娘子是何家宅眷？’”清弘历《诣斋宫宿即事成句》：“斋室清居消篆纹，～习礼隔墙闻。”

【朗诵】 lǎng sòng ❶ 大声诵读。宋觉范《夏日陪杨邦基彭思禹访德庄》：“须臾沓幅乱书几，环观～交惊夸。”明康海《示昭允及桐方等》：“徘徊不见～人，迤逦岂羞长跪同。”清张英《室中满置盆梅用东坡先生韵》：“但能～陆子诗，不须更与酬一言。” ❷ 大声说话。清《醒世姻缘传》三回：“又有的说道：‘谁教你前生不去磨砖，今生又不肯积福？那前边伺候珍姨的人们，他都是前生修的，咱拿什么伴他？’高声～，也都不怕计氏听见。”

【朗悟】 lǎng wù 敏悟；领悟。唐苏珽《册蜀王佶文》：“咨尔第三男佶，符彩昭融，姿容～。腾英日域，渐秀星枢。”《景德传灯录》卷二一《白云智作禅师》：“一日，鼓山上堂，召大众，众皆回眸。鼓山披襟示之，众罔措，唯师～厥旨。”明王世贞《通政司参议张公诔》：“夫子挺生，弗陨其声。水鉴～，机神洞灵。”

【朗笑】 lǎng xiào 大声地笑。唐李白《早春于江夏送蔡十还家云梦序》：“一见夫子，冥心道存。穷朝晚以作宴，驱烟霞以辅赏。～明月，时眠落花。”《景德传灯录》卷一一《襄州王敬初常侍》：“米师窃闻此语，即省前谬，遽出～曰：‘我会也！我会也！’”宋李昴英《同刘朔斋游白云寺》之二：“勘破禅家最上关，掀髯～响千山。”

【朗言】 lǎng yán ❶ 大声；高声。《太平广记》三〇四引《集异记》：“遂脱衣买酒，致奠金天王，～曰：‘张光晟身负才器，未遇知己。’”明《西游记》九六回：“打一回，吹一荡，～齐语开经藏。”清毛奇龄《自为墓志铭》：“选郎杨君，淮人也，～曰：‘是人免试，则此举为不光矣。’” ❷ 大话；夸口的话。明《西游记》四六回：“我等有此法力，才敢出此～，断要与他赌个才休。”《金瓶梅词话》四九回：“已定是个有手段的高僧，不然如何开这等～！” ❸ 说大话；夸口。明《西游记》四九回：“那怪物，休得～！”

【朗吟】 lǎng yín 大声吟诵。唐刘禹锡《秋江早发》：“凝睇万象起，～孤愤平。”元金涓《乱中自述诗》之二：“天地军麾满，诗成自～。”清查慎行《叔毅见示初度述怀诗有感而作》：“冲风冒雨屡相过，～狂笑声欢哗。”

【朗咏】 lǎng yǒng 即“朗吟”。唐王勃《上巳浮江宴序》：“方披襟～，饯斜光于碧岫之前；散发高吟，对明月于青溪之下。”宋姚勉《胡氏双清堂记》：“长啸乎暑风，～乎明月。雨于蓬，雪于屐。敲冰于砚，滴露于笔。”清朱鹤龄《挽吴茂申先生二十四韵》：“～孤臣句，悲魂倍黯然。”

làng

【浪】 làng ❶ 空；平白。唐王维《疑梦》：“莫惊宠辱空忧喜，莫计恩仇～苦辛。”明《二刻拍案惊奇》卷三三：“杨抽马甘请杖，富家郎～受惊。”清查慎行《桃源县》：“废绿春荒瘠土耕，河壖小县并无城。武林鸡犬应相笑，如此苍凉～得名。” ❷ 随便；轻易；胡乱。唐喻凫《送越州高录事》：“泽国还之任，鲈鱼～得尝。”宋陆游《衰病》：“衰病不～出，闭门烟雨中。”清《女仙外史》六五回：“你莫～夸，不是白赌的，我若输了，就将亳州地方送给你。” ❸ 淫荡；风骚。《元曲选·岳阳楼》三折：“你个～婆娘又搂着别人睡，不杀了要怎么也波哥！”明《金瓶梅词话》七五回：“丫头便是我惯了他，我也～了，图汉子喜欢。像这等却是谁～？”清《续金瓶梅》一二回：“那张都统娘子四十五岁了，也是～的。” ❹ 虚妄不实；荒唐。清《红楼梦》八五回：“不知什么事弄了这么个～帖子来，惹的这么傻了的似的，哭一会子，笑一会子。”又九六回：“这府里希罕你的那朽不了的～东西！”

【浪包娄】 làng bāo lóu 淫妇，骂女人淫荡的话。《元曲选·黑旋风》四折：“我想那一个滥如猫，这一个淫似狗，端的是泼无徒贼子，更和着～，出尽了丑、丑。”《元曲选外编·替杀妻》一折：“你倚仗着有金有钱，欺负俺哥哥无亲无眷，不曾见～养汉倒赔钱！”

【浪包喽】 làng bāo lóu 同“浪包娄”。《元曲选·两世姻缘》一折：“如今些～难注烟花选，哨禽儿怎入莺花传？”

【浪包搂】 làng bāo lǒu 同“浪包娄”。《元曲选外编·村乐堂》二折：“荒淫怎坐夫人位？除了名字有何妨？着这个～一迷里胡厮诡。”又三折：“请你个大夫人休怕，～项带沉枷。”

【浪荡】 làng dàng ❶ 游荡；漂泊。宋司马光《送朱职方提举江淮运盐》：“拜手觚棱晚，浮舟～春。”明《西游记》四四回：“我弟子云游于海角，～在天涯，今朝来此处，欲募善人家。”清毛奇龄《谒于庐陵作》：“西游虽～，东道借迁延。” ❷ 放荡；游手好闲。宋陈著《次韵僧仁泽》：“吾言太～，休遣世人知。”明《警世通言》卷一七：“闻知异乡公子如此形状，必是个～之徒，便有锦心绣肠，谁人信他，谁人请他？”清魏裔介《指陈畿辅盗贼疏》：“或耕种水旱无收，或嫖赌～无聊，而汉民诱之，饵以财力，未有不相从为盗者。” ❸ 摇晃；晃荡。明朱同《舟过石崇湖次韵彦铭》：“～四山动，帆飞一叶轻。”《西洋记》一七回：“这个锚忒大了也狼抗用不得，忒小了也～用不得。” ❹ 广阔；阔大。《元曲选·燕青博鱼》一折：“清平世界，～乾坤，你怎么当街里打人？”明《清平山堂话本·菩萨蛮》：“郡王教就将粽子为题。甲侍者作诗曰：‘四角尖尖草缚腰，～锅中走一遭。’”

【浪荡灯】 làng dàng dēng 吊灯。吊灯晃荡不定，故称。宋元《警世通言》卷三七：“那厮指道：‘安在挂着底～铁片儿上。’”

【浪儿】 làng ér ❶ 即“浪子❶”。宋佚名《张协状元》二出：“你读书莫学～门一辈。”元张可久《落梅风·春思》：“趁东风游远不见影，～每柳花心性。” ❷ 即“浪子❷”。金《董解元西厢记》卷一：“秦楼谢馆鸳鸯幄，风流稍是有声价，教惺惺～每都伏咱。”又：“穷缀作，腌对付，怕曲儿捻到风流处，教普天下颠不剌的～每许。”

【浪汉】 làng hàn ❶ 浪荡轻浮的人。《元曲选·酷寒亭》三折：“要奸夫略数与你三十个，尽都是把手为活，对酒当歌，郑州～

委实多。” ❷ 谓卖弄风骚，挑逗男人。清《红楼梦》五九回：“既是你们这起蹄子到的去的地方我到不去，你就该死在那里伺候，又跑出来～！”

【浪酒闲茶】 làng jiǔ xián chá 指风月场中的吃喝玩乐。《元曲选外编・西厢记》三本三折：“他是个娇滴滴美玉无瑕，粉脸生春，云鬓堆鸦，恁的般受怕担惊，又不图甚～。”明《金瓶梅词话》八四回：“美衣丽服装徒弟，～戏女娥，可惜人家娇养子，送与师父作老婆。”清吴绮《中吕粉蝶儿・十二月》：“因甚的拿三道两，空费却～。”

【浪侃】 làng kǎn 随意乱说。《元曲选・望江亭》一折：“只愿他肯肯肯做一心人，不转关，我和他守守守白头吟，非～。”

【浪浪宕宕】 làng làng dàng dàng 游荡无定貌。《景德传灯录》卷二〇《木平山善道禅师》：“问：‘如何是不动尊？’师曰：‘～。’”

【浪婆】 làng pó 波浪之神。唐孟郊《送谈公》：“侬是拍浪儿，饮则拜～。”金元好问《渔》：“一声歌欸乃，万顷国烟波。螯蟹中间醉，蓑衣拜～。”清田雯《梁溪道中》：“铜斗连声拍～，蒲帆十幅下烟波。”

【浪跄】 làng qiàng 即“踉跄❶”。元明《水浒传》二回：“被山风一吹，酒却涌上来，浪浪跄跄，一步一颠。”又三七回：“望那大汉肋骨上只一兜，～一交，颠翻在地。”明顾璘《短歌赠罗女文》之二：“大鱼～飞不得，小鱼僵死手可拾。”

【浪说】 làng shuō ❶ 胡说；夸口。唐孔颖达疏《礼记・王制》“时日卜筮以疑众杀”：“妄陈祸福，～妖祥。”宋王炎《夜半闻雨》：“朱旛～劝农桑，衣食何从可甘美？”清《醒世姻缘传》四回：“谬称显路为相识，～明公是至亲。” ❷ 虚说；徒说。宋黄庭坚《戏答王子予送凌风菊》之二：“～闲居爱重九，黄花应笑白头翁。”明《警世通言》卷一：“～曾分鲍叔金，谁人辨得伯牙琴？”清厉鹗《雨泊故城寄嶰谷半槎》：“平生～交游遍，更有何人重芰衣。”

【浪舌】 làng shé 胡乱开口。《续资治通鉴长编》卷二六五：“是两朝公事，若无文字照据，谁敢～说话？”《大宋宣和遗事》前集：“遂解下龙凤鲛绡直系，与了师师，道：‘朕语下为敕，岂有～天子脱空佛？’”清《八段锦》七段：“更有丝毫无涉，只因轻口～，将无作有，以致离人骨肉，害人性命者多有之。”

【浪死虚生】 làng sǐ xū shēng 徒然死去，虚度人生。五代贯休《行路难》之三：“九有茫茫共尧日，～亦非一。清净玄音竟不闻，花眼酒肠暗如漆。”《景德传灯录》卷三〇《魏府华严长老示众》：“不知此身是大祸患，恣纵无明，愚养意气，不久败坏，～。”清施闰章《复江惕若先生》：“此事未了，纵名敝天壤，～，终无归宿。”

【浪言】 làng yán ❶ 信口乱说；妄语。唐韩愈《永贞行》：“慎勿～常兢兢，吾尝同僚情可胜。”《元曲选・勘头巾》四折：“小人呵非～，这公事何难办？把从头罪犯供明遍，请大人自发遣。”清张英《吴门竹枝词》之一五：“虎丘偶见牡丹市，浅白深红万朵开。花史不知花性惯，～三月不宜栽。” ❷ 虚妄的话；夸口的话。宋刘克庄《挽李秀岩》之二：“获麟以后更休论，化鹤而归亦～。”明《西游记》五回：“量你这些毛神，有何法力，敢出～！” ❸ 淫荡的话。清《红楼梦》二一回：“更兼淫态～，压倒娼妓，诸男子至此岂有惜命者哉？”

【浪游】 làng yóu 漫游；游逛。唐柳宗元《酬娄秀才将之淮南见赠之作》：“～轻费日，醉舞讵伤春。”宋真德秀《再守泉州劝农文》：“莫习魔教，莫信邪师，莫贪～，莫看百戏。”清《醒世姻缘传》六一回：“后来邓蒲风～到四川省城，却好狄希陈正署县印，街上适然撞见，差人捉拿。”

【浪语】 làng yǔ ❶ 妄语。唐张鷟《朝野佥载》卷一：“咸亨已后，人皆云：‘莫～，阿婆嗔。’”宋李弥逊《会饮得助亭分韵得千字》：“饥蝉暝鸟莫～，净扫绿苔共醉眠。”清毛奇龄《江南杂诗》之三：“幕府重开后，江亭饮眺还。当时传～，安石卧东山。” ❷ 空话；无稽之谈。唐李邕《国清寺碑》：“目有书传，耳无～。”宋刘子翚《和士特南浦诗》：“淝水投鞭真～，幄中借箸有奇谋。”清彭孙遹《长安纪事》：“汉帝好文应～，却教杨意荐相如。” ❸ 淫荡的话。明《金瓶梅词话》三八回：“西门庆令妇人没高低淫声～叫着。”清《红楼梦》二一回：“那贾琏恨不得连身子化在他身上，那媳妇故作～。”

【浪着】 làng zhe 轻狂地；放浪地；任性地。明《金瓶梅词话》九〇回：“那等分付，教你休抱他去，你不依，～抱的去了。”清《红楼梦》六五回：“又不是我自己寻来的，你又～劝我。我原不依，你反说我反了。这会子又这样！”又六九回：“这样好菜好饭～不吃！”

【浪子】 làng zǐ ❶ 不务正业、闲散游荡、作风轻浮的男子。宋戴敏《观陆士龙作顾彦先妇答夫二首有感韵》：“妾生胡不仁，失身从～。”《元曲选・秋胡戏妻》三折：“他不是闲游的～，多敢是一个取应的名儒。”清弘历《柳絮》之五：“未必猖狂如～，每看摇落让雄风。” ❷ 风流倜傥、多才多艺的青年。特指青年戏曲艺人。宋佚名《张协状元》四八出：“〔净〕耆卿也吟得诗，做得词，超得烘儿，品得乐器，射得弩，踢得气球。〔末〕那些个～班头。”元燕南芝庵《唱论》：“凡歌之所忌：子弟不唱做家歌，～不唱及时曲。”元明《水浒传》六一回：“不则一身好花绣，那人更兼吹的、弹的、唱的、舞的，拆白道字，顶真续麻，无有不能，无有不会。……北京城里人口顺，都叫他做～燕青。” ❸ 谓风流倜傥，多才多艺。明汤式《寒鸿秋・想多情伤怀抱》：“常言道：风流的遇着俊英，～的逢着俏倬。”《元曲选外编・西厢记》三本一折：“我则道拂花笺打稿儿，元来他染霜毫不勾思。……忒聪明！忒煞思！忒风流！忒～！”

【浪子车】 làng zǐ chē 一种人力运输车。宋孟元老《东京梦华录》卷三：“平盘两轮，谓之～，唯用人拽。”

【浪自】 làng zì 徒然。自，词缀。唐寒山《纵你居犀角》：“终归不免死，～觅长生。”明《拍案惊奇》卷二八：“相公儒者，当达大道，何必～伤感？”清汤右曾《贺韩城大司寇张公》：“未能谐钟律，～鸣瓦釜。”

【莨荡】 làng dàng 同“浪荡❶”。《敦煌变文校注》卷二《前汉刘家太子传》：“厶(某乙)本无父母，亦无宗枝，旦(但)缘家贫，游行～。”

【蒗荡】 làng dàng 草药名，其子有毒。明李时珍《本草纲目》卷一七：“莨菪，一作～，其子服之，令人狂浪放宕，故名。”

【蒗荡拾花针】 làng dàng shí huā zhēn 人食蒗荡则眼前幻生出花针的虚影而去捡拾，禅家以此比喻认虚作实，徒劳妄为。宋绍昙《五家正宗赞》卷三《懒庵需禅师》：“夺得锦标去，从分禅～；丧尽目前机，引木庵良马窥鞭影。”《五灯会元》卷二〇《净慈彦充禅师》：“三世诸佛，无中说有，～；六代祖师，有里寻无，猿猴探水月。”

lāo

【捞波子】 lāo bō zi 福建泉州方言称一种捞虾的竹编器具为捞波(子)。《联灯会要》卷二一《岩头全豁禅师》：“雪峰若问岩头如何，但向他道：近日在湖边住，只将三文买个～捞虾摝蚬，且恁么过时。”该卷末记“泉州一老僧”谓：“岩头、雪峰皆乡人，吾乡以捞虾竹具曰‘捞波’也，乡人至今如是呼之。”宋《虚堂和尚语录》卷五：“三文买个～，摝蚬捞虾得几年？”

【捞空】 lāo kōng 挣扎，手足在空中乱动。唐裴铏《传奇·卢涵》：“遂以戟刺庄内小儿，但见小儿手足～于戟之巅。”

【捞凌】 lāo líng 同“捞菱”。《元曲选外编·衣袄车》三折：“眼张狂手似～，行不动一丝无力。”

【捞铃】 lāo líng 同“捞菱”。《元曲选·杀狗劝夫》三折：“恰便似醉汉当街上睡，死狗儿般门外停。我背则背，手似～。”又《谇范叔》一折：“几年不曾见那酒，两只手～一般相似。”

【捞菱】 lāo líng 形容手部颤抖。《元曲选·王粲登楼》四折：“住者！两只手～般似的。”

【捞龙打凤】 lāo lóng dǎ fèng 即“罗龙打凤”。《嘉泰普灯录》卷二六《月庵果禅师》：“云门大师张幔天网，～，这僧不觉入他陷阱中，落他圈樻里。”

【捞笼】 lāo lóng ❶ 容纳；包罗。《古尊宿语录》卷四二《云庵真净禅师住洞山语录》：“是以真机无定，祖道难思。有时热，有时凉，生也杀也，～万有，提拔四生。”明茅坤《唐宋八大家文钞·零陵三亭记》评：“～胜概，却又别出一见解。”清钱谦益《赠别胡静夫序》：“～当世，diǎo谰古学，磨牙凿齿，莫敢忤视。” ❷ 控制；限制。《五灯会元》卷一八《德山琼禅师》：“作家～不肯住，呼唤不回头。”

【捞漉】 lāo lù ❶ 水中捞物。唐卢仝《寄男抱孙》：“～蛙蟆脚，莫遣生科斗。”《说郛》卷二三引唐陆长源《辨疑志》：“云石老病久，其夕奄然将终。其子以木贯大石缚父尸，沉于桑干河水，妄指云中白鹤是父。州县复差人检，兼于所沉处～，得尸。”清《江南通志》卷一九六：“康熙丁丑年，渔人渔于南陵城北河，忽见水面深绿色乍灭乍起，以手探之，得物盈把，视之钱也。因再～，见钱甚多，用鱼篮受之归。” ❷ 佛家谓救拔众生出离苦海。俄藏敦煌写本《维摩碎金》(Φ—101)：“汝还知庵功？有佛，～众生？” ❸ 寻求；探寻。金马钰《苏幕遮·赠李哥缘再要出家》：“李先生，难舍俗。出去还来，坏了昆山玉。覆水重收弦断续。一事无成，惹得空～。”元耶律楚材《题平阳刘子宁玄珠堂》：“谁识这些关捩子，再三～始应知。”

【捞摝】 lāo lù ❶ 同“捞漉❶”。宋苏轼《奏浙西灾伤第一状》：“闻举家田苗没在深水底，父子聚哭，以舡筏～。”觉范《禅林僧宝传》卷三《汾州太子昭禅师》：“昭曰：‘师意如何？’曰：‘象王行处绝狐踪。’于是大悟，言下拜起而曰：‘万古碧潭空界月，再三～始应知。’”居简《化菜疏》：“栽培不得，到海方知。～将来，望洋而叹。” ❷ 同“捞漉❷”。《敦煌变文校注》卷五《维摩诘经讲经文(一)》：“不欲见四生流浪，长行～之心；叹常于三界轮回，但作救拔之愿。” ❸ 束缚；限制。宋《虚堂和尚语录》卷八：“百二十日长期禁制他不住，南天台，北五台；八万细行～他无门，昼兜率，夜阎浮。”

【捞摝虾蚬】 lāo lù xiā xiǎn 犹“捞虾摝蚬”。《景德传灯录》卷三〇末附天童宏智《疏》：“网凤钓鳌也，本分工夫；～也，平生快活。”

【捞毛】 lāo máo 为妓女卖淫服杂役。清《聊斋俚曲·增补幸云曲》：“金墩说：‘六哥哥，你给俺报报。’六哥道：‘只会卖酒，不会给你～。’”

【捞毛的】 lāo máo de 妓院男仆。清《儒林外史》四二回：“正说着，～叫了王义安出去，悄悄地说了一会话。”又：“嫖客进了房，端水的来要水钱，～来要花钱。”

【捞摸】 lāo mō ❶ 探摸，抓取；寻求，求取。唐希运《传法心要》：“忘境犹易，忘心至难。人不敢忘心，恐落空无～处。”清《后水浒传》九回：“窃取不惊鸡犬，～全用聪明。前称神算有名人，目下尽云鬼算计。”弘历《水月》：“千江一印悟禅徒，杨叶机锋亦识乎。设以片云遮碧宇，水中影亦费～。” ❷ 指求取的利益、好处。金侯善渊《酹江月》：“家计不成，修行退堕，至死无～。劝君省悟，免烦两下担阁。”清《鸳鸯针》一卷四回：“那些讨债的讨了好几回，见无～，次后就出言出语了。”

【捞天摸地】 lāo tiān mō dì 谓盲目地到处摸索、寻求。《古尊宿语录》卷八《首山念和尚语录》：“问：‘大悲千手眼，那个是正眼？’师云：‘即便歠瞎。’僧云：‘歠瞎后如何？’师云：‘～。’”宋克勤《碧岩录》九则：“～，有什么了期！”

【捞头】 lāo tóu 对准头部；劈头。清《聊斋俚曲·俊夜叉》：“不如～一棒槌，杀老婆破上个充军罪。”

【捞虾摝蚬】 lāo xiā lù xiǎn 捕捞虾蚬，多喻佛门禅师接纳开导僧徒。虾、蚬，喻指中小根器者。五代《云门禅师广录》卷中：“一日云：‘布幔天网打龙，布丝网～，尔道螺蚌落在什么处？’”《联灯会要》卷二一《岩头全豁禅师》：“雪峰若问岩头如何，但向他道：近日在湖边住，只将三文买个捞波子～，且恁么过时。”

láo

【牢成】 láo chéng ❶ 同“劳成❷”。元佚名《步步娇》：“不带酒番番佯推醉，擎着个笑脸儿将人殢。我知就里，不放了～可憎贼！”侯克中《醉花阴》：“～！～！一句句骂得心疼。据踪迹疏狂似浮萍。山般誓，海样盟，半句儿何曾应！” ❷ 老练；世故。明《金瓶梅词话》一八回：“自幼乖滑伶俐，风流博浪～。”又七三回：“这个～的又不顾惯，只顾拿言语白他。”

【牢诚】 láo chéng 同“牢成❶”。元佚名《满庭芳》：“尘蒙绣榻，香销罗帕，串冷金鸭。小～近日铺谋大，今夜谁家？”

【牢城】 láo chéng 流放、囚禁犯人之处。宋司马光《涑水纪闻》卷七：“诏免死，罪杖背，免刺面，配岭南～。”宋元《警世通言》卷七：“一百日限满，脊杖八十，送沙门岛～料高。”《元曲选·燕青博鱼》楔子：“被官军拿某到官，脊杖了六十，迭配江州～军营。”

【牢承】 láo chéng 同“牢成❶”。明汤显祖《牡丹亭》一六出：“〔贴〕小姐好好的拈花弄柳，不知因甚病了？〔老恼打贴介〕打你这～，嘴骨棱的胡遮映！”

【牢辞】 láo cí 坚决推辞。宋欧阳修《辞副枢密与两府书》：“幸因对见，特为开陈。俾遂～，庶安常分。谨奉状披闻。”元李源道《故宋文节先生谢公神道碑》：“乙亥，连以史馆校勘秘书省著作郎召，～。授江东提刑。”

【牢关】 láo guān 禅家指禅悟或机锋较量的关键处。《景德传灯录》卷一六《乐普山元安禅师》：“末后一句，始到～，琐(锁)断要津，不通凡圣。”宋《密庵和尚语录》：“遮僧有破～的机谋，云门善用不战屈人兵底手段。”

【牢笼】 láo lóng ❶ 搜罗；笼络。唐骆宾王《和学士闺情诗序》：“若乃子建之～群彦，士衡之籍甚当时，并文苑之羽仪，诗人之龟镜。”元明《三国演义》三二回：“今又封赏吕旷、吕翔，带去军中，此乃～河北人心。”清查慎行《寿山石歌》：“车磲玛瑙犀角及象齿，苟适于用俱～。” ❷ 束缚；限制。《五灯会元》卷七《玄沙师备禅师》：“～不肯住，呼唤不回头。”清储大文《与姜翰林书》：“独商丘逸才迅发，不受元明～，最为振厉。” ❸ 骗人的圈套。元明

《水浒传》五六回："宝铠悬梁夜已偷，谩将空匣作缘由。徐宁不知～计，相趁相随到水头。"清《飞龙全传》七回："贤弟，休要莽撞，入他～。" ❹ 关禽兽的笼槛，借指监狱。明陈献章《对菊》："胡乃束缚尘埃中，簪裾何者同～。"《金瓶梅词话》二六回："当案推详秉至公，来旺遭陷出～。"清于成龙《续增条约》："一入～，明知故隐；一经事犯，多方遮饰。"

【牢落】 láo luò　孤独无慰；失意潦倒。唐张九龄《自彭蠡湖初入江》："～谁相顾？逶迤日自愁。"元邵光祖《秋兴一章录似良夫》："～江湖不记年，拟寻归计向林泉。"清查慎行《晓渡鄱阳湖》："也知此景殊不恶，失意翻令感～。"

【牢寞】 láo mò　孤寂；忧愁。宋林正大《括酹江月》："莫遣洞箫声断处，月落杯空～。"

【牢强】 láo qiáng　坚实；坚固。唐希运《宛陵录》："问：'何者是精进？'师云：'身心不起，是名第一～精进。'"宋谢逸《无逸病目以诗戏问》："六根无～，万事有戕败。"元吴澄《迎恩桥记》："众睹石梁～坚耐，卓伟壮观，欢颂罔已，来请文以记。"

【牢壮】 láo zhuàng　坚固；牢固。宋苏辙《四乞随行差常用大车》："每岁接送伴北使，只使常用大车，颇极～。"《元典章·工部二》："于内一半修理船只物件，须要如法～完备，毋致损坏。"明《老乞大谚解》卷下："苏州的(缎子)十分浇薄，又有粉饰，不～。"

【牢子】 láo zǐ　狱卒。宋洪迈《夷坚志》丙卷七："既而邻邑昆山之东，农家牛生白犊，胁下黑毛成七字，曰：'尤廿三曾作～。'盖尤始贫时，曾为县狱吏，有隐恶云。"元明《水浒传》三八回："在江州牢里，但吃醉了时，却不奈何罪人，只要打一般强的～。"明《金瓶梅词话》八七回："到家回了老爷，好不好教～拿去，拶与他一顿好拶子。"

【劳】 láo　承蒙；烦劳。多含客套语气。唐郎士元《朱方南郭留别皇甫冉》："故人～见爱，行客自无憀。"《元曲选外编·敬德不伏老》二折："俺这里听说罢缘由，怎消得偌大远～台候？"清《红楼梦》五九回："你回去说与姐姐，不用过来问候妈了，也不敢～他来瞧。"

【劳嘈】 láo cáo　声音嘈杂。唐元稹《董逃行》："董逃董逃董卓逃，揩铿戈甲声～。"明刘璟《示李得阳》："赠汝并州百炼刀，一刀削净杂～。内心无喘诸缘息，赢得清闲趣最高。"

【劳成】 láo chéng　❶ 同"劳承❷"。元朱庭玉《夜行船·悔悟》："他尽是～，咱都是志诚。" ❷ 对亲近者的嗔责之词，多用作对情人的昵称。元吴弘道《梅花引·兰蕊檀心仙袂香》："近来陡恁无情况，自写你个～不良。三两遍问佳期，一千般到说谎！"明佚名《新水令·风台人去忆吹箫》："几番待撇～，暂合眼先到梦儿里等。"

【劳承】 láo chéng　❶ 殷勤；体贴。《元曲选·两世姻缘》二折："入门来画堂春自生，紧紧的将咱搂定，那温存，那将惜，那～！"又《对玉梳》一折："觑了这惜玉怜香心上人，教咱家情越亲，那～，那敬爱，那温存！" ❷ 奉承；虚作人情。《元曲选·曲江池》三折："只为你虚心假意会～，赚的他囊橐如冰。"

【劳动】 láo dòng　烦劳；劳累。唐刘禹锡《病中一二禅客见问》："～诸贤者，同来问病夫。"宋《朱子语类》卷九〇："而今忽然变更，又着分疆界，制沟洫，毁庐舍，东边住底移过西边，这里住底移过那里，一家添得二十亩田，却～多少！"清田雯《内丘书所见》："官车不便停村肆，～当垆酒旆摇。"

【劳顿】 láo dùn　❶ 劳累；困乏。唐韩愈《上张仆射第二书》："马之与人，性情殊异，至于筋骸之相束，血气之相持，安佚则适，～则疲者，同也。"《元曲选·潇湘雨》四折："兴儿，我一路上鞍马～，我权且歇息，休要着人大惊小怪的。"清《飞龙全传》三九回："娘娘道：'我身体～，住了罢。'" ❷ 有劳；烦劳。宋《五代史平话·晋上》："敬瑭遣使驰赴契丹军营，报曰：'～爷爷亲帅大军来到，略备些犒军物件赴军前投纳。'"清《绿野仙踪》五四回："就算上是我的生日，我如今也不是～朋友做生日的人。"

【劳劳】 láo láo　辛劳；忙碌。唐元稹《送东川马逢侍御使回》："流年等闲过，人世各～。"《景德传灯录》卷五《洪州法达禅师》："汝但～执念，谓为功课者，何异牦牛爱尾也？"清厉鹗《炭墼二十二韵》："人生百寒暑，奉养逐时变。～营裘葛，佐以炉与扇。"

【劳笼】 láo lóng　❶ 佛家谓救拔众生出离苦海。《敦煌变文校注》卷四《八相变(一)》："我佛观见阎浮提众生，业鄣深重，苦海难离，欲拟下界～，拔超生死。" ❷ 同"捞笼❶"。《祖堂集》卷四《丹霞和尚》："鉴照崆峒寂，～法界明。"宋佚名《张协状元》四三出："苦天天！几年来～着万千，寻思自埋冤。"

【劳侣】 láo lǚ　对体力劳作者的称呼。唐王维《能禅师碑》："禅师遂怀宝迷邦，销声异域。众生为净土，杂居止于编人；世事是度门，混农商于～。"宋黄庭坚《福昌信禅师塔铭》："平居与众～共一手作。"《景德传灯录》卷一二《裴休》："(希)运禅师初于黄檗山舍众入大安精舍，混迹～，扫洒殿堂。"

【劳攘】 láo rǎng　❶ 纷乱；纷繁。亦指纷繁之事。宋庄绰《鸡肋编》卷中："其后征伐征敛赋役无宁岁，天下～，百姓疲怨焉。"《朱子语类》卷六："义如利刀相似，胸中许多劳劳攘攘，到此一齐割断了。"清蓝鼎元《复蔡宗伯书》："去岁吴川蔡游戎、潮阳赵明经先后赍到琅函，殷殷慰藉。风尘～，久未札复。" ❷ 干扰；扰乱。宋《朱子语类》卷二六："吾儒只是要理会这道理，生也是这理，死也是这理。佛家却说被这理～，百端费力，要扫除这理，教无了。" ❸ 内心纷乱；疑虑；烦恼。宋《大慧禅师语录》卷二七："杜撰长老辈，既自无所证，便逐旋捏合，虽教他人歇，渠自心火熠熠，昼夜不停，如缺二税百姓相似。彦冲却无许多～。"金《董解元西厢记》卷七："这段闲烦恼，是自家买。劳劳攘攘，不是自家心窄？"明孙传庭《秋夜不寐》："～凭将一枕休，却惊长夜转多忧。" ❹ 劳碌；辛苦。金王喆《绿头鸭》："叹平生，景光奔走尤邋，利名牵。休空～，不须频苦孜煎。"明童养中《胭脂记》五出："登山涉水，路途多～，栉风沐雨，那曾受这凄凉？"清陈瑸《九日陪西陂先生》："一年几佳辰，浮生徒～。"

【劳嚷】 láo rǎng　同"劳攘❹"。金马钰《清心镜·赠王庵主》："养家时，甚情况？被妻男逼得，有如心恙。竞利名，来往奔波，忒～、～！"

【劳生】 láo shēng　❶ 辛苦劳碌的人生。唐骆宾王《海曲书情》："薄游倦千里，～负百年。"宋王禹偁《惠山寺留题》："～未了还东去，孤棹寒篷宿浪花。"清汪由敦《除夜和回川孝廉原韵》之一："～百年中，阅岁识人意。" ❷ 佛家谓尘世劳碌的众生。敦煌词《十二时·普劝四众依教修行》："弥陀佛，功力大，能为～除障盖。"《古尊宿语录》卷二七《舒州龙门佛眼和尚语录》："从上诸圣入此门中，各各启悟～，破诸尘妄。"明薛瑄《题旧石桥》："扰扰～只如此，好将襟抱酒中开。"

【劳役】 láo yì　劳累；劳碌。《祖堂集》卷一七《福州西院和尚》："师乃头头耕耨，处处劳形，日夜忘疲，未尝辄暇。沩山见而语曰：'安，汝少～。'师云：'待和尚覷五百众，安则休也。'"元高明《琵琶记》七出："风光正暮春，便纵然～，何必愁闷？"清李光地《中秋喜禾稼有秋得禾字》："～成谁事，寒盟志匪他。犹惭应册免，未敢馈嘉禾。"

【涝涝】 láo láo　同"劳劳"。《古尊宿语录》卷二三《叶县省禅师语录》："若是无贪欲心，在处～，随所碌碌，山河大地，不碍眼光。"

【涝漉】 láo lù　同"捞漉❸"。《景德传灯录》卷二八《大达无业国师》："祖师来至此土，非常有损有益。有益者，百千人中～一个半个，堪为法器。"

【捞攘】 láo rǎng　同"劳攘❸"。宋吴礼之《瑞鹤仙·秋思》："生为行客，死乃归人，世同驿邸。十步九计，空～，谩儿戏。"元王恽《遗安郭先生文集序》："有用为主，浮艳陈烂是去。方能造乎中和醇正之域，而无剽切～灭裂荒唐之弊。"

【唠嘈】 láo cáo　多言；唠叨。宋《虚堂和尚语录》卷六："一生口嘴～，偏要搀行夺市。"

【唠唠】 láo láo　❶ 形容吟诵之声接续不断。五代贯休《湖上作》："我竟胡为者？～但爱吟。"《宋高僧传》卷二三《晋天台山平田寺道育传》："时春煦亦烧榾柮柴以自熏灼，口中～，通夜不辍。"清弘历《欢喜园反己酉诗并迭其韵》："圣凡有无一合相，不在心亦不在体。咏之迭之徒～，掷笔笑未知宗旨。"　❷ 多言；唠叨。宋克勤《碧岩录》八则："～翠岩，分明是贼。"又九八则："一夏～打葛藤，几乎绊倒五湖僧。"

【唠噪】 láo zào　即"唠嘈"。宋陈亮《又甲辰秋答朱元晦书》："亮力所易及者，皆未尝有分毫干涉。只是口～，见人说得不切事情，便喊一响，一似曾干与耳。"

lǎo

【老】 lǎo　❶ 老年人。唐李白《答从弟幼成过西园见赠》："山童荐珍果，野～开芳樽。"宋周弼《题葛稚川移家图》："野童犹摘凤文梨，村～闲锄燕胎草。"清毛奇龄《平年伯寿》："祈年重古稀，乡～尊三光。况公揽德辉，贻此世泽芳。"　❷ 历时长久，跟"新"相对。唐岑参《喜韩樽相过》："三月灞陵春已～，故人相逢耐醉倒。"宋叶适《龟山杨先生祠堂记》："然屋～且败，景瞻又修补其漏缺，特立门巷，黑白绚好矣。"清《红楼梦》五八回："如今虽有几个～的还在，那是他们各有原故不肯回去的，所以才留下使唤。"❸ 谓做某事时间久长，富有经验。宋欧阳修《为君难论》："其父奢，赵之名将，～于用兵者也。"明倪岳《京兆于公七十寿序》："所至有声，虽～于吏事者皆让不及也。"清《后水浒传》二五回："亏你两个做～了媒婆，今夜来是抢抬亲事，可知没脚蟹，谁敢管闲？"❹ 犹厚，谓不怕羞或不顾脸面。《元曲选·㑳梅香》三折："不妨事，休佯小心，～着脸子过去。"明《醒世恒言》卷三四："作成老公带了绿帽儿，羞也不羞！还亏你～着脸在街坊上骂人！"清《绿野仙踪》七六回："忙忙的～着脸皮，向刑部堂官替赵文华嘱托，说了许多感情不尽的话。"　❺ 副词。总是；一直。唐杜甫《述怀》："汉运初中兴，生平～耽酒。"明《型世言》二六回："我们明日～等你，千定要来！"　❻ 副词。很；极。宋元《清平山堂话本·刎颈鸳鸯会》："其夜，秉中～早的更衣着靴，只在街上往来。"元《三遂平妖传》四回："早是我见，若是别人见时，却是～大的事。"❼ 名词前缀。《祖堂集》卷一六《沩山和尚》："～鸦衔红柿子来，放师面前。"《五灯会元》卷八《报恩行崇禅师》："师曰：'也是～鼠吃盐。'"清《儒林外史》一六回："阿叔道：'好呀！～二回来了。'"

【老棒】 lǎo bàng　狠狠地棒击。宋《虚堂和尚语录》卷八："打透底眨眼知歙州米价，懵懂底～打不回头。"

【老鸨】 lǎo bǎo　开设妓院的女人。《元曲选·曲江池》二折："共一个行首李亚仙作伴，使的钱钞一些没有，被～赶将出来。"明郑若庸《玉玦记》三二出："被～子李翠翠把狂药丧躯命。"清《飞龙全传》三五回："后来～死了，又遇饥荒，把他姐姐所生的儿子过继为子，取名禄哥。"

【老禅】 lǎo chán　老禅师。宋黄庭坚《赠郑郊》："开径～来煮茗，还寻密竹径中归。"明王鏊《赠勤上人》："兜率宫中一～，霜眉过眼耳垂肩。"清厉鹗《晚次陵口》："白头不奈闲愁搅，拟向空门问～。"

【老禅魔】 lǎo chán mó　对老禅师的詈称。含戏谑语气。宋《密庵和尚语录》："云黄山下～，凌篾宗风罪过多。"

【老成】 lǎo chéng　❶ 年长；年纪大。宋《朱子语类》卷一〇九："某尝经历诸州，教官都是许多小儿子，未生髭须。入学底多是老大底人，如何服得他？……只见泉州教官却～。"清查慎行《德尹四十初度》之二："蒲柳桑榆各～，一杯相属话生平。"❷ 指年长有德之人。宋邵伯温《邵氏闻见录》卷一二："望陛下集群议为耳目，以除壅蔽之奸；任～为腹心，以养和平之福。"元德辉《敕修百丈清规》卷三："发书请人主丧，须诸山名德，邻封～，或法眷尊长，或只本寺首座。"清汪由敦《送桐城张少宗伯归里用相国元韵》："名德容台重～，冲襟素拟出尘清。"　❸ 老练；成熟。唐杜甫《敬赠郑谏议十韵》："毫发无遗憾，波澜独～。"宋彭乘《墨客挥犀》卷七："杨大年内翰七岁，对客谈论，有～风。年十一，太宗皇帝闻其名，召对便殿，授秘书省正字。"清查慎行《四迭前韵酬别允文》："君今落笔更～，敛手姜芽看运肘。"　❹ 稳重；持重。元明《水浒传》四八回："（宋江）唤二十个～的小喽啰，着四个头领，骑四匹快马，把一丈青拴了双手，也骑一匹马，'连夜与我送上梁山泊去。'"清《女仙外史》四回："孝廉道：'我要请他会面，然后允他何如？'鲍母道：'这也是～见识。'"于成龙《弭盗安民条约》："每一甲之内，秉公遴选端正勤慎殷实～之人一名，举为甲长。"❺ 规矩；老实。宋《五代史平话·汉上》："他前时不肖，被我赶将出去，今想～似在先时分了。"元明《水浒传》一〇四回："那三个女眷，通是不～的，搬些酒食，与王庆、段三娘暖房。"清《儒林外史》五一回："你这客人，想是少年不～，如今上了当了！"

【老春】 lǎo chūn　酒名。唐李白《哭宣城善酿纪叟》："纪叟黄泉里，还应酿～。"元李孝光《送杨明仲》："江春～浓压酒，神蓝授绿营东柳。"清施闰章《溪村书事》之一："菊枕支清夜，梅花酿～。"

【老大】 lǎo dà　❶ 年纪大；年老。唐贺知章《回乡偶书》之一："少小离家～回，乡音无改鬓毛衰。"《古尊宿语录》卷四五《真净禅师偈颂》："我亦与师虽～，更寻幽隐过年华。"清《红楼梦》八二回："宝玉道：'不要弄到～无成。'"　❷ 指年高位尊者。宋《朱子语类》卷一三一："然那时又除汤为左相，却把魏公做右相。虽便得左相，汤做右相，也不得。何况却把许多～去为他所制！"❸ 称排行居长的人。明《西游记》四七回："行者知之，上前扯住道：'～，你这不允我，不谢我，想是舍不得你女儿么？'"清《红楼梦》一六回："那薛～也是吃着碗里瞧着锅里的。"　❹ 偌大年纪；一大把年纪。多含讥刺语气。宋文彦博《赠国信毕少卿北京作》："将幕未归惭～，使旃重到喜追陪。"《五灯会元》卷二〇《云居德升禅师》："～宗师，话头也不识！"清查慎行《德尹止一子六岁而殇》之三："一恸竟成千古痛，十年重续四殇诗。孩提长养原非易，～生存只自悲。"　❺ 衰老；衰落。唐杜甫《江亭送眉州辛别驾升之》："别离伤～，意绪日荒芜。"宋觉范《谒灵源塔》："桃李成阴春～，溪山好在鬓凋零。"清查慎行《偕同年何屺瞻过古藤书屋》："重揩雾里麻茶眼，来对阶前～藤。"　❻ 副词。很大；好大。宋元《清平山堂话本·错认尸》："倘留他在家，大官人回来，也有～的口面。”元明《水浒传》二三回：“知县看了武松这般模样，又见了这个～锦毛大虫，心中自忖道：‘不是这个汉，怎地打的这个猛虎！’”清《醒世姻缘传》九七回：“我们也顽够了～一向，叫人把这秋千架子拆了也罢。” ❼ 副词。实在；很；十分。明《西游记》二三回：“自过了流沙河，这一向爬山过岭，身挑着重担，～难挨也！”《梼杌闲评》三三回：“咱请过他几次，他只推病不出，没他在内，咱却也～不便。”清《聊斋俚曲·富贵神仙》：“只剩下不勾三百文，～着忙，便思背上行李，找个店房，去当衣服。”

【老大儿】 lǎo dà er 对老人的称呼。老大人；老头儿。《元曲选外编·降桑椹》五折：“～，小人来了也，有甚么东西，拿来吃着要儿。”又《射柳捶丸》一折：“众～，我道是谁，原来是虏寇耶律那个小畜生。”

【老大汉】 lǎo dà hàn 老头儿；老头子；偌大年纪的人。多含讥刺语气。《祖堂集》卷一一《保福和尚》：“时有学人问：‘如何是活人之剑？’师答曰：‘我～不能礼拜汝。’”《景德传灯录》卷一〇《鄂州茱萸和尚》：“赵州谂和尚先到云居，云居问：‘老老大大汉，何不觅个住处？’”又卷一五《石霜山庆诸禅师》：“僧举问雪峰：‘遍界不曾藏，意旨如何？’雪峰曰：‘什么处不是石霜？’僧回，举雪峰之语呈师，师曰：‘～有什么死急！’”

【老大人】 lǎo dà rén ❶ 偌大年纪的人。含讽刺语气。《祖堂集》卷一八《赵州和尚》：“师又到一老宿处，老宿云：‘～何不觅取住处？’师云：‘什摩处是某甲住处？’老宿云：‘～住处也不识！’” ❷ 尊称年老位尊的人。《元曲选外编·射柳捶丸》一折：“～最是个聪明尚斯文的人。”明赵㧑谦《赵韄下第辞姜参政书》：“治生赵韄，端肃奉书于钦命姜～台座。”清《醒世姻缘传》五〇回：“既是～这等说，生员狗屁也不放了。”

【老大小】 lǎo dà xiǎo 偌大；好大。《元曲选外编·西厢记》五本四折：“若有此事，天不盖，地不载，害～疔疮！”佚名《错立身》一二出：“空滴溜下～荷包，猛杀了镣丁鍉底。”

【老倒】 lǎo dǎo ❶ 年老；衰老。五代贯休《送明觉大师兼寄郑山人》：“凭师将～，一向说荥阳。”《景德传灯录》卷一三《风穴延昭禅师》：“少年曾决龙蛇阵，～还听稚子歌。”明谢迁《和太医萧院判诗一首》：“药力可能回～，生涯何用问神仙。” ❷ 潦倒；落拓。唐白居易《晏坐闲吟》：“昔为京洛声华客，今作江湖～翁。”按，一本作“潦倒”。

【老到】 lǎo dào 老练；周到。明《欢喜冤家》一七回：“我左猜右料，他还是恐被人看破机关，故此避去，倒是个～的妇人。”《型世言》六回：“这等先充财礼一百两与我，听你们暗里作亲，不要不～，出了丧讨材钱。”清王毓贤《绘事备考》卷五中：“裴文睍，开封人，景祐中画院待诏。工画水牛，骨气～。”

【老道长】 lǎo dào zhǎng ❶ 明清两代对科道官的尊称。明沈德符《万历野获编》卷一一：“戊戌年许星石闻造侍御论列诸大臣，谪山西岢岚州判官，谒抚台魏见泉允贞。魏前亦台臣，曾以言事外谪。许疏中所劾大僚，魏亦一人也。相晤时，魏留款欢然，称～，慰劳有加。”佚名《鸣凤记》三六出：“〔末〕～几时回朝的？〔生〕下官昨日才回。”清《雪月梅》三〇回：“这事弟不敢专主。若～必欲中他，万一触怒圣心，弟却担当不起。” ❷ 年长断事者自称，含戏谑语气。清《歧路灯》八三回：“今日请我们一起～，无非陈曲做酒——老汉当家之意。孝移兄去世，他的家事，我们不能辞其责。” ❸ 对道士的敬称。清《别有香》一二回：“等我问他一声。道：‘～，你在我贱地行走，要化些甚么来？’那道人见问，就住了脚。” ❹ 戏曲同行中对年长威重者的敬称。清《儒林外史》二四回：“比如有祖宗的名字在这碑上的，子孙出来学戏，就是‘世家子弟’，略有几岁年纪，就称为～。凡遇本行公事，都向～说了，方才敢行。”

【老的】 lǎo de ❶ 称老年丈夫。《元曲选·合汗衫》二折：“〔正末云〕婆婆，你看是谁家火起？〔内叫科云〕张员外家火起了也！〔卜儿云〕～也！似此怎了？”清洪昇《长生殿》一五出：“〔净〕～，我走了几程，今日脚疼，委实走不动。不是算命，倒在这里挣命了。〔小生〕妈妈，那边有人说话，待我问他。” ❷ 称父母、公婆。宋元《清平山堂话本·李翠莲》：“两个～休得骂，且听媳妇来禀话。”《元曲选外编·独角牛》一折：“刘千哥哥又厮打哩！我叫～来。父亲！父亲！哥哥又厮打哩！” ❸ 对一般老人之称。宋《五代史平话·梁上》：“有那～名做风后，乃握机制胜，做着阵图来献黄帝。”《元曲选·窦娥冤》一折：“若不是遇着～和哥哥呵，那得老身性命来？”

【老儿】 lǎo ér ❶ 对一般老年男子之称。《五灯会元》卷五《投子大同禅师》：“上堂：‘汝诸人来这里，拟觅新鲜语句，攒华四六，图口里有可道。我～气力稍劣，唇舌迟钝亦无闲言语与汝。’”金《刘知远诸宫调》一：“～諕得，七魄三魂荡。”清《儒林外史》二一回：“又过了一个月，他祖父牛～坐在店里闲着，把帐盘一盘。” ❷ 称老年丈夫。明柯丹邱《荆钗记》一〇出：“常言道：会嫁嫁田庄，不会嫁嫁才郎。好笑我～将女儿许嫁王十朋！”清《五色石》八回：“这岳姬的～是做银匠的，只住得两间屋，把后面半间与鸾箫做了房。”

【老儿家】 lǎo ér jia 即“老儿❶”。家，词缀。《景德传灯录》卷一〇《秘魔岩和尚》：“秘魔岩和尚常持一木叉，每见僧来礼拜，即叉却颈，云：‘那个魔魅教汝出家？……速道！’学僧鲜有对者。玄觉代云：‘～放却叉子得也！’”

【老公】 lǎo gōng ❶ 老翁；老汉。《祖堂集》卷一八《赵州和尚》：“八十～出场屋。” ❷ 丈夫。宋佚名《张协状元》一二出：“〔旦打丑，丑叫〕好也！保甲，打～！老婆打～！”《元曲选·鸳鸯被》二折：“〔小姑云〕我今日成就了你两个，久后你也与我寻一个好～。”清《醒世姻缘传》九二回：“他的母亲久已不合～同睡，每日都是独寝。” ❸ 太监。明《隋炀帝艳史》七回：“王义转身看时却是守仁寿宫的一个太监，叫做张成，慌忙答道：‘张～失瞻了，得罪！得罪！’”清《红楼梦》八三回：“贾政、贾赦等站着听了旨意，复又坐下，让～吃茶毕，～辞了出去。”

【老公公】 lǎo gōng gong ❶ 对老年男子的敬称。明《西游记》四七回：“行者笑道：‘等我再问他，～，你府上有多大家当？’”《平妖传》一五回：“你家～差矣！我侄女既嫁了他，生死是他家的人了。” ❷ 太监。明《金瓶梅词话》六四回：“～日近清光，代万岁传宣金口。”清《儒林外史》三九回：“马大老爷是司礼监～的侄儿。”

【老公祖】 lǎo gōng zǔ 明清官场中对地方长官的敬称。明《警世通言》卷一八：“闻说蒯参政到门，喜不自胜，倒屣而迎，直请到私宅，以师生礼相见。蒯公唤十二岁孙儿：‘见了～。’”清孔尚任《桃花扇》一二出：“～不知，他与左良玉相交最密，常有私书往来。”

【老骨头】 lǎo gǔ tou 戏称老年人。唐郫城令《示女》：“深宫富贵事风流，莫忘生身～；因与太师欢笑处，为吾方便觅彭州。”

【老官】 lǎo guān 对中、老年男子之称。❶ 称丈夫。元施惠《幽闺记》六出：“小的老婆吃斋，卖豆腐的王公每日挑了豆腐，在小的门首经过，小的老婆问他赊一块儿吃，他再不肯。老婆说：‘家长～儿，今后有什么官府事，报他一名！’”明《醒世恒言》卷八：“刘妈妈道：‘～，你但顾了别人，却不顾自己！’”清《好逑传》一回：

"他母亲急了，四下央邻人去赶，连我家～儿也央去了。" ❷ 父亲。明《醒世恒言》卷三五："只是当初～儿遗嘱，教道莫要分开，今若违了他言语，被人谈论，却怎么处？"《梼杌闲评》一三回："前日解棉袄的差事出来，我说须要用些钱推吊了，～儿不听。今日可可的点到我家了！"清《儒林外史》九回："两个儿子都是蠢人，既不做生意，又不读书，还靠着～养活。" ❸ 称一般老年人。明佚名《临潼斗宝》楔子："兀那来的～儿！留下买路钱，放你过去。"《西游记》三五回："行者仔细观看，原来是太上李老君，慌得近前施礼道：'～儿，那里去？'" ❹ 对有身分男子的尊称。清《水浒后传》六回："都称李俊为李～，盖土俗以～为重也。"《醒世姻缘传》三三回："连这等一个刚毅不屈的仲由～，尚且努唇胀嘴，使性谤气，嘴舌先生。"

【老鬼】 lǎo guǐ 对老年人的詈称。《敦煌变文校注》卷七《齖魺新妇文》："新妇道辞便去，口里咄咄骂詈：'不徒(图)钱财产业，且离怨家～！'"

【老汉】 lǎo hàn 对老年男子的称呼。也用作老年男子自称。《祖堂集》卷七《岩头和尚》："德山～一条脊梁骨拗不折。虽然如此，于唱教中犹较些子。"元明《水浒传》二回："太公道：'教头在上，～祖居在这华阴县界，前面便是少华山。'"清《儒林外史》一回："你只在这一带顽耍，不必远去。我～每日两餐小菜饭是不少的。"

【老胡】 lǎo hú 指释迦牟尼佛或禅宗祖师菩提达摩。《景德传灯录》卷一五《投子山大同禅师》："问：'天上天下，唯我独尊。如何是我？'师曰：'推倒这～，有什么过？'"按，此指释迦牟尼。宋《虚堂和尚语录》卷四："一句子，古佛说不到，玉转珠回；一句子，～不将来，填沟塞壑。"按，此指菩提达摩。

【老獾叨】 lǎo huān tāo 詈词。咒人被老獾咬食。獾，一种野兽。清《醒世姻缘传》六四回："只是俺公公那～的，咕咕哝哝，我受不的他琐碎！"又七三回："我咬了他下子，老獾儿叨的还嗔我咬了他儿，说我惹下羞人的事了，要写休书休我哩！"《聊斋俚曲·墙头记》："王银匠～，合咱爹久相交，头发根儿尽知道。"

【老靠】 lǎo kào 可靠；牢靠。清《鸳鸯针》一卷一回："他每科顶了誊录生名字进场，因他积年～，场内该誊的文字，都从他手里分散。"又四卷三回："尤氏对王二道：'这丫头好～，不怕他飞上天。'"

【老辣】 lǎo là ❶ 老练；泼辣。明《型世言》三回："但是掌珠终是不～，有那臭吝的，缠不过，也便让他两厘。"贾凫西《历代史略鼓词·正传》："终究是得济了武王的眼色高强，手段～，把商纣杀的漂亮。"清《红楼梦》六五回："贾珍也不承望尤三姐这等无耻～。" ❷ 厉害；狠；烈。明《醒世恒言》卷二七："不道那孩子头皮寡薄，他的手儿又～，一顿乱打，那头上却如酵到馒头，登时肿起了几个大跎踏。"清《后水浒传》二〇回："恁个汉子，却不会吃酒，这酒也没算～，直恁倒地。"

【老来】 lǎo lái 年老之后；老年时候。唐杜甫《哭韦大夫之晋》："～多涕泪，情在强诗篇。"元行秀《从容庵录》一五则："万松～住报恩院。"清《绿野仙踪》一七回："将来白头相守，儿女盈膝，这还是～的受用。"

【老郎】 lǎo láng ❶ 老年郎官。唐刘禹锡《寄湖州韩中丞》："～日日忧苍鬓，远守年年厌白蘋。"明夏良胜《病中遣怀》之一一："～未必如颜驷，碎首应知似楚非。"清查慎行《桂枝香》："～颜驷，问霜雪盈颠，久留何事？" ❷ 寺庙内的勤杂人员。宋《虚堂和尚语录》卷一〇："径山西寮众～请。"元德辉《敕修百丈清规》卷三："次参头领众行者插香礼拜，次直厅轿番、庄甲作头、～人仆参拜。"元明《水浒传》四回："监寺听得门子报说，叫起～火工、直厅轿夫三二十人，各执白木棍棒，从西廊下抢出来，却好迎着智深。" ❸ 戏曲说书艺人对本行前辈的尊称。《元曲选外编·独角牛》三折："依古礼斗智相搏，刁～捕腿拿腰，赛尧年风调雨顺，许人人赌赛争交。"元明《水浒传》七〇回："昔日～有一篇言语赞张清。"明《醒世恒言》卷一七："尝闻得～们传说，当初有个贵人，官拜尚书，家财万贯。" ❹ 老练。元明《水浒传》四三回："李都头领台旨下厅来，点起三十个～土兵，各带了器械，便奔沂岭村中来。"明佚名《白兔记》二九出："叫～军士，衙内郊外打围，他人妇，别人妻，不可大惊小怪。"

【老郎庵】 lǎo láng ān 戏曲艺人供奉祖师老郎神的庵舍。清《儒林外史》二四回："他这戏行里，淮清桥是三个总寓，一个～；水西门是一个总寓，一个～。"

【老林】 lǎo lín 老呆。"林"字由双"木"组成，隐指木头木脑，反应迟钝的人。明《金瓶梅词话》二一回："你也该梯己与大姐姐递杯酒儿，当初因为你的事起来，你做了～？怎么还恁木木的！"参见"㑣、啉"。

【老揾】 lǎo lín 同"老林"。《敦煌变文集·搜神记》："其天女得脱到家，被两个阿姊皆骂～。"

【老落】 lǎo luò 老练。明《古今小说》卷一："这里小姐起初害羞，遮遮掩掩。今番背却夫人，一般也～起来。两个你问我答，叙了半晌。"

【老驴】 lǎo lǘ 对老年人的詈称。宋《如净和尚语录》卷下："影戏棚头个～，忽然跨跳入红炉。"元明《水浒传》四三回："不杀得曹太公～，如何出得这口气！"明《拍案惊奇》卷一〇："程朝奉做事不成，羞惭满面，却被韩子文一路千～万～的骂。"

【老妈】 lǎo mā ❶ 称老年妇女。宋元《清平山堂话本·三塔记》："荡户说救宣赞一事，～大喜，讨酒赏赐了。"明《拍案惊奇》卷二九："惜惜请杨～坐了，叫蜚英看茶。" ❷ 老婆；妻子。明《石点头》卷一："米天禄因向内叫道：'大恩人在此，～、女儿，快来拜见！'"《型世言》二七回："我千难万难讨得个～，你要戏渠？"清《醒世姻缘传》八七回："你办了东道，或在我们自己船上，狄友苏的～不肯过来；或是办在狄友苏船上，我们的两个又不肯过去，这不反又增一番的淘气？" ❸ 老鸨；妓院女主人。明《金瓶梅词话》一二回："有一个泥水匠在院中墁地，～儿怠慢着他些儿，他暗暗把阴沟内堵上个砖。"《拍案惊奇》卷二："太守立刻签了牌，将郑家乌龟～都拘将来。" ❹ 仆妇。明汤显祖《邯郸记》四出："奴家清河崔氏之女是也。这两个一个是～，一个是梅香。"清《儒林外史》四〇回："那家人跟着轿子，一直来到河下，进了大门。几个小～抱着小官，在大墙门口，同看门的管家说笑话。"

【老妈妈】 lǎo mā ma 即"老妈❶"。清《说岳全传》二六回："不多时，里边走出个白发婆婆，手扶拐杖，问一声：'是那个？'兀术站起身来道：'～，我是来问路的。'"

【老迈】 lǎo mài 年老体衰。宋赵普《上太宗论彗星》："臣今～，岂会阴阳，惟将正理参详。"《元曲选外编·九世同居》二折："老夫年过七旬，不觉的～。"清于成龙《乞休疏》："皇上俯念地方重大，鉴臣～，不堪供职，特赐休致。"

【老娘】 lǎo niáng ❶ 指母亲。《景德传灯录》卷一九《云门山文偃禅师》："更道这个是公才语，这个是从里道出，这个是就事上道，遮个是体语，体你屋里老爷～！"元明《水浒传》一九回："望好汉可怜见，家中有个八十岁的～无人养赡，望乞饶恕性命则个！" ❷ 指外祖母。《元曲选·老生儿》楔子："那老爷～家亲眷每说道：'你那孩儿则管在这里住怎么？'"明《金瓶梅词话》六七回:"左右我是你老爷~家,不然你但有事来,就来缠我?"清《红楼梦》一一八回:"我母亲接了,正要过来,因我~来了,叫我先呈给太太瞧,回来我母亲就过来回太太,还说我~要过来呢。" ❸ 接生婆。宋周密《武林旧事》卷八:"仍令太医局差产科大小方脉医官宿直,……踏逐~、伴人、乳妇、抱女、洗泽人等。"《元曲选·灰阑记》二折:"~也,那收生时我将你悄促促的唤到卧房,你将我慢腾腾的扶上褥草。"清《醒世姻缘传》二〇回:"到分娩了,报本县知道,就用这个~收生。" ❹ 妇人自称。多含自负、不逊语气。元明《水浒传》二七回:"那妇人笑着寻思道:这贼配军却不是作死,倒来戏弄~!"明邵璨《香囊记》五出:"〔丑〕秀才,自古道远亲不如近邻,~忝为邻舍,衣食稍为赢餘。日后倘有欠缺。都是~应当。"清《飞龙全传》二三回:"母夜叉道:'你这红脸贼囚!偷了桃子,反是行凶,今日就打死~,断然不输口气。'"

【老女】 lǎo nǚ 老年妇女。《祖堂集》卷一六《黄檗和尚》:"后游上都,因行分卫,而造一门云:'家常!'屏后有~云:'和尚太无厌生!'"

【老女儿】 lǎo nǚ ér 最小的女儿。明《西游记》一八回:"我那太公有个~,年方二十岁,更不曾配人。"

【老婆】 lǎo pó ❶ 老年妇女。唐《洞山禅师语录》:"一似八十~嫁与三岁儿子,年虽长大,要且被他三岁儿子索唤,不得自由。"金《董解元西厢记》卷八:"那~,把恩轻绝,是俺弄巧翻成拙。"清《红楼梦》一五回:"说着,只见那丫头纺起线来。宝玉正要说话时,只听那边~子叫道:'二丫头,快过来!'" ❷ 老年妇女自称。《祖堂集》卷一七《大慈和尚》:"三人不敢倾茶,女云:'看~呈神通去也!'拈起盏子便泻行茶。"《五灯会元》卷一九《金陵俞道婆》:"安首座至,婆问:'甚处来?'安曰:'德山。'婆曰:'德山泰乃~儿子。'" ❸ 禅家将言辞啰唆、拖泥带水的教法批评为"老婆"。唐《临济禅师语录》:"师云:'某甲三度问佛法的大意,三度被打,不知某甲有过无过?'大愚云:'黄檗与么~,为汝得彻困,更来这里问有过无过!'"五代《云门禅师广录》卷上:"上堂云:'我共汝平展,遇人识人。与么~说话,尚自不会,每日饱吃饭了上来下去,觅什么碗!'"宋克勤《碧岩录》一则:"此是雪窦忒杀~,重重为人处。" ❹ 妻子。宋佚名《张协状元》一二出:"〔旦打丑,丑叫〕好也!保甲,打老公!~打老公!"吴自牧《梦粱录》卷一三:"更有叫'时运来时,买庄田,取~'卖卦者。"清《红楼梦》三八回:"你知道你琏二爷爱上了你,要和老太太讨了你作小~呢。" ❺ 女人。指已婚妇女。明《金瓶梅词话》三〇回:"一个后婚~,汉子不知见过了多少。"清《醒世姻缘传》三回:"晁奉山媳妇平素原是能言快语的~。" ❻ 娼妓;姘妇。明《金瓶梅词话》四五回:"一个月满破认他三十两银子,那里不去了,只当你包了一个月~。"又五一回:"爹不在,家里不看,跟着人养~儿去了。"清《红楼梦》一四回:"时时劝他少吃酒,别勾引他认得混帐~。"

【老婆禅】 lǎo pó chán 禅家提倡不立文字、直指人心,将言辞啰唆、拖泥带水的教法批评作"老婆禅"。唐《临济禅师语录》:"师一日与河阳、木塔长老同在僧堂地炉内坐,……普化以手指云:'河阳新妇子,木塔~,临济小厮儿,却具一只眼。'"宋苏轼《参寥惠杨梅》:"莫共金家斗甘苦,参寥不是~。"元耶律楚材《清智公尼禅开堂疏》:"惟智公禅师本有丈夫志,不学~。"

【老婆心】 lǎo pó xīn 禅师慈悲心切,对弟子反复说教,禅家批评为"老婆心"。《祖堂集》卷一三《招庆和尚》:"问:'浑缝提唱,学人根思迟回,曲运慈悲,开一线道。'(招庆)云:'这个是~。'"明王世贞《达磨像赞》:"流沙既返,新罗复至。~切,汲汲人世。"清魏裔介《罗子地理管见序》:"勿论指示天机,~切。即其文辞声韵,骈丽精工,操觚染翰之士,亦可饱其枵腹而当琅玕之液,金鼎之膏矣。"

【老气】 lǎo qì 老练的气度;老健的气概。唐杜甫《送韦十六评事充同谷郡防御判官》:"子虽躯干小,~横九州。"宋《虚堂和尚语录》卷六:"以勤俭苦节中兴隶业。以~餘韵平视诸方。"清吴绮《将发东亭留别淑晦》:"相看各话平生事,~犹能压九州。"

【老虔婆】 lǎo qián pó 指老于世故、狡猾多端的老妇。金《董解元西厢记》卷三:"是俺失所算,谩摧挫,被这个积世的~瞒过我。"《元曲选·曲江池》四折:"原来是搅肚蛆肠的~,将瓦罐都打破。"清《女仙外史》六回:"叫礼房请夫人回宅,把柳烟儿一家都锁去了,只有~早已躲脱。"

【老去】 lǎo qù ❶ 进入老年时期;老来。唐李白《相逢行》:"光景不待人,须臾发成丝。当年失行乐,~徒伤悲!"宋欧阳修《赠王介甫》:"~自怜心尚在,后来谁与子争先?"清汪由敦《老去》:"~浑教万虑蠲,闲来兀坐一惺然。" ❷ 死去;逝世。唐李贺《牡丹种曲》:"梁王~罗衣在,拂袖风吹蜀国弦。"金元好问《存殁》:"行闲杨赵提衡早,~辛刘入梦频。"清弘历《题邹一桂秋花九种·剪秋罗》:"花开四季足风流,特剪秋罗殿九秋。~诗人留画笔,空闲搜索咏从头。"按,原注:"此一桂向年所画,存山庄,兹始题句。"

【老拳】 lǎo quán 犹言凶狠的拳头。《五灯会元》卷二〇《华藏宗演禅师》:"华藏也无活计可作,亦无家宅可破,逢人突出~,要伊直下便到。"明《醒世恒言》卷四:"~毒手交加下,翠叶娇花一旦休。"清朱彝尊《捉人行》:"~毒手争驱逐,慎勿前头看后头。"

【老身】 lǎo shēn 老年人自称。后多用作老妇人自称。唐杜甫《送赵十七明府之县》:"惠爱南翁悦,餘波及~。"元萧德祥《小孙屠》四出:"~是开封人氏,夫主姓孙,亡过数载。"清玄烨《恭侍皇太后驾临金山记》:"圣慈每闻之,必为色喜,顾谓诸子曰:'汝父皇爱民如是,太平可永保矣,~为加一饭。'"

【老生】 lǎo shēng 老年人;老书生。唐刘禹锡《寓兴》之一:"寄语何平叔,无为轻~。"宋洪迈《夷坚志》乙卷四:"文规雪冤狱,活十人,当得京秩。郡守方希觉以其~无援,不为剡奏。"清姜宸英《文学邵君墓志铭》:"故其间能以文章自见者,必少年早达之士,而~宿儒或不暇以为,即为而不能工与不及俟其成。"

【老手】 lǎo shǒu 在某方面富有经验的人。宋王谠《唐语林》补遗三:"二军~,咸服其能。"明《二刻拍案惊奇》卷一四:"元来官人是偷香的~。"清查慎行《送汤纳时表弟赴吉水任》之三:"文江旧是人文薮,历宋经元迄有明。此段挽回须~,莫言邑宰事权轻。"

【老天】 lǎo tiān 对天的俗称。宋方岳《次韵郑省仓》:"买鱼聊复醉觥船,万事从来付~。"元郑光祖《周公摄政》三折:"尽忠心有口怎分折?唯有~知。"清朱彝尊《瘴雨》:"最是湿衣烘未得,~宁不念王孙。"

【老头春】 lǎo tóu chūn 酒名。《敦煌变文校注》卷七《季布诗咏》:"千金不博~,醉卧阶前忘却贫。世上若也无此物,三分愁煞二分人!"

【老秃兵】 lǎo tū bīng 对老年僧人的詈称。宋《虚堂和尚语录》卷四:"而大方~,又纵其波辩,雕割文彩,从而络之,使新学比丘饮此狐涎,终身难脱,良可悲也。"陶岳《五代史补》卷三:"今日好没兴,被个~问妾是谁家妇女。"

【老秃奴】 lǎo tū nú 对老年僧人的詈称。唐《临济禅师语录》:"不识好恶~!"《景德传灯录》卷一四《仙天和尚》:"僧云:'~见什么了即便恁问?'"《联灯会要》卷二〇《德山宣鉴禅师》:"你被他诸方～魔魅着，便道我是修行人，打硬作模作样，恰似得道底人面孔。”

【老退居】 lǎo tuì jū 方丈和尚退休后的住处。清《儒林外史》二八回：“当下又走了许多路，走过～，到一个和尚家，敲门进去。”又二九回：“诸葛天申回来，同两人晙着那轿和行李，一直进到～隔壁那和尚家去了。”

【老媳妇】 lǎo xí fù 老妇人的自称。含谦卑意味。宋元《警世通言》卷一三：“毛嫂道：‘我日里兀自见押司着了皂衫，袖着文字归来，～和押司相叫来。”元萧德祥《小孙屠》一〇出：“不知夜来家中为甚喧闹，待～叫过小孙屠出来，问它则个。”明《拍案惊奇》卷二九：“杨老妈道：‘这等，～且把这话回复张老孺人，教他小官人用心读书，巴出身则个。’”

【老先】 lǎo xiān 老先生的简称。明《西游释厄传》卷九：“行者说：‘镇元～，你好生与我看顾师父，待我求个仙方就来。’”贾凫西《历代史略鼓词·正传》：“自从他伐桀为君弄开手，要算他征诛起稿第一位～。”清翟灏《通俗编》卷一八：“前明太监称卿大夫，每曰‘～’，而不云‘生’。”

【老先儿】 lǎo xiān er 即“老先”的儿化。《元曲选·小尉迟》二折：“～不要恼躁，只望二位看顾着尉迟公为元帅，我小子为副帅好么？”明《警世通言》卷一一：“御史公钦赐归娶，不知谁家～的宅眷？”清《野叟曝言》五六回：“如今做大官的～，那一个不跪着太太来？”

【老小】 lǎo xiǎo ❶ 家眷；家属。宋《三朝北盟会编》卷二〇一：“后又被旨，先发～往镇江府驻札，遂津遣～辎重并被伤战士，船载而行。”《元典章·刑部三》：“倚仗公势，与娼女邓丑丑对面议许每月出中统钞七十五两与邓丑丑养赡～，不令开门接客。”清《儒林外史》三六回：“我此番去把妻儿～接在一处，团圞着。” ❷ 特指妻子。元乔吉《折桂令·劝求妓者》：“厌禳死花枝般～，踢腾尽铜斗般窠巢。”元明《水浒传》四四回：“这李云不曾娶～，亦无家当。”明《拍案惊奇》卷一七：“而今喜得还了俗，大家寻个～解解馋罢了。” ❸ 老头。疑为“小老”的颠倒。明《金瓶梅词话》六〇回：“一个急急脚脚的～，左手拿着一个黄豆巴斗，右手拿着一条棉花叉口。”又：“那急急脚脚的～，放下左手提的那黄豆巴斗，走向前去打黄白花狗。”

【老兄】 lǎo xiōng ❶ 对兄(胞兄、师兄等)的称呼。唐白居易《题旧写真图》：“形影默相顾，如弟对～。”《新五代史·王鏻传》：“延禀见执，鏻诮之曰：‘予不能继先志，果烦～复来。’”明郑真《元宵中都太守放灯作律诗》之五：“深念～居海峤，更怜舍弟客青齐。” ❷ 兄的自称。唐李嘉祐《送舍弟》：“～鄙思难俦匹，令弟清词堪比量。”《新五代史·王鏻传》：“延禀还建州，鏻饯于郊。延禀临诀，谓鏻曰：‘善继先志，毋烦～复来。’” ❸ 男性互称，多用于熟人之间。含敬义。唐杜甫《寄刘峡州伯华使君》：“～真不坠，小子独无承。”宋《朱子语类》卷九三：“更有一说奉祝：～言语更多些，更须删削见简洁处，方是。”清《红楼梦》二回：“雨村忙笑问道：‘～何日到此？弟竟不知。’”

【老丫】 lǎo yā 奶妈。清《儒林外史》三一回：“后来问到邵～，邵～想起道：‘是有的。’”

【老鸦】 lǎo yā ❶ 乌鸦的俗称。唐顾况《乌夜啼》：“此是天上～鸣，人间～无此声。”明《金瓶梅词话》八一回：“等俺每出去，料莫天也不着饿～儿吃草。”清查慎行《庐山杂咏》之二：“～衔茶子，堕石久成树。” ❷ 指黑色。唐李贺《美人梳头歌》：“纤手却盘～色，翠滑宝钗簪不得。”明《金瓶梅词话》四回：“看见他一对小脚，穿着～段子鞋儿。”清《野叟曝言》三五回：“身穿银红纱衫，白纱衬衫，月白纱裙，足穿～青缎白绫平底鞋。”

【老眼】 lǎo yǎn 老人之眼；老来之眼。唐白居易《无梦》：“～花前暗，春衣雨后寒。”宋庄绰《鸡肋编》卷中：“不意～亲见此时，呜呼痛哉！”清汪由敦《得家书作》：“赫啼细读蝇头字，～年来喜倍明。”

【老咬虫】 lǎo yǎo chóng 骂老年妇女的詈词。元明《水浒传》二一回：“贼～不要慌，……我不结果了你，不姓唐！”明沈璟《桃符记》二八出：“这是媒婆～，送我女儿性命。”清《水浒后传》二一回：“我一世不娶老婆，也不要你这～！”

【老爷】 lǎo yé ❶ 称父亲。《景德传灯录》卷一二《陈尊宿》：“又唤童子云：‘作么生是你斧头？’童子遂作斫势。师云：‘斫你～头不得。’”《古尊宿语录》卷三二《舒州龙门佛眼和尚普说语录》：“又如去乡多年，闹市中逢见～相似，便乃识得无疑，亦不须问人是爷不是爷。”清《红楼梦》八二回：“直到红日高升，方才起来。宝玉道：‘不好了，晚了！’急忙梳洗毕，问了安，就往学里来了。代儒已经变着脸，说：‘怪不得你～生气，说你没出息。’” ❷ 指外祖父。《元曲选·老生儿》楔子：“那～老娘家亲眷每说道：你那孩儿则管在这里住怎么？东平府不有你的伯父？”明沈榜《宛署杂记》卷一七：“外甥称母之父曰～。”清《红楼梦》六四回：“我二姨儿三姨儿都不是我～养的，原是我老娘带了来的。”

【老爷娘】 lǎo yé niáng 父母亲之合称。《景德传灯录》卷一九《云门山文偃禅师》：“更嫌不称意，千乡万里抛却～、师长和尚，作这般底去就，这打野榸汉有什么死急行脚！”

【老野狐】 lǎo yě hú 对老禅师的詈称。含戏谑语气。《五灯会元》卷五《大颠宝通禅师》：“一日，将痒和子廊下行，逢一僧问讯次，师以痒和子蓦口打，曰：‘会么？’曰：‘不会。’师曰：‘大颠～，不曾孤负人。’”

【老医少卜】 lǎo yī shào bǔ 谚语。谓医者以年老为贵，因经验较丰富；卜者以年少为贵，因决断有灵性。宋王得臣《麈史》卷三：“～，老取其阅，少取其决。”金王寂《赠日者李子明序》：“谚云：～。若方富于年，但当于古人用心处以期益进，则季主、君平安知不复见于今日也。”元行秀《从容庵录》九四则：“世谚有云：～，言医老始明，卜少则灵。”

【老远】 lǎo yuǎn （时间或地点）相隔很远。《元曲选·张天师》一折：“但仙子虽同织女，小生非比牵牛，怎么也要一年一会，做这般～的期约也？”明梁辰鱼《浣纱记》二二出：“老公公将次升厅了，你们～路来，我带你进去，成不成也适了你们两个性。”清《野叟曝言》一六回：“嗣弟住在那边极东，离此～哩。”

【老丈】 lǎo zhàng 对老年男子的尊称。金《刘知远诸宫调》一：“不得已，迤逦寻村转疃求乞。俁至沙陀小李，逢～语话因依。”元明《水浒传》五三回：“戴宗见个～独自一个占着一副大座头。”清《醒世姻缘传》六一回：“邓蒲风道：‘这事烦难多着哩，做不来的。’狄希陈道：‘～，你试说一说我听，万一我的力量做得来也不可知。’”

【老子】 lǎo zi ❶ 犹老夫、老汉。多用于自称。宋陈师道《酬颜生惠茶库纸》：“～尚堪哦七字，阿买颇能书八分。”宋元《古今小说》卷三：“官人，你那里闲耍？教～没处寻。”清厉鹗《东湖嬉春曲张龙威席上作》：“东湖小有销金处，～嬉春第一回。” ❷ 父亲的俗称。宋陆游《老学庵笔记》卷一：“予在南郑，见西邮俚俗谓父曰～，虽年十七八，有子亦称～。”明《金瓶梅词话》七八回：“想着你从七岁没了～，我怎的守你到如今。”清《红楼梦》二三回：“好生带了宝玉去，别叫他～唬着他。”

【老子娘】 lǎo zi niáng 父母亲的俗称。也可用作父母亲的自称。清《醒世姻缘传》四回："所以晚生就如想～的一般，恨不得一时间就在大爷膝下。"《红楼梦》六回："你皆因年小时候，托着～的福，吃喝惯了。"《聊斋俚曲·禳妒咒》："丑合俊听你胡吧，好合歹全在你自家，～也替你定不的价。"

【老作】 lǎo zuò 老手。作，作家（行家）的省略。宋《圆悟禅师语录》卷二〇："丛林～世无俦，凛凛威光四百州。"绍昙《五家正宗赞》卷二《南院颙禅师》："从游～，与廓侍者一再同参；弄出小家，随龙兴僧递相发恶。"元行秀《从容庵录》四一则："不知者以谓洛浦无嗣，浦凡得一十一人，乌牙、青峰等皆白眉～。"

【恎懆】 lǎo cǎo 潦草；草率；简朴。宋吴曾《能改斋漫录》卷一："文士以作事迫促者，通谓之～。"明朱朴《寄向海西画史》："金瓶牡丹世所宜，尔画～无人知。"清卞永誉《启南水次亭馆图并题》："山中地贵何钱买，水次幽居却尽强。～杯柈无俗客，清虚亭馆但湖光。"

【獠民】 lǎo mín 对西南少数民族人民带侮辱性的称呼。唐张鷟《朝野佥载》卷二："岭南～好为蜜唧。"《景德传灯录》卷一四《石头希迁大师》："乡洞～畏鬼神，多淫祀，杀牛酾酒，习以为常。"

lào

【乐花莲】 lào huā lián 同"落花莲"。金王喆《七宝玲珑》："既要修行，先念～，次弃了，冗家缘。"

【涝朝】 lào zhāo 湖北房陵一带方言。谓雾气很久才散的早晨。宋陈造《房陵》之二："阴晴未敢卷帘看，苦雾蒙蒙鼻为酸。政使病餘刚制酒，一杯要敌～寒。"原注："晨起雾久乃开，土人目曰～。"

【落草】 lào cǎo 另见 luò cǎo。指婴儿出生。旧时分娩，以草荐承恶露。清《醒世姻缘传》四六回："二叔是通州香岩寺梁和尚脱生的，他那里坐化，这里～。"《红楼梦》八回："另外有那一块～时衔下来的宝玉。"

【落花莲】 lào huā lián 即"莲花落"。金谭处端《瑞鹧鸪》："修行须唱～，损损闲闲任自然。"

lè

【乐得】 lè dé 乐于去做（某事）或接受（某种事态）。明王衡《郁轮袍》三折："如今口舌已过，～受用这王维的字眼。"清《红楼梦》九回："那一起懒贼，你不说，他们～不动。"《镜花缘》二七回："小弟从此把心事全都撇去，～宽心多活几年。"

【勒】 lè ❶ 索取；逼取。唐王梵志《村头语户主》："候衙空手去，定是搦你～。"《元曲选·百花亭》二折："那厮巨万贯东西，要娶俺妮子，屡次着人来说，被俺～了他二万贯，嫁与那厮去了。"清《聊斋志异·饿鬼》："马探其生殷富，登门强资，故挑其怒，乃以刀自劙，诬而控诸学。学官～取重赂，始免申黜。" ❷ 搂抱。唐张鷟《游仙窟》："腰支一遇～，心中百处伤。"又："一啮一意快，一～一伤心。" ❸ 敲击。《五灯会元》卷一七《黄檗惟胜禅师》："居讲聚时，偶以扇～窗棂有声，忽忆教中道：'十方俱击鼓，十处一时闻。'因大悟。" ❹ 激挑；挑逗。宋元《清平山堂话本·杨温传》："那李贵遂回头，～那两军使棒：'谁敢与爷爷做对？'众人不敢则声。"元明《水浒传》八〇回："不想要～燕青相扑，正要灭高俅的嘴，都赶身来道：'好，好，且看相扑。'" ❺ 追赶。宋元《警世通言》卷一九："从草里走出一只干红兔儿来。……去马后立着个人，手探着新罗白鹞。衙内道：'却如何不去～？'"又："那闲汉领台旨，放那白鹞子～红兔儿。"

【勒帛】 lè bó 腰带。宋苏轼《观杭州钤辖欧育刀剑战袍》："青绫衲衫暖衬甲，红线～光绕胁。"元王义山《辟盐场谢丞相马廷鸾》："非假朱衣点头之力，且免红抹～之羞。"清朱彝尊《康熙乙丑予奉使分校会闱》："三呈皆白璧，万选得青铜。～藏双管，收囊会九緵。"

【勒掯】 lè kèn ❶ 逼迫；强迫。《元曲选·渔樵记》四折："官人，则被你～杀我也！"明《醒世恒言》卷三三："我自半路遇见小娘子，偶然伴他行一程，路途上有甚皂丝麻线，要～我回去？"清范承谟《又与诸从者》："今此肉躯无恙，脾胃健壮，大逾往昔。然饮啖少进者，乃故为樽节～，冀其蚤得羽化。" ❷ 敲诈；勒索。《元曲选·鲁斋郎》一折："休想肯与人方便，衠一片害人心，～了些养家钱。"清《红楼梦》二二回："金的银的圆的扁的压塌了箱子底，只是～我们。" ❸ 故意为难；刁难。《元曲选外编·村乐堂》四折："我几曾见劝和的人，打关节处～，卖弄你巧语花言，施展精神。"元明《水浒传》二四回："趁这两日要做，又被那裁缝～，只推生活忙，不肯来做。"清于成龙《兴利除弊条约》："各官凡一应日用等物，无不取用行户，或短价亏欠，或～不给，以致资本消乏，一廛既匮，八口啼饥。"

【勒留】 lè liú 扣留；强行羁留。唐李德裕《条疏太原以北边备事宜》："回鹘药罗葛元政马价绢，望且～在振武，令中使与忠顺同检点收管。"宋《三朝北盟会编》卷八："四军大王在白沟，令～南使。"

【勒铺】 lè pù 哨所；关卡。《敦煌变文校注》卷一《伍子胥变文》："关津忽切，州县严加。～交横，镇戍相续。"《续资治通鉴长编》卷四八八："今既沿河道可开，自上衬摆置六铺，～兵二人。"

【勒停】 lè tíng ❶ 强制停止。唐张九龄《敕处分十道朝集使》："今甘泽以时，农桑为重。不急之务，先已～。"五代王定保《唐摭言》卷三："其曲江大会朝官及题名局席，并望～。" ❷ 撤职停用。五代王定保《唐摭言》卷二："既而回怒一衙官，决杖～。"宋元《警世通言》卷三六："降了三个圣旨：第一开封府问官追官～，第二赵知县认了母子。"明《西湖二集》卷二〇："秦桧死后，高宗遂把曹泳～。"

【勒限】 lè xiàn 严格规定时限。《宋会要辑稿·刑法二》："如有官中及官员未还行人价钱，严立法禁，～支还。"元明《水浒传》九八回："下官离京时，已奏过圣上，将近日先锋所得州县，见今缺的府县官员，尽已下该部速行推补，～起程，不日便到。"清《绿野仙踪》五八回："一面差精细捕役，～访查刨银子的人。"

【擹掯】 lè kèn 同"勒掯❶"。《元曲选外编·刘弘嫁婢》一折："哦，原来着我出去。呸，可怎么好？～杀我也！"

le

【了】 le 另见 liǎo。助词。❶ 置于动词或形容词之后，表示动作、行为、状态的完成或实现。唐卢仝《与马异结交诗》："补～三日不肯归婿家，走向日中放老鸦。"《祖堂集》卷一五《大梅和尚》："只见四山青～又黄，青～又黄，如是可计三十餘度。"清《红楼梦》四九回："此时大观园中比先更热闹～许多。" ❷ 置于句末，表示句中陈述内容的完成或实现。《景德传灯录》卷七《西堂智藏禅师》："国师曰：'这个是马师底，仁者作么生？'师曰：'早个呈似和尚～。’”明《醒世恒言》卷四：“步急苔滑，一交跌倒，挣起身来看时，众女子俱不见～。”清李光地《榕村语录》卷一四：“二诗或是追刺之作，曰幽平之际，武公恐已不在～。不然王室之乱至此，全不见他勤王。”

léi

【累垂】 léi chuí ❶下垂貌。五代徐光溥《题黄居采秋山图天》：“娑萝掩映迷仙洞，薜荔～缴古松。”宋周密《齐东野语》卷七：“自腰已下，有皮～盖膝若犊鼻。”清《红楼梦》四〇回：“那些奇草仙藤愈冷愈苍翠，都结了实，似珊瑚豆子一般，～可爱。” ❷衰弱无力。宋《朱子语类》卷三四：“若天要用孔子，必不教他衰。如太公、武王皆八九十岁，夫子七十餘，想见～。” ❸同“擂槌”。《五灯会元》卷一九《五祖法演禅师》：“头上戴～。”按，头上戴头，重复累赘之义。

【累悴】 léi cuì 同“羸悴”。《太平广记》卷四三一引《广异记》：“堂中有人问云：‘今夕何尔～？’神曰：‘卒遇一人，不意劲勇，中其健棒，困极殆死。’”

【累堆】 léi duī 粗笨；累赘。明《二刻拍案惊奇》卷二一：“我们带了～物事，如何寻访？不若寻一大店安下了，住定了身子，然后分头缉探消息方好。”

【累坠】 léi zhuì ❶沉重不便。宋《朱子语类》卷一二：“然今之言敬者，乃皆装点外事，不知直截于心上求功，遂觉～不快活。”明《西游记》二三回：“猪八戒道：‘哥啊，你只知道你走路轻省，那里管别人～！’”清《野叟曝言》三回：“鸾吹虽弱质轻盈，无奈浑身浸湿，衣裙重滞，倒也十分～。” ❷麻烦。清《红楼梦》九八回：“但是这件事好～，若是今日不回，使不得。”

【雷堆】 léi duī 同“累堆”。明《西游记》三〇回：“我这大圣部下的群猴，都是一般模样。你这嘴脸生得各样，相貌有些～，定是别处来的妖魔。”

【擂捶】 léi chuí 同“擂槌”。明《梼杌闲评》一四回：“那侯二官怎生模样，但见他：垢腻形容，油妆面貌。稀毛秃顶若～，缩颈卓肩如笔架。”

【擂椎】 léi chuí 同“擂槌”。《元曲选外编·西游记》二本六出：“官人每簇捧着个大～，～上天生得有眼共眉。我则道瓠子头葫芦对，这个人也索是跷蹊。”

【擂槌】 léi chuí 杵棒。多喻光头。宋周密《武林旧事》卷六“擂槌”原注：“俗谚云：‘杭州人一日吃三十丈木头。’以三十万家为率，大约每十家日吃～一分，合而计之，则三十丈矣。”元高明《琵琶记》三出：“东村李太婆，年七十岁，头光光的，也只是要嫁人。……下了头髻做新妇，枕头上放出大～。”

【擂堆】 léi duī 同“累堆”。明《山歌·汤婆子竹夫人相骂》：“短弗局促，长勿伶仃；壮勿～，瘦勿薄轻。”

【擂木】 léi mù 滚木；从高处推下撞击敌人的木头。《敦煌变文校注》卷一《伍子胥变文》：“城上修营战格，门门格立抛车，更伏(复)作冶镕铜，四面多安～，兵马具备，力敌万夫。”元明《水浒传》三四回：“转过三两个山头，只见上面～、炮石、灰瓶、金汁，从险峻处打将下来。”清《说岳全传》三九回：“岳元帅调拨各将紧守要路，多设～、炮石。”

【檑木】 léi mù 同“擂木”。宋李纲《乞施行修城官吏奏状》：“及计备城上要用防城器具笓篱牌、狗脚木、炮坐、～等。”元《三国志平话》卷上：“见城上～、炮石极广，拽起吊桥。”清《开国方略》卷一：“近寨丈许，路愈隘。分三牌相次而攻，敌寨飞石、～齐下。”

【欙子】 léi zi 一种外出时盛放食品的器具。宋杨万里《三月三日上忠襄坟》之三：“女唱儿歌去踏青，阿婆笑语伴渠行。只亏郎罢优轻杀，～双担挈酒瓶。”又《寒食前一日行部过牛首山》之五：“单车一节又行春，敢为观风惜病身。只是担头无～，枉教唤作踏青人。”

【羸垂】 léi chuí ❶同“累垂❷”。唐白居易《画竹歌》：“人画竹梢死～，萧画枝活叶叶动。”宋李光《己巳二月已发书殊不尽意》：“旧日琴书都蕴蕴，新年行步渐～。”元方回《为徐企题赵子昂所画二马》：“一匹背树似揩痒，一匹龁枯首～。” ❷即“羸锥”。《敦煌变文校注》卷五《佛说阿弥陀经讲经文(二)》：“烂捣椒姜满碗着，更添好酒唱《三台》。不怕未来地狱生，如今且要肚～。”

【羸悴】 léi cuì 瘦弱憔悴。《太平御览》卷四一四引《孝子传》：“数年父没，徇思慕～，不异成人。”《资治通鉴》卷二〇六：“监察御史裴怀古从阎知微入突厥，默啜欲官之，不受。因，将杀之，逃归。抵晋阳，形容～。”明王直《少师建安杨公传》：“公在军，事既繁剧。以亲丧，不饮酒食肉，时哭泣不自胜，因以～。”

【羸锥】 léi zhuī 突出貌。宋《慧南禅师语录》：“沩山水牯骨～，改变毛衣逐四时。”元许有壬《牧牛图》：“服勤纵使骨～，乳牴嗣劳仍有犊。”

lěi

【垒七】 lěi qī 同“累七”。《元曲选·蝴蝶梦》四折：“教我战笃速忙把孩儿拜，我与你收拾～修斋。”

【累七】 lěi qī 丧俗，人亡故后每隔七日设奠一次，共设奠七次，称“累七”。宋道诚《释氏要览》卷下：“人亡每七日必营斋追荐，谓之～。”《元曲选·铁拐李》四折：“大院深宅，闲杂人赶离门外，与亡灵～修斋。”明《金瓶梅词话》一〇〇回：“合家大小哀号起来。一面做斋～，僧道念经。”

【累足骈肩】 lěi zú pián jiān 形容人群密集拥挤。宋周密《武林旧事》卷三：“所经之地，高楼邃阁，绣幕如云，～，真所谓‘万人海’也。”

【儡儡】 lěi lěi 魁梧高大貌。《敦煌变文校注》卷五《维摩诘经讲经文(一)》：“巍巍人相比金莲，～形身如玉柱。”

【礧】 lěi 魁梧高大貌。《敦煌变文校注》卷四《降魔变文》：“应时化出大金刚，眉高额阔身躯～。”

【磊块】 lěi kuài 指胸中郁结的夙愿或不平之气等。宋黄庭坚《送王郎》：“酒浇胸中之～，菊制短世之颓龄。”元辛文房《唐才子传》卷七《高蟾》：“其胸次～，诗酒能为消破耳。”清田雯《寒食行怀潘次耕》：“囊无一钱饭不足，君之～谁为浇。”

【磊朗】 lěi lǎng 洒脱；开朗。唐卢藏用《纪信碑》：“雄雄纪公，自天作忠，应皇祖兮；卓荦～，瑰诡傲党，奋威武兮。”《敦煌变文集·下女夫词》：“本是何方君子，何处英才？精神～，因何到来？”

【磊浪】 lěi làng 高大；雄伟。金《董解元西厢记》卷一：“甚严洁，甚～，法堂里摆列着诸天圣像。”

【磊落】 lěi luò ❶魁梧；高大。金《董解元西厢记》卷二：“云雁征袍金缕，狼皮战靴抹绿，～身材宜结束。”明《西游释厄传》卷一：“腰广十围，身高三丈。手执一口刀，锋刃多明亮。称为混世魔，～凶模样。”清田雯《木斋诗序》：“长髯大腹，～倜傥，天资绝世，豪气间作。” ❷气度潇洒；胸怀坦荡。唐韩愈《与于襄阳书》:“世之龊龊者既不足以语之,～奇伟之人又不能听焉。”宋《朱子语类》卷七四:“譬如人光明～底便是好人,昏昧迷暗底便不是好人。”清佟法海《拟南海神答查悔余先生谒庙诗》:“先生苍颜鹤发七十强,磊磊落落诗名天下扬。” ❸ 清晰;分明。唐韩愈《送诸葛觉往随州读书》:“伟哉群圣文,～载其腹。”宋司马光《送祖择之守陕》:“陆离寒水玉,～曙天星。”清《儒林外史》五三回:“那几百树梅花上都悬了羊角灯,磊磊落落,点将起来。”

léng

【崚嶒】 léng céng ❶ 同“棱层❶”。唐陈子昂《送魏兵曹使巂州》:“勿以王阳叹,邛道畏～。”元王旭《游南山寺》:“为爱南山若画屏,白云扶杖上～。”清赵执信《下太行入河北》:“万山围马首,～行相逼。如入稠人中,仓皇乱迎揖。” ❷ 同“棱层❸”。宋邹浩《登建隆回呈俞秀老》:“瘦骨～耸碧峰,应缘曾住大明东。”陆游《信手翻古人诗随所得次韵》:“病起瘦可惊,～夜窗影。”清吴彤《对镜》:“羸颜行若此,不为病才苏。骨但～见,心仍勇猛无。”

【崚嶒】 léng céng 同“棱层❸”。明《西游记》三六回:“左边的拳头骨突如生铁,右边的手掌～赛赤铜。”

【棱】 léng ❶ 击;抡打。唐李浩弼《从幸蜀州赋鸷兽》:“长途莫怪无人迹,尽被山王～杀他。”清《醒世姻缘传》八九回:“你气头子上～两棒槌,万一～杀了,你与他偿命,我与他偿命?”又九六回:“昨日我就叫他尽力～了一顿。” ❷ 田间土垄,亦用作约计田亩的单位。唐杜甫《秋日夔府咏怀》:“堑抵公畦～,村依野庙壖。”元牟巘《赠甥李松坡天瑞序》:“倘有一把茅可盖头,一～田可种菜,啜粟饮水,便了此生。”清查慎行《喜外舅陆射山先生至都》:“身为甫里先生裔,莫笑贫无一～田。”

【棱层】 léng céng ❶ 高耸突兀貌。多形容山峰、建筑等。唐宋之问《嵩山天门歌》:“纷窈窕兮岩倚披以鹏翅,洞胶葛兮峰～以龙鳞。”宋佚名《张协状元》一出:“鸿鹄飞不过,猿狖怕扳缘,棱棱层层,奈人行鸟道!”清范承谟《草褥》:“～榻板瘠腰臀,那得温柔稻草痕。” ❷ 形容长相高而奇特,令人生畏。宋绍昙《五家正宗赞》卷四《圆照本禅师》:“头圆像天,足方似地。古皃～,丈夫意气。”明郑真《锺馗画像赞》:“骨格～,形颜磊魂。森髯下垂,怒发上起。” ❸ 骨骼凸出貌。多形容人体瘦削。宋陈亮《与辛幼安殿撰》:“亮顽钝,浸已老矣,面目～,气象彫落。”元吴当《连旬大雪》:“瘦骨～病未安,江天风雪夜漫漫。”明《山歌·鹞子》:“情哥郎瘦骨～好象鹞子能,生来薄幅独取尔个点有风情。”

【棱棱】 léng léng ❶ 形容山石棱角分明,突兀耸立。唐韩偓《南亭》:“松瘦石～,山光溪淀淀。”元仇远《钓鳌亭》:“古石～长,春潮脉脉通。”清田雯《湖堤》之六:“～堤作双眉绿,瑟瑟波如一镜明。” ❷ 形容人体瘦削。宋范成大《病中夜坐》:“薄薄寒相中,～瘦不禁。”清杨雍建《敬业堂诗集序》:“夫以白面书生,年未及壮,弱不胜衣,骨～出衣表,乃能肮脏自喜如此。” ❸ 形容身材挺拔,气度非凡。唐寒山《可怜好丈夫》:“可怜好丈夫,身体极～。春秋未三十,才艺百般能。”元行秀《从容庵录》二八则:“壮士～鬓未秋,男儿不愤不封侯。”清弘历《王绂古木疏筠》:“诗情略喻忘年友,画格能传君子人。劲节～性弗屈,修枝霭霭意怀新。”

【楞】 léng 同“棱❶”。《元曲选外编·绯衣梦》三折:“批头棍大腿上十分的～。”

【楞层】 léng céng ❶ 同“棱层❶”。宋《汾阳禅师语录》卷上:“石塔～当宇宙,金铃摇拽动人天。” ❷ 同“棱层❷”。《大唐三藏取经诗话》四则:“见门下左右金刚,精神猛烈,气象生狞,古貌～,威风凛冽。”

【楞曾】 léng céng 同“棱层❷”。《敦煌变文校注》卷四《降魔变文》:“忽于众中,化出二鬼,形容丑恶,躯貌～。”

lěng

【冷】 lěng 冷落;闲散。唐杜甫《醉时歌赠广文馆学士郑虔》:“诸公衮衮登台省,广文先生官独～。”明徐树丕《寄徐亦史广文于马驮沙》:“署～真忘世,官清得晏眠。”清《续金瓶梅》九回:“门～自然忘卫霍,义深何处觅程婴?”

【冷淡】 lěng dàn ❶ 素净;不浓艳。唐白居易《白牡丹》:“白花～无人爱,亦占芳名道牡丹。”明朱有燉《风月牡丹仙》三折:“霜华～无人赏,秋色凄凉只自知。”清弘历《题邹一桂菊花》:“女夷赋万花,独赋菊于秋。素节～姿,情性雅相投。” ❷ 清冷;清爽。《敦煌变文校注》卷五《维摩诘经讲经文(一)》:“清风～牵愁思,黄叶凋零打病心。”宋觉范《禅林僧宝传》卷一九《西餘端禅师》:“一堂风～,千古意分明。”清胤禛《暮秋》:“一亭风～,叠砌石玲珑。” ❸ 冷清;孤寂;不热闹。五代李中《书小斋壁》:“其谁肯见寻,～少知音。”贯休《读孟郊集》:“因知吾道后,～亦如斯。”清《姑妄言》二三回:“弟久慕江梅盛迹,因无伴侣,未得一游。不知兄可有此高兴,我二人去做番～生活,暂脱酒肉地狱之厄。” ❹ 没兴趣;没意致。五代花蕊夫人《宫词》之五六:“摴蒲～学投壶,箭倚腰身约画图。”宋韩琦《清明兴庆池上》:“嘉宾须喜难并会,莫厌芳樽～倾。”清《镜花缘》一〇〇回:“因他素于钱上甚为～,所以未曾被害。” ❺ 疏远;不热情;不亲密。宋黄庭坚《徐孺子祠堂》:“古人～今人笑,湖水年年到旧痕。”明《醒世恒言》卷二〇:“瑞姐见他们～,又笑道:‘再去看妹夫做戏。’即便下楼。”清《雪月梅》一回:“虽有几个同年故旧,已～多年,不相关切。” ❻ 凉薄;淡薄。明周履靖《锦笺记》五出:“〔末〕梅相公去了。〔小生〕怎去了?〔丑〕待我送,待我送。〔净〕咳! 雪水豆腐,好不～。”《拍案惊奇》卷三三:“只恐怕晓得了自己爹爹妈妈,便把我们抚养之恩都看得～了。”清《镜花缘》二八回:“我们生意虽觉～,也还不妨。” ❼ 冷落;怠慢。明梁辰鱼《浣纱记》四五出:“非是我～了相识,非是我奚落了新知。”《拍案惊奇》卷一三:“若对赵聪说时,又怕受他～;若不去说时,实是无路可通。”清《霓裳续谱·何曾何曾我何曾》:“可～你的心,劝你别认真。” ❽ 减少;脱落;使变弱。元詹时雨《一枝花·题情》:“银杏叶凋零鸭脚黄,玉树花～鸡冠紫。”明汤显祖《紫钗记》一一出:“着意东君,也自怪人,～踪迹。”《西游记》七〇回:“面无粉,～了胭脂;发无油,蓬松了云鬓。”清《粉妆楼》八回:“一者回去看看太太,二者回府住些时,～～这场是非。” ❾ 婉词。匮乏;短缺(钱财)。明《石点头》卷六:“吾兄若知,定先要挨一脚媒人。吾兄客边～,便不好与他节省一些矣。”

【冷地】 lěng de 另见 lěng dì。❶ 暗暗地。《五灯会元》卷一八《龙华本禅师》:“～思量愁杀人,叵耐云门这老贼!”宋李从周《抛球乐》:“～思量着,春色三停早二停。”明徐畛《杀狗记》一七出:“劝君不省反焦躁,～思量自烦恼,舌果是斩身刀!” ❷ 冷不防;突然。《五灯会元》卷一二《智海道平禅师》:“还如万人丛里,～掉个石头。忽然打着一个,方知触处周流。”宋邵雍《戏呈王郎中》:“又恐～狂风吹,盛时都与籍入诗。”

【冷地】 lěng dì 另见 lěng de。冷僻处;暗处。《五灯会元》卷一九《灵隐慧远禅师》:“闹处莫出头,～著眼看。明暗不相干,彼此分一半。”

【冷地里】 lěng dì li 暗地里；暗暗地。元明《水浒传》四五回：“石秀是个乖觉的人，早瞧了八分。～思量道：这条巷是条死巷，如何有这头陀连日来这里敲木鱼叫佛？”

【冷噤噤】 lěng jìn jìn 胆怯不语貌。唐《临济禅师语录》：“尔一生只作这个见解，辜负这一双眼，～地如冻凌上驴驹相似。”

【冷啾啾】 lěng jiū jiū 即“冷湫湫”。宋《圆悟禅师语录》卷一〇：“有时～地，如枯木朽株，寒灰死火。”韩淲《寄赵农丞》：“我老重加交旧少，望馀风叶～。”

【冷落】 lěng luò ❶寂寞；冷清；不热闹。唐钱起《山路见梅感而作》：“行客凄凉过，村篱～开。”明《拍案惊奇》卷一二：“独自一个，栖栖在雨檐之下，黑魆魆地，靠来靠去，好生～。”清《聊斋志异·珠儿》：“十四岁，暴病夭殂，～庭帏，益少生趣。” ❷零落；萧瑟；不振作。唐白居易《江南谪居十韵》：“萧条残活计，～旧交亲。”明《二刻拍案惊奇》卷一五：“别人不管好歹，信以为实，就怕来缠帐，以此生意～，日吃日空。”清《霓裳续谱·舞西风》：“倚妆楼，槛外寒汀，陌上残阳，～秋光。” ❸受冷落；不被重视。宋王谠《唐语林》卷五：“后为左补阙兼太子侍讲，时东宫官～之次，难进。”明《拍案惊奇》卷二九：“本是一个～的货，只为丈夫及第，一时一霎更变起来。”清蓝鼎元《论海洋弭捕盗贼书》：“山东洋面～，非贼所恋，一年之间不过偶一二至。” ❹冷淡；冷漠；不热情。宋林逋《舒城僧舍呈赠李仲宣文学》：“宦情～诗中见，谈态轩昂酒后高。”明《桂枝儿·香炉》：“一点儿热心肠，不是个～的。”清《聊斋志异·柳氏子》：“曩见公子情神～，似未必有嘉意。” ❺断绝；怠慢；冷淡对待。宋韩琦《提举陈龙图迁居邢台》之二：“从兹～欢吟地，昼锦荣归与狎鸥。”《元曲选·金线池》二折：“你不肯～了杯中物，我怎肯生疏了弦上手。”清《绿野仙踪》二〇回：“凡一茶一饭，虽是些庄农食物，却处处留心，只怕城璧受了～。”

【冷破】 lěng pò 言行中露出的破绽。此词由“冷眼觑破”凝缩演化而成。宋元《清平山堂话本·杨温传》：“杨三是行家，使棒的叫做腾倒，见了～，再使一合。”金《董解元西厢记》卷五：“怎吃受夫人看～，云雨怎成合？”明《禅真逸史》五回：“有心不在忙，慢慢地看他～便了。”

【冷峭】 lěng qiào 冷峻；严峻。《太平广记》卷二五〇引《御史台记》：“人言我朝御史独～，此畨御史亦甚～。”宋洪迈《夷坚志》支乙卷一：“赋性险僻而面状～，有不可犯之色，里巷无不恶之。”清袁枚《随园诗话》卷九：“苏州太守孔南溪，风骨～，权贵不敢以情干。”

【冷秋秋】 lěng qiū qiū 同“冷湫湫”。《祖堂集》卷九《先洞安和尚》：“黄峰独脱物外秀，年来月往～。”

【冷湫湫】 lěng qiū qiū 孤寂貌。多形容出家人祛除俗念世情后的修炼境界。宋绍昙《五家正宗赞》卷二《懒庵需禅师》：“物外闲人，衲帔蒙头，围炉打坐。风潇潇，雨潇潇，～，谁管你张先生、李道士、胡达摩！”李流谦《吊无为照老》之二：“闲得得来非有意，～去若为论。西山第一烟云窟，好驻高人雪月魂。”

【冷淘】 lěng táo 冷淘面，煮熟后用冷水漂过的面条。参见“温淘”。唐杜甫《槐叶冷淘》仇兆鳌注：“以槐叶汁和面为～。”宋洪迈《夷坚志》丙卷一七：“夷叔因食～破腹，一夕卒。”清查慎行《豆腐诗和杨芝田宫坊》之三：“滑可流匙胜～，不争舌在齿牙牢。”

【冷笑】 lěng xiào 含轻蔑、不满、讽刺等意味的笑。唐李白《上李邕》：“时人见我指殊调，闻余大言皆～。”《元曲选·张天师》二折：“则见他恹恹的，说就里，不由我～微微。”清《红楼梦》三一回：“黛玉听了，～道：‘他不会说话，就配带金麒麟了！’”

【冷眼】 lěng yǎn 谓从旁察看。五代徐夤《上卢三拾遗以言见黜》：“～静看真好笑，倾怀与说却为冤。”宋克勤《碧岩录》四则：“～看这老汉，捋虎须也须是这般人始得。”清《绿野仙踪》四五回：“萧麻子～看见郑婆子穿着一双毛青棱新鞋，上面也绣着些红红白白花草。”

【冷眼不防】 lěng yǎn bù fáng 谓旁观者的眼光冷静明锐，当事人难以防备。元行秀《从容庵录》五〇则：“沩山喆云：‘大小雪峰、岩头却被这僧勘破。’万松道：‘～，岩头、雪峰犹可恕也。’”又六一则：“竹庵更比云门忒煞慈悲，人越难会。不如天童，于～却较些子。”

【冷眼人】 lěng yǎn rén 指从旁察看的人。宋邵雍《缘饰吟》：“缘饰了时称好手，作为成处是真家。须防～观觑，傀儡都无帐幕遮。”《景德传灯录》卷一六《郢州芭蕉和尚》：“僧问：‘从上宗乘，如何举唱？’师曰：‘已被～觑破了。’”元明《三国演义》四五回：“还将反间成功事，去试从旁～。”

lí

【厘勒】 lí lè 控制；约束。金马钰《满庭芳·化胡了仙兄弟》之一：“举意先存己便，纵心机，更不～。呆老子！你身躯有限，骋甚标格？”元王恽《论盐法》：“便商贾为利者，许诸人赴场买引关盐，～监主不得刁蹬客旅，最为急务。”

【厘务】 lí wù 办公；处理公务。《通典》卷三三：“五年正月制：曾任五品以上清贫官以理去职者，所司具录名奏；老病不堪～者，与致仕官。”宋洪迈《容斋随笔》卷三：“《刑统》载唐大和七年敕：‘准令，国忌日唯禁饮酒举乐，至于科罚人吏，都无明文。但缘其日不合～，官曹即不得决断刑狱。’”清王士禛《池北偶谈》卷二：“唐有职事者，谓之常参。今隶外朝不～者，谓之常参。”

【离不得】 lí bu de 离不了；少不了。宋《朱子语类》卷六五：“诸公且试看天地之间别有甚事，只是阴与阳两个字，看是甚么物事都～。”明《醒世恒言》卷三一：“众员外游山都了，～买些人事，整理行装，厮赶归来。”清李光地《榕村语录》卷四：“学者固～多见多闻，圣人亦何尝不好古敏求。”

【离尘】 lí chén 离开尘俗，谓出家。《广弘明集》卷二五：“出家非色养之境，～岂荣名之地？”《景德传灯录》卷六《百丈山怀海禅师》：“丱岁～，三学该练。”清吴绮《为朴庵和尚募具足戒衣单引》：“啸鸾人后，司马家儿。忽有意于～，遽舍身而入道。”

【离恨天】 lí hèn tiān 佛教神话有“三十三天”之称，民间传说“三十三天，离恨天最高；四百四病，相思病最苦”。多喻恋人离散，怨恨极深。《元曲选·两世姻缘》一折：“最苦是相思病，极高的～，空教我泪涟涟。”清《霓裳续谱·盛筵开》：“那答儿～，你怜香酒可吞得下吾身去？”《红楼梦》一回：“后来既受天地精华，复得雨露滋养，遂得脱却草胎木质，得换人形，仅修成个女体，终日游于～外。”

【离离】 lí lí 累累。繁多貌。唐白居易《裴侍中晋公》：“春葩雪漠漠，夏果珠～。”《太平广记》卷三八引《邺侯外传》：“种瓜黄台下，瓜熟子～。”

【离哩连】 lí lí lián 民间歌谣中的和声语或感叹语。宋佚名《张协状元》三二出：“〔末叫〕相公！相公！胜花娘子省了！〔丑〕省了！～！〔末〕唱得快活！”

【离门离户】 lí mén lí hù ❶离开家门。多指赶出家门。明《金瓶梅词话》二五回：“你若要他这奴才老婆，不如先把奴才打发他～。”清《绿野仙踪》六六回：“我只用一纸休书，打发的你两个～。” ❷ 分开门户，指分开居住。清《儒林外史》五二回：“自己搬出来住，和他～了。”

【离披】 lí pī ❶ 衰败貌。唐卢照邻《悲穷文》：“岂期晦明乖序，寒燠愆度，鳞伤羽折，筋挛肉蠹。～于丹涧之隅，觳觫于薮山之路。”《景德传灯录》卷七《泐潭常兴禅师》：“秋雨草～。”清朱鹤龄《枯橘赋》：“奄枝干之～兮，抗园林而无色。哀灵木之变衰兮，抚枯株而太息。” ❷ 分离，裂开。亦谓分离貌，裂开貌。唐贾至《闲居秋怀寄阳翟陆赞府封丘高少府》：“我有同怀友，各在天一方，～不相见，浩荡隔两乡。”《古尊宿语录》卷三二《舒州龙门佛眼和尚普说语录》：“你若要和合者事，教无缝罅时，早已～了也。”清厉鹗《碧浪湖》：“芦分山色～去，水接云容淡滟浮。” ❸ 摇荡貌；晃动貌。唐李德裕《牡丹赋》：“逮乎的皪含景，～向风。铅华春而思荡，兰泽晚而光融。”元仇远《闲居》之五：“鸟雀喧秋未肯栖，狂风吹树影～。”清查慎行《发辰州马上大雨》：“硗确连山愁路滑，～满眼惜花开。”

【离书】 lí shū 休书，由男方写的休妻离婚文书。《敦煌变文校注》卷二《舜子变》：“解事把我～来，交我离你眼去。”宋元《清平山堂话本·李翠莲》：“生出许多情切话，就写～休了奴。”清《十二楼·鹤归楼》四回：“我那封书信是一首回文诗，顺念也念得去，倒读也读得来。顺念了去，却像是一纸～；倒读转来，分明是一张符券。”

【离俗】 lí sú 犹“离尘”。唐陈琡《别僧》：“行若独轮车，常畏大道覆。止若员底器，常恐他物触。行止既如此，安得不～。”《祖堂集》卷四《石头和尚》：“六祖一见忻然，再三抚顶而谓之曰：‘子当绍吾真法矣！’与之置馔，劝令出家，于是落发～。”清魏裔介《赠悝石上人》：“～何年事，孤云此共依。”

【离索】 lí suǒ 分离；离别。唐白居易《和微之四月一日作》：“两地诚可怜，其奈久～。”明《古今小说》卷一七：“单司户答道：‘实不相瞒，幼时曾定下妻室，因遭虏乱，存亡未卜，至今中馈尚虚。’司理笑道：‘～之感，人孰无之？’”清查慎行《次韵答东亭弟》：“我从前夏与子别，行坐时时感～。”

【离乡背井】 lí xiāng bèi jǐng 犹“离乡失井”。《元曲选·金线池》三折：“我依旧安业着家，他依旧～。”明《西游记》一六回：“唐僧乃是～的一个行脚僧。”清《平定金川方略》卷九：“是居者追呼朘削，既有典质称贷之累；而行者～，仍不免于饥寒困苦之忧。”

【离乡失井】 lí xiāng shī jǐng 远离家乡，流落他方。《敦煌愿文集·结坛散食回向发愿文(斯2144)》：“天上人间，圹野丘陵，冢墓(孤)坟，～，不得归魂。”

【离乡失土】 lí xiāng shī tǔ 犹“离乡失井”。《敦煌愿文集·结坛散食回向发愿文(斯3427)》：“或有断亲绝嗣不葬鬼，或有～波迸鬼，……并愿依某甲所请，来诣道场。”

【离异】 lí yì 离婚。《元典章·刑部七》：“拟合将阿孙并彭鸾哥与夫王用～，俱断归宗相应。”明《古今小说》卷二：“妾乃梁尚宾之妻田氏，因恶夫所为不义，只恐连累，预先～了。”清李光地《讲义·常棣》：“然则敦兄弟之好者，必宜尔室家，而无有忿争之事；乐尔妻孥，而无有～之端。”

【樆盘】 lí pán 涂上黏胶，用来粘捕苍蝇等飞虫的盘子。宋《密庵和尚语录》：“恰如苍蝇堕在～中，粘手缀脚，自作辛苦。”

【篱落】 lí luò 宅院的篱笆。唐刘长卿《赠西邻卢少府》：“～能相近，渔樵偶复同。”元明《三国志通俗演义》卷八：“适过小桥，偶望～间梅花，感而诵之。”清查慎行《楼敬思送菊》：“怜渠亦在风尘际，置我居然～旁。”

【篱栅】 lí zhà 竹篾编的栅栏；篱笆。唐卢纶《同吉中孚梦桃源》：“园林满芝术，鸡犬傍～。”《敦煌愿文集·儿郎伟(伯2569)》：“适从远来至宫宅，正见鬼子笑吓吓，偎墙下，傍～。”清施闰章《过湖北山家》：“呼鸡过～，行酒命儿孙。”

【梨爆】 lí bào 同“栗暴”。脉望馆本《黄花峪》四折：“我来便要吃酒，若无呵，我去你秃头上直打五十个～！”

【梨园】 lí yuán ❶ 唐玄宗时皇宫内教习乐曲之处。后代指宫廷乐队居处。唐严维《相里使君宅听澄上人吹小管》：“秦僧吹竹闭秋城，早在～称主情。”宋陈襄《骊宫怅往》：“雨铃悲蜀道，金钿杳蓬山。玉笛凉州怨，～法部闲。”清查慎行《即目》之二：“子弟～旧赐绯，楼船南下疾如飞。” ❷ 代指戏班。清《水浒后传》一〇回：“有新到姑苏的～，演得好院本。”王士禛《古夫于亭杂录》卷四：“张与胡中丞为姻家，胡故有优伶一部。一日两夫人宴会，张谓胡曰：‘闻尊府～最佳？’胡古朴不晓文语，辄应曰：‘如何称得梨园，不过老枣树几株耳。’” ❸ 代指戏曲演员。清吴伟业《王奉常烟客先生七十寿序》：“赋调日急，生计侵微，类有所不释于中，乃日偕高僧隐君子，往来赠答间，召集～老乐工用丝竹陶写。”《绿野仙踪》四〇回：“俺也曾，效～涂朱傅粉；俺也曾，包娼妇赠锦投纱。”

【梨园弟子】 lí yuán dì zǐ ❶ 称唐玄宗时梨园歌舞艺人。唐杜甫《观公孙大娘弟子舞剑器行》：“～散如烟，女乐餘姿寒映日。”宋晁说之《枕上和圆机绝句梅花》之二：“～强因依，羯鼓声中学御诗。”清陈廷敬《杜律诗话》上：“帝命陈元礼、高力士、王承恩、魏悦、玉真公主常在上皇左右，～日奏声伎为娱。” ❷ 代指一般戏曲艺人。唐刘禹锡《酬杨司业巨源见寄》：“壁雍流水近灵台，中有诗篇绝世才。渤海归人将集去，～请词来。”元商衢《月照庭·问花》：“发生各自随时，艳冶非人所使，铅华满树添妆次，远胜～。”清汤右曾《阎梅公中丞出观家乐》之二：“探喉一串玉盘珠，华屋神仙绝代无。恼乱中丞筵上见，～李仙奴。”

【梨园子弟】 lí yuán zǐ dì ❶ 即“梨园弟子❶”。后也泛称宫廷艺人。唐郑处海《明皇杂录》卷下：“明皇既幸蜀西南行，初入斜谷，属霖雨涉旬，于栈道雨中闻，铃音与山相应。上既悼念贵妃，采其声为《雨霖铃》曲以寄恨焉。时～善觱篥者张野狐为第一，此人从至蜀，上因以其曲授野狐。”《太平广记》卷四二八引《广异记》：“唐天宝末，禄山作乱，潼关失守。京师之人，于是鸟散。～有笛师者，亦窜于终南山谷。”清吴伟业《琵琶行》：“～爱传头，请事王郎教弦索。” ❷ 即“梨园弟子❷”。明徐熥《赠歌者》：“习家池上春昼长，主人爱客飞羽觞。～纷成行，少年白晰称陈郎。”清《绿野仙踪》五四回：“懋卿将三个钦差请入城中，日日调集～看戏。”

【犁祁】 lí qí 豆腐。宋黄庭坚《与马忠玉书》：“亦闻澧州已食笋，方作书从小祖求之。馈～，感感刻刻。”陆游《山庖》：“新春穲稏滑如珠，旋压～软胜酥。”

【犁祈】 lí qí 同“犁祁”。宋戴复古《谭俊明雪中见访从而乞米》：“地炉烧榾柮，瓦釜煮～。”

【藜暴】 lí bào 同“栗暴”。《元曲选外编·降桑椹》二折：“早知圣上来到，慌忙迎笑。若还不笑，凿个～。”

【剺牙劈齿】 lí yá pī chǐ 谓较量口舌，论辩。剺，割，划开。宋宗杲《宗门武库》：“这汉是真个会底，不能与他～得，不若去休。”

lǐ

【礼道】 lǐ dào 礼数；礼貌。金《刘知远诸宫调》一：“坐上三翁见了，叱喝怒声高：'愚浊匹夫！直恁折敢无～。'"明唐文凤《家山一览图赋》："明君臣之～兮，名弥久而弥彰。"

【礼人】 lǐ rén 司仪；礼仪的主持人。明佚名《白兔记》七出："～，我三娘今日赘刘智远为婿。今良时已至了，请刘官人出来结亲。"

【礼数】 lǐ shù ❶礼节；礼仪。唐杜甫《哭韦大夫之晋》："丈人叨～，文律早周旋。"《元曲选·薛仁贵》四折："那一个知～，好生谦洽；这一个忒温良，并没参差。"清查慎行《沈稼村太史招饮耿岩草堂》："却对杯柈宽～，每听谈论长精神。" ❷礼品。明《金瓶梅词话》七〇回："何千户道：'既是长官如此说，咱们明日早备礼进了罢。'于是都会下各人～。"清《醒世姻缘传》三九回："干等了几时，不见狄家这里动静，又只得使了人来催促。见屡催不理，情愿照程乐宇的～只要一半。"

【礼帖】 lǐ tiě 礼单；送礼的帖子。明佚名《鸣凤记》四出："分付门上，倘有各衙门官来贺，止收～，免劳进见。"清《醒世姻缘传》三七回："他看了人家的～，说窗禽不是鸡，定问那送礼的来人要甚么禽鸟。"

【礼闱】 lǐ wéi 指科举礼部会试。唐杜甫《哭长孙侍郎》："～曾擢桂，宪府旧乘骢。"宋洪迈《夷坚志》甲卷七："夜梦神曰：'子父死不葬，科名未可期也。'杲犹疑未信。明年，果黜于～。"清蔡世远《祭座主安溪李文贞公文》："岁己丑，吾师主～，世远成进士，吾师荐之。"

【礼异】 lǐ yì 格外敬重；礼遇超过常人。唐杜甫《八哀诗·赠汝阳郡王琎》："出入独非时，～见群臣。"《景德传灯录》卷二七《泗州僧伽大师》："景龙二年，中宗遣使迎大师至辇毂，深加～，命住大荐福寺，帝及百官咸称弟子。"

【礼重】 lǐ zhòng 敬重；尊敬。唐苏鹗《杜阳杂编》卷中："灵草既成，人莫得见。玄解请上自采饵之，颇觉神验。由是益加～。"《景德传灯录》卷一一《崇福院慧日大师》："闽王～，创国欢禅院以居之。"清施闰章《陈季子墓志铭》："时郡司理黄公尊素风矩甚峻，不妄许可。君谒以文，甚见器。一时州县良有司多～之。"

【礼足】 lǐ zú 佛教极为恭敬的礼拜姿势，叩头至地。唐欧阳詹《送无知上人往五台山序》："予弱冠之年，同世谛之学。神不远逮，溺在名利。～而别，凄然自伤。"《景德传灯录》卷三《弘忍大师》："(慧)能～已，捧衣而出，是夜南迈，大众莫知。"清吴伟业《香山白马寺巨冶禅师教公塔铭》："捞笼薰染，罔不向赴。说法授戒，千僧～。"

【李墨】 lǐ mò 五代南唐墨工李超、李廷珪家所制的墨，以名贵著称。宋陆游《老学庵笔记》卷五："平生所宝皆尽，仅于诸子处得～一丸，潘谷墨两丸。"元吴澄《送胡宗时序》："李超暨子廷珪，再世居歙，以墨名家。黄金可得，～不可得，其贵重如此。"清弘历《咏侧理纸》："即侧理耶犹然疑，张笔～试淬妃。"

【里】 lǐ 另见li。❶置于处所、方位名词后，表示该处。宋王诜《踏青游》："是处～，谁家杏花临水？依约靓妆窥照。"宋元《清平山堂话本·三怪记》："中间～坐着赤土大王，上首玉蕊娘娘，下首坐地着白圣母。"明《古今小说》卷一九："我且不上武当去了，陪你去广～去。"清《醒世姻缘传》四回："管家只得在客坐里等，等困了，也有床在内～。" ❷附着于"那、者、这、个"等指示代词后，表示处所。《祖堂集》卷三《靖居和尚》："祖曰：'生缘在阿那～？'"宋《汾阳禅师语录》卷中："若是佛法，我者～也有些子。"清《红楼梦》一回："忽听得窗外有女子嗽声，雨村遂起身往窗外一看，原来是一个丫环，在那～撷花。"

【里边】 lǐ biān ❶一定的空间或范围之内。明《二刻拍案惊奇》卷一七："一向有个主意，要在骨肉～别等一段因缘。"清《儒林外史》八回："不到半里多路便是小港，～撑出船来。" ❷指靠里的一侧。清《红楼梦》七回："坐在炕～。" ❸特指宫廷内部。清《樵史》一八回："事干～，谁敢不遵？一概照他行便了。" ❹特指妓院。明《金瓶梅词话》一五回："虽故姐夫～头绪儿多，常言道：好子弟不闞一个粉头，粉头不接一个孤老。"清《醒世姻缘传》八回："只是～也有不好处：接不着客，老鸨子又要打。"

【里急】 lǐ jí 讳指欲排便的感觉。明《古今小说》卷二："中途因～，走上茅厕大解。"又卷四〇："走了几步，又～起来，觑个毛坑上自在方便了，慢慢的望东门而去。"清《荡寇志》七九回："但觉得腹内异样的搅疼，～难忍。"

【里急后重】 lǐ jí hòu zhòng 中医指腹泻下坠之症。有时指欲排便的感觉。明方以智《物理小识》卷四："以～为实热乎？气陷则仓廪不藏，阴亡则门户不闭。更当以病之新久，质之强弱，脉之盛衰分之。"清《儒林外史》二三回："那痢疾又是禁口痢，～，一天到晚都痢不清。"《歧路灯》七二回："忽而～，又要上厕。"

【里介】 lǐ jiè 吴方言助词，多置于叠音词后，相当于"地"。明《山歌·瞒夫》之二："小阿姐儿好像吃子黄豆大青梅，当弗得酸溜溜又介苦，我郎君好像冷饭无茶噎噎～来。"又《打人精》："姐见子郎来驺驺～弗起身。"

【里棱罗】 lǐ léng luó 原系民歌中的和声语或感叹语，借指归乡歌曲。宋刘述《家山好》："挂冠归去旧烟萝，……晴溪短棹，时时醉唱～，天公奈我何！"

【里面】 lǐ miàn 内；里边。唐佚名《吹火诗》："吹火朱唇动，添薪玉腕斜，遥看烟～，大似雾中花。"《元曲选·杀狗劝夫》楔子："大嫂，兄弟每无钱，那里得这羊酒来？请他～坐。"清《红楼梦》二回："大门前虽冷落无人，隔着围墙一望，～厅殿楼阁，也还都峥嵘轩峻。"

【里头】 lǐ tou ❶里面；中间。《古尊宿语录》卷一四《赵州真际禅师语录》："(鱼鼓)四大犹来造化功，有声全贵～空。"明《醒世恒言》卷二二："六人～，只有刘、蒋二人家事凉薄些儿。"清《红楼梦》一一回："于是凤姐儿带领跟来的婆子丫头并宁府的媳妇婆子们，从～绕进园子的便门来。" ❷指特定的内部，如宫廷、妓院、内宅等。宋赵师侠《鹧鸪天·豫章大阅》："玉带红花供奉班，～新样总宜男。"明《金瓶梅词话》七四回："前日两遭往～去，没在那里？"清《醒世姻缘传》四四回："只是～央连亲家婆，合我是两个；外头也只得央连亲家公，同他爹也是两个。" ❸指一定时期内；期间。明《二刻拍案惊奇》卷八："与马夫小童，多是一套中人物，只在迟这一夜～打合成的。"清《红楼梦》六八回："就告琏二爷国孝家孝的～，背旨瞒亲，仗财依势，强逼退亲，停妻再娶。" ❹指体质或内心。清《红楼梦》二九回："他外头好，～弱。"又三五回："怪道有人说他家宝玉外像好，～糊涂。" ❺某一方面。清《红楼梦》八二回："想来都是一个人，不过名分～差些，何苦这样毒！"又八四回："要赌灵怪儿，也和宝丫头不差什么；要赌宽厚待人～，却不济他宝姐姐有耽待、有尽让了。"

【里许】 lǐ xǔ 里面；里头。许，表示处所。唐《临济禅师语录》："表显路布，文字差排，且如是说。道流，有一般秃子，便向～著功，拟求出世之法，错了也！"宋《朱子语类》卷一〇："未见道理时，恰如数重物色包裹在～，无缘可以便见得。"明《金瓶梅词话》一四回："合欢核桃真堪笑，～原来别有人。"

【俚句】 lǐ jù 粗俗的诗句、语句。多为自谦之词。唐孙樵《与友人论文书》："至有破句读以为工，摘～以为奇。"金李俊民《史遂良索诗》："时时出～，技痒不自已。"清《绿野仙踪》四四回：

“傍写‘～呈政可意郎苗三爷知心’，下写‘薄命妾玉磬儿摇尾’。”

【哩介】 lǐ jiè 同“里介”。明《山歌·瞒娘》：“昨夜同郎做一头，阿娘困在脚根头。姐道郎呀，扬子江当中盛饭轻轻～铲，铁线身粗慢慢里抽。”

【哩棱逻】 lǐ léng luó 同“里棱罗”。宋李彭《渔歌十首·慈明》：“掌握千差都照破，石霜这汉难关锁，水出高源酬佛陀。～，须弥作舞虚空和。”

【哩哩啰】 lǐ lǐ luó ❶歌曲中的和声语。金《董解元西厢记》卷五：“〔张生唱〕休将闲事苦萦怀，〔红娘和〕～！～！哩哩来也！” ❷犹“啰啰哩”。《五灯会元》卷一八《钦山普初禅师》：“民如野鹿，上如标枝。十八子，知不知？～！逻啰哩！”

【哩哩㑩】 lǐ lǐ luó 犹“啰啰哩”。《古尊宿语录》卷二九《舒州龙门佛眼和尚语录》：“无孔笛，再三吹，～，愣愣哩！游子乍闻征袖湿，佳人犹唱翠眉低。”

【哩嗹】 lǐ lián 本系“莲花落”等民谣中的和声语或感叹语，代指“莲花落”等民谣。明《二刻拍案惊奇》卷二二：“昼无饘州(粥)夜无眠，落得街头唱～。”

【哩嗹啰嗹】 lǐ lián luó lián 形容说话连续不断、含混不清。明《醒世恒言》卷三：“跟随的人又不少，个个都要奉承得他好。有些不到之处，口里就出粗，～的骂人。”《二刻拍案惊奇》卷二五：“徐达没眼看得，一心只在新娘子身上，口里～，把礼数多七颠八倒起来。”

【哩啰啰】 lǐ lún luó 即“哩啰哩”。宋郭应祥《渔家傲·丁卯生日自作》：“素发如今添老大，归来方是闲当座，旋擘黄柑篘白堕。～！从他扰扰如旋磨。”

【哩啰】 lǐ luó 犹“啰啰哩”。《古尊宿语录》卷二九《舒州龙门佛眼和尚语录》：“上堂：‘大众！君命重宣降薛萝，不容静处萨婆诃。襕衫席帽寒酸甚，又向人前唱～，～！’拍一拍：‘～！’”《禅宗颂古联珠通集》卷一〇：“若是你洒洒落落，不妨我哆哆和和。神歌社舞自成曲，拍手其间唱～。”

【哩啰哩】 lǐ luó lǐ 诗歌中的感叹语。宋洪迈《夷坚志》乙卷一三：“欲要开金燧，千万频修己，言讫无忘之，～！”

【哩啰啰哩】 lǐ luó luó lǐ 犹“啰啰哩”。宋赵长卿《西江月·雪江见红梅对酒》：“堪笑多愁早老，管他闲是闲非。对花酌酒两忘机，唱个～。”

【哩也波哩也啰】 lǐ yě bō lǐ yě luó 原系歌谣中的和声语或感叹语，借指男女欢娱。《元曲选外编·西厢记》三本二折：“小姐骂我都是假，书中之意，着我今夜花园里来，和他～哩！”

【理】 lǐ ❶诉讼。唐李冗《独异记》卷上：“至七岁，出～于官。”《敦煌变文校注》卷三《燕子赋(一)》：“无事破啰(锣)啾唧，果见论官～府。”又《燕子赋(二)》：“燕子～得舍，欢喜复欢忻。” ❷审讯。宋刘斧《青琐高议》前集卷七：“昭仪急起秉烛，视帝精出如涌泉，有顷帝崩。太后遣人～昭仪，且急穷帝得疾之端，昭仪乃自缢。” ❸再次叙说；重提。宋苏轼《观宋复古画序》：“明日昼卧，复梦殊来～前言，再诵其诗。”《五灯会元》卷一五《云居晓舜禅师》：“士曰：‘老汉有一问，若相契即开疏，如不契即请还山。’遂问：‘古镜未磨时如何？’师曰：‘黑似漆。’士曰：‘磨后如何？’师曰：‘照天照地。’士长揖曰：‘且请上人还山。’拂袖入宅。师懡㦬即还洞山，山问其故，师具言其事。山曰：‘你问我，我与你道。’师～前问。山曰：‘此去汉阳不远。’师进后语，山曰：‘黄鹤楼前鹦鹉洲。’师于言下大悟。”又卷二〇《龙翔士珪禅师》：“一日侍立次，问云：‘绝对待时如何？’眼曰：‘如汝僧堂中白椎相似。’师罔措。眼至晚抵堂司，师～前话。眼曰：‘闲言语！’师于言下大悟。” ❹即“里(li)❶”。元关汉卿《拜月亭》二折：“是您女婿不快～。”

【理办】 lǐ bàn 办理；处理。《续资治通鉴长编》卷二六五：“昨来蔚、应、朔三州地界公事，朝廷两遣使人诣南朝～。”又：“昨来～三州地界，但北朝稍有照证处，尽已擗拨与北朝。”明商辂《缺官疏》：“臣照得本院额设孔目一员，专掌管文。案先因孔目马升考满，一时文案缺人～。”

【理长处就】 lǐ cháng chù jiù 犹“理长则就”。《古尊宿语录》卷三九《智门祚禅师语录》：“还有疑情，出来对众。大家共你商量，～。”

【理长即就】 lǐ cháng jí jiù 即“理长则就”。《五灯会元》卷一五《洞山晓聪禅师》：“问：‘如何是佛？’师曰：‘～。’”又《承天惟简禅师》：“问：‘如何是和尚家风？’师曰：‘～。’”

【理长则就】 lǐ cháng zé jiù 谁的道理正确就依从谁。《祖堂集》卷四《药山和尚》：“(道)吾曰：‘启师兄，莫下这个言词，佛法不在僧俗。’(云)岩便问：‘与摩～，师弟作摩生？’”又卷六《神山和尚》：“洞山云：‘三十年同行，作任摩语话！’师云：‘～。’”

【理对】 lǐ duì 审理。《宋会要辑稿·刑法三》：“今州县监司～民讼，久者至累年，近者亦几一岁，稽违程限，率以为常。”

【理会】 lǐ huì ❶理解，领会；明白，知道。宋苏轼《答张嘉父》：“此书自有妙用，学者罕能～。”明《朴通事谚解》卷上：“我是新来的庄家，不～的多少汤钱。”清《红楼梦》一一六回：“那知宝玉病后虽精神日长，他的念头一发更奇僻了，竟换了一种。不但厌弃功名仕进，竟把那儿女情缘也看淡了好些。只是众人不大～，宝玉也并不说出来。” ❷料理；处理；治理；应付。唐希运《宛陵录》：“有一般闲神野鬼，才见人有些少病，便与他人说：‘尔只放下着！’及至他有病，又却～不下，手忙脚乱。”宋《三朝北盟会编》卷二一九：“(巫伋)第三言本朝称‘皇帝’二字，(虏主)又令译者传言：‘此是你国中事，当自～。’伋唯唯而退。”清《红楼梦》一一〇回：“邢夫人虽说是冢妇，仗着‘悲戚为孝’四个字，倒也都不～。王夫人落得跟了邢夫人行事，餘者更不必说了。” ❸研究；探究。宋《朱子语类》卷一九：“某于《论》《孟》，四十餘年～中间，逐字称等，不教偏些子。学者将注处，宜子细看。”又卷一〇七：“所以《大学》格物穷理，正要～这些。须要～教是非端的分明，不如此定不得。” ❹商议；商量。宋《三朝北盟会编》卷一一〇：“贵朝今来差奉使侍郎去见国相元帅，不知～甚公事？”明《金瓶梅词话》三回：“老身无事，常过去与他闲坐，他有事亦来请我～。” ❺论辩；评理；算账。宋宗杲《宗门武库》：“秀圆通时在会中作维那，每见呵骂不已，乃谓同列曰：‘我须与这老汉～一上！’”洪迈《夷坚志》丁卷一〇：“妇遂委顿，犹呼云：‘陆助教，与汝地狱下～！’语罢而绝。”宋元《警世通言》卷七：“新荷见说，两泪交流，乃言：‘爹娘放心，明日却与他～。’” ❻注重；计较。宋《象山先生全集》卷三四：“世人只管～利害，皆自谓惺惺，及他己分上事，又却只是放过。”《三朝北盟会编》卷九：“乌歇、高庆裔行次，多是～旧例，计较礼数，如乞就都亭驿安下，上殿赐宴，差馆伴使副之类。”元许衡《直说大学要略》：“做宰相只～钱呵，不是好事。” ❼理睬；留意。元《前汉书平话》卷中：“张石庆见三大王大怒，急避之，来告惠帝，惠帝不～。”元明《水浒传》七回：“(大汉)口里自言自语说道：‘不遇识者，屈沉了我这口宝刀！’林冲也不～，只顾和智深说着话走。”清《红楼梦》一〇〇回：“那香菱正走着，原不～，忽听宝蟾一嚷，才瞧见金桂在那里拉住薛蝌往死里拽。” ❽办法；主意。元关汉卿《碧玉箫》：“一搦腰围，宽褪素罗衣，知他是甚病疾，好教人没～。”元明《三国志通俗演义》卷一九：“忽见高翔兵到，二人共说魏兵不知在何处。正没～，又不见王平兵来。"清《说岳全传》二七回："那兀术本来是北番人，只惯骑马，不会乘船的，又不识水性，又不会摇橹，正没做个～处；那阮良却在船底下双手推着，把船望南岸上送。"

【理论】 lǐ lùn ❶说理立论；论说。《祖堂集》卷一〇《安国和尚》："岂不闻道，诸佛～，不干文字？……如何是不干文字～底事？"又卷一二《禾山和尚》："居士不二之门，如何～，则息于后学之疑？"宋《朱子语类》卷八〇："因论《诗》，历言《小序》大无义理，皆是后人杜撰，先后增益凑合而成，……随文生义，无复～。"❷争辩是非；讲理。《元曲选·冯玉兰》一折："您何须紧厮跟，挡咽喉强劫人？好教我哭啼啼难～，待向前还倒褪。"元明《水浒传》二四回："如若有人欺负你，不要和他争执，待我回来自和他～。"清《红楼梦》一〇回："金氏听了这半日话，把方才在他嫂子家的那一团要向秦氏～的盛气，早吓的都丢在爪洼国去了。"❸安排；处理。元明《水浒传》一七回："且说济州府尹自从受了北京大名府留守司梁中书札付，每日～不下。"明《金瓶梅词话》一〇〇回："统制日逐～军情，干朝廷国务，焦心劳思，日中尚未暇食。"清《隋唐演义》一回："陈主那有闲暇～朝廷机事？"❹管顾；留意。明汤显祖《紫钗记》五三出："如今卢府着忙，不暇～到此事。"《金瓶梅词话》六七回："自从他死了，谁有甚么心绪～此事？"清《醒世姻缘传》七回："拿了个旧首帕包着，丢在炕上去，也没～他。"

【理能伏豹】 lǐ néng fú bào 谓道理正确可使人折服。宋《法演禅师语录》卷中："有个符使却来报白云道：'诸处尽去遍，只为神通小，不奈一件事何。'遂问他是甚事？使云：'禅和子鼻孔辽天。'白云向伊道：'莫道你，我尚不奈何。然虽如是，泽广藏山，～。'"绍昙《五家正宗赞》卷二《风穴沼禅师》："棒下无生忍，中南院毒苦人心；杓卜听虚声，抗镜清～。"

【理能缚豹】 lǐ néng fù bào 同"理能伏豹"。《天圣广灯录》卷一五《风穴山延昭禅师》："师云：'泽广藏山，～。'"《五灯会元》卷八《资福智远禅师》："参镜清，问：'如何是诸佛出身处？'清曰：'大家要知。'师曰：'如斯则众眼难瞒去也。'清曰：'～。'师因此发悟。"

【理索】 lǐ suǒ 讨索；索取。宋司马光《蓄积札子》："告谕蓄积之家，许令出利借贷于人。候丰熟之日，官中特为～，不令逋欠。"《三朝北盟会编》卷一〇一："其曾经金人兵马焚劫残破州县乡村人户，日前私债，虽无利息，并限二年外方许～。"金元好问《奉国上将军武庙署令耶律公墓志铭》："遂忤权贵，出为许州兵马钤辖，召授武庙署令。壬辰正月，公之季弟今中书令楚才奉命～公昆季北归。"

【理讨】 lǐ tǎo 讨索；索取。明《金瓶梅词话》一九回："小的今日打听他在人家招赘了，做了大买卖，问他～，他倒百般辱骂小的。"

【理问】 lǐ wèn 审理；讯问。元徐元瑞《吏学指南》："～，谓治狱审鞫通称也。"元明《水浒传》二二回："犯人宋江逃去，他父亲宋太公并兄弟宋清，见在宋家村居住，可以勾追到官责限比捕，跟寻宋江到官～。"又二六回："因此官吏通同计较道：这件事难以～。"

lì

【力】 lì ❶仆役；人夫。宋绍昙《五家正宗赞》卷四《云居舜禅师》："师退栖贤时，以二～舁轿至罗汉寺，二～曰：'既不是我院长老，不能远去。'弃轿而回。"宗杲《宗门武库》："遣二～抬篮舆至净相。"明崔铣《松窗寤言》卷一："（陈茂烈）弃官养母，灌园艺蔬。太守悯其劳，遣二～助汲。"❷弓的强度单位。清《绿野仙踪》二五回："我只是不服老，如今还可扯十二个～的弓。"

【力持】 lì chí 极力坚持。宋夏竦《免奉使启》："某官～名教，数奖孤寒。属商利于摘山，阙言心于奏记。"元马祖常《辨王左丞等》："曩在政府，常以直言正色～公平，与权臣特们德尔抗论可否。"清查慎行《三月三日朱大司空招集南庄》："古道～公自厚，群贤不鄙余怀惭。"

【力夫】 lì fū 从事体力劳动的人。后多指出卖劳力的人。唐谷神子《博异志》："二更后，院风雨暗黑，还古于牖中窥之，电光间有一～，自以钓索于井中，如有所钓。"

【力疾】 lì jí 谓竭力支撑病体。唐佚名《曹溪大师别传》："大师～，劝诱徒众，令求道忘身，唯勤加行，直趣菩提。"元明《三国志通俗演义》卷二二："臣辄～将兵屯于洛水浮桥。"清厉鹗《答沈东甫病中见寄》："寒卧湖村听雁声，来诗～见君情。"

【力筋】 lì jīn 体力；力气。宋李廌《送王仲永》："红尘易汨没，跋涉惫～。不如巢华山，修炼如老君。"金王喆《小重山·喻牛子》之二："苦苦几时休，～都使尽，卧犁沟。"

【力者】 lì zhě 即"力夫"。唐段成式《酉阳杂俎》前集卷八："时大宁坊～张干，札左膊曰：'生不怕京兆尹！'右膊曰：'死不畏阎罗王！'"清毛奇龄《传临济正宗圜禅师塔志》："不逾年即伐山冶土，率居人，荐～，度故址，营之前坊后寮，而居大雄于其中。"

【力助】 lì zhù 仆役。《敦煌变文校注》卷四《太子成道经》："父王遣差五百个～，四门如方，四门观看。"

【历底】 lì dǐ 内应。唐颜师古《匡谬正俗》卷八："问曰：'谚云：贼无～中道回。谓内应导引为～。何也？'答曰：'……今言外人未相练悉，不能来为盗贼，因籍当家有人导引，依其冲要孤虚，故谓之狄鞮也，俗话音讹变，言～耳。'"《全唐诗》卷八七七《贾言忠引谚》："军无媒，中道回。一作'贼无～中道回'。"

【历劫】 lì jié ❶佛教将世界的形成至毁灭称为"劫"，是一个极为久长的时间单位。"历劫"指经历极为久长的时间，长期。《祖堂集》卷三《荷泽和尚》："大善知识～难逢，今既得遇，岂惜身命？"元文矩《九迭屏歌》："上有泰始之积雪，下有～之冰澌。灵岫仙岩虎豹远，绿树杳杳青猿啼。"❷指从前极为久长的时间。《五灯会元》卷一八《万寿念禅师》："元正一，古佛家风从此出。不劳向上用工夫，～何曾异今日？"又卷二〇《龙翔士珪禅师》："～来事，只在今日。"❸谓经受灾难。清《红楼梦》一二〇回："岂知宝玉是下凡～的，竟哄了老太太十九年。"

【历历】 lì lì ❶逐一；一一。唐韩愈《送李正字归》："～余所经，悠悠子当返。"宋陈师道《送苏迨》："胸中～着千年，笔下源源赴百川。"清倪国琏《康济录》卷四："潘公此疏，～指出如是者当罚，如是者当升，诚得枢机之妙者矣。"❷象声词。唐曹唐《赠南岳冯处士诗》："穿厨～泉声细，绕屋悠悠树影斜。"元耶律楚材《再用张敏之韵》："悲歌声～，雅调韵洋洋。"明高启《鹤瓢》之二："醉听树头风～，还疑秋傍九皋鸣。"

【历历楚楚】 lì lì chǔ chǔ 清清楚楚。清《平山冷燕》二回："齿牙声音，～，如新莺雏凤。"

【历练】 lì liàn ❶经受磨炼。宋《朱子语类》卷一〇八："若晓事底人，～多，事才至面前，他都晓得依那事分寸而施以应之，人自然畏服。"清《醒世姻缘传》三六回："破着我再替你当四五年家，你浑身也～的好了，交付给你。"《红楼梦》一一五回："若论到文章经济，实在从～中出来的，方为真才实学。"❷老练；有经验。元李继本《代与左司郎中王献道书》："如必拘旧日之辙，遂谓布韦士非省部旧人，非～老成之器。"明《金瓶梅词话》七九回："你年幼，事体上还不大～。"清《平定金川方略》卷九："此外尚须选派勇干～将备二三员，饬令即日束装赴营听候遣用。”

【历碌】 lì lù 忙乱；忙碌。明《二刻拍案惊奇》卷三八：“莫大姐失张失志，～了一日，下得船才心安。”又卷三九：“一家尽道贼去无事，又～了一会，放倒了头，大家酣睡。”

【历落】 lì luò 省悟；明白。《景德传灯录》卷一五《投子山大同禅师》：“问：‘～一句请师道。’”《僧宝正续传》卷六《径山杲禅师》：“行至无可行，学至无可学，虚心久久地，不觉不知，本地风光现前，照用着着～，不滞声香味触。”宋《朱子语类》卷一〇：“须是无这册子时，许多节目次第都恁地历历落落，在自家肚里，方好。”

【历然】 lì rán 清晰；分明。然，词缀。唐刘知幾《史通》卷四：“固之总述，合在一篇，使其条贯有序，～可阅。”《五灯会元》卷一二《西林崇奥禅师》：“一问一答，宾主～；不问不答，如何辨别？”《说郛》卷七二引《前定录》：“告说事状，～可听。”

【历日】 lì rì 日历；历书。唐白居易《十二月二十三日作兼呈晦叔》：“案头～虽未尽，向后唯残六七行。”《元曲选·玉镜台》一折：“取～来，教学士选个好日子。”明《金瓶梅词话》七三回：“拿过～来看，二十九日是壬子日。”

【历头】 lì tou 日历；历书。头，词缀。宋朱敦儒《鹧鸪天》：“检尽～冬又残，爱他风雪耐他寒。”明《朴通事谚解》卷中：“将～来我看，这月是大尽那小尽？”清《续金瓶梅》二三回：“说的翟员外依了，就忙叫取～，定个下礼的吉日。”

【沥沥】 lì lì 象声词。形容声音清脆。《敦煌变文校注》卷五《维摩诘经讲经文(五)》：“歌～，笑咍咍，围绕波旬匿匝排。”又：“瑞色氤氲，惹珠衣而～。”

【沥落】 lì luò 即“沥沥”。《敦煌变文校注》卷五《维摩诘经讲经文(四)》：“动天冠而花宝玲珑，整妙服而珠瓔～。”

【趔趄】 lì chì 裸露。多指赤脚、光脚。《敦煌变文校注》卷七《百鸟名》：“涛河鸟，脚～，寻常傍水觅鱼吃。”《景德传灯录》卷二三《宋初崇慧大师》：“卖鞋老婆脚～。”

【立】 lì ❶ 止步；站住。《敦煌变文校注》卷一《伍子胥变文》：“至于颍水。风来拂耳，闻有打沙(纱)之声，不敢前荡，限形即～。” ❷ 给人、物起姓名、名称。《祖堂集》卷一《释迦牟尼佛》：“时遮王闻已，再三叹言：‘我子释迦！我子释迦！’因此从德～姓，姓释迦。”又《伏驮密多尊者》：“尔时师既受已，勤苦修行，胁不至席，因兹～号，名胁尊者。”《景德传灯录》卷七《兴善寺惟宽禅师》：“譬如江、湖、淮、汉，在处～名。名虽不一，水性无二。” ❸ 签订；签押。明《金瓶梅词话》五八回：“当下就和甘伙计批～了合同。”沈采《千金记》一〇出：“〔外云〕咄！这厮你口无凭。〔丑云〕小人～票存照。”

【立班】 lì bān 官员在上朝、迎送等正式场合依次站立。唐白居易《待漏入阁书事奉赠元九学士阁老》：“衙排宣政仗，门启紫宸关。彩笔停书命，花砖趁～。”明王鏊《乞归一》：“举步之际，疲曳不前；～之时，颠眩几及。”

【立便】 lì biàn 立即；立刻。《全唐诗》卷八七六《陕州语》：“不须赛神明，不必求巫祝，尔莫犯卢公，～有祸福。”宋岳珂《桯史》卷一〇：“自是诸军应报稽缓文字，才到本所，～给散，略无留阻。”元王恽《论盐法》：“后来关盐厘勒，监主毋得刁蹬停滞，～支发。”

【立地】 lì dì ❶ 站着；站立。《祖堂集》卷九《韶山和尚》：“有一僧礼拜，起来～。”明《醒世恒言》卷三一：“郑信见这一所宫殿，便去宫前～多时，更无一人出入。”清彭孙遹《耦万有买妾之兴》之五：“何处温柔更有乡，相看直欲泥人狂。可怜～无多远，仿佛还闻口泽香。” ❷ 立即；当即。《敦煌变文校注》卷四《降魔变文》：“须达应时顺命，更无低昂，当处对面平章，～便书文契。”《元曲选·㑳梅香》二折：“倘或我风火性的夫人知道呵，教你～有祸。”清王士禄《满江红·用孙风山韵》：“脱却尘衫乌纳在，推开瓦枕黄粱熟。只而今～便抽身，原非速。”

【立地成佛】 lì dì chéng fó 禅家谓众生皆有佛性，一念省悟，便立即成佛。宋《密庵和尚语录》：“悟之者～，迷之者永劫轮回。”《五灯会元》卷一九《东山觉禅师》：“飏下屠刀，～。”清《聊斋志异·罗祖》：“若要～，须放下刀子去。”

【立地瞌眠】 lì dì kē mián 犹“立地瞌睡”。《古尊宿语录》卷二八《舒州龙门佛眼和尚语录》：“恁么惺惺汉子，如何～？忽然睡醒眼开，元来天生自然。”

【立地瞌睡】 lì dì kē shuì 虽然站立着，却如瞌睡一般，比喻糊涂昏钝。《五灯会元》卷二〇《龟峰慧光禅师》：“你诸人休向这里～，殊不知家中饭箩锅子一时失却了也。”

【立地死汉】 lì dì sǐ hàn 虽然站着，却如死人，喻指愚昧昏钝者。《五灯会元》卷一一《汾阳善昭禅师》：“若见汾阳人者，堪与祖佛为师；不见汾阳人，尽是～。”又卷一五《北禅寂禅师》：“若见，与我拈将来；若不见，大似～。”

【立地作梦】 lì dì zuò mèng 虽然站着，却如睡时做梦一般，比喻糊涂昏钝。宋《圆悟禅师语录》卷一〇：“直饶显目前机，用目前事，一问一答，一挨一拶，一出一入，正如开眼尿床，～。若是明眼汉，须知不恁么。”

【立定】 lì dìng ❶ 站立；站住。《通典》卷八七：“皇帝就次除大祥服，服素服，百僚趋入就位～，近侍扶皇帝入哭踊。”明《拍案惊奇》卷一三：“小的偶然出外，见赌坊中争闹，～闲看。”清《红楼梦》五三回：“只见贾府人分昭穆排班～，贾敬主祭，贾赦陪祭。” ❷ 站稳。清汤斌《柘城窦克勤日录》：“学者须明义利之介，孔子曰：‘君子喻于义。’又曰：‘富与贵是人之所欲也，不以其道，得之不处也；贫与贱是人之所恶也，不以其道，得之不去也。’能在此处～，天下无事不可为。” ❸ 确定；制定；拿定。宋《朱子语类》卷一四：“《大学》是为学纲目，先通《大学》，～纲领，其它经皆杂说在里许。”明《二刻拍案惊奇》卷九：“甚么终身！拚得～主意嫁了他便是了。”清《红楼梦》七七回：“他三人已是～主意。”

【立定脚】 lì dìng jiǎo 比喻下定决心，决不动摇。宋《朱子语类》卷七：“今都蹉过，不能转去做，只据而今当地头～做去，补填前日欠阙，栽种后来合做底。”

【立定脚跟】 lì dìng jiǎo gēn 犹“立定脚”。宋《朱子语类》卷二四：“私欲一次胜他不得，但教真个知得他不好了，～只管硬地自行从好路去，待得熟时，私欲自住不得。”元张光祖《言行龟鉴》卷一：“如二十岁觉悟，便从二十岁～做去；三十岁觉悟，便从三十岁～做去。”清陆陇其《答席生汉翼汉廷》：“但在热闹处，最宜谨慎，稍有不安命之说进者，须～，万万不可随意。”

【立定脚力】 lì dìng jiǎo lì 犹“立定脚”。宋《朱子语类》卷七：“如二十岁觉悟，便从二十岁～做去；三十岁觉悟，便从三十岁～做去。”

【立定脚头】 lì dìng jiǎo tóu 犹“立定脚”。元《明本禅师杂录》卷中：“逸禅人，此去或不～，如枯木死灰参去，再要觅知解，决不请相见！”

【立盹行眠】 lì dǔn xíng mián 站立、行走时都打盹，形容十分困乏。《元曲选·潇湘雨》四折：“一身疼痛十分倦，我我我～。”

【立间】 lì jiān 当时；立刻。宋苏舜钦《观放闸》：“～见底里，咄哉为尔羞！”

【立脚】 lì jiǎo 立身;安身。宋《朱子语类》卷一三:"今有一样人不能安贫,其气销屈,以至～不住,不知廉耻,亦何所不至!"明《醒世恒言》卷三六:"到后觉道声息不好,～不住,就悄地桃之夭夭。"清胤禛《朱批谕旨》卷二四上:"山川明神,为天地正气之所蕴结,必当恭承恪奉,丝毫不可慢忽。然徒于在外之威仪上～,以希求庇佑,神不私也。"

【立马】 lì mǎ ❶驻马;勒马停步。唐白居易《醉送李协律赴湖南》:"富阳山底樟亭畔,～停舟飞酒盂。"元贡师泰《赴京别亲友》:"亲友陟高冈,～望良久。"清吴雯《再过渭南》:"三十年来重～,莺声犹坠悬楼花。" ❷一种杂技表演,骑手直立于奔马之上。宋孟元老《东京梦华录》卷七:"又有执旗挺立鞍上,谓之～。" ❸瞬间。表时间极短。元明《水浒传》八八回:"众多军将看见～斩了王文斌,都面面厮觑,俱各骇然。"明《西洋记》五七回:"你去拜上元帅,作速点齐五十名钩索手,今日要～成功。"

【立铺】 lì pù 变文表演以图画辅助说唱,一张或一组图画称一铺。将图挂起来,称立铺。《敦煌变文校注》卷一《王昭君变文》:"上卷～毕,此入下卷。"

【立期立限】 lì qī lì xiàn 犹"立限"。宋《虚堂和尚语录》卷一:"～,坐守化城。比拟张麟,兔亦不遇。"

【立契】 lì qì 订立契约。《五代会要》卷二六:"及庄宅牙人等,亦多与有物业人通情,重迭将产宅～典当。"明宋濂《元故荣禄大夫喀喇公神道碑铭》:"先是膰肉之颁无法,临事多纷纭,有力者恒负之而去。公为～,勘以定其数,小大百司依数致膰。朝廷为之肃然。"《大清会典则例》卷四二:"嗣后按照米数计程远近,定价多寡,官为～,船户不许额外勒索。"

【立钦钦】 lì qīn qīn 战战兢兢。《元曲选·燕青博鱼》四折:"我在这黄叶林曲脊低腰,我曲躬躬的向地皮上伏,～把松树来靠。"又《后庭花》一折:"我～谁敢离衙门?常怀着心惊胆战,滴溜着脚踢拳墩。"

【立券】 lì quàn 即"立契"。宋蔡襄《荔枝谱》三:"初著花时商人计林断之以～,若后丰寡,商人知之不计。"元陶宗仪《辍耕录》卷一七:"有曰红契买到者,则其元主转卖于人。～投税者是也。"清汪琬《广西巡抚右副都御史郝公墓志铭》:"倘令每司出牛若干,抚臣与之～,俟丰年即还其值,当无不听。"

【立土】 lì tǔ 结构纹理呈竖向排列的土壤。宋陈师道《后山谈丛》卷三:"田理有横直,民间谓之～、横土。～不可稻,为其不停水也。"

【立屋】 lì wū 造房子。唐韩愈《燕喜亭记》:"自是弘中与二人者晨往而夕忘归焉,乃～以避风雨。"宋《朱子语类》卷一二:"若不做这工夫,却要读书看义理,恰似要～无基地,且无安顿屋柱处。"清陈廷敬《巡抚浙江兵部右侍郎张君墓志铭》:"营兵混民居,男女杂沓。为择地～,由是兵民异处矣。"

【立限】 lì xiàn 确定期限。宋吕陶《奏乞罢京东河北路赊放大方茶状》:"若更将上件茶赊放与人,～督敛,则民间愈见凋弊。"明《警世通言》卷一五:"乃出官赏银十两,～仰捕衙缉获。"清于成龙《兴利除弊条约》:"今后钱粮事件,～完解,司道府不得擅差一役下县。"

【立扎】 lì zhá 站稳。《元曲选·灰阑记》三折:"蚤来到山坡直下,冻钦钦的难～,脚稍天腾的吃个仰剌叉。"

【立帐子】 lì zhàng zi 犹"立契"。《元曲选·东堂老》一折:"如今便卖这房子,也要个起功局、～的人。"

【立挣】 lì zhēng 惊呆;发愣。金《董解元西厢记》卷一:"瞥然一见如风的,有甚心情更待随喜?～了浑身森地。"元张国宾《汗衫记》二折:"道张员外遗漏火发,～了呆答孩唬杀。"明佚名《东平府》四折:"唬的他那城市居民,痴呆～,无着无落。"

【立睁】 lì zhēng 同"立挣"。明《金瓶梅词话》一八回:"路上撞见冯妈妈子,如此这般告诉我,把我气了个～。"清《续金瓶梅》二五回:"报与师师知道,师师吓了个～。"

【笠上顶笠】 lì shàng dǐng lì 笠帽上再加笠帽,比喻多余累赘。宋慧开《无门关序》:"说道无门,尽大地人得入;说道有门,无阿师分第一。强添几个注脚,大似～。"

【吏典】 lì diǎn 指衙门里的吏员、差役等。《元曲选·灰阑记》四折:"小的做个～,是衙门里人,岂不知法度?"元明《水浒传》七四回:"～人等,都来参见。"清《野叟曝言》九九回:"当堂令～清出供单,过朱加畫,迭成案卷,用印钤封,然后唤素臣上去。"

【丽春园】 lì chūn yuán 相传是名妓苏卿的住处。后来成为艺妓歌女的居处或妓院的通称。《元曲选·东堂老》四折:"他去那～纳了那颗争锋印,你休闹波完体将军。"明汤式《一枝花·劝妓女从良》:"～有世情,鸣珂巷无公论。"

【丽春院】 lì chūn yuàn 即"丽春园"。明梅鼎祚《长命缕》八出:"鸣珂巷士女领班头,～脂粉夸行首。"《金瓶梅词话》三二回:"～粉头,供唱递酒,是他的职分,休要惯了他。"

【丽黠】 lì xiá 美丽而黠慧。宋洪迈《夷坚志》三壬卷七:"侍儿惠柔者,～人也,慕公风标,密解手帕子为赠。"明何孟春《餘冬序录摘抄内外篇》卷一:"都民养女率货视之,稍～者,必装束以待外方之求,厚取价焉。"

【励力】 lì lì 努力。《旧唐书·郑畋传》:"寒耕热耨,不～于田畴;偷食靡衣,务偷生于剽夺。"《景德传灯录》卷一五《夹山善会禅师》:"听习经论,该练三学,遂参禅会,～参承。"

【励心】 lì xīn 下定决心。《祖堂集》卷五《云岩和尚》:"某甲窃闻国师有无情说法之示。曾闻其语,常究其微,每欲～,愿尽于此。"明刘璟《书圆觉经后》:"慧定本将门子,以绝欲不娶,～精进,期证圆觉。"清胤禛《朱批谕旨》卷四五下:"但当痛加洗涤,～砥行,空言无益也。"

【疠脚】 lì jiǎo 同"踧脚"。《古尊宿语录》卷五《兴化禅师语录》:"～法师,说得行不得。"

【粝粝磕磕】 lì lì kē kē 形容表面粗糙、凹凸不平。《五灯会元》卷一五《灵隐云知禅师》:"拈起则有文有彩,放下则～。直得不拈不放,又作么生?"

【利便】 lì biàn ❶便利;有益;有利。唐韩愈《论变盐法事宜状》:"用此取济,两得～。"宋《朱子语类》卷一二一:"今人未到为人谋时方不忠,只平居静虑闲思念时,便自怀一个～于己,将不好处推于人之心矣。"清蓝鼎元《贵州全省总图说》:"彼此事权,均非～。则何如截长补短,使各易抚御之为得也。" ❷口齿伶俐;善于言词。《元曲选·梧桐雨》楔子:"我见其身躯肥矮,语言～,有许多异相。"元明《水浒传》二回:"此人颇能答应官府,口舌～,满庄人都叫他做赛伯当。"清《野叟曝言》五四回:"真奶娘的女儿莺音,年纪虽小,灵变异常,见多识广,口舌～。"

【利辨】 lì biàn 同"利辩"。《祖堂集》卷一八《仰山和尚》:"在沩山盘泊十四五年间,凡在众中只对沩山,谈扬玄秘,可谓鹙子之～,光大雄之化哉!"按,鹙子,即佛的弟子舍利弗,以智能辩才著称。

【利辩】 lì biàn 敏捷善辩。《祖堂集》卷一九《香严和尚》:"博闻～,才学无当。"

【利钝】 lì dùn 敏捷与迟钝。五代文僜《祖堂集序》:"根有～,法无深浅。"元程文海《宗镜录详节序》:"良由根尘有～,悟解有浅深。"清毛奇龄《重兴崇寿院碑记》:"至于亲贤之实,则必察古今以定可否;用人之实,则必合短长以均～。"

【利害】 lì hài ❶偏指害。危害;损害;祸害;妨害。宋《朱子语类》卷一二七:"惟是转来临安,南北声迹寖远,上下宴安,都不觉得外面事,事变之来,皆不及知,此最～!"岳珂《桯史》卷一〇:"试官误我三年,～不细!"元明《水浒传》六回:"俺是过往僧人,讨顿饭吃,有甚～?" ❷凶猛;凶狠;凶恶。元明《水浒传》八三回:"这个蛮子直这般～!" 明贾凫西《历代史略鼓词·正传》:"欢兜、三苗、崇伯、共工,这些～行货,乘机动起刀兵。"清《醒世姻缘传》六九回:"这五阎王在那十个阎王之中是有名的～主儿。" ❸表示程度很高。《元曲选外编·西厢记》五本一折:"往常也曾不快,将息便可;不似这一场,清减得十分～。"清《醒世姻缘传》七五回:"周嫂儿见童奶奶拒绝的不大～,都是些活络口气,随即将狄希陈的话说加上了许多文彩。"《绿野仙踪》八三回:"他若问我识字不识字,你就说我通的～,如今许大年纪,还日日看《三字经》。" ❹指事理的要害或奥妙处。清《后水浒传》二六回:"杨幺忽听见说出～,连忙点头道:'大嫂见得不差,我杨幺只此就去。'"《儒林外史》一三回:"还亏你当了这几十年的门户,～也不晓得! 遇着这样事还要讲破,破你娘的头!" ❺指惩罚性的教训。清《红楼梦》九回:"不给他个～,下次越发狂纵难制了。"又四七回:"我打死你也无益,只给你个～罢!"

【利济】 lì jì ❶救济;施恩泽。五代齐己《送谭三藏入京》:"阿阇梨与佛身同,灌顶难施～功。"明《拍案惊奇》卷一七:"母子虔诚,特求法师广施妙法,～冥途。"清张英《圣德仁民天锡万寿颂》:"皇上早作夜思之际,宵衣旰食之顷,无一时不以爱养生民为心,无一事不以讲求～为主。" ❷利益;益处。宋包拯《论茶法》二章:"欲乞令昌言与三司使副将今来茶法子细公共从长定夺,合如何擘画,即得公私～经久可行。"《古尊宿语录》卷一〇《汾阳昭禅师语录》:"大丈夫汉莫教自辜,触事不通,彼此无～。"明张宁《双穗场水涧碑记》:"苏子瞻论修钱塘西湖,推其～先于农功而及于课税。"

【利口白舌】 lì kǒu bái shé 犹"利口便舌"。明《禅真逸史》三八回:"这就是～做牵头的赵蜜嘴,阳受一刀之惨,阴罚六畜之报。"

【利口便舌】 lì kǒu biàn shé 能说会道。宋袁燮《絜斋家塾书钞》卷五:"利口覆邦家,古今之通患。盖～,其言若有理,是以人主多为所惑,变乱旧章常必由之。"明《二刻拍案惊奇》卷二二:"只有一班捷给滑稽之人,～,胁肩谄笑,一日也少不得。"

【利亮】 lì liàng 爽利;干净;没有挂碍。清《醒世姻缘传》九回:"乘了这个瑕玷,拿这件事来压住他,休了他,好离门离户,省得珍哥刺恼,好叫他～快活,扶他为正。"《聊斋俚曲·姑妇曲》:"鸡科子! 到几时杀了你,这眼里才～了!"

【利名场】 lì míng chǎng 追逐名利的场所,多指竞争、钻营的尘世。唐张籍《赠姚怤》:"况我愚村姿,强趋～。"《元曲选·任风子》三折:"若不是我参透玄机,则这～、风波海,虚耽了一世。"清梁清标《喜迁莺·夏日遣兴》:"棐几摊书,湘帘伏枕,愁煞～。"

【利钱】 lì qián ❶盈利;赚头。明《老乞大谚解》卷上:"我年时跟着汉儿火伴到高唐,收买些绵绢,将到王京卖了,也寻了些～。"又:"到你那地面里,也有些～么?" ❷利息。《旧唐书·权德舆传》:"又重破官钱买常平先所收市杂物,遂以再给估价,用充别贮～。"元明《水浒传》三八回:"只用十两银子去取,再要～么?"清《绿野仙踪》七回:"他见我为人勤谨,又知我家口众多,情愿借与我二十两银子,不要～。" ❸隐指孩子。利钱即利息,息,子也。明《欢喜冤家》一回:"任官人定的女子,年纪二十岁了,闺中不谨,腹中有了～。"

【利生】 lì shēng 造福、济度众生,特指佛门宗师接纳启悟信徒。《祖堂集》卷一八《仰山和尚》:"如是身性圆明,漏尽意解,身前无业,不住动静,出生入死,接物～。"宋《明觉禅师语录》卷一:"三世圣人,六代开士,～间出。"元行秀《从容庵录序》:"开发后学,说法～,则此尤易于迎机入悟。"

【利市】 lì shì ❶吉利;吉祥。五代孙光宪《北梦琐言》卷三:"夏侯孜相国未偶,伶俜风尘,蹇驴无故坠井。每及朝士之门,舍逆旅之馆,多有龃龉。时人号曰'不～秀才'。"宋吴自牧《梦粱录》卷二〇:"房门前先以彩帛一段横挂于楣上,碎裂其下,婿入门,众手争扯而去,谓之'利市缴门',争求～也。"清《儒林外史》五回:"严家说:'猪到人家,再寻回来,最不～,押着出了八钱银子,把小猪就卖与他。'" ❷喜庆日子的喜钱喜物;赏给的钱物。宋苏轼《减字木兰花·李公择生子》:"犀钱玉果,～平分沾四座。"《五代史平话·唐上》:"承业曰:'郎君缠头,皆出自承业俸禄。'缠头与今人说～一般。"清《醒世姻缘传》三七回:"店家落得赔了两日的粥汤,又出了阴阳生洒扫的～。" ❸即"利市纸"。明《古今小说》卷二:"我们做穷经纪的人,容易得这主大财? 明日烧个～把来做贩油的本钱,不强似赊别人的油卖!"《拍案惊奇》卷八:"到船烧了神福～,就便开船。"清《后水浒传》二〇回:"我已烧过～,只等你来商量。" ❹关于答谢、供奉神灵的许诺。明《醒世恒言》卷九:"爹娘为将你许错了对头,一向愁烦。喜得男家愿退,许了一万个～,求之不得。"

【利市饭】 lì shì fàn 民俗,正月初五祭财神,此日的好饭食称为利市饭,含有祈神保佑生意顺利之意。明《警世通言》卷一五:"又过了两日,是正月初五。苏州风俗,是日家家户户,祭献五路大神,谓之烧利市。吃过了～,方才出门做买卖。"

【利市缴门】 lì shì jiǎo mén 即"利市缴门红"。宋吴自牧《梦粱录》卷二〇:"房门前先以彩帛一段横挂于楣上,碎裂其下,婿入门,众手争扯而去,谓之'～',争求利市也。"

【利市缴门红】 lì shì jiǎo mén hóng 民间婚俗,新人入洞房时,众贺客争扯门楣上的彩帛,以求吉利。宋孟元老《东京梦华录》卷五:"新人门额,用彩一段,碎裂其下,横抹挂之,婿入房,即众争扯小片而去,谓之～。"

【利市钱】 lì shì qián 节庆时的喜钱、赏钱。五代和凝《宫词》之九一:"碧罗冠子簇香莲,结胜双衔～。"宋吴自牧《梦粱录》卷二〇:"既已登车,擎担从人未肯起步,仍念诗词求～。"

【利市纸】 lì shì zhǐ 为祈神保佑吉祥而焚烧或供奉的纸。明《警世通言》卷一一:"杀倒一口猪,烧～,连翁鼻涕、范剥皮都请将来,做庆贺筵席。"《金瓶梅》六八回:"那玳安把马拴住,进入里面,见上面供养着～,有几个人在那里算进香帐哩。"清《后水浒传》二一回:"我今打听得山东秦桧一宗银两解往汴京,打从这里经过,我打点劫他,故此烧化～,犒赏众人。"

【利速】 lì sù 利索;快速。明贾凫西《历代史略鼓词·正传》:"你看这两个老头儿,把天下出脱的～不～? 周全不周全?"

【利物】 lì wù ❶造福、济度众生,特指佛门宗师接纳启悟信徒。物,众生、人。《景德传灯录》卷一九《保福院从展禅师》:"师住保福仅一纪,学众常不下七百。其接机～,不可备录。"宋《圆悟禅师语录》卷四:"一向十字路口,土面灰头,～应机。" ❷竞赛的奖品。宋周密《武林旧事》卷一:"金鸡竿长五丈五尺,四面各百戏一人缘索而上,谓之'抢金鸡'。先到者得～,呼万岁。"元明《水浒传》六一回:"若赛锦标社,那里～管取都是他的。"

清《飞龙全传》三五回："我这鱼不是卖的，乃是颠那八叉八快，赌输赢的～。" ❸钱财。多指非本分所得。明《古今小说》卷二一："顾三郎一伙，重泊船于芦苇丛中，将所得～，众人十三份均分。"《警世通言》卷五："那布商因为稽迟了吕玉的归期，加倍酬谢。吕玉得了些～，等不得布商收货完备，自己贩了些粗细绒褐，相别先回。"《醒世恒言》卷六："某非为口腹～，不过游戏试技耳。"

【利养】 lì yǎng　佛家指养身的财物。《敦煌变文校注》卷五《佛说阿弥陀经讲经文(一)》："生涯不结周，不求于～。"元德辉《敕修百丈清规》卷六："多贪～，不恤常住，非所以报库头也。"清吴伟业《圣恩剖石和尚语录序》："盖和尚以真实了义扶植吾宗，不欲寻文觅句与世之名闻～者同。"

【利益】 lì yì　法力；功力。明《金瓶梅词话》六五回："自说这黄真人有～，少不的那日金堂添二十四众道士，做一昼夜斋事。"

【利诱】 lì yòu　用利益引诱。《旧唐书·李绅传》："元藻既恨德裕阴为崔铉、白敏中、令狐绹所～，即言湘虽坐赃，罪不至死。"《元典章·刑部十二》："遂乃听信师巫诳惑，豪强～，发掘祖先坟墓，迁移骸骨，高价货卖穴地。"

【利智】 lì zhì　聪慧敏捷，具有悟性。唐寒山《我见利智人》："我见～人，观者便知意。不假寻文字，直入如来地。"《敦煌变文校注》卷一《捉季布传文》："买得典仓缘～，厅堂夸向往来宾。"

【例】 lì　副词。❶按照规定；按照旧规惯例。唐韩愈《柳子厚墓志铭》："遇用事者得罪，～出为刺史。"《景德传灯录》卷一二《杭州文喜禅师》："属会昌废教，(文喜)返服韬晦。大中初，～重忏度于盐官齐峰寺。"明《二刻拍案惊奇》卷一五："却说顾提控在州六年，两考役满，～当赴京听考。" ❷全；都。唐刘禹锡《题招隐寺》："楚野花多思，南禽声～哀。"《敦煌变文校注》卷一《伍子胥变文》："其兵总饮河水，～闻水中有酒气味，兵吃河水，皆得醉。"

【例儿】 lì er　规矩。明《金瓶梅词话》一八回："好个刁钻的强盗，从几时新兴出来的～！"

【例皆】 lì jiē　尽皆；全都。同义连文。唐希运《传心法要》："趋者不敢入此法，恐落空无栖泊处，故望崖而退，～广求知见。所以求知见者如毛，悟道者如角。"《敦煌变文校注》卷二《庐山远公话》："应是山林树下，～寻遍，不见一人。"清施闰章《宣城会馆记》："官之所居谓之署，其宫室斋厨，～吏民葺治，官至如归。"

【例头】 lì tou　即"例❷"。头，词缀。唐王梵志《道人头兀雷》："道人头兀雷，～肥特肚。"又《富儿少男女》："富儿少男女，穷汉生一群。……～肥没忽，直似饱糠豚。"

【例物】 lì wù　按规定发给的相等的钱物。例，按照规定。《册府元龟》卷二七四："晋高祖幼子重睿，少帝嗣位，初拜开封尹，以年幼未出阁，命左散骑常侍边蔚知府事。时少帝戏谓重睿曰：'已降衔命，使臣有何～待之？'重睿曰：'～出于内库，臣何忧焉。'"宋包拯《论宣毅军》："然初议招募之时，～稍厚，故民间无状积恶之辈，悉投名籍中。"《三朝北盟会编》卷一〇九："关陕京东西流为盗贼，强壮不能还业者甚众，比遣使四路，优给～以招募之。"

【例总】 lì zǒng　犹"例皆"。《敦煌变文校注》卷二《庐山远公话》："是时众僧～波逃走出，惟有远公上足弟子云庆和尚，为师礼法，缘情切未敢东西回避。"

【栗暴】 lì bào　用手指骨扣击头部的动作。也泛指用拳打人的动作。元明《水浒传》二四回："这婆子一头叉，一头大～凿，直打出街上去。"清《说岳全传》二回："员外大怒，骂道：'畜生！你小小年纪，敢如此无礼！'遂将王贵头上一连几个～。"

【栗爆】 lì bào　同"栗暴"。《元曲选外编·黄花峪》四折："我来便要吃酒，若无呵，我去你秃头上直打五十个～！"明《金瓶梅词话》四二回："看见他孩子，揪着头角儿揪到那前边，凿了两个～。"

【栗栗棘棘】 lì lì jí jí　形容表面粗糙、凹凸不平。宋《虚堂和尚语录》卷一："除夜小参，拈主丈：'未有世界，未有佛祖，便有者主丈子，碍东碍西。及乎世界成立，佛祖出兴，依旧鳞鳞皴皴，～。'"

【踧脚】 lì jiǎo　跛脚。《五灯会元》卷一《兴化存奖禅师》："龙颜大悦。……乃赐马与师乘骑，马忽惊，师坠伤足。……师曰：'～法师，说得行不得。'"

li

【里】 li　另见lǐ。❶语气助词，用在句末。相当于"哩"或"呢"。唐韦绚《刘宾客嘉话录》："后明皇帝幸蜀，至中路曰：'崽郎亦一遍到此来～。'及德宗幸梁是也。"宋辛弃疾《谒金门·和陈提干》："因甚无个阿鹊地，没工夫说～！"宋元《古今小说》卷一五："大郎，你却吃得酒下！有场天来大喜事来投奔你，划地坐得牢～！" ❷结构助词，相当于"地"或"的"。金《刘知远诸宫调》二："专等着刘知远，即渐～更深也。"《大宋宣和遗事》前集："宋江读了，口中不说，心下思量，这四句分明是说了我～姓名。"明《山歌·寻郎》："方便个老官悄悄～寻个情哥郎还子我，小阿奴奴情愿热酒三钟亲递渠。" ❸置于动词后，表示行为动作正在进行之时，用在句中，兼表语气短暂停顿。宋张先《雨中花令·赠胡楚草》："正闷～，也须欢喜。"宋元《清平山堂话本·杨温传》："那大伯正说话～，见厅下一个人，问儿子道：'厅下这人是谁？'"《古今小说》卷一五："你前日在门前正做生活～，蓦然倒地便死去。"

【哩】 li　❶句末语气助词，相当于"呢"。a）表示疑问语气。宋《三朝北盟会编》卷一六二："看如今怎奈何刘麟去～？"元佚名《替杀妻》一折："嫂嫂，咱坟园到那未～？"明《西游记》二一回："慌得一毂辘爬起来道：'我的马～？'"b）用在陈述句尾，表示状态的持续。元马致远《任风子》二折："兀底是那庵儿，闭着门子～。"明《西游记》二回："赤手空拳，在门外叫～。"《金瓶梅词话》三五回："三娘、五娘，后边吃螃蟹～。"c）加强肯定、确定语气。宋元《警世通言》卷一四："若嫁得这个官人，可知好～！"《元曲选外编·裴度还带》一折："他如今怪我，久以后致谢我也迟～！"元明《水浒传》二七回："李俊道：'可知是～！'" ❷结构助词，相当于"地"。明《山歌·半夜》："黄鼠狼偷鸡引得角角～叫，好教我穿子单裙出来赶野猫。"清《歧路灯》一八回："到了三更后，才慢慢～会动弹。"

lián

【奁房】 lián fáng　嫁妆。《元曲选·救风尘》三折："我好意将着车辆、鞍马、～来寻你，你划地将我打骂。"又《举案齐眉》二折："父亲，多共少也与您孩儿些～断送波。"

【奁具】 lián jù　嫁妆。宋周密《癸辛杂识》别集卷下："姑以千缗为～之资。"清《八洞天》卷一："昌家～之丰，鲁家花烛之盛，自不必说。"毛奇龄《施母王孺人墓状》："孺人解～，发盖藏，劝君子行惠，散钱设粥，乡里全活无仆数。"

【连】 lián　❶遍；满。唐李白《少年行》："遮莫姻亲～帝城，不如当身自簪缨。"韩愈《寄卢仝》："国家丁口～四海，岂无农夫亲耒耜?” ❷ 连同;加上。多表数量。唐施肩吾《西山静中吟》:“若数西山得道者,～予便是十三人。”明《金瓶梅词话》五八回:“不唱个曲儿与俺每听,就指望去?好容易!～轿子钱就是四钱银子!”清《儒林外史》四回:“八众僧人,～司宾的魏相公共九人,坐了西席。” ❸ 介词。表示强调它后边的人和物。《太平广记》卷四七四引《朝野佥载》:“唐开元四年,河南北螽为灾,飞则翳日,大如指,食苗草树叶,～根并尽。”元佚名《焚儿救母》四折:“～孙儿不见了!”清《红楼梦》八回:“～个手炉也没有。” ❹ 量词。a) 用于秤。宋《三朝北盟会编》卷一五:“兀室遣人将到秤一～。”清《醒世姻缘传》五四回:“他私定了一～前重后轻的秤,与外边买办的通同作弊。”b) 用于房屋。明沈榜《宛署杂记》卷一一:“宛平养济院在城内河漕西坊,有公府一所,群房十二～。”刘若愚《酌中志》卷一六:“坐东朝西,房一～,原名协恭堂。”c) 用于其他。元王祯《农书》卷五:“接工,必有用具,细齿截锯一～,厚脊利刃小刀一枚。”《辽史·太宗纪上》:“丁未,阻卜贡海东青鹘三十～。”

【连臂】 lián bì ❶ 手臂相挽。唐李景亮《李章武传》:“至五更,有人告可还。子妇泣下床,与章武～出门。”宋元《古今小说》卷三九:“望见城濠边一群小儿～而歌。”清《平定金川方略表》:“当其请莅盟而除地,环行阵以设坛,击钹吹螺,音流梵乐;鼓咙～,曲奏蛮歌。” ❷ 一同;一起。宋刘斧《青琐高议》前集卷四:“少尚气,多与无赖少年子,～出入娼家酒肆。”清《东周列国志》四八回:“今日郑、陈～去,中原伯气黯然收。”

【连不连】 lián bu lián 连连。“不”是衬字。这是元曲里习见的“A不A”式三字词。《元曲选·张生煮海》三折:“伸出那锉刀也似快的舌头来,把水一嗒,那潭就干了一寸,～的嗒上几嗒,那潭渐渐的干下去。”又《合汗衫》四折:“怎么那眼皮儿～的只是跳?也不知是跳财,是跳灾?”

【连缠】 lián chán 纠缠;粘连。宋《朱子语类》卷二二:“某看不当如此说,圣人言语不恁地～。”明刘基《感时述事》之一:“大臣国柱石,忧喜相～。”

【连扯】 lián chě 即“连扯跟斗”。明《西游释厄传》卷一:“悟空谢了,即抽身捻着诀,丢个～,纵起觔斗云,径回东胜。”

【连扯跟斗】 lián chě gēn dou 连续翻跃的跟斗。明《西游释厄传》卷一:“悟空弄本事,将身一耸,打了个～,跳离地有五六丈。”

【连扯跟头】 lián chě gēn tou 即“连扯跟斗”。明《西游记》二回:“悟空弄本事,将身一耸,打了个～。”

【连次】 lián cì 接连几次;屡次。元明《水浒传》五八回:“你～下山多遍,今番权且守寨,愚兄替你走一遭。”明《金瓶梅词话》六九回:“文嫂已过一边,～呼酒不至。”清《野叟曝言》四一回:“鸾吹、素娥十分难过,把～患病之事说知。”

【连二】 lián èr 连续不断。明《金瓶梅词话》一二回:“这个抢风膀臂,如经年未见酒和肴;那个～快子,成岁不逢筵与席。”

【连和】 lián hé 联合。《旧唐书·刘武周传》:“不如～突厥,结援唐朝。”又《高开道传》:“是岁,刘黑闼入寇山东,开道与之～,引兵攻易州,不克而退。”

【连更彻夜】 lián gēng chè yè 谓连夜不停。宋元《古今小说》卷三六:“宋四公思量道:梁园虽好,不是久恋之家。～,走归郑州去。”

【连更晓夜】 lián gēng xiǎo yè 谓日夜不停。元明《水浒传》八三回:“中书省得了圣旨,一面～,整顿酒肉。差官二员,前去给散。”又八九回:“～,催并完成。”

【连荒】 lián huāng 同“连慌”。元王和卿《天净沙·咏秃》:“笠儿深掩过双肩,头巾牢抹到眉边。款款的把笠檐儿试掀,～道一句,君子人不见头面。”

【连慌】 lián huāng 连忙;慌忙。明《醋葫芦》二回:“又拜两拜,伏在地上,半晌走不起来。周智～相扶道:‘莫非脚筋吊了么?’”清《续金瓶梅》六三回:“～抬了三顶轿子,使丫鬟莲香领着,到了寓所,把月娘、玉楼、小玉一齐请将来家。”

【连衿】 lián jīn 同“连襟”。清《醒世姻缘传》五七回:“恰好晁梁往他大舅子的～家吊孝回来。骑着马,跟着晁奉山两三个人。”

【连襟】 lián jīn 姐、妹的丈夫互称或合称。宋马永卿《懒真子》卷二:“《尔雅》曰:两婿相谓为亚。……《严助传》呼友婿,江北人呼连袂,又呼～。”清《水浒后传》三九回:“徐晟悄悄与呼延钰说道:‘大哥,你与花驸马做～了。’”《十二楼·合影楼》一回:“这一对～、两个姊妹,虽是嫡亲瓜葛,只因好尚不同,互相贬驳,日复一日,就弄做仇家敌国一般。”

【连理】 lián lǐ 原谓两树枝条相连,后多喻结为夫妻、夫妻恩爱或男女交欢等。宋佚名《张协状元》一六出:“神还灵异,赐照杯许妾同～。”金《董解元西厢记》卷六:“若到帝里,帝里酒酽花秾,万般景媚,休取次共别人,便学～。”清《飞龙全传》一一回:“若得与他同谐～,方不枉奴一身本事。”

【连理枝】 lián lǐ zhī 比喻恩爱夫妻。唐白居易《古意》:“昔为～,今作分飞翮。”元明《水浒传》二四回:“喜孜孜～生,美甘甘同心带结。”清施闰章《完镜篇》:“愿为～,生君庭户间。”

【连忙】 lián máng 急忙。《敦煌变文校注》卷四《难陀出家缘起》:“(难陀)心中道了,又怕世尊嗔责,～取得四个瓶来,便着添瓶。”宋张詠《送赵寺丞罢秩游青城山》:“闻道寻山去,～出户迎。”清《红楼梦》三回:“黛玉～起身接见。”

【连袂】 lián mèi ❶ 衣袖相连,喻携手同行或同作某事。唐李白《玩月金陵城西孙楚酒楼》:“舍舟共～,行上南渡桥。”宋叶適《再过吴江赠僧了洪》:“～上长桥,身弱屡见扛。”清《隋唐演义》八四回:“诸美女各以椅列坐,……遂～而歌,其声极清细。” ❷ 犹“连襟”。宋马永卿《懒真子》卷二:“《尔雅》曰:两婿相谓为亚。……《严助传》呼友婿,江北人呼～,又呼连襟。”陈元靓《事林广记》续集卷八《绮谈市语》:“连襟:～。”

【连门】 lián mén 挨门挨户。宋沈与求《次韵曾守立春席上》之一:“泽国春归早,～竞筑台。”元方回《石门市》:“～香白酒,倚户粲红裙。”

【连绵】 lián mián 接连不停。《敦煌变文校注》卷四《降魔变文》:“二鬼一见,乞命～处。”金元好问《此日不足惜》:“一酌舌本强,二酌燥吻濡。三酌动高兴,四酌色敷腴。～五六酌,枯肠润如酥。”

【连脑痴】 lián nǎo chī 形容十分愚笨,极不开窍。连,满。唐王梵志《告知贤贵等》:“憨人～,买锦妻装束。”

【连翩】 lián piān 孤独无依。《敦煌变文校注》卷一《伍子胥变文》:“天网恢恢道路穷,使我恓惶没投窜。渴乏无食可充肠,迥野～而失伴。”敦煌词《乐世词》:“失群孤雁独～,夜半高飞在月边。”

【连钱】 lián qián 原指一种马身上的花纹如相连之铜钱,后多代指马。唐白居易《洛桥寒食日作十韵》:“～嚼金勒,凿落写银罂。”宋杨万里《和仲良春晚即事》之二:“贫难聘欢伯,病敢跨～?”清毛奇龄《菩萨蛮》:“～嘶日暮,共返宜城渡。”

【连墙】 lián qiáng 屋墙相连,犹比邻。唐白居易《江南喜逢萧九彻》:“经过悉同巷,居处尽～。”宋何薳《春渚纪闻》卷八:

"庚子寇乱，余避地嘉禾，复与珪～而居。"清汤右曾《病中简萝轩》："～无日不过从，会散时闻寺打钟。"

【连拳】 lián quán 卷曲状。唐刘禹锡《西山兰若试茶歌》："新芽～半未舒，自摘至煎俄顷馀。"元明《水浒传》一五回："眍兜脸两眉竖起，略绰口四面～。"清玄烨《董邦达苍崖古树》："崒嵂攒岩讶倒悬，蟠拿古干互～。"

【连三】 lián sān 连续不断。清《儒林外史》五回："严致和听不得这一声，～说道：'既然如此，明日清早就要请二位舅爷说定此事，才有凭据。'"又三一回："叫他在主子跟前说你是太老爷极欢喜的人，他就～的给你银子用了。"

【连三接二】 lián sān jiē èr 连续不断。清《红楼梦》九六回："如此～都是不随意的事，那里搁得住？便有些心口疼痛起来。"

【连三接四】 lián sān jiē sì 连续不断。清《红楼梦》六二回："原来平儿出去，有赖、林诸家送了礼来。～，上中下三等家人来拜寿送礼的不少。"

【连三连五】 lián sān lián wǔ 连续不断。清《醒世姻缘传》三五回："不似那南边的先生，真真实实的背书，真真看了字教你背，还要～的带号。"

【连山】 lián shān 漫山。唐施肩吾《经桃花夫人庙》："不及～种桃树，花开犹得识夫人。"《祖堂集》卷一《长庆和尚》："髑髅遍野，白骨～。"

【连声】 lián shēng 一声紧接一声。唐李白《奔亡道中》之五："谁忍子规鸟，～向我啼。"《祖堂集》卷七《岩头和尚》："(雪)峰于此言下大悟，便礼拜，起来～云：'便是鹅山成道也！'"清田雯《梁溪道中》："铜斗～拍浪婆，蒲帆十幅下烟波。"

【连手】 lián shǒu ❶ 负责地方治安的役吏。宋元《清平山堂话本·简帖和尚》："走去转弯巷口，叫将四个人来，是本地方所由，如今叫做～，又叫做巡军。" ❷ 互相配合、勾结。清《水浒后传》一〇回："那太湖是百姓的活路，怎么与巴山蛇～出告示，做了放生湖，要领他字号水牌，平分鱼利，私自起税？" ❸ 暗中勾搭的关系；相互勾结的一伙。明《金瓶梅词话》一六回："第三件，你又和他老婆有～，买了他房子，收着他寄放的许多东西。"《梼杌闲评》一四回："只是有些好行霸道，连知州都与他是～，故此人都惧他。"

【连帅】 lián shuài 古指十国诸侯之长，唐代多指观察使、按察使，后多指地方长官。唐白居易《同微之赠别郭虚舟炼师》："转徙今安在？越峤吴江湄。一提支郡印，一建～旗。"《太平广记》卷三七一引《潇湘雨》："今公既为列藩～，当有为帅之才，不可旷职也。"清汪由敦《寄同年常德守珺槐青》："专城符竹俨～，良二千石古所难。"

【连四纸】 lián sì zhǐ 即"连纸"。清《醒世姻缘传》七回："拆开看时，里边却是半张雪白的～，翠蓝的花边，焌黑的楷书字。"

【连筒】 lián tǒng 多根互相连通的长竹筒，用以引水。唐杜甫《春水》："接缕垂芳饵，～灌小园。"元陈柏《水筒》："刳竹作～，流泉一脉通。"清汤右曾《安溪相公养疴恩日赐玉泉山水二器》之六："～远引山家趣，置递遥分水驿程。"

【连头】 lián tou 连串；接连。头，词缀。唐元稹《缚戎人》："万里虚劳肉食费，～尽被毡裘喝。"《旧唐书·懿宗纪》："城内不许持兵，皆令解甲，致使三军百姓，拉血相视，～受诛。"

【连晚】 lián wǎn 当晚。元明《水浒传》五三回："公孙胜只得引了二人离了松鹤轩，～下山来。"明《醋葫芦》二回："却说成珪只恐线香限紧，～忍饿而归。"

【连纤】 lián xiān 即"廉纤❶"。明《金瓶梅词话》一五回："正东风料峭，细雨～，落红千万点。"汪佃《雨行》："落花飞絮踏成泥，烟雨～日向西。"清弘历《晓发平桥》之一："夜雨～听打船，晓来犹未泮丝烟。"

【连宵】 lián xiāo 连夜；通宵。唐张九龄《和崔黄门寓直夜听蝉之作》："幸入～听，应缘饮露知。"宋王禹偁《省中苦雨》："霏霏连昼复～，红药苍苔也寂寥。"清《红楼梦》四五回："～脉脉复飕飕，灯前似伴离人泣。"

【连心】 lián xīn 有心；存心。金《董解元西厢记》卷一："转过茶蘼架，正相逢着宿世那冤家。一时间见了他，十分地慕想他。不道措大～要退身，却把个门儿亚。"

【连胸】 lián xiōng 满胸。《敦煌变文校注》卷四《八相变》："大王闻奏，怨噎～。"

【连夜】 lián yè ❶ 整夜；通宵。唐宋之问《广州朱长史座观妓》："歌舞须～，神仙莫放归。"元揭傒斯《病夜》："蛬响戒寒相应起，烛花～为谁新。"清查慎行《上巳前一日发桂林》："连日轻寒～风，满城桃李一时空。" ❷ 当夜；当晚。唐陈玄祐《离魂记》："遂匿倩娘于船，～遁去。"

【连一连二】 lián yī lián èr 连续不断。清《野叟曝言》二一回："停了一会，竟是～的人来，又李没法，只得上轿。"《情梦柝》一九回："忽见岸上搬下嫁妆来，～，搬个不止。"

【连影】 lián yǐng 共同；一起。《宋高僧传》卷八《唐温州龙兴寺玄觉传》："兄宣法师者，亦名僧也，并犹子二人，并预缁伍。觉本住龙兴寺，一门归信，～精勤。"

【连杖】 lián zhàng 筷子。明程万里《六院汇选江湖方语》："～，是筷子。"

【连纸】 lián zhǐ 一种以竹子为原料制成的质细色白的纸。宋吴自牧《梦粱录》卷一三："文具物件如砚子、笔墨、……簿子、～。"明刘若愚《酌中志》卷一八："共用白～四万五千二十三张。"清胤禛《上谕八旗》卷三："读书宗室，每人按月各给川～一刀，笔三枝，墨一锭。"

【连珠儿】 lián zhū er 谓接连不断，连着。元张国宾《汗衫记》一折："交～热酒饮三樽。"《元曲选·朱砂担》二折："则被我买下了些新槽的酒，～灌到有五六碗。"

【莲花乐】 lián huā lào 同"莲花落"。《五灯会元》卷一九《金陵俞道婆》："一日，闻丐者唱～云：'不因柳毅传书信，何缘得到洞庭湖？'忽大悟。"明王世贞《艺苑卮言》卷五："唐伯虎如乞儿唱～，其少时亦复玉楼金埒。"

【莲花落】 lián huā lào 一种流行于民间的歌调，初为乞者所唱，后经艺人加工演出，成为一种曲艺。其唱词常以"莲花落，落莲花"作衬句或尾声，故称。《元曲选·合汗衫》一折："没奈何我唱个～，讨些儿饭吃咱。"明徐霖《绣襦记》二八出："愿唱～，沿街做乞儿。"清于成龙《饬励学政事宜》："更恐神鬼怒恨，生出瞎眼子孙，上长街唱～。"

【怜】 lián 念；想念。唐杜甫《月夜》："遥～小儿女，未解忆长安。"元范梈《山寿生日》："见尔开三岁，堪余谢一官。常～为子重，更念报君难。"清查慎行《饮瓯宁陈明府陛来县斋》："对酒宽相忆，当歌感昔游。应～旧同学，临老独漂流。"

【怜见】 lián jiàn 怜悯；同情。见，指代第一人称。唐元稹《西归绝句》之三："今日还乡独憔悴，几人～白髭须。"《元曲选·㑳梅香》二折："小生无可调治，只除小娘子肯～，方才救得小生一命。"又《灰阑记》三折："怎当的他家将咱苦打，逼勒得将招伏文状押，到今日有谁来～咱?”

【怜俐】 lián lì ❶ 即“伶俐❶”。宋朱淑真《自责》之二：“添得情怀转萧索，始知～不如痴。”清《儒林外史》二一回：“你令孙长成人了，着实～去得。” ❷ 干净；爽利。《元曲选·窦娥冤》二折：“说的来藏头盖脚多～，道着难晓，做出才知。”又《盆儿鬼》一折：“若是放了回去，可不倒着他道儿，不如只一刀哈喇了，可不～!”

【怜念】 lián niàn 怜悯；怜爱。唐韩愈《御史台上论天旱人饥状》：“窃见陛下～黎元，同于赤子。”《元曲选外编·裴度还带》三折：“妾将前事尽诉其情，公子甚是～。”清李光地《赐佳果恭谢札子》：“窃念臣自夙岁受知，到老益荷～。”

【怜香惜玉】 lián xiāng xī yù 怜惜、疼爱年轻貌美的女子。香、玉，比喻美貌女子。元于伯渊《点绛唇》：“俏书生别有家风。金荷烧尽良宵永，～，倚翠偎红。”明唐寅《和沈石田落花诗》之九：“旧酒新啼满袖痕，～竟难存。”清《红楼梦》九三回：“果然蒋玉菡扮着秦小官伏侍花魁醉后神情，把这一种～的意思，做得极情尽致。”

【联】 lián 缝纫。明《警世通言》卷二二：“打迭包裹，穿了一件新～就的洁白湖绸道袍，赶出北门下船。”

【联镳】 lián biāo ❶ 骑马并行。镳，马嚼子两端露出嘴外的部分，代指乘骑。唐权德舆《酬崔千牛四郎早秋见寄》：“～长安道，接武承明宫。”元陈樵《八咏楼赋》：“南楼黄鹤，～方辇；黄楼白雪，并驱争先。”清毛奇龄《高检讨同年假归》之五：“白首～春又春，退朝长约乞闲身。” ❷ 共同；一齐。宋岳珂《桯史》卷二：“是岁胪传，有因廷策指时政之失，而及其事者，名亦在鼎甲，～入团司，同父见之不悦。”明周顺昌《赴闽路占》：“半载～驻帝京，都门一别又分行。”

【联镳并辔】 lián biāo bìng pèi 骑马并行。明《西洋记》一六回：“每日间一个内相，两个尚书，～，奔着厂里而来。”陆深《来雁轩解》：“一时交游皆文墨典雅之士，与其弟汝诚对居长安，～，雍雍后先。”

【联贯】 lián guàn 连接贯通。宋洪迈《容斋三笔》卷六：“韩、苏两公为文章，用譬喻处，重复～，至有七八转者。”清朱彝尊《天发神谶碑文考序》：“予合三段之石，审其断处，～读之。文义既从，字亦可以意辨。”

【联行】 lián háng 连接成行。唐白居易《禽虫十二章》之三：“江鱼群从称妻妾，塞雁～号弟兄。”明张宁《重画云鸿振羽图题赠王良臣》：“～两阶下，仪羽纷回盘。”清多隆悟《千叟宴》：“华发～拜，嵩呼达紫宸。”

【联骑】 lián jì 骑马同行。唐白居易《赠苏少府》：“朝从携手出，暮思～还。”宋朱熹《后洞雪压竹枝横道诗》：“后洞今朝逢折竹，却思～石滩时。”清汪琬《题小像》之二：“建礼门前软土红，几回～蹋春风。”

【联肩迭背】 lián jiān dié bèi 谓许多人聚在一起。明《拍案惊奇》卷九：“这些旧时朋友见刘氏子来了，都来访他，仍旧～，日里合围打猎。”

【联接】 lián jiē 连接；互相衔接。宋洪迈《夷坚志》支甲卷五：“舆梦至官府，见柱上揭帖纸一片，书‘龚舆不得’四字，而‘不’字上下稍不～。”明唐文凤《故白云处士吴公行述》：“徽之与番壤地～，支派蔓延。”清弘历《俯绿墅》：“柳泉名以因多柳，绕墅更多泉水披。一绿虽然分上下，巧看～有长丝。”

【联襟】 lián jīn ❶ 衣襟相连，喻并肩同行。唐白居易《酬南洛阳早春见赠》：“欲披云雾～去，先喜琼琚入袖来。” ❷ 同“连襟”。明《拍案惊奇》卷二〇：“李尚书既做了天佑舅舅，又做了天锡中表～，亲上加亲，十分美满。”

【联联】 lián lián 连接貌。唐韩愈《庭楸》：“濯濯晨露香，明珠何～?”宋苏轼《无锡道中赋水车》：“翻翻～衔尾鸦，荦荦确确蜕骨蛇。”明宋濂《平江汉颂》：“矢锋所贯，什伍～。”

【联络】 lián luò ❶ 连续；相连。唐薛能《题后集》：“纵到缑山也无益，四方～尽蛙声。”宋邓牧《雪窦游志》：“桑畦麦陇，高下～。”清玄烨《无暑清凉序》：“面南夏屋轩敞，长廊～，为无暑清凉。” ❷ 联系。唐谢观《王言如丝赋》：“遐迩羁縻，上下～。”宋叶適《治势》：“天下之人所以奔走后先，维附～而不敢自弃者，诚以势之所在也。”清毛奇龄《明正治卿中奉大夫徐公传》：“后沅抚陈君亦一切听命于公，故虽事属四省，而统驭～如出一人，故一往有成功。”

【联袂】 lián mèi 衣袖相连，喻携手同行。唐杜甫《暮秋遣兴呈苏涣侍御》：“市北肩舆每～，郭南抱瓮亦隐几。”明《西湖二集》卷一二：“或老或少，或村或俏，～而走。”清宫友鹿《燕集诗》：“分日理行策，～出郊鄙。”

【联翩】 lián piān 同“连翩”。唐杜甫《八哀诗》：“放逐早～，低垂困炎厉。”

【联墙】 lián qiáng 同“连墙”。唐刘禹锡《送裴处士应制举诗》：“忆得当年识君处，嘉禾驿后～住。”

【联樯】 lián qiáng 桅杆相连，谓船多而集中。唐白居易《和微之春日投简阳明洞天五十韵》：“华表双栖鹤，～几点乌。”清陈伦炯《海国闻见录》：“会荷兰之通事何斌逋夷负钓鹿耳门，知港路深浅，说成功～并进。”

【联拳】 lián quán 屈曲状。唐杜甫《雕赋》：“～拾穗，长大如人。”宋苏轼《江城子》：“小溪鸥鹭静～，去翩翩，点轻烟。”明薛瑄《题郑侍郎莲鹭图》：“六足～方比翼，一喙低迟还独步。”

【联属】 lián zhǔ ❶ 连接；相连。宋《朱子语类》卷一四：“读《大学》，且逐段挨。看这段时，似得无后面底。看第二段，却思量前段，令文意～，却不妨。”元刘壎《隐居通义》卷二九：“山在归州，乃川江之南岸。见者谓十二峰元不～，往往悬隔相望，若欲观玩，惟泝流入蜀者甚便。”清《四库总目提要·礼记纂言》：“故每一篇中其文皆以类相从，俾上下意义～贯通。” ❷ 相连接之物。明《拍案惊奇》卷四：“过了两个岗子，前见一山陡绝，四周并无～，高峰插于云外。” ❸ 联系。明李日华《六研斋三笔》卷四：“此气乃谷神所生，与我真气相为～。留之则真气得其协佐而日壮；轻泄之，真气亦将随之而走。”清于成龙《保甲事竣再行申饬谕》：“惟恐本府离麻之后，人心涣散，无有～。”

【廉平】 lián píng （物价）低廉。宋黄庭坚《萧巽葛敏修二学子和予食笋诗》：“习知价～，百态事烹宰。”《虚堂和尚语录》卷九：“柴米蔬菜，百物～。”

【廉使】 lián shǐ 唐代观察使、宋代廉访使之习称，亦以称级别相当的地方长官。唐张九龄《故襄州刺史靳公遗爱碑》：“开元十二年，以理迹尤异，～上达，天子嘉之，稍迁陕州刺史。”宋戴栩《送蒋德瞻弋阳》：“下车先访俗，期减月桩银。～旧知己，长官贤过人。”清汪由敦《题凌观察课耕祷雨二图》：“谁识霜威～重，荷锄童叟笑相迎。”

【廉纤】 lián xiān ❶ 形容小雨细微、细密，也代指小雨。唐韩愈《晚雨》：“～晚雨不能晴，池岸草间蚯蚓鸣。”宋周邦彦《虞美人》：“～小雨池塘遍，细点看萍面。”赵蕃《衢州城外》：“才得新晴半日强，～又复蔽朝光。”清张英《梅花诗》之二九：“绕屋枝枝近短檐，晚烟初罩雨～。” ❷ 细丝，比喻纷繁的头绪。宋《朱子语类》

卷三四:“更无许多～缠扰,丝来线去。”又卷九七:“圣人固不在说,但颜子得圣人说一句,直是倾肠倒肚,便都了。更无许多～缠绕,丝来线去。” ❸ 啰唆;繁杂。《五灯会元》卷一五《育王怀琏禅师》:“若论佛法两字,是加增之辞,～之说。”

【廉宪】 lián xiàn 宋、元廉访使的习称。明《古今小说》卷二:“却说江西赣州府石城县,有个鲁～,一生为官清介。”

【廉子】 lián zi 手帕。明佚名《墨娥小录》卷一四《行院声嗽》:“手帕:～。”

【臁疮】 lián chuāng 小腿溃疡。宋庄绰《鸡肋编》卷上:“疮发于足胫骨傍,肉冷难合,色紫而痒者,北人谓之～,南人呼为骭疮,其实一也。”清《醒世姻缘传》六七回:“这虽是个伤手疮,长的去处子不好,汤汤儿就成了～。”

【臁儿骨】 lián er gǔ 即“臁骨”。《元曲选·救风尘》三折:“你若休了媳妇,我不嫁你呵,我着堂子里马踏杀,灯草打折～。”元明《水浒传》九回:“那棒直扫着洪教头～上,撇了棒,扑地倒了。”

【臁骨】 lián gǔ 小腿骨。《元曲选·虎头牌》三折:“你若是不跪啊,大棒先敲折你两～哩!”

【臁亮骨】 lián liàng gǔ 即“臁骨”。清《醒世姻缘传》六七回:“历城县裴大爷～,使手蒯了个疮,疼得穿不得靴。”

【臁刃】 lián rèn 同“臁肕”。《元曲选·谇范叔》三折:“比我旧腰身宽二分,比我旧衣襟长三寸,正遮了这破单裤精～。”

【臁肕】 lián rèn 小腿。《元曲选·荐福碑》一折:“一个撮着那布裙踏竹马,一个舒着那～跳灰驴。”

【濂纤】 lián xiān 同“廉纤❶”。金《董解元西厢记》卷一:“薄薄春阴,酿花天气,雨儿～,风儿淅沥。”

liǎn

【敛】 liǎn 同“脸❷”。金《刘知远诸宫调》二:“低头扶起观身分,笼月之下,把～儿认。”元纪君祥《赵氏孤儿》一折:“试将碧悠悠阳福高天问,腆着个青～子不饶人。”

【敛道】 liǎn dào 同“脸道❶”。宋佚名《张协状元》一六出:“〔丑〕好似甚么?好似个新郎。〔末〕甚般～!你好似一只卓子。”金《刘知远诸宫调》二:“打扮身分别样,生得～邹搜。”

【敛脯】 liǎn fǔ 社日宴饮。宋陈造《房陵》之七:“杯酒清浓肉更肥,咸言趁社极欢嬉。丁宁向去坐年日,要似如今～时。”原注:“年日饮食,曰坐年,社日曰～。”

【敛戢】 liǎn jí 收敛;平息。宋洪迈《夷坚志》支甲卷一〇:“(程虞卿)遂绝意太牢,而餘事亦从～。”明佚名《赠书记》二四出:“若许他缔结姻盟,益坚他～兵端。”清蓝鼎元《揭阳县图说》:“永安诸矿山为奸徒窟穴,盗贼窝巢,历来抗法之区。近虽极为～,不可无善后之经画。”

【敛手】 liǎn shǒu 拱手作礼。唐王梵志《逢人须敛手》:“逢人须～,避道莫前荡。”元明《水浒传》七二回:“入得门中,相接请到大客位里,李师师～向前,动问起居。”清施闰章《张懿靖传》:“又尝避兵遇盗,将剽掠,见先生,～谢罪曰:‘公长者,吾何忍犯!’”

【敛手束脚】 liǎn shǒu shù jiǎo 缩手缩脚。宋《朱子语类》卷三五:“所谓君子者,岂是～底村人耶!”

【脸】 liǎn ❶ 本指眼睑,渐扩大指两眼睑下的部分,渐至面颊。唐代逐渐产生面容之义,宋以后始指面部、面孔、脸型。唐李绅《重台莲》:“游女汉皋争笑～,二妃湘浦并愁容。”宋张端义《贵耳集》卷下:“外面有一语云:裹上幞头西字～。恐官家见了笑,只得先奏。”元明《水浒传》六二回:“仰着～四下里看时,不见动静。”清《红楼梦》一九回:“用手帕子盖上～。” ❷ 容貌;相貌。宋秦观《品令》之一:“须管啜持教笑,又也何须肐织。衠倚赖～儿得人惜,放软顽,道不得。”元佚名《喜春来》:“花钿宜点黛眉尖,可喜～,争忍立谦谦。”明《型世言》三〇回:“这些人出来是小人家儿子,不大读书晓得道理,偶然亏得这～有些光景,便弄入衙门。” ❸ 脸面;面子;体面。《元曲选·荐福碑》楔子:“今日有甚～上我门来?”元明《水浒传》五四回:“那厮羞了,没～儿见你,走了出去。”清《红楼梦》三七回:“挑剩下的才给你,你还充有～呢!” ❹ 表情;由表情传达出的心理活动。明《挂枝儿·变》:“千百样变来也,切莫要变了～。”清《醒世姻缘传》四九回:“那徐老娘把～沉沉的,让他递酒,也没大肯吃。”《红楼梦》四七回:“酒盖住了～,就求他串了两出戏。” ❺ 花瓣。五代尉迟偓《中朝故事》卷下:“有老僧指庭前梅树曰:‘君去日既逢梅～绽,来时应见杏花开。’”元顾德润《愿成双·忆别》:“梅～退,柳眼肥,雨丝丝开到荼蘼。” ❻ 鞋面子。清《鸳鸯针》四卷二回:“不逾时,同了一位戴高方巾,天蓝纱道袍,桃红深～鞋的人走来。”《白雪遗音·奇怪奇怪》之二:“我那鞋,白绫子高底,大红缎子帮儿,绿丝线锁口,满～花儿。”

【脸巴子】 liǎn bā zi 面颊。清《儒林外史》二六回:“若扯了一字谎,明日太太访出来,我自己把这两个～送来,给太太掌嘴。”又四二回:“嚼的滓滓渣渣淌出来,满胡子,满嘴唇,左边一擦,右边一偎,都偎擦两个姑娘～上。”

【脸波】 liǎn bō ❶ 眼波;目光。唐白居易《天津桥》:“眉月晚生神女浦,～春傍窈娘堤。”清弘历《赵孟頫吹箫士女》:“兰膏坠发鬟～,黛色连山蹙眉月。” ❷ 借指泪光。五代韦庄《汉州》:“十日醉眠金雁驿,临岐无限～横。”清吴伟业《王郎曲》:“最是转喉偷入破,殢人肠断～横。” ❸ 指面色。明叶宪祖《碧莲绣符》八折:“～红羞容未销,回头自掩生绡。”

【脸道】 liǎn dào ❶ 脸;面孔。《元曲选·连环计》三折:“油掠的鬓髻儿光,粉搽的～儿香。” ❷ 面子;颜面。金《董解元西厢记》卷八:“花枝般媳妇,又被别人将了。我还归去,若见乡里亲知,甚～?”

【脸厚】 liǎn hòu 谓不怕羞。清《醒世姻缘传》六三回:“你们小伙子的～,怕怎么的?你们看他看去。”

【脸花】 liǎn huā 指年轻女子如花之面颊,亦指笑容。《敦煌愿文集·亡考妣文范文等·女孩子》:“将谓～渐发,如桂魂之流辉;眉柳增鲜,似林间之秀出。”《太平广记》卷六九引《传记》:“送昭容《酒歌》曰:‘～不绽几含幽,今夕阳春独换秋。’”明李德《燕歌行》:“秀颈红唇～碧,秋波湛湛倾人色。”

【脸孔】 liǎn kǒng 面孔;表情。明《醋葫芦》一三回:“且慢装出这副～,晌午吃晚饭——早些哩!”清《绮楼重梦》二七回:“这妖怪穿铁盔铁甲的,黑～,尖嘴大耳朵。”

【脸面】 liǎn miàn ❶ 脸;面部;脸型。宋晏殊《浣溪沙》:“为我转回红～,向谁分付紫台心?”清《平定两金川方略》卷一〇六:“初十日仍复贾勇先登,石伤～。”《红楼梦》三回:“第二个削肩细腰,长挑身材,鸭蛋～,俊眼修眉,顾盼神飞。”借指人。清李玉《清忠谱》一一折:“差你在这里伺候,～子也不见,不知躲在那里?” ❷ 容貌;相貌。清《红楼梦》三〇回:“一则宝玉～俊秀,二则花叶繁茂,上下俱被枝叶隐住,刚露着半边脸,那女孩子只当是个丫头。” ❸ 颜面;面子;体面。清雍正六年三月二十二日常赉奏文："如果不顾～，瞒心昧己，上负圣主之洪恩，下类博尔多等之欺诈。"《绿野仙踪》九一回："这是本朝开国元勋，我们刚丙老爷，给我们挣下的这们点～儿。"《白雪遗音·婆媳顶嘴》："走了容易回来难，那时节，甚么～，甚么体面，见我爹妈？" ❹ 做脸色；要态度。清《霓裳续谱·王瑞兰进花园》："我从来称你最贤，到今朝如何～。"

【脸脑】 liǎn nǎo 脸；面孔。元刘庭信《折桂令·忆别》："他那里鞍儿马儿身子儿劣怯，我这里眉儿眼儿～儿也斜。"《元曲选·对玉梳》一折："都是俺个败人家油鬏髻的太岁，送人命粉～凶神。"又《黑旋风》一折："呸！～儿恰似个贼。"

【脸皮】 liǎn pí ❶ 面部皮肤。《元曲选·玉镜台》三折："若是他来时节，我抓了他那老～，看他好做得人！"明徐谦《仁端录》卷一："痘破脓胶臭气熏，不添焦色活分明。若还～横裂破，虽然力救自应惊。"清《红楼梦》八四回："只见奶子抱着，用桃红绫子小绵被儿裹着，～趣青，眉梢鼻翅微有动意。"也泛指面孔、脸。明徐元《八义记》九出："为甚的形体尪羸，～黄瘦，衣衫蓝缕，行不由径？" ❷ 脸面；面子；体面。《元曲选·虎头牌》四折："昨日个打我的可是该也那不该，把～都撇在青霄外。"明汤显祖《南柯记》三一出："呀，忽地波怒吽吽坏～，那些儿刘备、张飞？"《醒世恒言》二七回："那婆娘索性抓破～，反要死要活，分毫不让。" ❸ 指羞耻心理。明《古今小说》卷二二："后生～羞答答地，怎到人家去趁饭？"清《红楼梦》五三回："再者年例送人请人，我把～厚些，可省些也就完了。"

【脸色】 liǎn sè ❶ 面色；脸部肤色。五代李建勳《送喻炼师归茅山》："休粮知几载，～似桃红。"《元曲选·朱砂担》一折："只见一个小后生五短身材儿，黄白～儿，挑着两个沉点点的笼儿。"清《说岳全传》六三回："小弟叫做宗良，因我～生得淡黑，江湖上都叫小弟做鬼脸太爷。"也指面孔、脸。明《型世言》三八回："怎这几日，这等没留没乱，～都消瘦了？" ❷ 颜色；容貌。元杨子承《钱塘歌》："妖娆再入豪家去，～论财充阿堵。"明贺裳《蜡梅花赋》："柳枝憔悴，损张绪之腰肢；蓉叶离披，褪文君之～。"清彭孙遹《踏莎行·题美人画扇》："花光～不分明，红酥欲凝娇无语。" ❸ 神色；表情。明王錂《春芜记》二二出："听得叫小厮，慌忙门外立。未审有何因，入门看～。"《醒世恒言》卷三四："赵一郎被道破心事，～俱变，强词抵赖。"清《醒世姻缘传》五九回："狄希陈得了这薛三槐娘子的话，拿眼看着素姐的～，慢慢的往外溜了出去。"

【脸水】 liǎn shuǐ 洗脸水。明徐畛《杀狗记》一四出："叫夏莲，讨～来，刷牙来。"《禅真后史》一二回："明早五更，我要赶进城去，烦你热些～。"清《醒世姻缘传》四五回："到了次日清早，薛三槐的娘子提了一锡罐～送来。"

【脸窝】 liǎn wō 酒窝。金《董解元西厢记》卷五："抱来怀里惜多时，贪欢处呜损～。"元乔吉《清江引·笑靥儿》："歌喉夜正阑，酒力春将半，喜入～红玉暖。"明叶宪祖《鸾鎞记》二〇出："指痕尚染，～宜笑，醉容难状。"

【脸戏儿】 liǎn xì er 鞋面子。元高安道《哨遍·皮匠说谎》："剜裁的～微分间短，拢揎得腮帮儿省可里肥。"

【脸子】 liǎn zi ❶ 脸；面孔；面色。宋元《古今小说》卷三六："三哥，做甚么遮了～唬我？"明《西洋记》二七回："就长成朱砂染的头发，青靛涂的～，好不怕人也。"王骥德《男王后》三折："吃了酒，～红了。" ❷ 假面；面具；脸谱。明彭大翼《山堂肆考》卷二三七："此鸟能歌舞，听人曲调则以嘴衔纸糊～，搬演戏法。"《西游记》七九回："行者没奈何，将泥扑作一片，往自家脸上一安，做下个猴象的～。"清《歧路灯》二二回："连～、鬼皮、头盔、把子，打了八个箱、四个筒，运到家里。" ❸ 容貌；相貌。《说郛》卷二四下引《中吴纪闻》："休记丑奴儿～，便须抖擞好精神。" ❹ 神色；表情；态度。《元曲选·谢天香》一折："爷爷，那官人好个冷～也！"明《二刻拍案惊奇》卷三〇："后来这个人见他赌得咒出，遂放下～道：'果是与你无干。'"清《红楼梦》四五回："竟不是为诗为画来找我，这～竟是为平儿来报仇的。"也指做脸色，用表情示意。明徐渭《四声猿·翠乡梦》二出："我看你那纱帽，与那女娘家～，想必是一个官儿，差这妇人去那里做什么勾当么？" ❺ 指羞怯心理。《元曲选·㑳梅香》三折："不妨事，休佯小心，老着～过去。"

【脸嘴】 liǎn zuǐ ❶ 面孔；脸。明《英烈传》一五回："雕弓半折，将来弹不动棉花；护镜亏残，拿去照不成～。"清《豆棚闲话》七则："近来～瘦削，却就不认得了。" ❷ 相貌；容貌。明《西游记》二〇回："这师父，是唐朝来的，只是他徒弟～丑些。"《型世言》四回："依我只趁这笋条样小年纪，花枝般好～，嫁上一个丈夫。" ❸ 面子；脸面。明《型世言》一五回："我不听他好话，赶他出去，有甚～去见他？"清《醒世姻缘传》八回："看这光景是势不两立了，我有甚么～去劝他？"《平山冷燕》一六回："如今一个侍妾记室也奈何她不得，有甚～出去见人。" ❹ 表情；脸色。明《西洋记》四九回："今日国师的～，像个输了阵来的，却又不好问得。"《禅真逸史》二回："他男子汉只说得男子汉的话，不知我们做女人的苦处哩。三绺梳头，两截穿衣，上看公姑～，下凭丈夫做主。"

liàn

【练师】 liàn shī 同"炼师"。《唐六典》卷四："道士修行有三号，曰法师，曰威仪师，曰律行。其德高思精者谓之～，女道士亦同，亦作炼师。"宋戴复古《赠洞霄道士》："～莫笑狂夫老，乞我金丹养病身。"

【练悉】 liàn xī 熟悉；熟知。唐颜师古《匡谬正俗》卷八："今言外人未相～，不能来为盗贼，因籍当家有人导引。"宋包拯《请选广南知州》："且一邑之事，尚未～；六条之重，安可责成？"清《平定两金川方略》卷二："但武绳谟初任提督，甫到川省，未见其即能～军情。"

【练知】 liàn zhī 熟知；熟悉。《新唐书·唐璇传》："休璟～边事，卿辈十不当一。"宋《三朝北盟会编》卷二二八："殿前太尉杨存中最是旧人，～事务，江已北山川地理备曾经历，可以言事。"

【炼师】 liàn shī 原指德高思精的道士，后多用作对道士的敬称。唐杜甫《忆昔行》："更访衡阳董～，南浮早鼓潇湘柁。"明叶宪祖《鸾鎞记》八出："你是李管家，为着甚事同这位～到此？"清田雯《访高炼师》："那堪生意甘衰白，才访天坛老～。"

【炼行】 liàn xíng 修行；学道修炼。《景德传灯录》卷一八《玄沙宗一大师》："我如今立地待汝觏去，不用汝加功～。如今不恁么，更待何时？"元《武王伐纣平话》卷上："此玉女是古贞洁净办～之人。"明唐文凤《和紫金庵晓上人韵》："高僧结茅住空山，悬栈绝磴愁跻攀。苦心～息百虑，能悟幻泡如是观。"

【恋着】 liàn zhuó 依恋；贪爱。唐白居易《游仙游山》："自嫌～未全尽，犹爱云泉多在山。"宋《朱子语类》卷一二四："杲老在径山，僧徒苦其使性气，没头脑，甚恶之，又～他禅。"清汪琬《荐福寺募塐弥勒佛像赞》："爱心一炽，金银钱谷衣服器皿种种～，随处寻求。"

liáng

【良才】 liáng cái 好人。清《醒世姻缘传》六九回:“我前日见他降那汉子,叫他汉子替他牵着驴跑,我就说他不是个～。”又八四回:“我相那人不是个～,矬着个撅子,两个贼眼斩呀斩的。”

【良规】 liáng guī 好的规范、准则。五代贯休《读唐史》:“我爱李景伯,内宴执～。”明《元贤禅师广录》卷三〇:“末代弘法,魔事必多。……唯云栖老人谨密俭约,一步弗苟,故能享大名而善始善终,绝无魔事,真末法之～也。”清汪由敦《除夜示儿》:“趋庭先训心传在,侑座～目击存。”

【良家】 liáng jiā 身世清白、行为规矩的妇女。明《古今小说》卷二九:“原来这妇人不是～,是个娼妓,叫做吴红莲。”《珍珠舶》三回:“贤卿既系～,何致沉迷行院?”清《续金瓶梅》一二回:“那些女眷越发是头梳高髻,家扮内妆。分明是～,打扮的是妓样,珠珠翠翠。”

【良贱】 liáng jiàn 主人和奴仆。常指全家人口。《敦煌变文校注》卷二《韩擒虎话本》:“衾虎且与圣人取别,面辞合朝大臣,来入自宅内,委嘱妻男合宅～:‘且辞去也!’”宋《三朝北盟会编》卷二一二:“后(程迈)全家～无老幼悉遭金人诛戮,哀哉!”清《说岳全传》四九回:“遂同了四将一齐动手,将杨氏一门～百餘口尽皆拿下,献了舵盘山寨。”

【良久】 liáng jiǔ 默然不语。此义见于禅宗典籍,属行业语。《祖堂集》卷一《释迦牟尼佛》:“外道问佛:‘不问有言,不问无言。’佛乃～,外道作礼。”《嘉泰普灯录》卷二九《枯木成禅师》:“维摩不默不～,打破玄关没窠臼。堪嗟几个杜波斯,问着痴痴不开口。”《五灯会元》卷一一《桐峰庵主》:“有僧到庵前便去,师召:‘阇黎!’僧回首便喝,师～,僧曰:‘死却这老汉!’”

【良人】 liáng rén 犹“良家”。元萧德祥《小孙屠》九出:“奴家流落在风尘,几番和你共枕同衾,如今躧脱做～。”明《古今小说》卷一七:“每诣公庭侍宴,呈艺毕,诸妓调笑谑浪,无所不至。杨玉嘿然独立,不妄言笑,有～风度。”清《醒世姻缘传》七三回:“你道这般一个滥桃淫货,他的行径,那个不知? 明水一镇的人倒有一半是他的孤老。他却在女人面前撇清撩厥,倒比那真正～更是乔腔作怪。”

【良人家】 liáng rén jiā ❶ 即“良家”。宋洪迈《夷坚志》三己卷二:“儿实～,因随众出郭,迷踪到此。”《元曲选·救风尘》三折:“好人家知个远近,觑个向顺,衠一味～风韵。那里像咱们恰便似空房中锁定个猢孙,有那千般不实乔躯老,有万种虚嚣歹议论,断不了风尘。” ❷ 好人家;身世清白的人家。宋洪迈《夷坚志》三辛卷二:“从而问故,至于再三,皆不答。刘曰:‘料必～女子。’”明《金瓶梅词话》一二回:“俺们虽是门户中出身,跷起脚儿比外边～不成的货儿高好些。”清《绿野仙踪》一二回:“可惜～两个女子,被他用妖术抱来。”

【良以】 liáng yǐ 纵然;即使。元行秀《从容庵录》二六则:“～清光照眼,犹自迷家;明白转身,未免堕位。”又三七则:“～天童深细针线,若不丝头不断,难成织锦之文。”

【良由】 liáng yóu ❶ 由于;因为。《旧唐书·高宗纪上》:“朕谬膺大位,政教不明,遂使晋州之地屡有震动,～赏罚失中,政道乖方。”明李贤《简友人姜贵宪》:“宦途敢属苍生望,稔岁～造化功。”清汪由敦《将之武进雨中过半山》:“钱塘壮观已消歇,荒湾翠壑无人怜。岂知更落贤俊手,胜地显晦～天。” ❷ 即“良以”。《五灯会元》卷一四《丹霞普月禅师》:“～杜口毗耶,已是天机漏泄;任使掩室摩竭,终须缝罅离披。”

【粮料】 liáng liào 粮食草料等给养物资。《旧唐书·懿宗纪》:“仍令每召满五百人,即差军将押送其～赏给,所司准例处分。”明陆深《俨山外集》卷三〇:“延绥岁用～五十二万一千三十六石。”清宋荦《预备军需疏》:“仰司即将江南京口满汉官兵经过九江进剿需用～、纤夫等项,该司星速会同驿盐道预先计议妥确,即刻详报,以凭批夺。”

【粮长】 liáng zhǎng 明初赋役制度,以一百十户为一里,选人丁和粮食多的十户为长,其餘一百户编为十甲,每甲十户。由里长一人、甲首一人掌管里、甲的丁粮赋役等事务,称为粮长。明《英烈传》七九回:“太祖因题为郑义门,推作～。”《醒世恒言》卷二〇:“其祖上原是富家,报充了个～。”清王士禛《古夫于亭杂录》卷三:“明世宗末年患喉闭,江西一～运米至京,以山豆根煎进,立愈。”

【踉跳】 liáng tiào 跳跃。宋王明清《玉照新志》卷五:“挈囊登舟之际,妇人者～戟手,岸侧而詈。”

【凉床】 liáng chuáng 用竹、藤等做的家具,多供纳凉用。❶ 坐具。元明《水浒传》三三回:“扶住宋江,直至正厅上,便请宋江当中～上坐了。” ❷ 卧具。唐薛逢《石膏枕》:“表里通明不假雕,冷于春雪白于瑶。朝来送在～上,只怕风吹日炙销。”宋黄庭坚《山谷简尺》卷上:“书堂中已设～,恐夜中风雨冷甚,欲就壁间更设一暖床耳。万一皆无,只得一张好床。”清《醒世姻缘传》八六回:“就只我的房里窗下是个暖坑,上面是张～,一男一女同房宿歇,成个甚么嫌疑?”

【凉簟】 liáng diàn 凉席。唐姚合《酬任畴协律夏中苦雨见寄》:“琴书～净,灯烛夜窗幽。”明《金瓶梅词话》二七回:“云母床上铺着那水纹～子,鸳鸯珊枕。”清《儒林外史》四一回:“内有一只大船,挂着四盏明角灯,铺着～,在船上中间摆了一席。”

【凉隔】 liáng gé 即“亮槅”。宋袁文《瓮牖闲评》卷六:“取明隔子,人多呼为亮隔。《夷坚志》乃云:‘廊上列水盆帨巾,堂壁皆金漆～子。’又却用此‘凉’字,作平声。”

【凉帘】 liáng lián 夏热天气所使用的轻薄门帘。元德辉《敕修百丈清规》卷七:“四月:……候天气,僧堂内下暖帘上～。”清《医宗金鉴》卷八八:“竹帘者,即夏月～也。”

【凉棚】 liáng péng 遮阳避暑的棚子。五代王仁裕《开元天宝遗事·结棚避暑》:“每至暑伏中,各于林亭内植画柱,以锦绮结为～。”宋文天祥《生日山中和萧敬夫韵》:“山深不用结～,风起江苹暑气轻。”清弘历《水营》:“水营舟以居,围墙斯足耳。何事虑渐炎,岸侧板房起。虞其构～,禁之预有旨。”

【凉篷】 liáng péng ❶ 把手掌平放在额前往前看,称作手搭凉篷。明《西游记》一五回:“火眼金睛,用手搭～,四下里观看,更不见马的踪迹。”清《女仙外史》三九回:“女秀士听来声在空中,以手搭着～,仰面细看。” ❷ 用竹木、苇席等搭建的棚子。清《儒林外史》三〇回:“听见莫愁湖大会,都来雇了湖中打鱼的舡,搭了～,挂了灯,都撑到湖中左右来看。”又四一回:“那外江的船,都下掉了楼子,换上～,撑了进来。” ❸ 指搭有棚子的船只。清查慎行《解连环》:“大功坊下唤～,艇子撑入图画过。”《儒林外史》三四回:“当下小厮在下浮桥雇了一只～,杜少卿坐了来家。”

【凉伞】 liáng sǎn 用来遮阳光的伞。也指仪仗用伞。宋宋敏求《春明退朝录》卷下:“京城士人旧通用青绢～。”元明《水浒传》一三回:“唤打伞的撑开那把银葫芦顶、茶褐罗三檐～来,盖定在梁中书背后。”清弘历《万泉郊行即事》之一:“碧天寥阔九霄清,

～轻舆逐景行。”

【凉衫】 liáng shān 披在外面的一种服装，披风。其白色者亦用作吊丧服装。宋沈括《梦溪笔谈》卷二：“近岁京师士人朝服乘马，以黪衣蒙之，谓之～。”明王绂《和邹侍讲雨后夜坐喜凉有作》：“近居直院新开第，初试～旧赐缣。”清吴绮《杂感诗和上若韵》之三〇：“葛被练裳时偃仰，也应胜似白～。”

【凉水】 liáng shuǐ ❶凉了喝的饮料。宋周密《武林旧事》卷六：“～：甘豆汤，椰子酒，豆儿水，……木瓜汁，茶水，沉香水。” ❷冷水。宋张镃《蝶恋花》：“酒面松风似～，下看冰泉喷薄溪桥底。”《元曲选·东堂老》三折：“〔正末唱〕……就着这卖不了的残剩菜蔬。〔扬州奴云〕吃了就伤本钱，着些～儿洒洒，还要卖哩。”清《红楼梦》六〇回：“现从井上取了～，和吃了一碗。”

【凉淘】 liáng táo 即“冷淘”。金王喆《减字木兰花·赠王家饮店》：“～要结，妙手轻团如握雪。要结～，琼蕊纷纷入宝槽。”

【梁园】 liáng yuán ❶本为西汉梁孝王所建园林，故址在汴京(今河南开封)，后借指汴京。宋陈师道《骑驴》之一：“独无锦里惊人句，也得～画作图。”任渊注：“～，指汴京。”《元曲选·生金阁》一折：“拜辞了年高的父母，我一径的取应往～去。”清查慎行《大雪暮抵开封汤西崖前辈留饮学署》之一：“二月～雪，春风特地寒。” ❷指剧场。元高安道《哨遍·嗓淡行院》：“～中可惯经，桑园里串的熟，似兀的武光头、刘色长、曹娥秀，则索赶科地沿村转疃走。”《元曲选外编·蓝采和》一折：“贫道观看多时，见洛阳～棚内，有一伶人，姓许名坚，乐名蓝采和，此人有半仙之分。”

【量】 liáng 另见 liàng。用容器计量或盛装。明《金瓶梅词话》五八回：“把昨日你姥姥捎来的新小米儿～二升，就拿两个酱瓜儿出来，与他妈妈儿吃。”清《醒世姻缘传》四九回：“晚间，俗忌铺过的新床不教空着，～上了一布袋绿豆压在床上。”

【量酒】 liáng jiǔ ❶给客人打酒。元明《水浒传》二九回：“村童～，想非昔日相如；少妇当垆，不是他年卓氏。”明《警世通言》卷三〇：“内中有个～的女儿，大有姿色，年纪也只好二八，只是不常出来。”清《警寤钟》一四回：“原来这姓杨的排行第二，是个酒家奴。走堂第一，～无双。” ❷酒保；酒店伙计。宋元《警世通言》卷一四：“适来见教授，又不敢相叫，特地教～来相请。”元明《水浒传》二六回：“～人一面筛酒，武松便不开口，只顾吃酒。”明《金瓶梅词话》九八回：“叫四个好出色粉头相陪，陈三儿那里往来做～。”

liǎng

【两】 liǎng 皆；全；都。唐李白《猛虎行》：“三吴邦伯皆顾盼，四海英雄～追随。”韩愈《春雪间早梅》：“那是俱疑似，须知～逼真。”白居易《采诗官》：“一人负扆常端默，百辟入门～自媚。”按，一本作“皆自媚”。

【两白日】 liǎng bái rì 大白天；光天化日。《元曲选·东堂老》二折：“这厮们～把泥球儿换了眼睛，你便有那降魔咒，度人经，也出不的这厮们鬼精。”又《黑旋风》一折：“若有人将哥哥厮欺负，我和他～便见那簸箕星！”《元曲选外编·贬夜郎》三折：“则他行怕行羞，和我也面红面赤，谁大～细看春风玉一围，却是甚所为？”

【两般】 liǎng bān 两种；两样。《祖堂集》卷二〇《五冠山瑞云寺和尚》：“虽渐顿不同，而终归一耳。所以者何？小川归海，全同一味；渐解归源，岂有～也？”宋《朱子语类》卷四一：“问：‘哲人知几，诚之于思；志士励行，守之于为。此是～人否？’”清《说岳全传》五七回：“浑浊未分鲢与鲤，水清方见～鱼。”

【两当一】 liǎng dāng yī ❶两件事合在一起做。明《西游记》二三回：“你请上坐，等我也拜几拜，就当拜堂，就当谢亲，～儿，却不省事？”《金瓶梅词话》七二回：“明日交你桂姐赶热脚儿来，～儿，就与三娘做生日，就与他陪了礼来儿，一天事多了了。”清《后水浒传》二九回：“今日省破费，～的筵席，实与孙哥哥夫妻父子团圆的喜酒。” ❷两件事由一人承当。清《醒世姻缘传》五五回：“他有带的厨子，怎么又寻上灶的？这是待～房里指使么？”

【两当一节】 liǎng dāng yī jié 即“两当一❶”。明《金瓶梅词话》八五回：“你大娘从进香回来我还没看他去，～我去走走。”

【两度三回】 liǎng dù sān huí 三番两次。金《刘知远诸宫调》一：“两只脚走出庄门，高声一派，口中只道：‘得！得！’～：‘不放了你才！’”

【两共】 liǎng gòng 双方。《敦煌变文校注》卷一《伍子胥变文》：“子胥闻船人此语，知无恶意相厄，遂即出于芦中，愧贺取食艰辛，逢迎卑谢，于时铺设，～同餐。”唐王梵志《贫穷田舍汉》：“～前生种，今世作夫妻。”《敦煌资料》第一辑(五)《后周广顺三年罗思朝典地契》：“～对面平章为定，更不计喜(许)休悔。”

【两回三度】 liǎng huí sān dù 即“两度三回”。金《刘知远诸宫调》二：“当此李洪义，遂侧耳听沉～。”

【两脚壁立直】 liǎng jiǎo bì lì zhí 死亡的形象说法。壁立直，笔直。明《古今小说》卷一〇：“在一日，管一日，替你心，替你力，挣些利钱穿共吃。直待～，那时不关我事得。”

【两脚羊】 liǎng jiǎo yáng 隐语。指被吃的人。宋庄绰《鸡肋编》卷中：“盗贼、官兵以至居民，更互相食。……老瘦男子廋词谓之‘饶把火’，妇人少艾者，名为‘不羡羊’，小儿呼为‘和骨烂’，又通目为‘～’。”

【两口】 liǎng kǒu 两人，多指夫妇俩。金《刘知远诸宫调》二：“蓦听得人高叫，諕杀夫妻～。”明《醒世恒言》卷三：“你老夫妻～，只住在我身边。”清《儒林外史》五回：“趁舍妹眼见，你～子同拜天地祖宗，立为正室，谁人再敢放屁！”

【两两】 liǎng liǎng 彼此；互相。唐王梵志《秋长夜甚明》：“～相劫夺，分毫努眼净。”《敦煌变文校注》卷一《张淮深变文》：“天使～相看，一时垂泪。”清吴雯《挽张圣佩孝廉》：“指瑕各中瘢，赏奇互探秘。～会心处，一笑无言说。”

【两面三刀】 liǎng miàn sān dāo 谓人前人后言行不一，要两面派手法。《元曲选·灰阑记》二折：“岂知他有～，向夫主厮搬调。”明《西洋记》八七回：“～，背前面后，暗箭伤人。”清《红楼梦》三五回：“嘴甜心苦，～，上头一脸笑，脚下使绊子。”

【两难】 liǎng nán ❶这样或那样都为难；左右为难。宋欧阳修《辞宣徽使判太原府札子》：“盖常察其进退不违于理，则可以知其大节之所守；而予之爵禄将以为宠，则必使不犯清议之所非。授受之间，可谓～矣。”元明《水浒传》五一回：“禁子们又低低道：‘老娘，他和知县来往得好，一句话便送了我们，因此～。’”清弘历《村民》：“禁不禁～，治理絜矩明。” ❷指左右为难的情况。明《拍案惊奇》卷二九：“罗仁卿道：‘相公分付，小人怎敢有违？只是已许下辛家，辛家断然要娶，小人将何辞回得他？有此～，乞相公台鉴！’”清于成龙《上张抚台论兵事》：“罗田麻城文武不睦，麻城文弱武强，罗田武弱文强。事处～，调停无术。”

【两皮】 liǎng pí 即“两片皮❶”。《祖堂集》卷五《椑树和尚》：“师曰：‘你道亲近来，更用动～作什麼？’”

【两片】 liǎng piàn 即“两片皮❶”。《五灯会元》卷一八《乌回良范禅师》：“莫道凡不知，佛也觑不见。决定在何处？合取这～。”

【两片皮】 liǎng piàn pí ❶ 指嘴。禅家提倡顿悟，以言传说教为多余，故常蔑称嘴为“两片皮”。唐《本寂禅师语录》卷下：“洞山到椑树，椑问曰：‘来作什么？’山云：‘亲近和尚。’ 椑曰：‘若是亲近，用动～作么？’山无对。”《五灯会元》卷五《马颊本空禅师》：“师曰：‘你识得口也未？’曰：‘如何是口？’师曰：‘～也不识？’”明汤显祖《邯郸记》一五出：“你教俺～把镇胡天的玉柱轻调侃，三寸舌把架瀚海金梁倒放番。俺其实有口难安。” ❷ 讳语。指女阴。宋周密《癸辛杂识》别集卷下：“一日忽于法堂鼓上有大字一联云：净慈灵隐三天竺，不及阎妃～。于是行下天府缉捕岁餘，终不得其人。”明《二刻拍案惊奇》卷一八：“一盆火内炼能成，～中抽得出。”清孔尚任《桃花扇》一七出：“我们也是八张嘴，靠着～哩。”按，说此话的是妓女。

【两平】 liǎng píng ❶ 双方平等；公平。《续资治通鉴长编》卷八四：“及在京诸仓监官等，并须均～受纳。”元胡祗遹《民间疾苦状》：“旧法：满足民间食盐，听从商旅～货卖，官司不得桩配。”明王守仁《行岭北道申明教场军令》：“各兵在市买办柴米酒肉等项，俱要～交易。如有恃强多占分两，被人告发，枷号示众。” ❷ 双方打成平局；平手。明《西游记》四九回：“我与二哥左右齐攻，只战得个～，却怎么处置，救师父也？”

【两破三】 liǎng pò sān 把两间屋分隔成三间。清《儒林外史》四二回：“前面一进～的厅。”

【两日】 liǎng rì 近几天；几天。唐白居易《病假中南亭闲望》：“欹枕不视事，～门掩关。”宋真山民《幽兴》：“空阶～无行迹，又上苔花几点斑。”明《古今小说》卷二一：“婆留口中不语，心下思量道：～正没生意，且去淘摸几贯钱钞使用。”清《醒世姻缘传》四二回：“不多～，或是灯前，或是月下，或黄昏半夜，或风雨连朝，不是魏氏，就是侯小槐，影影绰绰，看见汪为露的形影。”

【两三】 liǎng sān 几。概数，多表示少量。唐韩愈《答张十一功曹》：“山净江空水见沙，哀猿啼处～家。”宋真山民《宋道士同游白云关》：“八九峰如画，～人倚栏。”清汪由敦《直庐敬迭前韵》之一：“太液舟轻拨浪粗，缃荷初采～株。”

【两事家】 liǎng shì jiā 敌人；对头。《元曲选·后庭花》三折：“则这包龙图怕也不怕，老夫怎敢共夫人做～？”《元曲选外编·存孝打虎》三折：“不剌剌直赶到海角天涯，生熬的～心惊胆战，力困神乏。”

【两堂】 liǎng táng 寺院里的僧堂因人多而分为东堂、西堂，或前堂、后堂，合称“两堂”。唐《临济禅师语录》：“是日～首座相见，同时下喝。”《景德传灯录》卷八《南泉普愿禅师》：“东西～各争猫儿。”按，元德辉《敕修百丈清规》卷四《两序章》载有“前堂首座”“后堂首座”之职，并谓“盖以众多，故分前后”。

【两头白面】 liǎng tóu bái miàn 谓讨好、糊弄两方面的人。《元曲选·李逵负荆》二折：“则为你～搬兴废，转背言词说是非。”又《儿女团圆》三折：“你撒了手！不似你这个～搬唇递舌的歹弟子孩儿！”明《金瓶梅词话》八六回：“金莲，你休呆里撒奸，～，说长并道短。”

【两头大】 liǎng tóu dà 男子另处再娶，不与正妻同处，无大小老婆之别，俗称“两头大”。明《古今小说》卷一八：“如今我女儿年纪又小，正好相配官人，做个～。”《型世言》六回：“寡妇道：‘他须还有亲戚，我怎好嫁他到异乡？’汪涵宇道：‘我便做个～，娶在这边。’”清《醒世姻缘传》七七回：“所以狄希陈在京开当铺，娶～，接了调羹母子到京，与童奶奶一伙同住。”

【两头做大】 liǎng tóu zuò dà 即“两头大”。明《拍案惊奇》卷二：“婆子道：‘这个何难？另税一所房子住了，～，可不是好？’”

liàng

【亮】 liàng ❶ 灯火；亮光。明汤显祖《牡丹亭》一七出：“他一时摸不出路数儿，道：‘是怎的？快取～来。’”《醒世恒言》卷三四：“犹恐是眼花，转身进屋点个～来一照。”清《歧路灯》五一回：“我昨夜就害眼疼，怕见～儿。” ❷ 比喻明白、觉悟。清《歧路灯》八二回：“怎的前十年恁的个护短，如今忽然闪出点～儿来？” ❸ 灵敏；灵便。清《野叟曝言》二八回：“偏你耳朵～，听见狗叫；我们在廊下空屋里，怎没听见？” ❹ 晾放使干燥。亮，通“晾”。清《儒林外史》二三回：“牛玉圃走到王家，一直进去，见三间敞厅，厅中间椅子上～着一幅一幅金字寿文。”

【亮隔】 liàng gé 同“亮槅”。宋袁文《瓮牖闲评》卷六：“取明隔子，人多呼为～。”《元曲选·黄粱梦》二折：“我这里七林林转过庭槐，慢腾腾行过厅阶，孤桩桩靠定明～。”

【亮槅】 liàng gé 经雕镂可透光或木格式的门窗。《元曲选·东坡梦》三折：“俺这里排～揭帘栊，赤律律起一阵劣风，劣风。”元明《水浒传》四回：“众人初时不知他是军官出身，次后见他行凶了，慌忙都退入藏殿里去，便把～关上。”清《续金瓶梅》二六回：“安坐已毕，挂起那琉璃羊角一枝虫葛灯，照得浪船上红纱～一片朱红。”

【亮光】 liàng guāng ❶ 光；光线。金王喆《山亭柳》：“好看炎炎景，这毗邻，现出～。”明《醒世恒言》卷三八：“又爬了二十餘里，只见前面透出星也似一点～。”清《白雪遗音·醉归》：“只见窗外微微有～。” ❷ 锃亮；光亮。明《西游记》二八回：“青脸红须赤发飘，黄金铠甲～饶。” ❸ 市语，指火。明佚名《墨娥小录》卷一四《行院声嗽》：“火，～。”

【亮头】 liàng tou 明白之处。明徐阳辉《有情痴》：“师父，听你的说话，言言良药，字字金针，弟子蛀肠中素有～，今闻庄语，使我心花顿开，毛骨俱耸。”《型世言》一一回：“这谢鹏虽是愚钝，当不得他朝夕讲说，渐渐也有～。”

【亮子】 liàng zi ❶ 松明之类用于点燃照明之物。清《绿野仙踪》一二回：“众人发声喊，触开监门，点起～。”《飞龙全传》一〇回：“大半的人打围攻杀，跳跃顿起；小半的人各执～，在旁呐喊。”陈端生《再生缘》二六回：“闹里一路从火遁，都是那，灯球～送他归。” ❷ 明眼人。清《荡寇志》一〇八回：“大雾中个个眼明手快，正如～杀瞎子。”

【谅来】 liàng lái 料想。来，词缀。明《醒世恒言》卷二九：“若论典籍，他又是个后生小子，侥幸在睡梦中偷得这进士到手，已是心满意足，～还未曾识面。”清《说岳全传》六回：“愚兄病入膏肓，～不久于人世的了！”

【谅贴】 liàng tiē 体谅并补贴。明《梼杌闲评》一六回：“陈监生虽未与他争嫖，就是宿娼也有罪名，不如与周家合手，陈家～他些。”又：“令亲～他些，与城上说声，处儿两银子与龟子，不申送法司罢。”

【量】 liàng 另见 liáng。酒量；饮酒的能力。宋刘子翚《夜饮》：“沉沉玉卮酒，～浅难负荷。”《元曲选·朱砂担》一折：“酒在此，你有～尽着你吃。”清《红楼梦》六二回：“你袭人姐姐和晴雯姐姐～也好，也要喝。”

【量决】 liàng jué 依法判决。《元曲选·窦娥冤》四折：“赛卢医修合毒药，云阳市～一刀。”明《二刻拍案惊奇》卷一六：“倒把陈祈打了二十个竹篦，问了不合图赖人罪名，～脊杖。”

【量抹】 liàng mǒ 小看；蔑视。元乔吉《新水令·闺丽》：“哎，你个吃戏冤家，来来来将人休～。我不是琉璃井底鸣蛙，我是个花柳营中惯战马。”马致远《青衫泪》四折：“妾往常酒布袋将他厮～，怎想他也治国平天下。”

【量视】 liàng shì 犹“量抹”。明《金瓶梅词话》七五回：“你来俺家才走了多少时儿，就敢恁～人家。”又九九回：“敢说我是他寻得来，知我根本出身，～我禁不得他。”

【量移】 liàng yí 谓被远谪的官员遇赦酌调近处任职。唐韩愈《从潮州～袁州》：“明时远逐事何如？遇赦移官罪未除。”宋王明清《玉照新志》卷二：“孝闻自海外～池州以卒。”清顾炎武《日知录》卷三二：“唐朝人得罪贬窜远方，遇赦改近地，谓之～。”

【量窄】 liàng zhǎi ❶ 酒量小。宋刘克庄《木兰花慢·己未生日》：“笑～才悭，卷无警策，杯有留残。”《元曲选·谢天香》四折：“小官～，吃不的。”清《野叟曝言》一回：“众人俱贺十杯。成之～，无外代饮如数。” ❷ 度量小；心胸狭窄。明《西游记》二六回：“只是我那唐长老法严～，止与了我三日期限。”《金瓶梅词话》八回：“你原来这等～。我故便不对你说，对你说，便就如此。”清《醒世姻缘传》四四回：“往往男子们有那弃妻宠妾的，也都是那做女人们的～心偏激出来的。”

【踉跄】 liàng qiàng ❶ 脚步不稳貌。元明《水浒传》三二回：“望店主人脸上只一掌，把那店主人又打个～，直撞过那边去。”清《荡寇志》一一九回：“郑天寿领败残兵，渡过水泊，～逃入山寨。” ❷ 颠沛。清《花月痕》一一回：“痴珠全家避入深山，不料该处土匪突尔竖旗从贼，以致亲丁四十餘口～道路。” ❸ 匆遽慌急；着急上火。明《警世通言》一七回：“忽得家书报老父家中病故，～而别。”△清《九尾龟》二一回：“耐亦勿是俚格家主婆，阿好管牢仔俚介，做出格付极形来，阿要～！”

liāo

【撩】 liāo 另见 liáo、liǎo、liào。❶ 挑(tiǎo)；提；掀。《祖堂集》卷一〇《玄沙和尚》：“雪峰见一条蛇，以杖～起。”《元曲选·秋胡戏妻》四折：“我这里破步～衣，走向前来。”明《禅真逸史》二一回：“人若惹了这女人，小则～裙秽骂，大则服卤悬梁。”清《红楼梦》二四回：“两个人共提着一桶水，一手～着衣裳，趔趔趄趄，泼泼撒撒的。” ❷ 捞。唐张鷟《朝野佥载》卷二：“碧玉读诗，饮泪不食，三日，投井而死。承嗣～出尸，于裙带上得诗，大怒。”清《醒世姻缘传》四三回：“使匙儿～的起来么？” ❸ 拿；抓。清《醒世姻缘传》五四回：“若是止在厨房里面，～锅里的肉，攒盆头里的米合面，偷烧哺剂，切鸡藏起大腿，这都是管家娘子旧规。”又五七回：“谁叫你专一往街上跑，叫他～着了！”

liáo

【辽丁】 liáo dīng 同“撩丁”。宋《五代史平话·周上》：“但是小人身畔没个～，怎生敢说婚姻的话？”

【辽绝】 liáo jué ❶ 遥远。唐柳宗元《桂州訾家洲亭记》：“然则人之心目，其果有～特殊而不可至者耶？”元刘敏中《丞相顺德忠献王碑》：“王谓山峤小夷，去中国～。”清彭孙遹《白鹦鹉赋》：“尔其山海穷荒，区禺～。林箐幽遐，岩阿嵲嵲。” ❷ 远隔；隔绝。宋《朱子语类》卷二五：“如祖考与自家身心未相～，祭祀之理，亦自易理会。”元高明《琵琶记》一二出：“梦远亲闱，愁深旅邸，那更音信～？”清汪琬《病中》之三：“乡书～客途穷，身杂牛溲与马通。”

【辽空】 liáo kōng 飞向天空；摩天。宋《虚堂和尚语录》卷五：“～一箭九重城，雪老门风尽有声。”《五灯会元》卷一四《净因自觉禅师》：“鸟道～，不妨举步。”

【辽乱】 liáo luàn 同“撩乱❶”。唐温庭筠《题西明寺僧院》：“新雁参差云碧处，寒雅～叶红时。”按，“辽”一作“缭”。《敦煌变文校注》卷三《燕子赋(一)》：“遂被撮头拖曳，捉衣扯擘，～尊拳，交横乔剔。”宋道潜《晚步》：“从薄萧萧朔吹翻，瞑鸦～欲投村。”

【辽天】 liáo tiān ❶ 辽东地区的天空。唐李白《题许宣平庵壁》：“窥庭但萧瑟，倚杖空踌躇。应化～鹤，归当千岁餘。”宋毛滂《秋日书怀》：“屋寒无燕雀，岂独少宾客？顾我警露友，伫此～翮。”清汤右曾《漫兴》之五：“奇思属国公沙穆，老作～丁令威。” ❷ 高远的天空。唐白居易《戏和微之答窦七行军之作》：“夔龙来要地，鹓鹭下～。”《五灯会元》卷二〇《净慈昙密禅师》：“平地摝鱼虾，～射飞鹗。”清弘历《来青轩》之二：“倚槛眄苍茫，～孤鹤下。” ❸ 飞向天空。《五灯会元》卷一九《提刑郭祥正居士》：“金乌半夜～，玉兔赶他不着。”

【疗治】 liáo zhì 整治；折磨。《敦煌变文校注》卷一《汉将王陵变》：“若见王陵，捉取王陵；若不见，捉取陵母，将来营内，苦楚蒸煮～。待捉王陵不得之时取死不晚。”

【潦浆泡】 liáo jiāng pào 同“燎浆泡”。元明《水浒传》八回：“林冲看时，脚上满面都是～。”又六二回：“卢俊义看脚时，都是～，点地不得。”

【寮丁】 liáo dīng 同“撩丁”。元锺嗣成《一枝花·自序丑斋》：“折末颜如灌口，貌赛神仙，洞宾出世，宋玉重生，设答了镘的，梦撒了～，他采你也不见得。”

【寮儿】 liáo er 同“膫儿”。元佚名《错立身》二出：“你在床上弄～。”

【寮舍】 liáo shè 寺院宿舍。《景德传灯录》卷二五《锺山章义禅师》：“诸上座欲得省要么？僧堂里、三门下、～里参取好！”金《董解元西厢记》卷一：“空门何计此利！～稍多，但随堂一斋一粥，欲得三个月道话，何必留房缗？”清毛奇龄《新建东来禅院碑记》：“堂殿清肃，法象映曜，佐以廊庑、～、井厨、樊溷之属。”

【撩】 liáo 另见 liāo、liǎo、liào。引惹；挑逗。唐张鷟《朝野佥载》卷五：“我欲笞汝一顿，恐天下人称你云：‘～得李日知嗔，吃李日知杖。’”宋王安石《半山即事》之三：“南浦东冈二月时，物华～我有新诗。”清《醒世姻缘传》一四回：“河岸下断断续续洗菜的、浣衣的、淘米的，丑俊不一，老少不等，都是那河边住的村妇，却也有野色～人。”

【撩拨】 liáo bō 挑逗；招惹。唐张鷟《游仙窟》：“渠未相～，娇从何处来？”宋《朱子语类》卷一〇七：“元祐诸公后来被绍圣群小治时，却是元祐曾去～它来。”清《绿野仙踪》九七回：“那羽士起先甚是忠厚，今见翠黛步步～他，他也就不忠厚起来。”

【撩丁】 liáo dīng 分文；钱。宋佚名《张协状元》二三出：“钱又没～，米又没半升。”《元曲选·对玉梳》一折：“有一日使的来赤手空拳，梦撒～。”

【撩斗】 liáo dòu 同“撩逗”。《元曲选外编·单刀会》二折：

“他酒性躁不中～，你则绽口儿休题着索取荆州。”元明《水浒传》二四回：“我今日着实～他一～，不信他不动情。”清《醒世姻缘传》七三回：“每年这会，男子人～妇女，也有被妇女的男人采打吃亏了的。”

【撩逗】 liáo dòu 挑逗；引逗。明《金瓶梅词话》二八回：“不想天假其便，此鞋落在我手里，今日我着实～他一番。”清《红楼梦》八〇回：“又见金桂的丫头宝蟾有三分姿色，举止轻浮可爱，便时常要茶要水，故意～他。”

【撩蜂剔蝎】 liáo fēng tī xiē 比喻撩惹、触犯强者或恶者。元行秀《从容庵录》六〇则：“刘铁磨到沩山，山云：‘老牸牛，汝来也！’万松著语：‘～。’”《元曲选外编·射柳捶丸》一折：“见如今无名草寇侵边上，他正是～将残生丧。”元明《水浒传》二六回：“我本待声张起来，却怕他没人作主，恶了西门庆，却不是去～？”

【撩钩搭索】 liáo gōu dā suǒ 撩钩、搭索均系钩人钩物的战具，比喻间接迂回而不是直截了当。唐《云门禅师广录》卷中：“师有时云：‘弹指謦欬、扬眉瞬目、拈槌竖拂，或即圆相，尽是～。佛法两字未曾道着，道着即撒屎撒尿。’”宋《密庵和尚语录》：“释迦掩室，净名杜词，以至诸方横拈倒用，总是～，毕竟直截一句作么生道？”

【撩理】 liáo lǐ 逗引；撩拨。宋苏轼《牡丹和韵》：“～莺情趣，留连蝶梦魂。”周端臣《贺新郎·代寄》：“暗试把，佳期重数。楼外一行征雁过，更偏来、～芳心苦！”

【撩乱】 liáo luàn ❶ 杂乱；纷乱。唐刘禹锡《春日书怀》：“野草芳菲红锦地，游丝～碧罗天。”元杨公远《十二月二十九夜大雪》：“六出霏霏饯岁华，终宵～扑窗纱。”清彭孙遹《丙午除夕即事》：“乡梦侵寻归雁后，春愁～落花时。” ❷ 匆忙；忙乱。唐李涉《却归巴陵途中》：“橹声轧轧摇不前，看他～张帆走。”《敦煌变文校注》卷三《孔子项託相问书》：“夫子拔刀～斫，其人两两不相伤。”清《说岳全传》三四回：“四个战住两双，十六只臂膊～，廿八个马蹄掀翻。” ❸ 错乱；慌乱；不安宁。唐王梵志《撩乱失精神》：“～失精神，无由见家里。”金《董解元西厢记》卷一：“仔细把莺莺偷看，早教措大心～。”明《二刻拍案惊奇》卷九：“左右不是，心里烦躁～，没计奈何。” ❹ 引惹；引起。元马臻《漫成》之三八：“西村知有夜船过，～一群鸊鹈鸣。”明丘云霄《送陈凤冈教授岷府便道归闽》：“秋入关河别梦惊，寒尊～故乡情。”清汪由敦《恭和御制柳絮元韵》之三：“轻盈无力惟馀态，～多情尽放狂。”

【撩弄】 liáo nòng 挑逗；引逗。宋赵必瑑《华胥引·舟泊万安用美成韵》：“江南归雁，寄来鸳笺细阅。盟言誓语，满鲛绡罗箧。～相思，琴心寸寸三迭。”明《古今小说》卷二三：“说那女子被舜美～，禁持不住，眼也花了，心也乱了，腿也苏了，脚也麻了。”

【撩治】 liáo zhì ❶ 准备；安排。《敦煌变文校注》卷三《燕子赋(一)》：“使人远来冲热，且向窟里逐凉，卒客无卒主人，暂坐～家常。” ❷ 折磨；折腾。唐刘禹锡《城内花园颇曾游玩》：“楼下芳园最占春，年年结侣采花频。繁霜一夜相～，不似佳人似老人。”

【嘹叮】 liáo dīng 同“撩丁”。明佚名《点绛唇·嘲盐商》：“虚飘飘锁两个笼箱，絮叨叨写几行支帐，只弄得～孟撒不还乡。”

【嘹亮】 liáo liàng (声音)清脆响亮。《敦煌愿文集·亡文范本等·先修十王会》：“歌声与銮声交音，佛声与梵声～。”宋赵蕃《次韵季承闻田歌》：“歌呼～相欢杂，肯愧悠悠道上商。”清《镜花缘》一七回：“正在谈论，忽听天边雁声～。”

【嘹喨】 liáo liàng 同“嘹亮”。宋梅尧臣《依韵和春日见示》：“龙咽～留行月，凤翼趋跄巧定场。”清毛奇龄《西河词话》卷一：“尚书命二生歌予词，使王生以笛倚之。倜傥～，一坐皆竦听。”

【獠女】 liáo nǚ 对婢女的蔑称。宋姜夔《念奴娇·毁舍后作》：“～供花，伧儿行酒，卧看青门辙。”

【缭乱】 liáo luàn 同“撩乱❶”。唐谢偃《应教诗》：“～垂丝昏柳陌，参差浓叶暗桑津。”宋韩元吉《涧溪绝句》之三：“溪流直傍长堤去，～半山桃李花。”清《飞龙全传》二一回：“这一回搜寻，比前大不相同，但见烟尘～，橱柜乒乓，千年古佛尽翻身，几处经箱多倾倒。”

【燎浆】 liáo jiāng 即“燎浆泡”。《元曲选·张生煮海》三折：“但着一点儿，就是一个～。”明徐谦《收瘤赋》：“或至太过溃烂，难行收拾。身热若见，燎人泡发，～可畏。”

【燎浆泡】 liáo jiāng pào 皮肤因烫伤而起的水泡。明《平妖传》三〇回：“被一个妖僧把我丈夫泼了一脸火。烧起许多～。”

【燎泡】 liáo pào 即“燎浆泡”。清《红楼梦》二五回：“只见宝玉左边脸上烫了一溜～出来，幸而眼睛竟没动。”

【膫儿】 liáo er 阴茎的俗称。常用作秽词。《元曲选·岳阳楼》一折：“俺家酒儿清，一贯买两瓶。灌得肚儿胀，溺得～疼。”又三折：“社长云：‘你媳妇杀了么？’郭云：‘杀了。’社长云：‘杀了罢，干我～事！’”

【膫子】 liáo zi 即“膫儿”。明《梼杌闲评》三四回：“你莫吓我，你咬去我～，我也会去杀人。”《金瓶梅词话》三五回：“今日挟仇打这小厮，打的～成！”清《十二楼·萃雅楼》三回：“割去～的人，除了我内相家中，不怕你走上天去！”

【聊乱】 liáo luàn 同“撩乱❶”。《敦煌变文校注》卷四《降魔变文》：“更有诸仙游观，驾鹤乘龙，仙歌～。”

【寥亮】 liáo liàng 同“嘹亮”。唐高適《送别》：“此时梦见西归客，曙钟～三四声。”宋郭祥正《云月歌》：“月下听吟云月歌，歌声～舞婆娑。”清弘历《隔溪闻鹤声》：“悠扬度云水，～胜丝弦。”

liǎo

【了】 liǎo 另见 le。❶ 领悟；知晓。唐希运《传心法要》：“湛然圆寂，心境一如，但能如是，直下顿～。”宋沈作哲《寓简》卷七：“松直棘曲，鹄白乌玄，皆～元因。”清姜宸英《掌京畿道事监察御史任公墓志铭》：“公姿性开敏，所读书过目即能～其大义。” ❷ 清晰；明晰。唐李白《游溧阳北湖亭》：“清光～在眼，白日如披颜。”敦煌本慧能《坛经》：“自性常清净，日月常明，只为云覆盖，上明下暗，不能～见日月星辰。”清袁枚《子不语》卷二四：“曹震亭知汉江县，晚衙夜坐，见无头人手提一头，啾啾有声，语不甚～。” ❸ 特指结束性命。明《西游记》五六回：“行者道：‘放心！放心！老孙～他去来！’”清《水浒后传》三回：“这是该死的囚徒，～他性命，只费一张纸。” ❹ 完；尽。清《后水浒传》三九回：“只因这一追赶，有分教：游不尽花花世界，看不～锦绣江山。”《醒世姻缘传》五四回：“柴不见烧就～，米不见吃就无。” ❺ 全；完全。唐李白《登梅冈望金陵》：“时闻天香来，～与世事绝。”元行秀《从容庵录》三〇则：“句里～无勾锁机，脚头多被葛藤碍。”清《两交婚》六回：“若要望他见怜，又慕名守节，～不可得。”

【了办】 liǎo bàn 了结；解决。《宋会要辑稿·食货六》：“除已分委属官前去点检催促，近令限一季～。”宋元《古今小说》卷三六：“又须官给赏钱，出榜悬挂，那贪着赏钱的便来出首，这公事便容易～。”

【了毕】 liǎo bì 完毕；了结。《旧唐书·哀帝纪》："壬寅，湖南马殷奏岳州洞庭青草之侧有古祠四所，先以荒圮，臣复修庙～，乞赐名额者。"明《拍案惊奇》卷二五："院判勾当丧事～，带了灵柩，归葬临安。"清玄烨《朱批谕旨》卷二三："热则静以息，而凉则动以兴。非不知安恬之为可尚也，亦惟是此心欲～丈夫之志意耳。"

【了不的】 liǎo bu dé ❶同"了不得❸"。元明《水浒传》一〇二回："大嫂不要取笑，我闪朒了胁肋，～！"清《醒世姻缘传》八回："刘夫人道：'～！～！这丫头风了！'" ❷同"了不得❹"。明《金瓶梅词话》一六回："李瓶儿因过门日子近了，比常时益发喜欢得～。"清《绿野仙踪》三八回："张华见如玉怒的～，一句儿也不敢分辩，只得满口应承下来。"

【了不得】 liǎo bu dé ❶不领会；不明了。宋《朱子语类》卷一一七："须是理会得七八分功夫了，被人决一决，便有益；说十分话，便领得。若不曾做功夫，虽说十分话，亦～。"佚名《张协状元》一一出："〔净唱〕每常问缉麻做布，那贫女赶得些功夫。几日来雪下，你全不相顾！叫小二来送：一瓶酒，一方米，一块豆腐。〔末白〕莫与它！莫与它！〔净〕老畜生！你怎地～！" ❷办不成；解决不了。宋《朱子语类》卷一三五："又问：'高祖欲易太子，想亦是知惠帝人才不能负荷。'曰：'固是。然便立如意，亦～。盖题目不正，诸将大臣不心服。'"明《警世通言》卷二五："这十亩田，几株桑枣，～你我终身之事。" ❸表示情况严重。宋庄绰《鸡肋编》卷下："翌日，徐与同官王昌俱访大节，忽言'病来'，又曰：'～！～！且救我！'遂倒仆。"明《拍案惊奇》卷一二："一会子天明了，有人看见，却～！"清《醒世姻缘传》六一回："邓蒲风又掐指寻文了一会，说道：'～！～！这你二人的禽星更自利害！'" ❹表示程度深，超出平常。明《金瓶梅词话》六一回："把我恁愁的～！"清《红楼梦》三四回："一碗水里只用挑一茶匙儿，就香的～呢！"《绿野仙踪》一四回："今承下顾，叨光的～！"

【了处】 liǎo chù 归宿；终身之计。元冯子振《鹦鹉曲·赤壁怀古》："叹西风卷尽豪华，往事大江东去，彻如今话说渔樵，算也是英雄～。"明《警世通言》卷二八："一客不烦二主人，许宣如今年纪长成，恐虑后无人养育，不是～。"

【了达】 liǎo dá 明悟；通晓。唐顾况《从江西道中寄齐相公》："能依二谛法，～三轮空。"《元曲选外编·猿听经》二折："俺师父是个～的祖师。"清《四库总目提要·东观餘论》："又好古文奇字，钟鼎彝器款式体制，悉能～辨正。"

【了当】 liǎo dàng ❶治理；办理；处理。宋刘斧《青琐高议》后集卷五："小儿子吾已提起，交作大家，即不知～得否？"《元曲选外编·霍光鬼谏》四折："～间待我似伊尹周公旦，今日把我做邪魔鬼祟看。"清于成龙《续增条约》："此伙巨盗心上时刻记算，不要一刻放下。某贼某日在某处，即行密拿，一经擒获，便思～。" ❷了结；了断。宋佚名《靖康要录》卷一五："今来两国通和，各敦信誓。皇帝议事，渐已～。旦夕车驾入城，务要军民着业安静，不得妄生事端。"元明《水浒传》四五回："我和你明日饭罢去寺里，只要证盟忏疏，也是～一头事。"清弘历《画禅室》："诸虑～一洗却，听他阶下有流泉。" ❸禅家谓彻悟禅旨为"了当"。宋《法演禅师语录》卷上："法演游方十有餘年，海上参寻见数员尊宿，自谓～。及到浮山圆鉴会下，直是开口不得。"清汪琬《题庵村和尚法嗣图》："盖彼方借此为大机大用、洞彻～之所在，而岂尝拘拘于威仪礼数之中哉？" ❹完毕；完。宋萧廷之《西江月》："雨意云情～，领头驾动河车。"《元典章·户部四》："初八日，已将伊小女元七娘与伊男胡元一成亲～。"明《金瓶梅词话》九六回："早年父祖丢下家产，不拘多少，到你手里都～。" ❺谓结束某人性命；杀掉。《孤本元明杂剧·闹钟馗》三折："快与我们盖庙去！你若不肯，就～了你！"明《拍案惊奇》卷一四："万一攀扯出来，得也得不稳，何不～了他，倒是干净。"清《后水浒传》一四回："闻知这股尚赤打伤了员外，莫非来托我～他么？" ❻了局；收场。宋沈作喆《寓简》卷六："今之学者谓得科名为～，而仕宦者谓至从官为结果。"《朱子语类》卷一二七："当时若不杀了苗、刘，也无～。他若尚在那里，终是休不得。"清魏裔介《与魏环溪论学书》："若以无为宗，以解脱为～，未有不流于放逸，入于荆榛者。" ❼妥帖；稳妥。也指干净利索。宋《朱子语类》卷一一四："夜来说神仙事不能得～，究竟知否？"《元曲选·盆儿鬼》一折："那厮杀了也。留这死尸在家里也不～，不如拖他去窑里烧了罢。"清《飞龙全传》九回："把他三条性命结果了，却不干净～！强如此刻与他争斗。"

【了的】 liǎo dé ❶同"了得❷"。《元曲选外编·符金锭》楔子："我有两个伴当，好生～。"明《朴通事谚解》卷下："这孙行者正是～，那伯眼大仙那里想胡孙手里死了。" ❷犹"了(le)❶"。助词。置于动词之后，表示动作、行为的实现或完成。元古本《老乞大》："那客人去～，后头事发，那人每却是达达人家走出来的躯口，因此将那人家连累。"明《朴通事谚解》卷中："说与他，套上毡儿，着我看～之后，着刺边儿刺的细勾着。"又："(贼)看东西在那里时，知道～之后，却吹杀那灯，不论竿子上的、横子上的物件，便着钩子钩出来将去。"

【了得】 liǎo dé ❶领悟；知晓。《祖堂集》卷一《拘留孙佛》："～身心本性空，斯人与佛何殊别？"宋《朱子语类》卷一二："更不曾做得工夫，只～安排杜撰也。"明《古今小说》卷二九："府尹正坐厅，见了红莲，连忙退入书院中，唤红莲至面前，问：'和尚事还～否？'" ❷有本事；利害。《元曲选·昊天塔》三折："端的好热闹也禅房寺宇，～也山僧施主！"元明《水浒传》七回："师父却是那里来的长老？恁的～！"明《古今小说》卷三一："谁知汉皇心变，忌韩信～。" ❸办成；了结。宋《五代史平话·唐上》："事至今日，怎敢爱宝？但恐你此行未必～事也。"明《西游记》四四回："那些和尚，乃国王御赐，若放一二名，还要在师父处递了病状，然后补个死状，才～哩。怎么说都放了。" ❹用在反诘句中，表示情况或后果严重。明《警世通言》卷二四："老爷若知此事，如何～！不如回家报与老爷知道，凭他怎么裁处，与我无干。"清《后水浒传》一七回："幸喜人不留心，不曾被缉事使臣听见；又恰问的是我，倘或问着别人，怎么～！"《红楼梦》七四回："好好的宝玉，倘或叫这蹄子勾引坏了，那还～！"

【了鸟】 liǎo diǎo 即"了吊"。也代指门窗。唐李商隐《病中闻河东公乐营置酒》："锁门金～，展障玉鸦叉。"宋陈造《过吕仙洞》之四："尘踪～病催残，梦谒真人九转丹。"清朱彝尊《戏效香奁体二十六韵》："轩窗开～，洞壑隐空嵌。"

【了吊】 liǎo diào 箱柜或门窗的搭扣。明《朴通事谚解》卷中："夜来着李三木匠家里旋做一个柜子，……事件也不壮，两个錋鈒儿、一个～儿都不壮，一个薄薄的生活，要做甚么？"《金瓶梅词话》八三回："于是伸手出来，拨开～儿，大月亮地里，蹑足潜踪，走到前房窗下。"清《醒世姻缘传》八回："依旧送在后边空房之内，将门带上，使～扣了。"

【了竟】 liǎo jìng 完结。多指丧命。唐刘悚《隋唐嘉话》卷上："雄信尽饮，驰马而出，枪不及海陵者尺。勣惶遽，连呼曰：'阿兄阿兄，此是勣主！'雄信揽辔而止，顾笑曰：'胡儿不缘你，且～。'"《敦煌变文校注》卷四《燕子赋(一)》："赖值凤凰恩择(泽)，放你一生草命。可中鹞子搦得，百年当时～。"

【了决】 liǎo jué ❶同"了绝❶"。《祖堂集》卷九《落浦和尚》："斩邪徒，荡妖孽，生死荣枯齐～。" ❷ 同"了绝❷"。清《绿野仙踪》九回："明岁收伏张崇后，还有一事用你～，临期我自遣人助你。" ❸ 同"了绝❸"。清《万花楼》五七回："且说时辰一到，包公吩咐开刀，王炳夫妻二人已是～性命。"

【了绝】 liǎo jué ❶ 佛家谓断灭俗情妄念；断绝。唐寒山《大海水无边》："为心不～，妄想起如烟。"宋《密庵和尚语录》："～异缘，迥超诸有。"明童冀《即事次李本存少府韵》："年来～功名念，独未忘情向隐沦。" ❷了结；把事情办理完毕。《续资治通鉴长编》卷二六五："今来蔚、应两州已是了当，只有朔州一处未了，终是难停往复。未委卿等昨离南朝日有何意旨～？"明王守仁《再批追征钱粮呈》："况旬月之间，而欲追并～，就使神输鬼运，亦于事势不能，徒使敛怨殃民，何益于事？" ❸ 谓绝人性命。明《拍案惊奇》卷三八："更有一等狠毒的，偏要算计～得方快活的。"清《绿野仙踪》五四回："你可拿我戳目针，～此怪。"

【了朗】 liǎo lǎng 明朗。宋《汾阳禅师语录》卷上："云绽青天月，～甚分明。"

【了了】 liǎo liǎo ❶ 清晰；分明。唐王梵志《家中渐渐贫》："世间何物贵？无价是诗书。～说仁义，愚夫都不知。"李白《秋浦歌》："桃波一席地，～语声闻。"清嵇永仁《索药书》："我读轩岐书，平日甚～。自谓此中人，心目始分晓。" ❷ 明晓事理；聪慧。宋叶梦得《石林避暑录话》卷二："唐人言'冬烘'是不～之语。"明《二刻拍案惊奇》卷五："小时～大时佳，五岁孩童已足夸。"清汪由敦《题赵封翁长夏课孙图》："犀角峥嵘人～，莺鸣宛转韵泠泠。" ❸ 禅家谓明悟禅旨为"了了"。无牵无挂；彻底解脱。《祖堂集》卷一五《归宗和尚》："真心～，无字无名；见性惺惺，何言何说？"宋慧开《无门关·大通智胜》："若也身心俱～，神仙何必更封侯？"清汪由敦《和金上舍韵》："乍欲放怀难～，不妨人想更非非。"

【了落】 liǎo luò ❶ 了结；处置。明杨士奇《示旅弼鸊良书》："且闻造屋尚未完结。今兄弟三四人，不齐心协力～，岂犹欲以此累老父乎？"《二刻拍案惊奇》卷四："此行不出一年可回，府县且未要申文，待我回任，定行～。"《禅真后史》二回："守候月馀，并无踪迹，因与卢店主商议这事如何～。" ❷ 打发。明《型世言》六回："水米不打牙一日，忽见一个禁子拿了两碗饭，两样菜来，道：'是你姓汪的亲眷送来的，可就叫他替你～我们。'"又二七回："钱公布道：'因慢，以此折东，差使后日～。'"

【了期】 liǎo qī ❶ 了结之时；尽头。唐刘允章《直谏书》："臣恐今年除一承嗣，明年又生一承嗣，天下征战，未有～。"金元好问《会善寺》："人生富贵有遗恨，世事废兴无～。"清《后水浒传》四四回："须知冤仇莫结，若又去寻人种冤种仇，则冤仇相报，何日～？" ❷ 彻底解决问题的办法；长久之计。明《型世言》四〇回："奈是每三年遇着张天师入觐，一路除妖捉怪，毕竟又要躲在别处。他道不是～，便生一计，要弄张真人。"清《隋唐演义》四回："你终日游手好闲，也不是～。"

【了却】 liǎo què ❶ 了结；办完。唐刘禹锡《送唐舍人出镇闽中》："～人间婚嫁事，复归朝右作公卿。"宋《三朝北盟会编》卷一六二："你们来讲和，煞是好公事，不如一发～。"清陈廷敬《舟行寄舍弟》："凭君～公家事，山水渔樵尽自由。" ❷ 彻悟；明悟。《祖堂集》卷一五《龟洋和尚》："非长非短非大小，还与诸人性相同，无来无去兼无住，～本来自性空。"明《封神演义》七〇回："如今～生生理，不向三乘妙里游。"清厉鹗《悼亡姬》之三："妄缘～俱如幻，居士前身合姓庞。"

【了然】 liǎo rán ❶ 清晰；分明。唐李白《九日登巴陵置酒洞庭水军》："九日天气清，登高无秋云。造化辟川岳，～楚汉分。"明程敏政《书家谱后》："纂述条贯既密，且严冒之徒以自暴其不韪尔。具目者见之，真伪～，亦不足忧也。"清陆陇其《畿辅八府地图记》："一展卷而古今水道之源流～在目，诚壮观也。" ❷ 明悟；知晓。《祖堂集》卷四《丹霞和尚》："时人未解将为错，余则～自不迷。"明王玉峰《焚香记》九出："你不须多患，这衷情吾自～，闲言闲语都休管。"清朱彝尊《宋本舆地广记跋》："虽其间或离或合，不可讨究，而吾胸中盖已～矣。" ❸ 全然；完全。唐李白《寻山僧不遇作》："石径入丹壑，松门闭青苔。……～绝世事，此地方悠哉。"宋梅尧臣《题刁经臣山居》："散帙理旧学，～无俗喧。"清田雯《诗话·诗文演法》："知此则余之论白杜之诗，～无疑义矣。"

【了绕】 liǎo rào 即缭绕，回环旋转。《敦煌愿文集·愿文范本·尉》："祥云～空中结，五天罗汉降清筵。"

【了日】 liǎo rì ❶ 即"了期❶"。唐张九龄《敕伊吾军使张楚宾书敕》："卿可量事安慰，仍勿催迫。处置～，具以状闻。"宋李纲《与张柔直左司书》："朝廷初令取道广东，候孟、韩抚定盗贼～之任。"清《红楼梦》四八回："我又不是个丫头，把我关在家里，何日是个～？" ❷ 即"了期❷"。明《西洋记》七六回："马公公心里想道：'虽然妙用，却不收服他，只和他比斗，终不是个～。'"清《四游记·南游记》四回："我想终不是～，不如在卯簿上题了几句反诗，走下中界，又作道理。"

【了事】 liǎo shì ❶ 明事理；会办事。唐刘肃《大唐新语》卷一一："周矩为殿中侍御史，大夫苏味道待之甚薄，屡言其不～。"《敦煌变文校注》卷二《叶净能诗》："净能闻说，作色重容，怒使使人曰：'大不～！'嘱在一边。"《元曲选外编·东窗事犯》四折："则我便是个～公人，鬼窟笼里衣饭也能寻趁。" ❷ 办妥事情；完事。《新五代史·郑珏传》："帝曰：'事急矣！宝固不足惜，顾卿之行，能～否？'"明《平妖传》三九回："这汉子去，必能～。"清陈廷敬《直陈言官建白疏》："盖专欲以塞责～，则不免毛举细故，剔摘成例。驯至于刻薄繁碎不急之务，而无裨于圣朝宽大经久之规。" ❸ 即"了事匣"。宋陈元靓《事林广记》续集卷八《绮谈市语》："减妆，～。"

【了事匣】 liǎo shì xiá 梳妆盒。宋《西湖老人繁胜录》："幞头笼、腰带匣、读书灯、笔砚匣、窗子匣、～。"

【了收】 liǎo shōu 了结；完结。《元曲选·货郎旦》二折："只管里絮叨叨没～，气扑扑寻敌斗。"又《马陵道》二折："你休那里信口㧁，则管里无～。"《元曲选外编·霍光鬼谏》三折："我早子归地府，葬荒丘，是一个～。"

【了手】 liǎo shǒu 完结；了结。置于动词后，表示行为动作已完成。《祖堂集》卷一一《云门和尚》："日入酉，玄人莫向途中走。黄叶浮沤赚杀人，命尽憧惶是～。"《敦煌变文校注》卷一《李陵变文》："诛陵母妻子～，所司奏表于王。"明《金瓶梅词话》一四回："今日只当丢出事来，才是个～。"高攀龙《与许涵淳》："学问起头要知性，中间要复性，～要尽性。"

【了首】 liǎo shǒu 同"了手"。《敦煌变文校注》卷一《李陵变文》："战已～，须臾黄昏，各自至营。"

【了悟】 liǎo wù 佛家谓领悟佛教最高真谛。也指颖悟聪明。《敦煌愿文集·亡文范本等·先修十王会》："上乃允文允武，敬佛重僧；～佛门，各知因果。"明《西游记》二三回："却说他师徒四众，～真如，顿开尘锁。"清朱彝尊《杨童子歌》："胸中～悬镜光，言下相通似桴鼓。"

【了帐】 liǎo zhàng ❶ 解决；完了。《元曲选·灰阑记》一折："员外，你气怎的？只是打杀他便～也。"明《醒世恒言》二八回："你想吴衙内食三升米的肠子，这两碗饭填在那处？微微笑了一笑，举起箸两三超，就便～。”清《飞龙全传》二一回：“当下长老见喽罗死的死，跑的跑，已是～，便分付众僧不必追赶。” ❷ 指了结性命；死去。明《西游记》八六回：“妖怪！快送出我师父来，免得钉钯筑倒门，一家子都是～！”《醒世恒言》卷二九：“外边正吃得快活，那知孩子隔日被猫惊了，这时～，十分败兴。”清《野叟曝言》二四回：“奶奶若一下船，便得与水爷厮会；若不下船，水爷性命便是～！”

【了知】 liǎo zhī 明知；明悟。唐李白《古风》：“萧飒古仙人，～是赤松。”宋陈与义《寺居》：“梦境～非有实，醉乡不入自常醒。”清弘历《题翠云山房》：“～来去曾餘几，默对光阴底是真。”

【了自】 liǎo zì 副词。全；全然。自，词缀。唐王维《待储光羲不至》：“～不相顾，临堂空复情。”宋周紫芝《次韵韦深道独乐堂十绝》之二：“得失～判，较然不须量。”明皇甫汸《送静公受戒还蜀》：“游吴兼适越，～得尘观。”

【潦草】 liǎo cǎo ❶ 草率；马虎。宋胡寅《酬任正叔见和》：“～荷锄开菊径，殷勤持酒对花枝。”明沈周《为越公重题旧作山水图》：“此画寄松院，墨涩笔～。别来三十年，衲子尚能保。”清汪由敦《跋钟鼎款识》：“前辈尝云，明隆万后刻书～为载籍一厄。信然。” ❷ 字不工整。宋张邦基《墨庄漫录》卷七：“宣和间蔡宝臣致君收南唐后主书数轴来京师以献蔡絛约之，其一乃王师攻金陵城垂破时仓皇中作。……字画～，然皆遒劲可爱，盖危窘急中所书也。”明丘濬《请访求遗书奏》：“分散各处儒学生员誊写，惟取成字，不拘工拙，但不许～失真。”清朱彝尊《跋典雅词》：“予未通籍时得一册于慈仁寺，集笺皆罗纹，惟书法～，盖宋日胥史所抄。”

【潦倒】 liǎo dǎo ❶ 散漫潇洒；不自检束。唐王绩《答程道士书》：“吾受性～，不经世务。屏居独处，则萧然自得；接对宾客，则葪然思寝。”宋黄庭坚《送邓慎思归长沙觐省》：“邓侯过我解新鞿，～犹能似旧时。”清毛奇龄《集曲水即事》：“主人～脱绛帻，尚引清尊照容色。” ❷ 衰老。亦指衰老者。唐杜甫《登高》：“艰难苦恨繁霜鬓，～新停浊酒杯。”《古尊宿语录》卷二七《龙门佛眼和尚语录》：“少年曾决龙蛇阵，～还同稚子歌。”清李光地《二月七日仲弟生辰诗以祝之》：“耄期～吾诸父，暍日飞鸣绕旧梁。” ❸ 失意；颓丧。唐刘禹锡《洛中酬福建陈判官见赠》：“～声名拥肿材，一生多故苦邅回。”宋陈师道《奉送阎醇老推官》：“数过忘～，惜别更斯须。说与晁夫子，今年锥也无。”清汪由敦《史局口号》：“不须～问青衫，玉局陈编待发凡。” ❹ 衣服过分宽长，松散拖沓貌。宋吴曾《能改斋漫录》卷五：“（萧翼）遂改冠微服至越州，衣黄衫，极宽长～，得山东书生之体。” ❺ 酒醉貌。宋虞俦《和使君巩大监秋阅》：“雍容坛上看儒将，～尊前愧老兵。”明《二刻拍案惊奇》卷三九：“守到更点二声，公子与众客尽带酣意，～模糊，打一个混同铺，吹灭了灯，一齐藉地而寝。”清张英《寒夜示内侄尧元》之一：“醉中无意语，偏觉尔能真。～常深夜，辛勤说两亲。”

【撩】 liǎo 另见 liāo、liáo、liào。挖掘（淤泥）；浚治。宋吴自牧《梦粱录》卷一一：“杭城内外，民物阜蕃，列朝帅臣，常命工开～井泉，以济邦民之汲，庶无枯涸之忧。”又卷一二：“秽污填塞湖港，旧召募军兵专一～湖。”

liào

【料】 liào ❶ 谷物；饲料。唐李冗《独异志》卷上：“唐郭子仪授中书令，考二十四考，月入俸钱二万贯，官供二千人，熟食、马～五百石。”《元曲选·陈州粜米》一折：“因为我这里亢旱了三年，六～不收。”清弘历《鹤》：“昔时放鹤深山峭，一罢鹤粮与鹤～。” ❷ 职官的食料津贴。也泛指俸禄、津贴。唐刘肃《大唐新语》卷七：“魏王泰有宠于太宗，所给月～逾于太子。”［日］圆仁《入唐求法巡礼行记》卷一：“本国使赐留学僧束絁卅五匹，帖绵十迭，长绵六十五屯，砂金廿五大两，充学问～。”宋《朱子语类》卷一一〇：“兵甲诡名不可免，善兵者亦不干此理会。才有一人可用，便令其兼数人之～。” ❸ 材料；原料。唐高適《留别洛下诸公兼赠郑三韦九》：“诗书比作青云～，蹇步蹉跎竟不成。”明何瑭《民财空虚之弊议》：“近年以来，则额征之外杂派物～又纷纷而出，如供用库物～，甲丁库颜～，光禄寺厨～。”清靳辅《恭报水涨疏》：“守备刘文道驻桃源九里岗工所，督夫集～，下埽抢救，顷刻不敢远离。” ❹ 供应；应承。唐李冗《独异志》卷中：“叹曰：‘禽鸟送我果甚多，但可日～三十颗。’异日如戒。”王梵志《父母是冤家》：“身役不肯～，逃走背家里。” ❺ 图谋；谋画。宋《五代史平话·唐下》：“你素号名将，何不守兖州？怎不思中都无城壁，何以自保？如此～事，非计之善，所以为我擒也。”元《三国志平话》卷上：“前者献计，分军两队保下邳，温侯不从。今曹相水困下邳，无计可～。” ❻ 对付；抵敌。唐元稹《授牛元翼成德军节度使制》：“以少击众，以智～愚，鼓角不惊，而梯冲自陨。”元关汉卿《单刀会》一折：“你小可如多谋足智雄曹操，岂不知南阳诸葛应难～？”《三国志平话》卷下：“三个将军，各有万夫不当之勇。马腾可～诸葛，马超可～关公，马岱可敌张飞。” ❼ 小看；轻视。元明《三国演义》二九回：“匹夫安敢～吾！吾誓取许昌！”明《古今小说》卷二七：“有人算我八字，到五十岁上，必然发迹。常言‘海水不可斗量’，你休～我！” ❽ 撩拨；逗引。一音 liáo。唐孟郊《看花》：“三年此村落，春色入心悲。～得一孀妇，经时独泪垂。”明《山歌·姐儿生得》之八：“姐儿生得俊俏又尖酸，郎去～渠，吃渠钉子介个眼睛拳。” ❾ 抛；丢；掷。料，通“撂”。《元曲选·后庭花》四折：“可有这晒衣服的绳子，我解下来，一头拴在井栏上，一头～下去。”又《抱妆盒》二折：“别人家的哇哇，～在金水桥河下便了。”明《西游记》一八回：“今日我的父母，隔着墙丢砖～瓦的，甚是打我骂我哩。” ❿ 量词。a）载重、容量单位。一料为一石。宋陆游《老学庵笔记》卷一：“建炎中，平江造战船，略计其费：四百～八橹战船为八丈，为钱一千一百五十九贯；四橹海鹘船长四丈五尺，为钱三百二十九贯。”《元史·河渠志一》：“船至八九十尺，甚至百尺，皆五六百～。”《明会典》卷一四八：“每船置牌一面，开写本船字号、～数及水夫姓名。”b）用于成批、成组的物品。批；份；组。宋王应麟《玉海》卷一五一：“乾道元年，命军器所造雁翎刀，以三千柄为一～。”《朱子语类》卷八六：“正如百贯钱修一～药，与十文修一～药，其不能治病一也。”清《红楼梦》二八回：“我替妹妹配一～丸药，包管一～不完就好了。”c）遍；番。元明《水浒传》三三回：“（刘知寨）喝叫：‘取过批头来打那厮！’一连打了两～。打得宋江皮开肉绽，鲜血迸流。”

【料必】 liào bì 想必。表示肯定的估计。《元曲选·金线池》二折：“我想这济南府教坊中人，那一个不是我手下教道过的小妮子？～没有强似我的。”明《醒世恒言》卷一八：“你老人家许多路来，～也饿了。”清宋荦《亡室叶淑人行述》：“数日前家人来吴，淑人之娣寄语儿辈曰：‘尔母曩衣一香色绫袄，将十年矣。今在署中，吾～仍着此衣。’”

【料钞】 liào chāo 元初发行的纸币。作为新钞，常与“烂钞”“昏钞”对举。元郑廷玉《看钱奴》二折：“解时节将烂钞揣，赎时节将～抬。”《元典章·户部六》：“诸行用库，凡遇人以昏钞易换～，皆须库官监视。”

【料持】 liào chí ❶ 准备；安排。《元曲选外编·西厢记》一本一折："琴童～下晌午饭，那里走一遭，便回来也。"又五本三折："～下酒者，今日他敢来见我也。" ❷整治；收拾。《元曲选外编·西游记》四本一五出："想是个猪精，我去～他。"又："那魔军来时，你着他入房来，我～他。"

【料绰口】 liào chuò kǒu 即"略绰口"。《元曲选·赵礼让肥》二折："我见他～，凹凸着面貌。"明《金瓶梅词话》九六回："生的阿兜鼻，扫帚眉，～，三须胡子，面上紫肉横生。"

【料道】 liào dào 估计；考虑。明《醒世恒言》卷二九："卢才踅了年餘，见这婆娘妆乔做样，～不能勾上钩，也把念头休了。"《隋炀帝艳史》三四回："欲要当面发作，～有炀帝在前，嚷闹不行，遂推有事，走起身上了辇，竟还宫中而去。"清董俞《唐多令·庭前新植小桃》："～消魂今岁始，常许我，一樽同。"

【料得】 liào dé 预测到；估计；料想。唐高適《渔父歌》："～孤舟无定止，日暮持竿何处归。"《元曲选·救风尘》一折："～苍天如有意，断然不负读书人。"清《醒世姻缘传》四七回："小的～后来要合气，所以留着原银，好为凭据。"

【料斗】 liào dòu 争斗。料，斗。唐张鷟《朝野佥载》卷二："袁守一性行浅促，时人号为'～凫翁鸡'。"《敦煌变文校注》卷七《齖𪘨新妇文》："嗔似水牛～，笑似䥥铲作声。"

【料高】 liào gāo 高处守望。是一种劳役。宋元《警世通言》卷七："一百日限满，脊杖八十，送沙门岛牢城营～。"

【料浆泡】 liào jiāng pào 即"燎浆泡"。《元曲选·生金阁》三折："酾这么滚汤般热酒来烫我，把我的嘴唇都烫起～来。"

【料酒】 liào jiǔ 烹调时用作佐料的酒。明沈榜《宛署杂记》卷一五："～一坛，价四分。"

【料口】 liào kǒu 口舌争斗；斗嘴。《元曲选·对玉梳》一折："我也不和你～，快赶出去！"《元曲选外编·陈母教子》二折："我可也不和你强枉～，我年纪大也惭羞。"

【料来】 liào lái 料想；估计。来，词缀。金《董解元西厢记》卷四："～他一种芳心，尽知琴意。"明《金瓶梅词话》四三回："汗巾子也落在地下了。我～那里得那锭金子。"清弘历《秋窗夜雨》："明晓轻衫才试处，～凉意几多添。"

【料理】 liào lǐ ❶收拾；整理。唐张鷟《游仙窟》："十娘遂回头唤桂心曰：'～中堂，将少府安置。'"明程敏政《书施秋官行卷》："丁帽还歙，过南山，～诗装，得二十餘篇。"清《红楼梦》一一九回："叫平儿将姑娘所有应用的东西～出来。" ❷照顾；照料。《太平广记》卷三八一引《广异记》："(居士)顾视龄曰：'君知死未？'龄因流涕，合掌白居士：'生不曾作罪业。至此，今为之奈何？求见～！'"元陈高《种橦花》："苗生初夏时，～晨夕忙。"清孔尚任《桃花扇》四出："这侯朝宗原是敝年侄，应该～的。" ❸准备；安排。《太平广记》卷四四九引《广异记》："其年冬，有二人诣台，讼混之杀其父兄，兼他赃物狼籍。中书令张九龄令御史张晓往按之。……晓素与混之相善，先疏其状，令自～。"明《英烈传》四六回："昨劳先锋～船只，可曾完备否？"清厉鹗《次韵顾丈首春卧病遣怀》之二："扁舟双屐须～，肯把风光让少年。" ❹修理。唐段安节《乐府杂录·琵琶》："内库有琵琶两面，号大忽雷、小忽雷，因为题头脱损，送在崇仁坊南赵～。"宋赵与时《宾退录》卷一："(刘卞功)曰：'人破尚可修，矧瓮耶？'语未绝，钉校者至，相与～，顷之如新。" ❺整治；整顿。《太平广记》卷四五〇引《广异记》："因述其言语处置状，有如平生。谏疑是野狐，恒欲～。"明夏良胜《议吏役》："谚云吏弊有如鼠穴，谓其随塞随穿，极难～。"清宋荦《题补游击疏》："该臣看得中军一官，有综核钱粮，训练兵马之责，必得才干优长，晓畅军机之员始克胜任。况值邻封告警，在在戒严，尤需能员～。" ❻折磨；伤害。唐王梵志《好住四合舍》："向前任～，难见却回来。"白居易《对镜偶吟赠张道士抱元》："眼昏久被书～，肺渴多因酒损伤。"《太平广记》卷四四八引《广异记》："伯成知是狐魅，令家人十餘辈击之，反被～。" ❼撩逗；逗引。宋周邦彦《还京乐·大石》："禁烟近，触处、浮香秀色相～。"金麻九畴《跋范宽秦川图》："东风一夜吹新柳，侵寻皂角相～。"

【料量】 liào liáng ❶本义为称量，引申为对人才的品评、衡量。唐白居易《行简初授拾遗同早朝入阁》："老去何侥幸，时来不～。唯求杀身地，相誓答恩光。"李涉《送颜觉赴举》："颜子将才应四科，～时辈更谁过？"清汤右曾《初秋病中遣怀》之四："芝桂膍胰随措置，龙蛇虎鼠任～。" ❷考虑；思量。唐慧立、彦悰《大慈恩寺三藏法师传》卷上："徒侣众多，犹数迷失，况师单独，如何可行？愿自～，勿轻身命。"《元曲选外编·千里独行》四折："你那里自参详，张将军不～，他那里说短论长，数黑论黄。"清陈廷敬《石闾夜眺南溪》："检点诗篇声断续，～身世意迟留。"

【料钱】 liào qián 唐宋职官的食料津贴。亦泛指俸禄。唐范摅《云溪友议》卷上："着青把笏，也请～，睹此形骸，足可骇叹！"宋苏辙《龙川略志》卷八："官吏卒伍月得～，每一千当六百而已。"洪迈《夷坚志》乙卷三："我自尔请～三十千时为夫妇，今月俸十倍，忍不救我？"

【料入】 liào rù 俸禄；收入。《太平广记》卷四九〇《东阳夜怪录》："虽勤劳夙夜，～况微，负荷非轻。"宋彭乘《墨客挥犀》卷八："桑赞以旄节镇邢城，张文节居幕下，例以幕职每月～十五千。"

【料数】 liào shǔ ❶整理；收拾。《太平广记》卷四六二引《剧谈录》："(韦)光延之于堂际小阁，备设酒馔慰安。见女仆～衣装，仆者排比车马。" ❷估计；计数(shǔ)。宋刘攽《空同》："百年人物可～，里闾未见兴公侯。"金王若虚《文辨》："凡'不减'字，止可于比对处言之，而非所以～也。"

【料物】 liào wù 泛指食物、用物、材料等物资。唐吴兢《贞观政要》卷四："贞观十三年，谏议大夫褚遂良以每日特给魏王泰府～有逾于皇太子上疏谏曰：'……伏见储君～翻少魏王，朝野见闻不以为是。'"明沈德符《万历野获编》补遗卷二："成化以前，粮户解纳白粮及合用～，户工二部委官同科道官验收，乃运送内府。"清玄烨《谕河道总督张鹏翮》："河官平时须预备物料，以为不时修防之需；若～不备，遇工程险要，仓皇无措，虽将该管官重处，亦属无济。"

【料嘴】 liào zuǐ 犹"料口"。《元曲选·东坡梦》四折："佛印从来快开劈，苏轼特来闲～。"又《渔樵记》一折："可正是天降人皮包草躯，学～不读书。"

【撂】 liào ❶放；丢；抛。清《红楼梦》一六回："我的东西还没处～呢，希罕你们鬼鬼祟祟的？"《镜花缘》一五回："只见那边又网起几个大鱼，才～岸上，转眼间一齐腾空而去。"《歧路灯》六五回："边公摸出刑杖签儿四根，～在地下。" ❷放倒。清《红楼梦》二七回："把屋子收拾了，～下一扇纱屉子。"

【撂跤】 liào jiāo 摔跤。清《南巡盛典》卷七六："其～满州兵丁，有闲散二名未食钱粮之人，应请赏给银牌一面。"

【撂弃】 liào qì 抛弃。清《野叟曝言》九〇回："毒蟒父子夫妇俱啖生人，吃不尽的随处～。"

【撩】 liào 另见 liāo、liáo、liǎo。❶尥；踢打。《敦煌变文校注》卷三《燕子赋(一)》："燕若入来，把棒～脚。" ❷梳理。唐范摅《云溪友议》卷上："金荆钗任意～新鬓，鸾镜从他别画眉。"罗隐《白角篦》："莫言此个尖头物，几度～人恶发来。" ❸同"撂❶"。

辽行均《龙龛手鉴·手部》："～，掷也。"清《醒世姻缘传》三〇回："那伍子胥不是使牛皮裹了～在江里死的?"《红楼梦》八一回："探春把竿一挑，往地下一～，却是活迸的。"

liè

【列趄】 liè qiè 同"趔趄"。《元曲选外编·贬夜郎》三折："脚～登辇路花基，神恍惚步瑶阶玉砌。"

【列丈】 liè zhàng 指酒客。明风月友《金陵六院市语》："酒客为～。"

【烈汉】 liè hàn 有气节的刚直男子；硬汉。《五灯会元》卷一八《性空妙普庵主》："劫数既遭离乱，我是快活～。如今正好乘时，便请一刀两段。"元《秦并六国平话》卷上："可惜～忠臣，见无兵可救，回邦难保残生。"清《万花楼》一一回："此日静山王大喜，思量狄青真乃英雄～。"

【烈宿】 liè sù 有气节、有壮志的年长僧人。宋《明觉禅师语录》卷二："静禅复记吾深嘱：彼兮国士真～，相见从容莫等闲，人天景行存高躅。"

【烈纸】 liè zhǐ 焚化纸钱。《元曲选·合同文字》二折："时遇清明节届，我到这坟上～。"

【裂钱】 liè qián 焚化纸钱。裂，通"烈"。宋张耒《寒食歌》："旧坟新冢累累是，～烧酒何人家?"晁补之《乌戒》："哭竟，～弃饼而去。"

【趔趄】 liè qiè 犹言踉跄，脚步不稳貌。《元曲选·勘头巾》一折："脚～难支吾，荒兀兀眼朦胧，犹兀自醉醺醺。"明《金瓶梅词话》七四回："只见西门庆扶着来安，打着灯，～着脚儿就往李瓶儿那边走。"清《红楼梦》二四回："两个人共提着一桶水，一手撩衣裳，趔趔趄趄，泼泼撒撒的。"

【劣】 liè ❶ 差；坏；错。《祖堂集》卷一八《赵州和尚》："师云：'以～为宗，不得净胜。老僧是一头驴。'儿子云：'某甲是驴粪。'"《元曲选·汉宫秋》三折："且休问～了宫商，您则与我半句儿俄延着唱。"清《红楼梦》一七至一八回："优则存之，～则删之。" ❷ 乖劣；顽劣。金《董解元西厢记》卷四："欲待逾墙，把不定心儿跳。怕的是，月儿明，夫人～，狗儿恶。"明贾仲明《萧淑兰》一折："若得咱香腮容并贴，玉体肯相沾，怕甚么当家尊嫂恶，恩养～兄严?" ❸ 暴烈；勇猛。《元曲选外编·拜月亭》三折："他便似烈焰飘风，～心卒性，怎禁那后拥前推，乱棒胡枷?"又《三夺槊》二折："论着雄心力，～牙爪，今日也合消，合消封妻荫子，禄重官高。" ❹ 躁动；癫狂。金王喆《蜀葵花》："意马与心猿，牢锁闭，莫放～。" ❺ 顽皮，乖巧。宋辛弃疾《破阵子》："劝酒偏他最～，笑时犹有些痴。"元乔吉《小桃红·花蓝髻》："小鬟新样斗奇绝，学绾同心结。翠织香穿逞娇～，巧堆叠。" ❻ 少。唐李群玉《浔阳观水》："南经梦泽宽浮日，西出岷山～泛杯。"五代贯休《读刘得仁贾岛集》："马病唯汤雪，门荒～有人。" ❼ 仅；刚。唐寒山《吁嗟贫复病》："蓬庵不免雨，漏榻～容身。"宋苏轼《与梁在藏会饮》："彭城老守本虚名，识字～能欺项籍。"清查慎行《梧州》："小舟如箬笼，双膝～能容。"

【劣角】 liè jué 同"劣蹶❶"。金《董解元西厢记》卷一："秀才家那个不风魔?大抵这个酸丁忒～，风魔中占得个招讨。"

【劣蹶】 liè jué ❶ 乖劣；顽劣。明《西游记》二〇回："先锋道：'大王，见食不食，呼为～。'"清《女仙外史》六回："素常公子性极～，到此变得纯粹了。" ❷ 勇猛。明佚名《破天阵》三折："一队队冲开阵角，人～，马咆哮。"

【劣马】 liè mǎ ❶ 瘦弱的马。唐张蠙《投所知》："～再寻商岭路，扁舟重寄越溪滨。"佚名《玉泉子》："皋逐之，使作灵池尉，羸童～，奔迫就限。"宋陈文颢《喜宣义大师英公相访》："闲骑～寻碑去，醉卧荒庐出寺迟。" ❷ 暴烈难驯的马。《元曲选·薛仁贵》三折："与他副弓箭能射，与他匹～能骑，更使着一条方天画戟。"元明《水浒传》四八回："小郎君祝彪骑一匹～，使一条长枪。"清《说岳全传》三五回："后面随着十四五个家将，各各骑着～，手执器械。" ❸ 道家、佛家用以比喻狂躁不宁的心。金王喆《望蓬莱》："未入道，休要执中迷。先且牢擒～子，切须缚住要猿儿，款款做修持。"

【劣马颠猿】 liè mǎ diān yuán 暴烈难驯的马和跳跃不停的猿。道家、佛家用以比喻躁动狂乱、不清净安宁的心。金刘志渊《满庭芳·警堕道者》："漫整巾袍，妄名清净，放搦～，利名丛里，徒衒有因缘。"

【劣器】 liè qì 根器低下者。《祖堂集》卷四《石头和尚》："斯之要旨，岂～之能持?乃佛佛径烛心灯，祖祖玄传法印。"明曹学佺《蜀中广记》卷八五："佛祖大事，非小根～所能造诣。"

【劣缺】 liè quē ❶ 即"劣蹶❶"。金《刘知远诸宫调》二："李洪义、李洪信，如狼虎，棘针棍倒上树，曾想他～名目，向这濃眉尖眼角上存住。"《元曲选外编·拜月亭》三折："那一个爷娘不问迭?不似俺，忒嘽嗻、～!" ❷ 即"劣蹶❷"。《元曲选外编·圯桥进履》三折："今日升帐，帐前排几队勇征夫，帐后列数百英雄将，左队陈～天蓬，右队拥掬搜甲士。"

【劣相】 liè xiàng 乖劣；不通情理。金《董解元西厢记》卷四："照人的月儿怎得云蔽却?看院的狗儿休唱叫，愿～夫人先睡着。"又卷五："谁指望是他～的心情先改，想咱家不枉了为他害。"明孟称舜《娇红记》四一出："书生行自古多～，全不念去日风光。"

【劣性】 liè xìng ❶ 谦称自己的禀性、个性。宋欧阳修《与姚编礼》："只是～刚褊，平生吃人一句言语不得。" ❷ 暴烈性格；恶劣性格。《元曲选外编·单刀会》一折："那汉酒中～显英豪，圪塔的揪住宝带，没揣的举起钢刀。"明《金瓶梅词话》四三回："繁花满目开，锦被空闲在，～冤家，误得我忒毒害!"清《隋唐演义》九回："叔宝感柳氏之贤，不好在两个～朋友面前说王小二的过失处。"

【猎涉】 liè shè 即涉猎，粗略的阅读。宋欧阳修《后汉竹邑侯相张寿碑》："博物多识，～传记，临疑独照，确然不挠。"《朱子语类》卷五二："此章须从头节节看来看去，首尾贯通，见得活方是，不可只略～，说得去便是了。"明王慎中《寄道原弟书一》："我旧日为曹官，亦只是以作文赋诗为第一义，故于本朝事体，诸司职事不甚通晓。后来虽稍闻知亦只是～泛滥，不为精切也。"

【鬣睍】 liè niè 视力低弱、眼睛眨动貌。禅家每以眼睛眨动喻法眼未明。宋《汾阳禅师语录》卷下："挑摘教君子细看，～眼睛阿谁识?"按，鬣，通"䁽"。《广韵·叶韵》："䁽，目暗，良涉切。""睍"字原误作"聂"，今改正。《集韵·叶韵》："睍，目动，昵辄切。"

lie

【咧】 lie 语气助词，相当于"了""呢"。清《红楼梦》六回："一早就往这里赶～，那里还有吃饭的工夫～。"《姑妄言》九回："气杀俺～!"

lín

【邻保】　lín bǎo　邻居；邻舍。古代户籍及治安管理，“四家为邻，五家为保”（《旧唐书·食货志》），因称“邻保”。唐王梵志《家口总死尽》：“托生得好处，身死雇人埋。钱遣～出，任你自相差。”宋《五代史平话·汉上》：“孝义县知县览阿苏词状，唤集～并刘光远，当厅审问。”清于成龙《忍字歌》：“牵累父母与妻孥，株连证佐及～。”

【邻并】　lín bìng　❶ 邻居；邻舍。唐贾岛《题李凝幽居》：“闲居少～，草径入荒园。”明沈周《十八邻》：“比比托～，相好逾百年。”清汤右曾《次新城先生韵》：“诗人好～，白雪旧楼前。”❷ 相邻而居，做邻居。五代齐己《湖西逸人》：“君能许～，分药斸春畦。”明何景明《十月四日过良伯》：“～常杯酒，寒天尚菊花。”清王士禛《喜羡门阁学卜邻之作》：“望衡乍喜相～，可许谈诗坐夜分。”

【邻封】　lín fēng　邻近的地区。可指邻国、邻县等。唐陆龟蒙《奉和酒中十咏·酒乡》：“谁知此中路，暗出虚无际。广莫是～，华胥为附丽。”元德辉《敕修百丈清规》卷三：“发书请人主丧，须诸山名德、～老成，或法眷尊长，或只本寺首座。”清查慎行《初入東鹿境》：“～纷水旱，容易得丰年。”

【邻近】　lín jìn　❶ 邻居；附近的人家。唐张鷟《朝野佥载》卷四：“后～失布者诬景逸盗之，系南康狱，月餘劾不承。”宋王明清《投辖录·沈生》：“至晓，但见各坐一椅子，败屋数间之下，向来所睹悉皆不见。亟走以问～，皆曰：‘某氏之废宅，久无人居。’”沈作喆《寓简》卷一：“举子奸计，多占～户籍，至有三数处冒试者。”❷ 附近。宋包拯《请令提刑亲案罪人》：“又～春州禁勘罪人，追捕甚众，缧系二百餘日。”明《英烈传》一四回：“～有个土地庙。”清宋荦《请察道府钱粮疏》：“责成该管各道察盘转报，如无道员管辖之府，委令～道员察盘。”

【邻右】　lín yòu　邻居；邻舍。宋张世南《游宦纪闻》卷三：“绍兴兵火末，（苏翁）来豫章东湖南岸结庐独居，待～有恩礼。”明曹于汴《贺邑贰尹定宇贾父母擢尹餘庆序》：“一登仕版，鲜有轸民之隐者。岂啻不轸其隐，且朘其脂膏焉。辇金载玉自不之丑，亲戚～亦鲜为之丑也。”清储大文《阳曲醇行振公张先生墓志铭》：“～某利先生宅，会虞庠公贷银百四十四铢，某久置不问。比虞庠公卒，迫索之。”

【邻佑】　lín yòu　同“邻右”。《元典章·刑部十八》：“如有隐藏或违限不解赴官，许～诸人首告。”明《金瓶梅词话》五三回：“不要说一家的事，就是～人家，还要看看。”清于成龙《弭盗安民条约》：“倘先事不能知觉，临时不肯救援，以致盗贼入栅，劫去财物、拷伤失主者，～并巡夜守栅人等及保甲长一并究治。”

【邻左】　lín zuǒ　犹“邻右”。宋洪迈《夷坚志》丁卷九：“府移文下邳，即其居访逮～，验为平民。”元李存《送薛玄卿入朝序》：“君之往来京师也数矣，虽万里若适～。”明朱安侃《甄义士》：“～有王饼师者，生于大河之南，侨居临清，以鬻饼为业。”

【鄰皴】　lín cūn　同“鳞皴”。宋《如净禅师续语录》：“拈拄杖云：‘天台榔栗黑～。’”

【鳞差】　lín cī　犹“鳞次”。唐白居易《想东游五十韵》：“～渔户舍，绮错稻田沟。”宋史弥宁《六亭》：“上有蝉联百雉之粉堞，下有～万瓦之晴烟。”明任瀚《果州浮梁记》：“任望之若井干银床，～陆历。”

【鳞次】　lín cì　如鳞片依次排列。唐玄奘《大唐西域记》卷九：“温泉左右诸窣堵波及精舍基址～，并是过去四佛坐及经行遗迹之所。”宋《三朝北盟会编》卷二〇四：“行队方～于门外，而第四队周成先入，行队皆入。”清汪由敦《题陈笋湄给事桃源图小照》：“阡陌旷交通，良田近～。”

【鳞皴】　lín cūn　表面粗糙、多皱裂貌。唐白居易《有木诗》之六：“彩翠色如柏，～皮似松。”宋《虚堂和尚语录》卷一：“除夜小参，拈拄杖：‘……及乎世界成立，佛祖出兴，依旧鳞鳞皴皴，栗栗榔榔。’”清弘历《陆羽泉》：“～石壁贮渟流，绠汲罍瓶百尺修。”

【鳞皴】　lín cūn　同“鳞皴”。宋岳珂《桯史》卷一三：“有士人携一古琴，……其名曰‘冰清’，断纹～，制作奇崛。”

【鳞鬣】　lín liè　❶ 鱼的鳞和鳍；龙的鳞和鬣。唐白居易《初加朝散大夫又转上柱国》：“得水鱼还动～，乘轩鹤亦长精神。”清查慎行《鸡鸣关》：“潜蛟曝～，苍兕立岩岫。”　❷ 指鱼或龙。五代齐己《池上感兴》：“碧底红～，澄边白羽翰。”宋欧阳修《和出省》：“共向丹墀侍临选，莫惊～化风雷。”清查慎行《鱼灯》：“～妆成画不如，竿头擎出晚晴初。”　❸ 喻指松树的树皮、枝杈和针叶。宋《虚堂和尚语录》卷七：“蛟干虬枝巧作蟠，鳞鳞鬣鬣自生寒。”明吴承恩《画松》：“～如有声，饥蛟对相语。”清汪琬《题画松》：“鹳鹤忽来云冉冉，～欲动烟霏霏。”

【麟凤】　lín fèng　麒麟与凤凰，喻才学超群者。五代陈陶《闲居杂兴》之二：“中原莫道无～，自是皇家结网疏。”元张昱《辞答张太尉见招》：“风云天上浑无定，～人间不受羁。”清汪由敦《寄吴门沈颍谷》：“诏书屡下网～，掉头不应宏词科。”

【林郎】　lín láng　即“林浪”。《元曲选·对玉梳》三折：“转过这山额角生凄惨，见一簇恶～黑模糊，不由我心儿里猛然添怕惧。”

【林琅】　lín láng　即“林浪”。《元曲选外编·三战吕布》三折：“恰离了军阵中，早来到～里。”

【林榔】　lín láng　即“林浪”。元施惠《幽闺记》二二出：“既不曾忘，可记得～中的言语来？”又二六出：“正行里喊声如雷震，无处藏隐，急向～中躲，道途上奔。”

【林浪】　lín làng　树林；丛林。唐陆龟蒙《樵人十咏·樵径》：“争推好～，共约归时节。”宋佚名《张协状元》八出：“～里假装做猛兽，山径上潜等着客人。”《元曲选·救孝子》二折：“听说～中一个尸骸，准是我那女孩儿的。”

【林落】　lín luò　即“林浪”。元曾瑞《端正好·自序》：“携壶策杖穿～，临风对月闲吟课。”

【倯】　lín　愚蠢；呆。元乔吉《山坡羊》之二：“妆呆妆～，妆聋妆哑，人生一世刚图甚？”参见“老林”。

【淋汗】　lín hàn　冲凉。元德辉《敕修百丈清规》卷四：“凡遇开浴，斋前挂开浴牌。寒月五日一浴，暑天每日～。”

【淋琅】　lín láng　即“淋浪❶”。《元曲选外编·西游记》五本二〇出：“～般雨势相催。”

【淋浪】　lín làng　❶ 犹“淋漓❶”。唐李白《幽涧泉》：“客有哀时失职，而听者泪～以沾襟。”明沈璟《义侠记》三二出：“这一条血路广，染衣衫犹自～。”清查慎行《晚泊周店雷雨大作》：“已作回风半日凉，忽闻雷雨洒～。”　❷ 犹“淋漓❷”。宋王安石《和王司封会同年》：“直须倾倒樽中酒，休惜～座上衣。”金刘涛《送王钝叔守曹州》：“遥知别后诗成处，醉袖～密炬红。”　❸ 犹“淋漓❸”。宋王安石《信州回车馆中作》之二：“山木漂摇卧弋阳，因思太白夜～。”金刘仲尹《鹧鸪天》之一：“谁能载酒陪花使，终日寻香过苑墙。……三吴清兴入～。”清彭孙遹《沁园春·偶兴和阮亭》：“醉来泼墨～，邀星渚支机作报章。”

【淋漓】 lín lí ❶形容湿淋淋地往下流滴。唐李邕《石赋》：“若乃苔藓剥落，雨露～，冰碧藻曜，绘画纷披。”《元典章·刑部十九》：“自以短刀贯透其臂，血刃～。”清《红楼梦》二七回：“香汗～，娇喘细细。” ❷沾湿貌。唐韩愈《醉后》：“～身上衣，颠倒笔下字。”元明《水浒传》三一回：“却见哥哥从小路来，身上淋淋漓漓都是血迹。”清查慎行《秀野草堂图歌》：“我是当年入座人，～衫袖梨花春。” ❸形容酣畅。多指写字、饮酒等。唐杜甫《奉先刘少府新画山水障歌》：“元气～障犹湿，真宰上诉天应泣。”宋陆游《哀郢》之二：“～痛饮长亭暮，慷慨悲歌白发新。”清汪由敦《题赫尚书仿高房山雨景》：“～元气尚书笔，襄阳父子称入室。”

【啉】 lín 同“倷”。《元曲选外编·西厢记》三本四折：“足下其实～，休妆唔，笑你个风魔般的翰林。”元刘庭信《折桂令·忆别》：“想那厮胡做胡行，妆～妆呆。”

【琳琅】 lín láng 即“林浪”。元明《水浒传》一一八回：“我如今不管他埋伏不埋伏，但是于路遇着～树木稠密去处，便放火烧将去。”

【临逼】 lín bī 紧逼；逼迫。《册府元龟》卷四四四：“俄而雨水暴长，所竖木上皆通船过，灵洗乃以大舰～，拍干打楼，应即摧碎。”《元曲选·鲁斋郎》二折：“这都是我缘分薄，恩爱尽，受这等死～。”明归有光《上总制书》：“……而有司类皆庸懦，方其～，即束手兢兢；幸其稍退，便高枕泄泄。”

【临分】 lín fēn 临分手；临别。唐李白《送别》：“惜别倾壶醑，～赠马鞭。”宋苏轼《送欧阳推官赴华州监酒》：“～出苦语，愿子书之笏。”清厉鹗《广陵送寿门游河东》：“共话风尘里，～克后期。”

【临后】 lín hòu 后来；后面；最后。宋《三朝北盟会编》卷八二：“二十一日再唤观察去理会事，甚多时，～只见观察共李侍郎高声骂詈出来，言语学不得。”《元曲选外编·符金锭》四折：“他～怎么去了来？”清《豆棚闲话》四则：“每人说了许多，～一人，说到伤心之处，恨不在地下挖他做官的起来。”

【临嫁医瘿】 lín jià yī yǐng 临出嫁前才急治瘿瘤。喻平时无备，事到临头已来不及处置。瘿，脖颈上的肿瘤。《五灯会元》卷二〇《白云守端禅师》：“今日到三峡会里，大似～，卒着手脚不办。幸望大众不怪！”宋《虚堂和尚语录》卷八：“白云则曰：‘大似～，卒着手脚不办。’”

【临镜】 lín jìng 对镜；照镜子。唐杨炯《浮沤赋》：“细而察之，若美人～开宝匳。”元高明《琵琶记》八出：“～理笄总，随君问高堂。”清《绿野仙踪》五〇回：“每晨起～，未尝不欷歔叹悼。”

【临渴掘井】 lín kě jué jǐng 喻平时无备，事到临头才匆忙着手，然已于事无济。语含讥刺意味。《祖堂集》卷一四《江西马祖》：“四十年来贪讲经论，不得修行，如今更修行作什摩？～有什摩交涉？”明《封神演义》三五回：“一着空虚百着空，～，悔之何及！”清胤禛《朱批谕旨》卷一上：“汝前此洋船之严饬，目今徐州之防范，率皆～。可见平时总未萦心。”

【临老】 lín lǎo 到老；老时。唐白居易《赠晦叔忆梦得》：“自别崖公四五秋，因何～转风流？”宋杨万里《过瘦牛岭》：“平生岂愿乘肥马，～须教过瘦牛。”清查慎行《病风》：“香山～愁风痹，昭谏多时患臂挛。”

【临了】 lín liǎo 到最后；结果。宋曹勋《山居杂诗》：“忽然积习处，相逢吐胸臆。～一句子，会心极得力。”元许衡《鲁斋遗书》卷四：“明德、新民，譬如两件物，明德便是本，新民便是末，‘终’是～，‘始’是初起。”清《醒世姻缘传》三回：“把这样一个极好的醮事，～被那一个歪和尚弄得没有光彩。”

【临鸾】 lín luán 即“临镜”。鸾，指饰有鸾凤图案的妆镜。宋魏夫人《江城子·春恨》：“别郎容易见郎难，几何般，懒～。”佚名《张协状元》一三出：“仗托云鬟粉面，使婢随侍，～照时，那饰容都是它辈承直。”清董以宁《青玉案·索镜》：“～一拂，烟鬟香溜，风月才依旧。”

【临末】 lín·mò 犹“临了”。清《野叟曝言》三七回：“鸾吹红了双颊，百不肯饮，只得罢了。～轮着湘灵。”又八九回：“～，尹雄旗一撇，八门中宫一队兵马，忽地杀出阵去，那八门便复连成一字长蛇阵。”

【临末了】 lín mò liǎo 犹“临了”。明贾凫西《历代史略鼓词·正传》：“～好躲难的扬州又失了手，教人家担头插尽江南花。”清《补红楼梦》四二回：“外面专养这个的人开个闸儿，斗上百上千的输赢呢。到了～儿，将军圆盆还唱戏贺喜呢！”

【临年】 lín nián 老年。《敦煌变文校注》卷五《维摩诘经讲经文(三)》：“少时还美妙，丑拙是～。”元段成己《萧少府挽词》：“萧君母氏在堂，～而失贤子。行道之人闻之，为之出涕。”明顾璘《哭景伯时中允》：“中允璠玙器，～失庙廊。”

【临盆】 lín pén 指分娩。明《金瓶梅词话》三〇回：“要祈子母平安，～有庆，坐草无虞。”《古今小说》卷二九：“夫人～分娩，生下一个女儿。”清《野叟曝言》七一回：“子在母腹，十月胎生。这十月内，始则吞酸呕吐，饮食不思；继则腹重腰疼，坐卧不适；后则～坐蓐，痛苦难当。”

【临期】 lín qī 到时；(临到)其时。宋周密《癸辛杂识》别集卷下：“俾各人亲书家状于历首，以为字迹之验，不许～陈状改易。”元明《水浒传》七四回：“都不要猜，～便见。”清《醒世姻缘传》四一回：“师娘且把三吊多钱拣要紧的置办，别的到～待俺们处。”

【临岐】 lín qí 临别之时。唐高適《别韦参军》：“丈夫不作儿女别，～涕泪沾衣巾。”宋黄庭坚《昼夜乐》：“夜深记得～语：说花时、归来去。教人每日思量，到处与谁分付？”清查慎行《任可将归有诗留别次韵奉送》之一：“来何草促去何轻，话到～百感生。”

【临日】 lín rì 犹“临期”。唐白居易《议婚》：“绿窗贫家女，寂寞二十餘。荆钗不直钱，衣上无真珠。几回人欲聘，～又踟蹰。”清《红楼梦》五九回：“～，贾母带着蓉妻坐一乘驮轿，王夫人在后，亦坐一乘驮轿，贾珍骑马率了众家丁护卫。”

【临时】 lín shí ❶临到事情发生之时；事到临头。《敦煌变文校注》卷五《双恩记》：“臣虽设计尽卑怀，去住～好剸裁。”元明《水浒传》二五回：“好却是好，只是奴手软了，～安排不得尸首。”清储大文《书胡宗愈札子后》：“既无素养之才，悉为苟合之士。～选用，或非其人。” ❷根据情况；契合时机。《五灯会元》卷一八《南台允恭禅师》：“放行把住，一切～。”又卷二〇《天童咸杰禅师》：“如王秉剑，杀活～。” ❸即时；此时。元明《三国演义》八二回：“孙桓竖子，死在～，尚敢抗拒天兵乎？”

【临时到节】 lín shí dào jié 事到临头。明《金瓶梅词话》六二回：“你不早早与他看一副材板儿来预备着他，直到那～热乱。”

【临潼斗宝】 lín tóng dòu bǎo 传说春秋时秦穆公欲称霸天下，约各诸侯国到临潼比赛宝物。喻指争强赌胜。临潼，县名，在今陕西省内。《元曲选·伍员吹箫》一折：“自从～之后，谁想太傅伍奢无礼。”明汤显祖《邯郸记》一四出：“俺这里玩波涛，～；你可也展雄样，逞英豪。”清《红楼梦》七五回：“于是天天宰猪割羊，屠鹅戮鸭，好似～一般，都要卖弄自己家的好厨役好烹庖。”

【临头】 lín tóu （某事）落到身上。多指不幸之事。元郑廷玉《楚昭王》三折："急煎煎死～，眼睁睁活受苦。"明杨寅秋《答李司理》："即一时流言浪传，不妨驰教同舟共济，岂待风波～，乃鼓枻哉？"清《醒世姻缘传》六三回："进到自己院内，一个蜘蛛大网，不端不正罩在面上，他也晓得是要晦气～。"

【临行】 lín xíng ❶ 即将出发或离别之时。唐李白《送鲁郡刘长史迁弘农长史》："～赠贫交，一尺重山岳。"宋苏辙《初闻得校书郎示同官》之三："～寂寞空相对，不作新诗奈客何。"清厉鹗《月夜泛舟至西溪山庄》："不待参横后，～一惘然。" ❷ 即将逝世。《祖堂集》卷五《道吾和尚》："打钟三下，便告寂。春秋六十七。～时谓众云：'吾虽西逝，理无东移。'"《景德传灯录》卷一五《洞山良价禅师》："（洞山）曰：'僧家勿事大率，～之际喧动如斯。'至八日，浴讫，端坐长往。"元行秀《从容庵录》九六则："古人坐脱立亡，今人～手忙脚乱。"

lìn

【吝骄】 lìn jiāo 固执己见；骄矜自负。语出《论语·泰伯》："如有周公之才之美，使骄且吝，其馀不足观也已。"宋《朱子语类》卷一二三："相与诘难，竟无深益。盖刻画太精，颇伤易简；矜持已甚，反涉～。"元胡祗遹《容斋记》："正如斗筲之人，～相仍，不能容物，反为人所容。"明冯从吾《与叔吕先生》："大人存诚，心见帝则。初无～，作我蟊贼。"

【赁价】 lìn jià 租金。《唐律疏议》卷四："赁，谓碾硙邸店舟船之类须计～。"《太平广记》卷三四六引《续玄怪录》："适有一夫人自东市赁某驴至此，入宅未还～。"清《醒世姻缘传》一四回："赁了一只民座船，赁了一班鼓手在船上吹打，通共讲了二十八两～。"

líng

【剞利】 líng lì 同"伶俐❶"。《古尊宿语录》卷一一《慈明禅师语录》："问：'昔日灵山分半座，二师相见意如何？'师云：'来风可鉴。'进云：'恁么则大众侧聆，学人礼拜。'师云：'～人难得。'"

【伶变】 líng biàn 同"伶便"。明《金瓶梅词话》一四回："因见春梅～，知是西门庆用过的丫鬟。"清《绿野仙踪》六九回："尊府若有～使女或妇人，叫一个来，我有用处。"

【伶便】 líng biàn 机灵；灵活。明《金瓶梅词话》九五回："你亦发替他寻个城里孩子，还～些。"清《红楼梦》六二回："那葵官本是常刮剔短发，好便于面上粉墨油彩，手脚又～。"

【伶仃】 líng dīng ❶ 形容孤独。宋陆游《幽居遣怀》："斜阳孤影叹～，横按乌藤坐草亭。"《元曲选·倩女离魂》四折："可怜我～也那～，阁不住两泪盈盈。"清查慎行《虞山张文贻乞节母于太君七十寿》："妻无夫，儿无父，襁褓～半生苦。" ❷ 形容瘦弱。《元曲选·岳阳楼》二折："只为你瘦～无人盼，才长大便争攀。"明《金瓶梅词话》九六回："谁人知道我心头，天害的我～瘦。"清嵇永仁《湿地》："馀生粪土寻常事，赢得～傲骨存。" ❸ 摇摇晃晃。元明《水浒传》一一七回："武松醒来，看见左臂已折，～将断。"又六五回："那人钻入舱里来，被梢公一手揪住，一刀落时，砍的～，推下水去。"

【伶工】 líng gōng 艺人；演员。《新唐书·仪卫志下》："～谓夜警为严。"宋吴自牧《梦粱录》卷六："以教乐所～装将军、符使、……门户、神尉等神，自禁中动鼓吹驱祟。"清汤斌《江南镇江府海防同知冉渠吴公墓志铭》："工填词，晚年声律益细。～奏伎点拍失度，即笑语喧阗中，辄指其误。"

【伶利】 líng lì ❶ 同"伶俐❶"。宋《朱子语类》卷三二："仁只似而今重厚底人，知似而今～底人。"明佚名《小儿卫生总微论方》卷二："心气盛者则～，早言笑，形神清而多发；心气怯者则性痴，而迟语，发久不生，生则不黑。" ❷ 同"伶俐❷"。元《农桑辑要》卷二："用水淘过子粒，堆于湿地上，瓦盆覆一夜。次日取出，用小灰搓得～。" ❸ 灵敏。清《八段锦》四段："那瞎子目虽不见，耳朵是～的。"

【伶俐】 líng lì ❶ 机灵；乖巧。宋《朱子语类》卷三九："明道谓曾子'竟以鲁得之'。……有一等～人见得虽快，然只是从皮肤上略过，所以不如他。"元明《水浒传》四九回："原来这乐和是一个聪明～的人，诸般乐品，尽皆晓得，学着便会。"清《红楼梦》三三回："宝玉素日虽然口角～，此时一心却为金钏儿感伤，……只是怔怔的站着。" ❷ 干净；清净。宋《朱子语类》卷一二九："石守道只是粗，若其名利嗜欲之类，直是打迭得～，兹所以不动心也。"宋元《清平山堂话本·李翠莲》："哥嫂休送我自去，去了你们得～。"《元曲选外编·五侯宴》二折："若是我无你个孩儿～些，那其间方得宁贴。" ❸ 爽快；利落。明汤显祖《紫钗记》五二出："要你两头回避，不如死一头～。"清《红楼梦》五一回："你就这么跑解马似的打扮得～的出去了不成？" ❹ 清楚；明白。明《金瓶梅词话》一二回："我的爹爹，你透与奴个～说话，奴死也甘心。"又六三回："正丑时断气，临死还伶伶俐俐说话儿。"清《醒世姻缘传》八二回："朦蔽着叫我准出状去，出票拘人，幸得差人～，暗自销了原票。" ❺ 正当；规矩。多用于否定形式。《元曲选·黄粱梦》二折："我和魏尚书的儿子魏舍，有些不～的勾当。"明《二刻拍案惊奇》卷一五："疑的是妇人家没志行，敢怕独自个一个时候极了，做下了些不～的勾当。"

【伶伦】 líng lún ❶ 本系传说中黄帝时的乐官名，后以代称艺人、演员等。唐沈既济《任氏传》："某，秦人也，生长秦域，家本～。"元赵明道《斗鹌鹑·名姬》："乐府梨园，先贤老郎，上殿～，前辈色长。"清弘历《天籁书屋》："天乐奏天人，宁借～手。" ❷ 演戏；表演。元佚名《错立身》二出："它是～一妇人，何须恁用心，谩终朝愁闷倾。"又四出："老身幼习～，生居散乐。"

【伶透】 líng tòu 聪明；机灵。清《红楼梦》六〇回："有几个～的，见了他们对了口，怕又生事，却拿起脚各自走开了。"又八三回："他也是个～人，自然明白我的话。"

【伶牙利齿】 líng yá lì chǐ 同"伶牙俐齿"。明《欢喜冤家》六回："被吴三～，王卞那里对得他过。"清《后西游记》一〇回："吓得点石与众僧一时妄心尽息，邪念全消，满口～，寂然不敢再辩一字。"

【伶牙俐齿】 líng yá lì chǐ 口齿伶俐，能说会道。《元曲选·张天师》三折："你休那里便～，讲三千四。"清《绿野仙踪》二七回："金不换那个人，外面虽看得～，细相他眉目间不是个有悟心人，日后入道颇难。"

【泠泠】 líng líng 同"零零"。唐李白《赠江油尉》："岚光深院里，傍砌水～。"宋佚名《张协状元》三二出："气长长价吁，泪～价落。"清陆求可《甘州遍·秋情》："风淡淡，水～。手持生绡纨扇，仰面看双星。"

【玲珑】 líng lóng ❶ 灿烂；明彻。唐张鷟《游仙窟》："水精浮柱，的皪含星；云母饰窗，～映日。"宋《朱子语类》卷一二一："所谓虚静者，须是将那黑底打开成个白底，教他里面东西南北～透彻，虚明显敞。"清朱彝尊《七月八日夜对月》："～看不定，试上水晶帘。" ❷ 精巧；细巧。唐苏鹗《杜阳杂编》卷中："轻金冠以金丝结之为鸾鹤状，仍饰以五采细珠，～相续，可高一尺，秤之无二三分。"元古本《老乞大》："秋里系针铁（系腰），寻常的不是，有～花样的。"清陈世祥《南乡子·冬夜》："今夜佩声偏觉冷珊珊，辜负～玉一环。" ❸ 灵活；圆活。唐施肩吾《观叶生画花》："心窍～貌亦奇，荣枯只在手中移。"《元曲选·桃花女》四折："你知我为甚的所事儿～，则我这桃花女元是上天的种。"清嵇永仁《跋徐巨源友评》："文既散朗冷隽，字复本色。其引喻～超脱，直是晋人风味。"

【玲珑剔透】 líng lóng tī tòu ❶ 形容结构奇巧、精致。《元曲选外编·庄周梦》二折："万窍千穴花木主，～人皆许，风流可喜太湖石，曾伴投江浣纱女。"明《西游记》六〇回："忽见一座～的牌楼，楼下拴著那个辟水金睛兽。"清《红楼梦》四一回："刘姥姥因见那小面果子都～，便拣了一朵牡丹花样的。" ❷ 形容聪明机灵，明白事理。清《醒世姻缘传》二三回："说到种地做庄家，那心里便～的，一说到书上边去，就如使二十斤牛皮胶把那心窍都胶住了的一般。"《绿野仙踪》一七回："你原是～的人，一点就转。"

【聆胧】 líng lóng 同"玲珑❷"。《敦煌变文校注》卷一《伍子胥变文》："金甲～，银鞍焕烂，腾踏山林，奔波闹乱。"

【铃杵】 líng chǔ 一种有柄的铃。系僧道所用法器。《续资治通鉴长编》卷三七五："依嘉祐编敕法，除诸军官员器用鞍辔及寺观士庶之家古器、佛道功德像、钟磬、铙钹、～、相轮、照子等许存留外，餘铜器限一百日赴官送纳。"元明《水浒传》四五回："那海阇黎越逞精神，摇着～，念动真言。"清弘历《宋人十八应真赞·第四嘎礼嘎尊者》："金刚～，左右分持。杵寓智能，铃寓慈悲。"

【铃柝】 líng tuò 铜铃、木梆等响器。多用作夜间报更或报警等。明《梼杌闲评》三八回："萧条圜土已三更，～时传四壁声。"清汪由敦《斋次见新月》："梦惊～初更急，寒薄衾裯五夜深。"

【羚羊挂角】 líng yáng guà jiǎo 传说羚羊夜宿防患，角挂在树上，脚不着地面，无踪迹可寻。 ❶ 禅宗语录常用此语，喻悟道不凭借语言文字、知识见解。《景德传灯录》卷一六《雪峰义存禅师》："我若东道西道，汝则寻言逐句。我若～，汝向什么处扪摸?"《五灯会元》卷二〇《东禅思岳禅师》："若论直指人心，见性成佛，大似～，猎犬寻踪。"明宗泐《钦和御制山居诗赐灵谷寺住持》："谁识千峰顶上幽，～没踪由。" ❷ 喻意境超脱，不着形迹。宋严羽《沧浪诗话·诗辩》："诗者，吟咏情性也。盛唐诸人，唯在兴趣，～，无迹可求。故其妙处，透彻玲珑，不可凑泊。"清吴雯《万汇庵诗序》："故诗之为道，必有妙于色相之外者始为上品，为绝调，～，无迹可求。岂可以思议及，岂可以语言索哉?"

【詅】 líng 夸饰货物以求出售。宋周密《齐东野语》卷二〇："子稍长，～鬻于市。"《集韵·青韵》："～，炫也。"

【零】 líng ❶ 零碎；琐碎。宋晁补之《晁氏客语》："荆公凡处事，必要经据。托人卖金，～卖了，铢两不足，甚怒。"明《醒世恒言》卷三五："闻得献世保要卖一千亩田，实价三千餘两，不信他家有许多银子？难道献世保又～卖一二十亩?"清《红楼梦》六九回："况胎已打下，无可悬心，何必受些～气？不如一死倒还干净。" ❷ 零餘；剩下的零数或小数。宋元《清平山堂话本·杨温传》："茶博士抖那钱出来数了，使索子穿了有三贯钱，把～钱再打入竹筒去。"明《老乞大谚解》卷下："委实没许多好银子，敢则到的九十两，那～的二十八两，与你青丝如何?"清《醒世姻缘传》一五回："梁生二人一封封递将过去，要留下那三十两～头。晁大舍道：'连那三十两都凑在里边罢了。'" ❸ 表示数量。a）置于数词之后，表示有零头、零数。宋包拯《再举范祥》："二年计增钱五十一万六千贯有～。"明《拍案惊奇》卷一九："如此过了两年有～。"清《红楼梦》二四回："这是十五两三钱有～的银子，便拿去治买东西。"b）置于两个数词之间，表示后面的数是前数的零数。《元曲选·陈州粜米》楔子："湛湛青天则俺识，三十六丈～七尺。"明《西游记》九回："未时落雨，申时雨止，却只得三尺～四十点。"清《红楼梦》一回："原来女娲氏炼石补天之时，于大荒山无稽崖炼成高经十二丈，方经二十四丈，顽石三万六千五百～一块。"

【零丁】 líng dīng ❶ 同"伶仃❶"。唐陈子昂《为人陈情表》："臣又尩羸，少多疾病，～孤苦，仅得成人。"宋文天祥《过零丁洋》："皇恐滩头说皇恐，零丁洋里叹～。"清厉鹗《题三弟子山遗诗后》："予少遭孤露，弟仅六龄。～危苦，相依至今凡二十一年。" ❷ 同"伶仃❷"。宋欧阳修《蔡州再乞致仕第一表》："新春以来，旧苦增剧，中痟渴涸，注若漏卮。弱胫～，兀如槁木。"明《二刻拍案惊奇》卷三五："不诓一出门担阁了这些时，那小猢狲不要说急死，饿也该饿得～了。"

【零零】 líng líng 水珠滴落貌。五代冯延巳《酒泉子》："迢迢何处寄相思？玉筯～肠断。"明薛瑄《题思颜卷》："～雨露滋，肃肃霜气寒。"清弘历《船窗夜雨之作》之二："～淅淅滴波声，妙写溟蒙杳霭情。"

【零落】 líng luò ❶ 衰颓；败落。唐杜甫《有叹》："壮心久～，白首寄人间。"明《醒世恒言》卷三二："原是阀阅名门，因父母早丧，家道～。"清厉鹗《冬日重游大涤洞天得诗》之三："玉殿无尘渐～，紫芝碑在岁时销。" ❷ 掉落；遗失；散失。《敦煌变文校注》卷二《韩朋赋》："书若有感，直到朋前；书若无感，～草间。"宋叶梦得《避暑录话》卷下："丧乱以来，图籍～。今岁曝书追寻，尚有前日之半。"清《豆棚闲话》四则："或者一大部几十套的，先～了几套。" ❸ 飘零。唐李白《赠王判官》："昔别黄鹤楼，蹉跎淮海秋。俱飘～叶，各散洞庭流。"宋梅尧臣《送胥平叔寺丞赴洛》："于今～二十载，纵在各各叹二毛。"清彭孙遹《感事》："十年～舞衣尘，绣像名经了净因。" ❹ 散乱；杂乱。宋元《古今小说》卷二四："等至三更前后，香残烛尽，杯盘～。"《元曲选·荐福碑》三折："涧水煎茶烧竹枝，袈裟～任风吹。"清《野叟曝言》三回："看到近堤一带，忽有画舫，底已朝天，舱门窗槅，～漂流。" ❺ 稀疏；稀稀落落。唐白居易《与梦得偶同到敦诗宅》："履道凄凉新第宅，宣城～旧笙歌。"宋文同《送通判喻郎中》："前年为郡得陵时，不谓其州陋如此。萧条官宇岩岭上，～民家坑谷里。"清汪琬《葺理山庄讫有感》："帷惭衰态剧，～镜中丝。" ❻ 剩下的；残剩的。唐白居易《南亭对酒送春》："同年登第者，～无一分。"宋戴昺《五禽言》之四："小姑织绢未落机，县家火急催官赋。输了官赋无～，破裤破裤还更着!"清汪琬《闻计孺子殇寄甫草》之二："带草侵阶树拂檐，架中～旧牙签。" ❼ 稀散；零碎。元明《三国志通俗演义》卷一三："零零落落，剩了五六十骑，连夜奔走。"明《二刻拍案惊奇》卷一："辨悟在道人手里接过包来，打开看时，多是～的旧纸。"清《呼家将》三八回："那呼家弟兄同这两位公主，杀得庞家的人马东奔回窜，～，四散奔逃。"

【零碎】 líng suì ❶ 零散细碎；零乱破碎。唐白居易《题州北路傍老柳树》："雪花～逐年减，烟叶稀疏随分新。"宋《朱子语类》一二一卷："《语》《孟》《六经》许多道理不说，恰限说这个。纵那上有些～道理，济得甚事?"清《红楼梦》四七回："只见薛蟠衣衫～，面目肿破。" ❷ 指零散细碎的物品，常指小杂货。《元曲选外编·黄花峪》二折："我打扮做个货郎儿，担着些～去寻那个艳质。"明《警世通言》卷二八："原来自趱得些私房，如今教我倒换些～使用。"清《醒世姻缘传》二五回："薛教授兑足了五百两买布的本钱，又五十两买首帕、汗巾、暑袜、麻布、手巾、～等货。" ❸ 零散地;一点一点地。明《金瓶梅词话》一〇〇回:“身边带着些细软钗梳,都在路上～盘缠。”清《醒世姻缘传》五〇回:“就是二三百两也可,待我～再换。” ❹ 啰唆;唠叨。清《照世杯·七松园》:“老鸨手也光棍了,眼也势利了,口也～了。”

【零替】 líng tì 衰落;衰败。《太平广记》卷一二三引《阴德录》:“某谢去人世数载,得居冥职。自弃掷妻孥,家事～。”金《董解元西厢记》卷一:“父拜礼部尚书,薨。五七载间,家业～。”清姜宸英《徐母李孺人寿序》:“是时吾乡承兵燹后,巨宗势族,日就～,大理公之旧业,已不可问。”

【零细】 líng xì 零碎;稀散。也指零碎、稀散的事物。宋《建炎以来繫年要录》卷一〇一:“三则人得交子,不可～而用,或变转,则又虑无人为售。”明《拍案惊奇》卷二:“银子交库给主,及～使用多完备了,然后起程。”清《荡寇志》七七回:“两个包裹两个人背上,一切～,提的提,肩的肩,抢得罄净。”

【灵】 líng 对死者遗体的讳称。俗以为人死后尚有灵魂存在,故称。也指灵位、灵柩等。宋《虚堂和尚语录》卷一〇:“十月帝崩,召师入内,对～普说,两宫宣赉优渥。”元明《水浒传》二五回:“王婆取了棺材,去请团头何九叔。但是入殓用的,都买了,并家里一应物件,也都买了。就叫了两个和尚,晚些伴～。”清《红楼梦》一四回:“那贾珍因见发引日近,亲自坐车,带了阴阳司吏,往铁槛寺来踏看寄～所在。”

【灵杯】 líng bēi 即“杯珓”。因信其灵验,故称。宋佚名《张协状元》一六出:“～不许后,叫我怎生留?”

【灵变】 líng biàn 机变;灵活。金《董解元西厢记》卷七:“所为身分,举止得人嫌,事事不通疏,没些～。”明魏学洢《五朝文略序》:“又有佻达者以～自憙,譬如轻俊子弟,有谐谑而无庄语,有疾趋而无雅步,端士弗之钦也。”清《水浒后传》二〇回:“他两个心机～,又有一身本事,决不妨事。”

【灵便】 líng biàn ❶ 机敏;灵活。《元曲选·酷寒亭》三折:“那孩儿～口喽啰,且是会打悲阿。” ❷ 灵活;方便。清雍正十三年《浙江通志》卷九二:“支河窄港,非大艘所能游行,尾大篷高,又驾驭不甚～。”《野叟曝言》四回:“一直背过穿廊,觉得自己足如重茧,跨步很不～。”

【灵辩】 líng biàn 机敏的辩说。《景德传灯录》卷二八《药山惟俨和尚》:“～滔滔,譬大川之流水;峻机迭迭,如圆器之倾珠。”

【灵床】 líng chuáng 安放灵牌、供品以祭祀死者的几案。《敦煌愿文集·脱服文》:“～顿遣,慕恋难穷;灵凡已除,吴(昊)天罔极!”元明《水浒传》二六回:“(武松)隔桌子把这妇人轻轻地提将过来,一跤放翻在～面前。”清《儒林外史》五回:“把那个干枣子装了一盘,同赵氏放在灵前桌上,伏着～子,又哭了一场。”

【灵达】 líng dá 聪敏而通达。宋赵与时《宾退录》卷五:“二女～,鉴通无方,尚能以鸟工龙裳救井廪之难,岂当不能自免于风波,而有双沦之患乎?”明李梦阳《鹊赋》:“性～而好静,恒相时而豫移。知多风之害患,则徙巢于下枝。”

【灵动】 líng dòng ❶ 灵活;灵巧。明方以智《通雅》卷五〇:“齿为中门,舌为转键,独能出入～,与齿相切。”清李光地《榕村语录》卷一九:“邵康节‘有水园亭活,无风草木闲’二句极好。人心存在这里,如有源头活水,无处不～。自己心里不作风波,自然所遇皆安静。”《绿野仙踪》五四回:“有那～知窍的官儿,孝敬赵文华若干,与跟随的人若干。” ❷ 灵验;显灵。明《警世通言》卷三五:“如冷庙泥神,朝夕焚香拜祷,也少不得～起来。”

【灵方】 líng fāng 仙方;妙方。《敦煌愿文集·患文(斯4537)》:“忽值微疴,乖违动止。服～而未损,轸虑辰(晨)宵;仰法药而疼除,是投三宝。”明祝允明《危机》:“欲免虞罗惟一字,～千首不如归。”清朱彝尊《携李赋》:“获要术于齐民,授～于老圃。”

【灵感】 líng gǎn 灵验。元郑廷玉《冤家债主》四折:“咱共婆婆两口儿虔心烧香,想神圣也多～呵。”明《醒世恒言》卷二六:“山上有座庙宇,塑着一位老君,极有～。”清弘历《上天竺》:“～无不应,香市倾城走。”

【灵骨】 líng gǔ 僧人尸体焚化后残存的骨头。《祖堂集》卷五《道吾和尚》:“后焚得～一节,特异清莹,其色如金,其声如铜。”元耶律楚材《和公大禅师塔记》:“师俗寿四十六,僧腊一十六。其徒迎其～藏于万寿祖茔之侧。”清吴伟业《香山白马寺巨冶禅师教公塔铭》:“正道既以师命继白马席,爰率同衣,于甲辰八月二十五日瘗～于香山西麓,遵遗意也。”

【灵怪】 líng guài ❶ 聪明机灵。清《红楼梦》八四回:“要赌～儿,也和宝丫头不差什么;要赌宽厚待人里头,却不济他宝姐姐有耽待,有尽让了。” ❷ 以神灵鬼怪为题材的一类话本故事。宋耐得翁《都城纪胜·瓦舍众伎》:“一者小说,谓之‘银字儿’,如烟粉、～、传奇。”吴自牧《梦粱录》卷二〇:“说话者谓之‘舌辩’,虽有四家数,各有门庭。且小说名‘银字儿’,如烟粉、～、传奇。”

【灵官】 líng guān ❶ 仙官,特指道教的护法神王灵官。元明《水浒传》一三回:“行不到三二里,早到～庙前,见殿门不关。”明《警世通言》卷四〇:“面乌乌赵玄坛般黑,身挺挺邓天王般长,手持张翼德丈八长枪,就好似斗口～的形状。”清毛奇龄《募装北岭王天君减像序》:“而火德最神,道家称之为～。或曰:道书曰～,本王氏名善即王天君者。” ❷ 明代所设的道官。明《西洋记》九回:“却说三茅山的正～也是从八品的官,副～也是从九品的官。”清《野叟曝言》八一回:“又一个夹袋内谕帖:谕提点聂元,限二十四日酉初,大安门取齐,听有暗号,至大丰仓放火,会同正～潘一性,截杀救火兵将,赴无碍真人行营缴令。”

【灵利】 líng lì ❶ 同“伶俐❶”。《祖堂集》卷一五《南泉和尚》:“我初住庵时,有个～僧,如今却不见。”宋黄庭坚《两同心》:“许多时,～惺惺,蓦地昏沉。”明李东阳《钝赋》:“余窃悲机巧之竞进兮,性～而激昂。” ❷ 同“伶俐❷”。宋《朱子语类》卷一五:“意诚后,推荡得渣滓～,心尽是义理。”

【灵牌】 líng pái ❶ 为纪念、祭祀死者而制作的牌子,上写有死者姓名。元明《水浒传》二六回:“再说那妇人归到家中,去槅子前面设个～,上写‘亡夫武大郎之位’。”明《金瓶梅词话》八回:“大娘子请上几位众僧来,把这～子烧了。”清《绿野仙踪》九〇回:“蕙娘深悔何氏死于己手,虽冷于冰字内有偿还命债之说,他心上总放不过去,回家设立～,岁时必亲自供献。” ❷ 道士做法事时敲击的向鬼神发令的牌子;令牌。明《醒世恒言》卷三四:“卜才见大尹像道士打～一般,把气拍一片声乱拍乱喊,将魂魄都惊落了。”

【灵鹊】 líng què 即喜鹊。俗谓鹊鸣为喜事预兆。五代王仁裕《开元天宝遗事·灵鹊报喜》:“时人之家闻鹊,皆为喜兆,故谓～报喜。”元萨都剌《题鸦浴池》:“银河～渡夜影,月窟老兔时濡须。”清查慎行《雨后过南鸦口》:“似闻～语,报我过南鸦。”

【灵山】 líng shān 印度灵鹫山的简称。位于古印度王舍城附近,传说释迦牟尼佛曾在此山说法,并向摩诃迦叶传付禅法。唐白居易《翻经台》:“一会～犹未散,重翻贝叶有来由。”《祖堂集》卷一一《齐云和尚》:“世尊～说法之后,付嘱摩诃迦叶,祖祖相继,法法相传。”清玄烨《五台山白云寺碑文》:“三明阐教,弘尘海之津梁;八正开宗,示～之门阈。”

【灵神】 líng shén ❶ 神灵;神仙。元郑廷玉《冤家债主》四折:"谁不道～有验,正直无私,劝化的人心慈,便道东岳新添速报司。"元明《三国演义》一一六回:"数万阴兵绕定军,致令锺会拜～。"清胤禛《朱批谕旨》卷一七四:"再,南省所称海洋～,惟天妃为最,历朝俱有褒崇。" ❷ 灵验。明《西洋记》三〇回:"羊角仙人看见两个宝贝都不～,心里慌了。"

【灵圣】 líng shèng ❶ 神灵所显的感应;灵验。元《武王伐纣平话》卷上:"姜皇后听得太子所说,便显～去空中。"郑廷玉《冤家债主》四折:"降灾祸来疾追魂使,显～的尊神信有之。"清《醒世姻缘传》六二回:"这乌大王极有～,每年今月今日,要合村的人选一个美貌女子。" ❷ 灵性;灵机。明《金瓶梅词话》二二回:"一日好酒好肉,越发养活的那王八～儿出来了。" ❸ 指神佛塑像中放置的心脏象征物。明《禅真后史》一〇回:"强如那偷了人家佛肚中金～儿,被那家子搜将出来,打得做鬼叫。"

【灵识】 líng shí 灵魂。《敦煌愿文集·亡文范本等·亡夫》:"陈六味之香羞,荐九泉之～。"

【灵算】 líng suàn 对寿命的美称。算,寿命。《敦煌愿文集·回向发愿等范本·僧》:"惠云含闰(润),法力冥资;～遐长,芳因永固。"宋金君卿《挽仁宗皇帝词》之二:"～格天齐睿考,瑞元开箓倍神宗。"

【灵塔】 líng tǎ 指封葬僧人骨殖的墓塔。唐张说《赠太尉裴公神道碑》:"其年八月,迁窆于终南山鸱鸣堆信行禅师～之后。"元善住《送人往江西》:"远公～在,柏子莫辞烧。"清吴伟业《香山白马寺巨冶禅师教公塔铭》:"～岿然,双树之下。法云布濩,道风潇洒。"

【灵台】 líng tái 传说尧母庆都的坟墓名曰灵台(见《水经注·瓠子水》),后因以称坟墓、祭台。元《前汉书平话》卷中:"我王可怜韩信亏死,看旧日君臣之面,可亦建墓,高筑～,盖一祠堂,受人祭祀。"明《西游记》四〇回:"山后有千万丈挟魂～,台后有古古怪怪藏魔洞。"清弘历《题烟云集绘册·展子虔云山仙宇》:"冥洞～耸天宇,紫鸾青鸟侍真仙。"

【灵通】 líng tōng ❶ 神灵的感应;灵验。宋罗烨《醉翁谈录》壬集卷一:"魁今辜恩负约,神岂不知?既有～,神当与英决断此事。"元《秦并六国平话》卷下:"始皇方知神仙之～显迹。"清《后西游记》三九回:"佛广大,难道我不广大;佛～,我难道不～。" ❷ 机灵;聪慧。明《西游记传》卷二:"那行者虽睡,却是～,忽听外面人走不住,查查柴响,心中疑惑。"△清《儿女英雄传》一八回:"只是他心地虽然～,性情却淳静。"

【灵童】 líng tóng 对婴孩的美称。《敦煌愿文集·回向发愿等范本·难月》:"惟愿～易育,门副克昌;母子平安,灾殃永殄。"又《愿文(斯 6417)》:"惟愿灵同(童)启胤,□子归门。"

【灵鼍】 líng tuó 市语,雷。鼍,扬子鳄,皮可制鼓,而雷称天鼓。宋陈元靓《事林广记》续集卷八《绮谈市语》:"雷:～。"

【灵位】 líng wèi 为纪念、祭祀死者而制作的牌子,上写有死者姓名。《元曲选·罗李郎》二折:"我安了～,排了果桌,向大门外将纸钱忙烧。"元明《水浒传》七一回:"忠义堂后建筑雁台一座,顶上正面大厅一所,东西各设两房,正厅供养晁天王～。"清《说岳全传》二二回:"岳飞领命,就将皇封御酒打开,在周先生～前拜奠了,又在祖宗神位前拜奠已毕。"

【灵仙】 líng xiān 神仙;神灵。唐王勃《梓州郪县灵瑞寺浮图碑》:"若夫神州括地,寰中分五岳之图;巨鳌浮天,海上擢三山之秀。造化之所枢纽,～之所窟宅。"宋郭祥正《山中乐》:"又闻～之境敞金阙,清风吹我衣不觉。"明王世贞《宗子相祠碑》:"山有薛老峰、邻霄台、蟠桃坞之属,皆遒耸深秀,昔人之所诧,以为～窟宅者。"

【灵显】 líng xiǎn 灵验。宋洪迈《夷坚志》甲卷七:"大观中,在太学。学有祠,甚～,巩每以前程事,朝夕默祷。"明《西游记》四四回:"众僧叩头道:'爷爷,果然～!'"清《野叟曝言》一二七回:"再有那母告亲子一批,与惨杀夫命一案,俱像各人家的家宅神圣,亲眼看见,所作所为的,～异常。"

【灵验】 líng yàn 神灵感应;显出神奇效应。唐刘知幾《史通》卷八:"此则事关军国,理涉兴亡,有而书之,以彰～可也。"宋苏轼《乞赐光梵寺额状》:"里俗相与漆塑其身,造塔供养,时有光景,颇著～。"清《红楼梦》二五回:"你若果然法子～,把他两个绝了,明日这家私不怕不是我环儿的。"

【灵异】 líng yì ❶ 神仙;神灵。唐李白《江上望皖公山》:"但爱兹岭高,何由讨～?"《太平广记》卷六五引《通幽记》:"尝梦一女子衣青衣,挑笑牖间,及觉而异之。因祝曰:'是何～?愿觌仙姿,幸赐神契。'"清毛奇龄《宿东明寺十二韵》:"宝地栖～,香台枕翠微。" ❷ 神异;灵验。唐玄奘《大唐西域记》卷二:"城西门外有一天祠,天像威严,～相继。"《景德传灯录》卷二《第二十五祖婆舍斯多》:"羯磨之际,大地震动,颇多～。"清《醒世姻缘传》四二回:"金亮公与宗光伯、纪时中这伙门人,听说汪为露这般～,约齐了同来到侯家。"

【灵应】 líng yìng 灵验。唐玄奘《大唐西域记》卷八:"度量虽殊,～莫异。或花雨空中,或光照幽谷。"宋元《古今小说》卷三九:"来到一所大庙,唤做福应侯庙,乃是一邑之香火,本邑奉事甚谨,最有～。"清弘历《雪中度长城岭》:"三度五台三度雪,名山～真殊绝。"

【灵语】 líng yǔ 谓巫祝假托神灵附身说话。《太平广记》卷三三六引《广异记》:"彻令巫视之,巫于彻前～云:'己是晋将军契苾锷,身以战死。'"

【灵桌】 líng zhuō 安放灵位的桌子。明《金瓶梅词话》八七回:"武松一提,提起那婆娘,旋剥净了,跪在～子前。"清《隋唐演义》四五回:"昂然走到灵前大恸,敲着～哭道:'公生前正直,死自神明。'"

【凌逼】 líng bī 逼迫;欺凌。《旧唐书·郭子仪传》:"近因吐蕃～,銮驾东巡。"《元曲选·鸳鸯被》三折:"硬保强媒,把咱～。"清《绿野仙踪》一九回:"若有妻子,他哥哥文魁已回家半载有餘,定必大肆～。"

【凌波】 líng bō ❶ 对女子丝袜的美称。语本曹植《洛神赋》"凌波微步,罗袜生尘"。唐李白《江上送女道士褚三清游南岳》:"足下远游履,～生素尘。"明《金瓶梅词话》二三回:"遂潜身徐步而入,也不怕苍苔冰透了～,花刺抓伤了裙褶。"清朱鹤龄《荷花》之一:"态起～袜,香传曳雾绡。" ❷ 对女子脚的美称。宋邹浩《入湖南界》之一二:"赤脚蛮中新出来,湖南逢着尽银钗。虽然未得～样,已会人人着草鞋。"明汤显祖《牡丹亭》一七出:"怎湘裙直下,一对小～。"清汪由敦《春词》:"莲花冉冉～步,尽染香街十丈尘。"

【凌迟】 líng chí ❶ 折磨;凌虐。《敦煌变文校注》卷六《目连缘起》:"牛头每日～,狱卒终朝来拷。"《元曲选·谇范叔》四折:"去年将小子痛～,今日教你也知滋味。" ❷ 古酷刑之一,俗谓剐刑。《宋史·刑法志一》:"～者,先断其支体,乃抉其吭,当时之极法也。"明沈采《千金记》三〇出:"告元帅,拿这李左车,不知是要粗～,碎～他?"清玄烨《谕兵刑二部》:"本当照廷议将吴应熊、吴世霖并其餘子俱行～处死。" ❸ 惩罚;处罚。元佚名《水仙子》:"是昨宵饮得十分醉,一时错悔是迟,由奶奶法外～。打时节留些游气，骂时节存些面皮。”

【凌持】 líng chí ❶ 同“凌迟❶”。《敦煌变文校注》卷五《妙法莲华经讲经文(一)》：“或尸粪熣煨，或磨摩碓捣，终日～，多般捶考。”宋曾巩《赏南枝》：“霜威莫苦～，此花根性，想群卉争知?”元高明《琵琶记》一六出：“厨耐厅前祇候，厨耐司房典令，把我千样～，把我万般督并。” ❷ 同“凌迟❷”。宋曹彦约《经幄管见》卷二：“知杂御史王随上言所鞫杀人贼狱成，望许～区断。”元《武王伐纣平话》卷下：“太公令建法场，～碎剐。”《元曲选外编·周公摄政》三折：“事既该十恶大逆，罪合当万剐～。”

【凌贱】 líng jiàn 凌辱；糟蹋。《元曲选·陈州粜米》三折：“便有人将咱相～，你也则诈眼儿不看见。”明《醒世恒言》卷二七：“且说李雄因老婆～儿女，反添上一顶愁帽儿。”清施闰章《劝同志勿用寿字缎说》：“夫既通身寿字，则一半压在下体。在妇人尤为秽亵，甚至用作睡褥，镶嵌护膝、满袜。试思僧道捧经，必盥手焚香，吾儒惜字，戒裹物糊壁。今～倒置如此，于心何安?”

【陵迟】 líng chí ❶ 同“凌迟❶”。《敦煌变文校注》卷一《汉将王陵变》：“苦见陵母不招儿，遂交转队苦～。扑枷卧于枪下倒，失声不觉唤娇儿。” ❷ 同“凌迟❷”。《辽史·耶律牒蜡传》：“牒蜡不降，～而死。”

【陵持】 líng chí 欺凌；作弄。《敦煌变文校注》卷一《王昭君变文》：“良由画匠，捉妾～，遂使望断黄沙，悲连紫塞。”

【陵忽】 líng hū 轻慢；狂傲。宋司马光《任守忠第三札子》：“总领近侍，委之差遣，而～同列，与夺自恣。”《五代史平话·唐下》：“自此宦者干政，～主帅，怙势争权矣。”清田雯《学政条约序》：“若粗中刚暴，尚气～，不惟宦途不至，亦且临事无谋，误人委任。”

【陵藉】 líng jí 欺辱；作践。《新唐书·郑仁表传》：“傲纵多所～，人畏薄之。”宋洪迈《容斋随笔》卷四：“书十九年方成，中间受了人多少语言～!”明陆粲《赠郡倅常公序》：“有讼者至于庭，稍涉搢绅之族，鲜不被抑。然所～，特其闲冷孱弱者耳，即贵势家，虽有奸如山不问。”

【菱花】 líng huā ❶ 指镜子。唐李白《代美人愁镜》：“狂风吹却妾心断，玉箸并堕～前。”明《金瓶梅词话》七三回：“对～，懒去妆，瘦损了娇模样。”清汤右曾《为介夫题文征仲西湖图即以道别》：“水云光影接楼台，净拭～镜面开。” ❷ 指女子容貌。宋周端臣《贺新郎·代寄》：“～憔悴羞人觑，叹红低翠黯，不似旧家眉妩。”

【菱花镜】 líng huā jìng 古铜镜名，亦泛指镜子。古铜镜多制成菱花形或刻铸菱花饰纹。唐杨凌《明妃怨》：“匣中纵有～，羞对单于照旧颜。”《元曲选外编·破窑记》一折：“守着才郎，恭俭温良，憔悴了～里妆。”清毛奇龄《将远行时赋得复堂堂曲》：“篋底～，江边竹子箱。”

lǐng

【领】 lǐng ❶ 带领；率领。唐杜甫有《自阆州～妻子却赴蜀山行三首》。元明《水浒传》六〇回：“晁盖～转军马回寨。”清厉鹗《新晴探梅南屏山中同江声龙泓让公作》：“为问梅花信，高僧～客探。” ❷ 管领；担任。唐白居易《问秋光》：“殷卿～北镇，崔尹开南幕。”《五灯会元》卷二〇《上封本才禅师》：“遂发心～净头职。”清蓝鼎元《叔祖福建提督义山公家传》：“闻公英勇，奏请随师平贼。檄署提标右营游击，～前队先锋。” ❸ 领受；领取。唐杜甫《太子张舍人遗织成褥段》：“～客珍重意，顾我非公卿。”明《金瓶梅词话》二五回：“我明日打发他去便了，回来时我教他～一千两银子。”清《红楼梦》二六回：“若必定叫我喝，拿大杯来，我～两杯就是了。” ❹ 领会；领悟。《祖堂集》卷七《雪峰和尚》：“诸和尚若～这个况喻，住山也得，住城隍也得。”《景德传灯录》卷五《洪州法达禅师》：“师从此～玄旨，亦不辍诵持。”清汪由敦《看山》：“好山如好书，识者～真趣。” ❺ 量词。用于衣服、席子等。唐佚名《曹溪大师别传》：“高宗大帝赐磨衲袈裟一～及绢五百匹。”宋陆游《老学庵笔记》卷六：“古谓带一为一腰，犹今谓衣为一～。”清《红楼梦》二八回：“芙蓉簟一～。”

【领案】 lǐng àn 科举童子试或生员岁考、科考等排名第一。参见“案首”。明何良俊《四友斋丛说》卷三：“章介庵先生为南畿督学，是年岁考某适～。”《警世通言》卷一八：“不须营，不须干，序齿轮流做～。”《石点头》卷一二：“董昌无可奈何，远而敬之，一味苦功读书。却好服满，遇着岁考，去应童子试，便得～入泮。”

【领班】 lǐng bān ❶ 班行排列第一的；率领或执掌班行的。《新唐书·仪卫志》：“～剑仪刀各一人，从次班剑仪刀左右厢各十二行。”明谢少南《府江杂咏》之三：“隘口分弓号摆滩，～人戴白鹇冠。”清《野叟曝言》一三八回：“水夫人体素康健，不须扶掖，田氏同阮氏在旁随行，璇姑等六人亦跟着出来。诸孙、诸曾孙～的一人上前请安。” ❷ 率领或执掌、指挥班行的人或职官。宋洪迈《夷坚志》乙卷八：“其父伯洽为平江府将～，留家治母墓。”《明史·职官志五》：“各守一城一堡者为守备，与主将同守一城者为协守，又有提督、提调、巡视、备御、～、备倭等名。”清《隋唐演义》一三回：“帅府开门，中军官、～、旗鼓官、……都进帅府参见毕，各归班侍立府门首。” ❸ 率领班行。元萨都剌《元统乙亥岁集贤学士济尔噶台奉旨》：“使者～云气里，女仙摇佩月明中。”明《封神演义》四八回：“又听得红水阵开了，燃灯只得～下篷，众弟子分开左右。”清《野叟曝言》一三八回：“又行顺天府尹，选耆民七十以上者五十人，以四人～，为庶老。” ❹ 特指掌管、率领戏班。清《红楼梦》九三回：“他也攒了好几个钱，家里已经有两三个铺子，只是不肯放下事业，原旧～。”《儒林外史》四二回：“大爷打开一看，原来是个手本，写着：‘门下鲍廷玺谨具喜烛双辉，梨园一部，叩贺。’大爷知道他是个～子的，叫了进来。”

【领办】 lǐng bàn 承担办理。元王恽《大元故宣武将军千户张君家传》：“于是招流散，复田庐，治渠堰，整屯戍，谨斥堠，咸～有方。”清吴伟业《答抚台开刘河书》：“钱粮之支放，物料之～，审择其人，恐以为冒破也。”

【领带】 lǐng dài 带领；率领。元明《水浒传》四一回：“共是一十七人，～着八九十个悍勇壮健小喽罗。”明杨寅秋《平五山獞上三院揭》：“是日则黄赤～大王村贼首韦明悬即明院同伊弟韦明鉴，二十三日则黄赤～山南简思村贼首韦善昶同伊弟男韦特帝等四人，各亲身投道职。”清《说岳全传》五七回：“又令岳云、严成方、张宪、何元庆，～人马五千，外边接应。四将领令而去。”

【领得】 lǐng dé ❶ 得到；获得。唐李白《答友人赠乌纱帽》：“～乌纱帽，全胜白接䍦。”宋王十朋《曹梦良教授寄柑一百颗》：“故人书自许峰来，～黄柑手自开。”清王士禛《题龚节孙种橘图》之一：“震泽鲈鱼欲上竿，千林风露熟金丸。美人无事披香坐，～头衔是橘官。” ❷ 领悟；懂得。宋林之奇《承天潜师画赞》：“金刚圈里翻身过，栗棘蓬莱满口吞。～杨歧端的句，却嫌蒸饼大馄饨。”明陈献章《赠曾确还博罗》：“庐山莫道无分付，～春风古桂香。”清彭孙遹《芍药》：“一种风情谁～，只将心事托王筠。”

【领掇】 lǐng duó 管领；处治。《元曲选·谢金吾》二折：“现放着中书省鼎鼐调和，枢密院将边关事～。"又《赚蒯通》三折："你待胡扯撮，强～，道俺蒯文通故意作风魔。"

【领会】 lǐng huì 领悟；理解。《祖堂集》卷一七《岑和尚》："教学人向什摩处～？"宋文同《清阁》："物理兹～，真境知可蹑。"清《绿野仙踪》三二回："迩来与二弟讲究玄理，似有几分～。"

【领给】 lǐng jǐ 指由官府机构发给的钱物。明《西游记》五四回："我王旨意，原只教求御弟为亲，教你三位徒弟赴了会亲筵宴，发付～，倒换关文，往西天取经去哩。"《禅真逸史》三八回："此虎日费～，为何羸瘦？"周履靖《锦笺记》二六出："明日早当奉候，少具～。请问相公要在那处安歇，小官随当送去。"

【领教】 lǐng jiào ❶ 担任教职。如做国子监、府州县学或书院教授之类官。宋强至《代上谢张修撰启》："泮宫～，曾微善状之足甄；通漕刺章，误谓鄙才之可取。"元郑玉《送唐仲实赴乡试序》："唐仲实将随举试艺于有司，以其尊府君之～分水也。"清李清馥《闽中理学渊源考》卷八四："施明，南平人，家贫苦学，六经子史悉能通解。徐文贞司理于延，期以大器。～南康，士庆得师。" ❷ 接受教益。明程敏政《复巡按云南都宪张同年汝钦书》："侧闻公论久在老兄，均劳之召，旦夕间尔。～有期，慰渴殊甚。"清陆陇其《答施行唐》："上碑村中竟夕～，荷益非浅。兼扰郇厨，更觉惭悚。" ❸ 听从指示或要求。宋元《警世通言》卷三八："奈何往来之人应接不暇，取便约在灯宵相会，乘中～而去。"清《儒林外史》三五回："况太保公屡主礼闱，翰苑门生不知多少，何取晚生这一个野人？这就不敢～了。"

【领解】 lǐng jiě 领悟；理解。《景德传灯录》卷一一《金华山俱胝和尚》："童子叫唤走出，师召一声，童子回首。师却竖起指头，童子豁然～。"《元史·达礼麻识理传》："达礼麻识理幼颖敏，从师授经史，过目辄～。"明冯从吾《和叔吕先生》："时横渠以礼教为学者倡，后进蔽于习尚，其才俊者急于进取，昏塞者难于～。"

【领巾】 lǐng jīn 披戴或系在颈脖处的纺织品，多为妇女所用。《太平广记》卷三四一引《酉阳杂俎》："市吏子王惟举乘醉将逼辱，妾知不免，因以～绞颈自杀。"宋周邦彦《如梦令·思情》："尘满一绯文绣，泪湿～红皱。"清毛奇龄《碧玉》："露重滋裙绣，风生约～。"

【领览】 lǐng lǎn ❶ 领会；领悟。五代王定保《唐摭言》卷九："医工因为知柔诊脉，从容之际，言纂之穷且屈，知柔甚～。"宋陈造《题五柳先生诗编年后》之二："毫厘无餘蕴，～饱新得。"元刘诜《与王謦吾》："诜去冬于大旆之出，伺不谨，不及走送。自后闻自杭浙而京师，山川都邑之胜丽，古今世代之兴废，～殆尽。" ❷ 领受。宋苏舜钦《答李锐书》："其言褒美过甚，不敢～。"《虚堂和尚语录》卷四："才有毫末许与人～，则为佛法罪人矣。"

【领略】 lǐng lüè ❶ 领会；领悟；理解。唐李白《与元丹丘方城寺谈玄作》："灭除昏疑尽，～入精要。"元行秀《从容庵录》二二则："殊不知洞山一抬一捺，更甚分明。此非久参作者，决难～。"清汪由敦《恭和御制山中杪秋元韵》："～山中趣，随时爱景光。" ❷ 领受；接受。宋觉范《十六夜示超然》："山深久不晴，～三伏暑。"明王世贞《寿忆萱李翁七十序》："然每遇花时，风日酝藉，未尝不以一壶一榼自随也。曰：'天授我以隙日，我不敢不～。'" ❸ 允诺；同意。宋洪迈《夷坚志》支景卷三："少年固多赀，用修建殿宇为名，捐施钱帛，其数至千缗。尼讶其无因而前扣其故，乃以情愫语之。尼欣然～，约后三日来。"又三壬卷五："彼道人从知观赖子仪假馆，子仪～，命治一室处之。" ❹ 理会；理睬。宋何薳《春渚纪闻》卷三："革视其神矩清峻，疑非常人，即憩马前揖之。初不相～。革心益竦异，复前致敬。"金董解元《西厢记诸宫调》卷七："莺莺尽劝，全不～，迷留闷乱没处着。" ❺ 欣赏；玩赏。宋道潜《次韵关子容晚霁》："万景横前方～，越山仍欲送青来。"元张宏范《假山》："峰峦草树安排好，岩壑风烟～新。"清汪由敦《再题》之二："如此风光须～，莫抛心力著丛书。" ❻ 品尝；品味。宋陆游《道室即事》："劝君下箸不～，终作邙山一窖尘。"元许有壬《小酌荐以巨鲫新藕蒲笋》："～江湖新品味，洗除肠胃旧膻荤。"清弘历《秋日剪园蔬赐大学士》："文翰侍臣偏～，豳风七月早成图。" ❼ 体味；感受。宋觉范《送鉴老归慈云寺》："勤劳世外功名事，～僧中富贵缘。"明《警世通言》卷三〇："未～遍体温香，早已睹十分丰韵。"清张英《初夏》："～暄和闲岁月，市朝山泽几人知。"

【领抹】 lǐng mǒ 领巾、头巾之类。宋孟元老《东京梦华录》卷二："东十字大街，曰从行裹脚，茶坊每五更点灯，博易买卖衣物、图画、花环、～之类。"吴自牧《梦粱录》卷一三："最是官巷花作，所聚奇异飞鸾走凤，七宝珠翠，首饰花朵，冠梳及锦绣罗帛，销金衣裙，描画～，极其工巧。"

【领诺】 lǐng nuò 应承；允诺。元明《水浒传》八回："今奉着太尉钧旨，教将这十两金子送与二位，望你两个～，不必远去，只就前面僻静去处，把林冲结果了。"明《平妖传》三三回："贫道几次欲要与都排相见，恐不～，不敢拜问。"清《平定两金川方略》卷六一："因谕该头人等，令听五镇调用。均称情愿，～而去。"

【领喏】 lǐng nuò 同"领诺"。明《拍案惊奇》卷八："二人～，自望崇明去了。"

【领凭】 lǐng píng 谓官员赴任前在吏部领取任职文牒。明陆深《衰病不职乞恩致仕事》："奉旨降调福建延平府同知，～赴任。"《大清会典则例》卷一五〇："凡补授外官，～后交都察院转行五城司坊官严察，如有在京久住，不依限赴任者，即报部题参。"

【领情】 lǐng qíng 接受礼物或好意而心怀感激。清《东周列国志》三四回："寡人～过厚，已逾量矣。妹与二甥送我一程如何？"《绿野仙踪》一七回："日后你哥哥将家私输尽，你就帮助他些，他也～。"

【领取】 lǐng qǔ ❶ 享有；领受。宋朱敦儒《西江月》："青史几番春梦？红尘多少奇才？不须计较与安排，～而今现在。"金完颜璹《得友人书》："冷官～闲中趣，远胜区区梦蚁忙。"清张英《秋日》："何人～闲中趣，团扇行吟百步廊。" ❷ 取发给的东西。唐张九龄《敕皇太子纳妃》："今日应预会官等，各节级给赐物，即宜～。"明程文海《民间利病》："省府虽有小钞发下，而州郡库官不以便民为心，往往惮小劳而不～，提调官亦置不问。于是小经纪者尽废。"清《红楼梦》五三回："命人在厅柱下石矶上太阳中铺了一个大狼皮褥子，负暄闲看各子弟们来～年物。"

【领率】 lǐng shuài 率领；带领。宋《三朝北盟会编》卷一三七："程昌寓自京师退还蔡州，未期月又以蔡州粮食皆尽，王命不通，遂～军民弃蔡州而南归。"明《金瓶梅词话》七回："薛嫂儿见他二人攘，打闹里～西门庆家小厮伴当，并发来众军牢，赶人闹里七手八脚，将妇人床帐、装奁、箱笼，搬的搬，抬的抬，一阵风都搬去了。"清俞森《荒政丛书》卷二："当给之日，俱限巳时，群老甲长各执旗牌，～所属饥民，挨次唱名给散。"

【领头】 lǐng tóu ❶ 颈项；脖子。五代何光远《鉴诫录》卷三："耕却春秋田，驾车长安道。今日～穿，无人饲水草。"明《梼杌闲评》三八回："萧萧短发～齐，行路趑趄少气。" ❷ 领子；衣领。明《西游记》七七回："幸躲过头脑，被口刀削断几根鬃毛，赶上张开口咬着～，拿入城中，丢与小怪。"《二刻拍案惊奇》卷六："刚拆得～，果然一张小小字纸缝在里面，却是一首诗。"清《飞龙全传》三七回："郑恩正在拿了鞋儿把韩通打得高兴，只觉得～儿紧紧的有人揪住，拗过头来一看，见是一个人抓住了他要绑。” ❸ 带头；为首。明《西洋记》一八回：“二位元帅～，其餘将官各挨班次五拜三叩头。”清雍正五年三月十二日鄂尔泰奏文：“大头猓猡有二百，摆夷有四百，～是土官的老兄弟刀应才。”《野叟曝言》一四七回：“水夫人看至玄孙一班，独少了～的人，不觉又想起文施。” ❹ 帝王仪仗用品名。《明会典》卷一八二：“～六对，朱漆攒竹杖，铜裹两头，长四尺九寸。”清孙承泽《春明梦餘录》卷七：“此外为丹陛，左右仗三重：内双龙扇二十，次单龙扇二十；外金节六，次向节二十六，次～二；又外左朱雀旗一，右元武旗一。” ❺ 衙役敲诈名目。明林俊《禁约民害》：“擅入府第保债，勒取信钱，名曰～。”

【领悟】 lǐng wù 领会晓悟。《景德传灯录》卷一二《道㠉禅师》：“道㠉禅师，庐州人也，姓刘氏，初参侍觉和尚，便～微言。”元贡师泰《瓯宁县太君彭氏墓志铭》：“中年喜佛书，意若有所～，遂长斋屏鱼肉。”清魏裔介《复卢尔唱》：“读来教，知贤兄大有～。”

【领戏】 lǐng xì 同“领系”。戏，通“系”。《元曲选外编·黄花峪》二折：“也有挑线～，也有钗环头篦。”又：“我若还撞着你，揪住头梢，揝住～，我将那厮滴溜扑摔下那厮阶基。”

【领系】 lǐng xì 领巾；系束衣领的巾带。《元曲选·救风尘》一折：“但你妹子那里人情去，穿的那一套衣服，戴的那一副头面，替你妹子提～，整钗环。”又：“出门去，提～，整衣袂。”

【领谢】 lǐng xiè 接受对方钱物之类后表示谢意。明《醋葫芦》四回：“成珪到也不好轻他，分付主管称一两银子，递与阿猫。千欢万喜，～而去。”清《红楼梦》一一回：“礼单都上了档子了，老爷的～的名帖都交给各来人了。”

【领宴】 lǐng yàn 领受帝王的酒食赏赐。也指受邀参加宫廷宴席。《明会典》卷七〇：“衍圣公、张真人与宴，列于二品文官班次。其餘真人～，及以事故者，亦～。”清毛奇龄《昆山徐母顾夫人寿》：“慈恩寺里曲江春，兄弟皆为～人。”《红楼梦》一七至一八回：“酉初刻进大明宫～看灯。”

【领要】 lǐng yào 要领。《资治通鉴》卷一八七：“御史大夫苏良谏曰：‘陛下语太多而无～。’”元胡三省注：“～，犹汉人言要领也。”元许谦《闻潘明之来钱唐》：“君不见绛侯木强尸相位，问以钱数莫知对，挈提纲维振～，语言呐呐时称治。”清蔡世远《大学衍义补参订序》：“余尝谓《朱子小学》一书，《内篇》萃《十三经》之精华，外篇采《十七史》之～。修身齐家之道，悉备于此。”

【领状】 lǐng zhuàng 向官府领取钱物时所开具的字据。元明《水浒传》一六回：“杨志提辖情愿委了一纸～，监押生辰纲十一担金珠宝贝赴京太师府交割。”明《二刻拍案惊奇》二一回：“取了院批的～，到州中库里领这项银子。”《大清律例》卷五：“其有窝家之案，仍照例将窝家之财产一并赔补，取具事主～报部。”

【领字】 lǐng zì 字据；(领取钱物的)凭证。明《二刻拍案惊奇》二一回：“随去唤那夭夭、蓁蓁的鸨儿到来，写个～，领了回去。”清《红楼梦》二三回：“凤姐又作情央贾琏先支三个月的，叫他写了～，贾琏批票，画了押，登时发了对牌出去。”

【领罪】 lǐng zuì 领受责罚或罪责。明《西游记》四六回：“陛下若教臣死，臣岂敢不死？只望宽恩，赐我半盏凉浆水饭。……也表我师徒一念，那时再～也。”清胤禛《朱批谕旨》卷一上：“据称已皆扑尽之言，未可深信。若有欺蔽不实，贻累于汝，～不起也。”

lìng

【另】 lìng ❶ 孤独。另，通“零”。宋刘过《天仙子·初赴省别妾》之二：“西园春事只供愁，当好景，成孤～。”《元曲选·红梨花》二折：“我对着这烛底花前说叮咛，则愿的灯休灭，花休谢，人休～。”元商挺《潘妃曲》之一〇：“早是离愁添秋兴，那堪镜破金钗～！” ❷ 另外。《元曲选·老生儿》二折：“有这个小孩儿，把它～做一户，得的这一分儿钱，俺两个分了。”明《醒世恒言》卷一：“但背了贾昌时，茶不茶，饭不饭，～是一样光景了。”清《儒林外史》一二回：“叫下两只大船，厨役备办酒席，和司茶酒的人～在一只船上。一班唱清曲打粗细十番的，又在一船。”

【另外】 lìng wài 某一范围之外；此外。明《金瓶梅词话》一七回：“诚恐县中有甚声色，生令小儿～具银五百两，相烦亲家费心处料。”清《儒林外史》五二回：“老哥如不见信，我～写一张包管给你。”于成龙《补抚标额兵疏》：“盖徽六二营新裁兵一千名，原系通省闲甲，今以各营闲甲而仍抵各营之裁汰，只以增足五万五千之额，原非～添设。”

【另巍巍】 lìng wēi wēi ❶ 形容单独、孤零。另，通“零”。《元曲选·小尉迟》二折：“恼的我不邓邓忿气盈腮，可怎生～把咱单搠？不由我这胡髯乍满颔颏。”《元曲选外编·追韩信》四折：“羞答答耻向东吴再起兵，～孤掌难鸣。” ❷ 形容独立高耸。《元曲选·朱砂担》二折：“刚抹过～这座层峦，还隔着碧遥遥几重远岫。”元明《水浒传》四六回：“山前有一座～冈子，便唤作独龙冈。” ❸ 形容威严。《元曲选·盆儿鬼》四折：“抱着他冤楚楚瓦盆儿，直到这～公堂下。”又《潇湘雨》四折：“爹爹呵，～稳掌着森罗殿。”

【另眼看待】 lìng yǎn kàn dài 犹“另眼相看”。明佚名《霞笺记》二五出：“奴婢蒙娘娘～，实有冤苦在心。”清《野叟曝言》六六回：“把我当个人儿，～。”

【另眼看觑】 lìng yǎn kàn qù 犹“另眼相看”。明《古今小说》卷一七：“官府都～，谁人轻贱你？”清《珍珠舶》七回：“我曾蒙你～，将着海棠许我。”

【另眼相待】 lìng yǎn xiāng dài 犹“另眼相看”。明《警世通言》卷二二：“刘翁、刘妪见他小心得用，～，好衣好食的管顾他，在客人面前，认为表侄。”清《红楼梦》七回：“不过仗着这些功劳情分，有祖宗时，都～，如今谁肯难为他去？”

【另眼相看】 lìng yǎn xiāng kàn 用另一种眼光看待，多指看待某人不同于一般。明《拍案惊奇》卷八：“不想一见大王，查问来历，我等一一实对，便把我们～。”清《十二楼·萃雅楼》三回：“若肯体心服事，我自然～。”

【另眼照看】 lìng yǎn zhào kàn 犹“另眼相看”。清《红楼梦》一六回：“你就～他们些，别人也不敢呲牙儿的。”

【另自】 lìng zì 另外。宋元《古今小说》卷三九：“郭择客位一席，汪革主位相陪一席，王立～一席。”清《醒世姻缘传》六二回：“这女儿，我们～有处，叫他得所。”陆陇其《覆驳编审详文》：“至于卑职自为民牧，平日失于抚绥，以至户口缺额，听候上台～处分，以为溺职之戒可也。”

【令爱】 lìng ài 称对方女儿的敬词。宋阳枋《为开二侄定赵守宅姻启》：“恭惟～，幽姿闲淑，闺仪灿秋菊之芬。”《元曲选·青衫泪》二折：“久闻～大姐大名，小子有三千引细茶，特来做一场子弟。”明《醒世恒言》卷二八：“～名虽十五岁，即今尚在春间，只有十四岁之实。”清魏裔介《与白青玉》：“～出阁，妆奁之需自不可少，薄宦何以助办？”

【令嫒】 lìng ài 同“令爱”。清喻昌《寓意草》卷二：“面议何茂倩～病单腹胀脾虚将绝之候。”《二度梅》一六回：“老夫要见一见～小姐。”

【令翠】 lìng cuì 美称别人所包占的妓女。明《金瓶梅词话》一一回:"这攥筝的是花二哥～,勾栏后巷吴银儿。"△清《海上花列传》五三回:"痴鸳先生,两位～啘?"

【令儿】 lìng er 小曲;小调。金《董解元西厢记》卷一:"盛说法,打匹似闲唵诨;正念佛作偈,把美～胡嘌。"

【令阁】 lìng gé 称对方妻子的敬词。宋赵德麟《侯鲭录》卷三:"东坡再谪惠州日,一老举人年六十九为邻,其妻三十岁诞子,为具邀公。公欣然而往,酒酣乞诗,公戏一联云:～方当而立岁,贤夫已近古希年。"元谢应芳《与吴中衡书》:"令贤郎从实填写,～之贤,已于《中衡墓志》见之,不必别作。"《元曲选·对玉梳》二折:"没来由受恼耽烦取快活,丢了您那长女生男亲～。"

【令公】 lìng gōng 本是中书令、尚书令的尊称,中唐后,节度使多加中书令、尚书令,故使用范围渐宽,可用作地方军政长官或官职相当的武将之尊称。唐颜真卿《郭公庙碑铭》:"恭惟～,先皇之佐命臣也。少而美秀,长而瓌伟。"明《古今小说》卷六:"封葛周中书令兼领节度使之职,镇守兖州。……从此人都称为葛～。"清汪由敦《红药当阶翻仿试帖体》:"色分常侍绶,香袭～裾。"

【令官】 lìng guān 宴席上主持行酒令的人。明《梼杌闲评》三七回:"戏完,换席行令,崔呈秀是～,张体干是照察。"清《红楼梦》六二回:"我吃一杯,我是～,也不用宣,只听我分派。"

【令箭】 lìng jiàn 军队发传命令的信物,形制如小旗,旗杆头有箭镞,故称。明戚继光《纪效新书》卷七:"有～放进者,方许开门放进;无～者不准。"《封神演义》六五回:"话说子牙掌聚将鼓,令黄飞虎领～,冲张山大辕门。"清《绿野仙踪》二六回:"随发～,晓谕各营官弁,汇齐花名册籍,准备衣甲器械、旗帜马匹。"

【令交】 lìng jiāo 即"令教"。元《七国春秋平话》卷下:"鬼谷～独孤角、袁刚二人打阵。"

【令叫】 lìng jiào 即"令教"。元《七国春秋平话》卷下:"鬼谷出阵,～燕兵黄伯杨出阵。"

【令教】 lìng jiào 使令;命令。元行秀《从容庵录》三九则:"粥罢～洗钵盂,豁然心地自相符。"《武王伐纣平话》卷上:"我王出榜于朝门外,～在世间应有室女者,尽皆来进。"

【令君】 lìng jūn 对县令的尊称。宋吴曾《能改斋漫录》卷三:"山谷《题餘干县令吴可权白云亭》诗云:'寄语吴～,但遣糟床注。'"明《二刻拍案惊奇》卷三一:"两～之意,弟非不感激。"清蓝鼎元《怪尹记》:"丁未冬,余在潮阳,闻海丰有怪尹焉,不知其何所谓。明年春,便道丰邑,问诸其民曰:'而之～是何如之怪耶?'"

【令郎】 lìng láng 称对方儿子的敬词。宋黄庭坚《与王泸州书》之三:"令嗣及解元想数得安问,两～犹淳谨喜读书,此亦长年可喜事也。"元明《水浒传》五二回:"尊嫂并～已取到这里多日了。"清《绿野仙踪》一回:"～实童子中之龙也。"

【令利】 lìng lì 即"伶俐❹"。宋佚名《张协状元》二出:"大家雅静,人眼难瞒,与我分个～。"

【令牌】 lìng pái ❶军队中发传命令、执行任务时作标记信物的牌子。宋《三朝北盟会编》卷二〇一:"先军中置～,每遇出战,除守御人外,非带号挂甲者不得登城。"明《型世言》九回:"免不得换了一副缠棕大帽,红曳撒,挿了令旗～,一同领兵先进。"清于成龙《叙功详文》:"所有贼鸟枪、什物等事,见在清查,先将已获鸟枪六十杆、旧弓十张、旧箭八十枝、～一个呈缴。" ❷道士做法事时用来发令驱使神鬼的牌子。明《西游记》四五回:"这一上坛,只看我的～为号:一声～响,风来;二声响,云起;三声响,雷闪齐鸣。"清《醒世姻缘传》二七回:"法师仗剑念咒,将～拍了一下,叫:'快入坛去!'"

【令旗】 lìng qí 军队发传命令的信物,形制为小旗,故称。宋洪迈《夷坚志》甲卷九:"潼州关云长庙在州治之西北隅,土人事之甚谨。偶像数十躯,其一黄衣侧足,貌怒而多髯,执～,容状可畏。"明王守仁《申明赏罚以厉人心疏》:"特敕兵部俯采下议,特假臣等～、令牌,使得便宜行事。"清《说岳全传》七八回:"岳雷把～招动。大军一齐冲杀过去。"

【令人】 lìng rén ❶官员夫人的一种封号,也用作对官员夫人的敬称。《五灯会元》卷一九《令人明室道人》:"～本明,号明室,自机契圆悟,遍参名宿,皆蒙印可。"宋洪迈《夷坚志》丙卷二:"罗与主僧坐,忽起曰:'房～来!'僧惊问何在。曰:'入祠堂矣。'明日,宇文时中信至,其妻房氏,正以前一日死。" ❷衙役、随从等供役使之人。元《三国志平话》卷中:"皇叔大惊,便～牵马于柳阴中。"《元曲选·虎头牌》四折:"可早来到叔叔门首。怎么闭着门在这里? ～,与我叫开门来!"又《陈州粜米》楔子:"～,你在门外觑着,看有那一位老爷下马,便来报咱知道。"

【令史】 lìng shǐ 衙门内管文书的吏员,亦用作衙门内小官吏的通称。《元曲选外编·村乐堂》三折:"我姓张名本,是这汾阳西河县人氏,做着个～。口则说个～,也难,要知律令,晓吏书,方可做的个～。"明《醒世恒言》卷二九:"次日唤一个心腹～,进衙商议。"清范承谟《行田纪怀》:"闻道使君生化虎,更传～共为狼。"

【令似】 lìng sì 即"令嗣"。似,通"嗣"。宋王铚《默记》卷中:"刘原父就省试,父立之止以候榜。郡守曰:'虽～才俊,岂可预料?'"清《女仙外史》五三回:"这位作诗的是宋学士讳濂之～,我与他不期而遇于钓台。"

【令嗣】 lìng sì 才德美好的儿子,也用作对别人儿子的敬称。唐刘长卿《祭阎使君文》:"怀旧如在,感今斯异。身辱良知,情依～。"明《拍案惊奇》卷三八:"适间听公所言,莫非是公的～么?"清陆陇其《孝廉系宣曹公墓表》:"又以公之～名驾乘者请羽言于余,故不愧言之谚而少文,为叙次其生平云。"

【令坦】 lìng tǎn 称对方女婿的敬词。坦,指女婿,用"坦腹东床"典故。明《禅真逸史》三五回:"酒席间,谈及令爱亲事。座中一少年将军,生得面如冠玉,相貌清秀,姓张字思皇,说是～,幼年间曾纳礼,聘第二位令爱琳瑛为室。"清《隋唐演义》六三回:"单二哥,今夜各路众兄弟屈你家～在小店奉陪。"

【令堂】 lìng táng 称对方母亲的敬词。《元曲选·㑇梅香》三折:"这声音九分儿是你～。"明程敏政《复祖人祖瑗》:"～孺人,节概之懿,闻者凛然。"清《醒世姻缘传》三三回:"从此以后,先生在外边费嘴,他令尊～在家里磨牙。"

【令舞】 lìng wǔ 唐代酒宴上用以助兴的一种舞蹈。参见"打令❶"。《敦煌变文集·秋吟一本》:"打球汗透罗裳,～酒沾半臂。"

【令岳】 lìng yuè 称对方岳父的敬词。宋陈昉《颍川语小》卷上:"然称他人妻之父曰丈人,则未稳,惟曰令外舅可也。若云～,鄙谬甚矣!"元高明《琵琶记》四二出:"又况你二亲不保,实有愧颜,何敢受～之赐?"清《说岳全传》八回:"见了岳大爷回来,便问:'你已辞过～了么?'岳大爷道:'家岳听说小侄归宗,他说家母无人侍奉,明日就要亲送小姐过来。'"

【令章】 lìng zhāng 酒令,酒席上的一种游戏。唐韩愈《祭河南张员外文》:"衡阳放酒,熊咆虎嗥,不存～,罚筹猬毛。"《敦煌变文校注》卷五《维摩诘经讲经文(一)》:"真珠帘外停丝竹,玳瑁筵中罢～。"又《佛说观弥勒菩萨上生兜率天经讲经文》:"诗赋却嫌刘禹锡,～争笑李稍云。"

【令正】 lìng zhèng 称对方正妻的敬词,后也泛用作对别人妻子的敬称。明《杨家府》卷三〇:“铁门阵可遣～桂英一往,青龙阵要劳令堂柴太郡一行。”清《醒世姻缘传》七八回:“今见老兄替～洗裹脚,必定是惧内。”

【令政】 lìng zhèng 同“令正”。宋元《古今小说》卷二四:“何不同往观中,做些功德,追荐～?”明范文若《梦花酣》一〇出:“只怕你的～,像了这画,也是个人草槁哩。”

【令众】 lìng zhòng (将违犯法令者)示众。是一种惩罚的方式。《宋会要辑稿·刑法二》:“其河北诸州军民户惰弃农业,学禁术枪剑挑棒之伎者,自今委诸县令佐常切觉察,违者论如法,重者以～。”又《刑法三》:“景德二年六月十三日诏:诸色人自今讼不干己事,即决杖,枷项～十日。”赵与时《宾退录》卷一:“有旨:胡僧放,道坚系中国人,送开封府刺面决配,于开宝寺前～。”

【令尊】 lìng zūn 称对方父亲的敬词。唐李公佐《南柯记》:“王曰:‘前奉～命,不弃小国,许令次女瑶芳奉事君子。’生但俯伏而已,不敢致词。”明沈受先《三元记》一〇出:“你原来是官家之女,～做甚么官来?”清《绿野仙踪》七二回:“书虽出自～所授,～却一字未读。”

liū

【溜】 liū 另见 liù。❶ 滑;贴物而行。《元曲选外编·绯衣梦》二折:“则我这绣鞋儿滑呵可莫不错躧着青苔～,泥污了底尖,红染了罗裤口。”明《西游记》二九回:“他就顾不得沙僧,一～往那蒿草薜萝、荆棘葛藤里,不分好歹,一顿钻进。”清《飞龙全传》四回:“匡胤将手攀着树枝,～将下去。” ❷ 偷偷地走;悄悄地走。《元曲选·桃花女》三折:“倘或礼物有些不臻,打将起来,我在后面好～。”明《西游记》三四回:“藏着葫芦,密密的～出门外,现了本相。”清《红楼梦》二一回:“是夜二鼓人定,多浑虫醉昏在炕,贾琏便～了来相会。” ❸ 顺手窃取;偷。明《金瓶梅词话》一二回:“祝日念走到桂卿房里照脸,～了他一面水银镜子。”《警世通言》卷一五:“他就要偷时,或者～几块散碎银子,这大锭元宝没有这个力量。”《醒世恒言》卷二〇:“众捕快将一应细软,都搜括出来,只拣银两衣饰,各自～过。” ❹ 随顺;奉承。明汤显祖《牡丹亭》一九出:“〔净〕娘娘,你可知大金皇帝封我做～金王?〔丑〕怎么叫做～金王?〔净〕～者,顺也。”清《红楼梦》六〇回:“我可拿什么比你们,又有人进贡,又有人作干奴才,～你们好上好儿,帮衬着说句话儿。”又七一回:“你想你那老子娘,在那边管家爷们跟前,比我们还会～呢!” ❺ 哄骗;勾引。明《拍案惊奇》卷二六:“有五六个妇人在内,一个个领了出来。问其来历,多是乡村人家拐将来的。郑生的中表,乃是烧香求子,被他灌醉了轿夫,～了进去的。”又:“老僧趁着两杯酒兴,便～他进房。” ❻ 置于形容词前,强调程度很高。很;极。清《儒林外史》五回:“他把两眼睁的～圆。”△《儿女英雄传》三一回:“那箭头儿都是纯钢打就的,就如一个四楞锥子一般,～尖雪亮。” ❼ 流淌。溜,通“流”。元尚仲贤《气英布》三折:“免了魏豹忧,报了潍水仇,杀的塞断中原江河～。”《元曲选外编·西游记》一本二出:“咬破我这纤纤指头,一任淋淋血～。”

【溜答】 liū dā 说话不诚实;说谎。明沈榜《宛署杂记》卷一七:“话不诚曰～。”

【溜答孙】 liū dā sūn 指说谎的人。明程万里《六院汇选江湖方语》:“～,是说谎的。”

【溜刀刀】 liū dāo dāo 同“溜汈汈”。元王嘉甫《八声甘州》:“窄弓弓撇道,～渌老,称霞腮一点朱樱小。”

【溜汈汈】 liū dāo dāo 形容眼珠转动灵活。金《董解元西厢记》卷一:“小颗颗的一点朱唇,～一双渌老。”

【溜度度】 liū dù dù 犹“溜汈汈”。宋元《古今小说》卷三六:“黑丝丝的发儿,白莹莹的额儿,翠弯弯的眉儿,～的眼儿。”

【溜溜湫湫】 liū liū qiū qiū 形容走路时躲躲闪闪。清《红楼梦》八五回:“细看时,就是贾芸,～往这边来了。”

【溜眼】 liū yǎn 谓男女之间以眼色调情。明《金瓶梅词话》八〇回:“无一日不和潘金莲两个嘲戏,或在灵前～,帐子后调笑。”清《醒世姻缘传》一九回:“虽然看他是个老婆,也会合人～,也会合人拿情。”

【溜眼睛】 liū yǎn jing 即“溜眼”。清《醒世姻缘传》二回:“他听见了,瓜儿多,子儿少,又道是怎么合人擦肩膀,怎么合人～。”

liú

【流】 liú 置于名词、动词或形容词词素后,构成双音名词,指某一类人。《敦煌变文校注》卷五《维摩诘经讲经文(一)》:“毗耶城内,无限听～。”《宋高僧传》卷九《普寂传》:“临文揣义,迥异恒～。”清《醒世姻缘传》二三回:“只听得山上一派乐声嘹亮,举目一看,灯火明如白日,见有无数的羽衣道～在上面周旋。”

【流辈】 liú bèi 同辈;同一类的人。《敦煌变文集·秋吟一本》:“共邀～,各结同人,吟聒地之清音,讽绕梁之雅韵。”明《英烈传》四三回:“此人沉毅有守,智勇双全,又评论时文,高出～。”清吴彤《赠陈谅直》:“对子一披襟,～徒依依。”

【流窜】 liú cuàn 流放;放逐。对罪犯的一种惩处方式。唐韩愈《赠别元十八协律》之三:“寤寐想风采,于今已三年。不意～路,旬日同食眠。”宋《三朝北盟会编》卷二二〇:“官以六等定罪:最重弃市,次自尽,餘～。”清查慎行《答赵蒙泉别后见寄之作》:“脱身梏拳中,去国等～。”

【流递】 liú dì 犹“流窜”。《宋史·洪皓传》:“粘罕怒,将杀之。旁一酋唶曰:‘此真忠臣也!’且止剑士,为之跪请,得～冷山。”《元曲选外编·霍光鬼谏》二折:“轻呵该杖一百,重呵～三千。”元明《水浒传》八三回:“臣乃鄙猥小吏,误犯刑典,～江州。”

【流丢】 liú diū 形容破烂不堪。明《西游记》四六回:“唐僧道:‘不是,不是,柜里是件破烂～一口钟。’国王道:‘这和尚无礼!敢笑我国中无宝,猜甚么～一口钟!’”清《聊斋俚曲·墙头记》:“当时兄弟何等厚!那时衣帽甚光鲜,怎么这样～烂?”

【流光】 liú guāng 犹“流年❶”。唐白居易《赠言》:“～我已晚,适意君不早。”元杨云翼《元日》:“莫问～似流水,且从今日数今年。”清《儒林外史》一回:“功名富贵无凭据,费尽心情,总把～误。”

【流棍】 liú gùn 游手好闲、品行不端的人;无赖汉。明《拍案惊奇》卷二二:“其时京师有一～,专一阿谀逢迎,谄事令孜。”《大清会典则例》卷二四:“又议准私通土苗及容留外省～者,失察各官,照民人擅入苗地例议处。”

【流景】 liú jǐng 犹“流年❶”。唐韩愈《送侯参谋赴河中幕》:“男儿贵立事,～不可乘。岁老阴沴作,云颓雪翻崩。”宋张方平《居忧过祥制示辰长老》:“～无端隙驷驰,永怀顾复感慈闱。”清宋荦《雨餘》:“浩歌感～,郁思难为裁。”

【流难】 liú nàn ❶ 磨难;挫折;障碍。唐佚名《曹溪大师别传》："忍大师告能曰：'汝传法之人，后多～。'能问大师曰：'何以多难？'"《敦煌变文校注》卷四《降魔变文》："我若不谏此人，善事必生～。"又卷一《伍子胥变文》："穷州旅际绝舟船，若为得达江南岸？上仓(苍)傥若逆人心，不免此处生～。" ❷ 作梗；刁难。《元典章·刑部十五》："若所与厌其所欲，方与书写；稍或悭吝，故行～。"明《醒世恒言》卷三七："果然财主手段，略不～，又送我十万银子。"清《醒世姻缘传》一〇回："那阴阳生晓得是为人命说分上的书，故意～，足足鳖了六两银子，方才与他投下。"

【流年】 liú nián ❶ 流水似的年华；岁月。唐陈子昂《彩树歌》："红荣碧艳坐看歇，素华～不见君。"宋宋庠《次韵和资政吴育侍郎见赠》："樽前高意青云旧，鉴里～白发新。"清汪由敦《园中暮归示儿》："斜日重城车马道，老来长自惜～。" ❷ 谓一年中的时运。宋苏轼《次韵子由东亭》："到处不妨闲卜筑，～自可数期颐。"《元曲选·陈抟高卧》一折："先生向后再推一推，看我～大运如何？"清《飞龙全传》四一回："光义把来排在桌上，先排四柱，后看五星，远推一世之苦枯，近决～之凶吉。"

【流盼】 liú pàn 谓转动目光观看。多用以描写美人眼神容态。唐白行简《望夫化为石赋》："念远增怀，凭高～。心摇摇而有待，目眇眇而不见。"明《醒世恒言》卷一六："(那女子)一眼瞧见个美少年，人物风流，打扮乔画，也凝眸～。"清王士禛《白纻词》之一："清歌错落大小珠，折腰～意态殊。"

【流配】 liú pèi 犹"流窜"。《通典》卷一六五："诸～人在道[会]赦，计行程过限者，不得以赦原。"《宋史·太祖纪》："～者释放。"清《野叟曝言》九八回："小可祖父原是儒家，幼年误伤人命，～思恩为民。"

【流品】 liú pǐn 品类；等级。宋晁端礼《西江月》之二："洛浦神仙～，姑山冰雪肌肤。"明《西游记》四回："那玉帝不会用人，他见老孙这般模样，封我做个甚么弼马温，原来是与他养马，未入～之类。"清汪由敦《跋手临夏太常苍庭君传》："科目习气，积重势畸，虽有良才，屈于～。"

【流沙】 liú shā ❶ 流动的沙。唐韩愈《江汉一首答孟郊》："江汉虽云广，乘舟渡无艰。～信难行，马足常往还。"《敦煌变文校注》卷一《王昭君变文》："纵有衰蓬欲成就，旋被～剪断根。"清弘历《即事》："是河无闸坝，～为之限。" ❷ 指我国西北部的沙漠，也指该地区。唐骆宾王《边城落日》："紫塞～北，黄图霸水东。"宋《虚堂和尚语录》卷二："休言只影度～，熊耳峰前月如昼。"清汪由敦《大宛骝图赞》："大宛骝，天马种，骨相应图卓腾耸，朝籥～夕关陇。"

【流世】 liú shì 犹"流年❶"。唐白居易《三月三日》："暮春风景初三日，～光阴半百年。"

【流水】 liú shuǐ ❶ 比喻接连不断地。《元曲选·魔合罗》四折："不知犯甚罪，被这厮～似打将来？"明《警世通言》卷二八："许宣方欲推辞，青青已自把菜蔬果品～排将出来。"清《野叟曝言》二五回："别的菜都不吃，～的称赞着他那好鱼。" ❷ 赶快；立即。明《警世通言》卷二四："哄的玉姐回头，那亡八把头口打了两鞭，顺小巷～出城去了。"《型世言》二八回："张秀才翻覆又看一看，似宝一般收下袖中，还恐又变，～去了。"清《聊斋俚曲·磨难曲》："俺如今主意已定，～走不用商量。"

【流岁】 liú suì 犹"流年❶"。唐韦应物《登楼》："兹楼日登眺，～暗蹉跎。"明袁宗道《立春后六日为分岁会》："冉冉如～，萧萧见在身。"

【流星报马】 liú xīng bào mǎ 即"流星马"。元明《水浒传》六三回："只见～前来，报说宋江军马大小人兵不计其数，离寨约有二三十里，将近到来。"明《梼杌闲评》二九回："阵势摆定，只见西北上烽烟一缕，忽的～来道：'有外国来犯边了。'"清《荡寇志》九八回："林冲便要攻城。忽闻后队～飞到道：'军师有令。'"

【流星赶月】 liú xīng gǎn yuè ❶ 形容飞快。宋《五代史平话·汉上》："走马似逐电追风，放箭若～。"明郎瑛《七修类稿》卷四九："赊酒时风花雪月，饮之时～，讨钱时水底摸月。"清《飞龙全传》二八回："郑恩那里惧怕，抡开拳头，如～一般，四面挥打，须臾打倒了数人。" ❷ 武术中的一种解数。清《说岳全传》五二回："岳云使个～的解数，回马一锤。"

【流星马】 liú xīng mǎ 快速递送公文书信者，常指通讯兵。宋《三朝北盟会编》卷一四："夜来收得贵朝～文字，却是与龙图宣赞者，何故便改燕京作燕山府？"元明《三国志通俗演义》卷一："有守关将差～往洛阳丞相府告急。"清《绿野仙踪》六六回："至第二日午刻，～报道：'车骑将军乌梅，大战在斜阳铺阵亡。'"

【流沿边】 liú yán biān 满满地。明《金瓶梅词话》三三回："春梅做定科范，取了个茶瓯子，～斟上递与他。"

【流沿儿】 liú yán er 犹"流沿边"。明《金瓶梅词话》六七回："于是～斟了一银衢花钟，放在西门庆面前。"又九五回："月桂拿大银盅满满斟了一盅，～递与薛嫂。"

【留】 liú 赠送。唐李商隐《无题》："贾氏窥帘韩掾少，宓妃～枕魏王才。"《敦煌变文校注》卷一《王昭君变文》："附(驸)马赐其千匹彩，公主仍～十斛珠。"《大唐三藏取经诗话》二则："猴行者乃～诗曰：'百万程途向那边，今来佐助大师前。'"

【留碍】 liú ài 阻碍；停滞。唐王昌龄《宿灞上寄侍御玙弟》："道契非物理，神交无～。"《五灯会元》卷二〇《灵岩仲安禅师》："参禅不究渊源，触途尽为～。"清毛奇龄《南士七律序》："当其逆旅靡闷，阖户联句。或缘境附物，动无～；或比声切实，相触争上。"

【留别】 liú bié 分别时作诗文相赠以为纪念。唐李白有《梦游天姥吟～》。宋晁补之有《浣溪沙·广陵被召～》《临江仙·用韵和韩求仁南都～》。清查慎行《白苹集序》："甲戌二月，将出都，作诗～诸同年。"

【留步】 liú bù 停步。唐宋之问《使过襄阳登凤林寺阁》："幽寻不可再，～惜芳菲。"宋吴芾《和何倅游雁荡》："～欣有得，过眼光如遗。"清《红楼梦》七八回："方才回身，忽听山石之后有一人笑道：'且请～！'"

【留都】 liú dū 古王朝迁都后，于旧都设官留守，称为留都。如明成祖迁都北京，原帝都南京即为留都。明《警世通言》卷一七："德称两处投人不着，想得南京衙门做官的多有年家。……径往～。"清汪由敦《恭和御制恭谒昭陵元韵》："翠旗羽葆精禋展，西接～路未遥。"

【留发】 liú fà 留起头发，表示行将成年。清《醒世姻缘传》三七回："两个都方一十四岁，新才～，清清秀秀的一对学生。"《红楼梦》七一回："台下一色十二个未～的小厮伺候。"

【留客住】 liú kè zhù 兵器名。一种前端有倒钩的长枪。元明《水浒传》二〇回："都一样身穿红罗绣袄，手里各拿着～。"清《说岳全传》二七回："我们何不把兵马两边摆开，等他们来时，俱使长枪挠钩、强弓硬弩、飞爪～，两边修削。"《儒林外史》四三回："手执钢叉、～，一拥上前。"

【留款】 liú kuǎn 挽留款待。宋何薳《春渚纪闻》卷六："公遣舟邀取至郡，～数日。"明王世贞《与赵汝师书》："仆以得北咨晚，仓皇治装，又坐亢旱毒暑，不敢有所过从，而独谒公，辄辱～至醉饱。"清《醒世姻缘传》二五回："～狄周住了两日，打发了回书。"

【留连】 liú lián ❶ 滞留；停留。《敦煌变文校注》卷三《燕子赋(一)》："但雀儿只缘脑子避难，暂时～燕舍。"明《金瓶梅词话》一四回："看看～到日西时分，轿子来接，李瓶儿告辞归家。"清《绿野仙踪》四九回："他已将书盗去，我在此处～何益？" ❷ 留恋。唐李白《友人会宿》："涤荡千古愁，～百壶饮。"明《金瓶梅词话》六九回："不意听信游食所哄，～花酒，实出少年所为。"清厉鹗《东湖嬉春曲张龙威席上作》之四："～须尽湖天景，莫待明朝雨又风。" ❸ 挽留。《敦煌变文校注》卷一《伍子胥变文》："子胥即欲前行，再三苦被～。"元明《水浒传》四回："次日赵员外要回，告辞长老，～不住。"清厉鹗《谷雨前一日泛湖》之一："渔庄款乃烹莼去，僧院～试茗还。"

【留脸】 liú liǎn 即"留脸面"。清《红楼梦》六八回："奶奶们素日何等的好来，如今还求奶奶给～。"《绿野仙踪》四九回："何公子道：'便是七八个时辰，也不敢从命。'金钟儿道：'我留你三天，你好意思不与我～？'"

【留脸面】 liú liǎn miàn 谓照顾情面，不使难堪。清《红楼梦》七三回："比不得没闹出来，大家都藏着～。如今既是没了脸，趁此时总有十个罪，也只一个受罚，没有砍两颗头的理。"

【留门】 liú mén 谓特地不把门关死，以让人进入。宋元《古今小说》卷一五："大伯，我欠了店上酒钱，没得还，你今夜～，我来偷你锅子。"清《红楼梦》七二回："二人便设法彼此里外买嘱园内老婆子们～看道，今日趁乱，方初次入港。"

【留题】 liú tí ❶ 题诗题词作为留念。唐刘长卿有《将赴岭外～萧寺远公院》。宋朱弁《曲洧旧闻》卷九："过汝州香山，谒大悲，～于寺中。"清《红楼梦》一七至一八回："抬头忽见山上有镜面白石一块，正是迎面～处。" ❷ 指所题写的文字。宋陆游《客怀》："道左忽逢曾宿驿，壁间闲看旧～。"明《警世通言》卷一一："举眼见墙壁上多有～，字迹不一。"清汪由敦《恭和御制清舒山馆元韵》："年年天藻～在，片片飞云相与还。"

【留头】 liú tóu ❶ 指僧尼留起头发还俗。明《拍案惊奇》卷二七："不是相公苦苦要你～，其间有个缘故。" ❷ 犹"留发"。明《金瓶梅词话》一回："西门庆早起，刚在月娘房里坐的，只见一个才～的小厮儿，手里拿着个描金退光拜匣走将进来。"清《红楼梦》七回："只见王夫人的丫鬟金钏儿和那一个才～的小女孩儿站在台阶儿上玩呢。"

【留学】 liú xué 留在家乡以外的某处学习，特指留在他国学习。唐[日]《续日本纪》卷三三："(宝龟六年十月壬戌)从使入唐，～受业。"金元好问《刘景玄墓铭》："景玄年十六七许，时其先人朝请君官四方，景玄～陵川，已能自树立如成人。"清毛奇龄《李女宗守志记事》："当是时，其舅尚在客，而士华仍～外舍未去也。"

【留学生】 liú xué shēng 指留在他国学习的学生。《旧唐书·日本传》："贞元二十年，遣使来朝，～橘逸势、学问僧空海。"△清《老残游记》续集遗稿四回："二儿子，叫他出洋，做～，将来放外国钦差。"

【留坐】 liú zuò 留客人坐下并招待。明《金瓶梅词话》六五回："于是教月娘让在房内，摆茶～。"《古今小说》卷四〇："老公祖既有公事，不敢～了。"清施闰章《龙雷岸移居》："爱客深～，耽书每借搜。"

【榴火】 liú huǒ 指红艳如火的石榴花。宋周邦彦《浣溪沙慢》："嫩英翠幄，红杏交～。"元曹伯启《谢朱鹤皋招饮》："满院竹风吹酒面，两株～发诗愁。"清汪由敦《题五毒图》："艾叶纷倚户，～艳流影。"

liǔ

【柳】 liǔ ❶ 指娼妓歌女等，多与"花""梅"等并举。宋柳永《玉蝴蝶》："见了千花万～，比并不如伊。"《元曲选外编·西厢记》三本三折："他是个女孩儿家，……休猜做败～残花。"明《金瓶梅词话》八二回："韩道国与来保两个，且不置货，成日寻花问～，饮酒宿娼。" ❷ 同"绺"。元明《水浒传》二八回："白净面皮，三～髭须。"明《金瓶梅词话》一二回："我要你顶上一～儿好头发。"又："他昨日为剪这头发，好不烦难，吃我变了脸恼了，他才容我剪下这一～子来。"

【柳花】 liǔ huā ❶ 柳絮。唐李白《金陵酒肆留别》："白门～满店香，吴姬压酒唤客尝。"宋杨万里《闲居初夏午睡起》："日长睡起无情思，闲看孩童捉～。"清汪由敦《早春移寓郊园和金慕斋殿撰韵》："池面澌兼菖叶乱，枝头雪认～飘。" ❷ 喻对爱情不专一，如柳絮飞飘。元张可久《落梅风·春思》："盼归舟玉人成病。趁东风远游不见影，浪儿每～心性。"

【柳眉】 liǔ méi ❶ 指柳叶。形容柳叶如女子细弯之秀眉。唐李商隐《和人题真娘墓》："～空吐效颦叶，榆荚还飞买笑钱。"元舒頔《维扬十咏·皆春楼》："华丽已随时节换，东风吹恨～颦。"清陆求可《少年游·春郊》："沙暄野润，～花眼，并作十分春。" ❷ 即"柳叶眉"。五代李珣《望远行》："露滴幽庭落叶时，愁聚萧娘～。"明《金瓶梅词话》五八回："大红段子新鞋儿上，满帮子都展污了，登时～剔竖，星眼圆睁。"清陆求可《鹊桥仙·佳人对镜》："桃腮匀粉，～增黛，还恐宫妆草草。"

【柳陌】 liǔ mò 犹"柳巷花街"。陌，街道。宋陆游《风流子》："人生谁能料，堪悲处、身落～花丛。"明徐熥《帝京篇》："五侯七贵豪华客，油壁香车过～。花前调笑片时春，百万黄金轻一掷。"清《续金瓶梅》一六回："在那小楼窗上时露出半面来，看那章台走马的情郎，～折花的浪子，单单等一个肯撒钱、喜飘风、金十万、银十万的，才接他采花。"

【柳陌花街】 liǔ mò huā jiē 犹"柳巷花街"。《元曲选·鲁斋郎》一折："经旬间不来家，破工夫在～串。"明崔时佩、李日华《西厢记》三五出："心性嚣，惯使风流钞，～常时乐，偎红依翠追欢笑。"清《续金瓶梅》三一回："上的桥来，过河一带酒馆歌楼，都是些翠袖红裙，在～，或是倚门卖笑，和郎君携手，或是在楼头弹唱，与荡子偎肩，好热闹的紧。"

【柳陌花衢】 liǔ mò huā qú 犹"柳巷花街"。衢，街道。宋孟元老《东京梦华录序》："新声巧笑于～，按管调弦于茶坊酒肆。"

【柳青】 liǔ qīng 曲牌"《柳青娘》"的歇后，歇"娘"字，多指鸨母。《元曲选外编·云窗梦》三折："恨则恨冯魁那个丑生，买转俺劣～。"贯云石《塞鸿秋·代人作》："推道是板障～严，统镘姨夫欠，只被这俏苏卿抛闪煞穷双渐！"明风月友《金陵六院市语》："赚人以娘称己，自道小名～。"

【柳青娘】 liǔ qīng niáng 原为曲牌名，借指鸨母。《元曲选·玉壶春》二折："则这个玉壶生，更和这索兰女，则索告你个～。"

【柳巷花街】 liǔ xiàng huā jiē 妓院；妓院聚集的街巷。宋黄庭坚《满庭芳·妓女》："初绾云鬟，才胜罗绮，便嫌～。"明《拍案惊奇》卷二："闲游～，只见一个娼妇，站在门首献笑。"

【柳眼】 liǔ yǎn ❶ 嫩柳叶。形容初生柳叶如女子细长妩媚之眼。唐白居易《和微之春日投简阳明洞天》："～黄丝纇，花房降蜡珠。”宋周邦彦《蝶恋花·柳》：“爱日轻明新雪后，～星星，渐欲穿窗牖。”清陆可求《南歌子·春思》：“～摇新绿，花颜发早红，桥边油壁易相逢，那数繁华撩乱大堤东。” ❷ 即“柳叶眼”。清厉鹗《晓行苏堤》之二：“楼头～如窥宋，堤上花枝总姓苏。”《红楼梦》七八回：“惊～之贪眠，释莲心之味苦。素女约于桂岩，宓妃迎于兰渚。”

【柳腰】 liǔ yāo ❶ 细柳条。形容柳枝如女子柔细之腰。唐白居易《酬南洛阳早春见赠》：“物华春意尚迟回，赖有东风昼夜催。寒缒～收未得，暖熏花口嚛初开。”宋张耒《漫成》之三：“～榆荚争入眼，江梅一枝远如天。”清陈世祥《浣溪沙·初夏》：“莺舌已无前日滑，～可似向来柔，断肠都在最高楼。” ❷ 形容女子柔细之腰。元张可久《四块玉·春情》：“酒易阑，愁难解。杏脸香销玉妆台，～宽褪罗裙带。”清陆求可《玉联环·远归》：“今日～花面，翻多娇艳，春莺催得阮郎来，便了却风流愿。”

【柳叶眉】 liǔ yè méi 形容女子细而弯的秀眉。唐韩偓《复偶见》之二：“桃花脸薄难藏泪，～长易觉愁。”元杨维桢《冶春口号》之六：“湖上女儿～，春来能唱黄莺儿。”清王士禄《浣溪沙·艳情》：“～长惯似愁，当欢微敛越风流，双文小玉总仙俦。”

【柳叶眼】 liǔ yè yǎn 形容女子细长妩媚的眼睛。唐白居易《简简吟》：“苏家小女名简简，芙蓉花腮～。”

【绺】 liǔ 量词。束；把。用于须发、线丝等细丝状物。唐王涣《惆怅》之八：“青丝一～堕云鬟，金剪刀鸣不忍看。”《元曲选外编·剪发待宾》二折：“兀那街上一个婆婆，手里拿着一～儿头发，不知是卖的，不知是买的。”清《儒林外史》三四回：“一时人急智生，把自己头发拔下一～，登时把弓弦续好。”

liù

【六案】 liù àn 宋代以后，州县衙门仿中央六部，设吏、户、礼、兵、刑、工六个办事机构，称“六案”或“六房”。《宋史·徽宗纪二》：“(崇宁四年)令州县仿尚书六曹分～。”《元曲选·铁拐李》二折：“你须知我～间峥嵘了这几年，也曾在饥喉中夺饭吃，冻尸上剥衣穿，便早死呵不敢怨天。”《元曲选外编·西游记》一本一出：“若是到洪都，金押文书，甚的是～须知和检目?”

【六沉枪】 liù chén qiāng 即“绿沉枪”。“六”“绿”旧读音同，古籍中常相借用。《元曲选外编·单刀会》三折：“五方旗，～，遮天映日。”又《三夺槊》一折：“单雄信先地赶上，手拈着～，枪尖儿看看地着脊背，脊背透过胸膛。”清《说岳全传》五四回：“右胁边挂一张雕弓，坐下一匹红纱马，使着两杆～。”

【六出】 liù chū 即“六出花”。唐元稹《赋得春雪映早梅》：“一枝方渐秀，～已同开。”元王义山《梅梢上雪》：“～霏霏过小帘，梅梢着处似沾粘。”清汪由敦《恭和御制雪元韵》：“顷刻漫空飞～，塞垣风景幻如斯。”

【六出公】 liù chū gōng 即“六出花”。《太平广记》卷四九〇引《东阳夜怪录》：“爱此飘飘～，轻琼洽(冷)絮舞长空。”

【六出花】 liù chū huā 六瓣的花，多指雪花。唐宋之问《奉和春日玩雪应制》：“琼章定少千人和，银树长芳～。”《元曲选·杀狗劝夫》二折：“黑黯黯冻云垂，疏剌剌寒风起，遍长空～飞。”清吴绮《咏雪拟东坡义尖二韵》：“何处飞来～，梁园一夕望偏赊。”

【六儿】 liù ér 对家僮的通称。《元曲选·虎头牌》一折：“～，报复去，道叔叔婶子来了也。”又《朱砂担》一折：“〔做唱科〕哎，你个～嗏！〔云〕只吃那嗓子粗，不中听。”《元曲选外编·金凤钗》三折：“～，相公呼唤你哩！”

【六房】 liù fáng 即“六案”。《元曲选·酷寒亭》楔子：“张千，说与那～司吏，有事禀复，无事转厅。”明《金瓶梅词话》一四回：“恰说一日杨府尹升厅，～官吏俱都祗候。”清于成龙《对金抚台问地方事宜》：“然粤西与腹里不同，猺獞不习书数，吏役乏人。一二经承兼理～，事繁人寡，簿书堆案。”

【六花】 liù huā 即“六出花”。唐贾岛《寄令狐绹相公》：“自着衣偏暖，谁忧雪～?”宋陈元靓《事林广记》续集卷八《绮谈市语》：“雪，～。”清《绿野仙踪》八回：“八表氤氲，天地凝成一色；～交错，峰岚视之无琨。”

【六甲】 liù jiǎ ❶ 神仙名。道教称供天帝役使的阴神为六丁，阳神为六甲。唐张说《大唐祀封禅颂》：“～按队，八阵警跸。”明《西游记》六回：“浑铁棍乃千锤打，六丁～运神功。”清《醒世姻缘传》二九回：“冯夷神受符放水，～将按部巡堤。” ❷ 称妇女怀孕为身怀六甲。六甲，代指男孩。明《古今小说》卷三〇：“忽见一妇人，年约三旬，身怀～，背负瓦罂而汲清泉。”清方成培《雷峰塔》一六出：“且喜娘子，身怀～了。”《隋唐演义》四回：“只是妾身身怀～，此去陆路，不胜车马劳顿。”

【六街】 liù jiē ❶ 唐宋首都的六条主要大街。唐李贺《绿章封事》：“绿章封事谘元父，～马蹄浩无主。”《资治通鉴》卷二〇九：“中书舍人韦元徼巡～。”元胡三省注：“长安城中左右～，金吾街使主之。”《宋史·魏丕传》：“～巡警皆用禁卒。” ❷ 泛指都会的热闹街市。《敦煌变文校注》卷五《双恩记》：“自欢自悦畅情怀，每日人听满～。”《元曲选·梧桐叶》三折：“重奏乐，人欢笑，～喧闹。”清汪由敦《除夕过刘延清大司寇观所藏砚》：“～车马物象新，我亦尔尔非无因。”

【六街三陌】 liù jiē sān mò 犹“六街三市”。《元曲选·看钱奴》二折：“恰便似玉琢成～，恰便似粉妆就殿阁楼台。”

【六街三市】 liù jiē sān shì 泛指都会中热闹街市。金《董解元西厢记》卷一：“～通车马，风流人物类京华。”明柯丹邱《荆钗记》三二出：“～堪描画，万紫千红实可夸。”清《隋唐演义》一七回：“那～，勋卫宰臣，黎民百姓，奉天子之命，与民同乐。家家结彩，户户铺毡。”

【六局】 liù jú 宋代为官府贵家操办宴会的专业部门。六局即果子局、蜜煎局、菜蔬局、油烛局、香药局、排办局。参见“四司”。宋吴自牧《梦粱录》卷三：“帅司差拨～人员，安抚司关借银器等物，差拨妓乐，就丰豫楼开鹿鸣宴。”

【六婆】 liù pó 旧称牙婆、媒婆、师婆、虔婆、药婆、稳婆为六婆，后泛指操不正当职业走门串户的妇女。元陶宗仪《辍耕录》卷一〇：“～者，牙婆、媒婆、师婆、虔婆、药婆、稳婆也。”清《醒世姻缘传》六八回：“积庆福来多，门中杜～。”

【六梢】 liù shāo 指鸟翅上长而硬的羽毛。《元曲选外编·飞刀对箭》一折：“有一日长全我这～，我可敢飞腾过万里青霄。”

【六稍】 liù shāo 同“六梢”。《元曲选·冻苏秦》一折：“本待做大鹏高抟九万里，却被这恶西风先摧折了～翎。”

【六神不安】 liù shén bù ān ❶ 心情不安宁；心神不定。六神，六脏(心、肺、肝、肾、脾、胆)之神。《云笈七籤》卷三二：“凡人卧，头边勿安火炉，令人～。” ❷ 指家宅不宁。六神，宅、门、灶、井、床、厕等家宅守护神。《元曲选外编·降桑椹》二折：“今有蔡顺的母亲，病枕在床，俺家宅～。”明《醋葫芦》一六回：“院君与三娘子生时不睦，死后岂肯相容？况梦熊千金之躯，以今忙忙之际，家下～，归来设有不虞，复将谁咎?”

【六神亲眷】 liù shén qīn juàn 指血缘关系密切的亲属。六神，青龙、白虎、朱雀、玄武、螣蛇、勾陈六兽之神。占卜者以五行生克的父母、子孙、兄弟、妻财等与六神配合，称为“六神亲眷”。《元曲选·老生儿》三折：“～都在那里？则等俺老两口儿烧罢纸要破盘哩。”又《合同文字》一折：“员外，则你便是我三代祖先，我又无甚～。”

【六神无主】 liù shén wú zhǔ 心情慌乱；拿不定主意。明《醒世恒言》卷二九：“吓得知县已是～，还有甚心肠去吃酒？”清《情梦柝》一六回：“若素被喜新说得浑身麻痛，～。”

【六市】 liù shì 犹“六街❷”。明汤式《普天乐·送人迁居金陵》之二：“更三般儿绝胜钱唐，瞻九重乾坤荡荡，看～人烟穰穰，听五更珂佩锵锵。”程通《元宵》：“禁城阊阖九重开，歌舞喧哗～来。”清《蜃楼志》四回：“倚窗望去，万家烟火，～嚣尘，真是人工难绘。”

【六市三街】 liù shì sān jiē 犹“六街三市”。元《七国春秋平话》卷上：“宫庭化为荒草地，～今野营。”

【六说白道】 liù shuō bái dào 胡说八道。明《金瓶梅词话》二六回：“你安分守己，休再吃了酒，口里～。”又五九回：“你这丫头也跟着恁张眉瞪眼儿，～的！”

【六问三推】 liù wèn sān tuī 形容反复审问。《元曲选·后庭花》四折：“准备下～，快与我唤过来刘天义。”明《拍案惊奇》卷一一：“那亲动手手的好徒，若不明正其罪，被害冤魂何时瞑目？至于扳诬冤枉的，却又～，千般锻炼。”清《续金瓶梅》六回：“洪炉中点化铁心人，只得要千锤百炼；天平上算均铜法马，那敢不～！”

【六阳】 liù yáng 即“六阳会首”。明朱有燉《义勇辞金》四折：“将你那血沥沥～，涴了我明滉滉钢刀。”

【六阳会首】 liù yáng huì shǒu 人头的别称。中医认为人身上有六根阳经通汇于头部。《元曲选·李逵负荆》二折：“山儿，我今日和你打个赌赛。若是我抢将他女孩儿来，输我这～。”《元曲选外编·博望烧屯》二折：“罢、罢、罢，我也赌我这一颗～！”

【六阳魁首】 liù yáng kuí shǒu 即“六阳会首”。《元曲选·李逵负荆》二折：“如今去杏花庄前，看谁输～？”又《岳阳楼》二折：“打了你耳朵，不曾伤着你～。”

【六阳首级】 liù yáng shǒu jí 即“六阳会首”。明《西洋记》一二回：“我输了，我的～砍下来与你；你输了，你的～砍下来与我。”

【六幺】 liù yāo 即“绿腰”。唐王建《宫词》之二九：“琵琶先抹～头，小管丁宁侧调愁。”《元曲选·东堂老》一折：“想当日个按～、舞霓裳未了，猛回头，烛灭香消。”清厉鹗《东堂观剧次西颢韵》之四：“一曲当筵如一世，莫辞听到～终。”

【六张五角】 liù zhāng wǔ jiǎo 谓命运多坎坷，做事不顺遂。宋吕南公《内翰太中以某伏谒郡斋》：“～长合并，百虑一得嗟何曾。”清朱彝尊《叨叨令》：“一年一梦空愁思，～难成事。”

【六轴】 liù zhóu 同“碌碡”。元薛昂夫《端正好·高隐》：“醉时节～上乔衙坐，醉时节巴棚下和衣儿卧。”

【六铢】 liù zhū ❶ 谓佛僧、神仙之衣极轻极薄。《敦煌变文校注》卷五《维摩诘经讲经文(四)》：“戴七宝之天冠，着六殊(铢)之妙服。”《太平广记》卷六五引《通幽记》：“有一女，年可十四五，容范旷代，衣～雾绡之衣，蹑五色连文之履，开帘而入。” ❷ 即“六铢衣❶”。宋邹浩《岑老书云远老法堂上草深一丈矣》：“衣挂～收法界，草深一丈见家风。”金元好问《隐秀君山水为范庭玉赋》：“万壑风烟入座寒，～仙帔想骖鸾。”明王世贞《妙花岩》：“～姹女天衣，贪散天花不归。” ❸ 即“六铢衣❷”。宋苏轼《裙靴铭并序》：“百迭漪漪，风皱～。縰縰云轻，独立含风。”元萨都剌《鬻女谣》：“闭门爱惜冰雪肤，春风绣出花～。”清彭孙遹《金粟闺词》之一八：“琳宫曾许～香，绣得名幡七尺长。”

【六铢衣】 liù zhū yī ❶《长阿含经·世纪经·忉利天品》中谓忉利天的衣轻而薄，仅重六铢。后因以“六铢衣”称佛仙、僧人之衣。铢，二十四分之一两。唐顾况《归阳萧寺》：“身披～，亿劫为大仙。”元张宪《悼瑞上人死于兵》：“宁知三尺剑，断送～。”清吴雯《送吉咸宁还永乐》之一：“丹台逢玉女，应绾～。” ❷ 指妇女所穿轻薄的纱衣。明陆深《晚放舟东渡》：“制得～试着，新凉浮动一襟风。”清邹祇谟《菩萨蛮·咏青溪遗事画册》：“绣得～，新黄蛱蝶飞。”

【溜】 liù 另见 liū。❶ 湍急；水势迅猛。明《醒世恒言》卷二五：“这峡中的水更～，急切不能勾到。”清《东周列国志》六〇回：“长江水～，进易退难。”孔尚任《桃花扇》二七出：“黄河水～，不是当耍的。” ❷ 流畅；滑。《元曲选·百花亭》二折：“斑竹篮提在手，叫歌声习演的腔儿～。”明《西游记》四七回：“你是磨砖砌的喉咙，着实又光又～。” 清《红楼梦》八三回：“这周瑞家的说～了嘴，说到这里，忽然想起这话不好，因咽住了。” ❸ 习惯；惯熟。明《警世通言》卷一五：“凡为盗的，都从好酒、赌钱两件上起，他吃～了口，没处来方，见了大锭银子，又且手边方便，如何不爱？”《醒世恒言》卷三五：“谁知他是天生的性儿，使惯的气儿，打～的手儿，竟没丝毫更改。” ❹ 量词。排；串；行。宋《二程语录》卷二：“譬之铺一～柴薪，从头爇着，火到处，其光皆一般。”明《金瓶梅词话》八二回：“可霎作怪，不想妇人摸他袖子里，吊下一根金头莲瓣簪儿来，上面鈒着两～字儿。”清《红楼梦》三回：“因见挨炕一～三张椅子上，也搭着半旧的弹墨椅袱。” ❺ 瞟；瞥；略为一看。元贯云石《醉高歌过喜春来·题情》：“看时节偷眼将人～，送与人些风流证候。”明《平妖传》一回：“一头说，一头便把双眼～去，只见那金匮玉箧，都编得有三教六流各类字样。”清《红楼梦》九一回：“(宝蟾)说着，却把眼睛～着金桂一笑。” ❻ 打；击。明《西洋记》五七回：“抽过门栓来，着实的～他两下。”又七一回：“照着他的后脑骨上，就～上一金砖。” ❼ 谓用溜子传唤。清《儒林外史》四二回：“叫小厮拿了一个都督府的溜子，～了一班戏子来谢神。”

【溜儿】 liù ér 同“六儿”。明朱有燉《风月牡丹仙》一折：“自家是孛孛下野花，墙角蒿阴中长大。牡丹仙和秀才说话，我也去和～哈答。〔做抱～科〕〔～叫介〕有鬼！有鬼！”

【溜骨髓】 liù gǔ suǐ 贪淫好色的隐语。溜，滑，销蚀。元明《水浒传》三二回：“但凡好汉，犯了～三个字的，好生惹人耻笑。”明《金瓶梅词话》八四回：“贤弟既做英雄，犯了～三字，不为好汉。”清《续金瓶梅》四五回：“他害的是～的病儿，塌了穰的西瓜，把一命才填还。”

【溜口】 liù kǒu 说读顺畅，口齿流利。明《英烈传》一七回：“是日，就在寺中读了一夜，明早俱觉～儿背得，于是携书入见。”《醋葫芦》六回：“又有那～少年们，和着啰啰连，打起莲花落。”

【溜亮】 liù liàng ❶ 通畅；明白。宋《朱子语类》卷八七：“只是说得粗，文意不～，不如此说之纯粹通畅。”明《醋葫芦》一〇回：“待小弟进去索性说个～，岂不放心？” ❷ 聪明；能干。明《型世言》二回：“亲娘挨半年，怕嫁不出个好姑夫？要这样呆物，料也不～的。”清《蜃楼志》二回：“你们广东人海面上也还～，登了岸是不中用的！”

【溜溜】 liù liù 液体流淌或泻落貌。宋苏轼《九日闲居》：“鲜鲜霜菊艳，～糟床声。”元陈泰《别友》：“山中兮清猿，涧～兮寒泉，白日忽兮下照，耿将判兮何言？”清查慎行《以药酒分饷唐实君吴西斋》：“小槽～听压蔗，馋涎乱涌珠跳波。”

【溜撒】 liù sā ❶动作敏捷，反应迅速；机灵。明《西游记》三一回：“那猴子好不～，把那宝贝一口吸在肚里。”《二刻拍案惊奇》卷一四：“一下子打来，那泼皮～，急把其妻翻过来，早在臀脊上受了一杖。”清《荡寇志》一一一回：“那大汉手段～，吃他走了，只捉得这个贼回来。” ❷油滑。明《禅真逸史》一九回：“这顽皮却会油嘴，一发～。” ❸溜走；逃走。明《二刻拍案惊奇》卷三九：“他也有遇着不巧，受了窘迫，却会得逢急智生，脱身～。”清《后水浒传》一四回：“如今若一径到他家去拿他，倘被他恃顽～，一时那里去拿他？”

【溜煞】 liù shā 即“溜撒❶”。明《西洋记》二二回：“那把门的眼儿且是～，就认着是远方来的，盘诘来历。”又六四回：“三太子还是～，急忙里扑将过来。”

【溜子】 liù zi 官员出巡时通知地方提供服务的文书。清《儒林外史》四二回：“叫小厮拿了一个都督府的～，溜了一班戏子来谢神。”又四九回：“又发了一张传戏的～，叫一班戏，次日清晨伺候。”

【碌轴】 liù zhóu 同“碌碡”。宋苏辙《次韵子瞻山村》之四：“何用橐驼朝塞外，试听～语场中。”元佚名《耍孩儿·拘刷行院》：“摸鱼爪老粗如扒齿，担水腰肢脖似～。”清《醒世姻缘传》七九回：“将他套上～，他也不似往时踢跳，跟了别的牛沿场行走。”

【碌碡】 liù zhóu 用来碾压的圆柱形农具，多以石头制作（唐代有木制者，参见“磟碡”）。唐薛能《嘉秦驿》：“蚕月缫丝路，农时～村。”宋范成大《四时田园杂兴》之六：“系牛莫碍门前路，移系门西～边。”清查慎行《重过唐山营》：“去日村村翠剡堆，归时～广场开。”

【磟碡】 liù zhóu 同“碌碡”。唐陆龟蒙《耒耜经》：“自爬至砺䃯皆有齿，～觚棱而已。咸以木为之，坚而重者良。”元宋无《早乡田父言》：“疲牛病喘饿桑间，～闲眠麦地干。”

lóng

【龙案】 lóng àn 御案；皇帝用的办公桌。明《古今小说》卷二一：“这大树杈做个宝殿，这大石杈做个～。”《警世通言》卷九：“须臾，草就吓蛮书，字画齐整，并无差落，献于～之上。”清弘历《咏御花园藤萝》：“清和沐雨影亦鲜，便入虾须上～。”

【龙墀】 lóng chí 皇宫或寺庙的殿庭。唐韩偓《咏鹊》：“高处营巢亲凤阁，静时闲语上～。” 元明《水浒传》四二回：“走出庙门，只听得庙里有人叫：‘饶恕我们！’赵能再入来看时，两三个土兵跌倒在～里。”清吴绮《和周太史梦郑侍御诗序》：“御以柔兆之年，获含毫于凤沼；君当屠维之岁，亦射策于～。”

【龙床】 lóng chuáng ❶皇帝用的床。五代花蕊夫人《宫词》之二：“净甃玉阶横水岸，御炉香气扑～。”元张宪《董舍人》：“日骖鸾驾共裀凭，夜直～同卧起。”清《飞龙全传》三九回：“这日在宫无事，酣息～，不期元神出窍，竟往禅州而来。” ❷皇帝用的坐椅。元《七国春秋平话》卷中：“孙子向～奏计，都无数句，王曰：‘好强！’”明《西游记》四回：“如若不依，时间就打上灵霄宝殿，教他～定坐不成！”清陈廷敬《哭张千臣学士》：“苦心随豹尾，失涕近～。奏对封章切，言词面诤长。”

【龙飞】 lóng fēi 谓皇帝登基或即位。唐杜甫《上韦左相四十韵》：“凤历轩辕纪，～四十春。”明汪廷讷《广陵月》二出：“今开元圣人，～御世，不但鸿才骏略，永奠山河，亦且绣口锦心，兼长词赋。”清蔡世远《送钱孟辅出牧嘉定州序》：“今上～，余再官于朝。”

【龙骨】 lóng gǔ 即“龙骨车”。宋王安石《后元丰行》：“水秧绵绵复多稌，～长干挂梁梠。”元马祖常《踏水车行》：“松槽长长栎木轴，～翻翻声陆续。”清弘历《风车》：“一例～转，荦确升旋沉。曾不藉人工，吹万力所任。”

【龙骨车】 lóng gǔ chē 水车。一种引水灌溉的木制农具。宋梅尧臣《怀旧书事》之一：“更看白水满城下，说着当时～。”岳珂《蛙》：“秧田正枯须水活，～翻蛙不惊。”清胤禛《朱批谕旨》卷三〇上：“臣见山西灌田多用井，四川灌田多用堰，湖广灌田多用～。”

【龙虎榜】 lóng hǔ bǎng 唐贞元八年，陆贽主考，取录韩愈、李观、李绛等俊杰之士同榜登第，时称“龙虎榜”。后美称公布会试中选者的榜文。宋王禹偁《赠状元先辈孙仅》：“粉壁乍悬～，锦标终属鹡鸰原。”宋元《古今小说》卷三五：“不望手勾～，慕容颜好一齐休，甘分守闾丘。”清《绿野仙踪》一回：“解名虽屈～，麟儿已产麝兰房。”

【龙门】 lóng mén ❶喻指科举考试。龙门本是黄河河谷之名，传说每年三月间，有成群鲤鱼跳渡龙门，跳过则化为龙，未跳过者，额头被点而回。因以喻科举考试。唐卢纶《早春游樊川野居却寄李校书》：“桂树曾争折，～几共登。”明杨柔胜《玉环记》二出：“槐黄秋早马蹄忙，举子相期入试场。才吞八斗气轩昂，一跃～姓字香。” ❷科举乡试考场的第三重门，匾额题“龙门”二字。也泛称乡试考场的大门。清《儒林外史》二回：“到了～下，行主人指道：‘周客人，这是相公们进的门了。’”《红楼梦》一一九回：“我们两个人一起去交了卷子，一同出来，在～口一挤，回头就不见了。”

【龙门点额】 lóng mén diǎn é 喻科举考试落第。参见“龙门❶”。明《警世通言》卷六：“指望一举成名，争奈时运未至，～，金榜无名。”

【龙蛇混杂】 lóng shé hùn zá 比喻好坏混杂在一起。《敦煌变文校注》卷一《伍子胥变文》：“皂帛难分，～。”元吴莱《次韵柳博士五泄山纪游》：“鱼鸟从容还自得，～不同流。”清《红楼梦》九回：“未免人多了就有～，下流人物在内。”

【龙潭虎窟】 lóng tán hǔ kū 龙虎所居之处，喻凶险之地。《元曲选·丽春堂》三折：“潜入那水国渔乡，早跳出～。”元明《水浒传》五九回：“你便是那吒太子，怎逃地网天罗，火首金刚，难脱～。”明《拍案惊奇》卷一：“荒凉径界，无非些兔迹狐踪；坦迤土壤，料不是～。”

【龙潭虎穴】 lóng tán hǔ xué 犹“龙潭虎窟”。元王盘《送尚书柴庄卿出使安南》：“单车奉使柴尚书，～坦如途。”明《封神演义》七一回：“二马拨开，枪斧并举，大战～。”清《绿野仙踪》一三回：“我等从～逃得性命，若再被擒获，何以见天下朋友。”

【龙头】 lóng tóu 即“龙头客”。五代黄滔《辄吟七言四韵攀寄翁文尧拾遗》：“～龙尾前年梦，今日须怜应若神。”按，此谓黄滔曾梦见翁文尧中状元。宋王禹偁《寄状元孙学士何》：“唯爱君家棣华榜，登科记上并～。”明《警世通言》卷一八：“此堂既名为至公堂，岂可以老少而私爱憎乎？自古～属于老成，也好把天下读书人的志气鼓舞一番。”

【龙头客】 lóng tóu kè 指科举考试名列榜首者。宋魏了翁《贺新郎·许遂宁奕生日》：“多少～，数从前，何官不做，清名难得。”明袁华《题拜石坛》：“白野御史～，青年献赋蓬莱宫。”

【龙头蛇尾】 lóng tóu shé wěi 比喻开头盛大，结尾衰减。犹言虎头蛇尾。《祖堂集》卷九《乌岩和尚》：“若道和尚是～，也只是个瞎汉!”宋克勤《碧岩录》一〇则:“这僧也善雕琢,争奈～。”《朱子语类》卷一三〇:“先说得许多天来底大,恁地好了,到结束处,却只如此,盖不止～矣。”

【龙团】 lóng tuán 宋代贡茶名。制成饼状,上印龙纹,故名。后也泛指上品茶叶。宋张舜民《画墁录》卷一:“先丁晋公为福建转运使,始制为凤团,后又为～,贡不过四十饼,专拟上供。”明《金瓶梅词话》七七回:“桌上盘堆异果,肴列珍羞,茶煮～,酒斟琥珀。”清查慎行《谢赐普洱茶》:“筠笼蜡纸封初启,凤饼～样并圆。”

【龙位】 lóng wèi 帝座;皇位。元《前汉书平话》卷中:“孝惠帝登～时,天顺民和。”明《西游记》三八回:“原来我父王死在御花园八角琉璃井内,这全真假变父王,侵了～。”清《飞龙全传》三回:“这～上,那里是当今圣上?原来是一个红面后生。”

【龙象】 lóng xiàng 佛经中将修行坚决勇猛、有大力量的阿罗汉喻为“龙象”,后因以称杰出的僧人。唐杨炯《盂兰盆赋》:“菩萨之权现,如来之化生。莫不汪洋在列,欢喜充庭。天人俨而同会,～寂而无声。”元《楚石梵琦禅师语录》卷二〇:“径山虚谷灵、天童云外岫、净慈晦机熙,各有～数百。”清查慎行《长寿庵坐湛禅师方丈听谈》:“贤嗣真～,千钧独力担。”

【龙行虎步】 lóng xíng hǔ bù 喻威仪庄重,气度不凡,多形容有帝王之相。唐许嵩《建康实录》卷一一:“昨见刘德舆,～,视瞻不凡,恐非人下者也。”宋文莹《玉壶野史》卷九:“及长,身长七尺,坦额隆准,神彩鉴物。虽缓步,从者阔步追之不及。相者曰:正所谓～也。”清《绿野仙踪》二六回:“这尼姑又闲行市镇,看见师尚诏,说他～,将来可做天子。”

【龙袖娇民】 lóng xiù jiāo mín 指京城里的居民。《元曲选·蝴蝶梦》四折:“你本是～,堪可为报国贤臣。”明陆深《玉堂漫笔》卷上:“～为我文皇帝白沟之役时事,欧阳圭斋南词中已有此语,想是元时方言,不知是何等也。”

【龙袖骄民】 lóng xiù jiāo mín 同“龙袖娇民”。《元曲选·合汗衫》一折:“俺本是凤城中黎庶,端的是龙袖里骄民。”

【龙阳】 lóng yáng 战国时魏国龙阳君以男色事魏王而得宠,后以指男色。元方回《次韵汪翔甫和西城吕全州见过》之四:“前鱼又堪笑,红袖泣～。”明《型世言》三七回:“我看如今老～,剃眉,绞脸,要做个女人也不够。”清《十二楼·萃雅楼》一回:“两个朋友合着一个～,不但醋念不生,反借他为联络形骸之具。”

【龙钟】 lóng zhōng ❶ 衰老疲弱貌。唐王维《夏日过青龙寺谒操禅师》:“～一老翁,徐步谒禅宫。”宋《法演禅师语录》卷下:“眼暗耳聋,行步～。”清《儒林外史》八回:“说我蘧佑年迈～,不能亲自再来拜谒墓道了。” ❷ 潦倒失意。五代王定保《唐摭言》卷四:“(卢晖)自是～场屋复十许岁,大顺中,方为弘农公所擢。”明王世贞《吴兴杂兴》之九:“名微真马走,官拙自～。”清姜宸英《诰赠中宪大夫沈公崇祀乡贤诗序》:“然后赠公之贤与宪副公之孝始焜耀在人耳目矣。此与侧身荆棘,～一第者,其于命又孰得孰失耶?” ❸ 狼狈貌。唐白居易《携诸山客同上香炉峰遇雨》:“萧洒登山去,～遇雨回。”明李流芳《小筑看荷花偶成》:“昨日梅雨天多风,风翻雨打花～。”

【泷冻】 lóng dòng 困顿狼狈貌。唐寒山《俗薄真成薄》:“装车竞嵶嵲,翻载各～。”

【栊】 lóng 即“拢❸”。明汤显祖《紫箫记》六出:“展纤蛾怯的轻寒,弹着春衫,略～云鬟。”

【笼】 lóng 另见 lǒng。❶ (将鸟、虫等)置于笼中。唐陈子昂《奏白鼠表》:“十九日行次渔阳界,昼有白鼠入营,孝杰捕得～送者。”宋魏野《白鹇》:“水国～来到水村,也应怀土也怀恩。”清《红楼梦》二六回:“一溜回廊上吊着各色笼子,～着仙禽异鸟。” ❷ 把手或物品塞进袖筒里。宋王安石《用前韵戏赠叶致远直讲》:“熟视～两手,徐思捻长鬣。”明《西游记》九六回:“把那馒头、卷子、烧果,没好没歹的满满～了两袖,才跟师父起身。”清《儒林外史》一八回:“买了个帖子,在柜台上借笔写‘眷晚生匡迥拜’,写完,～着又走。”

【笼床】 lóng chuáng 蒸笼。宋庄绰《鸡肋编》卷上:“掘地得古井,不以甓甃,而陶瓦作圈,如蒸炊～之状,高尺许,皆以子口相承而上。”《三朝北盟会编》卷二一三:“三人果至黄龙府,用～去其里隔,盛周氏,载之于车以行,遂达江南。”

【笼苁】 lóng cōng 同“笼葱”。《元曲选·误入桃源》二折:“色～,光潋滟,山环水绕天台洞。”

【笼葱】 lóng cōng 葱绿、青绿貌。唐元稹《生春》:“何处生春早,春生云色中。～闲着水,晻淡欲随风。”明石珤《和杜工部秋兴》之六:“华虫藻火关心日,云树～接帝州。”清彭孙遹《立春日和悔庵》:“苑树～迎雨露,江春缥缈隔风烟。”

【笼坊】 lóng fāng 犹“笼街喝道”。宋朱翌《听鸽铃》:“蓬蒿门巷久张罗,岂有～重客过。”陆游《不如茅屋底》之五:“列鼎宾筵盛,～从骑都。”

【笼街喝道】 lóng jiē hè dào 谓官员出行,侍从吆喝街道上的人回避。笼,包笼;喝道,喝令让道。《旧唐书·温造传》:“臣闻元和、长庆中,中丞行李不过半坊,今乃远至两坊,谓之～。”

【笼牢】 lóng láo 笼罩;束缚。《祖堂集》卷九《落浦和尚》:“识锁难开,疑网～。”

【笼罗】 lóng luó 即“罗笼❷”。《五灯会元》卷一八《东山吉禅师》:“遍界遍空无影迹,无依无住绝～。”《嘉泰普灯录》卷二五《圆悟勤禅师》:“千圣～不住。”

【笼袖娇民】 lóng xiù jiāo mín 即“龙袖娇民”。元欧阳玄《渔家傲》之七:“七月都城争乞巧,荷花旖旎新棚笊。～儿女狡,偏相搅,穿针月下浓妆佼。”按,“笼”一作“龙”。

【笼罩】 lóng zhào 另见 lǒng zhào。笼子。明《古今小说》卷一四:“多少彩禽投～,云中仙鹤不能招。”

【蹱踵】 lóng zhǒng 踉跄欲跌貌。明《西游记》三回:“这猴王打出城中,忽然绊着一个草纥縫,跌了个～。”《西洋记》七回:“猛听得里面长老叫上一声,吓得他师徒两个狠着一个大～,忙忙的走将进来。”《型世言》五回:“董文也便不去掀桶看,道:‘咱去,咱去。不敢拗嫂子。’蹱蹱踵踵,自进房去。”

【隆重】 lóng zhòng 尊重;看重。清《儒林外史》二〇回:“不瞒二位先生说,此五省读书的人,家家～的是小弟。”《红楼梦》六三回:“原来天子极是仁孝过天的,且更～功臣之裔,一见此本,便诏问贾敬何职。”

lǒng

【陇客】 lǒng kè 鹦鹉的别称。此鸟多产于陇西。宋梅尧臣《和刘原甫白鹦鹉》:“雪衣应不妒,～幸相饶。”陈元靓《事林广记》续集卷八《绮谈市语》:“鹦鹉,～。”清吴绮《白鹦鹉为芝麓先生赋》:“珠江南渡使星驰,～全非旧羽仪。”

【陇西】 lǒng xī 犹“陇西氏”。宋佚名《李师师外传》:“(宣和)四年三月,帝始从潜道幸～。”又:“帝幸～,必易服夜行,故不能常继。”

【陇西氏】 lǒng xī shì 指姓李的人。李姓世为陇西(今甘肃省一带)大族。宋佚名《李师师外传》:"为帝言~(指李师师)色艺双绝,帝艳心焉。"李昴英《学士林君墓志铭》:"君室~,子元申,弱冠嗜绩文,婚于玉牒时潸之女。"明胡应麟《玉楼篇题李能茂遗墨后序》:"非~子,例不使操觚。"

【陇种】 lǒng zhǒng 同"龙钟❶"。《敦煌变文校注》卷一《李陵变文》:"昨日见汉将卒徒寡鲜,旗鼓缆缕,举动途(迂)回,状同~。"

【拢】 lǒng ❶聚集;聚合。元明《水浒传》二三回:"只见这十个乡夫,都拿着钢叉、踏弩、刀枪,随即~来。"明《拍案惊奇》卷一五:"陈秀才忍耐不住,一骨碌扒将起来,请~了众原中,写了一纸卖契。"清《东周列国志》三八回:"只等周兵到时,台上放炮为号,一齐~杀将来。" ❷靠近;抵达。特指将船靠岸。唐丁仙芝《江南曲》:"发向横塘口,船开值急流。知郎旧时意,且请~船头。"明《西游记》三五回:"他却帅本洞妖兵二百餘名特来助阵,故此先~姐家问信。"清毛奇龄《舟次》:"~船双赤脚,只自唤吴侬。" ❸束起头发;梳理。唐韩偓《信笔》:"睡髻休频~,春眉忍更长。"《元曲选·竹坞听琴》楔子:"~起我这头发,舍俗出家。"清彭孙遹《紫玉簪花》:"晴窗小摘香盈握,云髻轻~影照人。" ❹牵;拉。唐李廓《长安少年行》之二:"长~出猎马,数换打球衣。"宋元《古今小说》卷三三:"大伯从篱园后地,牵出这匹白马来,还了押槽。押槽~了马儿,谢了公公。"明《西游记》三六回:"猪八戒挑着行李,沙和尚~着马头,孙行者执了铁棒,剖开路,径下高山前进。"

【拢岸】 lǒng àn 将船只靠岸。《元曲选·冯玉兰》三折:"把船~罢,恐怕黑下来,不好使的篙子哩。"明《警世通言》卷一一:"苏知县叫快快~,一时间将家眷和行李都搬上岸来。"清弘历《望凤凰墩未至寄题凤凰墩》:"长堤咫尺命~,轻舆就陆如桥安。"

【拢船】 lǒng chuán 犹"拢岸"。元明《水浒传》三七回:"梢公,却是不要~!" 清《野叟曝言》一一四回:"初七日夜里,~近岛,素臣上了脚船,沿石岸而行。"

【拢头】 lǒng tóu ❶束起头发;梳头。金《刘知远诸宫调》一一:"体挂布衣番做锦绣,~草索变作金冠。"明叶宪祖《鸾鎞记》五出:"这对碧玉鸾鎞,原是奴家聘物,今送与妹妹,以为~之用。" ❷束起头发,表示成年。明《拍案惊奇》卷三四:"外边一个~小伙子,在那里问安人。"清毛奇龄《何水部小妓》之二:"上宫碧玉~新,短袖单衫染曲尘。"

【拢帐】 lǒng zhàng 搭腔;出面承担。明《西游记》四七回:"连叫数声,几个僮仆,战战兢兢,不敢~。"清《醒世姻缘传》五七回:"人都知他是个绝户老婆,他那些族人不可轻惹,没人来~。"又八三回:"众人见狄希陈不出~,越发做起恶来,骂的管骂,打家伙管打家伙。"

【笼】 lǒng 另见 lóng。❶笼罩;掩盖。唐白居易《卢侍御为予于黄鹤楼置宴》:"白花浪溅头陀寺,红叶林~鹦鹉洲。"元《七国春秋平话》卷上:"征云~日月,杀气罩山川。"元明《水浒传》二一回:"金莲窄窄,湘裙微露不胜情;玉笋纤纤,翠袖半~无限意。" ❷绕(住);握(住);戴(环状物)。唐韩愈《闲游》:"萍盖污池净,藤~老树新。"元明《水浒传》二六回:"(武松)掣出那口尖刀来,右手四指~着刀靶,大母指按住掩心,两只圆彪彪怪眼睁起。"清《红楼梦》二八回:"宝玉笑道:'宝姐姐,我瞧瞧你的那香串子呢?'可巧宝钗左腕上~着一串,见宝玉问他,少不得褪了下来。" ❸拉;牵(驴、马等)。《元曲选·陈州粜米》三折:"我如今且替他~住那头口儿,问他个详细。"明《金瓶梅词话》六九回:"于是出门,骑上驴子,他儿子~着,一直去了。"清《儒林外史》三五回:"庄征君出了勤政殿,太监又~了马来,一直送出午门。" ❹聚拢火使旺;点燃。《元曲选·合汗衫》一折:"小大哥,~些火来与他烘。"清《红楼梦》九七回:"喘了一会子,又道:'~上火盆。'" ❺同"拢❸"。清《红楼梦》四二回:"过来,我替你把头发~一~。"又一一二回:"无奈彩屏等再三以礼相劝,仍旧将一半青丝~起。" ❻较大的箱子。明《西游记》一六回:"你看那众和尚,搬箱抬~,抢桌端锅,满院里叫苦连天。"清《红楼梦》七四回:"那个王善保家的带了众人到丫鬟房中,也一一开箱倒~,抄检了一番。"

【笼担】 lǒng dàn 用箱笼组成的担子。明《欢喜冤家》二回:"连忙置办一副~,将金银装满,独自个挑了而行。"

【笼驴把马】 lǒng lú bǎ mǎ 为人牵驴牵马,侍候别人。《元曲选·争报恩》二折:"〔正旦云〕不是我要便宜,我长着你两岁,我有心认义你做个兄弟,不知你意下如何?〔花荣云〕休说做兄弟,便~,愿随鞭镫。"又《合汗衫》一折:"休道做兄弟,便那~,愿随鞭镫。"

【笼取】 lǒng qǔ 收罗;罗致。宋秦观《盗贼下》:"臣以为销亡大盗之术,莫大乎~天下之豪俊。"明黄淳耀《卫青论上》:"盖自战国四豪以及汉初张耳陈餘之徒,好为卑躬厚礼,~天下之豪杰。"

【笼统】 lǒng tǒng ❶同"儱侗❶"。《宋诗纪事》卷六二:"剪剪黄花秋后春,霜皮露叶护长身。生来~君休笑,腹内能容数百人。" ❷同"儱侗❷"。宋《朱子语类》卷一一七:"须是就事物上辨别那个是天理,那个是人欲。不可恁地空说,将大纲来罩却,~无界分。"明张岳《答聂双江巡按》:"若不就日用最亲切处指示下手工夫,使之有所持循据守,以交相劝勉,渐次有得,而但务为浑沦~之语以诏之,则恐听者未悉吾意。"清毛奇龄《复沈耿岩编修论大学证文书》:"而足下仍以事物心性~说去,既不会《大学》原本与朱子改本之殊,并不审朱子格物与诸儒格物毫厘千里之谬。"

【笼头】 lǒng tóu 同"拢头❷"。明《金瓶梅词话》八六回:"他儿子王潮儿也长成一条大汉,笼起头去了,还没有妻室。"《二刻拍案惊奇》卷一一:"只见一个~的小厮,拿了四碗嗄饭,四碟小菜,一壶热酒送将来。"

【笼仗】 lǒng zhàng 箱笼行李。宋元《警世通言》卷三七:"我问你借匾担去挑~则个。"又:"如今~什物,有二十来担,都搬入城去了。"

【笼罩】 lǒng zhào 另见 lóng zhào。对事理作大概地想象,模糊地揣测。宋《朱子语类》卷二七:"看他意思,只是拣一个儱侗底说话,将来~,其实理会这个道理不得。"又卷一〇一:"曾吉甫答文定书中'天理人欲'之说,只是~,其实初不曾见得。"

【笼子】 lǒng zi 较大的箱子。元明《水浒传》八一回:"收拾金珠细软之物两大~,书信随身藏了。"清《红楼梦》五二回:"箱子~一大堆。"

【儱儱统统】 lǒng lǒng tǒng tǒng 糊里糊涂。《古尊宿语录》卷三一《舒州龙门佛眼和尚小参语录》:"若也实得个安乐处,便须识得些子好恶,辨取些子邪正。不可瞒瞒旰旰,~,只恁自欺自谾。"

【儱侗】 lǒng tǒng ❶形容外形粗直而非弯弯曲曲。宋宗杲《宗门武库》:"冬瓜直~,瓠子曲弯弯。"《虚堂和尚语录》卷一〇:"堪笑冬瓜长~,翻成瓠子曲弯弯。" ❷浑然不分;模糊不具体。宋《朱子语类》卷一八:"通天下固同此一理,然圣贤所说有许多般样,须是一一通晓分别得出始得。若只~说了,尽不见他里面好处。"又："圣贤说话自有分别，何尝如此～不分晓！"又卷七〇："天地之化，～相续下来。圣人便截作段子，如气化一年一周，圣人与他截做春夏秋冬四时。"《明觉禅师语录》卷六："四大假合非虚妄，儱儱侗侗为一相。" ❸ 糊涂。《五灯会元》卷一九《径山宗杲禅师》："逞过头底颟顸，用格外底～，自言我以木槵子换天下人眼睛，殊不知被不孝之子将断贯索穿却鼻孔。"

【笼】 lǒng 竹编的箱笼。《元典章・刑部十一》："伴儿劫到乌油篋～一只，出门打开，～内有藤箱一个。"△黄侃《蕲春语》："吾乡为死者作斋，编竹为小匧以盛纸钱曰～，而读'笼'上声。"

lòng

【弄堂】 lòng táng 小巷。明徐光启《农政全书》卷一一："谚云：二十分龙廿一雨，破车阁在～里。"《山歌・扯布裙》："姐在～走一遭，吃情哥郎扯断子布裙腰。"清《荡寇志》一一八回："贼兵挡不住，被他杀开一条血～进来。"

【弄子】 lòng zi 小街巷。指狎行场所。元曾瑞《红绣鞋・风情》："口儿快特娄侃嗽，脚儿勤推恋俳优，每日家～里茶坊中紧相逐。"

lōu

【搂】 lōu 另见 lǒu。❶ 挖；扒。《五灯会元》卷七《德山宣鉴禅师》："南方魔子敢言直指人心，见性成佛，我当～其窟穴，灭其种类，以报佛恩。"明《西游记》六四回："拽开步，双手使钯，将荆棘左右～开。" ❷ 聚拢；集拢。元明《水浒传》三八回："李逵也不答应他，便就地下掳了银子，又抢了别人赌的十来两银子，都～在布衫兜里。"清《醒世姻缘传》二七回："小人家又没有粮食得吃，说甚么不刮树皮，～树叶，扫草子，掘草根？" ❸ 撩；提。明《金瓶梅词话》一九回："因在马上～起衣底顺袋中，还有四五两碎银子，都倒与二人。"△清《儿女英雄传》三五回："～起裙子来，三步两步跑上楼去。"

【搂聚】 lōu jù 聚拢；集拢。《敦煌变文校注》卷六《大目乾连冥间救母变文》："铜箭傍飞射眼精，剑轮直下空中割。为言千载不为人，铁杷～还交活。"明徐光启《农政全书》卷二二："(杷)列凿方窍，以齿为节。夫畦畛之间锼剔块壤，疏去瓦砾，场圃之上～麦禾，拥积秸穗。"

lóu

【娄】 lóu 另见 lǒu。多；够。《敦煌变文校注》卷六《大目乾连冥间救母变文》："为忆慈亲肠欲断，前路不～行即到。"

【娄罗】 lóu luó ❶ 同"喽啰❶"。《敦煌变文校注》卷五《维摩诘经讲经文(四)》："我长于诸处，夸汝～，……佛会之中，显汝名姓。法教之内，汝独聪明。"五代王定保《唐摭言》卷一三："欺客打妇，不当～。"元佚名《玉抱肚》："休来这里闲嗑，俺奶奶知道骂我。逞甚么～！当初有个郑元和，早收心休恋我！"明佚名《墨娥小录》卷一四《行院声嗽》："精细，～。" ❷ 同"喽啰❷"。元施惠《幽闺记》一二出："大小～，别的都有差占，独你两个没有甚勾当与你管，今发下一个伙落更梆，一个巡山伏路。"明《西游记》五六回："众～一齐下手，把一条绳捆了。"

【偻罗儿】 lóu luó ér 同"偻㑩儿❶"。宋罗大经《鹤林玉露》卷一五："《五代史》：汉刘铢恶史弘肇、杨邠，于是李业潜二人于帝而杀之。铢喜谓业曰：'君可谓～矣。'"

【偻㑩】 lóu luó ❶ 同"喽啰❶"。《敦煌变文校注》卷四《太子成道经一卷》："遮莫你～上陵天，南州北郡置庄田，未待此身裁与谢，商量男女拟分钱。"《元曲选外编・刘弘嫁婢》二折："妾身做事实～，聚女招夫我说合，亲筵喜事来寻我，能言快语做媒婆。" ❷ 同"喽啰❷"。金《董解元西厢记》卷二："遂唤几个小～，传令教撺掇。"《元曲选・燕青博鱼》楔子："众弟兄就推某为首，聚三十六大伙，七十二小伙，半垓来的小～。"又《酷寒亭》四折："我如今点起五百名～，直到郑州地面，若是俺哥哥解在中途，正好迎着。" ❸ 同"喽啰❸"。金《董解元西厢记》卷二："征战瞧～，把法聪来便砍。"《元曲选・争报恩》三折："那妮子把孩儿每厮搮，将女孩儿面皮掴破，你常是下的手狠～。"

【偻㑩儿】 lóu luó ér ❶ 聪明机灵者。《联灯会要》卷二〇《德山宣鉴禅师》："你见德山出世，十个五个拟聚头来难问，教结舌无言。你是～，今何不出来？" ❷ 狡诈奸猾者。宋陈世崇《随隐漫录》卷一："朝事梁，暮事晋，遗下兔园册子耳。此辈与一把算子，未知颠倒，何益于君国？可谓～矣。"

【偻㑩汉】 lóu luó hàn 同"喽啰汉"。《联灯会要》卷二一《夹山善会禅师》："阇梨，殿上识得天子，屋里识得主人公，有甚用处？须向闹市门头识取天子，百草头上荐取老僧，方是～。"

【搂罗】 lóu luó 同"喽啰❶"。宋吴曾《能改斋漫录》卷一："言人善干办于事者，遂谓之～。"

【喽】 lóu 够；禁得起。《敦煌变文校注》卷三《燕子赋(一)》："伊且单身独手，～我阿莽孽(蘖)斫！"按，一本作"楼"。

【喽喽】 lóu lóu ❶ 往来不绝貌。《敦煌变文校注》卷六《大目乾连冥间救母变文》："箭毛鬼～窜窜，铜嘴鸟咤咤叫叫唤。" ❷ 清楚；明白。《敦煌变文校注》卷三《燕子赋(二)》："不言我早悉，事状见～。"

【喽罗】 lóu luó ❶ 同"喽啰❶"。《敦煌变文校注》卷三《燕子赋(二)》："燕子实难及，能语复～。" ❷ 同"喽啰❷"。清《水浒后传》三回："一日，有伏路～报上山来，说有四五担货物在大路上经过。"《飞龙全传》四四回："见盘道上有数十个～，要把擂木打下山来。"

【喽啰】 lóu luó ❶ 聪明机灵；精明能干。唐寒山《我见世间人》："自逞说～，聪明无益当。"《元曲选・酷寒亭》三折："那孩儿灵便口～，且是会打悲呵。"元明《水浒传》六二回："梁山人马太～，生赚卢公入网罗。" ❷ 强盗或绿林团伙的部众。元明《水浒传》五回："小～头巾边乱插着野花。"明丘濬《举鼎记》一二出："若不截取吴国宝物，有损涂山锐气。众～，随俺前去！" ❸ 强悍；凶狠。元明《水浒传》八四回："引兵的那蛮子是甚人，这等～！"明贾仲明《对玉梳》二折："划的你拽大拳，人面前逞～，请起来波小哥。" ❹ 多语；喧噪。明如卺《缁门警训》卷六："礼拜持经遣睡魔，不须将此当～。一朝突出娘生眼，执药方知病转多。"刘基《送人分题得鹤山》："前飞乌鸢后驾鹅，啄腥争腐声～。"清代传入日本的《禅林方语》："～，多语也。"

【喽啰汉】 lóu luó hàn 聪明机灵者。唐寒山《寒山出此语》："临死度奈河，谁是～？冥冥泉台路，被业相拘绊。"

【楼罗】 lóu luó 同"喽啰❶"。亦称机灵能干者。唐段成式《酉阳杂俎》续集卷四："予在秘丘，尝见同官说俗说～。因天宝中，进士有东西棚，各有声势，稍伧者多会于酒楼食𩟔𩞁，故有此语。予读梁元帝《风人辞》云：'城头网雀，～人着。'则知～之言，起已多时。一云'城头网张雀，～会人着。'"宋吴曾《能改斋漫录》卷一："～，干了之称也。"《宋史·张思钧传》："思钧起行伍，征讨稍有功，质状小而精悍，太宗尝称其～，自是人目为小～焉。"

【楼猡】　lóu luó　同"喽啰❶"。《敦煌变文校注》卷三《燕子赋(一)》："见他宅舍鲜净，便即穴白占着。妇儿男女，共为欢乐，自夸～，得伊造作。"

【楼头】　lóu tóu　宋时对虚伪诈骗者的鄙称。明田汝成《西湖游览志餘》卷二五《梨园市语》："言人虚伪不检者曰'～'。盖宋时何家楼下多亡赖，以滥恶物欺人，其时有'何楼'之号。～者，盖何楼之恶魁也。"

【楼子】　lóu zi　楼房。包括城楼、船楼等。宋《三朝北盟会编》卷六九："初遣使臣传令，～上除守～使臣、军兵外，餘并不得上。"明《醒世恒言》卷二〇："原来王员外的房屋，却是一间～，下边老夫妻睡处，楼上乃玉姐卧室。"清《儒林外史》四一回："那外江的船，都下掉了～，换上凉篷，撑了进来。"

【慺㑩】　lóu luó　同"喽啰❶"。亦称机灵能干者。《古尊宿语录》卷四七《东林和尚云门庵主颂古》："～须要逞聪明，金榜何曾得挂名?"

【蝼】　lóu　同"喽"。《敦煌变文校注》卷二《韩擒虎话本》："我把些子兵士，似一片之肉入在虎牙，不～咬嚼，博唼之间，并乃倾尽。"

lǒu

【娄】　lǒu　另见 lóu。同"搂(lǒu)❶"。宋《普觉禅师语录》卷一二："盲枷瞎棒当慈悲，是与不是劈脊～。"按，娄，原注："上声。"

【搂】　lǒu　另见 lōu。❶ 击；打。宋《虚堂和尚语录》卷六："乞儿伎俩不多，千古鲙炙人口。好将白棒劈脊～。咄！"　❷ 搂抱。《元曲选·两世姻缘》二折："入门来画堂春自生，紧紧的将咱～定。"明《西游记》八一回："他两个～着肩，携着手，出了佛殿。"清《红楼梦》三回："正欲下拜，早被外祖母抱住，～入怀中。"

【搂抱】　lǒu bào　两臂合抱；用胳膊拢着。元佚名《替杀妻》一折："不睹时～在祭台边，这婆娘色胆大如天。"明《金瓶梅词话》五九回："慌的奶子丢却饭碗，～在怀，只顾唾哕与他收惊。"清《绿野仙踪》一二回："只见那穿红的，不住的呵呵大笑，随将那妇人抱在怀中，口对口的吃酒。那穿黄的，也～在一处肉麻。"

lòu

【陋面贼】　lòu miàn zéi　即"漏面贼"。"陋""漏"相通。《元曲选外编·延安府》二折："坏法欺公～，全无报国忠君意。"

【漏】　lòu　❶ 诱；哄骗。宋元《古今小说》卷三："却恨吴山偶然撞在他手里，圈套安排停当，～将人来，不由你不落水。"元明《水浒传》二七回："我见阿嫂瞧得我包裹紧，先疑忌了，因此特地说些风话，～你下手。"又七九回："我～你到这里，正要活捉你。"　❷ 暗中通行；潜行。元明《水浒传》四五回："直道驱将去，奸邪～进来。"清《后水浒传》二六回："等到天明，～出城去，往南急奔峨眉岭殷尚亦夫妇。"

【漏逗】　lòu dòu　疏漏；疏失。宋《朱子语类》卷一三九："只是它每常文字华妙，包笼将去。到此不觉～，说出他本根病痛所以然处。"严羽《沧浪诗话·诗评》："有如高达夫《赠王彻》云：'吾知十年后，季子多黄金。'金多何足道？又甚于以名位期人者。此达夫偶然～处也。"陈傅良《与高炳如监丞》："狄公早世，至今当以事文王见讥；王允若无晚节～，即为全人。"

【漏风巴掌】　lòu fēng bā zhǎng　即"漏风掌"。明《石点头》卷一二："董秀才听了，激得怒从心上起，骂道：'老贱人，这个话难道不是挑斗我家不和?'劈脸两个～。"清《醒世姻缘传》六四回："狄希陈不及防备，被素姐飕的一个～，兜定一脚，踢了一个嘴抢地。"

【漏风掌】　lòu fēng zhǎng　谓分开手指用力打的巴掌。宋元《清平山堂话本·简帖和尚》："殿直左手指，右手举，一个～打将去。"《警世通言》卷三七："则见万秀娘左手捽住苗忠，右手打一个～，打得苗忠耳门上似起一个霹雳。"明《醒世恒言》卷一四："却被大郎一个～打在一壁厢。"

【漏箭】　lòu jiàn　❶ 漏壶中的箭形计时标杆，上有刻度。宋陆游《晨起》："夜润熏炉暖，灯残～长。"《元曲选·来生债》三折："我愁的是更筹～，我怕的是暮鼓悬钟。"清范承谟《交更》："催更～颇分明，狂猘偏多怒吠争。"　❷ 借指时辰、光阴。唐白居易《闻杨十二新拜省郎遥以诗贺》："晓日鸡人传～，春风侍女护朝衣。"宋《虚堂和尚语录》卷二："半夜三更，蒲团上竖起脊梁，谁管你～推迁，更点迟速。"清陈维崧《绕佛阁·初冬同友小憩中隐禅院》："叹急景浮生，虚负～。"

【漏落】　lòu luò　❶ 脱漏；遗漏。宋苏轼《东坡志林》卷一一："信笔书纸，语无伦次，又当尚有～者，方醉不能详也。"《虚堂和尚语录》卷九："推天文，穷地理，将阴阳易数向蓍草影边，点指头子数过，无一星子～。"清《四库总目提要·熬波图》："虽校勘粗疏，不应～至此。盖原本已佚脱也。"　❷ 破漏败落。《大唐三藏取经诗话》一〇则："次入一国，都无一人，只见荒屋～，园篱破碎。"

【漏面贼】　lòu miàn zéi　詈词。犹言坏蛋、恶棍。曾因犯罪脸上被官府刺过字的叫漏面。《元曲选·窦娥冤》二折："我做了个衔冤负屈没头鬼，怎肯便放了你好色荒淫～?"又《谢金吾》三折："你道是枢密骂不的，是我骂你这改姓更名～!"

【漏蹄】　lòu tí　牲口脚上的一种疾病。元高明《琵琶记》九出："只有一万匹马，一千三百个～，二千七百个抹麢，三千八百个熟瘸，二千二百个慈眼。"《元曲选·救风尘》四折："〔周舍云〕鞁骡子。〔小二云〕骡子～。"清《东周列国志》二一回："黄花羞惭无极。索酒食不得，与以炒麦一升。又索马骑，与之～。"

【漏泄】　lòu xiè　破绽；漏洞。元明《水浒传》一一六回："那石宝一口刀战两枝戟，没半分～。"

【漏星堂】　lòu xīng táng　指破漏的房屋。《元曲选·荐福碑》一折："这世里难乘驷马车，想贤也波愚不并居，我干受了～半世活地狱。"《元曲选外编·裴度还带》三折："这一座十疏九漏山神庙，如十花九冽寒冰窖，似十摧九塌草团瓢，比着那～较少。"又《追韩信》一折："冰雪堂苏秦冻倒，～颜子难熬。"

【漏泽园】　lòu zé yuán　官办公墓，收埋无力殓葬的穷人尸体或无主尸体。宋洪迈《夷坚志》支乙卷四："死者人所不免，唯穷民无所归，则择空隙地为～，无以殓，则与之棺，使得葬埋。"明《古今小说》卷一："既说打死，将尸发在～去，俟晚堂听检。"清蓝鼎元《壬午忠节略》："又发其先墓，杂犬马骨焚灰扬之，以其地为～。"

【漏掌风】　lòu zhǎng fēng　即"漏风掌"。宋元《古今小说》卷一五："郭大郎听得说，心中大怒，用手打王婆一个～。"

【露白】　lòu bái　谓所带钱财被他人看到。白，指银子，也泛指钱财。《元曲选·朱砂担》四折："还要点着灯数这朱砂颗儿做什么？自古道：出外做客，不要～。"明《二刻拍案惊奇》卷二一：

“财不可～，今满舟累累，晃人眼目如此！”清《歧路灯》七二回：“这些散话汇勾过。单讲行路客人，凡事要处处慎密。俗话说：财不～。”

【露出马脚】 lòu chū mǎ jiǎo 比喻隐秘之事泄露出来。元明《水浒传》一〇四回：“倘或～来，你吾这场祸害，却是不小。”明陆采《西厢记》七出：“陪话陪话真呕气，这面镜儿谁顶替？今番～来，亏你不羞管徒弟。”清李光地《榕村语录》卷二五：“王守溪许多时文都看不出他的底里，到做性论，便～。”

【露风】 lòu fēng 泄露内情；走漏消息。明《型世言》三八回：“切不可～，我自做东道请你。”清《好逑传》一回：“关我甚事，我去～？老丈只管放心。”《红楼梦》八九回：“侍书告诉了我，又叮嘱千万不可～，说出来只道是我多嘴。”

【露马脚】 lòu mǎ jiǎo 即“露出马脚”。清《十二楼·夏宜楼》三回：“吉人怕～，也只得糊涂应他。”《歧路灯》二六回：“若要不～时，你只书房好好看书。”

lú

【卢扁】 lú biǎn 称春秋时名医扁鹊。因居于卢国，故称。宋陈舜俞《上时相书》：“其与执事比肩并用之人，则若医之有～也。”《元曲选外编·西厢记》五本二折：“我这病～也医不得。”清嵇永仁《缺药》：“先生莫道～手，尝然神农味不如。”

【卢都】 lú dū 撅起貌（多指嘴唇），形容无语或生气的样子。宋绍昙《五家正宗赞》卷二《风穴沼禅师》：“远村梅树觜～，牧牛歌难为赓和。”《元曲选·救风尘》二折：“一个个眼张狂似漏了网的游鱼，一个个嘴～似跌了弹的斑鸠。”又《杀狗劝夫》一折：“他那厢吃的醉醺醺，我这里嘴～，喑喑的纳闷。”

【卢行者】 lú xíng zhě 指唐代禅宗第六祖慧能。也用以代指佛门高士。行者，尚未剃发出家的佛教修行者。慧能在湖北黄梅山五祖弘忍处受法时尚未正式剃度出家。《祖堂集》卷二《弘忍和尚》：“时有～，年三十二，从岭南来礼覲大师。”宋苏轼《答周循州》：“前生自是～，后学过呼韩退之。”明陈献章《次韵伍南山贺碧玉楼新成》：“乡里过从～，海山或遇羡门生。”

【卢医】 lú yī 即“卢扁”。也用来代指医生。金《董解元西厢记》卷五：“都来四十字，治病赛～。”明王鏊《赠陈御医公尚》：“外家秘诀多传孟，今日～不在秦。”清施闰章《哭蔡大美》之三：“徐剑空悲我，～独误君。”

【芦蕟】 lú fèi 芦席。宋范祖禹《乞罢河役状》：“支在京箔场～四万领，修役兵营寨之类。”杨万里《小舟晚兴》之一：“箬篷旧屋雨声干，～新檐暖日眠。”元吴澄《题苇斋记后》：“今肖翁之苇斋以～为之，正庄书所谓蘧庐也。”

【炉鞴】 lú bài ❶ 即“炉鞴❶”。《景德传灯录》卷二七《善慧大士》：“～之所多钝铁，良医之门足病人。”宋耐得翁《都城纪胜·铺席》：“自五间楼北，至官巷南御街，……诸作匠～，纷纭无数。”明刘嵩《石炭行》：“霞蒸风吼入～，但见刀戟锋镞烈焰闪闪飞银花。” ❷ 即“炉鞴❸”。宋秦观《高邮长老开堂疏》：“伏惟和尚，脚根点地，鼻孔辽天，真匠子之钵锤，实作家之～。”《联灯会要》卷一一《资福如宝禅师》：“资福虽是本分～，争奈陈操是煅了精金。”

【炉鞴】 lú bèi ❶ 火炉与鼓风囊，系金属加工作坊重要设备。亦可借指金属加工作坊。宋苏轼《和犹子迟赠孙志举》：“轩裳大～，陶冶一世人。”吴自牧《梦粱录》卷一三：“自五间楼北，至官巷南街，……诸作分打鈒～，纷纭无数。”明张吉《次韵郑先生》：“手提～业铸我，石烂江枯那可忘。” ❷ 比喻造就人才的场所。宋《密庵和尚语录》：“入寺，上堂，僧问：‘……而今～既开，一锤便就时如何？’”郑雪岩《贺郑太傅再入相》：“某齑盐陈人，～旧物。” ❸ 喻训导、培养人才的老师及其教法、手段。宋克勤《碧岩录》四二则：“要明向上钳锤，须是作家～。”元《天如惟则禅师语录》卷二：“发明之后，更须就作家～，本分钳锤，煅炼一回，无丝毫渗漏，方许得解粘去缚。”行秀《从容庵录》七〇则：“还识二公当家～么？入火更须精锻炼，上砧方耐重钻锤。” ❹ 训导；培养。宋《密庵和尚语录》：“自非有明眼宗师，见处分明，行处稳实，则何以倒用横拈，得大总持，～后学，皆成法器耶？”元戴表元《国南仲诗后序》：“君诗本有家法，又经乡先生二公～，风姿格力，已超脱凡近。”

【炉锤】 lú chuí ❶ 熔铸；造就。《五灯会元》卷一九《郡王赵令衿居士》：“郡王赵令衿居士，……多与禅衲游，公堂间为摩诘丈室。适圆悟居瓯阜，公欣然就其～。”明高攀龙《职方刘静之先生墓志铭》：“每谓子弟不类，非尽子弟过，父兄～不具，火力不足，不能使入镕铸中也。” ❷ 比喻构思熔裁或构思熔裁的能力。唐杜甫《送顾八分文学适洪吉州》：“中郎石经后，八分盖憔悴。顾侯运～，笔力破餘地。”宋黄庭坚《论诗》：“谢康乐、庾义城之于诗，～之功不遗力也。”清汤可曾《恭览御书笃志经学四字》：“～万象羲颉上，并包八体锺王前。”

【炉户】 lú hù 以冶炼为业的民户。《宋会要辑稿·刑法二》：“诏民间私置博刀及～辄造，并依私有禁兵器法，见者限一月赴官首纳。”《大清会典则例》卷四九：“又题准福建延平府属州县所辖山场均产铁砂，准～设炉开扇，照例收课。”

【炉瓶三事】 lú píng sān shì 三种常用的焚香器具：香炉、香盒和放置香铲等的瓶子。清《红楼梦》五三回：“每一席旁边设一几，几上设～，焚着御赐百合宫香。”

【炉头】 lú tóu ❶ 烘炉；火炉。宋佚名《靖康要录》卷一一：“禁止居民，不得～打造铁器。”明《醒世恒言》卷二一：“六月～喷猛火，三冬水底纳凉天。”清张英《丁卯人日题画》之七：“煨芋～活火生，松肪偏照读书明。” ❷ 酒垆；酒店安放酒瓮的土台。炉，通“垆”。明谢晋《早秋送刘人材》：“金貂换取新丰酒，重醉～送长卿。”清梁清标《贺新郎·蛟门纳姬》：“欲博琴台人一笑，解鹔裘、好向～典。” ❸ 寺院里负责烧火炉的职事僧。元德辉《敕修百丈清规》卷六：“为众僧浣濯故有浴主、水头，为众僧御寒故有炭头、～。”

【胪唱】 lú chàng 进士殿试后，由皇帝召见。唱名传唤等仪式由鸿胪寺官员主持，因称“胪唱”。宋曾敏行《独醒杂志》卷九：“翌日～，元用居第一，表卿次之。”清查慎行《大宗伯长洲韩公挽词》之二：“五云～后，八代起衰时。”《野叟曝言》一三八回：“又派充知武举，须俟武状元～后，方得差竣。”

【胪传】 lú chuán ❶ 谓传告皇帝诏旨。《新唐书·齐映传》：“映为人白晰长大，言音鸿爽，故帝常令侍左右，或前马～诏旨。”元张起岩《题金台集》：“崇天门下听～，台阁联翩四十年。”清姜宸英《大驾东巡幸阙里恭纪》：“皇帝更衣御行幄，～进讲骈生徒。” ❷ 即“胪唱”。宋洪迈《夷坚志》甲卷五：“复梦前人来，持一诗赠之，其词曰：‘药有阴功，陈楼间处。堂上呼卢，唱六作五。’既觉，姑记之于牍。绍兴壬子，第六人登科，用升甲恩如第五，得职官，其上陈祖言，其下楼材也，梦已先定矣。呼卢者，～之义云。”明汤显祖《牡丹亭》四〇出：“文字已看详，～须唱。”清弘历《西直门外作》：“春榜～因进宫，青郊历历阅田功。”

【曥老】 lú lǎo 即“渌老”。明佚名《醉太平·警悟》：“乜斜着～。"风月友《金陵六院市语》："～者，眼也。"沈璟《义侠记》一二出："〔净〕爱杀他滴溜溜～儿好。〔丑〕是好双俊眼儿。"

lǔ

【卤】 lǔ ❶一种煮制食品的方法。煮时加入盐水、香料、酱油等。明刘若愚《酌中志》卷二〇："十二月初一日起，便家家买猪腌肉，吃灌肠，吃油渣，～煮猪头，……醋溜鲜鲫鱼鲤鱼。"清厉鹗《莪乳和许初观》："炊若马酒熟，凝以～汁赪。餘泔满匽弃，素质盈箱盛。日中咄嗟办，用佐蔬笋烹。" ❷对北方少数民族的贬称。卤，通"虏"。《新唐书·薛讷传》："杀～数万，禽其酋。"宋刘克庄《挽柯东海》："丧无归费人争赙，诗有高名～亦闻。" ❸粗鲁。卤，通"鲁"。清《红楼梦》八一回："探春道：'再没见像你这样～人。'"

【卤莽】 lǔ mǎng ❶轻率；粗疏；随便。五代刘崇远《金华子杂编》卷下："自江南采巨木，送于台省，卒不能运，系縶既久，则又～舍之。如此数四，人号为宦途恶少。"明《拍案惊奇》卷二："今～乱做，不知犯何凶煞，以致一两年内就拆散了。"清汪由敦《跋手临鲁公干禄字书》："而～从事，疵缪万端，南宋以来率多此病。有心斯道者，不可不兢兢致慎也。" ❷含糊。《太平广记》卷三一〇引《河东记》："引锜至，则帐幄陈设已具。与锜坐语良久。锜不知所呼，每承言，即徘徊～。" ❸隐约；依稀。唐段成式《酉阳杂俎》前集卷一〇："讲堂西壁枕道，每日晚，人马车舆影悉透壁上，衣红紫者影中～可辨。"白居易《浔阳秋怀赠许明府》："～还乡梦，依稀望阙歌。" ❹荒芜；荒废。宋苏轼《渚宫》："二王台阁已～，何况远问纵横时。"司马光《涑水纪闻》卷九："厌倦烦剧，府事多～不治。"清赵执信《涉淄水感怀》："鼓瑟吹竽岂自由，少年～长年羞。"

【卤莽灭裂】 lǔ mǎng miè liè 轻率粗疏。语本《庄子·则阳》"君为政焉勿卤莽，治民焉勿灭裂"。宋司马光《论后妃封赠札子》："此尤宜分别名器，使之著明，以防后世之有僭差，不可～，苟然而已也。"明《西洋记》九一回："张狼牙已自太过了，却加上个金都督又是个～的。"清陆陇其《跋读书分年日程后》："及乎中叶，学校废弛，家自为教，人自为学，则此书虽存而由之者鲜矣。～，无复准绳，求人才之比隆前代，岂不难哉！"

【虏官】 lǔ guān 蜀中人对中原籍官员的贬称。宋陆游《老学庵笔记》卷九："今蜀人谓中原人为虏子，东坡诗'久客厌虏馔'是也，因目北人仕蜀者为～。"

【虏人】 lǔ rén 对北方少数民族的贬称。唐刘贶《武指》："华人，步卒也，利险阻；～，骑兵也，利平地。"明《二刻拍案惊奇》卷二一："魏胜在东海与～相抗。"清《野叟曝言》一一七回："春燕食尽，将空钵递还喇嘛。可汗、阏氏，台吉、居次及诸～，俱极口赞叹，说：'这位娘娘，毕竟也是神佛下降！'"

【虏语】 lǔ yǔ 蜀中人对中原方言的贬称。宋范成大《丙申元日安福寺礼塔》："耳畔逢人无鲁语，鬓边随我是吴霜。"原注："蜀人乡音极难解，其为京、洛音，辄谓之～，或是僭伪时以中国自居，循习至今不改也。既又讳之，改作鲁语，尤可笑。姑就用其字。"

【虏子】 lǔ zǐ 蜀中人对中原人的贬称。宋陆游《老学庵笔记》卷九："今蜀人谓中原人为～。"

【掳】 lǔ ❶抓获；抢夺。宋司马光《涑水纪闻》卷一三："～妇女小弱者七八万口。"《元曲选外编·西厢记》二本一折："连夜进兵河中府，～莺莺为妻，是我平生愿足。"清李光地《御赐在原至谊扁额刻石恭纪》："一夜陷强贼，独先君一人逸，餘十二口悉～以去。" ❷捞。明《西游记》七八回："那呆子即使钉钯，筑了些土，又不敢外面去取水，后就～起衣服撒溺。" ❸搜求；搜取。清《儒林外史》一五回："那四人慌了手脚，寓所～一～，只得四五件绸缎衣服还当得几两银子，其餘一无所有。"

【掳嘴】 lǔ zuǐ 捞嘴；抢嘴。谓想法获取食物。明《西游记》八八回："这个呆子，怎么只思量～！快走路，再莫斗口！"

【鲁男】 lǔ nán 即"鲁男子"。明顾清《姚平夫挽诗》："尚餘潜德在，合并～传。"清李渔《风筝误》一六出："夜奔来敝斋，硬坐中怀，破我～淫戒。"

【鲁男子】 lǔ nán zǐ 泛指不为女色所动的有德男子。传说古代鲁国有一男子独居，风雨之夜，邻女之屋倒塌，上门请求避雨，该男子为避嫌疑，坚决不纳（见《诗经·小雅·巷伯》毛传）。宋汪元量《除夕同舍》："燕伎女来情不恶，～在话难投。"明佚名《古城记》一一出："俺自有～雅操，待学取柳下惠同班，一个坐怀不乱，一个闭门无干。"清《野叟曝言》一五四回："休题介士～，不数神童李邺侯。"

【鲁语】 lǔ yǔ 同"虏语"。宋范成大《送同年朱师古龙图赴潼川》："遥知梦境尚京尘，哑咤满船闻～。"原注："蜀人以中原语音为～。"

lù

【六老】 lù lǎo 同"渌老"。元邓玉宾《村里迓古·仕女圆社气球双关》："～儿睃趁的早，脚步儿赶趁的巧。"

【六子】 lù zǐ 即"六老"。老、子，皆为词缀。明佚名《墨娥小录》卷一四《行院声嗽》："眼，六老，～。"

【录】 lù 收留；收容。《太平广记》卷三五引《集异志》："洛阳尉王琚，有孽侄小名四郎，孩提之岁，其母他适，因随去。自后或十年五年至琚家，而王氏不复～矣。"《资治通鉴》卷二六三："骑士马景请行，曰：'此行必死，愿大王～其妻子。'"元胡三省注："～，收恤之也。"

【录曲】 lù qū 曲折貌。宋《虚堂和尚语录》卷四："若更加其录录曲曲，自谓海外得来，何异楚人以鸡为凤。"又卷一〇："～轮囷貌似痴，春风花鸟自忘机。"清黄景仁《忆餘杭·夜起》："～红栏攲断沼，泼刺游鳞窥梦悄。"

【录取】 lù qǔ 收取。唐张鷟《朝野佥载》卷一："仲乃～药，合和为丸，服之应时而愈。"

【录事】 lù shì 唐新科进士宴于曲江，推举一人督酒，称"录事"，多以状元任之。其后有以妓女充任者，渐成为督酒者或妓女之雅称。五代王定保《唐摭言》卷三："其日状元与同年相见后，便请一人为～。"原注："旧例率以状元为～。"宋陆游《老学庵笔记》卷六："苏叔党政和中至东都，见妓称～，太息语廉宣仲曰：'今世一切变古，唐以来旧语尽废，此犹存唐旧为可喜。'前辈谓妓曰'酒纠'，盖谓～也。相蓝之东有～巷，传以为朱梁时名妓崔小红所居。"清《聊斋志异·萧七》："行觞政，徐为～，禁笑谑。六姊叛犯，连引十餘爵。"

【渌酒】 lù jiǔ 酒的雅称；美酒。唐李群玉《中秋夜南楼寄友人》："朗吟无～，贱价买清秋。"元王逢《赠王履道还江都》："青灯～同今雨，裋褐穷檐度十霜。"清毛奇龄《毛甥将行张公子礽祎赠甥踏冰行》："飞光如流岁如骛，～黄花等闲度。"

【渌老】 lù lǎo 市语，眼睛。老，市语习用构词词缀。金《董解元西厢记》卷三："等得夫人眼儿落，斜着～儿不住睃。"《元曲选外编·西厢记》一本二折："胡伶～不寻常，偷睛望，眼挫里抹张郎。"王嘉甫《八声甘州》："窄弓弓撇道，溜刀刀～，称霞腮一点朱樱小。"

【渌醑】lù xǔ　同"醁醑"。唐雍裕之《大言》："四溟杯～，五岳髻青螺。"宋王禹偁《还扬州许书记家集》："因思贾孟数家一何苦，诗鬼嗷嗷馁无主。子孙沦没谁及君，闲倚红莲倾～。"明谢晋《枫桥歌送吴秀才之金陵》："今朝却饯吴公子，解我金貂沽～。"

【绿老】lù lǎo　同"渌老"。元高安道《哨遍·嗓淡行院》："瞅粘的～更昏花，把棚的莽壮真牛。"

【绿林】lù lín　本指绿林山(在今湖北当阳)，汉代王匡、王凤农民军根据地，王部因称绿林军。后借指强人聚据之地，亦指强人团伙。《太平广记》卷一九二引《玉堂闲话》："有巨帅曰费铁觜者，本于～部下将卒。"明《警世通言》卷二一："离北十五里之地，叫做介山，地旷人稀，都是～中好汉出没之处。"清《说岳全传》四七回："将军乃将门之后，武艺超群，为何失身于～？"

【禄算】lù suàn　禄秩与寿数。算，寿数。五代杜光庭《卢蔚大夫助中元斋词》："疾恙痊愈，～增延。"元锺嗣成《骂玉郎过感皇恩采茶歌·四福·寿》："庆生辰，加～，受皇宣。"明顾清《病齿欲脱儿辈忧之》："～系崇替，言音资品量。"

【碌都】lù dū　即"卢都"。《元曲选外编·陈母教子》二折："无语低头，嘴～的恰便似跌了弹的斑鸠。"

【碌碌】lù lù　❶奔走辛劳貌。唐王建《行见月》："箧中有帛仓有粟，岂向天涯走～？"宋苏轼《浰阳早发》："南来竟何事，～随商车。"清《红楼梦》二二回："从前～却因何？到如今，回头试想真无趣。"　❷转动貌；转动声。唐贾岛《古意》："～复～，百年双转毂。"明李东阳《南风叹》："城头鹿车走～，洛阳少年美如玉。"清汪由敦《车碌碌》："车～，声如奔泉无断续。"

【碌碌波波】lù lù bō bō　奔走辛劳貌。《元曲选·燕青博鱼》四折："拜辞了宋江哥哥，不辞惮～。为兄弟忘生舍死，早救出地网天罗。"

【碌砖】lù zhuān　同"甋砖"。《景德传灯录》卷一四《石头希迁大师》："问：'如何是禅？'师曰：'～。'又问：'如何是道？'师曰：'木头。'"宋《密庵和尚语录》："忽有问如何是毗卢顶相，只对他道：～。"

【醁醑】lù xǔ　酒的雅称；美酒。宋张嵲《运司路祭范少师文》："干豆陈矣，～旨矣，尚飨！"元兰楚芳《粉蝶儿·思情》："捧金杯劝～，按银筝那玉马，似展开幅吴道子观音画。"清戈樾伦《万寿诗》："绮筵陈～，兰圃荐琼芳。"

【醁醷】lù yǐ　酒的雅称；美酒。醷，通"蚁"。酒酿馀粒，浮于酒面如蚁。金《刘知远诸宫调》三："酒斟～共分饮，长春百载，名唤凤御杯。"明佚名《白兔记》三出："自当留意，可办下福礼三牲，银瓶注酒斟～。"

【鹿顶】lù dǐng　建筑术语，本作"盝顶"，指屋顶用三椽营造，顶平如匣。后泛指一般的平顶屋，多用于厢房或耳房。宋陈规《守城录》卷三："又于门内两边栽立枋木作～，约高一丈五尺，长五十步，其中路阔六尺，至尽处用木拒马四五重闭定。"明《金瓶梅词话》三四回："同韩道国进入仪门，转过大厅，由～钻山进去，就是花园角门。"清《红楼梦》三回："上面五间大正房，两边厢房～耳房钻山，四通八达。"

【鹿角】lù jiǎo　❶作战的防御物。将带枝的树木削尖布于防御地带，以阻碍敌方前进。其形似鹿角。宋《五代史平话·唐上》："李存审下令，使军人各伐树木为～，每一人持一枝，到止宿处则编以为寨。"明沈周《画树》："战垒防秋～栅，长筏浮江下蜀门。"清《绿野仙踪》二九回："众贼已拔开了～，撞入营门。"　❷一种小鱼。宋欧阳修《奉答圣俞达头鱼之作》："毛鱼与～，一龠数千百。"苏轼《和蒋夔寄茶》："剪毛胡羊大如马，谁记～腥盘筵。"

【鹿鸣】lù míng　❶"鹿鸣宴"的略称。唐元稹《桐花》："君若傲贤隽，～有食芩。"宋赵抃《杭州鹿鸣宴示诸秀才》："豹变文章重君子，～歌咏集佳宾。"明曹于汴《题徐翼所年伯素履图说》之一二："舆人皆曰贤，跻诸～席。"　❷指科举考试。唐白居易《醉后走笔酬刘五主簿》："问我栖栖何所适？乡人荐为～客。"明娄坚《祭王母魏淑人文》："长公雄才，少而踔厉。蚤歌～，才冠出仕。"清朱彝尊《知伏羌县事蒋君墓志铭》："君之歌～也，一榜诗人最盛。"

【鹿鸣宴】lù míng yàn　科举考试发榜后，有关官府宴请考官与中第考生，称鹿鸣宴。唐代设宴时有诵唱《诗经·小雅·鹿鸣》之仪，故称(见《新唐书·选举志上》)。宋欧阳修《送楚建中颍州法曹》："曾陪～，遍识洛阳生。"明《古今小说》卷二三："赴～罢，驰书归报父母，亲友贺者填门。"清《赛花铃》九回："又过两日，吃了～，谢了房考座师。"

【鹿脐】lù qí　唐代箭靶上画鹿形，以射中脐部为胜。《敦煌变文校注》卷二《韩擒虎话本》："箭发离弦，势同僻(劈)竹，不东不西，恰向鹿齐(脐)中箭。"唐张鷟《游仙窟》："五嫂曰：'张郎射长垛如何？'仆答曰：'且得不阙事而已。'遂射之，三发皆绕遮(鹿)齐(脐)。"

【鹿巷】lù xiàng　用半埋入地的树木枝叉(状如鹿角)构成的防御工事。《敦煌变文校注》卷二《韩擒虎话本》："此是左掩右夷阵，见前面津口红旗，下面总是～，里有砌勾搭索，不得打着，切须记当。"

【漉篱】lù lí　一种竹篾编制的器具，多有柄，用于捞物、沥水等。《祖堂集》卷一五《庞居士》："初住襄阳东岩，后居郭西小舍，唯将一女扶侍。制造竹～，每令女市货，以遣日给。"宋陆游《炊饭》："欲作明朝计，还须卖～。"金元好问《赠湛澄之四章》之二："儿女团圞庞行婆，～活计苦无多。"

【漉囊】lù náng　即"漉水袋"。《法苑珠林》卷六五："又有征行军人，有比丘尼教化行人，人皆弓头安～，持用滤水。"明如巹《缁门警训》卷八："吾有～，制造有方，致练作底，熟铁为匡。其用滤兮深须谛视，其还放兮切忌损伤。"清汪琬《衲子叹》："岂如竟作粥饭僧，～钵帒随缘寓。"

【漉水袋】lù shuǐ dài　佛僧所用器具。以轻纱、粗葛布等制成，饮水时用此袋过滤，以保全水中微虫之命，体现慈悲护生之意。唐道宣《四分律删繁补阙行事钞》卷下一："～法，物虽轻小，所为极大，出家慈济，厥意在此。"

【摝】lù　捞取。宋绍昙《五家正宗赞》卷四《雪峰慧禅师》："布大教网～人天鱼。"《五灯会元》卷二〇《净慈昙密禅师》："平地～鱼鰕，辽天射飞鹗。"

【摝篱】lù lí　同"漉篱"。宋《虚堂和尚语录》卷七："～柄短无人买，空自萧萧风满林。"

【甋砖】lù zhuān　砖。《五灯会元》卷二〇《华藏有权禅师》："僧问石霜：'如何是禅？'霜云：'～。'"清王念孙《广雅疏证》卷七上："《众经音义》卷十四引《通俗文》：'狭长者谓之～。'"

【辘轴】lù zhóu　即"碌碡"。宋吕祖谦《薛常州墓志铭》："每甲～二、水车一、种子钱丁五千禀其家，至食新罢。"金《董解元西厢记》卷七："早是～来粗细腰，穿领布袋来宽布衫。"《明史·五行志二》："十年四月辛丑，阜平有火光长八九尺，大如～。"

【碌碡】 lù zhóu 即“碌碡”。《元曲选外编·西游记》二本六出：“滚将一个～在根底，脚踏着才得见真实。”清弘历《碌碡》：“南亩虽云播种齐，更须～压塍畦。”

【路】 lù ❶路程。唐韩愈《左迁至蓝关示侄孙湘》：“一封朝奏九重天，夕贬潮州～八千。”宋岳飞《满江红》：“三十功名尘与土，八千里～云和月。”清《儒林外史》六回：“那日，将到了高要县，不过二三十里～了。” ❷路线。宋熊克《中兴小纪》卷九：“方去冬，金人分三～追袭。”元明《水浒传》八六回：“幽州分兵两～而来，此必是诱引之计。”清《红楼梦》七四回：“说毕，二人方分～各自散了。” ❸武术套路的计量词。套。宋元《古今小说》卷三九：“逢着马头聚处，使几～空拳，将这伞权为枪棒，撇个架子。”元明《水浒传》四九回：“姐夫见我好武艺，教我学了几～枪法在身。”

【路道】 lù dào ❶道路；路径。《太平广记》卷四七五引《异闻录》：“复问生亲戚存亡，闾里兴废。复言～乖远，风烟阻绝。”明《平妖传》五回：“到了东京，又商议郢州～，却不是一举两得。”清《东周列国志》五三回：“三人常在夏家穿房入户，～都是识熟的。” ❷门路；门径。宋《朱子语类》卷四九：“若是经一番，使自知得许多～，方透彻。”

【路灯】 lù dēng 安装在道路旁供照明用的灯。明沈榜《宛署杂记》卷八：“修安砌～石鼓，价四钱五分五厘。”刘若愚《酌中志》卷一六：“宫中各长街设有～，以石为座，铜为楼，铜丝为门壁。每日晚，内府库监工添油点灯，以便巡看关防。”

【路里】 lù lǐ 道路。元明《水浒传》二回：“王教头依旧自挑了担儿，跟着马，和娘两个自取关西～去了。”明《拍案惊奇》卷一六：“只在两家相去的中间～，不论乡村市井，道院僧房，俱要走到，必有下落。”

【路柳墙花】 lù liǔ qiáng huā 路旁柳，墙边花，喻风尘女子，多指妓女。元王晔《水仙子·答》：“从来道水性难拿，从他赸过，由他演撒，终只是个～。”元明《水浒传》五〇回：“枷梢起处，打翻～；大斧落时，杀倒幼童稚子。”清《野叟曝言》一一回：“听凭父母择一头亲事，结果终身，再不作浮萍断梗、～了。”

【路脉】 lù mài ❶路径；路线。宋刘克庄《北山作》：“山行忘～，野坐望天文。” ❷指做事的门径、文章的脉络等。宋《朱子语类》卷一二〇：“安之在远方，望先生指一～，去归自寻。”陈淳《答李公晦二》：“但此等文字，亦须稍识～者，方可与警发而起其向慕之心。”

【路陌】 lù mò ❶道路。《册府元龟》卷六八二：“豫章王嶷为荆湘二州刺史，将还都，修治廨宇及～。”明文徵明《和答石田先生落花》：“芳草一年空～，绿阴明日自池塘。”清高以永《大水百韵》：“楼观意飘簸，竹树塞～。” ❷做事的门径。宋《朱子语类》卷五：“情只是所发之～，才是会恁地去做底。”又卷一一九：“虽不读书，只恁做将去，若是～正当，即便是义。”

【路岐】 lù qí ❶同“路歧❶”。唐白居易《立碑》：“身殁欲归葬，百姓遮～。”元刘将孙《古兴呈签事王朋益》：“豺狼煽为群，朝暮据～。”清陈廷敬《岁暮寄午亭友人》之一：“小驿星轺问～，梅花寄与陇头枝。” ❷同“路歧❷”。唐李白《春于姑熟送赵四流炎方序》：“其身通方大适，何往不可？何戚戚于～哉！”宋方岳《次韵山中小集》：“一岂知世上多～，莫遣胸中少风月。”清吴雯《丁丑二月再过安陵》：“三十年来叹～，相逢各讶鬓如丝。” ❸同“路歧❸”。宋周密《武林旧事》卷六：“或有～，不入勾栏，只在要闹宽阔之处做场者，谓之‘打野呵’，此又艺之次者。”元佚名《错立身》一出：“为～，恋佳人，金珠使尽没分文。”

【路歧】 lù qí ❶本指歧路、岔道，后多泛指道路、路途。《敦煌变文校注》卷五《维摩诘经讲经文(一)》：“心中又待庵园去，和喜和悲步步行。收拾宝盖整威仪，玉佩玎珰满～。”《五灯会元》卷一〇《报恩永安禅师》：“师尤不喜俗务，拟潜往闽川投访禅会，属～艰阻，遂回天台山结茅。”清叶方蔼《送阮亭省觐东归》：“生憎赤棒诸门卒，稳放车轮出～。” ❷喻受阻难行的人世道路。宋华镇《读孟东野懊恼诗》：“白面无伎能，青云多～。”明黎民表《答张助甫塞上寄怀》：“～九折心仍在，云雨千秋事不同。”清张英《四女祠》：“独怜名利天涯子，南北年年怨～。” ❸江湖卖艺人；卖唱者。宋洪迈《夷坚志》甲卷二：“立本盖市井小民耳，遽弃旧业，而携此儿行游，使习～贱态，藉以自给。”《元曲选外编·蓝采和》四折：“是一伙村～，料应在那公科地，持着些枪刀剑戟，锣板和鼓笛，更有那帐额牌旗。”明《平妖传》三回：“众位在上！媳妇不是～，也不会卖药打卦。”

【路歧人】 lù qí rén 江湖卖艺人；卖唱者。宋佚名《西湖老人繁胜录》：“佑圣观前宽阔所在，扑赏并～在内作场。”《元曲选外编·紫云庭》四折：“～生死心难忘，谢相公赍发觑当，直把俺嗓配还乡。”元明《水浒传》二四回：“便是唱慢曲儿的张惜惜，我见他是～，不喜欢。”

【路数】 lù shù ❶线路数目。五代花蕊夫人《宫词》之九九：“日高房里学围棋，等候官家未出时。为赌金钱争～，专忧女伴怪来迟。” ❷路线；轨迹；线条。明周琦《东溪日谈录》卷三：“历家因天有此～，名此二道(按，指黄道、赤道)，以别天之度分，记日月之行。”汤显祖《紫钗记》三四出：“屏风呵，恁～儿是分明，可引的梦沙场人到？” ❸道路；路径。元明《水浒传》一六回：“贫道已打听知他来的～了，只是黄泥岗大路上来。”明《拍案惊奇》卷二九：“张罗两家相去原不甚远，幼谦日间先把墙外～看看。”清《野叟曝言》九二回：“素臣虽是问明～，却走不数十里，转折太多，竟不清楚起来。” ❹门路；门径。明徐问《读书札记》卷四：“《论语》为入门～，《孟子》作用处多。”汤显祖《牡丹亭》一七出：“他一时摸不出～儿，道：‘是怎的？快取亮来。’”清《醒世姻缘传》五回：“如今的世道，没有～相通，你就是龚遂、黄霸的循良，那吏部也不肯白白把你升转。” ❺办法；遵循的原则。元明《水浒传》二回：“住了十数日，董将士思量出一个～。”明夏尚朴《语录》：“盖日用间事亲如此，事长如此，言如此，行如此，待人接物如此，各各有个～，真如大路然。”清《女仙外史》九二回：“我带的多少礼物，原为着几个旧友，如今看起来，决无情面；若送他时，定然返讨一场没趣。罢，罢！我别有～在此。” ❻底细；眉目。明《古今小说》卷四〇：“和你去问他老婆，或者晓得他的～，再来抓寻便了。”清《野叟曝言》二五回：“又李想了一会，全没～，说道：‘且到夜来，你姊妹们问一明白，倘与我有甚瓜葛，也是落难之人，千万一并救出。’” ❼作风；气派。清《红楼梦》一一八回：“瞧那几个人的来头，不像是本支王府，好象是外头～。”

【路台】 lù tái 同“露台”。《元曲选外编·独角牛》一折：“我上的这～来，兀那教手，你问我这擂如何？”又二折：“孩儿也，你上的那～去。”

【路头】 lù tóu ❶道路。亦引申为人生之道路、做事之门径等。《古尊宿语录》卷九《石门山慈照禅师》：“问：‘学人拟归乡，请师指～。’”宋魏了翁《木兰花慢·孙靖州应龙生日》：“面前～尽阔，放规模，运用十分宽。官职终还分定，儿孙也靠心传。”清《醒世姻缘传》七八回：“务必要由高梁桥通过，不可错了～。” ❷路口；关口。《祖堂集》卷七《雪峰和尚》：“某甲十字～起院，如法供养师僧。”宋《朱子语类》卷三四：“这处先要就‘志于道’上理会。‘志于道’，便恁地利，恁地好。这须知是个生死～。” ❸路程。

元明《水浒传》二三回:“行不到五里～,只见柴大官人骑着马,背后牵着两匹空马,来接宋江。”明汤显祖《南柯记》一八出:“这是有缘千里～长,富贵荣华在此方。”清《红楼梦》八七回:“久已不来这里,弯弯曲曲的,回去的～都要迷住了。”

【路行人】 lù xíng rén 过路人;行人。宋元《古今小说》卷三六:“打一夺把他一笊篱钱都倾在钱堆里,却教众当直打他一顿,～看见也不忿。”清《醒世姻缘传》七八回:“没的你爷在京里做官,不叫京里有～罢?”

【路引】 lù yǐn 路条;通行证明。元施惠《幽闺记》七出:“你去渡关津,怕有人盘问,又没个官司文凭～,此行何处能安顿?”明《警世通言》卷三二:“方才箱子可暂发来,内有李郎～一纸,可检还之也。”《大清律例》卷一五:“凡城市乡村诸色牙行及船埠头,并选有抵业人户充应,官给印信、文簿,附写客商船户住贯、姓名、～、字号、物货数目,每月赴官查照。”

【路庄板】 lù zhuāng bǎn 算命先生所用的响器。用竹、木或铁片等制成,敲击作声以招徕顾客。清《醒世姻缘传》七六回:“街上一个打～的瞎子走过,相大舅叫他进来,与狄希陈起课。”《聊斋俚曲·磨难曲》:“前面张宅不远,咱把～着实打,看他听不见。”

【路资】 lù zī 路费。明柯丹邱《荆钗记》二七出:“那日临行际,蒙岳丈惜伊玉树,兼爱我寒枝,念行囊空虚,欣然便周全助～。”《古今小说》卷二二:“似道得词,惭愧无地,手捧金珠一包,赠与叶李,聊助～。”清《醒世姻缘传》三六回:“红段也不曾买成,当吊了那穿的道袍做了～。”

【路子】 lù zi ❶路;道路。元古本《老乞大》:“咱这马每路上来,每日供～生受。”清《红楼复梦》六二回:“何苦讨个没有味儿,倒白给这些姑姑、婶子磕这一～的头。” ❷路径;理路。宋《朱子语类》卷五:“情只是几个～,随这～恁地做去底,却又是心。”又卷六:“理是有条瓣逐一～。以各有条,谓之理;人所共由,谓之道。”元行秀《从容庵录》二七则:“二僧卷帘,在当人分上,自有两条～。”

【鹭股割肉】 lù gǔ gē ròu 企图从鹭鸟极细瘦的腿上割肉,比喻徒劳无益的作为。股,大腿。宋《虚堂和尚语录》卷一:“结夏上堂:‘天下禅和,今朝尽入野狐窟里做伎俩。山僧虽则退水藏鳞,终不向～。’”又卷六:“近人情,无面目,引得儿孙阿辘辘。报恩尽力赞扬,也是～。”

【露布葛藤】 lù bù gé téng 禅家语,指含有禅机的言语字句和动作。宋《如净和尚语录》卷下:“咄!～,切忌尿沸。”《密庵和尚语录》:“截断～,突出衲僧巴鼻。”

【露地】 lù de 另见 lù dì。露着。地,助词。唐王梵志《当乡何物贵》:“衣破无人缝,小者肚～。”

【露地】 lù dì 另见 lù de。❶露天。宋《朱子语类》卷四:“谓如日月之光,若在～,则尽见之;若在蔀屋之下,有所蔽塞,有见有不见。”清朱彝尊《又翻前诗原韵》之二:“夜明栖～,湿尽树中鸦。” ❷佛教用以比喻祛尽一切烦恼的觉悟境界。《祖堂集》卷二〇《五冠山瑞云寺和尚》:“谓～者,佛地,亦名第一义空。”唐寒山《余劝诸稚子》:“～四衢坐,当天万事空。”明刘嵩《送慧上人之九顿岭》:“白牛～只自见,玄鹤出林终不群。”

【露地白牛】 lù dì bái niú 佛教禅宗用以比喻见性成佛的悟境或玄妙禅法。典出《法华经·譬喻品》。原谓立于露地的白牛大车,喻大乘教法。《祖堂集》卷一七《福州西院和尚》:“可怜生,受人言语。如今一时变作个～。”《五灯会元》卷一五《北禅智贤禅师》:“岁夜小参曰:‘年穷岁尽,无可与诸人分岁。老僧烹一头～,炊黍米饭,煮野菜羹,烧榾柮火,大家吃了,唱村田乐。’”宋李洪《送随公》:“衔花百鸟未忘物,～谁着鞭。”

【露地牛】 lù dì niú 即“露地白牛”。宋《虚堂和尚语录》卷一:“榾柮火,村田乐,～,不劳拈出。”元丁鹤年《寄龙门海禅师》:“学仙漫比还家鹤,作佛须看～。”清汪琬《过蕉龛》:“衰迟我作辞巢燕,精进君参～。”

【露水】 lù shuǐ 即“露水夫妻”。明汤显祖《牡丹亭》三二出:“凭说,便和伊青春才貌恰争些,怎做的～相看仳别?”《醒世恒言》卷一五:“又如锦营献笑,花阵图欢,～分司,身到偶然留影;风云随例,颜开那惜缠头?”清《西湖佳话》六回:“今日欢,明日歇,无非～;暂时有,霎时空,所谓烟花。”

【露水夫妻】 lù shuǐ fū qī 非正式结合的夫妻。明孟称舜《泣赋眼儿媚》二折:“大古来婚姻匹配,老天公注定强难移,空结了些烟花姊妹,～。”《金瓶梅词话》九九回:“奴与他虽是～,他与奴说山盟言海誓,情深意厚。”清《绿野仙踪》四一回:“你与金钟儿虽是～,也要算同床共枕。”

【露台】 lù tái 露天舞台。宋孟元老《东京梦华录》卷六:“楼下用枋木垒成～一所,彩结栏槛,……万姓皆在～下观看。”《元曲选外编·射柳捶丸》四折:“兀那几个打拳的教手每,上～来要一会拳,服侍众位大人每。”清《女仙外史》二〇回:“随令董彦杲在寺旁空地搭起演武厅来,先设青油幕于～上公坐。”

【露台弟子】 lù tái dì zǐ 民间演员。宋《三朝北盟会编》卷七四:“上元,请帝观灯,尼堪斡里雅布张筵会,召教坊乐人大合乐,艺人悉呈百戏,～祗应倡优杂剧罗列于庭,晏设甚盛。”岳珂《金佗续编》卷二五:“又程吏部自蔡州与竭城人民军兵南来之时,所带官司金银物帛,及先在京城权开封府尹日所得～小心奴,同作一船载着。”孟元老《东京梦华录》卷六:“教坊钧容直、～,更互杂剧。”

【露相】 lù xiàng ❶露出本来面目;露底细。明《西洋记》一三回:“这个和尚叫做个‘真人不～,～不真人’。”清《后西游记》二回:“唐三藏与孙悟空看了,恐怕～,不敢十分嗟叹,只随众到各寺观看。” ❷出头;出面。清《醒世姻缘传》一九回:“从晁大舍到了庄上,那唐氏起初也躲躲藏藏,不十分出头～。”

【露像】 lù xiàng ❶同“露相❶”。清《好逑传》九回:“编得妙!只是结尾两句太～,恐怕动疑,去了罢。” ❷同“露相❷”。清《续金瓶梅》三九回:“可见女儿家张头～,街上行走,自然惹出事来!”

【露眼】 lù yǎn 暴露隐秘,被人发觉。清《后水浒传》二〇回:“便有这紫金扎额,两旁俱有嵌珠,去换些酒肉吃,这些乡人怎知好歹?若到城市中去,又不便～。”《水浒后传》一一回:“怕这里～,烧了神福,今夜要同我到镇江过活。”

【露章】 lù zhāng 给皇帝上奏章。唐元稹《唐南阳郡王赠某官碑文铭》:“宪宗皇帝不得已下诛诏。不浃日,～自润,曰:‘十月十二日,锜就擒,从乱者无遗馀。’”宋《三朝北盟会编》卷二一五:“(建炎)二年,诏募能使金国者,公～应诏。”清弘历《闻京师西成丰稔喜而有作》:“京兆～奏丰稔,欣观讵止饫已饥。”

【露柱】 lù zhù 立于寺庙或仕宦之家正厅外起旌表、指示作用的两根柱子。源于古代的木表。禅宗也用来比喻无情之物。《祖堂集》卷一七《岑和尚》:“问:‘如何是无情说法?’师指东边～云:‘这个师僧说得。’僧云:‘什摩人得闻?’师指西边～云:‘这个师僧得闻。’”明郑纪《屏山家庙记》:“户外田园多为他人有,所存者仅厅堂一所,～交梁如官厅然。”清博尔都《小至日斋宿天安门晓望》:“树隐残霞标～,乌惊明月绕仙盘。”

【露坐】 lù zuò　露天而坐。唐韩愈《感春》之一："辛夷高花最先开，青天～始此回。"宋孔平仲《初伏夜坐》："～已侵夜，炎威犹未收。"清汪由敦《临安灾》："蓬头～那暇梳，更有寡母泣且吁。"

lǘ

【驴唇马嘴】 lǘ chún mǎ zuǐ　禅家对不明心地却夸夸其谈者的讥斥语。五代《云门禅师广录》卷上："若是一般掠虚汉，食人脓唾，记得一堆一担搕𢶍，到处驰骋～，夸我解问十转五转语。饶尔朝问至夜答到夜，论劫还梦见么？"

【驴鸟】 lǘ diǎo　骂男人的粗话。鸟，屌。元明《水浒传》四三回："原来正是那真黑旋风，却恨撞着那～，我如何敌得他过？"

【驴儿拔橛】 lǘ er bá jué　即"驴驹拔橛"。唐张鷟《朝野佥载》卷二："每讯囚，必铺棘卧体，削竹签指，方梁压踝，碎瓦搘膝，遣仙人献果、玉女登梯、犊子悬驹、～、凤凰晒翅、猕猴钻火、上麦索、下阑单，人不聊生，囚皆乞死。"明《醒世恒言》卷三〇："犊子悬车可畏，～堪哀，凤凰晒翅命难捱，童子参禅魂猝。"《石点头》卷八："他们自有猴狲献果、～许多吊法，务要究出真赃。"

【驴汉】 lǘ hàn　詈词。犹言蠢驴。《景德传灯录》卷二〇《守澄净果大师》："问：'如何是佛？'师曰：'这～！'"《古尊宿语录》卷八《首山念和尚语录》："问：'如何是第二句？'师云：'不打恁么～！'"

【驴驹拔撅】 lǘ jū bá jué　即"驴驹拔橛"。《旧唐书·杨慎矜传》："铉百端拷讯不得，乃令不良枷瑄，以手力绊其足，以木按其足间，撇其枷柄向前，挽其身长校数尺，腰细欲绝，眼鼻皆血出，谓之～。"

【驴驹拔橛】 lǘ jū bá jué　唐代一种酷刑。唐张鷟《朝野佥载》卷二："讯囚引枷柄向前，名为～。"

【驴驹媚】 lǘ jū mèi　传说驴驹出生未落地时口中含的肉状物。妇女带上之后可以增媚。《太平广记》卷四八七《霍小玉传》："生开而视之，见相思子二，叩头虫一，发杀觜一，～少许。"清王士禛《池北偶谈》卷二三："座客偶举唐小说《霍小玉传》中有～，不知何物。按，僧赞宁《物类相感志》云：'凡驴驹初生未堕地，口中有一物如肉名媚，妇人带之能媚。'"

【驴马畜】 lǘ mǎ chù　"驴马畜生"的歇后，歇"生"字，指生日。詈词。明《金瓶梅词话》一四回："今日是你个～，把客人丢在这里，你躲房里去了。"

【驴年】 lǘ nián　古以十二生肖纪年，其中无驴，故以"驴年"表示不可能或罕有实现的日子。《祖堂集》卷七《雪峰和尚》："我寻常向师僧道：'是什摩？'便近前来觅答话处，～识得摩？"宋克勤《碧岩录》八五则："噇却饭了，只管说梦，便道：'我会佛法了也。'将知恁么行脚，～得休歇去！"《五灯会元》卷二〇《国清行机禅师》："你死我活，猛火然铛煮佛喋。恁么作用，方可撑门拄户。更说声和响顺，形直影端，～也未梦见！"

【驴前马后】 lǘ qián mǎ hòu　❶ 谓奴仆在主人手下服役效劳，亦指奴仆。宋胡寅《初冬快晴陪宣卿叔夏游石头庵》之一三："山北山南久问津，瘦藤芒屩最相亲。况逢日下云间客，那用～人。"《元曲选·神奴儿》楔子："你是个～的人！兀那厮，你不认的我，我是义门李家，我是李二员外。"又："我不误间撞着你，我陪口相告，做小伏低，你就骂我做～，数伤我父母。"《元曲选外编·遇上皇》二折："小人是个～之人，怎敢认义那壁秀才也！"　❷ 禅家提倡识见本心，认识自己便是主人公，用"驴前马后"喻盲从他人，失去自我。《祖堂集》卷六《洞山和尚》："苦哉！苦哉！今时学者，例皆如此。只认得～，将当自己眼目。佛法平沉，即此便是。"宋克勤《碧岩录》五三则："须是逢境遇缘，宛转教归自己，十二时中无空缺处，谓之性地明白。若只依草附木，认个～，有何用处？"元行秀《从容庵录》一五则："若不是沩山点破，一向光影门头，弄粥饭气，～，以当平生，甚为可惜。"

【驴头】 lǘ tóu　詈词。多指人头，亦借指人。宋叶绍翁《四朝闻见录》卷一："这里甚去处，你秀才们要斫了～！"《元曲选外编·黄花峪》四折："叵耐无徒歹禽兽，摘心肝扭下这～，与俺那梁山泊宋公明为案酒。"清《野叟曝言》卷一三回："那女将劈面一刀，喝道：'休得放屁！你输了，便斫～！要我输，除非日从夜出，水向西流。'"

【驴颓】 lǘ tuí　犹"驴鸟"。颓，雄性驴马的生殖器。元杜仁杰《耍孩儿·庄家不识勾栏》："枉被这～笑杀我！"

lǚ

【吕字】 lǚ zì　接吻的隐语。以字型为双口相对而得义。宋元《清平山堂话本·刎颈鸳鸯会》："挨身相就，止做得个～儿而散。"明《醒世恒言》卷一五："大卿上前拥抱，先做了个～，空照往后就走。"《醋葫芦》一九回："陆婆故意走开，两人连写几个～。"

【旅拜】 lǚ bài　同行叩拜礼。旅，众。宋陈师道《浮图论》："柰何王公卿士竞登其门而师之，朝衣朝冠，或立侍于其座，或～于其庭。"《三朝北盟会编》卷二四："本朝之礼，群臣见皇太子～，太子答拜。"《宋史·种师道传》："童贯握兵权而西，翕张威福，见者皆～，师道长揖而已。"

【旅次】 lǚ cì　❶ 旅途中经过或暂留于某地。唐王勃《鞶鉴图铭序》："予将之交趾，～南海。"清刘可书《哭幕府范司马》之五〇序："公入觐，余就晤于雄州～，从此遂成永诀。"　❷ 旅途中。唐杜甫《毒热寄简崔评事十六弟》："老夫转不乐，～兼百忧。"元明《水浒传》三二回："～愁来魂欲断，邮亭宿处铗空弹，独怜长夜苦漫漫。"清蔡世远《桐城夏氏忠孝节烈录序》："有女适江氏者，未有子。江君以应试卒于～。柩至，焚香沐浴更衣而逝。"

【旅况】 lǚ kuàng　旅途中的情思；客居他乡的情况。唐唐彦谦《樊登见寄》之三："良夜最岑寂，～何萧条。"明佚名《鸣凤记》二二出："但恐荒村雨露，野店风霜，～愁怀，幸君自爱！"清查慎行《发扬州留别汪庚齐》："～残年最不堪，何期邂逅作深谈。"

【旅橐】 lǚ tuó　旅途中所带的包、袋之类；行囊。橐，袋子。宋《三朝北盟会编》卷二一三："时显忠作浙东副总管，～中得金一百两。"明陈第《客中立秋》："顿觉絺衣薄，尤怜～空。"清查慎行《送周雪客赴太原藩幕》："半年裙屐软红尘，～多缘好事贫。"

【旅众】 lǚ zhòng　众人；大家。旅，众。唐韦绚《刘宾客嘉话录》："赵璟、卢迈二相国皆吉州人，～呼为赵七、卢三。"清弘历《晓行》："夜雨晨开霁，晓行欣爽凉。泥轻缘弗骤，途润岂妨长。～怨非致，农人喜未央。"

【旅装】 lǚ zhuāng　旅途中所带的钱款衣物等；行囊。唐欧阳詹《晨装行》："～彻夜席，束囊事晨征。"宋洪迈《夷坚志》支乙卷六："先公谪居英州，无禄粟以食，日粜于市。郡人或云：'去城七十里曰东乡，有良田。'于是空～买百亩。"清弘历《喜晴》："徐洒非暴倾，高低胥润溽。却未致大泞，～免局蹙。"

【膂力者】 lǚ lì zhě　体力过人、擅长摔跤者。宋吴自牧《梦粱录》卷二〇："朝廷大朝会、圣节、御宴第九盏，例用左右军相扑，非市井之徒，……元于殿步诸军选～充应名额，即虎贲郎将耳。"又："先以女飐数对打套子，令人观睹，然后以～争交。"

【屡次】 lǚ cì 多次；一次又一次。唐刘汾《大赦庵记》："～召佃耕种，俱各辞以不能。"《元曲选·楚昭公》四折："那吴王～索剑，楚王只不肯还。"清蓝鼎元《上张大中丞书》："一载回家，未及四月，又蒙～征召。"

【缕当】 lǚ dāng 详细叙说。《元曲选·魔合罗》四折："不要你狂言诈语，花唇巧舌，信口支持；则要你依头～，分星劈两，责状招实。"

【缕缕】 lǚ lǚ ❶一丝丝。形容纤细。唐韩偓《曲江秋日》："斜烟～鹭鸶栖，藕叶枯香折野泥。"元马臻《孟夏》："餘芳散～，佳木蔼沉沉。"清汪由敦《恭和御制止顿元韵》之三："列帐参差冒雨开，炊烟～透林限。" ❷详尽地；一一地。宋苏舜钦《上集贤文相书》："又幸当日构陷者或死或出，故敢～而言，以通左右。"元程文海《温州路达噜噶齐拜特穆尔德政序》："予虽未之识，而翰林经历张子仁、编修章德元～为予道之，且属予序。"清蓝鼎元《先慈节孝许太孺人行状》："视不孝倦或思睡，则～述先君遗事以感动之，且勖以立身成名。" ❸用于谦词。犹言累赘、啰唆。宋蔡襄《与黄太傅》："久不作书，无他，盖无事不须～。"元王礼《跋欧阳圭斋所作赵宜厚若愚字说后》："存心宜厚，处世若愚，是谓八字之符，终身佩服而有餘。至若陈言之～，岂子所望于予乎！"明葛昕《于縠峰宗伯》："方修谢私，又复赘聒，极知不量。然以台慈信先公之深，故不觉～耳。" ❹情意真切貌。宋宋祁《慰梁同年书》："伏料高怀，已索斯妙，时有所滞，敢用此规。～之诚，不获文致，至悚至悚！"元王恽《北岳祈雪文》："～微诚，敢用昭告。尚享！"清蓝鼎元《七贤图记》："鹤石闻之惊悸，轻千里遣一介来视余，既～相慰藉，并惠此图以供玩赏。"

【缕悉】 lǚ xī 逐一叙说；详尽叙说。唐道宣《极大惭愧门十八》："前已略举大致，其中枝派，不可～。"明《英烈传》二六回："若金陵朱某，尤为罪魁，据名都，夺上郡，诱纳逃亡，事难～。"清陈廷敬《读书纪数略序》："若其精微之指，则非亲聆公之绪言，固不能～其万一也。"

【缕细】 lǚ xì ❶仔细；详细。宋范纯仁《乞以弃地易被虏之人》："如闻朝廷已遣使相视勘会，更不敢～开陈。"明冯从吾《辨学录序》："是录中多有精义，不佞不能～数之，惟在善读者之自得也。" ❷底细；详情。金《董解元西厢记》卷二："待觅个身亡命夭，又恐贼军，不知～，葫芦提把寺院焚烧。"清弘历《准噶尔全部纪略》："盖考之而未详，兹始详询～如右。"

【履历】 lǚ lì ❶亲身见过或做过。宋《朱子语类》卷一二一："徐多记览，多说平生～州郡利害，政事得失，及前言往行。"明史鉴《记西湖八》："虽寄兴不同，然皆沨然成音，可讽咏也。凡所～，并记之。" ❷个人的经历。唐封演《封氏闻见记》卷五："朝廷百司诸厅，皆有壁记，叙官秩创置及迁受始末，原其作意盖欲着前政～，而发将来健羡焉。"清王士禛《池北偶谈》卷二："三十年来，士大夫～例减年岁，甚或减至十餘年，即同人宴会，亦无以真年告人者。"清《红楼梦》一三回："贾珍忙命人写了一张红纸～来。"

【履舄】 lǚ xì 敬称对方，犹足下。履，单底鞋。舄，复底鞋。唐白居易《想东游五十韵》："饮思亲～，宿忆并衾裯。"宋王安石《上浙漕孙司谏荐人书》："某今日遂出城以西，度到润州，必得复望～。"明宗臣《报何中丞》："既幸窃省署之谊，得奉～之光明。"

lǜ

【律】 lǜ 押。元萧德祥《四春园》四折："张千，将李庆安一行人都与我～上厅来！"《元曲选外编·村乐堂》四折："昨日蓟州申到王六斤等一干人犯，张千，你与我～上厅来！"又《延安府》四折："张千，将一行人～上厅来！"

【虑】 lǜ 审讯、记录。《旧唐书·职官志》："凡禁囚，五日一～。"《明史·李时勉传》："命日～一囚，言一事。"

【虑恐】 lǜ kǒng 担心；恐怕。《敦煌变文校注》卷一《伍子胥变文》："臣今见王无道，～失国丧邦。"宋元《古今小说》卷三："我在此耽阁了半晌，～邻舍们谈论。"清朱彝尊《邹县重修亚圣孟子庙碑》："朕闻孔孟于世，利济之心～不及。"

【滤罗】 lǜ luó 即"漉水袋"。宋林逋《送有交师辇下》："～闲佩氈巾轻，秋籁随声指去程。"元德辉《敕修百丈清规》卷五："～难安多众，宗赜崇宁元年于洪济院厨前井边，安大水槛，上近槛唇，别安小槛穿角旁出，下安～。倾水之时，全无迸溢，亦五大众沾足。"

【滤水罗】 lǜ shuǐ luó 即"漉水袋"。唐白行简《～赋》："惟滤罗之用也大哉。"宋黄休復《茅亭客话》卷三："恋山人事少，怜客道心多。日日斋钟后，高悬～。"

【滤水囊】 lǜ shuǐ náng 即"漉水袋"。《景德传灯录》卷四《智岩禅师》："隋大业中为郎将，常以弓挂一～，随行所至汲用。"

【绿】 lǜ 乌黑发亮，多形容年轻人的头发。唐李白《山人劝酒》："秀眉霜雪桃花貌，青髓～发长美好。"宋曾巩《送丰稷》："宏材壮志风雨发，～髩少年冰雪清。"清《醒世姻缘传》四〇回："狄婆子看那孙兰姬的模样，焌黑一头～发。"

【绿鬓】 lǜ bìn 乌黑发亮的鬓发，形容年轻。唐李白《怨歌行》："沉忧能伤人，～成霜蓬。"宋黄庭坚《杂诗》之一："此身天地一蘧庐，世事消磨～疏。"清张英《西郊杂诗》之二四："恰似村庄小儿女，银钗～紫罗衣。"

【绿沉】 lǜ chén 浓绿色。唐皮日休《公斋四咏·新竹》："一架三百本，～森冥冥。"元明《水浒传》三四回："枪晃～紫焰，旗飘绣带红霞。"清张英《扈从登邓尉山》："帆影时出没，湖光弥～。"

【绿沉枪】 lǜ chén qiāng 枪的泛称。唐杜甫《重过何氏》之四："雨抛金锁甲，苔卧～。"《元曲选外编·五侯宴》三折："某驱兵领将显高强，全凭浑铁～。马如北海蛟出水，人似南山虎下冈。"清查慎行《东宫行围召观杀虎恭纪》："星流一点～，刺虎真同捉鹅鸭。"

【绿酒】 lǜ jiǔ 酒的雅称；美酒。唐陈子昂《薛大夫山亭宴序》："斟～，弄清弦。"宋梅尧臣《依韵和表臣忆游竹园山寺》："朱樱连叶摘，～带醅斟。"清查慎行《临别口占》之三："倦游双鬓无多白，白尽红灯～前。"

【绿醽】 lǜ líng 犹"绿酒"。醽，美酒。唐刘禹锡《送李策秀才还湖南》："庚楼欠清月，孔坐多～。"宋蔡襄《至和杂书·八月一日》："金桃傅粉好颜色，～泛滟深车渠。"清王锡龄《钦定千叟宴诗》："分随丹仗立，恩饫～酣。小草浓沾露，春光共沐涵。"

【绿帽儿】 lǜ mào er 犹"绿头巾"。明《醒世恒言》卷三四："不像你这狗淫妇，人硬货不硬，表壮里不壮，作成老公带了～羞也不羞？"

【绿袍】 lǜ páo ❶犹"绿衫❶"。唐白居易《曲江亭望晚》："尘路行多～故，风亭立久白须寒。"宋王禹偁《再泛吴江》："张翰精灵还笑我，～依旧惹尘埃。”清汪由敦《题锺馗夜游图》：“荷殳持矛提杻械，功曹～裹冠带。” ❷ 犹“绿衫❷”。宋郑獬《慎夫人墓志铭》：“遇关试年，昆季皆登科，～荣耀相先后，独吾为布衣，吾妇未常以此自愧。”元刘壎《代回乡举诸贡元》：“品流高胜，信红泉碧涧所钟；意气豪雄，以黄榜～自许。”明何景明《谷进士宴归图歌》：“我皇九载罗豪英，坐收四百皆才名。四百人中见谷生，～白面谁不惊。”

【绿醅】 lù pēi 犹“绿酒”。唐白居易《落花》：“劝君尝～，教人拾红萼。”元曹伯启《梦酒诗会》：“乌蚁混游槐国市，～初泼汉江涛。”清吴绮《张山来邀饮四宜酒垆》：“不辞双屐破寒苔，为爱秋光就～。”

【绿绮】 lù qǐ ❶ 琴的美称。传说汉司马相如有琴名绿绮。唐李白《听蜀僧濬弹琴》：“蜀僧抱～，西下峨眉峰。”宋欧阳修《赠王介甫》：“朱门歌舞争新态，～尘埃试拂弦。”清汪由敦《用前韵戏东田郎中退齐》：“榻畔香浓调～，帘前花发绕朱栏。” ❷ 绿色丝织品。唐杜甫《大历三年春白帝城放船出瞿唐峡》：“落霞沉～，残月坏金枢。”宋周必大《谢宪司提干检法赣州路》：“红罗不腆，聊资碧线之抽；～甚华，殊乏南金之报。”清胤禛《池月》：“惊看锦鲤如梭掷，织就横纹～衾。”

【绿衫】 lù shān ❶ 指低级官员的公服，亦借指官职卑微。唐白居易《哭从弟》：“伤心一尉便终身，叔母年高新妇贫。一片～消不得，腰金拖紫是何人？”又《忆微之》：“分手各抛沧海畔，折腰俱老～中。”宋周密《齐东野语》卷八：“归为同舍道之，皆大笑曰：‘～尚未能得着，乃思量系玉带乎？’” ❷ 指新科进士的公服，亦以穿绿衫借指科举考试中第。宋佚名《张协状元》一九出：“那张解元还得个～上身时，终不成忘了贫女？”

【绿觞】 lù shāng 犹“绿尊”。觞，酒杯。唐白居易《早春同刘郎中寄宣武令狐相公》：“梁园不到一年强，遥想清吟对～。”宋翁卷《白纻词》：“歌分四时舞一色，～传处驰金轮。”清汤右曾《寄俞锦泉舍人》之一：“石家勾管好风光，红袖围中倒～。”

【绿头】 lù tóu 即“绿头鸭”。宋陈元靓《事林广记》续集卷八《绮谈市语》：“鸭，～。”元辛文房《唐才子传》卷七《李远》：“性简俭，嗜啖凫鸭，贵客经过，无他赠，厚者～一双而已。”刘将孙《禽笑》之六：“痴儿爱鸭好～，强驱作鹰驾以韝。”

【绿头巾】 lù tóu jīn 俗谓妻子有外遇者为戴绿头巾。这与元、明时妓院里的男子多戴青头巾有关。明郎瑛《七修类稿》卷二八：“吴人称人妻有淫行者为～。”清《醒世姻缘传》三六回：“不管甚么丈夫的门风，与他挣一顶～的封赠。”

【绿头鸭】 lù tóu yā 指雄性野鸭，头颈部羽毛为绿色。泛指鸭。《类说》卷三二《嗜绿头鸭》：“李远为杭州刺史，嗜啖～。”宋秦观《拟李白》：“～儿栖苹草，采莲女郎笑花老。”清汪琬《夏镇舟中作》：“能言～，浮没沧波中。”

【绿醑】 lù xǔ 犹“绿酒”。唐李世民《春日玄武门宴群臣》：“清尊浮～，雅世韵朱弦。”宋张孝祥《木兰花》：“那看，更值春残，斟～，对朱颜。”清吴绮《十八滩舟行杂咏》：“华觞挥～，逸操响红弦。”

【绿腰】 lù yāo 唐代乐曲名。唐段安节《乐府杂录·琵琶》：“《～》即《录要》，本自乐工进曲，上令录出要者。”宋祖无择《琵琶亭》：“霓裳～杳何许，枫叶荻花空自秋。”清汤右曾《观俞锦泉家乐》：“白雨催来羯鼓点，～捻出琵琶弦。”

【绿蚁】 lù yǐ 犹“绿酒”。唐王勃《夏日宴宋五官宅观画障序》：“樽浮～，每披仙雾之文；障列青牛，更写行云之态。”宋佚名《张协状元》一〇出：“这般雪儿才下，多是饮着羊羔，浅浅斟～。”清田雯《寒食行怀潘次耕》：“歌鞍藉草倾～，捉鼻大叫风萧萧。”

【绿蚁】 lù yǐ 同“绿蚁”。宋柳永《大圣乐·初夏》：“浅斟琼卮浮～，展湘簟双纹生细波。”佚名《张协状元》一六出：“忽逢贫女又没夫，协无妻，见欲成姻契。献神～。”

【绿云】 lù yún 喻年轻女子乌亮的秀发。唐白居易《和春深》之七：“宋家宫样髻，一片～斜。”宋陆游《清商怨·葭萌驿作》：“梦破南楼，～堆一枕。”清陆可求《永遇乐·佳人发》：“窗外啼莺，频催妆束，～缭绕。”

【绿尊】 lù zūn 盛着美酒的杯子。也借指饮宴。唐王勃《郊兴》：“山人不惜醉，唯畏～虚。”宋杨万里《携酒夜饯罗季周》：“夜深未要掩柴门，且放清风入～。”清汪由敦《题沈上舍颖谷涉江图》：“得似图中行乐否，～红袖总宜秋。”

【绿樽】 lù zūn 同“绿尊”。唐卢照邻《南阳公集序》：“～恒湛，斋阁临霞。”宋梅尧臣《县署丛竹》：“寒生～上，影入翠屏中。”清弘历《游香山》：“俯仰供清豫，何须命～。”

luán

【挛拳】 luán quán 屈曲蜷缩貌。宋《法演禅师语录》卷中：“冰锁瀑泉声细碎，风摇危木影～。”明沈周《古梅折枝歌》：“雪中～冻欲死，老腊又仗春风稣。”清查慎行《秘魔崖古栢》：“老鸦衔柏子，偶向骈拇坠。飞泉难仰流，长此～翠。”

【鸾带】 luán dài 两端有排穗的宽腰带，也用作腰带的美称。元明《水浒传》二〇回：“脱下上盖衣裳，搭在衣架上，腰里解下～。”明王偁《古别离》：“望断关山不知处，衣冠讵惜～赊。”清弘历《关山别荡子》：“消瘦移～，凄愁对博山。”

【鸾笺】 luán jiān 本指印上花木麟鸾饰纹的一种彩笺(见宋苏易简《文房四谱》卷四《纸谱》)，后多作纸笺的美称。宋张镃《池上木芙蓉欲开述兴》之二：“岸巾三酌便酣眠，堕地～写未全。”明陆采《明珠记》二五出：“只怕我万恨千愁，假饶会面难消，写向～怎得了？”清彭孙遹《无题和耦万》：“工书欲逼卫夫人，写出～一幅新。”

【鸾交凤友】 luán jiāo fèng yǒu 情侣、夫妻的美称。亦谓有情人的结合，成婚。《元曲选外编·西厢记》四本二折：“来时节画堂箫鼓鸣春昼，列着一对儿～。”明《西洋记》四七回：“世上只有状元是个第一等的人，我今日拿住了他，尽晚上和他～。”清《姑妄言》八回：“二人遂到书房中，借主人的闲榻，成就了～。”

【鸾镜】 luán jìng 原指刻铸鸾鸟饰纹的铜镜，后多作妆镜的美称。唐王勃《上明员外启》：“凫钟蓄韵，闻片言而指掌；～悬心，见一善而明目。”元徐再思《梧叶儿·春思》：“鸦鬓春云亸，象梳秋月攲，～晓妆迟。”清吴绮《菩萨蛮·偶赋》：“梦中犹记开～，时新闹扫梳双鬓。”

【鸾铃】 luán líng 马项所系铃铛的美称。鸾，铃声，似鸾鸣，也借指铃。唐佚名《琵琶》：“七盘岭上走～，十二峰头弄云雨。”元明《水浒传》六七回：“又见这边～响处，转出这员神火将军魏定国来出马。”清弘历《入古北》：“向暖～入间左，就荒雉堞锁孱颜。”

【癵癵拳拳】 luán luán quán quán 犹“挛拳”。《祖堂集》卷四《道吾和尚》：“～，羸羸垂垂，百丑千拙，且与摩过时。”

【躐蜷】 luán quán 同“挛拳”。《元曲选·谢天香》三折：“我伏事的都人罗帏，我恰才舒铺盖，似孤鬼，少不的～寝睡。”

luǎn

【卵】 luǎn ❶男性外生殖器。元佚名《错立身》二出:"妇人剜了别,舍人割了~。"清《十二楼·萃雅楼》三回:"汝割我~,我去汝头。以上易下,死有餘羞。" ❷青白色;蛋青色。宋苏轼《携白酒鲈鱼过詹史君》:"青浮~碗槐芽饼,红点冰盘藿叶鱼。"

【卵袋】 luǎn dài 阴囊。也泛指男性外生殖器。明《山歌·钉鬼门》:"好像~打人头弗痛,子细思量激恼人。"《二刻拍案惊奇》卷六:"入舍女婿,只带着一张~走。"清《醒世姻缘传》一五回:"王振只得一个王振,就把他的三魂六魄都做了当真的人,连王振也只得十个没~的公公。"

【卵脬】 luǎn pāo 即"卵袋"。清《醒世姻缘传》一回:"听见晁秀才选了知县,又得了天下第一个美缺,恨不得将晁大舍的~扯将出来,大家扛在肩上。"

【卵色】 luǎn sè 青白色;蛋青色。唐沈青箱《过台城感旧》:"夜月琉璃水,春风~天。"清田雯《题梓花卷》之四:"屏风花叠湖边宅,~天烘北墅亭。"

【卵塔】 luǎn tǎ 葬埋僧人尸骨的石塔。此种石塔无缝无棱,状如鸟卵。宋司马光《涑水纪闻》卷七:"(王旦)性好释氏,临终遗命,……用茶毗火葬法,作~而不为坟。"薛嵎《定庵远山主》:"龙象西天邃,松杉~新。"清朱彝尊《瓦井》:"瓦井社北东,中田~七。从丛蒺藜中,高下如卓笔。"

【卵子】 luǎn zǐ 另见 luǎn zi。蛋;鸡蛋。《祖堂集》卷九《大光和尚》:"啐啄同时则不问,~里鸡鸣时如何?"

【卵子】 luǎn zi 另见 luǎn zǐ。睾丸,亦泛指男性外生殖器。明《西湖二集》卷一:"那宝石山脚边石块之上,凿有斗大的痕迹,说是吴越王~痕迹。"《警世通言》卷一八:"科贡官,兢兢业业,捧了~过桥,上司还要寻趁他。"清《续金瓶梅》四回:"肾囊中只有一个偏~,垂下来又是缩不上去的。"

【㲉袋】 luǎn dài 即"卵袋"。清《樵史》三回:"魏上公没~的拜他为父,原不曾吃亏。"

luàn

【乱】 luàn ❶忙乱。明《金瓶梅词话》一二回:"西门庆前边~着,收人家礼物,发柬请人,不在话下。"《醒世恒言》卷二九:"汪知县为夫人这病,~了半个多月。"清《后水浒传》九回:"~到明天,腿上棒疮尽皆迸裂,点立不着地。" ❷吵闹。明《金瓶梅词话》七二回:"半日只听的~起来,教秋菊问他要棒槌使使,他不与,把棒槌匹手夺下了。"《古今小说》卷二二:"唐氏听说,一时~将起来,聒噪个不住。"清《后水浒传》四〇回:"偌多婆娘~得好,兀便是将鸟汉子赶逐?"

【乱彩】 luàn cǎi 杂彩,指各色丝织品。唐张鷟《朝野佥载》卷五:"掘地深五丈,以~为宫殿台阁,屈竹为胎,张施为桢盖。"《敦煌变文校注》卷二《秋胡变文》:"因忆念慈母,今欲放还,朕有恋情,宜赐黄金百梃,乱采(彩)千段,暂放归,奉谢尊堂。"

【乱董董】 luàn dǒng dǒng 形容杂乱无章。宋《朱子语类》卷四四:"好《学而》首章,说得~地,觉得他理会这物事不下。"又卷六七:"六十四卦,只是《上经》说得齐整,《下经》便~地。"

【乱儿】 luàn er 乱子;祸事。清《红楼梦》九三回:"我的小爷,你太闹的不象了。不知得罪了谁,闹出这个~。"《绿野仙踪》六〇回:"休要与我哭出~来,不是顽的!"

【乱纷纷】 luàn fēn fēn 纷乱貌。唐杜甫《海棕行》:"自是众木~,海棕焉知身出群。"明佚名《古城记》一六出:"明晃晃枪刀满砌,~衣甲成堆。"清田雯《茅山绝句》之三:"谢客石门太多事,卒徒车马~。"

【乱滚滚】 luàn gǔn gǔn 纷乱移动貌。元明《水浒传》八〇回:"匠人民夫,~往来,不计其数。"明《警世通言》卷二八:"侍者看了一回,人千人万,~的,又不记得他。"清《野叟曝言》四五回:"火筒喷处,碎纷纷万瓣银花;火桶倾时,~千行赤溜。"

【乱轰】 luàn hōng 同"乱哄"。清《醒世姻缘传》六三回:"到了这等~,狄希陈坐在那床头的监里声也不敢做。"又七三回:"没见献浅的臭老婆,不来打发我穿衣裳,且~他哩!"

【乱哄】 luàn hōng 忙乱嘈杂。清《醒世姻缘传》七回:"连夜传裱背匠,糊仰尘,糊窗户,传泥水匠,收拾火炕,足足~到次日日西。"《野叟曝言》一四二回:"忽见男子跑入,便都发喊:'四面拦阻闲人的,都往那里去了?'~着来赶打文骕。"

【乱哄哄】 luàn hōng hōng 形容纷乱、嘈杂。宋元《清平山堂话本·李翠莲》:"诸亲九眷闹丛丛,姑娘小叔~。"明《西游记》九一回:"此时正是金吾不禁,~的,无数人烟。"清《红楼梦》一一三回:"~人来人往,里面哭声摇山振岳。"

【乱烘】 luàn hōng 同"乱哄"。清《醒世姻缘传》三二回:"外头这们~,我家里一点儿也不晓的。"

【乱烘烘】 luàn hōng hōng 同"乱哄哄"。宋元《警世通言》卷八:"则听得街上闹炒炒,连忙推开楼窗看时,见~道:'井亭桥有遗漏!'"《元曲选·蝴蝶梦》四折:"我叫化的~一陌纸,拾得粗坌坌几根柴。"清《野叟曝言》一回:"你这诗,如小家暴富女人~插着一头簪钗,糊突突涂了一面脂粉,原有装饰,全没安排!"

【乱话】 luàn huà ❶胡说;瞎说。宋元《古今小说》卷三:"~!此间是妇人卧房,你是出家人,到此何干?"清《醒世姻缘传》三〇回:"所以但凡有甚疏榜,都是他拟撰,也都是他书写,都另有个道理,不比寻常~。" ❷胡话;没道理的话语。明《西游记》六八回:"众人道:'说甚么~!现钟不打打铸钟?你现揭了榜文,教我们寻谁?'"清《醒世姻缘传》九九回:"武将文臣,彼此看了几眼,不着卵窍的~说了几句,不冷不热的兀秃茶呷了两钟,大家走散。"

【乱蓬蓬】 luàn péng péng 散乱蓬松貌。宋张端义《贵耳集》卷上:"一团茅草~,蓦地烧天蓦地红。"《元曲选·赚蒯通》三折:"我为甚的呆邓邓把衣裳袒裸,~把鬓发婆娑?"也单形容散乱貌。清《续金瓶梅》二回:"小玉在窗外一瞧,见有许多大包袱,俱藏在床底下柴堆里,~放着,也不言语。"

【乱世为王】 luàn shì wéi wáng 谓失去秩序,各行其是。明《金瓶梅词话》二九回:"大姐姐好不说你哩!说如今这一家子~,九条尾狐狸精出世了。"清《红楼梦》一一一回:"老爷是不管事的人,以后便~起来了,我们这些人不是要叫他们掇弄了么?"

【乱松松】 luàn sōng sōng 犹"乱蓬蓬"。《元曲选·梧桐雨》三折:"再不将曲弯弯远山眉儿画,~云鬓堆鸦。"又《倩女离魂》二折:"汗溶溶琼珠莹脸,~云髻堆鸦。"

【乱下风雹】 luàn xià fēng báo ❶无端地发怒施威。元纪君祥《赵氏孤儿》三折:"折末便支起九鼎油镬,老的来没颠倒,便死也死得着,一任你~。"《元曲选外编·单刀会》一折:"将西蜀地面争,关将军听的又闹,敢~。"明沈璟《桃符记》二折:"他端的~,俺姐姐情性恶,我伏低且做小。" ❷谓乱抛乱扔。《元曲选·金钱记》四折："紫丝鞭手内擎，绣球儿身边落。我觑的～。寄与他多情女艳娇，你着他别寻一个前程倒好。"

【乱下风飑】 luàn xià fēng biāo 同"乱下风雹❶"。《元曲选·任风子》四折："他待显耀雄豪，～，天也！我几时能勾金蝉脱壳?"

【乱与】 luàn yǔ 乱做乱说；胡乱作为。《古尊宿语录》卷三七《先兴圣国师法堂玄要广集》："诸和尚莫与，切不得乱呈解数。若～，被鼓山声钟集众，向脚跟下寻着勘着无去处，二十榔檁棒擗脊撞!"宋《明觉禅师语录》卷二："师打一坐具云：'尔看者瞎汉～!'"元行秀《从容庵录》一二则："法眼曰：'院主竖两指，其意如何?'修曰：'～。'"

【乱云】 luàn yún 喻女子散乱的头发。宋张先《师师令》："蜀丝衣长胜未起，纵～垂地。"元贯云石《点绛唇·闺愁》："掩重门，烦恼向谁论？独对菱花整～。"清范承谟《蓬首》："～凝结九秋霜，半尺银丝百丈光。"

lüè

【掠】 lüè ❶擦；拂。唐韩愈《月蚀诗效玉川子作》："汝口开呀呀，虾蟆～汝两吻过。"宋周孚《送辛幼安》："西风～面不胜尘，老欲从君自濯熏。"清查慎行《零陵道中》："卧看两岸山，白云起蓬蓬。前飞不作雨，～过青玲珑。" ❷清扫；清理。唐白居易《分司初到洛中偶题》："招呼新客侣，扫～旧池台。"宋晏殊《蝶恋花》："扫～亭台开小院，四坐清欢，莫放金杯浅。"清汤右曾《舍旁新拓书斋仿乐天体》："间中扫～新萝径，病后扶持旧药栏。" ❸梳理。唐王建《宫词》之一〇二："每到日中重～鬓，衩衣骑马绕宫廊。"金《董解元西厢记》卷三："镜儿里不住照，把须鬓～了重～。"清厉鹗《蜡梅》："匀～宫黄鬓朵鲜，斜门疏竹映便娟。" ❹横砍；挥砍。宋成彦雄《杨柳枝》："绿杨移傍小亭栽，便拥浓烟拨不开。谁把金刀为删～，放教明月入窗来?"元明《水浒传》八九回："那耶律得重急待要走，被武松一戒刀，～断马头，倒撞下马来。"清《女仙外史》五回："泼风刀正迎着马后腿一～，两蹄平断。" ❺(向众人)挨个乞讨；逐一收取。元明《水浒传》三六回："宋江见他惶恐，～了两遭没人出钱，便叫公人取出五两银子来。"明《醒世恒言》卷三八："走去看时，却是东岳庙前一个瞎老儿，在那里唱道情，向着人～钱。"清《隋唐演义》三三回："就是昨日这位客官，替集上除了一害，要～些盘费相谢。" ❻抛；丢。《元曲选外编·降桑椹》一折："醉了时丢砖～瓦，到晚来飞檐走壁。"明《金瓶梅词话》一三回："在花园里亭子上坐着做针指，只见～过一块瓦儿来，打在面前。"清《儒林外史》二六回："大家丢纸团，～砖头，挤眉弄眼，无所不为。"

【掠饬】 lüè chì 修理；整治。明《朴通事谚解》卷下："你看我这顶帽子，帐房门上磕着，塌了半边，颜色也都消了，你就馈我～，我不算工钱，多多的赏你。"又："把那煤炉来～的好着。"

【掠儿】 lüè er 篦子的一种，可用来划分头发。明佚名《霞笺记》二五出："呀！不觉跌损～稍。"《醒世恒言》卷二三："恰是一个大梳，一个通梳，一个～，四个篦箕，又有刷子，刷帚，一双篦子，共是十一件家伙。"清《续金瓶梅》八回："一对金裹头篦子、两只银～，也重三钱多。"

【掠头】 lüè tóu 梳子。《元曲选·金线池》一折："有几个打踅客旅辈，丢下些刷牙、～，问奶奶要盘缠家去。"明《朴通事谚解》卷下："卖刷子的将来，这帽刷、靴刷各一个，刷牙两个，～两个，怎么卖?"

【掠虚】 lüè xū 虚妄作为；妄言。《敦煌变文集·无常经讲经文》："为人却要心明了，莫学～多帝(事)了。"《景德传灯录》卷一九《文偃禅师》："汝欲得识么？向这里识取。若不见，亦莫～。"宋朱熹《答傅子渊》："包、黄诸君各精进，捐去旧习甚善。但恐似此一向～，则又只是改换名目也。"

【掠约】 lüè yuē 同"略约❶"。明汤显祖《紫箫记》一四出："他便是寻常笑语，～精神，也有许多天厝。"

【掠阵】 lüè zhèn ❶冲杀敌阵。元明《三国志通俗演义》卷二〇："只看关兴引兵来～之时，汝等便回军赶杀，吾自有兵接应。"明吾邱瑞《运甓记》二七出："攻城～，人人贾勇争先。" ❷巡阵；压阵。元明《水浒传》五五回："明日休得挑战，我和你押后～。"清《说岳全传》五五回："兀术恐怕王儿有失，亲自带领众元帅、平章出营～。"

【掠彴】 lüè zhuó 同"略彴"。《景德传灯录》卷一〇《赵州从谂禅师》："僧问：'久响赵州石桥，到来只见～。'师云：'汝只见～，不见赵州桥。'……僧云：'如何是～?'师云：'个个度人。'"宋《法演禅师语录》卷下："～不是赵州桥，明月清风安可比?"

【傛彴】 lüè zhuó 同"掠彴"。宋《虚堂和尚语录》卷二："曾蹈赵州～。"又卷九引法演诗句："～不是赵州桥，明月清风安可比?"

【略】 lüè 副词。❶皆；全。唐杜甫《戏题寄上汉中王》之三："鲁卫弥尊重，徐陈～丧亡。"《敦煌变文校注》卷五《维摩诘经讲经文(一)》："各各抛离妙宝宫，人人～到娑婆界。" ❷大致；约略。唐白居易《赠江州李十使君员外》："中年俱白发，左宦各朱轮。长短才虽异，荣枯事～均。"宋沈与求《次韵曾守怀玲珑山》："风埃客子游，梦想～相半。"《明史·太祖纪一》："戊子，合战，徐达击其前锋，俞通海以火炮焚其舟数十，杀伤～相当。" ❸稍微。唐白居易《闲居》："书卷～寻聊取睡，酒杯浅把粗开颜。"宋《朱子语类》卷一二一："须是理会了，体认教一一周足，～欠缺些子不得。"清《儒林外史》二四回："～有几岁年纪，就称为老道长。" ❹暂；偶。唐曹唐《小游仙》："净扫蓬莱山下路，～邀王母话长生。"敦煌词《云谣集·抛球乐》："无端～入后园看，羞杀庭中数树花。"明《二刻拍案惊奇》卷一一："求恳再三，今日才许我～在别院空房之内驻足一驻足。"

【略不】 lüè bù 副词。全不；毫不。唐韩愈《南内朝贺归呈同官》："问之朝廷事，～知东西。"《景德传灯录》卷九《黄檗希运禅师》："(裴相国)又请师至郡，以所解一篇示师，师接置于坐，～披阅。"清汪由敦《跋手书宣德金花笺册》："因为临晋唐宋旧帖各一种，皆蝇头细楷，结体行笔～敢苟。"

【略绰】 lüè chuò ❶粗略。宋《朱子语类》卷一〇："不可信口依希～说过，须是心晓。"又卷一一六："某尝喜那钝底人，他若是做得工夫透彻时，极好；却烦恼那敏底，只是～看过，不曾深去思量。" ❷宽阔。元《秦并六国平话》卷中："撞出一员猛将，牙齿如钻如凿，背～如虎如狼。"范康《竹叶舟》四折："这一个口～手拿着个笊篱，这个发蓬松铁拐斜拖。"

【略绰口】 lüè chuò kǒu 宽阔的嘴；大嘴巴。宋元《清平山堂话本·简帖和尚》："那官人生得：浓眉毛，大眼睛，蹶鼻子，～。"元明《水浒传》一五回："眍兜脸两眉竖起，～四面连拳。"

【略而】 lüè ér 暂时。元孟汉卿《魔合罗》三折："～听引莫心忙。"

【略而间】 lüè ér jiān 暂时。元孟汉卿《魔合罗》一折："这的是寺宇知他是庙宇，～避雨权居。”

【略节】 lüè jié ❶简要的书面材料。清《红楼梦》一六回："贾赦只在家高卧，有芥豆之事，贾珍等或自去回明，或写～。"《野叟曝言》六六回："素臣在衙，把交代文卷查清，开出一个～手折，各项钱粮数目，朗若列眉，交与飞熊收掌。" ❷副词。略微；稍稍。明《西游记》八一回："我今日～说说，你们听着。"《西洋记》一一回："见了万岁爷也不行大礼，只是打个问讯，把个手儿～的举一举。"

【略略】 lüè lüè ❶丝毫(后跟否定句)。唐陈羽《古意》："看郎佩玉下朝时，归来～不相顾。" ❷略微；稍微。宋洪适《阐阳驿》之一："～春晴天亦悭，雷惊雨作转头间。"明佚名《孤儿记》二六出："灵辄蒙赐银和米，未曾～答恩义。"清弘历《生冬诗仍用元微之生春诗韵》之一四："晓冷明明结，午暄～融。"

【略略绰绰】 lüè lüè chuò chuò 粗犷高大貌。明《西洋记》一六回："一个个擦拳磨掌，嗞牙徕齿，～，那里再寻这个混世魔王！"

【略时间】 lüè shí jiān 暂时。金《董解元西厢记》卷五："莫萦心且暂停宁耐，～且向书帏里待。"

【略无】 lüè wú 全无；毫无。《敦煌变文校注》卷五《维摩诘经讲经文(二)》："我心诚，看此境，莹彻分明如宝镜，～秽恶眼前生，只见真如兼大圣。"宋王禹偁《扬州寒食》："酒肴～味，妓乐固难听。"清《红楼梦》五回："日则同行同坐，夜则同息同止，真是言和意顺，～参商。"

【略虚】 lüè xū 同"掠虚"。《祖堂集》卷一三《招庆和尚》："问：'如何是沙门行李处？'师云：'莫教自委。'进曰：'还行李也无？'师云：'莫～！'"《景德传灯录》卷二一《龙山文义禅师》："若举宗乘即院寂径荒，若留委问更待个什么？还有人委么？出来验看。若无人委，莫～好！"

【略约】 lüè yuē ❶浅淡；约略。金元日能《红梅》："天上琼儿白玉肌，吴妆～更相宜。" ❷副词。略微；稍稍。明汤显祖《紫钗记》四八出："他～眼波瞧，咱蓦地临风笑。"

【略彴】 lüè zhuó 小桥；独木桥。也指小河中供渡涉的脚踏石。唐陆龟蒙《新夏东郊闲泛有怀袭美》："经～时冠暂亚，佩笭箵后带频搊。"金赵秉文《拟和韦苏州·和西涧》："步寻幽涧疑无路，忽有人家～横。"清厉鹗《独游沧浪亭》之二："～难通步屧缘，三骀意气拥林泉。"

lūn

【抡摩】 lūn mó 抡动；挥动。金《董解元西厢记》卷二："你肌骨似美人般软弱，与刀后怎生～？"

【抡算】 lūn suàn 即"轮算"。抡，通"轮"。明《醒世恒言》卷一八："问道：'这事有几年了？'妇人把指头～道：'已有六年了。'"清《野叟曝言》一〇二回："素臣把手～道：'下官与道人相别，竟三年有餘矣。'"

lún

【沦殂】 lún cú 死亡；消亡。唐田颖《张府君墓铭》："呜呼！谁免荣枯？适睹全盛，今已～！"宋吴曾《能改斋漫录》卷一八："时俊声满四方，未殿试而属疾，仁宗手自封药赐之。有旨特展试期一日，以俟痊起。然竟～！"

【沦肌浃髓】 lún jī jiā suǐ 浸透肌肤，渗入骨髓。喻程度极深。宋朱熹《与芮国器书》："苏氏之学，以雄深敏妙之文，煽其倾危变幻之习，以故被其毒者，～而不自知。"明梁潜《河清诗》："如彼河流，行地东注。河流浩浩，孰非皇仁。～，品物皆春。"清宋荦《请移蠲漕粮疏》："圣泽业已～，倘此报灾各属更蒙预赐酌免，则民力得舒，感颂我皇上浩荡洪恩愈无纪极。"

【沦落】 lún luò ❶流落；漂泊。唐白居易《早秋晚望兼呈韦侍郎》："夫君亦～，此地同飘寄。"《元曲选·柳毅传书》一折："我与你俱～在水滨河嘴，恰好是一样烦恼也呵！"清查慎行《中山尼》："早年～多关命，石上三生眼前证。" ❷潦倒；衰落。唐高適《真定即事奉赠韦使君》："～而谁遇，栖遑有是夫。不才羞拥肿，干禄谢侏儒。"明《醒世恒言》卷二七："一个家业弄得瓦解冰消，～到恁样地位。"清查慎行《杨端木来都出示涿州道上见怀》之六："征南宾客今～，怕展蓝田射虎图。"

【轮】 lún ❶依次更替；轮流。明《老乞大谚解》卷上："咱们各自睡些个，～着起来勤喂马。"《金瓶梅词话》五九回："那世里少欠下你冤家债不了，～着我今生今世为你眼泪也抛流不尽。"清《醒世姻缘传》九三回："这本寺的住持长老，再没有争差违碍，稳如铁炮的一般～到胡无翳身上。" ❷挥；抡。《敦煌变文校注》卷四《破魔变》："惭愧刀而未举，鬼将惊忙；智能剑而未～，波旬怯惧。"《元曲选外编·老君堂》一折："马跨骅骝疾似风，宣花月斧手中～。"清《绿野仙踪》四五回："城璧大怒，～动双拳，将些妇女们打的头破唇青，腰伤腿折。"

【轮次】 lún cì ❶依次轮流。《旧唐书·文宗纪》："桂、贺、泉三州～，岁贡一两。"元明《三国演义》五六回："文官武将～把盏，献酬交错。"清《九云记》一一回："选了宫女之中有文墨、娴诗词、容貌美丽者十人，号'女中书'。一来掌御用宫中翰墨之任，二则为兰阳伴侍，～吟咏诗章等事。" ❷轮流的次序。唐韩愈《论变盐法事宜状》："及至院监请受，又须待其～。"宋王之望《湖南提举司论差役奏议》："其物力可差，而～未到之人，候将来当差计役过月日，通行二年交替。"明归有光《与吴三泉书》："仆特以～当速，乃实诸君之事，非仆一人之私也。"

【轮番】 lún fān 轮流；轮换。宋晓莹《罗湖野录》卷下："小庵小舍小丛林，土地何须八九人？若解～来打供，免教碎作一堆尘。"《元典章·刑部十三》："至晚，本司正官一员与司库合干人各一名～守宿。"清《说岳全传》四四回："又将羊酒颁赐二位公子与各营将官，～巡守江口。"

【轮该】 lún gāi 按次序轮到。明郑若曾《江南经略》卷二上："既许轮睡，仍不得交相言说，恐说得疲倦，及至～执更，反值困睡。"沈受先《三元记》七出："列位都说过了，如今～学生了，休见笑！"《西游记》五一回："今日～巡视南天门。"清《醒世姻缘传》九一回："夫妇梳洗已完，穿衣服已毕，那～上灶的孔桧，挠着个头，麻胡着个脸，从后边跑出来。"

【轮钩】 lún gōu 一种装有小轮、可以收放钓绳的钓具。《敦煌变文校注》卷一《伍子胥变文》："波上唯见一人，唱讴歌而拨棹，手持～，欲以(似)鱼(渔)人。"

【轮磨】 lún mó 即"抡摩"。《元曲选·两世姻缘》一折："拖着条黄桑棒，直～到悲田院。"

【轮算】 lún suàn 扳着指头计算；掐算。明《醒世恒言》卷三二："老汉颇通数学，方才～，尊可命不该绝，郎君还有相会之期。"清《后水浒传》二九回："他只掌中～，立时分剖，人家消长成败俱知，称他再萧何。"《野叟曝言》三一回："爻动，行人已在路上，巳、午两日必到，石氏～就在明日了。”

【轮替】 lún tì 轮流；轮换。宋《建炎以来繫年要录》卷一四〇：“仍令统制官等，各以职次高下，～人见。”《元曲选·范张鸡黍》一折：“您子父每～着当朝贵，倒班儿居要津。”明《拍案惊奇》卷二六：“那里有这样没廉耻的？师徒两个～缠人。”清《醒世姻缘传》六三回：“难儿真个又扛了两块大石，与素臣～用力，一会又撞碎了一块大石。”

【轮云】 lún yún 谓不断变化翻覆，变幻无常。宋刘克庄《念奴娇·六和》：“～世故，千万态，过眼谁能殚纪？”元吴澄《和陆景荐》之二：“静观天下～事，珍贮胸中祖父书。”明陈谟《题苏黄墨迹》：“呜呼！十二三年，～世变，可慨何限！”

【轮藏】 lún zàng 寺院内的大型书架，放置佛经，可以旋转。宋宗杲《宗门武库》：“如此三十年，风雨不易，鼎新创佛殿、～、罗汉堂，凡丛林所宜有者，咸修备焉。”明田汝成《西湖游览志餘》卷一四《方外玄踪》：“乃就山中建大层龛，一柱八面，实以诸经，运行不碍，谓之～。”

【轮铡】 lún zhá 挥舞铡刀，谓臂力过人、武艺高强。常与“跳塔”(谓胆大技高)连用。元王晔《水仙子·答问黄肇》：“风流双渐惯～，澜浪苏卿能跳塔。”

【轮鍘】 lún zhá 同“轮铡”。《元曲选·铁拐李》楔子：“火坑里消息我敢踏，油镬内钱财我敢拿，则为我能跳塔快～。”又《鲁斋郎》楔子：“你便不良会可跳塔～，那一个官司敢把勾头押？提起他名儿也怕。”

lùn

【论】 lùn ❶定罪；量刑。唐白居易《秦中吟·重赋》：“税外加一物，皆以枉法～。”《元典章·户部二》：“如有违犯，取问是实，～如偷盗官物。”清毛奇龄《明左都御史蕺山刘先生传》：“所属奸胥有干没帑金状，～如律；勋戚家人及豪强不法，抑之。”❷检举；控告。宋叶梦得《石林燕语》卷七：“清献遂并劾蜀公党宰相，怀其私恩。蜀公复～御史以阴事诬人，是妄加人以死罪，请下诏斩之，以示天下。”金《刘知远诸宫调》一二：“门子栏(拦)不住，二人叫屈。知远观是洪信、洪义，问：‘～谁？’”明《二刻拍案惊奇》卷三九：“两个会同把这知县不法之事参奏一本，～了他去。”❸说；讲。唐白居易《不如来饮酒》之四：“莫事长征去，辛勤难具～。”元明《水浒传》五八回：“朱武又劝道：‘吾师且息怒，武都头也～得是。’”清《醒世姻缘传》六六回：“相厚的弟兄，那～的这个？若要丁一卯二的算计起来，这二十一两多的本儿，待了这两个月，走了这二千里路，极少也赚他八九两银子哩。”❹按照；凭借。唐白居易《有木诗》之一：“为树信可玩，～材何所施？”《元曲选外编·渑池会》楔子：“元帅，想相如凭舌剑压秦国，～胆量完璧而回，乃股肱忠烈之士。”清《儒林外史》二回：“～年纪也是周先生长，先生请老实些罢。”❺置于大数目前，表示约数。明《西游记》五〇回：“那怕你上万～千，尽被他一气吞之。”❻佛教指论说佛法义理的典籍，与经、律合称“三藏”。《祖堂集》卷一〇《鼓山和尚》：“经有经师，～有论师，律有律师，有函有号，有部有帙，各有人传持。”

【论策】 lùn cè 评论政治，提出对策。系科举考试科目之一。唐元结《喻友》：“于是奏待制者，悉令尚书长官考试，御史中丞监之，试如常吏。”原注：“如吏部试诗赋～。”明《西湖二集》卷四：“那王江～做完，甚是得意。”清方苞《赠淳安方文辀序》：“盖唐宋之学者，虽逐于诗赋～之末，然所取尚博，故一旦去为古文，而力犹可藉也。”

【论告】 lùn gào 上告；控告。宋欧阳修《论尹师鲁墓志》：“遂又言其为仇人挟情～以贬死。”《元曲选外编·三夺槊》四折：“元吉那厮一灵儿正诉冤，敢～他阎王殿。”《元典章·刑部十五》：“如有～本管官司者，许令直赴上司陈告。”

【论官】 lùn guān 诉讼；打官司。《敦煌变文集·搜神记》：“渐欲天明，惠女尸边遂失衣裳杂物，寻觅搜求，遂向景伯船上得，即欲～。”

【论官理府】 lùn guān lǐ fǔ 诉讼；打官司。《敦煌变文校注》卷三《燕子赋(一)》：“无事破啰啾唧，果见～，更被枷禁不休，于身有阿没好处？”

【论口】 lùn kǒu 吵嘴；争吵。元明《水浒传》二一回：“那婆子在下面睡，听他两口儿～，倒也不着在意里。”清《后水浒传》一三回：“我儿这几日在房中与大官人作乐，不知我作娘的在外日日与人～，回这些豪华势焰之人。”

【论口辩舌】 lùn kǒu biàn shé 吵嘴；争吵。明《平妖传》二〇回：“须是街坊上浮浪子弟们，撩拨他～。”

【论理】 lùn lǐ ❶争讼；争论是非。“理”与“论”同义。《敦煌资料》第一辑(五)《唐乾宁四年张义全卖宅舍契》：“其上件舍价，立契当日交相分付讫，一无悬欠。……或有恩赦赦书行下，亦不在～之限。”又《丙子年沈都和卖宅舍契》：“或遇恩赦大赦流行，亦不在～之限。”清《荡寇志》七九回：“这厮既是这种人，枉是劝化不转，同他～亦无益。”❷依照道理。明《梼杌闲评》一四回：“孙秀才道：‘～我也不该乱道，既承少兄见委，依我看，照单赔一半，五十两。’”清《红楼梦》七回：“～我该亲自来的。”

【论量】 lùn liáng ❶评论；议论。唐吴兢《贞观政要》卷二：“至于～人物，直道而言。”金元好问《论诗绝句》之三〇：“撼树蚍蜉自觉狂，书生技痒爱～。老来留得诗千首，却被何人校短长。”清汪琬《读宋人诗》之二：“唱得吴歈迥不同，石湖别自擅宗风。杨元果与齐名否，如此～恐未公。”❷讨论；商讨。唐贾岛《就峰公宿》：“上人坐不倚，共我～空。”《景德传灯录》卷一七《北院通禅师》：“诸上座有什么事，出来～取。”明《二刻拍案惊奇》卷四：“只是我们初相会，况未经交易，只道是我们先讨好了，不便～。待成了交易，再议未迟。”❸犹言思量。宋吴潜《水调歌头·送赵文仲龙学》：“济时心，忧国志，问穹苍。是非得失成败，何用苦～。”元张弘范《南乡子》：“世事莫～，今古都输梦一场。”清汪由敦《叙旧抒怀》：“香迢递亲情频注念，懵腾往事细～。”

【论千论万】 lùn qiān lùn wàn 成千上万；按千万计。《元曲选·来生债》二折：“爹家里～满箱满柜无数的银子。”

【论情】 lùn qíng 按情况说；从情理上说。唐王梵志《富饶田舍儿》：“富饶田舍儿，～实好事。”宋王之望《温州水灾放罪自劾奏札》：“考实～，合加重谴。乃从末减，恐未足以压服公议。”明王守仁《庐陵县公移》：“～虽亦纾一时之急，据理则亦非万全之谋。”

【论头】 lùn tou 见解；说法；议论。明《西游记》六九回：“行者笑道：‘好呆子，倒也有些～！’”《禅真后史》三三回：“向日娘子之言，不过是一时要好的～，为何反认作真实？”清《豆棚闲话》四则：“昨者尊兄说来的大有意思，今又说起，这般～也就不同了，请竟其说。”

【论万成千】 lùn wàn chéng qiān 犹“论千论万”。明《西游记》七五回：“处处妖精棒下亡，～无打算。”

【论万数千】 lùn wàn shǔ qiān 犹“论千论万”。明《拍案惊奇》卷三九：“士民拍手欢呼，感激县令相公为民辛苦，～的跑上冈来，簇拥着狄公自山而下。"

luō

【捋】 luō ❶用手握住条状物向一端移动。《元曲选外编·锁魔镜》三折："不喇喇紧骤骅骝，我便款兜慢收，揎袍～袖。"明田汝成《西湖游览志餘》卷二二《委巷丛谈》："逆刮蛟龙鳞，顺～虎豹尾。" ❷低劣；无能。元睢玄明《要孩儿·咏鼓》："这厮则嫌乐器低，却不道本事～。"曾瑞《端正好·自序》："既生来命与时相挫，去狼虎丛服低～。"乔吉《雁儿落过得胜令·自适》："农桑事上熟，名利场中～。"

【捋虎须】 luō hǔ xū 比喻撩拨、触犯强者，干冒险之事。唐《临济禅师语录》："这风颠汉却来这里～！"元明《水浒传》七回："那厮却是倒来～！俺且走向前去，教那厮看洒家手脚。"清陈廷敬《石鼓歌》："石鼓歌者韩与苏，我今捉笔～。"

【捋帽会】 luō mào huì 宋时西北地区风俗，谁家生子，贺喜者即摘去此家男主人的帽子，催其设宴请客。此宴会称"捋帽会"。宋庄绰《鸡肋编》卷下："西北人生子，其侪辈即科其父首，使作会宴客而后已，谓之～。"

【捋袖揎拳】 luō xiù xuān quán 犹"裸袖揎拳"。元金仁杰《追韩信》四折："前后军兵紧相并，左右枪刀厮围定。～挺盔顶，破步撩衣扯剑迎。"

【啰唆】 luō suo ❶麻烦；搅扰。明贾凫西《历代史略鼓词·尾声》："看他们争名夺利不肯休息，一个个象神差鬼使中了魔。有几个没风作火生出事，有几个生枝接叶添上～。"清《红楼梦》程乙本四九回："如今香菱正满心满意只想做诗，又不敢十分～宝钗。" ❷言语繁复琐碎。清《红楼梦》八回："黛玉站在炕沿上道：'～什么！过来，我瞧瞧罢。'"

luó

【罗】 luó ❶用细孔筛子筛。罗，一种有细孔的织物，可用于筛滤。宋《太平惠民和剂局方》卷三："右，除安息香、硇砂外，并一处杵，～为细末。"元佚名《快活三过朝天子》："亲检名方，真诚修合，自炮爁自捣～。" ❷寻；找。明《醒世恒言》卷二八："自江州起至泊船之所，百里内外，把江也捞遍了，那里～得尸首！" ❸助词。《敦煌变文校注》卷五《金刚般若波罗蜜经讲经文》："施惠万般求福德，三千七宝唱唱～。"又："此如来平等义，修何善法唱将～。"《元曲选外编·西厢记》一本二折："没则～便罢，烦恼怎么那唐三藏？"

【罗拜】 luó bài 环绕下拜；列拜。罗，罗圈，环绕状，俗称罗圈拜。唐段成式《酉阳杂俎》前集卷二："其人悉～尘中，曰：'不敢，不敢。'"元德辉《敕修百丈清规》卷三："小参下座，小师～致谢。"清《儒林外史》三五回："一市上的人，都来～在地下，谢庄征君。"

【罗刹】 luó chà 梵语音译词。神话里的吃人恶鬼。《敦煌变文校注》卷六《大目乾连冥间救母变文》："至一地狱，……见一马头～，手把铁杈，意[气]而立。"宋佚名《张协状元》八出："十头～不相饶，八臂哪吒浑不怕。"清赵执信《广陵湖》："钱塘八月湖如雪，月满风高更奇绝。无缘却到广陵城，～难移吼怒声。"

【罗城】 luó chéng 外城。《旧唐书·李道古传》："十二年，道古攻申州，克其～，乃进围逼其中城。"宋元《古今小说》卷三六："东京百八十里～，唤做卧牛城。"清储大文《广陵西城》："甲子，～西南隅守者焚战格以应师铎。"

【罗告】 luó gào 罗织罪名而告发之。唐刘肃《大唐新语》卷一二："周兴、来俊臣等～天下衣冠，遇族者不可胜纪。"《资治通鉴》卷二二四："希暹说朝恩于北军置狱，使坊市恶少年～富室，诬以罪恶，捕系地牢，讯掠取服。"宋魏了翁《大理少卿直宝谟阁杨公墓志铭》："自为书上之，引来俊臣～狄仁杰对狱事为证。"

【罗汉】 luó hàn ❶梵语阿罗汉的简称，原指小乘佛教修行达到的最高果位，后常指得此果位者。唐玄奘《大唐西域记》卷一："故诸～将入涅盘，示现神通。"明《西游记》五回："请的是西天佛老、菩萨、圣僧、～。"清厉鹗《圣因寺观贯休画十六罗汉》："唐人画十六～，笔力独数卢楞伽。" ❷指高僧。也泛指和尚。唐佚名《曹溪大师别传》："戒坛是宋朝求那跋摩三藏所置。当时遥记云：'于后当有～登此坛，有菩萨于此受戒。'今能大师受戒，应其记也。……其证戒大德，一是中天耆多罗律师，二是密多三藏。此二大德，皆是～。"明《西游记》四七回："哥哥莫嚷，不是邪魔，乃东土大唐取经的～。"清《野叟曝言》五二回："众妇女中，也有出于无奈，巴不得插翅飞回的；也有乐此不疲，舍不得～神通的；也有羞见江东，怕受公姑丈夫凌辱的。"

【罗街拽巷】 luó jiē yè xiàng 在街巷当众吵闹；骂街。元高安道《哨遍·皮匠说谎》："迷奚着谎眼先陪笑，执闭着顽心更道易。巴的今日，～，唱叫扬疾。"

【罗立】 luó lì 环绕而立。唐杜甫《望岳》："西岳崚嶒竦处尊，诸峰～似儿孙。"宋孟元老《东京梦华录》卷四："道士僧人，～会聚，候人请唤，谓之'罗斋'。"清田雯《贵州武乡试录序》："而张弓挟矢，赳赳洸洸者，亦皆得参错其间，摩肩～，非按籍以呼名，则浑同而莫辨。"

【罗龙打凤】 luó lóng dǎ fèng 捕捉龙凤，禅家用以比喻在机锋较量中制驭对方。是禅师开导后学的一种方法。宋绍昙《五家正宗赞》卷四《雪峰慧禅师》："～，藕丝网密布缦天；猎兔射獐，蒿枝箭硬教中的。"

【罗笼】 luó lóng ❶罗网和笼子，比喻束缚、限制、防范。也指束缚限制人的东西。唐易静《兵要望江南·占日》："日光晕，晕耳有阴风。左右并同为吉兆，三般变易日时逢。日月在～。"《五灯会元》卷二〇《灵隐道印禅师》："南泉自谓跃过禹门，谁知依前落在巨网。即今莫有绝～、出窠臼底么？"清《驻春园》一一回："曲意偏多撩拨，惊心惟切关防。任彼～疏复密，准拟瞒天一造谎。来踪费审详。" ❷束缚；限制。宋《密庵和尚语录》："便乃遍扣宗师，以期深彻证悟为地头，后皆得柄欛入手，不被世间出世间法～得住。"又："灵利汉闻与么告报，如惯战良马闻锣鼓声，浑身痒簇簇地，千人万人～不住。" ❸包罗；容纳。《景德传灯录》卷三〇《丹霞和尚》："鉴照崆峒寂，～法界明。"《僧宝正续传》卷六《径山杲禅师》："正当恁么时，四楞塌地，掇在诸人面前，眼辨手亲底一逴逴得去，便能～三界，提拔四生。"宋王向《公默先生传》："被服先王，究穷六经。顽钝晚成，所得无几。～大纲，漏略零细。" ❹设法使人留下；罗致。宋绍昙《五家正宗赞》卷二《应庵华禅师》："诸方若具～手，今日无因到净明。"元苏天爵《治世龟鉴》："汉高祖尽～许多人才，所以成功；曹操～许多不得，故成三分。"

【罗惹】 luó rě 牵扯；牵连。《元曲选·杀狗劝夫》三折："我常时有命如无命，怎好又厮～无情做有情？"又《谢天香》二折："这爷爷记恨无轻放，怎当那横枝～，不许提防。"《元曲选外编·三夺槊》一折："今日太平也都指望请官赏，划地胡～斩在云阳。"

【罗师】 luó shī 无关;无交涉。唐张鷟《朝野佥载》卷二:“楚客知之,为除右台侍御史,于朝堂抗衡于贞曰:‘与公～!’～者,市郭儿语,无交涉也。”

【罗侍】 luó shì 围绕侍候。《续资治通鉴长编》卷九三:“比夕与俱入传舍,不交一语,出妓女～左右,剧饮而罢。”明《古今小说》卷二二:“唐孺人留之宽坐,整备小饭相款,诸婢～在侧。”清张英《封大夫人李年伯母寿序》:“人第知太夫人此日迎养京华,叠膺命服,子孙～,宾客歌颂,为人伦之荣。”

【罗天大醮】 luó tiān dà jiào 道家为禳除灾祟而举行的大型祈祷法事。罗天,普天。《续资治通鉴长编》卷八九:“真诸路分设～,先建道场。”明汪廷讷《狮吼记》七出:“如果娘子有此事,陈慥当设一～。”清《飞龙全传》三九回:“柴荣回京之日,即当奏闻天子,建设～,报谢天地龙神。”

【罗唣】 luó zào ❶ 喧嚷;嘈杂。宋佚名《张协状元》三五出:“甚人～,不打出去!”元高明《琵琶记》三七出:“听得闹炒,敢是我儿夫看诗～?”清《说岳全传》一三回:“且叫旗牌传令,叫众武举休得～,有犯国法,且听本帅裁处。” ❷ 骚扰;打搅。明《西游记》二四回:“唐三藏虽是故人,须要防备他手下人～,不可惊动他知。”清《红楼梦》四九回:“如今香菱正满心满意只想作诗,又不敢十分～宝玉,可巧来了个史湘云。” ❸ 调戏;纠缠。明《金瓶梅词话》四回:“那妇人笑将起来,说道:‘怎这的～? 我要叫起来哩!’”清《醒世姻缘传》七三回:“他有一妻一妾,也因受不得他的～,相继劳病身亡。”

【罗斋】 luó zhāi 谓道士僧人聚集于街市,等候施主设斋请唤。也指化斋。宋孟元老《东京梦华录》卷四:“道士僧人,罗立会聚,候人请唤,谓之～。”阮阅《诗话总龟》后集卷四三:“不知何处～去,不见云堂第五尊。”明李昌祺《题祖来上人罗汉图》:“蒲团宴坐禅宗禅,金环杖锡树杪悬。有时～入九渊,珠宫贝阙长周旋。”

【罗织】 luó zhī ❶ 捏造罪名,陷害无辜。唐张鷟《朝野佥载》卷二:“周来俊臣～人罪,皆先进状,敕依奏,即籍没。”《元曲选·救孝子》三折:“磨勘成的文状才难动,～就的词因到底虚。”清蓝鼎元《黎母魏太君哀辞》:“其如怨深,横加霹雳。欲快雄心,昧良～。” ❷ 欺凌;欺侮。《景德传灯录》卷一三《风穴延昭禅师》:“三十年住持,今日被黄面浙子上门～!”

【逻】 luó ❶ 捋。明《西游记》五一回:“又只见那洞外跳出几个小妖,在外边吆吆喝喝,伸拳～袖,弄棒拈枪。”《西洋记》八五回:“一手～起衣服,一手推着门,叫声:‘开!’” ❷ 同“罗❷”。明《金瓶梅词话》二五回:“骂了一日,又～着小的厮打。”又二九回:“说你打了他的孩子,要～楂儿和人攘。”

【逻逼】 luó bī 备办;安排。宋佚名《张协状元》四五出:“大婆辞已,～行李。”

【逻兵】 luó bīng 巡逻、侦察的士兵。宋《三朝北盟会编》卷二一三:“分遣～,明远斥堠,虏不能抄掠,军民赖以济京师。”元仇远《元夕放夜》:“～酣卧忘钟韵,游子欢呼趁鼓声。”明马祖常《征行百户刘君墓碣铭》:“常率数十骑略武当。宋～四合,屡突围出,皆不胜。”

【逻城】 luó chéng 即“罗城”。明《隋史遗文》三八回:“次后又奏兵入平壤～,丽兵抵死大战。”

【逻打】 luó dǎ 寻衅殴打。明《金瓶梅词话》一九回:“草里蛇～蒋竹山,李瓶儿情感西门庆。”

【逻罗哩】 luó luó lǐ 同“啰啰哩”。《古尊宿语录》卷二九《舒州龙门佛眼和尚语录》:“玄沙白纸费封题,一听雷音万仞低。慰释私怀已无量,那堪更唱～!”

【逻啰哩】 luó luó lǐ 同“啰啰哩”。《五灯会元》卷一八《钦山普初禅师》:“民如野鹿,上如标枝。十八子,知不知? 哩哩啰! ～!”

【逻逻哩哩】 luó luó lǐ lǐ 犹“啰啰哩”。《古尊宿语录》卷二九《舒州龙门佛眼和尚语录》:“上堂:‘只知今日明朝,不觉今朝明日。事事一似安排,箇箇自然中的。甜者甜于黄连,苦者苦过白蜜。吃得这般滋味,’乃以手作舞曰:‘不妨～。’下座。”

【逻惹】 luó rě 同“罗惹”。《元曲选·玉壶春》三折:“那里怕～着囊揣的这秀才,兀良我则怕生唬杀软弱的裙衩。”

【逻事】 luó shì 巡逻;侦察。亦指巡逻、侦察人员。宋赵叔向《肯綮录》:“又明年,军人有来临安请衣粮者,茶肆中偶与人言,遂为～者所捕。”洪迈《夷坚志》乙卷一:“护戎以～入白曰:‘宗室某子自泉州来,以旧识使君,屠数牛为市。’”

【逻者】 luó zhě 巡逻、侦察人员。唐罗隐《广陵妖乱志》:“及城陷,窜至湾头,为～所擒。”宋《三朝北盟会编》卷一:“药师等下船往女真至彼境,北岸相望,女真巡海人兵多,船不敢近。几为～所害,遂复回。”清嵇永仁《和泪谱二》:“余以手足拘挛,逼折紧密,竟无死法,～张灯火环而察之,乃相对哽咽而已。”

【啰味哩】 luó lái lǐ 犹“啰啰哩”。《嘉泰普灯录》卷三《杨岐方会禅师》:“寒风凋败叶,犹喜故人归。～! 拈上死柴头,且向无烟火。”

【啰里论】 luó lǐ lún 本系民歌中的和声语或感叹语,代指民歌。宋叶适《水心即事》之五:“听唱三更～,白旁单桨水心村。”

【啰哩哩啰】 luó lǐ lǐ luó 犹“啰啰哩”。《禅宗颂古联珠通集》卷一二:“涅盘老子顺风吹,～争得知? 隔岭几多人错会,一时唤作鹧鸪词。”宋史浩《粉蝶儿·劝酒》:“一盏阳和,分明至珍无价。解教人、～。”

【啰哩啰】 luó lǐ luó 犹“啰啰哩”。《五灯会元》卷六《茶陵郁山主》:“从兹不出茶川上,吟啸无非～。”又卷一五《令滔首座》:“有人问我西来意,拄杖横挑～。”

【啰唎】 luó lì 模仿念佛经的声音。清《隋唐演义》一一回:“嘴里念着番经～,手里摇着铜声琅珰。”

【啰喽】 luó lóu 即“喽啰❷”。元明《水浒传》一七回:“小～在关上看时,绑得这个和尚来,飞也似报上山去。”

【啰啰哩】 luó luó lǐ 原是民间歌谣中的和声语或感叹语,借指某种主题(归乡、悟道等)的歌曲。亦谓颂唱此种歌曲。多用作禅宗隐语。《五灯会元》卷二〇《觉阿上人》:“截断千差休指注,一声归笛～!”宋张继先《度清宵·结语》:“觌面相呈知不知? 知时自唱～。”

【啰啰哩哩】 luó luó lǐ lǐ 犹“啰啰哩”。宋《圆悟禅师语录》卷八:“不是如来禅,亦非第一义,更说甚衲僧巴鼻! 争如撒手悬崖,去却药忌,且唱个～。”《禅宗颂古联珠通集》卷四〇:“蓦然摸着蛇头,拍手～。”

【啰啰连】 luó luó lián 民间歌谣“莲花落”中的和声语。元佚名《醉太平·叹子弟之二》:“莲花落易学,桃李子难教。张打油～和得着,学不成打爻。”明《醋葫芦》六回:“又有那溜口少年们,和着～,打起莲花落。”

【啰说白道】 luó shuō bái dào 胡说八道。参见“六说白道”。明《金瓶梅词话》三九回:“这六姐,好恁～的!”

【啰巷拽街】 luó xiàng yè jiē 犹“罗街拽巷”。《元曲选·冤家债主》一折:“你看这倚势口～,气的我老业人亡魂丧魄。”

【啰唣】 luó zào ❶ 同“罗唣❶”。宋佚名《张协状元》二出:“〔净〕外面～。〔末〕莫是报捷来?”《五代史平话·汉上》:“第二日，只见一阵军马在庄门外～。”明《西洋记》一八回：“他在里面坐着，百步之内并不许外人～。” ❷ 同“罗唣❷”。元明《水浒传》二回：“这厮们既然大弄，必然早晚要来俺村中～。”明《拍案惊奇》卷二九：“我是犯罪被禁之人，你如何不到我家里去报，却在此狱中～？”《西洋记》一七回：“忽一日三位老爷坐在厂里，正是午牌时分，众匠人都在过午，猛然间作房里啰啰唣唣，泛唇泛舌。” ❸ 同“罗唣❸”。元明《水浒传》七回：“恰待下楼，只见前日在岳庙里～娘子的那后生出来道：‘娘子少坐，你丈夫来也。’”明王錂《寻亲记》五出：“员外，周娘子在此，你放尊重些，不可～！”清《荡寇志》七二回：“丽卿叫起屈来道：‘爹爹，你彼时不看见那厮～的形景。口里放出来的屁，还听得？不由我不动气。’”

【啰噪】 luó zào ❶ 同“罗唣❶”。明《西游记》八三回：“那呆子便莽撞起来，高声叫道：‘当头还要我老猪！’天王道：‘不须～，但依我分摆。’” ❷ 同“罗唣❷”。明汤显祖《紫箫记》一三出：“他还要三五顿夜饭吃，要～你。”

【锣锅】 luó guō 一种较轻便的锅子，常用于行军或旅行中。元杨允孚《滦京杂咏》卷下：“月出王孙猎兔忙，玉骢拾矢戏沙场。皮囊乳酒～肉，奴视山阴对角羊。”元明《三国志通俗演义》卷一〇：“马上有稍带得～的，也有村中掠得粮米的，便就山边拣干处埋锅造饭。”清玄烨《亲征漠北纪略》：“兵役口粮，青草未生之际牲口所需豆料，及器械、帐房、～、板片等物，于二月初八日陆续从太原府起程。”

【箩里拣瓜】 luó lǐ jiǎn guā 比喻挑来拣去，拿不定主意。清《醒世姻缘传》一八回：“若是一两家，晁夫人也倒容易拣择；多至了几十几家，连外县里都来许亲，倒把晁夫人成了～。”

【箩笼】 luó lóng 同“罗笼❶”。《祖堂集》卷九《落浦和尚》：“三跳出～，不如云外者。”

【儸儸哩】 luó luó lǐ 同“啰啰哩”。《古尊宿语录》卷二九《舒州龙门佛眼和尚语录》：“无孔笛，再三吹，哩哩儸，～！”

【攞街拽巷】 luó jiē yè xiàng 同“罗街拽巷”。元高文秀《遇上皇》一折：“八番价～，七世亲娘休过当，尚自六亲见也惨惶。”

【攞袖揎拳】 luó xiù xuān quán 即“裸袖揎拳”。《元曲选·勘头巾》四折：“将平人招罪愆，还待要～，假泼佯颠。”

【螺筋】 luó jīn 凸显于皮肤的螺纹状血管。宋《汾阳禅师语录》卷下：“有～，有蚌结，皱皱皺皺身爆烈。”

luǒ

【砢么】 luǒ mò 粗疏；马虎。唐颜师古《匡谬正俗》卷八：“或问曰：‘俗谓轻忽其事，不甚精明为～，有何义训？’答曰：‘《庄子》云：长梧封人曰：昔余为禾而卤莽之，则其实卤莽而报予；芸而灭裂之，则其实亦灭裂而报予。郭象注曰：卤莽、灭裂，轻脱不尽其分也。今人所云卤莽，或云灭裂者，义出于此，但流俗讹，故为～耳。’”

【砢磨】 luǒ mò 同“砢么”。《敦煌变文校注》卷三《燕子赋（一）》：“朕是百鸟主，法令不～。”

【裸臂揎拳】 luǒ bì xuān quán 犹“裸袖揎拳”。明《醒世恒言》卷三四：“一个个粗脚大手，～，如疾风骤雨而来。”《二刻拍案惊奇》卷一六：“见了此事，大为不平，在人前～的嚷道：‘吾乡有这样冤枉事！’”

【裸袖揎拳】 luǒ xiù xuān quán 捋起衣袖，露出拳臂。是准备打斗的架势。元张鸣善《水仙子·讥时》：“铺眉苫眼早三公，～享万钟，胡言乱语成时用，大纲来都是烘。”《元曲选·东堂老》四折：“为什么只古里～无事哏？”明《梼杌闲评》四回：“～，举手间清风倒射。”

luò

【洛薄】 luò bó 同“落薄❸”。《敦煌变文校注》卷一《李陵变文》：“其时将军遭～，在后遗兵我遣收。”

【洛荒】 luò huāng 同“落荒❶”。《敦煌变文校注》卷三《燕子赋（二）》：“雀儿漫～，亦是穷奇鸟，构架足词章。”

【络索】 luò suǒ 连接成串状，也指这样的物品。唐唐彦谦《咏葡萄》：“满架高撑紫～，一枝斜亸金琅珰。”宋元《清平山堂话本·简帖和尚》：“～环儿一对，简子与金钗，伊收取，莫疑猜。”清查慎行《凤城新年词》之八：“茧纸轻敲作鼓声，衔环～铁铮铮。”

【落】 luò ❶ 罢免；革除。宋《三朝北盟会编》卷一九：“九月癸丑，谭稹～太尉，罢宣抚使，贬顺昌军节度副使。”《五代史平话·晋上》：“知远坚拒制命，朕欲～他军权，使归私第，怎生是得？” ❷ 得到（某种结果）。《元曲选外编·射柳捶丸》一折：“俺若是一心行正，～一个万古名扬。”清《红楼梦》三四回：“大家～个平安，也算造化了。” ❸ 克扣（钱财）。《元曲选·老生儿》楔子：“他又不识数儿，我～下他二十贯。”明《二刻拍案惊奇》卷二〇：“陈定托他掌管家事，他内外揽权，百般欺侵，巴不得姊夫有事，就好科派用度，～来肥家。”清《聊斋俚曲·磨难曲》：“奉旨各处都开饭场，那米未曾发县，上司就～起了八千石。” ❹ 留下；剩餘。明《朴通事谚解》卷下：“到秋，他种来的稻子、薥秫、黍子、大麦、……诸般的都纳与了租税，另除了种子后头，三停里，官人上纳与二停外，除了一停儿，卖的卖了，～下些个，养活他媳妇、孩儿。”清《儒林外史》三三回：“除还债赎当，还～了有千把多银子。” ❺ 停留；歇宿。明《西游记》八七回：“路过宝方，一则不知地名，二则未～人家，才进城，甚失回避。”《金瓶梅词话》一九回：“妇人轿子～在大门首，半日没个人出去迎接。”清《儒林外史》八回：“那日到了一个地方，～在公馆。” ❻ 蠢；无能。元陈草庵《山坡羊》：“伏低伏弱，装呆装～，是非犹自来着莫，任从他，待如何！”古本《老乞大》：“伴当其间，自家能处休说，休自夸；别人～处休笑。”按，此义亦作“捋”。 ❼ 往；向。宋元《清平山堂话本·错认尸》：“上南不是，～北又难，叹了一口气，道：‘罢！罢！’”清《水浒后传》一二回：“原来这三岔路到登州过东，东昌反转～北。”

【落保】 luò bǎo 错误地保举；误荐。《元曲选·救孝子》四折：“我当初奏过这一家贤孝，今日这厮却犯下十恶大罪，若是郎主知道呵，俺先耽下个～的罪了。”又《黑旋风》一折：“若有些失错呵，……我再做个东道，请你那一班～的都吃一个烂醉何如？”又《金钱记》四折：“你个贺知章狂～！不是这韩飞卿性格拗。”

【落泊】 luò bó ❶ 栖息；落脚；着落。唐韩愈《晚秋郾城夜会联句》：“羁客方寂历，惊乌时～。”宋蔡襄《至和杂书·八月十二日》：“城上惊乌飞复啼，～无依终不定。”《朱子语类》卷一一八：“今人读书，仁义礼智总识，而无～处，此不熟之故也。” ❷ 落魄；潦倒。唐李白《僧伽歌》：“嗟予～江淮久，罕遇真僧说空有。”宋吕祖谦《与李侍郎仁父》：“为度岁计，文潜既到，凡百当能调护，况旧治种种人情，想不至～也。”明《梼杌闲评》一七回：“如今将千金资本都费尽了，只落得一身～，要回去有何面目见他？”

【落薄】 luò bó ❶ 淡薄；不在乎。唐萧颖士《赠韦司业书》：

"仆从来宦情素自～，抚躬量力，栖心有限。" ❷ 同"落泊❶"。宋曾公亮《武经总要》后集卷二〇："猿猴击攫北奔亥，鸡飞～羊阑里。" ❸ 同"落泊❷"。《敦煌变文校注》卷一《伍子胥变文》："今遭～，知复何言！"元行秀《从容庵录》五六则："积代簪缨，暂时～。"清《隋唐演义》六五回："看他举止安静，决不像个～之人。"

【落采】 luò cǎi 即"落鬃"。《祖堂集》卷一七《通晓大师》："年至一五，誓愿出家，……于是～辞亲，寻山入道。"

【落鬃】 luò cài 谓剃发出家。鬃，发结。《五灯会元》卷一二《长水子璇讲师》："秀州长水子璇讲师，郡之嘉兴人也。自～诵《楞严》不辍。"

【落草】 luò cǎo 另见 lào cǎo。❶（离开大路）陷于荒野草地。《敦煌变文校注》卷一《伍子胥变文》："～獐狂似怯人，屈节攒形而乞食。"明《西游记》八四回："那贼见官军势大，不敢抵敌，放下大柜，丢了白马，各自～逃走。" ❷ 谓做事不循正道而误入歧路，不从大处着眼而拘泥于琐末细节。宋《朱子语类》卷四〇："世间也只有这一个方法路径，若才不从此去，少间便～，不济事。"又卷五五："不曾看得大节目处，又只是在～处寻。"又卷一二一："看书且要依文看得大概意思了，却去考究细碎处。如今未曾看得正当底道理出，便～了，堕在一隅一角上，心都不活动。" ❸ 入山林做强盗。宋苏轼《乞增修弓箭社条约状》之二："近有逃背～四十餘人，马二十匹，见在狼山西头君市等村乞食，窃虑来南界别作过犯。"金《董解元西厢记》卷二："杀人肝胆，翻为济众之心；～英雄，反作破贼之勇。"清《说岳全传》九五回："再说到当年铁面董先在九宫山～，遇见了张宪，一同前去投顺了岳爷。"

【落场】 luò chǎng ❶ 进赌场（赌博）。明《二刻拍案惊奇》卷八："况且又有一～便输了的，总有几掷赢骰，不勾翻本，怎好住得？"《型世言》二三回："无奈朱恺不在，稍管短，也就没胆，～掷着是跌八、尖五，身边几钱碎银输了。" ❷（表演）收场；（演出）结束。清《野叟曝言》一四九回："水夫人祝毕，满场合唱，然后～。"《疗妒缘》八回："众人尽皆惊骇，霸王亦甚敬服，便与结为兄妹～。看戏的人也吓得吐舌。" ❸ 了结；解决。清《歧路灯》四八回："两个拿住一管笔，彼此不放。众人见事不～，评了三个月为限，过期不还，二分半行息。" ❹ 结局；下场。清陈端生《再生缘》五九回："先转恳，圣旨暂宽花烛限；再相求，天恩容试郦明堂。那时或者朝廷允，得一个，事就功成好～。"《姑妄言》一九回："单于学因贪淫两个字，好好的妻妾弄得如此～。"

【落成】 luò chéng 谓庆祝房屋建成。也指建筑物竣工。落，古代宫室建成时举行的祭礼。宋王安石《张侍郎示东府新居诗因而和酬》之一："自古～须善颂，扫除东阁望公来。"金张本《梁都运斗南新居落成》："里社来～，贱子亦见招。"清《醒世姻缘传》九〇回："四月初八日，晁夫人的祠堂～开光。"

【落处】 luò chù 指行为、言语的真实含义、真实意图。《祖堂集》卷一三《招庆和尚》："师上堂，良久云：'大众谛听！与你真正举扬。还委～摩？若委～，出来大家证明；若无，一时谩糊去也。'"《景德传灯录》卷一六《雪峰义存禅师》："雪峰恁么道，为当检点，别有～？"宋《虚堂和尚语录》卷五："赵州赢得口皮光，却是这僧知～。"

【落胆】 luò dǎn 吓掉胆，形容极度恐惧。宋文同《代赵龙图祭孙观文文》："权臣擅朝，势炙手热。公尝寒之，消释如雪。倾邪～，修敛自洁。"元徐明善《送王仲温湖广省郎中序》："冰清而玉刚，风裁肃然，贪惰～，真御史也。"清《续金瓶梅》五四回："就不杀他片甲不回，也使他从此～。"

【落的】 luò de ❶ 同"落得❶"。《元曲选·杀狗劝夫》一折："直着我有口难分，进退无门，只～袖稍儿偷揾住俺这悲悲切切泪纷纷。"又《虎头牌》二折："只～我兄弟行傒落，婶子行熬煎，侄儿行埋怨。"又《窦娥冤》四折："则～悠悠流恨似长淮。" ❷ 同"落得❷"。《元曲选·秋胡戏妻》一折："虽然没甚房奁送，倒也～三朝吃喜筵。"元明《水浒传》三七回："宋江身边有的是金银财帛，自～结识他们。"清《醒世姻缘传》四三回："也只恐晁源手段利害，柘典史扯淡防闲，所以～叫晁住享用独分东西。"

【落得】 luò de ❶（因某事）得到（某种结果）；招致；弄得。唐刘叉《观八骏图》："穆王八骏走不歇，海外去寻长日月。五云望断阿母宫，归来～新白发。"宋杨万里《夜泊平望终夕不寐》："一生行路便多愁，～星星两鬓秋。"清《红楼梦》三九回："可惜这么个好体面模样儿，命却平常，只～屋里使唤。" ❷ 犹"乐得"。元刘时中《折桂令·农》："想田家作苦区区，有斗酒豚蹄，畅饮歌呼，瓦钵瓷瓯，村箫社鼓，～妆愚。"元明《水浒传》二一回："只见说撑船就岸，几曾有撑岸就船？你不来采我，老娘倒～！"清《红楼梦》一一〇回："邢夫人虽说是冢妇，仗着'悲戚为孝'四个字，倒也都不理会。王夫人～跟了邢夫人行事，餘者更不必说了。"

【落第】 luò dì 科举考试未中。第，考试合格者的等第。唐陈子昂有《～西还别刘祭酒高明府》。《元曲选·竹叶舟》一折："秀才，你今日是个～的举子，若跟了贫道出家去，明日便是个神仙也。"清蓝鼎元《李逊唐时文序》："乡闱～，策蹇将归。"

【落发】 luò fà 剃发出家。唐延沼《临济传》："及～受具，居于讲肆，精究毗尼，博赜经论。"明《拍案惊奇》卷二七："～后，院主起个法名，叫做慧圆。"清《醒世姻缘传》九三回："胡无翳见他没有～出家的本意，每每将言拨转，又使言语明白劝化。"

【落后】 luò hòu ❶ 群行时落在后面。《祖堂集》卷一六《南泉和尚》："师共归宗行次，归宗先行，师～。"《元曲选·丽春堂》一折："公吏紧相随，虞候忙扶捧，休～了一行步从。"清《说岳全传》四二回："～番兵无船可渡，岳元帅追至江口，犹如砍瓜切菜一般。" ❷ 稍后；后来。《祖堂集》卷六《投子和尚》："赵州走入里头，师便归山。赵州～到投子，便问：'死中得活时如何？'"明童养中《胭脂记》三九出："奴家与梅香同去，见他醉了，将手帕绣鞋放在他怀里，以为表记，即与梅香回来。～身死，奴家并不知情。"清《儒林外史》二回："俺合衙门的人都拦着街递酒。～请将周先生来，顾老相公亲自奉他三杯，尊在首席。" ❸ 最后；末了。《元朝秘史》卷二："房里、车里、床下都搜遍了，～搜到载羊毛的车上。"明《醒世恒言》卷二九："转了半日，都嫌是破的，无人肯买。～走到王屠对门开米铺的田大郎门首，叫住要买。"清《女仙外史》七回："始犹哀求饶命，～打得声音都嗌住了。" ❹ 放在后边；往后拖延；推迟。明沈璟《义侠记》二二出："欢情凑，又何物是愁？天大事，权～。"《警世通言》卷三〇："追忆故人，且把试事权时～，急往城南。"清《歧路灯》六六回："船不离舵，客不离货，只因向舍弟备这宗银子，少不得～两日。" ❺ 留下；遗留。《元曲选外编·西厢记》四本二折："他道红娘你且先行，教小姐权时～。"《通制条格》卷二："月哥歹皇帝时分，忽都忽官人抄数户计时节～下的漏籍户，还俗和尚先生每，弟兄析居，放良来的，这等户每，不拣是谁，休拘收者。"古本《老乞大》："我如今去也。伴当，恁～好坐的者。我到那里，卖了行货便来。" ❻ 丢掉；忘掉。《元典章·户部四》："辛哈恩的为娶了乐人做媳妇的上头，他性命～了也。"贯云石《孝经直解》三："在人头上行呵，常常的把心行着么道，这般呵，自家的大名分也不～了有。"《元曲选外编·霍光鬼谏》三折："几句话记在心头，休教～。" ❼ 怠慢；耽误。元高明《琵琶记》一〇出："宁可饿死奴家，决不将公婆～了。"《元典章·刑部十五》:“若约会处早不来到呵,天气热时尸首变烂,人命的勾当干～了。”明王衡《郁轮袍》三折:“王维天下名士,休～了郁轮袍者。” ❽ 不如别人;比别人差;位于别人之下。《元曲选外编·西厢记》四本三折:“夫人主见不差,张生不是～的人。”明《拍案惊奇》卷二〇:“那刘刺史仗义疏财,王夫人大贤大德,小姐到彼虽则权时～,尽可快活终身。”清《隋唐演义》一二回:“这个认状却雷同不得,有一个人要写一张,争强不伏弱,那人肯～,都要争先。”

【落忽】 luò hū 同“落聰”。宋元《古今小说》卷三六:“只听得妇女道:‘二哥,好下手。’侯兴道:‘二嫂,使未得,更等他～些个。’”

【落聰】 luò hū 熟睡。清《野叟曝言》七回:“后来两人还唧唧哝哝的说话,我才放心～。”

【落花流水】 luò huā liú shuǐ ❶ 指残春景象。唐李群玉《奉和张舍人送秦炼师归岑公山》:“兰浦苍苍春欲暮,～怨离琴。”宋向滈《踏莎行》:“钱塘江上客归迟,～青春暮。”清弘历《暮春瀛台泛舟》:“绿柳红桥原恰当,～自便娟。” ❷ 比喻七零八落的残乱景象。明《封神演义》四二回:“幸有杨戬在侧,看见闻太师好鞭,只打得～,才把银合马飞走出阵,使枪便刺。”清《说岳全传》一七回:“二人跳下冈子来,摆开两条铁棍,乒乒乓乓,将番兵打得～,头撞头碎,额碰额伤,打死无数。” ❸ “七”的隐语。花、流二字中都隐含“七”字(“流”字右上部草写为七)。宋汪云程《蹴踘谱·圆社锦语》:“～,七。”

【落花媒人】 luò huā méi rén 为已婚妇女做媒的人。落花,已婚妇女。《元曲选·谢天香》二折:“可知柳耆卿爱他哩,老夫见了呵不由的也动情。张千,你近前来,你做个落花的媒人,我好生赏你。”又《望江亭》三折:“李稍,我央及你,你替我做个～。你合张二嫂说,大夫人不许他,许他做第二个夫人。”

【落荒】 luò huāng ❶ 乱说;胡说。《敦煌变文校注》卷二《庐山远公话》:“阇黎适来所说言词大远,讲赞经文大错,总是信口～,只要悦喻(愉)门徒,顺耳且听。”又卷三《燕子赋(二)》:“不由君事～。大宅居山所,此乃是吾庄。” ❷ 不走大路而走荒径野道,多形容慌不择路地逃跑。《元曲选·小尉迟》三折:“我诈败～的走,父亲必然赶将我来。”《元曲选外编·黄鹤楼》二折:“东庄里看取些田禾,～休把这山庄绕,咱可便寻一条家抄直道。”清《说岳全传》一七回:“当时韩元帅父子二人,并力杀出重围,遥望关前、关上都是金兵旗号,只得～而走。”

【落慌】 luò huāng 发慌;着慌。明《平妖传》三六回:“任迁脚跟落地,早～了,被柳春生肩膊上一叉搠倒。”《封神演义》二回:“捻手中枪劈心刺来,崇侯～,将手中刀对面来迎,两马交锋。”清《东周列国志》一一回:“郑将连发数箭,射南宫牛不着,心里～。”

【落谎】 luò huǎng 即“落荒❶”。《敦煌变文校注》卷三《燕子赋(一)》:“雀儿打硬,犹自～漫语。”

【落脊棒】 luò jí bàng 指棒打脊背。《祖堂集》卷一七《福州西院和尚》:“罗汉和尚拈问僧:‘当此之时,作摩生免得被他喝出?’僧对云:‘便抽身出去。’罗汉云:‘～又作摩生?’僧却回头:‘今日赖遇某甲。’”《古尊宿语录》卷三八《洞山第二代初禅师语录》:“不识好恶尿床鬼子,带累后人无有了日。拽下绳床,～趁出三门!”

【落籍】 luò jí 从簿籍中除去姓名,指脱离户籍、娼籍等。《敦煌变文校注》卷三《燕子赋(一)》:“阿你逋逃～,不曾见你膺王役。”元萧德祥《小孙屠》三出:“待小生多将些金珠,去官司上下使了,与娘子～从良,不知意下如何?”清毛奇龄《大理寺寺丞任君行状》:“湖抚张君以事败。其为副使时,曾分守吾浙,有能名。故当廷推询保荐于诸卿间,而君应曰:‘善。’至是以牵误～。”

【落脚】 luò jiǎo 停留;住宿。宋洪迈《夷坚志》支癸卷四:“禅客更相谓:‘不若向曹庵～。’”元明《水浒传》八一回:“先去高太尉府后看了～处。”清《野叟曝言》九二回:“且在他家～,熟习些规矩,再往前去不迟。”

【落节】 luò jié 受损;吃亏上当。《敦煌变文校注》卷一《李陵变文》:“其时凶(匈)奴～,输汉便宜,直至黄昏,收兵不了。”宋《法演禅师语录》卷上:“昨日那里～,今日者里拔本。”明王世贞《艺苑卮言》附录二:“中睿之季时人语曰:‘买楮得薛不～。’盖时重河南,而少保为河南甥,妙有河南法者也。”

【落解粥】 luò jiě zhōu 稀粥。《元曲选·陈州粜米》三折:“那官人里老安排的东西,他看也不看,一日三顿,则吃那～。”又:“我这一顿～,走不到五里地面,早肚里饥了。”

【落解】 luò jiè 科举乡试不合格。解,唐时地方贡士随计吏入京,称解,后因称参加乡试的举子或指称乡试。宋许景衡《经臣重九假马同诸友登高》之二:“佩萸谁是佩刀者,落帽多应～人。”原注:“经臣秋试失利。”《续资治通鉴长编》卷五八:“开封府～士人百餘击登闻鼓,目陈素习武艺,愿备军前役使。”清毛奇龄《任千之行稿序》:“今则行文专属之解者。苟乡举有名,莫不挟一卷相问,谓之行卷,而其～者则目为藏义而摈不行。”

【落景】 luò jǐng 夕照;夕阳。唐骆宾王《月夜有怀简诸同寮》:“闲庭～尽,疏帘夜月通。”宋叶梦得《鹧鸪天·雨后湖上看落花》:“追～,弄微凉,尚餘残泪浥空床。”清厉鹗《沈襄敏公东凉山别墅晚眺》:“中田一拳碧,～凄百卉。”

【落局】 luò jú 落入骗局。明《型世言》二九回:“田有获是个有手段光棍,他为体面,断不认账。只是你已后不要去～,来是断不来说的。”清《好逑传》一二回:“铁公子此时酒已急醒了,看见这些光景,已明知～。”

【落科】 luò kē 犹“落第”。元明《水浒传》一五回:“那伙强人,为头的是个秀才,～举子,唤做白衣秀士王伦。”又四一回:“第二个好汉姓蒋名敬,祖贯是湖南潭州人氏,原是～举子出身。”

【落窠槽】 luò kē cáo 指读书(儒家经典)时深入领会和切实把握原意。宋《朱子语类》卷一二一:“读书之法,只要～。今公们读书,尽不曾落得那窠槽,只是走向外去思量,所以都说差去。”

【落窠臼】 luò kē jiù 即“落窠槽”。宋《朱子语类》卷一一六:“且熟读,就他注解为他说一番。说得行时,却又为他精思,久久自～。略知瞥见,便立见解,终不是实。”

【落可便】 luò kě biàn 置于句首作发语词,置于句中作衬字,无实义。多用于戏曲作品。《元曲选·望江亭》一折:“是看那碧云两岸,～轻舟已过万重山。”又《来生债》一折:“我待向那万丈洪波～一跳身,转回头别是个乾坤。”清洪昇《长生殿》三二出:“眼睁睁只逼拶的俺失势官家气不长,～手脚慌张。”

【落可的】 luò kě de 犹“落可便”。《元曲选·燕青博鱼》楔子:“则我这白毡帽半抢风,则我这破搭膊～权遮雨,谁曾住半霎儿程途?”

【落可也】 luò kě yě 犹“落可便”。明张凤翼《红拂记》三一出:“英雄猛将世上无敌,端的一个个贯甲披袍～的气势,耀武扬威,擂鼓筛锣,呐喊摇旗。”

【落来】 luò lái (由某事)得到(某种结果)。《元曲选·倩女离魂》三折:“并不闻琴边续断弦,倒做了山间滚磨旗。划地接丝鞭,别娶了新妻室。这是我弃死忘生～的。”又《谇范叔》二折:“我吃了这一场棍棒,天那!这的是为国于家～的赏。”明桑悦《赍榜谣》:“夷人文字何曾识,乡老～遮屋壁。”

【落赖】 luò lài 犹无赖。宋绍昙《五家正宗赞》卷二《浮山圆鉴禅师》:"少时～,赢得录公名;年老成魔,引资侍者全身入草。"又卷四《香林远禅师》:"探鉴啢宗旨,引远录公走得脚皮穿;起～门风,听祚智门吃些辛苦着。"

【落路】 luò lù ❶ 取路;取道。元明《水浒传》二二回:"宋江便问:'此间到东庄有多少路?'庄客道:'有四十餘里。'宋江道:'从何处～去?'"又三二回:"这里要投二龙山去,只是投西～;若要投清风镇去,须用投东～。"明《醒世恒言》卷三三:"一路出城,正值秋天,一阵乌风猛雨,只得～往一所林子去躲。" ❷ 离开大路或正路。宋周必大《泛舟游山录》:"又十五里,～数百步,至康王景德观。"《五灯会元》卷四《福州长庆大安禅师》:"只看一头水牯牛,若～入草,便把鼻孔拽转来。"

【落落】 luò luò ❶ 明亮貌;清楚分明貌。唐卢照邻《九陇津集》:"～树阴紫,澄澄水华碧。"宋吴曾《能改斋漫录》卷一八:"自从一被虬龙惊,心中～明珠生。"清汪由敦《澄怀八友图记》:"山之巅苍松数株,～如离立,两髯翁对坐其下。" ❷ 形容性格孤高,与人难合,对人冷淡。宋司马光《梅都官尧臣挽辞》之一:"～虽殊众,恂恂不迕时。"元柯九思《王叔明天香书屋图》:"颍川有高士,～无常居。不爱城市游,乃向岩壑庐。"清厉鹗《月夜唐栖舟中同谢山作》:"悠悠徒抱文字癖,～但话江湖情。"

【落末】 luò mò 最后;末了。明《英烈传》一七回:"谁知那衣袖太小,书本过大,只得扯出一本来,将手翻开,恰是～一本。"《拍案惊奇》卷二九:"奴家卧房在这阁儿上,是我家中～一层,与前面隔绝。"《二刻拍案惊奇》卷一五:"～有个人说:'徽州当里有个干女儿,说是太仓州买来的。'"

【落莫】 luò mò ❶ 同"落寞❶"。唐韩愈《晚秋郾城夜会联句》:"儒士怯教化,武士猛刺斫。吾相两优游,他人双～。"宋《朱子语类》卷一三七:"乐天莫年卖马遣妾,后亦～,其事可见。"明《警世通言》卷一七:"传说马德称未死,～在京,京中都呼为'钝秀才'。" ❷ 同"落寞❷"。唐韩愈《送杨少尹序》:"不知杨侯去时城门外送者几人?车几两?马几匹?……不～否?"清弘历《阵雨六韵》:"山西尚云黑,春下变霞红。～终朝望,拈豪只郁忡。"

【落寞】 luò mò ❶ 落魄;潦倒。宋强至《自零口夜至渭南县作》:"～殊乡意,喧啾小市声。故园流水在,想象见冰清。"明李梅实《精忠旗》七出:"如伍员一～单身,发个狠报了父怨,今十万众定自有热血男儿。"清汤斌《送徐电发序》:"古之贤者,宦迹～而声名表表于后世者众矣。" ❷ 冷落;寂寞。唐辨才《设缸面酒款萧翼》:"披云同～,步月共裴回。"明《禅真后史》五回:"再若～我时,须索寻一自尽。"清潘天成《梦遇马贞娘记》:"至池阳县五男乡乌山峡口,见吾夫篷窗对月,独酌孤咏,声带餘哀,意殊～,闻之不胜怆感。"

【落便宜】 luò pián yì 吃亏。宋张孝祥《浣溪沙》:"妒妇滩头十八姨,颠狂无赖占佳期,唤它滕六把春欺,……东君独自～。"《联灯会要》卷四《麻谷宝彻禅师》:"临济虽是得便宜,却是～。"清《野叟曝言》一二五回:"若是这样说,妾身却不～,还记得凑上来要做新郎哩。"

【落魄】 luò pò ❶ 困窘;潦倒。《新唐书·崔宁传》:"崔宁,本贝州安平人,后徙卫州。世儒家,而独喜纵横事,因～,客剑南。"明《醒世恒言》卷三〇:"家贫～,十分淹蹇。"清厉鹗《秋怀》:"～江湖鬓有华,秋风又入小窗纱。无官张祜诗名贱,多病休文药力赊。" ❷ 洒脱;放浪。唐李白《驾去温泉后赠杨山人》:"少年～楚汉间,风尘萧瑟多苦颜。自言管葛竟谁许,长吁莫错还闭关。"元滕斌《普天乐·乐生涯》:"遇酒歌,逢场戏,落落魄魄无萦系。"清查慎行《东湖舟夜》:"树气船船露,灯光寺寺楼。十年曾载酒,～笑重游。" ❸ 寂寞。清《红楼梦》二三回:"况家中现有几个能诗会赋的姊妹,何不命他们进去居住,也不使佳人～,花柳无颜。"

【落然】 luò rán 冷落;寂寥。然,词缀。唐柳宗元《北还登汉阳北原题临川驿》:"惆怅樵渔事,今还又～。"明高启《墨翁传》:"所制墨有定直,酬弗当辄弗予,故他肆之屦恒满,而其门～。"清厉鹗《南湖秋望》:"渺矣高鸿犹避弋,～寒士又辞家。"

【落染】 luò rǎn 指出家为僧。落,剃去须发;染,指僧家缁衣。《祖堂集》卷一七《圣住寺无染和尚》:"以十二岁～于雪岳五色石寺。"清毛奇龄《笑隐庵碑记》:"康熙二十二年,奕是和尚从平阳来。会灵岩翼庵将退院,而以奕公曾～此庵,遂合檀越及僧众启请,愿为奕公量笏地。"

【落腮胡】 luò sāi hú 连着鬓角的胡子,亦借指有此胡子的人。《元曲选·岳阳楼》四折:"扇圈般一部～,更狠似道录。"明佚名《白兔记》四出:"马鸣王,粗眉毛,大眼睛,～。"清《醒世姻缘传》一四回:"他却听得叫人拿他,放开腿就跑,被人赶上采了一把,将一部～都净净采将下来。"

【落腮胡须】 luò sāi hú xū 即"落腮胡"。元明《水浒传》四五回:"孙提辖下了马,入门来,端的好条大汉,淡黄面皮,～,八尺以上身材。"清《醒世姻缘传》一〇〇回:"末后寻到一个高崖幽僻之处,一个性空长老,一部～,貌如童子,每日坐关不出。"

【落山健】 luò shān jiàn 形容快步。明《隋史遗文》四回:"只有道宗与建成赶着几个前站家丁,……走一个～,赶入林子里来。"《型世言》二六回:"只见这张家轿夫抬个～,早已出钱塘门。"清《隋唐演义》四回:"向前走一个～,赶入林子里来。"

【落生】 luò shēng 弹射鸟雀;打猎。宋耐得翁《都城纪胜·闲人》:"又有专为棚头,又谓之习闲,凡擎鹰、架鹞、调鹁鸽、养鹌鹑、斗鸡、赌博、～之类。"元明《水浒传》六一回:"(燕青)郊外～,并不放空,箭到物落,晚间入城,少杀也有百十个虫蚁。"

【落水】 luò shuǐ ❶ 比喻白花钱,不济事。清《醉醒石》一四回:"他几百个人里面杀不出来,还要思大场里中?用这样钱也是～的,这断没有!" ❷ 比喻落入圈套。宋元《古今小说》卷三:"却恨吴三偶然撞在他手里,圈套安排停当,漏将入来,不由你不～。" ❸ 指女子落入娼家,沦为妓女。明《型世言》二六回:"似他这标致,若～,怕没有二百金?"清《醉醒石》一三回:"医人问:'此人做人何如?'众人道:'曾卖其妻～,闻得其妻受辱郁死,想是这桩冤对。'"《金云翘传》一二回:"若一经官,必要弄出当年～根源。"

【落索】 luò suǒ ❶ 同"络索"。宋元《古今小说》卷三五:"袖中取出一张白纸,包着一对～环儿,两只短金钗子,一个简帖儿。"明《西洋记》八八回:"第五宗是千百头犀牛,头上角崚嶒,身上鳞～。" ❷ 强求;硬要。明《金瓶梅词话》六八回:"你～他姐儿三个唱,你也下来酬他一杯儿。"

【落台】 luò tái (表演或营业)歇场;收台。引申指收场、了结。清《儒林外史》五回:"黄家的借约,我们中间人立个纸笔与他,说寻出作废纸无用,这事才得～,才得个耳根清净。"《姑妄言》六回:"聂变豹传了嬴阳这班子弟来家中唱戏,到半本～时,已有二鼓。"△《风月梦》七回:"天明窗前月光迟,可叹咱们～时,苦谁知?"

【落汤螃蟹】 luò tāng páng xiè 放进热水锅里烧煮的螃蟹,喻指大难临头,手忙脚乱无济于事。《景德传灯录》卷一九《云门山文偃禅师》:"直须自看,时不待人。忽然一日眼光落地,前头将什么抵拟?莫一似～手脚忙乱,无你掠虚说大话处。"宋慧开《无门关·倩女离魂》:"若向者里悟得真底,便知出壳入壳,如宿旅店。其或未然，切莫乱走。蓦然地水火风一散，如～七手八脚，那时莫言不道。”

【落套】 luò tào ❶落入圈套；落入骗局。明《醒世恒言》卷二五：“这叫做铁怕落炉，人怕～。”又卷三六：“朱源也闻得京师骗局甚多，恐怕也落了套。”清《水浒后传》三〇回：“那萨摩州倭丁见有大船～，忙放三五百只小船，尽执长刀挠钩，来劫货物。” ❷落入俗套。明周宗建《论语商》卷上：“若如前讲，反觉～。”《肉蒲团》二回：“师父说‘天堂地狱’四个字，未免有些～，不似高僧之言。”清《红楼梦》三七回：“如此又是咏菊，又是赋事，前人也没作过，也不能～。”

【落托】 luò tuō ❶同“落拓❶”。唐赵璘《因话录》卷四：“李公有故人子弟来投，～不事。李公遍问旧时别墅，及家童有技者、图书有名者，悉云卖却。”《太平广记》卷四九五引《云溪友议》：“～自知求事晚，蹉跎甘道出身迟。”清厉鹗《寿圣寺》：“白头～诗名贱，空忆芙蓉浦上人。” ❷同“落拓❷”。《太平广记》卷四八五引《柳氏传》：“天宝中昌黎韩翊有诗名，性颇～，羁滞贫甚。”《元曲选外编·贬夜郎》二折：“又不是风流天宝新人物，子是个～长安旧酒徒。”明《警世通言》卷九：“敕赐李白为天下无忧学士，逍遥～秀才，逢坊吃酒，遇库支钱。”

【落拓】 luò tuò ❶困窘；潦倒。唐白居易《效陶潜体诗》之一四：“日日酒家去，脱衣典数杯。问君何～？云仆生草莱，地寒命且薄，徒抱王佐才。”明《梼杌闲评》一八回：“我看此人像貌，定非终于～的。”清查慎行《次韵答顾揩玉》：“失学负壮年，东西逐乌兔。蹉跎发渐丝，～衣仍布。” ❷超脱；放浪。唐张说《兵部尚书国公赠少保郭公行状》：“授梓州通泉尉，至县，～不拘小节，尝铸钱，掠良人财以济四方。”明徐复祚《投梭记》一六出：“况从来～脱形骸，酸秀才，又何必边幅好丰裁？”清王士禄《水调歌头·用吴梅村祭酒韵》：“目睨公孙妙舞，足付宾王餘沥，～也风流。”

【落晚】 luò wǎn 晚间。唐苏颋《春晚紫微省直寄内》：“内史通宵承紫诰，中人～爱红妆。”宋苏舜钦《和彦猷晚宴明月楼》之二：“～天边燕席开，溪山相照绝纤埃。”清弘历《月夜泛舟》：“～西山紫照来，浮空东沼绿船开。”

【落乡】 luò xiāng 城郊的乡村。宋元《清平山堂话本·刎颈鸳鸯会》：“元来是浙江杭州府武林门外～村中一个姓蒋的生的女儿，小字淑真。”清《五色石》三回：“员外闻贼兵将近，与妾领着子女要到～一个尼姑庵里去避难。”

【落虚】 luò xū 虚妄。《嘉泰普灯录》卷二五《圆悟勤禅师》：“五祖老师平生孤峻少许可，干曝曝地壁立，只靠此一着，常自云如倚一座须弥山，岂可～弄滑头瞒人?”宋《圆悟禅师语录》卷一〇：“于一切时无一念～。”

【落照】 luò zhào 夕照；夕阳的餘晖。唐杨炯《和郑校雠内省眺瞩思乡怀友》：“霞文埋～，风物淡归烟。”元姚燧《落照》：“～在东壁，倒影西墙红。”清《儒林外史》二九回：“我和你到永宁泉吃一壶水，回来再到雨花台看看～。”

【落职】 luò zhí 降职；罢官。宋庄绰《鸡肋编》卷中：“王襄自同知密院～知亳州，限三日到任。”元王恽《哭张总判行甫序》：“后以累～，年五十有七，终于家。”清《荡寇志》七七回：“只因家父～之后，吃那青苗手实钱追逼不过，只得把祖遗的一所房子变卖了赔偿。”

【落着】 luò zhuó 着落；归属。宋《密庵和尚语录》：“一旦押到市曹，魂魄都不知～，蓦被人从背后一刀两段，便是百了千当。”《朱子语类》卷二四：“且如对人言语，他晓不得，或晓得不分明，……自将这言语无～了。”明罗钦顺《困知记》卷下：“王伯安学术具在《传习录》中，观其与萧惠及陆原静答问数章，可谓吾无隐乎！尔录中千言万语，无非是物而变动不居。故骤而读之者，或未必能知其～也。”

luo

【啰】 luo 助词。宋黄庭坚《鼓笛令》：“更有些儿得处～，烧沙糖，香药添和。”《元曲选·合汗衫》三折：“我再不去佛～佛～将我这头去磕，天那天那将我这手去掴。”

M

mā

【妈】 mā ❶ 即"妈妈❶"。宋赵彦卫《云麓漫钞》卷三:"韩退之《祭女拏文》自称曰阿爹阿八,岂唐人又称母为阿八?今人则曰～。"元高明《琵琶记》二〇出:"爹～休疑,奴须是你孩儿的糟糠妻室。"清《霓裳续谱·情人进门》:"我的爹～今年打发我要出嫁。" ❷ 即"妈妈❷"。明吕天成《齐东绝倒》四出:"瞎眼丈夫偏会摸,晚婚老～愈加亲。"叶宪祖《鸾鎞记》二二出:"槽边生口枕边妻,昼夜轮流一样骑。若把这～换那马,怕君暗里折便宜。" ❸ 即"妈妈❸"。《元曲选·合汗衫》二折:"少不的悲田院里学那一声叫爹～。"明《古今小说》卷五:"北方的'媪'字,即如南方的'～'字一般。"清袁枚《子不语》卷二二:"可往城里太平桥侧寻丹阳常～,许以重资,或可同往。" ❹ 即"妈妈❹"。明《情史·情仇·杜十娘》:"妾褥中有碎金百五十两,向缘线裹絮中。明日令平头密持去,以次付～。"清《霓裳续谱·春城无处不飞花》:"两摇三摆到姐家,看看姐和～。"《红楼梦》二八回:"前儿我见了你～,还吩咐他不叫他打你呢。" ❺ 即"妈妈❺"。明佚名《鸣凤记》一〇出:"老夫人明日权奉皇命,带领管家～,竟到全州。"清李玉《清忠谱》二三折:"生衣帽扮杨英甫,老扮颜～同奔上。" ❻ 即"妈妈❻"。清《醒世姻缘传》四四回:"好俺～!我宾相做到老了,没见这们一位烈燥的性子!"《绿野仙踪》五〇回:"苗秃子笑着打开,骂道:'去你～的清秋露罢。'"

【妈儿】 mā er ❶ 即"妈妈❸"。清《补红楼梦》一二回:"你们两个人,又是怎么了?大年下对头儿哭成红眼～似的。" ❷ 即"妈妈❹"。《元曲选·救风尘》一折:"这汴梁城中有一歌者,乃是宋引章。他一心待嫁我,我一心待娶他,争奈他～不肯。"明《梼杌闲评》一六回:"那女子只好十四五岁,乃吴下人,～用银四百两买来的。" ❸ 即"妈妈❺"。清《红楼复梦》一九回:"垂花门的查大奶奶,叫该班的～领着插花瓶的老华进来。"《别有香》一〇回:"杨～故意做些妖声妖势,不堤防月惜走来见了。"

【妈妈】 mā mā ❶ 母亲;婆母。宋汪应辰《祭女四娘子文》:"爹爹～以清酌、时果、庶羞之奠,祭于四小娘子之灵。"宋元《清平山堂话本·李翠莲》:"不知那个是～,不知那个是公公。"清《红楼梦》四五回:"我明日家去和～说了,只怕我们家里还有。" ❷ 妻子。多称老年妻子。宋辛弃疾《好事近》:"觑着这般火色,告～将息。"宋元《清平山堂话本·李翠莲》:"李员外与～论议道:'女儿诸般好了,只是口快。'"清方成培《雷峰塔》一一出:"〔末〕～快来!〔副净上〕忽闻老公叫,忙步出堂前。" ❸ 称已婚或年长的妇女。元俞琰《席上腐谈》卷上:"今人称妇人为～。"《元曲选·合汗衫》二折:"你岂不曾听见那叫化的叫?我学与你听:那一个舍财的爹爹～哦!"清《醒世姻缘传》三回:"八十岁～嫁人家,却是图生图长?" ❹ 鸨母。《大宋宣和遗事》前集:"却有李～急忙前来,上告平章:'这人是师师的一个哥哥。'"元明《水浒传》七二回:"相烦姐姐请出～来,小闲自有话说。"清孔尚任《桃花扇》六出:"～唤保儿那处送衾枕么?" ❺ 仆妇;奶妈。明《金瓶梅词话》一三回:"一个冯～看门首,是奴从小儿养娘。"清李玉《清忠谱》一九折:"老苍头!你同颜～送小姐到魏家。"《红楼梦》四三回:"贾母忙命拿几个小杌子来,给赖大母亲等几个高年有体面的～坐了。" ❻ 无奈或情急时的呼喊词。金《董解元西厢记》卷一:"兀的般标格精神,管相思人去也～!"又卷五:"薄情的～!被你刁镫得人来,实志地咱!" ❼ 指乳房。清《聊斋俚曲·禳妒咒》:"听说你媳妇子把你那～都铰去了,你怎么受来?"李光庭《乡言解颐》卷一:"京师谓乳为嘔嘔,乡言直谓之～。"

【妈妈儿】 mā mā er ❶ 即"妈妈❷"。明《西游记》九七回:"原来是个做豆腐的,见一个老头儿烧火,～挤浆。"《金瓶梅词话》五八回:"金莲叫:'那老头子,问你家～吃小米儿粥不吃?'" ❷ 即"妈妈❸"。明《挂枝儿·急口》:"路陌人肩挑了乌盆来卖,有个～手担着醋瓶来。"《西洋记》四五回:"元帅叫过那个～来,赏他一对青布。"《梼杌闲评》一九回:"～起来打火上灯,进忠也起来。" ❸ 即"妈妈❺"。明徐渭《四声猿·女状元》五出:"这老者死后,你便怎么就与那～过活?"《金瓶梅词话》一四回:"老冯多大年纪,且是好个恩实～。"

【妈妈头】 mā mā tóu ❶ 乳头。清《聊斋俚曲·禳妒咒》:"把俺身体两摧残,倒换过～,到叫俺心里念。"又:"从今后抱着～儿,思思儿想想,思思儿想想,你那小心肝!"又:"把春香那怀中一剪子,把他那～子铰吊一个。" ❷ 比喻柔软易揉捏的、懦弱好欺负的。清《醒世姻缘传》四二回:"但那真正有钱的大户,不是结识的人好,就是人怕他的财势,不敢报他,只是那样二不破～主子开了名字。"又六八回:"看得素姐极是一个好起发、容易设骗的～主子。"

【妈妈子】 mā mā zi ❶ 即"妈妈❶"。明《西游记》七三回:"我想昴日星是只公鸡,这老～必定是个母鸡。"《金瓶梅词话》四三回:"难得只打的有这口气儿在着,若没了,愁我家那病～来,不问你要人!" ❷ 即"妈妈❷"。明《金瓶梅词话》七回:"我无儿无女,强似你家～穿寺院养和尚。"清《续金瓶梅》五三回:"遇着贵官公子到了扬州关上,一定要找寻个上好小～。"《醒世姻缘传》八〇回:"叫老韩到家叫了他～来,里边守着狄奶奶。" ❸ 即"妈妈❺"。明《金瓶梅词话》七八回:"待要说是客人,没好衣服穿;待要说是烧火的～,又不似。"清《红楼梦》六一回:"不独园内人有,连～们讨了出去给亲戚们吃。" ❹ 即"妈子"。明《金瓶梅词话》六八回:"不料文嫂和他媳妇儿陪着几个道～正吃茶,躲不及,被他看见了。"清《醒世姻缘传》七五回:"你收拾酒饭,给两个媒～吃。"

【妈娘】　mā niáng　母亲。清《歧路灯》四九回："那一头是你奶奶与你～的人事，你都拿的去。"按，此称抚养孩子的妾。

【妈子】　mā zi　称媒婆、仆妇等。明《型世言》二〇回："那媒～又掀他唇，等人看他牙齿。"清《儒林外史》四〇回："～送了茶来，沈琼枝吃着。"陈端生《再生缘》四回："外边步入江～，催促千金快转身。"

【嫲嫲】　mā mā　同"妈妈❼"。清《聊斋俚曲·俊夜叉》："不看我千补百衲，嫲～出来见人。"

【抹】　mā　另见 mǒ,mò。❶ 偷看；瞥。宋钱易《南部新书》癸集："(上)太和中入阁，阁内都官班中有抬眼窃窥上者，觉之。班退，语宰相曰：'适省郎班内第几人忽抬眼～朕，何也?'时裴晋公对曰：'省郎庶僚，极卑微，不合抬眼～陛下。'"金《董解元西厢记》卷一："见人不住偷睛～。"明《西游记》三三回："那怪急回头，～了他一眼。"　❷ 揩抹；擦拭。宋苏轼《春菜》："茵陈甘菊不负渠，绘缕堆盘纤手～。"《元曲选·铁拐李》四折："～了钵盂，装在布袋。"清《续金瓶梅》二五回："樱桃怕银瓶知道，又不敢说，只得～了血迹。"　❸ 用手按着向某一方向移动。宋刘斧《青琐高议》后集卷二："力士～靴，贵妃捧砚。"《元曲选·昊天塔》二折："则除是赵玄坛威力无加，才敢把虎头来料，须来～。"清《儒林外史》三回："众邻居一齐上前，替他～胸口、捶背心。"　❹ 突然改换(表情)。明孙仁孺《东郭记》四二出："故交发达还谁绻？～下了当时面。"《醋葫芦》一一回："瞧见都飙身面上衣冠楚楚，竟不似上年光景，量来有些汁水，便将欢喜鬼面连忙～下，带笑连躬兜袍大喏。"清《万花楼》一七回："即把眼睛一～，圆睁虎目。"

【抹布】　mā bù　❶ 供擦拭用的布。元明《水浒传》二五回："预先烧下一锅汤，煮着一条～。"明陆容《菽园杂记》卷一："舟行讳住，讳翻，以箸为快儿，幡布为～。"清《歧路灯》九回："只见虾蟆手提一条～揩桌子。"　❷ 明代宫廷内官的一种佩带，形似汗巾。明刘若愚《酌中志》卷一九："～，非布也。是素纻丝或绫染黄，长五尺，阔三寸，双层方角，如大带子之式而无穗。"沈德符《万历野获编》卷一八："臣等恭赴迎和门，当奉发下前本，并谋害黄花绳一条，黄绫～二方。"

【抹巾】　mā jīn　即"抹布❶"。清《歧路灯》三回："饭铺前摆设着山珍海错，跑堂的～不离肩上。"

【抹拭】　mā shì　揩拭；擦抹。元明《水浒传》九一回："除下头上衣包，解了湿衣，～了身上。"清《姑妄言》一〇回："这都是我贱内收拾的，连桌椅都是他亲手～。"

【抹眼】　mā yǎn　另见 mǒ yǎn。瞥眼。明王磐《清江引·暑袜》："水浸金莲瓣，隔纱裙儿回偷～。"

【抹展】　mā zhǎn　擦抹；揩拭。明《金瓶梅词话》六一回："妇人旋向袖子里掏出通花汗巾来，将那话～了一回。"

má

【麻】　má　另见 ma。❶ 指诏书或诏命。唐宋时诏书用麻纸书写，故称。唐李德裕《请改封卫国公状》："如蒙允许，望赐帖～施行。"宋赵与时《宾退录》卷四："明日，盛服入朝，则两～也：吕判许州，王知郓州。"清《红楼梦》九五回："舅太爷升了内阁大学士，奉旨来京，已定明年正月二十日宣～。"　❷ 感觉迟钝或丧失；感到酥痒。元关汉卿《调风月》三折："撒地腿挺～，歇地脑袋疼。"明孟称舜《娇红记》一九出："我两个费了万般心力，共觅得九个。大爷瞧着，一个个教你～倒哩。"清《情梦柝》一六回："若素被喜新说得浑身～痛，六神无主。"　❸ 用药物使人失去知觉。《元曲选·黑旋风》三折："这厮～倒了也，到明日也还不醒哩。"元明《水浒传》一六回："多少好汉，被蒙汗药～翻了。"清《荡寇志》七八回："酒内用蒙汗药，将该知府梁世杰，并上下一切人等，尽行～倒。"❹ 慌乱。明《金瓶梅词话》五六回："每日被嫂子埋怨，二哥只～做一团，没个理会。"　❺ 面部出天花留下的凹痕。元明《水浒传》五四回："七尺以上身材，面皮有～。"清袁枚《子不语》卷二三："厅南大炕上坐一丈夫，～黑大胡。"

【麻痹】　má bì　肢体器官感觉迟钝，运动功能丧失。唐符载《尚书比部郎中萧府君墓志铭》："谷飂飂丁毒腑藏，右体～不仁。"宋朱熹《乞借拨官会给降度牒及推赏献助人状》："四肢缓弱，时复～。"清《聊斋志异·长治女子》："女绣于房，忽觉足～。"

【麻苍蝇】　má cāng ying　❶ 一种个体较大的苍蝇，也叫麻蝇子。明冯惟敏《粉蝶儿·李争冬有犯》："～也把神童弄，原来是三变化的白鲊，两倒手蛆虫。"《西游记》七二回："摇身一变，变作个～儿。"　❷ 喻指令人讨厌的模样。明风月友《金陵六院市语》："～：可憎模样。"徐复祚《投梭记》八出："〔生笑〕妈妈，小生到你家往来，也不见得辱抹了你，怎么只管怠慢我？〔丑〕～，好货！"

【麻茶】　má chá　即"摩娑❶"。唐李涉《题宇文秀才樱桃》："今日颠狂任君笑，趁愁得醉眼～。"宋许纶《梅花》之九："醉餘看字眼～，佳句拈来似隔纱。"清查慎行《重宿传经书屋与恺功话旧》："岂意～眼，重窥翰墨林。"

【麻嗏】　má chá　❶ 同"麻茶"。宋陈造《分韵得家字》："诗成字欹倒，病眼正～。"刘克庄《左目痛》之四："昏花废干禄书，～类辟瘟符。"　❷ 抹搭；眼皮下垂。明李诩《戒庵老人漫笔》卷三："今人欲睡眼将合睫而缝细者曰～。"

【麻查】　má chá　同"麻茶"。宋魏了翁《挽陈寺丞》："天高那可问，泪眼为～。"元陈草庵《山坡羊》："笑喧哗，醉～，闷来闲访渔樵话。"明汤显祖《南柯记》三一出："却怎生软兀剌烧葱腿难跳踢，急～扶泥臂刀怎提?"

【麻喳】　má chá　同"麻茶"。宋刘克庄《最高楼》："今老矣，文跌荡，字～。"

【麻搥】　má chuí　同"麻槌"。元萧德祥《小孙屠》一一出："怎推这铁锁沉枷，～撒子。"《元曲选·后庭花》二折："又不曾～下脑箍，你怎么口声的就招伏。"

【麻槌】　má chuí　一种刑具。粗而短的麻绳鞭子，行刑前常蘸湿。元孟汉卿《魔合罗》四折："比及下拶指，先浸了～，行杖的腕头着气力。"《元曲选·蝴蝶梦》二折："休说～脑箍，六问三推。"

【麻椎】　má chuí　同"麻槌"。金刘祁《归潜志》卷七："徒单右丞思忠好用～击人，号～相公。"

【麻锤】　má chuí　同"麻槌"。明徐元《八义记》三六出："任他～撒子也琐上更添加。"

【麻搭】　má dā　一种救火工具。宋曾公亮等《武经总要》前集卷一二："～，以八尺杆系散麻二斤，蘸泥浆，皆以蹙火。"明沈榜《宛署杂记》卷一五："～、火勾一百二十根。"清《歧路灯》六五回："乡地壮丁人等，～挠钩，抬的抬，搬的搬。本街士民，挑水救护。"

【麻刀】　má dāo　一种碎麻，同石灰、泥灰混在一起抹墙用。宋石茂良《避戎嘉话》卷上："初缚虚棚时，友仲使多备湿～、旧毡衲袄，盖防贼人有火箭、火炮也。"明《朴通事谚解》卷下："这里和泥，且打将两担水来，把那～一打里和的匀着。"《大清会典则例》卷一三〇："扎缚绳交回七成，连二绳交回六成。一月以外，递减二斤。均交收掌所存贮，用至三次者，作～应用。"

【麻捣】　má dǎo　同"麻刀"。《唐六典》卷二三："每岁京兆、河南及诸州支送麦辫三万围、麦面一百车、～二万斤。”宋许洞《虎钤经》卷一〇:“用～石灰,密泥,不令泄气。”沈括《梦溪笔谈》卷二四:“涂壁以麻捣土,世俗遂谓涂壁麻为～。”

【麻烦】 má fán ❶ 烦琐;费事。也指烦琐难办的事。清《凤凰池》九回:“前日受了晏公子累,好不～,恐他晓得又要来缠扰。”《万花楼》三六回:“倘他父子出敌,必被西戎一刀一个,岂不省多少～。”又五六回:“闻这黑炭他最把细明察,如一泄漏些风声,却～了。” ❷ 烦扰;打搅。清《万花楼》四八回:“老身久处破窑,落难已久,又有孩儿侍奉,不必～地方官吏。”

【麻犯】 má fàn ❶ 折腾;折磨。明《金瓶梅词话》八三回:“险些儿一夜没曾把我～死了,你看,把我脸上肉也挝的去了!”清《续金瓶梅》二五回:“他不出来,叫人家～我。” ❷ 责怪;嘲讽;寻不是。明《金瓶梅词话》二一回:“早知五娘～小的,小的也不对娘说。”《金瓶梅》五四回:“应花子成年说嘴～人,今日一般也说错了。”清《醒世姻缘传》一一回:“那伍小川、邵次湖虽也自知理亏,口里还强着～了几句才去。” ❸ 挑逗;纠缠。清《后水浒传》一七回:“在背后同黑儿有些言头带笑、语尾含情,黑儿便乘空去撩拨～她。”又一八回:“却今夜与人～,便象戴了斗笠子做嘴,赤鼻头不吃酒虚担其名。”又四三回:“俺恁不曾见这老脸婆娘,煞会～。果是吃他牢笼房内,不好与他变脸。”

【麻秆】 má gān 麻的茎,特指麻剥皮后剩的干茎。金郭邦彦《村行》之二:“小畦引入平流水,～森森已拍肩。”清《歧路灯》四七回:“把那瘦如～的胳膊强伸出来,捞住父亲的手。”

【麻骨】 má gǔ 即“麻秆”。宋楼钥《答杨敬仲论诗解》:“凡点火而明者,如～、桦皮、松明之类可以照者,皆谓之烛。”明《朴通事谚解》卷中:“夜来个都收割了麻,种菜来,～一边收拾下着用着。”《醒世恒言》卷一八:“即将～递与,妇人接过手,进去点出火来。”

【麻汗药】 má hàn yào 即“蒙汗药”。明佚名《赠书记》一六出:“将些～藏在酒内,待他吃了,一时晕倒。”

【麻核】 má hé 即“麻核桃”。明《禅真逸史》一二回:“众军校将王歪七拥出辕门,口内塞了～。”

【麻核桃】 má hé táo 麻缠成的球,塞入人口中,使不能言。元明《水浒传》五回:“便解搭膊,做一块儿捆了,口里都塞了些～。”清《野叟曝言》五二回:“妙化披剃为僧,口中塞着～,绑缚在禅座之上做活佛。”《荡寇志》七四回:“希真又做了五个～,塞在各人口里。”

【麻胡】 má hú ❶ 恶人的代称。其源不一,有谓后赵麻秋、隋代麻祜等,或谓恶神、怪兽名。多用来吓唬小孩。唐李匡乂《资暇集》卷下:“俗怖婴儿曰‘～来。’”明罗玘《送陈太守之开封》:“堤防或阔略,立地生～。一倡百和之,自立落雁都。坐令清平民,入市愁於菟。”清《续金瓶梅》二一回:“但寻常舂碓油铛,打人为粮,全似剥生的朱粲;但行动刀山剑树,婴儿贯槊,不让赤地～。” ❷ 谓貌丑多须者。宋曾慥《高斋漫录》:“毗陵有成郎中,宣和中为省官,貌不扬而多髭。再娶之夕,岳母陋之,曰:‘我女菩萨,乃嫁一～。’”清《情梦柝》一一回:“内中有一个～子,头戴晋巾。”《歧路灯》二一回:“那位首座,是一个胖大～汉子坐了。” ❸ 麻木;模糊。形容不清醒或不整洁。明《韩湘子》二六回:“更没有半堵土墙,一条石块,慌得韩清满身寒栗起,一阵热～。”清《醒世姻缘传》九一回:“那轮该上灶的孔桧,挠着个头,～着个脸,从后边跑出来。”

【麻花】 má huā ❶ 形容深色中夹杂着白色。宋王质《鱼燕子》:“鱼燕子身全黑,腹～如燕而加俊。” ❷ 犹“摩娑❶”。元王大学士《点绛唇·鹊踏枝》:“一个眼～,一个手支沙。”明朱有燉《落梅风病怀》:“病～眼睛熟视,任腔腔嗽得来不住止。”常伦《折桂令》:“诗情放浪,醉眼～。” ❸ 服孝戴的麻质花。《元曲选·度柳翠》三折:“柳翠,你烧了这冠衫背子,有个比喻,……也则是土葬了你那送子弟～孝衣,火烧了你那战郎君的这铠甲头盔。”又《酷寒亭》一折:“你不脱了丧孝服,戴甚么纸～?” ❹ 织物磨得稀疏欲破状。形容有亏空。明李开先《一江风》:“病难捱,剔透玲珑态,窟露～债。” ❺ 食品名。用几股条状面拧成花样油炸而成。明沈榜《宛署杂记》卷一八:“敕祭河间、定兴二王,……馓枝五盘,糖馈五盘,～五盘。”清《醒世姻缘传》三〇回:“晁夫人叫人收拾了一大盒～馓子,又一大盒点心。”

【麻秸】 má jiē 即“麻秆”。元欧阳玄《渔家傲》:“晡时饮酒醒时卯,淋罢～秋雨饱。”《元曲选外编·西厢记》四本一折:“憔悴形骸,瘦似～。”△清《儿女英雄传》三回:“赶紧取了一个青铜钱,一把子～,连刮带打。”

【麻斤】 má jīn 同“麻筋”。明陈铎《朝天子·捏塑匠》:“一掇儿烂泥,几筲儿冷水。纸分两～力。”谢肇淛《北河纪》卷六:“每夫一名,每年坐桩草砖灰～等银八钱四分。”清乾隆元年《浙江通志》卷八十二:“将造船料价领回分肥,并不拆造,只用油灰～略加粘补。”

【麻筋】 má jīn 麻茎的皮,性韧,可用于捆扎或织布搓绳。宋周密《癸辛杂识》前集卷一:“乃先以胶泥实填众窍,其外复以～杂泥固济之。”清《红楼复梦》四回:“将那些应用的石灰、桐油、白矾、～、木桩、铁绊以及匠人们的工价、运石的脚费细细估计。”

【麻经】 má jīng ❶ 麻质的织物经线。宋梅尧臣《次韵和永叔石枕与笛竹簟》:“葛厨顶绽屋蝎堕,菅席中裂～横。”明《西游记》七八回:“腰间系一条纫蓝三股攒绒带,足下踏一对～葛纬云头履。” ❷ 即“麻筋”。元王祯《农书》卷一九:“凡露积须苫缴盖,不为雨所败也。尝见农家有以～或草索织之。”清蒲松龄《日用俗字》:“停灵阁扉扎采匠,口衔～带铤针。”

【麻科】 má kē 麻丛。金《刘知远诸宫调》一一:“抱三娘欲意窝穰,大地权牙床,这～假做青罗帐。”

【麻脸】 má liǎn 因患天花等留下点状凹痕的脸。明《型世言》二五回:“是这样一个～,有廿多岁后生。”清《儒林外史》四二回:“一副大黑～,两只的溜骨碌眼睛。”

【麻面】 má miàn ❶ 一种麻制的纸名。唐李肇《国史补》卷下:“纸则有越之剡藤、苔笺,蜀之～、屑末。” ❷ 即“麻脸”。清袁枚《子不语》卷六:“但公等沙石所击,从此尽成～。”《歧路灯》三三回:“那白兴吾～腮胡,大腹长身。”

【麻木】 má mù 犹“麻痹”。宋宋祁《乞解郑州还京求医状》:“左脚～,行履艰难。”元朱仲谊《蟾宫曲·闻赠》:“肉沾着书生～,手汤着郎君趔趄。”清李光地《榕村语录》卷二:“有～之病者,掐他都不觉。”

【麻线道】 má xiàn dào 去阴间的路。旧俗,人死后,家人持麻线去土地庙向土地神报告,让魂灵朝西天走。元关汉卿《调风月》三折:“本待～上不和你一处行,依得我愿随鞭镫。”《元曲选·渔樵记》二折:“对着天曾罚愿,做的鬼到黄泉,我和你～儿上不相见。”

【麻药】 má yào 麻醉剂。元危亦林《世医得效方》卷一八:“骨节损折,肘臂腰膝出臼蹉跌,须用法整顿归元。先用～与服,使不知痛。”明李时珍《本草纲目》卷一七下:“～煮酒,方中用之。”清《隋唐演义》二七回:“这一包黄色的是～,将酒调来吃了,便不知痛。”

【麻衣】　má yī　❶ 麻布衣服。a）贫寒者所穿。唐杜甫《前苦寒行》："楚人四时皆～，楚天万里无晶辉。"宋元《古今小说》卷三六："架上～，好饮芒郎留下当。"清叶方蔼《授职翰林学士感恩述怀》："～席帽满尘埃，亲荷先皇衅沐来。"b）僧人、道者所服。《祖堂集》卷三《鸟窠和尚》："形羸骨瘦久修行，一纳～称道情。"《元曲选・岳阳楼》二折："争如我盖间茅屋临幽涧，披片～坐法坛。"明《西洋记》一四回："只见走出一干僧人来，……一个人一个白瓢帽，一个人一身～。"c）指平民或平民身分。唐李偎《戒约新及第进士宴游敕》："一春所费，万餘贯钱。况在～，从何而出？"清李必恒《方正学先生祠》："十族可堪同蔓草，九重亦自愧～。"❷ 指麻衣道者或麻衣相术。元刘庭信《端正好・金钱问卜》："打叠起～百章，《周易》《归藏》，下工夫想绣个锦香囊。"明《于少保萃忠全传》二传："自幼慕老师乔梓～之术，权以度日。"

【麻衣相法】　má yī xiàng fǎ　一种相术。相传为宋代麻衣道者所创。明《金瓶梅词话》二九回："贫道粗知十三家子平，善晓～，又晓六壬神课。"清《儒林外史》一六回："我自小学得些麻衣神相法，你这骨格是个贵相。"

【麻罩】　má zhào　麻布衫。元关汉卿《新水令》："积趱下三十两通行鸦青钞，买取个大笠子粗～。"明佚名《墨娥小录》卷一四《行院声嗽》："布衫：～。"徐霖《绣襦记》三一出："穿一领半长不短黄～，系一条半连不断旧丝绦。"

【麻子】　má zi　❶ 即"麻❺"。明《醒世恒言》卷一："萧雅一脸～。"清《醒世姻缘传》六七回："那赵杏川大大法法的个身材，紫膛色，有几个～。"　❷ 称脸上长有麻子的人。明袁于令《双莺传》四折："一面差人去请柳～说书，混帐到天明罢了。"清《霓裳续谱・郭巨埋儿》："不论穷富找个主，就是那胡子、～、胖子也是好的。"《儒林外史》一七回："景兰江指着那一个～道：'这位是支剑峰先生。'"

mǎ

【马】　mǎ　大。明李时珍《本草纲目》卷一六："凡物大者，皆以～名之，(马蓼)俗呼大蓼是也。"△章炳麟《新方言・释言》："古人于大物辄冠～字，～蓝、～蓼、～韭、～蜩、～蚿是也。今淮南、山东谓大枣为～枣，广东谓大豆为～豆，通言谓大蚁为～蚁。"

【马鞍桥】　mǎ ān qiáo　即马鞍，其状如桥。《禅宗颂古联珠通集》卷三六："可笑骑驴觅驴者，一生错认～。"元明《水浒传》五五回："一丈青便把双刀挂在～上。"清《说唐后传》二五回："被仁贵伸出拿云手，挽住勒甲绦，轻轻不费力提过～。"

【马鞍鞒】　mǎ ān qiáo　同"马鞍桥"。元明《水浒传》一三回："杨志拍马望南边去，周谨纵马赶来，将缰绳搭在～上。"明《封神演义》三八回："你把这符贴在你的～上，各有话说。"清《说唐后传》三六回："拦腰一把，将志龙提过～。"

【马八六】　mǎ bā liù　男女不正当关系的牵线人。宋佚名《张协状元》四五出："我胜花娘子，见报街道者，唱《太子游四门》，撞见～。"明《金瓶梅词话》五七回："又有那些不长进、要偷汉子的妇人，叫他牵引和尚进门，他就作个～儿。"

【马百六】　mǎ bǎi liù　即"马八六"。明沈璟《义侠记》一二出："只要去钱堆里面做～，银河稳把牛郎渡。"《醒世恒言》卷二三："以定是有那个人儿看上了我家夫人，你思量做个～。"《石点头》卷一二："又捱身与人做～，是个极不端正的老泼贼。"

【马扁】　mǎ biǎn　"骗"的拆字隐语。《元曲选・东堂老》一折："不养蚕桑不种田，全凭～度流年。"明《梼杌闲评》一六回："说玄说性假全真，说谎脱空真～。"清《醒世姻缘传》四二回："说虽借，其实都是～。"

【马兵】　mǎ bīng　骑士；骑兵。唐李复言《续玄怪录》卷一："门吏皆立拜宣政殿下，～三百，餘人步。"明陈全之《蓬窗日录》卷四："步卒倚戈于墙，～连营于内。"清《儒林外史》四三回："号令中军～穿了油靴，步兵穿了鹞子鞋，一齐打从这条路上前进。"

【马伯六】　mǎ bó liù　即"马八六"。明《金瓶梅词话》二回："又与人家抱腰、收小的，闲常也会做牵头，做～。"

【马泊六】　mǎ bó liù　即"马八六"。元明《水浒传》二四回："我是小猢狲，你是～！"明《警世通言》卷二四："公子夜间与王婆攀话，见他能言快语，是个积年的～了。"清《鸳鸯针》四卷三回："(尤氏)到替齐氏看风勾引，做了～。"

【马捕】　mǎ bǔ　即"马快"。清《聊斋志异・某乙》："遂深恨盗，投充～，捕邑寇殆尽。"《雪月梅》四二回："立刻传齐～快役分头限日拿获。"

【马不六】　mǎ bù liù　即"马八六"。明《韩湘子》二五回："趁势儿遇着那不修帷箔的人家，他就挨身勾引，做个～。"

【马船】　mǎ chuán　可以承载战马的大船。也指相当规格的大船。《宋史・虞允文传》："遂聚材治铁，改修～为战舰。"明魏礼《上滩谣》："将军大旗高接天，～装马日十千。"《西洋记》一五回："～七百号，长三十七丈，阔一十五丈。"

【马啖】　mǎ dàn　相家认为主杀害的一种面相。宋《三朝北盟会编》卷二二〇："(秦)桧性阴密，乘轿马，或默坐，常嚼齿动腮，谓之～。相家谓得此相者可以杀人。"

【马道】　mǎ dào　可行马的大路，也称专供行马的路。唐李翱《来南录》："水涸舟不通，无～，不果游。"宋乐史《太平寰宇记》卷一五三："沙碛无行路～，至瓜州郡界不知远近。"清《飞龙全传》三九回："柴荣闻报，急从～上城。"

【马递】　mǎ dì　快马递送。传送官府文书的一种方式。也指马递铺(驿站)或这样递发的文书。《宋会要辑稿・刑法三》："诏开封府自今禁勘公事，干系外州军追捉照证人及合行会问公文，令入～发放。"明陈全之《蓬窗日录》卷四："大要是～之冲者，省国财，济马卒，不可无处。"清《玉蟾记》四二回："浙闽总督发了八百里～，飞折奏闻。"

【马吊】　mǎ diào　明代中叶开始流行的一种纸牌游戏。牌分四门：十字(贯)、万字(贯)、索子、文钱。基本打法是以大击小，走完一圈叫一吊。明《挂枝儿・小官人》："衣服儿穿去了，好簪儿抢去插，逢着见钱的～猪窝也，动不动抓一把。"清赵吉士《寄园寄所寄》卷九："万历末年，民间好叶子戏，图宋寇姓名而斗之，至崇祯时大盛。其法为以贯灭活为胜负，有曰闯，有曰献，曰大顺。名曰～。"《歧路灯》三四回："不然者或是混江湖，骨牌湖，打～，压宝，大家玩玩，各投所好。"

【马夫】　mǎ fū　饲养官马的人。《元朝秘史》卷一五："每一站设～二十人。"明《西游记》四回："大王在这福地洞天之处为王，多少尊重快乐，怎么肯去与他做～？"清刘献廷《广阳杂记》卷一："每门有章京二名，食俸八十五两，～二名。"

【马纲】　mǎ gāng　成批运输马匹的规制。纲，大批运输货物的规制，马百匹为一纲。宋汪应辰《乞以见任使臣管押马纲与宰执书》："如遇～拥并，阙人管押，乞于四路见任兵官或监当官双员去处时暂抽差使唤。"《三朝北盟会编》卷四六："今川陕～道路，刍秣不时。"明罗颀《罗郢州墓志》："郢盖～道所自出，食谷旧责之都保。"

【马行】 mǎ háng 马匹交易市场。五代杜光庭《虬髯客传》："某日午时，访我于～东酒楼。"宋范成大《市街·京师诸市皆荒索》："梳行讹杂～残，药市萧骚土市寒。"明《醒世恒言》卷二二："东京开封府～街居住奉道信官王惟善，于今月十四日请道一坛。"

【马号】 mǎ hào 马厩。厩棚编号，故称。清《绿野仙踪》一三回："众人有跳墙入去的，有从～入去的，有撞开角门入去的。"《儒林外史》四四回："看见城门已开，即奔到总兵衙门～的墙外。"

【马户】 mǎ hù ❶ 养官马的民户。《元史·兵志四》："州县驿设头目二名。如见役人即是相应站户，就令依上任事；不系站户，则就本站～内别行选用。"《明史·食货志二》："钱粮有收户、解户，驿递有～，供应有行户，皆佥有力之家充之。"清《醒世姻缘传》五三回："通同了里老书手，与他增上钱粮，佥拨～，审派收头。" ❷"驴"的拆字隐语。元马致远《要孩儿·借马》："鞍心～将伊打，刷子去刀莫作疑。"《元曲选外编·西厢记》五本三折："君瑞是个肖字这壁着个立人，你是个木寸～尸巾。"

【马户册】 mǎ hù cè "骗"的拆字隐语。明孟称舜《娇红记》五出："我祖号为戈十贝，我父号是～。"佚名《鱼儿佛》三出："〔副末点介〕～！〔净应介〕戈十贝！"

【马甲】 mǎ jiǎ ❶ 战马的护身甲。《唐六典》卷一六："甲之制十有三：一曰明光甲，……十有三曰～。"宋丁特起《靖康纪闻》："市井所食，至于取猫鼠，甚者杂以人肉，如鼓皮、～、皮筒皆煎烁食用。"清《野叟曝言》一〇四回："在船赶做草色衣甲二十三副，～一副。" ❷ 即"马甲柱"。宋朱熹《次秀野杂诗韵》："向来试吏著南冠，～蚝山得饫餐。"明王士性《广志绎》卷四："其他红螺、白蚬、龟脚、～、蚝、鲎等，名品甚多，不可枚计。" ❸ 即"甲马❷"。明《西洋记》一三回："你就用五百名军劳，也是有的；你就用一百担千张～，也是有的。" ❹ 清代八旗佐领所辖的近卫骑兵。清《皇朝通典》卷七〇："(广东将军)满洲汉军八旗领催二百四十名，满洲前锋一百五十名，满汉～二千一百十名。"昭梿《啸亭杂录》卷七："其包衣参佐领、亲军校、护军校、包衣骁骑校，皆视其佐领亲军～之多寡，以递设之。"

【马甲柱】 mǎ jiǎ zhù 干贝；江珧柱。唐韩愈《初南食贻元十八协律》："章举～，斗以怪自呈。"清朱彝尊《送梁孝廉还南海》："乳蕉子黄荔子绯，～脆红螺肥。"

【马脚】 mǎ jiǎo 指破绽、漏洞。《元曲选·陈州粜米》三折："则怕我们露出～来了。"明《古今小说》卷二："我白白里骗了一个宦家闺女，又得了许多财帛，不曾露出～，万分侥幸。"清《歧路灯》二六回："若要不露～时，你只好好书房看书。"

【马圈】 mǎ juàn 马厩。清《绿野仙踪》四六回："见家中男妇乱吵，说～院井中放出红光。"《红楼梦》七回："掀翻捆倒，拖往～里去。"

【马口】 mǎ kǒu 男子尿道口。明《金瓶梅词话》五一回："用挑牙挑了些粉红膏子药儿，抹在～内。"清《醒世姻缘传》三九回："他最苦的是每次小便，那～里面就如上刀山一般的割痛。"

【马快】 mǎ kuài 即"马快手"。清方成培《雷峰塔》四出："我姐夫在县中当充～。"《醒世姻缘传》一一回："那些人说起县里～，就似活阎罗下界地一般。"

【马快船】 mǎ kuài chuán 一种在河道中优先快行的官船。明《于少保萃忠全传》六传："说有长芦一带～，船中竟夹带私盐万灯。"徐复祚《投梭记》一六出："前边都是差使马快官船，后边却是民船。"

【马快手】 mǎ kuài shǒu 州县衙门担任缉捕事务的差役。明《拍案惊奇》卷三一："元椿打扮做～的模样，与赛儿相别说：'我们去便回。'"清《说唐前传》二五回："传山东一省行台州县大小官员并众～，前来听令。"

【马流】 mǎ liú 猴子的俗称。宋赵彦卫《云麓漫钞》卷五："北人谚语曰胡孙为～。"明《西游记》一五回："我把你这个大胆的～，村愚的赤尻！"

【马留】 mǎ liú 同"马流"。宋邵博《邵氏闻见后录》卷一〇："今世(称)猴为～。"佚名《桐江诗话》："吕(惠卿)天资清瘦，语话之际，喜以双手指画，社人目之曰'说法～'。"明陶望龄《览镜》之二："说法从人诮～，似猴良亦胜真猴。"

【马溜】 mǎ liù 即"马溜船"。清《野叟曝言》二三回："咱们也去封了沙飞、～，谁来要这小船？"

【马溜船】 mǎ liù chuán 一种航速较快的船。清《绿野仙踪》三五回："尤奎雇了中号～，往江南进发。"《野叟曝言》一〇回："不几日，到了扬州，上了四舵大～。"

【马溜子】 mǎ liù zi 即"马溜船"。清《绿野仙踪》四〇回："不如从济宁雇一大～，或二号太平船，顺流而下。"《红楼复梦》四〇回："要大～也有，都是展新体面的。"

【马门】 mǎ mén 船舱门。宋洪迈《夷坚志》乙卷一一："舟行归京师，……时方盛夏，～不关。"佚名《昭忠录》："旋因得出船～，持道隆者稍息，道隆亟跃水中死。"明《古今小说》卷二七："玉奴难逆丈夫之意，只得披衣走到～口，舒头望月。"

【马面】 mǎ miàn ❶ 城墙上方突出墙面外的军事建筑物，便于放哨观察和守城作战。宋孟元老《东京梦华录》卷一："新城每百步设～战棚，密置女头，旦暮修整，望之耸然。"《三朝北盟会编》卷六八："姚友仲于拐子城上别造两圆门，计拓～三十步许，砖砌。" ❷ 佛教神话中头似马首的鬼卒。《敦煌变文校注》卷六《大目乾连冥间救母变文》："狱卒数万餘人，总是牛头～。"《景德传灯录》卷一一《国清院奉禅师》："释迦是牛头狱卒，祖师是～阿傍。"清《醒世姻缘传》六四回："那阴间有阎王小鬼、～牛头。"

【马明王】 mǎ míng wáng ❶ 传说中的马神。三只眼。俗称马王爷。宋佚名《张协状元》一六出："〔净睁眼作威，丑〕怎比～？"明陆容《菽园杂记》卷八："尝在定州，适知州送马神胙，因问所祭马神何称，云称～之神。"清《广西通志》卷四二："马王庙在府城东关外，祀～。" ❷ 称蚕神。其形马首人身。明张岱《西湖梦寻》卷二："山半有～庙，春日祈蚕者咸往焉。"

【马牛襟裾】 mǎ niú jīn jū 马牛穿着人的衣服，比喻人徒有外表而行为卑劣。唐韩愈《符读书城南》："人不通古今，马牛而襟裾。"元高文秀《遇上皇》二折："倚官强拆散俺妻夫，真乃是～！"明赵弼《赵氏伯仲友义传》："闻孝氏孝友之风而无兴起之志，诚～者也。"

【马趴】 mǎ pā 同"马爬"。清《续金瓶梅》二〇回："又把上下底衣脱个净，～在玉卿身上。"

【马爬】 mǎ pá 像马那样四肢着地俯卧。明《金瓶梅词话》二八回："西门庆亦发坐在枕头上，令妇人～在纱帐内。"

【马爬爬】 mǎ pá pá 犹"马爬"。清《霓裳续谱·姐儿生的似雪花》："一出门栽了个～，洒了宫粉揉碎了花。"

【马牌】 mǎ pái 官员因公出差由驿站支应马匹的凭证，也作为官员出行的身分标志。又称走马牌或起马牌。明李中馥《原李耳载》："后税府议驿递用～，魏公檄各驿勿应付。"《石点头》卷三："向军门讨个～与来使，一路驿递起拨夫马相送。"清陈端生《再生缘》八〇回："～一到云南境，办差人役闹嚷嚷。"

【马牌子】 mǎ pái zi 驿卒；驿站的夫役。清康熙六十年三月十五日上谕："至愍帝，不能保守，为陕西～李自成所逼，自尽。"《儒林外史》二一回："(牛浦)看见庵门外拴着五六匹马，马上都有行李，～跟着。"《歧路灯》一一回："杞县程老爷请，说今日～要来。"

【马棚】 mǎ péng 马厩。以其为棚屋，故称。《续资治通鉴长编》卷二一七："诏开封府中牟县～十七所，可募比近人户三两名看管。"清《平定准噶尔方略》正编卷五："查验各处～，惟赵本植承喂乌兰察卜马匹最属平常。"《儒林外史》五二回："一个月洞门过去，却是一个大院子，一个～。"

【马铺】 mǎ pù 备有马匹供驿递的铺屋，也叫马递铺。唐李筌《太白阴经》卷五："于游兵中选骁果谙山川泉者，与烽子、～、土河计会交牌，日夕逻候于亭障之外。"宋洪迈《夷坚志》丙卷一："长途莽莽，杳无居民。唯屯驻诸军每二十里置流星～，转递文书；七八十里间则治驿舍，以为兵师往来宿顿处。"

【马前剑】 mǎ qián jiàn 同"马前健"。《元曲选·铁拐李》二折："我见旧官到呵，笑里刀一千声抱怨；我见新官到呵，～有三千个利便。"

【马前健】 mǎ qián jiàn 谓当面讨好奉承，也指殷勤奉承。健，健夫，鞍前马后伺候的仆役。明《金瓶梅词话》五四回："两个小厮见西门庆坐地，加倍小心，比前越觉有些～。"《醒世恒言》卷二〇："赵昂见了丈人，～，假殷勤。"清李玉《永团圆》二八出："〔丑扮皂吏上〕浑名～，绰号铁笊篱。"

【马前课】 mǎ qián kè 一种卜术，相传为三国时诸葛亮所创，其法简便，随用可占。宋元《古今小说》卷一一："原来苗太监曾遇异人传授诸葛～，占问最灵。"明单本《蕉帕记》二四出："你每会起～，替我排一个卦，看这皇帝做得成做不成？"清《飞龙全传》四四回："～能断吉凶。"

【马勺】 mǎ sháo 大勺。宋洪迈《夷坚志》丙卷一七："三道流归天台，……随身赍干糒及～之属。"吴自牧《梦粱录》卷一三："卖泥风炉、小缸灶儿、天窗砧头、～。"《元曲选·渔樵记》三折："笊篱、～，破缺也换那！"

【马肆】 mǎ sì 马匹交易市场。唐高彦休《阙史》卷下："长安～以驯良骏逸称者，蹄不止三万。"宋赵令畤《侯鲭录》卷四："唐兴元有知马者，曰李幼清，暇日常取适于～。"清朱鹤龄《梁大司农诗集序》："如登玉山，鲜不收之琼玖；如过～，多特顾之骅骝。"

【马台】 mǎ tái 即"马台石"。宋何薳《春渚纪闻》卷三："子宣喜甚，送僧降阶，而僧退揖为～蹶倒。"明《西游记》一八回："你且在～上略坐坐，等我进去报主人知道。"《封神演义》七五回："土行孙解了缰绳，牵到丹墀下，挨着～扒上去。"

【马台石】 mǎ tái shí 大门外供上、下马时蹬踏的石台。宋吴曾《能改斋漫录》卷一四："子弟得陈峡州～，爱而致之斋中。"元《三遂平妖传》八回："两个见众人来捉，就～上把身躯一匝，金鼎和二人都不见了。"清《醒世姻缘传》三回："走出大门前，上得～上，正要上马。"

【马蹄】 mǎ tí 即"马蹄金"。宋陈元靓《事林广记》续集卷八《绮谈市语》："金：黄物，～。"明张四维《双烈记》三出："白镪～，生钞鸦翎。我若见了这东西呵，萍水便同情好。"沈德符《万历野获编》卷二六："近代惟新安罗龙文所作，价逾拱璧，即一两博～一斤，亦未必得真者。"

【马蹄金】 mǎ tí jīn 汉武帝时铸的马蹄形黄金(见《汉书·武帝纪》)。泛称金锭。唐康骈《剧谈录》卷上："李汧公镇凤翔，有属邑编甿，因耨田得～一瓮。"明汤显祖《邯郸记》二六出："蒙卢府赏我大使官一秤～。"清《万花楼》五四回："登时修密旨一道，外有～五十锭，明珠三百颗。"

【马桶】 mǎ tǒng 便桶。宋吴自牧《梦粱录》卷一三："街巷小民之家，多无坑厕，只用～。"宋元《古今小说》卷三："(吴山)坐在～上，疼一阵，撒一阵，撒出来都是血水。"清袁枚《子不语》卷二三："妇方解裤溲，心急甚，即以～泼之。"

【马头】 mǎ tóu ❶ 防洪设施，突出于河岸以阻水导流。宋苏辙《龙川略志》卷七："先塞此三门，筑西堤，又作锯牙、～，约水向东。"《明史·河渠三》："景泰三年五月，堤工乃完，未匝月西北～复决，掣漕流以东。" ❷ 江河沿岸船只集中停泊、人员上下处。《新五代史·刘捍传》："梁兵攻淮南，遣捍先之淮口，筑～下浮桥以渡梁兵。"金《董解元西厢记》卷一："东风两岸绿杨摇，～西接着长安道。"元刘一清《钱塘遗事》卷九："十九日，舟行，午至谷亭～，申时过鲁桥。"明《金瓶梅词话》四七回："从扬州～上船，行了数日，到徐州洪。" ❸ 水陆商埠；都会。元黎崱《安南志略》卷一："占城国，立国于海滨。中国商舟泛海往来谓外藩者，皆聚于此，以积新水。为南方第一～。"明叶良表《分金记》九出："何不将几百两银子，到大～上讨十数粉头。"清《歧路灯》四〇回："一个赌博人，引着个年轻小媳妇子，在河路～地方，必没好处。" ❹ 高台前突出的部分。明《隋史遗文》一二回："叔宝弟兄三人捱将进去，上擂台～边，看可有人上去打。"清《隋唐演义》一二回："只见那～左首，两扇朱红栏杆，方方的一个拐角儿。"

【马王爷】 mǎ wáng yé 即"马明王❶"。清《歧路灯》七四回："前月俺家不见了骡子，值五六十两银子。后来寻着，与～还愿唱堂戏。"△《三侠剑》一回："牛王爷，～，保佑着我追上采花贼。"

【马兀】 mǎ wù 同"马杌"。宋吴自牧《梦粱录》卷二："各雇赁银鞍闹妆马匹，借倩宅院及诸司人家虞候、押番，及唤集闲仆浪子引马随逐，各青绢、白扇、～供直。"《明会典》卷一四八："金～一个，木质，金叶裹金钉装钉钑盘，龙云文。"

【马杌】 mǎ wù 下马杌子；上下马匹供踏脚用的高凳。可折叠，便于马上携带。明王世贞《皇明异典述》卷六："今公侯前导，止藤杖一对、鞍笼～一对而已。"清《歧路灯》五九回："将头伸入绳套之中，蹬翻小～子，早已昏昏沉沉，到了不识不知地位。"《绮楼重梦》一七回："还叫宫女掇了三个～，搂着他们的肩头坐下。"

【马靴】 mǎ xuē 骑马穿的长筒靴。明唐顺之《武编》前集卷六："然近日马军类多脱去～，或怠于附带而弃之郊野。"

【马眼】 mǎ yǎn ❶ 绫锦名。花纹似马眼。唐李峤《绫》："～冰凌影，竹根雪霰文。"白居易《白孔六帖》卷三："竹根、柿蒂、～、蛇皮，已上四种，今时绫名。" ❷ 围棋用语。指棋子构成的形状似马眼。唐吴大江《棋赋》："开～以防后，张虎口而遮前。" ❸ 即"马口"。明《金瓶梅词话》五〇回："把胡僧与他的粉红膏子药儿，盛在个小银盒儿内，捏了有一厘半儿来，安放在～内。"清袁枚《子不语》卷一五："夜半，有人伸手被中，扪其阴，且捋其棱角，按其～。" ❹ 象棋用语。指棋子"马"跨行的呈"日"字形的棋路中，跟"马"在同一纵边的中间的那个点。这个点有子，"马"过不去。清《飞龙全传》一七回："那红棋的老者，才把自己的棋势细细一看，闪着一个双马卧槽的输局，连忙放下了炮，挨那～。"

【马蚁】 mǎ yǐ 大蚁。唐段成式《酉阳杂俎》前集卷一七："秦中多巨黑蚁，好斗，俗呼为～。"宋郑樵《通志·昆虫草木略二》："大蚁即～也，大而黑。郭(璞)云：俗呼马蚍蜉。小蚁谓小黄蚁也。"明倪元璐《继妻》："使其以尔为师，顾而相问，岂不贤于～，胜彼棘童哉？"

【马驿】 mǎ yì 供应马匹的驿站，与供应船只的水驿相对而言。唐刘长卿《赋得》："莺啼燕语报新年，～龙沙路几千。"明夏良盛《送驿宰邓景昇之蚬江序》："广州会府隶州一县十，南海最大，新会次之。州县所隶水驿十有一，～五。"汤显祖《南柯记》二一出："一票，带办吏送心红纸张；一票，各～下程中火。"

【马院】 mǎ yuàn 朝廷或官府的马厩。宋赵彦卫《云麓漫钞》卷三："大内在山之左腋，后有山包之，……第三包即易安斋，第四包即～。"明《警世通言》卷二三："绶乃用缪为帐下都部署，每夜在府中～宿歇。"清雍正十三年《陕西通志》卷三七："安定县：常平仓叁处，一在仪门内，一在～内。"

【马子】 mǎ zi ❶ 喂马、跟马的仆役。《唐会要》卷六五："爰及幕士，私将驱使，并广配充厅子、～，并放取资。" ❷ 即"马桶"。宋赵彦卫《云麓漫钞》卷四："故汉人目溷器为虎子，郑司农注《周礼》有是言。唐讳虎，改为马，今人云厕～者是也。"吴自牧《梦粱录》卷一三："家生动事如桌、凳、……脚桶、浴桶、大小提桶、～。"清《儒林外史》二七回："把他揪到～跟前，揭开～，抓了一把屎尿，抹了他一脸一嘴。" ❸ 赌博计数用具。多为铜、竹片，上有记号。清《歧路灯》二〇回："你家未必有赌筹，快取四五吊钱，做～。" ❹ 神（用巫师代替）的避讳语。不敢径称神，而以所乘坐骑代之。清《歧路灯》四七回："郑大嫂道：'是上年天旱，槐树庄擂了一个～，说是猴爷，祈了一坛清风细雨。如今施金神药，……'王氏道：'那～跳起来我怕的慌。'"

【杩勺】 mǎ sháo 同"马勺"。明《朴通事谚解》卷中："碗楪、匙筯、～、……酒鳖、铜勺，都收拾下着。"

【杩桶】 mǎ tǒng 同"马桶"。明《金瓶梅词话》三三回："那消半夜，吊下来了，在～内。"

【杩子】 mǎ zi 同"马子❷"。明《金瓶梅词话》六一回："我到屋里坐～，不知怎的，下边只顾似尿也一般流将起来。"

【码】 mǎ ❶ 堆；垒。明袁宏道《西湖总评》："钱祠无佳处，一片好石～。"清《飞龙全传》五七回："世宗取一石在马上持之，将至寨以供～用；从军各取一石，所积不可胜数。" ❷ 即"马子❸"。清《飞龙全传》一六回："好汉只管放心注～便了，倘遇输赢，我自开发。"《姑妄言》一回："取了几个钱做拳～儿，两人猜，昌氏输了。"

【码头】 mǎ tóu ❶ 同"马头❷"。明《醒世恒言》卷三六："却说朱源舟至扬州，那接取大夫人的还未曾到，只得停泊～等候。"清李玉《清忠谱》一二折："这里是无锡～上了。你要买东西，快些上岸买了。"李斗《扬州画舫录》卷九："小东门～在外城脚。城脚有五敌台，画舫马头有三。" ❷ 同"马头❸"。明《二刻拍案惊奇》卷三八："临清是个大～去处，我有个主人在那里。"清《补红楼梦》一四回："可怜四处里赶～，那里还是个人了么。" ❸ 指行业地盘。清《姑妄言》一二回："且说南京的轿夫论～。一个～上有十二名轿夫。一条街上一个～，单做这一条街上的生意。"

【码子】 mǎ zi ❶ 同"马子❸"。清《歧路灯》二四回："到完场时，都照～过现银子。"《风流悟》五回："一走走到场里，便嚷道：'先打二千～来。'拈头的道：'拿梢来看。'" ❷ 砝码，指重量。清《后红楼梦》一五回："将各人的蟋蟀儿入了白纸封，兑了天平，准了～。"

mà

【骂叱】 mà chì 犹"骂喝"。《太平广记》卷四二引《逸史》："黄生大怒～，杖二十。"宋洪迈《夷坚志》三壬卷二："命捽至前，愈遭～。"

【骂触】 mà chù 辱骂触犯。《敦煌变文校注》卷一《捉季布传文》："凌毁大王臣等辱，～龙颜天地嗔。"

【骂喝】 mà hè 责骂喝斥。明《金瓶梅词话》八三回："说姐夫在这屋里明睡到夜，夜睡到明，被我～了他两声。"清《二度梅》三五回："便把那纱帽往上一推，大～道：'我把你这般奸贼！'"

【骂讥】 mà jī 责骂讥刺。唐韩愈《谴疟鬼》："乘秋作寒热，翁妪所～。"宋王安石《泰州海陵县主簿许君墓志铭》："士固有离世异俗，独行其意，～笑侮困辱而不悔。"清何焯《义门读书记》卷三："收此三句，辞气仍归于和平，非空为～而已。"

【骂街】 mà jiē 在人稠广众的场合谩骂。元陶宗仪《书史会要》卷七："文宗尝评其书，谓如醉汉～。"《大清会典则例》卷二五："但遇酗酒～、角口打架、开场赌钱、小绺窃物等事，随见随拿。"《醒世姻缘传》三二回："怎么一个官儿，只许你行走，没的不许俺骂骂街？"

【骂名】 mà míng 被人唾骂的恶名。元明《三国志通俗演义》卷二："将军若扶董卓，乃反臣也，史官下笔，～万代。"明佚名《诏狱惨言》："谨笔诛之，以传千百世之～，聊为六君子追痛耳。"清《霓裳续谱·郭巨埋儿》："恼恨秦桧这死业障，万古千秋就落了～。"

【骂嚷】 mà rǎng 连嚷带骂。明《金瓶梅词话》七九回："吃我大吆喝，和他～。"清《荡寇志》七九回："鸨儿平头的～，粉头的啼哭讨饶，众人的劝解，搅做一片。"

【骂战】 mà zhàn 犹"骂阵"。元明《三国志通俗演义》卷一五："凡敌军～，众将休报知父亲。"明《禅真逸史》一六回："何等泼贼，辄敢大胆～！"清陈端生《再生缘》六回："～番兵先喊叫，城头军卒乱纷纷。"

【骂阵】 mà zhèn 在阵前叫骂挑战。《敦煌变文校注》卷一《捉季布传文》："皇帝卷帘看季布，思量～忽然嗔。"明《禅真逸史》九回："你是何人，大胆～？"清《玉蟾记》九回："连日倭营～甚急，都中督战不休。"

ma

【吗】 ma 疑问语气词，用于句末。宋佚名《绿窗新话》引《江邻幾杂志》："我前画大虫，犹用金箔贴眼，我便消不得一对金眼睛～？"明《石点头》卷三："你为何这般光景，莫非与那个学生合气～？"清白世芸《百姓官话》二六丁表："如今就去，好～？"

【麻】 ma 另见 má。同"嘛"。元张国宾《薛仁贵》四折："老小人有句话，我道～，你休踏着砖瓦，辟留扑同敢漾我在阶直下。"

【嘛】 ma 语气词，表疑问或句中停顿。宋黄庭坚《丑奴儿》："得过口儿～，直勾的、风了自家。"金《董解元西厢记》卷一："孩儿，莫不是俺无分共伊～？"清《霓裳续谱·佳人悄立在柳阴下》："瞧～，这月剩了半拉。"

mái

【埋】 mái 掩蔽；隐藏。唐王绩《春日还庄》："蓬～张仲径，藜破管宁床。"明陈汝元《红莲债》二折："～面目的俗家，拜辞了三千贝叶经，离别了半边馊饭钵，钻入了六幅罗裙胯。"清陈端生《再生缘》一二回："编书不过消闲闷，也须知，节义忠贞就里～。"

【埋殡】 mái bìn 殡殓埋葬。唐［日］圆仁《入唐求法巡礼行记》卷三："中毒而亡过，弟子等～，未知何处。"《元曲选外编·五侯宴》楔子："我将这孩儿长街市上卖的些小钱物，～他父亲。"清《歧路灯》七五回："这是我助～伯母银子，待夏哥回来交明。"

【埋藏】 mái cáng ❶埋伏。唐易静《兵要望江南·占候》："兑独发，有寇伏～。且莫提兵行远路，急行前必有惊惶。" ❷掩蔽；遮藏。《敦煌变文校注》卷五《妙法莲华经讲经文(三)》："凡夫三界似池塘，佛性长含解脱香。未遇善缘相鼓击，且遭烦恼相～。"元姚燧《新水令·冬怨》："朔风掀倒楚王宫，冻雨～神女峰。" ❸屯聚；包藏；暗含。唐施肩吾《五空论》："清气～而不发，阳魂朴质而不生。"庞蕴《有人道不得》："不能自了事，～一群贼。"明陈汝元《红莲债》三折："虽则是缁衣，～着风波平地。" ❹隐瞒；隐藏。元《三国志平话》卷中："你受曹操富贵，故意～来追先主。"明凌濛初《宋公明闹元宵》三折："这些时且自～，借山东烟水寨，三关兴旺。"清《驻春园》二〇回："此待字深心，～十载，君皆不得而知也。"

【埋伏】 mái fú 隐蔽起来，伺机出击。唐赵元一《奉天录》卷一："重杰纵骑追贼，独出于三军之首。凶徒～邀之。"元明《水浒传》一八回："我与你分一半人，都是步行去，先望他后门～了。"清佚名《平滇始末》："彼围吉安，萍乡一带必～以遏援师。"

【埋殓】 mái liàn 犹"埋殡"。明韩爌《光禄大夫王公暨配赠夫人杨氏合葬墓志铭》："遗命以编民～，勿援故事乞恩泽。"清雍正十一年《湖广通志》卷五四："南方俗死不葬，暴骨中野，豫教以～。"

【埋灭】 mái miè ❶湮没；不彰显。唐皮日休《刘枣强碑》："恐百岁之后～而不闻，与荆棘凡骨溷。"宋刘辰翁《酹江月·怪梅一株》："北驿不来春又远，只向窗前～。"元白樸《念奴娇·题镇江多景楼》："桑梓龙荒，惊叹后、几度生灵～。" ❷淤塞。宋苏轼《进单锷吴中水利书状》："日积不已，故海口～。"清王全臣《汉渠之下旧有三暗洞》："虽然古洞迹犹存，一任泥沙久～。" ❸掩埋；埋藏。明岳正《题钓雪图》："霎时下土深盈尺，岂无奇宝遭～。"佚名《鸣凤记》三二出："倘天幸逃出，亦可接济；不幸被害，亦必乘此黑夜～尸首。"袁于令《西楼记》二六出："立志决，守死节，鞭笞痛楚难备说。可叹明珠今～。" ❹抛弃；冷落。明冯梦龙《绣带儿·怨离词》："不信你自看做寻常狭邪，把绝调的琵琶轻易～。"《挂枝儿·镜》："想当初同欢面也共愁颜，到如今～我又不明不暗。" ❺勾销；抹除(姓名)。清《说唐后传》一五回："没有姓薛的更好，若有这仁贵，只消将他～死了，报不来京，只说没有此人。"《粉妆楼》一七回："想必这些诸亲六戚当真认我死了，……他既这等～我，叫我这冤仇如何得报？"

【埋铭】 mái míng 即墓志铭。因埋入墓中，故称。宋孔平仲《续世说》卷九："元宗杨皇后，肃宗之母也。元宗命张说为～。"元盛如梓《庶斋老学丛谈》卷上："(姑蔑墓)庆元间为人所发。其间古物充牣，随即灰散，惟数瓦缶不坏，水满其中，又并其～碎而弃之。"明谢应芳《南楼令序》："谓今春当即世，乃预集葬具，且自为～及赋诗自挽。"

【埋没】 mái mò ❶拖延；耽搁。唐李漼《大赦文》："刑法钱谷小胥，出入人性命，颠倒～，使簿书条令，不可究知。"明《禅真逸史》二五回："价高者，推敲百般，惟求耸动于官府；价轻者，一味平淡，那管～了事情。"《醋葫芦》六回："过门之后，食用穿戴不消忧得，强似～在爹娘身畔。" ❷侵吞；扣留。《元典章·刑部九》："长沙县鱼湖都监夏仲渊等，将元贞二年上半年河泊酒课～，不行尽实解官。"明《二刻拍案惊奇》卷二四："受寄多时，尽了一片心，不使是这样～了他的。"清《万花楼》二回："不若我将此书～不与，再与他报个凶信。" ❸隐藏；隐瞒。《元曲选外编·西厢记》一本三折："早是那脸儿上扑堆着可憎，那堪那心儿里～着聪明。"明叶宪祖《团花凤》二折："那晚是湛婆教我到符家后门相等，骗出女子逃走。行至防村，却好遇见爷爷，只得～过了。" ❹抹杀；抹除。明徐渭《四声猿·渔阳弄》："狂生，俺也有好处来。俺下令求贤，让还三州县，也～了俺。"清陈端生《再生缘》四七回："听见这些说话，巴不得以真为假，～了孟小姐，好待他刘郡主。" ❺消耗；消损。明孙仁孺《东郭记》三出："似俺蹉跎岁月人应老，兀的～容颜心转焦。"《挂枝儿·蜡烛》："我为你～了多少风光也，你去暗地里想一想我。"

【埋殁】 mái mò 埋葬；埋藏。唐白居易《感白莲花》："忽想西凉州，中有天宝民。～汉父祖，孳生胡子孙。"《唐代墓志续编》开元〇八七号："遽焉～，空谢平生，良可悼也。"明何乔新《苏墨亭》："不知～几百载，夜深尚有虹光腾。"

【埋首】 mái shǒu ❶犹"埋头❷"。宋姚勉《新昌陈知县生祠记》："自夙至暮，～簿书。"《元曲选·罗李郎》一折："教你向芸窗下把书～，却元来糟屋中酒浸头。"明佚名《答伍梦符》："少年～科场，熏心青紫。" ❷犹"埋头❸"。清《聊斋志异·莲香》："如有医国手，使妾得无负郎君，便当～地下，敢复腼然于人世耶！"《天豹图》三一回："将来永难出仕为人，只落得～藏身在强盗山中而已。" ❸犹"埋头❹"。清田雯《禫祭告先妣文》："龟蓍雠兮，～垩室；泪空流兮，组绶易服。" ❹指沉沦。清宋荦《筵上咏铁脚联句》："经年疲尘鞅，～困束缚。"陈世祥《念奴娇·次曹顾庵学士韵》："菰蒲～难重诉，长语音如哀筑。"

【埋祟】 mái suì 埋葬鬼祟。除夕日皇宫驱祟活动的最后仪式。宋孟元老《东京梦华录》卷一〇："至除日，禁中呈大傩仪，并用皇城亲事官，诸班直戴假面，绣画色衣，执金枪龙旗。……自禁中驱祟，出南薰门外转龙弯，谓之～而罢。"清符曾《南宋杂事诗》之一五："东华门外龙池上，～年年果有无？"

【埋头】 mái tóu ❶执迷；沉迷。唐寒山《汝谓埋头痴兀兀》："汝谓～痴兀兀，爱向无明罗刹窟。"明汤显祖《邯郸记》二九出："～午梦人胡撞，刚等得花阴过窗，鸡声过墙，说甚么张灯吃饭才停当？"清《绿野仙踪》五四回："且说温如玉在郑三家嫖的头昏眼花，辨不出昼明夜暗，止知道～上情。" ❷潜心；专心。《祖堂集》卷一九《香严和尚》："从来不说今朝事，暗里～隐玄畅。"明佚名《古玉环记》一六出："他若是～窗下攻书史，怎见得旁人讲是非？"清《驻春园》二回："又以槐黄期近，必劝我向蠹简～。" ❸藏身；隐身。金元好问《临江仙》："只缘携手成归计，不恨～屈壮图。"元佚名《粉蝶儿·阅世》："则不如盖三间茅屋～住，买数亩荒田亲自耕。"清《聊斋志异·小二》："远方人～涧谷，冀得相扶持，何不仁至此！" ❹缩头；垂头。元明《三国志通俗演义》卷九："千山猛兽，齐缩颈而丧胆；万林飞鸟，俱失脚而～。"明孙柚《琴心记》一六出："这些酒徒无赖，欲待骂绝了他，又恐怕生涯断续，只索向瓮头春底～哭。"清袁枚《子不语》卷三："闻水中有屑索声，方知有人陷水，扶之使起。而君家相公，～欲沉，坚持许久，才得脱归。" ❺无名；没身分。《元曲选·铁拐李》一折："他是～财主。我回哥哥话去。"

【埋筑】 mái zhù ❶填埋。《法苑珠林》卷八二："祟与同等五人，手脚共械，衔身掘坑，～至腰。"明于谦《兵部为捷音等事奏》："以此围守益坚，～排栅五层，昼夜巡警不息。"清《医宗金鉴》卷五〇："藏胎衣法：藏衣新瓶用帛缠，～天德月空边。" ❷特指开挖墓穴埋葬。唐宋再兴《故云麾将军宋公墓志铭》："收聚尸骸，

～丘冢。”明程敏政《泮邻书屋为会稽处士赋》：“播间事～，贾肆竞刀锥。”清洪昇《长生殿》四二出：“〔贴、净、杂扮村妇，丑短须女扮，各携锹锄上〕本是村庄妇，来充～人。”

mǎi

【买办】 mǎi bàn ❶采办；购买置办。宋朱熹《约束不得搔扰保正等榜》：“应干敷买物件，必巧作名目，公然出引，令保正副～。”《元曲选·百花亭》二折：“他来俺洛阳～军需。”清《醒世姻缘传》五四回：“叫狄周～了鸡、鱼、肉、菜之类，尤聪大烹小割。” ❷指采买的差事或事务。明王应遴《逍遥游》：“别人家为人佣的，或是打头站，收下程，假威使势；或是讨租债，管～，食足家丰。”《金瓶梅词话》二五回：“近日因与来旺媳妇宋氏勾搭，把～夺了，却教来旺儿管领。”清陈端生《再生缘》七八回：“想吃甚，吩咐厨房～人。” ❸指办理采买事务的人。明顾起元《客座赘语》卷一：“命太监郑和等行赏赐古里、满剌诸国，通计官校、旗军、勇士、士民、～、书手共二万七千八百七十餘员名。”清《儒林外史》一回：“这人姓翟，是诸暨县一个头役，又是～。”《红楼梦》八回：“独有一个～名唤钱华，因他多日未见宝玉，忙上来打千儿请安。”

【买榜】 mǎi bǎng 犹“买船”。榜，船桨。宋谢翱《登西台恸哭记》：“午雨未至，～江涘。”明林俊《溪阁写怀》：“回澜宽～，松桂亦吾庄。”

【买卜】 mǎi bǔ ❶花钱请人算卦。唐柳宗元《龙城录》卷上：“房玄龄来～成都，日者笑而掩象曰：‘公知名当世，为时贤相。’”明杨珽《龙膏记》四出：“少间张无颇到我庵中～，将续命龙膏藏在盒中，赠与他去。”清《聊斋志异·妖术》：“尝谓～为一痴。世之讲此道而不爽于生死者几人？卜之而爽，犹不卜也。” ❷即“卖卜”。宋洪迈《夷坚志》支丁卷一〇：“即日弃家～，未尝呵钱布卦，而人祸福死生，随口辄应。”

【买出】 mǎi chū ❶用钱买通。明徐渭《四声猿·女状元》三出：“姜松就～邻舍，诬捏妇人与古时月有奸。”清《东周列国志》五三回：“将重贿～刺客，伏于要路，候泄冶入朝，突起杀之。”《二度梅》二七回：“故又～这个少年的渔人，假认是她的女婿，希图蒙蔽青天。” ❷勾起；引出。明《封神演义》五六回：“九公被散宜生此一句话，～九公一腔心事。”

【买船】 mǎi chuán 雇船。也指乘船出行。宋王洧《西湖十景·曲院风荷》：“爱渠香阵随人远，行过高桥方～。”明《情史·情幻·吴兴娘》：“与女轻妆而出，～过瓜洲。”清佚名《海游记》六回：“我就要～，只好借与你住，日后还我。”

【买春】 mǎi chūn ❶买酒。春，酒的代称。唐司空图《二十四诗品·典雅》：“玉壶～，赏雨茆屋。”宋赵必瑑《风流子·赣上饮归用美成韵》：“曾载月一篷，眠杨柳岸，～深巷，过杏花墙。”清玄烨《咏痕都斯坦玉壶》：“典雅司空品，～且漫论。” ❷用钱买驻春光，指不惜花费尽情享受春景。宋觉范《次韵彦周见寄》之二：“榆钱满地～去，岳色渡江排闼来。”明张淮《牡丹百咏》之九：“若教青帝堪通赂，万斛明珠定～。”清《豆棚闲话》四则：“半本之间，恐人腹枵散去，却抬出青蚨三五十筐，唤人望空洒去。那些乡人成团结块就地抢拾，有跌倒的，有压着的，有喧嚷的，有和哄的，拾来的钱都就那火食担上吃个餍饱，谓之～。” ❸(巫卜人)探听底细。春，春点，巫卜行业语，指行巫卜的诀窍。清毛祥麟《墨餘录》卷九：“(巫)于富室婢媪，必预勾结，籍之熟私亲，探琐事，名曰～。”《幻中游》二回：“算卦相面，先打听了人家的虚实，然后再为相算，名曰～。”

【买春钱】 mǎi chūn qián ❶春游的花费。宋韩琦《春阴马上》：“草湿漫铺留醉席，榆寒难掷～。”刘弇《过合肥会黄天倪》：“事过已如炊黍梦，鬓催难着～。” ❷亲友为考进士未中者送的买酒钱。唐冯贽《云仙杂记》卷二：“进士不第者，亲知供酒肉费，号～。”

【买呆】 mǎi dāi 即“卖呆❷”。宋张任国《柳梢青》：“当初合下安排，又不豪门～。自古道、正身替代，见任添差。”明冯惟敏《端正好·徐我亭归田》：“当初错认真，而今且～。”

【买断】 mǎi duàn ❶买绝；买尽(产权)。唐王建《题金家竹溪》：“～竹溪无别主，散分泉水与新邻。”明汤式《赏花时·送友人观光》：“我待要～了严陵一钓台，请佃了陶潜五柳宅。” ❷花钱包占(妓女)。唐孙棨《北里志·王团儿》：“果为豪者主之，不复可见。”自注：“曲中诸子，多为富豪辈日输一缗于母，谓之～，但未免官使，不复祗接于客。”宋王安中《一落索》：“蛮笺传与翠鬟歌，便～，千金笑。”元张可久《满庭芳·妓怨》：“崔夫人嫌杀张生，冯员外～苏卿。” ❸喻指独占独享(风光美景等)。宋柳永《受恩深》：“拟～秋天，容易独步。”元佚名《蟾宫曲·归隐》：“进退休云，黜陟休论。～青山，隔断红尘。”明朱夅《坐放鹤亭》：“～西湖皆宋土，羡他生死太平间。” ❹(用钱)除掉或阻断。明汤显祖《紫钗记》四七出：“～人间不平事，金钱还自有圆时。”翟永龄《自叹》：“积金过斗皆是闲，几人～鬼门关?”徐渭《王口北见遗貂帽因往》：“朔北冻杀马，辽东～牙。”

【买帆】 mǎi fān 犹“买船”。元刘绍《送傅元宗归金川》：“～向明发，逆浪开舟航。”清查慎行《发仪真》：“为爱吴船听软语，～连夜下真州。”

【买贩】 mǎi fàn 买进卖出。宋赵鼎臣《政和重建军铺录序》：“(巡卒)率皆客寄侨处，往往托民篱下私～以自营。”明《情史·情缘·吴兴娘》：“我父契往他所，～数年，音问不通。”清《后水浒传》二三回：“挑了大袋，到村中～米粟。”

【买放】 mǎi fàng ❶买动物放生。宋郭彖《睽车志》卷二：“明日适见鬻田鸡者，感梦～。”元陶宗仪《辍耕录》卷一五：“其在生不食蛙，见即～。”清陈廷敬《贻上湘北同游放生池作》：“吾衰念此涕沾臆，买放虫鰕随细民。” ❷受贿放走案犯，或用钱摆平干系。明沈榜《宛署杂记》卷五：“奉檄踪迹奸宄，未得而株连之，则有宽限钱；已得而墨覆之，则有～钱。”王錂《寻亲记》四出：“也非干过分取索。周先生，若有钱来～，何必怨嗟。”清《说唐三传》七三回：“若是～走漏一人，本官处斩。”

【买服】 mǎi fú 收买使归服。元岳伯川《铁拐李》二折：“恁娘若别寻一个姻眷，则那的便是你～钱。”清《野叟曝言》一二回：“靳仁阴谋不轨，因此～民心，每年施舍棺木、棉袄、药饵、姜粥之类。”《荡寇志》八六回：“把信与诸将看了，对众人道：‘这贼明是～我。’”

【买告】 mǎi gào ❶行贿收买，特指买通他人作伪证。《元曲选·灰阑记》四折：“街坊、老娘人等，不合接受～财物，当厅硬证。”元明《三国志通俗演义》卷一四：“丕使人～近侍，皆言丕之德。”清《醒世姻缘传》四七回：“他怕族人知道，他自然给小的百十两银子，～小的。” ❷指用于行贿的财物。《元典章·吏部六》：“所责前项词因并是端的，别不是暗受～，虚相扶同。”《元曲选·后庭花》二折：“小人怎敢违误了官司，放纵了他子母。〔王庆云〕有人说你受了他～也。”

【买卦】 mǎi guà 犹“买卜❶”。也泛指占卦。金《刘知远诸宫调》一二：“三娘起对诸亲，奴有一愿，问天～。”明《西游记》九回:"今日我又去～,他教我在泾河湾头东边下网,西岸抛钓,定获满载鱼虾而归。"清吴绮《南歌子·闺情》:"昨夜鸳鸯～,又须差。"

【买乖】 mǎi guāi 使巧;行乖巧买好。明陈所闻《朝天子·嘲两人夸乖》:"～,卖乖,各自有乖名儿在。……忒乖了谁买,～的必定乖。"《金瓶梅词话》二一回:"如今你我这等较论,休教他买了乖儿去了。"

【买和】 mǎi hé ❶战争的一方以贿求和。宋欧阳修《论西贼占延州侵地札子》:"臣料贼意,见朝廷累年用兵有败无胜,一旦计无所出,厚以金帛～,知我将相无人。"明《古今小说》卷二一:"巢贼在境不发兵相拒,乃以金帛～,其意不测。"清《东周列国志》八九回:"惠王从之,即令龙贾奉河西地图献于秦军～。" ❷出钱私了官司或平息纷争。《元典章·户部四》:"刘子明将妻郭二娘作妹,凭媒受讫王万四财钱,嫁与本人为妻。后知事发,王万四又用钞四十两～。"明张瀚《松窗梦语》卷一:"王骞赴兵道,以银饰为～。兵道鞫之曰:'汝不强奸,恶用重贿买免?'"清《姑妄言》六回:"若是女婿试出女儿是个破罐子,有甚口角,拼着与他两百银子讨小～。"

【买花】 mǎi huā 指狎妓或买妾。宋李祁《阮郎归》:"校书学士小蓬山,新参玉笋班。～归去五湖间。"明汤式《新水令·送王姬往钱塘》:"几偿沽酒债,填不满～资。"清《痴人福》五回:"偶餘润笔之资,忽动～之兴。昨日媒婆来讲说,一位仕宦人家,有两房姬妾要遣。"

【买花钱】 mǎi huā qián ❶买花朵、首饰的钱。五代花蕊夫人《宫词》之八八:"月头支给～。"元王恽《平湖乐·寿李夫人》:"小园不惜～,妆点蟠桃宴。"曹德《庆东原·江头即事》:"省下～,拼却还诗债。" ❷赏春的费用。宋俞国宝《风入松》:"一春长费～,日日醉花边。"明杨慎《兰亭会》:"劝君休惜～,春色辞人去不还。" ❸指狎妓的费用。宋张炎《木兰花慢·舟中有怀》:"垂髫如今在否?倚飞台、谁掷～?"明贾仲明《对玉梳》二折:"呆厮,你收拾～,休习闲牙磕。"清《续金瓶梅》二三回:"翟员外大撒～,郑玉卿稳吃新红酒。"

【买欢】 mǎi huān ❶指饮宴欢会。唐元载《朔方河东河西陇右节度使王府君神道碑铭》:"邀公赴会,将欲诡遇～,冀得兵留镇废。" ❷指出资宿娼狎妓。宋耐得翁《都城纪胜·酒肆》:"其他大酒店,娼妓只伴坐而已,欲～,则多往其居。"明《情史·情豪·张俊》:"至于五陵豪客,力胆气盈,选伎征歌,～鬻笑,固其常尔。"梁辰鱼《浣纱记》二八出:"念平生～追笑,再没一个可意根苗。"

【买价】 mǎi jià 买进货物的价钱。唐李蠙《请自出律钱收赎善权寺事奏》:"臣今请自出俸钱,依元～收赎。"明沈榜《宛署杂记》卷一二:"典田宅者,四十两以上,～一半,每银一两,税银一分五厘。"清《镜花缘》二九回:"出的价钱,俺细细核算,比俺当日～已有几十倍利息。"

【买快】 mǎi kuài 即"抢快"。《元曲选·百花亭》二折:"折莫是捶丸气球,围棋双陆,顶针续麻,拆白道字,～探阄。"明佚名《白兔记》四出:"偏我智远呵,蒲牌～时,蒲牌～时,十番九遍输。"《醋葫芦》一三回:"你若要猜枚掷骰,～铺牌,这一班中人人都晓。"

【买路】 mǎi lù ❶用金钱换取平安过路。《太平广记》卷二四一引《王氏闻见录》:"既知东军入蜀,遂拥麾下之师及妇女孩幼万餘口,金银缯帛于西蕃～归蜀。"元明《水浒传》三四回:"来往的到此当住脚!留下三千两～黄金,任从过去。"清《说唐前传》四回:"前面尽是强人,围住叔父要钱～。" ❷指出丧时撒钱求得亡灵平安过路。辽张俭《圣宗皇帝哀册》:"丹旐翻风,金钱～。百寮哭兮不闻,万乘泣兮何怙。"《元曲选·合同文字》一折:"念不出,消灾的善言;烈不得,～的纸钱。"

【买路金】 mǎi lù jīn 即"买路钱❶"。元明《水浒传》四三回:"偶逢双斧喽啰汉,横索行人～。"

【买路钱】 mǎi lù qián ❶换取平安过路所费的钱。元施惠《幽闺记》九出:"但是打我这里经过,要几贯～。"元明《水浒传》三四回:"便是赵官家驾过,也要三千贯～。"清《飞龙全传》四回:"快快留下～,放你过去。" ❷指出丧时在途中撒下的(纸)钱。清黄宗羲《子妇客死一孙又以痘殇》之二:"干戈尚阻离人哭,风雨不飞～。"徐乾学《读礼通考》卷一一八:"外设香亭一座,名曰设孤台。令一人在前撒铜钱而行,名曰～。撒地之钱,任其贫乞者拾之。"

【买路纸】 mǎi lù zhǐ 即"买路钱❷"。明朱橚《普济方》卷二九四:"用～,不令人见,揩后密藏,撇于路上街砖下,纸烂则疾愈矣。"

【买卖】 mǎi mài ❶商业交易;生意。唐李商隐《义山杂纂·必富》:"～不失时,物料不作践。"六十种曲本《琵琶记》二四出:"倘有我乡里人来此做～,待我寄一封家书回去。"清《醒世姻缘传》二八回:"那严列宿自己做些小～,农忙时月与人家做些短工。" ❷职业;营生。《大宋宣和遗事》前集:"遂于宫中内列为市肆,令其宫女卖茶卖酒,及一百二十行经纪～皆全。"《元曲选外编·降桑椹》一折:"平日之间,别无甚～,全凭着舌剑唇枪,说嘴儿哄人的钱使。"清《续金瓶梅》四九回:"这花子忘不了旧～,高叫一声:'老爷、老奶奶,讨碗饭与花子充饥!'" ❸泛指事情、行径。《元曲选·伍员吹箫》楔子:"如今年纪老了,一向贪自在惯受用的人,怎么还到的阵面上去做赌头的～?"明单本《蕉帕记》二九出:"〔问末介〕今日太师爷没有什么怪我么?〔末〕说道要问万俟爷讨状元哩!〔丑惊介〕罢了!我道是这桩～发动了。"《西游记》二二回:"凭你在高山云里,干甚么蹊跷异样事儿,老孙都会;只是水里的～,有些儿狼犺。" ❹隐指抢劫、偷盗等。宋元《古今小说》卷三六:"今有姑苏贼人赵正,欲来京做～,我特地使他来投奔你。"明佚名《赠书记》七出:"〔杂驼包裹上,跳墙介〕贼星甚旺,～称心。"清《野叟曝言》一三回:"只见盗船上,各挂白布旗号,都收泊在附近海岛中,有十几天不到洋面上做～了。" ❺隐指情事、性事。明单本《蕉帕记》七出:"我龙骧从不曾干这桩～惯了,虑着搂时手麻,做时心怕。"王骥德《男王后》二折:"我和你入宫多年,倒不能勾那件～到手。他才则进门,就这们作怪。"清《姑妄言》二回:"起先昌氏娘女两个做这贩棒槌收水银的～,人倒无甚闲言。"

【买免】 mǎi miǎn 用钱求得免除罪过或惩罚。明朱元璋《谕出使人员敕》:"若旧官在职,务要督责分明。若有虚诈～,从实回奏。"《型世言》三三回:"只因官法虽严,有钱可以钱～,有势可以势请求。"清洪昇《长生殿》四二出:"求～,设定常规;比月钱,百般威逼。"

【买命】 mǎi mìng 以钱赎命。宋文天祥《扬州地分官》:"金钱～方无语,何必豺狼骂北人。"《元曲选·赵礼让肥》:"有甚金珠财宝,将来～!"清《醒世姻缘传》一〇回:"可见收你几两银子,都是～的钱。"

【买扑】 mǎi pū 商人向官府投标买下酒醋坊场、河湖等承包经营权。宋苏轼《乞罢税务岁终赏格状》:"今年四月二十七日敕,废罢诸路人户～土产税场。命下之日,天下歌舞。"《宋会要辑稿·食货五》:"建炎元年五月一日赦文:止合出卖崇宁以来因~坊场、河渡及折欠官物没纳田产。"明《二刻拍案惊奇》卷一六:"宋淳熙年间,明州有个夏主簿,与富民林氏共出本钱,~官酒坊地店,做那沽拍生理。"

【买求】 mǎi qiú ❶用钱求取。《唐会要》卷九九:"(南诏蛮)土多女少男,为婚者女氏必先~男族。"明杨珽《龙膏记》四出:"小生南康张无颇,特造仙庵,~一卦。" ❷特指出钱请托关系。宋黄榦《申提领所乞惩治钱福状》:"又金钱~州县吏胥,而州县亦莫能较之。"明朱鼎《玉镜台记》三二出:"真假皆凭贼说,不怕他不多多拿钱来~脱白。"清《万花楼》四二回:"料想杨宗保领边关二十餘年,亏空的谅也不少,不忧他不来~本官。"

【买取】 mǎi qǔ 购买;买得。唐韦执谊《与善见禅师帖》:"当所将钱三百贯内,二百八十贯充买庄,餘者~菜园一所。"《元曲选·后庭花》二折:"你~一副蜡打成的铜钗子,更和那金描来的枣木梳。"清《珍珠舶》一七回:"证空叫进到陆氏家里,~白布二匹。"

【买缺】 mǎi quē 用钱买官位缺额。清袁枚《子不语》卷八:"吾已为尔~于冥府矣,死可仍为冥判书吏。"《大清律例》卷二五:"凡诓骗听选官吏及举人监生生员人等财物,指称买官~及买求中式等项。如诓骗已成,不分首从,于该衙门门首枷号三个月。"

【买市】 mǎi shì 皇帝大臣或富豪在节日的集市上购买货物,赏赐商贩。宋耐得翁《都城纪胜·市井》:"孝宗皇帝孟享回,就观灯~。帘前排列内侍官帙行,堆垛现钱,宣押市食,歌叫支赐钱物。"宋元《古今小说》卷一五:"夫人放~,这经纪人都来赶趁,街上便热闹。"元明《水浒传》七二回:"寡人今日幸上清宫方回,教太子在宣德楼赐万民御酒,令御弟在千步廊~。"

【买手】 mǎi shǒu 专职采买货物的人。明《金瓶梅词话》六一回:"这遭打发他和来保起身,亦发留他长远在南边,立庄做个~。家中已有甘伙计发卖,那里只是缺少个~看着置货。"

【买宿】 mǎi sù 宿妓。宋华岳《纸帐》:"主人冰雪洒胸襟,~银城不计缗。"按,此例义双关。明王世贞《江陵曲》:"江陵城外地,处处青楼曲。百钱一买醉,千钱一~。"

【买通】 mǎi tōng 花钱打通关系或使人受利用。明韩邦奇《恶逆攒害尊长等事疏》:"领群贼射死人命,~雠豪家丁,扶同攒害。"《型世言》一六回:"道中考试,又没有如今做活切头代考、~场(内)传递夹带的弊病。"清《红楼梦》八六回:"花上几千银子,才把知县~。"

【买头】 mǎi tóu 买主;主顾。特指专门承揽买卖发包的人,相当于揽头。明李开先《宝剑记》二九出:"揽头是我供给户,~是我好爷娘。"《金瓶梅词话》八一回:"又交他会~,发卖布货。"《大清律例》卷一一:"若职官子弟、积年光棍、跟子、~、小脚、歇家、跟官伴当人等,三五成群,抢夺筹斛,占堆行概等项。"

【买托】 mǎi tuō 犹"买求❷"。明王世贞《科试考》:"或以顺天乡试多四海九州之人,人不相识,暮夜无知,可以~代替者有之。"清《隋唐演义》三二回:"柴绍到东京,~了一个梁公萧炬。"《后水浒传》一九回:"发人狱中,~孙本暗害。"

【买脱】 mǎi tuō 用钱求得摆脱。明王衡《真傀儡》:"谁知我巧~乔名虚望,还将我旧三公,体面来降。"《型世言》一八回:"李公子急切要脱身时,又无钱~,只得随他。"清傅泽洪《行水金鉴》卷四五:"又阖县报差报役用贿~,及包夫顾募得财无夫者。"

【买闲】 mǎi xián ❶用钱换得清闲。唐[朝]崔致远《将归海东巉山春望》:"寄言来往鸥夷子,谁把千金解~。"宋刘弇《赠致政曾宣德》:"一轮白日易催老,百斛明珠难~。"明袁宏道《柳浪馆》之二:"一春博得几开颜,欲买湖居先~。" ❷特指出钱免除差役等。明于谦《兵部为陈言御寇救患等事奏》:"及体得驯象卫镇抚马骥,系军前听调人数,今却~在家。"《封神演义》一〇回:"闻得你三丁抽二,有钱者~在家,无钱者重役苦累。"清《隋唐演义》二一回:"这秦琼受响马常例,~在节度来爷府中为官。" ❸指用于无益消费的或用于免除差役的(钱)。《元曲选·曲江池》一折:"争奈我心坚石穿,准备着从良弃贱。我则索你个正腔钱,省了你那~钱。"明徐渭《送通府王公序》:"富人恋家室,则自进其~而冀得速去。"

【买笑】 mǎi xiào 狎妓冶游。唐张祜《公子行》:"~敧桃李,寻歌折柳枝。"元赵彦晖《点绛唇·席上咏妓》:"你便有千金~,怎能够一刻春宵?"清《豆棚闲话》二则:"兵入内地,觑便抽身,把那个共枕同衾追欢~的知己抛在东洋大海。"

【买笑金】 mǎi xiào jīn 狎妓的费用。唐[朝]崔致远《与客将书》:"~则易求,读书粮则难致。"元马致远《四块玉·海神庙》:"但见一个傅粉郎,早收了~,知他是谁负心?"

【买笑钱】 mǎi xiào qián 即"买笑金"。唐李商隐《和人题真娘墓》:"柳眉空吐效颦叶,榆荚还飞~。"明《二刻拍案惊奇》卷八:"沈将仕三千~,王朝议一夜迷魂阵。"

【买休】 mǎi xiū ❶花钱休妻或使人休妻。《元典章·刑部十九》:"又有指称~,明受其价休弃,将妻嫁卖。"《元曲选外编·西游记》四本一五出:"自小里割衫襟为定,家里做媳妇。这老子见俺家贫,便来~。"《大清律例》卷三三:"若用财~卖休因而和同娶人妻者,本夫本妇及~人各杖一百。" ❷花钱息讼;买和。清《醉醒石》九回:"故凡有些痕迹的,这不消说是他的口中食了。~,则挨前打合;不~,便首的首,证的证。"

【买夜】 mǎi yè ❶用钱博取夜间欢娱。宋梁栋《念奴娇·春梦》:"碧海倾春,黄金~,犹道看承薄。"清邹祇谟《看花回·咏落花》:"赊晴~,一点春光休损折。"厉鹗《元夕集吴瓯亭斋中赋武林踏灯词》之一:"若教两夜添晴色,不负钱王~钱。" ❷指元夕。传说吴越王钱俶朝宋,出资买正月十八、十九两夜,使元夕游赏从三夜增加到五夜,故称。清厉鹗《东风第一枝·癸卯元夕雪晴》:"凝情~,漫再认、飞鸾窥镜。"又《次韵顾丈首春卧病遣怀》之三:"拚却穷阴过~,尚留梅月照屏山。"

【买棹】 mǎi zhào 犹"买船"。棹,船桨。宋舒岳祥《次韵答孙平叔感春之作》:"自有青天开豁处,高秋~泛苍茫。"清《一片情》三回:"乃移蒲团数珠,~又往常州而去。"李应桂《梅花诗》四出:"~去观梅,陡地惹啾唧。"

【买舟】 mǎi zhōu 犹"买船"。宋王炎《江上为韩毅伯访得便舟》:"白云呼去淮山住,强为将边问~。"明佚名《鸣凤记》二二出:"今早着我~,与邹相公同上京师。"清《红楼梦》一回:"十九日乃黄道之期,兄可即~西上。"

【买嘱】 mǎi zhǔ 犹"买托"。宋黄榦《代抚州陈守奏事第一札》:"又自知其大势之必不免也,则公然发枭,以为~请求之资。"明佚名《鸣凤记》四出:"被我~匠人,量了他尺寸,前往松江打一条五彩大绒单。"清袁枚《子不语》卷九:"~邻人殴杀妪,而召其子视之。"

【买转】 mǎi zhuǎn 收买;花钱使对方转变态度。元岳伯川《铁拐李》一折:"想昨朝那一火强盗,又被那眯心钱~我这管紫霜毫。"明《西游记》一一回:"借得河南相老儿的金银一库,~鬼魂,方得前行。"清《红楼梦》六一回:"大家先起了个清早,都悄悄的来~平儿。"

【买嘴】 mǎi zuǐ 买零食。明《醒世恒言》卷一三:"却有一件东西在此，胡乱卖几文与小厮～吃。"清《歧路灯》三二回："我给你一串钱，与你的女儿～吃。"《后西游记》二一回："逃走未必，多管是瞒着我们去～吃了。"

mài

【麦饼】 mài bǐng 面饼。饼，古代面食通称，包括馒头等。宋刘子翚《游北岩》："茗芽未辨三汤试，～先尝十字炊。"明杨士聪《玉堂荟记》卷下："壬申四月，上赐～。"清田雯《选诗竟置酒自劳》："龛肩～官囊酒，饷尔今朝策异勋。"

【麦场】 mài cháng 打麦用的平场。也泛指打谷场。唐雍裕之《农家望晴》："白发老农如鹤立，～高处望云开。"《元曲选·气英布》三折："则见他坦心腹披袍袖，依然似枌榆社～秋，笑吟吟自由。"清《聊斋志异·狼》："顾野有～，场主以薪积其中，苫蔽成丘。"

【麦尘】 mài chén 磨房中飘浮的麦粉，指面粉。宋陈元靓《事林广记》续集卷八《绮谈市语》："面：～。"赵必瑑《回寓公送物》："～飞雪，饱为山谷银丝之供。"元吴澄《回杨贤可县尹贺生启》："笃念衰翁孟敏之度，初贞一瓣之香。敬为～，雪色洁白。"

【麦风】 mài fēng 即"麦信"。唐孟郊《病起言怀》："花景晼晚尽，～清泠吹。"明《西洋记》六三回："一个是三月鸟风，一个是五月～，一个是七八月檐风。"清陈廷敬《滕县》："～如浪影参差，滕县溪光漾绿漪。"

【麦价】 mài jià ❶麦子买卖的价格。宋苏轼《论积欠六事并乞检会应诏四事一处行下状》："又将钱折麦，所估～至低。"清叶梦珠《阅世编》卷七："十八年冬，～每石一两三钱，或一两四钱。康熙初，～始贱。" ❷卖麦子获得的报酬。明《梼杌闲评》一一回："小的这里～尚未讨完。"清袁枚《子不语》卷二二："入城取～，铺户留饮，回时已迟。"

【麦奴】 mài nú ❶磨房中所浮的麦粉。宋佚名《绀珠集》卷一三："～，磨室中所浮麦尘也。" ❷生黑穗病的麦子。唐孙思邈《备急千金要方》卷三一："小麦黑勃名～。"宋陆游《蚕麦》："村村桑暗少桑姑，户户麦丰无～。"

【麦穰】 mài ráng 碾破或铡碎的麦秆。唐郭橐驼《种树书》："只于腊月去根旁土～厚覆之，燃火深培如故。"清雍正四年三月初一日李卫奏文："况目下各工俱用秫秸、豆秧、～等类，入水数月即朽烂不坚。"《聊斋俚曲·寒森曲》："权印官狠似狼，该剥皮揎～。"

【麦人】 mài rén 同"麦仁"。宋苏轼《过汤阴市得豌豆大麦粥》："秋霖暗豆荚，夏旱臞～。"陆游《埭西小聚》："瓦盎盛蚕蛹，沙䤬煮～。"

【麦仁】 mài rén 脱壳去皮后的麦粒。有时也指麦粒。宋楼钥《北行日录》："一盛茶食，糖糯粥、粟饭、～饭，皆以枣栗布其上。"明朱橚《普济方》卷一四三："右捣研为末，再同研匀。每服二钱，以食后煎～粥饮调服。"清《醒世姻缘传》四九回："俺插着～，你成三四碗家攮颡你，你送的是甚么布合钱?"

【麦天】 mài tiān 麦子成熟时的天气。宋赵师使《沁园春·和伍子严避暑》之一："雨接梅霖，风袪槐暑，～已秋。"元方回《留吴田霜崖吴居士宅》："～小雨霁，初夏风日美。"清毛奇龄《潇湘神》："湘渚头，水北流，～风雨绿崖秋。"

【麦头】 mài tóu ❶麦穗。宋刘一止《道中杂兴》之四："～渐青青，麦田何井井。"吴泳《沔州和李长孺》："宿师先喜～肥，宝刀尚可屠龙去。"清查慎行《晓晴即目》之一："水润沙田鯿楱犁，毵毵两岸～齐。" ❷播麦或麦熟的季节。宋吴泳《寿胡兴元》之二："～如得雪，来岁可休师。"清《歧路灯》三九回："现今我身上又大不便宜，至晚不过～里。"

【麦稳】 mài wěn 麦子脱粒簸扬后剩的芒壳叶茎等。稳，聚集的芒壳糠秕。唐王洙《东阳夜怪录》："土人曾以～之长者积于其间，见一大驳猫儿眠于上。"明陈铎《耍孩儿·嘲人盖屋》："少纸筋搀些～，无望板苫上芦席。"《明会典》卷四一："南京酒醋面局，原额小麦七百石，今五百石。原额～一百石，准小麦一十石。"

【麦粞包】 mài xī bāo 专吃麦粞(粗麦粉)的人，犹云穷鬼。明周履靖《锦笺记》一三出："做人切莫做餘姚，到处人呼～。"《型世言》二七回："好一个苎罗西子，却配这个～!"《欢喜冤家》一七回："这跌不杀的～，还要油嘴。"

【麦信】 mài xìn 农历五月的信风。唐李肇《国史补》卷下："常待东北风，谓之潮信。七月八月有上信，三月有鸟信，五月有～。"明《西洋记》九四回："做个风神主管，送天上的风信：三月送鸟信，五月送～，七八月送檐信。"清林蕙堂《为东枢弟妇丘孺人五十寿序》："风吹～，适快披襟；雨润桐花，方宜洗罩。"

【麦饧】 mài xíng 麦芽糖；饴糖。元洪希文《客中遇寒食》："～偶尔思遗俗，菽水时来记往年。"明杨基《江村寒食》："预折杨枝插绕檐，豆糜香软～甜。"清汪琬《再阅江村图》："绿暗红蔫村路长，如闻杏粥～香。"

【麦糟包】 mài zāo bāo 犹"麦粞包"。麦糟，酒糟。明《欢喜冤家》一七回："这～渐渐无礼了，存下在此，必定要与老爷看了，赶他回去。"

【卖】 mài 量词。出售食品的单位量。元施惠《幽闺记》二二出："我一～还他一～，两～还他成双。"清《野叟曝言》一八回："茶是两文一壶，馒头、糖片、瓜子、腐干，都是四文一～。"《儒林外史》五五回："说着，又吃了一～牛首豆腐干。"

【卖卜】 mài bǔ 卖卦。元明《水浒传》六一回："常言道：～卖卦，转回说语。"清《儒林外史》一回："王冕到了此处，盘费用尽了，只得租个小庵门面屋，～测字。"

【卖唱】 mài chàng 在茶肆酒楼等处演唱以赚钱谋生。宋元《警世通言》卷二〇："出去诸处酒店内～，趁百十文。"元明《水浒传》三九回："他爹自教得他几曲儿，胡乱叫他来这琵琶亭上～养口。"清洪昇《长生殿》三八出："今日乃青溪鹫峰寺大会，游人甚多，不免到彼～。"

【卖痴】 mài chī 即"卖痴呆"。宋周南《庭燎》："～儿女唤，更作夜来看。"明屠滽《次韵天台陈勉卖痴呆》之一："瞒却惺惺去～，呆儿真是养家儿。"

【卖痴呆】 mài chī dāi 南方风俗，小儿在除夕时沿街呼叫"卖痴呆"，以求来年变得聪明。宋范成大《腊月春田乐府十首》序："其九《～词》：分岁罢，小儿绕街呼叫云：'卖汝呆！卖汝呆！'"清《广东通志》卷五一："除夕祀祖，家人聚饮曰团年酒，围坐达旦曰守岁，相遗以物曰馈岁，易桃符，小儿～，此粤俗大较也。"孔尚任《小忽雷》三一出："可怜俺富贵姻缘全无分，卖不去痴呆，只恁长贫。"

【卖春】 mài chūn 说行话或隐语；透露底细。春，春点，切口语。明袁于令《西楼记》一一出："〔众家僮应，向丑～介〕〔丑〕再奉二十金，求相公少缓雷霆，免拆房屋。"清《风流悟》六回："那妇人把眼一瞅道：'眼前食吃不够，家鸡也要寻野食吃哩。'何敬山听得他言语，句句～，便近身来。"《生绡剪》一七回："众人只道李爱要～，一齐拥做一店道：'老爷分付，不许多说一句话！'"

【卖呆】 mài dāi ❶即"卖痴呆"。元戴表元《壬午六月八日书怀》:"四壁空存医俗具,千金难售～方。"明屠庸《次韵天台陈勉卖痴呆》之二:"东～兮西卖痴,卖痴即是～儿。卖来卖去无人买,我不担当与阿谁。" ❷装傻。宋张任国《柳梢青》:"当初合下安排,又不是豪门～。"元李茂之《行香子》:"心头泼杀无名火,俺且学～妆捋。"清佚名《粉墨丛谈》卷下:"拂拭将论价,缠绵尽～。"

【卖呆痴】 mài dāi chī 即"卖痴呆"。清《补红楼梦》四三回:"何处～? 是事呼如愿。"

【卖当】 mài dàng 指行走江湖。清《歧路灯》六三回:"点了～的眼药,欲求速愈,反弄成双眼肿的没缝。"△《狐狸缘》七回:"你这么大岁数,甚事没经炼过? 为何将那搂局～的老道弄来诓骗银钱?"

【卖放】 mài fàng 受贿而放走罪犯。《元曲选·后庭花》二折:"你丈夫～了人,你必然知情。"明王守仁《行江西三司搜剿鄱阳餘贼牌》:"不许妄拿平人,及容贼妄攀,吓诈财物,并～真盗,滥及无辜。"清《红楼梦》七五回:"这也是通共常情,你又不曾～了贼。"

【卖风】 mài fēng 把事情、消息张扬出去。元曾瑞《红绣鞋·风情》:"期白昼家前院后,约黄昏雨歇云收,知他是你～他负德我胡搊。"清《续金瓶梅》三三回:"怕他向人前～,可不有名无实了!"《飞龙全传》三八回:"虽然阴阳有准,不该到处～,对人乱说。"

【卖富】 mài fù 炫示富有。明《醒世恒言》卷一:"况且潘华衣服炫丽,有心～,脱一通换一通。"清《缀白裘》二集卷四《荆钗记》:"无场哈～了,面上叫江西人拉屋里螺丝法蓝嵌八宝个。"

【卖卦】 mài guà 替人占卜以赚钱谋生。宋孟元老《东京梦华录》卷五:"其卖药～,皆具冠带。至于乞丐者,亦有规格。"明《挂枝儿·占卦》:"那先生不过是～的,又不是袁天罡李淳风重回阳世。"清《续金瓶梅》一八回:"走不多时,只见一个～的瞽者从西走来。"

【卖乖】 mài guāi 卖弄乖巧;炫示聪明。宋元《熊龙峰刊小说·彩鸾灯》:"撇情的中心泛滥,～的外貌威仪。"明《禅真逸史》七回:"妈妈跟前,焉敢～。"清《聊斋俚曲·禳妒咒》:"长命长命你过来,侥幸一槃就～。"

【卖过山】 mài guò shān 酒店广告用语。谓此处有楼座、美酒可供畅饮。宋吴自牧《梦粱录》卷一六:"若酒力高美者,牌额～之名,其言一山、二山、三山之类是也。"按,明程万里《六院汇选江湖方语》:"浪同,乃酒也;山,亦酒也;扰山,乃吃酒也。"

【卖花】 mài huā 卖淫。宋史达祖《玲珑四犯》:"～门馆生秋草,怅弓弯、几时重见。前欢尽属风流梦,天共朱楼远。"明汤式《湘妃引·闻嘲》:"买笑金哥哥休俭,缠头锦婆婆自接,～钱姐姐无赊。"清纪昀《阅微草堂笔记》卷三:"既而必不能赡,则集邻里叩首曰:'……不能助我,则我且～,毋笑我。'里语以妇女倚门为～。"

【卖花窠】 mài huā kē 妓院。宋刘辰翁《高阳台·和巽吾韵》:"雨枕莺啼,露班烛散,御街人～。过眼舞情,而今魂梦年多。"

【卖婚】 mài hūn 结亲时女方向男方索取高额财礼。《唐会要》卷八三:"其自今年六月禁～。"《宋史·彭汝励传》:"宗室以女～民间,有司奏罢之。"清《聊斋志异·王桂庵》:"仆虽空匮,非～者。"

【卖伎】 mài jì 卖艺;出卖技艺以谋生。宋耐得翁《都城纪胜·茶坊》:"又有一等专是娼妓、弟兄打聚处,又有一等专是诸行借工、～会聚行老处,谓之市头。"清毛奇龄《自为墓志铭》:"濒别,请为予偿诸房蓐钱。予曰:'岂以予为～者耶?'谢之去。"

【卖技】 mài jì 卖弄技艺;炫耀手段。清《红楼梦》七一回:"如今贾母庆寿这件大事,干看着人家逞才～办事,呼幺喝六弄手脚,心中早已不自在。"

【卖奸】 mài jiān 卖淫;妇女乱搞两性关系。明《醒世恒言》卷八:"谁想他纵女～,恋着孙润,暗招在家。"清《皇朝通典》卷八四:"此案张二携妻徐氏～,潘三时往奸宿,索钱争殴。"《后水浒传》八回:"图富贵～瞒婿,甘作妾表里仇夫。"

【卖客】 mài kè 谓酒楼用妓女招引客人。宋周密《武林旧事》卷六:"(熙春楼等)每处各有私名妓数十辈,皆时妆袨服,巧笑争妍,夏月茉莉盈头,香满绮陌,凭栏招邀,谓之～。"

【卖口】 mài kǒu 夸口;说大话。《元曲选外编·锁魔镜》三折:"他那里～,则管里絮无休,他道他世上寰中无对手。"明佚名《闹钟馗》二折:"非是小生～,我自有个主意。"清《好逑传》一三回:"就是他说千军万马杀他不过,亦不过～逞勇,并非谋反之言。"

【卖良姜】 mài liáng jiāng 受冷挨冻。良姜,高良姜,一种植物,根茎可入药。这里取其谐音"凉僵"。明《金瓶梅词话》七五回:"我不往后边在明间板凳上～,我与绣春厨房炕上睡去。"

【卖凉姜】 mài liáng jiāng 同"卖良姜"。清《醒世姻缘传》六回:"我不图实卖,冷风淘热气的,图～哩!"

【卖马解】 mài mǎ xiè 表演马上技艺。清《歧路灯》三回:"走软索的走的是二郎赶太阳,～的卖的是童子拜观音。"

【卖弄】 mài nòng ❶摆布;玩弄。唐陆贽《奉天请数对群臣兼许令论事状》:"朕往日将谓君臣一体,都不提防,缘推诚信不疑,险被奸人～。"宋《朱子语类》卷七一:"看来荆公亦有邪心夹杂,他却将《周礼》来～,有利底事便行之。"清陈端生《再生缘》六五回:"身为奸女窃钧衡,全不畏,阴阳～该何罪。" ❷施逞(本事);表演(技艺)。唐李肇《国史补》卷上:"白岑尝遇异人传发背方,其验十全,岑～以求利。"《元曲选·柳毅传书》二折:"那火龙倚仗他狂烟烈火,俺小龙施展他骤雨飘风。火来雨去势汹汹,各自当场～。"明《韩湘子》一七回:"若大人肯随我出家,我就～出来与列位大人看。" ❸夸奖;称赞。《元曲选外编·西厢记》五本三折:"我自来未尝闻其名,知他会也不会! 你这个小妮子,～他偌多!"元明《水浒传》三六回:"虽无惊人的本事,全靠恩官作成,远处夸称,近方～。"清《平山冷燕》一五回:"说来说去,不是平如衡夸奖冷绛雪,便是燕白颔～阁上美人。"

【卖皮鹌鹑儿】 mài pí ān chún er 卖淫的隐语。《元曲选·陈州粜米》三折:"〔正末云〕卖布绢段匹?〔旦儿云〕也不是。〔正末云〕都不是,可是甚么买卖?〔旦儿云〕俺家里～。"按,《说郛》本《东京梦华录》卷二:"先至(潘楼东)十字街,曰鹌儿市,向东曰东鸡儿巷,向西曰西鸡儿巷,皆妓馆所居。"称卖淫为"卖皮鹌鹑",称妓女为"鸡",或与此有关。

【卖婆】 mài pó 卖花粉首饰等妇女用品的中老年妇女。明曹安《谰言长语》卷下:"僦一居读书,对门楼一女窥之有意,令一～通信。"周履靖《锦笺记》三四出:"天使已到,各坊媒婆～,总捕厅都拿去了。"清《红楼复梦》六〇回:"他在夫家时,原是走门子做～,带着给奶奶、太太们搅搅脸,穿穿珠花。"

【卖契】 mài qì 出卖田地、房产、货物时立下的契约。宋叶適《戴佛墓志铭》:"彼仇也,委吾财于壑焉,用尽立～以界我。"元《通制条格》卷一六:"若一面收执文约,或年深迷失,改作～,或昏昧条段间座,多致争讼。"清《醒世姻缘传》三四回:"上在～里边讲过,掘着了,仍还原主。"

【卖俏】 mài qiào ❶逞能;卖弄聪明。金王喆《换骨髇·叹脱祸不改过》:"越贪心,生狠妒,百端奸巧,计较,骋风流～。"明沈鲸《双珠记》一六出:"～欺贫,安能容忍?"清《红楼梦》六九回:"秋桐正是抓乖～之时,他便悄悄的告诉贾母、王夫人等。" ❷卖弄姿色、风流;卖笑。《元曲选·灰阑记》楔子:"老身出于无奈,只得着女儿～求食。"明《醒世恒言》卷一五:"大卿急忙还礼,用那双开不开合不合、惯偷情、专～、软瞇瞇的俊眼,仔细一觑。"清《野叟曝言》二回:"你既要惜女人的廉耻,就不该放妻儿出来～。"

【卖清】 mài qīng 标榜清白。明汪廷讷《种玉记》五出:"况他万一假意～,拿出小生字儿与公主看时,不当稳便。"清《一片情》九回:"那人假～,又嘴硬,不肯把我们小耍的。"《八段锦》二段:"那诸氏还要假～,骂邻骂舍不了。"

【卖情】 mài qíng 显示对人有情谊。清《儒林外史》七回:"特地把我考在这名次,以便当堂发落,说出周先生的话,明卖个情。"《说唐前传》四二回:"后来炀帝差世民、元霸追赶,其时若非世民～,暗纵逃脱,已被元霸擒杀矣!"

【卖阙】 mài quē 出卖空缺的官位。宋王林《燕翼诒谋录》卷五:"部吏～之弊,自昔有之。"周密《癸辛杂识》续集卷下:"昔有～沈官人者,本吴兴之族,专以～为生。"△清《负曝闲谈》二五回:"今日周楷递呈封口折一件,参公～得贿,情节甚重。"

【卖身】 mài shēn 出卖自身(为人做奴婢等)。《敦煌变文校注》卷二《庐山远公话》:"是时远公来自市内,执标而自～。"明孟称舜《花舫缘》二出:"小生无计可施,只得假作佣奴,向他府中～。"清《十二楼·生我楼》一回:"又在帽檐之上插着一根草标,装做个～的模样。"

【卖手】 mài shǒu 专司发卖货物的人。明《金瓶梅词话》五八回:"哥若寻～,不打紧,我有一相识,却是父交子往的朋友,原是这段子行～。"

【卖文】 mài wén 出售诗文。唐陆龟蒙《丁隐君歌》:"前度相逢正～,一钱不值虚云云。"明徐熥《感事》:"莫叹吾家似磬悬,资生犹有～钱。"清《儒林外史》四四回:"你一个做大老官的人,而今～为活,怎么弄的惯!"

【卖务场】 mài wù chǎng 酒店。宋、金时酒类专卖,设榷酒务监管,因以"务"代称酒或酒店。金《刘知远诸宫调》一:"牛七翁庄头～,刘知远试端详。……瓦钵磁瓯列土床,滋味胜高阳。"

【卖降】 mài xiáng 叛变投降。宋王明清《挥麈后录》卷四:"然当时在庭之臣被二圣宠荣者,尚奉贼称臣,～恐后。"《宋史·兵志十》:"叛将～,庸夫秉钺。"明李乐《见闻杂记》卷一〇:"刘氏一呼而关门不守,武夫健将～恐后。"

【卖笑】 mài xiào 歌女娼妓等出卖声色以谋生。宋周密《武林旧事》卷六:"此外诸处茶肆,……及金波桥等两河以至瓦市,各有等差。莫不靓妆迎门,争妍～。"元宋方壶《一枝花·妓女》:"只为二字衣食,～为活计。"清昭梿《啸亭杂录》卷八:"嘉庆辛酉,(魏)长生复入都。其所蓄已荡尽,年逾知命,犹复当场～。"

【卖解】 mài xiè 表演马戏、杂技。明单本《蕉帕记》三出:"～单身控,千钧只手拿。"《西游记》二四回:"这早晚还不起来谢亲,又不到师父处报喜,还在这里～儿耍子哩。"清毛奇龄《杂笺》之一二:"伊姓妇人,～家女。"

【卖獬】 mài xiè 同"卖解"。明《西洋记》二三回:"我若不卖一獬与他看看,他不晓得我的本领高强。"又六六回:"黄凤仙道:'待我卖个獬来,你们瞧一瞧看。'怎么的獬?喝声'左',那枝箭果真是左,刚刚的插在左边鬓上。"按,此二例指显示本领。

【卖休】 mài xiū 收人钱财而休弃妻子(实为卖妻)。《元曲选·救风尘》二折:"兀那贱人,我手里有打杀的,无有买休～的。"《元史·刑法志二》:"诸夫妇不睦,买休～者,禁之。"《大清律例》卷三三:"若用财买休～因而和同娶人妻者,本夫本妇及买休人各杖一百。"

【卖查梨】 mài zhā lí 虚情假意地讨好他人。查梨,一种味酸的梨。元关汉卿《救风尘》一折:"俺不是～,他可逞刀锥。"明朱有燉《曲江池》一折:"你休要～,不诚实。"清邹山《双星图》一九出:"无根蒂～,不伶俐。"

【卖楂梨】 mài zhā lí 同"卖查梨"。《元曲选外编·五侯宴》四折:"我这里低声便唤你,你可便则管里你那里干支剌的陪笑～。"

【卖仗】 mài zhàng 同"卖杖"。明陈铎《耍孩儿·嘲巫人》:"天生成浊骨凡胎,待训蒙讲论无学问,～的夸张欠口才。"

【卖杖】 mài zhàng (巫卜医僧等)以杖挑招牌招徕。明《金瓶梅词话》六一回:"此人东门外有名的赵捣鬼,专一在街上～摇铃,哄过往之人。"又八八回:"(行脚僧)白日里～摇铃,黑夜间舞枪弄棒。"

【卖阵】 mài zhèn ❶交战时故意失败或放纵敌人。元明《三国志通俗演义》卷八:"汝未出军时,已慢吾军心;今又～,可以斩之。"明汤显祖《邯郸记》一九出:"说他贿赂番将,佯输～,虚作军功。"清《荡寇志》八七回:"明日交锋,永清～受擒便了。" ❷指显示阵势给对方看。明《二刻拍案惊奇》卷一〇:"只要起了官司,我们打点的打点,～的～,这边不着那边着,好歹也有几年缠帐了。"

【卖珠婆】 mài zhū pó 兜售珠宝首饰的妇人。宋佚名《张协状元》三五出:"〔末白〕其次村里汉、外方人及妇女,莫容它来。〔净〕晓得了,还是～、牙婆、看生婆,不要它来。"

【卖主】 mài zhǔ 买卖中售出的一方。《元史·刑法志二》:"诸典卖田宅,从有司给据立契,买主～随时赴有司推收税粮。"明《禅真后史》一二回:"其价银～止收三十两,已外正契所餘之物,立刻三股均分。"清《康熙起居注·康熙十年》:"如此情弊,察出应将～一并从重治罪。"

【卖嘴】 mài zuǐ ❶犹"卖口"。元曾瑞《喜春来·闺怨》:"休～,暗有鬼神知。"明《绣榻野史》卷上:"只是你放出手段弄得他,到明日待我笑他,不要等～才好。"清《平山冷燕》一六回:"若不取辱他一场,使他心服,他未免要在人前～。" ❷指以口谈谋生。明陈与郊《袁氏义犬》一出:"我因发大慈悲心,化作一个～的先生,日日在十字街头,随人转化。"王衡《郁轮袍》二折:"〔当直〕惶恐惶恐!……哥,恁是谁?莫非是东街上～的黑面王么。〔推〕是是。〔当直〕卖了多时嘴。只得这一顶碗头帽。"

【脉络】 mài luò ❶中医指人体的血脉和经络。中医脉、络的概念出现很早,但是相连成词则在唐代以后。宋苏轼《赠眼医王彦若》:"针头如麦芒,气出如车轴。间关～中,性命寄毛粟。"明张介宾《类经》卷三:"三焦气治,则～通而水道利。"清《聊斋志异·贾奉雉》:"但觉清香满室,脏腑空明,～皆可指数。" ❷山的主脉支脉、地貌起伏、地理走向以及它们之间的关系等。唐杨筠松《葬法倒杖》:"挨其弦则～不到,就其顶则气势猖强。"元杨维桢《送何心传序》:"卜其兆成,以为藏者安,不可无也;卜其～形胜,以为生者贫贱富贵寿夭贤昏之辨,则未必有也。"明郑岳《山翁乐丘记》:"壶山,莆巨望也。余尝陟其巅,穷其～。" ❸水的主流支流及相互关系。宋楼钥《它山堰》:"支流弥弥穿郡城,～贯通平且缓。"明《于少保萃忠全传》二四传:"复往大河,过濮范,始回舟。其地形源流～,皆得之于心。"清汤斌《答孙屺瞻侍郎书》:"再由湖归河，以入新开海口，条分缕析，～分明。” ❹ 植物的根茎组织和叶子、花瓣等上的筋。宋苏辙《服茯苓赋并叙》：“于是求之名山，屑而瀹之，去其～，而取其精华。”明李时珍《本草纲目》卷一七上：“附而散生者，为漏篮子，皆～连贯，如子附母。”清纪昀《阅微草堂笔记》卷二：“忽生牡丹二朵，一紫一碧，瓣中～如金丝。” ❺ 比喻事物的联系或条理。唐杜牧《杭州新造南亭子记》：“子烈少游其地，委曲知其俗。蠹人者剔削根节，断其～，不数月人随化之。”宋《朱子语类》卷一〇：“读书，须是看着他那缝隙处，……看见缝隙时，～自开。”明王守仁《处置八寨断藤峡以图永安疏》：“此镇一立，则各贼之～断，咽喉绝。” ❻ 比喻帝王、学派、家族的世系。宋李公昴《水调歌头·寿参政徐意一》：“续得紫阳～，了却西山事业，舟楫济商川。”明《封神演义》六回：“我只欲以此剑镇灭妖氛，稍延成汤～，孰知大数已去，将我此剑焚毁。” ❼ 比喻诗文的布局和条理。宋胡仔《苕溪渔隐丛话》后集卷六：“诗意～贯穿，并优于词。”明宋濂《杜诗举隅序》：“虽长篇短韵，变化不齐，体段之分明，～之联属，诚有不可紊者。”清《镜花缘》四一回：“又得史氏、哀氏两个才女，寻其～，疏其神髓，绎出诗句，竟可盈千累万，使苏氏当日制图一片巧思，昭然在目。”

【脉门】 mài mén 中医切脉之部位，在手腕内侧。明《封神演义》一六回：“子牙一把将妖精的寸关尺～揝住，将丹田中先天元气运上火眼金睛，把妖光钉住了。”清《红楼梦》五七回：“用手向他～摸了摸，嘴唇人中上边着力掐了两下。”

【脉息】 mài xī ❶ 脉搏的状况；脉象。唐高彦休《阙史》卷下：“则以前药复滴于鼻，须臾忽苏，黎明则～续矣。”元马致远《寿阳曲》：“相思病，怎地医？只除是有情人调理。相偎相抱诊～，不服药自然圆备。”清《儒林外史》一五回：“医生说～不好，已是不肯下药。” ❷ 指切脉诊病的医术。清《红楼梦》四二回：“当日太医院正堂王君效，好～。”《后红楼梦》一一回：“小的听说大街上到了一位广东的名医汪大夫，～、药味儿通好。”

mān

【颟顸】 mān hān ❶ 面大貌。五代和凝《宫词》之一二：“～冰面莹池心，风刮瑶阶腊雪深。”宋郑思肖《王初平牧羊图》：“相逢不是牧羊客，白石～冷笑君。”《集韵·桓韵》：“颟，～，大面。” ❷ 糊涂；马虎。宋《大慧禅师语录》卷一〇：“南泉打破闲家具，浩浩诸方作话看。今日为君重举过，明明历历不～。”清《歧路灯》一〇六回：“一凡经手钱粮仓库诸有亏欠之处，但糊涂牵拉，搭配找补，想着～结局。”

mán

【埋冤】 mán yuān 同“埋怨”。宋王阮《再题用前韵》：“犬认行踪增踊跃，燕惊离恨苦～。”金《董解元西厢记》卷四：“莺莺感此，阁不定粉泪涟涟，吞声窨气～。”清《野叟曝言》二六回：“大奶奶～春红道：‘你这张嘴生来是这样厂的！’”

【埋怨】 mán yuàn 责备；抱怨。元关汉卿《拜月亭》四折：“我眼悬悬整盼了一周年，你也枉把您这不自由的姐姐来～。”明张岳《苗贼突劫思州疏》：“后因库藏空虚，民户寡少，无所大获，各相～。”清《红楼梦》三七回：“众人见他这般有趣，越发喜欢，都～昨日怎么忘了他。”

【蛮】 mán ❶ 粗笨；不灵巧。元明《水浒传》六一回：“这个道童又聋又哑，只有一分～力气。”清《隋唐演义》五六回：“瞥眼见侧边两块大～石在傍，约有一二千斤重。”《野叟曝言》六〇回：“秋香颇有～力，怎反不如小瓕？” ❷ 粗野；蛮横。也指这样的行为或做出这样的行为。明沈自徵《鞭歌妓》：“这样～婢，一剑挥之两段！”《型世言》二七回：“打杀人也要偿命，不要～！”清陈端生《再生缘》三一回：“虽多暗忌嫔妃等，却未尝，任意胡为动了～。” ❸ 指野蛮无理的人。宋元《古今小说》卷二四：“大伯是山东拗～，老媳妇没兴，嫁得此畜生。” ❹ 胡乱；不循规章或情理。明汤显祖《南柯记》二一出：“飞天过海儿桩桩，～放。下乡油得嘴光光，销旷。”《拍案惊奇》卷二九：“又恐怕张幼谦出去，被他两家气头上～打坏了。”清《姑妄言》一〇回：“我们只是这样～吃，一点趣味也没有。” ❺ 指南方口音。清《醒世姻缘传》三五回：“他平日假妆了老成，把那眼睛瞅了鼻子，口里说着～不～侉不侉的官话。”龚自珍《附录某生与友人书》：“小婢口齿～复～，秋衫红泪潸复潸。” ❻ 程度副词。很。明卢柟《想当然》二九出：“两边廊房，三尊～高的佛爷。”清《醒世姻缘传》五回：“三间高高的门楼，当中～阔的两扇黑漆大门。”《蜃楼志》一二回：“见一个竹根胡子、铜铃眼睛、～长～大的丑和尚抱了自己，料想没甚好处。”

【蛮缠】 mán chán 胡乱纠缠。清《好逑传》一三回：“一味～拿不稳，全靠威风多受损。”《红楼梦》一一四回：“偏有个糊涂行子又在这里～，你想有什么法儿！”《歧路灯》四〇回：“晚间又盘问这宗银子，滑氏一味～。”

【蛮触】 mán chù 比喻为小事而争斗者。也指为小事而争斗。典出《庄子·则阳》：“有国于蜗之左角者，曰触氏；有国于蜗之右角者，曰蛮氏。时相与争地而战。”唐白居易《禽虫十二章》之七：“蟭螟杀敌蚊巢上，～交争蜗角中。”明徐复祚《投梭记》二三出：“想昆明劫灰飞几番～，更槐宫许多蚁聚。”清纪昀《阅微草堂笔记》卷七：“顾乃于电光石火之内，更兴～之兵戈，不梦中梦乎？”

【蛮果】 mán guǒ ❶ 指南方的水果。宋苏轼《正月二十四日寄迈迨》：“栖禅晚置酒，～粲蕉荔。”元吕诚《竹枝歌》之二：“铜柱山前铜鼓声，野花～不知名。”清查慎行《午日沅州道中》：“～枇杷熟，山花躑躅多。” ❷ 广东人称外省人。清屈大均《广东新语》卷一一：“谓外省人曰～。”

【蛮牛】 mán niú 指粗笨的人。明《型世言》二一回：“外边家人正是徐豹，是个～，爱姐也与他酒吃。”清《天豹图》二七回：“见了心中气忿不过，恨不得一刀杀死这老～。”

【蛮奴】 mán nú ❶ 指婢仆、舞姬。唐皮日休《春夕酒醒》：“四弦才罢醉～，醽醁餘香在翠炉。”宋周密《武林旧事》卷一：“又命象院教象前导朱旗，以二金三鼓为节，各有袱头紫衣～乘之。”清田雯《仆逃》之一：“～散去竟何之，冷落休官异往时。” ❷ 对落后部族人的蔑称。明朱国祯《涌幢小品》卷二四：“～若晓礼义，必不为此。”《西洋记》六五回：“～敢如此诡诈，闪我一个空。”清《隋唐演义》八〇回：“如何反看上了那塞外～安禄山，与之私通。”

【蛮牌】 mán pái ❶ 白藤制的盾牌。白藤，南方所产，故称蛮牌。宋孟元老《东京梦华录》卷七：“有花妆轻健军士百餘，前列旗帜，各执雉尾、～、木刀。”元明《水浒传》六八回：“原来李逵但是上阵，便要脱膊，全得项充、李衮～遮护。”清《荡寇志》一一八回：“浓烟中杀出一彪～兵，个个蓝面赤发。” ❷ 执蛮牌表现格斗场面的一种舞蹈。宋吴自牧《梦粱录》卷二〇：“百戏踢弄家……舞判官、斫刀、～、过刀门、过圈子等。”

【蛮皮】 mán pí 顽劣；不听话。明《山歌·镬子》：“前月个做分子烧，难为子柴火。咦道是我～了，弗替你搭当心。”《西游记》一八回:“你那个～畜生,怎么不去寻人,又回来做甚?”清《野叟曝言》一二三回:“我因他～勇力,竟忘他是八岁的孩子!”

【蛮声】 mán shēng ❶指南方少数民族的乐声。唐张籍《送郑尚书出镇南海》:“～喧夜市,海色浸潮台。”宋汪元量《莺啼序·宫中新进黄莺》:“烟窗分影光阴里,听～,似怨还如诉。” ❷形容南方人说话的声气。《元曲选·青衫泪》三折:“听不上～獠气,倒敢恁烦天恼地。”明《金瓶梅词话》六四回:“西门庆道:‘是一班海盐戏子。’薛内相道:‘那～哈剌,谁晓的他唱的是甚么!’”

【蛮子】 mán zi ❶北方人对南方(包括南方少数民族)人的称呼,多带鄙视语气。宋苏轼《鱼蛮子》:“异哉鱼～,本非左衽徒。”《元曲选·青衫泪》三折:“老虔婆和那～设计,送到相公一封书,说相公病危死了。”清《醒世姻缘传》五三回:“说是跟了个卖葛布的～去了。” ❷对男子的詈称。宋元《清平山堂话本·错认尸》:“周氏叫小二到床前,便道:‘……今夜就和你做了夫妻,好么?’小二道:‘不敢!’周氏骂了两三声:‘～!’”元明《水浒传》二七回:“这等肥胖,好做黄牛肉卖;那两个瘦～,只好做水牛肉卖。”清《隋唐演义》四四回:“贾润甫眼快,认得是程知节,故意道:‘咄,剪径贼,你认得我秦叔宝么?’知节笑道:‘好～,假冒咱哥名字来吓我哩!’”

【谩裹】 mán guǒ 把皮革绷裹在鼓框上。谩,通“鞔”。明陈铎《朝天子·鼓铺》:“杉板儿锯梭,牛皮儿～,造就团圞货。”

【谩糊】 mán hú 欺蒙;糊弄。《祖堂集》卷一三《招庆和尚》:“若委落处,出来大家证明;若无,一时～去也!”又卷一八《仰山和尚》:“此是～达摩,带累祖宗,合吃其铁棒。”

【谩唬】 mán hǔ 欺骗;哄骗。宋张先《生查子》:“当初相见时,彼此心萧洒。近日见人来,却恁相～。”金《刘知远诸宫调》一一:“金印奴家紧藏着,休疑怪不与伊呵,又怕是脱空～我。”

【谩昧】 mán mèi 瞒骗。《五灯会元》卷一九《径山宗杲禅师》:“实不敢～老师,此是竹庵和尚教某恁么道。”宋苏轼《乞不给散青苗钱斛状》:“亦有无赖子弟,～尊长,钱不入家。”元《长清灵岩寺令旨碑》:“休～欺付者,休推是故取问要东西者。”

【谩语】 mán yǔ 说谎;胡说。《敦煌变文校注》卷一《捉季布传文》:“圣明天子堪匡佐,～君王何足论!”《五灯会元》卷一〇《章义道钦禅师》:“僧问:‘百年暗室,一灯能破时如何?’师曰:‘莫～!’”明于慎行《穀山笔麈》卷一五:“过武则天陵,不可指议,如有～,辄以雷雨报之。”

【馒首】 mán shǒu 即“馒头”。元刘祁《归潜志》卷六:“时共食猪肉～。”明《西洋记》一七回:“须则是饮小人以酒,饱小人以肉,又饱小人以～。”清《绿野仙踪》一二回:“于冰要了一壶酒,一盘素菜,几个～。”

【馒头】 mán tou 面粉发酵蒸制的食品,形圆而隆起。本有馅,今北方则无馅。唐蒋贻恭《咏安仁宰捣蒜》:“半破磁缸成醋酒,死牛肠肚作～。”元张国宾《薛仁贵》三折:“煮炸了些祭奠茶食,有些个菜～、瓢漏粉、鸡豚狗彘。”清《红楼梦》二六回:“谁蒸下～等着你,怕冷了不成!”

【瞒】 mán 另见 mén。❶欺骗;隐瞒。唐寒山《我见瞒人汉》:“我见～人汉,如篮盛水走。”宋佚名《张协状元》二出:“大家雅静,人眼难～,与我分个令利。”清《红楼梦》六一回:“什么事～的过我。” ❷(用皮、布等)绷、罩。瞒,通“鞔”。元孙叔顺《点绛唇·咏教习鼓诉冤》:“若是再一～上,将来又吃搞。”明冯惟敏《僧尼共犯》四折:“新偏衫～成鞋底,旧袈裟改做中衣。”《西游记》七二回:“一个个腰眼中冒出丝绳,有鸭蛋粗细,骨都都的,迸玉飞银,时下把庄门～了不题。” ❸顺;从。明《西游记》二四回:“把一个金击子,～窗眼儿丢进他道房里。”清《赛红丝》一回:“好姐夫,那里去来? 怎就～门过,不值得进来看看小弟?”

【瞒藏】 mán cáng 藏匿;隐瞒。明《金瓶梅》七八回:“若遇着买花儿东西,明公正义问他要,不恁瞒瞒藏藏的。”清《醒世姻缘传》六六回:“你既叫这孩子替你～,你陪个软儿央及他才是。”《霓裳续谱·莺莺腮含着笑》:“你仔细说来,莫要～。”

【瞒儿】 mán ér 我。宋陈元靓《事林广记》续集卷八《绮谈市语》:“相逢闲暇时,有闲底打唤～。”元孙叔顺《点绛唇·咏教习鼓诉冤》:“怎比恁那悠悠吹画角,也每不汤着不动着,教～满腹中恶气怎生消。”刘庭信《夜行船·青楼咏妓》:“非～黑心,怎当那冷撒唔柳青晔。”明佚名《墨娥小录》卷一四《行院声嗽》:“我:～。”

【瞒哄】 mán hǒng 哄骗。明《词林一枝·时尚楚歌》:“想当初老实痴呆,谁猜你是个裙钗。这场～真奇怪。”清《八旗通志》卷一四五:“被家人始终～,竟无见闻。”《歧路灯》一二回:“这银价二十两,媒婆～暗扣,说合明讨。”

【瞒落】 mán luò 隐瞒留下。《元典章·户部八》:“管课官若有侵欺～官课者,监收取招,追征正赃。”明《醋葫芦》一一回:“掇出一箱子纸札,一一抄誊名目,分文也不～。”

【瞒昧】 mán mèi 隐瞒;欺骗。宋郑侠《放税钱三十文以下》:“上下通同～朝廷,乃以诸门近多饶税,以致大亏折。”明李开先《宝剑记》二三出:“一路平安,两地相思,详诉,休～。”清《春柳莺》五回:“他怎敢～老先生。”

【瞒天】 mán tiān ❶蒙骗上天。《五灯会元》卷一八《道场居慧禅师》:“百尺竿头弄影戏,不唯瞒你又～。”元刘时中《端正好·上高监司》:“殷实户欺心不良,停塌户～不当。”清《歧路灯》四六回:“强索赌债,彼此争执,还敢胆大～来告谎状!”《续金瓶梅》六二回:“因何这些众生明明对着天地鬼神、风雨雷电,多有行那亏心昧己、～杀人的事?” ❷蒙天;漫天。明李梅实《精忠旗》三三出:“雄心更长,缩地～归掌。”《西游记》七二回:“脐孔中骨都都冒出丝绳,～搭了个大丝篷。”《梼杌闲评》四二回:“纵教布定～网,难把娇鸾雏凤擒。”

【瞒心】 mán xīn 昧着良心。宋觉范《林间录》卷上:“但莫～,心自灵圣。”元关汉卿《金线池》二折:“到处里停眠整宿,说着他～的谎、昧心的咒。”清《醒世姻缘传》九一回:“他们却～昧己,不论自己,只笑他人。”

【瞒隐】 mán yǐn 隐瞒。宋胡太初《昼帘绪论》:“官额之所以不登者,商贾～尔。”《明会典》卷二〇:“或诡寄田地,飞走税粮;或～丁口,脱免差徭。”清《东周列国志》一三回:“寡人已尽知之,休得～!”

【瞒怨】 mán yuàn 同“埋怨”。清《聊斋俚曲·增补幸云曲》:“有烦恼积心间,我好将谁胡～?”《霓裳续谱·碧草迷芳径》:“愁无限,皱眉峰,空～,枉劳神。”《幻中游》一一回:“这原是数该如此,也不～先生。”

mǎn

【满】 mǎn 另见mén。❶达到期限或量限。唐白居易《酬吴七见寄》:“不知有何过,谪作人间仙。常恐岁月～,飘然归紫烟。”宋元《警世通言》卷八:“原来郡王当日尝对崔宁许道:‘待秀秀～日,把来嫁与你。’”清方成培《雷峰塔》二八出:“今已数～,等许宣来时,付钵与他。” ❷全;遍。唐韦应物《和李二主簿》:“～城怜傲吏,终日赋新诗。”明《金瓶梅词话》五八回:“大红段子新鞋儿上，～帮子都展污了。”清李玉《清忠谱》一二折：“〔小生跌闷在地，渐醒介〕爹爹那里去了？那里去了？〔～场奔望介〕” ❸空；徒然。满，通“漫”。唐王梵志《差着即须行》：“进退不由我，何须～忧惧？”

【满把】 mǎn bǎ 盈把；满满一把。唐白居易《因沐感发寄朗上人》之二：“渐少不～，渐短不盈尺。”元张可久《春思》：“鲛绡帕，泪痕～，人似雨中花。”清《绮楼重梦》一七回：“谁知小钰捧上一～铁子儿，把众倭兵的贼眼珠都打瞎了。”

【满抱】 mǎn bào ❶满身；满怀。宋佚名《洞仙歌》：“月下归来、乘露冷，赢得清香～。”明顾起纶《国雅品》：“沈姚少时同学，分题娈童，沈云：‘珊瑚枕上堕犀簪，～温香袭翠衾。’”木公恕《采莲词》之一：“石榴裙卷足如霜，折得红莲～香。” ❷满腔。《敦煌变文校注》卷五《维摩诘经讲经文（一）》：“凝思而惆怅盈怀，暗想而呜呼～。”宋赵长卿《青玉案·春暮》：“～离愁推不去。”明王行《题自作画》：“都将～林泉兴，付与闲窗墨半池。” ❸张开双臂才能抱住，多形容婴孩胖。《元曲选外编·伊尹耕莘》一折：“十月满足，生了这个～的孩儿。”明《金瓶梅词话》四〇回：“如今生了好不丑～的小厮儿。”清方成培《雷峰塔》二九出：“喜得生下个～孩儿。”

【满池娇】 mǎn chí jiāo 图案名，描绘池塘中的花鸟景色或荷花之状。宋吴自牧《梦粱录》卷一三：“挑纱荷花、～、背心儿、细巧笼仗、促织笼儿、金桃、陈公梨、炒栗子、诸般果子及四时景物，预行扑卖，以为赏心乐事之需耳。”《元曲选·㑳梅香》一折：“这香囊儿上绣着一把莲～，更有两个交颈鸳鸯儿。”清《后红楼梦》一八回：“还有梨香院的芳官、龄官一班女孩子同些小丫头们扎了些鱼灯、滚灯、狮象兔鹿虎豹灯、小红鞋儿香袋灯、关刀月斧灯、大方胜～。”

【满处】 mǎn chù 到处。清洪昇《长生殿》四九出：“淅剌剌～西风，都送与愁人消受。”《都是幻·写真幻》四回：“但见～俱是画图。”《姑妄言》一〇回：“你想起甚么来，这样好笑？把酒喷得～。”

【满泛】 mǎn fàn （酒）满杯。也指斟满（酒）。泛，通“㲂”，量酒器。宋李曾伯《水龙吟·席间诸公有赋再和》：“羔儿～，狮儿低唱。”元童童学士《斗鹌鹑·开筵》：“昼锦堂筵开玳瑁，玻璃盏～流霞。”清《飞龙全传》三九回：“柴荣～金杯，双手递与匡胤。”

【满服】 mǎn fú 服丧期满。清《红楼梦》一〇八回：“琴姑娘为他公公死了尚未～，梅家尚未娶去。”《姑妄言》一三回：“后来～起补，他拜在魏珰门下。”

【满话】 mǎn huà 不留餘地的话。明温璜《温氏母训》：“薄福人勿说～，职业人勿说闲话。”《醒世恒言》卷三四：“不知有甚缘故，说这般～？”清《野叟曝言》一二回：“天下能者尽多，刘兄怎便说此～？”

【满家】 mǎn jiā 全家。宋《三朝北盟会编》卷一九五：“金人不道，杀我～良贱。”明贾仲明《萧淑兰》二折：“夜来清明，～上坟。”清《红楼梦》七三回：“你～子算一算，谁的妈妈奶子不仗着主子哥儿多得些益？”

【满口】 mǎn kǒu 口口声声；一口。唐王建《新嫁娘词》之一：“郎来傍门户，～索钱财。”《五灯会元》卷一六《白兆圭禅师》：“诸人每日行时行著，卧时卧著，坐时坐著，只对语言时～道著。”清《红楼梦》一回：“你～说些什么？”

【满门】 mǎn mén 整个家族或家庭；一门。《元曲选·赵氏孤儿》楔子：“将赵盾三百口～良贱，诛尽杀绝。”明《金瓶梅词话》五六回：“别来思，不待言。～儿托赖都康健。”清吴绮《下侍中墓》：“～白骨忠臣泪，一片青山圣主恩。”

【满拟】 mǎn nǐ 满打算；一心以为。宋王质《次虞枢密九日登高韵》：“～重阳醉菊觞，花时多已过重阳。”明王錂《寻亲记》一七出：“～终身同白首，争知撒手卧黄沙。”《欢喜冤家》一八回：“随唤船来，～到城门边上岸，走回家罢。”

【满搦】 mǎn nuò 犹“满把”。形容女子腰细。宋柳永《斗百花》之三：“～宫腰纤细，年纪方当笄岁。”元詹正《清平乐》：“东风～腰支，阶前小立多时。”

【满盘】 mǎn pán 全盘；整个棋局。喻指全局或全部。明孙柚《琴心记》二六出：“一着之差，～俱废。”《二刻拍案惊奇》卷二一：“无尘见～托出，晓得枉熬刑法，不济事了。”清《荡寇志》一〇五回：“那时鲁、武、李三人必不生还，而我又连失三城，兼且清真山未必救得，～败着矣。”

【满拚】 mǎn pīn 不惜付出；豁出去。明凌义渠《夜坐赋伤心行》之二：“～三万日，一一叩遗音。”无心子《金雀记》一二出：“总然犯法违条，～弃此官诰。”清《说岳全传》一四回：“一人一骑独踹王善的营盘，～一死。”

【满破】 mǎn pò 充其量；大不了。明《金瓶梅词话》二〇回：“一件九凤甸儿，～使了三两五六钱金子勾了。”清《红楼梦》五五回：“剩下三四个，～着每人花上一万银子。”又：“不过零星杂项，便费也～三五千两。”

【满前】 mǎn qián 满布身前或眼前。唐韩愈《与崔群书》：“小儿女～，能不顾念！”宋张耒《题寿阳楼》之二：“谁谓～风景好？古今供作别离愁。”明汤显祖《南柯记》三四出：“筵席上金杯～离恨端。”清《野叟曝言》六七回：“山珍海味，堆设～。”

【满腔】 mǎn qiāng ❶布满空腔或空间。宋王沂孙《高阳台·纸被》：“霜楮刳皮，冰花擗茧，～絮湿湘帘。”明罗玘《送周草庭任云南佥事》：“我愿草庭子，生意怕～。乃持剪伐具，去我天一方。” ❷整个胸腔；满怀。宋叶绍翁《四朝闻见录》卷一：“象山之学杂乎禅，考亭谓陆子静～子都是禅，盖以此。”明《禅真逸史》六回：“锺守净～心事，被赵婆一言道着。”清《霓裳续谱·深闺静悄》：“～幽恨有谁知？” ❸到顶；充其量。明梁辰鱼《浣纱记》三二出：“常年谷价～三钱一石，今每石到多了七钱。”

【满情】 mǎn qíng 完满无缺的人情。清《红楼梦》一五回：“凡丧仪大事虽妥，还有一半点小事未曾安插，可以指此再住一日，岂不又在贾珍跟前送了～。”

【满堂红】 mǎn táng hóng 一种有长柄可置于厅堂的烛灯。宋元《清平山堂话本·李翠莲》：“红纸牌儿在当中，点着几对～。”明《西游释厄传》卷三：“那妖躲过，拿起插烛的～，大战一场。”清《续金瓶梅》二三回：“前厅唱闹饮酒，点起～灯烛。”

【满天星】 mǎn tiān xīng ❶眼冒金星的感觉。《元曲选·昊天塔》四折：“先摔你个～，休怪俺出家人没的这慈悲性。”明《二刻拍案惊奇》卷一四：“先是一掌打去，把县君打个～。”《禅真逸史》一〇回：“即伸手将阿保照脸打一个～。” ❷花炮名。清《红楼梦》五四回：“又有许多的～、九龙入云、一声雷、飞天十响之类的零碎小爆竹。”

【满心】 mǎn xīn ❶一心；一门心思。明《拍案惊奇》卷三三：“原来杨氏的女儿已赘过女婿，～只要把家缘尽数与他。”清《霓裳续谱·春色儿娇》：“他可～里要扑，扑也是扑不着。”《野叟曝言》四二回：“且～欲嫁一个风流才子，那里把洪儒看得入眼。” ❷满意；（心意）满足。清《醒世姻缘传》八一回：“诈了人家这们些钱，还不～呀！”《后红楼梦》一七回：“这里焦大，直打的～足意，方才肯饶了他。”

【满意】 mǎn yì ❶犹"满心❶"。《敦煌变文校注》卷五《维摩诘经讲经文(一)》:"～尽希倾法雨,一心专望振春雷。"明汤显祖《牡丹亭》四四出:"俺～儿待驷马过门,和你离魂女同归气高。"清《姑妄言》一三回:"这次～要来绰趣,不意败兴而返。" ❷犹满眼。宋徐葳《漾花池》:"窗前尽日无人到,只有荷花～红。"金元好问《鹧鸪天》:"我与盘山疏一月,黄花～绕荒城。"元王旭《大江东去》:"万里行装无别物,～风云泉石。"

【满饮】 mǎn yǐn 喝干一整杯酒;斟满饮干。唐白居易《和东川杨慕巢》:"应须引～,何不放狂歌。"《元曲选·墙头马上》四折:"他那里做小伏低劝芳醑,将一杯～醉模糊。"清《隋唐演义》二八回:"是谁唱一个新词,朕即～三巨觥。"

【满月】 mǎn yuè ❶指婴儿出生满一个月。唐白居易《小岁日喜谈氏外孙女孩满月》:"新年逢吉日,～乞名时。"明《古今小说》卷三〇:"明旦分娩一子,生得眉清目秀,父母皆喜。三朝～,百日一周,不在话下。"清袁枚《子不语》卷二二:"葛怜儿甫～,不胜粗麻,易细麻与着。" ❷指结婚满一个月。宋孟元老《东京梦华录》卷五:"(娶妇)一月则大会相庆,谓之～。"明《山歌·嫁》:"嫁出囡儿哭出子个浜,掉子村中恍后生。三朝～我搭你重相会,假充娘舅望外甥。"清《儒林外史》三六回:"合起来就娶了亲,夫妇两个仍旧借住在祁家,～之后就去到馆。"

【满载】 mǎn zài 运输工具装满了东西。唐李白《叙旧赠江阳宰陆调》:"多酤新丰醁,～剡溪船。"明郎瑛《七修续稿》卷二:"得志之贼,～遁去。"清《东周列国志》七回:"大军奏凯,～而归。"

【满志】 mǎn zhì 满意。唐权德舆《奉送崔二十三丈》:"或囿于利欲,四顾～;或没于党类,不能自还。"明《拍案惊奇》卷一六:"灿若三场～,正是专听春雷第一声。"清《聊斋志异·葛巾》:"寇不～,欲焚楼。"

【满足】 mǎn zú ❶达到一定的期限或限度。《敦煌变文校注》卷二《庐山远公话》:"十月～,生产欲临。"明贾仲明《金安寿》一折:"他如今业缘～。铁拐李,你须直到人间,引度他还归仙界。"清陈端生《再生缘》三八回:"我解京时甥带孕,已经～要临盆。" ❷圆满;充足。宋秦观《喜迁莺》:"百岁里,庆团圞长似,冰轮～。"清《红楼梦》七六回:"大约一年之中,通共也只好睡十夜～的。"《万花楼》五三回:"偏偏郭槐精神～,虽则八旬之人,健旺胜于少年。"

【满纂】 mǎn zuàn 满打满算。明《金瓶梅词话》二〇回:"就是揭实枝梗,使了三两金子～。绑着鬼,还落他二三两金子。"又八七回:"我今胡乱与他一二十两银子,～就是了。"

màn

【谩】 màn ❶空;徒然。唐戴叔伦《塞上曲》之一:"汉祖～夸娄敬策,却将公主嫁单于。"《五灯会元》卷一四《芙蓉道楷禅师》:"龙吟徒侧耳,虎啸～沉吟。"清洪昇《长生殿》三七出:"～回首,梦中缘,花飞水流。" ❷恣意;胡乱。《敦煌变文校注》卷四《破魔变》:"魔女不信世尊之言,～发强词,轻恼于佛。"宋叶绍翁《四朝闻见录》卷三:"因问厥值,售者～索钱万。"清《东周列国志》六八回:"问我何往,我～应以将讨叛奴。" ❸随便;随意。宋苏轼《答李康年书》:"要跋尾,～写数字,不称妙笔。"明张居正《乞鉴别忠邪以定国是疏》:"今谓皇上～不经意,一切委之于臣,何其敢于厚诬皇上耶?"清《东周列国志》三三回:"君之至此,亦是鹿上先有成议,非寡人之～约也。" ❹莫;休要。唐白居易《送河南尹冯学士赴任》:"～夸河北操旄钺,莫羡江西拥旆旌。"清洪昇《长生殿》四六出:"这花啊,不学他老瞿昙对迦叶糊涂笑拈,～劳他诸天女访维摩撒漫飞旋。" ❺姑且。清李玉《清忠谱》七折:"〔旦〕～将冷眼观螃蟹,〔合〕看彼横行到几时。"

【谩道】 màn dào 犹"谩说"。唐范摅《云溪友议》卷中:"文章～能吞凤,杯酒何曾解吃鱼?"明汤显祖《南柯记》三出:"～是帝虎人龙,立定朝仪。区区,也教分取河山王气。"清陈端生《再生缘》二四回:"～圣明天子怒,况兼是,老师怎样嫁门生?"

【谩且】 màn qiě ❶姑且;且。宋许叔微《类证普济本事方》卷九:"今已经吐下,难于用药,～救之。"《朱子语类》卷八:"今人为学,多只是～恁地,不曾真实肯做。"明佚名《鸣凤记》一八出:"～思量,想是他,酒醒春色生微恙。" ❷莫;休要。明邵璨《香囊记》二九出:"女娘～来聒炒!女娘～来聒炒!"

【谩说】 màn shuō 休说。用于转折复句,表示让步。唐张祜《寓居临平山下》之一:"人间～多歧路,咫尺神仙洞却迷。"明陈与郊《袁氏义犬》五出:"～当年培植,只绛帐华筵,可怎地尽情忘记?"清《痴人福》二回:"～是呆郎婿,高骑骏马;何曾见轻裘子弟,貌似花容。"

【漫】 màn ❶同"谩❶"。唐王梵志《兀兀贪生业》:"～作千年调,活得没多时。"元明《三国演义》三二回:"空招俊杰三千客,～有英雄百万兵。"明李梅实《精忠旗》二六出:"不得把残躯随帝辇,～教他衔恨黄泉!" ❷同"谩❷"。唐赵璘《因话录》卷四:"李骂云:'头钱价奴兵,辄冲官长。'负者顾而言曰:'八钱价措大,～作威风。'"《敦煌变文校注》卷三《燕子赋(二)》:"薄媚黄头雀,便～说缘由。"清纪昀《阅微草堂笔记》卷一二:"会阍者启事,问:'主人安在?'一僮故与阍者戏,～应曰:'主人方拥尔妇睡某所。'" ❸同"谩❸"。唐杜甫《闻官军收河南河北》:"却看妻子愁何在,～卷诗书喜欲狂。"《辽史·耶律韩八传》:"帝微服出猎,见而问之曰:'汝为何人?'韩八初不识,～应曰:'我北院部人韩八。'"清方成培《雷峰塔》一七出:"闲驯白鹿,衔芝草以遨游;闷看青禽,啄娇枝而～戏。" ❹同"谩❹"。唐杜甫《一百五日夜对月》:"牛女～愁思,秋期犹渡河。"宋陈允平《塞垣春》:"念徽容,都消瘦,～将纨素描写。"清《聊斋俚曲·富贵神仙》:"～怕他,明明的张鸿渐来了家,怕他怎的!" ❺同"谩❺"。唐唐彦谦《高平九日》:"偶逢佳节牵诗兴,～把芳樽遣客愁。"宋洪迈《夷坚志》支戊卷五:"酒罢,袖出官券二百千畀之,曰:'知八郎家贫,～以为助。'"清纪昀《阅微草堂笔记》卷一七:"日已暮,风云并作。遥见山谷有灯光,～往投止。" ❻全(无);一点(不)。唐刘言史《放萤怨》:"且逍遥,还酩酊,仲舒～不窥园井。"宋洪迈《夷坚志》支乙卷六:"至于服靡啖肥,耽嗜醇酒,情欲所肆,～不省择。"清《绿野仙踪》二一回:"岂肯容留大盗住二三年,还～无访闻么?" ❼沿;顺。唐刘长卿《奉送从兄罢官之淮南》:"溪路～冈转,夕阳归鸟斜。"明《西游记》二一回:"行者～门缝儿钻将进去,原来是个大空园子。"清《醒世姻缘传》三八回:"你这不去,惹的大的们恼了,这才～墙撩胳膊,丢开手了。" ❽放纵;散漫;无所约束。唐郑处诲《明皇杂录》卷上:"萧颖士开元二十三年及第,恃才傲物,～无与比。"李肇《国史补》卷上:"(元结)渔者呼为聱叟,酒徒呼为～叟,及为官,呼为～郎。"清《红楼梦》二回:"所餘之秀气,～无所归,遂为甘露,为和风。" ❾同"幔❷"。唐张鷟《朝野佥载》卷六:"唐宣城公主驸马裴巽有外宠一人,公主遣阉人执之,截其耳鼻,剥其阴皮～驸马面上。"元郑廷玉《看钱奴》二折:"(雪)似银沙～了山海,琼瑶砌世界。"明《西洋记》七回:"一个人手里一面渔阳鼓,长老道:'这也是杂皮儿～的。'" ❿同"幔❸"。明《金瓶梅词话》三五回:"客位与卷棚,

～地尺二方砖，还得五百，那旧的都使不得。"《西洋记》八〇回："五十里路上，俱要滴溜圆的石头，～起街来。"清《红楼梦》四〇回："土地下苍苔布满，中间羊肠一条石子～的甬路。" ⓫ 蹚过；跨过。明黄元吉《流星马》三折："行过时马踏乏，是他胆大～黄沙。"《西游记》四七回："那里有甚正路，没高没低，～过沙滩。"清《续金瓶梅》六〇回："或投寺院安歇，或是搭载渔船，～山过水，走了两月有餘。" ⓬（时间）久。《元曲选外编·七里滩》三折："来了我呵，鸥鹭在滩头失惊；不见我呵，渔夫在矶台～等。" ⓭ 极力；尽力。清《聊斋志异·丁前溪》："杨困甚，无所为计。妻～劝谐丁，从之。"又《狐妾》："仆自思：初来未解装，罪何由得？无所告诉，～膝行而哀之。"

【漫笔】 màn bǐ ❶ 随意题写。宋赵与虤《娱书堂诗话》："二诗善述冷淡况味，～之。"明冯时可《雨航杂录》卷上："因览柳语有感，～于此。"清《珍珠舶》一二回："再观诗后，题着十一字云：姑苏难女杜仙珮拭泪～。" ❷ 指随意题写的文字。多用作书名。宋赵溍有《养疴～》。明陆深有《玉堂～》。 ❸ 指书写中随意带过的没有吃上墨力的笔画。清钱谦益《题丁菡生藏余尺牍小册》："北宋诸老书问修整，无一～。独王荆公不尔，观其笔札，一往似忙迫时所为。"王澍《竹云题跋》卷四："此卷圆美中有肃括意，纵横驰骋而不失绳墨，乃京兆书之绝矜炼者。中亦有一二～，不免带本来习气。"

【漫长】 màn cháng 绵延得很长。宋谭宣子《渔家傲》："目力～心力短，消息断，青山一点和烟远。"元王逢《丁卯冬季即事》："一线～迷五色，寸阴真足助三餘。"

【漫词】 màn cí ❶ 说敷衍的话，也指所说的敷衍的话。《元曲选·谢天香》一折："我道这相公不是～，你怎么不解其中意？"《明史纪事本末》卷七九："高泣谕再三，奎～以对。"清佚名《庄氏史案》："而君维即挟书入长安，草疏欲上陈。辇下诸公～慰遣之。" ❷ 无根据的话。明顾璘《东园金先生传》："入觐，言官有不悦者，～诬劾，乃改知福建延平府。"

【漫道】 màn dào 同"谩道"。宋苏轼《江神子·孤山竹阁送述古》："～帝城天样远，天易见，见君难。"明《封神演义》一一回："从来世运归明主，～岐山日正辉。"清钱谦益《和高中丞平仲乘城记事诗》之二："～无功曾使鹤，纵令有技已穷鼷。"

【漫糊】 màn hú 模糊不分明。唐白居易《和微之春日投简阳明洞天》："泉岩雪飘洒，苔壁锦～。"《太平广记》卷二八八引《广古今五行记》："忽逢一妪，年可五十餘，面作白妆，～可畏。"清史贻直《恭和御制山居元韵》："槛度微风云淡宕，峰含积翠锦～。"

【漫浪】 màn làng 散淡；随便。唐元结《与何员外书》："次山，～者也，苦不爱便事之服、时世之巾。"金蔡松年《庚戌九日还自上都》："吾曹～人，合眼松云间。"清钱谦益《永遇乐·十七夜》："折简征歌，醵钱置酒，～从他说。"

【漫骂】 màn mà 谩骂；辱骂。《旧唐书·李纲传》："高祖～之曰：'卿为潘仁长史，何乃羞为朕尚书？'"明文秉《烈皇小识》卷五："若其接待有司，箕踞～，稍不遂意，开口提参。"清郑燮《淮安舟中寄舍弟墨》："愚兄平生～无理，然人有一才一技之长，一言一行之美，未尝不啧啧称道。"

【漫坡】 màn pō ❶ 起伏较缓的斜坡。宋秦观《还自汤泉》："潦水浸生路，晴天落～。"明唐顺之《武编》前编卷三："前有～，下视敌人，其势顺利，便于驰击。"清顾祖禹《读史方舆纪要》卷一〇一："（续岭）周四十里，平冈～，或起或伏。" ❷ 满坡；遍山坡。《元曲选·渔樵记》三折："呆弟子孩儿，～里又无人，见鬼的也似自言自语，絮絮聒聒的！"明金銮《小梁州·咏渔樵耕牧》："～子管甚高低，风雨里行，山溪间睡。"《拍案惊奇》卷一四："当将此驴赶至黄铺舍，～散放了，任他自去。"

【漫然】 màn rán ❶ 随便；肆意。唐元结《漫论》："世有规检大夫持规之徒，来问叟曰：'公～何为？'"明蒋一葵《尧山堂外纪》卷九七："次日，对众官～嗔骂。" ❷ 糊涂；含糊。《新五代史·李琪传》："琪上书数千言，其说～无足取，而庄宗独称重之。"明《情史·情缘·甲乙二书生》："黑影中微辨是二女子，捧一衣包而出，即以授甲曰：'郎已至乎？便可同行也。'甲不知所为，～携之疾走。"清《隋唐演义》六一回："今～以御旨邀婚，是非使彼感君之恩，益增彼之怒。" ❸ 浩大貌。宋秦观《与子瞻会松江得浪字》："～衔洞庭，领略非一状。"清《红楼梦》一七至一八回："下面分畦列亩，佳蔬菜花，～无际。" ❹ 全然；浑然。明洪应明《菜根谭·概论》："时当喧杂，则平日所记忆者皆～忘去。"《拍案惊奇》卷一三："况乃锦衣玉食，归之自己，担饥受冻，委之二亲，～视若路人。"清《巧联珠序》："器界之内，万物并生，其初～不相接也。"

【漫散】 màn sàn 散落；分散。《初学记》卷一五引《秦州记》："泉溢，～而下，沟浍皆注。"《元朝秘史》卷三："你离了的百姓，我与你收拾；～了的百姓，我与你完聚。"清《隋唐演义》五回："且寻常盗贼，不得手便可～，这干人遵了宇文述吩咐，不杀得唐公并他家眷，怎么回话？"

【漫书】 màn shū 犹"漫笔❶"。唐孙元晏《齐郁林王》："喜字～三十六，到头能得几多时。"明刘若愚《酌中志》卷二："癸卯八月二十六日有感，援笔～。"清钱谦益《跋朱水部诰命墨刻》："窃叹于斯久矣，承水部之命，～于跋尾。"

【漫说】 màn shuō ❶ 同"谩说"。唐陈子昂《蓟丘览古·邹衍》："邹子何寥廓，～九瀛垂。"清《霓裳续谱·盼不到黄昏后》："且～是金钗，就是凰帽也是难寻。"《歧路灯》六回："今日之事，～数郡毕至，就是这本城中，也得百十席开外哩。" ❷ 胡说；妄说。《敦煌变文校注》卷四《降魔变文》："何须～灾祥起，诈伪之情行不纯。"宋朱熹《奉酬九日东峰道人溥公见赠》："三山～终无据，万法由来本自闲。"

【漫天】 màn tiān ❶ 遍天；满天。唐佚名《玉乳泉壁间诗》："骑马出门三月暮，杨花无奈雪～。"元关汉卿《单刀会》二折："他瞅一瞅～尘土桥先断，喝一声拍岸惊涛水逆流。"清《万花楼》三三回："如今限期已过，况雪霜～，众军苦寒。" ❷ 遮天；蔽天。唐张志和《鸑鷟》："翳海吞山，遏日～，其孰能大乎吾之大平者？"宋刘澜《瑞鹤仙·海棠》："夜归来，驾锦～，绛纱万烛。"清《隋唐演义》一七回："把月台上用五彩装花缎匹，搭起～帐来，遮了日色。" ❸ 形容大得没边。明《醒世恒言》卷三〇："荆棘满目，衰草～，乃是个败落花园。"《韩湘子》一〇回："汝虽然翔汉冲霄，不过是羽虫之末，有恁么手段，敢说～大话？"清《镜花缘》一一回："'～要价，就地还钱'，原是买物之人向来俗谈。"

【漫头】 màn tóu ❶ 迎头；兜头。元关汉卿《单刀会》三折："九股索，红绵套，～便起。"明薛岗《玉江引·警世》："～撒网罗，对面丢圈套。"《西游记》一八回："即使个拿法，托着那怪的长嘴，叫做个小跌，～一料，扑的掼下床来。" ❷ 满头。明《西洋记》三回："却是街上化缘的阿婆，约有八九十岁，～白雪，两鬓堆霜。"

【漫洼】 màn wā 平缓的洼地。清《聊斋俚曲·增补幸云曲》："～中夹夹马赶下咱去，飕的一箭，嗤的一声，一刀可就杀了咱了。"△《济公全传》一四二回："我保着二十万银子镖，走在这东边～里，不想出来一伙强盗。"

【漫语】 màn yǔ 戏说；胡说。唐张鷟《游仙窟》："五嫂时时～，浪与少府作消息。"《敦煌变文校注》卷三《燕子赋(一)》："雀儿打硬,犹自落谎～:'男儿丈夫,事有错误。脊被揎破,更何怕惧!'"

【漫砖】 màn zhuān 铺地的砖。《元曲选·燕青博鱼》二折:"不要你蹲着腰虚土里纵,叠着指～上墩;则要你平着身往下撇,不要你探着手可便往前分。"

【漫自】 màn zì ❶空自;徒然。宋葛长庚《贺新郎·括菊花新》:"巴得暂时朦胧地,还又匆匆惊起。～展、云间锦字。"康与之《风流子·昔贺方回作此》:"～惜鸾胶,朱弦何在?"明沈鲸《双珠记》三四出:"几见金炉香烬,～氤氲。" ❷随意;随便。明张四维《双烈记》四三出:"喜今朝,团圆骨肉,～话通宵。"《拍案惊奇》卷四〇:"若无急事,～开他,一毫无益的。" ❸且自;姑且。明梁辰鱼《浣纱记》一出:"何暇谈名说利,～倚翠偎红。"清洪昇《长生殿》四八出:"蓬莱院月悴花憔,昭阳殿人非物是。～将咱一点旧情,倩伊回示。" ❹莫要;休要。明张凤翼《红拂记》二一出:"～评骘,打叠起经纶手,霸王业。"车任远《蕉鹿梦》五折:"你羊裘～夸鱼乐,狸德从知有兽心!"清杨思圣《入栈纪行》之三:"壮怀在驰驱,～赋感遇。"

【慢】 màn ❶宽;松;散。唐白居易《陵园妾》:"青丝发落藂鬓疏,红玉肤销系裙～。"《元曲选·丽春堂》四折:"这山字领缘何～? 玉兔鹘因甚长?"明《古今谭概·癖嗜部·耽饮》:"君不见布袋盛米,放倒即～。" ❷闲散;宽泛;松缓。唐韩愈《崔十六少府摄伊阳》:"但闻赤县尉,不比博士～。"宋《朱子语类》卷一二二:"《馆职策》亦说得～,不分晓。"清《荡寇志》八一回:"山东制置使见蔡京不上紧,把这起案也放～了。" ❸细润;柔美。慢,通"曼"。五代李煜《菩萨蛮》:"脸～笑盈盈,相看无限情。"金张公药《许下三庚剧暑盛于他州》:"～肤便枕簟,白汗沾巾帻。"明汤显祖《紫钗记》二五出:"这泪呵,～颊垂红缕,娇啼走碧珠。" ❹通"漫"。a) 空;徒然。敦煌词《十二时·普劝四众依教修行》:"～槌胸,徒下泪,前路茫茫没依倚。"宋周邦彦《水龙吟·梨花》:"恨玉容不见,琼英～好,与何人比?"《元曲选·单鞭夺槊》三折:"手中无箭～张弓,频把这虚弦控。"b) 休;莫。明张凤翼《红拂记》二八出:"～提起金张贵,已是人离乡贱。"清洪昇《长生殿》一九出:"恁兰心蕙性,～多度料,把人无端奚落。"《隋唐演义》三二回:"欲识仙机虚与实,～辞劳苦涉风尘。" ❺欺骗;蒙蔽。慢,通"瞒"。元侯克中《醉花阴》:"～不过天地神明,说来的咒誓终朝应。" ❻生疏;不熟练。元明《水浒传》七九回:"那张清原来只有飞石打将的本事,枪法上却～。" ❼(量)减少。《元曲选·谇范叔》三折:"你在客馆中整顿下茶饭,我等雪～呵乘车而回也。"元明《水浒传》二一回:"初时宋江夜夜与婆惜一处歇卧,向后渐渐来得～了。"明《金瓶梅词话》六回:"等了一歇,那雨脚～了些,大步云飞来家。"

【慢迟】 màn chí 迟延;迟缓。宋周紫芝《送刘德秀赴官贵池》:"刘郎人物照当时,未上青云莫～。"明梁辰鱼《浣纱记》三出:"欲得君王一回顾,～玉辇上金阶。"清陈端生《再生缘》五三回:"慢慢迟迟难决绝,吞吞吐吐只含糊。"

【慢辞】 màn cí 不敬之辞。唐李漼《遣使宣慰徐宿二州敕》:"奸计逾坚,～弥犯,涂炭百姓,虐毒四封。"《新唐书·刘栖楚传》:"诣宰相,厉色～。韦处厚恶之,出为桂管观察使。"清《隋唐演义》八二回:"臣料番王～渎奏,不过试探天朝之动静耳。"

【慢道】 màn dào ❶同"墁道"。宋《三朝北盟会编》卷七〇:"金人皆撅断诸门～,复于城外作～,以铁鹞子登城。"李诫《营造法式》卷一五:"城门～,每露台砖基高一尺,拽脚斜长五尺。" ❷同"谩道"。清《平山冷燕》一三回:"～无婿,纵使有婿,又安得佳!"陈端生《再生缘》四九回:"～叫君难启口,管教父母也心忙。"

【慢地】 màn dì 同"镘的"。明佚名《墨娥小录》卷一四《行院声嗽》:"钞:～。"

【慢忽】 màn hū 怠慢轻忽。宋《朱子语类》卷二一:"若口里说庄敬,肚里自～,口里说诚实,肚里自狡伪,则所接事物还似无一般。"元孔齐《至正直记》卷三:"仆奴之久相处者,必察主之情性好恶,乘其隙而侮弄之,则至～,不能尽心奉事者多。"清《绿野仙踪》一三回:"你这混帐猴儿,～到那个分儿上去了!"

【慢缓】 màn huǎn 缓慢。明彭大翼《山堂肆考》卷一五六:"引绋所以有讴歌者,为人用力～不齐,故促急之也。"

【慢火】 màn huǒ 微火。唐元稹《白衣裳》之二:"藕丝衫子柳花裙,空著沉香～熏。"明宋应星《天工开物·膏液》:"其下～熬干水气,油即成矣。"清《女仙外史》三五回:"命绑于庭柱下,置～烧之。"

【慢骂】 màn mà 谩骂。唐戴孚《广异记·李氏》:"人问其故,曰:'野狐媚我。'狐～云:'何物老妪! 宁有人用此辈!'"《景德传灯录》卷二七《天台寒山子》:"或廊下徐行,或时叫噪,望空～。"元《三国志平话》卷下:"国舅带酒～众官,一连三次。"清钱泳《履园丛话》卷一:"有数人来约战,荆生慷慨～,曰:'汝等岂不知圣主贤臣之俱出乎!'"

【慢坡】 màn pō 同"漫坡❶"。唐杜甫《佐还山后》:"几道泉浇圃,交横落～。"金《董解元西厢记》卷三:"栲栳大队精兵,转过拽脚～。"明宋濂《游锺山记》:"登～,草丛布如毡。"

【慢腔】 màn qiāng 缓慢悠长的声腔,多指慢曲。明朱有燉《楚江情·春》:"须把情怀放,悠悠唱～。"杨基《听老京妓宜时秀歌慢曲》:"潜向东风作～,梨园不信芳卿死。"

【慢轻】 màn qīng 怠慢轻视。宋邢恕《上哲宗五事》:"上下陵迟,吏士军民率有～之意。"明沈自徵《鞭歌妓》:"畅好是～咱,颠狂的如舞春风杨柳花。"清陈端生《再生缘》一一回:"同行同坐无骄傲,相爱相亲不～。"

【慢曲】 màn qǔ 乐曲的一种。曲调舒缓悠长,故称。宋王灼《碧鸡漫志》卷四:"周齐之际,未有前后十六拍～子耳。"元明《水浒传》二四回:"便是唱～儿的张惜惜,我见他是路岐人,不喜欢。"清冯金伯《词苑萃编》卷二:"美成诸人增演～引近,或移宫换羽,为三犯四犯之曲。"

【慢声】 màn shēng 拖长声,也指慢腔。宋叶梦得《避暑录话》卷下:"少间,必曳履～抑扬吟讽不绝。"明屠滽《闻王优弹唱》:"板回促拍翻新调,丝引餘腔转～。"清洪昇《长生殿》一六出:"其间有～,有缠声,有衮声,应清圆,骊珠一串。"

【慢说】 màn shuō 同"谩说"。清《霓裳续谱·想当初恩情厚》:"且～相逢,就是书信儿也是难投。"《歧路灯》一〇一回:"这江瑶柱,～您店家飣碟子,就您邯郸老张,还不曾见过哩!"

【慢肆】 màn sì 轻慢放肆。明方孝孺《蜀府敬慎斋》:"彼或～,福禄靡常。"高拱《病榻遗言》:"冯保亦受臣下之拜,无乃欺皇上之幼冲而～无惮之若是也!"清方成培《雷峰塔》二五出:"伊～咆哮,一味逞能施强暴。"

【慢松】 màn sōng 松宽;不紧。《元曲选·风光好》四折:"则这腕儿上～了的金钏是相知,身儿上宽绰了罗衣是正明师。"

【慢腾】 màn téng 缓慢;迟缓。清《后水浒传》四〇回:"快烧煮来吃酒! 兀谁～,只吃板刀火!"

【慢性】 màn xìng 迟慢的性子。《元曲选·合汗衫》三折:"那李玉娥要守了三年孝满,方肯随顺我。我怎么有的这般～?"元明《水浒传》五八回:"都是你这般～的人,以此送了俺史家兄弟!"清《野叟曝言》三六回:"那知急症惊风,偏撞着～的郎中。"

【慢语】 màn yǔ 说谎;说大话。慢,通"谩"。《敦煌变文校注》卷二《庐山远公话》:"相公曰:'汝莫～。'远公曰:'争敢诳忘相公!'"《新唐书·高霞寓传》:"俄又詬侮僚属,作～斥讪大臣。"明杨循吉《辽小史》:"阿骨打～曰:'若还阿疏,朝贡如故。不然,城未能已。'"

【慢张】 màn zhāng ❶ 同"慢帐❶"。明佚名《献蟠桃》二折:"虽然嘴脸不压众,就里也～。" ❷ 同"慢帐❷"。明佚名《小桃红·西厢百咏》之九七:"问安康,别来尊体知无恙? 答应的～,全无些喜相,谁恼动老萱堂?"

【慢仗】 màn zhàng 同"慢帐❷"。元明《水浒传》三一回:"那厮们～些的,趁活捉了。"明冯惟敏《朝天子·六友》:"又早龙钟样,腿儿拖拉,腰儿～。"

【慢帐】 màn zhàng ❶ 不济;不高明。《元曲选·桃花女》二折:"你这阴阳本～,自家算不着,倒怪别人破你的法。"明佚名《打韩通》二折:"别处酒店～,赵家酒店里好酒。"又《斩健蛟》三折:"俺二郎神神通～,法力低微。" ❷ 缓慢;迟缓。明佚名《定时捉将》三折:"师父,我收拾停当了,要去便就走了罢,我不奈烦～。"《醋葫芦》一一回:"别事繇你～,娘家有事,还不快去献个殷勤。"

【慢自】 màn zì ❶ 同"漫自❶"。明徐元《八义记》三三出:"心怀～成悒怏,为屠赵二人争强。"陆采《明珠记》七出:"雀屏欲启,鸾俦未偶,闲中～评论。" ❷ 同"漫自❹"。明孙仁孺《东郭记》一七出:"龙蛇之蛰未遭时,～道男儿终若此。"清洪昇《长生殿》四六出:"且～叫阊阖,轻干玉殿,索先去赴幽冥,大索黄泉。"

【墁道】 màn dào 斜坡式的道路。宋《三朝北盟会编》卷一四七:"驱百姓沿江采斫草柴,于城下填叠～。"又:"发火焚烧贼兵所叠～。"

【幔】 màn ❶ 酒店的广告布帘。唐窦叔向《夏夜宿表兄话旧》:"明朝又是孤舟别,愁见河桥酒～青。"明李延兴《河上》:"店头买酒风吹～,浦口叉鱼雪满船。" ❷ 遮;蒙。明《朴通事谚解》卷中:"亮窗里面把帘子～上,着钉子钉在三四处。"《西游记》六回:"列公将天罗地网,不要～了顶上,只四周紧密。"清《霓裳续谱·到城南》:"他的绫帕儿把头～。" ❸ 铺;砌;镶。幔,通"墁"。元古本《老乞大》:"在先则是土搭的桥来,如今都是板～了。"明《朴通事谚解》卷上:"地基地饰都是花斑石、玛瑙～地。"《型世言》六回:"他把自己楼上与母亲楼上,上边都～了天花板。"

【幔子】 màn zi 帘子;帐子。宋元《清平山堂话本·李翠莲》:"关了门,下～,添些油在晏灯里。"元《武王伐纣平话》卷下:"遂出阵中,多用～遮了。"清《歧路灯》七回:"一个神龛,挂着红绸小～。"

【镘】 màn ❶ 钱币的背面(正面称"字"),是"幂"的音变。宋周密《癸辛杂识》续集卷上:"闻理宗朝春时,内苑效市井关扑之戏,皆小珰互为之。至御前,则于第二、三扑内供纯～骰钱,以供一笑。"《元曲选·燕青博鱼》二折:"我则见五个～儿乞丢磕塔稳,更和一个字儿急留骨碌滚。" ❷ 代指钱币。《大宋宣和遗事》前集:"一片心只待求食巴～。"《元曲选·燕青博鱼》二折:"凭着我六文家铜～,博的是这三尺金鳞。"明朱有燉《柳营曲·咏风月担儿》:"调猱的无了～,帮虎的不离门。" ❸ 同"幔❸"。明《金瓶梅词话》五八回:"一溜三间铺子局面,都教漆匠装新油漆,地下～砖,镶地平。"

【镘的】 màn dí 即"镘❷"。元曾瑞《红锈鞋·风情》:"实～剐皮割肉,虚恩情撇闪提鲂,干遇讪乔敷演几时休?"锺嗣成《一枝花·自序丑斋》:"宋玉重生,设答了～,梦撒了寮丁,他采你也不见得。"明佚名《醉太平带莲花落·掉谎》:"种科尽了,～没了,猛骨使了。"

【镘底】 màn dǐ 同"镘的"。明朱有燉《柳营曲·咏风月担儿》:"热表兼～苦,一千层桦皮鞔做脸。"

【镘地】 màn dì 同"镘的"。明佚名《水仙子》:"郎君每一个个要便宜,软款温柔没～。"

máng

【忙】 máng ❶ 害怕;恐慌。唐李世民《冬狩》:"兽～投密树,鸿惊起砾洲。"《敦煌变文校注》卷二《叶净能诗》:"(净能)见五百人拔剑上殿,都不忙惧,对皇帝前缓步徐行:'吾亦不将～矣!'"明孟称舜《娇红记》四一出:"待晚妆初罢,瞒过梅香,受怕担～。" ❷ 慌乱;慌忙。《敦煌变文校注》卷五《父母恩重经讲经文(一)》:"生时百骨自开张,唬得浑家手脚～。"金《董解元西厢记》卷四:"幸自没嗔刚做嗔,浑不似那临危～许亲。"清《红楼梦》一六回:"众鬼见都判如此,也都～了手脚。" ❸ 急;骤;促。唐杜甫《壮游》:"坐深乡党敬,日觉死生～。"孟郊《峡哀》:"因依虺蜴手,起坐风雨～。"明《西洋记》七九回:"锣儿催得紧,鼓儿送得～。" ❹ 匆忙;急迫。唐王绩《赠李征君大寿》:"幅巾朝帝罢,杖策去官～。"元明《水浒传》二一回:"只道金子在招文袋里,不想出来得～,忘了在家。"清《醒世姻缘传》八二回:"我见他走的～,也没问他那去。" ❺ 连忙;赶紧。金《董解元西厢记》卷一:"君瑞敬身,大师～答。"明《清平山堂话本·戒指儿记》:"轻轻地走到街边,认得是对邻子弟,～转身入内,回覆小姐。"清《红楼梦》二回:"子兴见他说得这样重大,～请教其端。" ❻ 用作补语,表示程度。明《型世言》三三回:"他这边哭得～,竟也不曾招接,扑个空散了。"清李渔《奈何天》二二出:"人儿倦得慌,马儿饿得～。"

【忙并】 máng bìng 繁忙;忙碌。《元典章·吏部六》:"成造海船,和买一切诸物,催征子粒粮斛,理断罪囚,一切～。"王祯《农书》卷四:"大抵农家～,无似蚕麦。"《元曲选·金钱记》一折:"我则见翠拥红遮似锦绣椈,六宫人～杀。"

【忙怖】 máng bù 害怕;恐慌。《太平广记》卷六〇引《女仙传》:"岛上人～号叫,囊橐皆为齑粉。"五代徐铉《稽神录》卷六:"其人～不复记,但云物已尽矣。"明《情史·情幻·桂花仙女》:"家人～号叫,急谋焚毁此画。"

【忙促】 máng cù ❶ 匆忙急促。明《警世通言》卷一一:"到任～,不及回家。"《金瓶梅词话》五五回:"因为那归的～,不曾叩府辞别。"清《红楼梦》六六回:"客中偶然～。谁知家姑母于四月间订了弟妇,使弟无言可回。" ❷ 紧张急迫。清《平定两金川方略》卷五五:"贼番～,约有百餘从沟口齐出,前来抗拒。"傅泽洪《行水金鉴》卷一二一:"昔尚书朱衡之开新河,都御史潘季驯之开邳河,权救一时。其情事～,工费浩大,难尽名言。"《豆棚闲话》九则:"不期人工～,没处寻觅。"

【忙儿】 máng ér 同"芒儿"。宋江少虞《宋朝事实类苑》卷六四:"俚语谓牧童为～也。"金马钰《挂金索》:"有个～,拍手呵呵笑。放饱牛儿,快活睡一觉。"

【忙忽】 máng hū 匆忙紧张。唐李德裕《论镇州奏事官高迪陈意见第二状》:"若且如今日下营处,贼中都未～,灼然分贼势未得。"明戚继光《纪效新书》卷一三:"凡中的之前可取必者,皆自从容闲暇中能必之,未有～而可取必者,～而有中者亦幸耳。"

【忙惚儿】 máng hū er 即“忙忽”。明《金瓶梅词话》六一回：“他那里正等的你火里火发。你不去，却～来我这屋里缠。”

【忙急】 máng jí 匆忙急迫。宋《朱子语类》卷一〇：“不善灌者，～而治之，担一担之水，浇满园之蔬。”明《欢喜冤家》一六回：“他那时～之际，必定不来相验。”清《后水浒传》四一回：“他去得～，我有话不曾与他说。”

【忙揭】 máng jiē 同“忙劫”。清《聊斋俚曲·慈悲曲》：“每日晚上来，就自家找着那活路，～了半宿。”

【忙劫】 máng jié 忙碌；忙活。清《醒世姻缘传》一九回：“晁大舍合唐氏正在那里撮把戏，上竿卖解，～不了。”又六二回：“只见那合村男妇～的不了。”

【忙惊】 máng jīng 惊慌；慌张吃惊。《敦煌变文校注》卷五《妙法莲华经讲经文(二)》：“饥鹰舍却浑身肉，病者剜将两眼精。我等摆头嫌底事，他家心愿不～。”明《西游记》三〇回：“你看那宫娥悚惧，彩女～。”清《平山冷燕》一三回：“冷绛雪～问道：‘小姐有何喜事报我？’”

【忙惧】 máng jù 犹“忙怖”。唐流志译《大宝积经》卷七五：“是人见已心生～，自分业尽异业现前。”薛渔思《河东记·崔绍》：“绍～之中，都忘人间经佛名目。”明董斯张《吴兴备志》卷二七引《谈薮》：“梁武帝围台城，朝廷问外御之计。均～不知所对。”

【忙遽】 máng jù 匆忙急促。《太平广记》卷三四五引《集异记》：“至天门街，夜鼓时动，车马转速，妪亦～。”宋薛季宣《晨赴寒溪寺乾龙节道场所》：“晓入招提旋即还，去何～到非闲。”清《九云记》三回：“少傅便欲起身告别，孝廉道：‘尊兄又何～？’”

【忙郎】 máng láng 同“芒郎”。金《刘知远诸宫调》一二：“三婆二妇号逃哭，～脱命，怎藉牛畜？”元睢景臣《哨遍·高祖还乡》：“王乡老执定瓦台盘，赵～抱着酒胡芦。”

【忙碌】 máng lù 忙于做事情。宋佚名《月波洞中记》：“山根不得蹙折，勾纹者苦穷～。”明《韩湘子》三〇回：“一向为度叔父婶娘与芦英小姐忙忙碌碌，竟忘了香獐这一节了。”清《镜花缘》一四回：“原来此处虽然～，不过劳动筋骨，并不操心。”

【忙乱】 máng luàn ❶ 慌乱。《敦煌变文校注》卷五《维摩诘经讲经文(三)》：“浑家怕怖，满坐惊张。一时拍臆捶胸，～浇茶酹酒。”明李梅实《精忠旗》一二出：“这等～逃生，谁人大胆，敢来拦挡。”清《霓裳续谱·一见情人》：“一见情人心～，满怀的心事儿不敢言。” ❷ 繁忙纷乱。宋朱熹《答刘德修书》：“只去岁～中得其书，字画言语皆晏然如平日。”明《古今小说》卷一七：“密使人打探消息，见厨司正在～，安排筵席。”清《万花楼》三回：“少不得僧道追荐，狄爷～数天，方得安静。”

【忙怕】 máng pà ❶ 同“忙迫”。怕，通“迫”。唐王梵志《独自心中骤》：“使者门前唤，～不容迟。”孙思邈《备急千金药方》卷三：“凡产妇第一不得匆匆～，傍人极须稳审。”清沈佳《明儒言行录》卷一〇：“今人读书只一味夸多斗靡，此段未明，复思旁及，此中泛滥，不胜～。” ❷ 犹“忙怖”。《敦煌变文校注》卷一《伍子胥变文》：“郑王得信，～异常，莫知何计。”又卷二《韩朋赋》：“百官～，皆悉捶胸。”

【忙迫】 máng pò 急迫；紧张。忙，迫。唐慧立、彦悰《大慈恩寺三藏法师传》卷六：“天下兵马已会于洛，军事～。”明《平妖传》一六回：“日里工夫丢向那里去了？却到夜间恁般～！”清《歧路灯》四九回：“前日我心里～，也不曾细问家常。”

【忙切】 máng qiè 犹“忙迫”。《敦煌变文校注》卷四《八相变(一)》：“陌上忽逢一人，行步匆匆，极甚～。”

【忙然】 máng rán ❶ 茫然；迷茫不悟貌。唐《临济禅师语录》：“学人不测涯际，悉皆～。”《祖堂集》卷七《夹山和尚》：“天下黯黑，～者匝地普天。”清《姑妄言》四回：“童自宏道：‘长干寺以前呢？’那和尚～了一会道：‘这却不知。’” ❷ 害怕；慌乱。唐段成式《酉阳杂俎》前集卷一四：“乃沙弥误中刀流血死矣，僧～，遽与行者瘗之于饭瓮下。”《敦煌变文校注》卷四《降魔变文》：“未容咀嚼，形骸粉碎。帝王惊叹，官庶～。”又卷五《父母恩重经讲经文(一)》：“及至生来，血流洒地，浑家大小，各自～。” ❸ 急忙；赶快。《敦煌变文校注》卷五《维摩诘经讲经文(三)》：“～归大道，当下出嚣尘。”宋文莹《续湘山野录》：“柳～设拜，曰：‘事诚有之。’”明《封神演义》四八回：“落下土遁来，见邓忠巡外营，～报入。” ❹ 匆忙；急迫。清陈端生《再生缘》二回：“公子一观忙举手：‘刘兄何往怎～？’”又四一回：“一到新正初四日，移樽备礼好～。”

【忙热】 máng rè 焦急；急切。金《刘知远诸宫调》一二：“姓郭排军，争奈心～，重上征骢怒脾鳖，待与强人，比个英和烈。”

【忙祥】 máng xiáng 同“忙洋❷”。《敦煌变文校注》卷四《八相变(一)》：“太子作偈已了，即便归宫，颜色～，愁忧不止。”

【忙洋】 máng yáng ❶ 弥漫。唐韩愈《杂说一》：“然龙乘是气，～穷乎玄间。” ❷ 迷惘。唐孙樵《骂僮志》：“孙樵既黜于有司，忽悦乎若病酲之未醒，～若痴人之瞑行。”

【芒背】 máng bèi 若芒刺在背而不安。宋苏洵《途次长安上都漕傅谏议》：“坚卧固不起，～实在肩。”苏轼《与温公书》：“虽高风伟度，非此细故所能尘垢，然某思之，不啻～尔！”清《歧路灯》三二回：“他见了王中，早已是霍光骖乘，害了汉宣帝～之病。”

【芒儿】 máng ér 牧童。宋王辟之《渑水燕谈录》卷一〇：“俚语以牧童为～。”金谭处端《长相思》：“～归，牛儿随。”明《朴通事谚解》卷下：“前面彩亭里头，一个塑的小童子，叫做～。牌上写着‘勾芒神’，手拿结线鞭，头戴耳掩，或提在手里，立地赶牛。”

【芒负】 máng fù 犹“芒背”。宋《虚堂和尚语录》卷五：“每慨念其慧命，几若悬丝，食息～，遂悫志力究，久而乃得。”

【芒角】 máng jiǎo 星辰射出的光芒，比喻言语锋芒或口角。金李纯甫《虞舜卿送橙酒》：“肺肠愤痒～出，倾泻长句如翻盆。”清刘献廷《赠张铁桥先生》：“两奇士相遇，必有倾吐肝膈～流露者，篇中飞腾变灭。”《镜花缘》八八回：“当日彼此语言虽小有～，但事隔多年，何必介意！”

【芒郎】 máng láng 村里汉；牧牛人。宋元《清平山堂话本·陈巡检》：“袈上麻衣，昨日～留下当；酒市大字，乡中学究醉时书。”元王大学士《点绛唇·寄生草》：“一个向柳阴中笑把人头画，一个向桑园里学揭龟儿卦，一个向墙匡里引的～骂。”孔文卿《东窗事犯》一折：“交这个牧童村叟蠢～，倒能够暮登天子堂。”高文秀《遇上皇》一折：“你教我住村舍伴～，养皮袋住村坊。”

【芒履】 máng lǚ 即“芒鞋”。唐杜荀鹤《题江寺禅和》：“江寺禅僧似悟禅，坏衣～住茅轩。”宋孔平仲《续世说》卷一一：“常服布袍～，以麻绳为索。”清《醒世姻缘传》二八回：“簪冠～致翩翩，来往鄱阳路八千。”

【芒头】 máng tóu ❶ 稻麦种粒上的针状物，泛指谷壳。宋黄庭坚《山谷简尺》卷上：“酒味极醇正，但微辣，恐澄淅～大耳。”明邝璠《便民图纂》卷一：“～秕谷齐扬去，粒粒珍珠著斗量。” ❷ 指物体的光泽。《元典章·吏部六》：“将私盐勒当该官司验得，比之官盐，味色～俱各不同。” ❸ 喻指人的锋芒锐气。《元曲选·桃花女》一折：“那其间你可便休落了～。”《元曲选外编·独角牛》一折：“则今番我直着抹了那厮～。”

【芒鞋】 máng xié 草鞋。唐张祜《题灵隐寺师一上人十韵》：“朗吟挥竹拂，高揖曳～。”元马致远《陈抟高卧》四折：“子怕腐烂了～竹杖，尘昧了蒲团纸帐。”清《红楼梦》二五回：“破衲～无住迹，腌臜更有满头疮。”

【盲鳅】 máng qiū 瞎泥鳅。詈称畏缩没见识的人。宋元《警世通言》卷一二：“贼党见他凡事畏缩，就他鳅儿的外号，改做范～，是笑他无用的意思。”明袁于令《西楼记》六出：“尽是～老白赏，伎艺是不敢劳的。”清李玉《人兽关》一五折：“他是村野～，只合锄田与驾牛。”

【盲药】 máng yào 庸医所给之药。宋石介《哀邻家》：“瞽医一日更千人，～何能疗沉疾？”

【盲医】 máng yī 庸医。敦煌词《定风波》：“更遇～与宣泻，休也，头面大汗永分离。”明王肯堂《证治准绳》卷四〇：“昧者不学经络，不问病源，按寸握尺，妄意病证，不知邪气之所在，动致颠覆，真～哉。”清昭梿《啸亭杂录》卷八：“世之～不察而妄相指拟，致使十二经之名殊缺其一。”

【茫儿】 máng ér 同“芒儿”。金王喆《憨郭郎》：“牛子却如浇墨，牵拽不回头。……禁得这～躁，加力用鞭勾。”

【茫然】 máng rán 空缺貌；匮乏貌。唐白居易《春眠》：“起来妻子笑，生计春～。”宋吴自牧《梦粱录》卷二〇：“又有一等贫穷父母兄嫂所倚者，惟色可取，而奁具～，在议亲者以首饰衣帛加以楮物送往，谓之兜裹。”

mǎng

【莽】 mǎng ❶何；什么。《敦煌变文校注》卷一《捉季布传文》：“今受困厄天地窄，更向何边投～人？”金《董解元西厢记》卷四：“你～时书房里去？” ❷正；多半。唐杜甫《送樊二十二侍御赴汉中判官》：“居人～牢落，游子方迢递。”宋陈与义《夜赋》：“强弱与兴衰，古今～难评。”明李梦阳《朱仙镇庙》：“宋墓～岑寂，岳宫今在兹。” ❸荒凉；寂寞。草莽的引申义。金朱之才《谢孙寺丞惠梅花》：“～如瓦砾场，惊睹琼瑶珍。”明陈汝元《金莲记》三四出：“全不想古寺当年著破袍，受多少～风骚。” ❹粗疏；粗鲁；鲁莽。宋文天祥《先君子革斋先生事实》：“命意时，娓娓谈他事，若～于寻绎。”明汤式《一枝花·劝妓女从良》：“招一个～庄家便是良人，嫁一个穷书生便是孺人。”清《醒世姻缘传》二回：“这个杨太医平日原是个有名～郎中，牙疼下四物汤，肚冷下三黄散的主顾。” ❺凶狠；蛮横；强硬。元施惠《幽闺记》二五出：“更没些和气一味～，铁胆铜心，打开凤凰。”《元曲选·鲁斋郎》二折：“这厮强赖人钱财，～夺人妻室。”明杨柔胜《玉环记》二三出：“区区小将有何强，敢与相持胡斗～。” ❻轻易；胡乱。元乔吉《水仙子·李琬卿》：“一篇词意思便随斜，千金价恩情～判赊，五花文官诰权教借。”明李梅实《精忠旗》三六出：“你使尽了无端狂肆，那锦江山一任你～关支！”清洪昇《长生殿》四六出：“一口气许了他上下里寻花貌，～担承向虚无中觅丽娟。” ❼粗壮；雄壮。《元曲选·燕青博鱼》一折：“调动我这～拳头，拓动我这长梢靶，我向那前街后巷便去爪寻他。”元明《水浒传》六回：“两个斗了十数合，那汉暗暗的喝采道：好个～和尚！”明李梅实《精忠旗》一〇出：“岳飞那厮啊～心难挫，我思量就里如何可？” ❽高声；粗声。元高安道《哨遍·嗓淡行院》：“棚上下把郎君溜，喝破子把腔儿～诞。”明汤显祖《牡丹亭》三一出：“俺寂静里暗祈求，你～吆喝。”《挂枝儿·乡下夫妻》：“～喉咙叫一声：我的乡下大舍！” ❾一味；一股劲地。明朱有燉《点绛唇·仲春细上观呈艺女童》：“都笑俺使闲钱～把花门迓，强风情枉被些杓倈骂。”李梅实《精忠旗》一五出：“自古道天威难犯，这才是～精忠的散场。”孟称舜《英雄成败》三折：“笑杀那贼黄巢，传首向都亭，也是他～痴心为图王落得的。” ❿(量)大；众多；猛烈。明汤式《一枝花·嘲妓名佛奴》：“但有庞居士般人儿～注子抧，便慧眼睁开。”《山歌·偷》：“姐儿梳个头来漆碗能介光，～人头里脚撩郎。”清冒襄《影梅庵忆语》：“～风飘瓦，盐官城中，日杀数十百人。” ⓫癫狂；放浪。明陆采《明珠记》一〇出：“俺小姐冰清玉洁不比莺莺～，侍儿每心荒胆小做不得红娘。”叶宪祖《鸾鎞记》七出：“俺可不向泼巫山梦中着紧，谁待想～桃花洞里寻春？”王骥德《男王后》三折：“我则怕狂蝶子恋翻了咱，～桃花赚杀了你。”

【莽卤】 mǎng lǔ ❶迷蒙；模糊。唐唐次《祭龙潭祈雨文》：“若旱气涤涤，秋成～，自利深渊，乖张懒旅。”宋叶適《寄题锺秀才咏归堂》：“课儿读易夜参五，香烬销沉澄～。”元梵琦《渔家傲·娑婆苦》：“烟横北岭云南坞，一望连天皆～。” ❷含糊；疑惑。唐寒山《男儿大丈夫》：“男儿大丈夫，作事莫～。”《古尊宿语录》卷四三《云庵真净禅师语录》：“宾主历然。久参到此，也须～。” ❸消亡；零落；沉沦。唐权德舆《早夏青龙寺致斋凭眺感物》：“秦为三月火，汉乃一抔土。诈力自湮沦，霸仪终～。”韩愈《赠刘师服》：“我今呀豁落者多，所存十餘皆兀鼿。……只今年才四十五，后日悬知渐～。”按，“呀”一作“牙”。宋李纲《建炎行》：“五陵气葱葱，中原郁膴膴。弃置不复论，弥望皆～。” ❹粗陋；粗劣。唐柳宗元《酬韶州裴曹长使君》：“食贫甘～，被褐谢斓斒。”白居易《双鹦鹉》：“绿衣整顿双栖起，红觜分明对语时。始觉琵琶弦～，方知吉了舌参差。”明吴与弼《观濂洛关闽诸君子遗像》：“因像以求心，益自陶～。” ❺马虎；粗率；鲁莽。唐白居易《和祝苍华》：“禀质本羸劣，养生仍～。痛饮困连宵，悲吟饥过午。”宋王禹偁《观邻家园中种黍示嘉祐》：“播种甚～，苗嫁安能起？”清纪昀《阅微草堂笔记》卷一四：“余谓不满无仁心，然遇～之人而以大言激其怒，鬼亦有过焉。” ❻轻易；容易。唐林虑山人《锺期听伯牙鼓琴赋》：“能弹奚若，播于往古；善听伊何，奏难～。”《敦煌变文校注》卷五《父母恩重经讲经文(二)》：“回干就湿是寻常，乳哺三年非～。”宋王安石《秫鼓》：“逢逢戏场声，壤壤战时伍。日落未云休，田家亦良苦。问儿今垄上，听此何～！”

【莽鲁】 mǎng lǔ ❶匆忙；仓促。《敦煌变文校注》卷五《维摩诘经讲经文(四)》：“随时行李看将去，奔(莽)鲁排比不久回。”清赵翼《游惠山》：“日斜归路促，胜游叹～。” ❷同“莽卤❷”。《敦煌变文校注》卷五《妙法莲华经讲经文(二)》：“不求～声闻，不托寻常贤圣；唯凭我佛世尊，欲□思求真正。”金元好问《游承天悬泉》：“颇怪祠前碑，稽考失～。” ❸同“莽卤❻”。《敦煌变文校注》卷五《妙法莲华经讲经文(二)》：“我等生身父母，恩德殊非～。”

【莽路】 mǎng lù 同“莽卤❹”。《敦煌变文校注》卷六《金刚丑女因缘》：“相当莫猒无才艺，～何嫌彻骨贫？万计事须相就取，陪些房卧莫争论。”

【莽壮】 mǎng zhuàng ❶同“莽撞❶”。元马致远《青杏子·悟迷》：“颠不剌的相知不绻他，被～儿的哥哥截替了咱。”高文秀《遇上皇》一折：“你畅好村～，可知道外名儿唤做一窝狼。”明《西游记》四七回：“那行者本来性急，八戒生来粗鲁，沙僧却也～。三人听得师父招呼，牵着马，挑着担，不问好歹，一阵风闯将进去。” ❷同“莽撞❷”。元高安道《哨遍·嗓淡行院》：“瞅粘的绿老更昏花，把棚的～真牛。”《元曲选·黑旋风》一折：“他见我这威凛凛的身似碑亭，他可惯听我这～声？”明《西游记》六一回：“如此苦斗半日一夜，他更不见劳困。才这一伙小妖，却又～。”

【莽撞】 mǎng zhuàng ❶暴躁；冒昧；鲁莽冒失。《元曲选外编·西厢记》一本二折："好模好样忒～，没则罗便罢，烦恼则么耶唐三藏？"明吾邱瑞《运甓记》一七出："方才下大人卜卦不吉，老夫直言，～说了许多利害。"清《红楼梦》六回："等奶奶下来，我细细回明，奶奶想也不责备我～的。" ❷粗犷勇猛；健旺；雄壮。元明《水浒传》二回："小喽啰乱搠叉枪，～汉齐担刀斧。"明沈采《千金记》一五出："俺本待要斩三关定四方，扫秦灰兴楚王，则这五年间枉费了我精神～。"清《粉妆楼》七四回："那程佩生得～，抡动大斧，不论好歹，砍遍八营。" ❸荒唐；放浪。明沈采《千金记》三四出："言非狂妄，志非～。自思量，居仁由义今无舜，天与人归古有汤。"佚名《鸣凤记》一八出："少年司马易轻狂，牵惹得精神～。"周履靖《锦笺记》一二出："吃得个老人家个个莽莽撞撞，引得个阿妈们越越妖妖娆娆。"

【莽戇】 mǎng zhuàng 同"莽撞❶"。《元曲选外编·遇上皇》一折："〔孛老云〕你这等不成半器，我打这个糟弟子孩儿！〔正末唱〕你畅好村～。"又《千里独行》楔子："我想这曹操是那智足奸雄，信着俺小叔～多英勇。"

【漭卤】 mǎng lǔ 同"莽卤❺"。《敦煌变文校注》卷五《妙法莲华经讲经文(一)》："(大王)奉事仙人，心不济(漭)卤，终日新(辛)勤。"

māo

【猫儿头】 māo er tóu ❶即"猫头❷"。宋黄庭坚有《谢人惠～笋》。吴自牧《梦粱录》卷一八："竹笋有数名，曰南路、白象牙、哺鸡、～、黄莺、晚篁，皆即凉笋。"周密《癸辛杂识》续集卷上："大者如～，笋上丰下俭，与形不异，亦有鳞甲筋脉，其名曰锁阳，即所谓肉苁蓉之类也。" ❷替人包揽事务，打通公私关节，俗称"猫儿头差事"。《元典章·刑部十九》："街方人民见其如此，遇有公事，无问大小，悉皆投奔，嘱托关节，俗号～，又曰定门。"明郎瑛《七修类稿》卷二四："元新官出京，有应盘缠者同去就与管事，谓之～。"《金瓶梅词话》二〇回："听见干～差事，钻头觅缝，干办了要去。"

【猫儿眼】 māo er yǎn 即"猫眼❷"。明《警世通言》卷三二："其他祖母绿、～，诸般异宝，目所未睹。"清《红楼梦》五二回："满头带的都是珊瑚、～、祖母绿这些宝石。"

【猫儿眼睛】 māo er yǎn jing 即"猫眼❷"。《宋史·食货下八》："市舶多以无用之物费国用，自今有博买笃耨香环、玛瑙、～之类，皆置于法。"元刘一清《钱塘遗事》卷一："又一大珠名珠母，又一大珠名～。"

【猫坑】 māo kēng 即"茅坑"。金《董解元西厢记》卷七："口啜似～，咽喉似泼忏。"

【猫头】 māo tóu ❶竹子的一个种类。宋吴自牧《梦粱录》卷一八："竹：碧玉、间黄、金笙、深紫、斑金、苦方竹、鹤膝、～。"范成大《桂海虞衡志》："～竹，质性类箸竹。"清曹庭栋《养生随笔》卷四："有名竹夹膝者，取～大竹，削而光之，置诸寝，其用同于竹夫人。" ❷春笋的别称。宋陈师道《寄谭州张芸叟》之一："秋盘堆鸭脚，春味荐～。"苏轼《与杜孟坚》之三："朱守饷笋，云潭州来，岂所谓～之稚者乎？"

【猫眼】 māo yǎn ❶砚石上的一种细孔。宋张世南《游宦纪闻》卷五："(砚石)贵有眼，……眼之品类不一，曰鹦哥眼，曰鸜鹆眼，……曰～，曰绿豆眼，各以形似名之。" ❷宝石名。宋周密《癸辛杂识》别集卷上："金钱以万计，为尸气所蚀，如铜铁，以故诸凶弃而不取，往往为村民所得，间有得～、金刚石异宝者。"元张可久《一枝花·牵挂》："～嵌双转轴乌金戒指，獭髓调百和香紫蜡胭脂。"清王士禛《香祖笔记》卷六："又武林金编修家有～宝石一枚，其睛正午则如一线，过午即圆。"

máo

【毛】 máo ❶歹；坏。蒙古语音译。明茅元仪《武备志》收《蓟门防御考》所载蒙古译语："歹，～。"多用于羞辱别人。《元曲选·㑳梅香》三折："唬得那有情人恨无个地缝儿藏。〔带云〕～，～，羞么？〔唱〕羞杀我也傅粉何郎！"又《争报恩》二折："今日可是你还不羞死了哩！～，～，～！"明佚名《下西洋》二折："做事没由来，～，～，不害羞。" ❷小；微不足道。明王玉峰《焚香记》二二出："人都称我是金大员外，其实手里有几个～钱。"冯惟敏《粉蝶儿·李争冬有犯》："～椽儿怎做雕梁栋？"清《歧路灯》六一回："俺家中过进士，做过布政，他们左右不过是几个～秀才贡生头儿，捏什么诀哩。" ❸慌张；惊慌。清《儒林外史》五二回："凤四老爹只是笑，并无一句口供。祁太爷～了，只得退了堂。"《红楼梦》九九回："谁不知道李十太爷是能事的，把我一诈就吓～了。"《姑妄言》七回："从不曾见过这么个怪物，众人心里都是有些发～。"

【毛板】 máo bǎn 毛竹片。刑具。《元曲选·举案齐眉》四折："若吟的好，便饶恕你；吟的不好，一百大～一个。"明《警世通言》卷三五："喝教手下选大～，先打二十再问。"清方成培《雷峰塔》一九出："堪愁。准备皮肤，～儿抽。"

【毛病】 máo bìng ❶牲畜毛色的缺欠。唐徐成《相马书》引《王良百一歌》："担耳驼鬃项，虽然～殊。更若兼鳖尾，有实不如无。"清袁枚《子不语》卷二一："每值挑马，百十为群，瞥眼一过，其～纤悉。" ❷癖好。宋黄庭坚《与马忠玉书》："翘叟亦择日出居，乃是荆南人～。明日阴雨，往往复还家作客矣。"宋元《古今小说》卷三六："这员外有件～：要去那虱子背上抽筋，鹭鸶腿上割股。"明《禅真逸史》四回："小弟不省其意，这一双手～不改，何消三掷五掷，弄些手段儿，把那厮囊中之物，赢得罄尽。" ❸缺欠；不足。宋黄庭坚《山谷简尺》卷上："欲乞两枝饱风霜紧小桂竹，又须时月无～者，便得之佳。"明佚名《精忠记》五出："不说自家本事平常，到来寻人～。"清《绿野仙踪》七九回："即有几个面皮白净的，骨格都不俊俏，且头脸上～极多。" ❹特指行为不端。明《警世通言》卷一五："从不见他手脚有甚～，如何抖然生起盗心？"《二刻拍案惊奇》卷三八："黄节情知妻四娘有些～的，着了忙，各处亲眷家问。" ❺指隐情、玄机、门道。明《醋葫芦》一回："见周智满口应允，便要立誓辞回。周智心里明白他的～，故意不放。"《西洋记》五二回："狼牙棒张柏出马，也又听得番将马上敲的响。张狼牙晓得他的～，刚刚的敲得一下，已自跑马而回。"清《绿野仙踪》七三回："那些督抚、提镇又知他心上的～，总办来，他不是嫌老，就是嫌瘦，于是各派属员，每马一匹捐银若干。" ❻弊端；弊病。明《梼杌闲评》三九回："许知府原是心中有～的，被他一夕话触着心病。"清《红楼梦》六八回："既没～，为什么反给他银子。"《玉楼春》四回："那阿寿怕他无赖，又且此绫有些～，恐弄出事来，没奈何只得听他拿去。"《荡寇志》一三三回："还有那后面一关，他留出不攻，大有～。" ❼疾病。明邵宝《秦冢妇毛氏墓碣铭》："先是数月，～初起，归省韩孺人。"周履靖《锦笺记》二九出："〔净〕到敝寓饮一壶去。〔丑〕小弟有些～，发誓不饮这脓血了。"清《镜花缘》七〇回："但那蚕茧除洗目疾，用处甚少，他却买他怎么？难道那些小人都有迎风流泪的～么?”

【毛厕】 máo cè 同“茅厕”。明《西游记》六七回:“是那家淘～哩! 哏! 臭气难闻!”清《二度梅》一〇回:“寺旁有一株树,树后数步,便是～。”

【毛虫】 máo chóng ❶ 体表多毛的蝶、蛾类幼虫。《太平广记》卷一三三引《儆戒录》:“院内多松柏,生～,色黄,长三二寸。”清《野叟曝言》七四回:“其有食灰,食土,食瓦,食铜铁,食头垢,食脚皮,食～,如刘邕之嗜疮痂,鲜于叔明之嗜臭虫。” ❷ 本谓披毛的生物,特指老虎或家养的小动物。明《禅真逸史》二〇回:“那夜～被我烧伤了眼睛,看他撺过隔河山上去了。”清《歧路灯》一三回:“往后休要买这宗无用的东西。俗话说的好,‘要得穷,弄～’。”又三三回:“这不过是个～,值什么!” ❸ 用作詈词,称人。明《西洋记》二七回:“这等一个小～,敢开这等的大口!”清《说岳全传》三五回:“你这小～有何本领,擅敢如此无礼,口出大言?”

【毛袋】 máo dài 毛、麻编织的口袋。《吐鲁番出土文书》第六册《唐毛袋帐历》:“九月六日,～贰拾□□,七日,～贰拾伍付。”《五灯会元》卷一四《石门绍远禅师》:“问:‘生死浪前如何话道?’师曰:‘～横身绝饮啄,青溪常卧太阳春。’”

【毛房】 máo fáng 同“茅房❷”。清《绿野仙踪》四八回:“我还不是就近的～,任人家屎尿哩!”《绮楼重梦》九回:“一切女眷通用便桶,不设内～的。”

【毛分】 máo fēn 犹分毫。《敦煌社会经济文献真迹释录》第一册《敦煌氾氏家传残卷(斯 1889)》:“又吾自少及长未曾授(受)人～之遗,君速去,勿以相污。”

【毛坑】 máo kēng 同“茅坑”。明《西游记》四四回:“把个～也与他起个道号,叫做甚么五谷轮回之所!”清《绿野仙踪》八二回:“闻的北头,有些气味,瞧了瞧,是个～。”

【毛驴】 máo lǘ 驴。明冯惟敏《折桂令·春阴》:“跨～笑入烟村,风也撩人,雪也撩人。”清袁枚《子不语》卷二三:“有五斗麦未磨,～又病。”

【毛毛】 máo máo ❶ 大约;差不多(用于估算数目)。明《醋葫芦》一九回:“与热帮闲同嫖,为青萍妓赎身,～去了三百。”清《姑妄言》一七回:“这七个月,一个月用一千五六百担,～要一万一二千担米。” ❷ 细小貌。清《后红楼梦》二八回:“天色阴阴起来,也～的下了几番细雨。”

【毛毛匠】 máo máo jiàng 制作皮毛衣物的匠人。清《醒世姻缘传》三六回:“又到段铺里面买了几尺镜面白绫,唤了一个～做了两顶极冠冕的帽套。”《品花宝鉴》三回:“今日春兰身上穿那件玄狐腿子的,是奚大老爷身上脱下来,现叫～改小的。”

【毛片】 máo piàn ❶ 动物毛皮的花色。也指羽毛或喻指花衣服。元明《水浒传》六八回:“小弟到彼,选得壮窜有筋力好～骏马买了二百餘匹。”明《挂枝儿·揵踢》:“浑身装裹些花～,撇人在眼前,卖俏在脚尖。”清《补红楼梦》四七回:“那八哥儿虽也会说话,形像是个粗笨的,怎得及他这～青翠配着这红嘴儿好看呢!” ❷ 用作詈词,指人的身分。明《金瓶梅词话》九七回:“守备认的他甚么～儿,肯招揽下他?”

【毛拳】 máo quán ❶ 拳头。清李渔《慎鸾交》九出:“若不看花案分上,大家赏你一顿～。”《说岳全传》七七回:“两只～,好似铜锤。”《痴人福》五回:“怕他临去弄蹊跷,准备着～叫他吃顿饱。” ❷ 指拳术。清《玉蟾记》三六回:“赵怿思稍稍有几着～,带了数十名打手,一齐上来。”《痴人福》四回:“休要提起打字,料你这有限的～,只好向空处去打。”

【毛裙】 máo qún 用鸟毛制成的裙子。唐张鷟《朝野佥载》卷三:“安乐公主造百鸟～,以后百官、百姓家效之。”《旧唐书·五行志》:“中宗女安乐公主,有尚方织成～,合百鸟毛,正看为一色,旁看为一色。”《太平广记》卷四八一引《神异记》:“其王服青～,平领衫,其袖委地。”

【毛衫】 máo shān ❶ 毛皮或毛制的外衣。宋张耒《明道杂志》:“南唐平,徐铉入朝,见中朝士大夫寒月衣～,乃叹曰:‘自五胡猾夏,乃有此风。’”洪迈《夷坚志》支乙卷七:“是年十一月,梦仮着～坐于便斋。”明沈德符《万历野获编》卷二六:“(汪伯玉司马乡人方于鲁)御新绒袍谒司马,时已及暮春,方矜庄就坐。汪口占谑之云:……寻常一样方于鲁,才著～便不同。” ❷ 不锁边露着布匹毛茬的婴儿衣服。明《金瓶梅词话》三一回:“官哥儿穿着大红缎～儿,生的面白红唇。”清《醒世姻缘传》六六回:“养活下孩子,我当自家外甥似的疼他,与你送粥米,替你孩子做～。”《红楼复梦》六一回:“祝母瞧了一遍,问道:‘～子是做什么的?’桂夫人答道:‘用梦玉穿旧的百岁衣改了几件。’”

【毛施】 máo shī 一种白色麻布。原产高丽。《元史·外夷一》:“其贡赋岁进～布百匹。”元古本《老乞大》:“俺将着几个马来,更有些人参、～、帖里布。”明《朴通事谚解》卷上:“贵眷稍的十个白～布、五个黄～布、五个黑帖里布,小人将来这里。”

【毛实】 máo shí 即“毛食”。明《梼杌闲评》二八回:“(忠贤)即便叫过四个心腹～来分付道:‘你们去如此、如此。’四人领命去了。”清《续金瓶梅》三四回:“京城还有杀不尽的～,妆成内监,造了半朝的銮驾,择日设朝登殿。”《醉醒石》九回:“上交的是一辈权势监厂内官～,生事府卫勋戚管家。”

【毛食】 máo shí 供太监役使的游食之人。清《醒世姻缘传》七〇回:“陈内官差了名下的几个～,齐到铺中,教童七交本算帐。”又:“一个～去了一大会,取了两大纸包来到。”

【毛司】 máo sī 同“茅厮”。明《金瓶梅词话》二八回:“取刀来,等我把淫妇剁作几截子,掠到～里去。”又八五回:“～里砖儿——又臭又硬。”

【毛厮】 máo sī 同“茅厮”。明《金瓶梅》一〇回:“只见他家使的一个大胖丫头,走来～里净手。”清《姑妄言》二回:“偶然瞥见舅姆拿着两张草纸,往后边～房中去,关了门净手。”

【毛头】 máo tóu ❶ 畜毛的端头。唐白居易《和张十八秘书谢裴相公寄马》:“齿齐膘足～腻,秘阁张郎叱拨驹。”《祖堂集》卷一六《沩山和尚》:“看牛次,第一座云:‘百亿～,百亿师子现。’”明《山歌·消息子》:“教我小阿奴奴关着子～便痒死人。” ❷ 即“毛头星”。五代杜光庭《月孛星君咒》:“～分怪状,彗尾或潜经。”明汪廷讷《狮吼记》八出:“中有天狗天贼,勾绞～,黄幡豹尾,见则凶灾立至。” ❸ 指微小。《五灯会元》卷七《玄沙师备禅师》:“向此门中用一点不得,用一～伎俩不得。”宋孙觌《宋故翰林学士莫公墓志铭》:“淡淡自足,未尝营一～之利。” ❹ 毛笔的毛锋。宋朱彧《萍洲可谈》卷二:“高丽使过常州市笔,诸许待其解舟即急售之,半无～,以为得计。” ❺ 即“毛头纸”。宋苏颂《己未九月予赴鞫御史》:“叹惜锺王行草笔,却随诸吏写～。” ❻ 没有修剪或不修饰的头。宋邵雍《毛头吟》:“谁剪～谢陆沉,生灵肌骨不胜侵。”明《西湖二集》卷二六:“有发变成无发,～忽换光头。”清于成龙《治罗自纪》:“读书堂上,坐睡堂上,～赤脚,无复官长体统。” ❼ 形容蓬乱、破烂。明《山歌·鞋子》:“你当初精精致致,那间乌皂泥泾。当初光头滑面,那间～精形。”《石点头》卷七:“儿子向来为此几本～书,抛撇了父母。” ❽ 指年幼。古代幼年披发蓬头,成年才裹头。明《夹竹桃·野芳虽晚》:“～阿姐忒贪花,足足里做子三十多年老肉麻。”清《续金瓶梅》三六回:“这郑玉卿一个～娃子领着一个年小妇人，从来没出京门。”《何典》一回：“便即买了一对昏头鸡，……教个～囫挑了。” ❾ 鄙称或昵称年轻人、没身分的人。明孙柚《琴心记》二九出：“咄！油嘴～，爹爹在堂上，快去相见。”陈铎《一枝花·乞儿乍富》：“结几个乔官员往来间欺压街坊，收几房野～行动处施呈爪牙。”顾起元《客座赘语》卷八：“洛阳有野～张姓者，售伪诳世。”

【毛头星】 máo tóu xīng 彗星的别称。《大宋宣和遗事》前集：“此星名～，又名彗星，俗呼为扫星。”《五灯会元》卷七《罗山道闲禅师》：“陈老师自入福建道洪塘桥下一寨，未曾见有个～现。”明《禅真逸史》一九回：“～其光烛地，大水为灾。”

【毛头纸】 máo tóu zhǐ 一种纤维较粗、质地松软的白纸。宋《三朝北盟会编》卷二五：“遂问隔营一军官借得一笔砚及～三副，灯下写了。”清《女仙外史》八六回：“那硫球的法，形如气球而小，内纯贮硫黄，亦引药线一枝，用裱厚～并桑皮纸六瓣攒成的。”

【毛团】 máo tuán ❶ 对动物或人的詈称。宋元《醒世恒言》卷三三：“你这剪径的～，我须是认得你！”元刘庭信《一枝花·秋景怨别》：“雁儿，往常时趁程途，盼江湖，且是的悲悲切切语喧呼，今夜～为甚不言语？”清《飞龙全传》三八回：“～！任你跑往那里去，吾务要拿住，方才罢围。” ❷ 指幼稚、鲁莽。明《拍案惊奇》卷三一：“若是～把戏，做得不好，非但不得东西，反遭毒手。”

【毛心】 máo xīn 坏心；歹心。明《金瓶梅词话》八一回：“嗔道路上卖了这一千两银子，干净要起～。”又九一回：“今日又起这个～儿里来呵，把往日恩情弄的半星儿也无。”

【毛丫头】 máo yā tou 对女孩子的轻蔑称呼。清《红楼梦》一九回：“你们看袭人不知怎样，那是我手里调理出来的～，什么阿物儿！”又二〇回：“你不过是几两臭银子买来的～，这屋里你就作耗，如何使得！”

【毛腰】 máo yāo 弯腰。明《痴婆子传》卷上：“伯踵于后，撩予衣，扳豚而入。予～而受之。”清《霓裳续谱·因为隔墙吟诗》：“托地～打一躬，央烦红娘姐，快救我学生的命。”

【毛贼】 máo zéi 对盗贼的蔑称。《太平广记》卷二五五引《启颜录》：“云中郡是天州，翻为偷毡，是～；～翻为墨槽，傍边有曲录铁，翻为契綟秃。”明《禅真逸史》五回：“俺这里是甚么去处，你这伙～辄敢恣行劫掠？”清孔尚任《桃花扇》九出：“那李自成、张献忠几个～，何难剿灭。”

【毛纸】 máo zhǐ 即“毛头纸”。也泛指粗纸。宋元《警世通言》卷四：“荆公见屋傍有个坑厕，讨一张～，走去登东。”明《型世言》二九回：“脸上搭了湿～，……一时间活活闷死。”

【酕醄】 máo táo 饮酒醉貌。唐姚合《闲居遣怀》之六：“遇酒～饮，逢花烂熳看。”宋李希周《九日》：“醺醺终日醉～，一阵西风解浊醪。”清《西湖佳话》卷六：“直吃得～大醉。”

【茆庵】 máo ān 同“茅庵”。唐姚合《送僧贞实归杭州天竺》：“石桥寺里最清凉，闻说～寄上方。”明屠隆《昙花记》三七出：“久居华屋，转羡～。”清王夫之《永历实录》卷九：“已乃侦知都贤所居，～槿篱，无足据者。”

【茆柴】 máo chái 同“茅柴❶”。宋苏轼《岐亭》之四：“几思压～，禁纲日夜急。”元郑廷玉《看钱奴》二折：“你莫不道小人现钱多卖，问甚么新酿～？”明《韩湘子》二六回：“身闲数顷烟波阔，一饮～醉便休。”

【茅庵】 máo ān 简陋的茅屋。唐白居易《村居寄张殷衡》：“闻君欲发江东去，能到～访别无？”《敦煌愿文集·建窟发愿文(二)》：“三贤道者，进道隘塞于～；十地圣人，证圣骈填于草屋。”清《绿野仙踪》三二回：“于山后极深处走几天，或寻个石堂，或结个～。”

【茅糙】 máo cāo 毛糙；马虎。明王衡《郁轮袍》六折：“我做考官～，错认中又有错认，白日里捏个虎跳。”

【茅厕】 máo cè 厕所；排便处。厕，旧音 sī。《敦煌变文校注》卷二《庐山远公话》：“自从远公于大内见诸宫常将字纸秽用～之中，悉嗔诸人。”《五灯会元》卷一九《大随元静禅师》：“十字街头起一间～，只是不许人屙。”清《红楼梦》四一回：“别是掉在～里了？快叫人去瞧瞧。”

【茅柴】 máo chái ❶ 村酿劣酒的代称。茅柴，形容其酒味薄，似茅柴火燃不长久。宋韩驹《庚子年还朝饮酒绝句》：“饮惯～谙苦硬，不知如蜜有香醪。”元明《水浒传》三二回：“酒却有些～白酒，肉却都卖没了。”清《霓裳续谱·寻花问柳》：“兴未阑，复饮～酒数杯。” ❷ 茅草灌木枝。明《型世言》四回：“亲营坟墓，结～为庐。”清《野叟曝言》四回：“复到厨下柴堆中，抽出一捆～，掮到殿上。”

【茅店】 máo diàn 村野间的简陋客店或酒店。唐唐彦谦《宿田家》：“停车息～，安寝正鼾睡。”明《禅真逸史》二六回：“拚着命走到路口～里，沽几壶酒吃了。”清黄宗羲《诗历题辞》：“其间驴背篷底，～客位，酒醒梦餘，不容读书之处，间括韵语，以销永漏。”

【茅房】 máo fáng ❶ 茅屋；茅草苫顶的简陋房屋。明李兆先《绝句》之二：“堤上～已可怜，中流无家更泊船。”清《隋唐演义》三三回：“或是大小村坊，或是远远～草舍，常有哭声。” ❷ 即“茅厕”。清《野叟曝言》一一回：“素臣道：‘我出恭要紧，你收了再处。’便如飞的跑向～里去了。”《歧路灯》三〇回：“弄出事情来，又寻我这救急～来了。”

【茅广】 máo guǎng 说话迂阔，不切实际。宋克勤《碧岩录》六六则：“头云：‘黄巢过后，还收得剑么？’僧云：‘收得。’”克勤评语：“～汉，如麻似粟。”《虚堂和尚语录》卷四：“得与入室，只是不得下语，才开口，便道：‘你且款款地，不要～。’”

【茅坑】 máo kēng 厕坑；茅厕。五代《云门禅师广录》卷上：“十二时中行住坐卧，屙屎送尿，至于～里虫子、市肆卖买羊肉案头，还有超佛越祖底道理么？”《元曲选·谇范叔》四折：“冻我在雪堆里，撇我在～里，说着呵尚兀自恶心呕逆。”清《歧路灯》二九回：“谭大叔出恭，倒栽～里啦！”

【茅栗】 máo lì 一种较小的栗子。宋沈括《梦溪笔谈》卷三：“江南有小栗，谓之～。”明严从简《殊域周咨录》卷八：“树如樟，开花结实，如中国～。”清《玉蟾记》七回：“忙里偷闲学渊明，种菊辟地诛～。”

【茅苫】 máo shān ❶ 守丧者坐卧的草垫。《敦煌愿文集·二月八日文》：“至孝等怀恩罔极，礼制有期，～欲除，穗帐将卷。”宋梅尧臣《李康靖少傅夫人挽词》之二：“岁晏寒松下，～孝子留。” ❷ 用茅草苫盖(的)屋顶。借指草屋。《太平御览》卷二五八引《唐书》：“僧孺至，计～板筑之费，岁十餘万。”宋苏辙《和韩宗弼暴雨次韵》：“破屋少干床，～固难御。”元吴西逸《雁儿落过得胜令·叹世》：“～三间厦，秧肥数顷田。”

【茅厮】 máo sī 即“茅厕”。《元曲选·老生儿》三折：“你个傻厮，这是开～门的。”清《醒世姻缘传》二〇回：“妆做仆妇端饭的，端着个马桶往～里跑的。”

【茅团】 máo tuán 茅屋。《元曲选·举案齐眉》三折：“住的是灰不答的～，铺的是干忽刺的苇席。”明马一龙《天巢记》：“幽壑～，隐隐有村底鸡犬声。”

【蟊蜮】 máo yù 比喻害人的人。蟊，吃稻根的害虫；蜮，含沙射影使人得病的害虫。宋洪迈《容斋续笔》卷六：“奴事董贤，协媚王莽，为汉～，尚得为贤也哉！”明王世贞《说部·左逸》：“尔实包藏其祸心，鸠其～，以震惊侍卫。”

mǎo

【卯】 mǎo ❶衙门卯时点名，开始办公，简称“卯”。明《西游记》三一回：“玉帝道：‘多少时不在天了？’天师道：‘四～不到。三日点卯一次，今已十三日了。’”清孔尚任《桃花扇》一一出：“奉元帅军令，挂牌免～，三军各回汛地了。” ❷按规定期限前来衙署报告完成任务的情况，一次叫一卯。清《醒世姻缘传》一二回：“将那没有过犯的也不叫来销～，便即罢了；拣那有话说不到的，差兵快同捕衙番役立刻擒来。”《野叟曝言》五〇回：“你老人家积些阴骘，圆融着这人进去搪一～儿罢！”《说唐全传》二二回：“到了比期，二人重打三十板，徐有德喝道：‘如若下～没有响马，每人重打四十板。’” ❸泛指遭数、机会。清《别有香》一四回：“女闻开户有声，即撤离遁去。仲心怏怏道：‘上门的主顾，倒被他走了。’忙促伯醒来，告道：‘哥哥，你睡得早，恰失一～了。’”又一五回：“小刁懊悔道：‘等了一日，倒睡着了，失了这～。罢！明日罢。’” ❹指差役当值。清《警寤钟》八回：“那同来两个差人，是新上～的，不认的马快手。”

【卯簿】 mǎo bù 点名簿；花名册。明《型世言》一六回：“或是伪印，将劄上填有实历考满起送，并援纳行款题请冠带；或将～挪移，籍册走拶，使得早选。”清于成龙《弭盗安民条约》：“嗣后各捕盗府佐及州县等官，应将在官捕役设立～，一一点讯明白。”《醒世姻缘传》一二回：“那些六房衙役渐渐齐拢来，要出～，逐项点了一遍。”

【卯初】 mǎo chū 卯时开始的那段时间(今晨五时许)，也指卯时开始至卯正的那一段时间(今晨五时至六时)。明张吉《燕思堂记》：“而宵衣子半，冻笔～。精力疲于簿书，智能屈于应接。”清《红楼梦》八三回：“一到～，林之孝和赖大进来。”《绮楼重梦》四回：“王夫人便拿时辰表一看，道：‘正交～一刻。’”

【卯儿姑】 mǎo ér gū 磕头；下拜。蒙古语音译。明徐渭《上谷边词》之四：“骆驼见柳等闲枯，房见南醪命拚殂。倒与鸱夷留一滴，回缰犹作～。”阮大铖《燕子笺》二三出：“拍手～，把如花向帐前奉。”

【卯酒】 mǎo jiǔ 早晨喝酒，也指早晨喝的酒。唐白居易《府西池北新葺水斋》：“午茶能散睡，～善消愁。”宋苏轼《答张文潜书》：“偶饮～醉，来人求书，不能复觑缕。”清孔尚任《桃花扇》七出：“请老爷同到洞房，唤他出来，好饮扶头～。”

【卯刻】 mǎo kè 即“卯时”。宋洪迈《夷坚志》支景卷五：“翌日～，微若欠伸，扶起坐。”清《女仙外史》二回：“就有济宁州林参政家，也在本月十五日，先于～时候生下个儿子。”陈端生《再生缘》三二回：“启万岁爷，早参天地，～良辰到了。”

【卯历】 mǎo lì 即“卯簿”。宋《三朝北盟会编》卷九七：“(王时雍)乃先自书名，以率百官，从而书名者数百人，皆若州县胥吏画～，略无留滞。”元马致远《陈抟高卧》三折：“睡时节幕天席地，喝喽喽鼻息如雷，二三年，唤不起，若在省部里，敢每日画不着～。”王爰山《小上楼·自适》：“日三竿，睡正美，蒙头衲被，起得迟怕画不着～？”

【卯窍】 mǎo qiào 卯眼；孔窍。比喻诀窍。明佚名《点绛唇·子弟收心》：“不通～，撞入围场。恰便似奔鸟落人呆汉手，好花输与富家郎。”清《醒世姻缘传》五四回：“只是初入其内，拿不住～，却往那里去赚钱？”

【卯时】 mǎo shí 干支记时之一，相当于今晨五时至七时。唐李隆基《追尊玄元皇帝父母并加谥远祖制》：“自今已后，每圣祖宫有昭告，宜改用～已前行礼。”《元曲选·陈州粜米》二折：“自从那云滚滚～初，直至日淹淹的申牌后。”清《绮楼重梦》四回：“李纨又捡了一件大红袄儿给他穿了，看看表，还是～，交到正三刻了。”

【卯食】 mǎo shí 卯时进餐。宋尤袤《全唐诗话》卷六：“诸僧晨粥～，朴亦携巾盂，厕诸僧下。”《宋高僧传》卷八《智封传》：“～之后，水浆不度齿焉。”

【卯筵】 mǎo yán 清晨举行的婚宴。清雍正十三年《陕西通志》卷四五：“郡人邵可立有《移风固言》，革～侈费，知州王廷伊议从省节。”《后红楼梦》一五回：“黛玉便到宝钗处去，要让宝钗。宝钗未曾穿戴，半路上就叫莺儿谢了。重复回来，也就送酒定席坐～。”

【卯眼】 mǎo yǎn 木构件供榫头插入的孔洞。宋李诫《营造法式》卷五：“举折之制，先以尺为丈，以寸为尺，……然后可见屋内梁柱之高下，～之远近。”明高濂《遵生八笺》卷七：“～内放竹楔者，魇曰：‘枸卯放竹，不动自哭。’使人家屋内常有哭声。”清《歧路灯》一〇〇回：“自古道攒金会多，分金会少。这一月五七百两，如何能一个～儿下一个楔子哩？”

【卯饮】 mǎo yǐn 早晨饮酒。唐白居易《卯饮》：“～一杯眠一觉，世间何事不悠悠。”宋岳珂《桯史》卷九：“天风欲雪，因留～。”清《姑妄言》引文：“到了夏月炎天，有一番佳致。～淫淫，兰汤滟滟。薰风徐来，衣香一室。”

【卯酉】 mǎo yǒu 比喻不相容，作对头。卯晨酉夜，互不相逢，故称。金《刘知远诸宫调》二：“神不和，天生是～子午。”元尚仲贤《气英布》三折：“既共俺参辰～，谁吃您这闲茶浪酒！”《元曲选·陈州粜米》二折：“我偏和那有势力的官人每～！”

【卯斋】 mǎo zhāi 僧人苦行，每日仅晨时一餐，称“卯斋”。《景德传灯录》卷四《招贤寺会通禅师》：“师常～，昼夜精进。”又卷二六《瑞鹿寺本先禅师》：“不设卧具，不衣茧丝，～终日，宴坐申旦。”

【卯正】 mǎo zhèng 卯时正点。相当于今晨六时，或指六时至七时的一段时间。清《红楼梦》一四回：“～二刻我来点卯，巳正吃早饭。”《镜花缘》六七回：“准于五鼓吉时放榜，无人不知。现在已交～，题名录还未买来。”

【卯字号】 mǎo zì hào 讳称娈童(也叫小官，男子同性恋者或男色)。卯，十二生肖配兔。娈童俗称兔子。清《姑妄言》一〇回：“有人知道他也是～的朋友，不好明明抢白他，或用隐语讥讽。他又有一番侃侃议论道：‘慕容冲以龙阳而为帝，董贤以龙阳而为相。’”又一二回：“见一个骚眉骚眼的少年，颇撩人爱。出来问起，家人有知道的，说他叫做杨为英，是个～的朋友。”

mào

【皃说】 mào shuō 同“貌说”。皃，“貌”的古字。宋《朱子语类》卷七九：“今人说中原山川者，亦是～。不可见，无考处。”

【貌】 mào 画；描。唐朱景元《画断》：“玄宗天宝中，忽思蜀中嘉陵江山水，遂假吴生驿递，令往写～。”宋梅尧臣《观邵不疑学士所藏名书古画》：“韩幹～四马，临流解鞍辔。”清蒲松龄《聊斋志异·阿宝》：“遂～其呆状，相邮传作丑语，而名之‘孙痴’。”

【貌模】 mào mó 指沿袭他人成说。宋《朱子语类》卷三二：

"诸友所说仁,皆是～。今且为老兄立个标准,要得就这上研磨,将来须自有个实见得处。"

【貌容】 mào róng 容貌;相貌。明佚名《白兔记》六出:"我把两眼摩挲,觑他～。"清《红楼梦》五回:"爱彼之～兮,香培玉琢。"

【貌说】 mào shuō 虚言;妄语。宋《朱子语类》卷三七:"杨至之云:'是人欲净尽,自然乐否?'曰:'此亦只是～。'"

【茂】 mào 美好;美丽。《敦煌愿文集·儿郎伟(伯4995背)》:"夫人仙颜恒～,似莲出水舒光。"又《愿文(斯4536)》:"伏愿闺颜转～,四德含彰。"又《结坛发愿文》:"小娘子姊妹清廉,保红颜而转～。"

【眊】 mào 同"毛❶"。元乔吉《水仙子·嘲人爱姬为人所夺》:"村冯魁沾的上,俏苏卿随顺了,双渐～,～!"《元曲选外编·独角牛》一折:"呸!～,～,～! 不害你娘羞!"

【眊矂】 mào sào ❶烦闷;烦恼。宋秦观《渔家傲》:"春到故园人未到,空～,年年落得梅花笑。"李龏《会餘庆》:"簿领嗟余多～,道涂怜子亦间关。"明倪元璐《与杨机部书》:"每一念及,辄如辘轳上睡,醒梦俱牵。恨不及见褒鄂雄姿,开其～也。" ❷举子不第的讳说。唐代举子不第饮酒消闷叫打眊氉,故称。宋舒岳祥《次韵》:"儿时人道是奇童,末路翻成～翁。"明赵完璧《与舒城孙生书》:"科名～于少年,勋业衰颓于青镜。"清赵翼《慰蕺园下第》:"～春官又一回,谁从爨底识琴材。" ❸指慰问举子不第的酒,或泛指酒。宋李石《回新繁李尉书》:"甥侄屈指内外二十许,更无一上进,羞出面颜。老仆招与饮～,而勉以'天定胜人事在,如是而已。'"许景衡《经臣重九假马同诸友登高》:"借马登高日已曛,一尊～自相亲。" ❹干渴。宋李宗谔《劝石集贤饮》:"应念朝来犹～,解酲谁用蔗为浆。"李之仪《试郭底泉和韵》:"午睡不觉久,起坐独扪腹。～相苦魔,眩瞀遂为族。" ❺(视力)模糊;(眼睛)不润泽。宋陈著《次韵黄岩高志尹》:"扇开眼～,翼起身龙钟。"明沈周《早兴》:"深坐聊展卷,～怯细字。"薛巳《薛氏医案》卷七:"而肝开窍于目,故肝受克而目亦受病也。其病眵多,～紧涩。" ❻(景象)模糊;迷蒙。宋苏轼《初别子由至奉新作》:"青山～中,落日凄凉外。"黄仲元《李可仁墓铭》:"青山～,岁月忽兮流星。"明宋濂《诰皓华文》:"歘尔水集,忽焉云凝。～黮昧,呒呰岭嶙。"

【眊燥】 mào zào 干燥;(眼睛)不润泽。宋《朱子语类》卷一一六:"自家此心都不曾与他相粘,所以～无汁浆,如人开沟而无水,如此读得何益!"明张介宾《景岳全书》卷五六:"羌活胜风汤,治两眼眵多,～紧涩羞明。"

【冒】 mào ❶向外透;往上升。宋苏轼《雨后行菜圃》:"白菘类羔豚,～土出蹯掌。"明《封神演义》一八回:"众官急上桥看,水星儿也不～一个。"清《红楼复梦》五二回:"登时,将各船的家人媳妇、丫头小子以及驾长水手人等魂都急～。" ❷诈;试探。明《欢喜冤家》三回:"这是你晓得我家有此人,心下起莫须有之疑,～一～看。" ❸没有把握;没经过深思熟虑。清《歧路灯》三四回:"这是～猜的,不料果在此。"又八四回:"你是听风～猜的。"

【冒慅】 mào cǎo 同"眊矂❶"。《敦煌变文校注》卷四《降魔变文》:"是日六师渐～,忿恨罔知无□(计)校。"

【冒充】 mào chōng 假冒;以假充真。《唐律疏议》卷九:"若主司不知前人有丧者勿论,即有丧不自言而～执事及陪从者,亦如之。"明《二刻拍案惊奇》卷三八:"被郁盛～了杨二郎,拐来卖在这里。"清袁枚《子不语》卷一七:"乃夜入弟室,～新郎,与弟妇成亲。"

【冒顶】 mào dǐng 假冒顶替。《明会典》卷七七:"曾差者不许再差,若他人～正军入场者,罪之。"《西洋记》九〇回:"你这两个畜生敢如此无礼,～了人,反敢自称甚么金角、银角。"《拍案惊奇》卷三六:"只叫他～了名,骗领了别处去,卖了他。"

【冒渎】 mào dú 冒犯亵渎。唐骆宾王《上瑕邱韦明府启》:"～威严,循心内骇。"元高明《琵琶记》三三出:"休怪～。今日天与之幸,得遇二位官人到此,免不得求告抄化几文。"清《镜花缘》六八回:"臣意中虽三人,惟恐～天颜,不敢妄奏。"

【冒火】 mào huǒ ❶发出火焰。金李道玄《烧药包歌》:"药包～奋神威,声出如雷聒天吼。"明《西游记》五五回:"那妖精那容分说,抖擞身躯,依前弄法,鼻口内喷烟～。" ❷指发怒、焦急或渴望。清《红楼梦》二七回:"拿着腔儿,哼哼唧唧的,急的我～。"《粉妆楼》五回:"他那里受得下去,只气得两太阳中～。"《姑妄言》一八回:"这两个丫头先见了富新,也眼中～,正想怎得这妙人儿相伴一宵。" ❸冒出火星儿,形容击打得厉害。清《绿野仙踪》七一回:"阎年伸开自己右手,就在自己脸上打了五六个嘴巴,直打的面红耳赤,眼中～。" ❹形容极其干渴。清《红楼复梦》一七回:"我嗓子眼儿里～呢,正要喝茶。"又二二回:"一口茶儿也没有喝,嗓子里觉着要～。"

【冒昧】 mào mèi 埋没。清《白雪遗音·望夫山》:"为甚么将俺恩情都～,负义是王魁。"

【冒骗】 mào piàn 冒充诈骗。明倪元璐《雍务急切疏》:"查得天启年间事例盛行之时,每有假印假文～以去者。"清袁枚《续子不语》卷一:"问张,则言李无良;问李,则言张～。"

【冒破】 mào pò 透支冒领。《宋史·谢枋得传》:"坐居乡不法,起兵时～科降钱,且讪谤,追两官。"明吾邱瑞《运甓记》三〇出:"分赏赐要占头功,领钱粮不时～。"清吴伟业《答土抚台开刘河书》:"钱粮之支放,物料之领办,审择其人,恐以为～也。"

【冒然】 mào rán 冒失轻率貌。宋《朱子语类》卷四一:"眼前道理,善恶是非,阿谁不知? 只是自～去做。"明严从简《殊域周咨录》卷四:"而初学小生稍谈鬼神,则～称茫昧,避谄渎讥;及遇毫发事,辄俯首叩祷不暇。"清《镜花缘》五五回:"他已通灵性,若要窃取,必不肯～而去。"

【冒染】 mào rǎn 冒着、顶着;沾染。《敦煌变文校注》卷一《伍子胥变文》:"面带愁容而步涉,江山迢递,～风尘。"又:"燕山勒颂知何日,～蓬尘双鬓秋。"

【冒失】 mào shī 轻率鲁莽。明《西游记》七五回:"那魔慌了,不知八戒是个呼头性子,冒冒失失的唬人。"清《儒林外史》三八回:"望见月亮地下照着树枝头上有个人,就狠命的往树枝上一扑。扑～了,跌了下来。"《醒世姻缘传》一五回:"这事大爷再合老爷商议,别要忒～了。"

【冒实】 mào shí 同"冒失"。明《型世言》一五回:"沈刚不敢～进去,只在那边张望。"《西游记》三六回:"他不知是那里勾当,冒冒实实的,教我们搬哩。"

【冒势】 mào shì 同"冒失"。明《金瓶梅词话》三〇回:"外边约等勾半日,又走来角门首趄探,问道:'爹起来了不曾?'春梅道:'怪囚,失张～,唬我一跳!'"又四九回:"他冒冒势势走到根前,与大娘磕头。"

【冒替】 mào tì 犹"冒顶"。明王世贞《杨忠愍公行状》:"公已夙钩得其弊,乃为严登籍定,序先后,革～,精谁何。"《大清律例》卷六:"其养象校尉缺出,即以所生儿男替补,有朦胧～者,俱以违制论。"《凤凰池》九回:"今若假名～,有人举奏,欺君之罪愈重了。"

【冒头】 mào tóu ❶箍头用的刑具名。《新唐书·来俊臣传》:"后以铁为～,被枷者宛转地上,少迁而绝。" ❷ 文章(特指八股文)的开头部分。宋曹彦约《四川类省监试人院晓谕榜》:"盖东南作义,必须破题精确,～详整。"元郝经《戊午清明读金太祖睿德神功碑》:"～迁史学舜典,序事班书杂文选。"清《十二楼·归正楼》四回:"贝去戎一生事迹,乃本传之正文,从前数段,不过一～耳。"

【冒突】 mào tū 冒犯冲撞。《元曲选·梧桐雨》二折:"等不的俺筵上笙歌散,可不气丕丕～天颜?"明祝允明《呈分巡顾佥宪帖》:"冰霜之上,不敢以仪物～。"清《痴娇丽》八回:"生入谢曰:'承蒙大母厚意,但恐～尊严。'"

【冒罩】 mào zhào 笼统;大体。宋《朱子语类》卷三一:"才说乐道,只是～说,不曾说得亲切。"

【冒撞】 mào zhuàng ❶ 冒犯顶撞。清雍正二年十月十四日上谕:"亦有出言～者,盖惟其理直,所以气壮。"《红楼梦》一九回:"是我才～冲犯了你,明儿赌气花儿两银子买他们进来就是了。"又六〇回:"方才言语～了,姑娘莫嗔莫怪。" ❷ 乱闯。清《红楼梦》一二回:"你在我这房后小过道子里那间空屋里等我,可别～了。"又一〇九回:"我来了半日,这里找不着一个姐姐们。我又不敢～,我心里又急。"

【冒子】 mào zi 犹"冒头❷"。唐韦绚《刘宾客嘉话录》:"柳八驳韩十八《平淮西碑》云:'……韩碑兼有～,使我为之,便说用兵讨叛矣。'"宋魏天应《论学绳尺》:"～布置便是讲题规模,又忌有重复语意。"元倪士毅《作义要诀序》:"至宋季则其篇甚长,有定格律:首有破题,破题之下有接题,有小讲,有缴结,以上谓之～。"

【帽儿头】 mào er tóu 即"帽头",借指戴冠的男子或官员。明冯惟敏《红绣鞋》:"只凭着巴心咒,哄了些～。"

【帽套】 mào tào 套在帽子外面用以御寒的毛皮。明刘若愚《酌中志》卷一九:"如今所戴～,谓之曰云字披肩。"清王士禛《古夫于亭杂录》卷三:"明时,京师士大夫冬日制貂为套,着冠帽上以御寒,名曰～。"《醒世姻缘传》三六回:"看那个皮又大又有绒头,够做两个～的材料。"

【帽头】 mào tóu 帽子。唐皮日休《胥口》:"换酒～把看,载莲艇子撑归。"明《金瓶梅词话》三〇回:"蹀小板凳儿糊险道神,还差着一～儿哩。"△清《儿女英雄传》一二回:"一眼就看见太太坐在挨窗户那里,在成裹～儿呢。"

【毷氉】 mào sào ❶ 同"眊矂❶"。五代韦庄《买酒不得》:"停尊待尔怪来迟,手挈空瓶～归。" ❷ 同"眊矂❷"。宋王珪《信字卷子》:"侵更竞看仓惶笔,薄晚谁衔～杯。"明毕自严《类选四时绝句序》:"樱桃景妍,兴逸烧尾;～色惨,致楚铩羽。"清田雯《述怀上朱大司空》:"大海拔鲸牙,刺手心不宁。～固其宜,濩落逐流萍。" ❸ 同"眊矂❹"。金李俊民《郭子云酒熟同李茂卿史正之豪取不许》:"～相逢欲空去,从来如此四并难。" ❹ 同"眊矂❺"。明李时珍《本草纲目》卷五一上:"(犀角)主风毒攻心,～热闷。" ❺ 同"眊矂❻"。宋许景衡《寄净慈寺修上人》:"几回行到言诗处,水寺秋云～飞。"

【瞀闷】 mào mèn 目眩胸闷。一种病症。宋《太平惠民和剂局方》卷二:"香薷圆,治大人、小儿伤暑伏热,躁渴～,头目昏眩。"清蒲松龄《聊斋志异·章阿端》:"女忽病～,懊憹恍惚,如见鬼状。"

méi

【没】 méi 另见 mò。❶ 无;没有。唐白居易《浪淘沙》:"谁道小郎抛小妇,船头一去～回期!"金《董解元西厢记》卷一:"闻说贵州天下～,有甚希奇景物,你须知处。"清《红楼梦》一一回:"这如今得了这个病,把我那要强的心一分也～了。" ❷ 副词。a) 不。宋《朱子语类》卷一七:"止缘初间不理会到十分,少刻便～理会那个是白,那个是皂。"清《儒林外史》一六回:"你哥又～中用,说了几句道三不着两的话。"《醒世姻缘传》六四回:"路上我撞见,通常～合他作揖。"b) 未;不曾。宋元《清平山堂话本·李翠莲》:"恼得那媒婆一点酒也～吃,一道烟先进去了。"明《金瓶梅词话》四六回:"他～见酒席,也闻些气儿来。"清《红楼梦》一〇回:"他听了这事,今日索性连早饭也～吃。" ❸ 用在是非问句末,相当于"有没有"的"没有"。清《醒世姻缘传》五五回:"他说害疼来～?"又五五回:"这三个,你两个都见过了～?"

【没巴鼻】 méi bā bí 无依凭;没根由;没意思。《五灯会元》卷一二《大沩慕喆禅师》:"月生一,天地茫茫谁受屈?月生二,东西南北～。"又卷二〇《石亭祖璇禅师》:"吃粥了也未?赵州无忌讳。更令洗钵盂,太煞～。"

【没不多】 méi bù duō 没多少;不多。明《醒世恒言》卷一七:"公公请息怒。媳妇～几件东西,不为大事。"

【没采】 méi cǎi 倒霉。明《警世通言》卷一七:"但是早行遇着钝秀才的,一日～:做买卖的折本,寻人的不遇。"

【没曾】 méi céng ❶ 不曾。表示已经或已然的否定。明《金瓶梅词话》一九回:"原来两个蝴蝶,也～捉得住。"清《醒世姻缘传》六五回:"这顾绣衣裳,你要～与人,还在那里放着,你就该流水的取了来与我。"《红楼梦》六九回:"幸而琏二爷不在家,～圆房。" ❷ 不是。表示否定判断。明《金瓶梅词话》六五回:"哥只是多费几两银子,为嫂子～为了别人。"

【没揣】 méi chuǎi ❶ 不料;忽地;猛然间。《元曲选·虎头牌》一折:"则今日过关津,度州郡,～的逢他敌人,阵面上相待,赌的是狠。"明朱有燉《集贤宾·代人久别咏情》:"急回头日长端午期,～的玉露凄凄。光阴如过客,寒暑急相催。"清沈谦《粉蝶儿·除夜悼亡》:"～底泣下沾衣,猛回头去年今日。" ❷ 无端;没来由。《元曲选·灰阑记》四折:"～的告府经官,吃了些六问三推。"又《儿女团圆》二折:"只被你两个泼无徒泼无徒将俺来厮定害,～的大惊小怪,便待要生非作歹。"清查继佐《续西厢》四折:"婚姻事,大古里凭人取便,～的强合了,到了没缘。" ❸ 无阻挡。《元曲选·梧桐雨》三折:"惯纵的个无徒禄山,～的撞过潼关。"《元曲选外编·存孝打虎》二折:"看存孝这一番,不许当,不许拦,一彪军～的撞入长安。"

【没搭圾】 méi dā jī 即"没搭煞"。清《生绡剪》一〇回:"这些书呆,～的,不知踱到那里去哩。"

【没搭撒】 méi dā sā 同"没搭煞"。明佚名《商辂三元记》三二出:"诚然做事～!～!"《梼杌闲评》二三回:"秋鸿道:'先磕了头,我才拿出来哩。'印月笑道:'你又来～了!'"清《女开科传》九回:"余丽卿总是个～的文人,做出这般戏耍的怪事。"

【没搭煞】 méi dā shā 没出息;没见识;没正经;无聊。明徐肃颖《丹桂记》五出:"后生家～,一个人在世间,那里不见些美色来?"《拍案惊奇》卷一六:"那老儿～,黑暗里已自和那婆娘摸上了。"清《女仙外史》三一回:"这个～的姥姥,想是疯了?那样新戏文不看,却要做什么私情的诗!"

【没待】 méi dài 不要;没想。明《金瓶梅词话》五三回:"奶子也就在炕上吃了晚饭,～下来,又丢放他在那里。"清《醒世姻缘传》五七回:"他那日～将了我去么?"

【没的】 méi de ❶ 没有。《元曲选·留鞋记》三折:"我用手去他口边摸着，早～气了。”明《金瓶梅词话》七回：“姑娘在上，～礼物，惶恐！”清《隋唐演义》四四回：“同僚情分，～不为调停的理，只怕事大难回。” ❷没有什么；没啥。《元曲选・蝴蝶梦》三折：“我也～分付你，你把你的头来我抱一抱。”元明《水浒传》一〇回：“端的亏管营、差拨两位用心，……这番张教头～推故。”清《白雪遗音・酒鬼》：“可怜我，卖也～卖，当也～当。” ❸不能；不会。《元曲选・货郎旦》四折：“他也再～怨谁，我也断～饶伊。” ❹难道；莫非。《元曲选・铁拐李》二折：“想着咱二十年儿女夫妇，你～不送我到郊外？”明《金瓶梅词话》七二回：“他不来我家来，我～请他去？”清《幻中游》一〇回：“程翰林心里疑惑道：‘～就是他不成？’” ❺休要；别。明汤显祖《牡丹亭》七出：“则要你守砚台、跟书案、伴诗云、陪子曰，～争差。”《金瓶梅词话》九四回：“随你打罢，～气着你。”清《白雪遗音・寂寞寻春》：“～放你那狗臭屁，你郎为何在我家里！” ❻无非；只是。明《金瓶梅词话》二八回：“这书箧内都是他的拜帖纸，娘的鞋怎的到这里？～摭溜子捱工夫儿！”清《红楼梦》六回：“这话～叫人恶心。不过借赖着祖父虚名，作了穷官儿，谁家有什么。”《补红楼梦》一七回：“我也老天拔地的了，手脚也不灵便了，～白受奔波。望见他们心里倒又难过，不如不上去的好。” ❼空自；白白地。明孟称舜《娇红记》三一出：“闷倚牙床，～寻思遍。杂情谁似他，转眼心肠变。”清《红楼梦》四六回：“老爷如今上了年纪，作什么左一个小老婆右一个小老婆放在屋里，～耽误了人家。” ❽反而；反倒。明《金瓶梅词话》三五回：“我就去不成，也不要那嚣纱片子，拿出去倒～教人笑话。”清《红楼梦》二九回：“我们不过闲逛逛，就想不到这礼上，～惊动了人。”《补红楼梦》一七回：“再往后看，也不过总是些受罪的人，～瞧着心里怪不忍的。”

【没的说】 méi de shuō 没话可说。❶表示无可挑剔或指责。明《金瓶梅词话》五六回：“西门庆被伯爵说了他恁地好处，倒～了。”清《续金瓶梅》二五回：“一向不来，也就为这个嫌疑。常常远着些，人～。”《儒林外史》二二回：“齐大老爷待我两个人，是～的了！” ❷表示情理显然，不必多说。明《金瓶梅词话》七五回：“月娘道：‘三位师父，休要笑话。’薛姑子道：‘我的佛菩萨，～，谁家灶内无烟？’”清《儒林外史》一七回：“景兰江道：‘说的不是，倒罚三杯！’众人道：‘这～。’”《红楼梦》一二回：“太太气死过去，因此叫我来拿你。刚才你又拦住他，～，跟我去见太太！” ❸表示不认同对方的说法，犹言瞎说。明《金瓶梅词话》七六回：“月娘便道：‘～，他一个穷卫家官儿，那里有二三百两银子使？’”清《醒世姻缘传》一四回：“你～！曾见那小鬼也敢在阎王手里吊谎来！”《红楼梦》六四回：“可是你～了，好好的我多早晚又伤心了？” ❹无言以对，表示无奈。清《醒世姻缘传》四七回：“宗师着实的骇然，问道：‘魏三，你怎么说？’他只是磕头，说道：‘小的～。’”又四八回：“实指望他较好些了，谁知他还这们强。～，只是难为亲家，求亲家担待罢了！”

【没的有】 méi de yǒu ❶无中生有；平白。元郑光祖《周公摄政》四折：“打，打这厮大共小着谗言搅坏；打，打这厮～把平人展赖。” ❷难道会；莫非能。清《醒世姻缘传》九回：“吊死是真，这有甚帐！～偿命不成？”又三二回：“我～说谎的？你问何妨。只是怕耽搁了工夫。”又六五回：“你打杀了他，～不偿命么？”

【没地】 méi de ❶同“没的❹”。元明《水浒传》二三回：“～不还你钱？再筛三碗来我吃。” ❷同“没的❷”。明《金瓶梅词话》二七回：“适才你和李瓶儿合捣去罢，～摭嚣儿，来缠我做甚么？”

【没地里】 méi de li 另见méi dì li。❶即“没地❶”。里，后缀。元明《水浒传》二八回：“看你怎的奈何我？～倒把我发回阳谷县去不成？” ❷一味地。明李开先《端正好・赠康对山》：“着后世为谈柄，～竿头弄巧，火上擎冰。”

【没得】 méi de ❶同“没的❶”。唐罗隐《七夕》：“时人不用穿针待，～心情送巧来。”《元曲选・冻苏秦》二折：“文学呵又不是～，可怎生不能图个荣贵？”清《儒林外史》五二回：“那陈虾子被毛二胡子一味朝死里算，弄的他酒也～吃，肉也～吃。” ❷同“没的❷”。宋元《古今小说》卷一五：“我欠了店上酒钱，～还。你今夜留门，我来偷你锅子。”明《西游记》四三回：“你怎么～做，撞出这件祸来？” ❸同“没的❸”。明李梅实《精忠旗》一四出：“教他枉勤劳，麒麟阁上，也～姓名标。”清《儒林外史》二〇回：“两人见他说得如此，大约～辩他。吃完酒，各自散讫。” ❹同“没的❹”。明《拍案惊奇》卷二：“我又认得娘家路，～怕人拐我？”清《醒世姻缘传》六四回：“人～合他有仇，好意打他么？” ❺同“没的❺”。元明《水浒传》二一回：“～只顾缠我，我饱了，吃不得。”明孙仁孺《东郭记》三一出：“教左右，须索周围守着，～那厮上来也。”清《醒世姻缘传》二回：“你～扯淡！你认得我是谁？” ❻同“没的❼”。清《续金瓶梅》四八回：“如今放在屋里，七粗八细一些做不来，～养着吃闲饭。你与我快快寻个主儿领出去。”《八洞天》卷八：“姑娘的银子好赖，出家人的银子，倒～到你赖哩！” ❼同“没的❽”。清《续金瓶梅》四一回：“二三十两银子还不够摆酒席哩！～倒着人家张扬得都知道，是嫁了女儿做小了。” ❽岂不。表示不能忍受或接受。明《梼杌闲评》七回：“（一娘）说他道：‘……不如跟我到馆内代他走走堂，每日好酒好食，还可寻钱贴用。’进忠道：‘～舍脸。’”清《醒世姻缘传》八回：“你光着呼子头，这们赤白大晌午～晒哩，快进家去吃了晌饭，下下凉走。”《后水浒传》二五回：“黑疯子有粗没文，蠢性怪鸟般直，休说做寨主，～笑破。” ❾不肯；不可能。明徐渭《四声猿・渔阳弄》：“要传三指大一块纸条儿，鬼也～理他。”《二刻拍案惊奇》卷九：“方才他负极不要去，还是这些狂朋友～放他回来。”《欢喜冤家》一七回：“不要说老爷的内室，把你胡言乱语，就是我们的妇女，也～把你轻薄。” ❿没能；不曾。清《红楼梦》六一回：“司棋被众人一顿好言，方将气劝的渐平。小丫头们也～摔完东西，便拉开了。”《歧路灯》四〇回：“生意扯捞住，也～来瞧瞧姐夫姐姐。”

【没底人】 méi dǐ rén 没有根基家业的人。明《金瓶梅词话》二六回：“多亏阴先生悯念他负屈衔冤，是个～，反替他分付监中狱卒，凡事松宽看顾他。”

【没地里】 méi dì li 另见méi de li。没有固定的管辖区，指没有固定的场所。元明《水浒传》三九回：“他是个没头神，又无住处，只在牢里安身；～的巡检，东边歇两日，西边歪儿时，正不知他那里是住处。”

【没掂三】 méi diān sān 即“没搭煞”。金《董解元西厢记》卷一：“忒昏沉，忒粗智，～，没思虑，可来慕古。少年做事，大抵多失心粗。”元高文秀《遇上皇》四折：“这言语～，可知水深把杖儿探。”《元曲选外编・西厢记》二本楔子：“我从来斩钉截铁常居一，不似恁惹草沾花～。”清洪昇《长生殿》二八出：“谁想那一班儿～，歹心肠，贼狗男。”

【没雕当】 méi diāo dàng 无根据。宋朱彧《萍州可谈》卷一：“都下市井辈，……谓作事无据者为～。”明田汝成《西湖游览志餘》卷二五《梨园市语》：“言人作事无据者曰～。”

【没分晓】 méi fēn xiǎo 糊涂；没道理。元岳伯川《铁拐李》二折：“岳孔目，你好～！你才发昏半日，你平昔爱穿的好衣服都与你穿在身上，可知沉重。”《元曲选・刘行首》二折：“你个乐探哥哥何须闹，欺良压善～。”

【没干】 méi gān 不相干；没用。明徐复祚《投梭记》二二出：“小娘子唤不转了，就唤转也～。”《型世言》一五回：“如今我的亲也～，你的友也～。沈实年年来看望，你是不采他，依我还是见他的是。”清《野叟曝言》九回：“不痛不痒的，就一日打到晚也～。”

【没后跟】 méi hòu gēn 鞋没后跟，提不起来。指没有社会地位，下贱。清《醒世姻缘传》四八回：“你睁开眼看看！谁是没根基、～的老婆生的？我见那姓龙的撒拉着半片鞋，歪拉着两只蹄膀，倒是～的哩！”

【没及奈何】 méi jí nài hé 同“没计奈何”。明《西游记》五四回：“三藏～，只得依从。”《型世言》七回：“翠翘已是失了挑行李的人，～，且随人奔到桐乡。”清《醒世姻缘传》四六回：“人总是～才卖孩子，既有碗饭吃，谁肯把孩子卖给人家？”

【没极奈何】 méi jí nài hé 同“没计奈何”。明佚名《白兔记》三一出：“我在沙陀村受狼狈也是～。”《型世言》二八回：“张秀才～，只得到他静室。”清《醒世姻缘传》三四回：“叫我说着，～的，给了我一坛薄酒来了。”

【没脊骨】 méi jǐ gǔ 比喻不正经，没品行。明《西游记》三六回：“我弟子可是那等样～的和尚！”《西洋记》八九回：“只因你前生在世，说话～，行事～，故此今日吃这一锐。”清《儒林外史》二一回：“恐怕这厮知识开了，在外～钻狗洞，淘渌坏了身子。”

【没脊梁】 méi jǐ liang 犹“没脊骨”。明《拍案惊奇》卷二九：“遮莫做了～、惹羞耻的事，一床锦被可以遮盖了。”

【没计奈何】 méi jì nài hé 无可奈何。宋元《古今小说》卷三三：“如今～，且去寻申公讨这十万贯钱。”明《西游记》五一回：“我如今～，哭不得，所以只得笑也。”清《霓裳续谱·寻思默默》：“寻思默默，～。独对银灯，把那金钱卜。”

【没脚海】 méi jiǎo hǎi 即“没脚蟹❷”。海，蟹的方言音。明沈榜《宛署杂记》卷一七：“无归着曰～。”

【没脚蟹】 méi jiǎo xiè ❶ 比喻无根基的人、无依无靠的人。元明《水浒传》二六回：“那妇人道：‘亏杀这个干娘！我又是个～，不是这个干娘，邻舍家谁肯来帮我？’”明《醒世恒言》卷三五：“我是个孤孀妇人，儿女又小，就是～一般，如何撑持门户？”清《红楼梦》六八回：“我又是个～，连官场中都知道我利害吃醋，如今指名提我。” ❷ 比喻行踪无定，没有着落。明《金瓶梅》一回：“～行货子，藏在那大人家，你那里寻他去！”又六四回：“你那书房子里，开了门还大瞧瞧，～的营生，只怕还拿什么去了。”清《续金瓶梅》一八回：“为甚么坐的墩着，这里一头那里一头的，像个～一般。”

【没紧要】 méi jǐn yào ❶ 犹“没要紧❶”。宋《朱子语类》卷一三：“如今人才说不赴举，便把做掀天底大事。某看来，才著心去理会道理，少间于那边便自～。”明钱德洪《平濠录》：“可平生精神，俱用在此等～事上。”清《都是幻·写真幻》六回：“昨日忽然有密旨，差人飞马赶回，要取春宫画图披阅。咱想，此等～的画图，一时何处寻觅。” ❷ 犹“没要紧❷”。清《风流悟》八回：“只因止此一女，日常不曾与他早定得亲，以致今日做出丑事来，～把一块肉屈屈断送了。” ❸ 犹“没要紧❸”。明佚名《白兔记》一〇出：“大舅好没来由，怎么教我写休书，又要脱我的衣服，好～！”清《都是幻·写真幻》二回：“空思弄玉偕同调。～的良宵窗棂小，恨那冷月偷窥，笑人空老。”

【没精打采】 méi jīng dǎ cǎi 形容情绪低落，精神萎靡不振。清《红楼梦》八七回：“贾宝玉满肚疑团，～的，归至怡红院中。”

【没可得】 méi kě de 用不着；何必。元明《水浒传》三五回：“兀那汉子，你也鸟强！不换便罢，～鸟吓他。”

【没可里】 méi kě li 犹“没可得”。元马致远《夜行船》：“人生百年如过驹，暗里流年度。似晓露红莲香，落日夕阳暮，～使心干受苦。”

【没可奈何】 méi kě nài hé 无可奈何。宋《朱子语类》卷一二〇：“看今世务已自～，只得随处与人说。”清《醒世姻缘传》五二回：“狄希陈～，只得从袖中取将出来。”

【没口】 méi kǒu 满口；一连声。明《金瓶梅词话》一五回：“慌的老妈～子道：‘姐夫吃了脸洗饭，洗了饭吃脸。’”清《红楼复梦》一八回：“使劲的在他身上混掐，笑的紫箫～的告饶。”《荡寇志》一二九回：“徐槐心中暗喜，便密谕一条计，庞泰述～的应了。”

【没捆】 méi kǔn 没约束；没准儿。清《醒世姻缘传》八八回：“这骡情管不是你的，不然，你怎么说的都是～的价钱？”《红楼梦》六六回：“原有些真的，叫你又编了这混话，越发没了捆儿。”《聊斋俚曲·禳妒咒》：“我就从来没有捆，有了钱来要弄鬼。”

【没来回】 méi lái huí 没有好结果。明《金瓶梅词话》五七回：“你日后那～、没正经、养婆儿、没搭煞、贪财好色的事体，少干几桩儿也好。”

【没来历】 méi lái lì ❶ 犹“没来由❶”。明《拍案惊奇》卷二一：“而今再说一个一点善念，直到得脱了穷胎，变成贵骨，就与看官们一听，方知小子劝人做好事的说话，不是～的。” ❷ 犹“没来由❷”。宋元《古今小说》卷三三：“种瓜的张老～，今日使人来叫老媳妇两人，要说谏议的小娘子。”明无心子《金雀记》二二出：“这个相公好～，老爷要紧的东西，你怎么写上许多字？”《石点头》卷四：“何况手能举，脚能步，如何在人身上，只看心田一片？好～。” ❸ 没出身；没基础。明《西游记》八二回：“又问：‘你叫做甚么名字？’又答道：‘我叫做甚么名字。’那怪笑道：‘这和尚好便好，只是～，会说顺口话儿。’”清《情梦柝》二回：“我不比～的人，就是要立契，我会写，凡书启柬帖，都能替老爷出力。”《隋唐演义》一二回：“众人呐喊助他的威，却不晓得他～的，吓软了。”

【没来头】 méi lái tou ❶ 犹“没来由❶”。宋元《警世通言》卷三九：“我是齐刺史女儿，难道是鬼祟？去信恁般～的话，要来害我！”清《豆棚闲话》九则：“万一听了这句～的话，设使那人依了做去，日后被你挟制着。” ❷ 犹“没来由❷”。《元曲选·张生煮海》一折：“这秀才好～，谁问你有妻无妻哩？”明《金瓶梅词话》六三回：“好个～的行货子，如何吃着酒，看见扮戏的哭起来？”清《姑妄言》九回：“这才说的是～的话。这是俺老子与我的字儿，你不过讲与我听，有甚么话得罪了我？” ❸ 犹“没来历❸”。清《凤凰池》六回：“一个～的穷书呆，竟要与绝有势的贵公子做起对来，眼见得是泰山压卵。”

【没来由】 méi lái yóu ❶ 靠不住；无根据。《五灯会元》卷一二《智海道平禅师》：“山僧不会佛法，为人总～。”宋刘辰翁《水调歌头·和彭明叔七夕》：“又说河边河鼓，此会～。”宋元《古今小说》卷三：“只见几个邻人都来和哄道：‘吴小官人，恭喜恭喜！’……他通红了脸皮，说道：‘好～，有甚么喜贺？’” ❷ 没道理；不近情理。宋庄绰《鸡肋编》卷下：“众卒谣曰：‘张家寨里～，使他花腿抬石头。二圣犹自救不得，行在盖起太平楼。’”金谭处端《沁园春》：“好～，名利区区，几时尽头？”清《红楼梦》一〇九回：“好～，你只管睡去，我们拦你作什么！” ❸ 不值得；犯不上。金李道玄《劝友人感春》之一：“君多春感～，假见春光有甚愁。”元张养浩《山坡羊》：“富何如？贵何如？～惹得人嫉妒，回首百年都做了土！”明柯丹邱《荆钗记》二四出：“书中句都是虚，～认真闲气蛊。” ❹ 无缘无故；无端。《元曲选·冻苏秦》三折：“哥哥，则这里坐罢，～去那冰雪堂做什么？”元明《水浒传》二一回：“又不是我父母匹配的妻室，他若无心恋我，我～惹气做甚么？”清《红楼梦》一〇一回：“我这里一大堆的事没个动秤儿的，～为人家的事，瞎闹了这些日子，当什么呢！”

【没量斗】 méi liáng dǒu 即“没梁斗”。唐高骈、薛涛联诗：“口，有似～；川，有似三条椽。”宋佚名《张协状元》一〇出：“汝口应是～。”宋元《警世通言》卷一三：“若信卜，卖了屋；卖卦口，～。”

【没梁斗】 méi liáng dǒu 比喻不足凭信的事物或做事不可靠的人。斗有梁，以便提取，无梁则不便于计量。明佚名《苏九淫奔》三折：“他每是没星秤、～，把情怀厮迤逗，将言词厮引诱。”清《歧路灯》九三回：“俗语说：媒婆口，～。”

【没梁桶】 méi liáng tǒng 桶无梁则没法提。指不要提起或没法提及的事情。《元曲选·黑旋风》三折：“呀，便问我要东西。叔待，则你那～儿便休提。”明刘兑《娇红记》卷下：“谁曲谁直，～儿再休提。”祝允明《三十腔·闺情》：“多才多艺，不与人同；薄情薄幸，也无人共。寻思起，总是～。”

【没量】 méi liàng 另见 mò liáng。无法计量。形容数量极大。《敦煌变文校注》卷五《父母恩重经讲经文(一)》：“经说母亲临产月，受～多苦恼也唱将来。”《五灯会元》卷二〇《剑门安分庵主》：“检点将来，有～罪过。”宋王安石《拟寒山拾得》之六：“人人有这个，这个～大。”

【没撩没乱】 méi liáo méi luàn 形容心情撩乱、烦闷。元武林隐《蟾宫曲·昭君》：“哀哀怨怨，一曲琵琶，～。离愁悲悲切切，恨满天涯。”元明《水浒传》七回：“不痒不疼，浑身上或寒或热；～，满腹中又饱又饥。”

【没留没乱】 méi liú méi luàn 即“没撩没乱”。金《董解元西厢记》卷三：“～，不言不语，尽夫人问当，夫人说话，不应一句。”明《型世言》三八回：“料必不是想家，怎这几日这等～，脸色都消瘦了？”

【没面目】 méi miàn mù 不讲情面。宋佚名《张协状元》三五出：“我最～，爹来也不相识。”元明《水浒传》六六回：“后面带著这个好汉，正是～焦挺。”清范希哲《偷甲记》三五出：“他恶狠狠似～的魔君，好教我泪汪汪，一步步挨着走。”

【没面皮】 méi miàn pí 犹“没面目”。《元曲选·争报恩》四折：“自到官来当日，我便与他～。”明《梼杌闲评》四〇回：“更可恨～的海若，冲州撞县，那里顾荡尽官舍民房；最可惧少恻隐的冯夷，播虐扬威，全不管漂没田禾树木。”

【没脑痴】 méi nǎo chī 犹“没头痴”。唐庞蕴《思思低思思》：“思思低思思，自叹一双眉。向他胜地坐，万事总不知。六识若似眉，即得不思议。六识若嫌眉，论时～。”

【没皮骨】 méi pí gǔ 脸皮厚；不知羞耻。明《梼杌闲评》一四回：“才到铺中，见那些总是游手好闲、～的人，他们也自知罪，敢求老兄宽恕。”

【没皮子】 méi pí zi 犹“没皮骨”。清《醒世姻缘传》二七回：“这如今做了官，还同的那咱做～光棍哩？”

【没气力】 méi qì lì 不硬气；没底气。元明《水浒传》一六回：“你这客官好不晓事！早是我不卖与你吃，却说出这般～的话来！”明《平妖传》一二回：“你自不用心盘问，到说这～的话，却不是放屁！”《梼杌闲评》一二回：“连你也说这～的话，赢了银子可肯不要？”

【没前程】 méi qián chéng 没远见；没见识。宋石孝友《念奴娇》：“百忙里，方知你，～，阿谁似你！”元关汉卿《调风月》三折：“这断短命，～，做得个轻人还自轻！”明佚名《白兔记》一六出：“哥哥嫂嫂～，苦逼奴家再嫁人。”

【没趣】 méi qù 不知趣；难堪。《元曲选·东堂老》一折：“好意与他唱喏，倒恼起来，好～！”明《醒世恒言》卷二五：“好～！歌一曲尽勾了，怎么要歌两曲？”清《醒世姻缘传》一五回：“从此后，那～的事也渐渐来也。”

【没入脚处】 méi rù jiǎo chù ❶ 没有接近或参与的机会。明《二刻拍案惊奇》卷一四：“等闲不曾笑了一笑，说了一句没正经的话。那宣教～，越越的心魂撩乱，注恋不舍了。” ❷ 形容心情或动作慌乱，不知怎么才好。明《金瓶梅词话》二回：“日夜只是放他不下。到家茶饭懒吃，做事～。”清《绿野仙踪》八回：“那妇人到此，越发着急的了不得，连圈，连拜，连说，连吹，忙乱的～。” ❸ 作补语，表示程度深。明《金瓶梅词话》八一回：“汉子又两番三次无人处在根前无礼，心里也气得～。”《醒世恒言》卷一三：“王观察欢喜的～，连忙烧了利市。”清《野叟曝言》五七回：“因把烛照着，笑得鸾吹～。”

【没赛】 méi sài 无可比拟；极其出色。宋寿涯《渔家傲·咏鱼篮观音》：“乘时走入众生界，窈窕丰姿都～。”宋元《古今小说》卷三六：“这汉走得楼阁～，起个浑名，唤做病猫儿。”明徐畛《杀狗记》三二出：“傍人道来，我院君贤达，人间～。”

【没稍干】 méi shāo gàn 分不清哪是末端哪是主干，喻指不知轻重。明《金瓶梅词话》三五回：“也没见这般～的人，在家闭着膫子坐，平白有要没紧来人家撞些什么？”

【没蛇弄】 méi shé nòng 没啥干。蛇、啥谐音。指没条件进行，没啥想头。明《西游记》六七回：“是这般缩了，却怎么得他出来？这不是叫做～了？”清《生绡剪》八回：“那干人见杜小七病倒，～了，乌羞而散。”《歧路灯》八七回：“如今到了～的地步，才寻着书本儿。”

【没事】 méi shì ❶ 没有事情做。宋元《警世通言》卷二〇：“讨个客店歇了，～，出来闲走一遭。”明《古今小说》卷一：“今日雨天～，老身大胆，敢求大娘的首饰一看。”清《儒林外史》二六回：“闲着～，还要橘饼、圆眼、莲米搭嘴。” ❷ 没有事故或意外。宋苏轼《东坡志林》卷一〇：“咒诅诸毒药，所欲害身者，念彼观音力，两家总～。”元明《水浒传》二六回：“天有不测风云，人有暂时祸福，谁保得长～？”清《红楼梦》三四回：“过后儿～就罢了。倘或有事，不是你干的，人人都也疑惑是你干的。” ❸ 不要紧；没关系。宋《朱子语类》卷一二〇：“这个也不须苦苦与他为敌，但才觉得此心随这物事去，便与他唤回来，便都～。”明李梅实《精忠旗》一三出：“〔小净〕老爷访出这根与苗，将我箠篌一顿敲。〔贴〕～，你去讨来。”清《醒世姻缘传》二三回：“常时我们吃了这两壶～的，今日的酒利害，这两壶有些吃他不了。” ❹ 没来由；平白无故。金《董解元西厢记》卷四：“如还～书房里走，更着闲言把我挑斗，我打折你大腿，缝合你口！”元高明《琵琶记》一〇出：“区区个孩儿，两口相依倚。～为着功名，不要他供甘旨。”清《续金瓶梅》四三回：“生来一种凶性，一副利嘴，～的防篱察壁，骂儿打女。”

【没事哏】 méi shì hěn 同“没事狠”。《元曲选·勘头巾》一折：“你～，没事村，则你那帮闲钻懒腌身分，到官中也不索取词因。”又《金线池》一折：“枕头上主烧埋的显道神，～。”

【没事狠】 méi shì hěn 乱发脾气；无端凶狠。《元曲选·风光好》三折：“我觑了暗地哂，全不见～，绸缪处直恁亲，临相别也怀恨。”明贾仲明《对玉梳》一折：“俺那娘彫着一个冷鼻凹，百般儿～。”

【没事人】 méi shì rén ❶ 禅家指领悟禅法者。宋宗杲《宗门武库》:"尔但灰却心念来看,灰来灰去,蓦然冷灰一粒豆爆在炉外,便是～也。" ❷ 与某事没干连的人。清《红楼梦》四回:"既打了冯公子,夺了丫头,他便～一般,只管带了家眷走他的路。"《补红楼梦》一九回:"他这么胆大的了不得,还在那儿～儿似的笑呢!"

【没是处】 méi shì chù ❶ 无所措;不知怎么办好。元张养浩《一枝花·咏喜雨》:"眼觑着灾伤教我～,只落的雪满头颅。"明《金瓶梅词话》五一回:"他叫你,你和他去不是!省的急的他在这里恁有刮划～的。"清《后水浒传》二五回:"马霳听得心窝里～,道:'王摩哥哥休恁磨折。'" ❷ 作补语,表示程度深。《元曲选·玉镜台》四折:"昨日会宾朋,饮到遥天暮,今日酒渴的我～。"明《西游记》八六回:"猴儿,想是看见我不曾伤命,所以欢喜得～。"

【没是哏】 méi shì hěn 同"没事狠"。元关汉卿《调风月》一折:"大刚来妇女每常川有些～,止不过人道村,至如那村字儿有甚辱家门?"

【没算数】 méi suàn shù 没数目,表示数量多。元明《水浒传》一〇三回:"当下众人将黄达踢打一个～,把那葛敞衫、纱裙子扯的粉碎。"

【没挞煞】 méi tà shā 即"没搭煞"。明梁辰鱼《浣纱记》一三出:"我家本官～,一生只爱把钱抓。"《平妖传》三回:"雨儿,雨儿,下得好～!又不要你插秧,又不用你浇花。"《石点头》卷六:"此人原有名有表,因做人～,不曾立得品地,所以人只叫他是周六。"

【没傝僠】 méi tà sà 即"没挞煞"。清洪昇《长生殿》四二出:"我做驿丞～,缺供应付常吃打。"《豆棚闲话》一一则:"团练一见朱伯甫,果然是个酒糟头～的朋友,即便留茶。"

【没傝煞】 méi tà shā 同"没挞煞"。清沈起凤《伏虎韬》一五出:"我做丫头～,头上瘌痢光蹋挞。"

【没添和】 méi tiān huò 同"没添货"。元尚仲贤《气英布》三折:"举止虽然不风流,就里～衠宽厚。"

【没添货】 méi tiān huò 不掺杂使假;不欺骗。元汤式《一枝花·劝妓女从良》:"咱两个～的姻缘厮成就,天长地久,鸾交凤友,再不教你鸣珂巷路儿上走。"

【没头榜】 méi tóu bǎng 犹"没头告示"。清《巫梦缘》五回:"你只当揭了几张～,去和他哥弟讲理,催他嫁人了,岂不全美?"

【没头痴】 méi tóu chī 谓人痴愚糊涂。唐庞蕴《世人皮上黠》:"世人皮上黠,心里～。他贪目前利,焉知已后非。"

【没头当】 méi tóu dàng 不成样子。元尚仲贤《三夺槊》一折:"元帅却是那些儿慌,那些忙,把一领锦征袍扯裸得～。"

【没头鹅】 méi tóu é 比喻惊惶无主的人。《元曲选·鲁斋郎》一折:"可可的与那恶那吒打个撞见,唬的我似～,热地上蚰蜒。"《元曲选外编·西厢记》二本三折:"闷杀～,撇下陪钱货,下场头那答儿发付我?"明孟称舜《娇红记》二九出:"～,万种伤情事,知伊为什么。"

【没头告示】 méi tóu gào shì 不直接具名的布告。元明《水浒传》六三回:"当时梁中书看了～,便唤王太守到来商议。"

【没头鬼】 méi tóu guǐ ❶ 指被斩首的人。《元曲选·朱砂担》四折:"哎,你个图财致命的狠心贼,也少不得做个落堑拖坑的～。"明《禅真逸史》一二回:"有人说这的是～和尚自做,谁将甘露施孤魂?" ❷ 指无业游荡、行踪不定者。明《二刻拍案惊奇》卷八:"有两个游手人户,一个姓郑,一个姓李,总是些～,也没个甚么真名号。"又卷一〇:"在城有一伙破落户,管闲事、吃闲饭的～光棍。"

【没头神】 méi tóu shén 犹"没头鬼❷"。元明《水浒传》五回:"雾锁青山,影里滚出一伙～;烟迷绿树,林边摆着几行争食鬼。"明《梼杌闲评》二六回:"青山缺里,卷出一阵～;绿柳阴中,撞出许多争食鬼。"

【没为】 méi wéi 没有;无。宋佚名《张协状元》三二出:"侯门相府知有万千,读书人怕～姻眷?"又:"休得要两眉蹙远山,吃些个饭食浑莫管,好姻缘怕～方便?"

【没下梢】 méi xià shāo 指没有好结果,没有好收场。宋《朱子语类》卷一一二:"若不公,便是宰相,做来做去,也只得个～。"金《董解元西厢记》卷七:"上梢里只唤做百年偕老,谁指望是他～。"清《风流悟》五回:"若再赌,便～了。既然回心转意,不必愁烦。"

【没下稍】 méi xià shāo 同"没下梢"。《元曲选·城南柳》三折:"觑了这～的枯杨成何用?想你那南柯则是一梦,争如俺桃花依旧笑春风。"明《警世通言》卷二四:"～的狗畜生,不知死在那里了,再休题起了!"《二刻拍案惊奇》卷二六:"今如此行径,～了,恐怕他们见笑。"清《续金瓶梅》四五回:"一阵昏迷归阴路,～的奴才臭万年。"

【没星秤】 méi xīng chèng 没有计量标志的秤,比喻做事没分寸、不靠谱的人。明佚名《苏九淫奔》三折:"他每是～、没梁斗,把情怀厮迤逗,将言词厮引诱。"清《歧路灯》三六回:"当日他家老太爷做了两任官,传到这少爷手里,没几年便输个差不多了。所以满街都叫他～。"

【没兴】 méi xìng ❶ 没兴致;没劲头。宋滕甫《蝶恋花·再和长汀壁间韵》:"对景沈吟嗟～,薄倖不来,空把杯盘飣。"明《拍案惊奇》卷三〇:"凡是宴会酒席,没有了他,一坐多～。" ❷ 命衰;不走运;倒霉。宋《朱子语类》卷五九:"(孔子)终身栖栖为旅人,又仅得中寿。到颜子,又自～了。"《五灯会元》卷二〇《天童昙华禅师》:"平生～,撞着这无意智老和尚。"清《醒世姻缘传》九四回:"谁知不惟不能遂意,反差一点点没叫一伙管家娘子捞着挺顿骨拐。这样～一齐来的事,岂是薛老素受得的?"

【没兴头】 méi xìng tou ❶ 犹"没兴❶"。《元曲选·伍员吹箫》三折:"偏不与他酒吃,与他一个～。"明《西洋记》八二回:"弄做个～,拨转牛来,照着西门上又是这等急走如飞。"清《歧路灯》四〇回:"上的马来,好～,只得向晚赶到自己庄上。" ❷ 犹"没兴❷"。清《醒世姻缘传》一回:"谁知此夜睡后,～的事日渐生来。"

【没幸】 méi xìng 同"没兴❷"。元曾瑞《快活三过朝天子·劝娼》:"又待趁风流成就了好姻缘,又待认～看钱面。"元明《水浒传》七六回:"正是:从前作过事,～一齐来。"

【没眼色】 méi yǎn sè ❶ 没有眼力,分辨不清事理。明《醒世恒言》卷二〇:"倘一时～,配着个不僧不俗、如醉如痴蠢物,岂不误了终身!"贾凫西《历代史略鼓词·正传》:"这个说:'～的饿莩,你叩的甚么马!'那个说:'干舍命的忠臣,你剖的甚么心!'"清《醒世姻缘传》六七回:"～的淡嘴贼私窠子!你劈拉着腿去坐崖头挣不的钱么?" ❷ 不识相,看不出别人的好恶。清《红楼梦》四〇回:"他们姊妹们都不大喜欢人来坐着,怕脏了屋子,咱们别～。"

【没要紧】 méi yào jǐn ❶ 不相干;无关紧要。宋《朱子语类》卷一二一:"今吾人学问,是大小大事,却全悠悠若存若亡,更不著紧用力,反不如他人做～底事,可谓倒置。"元明《水浒传》五回："～的都撇了，只拿了桌上金银酒器，都踏匾了，拴在包里。"清《歧路灯》四六回："两个见话已入港，又叙了几句～的闲话。" ❷ 没必要；没来由；无端。明徐元《八义记》一〇出："杀得好！～只管谏！杀得好，赏他。"《西游记》六三回："你原来是取经的和尚，～罗织管事。"清《醒世姻缘传》七九回："别这等～的拌嘴拌舌，夫妻们伤了和气。" ❸ 没道理。明如卺《缁门警训》卷五："每见道流～，遇些子不顺意事，一点无明恣纵业识，狂心毒行，平地上栲陷人，唤作我持公论。"《型世言》二七回："累他受气，累他陪口分拆。后生家干这样～事！"贾凫西《历代史略鼓词·正传》："干了多少杀人放火～的营生！费了多少心机！教导坏了多少后人！"

【没意】 méi yì ❶ 没情意；不通情理。宋元《清平山堂话本·李翠莲》："哥哥嫂嫂休推醉，思量你们忒～。"《元曲选外编·西厢记》三本一折："你个馋穷酸俫～儿，卖弄你有家私，莫不图谋你东西来到此？" ❷ 没意思；没兴致。明汤显祖《邯郸记》八出："我宇文融，今日曲江陪宴。可奈新科状元，乃是落后之卷，相见好～儿。"

【没意思】 méi yì sī ❶ 不够意思；不顾及情面；有失身分。《元曲选外编·西厢记》二本一折："俺娘也好～。这些时直恁般堤防着人！"明《警世通言》卷一七："再去见尤侍郎，那尤公也是个～的，自家一无所赠，写一封书贴荐在边上陆总兵处。"清《红楼梦》三二回："这个客也～！这么热天，不在家里凉快，还跑些什么！" ❷ 难堪；没脸面。宋元《古今小说》卷三九："又听得后来骂詈，好～，不等洪恭作别，取了包裹便走。"《元曲选·伍员吹箫》三折："恰才若不是大哥打散了这伙庄家，着小人好生～。"清《醒世姻缘传》三九回："前日提了一声魏运，惹了个大～，这还敢叫魏运寻他？" ❸ 不好意思；感到难堪或没趣。明《古今小说》卷三八："他便将手把我胸前抓得粉碎，那里肯放！我慌忙叫起来，他～，方才摸下楼去了。"清《红楼梦》二九回："昨儿见元春所赐的东西，独他与宝玉一样，心里越发～起来。"《珍珠舶》二回："若是王氏果系贞洁，此时就该发话，使蒋云～，也便绝了他的邪念。" ❹ 没趣味；没情趣；没修养。《元曲选·扬州梦》一折："你说太守不在家，则着他去兀那翠云楼上闲坐一会。坐的～，他则索回去也。"明《醒世恒言》卷二三："侮弄了许多时节，见蒲速碗没有一些儿情趣，到也觉得～。"清《豆棚闲话》二则："大凡有意思的高人，彼此相遇，说理谈玄，一问一答，娓娓不倦；假使对着～的，就如满头浇栗，一句也不入耳。" ❺ 亏损；亏折。明《二刻拍案惊奇》卷三五："方妈妈吃了一场～，气得颤抖抖的。"《型世言》三一回："一两句讨不马来，只得胡芦提收拾。亏他嘴活，倒也不曾吃大～。"《韩湘子》二五回："没要紧，教婆子去吃这许多～，受这许多抢白气。" ❻ 没结果；不吉利。明冯惟敏《不伏老》五折："前年那门官，和我算官钱本利，算了个～。今年这禽兽，又和我算私帐的本利。这一遭又没大来头了。" ❼ 多餘；没必要。清《红楼梦》二〇回："好～的话！去不去管我什么事！"又二八回："好～，白白的说什么誓？"又三一回："好～！真个的去回，你也不怕臊了他？"

【没影】 méi yǐng ❶ 无形迹可寻。明徐渭《玉禅师》一出："南天狮子倒也好堤防，倒有个～的猢狲不好降。"清《醒世姻缘传》九五回："再买些柴火，烧的连骨殖也～儿。" ❷ 无根据；没来由；凭空捏造。明《古今小说》卷二二："分付太学博士，寻他～的罪过，将他黥配恩州。"《平妖传》二四回："老实客长，却打着～官司；舞墨州官，转弄出欺心手段。" ❸ 不靠谱；没法落实。清《野叟曝言》一八回："你看他瘦的那一把骨儿，倒亏他不知死活，说出这样～的大话来！"《醒世姻缘传》五八回："对着那人千人万的扑答那～子的瞎话。"

【没有】 méi yǒu ❶ 表示存在、具有的否定。元古本《老乞大》："你这八字十分好，一生不少衣禄，不受贫；官星～，只宜做买卖，出入通达。"明王守仁《传习录》卷上："但不忘栽培之功，怕～枝叶花实？"清《红楼梦》三〇回："林黛玉回头叫丫头，一个也～。" ❷ 死亡的讳语。明《拍案惊奇》卷一八："家里老奶奶～了，快请回去治丧！"清《红楼梦》一一三回："昨日又听见说老太太～了。" ❸ 不如；比不上。清《儒林外史》四一回："看见他相公娘买了一幅绣的送子观音，说是买的姑娘的，真个画儿也～那画的好！"《霓裳续谱·女大思春》："人家孩子脸大，～我们孩子脸大。" ❹ 副词。表示已然、已经的否定，相当于"未曾""不曾"。《元曲选·东堂老》一折："俺等了一早起，～吃饭哩。"明沈采《千金记》一九出："前日送来的，奶奶～对老爹说？"清《红楼梦》五三回："从三月下雨起，接接连连直到八月，竟～一连晴过五日。" ❺ 连词。要不；不然。清《歧路灯》四〇回："我顾不哩，～教小徒陪陪罢。"又一〇六回："～么，娘见王中，硬提一句。他不依时，娘是女人家，只说娘老的糊涂了。" ❻ 用在疑问句末，构成反复问。明李梅实《精忠旗》一三出："他有书与老爷～？"《西洋记》五回："尔众生怀袖里可有甚么子～？"清《红楼梦》五三回："正月里请吃年酒的日子拟了～？"

【没查没利】 méi zhā méi lì 形容话语虚假夸大。参见"卖查梨"。《元曲选外编·西厢记》二本三折："〔红云〕觑俺姐姐这个脸儿，吹弹得破，张生有福也呵！〔旦唱〕～谎偻科！你道我宜梳妆的脸儿吹弹得破？"

【没张倒智】 méi zhāng dào zhì 同"没张倒置"。清《鸳鸯针》四卷三回："那老成的，见他大小两个～，都投了别行里去。"

【没张倒置】 méi zhāng dào zhì 没有规矩；不成体统。明《金瓶梅词话》七二回："如今这个老婆又是这般惯他，惯的恁～的。"又七五回："这丫头惯的～的，平白骂他怎么的？"

【没张置】 méi zhāng zhì 犹"没张倒置"。明《金瓶梅词话》二六回："待要说是奴才老婆，你见把他逞的恁～的。"按，崇祯本作"没张致"。

【没帐】 méi zhàng ❶ 没份；不成。明无心子《金雀记》一三出："今晚接一个醉孤老来，又要嫖我姐姐。倘醒来，我又～了。"《拍案惊奇》卷二六："你便多少分些情趣与我，也图得大家受用，只如此让了你两个罢。明日拚得个大家～！"清《儒林外史》三二回："那话已有个完的意思，若再遇个人来求些去，你就～了。" ❷ 无干；没有干连。明《型世言》三〇回："或该他承应，他把～差牌呈状，踏在前面，佥与了他，便没个又差又批的理。"《石点头》卷一二："媳妇总之外人，今又别嫁，一发～了。"清《醒世姻缘传》五六回："密问狄希陈，知道狄员外与他一毫～。" ❸ 无效。明《二刻拍案惊奇》卷二九："今日换方，明日改药。医生相骂了几番，你说我无功，我说你没用，总归～。"《型世言》四〇回："大人千万要他玉印。若寻常符录上边的，也～。"清《醒世姻缘传》二八回："那些有病吃药的，果如真君所说，有吃下即好的，有吃了～的。" ❹ 无能；没用。清《醉醒石》一四回："想是妇人好这把刀儿，他来不得，所以生离，是个～秀才。"《清夜钟》七回："崔佑原只是～人，只因魏鸾拨置，所以凌虐王氏。" ❺ 无须顾虑；没什么大不了。清《醒世姻缘传》二回："死了，割了头碗大的疤！有我这们个婆娘，～！"又五三回："放心，～，都在我身上！"

【没账】 méi zhàng 同"没帐❹"。明《梼杌闲评》四八回："如今老了，～了，恐有人道咱有不是处，还求爷代咱遮盖一二。"清《续金瓶梅》三二回："堪恨皮囊，旧日英雄何处藏。好似僵蚕样，弄着全～。"

【没字碑】 méi zì bēi 称不识字、没文化的人。《旧五代史·唐书·崔协传》:"如崔协者,少识文字,时人谓之~。"明薛论道《桂枝香·嘲假儒》:"面前自愧墙一堵,背后人称~。"清《姑妄言》引文:"可笑这些~,自幼不受先生的气,大来不受宗师的气。"

【没嘴骨】 méi zuǐ gǔ 犹"没脊骨"。清《鸳鸯针》四卷三回:"父亲出门,丢了许多银子在家,终日费用在这班~小伙子身上,岂不可惜!"

【眉】 méi 量词。用于新月。也指新月。宋谢逸《醉桃源》:"一~新月影三星。"李曾伯《水调歌头·戊午初度自寿》:"问讯中秋月,瞥见一~弯。"元吴澄《次韵玉清避暑》:"归来剩带烟霞馥,一~初月浮高空。"

【眉攒】 méi cuán ❶皱眉。宋韦骧《和久中春风》:"斗草戏儿忧手瘃,怀边思妇忍~。"明龚诩《梅实》:"正味不谐时俗口,未经沾舌已~。"王世贞《王爱川先生归冯翊》:"远公一开社,陶令不~。" ❷皱起的眉头。宋张纲《浣溪沙·安人生日》:"眼眩岂堪花里笑,~聊向酒边开。"明李开先《一江风·同毛医出城闉》:"~两下开,喜有名医在。" ❸人体穴位名,位于两眉内端。明朱橚《普济方》卷四一九:"治~内疼痛不可忍者穴:解溪。"《金瓶梅词话》五九回:"当下刘婆子把官哥儿~、脖根、两手关尺并心口,共灸了五蘸。"清《幻中游》二回:"下至~上至发,是为上部,主少年。"

【眉面】 méi miàn ❶面孔;容貌。宋陈造《和陶渊明》之八:"肮脏老~,岂是趋世姿。"《元曲选·渔樵记》二折:"凭着我好描条,好~,善裁剪,善针线,我又无儿女厮牵连,那里不嫁个大官员?"明倪元璐《诰封孙母钱太夫人行状》:"有以灾雰边警闻,辄忧着~。" ❷眉目;头绪。宋周南《乞经理边事札子》:"若使小使还归,别无邀索;通谢之使,次第可行。先得了抹此段,然后方见~。" ❸面子;身分。清《绿野仙踪》五二回:"他在那地方住着,也要请请本处有~的人,好庇护他。"

【眉目】 méi mù ❶面目;本色。唐颜真卿《同州刺史谢上表》:"陛下识其~,矜其要领,待罪犹忝于左冯,黜官不离于本秩。" ❷次序;条理。唐刘禹锡《山南西道节度使厅壁记》:"军门肃清,方有~,趋而人者耸然生敬焉。"清沈复《浮生六记》卷二:"一桌三瓶至七瓶而止,多则~不分,即同市井之菊屏矣。"《红楼复梦》八八回:"我同佩姐姐赶著教他们点子大概规矩~,以便伺候拜将。" ❸标准;榜样。唐来鹄《圣政纪颂》:"常私心重惜史臣,以其史臣者,是当国之镜,千亿代之~也。"清黄宗羲《董在中墓志铭》:"下笔有奇语,家庭自为师友。郡中试案,必以董氏为~。"先著、程洪《词洁》卷三:"题为中秋对月怀子由,宜其怀抱俯仰,浩落如是。录坡公词若并汰此作,是无~矣。" ❹作为标准或榜样。元明《水浒传》七〇回:"特地教吴学究、公孙胜帮他,只想要他见阵成功,山寨中也好~,谁想又逢敌手!"清钱谦益《梅村诗集序》:"以锦绣为肝肠,以珠玉为咳唾,置诸西清东序之间,俾其鲸铿春丽,~一世。" ❺眼色;表情。明高启《摸鱼儿·自适》:"倘来入手还须做,底用看人~。"清《绿野仙踪》四七回:"凡人家与他说亲事,不依允也还罢了,他还要以极怒的~拒绝。"《情梦柝》四回:"只说讨针线闯进去,要叩小姐头,那时看他~说话,就有斟酌了。" ❻头绪;端倪。清《红楼复梦》一二回:"那件事敝官府有点~,总要请教大爷是个什么光景?"

【眉势】 méi shì 同"楣势"。《大宋宣和遗事》前集:"恰去的那个人,也不是制置并安抚,也不是御史与平章,那人~教大。"元杨梓《霍光鬼谏》二折:"谁待倚唐丈~威风显,我则怕养闺女为官分福浅!"

【眉首】 méi shǒu ❶容貌。唐白居易《青冢》:"特报后来姝,不须倚~。"段安节《乐府杂录·俳优》:"青于街牖中闻其歌者,喉音嘹亮,仍有~,即纳为姬。" ❷门面;标志。唐李磎《泗州重修鼓角楼记》:"且谓鼓角楼者,军门~,宜特华壮,楼及左右鼓棚新者二十七间。" ❸位居首者;第一。《敦煌社会经济文献真迹释录》第四册《后唐长兴二年正月海晏判辞(斯6417)》:"普光弘基极大,众内诠练纲维,并是释中~。"唐[日]遍照金刚《文镜秘府论》南卷:"前篇则使气飞动,后篇则缘情宛密,可谓五言之警策,六义之~。"杨炯《为刘少傅等谢敕书慰劳表》:"不谓殊奖曲覃,真文俯及,载之~,奉以周旋。"

【眉眼】 méi yǎn ❶容貌;相貌。唐韩愈《崔十六少府摄伊阳》:"娇儿好~,裤脚冻两骭。"清《红楼梦》七四回:"水蛇腰,削肩膀,~又有些象你林妹妹。"《绿野仙踪》九四回:"且面貌一点不老,还是昔日的~。" ❷犹"眉目❺"。明《梼杌闲评》一一回:"你一个生身之母寄食在人家,也不知受人多少~。"清《绿野仙踪》二一回:"叫的许寡恼了,才肯遮遮掩掩的走来,放出无限的~,偷送不换。"《红楼梦》一〇二回:"只是一件,我见那孩子~儿上头,也不是个很安顿的。" ❸犹"眉目❻"。清《醒世姻缘传》八四回:"事体都已有了~。"《聊斋俚曲·磨难曲》:"近来不知问你何如,想是有了~。"《歧路灯》二六回:"整整的搬运扫除了一天,方才把屋里院内略清了些~。" ❹眼目(耳目);眼线。明《禅真后史》五〇回:"张令休欢喜,就令沈鬼、孟大慧做了~,装定圈套,捉空下手。" ❺模样;情景。清《绿野仙踪》二六回:"陈大经抱住他第十七房最宠爱的美姬,亲嘴咂舌,着实不成~。"

【楣势】 méi shì 家门势力;豪门权势。楣,门框上端横木,借指门第。脉望馆本《延安府》二折:"有这等凶徒恶党可便凭~,他可便往往的把良民累。"

【梅醭】 méi bú 物品因梅雨天气而发霉。宋刘克庄《念奴娇·和诚斋休致韵》:"莫遣朝衣~了,留祝南山之寿。"又《次韵实之春日》:"~朝衣尘满靴,曾穿细仗对延和。"

【梅天】 méi tiān 梅雨天。梅子黄熟季节江淮地区连绵的阴雨天气。唐佚名《德本寺碑阴文》:"有若~澍雨,落深涧而骤倾;腊雪凝冰,等高冈而益固。"明《欢喜冤家》一九回:"麦候青黄未接,~冷暖无常。"清王士禛《望远行·蜀冈眺望怀古》:"最难禁,常是~丝雨。"

【梅洗】 méi xǐ 用乌梅水擦洗金属制品以除霉锈。明《杜骗新书·假银骗》:"七程饼,出炉墨黑,亦用砂擦,及用盐梅~之,方白。"清《醒世姻缘传》七一回:"把那些铜杭杭子赏给了,这是俺家祖辈久惯的营生,~~,把那旧的整治新了。"

【梅仙】 méi xiān 县尉的代称。汉代隐士梅福曾任南昌县尉。唐权德舆《送二十叔赴任餘杭尉》:"~归剧县,阮巷奏离琴。"宋姚述尧《临江仙·前县尉吕次新自台城来访》:"材刃纵横森武库,箫台旧日~。"陈元靓《事林广记》续集卷八《绮谈市语》:"县尉:~。"

【梅香】 méi xiāng 婢女的通称。宋华岳《呈古洲老人》:"朱帘更倩~挂,要放银蟾入座来。"明《古今小说》卷四:"有个心腹的~,名曰碧云。"清范希哲《四元记》三出:"分付乳母~,伏侍小姐出来赏花酌酒。"

【媒合】 méi hé ❶撮合;说合。《唐律疏议》卷二六:"诸和奸,本条无妇女罪名者,与男子同。强者,妇女不坐。其~奸通,减奸者罪一等。"元萨都剌《一枝花·妓女蹴鞠》:"若道是成就了洞房中惜玉怜香愿,~了翠馆内清风皓月筵,六片儿香皮做姻眷。"清《野叟曝言》一四八回:"听着凤鸣之声,分外和乐,想起湖中青龙～之功。” ❷ 引子；介质。明宋应星《天工开物·曲蘖》：“其曲一味，蓼身为气脉，而米、麦为质料，但必用已成曲、酒糟为～。”又《锤锻》：“凡铁性逐节粘合，涂上黄泥于接口之上，入火挥槌，泥滓成枵而去，取其神气为～。”

【媒头】 méi tou 由头；可作为凭借的事。明《型世言》四回：“平日惯会说骗哄人，这翻把妙珍做个～，尝到人家说：‘我院里有一个孝女，不上二十岁，曾割肝救祖母。’”又二一回：“这徐铭便把官事做了～，日日早来。”

【媒证】 méi zhèng 婚姻介绍人和见证人。《元曲选外编·西厢记》二本二折：“当日所望无成，谁想一缄书倒为了～。”明《金瓶梅词话》一七回：“你既无钱，我这里有个妈妈，姓冯，拉他做个～。”清《玉蟾记》一七回：“小姐听说红了脸，说：‘奈无～。’玉莲说：‘小婢子就是媒人。’”

【媒子】 méi zi 鸟媒。经驯化用来招引同类的鸟。宋张方平《沧州白鸟歌》：“渔翁布罗满葭下，潜叫～来呼汝。”

【煤头】 méi tou 引火的纸卷，用时吹燃。清陈端生《再生缘》四回：“难怠慢，不消停，点着～遍处行。跳上窗台忙动手，这边着火那边腾。”

【煤子】 méi zǐ 运煤夫。明孟称舜《死里逃生》三出：“〔外、中净扮～上歌〕……我们说不得带着五更驼煤，你甚么人？”

měi

【每】 měi ❶ 甚。《敦煌变文校注》卷二《庐山远公话》：“贫道是一界(介)凡僧，～谢君王，请命尼僧。却拟归山，即是贫道所愿。”又：“朕虽为人主，滥处乾坤，～谢上人，来过小国。” ❷ 皆；全。《敦煌变文校注》卷二《叶净能诗》：“叹净能是事莫侧(测)其涯，符篆天下～不可比。” ❸ 曾经。《太平广记》卷一二五引《博异记》：“某家于梁，父母兄嫂存焉，兄～以贾贩江湖之货为业。”宋洪迈《夷坚志》支乙卷九：“～坐之鸡笼中，压以重石。”又补卷一：“有内臣黄某者，观时世不佳，知必兆乱。～起念曰：不幸有变，吾必死之，上以报国家，下以表忠节。” ❹ 用在名词或代词之后，表示复数(少数情况例外)；们。宋佚名《张协状元》二〇出：“自家不因灾祸，谁肯近傍你～？”按，此例不表复数。元钱霖《哨遍》：“窗隔～都飐飐的飞，椅桌～都出出的走。”明《醒世恒言》卷二二：“他～在此逗留，正是天送来的东西了。”清方成培《雷峰塔》五出：“日里与孩子～为伴，夜间在双茶坊巷裘王府空宅内安身。” ❺ 无；不。每，通“没”。宋佚名《张协状元》三出：“受千般愁闷，万种寂寥，虚度奴年少。～甘分粗衣布裙，寻思另般格调。”又四出：“〔丑〕成都府自家唤做～对手。〔末〕怎地了不去争交？”

【每常】 měi cháng ❶ 平日；平常。唐元稹《代九九》：“～同坐卧，不省暂参差。”宋《朱子语类》卷一二一：“～处事，或思虑之发，觉得发之正者心常安，其不正者心常不安。”清《红楼梦》五一回：“王太医和张太医～来了，也并没个给钱的，不过每年四节，大趸送礼。” ❷ 往日；往常。元关汉卿《拜月亭》一折：“～我听得绰的说个女婿，我早豁地离了座位，悄地低了咽颈，缊的红了面皮。如今索强支持。”元明《水浒传》一五回：“若是～要三五十尾也有，莫说十数个，再要多些，我弟兄怕也包办得，如今便要重十斤的也难得。”清《红楼梦》七回：“～他来请，有我们，你自然不便意。”

【每的】 měi de 同“没的❹”。清《聊斋俚曲·墙头记》：“～俺该不吃饭么？分外还弄点好的你吃。”

【每哩】 měi li ❶ 不如；索性。清《聊斋俚曲·墙头记》：“我要地，只怕不肯，也是有的。～不要罢，性命要紧。” ❷ 犹“没的❹”。清《聊斋俚曲·墙头记》：“怎么连面不见？～见了我待啃你一口不成么？”又《寒森曲》：“我合赵大爷是怎么的相与，～我疼钱么？急切里找不着好材。”

【每日】 měi rì 平时；往日。《元曲选外编·西厢记》三本三折：“今夜晚妆比～较别，我看他到其间怎的瞒我？”元明《水浒传》二五回：“当晚武大挑了担儿归家，也只和～一般，并不说起。”清《歧路灯》一八回：“～咱费他的礼太多，我心里也想着到东街走走。”

【美】 měi 畅快；痛快。金《董解元西厢记》卷五：“两情方～，断肠无奈晓楼钟。”明《古今小说》卷一〇：“倪太守把些布帛，赏与众人，各各欢喜。只有那倪善继，心中不～。”清《杏花天》二回：“自我入烟花以来，阅人多矣，从未经如此之～。”

【美口】 měi kǒu 可口；好吃。明《西游记》五回：“大圣在天宫，吃了仙酒仙肴，是以椰酒不甚～。”《金瓶梅词话》六八回：“老爹大坐回儿，慌的就起身，嫌俺家东西不～？”清《歧路灯》一五回：“隆吉只觉异味～，东西却不认的。”

【美闷】 měi mèn 昏闷；迷糊。唐段成式《酉阳杂俎》前集卷一九：“三足乌欲下食此草，羲和之驭，以手掩乌目，食此则～不复动。”

【美缺】 měi quē 条件优越或容易捞取钱财的官职。明孙仁孺《东郭记》一五出：“依小弟愚见，第一要银子多的，便为～。”《古今小说》卷九：“拿去京中，好做使用，讨个～。”清《荡寇志》八六回：“都说这景阳镇怎样一个～，不料地面如此不平静。”

【美人计】 měi rén jì 以女色为诱饵的计策。明杨柔胜《玉环记》三二出：“你看他轻薄！把姜承做王允献～，学董卓模样，以将相之女，比着娼妓之流。”清《姑妄言》六回：“我还疑你乖觉，未必就上他的～，谁知你竟投在他罗网中。”

【美人局】 měi rén jú 以女色为诱饵的骗局。宋周密《武林旧事》卷六：“游手奸黠，实繁有徒。有所谓～、柜坊赌局、水功德局，不一而足。”原注：“～：以娼优为姬妾，诱引少年为事。”元明《三国志通俗演义》卷一一：“汝等回去，传示周瑜，教休再使～手段。”明《西游记》六四回：“当时只以砥砺之言，谈玄谈道可也，如今怎么以～来骗害贫僧？”清《隋唐演义》一回：“还责下官父子做～，愚弄大王。”

【浼】 měi 央求；请求。《元典章新集·户部》：“唐起莘明知俌阿姜夫服未终，～令徐实等说合成亲。”清《女仙外史》五回：“即～舅子与襟丈到李家，一说就允。”

mèi

【妹夫】 mèi fu 妓家称嫖客。《元曲选·救风尘》一折：“～，我可也待嫁个客人。”又：“～，你且坐一坐，我去劝他。”又《曲江池》一折：“～，我有何德能，着你置酒张筵？”

【妹妹】 mèi mei ❶ 同父母而年纪小于自己的女子。可用于称呼或自称。金《董解元西厢记》卷四：“我为个～，你作此态，便不枉了教人唤做秀才！”明《型世言》五回：“怎么招的来？姐，没奈何，你替～招一个。”清《聊斋志异·狐梦》：“忽一少女，抱一猫至，……大娘曰：‘四～亦要见姊丈耶？’” ❷ 称结义的或同辈分而年龄比自己小的女子。也可用于自称。《元曲选·救风尘》一折：“也是你歹姐姐把衷肠话劝～，我怕你受不过男儿气息。”明

《挂枝儿·错认》:“急急的开门也,呸,又是～的孤老。”清《梦中缘》一〇回:“二位姐姐何不把局外之人亦引于局内,拖带～也受些风光。”

【妹丈】 mèi zhàng 妹夫。元明《三国志通俗演义》卷一一:“玄德乃大汉皇叔,是我丈夫,是汝主人之～。”明王世贞《李本宁参政》:“贤～于极冗中一接,不及少尽,甚歉。”清孔尚任《桃花扇》一二出:“小弟与令～不啻同胞,常道及老公祖垂念。”

【妹子】 mèi zi ❶ 犹“妹妹❶”。《敦煌变文校注》卷六《金刚丑女因缘》:“(阿姊)且著卑辞,报答王郎:‘……～虽不端严,手头裁缝最巧。’”明《古今小说》卷二:“哥哥休慌,～自有道理。”清李玉《清忠谱》七折:“已到家中了,且喜母亲～俱在堂上。” ❷ 犹“妹妹❷”。《元曲选·曲江池》一折:“妾身姓李,小字亚仙,是教坊乐籍。有个结义的～,是刘桃花。”又《薛仁贵》四折:“姐姐,多亏了你侍奉公婆,受您～几拜。”清《红楼梦》一六回:“平儿进来回道:‘姨太太打发了香菱～来问我一句话,我已经说了。’” ❸ 妓女对嫖客或女子对情郎的自称。明佚名《时尚楚歌》:“那时节郎在京都,小～独守青楼,相思两下难禁受。”又《清江引》:“拜上亲亲莫待迟,黄昏后起更时,～专心等待你。”又《诉落山坡羊》:“冤家呀,小～不知那一句话儿把你来冲撞,逢人前对人前子说道:再不把咱家的门来上。”

【昧落】 mèi luò 暗中私吞。《元典章·刑部十》:“有勾当底人将着钱物转托他人过度,有过度钱物的人不令管公事人知,将原与钱物～。”

【昧心钱】 mèi xīn qián ❶ 昧心财。元岳伯川《铁拐李》一折:“想前日解来强盗,都只为～买转了这管紫霜毫。” ❷ 指冤枉钱。清《续金瓶梅》二五回:“常言道:子弟使了～。”《红楼梦》六五回:“究竟贾珍等何曾随意了一日,反花了许多～。”

【寐语】 mèi yǔ 说梦话;梦话。唐《临济禅师语录》:“师侍立德山次,山云:‘今日困。’师云:‘这老汉～作什么?’”明汤显祖《邯郸记》二九出:“〔吕笑介〕你虽然～星星,怕猛然间旧梦游扬。〔生〕白日青天,还做甚么梦也?”清吴乔《围炉诗话》卷五:“误以为赋,故作～。”

【媚子】 mèi zi 花钿。一种妇女面饰,用金箔、翠羽、云母等轻薄材料制成。唐张鷟《游仙窟》:“徐行步步香风散,欲语时时～开。”《说郛》卷七七引宇文氏《妆台记》:“宋淳化间,京师妇女竞剪黑光纸团靥,又装缕鱼腮骨,号鱼～以饰面。”

mēn

【闷弓儿】 mēn gōng er ❶ 疲软无力的弓。明汤式《一枝花·言志》:“直钩儿怎钓鲸鳌?～难射鹏雕。”汤显祖《紫钗记》四八出:“金弹惜流莺,留他歌一声。〔豪笑介〕咱～打不上老莺也。” ❷ 指愁闷的心绪或引起人愁闷的因由。元佚名《斗鹌鹑·离恨》:“～常拽,愁窖儿频掘。伤嗟,一纳头相思害不彻。”明凌濛初《新水令·夜窗话旧》:“你为我将～实丕丕心头系,你为我将画饼儿眼睁睁待疗饥。”清吴伟业《通天台》一折:“似这等凄凄默默,扯着～,怎挨得过?” ❸ 犹“闷葫芦❷”。《元曲选·抱妆盒》三折:“兀的不是个难开难解～?娘娘也,甚意儿?”又《倩女离魂》四折:“不甫能盼得音书至,倒揣与我个～。”

【闷棍】 mēn gùn ❶ 突然猛烈而沉重地击人的短棍。《大宋宣和遗事》前集:“(巡兵)手持着～,腰挂着环刀,急奔师师宅,即时把师师宅围了。”《元典章·兵部二》:“巡军弓箭休拿者,～拿者。”明《金瓶梅词话》四七回:“那安童正要走时,乞翁八一～打落于水中。”清《醒世姻缘传》一九回:“依旧插了皮刀,拿了那条～,腾了墙,连夜往城行走。”《红楼梦》六九回:“逃去第三日,在京口地界,五更天,已被截路人打～打死了。” ❷ 比喻暗中害人的行为。《元曲选·谢天香》二折:“我正是闪了他～着他捧,我正是出了箏篮入了筐。”

【闷气】 mēn qì 另见 mèn qì。❶ 憋住气使不流通。明《西游记》七七回:“只闻得八戒在里面道:‘晦气,晦气!不知是～蒸,又不知是出气蒸哩。’沙僧道:‘二哥,怎么叫做～、出气?’八戒道:‘～蒸是盖了笼头,出气蒸不盖。’” ❷ 憋闷不流通的气息。明《西游记》四一回:“这呆子虽然在这里面受～,却还不倒了旗枪。”清《红楼复梦》八六回:“实在受不惯做神仙的这样～,再闷一会,我也要去还俗。” ❸ 憋气;憋闷。清《聊斋志异·汤公》:“入袖,则叠肩压股,其人甚夥,薅脑～,殆不可过。”《姑妄言》七回:“柜子里屉儿我已去掉了,后边的板也打下来了。坐在里头,一些不～。”

【闷香】 mēn xiāng 点燃后使人闻了昏迷的香。清《红楼梦》一一二回:“可怜一个极洁极净的女儿,被这强盗的～熏住,由着他掇弄了去了。”《绿野仙踪》九回:“适才那炷香,名为～,见水即解。”袁枚《子不语》卷二三:“我烧～迷人,今乃为鬼所迷。”

mén

【门】 mén ❶ 同“们❶”。宋史浩《粉蝶儿·咏圆子》:“浪儿～,得我这些方便。”佚名《张协状元》六出:“东村李大公,有少事欲央靠。特遣我～来,你明日须早到。”元明《水浒传》九七回:“我～也不枉在这里出力。” ❷ 同“们❷”。宋陈允平《南歌子·茉莉》:“半钩新月浸牙床,犹记东华年少那～相。”明《西游记》八六回:“可怜啊!那们个师父进去,弄做这～个师父出来也!”

【门榜】 mén bǎng 门前悬挂的牌匾。唐戴孚《广异记·郜澄》:“水西有甲宅一所,状如官府,～云‘中丞理冤屈院’。”元白珽《湛渊静语》卷二:“又行数十步,折而向北,一～曰‘尚书省’。”清李斗《扬州画舫录》卷二:“今之仪征余园～‘江天传舍’四字,是所书也。”

【门包】 mén bāo 给守门人的贿赂。清洪昇《四婵娟·卫茂漪》:“相公慢些走,完要带个～是要紧的。”袁枚《子不语》卷九:“阳间有～,阴间独无～乎?”《二度梅》四回:“～最少亦百金,方得相见相爷。”

【门杯】 mén bēi 即“门面杯”。清《红楼梦》六二回:“探春知他射着,用了‘鸡栖于埘’的典。二人一笑,各饮一口～。”《补红楼梦》二七回:“湘云饮了～,道:‘窗外有明光,不知是日光,是月光?’”

【门簿】 mén bù ❶ 犹门第。唐薛逢《上白相公启》:“声名看～高低,流品出人家子弟。” ❷ 记载田地山岭情况的簿册。宋《朱子语类》卷二:“《禹贡》亦不可考其次第,那如经量～?所谓～者,载此一都有田若干,有山若干。” ❸ 来客登记簿。明汤显祖《卧邸寄帅思南》:“昼长～添过客,夜短窗纱减侍人。”陆采《怀香记》七出:“倘在朝公卿、大小官员下顾,但收帖子,登记～,不必通报。”清《儒林外史》二七回:“若到扬州,只在道门口～上一查,便知道我的下处。”

【门道】 mén dào ❶ 门内的过道,两侧常有塔楼。《敦煌契约文书辑校·天复九年神沙乡百姓董加盈兄弟分书(斯 2174)》:

"城内舍，堂南边舍壹口，并院落壹条，除却兄～，共兄怀子二人亭分。"宋彭乘《续墨客挥犀》卷六："火炉头恰如孤鬼，～里正似院翁。"清《荡寇志》七四回："兀自不肯信，在我～踅来踅去。" ❷ 方法；途径；窍门。清《三侠五义》八七回："往往从水中救人，反被溺水的带累倾生，皆是救的不得～之故。"

【门灯】 mén dēng 悬挂在门上的灯笼，标示主人姓氏、职衔等。清纪昀《阅微草堂笔记》卷一七："俄一大舰来同泊，～樯帜，亦官舫也。"《红楼梦》一四回："大门上～朗挂，两边一色戳灯，照如白昼。"《绿野仙踪》三八回："他的船是支大桫飞，船上有'户部侍郎'～，又悬挂着官衔旗。"

【门丁】 mén dīng 看守城门的兵丁或衙署、府第的看门人。清《聊斋志异·凤仙》："一寇后至，亦被断马足而絷之。～执送太守，一讯而伏。"《女仙外史》八四回："其丁有人丁、～、匠丁、灶丁之别，其额有上、中、下之等第。"陈端生《再生缘》三九回："王爷正在心中想，忽见～报一声：'启王爷得知：有司礼监孙公公到了。'"

【门斗】 mén dǒu ❶ 府县儒学的役夫。本二役，即门子司门、斗子管廪，但通常只由一人担任，故称。清纪昀《阅微草堂笔记》卷一："儒学～有王半仙者，与一狐友，言小休咎多有验。"《风流悟》五回："县学～不晓得，如今又去府学里查了。"《歧路灯》四一回："并叫胡～遍约在城生员，至日俱集明伦堂候县尊台谕。" ❷ 门框上方的横木。清《红楼梦》五〇回："从里边游廊过去，便是惜春卧房，～上有'暖香坞'三个字。"又六二回："湘云先听了，便也乱看，忽见～上贴着'红香圃'三个字。"

【门对】 mén duì ❶ 门当户对；匹配。《元曲选·桃花女》三折："别人家聘女求妻，也索是两家～。"《元曲选外编·刘弘嫁婢》二折："今日红妆共秀才，您两个为～。" ❷ 门联。明《金瓶梅词话》六六回："铺排大门首挂起长幡，悬吊榜文，两边黄纸～一联。"瞿佑《归田诗话序》："词云'舞低杨柳楼心月，歌罢桃花扇底风。'盖得公所传也。此二句，勾栏中多用作～。"清戴璐《藤阴杂记》卷一〇："因记商宝意移居，万晴初访之，见～云：'岂有文章惊海内，从无书札到公卿。'"

【门墩】 mén dūn ❶ 托住门轴的建筑构件。石制或木制。清《歧路灯》四四回："已扎挣不得，遂倾倒地上，靠住～睡去。" ❷ 喻称个子矮而敦实的人。明风月友《金陵六院市语》："自称呼言：……矮而壮者为～。"

【门枋】 mén fāng 门的上端位于两柱间起连接作用的长方形横木，亦泛称门框。《景德传灯录》卷一九《泉州道溥禅师》："问：'初心后学，近入丛林，方便门中，乞师指示。'师敲～。僧曰：'向上还有事也无？'师曰：'有。'曰：'如何是向上事？'师再敲～。"明《禅真逸史》一三回："忽抬头见～上有一个小匾，写着'一练居'三字。"清《姑妄言》二〇回："忽见一家门口站着一个三十多岁的汉子，气愤愤的，脸脖子胀的乌紫，靠在～上。"

【门房】 mén fáng ❶ 设在大门两侧（或一侧）的房间。看门人所居。宋洪迈《夷坚志》支戊卷一："后主僧诣山庄莅收禾稻，獠卒于～。寺为敛瘗毕，始报主僧。"明张凤翼《灌园记》一一出："今日天晚了，臧儿且留在我～里宿歇。"清《儒林外史》三六回："门斗和衙役把那监生看守在～里，进来禀过。" ❷ 指房间。明《古今小说》卷一："婆子道：'……只是大娘分付在那一～安歇？'三巧儿指着床前一个小小藤榻儿道：'我预先排下你的卧处了。'" ❸ 借称看门人。清陈端生《再生缘》四回："～孟宁犹恐知而不言，主人必有见责，只得慌慌张张跑到里边来通知。"《荡寇志》一〇二回："是以特到检讨衙门奉候，据～说起，方知吾兄在此威讨狂贼。"

【门风】 mén fēng ❶ 帮派；宗派；派系。唐易静《兵要望江南·占委任》："诸属幕，须是选沉良。勿使～当势位，无私亲旧与同乡，邪曲定为殃。"宋《法演禅师语录》卷中："达磨西来，事久多变，后代儿孙，～无限。"明《元贤广录》卷三〇："～之别，所宗有五，其实皆一道也。" ❷ 门第；门庭。宋《五代史平话·汉史上》："怎不将女孩儿三娘子招他做女婿？向后改换我家～，也是一场好事。"明汤显祖《紫箫记》一一出："到不消说到～上，只说小生这个人儿也那得家去。"清《万花楼》一四回："那狄青到底与你有甚相关，你将他放走了？抛却富贵荣华的大～，只落得孤零飘荡。"

【门夫】 mén fū 看门人。唐张鷟《朝野佥载》卷一："～脱鞋而缘之，凯令奴着鞋而去，～竟至徒跣。"《太平广记》卷三三九引《广异记》："君前生是江州～，恒在使君家长直。"清《醒世姻缘传》二〇回："～问说：'奸夫是谁？'小鸦儿道：'是晁源。'"

【门公】 mén gōng 守门人。含尊称意味，多指年长的。元《三遂平妖传》二回："三口儿正在后花园中八角亭子上赏中秋饮酒，只见～慌慌忙忙来报道：'员外，祸事！'"明袁于令《西楼记》九出："〔外〕快叫门上人与书童文豹过来！〔净扮老～、丑文豹上〕"清《野叟曝言》六五回："只见门庭冷寂，一个老～坐在冷板凳上。"

【门馆】 mén guǎn 指门客或私家塾师。《元曲选·金钱记》二折："今岁撺过卷子，早晚除授，怎肯与人做～？"明《警世通言》卷二二："今日做范公～，岂肯卑污苟贱，与童仆辈和光同尘？"

【门馆先生】 mén guǎn xiān sheng 门客或私家塾师。《元曲选·金钱记》三折："一月前，我父亲领一个～，姓韩字飞卿。"明《警世通言》卷一七："有个运粮的赵指挥，要请个～同往北京，一则陪话，二则代笔。"清《歧路灯》二回："请一个～，半通不通的专一奉承东翁，信惯学生。"

【门户】 mén hù ❶ 门庭；家庭；人家。唐白居易《长恨歌》："姊妹弟兄皆列土，可怜光彩生～。"明李开先《宝剑记》四一出："谁怜幼妇撑～，游子滞边方？"清《后水浒传》四四回："这婶娘后来儿子回家，立成～，不久去世。" ❷ 犹"门包"。唐韩愈《论变盐法事宜状》："及至院监请受，又须待其轮次。不用～，皆被停留。"又《顺宗实录二》："率用百钱物买人直数千钱物，仍索进奉～并脚价钱。" ❸ 诉讼；官司。宋元《警世通言》卷三三："一应官司～等事，你自教贱婢支持，莫再来缠我。"元明《水浒传》五二回："但有～，小侄自使人回沧州家里去取丹书铁券来，和他理会。"明《醒世恒言》卷三四："王公道：'你到去首了我来。'小二道：'要我首也不难，只怕你当不起这大～。'" ❹ 衙门的役吏。明无心子《金雀记》一三出："恐他多方躲避，所以穿戴老左的方巾道袍，扮做斯文模样。只一件：当惯了～的人，伸手缩脚，好不自在。"清《儒林外史》二回："你亲家自从当了～，时运也算走顺风。"又一三回："还亏你当了这几十年的～，利害也不晓得！" ❺ 妓院。宋周邦彦《瑞龙吟·春景》："因念个人痴小，乍窥～。"明徐霖《绣襦记》一三出："我～中，不过千谋万计，只是哄他，顾不得甚么仁义。"清《醉醒石》一三回："一失了身，便已征歌逐队，卖笑取妍，竟做～中人了。" ❻ 妓女。元萧德祥《小孙屠》九出："〔净〕我今日特来与娘子贺喜则个。〔旦〕外郎，你说这话，如今奴家不比在先～。" ❼ 武术的路数。多指开打的预备姿势。元明《水浒传》三二回："那大汉见武松长壮，那里敢轻敌，便做个～等着他。"清陈端生《再生缘》六回："皇甫元戎施旧艺，紫金枪法弄神通，红缨一晃更～，直刺番邦邬总戎。"《荡寇志》七六回："二人把两条棒，各顾自己理了几路～，好似一对轻燕掠来掠去。"

【门户人】 mén hù rén 妓女。《元曲选·谢天香》楔子:"如今新除来的大尹姓钱,一应接官的都去了,止有妓女每不曾去。此处有个行首是谢天香,他便管着这班～。"明《醒世恒言》卷三:"到十五谓之摘花,在平常人家,还算年小,惟有～,以为过时。"清《杏花天》六回:"表兄非老成人,必是风流种。为甚～有此多金,轻自从他?"

【门户人家】 mén hù rén jiā ❶妓院。《元曲选·金线池》一折:"我这～,巴不得接着子弟,就是钱龙入门。"明《醒世恒言》卷三:"我们是～,靠着粉头过活。"清《野叟曝言》三三回:"你不知道我们～的苦处,上面要答应官府,下面要派办差徭。" ❷妓女。清《儒林外史》五三回:"那聘娘虽是～,心里最喜欢相与官。"《续金瓶梅》五三回:"还有大家女子出来,欢欢喜喜,和番兵骑在马上,争妍卖俏,比～更没廉耻。" ❸有门户地位的人家。清《歧路灯》三七回:"真正良已中了进士,儿子中了乡试,也成了～。"

【门戟】 mén jǐ 即"门枪"。借称官署。戟,端头一侧有月牙状附刃的枪。唐刘禹锡《和董庶中古散调词赠尹果毅》:"上将赐甲第,～不可窥。"明袁宏道《答蹇督抚》:"某心悬～,地隔邮程。"清陈廷敬《署中语西田之胜叠韵》:"槐阴故事金坡路,～频年长院沙。"

【门家】 mén jiā ❶高门世家。唐戴少平《镇国大将军王荣神道碑》:"公～子也。肃宗皇帝美公先父有勤劳于国,有训导于家,爰自妙年,授公左龙武军司戈。"《旧唐书·柳玭传》:"比见～子孙,其先正直当官,耿介特立,不畏强御。及其衰也,唯好犯上,更无他能。" ❷门吏;守门人。唐张鷟《朝野佥载》卷六:"定鼎门草车翻,得两羖羊,～告御史。"《敦煌变文校注》卷一《汉将王陵变》:"卢绾报哀已了,却共王陵到于汉界,～奏言:'王陵救母却回。'"

【门津】 mén jīn ❶城门和渡口。唐李绅《入扬州郭》:"堤绕～喧井市,路交村陌混樵渔。"《祖堂集》卷二《弘忍和尚》:"大庾岭头怀化镇五六日寻候,兼问诸～,并向北寻觅行者,言不见此色。" ❷指理论探求的门径或津梁。唐道宣《删除定四分僧戒本序》:"若夫戒德戒宗,诚明定慧,销烦静务,超世超生,初涉～,会归舟济。"

【门景】 mén jǐng ❶门庭结构。明《笑府》卷一三:"或问:'皇帝～如何?'曰:'四柱牌坊,金书"皇帝世家"'。"清《一片情》一〇回:"黑夜行来,～相似,错走了路。" ❷指家庭外观境况。明《警世通言》卷二五:"进城到桂迁家来,～甚是整齐。"清《生绡剪》九回:"一进人家,先把他～什物量头估脚个星移月直。"《醒世姻缘传》七五回:"一直进了沙锅门国子监东路北童七的旧居,其～房舍,宛然如旧。"

【门径】 mén jìng ❶当门小路;宅内道路。唐杜甫《畏人》:"～从榛草,无心待马蹄。"明屠隆《彩毫记》四二出:"老爷蒙恩赦罪复官,已将到家,须打扫～伺候则个。"清《隋唐演义》八〇回:"夫人亲送国桢出门,却不是来时的～了,别从一曲径,启小门而出。" ❷指门庭、家门。《元曲选·鸳鸯被》三折:"我便死呵是张家妇名,怎肯踹刘家～?"明徐复祚《投梭记》二四出:"果有参军共井,但小妇人呵!自幼不出中庭,岂识谢家～?" ❸行径;伎俩。明朱有燉《香囊怨》一折:"我常是操守的性刚直,我怎肯再嫁重婚做泼贱妻。嫌的是腌～无人义。"孟称舜《娇红记》二三出:"妓家～,常则把财相贵重。" ❹门派。宋张继先《鹊桥仙·寄朋权》:"一阳～,九华恩露,惟愿分明指向。"清纪昀《阅微草堂笔记》卷一七:"儒家释家,情伪日增,～各别,可勿与辩也。" ❺门路;途径。清《野叟曝言》一六回:"愚兄于此道,颇知～。"《荡寇志》七二回:"屡次要抬举我,我不愿走他的～,因此挨下了。"

【门眷】 mén juàn ❶拜在门下结认的亲眷。宋叶绍翁《四朝闻见录》卷五:"又于群婢放逐之时,韩～至有三数辈皆称为某妾某人父母者,盖其宛转而入皆为父母。"明《醋葫芦》六回:"适有一个姓李～,叫做李春,来寻老熊。"清《荡寇志》八四回:"众门军见他们一行只得三众,又说是万俟春的～,果然不疑心。" ❷特指有固定关系的僧人或施主。明徐逢吉《清波小志》卷下:"复问后,曰:'我家～是天长寺僧,访之便知所在。'盖～杭人家家有之,如有凶丧,其僧到门诵经,所谓应副长老是也。"《禅真后史》一二回:"这卖主是小僧世代～,本城有名的谏议大夫郑坤的孙子郑郴。"

【门口】 mén kǒu 门的出入处。《敦煌变文校注》卷五《维摩诘经讲经文(二)》:"万家～祥烟起,千户庭前喜色开。"《元曲选·燕青博鱼》一折:"〔正末上,云〕哥哥,你唤我做甚么那?〔店小二云〕～有你个亲眷寻哩。"清《红楼梦》二八回:"一径到了冯紫英家～。"

【门礼】 mén lǐ 犹"门包"。清雍正七年三月八日徐鼎奏文:"惟是州县分解各衙门养廉,或逢迎豫送,或索取豫支,甚而随封～,皆所不免。"《红楼梦》六〇回:"餘外给了门上人一篓作～,你哥哥分了这些。"《蜃楼志》一回:"如今众人打算三十万之数,～另送。"

【门里安心】 mén lǐ ān xīn "闷"的拆字隐语。宋《五代史平话·梁史上》:"拈起笔来书个字,多应门里又安心。"清彭孙遹《金粟词话》:"山谷'女边著子,～',鄙俚不堪入诵。"

【门里出身】 mén lǐ chū shēn 谓道法、技艺等经过正宗的师门传授。元行秀《从容庵录》一三则:"上代下世,～。"明《金瓶梅词话》六一回:"你～,有父传子接脉理之良法。"清《续金瓶梅》二〇回:"到底在～,见这些侍儿们接客光景,自然会勾情卖俏。"

【门里大】 mén lǐ dà 谓在自家屋里要威风。有讥刺意味。《元曲选·伍员吹箫》一折:"我如今在你宅里,你要打我,这个叫做～。"清《醒梦骈言》七回:"你只好在自己家中～,敢到我家里来放这手段么?"

【门里人】 mén lǐ rén ❶称看门人。《元曲选·㑳梅香》楔子:"则这个便是晋府,～通报一声,有白敏中特来拜见。"佚名《九世同居》二折:"～报复去,道有两个秀才特来应举。" ❷指妓女。犹言门户中人。清《续金瓶梅》二六回:"既是表子,何妨明说?小弟这玉娇也不过是娶的～。"《醒世姻缘传》四〇回:"我看这孩子有些造化似的,不象个～,我替俺这个种子娶了他罢。"

【门里挑心】 mén lǐ tiāo xīn 犹"门里安心"。宋黄庭坚《两同心》:"你共人,女边著子,争知我,～?"

【门历】 mén lì 犹"门簿❸"。宋刘斧《青琐高议》前集卷五:"门吏讶其青盖,询之。乃取～,书一绝云:因思山去看山回,软帽轻纱入御台。门吏何须问张盖,两曾身到凤池来。"司马光《涑水纪闻》卷一六:"取当世～阅视,宾客无佚名。"

【门楼头】 mén lóu tóu 指前额过于凸起的头型。清蒲松龄《聊斋俚曲·禳妒咒》:"东庄有个李小楼,寻了个老婆～。粗唇大口窝抠眼,做鞋就得二尺绸。"又《增补幸云曲》:"车轴脖子油光脸,～来鼻子槽。"

【门路】 mén lù ❶得以沟通或能够解决问题的途径、办法。特指行贿门径。敦煌词《鱼歌子》:"睹颜多,思梦倶。花枝一见,恨无～。"明李梅实《精忠旗》二一出:"天那!偏我呵,做不得罪犯家人;偏到我呵,做不得公私～!"清《绿野仙踪》三六回:"我若有你这些～儿，也不知发迹到甚么地方了！” ❷ 线索；头绪。元明《水浒传》一七回：“兄弟，休说他们。你的话眼有些～。”明《警世通言》卷一五：“金阿叔，偷银子的贼有些～么？”清《绿野仙踪》八三回：“这件事你到做的有了～，我深感你。” ❸ 犹“门户❼”。《元曲选·气英布》四折：“两员将各自寻～，整彪躯轮巨毒，虚里着实，实里着虚，厮过瞒各自依法度。”清陈端生《再生缘》二二回：“掖衣卷袖转身躯，两杆金枪手内提。～一开神力往，双枪起处玉龙飞。”《飞龙全传》七回：“匡胤即时分开～，就将那棍法施展起来。” ❹ 地方；处所；餘地。元施惠《幽闺记》一六出：“哥哥，怎生撇下了我？教我无处安身，无～可躲。”明徐霖《绣襦记》二八出：“你并无一长可取，又无～可投。”《二刻拍案惊奇》卷一〇：“似此心性，你道莫翁少年之时，容得他些松宽～么？” ❺ 犹“门径❶”。明徐复祚《红梨记》八出：“此间府中～，我都识熟，不怕不出。”《二刻拍案惊奇》卷一四：“宣教思量走了出去便好，又恐不认得～，撞着了人。”清《隋唐演义》八〇回：“都被他以帕蒙首，教人扶掖而行，竟不知他出入往来的～。” ❻ 出路；前程。明柯丹邱《荆钗记》二四出：“与你三条～：刀上死也得，水里死也得，绳上死也得。”《醒世恒言》卷三六：“遂立意要寻死路，不肯接客。偏又作怪，但是瑞虹走这条～，就有人解救。”清孔尚任《桃花扇》一出：“这一班劝膳的乐官不见了领队长，一个个各寻～奔前程。” ❼ 特指后嗣。明徐元《八义记》四一出：“寻思起那匹夫，一十八年枉叫你为父母，把我一家荡绝～。” ❽ 道路；职业。特指色情职业。明《古今小说》卷一七：“若得阿姊为我方便，得脱此～，是一段大阴德事。”《二刻拍案惊奇》卷三四：“这个筑玉夫人，原是长安玉工之妻，资性聪明，仪容美艳，私下也通些～。”

【门楣】 mén méi ❶ 门上横木。亦代指门框。唐刘禹锡《三阁辞》之三：“沉香帖阁柱，金缕画～。”明《金瓶梅词话》五八回：“闲来无事倚～，正是惊闺一老来。”清《飞龙全传》二四回：“果见路北里有座高大房子，那朱红～，极其轩昂。” ❷ 门庭；门第。唐陈元光《太母魏氏半径题石》：“清贞蜚简籍，规范肃～。”明邵璨《香囊记》五出：“及早飞黄千里，扬姓氏耀～。”清《红楼梦》二回：“荣国府贾府中，可也玷辱了先生的～么？” ❸ 对子女（包括女婿）的美称，谓能使门庭荣耀。《敦煌变文校注》卷一《汉将王陵变》：“斫营拟是传天下，万代我儿是门眉（楣）。”《元曲选·举案齐眉》三折：“我穷则穷是秀才的妻室，你穷则穷是府尹的～。”清《醒世姻缘传》三七回：“他若进学在此，这便回去不成，可以招他为婿，倒也是个～。”

【门面】 mén miàn ❶ 商店临街的门与铺面。宋元《古今小说》卷三：“这铺中房屋，只占得～，里头房屋都是空的。”元施惠《幽闺记》二二出：“草舍茅檐，～不装酒味美。”明《西游记》九回：“若无雨，或不按时辰数目，我与你实说，定要打坏你的～，扯碎你的招牌！”也指摊贩的摊位摆设。元《三遂平妖传》九回：“那小大一哥挑着担子，出到马行街十字路口，歇下担子，把～铺了，和一般的经纪人厮叫了，去架子后取一条三脚凳子方才坐得下。” ❷ 指店铺、商店。元《庙学典礼》卷一：“开张～营运者，依行例供出差发。”张国宾《汗衫记》四折：“俺向马行街开着个～。”清《歧路灯》一五回：“自此～兴旺，竟立起一个‘春盛’大字号来。” ❸ 房屋临街的部分；房屋正门口的外表。明王玉峰《焚香记》二四出：“不知那一家是谢家？这黑～里问声则个。”《拍案惊奇》卷三一：“我想陈林住居与唐赛儿远不上十来间～，他那里最好安身。”清《儒林外史》一九回：“郑老爹家住在巡抚衙门旁一个小巷内，一间～，到底三间。” ❹ 户口；门户。明《金瓶梅词话》九一回：“若是咱宅上若做这门亲事，老爹说来，～差徭、坟茔地土钱粮，一例尽行蠲免。”《拍案惊奇》卷一七：“专为爹死了，娘须立个主意，撑持～，做儿子的敢不依从？”清《续金瓶梅》五五回：“我老拙一生一世积得这个小小家私，原和兄弟子侄支持～。” ❺ 排场；场面。明汤式《湘妃引·闻赠》：“四时裀褥锦重叠，八面帏屏花艳冶，一床衾枕春罗列，铺排得～儿别。”金銮《满庭芳·嘲高北桥送年节》：“酱油酒醋安排定，大小三瓶。妆扮的～儿比别人齐整，消磨的分两儿较往日全轻。”清延君寿《老生常谈》：“后之学东野甚多，却要说是学杜、韩，撑～。” ❻ 即“面门”。元明《水浒传》八二回：“队额角涂一道明创，劈～搭两色蛤粉。”清《双凤奇缘》七一回：“提起长枪，恶狠狠直刺李广～。” ❼ 面子；体面。《元曲选·东堂老》一折：“我如今不比往日，把那家缘过活都做筛子喂驴漏豆了，止则有这两件儿衣服，妆点着～。”明《拍案惊奇》卷二五：“这是掌书仙的故事，乃是倡家第一个好～话柄。”清《歧路灯》二八回：“我说一定该摆好席，休叫外甥儿失去了我姐夫～体统。” ❽ 虚饰；扭捏；夸张。明邵璨《香囊记》三二出：“〔净〕张媒婆，难得我贵公子上门，适来好酒肥鹅，请我一请不得？〔丑〕公子，你那里晓得，这是做媒婆的～。说便是这等说，鹅毛也没有在家里。”汤显祖《紫钗记》一四出：“郡主配了李郎，俺做浣纱的在床背后睡也呵，那李郎甚么心情，俺郡主许多～，俺也听不得了。”清贺贻孙《诗筏》：“正字篇中屡用仲尼、老聃、……等语者，非本色也。若张曲江《感遇》，则语语本色，绝无～矣。” ❾ 敷衍；表面应付；场面应付。明《拍案惊奇》卷三九：“岂知费了拜见钱，并无甚术法得传，只教得些游嘴～的话头。”《二刻拍案惊奇》卷三三：“这富家子虽与杨抽马相好，只是见他兴头有术，～撮哄而已。”清《荡寇志》八一回：“平素本不相合，不过共事一方，各完～而已。” ❿ 指买卖、交易。明《金瓶梅词话》四回：“定然遭塌了你这场～，交你撰不成钱使！” ⓫ 即“门面杯”。清《红楼复梦》一八回：“朱姨娘吃了令杯，又派了梦玉做监酒官：‘若有人～不干，除罚了本人外，还要罚监酒者。’众人听见，都纷纷各干～。”

【门面杯】 mén miàn bēi 行酒令时，各人面前自饮用的酒杯（区别于罚酒用的公杯）。清《蜃楼志》五回：“众人各干了～，听我号令。”《杏花天》一三回：“普席斟酒，以作～，一人一句，如迟罚酒。”

【门旗】 mén qí 立于军阵、军营门前的旗子，出行作为仪仗前导。唐李筌《太白阴经》卷四：“～二面，色红，八幅，大将军牙门之旗，出引将军前列。”元尚仲贤《三夺槊》四折：“那厮～下把我容颜望见，则唬得那厮鞍心里身躯倒偃。”清《说岳全传》七八回：“只见～下走出一个道人，一手接去。”

【门启】 mén qǐ 即“门状❶”。五代孙光宪《北梦琐言》卷九：“古之制字卷纸题名姓，号曰名纸。大中年，薛保逊为举场头角，人皆体效，方作门状。洎后仍以所怀，列于启事，随启诣公相门，号为门状、～，虽繁于名纸，各便于时也。”

【门前】 mén qián 面前；前边。明《山歌·蒸笼》：“你人～捉我团团搦搦，我并弗曾恨穷。”清沈起凤《才人福》八出：“床～马桶掇开点，弗要得罪子渠。”《歧路灯》一六回：“宝剑儿拿过赌筹，放在条儿上，各人～放下一千钱。”

【门枪】 mén qiāng 立于军帐、官衙、府邸、船舱门口的枪，显示威仪，出行用作仪仗。唐李筌《太白阴经》卷四：“～二根，以豹尾为刃榼，出居红旗之后，止居帐前，左右建。”清《儒林外史》三回：“学道轿子一拥而去，范进立着，直望见～影子抹过前山，看不见了，方才回到下处。”《红楼复梦》四五回：“老管家们备下几号体面大船，扯着宫保大学士桅旗，朱牌～十分壮丽。”

【门圈】 mén quān 城门洞。明《西洋记》八一回：“那晓得西门里面一声炮响，喊杀连天，～里早已闪出一枝军马。”《醒世恒言》卷三七："一阵西风，正从～子里刮来，身上又无绵衣，肚中又饿，刮起一身鸡皮栗子。"

【门僧】 mén sēng ❶ 徒弟僧；僧徒。《敦煌社会经济文献真迹释录》第三册《乙卯年二、三月押衙知柴场司安佑成状并判凭(斯 3728)》："～二人各柽柒拾柒束，佛座子柽两车各柒拾柒束。"又第五册《门僧智弁请支给春衣布一匹状(斯 5810)》："～法律智弁。伏以常年春衣布壹匹，今未蒙支给。"《景德传灯录》卷一四《本童和尚》："因～写师真呈师，师曰：'此若是我，更呈阿谁？'" ❷ 富家出资剃度、供养的僧人。《太平广记》卷二二四引《摭言》："令狐赵公绹在相位，马举为泽潞小将，因奏事到宅。会公有一～，善声色，偶窥之。"宋元《警世通言》卷七："将乙侍者剃度为僧，就用他表字可常，为佛门中法号，就作郡王府内～。"清《醒世姻缘传》四七回："这梁和尚是晁奶奶家的～，在通州香岩寺出家。"

【门上】 mén shàng ❶ 门口；门前。《太平广记》卷九〇引《高僧传》："令一沙弥送至～，语曰：'此道去，行七里至船。'"明《西游记》五五回："且去他～索战，嚷嚷闹闹，搅他个不睡。"清《白雪遗音·五更佳期》："听谯楼，四鼓催，红娘～意徘徊。低声又把小姐叫，你速整残妆趁早归。" ❷ 即"门上人"。明徐阳辉《脱囊颖》二折："～通报一声，有食客求见公子。"清《儒林外史》三二回："～拿了两副帖子走进来，禀道：'臧三爷明日请少爷吃酒。'"

【门上的】 mén shàng de 即"门上人"。《元曲选·碧桃花》楔子："～报复去，道有张亲家差人下请书哩。"明梅鼎祚《玉合记》四〇出："～通报：李王孙柳道姑相访。"清《醒世姻缘传》八回："一定牵了和尚，妆做姑子进来了！快叫～来问！"

【门上人】 mén shàng rén 守门人。《元曲选·竹坞听琴》一折："可早来到也，～报复去，道有秦脩然在于门首。"明徐复祚《一文钱》六出："谁想没有使用，～不肯代奏。"清《红楼梦》九一回："虽有个年老的～，知是舅爷，也不常回。"

【门首】 mén shǒu 门口；门前。唐康骈《剧谈录》卷上："与宾朋驟过鸣珂曲，有妇人靓妆立于～。"《元曲选·窦娥冤》楔子："说话之间，早来到他家～。"清《飞龙全传》一回："早起无事，出外闲游，打从相馆～经过。"

【门属】 mén shǔ 门徒；门生。唐王勃《释迦如来成道记》："探菽氏继踵以师事，率～以同归；迦叶氏汇迹以降心，领火徒而回席。"《景德传灯录》卷一四《石头希迁大师》："问：'如何是禅？'师曰：'碌砖。'又问：'如何是道？'师曰：'木头。'自餘～领旨，所有问答，各于本章出焉。"

【门闩】 mén shuān 闩门的棍子。宋《朱子语类》卷一二五："牝只是木孔承笋，能受底物事。如今～谓之牡，镮则谓牝。"宋元《古今小说》卷一五："史弘肇真个来推大门，力气大，推折了～，走入来。"清《红楼梦》九回："墨雨遂掇起一根～，扫红、锄药手中都是马鞭子，蜂拥而上。"

【门送】 mén sòng 礼仪，送出门外。唐许筹《嵩岳珪禅师影堂记》："大师～，且观之，见仪卫逶迤，如王者之状。"宋《虚堂和尚语录》卷六："涌泉因雪峰访，乃～。"△清况周颐《续眉庐丛话》："洎客去，广西雷仍～如仪焉。"

【门桯】 mén tīng 门框或门扇间的横木，后多指门槛。宋李诫《营造法式》卷七："其名件广厚皆取～，每尺之高积而为法。"明佚名《下西洋》二折："我且立在～，两眼紧紧定睛。"清曹寅《西堂新种牡丹雨夜置酒》之二："马蹄更漫嘲寒劣，湔洗～百宝香。"

【门庭】 mén tíng 大门及庭院。喻指：❶ 学术领域或师门。唐王勃《常州刺史平原郡开国公行状》："经邦化俗，涉游夏之～；减灶麾兵，得孙吴之阃奥。"《太平广记》卷二引《神仙传》："吾先师初著《九节都解》，指韬形隐遁，尤为开明，'四极''九室'诸经万三千首，为以示始涉～者。"又卷九一引《歙州图经》："度曰：'人神道殊，无容相屈，且檀越血食世祀，此最五戒所禁。'尚曰：'若备～，辄先去杀。'" ❷ (学术或宗教)门派；流派。《五灯会元》卷一八《禾山慧方禅师》："然五家宗派，～施设则不无，直饶辨得倜傥分明去，犹是光影边事。"明《元贤广录》卷二九："百丈只说透得三句外，便是学人放身命处。后代立起许多～，说出许多古怪，总是解心未绝，故有斯事。" ❸ 门径；解决问题的途径。宋《河南程氏外书》卷六："凡看书，各有～：《诗》《易》《春秋》不可逐句看，《尚书》《论语》可以逐句看。"金马钰《福山县刘公索》："刘公学道听予言，入妙～要志坚。清净堪为仙活计，利名岂是道因缘。"明《西游记》一二回："大开方便～，广运慈悲舟楫，普济苦海群生，脱免沉疴六趣。" ❹ 技艺表现；行业门道；隐秘手段。宋佚名《张协状元》一出："暂息喧哗，略停笑语，试看别样～。"元高明《琵琶记》三出："空使绣襦汗湿，漫教罗袜生尘。兀的是少年子弟俏～，不似宝妆行径。"元明《水浒传》五一回："你若省得这子弟～时，狗头上生角。"明柯丹邱《荆钗记》三七出："又要劝农栽种，又要督造坊城。只有催关盐票，是我觅钞～。" ❺ 门风；家庭声誉。明《元贤广录》卷三〇："正如兄弟相戕贼，而曰吾能光大祖父～，不亦愚乎！"《拍案惊奇》卷一八："我只是打死这贼婢罢，羞辱～，要你怎的！"清《霓裳续谱·莺莺红娘》："那穷酸，败坏人家的～，不怕伤天害理。"

【门头】 mén tóu ❶ 门前；门口；门上。唐从谂《十二时歌》："胡张三，黑李四，恭敬不曾生些子。适来忽尔到～，唯道借茶兼借纸。"明《欢喜冤家》一八回："船到～，天色尚早，走进城来，恐遇亲邻不像体面，不如在亭子上少坐，待天色傍晚回家。"清《绿野仙踪》三九回："即于伊家～插一小旗，旗上书写大口几人，小口几人。"也指门。清陈端生《再生缘》二六回："外边健将齐声应，大启～唤众人。"《绿野仙踪》七一回："不敢走向山西去的正紧～，便想到走这南西门，绕道奔山西大路。" ❷ 犹"门户❶"。《宋元戏文辑佚·三负心陈叔文》："调勤统镘用机谋，全然不管我～。"明《石点头》卷八："再过几时，就连这两个粉头，也都走了，单单只剩一个妹子，答应～。"清《红楼梦》八三回："这样大～儿，除了奶奶这样心计儿当家罢了。" ❸ 犹"门庭❷"。《五灯会元》卷一三《洞山良价禅师》："嗟见今时学道流，千千万万认～。恰似入京朝圣主，只到潼关便即休。"清《歧路灯》六三回："俺是曹洞，他是贾菩萨派下，原与俺不一～。" ❹ 看门人或看门的(人)。明徐畛《杀狗记》三三出："喜得～、巡军皆睡。将尸埋在土沙中，回去说详细。"《金瓶梅词话》六八回："比及进院门，架儿、～都躲过一边，只该日俳长两边站立，不敢跪接。"△清《三侠剑》六回："忽然野鸡溜子王七进庙，～僧叫道：'王七！你被逐出庙，永不许回庙，又干什么来啦？'" ❺ 指妓院。明《石点头》卷八："原来却是吾剥皮在此开～赚钱，好好好！这小闸上钱财一发趁得稳。"△清《官场现形记》二二回："倘若是个女儿呢，落在他们～人家，将来长大之后，无非还做老本行。" ❻ 进门磕的头。明《金瓶梅词话》七二回："这伯爵不免又到家堂屋里，李铭连忙磕了～，起来，把盒儿掇进来放下。" ❼ 分房独立的家庭单位。清《歧路灯》九五回："篑初道：'……这里灵宝一支，如今几多～？'绍闻道：'这里人丁不旺，累世单传。'" ❽ 门第；门望。清《歧路灯》四九回："孔宅～家教，毕竟都好。"又六四回："他早已想吃咱城中绅衿秀才、宦门公子、富商大贾这一股子大钱，只吃亏他～儿低，也没好院子做排场。"又七六回："又想盛公子回来，此事有八九分必做，他的～儿大，宅院深邃，满相公又诸事通融精乖。" ❾ 指按门排序的博戏位次。清《歧路灯》一六回："宝剑铺上桌毡，放下色盆，让众人各照～坐。”

【门外出身】 mén wài chū shēn 指没有受过专业训练的。明《金瓶梅词话》六一回：“何老人道：‘你门里出身～?’”

【门外汉】 mén wài hàn 禅家指未能领悟禅法的人，后泛指外行人。《五灯会元》卷六《天竺证悟法师》：“师举东坡《宿东林偈》，……曰：‘只如他道：溪声便是广长舌，山色岂非清净身？若不到此田地，如何有这个消息?’庵(元禅师)曰：‘是～耳!’”明沈德符《万历野获编》卷二五：“近年则梁伯龙、张伯起俱吴人，所作盛行于世，若以中原音韵律之，俱～也。”清《歧路灯》七二回：“这绍闻久不亲书，已成～，有时说及书典，大半茫然。”

【门下】 mén xià ❶敬称。犹阁下。宋《虚堂和尚语录》卷四：“～虽知其病而不能去其病者，乃自作障碍也。”《五代史平话·梁史上》：“如～高作末句，愿学黄石公兵法，觇贤丈志气不凡，非小生所敢与闻。”又：“倘得～做个盟主，可择日便离此间，沿途杀掠回去。” ❷门第。《元曲选·鲁斋郎》楔子：“被论人有势权，原告人无～。”

【门下人】 mén xià rén 犹“门上人”。也称仆役。《元曲选·碧桃花》三折：“今日来到他家，兀那～报复去，道有贫道来了也。”明王锜《寓圃杂记》补遗：“一日，主人出，命～侍饭。”清《东周列国志》九七回：“守门者曰：‘君所言范叔，何时进府?’须贾曰：‘适间为我御车者是也。’～曰：‘御车者乃丞相张君。’”

【门役】 mén yì 看门的衙役。明汤显祖《牡丹亭》五出：“陈斋长在此清叙，着～散回，家丁伺候。”《醒世恒言》卷三二：“却说黄损闲坐衙斋，忽见～来报：‘有维扬薛妈妈求见。’”清纪昀《阅微草堂笔记》卷一一：“昔为鉅野学官时，有～典守节孝祠，即携家居祠侧。”

【门迎】 mén yíng 礼仪，出门迎接。《五代会要》卷四：“于是诏令撰三师仪注。太子出殿～，先拜三师，三师答拜。每门让，三师坐，太子乃坐。”《五灯会元》卷九《仰山慧寂禅师》：“公见即入山，师乃～。”元德辉《敕修百丈清规》卷一：“或住持赴郡县都道场所归时，鸣钟集众～。”

【门枕】 mén zhěn 即“门墩❶”。明《西游记》五〇回：“那门儿半开半掩，八戒就把马拴在～石鼓上。”清《醒世姻缘传》三三回：“在门底铺了自己一条夏布裙子，头垫了～，在那里梦见周公。”

【门状】 mén zhuàng ❶谒见时，谒者投递的写有自己姓名与对方职称等项内容的纸笺。宋孔平仲《孔氏谈苑》：“古者未有纸，削竹木以书姓名，故谓之刺。后以纸书，故谓之名纸。唐李德裕为相贵盛，人务加礼，改具衔候起居之状，谓之～。”岳珂《桯史》卷七：“昔有一朝士，出谒未归，有客投刺于门，阍者告之以某官不在，留～，俟归呈禀。”清黄宗羲《周云渊先生传》：“有帅其弟子四五人升阶再拜者，～为周允华，问之，则仲之诸子也。” ❷张贴在大门上的讣告。清汪琬《与从弟论立后书》：“今仆豫属之中，一则曰：诒饮食衣服及将来昏娶，不得有累长媳。……又拟于～之前不列‘孤子’一行。”《野叟曝言》一五回：“见门上挂着孝帘，贴着～，……状上镌着‘不肖席珍，罪孽深重，不自殒灭，祸延先考皇明诰封奉政大夫澹然府君’字样。”

【门子】 mén zi ❶守门人。五代王定保《唐摭言》卷三：“后旬朔，座中宾客多有假途宣慈寺门者，～皆能识之。”金《刘知远诸宫调》一二：“～拉不住，二人叫屈，知远观是洪信、洪义。”元明《水浒传》四回：“鲁智深看看来到山门下，两个～远远地望见。” ❷亲随衙役。元《三遂平妖传》一二回：“众人发声喊，～喝：‘低声!’喝他们不住。”明佚名《鸣凤记》三四出：“众手下且退，止留直日～在此伏侍。”清赵翼《陔餘丛考》卷三六：“今世所谓～，乃牙署中侍茶捧衣之贱役也。”《十二楼·萃雅楼》一回：“他又不是跟官的～，献曲的小唱，……竟要看觑他起来!” ❸门；门口。元古本《老乞大》：“这店里都闭了～了，怕有甚么人入来?”清《续金瓶梅》二五回：“好不好我剥了你的衣裳，叫你和巫云一班儿去站～。”《绿野仙踪》一四回：“～关闭着，我不解他从何处去了?” ❹门路；门径。多指请托办事的途径。清《红楼梦》八八回：“便买了些时新绣货，要走凤姐儿～。”《补红楼梦》二八回：“他买了香料，打了荣府的～，办了一趟差事。”《红楼复梦》四六回：“竺姑娘到咱们这儿摸不着～，也认不得谁是谁。” ❺家；分房独立的家庭单位。明《金瓶梅词话》四一回：“他家有一～做皇亲的乔五太太。”清《红楼梦》四六回：“况且我们两个也没有爹娘哥哥兄弟，在这～里仗着我们横行霸道的。”《红楼复梦》三〇回：“花子空少了一个得力的好姐姐，在这～里有些站不住。” ❻像门似的出口。明《金瓶梅词话》三五回：“再不，烂了贼亡八的屁股～。”清《姑妄言》一三回：“放着奶奶这样香喷喷的好东西我不受用，反肯去钻那臭屁股～。” ❼量词。件；档子。清《红楼梦》二七回：“怨不得你不懂，这是四五～的话呢。”

【们】 mén ❶置于代词或名词后，表示复数(有时只为了突出对代词或名词的强调，并不确表复数)。唐刘知幾《史通》卷一七：“渠～、底个，江左彼此之辞。”宋周密《齐东野语》卷三：“这里甚去处？你秀才～要斫了驴头!”明《朴通事谚解》卷中：“马～怎么来的迟?”又卷下：“你写与我告子，各处桥上角头～贴去。” ❷后缀。么；般。《元曲选·勘头巾》三折：“这～说起来，我倒是个随爷种。”明《西游记》八六回：“可怜啊，那～个师父进去，弄做这门个师父出来也!”清《醒世姻缘传》七五回：“谁家媳妇儿有这～凌逼男子的来?”

【満】 mén 另见 mǎn。同“们❶”。宋沈端节《洞仙歌》：“琴心传密意，唯有相如，失笑他～恁撩乱。”

【瞒】 mén 另见 mán。同“懑”。宋周密《齐东野语》卷五：“不因你～番人在此，如何我～四千里路来?”《三朝北盟会编》卷二九：“枢密、侍郎～各自尽忠尽节为国家，说得甚是。”

【懑】 mén 同“们❶”。宋《三朝北盟会编》卷三三：“相公～悉起，你家人马来厮杀也!”宋元《清平山堂话本·简帖和尚》：“你～不敢领他，这件事干人命!”金《刘知远诸宫调》二：“叱喝道：‘畜生～悄地!’”

mèn

【闷答孩】 mèn dá hái 闷呆呆，形容烦闷。“答孩”是“呆”的分音形式。金《董解元西厢记》卷五：“倚定门儿手托腮，～地愁满怀。”又卷六：“无语～，漫漫两泪盈腮，清宵夜好难挨，一天愁闷怎安排?”元佚名《斗鹌鹑》：“松却香罗带，慵整短金钗，无语无言～。”

【闷打孩】 mèn dǎ hái 同“闷答孩”。金《董解元西厢记》卷六：“～似吃着没心草，越越的哭到月儿落。”

【闷打颏】 mèn dǎ hái 同“闷答孩”。《元曲选·梧桐雨》四折：“～和衣卧倒，软兀剌方才睡着。”

【闷葫芦】 mèn hú lu ❶一种玩具。元孟汉卿《魔合罗》一折：“有乞巧泥媳妇，消夜～。” ❷比喻难以猜透、令人纳闷或烦恼之事。元纪君祥《赵氏孤儿》四折：“想绝故事无猜处，画着个奚幸我的～。”元明《水浒传》二八回：“这个鸟～教我如何猜得破?”

清《红楼梦》八五回:"要天长日久闹起这～来,可叫人怎么受呢?"❸ 比喻不言语,不与外界纷争。明王九思《朝天子》:"这今古都休论。不辨酸咸,不量尺寸,～真个稳。"

【闷酒】 mèn jiǔ 指烦闷时喝的酒。宋沈端节《喜迁莺》:"～孤斟,半醺还醒,干净不如不醉。"《元曲选外编·西厢记》二本三折:"一杯～尊前过,低首无言自摧挫。"清《平山冷燕》一九回:"谁知二人已躲在京中,每日只是坐在下处,吃两杯～。"

【闷乱】 mèn luàn 心情烦闷撩乱。金《董解元西厢记》卷一:"寻思了空～。"又卷七:"好恓楚,空～,长叹吁。"清《绣戈袍》二一回:"左支右诎,十分～,见解差回衙禀说林桢被响马抢去,忽然触起他的计来。"

【闷闷】 mèn mèn ❶ 郁闷。唐赵璘《因话录》卷六:"一夕忽梦及第,而与韦周方同年。当时韦氏先期举人,无周方之名者,益～。"《元曲选·谢金吾》二折:"这两日气得我～的眠,害得我恹恹的卧。"清《红楼梦》三〇:"林黛玉与宝玉角口后,也自后悔,但又无去就他之理,因此日夜～如有所失。" ❷ 纳闷。宋宗杲《宗门武库》:"其贼儿在柜中私自语曰:'我爷何故如此?'正～中,却得一计。"

【闷气】 mèn qì 另见 mēn qì。❶ 积聚在心中的怨气或委屈。明《古今小说》卷一〇:"(倪太守)含了一口～,回到房中,偶然脚慢,拌着门槛一跌。"无心子《金雀记》一二出:"这肚子里不出头～,难以消受。"清《醒世姻缘传》九一回:"虽把些言语遮饰,那一肚皮的冤屈～,两个眼睛,不肯替他藏掩。" ❷ 气闷;烦闷。清《聊斋志异·巧娘》:"华氏母子将他往,复闭生室中。生～,绕室隔扉呼巧娘。"陈端生《再生缘》四九回:"忠孝王爷真～,终朝使性与生烦。"《镜花缘》七三回:"我们也想甚么顽的才好,不然,这许多姐姐不要～么?"

【闷杀】 mèn shā 形容烦闷至极或使人烦闷至极。五代韦庄《定西蕃》:"～梧桐残雨,滴相思。"明汤式《醉太平·重九无酒》:"东篱寂寞旧栽花,上心来～。"清《醒名花》一六回:"你若不言,～下官也。"

【闷煞】 mèn shā 同"闷杀"。金元好问《李峪园亭看雨》:"松林迫塞～渠,北望玉泉疑井底。"明叶宪祖《鸾鎞记》一八出:"为甚的没些音耗?好教人～情芽。"清《歧路灯》五九回:"谭绍闻送出胡同口而回,依旧坐在轩上,好不～人也。"

【闷损】 mèn sǔn 犹"闷杀"。宋欧阳修《品令》:"终日望伊来,无凭准。～我,也不定。"元杨果《赏花时》:"腹中愁,心间闷,九曲柔肠～。"清蒲松龄《聊斋志异·辛十四娘》:"生素不羁,向闭置庭中,颇觉～。"

méng

【萌儿】 méng ér 宋代武将韩世忠对文士的称呼。含轻视意。宋庄绰《鸡肋编》卷下:"韩世忠轻薄儒士,常目之为'子曰'。主上闻之,因登对问曰:'闻卿呼文士为子曰,是否?'世忠应曰:'臣今已改。'上喜,以为其能崇儒。乃曰:'今呼为～矣。'"又:"韩怒曰:'～辈终是相护!'"

【萌心】 méng xīn 动念头;起意。唐张说《常州刺史平君神道碑》:"洁志则利不涉口,欲不～,清之源也。"宋晁说之《晁氏客语》:"张子厚《送人》诗云:十载相从应学得,怕人知事莫～。"清《歧路灯》八四回:"不过算完了账,交割清白,晌午吃一杯儿,原不～叫他们让。"

【盟弟】 méng dì 结拜兄弟中年幼的人。明《梼杌闲评》九回:"你道此人是谁?乃进忠在石林庄结拜的～刘瑀。"清孔尚任《桃花扇》二出:"(杨龙友)原做光禄阮大铖的～,常到院中夸俺孩儿,要替他招客梳栊。"

【盟嫂】 méng sǎo 称结拜兄长的妻子。清《续金瓶梅》二二回:"老～不知,我就是翟云峰。"《品花宝鉴》一一回:"公子本要再与夫人家宴一天,因他姨妹与～来,只好回避。"

【盟兄】 méng xiōng 结拜兄弟中年长的人。明《肉蒲团》二〇回:"这人就是弟子的～,叫做赛昆仑。"清陈端生《再生缘》九回:"皇甫少华心中惊惧,悄地把～一扯。"

【盟证】 méng zhèng ❶ 誓盟的证明人或证物。《元曲选·梧桐雨》一折:"〔旦云〕谁是～?〔正末唱〕长如一双钿盒盛,休似两股金钗另,愿世世姻缘注定。"明王骥德《男王后》三折:"我和你也偷拜个堂,做个～。"清《东周列国志》三六回:"即取白璧投之于河曰:'河伯为～也!'" ❷ 验证盟誓;证明誓言。明施绍莘《泣颜回·为顾宝云作》:"幽期密订,这双心两耳亲～。"汤显祖《紫钗记》五〇出:"他所事精灵,自心～。怎肯因而奚落,遂尔飘零?"陆采《怀香记》二四出:"佳人才子殊相称,怎能够鸳枕同～?"

【蒙】 méng 被。表示被动。《敦煌变文校注》卷二《庐山远公话》:"远公深有所怪,遂令同行:'与我唤此老人。'(老人)～唤,直至远公面前。"又:"是日远公由如临崖枯木,再得逢春;亦似钩网之鱼,～放却归江海。"

【蒙馆】 méng guǎn 对儿童进行启蒙教育的学馆。明《型世言》一回:"故铁公子就留在山阳,高秀才就在近村处个～,时来照顾。"贾凫西《历代史略鼓词·尾声》:"比不上瀛洲学士凌云赋,算得过～先生劝世文。"清《豆棚闲话》一则:"只有一个老人家在那里处～的,说道:'这个神道其来久矣。'"

【蒙汗药】 méng hàn yào 麻醉药。元明《水浒传》三六回:"酒肉里下了～,麻翻了,劫了财物。"明郎瑛《七修类稿》卷四五:"小说家尝言:～人食之昏腾麻死,后复有药解活。予则以为妄也。"清《醒世姻缘传》六五回:"这香原是～做的,人的鼻孔内闻了这个气味即便鼾鼾睡去。"

【蒙师】 méng shī 蒙馆的老师。明李乐《见闻杂记》卷二:"(林公钦)少贫为～。"清《儒林外史》二回回目:"王孝廉村学识同科,周～暮年登上第。"

【蒙药】 méng yào 即"蒙汗药"。清《续金瓶梅》二九回:"吃～的白面憨哥。"《聊斋志异·老龙船户》:"赚客登舟,或投～,或烧闷香,致客沉迷不醒。"《野叟曝言》一三二回:"木秀令倭奴取～入酒,登时把二人醉倒,不省人事。"

【懞懂】 méng dǒng 即"懵懂"。明童养中《胭脂记》四〇出:"可怪书生～,贪淫色,将性命轻送。"《金瓶梅词话》六一回:"惺惺似～,落伊套中。"

【朦汉】 méng hàn 蠢人。《祖堂集》卷三《慧忠国师》:"问山不识山,问地不识地,问字不识字,问算不解算,何处引得这个～来?"

【朦胧】 méng lóng ❶ 微明貌。唐白居易《嘉陵夜有怀》之二:"不明不暗～月,不暖不寒慢慢风。"元明《水浒传》八六回:"是夜月色～,远远地望见山畔一点灯光。"清《霓裳续谱·寒灯静夜》:"下回廊竹影斜,疏帘透进～月。" ❷ 模糊不清;迷蒙。唐白居易《卧听法曲霓裳》:"～闲梦初成后,宛转柔声入破时。"《元曲选·黑旋风》二折:"我打个模状儿说,可不道有一半儿～倒有一半儿切!"清《荡寇志》九八回:"众人顺堤北行,晚雾～。"❸ 迷糊;半睡半醒。也指浅睡。《敦煌变文校注》卷二《庐山远公话》:"心怀惆怅,～睡着。"明《西游记》二八回:"当时也只说～～就起来,岂知走路辛苦的人,丢倒头,只管齁齁睡起。"清《聊斋志异·尸变》:"四客奔波颇困,甫就枕,鼻息渐粗,惟一客尚～。" ❹ 眯缝;(眼)半张半合。唐鲍溶《途中旅思》之二:"星出方问宿,睡眼始～。"《元曲选外编·西厢记》二本三折:"星眼～,檀口嗟咨。"清《绿野仙踪》九七回:"倒在床上,～着俊眼,偷看羽士举动。" ❺ 糊涂。《元曲选·东坡梦》三折:"好笑你端明学士忒～,全不想酒阑人散夜将终。"明佚名《白兔记》四出:"～喑哑家豪富,智慧聪明却受贫。"清《霓裳续谱·紫燕呢喃》:"我叹我痴迷不醒,太～;你顾你在外风流,贪恋闲花。" ❻ 含混;蒙混。《元典章·吏部五》:"此等人员畏避前过,不行开写,～求仕。"明《拍案惊奇》卷二:"闻知事发,上下使用,并无名字干涉,不致惹着,～过了。"清《后水浒传》四三回:"一面暗暗使人去报知秦桧,拦截奏章,～官里。"

【朦昧】 méng mèi ❶ 愚昧。《祖堂集》卷一〇《镜清和尚》:"学人～,再乞指示!"辽佚名《还丹破迷歌》:"金丹要会非难会,人心狡猾生～。" ❷ 迷蒙,谓挡住视线。《元典章·刑部四》:"有践踏尘土～,其马惊獐奔走。"明《风流和尚》一回:"是夜,又兼夜～,衬的艳冶之态,就如那月里嫦娥一般。" ❸ 含混;蒙混。《元典章·户部九》:"若有上年已载桑果数目,另行具报,却不得～报充次年数目。"明《僧尼孽海·募缘僧》:"妇囚系累月,府尹以～不可竟,命交付外舍。"

【朦腾】 méng téng 同"懵腾"。宋晏幾道《少年游》:"纱窗影里,～春睡,繁杏小屏风。"元白樸《青杏子·咏雪》:"醉眼～问小蛮,多管是南轩蜡梅绽。"清洪昇《长生殿》四出:"侍儿扶起腰肢,娇怯怯难存难坐。恁～,且索消详停和。"

【矇矄】 méng xūn 犹言瞎子。比喻执迷不悟。矇、矄,目不明。《古尊宿语录》卷四一《云峰悦禅师初住翠岩语录》:"踏著秤槌硬似铁,～禅和犹未瞥。"又卷四六《琅琊山觉和尚语录》:"～禅和被山僧擗头打一棒,走入露柱里藏身。"

【瞢腾】 méng téng 同"懵腾"。宋黄庭坚《千秋岁》:"灯斜明媚眼,汗浃～醉。"明杨廷和《醉太平·关西道中》:"红尘老眼故相遮,又～过也。"清《续金瓶梅》五六回:"那日两般女乐唱到四更,吃的上下官卒～大醉。"

měng

【猛】 měng ❶ 突然;骤;乍。《祖堂集》卷二《惠能和尚》:"一日正讲经,风雨～动,见其幡动。"《元曲选·忍字记》一折:"我若是前街上～撞见,若是后巷里厮逢着,我着两条汉拿到官。"清《红楼梦》三一回:"把宝兄弟的袍子穿上,靴子也穿上,额子也勒上,～一瞧倒像是宝兄弟。" ❷ 甚;极。《敦煌愿文集·儿郎伟(伯 2569)》:"长史千秋万岁,百姓～富足钱。"宋《朱子语类》卷一三〇:"介甫固不是,但教东坡作宰相时,引得秦少游、黄鲁直一队进来,坏得更～!"明屠隆《彩毫记》一八出:"下官～欲上表奏留,犯颜伏阙,奈我疆埸之臣,难以力诤。" ❸ 快;急。金王喆《带马行》:"既要修持心不晓:这火院便先跳,～把家缘都不要。"马钰《捣练子》:"悟冤亲,～离别,男儿志气,斩钉截铁!"清《歧路灯》八回:"我再踪迹踪迹,休要办哩～了,惹姐夫回来埋怨。" ❹ 多;广。宋佚名《潇湘静》:"何似～寻芳,都莫问,积金过半。"元顾德润《点绛唇·四友争春》:"翠红乡钞～,都不如邓通。"明汤显祖《还魂记》六出:"白占了江山,～起些宫殿。" ❺ 空;徒然。明汤显祖《牡丹亭》一二出:"明放着白日青天,～教人抓不到魂梦前。"孟称舜《桃花人面》三出:"此日何年?干则向花前重见,～教人急睁睁望眼穿。"又《死里逃生》一出:"春去～嗟呀,日冷秋千架。" ❻ 莫;不要。明汤显祖《南柯记》一五出:"观禽貌揣兽膘,～说山川小。"又《牡丹亭》一二出:"你～说夫人,则待把饥人劝。你说为人在世,怎生叫做吃饭?" ❼ 粗。明汤显祖《牡丹亭》五四出:"扭回京把他做劫坟茔的贼决。……正高吊起～桃条细抽掣。"

【猛不防】 měng bu fáng 事情突然发生,来不及防备。清《红楼梦》七四回:"等到晚上园门关了的时节,内外不通风,我们竟给他们个～,带着人到各处丫头们房里搜寻。"又七六回:"正说着闲话,～只听那壁厢桂花树下,呜呜咽咽,悠悠扬扬,吹出笛声来。"

【猛的】 měng de 忽然;突然。《元曲选·㑳梅香》一折:"听呀的门扇,似擦的人行,蓦的闻声,魆的潜行,～凝睛。"明《封神演义》二一回:"～心血潮来。道人觉而有警,掐指一算,早知凶吉。"清《歧路灯》一〇回:"～一日,邓祥、德喜儿飞跑上轩来,说道:'娄师爷来了。'"

【猛的里】 měng de li 即"猛的"。里,助词。明《西游记》九七回:"行者～咳嗽一声,把刺史唬得慌慌张张,走入房内。"

【猛地】 měng de 同"猛的"。宋朱敦儒《卜算子》:"尽日不逢人,～风吹雨。"《元曲选·倩女离魂》四折:"～回身来合并,床儿畔一盏孤灯。兀良,早则照不见伴人清瘦影。"清《女仙外史》六一回:"～见有两个女娘坐在舟中,吃一惊。"

【猛地里】 měng de li 同"猛的里"。《元曲选·老生儿》二折:"他～急病死了,可着谁还我这钱?"明《醒世恒言》卷三七:"～又起一阵怪风,刮得天昏地黑。"清《飞龙全传》三四回:"～一声霹雳,只见那龙腾空而去。"

【猛地哩】 měng de li 同"猛的里"。明徐翙《春波影》四出:"您两个～话从前,乍相逢信有缘。"清碧蕉轩主人《不了缘》四出:"～话行藏,便相携礼法王。"

【猛地时】 měng de shí 突然间。明《西洋记》三回:"人从里面～闪出一个小伙儿来,双手扯住陆阿公衣袖。"

【猛恶】 měng è ❶ 凶猛;凶狠。元明《水浒传》五二回:"李逵～无人敌,不见阎罗不肯饶。"明王守仁《八寨断藤峡捷音疏》:"至于八寨诸贼,尤为凶悍～,利镖毒弩,莫当其锋。"清《后水浒传》三八回:"乐汤本事也只平常,只是这棍劈拨得势重～,急切不得下手。" ❷ 凶险;险恶。元明《水浒传》八回:"前头有的是大松林,～去处,不拣怎的与他结果了罢!"清《女仙外史》七七回:"见林子内外重重叠叠堵塞草束,一齐烧着,火势更为～。"《说岳全传》八回:"你看一路去,俱是荒郊旷野,～林子,如何存顿?" ❸ 严峻;严厉。明沈鲸《双珠记》一〇出:"〔净〕王先生,军前号令,不是当耍。〔丑〕军威～,重于山岳。"

【猛哥丁】 měng gē dīng 突然;猛地。清《醒世姻缘传》九四回:"只怕乍听的姐姐到了,唬一跳～唬杀了,也是有的哩。"

【猛跎丁】 měng gē dīng 同"猛哥丁"。清《醒世姻缘传》四九回:"正说着,叫我～的走到跟前。"

【猛割丁】 měng gē dīng 同"猛哥丁"。清《醒世姻缘传》六回:"计氏望着那养娘,稠稠的唾沫～向脸上哕了一口。"又六七回:"觅汉照着艾前川的胸膛～拾了一头。"

【猛骨】 měng gǔ 即"蒙古儿"。明佚名《醉太平带莲花落·掉讽》:"种科尽了,镘的没了,～使了。"清《醒世姻缘传》六五回:"白姑子道:'……那～,你拿在那边去了?'冰轮道:'我不曾动甚么～。'"

【猛可】 měng kě 突然；忽然间。元周文质《蝶恋花·悟迷》：“～，折锉，蓝桥路千里烟波，桃源洞百结藤萝。”明《金瓶梅词话》六八回：“谁知他做甚么，～教我找寻他去？”清洪昇《长生殿》四六出：“因此上不辞他往返蹀，甘将这辛苦肩。～把泉台踏的穿，早又将穹苍磨的圆。”

【猛可的】 měng kě de 即“猛可”。的，助词。元高明《琵琶记》三六出：“却怎地我正看间，～小鹿儿心头撞？”明《西游记》八一回：“妖精自料敌他不住，～眉头一蹙，计上心来。”清《歧路灯》三七回：“这夏鼎贼心胆虚，～吓了一跳。”

【猛可地】 měng kě de 同“猛可的”。元石君宝《紫云庭》四折：“我恰～向这亭堂中见，唬得我又待寻幔幕中藏。”《三遂平妖传》一〇回：“只见瘸师～把三人一推，都跌下来。”明沈鲸《双珠记》二一出：“空中果有圣贤，～威灵宣现。”

【猛可丁】 měng kě dīng 即“猛哥丁”。清《醒世姻缘传》六六回：“看了个真实不虚，～的吆喝了一声：‘小玉杏！’”

【猛可里】 měng kě li 犹“猛可的”。元睢景臣《哨遍·高祖还乡》：“～抬头觑，觑多时认得。”明《拍案惊奇》卷二〇：“左思右想了一回，～心中省悟。”清《绿野仙踪》六回：“冷明～见桌子旁边砚台下压着一封书字，忙取出一看。”

【猛刻间】 měng kè jiān 犹“猛可里”。清《霓裳续谱·恨锁深闺》：“～惊醒春眠，却是剪剪轻风，摆动珠帘。”又《笑盈盈》：“笑盈盈，向书斋，～多情不在。羞答答，转香闺，空无奈。”

【猛空里】 měng kōng li 犹“猛可里”。明《西洋记》六七回：“那娃娃原是个低着头在那里走的，～叫上一声，他反吃了一吓。”又八五回：“跑了一会，～满脚下都撞得是金子、银子，堆积如山。”

【猛浪】 měng làng ❶ 粗犷。金《董解元西厢记》卷二：“从者诸人二百餘，一个个器械不类寻常。生得眼脑瓯抠，人材～。”❷ 孟浪；鲁莽；冒失。清《绿野仙踪》八四回：“话没说头，总是我们来的～了。大家回去罢，休再讨没趣。”《隋唐演义》二一回：“常想起当日虽然是个义举，几乎弄出事来，甚觉～之至。”

【猛力】 měng lì ❶ 用大力；使足劲。明《醒世恒言》卷二一：“见庭中有一棵大树，～爬上。”清《醒世姻缘传》四五回：“认就了门，～往里一闯。”《飞龙全传》二八回：“扬起了酸枣棍，～一下，打做了七八块。” ❷ 努力；尽力。明《禅真后史》五二回：“～修心炼性，莫萌富贵之念。”《石点头》卷二：“进了贡院，打起精神，～的做成七篇文字。”

【猛利】 měng lì 佛家谓勤修道业、勇猛精进。《敦煌变文校注》卷五《长兴四年中兴殿应圣节讲经文》：“何人不解爱荣华？～身心又好夸。”《太平广记》卷二三八引《玉堂闲话》：“归心而依佛氏，截足以事空王。壮哉貔貅，何太～！”宋克勤《碧岩录》一则：“看他恁么发愤，也是个～底汉。”

【猛然】 měng rán 猛地；忽然。宋元《清平山堂话本·三塔记》：“老鸦落地，～跳几跳，去地上打一变，变成个着皂衣的婆婆。”元高文秀《遇上皇》一折：“～观望，见风吹青旆唤高阳。”清《红楼梦》七六回：“原来是他，～想不到，反吓了一跳。”

【猛杀】 měng shā 即“梦撒”。元佚名《错立身》一二出：“空滴溜下老大小荷包，～了镣丁鍉底。”

【猛撞】 měng zhuàng 莽撞；轻率；鲁莽。宋《朱子语类》卷九：“人如何不博学得？若不博学，说道修身行己，也～做不得。”明《西游释厄传》卷六：“有胆量的秦琼，忒～的敬德，上前来扶着棺材。”清《歧路灯》七六回：“看官休疑王中这样卤莽～，好生无礼。”

【猛子】 měng zi ❶ 钻入水里的泳姿。明《西游记》三八回：“呆子真个深知水性，却就打个～，淬将下去。”清《醒世姻缘传》六八回：“谁知这薛教授的夫人更是个难捉鼻的人，石头上踏了两个～，百当踏不进去。” ❷ 指老虎。明佚名《墨娥小录》卷一四《行院声嗽》：“虎：～。”

【猛作】 měng zuò ❶ 佛家谓勤奋修习。《祖堂集》卷一四《百丈和尚》：“努力～早与，莫待耳聋眼暗，…… 未有去处。”❷ 谓多。明佚名《墨娥小录》卷一四《行院声嗽》：“多：～。”

【蒙古儿】 měng gǔ er 银子的蒙古语音译。《至元译语·珍宝门》：“银：蒙古。”《女真馆译语·珍宝门》：“银：猛古。”明佚名《精忠记》一〇出：“叫把都们快取～过来，谢书生真奇计。”△清俞樾《右台仙馆笔记》卷一〇：“部郎有故人告贷数十金，坚却之曰：‘亡矣！’忽砰然一囊坠其前，白金满焉，大书其上曰：‘此非～乎？’部郎大惭。”

【懞挣】 měng zhēng 不驯顺。《元曲选·神奴儿》二折：“我这里连忙把手多多定，他那里越懒拗放～，则管里啼天哭地相刁蹬。”又《昊天塔》四折：“这厮待放～，早拨起咱无明火不邓邓！”

【懵】 měng 使人昏迷。《元典章·刑部十二》：“摘取蔓陀萝菓麻子收留，已后修合，～人摸钞使用。”

【懵憧】 měng chōng 犹“懵懂”。元佚名《斗鹌鹑·妓好睡》：“难道娇娥不出气，～的最怜伊。”明汤式《湘妃引·和陆进之韵》：“得峥嵘我怎不峥嵘，倦～咱非真～。”清陈端生《再生缘》五六回：“太妃见说桃腮笑，倒骂了，～痴儿三两声。”

【懵憕】 měng dèng 即“懵懂”。明汤显祖《牡丹亭》一六出：“看他娇啼隐忍，笑谵迷厮，睡眼～。”

【懵董】 měng dǒng 同“懵懂”。宋许月卿《上程丞相书》：“人望顿轻，明主增喟，～之号，道旁揶揄。”明《拍案惊奇》卷一：“极至那痴呆～，生来有福分的，随他文学低浅，也会发科发甲。”

【懵懂】 měng dǒng 糊涂；迷糊。唐玄觉《永嘉证道歌》：“师子吼，无畏说，深嗟～顽皮靼。”元宋方壶《红绣鞋·阅世》：“～的怜瞌睡，鹘伶的惜惺惺。”清纪昀《阅微草堂笔记》卷一三：“故曰：非极聪明人，不能作极～事。”

【懵撒】 měng sǎ 同“梦撒”。元汤式《山坡羊·中秋对月无酒》：“诗也～，酒也～。”

【懵腾】 měng téng 犹“懵懂”。唐韩偓《马上见》：“去带～醉，归因困顿眠。”明陆采《明珠记》二五出：“思家路遥，思亲寿高，因此上蓦然愁绝～倒。”清盛枫《白洋河阻风》：“欲作～计，终宵聒怒涛。”

【懵药】 měng yào 即“蒙汗药”。《元典章·刑部十二》：“刑部议得李广志所犯，用～令吴仲一食用，割取钞。”

mèng

【孟】 mèng 张在马球球门上的网。宋孟元老《东京梦华录》卷七：“一朋头用杖击弄球子，如缀球子，方坠地，两朋争占，供与朋头，左朋击球子过门入～为胜；右朋向前争占，不令入～。”

【梦话】 mèng huà ❶ 做梦时说的话。明《西游记》一三回：“伯钦把三口儿的～，对三藏陈诉一遍。”清《红楼梦》一〇九回：“二爷在外间睡，别的倒没什么，只是爱说～。” ❷ 比喻虚幻不实的或不切实际、不能实现的话。唐韦绚《刘宾客嘉话录序》：“卿相新语，异常～，若谐谑卜祝，童谣佳句，即席听之，退而默记。”六十种曲本《琵琶记》一〇出：“〔丑〕怕他请我教战马。〔末〕又说

～。”清《儒林外史》四六回：“唐二棒椎道：‘怎的是～？’虞华轩仰天大笑道：‘从古至今，也没有这样奇事。’”

【梦撒】 mèng sǎ 无；空。元锺嗣成《一枝花·自序丑斋》：“洞宾出世，宋玉重生，设答了镘的，～了寮丁，他采你也不见得。”周德清《蟾宫曲·别友》：“酱瓮儿恰才～，盐瓶儿又告消乏。”明陈铎《水仙子·嘲人送火腿》：“鲜红的都～，才尝着满口呵剌。”佚名《墨娥小录》卷一四《行院声嗽》：“无：～。”

【梦世】 mèng shì 虚幻世界。佛家认为现实世界虚幻不实，故称。唐孟郊《吊卢殷》：“～浮闪闪，泪波深洄洄。”《景德传灯录》卷二九云顶山僧德敷《诗十首》之六：“电光～非坚久，欲火苍生早晚休。”

【梦言】 mèng yán 犹“梦话❷”。《祖堂集》卷一一《保福和尚》：“幽微之说，犹是～。”《景德传灯录》卷七《盘山宝积禅师》：“大智非明，真空无迹，真如凡圣，皆是～。”

mī

【眯眵】 mī chī 同“迷眵❷”。明孟称舜《花前一笑》二折：“怕色眼～，错认了东君面。”

【眯风】 mī feng 同“眯缝”。清《醒世姻缘传》六回：“晁大舍向他脖子下挠了几挠，那猫～着眼，呼卢呼卢的起来。……丫头将一个玳瑁猫捧到。珍哥搂在怀里，也替他脖子底下挠了几把，那玳瑁也～了眼，也念起‘观自在菩萨’来了。”

【眯缝】 mī feng 眼皮微合。清《醒世姻缘传》四五回：“渐渐的打起鼾睡来，其实～了一双眼看他。”《绿野仙踪》七一回：“一笑细眼～，端的似晒干虾米。”《白雪遗音·织红绒》：“臊的奴脸通红，哎哟，两眼一～。”

【眯蹊】 mī qī ❶ 同“迷奚❶”。明《醒世恒言》卷一五：“（尼姑）用那双开不开、合不合、惯输情、专卖俏、软～的俊眼仔细一觑。” ❷ 同“迷奚❷”。金《董解元西厢记》卷一：“道着睬也不睬，焦也不焦，眼～地佯呆着，一夜葫芦提闹到晓。”明汤显祖《牡丹亭》一二出：“是这等荒凉地面，没多半亭台靠边，好是咱～色眼寻难见。”《西湖二集》卷一三：“王立醉眼～的答应道：‘近日侥幸，蒙本官好生心爱。’”

【眯斜】 mī xié 眼皮微合目光不正貌。明孟称舜《娇红记》二三出：“恁的，一个醉眼～，一个神魂飞悄。”

【瞇瞇】 mī xié 同“迷奚❶”。宋杨炎正《桃源忆故人》：“尊前未语眉先皱，只把横波斜溜。……～呷丁些来酒，越会把人僝僽。”又《柳梢青》：“棒杯更著～，唱一个、新行耍词。”

mí

【弥梨麻啰】 mí lí má luó 同“迷黎麻罗”。宋智昭《人天眼目》卷六：“若从来眼目～，且莫乱呈懵袋！”

【弥量】 mí liáng 比量；比划。清《聊斋俚曲·快曲》：“那人起来，伸了伸腰，长吁了一口气，说：‘……我正待对着列位诉诉哩。’空着手，～着，说起来了。”

【弥寿】 mí shòu 满寿；长寿。唐崔融《贺秦州河清表》：“清自龙门之下，验登期以御天；波及万春之卑，表无疆以～。”陈致雍《太尉王建谥议》：“偃师多年，悬车卒岁，黄发～，忠亮惟坚。”明《金瓶梅词话》六三回：“正期谐琴瑟于有永，享～于无疆。”

【弥须】 mí xū 更要；越加。《日本宁乐美术馆藏吐鲁番文书·唐西州都督府牒为巡逻觇踪事一》：“贼内有汉语之人，～警策，□□督察，见骑贼即点绯幡，见步贼即□□幡。”

【弥月】 mí yuè ❶ 指婴儿出生满一个月。唐张说《唐昭容上官氏文集序》：“既而昭容生。～，夫人弄之曰：‘秤量天下，岂在子乎？’”明佚名《十义记》一二出：“韩大嫂监在狱中，身怀有孕，目今～。”清《隋唐演义》五一回：“方才王娘娘宣小女进去，因太子～，欲草疏到主公处。” ❷ 指新婚满一个月。宋吴自牧《梦粱录》卷二〇：“至一月，女家送～礼合，婿家开筵。”明陆弼《酒家佣·姊弟式庐》：“不若择吉成亲，～之后，同去展墓更好。”清《荡寇志》九四回：“小女于归，今日正当～，敝寨设酒庆贺。”

【迷】 mí ❶ 无；失去。唐李白《当途赵炎少府粉图山水歌》：“惊涛汹涌向何处？孤舟一去～归年。”五代齐己《春草》：“金谷园应没，夫差国已～。”清《聊斋志异·单道士》：“灰上果有履迹，左右乱击，顷刻已～。” ❷ 掩没；遮蔽。唐李白《梁园吟》：“洪波浩荡～旧国，路远西归安可得？”元佚名《耍孩儿·拘刷行院》：“唬得烟～了苏小小夜月莺花市，惊得云锁了许盼盼春风燕子楼。”明单本《蕉帕记》三三出：“先自显个神通，与龙生大雪三尺，待～了刘豫的行踪。” ❸ 密；严密。宋佚名《张协状元》一〇出：“来依贫女，缚住庙门，开时要响，闭时要～。” ❹ 丢失。《元曲选·刘行首》二折：“官人在衙门里庆重阳令节，谁想走到人市处，把梅香～了。”清《绿野仙踪》六回：“你主人又不是七岁八岁的娃子，怕走～了，被人家收了去。” ❺ 眯；眼皮微合。明《西游补》二回：“天子大悦，便～着眼儿饮了一大觥。” ❻ 尘埃等杂物进入眼中，使一时不能睁开看东西。明《西游记》九五回：“一阵暗风，把送的人都～了眼目，方才得脱身而去。”清《红楼梦》七二回：“前人洒土～了后人的眼睛。”《后西游记》三五回：“忽一阵风来，吹起沙灰，又将眼睛～了。” ❼（用迷药）使昏迷；昏迷。清《聊斋志异·珠儿》：“偶戏门外，为妖僧～杀桑树下。”《天豹图》二九回：“我见此女子生得美貌，所以用药沫～了他来。”《姑妄言》六回：“被这一下，疼的～了过去。”

【迷眵】 mí chī ❶ 犹“迷奚❶”。明凌濛初《宋公明闹元宵》二折：“笑欣欣调笙坐对，醉眼～。” ❷ 犹“迷奚❷”。明瞿式耜《甲申秋八月挽仲弟起民》之二：“年来到眼～甚，谁识吾家旧典型？”

【迷痴】 mí chī ❶ 痴迷；执迷。唐方干《清源标公》：“此地堪终老，～自不知。”《元曲选·看钱奴》一折：“我想尘世人心性～，不知为善。” ❷ 犹“迷奚❶”。宋洪迈《容斋四笔》卷一：“柔词谄笑，专取容悦，世俗谓之～，亦曰迷嬉。”明汤显祖《牡丹亭》一二出：“这憔悴非关，爱月眠迟倦，可为惜花朝，软～觑庭院。” ❸ 痴呆；糊涂。引申指不知如何是好。宋叶适《祭子三郎文》：“何物怪病，如追寇雠。我但～，莫敢挽夺。”明单本《蕉帕记》一七出：“他年幼小，假～，用温存。〔跪介〕你看，便跪一跪，他定皈依。”《型世言》二六回：“但只是如今也有这等～的人，怪不得朝奉生疑。” ❹ 昏迷；迷糊；神智不清醒。元危亦林《世医得效方》卷八：“凡此病乍作乍醒者苏，不食～者死。”明汤显祖《南柯记》一〇出：“〔生〕这儿日～，〔做跌介〕眼似瞢瞪脚似槌。”

【迷丢答都】 mí diū dá dū 形容纠缠不清。《元曲选·罗李郎》四折：“早是我希颩胡都喜，则管里～问。我须是匹配你的大媒人。”

【迷丢没邓】 mí diū mò dèng 形容糊涂、发呆。《元曲选·虎头牌》一折：“为甚么叨叨絮絮占着是～的混？为甚么獐獐狂狂便待要急张拒逐的褪?”

【迷颩模登】 mí diū mó dēng 同“迷丢没邓”。元周文质《叨叨令·悲秋》:“睡不著也末哥,孤孤另另单枕上～靠。”

【迷颩没腾】 mí diū mò téng 即“迷丢没邓”。《元曲选·黄粱梦》四折:“我这里稳不不土坑上～的坐。”

【迷方】 mí fāng ❶迷乱;迷妄。唐《神会和尚禅话录·菩提达摩南宗定是非论》:“世情逐块,修无生以住生;学人～,欲不动而翻动。”李隆基《令写元元皇帝真容分送诸道并推恩诏》:“圣人至教,用明其宗极,故能发挥妙品,宏济生灵,使秉志者悟往,～者知复。” ❷佛教指迷妄之境界。唐李白《秋日登扬州西灵塔》:“玉毫如可见,于此照～。”

【迷关】 mí guān 令人迷惑的关口。元明《水浒传》八八回:“动远天机施妙计,摆开星斗破～。”明《禅真逸史》一七回:“自此打破～,永不受恶缠矣。”清《红楼复梦》二回:“众仙姝休启～,又开情障。”

【迷糊】 mí hu ❶糊涂;神智不清醒。清《醒世姻缘传》五九回:“要论我这一时,心里极明白,知道是公婆丈夫的,只绰见他的影儿,即时就～了。”《绿野仙踪》二〇回:“再看不换,已有些～的光景了,于是高声问道:‘他今日可说回家去的话没有?’”《续金瓶梅》四九回:“沈花子百忙里想不起这个人来,一似认得他一般,才待想想又～了。” ❷指迷失方向。清《醒世姻缘传》五三回:“我着俺小木槿子送你去,看你～了。”

【迷糊门】 mí hu mén 找不着门;搞不清方向或地方。清《醒世姻缘传》四一回:“如今有点子东西,不知汝唆在那里,～了。”

【迷黎麻罗】 mí lí má luó 眼目昏暗貌,禅家指法眼不明。宋克勤《碧岩录》五一则:“若忽眼目～,到处逢问便问,逢答便答,殊不知鼻孔在别人手里。”

【迷溜没乱】 mí liū mò luàn 同“迷留没乱”。《元曲选外编·裴度还带》三折:“我见他～,心痒难揉,悲切切雨泪嚎咷。”

【迷流】 mí liú 迷惘未悟者。宋《大慧禅师语录》卷一〇:“称锤将锯解,言外度～。”葛长庚《水调歌头》:“堪笑廛中客,都总是～。”

【迷留】 mí liú ❶沉迷留恋。明王骥德《二郎神·寄方姬》:“没来由为我～,空教担尽颦皱。”徐复祚《红梨记》六出:“韦娘面,刺史肠,两相逢～怎当?”《醋葫芦》一五回:“纵使问柳寻花,不过暂时消遣,倘若着意～,为害不浅。” ❷迷失遗留。清《醒世姻缘传》三四回:“这其实又无失主,不知何年何月何代何朝～到此,这倒可以取用无妨。”

【迷留闷乱】 mí liú mèn luàn 即“迷留没乱”。金《董解元西厢记》卷七:“莺莺尽劝,全不领略,～没处着。”

【迷留摸乱】 mí liú mō luàn 同“迷留没乱”。明《金瓶梅词话》六九回:“当日林氏被文嫂这篇话说的心中～,情窦已开。”

【迷留没乱】 mí liú mò luàn 形容心情烦闷撩乱。金《董解元西厢记》卷七:“有情夫婿,不得团圆!好～,教人怎舍弃?”元马致远《水仙子》:“况兼潇洒忒孤凄,闷闷恹恹把珊枕攲,～千百起。”明汤显祖《牡丹亭》二八出:“教俺～的心嘈杂,无夜无明快着他。”

【迷留目乱】 mí liú mù luàn 即“迷留没乱”。明崔时佩、李日华《西厢记》一〇出:“你好没颠没倒,分明是闹了元宵。～痒难挠,太师座上空凝眺。”

【迷露】 mí lù 雾。明《山歌·干思》:“郎看子姐了姐看子郎,四眼相关难抵当,好似板门上门神空成对,早秋～弗成霜。”又《争》:“一朝～一朝霜,镜台前手冷懒梳妆。”清顾思张《土风录》卷一三:“俗以雾为～。”

【迷漫】 mí màn ❶迷茫不清。宋蒋捷《一剪梅·宿龙游朱氏楼》:“故乡一望一心酸,云又～,水又～。”清《野叟曝言》七回:“此时璇姑心思恍惚,神气～,又苦又闷。” ❷淹没;遮蔽。宋梁栋《野水孤舟》:“前村雨过溪乱流,行路～都间断。”明汤式《一枝花·冬景题情》:“这雪蓝桥路一霎儿～,这风武陵溪一时儿冻住,这云楚阳台一会儿埋没。”《西游记》四八回:“不期天降大雪,道路～,不知几时才得功成回故土也!” ❸布满;四下散布充塞。明《封神演义》九〇回:“下布地网,上盖天罗,黑雾～中军。”清《说岳全传》四回:“那洞中常常喷出一股烟雾～,人若触荷他,便昏迷不醒。”《飞花艳想》二回:“绿烟红雾～二十餘里,歌吹为风,粉汗成雨。”

【迷闷】 mí mèn ❶犹“迷漫❶”。唐佚名《补江总白猿传》:“出门山险,咫尺～,不可寻逐。”清《聊斋志异·辛十四娘》:“乃起跨驴,踉跄而行。夜色～,误入涧谷。” ❷烦闷;郁闷;充塞不通。《敦煌变文校注》卷四《八相变(一)》:“太子作偈已了,即便归宫,～忧烦,极甚不悦。”宋《法演禅师语录》卷中:“若论此事,如人博戏相似。忽然赢得,身心欢喜,家业昌盛,覆阴儿孙;不觉输他,自然～。”明《绣榻野史》卷上:“屁孔里甚是～,又有些坠人疼。” ❸疑惑;困惑。《景德传灯录》卷二八《神会大师》:“修行顿中渐,证果渐中顿。顿渐是常因,悟中不～。”宋《大慧禅师语录》卷二八:“既不知来处,又不知去处,便觉心头～。”清章学诚《文史通义》卷八:“曾记有称人先世为司马公者,适欲考其先世,为之～数日,不得其解。” ❹使昏迷。清《野叟曝言》一一四回:“春燕、秋鸿隐形至观日台探信,以药～卫士及逆阉心腹内监宫人。”

【迷目】 mí mù 遮眼;看不清楚或使看不清楚。宋赵必瑑《贺新郎·和陈新渌观竞渡韵》:“唤醒荷花归棹梦,犹忆红尘～。”明《警世通言》卷三:“荆公先到书房,见柱上所贴诗稿,经年尘埃～。”清《聊斋志异·公孙九娘》:“但见坟兆万接,～榛荒,鬼火狐鸣,骇人心目。”

【迷暞】 mí qī ❶即“迷奚❶”。明范文若《鸳鸯棒》二九出:“笑乔才～眼色,鲁秋胡学卖乖。”《平妖传》二四回:“假为夫妇望成真,谁道欢娱翻受耍。交床对面神难察,～色眼真羞杀。” ❷即“迷奚❷”。清吴伟业《通天台》二折:“俺也曾学《春秋》赞五家,俺也曾诵齐《诗》通三雅。脚踹著夜月扶风马,眼～春风鄠杜花。”

【迷厮】 mí sī ❶昏迷;糊涂。明汤显祖《牡丹亭》一六出:“他茶饭何曾,所事儿休提、叫懒应。看他娇啼隐忍,笑谵～,睡眼懵憕。”又一八出:“病～。为甚轻憔悴?打不破愁魂谜。” ❷犹“迷奚❷”。明沈自徵《霸亭秋》:“如今有那晋阮藉软兀剌醉死在步兵厨,汉相如眼～盹倒在临邛道。”汤显祖《紫钗记》五一出:“棍儿上有卢字。〔豪笑介〕有字怎的?〔校〕明写着你肉眼～逞撋查强死。”

【迷天】 mí tiān ❶弥漫天空。唐李世民《大唐三藏圣教序》:“积雪晨飞,途间失地;惊沙夕起,空外～。”宋张元幹《满江红·自豫章阻风吴城山作》:“春水～,桃花浪、几番风恶。”清《绿野仙踪》四〇回:“放眼四眼,满城烟火～。” ❷形容极大。金《董解元西厢记》卷二:“骋无赖,于中个首将罪过～大。”明王玉峰《焚香记》二四出:“三年恩爱徒生受,～恨九霄云上头。”《拍案惊奇》卷一七:“吴氏经过儿子几番道儿,也该晓得谨慎些,只是色胆～,又欺他年小,全不照顾。”

【迷希】 mí xī 同“迷奚❷”。《元曲选·青衫泪》三折:“吃的来眼脑～，口角涎垂。”又《误入桃源》三折：“醉疏狂闲吟夜月诗千首，眼～细看春风玉一围。”

【迷稀】 mí xī ❶同“迷奚❶”。元刘庭信《折桂令·忆别》：“脚到处胡行，眼落处痴呆，嘴脸～，身子儿扎挣，眼脑儿乜斜。”《元曲选外编·庄周梦》二折：“你只待弄轻盈，相嬉笑，放～，贪恋着燕约莺期，蝶使蜂媒。” ❷同“迷奚❷”。明朱有燉《粉蝶儿·嘲一修道者》：“那其间悔后迟思后愊，直待的骨节伶仃，眼脑～，鬓发纷纭。”叶宪祖《团花凤》二折：“为甚事血淋漓？莫是我眼～？没甚么带叶连枝，又不是寻生替死，怎生般藏阄猜谜？”

【迷奚】 mí xī ❶眼睛眯起貌，是撒娇献媚、取悦于人时的眼部动作。宋杨无咎《瑞鹤仙》：“渐娇慵不语，～带笑，柳柔花弱。”元高安道《哨遍·皮匠说谎》：“～着谎眼先陪笑，执闭着顽心更道易。”清洪昇《长生殿》五出：“且赶上前去，饱看一回。望前尘，馋眼～，不免挥策频频。” ❷眼睛半闭，视觉模糊。《元曲选·丽春堂》二折：“不比你射柳处也推着马眼～。”又《后庭花》四折：“起初道眼～，他如今则把手支持，真个是哑子做梦说不的，落可便闷的人心碎。”明汤显祖《南柯记》三一出：“〔挂起旗牌介，田〕司宪公，酒放醒些，抬眼哩。〔周看作怕背介〕他，他，他，他叫俺挣着～。〔抹眼介〕我，我，我，打些儿抹眯。”

【迷嬉】 mí xī 同“迷奚❶”。宋洪迈《容斋四笔》卷一：“柔词谄笑，专取容悦，世俗谓之迷痴，亦曰‘～’。”明佚名《小桃红·西厢百咏》：“笑～，知书何故不知礼？”又：“笑～语迟，困朦腾眼闭。风月此情知。”

【迷眩】 mí xuàn ❶迷惑；迷失本性。《文献通考》卷五一：“自李义府、许敬宗不许史官闻仗后事，以行其私，姚璹乃建令宰相撰时政记，意欲～千古。”明顾起元《客座赘语》卷三：“一部郎之妻，偶出南门梅庙烧香，为物所祟，每至辄～，百计遣之不去。”清《红楼梦》二一回：“彼钗、玉、花、麝者，皆张其罗而穴其隧，所以～缠陷天下者也。” ❷昏迷。清钮琇《觚賸续编》卷三：“甫下咽，觉有热气如火，从胸臆下达两股间。～者七日，欻然而起，则已化为男子矣。”

【迷眼】 mí yǎn ❶犹“迷目”。五代顾敻《更漏子》：“帘半卷，屏斜掩，远岫参差～。”宋王安石《读眉山集次韵雪诗》之四：“一一照肌宁有种，纷纷～为谁花。”明沈鲸《双珠记》三二出：“兵火惊心，风尘～。飘零数载萍身，光阴如梦。” ❷闭眼；眨眼。明《封神演义》七七回：“那电只闪得诛仙阵众仙～，那雾只迷得芦篷下失了门人。”清《醒世姻缘传》六二回：“真是个杀人不～的魔王！”

【迷药】 mí yào 麻醉药。明《别有香》四回：“了空侈供茶点，暗下～。那妇吃了，一时间头目昏眩。”清李渔《意中缘》一四出：“被他把一服～放在茶饭之中，与我吃了，就昏迷不醒。”《聊斋志异·孙生》：“以～入酒，给使饮焉，则惟君所为矣。”

【迷执】 mí zhí 执迷。唐白居易《花下对酒》之二：“人心苦～，慕贵忧贫贱。”宋欧阳修《亳州第五表》：“上恩曲谕，已至矣而丁宁；下愚弗移，但顽然而～。”明陆采《明珠记》九出：“古押衙是个好男子，不为此狗彘之事。〔末〕押衙，休～。”

【迷子】 mí zǐ 佛家称迷惘未悟之人。唐佚名《唐罗汉寺碑》：“是以～今悟，深解上乘，高广之车，无不决了。”五代文僜《祖堂集序》：“夫诸圣兴来，曲收～。”《景德传灯录》卷二九玄沙师备大师《颂三首》之二：“风起引箜篌，～争头凑。”

【眯目】 mí mù ❶蒙蔽；蒙骗。唐张鷟《朝野佥载》卷四：“评事不读律，博士不寻章，面糊存抚使，～圣神皇。”《敦煌变文校注》卷三《燕子赋(一)》：“燕子文牒，并是虚辞，～上下，请王对推。” ❷形容不辨是非。明孟称舜《英雄成败》二折：“恣意的自胡讪，信口的胡褒弹，一个个是贪钱～糊心汉。”王士性《广志绎》卷三：“举朝皆～而是之，脱市绝而衅起，不知其袖手何以策应？”

mǐ

【米泔】 mǐ gān 淘米水。唐马支《释大方广佛新华严经论主李长者事述》：“至于枣核～，不许辄弃。斋毕任用，犬彘遍沾。”宋张世南《游宦纪闻》卷二：“以水胶熔开，少著水令浓，以洗麻油，顷刻可尽。盖胶性与油相著，即如～。”清《醒世姻缘传》二九回：“施主不信贫道的言语，必定污了一只好鞋。用～洗去，也还看不出的。”

【米纲】 mǐ gāng 载运大宗粮米所行的办法。《太平广记》卷一〇六引《报应记》：“有为～过三门者，因不识字，请衔同去，通管簿书。”宋王辟之《渑水燕谈录》卷一〇：“一日，有～至八百里村，水浅，当剥载。”

【米虾】 mǐ há 即“米罕”。《至元译语·饮食门》：“肉：密匣。”米虾、米罕、密匣，皆声近义同。明黄元吉《流星马》二折：“哈孩～大轮米般拾，哈来哈者孩。”

【米哈】 mǐ hǎ 即“米罕”。《元曲选外编·射柳捶丸》三折：“〔阻孛云〕好～吃上几块。〔党项云〕打剌孙喝上五壶。”明茅元仪《武备志》卷二二七《鞑靼译语》：“肉：～。”佚名《万国来朝》二折：“快活～，一顿十斤。”

【米罕】 mǐ hǎn 肉。蒙古语音译。《元曲选外编·哭存孝》一折：“～整斤吞，抹邻不会骑。”明佚名《破天阵》一折：“俺正在帐房吃了些～。”《华夷译语·饮食门》：“～：肉。”

【米曲】 mǐ qū 酒曲。《敦煌变文校注》卷三《茶酒论》：“～干吃，损人肠胃；茶片干吃，只粝破喉咙。”清李斗《扬州画舫录》卷一三：“酒用～则甘美，用麦曲则苦烈。”

【米汤】 mǐ tāng 米煮的汤水。《五灯会元》卷一四《芙蓉道楷禅师》：“可以备饭则作饭，作饭不足则作粥，作粥不足则作～。”宋洪迈《夷坚志》补卷一二：“每五十丸空心服，以盐～饮下之。”清《红楼梦》二〇回：“袭人已是夜间发了汗，觉得轻省了些，只吃些～静养。”

【米头】 mǐ tóu 寺院内管米的职事僧。《景德传灯录》卷一五《石霜山庆诸禅师》：“回抵大沩山法会，为～。”

【米饮】 mǐ yǐn 米汤。唐戴孚《广异记·郑会》：“家人至舍，依其挛凑毕，体渐温。数日，乃能视，恒以～灌之，百日如常。”宋洪迈《容斋四笔》卷三：“若患腹大如鼓，～调鸬鹚末服，立枯如故。”清《野叟曝言》七六回：“如今快令人熬起～，再多备些官桂末，待其醒来，调和饮之。”

【弭】 mǐ 们，表示复数的词尾。唐赵璘《因话录》卷四：“尚书不知皮是遐叔姓，谓是宗人，低头久之曰：‘我～当家，没处得卢皮遐来。’”

mì

【觅】 mì ❶求取；讨索。唐王昌龄《闺怨》：“忽见陌头杨柳色，悔教夫婿～封侯。”宋《五代史平话·周上》：“一卮酒怎能醉我？若蒙颁赐，告～一斗见赐。”明王錂《寻亲记》六出：“我妻借钱将文约去，又谁知中他谋计。虚填二十锭来胡～，反说道不要利。” ❷雇；招募。唐[日]圆仁《入唐求法巡礼行记》卷四：“本意拟从此到楚州～船过海，县家刚递向扬州去。”宋孟元老《东京梦华录》卷三：“～女使即有引至牙人。”清《儒林外史》二五回：“话说鲍文卿到城北去寻人，～孩子学戏。” ❸ 指偷盗、掠取等。宋元《古今小说》卷三六：“宋四公先拿了银球，把脚踏过许多关棙子，～了他五万贯锁赃物。”元明《水浒传》四六回：“小人近日没甚道路，在这山里掘些古坟，～两分东西。”明《西游记》三回：“我待下去买他几件，还不如使个神通～他几件倒好。” ❹ 赚取。《元曲选·陈州粜米》一折：“我做斗子十多罗，～些仓米养老婆。”明《拍案惊奇》卷二二：“从此只在往来船只上替他执艄度日，去了几时，也就～了几贯工钱。”清《说岳全传》四六回：“只靠王氏与这些小番们缝补缝补，洗浆洗浆，～些来糊口。” ❺ 购买；租赁。明《古今小说》卷二八：“在朝阳门外～个空闲房子，将柩寄顿。”又卷三八：“我带得有烧鹅美酒，与你同吃。你要买时，只～些鱼菜时果足矣。”清《隋唐演义》四回：“在程家对近一条小巷中，～下一所宅子，两家通家往来。”

【觅钞】 mì chāo 犹“觅钱”。明柯丹邱《荆钗记》三七出：“只有催关盐票，是我～门庭。有钱与我的，便把他口数减。无钱与我的，便把他口数增。”沈璟《义侠记》七出：“奔走苦波查，～去安家。”

【觅汉】 mì hàn 雇工；长工。清《醒世姻缘传》二六回：“再其次，就是人家的管家娘子、管家、～、短工这四样人。”《聊斋俚曲·墙头记》：“休说是件破衣，七长八短不整齐，穿上就是有些～气。”

【觅汗】 mì hàn 同“觅汉”。清《聊斋俚曲·禳妒咒》：“俺在高宅吃了他两个～的工粮，其实俺可不肯给他做半个～的活路。”

【觅活】 mì huó 谋生。唐王梵志《天下浮逃人》：“游游自～，不愁应户役。”

【觅举】 mì jǔ 谓士子走门路以求举用。唐薛登《论选举疏》：“故俗号举人，皆称～。”宋魏了翁《乌夜啼·西叔兄生日》：“不肯呈身～，那能随俗为官。”清赵翼《陔餘丛考》卷二八：“其时秀才之科久停，而犹有是称，可见凡乡贡怀牒就试于州县而～者，皆称秀才也。”

【觅骗】 mì piàn 即“篾片❷”。明《醋葫芦》一三回：“即周、成二人，也未知这少年是谁。其餘那些～，那里知这就里，钉双穷眼，只顾觑看。”

【觅钱】 mì qián 挣钱；赚钱。《元典章·刑部七》：“不合逼令妻阿孙、妾彭鸾哥为娼，投客～。”《元曲选·金线池》一折：“你这小贱人，你今年才过二十岁，不与我～，教那个～?”明《古今小说》卷一九：“其餘舱口，俱是水手搭人～。”

【觅曲】 mì qū 寻找不正当的门路。《敦煌变文校注》卷三《燕子赋(一)》：“他家头尖，凭伊～，咬啮势要，教向凤凰边遮嘱。”

【觅胜】 mì shèng 争胜斗强。《敦煌变文校注》卷三《孔子项托相问书》：“弓刀器械沿身带，腰间宝剑白如霜。二人登时各～，谁知项托在先亡。”按，一本作“觅强”。

【觅宿】 mì sù 投宿。元明《三国志通俗演义》卷一：“陈宫行数里，月明中敲开店门～。”明《西游记》三七回：“因与我师父上西天取经，昨宵到此～。”

【觅贴儿】 mì tiē ér 在闹市里剪窃别人囊袋佩物的小偷。宋周密《武林旧事》卷六：“若阛阓之地，则有剪脱衣囊环佩者，谓之～。”明田汝成《西湖游览志餘》卷二五《梨园市语》：“宋时临安，……有剪脱衣服、环佩、荷包者，谓之～。”

【秘略】 mì lüè 不为人知的谋略；奇计。唐沈佺期《塞北》：“～三边动，妖氛百战催。”《敦煌变文校注》卷一《伍子胥变文》：“即欲兴兵相敌，虑恐士卒不胜，遂召～之人：‘止得吴军兵者，分国共治，更赐千金。’”宋张孝祥《水调歌头》：“家传鸿宝～，小试不言功。”明薛侃《题遣官造葬照会》：“深谋～，克成保障于云中；锐干强才，久震威名于阃外。”

【秘密】 mì mì 佛道指隐秘幽深之法。《敦煌愿文集·转经文(斯 5957)》：“缁流虔念，畅大教之金言；玉藏重开，演如来之秘蜜(密)。”宋张世南《游宦纪闻》卷四：“有赵真君，不远千里访之，以所得～，与之参契。”

【秘色】 mì sè 一种御用瓷器，浙江官窑所产。宋周煇《清波杂志》卷五：“越上～器，钱氏有国日供奉之物，不得臣下用，故曰～。”庄绰《鸡肋编》卷上：“(龙泉县)又出青瓷器，谓之～。钱氏所贡，盖取于此。宣和中，禁庭制样须索，益加工巧。”元陶宗仪《辍耕录》卷二九：“末俗尚靡，不贵金玉而贵铜磁，遂有～窑器。”

【秘赜】 mì zé 佛家指隐秘幽深的佛禅之道。唐皎然《苕溪草堂新营弥觉境胜》：“潘生入空门，祖师传～。”《祖堂集》卷一五《鹅湖和尚》：“礼大寂于江西，一扣～，廓然玄悟。”

【密地】 mì dì ❶ 中枢机密之地。唐张仲素《内侍护军中尉彭献忠神道碑》：“况复侍轩墀之～，护禁卫之雄军。”宋张齐贤《洛阳缙绅旧闻记》卷五：“余初入～，韩王取龟视之，中书、密院共睹之。” ❷ 隐秘之地。唐王起《切玉剑赋》：“磨而不磷，用之不匮。以藏乎～，出匣而宜利。”明《欢喜冤家》二回：“至次日到三元馆中，叫他至无人～。”清纪昀《阅微草堂笔记》卷一〇：“夫房帏～，男女幽期，暧昧难明，嫌疑易起。” ❸ 暗暗地；秘密地。宋《五代史平话·梁上》：“咱～招之，令他先叛。”明孟称舜《娇红记》二一出：“我有书一封，央你～送上小姐。”清《歧路灯》六七回：“惟有杜氏，并不知老两口子，～做了这杀人冤仇之事。”

【密地里】 mì dì li 即“密地❸”。里，助词。明张四维《双烈记》三出：“初相见～与他偷情，他只道我喜欢他标致。”《古今小说》卷四〇：“却说杨顺自发本之后，便差人～拿沈鍊下于狱中。”清《荡寇志》八四回：“阮其祥暗暗叫苦道：‘这不是败了我的勾当!’～递信与狄雷去了。”

【密缝眼】 mì fèng yǎn 细长眼睛。明《金瓶梅词话》七四回：“两个～儿，一似郑爱香模样。”

【密谝】 mì piǎn 即“篾片❷”。清《荡寇志》九七回：“原来牛信、富吉是高世德极近的～，那时一做官，便派牛信账房总管，派富吉为稿案门上。”

【密骗】 mì piàn 即“篾片❷”。明《欢喜冤家》一六回：“(冯吉)正在疑想间，有一个～，名叫凤城东，走将进来。”又：“大凡做～的，一心只要奉承东家，那管世上之事做得做不得的。”

【密切】 mì qiè ❶ 紧要；当紧。唐李炎《厘革请留中不出状诏》：“如军国要机事关～者，不在此例。”《太平广记》卷二四引《仙传拾遗》：“大历中，西川节度使崔宁，尝有～之事差人走马入奏。”明高拱《病榻遗言》：“又或事系紧急～而有留中者，及至再陈，岂不有误?” ❷ 缜密；严密。宋《朱子语类》卷四五：“如汤‘圣敬日跻’，犹是～处。”元《三遂平妖传》一九回：“这事须～，亦不是一时一霎之事。”元明《水浒传》三九回：“书上只说教把犯人宋江切不可施刑，便须～差的当人员解赴东京。”明史玄《旧京遗事》：“公之上书，～深隐，笑言无虑，而姬已慨然叹之矣。” ❸ 秘密；机密。宋欧阳修《论体量官吏酷虐札子》：“然已失之令既不可追，伏乞速降指挥与诸路转运使，令～禀行，不得漏泄，所贵别不生事。”明陆采《怀香记》一二出：“我和你～干成此事，他们怎知?” ❹ 亲热；亲密。明《金瓶梅词话》六九回：“西门庆则舌吐其口，鸣咂有声，笑语～。”清《野叟曝言》八四回：“素臣与戴、刘两人在天籁筵宴，不用优童，亦不用鼓乐，大家～而谈。”《绮楼重梦》一五回：“他和舜华更加～，两个就同炕开了铺。”

【密陀僧】 mì tuó sēng 一种黄色或红褐色的矿物粉末，主要成分为氧化铅，中医入药。元伊世珍《琅嬛记》卷中：“～、滑石等分，生姜汁调敷，治肾囊疮。”明《型世言》六回：“银匠看了，又是异乡人，便弄手脚，空心簪子足足灌了一钱～。”

【蜜钵】 mì bō 犹“蜜罐❶”。元刘庭信《寨儿令·戒嫖荡》：“初见咱，话儿搀，怎当他～也似口儿甜甘甘。”明徐复祚《红梨记》一七出：“满口儿如～，心同逝波。”清《醒世姻缘传》二二回：“这会子的嘴都象～儿，转过背去再看！”

【蜜罐】 mì guàn ❶ 比喻动听的言语。《元曲选·玉壶春》三折：“这虔婆怕不口甜如～，他可敢心苦似黄檗。”清《后水浒传》一八回：“一张嘴儿就似～儿般甜净，指望将人甜倒，上了竿儿。” ❷ 比喻甜蜜的生活。明《金瓶梅词话》九一回：“自从你来了，把我～儿也打碎了，把我姻缘也拆散开了。” ❸ 喻称媒人。清《雪月梅》八回：“方才～所说的话甚是有理。不若趁他未醒，将他移往东庄上去安顿了。”

【蜜煎】 mì jiān 即“蜜饯”。宋王明清《玉照新志》卷四：“前大理卿周懿文抄札景王府，吃～等，将摩孩罗、士女孩等归家。”元盛如梓《庶斋老学丛谈》卷一：“黄橙调～，白饼糁糖霜。救旱河为雨，无衣壠种羊。”清谈迁《谈氏笔乘·逸典》：“～樱桃等物七十坛。”

【蜜煎局】 mì jiān jú 宋时专职操办宴席的“四司六局”之一，任务是准备蜜渍果物等下酒食品。宋耐得翁《都城纪胜·四司六局》：“官府贵家置四司六局，各有所掌。……～专掌糖蜜花果、咸酸劝酒之属。”元陶宗仪《辍耕录》卷一九：“六局者：果子局、～、菜蔬局、油烛局、香药局、排办局也。”

【蜜饯】 mì jiàn 糖蜜浸渍而成的果品。亦指用糖蜜浸渍果品。明沈榜《宛署杂记》卷一五：“干～四色，乌笋二斤，松仁二斤，榛仁三斤九两，～杨梅二斤。”洪应明《菜根谭·概论》：“明不伤察，直不过矫，是谓～不甜，海味不咸，才是懿德。”清《红楼梦》八二回：“我们姑娘叫给姑娘送了一瓶儿～荔枝来。”

【蜜溜转】 mì liū zhuàn 团团转，形容听从使唤。清《聊斋俚曲·寒森曲》：“赵恶虎凭着钱，东一千西两千，都买的～。”

【蜜脾】 mì pí ❶ 蜜蜂酿蜜的窝孔。其形似脾。唐李商隐《闺情》：“红露花房白～，黄蜂紫蝶两参差。”宋苏轼《四时词》：“帘额低垂紫燕忙，～已满黄蜂静。”明宋应星《天工开物·甘嗜》：“凡蜂酿蜜，造成～，其形鬣鬣然。” ❷ 蜂蜜。元张可久《水仙子·春愁》：“落花燕口点香泥，飞絮蜂房惹～。”明郎瑛《七修类稿》卷二七：“至元祐中，苏黄以其色酷似～，故命为蜡梅。” ❸ 比喻甜蜜。元明《水浒传》二四回：“两意相交似～，王婆撮合更稀奇。”

【蜜食】 mì shí 糖蜜浸渍的果品。明《西游记》六八回：“饭店又有好汤饭、好椒料、好蔬菜，与那异品的糖糕、蒸酥、点心、卷子、油食、～。”顾起元《客座赘语》卷六：“后其徒罗儒望者来南都，……常留客饭，出～数种，所供饭类沙谷米。”清《续金瓶梅》六三回：“又使管家请将孝哥来，～素菜，里外摆了两三桌。”

【蜜陀】 mì tuó 即“蜜陀僧”。清《野叟曝言》六〇回：“新会槟榔，白蔹忽惊黑丑；合欢花粉，苦参今变～。”按，例句以药名双关。

【蜜陀僧】 mì tuó sēng 同“密陀僧”。元吾丘衍《学古编》：“(取字法)木贼草、～、白石脂、桑柴灰(各等分)，人言(少许)。右为细末，先湿字，后渗药末，以熨斗熨之。”清王士禛《分甘餘话》卷二：“治腋气，热蒸饼一枚，擘作两片，糁～一钱许，急挟之腋下。”

mián

【眠】 mián ❶ 躺；躺倒。明《拍案惊奇》卷二三：“只见老人头枕一块石头，～着正睡。”清姚廷遴《历年记》卷中：“只见阎知县在城上官厅内，～倒在地。” ❷ 横；横着；平放。唐司空图《二十四诗品·典雅》：“～琴绿阴，上有飞瀑。”明《拍案惊奇》卷一〇：“似王无一竖，如川却又～。”清《儒林外史》五一回：“你们替我把桅～了，架上橹，赶着摇回去。”

【眠单】 mián dān 床单；被单。《吐鲁番出土文书》第八册《唐天宝某载行馆器材物帐》：“破缦绯～伍条，破拭巾布贰拾条。”

【绵缠】 mián chán 连绵不断。元权衡《庚申外史》卷下：“北之赂厚，则谓北曰：‘帝有密旨，令汝并南而有之。’以此兵祸～不解。”明汤显祖《牡丹亭》二三出：“他与秀才梦的～，偶尔落花惊醒。”清《红楼梦》三四回：“如此左思右想，一时五内沸然炙起，黛玉由不得餘意～。”

【绵囤】 mián dùn 棉花囤子。比喻衣内絮的棉花厚。《元曲选·谇范叔》二折：“则我这～也似衣裳，坐不的红炉也那土坑。”又三折：“谢大夫多情分，赐绨袍无悭吝。我可便接将来怎敢虚谦逊，觉的软设设身上如～。”

【绵瓜子】 mián guā zi 即“绵花瓜子”。明《金瓶梅词话》六七回：“西门庆见老婆身上如～相似，用一双胳膊搂着他。”

【绵花疮】 mián hua chuāng 杨梅疮；梅毒。明徐阳辉《有情痴》：“你看他一身的～，到好与我凑一对。”

【绵花耳朵】 mián hua ěr duo 比喻没有主见，容易轻信人言。清《红楼梦》六九回：“白眉赤脸，那里来的孩子？他不过指着哄我们那个～的爷罢了。”

【绵花瓜子】 mián hua guā zi 棉花团；棉花卷儿。明《金瓶梅词话》一三回：“李瓶儿怎的生得白净，身软如～一般。”

【绵花客】 mián hua kè 梅毒患者。明《禅真逸史》一三回：“试酒频频醉，偷钱暗暗嫖。做了～，沿街骂饿殍。”

【绵花团】 mián hua tuán ❶ 比喻软磨难缠的人。明《西洋记》一三回：“却又撞遇着这个和尚，就是个～儿，再也扯扯不断。” ❷ 比喻绵软无力的样态。明《绣榻野史》卷上：“只见鸟眼有些俨水儿流出，一发像个～了。”清《红楼复梦》三一回：“你瞧见他到我手里，一会儿就叫他像个～儿似的，动也不叫他动一动。”

【绵花嘴儿】 mián hua zuǐ er 比喻善说柔和动听话的人。明《金瓶梅词话》七五回：“好个说嘴的货，谁信那～，可可儿的就是普天下妇人选遍了没有来？”

【绵里藏针】 mián lǐ cáng zhēn ❶ 犹“绵里针❶”。清《醒世姻缘传》一五回：“当日说知心，～，险过远水与遥岑。” ❷ 犹“绵里针❷”。清李渔《无声戏》一二回：“我没奈何，只得把几句～的话，一来讥讽他们，二来暗藏自己的心事。” ❸ 犹“绵里针❸”。清焦循《忆书》卷一：“前侍御南海吴荷屋，出顾氏玉泓馆所藏宋庆历间范氏书楼原石拓本见示，丰腴悦泽，～。”

【绵里钢针】 mián lǐ gāng zhēn 犹“绵里针❶”。金《刘知远诸宫调》二：“～蜜里砒。”

【绵里针】 mián lǐ zhēn ❶ 比喻外表柔和而内心刻毒。《元曲选·曲江池》二折：“笑里刀剐皮割肉，～剔髓挑筋。”明《韩湘子》二〇回：“一味是甜言美语，哄得人花扑扑的喜欢他，恰不识得他是～，腹里剑，笑里刀。”清《姑妄言》七回：“(荀氏)是个～笑里刀的妇人。任凭丈夫娶妾纳婢，……心中虽然醋气薰蒸，面上从不露一丝形迹。” ❷ 比喻隐忍或含藏不露。元明《水浒传》二四回：“但凡挨光的两个字最难，要五件事俱全，……第四件，小，就要～忍耐。”明王玉峰《焚香记》一四出：“君心恐似～，奴心似线引无门也，相逢处，总难凭。” ❸ 比喻柔中见刚，犹言绵中露针。《元曲选外编·西厢记》三本四折：“得了个纸条儿恁般～，若见玉天仙怎生软厮禁？”按，此句形容情绪从低沉变为癫狂。

【绵软】 mián ruǎn ❶ 柔软；软和。宋叶梦得《避暑录话》卷下：“或有力更预畜甘草末，临系时量以水渍，使咀味，儿口中有物，自不能作声，而～不伤儿口。”明刘若愚《酌中志》卷一六：“至圣上所用草纸，则系内官监纸房抄造，淡黄色，～细厚。”清《野叟曝言》六九回：“折腰摆肩，弄指舞臂，浑身～，竟似一根骨头也无。” ❷（身体）软弱无力。清方成培《雷峰塔》二二出：“我欲心似火好难降，浑身～，举步惊慌。”《十二楼·萃雅楼》二回：“汝修吃了下去，不上一刻，渐渐地～起来，垂头軃颈，靠在交椅之上。” ❸ 比喻没有主见。明《欢喜冤家》一回：“花二耳朵是极～的，被妻子一说，甚是有理。”

【绵藤】 mián téng 犹“绵缠”。明梅鼎祚《玉合记》一一出：“～话兜，算从前相思尽勾。”袁于令《西楼记》二出：“管盼杀翠红乡，绮罗丛，款软话～。”清洪昇《长生殿》二二出：“话～，花迷月暗，分不得影和形。”

【绵团袄】 mián tuán ǎo 棉袄；棉上衣。团袄，上衣。《元曲选·生金阁》三折：“孩儿吃下这杯酒去，添了件～一般。”又《虎头牌》二折：“我就着人打开驼垛，将一领～子来，与哥哥御寒。”又《合汗衫》一折：“老爹与了我十两银子，一领～；奶奶又是一只金钗，着我做盘缠的。”

【绵中刺】 mián zhōng cì 犹“绵里针❶”。《元曲选·东堂老》一折：“那里面藏圈套，都是些～、笑里刀！”

miǎn

【免不的】 miǎn bu de 同“免不得”。明金銮《一枝花·丙申年除夕》：“你便有颜子贤，～妇不织男不耕衣食关心。”《禅真后史》五三回：“今日为三郎大事，尔兄弟～长安走一遭也。”清《醒世姻缘传》五三回：“晁无晏象牛似的吽了几声，跟的差人去了。郭氏也～号叫了一场。”

【免不得】 miǎn bu de 难免除；少不了；只得。宋《朱子语类》卷二五：“然到得不服，若征伐也～。”六十种曲本《琵琶记》二七出：“将公婆灵柩搬得到山，～造一所坟茔，把公婆安葬了。”清《万花楼》五二回：“可怜兄弟一朝差见，依了丈人之计，～身遭国典。”

【免不了】 miǎn bu liǎo 犹“免不得”。清孔尚任《桃花扇》一〇出：“这些含冤的孝子忠臣，少不得还他个扬眉吐气；那班得意的奸雄邪党，～加他些人祸天诛。”《白雪遗音·上了望江楼》：“纵有那山清水秀，也～那心内愁肠。”《歧路灯》八〇回：“那些分打庄稼，收租讨课，以及修盖房屋，都～有些扣除侵渔。”

【免夫】 miǎn fū 谓百姓缴钱以免征劳役人夫。也指免夫钱。宋《三朝北盟会编》卷三一：“上不乐，垂已罢(王)黼，黼患失，遂作～之令。”《宋史·河渠志三》：“上户出钱～，下户出力充役。”《文献通考》卷二四：“王黼之～至六千餘万缗，其大半不可钩考。”

【免夫钱】 miǎn fū qián 百姓为免征役夫而缴纳的钱。宋《三朝北盟会编》卷三一：“以为燕山之役，天下应起夫。今免其调发，独令计口多寡，尽出～。”

【免腹】 miǎn fù 分娩。《祖堂集》卷二〇《五冠山瑞云寺和尚》：“怀娠之日，频梦吉祥；～之时，即多异瑞。”

【免科】 miǎn kē 免去处罚。《唐律疏议》卷五：“案若申覆，唯通判官一人合理，即上下俱得～。”明《二刻拍案惊奇》卷二一：“遂将李旺打了三十，发州问罪；同僧人无尘，一并结案。李旺父亲年老～。”清李玉《清忠谱》二四折：“毛一鹭以死～，今将倪文焕、许显纯发河南道御史蒋公允仪勘问。”

【免难】 miǎn nàn 分娩。《敦煌愿文集·亡文范本等·愿文号头》：“推影(唯愿)夫人～之日，如游欢喜之园；分解之时，手攀无忧之树。”

【免帖】 miǎn tiě 免于做某事的凭单。《元曲选·魔合罗》三折：“张鼎，与你十个～，放你十日休假。”明《老乞大谚解》卷上：“背念过的，师傅与～一个。那～上写着‘免打三下’，师傅上头画著花押。若再撤签试不过，将出～来毁了，便将功折过免了打。”清《续金瓶梅》一〇回：“有道君皇帝一道～，就可以无事。”

【勉铃】 miǎn líng 同“缅铃”。明《金瓶梅词话》一六回：“这物件，你就不知道了，名唤做～，南方勉甸国出来的。”

【勉强】 miǎn qiǎng 好显弄；要强。明《西游记》七五回：“老魔喝道：‘胡说！宝贝乃阴阳二气之全功，如何轻了！’内中有一个～的小妖，把瓶提上来道：‘你看这不轻了？’”《金瓶梅词话》七六回：“这六姐不是我说他，要的不知好歹，行事儿有些～，恰似咬群出尖儿的一般。”

【勉意】 miǎn yì 勉强；勉力做不情愿的事。宋朱敦儒《沁园春》：“～追随，强颜陪奉，费力劳神恐未真。”元施惠《幽闺记》二二出：“但略沾口，～休推，莫把眉儿皱。”明《醒世恒言》卷二三：“不得已，～承欢，而心实恋恋堂古带也。”

【勉子铃】 miǎn zi líng 即“缅铃”。明《金瓶梅词话》一六回：“战降功第一，扬名～。”

【勔覥】 miǎn tiǎn 同“腼腆”。宋贺铸《蝶恋花》：“心事向人犹～，强来窗下寻针线。”按，一本作“覥腆”。

【勔臔】 miǎn xiǎn 昏乱糊涂。《五灯会元》卷五《大同济禅师》：“顽嚚少智，～多痴。”

【缅铃】 miǎn líng 一种性具。据说本是东南亚男子嵌入阴茎中的珠子，传入我国后改置女阴中。明谢肇淛《五杂组》卷一二：“滇中又有～，大如龙眼核，得热气则自动不休。”《绣榻野史》卷下：“摸看了～，道：‘圆圆的，怎么在里边会滚动？’金民道：‘这是云南缅甸国里出产的，里边放了水银，外边包了金子一层，烧汁一遍，又包了金子一层，这是七层金子包的，～里边水银流出，震的金子乱滚。’”清《姑妄言》一一回：“佞捷的大管家私下孝敬了姑老爷两个～。一个，有黄豆大，是用手攥着的。一个有榛子大，有鼻如钮，是妇人炉中用的。”

【缅覥】 miǎn tiǎn 同“腼腆”。宋洪迈《容斋四笔》卷一：“中心有愧见诸颜面者，谓之～。”

【腼面】 miǎn miàn ❶ 同“覥面❶”。明《封神演义》八四回：“心中自思：‘如何好见他们？’不得已，～而行。” ❷ 同“覥面❷”。明《西游记》一〇〇回：“秽翰墨于金简，标瓦砾于珠林。循躬省虑，～恧心。”

【腼腆】 miǎn tiǎn 害羞；羞怯。《元曲选外编·西厢记》一本一折：“未语人前先～，樱桃红绽，玉粳白露，半晌恰方言。”明《西游记》二〇回：“～难言，半晌不答。”清《红楼梦》七九回：“今日出了阁，自为要作当家的奶奶，比不得作女儿时～温柔，须要拿出这威风来。”

【靦面】 miǎn miàn ❶ 犹“靦颜❷”。唐李德裕《旧臣论》：“观晋以降，居相位者，皆～愧心而已。”元郝经《李丰亭》：“赵趄冀得斗升禄，～只为妻子计。”清汪琬《名论》：“好犯颜死节之名，则必不敢～以偷生矣。” ❷ 犹“靦颜❶”。宋韩琦《次韵答致政杜公以加节见寄》：“赐钺何劳诚～，扞边虽久即甘心。”元唐元《再和庞韵》：“谬倚讲帷常～，强横孤笛不成腔。”明胡直《通政武东杨公行状》：“出入四方，谨奉文贞公像以随。曰：异日吾得见烈祖，无～也。”

【靦覥】 miǎn tiǎn 同“腼腆”。元关汉卿《拜月亭》四折：“俺兀那姊妹儿的新郎又忒～。”明佚名《鸣凤记》三四出：“今日归家呵，屠龙未遂增～。”清董以宁《传言玉女・索枕》：“而今独自，对得鸳鸯～。双莲板上，泪潮深溅。”

【靦颜】 miǎn yán ❶ 羞愧；难为情。唐李峤《为左丞宗楚客谢知政事表》：“九霄从邈，三舍不回。严命必行，～何置！”宋江少虞《宋朝事实类苑》卷二：“朕初即位，以其乐在词笔，遂命掌诰。颇闻制书一出，人或哂之，亦其素无时望，不称厥任。朕亦为之～。”清《聊斋志异・考弊司》：“忽秀才过，望见之，惊曰：‘何尚未归，而简亵若此？’生～莫对。” ❷ 忍耻；厚着脸皮。宋曾巩《灵溪洞祈雨文》：“夙夜忧惧，不知所为。维尔有神，世载灵德。是用～有请，忘其惭羞。”明《型世言》一一回：“今人风尘，～与贾商相伍。”清《平山冷燕》一一回：“读其诗百遍，其令人口舌俱香。小弟若再～号称才子，岂非无耻？” ❸ 取辱；愧对。宋苏舜钦《杜公求退第二表》：“陟降左右则常虞蹶踣，议论政事则莫能开陈，贻笑外夷，～多士。”

miàn

【面】 miàn ❶ 情面；面子。元明《水浒传》二一回：“你看我日前的～，还我招文袋。”明沈璟《义侠记》二七出：“不思打狗看主～，说我妖狐弄鬼头。”清《醒世姻缘传》七〇回：“我看你好人的～，我知道，有处。” ❷ 名下。《敦煌契约文书辑校・戊申年兵马使徐留通兄弟欠绢契（伯 3472）》：“或留通身东西，仰兄留庆弟盈达等二人～填还，更不许道说东西。”

【面别】 miàn bié 分别。《吐鲁番出土文书》第八册《武周郭智兴人书》：“守都～稍赊，无由相见。”又《武周法惠思惠兴阿伯、伯母等书稿》：“法惠思□□□参阿伯、伯母、大姊、贰姊、肆姊等，～已久。”清《镜花缘》三回：“丁宁未毕，后面追兵甚近，父子四人只得洒泪～。”

【面波罗】 miàn bō luó 即“面没罗”。元李爱山《集贤宾・春日伤别》：“嘴古都钗头玉燕，～镜里青鸾，画不尽春山宛转。”

【面勃】 miàn bó 做面食时为防止粘连而用的干面粉。也泛指干面粉。宋庄绰《鸡肋编》卷上：“故世人谓尘为勃土；果木诸物，上浮生者皆曰衣勃；和面而以干者傅之，亦曰～。”清朱骏声《说文通训定声》卷一六：“面，麦末也。苏俗所谓～是也。”

【面惭】 miàn cán 惭愧。唐张鷟《游仙窟》：“向者承闻，谓言凡客。拙为礼贶，深觉～！”《敦煌变文校注》卷一《伍子胥变文》：“王乃～失色，羞见群臣。”元汪元亨《雁儿落过得胜令・归隐》：“趋炎真～，附势实心淡。”

【面茶】 miàn chá 一种食品。炒面（多用糜子面）加沸水冲成糊状，吃时加麻酱、椒盐等。明《朴通事谚解》卷下：“供养的是豆子粥、餧子烧饼、～等饭。”清《红楼梦》七五回：“一时尤氏盥沐已毕，大家吃～。”桂馥《札朴》卷九：“～即炒面。吾乡行人炒大麦、小麦面，夏则和冷水，冬则和熟水，俗呼炒面，亦称～。”

【面长】 miàn cháng 指脸皮厚，不知羞耻。明《禅真后史》八回：“瞿官人又非你爹亲娘眷，终年镇日价搅扰他，亏你～，过意的去！”

【面赤】 miàn chì 脸红。 ❶ 指发怒或争吵。元古本《老乞大》：“咱每这般做了数月伴当呵，不曾～。”清《东周列国志》六三回：“四人语硬～，各以手抚佩剑，渐有相并之意。”又九六回：“秦王曰：‘寡人窃闻赵王善于音乐，寡人有宝瑟在此，请赵王奏之。’赵王～，然不敢辞。” ❷ 形容羞愧。《元曲选・金线池》三折：“引得些鸳鸯儿交颈和鸣，忽的见了，悒的～，兜的心疼。”清《东周列国志》一三回：“鲁侯又曰：‘你兄在何处睡？’姜氏不觉～，曰：‘为妹的怎管哥哥睡处？’”

【面弹】 miàn dàn 脸蛋；面颊。清《醒世姻缘传》一八回：“五短身材，黑参参的～；两弯眉叶，黄干干的云鬟。”

【面分】 miàn fèn ❶ 情面；面子。宋《朱子语类》卷七二：“若必欲人人～上说一般话，或虑其人不好，他日或为吾患，遂委曲牢笼之，此却是憧憧往来之心。”《元曲选・勘头巾》楔子：“若不看解劝街坊～，小后生从来火性紧，发狂言信口胡喷。”明《欢喜冤家》一五回：“送出前后手来一百多两纹银，方才宽他～上做事情，了结公案。” ❷ 指人情花费。明《型世言》一九回：“如今两张嘴，还添妻家人情～，只可度日，不能积落还人。”

【面光】 miàn guāng ❶ 耳光。明《拍案惊奇》卷一五：“便看你们搜，搜不出时，打你几个～！”清《无声戏》二回：“说完把何氏勒了一顿～。何氏受气不过，只要寻死。” ❷ 害羞；羞惭；丢脸。明王济《连环记》二〇出：“〔丑云〕老爷，小姐像是～了。〔正末云〕嗄，温侯，我家小姐害羞，随了老夫就走。”《山歌・歪缠》：“后生无些样当，弗见更个～，欲要回言两声，无点起因发角。” ❸ 面子；情面。清《飞龙全传》四一回：“分明道吾多事，羞我～。”《万花楼》二〇回：“当日天子英明，将庞太师～扫尽。”

【面红】 miàn hóng ❶ 犹“面赤❶”。明《醒世恒言》卷二九：“一味索取，两下～了好几场。”清《绿野仙踪》一九回：“我和你在他这家中，六七年来也从没犯个～。” ❷ 犹“面赤❷”。明《风流和尚》二回：“夫人道：‘……你若走出，迷糊了路，往往倘然被老和尚持里去，那时忘了？’净海故意～道：‘奶奶取笑了。’”清《红楼复梦》九回：“刚才四姑娘～，是我失言。”

【面红面赤】 miàn hóng miàn chì ❶ 犹“面赤❷”。《元曲选外编・贬夜郎》三折：“则他行怕行羞，和我也～。” ❷ 犹“面赤❶”。明《金瓶梅词话》六二回：“姊妹之间，从来没个～。”清《续金瓶梅》四一回：“咱两个从来没有～的，今日我这件亲事不知怎样的结果哩！”

【面糊】 miàn hú 糨糊，比喻糊涂。唐张鷟《朝野佥载》卷四：“评事不读律，博士不寻章。～存抚使，眯目圣神皇。”元曾瑞《快活三过朝天子・警世》：“老孤，～，休直待虚名误。”清李光庭《乡言解颐》卷一：“俗谓官事不了了者曰～。～者，糊涂也。”

【面糊鬼】 miàn hú guǐ 指纸牌。纸牌用糨糊粘成，又令人暗中捉摸，故云。清《镜花缘》七四回：“及至巴到十成，不是人家湖了，就是上家拦成。你说这～令人恨不恨！”

【面糊盆】 miàn hú pén 盛糨糊的盆。 ❶ 比喻糊涂境地。《元曲选・陈州粜米》一折：“坐着个爱钞的寿官厅，～里专磨镜。”明《金瓶梅词话》一九回：“恰吊在～内一般，乞那厮局骗了。” ❷ 喻指糊涂的人。《元曲选外编・村乐堂》四折：“过来波，包龙图门中～。”明汪廷讷《狮吼记》一三出：“你是驴粪球为甚官？你是～坐甚堂？黑白不辨怎把人发放？”清《隋唐演义》一二回：“响马得财漏网，瘟太守～，不知苦辣，倒着落在我身上。” ❸ 喻指妓院（糊弄、陷没人的地方）。元朱庭玉《夜行船·悔悟》：“早收心拘束定疏狂性，倒大来耳根清净，头轻眼明。跳出～，迷魂寨，玻璃井。”《元曲选·救风尘》四折：“对恩官一一说缘故，分剖开贪夫怨女。～再休说死生交，风月所重谐燕莺侣。” ❹ 喻指是非之地。明朱有燉《香囊怨》三折：“你看他打子弟粗敲棍，缠郎君湿布裈。待把咱强装入愁布袋，生搅在～！”

【面糊桶】 miàn hú tǒng 犹“面糊盆❸”。《元曲选·扬州梦》二折：“〔家童云〕相公，咱回去来。〔正末唱〕早跳出这柳债花钱～。”

【面花】 miàn huā ❶ 妇女贴在面部的饰花。唐李百药《寄杨公》：“～无隔笑，歌扇不障声。”元佚名《梧叶儿·四月》：“新荷叶，浑厮似，～儿，贴在我芙蓉额儿。”明《金瓶梅词话》二四回：“额角上贴着飞金，三个香茶并～儿。” ❷ 花脸；脸上有痣、记等不纯的肤色。明王应遴《逍遥游》：“自家叫做道童，～头发蓬松。人物虽然丑陋，肚子里其实玲珑。”沈采《千金记》一〇出：“〔张捉虎〕年二十九岁，～略微须。” ❸ 比喻面部被打流血或淤血青紫。清《绿野仙踪》三四回：“非越非吴因何恼，无端将～打老。”又五七回：“花娘死去龟婆恼，秃子～开了。”

【面黄面青】 miàn huáng miàn qīng 即“面青面黄”。宋克勤《碧岩录》三二则：“被定擒住云：‘无位真人与非无位真人相去多少？速道！速道！’山无语，直得～。”《五灯会元》卷一一《定上座》：“钦山被擒，直得～，语之不得。”

【面斤】 miàn jīn 面筋。清《霓裳续谱·姐在河边洗菜心》：“虾米拌紫菜，王瓜拌～。”《醒世姻缘传》一二回：“就是这二位师父，我也不肯叫他做赔～的厨子。”

【面孔】 miàn kǒng ❶ 脸；面部。唐菩提流志译《大宝积经》卷一一：“假使凡夫未离欲者，得闻此音辄当沸血从～出。”明《山歌·门神》：“扯破子我个衣裳只是忍耐，搠破子我个～方才道是你认真。”清《醒世姻缘传》五八回：“都把他各人的衫襟扯起来，替他盖了～。” ❷ 面容；容貌。唐郑綮《开天传信记》：“可怜好文树，髭须共颏颐。别任文树～不似猢孙，猢孙强似文树。”明袁于令《双莺传》：“天还未亮，就被船上催别了，～都认不真切。”清《风流悟》一回：“那小后生的～，与王小姐一般。” ❸ 态度；表情。唐罗隐《与某博士状》：“老叟腰脚不支，坐想胜游，目及千里。朱十五、李三史作何～？高积薪何如？因相见皆与话瞻泳也。”《敦煌变文校注》卷三《燕子赋（一）》：“雀儿自隐欺负，～终是攒沅。”清方成培《雷峰塔》九出：“那间腰包硬哉，做起阿爹～，动弗动就拿我来埋怨哉！” ❹ 面子；脸面。明《二刻拍案惊奇》卷二三：“有甚么～见他？”清《醒世姻缘传》二九回：“我却有何～见得娘家的人？”

【面阔】 miàn kuò 面子大；有脸面。元曾瑞《哨遍·秋扇》：“无光摄，匹头上～，半路里腰折。”《元曲选·气英布》一折：“你着咱归顺他隆准的君王较～。你这里怕不有千般揣摩，却将咱一时间瞒过。”

【面脸】 miàn liǎn ❶ 脸色。宋龚明之《中吴纪闻》卷六：“秦师垣生于腊月二十五日，尝献寿诗云：‘～丹如朱顶鹤，髭髯长似绿毛龟。欲知相府生辰日，此是人间祭灶时。’”清《后水浒传》三一回：“恁日忙乱，也没心觑哥哥～，兀地较当日怪白。” ❷ 面孔；脸。明朱橚《普济方》卷五七：“治酒齄鼻赤疱注上～者，用槲叶灰。先以泔清煮，榆叶取汁洗，蹙干，内灰疮中良。”《隋史遗文》一九回：“各人下马，解～，拂尘灰。”按，解面脸即清理面部。清《说唐后传》一二回：“被他这一斧砍得来，～失色。” ❸ 相貌。清《风流悟》一回：“方才我有心，船上的水牌，及船家的～，我已细细记着。”

【面貌】 miàn mào ❶ 脸；面孔。唐李商隐《咏怀寄秘阁旧僚》：“官衔同画饼，～乏凝脂。”明《金瓶梅词话》六一回：“丫头都在那里，不看你，怎的跌伤了～？”清《隋唐演义》一〇回：“一只臂膊屈起，做了枕头，一手瘸着，把破衣袖盖了自己的～。” ❷ 外相；表面。唐窦泉《述书赋》：“文深、孝逸，独慕前踪，至师子敬，如欲登龙，有宋、齐之～，无孔、薄之心胸。”清赵翼《瓯北诗话·高青丘诗》：“后来学唐者，李、何辈袭其～，仿其声调，而神理索然。” ❸ 形状；样子。宋朱熹《答袁机仲》：“若如所论，则是先有太极两仪四象，然后圣人以画八卦，而两仪、四象、八卦三物各是一种～，全然相接不著矣。”明曹于汴《慎防歌》：“当其未变时，羊肠望路岐；及其变已成，千寻泻建瓴。本来～果如何，凭君认取莫蹉跎。” ❹ 肖像；相貌图录。元《三遂平妖传》五回：“只要相公出个海捕文书，关行各府州县，悬挂～信赏。”明吾邱瑞《运甓记》三〇出：“这汉子果然有些本事，发军政司上了～，军前听用。”清《后水浒传》二二回：“画了王摩许多～并示条，着人张挂。” ❺ 表情。明袁宏道《畜促织》：“余每至郊野，见健夫小儿，群聚草间，侧耳往来，～兀兀若有所失者。”谢谠《四喜记》一七出：“此人～张惶，必是假说。”清《绿野仙踪》八七回：“庞氏也不晓得贡生说道什么，见贡生～甚是不喜，也便大恼。”

【面门】 miàn mén 面部；脸。《敦煌变文校注》卷五《维摩诘经讲经文（一）》：“身上一条云作被，～两点雪成眉。”《元曲选·救孝子》二折：“被鸦雀啄破～，狼狗咬断脚跟。”清《飞龙全传》二五回：“那个炮石正望着匡胤的～打来。”

【面磨罗】 miàn mó luó 同“面没罗”。金《董解元西厢记》卷三：“酒来后，满盏家没命饮，～地甚情绪。”

【面魔罗】 miàn mó luó 同“面没罗”。明刘兑《娇红记》卷上：“则见他～的娇频着粉脸，恰便似花无语，眼没蹬。”佚名《雷泽遇仙》四折：“撇的我嘴孤独，～，呆答孩，死没腾。”

【面没罗】 miàn mò luó 脸色因饮酒、羞愧、紧张等原因而发红貌，也指脸上发呆貌。元关汉卿《西蜀梦》三折：“往常开怀常是笑呵呵，绛云也似丹脸若频婆，今日卧蚕眉瞅定～。”又《调风月》二折：“又不风又不呆痴，～，呆答孩，死堆灰。”佚名《小张屠》二折：“我心恍惚，～，是谁人撒然惊觉我？”

【面嫩】 miàn nèn ❶ 面部皮肤细嫩，看上去年轻。清《续金瓶梅》二六回：“苗员外见玉卿年小～，渐渐逗他说：‘这箫和琵琶不是这里传授。’”又三一回：“李奶奶也穿上一套旧紫罗衫儿，衬着这玉色衫淡淡的，戴上两枝花翠，看来不上四十岁，且是～典雅。” ❷ 脸皮薄，易害羞。清孔尚任《桃花扇》五出：“香君～，当面不好讲得。”《续金瓶梅》五九回：“虽是出家，终是个妇道家，见人口羞～。”《醒梦骈言》八回：“次心是个不出书房的后生，到此地位～起来，红了又白，白了又红。”

【面黏】 miàn nián 糨糊。宋陆游《老学庵笔记》卷二：“前辈传书多用鄂州蒲圻县纸，云厚薄紧慢皆得中，又性与～相宜，能久不脱。”

【面盘】 miàn pán ❶ 即“面盆”。明《型世言》二六回：“却是生得胖大，虽没有晋南阳王保身重八百斤，却也重有一百廿，一个脸大似～。”清《红楼复梦》四一回：“见那楼上并无床帐，壁上有一个～大的月光儿，望过去，里边桃红柳绿的又是一个地方。” ❷ 脸盘；相貌。清《常言道》八回：“～小，面皮厚。”△《三侠剑》四回：“金头虎叫道：‘袁寨主，你看看张茂龙～怎样？’袁龙点头。”

【面庞】 miàn páng 脸的轮廓；面貌。明毕自严《遣祭大侄女文》："吾每见汝，犹见吾长兄之～也。"《醒世恒言》卷一："贾公做客回家，正撞着养娘在外汲水，～比前甚是黑瘦了。"清《绿野仙踪》八七回："止见他～儿俊俏，盖世无双。"

【面盆】 miàn pén 洗脸用的盆。元德辉《敕修百丈清规》卷四："手巾、～、灯烛、牙药，毋令缺少。"元明《水浒传》二六回："慌忙去～里洗落了胭粉，拔去了首饰钗环。"清《红楼梦》五五回："探春方伸手向～中盥沐。"

【面皮】 miàn pí ❶脸；脸型。元关汉卿《调风月》三折："划地～上笑容生，是一个不识羞伴等。"明王錂《寻亲记》二一出："〔旦对镜介〕今日只见我的～，不见丈夫之面，却不痛杀我也。"清《歧路灯》三五回："看那慧娘，长条身材，瓜子～。" ❷容貌；相貌。唐张鷟《朝野佥载》卷四："(懿宗形貌短丑)元一于御前嘲懿宗曰：……裹头极草草，掠鬓不莑莑。未见桃花～，漫作杏子眼孔。"宋曹组《醉花阴》："梅妆浅淡风娥袅，随路听嘻笑。无限～儿，虽则不同，各是一般好。"清《续金瓶梅》六〇回："做了十年沙弥，改头换面，长破了～。" ❸表情；态度。元孟汉卿《魔合罗》四折："枉塑下观音般象仪，没半点慈悲的～?"明《醒世恒言》卷一三："将任一郎赚到使臣房里，番转了～，一索捆番。"清《白雪遗音·秀才假馆》："秀才听，变～：难道卑人倒说错了你！" ❹脸面；羞耻。宋文天祥《纪事诗序》："汝叔侄皆降北，不族灭汝，是本朝之失刑也，更敢有～来做朝士?"元佚名《水仙子》："打时节留些游气，骂时节存些～。"清《野叟曝言》三一回："他见势头不像，只管发抖，怕奴跑出去。究竟公子性儿还是要～的。" ❺情面；面子。宋《五代史平话·梁上》："缓急看兄弟的～相救援则个。"明《老乞大谚解》卷下："咱们结相识行时，休说你歹我好，朋友的～休教羞了。"清《儒林外史》二回："因是碍着夏总甲的～不好辞他，将就混了一年。"

【面前】 miàn qián 衙门役吏的一种名目。元萧德祥《小孙屠》五出："前往衙前，寻那旧契张～，去那本官根前说则个。"《元典章·工部三》："各处见役弓手、祗候、首领、～、曳剌、管勾人等，为是害民，已经呈准于相应户内补换。"

【面青面黑】 miàn qīng miàn hēi 犹"面青面黄"。《古尊宿语录》卷三二《舒州龙门佛眼和尚普说语录》："定便擒住云：'且道无位真人与非无位真人相去多少? 速道！速道！'钦山直得～。"

【面青面黄】 miàn qīng miàn huáng 形容因紧张、恐慌而改变脸色。《天圣广灯录》卷一三《定上座》："师便擒住云：'无位真人与非无住(位)真人相去多少? 速道！速道！'钦山被擒，～，语之不得。"

【面情】 miàn qíng ❶情分；情谊。宋元《古今小说》卷三九："那孩子虽然轻薄，也还有些～；可恨汪革特地相留，不将人为意。"元尚仲贤《气英布》二折："既刘沛公无君臣义分，咻！汉随何咱有甚么相知～!"清《十二楼·萃雅楼》三回："若肯体心服事，我自然另眼相看；稍有不到之处，莫怪我没有～!" ❷指照顾、徇情。《元曲选·灰阑记》一折："我如今也不回去，只在这门首等着，待他马员外来，或者有些～，也不见得。"又《玉镜台》二折："妇人每鞋袜里多藏着病，灰土儿没～，除底外四周围并无餘剩。" ❸情面；面子。明崔时佩、李日华《西厢记》二三出："谢姐姐贤达，看我～干罢。"《西游记》八三回："我倒看你～罢了，你倒说我脱逃!"清《后水浒传》四〇回："若不看二位～，早已使人报官。" ❹犹"面子情"。明袁中道《心律》："此辈迫于～，不得已而应，心实恚恨。"清《红楼梦》八〇回："邢夫人本不在意，也不问其夫妻和睦、家务烦难，只～塞责而已。" ❺脸面；待人处世的态度。清《歧路灯》六三回："论起绍闻本非匪人，只因心无主张，～太软，遂渐渐到了下流地位。"又六九回："况且谭爷犯了～软，少爷犯了气概豪。俗语说，面软的受穷，谭爷能在钱字上硬了面皮么?"

【面染】 miàn rǎn 犹"面熟"。明《拍案惊奇》卷三五："(周秀才)又走去叫道：'陈德甫先生，可认得学生么?'德甫相了一相道：'有些～。'"《二刻拍案惊奇》卷三八："见了莫大姐，目不停瞬，只管上下瞧觑。莫大姐也觉有些～。"

【面容】 miàn róng ❶面相；容貌。宋周密《癸辛杂识》别集卷上："怪矣～无食肉相，介然褊性无容物量。"明徐元《八义记》三四出："觑着小儿童，似爷一般～。"清《续金瓶梅》六回："还是当初死的模样，～儿黄瘦，细弱堪怜。" ❷脸；面部。元张昱《饮酒诗示壻时伯庸》之一："连日春风暖，～为之鲜。" ❸表情。明《西游记》五六回："那老者听见，魄散魂飞，～失色。"清陈端生《再生缘》五〇回："郦家太太～欢，彩袖连抬逊入帘。"《雪月梅》三一回："月娥听了这话，顿觉～惨戚。"

【面软】 miàn ruǎn 谓过分顾及情面，脸皮薄。明冯惟敏《朝天子·风情》："～的不羞，心窄的不愁，只为他相拖逗。"清《野叟曝言》一四九回："文施～，当不得老人跪地苦求。"《歧路灯》三六回："强盗心肝娼妇嘴，专寻～少年郎。"

【面弱】 miàn ruò 犹"面软"。明《西游记》三二回："你罢软的老和尚，捉掐的弼马温，～的沙和尚！他都在那里自在，捉弄我老猪来跄路！"

【面善】 miàn shàn 犹"面熟"。《元曲选·望江亭》四折："看他可认的我有些～，只他那身常在柳陌眠，脚不离花街串。"明佚名《白兔记》五出："听伊言，我与他人不～，未知他家在何州并那县。"清《儒林外史》九回："正是～，一会儿想不起。"

【面上】 miàn shàng ❶表面；表层。唐杜甫《不归》："～三年土，春风草又生。"《元曲选·窦娥冤》四折："我才将这文书分明压在底下，刚剔了这灯，怎生又翻在～?"清《红楼梦》四四回："里面凤姐心中虽不安，～只管佯不理论。" ❷名下；手里。《敦煌契约文书辑校·唐丙午年翟信子欠麦粟凭(伯 3860)》："翟信子及男定君二人，先辛丑年于氾法律～便麦陆石，粟两石。"又《辛巳年康不子贷生绢契(伯 2633 背)》："遂于莫乡百姓索骨子～贷黄丝生绢壹，长三仗(丈)柒尺五寸。" ❸分上；分内。《祖堂集》卷一六《黄檗和尚》："切须自看近远，且是阿谁～事?"元明《水浒传》一三回："为是他性急，撮盐入火，为国家～，只要争气。" ❹面前；身边。《元曲选·隔江斗智》楔子："再休来俺～弄奸猾，凭着俺单枪也那只马，则着你都不得好还家。"元明《水浒传》二一回："我儿，爷娘手里从小儿惯了你性儿，别人～须使不得。" ❺身上。《元曲选·桃花女》四折："这桃花女在我～有活命之恩，本等不好去得，被那周公逼勒不过，只得应承了他。"明袁于令《西楼记》七出："那穆素徽又是极作乔的，都在我～可恶得紧。"清《风流悟》二回："心上想外边结识几个妇人，又亏中了进士，恐碍官箴，所以在那家人妇人～，未免着意起来。" ❻面色；脸上皮肤的颜色。《元曲选·灰阑记》一折："为甚的黄甘甘改了～，白邓邓丢了眼光?" ❼脸面；体面。元明《水浒传》七回："林冲本待要痛打那厮一顿，太尉～须不好看。"明王衡《郁轮袍》一折："若朗朗的白破，他～不好看。"清《红楼梦》四四回："只见琥珀走来，说了贾母的话，平儿自觉～有了光辉。"《歧路灯》三一回："老爷看一个～罢，小的父亲也作过官。" ❽面子；情面。《元曲选·燕青博鱼》二折："看你的～，还了他罢。"明《金瓶梅词话》二六回："我看你～，写了帖儿，对官府说。"清袁枚《续子不语》卷二："于是众邻齐跪，代为讨饶。女曰：'看诸邻～，叉他出去！'" ❾上面；方面。明《拍案惊奇》卷三二："因为花酒～费得多，把膏腴的产业逐渐费掉了。"《二刻拍案惊奇》卷二〇:“纵是至亲骨肉,关着财物～,就换了一条肚肠。”清《红楼梦》四回:“他这件官司并无难断之处,皆因都碍着情分～,所以如此。”

【面生】 miàn shēng 面容陌生,不曾见过。元权衡《庚申外史》卷下:“平章,此人～。”明《老乞大谚解》卷上:“官司排门粉壁,不得安下～歹人。”清《红楼梦》三〇回:“这女孩子～,不是个侍儿,倒像是那十二学戏的女孩子之内的。”

【面首】 miàn shǒu ❶面部;头脸。唐康骈《剧谈录》卷下:“左右扶之不及,为地甃所伤,～皆破。”《旧五代史·晋书·张廷蕴传》:“继为流矢所中,金疮之痕,盈于～。”清《聊斋志异·孙生》:“质明,母入其室,见夫妇～相背,知尼之术诬也。” ❷容貌。特指美貌。唐王梵志《身体骨崖崖》:“迎得少年妻,褒扬殊～。”庞蕴《痴儿无智慧》:“阿娘生得身,嫌娘无～。”清《醉醒石》八回:“到十四五,～儿好,也充了娈童之数。” ❸男宠;男妾。唐张垍《控鹤监秘记》:“其时安乐公主虽骄奢,与武延秀恩好颇隆,无～之侍,皆后力也。”明《僧尼孽海·沙门昙献》:“后见僧徒善嬲者,即置为～。”清《镜花缘》五一回:“我这男妾,古人叫做～。面哩,取其貌美;首哩,取其发美。” ❹指女伎、情妇。《新唐书·来俊臣传》:“以官户无～,闻吐蕃酋阿史那斛瑟罗有婢善歌舞,令其党告以谋反,而求其婢。”

【面熟】 miàn shú 相识;熟识。五代王定保《唐摭言》卷九:“华京,建州人也,极有赋名。向游大梁,尝预公宴,因与监军使～。”元明《水浒传》二〇回:“宋江见了这人,略有些～,‘莫不是那里曾厮会来?’”清《霓裳续谱·听我胡诌》:“出门遇见两条狗,咳呀,这条狗有些～。”

【面水】 miàn shuǐ 洗脸水。明《醒世恒言》卷二八:“正在迷恋之际,恰值丫鬟送～叩门。”清《野叟曝言》一一〇回:“送上～,候素臣洗毕,叫了安置,方扣门进去。”

【面汤】 miàn tāng ❶一种用面粉制的流质茶食。宋王明清《玉照新志》卷三:“及晓,幸吾船无恙,但不能举头,以恶心故也。朱梢寻以～来,亦不能用。”明李时珍《本草纲目》卷一八:“其性甚善,不触诸药,但恶茶及～,以甘草、巵子代饮可也。”清《歧路灯》四〇回:“小伙计盛两碗～放在面前,滑九皋便让道:‘姐夫吃茶。’” ❷热的洗脸水。元《三遂平妖传》三回:“到天晓三口儿起来,烧些～,娘的开后门泼那残汤,忽见雪地上有一贯钱。”佚名《黄孝子》一九出:“叫道人,拿～出来。”清《红楼梦》七七回:“促人来舀了～,摧宝玉起来盥漱。” ❸指热水。明《西湖二集》卷二八:“张漆匠只得又净了一番手脚,又取～来洁净了口齿。” ❹汤面;带汤汁的面。明李时珍《本草纲目》卷九:“实热,用新汲水下;解利,用葱豉汤下;通乳,用猪肉～调下。”清《飞龙全传》一三回:“你可打上十斤面饼,擀下一镬～,才够我弟兄两个一饱。” ❺煮面条的汤。清李渔《闲情偶寄》卷五:“南人食切面,其油盐酱醋等作料,皆下于～之中,汤有味而面无味。”

【面甜】 miàn tián 面容甜美。多用于孩童。五代何光远《鉴诫录》卷六:“(杨)德辉嘲佛牙云:比来降诞为官家,堪笑群胡赞佛牙。手软阿师持磬钹,～童子执幡花。”又卷一〇:“满子～糖脆饼,萧娘身瘦鬼嫦娥。”

【面腆】 miàn tiǎn 同“腼腆”。明梅鼎祚《玉合记》三一出:“他初来～,且从容些。”清楼俨《宴清都》:“休题万里封侯,赚白发书生～。”

【面桶】 miàn tǒng 洗脸用的木盆。宋吴自牧《梦粱录》卷一三:“家生动事如桌、凳、……～、项桶、脚桶、浴桶。”元明《水浒传》二一回:“挨得五更,宋江起来,～里洗了脸。”明《平妖传》二〇回:“如法用索穿钱,将～盖了,念了咒,喷一口水。”

【面头】 miàn tóu 脸;面孔。唐王梵志《天下恶官职》:“傍看甚可畏,自家困求死。脱却～皮,还共人相似。”清《玉蜻蜓·戏芳》:“咯是芳姑娘,为啥了～红胀,对子里向乱奔?”

【面相】 miàn xiàng 脸相;相貌。唐白居易《东都智如和尚茶毗幢记》:“乘律登坛施法行化者五十五载,而身相长大,～端严,心不放逸,口无戏论。”明《古今小说》卷九:“又有一说,道是～不如心相。假如上等贵相之人,也有做下亏心事,损了阴德,反不得好结果。”清《野叟曝言》八六回:“昨日同李家歌姬一起捆带回衙之人,～颇熟,后来问供说叫巫明,莫非是假姓名?”

【面欣】 miàn xīn 脸有喜色;高兴。《敦煌社会经济文献真迹释录》第二册《唐判集(伯3813背)》:“遂乃佣身取给,肆力求资。两自相贪,遂令涛(淘)井。～断当,心说交关,入井求钱,明非抑遣。”

【面旋】 miàn xuán 回旋飞飘。宋欧阳修《寄圣俞》:“风餘落蕊飞～,日暖山鸟鸣交加。”苏轼《临江仙》:“～落英飞玉蕊,人间春日初斜。”赵以夫《念奴娇》:“好唤蕊珠供彩笔,莫待随风～。”

【面颜】 miàn yán 面子;脸面。宋元《古今小说》卷一五:“你好羞人!兀自有那～来讨钱。”元《七国春秋平话》卷下:“兄且休交人打阵,恐～不好。”清孔尚任《桃花扇》一六出:“君父含冤,大仇未报,有何～,忝然正位。”

【面药】 miàn yào 冬天预防面部皮肤干裂的润膏。也是一种妇女化妆品。唐杜甫《腊日》:“口脂～随恩泽,翠管银罂下九霄。”宋赵长卿《瑞鹧鸪·遣情》:“宝奁常见晓妆时,～香融傅口脂。”明李乐《见闻杂记》卷二:“至万历十一年间,学道巡湖,民生俱红丝束发,口脂～,廉耻扫地。”

【面重】 miàn zhòng 犹“面嫩❷”。清《野叟曝言》三一回:“我们小户人家,隔着板席就有人睡,若像你这样～,也过不得日子了。”△《孽海花》一六回:“人家孩子～,你别拉拉扯扯,臊了她。”

【面子】 miàn zi ❶面庞;脸。也指容貌。唐张鷟《游仙窟》:“虫蛆～,妒杀阳城;蚕贼容仪,迷伤下蔡。”宋《虚堂和尚语录》卷二:“眼睛乌律卒,～黑鳞皴。”《元曲选·灰阑记》三折:“那婆娘～花花,你则道所事贤达,搬调的男儿问咱家。” ❷颜面;体面。《旧唐书·张濬传》:“复恭奉卮酒属濬,濬辞曰:……复恭戏曰:‘相公握禁兵,拥大蕙,独当一面,不领复恭意,作～耶!’濬笑曰:‘贼平之后,方见～!’”清《绣戈袍》二三回:“但现今如此糊涂世界,得两个钱便是有～的,管什么名目!” ❸外表;表面。明《老乞大谚解》卷下:“这弓最好,上等弓,若桦了时,买的人不信;教人看了～上的角,背子上铺的筋,商量了价钱,然后桦了也不迟里。”清《醒世姻缘传》六四回:“单单的拿起一锭黑的来看,平扑扑焌黑的～,死纣纣没个蜂眼的底儿。”《红楼梦》四九回:“一时湘云来了,穿着贾母给他的一件貂鼠脑袋～,大毛黑灰鼠里子,里外发烧大褂子。” ❹指鞋面。明沈受先《三元记》二六出:“锥钻放在～间,楦头放在箩头里。” ❺面具。明王衡《真傀儡》:“〔偶〕不瞒你说,一时扮不及,把～装上的。〔去～介〕〔众笑介〕原来就是一出戏!”《山歌·姐妹》:“姐要偷来妹咦要偷,三个人人做一头,好像虎～上眼睛两个孔,衔猪鬃皮匠两边抽。” ❻情分;情面。清《补红楼梦》二八回:“舅舅便是个该死的人,也要看你娘的～,到底是你娘的兄弟,怎么眼睁睁的见死不救呢?” ❼粉末。清《醒世姻缘传》六七回:“他弄上点子的药,熬了些水替他洗了,上了些～,换上了帖膏药,那疼就似挝了去也没有这们好了!”《红楼梦》三八回:“又命小丫头们去取菊花叶儿桂花蕊熏的绿豆～来,预备洗手。”《红楼复梦》二一回:“紫箫道:‘是给老爷煎药。说锉成～，拿个什么锉呢？'"

【面子话】 miàn zi huà 表面敷衍的话；客套话。明《金瓶梅词话》七五回："你在老妇手里使巧儿，拿些～儿来哄我。"清《醒世姻缘传》七五回："你狄哥哥又不是别人，咱说～呀？"

【面子情】 miàn zi qíng 表面上的情分。清《红楼梦》五二回："别人不过是礼上～儿，实在他是真疼小叔子小姑子。"又六五回："如今合家大小除了老太太、太太两个人，没有不恨他的，只不过～儿怕他。"

【面觜】 miàn zuǐ 嘴脸；面目；模样。觜，嘴。宋《如净和尚语录》卷下："冻不死，饿不死，深山走出这～。"又："打动好事檀那，画出这般～。"《虚堂和尚语录》卷八："看古人九九百百、艰艰难难，成得什么～！"

miáo

【苗架】 miáo jià 根底。清《聊斋俚曲·磨难曲》："我谈他情义儿虽然好，到底是个狐狸仙，这一句话犯着他那～，他就现了原身翻了脸。"

【苗条】 miáo tiao ❶ 枝条细长貌。也指细长的枝条。宋毛滂《玉楼春·己卯岁元日》："晓寒料峭尚欺人，春态～先到柳。"佚名《木兰花》："清香潋滟杯中酒。新眼～江上柳。"明《二刻拍案惊奇》卷一二："谁知严蕊～般的身躯，却是铁石般的性子。" ❷ 形容女子身材细长柔美。也指少女身材发育。元张鸣善《普天乐·赠妓》："性格儿稳重，身子～。"明《型世言》五回："娶得一个妻子邓氏，生得～身材。"清《聊斋志异·董生》："十年不见，遂～如此。" ❸ 体态；身段。《元曲选外编·替杀妻》三折："那婆娘打扮来便似女猱，全不似好人家～。"清《续金瓶梅》一六回："今年十六岁，长的～就是十八九的。"又四一回："选遍了东京城，也没有姑娘这个～儿。" ❹ 借指少女或少妇。明汤显祖《牡丹亭》九出："陪他理绣床，陪他烧夜香。小～吃的是夫人杖。"清《霓裳续谱·太君有命》："休觑俺闺中小～，怎知俺手段武艺高，膂力天生妙。"《八洞天》卷二："小～，抱来膝上，不死也魂销。"

【苗子】 miáo zi ❶ 植物的苗。《吐鲁番出土文书》第七册《唐景龙三年高昌县处分田亩案卷》："上件地承籍多年，不生～，虚挂籍书，望请退入还公，并于好处受地。"唐李豫《减租税诏》："其诸州府县官及折冲府官职田，据～多少，三分取一。"明李时珍《本草纲目》卷二〇："(地锦草)六月开红花，结细实。取～用之。" ❷ (作为赋税的)农作物的果实及草。《敦煌社会经济文献真迹释录》第二册《长安三年三月括逃使牒并燉煌县牒(大谷2835)》："所收～，将充租赋；假有餘剩，便入助人。"唐李炎《禁额外征税制》："所收～，五年不在收税限；五年之外，依例收税。"李筌《太白阴经》卷五："对屯田官打下～，斗升合数，为两绢袋，各乘～。" ❸ 税赋；地税。特指按青苗征的税。唐李隆基《定京畿职田敕》："京畿地狭，人户殷繁，计丁给田，尚犹不足，兼充百官～，固难周济。"五代郭威《平兖州在赦文》："五里外十里内，除放今年夏～，三分中减放一分。"元刘时中《端正好·上高监司》："为甚但开库诸人不伏，倒筹单先须计咒，～钱高低随着钞数。" ❹ 对苗族人的蔑称。明《徐霞客游记》卷五上："既明，担夫窃资已去。无可奈何，求～送出平坝。"《禅真后史》二七回："骨查金止带得二千～，奋怒冲突前来。"清《醒世姻缘传》八四回："后来～作乱，郭大将军失了一点点的机儿。" ❺ 长矛。清纪昀《阅微草堂笔记》卷一八："军中呼矛曰～，盖声之转。"△顾恩瀚《竹素园丛谈》："所谓苗杆者，即一丈数尺之青竹，竹根及杪粗细均匀，外绕夏布加漆，杆端有极锐之利刃，俗称为～。"

【描】 miáo ❶ 画；照底样儿画。唐白居易《小童薛阳陶吹觱栗歌》："缓声展引长有条，有条直直如笔～。"元行秀《从容庵录》四九则："～不成画不就，普化便翻斤斗。"清《红楼梦》七回："(薛宝钗)伏在小炕桌上，同丫鬟莺儿正～花样子呢。" ❷ 抒发；叙述；描写。明叶宪祖《鸾鎞记》一九出："我得趣在言前，～情直无限。"清陈端生《再生缘》五二回："要知以后如何事，再将那，(卷)十四之中细细～。"《姑妄言》四回："此数语非极写锺生贫。不如此～尽一番寒态，不足以显钱贵取之之奇也。" ❸ 模仿；照样儿做。清《东周列国志》五四回："也射倒一麋，使御者献于潘党曰：'前承乐将军赐鲜，敬以相报。'潘党笑曰：'彼欲我～旧样耳！'"《歧路灯》五回："师爷必有现成主意，说与小的。小的只照道儿～。"

【描笔】 miáo bǐ 勾描线条用的笔，较细。元乔吉《水仙子·怨风情》："眉上锁新教配钥匙，～儿勾销了伤春事。"《元曲选·梧桐叶》二折："你看怎生风吹一片叶子来？我与你将～儿写一首诗在上。"明《浪史》二六回："便讨～儿对著镜子，画这像儿。"

【描补】 miáo bǔ ❶ 在已有的书画底子上加笔添补。明孙鑛《书画跋跋》卷二下《泰山铭》："使写成而重加～，恐无但不能增妍，将愈滞钝矣。"又《中兴颂碑》："余得数本，皆有～笔，以字稍大，故远观尤不甚失形势。" ❷ 办事或说话不妥，事后加以解释弥补。清《红楼梦》一六回："明儿你见了他，好歹～～，就说我年纪小，原没见过世面。"△《红楼真梦》五回："余、赵二人同上去回覆贾琏，又替赖大～了许多话。"

【描仿】 miáo fǎng 临摹；模仿。清《荡寇志》一三六回："这两个人，一个会～笔迹，一个会假雕印信。"

【描画】 miáo huà ❶ 画；绘画。宋梅尧臣《金山寺序》："向使善工～，不能尽其美。"明王骥德《男王后》一折："你看他唇红齿白，目秀眉清，就是～成的一般。"清《隋唐演义》二九回："众夫人列坐两旁，一霎时做诗的，～的，吹的吹，唱的唱。" ❷ 照底样儿仿；涂抹；涂饰。明《金瓶梅词话》二九回："拿着针线筐儿，往花园翡翠轩台基儿上坐着，那里～鞋扇。"清洪昇《四婵娟·卫茂漪》："你的一发不成字了！胡～，一味结蚓与涂鸦。"《霓裳续谱·拥红绫》："笑看那佳人对菱花，把春山～。" ❸ 刻画；描写；叙说。宋苏轼《渔樵闲话录》下："窥伺人之间隙，罗织～，惟恐刺骨之不深。"清《绿野仙踪》八七回："周通将凭据细看，写得切实之至，竟将他女儿～的无人味了。"《霓裳续谱·昨日占了一个勾字卦》："叫冤家千万别说螟蛉的话，情意儿对着旁人难～。"

【描绘】 miáo huì ❶ 比拟；生动描述。明黄道周《榕坛问业》卷九："黄介俶云：仲尼只是素分事业，如何说开凿人间未有？某云：如此素分，直是天地～不成。"清雍正七年十二月三日费金吾奏文："复又花纹一片，如叠波铺练，藻采缤纷，难以～。"《醒世姻缘传》凡例："本传凡有懿美扬阐，不敢稍遗，惟有劣迹～，多为挂漏。" ❷ 涂饰；画。《大清会典则例》卷一三八："屏风、阑干、槅扇等项，均朱髹饰，五彩～。"丁彦和《凤凰台上忆吹箫·晚霞》："掩映丹崖绿水，纵好手、～难工。"

【描金】 miáo jīn 一种装饰工艺。用金、银粉在器物上画出图案。宋李彭老《祝英台近》："忍重见。～小字题情，生绡合欢扇。"明《金瓶梅词话》九回："西门庆旋用十六两银子买了一张黑漆欢门～床。"清《绿野仙踪》五三回："用一把～扇儿，将面孔半遮半露。"

【描貌】 miáo mào 即"描邈"。宋王炎《念奴娇·海棠时过江潭》:"藏韵收香,谁能～,阁尽诗人笔。"《法演禅师语录》卷下:"于此云中方广座上,擘开面门,放出先师形相,与诸人～。"明宋濂《兰亭觞咏图记》:"使公麟复生,尚得～之乎?"

【描邈】 miáo miǎo　描画;描绘。宋《如净和尚语录》卷下:"也是张拳吓野狐,～出来增丑恶。"《虚堂和尚语录》卷六:"～将来不如伊,从教大地无人识。"元杨载《题巨然秋山》:"山色嵯峨树老苍,笔端～辨毫芒。"

【描摸】 miáo mō　❶犹"描画❶"。宋陈耆卿《题汤正仲墨梅》:"真花著雪苔枝丑,君为～应添瘦。"徐元杰《满江红·以梅花柬铅山宰》:"寒谷里,轻回脚。魁手段,堪～。"元李存《赠孙写真》:"顾此贫贱夫,谁喜复谁嗔? ～亦劳尔,壁上徒凝尘。" ❷模仿;照样儿做。宋方夔《夜坐评史·西汉书》:"班固师迁亦步趋,未容后进造庭隅。半生～龙门像,虽乏精神貌却腴。" ❸照底样勾描。明陆深《京中家书》:"无锡王惠可请来一写,更与唐承宗、陈起静商量～入刻,方得定当。"《明史·刑法一》:"若篆文虽印,形质非印者,不可谓之伪造,故例又立～充军之条。"《大清律例》卷三二:"若～印信行使诓骗财物,犯该徒罪以上者,问发边远充军。" ❹捉摸;估测。宋吴潜《满江红》:"正使百年能几许? 看来万事难～。"刘克庄《忆秦娥》:"古来成败难～,而今却悔当时错。"《朱子语类》卷一〇:"看文字如捉贼,须知道盗发处,自一文以上赃罪情节,都要勘出。若只～个大纲,纵使知道此人是贼,却不知何处做贼。"

【描模】 miáo mó　❶同"描摸❶"。宋俞文豹《吹剑录外集》:"犹之传神,面目易模写,容止气象难～。"明罗玘《一道清风图为李侍御题》:"笔濡东海作砚池,睥睨此林如一垤。一匹练绢尚嫌少,收拾～当时了。" ❷同"描摸❷"。元许谦《送萧仲坚随伯兄赴江阴》之二:"紫阳有遗书,秘启天地根。～失真趣,议论徒纭纭。"清庞垲《诗义固说》卷下:"近时题咏诗,多就轴上册头,～着语,于己毫无关涉,此诗作他何用?" ❸同"描摸❸"。宋朱熹《按唐仲友第六状》:"次日金婆婆将～一贯文省会子样入来,……当时将梨木板一片与辉,十日雕造了。"清雍正五年九月二十五日田文镜奏文:"甚而奸胥猾蠹,私收税银,～假印,盖于纸上。"

【描摹】 miáo mó　❶描述;说明。宋欧阳守道《答丁教授书》:"若使之赋一团和气,则子温而厉,威而不猛,……气象自可说,而一团和气却未能～所谓团也。" ❷同"描摸❶"。宋牟巘《题陆起潜皆山楼》:"醉翁朝暮四时景,谁遣～入此图。"明《醋葫芦》一五回:"金千里把五彩一一～,侧边画株乔松,松伴立块怪石。"清查慎行《别双槐》:"～虚画手,赞叹少妍辞。" ❸同"描摸❷"。清宋荦《漫堂说诗》:"迩来学宋者,遗其骨理而挦扯其皮毛,弃其精深而～其陋劣。" ❹同"描摸❸"。清《荡寇志》八七回:"魏虎臣的兵符虽已交出,他的印花弟子却有在这里。就～了他,捏造一角公移,到永寿司寨总管处。"

【描赔】 miáo péi　按原价或原数赔偿。清《红楼梦》一四回:"这四个人单在内茶房收管杯碟茶器,若少一件,便叫他四个～。"又:"某处所有桌椅古董起,至于痰盒掸帚,一草一苗,或丢或坏,就和守这处的人算帐～。"

【描容】 miáo róng　犹"描真"。清《野叟曝言》二九回:"公子还要去叫～的,凤姨紫涨着面皮道:'这个须使不得!'"《后红楼梦》二回:"贾政倒细细的看他一看,真真是晴雯一模无二,连～也没有这手段。"

【描条】 miáo tiáo　同"苗条❸"。《元曲选·渔樵记》二折:"凭着我好～,好眉面,善裁剪,善针线,我又无儿女厮牵连,那里不嫁个大官员?"

【描写】 miáo xiě　❶摹写;涂饰;照底样写或画。宋黄休复《益州名画录》卷上:"大圣慈寺南畔创立僧伽和尚堂,请澄画焉。才欲援笔,有一蕃人云:仆有泗州真本。一见甚奇,遂依样～。"明卢象昇《画眉》:"玉指轻将两袖分,菱花照出斗弯纹。巫山十二堪～,浅黛斜侵拂鬓云。"清《镜花缘》九九回:"也有暗设牢笼在那里图谋的,也有～假字在那里撞骗的。" ❷画;绘画。宋黄庶《次韵和元伯南楼避暑遇雨》:"南山端正太古屏,飞廉扫云为拨墨。安得老笔～住,白头许生死堪忆。"明宋濂《题李伯时飞骑习射图》:"濂屡见李伯时《飞骑习射图》,其～位置如一。"清《都是幻·写真幻》四回:"当初汉朝画工毛延寿,连天子宫中的妃嫔,都要他～。" ❸描述;叙说。宋陈著《宝鼎现·代邑士送韩君美经历》:"看依依情恋,都在眉尖眼下。任万户,诗旗曲帐,有笔应难～。"明高濂《玉簪记》一八出:"不免将我心事,～一词,聊寄幽情。"清《春柳莺》一〇回:"石生遂将得主镇上讨妾,在慈渡庵中装鬼吓田又玄之事,一一～与二小姐听。" ❹展现;表现。《元曲选·柳毅传书》四折:"向画阁兰堂,～在流苏帐。说不尽星斗文章,都裁做风流话儿讲。"明屠隆《昙花记》五二出:"诸事不须题,只在菱花镜里。新妆时样,便待要～他的。"清《绿野仙踪》四八回:"扮金姐的人,到得一个好小旦;不然,也～不出他这迎新弃旧的样儿来。"

【描绣】 miáo xiù　描花刺绣。宋康与之《瑞鹤仙·别恨》:"纹窗～,旧谱寻棋,变成虚设。"明《清平山堂话本·戒指儿记》:"有沉鱼落雁之容,闭月羞花之貌,况～针线精通,琴棋书画无所不晓。"清厉鹗《喜迁莺·初夏》:"荼蘼吹尽,～心慵。行棋声歇,长日琐窗清润。"

【描真】 miáo zhēn　画肖像。也指所画的肖像。真,真容、肖像。明宋濂《赠传神陈德颜序》:"德颜善～,小与大咸宜。"清《都是幻·写真幻》五回:"且说花上林入赘在燕如莺家中,日日有文武官员～写画。"《后红楼梦》三〇回:"这两部书不好算咱们的～,只好算先生的著述小影。"

【描朱】 miáo zhū　描红;在一种有红色字模的纸上摹写习字。《元曲选·荐福碑》一折:"则这寒儒,则索村居,教伴哥读书,牛表～。"明叶盛《水东日记》卷一〇:"已上数语,凡乡学小童临仿字书,皆昉于此,谓之～。"清万经《分隶偶存》卷上:"相其下笔粗钝,酷似村学堂五六岁小儿～所作。"

miǎo

【邈】 miǎo　❶描;画。《敦煌变文校注》卷一《汉将王陵变》:"诏太史官～其夫人灵在金牌之上。"《祖堂集》卷一五《盘山和尚》:"师临迁化时,谓众云:'还有人～得吾真摩? 若有人～得吾真,呈似老僧看。'"明汤显祖《牡丹亭》一四出:"再消详～入其中妙,则女孩家怕漏泄风情稿。" ❷模仿;重复。《古尊宿语录》卷九慈照禅师《住谷隐山太平寺语》:"开口即～,拟议即差!" ❸液体涌出。邈,通"冒"。明《金瓶梅词话》八七回:"把刀子去妇人白馥馥心窝内只一剜,剜了个血窟窿,那鲜血就～出来。"又九九回:"向他身就扎了一刀子来,扎着软肋,鲜血就～出来。"

【邈影】 miǎo yǐng　犹"邈真"。《敦煌愿文集·建窟发愿文两篇》之二:"画蝇如活,佛铺妙越于前贤;～如生,圣会雅超于后哲。"《敦煌碑铭赞辑释·李绍宗(润晟)邈真赞并序(伯3718)》:"今晨永别,更无会颜。丹青～,留传他年。"宋陈造《题胡处士猿獐图》:"野猿不驯獐易惊,～渠能写闲暇?"

【邈真】 miǎo zhēn　同"描真"。《敦煌碑铭赞辑释·张保山邈真赞并序(伯3518)》:"～题影,兼赞奇功。"《敦煌变文校注》卷一《捉季布传文》:"白土拂墙交画影,丹青画影更～。"元行秀《从容庵录》四九则:"洞山供养云岩真次,遂举前～话。"

miào

【妙常】 miào cháng 即陈妙常,宋代一个带发修行的尼姑,跟书生潘必正恋爱,被谱入戏剧。后以剧中陈妙常的装束借称带发修行的尼(道)姑的装束。清《隋唐演义》六七回:"线娘道:'公主来了。'萧后见也是～打扮,但觉脸色深黄。"《红楼梦》一〇九回:"只见妙玉头戴～髻,身上穿一件月白素绸袄儿。"《姑妄言》一八回:"好个道姑,生得端端正正,白白胖胖,头戴～巾,身穿水田服。"

【妙供】 miào gòng ❶ 谓虔敬供奉神佛、僧人等。《敦煌愿文集·亡考妣文范本等·入宅》:"或恐惊动土公,轻触神将,凡力匪能消伏,圣德(方)可殄除。故就新居,虔诚～。"《景德传灯录》卷二《第二十二祖摩拏罗》:"汝观五百众中,无有一人堪任～。"元行秀《从容庵录》三二则:"赵州一饱忘百饥,合受人天～。" ❷ 指敬奉仪礼及精美供品。唐司空图《十会斋文》:"今则～已陈,散花乍雨。维摩赴会,捧瑞露以同沾;罗汉飞空,曳危峰而亦至。"《敦煌愿文集·亡文范本等·愿文号头》之二:"则有斋主为自身诞贵之辰设斯～。"又《愿文等范本·律》:"割所爱之珍帛,远降清凉;舍无价之名衣,崇斯～。"

【妙话】 miào huà ❶ 玄妙话;玄理。宋萧廷之《西江月》:"夫妻相会入黄家,共说无生～。"清《绿野仙踪》四六回:"雷住了,我还要到殿中寻你,有～儿和你说。"《女仙外史》三一回:"骊山姥道:'我们如今该说些本分话了。'曼尼道:'本分是第一种的～儿。'" ❷ 奇话;奇怪的话。多用作反语。明《金瓶梅词话》八六回:"姐夫,你说的好～儿,越发叫起儿来了!"清《绿野仙踪》五四回:"苗秃子将舌一伸道:'好～儿!我既然忘记了,还那里想的起和你说?'" ❸ 奇妙的故事。明《二刻拍案惊奇》卷一七:"这是蜀多才女,有如此奇奇怪怪的～。"

【妙疥】 miào jiè 婉称疥疮。明赵南星《山坡羊》:"无人处解罗衣挨皮肉成就了鸾交凤侣,见放着浑身上～儿就是俺俏冤家的表记。"

【妙人】 miào rén ❶ 仙人;奇人。宋蔡伸《朝中措》:"楼高夜永,凭阑笑语,此际谁同?端有～携手,翛然归路凌风。"明《封神演义》七五回:"哨马报入中军:'关内有将讨战。'正是:常胜不知终有败,周营自有～来。" ❷ 美妙可爱的人;风流识趣的人。明《醒世恒言》卷一五:"我好造化,那里说起!天赐这几个～在此,少不得都刮上他。"清孔尚任《桃花扇》五出:"敬老～,随口诙谐,都是机锋。"《续金瓶梅》三一回:"夫妇二人原是一对京城里在行的～儿。" ❸ 指情人。明《金瓶梅词话》八回:"见扇儿多是牙咬的碎眼儿,就是那个～与他的扇子。"《山歌·十六不谐》:"一不谐,七月七夜里～儿来。"《禅真逸史》八回:"还是我的～儿大有见识,使小僧如梦方觉。"

【妙相】 miào xiàng ❶ 奇相;奇貌。明冯惟敏《一枝花·嘲友人试琴》:"捏挪了雁足蜂腰～儿可夸,摸挲了蛇腹牛毛断纹儿非假。"清《飞龙全传》二三回:"果然生就的奇形,天然～,只见左右玉瘤,相离五寸有馀,似两峰对峙,等待相连的一般。"又二七回:"乐子有了这样～,叵耐前日在木铃关上,被那些驴球入的还把唾沫来擦磨。" ❷ 好看;精巧不粗重。清《歧路灯》五九回:"珍珠店赊大珠子穿金冠的牌子,药室内赊些人参,只值钱的东西,又～,又当出价钱来。" ❸ 谓动作轻巧,做事稳妥。清《歧路灯》四〇回:"你去把架上鸡捉一只来杀了,～着些,休要捉的乱叫唤。"又八八回:"你改装出署,到老太爷那边先请请安,你诸事～,我讨回话。"

【庙议】 miào yì 朝廷的谋议。宋《三朝北盟会编》卷七:"～已定,安可改易?"明郑若庸《玉玦记》二四出:"下官素有恢复之志,曾奈～蹉跎。"清屈大均《广东新语》卷七:"其后五军分道大剿,虑各巢并力,遵～名讨蓝、赖二贼,而为质各巢。"

【庙主】 miào zhǔ 寺庙的主持人。《元曲选·看钱奴》三折:"〔净扮庙祝上,诗云〕官清司吏瘦,神灵～肥。"明《封神演义》九回:"众军到了庙前,雷开下马,抬头观看,上悬字乃是'轩辕庙',里边并无～。"清袁枚《子不语》卷六:"时有太监张某往进头香,甫辟殿门,已有香在炉中。张怒责～,～曰:'殿不曾开,不识此香何由得上。'"

【庙祝】 miào zhù 庙观中管理香火等事务的人。唐高绍《重修吴季子庙记》:"慨灵庙之岿然,访贞石而湮灭,询于～,因睹旧文。"明《西游记》一五回:"到此没了下梢,故充为～,侍奉香火。"清朱素臣《十五贯》一三出:"自家苏州府城隍庙一个～便是。"

miē

【乜】 miē ❶ 嬉;神态不庄重。明《醋葫芦》六回:"便把被窝儿熏做香喷喷的,～了张脸,走到熊氏身旁道:'二娘子,今日可不辛苦了!安置罢。'" ❷ 指示代词,相当于"那、这"。清《聊斋俚曲·俊夜叉》:"赌博鬼不害羞,为～钱把脸丢。"又《慈悲曲》:"老杂毛,我把你～小筋抽一条!"又《禳妒咒》:"长命呀,方学会就弄～花花哨。"

【乜嬉】 miē xī 犹"乜斜❷"。《元曲选·神奴儿》一折:"见孩儿撒腩旎,放娇痴,心闹吵,眼～,打阿老,痛伤悲。"

【乜些】 miē xiē ❶ 犹言魍魉。明汤显祖《牡丹亭》五五出:"〔生觑旦作悲介〕俺的丽娘妻也。〔外觑旦,作恼介〕鬼～真个一模二样。" ❷ 同"乜斜❹"。明《西游记》六一回:"将身一变,变作一只香獐,乜乜些些,在崖前吃草。"

【乜邪】 miē xié ❶ 同"乜些❶"。明汤显祖《牡丹亭》五五出:"且问你,鬼～,人间私奔,自有条法。阴司可有?"吴炳《西园记》三〇出:"这比不得人清白认的真,则好鬼～胡厮混。" ❷ 同"乜斜❶"。明陈子升《粉孩儿·定情》:"花冯妇莫笑重叠,～,央你打儿万个丁香结。" ❸ 同"乜斜❷"。明吴炳《绿牡丹》一三出:"只怕眼～见歧,眼～见歧,错认阮郎归。"清孔尚任《小忽雷》三二出:"俺有口浑身怎辨折,泪眼～。"

【乜斜】 miē xié ❶ 胡缠;软磨硬泡。宋元《清平山堂话本·刎颈鸳鸯会》:"且朱秉中日常在花柳丛中打交,深谙十要之术。……四要软款温柔,五要～缠帐。"元佚名《红绣鞋》:"看黄卷消磨永夜,就银釭挑绣些些,倒在我怀儿里撒～。"清《醒世姻缘传》六六回:"不送茶也去送茶,不送水也去送水,在那跟前乜乜斜斜的逗引他。" ❷ 形容目光散乱或视线模糊。元刘庭信《折桂令·忆别》:"想人生最苦离别,脚到处胡行,眼落处痴呆。嘴脸迷稀,身子儿扎挣,眼脑儿～。"《元曲选·马陵道》四折:"急切难迭,脚趔趄,眼～,恰便似酒酣时节。"明《金瓶梅词话》一四回:"吃到三更时分,李瓶儿星眼～,身立不住。" ❸ 萎靡;不清醒或不振作。元刘庭信《折桂令·忆别》:"他那里鞍儿马儿身子儿劣怯,我这里眉儿眼儿脸脑儿～。"明汤式《湘妃游月宫·春闺即事》:"病～恰似醉～,身瘦怯那堪影瘦怯。"康海《醉罗歌·宴集》:"醒还醉,干又沔,不妨终日醉～。" ❹ 昏昧;糊涂。元王元鼎《河西后庭花》:"走将来～头撒吣,不熨帖性儿希林,软处捏,硬处掐,甜处滲。"明李开先《宝剑记》四九出:"一个豪杰,一个奸邪,不如我且做痴呆,且作～。" ❺ 傻瓜;昏昧的人。元马致远《任风子》二折:"俗说:能化一罗刹,莫度十～。" ❻ 指程度深;厉害。元吴弘道《梧叶儿》:"～害,药难医,陡峻恶相思。"明王九思《山坡羊·闺情》:"害的来～,一寸柔肠千万结!"赵南星《喜连声·为柏乡赵妓作》:"夸不彻,夸不彻,霎时不见想的～。" ❼ 趔趄;踉跄。元佚名《一枝花·盼望》:"再休题眼角泪一哭一个昏迷,舌尖话一说一个软怯,手梢情一扑一个～。"清《野叟曝言》四回:"那肚里的酒就往上直涌起来,一时脚步～,望床边摇摆上来。"《儒林外史》五三回:"当下虔婆前后共吃了几大杯,吃的乜乜斜斜,东倒西歪。" ❽ 眼睛眯缝或斜视。明朱有燉《醉太平·老病初痊戏作》:"强支吾扶不起沈郎腰,～着瞧老。"清方成培《雷峰塔》一三出:"这风光魂销奈何,心里没些裁夺。禁不得～星眼,忍笑微睃。"《红楼梦》八回:"宝玉～倦眼道:'你要走,我和你一同走。'" ❾ 活润;生动。明冯惟敏《柳摇金·风情》:"俺也曾闲评优劣:他比花添了些～,月比他少欠了风流业。"又《仙子步蟾宫·肉屏》:"纸儿糊怎如他温热,峥儿光不似您调贴,画儿好少比俺～。"

【乜谢】 miē xiè 同"乜斜❹"。清《醒世姻缘传》五二回:"气的老狄婆子……狠的把手在狄希陈脸上指了两指,说道:'这要是你爹这们～地宁头,我也要打!'"

【乜躠】 miē xiè 同"乜斜❹"。清《醒世姻缘传》八〇回:"人嫌他汗气,我闻的是香;人说他～,我说是温柔。要不是心意相投的,我嫁他么?"

miè

【灭】 miè ❶ 死亡。多指僧人死亡。唐《临济禅师语录》:"师临迁化时据坐云:'吾～后,不得灭却吾正法眼藏!'"宋《朱子语类》卷一三七:"自孔、孟～后,诸儒子不细读得圣人之书,晓得圣人之旨,只是自说他一副当道理。"清《醒世姻缘传》一回:"恨不得叫计氏即时促～了,再好另娶名门艳女。" ❷ 拂逆;违越。明《醒世恒言》卷一:"听说宾客相待,先有三分不耐烦了,却～不得石知县的恩,没奈何依着丈夫言语,勉强奉承。"又卷三五:"却见徐宏亲自奔来相请,二人～不过侄儿面皮,勉强随来。"清《红楼梦》七七回:"他总好,也～不过我的次序去。"

【灭度】 miè dù 佛教语。涅槃的意译。多谓僧人死亡。敦煌本慧能《坛经》:"大师言:'……吾～后,汝各为一方头,吾教汝说法,不失本宗。'"明朱国祯《涌幢小品》卷二四:"阇黎智慧,纵未脱轮回,当复生人间,世为大善知识。胡为于～之后,现此穷薄困苦之相?"清《续金瓶梅》五五回:"只因佛～后,天人诸国分去舍利,各国供养。"

【灭胡种】 miè hú zhǒng 谓断绝佛教法脉者。系禅家对执迷不悟者的斥骂语。胡,指佛。五代《云门禅师广录》卷上:"这～,尽是野狐群队,总在这里作么?"又:"似这般～,长连床上纳饭阿师,堪什么共语处!"《五灯会元》卷二〇《荐福休禅师》:"此土与西天,一队黑漆桶。诳惑世间人,看看～。"

【灭裂】 miè liè 粗疏;马虎;不重视;轻慢。唐王昌龄《吊轵道赋》:"其有随覆车之遗迹,蹑咸阳以崩倒;陈炯戒而罔怀,终～以荡埽。"元《通制条格》卷一八:"定到舶法、抽分则例、关防节目,仰行省各处市舶司所在官员奉行谨守,不得～违犯。"清《蜃楼志》一六回:"告状人竹中黄、理黄,为服中叠娶、～名教,赐提讯究事。"

【灭相】 miè xiàng 犹"蔑视"。元尚仲贤《气英布》一折:"这汉～自家煞小可,如还我不坏了他,则俺那楚王知倒做了咱的罪过。"佚名《博望烧屯》三折:"快拥出辕门休问当,可不人不得～。"明佚名《石榴园》二折:"颇奈那无端的曹丞相,将人来厮～!"

【蔑视】 miè shì 轻视;小看。唐佚名《玉泉子》:"其所与游者,徒利于酒肉,其实～之也。"明孟称舜《娇红记》八出:"叵耐宋朝北臣契丹,西和西夏,～咱国,不来进奉。"清《姑妄言》一六回:"锺生不过以～之,故赠之也轻。"

【懱㨙】 miè jié 犹"乜斜❸"。《五灯会元》卷一〇《净德智筠禅师》:"上座莫恁么～地。……威光赫奕,亘古亘今,幸有如是家风,何不绍续取?为甚么自生卑劣,枉受辛勤,不能晓悟?"

【篾】 miè ❶ 当篾片,指做帮闲。明《鼓掌绝尘》三八回:"专靠～儿个大老官,赚些闲钱儿过活。"清《生绡剪》八回:"偶然蹈袭得些修养之法,几句卫生歌,～着一个老先生。"《姑妄言》一五回:"邬合以～为生者也,自他三人改过后,而邬合谀亦减于往昔。" ❷ 逢迎;讨好。清《玉蟾记》五〇回:"你骂我狗才,你难道不是狗才?我如今也不～你了。"《姑妄言》五回:"况且人太通了,满腹珠玑,岂肯做无耻的勾当,去骗馆谷～东翁。"

【篾黄】 miè huáng 即"篾篁"。一说为杀过青的竹片。篾有青篾、黄篾之分。宋元《古今小说》卷三五:"将条～穿那馉饳儿,捏些盐,放在官人面前。"

【篾篁】 miè huáng 细竹片。宋元《清平山堂话本·简帖和尚》:"将条～穿那馉饳儿,捏些盐,放在官人面前。"

【篾客】 miè kè 即"篾片❷"。清《野叟曝言》三三回:"那一个不要来分使几个钱儿?就是～、架儿,每年间也要陪些茶酒。"《粉妆楼》四回:"后面穿天蓝的,就是沈府中第一个～,叫做景上天。"

【篾缆】 miè lǎn 细竹片扭的绳,可用于牵引或照明。唐封演《封氏闻见记》卷六:"拔河,古谓之牵钩。……古用～,今民则以大麻絙。"明王士性《广志绎》卷五:"上者犹可牵船,～名曰火仗,长者至百丈。"清《野叟曝言》五二回:"只见几碗灯笼,几根～,点得雪亮。"

【篾老】 miè lǎo 即"篾片❷"。清《玉蟾记》一四回:"我记得《千家诗》第一首第一句诗曰:云淡风轻近午天,……第三句记得呢:诗人不识予心乐。第四句又忘却了,索兴诌他起来:～行中一干员。"

【篾片】 miè piàn ❶ 竹子破成的薄片。明宋应星《天工开物·甘嗜》:"候视火色,将新青竹破成～,寸斩撒入其中。"《挂枝儿·灯笼》:"亏杀那～儿帮得好,因此心火上又添油。"按,此例语义双关。清《平山冷燕》六回:"(风筝)～作胎轻且薄,游花涂面假为奇。" ❷ 喻称以帮闲凑趣谋利营生的人。明袁于令《双莺传》六出:"新出来做～,胡言乱道,一些也不在行。"清《鸳鸯针》四卷三回:"望空捉个头儿,居然是一位得意帮闲,凑趣的～。"《聊斋俚曲·禳妒咒》:"自蒙青盼,全无他念。况且是母亲的总管,又说是夫人的～。"

【篾骗】 miè piàn 同"篾片❷"。明《韩湘子》二三回:"依我看起来,那终南山倒不是怀道宗玄之士、练精饵食之夫栖托的去处,倒是一个～拐子的渊薮了。"

【篾簟】 miè tán 犹"篾缆"。清《风流悟》六回:"原叫了一乘小轿,三四个吹手,高灯~来到船边,娶亲娶上岸了。"

【篾罈】 miè tán 犹"篾缆"。明袁于令《西楼记》一〇出:"~头、蜡烛头,一壁角落;残拜帖、旧封简,受子满房。"

【篾子】 miè zi 竹篾;细薄的竹片。明《古今小说》卷二六:"婆儿见张公回来,便道:'~一条也不动,缘何又回来得早?'"《封神演义》一五回:"子牙依其言,劈了~,编了一担笊篱,挑到朝歌来卖。"

mín

【民兵】 mín bīng 民间武装组织,亦指该组织的人员。宋李纲《靖康传信录》卷三:"乃与许翰条具调发防秋之兵,大概有五:一曰系将兵,二曰不系将兵,三曰土兵,四曰~,五曰保甲。……~,弓箭社、刀弩手之类是也,不过一万人。"洪迈《夷坚志》支景卷一〇:"郑、张皆义勇~。郑归,取所佩刀,再至张门叫呶。"清《飞龙全传》二六回:"赵匡胤在五索州城中,被解保领了~围捉。"

【民快】 mín kuài 征调民兵组成的治安缉捕组织,亦指该组织的人员。《元曲选·竹坞听琴》二折:"迅步行踏,莫不是那官中~央及的怕,因此上出郊外贪寻幽雅?"明张瓒《东征纪行录》:"初五日,阅武且犒戎县镖手。初六日,遣百户王永庆率嘉定等州县~千二百人为六哨。"《西游记》九七回:"因送还寇家报恩,不期~人等捉获,以为是贼。"

【民义】 mín yì 犹"民兵"。《宋史·度宗纪》:"马湖蛮王汝作、鹿巫蛮王沐丘帅蛮兵五百餘,助官军、~阻险马湖,捍御有功。"元张国宾《薛仁贵》楔子:"目今听知国家跨海征辽,召募~充军,孩儿待充军去,兀的怎奈何?"《元典章·台纲二》:"为顾仲和节次管领~,杀获首贼等事,准此,拟从行省所拟,于巡检内任用。"

【民壮】 mín zhuàng 犹"民兵"。明王廷相《雅述下》:"当时大臣建议,设立~,以备仓卒。法古兵出于农之义,三时在野力田,一时入城讲武;若有征调,即同正军。"《拍案惊奇》卷二〇:"一面点起~,分头追捕。"清《荡寇志》一〇四回:"这几个~,都是本县心腹。"

mǐn

【闵掠】 mǐn lüè 同"抿掠"。明佚名《折桂令·嘲意》:"拗掇作身躯,~着髭须,那里也知理知书。"

【闵子里】 mǐn zi lǐ 即"酩子里❶"。宋赵长卿《簇水》:"~,施纤手。云情雨意,似十二巫山旧。"按,一本作"暝子里"。明佚名《红绣鞋》:"望梅花子弟单兜,~姨夫做冤仇。"清李调元《雨村词话》卷一:"~,即《西厢》酩子里,乃暗地里之谓也。"

【抿】 mǐn ❶ 抹;用抹子刮压。《云笈七籤》卷七一:"但平拨,不须实,以匙多少~使平整。"明沈榜《宛署杂记》卷一五:"修大门外影壁、东南北墙,修补灰~,价十三两八钱七分二厘。"清翟均廉《海塘录》卷四:"又于每石合缝处,用油灰~灌,铁鑻嵌口,以免渗漏散裂。" ❷ 即"抿子❷"。明刘若愚《酌中志》卷一六:"广惠库,职掌彩织帕、梳栊~刷、钱贯钞锭之类。"《梼杌闲评》四回:"梳盒内一应~刷油粉,件件俱全。"清《女仙外史》二三回:"雇车雇骡,以及置买被褥梳~等物,只要吃亏,不要便宜。" ❸ 用抿子或手蘸水抹齐鬓发。清《红楼梦》四二回:"宝玉在旁看着,只觉更好,不觉后悔不该令他~上鬓去。"《红楼复梦》三一回:"~的光光的头,插着几枝玉簪棒儿。" ❹ 闭;合拢。明《西洋记》五六回:"一边拜,一边还~着个嘴儿笑不住哩。"清陈端生《再生缘》七三回:"抬玉手,~朱唇,轻与姑娘捏耳根。" ❺ 往缝隙中塞。明《绣榻野史》卷上:"他将一半吃在口里,一半~在我臀里,就一发滑通通的了。"清《醒世姻缘传》九三回:"生葱生蒜齐~,猪肉牛肉尽吞。"按,此例指吃。 ❻ 挥击;捶打。清《醒世姻缘传》六〇回:"旁里绰过一根门拴,举起来就~。"又六七回:"上边使那紫茄子般的拳头就~,下边使那两只稍瓜长的大脚就踢。"

【抿鬓】 mǐn bìn 用抿子或手蘸水抹齐鬓发。清陈端生《再生缘》五〇回:"潘良媳妇旁边候,相帮着,~梳头与插环。"

【抿耳】 mǐn ěr 帖耳;耳朵贴伏在脸部两边,形容驯服貌。《元曲选外编·圯桥进履》一折:"我如今唤他一声善哥,他便~攒蹄,伏伏在地。"明《西游记》七九回:"今见主人呼唤处,现身~伏尘寰。"清《醒世姻缘传》六二回:"一听见了他的声音,唬得俯伏在地,垂头闭眼,~攒蹄。"

【抿脚】 mǐn jiǎo 抿子的扁平条状部分;抿子的齿。明高濂《遵生八笺》卷一八:"将猪蹄汤洗净疮处,以~挑膏涂搭患处。"清《医宗金鉴》卷六一:"洗后,随用~挑玉红膏于手心上捺化,搽涂疮口内外。"

【抿镜】 mǐn jìng 梳头用的小镜子。明《金瓶梅词话》二三回:"惠莲小意儿,在旁拿~,掇洗手水,殷勤侍奉。"又六七回:"镜台前拿过~,只抿了头,戴上䯼髻。"

【抿口】 mǐn kǒu ❶ 封口;把出口封严。明孙一奎《赤水元珠》卷三:"右研末入罐,盐泥固济~。" ❷ 犹"抿嘴"。清《镜花缘》六七回:"众人听了,都~而笑。"《红楼复梦》九〇回:"瑞麟瞧著这样神气,不住的~而笑。"

【抿掠】 mǐn lüè 梳掠;用抿子梳理。宋张齐贤《洛阳缙绅旧闻记》卷四:"刘某摇首不之受,中令遂自将幞头与裹,令女使~之。"清《红楼复梦》二一回:"秀春匀了面,~云鬓走出外间。"

【抿目】 mǐn mù 丧仪之一。孝子抹下死者眼皮使闭合。明《金瓶梅词话》六三回:"西门庆要亲与他开光明,强着陈经济做孝子,与他抿了目。"

【抿头】 mǐn tóu 用抿子或手蘸水抹齐头发。明《金瓶梅词话》二〇回:"孟玉楼、潘金莲百方撺掇,替他~,戴花翠,打发他出来。"清《红楼复梦》二三回:"又如何看见秀春系裙子,桑奶子给他~,前前后后的话说了一遍。"

【抿子】 mǐn zi ❶ 抹平缝隙填充物的工具。扁平条状,一端有曲折柄。明江瓘《名医类案》卷一〇:"以鹅翎蘸汤洗患处,以~涂麦饭石膏。"沈榜《宛署杂记》卷一五:"(殿试备)剪子四把,~四把,青布门帘四十个。" ❷ 蘸油或刨花水抹头发的小刷子。明《型世言》九回:"(王喜)随身止带一个指头的刷牙、两个指头的箸儿、三个指头的~、四个指头的木梳,却不肯做五个指头伸手的事。"清《红楼梦》四二回:"只见两鬓略松了些,忙开了李纨的妆奁,拿出~来,对镜抿了两抿。"《红楼复梦》八回:"平儿用~抿了抿云鬓,用扑粉把脸匀了匀。" ❸ 用在数词"一"的后面,表示一抿子的动量或数量,言其轻微。明《金瓶梅词话》六一回:"秃子包网巾——饶这一~儿也罢了。"清《红楼梦》五五回:"环哥娶亲有限,花上三千两银子,不拘那里省一~也就够了。"《红楼复梦》五一回:"王夫人笑道:'宝丫头的诗兴又发作了。'平儿笑道:'这叫做老太太梳油头,又少不了他这一~。'"

【抿嘴】 mǐn zuǐ 嘴唇轻轻闭拢。清《红楼梦》一五回:"智能儿～笑道：‘一碗茶也争，我难道手里有蜜！’”《白雪遗音·秀才嫖》：“佳人听说～笑，既是个秀才不该来嫖。”

míng

【名榜】 míng bǎng ❶ 犹“名额❸”。唐李华《台州乾元国清寺碑》：“国步既清，庙易～，因改曰‘乾元国清寺’。” ❷ 犹“名纸”。明《古今小说》卷三四：“忽见一青衣小童进前作揖，手执～一纸曰：‘东人有～在此，欲见解元。’” ❸ 公开发布的名单。多指考试录取名单。清《女仙外史》八二回：“唐之进士，皆试诗赋一篇，甚有止以五言绝句，甲于～，而为天下所称道者。”△《红楼真梦》八回：“原来箭上都刻着各人姓名及一二三等字，验完了，在牌下标出～。”

【名场】 míng chǎng ❶ 高雅著名的社交场合；名流聚会之处。唐卢肇《进海潮赋状》：“夜无脂烛，则爇薪苏；晓恨顽冥，亦尝悬刺。在～则最为孤立，于多士则时负独知。”明屠隆《昙花记》九出：“愿离五浊向云堂，长依七宝游龙藏。选佛～，旃檀座下，跏趺合掌。”清《照世杯·七松园》：“这张少伯家私虽不十分富厚，爱走～，做人还在慷慨一边。” ❷ 追逐名声地位的场所。唐李咸用《临川逢陈百年》：“教我无为礼乐拘，利路～多忌讳。”明徐复祚《一文钱》六出：“争奈众生渐染太深，鼎鼎～利窟；愚痴太重，胶胶业种疑根。”清《蜃楼志》二回：“急流勇退，大是～要着。但是辞商一事，不便再求家表叔转弯。” ❸ 指科举考试或科举试场。唐姚合《答韩湘》：“子在～中，屡战还败北。”明《石点头》卷一：“外甥此来，虽为问候母舅并舅母二大人之安，然亦因～失利，借此为散散愤郁。”清陈端生《再生缘》四五回：“上回谈到明堂相，钦点～作主文。”

【名刺】 míng cì 名片。唐元稹《重酬乐天》：“最笑近来黄叔度，自投～占陂湖。”明《警世通言》卷一七：“当下写了～，先去谒曹公。”清王士禛《香祖笔记》卷八：“唐、宋启事用门状，即今士大夫彼此拜谒之～也，上书某官谨祗候某官。”

【名额】 míng é ❶ 名目。唐元稹《中书省议赋税及铸钱等状》：“若此则赋敛无～之烦，贫富有等差之异，人知定准，吏绝因缘。”宋朱熹《庚子应诏封事》：“此外又有月桩移用诸杂～，抛卖乳香、科买军器、寄招军兵、打造铁甲之属。” ❷ 人员的数额。唐李炎《加尊号后郊天赦文》：“僧数既少，不足住持，并合同居，事从简当，委功德使条疏，各具去著～奏闻。”明郑纪《简魏国公》：“夫本寺役厨～虽有三百五十，正统十四年扣减月粮，逃亡过半。”清雍正十年三月十九日鄂弥达奏文：“今若改为州学，应请皇恩加广进泮～，以宏鼓励。” ❸ 题写着名号的匾额。五代李亶《禁兴造寺院敕》：“应天下大寺及敕赐～院宇，兼有功德堂殿楼阁已成就者，各勒住持。”《景德传灯录》卷二〇《瑞龙院幼璋禅师》：“尚父陆仁璋于西关选胜地建塔创院，赐～，令僧守护。”清《说岳全传》七三回：“四边门牌皆写着～：东曰风雷之狱，南曰火车之狱。”

【名儿】 míng er 名字。《元典章·刑部十五》：“别个但是教写著～的人断一百七下。”《元曲选·鲁斋郎》楔子：“那一个官司敢把勾头押？提起他～也怕。”清《续金瓶梅》三三回：“恨不得搂在怀中，免得我半夜三更叫着～胡思乱想。”

【名公】 míng gōng ❶ 佛教称著名高僧。《祖堂集》卷八《华严和尚》：“他诸～悉皆转经，唯有师与弟子不转经。”又卷一三《报慈和尚》：“别日，又于大安殿上集百寮升殿，及两街僧录、～大师。”《景德传灯录》卷二五《报恩寺慧明禅师》：“王因命翠岩令参等诸禅匠及城下～定其胜负。” ❷ 誉称有某种专长的人。元邵元长《湘妃曲·赠锺继先》：“想达士无他事，录～半是鬼，叹人生不死何归？”清《绿野仙踪》二二回：“到二十岁内外，更成了水中～。每逢山河水大至，他偏要卖弄手段。”《说岳全传》三三回：“奈他自幼专爱使枪弄棒，因此太公访求几个～教师，教了他十八般武艺。” ❸ 尊称一般的人。明贾凫西《历代史略鼓词·开场致语》：“列位～！休道俺谈策的是睡梦中妄语。”清陈端生《再生缘》二二回：“快报尔家寨主得知：俺湖广岳州府平江县人，姓皇名甫表字少华，久慕～的美名，今日特来求见。”

【名花】 míng huā 喻指美女。宋高观国《意难忘·代赠》：“仙子奇容，是～第一，美占春风。……料认得、娇云媚雨，来自巫峰。”明屠隆《昙花记》三七出：“别檀郎，～无主，寂寞度年光。”清《西湖佳话》六回：“既系妓家，便不妨往而求见。纵不能攀折，对此～，流连半晌，亦人生之乐事也。”

【名柬】 míng jiǎn 犹“名纸”。明夏允彝《幸存录》卷上：“叶台山相国固不可及也。每边臣上书，必手答之。此后止发一～而已。”清袁枚《子不语》卷一二：“予独坐，见一使者持一～至邀余，即同步出门外。”《珍珠舶》六回：“金生唤着老苍头，持了～，随往城内拜客。”

【名件】 míng jiàn ❶ 名称；名目。宋郭若虚《图画见闻志》卷一：“画翎毛者，必须知识诸禽形体～。”明陆容《菽园杂记》卷九：“今吴音讹呼雎为竖。婚礼，好事者必求鸳鸯王雎，以备～。”清《两肉缘》八回：“二人一凑一来，各自高兴，便叫出许多肉麻的～。” ❷ 案卷；案件。宋曾巩《英宗实录院申请札子》：“应有臣僚进献文字，曾送史馆，或留在中书，铲刷～，及下史馆，尽底检寻，降付本院。”《宋会要辑稿·刑法三》：“今赦到日，将应未结绝～限一月依公结绝。”金王处一《识讳忌》：“十二时中善恶童，录抄～覆天公。”

【名口】 míng kǒu 量词。用于人。明归有光《送恤刑会审狱囚文册揭帖》：“该本县具上囚帐：除军徒外，凌迟处死三～，斩罪五十一名，绞罪二十五名。”清《野叟曝言》一〇四回：“碧滩、罗渌等诸险要，俱经削平，呈上衣甲军器，米豆谷麦各册，及降卒男妇～清折。”《女仙外史》九回：“照得某都某里某家，大小共若干～，真系乏食灾民。”

【名蓝】 míng lán 著名的佛寺。蓝，伽蓝之省。唐云真《西林寺水阁院经藏铭》：“结胜事于～，树良因于宝藏。”《景德传灯录》卷一四《天皇道悟禅师》：“郡之左有天皇寺，乃～也。”清赵翼《将入云栖修篁夹路》：“～访云栖，一径入深竹。”

【名目】 míng mù ❶ 名字；姓名。《通典》卷五八：“二曰问名，用雁，谓问女～，将卜之也。”金《刘知远诸宫调》一：“父亲多雄武，～号光珽，因失阵，身亡殁。”《元曲选外编·延安府》二折：“撞见一个倚势的官人，说葛彪便是他～。” ❷ 编目；命名。唐毋煚《撰集四部经籍序略》：“刘歆作《七略》，王俭作《七志》，逾二纪而方就。孰有四万卷目，二千部书，～首尾，三年便令终竟？”《太平广记》卷五七引《集仙传》：“或立致精细厨食，肴果香酒奇浆，不可～。”清沈复《浮生六记》卷四：“过桥见三层高阁，画栋飞檐，五采绚烂，叠以太湖石，围以白石栏，～‘五云多处’。” ❸ 名声；名气。宋洪迈《夷坚志》三辛卷七：“(妾)本临安人，父亦有小可～。”《元曲选·李逵负荆》四折：“好宋江！好鲁智深！你怎么假名冒姓，坏我家的～！”清《醒世姻缘传》三六回：“心里极待嫁人，口里不肯说出，定要坐一个不好的～与人。” ❹ 由头；名义。《宋会要辑稿·刑法二》：“自今在京作过人该徒配外州者，无得差驾纲接送诸般～上京。”明《金瓶梅词话》：“线铺生意只是～而已。今他府上大小买卖，出入赀本，那些儿不是学生算帐！”《醒世恒言》卷二三：“虽是海陵假托别样～来宣召他，他也只以疾辞。”

【名牌】 míng pái ❶标写姓名、品名的牌子。宋周密《武林旧事》卷六：“每库有祗直者数人，名曰下番。饮客登楼，则以～点唤侑樽，谓之点花牌。”明沈周《题牡丹》：“～新样紫牙刊，露重烟深正好看。”清孙承泽《春明梦餘录》卷七：“御马监之马，云锦成群。每一马各有～，壮士控之，由东过西。” ❷招牌。宋元《清平山堂话本·杨温传》：“出街市闲走，见一个卦肆，～上写道：未卜先知。”

【名气】 míng qì 名声气节；声誉。元朱庭玉《袄神急·贫乐》：“竟贪财贿，争～。纷纷蚁战，扰扰蜂集。”明倪元璐《光禄寺寺丞先兄三兰府君行状》：“而复社之论作，社盛治才，而其人矜～。人求入社不得者，皆忌之。”清《绿牡丹》三〇回：“家爷在世是有～的，家业颇有。”

【名色】 míng sè ❶出名的美色；名女。唐孟棨《本事诗·情感》：“秀才当今名士，柳氏当今～，以～配名士，不亦可乎？”金元好问《三知己·溪南诗老辛愿》：“闾阎间非无～，一旦作公夫人，则举步羞涩，曾大家婢不如。”明《别有香》一一回：“饱极豪奢，广搜～，都教禁闭空庭。” ❷名分；名头。或指有名头身分。唐卢照邻《五悲文·悲人生》：“若夫正君臣，定～，威仪俎豆，郊庙社稷，适足夸耀时俗，奔竞功名。”《元曲选·谢金吾》一折：“则俺这百尺楼台，是祖先留在。功劳大，更打着个郡马的～，那厮也怎敢便来胡拆？”明《型世言》二回：“有钱的便可使钱，外边央一个～分上，里边或是书吏，或是门子，贴肉揌，买了问官。” ❸名称；名字。唐孔颖达《毛诗正义》卷二〇《駉》：“马有异种，～又多，故每章各举四色以充之。”明许潮《写风情》：“这酒是甚么～？〔末〕此是杜康传下的瓮头春。”清《水浒后传》五回：“那姓柳的又不是赫赫有名之人，平时忽略，记不真他居住的街巷～。” ❹种类；类别。宋《朱子语类》卷七九：“下文‘凡厥庶民’以下，言人君建此表仪，又须知天下有许多～人，须逐一做道理处著始得。”费衮《梁溪漫志》卷九：“某月某日某人染某物若干，凡数百条，所书月日、姓氏、～、丈尺无毫发差。”明《西游释厄传》卷一：“如今五虫之内，惟有三等～不伏阎王老子所管。” ❺名义；由头。宋汪应辰《与周参政书》：“近户部行下，以今岁下半年赋，限七月内令以其他～，先次兑那，起发一半。”明许三阶《节侠记》一六出：“但恐那奸邪知道，或把聚众的～诬害他。”清《隋唐演义》二五回：“今叔宝因捕盗，遭州中荼毒，要兄托甚～，取了他来，以免此害。” ❻名声；声誉。明贾凫西《历代史略鼓词·正传》：“倘若武王那时再假斯文道学起来，回避叛臣弑君的～，竟高抬贵手，宽了纣王的阳数，那商家十万亿的子孙，六百年的故旧，犹指望死灰复燃。”清《白圭志》九回：“今书房之生，惟作速逐出，休使他又坏我～。” ❼名义上；形式上。明《山歌·网巾圈》：“结识私情没要像个网巾圈，～成双几曾做一连？”清《姑妄言》二回：“他两人也不待父母之命，亦不用媒妁之言，做了一对～夫妻。”《后红楼梦》一五回：“黛玉只～儿坐了坐，就回去了。”

【名帖】 míng tiě 犹“名纸”。明《醒世恒言》卷二九：“又将个～，差人去邀请知县。”清王士禛《池北偶谈》卷五：“至日渠来，见四司无人，各留一～而去，竟亦无如之何也。”方成培《雷峰塔》二〇出：“白氏青儿已不知去向，因此即备～，将宝巾送还萧府说明就里。”

【名听】 míng tīng 名声。宋《三朝北盟会编》卷四：“南使射生得中，～甚远，可立一显名，今后唤作伊埒玛勒。”元贯云石《孝经直解》一：“卓立身己，行的好勾当，留得好～。”古本《老乞大》：“咱每世上人做男儿行呵，自己祖上～休坏了。”

【名头】 míng tou ❶名号；名字。明柯丹邱《荆钗记》八出：“〔丑〕我说的是孙半州、孙官人，～也有十七八个。”《西游记》一八回：“那怪闻得这个～，就有三分害怕。”清《绿野仙踪》七二回：“你看他们闻我的～去了，少不得还要转来。” ❷名声；名气。《元朝秘史》卷九：“他又是大～的人，无缘故，不可将他害了。”《元曲选·桃花女》一折：“你的～传播的远了，那算卦的人难道为这一个不著便不来要你算？”清《野叟曝言》一〇九回：“正妃要请法王、真人进来禳解，一来怕破了作法的大事，二来怕传说出去～不好。” ❸由头；名义。明《拍案惊奇》卷三二：“胡生假做扶他的～，抱着铁生进帘内来。”《石点头》卷一二：“方六一托着董昌～，传言送语，假效殷勤。”清《醒世姻缘传》四四回：“狄希陈饶是这等开交，还怀了一肚皮怨气，借了哭汪为露的～，叫唤了个不住。”

【名衔】 míng xián 姓名和官衔。唐白居易《刑部尚书致仕》：“唯有～人不会，毗耶长者白尚书。”元陶宗仪《辍耕录》卷一五：“而以建中靖国续帖十卷，易去岁月～，以为后帖。”清《女仙外史》九回：“周尹就传工房，匾上止用本县～，即刻送去。”

【名降】 míng xiáng 即“名项”。《元曲选·抱妆盒》二折：“东果园西果园南果园北果园都有果品，你可是那一个园里采的？那果品是何～？你对我从实说来！”

【名项】 míng xiàng 名称；名声。《元曲选外编·博望烧屯》四折：“我今日当权，掌军师～，则不如我在那半坡里养性。”明朱有燉《风月牡丹仙》二折：“佳名号曰花王，万卉千葩仰望，魏红千叶芬芳，消得花妃～。”陈铎《天净沙·牢子》：“军牢～，一生那到监房。”

【名纸】 míng zhǐ 名片。唐戴孚《广异记·汝阴人》：“向暮，化成一女子，手把～直前云：‘王女郎令相闻。’”宋吴曾《能改斋漫录》卷二：“梁何思澄终日造谒，每宿昔作～一束，晓便命驾，朝贤无不悉狎。盖～始见于此。”清《野叟曝言》一三六回：“素臣命文敏出去，付差役～一张，令其回话。”

【名缁】 míng zī 著名的僧人。缁，黑色。僧服黑，代指僧人。唐卢肇《宣州新兴寺碑铭》：“大中二年拜宣城，常与～会难。”元谢应芳《倪元镇过娄江寓舍》：“同游得～，吟啸兴不孤。”明陈继儒《狂夫之言》卷二：“犹有屠沽掷刀之意，故～出而与之遘。”

【明】 míng 次日；第二天。唐王维《宿郑州》：“～当渡京水，昨晚犹金谷。”明叶宪祖《团花凤》一折：“约他～晚后门相等，随他私奔。”清《红楼梦》一四回：“～儿他也睡迷了，后儿我也睡迷了，将来都没了人了。”

【明暗】 míng àn ❶指白天黑夜。《敦煌愿文集·临圹文（斯5573）》：“故有二仪运转，四相奔流，～交迁，晨昏递谢。”宋张继先《度清霄》：“～二景交相转，生来死去纷易换。”明宋濂《佛智弘辨禅师杰峰愚公石塔碑铭》：“师佩受其言，不分～，兀坐如枯株。” ❷指晴阴。宋方岳《宿芙蓉驿》：“麦秋天气半～，蚕月人家忌往来。” ❸眉目；端倪。元马致远《夜行船》：“才见了～，且做些搠淹。倘忽间被他啜赚，那一场羞惨。”明《西游记》九五回：“望圣僧救得我真公主来，分了～，必当重谢。” ❹公开与暗地。清《绿野仙踪》三九回：“此事必须人鬼兼半，～并行，方为妙用。”

【明白】 míng bái ❶明亮；光明。宋《汾阳禅师语录》卷上：“乾坤大地，皎然～。”明《挂枝儿·镜》：“你当面～得好，转背又便昏。”按，此例语义双关。清《水浒后传》一五回：“闪入房中，把残灯剔起，～着好下手。” ❷辨明；弄清楚。唐韩愈《与祠部陆员外书》：“执事好贤乐善，孜孜以荐进良士，～是非为己任，方今天下一人而已。”元明《水浒传》四五回：“杨雄与我结交，我若不～得此事，枉送了他的性命。”明王玉峰《焚香记》二六出：“分明大王与咱一梦，道阴阳间隔，难以处分，待奴阳寿终时，与奴～。” ❸ 公然；公开。金《刘知远诸宫调》二：“今夜与妻故来相别，不敢～见你。”元佚名《红绣鞋》：“背地里些儿欢爱，对人前怎敢～，情性的夫人又早撞将来。”清《歧路灯》二七回：“这是俺姐夫一个后代，明日就出帖请街坊邻舍吃汤饼，明明白白的做了。怕什么？” ❹ 明明地；显然。《元曲选·东堂老》三折：“他那里是着我叫？～是羞我！”明《古今小说》卷二六：“只以画眉为实，更不推详来历，将李吉～屈杀了。”清《醒世姻缘传》一六回：“当真差人把他赶了去，或是叫人首到厂卫，这～是我断送他了。” ❺ 了断；彻底解决。元荆干臣《醉春风》：“茶不茶饭不饭恹恹害，死不死活不活强强捱，相思何日得～。”清《何典》二回：“你们也要与他讲通彻了，若未曾～，要防他赶上司。” ❻ 表面。明薛论道《桂枝香·惧内》：“～不见青和肿，就里行常暗带伤。” ❼ 记录；底细；答案。明王玉峰《焚香记》二九出：“判官，与我逐一查那善恶文簿，要见何年月日，有何人套写王魁家书，掇赚他夫妻离间，有无～。”清方成培《雷峰塔》一〇出：“这是裘王府的住宅，不知那一家是？且唤地方一问，便知～。”《后水浒传》一回：“我想公孙胜哥哥当日先去，他定然还在，况他又有些学识，何不去问他一声，或者有一个～。” ❽ 妥帖；妥当。清《歧路灯》一回：“你如今多住几日，我安插家务～，要同你南去。”又九八回：“铺面房子不曾安顿～，如何突然贩的书来？”《荡寇志》七四回：“希真去里面同女儿商量安排～，却出来点起灯烛，陪众人吃酒。”

【明分】 míng fēn ❶ 明明；显然。宋佚名《张协状元》二七出：“他～欺负下官。” ❷ 分明；清楚。《元曲选·谢金吾》四折：“此桩事久屈无伸，到今日才得～。”

【明甫】 míng fǔ ❶ 同“明府❶”。元明《三国志通俗演义》卷九：“遂唤子义曰：‘可佩吾剑作～。今日置酒，但叙旧日交情耳，如有但题曹操并东吴军旅之事者，可立斩之！’”明佚名《草庐记》三〇出：“黄公覆，今日之酒，叙吾旧日之情，坐席间不可以言东吴、曹操军旅之事，可佩吾剑，作个～，如有言之者即斩。” ❷ 同“明府❷”。明崔时佩、李日华《西厢记》七出：“烦老道做个～，他输，与我做儿子；我输，与他做娘！”清《醒世姻缘传》七六回：“但是素姐不知道的，都央相大舅父子作了～，都分与了小翅膀。”

【明辅】 míng fǔ 同“明府❷”。《元曲选·薛仁贵》一折：“监军爷，你做个～，当日个过海平辽时，我薛仁贵有五十四件大功，都被张士贵赖了。”

【明府】 míng fǔ ❶ 酒宴纠仪或饮酒行令的主持人；令官。唐牛僧孺《玄怪录》卷二：“一女郎为～，……举觞酹酒曰：‘愿三姨婆寿等祇果山！’”皇甫松《醉乡日月》：“～之职，前辈极为重难，盖二十人为饮而一人为～，所以观其斟酌之道。每一～管骰子一双、酒勺一只。”元《前汉书平话》卷下：“敕下樊伉为～监宴，赐剑一口，如有筵前作闹者，先斩后奏。” ❷ 见证人；证明。明徐复祚《投梭记》一六出：“今日卮酒为誓，丞相为～，从孤者满饮此杯。日后相忘，使卿等觖望，有如此酒！”《金瓶梅词话》五四回：“哥做个～，那里有这等率性的事！”清《醒世姻缘传》四一回：“你去请了金亮公来，咱屋里查点，叫他外头上单子，也是个～。” ❸ 本为府、县长官的美称，后可尊称一般的人。明《禅真后史》一三回：“况～德望素彰，今为一段荒土以损名誉，窃为长者不取。”又四二回：“今系囹圄之中，又感长者施仁解释，铭刻于心，誓当报效。～所费之物，返舍后随即奉偿。”

【明光】 míng guāng 汉代皇宫殿名（见《三辅黄图·汉宫》），借指皇宫、朝廷。唐李白《宫中行乐词》之六：“今日～里，还须结伴游。”元明《水浒传》八二回：“一封恩诏出～，共喜怀柔迈汉唐。”明袁于令《西楼记》三六出：“只道～策罢，衣锦荣归，谁想孤踪浪荡天涯。”

【明火】 míng huǒ 谓公开抢劫。明陈懋仁《泉南杂志》卷下：“一青衿失盗，称～强盗，劫钱物数百金。”清《斩鬼传》六回：“既是伙计，怎么又称盗贼？岂有伙计做～之事？”《绿野仙踪》一三回：“今年二月，在山东泰安州，～劫了关外当铺。”

【明间】 míng jiān 直接与外面相通的房间。《敦煌社会经济文献真迹释录》第三册《某寺院舍地基帐（斯6067）》：“外门曲东西～一丈二尺，南北并基九尺四寸。”明《金瓶梅词话》一四回：“分付丫环～内放卓儿摆茶。”清《隋唐演义》六回：“夫人走进～里来，小姐看见接住了。”

【明降】 míng jiàng ❶ 吩咐；指示。特指朝廷诏旨。《元曲选·生金阁》二折：“哥哥你有何～？对老身至尾从头说短论长。”元明《水浒传》二七回：“本主西门庆妻子，留在本府羁管听候，等朝廷～，方始结断。”清《荡寇志》九二回：“不到月馀，朝廷～下来，云天彪破贼有功，晋封加三级。” ❷ 明白；清楚。也指明白的结论。《元曲选·柳毅传书》四折：“他那里絮叨叨则管问行藏，咱两个相见在泾阳。欲待对官人说个～，又恐怕肉身人道我荒唐。”又《魔合罗》三折：“我这里自斟量，则俺那官人要个～：这杀人的要见伤，做贼的要见脏，犯奸的要见双，一行人怎问当？”

【明角灯】 míng jiǎo dēng 用兽角胶薄片做外罩的灯。清李渔《闲情偶寄》卷四：“若～、珠灯，皆无隙可人，虽有长剪，何所用之？”《儒林外史》一二回：“两只船上点起五六十盏～，映着月色湖光，照耀如同白日。”《红楼梦》一四回：“前面打了一对～，大书‘荣国府’三个大字。”

【明轿】 míng jiào 没有轿厢的轿子；敞轿。明沈榜《宛署杂记》卷一五：“到任～一乘，打扇一把，印色八两，印池一个，下程一副，共价五两九钱三分。”《西游记》四〇回：“师父只管走路，莫缠甚么人轿、骡轿、～、睡轿。”清《续金瓶梅》五三回：“四名鼓乐引导，当堂上了四人～送归及第。”

【明镜】 míng jìng ❶ 比喻官吏执法严明，公平无私。唐刘待价《朝议郎独孤府君碑铭》：“则有威霁风雨，称～于当时；德洽弦歌，号元龟于后叶。”《元曲选·留鞋记》三折：“相公你怀揣着～掌刑罚，断王事不曾差。”清《粉妆楼》二七回：“小的真是冤枉，求太爷～高抬！” ❷ 借鉴；教训。唐王绩《与陈叔达重借隋纪书》：“足下裁成国典，褒贬人伦，欲使～一时，覆车千祀。”傅奕《请除释教疏》：“主庸臣佞，政虐祚短，皆由佛教致灾也。梁武齐襄，足为～。”宋朱熹《答詹帅书》：“去岁建昌学官偶为刻旧作《感兴诗》，遂为诸生注释，以为谤讟而纳之台谏，此教官者几与林子方俱被论列，此尤近事之～。” ❸ 明鉴；明察。宋元《清平山堂话本·曹伯明》：“相公～，小人在五里头拾得包袱，并不知贼情。”明《禅真逸史》二五回：“此乃目击之事，伏望爷台～。”清《平山冷燕》七回：“乞公祖老爷～，察出狡谋，以安良善。”

【明开】 míng kāi 说明白；明白开列或显示。《元曲选外编·裴度还带》四折：“且休说是韩相公家，看裴度肯不肯，那其间～也未迟哩。”明《二刻拍案惊奇》卷二一：“李彪身边取出牌来，～着车户李旺盗银之事。”清范希哲《四元记》二九出：“～着原配荆钗已晋秦，指日里于归合卺。”

【明快】 míng kuài ❶ 敏捷；有决断。唐陈元光《和王采访重九见访》：“～宜朝美，疏通亦我怜。”罗隐《与某博士状》：“近日贤主司空政事才用，洋溢谭口，断割～。”明《型世言》二三回：“他持身清洁，抚民慈祥，断事极其～。” ❷ 明白通畅；不晦涩不呆板。唐吴融《赠广利大师歌》："近来兼解作歌诗，言语～有气骨。"明叶子奇《草木子》卷二下："董子可谓得先难后获之旨矣，语尤～。"清《隋唐演义》九〇回："那李荨年方弱冠，器宇轩昂，言词～。" ❸ 明澈；明白通达。宋《二程遗书》卷五："孔子尽是～人，颜子尽岂弟，孟子尽雄辩。"《朱子语类》卷一一七："会看文字，晓解～者，却是吴伯丰。"清《九云记》五回："公子听来，尤觉～。" ❹ 疏朗畅快；开朗爽快。宋朱敦儒《桃源忆故人》："眼前～眉间展，细酌霞觞不浅。"王迈《念奴娇·熙春台宴同官》："繁阴蔽日，有此清凉界。宾朋在坐，朗然心目～。"《朱子语类》卷一〇三："张敬夫为人～，每与学者说话，一切倾倒说出。" ❺ 思维敏捷；聪明。元盛如梓《庶斋老学丛谈》卷二："为学不可全恃～，要当思量到迟钝处。" ❻ 清澈；明亮。宋朱肱《北山酒经》卷下："若无花沫，浆碧色不～，米嚼碎不酸，或有气息瓮内冷，乃是浆死。"刘过《竹香子·同郭季端访旧不遇》："一琐窗儿～，料想那人不在。"清《醒世姻缘传》五五回："我趁～往家去，明日来回姑奶奶的话。"

【明朗】 míng lǎng ❶ 明澈；明白通达。《祖堂集》卷一《第四祖优婆毱多》："汝当大悟，心自～。"明《韩湘子》九回："喜得元神不散，性地～，是以臣与吕喦度他来朝参圣驾。"《梼杌闲评》二五回："道在人心，原是～的。但你等众生生身之后，为情欲所迷，掩了本来面目。" ❷ 清晰洪亮。唐玄奘译《大般若波罗蜜多经》卷三八一："世尊发声威震深远，如象王吼～清彻。"李绅《善歌如贯珠赋》："声既发而～，珠既贯而弦直。"明《西游记》五二回："时闻钟磬音长，每听经声～。" ❸ 清楚；分明。唐李筌《太白阴经》卷三："眉目～，手足红鲜。"宋《五代史平话·周上》："珠上有禾穗纹，十分～。"明祝允明《野记》："（玉玺）四角完全，篆文～。" ❹ 明确。《元典章·户部四》："若夫妇不相安谐，而和离者不坐，须要～写立休书。"

【明明】 míng míng ❶ 明白；清楚。《祖堂集》卷二《弘忍和尚》："我今～与汝说，则是不密。"元马致远《耍孩儿·借马》："有口话你～的记：饱时休走，饮了休驰。"明《石点头》卷一："郭乔此时，已看得～，听得白白，知道确乎是他的儿子。" ❷ 分明；显然。《祖堂集》卷九《南际和尚》："～是龙不带鳞，～是牛不戴角。"《元曲选·杀狗劝夫》楔子："你那里是与我做生日，～是赶嘴来！"清《儒林外史》四一回："四方的名士还数不清，还那个去求妇女们的诗文？这个～借此勾引人。" ❸ 确实；明确。《五灯会元》卷八《闽山令含禅师》："～不会，乞师指示！"明《石点头》卷六："路中遇见胥老人，央求寻觅丈夫船只。胥老人将不要他的话，～回绝。"清《飞龙全传》五回："这是～的人，怎么称他肥羊？" ❹ 公然；公开。元范康《新水令·乐道》："～的添寿算，暗暗的减容仪。"元明《水浒传》五六回："时迁却把空皮匣子～拴在担子上。"清《续金瓶梅》二五回："如今弄得又不象表子，又不象良家，到不如我～教他接客了。"

【明年】 míng nián 暂且等待。宋周密《齐东野语》卷一三："（木待问）生朝，为词贺之，末云：'闻道海坛沙涨也，～！'盖谚云：'海坛沙涨，温州出相。'～者，俗言且待也。"

【明破】 míng pò 挑明；道破。《嘉泰普灯录》卷一八《懒庵鼎需禅师》："僧问：'释迦、弥勒犹是他奴，未审他是阿谁？'曰：'～即不堪。'"《五灯会元》卷一六《法云善本禅师》："为君～即不中，且向南山看鳖鼻。"宋《朱子语类》卷五："若不用～，只恁涵养，自有到处。"

【明人】 míng rén ❶ 光明磊落的人。宋佚名《张协状元》一九出："～不作暗事，你要得几钱？"《元曲选·张天师》三折："我为甚先吐了这招承的口词？常言道～不做那暗事。"清《隋唐演义》五六回："～不做暗事，使乖不足为奇。" ❷ 高明的人；名家。清《红楼梦》六九回："你只放心，我请～来医治。"《镜花缘》一七回："可惜你们都是好好质地，未经～指教，把工夫都错用。"

【明堂】 míng táng ❶ 人体经络穴位的借称。医书伪托雷公问人的经络，黄帝坐明堂授之。唐刘悚《隋唐嘉话》卷中："太宗阅医方，见～图，人五脏之系，咸附于背。"清吴长元《宸垣识略》卷五："帝命取～针灸铜像以示之。" ❷ 人体部位或穴位名，指鼻、两眉间入内一寸等。唐王冰《灵枢经》卷八："～者，鼻也；阙者，眉间也；庭者，颜也；蕃者，颊侧也；蔽者，耳门也。"《元曲选·任风子》一折："这一个～里可早叉翻背，这一个嘴缝上中直拳。"明《西游记》三九回："呼的一口气吹入咽喉，度下重楼，转～，径至丹田。" ❸ 堪舆术指地气汇聚之所。唐杨筠松《疑龙经》上篇："问君如何辨～，外山抱里内平洋。"明《禅真后史》一五回："沿山夹道树交生，旺气来龙相称。前妙～九曲，后奇锦嶂千层。"清谈迁《谈氏笔乘·营建》："（长陵）后视高山数十重来跌断，～平阔，罗城诸小阜尤密匝。" ❹ 择吉术谓黄道吉神之一。清《醒世姻缘传》二一回："可可的那十六日是个上好的吉日，煞贡、八专、～、黄道、天贵、凤辇都在这一日里边。" ❺ 院子。清《十二楼·三与楼》一回："～大似厅屋，地气太泄，无怪乎不聚钱财。"

【明透】 míng tòu ❶ 透出光亮；透明。宋刘应雄《木兰花慢·元夕郡侯邀赋》："忽春递南枝，小窗～，渐褪寒骄。"清《红楼梦》一七至一八回："及到了跟前，又被一架书挡住。回头再走，又有窗纱～，门径可行。"《飞龙全传》一三回："你看天色已是～的了，只是有些雨蒙蒙儿。" ❷ 弄清楚；使明白。元王和卿《蓦山溪·闺情》："不承望今番做的漏斗，衣纽儿尚然不曾扣。等的他酒醒时，将他来都～。" ❸ 明白；清楚。清《歧路灯》八三回："却说王氏一向糊涂，怎的忽然～？"《绮楼重梦》一五回："小钰兄弟的内行熟习，又且他笔下爽朗～，叫他拟来，请老爷改罢。" ❹ 知道；了解。清《万花楼》一九回："吾也～了王天化之意，到底碍着狄太后怪责，故不敢将狄青伤害。"

【明眼】 míng yǎn ❶ 禅家谓法眼明亮，亦指眼力高明。《景德传灯录》卷一五《神山僧密禅师》："分明记取！向后遇～作家，但恁么举似。"明汤显祖《南柯记》四二出："〔沙〕亡人的事，要问个～禅师。〔丑〕有，有，有，刚才一个和尚在门首躲雨。"清《歧路灯》六一回："难说咱这一个省会地方，近来竟没一个～的，叫这些该死的，都乱闹起来，连龙都认错了！" ❷ 寒食节风俗，以柳条插在门上。宋吴自牧《梦粱录》卷二："清明交三月，节前两日谓之寒食，……家家以柳条插于门上，名曰～。" ❸ 明亮的眼睛。清《歧路灯》三五回："兴官在绍闻怀中，睁着小～儿看慧娘。"又九五回："微现旦脚妆扮已就，粉白脸儿，黑～儿。"

【明眼汉】 míng yǎn hàn 犹"明眼人"。《祖堂集》卷一三《报慈和尚》："今日报慈同于古人，为复不同于古人？有～出来断看。"宋《圆悟佛果禅师语录》卷一〇："正如开眼尿床，立地作梦！若是～，须知不恁么。"元行秀《从容庵录》一八则："～，没窠臼。"

【明眼人】 míng yǎn rén 禅家称法眼明亮、明悟禅旨者，也称识鉴力高的人。《祖堂集》卷一六《黄檗和尚》："莫只拟取次容易事，持一片衣口食过一生，～笑你。"明徐翙《春波影》楔子："也有那有才无命的，也有那有命无才的，怎得个～一些些觑破。"清《豆棚闲话》八则："你若今世晓得自己罪孽非轻，急图修省，后世还把你做～看待。"

【明夜】 míng yè 白天黑夜。宋《五代史平话·唐上》："晋王遣李嗣恩不分～，奔入晋阳城治兵备御。"元关汉卿《单刀会》四折："下谈有甚尽期，饮会分甚～。"明汤显祖《南柯记》二六出："小番儿早离了檀萝，无～打听南柯。”

【明杖】 míng zhàng 盲人用的探路手杖。《元曲选外编·降桑椹》二折：“〔糊突虫云〕把你这两只眼，拿尖刀子剜将下来，用一钟热酒吃将下去，你这婆婆就好了。〔蔡员外云〕他便好了，我可怎么了？〔糊突虫云〕你敢拄着～儿走。”明《西游记》二一回：“行者闭着眼乱摸，八戒笑道：‘先生，你的～儿呢？’”清《醒世姻缘传》七六回：“可可的那个瞎子自东至西，戳了～，大踏步走来。”

【鸣金】 míng jīn 敲锣。作战时作为收兵信号。《通典》卷七六：“次教士耳，使习听金鼓动止之节，声鼓则进，～则止。”《元曲选外编·智勇定齐》三折：“〔正旦云〕小校与我～！〔卒子云〕理会的。”清《绿野仙踪》七四回：“约赶有二里水面，文华便叫～。”

【鸣珂】 míng kē 即“鸣珂巷”。宋贺铸《菩萨蛮》之三：“曲门南与～接，小园绿径飞胡蝶。下马访婵娟，笑迎妆阁前。”《元曲选·谢天香》四折：“当日见足下留心于谢氏，姿意于～。”又《鲁斋郎》四折：“张孔目家世坟茔，须不是风月～。”

【鸣珂里】 míng kē lǐ 即“鸣珂巷”。清佚名《才貌缘》二三出：“不免且到～释闷几时。”

【鸣珂曲】 míng kē qū 即“鸣珂巷”。唐康骈《剧谈录》卷上：“一旦，与宾朋骤过～，有妇人靓妆立于门首。”宋石孝友《蓦山溪》：“～里，常记偶相逢，无语恨，有情愁，绿嫩红妆浅。”

【鸣珂巷】 míng kē xiàng 指妓女聚居之处。唐代首都长安有街巷名鸣珂曲，系妓女聚集处。《元曲选·灰阑记》一折：“谁承望我如今弃贱从良，拜辞了这～。”明梅鼎祚《长命缕》八出：“你道是～士女领班头，丽春院脂粉夸行首。”袁凯《即事》之二：“天街酒好不须言，弦管春风处处喧。旧传北地～，得似南京富乐园？”

【鸣榔】 míng láng 用榔板敲击船舷，以惊起鱼虾入网。也作为歌唱节拍。唐王勃《采莲赋》：“艇楫凌乱，云流雨散；～络绎，雾罢烟释。”《元曲选·张生煮海》一折：“又不是采莲女拨棹声，又不是捕鱼叟～动，惊的那夜眠人睡眼朦胧。”清查容《赠别少典》：“～伐鼓不曾停，月落津楼见晓星。”

【鸣榔板】 míng láng bǎn 即“鸣榔”。宋元《警世通言》卷八：“谁家稚子～，惊起鸳鸯两处飞。”《元曲选·倩女离魂》二折：“唬的我心头丕丕那惊怕，原来是响珰珰～捕鱼虾。”

【冥帛】 míng bó 犹“冥纸”。宋庄绰《鸡肋编》卷上：“寒食日上冢，亦不设香火，纸钱挂于茔树。其去乡里者，皆登山望祭，裂～于空中，谓之擘钱。”

【冥财】 míng cái 焚化给神鬼或亡灵用的纸帛之类。宋赵彦卫《云麓漫钞》卷五：“古之明器，神明之也。今之以纸为之，谓之冥器，钱曰～。”元行端《拟寒山子》之一：“昨日东家死，西家赙～；今朝西家死，东家陈奠杯。”明《欢喜冤家》一七回：“收了～，悠悠荡荡，两个魂灵已过钱塘，早来湖市。”

【冥曹】 míng cáo ❶ 犹“冥府”。《太平广记》卷一五七引《录异记》：“某受命于～，主给一城内户口逐日所用之水。”明徐翙《春波影》二出：“夙业未了，又生他想，彼～姻缘簿，非吾如意珠徒供群口画描耳。”清《姑妄言》一回：“小神～下吏，焉能知上圣襟怀？” ❷ 指阴间的官吏。清《聊斋志异·小二》：“太山帝君会诸～，造暴客恶录，须银灯千架。”《女仙外史》二回：“菩萨听他供词，在可矜之内，因令～查案。～覆道：‘是上帝罚下。’”

【冥钞】 míng chāo 即“冥钱”。明《警世通言》卷二二：“还愿曾装～，祈神并衬威容。名山古刹几相从，染下炉香浮动。”清黄叔璥《台海使槎录》卷四：“彭岛忽见鳄鱼，长丈许，有四足，身上鳞甲火炎，从海登陆。百姓见而异之，以～金鼓送之下水。”

【冥道】 míng dào 犹“冥路”。唐张读《宣室志》：“～固与人接迹。世人又安得而知之？”《敦煌愿文集·发愿文范本等·逆修》：“若不预备资粮，何以乐乎～？”明陆粲《庚巳编》卷八：“是年忽有妊，生一男。男两臂上各有黑瘢，宛如雀形，……盖～以此示放雀报云。”

【冥锭】 míng dìng 焚化给鬼神或亡灵的纸制金银锭。明董斯张《吴兴备志》卷三一引《见闻纪训》：“一觉，乃一古庙，试以白金视之，～也。”《警世通言》卷一一：“御史公备了祭礼，及纸钱～，差官到义井坟头，通名致祭。”清《绿牡丹》三六回：“并无金银～、香烛纸钱，就是袋中草纸几张，烧了烧。”

【冥扶】 míng fú （神鬼）暗中扶助。唐王勃《梓州郪县兜率寺浮图碑》：“其有据坤灵之宝位，借神道之～。”《敦煌愿文集·回向发愿范本等·次回向发愿》：“惟愿龙神潜卫，释梵～；百福盈家，七珍常满。”《法苑珠林》卷一〇〇：“简精诚宿德并侍者二七人，于天门街祈雨七日。圣力～，稼苗重秠。”

【冥府】 míng fǔ 阴间管理鬼魂的衙门。也泛指阴间。唐李白《北斗延生经注解序》：“置百二十曹局，列于～；造三十六部经，秘于琼宫。”明汤显祖《牡丹亭》二八出：“梅边柳边，岂非前定乎！因而告过了～判君，趁此良宵，完其前梦。”清《歧路灯》五二回：“那缢死之人，冤气上腾，将你辈俱告在～。”

【冥官】 míng guān 阴间的官吏。《敦煌变文校注》卷六《目连缘起》：“～狱卒休嗔，恶业冤家解脱。”明《二刻拍案惊奇》卷一六：“死后亏得家里广作佛事，多烧楮钱，～大喜，所以放还。”清纪昀《阅微草堂笔记》卷一：“我业重，当永堕泥犁。缘生前事母尚尽孝，～检籍，得受蛇身。”

【冥鸿】 míng hóng 高飞的鸿雁。喻指才高志大者或隐居者。唐李白《流夜郎半道承恩放还》：“弋者何所慕？高飞仰～。”《元曲选·倩女离魂》一折：“你是必休做了～惜羽毛。常言道好事不坚牢。”清《后水浒传》一回：“贤弟高识远见，已为天外～，更有何事关心？”

【冥集】 míng jí 阴间鬼魂的集会或为祭悼去世者举行的集会。宋洪迈《夷坚志》乙卷二：“文老归，念青塘门外有慈感寺，径诣之，问夜来何客至此，僧曰：‘无重客，但施主设水陆耳。’方悟（文三官人）来赴～云。”清纪昀《阅微草堂笔记》卷五：“张铉耳先生之族，有以狐女为妾者，……每姻戚～，多请一见，皆不许。”

【冥寂】 míng jì 幽静；静谧。唐顾况《幽居弄》：“扣商占角两三声，洞户溪窗一～。”又《弹琴谷》：“谷中谁弹琴？琴响谷～。”宋祝泌《观物篇解》卷四：“声有春夏秋冬之殊，冬则～无声矣。”明李东阳《湖吟行》：“竟日无人，草莽～。百怪鸣叫，原隰谁主？”

【冥间】 míng jiān 阴间。唐戴孚《广异记·金坛王丞》：“～事，卿勿预知，但有福即可。”清《聊斋志异·珠儿》：“儿甚慧，十八岁入邑庠，犹能言～事。”《雪月梅》二二回：“父亲～嘱托蒋公三事：一件是托蒋公指引埋棺处所。”

【冥界】 míng jiè 阴间。《祖堂集》卷一六《黄檗和尚》：“惺后说冥中事：‘某一人～，有脚不曾行，有眼不曾见。’”明沈受先《三元记》九出：“我的愁怀郁郁，早晚归～。”清《隋唐演义》一〇〇回：“恍来到阴司～，顿教人魄骇魂惊。”

【冥居】 míng jū ❶ 隐居。唐陈子昂《续唐故中岳体元先生潘尊师碑颂》：“圣人以大宝为瘝，而我以天下为烦。是以～于岷嶓，寄遗迹于轩辕。”李白《登梅冈望金陵赠族侄》：“～顺生理，草木不剪伐。” ❷ 独居；默坐。明王祎《故孙君墓碣铭》：“晚岁屏绝家务，惟～默处间挟书史以自娱。”陈亮《戏简云石寺僧洽公》：“少食如持戒，～尚坐禅。”

【冥君】 míng jūn 阴间各司的主管神。多指阎罗。明屠隆

《昙花记》四一出："汝父位列～，粗立功效。汝不思怀公秉正，勉继前修，何乃倚势作妖，强夺良妇?"《西游记》二九回："因有阳寿未绝，感～放送回生，广陈善会，修建度亡道场。"清陈端生《再生缘》一二回："人世不留轻薄命，～应念苦哀衷。"

【冥吏】 míng lì 犹"冥官"。五代孙光宪《北梦琐言》卷一二："曾白真君云：'上仙何以须纸钱？有所未谕。'夜梦真君曰：'纸钱即～所藉，我又何须。'"明《古今小说》卷三二："一日午后，忽见～持牒来，迎迪赴任。"清纪昀《阅微草堂笔记》卷一："吾为～，至南村有所勾摄。"

【冥路】 míng lù 阴间；阴司。唐李忱《吊白居易》："缀玉联珠六十年，谁教～作诗仙?"《元曲选·冤家债主》四折："我死归～，教我十八层地狱，都游遍了也。"清《聊斋志异·黄九郎》："抚公病，九郎知其去～近也，遂荦金帛，假归公家。"

【冥茫】 míng máng ❶渺茫；无可追寻。唐白居易《薛中丞》："悠哉上天意，报施纷回互。自古已～，从今尤不谕。"明娄坚《王尚宝元配李安人哀辞》："神识恬然，无恋与怖，有类闻道者，而竟夭其年。造物～，其又何可知耶?" ❷指阴世、冥间。唐孙逖《祭亡弟故左羽林军兵曹参军文》："无一言以告诀，有万恨于～。长号永痛，裂膈抽肠。"元吴师道《监学祭陈众仲监丞文》："送灵车之南返，俾奉命以归藏。庶几尽斯文之谊，慰精爽于～。"明王世贞《哭宋郎中文明》："古今殊顷刻，笑语落～。" ❸指死亡。五代徐铉《吴王挽词》："倏忽千龄尽，～万事空。" ❹幽暗；模糊。宋王安石《次韵范景仁二月五日夜风雪》："密云通炫晃，残月堕～。"周必大《徐宪设醮青词》："恍惚四旬，疑声容之犹在；～厚夜，痛体魄之安归。"清毛奇龄《读方敦四诗集》："细雨春江接～，闲寻花落到莲堂。"

【冥蒙】 míng méng ❶犹"冥茫❶"。唐刘禹锡《伤往赋》："玩服俨兮犹具，繁华谢兮焉从？想翩跹于是非，求俙窣与～。"贾岛《投孟郊》："容飘清冷馀，自蕴襟抱中。止息乃流溢，推寻却～。"元程端礼《乙未闰四月十日得梦异》："我言兹梦诚～，书之以俟巫咸降。" ❷犹"冥茫❸"。唐白居易《会昌二年春题池西小楼》："苏李～随烛灭，陈樊漂泊逐萍流。" ❸犹"冥茫❹"。唐吴少微《和崔侍御日用游开化寺阁》："初入云树间，～未昭廓。"宋刘攽《早行》："石潭转旋蛟龙窟，岩壁～虎豹迹。"清宋荦《登吴山过紫阳洞》："崎嵚藏结构，曲折入～。" ❹浓密貌。唐上官昭容《游长宁公主流杯池》之六："清波汹涌，碧树～。"清田雯《水关行》："两行堤柳摇晴空，长条短叶花～。" ❺暗昧；糊涂。《景德传灯录》卷三〇《南岳懒瓒和尚歌》："将功用功，展转～。取即不得，不取自通。"宋孙应时《祭象山陆先生文》："踊申旦而不寐，实～之一豁。"明郑善夫《耳鸣》："尽日闻天鼓，何时听么虫。向人艰应答，于世类～。"

【冥濛】 míng méng ❶同"冥蒙❸"。唐白居易《早发楚城驿》："月乘残夜出，人趁早凉行。寂历闲吟动，～暗思生。"宋范成大《明日复雨凉再用韵》之一："东山朝日淡～，一片云生万叠中。"清《聊斋志异·黄九郎》："次日，早伺之。落日～，少年始过。" ❷同"冥蒙❹"。唐皎然《唐杭州华严寺大律师塔铭》："瑞花～，卿云萦薄。灵輀何止，于此山椒。" ❸同"冥蒙❺"。明黄淳耀《和停云》："有晦者学，千祀～。我障我疏，如彼河江。"

【冥朦】 míng méng 同"冥蒙❺"。《祖堂集》卷三《懒瓒和尚》："将功用功，展转～。取则不得，不取自通。"《古尊宿语录》卷一《广录》："所以菩提树下四十九日默然，思惟智慧，～难说，无可比喻。"

【冥迷】 míng mí ❶迷茫；景象模糊不清。唐杜牧《阿房宫赋》："高低～，不知西东。"明郑若庸《玉玦记》三〇出："云几重，树几重，上国～楚水东。"清《说岳全传》三四回："直杀得翻江搅海，昏惨惨～天日。" ❷眩晕；昏迷；沉醉。宋司马光《和吴冲卿病中偶书》："～床斗蚁，润溽箧生鱼。"洪迈《夷坚志》支癸卷六："间盗酒共酌，此子～，不复知朝暮日数。"元仇远《醉闻杜宇》："几日～醉梦中，醒来衣袖裹春风。" ❸暗昧；沉迷。宋苏籀《勉旃》："大知直截揣摩渐，积执～厌离劳。"元王沂《高生野云诗卷序》："彼昧者，亦挈挈然～于得丧，眩惑乎同异。"明罗洪先《玄潭雪浪阁上梁文》："回首青山落日低，铁笛倚楼吹不断，几多尘梦自～。"

【冥密】 míng mì ❶深邃幽密。唐裴漼《少林寺碑》："西缘长涧，夹松柏之萧森；北拒深崖，覆筠篁之～。"宋薛季宣《端午寒溪早出》："云天鸿蒙，烟萝～。寒溪线绕，荆江壁出。"明王恭《筹峰歌为长乐尹王道斋赋》："石林阴洞何～，万籁天声散秋色。" ❷幽暗隐秘。唐张怀瓘《六体书论》："其趣之幽深，情之比兴，可以默识，不可言宣。亦犹～，鬼神有矣，不可见而以知。"《法苑珠林》卷九："夫论鬼神之法，特喜妖邪；～之中，偏多罪戾。"又卷二三："而祥瑞～出自心图，故知神理幽通殆非人事。"

【冥没】 míng mò 湮没；隔绝。唐李白《大庭库》："帝图终～，叹息满山川。"李光弼《辞疾让官表》："忽此危亟，气候奄然，将～圣代，长辞白日，抚心内痛，割切五情。"明《情史·情贞·狄阿毛妻》："使吴宗伯之说得伸，从二姑辈必不～于地下，而民风庶有兴乎!"

【冥莫】 míng mò ❶同"冥寞❶"。明许筠《平壤送南士还天朝》之二："万壑夹崖流，千岩当镜落。天台与雁宕，相峙对～。" ❷同"冥寞❷"。唐杜甫《青阳峡》："超然侔壮观，已谓殷寥廓。突兀犹趁人，及兹叹～。" ❸同"冥寞❹"。宋居简《永明寿禅师画像赞》："纵大辩于谈笑，寄虚怀于～。"元杨载《题王起宗画松岩图》："丹青游戏固足乐，收绝视听搜～。" ❹同"冥寞❺"。《敦煌变文校注》卷一《伍子胥变文》："父兄～知何在？零丁遣我独恓惶!" ❺同"冥寞❻"。唐皇甫枚《三水小牍》卷下："无天，则无所诉；若有，谁能抑我强魂？誓不蠢蠢于～之中纵尔淫佚。"宋苏舜钦《滕子京哀辞》之二："～知谁主，贤愚岂更分。江头送丹旐，哭向九华云。"陈造《魏帝庙》："～彼有识，福汝吾敢信。" ❻同"冥寞❼"。唐杜甫《八哀诗·故秘书少监武功苏公源明》："结交三十载，吾与谁游衍？荥阳复～，罪罟已横罥。"

【冥寞】 míng mò ❶广漠虚茫貌。也指这样的境况。唐翟楚贤《碧落赋》："其色清莹，其状～，虽离娄明目兮未能穷其形。"明夏邦谟《思友赋寄杨用修》："謇廓落而～兮，阻容与以优游。"清陈廷敬《城南黑龙潭寺西楼对酒歌》："寺前野亭向～，狂飙吹尘暗寥廓。" ❷幽深貌。唐杜甫《万丈潭》："清溪含～，神物有显晦。"薛用弱《集异记·李清》："子孙姻族泣谏曰：'～深远，不测纪极；况山精木魅，蛇虺怪物，何类不储。忍以千金之身，自投于斯。'"金王寂《姚君哀词》："九原～，念无以致其哀者，作此词以哭之。" ❸久远；旷远。唐李世民《祭比干文》："虽古今殊涂，年代～，式遵故实，爰赠太师。"金吴激《夜泛涡河龙潭》："图经记父老，～年岁多。"明叶春及《惠安政书》："日月循环，～难测。" ❹幽玄；虚渺。唐范摅《云溪友议》卷中："是夜梦书生来谢，持三鸡子，劝轲立食之：'食讫当明爽。虽～之道，某不妄言。'"袁楚客《规魏元忠书》："然则鬼神之事，～难知。"《太平广记》卷三三二引《通幽记》："阴阳道隔，与君久别。虽～无据，至于相思，尝不去心。" ❺湮没；消逝。唐杜甫《进封西岳赋表》："况臣常有肺气之疾，恐忽复先草露涂粪土，而所怀～，孤负皇恩。"金《董解元西厢记》卷八："人死后浑如悠悠地逝水，厌厌地不断东流。荣华富贵尽都休，精爽～葬荒丘。”明皇甫涍《至乐楼诗赠费少傅》：“公乐不在兹，昔贤久～。” ❻ 指阴间。唐孟郊《李少府厅吊李元宾遗字》：“零落三四字，忽成千万年。那知～客，不有补亡篇？”李复言《续玄怪录》卷二：“仆射去人寰久矣，何不还生人中，而久处～？”明崔铣《陕西按察副使葛君墓志铭》：“甫授伊廓，而返～。畴坚已约，往恤人瘼。” ❼ 指死亡。《敦煌愿文集·亡文范本等·贤弟》：“本望永辉律蓴，长扇温良；岂图一夕千秋，杳然～！”元王逢《奉陪神保大王闻弹白翎雀引》：“轩辕伶伦两～，八十年来事非昨。”明杭淮《题王澹轩潮行乐图此生前所画》：“今君～不复见，披拂愁看画图面。”

【冥栖】 míng qī 隐居。唐李白《古风》之五：“中有绿发翁，披云卧松雪。不笑亦不语，～在岩穴。”元倪瓒《春日云林斋居》：“非与世相违，～久忘返。”明王祎《次韵友人山居秋日就述鄙怀》之七：“兵戈遍天地，吾将托～。”

【冥器】 míng qì ❶ 殉葬的器物。唐吴兢《贞观政要》卷六：“以厚葬为奉终，以高坟为行孝，遂使衣衾棺椁，极雕刻之华，灵輀～，穷金玉之饰。”五代孙光宪《北梦琐言》卷九：“果一～婢子，背书‘红英’字，在空舍柱穴中。因焚之，其妖乃绝。”《明史·礼志十二》：“凡葬仪～并山陵殿宇，务从减省。” ❷ 焚化给亡灵的纸帛扎制的器物。宋孟元老《东京梦华录》卷八：“七月十五日中元节。先数日，市井卖～靴鞋、幞头帽子、金犀假带、五彩衣服。以纸糊架子盘游出卖。”明刘若愚《酌中志》卷一六：“本厂匠头蔡承禄号小泉家出殡，人颇富侈，～皆用真绫绢为之。”清《醒世姻缘传》一八回：“又叫匠人扎彩～，灵前坟上，各处搭棚。”

【冥钱】 míng qián 焚化给鬼神或亡灵的纸钱。五代王仁裕《玉堂闲话》卷三：“其年亲卒，遂以其剩兼～焚之。”金元好问《江梅引序》：“又数年，郎仕驰驿过家，先通殷勤者持～告女墓云：郎今年归，女知之耶？”清《醒世姻缘传》六八回：“也又合买了一分～，指了与薛夫人吊孝，走到薛家。”

【冥镪】 míng qiǎng 即“冥钱”。镪，成串的钱。明沈德符《万历野获编》卷二：“惟～最属无谓，今贵贱通用之。如周世宗发引，以楮为金银锞，黄者名泉台上宝，白者名冥游亚宝。”清纪昀《阅微草堂笔记》卷六：“次日如神教，仍焚～，有旋风卷其灰去。”《雪月梅》一一回：“刘电亦同往拜奠毕，焚化了～。”

【冥然】 míng rán ❶ 自然。唐白居易《首夏》：“沈忧竟何益？只自劳怀抱。不如放身心，～任天造。”又《逸老》：“生死尚复然，其餘安足道？是故临老心，～合玄造。” ❷ 形容困倦或昏迷不醒。唐薛用弱《集异记·凌华》：“命酒与华对酌别，饮数杯，～无所知。”宋佚名《贺新郎·檃括东坡后赤壁》：“客去～方应睡，梦蹁跹、羽衣揖余语。”清沈复《浮生六记》卷三：“抚其所遗旧服，香泽犹存，不觉柔肠寸断，～昏去。” ❸ 形容悄然消失。宋洪迈《夷坚志》丙卷一一：“念兄弟同行，义难先后，方相㧑避，忽～无所睹。”清《荡寇志》一三二回：“览毕，忽回头一看，屋宇都～无迹。”

【冥寿】 míng shòu 亡者的生日。清阮葵生《茶餘客话》卷二二：“而新安人于父母已故，犹作～，明灯彩筵，藉口祝嘏，益所未安。”《红楼梦》一一八回：“到了八月初三，这一日正是贾母的～。宝玉早晨过来磕了头。”《补红楼梦》四六回：“明年八月初三，是老太太一百岁～。”

【冥司】 míng sī 阴间。也亦指阴间的管理机关或官吏。唐张鷟《朝野佥载》卷二：“若毒儿死，必诉于～。”明《拍案惊奇》卷二三：“儿死去见了～，～道儿无罪，不行拘禁。”清《绿野仙踪》四九回：“今我欲用火龙真人仙术法牒，移会～，着汝等各托生极富贵人家。”

【冥搜】 míng sōu ❶ 努力探寻；尽力搜求。唐李白《越中秋怀》：“越水绕碧山，周回数千里。……爱此从～，永怀临湍游。”明陈汝元《金莲记》九出：“吴山苍翠逼人，还拟～瑞石。”清《女仙外史》五三回：“在开先、归宗、栖贤、东林诸梵刹，延真、七靖、灵溪诸仙观，～极访者二月有餘。” ❷ 冥思苦想。唐白居易《永崇里观居》：“真隐岂长远？至道在～。”明冯惟敏《不伏老》三折：“且向这学海书楼，笔阵诗畴，锦带牙轴，铁画银钩。苦志藏修，刻意～。”清黄宗羲《刘伯绳先生墓志铭》：“余亦老屏空山，不相闻问，故其群经疑义，～独得，至述仪礼钟律，始与余往复。”

【冥童】 míng tóng 给死者焚化的纸扎童男童女。明《拍案惊奇》卷二三：“飘摇纸带，尽写着梵字金言；绰约～，对捧着银盆绣帨。”

【冥途】 míng tú 犹“冥路”。唐张鷟《朝野佥载》卷三：“具报之，乃知是～。”《敦煌变文校注》卷六《大目乾连冥间救母变文》：“弟子处在～间，栲(拷)定罪人生死。”清洪昇《长生殿》二七出：“悲么，泣孤魂独自无回和。惊么，只落得伴～野鬼多。”

【冥王】 míng wáng 即“冥君”。唐段成式《酉阳杂俎》续集卷七：“见一戎王，卫者数百，自外来。～降阶，齐级升殿。”明《西游记》三回：“慌得那十代～急整衣来看，见他相貌凶恶，即排下班次，应声高叫道：‘上仙留名。’”清《聊斋志异·僧孽》：“张某暴卒，随鬼使去，见～。”

【冥夜】 míng yè ❶ 指阴间。《法苑珠林》卷二六：“受佛禁戒，不护将来，各言：我是于大乘法，亦如～各自说言，我得佛法。受铁锵地狱，苦事难述。”五代杜光庭《冯涓大夫助中元斋词》：“伏闻黄箓明科，紫阳具典，玄元胜力，丹简宣恩。拯拔幽沉，照临～。” ❷ 黑夜。《太平广记》卷六六引《集仙录》：“又有神力，日行二千里，或至千里，人莫知之。～深室，纤微无不洞鉴。”明佚名《鸣凤记》三八出：“严嵩父子欲占田产，将酒沉醉小生，夜间着人斩首。〔小生〕那时怎生脱了？〔付末〕伊姑生善念，～启金匙。”

【冥衣】 míng yī 给死者焚化的纸帛衣服。宋康与之《昨梦录》卷九：“人通家状细帖各以父母命祷而卜之，得卜，即制～。”宋元《清平山堂话本·刎颈鸳鸯会》：“今夜就可备办福物，酒果、～各一分。”清《十二楼·鹤归楼》三回：“果然把衣裳鞋袜叠在一处，下面放了柴薪，竟像人死之后烧化～的一般。”

【冥阴】 míng yīn ❶ 阴云。元刘绍《羑里祠》：“天昏惨无人，杀气吹～。”明王鏊《偶成》：“懒云无意复为霖，早向中天结～。” ❷ 指阴间。明无心子《金雀记》一九出：“休嗔！刀剑丛中愿丧身。如今，含笑从容归～。”

【冥宅】 míng zhái 阴宅；坟墓或坟园建筑。明王世贞《明故封文林郎骆公墓志铭》：“峨峨冠山，幽奠～。松柏苍然，为厥手植。”清《聊斋志异·金和尚》：“～壮丽如宫阙，楼阁房廊连垣数十亩。”

【冥纸】 míng zhǐ 即“冥钱”。宋龚明之《中吴纪闻》卷五：“谨以香酒果实致奠，化～告祭于学生建阳江君之灵。”明《金瓶梅》六三回：“乔大户来上祭，猪羊祭品，金银山，段帛彩缯，～炷香，共约五十餘抬。”

【冥资】 míng zī ❶ 神鬼暗中相助。唐王勃《梓州元武县福会寺碑》：“自非法云西眷，潜消火宅之氛，慧日东来，迥朗昏衢之景，则安能～福地，显阻魔军？”《旧唐书·高宗中宗诸子传》：“殿下诚孝～，睿情天发，凶悖之迹，黜于视听。”《敦煌愿文集·愿文范本等·亡文(斯343)》：“愿龙神潜卫，释梵～；百福盈家，七珍常满。” ❷ 即“冥财”。明刘若愚《酌中志》卷一五：“根寻得葬处，备牲醴～，遣仆代奠。”《古今小说》卷一：“请僧做法事超度，多焚

～。”清《聊斋志异·章阿端》：“势难再谋。然试为之，非～百万不可。”

【冥子里】 míng zi lǐ 同“酩子里❸”。宋佚名《误桃源》：“秀才～，銮驾幸并汾。”按，宋张耒《明道杂志》注：“冥子里，俗谓昏也。”

【冥坐】 míng zuò 静坐；默坐。唐白居易《味道》：“叩齿晨兴秋院静，焚香～晚窗深。”《五灯会元》卷一五《祥符云豁禅师》：“留上苑，经时～不食。”清《聊斋志异·莲花公主》：“忽然醒寤，则返照已残。～观想，历历在目。”

【暝子里】 míng zi lǐ ❶ 同“酩子里❷”。明孟称舜《桃花人面》四出：“今春更比前春病，休道这闷捱捱懒裁方胜。～，死不死，活不活，把带围儿都宽尽。” ❷ 同“酩子里❶”。清洪昇《长生殿》四六出：“〔末扮道士元神从坛后转行上〕～出真元，抵多少梦游仙。俺则待踏破虚空，去访婵娟。”

【瞑子里】 míng zi lǐ ❶ 同“酩子里❶”。六十种曲本《琵琶记》九出：“～自寻思，妾意君情，一旦如朝露。” ❷ 同“酩子里❷”。金《董解元西厢记》卷一：“老夫人哀声不住。那君瑞醮台儿旁立地不定，～归去。”

【螟蛉】 míng líng 比喻义子，亦谓收认作义子。语本《诗经·小雅·小宛》：“螟蛉有子，蜾蠃负之。”古人误认为蜾蠃不产子，喂养螟蛉为子。《旧唐书·昭宗纪》：“邠州王行瑜、凤翔李茂贞、华州韩建各上章，言珂～，不宜缵袭。”明贾凫西《历代史略鼓词·正传》：“姑夫的家业又落在妻侄的手，柴世宗贩伞的～倒不差。”清《说岳全传》四回：“只因见令郎十分聪俊，老汉意欲～为子。”

mǐng

【酩子里】 mǐng zi lǐ ❶ 暗暗地；背地里。金《董解元西厢记》卷三：“烦恼身心怎按纳？诵笃笃地～骂。”《元曲选外编·西厢记》二本三折：“泪眼偷淹，～揾湿香罗。”清《野叟曝言》四四回：“众人面面厮觑，～只叫的苦。” ❷ 没精打采；黯然。金《董解元西厢记》卷三：“从自斋时，等到日转过，没个人俫问，～忍饿。”《元曲选·梧桐叶》一折：“则今日从朝至昏，不离分寸，～向晚妆楼，目断楚台云。”明孙柚《琴心记》三〇出：“弄假要成真，到临邛管嫁文君。搅乱他朝廷心变，～气丧三军。” ❸ 糊里糊涂；蒙眬中。元马致远《拨不断》：“屠沽乞食为僚宰，版筑躬耕有将才。古人尚自把天时待，只不如且～胡挨。”明冯惟敏《端正好·邑斋初度自述》：“升早堂夜未阑，放午衙日已晡，～忘了生时。”《金瓶梅词话》七九回：“推了半日推醒了，西门庆～骂道：‘怪小淫妇，只顾问怎的？’” ❹ 平白；无端；没来由。《元曲选·梧桐雨》三折：“〔高力士引旦下〕〔正末唱〕怎的教～题名单骂，脑背后着武士金瓜。”又《曲江池》一折：“他来到谢家庄，几曾见桃花面？～揣与些柳青钱。”又《秋胡戏妻》三折：“他～丢抹娘一句，怎人模人样，做出这等不君子，待何如？” ❺ 突然。《元曲选·杀狗劝夫》二折：“他～纽回胭颈，没揣的转过身体。”又《儿女团圆》四折：“想天公果无私，将人心暗窥视。没揣的对付雄雌，～接上连枝。”明刘兑《娇红记》卷上：“他见咱倚画栏，没揣地羞垂了玉颈，～卖动了朱颜。” ❻ 无奈；徒然；空自。明孙柚《琴心记》二三出：“初心看月消残病，不道满耳悲歌感兴，～长吁付短檠。”汪道昆《五湖游》：“帷幄从容坐运筹，辛苦在心头。问种种颠毛知否？～从蛮氏斗，些个事抱杞人忧。”朱让栩《鸿归浦》：“韶华四季虚看迈，九十日春光空自老。～评驳地厚天高。”

mìng

【命】 mìng 犹“任❶”。唐白居易《纳粟》：“昔余谬从事，内愧才不足。连授四～官，坐尸十年禄。”

【命宾】 mìng bīn 犹“命客”。唐刘禹锡《和陈许王尚书酬白少傅侍郎长句》：“雪里～开玉帐，饮中请号驻金卮。”韦绚《刘宾客嘉话录》：“桓玄尝陈法书名画，请客观之，有客食寒具，不濯手而执书，因有污处。玄不怿，自此～，不设寒具。”明林弼《故直翁孙君墓志铭》：“胜日则～，为山水游。”

【命彩】 mìng cǎi 好命运。《元曲选·来生债》三折：“趁着这风力软水横天地窄，帆力稳影吞雪浪开。这便是风送王勃，赴洪都的～。”

【命道】 mìng dào 犹“命途”。元曾瑞《端正好·自序》：“时与～不合，我和他气不和，皆前定并无差错。”清《九云记》二〇回：“弟子之～如此，春娘子佳缘莫保。”

【命低】 mìng dī 命苦。明施绍莘《二郎神·秋闺》：“非伊歹，我～，嫁做风流荡子妻。”《西游记》八五回：“正在高庄喜结亲，～撞着孙兄在。”《醒世恒言》卷三七：“我杜子春直恁的～！”

【命蒂】 mìng dì ❶ 犹“命根❶”。唐裴铏《传奇·陶尹二君》：“保守胎根，含藏～。”明孙一奎《赤水元珠》卷一九：“盖肾者，乃人身之～，真气之所主。”缪希雍《神农本草经疏》卷一五：“脐者，～也。当心肾之中，为真元归宿之处。” ❷ 道家指修炼真谛。宋吴潜《望江南》：“家山好，一室白云中。时唤道人谈～，也呼和尚说禅宗。”金姬志真《祝真常真人寿》：“～栽培高厚先，无穷岂与人求祷。”

【命钉】 mìng dīng 即“长命钉”。明《醒世恒言》卷一四：“把刀挑开～，把那盖天板丢在一壁。”

【命毒】 mìng dú 犹“命苦”。《元曲选·老生儿》楔子：“这孙儿好是～也！我那兄弟早年间亡化过了，有兄弟媳妇儿宁氏，是蔡州人。”

【命分】 mìng fèn 命运；命中定分。唐韩愈《秋怀》之一一：“由来～尔，泯灭岂足道。”明王玉峰《焚香记》二出：“若是～相应，有何不可？明日当造门相浼便了。”《西湖二集》卷三：“异常聪明伶俐之人，到此顿成痴呆懵懂，岂不是鬼神所使，～所招？”

【命根】 mìng gēn ❶ 性命根本；生命。《广弘明集》卷二六：“又有女人，五百世断鬼～，鬼亦五百世断其～。”明王守仁《传习录》卷下：“人于生死念头，本从生身～上带来，故不易去。”清《红楼梦》九四回：“我要回了老太太，认真的查出来才好，不然是断了宝玉的～子了。” ❷ 植物的主根。唐段成式《酉阳杂俎》前集卷一八：“松～遇石则偃，盖不必千年也。”《五灯会元》卷二〇《教忠弥光禅师》：“如人斫树，根下一刀，则～断矣。汝向枝上斫，其能断～乎？”明俞宗本《种树书》：“凡花木有直根一条，谓之～。” ❸ 佛教指由生命引起的种种感觉。宋黄庭坚《与死心道人书》：“常如醉梦，依稀在光影中。今日昭然，明日昧然。盖疑情不尽，～不断，故望涯而退耳。”清毛奇龄《湖南净慈寺舜瞿禅师塔志铭》：“子慧性非常，然而未受金圈与栗棘，～犹未断也。” ❹ 比喻最关键、最重要的事物。宋张栻《答朱元晦书》：“盖无此，盐法便倒了，一路便受害。向来几为妄吏羡献，是绝一路～也。”明徐复祚《一文钱》二出：“孔方是我～，一些也不曾受用。”清《说岳全传》三九回：“常言道：‘粮乃兵家之性命。’我不如就便去放把火，烧他娘个干净，绝了他的～！” ❺ 指后嗣。《元曲选·赵氏孤儿》一折：“你要殷勤，照觑晨昏。他须是赵氏门中一～。”清《姑妄言》八回：“他这样年纪才得了这个～，夫妻爱这儿子视同至宝。”《红楼复梦》一三回：“这梦玉是祝府的～，三房共此一子。”

【命宫】 mìng gōng ❶ 星命十二宫之一，是推算命运的起始宫。具体算法是，依十二地支的顺序，子位上起正月，逆数到所生的月份，再把这一位改作所生的时，顺数至卯。唐罗隐《投郑尚书启》：“福星不照于～，旅火但焚其生计。徘徊末路，惆怅危途。”明王玉峰《焚香记》一六出：“〔丑〕休管闲事，只看～如何？〔净〕你这命穿绿又穿红，丈夫不到老，到老不和同。”清《醒世姻缘传》六一回：“身宫从杖上逆起，初一安在巳上；～从杖上起本生时，顺数至卯时，安于辰宫。” ❷ 指命运。明沈鲸《双珠记》五出：“你且放从容，信步行将去，穷通系～。”

【命官】 mìng guān 朝廷正式任命的官员。宋庄绰《鸡肋编》卷上：“（周曼）又尝夜至邑中灵山寺，以知事不出参，呼而捶之，曰：‘我是国家～，怎敢恁地无去就？’”元明《水浒传》三三回：“你是朝廷～，如何却与强贼通同？”清《醒世姻缘传》六一回：“幸得有三台星在旁，官虽不显，不愁不是朝廷的～。”

【命过】 mìng guò 亡故。《敦煌愿文集·大通方广经令狐妃仁题记愿文》：“愿令七世父母及所生父母、见在家眷，所生之处，值佛闻法，与善知识共相值遇。～已后，托生西方无量寿国。”

【命极】 mìng jí 命终。《敦煌变文校注》卷一《伍子胥变文》：“我昔逃逝入南吴，在路相逢从乞食。惭君与我一中餐，抱石投河而～。”

【命蹇】 mìng jiǎn 命途坎坷；倒霉。唐司空图《偶书》之三：“只缘～须知命，却是人争留得人。”《元曲选·荐福碑》二折：“怎生如此般～！哥哥与了三封书，妨杀了两个人。”清《隋唐演义》一三回：“秦琼～，皂角林中误伤人命，被太守问成重辟。”

【命金】 mìng jīn 给算命人的酬金。元明《水浒传》六一回：“叫当直的取过白银一两，奉作～：‘烦先生看贱造则个。’”明张四维《双烈记》四出：“此命大贵之命，不可轻易。～十两，定少不得。”清《飞龙全传》四一回：“弟兄二人听了，似信不信，只得送了～，辞别出门。”

【命客】 mìng kè 宴请客人。《太平广记》卷二六三引《张德》：“卿～，亦须择交。无赖之人，不须共聚集。”宋孟元老《东京梦华录》卷四：“欲就园馆、亭榭、寺院游赏、～之类，举意便办，亦各有地分，承揽排备。”明袁宏道《瓶史·清赏》：“夫赏花有地有时，不得其时而漫然～，皆为唐突。”

【命苦】 mìng kǔ 运气不好；倒霉。元明《水浒传》一一回：“你看我～么！来了三日，甫能等得一个人来，又吃他走了。”明《挂枝儿·山人》：“～官卑没奈何，纷纷细雨一人驮。”清《红楼梦》三回：“只可怜我这妹妹这样～，怎么姑妈偏就去世了！”

【命快】 mìng kuài 命运好；幸运。宋佚名《张协状元》八出：“你～，撞着我一道行。”元佚名《快活三过朝天子》：“偶因～得个虚名，只管往前挣。”

【命亏】 mìng kuī 丧命；使丧命。《元曲选·魔合罗》四折：“想兄弟情亲如手足，怎下的生心将兄～。”又《盆儿鬼》三折：“昨日个王弘道～，今日个李从善辞世。”清钱谦益《桂殇》之一：“银轮丹桂剪枝枝，璧月新圆汝～。”

【命悭】 mìng qiān 犹“命苦”。《元曲选外编·西厢记》三本二折：“这的是先生～，须不是红娘违慢。”明孟称舜《娇红记》四三出：“是前生～，今生命凶，镇凄凉多唧哝。”清《荡寇志》八七回：“我本欲报效朝廷，不意都把祸患兜揽在自己身上，我直如此～！”

【命钱】 mìng qián 即“命金”。明张四维《双烈记》四出：“那怕你拳头硬。不与我～，生死和伊并。”《欢喜冤家》一六回：“人龙送了～，竟至家中，与彩云悉言其事。”清《无声戏》三回：“这样八字，我也不忍要你～。”

【命数】 mìng shù ❶ 注定的遭遇；命运。唐白居易《记异》：“若然者，～耶？偶然耶？”明吾邱瑞《运甓记》三三出：“～奇，从前事已非。”清《醒名花》八回：“小侄虽陷身于彼，原是～该然。” ❷ 寿数；寿命。《元曲选·谇范叔》三折：“万一有个侥幸，得免其死。如不见饶，这也是我～尽此，复何恨哉？”明《醒世恒言》卷四〇：“但子～未终，凡限未绝，更俟数年，吾当图相会耳。”清《隋唐演义》八七回：“梦已身为鸷鸟所逼，恐～有限，不能常侍娘娘左右了。”

【命衰】 mìng shuāi 命运衰微；运数不济。唐薛用弱《集异记·卫庭训》：“看华原县下有富人～者，可收生魂来。”元张养浩《朱履曲·寄阅世道人侯和卿》：“里头教同伴絮，外面教歹人揪，到～时齐下手。”清纪昀《阅微草堂笔记》卷一三：“从古战场，不闻逢鬼。吾心恶之，谓吾～也。”

【命途】 mìng tú 注定的人生道路；命运。唐陈子昂《为苏令本与岑内史启》：“独某一人，空嗟留滞。虽～乖舛，良或甘心，然亲贵盈朝，岂忘提奖？”《元曲选·昊天塔》一折：“本待要汉主台前把俺形容画，谁知道李陵碑底早是～穷。”清《绿野仙踪》五一回：“小弟年来真是～多蹇！”

【命相】 mìng xiàng ❶ 生辰与相貌所注定的命运。《太平广记》卷三〇一引《广异记》：“天帝使我案天下鬼神，今须入庙鞫问。君～与我有旧，业已如此，能入庙否？”清纪昀《阅微草堂笔记》卷二：“君～皆一品。当某年得知县，某年署大县，某年实授。”《蝴蝶缘》一三回：“只因～孤独，年已六十，无一男半女。” ❷ 算命与相术。清《飞龙全传》四一回：“苗光义～，人人道他阴阳有准。”《绮楼重梦》一二回：“白云山兼谈～，红药院闲讲经书。”

【命硬】 mìng yìng 命力过强，能妨克亲人。明《山歌·杀七夫》：“姐儿～嫁子七个夫，第七个看看咦要矬。”《二刻拍案惊奇》卷三：“眼见得丹桂～，做了望门寡妇。”清《红楼复梦》二六回：“那先生说我的～，别的都对不住，必得要个属马的才对得住呢。”

【命拙】 mìng zhuō 犹“命苦”。宋刘克庄《命拙》：“～躬耕逢歉岁，旋营水菽度晨昏。”元李治《遗山先生文集序》：“文工～，虽抱憾于九原；人亡书存，足腾芳于百世。”《元曲选·东堂老》二折：“您孩儿这几时做买卖，不遂其意，也则是生来～哩。”

mō

【摸】 mō 另见 mó。❶ 捉摸；揣摩。《古尊宿语录》卷六《睦州和尚语录》：“问：‘如何是机前一句？’师云：‘老僧一问教你～。’”明汤显祖《牡丹亭》二六出：“成惊愕，似曾相识，向俺心头～。”清《后红楼梦》二回：“紫鹃本意也替宝玉可怜，想替他打动黛玉，谁知黛玉铁石似的，～不定他定了什么主见。” ❷ 摸索；在暗中行走或行动。元明《水浒传》五三回：“乘着星月明朗，一步步～上山来。”明《山歌·歪缠》：“你常～进来搭我挨肩擦背，你常时捉我拽拽布衫。”清《歧路灯》七〇回：“只听得芦荻萧萧，好不怕人。夏逢若无奈，只得爬将起来，～着乱走。” ❸ 躲藏或悄悄地停留。明《西洋记》八七回：“死了之时，阎君不许投托人身。他却～在这里，搭个篷儿，舍得茶儿。”清《醒世姻缘传》七一回：“你坐着，咱娘儿们好说话。你～在旁里只管站着，不怕我心影么？”《白雪遗音·寂寞寻春》:“没处去,一定~在这条巷。” ❹ 掏摸;盗取。明吾邱瑞《运甓记》二五出:“今朝赌钱多蹭蹬,输尽无投奔。妻子苦埋冤,肚饿身寒冷,算将来~丢儿去再翻本。”《型世言》三六回:“这日输得极了,意思要来衙门里~几分翻筹。”清《歧路灯》四四回:“却不防剪绺贼,就在挤挨中将瓶口割了一个大口子,将银子~的去了。” ❺ 赚取;得到。明《醒世恒言》卷三五:“二来指望家主有个发迹日子,带挈风光,~得些东西,做个小小家业。”《欢喜冤家》一八回:“宗师发牌科考,县中取了,送在府间,倒也~了一名。”清《八洞天》卷八:“你只白白地住,白白地唊,还要时常嗟怨。怨道没什么~,没什么赚。” ❻ 拿出来花费。明《醒世恒言》卷二〇:“将平日积下些小本钱,看看~尽,连衣服都解当来吃在肚里。”又卷二七:“姊妹此时也难顾羞耻,只得出头露面。又过了几时,桃英的身价渐渐又将~完。” ❼ 比喻勾搭。明《拍案惊奇》卷一六:“那老儿没搭煞,黑暗里已自和那婆娘~上了。”《西湖二集》卷二七:“只有朱樱未曾到手,魏郎恐怕他漏泄了这段春光,也把他~上了。”

【摸按】 mō àn 手摸并下压。唐王焘《外台秘要方》卷二八:“甚者短气不语,手~之,得其痛处。”《元曲选·救风尘》三折:“则见他恶哏哏,~着无情棍,便有火性的不似你个郎君。”

【摸壁】 mō bì 形容昏昧不明,如同黑暗中扶着墙壁摸索。明沈采《千金记》四九出:“~走,枉为人。打死我,没双睛。”徐阳辉《有情痴》:“世间人忒无知识,醉昏昏终日~。”

【摸不着】 mō bù zháo ❶ 弄不明白;捉摸不透。《古尊宿语录》卷三六《投子和尚语录》:“问:‘如何是语中骨?’师云:‘无可露。’学云:‘无可露是骨是语?’师云:‘据你者一问,毛也~在。’”清《醒名花》六回:“心中甚无主意。正~,客路已误了许多日子。”《后红楼梦》五回:“一面想,一面也掉泪。紫鹃只是~,只有劝他的分儿。” ❷ 做不到;不能够。《元曲选·鲁斋郎》二折:“一夜间~陈抟睡,不分喜怒,不辨高低。”清《醒世姻缘传》五七回:“可是个不知好歹没造化的孩子羔子!你还~哩,叫着还不肯来!” ❸ 不自主;把握不住。元明《水浒传》一〇回:“林教头是个性急的人,~便要杀人放火。”

【摸揣】 mō chuǎi ❶ 用手抚摸按压。唐王焘《外台秘要方》卷一二:“其病在腹,~亦有蛇状,谓蛇瘕也。”明佚名《鸣凤记》二三出:“腰肢搂抱对胸怀,着意~呀着意~。” ❷ 揣摩;猜测推想。明徐三重《采芹录》卷二:“独奈何剽掇~,一概莫辨,但欲据夸奇骛新之辞,以识别仁义道德之彦,是不求鱼高木索鸟深渊耶!”清玄烨《挂瀑檐》:“高下曾何定,名象由~。”洪昇《长生殿》五出:“迎机导窾,~圣情;曲意小心,荷承天宠。” ❸ 摸索;试探着行进。清《绿野仙踪》六二回:“有顿饭功夫,站起来,摸摸揣揣,走出石堂外。”

【摸耳朵】 mō ěr duo 指暗中进言;说人情。清《何典》二回:“若要~,也须送他九篮八蒲篓银子。”

【摸抚】 mō fǔ 抚摸。明王鏊《石田先生墓志铭》:“客至则相与燕笑咏歌,出古图书器物,~品题。”清《情梦柝》一九回:“若素左臂枕着他的粉颈,把右手满身~。”陈端生《再生缘》六九回:“尖尖素手频~,今日里,觉得微微热渐轻。”

【摸黑】 mō hēi 指夜间盗窃。明《石点头》卷八:“不想有个~的小人,闪入屋里,却下不得手。”

【摸呼雷】 mō hū léi 摸雷。比喻难以做到的事。呼雷,雷。清《歧路灯》二回:“且把谭兄高酒多吃一盅罢。谭兄总不是叫娄兄上天~。”

【摸看】 mō kàn ❶ 用手摸并观察。《法苑珠林》卷六六:“妇怪不语,以手~,谓其口肿。”清《豆棚闲话》一一则:“南团练徐徐走近前来,上下~,果然死了。” ❷ 试探着摸并感受。宋《朱子语类》卷一三二:“先以一副兜牟与甲置之日下晒时,令人以手~热得几何。”元《三遂平妖传》一〇回:“四下里~,若摸得他见时,我们且不要打他,只交他扶我们三个出佛肚去。”明《禅真后史》六回:“秋侨轻轻提过,却是一只无底缸,将手~,四围光溜溜的。”

【摸空】 mō kōng 无依据;凭空。宋《朱子语类》卷一八:“龟山‘反身而诚’之说,只是~说了。”又卷一〇〇:“但只是~说,无著实处。”

【摸空汤】 mō kōng tāng 指有名无实的性行为。明梅鼎祚《玉合记》四出:“〔净〕扫地金莲尺八长,〔丑〕加两。〔净〕寻来个内监~,〔丑〕不长。”

【摸量】 mō liáng 估量;斟酌。明《金瓶梅词话》八〇回:“妈说,你~你手中没甚细软东西,不消只顾在他家了。”清《醒世姻缘传》三九回:“只是那板有甚么定价?大人家儿千几百也是他。你~着买甚样的就是。”《野叟曝言》五六回:“咱只会隔壁猜,劈面相,拿三道三,闻一知十,~着不是个聪明人。”

【摸乱】 mō luàn 同“没乱”。明《金瓶梅词话》二九回:“翻翻复复尽欢娱,闹闹挨挨情~。”

【摸盲盲】 mō máng máng 蒙目循声捉人的儿童游戏。清顾张思《土风录》卷二:“小儿以巾掩目暗中摸索,谓之~。”明吾邱瑞《运甓记》一三出:“若论我个本事,……以会斗牌买快,虎跳筋兜。以会~,钻涸子。”

【摸门不着】 mō mén bù zháo 摸不着门,比喻弄不清情况,莫名其妙。明《西游记》四四回:“此处路生,~,却那里藏他?”《金瓶梅词话》八〇回:“一顿骂的来安儿~。”清《儒林外史》三回:“一顿夹七夹八,骂的范进~。”

【摸弄】 mō nòng 抚摸摆弄。明《二刻拍案惊奇》卷三四:“士人精泄,就有替他品咂的,~的,不由他不再举。”清《歧路灯》三五回:“胳膊腿胯如藕瓜子一般,且胖得一节一节的。绍闻忍不住便去~。”《万花楼》五回:“取出金钱,反反复复的~,不觉失手落到桥栏上。”

【摸石】 mō shí 成都地区的一种求子风俗,宋代盛行。宋葛仲胜《蓦山溪·天穿节和朱刑掾》:“冶容炫服,~道宜男。”元费著《岁华纪丽谱》:“二月八日、二十一日出(成都)大东门,宴海云山鸿庆寺,登众春阁,观~。……山有小池,士女探石其中,以占求子之祥。”明佚名《蜀都赋》:“~则男女卜,探蟹而晴雨谋。”

【摸挲】 mō suō 抚摩。明《金瓶梅词话》五二回:“你大拳打了人,这回拿手来~。”清《红楼梦》二三回:“王夫人~着宝玉的脖项说道:‘前儿的丸药都吃完了?’”

【摸索】 mō suǒ ❶ 触摸;抚摸。唐佚名《帝星井》:“野老相传是陈迹,断碑~苔藓斑。”元张可久《蟾宫曲·幽居次韵》:“撺顿着小丫鬟舞元宵迓鼓,~着大肚皮装村酒葫芦。”清《绿野仙踪》四七回:“金钟儿用左手在他心口上~着。” ❷ 探求;搜求。唐段成式《酉阳杂俎》续集卷一:“图表于壁,众~不获。”《景德传灯录》卷二二《报国院照禅师》:“我若全机,汝向什么处~?”清《九云记》二四回:“丞相听他声音又来惯耳,但一时想不起那里见过的,~不得。” ❸ 试探着(行进或寻找)。明李梅实《精忠旗》三四出:“庑下微有月光,不免~而行。”清《醒世姻缘传》七三回:“周龙皋从袖中不知~了点子甚么杭杭子,填在口里。”《绿野仙踪》八六回:“舜华与他放了椅儿,赵瞎~着坐下。” ❹ 指勾搭。清《红楼梦》八〇回:“谁知你三不知的把陪房丫头也~上了,叫老婆说霸占了丫头，什么脸出去见人！” ❺ 指盗窃。清《警寤钟》七回：“过有两三日，事已冷淡，他道：‘想是那家也闻得云里手的大名，故此置之不论。’依旧出来～，却溜进一个典当铺，甚是得手。”

【摸挲】 mō suǒ 同“摸索❷”。《祖堂集》卷九《南际和尚》：“步行入水不知深，海底龙宫空～。”又卷一四《鲁祖和尚》：“他家面壁坐，有个～处；忽然堂堂底坐，你向什摩处～？”

【摸掏】 mō tāo 用手寻找掏取。清《红楼梦》三一回：“宝玉因笑道：‘你该早来，我得了一件好东西，专等你呢。’说着，一面在身上～。”

【摸头不着】 mō tóu bù zháo 犹“摸门不着”。明《醋葫芦》四回：“成珪～，只叫得苦。”《西洋记》七〇回：“可怜这一伙南兵～，无处逃生，一伞就收有百十多个在里面。”清《歧路灯》五六回：“耿葵被这话弄的人云钻雾，～。”

【摸瞎儿】 mō xiā er 暗中摸索。清《补红楼梦》九回：“你们怎么也不来一个人儿，拿灯笼接一接我们，教我们黑影里～回来了。”

【摸瞎鱼】 mō xiā yú 蒙目听对方敲木鱼循声捉人的儿童游戏。明沈榜《宛署杂记》卷一七：“～：群儿牵绳为圆城，空其中方丈。城中轮着二儿，各用帕厚蒙其目，如瞎状。一儿手执木鱼，时敲一声，而旋易其地以误之。一儿候声往摸，以巧遇夺鱼为胜。”

【摸捉】 mō zhuō ❶ 捉摸；测度。明孙继皋《答费太学书》：“退而流览诸刻集，连璧大珠，光采陆离，纷不可～。”蒋一彪《古文参同契集解》卷上：“阴阳二物，至玄极幽，不可～。”清《九云记》六回：“陡然起来了疑惑，便有意看他容貌言笑，倒是活泼玲珑，有非女子温柔气象，肚里～了不得，即起身归房躲避。” ❷ 摸索捕捉。明《别有香》一三回：“诸姐妹各自躲藏。等郎暗中～，提得者当夕。”

mó

【么】 mó 另见 mo。❶ 指示代词。如此；这样。《景德传灯录》卷三〇关南长老《获珠吟》：“不坐禅，不修道，任运逍遥只～了。”宋杨万里《端午独酌》：“团粽明朝便无味，菖蒲今日～生香。”金王喆《抛球乐》：“功行两双全，诚远胜，六出时间显，～则好归十洲清选。” ❷ 疑问代词。什么。《景德传灯录》卷一五《三角山令珪禅师》：“清平问曰：‘来作～？’师曰：‘来礼拜。’”明《西洋记》六回：“讲的～闲谭？你和我到西园里去看一看来。”

【么仓】 mó cāng 磨蹭。清《聊斋俚曲·增补幸云曲》：“穿搭上流水去罢，这早晚还只顾～。”

【么陀】 mó tuó 同“磨陀❷”。明佚名《新水令·中州十九韵》：“他～我过失，我可便怨先前展转绵缠你。”

【么子】 mó zi 什么。明《金瓶梅词话》五回：“便入在材里扛出去烧了，有～事！”

【摸】 mó 另见 mō。描摹。唐张鷟《游仙窟》：“巧儿旧来镌未得，画匠迎生～不成。”宋吴潜《满江红·再用韵怀安晚》：“和靖吟魂应未醒，补之画手何能～？”元高明《琵琶记》二八出：“两处堪悲，万愁怎～？”

【摸临】 mó lín 同“摹临❶”。明汤式《一枝花·赠草圣》：“《逍遥篇》《孤雁赋》酝酿出神仙之气，《曹娥碑》《告誓文》～出孝弟之规。”朱存理《云林子逸事》：“予乃～一本，轴而藏之。”

【摸拓】 mó tà 同“摹拓”。宋赵与时《宾退录》卷一：“唐太宗既得《兰亭序》真迹，使赵模等～，以十本赐方镇。”清汪由敦《王吏部前辈十体千文歌》：“大都未是得意笔，好事～徒纷纷。”

【摸写】 mó xiě ❶ 同“摹写❶”。宋黄庶《次韵和酬隐直忆花见寄之作》：“其间～景如画，烂漫一片春颜容。”元侯克中《易说》：“伊川笔底天人备，康节图中旨趣深。总被晦翁～出，朱弦三叹有遗音。”明陈谟《书锺实可墓志后》：“又读浔阳张羽撰实可哀词，～其人如生。” ❷ 同“摹写❷”。唐李德裕《文章论》：“辞不出于风雅，思不越于离骚，～古人，何足贵也。”明罗洪先《读释氏论》：“自庄、列来，更相～剿说者何限，独未有一文一论与释氏抗衡，抑又何也？”

【馍馍】 mó mo ❶ 馒头、包子一类面食。《元曲选·酷寒亭》二折：“你两个且起去揩了泪眼，我买～你吃。”明谢肇淛《五杂组》卷一一：“然馄饨即今馒头耳，非饼也，京师谓之～。”清《续金瓶梅》四五回：“五个大～——包豆腐馅的，拿来摆在一张破春台桌上。” ❷ 隐语指女性乳房。清《白雪遗音·人要老了》：“眼皮汤儿喝了个饱，～卷子无从动，白守了一夜无摸着。这才是，急的个老头双脚跳，转世再来嫖。”

【摹画】 mó huà ❶ 照着画；描画。宋文同《金凤花》：“美人相形欲～，巧不得施暂自拙。”元陈高《题高士煮茶图》：“何人绘高士，别味试鼎铛。细观～工，令我感慨并。”清李光地《寿陈子对初》：“图象～假君手，遂使隶首参皇羲。” ❷ 重复描述；描写。宋郑刚中《双莲膏露辨》：“表甥郑某，自念学术荒替，而又揄扬咏道之语，尽为诸公所先，不复更可～，姑取他人漏落餘意，穿凿而足其说。”清毛奇龄《苹书第三集跋》：“杜甫好言愁，～悱恻，而元公以甫之诗为其诗。” ❸ 擘画；谋划。宋李纲《与岳少保第二书》：“继闻驻军襄邓，其所～，想益宏远。”元王恽《沙堤行》：“相君继踵参～，快决不数陈元康。” ❹ 照着学；模仿。明陈所蕴《明文林郎研山顾先生墓志铭》：“晋魏开元以前诸大家词赋，及古李斯、程邈篆籀文，日坐乌皮儿，伏读而～之，遂以笔札擅长。”唐顺之《与陈两湖书》：“六家九流之书几乎无所不诵，庄骚太史之文亦无所不～而操纵之矣。”

【摹临】 mó lín ❶ 临摹；照着书画模仿。宋曾敏行《独醒杂志》卷二：“因借之以归，～累日，几废寝食。”明林鸿《雪蓬散人草书歌》：“～秘帖追晋风，挥洒雄文明古制。” ❷ 泛指模仿、借鉴。宋吕南公《代木工言》：“时平力赡侈不彻，有见必欲相～。”

【摹描】 mó miáo 描摹；照着画。也泛指描写。明杨慎《七贤过关》：“屋梁落月见颜色，妙处不待穷～。”清《都是幻·写真幻》二回：“把美人谱描过几张，随即丢了旧谱，散手～一张，但觉得心应手。”

【摹弄】 mó nòng 同“摸弄”。明方以智《通雅》卷三一：“（古帖）～日久，纸面生光，且有异香。”《痴婆子传》卷上：“是在今夕黎明，予复往～之，而凸者刚翘然直竖。”

【摹挲】 mó suō 同“摸挲”。清田雯《古钗叹》：“将钗入怀袖，一日三～。”

【摹索】 mó suǒ ❶ 同“摸索❷”。宋沈与求《摄尉归安呈江嘉》：“名下吹嘘初定价，暗中～便惊豪。”明《二刻拍案惊奇序》：“师弟四人，各一性情，各一动止，试摘取其一言一事，遂使暗中～，亦知其出自何人。”清田雯《论诗绝句》之八：“世无沈谢曹刘辈，～何难暗得之。” ❷ 临摹探讨。明何景明《明处士钱公墓志铭》：“攻书法，始授学吴太常，既乃精思～晋唐诸名帖。”清施闰章《赐裘图歌为沈绎堂太史作》：“扬马文章夙讨论，锺王字体兼～。” ❸ 描写；描述。明林俊《酬朱孔年惠菊》：“不见芙蓉见秋水，最难～是风情。”

【摹拓】　mó tà　描摹拓印。拓，把器物图文刷印到纸面上。唐封演《封氏闻见记》卷八："后魏太武帝登山，使人排倒之。然而历代～，以为楷则。"明《西湖二集》卷一："一味访求法书名画，不遗餘力，清闲之时，展玩～，不稍厌倦。"清田雯《丹阳津亭观延陵墓碑歌》："大历十载殷氏手，～硬本何其工。"

【摹想】　mó xiǎng　揣摩想象。元吴仲圭《临东坡风竹图并书》："常忆此本，每临池辄为～，而求仿佛万一。"清姜炳璋《诗序补义》卷七："是从极失意后，痴心～从前一番热闹，不可多得也。"《双凤奇缘》三二回："番王早已退朝，正在御书房挂着昭君二幅美人图，走来走去，细细玩看，～昭君的容貌。"

【摹写】　mó xiě　❶ 刻画；描写。宋黄庭坚《同韵和元明兄知命弟九日相忆》："革囊南渡传诗句，～相思意象真。"明王錂《春芜记》二二出："卿赋高唐景物，～殆尽，恍然在目。"清《平山冷燕》一四回："今看阁上美人，比花解语，似玉生香，只觉前言尚～不尽。" ❷ 效法；模仿。宋汪应辰《徐寿卿集序》："后之人读其书，诵其言，见其明白纯粹美善并具而不可几及也，则掇拾其遗餘，～其彷佛。"明薛蕙《海棠》："少陵才调难～，浪把燕脂污画图。"清宋荦《游黄山》："归舟～掉头吟，自笑今朝脱官样。"

【摹状】　mó zhuàng　❶ 绘画；图画形状。宋刘学箕《画壁赋》："惟天地造物之巧兮，有非人力之所能为。今～而传真兮，乃工于画笔之所移。"明李东阳《画马歌》："丹青画史极～，尚以骨肉分雌雄。"　❷ 同"模状❶"。宋傅自得《海录碎事后序》："夫诗之为用，所以～四时之造化，陶写平生喜怒哀乐之性灵。"元陈基《玉山名胜集序》："而凡气序之推迁，品汇之回薄，晴雨风云之变幻叵测，悉牢笼～于更唱迭和之间。"清顾镇《虞东学诗》卷五："夜窗对月，～佼人之情态。"

【模范】　mó fàn　❶ 约束；束缚。宋苏轼《荐朱长文札子》："特赐就差充苏州州学教授，非惟禄饩周养一乡之善士，实使道义～彼州之秀民。"明《醋葫芦》一六回："不曰妇道当闲，惟谓妻纲宜整，欺夫压主，～百端。"　❷ 描绘。《元曲选外编·老君堂》一折："只见那青松桧柏侵霄汉，怪石峻岭难～。"△清朱庭珍《筱园诗话》卷一："归愚翁所论，只能～山水，未能为作表章，以附山水知己也。"

【模糊】　mó hú　❶ 不分明；不清楚。唐杜甫《戏作花卿歌》："子章髑髅血～，手提掷还崔大夫。"明叶子奇《草木子》卷一上："然其字画～，略辨而已。"清《红楼梦》九〇回："起先侍书雪雁说话时，他也～听见了一半句。"　❷ 不清醒；糊涂。五代冯延巳《金错刀》："歌婉转，醉～，高烧银烛卧流苏。"元王仲诚《斗鹌鹑·避纷》："昨宵酩酊，今日～，来日醺酣。"清《红楼梦》一一六回："那面目声音是不错的了，怎么他说不是？我此时心里～，且别管他。"也指不清醒的人。五代吕从庆《醉卧田间赖里人章氏子扶归》："荷锄田泽畔，垂手引～。"　❸ 隐秘；不公开。明《禅真后史》一九回："我做妻室的，假使干些暗里～之事，只因为着家计。" ❹ 含糊处置；使模糊。明陆采《怀香记》三二出："司空忿怒已息，～此事罢了。"清孔尚任《桃花扇》加二一出："只怕世事～八九件，人情遮盖两三分。"《聊斋志异·妖术》："急以犬血沃立处，但见卜人头面皆为犬血～，目灼灼如鬼立。"　❺ 懈怠；马虎。明王九思《端正好·次韵赠邵晋夫》："从今后，泾野庄，溪田聚，浒西林下，来往莫～。"《西洋记》二二回："目今已是西洋大海，前哨的务要小心，不得～！"

【模画】　mó huà　❶ 同"摹画❶"。宋罗大经《鹤林玉露》卷六："山谷诗云：'李侯画骨亦画肉，笔下马生如破竹。''生'字下得最妙，盖胸中有全马，故曰笔端而生，初非想像～也。"元虞集《题简生画涧松》："默识形神出～，把笔莽苍增嗟吁。"清《九云记》一〇回："说人容貌，到不如～丹青。"　❷ 同"摹画❷"。明《情史·情幻·沈亚之》："其芳姝明媚，笔不可～。"

【模量】　mó liáng　同"摸量"。清《野叟曝言》一四八回："一日，文施～经期将净，问起公主，果是初净。"

【模临】　mó lín　同"摹临❶"。宋陈师道《答无咎画苑》："我生百事不留意，外物不足烦驱除。翰墨才能记名字，～写貌无工夫。"明文徵明《题沈石田临王叔明小景》："自其少时作画，已脱去家习，上师古人。有所～，辄乱真迹。"

【模拓】　mó tà　同"摹拓"。唐沈汾《续仙传》卷下："世传云汉阮肇题诗人石，～验之，乃是李阳冰尝为缙云令，游此亭题诗。"明李东阳《书碧落碑后》："数月后，偶检旧藏而得之，则首行固在，而其中乃阙三十餘字，岂～先后互有异邪？"

【模写】　mó xiě　❶ 同"摹写❶"。唐元稹《唐故工部员外郎杜君墓系铭》："予观其壮浪纵恣，摆去拘束，～物象，及乐府歌诗，诚亦差肩于子美矣。"宋林希逸《庄子口义》卷四："此一段～人心，最为奇妙。"清《隋唐演义》三六回："常疑是词人粉饰之句，世上妇人，那有这般柔软。今观宝儿的憨态，方信古人～，仿佛不虚。" ❷ 同"摹写❷"。《通典》卷六八："佛是胡中桀黠，欺诳夷狄，遵尚其道，皆是邪僻小人，～庄老玄言，文饰妖幻之教耳。"宋宋祁《宋景文公笔记》卷中："柳子厚《正符晋说》虽～前人体裁，然自出新意，可谓文矣。"元李治《敬斋古今黈》卷三："狄僎《咏柳》云：'翠色折不尽，离情生更多。'盖皆～李白体。"

【模样】　mó yàng　另见 mú yàng。描摹；描画。《太平广记》卷二八二引《异闻集》："其芳殊明媚，笔不可～。"宋《朱子语类》卷五九："既存得这大底，其他小底只是逐一为他点过，看他如何～，如何安顿。"

【模状】　mó zhuàng　❶ 描写。唐张九龄《为信安王献圣真图表》："其餘变态不测，神妙无穷，非臣瞽言所能～。"宋张世南《游宦纪闻》卷九："按坡诗有《以涵星研赠范纯夫侍讲》《风月石屏赠子功中书》，共二首，诗中～与此研实合。"清钱谦益《朝阳榭记》："且使读者知古人～山水，其言语简妙为不可及也。"　❷ 模样；形状。《元曲选·儿女团圆》二折："〔王兽医云〕叔叔，你打与我个～儿。〔正末唱〕则他生的短矮也那蠢坌身材。"又《黑旋风》二折："哥也，打与你一个～儿，我见那厮的衣裳鞍马，说起来看是也不是？"清刘岩《天台万年藤杖歌》："只今九节八尺长，～依稀老耆旧。"　❸ 规矩；尺度。唐徐彦疏《公羊传·定公五年》汉何休注"越治国有状"云："此状谓～也。～犹规矩。"明王樵《戊申笔记》："盖六官叙官职，其体简严；考工叙工制，其～精妙。"

【模糊】　mó hú　❶ 同"模糊❶"。唐白居易《雪中即事答微之》："连夜江云黄惨澹，平明山雪白～。"宋苏轼《凤翔八观·石鼓》："～半已似瘢胝，诘曲犹能辨跟肘。"清汪由敦《晓出西直门道中咏雪》："巷柝声沉动晓乌，春城云湿望～。"　❷ 同"模糊❷"。宋周紫芝《次韵季共再赋》："浅斟醉～，低唱声断续。"明陈铎《端正好·春情》："思～懒写兰亭字，瘦伶仃羞看罗衫裢。"清汪沆《东堂观剧》之一："衣冠优孟醉～，从古神仙属酒徒。"　❸ 黏稠；黏糊。也指黏糊状的食物。宋苏辙《食鸡头》："谁料明珠藏满腹，剖开膏液尚～。"刘子翚《园蔬十咏·芋》："晓吹黏玉糁，深碗啖～。"元王祯《农书》卷八："煮法宜先用盐微糁之，则不～。"

【模模】　mó mo　同"馍馍❶"。明佚名《精忠记》一〇出："皮裘皮袄最穿多，碎破。羊肉馒头是干粮，～。"

【摩】　mó　另见 mo。❶ 同"么（mó）❶"。《祖堂集》卷一一《保福和尚》："近日老迈，且～过时。"又卷一七《关南和尚》："不坐禅，不修道，任运逍遥只～好。”又卷一九《香严和尚》：“去去无标的，来来只～来。有人相借问，不语笑咳咳。” ❷同“么(mó)❷”。《祖堂集》卷一四《江西马祖》：“亮座主问：‘有什摩事啼哭？’三郎曰：‘啼哭座主。’座主云：‘哭某等作～？’”

【摩按】 mó àn 按摩。唐王焘《外台秘要方》卷三六：“患腹痛，其母与～之。”宋黄震《黄氏日抄》卷三九：“公目疾，手执寸许玉～。”清《野叟曝言》一〇六回：“宫女捶运一会，渐要～至胸腹臀腿上来。”

【摩擦】 mó cā 物体相接触并来回移动。宋佚名《银海精微》卷上：“宜用香油调姜粉汁，于额脸部～及面上，或摩风膏～更好。”元郑元祐《揩痒马图》：“～树根休揩痒，明朝要尔战沙场。”清《野叟曝言》二八回：“生些炭火在炉子里，把绢儿细细的～，烧些沉香黄熟，磕些榛松瓜子，和大奶奶随意而食。”

【摩揣】 mó chuǎi ❶打磨。比喻磨砺锤炼或抚慰提携。宋杨亿《送倚序》：“而我以不肖之质，中人之才，黄屋过听，擢司雅诰，敢不～铅钝，励精夙夜。”吕南公《中山感怀》：“虽往省松楸，仍来仰盆锜。人皆贱屑越，己独念～。” ❷按摩揉揣。明胡文焕《新水令·绣鞋》：“拆分重合因欢爱，游倦倩人～。”清《野叟曝言》一一五回：“前替先生～之女，一名熊熊，一名乌乌，年止十五，尚是童身。” ❸揣摩；忖度；打探。明《醋葫芦》一〇回：“惟都飙竟做着了这个题目，直头在这上边下了～工夫，怎教这试官不中了意！”又一二回：“内中也有游花僧人，只道成员外的小老婆出家，不知怎生丰彩，往往走来～。”清陈端生《再生缘》六三回：“用天机巧到之功，落文采风流之手，慢慢地把观音大士的圣像，～描写出来。”

【摩娑】 mó cuó 即“摩挲❶”。明《山歌·春画》：“姐儿房里眼～，偶然看着子介本春画了满身酥。”

【摩荡】 mó dàng ❶摩擦振荡；相呼应。宋李纲《靖康传信录》卷一：“时日有五色晕，挟珥赤黄色，有重日相～，久之乃隐。”清曹尔堪《曝书亭集序》：“时复杂以悲壮，殆与秦缶燕筑相～。”查慎行《夜泊平望驿桥下》：“小舟入圆镜，光景互～。” ❷相切摩而变化；相互影响而改变。宋孙应时《策问》：“岂天地之间推移～之理，莫知其为之者耶？”叶適《宝谟阁待制陈公墓志铭》：“初讲城南茶院时，诸老先生传科举旧学，～鼓舞，受教者无异辞。”明高攀龙《薛少泉翁七十序》：“故鸟之伏卵，木之接枝，或同气而运于各质，或异质而联其一气，所谓～之神，圣哲所不得而知也。” ❸触击；碰撞；因触及而沾染。元袁桷《次韵黄可玉古墨行》：“宝刀晓割千岁松，神膏～长檠工。”明朱橚《普济方》卷二八〇：“不问干湿疥疮，却不可抓破，～疮上。”清《绮楼重梦》二八回：“腰款款以摆摇，腹便便其～。环夹谷以合围，透垓心而搔痒。” ❹扫荡；破除。清玄烨《尊藏得胜灵纛于紫光阁》：“艰辛百战，先登则蚁聚就歼；～七旍，并举则鹰扬奋击。”

【摩顶】 mó dǐng ❶法师抚摩弟子的头顶，是受戒传法时的仪规。唐李华《润州鹤林寺故径山大师碑铭》：“圆月照海，高深尽明；慧风吹云，宇宙皆净。威大师～谓曰：东南正法，待汝兴行。”元明《水浒传》四回：“长老又赐法衣袈裟，教智深穿了。监寺引上法座前，长老用手与他～受记。”清《玉蜻蜓·游庵》：“家师取下无深意，～称名叫普传。” ❷南朝陈徐陵幼时，曾受僧人宝志摩顶，赞曰“天上石麒麟也”。后用以贺人得子，或借指婴幼年。宋邓剡《烛影摇红·雪楼得次子》：“镜容中夜，～欣然，石麟天堕。”金赵秉文《送李天英下第》：“遥怜弟妹长，～今过膝。”清《野叟曝言》三八回：“孙康道：‘昨晚得一舍侄，……’长卿道：‘此贵征也！天上石麟，许一～否？’”

【摩拂】 mó fú ❶摩擦拂拭；抚摸；按摩。《敦煌变文校注》卷二《韩朋赋》：“唯有一毛[羽]，甚好端正。宋王得之，[遂]即～其身，[大好光彩。唯有项上未好，即将～项上，其头即落。]”按，一本作“磨”。宋蔡絛《铁围山丛谈》卷二：“中美则以手～书册，而言不必尽然，要概似之。”明《韩湘子》八回：“湘子只得为之抚摩，其脓水浸淫沾惹手指，叱湘子吮餂干净，方再～。” ❷调教；磨炼。唐[朝]崔致远《答裴挹庶子书》：“金膏珠粉，既垂～之恩；骥尾龙髯，重有依攀之望。”元王旭《五穷序》：“惟子相知，中无间然。～激厉，功深意坚。” ❸冲撞；冒犯。宋觉范《禅林僧宝传》卷二八《杨歧会禅师》：“时时蠢语～慈明，诸方传以为当。”元刘将孙《寓言》：“左右顺适候笑颦，奈何布衣事～。” ❹逼近；突破。宋刘弇《重修共乐亭记》：“试徙倚而南望，则前有峭峙之壶山，如垢世独拔，～霄极。”黄庭坚《用前韵谢子舟为予作风雨竹》：“子舟诗书客，画手睨前辈。挹袂拍其肩，餘力左右逮。～造化垆，经营鬼神会。”施德操《北窗炙輠录》卷上：“然孔明在妙龄时才气如何，当下视一世，乃肯拜德公于床下，此所以为诸葛孔明也。没量之人，只为此一点，～不下。”

【摩抚】 mó fǔ ❶同“摩拂❶”。宋张耒《次韵苏公武昌西山》：“邓公叹息为～，重刻文字苍崖限。”清袁枚《子不语》卷一：“其夫～旧时几案，怆然长叹。”《野叟曝言》二一回：“你怜我爱，交股并头，互相～，沉沉而睡。” ❷抚慰；安抚。宋石孝友《玉楼春·冬日上江西漕鲁大卿》：“江湖襟带蛮荆控，～民劳输土贡。”明李梅实《精忠旗》七出：“三军共死生，要～疮痍，调养疾病。”清施闰章《平乐府知府尹公墓志铭》：“兵火后白骨委地，民窜走山谷中。君招徕～，掩骼辟野。”

【摩拊】 mó fǔ ❶同“摩抚❶”。唐玄奘《大唐西域记》卷三：“变为人形，即而～，释种惊寤。”元王恽《洗研示孙阿鞬》：“不辞襟袖黝，一一重～。”清查慎行《腰痛自嘲》：“抓搔性复慵，～亦安用。” ❷同“摩抚❷”。宋张孝伯《宋故尚书刑部员外郎徐公行状》：“旧令贪虐病民，公～备至。”明陆粲《祭外舅盛公文》：“儿女茕茕，零丁艰苦。仰赖提携，吹煦～。”

【摩孩罗】 mó hái luó 即“摩睺罗”。宋王明清《玉照新志》卷四：“前大理卿周懿文抄札景王府，吃蜜煎等，将～士女孩儿等归家。”赵师侠《鹊桥仙·丁巳七夕》：“～荷叶伞儿轻，总排列、双双对对。”

【摩诃罗】 mó hē luó 即“摩睺罗”。元杜仁杰《集贤宾·七夕》：“把几个～儿摆起，齐拜礼，端的是塑得来可喜。”明佚名《新水令·七夕会》：“将～摆着，立着。”

【摩合罗】 mó hé luó 同“魔合罗❷”。元岳伯川《铁拐李》二折：“花朵儿浑家不能恋，～孩儿不能见。”《元曲选外编·西游记》五本一九出：“对您公主说，大唐三藏～俊徒弟孙悟空来求见。”

【摩侯罗】 mó hóu luó 同“摩睺罗”。宋元《警世通言》卷八：“这块玉上尖下圆，好做一个～儿。”

【摩猴罗】 mó hóu luó 同“摩睺罗”。宋金盈之《醉翁谈录》卷四：“(七夕)京师是日多博泥孩儿，端正细腻，京语谓之～，小大甚不一，价亦不廉。或加饰以男女衣服，有及于华侈者。南人目为巧儿。”

【摩睺孩儿】 mó hóu hái er 即“摩睺罗”。宋佚名失调名词：“～，斗巧争奇。戴短檐珠子帽，披小缕金衣。嗔眉笑眼，百般地、敛手相宜。”

【摩睺罗】 mó hóu luó 用泥、木或蜡等材料制成的孩童、士女像。是七夕(农历七月初七)的吉祥物。语本梵语摩睺罗伽

(mahoraga),系佛教神名。宋周密《武林旧事》卷三:“七夕节物,多尚果食,茜鸡及泥孩儿号‘～’,有极精巧,饰以金珠者,其值不赀。”吴自牧《梦粱录》卷四:“(七夕)市井儿童,手执新荷叶,效～之状。”

【摩睺罗】 mó hóu luó 同“摩睺罗”。宋祝穆《方舆胜览》卷二:“(平江府)土人工于泥塑,所造～尤为精巧。”

【摩候罗】 mó hòu luó 同“摩睺罗”。宋《三朝北盟会编》卷一一二:“前大理寺卿周懿文抄札景王府,(吃)蜜煎等,将～士女孩儿等归家。”

【摩画】 mó huà ❶ 同“摹画❸”。宋苏辙《申本省论处置川茶未当状》:“如此～,比之顷年全榷,益利及陕西诸州。”又《栾城应诏集》卷一〇:“其阴阳向背与其山林原隰之势,陂池泉水之利,皆秦汉以来所为创置～。” ❷ 同“摹画❶”。明李东阳《题黄子敬编修所藏登瀛图》:“纷纷世上功名徒,至今～瀛洲图。” ❸ 同“摹画❷”。清毛奇龄《西湖踏灯词序》:“一一而～之,东枨西触,情思满前。”又《闻人山人印章谱引》:“以彼其技,宜随所～,当无所不得于世。”

【摩击】 mó jī ❶ 摩擦;撞击。《太平广记》卷一六九引《定命录》:“胸前为板所～,肉破至骨。”宋《朱子语类》卷七〇:“介于石,言两石相～而出火之意。”元王沂《为广陵玄妙观明道堂记》:“广陵当东南之冲,舟航之经纬,轮蹄之～,冠盖之低昂,重装蓄贾之往来,尘相及而袂相接也。” ❷ 辩论;切磋。元袁桷《祭育王明禅师》:“慨禅林之盛时,争～以相接。或励行以安行,或发机于危掣。”

【摩戛】 mó jiá 即“摩击❶”。戛,打击。唐杜甫《自京赴奉先县咏怀五百字》:“瑶池气郁律,羽林相～。”宋《朱子语类》卷七四:“摩,是那两个物事相～。”明陆容《菽园杂记》卷四:“视其衣服沾污,有黄绿痕,若草树～者然。”清屈大均《广东新语》卷一六:“其制也,小石如豆,啮皮函外,铁牙～,火透函中,盖皆精铁分合而成。”

【摩揩】 mó kāi ❶ 犹“摩拂❶”。明佚名《小儿卫生总微论方》卷二〇:“令乳母满口呷含鼓漱,徐徐吐洗病处,以手掌～。”汤显祖《邯郸记》一六出:“三尺剑秋水～,七围帐莲花宝盖。”清王士禛《池北偶谈》卷二二:“(鱼石)鳞鬣宛然,以手～之,作鱼腥。” ❷ 犹“摩拂❷”。宋赵汝腾《赠林耕叟赴湖帅幕》:“南轩昭昭,五峰巍巍。岂无秀民,可与～?”

【摩捋】 mó lǚ 比喻迎合、顺从。《古尊宿语录》卷三二《舒州龙门佛眼和尚普说语录》:“端和尚举古人道:‘如镜铸像,像成后镜光向什么处去?’会中有头角兄弟下语皆不契。端和尚云:‘须是道者子始得。’先师时作街坊却从外归,端和尚举前话问之,先师近前问讯云:‘也不争多。’端和尚抚掌大笑。人皆谓～他教做化主,什么说话!”明如卺《缁门警训》卷七:“莫爱人,～尔,赞叹尔,尽不是好心。”

【摩抡】 mó lūn 挥动。《元曲选·小尉迟》四折:“我将这水磨鞭款款～,只待打碎他脑盖纷纷。”

【摩弄】 mó nòng ❶ 抚摸;把玩。金《董解元西厢记》卷五:“更有甚功夫脱衣裳,便得个胸前,把奶儿～。”元张之翰《王嗣能教授四十而举是儿故呼曰卯哥》:“掌中～以卯名,不君而哥者何情?”清《聊斋俚曲·蓬莱宴》:“西王母欢喜下坐,伸玉手～一遭。” ❷ 调哄;戏弄;逗引。《元曲选外编·西厢记》三本三折:“他是个女孩儿家,你索将性儿温存,话儿～,意儿谦洽。”明王世贞《与李于鳞书》:“造化小儿忌足下与仆,甚～之耳。”清《醒世姻缘传》三六回:“晁夫人～着他,哄他吃饭。”

【摩拍】 mó pāi 抚摸拍打。宋李流谦《中秋玩月》:“洞天六六我所家,～洪崖肩绮季。”清《野叟曝言》八二回:“将两手弄双乳,又拍肚脐,～一会,仍是上前三步,退后三步,依前念咒。”

【摩揉】 mó róu ❶ 用温柔手段教育或治理。宋卫泾《故特进资政殿大学士程公墓志铭》:“公以刑钼奸,以惠销薄,从容～,而政以和。”明何迁《德安府重建社稷坛记》:“补助湔涤有方,民用静治,然后旁引彝教,～之而示之趋。”清卢易《创建桂平县学记》:“春秋朔望,祭菜释奠,俾四民之观听者,～迁化而不自知。” ❷ 揉摩;按摩。清喻昌《寓意草》卷三:“胸前惯自～乳下宗气,其动应衣。”

【摩搔】 mó sāo ❶ 按摩挠抓。《太平广记》卷二三引《逸史》:“取药两丸,与生服讫。觉腑脏清莹,逡巡～,皮若蝉蜕。”明宋濂《答郡守聘五经师书》:“或～膺腹,使气隆隆然降升乃已。” ❷ 比喻抚慰提携。宋刘弇《再上蔡学士书》:“凡人骤而获～洒濯,则操笔刻谢启如不终朝焉。”

【摩酥】 mó sū 摩挲;抚摸。清《白雪遗音·十二月》:“不说长不说短,不住浑身～俺。”

【摩娑】 mó suō ❶ 同“摩挲❶”。宋赵福元《减字木兰花·赠草书颠》:“醉眼～,错认书颠作酒颠。”明《金瓶梅词话》八回:“吃的醉眼～,前合后仰。”清佚名《天成福》七出:“鬓发俱一皤,双眼～。” ❷ 摸;摸索。明汤显祖《紫钗记》五一出:“看我手中白棍儿么! ～起手底棍儿打这厮。”清《聊斋志异·狐嫁女》:“幸月色昏黄,门户可辨。～数进,始抵后楼。” ❸ 谄媚奉承;苟且度过。明茅溱《粉蝶儿·金台怀古》:“只见他每日殷勤,下气趋承,着意～。”清《白雪遗音·嘛哒摩诃》:“穷蛤螺没作,混～,闲皮赖脸,满世界穷磨。”

【摩挲】 mó suō ❶ 昏花;不分明。宋陈东之《游沃洲山》:“晴窗示我两山图,老眼～观一二。”《元曲选·酷寒亭》三折:“你莫不是眼～,错认了你这亲眷?”清《野叟曝言》一一回:“黄雪漫漫箕尾连,白云满目空～。～静夜独伤神,突有明月来惊人。” ❷ 萧疏;稀少。宋黄昇《鹧鸪天·张园作》:“雨过芙蕖叶叶凉,～短发照横塘。”明屠隆《昙花记》三五出:“悲来身死家仍破,容瘦损,鬓～,黄金去也再来么?” ❸ 体味;忖度;推敲。宋刘辰翁《双调望江南·赋所见》:“羞拂拂,懊恼自～。残烛不教人径去,断云时有泪相和。恨恨欲如何?”明叶宪祖《丹桂钿合》五折:“自～,仙源咫尺路无多,佳姻入手情偏懦。”清吴伟业《灵隐具德和尚塔铭》:“乃百世而下,～其日月而考校其行履,并吾与晦山为出世之交,亦得附佛法以垂永久。” ❹ 摸索。也形容动作迟缓、迟疑。《元曲选·燕青博鱼》一折:“儿,我与你去来! 我把手～揪住马。”清钱谦益《列朝诗集》丁集卷一三上:“(程嘉燧)善画山水,兼工写生,酒阑歌罢,兴酣落笔,尺蹄便面,笔墨飞动。或贻书致币郑重请乞,～瑟缩,经岁不能就一纸。” ❺ 消解;抚慰;开释。明王九思《曲江春》四折:“从今后青山止许巢由采,黄金休把相如买,～了壮怀。”叶宪祖《夭桃纨扇》三折:“亲年老,怎～。”清《野叟曝言》五五回:“进门又看了湘灵哀词,真如乱箭攒心,～不得!”

【摩陀】 mó tuó 同“磨陀❶”。明汤显祖《南柯记》一〇出:“落托～,烂醉如泥可奈何?”

【摩轧】 mó yà ❶ 倾轧;排挤。宋楼钥《跋宋宣献公书李公垂诗编》:“牛李二党更相～数十年,而唐益以衰。”王楙《野客丛书》卷二:“观汉唐党人言事者,不为不当,然互相～,适为乱阶。” ❷ 摩擦;挤压。宋《朱子语类》卷二:“雷电,程子曰:‘只是气相～。’”元胡祗遹《闰五月朔移居遣兴》:“动静互～,万物何林林。”明妙声《松石室》:“松生崖石间,其势不两大。松根与石斗,～发奇怪。”

【摩运】 mó yùn 犹“摩揉❷”。清《野叟曝言》六七回：“四女轮流，浑身擦洗，遍体～，药气薰蒸，气血动荡。”又六九回：“琴止乐毕，随氏上床拥着素臣肩背，替他～胸腹。”又九四回：“令苗女将萨氏的衣服解开，把珠～心口。”

【摩折】 mó zhé 同“磨折❸”。唐[日]菅原道真《为大学助教善渊朝臣永贞请解官侍母表》：“臣被天～，终鲜兄弟。”《敦煌变文校注》卷七《故圆鉴大师二十四孝押座文》：“须忧阴骘相～，莫信妻儿说短长。”

【磨】 mó 另见 mò。❶ 拂动；摇动。《太平广记》卷四六引《博异志》：“枝为风相～，如人言诵诗声。”元薛昂夫《端正好·高隐》：“草庵前寒梅雪压，短窗边瘦影频～。”清《野叟曝言》八九回：“尹雄复把令旗～转，那长蛇便直里转来，首尾相接，圈成一个大圈。” ❷ 折磨；磨难。宋佚名《张协状元》八出：“百草怕霜霜怕日，恶人自有恶人～。”明《西游记》一五回：“似这等多～多折，老孙的性命也难全，如何成得甚么功果！”清《霓裳续谱·寻思默默》：“相思把我～，咳哟，～的我无奈何。” ❸ 纠缠。明《西游记》一八回：“只这一个怪女婿，也被他～慌了。”清《白雪遗音·嘛哒摩诃》：“闲皮赖脸，满世界穷～。” ❹ 点化；教训。《元曲选·金童玉女》三折：“元来他再不省悟，看了这等，如何舍的？先～了娇兰，然后金安寿容易点化。”明《型世言》三回：“倒是这两个邻人恼了，道：‘媳妇你～得着，我们邻舍怎厮唤不回？’” ❺ 触及；挨近。磨，通“摩”。唐韩愈《刘生》：“青鲸高～波山浮，怪魅炫曜堆蛟虬。”五代杜光庭《招友人游春》：“任堆金璧～星斗，买得花枝不老无？”宋倪偁《减字木兰花》：“新晴眺览，空翠相～明老眼。” ❻ 犹“么(mo)❶”。也表惊疑等语气。唐王梵志《借物莫交索》：“损失酬高价，求嗔得也～？”《敦煌变文校注》卷六《不知名变文(二)》：“逢着儿儿布施，逢着女女布施，逢妻妻布施，得罪～？”元《武王伐纣平话》卷上：“此旋风好怪～！”

【磨擦】 mó cā ❶ 同“摩擦”。宋欧阳修《乞一面除放欠负疏》：“应陕西、河东诸般纲运般送衣甲器械等，缘路死损却官驴骡，并～、损折、渍污及去失匹帛，系剥纳亏官钱，元不是侵欺盗用者，并与除放。”元佚名《柳营曲·风月担》：“不是咱情分寡，说着他话儿长，我～的条风月担儿光。”清《醒世姻缘传》七九回：“每日清早使印，临晚睡觉，仔细验明，不致～，方才安静无事。” ❷ 比较；辨析。宋《朱子语类》卷二四：“须是大家都说出来，这里方见得果是如何。这里方可以将众多之说相～，这里方见得疑殆分明。”又卷一二六：“只是佛氏～得这心精细，如一块物事，剥了一重皮，又剥一重皮，至剥到极尽无可剥处。”明罗洪先《别蔡督学》：“直就旧习反之，而不惮其难，不畏其阻，煅炼～，期于自立。此更生之机也。”

【磨剷】 mó chǎn 犹“磨挫❶”。剷，铲、凿。明陆采《明珠记》三七出：“为君受了多～。寻师去觅丹方好，恋世空劳白发添。”

【磨触】 mó chù 摩擦碰撞。宋刘子翚《闻药杵赋》：“因神丹之揉练，发员机于～，琅琅之中，独闻和焉。”汪莘《春怀》之五：“我心如明镜，万象相映烛；我心如虚空，万物自～。”清《聊斋志异·汪士秀》：“纷陈酒馔，馔器～作响。”

【磨揣】 mó chuǎi 同“摩揣❸”。唐白居易《东南行》：“世务经～，周行窃觊觎。”

【磨淬】 mó cuì ❶ 打磨铁器并淬火使坚利，也泛指打磨铁器。唐牛僧孺《玄怪录》卷三：“俊朝即～利刃，挥挑将及妻前。瘿中轩然有声，遂四分披裂。”宋洪迈《夷坚志》三己卷二：“即～利刃，秉炬而趋。”清施闰章《砚林拾遗》：“砚有初发墨久而钝者，亦如刀剑须～，用杉木松炭磨一遍，则石锋焕发。” ❷ 比喻磨砺锻炼。唐李商隐《为舍人绛郡公上李相公启》：“获安病躬，岂敢择地？犹希～铅钝，抚养疲羸。”明王玉峰《焚香记》七出：“焚膏，埋头自小，～久、龙光漫韬，驰驱未得投时好。”

【磨挫】 mó cuò ❶ 折磨；磨难。宋姚勉《贺新郎·京学类申后作》：“自是惺惺并了了，奈这五行尚左，遇好事，许多～。” ❷ 抑制；磨炼。宋朱熹《答许顺之》：“直是私意上又起私意，纵使～掩藏得全不发露，似个没气的死人，亦只是计校利害之私。”《宋史·李燔传》：“仕宦至卿相，不可失寒素体。夫子无入不自得者，正以～骄奢，不至居移气、养移体。”

【磨锉】 mó cuò ❶ 同“磨挫❶”。明《杨家府》卷八：“许多生灵，怨气冲天，故今日受此～。” ❷ 同“磨挫❷”。明罗洪先《答胡督学》：“若不从此路～至极，便欲随事随物流行感应，恐不止一暴十寒而已。”

【磨错】 mó cuò ❶ 磨光锉平。《唐律疏议》卷二六：“若～成钱令薄小取铜以求利者，徒一年。”宋唐慎微《证类本草》卷四：“取钢锻作叶，如笏或团平面，～令光净。” ❷ 摩擦；按摩。《宋高僧传》卷一七《唐庐山归宗寺智常传》：“常有异相，目耀重瞳，遂将药熏，手恒～，不觉目眦俱红。” ❸ 犹“摩荡❸”。宋冯山《和利漕徐师旦之才文龙山水之秀》：“物色互～，清辉深不变。” ❹ 磨炼；砥砺。宋道潜《送诚无上人还洞山》：“心珠～稍精莹，彷佛水月含冲融。”明王行《希间羽士碑》：“乱离中，正道人～时耳。勉之！”清吴绮《白华楼赠诗序》：“良由廉耻之道几废于雷同，遂使～之功罕闻于风雅。”

【磨打】 mó dǎ ❶ 犹“摹拓”。宋赵彦卫《云麓漫钞》卷六：“士大夫乞墨本者沓至，薛恶～有损，自刊别本。” ❷ 磨锻打造。明《醒世恒言》卷二〇：“出去走了几日，无个安身之地，只得依先在门首～家火。” ❸ 折磨殴打。清《玉蟾记》一七回：“世上有多少晚娘～前妻儿女的？都是那班嚼舌根养汉养的诬栽这些话。”

【磨担】 mó dàn 挑担。磨，有长时间忍受意。明《西游记》二〇回：“那师父缓促银骢，孙大圣停云慢步，猪悟能～徐行。”又四三回：“不要惹大哥热擦。且只捱肩～，终须有日成功也。”

【磨荡】 mó dàng ❶ 同“摩荡❶”。宋赵磻老《水调歌头·和平湖》：“山涵秋晓，水光～有无间。”文莹《玉壶清话》卷一：“以油盆俯窥，果有两日相～，即太祖陈桥起圣之时也。”明崔嘉祥《崔鸣吾纪事》：“黑光～，杀气先征，第不知何以应在大臣。” ❷ 同“摩荡❷”。宋包恢《咏春堂记》：“当春之时，大钧块圠之无垠，二气～之无方。”明陆深《玉堂漫笔》：“薛文清公观崖石，每层有纹横界而层层相沓，谓为天地之初，阴阳～而成。” ❸ 同“摩荡❸”。宋程俱《泛舟鉴湖联句》：“云雷正经纶，兵甲相～。”明郑善夫《溪上》：“小者如卧羊，大者如伏虎。飞湍所～，兀兀自太古。”清黄宗羲《杨士衡先生墓志铭》：“吾不能忘世，世自不能忘吾。两不相忘，则如金木～，燎原之势成矣。” ❹ 同“摩荡❹”。宋文同《送赵大资再任成都府诗序》：“公既至，简条目，去苛暴，刷涤梗垢，～昏瞀。群疑革而冰消，大扰息而波澄。”

【磨动】 mó dòng ❶ 挥动；摆动。元明《三国志通俗演义》卷七：“只见山头上红旗～，背后一军从山坞内拥出。”明戚继光《练兵实纪》卷五：“又竖蓝旗，黑旗～，擂鼓，左一部马兵出营饮水。”清《女仙外史》七一回：“但看红旗～则进，皂旗招展即退。” ❷ 摩擦。明朱橚《普济方》卷三六：“每服三十丸，用麻油于手心内～，次滴水和油吞下。”宋诩《竹屿山房杂部》卷七：“叠惟三五，器重压，恐茅损相～，恐至骨出，遂非完美之器。”

【磨对】 mó duì ❶勘验；对证。明张永明《钦奉圣谕疏》："必须审取各人升授来历，充补缘由，委官～，方可定拟。"汪廷讷《狮吼记》二二出："自孽难违，逃不出殿上亲～。" ❷勘检校对。明《拍案惊奇》卷四〇："尽搜括坊间同题文字，入内～，有试卷相同的，便涂坏了。"清《康熙起居注·康熙十年》："太宗皇帝实录，徐元梦等将满文校对汉文，汉文校对满文，已看两番，臣又～一次。"《醒世姻缘传》四七回："仍把稿传到公馆，叫人灯下写出文来，～无差。"

【磨兑】 mó duì 同"磨对❶"。清《歧路灯》二三回："九娃道：'我跟干爹去取去罢。'逢若笑道：'叫孩子～住了，不怕你不取。'"

【磨拂】 mó fú ❶同"摩拂❶"。唐刘禹锡《磨镜篇》："流尘翳明镜，岁久看如漆。门前负局人，为我一～。"宋居简《超果寺忏院记》："白圭青铜，一经～，永谢尘玷。" ❷同"摩拂❷"。唐刘禹锡《贺门下李相公启》："故命书所至，德风随之。微才片善，咸自～。"宋梅尧臣《送张子卿秀才》："～李杜光，诚与日月斗。"

【磨刮】 mó guā ❶摩擦刮削；摩擦刮取。宋杨杰《古鉴谣》："～追光辉，云卷秋蟾吐。"元王祯《农书》卷九："杏李熟时，多取烂者，盆中研之。生布绞取浓汁，涂盆中，日曝干，以手～取之。"清朱彝尊《君平遗镜歌为家上舍赋》："阿谁～无纤疵，吾宗子仲性爱奇。" ❷去除。宋梅尧臣《刘十秀才见过寻以为寄》："放言破崖岸，尘事尽～。"郑刚中《良嗣壬申年来为生朝寿》："后效皆渺茫，前愆正～。" ❸锤炼；修炼。宋陈淳《侍讲待制朱先生叙述》："旨有隐而未莹者光明而洒落之，辞有朴而未泽者～而润色之。"《朱子语类》卷一一七："两三番后，此心～出来，便渐渐坚定。虽有大底，不见其为大；难底，不见其为难。"清储大文《逋峭》："夫草书～且尔，则他书之逋峭胥融，雅可类绎也。" ❹折磨；折腾。清《蜃楼志》五回："况且按连几夜，既竭精力，又冒风寒，那柔脆的骨头怎禁这番～？不觉得了发热恶寒头疼身痛的症候。"

【磨光】 mó guāng 犹"挨光"。清《续金瓶梅》二〇回："又惯会偷寒送暖，自幼儿和人～，极是在行。"又五二回："小姐恐了空在寨无人看守，怕他逃去，可不误了我一世前程，又要一路温存～的意思，禀知夫人，要同了空下山讨贼。"

【磨害】 mó hài 折磨伤害。明《西游记》七六回："把口往下一咬，将猴儿嚼碎，咽下肚，却不得～你了。"清《儒林外史》五回："你若另娶一人，～死了我的外甥，老伯老伯母在天不安，就是先父母也不安了。"

【磨喝乐】 mó hē lè 即"摩睺罗"。宋孟元老《东京梦华录》卷八："（七夕）皆卖～，乃小塑土偶耳，悉以雕木彩装栏座，或用红纱碧笼，或饰以金珠牙翠，有一对直数千者。"吴自牧《梦粱录》卷四："（七夕）内庭与贵宅皆塑卖～，又叫摩睺罗孩儿，悉以土木雕塐。"

【磨合罗】 mó hé luó 同"魔合罗❷"。元刘时中《红绣鞋·戏赠》："闲则剧怀抱儿里引，娇□可喜被窝儿里爬，只是将个～儿迤逗著耍。"关汉卿《调风月》一折："和哥哥外名，燕燕也记得真，唤做～小舍人。"

【磨糊】 mó hú 同"模糊❶"。明徐𤊹《重刻四家评唱序》："旧刻四家语录，杀青者不甚工，……近且～莫辨矣。"

【磨滑】 mó huá 耍滑。明李开先《傍妆台》："曲律木车儿随性打，阿㨮纸鹞子怎生拿？波罗蜜，花木瓜，得～处且～。"

【磨击】 mó jī 同"摩击❶"。明王应电《周礼图说》卷下："盖古者行军以车为营，毂出轮二尺五寸，使之比次整齐，不相～与离次也。"清《野叟曝言》三回："两个钩牙外露，～作响，大有吞噬之状。"

【磨激】 mó jī 磨炼激励。宋刘斧《青琐高议》前集卷九："自从发志～得官，出入金闼书殿，家粗丰足。"苏轼《胜相院经藏记》："是诸众宝，及诸佛子，光色声香，自相～，璀璨芳郁，玲珑宛转，生出诸相，变化无穷。"侯溥《郫县汉大司空何公祠堂记》："君公之忠，可以～万祀。"

【磨渐】 mó jiàn 磨炼影响。唐皇甫湜《伤独孤赋》："余获知于君也久，而叨～之益焉。"明沈受先《三元记》二六出："严师益友日～，那时成就有何难。"

【磨劫】 mó jié 磨难。清洪昇《长生殿》四七出："想那日遭～，兵刃纵横，社稷阽危。"《十二楼·闻过楼》二回："呆叟搬到乡间未及半载，饭稻羹鱼之乐才享动头，不想就有这番～。"

【磨酒】 mó jiǔ 把原料磨碎入酒。宋周密《齐东野语》卷二〇："世传补助奇僻之品，有所谓山獭者，不知出于何时。谓以少许～饮之，立验。"明陈敬宗《明故荣禄大夫黄公墓志铭》："请朝廷刻誓词于金锭，集诸部长，～饮之以盟。"清李玉《清忠谱》二三折："闻得这头是沉香的，我有心头痛的病，待我咬他一块，拿回家去～吃。"

【磨揩】 mó kāi ❶犹"摩拂❶"。宋《朱子语类》卷一六："骨角却易开解，玉石尽著得～工夫。"明汤式《一枝花·赠人》："六钧弓晓星迸激，双龙剑秋水～。"清弘历《出塞杂咏》之六："铁骑番儿雁字排，霜锋掌样净～。" ❷犹"摩拂❷"。唐孟郊《喜符郎诗有天纵》："偷笔作文章，乞墨潜～。"宋梅尧臣《送方进士游庐山》："子心洒落撇然往，我方尘垢难～。"金王喆《任公问本性》："频频洗涤分圆相，细细～现本初。"

【磨勘】 mó kān ❶核实；复核。《敦煌变文校注》卷三《燕子赋(一)》："一例蒙上柱国，见有勋告数通。必其欲得～，请检《山海经》中。"《元曲选·救孝子》三折："～成的文状才难动，罗织就的词因到底虚。"清《隋唐演义》三一回："少刻诗词若是陛下看得不公，还要求娘娘～。" ❷对官员进行考核升迁。唐宋时的一项职官制度。唐李炎《加尊号赦文》："选曹既阙～，长吏不闻纠绳。此弊公行，吏途太滥。"宋洪迈《容斋随笔》卷六："绍兴中，王浚明以右奉直大夫直秘阁，乞～，吏部拟朝议大夫。"江少虞《宋朝事实类苑》卷二七："祖宗时，未有～，每遇郊祀等恩，皆转官。"

【磨赖】 mó lài 磨蹭拖延。明《西洋记》一三回："长老道：'不是你这个破头楔，这不用舀的水，说到明日这早晚，还说不尽。'侍郎听之，又恼又好笑，说道：'你这等的～，才做得和尚。'"又一七回："钉碗的道：'承老爷尊赐过厚了些，待小人略节歇息一会，就起来钉着。'这一日，三宝老爷且是好个～的性子，说道：'也罢，你且去歇息一会就来。'"

【磨勒】 mó lè ❶打磨凿刻（碑文）。宋方大琮《帝王歌颂刻金石赋》："想夫～之时，皆劝戒之功；纪载之初，即形容之妙。"明解缙《跋王右军法帖》："宋太祖时，王著定审真迹～上石。" ❷折磨。《元曲选·潇湘雨》二折："天那，但不知那塌儿里把我来～死。"

【磨练】 mó liàn ❶同"磨炼❶"。《敦煌愿文集·愿文范本·叹佛》："六年苦行，不起于坐，顶有鹊巢居。～其心，乃成大道。"明洪应明《菜根谭·概论》："一苦一乐相～，练极而成福者，其福始久。"清《野叟曝言》一二八回："谁知龙儿是天生神力，兼之日夕～，天渊一身武艺，已被龙儿偷学全九分以上。" ❷同"磨炼❷"。明《醒世恒言》卷三二："黄生只得随例入场，举笔一挥，绝不思索。他也只当应个故事，那有心情去推敲～？"

【磨炼】 mó liàn ❶修炼；锻炼。《敦煌变文校注》卷五《维摩诘经讲经文(四)》:“六根～三祇劫,一语苞藏万法通。”宋克勤《碧岩录》八四则:“直饶你～得到这田地,亦未可顺汝意在。”清《十二楼·鹤归楼》二回:“总是一片虑后之心,要预先～身心,好撑持患难的意思。” ❷ 用心琢磨使词句精美简练。五代徐夤《雅道机要》:“凡为诗须积～。一曰炼意,二曰炼句,三曰炼字。”宋《朱子语类》卷一三七:“有些工夫,只了得去～文章,所以无工夫来做这边事。”清孔尚任《桃花扇》三三出:“闲消自遣,莫说文章贱。从来豪杰,都向此中～。”

【磨珑】 mó lóng 同“磨砻❶”。《敦煌变文校注》卷五《维摩诘经讲经文(一)》:“～虎(琥)珀,雕尅(刻)珊瑚。”又:“～琥珀色参差。”

【磨砻】 mó lóng ❶ 雕琢;打磨。唐张鷟《朝野佥载》卷五:“赵州石桥甚工,～密致,如削焉。”明梅鼎祚《玉合记》三五出:“当初做良工心苦,空自费～。”清《醒世姻缘传》一八回:“又遍请亲朋出丧坟上助事,叫了石匠,～志石。” ❷ 磨炼;精研;调教。唐刘禹锡《酬湖州崔郎中见寄》:“～老益智,吟咏闲弥精。”宋《朱子语类》卷六七:“非是《易传》不好,是不合使未当看者看。须是已知义理者,得此便可～入细。此书于学者非是启发工夫,乃～工夫。”清《野叟曝言》六六回:“真个福至心灵,也是素臣善于开导,把一块昏邓邓的顽石,～了几日,虽不比水晶玻璃,也就仿佛白矾石一般了。” ❸ 张罗;打理。明张凤翼《红拂记》二一出:“空打熬的计团圞把我机关设,空～的事完成把我心肠竭。” ❹ 折磨;磨难。明王应遴《逍遥游》:“这钱呵!四字不知谁鼓铸?一生却被你～。”张凤翼《懒画眉·代春恨》:“这盟言怎改,便～只自捱。”清方成培《雷峰塔》三一出:“刚道是宿世前缘,又谁知受尽～。”

【磨笼】 mó lóng 同“磨砻❶”。《敦煌变文校注》卷五《维摩诘经讲经文(一)》:“似玉～多巧妙,如鸡负卵应时堆。”

【磨逻】 mó luó 同“䃺䃶”。敦煌本《丑妇赋》:“脂～之面恶,努䏲肛之嘴艅。”

【磨灭】 mó miè 折磨;欺凌。金《董解元西厢记》卷八:“从来呵,惯受～。”明陆采《明珠记》一二出:“深闺里,娇又怯,何曾禁得这～?”清《隋唐演义》四四回:“我士信从不曾受人～的。”

【磨没】 mó mò ❶ 因摩擦而失掉。《太平广记》卷七二引《录异记》:“所刻碑旧文虽已～,而此时为文之人见诣水官相讼,云:‘夺我之名,显己之名。’” ❷ 逝去;湮没。唐智昇《开元释教录》卷九:“泡幻之身,日就衰朽,纵然久住,终归～。”宋李昭玘《游白鹤观》:“毛寒不敢视,下必有神物。昔人斯徜徉,音影讵～。”明崔铣《邹立斋传》:“然执此以往,则固青天白日,断断乎不可～,是大有功于名教也。”

【磨磨】 mó mo 同“馍馍❶”。元刘信庭《醉太平·忆旧》:“白肉面番作了糖～,软羊羹变做了齑和和。”明《梼杌闲评》六回:“一娘向搭裢内取出几个肉～,就热茶与辰生吃了。”

【磨难】 mó nàn ❶ 困顿艰难;挫折。宋晁元礼《安公子》:“是即是、从来好事多～。”元金仁杰《追韩信》二折:“我想这男儿受困遭～,恰便似蛟龙未济逢干旱。”清《十二楼·鹤归楼》四回:“郁子昌受苦不过,只得仗玉初劝解,十分～也替他减了三分。” ❷ 为难;刁难;折磨。宋《朱子语类》卷一二三:“若其人半间不界,与其人本无求益之意,故意来～,则不宜说。”明《醒世恒言》卷二七:“自爹爹亡后,终日被继母～。”

【磨弄】 mó nòng ❶ 磨炼。宋《朱子语类》卷一二六:“如一块物事,剥了一重皮,又剥一重皮,至剥到极尽无可剥处,所以～得这心精光。” ❷ 同“摩弄❶”。元夏溥《学古编序》:“此数印,串印鼻以小韦带,常在手～之。”明高濂《遵生八笺》卷一四:“种种器具,制不法古,而工匠亦拙然,而器质厚实,极耐～,不易茅蔑。” ❸ 同“摩弄❷”。明《挂枝儿·金针》:“你心肠是铁打的,倘一线的相通也,不枉了～你。”按,此语双关。《禅真后史》一回:“耿寡妇被这魔头～了半夜,无门发泄,恨的他咬定牙根。” ❹ 折磨;磨难。明张凤翼《灌园记》二八出:“我想着当年避难遭～,好一似蛟龙失水鱼虾哄。”张景《飞丸记》二三出:“云雨高唐无心梦,良缘自挫甘～。” ❺ 消磨。明张景《飞丸记》三三出:“何须贪恋,～了三世精魂;到底勘空,毕竟是一场春梦。”

【磨旗】 mó qí ❶ 挥动旗帜。宋孟元老《东京梦华录》卷七:“次一人～出马,谓之开道旗。”《元曲选外编·追韩信》三折:“臣交樊哙去山尖顶上～作军中眼目,看阵势调遣军人。”明《西洋记》五六回:“道犹未了,就要～。刚刚的拿着个七星旗还不曾磨动,恰好的和、合二圣就在半天云里把手招。” ❷ 战旗;军旗。《元曲选·杀狗劝夫》二折:“我则见满天里飞～,半空里下炮石,俺须是死无个葬身之地。”清洪昇《长生殿》三二出:“～惨,战鼓哀。奋勇先登,振威夺帅。”

【磨试】 mó shì 同“磨拭❶”。宋孔武仲《送郑无欲改官知合江县》之二:“知君利刃曾～,囹圄应从到日闲。”

【磨拭】 mó shì ❶ 摩擦拂拭。唐王焘《外台秘要方》卷三三:“以井华水四器,亦置产处四方,各横刀于水上。其刀浮,～之。”《太平广记》卷八五引《玉溪编事》:“理解署得一铁镜,下有篆书十二字,人莫能识。命工～,光可鉴物。”清弘历《玉乳泉》:“镜或待～,泉亦借疏治。” ❷ 喻指修炼。元汪元亨《朝天子·归隐》:“意堤防若城,口缄守似瓶,心～如明镜。”

【磨刷】 mó shuā ❶ 犹“磨拭❶”。元王仪《送郑子美人黄山读书》:“三十六峰天下无,云彩～烟花敷。”清《续金瓶梅》一五回:“又似一件窑器,这个使污了,那一个又来洗濯～一番,才去了那些腥荤泥垢。” ❷ 犹“磨勘❶”。《元史·世祖纪七》:“其宜慰司官吏,奸邪非违及文移案牍,从本道提刑按察司～。”又《世祖纪九》:“议设盐使司卖盐引法,择利民者行之,仍令按察司～运司文卷。”明汤显祖《牡丹亭》五五出:“比如阳世府部州县,尚然～卷宗,他那里有甚会案处!” ❸ 消磨。指游逸宴饮等。元任士林《游石棋盘醉归》:“意气相得,徒此五六人,如胶漆相投,勺合秤停,乃事～。游以泄其趣,酒以陶其真。”

【磨娑】 mó suō 把玩;抚摸。明张维枢《重修妙墨亭记》:“又觉方丈之池可以鉴,百年之松可以荫,双石黯黮可以～,千亩青葱可以发响。”吕天成《齐东绝倒》二出:“我挺刃偶～,到而今无计如何。”

【磨拖】 mó tuō ❶ 谓随顺世俗,逍遥自在。金谭处端《满庭芳·赠濬州王三校尉》:“婪耽布素,信任～。兴诗词吟咏,舌诞唇歌。”元白贲《醉花阴》:“是他,更～,真个那里每闲快活。” ❷ 耽搁;磨蹭;延挨。明《老乞大谚解》卷上:“咱们休～,趁凉快,马又吃的饱时,赶动着。”

【磨陀】 mó tuó ❶ 同“磨拖❶”。元朱庭玉《袄神急·道情》:“随时达变,得～处且～。”杨朝英《殿前欢·和阿里西瑛韵》:“白云窝,樵童斟酒牧童歌。醉时林下和衣卧,半世～。”《元曲选·鲁斋郎》四折:“我这里自～,饮香醪醉颜酡,拚沉睡在松萝。” ❷ 同“磨拖❷”。明冯惟敏《集贤宾·闺思》:“画眉郎那答儿～,青春担阁。”清《聊斋俚曲·墙头记》:“你在路上慢慢走,避风的去处好～,到家就是晌午错。”又《禳妒咒》:“孩儿细弱,啼啼哭哭真难过!只得且～,只得且～,共向街头坐。”

【磨驼】 mó tuó 同“磨拖❶”。宋吴潜《水云乡和制机刘自昭韵》之三:“问君身世欲如何?付与渔翁欸乃歌。未酩酊时须酩酊，得～处且～。”元张养浩《新水令·辞官》：“自相度，图个甚？漫张罗，得～且～。”

【磨跎】 mó tuó ❶ 同“磨拖❶”。宋曹勋《诉衷情》：“云似舞，水如歌。笑呵呵。这回还我，半世偎绥，一味～。”《元曲选·竹叶舟》四折：“得～且～，打数声愚鼓向尘寰中坐，这便是俺闲功课。”明黄淮《北乐府》：“到闲时浊酒频篘，一任邻翁来去。醉～，携个青藜，刚走到云山深处。” ❷ 同“磨拖❷”。明徐遵诲《折桂令·临床》：“试问娇娥，莫待～。休负良宵，就寝如何？”

【磨陁】 mó tuó 同“磨拖❶”。宋陈造《官务》：“～为官多，晓了未更历。今世从仕者，万口用一律。”

【磨问】 mó wèn 审问；盘问。《元典章·吏部六》：“若蒙官司隔别～，或别因事发露，但与今状不同，除本罪外，更甘诳官罪犯不词。”元明《水浒传》一一一回：“但有北边来的人，须要仔细盘诘，～实情。”《明会典》卷一三二：“如又不服，则用杖决勘，仔细～，求其真情。”

【磨渲】 mó xuàn 磨治；打磨。《元曲选外编·渑池会》一折：“〔正末云〕这玉呵！〔唱〕无纹藻那能入眼？他端的费雕琢难～。”明汤式《一枝花·赠玉马杓》：“温石铫徒劳～，镔铁钩本费锤钳。”

【磨削】 mó xuē 犹“磨刮❶”。宋林希逸《考工记解》卷上：“纯钢为之，～至尽，其刃亦芒，无瑕恶也。”元顾瑛《巫峡云涛石屏志》：“此石产景由天工，略假石人～功。”清吴绮《北固山下寻狠石不得》：“想当埋灶处，～任儿童。”

【磨牙】 mó yá ❶ 费口舌。明汪廷讷《狮吼记》二〇出：“贼泼贱，谁与你～。我只打这禽兽。”清《醒世姻缘传》三三回：“从此以后，先生在外边费嘴，他令尊令堂在家里～。”《白雪遗音·寂寞寻春》：“放出他来就拉倒罢，省的～。” ❷ 多嘴饶舌；啰唆。清《红楼梦》二〇回：“满屋里就只是他～。”又：“我怎么～了？咱们倒得说说。” ❸ 费事；不好对付。清《红楼梦》三五回：“都听听，口味倒不算高贵，只是太～了。”《平山冷燕》六回：“看这女子光景，又像是一个～的了。”《后西游记》二八回：“这和尚既能推碑，又能战败二将，自然也是个～的主子。”

【磨飐】 mó zhǎn 摩擦摆动；摩擦撞击。唐韩愈《陪杜侍御游湘西两寺》：“夜风一何喧，杉桧屡～。”清朱彝尊《樟滩》：“颠波势欲下，乱石故～。”陈廷敬《径秘魔崖登卢师山作》：“填咽谷叶丹，山翠叠～。”

【磨障】 mó zhàng 磨难；灾难。宋方夔《王古樵观予苦疮鄙句遂自赋》：“浮生自笑多～，画癖书痴发旧痍。”明《西游记》二八回：“纵然好事多～，谁象唐僧西向时？”清洪昇《长生殿》五〇出：“是妾孽深命蹇，遭～，累君几不免。”

【磨折】 mó zhé ❶ 抵消；消损折合。唐白居易《自咏》：“唯是无儿头早白，被天～恰平均。”殷济《无名歌》：“附郭种得二顷田，～不充十一税。”宋魏野《寄王谷推官》：“登科二十载，佐幕尚如初。官为诗～，家因酒破除。” ❷ 消磨；减少。宋方夔《再点陶金户计》：“生平豪气难～，时向毫端吐白虹。”卫宗武《寿南塘八月生朝》：“从今夜夜长辉光，年年月月无～。”清吴伟业《宋尚木抱真堂诗序》：“比岁以来，穷愁忧患，足以～其志气。” ❸ 波折；折磨；磨难。宋刘焘《转调满庭芳》：“告你高飞远举，前程事，永没～。”清《后水浒传》三三回：“不期大公、大婆受不得～，已双双病死狱中。”《白雪遗音·独占》：“此乃命中偶有几年～，何必介意。” ❹ 磨损。明毕自严《石隐园怀古》：“维石性最坚，从不受～。”

【磨砖作镜】 mó zhuān zuò jìng 比喻做事的方法错误，不能做成。《祖堂集》卷三《怀让和尚》：“马和尚在一处坐，让和尚将砖去面前石上磨。马师问：‘作什摩？’师曰：‘～。’马师曰：‘磨砖岂得成镜？’师曰：‘磨砖尚不成镜，坐禅岂得成佛也？’”明《西游记》八回：“试问禅关，参求无数，往往到头虚老；～，积雪为粮，迷了几多年少？”清方成培《雷峰塔》二三出：“携瓶振锡，何异弄影劳形？竖拂拈锤，总是～。”

【磨琢】 mó zhuó 磨炼修养；斟酌推敲。唐陈政《赠窦蔡二记室入蜀》：“英华虽外发，～终内朗。”宋《朱子语类》卷一〇三：“李延平初间也是豪迈底人，到后来也是～之功。”清《荡寇志》一三九回：“出口便恁般风雅，只是章法字句尚未～。”

【魔】 mó 折磨；折腾。清《后西游记》八回：“这几日头痛，莫非就是这箍来～我？”

【魔合罗】 mó hé luó ❶ 即“摩睺罗”。《元曲选·魔合罗》一折：“每年家赶这七月七，入城来卖一担～。” ❷ 比喻漂亮可爱。元孙季昌《端正好·集杂剧名咏情》：“闪得我似离魂倩女相思病，将一个～脸儿消磨尽。”明《二刻拍案惊奇》卷五：“～般一个孩子，怎生舍得失去了不在心上？”

【魔魅】 mó mèi ❶ 魔鬼；禅家常用作对扰害禅法者的詈称。唐李亢《独异志》卷中：“道子于是援毫图壁，俄顷之际，～化出，飒然风起，为天下之壮观。”《祖堂集》卷一五《闭魔岩和尚》：“师常提杈子，每见僧参，蓦项便杈云：‘那个～教你出家？那个～教你受戒？那个～教你行脚？’”清李斗《扬州画舫录》卷四：“第一层为天王殿，中供布袋罗汉像，旁置～，作戏弄状。” ❷ 迷惑；蛊惑。唐戴孚《广异记·洛阳妇人》：“玄宗时，洛阳妇人患～，前后术者治之不愈。”明孟称舜《娇红记》一七出：“梦中～，恰便是凭栏对花私语时。”清赵吉士《寄园所寄》卷二：“有妖巫挟～之术，压杀多人，公鞠之得其情，扑杀投诸河。”

【魔头】 mó tóu ❶ 宗教指扰害道法、妨碍修行的邪魔。宋元《清平山堂话本·花灯轿》：“长老听得，道：‘不须你们说，我自知了。这～又来了恼我。’”《元曲选·度柳翠》四折：“柳翠，你的～至也。”清《续金瓶梅》三九回：“如不遇～，即是那不炼之铁，入不得洪炉，怎做得重宝。” ❷ 泛指恶魔、妖怪及难以对付之人。《元曲选·冯玉兰》四折：“这些巡江官，平日生事，如今可遇着～了。”明《西游记》三二回：“洞里有两个～，他画影图形，要捉和尚。”清《荡寇志》七二回：“今遇着这～，若半途废了，正不知何时再有因缘。”

【魔驼】 mó tuó 同“磨拖❷”。清《醒世姻缘传》一九回：“你们休只管～。中收拾做后晌的饭，怕短工子散的早。”

【魔外】 mó wài 佛教谓扰害佛法为魔，旁宗邪教为外道，合称“魔外”。唐裴休《释宗密禅源诸诠序》：“佛道备，则诸法总持，而防在～。”宋《圆悟佛果禅师语录》卷一〇：“祖佛提掇不起处，正好作工夫；～潜觑不见处，犹宜猛著力。”元《梵琦禅师语录》卷一八：“一念空诸所有，～窥觑无门。”

【魔障】 mó zhàng ❶ 宗教指扰害道法、妨碍修行的邪魔。唐输波迦罗译《苏悉地羯罗经》卷中：“一切～不得其便。”明《醒世恒言》卷二二：“长老见了，用目一观，暗暗地叫声苦：‘～到了！’”清《红楼梦》一一六回：“世上的情缘都是那些～。” ❷ 磨难；障碍；困顿。宋董嗣杲《近苦多故坐病乏药》：“～在前无妄想，饥寒随处肯言贫。”《元曲选外编·西游记》二本八出：“山水广多妖怪，途路远多～。”清纪昀《阅微草堂笔记》卷八：“汝～将至，明日试之，当自知。” ❸ 诱惑；迷惑。《元曲选·东坡梦》一折：“你如今～此人还了俗，娶了你。他若为官，你就是一位夫人县君也。”又三折：“今有佛印禅师密遣花间四友，前去玉春堂～东坡学士。”

【魔作】 mó zuò 佛教谓扰害佛法之作为。唐输波迦罗译

《苏悉地羯罗经》卷中："若是～，自然而退。或出语言与本法异，当知～；或出语言动作恶事，亦知是魔。"《祖堂集》卷一四《百丈和尚》："师云：'固守动用，三世佛怨。此外别求，即同～。'"《古尊宿语录》卷二《大鉴下三世语录之餘》："只如今于一切有无等法，有纤毫爱染心，纵然脚踏莲华，亦同～。"

【麿麿】 mó mo 同"馍馍❶"。《元曲选·隔江斗智》三折："我们荆州一个低钱买个大～，这个便是事情。"

【嬷嬷】 mó mo 称老年女仆，多指任乳母或管家者。《元曲选·萧淑兰》一折："今日清明，举家俱往祖茔祭祀。妹子身体有些不快，不能去的，留下管家～并梅香看视。"清王夫之《龙舟会》一折："不免将家缘家计，付与老～子，叫他带着干儿子在此过活。"《红楼梦》一九回："偏他奶母李～拄拐进来请安。"

【饝饝】 mó mo 同"馍馍❶"。《元曲选·酷寒亭》二折："你两个且起去，揩了泪眼，我买～你吃。"

【饝饝】 mó mo 同"馍馍❶"。明沈榜《宛署杂记》卷一七："面饼曰～。"清《醒世姻缘传》三回："后边计氏一伙主仆连个～皮扁食边，梦也不曾梦见。"

mǒ

【抹】 mǒ 另见 mā、mò。❶ 涂；涂抹。唐杜甫《北征》："学母无不为，晓妆随手～。"明汤显祖《牡丹亭》二六出："含笑处朱唇淡～，韵情多。"清《红楼梦》三八回："这也是作奶奶说出来的话！我不拿腥手～你一脸算不得。" ❷ 涂掉；抹去。唐李商隐《与陶进士书》："后幸有中书长者曰：'此人不堪。'～去之，乃大快乐。"清孔尚任《桃花扇》试一出："旧恨填胸一笔～，遇酒逢歌，随处留皆可。"《醒世姻缘传》二六回："只晓得丢个题目与你，凭他乱话，胡乱点几点，～两～，驴唇对不着马嘴的批两个字在上面。" ❸ 拉；抓；握。唐元稹《酬窦校书》："令夸齐箭道，力斗～弓弦。"明《金瓶梅词话》八九回："被经济～过顶发，尽力打了几拳头。"清《聊斋俚曲·俊夜叉》："弯腰来～起石头一块，那妇人～起个秤锤。" ❹ （细）切；割；砍。《五灯会元》卷四《镇州普化和尚》："尝暮入临济院吃生菜，济曰：'这汉大似一头驴。'师便作驴鸣。济谓直岁曰：'细～草料著！'"元张养浩《折桂令》："一个万言策贬窜忠州，一个无罪监收，一个自～咽喉。"清《歧路灯》五〇回："你爽快拿刀来把我这头～下来。" ❺ 一扫而过；闪。宋苏轼《玉楼春》："四十三年如电～。"金元好问《太原赠张彦远》："惆怅流年如电～。" ❻ 触；碰；撞。元尚仲贤《三夺槊》二折："则若是轻轻的虎眼鞭～着，稳情取你那天灵盖半截不见了。"元明《水浒传》四三回："指望出去寻个单身的过，整整的等了半个月，不曾发市。甫能今日～着一个。"清《醒世姻缘传》八三回："上边放着个知府、同知、通判、推官，都是你的婆婆，日合你守着鼻子～着腮的。" ❼ 摸索；暗中探寻。是"碰""撞"的特指义。《元曲选·昊天塔》三折："若放了他一个儿～的着回家路，哎，兀的不屈沉杀俺宣花也这柄蘸金斧。"明沈自徵《鞭歌妓》："前面有一个望竿儿，一袅一袅的风翙着旗，想是～得巴堠子着也。" ❽ 摸；抚摸。《元曲选·度柳翠》二折："他用着春纤玉手，忙～这粉颈油头。"明李梅实《精忠旗》八出："〔贴～著丑脸介〕好怪，如何你没有胡须了？"《封神演义》二六回："纣王见喜媚不甚推托，乃以手～着喜媚胸膛。" ❾ 玩（牌）。是"摸""抓"的特指义。明《金瓶梅词话》一八回："当下玉楼、大姐三人同～，经济在傍边观看。～了一回，大姐输了下来，经济上来又～。"清《红楼梦》五〇回："我因为天短了，不敢睡中觉，～了一回牌想起你们来了。"《歧路灯》二四回："爽快今晚再学会掷。他日到一堆时，说掷就掷，说～就～，省的是个半边俏。" ❿ 敲击；打。是"砍"的特指义。清《聊斋俚曲·翻魇殃》："他还要送到堂上，三十二十的使板～。"

【抹脖】 mǒ bó 用刀割脖子。多指自杀。清《石峰堡纪略》卷二："贼匪首犯田五腹中枪伤，在马营水～身死。"《红楼复梦》一回："我刚才提了一句，他就要寻死抹脖子。"

【抹搽】 mǒ chá 搽抹；涂抹。明朱橚《普济方》卷二七八："用好粉油调，碗内另烧艾，熏至黄色，～之。"清《医宗金鉴》卷七五："取雄鸡倒控少时，以手蘸鸡口内涎～伤处，其痛立止。"

【抹搭】 mǒ dā 懒惰；怠慢。《元曲选·倩女离魂》二折："你若是似贾谊困在长沙，我敢似孟光般显贤达。休想我半星儿意差，一分儿～。"

【抹答】 mǒ dā 同"抹搭"。元王大学士《点绛唇》："一个编蒲笠特～，一个鞭牛叱咤。"

【抹跶】 mǒ dá 同"抹搭"。《五灯会元》卷一五《龙镜伦禅师》："问僧：'甚么处来？'曰：'黄云来。'师曰：'作么生是"黄云郎当媚痴～为人"一句？'僧无对。"

【抹倒】 mǒ dǎo ❶ 压倒；胜过。宋杨万里《乙未春日山居杂兴》之二："海棠重叶更妖斜，青帝翻腾别一家。格外出奇人不识，大红～小莲花。"明《石点头》卷一二："这起头一宵之乐，真正：占尽天下风流，～人间夫妇。"清洪昇《长生殿》一三出："我待把他威风～，谁知反分节钺添荣耀。" ❷ 祛除；消除。宋毕仲游《会草堂尝酒戏成》："愁肠先～，醉眼任蒙松。"明周宗建《论语商》卷下："或人意虽长厚，却反觉有一怨字未消，一报字未化。故子曰'以直报怨'，正～他怨字与报字。" ❸ 否定。明张大复《梅花草堂笔谈》卷五："将气盛之时一切～，则我旺而神衰，而今反是也耶？"清李渔《闲情偶寄》卷一："且大公之相资，尚义也，非图利也。'谁还恩债'一语，不几～大公，将一片热肠付之冷水乎？"《野叟曝言》六六回："闽中忠臣孝子，义夫节妇，奇伟卓越之人，史不胜书，岂可一概～。" ❹ 涂抹掉。清《红楼梦》七六回："只是'秋湍'一句亏你好想。只这一句，别的都要～。"《隋唐演义》八〇回："杨国忠见卷面上有李白姓名，便不管好歹，一笔～，道：'这等潦草的恶卷，何堪录送？'"

【抹电】 mǒ diàn 一闪而过，比喻极其迅速地消逝。宋吴潜《满江红》："便使积官居鼎鼐，假饶累富堆金玉。似浮埃，～转头空，休迷局。"明何良臣《阵纪》卷四："弩者有～之迅，然又不可无一定之主，抑未可以必迅者为之机。"清厉鹗《洪襄惠公园中峰石歌》："二百年来如～，苍石无言泪如霰。"

【抹丢】 mǒ diū 犹"抹搭"。《元曲选外编·独角牛》一折："说着他这种田呵，我三衙家～；道着他这放牛呵，我十分的便抖擞。"

【抹颩】 mǒ diū 同"抹丢"。元石子章《八声甘州》："更两情厮爱，同病相忧。前时唧嗰，今番～，急料子心肠天生透。"高安道《哨遍·嗓淡行院》："妆旦不～，蠢身躯似水牛，嗓暴如恰哑了孤桩狗。"

【抹颈】 mǒ jǐng 即"抹脖"。清雍正七年八月十二日施廷专奏文："经遍搜无有，文秀因抱愤～，赖在旁兵丁救起。"《醒世姻缘传》一回："往时怕的是计氏行动上吊，动不动就～。"

【抹勒】 mǒ lè 涂抹。明袁宏道《时文叙》："其所～者，皆芜秽也。"清毛奇龄《列朝备传·焦芳》："其在礼部，行文书有不可意即引笔～，不关白尚书。"

【抹邻】 mǒ lín 马。蒙古语音译。《元曲选外编·哭存孝》

一折："米罕整斤吞，～不会骑。"又《射柳捶丸》三折："我骑一匹撒因的～，众小番都骑癞象。"

【抹媚】 mǒ mèi 迷乱；痴迷。《元曲选外编·西厢记》三本一折："他害的有些～，我遭着没三思。"明汤显祖《牡丹亭》一八出："我那人呵，须不是依花附木廉纤鬼，咱做的弄影团风～痴。"清洪昇《长生殿》九出："离别悲，相思意，两下里～谁知！"

【抹牌】 mǒ pái 赌牌；玩牌。《元典章·刑部十九》："捉获闫僧住、郑猪狗～及追搜到印牌木符。"明孙楼《黄莺儿·嘲妓》："～儿也不能，赌色儿也不能，猜谜只把秋波睁。"清《红楼梦》五三回："或者同宝玉、宝琴、钗、玉等姊妹赶围棋～作戏。"

【抹泣】 mǒ qì 抹泪。五代黄滔《贺杨侍郎启》："留心及是，自古所希。莫不拳跼循涯，阑干～。质向神鬼，誓于子孙。"又《代闽王祭钱塘秦国太夫人》："论交既契于金兰，～乃同于亲属。"

【抹跄】 mǒ qiāng 以色彩涂脸。宋孟元老《东京梦华录》卷七："以黄白粉涂其面，谓之～。"

【抹抢】 mǒ qiǎng 即"抹跄"。宋《三朝北盟会编》卷一三五："又用墨～于眼下，如伶人杂剧之戏者。"孟元老《东京梦华录》卷九："不胜者，球头吃鞭，仍加～。"

【抹杀】 mǒ shā ❶ 以手捻捏死；以刀抹颈死。宋觉范《禅林僧宝传》卷二六《法云圆通秀禅师》："吾将穷其窟穴，搂取其种类～之，以报佛恩乃已耳。"清《隋唐演义》二一回："母亲若不信孩儿，孩儿就～在母亲面前。" ❷ 勾销；勾抹。宋周必大《思陵录》下："庆祖等初不知其详，欲～其事。予不可，竟以奏。"明《型世言》二七回："待到新旧交接，再与差人与书房讲，竟自～。这可以不见官。"清《醒世姻缘传》一二回："县官糊糊涂涂的罚了许多东西，问了许多罪，尽把本来面目～过了。" ❸ 断绝；避开。明王世贞《答曹宪使天祐》："区区自废草芥中，与世一切～。"胡应麟《报长公》："奉大教归业，已杜门息交，～尘世。"黄峨《折桂令》："～了交颈鸳鸯，再休提一刻千金。" ❹ 否定；贬低；批倒。明祁麟佳《错转轮》一出："宋天子纳了程宏之奏，昭雪其冤。浚与参赞陈俊卿，悲感叹服。后人反道是此君陷害，几乎～好人！"《石点头》卷一二："自来有意思的人，尝物色英雄于尘埃中，岂可以世情起见，一概～好人。" ❺ 压倒；胜过。明屠隆《彩毫记》一六出："我高力士一生好汉，被这厮～了。"清李玉《清忠谱》一折："菜根咬尽，依然寒士家风；茅屋萧条，～豪门故态。"《豆棚闲话》六则："写得几家字，画得几笔画，赛过海内名公，～四方清客。"

【抹摋】 mǒ shā ❶ 同"抹杀❸"。唐韩愈《贞曜先生墓志铭》："惟其大玩于词而与世～。人皆劫劫，我独有餘。"明李东阳《翰林伦封君墓表》："自是～世务，混迹乡落。"欧阳德《任宫坊集序》："任子殆与世～而玩之以文耶？" ❷ 同"抹杀❹"。宋刘敞《晓示州学榜》："以侮玩老成为高，以～箴规为达。"明许相卿《悔言序》："晚适有知，亟将～，驷莫之追矣。"吾邱瑞《运甓记》二三出："遇富贵就奉承个恭喜恭喜，见寒酸便～他不济不济。" ❸ 同"抹杀❶"。元李祁《旷作楫墓志铭》："蟊贼入境矣，有不害良殖乎？即与为～斥远，令无得留伏我境内。"明陈与郊《袁氏义犬》五出："～了三朝报国儿，埋没了万卷传家计。" ❹ 同"抹杀❷"。明沈周《梨花》："那堪埽地东风恶，～清明又一年。"

【抹煞】 mǒ shā ❶ 同"抹杀❷"。宋袁褧《枫窗小牍》卷上："贤士大夫亦有天理～处，如钱惟演之下石寇莱公是也。"明《醋葫芦》一五回："何不竟把浓浓石青将这女儿～，一发画做假山。"清《万花楼》五〇回："当日包公缘何～李太后之事不提，单奏杨、狄、孙、沈之事？" ❷ 同"抹杀❶"。清嵇永仁《臭虫》："时候昏黄结队游，瞯人醉梦暗相投。觉来～还餘臭，笑尔横行着佛头。" ❸ 同"抹杀❹"。清周济《宋四家词选目录序论》："若托体近俳，而择言尤雅，是名本色俊语，又不可～矣。"《歧路灯》四回："张类老一生见解，岂叫人一概～。"

【抹挞】 mǒ tà 即"抹搭"。《景德传灯录》卷三〇《一钵歌》："遏喇喇，闹聒聒。总是悠悠造～，如饥吃盐加得渴。"宋觉范《渔父词·丹霞》："夜将木佛齐烧杀。炙背横眠真快活，憨～，从教院主无须发。"

【抹贴】 mǒ tiē 市语，说合、哄。明佚名《墨娥小录》卷一四《行院声嗽》："说合：抹铁。"元刘庭信《折桂令·忆别》："情极处俊句儿将人～，兴阑也巧舌头生出些枝节。"

【抹头】 mǒ tóu 犹"抹脖"。清《醒世姻缘传》三〇回："原是假意～，无意中便就抹死。"又六二回："只是智姐嚎天痛哭，上吊～，饭也不吃。"

【抹涂】 mǒ tú ❶ 涂抹；化妆。宋孙应时《借韵跋林肃翁题诗》："至今处子尚绰约，应笑老婆曾～。"元刘将孙《放榜》："零落鸠盘待～，依稀榜帖报黄荂。"明曹于汴《质言序》："辟如剧戏之人，登场逐队，乐事方浓。若以其～之面为固然，不复知丑。" ❷ 指写作。清弘历《金山五叠旧作韵》之五："～已具十二首，来往忽经卅四年。"

【抹销】 mǒ xiāo 抹除勾销。《大清会典则例》卷一二："凡已经革职官员，如有前任事故，到部议处，必分开应降应革，题明注册。不得止以毋庸再议，将前任事故一概～。"

【抹胸】 mǒ xiōng 妇女穿的用于遮蔽胸部的内衣。五代李煜《谢新恩》之二："双鬟不整云憔悴，泪沾红～。"宋王平子《谒金门·春恨》："怕落傍人眼底，握向～儿里。"清《醒世姻缘传》一〇回："郭姑子把手往衫子里边将～往下一扳，突的一声跳出盆大的两只奶。"

【抹眼】 mǒ yǎn 另见 mā yǎn。抹泪。清《醒世姻缘传》七六回："叫小玉兰又没在跟前，又见调羹也在狄员外房内～。"

【抹靥】 mǒ yè 马的一种疾病。元高明《琵琶记》九出："只有一万匹马，一千三百个漏蹄，二千七百个～，三千八百个熟瘸，二千二百个慈眼。"

【抹嘴】 mǒ zuǐ 吃白食；蹭饭吃。明《金瓶梅词话》三五回："闲的没的干，来人家～吃，图家里省一顿，也不是常法儿。"清《醒世姻缘传》三六回："第一不要偷馋～，第二不要松放了脚。"

【㦬㦬】 mǒ luǒ ❶ 惭愧；惭愧貌。唐王毅《红蔷薇歌》："公子亭台香触人，百花～无精神。"宋《慧南禅师语录》："药山只知其一，不知其二，被遵公倒靠，直得口似匾担，不胜～。"清《聊斋志异·莲花公主》："生茫然若失，～自惭。" ❷ 稀疏；零落。宋杨万里《小溪至新曲》之一："人烟～不成村，溪水微茫劣半分。"明赵贞吉《复李生书》："年近三十，忧老将至。世事易缠纠，光阴易～。忽忽淹留，壮老逼人。"冯梦龙《大胜乐·怨梦》："恨他去无踪来无影，惯～，频跌蹉，瞌睡哥哥。" ❸ 仓促；马虎；不认真。宋方岳《遣兴》："大千世界愁中老，八万障门嗔上生。了了不如都～，休休便是力修行。"元陈致虚《周易参同契分章注》卷上："倘有所师，先以《参同契》一书辩之。若句句能明，章章洞晓，方是真正；苟有一句～含糊，便难信受。"陈以仁《次熊勿轩书榻可字韵》："哦诗得句豁昭旷，饮酒沾唇戒～。此时要学乖崖翁，一剑横陈断心火。"

【䁖䁖】 mǒ luǒ 面红貌。五代和凝《宫词》之二八："贡橘香匀～容，星光初满小金笼。"

【䃺䁖】 mǒ luǒ 同"䁖䁖"。引申指羞愧。《敦煌变文校注》卷二《庐山远公话》："于是道安被数，～非常，耻见相公，羞看四众。"

mò

【么娘】 mò niáng 表示情急或怨詈的语气词。用于怨詈时，略同今语"娘的""妈的"。元佚名《步步娇》："疾睡来～，百忙里铰甚么鞋儿样?"《元曲选·生金阁》二折："高杆首吊脊梁，木驴上碎分张，浑身的害～碗大血疔疮。"又《渔樵记》三折："你看我抖搜着老精神，我与你便花白～那小贱人。"

【末】 mò 另见 mo。即"末泥"。宋佚名《张协状元》一出："〔～上白〕韶华催白发，光景改朱容。"元张碧山《锦上花·春游》："杂剧要旦～双全，筵席要水陆俱备。"明朱权《太和正音谱》卷上："当场男子谓之～。"清《醒世姻缘传》八三回："没戴官帽，先穿红圆领，这通似～上开场的一般。"

【末卑】 mò bēi 犹"卑末"。明佚名《草庐记》三一出："蒙公厚爱，～敢直言倾心尽意。"

【末不】 mò bù 同"莫不"。元马致远《任风子》二折："匹头里见一个先生，后地有五七百个小先生，都叫一声稽首。～眼花?"郑廷玉《看钱奴》三折："料是前生罪，今世里当，～烧了断头香。"按，《元曲选》作"莫不是"。

【末代】 mò dài 佛教特指"末法时代"。《敦煌变文校注》卷五《维摩诘经讲经文(一)》："我要流传于～，汝须记当莫因循。"《祖堂集》卷一九《香严和尚》："洞山云：'哭作什摩?'对云：'启和尚，～后生伏蒙和尚垂方便，得这个气道，一则喜不自胜，二则恋和尚法席，所以与摩泪下。'"明《元贤广录》卷三〇："～弘法，魔事必多。"

【末底】 mò dǐ 底部；最底下。宋沈括《梦溪笔谈》卷二一："士人宋述家有一珠，……映空而观，则～一点凝翠，其上色渐浅。"文莹《玉壶清话》卷二："将建开宝寺塔，浙匠喻皓料一十三层，郭(忠恕)以所造小样～一级折而计之，至上层餘一尺五寸，杀收不得。"

【末额】 mò é 同"抹额"。《吐鲁番出土文书》第八册《唐袁大寿等资装簿》："袁大寿布袄子一，小袄子一，黄衫、裤奴、～各一。"又："高景忠黄衫、裤奴、～一具。"

【末法时代】 mò fǎ shí dài 佛教指释迦牟尼佛逝世后的第三个时期，是教法衰微时期。《联灯会要》卷二〇《德山宣鉴禅师》："近来～，多有鬼神群队傍家走言：'我是禅师。'未审学得多少禅道? 说似老汉来!"宋绍昙《五家正宗赞》卷三《洞山悟本禅师》："～，人多干慧。"

【末豁】 mò huō 粗疏；马虎。宋魏泰《临汉隐居诗话》："予顷在真定观大阅，有一卒植五方旗，少不正，大校恚曰：'你可～如此!'予遽召问之，大校笑曰：'北人谓粗疏也。'"

【末浪】 mò làng 孟浪；鲁莽。《元曲选·货郎旦》二折："逞～不即留，只管里卖风流。"

【末了】 mò liǎo 犹"末尾❶"。清《儒林外史》二一回："头一名牛相，他知道是他亲家的名字；～一名，便是他自己名字卜崇礼。"《红楼梦》八九回："前路是平韵，到～儿忽转了仄韵，是个什么意思?"《歧路灯》九二回："翻阅时见～一个图书，印色极好。"

【末尼】 mò ní 同"末泥"。也泛指戏剧演员。《元曲选·东堂老》四折："小～做人报科。"《元曲选外编·蓝采和》一折："梁园棚勾栏里～蓝采和做场哩。"明佚名《女贞观》三折："他也是还俗的尼姑，就叫几个～来，做个尼姑还俗的杂剧。"

【末泥】 mò ní 即"末泥色"。宋耐得翁《都城纪胜·瓦舍众伎》："杂剧中，～为长，每四人或五人为一场。"元黄雪蓑《青楼集·时小童》："女童亦有舌辨，嫁～度丰年，不能尽母之伎云。"明朱有燉《香囊怨》一折："自家姓刘，是这汴梁乐人院里一个出名的～。"

【末泥色】 mò ní sè 戏剧中演男性的角色。宋耐得翁《都城纪胜·瓦舍众伎》："(杂剧中)～主张，引戏色分付，副净色发乔，副末色打诨，又或添一人装孤。"佚名《张协状元》一出："后行角色，力齐鼓儿，饶个撺掇，～饶个踏场。"明汤式《哨遍·新建构栏教坊求赞》："妆旦色舞态袅三眠杨柳，～歌喉撒一串珍珠。"

【末娘】 mò niáng 同"么娘"。元石君宝《紫云庭》一折："兀得不好拷～七代先灵!"

【末色】 mò sè 即"末泥色"。宋张炎《蝶恋花·题～褚仲良写真》："济楚衣裳眉目秀，活脱梨园，子弟家声旧。"元明《水浒传》八二回："第三个～的，裹结络球头帽子。"

【末上】 mò shàng 最初；首先。《祖堂集》卷一二《光睦和尚》："如何是和尚～一句字?"宋《密庵和尚语录》："只恐～撞着道眼不明宗师，胡说乱道，将古今言句，妄意穿凿，以为极则。"《虚堂和尚语录》卷一："黄面老汉～遭他向雪山深处，六年抬脚不起；自后三百六十餘会说尽葛藤，终是解洗不出。"

【末梢】 mò shāo ❶ 枝条的末端。宋杨万里《南溪早春》："高柳下来垂处绿，小桃上去～红。"又《晚饮》："春风略不扶人醉，月到梅花最～。" ❷ 泛指一般事物的末端、端头。宋《朱子语类》卷二七："如人做塔，先从下面大处做起，到～自然合尖。"元许衡《大学直解》："物有本末，事有终始。本是根本，末是～。"清李光地《答彭学士》："滹沱亦系浑水，性亦剽急，所以其势盛大。臧家、单家两支，皆其～也。" ❸ 末尾；最终。宋《朱子语类》卷一一："为学须是先立大本。其初甚约，中间一节甚广大，到～又约。"又卷一一八："程子答或人之问，说一大片，～只有这一句是紧要处。" ❹ 结局；下场。宋居简《楞严院念佛会疏》："佛名无量寿，初度将临；人生有限身，～何托?"清《歧路灯》五六回："强则为盗弱为丐，～只有两条路。"

【末梢头】 mò shāo tóu ❶ 即"末梢❶"。宋刘一止《拱州道中》之一："当日隋家漕渠柳，至今春在～。" ❷ 即"末梢❷"。宋《朱子语类》卷一二六："只说得两边～，中间真实道理却不曾识。如知觉运动，是其上一梢也；因果报应，是其下一梢也。" ❸ 即"末梢❸"。宋《朱子语类》卷五三："盖知言是那后面合尖～处，合当留在后面问，如《大学》所论，自修身正心。"《大宋宣和遗事》前集："诛窜了这四个凶人，天下百姓皆服其威断。明四目，达四聪，～贤人在位，小人在野，朝纲自治。"《五代史平话·周上》："譬如在河中时血战几番，～和侍中几乎性命不保。"

【末稍】 mò shāo ❶ 同"末梢❶"。明杨慎《杨稊柳稊》："又柳之发荣自～，如唐诗所谓'解冻风来末上青'也，不自下而荣。其说戾矣。" ❷ 同"末梢❷"。宋陈淳《初见晦庵先生书》："先生傥以为可教而进之，俾获预垆锤之～，不失为君子之归，是所愿望。"宋元《古今小说》卷三六："书上写着许多言语，～道：'可剿除此人。'" ❸ 同"末梢❸"。明陈铎《一枝花·嘲王孟启赌弈不胜》："起初儿雄赳赳指下如神，即渐的花碌碌眼前见鬼，～儿黑魆魆脸上生灰。" ❹ 同"末梢❹"。明蔡清《易经蒙引》卷三上："亨是目下见好，有终是～愈见好。"

【末士】 mò shì 平庸的读书人。五代欧阳炯《蜀八卦殿壁画奇异记》："诚非～之常谈，可纪至尊之所御。"《敦煌社会经济文献真迹释录》第四册《乡贡进士谭象启(斯 4473 背)》："如象者，东山～，北海微生。"清姚鼐《复秦小岘书》："天下之大，要必有豪杰兴焉，尽收具美，能祛～一偏之蔽，为群材大成之宗者。”

【末堂】 mò táng 最后出生的。明《警世通言》卷一一：“老夫有一～幼女，年方二八，才貌颇称。”《二刻拍案惊奇》卷五：“却说襄敏公有个小衙内，是他～最小的儿子，排行第十三。”

【末头】 mò tóu ❶端头；末尾。唐贾公彦《周礼注疏》卷二七：“凡车上之材，于～皆饰之，故云诸末也。”宋卫湜《礼记集说》卷二二：“以绋之一头系棺缄，以一头绕鹿卢。既讫，而人各背碑负绋～，听鼓声以渐却行而下之也。”又卷一〇二：“吉时亦用棘，～亦削之。” ❷犹“末上”。《景德传灯录》卷二一《国泰院瑫禅师》：“上堂曰：‘不离当初，咸是妙明真心。所以玄沙和尚道：“会我最后句，出世少人知。”争似国泰有～一句！’僧问：‘如何是国泰～一句？’师曰：‘阇梨上太迟生。’”

【末尾】 mò wěi ❶尾部；最后。宋梅尧臣《至第四铺》之二：“轻舟已过第四铺，忆着阳关～声。”清《绿牡丹》四九回：“又见～那只船头上坐了十数个人，谈笑畅饮。” ❷犹“末尾三稍”。元王仲元《粉蝶儿·集曲名题秋怨》：“骂玉郎有上梢没～，瘦削了柳丝玉芙蓉花面皮。”

【末尾三稍】 mò wěi sān shāo 归宿；着落；结局。元刘庭信《寨儿令·戒嫖荡》：“百媚千娆，～，眼挫里吃单交。”《元曲选·伍员吹箫》四折：“我也曾四海结英豪，投至得～，不觉的头上老来到。”又《灰阑记》二折：“我则道嫁良人十成九稳，今日个越不见～。”

【末下】 mò xià 最后。《敦煌变文校注》卷四《悉达太子修道因缘》：“其罗睺从头第一礼至九百九十九尊，直至～一尊面前，放下盘珠。”宋米芾《王谢真迹赞》：“～龙迹，震惊天地。”按，此句自注：“有我太祖跋也。”清《荡寇志》一二〇回：“树德在～一位坐了。”

【末运】 mò yùn 即“末法时代”。宋《虚堂和尚语录》卷八：“顾兹～，正脉将沈。”

【抹】 mò 另见 mā、mǒ。❶弹奏弦乐器的一种指法。亦谓弹奏弦乐器。唐白居易《琵琶行》：“轻拢慢捻～复挑，初为霓裳后绿腰。”宋洪迈《容斋随笔》卷一：“菱角执笙簧，谷儿～琵琶。”清尤侗《吊琵琶》二折：“推兼引～复挑，昭君重谱乌孙操。” ❷束；勒。唐孙思邈《备急千金要方》卷六六：“右二味搅调和，微火熬令稀稠得所，捻作饼子，于肿头坚处帖之，以纸帖上，以帛～之。”元王和卿《天净沙·咏秃》：“笠儿深掩过双肩，头巾牢～到眉边。”元明《水浒传》三三回：“头上～了红绢，插一个纸旗。” ❸紧贴；紧挨。唐义净《南海寄归内法传》卷二：“腰绦长五肘许，钩取正中，举向脐下，～裙上缘，向后双排交度。”元明《水浒传》七〇回：“董平急躲，那石子～耳根上擦过去了。” ❹同“蓦❶”。宋《虚堂和尚语录》卷七：“孤踪～过海门东，吴越溪山几万重。”元高明《琵琶记》二四出：“穿长街，～短巷，叫几声：卖头发咱！”清《荡寇志》一〇〇回：“只见前面林冲兵马，已～过县城去了。高俅直追上，也过了县城。” ❺同“蓦❷”。《元曲选·后庭花》四折：“我出的这衙门来，转过隅头，～过裹角，来到李顺家里。”元明《水浒传》五三回：“两个～过山嘴来，见有十数间草房。”清《儒林外史》三回：“直望着门枪影子～过前山，看不见了，方才回到下处。” ❻弯曲。宋元《古今小说》卷三三：“文女引义方人去相见，大伯即时～着腰出来。”清《聊斋俚曲·磨难曲》：“新女婿～着腰，每哩你疼我不疼哩。”

【抹肚】 mò dù 一种遮蔽胸腹的内衣；兜肚。唐戴孚《广异记·诃黎勒》：“高仙芝伐大食，得诃黎勒，长五六寸，初置～中，便觉腹痛。”明汤显祖《紫箫记》二〇出：“你精神桃李，红～温香腻绵。”

【抹额】 mò é 束在额上的头巾或头饰。唐李贺《画角东城》：“水花沾～，旗鼓夜迎潮。”宋《慧南禅师语录》：“紫罗～绣裙腰。”清《红楼梦》一五回：“见宝玉戴着束发银冠，勒着双龙出海～。”

【抹娘】 mò niáng 同“么娘”。《元曲选·秋胡戏妻》三折：“他酩子里丢～一句，怎人模人样，做出这等不君子。”

【袜肚】 mò dù 同“抹肚”。唐［日］圆仁《入唐求法巡礼行记》卷四：“（会昌五年六月九日）辛长史专使来施绢一匹，～一，汗衫、褐衫、书一。”

【没】 mò 另见 méi。❶副词。莫；别；不要。明《山歌·瞒人》：“你要来时便自来，～搭子闲人同走来。”《金瓶梅词话》五三回：“你只记在心，防了他，也～则声。”清陈端生《再生缘》七七回：“宫娥彩女齐齐候，各有司事～乱为。” ❷疑问代词。何；什么。唐《神会和尚禅话录·坛语》：“佛说道～语？经云：‘诸恶莫作，诸善奉行。’”《敦煌变文校注》卷一《李陵变文》：“缘～不攒身入草？”又卷六《大目乾连冥间救母变文》：“大王既见目连人，合掌逡巡而欲立：‘和尚有～事由来？’” ❸指示代词。这么；如此。唐陆龟蒙《和袭美重题蔷薇》：“更被夜来风雨恶，满阶狼藉～多红。”《敦煌变文校注》卷六《大目乾连冥间救母变文》：“慈亲到～艰辛地，魂魄于时早已消。”又：“早知到～艰辛地，悔不生时作福田。” ❹疑问代词后缀，相当于“么”。《敦煌变文校注》卷一《李陵变文》：“单于问：‘是甚～人？’”又卷五《佛说阿弥陀经讲经文（二）》：“前生为什～不修行，今日还来恼乱我？”

【没忽】 mò hū ❶肥胖貌。唐王梵志《道人头兀雷》：“生平未必识，独养肥～。” ❷同“蓦忽❶”。元刘庭信《寨儿令·戒嫖荡》：“早回头寻个破绽，～的得些空闲，荒撇下风月担儿趄。”明梁孟昭《山坡羊·感怀》：“一行行雁声凄切，～地忆来时嘱咐些些，怕如今料也都忘者。”

【没量】 mò liáng 另见 méi liàng。同“摸量”。明《金瓶梅词话》八〇回：“妈说你～，你手中没甚细软东西，不消只顾在他家了。”

【没乱】 mò luàn 撩乱；心情烦闷。金《刘知远诸宫调》一二：“铁人也则伤情绪，觑着盘内冠梳，子每～杀，一个鬏髻撮不住。”清《隋唐演义》四七回：“～煞，许多愁，向春江怎挽？”

【没洛】 mò luò 同“没落”。《吐鲁番出土文书》第六册《唐麟德二年张海欢白怀洛贷银钱契》：“若张身东西～者，一仰妻儿及收后保人替偿。”

【没落】 mò luò 陷落；陷于敌手。唐白居易《缚戎人》：“自云乡管本凉原，大历年中～蕃。一落蕃中四十载，遣著皮裘系毛带。”《敦煌资料》第一辑《唐开元九年帐后户籍残卷两件》：“户主王万寿年五十一岁，白丁，神龙元年全家～。”《敦煌变文校注》卷一《张淮深变文》：“叹念敦煌虽百年阻汉，～西戎，尚敬本朝，馀留帝像。”

【没娘】 mò niáng 同“么娘”。《元曲选·酷寒亭》一折：“学一句燕京厮骂，入～老大小西瓜。”

【没身】 mò shēn 死亡。唐权德舆《昭义军事宜状》：“且自建中贞元以来，每命一方镇，遂绵历岁时，就加爵秩，以至于～吊赠。”温庭筠《再生桧赋》：“随道既穷，则～于乱土；唐朝将建，故发德于休征。”宋《朱子语类》卷六四：“如圣人至诚，便是自始生至～，首尾是诚。”《宋史·度宗纪》：“二月甲申，诏鄂州左水军统制张顺～战阵，赠宁远军承宣使。”

【没生】 mò shēng 陌生。清《豆棚闲话》三则：“～所在，难得他们盛意，备礼答他。”

【没娑】 mò suō 摩娑；抚摩。唐王梵志《家中渐渐贫》：“长头爱床坐，饱吃～肚。”又《父母生男女》：“父母生男女，～可怜许。”

【没要】 mò yào 不要；别。明吾邱瑞《运甓记》一二出：“我劝世人～学撑船，撑子船来弗得闲。”《金瓶梅词话》六八回：“爹也～恼，我说与爹个门路儿，管情教王三官打了嘴，替爹出气。”清《绿野仙踪》三八回：“～害怕。”

【陌】 mò ❶ 同“蓦❶”。《吐鲁番出土文书》第六册《唐麟德二年知是辩辞为张玄逸失盗事》：“知是辩问～墙入盗张逸之物，今见安□仰答所由者谨审。”又：“～墙盗物，所注知是盗，此是虚注。”元孙叔顺《粉蝶儿》：“一脚的～门东，来到这乾阁内。” ❷ 同“蓦❷”。《敦煌变文校注》卷一《捉季布传文》：“其时周氏闻宣敕，由(犹)如大石～心珍(镇)。”敦煌词《十二时·普劝四众依教修行》：“若非尖刀～心穿，即是长枪胸上劄。” ❸ 同“蓦❻”。金《刘知远诸宫调》一一：“～听高呼如雷响。”元《三国志平话》卷中：“饭熟，欲请元帅吃饭。众官未吃，～闻一声响亮若雷。”又：“却说先主并赵云引手下三千军正南上行，～闻锣鼓响，见一火强人。”

【陌刀】 mò dāo 步兵所持的长刀。《唐六典》卷一六：“刀之制有四：一曰仪刀，二曰鄣刀，三曰横刀，四曰～。……～，长刀也，步兵所持。”《敦煌变文校注》卷二《韩擒虎话本》：“将军今夜点检御军五百，须得阔刃～，甲幕下埋伏。”清赵增禹《书鲍忠壮公轶事》：“骑兵不得骋，步卒则可左右出入，持～斫马足。”

【陌地】 mò de 同“蓦地❶”。金《刘知远诸宫调》一二：“三娘～闻此语，陡把庞儿变。”

【陌路】 mò lù ❶ 道路；路途。《法苑珠林》卷八六：“北郁单越人七日成身，初生之日置～首，行人授指与□□，所以不饮乳也。”宋薛季宣《春霖未霁澍雨大作》：“～河鱼上，阶塘野草生。”清魏裔介《灵石吟序》：“如是则捐躯～，碧血媲苌弘之忠；殒命黄沙，涴衣同嵇绍之意。” ❷ 犹“陌路人”。唐白居易《重到城七绝句·见元九》：“每逢～犹嗟叹，何况今朝是见君。”明沈采《还带记》一八出：“不念我同胞，相逢如～。”清钱泳《履园丛话》卷二四：“妇言是听，兄弟必成寇仇；惟利是图，父子将同～。”

【陌路人】 mò lù rén 陌生人；不相识的人。唐王梵志《前人敬重吾》：“君看我莫落，还同～。”《元曲选·冤家债主》四折：“你怎生直恁的心性狠，全无些旧情分？可便是亲者如同那～。”清《红楼梦》四三回：“这儿媳妇成了～，内侄女儿倒成了外侄女儿了。”

【陌目】 mò mù 即霡霂。流汗貌。《敦煌变文校注》卷四《降魔变文》：“忽闻说佛之名，体上汗流～。”

【陌然】 mò rán 同“蓦然”。金《刘知远诸宫调》二：“～地见他豪杰，跳过颓垣。”

【莫】 mò 副词。表示疑测、询问、反诘等语气。犹莫非。唐《临济禅师语录》：“后沩山问仰山：‘临济～辜负他黄檗也无？’仰山云：‘不然。’”宋《五代史平话·唐上》：“汝内淫父妾，奸污弟妻，行如禽兽，这事～也是咱教汝么？”宋元《古今小说》卷三五：“你～待要赶这两个人上去？”

【莫不】 mò bù 莫非；难道。金《董解元西厢记》卷四：“你～枉相思，枉受苦，枉烦恼？”《元曲选·秋胡戏妻》一折：“～我尽今生寡凤孤鸾运？”清《隋唐演义》一回：“曾见跑到井边的，～投水死了？”

【莫不成】 mò bù chéng 莫非；难道。宋徐元杰《进讲日记》：“上问：‘莫扰否？’奏云：‘才扰～？’上曰：‘今有成效否？’奏云：‘已讫事。’”明《西游记》二七回：“也是跟你一场，～这些人意儿也没有了？”清《红楼梦》九七回：“我看看他去，看他见了我傻不傻？～今儿还装傻么？”

【莫不敢】 mò bù gǎn 犹“莫不成”。《元曲选·东墙记》三折：“～做下了勾当也？我试往后花园看去。”明万勋《一枝花·秋雨》：“刚合眼又到来，才安息又滚来，～倒卷过汪洋东大海？”

【莫不是】 mò bù shì 犹“莫不成”。《大唐三藏取经诗话》一则：“和尚今往何处？～再往西天取经否？”明佚名《白兔记》六出：“见着后使奴心惊，～妖精把他缠定？”清《儒林外史》五一回：“这厮～有邪术？”

【莫成】 mò chéng 莫非；难道。《祖堂集》卷一〇《长庆和尚》：“僧参，师拦胸把住，云：‘～相触忤摩？’僧无对。”《景德传灯录》卷二一《宝资晓悟大师》：“诸兄弟各诣山门来，主人口如匾担相似，～相违负也无？”明《西游记》四三回：“你便怕他，～我也怕他？”

【莫非】 mò fēi ❶ 副词。表示疑问、推测语气。唐裴铏《传奇·文箫》：“生因失声，姝乃觉，回首而诘：‘～文箫邪？’”明佚名《白兔记》六出：“一道火光透入天门。～小的失火？待我观看。”清《醒世姻缘传》二八回：“～杀的那两个人就是他两口子不成？他却往坟上去做甚么？” ❷ 除非；只有。《景德传灯录》卷一八《玄沙师备禅师》：“我道释迦与我同参，汝道参阿谁？会么？大不容易知。～大悟，始解得知。”《古尊宿语录》卷一二《神力禅师语录》：“只少个信之一字，然实不易信。～夙习之徒，闻著便能承受。” ❸ 岂不；难道不。《元曲选·渔樵记》一折：“你既然是读书之人，为何不进取功名？却在布衣中负薪为生，～差矣？”又《赚蒯通》一折：“韩信削平四海，建立功劳，天下不知其罪。若便害了他，～有失民望。”明王九思《曲江春》：“只想与朝廷建立大功业，不幸天下有事，蹭蹬到今日。～是命也呵！” ❹ 无非；皆是。明孙柚《琴心记》二二出：“前驰道，后护驾，～铁甲之将军；左纪言，右编事，悉属金章之太史。”《石点头》卷二：“燕子堂前，总是维摩故宅；婆罗树下，～长者新宫。”清《九云记》二〇回：“郑小姐气色淡淡，仪容肃肃，毫无悲戚之色，欠身答道：‘～妾身命途奇穷，有何怨天而尤人。’”

【莫敢是】 mò gǎn shì 莫非是；难道是。《元朝秘史》卷一：“在家常川有阿当合兀良合歹人氏的人往来，～他的儿子？”明《西游记》一六回：“此时夜静，如何有人行得脚步之声？～贼盗，谋害我们的？”又一九回：“你怎么来到这里，上门子欺我？～我丈人去那里请你来的？”

【莫落】 mò luò 没落；衰败。唐王梵志《前人敬重吾》：“君看我～，还同陌路人。”

【莫且】 mò qiě ❶ 不如暂且；姑且。用于祈使句，有征询语气。宋李纲《与程给事第一书》：“朝廷曲留如此，～少安时艰。愿且隐忍，以济国事。”《三朝北盟会编》卷一四：“～自家门如今且把这事放着一边，厮杀则个。”《续资治通鉴长编》卷四五六：“居月餘，大防又谓挚曰：‘螭头久阙。须与了之。’挚曰：‘极是。’大防曰：‘～依前时所定。’挚曰：‘不记谁何。’” ❷ 能够；可以。用于询问。宋欧阳修《与吴正献公书》：“亦承曾有章奏，必难遂高怀，～勉就否？”周必大《与赵子直丞相札子》：“茶司钱物，～略知其出入大概否？”《三朝北盟会编》卷二四：“回旦夕再至，曰：‘大学士，不得已，～降否？’靖曰：‘以死报君，是岂可为？’” ❸ 无论；不论。明赵用贤《奉贺大中丞石汀殷公平古田序》：“未几而师老财匮，逡巡阻却。贼以是益轻中国，谓：‘～谁何！’”

【莫如】 mò rú 不如。表示处理方法的比较选择。唐刘宽《谏中官打人表》:"以臣愚见,~敕左右军使,寻求首谋者一二十辈,下明诏以示海内,知人臣无专杀之文。"明《西洋记》五九回:"宝船到了他国中,他得以为备。~就在今夜收住了宝船,遣两员上将,领几百精兵,兼程而进,乘其不备而攻拔之。"清陈端生《再生缘》六九回:"夫人呀,~依我终身计,双双同归小帝君。"

【莫若】 mò ruò 犹"莫如"。唐皇甫枚《三水小牍》卷上:"以我计者,~弃蚕,乘贵货叶,可获钱十万。"《元曲选·风光好》一折:"兴兵未免有所损益,~小臣掉三寸之舌,说李王归降。"清《红楼梦》六四回:"昨日我方得了一项银子还没有使呢,~给他添上,岂不省事。"

【莫是】 mò shì 莫非(是);难道(是)。唐孙棨《北里志·颜令宾》:"宋玉在西,~你否?"《五灯会元》卷一五《云门文偃禅师》:"拟心即差,况复有言有句;~不拟心是么?莫错会好!"清《风流悟》六回:"有甚怪事?~新娘子讨了个石女么?"

【莫须】 mò xū ❶无须;不必。唐杜甫《晚秋陪严郑公摩诃池泛舟》:"~惊白鹭,为伴宿清溪。"元仇远《八犯玉交枝·招宝山观月上》:"~长笛吹愁去。怕唤起鱼龙,三更喷作前山雨。"清《飞龙全传》二〇回:"可将我绑去,送上山寨,一则遂了他报仇之心,二则也见得长老的无量功德。望即施行,~故缓。" ❷也许(得);恐怕(要);可能。唐赵璘《因话录》卷一:"疏奏之明日,闻上谓宰臣曰:'有谏官疏,来年御含元殿事如何?~罢否?'"宋《三朝北盟会编》卷一六二:"不知如今本朝所须底事,~应副得么?"明王世贞《与元驭阁老书》:"兄欲上此疏,甚善,~与元老商之否?" ❸多半(要);大抵(是)。宋《三朝北盟会编》卷一三:"且如地税,自燕中计脚乘到贵国,如何般运得?~别以银绢代税赋。"《朱子语类》卷七三:"'豚鱼吉'这卦中,他须见得有豚鱼之象,今不可考。占法则~是见豚鱼则吉,如鸟占之意象。若十分理会著,便须穿凿。"明郑善夫《与宗道》:"功名事业~有宿缘在,善夫觉得无此分命也。" ❹不要;别。清《九云记》二四回:"昨日好好的,怎么一会子作起病来?倒是弄了事,使我们伏侍。妹妹,~落了圈子里罢。"

【莫须有】 mò xū yǒu 史传宋秦桧以"其事体莫须有(也许有)"定岳飞案,后因称没有根据、凭空捏造为"莫须有"。明文秉《烈皇小识》卷七:"后有坐以纵敌之罪者。夫力能歼敌,方能纵敌,不坐以不可逃之律,而加以~之案,恐反授宜兴以口实也。"清《聊斋志异·田七郎》:"杀人~,至辱詈搢绅,则生实为之。"《绿野仙踪》四七回:"他因何事就与老哥说起这~的话来?"

【莫用】 mò yòng 不要;别。《法苑珠林》卷六二:"佛告阿阇世王:'杀父恶逆之罪,用向如来改悔,故在地狱中当受世间五百日罪,便当得脱。唯当自责,改往修来,~愁忧。'王闻欢喜。"宋张先《庆佳节》:"我有闲愁与君说,且~,轻离别。"清李玉《清忠谱》一一折:"上司自有公平话。且从容,~喧哗。"

【蓦】 mò ❶跨;越;迈。唐司空图《次韵和秀上人游南五台》:"危松临砌偃,惊鹿~溪来。"《嘉泰普灯录》卷二五《密庵谦禅师》:"虾蟆踍跳上梵天,蚯蚓~过东海。"清蔡应龙《紫玉记》三二出:"赢马孤身思~岭,那识追兵至。" ❷转;绕。《元曲选·窦娥冤》一折:"~过隅头,转过屋角,早来到他家门首。" ❸冲;扑;闯。《元曲选·争报恩》二折:"见一个碑亭般大汉,将这门程来~。"明《西游记》七〇回:"摇身一变,变做一个攒火的鹞子,飞入烟火中间,~了几~,却就没了沙灰,烟火也息了。"《金瓶梅词话》七八回:"只怕大节下一时有个人客~将来,他每没处挝挠。" ❹摸;试探着行进。《元曲选·李逵负荆》三折:"到晚间,等他睡了,我悄悄~上梁山,报与宋公明知道。"明《拍案惊奇》卷一五:"贾秀才叫两个家僮住在下边,信步走到胡梯边,悄悄~将上去。"清《女仙外史》七〇回:"时已黄昏,~到山坡边冷庙内坐下,定定神儿。" ❺表示动作的方向。正对着;迎着。《祖堂集》卷一五《黑硐和尚》:"师常提杈子,每见僧参,~项便杈。"明《夹竹桃·疑是蟾宫》:"归家错走到姐门前,吃个姐儿~面相逢把袖牵。"清《何典》一回:"遇有过桥的善人老卵常拖,他便钻出来~卵脬一戴,把卵咬住不放。" ❻猛然;忽然。金《董解元西厢记》卷三:"恰正张生闷加转,~见红娘欢喜煞,叉手奉迎他。"元《七国春秋平话》卷下:"傲等正拜告间,~闻哮吼一声。"明《醒世恒言》卷三四:"~见他行凶,惊得只缩到一壁角边去。" ❼若;如果。宋刘克庄《即事》之四:"门前~有相寻者,但说翁今怕往还。"宋元《古今小说》卷二四:"叔叔叮咛,~遇江南人,倩教传个音信。" ❽陌生。蓦,通"陌"。清《凤凰池》六回:"至云兄,以~不相知之人,而反有敝县之行,心甚不解。"

【蓦刀】 mò dāo 同"陌刀"。《敦煌变文校注》卷一《汉家王陵变》:"中军家三十将士各执阔刃~。"《五灯会元》卷八《明招德谦禅师》:"~丛里逞全威,汝等诸人善护持。"

【蓦地】 mò de ❶突然;猛然。唐吴涵虚《上升歌》:"眼前~见楼台,异草奇花不可识。"《元曲选·秋胡戏妻》四折:"想当日刚赴佳期,被勾军~分离。"清《说岳全传》二回:"哪里想到被这大鹏鸟~一嘴,把这左眼啄瞎!" ❷径直;一径。宋《朱子语类》卷六七:"若不寻得一个通路,只~行去,则必有碍。"

【蓦地间】 mò de jiān 忽然间。明孟称舜《娇红记》七出:"那人儿将衫儿袖儿扯住了相调戏,~则见老夫人走将来至。"又一二出:"~雕栏畔,那玉人儿不见。"清《隋唐演义》六四回:"寂寂江天锦绣明,凌波空步绕花阴。一枝~相逅,惹得狂蜂空丧身。"

【蓦地里】 mò de lǐ 即"蓦地❶"。宋陈德武《惜馀春慢》:"~、对景伤怀,思量无限。"明《石点头》卷一〇:"单说一个赴选的官人,~失了妻子,比宁王强夺的尤惨。"清洪昇《长生殿》三出:"早知道失军机要遭斧钺,倒不如丧沙场免受缧绁,~脚双跌。"

【蓦底】 mò de ❶同"蓦地❶"。《祖堂集》卷一四《南源和尚》:"三度来和尚身边侍立,第三度来,和尚~失声便唾。" ❷同"蓦地❷"。《祖堂集》卷一七《大慈和尚》:"三人同行,逢见女人收稻次,问:'退山路何处去?'女人云:'~去。'"

【蓦的】 mò de 同"蓦地❶"。《元曲选·㑳梅香》一折:"听呀的门扃,似擦的人行,~闻声,魆的潜行。"明《梼杌闲评》四回:"房中~一声叫,早生下一个孩子来。"清《荡寇志》一〇〇回:"高俅一听,~立起来,啊呀一声,仰面便倒。"

【蓦尔】 mò ěr 突然;忽然。宋陈世崇《随隐漫录》卷五:"问云:'曾见石桥么?'答云:'踏断了也。'问云:'踏断后如何?'答云:'碧潭深万丈,直下取鱼归。'随隐拈云:'~渔翁轻举棹。'"明周履靖《锦笺记》三七出:"天书~过,叹娘行被网罗。"清弘历《赋得石戴古车辙》:"~见车辙,填如戴路边。"

【蓦忽】 mò hū ❶忽然。有时含假设语气。宋《虚堂和尚语录》卷二:"一夏未尝不与诸人朝思暮想,今朝期满,~相应,方知山是山,水是水。"《朱子语类》卷一〇七:"~更有,也未可知,如何便住得!"清洪昇《长生殿》一九出:"何事语声高,~将人梦惊觉。" ❷偶然。宋佚名《张协状元》一三出:"~心闲,小楼东栏杆镇倚。"

【蓦忽间】 mò hū jiān 犹"蓦地间"。宋《五代史平话·汉上》:"~听得路上往来人说道,太原路有使命赍擎后唐明皇帝圣旨到来开读,要招募强壮人充军。"

【蓦路】 mò lù 同"陌路❷"。《五灯会元》卷一九《开福道宁禅师》:"伤嗟门外人,处处寻弥勒。～忽抬头,相逢不相识。"

【蓦路人】 mò lù rén 同"陌路人"。唐汪遵《望思台》:"不忧家国任奸臣,骨肉翻为～。"

【蓦然】 mò rán 突然;忽然。唐易静《兵要望江南·占鸟》:"城营内,乌鸟～惊。"宋《朱子语类》卷九:"如人一家中,合有许多家计,也须常点认过。若不如此,被外人～捉将去,也不知。"清《荡寇志》一一三回:"宋江一见了两人的戟,～想起郭盛久已被害,吕方现又遭擒,止不住一阵心酸。"

【蓦生】 mò shēng 陌生。元明《水浒传》二〇回:"白胜的事,可教～人去那里使钱,买上嘱下,松宽他。"明《古今小说》卷二:"及至近前,却是个～标致的妇人。"清《情梦柝》四回:"是晚,朱妈妈同一个～的送饭来。"

【蓦突】 mò tū 突然;出乎意料地。《敦煌社会经济文献真迹释录》第四册《贼来输失状稿(斯5606)》:"右今月某日,从某处寇盗～出来,直到城下。"

【蓦越】 mò yuè 超越;越过次序。五代李亶《论诉人不许淹滞敕》:"若未经州府论诉,～陈状,即须留本人据事理诘勘。"宋真德秀《西山读书记》卷六:"问:'何谓类推?'曰:'此语道得好。不要～,不要陡顿,只是就近傍那晓得处挨将去。'"《大清律例》卷三〇:"直省客商在于各处买卖生理,若有负欠钱债等项事情,止许于所在官司陈告、提问、发落。若有～赴京奏告者,问罪递回。"

【蓦劄】 mò zhá 突然;忽然。《古尊宿语录》卷三八《初禅师语录》:"待到明朝后日,～地踏着正脉,省前所行履处,方始羞见本命元辰。"宋《密庵和尚语录》:"～相逢笑脸开,也知平地起风雷。"《虚堂和尚语录》卷五:"～归来屋里坐,落花啼鸟一般春。"

【蓦直】 mò zhí 径直;直截。《景德传灯录》卷一〇《赵州从谂禅师》:"有僧游五台,问一婆子,云台山路向什么处去?婆子云:'～去。'僧便去。"宋《朱子语类》卷六六:"如过剑门相似,须是～擗过。"清吴雯《题遂闲堂赵松雪画图》:"与其～触风雷,何如蠖屈留天地。"

【頞】 mò 潜入;钻入。唐皮日休《二游诗·徐诗》:"学海正狂波,予头向中～。"《古尊宿语录》卷四五《真净禅师偈颂》:"明明一一离诸相,刚把迷头～面糊。"

【嘿】 mò 暗中。宋岳珂《桯史》卷三:"都堂左揆阁前有榴,每著实,桧～数焉。"明《古今小说》卷三二:"格天阁下名难署,始信忠良有～扶。"《二刻拍案惊奇》卷二四:"足下善念既发,鬼神必当～佑。"

【嘿契】 mò qì 同"默契"。《祖堂集》卷四《尸梨和尚》:"皇帝～玄关,一言遂合。"

【默】 mò 想;思考。唐白居易《夜雨有念》:"形影暗相问,心～对以言。"《五灯会元》卷一四《长芦清了禅师》:"久～斯要,不务速说。"宋《朱子语类》卷三四:"'乐以忘忧',是乐便能忘忧,更无些小系累,无所不用其极,从这头便～到那头,但见义理之无穷,不知身世之可忧,岁月之有变也。"

【默忽】 mò hū 同"蓦忽❶"。明《恨更长·这闷怀和谁论》:"～两下鸾凤分,忆着他空成疾病。"

【默契】 mò qì 默然领悟;暗相契合。唐希运《传心法要》:"这个法岂是汝于言句上解得他?亦不是于一机一境上见得他,此意唯是～得。"明叶子奇《草木子》卷二上:"知天地之化育,是于天道～焉,是圣人与天为一。"清《红楼复梦》四四回:"我梦玉无德无能,自惭形秽,荷蒙小姐不弃,神交远垂～,真令人心感。"

【磨】 mò 另见 mó。❶ 用磨碎物。元刘时中《端正好·上高监司》:"开张卖饭的呼君宝,～面登罗底叫德夫。"明佚名《白兔记》一九出:"哥嫂太无情,罚奴～麦到天明。"清《醒世姻缘传》一回:"差人往庄上杀了两三口猪、～了三四石面。" ❷ 绕;转。磨,通"抹"。元黑老五《粉蝶儿·集中州韵》:"才在怪歪崖捱步,～过多过河渠,野赊斜隔这些疏。"明《封神演义》三七回:"只见白鹤童子把嘴一张,放下申公豹的头落将下来。不意落忙了,把脸落的朝着脊背。申公豹忙把手端着耳朵一～,才～正了。"清《镜花缘》五三回:"此山既名'门户',为何横在海中,并无门户可通,令人转弯～角,绕至数月之久,方才得过?"

【磨棒】 mò bàng 即"磨棍"。明丁彩《锁南枝半插罗江怨·嘲村妇》:"手提着～去打麒麟。"

【磨博士】 mò bó shì 推磨的人。《元曲选·来生债》一折:"〔净扮～上,打罗唱科,云〕牛儿你不走,我就打下来了!"明《西游记》四九回:"你这个模样,像一个～出身。"

【磨坊】 mò fáng 舂磨米面或经营舂磨米面的处所。《祖堂集》卷一八《仰山和尚》:"后～中卢行者闻有此偈,遂作一偈上五祖。"元《三遂平妖传》一八回:"遂分付手下人去～里取一块大磨盘来。"明周元時《泾林续记》:"阅卷已足,挑灯就寝,忽四壁作声,若～罗面状。"

【磨房】 mò fáng 即"磨坊"。《类说》卷二四引《括异志》:"今往生冀州～某人家为女,因得来此。"《元曲选·看钱奴》二折:"盖起这房廊、屋舍、解典库、粉房、～、油房、酒房,做的生意就如水也似的长将起来。"清《醒世姻缘传》一九回:"李成名的媳妇从～出来,晁大舍屋门口有唐氏的湿脚印直到房门口边。"

【磨杆】 mò gǎn 即"磨棍"。元佚名《新水令》:"他揽定～儿夸俏,推不动～上自吊。"明佚名《水仙子》:"似这般脱空禅参透了,～儿再休想汤着。"

【磨笴】 mò gǎn 同"磨杆"。《元曲选·金线池》一折:"这纸汤瓶再不向红炉顿,铁煎盘再不使清油混,铜～再不把顽石运。"明朱有燉《醉太平·风流姐姐》:"纸糊锹莽镢,铜～疾葜。"

【磨棍】 mò gùn 推磨用的棍子。明《西游记》七五回:"预先作了准备,～打我们,却怎生是好?"清《聊斋俚曲·禳妒咒》:"天色明了,奔走慌忙,担筲打水,才把～放。"

【磨糊子】 mò hú zi 用磨磨出的糊状物。清《聊斋俚曲·寒森曲》:"血肉推成～,染的磨盘一片红。"

【磨趄子】 mò jū zi 转身。明《金瓶梅词话》二一回:"这个李大姐只相个瞎子,行动一～就倒了。"

【磨盘】 mò pán 托着磨子的圆形底盘。也指磨扇。唐邱光庭《论浑莨轩宣诸天得失》:"彼盖轩者,皆言天转如～,日月星俱北回。"元《三遂平妖传》一八回:"遂分付手下人去磨坊里取一块大～来。"清《聊斋俚曲·寒森曲》:"血肉推成磨糊子,染的～一片红。"

【磨脐】 mò qí 上片磨扇的轴心孔和下片磨扇的轴柱的统称。轴心孔套在轴柱上。宋洪迈《夷坚志》支戊卷八:"谛听之,乃一驴探首于～中,作人语。"《朱子语类》卷二:"黄道赤道皆在嵩山之北。南极北极,天之枢纽,只有此处不动,如～然。"清潘天成《看未发气象说》:"如北辰为天枢不动,所以天能绕地一周而过一度,日日如此而行,健也,如～不动而磨旋转不息也。"

【磨扇】 mò shàn 磨的上下两片石盘。《元曲选·青衫泪》二折:"怎想他能挨～似风车转,更合着梦见槐花要黄袄儿穿。"元明《水浒传》九二回:"～打死了白面郎君郑天寿。"明杨铭《马氏日抄》:"秉烛起～视之,大虾蟆犹未死。"

【磨室】 mò shì 即"磨坊"。宋洪迈《夷坚志》支戊卷八:"众驴此际皆憩栈下，元无在～者。”明《徐霞客游记》卷一二下：“峡中小室累累，各就水次，其瓦俱白，乃～也。以水运机，磨麦为面。”

【磨塘】 mò táng 磨膛；两片磨石的接触面凿出的供被磨物通过的凹槽。清蒲松龄《日用俗字》：“小麦拣搓捞晒讫，苕帚携来扫～。”

【磨头】 mò tóu 寺院中负责舂磨米面的职事僧。《五灯会元》卷一五《云台省因禅师》：“师曰：‘今日好晒麦。’曰：‘意旨如何？’师曰：‘问取～。’”元德辉《敕修百丈清规》卷六：“为众僧执劳故有园头、～、庄主。”

【磨院】 mò yuàn 即“磨坊”。宋绍昙《五家正宗赞》卷一《雪峰真觉禅师》：“师亲书碑于～，云：‘山前竟日无狼虎，磨下终年绝雀儿。’”周必大《泛舟游山录》：“寺引崖水以给用，又汇其流激大轮为～。”

【磨主】 mò zhǔ ❶ 即“磨头”。元德辉《敕修百丈清规》卷四：“～：兼主碓坊米面。供众极有关系，须择有道心人，谙晓舂磨等事者充之。” ❷ 磨坊的主人。清法式善《陶庐杂录》卷六：“况如但有微利，即～闲丁，无不可代办。”

【磨子】 mò zi 磨；磨碎粮食的工具。《太平广记》卷二八六引《河东集》：“又安置小～，碾成面讫。”宋《朱子语类》卷七四：“如今人～相似，下面一片不动，上面一片只管摩旋推荡不曾住。”清《绿野仙踪》八回：“于冰见是内外两间，外房内有些～、斗盆、木槽、碗罐之类。”

mo

【么】 mo 另见 mó。❶ 置于疑问句末，相当于“吗”“吧”“呢”。《景德传灯录》卷一一《香严智闲禅师》：“问：‘如何是见在学？’师以扇子旋转示曰：‘见～？’僧无语。”元明《水浒传》八六回：“你二位敢不是打猎户～？”清《红楼梦》二一回：“袭人笑道：‘你也知道着急～？’” ❷ 置于非疑问句末，表示祈使、判定等语气。金王喆《苏幕遮・劝修行》：“如要修持，先把心猿锁。黑气收归无漏破。慢慢升腾，保养灵气～。”明《朴通事谚解》卷中：“罢～，相公，饶他～，大人不见小人过。”清《红楼梦》四七回：“我就知道～，别人不挑剩下的，也不给我呀！” ❸ 置于选择问句的前问之后，相当于“呢”。元《秦并六国平话》卷下：“不知皇帝先赐主公死～，后赐蒙恬死？”明《老乞大谚解》卷下：“这契写时，一总写～，分开着写？”又：“咱们点看这果子菜蔬整齐～不整齐？” ❹ 用在句中，表示停顿。金《董解元西厢记》卷一：“一回家想～，诗魔多爱选多情曲。比前贤乐府不中听，在诸宫调里却着数。”清《红楼梦》六四回：“袭人～，越发道学了，独自个在屋里面壁呢。”《姑妄言》一三回：“那个～，在承恩寺斜对过魃黑的那一条廊底下有几十家卖他。” ❺ 疑问代词后缀。《景德传灯录》卷四《嵩岳破灶堕和尚》：“灶神得什～径旨，便得生天？”《元曲选外编・刘弘嫁婢》一折：“各人的造物，你可怎～埋怨我？”清《风流悟》一回：“孟老兄这样神仙中人，有什～不遂意？” ❻ 指示代词后缀。《景德传灯录》卷七《归宗寺智常禅师》：“主云：‘如何是细？’师作斩蛇势。主云：‘与～则依而行之。’”宋元《清平山堂话本・简帖和尚》：“既不曾有人来同小娘子吃酒，亦不知付简帖儿来的是何人。打死也只是恁～供招。”清《红楼梦》三一回：“说的是了，就笑的这～样。”

【末】 mo 另见 mò。❶ 同“么(mo)❶”。元关汉卿《拜月亭》一折：“你有此心，莫不错寻思了～？”高文秀《遇上皇》三折：“这衙里有酒～？”《元曲选外编・黄花峪》一折：“小二哥，有干净阁子～？” ❷ 同“么(mo)❺”。元杨梓《霍光鬼谏》二折：“问甚～父子情肠，险失了君臣体面。”杨立斋《哨遍》：“问甚往来燕子春秋社，说怎～辛苦蜂儿早晚衙。” ❸ 同“么(mo)❹”。清《玉蜻蜓・露像》：“原来是姨太的宝室，如此～，甥儿要进去看看。”又《认母》：“若还产下孩儿～，望你送到我家门。” ❹ 同“么(mo)❻”。清陈端生《再生缘》七九回：“你将来见上司须称卑职。吓，这～卑职不敢坐。”《玉蜻蜓・问卜》：“倘然明朝头，隔子一日，申大爷到奔子居来，那～打碎招牌，喧耳刮。”

【摩】 mo 另见 mó。❶ 同“么(mo)❶”。《敦煌变文校注》卷五《妙法莲华经讲经文(一)》：“若要求闻微妙法，随我山中得也～？”《祖堂集》卷三《慧忠国师》：“帝又问：‘如何是十身调御？’师乃起立，云：‘还会～？’”又卷四《石头和尚》：“师将锹子划草次，隐峰问：‘只划得这个，还划得那个～？’” ❷ 同“么(mo)❷”。《祖堂集》卷七《岩头和尚》：“师便喝云：‘你也喳眠去～！’” ❸ 同“么(mo)❻”。《祖堂集》卷六《神山和尚》：“师与洞山锄茶次，洞山抛却镢头云：‘我今日困，一点气力也无。’师曰：‘若无气力，争解与～道得？’”又：“三十年同行，作任～语话！” ❹ 同“么(mo)❺”。《敦煌变文校注》卷五《妙法莲华经讲经文(二)》：“未审爱修甚～行，求何三昧唱将来。”《祖堂集》卷二《弘忍和尚》：“汝是俗人，问我此事作什～？”又卷二〇《米和尚》：“月中断井索，时人唤作蛇。未审吾师唤作甚～？”

móu

【牟】 móu 模样。《敦煌变文校注》卷六《金刚丑女因缘》：“女缘前生貌不敷，每看恰似兽头～。”

【桙样】 móu yàng 模样。敦煌词《别仙子》：“此时～，算来是秋天月。”

【谋点】 móu diǎn 算计；诬陷。敦煌文书《佛说父母恩重经(伯3919)》：“或在他乡，不能谨慎，被人～，横事钩牵。”

【谋干】 móu gàn ❶ 智谋干练。宋苏辙《张整皇城使广西钤辖加遥刺再任敕》：“尔以才勇～，久于其地，特加遥州之贵，仍领兵钤之重。” ❷ 设法谋取。明胡世宁《陈言边务情弊疏》：“于前各项职任，必以才选，再不许出钱～。”清《红楼梦》八六回：“县里早知我们的家当充足，须得在京里～得大情，再送一分大礼，还可以复审。”《隋唐演义》一二回：“(史大奈)原是番将，迷失在中原，近日～在幽州罗老爷标下，授旗牌官。” ❸ 谋划处理。明杨应奎《新水令・题小庄闲坐》：“对着这半窗红日把书看。不是这书呵，有何事可～？”

【谋合】 móu hé ❶ 合谋。《元曲选・魔合罗》三折：“合毒药是李四张三？养奸夫是赵二王大？寄信人何姓何名？～人或多或寡？不由俺官长施行，则随你曹司掌把。” ❷ 撮合；介绍。明卢之颐《本草乘雅半偈》卷七：“好茶好水，固不容易，火候一着，更是烦难。如媒妁一般，～二姓，济则皆同其利，败则咸受其害。”《续通典》卷一一一：“大理寺评事王亮奏请行勘原卖与～人，果系义女，罪之如律。” ❸ 谋划合伙。清毛奇龄《张编修文稿序》：“其同乡大僚尝～赢钱以佐月进，编修量可掊，即却勿受。”《聊斋志异・刘夫人》：“生虑重金非一人可任，～商侣。妇曰：‘勿须。’”

【谋量】 móu liáng 犹“智量❶”。《元曲选・玉壶春》二折：“我去那锦被里舒头作要，红裙中插手难当，争锋处准备着施～。”又《连环计》三折：“仗才能，凭～，不须动阔剑长枪。”

【谋闷】 móu mèn 心事重；烦闷。《敦煌变文校注》卷四《太子成道经》："或于一日，便上彩云楼上，～之次，便乃睡着。"又："大王遂问太子：'有何不乐？'殿下奏大王曰：'宫中～，所以不乐。'"

【谋面】 móu miàn ❶见面；相识。明黄淳耀《答金孝章书》："胸中有孝章者十年，而未得～。"清《十二楼·合影楼》一回："从此以后，这两份人家，莫说男子与妇人终年不得～，就是男子与男子，一年之内也会不上一两遭。"袁枚《续子不语》卷六："阿公大惊，以为素未～，又非属员，何以有此礼文？" ❷出面。清陈端生《再生缘》五〇回："郦相听说，不觉笑一笑。心想道：这是自己不能～，叫燕玉出头了。"

【谋识】 móu shí 智谋识见。敦煌词《菩萨蛮》："每恨无～，路远关山隔，权隐在江河。"明孙绪《送方明府致仕序》："出以语人，人咸以为然，遂谓～轧古人而出之右。"清唐景煌《燕台怀古》："丹虽寡～，激烈志慨慷。"

【谋算】 móu suàn ❶谋害；阴谋算计。元佚名《替杀妻》三折："他不想夫妇恩重如山，待将一个亲男儿～了。"《元典章·刑部十九》："虞源委是自行落水身死，别不曾～本人性命。"清《八洞天》卷八："不知主人与你有什冤仇，这般样将他～。" ❷谋划；盘算。清宋荦《擒诛叛逆疏》："诘：你二人～怎么样聚齐这些人呢？供：各人散一个帖子，底下一个酉字为号，上面纸空了，他自己填名字。"《警寤钟》一五回："弟今日替兄～归计，倒有个绝好机会在此。"《幻中游》一七回："见石生之妻房氏颜色绝世，心起不良，逐日～。"

【谋望】 móu wàng 盘算；图谋。宋吕南公《中山感怀》："咨余逼衰晚，～只寻思。"元明《三国志通俗演义》卷五："今～不成者，乃刘玄德、马腾各自去了，无计可施。"清陈端生《再生缘》一六回："意欲善图成伉俪，朝中请旨再提兵。谁知～难相就，一旦风波身被擒。"

【谋为】 móu wéi ❶谋划和经营。明朱鼎《玉镜台记》三二出："乡民那晓奸谋，任我～摆置。装成圈套机关，馈赠门迎如市。"沈鲸《双珠记》一四出："那时再用些～，招成狱，没挽回，陷人坑，此为最。"清《绿野仙踪》三二回："他是封疆大吏。师尚诏在本省～多年，他所司何事？" ❷为谋求达到某一目的而奔忙。明《警世通言》卷三一："又且京中用钱～，公私两利，升了广东湖州府通判。"清《后水浒传》一四回："后因本官削职，没了对头，他便托人～，脱了罪名。"《鸳鸯针》一卷二回："从此，一路上又是想着～中进士了。"

【谋心】 móu xīn ❶用心机。元朱庭玉《袄神急·贫乐》："～不遂心，处意难如意。阴公造物人莫知。"明徐元《八义记》一〇出："使计～总是空，也须收拾话谈中。" ❷机谋之心；算计他人之心。明沈采《千金记》一八出："用～，连廒仓烧尽不留星。"《金瓶梅词话》七回："留着他在屋里有何算计？既不是图色欲，便欲起～。"《禅真后史》七回："驾长也动了～。当下一个驾长、三个水手，各执刀斧，砍篷而入。"

【谋智】 móu zhì 智谋；谋略。《唐会要》卷五五："智者，谋虑之本，宜以玄匦置之于北。有能告朕以～者，可投书于玄匦。"《元曲选·赚蒯通》二折："今日个萧何反间施～，黑洞洞不知一个的实。"清《凤凰池》一三回："家宰公就保奏水湄～有馀，可参军机。"

mǒu

【厶】 mǒu 指示代词。厶，通"某"。《吐鲁番出土文书》第四册《唐西州高沙弥等户家口籍》："～女殊殊年五岁。"《敦煌资料》第一辑（五）《遗书样文三件（三）》："时～年～月～日慈父遗书一道。"《敦煌变文校注》卷二《庐山远公话》："远公启曰：'～年～月卖身与相公为奴，伏事尽忠，须毕阿郎一世。'"

【厶甲】 mǒu jiǎ ❶代替人名。《吐鲁番出土文书》第三册《高昌重光元年信女某甲随葬衣物疏》："重光元年庚辰岁二月朔（朔）乙未日，责（清）信女白衣弟子～，侍（持）佛五戒，专修十善。"《敦煌资料》第一辑（五）《后唐清泰三年放家童契》："放家童青衣女～。"又《放妻书样文三件（二）》："时厶年厶月厶日厶乡百姓～放妻书一道。" ❷同"某甲❶"。《祖堂集》卷七《夹山和尚》："师云：'～初见先师，先师问～：'阿那个寺里住？''又卷一三《福先招庆和尚》："若有人举得，出来举看；若无人举得，大众侧聆，待～为众举当时事。"

【厶乙】 mǒu yǐ 同"某乙❶"。《敦煌契约文书辑校·庚辰年唐丑丑等雇工契（斯6614背）》："庚辰年三月十七日，洪池乡百姓唐丑丑，慈惠乡百姓氾子通，欠少急用，遂雇～。"《敦煌资料》第一辑（五）《分家书样文三件（三）》："今则兄～弟厶甲今对枝亲村邻，针量分割城外庄田，城内屋舍，家资什物及羊牛畜牧等。"

【厶专甲】 mǒu zhuān jiǎ 同"某专甲"。《敦煌资料》第一辑（五）《吴再昌养男契》："恐人无信，故勒私契，用为后凭。厶年月日～养男契。"《敦煌契约文书辑校·养男契样文（斯5700）》："百姓～先世不种，获不圆，今生孤独壹身，更无子息。"

【乞】 mǒu yǐ "厶乙"的合文。❶同"某乙❶"。敦煌本《唐太宗入冥记》："通事舍□（人）：'□（引）唐天子太宗皇帝李～生魂！'使人唱喏，引至殿□（前）。" ❷同"某乙❷"。《敦煌变文校注》卷二《韩擒虎话本》："老人答曰：'～等不是别人，是八大海龙王。'"

【某辈】 mǒu bèi 自称之词。复数。相当于"我辈"。唐郑还古《博异志》："郎君颇闻异香，～所闻，但蛇臊不可近。"明《醒世恒言》卷一七："大舅昔因年幼，为匪人诱惑所致。今已年长，又有～好言劝喻，料必改过自新。"清陆陇其《答郑唐邑》："只'不敢剥民扰民'一言，已足为～南车。"

【某家】 mǒu jiā 自称之词。❶我家，指自己的家。唐郑处诲《明皇杂录》卷下："国忠方与客坐于门下，指而谓客曰：'～起于细微，因缘椒房之亲，以至于是。'"宋《二程遗书》卷二二上："又问：'今人不祭高祖如何？'曰：'高祖自有服，不祭甚非。～却祭高祖。'"明顾璘《武略将军刘公墓志铭》："一人号顿至，且曰：'～坐此死狱者五六人矣，复失，奈何！'" ❷相当于"我方""我"等。《元曲选·虎头牌》三折："待老完颜到时，报复～知道。"明王世贞《与黄淳甫书》："仆每怪诸君子好相标称，辄从～索画，分韵限题，组织牵就，不缘性真，都略风格。"清《说岳全传》七九回："小畜生！～好意劝你，乐得两邦和好，你反口出大言。"

【某甲】 mǒu jiǎ ❶自称之词。相当于"我"。五代《云门禅师广录》卷下："僧云：'不是某语，是庄上一浙中上座教～来道。'"《祖堂集》卷三《慧忠国师》："～未曾游天台，你自但去。"《五灯会元》卷三《百丈怀海禅师》："师谓众曰：'我要一人传语西堂，阿谁去得？'五峰曰：'～去。'" ❷代替人名。元陶宗仪《辍耕录》卷二三："一日，有部民～与某乙斗殴，～之母劝解，被某乙用木棒就脑后一击，仆地而死。"

【某们】 mǒu men 我们。宋《朱子语类》卷一〇一："从来先生教～慢行，今令习走何也？"又卷一三一："公云：'汝何不杀我？'云：'相公忠义，～不肯做此事。'"

【某某】 mǒu mǒu ❶代替人名。唐常衮《谢赐宴表》："臣兄太常丞臣～亦沾内宴，仍赐锦彩百匹，衣一袭，并银器等。”《敦煌资料》第一辑（五）《分家书样文三件（二）》：“盖为侄～等三人，少失父母，叔便为亲尊，训诲成人。”清《绿野仙踪》二七回：“每到一山村，便指说道：‘此～等抢夺牲畜饮食处也。’” ❷ 代替事物。唐韩愈《朝散大夫孔君墓志铭》：“祖～官，赠某官；父～官，赠某官。”清《女仙外史》九回：“后计开：～日，赈～都～里。”

【某乙】 mǒu yǐ ❶ 代替人名。唐王勃《梓州郪县兜率寺浮图碑》：“爰有信弟子～等，夙祛尘网，早植慈根。”元陶宗仪《辍耕录》卷二三：“一日，有部民某甲与～斗殴，某甲之母劝解，被～用木棒就脑后一击，仆地而死。”清纪昀《阅微草堂笔记》卷一五：“某甲适棹舴艋过，见尸大骇，视之，识为～，尚微有气。” ❷ 犹“某甲❶”。唐《神会和尚禅话录·菩提达摩南宗定是非论》：“～叨陪学侣，滥预门徒，不揆庸虚，敢申愚拙。”《敦煌变文校注》卷二《前汉刘家太子传》：“监官遂唤童子问曰：‘何故不听打鼓？’童子答曰：‘～此鼓切不可打，若打者必有不祥之事。’”又《韩擒虎话本》：“蛮奴问言：‘弟二要何物？’衾虎答曰：‘～弟二要兵马库藏，赏设三军。’”

【某矣】 mǒu yǐ 犹“某乙❷”。《元曲选·赵氏孤儿》楔子：“俺主灵公在位，文武千员，其信任的只有一文一武，文者是赵盾，武者即～。”《元曲选外编·千里独行》二折：“～云长，自到许都，见了圣人，封某为寿亭侯之职。”又《老君堂》四折：“此人当时尽忠于魏王，未识～，今来投唐，某肯念其前仇？”

【某专甲】 mǒu zhuān jiǎ 代替人名。《敦煌资料》第一辑（五）《遗书样文三件（一）》：“吾报男～，……吾为汝父，爱念恩深，庭训立身，汝须莫忘。”又：“时厶年厶月厶日慈父母～遗书。”《祖堂集》卷一六《沩山和尚》：“老僧死后，去山下作一头水牯牛，胁上书两行字云：沩山僧～。与摩时，唤作水牯牛，唤作沩山僧～？”

mú

【模儿】 mú er 模子；轮廓。元乔梦符《玉箫女两世姻缘》四折：“怎么这个画中美人，和这女儿和一个～脱的一样？”清《绮楼重梦》二七回：“生得很俊，大～像淡姑娘，还要好瞧些。”

【模匣】 mú xiá 一音 mó xiá。模型；模具。宋《朱子语类》卷一二：“若论为学，则自有个大要。所以程子推出一个‘敬’字与学者说，要且将个‘敬’字收敛个身心，放在～子里面，不走作了。”元吴澄《书纂言》卷四上：“洪，大也；范，谓铸金之～。”明陆容《菽园杂记》卷一四：“赴梓亭寨前，再以铜入炉烀炼成水，不留纤毫深杂，以泥裹铁勺酌铜，入铜铸～中。”

【模样】 mú yàng 另见 mó yàng。❶ 形状；款式。唐玄奘《大唐西域记》卷一：“货用金钱、银钱及小铜钱，规矩～异于诸国。”元杜仁杰《耍孩儿·庄家不识构阑》：“抬头觑是个钟楼～，往下觑却是人旋窝。”清《红楼梦》九五回：“众家人原是在外服役，只知有玉，也不常见，今日才看见这玉的～儿了。” ❷ 局面；情况；状况。唐白居易《请罢兵第二状》：“若章表继来，即议无不许，请而后舍，～可知，转令承宗胶固同类。”明《古今小说》卷三七：“庵里都收拾停当，似有个起行的～。”清《隋唐演义》二九回：“忽然水面上卷起一阵风来，刮得海中波浪滔天，像有几百万鱼龙跳跃的～。” ❸ 形象；装扮。唐杜荀鹤《长安道中有作》：“帽檐晓滴淋蝉露，衫袖时飘卷雁风。子细寻思底～，腾腾又过玉关东。”明《老乞大谚解》卷上：“你这几个火伴的～，又不是汉儿，又不是达达。”清《儒林外史》四〇回：“扮做小老妈的～，买通了那丫鬟，五更时分，从后门走了。” ❹ 长相；相貌。宋陈瓘《蝶恋花》：“有个胡儿～别。满颔髭须，生得浑如漆。”《元曲选·汉宫秋》一折：“你这等～出众，谁家女子？”清《醒世姻缘传》二二回：“他的～就合梁片云一个相似。” ❺ 可供借鉴的人或事；榜样。唐元稹《故中书令沂国公墓志铭》：“官望已重，不宜免，然而晦养谨慎，不下二十年，讫无祸，用是建大勋，更大镇，～声名，施于后世。”明《型世言》二六回：“如今单讲的是贪人美色，不曾到手，却也骗去许多银子，身受凌辱的，与好色人做个～。”清《飞龙全传》一回：“你没福做皇帝也就罢了，怎的狠命儿把马乱踢，强要他走？须待我来骑个～儿与你瞧瞧。” ❻ 身分；规矩；排场。五代欧阳炯《更漏子》：“一向，凝情望，待得不成～。虽叵耐，又寻思，怎生嗔得伊？”宋佚名失调名词：“幞头上、带著百般村气。做～、偏得人憎，又识甚条例。”清《醒世姻缘传》一回：“约定大家俱要妆扮得齐整些，象个～。” ❼ 行径；行为。五代孙光宪《浣溪沙》：“万种保持图永远，一般～负神明。到头何处问平生。”明孙柚《琴心记》八出：“我且悄地藏身，追寻踪迹，看他怎生～。”清《续金瓶梅》四回：“世人世人，休学我西门庆的～。” ❽ 大体；大致。宋《朱子语类》卷一〇〇：“木之曰：‘莫是性者道之体，道者性之用否？’曰：‘～是如此。’” ❾ 可能；也许。宋《朱子语类》卷七九：“周公使三叔监殷，他却与武庚叛，此是一件大疏脱事。若当时不便平息，～做出西晋初年时事。”又卷一三六：“～世宗未死时，须先取了燕冀，则云中、河东皆在其内矣。”

【模子】 mú zi ❶ 模型；成型用的工具。《五灯会元》卷一七《兜率从悦禅师》：“大小傅大士，只会抱桥柱澡洗，把缆放船，印板上打将来，～里脱将去。”宋吴泳《摸鱼儿·生日自述》：“甚一般、化工～，铸成一个拙底。”清《红楼梦》三五回：“里面装着四副银～，都有一尺多长，一寸见方，上面凿着有豆子大小，也有菊花的，也有梅花的，也有莲蓬的，也有菱角的。” ❷ 喻指计量标准。清《醒世姻缘传》三九回：“那布是有～的营生，只是那板有甚么定价？大人家几千几百也是他。你摸量着买甚样的就是。”

mǔ

【母大虫】 mǔ dà chóng 雌老虎。喻指凶悍的妇女。元明《水浒传》七六回：“中间是一丈青扈三娘，左边是～顾大嫂，右边是母夜叉孙二娘。”明汤显祖《牡丹亭》三八出：“军中～，绰有威风，连环阵势，烟粉牢笼。”清《醒世姻缘传》六〇回：“一来也被打得着实有些狼狈，二来也被这个～打得猥了。”

【母儿】 mǔ er 即“模儿”。指标准或供比照模仿的样板。《元曲选·玉壶春》二折：“做子弟的有十个～：一、家门；二、生像；三、吐谈；四、串仗；五、温和；六、省傍；七、博览；八、歌唱；九、枕席；十、伴当。”明《西游记》八六回：“又拔一根毫毛，依～做了，抛在他脸上。”

【母量】 mǔ liáng 即“摸量”。清王念孙《广雅疏证》：“今江淮间人揣度事宜曰～。”

【母猫儿】 mǔ māo er 雌猫。喻指妓女。元刘庭信《折桂令·忆别》：“见一个～早引了魂灵，见一个玉天仙敢软下腰截。”

【母难】 mǔ nàn 指生日，谓是日父忧母难。明《禅真后史》一〇回：“我到他家数年，过了几度～，谁人提起生辰二字？”清《绣戈袍》一〇回：“月间且系父亲的～，正要前去称觞，免失菽水承亲的美意。”也说“母难之日”或“母难之辰”等。明《西游记》一七回：“后日是我母难之日，二公可光顾光顾。”清《女仙外史》四七回：

"帝师以母难之辰，心怀凄恻；况在寝园，尤不宜行朝贺之礼。"

【母子】 mǔ zi ❶ 雌性禽兽。《祖堂集》卷七《雪峰和尚》："藏主便问：'三世诸佛在什摩处？'师忽然见有个猪～从山上走下来，恰到师面前，师便指云：'在猪母背上。'"清《醒世姻缘传》五二回："槽头买马看～，这们娘母子也生的出好东西来哩！" ❷ 供分蘖作种子用的植物块茎。清蒲松龄《逃学传》："这个题就是一个～，一时也窝不出许多文字来。"

【拇量】 mǔ liáng 即"摸量"。清《醒世姻缘传》一〇回："大爷也～那老婆不是个善茬儿，故此叫相公替他上了谷价。"又八〇回："你说去，情管有。我～着不好回我的。"

【姆姆】 mǔ mǔ ❶ 弟妻或弟子女对兄妻之称。宋元《清平山堂话本·李翠莲》："人家又大，伯伯～，手下许多人，如何是好？"《元曲选·铁拐李》二折："着婶子劝道：'～，俺伯伯是人面上的人，你要爱惜行止。'"清《荡寇志》一〇五回："他是没爹没娘的人，只靠着你～。你朝也打，晚也打，抵桩弄杀他！" ❷ 犹妈妈，用以称母亲或其他老年妇女。《大宋宣和遗事》后集："(知县)乃引一小女子前拜已，戎服，见太后等泣曰：'奴肃王小女珍珍也。'呼太后为婆婆，朱后为～。"脉望馆本《四春园》二折："您孩儿不瞒～说，我在后花园中见李庆安来。"清《红楼梦》庚辰本三三回："只见一个老～出来。"

mù

【木】 mù ❶ 痴呆；反应迟钝。明《金瓶梅词话》二一回："你也该梯己与大姐姐递杯酒儿，当初因为你的事起来。你做了老林，怎么还恁～～的？"《醒世姻缘传》八〇回："狄希陈倒还是林大哥——～～的，童奶奶听见，随说：'不好！吃了忘八淫妇的亏！'" ❷ 麻木；肢体失去知觉。明《梼杌闲评》一九回："跌伤后半月中，上半截痛不可言，下半部就不知，浑～了。"清《红楼梦》一一回："贾瑞听了，身上已～了半边。"《姑妄言》一九回："红氏三人吓得魂飞胆丧，两腿都惊～了，要跑又跑不动。"

【木伴哥】 mù bàn gē ❶ 木偶。《元曲选·赚蒯通》三折："俺丈人是土地，姑夫是阎罗，姐姐是月里嫦娥，俺爷是显道神，俺娘是个～。"又《渔樵记》二折："麻雀抱鹅蛋，～生娃娃，那其间你还不得做官哩！" ❷ 代称傻人。明陈铎《一枝花·火烧三官堂》："烧的个沈衣钵火柴头不死不活，唬的个李观主～半昏半醒。"又《傍妆台·傻人》："不聋不哑痴呆汉，不死不活～。"

【木伴歌】 mù bàn gē 同"木伴哥❶"。明王衡《真傀儡》："颠倒着这衣裳，装扮的不厮像。分明是～登场上，身材儿止争些短共长。"

【木边之目】 mù biān zhī mù "相"的拆字隐语。跟"田下之心"构成"相思"二字。宋元《警世通言》卷三八："本妇便害些～，田下之心。"明《金瓶梅词话》八三回："金莲每日难挨绣帏孤枕，怎禁画阁凄凉，未免害些～，田下之心。"

【木博士】 mù bó shì 木匠。《敦煌社会经济文献真迹释录》第三册《后晋时代净土寺诸色入破历祘会稿(伯 2032 背)》："面一斗，～修治火炉及门用。"又《年代不明(10 世纪中期)净土寺诸色入破祘会稿(伯 3763 背)》："粟柒斟卧酒，屈～造檐初下手局席用。"

【木肠】 mù cháng 形容没有感情，不为外物所动。也指感情麻木的人。宋陈造《秋虫赋》："从凄聚悲而为万壑之秋声，非铁心而～，畴能不悼其魄而动情。"明张以宁《雨中纵笔书闷》："飘零不奈～何，锦字凄凉雁字过。"李应昇《郡中别徐元修》："相逢脉脉共凄伤，讶我无情似～。"

【木畜】 mù chù 痴呆。元《三遂平妖传》五回："如今将他嫁个～不晓人事的老公，便是有些泄漏，他也不理会得。"

【木大】 mù dà 戏剧中的傻角。宋黄庭坚《鼓笛令》："副靖传语～，鼓儿里，且打一和。"元武汉臣《老生儿》三折："动鼓板的非常，做杂剧的委实长，妆倬歌呆～，长打手浪猪娘。"

【木呆】 mù dāi 木然发愣。明《古今小说》卷三七："沈约惊得一身冷汗，魂不附躯，～了一会。"《型世言》二七回："陈公子听了～。"清《八洞天》卷一："鲁惠惊得～。"

【木歌邦】 mù gē bāng 发愣貌。明赵南星《石榴花·东园酒集》："猛可一见，半晌～。惊罢了喜洋洋。"

【木狗】 mù gǒu 一种限制两腿自由活动的木制刑具。清《野叟曝言》一八回："便是拖着～去充当驿卒，也够他受用了。"

【木患】 mù huàn 同"木槵"。唐宝思惟译《佛说校量数珠功德经》："若用～子为数珠者，诵掏一遍得福千倍。"明屠隆《畲王胤昌太史》："白氎黄绦，遁影方外，军持～，栖神化书，纬真宝炁，万累悉捐。"

【木槵】 mù huàn 一种乔木的子实，又称无患子、肥珠子等，佛家用作念珠。也代指念珠。五代《云门禅师广录》卷中："若说佛说祖，佛意祖意，大似将～子换却尔眼睛相似。"元大䜣《悼中天竺布衲雍公偈序》："延祐四年四月七日，禅师雍公化于天竺中峰。五日，阇维之敛牙腭设利与常所持～诸不烬者，为窣堵藏之。"明屠隆《昙花记》一〇出："庄严七宝，～对军持，同向蒲团礼六时。"

【木夹】 mù jiā 传递文书用的木制夹板，代指书信。唐胡曾《代高骈回云南牒》："前件～，万里离南，一朝至北。开缄捧读，辞藻焕然。"五代何光远《鉴诫录》卷二："时高相公骈统临益部，兼号征南，蛮陬闻名，预自屏迹矣。然时飞一～，其中惟夸兵革犀象，欲借绵锦之江，饮马濯足而已。"明黎民表《送王用吾观察之贵竹》："千里风声传～，三年冰雪寄珠官。"

【木脚道】 mù jiǎo dào 跳板；连通船、岸以便行走的狭长木板。宋赵溍《养疴漫笔》："二公先登舟，召煜饮茶，船前独设一～。"

【木盔】 mù kuī 木制钵类盛器。《广韵·灰韵》："盔，器盂盛者也。"金王喆《踏莎行·奉惠人意》："毡袜餘留，～分纳，微诚用表相酬答。百般茶饭任经营，千般滋味堪鸣咂。"又《河传令》："木箸木匙，木勺～木碗。"

【木老鸦】 mù lǎo yā 一种木制武器，可掷击敌人。宋陆游《老学庵笔记》卷一："～，一名不藉木，取坚重木为之，长才三尺许，锐其两端，战船用之尤为便习。"《续资治通鉴》卷一一三："贼乘舟船高数丈，以坚木二尺餘，剡其两端，与矢石俱下，谓之～。"

【木驴】 mù lǘ 一种刑具。为装有轮子的木架，将犯人固定其上示众并处死。因形似驴，故称。宋陆游《南唐书·胡则传》："即舁置～上，将磔之。"《元曲选·赵氏孤儿》五折："将那厮钉～推上云阳，休便要断首开膛，直剁的他做一埚儿肉酱。"清《醒世姻缘传》六〇回："我不叫你上了～，戴上长板，我也不算！"

【木麻】 mù má ❶ 麻木。元《三遂平妖传》七回："一声响亮，只见火光迸散，震得一只手～了半响。"明包汝楫《南中纪闻》："握之，令人浑身～。" ❷ 发愣。明《古今小说》卷三八："监斩官惊得～，慌忙令仵作、公吏人等，看守任珪尸首。"

【木猫】 mù māo 木制的捕鼠器。《太平广记》卷二二七引《杜阳编》："兼刻～儿以捕雀鼠，飞龙使异其机巧，奏之，上睹而悦之。"元杜仁杰《耍孩儿·喻情》："～儿守窟瞧他甚？泥狗儿看家守甚黑？"清翟灏《通俗编》卷二八："今仍呼木作鼠弶为～。"

【木卯】　mù mǎo　“柳”字的拆字隐语。宋洪迈《夷坚志》甲卷一：“(蒋静)梦异人被甲乘马，叩阶而下，长揖言曰：‘吾姓～氏，居此方久矣。’”

【木乃伊】　mù nǎi yī　番语音译词。指用特殊方法保存的尸体，可做药。元陶宗仪《辍耕录》卷三：“回回田地有年七八十岁老人，自愿舍身济众者，绝不饮食，惟澡身啖蜜，经月，便溺皆蜜。既死，国人殓以石棺，仍满用蜜浸，镌志岁月于棺盖，瘗之。俟百年后启封，则蜜剂也。凡人损折肢体，食匕许，立愈。虽彼中亦不多得。俗曰蜜人，番言～。”

【木牛】　mù niú　木制耕具。金王喆《河传令》：“木阴间，～耕，田三段。”清谈迁《谈氏笔乘·器用》：“成化二十一年，户部左侍郎、隆庆李衍总督陕西边备兼理荒政，发廪赈饥。作～，取牛耕之耒耜，易制为五。”屈大均《广东新语》卷一六：“～者，代耕之器也。”

【木橇】　mù qiāo　木跷；高跷。有踏脚可以绑在腿上增加腿长的用具。明陈铎《集贤宾·元夜》：“偌来高～云外蹦，卖弄他神通广大。”清《隋唐演义》五三回：“点选彪形大汉三千，个个身长八尺，脚踩～一丈二尺。”

【木上座】　mù shàng zuò　僧家对拄杖的戏称。上座，对僧人的尊称。《祖堂集》卷七《夹山和尚》：“师又问：‘与什摩人为同行？’对曰：‘～。’师曰：‘在什摩处？’对曰：‘在堂中。’师曰：‘唤来。’佛日便归堂取拄杖抛下师前。”《五灯会元》卷二〇《东山齐己禅师》：“看看行步蹒跚，疑杀～。”宋如璧《寄吕居仁》：“我已定交～，君犹求旧管城公。”

【木匣】　mù xiá　❶ 木盒；小木箱。《旧唐书·李彦芳传》：“其佩笔尚堪书，金装～，制作精巧。”明郎瑛《七修类稿》卷四八：“广西全州山上，有武侯兵书～，岁或一换新板于外。”清《红楼梦》九二回：“那小厮赶忙捧过一个花梨～子来。”　❷ 棺材。《元曲选·单鞭夺槊》楔子：“谁想俺主公死在唐将之手！一壁厢做个～儿，一般埋殡了。”又《酷寒亭》一折：“做下个束身白～，剪下些迎神雪柳花。”清《续金瓶梅》六回：“待说死了，又心口温温，时常跳动，买个杉～，漆的光光的，不忍盛殓。”　❸ 枷床；一种形似木床能夹住犯人头颈手脚的刑具。元明《水浒传》一二回：“黄须节级，麻绳准备吊绷揪；黑面押牢，～安排牢锁镣。”

【木鱼】　mù yú　木制佛教法器。有两种形制：一为圆状鱼形，一为条状鱼形。用棒槌敲击出声，用来调谐念经节奏或通知僧众集合等。唐司空图《上陌梯寺怀旧僧》之一：“松日明金像，山风响～。”《景德传灯录》卷九《沩山灵祐禅师》：“师在法堂坐，库头击～，火头掷却火抄，拊掌大笑。”清《红楼梦》二五回：“只闻得隐隐的～声响，念了一句：‘南无解冤孽菩萨。’”

【木楂】　mù zhā　木渣；木屑；碎木片。《元曲选外编·豫让吞炭》三折：“休则管高声骂，相惊唬，看的咱似～。”明吕柟《泾野子内篇》卷七：“心存方能记得与圣贤通，不然读经如吃～同。”

【木札】　mù zhá　即“木楂”。唐段成式《酉阳杂俎》前集卷九：“见空中有电光相逐如鞠杖，势渐逼树杪，觉物纷纷坠其前。韦视之，乃～也。”宋《朱子语类》卷八五：“横渠教人学礼，吕与叔言如嚼～。”明陈诗教《花里活》卷下：“殷七七，于冬中以～变成笋，以供客。”

【木植】　mù zhí　木材；木料。唐张说《让起复黄门侍郎第三表》：“～有性，枉之则折；人愿在心，违之则苦。”明陈铎《朝天子·搭材》：“篾篁儿紧扎，～儿巧搭。”清《野叟曝言》七九回：“令众人把屋瓦揭去，拆下～，并碎牌登时烧毁。”

【木子】　mù zǐ　❶ “李”字的拆字隐语。唐张鷟《朝野佥载》卷五：“所谓‘～当天下’者，盖言唐氏受命也。”按，唐帝姓李。明朱国祯《涌幢小品》卷二四：“永乐间，雷击死一夷人，朱判其背曰：‘～唐朝一佞臣，罚他千劫在牛群。而今逃脱为夷士，霹雳来寻化作尘。’火烙字曰‘李林甫’。”清《隋唐演义》二九回：“～当盛，吾等皆宜扶助。”　❷ 木头。明《醒世恒言》卷一五：“将～量划尺寸，运动斧锯裁截。”又卷三〇：“尽力把门拨开，原来把根～反撑的。”

【木作】　mù zuō　❶ 木工作坊。宋吴自牧《梦粱录》卷一三：“其他工役之人，或名为作分者，如碾玉作、钻卷作、……～、砖瓦作、泥水作。”明佚名《登瀛洲》二折：“新盖瀛洲锦绣重，亏了～好良工。”清《飞龙全传》一三回：“寻着了一家～店铺，遂叫匠人整治起来。”　❷ 指木匠。明《韩湘子》二一回：“料这一个老道人也拆不得这般干净，毕竟还有几个～来帮他。”清《歧路灯》九回：“若犁地的农夫，抡锤的铁匠，拉锯的～，卖饭的店家，请问老先生，曾见他们有什么肉麻处么？”

【沐】　mù　❶ 洒落；降落。《敦煌愿文集·愿文范本等·都河玉女娘子文》：“天～高(膏)雨，地涌甘泉。”　❷ 获得。《敦煌愿文集·愿文》：“然后上通三界，傍括十方，并～良缘，摩诃般若。”又《二月八日文等范本·燃灯文》：“然后廓周法界，包括尘沙，俱休(沐)芳因，咸登觉路。”　❸ 蒙；蒙受。《敦煌变文校注》卷五《维摩诘经讲经文(七)》：“既～如来教问时，遥凭大圣垂加护。”又：“～慈尊，总容放，去入毗耶宿因曩。”宋岳飞《乞依枢副旧例叙位札子》：“臣近蒙恩除枢密副使，已具恳辞，未～矜许。”

【目】　mù　看待；认为。唐白居易《不出门》：“不知天壤内，～我为何人？”《景德传灯录》卷四《智威禅师》：“自尔江左学徒皆奔走门下，其中有慧忠者，～为法器。”△清《狐狸缘》三回：“望祈正眼相看，勿为桑中之约，～作淫奔之女。”

【目击】　mù jī　❶ 亲眼看见；目睹。唐杜甫《最能行》：“朝发白帝暮江陵，顷来～信有征。”宋宗杲《宗门武库》：“示寂，肉身不坏。圜悟和尚在沩山，～其事。”清李玉《一捧雪》一八出：“那日千军万马，都是～的。”　❷ 见面；相见。宋《大慧禅师语录》卷三〇：“此公聪明，识见有大过人处，决不到错认方便语作实法会，但某未得与之～，私忧过计耳。”

【目即】　mù jí　❶ 现今；如今。《大宋宣和遗事》前集：“但是～：在外，则闻向宗良、宗回藉势妄作；在内，则闻张琳、裴彦臣等凶焰炽然。”《宋史·叶衡传》：“子虽曰流通，终未尽惬人意，～流使有二千二百餘万。”明王世贞《皇明异典述》卷一〇：“～戎务为急，司其事者尽心图济，用保吾民。”　❷ 立即；马上。宋佚名《张协状元》一四出：“请君～出门，休在这里！”

【目今】　mù jīn　❶ 犹“目即❶”。宋苏辙《论衙前及诸役人不便札子》：“本县方具～未有可充役人户，保明申州，支钱雇募。”明梁辰鱼《浣纱记》一八出：“～齐鲁不和，要遣一使，我今就着那老贼前去。”清《儒林外史》一五回：“发财也不难，但大财须缓一步。～权且发个小财，好么？”　❷ 犹“目即❷”。元明《三国志通俗演义》卷四：“布曰：‘汝须亲到韩暹、杨奉处下书。’登曰：‘～便行。’”明王錂《寻亲记》一三出：“不因这个遗腹子，～就死在你眼前。”　❸ 当天；当日。清《红楼梦》五七回：“～是薛姨妈的生日，自贾母起，诸人皆有祝贺之礼。”

【目前】　mù qián　犹“目即❷”。金《董解元西厢记》卷二：“得莺莺后便退干戈，不得后～生祸！”宋元《警世通言》卷三九：“你好好把出这符来，和你做夫妻；不把出来时，～相别。”明《二刻拍案惊奇》卷三〇：“二子是老来之子，黄翁急欲他早成家室，～生孙。”

【目生】　mù shēng　眼生；陌生。宋《五代史平话·汉上》：

"今官司缉捉无行止～异色人,可依直向咱说来!"

【目下】 mù xià 犹"目即❷"。宋孟元老《东京梦华录》卷一:"凡饮食时新花果、鱼虾鳖蟹、鹑兔脯腊、……客要一二十味下酒,随索～便有之。"金《董解元西厢记》卷二:"与我,大兵便退;不与我,～有灾!'"元明《水浒传》八〇回:"当时杨太尉点定二将,限～起身。"

【目珠】 mù zhū 眼珠;眼球。唐孙思邈《备急千金要方》卷八:"上唇头白泡起,如鱼～子。"明李时珍《本草纲目》卷一五:"夏枯草治～疼至夜则甚者,神效。"清《东周列国志》七六回:"汝生时枉有～,不辨忠佞。"

【目子】 mù zi 记载事项名目的单子;名单。宋《三朝北盟会编》卷一四:"每岁添一百万贯,并依估定价折作绫锦、罗绸、木绵、隔织、……药材、细果等物,已具～。"周必大《思陵录》下:"初,三月十七日在德寿宫前,主管支费送～一道。"元德辉《敕修百丈清规》卷四:"住持以择定人名～,并西堂勤旧,令客头行者请粥罢会茶。"

【目子钱】 mù zi qián 宋代宫廷内给仆役的赏钱。宋周密《武林旧事》卷七:"本官御侍六人,并升郡夫人,就赐诰谢恩,并照例支散～。"又卷九:"马下～一万贯文。"

【募化】 mù huà (出家人)请求布施。宋陆游《南唐书·浮屠传》:"开宝初有北僧号小长老,自言～而至。"明《西游记》九六回:"长老若要吃斋,不须～。"清《十二楼·归正楼》四回:"十八尊法像里面有一尊的面貌,竟与～的僧人纤毫无异。"

【募缘】 mù yuán (出家人)求人布施。唐姚謩《大唐润州句容县大泉寺新三门记》:"乃请今寺主僧常谊昔旅于是者,勠力誓心,～祈化。"明《警世通言》卷二八:"只见一个和尚将着一个～簿子道:'小僧是金山寺和尚,……伏望官人到寺烧香,布施些香钱。'"清《十二楼·奉先楼》二回:"随往各处～,依旧全活了身子。"

【墓伯】 mù bó 阴间守护墓室的鬼神。《吐鲁番出土文书》第一〇册《唐大历四年张无价买阴宅地契》:"丘承(丞)～,封步累畔;道路将军,整齐阡陌。"

【墓堆】 mù duī 坟堆。宋元《警世通言》卷一四:"你听得外面过去的,便是那狱子和～里跳出来的人。"又:"也不见了酒保,也不见有酒店,两个立在～子上。"明李梦阳《襄阳歌》之三:"～累累不空地,于中岂少英雄魂。"

【墓夫】 mù fū 看管坟墓的人。《吐鲁番出土文书》第一〇册《唐大历七年张无价身死给墓夫赙赠事牒》:"□□准式:身死合有～赙赠。"唐李百药《碑阴》:"又于常令给～之外,别加兵千功役。"

【墓生】 mù shēng 谓丈夫死后妻子分娩(遗腹子)。明《金瓶梅词话》七九回回目:"西门庆贪欲得病,吴月娘～产子。"

【墓生儿】 mù shēng ér 丈夫死后妻子生出的遗腹子。明《金瓶梅词话》八五回:"如今爹也没了,大娘他养出个～来,莫不也来路不明?"△清《红楼梦影》四回:"出了嫁,姑爷倒好呢,偏又没了;～是个哥儿也好,偏又是个妞儿!"

【幕宾】 mù bīn 官府中的参谋、顾问或无官职的助理人员。唐卢纶《送崔琦赴宣州幕》:"五马临流待～,羡君谈笑出风尘。"明朱鼎《玉镜台记》一三出:"(温峤)文武兼资,管萧之亚,敢荐为～何如?"清《绿野仙踪》二回:"严太师与赵大人最好,情面上却不过,着～并门下走动人做了十几篇。"

【幕次】 mù cì 犹"幕位"。唐李复言《续玄怪录》卷一:"臻与公平止西廊～,肴馔馨香,味穷海陆。"宋周密《武林旧事》卷二:"京尹～,例占市西坊繁闹之地。"清《九云记》二一回:"郑氏～已设于大内。"

【幕官】 mù guān 官府中的各类助理吏员。《旧唐书·董晋传》:"晋既受命,唯将～傔从等十数人,都不召集兵马。"明张凤翼《红拂记》三四出:"靖所请重修西岳庙,听支军前银两,专遣～一员督修。"清谈迁《谈氏笔乘·幽冥》:"予友姚荣夫,为高州～。"

【幕馆】 mù guǎn 安置幕宾的馆舍。也指幕宾职位。清雍正十三年《陕西通志》卷一五:"(崇祯)五年,知县阎思学,于退食堂后市民地,构大生楼五楹,左右厢各三楹,前建退食轩,易旧宅为～。"袁枚《子不语》卷一二:"陆秀才遐龄,赴闽中～,路过江山县。"

【幕客】 mù kè 即"幕宾"。唐李冗《独异志》卷上:"李师古暇日常宴其从事,适有日者预坐,师古遣遍视～皇甫弼、贾直言之徒。"宋江少虞《宋朝事实类苑》卷六:"刘昌言,泉州人,先仕陈洪进为～。"清《绿野仙踪》三回:"若着管理奏疏,强似～施文焕十倍。"

【幕吏】 mù lì 即"幕官"。唐李德裕《请尊宪宗章武孝皇帝为不迁庙状》:"戎臣优以不朝,终老于外。其卒,则以～将校代之。"元王逢《叶公政还金辞序》:"至正甲午,政以浙省～奉布延平章檄,转饷鄂闽。"清朱彝尊《宋京兆府学石经碑跋》:"天祐中,筑新城,石为韩建所弃。刘鄩守长安,～尹玉羽请辇入城。"

【幕僚】 mù liáo 即"幕官"。五代孙光宪《北梦琐言》卷四:"楼船之役,～结舌,终致鄂渚之败。"明吾邱瑞《运甓记》二二出:"下官与刘公谊忝～,分属臣主。"清《隋唐演义》一六回:"敝府虽簿书烦冗,然～共有一二十人,皆是多材多艺之士,身任其责。"

【幕寮】 mù liáo 同"幕僚"。五代孙光宪《北梦琐言》卷五:"(成汭)饰非拒谏,断自己意。～俯仰,不措一辞。"元宋褧《司农司题名记》:"定为大司农五人,卿二人,少卿二人,丞二人。～:经历一人,都事二人,照磨一人,管勾一人。"明沈鍊《送郑郡幕赴兴化》:"山水推名郡,清才副～。"

【幕士】 mù shì ❶ 皇宫卫士。《唐律疏议》卷二八:"若有军名而亡,谓卫士、掌闲、驾士、～之类名属军府者,总是有军名。其～属卫尉、驾士属太仆之类,不隶军府者,即不同军名之例。"宋张端义《贵耳集》卷上:"莫济宰钱塘。春暮,有一老兵醉入县,咆哮无礼,不问其从来,杖而去之,即德寿宫～也。"《西湖老人繁胜录》:"自执政以下,依官品赐花。～、行门、快行,花最细且盛。"❷ 即"幕宾"。明杨荣《送罗仪范照磨赴肇庆》:"慎毋轻～,满腹有诗书。"张岱《西湖梦寻》卷五:"(镇海楼)是年九月又火,总制胡宗宪重建。楼成,进～徐渭曰:'是当记,子为我草。'"清吴伟业《绥寇纪略》卷七:"偕～饮酒赋诗,流连名胜。"

【幕属】 mù shǔ 即"幕僚"。《太平广记》卷二三引《谈宾录》:"武德中,秦王世民与～房玄龄微服以谒远知。"明吾邱瑞《运甓记》二四出:"只是一件,远离～,杳隔音徽,不无睽别之哀,有触拊心之痛耳。"清王士禛《池北偶谈》卷八:"贻书当路漕使,访公瘗所。漕委～王之翰往焉。"

【幕位】 mù wèi 临时驻扎或办公的场所。原本用帐幕围成,故称。宋徐兢《宣和奉使高丽图经》卷二五:"采舆既入,止会庆殿门外,都辖提辖官自舆中捧诏出,奉安于～。"《朱子语类》卷一〇六:"一日集诸同官,各分几件去定夺,只于厅两边设～,令逐项叙来历,末后拟判。"《元史·世祖纪二》:"燕王既署相衔,宜于省中别置～,每月一再至,判署朝政。"

【幕屋】 mù wū 帐篷。唐[日]圆仁《入唐求法巡礼行记》卷二:"昨日从庐山来,见本国朝贡船九只俱到庐山,人物无损。其官人等总上陆地作~在,从容候风。"宋许亢宗《宣和乙巳奉使金国行程录》:"未至州一里许,有~数间,供帐略备。"叶梦得《石林燕语》卷五:"(新辂)既成,以正旦大朝会,宿陈于大庆殿庭,车人先以~覆之。"

【幕席】 mù xí ❶帐幕和坐席。唐白居易《和新楼北园偶集》:"天地为~,富贵如泥沙。"宋刘弇《酒家逢徐逸人》:"食之奇光袭两腋,小哉天地自~。" ❷犹"幕职"。五代和凝《疑狱集》卷二:"郡主委诸从事,从事疑而不断,谓使君曰:'某滥尘~,诚宜竭节。'"宋钱易《南部新书》甲集:"郑注镇凤翔,皆择贞正之士以为~。"

【幕友】 mù yǒu 地方军政官署中协助办理文案、刑名、钱谷等事务的人员,相当于幕僚、幕宾。因无官职,且由长官私人延聘,视之如友,故称"幕友",俗称"师爷"。宋高斯得《江东提刑司新创药局义阡记》:"复益以没官田,岁收其人,增市药物,定其规约,令~三人更主之。"清纪昀《阅微草堂笔记》卷九:"一为宛平张丈鹤友,官南汝光道时,与史姓~宿驿舍。"《歧路灯》五二回:"日夕签押已完,黄昏到~汪荷塘住房陪吃晚酌,……又与钱谷~讲了些征收、起解、清算的话。"

【幕职】 mù zhí 官府中各种助理官吏之职位。《旧唐书·元稹传》:"稹所辟~,皆当时文士。"明汤显祖《邯郸记》一一出:"小子麻哈人氏,考中京营识字。偶遇疏通事宜,加纳陕州~。"清王士禛《古夫于亭杂录》卷一:"后左都御史张鹏翮疏言,州县守令教职捐纳冗滥。九卿集议,遂欲通改~、佐贰等官。"

【慕古】 mù gǔ 糊涂。金《董解元西厢记》卷一:"忒昏沉,忒麄鲁,没掂三,没思虑,可来~! 少年做事,大抵多失心麄。"《元曲选·蝴蝶梦》二折:"包龙图往常断事曾着数,今日为官忒~。"又《李逵负荆》三折:"堪笑山儿忒~,无事空将头共赌。"

【慕顾】 mù gù 同"慕古"。宋魏了翁《蝶恋花·饯汪漕使杲劝酒》:"可煞潼人真~,接得官时,只道来何暮。"绍昙《五家正宗赞》卷二《白云端禅师》:"抛金钩九江曲,可怜生认鳖为鲸;开饭店白云深,放~和麸粜面。"

【暮古】 mù gǔ 同"慕古"。《元曲选外编·五侯宴》一折:"恁时节老人家~,与人家重生活难做。"

【暮故】 mù gù ❶同"慕古"。金马钰《满庭芳·劝道友》:"迷迷地,似飞蛾投火,好大~!" ❷指糊涂人。金谭处端《西江月》:"自叹愚蒙过甚,徒劳设药防拘。从今放下乐清虚,做个憨憨~。"

【暮衙】 mù yá 衙门傍晚升厅办公称暮衙。跟"早衙"相对。唐白居易《舒员外游香山寺》:"白头老尹府中坐,早衙才退~催。"宋吴文英《天香·蜡梅》:"酒钟悭、贮愁多少。记得短亭归马,~蜂闹。"

N

ná

【拿】 ná ❶抓;用手取或搬。唐王梵志《谗臣乱人国》:"谗臣乱人国,妒妇破人家。客到双眉肿,夫来两手～。"《元曲选外编·独角牛》三折:"依古礼斗智相搏,刁老郎捕腿～腰。"清《红楼梦》六回:"这长安城中遍地都是钱,只可惜没人会去～去罢了。" ❷特指偷拿;盗取。唐路德延《小儿诗》:"频邀寿花插,时乞绣针穿。宝匣～红豆,妆奁拾翠钿。"明徐畛《杀狗记》一三出:"他拐钱～宝贝,如何敢来此处也?"清《红楼复梦》四七回:"这会儿瞧见他这样神色,明摆着是他～的。" ❸捉;捕捉。唐易静《兵要望江南·占候》:"其贼来时虽是到,到时攻我将须～。来将丧黄沙。"明徐畛《杀狗记》一〇出:"老娘三日不发市,～著一个便正本。"清《儒林外史》一回:"时知县此时心中十分恼怒,本要立即差人～了王冕来责惩一番。" ❹驾驭;控制。宋德洪《和曾逢原试茶连韵》:"霜须瘴面豁齿牙,门前小舟尝自～。"元古本《老乞大》:"这个马怎么这般难～?"清《醒世姻缘传》八回:"接下了客,～不住他,老鸨子又要打。" ❺把握;估摸。明单本《蕉帕记》七出:"敢是将咱来戏耍?你做作叫我难揣难～。"清《聊斋俚曲·禳妒咒》:"妇人这性儿难～,汗珠儿叫人通身下。"《绿野仙踪》四〇回:"这件事,必须如此如此,我～有八分,可引他来。" ❻整治;侵害;刁难。明《二刻拍案惊奇》卷四:"不得那五个人尸首实迹,～不倒他。"清《霓裳续谱·乡里亲家》:"老天爷又不把那雨来下,天气旱来蝗虫也么～,本钱利钱不归也么家。"《醒世姻缘传》五七回:"六月初一早去城隍庙内烧纸祷告,若把小琏哥～得死了,许下猪羊还愿。" ❼强取;征用。明杨寅秋《答林元东宪副》:"亦知此贼向经郡抚,但抚后～官舍,要田土,为近日衅端。"又《平五山獞上三院揭帖》:"不奔愬乞勘,辄敢擅～官舍要挟。"清《红楼梦》九三回:"原是明儿可到,谁知京外～车,把车上的东西不由分说都掀在地下。" ❽挑(毛病);揭穿;搜求。明李梅实《精忠旗》二四出:"谁不会～人错?我匆忙要议和,便冤他也没奈何。"单本《蕉帕记》二三出:"〔旦〕龙郎,崖上有个人来了!〔生看介〕敢是仙姑?〔旦〕不是价,来～你谎的。"清《姑妄言》一四回:"听得一个敝友说这妖道一事,他须发皆竖,目光如炬,大怒,说必要去～他的奸弊。" ❾显示;着意表现出。清《醒世姻缘传》五五回:"要是手段～的出去,能摆上两三席酒来,再有几分颜色,得三十两往下二十五两往上的数儿。"《霓裳续谱·开怀》:"你看他～着俏步儿,卖着风流。"《镜花缘》二七回:"只有一肚曲子,还有～的好身段,推的好衫子,并且还有绝妙的小嫩嗓子。" ❿提;抬。清《聊斋俚曲·磨难曲》:"不早些～腿,只等的走不的就晚了。"《红楼梦》六〇回:"怕又生事,都～起脚来,各自走了。"《绿野仙踪》八二回:"悄悄的～脚缓步,开了夹道门儿,走到那边院内。" ⓫按;压。为一种按摩的手法。清《野叟曝言》一二三回:"素娥忙用拿法,屈着大指,跪入龙儿左手腕百会穴中,尽力一～。"又一二九回:"龙儿学素娥之法,用力一～,方哭醒转来。" ⓬用调料浸。清《醒世姻缘传》五八回:"螃蟹都剁成了块,使油酱豆粉～了,等吃时现炒。" ⓭介词。a)用。明王樵《钦恤疏》:"夫气忿不过,不知时分暗起,～绵带在楼梯上自缢身死。"《金瓶梅词话》五八回:"他佯打耳睁的不理我,还～眼儿瞟着我。"清《醒世姻缘传》四〇回:"我叫人～头口来接你。"b)将;把。元明《水浒传》五二回:"李逵～殷天赐提起来,拳头脚尖一发上。"明李梅实《精忠旗》八出:"我一句好话儿,你～耳朵过来说与你。"清《红楼梦》四五回:"人家才～你当个正经人,把心里的烦难告诉你听,你反～我取笑儿。"

【拿把】 ná bǎ ❶犹"拿❶"。《元典章·户部四》:"田五儿将阿段两手～,其田长宜用棍于左臂上打讫两下,不能动止。" ❷犹"拿❹"。明《警世通言》卷一一:"李生到底是少年才子,心猿意马,～不定。"清《东周列国志》四〇回:"敌马见之,认为真虎,惊惶跳踯,执辔者～不住,牵车回走。"《绮楼重梦》三六回:"且说友红想到情牵意绊的时候,竟有些～不定。" ❸抓把柄。清《宛如约》一二回:"怎么假刻齿录,恰又刚刚与圣旨相悖,留此破绽与人～。" ❹束缚。清《聊斋俚曲·增补幸云曲》:"乍穿着尺头不大紧,身下闷痒似虫钻,霎时～的通身汗。" ❺凭借;依凭。清冯班《诫子帖》:"学前人书从后人入手,便得他门户;学后人书从前人落下,便有～。"

【拿班】 ná bān 摆架子;装腔作势。《元曲选·望江亭》一折:"非是我要～,只怕他将咱轻慢。"明梅鼎祚《长命缕》二八出:"天下官那里有不爱名的?他倒也～儿。"清《醒世姻缘传》八七回:"心上恨不得一时飞上山去,口里故意～,指望郭总兵也要似狄希陈这般央及。"

【拿般】 ná bān 卖弄架势。明刘效祖《粉蝶儿·良辰乐事》:"你看那抬轿的～,挑脚的作势,赶脚的施为。"

【拿板】 ná bǎn 即"拿班"。清《情梦柝》一二回:"岂有不带你去之理?我被你～惯了,只怕你仍旧～。"

【拿办】 ná bàn 逮捕治罪。清《石峰堡纪略》卷一三:"将贼人种种逆迹详细履勘,并究出党羽,按名～。"△清《官场现形记》五〇回:"无论什么人,违了大人的告示,我们都要～的。"

【拿兵】 ná bīng 用兵;进行战争。《新唐书·刘晏传赞》:"(刘晏)常操天下赢赀以佐军兴,虽～数十年,敛不及民而用度足。"宋岳珂《桯史》卷八:"是岁,虏方～北边,贺使不至,百官皆赐廊食。"元郝经《烈士吟赠总领宋琚》:"南北久～,吾徒着手解。"

【拿捕】 ná bǔ 捉拿;抓捕。宋元《古今小说》卷三九:"宣抚司移文安庆,李太守转行太湖、宿松二县,～反贼。"《大清会典则例》卷二七："至本县有制造赌具之家，经别县访闻，差役～。"《东周列国志》四八回："领着三枝军马，分头～士谷、梁益耳、蒯得三人。"

【拿粗挟细】 ná cū xié xì 贪财利；捞好处；占便宜。《元曲选·后庭花》一折："〔正末唱〕这钗钏委的是金子委的是银？〔搽旦云〕是金子的……〔正末唱〕若有那～、踏狗尾的但风闻，这东西一半儿停将一半儿分。"又《陈州粜米》楔子："俺两个全仗俺父亲的虎威，～，揣歪捏怪，帮闲钻懒，放刁撒泼，那一个不知我的名儿！"又《隔江斗智》二折："那一个掌亲的怎知道弄假成真？那一个说亲的早做了藏头露尾，那一个成亲的也自会～。"

【拿错】 ná cuò 挑错；找毛病。清《醒世姻缘传》七二回："孙氏道：'他既有哥，他怎么又是周大叔？不是周二叔么？'媒婆道：'爷哟，你怎么这们好～？'"《霓裳续谱·香闺冷落》："小贱人，莫胡说，嘴尖舌快你爱～。"

【拿搭】 ná dā 操持；做。搭，动词词缀。清《何典》六回："还亏他心里明白，鉴貌辨色，样样都～得来，不到得失枝脱节。"

【拿大】 ná dà 摆架子；显示身分。清《红楼梦》六回："他们家的二小姐着实响快，会待人，倒不～。"又五四回："袭人怎么不见？他如今也有些～了，单支使小女孩子出来。"

【拿当】 ná dāng 犹"拿掇"。清沈起凤《报恩缘》二六出："才学又好，面孔又俏，革样女婿，直头～得出勾哉。"

【拿斗】 ná dòu 争斗。《新唐书·突厥传下》："泥孰迎立之，为乙毗钵罗肆叶护可汗，与俟毗可汗分王其国，～不解。"《宋史·范育传》："前日疆埸尝严矣，一旦约败，兵～者跌于前，耕者侵于后，是封沟不足恃也。"

【拿掇】 ná duō 端出；拿出。指显示给人看。明《金瓶梅词话》七五回："我就闲不上你恁说嘴，自你家的好～的出来见的人！"清《平山冷燕》一一回："要写一首诗做贽见礼送他，再三在自家诗稿上寻，并无一首～得出。"《醒世姻缘传》五五回："就是差不多的两三席酒，都将就～的出来了。"

【拿舵】 ná duò ❶ 掌舵。明《拍案惊奇》卷二二："那些船上风水当艄～之事，尽晓得些。"清《儒林外史》五一回："后面火舱里，是一个十八九岁的妇人，在里边～。" ❷ 比喻拿主意。明薛论道《朝元歌·宦警》："中流几人～牢，湘水恨难消，长沙梦枉劳。"

【拿讹】 ná é 抓人短处进行敲诈勒索。明刘若愚《酌中志》卷一五："及心腹家人李培等，皆挟厚赀四散逃躲，或报应商役，或避人～，或改面事人。"清范希哲《偷甲记》三四出："我是本院官户，若不出来，就有人要～哩。"《照世杯·百和坊》："见面时称功颂德，背地里捏禁～。"

【拿讹头】 ná é tou 即"拿讹"。头，词缀。清顾炎武《日知录》卷三二："京师奸宄丛集，游手成群，有谓之把棍者，有谓之～者。"原注："侦知一人作奸，则尾随其后，陷人于罪，从而吓诈金钱，谓之～。"丁耀亢《西湖扇》一三出："你我到他家拿个讹头，得些油水，有何不可？"《醉醒石》九回："至刑名，在上则有请托贿赂，在下则有弄法侮文，都是～光棍的衣食。"

【拿囮头】 ná é tou 同"拿讹头"。清《儒林外史》四一回："地方上几个喇子想来～，却无实迹，倒被他骂了一场。"

【拿鹅头】 ná é tou 同"拿讹头"。明《型世言》二六回："意思道他专在这厢走动，便拿他鹅头。不料一打听，这妇人是良家，丈夫虽不在家，却极正气，无人走动。"清《平山冷燕》一四回："若是问着一个生事的人，便要～，扎火囤，骗个不了哩！"《醒世姻缘传》七二回："这些街邻光棍，不怕他还似往常臭硬撒泼，踹狗尾，～，往上平走。"

【拿法】 ná fǎ ❶ 擒拿手法；捕捉方法。明戚继光《纪效新书》卷首："谚云：到厮打时忘了～。"《封神演义》五四回："只见军卒把哪吒抬来，放在丹墀下。邓九公问曰：'如何这等～？'"△清《绿牡丹》二〇回："那猴子若不是被余谦捉怕了的，此刻花碧莲这般～儿是易捉的。" ❷ 即"拿⓫"。清魏之琇《续名医类案》卷四四："万密斋治汪前川子，年四岁，七月病惊搐，医以～搯止之……～，即古之按摩法也。"《野叟曝言》一二三回："素娥忙用～，屈着大指，跪入龙儿左手腕百会穴中，尽力一拿。" ❸ 比喻挟制人的方法。清《聊斋俚曲·寒森曲》："官府的意思，是指望你几两银子，说验尸是个～。"

【拿访】 ná fǎng 捉拿查访。明《梼杌闲评》八回："京中那起光棍钻谋送礼，希图进身，又有湖广犯罪～的，约来帮助。"《明史·刘泽清传》："朝廷不得已，温诏解之。又请禁巡按不得～追赃。"清孔尚任《桃花扇》二九出："朝廷正在～，还敢留他选书。这个书客也大胆之极了。"

【拿赴】 ná fù 捉拿并押送。明王守仁《批漳南道设立军堡呈》："各该巡捕等官，因循坐视，致令滋蔓，俱合～军门。"清孔尚任《桃花扇》一一出："适在汛地捉了一个面生可疑之人，口称解粮到此，未知真假，～辕门，听候发落。"《绿野仙踪》六八回："可将温某弟兄二人，～大理刑部严刑究问。"

【拿瓜】 ná guā 拿架子。元黑老五《粉蝶儿·集中州韵》："那厮儿～，那塔要这老儿近身频问取。"

【拿获】 ná huò 擒获；捉住。元王恽《中堂事记》："将作恶贼人尽数～，依条断罪。"《元曲选·墙头马上》二折："是今日且停嗔过后改，怎做的奸盗～？"清《醒世姻缘传》一回："随惊动了许多獐狍麂鹿，雉兔獾狼。大家放狗撒鹰，拈弓搭箭，擒的擒，捉的捉，也～了许多。"

【拿缉】 ná jī 缉拿；搜捕。清《平定准噶尔方略》正编卷六六："臣等即派兵行文，～其疏防之员。"李玉《清忠谱》一九折："孩儿正欲同家人顾选扶柩回南，忽被魏贼四面差人～。"《说唐前传》二三回："看王儿面上，中军官着发令箭下去，吩咐大小官儿慢慢～便了。"

【拿极】 ná jí 发急。清《聊斋俚曲·慈悲曲》："李氏见他不吐口号，就～红了脸说：'那孩子是俺的孩子呀，该别人嗄事？'"又《禳妒咒》："亲家拿什么极呢！"

【拿解】 ná jiè 犹"拿赴"。明杨士奇《即位诏》："如有仍前恃顽不即赴工者，所在官司～前来，治之以罪。"佚名《鸣凤记》七出："圣旨已批～来京，斩首无疑矣。"清《飞龙全传》三一回："若论国法，定当把你～进京，碎剐示众。"

【拿究】 ná jiū 捉拿追究。明王守仁《批攻取河源贼巢呈》："即其事势，亦岂一朝一夕之故，而各该府县等官，前此曾无一言申报。据法即合～。"《于少保萃忠全传》三五回："上亲阅大怒，即颁密旨，令各处抚按官～。"清《二度梅》三八回："一应闲杂人等，勿许入内窥探，倘敢故违，定行～。"

【拿攫】 ná jué ❶ 抓；抓取。唐郑綮《开天传信记》："又铸二金狮子，作～腾奋之状。"宋孟珙《蒙鞑备录》："其俗多不洗手而～鱼肉。"清《女仙外史》五〇回："都是摄来的魂魄，有虚形而无质的，虽然舞爪张牙，却不能～人、吞噬人的。" ❷ 夺取（利益）。唐陆贽《论裴延龄奸蠹书》："陛下纳彼盗言，堕其奸计，以为搏噬～怨集有司，积聚丰盈利归君上，是又大缪。"宋项安世《项氏家说》卷九："臣以此见乱臣贼子，其设心措虑惟在～。常以贼心待人，惟恐一日为善攫者所先。"明归有光《送郡别驾王侯考绩序》：

"迨军发繁兴，黠猾～，利端无穷。" ❸ 挖掘。宋陈淳《与赵司直季仁》："然其心肠肝肺中正赃证病根，已被～出来，暴白于众。"

【拿空】 ná kōng 抓空，指没有达到目的。宋佚名《张协状元》二六出："一去不见踪，脚踏浮萍手～。"明徐畛《杀狗记》一四出："你两个歹凶，拐钱图使用。怎知遇着我，你手～。"

【拿款】 ná kuǎn 摆架子；拿派头。清《红楼梦》三二回："如今大了，就拿出小姐的款儿来了。你既～，我敢亲近吗?"

【拿老】 ná lǎo 摆老资格。清《儒林外史》四一回："沈姑娘，你也太～了！叫我们管山吃山，管水吃水，都像你这一毛不拔，我们喝西北风?"

【拿捻】 ná niǎn ❶ 捻取；拿。《元曲选·墙头马上》三折："轻拈掇，慢～。呀，珰叮珰掂做了两三截。" ❷ 犹"拿捏❺"。明陈铎《满庭芳·瘸子》："要平稳不能勾，越～越丑。"

【拿捏】 ná niē ❶ 要挟；恐吓；刁难。明《西游记》四三回："他又在我海内遇着你的差人，夺了请帖，径入水晶宫，～我父子们有'结连妖邪，抢夺人口'之罪。"《型世言》二五回："(公人)见朱玉是小官儿，好生～，道：'阿叔奸占侄儿媳妇，这是有关名分的。'"清《白雪遗音·两亲家顶嘴》："我的亲家母哦，咳，～人，把人～。" ❷ 挟持。清于成龙《饬励学政事宜》："所以学道之权，往往知府得以操之，因而交通关节，一切过付，皆出其手。不惟去取窃擅，甚至～讹头，累千盈万，据为己有。" ❸ 控制；摆布。清《清夜钟》三回："若撞着个～的定提撮鬁我主人，也自要弄手弄脚，要思量拆拽主人。"《十二楼·十卺楼》一回："欺负那位亲翁是个小户人家，又忠厚不过，从来怕见官府，最好～。" ❹ 做作；假装作。清《聊斋俚曲·增补幸云曲》："那金墩扒起来，抖擞了抖擞那衣裳，～着拜了两拜。"《红楼梦》八四回："宝玉答应了个'是'，只得～着慢慢的退出，刚过穿廊月洞门的影屏，便一溜烟跑到老太太院门口。"《绿野仙踪》一四回："那知州先将于冰上下一看，口里～着京腔问道：'你是个什么人儿?'" ❺ 拿身分；装腔调。也指这样的手段。清《歧路灯》三二回："这句话颇中了绍闻之忌，兼且疑王中见新打罢官司，自己难以街上走动，故意儿～。"《荡寇志》八七回："及见众人求他如此撒谎，他～着，哪里肯担承。"《清夜钟》七回："又门户中人，自然有些风情，有些温存～，自然摄得崔佑这条肚肠。"

【拿弄】 ná nòng 拈弄，道家指参究修炼。金马钰《黄河清·继重阳韵》："等待子自悟知其愚，舍家物外～。恰然顿觉元初，捐尘累，便烹铅更烹汞。"

【拿气】 ná qì 搁气；急促呼吸。明朱橚《普济方》卷三五九："凡幼儿欲发惊风，先神志不定，恍惚悸人，搭眼上视，左顾右盼，伸手握拳，闷郁～。"

【拿挈】 ná qiá 捉拿。金《董解元西厢记》卷二："怎～? 怎～? 法聪觑了，勃腾腾地无明发。"

【拿腔】 ná qiāng ❶ 特意使用某种腔调。明《金瓶梅词话》六八回："于是拿起琵琶来，款放娇声，～唱道：'一见娇羞，雨意云情。'" ❷ 装腔作势。明太平野史《朝天子·老鸨》："人来客去便～，假唧哝，虚谦让。"清《续金瓶梅》一六回："那翟员外因这李师师家在城外头一条胡同大开了巢窝，不比以前借着官家名色～，他和这一般人常去闲串。"

【拿情】 ná qíng 调情；卖弄风情。清《续金瓶梅》二五回："偏要在人前支架卖弄，是银瓶怎样和他抓打～，就死也不肯说是嫌他的话。"《醒世姻缘传》一九回："却说李成名和晁住两个的娘子，虽然看他是个老婆，也会合人溜眼，也会合人～。"

【拿事】 ná shì 管事。清《荡寇志》九六回："我闻知本府高大老爷从东京来到任，都说有个～的门上姓富。"

【拿手】 ná shǒu ❶ 把握；成功的可靠性。清《红楼梦》一〇回："这病尚有三分治得。吃了我的药看，若是夜里睡的着觉，那时又添了二分～了。"《绿野仙踪》九二回："他今日说款段出都门话，实是有八九分～，并不是安顿阁年等之心。" ❷ 把柄；能控制对方的凭借物。清《醒世姻缘传》一三回："晁大舍的为人，只是叫人掐住脖项，不拘多少，都拿出来了；你若没个～，你就问他要一文钱也是不肯的。"又一四回："老爷方才不该放他，这是一个极好的～！" ❸ 依凭；原则。清《歧路灯》一〇五回："贤弟审问官司，也要有一定的～。只以亲、义、序、别、信为经，以孝友、睦姻、任恤为纬，不拘什么户婚田产，再不会大错。" ❹ 擅长；所擅长的。清《姑妄言》七回："他一个做戏子的人，这风月调情是他的～。"《后红楼梦》二六回："到了龄官扮了《相约相骂》上来，众人都说这是他的～戏。" ❺ 捕役。清《歧路灯》三三回："他姓张，外号叫云里雕，是一把好～，荆老爷新点的头役。"

【拿送】 ná sòng ❶ 持拿运送或赠送。明《金瓶梅词话》一一回："～到前头就是了，平白拿到我房里来做甚么?"汤显祖《邯郸记》二三出："听见你丈夫交通番回，有宝玉珍珠多少? ～公公镶帽顶、闹妆鸾带可好?" ❷ 犹"拿赴"。明邱濬《乞严禁自宫人犯奏》："将为首的～本卫，好生打着问。"李梅实《精忠旗》三一出："左右的，与我～大理寺。"清《幻中游》九回："身师石茂兰，系黄州府罗田县廪生，今被学宪大人～监中。"

【拿唐】 ná táng 同"拿糖"。明孙峡峰《黄莺儿》："因甚么～，因甚么乔妆，无事牌挂在谁门上?"《掩绣户》："白日里缠人，夜里又～，丧心病狂。"

【拿堂】 ná táng 同"拿糖"。明冯惟敏《锁南枝·赌妓》："也不想丢可修留，也不想～扭柳，眼皮儿怕待睁开，手背儿不住的搓揉。"

【拿糖】 ná táng 装模作样；拿架子。明王衡《郁轮袍》二折："〔当直〕道放榜后，亲来谢你岐王。〔推〕这穷厮～哩!"清《聊斋俚曲·增补幸云曲》："看上你眼就～，谁没见你那乔模样!"

【拿歪】 ná wāi 要赖。清《聊斋俚曲·禳妒咒》："公平休得要～，我赢的你吊了红绣鞋。江城呀，咱可赌赢不赌赖。"

【拿稳】 ná wěn ❶ 把握住；处置稳妥。明李梅实《精忠旗》五出："报国丹衷，今当～。才行动，马若腾，人思奋。"清《万花楼》五四回："老爷，尔且～些! 妾劝尔休得痴心妄想。" ❷ 认定；确定。明《石点头》卷一："这郭秀才家道也还完足，又自负有才，少年就～必中。"清《后水浒传》四四回："太阴老母这段姻亲且不要十分～。如今山下又有人打来，骂得万般恶毒，只叫送新郎出去还他。"《歧路灯》五三回："大相公我～是不敢打人的人，城内翰林也没姓郑的。"

【拿问】 ná wèn 捉拿问罪。元明《水浒传》三〇回："那知府是个赃官，接受了贿赂，便差人常常下牢里来闸看，但见闲人便要～。"明郑若庸《江南经略》卷七上："即行指实，呈告该管将领，～究治。"清李玉《清忠谱》一〇折："老毛是魏太监的干儿子，这番～也是他的线索。"

【拿下】 ná xià 逮捕。多用于命令。元明《水浒传》二回："高殿帅大怒，喝令左右教～王进。"明李梅实《精忠旗》一八出："岳飞，共彼相朋比，并子岳云，罪莫赦速拘提。～!"清《红楼梦》一〇五回："～贾赦，其餘皆看守。"

【拿云】 ná yún ❶ 凌云。唐蒋贻恭《题张道隐太山祠画龙》："威疑喷浪归沧海，势欲～上杳冥。"宋克勤《碧岩录》七则："有鱼透得龙门，顶上出角，昂鬃鬣尾，～而去。"清张英《题澹人北墅图》:“一株两株皆足豪,古干～根覆石。” ❷ 形容志向高远。唐李贺《致酒行》:“少年心事当～,谁念幽寒坐呜呃?”元陶振《听雨楼》:“公本～夫,我亦听雨客。明朝大晴当奋飞,万里天风振鹏翼。”

【拿云手】 ná yún shǒu 非凡的手段。宋佚名《张协状元》九出:“从空伸出～,提起天罗地网人。”宋元《清平山堂话本·杨温传》:“未曾伸出～,莫把蓝柴一样看。”清《说唐后传》二一回:“要把身偏一偏,来不及了,被仁贵伸过～,挽住勒甲绦,轻轻不费力提过马鞍桥。”

【拿战】 ná zhàn 交战;作战。宋王应麟《玉海》卷一二七:“(唐)建中初,河朔兵～,民困,赋无所出。”章如愚《群书考索》续集卷五一:“全齐之民,举为群盗,～数载,杀伤困重。”《文献通考》卷三四七:“仆固玚率回纥与朝义～,蹀血二千里。”

【拿治】 ná zhì 犹“拿办”。元《三遂平妖传》一三回:“恐有餘党,须要审究明白,一并～。”明王守仁《批江西布政司清查造册呈》:“中间但有不行尽心查理,止凭吏胥苟且了事者,即行～问发。”清雍正二年五月二十八日高其倬奏文:“临元镇总兵杨天纵,办理诸事,～野贼,俱井井有条。”

【拿舟】 ná zhōu 驾舟;乘船。宋周密《齐东野语》卷六:“传闻可骇,亟自汶～抵彭城。”明《西湖二集》卷二五:“张复剪纸为舟,放于水面,变成采莲舟。张～而登其上。”清吴伟业《梅花庵同林若抚话雨联句》:“～浮硐曲,扶杖度山崦。”

【拿周】 ná zhōu 即“抓周”。明《英烈传》五回:“一日两,两日三,早已是满月儿,百禄儿,～儿。”

【拿捉】 ná zhuō ❶ 捉拿;抓捕。金《刘知远诸宫调》一二:“壮丁首领,欲待～难当堵。”元明《水浒传》三一回:“看时,却是两个自家亲随人,便是前日～的。”清《飞龙全传》三三回:“那奸贼苏风吉被我赶进庙中,快些～。” ❷ 搜寻。元方回《瀛奎律髓》卷一四评许浑《早发天台中岩寺》诗:“此诗三四于早行自工,但苦对偶太甚,所谓方得一句便～一句为联,而无自然真味。” ❸ 征用。明张国维《吴中水利全书》卷一五:“有等强横旗甲,不问民船有无货物,概行～。” ❹ 掌握;把握。明《肉蒲团》一一回:“他令正虽有可出之条,却不曾～赃据,把甚么题目休他?”清《野叟曝言》一八回:“官断十路,若象照着这般样子,去触恼了官府,也就～不定。”

nǎ

【那】 nǎ 另见 nà、nuó。❶ 疑问代词。怎么;如何。唐刘肃《大唐新语》卷八:“此人～解我意,遂有此句?”明《型世言》三回:“向日杨亲娘说周亲娘标致,果然标致得势,～不肯走出来白话一白话?”清叶雉斐《琥珀匙》一三出:“〔丑〕贝娘舅,原是你不老到。〔净〕～埋怨起我来?” ❷ 疑问代词。何;什么。唐王绩《在京思故园见乡人问》:“院果谁先熟,林花～后开?”《元曲选外编·刘弘嫁婢》楔子:“你有两桩儿缺欠不全。〔正末云〕敢问老先生,可是～两桩儿缺欠?”清《红楼梦》六二回:“我们是～牌儿名上的人?生日也没拜寿的福。” ❸ 疑问代词。何处;哪里。《元曲选外编·西厢记》五本三折:“我若放起刁来,且看莺莺～去?”明王思任《简米仲诏》:“山顶之上,又往～走?”清《红楼梦》四〇回:“今儿剩的菜不少,都～去了?” ❹ 副词。更;况;又。表示语义的递进或加重。唐沈佺期《答魑魅代书寄家人》:“抱愁～去国,将老更垂裳。”宋佚名《张协状元》一二出:“张协在病中,～值逆旅。”《元曲选外编·追韩信》四折:“失却龙驹怎战争?别了虞姬～痛增。”

【那般】 nǎ bān 另见 nà bān。哪种;哪一样。《太平广记》卷一五三引《逸史》:“适来云:有五般馄饨,问煮～?某云:总煮来。”明《西游记》二四回:“老孙五百年前因访仙道时,也曾云游在海角天涯,～儿不曾见?”清《白雪遗音·桃杏花香》:“‘请问娘子世上事,世上到是～长?’娘子说:‘尊夫郎,看破世事般般长。’”

【那必】 nǎ bì 何必。唐王勃《采莲曲》:“采莲花,渠今～尽娼家?官道城南把桑叶,何如江上采莲花?”明王立道《咏园中杂花·萱》:“为园自可乐,～尔忘忧。”清吴兆骞《赠孔叟》:“丈夫失意会如此,君今～哀穷荒。”

【那壁】 nǎ bì 另见 nà bì。犹“那边(nǎ biān)”。《元曲选·后庭花》四折:“我则道杀人贼不知在～,则他这翠鸾女却原来在这里。”明《封神演义》三一回:“师父,唤弟子～使用?”

【那壁厢】 nǎ bì xiāng 另见 nà bì xiāng。即“那壁(nǎ bì)”。《元曲选·王粲登楼》楔子:“母亲,唤你孩儿～使用?”明《西洋记》二八回:“佛爷着弟子～使用?”

【那边】 nǎ biān 另见 nà biān。疑问代词。问方位或处所。也用于任指或虚指。《敦煌变文校注》卷五《妙法莲华经讲经文(一)》:“宝座令余何处得,莲台教朕～求?”《元曲选·度柳翠》二折:“天堂地狱门相对,任君拣取～行。”清《红楼梦》六六回:“芳灵蕙性,渺渺冥冥,不知～去了。”

【那曾】 nǎ céng 何曾;哪里。用于反问,表示不曾。宋《朱子语类》卷一〇八:“圣人做事,～不要可,不要成?”明《西游记》三四回:“那怪只因贪酒,～细看,就便收下。”清《玉蜻蜓·诘真》:“我是祖师图见过多多少,～见无剑无须的吕洞宾。”

【那搭】 nǎ dā 另见 nà dā。哪里;何处。《元曲选·合汗衫》二折:“只看张家,往日豪华,如今在～?”明冯惟敏《点绛唇·郡厅自寿》:“四下里凝眸,～儿消忧?”清《隋唐演义》三五回:“炀帝道:‘这个自然都在朕心窝里。’袁宝儿斜着眼对炀帝笑道:‘陛下在心窝里～儿?’”

【那搭儿里】 nǎ dā er lǐ 犹“那搭(nǎ dā)”。儿里,词缀。元佚名《集贤宾》:“我这里担着寂寞,不知你在～泪眼盈盈。”《元曲选·老生儿》二折:“我为你呵,～不到?”清《姑妄言》一九回:“谁知这没良心狗娘养的,不知在～去了三年,躲得影儿不见。”

【那搭里】 nǎ dā lǐ 即“那搭儿里”。《元曲选·罗李郎》二折:“打听的汤哥有些音耗。那埚里遇着,～撞着,我把那背义的奴胎不道的索放了。”

【那笪】 nǎ dá 另见 nà dá。同“那搭(nǎ dā)”。明《金瓶梅词话》五四回:“今日在～儿吃酒?我们把桌子也摆摆么。”

【那答】 nǎ dā 另见 nà dā。同“那搭(nǎ dā)”。元范康《竹叶舟》三折:“这里是沙堤岸口,又不是家前院后,这唤渡船行人在～儿有?”明徐复祚《红梨记》一五出:“诗句儿在这答,〔泪介〕知他流落在～!”清《蜃楼志》二四回:“不知他～儿发付我,禁不得花心动,器欲难量。”

【那答里】 nǎ dā lǐ 同“那搭里”。明汤显祖《牡丹亭》一五出:“俺司天台标着那南朝,标着他那答儿好。〔众〕～好?〔净笑介〕你说西子怎娇娆,向西湖上笑倚着兰桡。”

【那的】 nǎ de 另见 nà de。❶ 询问处所或方面。哪里。《元曲选外编·调风月》四折:“说得他儿女夫妻似水如鱼,撇得我鳏寡孤独,～是撮合山养身处?”清《歧路灯》二五回:“只见一个老妪,开门问道:‘你是～?’德喜道:‘我是萧墙街谭宅的人。’”又二七回:“孔亲家事尚未举行,～喜事?” ❷ 用于反问,意在否定。哪里。元张养浩《朱履曲》:“～是为官荣贵?止不过多吃些筵席。"明汤显祖《紫箫记》一〇出:"他腰细才胜露。〔六娘〕~讨露水来?"清《歧路灯》七〇回:"这一号儿人,~会悔?除非是他兄弟一家儿死个罄尽,方才是个歇手。" ❸ 什么。表示轻微。《元曲选·来生债》一折:"万般将不去,惟有业随身。先生也,量这千百锭家旧文契有~儿锭本。" ❹ 怎么;如何。明陈汝元《金莲记》一九出:"你这犯人是~么?旧例钱也不送我些,是何道理?"清《霓裳续谱·小伴读女中郎》:"奴本是闺门绣户的使女,怎知道关关雎鸠是~讲。"

【那方】 nǎ fāng 另见 nà fāng。哪里;何处。唐佚名《挽歌》:"红轮决定沈西去,未委魂灵往~?"《景德传灯录》卷二五《法灯泰钦禅师》:"汝从~来?"清《隋唐演义》二三回:"急切看不出辨他是何等人,要听他~言语时,鼓手又吹得响,不听见。"

【那个】 nǎ gè 另见 nà gè。哪一个;谁。❶ 表示询问。《敦煌变文校注》卷七《季布诗咏》:"关山盘礴路行难,~是我家乡道?"《景德传灯录》卷六《大珠慧海禅师》:"问:'即心是佛?~是佛?'师云:'汝疑~不是佛,指出看。'"清《儒林外史》四回:"把二小儿取在第十名,叫了进去,细细问他从的先生是~?" ❷ 用于反问。意在肯定或否定。《景德传灯录》卷四《法融禅师》:"问寺僧:'此间有道人否?'曰:'出家儿~不是道人?'"金《董解元西厢记》卷一:"秀才家~不风魔!"清《红楼梦》三四回:"只见两个眼睛肿的桃儿一般,满面泪光,不是黛玉,却是~?"

【那庚】 nǎ gēng 如何;怎样。唐段成式《酉阳杂俎》前集卷一:"二雕果击于鸾盘,狡兔起前,上举挝击毙之。帝称'~?'从臣皆呼'万岁!'"

【那更】 nǎ gèng 表示语义的递进或加重,相当于"况且""而且""兼之"等。宋苏轼《虞美人》:"冰肌自是生来瘦,~分飞后!"金《董解元西厢记》卷二:"不惟眼辨与身轻,~马疾手妙。"清《红楼梦》三五回:"宝玉见莺儿娇憨婉转,语笑如痴,早不胜其情了,~提起宝钗来!"

【那亨】 nǎ hēng 吴方言词。❶ 怎样。明《山歌·鞋子》:"看子后生十分像意,弗知~个家门。"清《豆棚闲话》一〇则:"伍子胥弗敢劳动,倒换郑元和与我哩亲切点罢。请问~打扮?" ❷ 怎样;如何。指程度高。明《山歌·门神》:"你当先见我颜色新鲜~介喝彩,装扮得花噪加倍介奉承。" ❸ 怎么;哪里。用于反问,意在否定。明许自昌《水浒记》一四出:"你便奸巧好像子个鬼,~子出得个刘伶造计深。"《山歌·老公小》:"老公小,逼疸疸,劣马无缰~骑?"清《豆棚闲话》一〇则:"个些人浑身是海螵蛸样的,~肯沉呀!" ❹ 为何。清《豆棚闲话》一〇则:"若勿是干脚,~就浸涨子一盆?"

【那哼】 nǎ hēng ❶ 同"那亨❶"。明《夹竹桃·闲看儿童》:"我遇子个样时光教我~过?闲看儿童捉柳花。" ❷ 同"那亨❷"。清《豆棚闲话》一〇则:"曲曲栏干矮矮窗,折枝盆景绕回廊。巧排几块宜州石,便说天然~生。"

【那介】 nǎ jiè 吴方言词。❶ 犹"那亨❹"。明《型世言》三三回:"把他手掌捏上一把。只见劳氏便竖起眉,睁着眼,道:'臭小乌龟,~轻薄。'"又三八回:"想思两好介便容易成,~郎有心来姐没心。"《夹竹桃·为有源头》:"你好像石皮上青衣~能样滑?为有源头活水来。" ❷ 犹"那亨❸"。明《型世言》三八回:"风冷飕飕十月天,被儿里冰出~眠。"

【那看】 nǎ kān ❶ 同"那堪❶"。金丘处机《泰和辛酉清明后三日霜》:"正遇东君时作巧,~青女势还骄。"明罗万象《禅斋社集》:"不是佳人能比玉,~璎珞照华筵。" ❷ 同"那堪❷"。宋张孝祥《木兰花》:"~,更值春残。斟绿醑、对朱颜。"元施惠《幽闺记》一三出:"况是君臣分散,~母子临危。"明许潮《同甲会》:"吟风弄月趣无边,~雨雪并风烟。" ❸ 岂料;谁想。明《型世言》一六回:"廿载深闺痛未亡,~收效在榆桑。堂前松柏欣同茂,阶下芝兰喜并芳。"

【那堪】 nǎ kān ❶ 怎能;岂可。唐白居易《和裴令公南庄绝句》:"陶庐僻陋~比,谢墅幽微不足攀。"《景德传灯录》卷一五《潞潭宝峰和尚》:"苦瓜~待客?"清《醒名花》一五回:"襄王之梦,不可久耽;巫女之云,~自误。" ❷ 犹"那更"。宋佚名《张协状元》一出:"但咱们,虽宦裔,总皆通:弹丝品竹,~咏月与嘲风。"明《醒世恒言》卷三一:"郑信脱膊下来,众人看了喝采:先自人才出众,~满体雕青。"清《女仙外史》三五回:"杀得燕兵忙忙如丧家之犬,更~济南城上,飞飞跃跃,有多少鸢乌待食。"

【那块】 nǎ kuài 哪里;何处。明《金瓶梅词话》二八回:"他才十一二岁,晓的甚么?知道毬生在~儿?"清《后西游记》三八回:"~不是佛地,何处不是西方?"△《绿牡丹》五四回:"贺贼!我~亏你,你弄得我家破人亡。"

【那匡】 nǎ kuāng 哪料;谁想。明《醒世恒言》卷三:"你是个做经纪本分人儿,~你会温存,能软款,知心知意。"

【那里】 nǎ lǐ 另见 nà lǐ。哪里。❶ 用于询问。多问方位处所。《祖堂集》卷六《洞山和尚》:"师曰:'经中有一句语不会。'院主云:'不会~?'"明《醒世恒言》卷三二:"适间有白马一匹,约长丈餘,不知~来的。"清洪昇《长生殿》一〇出:"〔外唤科〕酒保~?〔丑上〕客官,做什么?" ❷ 用于反问,表示否定或肯定。宋《三朝北盟会编》卷二九:"按月请受尚有拖延不足之时,~得许多金银?"元古本《老乞大》:"~是实买马的?则是胡商量的!"清《红楼梦》一六回:"这如今又从天上跑出这一件大喜事来,~用不着人?" ❸ 表示不确定的方位处所,无疑问语气。《元曲选·窦娥冤》四折:"自当年蔡婆婆不知搬在~去了,至今音信皆无。"明《金瓶梅词话》三九回:"昨日李大姐说,这孩子有些病痛儿的,要问~讨个外名。"清《红楼梦》四〇回:"问老太太,说在~就在~摆罢。" ❹ 用作谦词,表示不敢当。清孔尚任《桃花扇》一一出:"~,~!只不过游戏江湖,图铺啜耳。"

【那里每】 nǎ lǐ měi ❶ 哪里;何处。元刘时中《端正好·上高监司》:"甑生尘老弱饥,米如珠少壮荒。有金银~典当?尽枵腹高卧斜阳。"《元曲选外编·蓝采和》四折:"~人烟闹?是一火村路岐,料应在那公科地。"《元曲选·昊天塔》四折:"~噎噎哽哽?搅乱俺这无是无非窗下僧。" ❷ 怎么;如何。金《董解元西厢记》卷八:"莺莺情性,~也悄无了贞共烈?"《元曲选·㑳梅香》二折:"〔白敏中云〕小姐的回音,我看咱。〔正旦怀里取不见科,唱〕呀!~不见了?"

【那里也】 nǎ lǐ yě 哪里;哪里是;说什么。多含反诘语气,表示否定。元白朴《庆东原》:"~能言陆贾,~良谋子牙,~豪气张华!千古是非心,一夕渔樵话。"《元曲选·张天师》二折:"但得个一夕鸳鸯配成对,~还记得十年身到凤凰池?"明陈铎《沉醉东风·盐商》:"衣冠假士夫,风月花胡哨,~十万缠腰?"

【那么】 nǎ me 另见 nà me。什么。清《天豹图》三四回:"卢小姐道:'母妗放手,我要去了。'安夫人说道:'甥女说~话?既来之则安之。'"《九云记》二三回:"既闻叔叔拜职,除此又有诏谕,未闻做~官名呢?"

【那怕】 nǎ pà 就算;即使。《元曲选·冤家债主》楔子:"那和尚不来取便罢,若来呵,我至死也要赖了他的,~他就告了我来。"明《西游记》二五回:"不是夸口说,~他三股的麻绳喷上了水,就是碗粗的棕缆,也只好当秋风!"

【那畔】 nǎ pàn　另见 nà pàn。犹“那边(nǎ biān)”。《禅门诸祖师偈颂》卷上之上引唐居遁偈：“山门有路人皆到，我户无门～寻？”

【那塌儿里】 nǎ tā er lǐ　即“那搭儿里”。《元曲选·潇湘雨》二折：“哎哟天那！但不知～把我来磨勒死？”

【那坨】 nǎ tuó　犹“那搭(nǎ dā)”。明李开先《一江风》：“～来，袅袅婷婷，款款轻轻，浴罢兰汤派。”康海《端正好·秋兴》：“前程万里昏如雾，～儿买笑追娱？”

【那坨儿里】 nǎ tuó er lǐ　犹“那搭儿里”。《元曲选·黑旋风》三折：“我将这田地儿踏，窝坨儿来记……～墙较低，～门不闭，～得空便，～无寻觅？”

【那驼儿】 nǎ tuó er　即“那坨”。元张养浩《天净沙·闲居》：“便得功名待怎的？无穷天地，～用你精细？”明佚名《大破蚩尤》二折：“～排阵脚？～暗埋伏？”

【那埚儿】 nǎ wō er　另见 nà wō er。犹“那搭(nǎ dā)”。《元曲选外编·陈母教子》三折：“俺这里笑吟吟的行酒令，稳拍拍的做着筵席。〔云〕你说波！〔唱〕可不道～发付你？”《元曲选·冤家债主》三折：“则俺这小的个孩儿倘有好歹，可著俺～发付？”明康海《粉蝶儿·闲游》：“趁宾朋，乘岁月，～不堪陪奉？”

【那埚儿里】 nǎ wō er lǐ　另见 nà wō er lǐ。犹“那搭儿里”。《元曲选外编·西厢记》二本一折：“好教我去住无因，进退无门，可著俺～人急偎亲？”

【那蜗儿】 nǎ wō er　同“那埚儿”。明康海《清江引·酒酣作》：“淮阴汗马功，磐谷泉石咏，问你个～没惧悚？”

【那厢】 nǎ xiāng　另见 nà xiāng。犹“那边(nǎ biān)”。《元曲选外编·存孝打虎》楔子：“大人呼唤小官，～使用？”明《西游记》六九回：“向～去了？”清孔尚任《桃花扇》五出：“只不知卞家住在～？”

【那些】 nǎ xiē　另见 nà xiē。❶询问处所。哪里；何处。《元曲选外编·绯衣梦》一折：“今夜晚间在～儿相等？”明韩邦奇《朱履曲·边城夜雨》：“对寒灯边城今夜，望长安家山在～？”汤显祖《牡丹亭》一二出：“娘回转，幽闺窣地教人见：～儿闲串？～儿闲串？”　❷用于反问，意在否定或肯定。元周德清《满庭芳·误国贼秦桧》：“通贼虏怀奸诳君，～儿立朝堂仗义依仁？”明《西游释厄传》卷二：“觔斗云有莫大的神通，～儿去不得？”清《红楼梦》三三回：“你～还不足，还不自在？”

【那些个】 nǎ xiē gè　另见 nà xiē gè。❶犹“那些(nǎ xiē)❶”。元古本《老乞大》：“恁在东京城里～住？小人在东京城里阁北街东住。”　❷犹“那些(nǎ xiē)❷”。元高明《琵琶记》一六出：“动不动逞凶行恶，你～恤寡怜孤？”明高濂《玉簪记》四出：“此身飘泊，一似湛露浮烟，～翠遮红掩？”清《樵史》三〇回：“好个国公，～与国同休戚？”　❸怎么；如何。用于询问。元古本《老乞大》：“你这般胡索价钱，我～还呵是？”　❹哪个。明佚名《白兔记》三出：“姑射与嫦娥斗美，问梅道：～为最？”

【那须】 nǎ xū　何须；无须。唐杜甫《暮秋枉裴道州手札》：“盈把～沧海珠，入怀本倚昆山玉。”明佚名《鸣凤记》六出：“我国家四海尽属版图，何在弹丸黑子；百万日增户口，～屑尔苍生。”清《野叟曝言》三四回：“目秀而威，未许浪垂青眼；眉清而朗，～频点青螺。”

【那言】 nǎ yán　谁想；岂料。唐牛僧孺《玄怪录》卷一：“唯忆得咏花扇诗曰：圆扇画方新，金花照锦茵。～灯下见，更值月中人。”罗隐《上太常房博士启》：“所以嵇康奏乐，忿魑魅以争光；刘子营生，奈鬼神之相笑。～不幸，一至于斯。”清钱名世《题延陵季子庙碑后》：“避位曾传泰伯风，～高义子臧同。”

【那样】 nǎ yàng　另见 nà yàng。❶怎样；怎么样。宋曾觌《鹧鸪天》：“镂汤转作清凉地，只在人心～看。”清《野叟曝言》一三二回：“恭喜国主，今日新得美人，不知～快活哩！”　❷什么样。《元曲选·青衫泪》二折：“小子金银又多，又波俏，你不陪我，却伴～人？”明《西游记》四二回：“别的还好惹，孙行者是～人哩！我贤郎，你不曾会他。那猴子神通广大，变化多端。”清李玉《清忠谱》一七折：“〔生〕儿！你道爹爹受了～刑罚？〔小生〕爹爹说与孩儿知道。〔生〕你只看我腿上迭棍所伤。”　❸哪一样；哪一件。明《西游记》八四回：“你想那在外做买卖的人，～不仔细？”清《镜花缘》一八回：“俺也打算上来卖货，奈这地方从未做过交易，不知～得利。”《白雪遗音·腊梅开放》：“小奴还有一件事，心中不明请问郎：世上却是～美，只管直说莫隐藏。”

nà

【那】 nà　另见 nǎ、nuó。❶表示远指的指代词，有指示和称代作用，与“这”相对。唐张鷟《朝野佥载》卷二：“餘庆得而读之，曰：‘必是～狗！’遂鞭之。”《皇明诏令·御制军人护身敕》：“旗首害军也如此，军自拿来，～都有赏。”清《红楼梦》三三回：“叫你～半天，你才出来了。”　❷语气助词。a）置于是非问句末尾，表示疑问(包括反问)语气，多相当于“吗”。唐《云门禅师广录》卷下：“师问僧：‘汝是湖南出家～？’僧云：‘是。’”元关汉卿《拜月亭》四折：“兀的不是您妹子瑞连～？”明《老乞大谚解》卷上：“客人们，你打火那不打火？我不打火喝风～？”b）置于特指问句末尾，表示疑问(包括反问)语气，多相当于“呢”。金《董解元西厢记》卷一：“百媚莺莺正惊讶，道：‘这妮子慌忙则甚～？’”元关汉卿《拜月亭》四折：“这意有甚难见处～？”《元曲选·合汗衫》三折：“〔小末云〕我且问你，你那儿可姓什么～？〔正末云〕我的儿姓张，叫做张孝友。”又《窦娥冤》一折：“婆婆，你为甚么烦恼啼哭～？”c）置于选择问句句中或句尾，表示疑问语气，多相当于“呢”。金《董解元西厢记》卷五：“韵～不韵？俏～不俏？”《元曲选·儿女团圆》二折：“且看姐夫是你绝户，还是我绝户～？”《元典章·刑部三》：“宫里有～无太子？有～无太后？”明《朴通事谚解》卷上：“小厮儿～女孩儿？”d）置于句末，表示感叹语气。唐陆龟蒙《得宝歌》：“得宝弘农野，弘农得宝～！”《元曲选·李逵负荆》二折：“你看黑牛这村沙样势～！”明《西游记》二六回：“天～！天～！却往那里找寻？”e）置于句末，表示祈使语气。清《儒林外史》九回：“那孩子手扶着船窗，口里说道：‘买菱～！买菱～！’”

【那般】 nà bān　另见 nǎ bān。那样。宋《朱子语类》卷六六：“这般人占得，便把做这般用；～人占得，便把做～用。”《元朝秘史》卷一：“有一个～人，骑着～马。”清《镜花缘》五九回：“不过半个时辰，往返已是四五十里，就拴百十甲马，也无～迅速！”

【那般的】 nà bān de　犹“那般”。《元曲选·合汗衫》二折：“你休听那厮说短论长，～俐齿伶牙。”清《二度梅》三九回：“左中军捧的是上方宝剑，右堂官背的是王命旗牌，～威风凛凛，如同御驾亲临。”

【那般时】 nà bān shí　那样的话。明《老乞大谚解》卷上：“若过去了时，那边有二十里地没人家。既～，前不着村，后不着店。”《朴通事谚解》卷中：“这牙青的五两银子，葱白的三两银子，如何？～争着远里！”又：“那里见路，一划浠泥曲膝盖深。～，你的靴子怎么干？”

【那般样】 nà bān yàng 犹“那般”。清《白雪遗音·情人爱我》：“你恩我爱，是～的温柔。”△《小八义》八一回：“看你本领是英雄，不是贼人～。”

【那般者】 nà bān zhě 就那样吧。表示同意对方的意见，相当于“好的，好吧”。元古本《老乞大》：“俺车房里去，无甚明火，教小孩儿将些个灯来。～，如今教将来。”又：“俺高丽人不惯吃湿面，咱每则吃干物事如何？～，咱每买些烧饼。”又：“有甚么好菜蔬，将些个来。～，有盐瓜儿。”

【那壁】 nà bì 另见 nǎ bì。❶那边。宋陈著《沁园春·丁未春补游西湖》：“～喧嚣，这边清丽，咫尺中间夐不同。”《元曲选·救风尘》一折：“～姨娘，敢是赵盼儿吗？”清《醒世姻缘传》八七回：“～郭大将军合周相公说了半日话。” ❷那般；那样。元施惠《幽闺记》二六出：“〔老旦〕为甚的～千般恨？〔外怒科〕夫人，你休只管叨叨问。”

【那壁厢】 nà bì xiāng 另见 nǎ bì xiāng。那边；那里。《元曲选·争报恩》一折：“～是姐姐哩，受你兄弟两拜咱。”明《西游记》五〇回：“只见～凶云隐隐，恶气纷纷。”清《霓裳续谱·忽听得中堂人语喧》：“这壁厢缺少个白云堆，牛头夜叉；～缺少个朔风尖，五鬼獠牙。”

【那边】 nà biān 另见 nǎ biān。代词。指示方位处所，多为远指。《祖堂集》卷七《岩头和尚》：“湖两边各有一片板，忽有人过，打板一下，师便提起楫子云：‘是阿谁？’对云：‘要过～去。’”宋《朱子语类》卷六：“圣贤说仁处最多，～如彼说，这边如此说，文义各不同。”清《红楼梦》七回：“正说着，只听～一阵笑声。”

【那边厢】 nà biān xiāng 犹“那壁厢”。元石君宝《紫云庭》四折：“可知我恰轻敲着他～越分外的响。相公呵，这的是那打香印使来的锣棒。”明汤显祖《牡丹亭》二七出：“～有沉吟叫唤之声，听怎来？”《二刻拍案惊奇》卷七：“待要嫁人，～人闻得他妖淫之名，没人敢揽头。”

【那筹】 nà chóu 那桩；那件。代指不宜直接说出的事物。元高明《琵琶记》二九出：“夫人，你休缠得我无言，若还提起～儿也，扑簌簌泪满腮。”明袁于令《西楼记》一五出：“便忘～，决不嫁禽和兽！”清洪昇《长生殿》一九出：“可甚的凤枕急忙抛，单则为～儿撇不掉。”

【那搭】 nà dā 另见 nǎ dā。那里；那边。《元曲选·误入桃源》一折：“兀的看山～，红日直下，有个桃源洞人家。”又《城南柳》三折：“～儿别是一重天，尽都是翠柏林峦。”

【那笪】 nà dá 另见 nǎ dá。同“那搭(nà dā)”。明《金瓶梅词话》五四回：“应伯爵道：‘就是刘太监园上也好。’西门庆道：‘也罢，就是～也好。’”

【那答】 nà dā 另见 nǎ dā。同“那搭(nà dā)”。元杜仁杰《耍孩儿·庄家不识构阑》：“见吊个花碌碌纸榜，不似～儿闹穰穰人多。”《元曲选外编·升仙梦》三折：“绿水堤边，青山～。”明《醒世恒言》卷三九：“拚几日工夫，到～地方寻访消息。”

【那的】 nà de 另见 nǎ de。指示代词。可指代人、事、方位处所、程度、数量等。元关汉卿《拜月亭》四折：“～是你有福如我处那！”元古本《老乞大》：“鞍子辔头，自己睡卧房子里放者，上头著披毡盖者。～之后，锣锅安了者，疾忙茶饭做者。”《元典章·礼部六》：“除～以外，不拣甚么差发休与者。”明《朴通事谚解》卷上：“将车子来载，～有四个小车儿，一车两担家推将去。”朱元璋《谕西番罕都必喇等诏》：“俺听得说你每释伽佛根前、和尚每根前好生多与布施么道，～是十分好勾当。”清《绣戈袍》四回：“他就挂招牌时，即变卖祖业，留心结欢～三姑六婆。～三姑六婆，得他钱财，结为伙伴一般。”

【那的每】 nà de měi 犹“那每”。元王士点《秘书监志》卷七：“如今将秘书监司天台集贤院里色埒默鄂尔和萨里～根底教管呵，怎生奏呵那般者么道。”《通制条格》卷六：“民官每委实是阵亡了的呵，～孩儿每根底比他耶的勾当低贰等委付。”《元典章·刑部三》：“～之下十八个，各一百七、九十七、八十七打了。”

【那等】 nà děng 那样；那种。元许衡《中庸直解》：“如国家将欲兴起，必先有～祯祥的好事出来。”《元曲选外编·贬黄州》二折：“往常时紫罗襕、白象简，～尊贵；今日葛巾野服，似觉快乐也呵。”清《红楼梦》七九回：“今从一别，纵得相逢，也必不似先前～亲密了。”

【那等样】 nà děng yàng 犹“那等”。清《儒林外史》五三回：“难道此时天也不生～的脚色？”

【那底】 nà de 即“那的(nà de)”。宋向滈《摊破丑奴儿》：“近来都得傍人道，帖儿上面，言儿语子，～都是虚脾。”《朱子语类》卷七九：“‘汤武反之也’，便也是有些子不～了。但他能恁地，所以为汤。”金《刘知远诸宫调》一：“姓刘人，～久后必荣显。”《元典章·刑部三》：“～见厌镇我来底人，我怎肯觑面皮！”明汤显祖《邯郸记》三出：“这底是三楚三齐，～是三秦三晋。”

【那底每】 nà de měi 即“那的每”。《元代白话碑集录·一二五七年鹿邑太清宫令旨碑》：“～这令旨听了以后，骚扰呵，将那骚扰 □□□元帅于俺每根底说来者。”《元典章·礼部四》：“若有穷暴年老无倚靠的好秀才每呵，～根底养济着。”

【那方】 nà fāng 另见 nǎ fāng。那里。元明《水浒传》二七回：“打听得他近日占了二龙山宝珠寺，和一个甚么青面兽杨志，霸在～落草。”清《醒世姻缘传》二四回：“使出那居高听卑的公道，不惟不憎嫌～的百姓，倒越发看顾保佑起来。”

【那个】 nà gè 另见 nǎ gè。❶那；那一个。指示或指代人或物。唐韦绚《刘宾客嘉话录》：“蕃长问：‘唐家有一第一人李揆，公是否？’揆曰：‘非也，他～李揆争肯到此？’”《祖堂集》卷四《石头和尚》：“只划得这个，还划得～摩？” 清《镜花缘》七回：“唐敖听罢，正要朝下追问，～老者忽然不见。” ❷用作婉词或隐语，代替不便直说的内容。元明《水浒传》一〇七回：“大王因娘娘嘴脸～，大王久不到段娘娘宫中了。”清《水浒后传》二一回：“其实酒里有些不～。小人见三位郎君相貌非凡，故把解药救醒。”《醒世姻缘传》一九回：“人家的～都长在额颅盖上来？” ❸衬词。无实义。《元曲选外编·博望烧屯》二折：“不要你赢，则～要输。”《元曲选·合汗衫》四折：“陈虎咪！我和你便有甚么～杀父母的冤？”清《霓裳续谱·我今宿了罗家店》：“脸蛋好似桃花瓣，不擦粉好似～飞罗面。”

【那话】 nà huà 代替不明说的事物。金《董解元西厢记》卷二：“不合道浑如～初出产门来。”明唐寅《对玉环带清江引·叹世词》：“一朝～儿来，要要不能够，想人生有几个到九十九？”

【那话儿】 nà huà er 不便明言的事物的隐语。明《西游记》四八回：“正说间，只听得呼呼风响。八戒道：‘不好了，风响是～来了。’……顷刻间，庙门外来了一个妖邪。”清《水浒后传》二回：“想你一个多月不曾～，有些喉急哩。”

【那会】 nà huì 指或前或后较远的时间。与“这会”相对。元佚名《沽美酒过太平令》：“情兴也蛾眉紧系，情急也星眸紧闭，撒些儿殢死，则～，况味，最美。”清《醒世姻缘传》八四回：“你那官衙里头窄鳖鳖的，一定不是合堂上就合那厅里邻着，逐日炒炒闹闹，打打括括的，～儿你豆腐掉到灰窝里，吹不的，打不的。”《红楼梦》三二回：“～子不害臊，这会子怎么又臊了？”

【那里】 nà lǐ 另见 nǎ lǐ。指代较远的处所。唐韩偓《六言》之三："～朝日才出，还应光照西楼。"《元朝秘史》卷二："帖木真自～回着到家。"清方成培《雷峰塔》一三出："俺这里浸空庭滉金波，他～洞门边云深锁也。"

【那满】 nà mǎn 同"那懑"。满，通"懑"。金王喆《感皇恩·丁亥年十月初一日》："别有一般，分明好画，频频擎出暂悬挂。～要看，万斛珍珠酬价。"

【那么】 nà me 另见 nǎ me。❶ 指代方式、状态、程度、方位等。《元曲选·老生儿》楔子："我则是～道，休着街坊人家笑话。"清《霓裳续谱·牡丹花儿春富贵》："酒仙花吃的～薰薰醉，玉美人独自一个双垂泪。"《红楼梦》八四回："我也要到家里去看看，只剩下宝丫头和香菱了。打～同着姨太太看看巧姐儿。" ❷ 表示承接上文语意。清《醒世姻缘传》四三回："囚妇说：'……如今作索象鬼似的，他还理你哩！'珍哥说：'～，这们没情的人，我理他么？'"《万花楼》三五回："如此说来，你一定不去，～焦将军一人去了。"

【那么个】 nà me gè 那样一个。指示性状，含强调意。清《红楼梦》五六回："谁知～园子，除他们带的花，吃的笋菜鱼虾之外，一年还有人包了去，年终足有二百两银子剩。"又一〇一回："我见他们吓的～样儿，再者又关系太太和你，我才应了。"《后红楼梦》一三回："他小子还走不进，况且老爷～大人呢。"

【那么些】 nà me xiē 指代较大数量的事物。清《红楼梦》三六回："说了～无情无义的生分话唬我。"又二〇回："床底下堆着～，还不够你输的？"

【那么样】 nà me yàng 犹"那样"。含强调意。清《隋唐演义》一七回："三个人的力也大着呢，把脚略抬一抬，就踢～高。"《后红楼梦》八回："你这个心孔里巧得～，你就单把宝玉的情儿忘记了。"《补红楼梦》四回："他这几年不知可比小时儿壮朗了些儿，还是～的弱呢？"

【那么着】 nà me zhe ❶ 犹"那么❶"。清《红楼梦》八三回："说着，贾琏送了出来，说道：'舍弟的药就是～了？'"《后红楼梦》五回："玩话也玩不得一句，你看他气得～。"又七回："而今太太～疼你，你也傲够了，洗清了。" ❷ 犹"那么❷"。清《红楼梦》八一回："宝玉摇手道：'都不是，都不是。'黛玉道：'～为什么这么伤起心来？'"又八四回："～，你们也都吃饭去罢。"

【那每】 nà měi 他们；那些人。金《董解元西厢记》卷三："～殷勤的请你，待对面商议。"元施惠《幽闺记》一四出："～赶着无轻纵，如虎般英雄马似龙。"

【那们】 nà men 即"那么❶"。明《西游记》七六回："卷我夯的，连手都卷住了，不能得动；卷～滑的，倒不卷手。"《金瓶梅词话》三五回："我～说，他强着夺去了。"清《绿野仙踪》六五回："太太是惊天动地的人才，想算着～可成就，就只管举行。"

【那们个】 nà men gè 即"那么个"。明《西游记》八六回："可怜啊！～师父进去，弄做这们个师父出来也！"又八九回："我～山场，非一日治的，今被这秃厮尽毁！"

【那们时】 nà men shí 犹"那般时"。明《老乞大谚解》卷下："你要过的牙钱通该着一钱二分，你却回将来。～，回与你。"《朴通事谚解》卷上："将指头那疮口上，着唾沫白日黑夜不住的搽，～便消了。"又："好生说与小厮们，十个人一宿家轮着喂，～不渴睡。"

【那们咱儿】 nà men zán er 犹"那咱❶"。明赵南星《一口气·有感于梁别驾之事》："～张三儿，饶你有伶俐聪明，弹唱聪明，沥丁拉丁也还差点儿张三儿。"

【那们着】 nà men zhe 即"那么着❶"。清《红楼梦》庚辰本三一回："眼见有婆婆家了，还是～。"

【那懑】 nà mèn 犹"那每"。宋沈端节《探春令》："旧家元夜，追随风月，连宵欢宴。被～、引得滴流地，一似蛾儿转。"华岳《霜天晓角》："休对傍人读。恐怕～知后，和它也泪瀑漱。"

【那磨】 nà mó 即"那么❶"。《敦煌变文校注》卷七《解座文汇抄》："～时，无拗校，一任磨磨兼碓捣。"

【那末】 nà me ❶ 即"那么❶"。清《玉蜻蜓·问卜》："咯没个句话弗好说个，倘然明朝头，隔子一日，申大爷到奔子居来，～打碎招牌，喧耳刮，也罢，让吾把点江湖口气，签刚签刚。" ❷ 即"那么❷"。清陈端生《再生缘》七九回："～随我来呀。是，伯伯先走一步。"又："五爷在上，小的不敢。哈哈，如今称不得小的了。吓！～小官不敢坐。"

【那畔】 nà pàn 另见 nǎ pàn。那边。唐[日]圆仁《入唐求法巡礼行记》卷三："中心有一大孔，透见～之空，其孔远见如笠子许大。"《景德传灯录》卷二二《白云祥和尚》："石桥～有，这畔无。"清董以宁《百媚娘·偷窥》："～绮窗谁窃笑？应是何郎偷见。"

【那其间】 nà qí jiān 那时候。指将来某一时候。《元曲选外编·五侯宴》三折："其中必有暗昧，我到家中问的明白，～来认，未为晚矣。"明《金瓶梅词话》九三回："但得个时通运转，我～忘不了恩人。"清范希哲《十醋记》一三出："待他来覆我言辞，～妍媸可著。"

【那顷】 nà qǐng 那时候。明《金瓶梅词话》一一回："～，这丫头在娘房里，着紧不听手，俺没曾在灶上把刀背打他？"

【那首】 nà shǒu 犹"那头❷"。清《说岳全传》三三回："我就在此祭，老哥你往～去。"《飞龙全传》九回："只听得～厢房中，有人唧唧哝哝的讲话。"

【那塔】 nà tǎ 即"那搭(nà tǎ)"。元黑老五《粉蝶儿·集中州韵》："那厮儿拿瓜，～要这老儿近身频问取。"《元曲选外编·赤壁赋》二折："这厮说谎，官道上偏～儿滑！"

【那榻】 nà tà 即"那搭(nà dā)"。《元曲选外编·猿听经》三折："隐遁在桑田下，向白云～，小生乐道出河沙。"

【那头】 nà tou ❶ 有两端的物体较远的那一端。《祖堂集》卷五《长髭和尚》："石头便抽刀，把柄过与刀子。(僧)曰：'何不过～来？'"《元曲选·渔樵记》二折："投到你做官，你做那桑木官，柳木官，这头踹着～掀。"清《白雪遗音·相思害的》："相思的我如酒醉，一口冤气把灯吹，无奈何，这头扒到～睡。" ❷ 指代较远的处所。那边；那里。《景德传灯录》卷一一《仰山慧寂禅师》："一日，随沩山开田。师问曰：'这头得恁么低？～得恁么高？'"清《醒世姻缘传》五七回："俺～有极好的狗皮膏药，要一帖来与他贴上。"《儒林外史》五一回："我们走这头，他必定去～。" ❸ 那一方面。明《金瓶梅词话》四二回："明日乔家～儿位人来？"《山歌·西楼望月》："冤家薄幸，把恩情弃捐。这头未了，～又缠。"清《红楼梦》一一九回："人家～儿也说了，只认得这一门子。"

【那陀儿】 nà tuó er 犹"那坞儿(nà wō er)"。明陈铎《一枝花·火烧上新河唱店》："入城住了七八日，依旧家中过不的，贪恋新河～地。"

【那坞儿】 nà wō er 另见 nǎ wō er。那里；那儿。《元曲选外编·拜月亭》四折："当初咱～各间别，怎承望这答儿里重相见？"又《贬夜郎》二折："怎想这里泄漏天机，知他～醉倒唐皇帝。"

【那坞儿里】 nà wō er lǐ 另见 nǎ wō er lǐ。犹"那坞儿(nà wō er)"。《元曲选·生金阁》二折："你道他昨来个～杀坏了范杞梁，今日个这坞儿里没乱杀你女孟姜。"

【那下】 nà xià 那里;那边。《景德传灯录》卷二一《大章山契如庵主》:"曰:'这里是什么处所?'师揖曰:'去～吃茶去。'"宋《朱子语类》卷八:"所以他～常有人,自家这下自无人。"金《董解元西厢记》卷五:"甫能相见,擗着个庞儿～,尽人问当,佯羞不答。"

【那厢】 nà xiāng 另见 nǎ xiāng。那边;那里。《元曲选·冻苏秦》三折:"这厢,～,为功名不遂离乡党。"明《西游记》二四回:"我们走动些,到～方知端的。"清《白雪遗音·两亲家顶嘴》:"走路途来过村庄,城门不远在～。"

【那些】 nà xiē 另见 nǎ xiē。❶远指代词,指示或称代复数的事物或人。宋毛滂《夜行船·雨夜泊吴江》:"雨呼烟唤付凄凉,又不成、～好梦。"《元曲选·马陵道》三折:"若是吃了～污了口,随他念杀天书也不灵。"清《红楼梦》二〇回:"前儿我和宝二爷顽,他输了～,也没着急。" ❷犹"那(nà)样"。多含强调语气。《元曲选外编·三夺槊》一折:"元帅却是～儿慌,～忙,把一领锦征袍扯裸得没头当。"

【那些儿】 nà xiē er 犹"那话儿"。宋佚名《解佩令》:"奶儿甘甜,腰儿细、脚儿去紧。～、更休要问。"元乔吉《小桃红·赠朱阿娇》:"樽前但得,身边伏侍,谁敢想～。"明冯惟敏《懒画眉·美人杯》:"妖娆人样酒杯儿,仰面昏沉睡觉儿,纤腰半露～。"

【那些个】 nà xiē gè 另见 nǎ xiē gè。❶犹"那些(nà xiē)❷"。金《刘知远诸宫调》一二:"两人凝睟。认得经略,却是女婿刘郎,～惨羞!"元施惠《幽闺记》二一出:"忧心战兢兢,伤情泪盈盈。那些儿凄惨,～寂寞,清风明月最关情。" ❷犹"那些(nà xiē)❶"。明王玉峰《焚香记》五出:"似我这样家风,～风月场,正是个瞒天帐。"清《红楼梦》二三回:"正经快把花儿埋了罢,别提～了。"

【那样】 nà yàng 另见 nǎ yàng。指示或称代事物的类别、性状或程度等。宋《朱子全书》卷一三:"缘～人,便都入佛老去了。"《元曲选·两世姻缘》二折:"你还不曾见他在我身上～的疼热哩!"清《红楼梦》一九回:"别人冷的～,你急的只出汗。"

【那咱】 nà zán ❶即"那早晚❶"。咱,早晚的合音。明《金瓶梅词话》二五回:"又说五娘～在家,毒药摆杀了亲夫。"清《儒林外史》七回:"～你在这里上学时还小哩,头上扎着抓角儿。" ❷即"那早晚❷"。明《金瓶梅词话》三三回:"你昨日早晨使他往那里去,～才来?"又七九回:"前日你往何千户家吃酒,他爹也是～时分才来。"

【那昝】 nà zán 同"那咱❶"。清《醒世姻缘传》四七回:"这梁和尚是晁奶奶家的门僧,在通州香岩寺出家,～被人杀了的晁源曾坑了这梁和尚的六百多银子。"又七四回:"俺～过的日子,你不晓的,张嫂子是知道的。"

【那喒】 nà zán 同"那咱❶"。清《醒世姻缘传》三〇回:"～你爷爷往京里去选官,他曾卖了老计奶奶一顶珠冠。"又四〇回:"杨奶奶到～许着给我布施,替我做冬衣哩。"

【那咱晚】 nà zán wǎn 即"那早晚❷"。明《金瓶梅词话》七九回:"今日林太太在席与荆大人娘子好不喜欢,坐到～才去了。"

【那昝晚】 nà zán wǎn 同"那咱晚"。《醒世姻缘传》五五回:"叫我呆呆的坐着等他,等到～才来。"

【那早晚】 nà zǎo wǎn ❶那时候。多指从前的一段时间。《元曲选·谢金吾》三折:"想你当初不得志时,提着个灰罐儿,卖诗写状,～也是东厅枢密使来?" ❷那么晚。含强调语气。明《金瓶梅词话》五九回:"你爹昨日坐轿子往谁家吃酒,吃到～才回家?"

【呐喊】 nà hǎn 大声喊。《元曲选·马陵道》楔子:"到宫门外面连射三箭,鸣锣击鼓,～摇旗。"明唐顺之《武编》前集卷四:"彼兵临我,我兵口衔短刀,两手如翼向后,后兵～而进。"清《绿野仙踪》二一回:"众役～,将夹棒举起,向不换背后一丢。"

【纳】 nà ❶用碎布缝缀成的简陋衣服,多指僧人服装。《祖堂集》卷一〇《玄沙和尚》:"不惮风霜,岂倦寒暑,衣唯布～,道在专精。"《景德传灯录》卷一九《宝闻惟劲大师》:"素持苦行,不衣缯纩,惟坏～以度寒暑。" ❷归还;交还。元汪元亨《醉太平·警世》:"辞龙楼凤阁,～象简乌靴,栋梁材取次尽摧折。" ❸按;按捺。金《刘知远诸宫调》一一:"忿气填胸,怎～无明火?"《元曲选外编·遇上皇》三折:"～我在交椅上坐地。"清《醒世姻缘传》六二回:"当不得张茂实的母亲贤惠,满口说他儿子的不是,再三向了亲家母面前伏礼,智姐的娘也便～住了气,同了张茂实来到狄家。" ❹扣压。元《三国志平话》卷下:"前后一月,求救文字三番,皆被刘封～杀不申。"元明《水浒传》八三回:"太尉高俅、杨戬,商议～下表章不奏。" ❺通过捐纳获得(功名或官职)。明沈德符《万历野获编》卷五:"会见一人,以白身～外卫指挥空衔。"佚名《赠书记》一四出:"将他卖了,～个指挥做做,那时显祖扬宗,岂不为快!"清《平山冷燕》一九回:"话说燕白颔自有了科举,又替平如衡～了南监,遂同到南京来乡试。"

【纳败】 nà bài 即"纳败缺❶"。《五灯会元》卷二〇《天童咸杰禅师》:"这个公案,丛林中少有拈提者。杰上座裂破面皮,不免～一上。"宋寿涯《渔家傲·咏鱼篮观音》:"窈窕丰姿都没赛,提鱼卖。堪笑马郎来～。"明俞彦《爰园词话》:"长调尤为亹亹,染指较难。盖意窘于侈,字贫于复,气竭于鼓,鲜不～。"

【纳败缺】 nà bài quē ❶显露丑拙;出洋相。宋克勤《碧岩录》三八则:"风穴初到南院,入门不礼拜……院便打,推出方丈云:'这般～底汉有什么用处!'"黄震《黄氏日抄》卷三四:"愚平生谓禅学为异端之异端,凿空无据,自号教外,正其自～处。"清浦起龙《史通通释》卷一七:"铨才喜卖弄,偏～也。" ❷吃亏。元明《水浒传》二四回:"那厮会讨县里人便宜,且教他来老娘手里纳些败缺。"明《金瓶梅词话》九三回:"与他个甜头儿,且教他在我手内纳些败缺。"

【纳败阙】 nà bài quē ❶同"纳败缺❶"。《五灯会元》卷一九《宝华显禅师》:"吃粥了也,头上安头;洗钵盂去,为蛇画足;更问如何,自～。"宋黄庭坚《大沩喆禅师语录序》:"驴负麟角,羊蒙虎皮,来者峥嵘,皆～。"明王世贞《与徐宗伯书》:"谓曾参杀人,羊祜行酖,得无自～在高明。" ❷同"纳败缺❷"。宋陶穀《清异录》卷下:"今人不择纸而书,已～,更有用故纸者,字之大厄也。"

【纳步】 nà bù 犹"留步"。宋佚名《张协状元》四八出:"〔净〕耆卿告退。〔丑〕容送。〔净〕～。"元陶宗仪《辍耕录》卷五:"客往访之者,无间亲疏贵贱,必送之于门外。客或请～,则曰不可。"清《醒名花》一五回:"佛奴便随后相送,杏娘带笑止住道:'请新人～。'"

【纳宠】 nà chǒng 娶妾。元陈泰《纸帐歌》副题:"和全初上人韵,并柬刘光朝。时朝～,故戏之耳。"明许自昌《水浒记》一五出:"今日宋押司～。"清《醒世姻缘传》二五回:"老丈到了五十二岁方才～,可见这娶妾是不容易讲的。"

【纳饭】 nà fàn 装饭,谓只会吃饭。唐《云门禅师广录》卷上:"似这般灭胡种,长连床上～阿师,堪什么共语处!"宋觉范《送能上人参源禅师》:"道眼真鹅王,拣辨不容拟。应怪～师,赶逐倒脱履。"

【纳福】 nà fú 享福。多用作祝贺、问候语。宋孙应时《上晦翁朱先生书》:"即日尊体起居,倍万～。"明李开先《宝剑记》八出:"兄弟,老母在堂,定是～!"清《歧路灯》六七回:"谭绍闻急急上前作个揖,说道:'老伯～!'"

【纳付】 nà fù 交付。清《醒世姻缘传》三〇回:"你将那枝彩笔～与我,你可仍旧为僧,且逃数年性命。"

【纳贡】 nà gòng 捐纳钱财取得贡生资格。《明史·选举志一》:"举人曰举监,生员曰贡监,品官子弟曰荫监,捐赀曰例监。同一贡监也,有岁贡,有选贡,有恩贡,有～。"清《醒世姻缘传》五〇回:"这是命里不该有这举人的造化了,遇着这～的新例,所以就了这一途。"《聊斋志异·胡四娘》:"资以膏火,为之～,使应顺天举。"

【纳官】 nà guān ❶向官府缴纳(税赋、罚金等)。唐张延师《乞免民租疏》:"准例常年纵得全熟,～之外,半载无粮。"明沈受先《三元记》一〇出:"如今冯官人要送你回去,这聘财银子,必定是要还他。〔贴〕这聘礼银,必定～用了。"清《八洞天》卷六:"今日匆忙中哪里看得出,竟把去～,却被收吏看出是铜锭。" ❷离任;辞职。宋杨杰《故朝奉郎知汝州黄府君行状》:"曹州定陶知县张复礼亦乞～以赎其罪,竟得末减。"明程敏政《松萝山游诗序》:"虽然子朱子平生好佳山水,尝请～于朝,愿为白鹿洞主领泉石。"清《九云记》二二回:"因功滥爵,大非涯分,将拟～陈恳,以回天心。" ❸纳资求官;捐官。明沈德符《万历野获编》卷九:"此三人皆他途中知名者,时～例未开也。"清《聊斋志异·局诈》:"乃知道士之～,皆为琴也。"

【纳罕】 nà hǎn 奇怪;诧异。清《红楼梦》一六回:"常听见我们太爷们也这样说,岂有不信的。只～他家怎么就这么富贵呢?"△《七侠五义》九一回:"人人～儿,说张老者老两口儿想开了,无儿无女,天天弄嘴吃。"

【纳喊】 nà hǎn 同"呐喊"。金《董解元西厢记》卷二:"催军的聒地轰声,～的揭天唱叫。"明谭纶《水陆官兵剿灭重大倭寇疏》:"调水兵为陆兵,登山～,前贼惊惧。"清《续金瓶梅》五四回:"金将粘没喝将到船边,一齐～。"

【纳还】 nà huán 归还;交还。宋洪迈《夷坚志》三壬卷八:"傅、王谢起罪,乞以所得施利～库司。"宋元《古今小说》卷三六:"赵正从怀里取出一个包儿,～师父。"清《赛花铃》四回:"这幅笺儿不是我的……烦乞姐姐带去,～妆次。"

【纳婚】 nà hūn 缔姻;结婚。宋洪咨夔《春秋说》卷七:"今以～之故,方与高傒盟于防,又与桓公遇于谷。"明《石点头》卷二:"梦仙说不过,只得应允,择日～。"清《红楼复梦》四九回:"三小儿今年十七,未曾～。"

【纳级】 nà jí ❶缴纳首级(头),用于计算军功。宋李纲《乞～计功推赏札子》:"臣伏见祖宗旧制军功赏格,以首级为法,每获一级,或转官资,或支银绢……自近年以来,～计功之法废,全军推赏之制行,诸将告捷,皆以弃头不斫。"《续资治通鉴长编》卷四一二:"汉蕃使臣,妄冒～,积累授官,侥幸已极。" ❷官员(多为武职)通过捐钱晋级。明葛昕《覆留开纳银两以佐荒政疏》:"要将本部见行开纳事例颁示天下,令～纳监人员俱输粟本处,听凭有司随时赈济。"杨一清《为遵奉敕谕起解反逆贼寇事》:"锦借寘镭银二百七十两,周昂借银二百两,俱～升都指挥。"清《醒世姻缘传》六三回:"买他媳妇的那人,姓孟,号赵吾,邻邦新泰县人,是个～的指挥使。"

【纳监】 nà jiàn 捐纳钱财取得监生资格。明杨士聪《玉堂荟记》卷上:"可教遂富,旋京,改名～,遂至上林掌监。"清《快心编》三集四回:"今科既不能进场,～却也无用,何必又费你的钱钞。"《醒世姻缘传》四二回:"适值朝廷开了事例,叫人～。"

【纳交】 nà jiāo 结交;巴结。宋晁以道《元符三年应诏封事》:"大臣之中,其无～于妃嫔者乎? 其无缔姻于阉宦者乎?"清孔尚任《桃花扇》四出:"但有当事朝绅,肯来～的,不惜物力,加倍趋迎。"《十二楼·萃雅楼》二回:"汝修正有～之意,巴不得借此进身。"

【纳戒】 nà jiè 佛教僧尼正式接受戒律;受戒。《景德传灯录》卷一〇《赵州从谂禅师》:"童稚于本州扈通院从师披剃,未～便抵池阳参南泉。"宋契嵩《故灵隐普慈大师塔铭》:"遂入其邑之兴教兰若,师僧省覃出家,既～,乃访道四方。"

【纳老】 nà lǎo 市语。眼睛。元高安道《哨遍·嗓淡行院》:"喝破子把腔儿莽诞,打讹的将～胡飑。"

【纳礼】 nà lǐ 下彩礼。唐佚名《唐故上骑都尉杜府君夫人朱氏墓志铭》:"夫人问名～,适于杜氏之门。"《元曲选·老生儿》三折:"我当初这刘家三媒六证,花红羊酒,行财～,要到你这刘家门里做媳妇儿来。"清《巧联珠》八回:"却说胡同来到嘉兴,要央华木臣订～成亲之期。"

【纳闷】 nà mèn ❶烦愁;发闷。《元曲选·杀狗劝夫》一折:"他那厢吃的醉醺醺,我这里嘴卢都暗暗的～。"明《金瓶梅词话》八六回:"话说潘金莲自从春梅出去,房中～不题。"清《儒林外史》一一回:"从此啾啾唧唧,小姐心里～。" ❷疑惑;感到奇怪。清《红楼梦》一一六回:"宝玉一想,竟是尤三姐的样子,越发～:'怎么他也在这里?'"《梦中缘》一三回:"我退堂之后,不免请至书房问个明白,省的心中～。"《红楼复梦》四四回:"咱们说明了罢,别叫太太们～。"

【纳命】 nà mìng 送命;送死。宋苏辙《论蜀茶五害状》:"至去年八九月间,剑州剑阳一铺人全然走尽,沿路号茶铺为～场。"《元曲选·货郎旦》四折:"岂知这船不是收命的船,倒是～的船。"清《说岳全传》六七回:"本镇奉秦丞相钧旨正要拿你,你今日反来～。"

【纳僧】 nà sēng 即"衲僧❶"。《祖堂集》卷七《岩头和尚》:"雪峰往福州卓庵,过沙汰后,忽有两个～来礼拜和尚。"宋绍昙《五家正宗赞》卷四《芭蕉彻禅师》:"曰:'如何是～分上事?'曰:'要行便行,要坐便坐。'"

【纳头】 nà tóu ❶叩头;低头。金《刘知远诸宫调》一二:"接待不着且休怪,倒玉柱金山～拜。"《元曲选·渔樵记》三折:"按我在那张银交椅上,～的拜了两拜。"清《儒林外史》九回:"忽见屋角头走过一个人来,～便拜。" ❷埋头;蒙头。《元曲选外编·西厢记》三本一折:"他害的有些抹媚,我遭著没三思,一～安排著憔悴死。"《元曲选·金安寿》四折:"～一觉回光入玄界,畅好是清也波哉!" ❸同"衲头❷"。明《西洋记》一一回:"黄龙道:'你身上穿得甚么?'洞宾道:'是件～。'"

【纳衣】 nà yī 同"衲衣"。《祖堂集》卷一〇《长庆和尚》:"师云:'作摩是上座本分事?'上座拈起～角。"《景德传灯录》卷一〇《池州甘贽行者》:"雪峰和尚来,甘闭门召云:'请和尚人。'雪峰隔篱掉过～,甘便开门礼拜。"明褚匡《呈雪庭法师》:"静卧～雪似水,高悬纸帐月如霜。"

【纳子】 nà zǐ 同"衲子❷"。《祖堂集》卷一八《赵州和尚》:"龙蛇易弁,～难谩。"《景德传灯录》卷三〇《遍参三昧歌》:"～攒眉碧眼嗔,黄河倒逆昆仑背。"按,一本作"衲子"。

【衲】 nà ❶僧人服装。唐白居易《自远禅师》:"自出家来长自在,缘身一～一绳床。"《景德传灯录》卷七《罗源圣寿严和尚》:

“有僧自泉州回，来参，师补～次，提起示之曰：‘山僧一衲衣，展似众人见。’”清《珍珠舶》一七回：“念小僧是个出家的人，惟穿戒～，要此花纱何用？” ❷ 称僧人，或僧人自称。唐戴叔伦《题横山寺》：“老～供茶碗，斜阳送客舟。”《五灯会元》卷一七《兜率从悦禅师》：“初，首众于道吾，领数～谒云盖智和尚。”清《春柳莺》三回：“适贫～闻箫中有断肠之声，抵枕不能寐。”

【衲袄】 nà ǎo ❶ 一种用线纳过以加固的(夹或棉)袄。宋周密《乾淳起居注》：“此处凉甚，每次侍宴，虽极暑中，亦着～儿也。”《元曲选·丽春堂》一折：“～子绣搀绒，兔鹘碾玉玲珑。”清《续金瓶梅》二〇回：“(李师师)穿一件天蓝翡翠漏地凤穿花绉纱衫儿，下衬着绛红绉罗～，系一条素罗落花流水八幅湘裙。” ❷ 用碎布连缀的袄。元云龛子《迎仙客》：“一顿饥，一顿饱，毡毯羊皮破～。”清《续金瓶梅》四八回：“布袍～胜罗襕，渔鼓简板为伴。”《疗妒缘》六回：“你想那十不全的丑丫头，庶几蓬头赤脚破衣～，还不觉他恶状，一打扮起来，更像妖怪一般。” ❸ 指僧、道服。谓用杂布缀成。元姬翼《望梅花·～》：“选甚青黄，从交横顺，下手里头联补。见功处，百片千条，紧穿连、着身坚固。”明《杜骗新书·僧道骗》：“卖得价银一两五钱，一半僧自留。做成干粮，收藏～中。”清《野叟曝言》三三回：“到了庵门首，道姑连忙进去，拿出一件～，一条布裙。”

【衲被】 nà bèi ❶ 棉被。棉(绵)絮与被面用线行纳以防滚包，故称。宋张扩《次韵子公舍人侄纸阁》之一：“布裘～总相称，暮雪晓风浑不妨。”元倪瓒《寄友》：“密雪晴时照日初，东窗竹影写扶疏。缘知江渚张高士，～温敦偃仰馀。”马谦斋《沉醉东风·嘲妓好睡》：“～蒙头万事休，真乃是眠花卧柳。” ❷ 即“衲帔”。宋黄庭坚《请郭山长老应霖疏》：“当人伏藏，正宗淡薄。钵囊挂壁，～蒙头。”明陈献章《赠范能用》：“如何传别教，～坐蒙头。”

【衲布】 nà bù 破布；旧布。唐许嵩《建康实录》卷一四：“高祖微时，自于新洲伐荻，有～衫袄，是敬皇后手自作也。”金谭处端《落魄歌》之二：“我落魄，我落魄，～衪袽常恁着。”清陈端生《再生缘》五〇回：“～毛衫须置办，抱裙襁褓要调停。”

【衲裰】 nà duō 僧衣。清《续金瓶梅》一五回：“就把孝哥剃了头，找出领旧破～来，改成一件小僧衣。”《说岳全传》七六回：“头上戴金箍，身穿布衣～。”

【衲号】 nà hào 僧名；法号。清《飞花艳想》五回：“柳友梅道：‘敢问老师大号。’老僧道：‘～静如。’”

【衲客】 nà kè 僧人。宋翁卷《寓南昌僧舍》：“突兀禅宫何代餘，闲同～听钟鱼。”清田雯《重修白佛寺碑记》：“更有天台～，曾来卓锡此寺。”

【衲袍】 nà páo ❶ 长衲袄。《续资治通鉴长编》卷九一：“去冬本司挽舟卒寒，因假省钱二十万，市～给之。”元张翥《前出军》之一：“前军红～，朱丝系彭排；后军细铠甲，白羽攒鞲靫。” ❷ 指僧、道服。明《西游记》一九回：“满地烟霞树色高，唐朝佛子苦劳劳。饥餐一钵千家饭，寒着千针一～。”清《女仙外史》七回：“(头陀)身披绛红～，外罩杏黄袈裟，随着两个女道童出来。”

【衲帔】 nà pèi 指僧、道服。帔，通“被”，谓以衣裹身。《太平广记》卷二二引《神仙感遇传》：“中使辅仙玉奉使入蜀，见公远于黑水道中，披云霞～，策杖徐行。”宋李纲《龙眠居士画十六大阿罗汉赞·第十六尊者》：“〔叙〕第十六尊者于山林水石极幽绝处，以袈裟蒙头入定。〔赞〕～蒙头，安然入定。孰能出之，其独也正。”元行秀《从容庵录》三二则：“有以坐谓安禅静虑，衣谓～蒙头；有以坐谓开堂升座，衣谓法服严身，皆有理在。”

【衲裙】 nà qún 称僧衣。宋邵博《邵氏闻见后录》卷一八：“东坡谢元长老～诗云：‘欲教乞食歌姬院，故与云山旧衲衣’，用其事也。”元萨都剌《秋日雨中登石头城访长老》：“遥忆南庄叟，天寒补～。”明林弼《寿佛院用太史韵》：“试问参寥老开士，～肯赠雪堂翁？”

【衲僧】 nà sēng ❶ 僧人。唐郑谷《前寄左省张起居一百言》：“钓朋蓑叟在，药术～传。”元萨都剌《江城玩雪》诗：“舟子迷归寒浦外，～疑在白云间。”清叶方蔼《王元之谪居广陵赋僧舍芍药》：“怪底天香消不尽，可怜还染～衣。” ❷ 指禅僧。《景德传灯录》卷一九《云门山文偃禅师》：“上堂云：‘和尚子，～直须明取～鼻孔。且作么生是～鼻孔？’众皆无对。”宋克勤《碧岩录》四四则：“直下便会，如桶底脱相似，方是～安稳处，始契得祖师西来意。”清汪琬《昆山选佛场性空臻禅师塔铭》：“进云：‘～本分事如何？’师云：‘老僧无气力答汝。’盖其方便接引多类此。”

【衲衫】 nà shān ❶ 犹“衲袍❶”。宋苏轼《观杭州钤辖欧育刀剑战袍》：“青绫～暖衬甲，红线勒帛光绕胁。” ❷ 犹“衲袍❷”。宋黄庭坚《赠惠洪》：“脱却～着蓑笠，来佐涪翁刺钓船。”觉范《人日雪》之二：“秀色报虚幌，幽欣宜～。相看超语默，觌露不须参。”

【衲师】 nà shī 称僧人。唐李绅《龙宫寺》：“银地溪边遇～，笑将花宇指潜知。”明王鏊《姚少师像》：“一朝社稷归真主，还是臞然老～。”

【衲头】 nà tóu ❶ 补缀过的衣服；破旧衣服。元明《水浒传》六五回：“老丈见说，领张顺入后屋下，把个～与他替下湿衣服来烘。”清《十二楼·归正楼》二回：“世上没穷人，天下无弃物，就在叫花子身上骗得一件～，也好准备逃难之用。” ❷ 指僧衣。元张翥《冰雪庵》：“饭炊麻子熟，衣补～完。”明倪元璐《宿灵鹫》：“翻经背写游山记，引～钞种树方。”汪琬《雪后邀晓师同往苍坞》之一：“缝取～修屐子，与君准备探春行。”

【衲衣】 nà yī 僧人、禅僧的服装。唐贾岛《崇圣寺斌公房》：“落日寒山磬，多年坏～。”宋宗杲《宗门武库》：“又坐次，指其～曰：‘唤作什么？’净曰：‘禅衣。’”清《蜃楼志》九回：“见这和尚在内翻筋头顽耍，口里呐呐喃喃的念诵，穿的是一口钟～。”

【衲子】 nà zǐ ❶ 僧人，道士。亦可用作僧、道自称。唐道宣《宾主序》：“为主者倘存仁义，感十方～之云臻；若乃私受人情，招千里恶名之远播。”明《封神演义》四六回：“～乃武夷山白云洞散人乔坤是也。”清《蜃楼志》四回：“老爷的诗稿可送与～，以光敝刹。” ❷ 指禅僧。《景德传灯录》卷一九《龙兴宗靖禅师》：“尝于众堂中袒一膊钉帘，雪峰睹而记曰：‘汝向后住持有千僧，其中无一人～也。’师悔过。”宋克勤《碧岩录》五六则：“这僧亦是个英灵底～，致个问端，不妨惊群。”明汤显祖《南柯记》四出：“我看～们谈经说颂的，不在话下，一般努目扬眉，举处便喝，唱演宗门，有甚里交涉也！” ❸ 僧徒。《五灯会元》卷一九《开福道宁禅师》：“大观中，潭帅席公震请住开福，～景从。”宋《大慧禅师语录》卷一三：“一千七百痴～，围绕这个无明叟。”《虚堂和尚语录》卷四：“不开骂人口，难以见其慈；不征～病，难以表其师。”

【捺】 nà ❶ 擦；蹭；磨。唐张鷟《游仙窟》：“下官咏刀子曰：‘自怜胶漆重，相思意不穷。可惜尖头物，终日在皮中。’十娘咏鞘曰：‘数～皮应缓，频磨快转多。渠今拔出后，空鞘欲如何？’”《祖堂集》卷一四《杉山和尚》：“磨锋～刃，汝且作摩生回避？”《诗人玉屑·知音》引宋《王直方诗话》：“时方有一老兵以沙～铜器，荆公曰：‘可作沙诗。’” ❷ 按；压。唐张鷟《游仙窟》：“下官因咏局曰：‘眼似星初转，眉如月欲消。先须～后脚，然后勒前腰。’”元行秀《从容庵录》二二则：“我当时一手抬一手～，方始点灯吃饭，两家分明也。”清《万花楼》五四回：“有值殿将军凶狠如虎，即拿下郭槐，捆缚～定。” ❸ 抑制；按捺。《古尊宿语录》卷三二《龙门佛眼和尚普说语录》：“且不是教你长连床上闭眼坐，硬～身心如土木相似。”明李梅实《精忠旗》二四出：“堪恨那狂狙，怎～心头火！”清《镜花缘》三四回：“俺林之洋～了火气，百般忍耐。” ❹ 扣压搁置；耽搁。明《醒世恒言》卷三四：“你今先去会了该房，～住关会文书。”清《醒风流》二回：“此事非同小可，险些儿被圣上见了，大为利害。自当～起，图个安静。”《八洞天》卷八：“纪家补银来赎时，又推员外不在家，一连～迟了好几日。” ❺ 强制；强硬地。清《儒林外史》二回：“当下，～着姓荀的出了一半，其餘众户也派了。”《野叟曝言》一四一回：“素臣点头太息，将黄金再三～送，始受金而去。” ❻ 汉字向右斜下的笔画。宋周密《齐东野语》卷一二：“欣字欠右一笔作章草发笔之状，不是～。”明《西洋记》一八回：“以战船四十五号为左哨，列于左，人字一撇……以战船四十五号为右哨，列于右，人字一～。”清洪昇《四婵娟·卫茂漪》：“但识点画，知波～，讲求寻察，少不的手自成家。” ❼ 密密地缝纫。通“纳”。明《金瓶梅词话》二三回：“衣服底下穿着红潞绸裤儿，线～护膝。”清《豆棚闲话》五则：“是一个青布双层夹包，千针百线纫～成的。”陈端生《再生缘》三三回：“僧鞋大抵经常做，～得他，一到冷天手臂皴。”

【捺伏】 nà fú 按捺使伏贴；抑制。《古尊宿语录》卷三三《龙门佛眼和尚普说语录》：“后人不明古人意了，去那里闭眉合眼，～身心，堆堆地坐了等悟，好痴，好痴！”宋觉范《林间录》卷下：“亦不要将心～，须是自然合他古辙去始得。”

【捺搁】 nà gē 扣押搁置。清袁枚《子不语》卷一一：“张氏乃招讼师谋缓其狱，典妆奁、卖屋，贿书差～此案。”《大清律例》卷一三：“如有州县营员扶同商人捏报及勒索～情弊，即行指名题参。”

【捺蜻蜓】 nà qīng tíng 即“竖蜻蜓”。唐张鷟《朝野佥载》卷六：“承嗣曾与将军元帅奖驰骋，一手捉鞍桥，双足直上～，走马二十里。”

【捺劝】 nà quàn 劝止。清《野叟曝言》一二三回：“他因守景王三年之丧，赛奴再三～，才许期年之后。”

【捺忍】 nà rěn 按捺忍耐；抑制。清《天豹图》二六回：“一边想一边假装醉态来引花子能，花子能一发～不住。”

【捺压】 nà yā 按压。清《野叟曝言》八〇回：“把那人两手拘在胸前，尽力捺住，一膝～两胯，动弹不得。”

【捺制】 nà zhì 按捺控制。清纪昀《阅微草堂笔记》卷一八：“急呼灯视之，乃一黑狐。众共～，刃穿其髀。”

nǎi

【乃眷】 nǎi juàn 妻子。多称他人之妻。清《儒林外史》一九回：“不想那一日早，弟媳妇不曾出来，是他～抱柴，众人就抢了去。”又二五回：“鲍文卿回来把这话向～说了一遍，～也喜欢。”△《海上花列传》四〇回：“因龙池说起，卫霞仙性情与～有些相似，后来便叫定一个卫霞仙。”

【乃郎】 nǎi láng 儿子。多称他人之子。明《徐霞客游记》卷九下：“余始知为太麓～。太麓虽言其长子读书城中，而不知即与刘馆并也。”徐渭《女状元》五出：“俺奉蜀王爷的旨，宣赐那女状元，和周丞相的～新状元成亲。”清《玉娇梨》二回：“他止得一位～，前年中了乡榜。”

【乃堂】 nǎi táng 母亲。多称他人之母。《元曲选外编·西厢记》一本二折：“本待要安排心事传幽客，我只怕漏泄春光与～。”明《石点头》卷七：“想必当初，乃尊～梦中感交，得了胎元。”清《姑妄言》二回：“令爱未曾试新，～且来温旧。”

【乃祖】 nǎi zǔ 祖父。多称他人的祖父。宋洪迈《夷坚志》乙卷一四：“其子廷直先卒，两孙皆粹谨，能反～所行，族党翕然称之。”清《儒林外史》一〇回：“蘧公孙呈上～的书札并带了来礼物，所刻的诗话，每位一本。”△《二十年目睹之怪现状》七三回：“符弥轩虽未补缺，到底是个京官，何至于把～弄到这个样子，我倒一定要问个清楚。”

【乃尊】 nǎi zūn 父亲。多称他人之父。宋陈元靓《事林广记》续集卷八《绮谈市语》：“父：～。”明佚名《霞笺记》九出：“若他～知道，却不罪我！”《梼杌闲评》一一回：“他是个宦家，～是个贡生，在南边做知县。”清《雪月梅》四二回：“并闻得他乃郎在此瞒着～在外面无所不为，年台当处处提防。”

【奶】 nǎi 字形或作“妳”(以下“奶”字头各条同)。❶ 老年妇人。《太平广记》卷一二八引《纂异记》：“向者窃令张～少达幽情，而三遭拄杖之辱，老～固辞，耻其复进，是以自往哀诉。”又卷三三二引《通幽记》：“有老姥，不肯同坐。妻曰：‘倚是旧人，不同群小。’谓晅曰：‘此是紫菊～。’” ❷ 乳房。宋元《清平山堂话本·错认尸》：“怀中解开主腰儿，交他摸胸前麻团也似白～。”明《拍案惊奇》卷三四：“闻人生又摸去，只见软团团两只～儿。”《醒世姻缘传》四九回：“一个媒婆老张领了一个媳妇子来……胸膛上两个鼓膨膨的～。” ❸ 乳汁。唐高彦休《阙史》卷下：“巨曦顾诸雏云：‘行，行，行，向前树阴下吃～。’”清《红楼梦》一九回：“我的血变了～，吃的长这么大。如今我吃他碗牛～，他就生气了？” ❹ 哺乳。金《刘知远诸宫调》一一：“土营军内，觅个婆娘交～。”明《朴通事谚解》卷上：“如今自～，那寻奶子？”清《醒世姻缘传》四九回：“这吴奶子虽是个丑妇，后来～的小全哥甚是白胖标致。”

【奶房】 nǎi fáng 乳房。唐张鷟《游仙窟》：“拍搦～间，摩挲髀子上。”宋周密《癸辛杂识》续集卷上：“然驼之壮者两峰坚耸，其味甘脆，如熊白～而尤胜。”明朱橚《普济方》卷三四七：“连翘散治吹奶：因儿鼻中气吹着～，便遍体热结聚或如桃李核疼痛者，宜服此消之。”

【奶公】 nǎi gōng 称乳母的丈夫。元权衡《庚申外史》卷上：“(皇太子)乳脱脱家，呼脱脱为～。”元明《水浒传》一六回：“怕你不知头路，特地再教～谢都管并两个虞候，和你一同去。”清于成龙《捕盗巴河归报张抚台禀》：“当晚刻拿失主家奴，十四日早审，窥见隐情，知为失主～通盗也。”

【奶黄】 nǎi huáng 新生儿黄疸。清《红楼复梦》三三回：“自家的～儿还没有退干净，就老着个脸皮儿要做丈母呢！”

【奶口】 nǎi kǒu 内廷乳母的备选人。明沈榜《宛署杂记》卷一〇：“东安门外稍北，有礼仪房，乃选养～以候内庭宣召之所……每季精选～四十名养之内，曰坐季～，别选八十名籍于官，曰点卯～。”吕毖《明宫史》卷二：“及报生皇子，则用生女～，皇女则用生男～。”

【奶陇】 nǎi lǒng 乳房。元马致远《寿阳曲》：“心窝儿兴，～儿情，低低的哐声相应。”

【奶妈】 nǎi mā 受雇为人家孩子哺乳的妇女。明《金瓶梅词话》四四回：“你那边屋里请过～儿来。”清《红楼梦》二九回：“还有几个粗使的丫头，连上各房的老嬷嬷、～子，并跟着出门的媳妇子们，黑压压的站了一街的车。”

【奶母】 nǎi mǔ 即“奶妈”。唐王焘《外台秘药方》卷三六：

"右三味擣为散，取豆许着乳头，令儿饮之，日三。～忌如常法。"明贾凫西《历代史略鼓词》："天启朝又兴了个不男不女二尾子货，他和那～子客氏滚成窝。"清《红楼梦》四〇回："惜春离了坐位，拉着他～叫揉一揉肠子。"

【奶奶】 nǎi nai ❶称母亲、婆母、岳母。宋孔平仲《代小子广孙寄翁翁》诗："爹爹与～，无日不思尔。"《元曲选·秋胡戏妻》二折："我与人家担好水换恶水，养活着俺～。"明《古今小说》卷二："鲁公子吃苦不过，只得招道：'顾～好意相唤，将金钗钿助为聘资。'" ❷对所爱女子的昵称。多系嫖客称妓女。宋柳永《玉女摇仙佩·佳人》："愿～、兰心蕙性，枕前言下，表余深意。"《元曲选·救风尘》三折："〔周舍向旦云〕～，您孩儿肚肠是驴马的见识。我今家去把媳妇休了呵，～你把肉吊窗儿放下来，可不嫁我，做的个尖檐两头脱。"明《禅真逸史》八回："我的～，不要讲起。我自那晚欢会之后，切切思思，恨不能够一面。" ❸对有地位妇女的称呼，也用作对妇女的敬称。《元曲选·合汗衫》一折："小人斗胆，敢问老爹～一个名姓，也等小人日后结草衔环，做个报答。"明柯丹邱《荆钗记》二二出："说我亲家𪗾𪗾㜷㜷，定做～；看我女儿袅娜娉婷，定做夫人。"清《红楼梦》六回："如今太太竟不大管事，都是琏二～管家了。" ❹称妻子。《元曲选外编·敬地不伏老》三折："～，是什么人敲门，你去看来。"明《石点头》二回："梦仙讨了江西差，回到家中，拜过父母，却不见了～。"清《儒林外史》一七回："那日向他老～说道：'第二个去了这些时总不回来，不知他可有福气挣着进一个学。'" ❺称祖母。明沈榜《宛署杂记》卷一七："祖曰爷，祖母曰～。"清《红楼梦》一一九回："象那巧姐儿的事，原该我做主的。你琏二哥糊涂，放着亲～，倒托别人去。" ❻称老年妇女。元明《水浒传》八六回："谁想不识路径，迷踪失迹，来到这里，投宅上暂宿一宵。望老～收留则个。"清《霓裳续谱·骂鸡王奶奶》："骂鸡王～住在街西，呀呀哟，只因昨日晚晌没了一群鸡。"《二度梅》二五回："周～跳上，拔起板来，上船用篙，将船撑开。" ❼尊称女神。清毛奇龄《曼殊回生记》："初曼殊善病，尝梦～唤之去，不肯。曰：'俟汝三年。'～者，大士称也。"袁枚《子不语》卷八："往祷土地庙，见所塑土地～，宛然梦中所见。"《疗妒缘》八回："老舅不怕，定是城隍菩萨了，只怕城隍～也不见得善哩。" ❽乳房。《元曲选·灰阑记》二折："则见他白松松两只料袋也似大～，必定是养儿子的。"明《山歌·隔》："结识私情隔条街，常堂堂伸手摸～。" ❾奶水；乳汁。明《金瓶梅词话》五八回："刘婆子道：'哥儿惊了，住了～。'又留下几服药。"《山歌·诈困》："情哥郎好像穷老人个头巾只一顶，小阿姐儿再像牛～洗浴满身酥。"

【奶娘】 nǎi niáng 即"奶妈"。元白朴《阳春曲·题情》："～催逼紧拘钳，甚是严。"明《警世通言》卷二三："看时不是别人，正是间壁喜将仕家母女二人和一个丫头、一个～。"清袁枚《子不语》卷一四："实因～不好，自家贪睡，将我放在大厅阶檐下，全不照管。"

【奶胖】 nǎi pāng 乳房。清《醒世姻缘传》四三回："晁夫人见两个丫头凸了一个大屁股，高了两个大～，好生气恼。"《姑妄言》一二回："那张三也从后面连～一把抱住，两只手就捏着他两个乳头。"

【奶膀】 nǎi pāng 同"奶胖"。元佚名《东南纪闻》卷三："梨皮黄褐色，肉黑如墨，质如酥，味甘而香，大如～，亦奇种也。"清《醒世姻缘传》七二回："饱撑撑两只～，还竟是少年女子。"

【奶婆】 nǎi pó 即"奶妈"。唐李豫《赠～元氏颍川郡太夫人制》："故～元氏，朕在襁褓，赖其抚育。"明沈榜《宛署杂记》卷一〇："一曰～，即两县及各衙门选送礼仪房坐季奶口。若内庭将有诞喜，则预召数人候之内直房，产男用乳女者，产女用乳男者，初亦杂试，候月餘乃留一人。"清《生绡剪》八回："那李公夫人陶氏打发～抱了枝仙上门。"

【奶食】 nǎi shí ❶奶水；婴儿吃的乳汁或乳汁替代品。宋佚名《小儿卫生总微论方》卷一〇："滑石散，治胃热吐～。"陈自明《妇人大全良方》卷二四："若能调和～，并看承爱护如法，则别无疾病。"《元曲选·灰阑记》二折："则见她白松松两只料袋也似的大奶奶，必定是养儿子的，才有这～。" ❷指婴儿进食。明朱橚《普济方》卷三九九："右为散，每服一字或半钱匕，米饮调下，～后服。"

【奶水】 nǎi shuǐ 乳汁。清《绿野仙踪》九九回："想着到明年这夜，正在人家妇人怀中咀嚼～而已，安能再饮此数百年醇酒也？"陈端生《再生缘》七八回："一双乳母齐端正，抱子公子出房门。～充裕儿貌好，粉雕玉琢好郎君。"

【奶头】 nǎi tóu ❶乳头。元危亦林《世医得效方》卷一九："～裂，取秋后冷露茄子花裂开者，阴干烧存性灰，水调敷。"明单本《蕉帕记》二八出："我小英的～极有准的。若是痒发了，那报喜的也就来了。"清《蜃楼志》三回："又如孩子咂～一样，得了这个又舍不得那个。" ❷乳房。明徐渭《女状元》五出："原来这个黄大官，也是个妈妈！才梧叶儿因见他～大，细问他，他才说出来。"清《醒世姻缘传》六五回："将冰轮的被子揭起，拿烛照了一照，只见两个盆大的～。"《白雪遗音·妾怨老夫》："干事奴情还未动，他已阳息软如绵，喘吁吁睡在～边。"

【奶腥】 nǎi xīng 乳臭。《敦煌变文校注》卷二《韩擒虎话本》："皇帝闻语，亦见衾虎，年登一十三岁，～未落，有日大胸今(襟)，阿奴何愁社稷！"《元曲选·范张鸡黍》一折："口边厢～也犹未落，顶门上胎发也尚自存。"清《九云记》一八回："你以海中小业畜，口边～未退，头上胎发犹存，敢祟唐突，劫逼龙宫之稚女！"

【奶牙】 nǎi yá 乳牙。明《西游记》四回："你的～尚未退，胎毛尚未干，怎敢说这般大话？"清《荡寇志》八六回："你这厮～未退，浆水儿还不长足，便到这里来讨死么！"

【奶妪】 nǎi yù 即"奶妈"。五代孙光宪《北梦琐言》卷七："李一家溺死焉，唯～一人隔夜为骇浪推送江岸而苏。"又卷一〇："俾～将煎饼盘就彼诱儿童，若抛砖瓦中一纸标，得一个饼。"

【奶汁】 nǎi zhī 乳汁。唐王焘《外台秘要方》卷三五："小儿百日以下，蓐内壮热，以～研四丸与服。"明李时珍《本草纲目》卷三九："白僵蚕末二钱，酒服。少顷，以脂麻茶一盏热投之，梳头数十遍，～如泉也。"

【奶子】 nǎi zi ❶奶娘；乳母。《太平广记》卷一七二引《玉堂闲话》："某于一豪家举事，共言杀却一～。"《元曲选·灰阑记》二折："〔搽旦扯倈儿云〕你说我是亲娘，他是～。〔倈儿云〕这个是我亲娘，你是我～。"清《红楼梦》七回："只见～正拍着大姐儿睡觉呢。" ❷乳房。宋张杲《医说》卷九："先以手按～，奶痛者，是作奶也。"《元曲选外编·五侯宴》一折："他将有乳食的～与他孩儿吃，却将那无乳的～与俺孩儿吃。"明《金瓶梅词话》五四回："官哥只管要哭起来，如意儿恐怕哭醒了李瓶儿，把～来教他吃。" ❸乳汁；奶。明袁彬《北征事迹》："途中达子达妇遇见，皆于马上叩头，随路进野味并～。"《金瓶梅词话》六七回："西门庆直待篦了头，又教小周儿替他取耳，把～放在桌上只顾不吃。"清《红楼梦》一四回："乃收拾完备，更衣盥手，喝了几口～。"

nài

【奈】 nài ❶无奈；怎奈。唐韩愈《醉后》："煌煌东方星，～

此众客醉。"《元曲选外编·追韩信》一折:"想自家空学的满腹兵书战策,~满眼儿曹,谁识英雄之辈?"清《女仙外史》三回:"几次要配人,~他决不依从。" ❷ 表示语意转折。却;然而;可是。五代王定保《唐摭言》卷八:"一第何门不致,~轻负至交!"宋洪迈《夷坚志》补卷二一:"向两者固尽美矣,~不过各得一偏。若反覆施之,则为不类。"清《绿野仙踪》四回:"每忆贤契璠玙国器,定为盛世瑚琏,~七阅登科录,未睹贤契之名。" ❸ 表示限于某种情况。只是。金《董解元西厢记》卷一:"和尚虽然有此心,~容朝夕则可矣,岁寒过有搔扰,愚意不留房缗,更不敢议。" ❹ 强调某种原因。只因;却因。宋张炎《声声慢·西湖》:"芳昼短,~不堪深夜,秉烛来游。"金《刘知远诸宫调》二:"高祖本是豪家,~散失财物,分离了兄弟母,天指引到来此处。"清《儒林外史》一一回:"本该留三先生、四先生草榻,~乡下蜗居,二位先生恐不甚便。" ❺ 激发;挑动。《元曲选外编·蒋神灵应》楔子:"今有秦公苻坚,下将战书来,~俺相持。"又《智勇定齐》楔子:"某今将这对玉连环前往东齐,单~无盐。" ❻ 通"耐"。a) 忍受;忍耐。宋周邦彦《少年游·黄钟》:"南都石黛扫晴山,衣薄~朝寒。"元明《水浒传》一六回:"这两日也看他不得,权且~他。"清《红楼梦》六一回:"要拿什么,好歹~到太太到家,那怕连这房子给了人,我们就没干系了。"b) 禁得起;受得住。唐司空图《退居漫题》之一:"花缺伤难缀,莺喧~细听。"元赵明道《夜行船·寄香罗帕》:"幅尺阔全无半缕纰,密实十分~洗。"清《红楼梦》七八回:"花原自怯,岂~狂飙?" ❼ 通"碍"。情面上不便于。清《醒世姻缘传》九五回:"如今有了两人,素姐~着寄姐不好动手,寄姐碍着素姐不好开口。"又九九回:"他这几时的积恨,只~了我们众人大家防备,所以不得下手。"

【奈烦】 nài fán ❶ 同"耐烦❶"。宋《二程遗书》卷一〇:"某见居位者百事不理会,只恁个大肚皮,于子厚却愿~处之。" ❷ 同"耐烦❷"。宋《朱子语类》卷八:"学者须是~,奈辛苦。"明汤显祖《邯郸记》三〇出:"可是梦哩。也亏你~了五十年。"清《豆棚闲话》四则:"看汝一貌堂堂,富贵只在旦晚,何不~至此。" ❸ 同"耐烦❸"。明佚名《白袍记》二一出:"母亲,~则个。"《金瓶梅词话》三五回:"金莲便叫吴月娘:'姐姐,你看玳安恁贼献勤的奴才,等到家和他答话!'月娘道:'~,孩子家里紧等着,叫他打了去罢了。'"《韩湘子》五回:"芦英哭道:'……他如今去修行,教媳妇举眼看何人?'窦氏道:'媳妇,且自~。'" ❹ 同"耐烦❹"。元明《水浒传》三回:"谁~等你?去便同去!"又二一回:"我只心在张三身上,兀谁~相伴这厮!"清《儒林外史》二二回:"我也不~住在他家那个俗地方,我自在子午宫住。" ❺ 同"耐烦❺"。明汤显祖《牡丹亭》一二出:"是谁家少俊来近远,敢迤逗这香闺去沁园?话到其间腼腆。他捏这眼,~也天;咱嘬这口,待酬言。"《醋葫芦》七回:"小弟一时有恙,甚不~。" ❻ 同"耐烦❼"。明汤显祖《南柯记》七出:"好不~,散心一会。"佚名《精忠记》二八出:"久占都堂,蔽塞贤路。胡说!好不~,去罢。" ❼ 同"耐烦❽"。明《金瓶梅词话》三九回:"西门庆也不接,说道:'~!自恁请你来陪我坐坐,又干这营生作什么?'"《西游记》二九回:"公主道:'郎君,放他从后门里去罢。'妖魔道:'~哩!放他去便罢,又管他甚么后门前门哩。'"·

【奈何】 nài hé ❶ 哀痛或哀悼之词。言其无可奈何。唐王梵志《父母怜男女》:"死扑哭真鬼,连夜不知休。天明~送,埋着棘蒿丘。"按,此例乃言口唤"奈何",非"无奈"之义,亦非"奈河"之误。《敦煌变文校注》卷一《伍子胥变文》:"子胥控马笼鞭,就水抱得小儿,拍搦悲啼吊问:'汝父沉溺深江,荼毒~~!'" ❷ 无奈。《敦煌变文校注》卷一《李陵变文》:"天子受(授)吾命,将破虏归朝。~[汉]弱胡强,旗鼓零洛(落),节度凄惶,人虽命在,军见无粮。"金《董解元西厢记》卷四:"手抵牙儿,喟然长叹:'~慈母性㨖搜,应难欢偶。'"元明《三国志通俗演义》卷一:"吾归乡中,发矫诏于四海,使天下诸侯共兴兵诛董卓,吾之愿也。~天不从之!" ❸ 表示语意转折。然而;只是。宋元《清平山堂话本·刎颈鸳鸯》:"某二郎被他彻夜盘弄衰惫了,年将五十之上,此心已灰,~此妇正在妙龄,酷好不厌。"明《西游记》四〇回:"兄弟,你说的也是,~师父不听人说。"清陈端生《再生缘》四回:"多感深宵临玉趾,并承厚意许良缘。~已聘尚书女,敢屈千金反作偏?" ❹ 表示限于某个范围。只有。元《三国志平话》卷中:"曹操兵势若山,无人可当;孙仲谋微拒些小;~主公兵微将寡,吴地求救。" ❺ 对付;整治;为难。宋佚名《张协状元》八出:"林浪里五十个大汉,不得出来,我独自一个~它!"《元曲选·望江亭》四折:"今日端坐衙门,看那厮将着甚的,好来~的我?"清《醒世姻缘传》三八回:"你比宗昭何如?他中了举,我还~的他躲到河南去了。" ❻ 按捺;抑制。清《歧路灯》七〇回:"姜氏径从后门进家,知谭绍闻在前边料理帖式,那呼茶唤酒之声,真似莺声燕语。这谭绍闻好~不下这段柔情也。"

【奈何池】 nài hé chí 犹"奈河❷"。明《警世通言》卷二三:"下浦桥边,一似~畔,裸体披头似鬼。"

【奈何桥】 nài hé qiáo 同"奈河桥"。《五灯会元》卷六《吉州崇恩禅师》:"问:'如何是类?'师曰:'~畔嘶声切,剑树林中去复来。'"明《挂枝儿·坚心》:"~上若得和你携手同行也,不如死了到也好。"清《说岳全传》七一回:"才过得刀山地狱,前面却是~。"

【奈何天】 nài hé tiān ❶ 令人无奈的时光。指牵缠人思绪的时节或景象。宋张先《燕归梁》:"缺多圆少~。愁只恐、下关山。"清《红楼梦》五回:"趁着这~,伤怀日,寂寥时,试遣愚衷。"《白雪遗音·倚纱窗》:"伤春女,偏遇~。不由人对景凄凉,阵阵柔肠芳心乱。" ❷ 指感叹无奈的情怀或思绪缠绵的心境。金《古本董解元西厢记》卷一:"告天,天,天不应,~!"《元曲选·风光好》:"好因缘?恶因缘?~!只得邮亭一夜眠,别神仙。"清《聊斋志异·宦娘》:"自别离,只在~里,度将昏晓。"

【奈河】 nài hé ❶ 同"奈何❶"。唐王梵志《富者办棺木》:"富者办棺木,贫穷席裹角。相共唱~,送着空冢各。"又《父子相怜爱》:"聚头唱~,相催早埋却。" ❷ 地狱河名。传说恶人死后永堕其中受罪。《敦煌变文校注》卷六《大目乾连冥间救母变文》:"行经数步,即至~之上,见无数罪人,脱衣挂在树上,大哭数声,欲过不过,回回惶惶。"《元曲选·朱砂担》三折:"兀的不是地府间黑水湾,早来到这~两岸。"清《续金瓶梅》五回:"这~是北方幽冥大海内流出一股恶水,绕着东岳府前大道,凡人俱从此过。"

【奈河桥】 nài hé qiáo 奈河上的桥。相传恶人鬼魂渡此桥时会堕入河中。明《西游记》一一回:"时闻鬼哭与神号,血水浑波万丈高。无数牛头并马面,狰狞把守~。"《西洋记》八七回:"这叫做~,做鬼的都要走一遭。"清《霓裳续谱·金丝荷叶》:"先过了滑油山,后过了~,望乡台上把手儿招,后悔也迟了。"

【奈可】 nài kě ❶ 宁愿;宁可。明李奎《咏湖上新柳》:"~轻盈愁少妇,岂堪攀折赠离人。" ❷ 岂可;怎能。用于反问,表示不能够或不应该。《太平广记》卷四九六引《乾𦠆子》:"只可劝吾力行善事,~劝吾吝惜金帛?"明杜大成《书愁》:"愁多~度残春,浮世荣枯总未真。"清《东周列国志》七八回:"齐屡次加兵于我,今欲修好,~拒之?" ❸ 无奈;怎奈。元谢应芳《乙酉元日漫兴》:"故乡只在停云外,~亲朋欲会难。"明徐复祚《投梭记》一出:

"东邻有女，一见缔丝萝。～虔婆作梗，轻贫士取闹投梭。"屠隆《昙花记》二三出："那一时不拚了胸中热血，才挣得鼎足勋业。不争差一些英雄送也，又～五丈原将星宵灭。" ❹ 即便；哪怕。明王广洋《风雪大作子敬置酒》："天寒栖鸟定，野阔暮云多。～山城寂，其如风雪何。"刘嵩《赠海月相士》："海波澄彻月轮高，仙客寒生白锦袍。～乘槎入牛渚，若为蟾兔数秋毫？"孙蕡《乌孙公主歌》："～婵娟涕如雪，且喜从今罢战争。"

【奈心】 nài xīn 同"耐心❶"。《元曲选·鸳鸯被》三折："第一来把俺这亲兄长好看成，第二来将俺那俊男儿～等。"元明《水浒传》四三回："～坐一坐，我去寻水来你吃。"

【奈向】 nài xiàng 奈何；怎么。前多有"怎""争""更"等加强语气的副词。宋梅尧臣《汝坟贫女》："生女不如男，虽存何所当？拊膺呼苍天，生死将～！"刘弇《安平乐慢》："到而今、追思往事，～梦也难到奴边。"李甲《幔卷绸》："谩饮尽香醪，～愁肠，消遣无计。"

【奈因】 nài yīn 强调某种原因。只因；由于。明张景《飞丸记》五出："我弘器为与严家有隙，因此上绝意仕途。～叩弟苦劝，来到京师。"佚名《四贤记》八出："小弟不才，幸叨重寄，～钦限迫切，不能枉道相辞。"《白雪遗音·望夫》："欲往花园寻短见，～教子望登科。"

【奈缘】 nài yuán 犹"奈因"。《五灯会元》卷一〇《清凉泰钦法灯禅师》："某甲本欲居山藏拙，养病过时。～先师有未了底公案，出来与他了却。"宋《五代史平话·梁上》："因见张归娘生得形容端正，美貌无双，使些泼言语要来奸污他。～张归娘是个硬心性的人，不肯从允。"明柯丹邱《荆钗记》六出："虽喜聪慧，才学有成，～时乖运蹇，功名未遂。"

【耐】 nài ❶ 适宜；适合。唐高適《广陵别郑处士》："溪水堪垂钓，江田～插秧。"宋晏殊《诉衷情》："宜春～夏，多福庄严，富贵长年。"元张可久《满庭芳·金华道中》："渔樵话，从头儿听他。白发～乌纱。" ❷ 愿；愿意。唐岑参《郡斋南池招杨辚》："闲时～相访，正有床头钱。"清《霓裳续谱·相国行祠》："一个儿睡昏昏，不～去观经史；一个儿意悬悬，懒去拈针脊。"《儒林外史》三三回："我因他不～同这一班词客相聚，所以前日不曾约他。" ❸ 等待。明《醒世恒言》卷二九："他年年在你家做长工，何不～到发工银时一并扣清？"又卷三五："这孩子再～他两年，就可下得田了。" ❹ 通"奈"。无奈。唐杜甫《七月三日戏呈元二十一曹长》："亭午减汗流，比邻～人聒。"清《红楼梦》二五回："贾政虽不自在，～贾母之言，如何违拗！"

【耐饿】 nài è 禁饿；抗饥。清《康济录》卷四下之二："老者不～，另为一等粥先给，稍加稠。"《飞龙全传》一三回："不如就依了这位黑客人，打上面饼面汤，吃在肚中，也可～。"

【耐烦】 nài fán ❶ 耐心；细心；认真。宋洪迈《夷坚志》乙卷一二："一髻道人来，求摘髭毛，先与钱二百。妻谢曰：'工夫不多，只十钱足矣。'曰：'但取之，为我～镊可也。'"明《禅真逸史》六回："你正在青春年少，又不是七十八十岁的人，怎的便医不好？还自～调理则个。"清雍正四年五月十日丁士杰奏文："凡遇苗情事件，务必～设法料理。" ❷ 耐麻烦；忍耐；忍受。宋黄人杰《念奴娇·游西湖》："忍缓东风，～迟日，休凭匆匆着。温存桃李，莫教一顿开却。"明《拍案惊奇》卷二九："幼谦是个书生，又兼心绪不快时节，怎～得这些模样？"清《水浒后传》三回："叫你且～儿时，自有分晓。" ❸ 勿烦恼。劝慰语。六十种曲本《琵琶记》二〇出："婆婆～。待奴家去布摆些东西，再安排过来。"明《金瓶梅词话》七五回："姑娘，你～，你又长病儿痛儿的，不贪此事，随他去吧。"清《隋唐演义》二〇回："陛下请～，宽饮几杯。" ❹ 肯；乐意；愿意。明邹智《与吴献臣书》："与执事别之明日，克修即有人来。书中欲渠别作一篇，不知渠～否？"单本《蕉帕记》六出："母亲有病，孩儿又不～割股，又不～借寿，有个小意思在这里，不知爹爹肯么？"清《荡寇志》九二回："至于那陈希真，有何好处？谁～与他出力！" ❺ 舒服；痛快；健康。明徐翙《春波影》三出："说了这半晌，身子好不～也。可早恹恹弱息，冷冷空房，怯怯残生。"张凤翼《灌园记》一八出："他为多开口，损旧颜，这些时不～，玉肌暗减松金钏。"清《飞龙全传》一三回："想是大哥有些不～么？这不妨，可着店小二擀些软软的面汤，吃下几碗，包管就好。" ❻ 高兴；满意。明杨继盛《赴义前一夕遗属》："衣服首饰休穿戴十分好的。你嫂嫂见了，口虽不言，心里便有几分不～。"清《白雪遗音·两口变脸》："自从娶了你，总不安。清晨起来不～，你不梳头，不洗脸。" ❼ 烦恼；懊闷；烦闷。明叶宪祖《夭桃纨扇》一折："这几日城南桃花盛开，游人不绝，费人支应，好不～。"康海《中山狼》三折："先生，快些儿放的俺出来罢，好不～也！"《飞龙全传》五二回："一步也不得做主，呆呆的听人分付，好不～。" ❽ 用作反诘语，表示不耐烦或没必要。清《绿野仙踪》二六回："又见那带刀的解役道：'～与他说话！我只是用刀背教训他。'"

【耐繁】 nài fán 同"耐烦❶"。明《老乞大谚解》卷上："（师傅）～教那不～教？我师傅性儿温克，好生～教。"

【耐何】 nài hé ❶ 同"奈何❷"。《新唐书·十一宗诸子传》："帝泣下曰：'事已尔耒，～！'"明杨基《九日袁赞府宅赏菊》："东邻送我青两株，细蕊含苞香未剖。～无花亦无酒，不愤有酒成不偶。" ❷ 同"奈何❺"。宋苏辙《颍滨遗老传》："若并用似此四人，使互进党类，气势一合，非独臣等～不得，亦恐朝廷难～矣。"《元曲选外编·西游记》一五出："行者索用机谋，休要胆大心粗。～得亲自下手，～不得呵，索寻后巷王屠。"

【耐饥】 nài jī 犹"耐饿"。唐白居易《旱热》之二："壮者不～，饥火烧其肠。"明《禅真逸史》一回："老人家终不～，出门不多时，就回来吃午饭了。"清《醒世姻缘传》二六回："嫌粥吃了不～，定要道士再擀上几个饼。"

【耐静】 nài jìng ❶ 安于清静；好静。宋郑刚中《春热》："无寒疑是青春老，～从他白日长。"明《金瓶梅词话》五四回："两个妓女又不是～的，只管调唇弄舌。"清查慎行《同游菩提寺》："居僧不～，辛苦事诗学。" ❷ 别烦躁；耐心勿躁。叮嘱语。宋洪迈《夷坚志》三壬卷一〇："此行不过三两月，幸～待我。"宋元《警世通言》卷一六："员外对小夫人道：'出外薄干，夫人～！'"明《醒世恒言》卷三一："丈夫，你～则个，我出去便回。"

【耐看】 nài kàn 经得住细看和久看。宋吴文英《霜花腴·重阳前一日泛石湖》："算明朝、未了重阳，紫萸应～。"明《西游记》二九回："乍看果有些丑，只是看下些时来，却也～。"清《白雪遗音·一枝花儿》："怕秋来，零落残红不～，可惜红颜。"

【耐可】 nài kě ❶ 同"奈可❶"。唐刘长卿《赴宣州使院夜宴寂上人》："～机心息，其如羽檄何！"明虞淳熙《神宫监》之一："秦宫～花前死，忍向秋风哭圣人。" ❷ 安得；怎能够。用于祈使。唐李白《秋浦歌》之一二："水如一匹练，此地即平天。～乘明月，看花上酒船。"元洪希文《秀岩道人予族子也》："长年分吃阇梨饭，～全将俗累抛。" ❸ 乃可；得以；且喜。宋杨万里《施参政信州府第上梁文》："儿郎伟，抛梁上，一抛正拂银河浪。乘槎～摘星辰，骑凤翩然遍昆阆。"明易恒《清明约友游昆山》："～襟怀重吊古，何烦羽翼远游仙。"吴兆《禅智寺李本石宗衍同游》："旅怀深落日，古思入秋风。～同游在，看碑衰草中。" ❹ 同"奈可❷"。宋薛嵎《寄公衮舍弟》："余生百计拙，～事清吟？"明程佳燧《和牧斋题沈石田奚川八景图歌》："天吴～补褐缀，宝绘忍复残膏污。"清彭孙遹《与番禺兄乞米》："滥食久应惭北郭，长饥～学东方！"❺ 同"奈可❸"。明李梦阳《南浦驿》："分明共日月，～异乾坤。"徐复祚《一文钱》六出："～的九重天听远，只教人有恨向谁宣。"清施闰章《禽言》："南山高，孙儿有母留贼巢，念欲往赎取，～囊无金错刀！"

【耐实】 nài shí 牢固；结实耐久。宋程大昌《演繁露》卷三："今俗所用，皆销冶石汁加以众药灌而为之，虚脆不～。"叶盛《朝请大夫陈公墓志铭》："造李冰石堰、嘉州绳桥，皆施便巧，坚久～。"

【耐事】 nài shì ❶ 忍让处事；忍耐。《新唐书·娄师德传》："其弟守代州，辞之官，教之：'～。'"宋《朱子语类》卷一三："事有不当耐者，岂可全学～？学～，其弊至于苟贱不廉。"清《聊斋志异·苗生》："闻者欠伸屡作，欲睡欲遁，而诵者足蹈手舞，茫不自觉。知交者亦当从旁肘之蹑之，恐座中有不～之苗生在也。"❷ 懂事；担任事情。宋杨万里《过南荡》："笑杀槿篱能～，东扶西倒野酴醾。"黄公度《春日宴共乐台》："花发鸟啼春～，夜阑客散月多情。" ❸ 能承受世事变化；经得起事故。清《警寤钟》九回："屠氏毕竟是个老人家，～，悲悲戚戚哭上一会，领着遗姑也去睡。"

【耐心】 nài xīn ❶ 不急躁不厌烦；坚持忍耐。宋吴泳《答家本仲书》："今只欲～攻苦，了却数卷残书。"明凌濛初《虬髯翁》一出："则在汾阳桥左侧，～儿相待。"清《镜花缘》三四回："从此只得～忍痛，随著众人，不敢违拗。" ❷ 别烦躁；勿烦恼。用作劝慰语。宋《朱子语类》卷一一："如前途等待一人，未来时，且须～等待。"六十种曲本《西厢记》八出："张生，且～者！"清《水浒后传》二八回："这喊声敢有救兵到了，在那里交战，圣上且请～。" ❸ 不急躁能忍耐的心性。《元曲选·赵礼让肥》二折："你道是办着一个～儿三口亲身告，恼犯那贼人瞪睛把俺来杀坏了。"清《后西游记》四回："你快去禀！我最有～，等等不妨。"

【耐辛苦】 nài xīn kǔ 宋代皇宫中令人退出的婉词。宋陆游《老学庵笔记》卷四："曾子宣丞相尝排蔡京于钦圣太后帘前。太后不以为然，曾公论不已，太后曰：'且～！'盖禁中语，欲遣之使退，则曰～也。"

【耐性】 nài xìng ❶ 犹"耐心❶"。明《警世通言》卷三二："杜十娘被骂，～不住，便回答道：'那李公子不是空手上门的。'"清陆陇其《松阳钞存》卷下："任之不能，清之不得，则须～柔情，徐量其机。"孔尚任《桃花扇》三四出："且待他儿子奔丧回船，收殓停当，俺才好辞之而去，如今只得～儿守着。" ❷ 犹"耐心❷"。明梅鼎祚《昆仑奴》一折："郎君～！他宅中有猛犬，守着院门。常人若入，必噬杀之。"《醋葫芦》一八回："今日虽然哭泣，已无及矣，不如且～罢。"清《水浒后传》七回："李俊焦躁，乐和道：'且自～。'" ❸ 犹"耐心❸"。明《隋炀帝艳史》三二回："守便守着了，也亏陛下好～儿。"清《醒世姻缘传》三二回："若是没有～的人，从那入秋的时节，也使个性子，粜不成这谷了。"《红楼梦》五五回："我料着你那主子未必有～儿等他去找。" ❹ 耐受性；忍受力。清《醒世姻缘传》五八回："震的那老鸹从空坠地，看那脑袋，震的两半个，脑子也都空了。那老鸹大不如那灰色狗有些～。"

nán

【男儿】 nán ér 指丈夫。元关汉卿《拜月亭》二折："～呵，如今俺父亲将我去也，你好生的觑当你身起！"佚名《替杀妻》三折："他不想夫妇恩重如山，待将一个亲～谋算了。"清《醒世姻缘传》七〇回："家有贤妻，～不遭横祸。"

【男儿汉】 nán ér hàn ❶ 犹"男子汉❶"。《宋史·曹友闻传》："蜀将军真～也！"宋元《古今小说》卷三："娘子高姓？怎么你家～不见一个？"清陈端生《再生缘》七八回："愧杀我，红袍纱帽～，反不如，红颜绿鬓女裙钗。" ❷ 犹"男子汉❷"。明汪廷讷《狮吼记》一六出："～，～全没恩义。苏学士，苏学士不知道理。赠与侍儿教他将妻弃，这老子是酿祸渠魁。"清《白雪遗音·五更》："情人儿嗳，解开我的九连环，九连九连环。我与他做夫妻，是我的男，～。"

【男风】 nán fēng 即"男色❷"。明郑国轩《白蛇记》一二出："若有好～的弟子，鸨儿也去挨他一肩。"清《十二楼·萃雅楼》二回："东楼素有～之癖。"《红楼梦》四回："（冯渊）年纪十八九岁，酷爱～，不好女色。"

【男妇媳】 nán fù xí 儿媳妇。宋《三朝北盟会编》卷四："及令上京俘获契丹吴王妃作舞献酒，且言：'此是契丹～，且教与自家劝酒。'"

【男根】 nán gēn 男子外生殖器。《法苑珠林》卷八四："复有众生，～不具，而为黄门。"宋觉范《林间录》卷下："既化，火浴之，顶骨、眼睛、齿舌、耳毫、～、数珠皆不坏。"明杨慎《升庵集》卷八〇："今温州有之，名沙蒜，其茎酷似～。"

【男女】 nán nǚ ❶ 孩童；子弟。《祖堂集》卷三《慧忠国师》："是我宗门中，银轮王嫡子，金轮王孙子，方始得继续，不坠此门风。是你三家村里～，牛背上将养底儿子，作摩生投这个宗门？"又卷四《药山和尚》："师曰：'此沙弥有些子气息。'吾曰：'村里～，有什摩气息！'"《五灯会元》卷一三《洞山良价禅师》："僧曰：'和尚何不救取人家～。'师曰：'你是甚么人家～？'曰：'某甲是大阐提人家～。'" ❷ 对地位低下者的称呼。宋元《清平山堂话本·简帖和尚》："只见一个～托一个盘儿，口中叫卖鹌鹑馉饳儿。"元明《水浒传》三一回："因此上分付这几个～，但凡拿得行货，只要活的。"清《红楼梦》七三回："至五更天，就传管家～，命仔细查一查，拷问内外上夜～等人。" ❸ 地位低下者自称，含谦卑语气。宋《三朝北盟会编》卷五八："众皆曰：'如此是拜降也，如遁判要与即与，～等只愿守城。'"元明《水浒传》七二回："酒保道：'官人但请放心，～自伏侍。'"清朱素臣《四大庆》一本三场："老爷不须烦恼，待～再去寻觅奇花进献。" ❹ 用作对人的蔑称或詈称。金《刘知远诸宫调》二："两个～，鸿著背儿厮罗执，灭良削薄得人来怎敢喘气？"《元曲选·杀狗劝夫》三折："是一个啜狗尾的乔～，是一个拖狗皮的贱丑生。"清《说岳全传》三三回："狗～！你们父子卖国求荣，诈害良民，正要杀你。"

【男妾】 nán qiè 犹"男色❷"。唐李商隐《宜都内人》："大家始今日能屏去～，独立天下，则阳之刚亢明烈可有矣。"清吴伟业《绥寇纪略》卷七："按行营垒，过秦（按，指秦良玉，女将）。秦冠带佩刀出见，见左右～十餘人。"《姑妄言》一八回："问他一向可曾看见富新，司进朝不好说在他家做了～，但道：'我约他在我家同读书呢。'"

【男人】 nán rén 指丈夫。明《杜骗新书·衙役骗》："知我～未在家，无故来调戏。"清《红楼梦》七二回："说给你～：外头所有的帐，一概赶今年年底下收了进来。"《绿野仙踪》一九回："二相公和我家～，想是在后面押灵。"

【男色】 nán sè ❶ 男性；男子。宋陈自明《妇人大全良方》卷九："今未笄之女，天癸始至，已近～，阴气早泄。"△清《海上尘天影》五七回："他是一只洗过的雌鸡，不近～的。" ❷ 称以色事人的男子。明沈德符《万历野获编》补遗卷三："闽人酷重～，无论贵贱妍媸，各以其类相结，长者为契兄，少者为契弟。"《二刻拍案惊奇》卷一七："而今世界盛行～，久已颠倒阴阳，那见得两男便嫁娶不得？"清《姑妄言》六回："这恶人想渔～。昨日他家人说你标致，故设此计骗你来。"

【男子】 nán zǐ 指丈夫。《元曲选·盆儿鬼》一折："我～不在家里。客官，你说要蚤行，不是我小器相，先见赐些房钱。"元明《水浒传》六回："你在东时我在西，你无～我无妻。我无妻时犹闲可，你无夫时好孤凄！"清《万花楼》五七回："我妇女之辈，怎敢唆惑～？"

【男子汉】 nán zǐ hàn ❶ 对男子带有褒义的称呼。《元典章·刑部四》："你吃人打骂，做不得～。"《元曲选·燕青博鱼》三折："我是拳头上站的人，胳膊上走的马，不带头巾～，丁丁当当响的老婆。"清《红楼梦》六回："有了钱就顾头不顾尾，没了钱就瞎生气，成个什么～大丈夫呢！" ❷ 指丈夫。明汪廷讷《狮吼记》一一出："有这样不守法度的～！他归来推醉，我也不曾理他，待今日和他算账。丈夫那里？"《金瓶梅词话》七回："不幸他～去贩布，死在外边，他守寡了一年多。"清《霓裳续谱·凤阳歌来了》："～，回家转，问声妻儿是怎么？"

【南北】 nán běi ❶ 或南或北。a）比喻漂泊或离散。唐杜甫《谒文公上方》之三："甫也～人，芜蔓少耘锄。"宋周邦彦《迎春乐》："他日水云身，相望处、无～。"清《飞花艳想》一〇回："骨肉天涯，死生～，零丁弱女，赖托终身。"b）比喻不专一。唐韦应物《横塘行》："象床可寝鱼可食，不知郎意何～？"c）指各处、到处。敦煌词《望远行》："行人～尽歌谣，莫把尧舜比今朝。"清《聊斋志异·偷桃》："老夫止此儿，日从我～游。今承严命，不意罹此奇惨！"《女仙外史》五三回："程知星、曾公望已在沿江～寻遍，顺流而下，径到寺中。" ❷ 章法；手段；主意。明《西游记》四一回："你就惧怕妖火，败走逃生，却把老孙丢下。早是我有些～哩！"《金瓶梅词话》六九回："你老人家早出来，就说句恁有～的话儿，俺每也不恁急的要不的。" ❸ 前后。隐指阴道与肛门。明《拍案惊奇》卷二："老和尚是个骚头，本事不济，～齐来，或是你，或是我，做一遭不着，结识了他，他就没用了。"清《绮楼重梦》三九回："他父亲是做戏旦的，自然用着后窍；母亲是用前窍的。如今合成一孔，～两便。"

【南风】 nán fēng 同"男风"。明王骥德《男王后》一折："俺大王爷最爱～，我们献去做个头功。"清《五色石》六回："解愠尚～，干事用乾道。"

【南家】 nán jiā 北方少数民族称宋朝或宋人。宋《三朝北盟会编》卷一三："阿骨打谓曰：'……～故地教他收了，我与他分定界至，军马归国，早见太平。'"又卷二二："粘罕云：'你说得也煞好，只是你～说话，多生捎空。'"《大宋宣和遗事》后集："新同知言其父从四太子往江南，为刘三相公捉了。今来恨～，将汝三人苦楚。"

【南针】 nán zhēn 指南针。宋吴自牧《梦粱录》卷一二："若经昆仑、沙漠、蛇龙、乌猪等洋……全凭～，或有少差，即葬鱼腹。"清《女仙外史》四八回："各天使拣了一只，同出海洋，全凭～所指而行。"

【喃】 nán ❶ 用嘴唇、舌头摄取食物。元曾瑞《醉花阴·怀离》："百忙里蹿行马儿不住叫喊，脚儿又疾，口儿又～，我见他头低眼睄。"明《金瓶梅词话》六七回："这伯爵把汗巾儿掠与西门庆，将瓜仁两把～在口里都吃了。"又六八回："我见他早时两把挝去，～了好些，只剩下不多我吃了。" ❷ 齉，发音不清。元王大学士《点绛唇》："一个不门清光滑辣，一个没鼻子～浑酣。" ❸ 小声说。明《醒世恒言》卷一一："少游转身时，口中～出一句道：'"风道人"得对"小娘子"，万千之幸！'" ❹ 鸟鸣。清《野叟曝言》九四回："出自女郎香口，更加莺转花间，燕～帘畔，清圆浏亮。"

【喃嘟】 nán dū 嘟囔。清《姑妄言》九回："见那童禄一路～出来，道：'两次三番请吃饭不肯去，带累我捱骂。'"

【喃喃】 nán nán ❶ 读书声；念诵声。唐寒山《家住绿岩下》："仙书一两卷，树下读～。"清袁枚《续子不语》卷九："其人书符于徐顶，口诵～，举手一拔，木随手起。"《风流悟》四回："那个读书的，越读得响了，～的读个不住。" ❷ 鸟鸣声，或形容鸟鸣。五代贯休《读吴越春秋》："今日雄图又何在？野花香径鸟～。"宋《虚堂和尚语录》卷一："'幽鸟语～，辞云入乱峰'时如何？"清《霓裳续谱·桃儿尖尖》："风儿阵阵，柳儿翻翻。莺儿呖呖，燕儿～。" ❸ 形容言语啰唆，絮叨不停。宋克勤《碧岩录》九则："如今禅和子，三个五个聚头，口～地，便道这个是上才语句，那个是就身处打出语。"清《万花楼》二五回："飞山虎吃得醺醺大醉，心内糊涂，～胡说。" ❹ 唠叨；喧哗；抱怨。《祖堂集》卷一六《南泉和尚》："有人拈问：'三世诸佛为什摩不知有？'师云：'争肯你～！'"元曾瑞《醉花阴·怀离》："我则见四野巉巉，不听的众口～。"明柯丹邱《荆钗记》一二出："这姑姑因此脸羞惭，此来必定～。" ❺ 指诵经。明《西湖二集》卷二八："阮三丧命在尼庵，滕生奸淫藉佛龛。好笑世上痴男子，纵容妻子去～。"

【喃喃都都】 nán nán dū dū 同"喃喃笃笃"。清《姑妄言》一〇回："铁氏还～骂了一会，方才去睡。"

【喃喃嘟嘟】 nán nán dū dū 同"喃喃都都"。清《姑妄言》一回："～骂个不休，他娘听不过。"又二四回："如再叫狠些，他二人便～的乱骂。"

【喃喃笃笃】 nán nán dǔ dǔ 即"喃喃咄咄"。《元曲选·潇湘雨》四折："虽然是被风雨淋淋渌渌，也不合故意的～。"又《误入桃源》三折："非是俺～，争奈他面生不熟。"

【喃喃咄咄】 nán nán duō duō 嘟嘟囔囔；絮絮叨叨。元明《水浒传》八回："董超一路上～的口里埋怨叫苦，说道：'却是老爷们晦气，撞着你这个魔头！'"明徐复祚《红梨记》一九出："又听得口中～，似呼我'素秋'名字。"

【喃喃剌剌】 nán nán lā lā 犹"喃喃咄咄"。清袁枚《续子不语》卷一〇："少顷，忽起立云：'师至！师至！'～不休。"

【喃喃呐呐】 nán nán nà nà 犹"喃喃咄咄"。元明《水浒传》二四回："那妇人在里面～的骂道：'……你搬了去，倒谢天地。'"明《金瓶梅词话》九七回："那经济口里～说：'打你不干我事。'"清陈端生《再生缘》一八回："手执数珠朝外走，～念弥陀。"

【喃喃讷讷】 nán nán nè nè 即"喃喃呐呐"。元明《水浒传》一六回："那十一个厢禁军口里～地怨怅，两个虞候在老都管面前絮絮聒聒地搬口。"

【喃喃呢呢】 nán nán nī nī 犹"喃喃咄咄"。清《绿野仙踪》五七回："走入去，见郑婆子还在那里～的数念着哭泣。"

【喃喃哝哝】 nán nán nóng nóng 犹"喃喃咄咄"。明《金瓶梅词话》五七回："不想道恼了潘金莲，抽身竟走，～，一溜烟竟自去了。"

【喃喃喏喏】 nán nán nuò nuò 犹"喃喃咄咄"。清《醒世姻缘传》六〇回："他才～的口里咕哝，喇喇叭叭的腿里走着，走到房里。"又八六回："素姐梳洗完毕，在佛前叩了首，口里～的念诵。"

【餔】 nán 同"喃❶"。五代何光远《鉴诫录》卷一〇:"昔日颜回宅,今为裹饭家。不闻吟秀句,只见~油麻。"

【諵諵】 nán nán 同"喃喃❸"。《祖堂集》卷四《丹霞和尚》:"举一例诸足可知,何用~说引词?"

【难当】 nán dāng 斗气;戏要;游戏。元关汉卿《一半儿·题情》:"骂你个俏冤家,一半儿~一半儿耍。"张国宾《薛仁贵》四折:"你把我~,斗作,戏耍,睡梦里拖逗得心中怕。"《元曲选·度柳翠》三折:"〔做取气球科,正末云〕柳翠,这个唤做甚么?〔旦儿云〕师父,这个唤做~的。〔正末云〕怎生唤做~的?〔旦儿云〕师父,这里面有个表,这个为三添气,郎君子弟要~作要呵,吹一口气,添上些水润这表,倾了那水,再吹一口气,拴了这葱管儿,便~作要。去了抛索儿,褪了那口气,便~作要不的了也。"

【难道】 nán dào ❶表示反诘语气的副词。金《董解元西厢记》卷一:"那多情媚脸儿,那鹘鸰渌老儿,~不清雅?"《元曲选·鸳鸯被》二折:"既然我随顺了你,~又去嫁他?"清《醒世姻缘传》六回:"就是前日买这猫,~二百五十两银子都是我自己的不成?" ❷难保;不一定。元高明《琵琶记》四出:"假饶一举登科日,~是双亲未老时。只恐锦衣归故里,怕双亲不见儿。"《元曲选·杀狗劝夫》四折:"〔旦云〕若不是唤王婆亲为证见,谁知道杨氏女杀狗劝夫?〔孤云〕这也~。"明《朴事通谚解》卷上:"哥你放心,我独自个射时也赢的。~,~。" ❸休说;并非。元王恽《题董左丞坟林》:"兔葵~无情物,犹学将军捧日心。"明《挂枝儿·小和尚》:"你孤单,我独自,两下难熬。~是有了华盖星便没有红鸾照,禅床做合欢帐,佛面前把花烛烧。"清方成培《雷峰塔》三出:"我心儿里有宿缘未舒,~是少机谋不能前去。" ❹怎好说;说不出口。元高明《琵琶记》三〇出:"奴须是他亲生儿子亲媳妇,~:他是谁人我是谁?"明李梅实《精忠旗》一三出:"虽然他大量难动摇,~丞相夫人有外交,还是瞒他好。"佚名《鸣凤记》九出:"他也曾舟楫宏材济大川。纵然使萧相国拘狱犴,~比淮阴侯付市廛。" ❺若说;若是。明汤显祖《牡丹亭》一二出:"听这不如归春暮天,~我再,~我再到这亭园,则挣的个长眠和短眠!"又三二出:"你是俺妻,俺也不害怕了。~便请起你来,怕似水中捞月,空里拈花。"

【难道说】 nán dào shuō ❶即"难道❶"。明《封神演义》三八回:"要去四人齐去,~王兄为得闻兄,吾等便就不去?"清陈端生《再生缘》二回:"暗骂刘门夸大口,~,我家公子不如人?"《歧路灯》五九回:"试看古圣先贤,守身如执玉,到临死时候,还是一个'如临深渊,如履薄冰'光景。~他还怕输了钱,被人逼债么?" ❷即"难道❷"。明《金瓶梅词话》七八回:"若是有些甫餘儿也罢,~全征。若征收些出来,斛斗等秤上也勾咱每上下搅给。" ❸即"难道❸"。清《儒林外史》三二回:"我是有子有孙的人,一生出门在外,今日自然要死在家里。~你不留我。" ❹即"难道❹"。《元曲选·青衫记》一九出:"我就对他说,与他相公有交。~你是何人他是谁,也只当鷦鷯借一枝。" ❺即便;就算。清《续金瓶梅》四〇回:"他自幼儿定的亲,就是个玉天仙,少不得也是我刘瘸子口里一块肉;~我今日穷了,就有了残疾,谁敢来赖我?"

【难得】 nán dé ❶难以;不容易。唐白居易《秋日与张宾客舒著作同游龙门》:"丈夫一生有二志,兼济独善~并。"明《山歌·等》:"情哥郎约我黄昏头,日长遥遥~过,双手扳窗看日头。"清《十二楼·萃雅楼》一回:"严老爷不比别位,~见面的。快去寻他回来!" ❷奇异;罕见;少有。唐牛僧孺《玄怪录》卷二:"忽有二道士自空飞下,顾见归舜曰:'大~,与鹦鹉相对!'"宋元《清平山堂话本·花灯轿》:"当日,众人都惊呆了,道:'不曾见,不曾见,真个~!'"明《警世通言》卷三五:"闻得人说邵大娘守寡贞洁,且是青年标致,天下~。" ❸可贵;值得珍重或赞许。宋元《熊龙峰小说·章台柳》:"亦将笔来也题四句于画上,令左右速带回与东坡看。诗曰:昔日章台舞细腰,行人任便折枝条。而今已落丹青手,一任风吹不动摇。回到府中,将画递与东坡。东坡看了,口称:'~,~!'"《元曲选·抱妆盒》楔子:"我想陈琳思量救驾,报答皇恩,已不是寻常阉宦之比。那寇承御是个宫女,一发~。"清《儒林外史》八回:"新建伯此番有功不居,尤为~。" ❹幸亏;亏得。表示庆幸或倚重。宋元《清平山堂话本·西湖三塔》:"大难中~宣赞救你,不若请宣赞到家,备酒以谢恩人。"明朱有燉《香囊怨》四折:"周恭,~你浑家,虽是乐人,这等守志。你却休忘了他恩义也!"清《歧路灯》三九回:"也~这位老哥,只是一个真字,把一个人家竟做得火焰生光的昌炽。" ❺难为;承蒙。表示理解、客气或欣慰等。《元曲选·虎头牌》一折:"元帅,~你这一片好心。我受了这牌子者。"清方成培《雷峰塔》三二出:"亲儿呵!~你一点孝心,不枉你娘受此摧挫也。"《红楼梦》八五回:"~你惦记他,他也常想你们姐儿们。" ❻重要的是。清《醒世姻缘传》三四回:"你出些甚么给他也罢,~只叫乡约堵住颡子不言语,别的旁人也不怕他再有闲话。"又四九回:"这是小事。~姜奶奶得了外孙,我得了孙子。我任从折损了甚么,我情管打发的你喜欢。"

【难怪】 nán guài ❶不怪;不能怪罪。《元曲选·柳毅传书》楔子:"你看他,我面前尚然口强,~我小龙儿也。"明《西游记》五回:"此言也是,~汝等。"清陈端生《再生缘》一八回:"进喜闻言叹数声,算来~女千金。" ❷休怪;不要怪。明陈洪谟《治世餘闻》上篇卷一:"今再差四千人进贡,若都准了便罢,若只准一二千呵,也不进贡,都生起歹心了。王子那时也主张不得,你也~我们。"《挂枝儿·风》:"亏心的料也从今不敢亏,若是依旧的亏心也,~你豁剌剌重吹起。"清《东周列国志》三九回:"三日内不送尸棺,~我辱汝祖宗也!" ❸好理解;不奇怪。明汤显祖《紫箫记》二〇出:"到不如乌儿两口,镇日在灶前灶后诨要。这也~,正是乖的走碌碡,赢得眼头熟,痴的不出屋,夜夜皮穿肉!"清《天豹图》一七回:"这也~,尔青春年少怎么守得孤单?" ❹怪不得;无怪乎。明《肉蒲团》一二回:"原来如此也,~你不忿恨。"清《野叟曝言》二五回:"这真是初出门的人,不知利害,~着了道儿!"《姑妄言》:"可惜这么个恩人,就不得谢谢,~鲍信之荐了他来。"

【难过】 nán guò ❶难以忍受;受不了。唐杜甫《奉谢口敕放三司推问状》:"猾逆未除,愁痛~,猥厕衮职,愿少裨补。"六十种曲本《琵琶记》一一出:"我岂不知孩儿自有一日回家,只是眼下受饿~。"明《挂枝儿·痒》:"痒来时透心肝,其实~。" ❷难以度过(某段时间);难以过活。宋欧阳修《夏日学书说》:"夏日之长,饱食~。"元李伯瑜《小桃红·磕瓜》:"手内无他煞~,得来呵,普天下好净也应难躲。"清《儒林外史》三回:"老人家每日小菜饭,想也~。" ❸难受;痛苦。敦煌词《凤归云》:"东邻有女,相料实~。"明杨柔胜《玉环记》三四出:"今日夫妻重会,休提前事,教你父亲~。"清《水浒后传》二四回:"那药性发作起来,翻天覆地的~,霎时七窍流血而死。"

【难好】 nán hǎo 难以;不适于。明汤显祖《牡丹亭》四〇出:"大路头~讲话,演武厅去。"《醒世恒言》卷二二:"老身孤寡,~留你。"清《都是幻·写真幻》一回:"只是池相公~习此贱业,若果有心,在下无不领教。"

【难禁】 nán jīn 难以承受或忍受。宋晁补之《一丛花》:"西城未有花堪采,醉狂兴、冷落~。"《元曲选外编·介子推》三折:"微臣里忍痛~,声疼不罢。"清《红楼梦》一二回:"正是相思尚且

～，更又添了债务。”

【难堪】 nán kān 困窘；尴尬；情面上难忍。明叶宪祖《鸾锟记》二出：“心难按，每牢骚问天，问何缘倒颠豪杰致～？”清《聊斋志异·宫梦弼》：“我迢迢远来，手皴瘃，足趾皆穿，亦自谓无负郎君。何乃对子骂父，使人～？”《歧路灯》四六回：“绍闻徘徊院中，倍觉～，自言自语道：‘我干的原不成事。’”

【难看】 nán kàn ❶ 丑陋；不好看。《元曲选外编·西厢记》三本二折：“张生近间面颜瘦得来实～。”明《封神演义》一七回：“那宫人一见蛇蝎狰狞，扬头吐舌，恶相～，七十二名宫人一齐叫苦。”清《儒林外史》五四回：“我难道不知道他是陈和甫先生的儿子？只是他摆出一副名士脸来，太～。” ❷ 难堪；不堪。清《歧路灯》一三回：“一日去赌场中寻着侯冠玉，也不说什么。侯冠玉也觉心上难安，脸上～。”《白雪遗音·一日两日》：“这几天，待我的情意实～，想必是另有情人将你伴。”

【难免】 nán miǎn 不可避免；免不了。《敦煌变文校注》卷五《维摩诘经讲经文(五)》：“任你随情多快乐，终归～却无常。”明《警世通言》卷一七：“盘缠俱已用尽，虽不学伍大夫吴门乞食，也～吕蒙正僧院投斋。”清《霓裳续谱·相交何在新与旧》：“此一别～你我形容瘦，离别后佳期不知何日凑。”

【难受】 nán shòu ❶ 难以忍受；受不了。宋曹勋《玉蹀躞》：“人道消愁须酒，酒又怕醒后。这般光景，愁怀煞～。”明许三阶《节侠记》二七出：“向异域藏身避仇，只愁那风沙～。”清《醒世姻缘传》三三回：“你还象在汪先生手里撒津。别说先生打你，只怕你娘那没牙虎儿～。” ❷ 痛苦；不舒服。清《红楼梦》八一回：“园中光景已经大变了。若再过几年，又不知怎么样了。故此越想不由人不心里～起来。”《歧路灯》三二回：“正经门第人家，却与那一班无赖之徒闹戏箱官司，心中委的～。”

【难说】 nán shuō ❶ 难以形容、解说、表述；解说、表述出来有困难。《太平广记》卷一一五引《报应记》：“亦兼有汤镬铁床，来至，夫人寻被烧煮，酷毒～。”宋《朱子语类》卷一：“根既在此，又却能引聚得他那气在此，此事～。”清《红楼梦》二八回：“云儿笑道：‘下两句越发～了，我替你说罢。’薛蟠道：‘胡说！当真我就没好的了？’” ❷ 说不清；难料。宋吴潜《水调歌头·送叔永文昌》：“人事纷纷难料，世事悠悠～，何处问穹苍。”元倪瓒《折桂令·拟张鸣善》：“到如今世事～，天地间不见一个英雄，不见一个豪杰。”明汤显祖《牡丹亭》三二出：“〔旦〕怕你岭南归客路途赊，是做小伏低～。〔生〕小生未曾有妻。” ❸ 说不出口；难以说出。元高明《琵琶记》一二出：“从来知礼，忍使行亏名缺。父母俱存，娶而不告须～。”明柯丹邱《荆钗记》三一出：“〔老旦〕汝妻守节不相从，苦，这句～了。〔生悲介〕娘一发说了罢。〔老旦〕将身跳入江心渡。”清《红楼梦》六四回：“说到这里，觉得以下的话有些～，连忙咽住。” ❹ 说不准；不一定。明王錂《春芜记》一〇出：“〔生〕正是小姐遗下，恰好小生拾着，真是有缘千里能相会。〔小旦〕这也～。”清《醒世姻缘传》一〇回：“大尹道：‘一个官要拶就拶，管你什么根基不根基！’高氏道：‘这也～，八个金刚抬不动个礼字哩！’” ❺ 不能说；说不上。明《金瓶梅词话》八一回：“～四个都与他，胡乱打发两个与他还作面皮。”《挂枝儿·专心》：“～普天下是他头一个美，只我相交中他委实强。”清《醒世姻缘传》一八回：“我们这两家姑娘可是不怕人相，也～比那月里红鹅，浑深满临清唱的没有这们个容颜。” ❻ 怎能说是；算不上；并非。明无心子《金雀记》一二出：“名姬闻说多娇艳，这番～费心田。”《古今小说》卷四：“夫人道：‘……这些小东西，也谢什么！’尼姑合掌道：‘阿弥陀佛！滴水难消。虽是我僧家口吃十方，～是应该的。’” ❼ 莫非；难道。明沈璟《义侠记》八出：“敢是嫂嫂跟前慢憎着你？若不是呵，～你却惹着官司气？”《醒世恒言》卷一三：“～见了氏儿这般容貌全不动情？”清《歧路灯》六六回：“～他会赖债不成？” ❽ 难以；不能；不会。明杨柔胜《玉环记》六出：“劳动了大姐一回，～就去，奉过一两银子，在此间整酒。”清《醒世姻缘传》八回：“可见人家丈夫，若装起身来，在那规矩法度内行动，任你什么恶妻悍妾也～没些严惮。”《歧路灯》一三回：“王氏也～读书不好。” ❾ 说不到；顾不上。清孔尚任《桃花扇》一四出：“国仇未雪，乡心～，把闲情丢开后些。” ❿ 难办；为难。清《红楼梦》一一回：“咱们若是不能吃人参的人家，这也～了。你公公婆婆听见治得好你，别说一日二钱人参，就是二斤也能够吃的起。”又二四回：“你们要拣远路儿走，叫我也～。”

【难说道】 nán shuō dào 犹“难道说❶”。明杨柔胜《玉环记》一五出：“～德量宽弘，只一婿不相容？”清《醒世姻缘传》五七回：“汉子们外头干那伤天害理的事，做家里老婆的人清早后晌的劝着些，～不听？”

【难思】 nán sī 谓佛教玄奥、神奇，凡人难以理解。《敦煌愿文集·愿文范本·疏文真载》：“夫教理～，义彰沙劫；沙门玄旨，罔达深诠。”《敦煌变文校注》卷五《维摩诘经讲经文(二)》：“舍命而命元不尽，是佛力～；焚身而身不可侵，圣慈莫测。”《祖堂集》卷一八《赵州和尚》：“止，止，不须说，我法妙～。”

【难听】 nán tīng ❶ 难以听从、听信、听进。唐天然《玩珠吟》：“在心心岂测，居耳耳～。”明《型世言》三七回：“男自男，女自女，阉割了也只做得太监，并不曾有了做女人的事，这话恐～。”清《姑妄言》一九回：“欲告之于天，奈天又高而～，只得叹气望望而已。” ❷ 不忍听。五代孙光宪《北梦琐言》卷六：“(孙氏)《闻琴》诗曰：玉指朱弦轧复清，湘妃愁怨最～。”元蒲察善长《新水令》：“我这里独倚定帏屏，檐间铁好～！”清《姑妄言》二一回：“父呼子，子呼父，凄惨堪怜；妻唤夫，夫唤妻，悲伤～。” ❸ (言语)不好听，刺激人。《太平广记》卷四七八引《纂异记》：“逆耳之言～，惊心之说易诛。”明佚名《白兔记》一六出：“嫂嫂话～，激得我心儿闷。”清《野叟曝言》一二五回：“郡主怎说妾身凑将上来？这句话好不～！” ❹ (声音)不动听；不悦耳。清《蝴蝶缘》四回：“这一曲比前三曲更觉～。其中声响，有似兵败将死、君亡臣窜者。” ❺ (名声)不好听；不光彩。清陈端生《再生缘》三二回：“燕玉若其寻了死，外边传播更～。”《后红楼梦》一六回：“你快些开了门，给丫头看着。咱们青天白日在这里做什么，传到上头去也～得很。”

【难为】 nán wéi ❶ 难以做到；难以处理。唐白居易《草词毕遇芍药初开》：“周回看未足，比谕语～。”元高栻《集贤宾·怨别》：“我这里展转的疑惑，越思量越越的～。”清《都是幻·梅魂幻》六回：“榜文上原说医好三女，即招为婿。如今意欲嫁他，不舍得三个好女；意欲不嫁他，又～只张榜文。” ❷ 难以；难于。多作状语。唐杜甫《草堂》：“弧矢暗江南，～游五湖。”《祖堂集》卷三《慧忠国师》：“此深远之言，不省者～措意。”明孙仁孺《东郭记》一一出：“如今看他朝夕光景，真是～发付。” ❸ 感到难以应付；不好办；为难。金《刘知远诸宫调》一二：“三娘、岳夫人、诸官一齐劝，经略～交解放。”明《西游记》三二回：“若是先吃头，还好耍子；若是先吃脚，就～了。”清《梦中缘》三回：“兄有甚～事？即要弟命，俺兄弟们没有不出力的。” ❹ 使人难受或为难；使人受委屈。元刘伯亨《朝元乐》：“这天气好～，寒朔暮怎生教人捱过的。”明《金瓶梅词话》七回：“过去做大是做小，却不～你了。”清孔尚任《桃花扇》二一出：“〔末〕也不可太～他。〔副净怒介〕这还便益了他。” ❺ 拖累；连累；使受到伤害或损害。《元曲选·赵氏孤儿》

二折："是则是，怎么～的你老宰辅？你则将我的孩儿假装做赵氏孤儿，报与屠岸贾去。"明《西游记》一〇回："这两日朕虽得安，却只～秦、胡二将军彻夜辛苦。朕欲召巧手丹青，传二将军真容，贴于门上，免得劳他。"清《飞龙全传》九回："要是这样担搁了工夫，叫乐子吃了冷食，～这肚子作祟。" ❻ 损害；糟蹋；浪费。明《金瓶梅词话》一四回："拿到东京，打的他烂烂的不亏，只是～过世老公公的名子。"《醒世恒言》卷一："是火都要你烧，若～了柴，老娘却要计较。"《山歌·镬子》："前月个做分子烧～子柴火，咦道是我蛮皮了弗替你搭当心。" ❼ 辜负；对不住。明屠隆《彩毫记》二六出："相公若乘醉从龙女拾明珠，～姊妹二人远来之意了。"孙仁孺《东郭记》二六出："近者这些势利老兄时时拜谒，却也懒于交接。但～他每来意，索与倾倒一番。"《封神演义》一六回："二十文其实～你，轻你。" ❽ 难得；多亏。明《金瓶梅词话》六一回："也～我这常嫂也，这般好手段儿！"清《霓裳续谱·乡里亲家》："虽然不是好东西，～你那老子，就推了多半日。"也用于反讽。清《红楼梦》二八回："也～你心里没个算计儿！"《镜花缘》二三回："～你们还是生童，连这意思也不懂！" ❾ 表示感谢。承蒙；有劳。明无心子《金雀记》一二出："这个～兄长指教。"《梼杌闲评》一四回："秋鸿道：'甚么人拿的？'外面道：'不知道。我是地坊来送信的。'秋鸿道：'～你！'"清《醒世姻缘传》六二回："相公真是个好心的人，甚是～！" ❿ 用于祈使。麻烦；有请。清《玉蜻蜓·游庵》："愚兄欲去一玩，～你陪我一陪。"

【难为情】 nán wéi qíng　❶ 难畅情怀；难以忍受情感折磨。唐戎昱《听杜山人弹胡笳》："更闻出塞入塞声，穹庐毡帐～。"明孙柚《琴心记》三出："冰蘖之操虽执之甚坚，奈萱亲既逝，空闻无聊，春莺秋燕，甚～。"清《醒世姻缘传》五〇回："狄希陈也辞谢出门，翘首回环，玉人不见，甚～。" ❷ 羞惭；情面上挂不住。明王济《连环记》二四出："今晚到他府中，也～，借宿一宵，明日去罢。"清《凤凰池》一三回："家人一场扫兴，小姐咽了残涎。谈的谈，笑的笑，詹兵部一发～了。"

nàn

【难月】 nàn yuè　妇女怀孕期间。多偏指将近分娩的月份。《敦煌愿文集·开经文》："怀胎～，母子平安；征客远游，乡关早达。"《敦煌变文校注》卷五《佛说阿弥陀经讲经文》："更有怀胎～人，愿诞聪明孝养子。"明朱橚《普济方》卷三八一："或缘母在～，恣味珍馐，毒传于儿。"

nāng

【囊】 nāng　另见 náng。弱；差。《元曲选外编·博望烧屯》三折："你退了五万，肯退了那好兵？都是～的、懦的、老的、小的、瘸的、跛的，则留下精壮的。"《元曲选·冻苏秦》三折："你比我文学浅，我比你只命运～。"明佚名《午时牌》二折："你只拣那～的、懦的，走将去活拿将那孟截海来，打甚么不紧也！"

【囊包】 nāng bāo　另见 náng bāo。同"馕包"。清《聊斋俚曲·墙头记》："还是你忒也～，怎么依他这样揉搓？"

【囊揣】 nāng chuài　懦弱；软弱。《元曲选外编·西厢记》五本四折："俺姐姐更做道软弱～，怎嫁那不值钱人样豭驹？"又《周公摄政》四折："今日拜舞虽～，倒大来千自由百自在。"《元曲选·儿女团圆》二折："倒将我劈面抢白，欺负咱软弱～。"

【囊囊咄咄】 nāng nāng duō duō　犹"囔囔突突"。明《西游记》七五回："唬得个呆子在草里～的埋怨道：'这个弼马温，不识进退！'"

【囊囊突突】 nāng nāng tū tū　同"囔囔突突"。《元曲选·楚昭公》三折："俺只见掩掩泼泼船儿歪，～梢公絮。"

【囊突突】 nāng tū tū　犹"囔囔突突"。明《西游记》九七回："沙和尚，～，意下踌躇。"

【儴】 nāng　齉；鼻子堵住，发音不清。明《西游记》七六回："原来被行者揪着鼻子，捏～了，就如重伤风一般。"

【儴软】 nāng ruǎn　懦弱。元《三国志平话》卷中："夫人烦恼，高声骂：'周瑜～！长沙太守的女，讨虏将军亲妹，我今到来，更不相雇！'"

【儴惴】 nāng zhuì　即"囊揣"。"惴"为误字。《元曲选外编·西游记》六本二一出："妆严的未必能评论，～的倒敢能勤慎。"

【囔】 nāng　同"馕"。明《西游记》六一回："你这个～糟食的夯货，不见怎的，快叫那猴儿上来！"清《风流悟》七回："你欺负得我也够了，为何今日～了些脑浆，又来骂我。"

【囔囔突突】 nāng nāng tū tū　犹"喃喃咄咄"。明《西游记》九五回："那妖邪口里～的，骂着山神、土地道：'谁教你引着他往这里来找寻！'"

【馕包】 nāng bāo　懦弱无能。清《女仙外史》二五回："有个剧贼宾大刀，骁勇不过，今犯伤寒，病得要死了。其他总是～货，上不得场的。"又六〇回："官名游击者，是领游骑而击敌之意，象你这样～，倒被贼人游骑所击了！"又七九回："看你们这几个～的将官，也只是这两天了哩。"

náng

【囊】 náng　另见 nāng。❶ 口袋，指所蓄资财。明汪廷讷《广陵月》七出："可恨我已乏～，钗一股，赠君行。"《禅真逸史》三八回："当日俺与你入梁之时，分～相别，数十餘年，并无音耗。"清《驻春园》一回："归～甚淡，所居者半亩青山、一湾绿水而已。" ❷ 果实的瓣或瓤。明柯丹邱《荆钗记》一七出："橘子生来耀日光，又酸又涩又馨香。后来结成一个大疙瘩，剖开来倒有七八～。"《西游记》一回："鲜龙眼，肉甜皮薄；火荔枝，核小～红。"《拍案惊奇》卷一："那买的不知好歹，看见船上吃法，也学他去了皮，却不分～，一块塞在口里。" ❸ 凑合；将就。明柯丹邱《荆钗记》一七出："〔外〕人字号第三场，就把橘子为题，光香郎韵，作诗一首。〔净〕橘子生来耀日光，又酸又涩又馨香。后来结成一个大疙瘩，剖开来倒有七八囊。〔外〕郎字韵怎么囊？〔净〕大人，～得过就罢了。" ❹ 同"攮❸"。清《都是幻·写真幻》六回："这狗～的孩子，分明来讥诮咱家。"《万花楼》六回："料想恶公子必不肯干休，将这狗～混闹一场，方出我的怨气。" ❺ 同"攮❹"。清《蜃楼志》一一回："顷刻间摆上虎肉，又逵气忿忿地酒都不吃，尽管～饭。"

【囊包】 náng bāo　另见 nāng bāo。囊括；包罗。唐皇甫湜《答李生第三书》："生之师且惑菽麦，生卷中文能～天地耶？"梁肃《心印铭》："或～天地，或渴饮四海。舒卷变化，惟心所在。"

【囊藏】 náng cáng　包藏；欺瞒；遮掩。宋《虚堂和尚语录》卷三："次拈香，云：'……此香多是贵买贱卖，罕遇南番舶主。今日人天普会，不敢～，爇向炉中。'"《五灯会元》卷一七《兴福康源禅师》："上堂：'山僧有一诀，寻常不泄漏，今日不～，分明为君说。'"元耶律楚材《又和橙子梅韵》:"可笑人心自短长,谁知个事不～。化成橙子舌耽味,幻作梅英鼻觉香。"

【囊楮】 náng chǔ ❶犹"囊资"。楮,造纸原料,代指纸钞、钱币。唐刘禹锡《成都府新修福成寺记》:"时康岁稔,人乐檀施,公言既先,应如决川。乃倾～,乃出怀袖。"宋真德秀《祝删定墓志铭》:"居官玉雪自持,终其身寄家浮屠氏,～萧然,惟图书充牣而已。"明王翰《酒家谣》:"自从伴着如花人,～番番卷秋叶。" ❷收藏入囊的纸片,指字画诗文等。宋李纲《以墨戏归志宏复有诗来次韵答之》:"人间无复见文章,空餘戏墨归～。"元牟巘《送姚子敬》:"光彩难自闷,珠玉满～。"明袁华《题茅泽民蟠松图》:"茅君欲驾茅龙去,为貌蜿蟺入～。"

【囊袋】 náng dài ❶鼓风囊。唐王焘《外台秘要方》卷二九:"右一味,置于铁版上,聚炭封之。以～吹,令火炽,即沸流出。"宋刘弇《元丰辛酉七月九夜大风》:"黔头豹裈健肘髀,剖拆～推钤键。" ❷口袋。唐李筌《太白阴经》卷四:"或作或蕃兵用柳罐栲栳各三分五千口,皮～亦得。"明程可中《一枝花·寓嘲》:"孔方兄洋洋去,撇下个空～。"清《万花楼》四回:"用饭已毕,即向～中一摸,不觉大喜。" ❸果实或种仁的囊状包皮。明高濂《遵生八笺》卷一一:"香橼汤:用大香橼,不拘多少,以二十个为规。切开,将内瓤以竹刀刮出,去～并筋。"

【囊积】 náng jī ❶用口袋装。宋强至《谢三门提举辇运宋叔逵郎中寄古碑》:"古人载书兼两俱猜谤,今我车载不足更～。" ❷积蓄;存储的钱财。元许有壬《得家书》:"儿学女工俱有进,廪储～任无虞。"清《聊斋志异·柳氏子》:"既长,荡侈逾检,翁～为空。"《杏花天》一四回:"～如山,不营而威。"

【囊家】 náng jiā ❶设局聚赌抽头以获利者。最初设局者置囊以贮头钱,故称。唐李肇《国史补》卷下:"及博徒是强名争胜谓之撩零,假借分画谓之～,～什一而取谓之乞头。"明《石点头》卷一〇:"刘赛烟花而复作～,杖以示儆;丁奇商贩而肆行赌博,惩之使戒。"《山歌·捉头》:"搠破子个灯笼个个眼里火,惯赌～要捉头。" ❷提供娱乐活动场所的人家。明《型世言》一五回:"侯亮好唱,他自有一班串戏的朋友。花纹帮衬,沈刚家里做个～,这一干人就都嚼着他。"清《一片情》一一回:"于是众人各散,寻了南门胡朝奉家做了～。须臾戏箱发到裤子裆中,众邻里毕集,还有事外看戏的人,挨挤不开。"

【囊鞬】 náng jiàn 箭囊,也借指武职。宋宋祁《病兴》:"病兴还见岁华阴,身属～久未任。"明郑善夫《从叔南京监察御史竹泉公墓志铭》:"又尝掩枹鼓,卸～,以身诱巨逋。"

【囊金】 náng jīn 犹"囊资"。唐符载《荆州与杨衡说旧因送游南越序》:"未几而～中罄,庖烟屡绝。"明《拍案惊奇》卷三〇:"一个少年子弟相投寄宿,所赍～甚多。"清洪昇《长生殿》三六出:"客官,只要不惜～,愿与君把玩端详审。"

【囊空】 náng kōng 指没钱、没资产、没积蓄。五代齐己《秀才归闽》:"荆门来几日,欲往又～。"清《聊斋志异·王大》:"押者索贿而后去其墨朱,众皆赂之。独周不肯,辞以～。"《赛花铃》九回:"但须数百金,方可料理。弟愧～,不能全为周助。"

【囊悭】 náng qiān 犹"囊空"。悭,缺少。宋陆游《村居》:"～衣任短,山冷屋便低。"明黄淮《迹困》:"迹困心无怍,～道未贫。"吴炳《绿牡丹》三出:"送穷文自忏时乖,你买花钱休怪～。"

【囊箧】 náng qiè ❶口袋和箱子。唐陆贽《均节赋税恤百姓六条》:"有藏于襟怀～,物虽贵而人莫能窥;有积于场圃囷仓,直虽轻而众以为富。"元张养浩《朱履曲》:"家庭中添些盖作,～里攒些东西。"清《聊斋志异·于去恶》:"陶疑之,搜其～,则笔研之外,更无长物。" ❷指资产、积蓄。唐李旦《劳毕构玺书》:"或交结富豪,抑弃贫弱;或矜假典正,树立腹心。邑屋之间,～俱委。"《元曲选·荐福碑》一折:"〔范仲淹云〕你积攒下些甚么～?〔正末唱〕我浑攒下到六七斤家麻,四五斗家粟。"清《珍珠舶》一二回:"羁留数月,～罄空。" ❸指诗文收藏。唐李荐《答权载之书》:"言必合雅,情皆中节,琼瑰见辱,～增辉。"清《蝴蝶缘》一四回:"韩香道:'碧娘,你此时却推托不去了,快将诗来。'碧烟笑道:'俗语云:丑媳妇少不得要见公婆。但我无～,偶作一二首都忘却了。'" ❹用口袋或箱子装。唐欧阳詹《唐天文述》:"肃穆寂寥,骆驿虚无,～日月,管钥风雨。"

【囊涩】 náng sè 犹"囊空"。涩,不畅;艰难。宋王十朋《曹梦良自许峰来访》:"径荒犹有渊明菊,～宁求季子金。"清赵执信《即目》:"山深应隐日,～岂容云。解识天无定,心依止观文。"《聊斋志异·鸦头》:"雅意极所感佩,～奈何!"

【囊首】 náng shǒu 一种刑罚。用布囊、土囊等蒙头。也称囊头。明卢柟《上魏安峰明府辩冤书》:"～赭衣之徒,固不足以动人之耳目也。"《型世言》八回:"可怜程教谕:直声拟作朝阳凤,～嗟同槛内猿。"清李玉《清忠谱》一九折:"我相公～身亡,兀的不痛杀我也!"

【囊笥】 náng sì ❶犹"囊箧❸"。笥,竹箱。唐柳宗元《与友人论为文书》:"间闻足下欲观仆文章,退发～,编其芜秽,心悸气动,交于胸中。" ❷犹"囊箧❷"。宋洪迈《夷坚志》支庚卷一〇:"及天庆遭庚子之灾,陈所有～多不救。" ❸犹"囊箧❶"。宋程俱《献占》:"探物～,猝然失只;志禽云汉,往则克只。"《金史·张中彦传》:"今使掌关市者征而不讥,苛留行旅,至披剔～,甚于剽掠。"

【囊头】 náng tóu 囊;口袋。头,词缀。明《型世言》二九回:"笑是营营作马牛,黄金浪欲满～。谁知金丧人还丧,剩有污名奕世流。"

【囊橐】 náng tuó 口袋。橐,小袋。❶比喻盘踞藏匿之所,也指盘踞或藏匿。唐刘晏《遗元载书》:"五六百里,戍卒久绝。县吏空拳夺攘,奸宄窟穴～。夹河为薮,豺狼狺狺。"宋朱熹《庚子应诏封事》:"其甚畏公论者,乃略能惊逐其徒党之一二,既不能深有所伤,而终亦不敢明言,以捣其～巢窟之所在。"清姜宸英《万青阁全集序》:"自前令赵公至,即计除贼。既钩得其姓名与所～,部署已定。" ❷囊括;概括;包罗。唐郑綮《开天传信记》:"夫音者始于宫,散于商,成于角徵羽,莫不根柢～于宫商也。"宋晁说之《仁王护国般若经疏序》:"尽法性为止观,而源流释迦之道,～达磨之旨。"清钱谦益《新安汪然明合葬墓志铭》:"其热肠侠骨,～一世之志气,如湫流渍泉,触地涌出。" ❸勾结。唐元稹《授唐庆万年县令制》:"辇毂之下,豪黠僄轻。扰之则狱市不容,缓之则～相聚。"宋周密《癸辛杂识》前集:"盖初焉,制造皆南人,～为奸,遂尽易北人。"清钱谦益《南京大理寺评事张君墓志铭》:"富平簪笔吏千餘人,～盘互,通轻侠,倾京师。" ❹指行李财物或钱财积蓄。唐白行简《李娃传》:"尽徙其～,因家于李之第。"明柯丹邱《荆钗记》二出:"家无～,忝列庠生之数;学有渊源,惭无驿宰之荣。"清《荡寇志》九五回:"田氏愁丈夫所遗～不多,要求个久远之计。" ❺比喻榨取钱财的对象。唐陆贽《平朱泚后车驾还京大赦制》:"齐人编户,托庇官曹。贪吏猾胥,诱为～。启奸黩业,为害尤深。"清钱谦益《大中大夫李君墓志铭》:"淮海盐利,以商吏为～,转运使与通酒食,握手呴呕,恐失其欢。"汪琬《中大夫秦公墓志铭》:"运使藉商人为～,其体亦益卑。" ❻盘剥;榨取。宋方岳《南康郡免设醮》:"苟使拙守草芥其民,茧丝其郡,货贿其狱,～其家，上帝方将谴怒之，固非一瓣香所能回也。"明孙继皋《特旨晋太仆寺卿王公暨配鲍宜人合葬行状》："而所谓商税者凡数千，而多故守所～也。"海瑞《赠赵三山德政序》："今天下令何以哉？下民易虐，取脂膏而～之。" ❼ 蒙蔽；混淆。宋宋祁《送薛嘉鱼序》："简书旁午，按劾而靡遑；簿领相仍，沉迷而未破。君必发摘～，刺取是非，思若有神，心无留义。"清孙仝辙《朱子年谱例义》："因订成此书，胠异说之～，辨燕郢之混淆。" ❽ 作弊。元刘敏中《河南谷氏昭先碑铭》："君为人温让，侃侃有古君子之风。世之～钩距、机穽巧利，无关于心。"明何良俊《四友斋丛说》卷一四："自此门一开，而此胥遂～其中，纳贿几万。"石珤《张岳州传》："是时仓场委貂珰督收，～诸诡，使部官不欲问。" ❾ 指蕴积的智谋学识，珍藏的诗文著述，或学识的表达方式。宋宋庠《送苗郎中出漕江西》："计筹借尔烦经画，～行看用老成。"黄庭坚《晁君成墓志铭》："晚独好诗，时出奇以自见，观古人得失，阅世故艱勤，及其所得意，一用诗为～。"刘克庄《与游丞相书》："向来彼相求之，先生～不轻出。某贱且废于世，而先生辱教诲之。"

【囊匣】 náng xiá ❶ 犹"囊箧❷"。明《二刻拍案惊奇》卷一一："小生投人不着，～如洗。" ❷ 犹"囊箧❸"。清吴绮《用因见古人情为韵奉送孔东塘还朝》："新诗溢～，曾无钱一缗。"

【囊携】 náng xié 随身携带或指随身携带的物品。明张宁《陈大尹秦淮书屋》："一束～人去后，旧帏穿榻闭清严。"清《镜花缘》八八回："始命御史进于饫墀，再命太医列于阶序。斟酌～，校量窖贮。"

【囊羞】 náng xiū 犹"囊空"。晋代阮孚囊贮一钱，谓"恐其羞涩"。因以"囊羞"指乏资。明王翰《先约九日共城中诸贤友登瑶台》："有帖催租败诗兴，无钱对酒恐～。"唐文凤《春庵杨纪善见子之喜有诗》之二："有酒何烦说罍耻，无钱安用效～。"

【囊蓄】 náng xù ❶ 收藏；含藏。唐屈蟠《析疑论叙》："语句雄丽，旨意浑成。同袍得之，～不出，抑为艰得，无意多传。"宋强至《朝奉郎曹府君墓志铭》："公～智虑，视天下事无难者。" ❷ 指积蓄的财物。清《聊斋志异·青蛙神》："搜括箱椟，妻问之，亦不答，尽卷～而出。"

【囊装】 náng zhuāng 行李衣装。也泛指囊资。唐李商隐《为荥阳公上集贤韦相公状》："某行役以今月二十八日达潭州讫。～简薄，宾御单轻。"宋洪迈《夷坚志》补卷八："是时～垂罄，郑、李不复再见云。"清《聊斋志异·黄英》："数日尽售，逼促～，赁舟遂北。"

【囊资】 náng zī 携带的钱物。也泛指收入或积蓄。唐白居易《送侯权秀才序》："问其仆乘～，则曰日消月朘矣。"明沈受先《三元记》一八出："把～失却在招商店，遇冯商慷慨交还。"清《飞花艳想》一一回："约算～，尚有百金。"

【囊子】 náng zi 囊；口袋。清《醒世姻缘传》八四回："小林莺拿着个青布表蓝杭绸里子的帽套～，骆校尉接过帽囊，取出一顶貂皮帽套。"《歧路灯》九七回："内中女鞋三对，一个扇～，一个佩衣文袋。"

nǎng

【攮】 nǎng ❶ 刺；戳。明《金瓶梅词话》九九回："复又一刀去，～着胸膛上。"清《儒林外史》六回："半夜里不见了枪头子，～到贼肚里。"《歧路灯》七九回："只这'退头货'三字，盛公子肝花上直～了一大针。" ❷ 推搡；推出。明《二刻拍案惊奇》卷九："又加家童们推的推，～的～，不由你不走。"清《醒世姻缘传》一回："计氏赶将来要打，或将计氏乘机推一交，～两步。"《荡寇志》七二回："只拚着把你～与他，我怕不太平了。你想，这事我怎忍心下得？" ❸ 指男子性交动作。明徐复祚《投梭记》一一出："〔净〕原来是夜叉鬼婆。〔丑〕囚～的，骂老娘！"《梼杌闲评》八回："那些狗～的，办着钱只是钻刺他们出去。"清《飞龙全传》三九回："那人见了，暗暗欢喜：'我且叫这黑囚～的吃些苦。'" ❹ 同"馕"。清李玉《清忠谱》一一折："方才～了一肚子烧酒，如今在里边吆吆喝喝。"《醒世姻缘传》五六回："吃鸡蛋，～烧酒，也绝不象个少年美妇的家风。"《警寤钟》九回："母亲有得没得，尽着自己一顿肥～。"

【攮包】 nǎng bāo 同"齉包"。清《醒世姻缘传》五三回："别的那几个残溜汉子老婆都是几个俍浓咂血的～，不消怕他的。"又六三回："我要你这～杂种做甚！"又八一回："俺那个是～见了他，只好递降书的罢了。"

【攮刀】 nǎng dāo 即"攮刀子"。明《型世言》五回："真意儿要随着你，图个长久快乐，只吃这～的碍手碍脚。"

【攮刀子】 nǎng dāo zi 犹谓挨刀。骂人不得好死。明《金瓶梅词话》三二回："遭遭儿有这起～的，又不知缠到多早晚。"清《飞龙全传》一回："～的瘟畜生！我皇帝骑在你身上，也该走动走动，怎么的只是呆呆地立着？"

【攮糠】 nǎng kāng 同"馕糠"。清《荡寇志》七四回："～的蠢才，谁叫你打听！此等机密事，容在茶店里乱讲？"

【攮气】 nǎng qì 吃气；受气。明《金瓶梅词话》三五回："我精～的营生，平白的爹使我接的去，教五娘骂了我恁一顿。"又四六回："精是～的营生，一遍生活两遍做，这咱晚又往家里跑一遭。"

【攮丧】 nǎng sāng 同"馕嗓"。清《醒世姻缘传》二一回："外边的这七个族人，一个家～的鼾僧儿一般。"

【攮嗓】 nǎng sǎng 同"馕嗓"。清《醒世姻缘传》七四回："你头晕恶心是～的多了。"又七八回："他也妆呆不折本，案着绝不作假，～了个够。"

【攮颡】 nǎng sǎng 同"馕嗓"。清《醒世姻缘传》四九回："俺插着麦仁，你成三四碗家～。"又八三回："成大瓶的酒，成碗的下饭，偷将出来，任意～。"

【攮瞎咒】 nǎng xiā zhòu 说瞎话；胡说没根据的话。清《醒世姻缘传》五〇回："后来传到连举人耳朵，把个连举人的大牙几乎笑吊，骂了几声'～的众生'。"又八五回："～小屄养的！你又没到，你怎么就知的这们真？"

【攮业】 nǎng yè 作业；作孽，做坏事。业，业障，恶行。清《醒世姻缘传》四五回："这孩子可不有些～？怎么一个头一日就闩了门不叫女婿进去？"

【馕】 nǎng （大口或过量地）吃。含贬义。明《禅真逸史》二一回："你这老不死的猪狗，～饭的歪货！阎罗天子偏没眼睛，不勾你这老怪物去！"

【馕饱饭】 nǎng bǎo fàn 犹"馕食包"。清《后水浒传》二一回："这几个～的呆汉，料也敌俺不住。"

【馕糠】 nǎng kāng 吃糠。骂人是牲口。明《西游记》一九回："那～的夯货，快出来与老孙打么！"又二〇回："那呆子又吃彀三碗。行者道：'这个～，好道汤着饿鬼了！'"

【馕嗓】 nǎng sǎng 即"馕"。清《飞龙全传》一四回："这驴球入的，怎么只管自己～，不来请乐子吃些？"

【馕食包】 nǎng shí bāo 只会吃饭的人。清《飞龙全传》一三回："看他把两个人的饮食，竟自一个独吞，还要叫添，真是个

～了。”

【馕糟】 nǎng zāo 犹“馕糠”。糟，酒糟，亦是饲料。明《西游记》二一回：“你这个～的呆子！你照顾我做瞎子哩！”又八〇回：“似你这个重色轻生见利忘义的～，不识好歹，替人家哄了招女婿，绑在树上哩！”

nāo

【孬】 nāo 不好；坏。清《女仙外史》六三回：“通判田纳海，系番人之子，冒姓田氏，均属～官，自有公论。”

náo

【挠】 náo ❶ 搔；抓。《元曲选外编·西厢记》一本四折：“着小生迷留没乱，心痒难～。”元明《水浒传》三一回：“我的本事不要箱儿里去取，正是～我的痒处。”清《歧路灯》四二回：“这就如疥疮～的流出了血，害疼起来，所以再不敢去～。” ❷ 摇；使转动。明《金瓶梅词话》二七回：“云母床上铺着那水纹凉簟，鸳鸯珊枕，四面～起风车来。” ❸ 同“猱❸”。明王克笃《步步娇·嘲赌》：“面垢头～，屈脊虾腰。”清《醒世姻缘传》四五回：“进去见素姐才～着头，慢条斯理的缠脚。”

【挠背】 náo bèi 搔背；搓背。明《朴通事谚解》卷上：“汤钱五个钱，～两个钱，梳头五个钱，剃头两个钱，修脚五个钱。”

【挠烦】 náo fán 烦乱。《敦煌变文校注》卷五《双恩记》：“免有君王心～，谩教臣下言腾沸。”

【挠勾】 náo gōu 即“挠钩”。《敦煌变文校注》卷二《韩擒虎话本》：“下面总是鹿巷，李(里)有硇(挠)勾搭索。”△清《绿牡丹》三三回：“谅强盗不过是在河内，多叫～抓捞。”

【挠钩】 náo gōu 一种前端有钩，用以钩拽人、物的工具或战具。宋《建炎以来繫年要录》卷六六：“贼有～，拓义竹为之柄。若以快刀芟其头刃，彼无能为矣。”明《醒世恒言》卷一〇：“顷刻挽～子二十多张，一齐都下，搭住那船。”清《说岳全传》一六回：“如人在水中碰着网，铜铃响处，～齐下。”

【挠掴】 náo guō 挠抓；搔。明《金瓶梅词话》八〇回：“有八角而不用～，逢虱虮而搔痒难当。”

【挠聒】 náo guō 搅乱；扰乱。宋慧开《无门关·达磨安心》：“西来直指，事因嘱起。～丛林，元来是尔！”洪迈《夷坚志》三壬卷三：“韩子师遭奇祟，～弥年，巫觋百计弗效。”

【挠害】 náo hài 侵扰伤害。《法苑珠林》卷四六：“或遭非人妖蛊奸邪，无以防护。唯愿世尊告示以法，随时救济，令无～。”宋洪迈《夷坚志》三辛卷二：“自遇夜则遍敲众邻门户，称：‘东邻西舍，全不念故旧，既使郝娘夺我行头，又接我门徒知识。’至今～未已。”明杨一清《为回贼出没事奏》：“遗留丑类，伏我近边，意在窥伺我人畜，妨我耕作，虽是不敢深入，终亦被其～。”

【挠坏】 náo huài ❶ 损毁。宋李吕《孝友亭记》：“取榱题椽桷之～者，墙壁瓴甓之崩缺者，悉更以新好。”元揭傒斯《易州定兴县城隍庙记》：“屋之～缺漏，以时葺之。” ❷ 骚扰破坏；阻挠破坏。宋洪迈《夷坚志》丁卷一四：“盖孔挟一时之忿，致诸家～如此，故神殛之云。”刘克庄《林养直墓志铭》：“二者若易合而常难，值父欲退必牵衣挽留，父为善必掣肘～。”

【挠闷】 náo mèn 烦闷。五代王定保《唐摭言》卷八：“贞元十一年，吕渭第一榜，～不能定去留，因以诗寄前主司。”

【挠思】 náo sī 心烦意乱。《敦煌变文校注》卷五《双恩记》：“贵贱岂关今世作，短长皆自宿缘随。何消～加忧恨，但自宽怀好保持。”

【挠头】 náo tóu ❶ 搔头。元明《水浒传》三九回：“宋江听罢，～不知痒处，只叫得苦。” ❷ 同“猱头”。明沈榜《宛署杂记》卷一七：“不梳头曰～。”清《霓裳续谱·听我胡诌》：“这条狗好像我大大爷家的大搭拉耳朵白鼻梁子～狮子狗，那条狗好像二大爷家里二搭拉耳朵白鼻梁子～狮子狗。”

【挠痒】 náo yǎng 搔痒。也比喻轻微的肉体惩罚。《元曲选·薛仁贵》一折：“薛仁贵走到高丽地面，就生了一身疥疮，每日则是～，几曾厮杀来？”清《歧路灯》七三回：“咱同道犯了事，不过是打上几下～板子便结局。”

【挠抓】 náo zhuā 搔。明陈铎《满庭芳·秃子》：“花花搭搭，才方遮护，又待～。”

【挠阻】 náo zǔ 耽搁；阻挠。明孙承恩《春山游览记小引》：“若犹以他故～，虚掷岁时，斯则诚为可惜。”屠隆《昙花记》四一出：“以礼聘娶姬妾，王家常事，与他无干，不怕他～。”清《后水浒传》二六回：“以你一人而欲去破重垣，入囹圄，脱缧绁而救杨幺，岂无一人～？”

【挐子】 náo zi 一种以竹竿为长柄的武器，应即“挠钩”。宋陆游《老学庵笔记》卷一：“鼎、澧群盗如锺相、杨么，战舡有车船，有桨船，有海鳅头；军器有～，有鱼叉，有木老鸦。～、鱼叉以竹竿为柄，长二三丈，短兵所不能敌。”原注：“其语谓挐为铙。”

【侬儿】 náo ér 同“猱儿”。《元曲选·百花亭》一折：“你看那女子，扭捏做作，必是个卖俏的～。”

【猱】 náo ❶ 戏弄；作弄。《景德传灯录》卷七《柏岩明哲禅师》：“尝见药山和尚看经，因语之曰：‘和尚莫～人好！’”宋克勤《碧岩录》一〇则：“举睦州问僧：‘近离甚处？’僧便喝。州云：‘老僧被汝一喝。’”克勤批语：“陷虎之机，～人作么？” ❷ 杂剧、院本里的妓女角色。也泛称妓女。明朱权《太和正音谱·词林须知》：“妓女总称谓之～。”朱有燉《香囊怨》三折：“你试将手抵着牙儿、牙儿自忖，我怎肯又向那柳户花街为～妆裩，风亭月馆殢雨尤云？” ❸ (头发)蓬乱未梳理。明冯惟敏《仙子步蟾宫·下桥》：“～着头姐儿的火者，眵着眼鸨儿的候缺。”清《醒世姻缘传》二三回：“有一个老头子，～了头，穿了一件破布夹袄。” ❹“六”的隐语。明佚名《墨娥小录》卷一四《行院声嗽》：“六：～。”

【猱狚】 náo dàn 即“猱儿”。狚，杂剧、院本里的一种女性角色。明朱有燉《香囊怨》二折：“愿顺乎薄嬷之情，以从夫～之计。风尘院宇，权为送旧迎新；花月楼台，且作随机应变。”

【猱儿】 náo ér 妓女。《元曲选·东坡梦》四折：“你本不是妓馆～，堪做俺佛门弟子。”明郑若庸《玉玦记》八出：“比方人都叫大姐是～，我怎么叫不得？”清《醉醒石》一一回：“又在娼妇周英家嫖，他家有雪儿、楚云儿姐妹，都生得标致，是一干极会起钱～。”

【猱狮】 náo shī 雄狮。猱，形容其鬣毛蓬松。明佚名《四贤记》一五出：“〔作使刀介〕这三停刀法白猿拖，〔使棍介〕那连珠棍势～舞。”《西游记》五五回：“可怜将一个心爱的人儿，一条绳捆的象个～模样。”清《姑妄言》二二回：“又有兼衔，俱穿～二品补服。”

【猱狮狗】 náo shī gǒu 一种毛较长的观赏狗。也叫狮子狗。明《金瓶梅词话》二〇回：“俺家那大～好不利害，倒没的把应二爹下半截撕下来！”清《儒林外史》五三回：“一只小～叫了两声，里边那个黑胖虔婆出来迎接。”

【猱头】 náo tóu 蓬头；头发或毛发蓬乱。明《西洋记》五一回："男子俱从小时用墨刺面为花兽之状，～，赤着身子，止用单布围腰。"《金瓶梅词话》三一回："身穿五彩洒线～狮子补子员领。"

【媃儿】 náo ér 同"猱儿"。元王晔《折桂令·问冯魁》："量你呵有甚风流浪子，怎消得多情俊俏～？"

nǎo

【恼】 nǎo ❶折磨；烦扰；忤逆不顺。唐李师政《内德论》："疾痛～之，则寝不安矣；刀锯伤之，则体不完矣。"元高明《琵琶记》二四出："奴家多番来定害公公了，不敢来相～。"清《歧路灯》二六回："自己孩子，没啥意思。谁家牛犊不抵母，谁家儿子不～娘？" ❷引逗；撩拨。《敦煌变文校注》卷五《维摩诘经讲经文（五）》："莫把娇姿染污我，休将天女～人来。"金《董解元西厢记》卷一："比及结绝了道场，～得诸人烦恼。"清《姑妄言》三回："春色～人，欲眠不得。" ❸怨恨；厌恶。唐卢仝《寄男抱孙》："任汝～弟妹，任汝～姨舅。"元关汉卿《新水令》："佳人有意郎君俏，郎君没钞莺花～。"清《醒世姻缘传》五一回："又兼这张瑞风衙门里起他的绰号叫是臭虫，人人都～他的。" ❹惹恼；触怒。《元曲选·赵氏孤儿》楔子："争奈傍边～了一人，乃是殿前太尉提弥明，一瓜槌打倒神獒。"明袁于令《双莺传》五折："好端端两个嫖客，被你～了去！"清《女仙外史》四〇回："不知怎么～了那个标致的大娘，他独自一个四更天来，把我们寺中杀尽。" ❺恼怒；生气。《元曲选·东堂老》一折："好意与他唱喏，倒～起来，好没趣！"明《金瓶梅词话》五八回："金莲紧自心里～，又听见他娘说了这一句，越发心中撺上把火一般。"清《水浒后传》一一回："里面赶出男女庄客救助，蒋敬也～了，飞拳拽脚，打得那些人东倒西歪。" ❻动心。《大宋宣和遗事》前集："休道徽宗直恁荒狂，便是释伽尊佛也～。"

【恼懆】 nǎo cǎo 犹"恼躁❶"。《元曲选外编·刘弘嫁婢》一折："姑夫家来～，我道为甚么来，没正经！"《元曲选·窦娥冤》一折："你老人家不要～，难道你有活命之恩，我岂不思量报你？"明《老乞大谚解》卷下："你罚下银五两与他卖主，悔将去便是，不须～。"

【恼触】 nǎo chù 烦恼触动；触怒。唐司马承祯《收心》："若心得定，但须安养，莫有～，少得定分，则堪自乐。"宋《三朝北盟会编》卷一九："只是贵朝敦笃誓好，无相～，女真家纯实，必无相误处。"清《飞龙全传》四〇回："三春听了，～心怀，双眉一皱，二目圆睁。"

【恼动】 nǎo dòng 触动；惹恼。明唐寅《二犯月儿高》："风，休吹入绣帏中，只怕～多情。"《醋葫芦》九回："这回～都氏性子，教他如何自肯甘休？"清《荡寇志》九八回："那边梁山营里～了赤发鬼刘唐，泼剌剌一马横冲，举刀助战。"

【恼番】 nǎo fān 同"恼翻"。元王实甫《五供养》："～了明皇，休学那李太白贬夜郎。"《元曲选外编·黄鹤楼》四折："则我这村性子不许收拾……休～，石亭驿摔袁祥撞塌头皮。"

【恼翻】 nǎo fān 犹"恼犯"。元佚名《寿阳曲》："～小姐挝了面皮，见丈人来怎生回避？"《元曲选·李逵负荆》一折："但半星儿虚谬，～我怎干休！"

【恼犯】 nǎo fàn 触怒；惹恼。《元曲选外编·霍光鬼谏》二折："天颜盛怒难分解，～着登时斩在目前。"明《禅真后史》三〇回："～了他，黑夜之际，率领千百餘大小猢狲，掀瓦拆屋。"清《儒林外史》二回："不要～了我的性子，揪着头发，臭打一顿。"

【恼聒】 nǎo guō ❶烦躁；烦恼。元睢玄明《耍孩儿·咏鼓》："把我似救月般响起来打蝗虫似哄不合，不信那看官每不耳喧邻家每不～。"明朱崇正《仁斋直指》卷二六附遗："又于欲吐未吐欲泄未泄交作，皆有～意思，皆须欢喜乐受。" ❷搅扰；烦扰。元佚名《庆东原》："姨夫每～，奶奶行收撮，落得个担儿沉，又惹得风声大。"明冯惟敏《不伏老》四折："希德此去，但打得过这番～呵！也就有自在处了。"薛瑄《续杜鹃行》："听之转急如有求，远客毋劳厌～。"

【恼害】 nǎo hài 骚扰侵害。《敦煌愿文集·儿郎伟（伯2058）》："寻勘浮游浪鬼，如何～人天。"宋洪迈《夷坚志》支甲卷九："为人颔恨可憎，众目为王龃齿，俗语指～邑落之称也。"明《金瓶梅词话》五九回："今你这儿子，必是宿世冤家，托来你荫下，化物化财，要～你身。"

【恼恨】 nǎo hèn ❶恼怒怨恨。元明《水浒传》二一回："若是今夜兜得他住，那人～都忘了。"明王世贞《中官考》："皇上心虽～，犹不忍加刑。"清《霓裳续谱·神魂困倦》："则见他体瘦形衰，～全消。" ❷对……恼怒怨恨。明《古今小说》卷四〇："一时间聚了四五十人，闻说妇人如此苦切，人人～那两个差人。"杨柔胜《玉环记》一七出："萧墙祸起在须臾，～童儿生谤非。"清《蒙古源流》卷三："后析产时，仅给勃端察尔有迎鞍短尾锈鬃貉皮马一匹，外并未给与他物，因～四兄，独向鄂诺江东去。"

【恼怀】 nǎo huái 烦恼。宋吕胜己《醉桃源》："高树杪，暗香微，悭香越～。更烧银烛引春回，英英露粉腮。"徐元杰《建讲日记》："臣所谓忧勤者，非谓以～为忧，以疲精为勤。"明邵璨《香囊记》三六出："娘行听解，且休为闲非～。"

【恼激】 nǎo jī ❶刺激使发怒；激怒。《元曲选·昊天塔》二折："某等他来时，我故意的着几句话～他，不怕他不和俺搭救父亲去也。" ❷发怒；气愤。明冯惟敏《不伏老》四折："俺二人已是在此，也省得家中～生气。"汤显祖《牡丹亭》五五出："平章听说女儿成了个色精，一发～。"

【恼乱】 nǎo luàn 搅扰；烦扰；扰乱。《敦煌愿文集·儿郎伟（伯3270）》："三危圣者部领，枷项递送幽燕。不许沙州亭宿，亦不许～川原。"《元曲选·救风尘》三折："无非花共酒，～我心肠。"清《隋唐演义》八八回："待之如家人父子一般，未免习成骄傲惰慢之故态，不觉一时狂肆，何足～圣怀！"

【恼闷】 nǎo mèn ❶懊恼烦闷。《法苑珠林》卷七一："我身不得自在随意东西，心常～，何因故尔？"明《梼杌闲评》一七回："进忠～一夜。次日来辞永贞要回去。"清陈端生《再生缘》九回："似这等，父母冤仇怎戴天。不但君家心～，熊友鹤，时常也要怒冲冠。" ❷使懊恼烦闷。唐《灵棋经》卷上："阳和欠发育，冷落不成春。好似巫山梦，徒然～人。"

【恼弄】 nǎo nòng 搅扰戏弄。宋洪迈《夷坚志》补卷九："我只是一个客，住三朝两日便去。共你们不相干，何消得无些巴鼻，故相～！"胡寅《寒食日约蔡生以雨不至》："细雨斜风～春，荒郊不见踏青人。"

【恼怒】 nǎo nù ❶生气；愤怒。宋杨士瀛《仁斋直指》卷九："息妄想，戒～，节饮食，以自培其根。"《元曲选·举案齐眉》二折："他好生的～，不知为何。"清《八洞天》卷四："岑鳞知道侄儿夺了他生意，十分～。" ❷惹恼；怨恨。《元曲选·风光好》一折："吾不与妇人同食，教他靠后，休要～小官。"清陈端生《再生缘》七八回："一时误听胡言语，～亭山怪少华。"《姑妄言》一五回："如～那个人，虽百般都是，还要在那是中寻出不是来才罢。"

【恼情】 nǎo qíng 使情怀烦恼。明周鼎《武林归兴》："回首乡园归去好，～风雨别离难。"孟称舜《娇红记》三二出："便做是春光～，看花过草亭，小女孩家、小女孩家，怎少的梅香伴行？"谢谠《四喜记》六出："欢初合，话未终，～偏是五更钟。"

【恼热】 nǎo rè ❶佛教所谓的烦恼热，指迷妄未悟者的种种身心烦苦。《法苑珠林》卷一〇一："何等为十？一安住仪式，二行慈境界，三无诸～……十解脱成熟。"《古尊宿语录》卷三〇《龙门佛眼和尚语录》："婆婆最有大因缘，一念清凉除～。"宋李纲《虞公明出示序观音诗事并颂》："譬如水月自清凉，能与世间除～。"❷令人烦恼的炎热。宋《密庵和尚语录》："好将一雨润焦枯，匝地清凉消～。"元王逢《过余山聪禅师道场送岩上人游五台》："兹为五台别，其山绝～。鹫来照春冰，羊角抟夏雪。"清纪昀《阅微草堂笔记》卷二一："觉恍惚迷离，如醉如梦，惟～不可忍。忽似清凉，则已在豕栏矣。"

【恼心】 nǎo xīn 烦心；烦恼。元明《水浒传》四五回："一个财主家，虽然十相俱足，一日有多少闲事～，夜间又被钱物挂念。"明《清平山堂话本·戒指儿记》："见夫人面带忧容，问道：'夫人，今日何故不乐？'夫人回道：'我有一件事～。'"《北宋志传》三二回："我等只存修养，莫将闲事～。"

【恼燥】 nǎo zào 同"恼躁❷"。明《朴通事谚解》卷中："老李听了～起来，便要打杀那媳妇。"《二刻拍案惊奇》卷二四："我们本官最怕乡里来缠，门上不敢禀得，怕惹他～。"清《清夜钟》八回："打了尼姑，将二兄的管门人也打起来。王氏知道，甚是～。"

【恼躁】 nǎo zào ❶烦躁；烦恼。《元曲选·黄粱梦》二折："大人今日来家，为甚这等～？"又《小尉迟》二折："老先儿不要～，只望二位看顾着尉迟公为元帅，我小子为副帅好么？"❷恼火；恼怒。明陆容《菽园杂记》卷一："民间俗讳，各处有之……讳～，以'谢灶'为'谢欢喜'。"《二刻拍案惊奇》卷一〇："做件衰衣与他家小厮穿了，叫他竟到莫家去做孝子，撩得莫家母子～起来。"

【嫍聒】 nǎo guō 同"恼聒❶"。《元曲选·黄粱梦》四折："你正果正是修行果，你灾咎皆因我度脱，早则绝忧愁，没～。"

【脑】 nǎo ❶即"脑子❶"。宋周密《天香·龙涎香》："碧～浮冰，红薇染露，骊宫玉唾谁捣。"宋元《警世通言》卷一〇："瑞～烟喷宝鸭，香醪光溢琼壶。"清《聊斋志异·花姑子》："以两手为按太阳穴，安觉～麝奇香，穿鼻沁骨。" ❷像脑髓那样的东西。宋许棐《月涧惠砚滴梅脑》之二："铜匜更炷冰花～，不到孤山也不妨。"清《歧路灯》九五回："吃了三个炊饼，一碗豆腐～儿。" ❸植物的嫩芽。清梁同书《直语补证》："俗言花叶初发者为～。"宋舒岳祥《留山甫》："韭苗香煮饼，菊～和烹茶。"佚名《渔家傲》："菊～姜牙一饭餘，其他安敢费功夫。" ❹物体的顶端。宋《朱子语类》卷二三："不是星全不动，是个伞～上一位子，不离其所。"元高安道《哨遍·皮匠说谎》："要着脚随人意，休教～窄，莫得趺低。"明《欢喜冤家》二〇回："善观书者，澄神端虑，净几焚香，勿卷～，勿折角。"

【脑包】 nǎo bāo 束裹头发的布。裹发后外戴冠或盔。明陈全之《蓬窗日录》卷八："做军莫做口外军，身挟战具八十斤。头盔～重得七，顿项掩遮以五论。"佚名《粉蝶儿·割耳寄》："到晚来洮羊皮作个耳檐，牦牛尾缝个～，无人出偷把菱花照。"清雍正五年三月二十七日李如栢奏文："窃前在陕西，见西安、宁夏、榆林等处步兵所穿绵甲，皆止甲身，不用甲裙；所戴之盔，皆止铁盔，不用挝缨～。"

【脑背后】 nǎo bèi hòu 脑后。金《董解元西厢记》卷一："大踏步走至根前，欲推户。～个人来，你试寻思怎照顾？"明《挂枝儿·网巾带》："到晚来不能勾共一头，遇侵晨又恐怕丢着～。"清《醒世姻缘传》七二回："云鬟紧束红绒，～悬五梁珠髻；雪面不施白粉，耳朵垂贯八宝金环。"

【脑撺】 nǎo cuān 犹"脑栽葱"。《元曲选外编·七里滩》四折："醉醺醺跳出龙门外，似草店上般东倒西歪，把我～的抢将下来。"

【脑搭】 nǎo dā 幼儿或老人戴的有后披能护住颈部的头巾。也指后脑连颈的部位。清《醒世姻缘传》二一回："徐老娘把小和尚抱到跟前，月白～上边顶着个瓢帽子。"又三六回："绰蓝布棉背心子，青布棉鞥鞋，青绸子～，打扮的好不干净。"《绮楼重梦》七回："宝钗恨得很，就接连打了他几个～儿，拉了他回到自己房去。"

【脑袋】 nǎo dài 头。宋张杲《医说》卷一〇引《名医录》："我夜夜梦数百小儿咂我～，所以疼痛叫唤。"金《董解元西厢记》卷八："牙关紧，气堵了咽喉；～裂，血污了阶址。"清《红楼梦》六五回："若小的不尽心，除非不要这～了。"

【脑袋骨】 nǎo dài gǔ 颅骨。元明《水浒传》九八回："手起双鞭齐下，～打碎了半个天灵。"清《红楼梦》七五回："这一起子没廉耻的小挨刀的，才丢了～子，就胡唚嚼毛了。"按，丢了脑袋骨子，指囟门闭合，颅骨长全。

【脑袋瓜】 nǎo dài guā 即"脑袋"。清《红楼梦》六七回："再有一字虚言，你先摸摸你腔子上几个～子！"△《七侠五义》一〇二回："你的小名叫小儿，他的小名叫大头。我也把你两人掐到一块儿，叫你们两人小～儿。"《三侠剑》六回："王七在彩棚中答道：'再晚生在此。'摇着小～喜乐非常。"

【脑额】 nǎo é 额头。宋华岳《翠微先生北征录》卷七："近日符离、陈蔡之役，马多被伤中寿星～而死。"元蒋宗简《送徐使君入觐效古·效李长吉》："银海照光空欲滴，偃月伏犀生～。"清《续金瓶梅》五六回："羽滚流星，响咚咚贯穿～。"

【脑儿酒】 nǎo er jiǔ 一种加入龙脑香料的酒。《元曲选·范张鸡黍》一折："小二哥，打二百钱～来。"明冯惟敏《不伏老》一折："羔儿酒、～、珠儿酒，都是加味细酒。"《朴通事谚解》卷上："支与竹叶青酒十五瓶、～五桶。"注解："～，《质问》云：做酒用麵曲、药料为糵，久封不动，其色红而味最纯厚……又云：好曲好米作酒，成熟粘稠有味，不用参和。"

【脑儿赛】 nǎo er sài 优秀；漂亮。清《红楼复梦》八回："珍大奶奶笑道：'四丫头又发标了。'宝钗笑道：'你不知道，近来的四丫头他是一等的～。'"又二四回："他两个在西院里要算～。本来人也安静，又和气，就是同咱们也好。"又二九回："彩凤道：'杨嫂子本来是这里一等一的～。'杨嫂子道：'我来找大爷，并不是来同姑娘们赛脸蛋儿。我若是长着好脑袋，也陪着大爷喝个酒儿逗个趣儿，身上的钟儿、表儿、金镯子儿全有了。'"

【脑盖】 nǎo gài 即"脑盖骨"。《敦煌变文校注》卷三《燕子赋(一)》："胥是捉我支配：捋出脊背，拔却左腿，揭却～。"《元曲选·小尉迟》四折："我将这水磨鞭款款摩抡，只待打碎他～纷纷。"清《女仙外史》六回："我此时就砍了他～，尚以为迟，他还想着活么？"

【脑盖骨】 nǎo gài gǔ 颅顶骨。也指颅骨。《敦煌变文校注》卷二《韩擒虎话本》："说此膏未到顶门，一事也无，才到～上，一似佛手捻却。"明《二刻拍案惊奇》卷二五："回避不及，打着～，立时粉碎。"清《荡寇志》一一五回："又叫庄客用利斧将那死豹的～凿开，取下那支水晶角来。"

【脑箍】 nǎo gū ❶一种刑具，套在头上并加木楔收紧。《宋史·刑法志二》:"缠绳于首,加以木楔,名曰～。"《元曲选·救孝子》三折:"则你那捆麻绳用竹签,批头棍下～。"清《野叟曝言》五六回:"看这厮不出,会禁大刑! 拿～来,箍出脑髓,看他会禁!" ❷ 勒子;头箍。清《女仙外史》二〇回:"正中间白马上,斜坐着一位方口长耳,剑眉豹眼,雪白团脸女头陀,齐眉剪发,额周围勒个金～。"《玉蟾记》八回:"倭先锋赤发散披,金～上一朵红绒球。" ❸ 比喻束缚。清《玉蟾记》一四回:"忽有书童跑来说:'相公,不好了。老爷作怪,出下个甚么春日诗题,请相公做成了方许出门。'彪说:'嗳,老胡子冤家,如此好春光,叫我上起～来则甚?'"

【脑瓜】 nǎo guā 头。清《姑妄言》:"你们这些斫～子的,有话好讲。"《绮楼重梦》三回:"才知道婆婆病了多时,妈妈已经死了,灵柩也回去了。就像～上浇了一盆冷水。"

【脑瓜骨】 nǎo guā gǔ 犹"脑盖骨"。清《绿野仙踪》二回:"一只猫儿眼,几生在头顶心中;两道虾米眉,竟长在～上。"

【脑后帐】 nǎo hòu zhàng 事后反悔而对前事的追究。清《醒世姻缘传》五八回:"我要有甚么惹着他,我到了黑夜陪陪礼,他就罢了。他就只是翻脸的快,～又倒沫起来。"又七〇回:"要是为交的货物不停当,这已是过了这半年,没的又～撅撒了?"

【脑浆】 nǎo jiāng ❶ 脑髓。元古本《老乞大》:"就那里拿起一块大石头,投那人头上打了一下,打出～来,死了。"《元曲选·陈州粜米》一折:"依着我性,则一下打出～来。"清《雪月梅》四八回:"措手不及,被一铁锏打得～迸裂而死。" ❷ 脑筋;脑子。清《白雪遗音·酒鬼》:"阿哥的皮性儿我最知道,提起来,我的～子生疼还怕的荒。" ❸ 酒浆的恶称。清《风流悟》七回:"你欺负得我也够了,为何今日囔了些～,又来骂我。"

【脑揪】 nǎo jiū 揪着头发。元明《三国志通俗演义》卷二:"卓笑曰:'原来如此。'命吕布于筵上～司空张温下堂。"明《禅真逸史》三一回:"只见天将乘云,～一人,掷于堂前。"清《女仙外史》八六回:"左右校士如飞登岸,见不是厉志,遂～着来见元帅。"

【脑酒】 nǎo jiǔ 即"脑儿酒"。金朱弁《善长命作岁除日立春》:"且喜春盘兼守岁,莫嗟～易经年。"

【脑门】 nǎo mén 头的囟门或囟门部位。唐孙思邈《备急千金要方》卷六二:"～受寒气,结在关元,强行阴阳,精少餘沥。"《元曲选·谇范叔》三折:"你看我这巾帻旧、雪冰透我～,衣衫破、遮不着我这项筋。"清《红楼复梦》四一回:"贾府的爷们瞧见,气都冲了～子,拿着鞭子一路混打。"

【脑门头】 nǎo mén tou 即"脑门"。明冯惟敏《粉蝶儿·辞署县印》:"心窝上垛了一脚,～楔了几拳。"清《说岳全传》五〇回:"忽然一阵酒气冲入～里,霎时疼痛起来。"

【脑皮】 nǎo pí ❶ 皮革加工。《法苑珠林》卷一〇二:"复有五事:不得与～家往来,不得与蓝染家往来,不得与养蚕家往来,不得与压油家往来,不得与掘鼠藏家往来。" ❷ 头皮。《辽史拾遗》卷二二引《鸡林类事》:"惟死罪可久,甚者髀骨相磨,～折裂。"明蔡清《椒邱先生传》:"令有司验甲尸,～里有沙石。仵作定为溺死。"汤显祖《牡丹亭》四〇出:"尽了法,～撞。得了命,卖了房。"

【脑杓】 nǎo sháo 头的后部。《元曲选·救风尘》一折:"怕不便脚搭着～成事早,怎知他手拍着胸脯悔后迟。"元明《水浒传》三二回:"是我走的慌了,脚后跟只打着～子。"清《红楼梦》一〇〇回:"就是我有七分不好,也有三分的好,总不要一去了把我搁在～子后头。"

【脑梳】 nǎo shū 压发梳。也是一种首饰。元刘时中《端正好·上高监司》:"鸡头般珠子缘鞋口,火炭似真金裹～。"《明史·舆服志三》:"品官命妇冠服:(一品)金压鬓双头钗二,金～一,金簪二……(七品)银间镀金压鬓双头钗二,银间镀金～一,银间镀金簪二。"

【脑水】 nǎo shuǐ 即"脑浆❶"。清《后水浒传》二六回:"将一班娶亲人打得落花流水,挡着的～迸流,点着的肠随棍出。"

【脑弹】 nǎo tán 用手指弹击头部。清《姑妄言》:"那贾文物自出娘胎,～也没人挨他一下。今被这一掌,耳朵中磬响了一声,打个发昏。"

【脑头】 nǎo tóu ❶ 头顶;头部。唐李筌《太白阴经》卷三:"鉴头骨玉枕文额法:～高耸起,将军。"清《荡寇志》一二八回:"李成一心要取宋江,不防～一禅杖打来,头颅迸碎。" ❷ 事物的开头或前端。宋鲍云龙《天原发微序》:"朱子谓先圣教人就逐事上说合,凑将来即归大处;濂溪却就大～上发出,使人透体便知。二者各有所指,其原则一而已。"袁甫《蒙斋中庸讲义》卷四:"～上将一'圣'字,贯下面数句。"△清《七剑十三侠》七四回:"头带黄金盔,身穿一副盘龙锁子黄金甲,脚下花～战靴。" ❸ 植物的嫩芽。清梁同书《直语补证》:"俗言花叶初发者为脑,亦曰～。"《广群芳谱》卷五一:"(菊)不可令中间头长,～一起即掐一段。"

【脑油】 nǎo yóu 头皮分泌的油脂。清《绿野仙踪》二二回:"头戴旧儒巾,秤～足有八两。"《飞花艳想》一五回:"一顶方巾透～,海青穿袖破肩头。"《姑妄言》一九回:"头上烂烂一顶巾,以饭糁做补丁而～浸透。"

【脑栽葱】 nǎo zāi cōng 形容头朝下跌。清《醒世姻缘传》三三回:"三不知把那树橛一扳,～跌得四马攒蹄仰在那茅坑里面。"又九三回:"在那七层桌上左旋右转,风魔了的一般,眼花头晕,焉得不～搠将下来?"

【脑枕】 nǎo zhěn 头后下部;枕部。五代孙光宪《北梦琐言》卷一二:"先主又于作院见匠人裹里小朵帽子,前如鹰嘴,后露～,怪而截其嘴也。"《太平御览》卷三六四:"《李和别传》曰:'公耳有奇表,～如鼎形。'"

【脑桩】 nǎo zhuāng 犹"脑栽葱"。桩,身体倒竖状。《元曲选外编·衣袄车》三折:"箭着处支楞楞撇了画戟,扑簌簌掉了豹尾,～的落马马空回。"明佚名《献蟠桃》二折:"到半空中,～子跌下来。"

【脑子】 nǎo zi ❶ 即龙脑香,又称冰片,可作香料及药。宋《三朝北盟会编》卷二二〇:"内库偶阙～。上一日要～,求之于桧,桧取一匣进之。"明徐渭《读文信公仙岩祠集焚吊》:"～不灵尤怪事,竟将腔血洒燕京。"清王夫之《永历实录》卷三:"化澄迫,乃服～四两死。" ❷ 脑组织;脑髓。明高濂《遵生八笺》卷一〇:"兽禽～勿食。"《封神演义》一八回:"若开了眼时,跌出～来,不要怨我。"清《红楼梦》六二回:"忽见碗内有半个鸭头,遂拣了出来吃～。" ❸ 脑袋;头。明《梼杌闲评》一三回:"你还说心不坏,该雷打你～才好。"清《红楼复梦》二二回:"倒像揭开天灵盖倾了一桶陈醋下去,自从～酸起,一直酸到骨缝里。" ❹ 脑筋;脑神经。清孔尚任《桃花扇》一出:"你每日倚着塞门桩子使唤俺,今以后叫你闻着俺的风声～疼。"《歧路灯》三九回:"所以见了这一号人,～都会疼痛起来。" ❺ 指精液。元曾瑞《四块玉·村夫走院》:"逞富豪,沾花草,遍休村筋不曾挑。入门着几连珠炮。骨髓剜,～掏,可早觉。"清《姑妄言》:"女道:'……他把我抱到床上,扯去裤子,弄出许多血来。'母惊道:'你这样吃亏,还说讨了他的便宜。'女道:'我不曾说完了呢。过了一会,我把他的～都夹了出来,岂不得了便宜?'"《别有香》四回:"(妇)摸僧具软,不快道:'这怎么了?'了空谢罪道:'小僧该死。'妇道:'事倒无妨。只是这～不与我,倒与了贱婢。可恨!'"

nào

【闹】 nào ❶ 聚集；簇聚；汇集。唐王建《寄汴州令狐相公》："水门向晚茶商～，桥市通宵酒客行。"宋黄庭坚《送吴彦归番阳》："黄花满篱落，白蚁～瓮盎。"元盍西村《小桃红·江岸水灯》："万家灯火～春桥，十里光相照。" ❷ 浓密；浓郁；繁盛；明艳。唐严武《题巴州光福寺楠木》："高枝～叶鸟不度，半掩白云朝与暮。"元胡祗遹《快活三过朝天子·赏春》："野桥，路迢，一弄儿春光～。"《元曲选·百花亭》一折："一声查梨条卖也，猛听了心欢悦，我向这～花深处紧搀截。"清《霓裳续谱·半万贼兵》："乌纱小帽绕眼明白蓝净，角带～黄鞓，衣冠齐楚庞儿俊。" ❸ 热闹；激烈。唐韩愈《顺宗实录》："置白望数百人，于两市并要～坊，阅人所卖物。"明《二刻拍案惊奇》卷二："见村中老人家每动手下棋，即袖着手儿站在旁边呆呆地厮看。或时看到～处，不觉心痒。"清《醒世姻缘传》七四回："这告示贴在本镇～集之所与各庙寺之门，都将薛氏金榜名标。" ❹ 喧闹；喧哗。唐韩愈《潭州泊船呈诸公》："夜寒眠半觉，鼓笛～嘈嘈。"元马致远《清江引·野兴》："西村日长人事少，一个新蝉噪。恰待葵花开，又早蜂儿～。"清《儒林外史》五回："话说众回子因汤知县枷死了老师夫，～将起来，将县衙门围的水泄不通。" ❺ 吵闹；争吵。《敦煌变文校注》卷七《解座文汇抄》："才亡三日早安排，送向荒郊看古道。送回来，男女～，为分财物不停怀愕(懊)恼。"《元曲选·东堂老》楔子："我去，我去，你休～。"清《红楼梦》七一回："心中早已不自在，指鸡骂狗，闲言闲语的乱～。" ❻ 忙乱；烦忙。《太平广记》卷三七五引《通幽记》："引至一曹司，见文案积屋，吏人或二或五，检寻甚～。"元武汉臣《老生儿》二折："引的我半生忙，十年～，无明夜攘攘劳劳。"清《红楼梦》一一回："次日，仍是众族人等～了一日，不必细说。" ❼ 心中纷乱不清净。《景德传灯录》卷八《汾州无业禅师》："师又问：'如何是祖师西来密传心印？'祖曰：'大德正～在，且去，别时来。'"宋《朱子语类》卷一二："静坐久时，昏困不能思；起去，又～了，不暇思。"清《红楼梦》一〇〇回："我却明白，但只是心里～的慌。" ❽ 扰动；搅闹；纠缠。唐郑谷《蜀中寓止夏日自贻》："涨将垂蝃蝀，骤雨～芭蕉。"明《西游记》一四回："我是五百年前大～天宫的齐天大圣。"清《歧路灯》三〇回："一个管街的保正，见谭相公被一个人～住，口中大声道：'那里来了一个无赖光棍，青天白日，想骗人么？'" ❾ 纷争；厮杀；争斗。唐杜荀鹤《友人赠舍弟依韵戏和》："还缘世遇兵戈～，只恐身修礼乐迟。"元孙叔顺《点绛唇·咏教习鼓诉冤》："他每都披着纸甲，挂着战袍，番来复去由～，早难道杀气阵云高。"清《霓裳续谱·太君有命》："休道俺小花枝嫩又娇，俺可也勇相持在疆场～，俺可也退番兵能战鏖。" ❿ 举行庆贺、祭祀、游乐等活动。唐杜甫《寒食》："田父要皆去，邻家～不违。"明徐元《八义记》五出："我们神歌鬼舞，孩孩迓鼓，孩来好也使人观看，诸社大～争先。"清《儒林外史》六回："看看～过头七，王德、王仁科举回来了，齐来吊孝。"《歧路灯》七七回："公子性儿，～戏旦子如冉蛇吞象一般，恨不的吃到肚里。" ⓫ 发生；引发；造成。元《武王伐纣平话》卷中："比干打酒池肉林、炮烙虿盆边过，忽有旋风～起，睹是枉死生灵。"清《醒世姻缘传》九一回："寄姐怕刑厅计较，不敢十分作恶；大奶奶又怕狄经历家～笑话，不肯十分逞凶。"《绿野仙踪》一五回："因为讨几个房钱，年年和人～口角。" ⓬ 指各种动作行为。干；弄；搞。清《红楼梦》五六回："但他们既辛苦～一年，也要叫他们剩些粘补粘补自家。"《绿野仙踪》五二回："说着，恭恭敬敬作了三个揖。金钟儿笑道：'你还和我～这些礼数？'"《霓裳续谱·腊月二十三》："你把那糖瓜子、糖饼子，灶火门上与我粘粘一个遍，等我～上点子甜的，好替你美言。"《歧路灯》三二回："可惜年轻没主意，将来只怕把产业都～掉哩。" ⓭ 指嫖妓或性交。明《挂枝儿·妓》："子弟们初出景听我教导，第一件要老成，切莫去～，小娘们就是活强盗。"清《绿野仙踪》四八回："下贱的，还要白日里和人打枪，与没廉耻的猪狗一般。你看那猪狗，不是青天白日里～么？"《白雪遗音·养汉老婆》其三："似你这土条子媳妇，竟敢望爷们来起调！难道说，不要钱白叫爷们～。"

【闹场】 nào chǎng ❶ 热闹场所；喧闹环境。宋《朱子语类》卷一一六："若浑身都在～中，如何读得书？"明章懋《与李冬官一清书》："又谓终日在～中，难得长进。"清《痴人福》四回："若还如此，将来的静室，竟要变做～了。" ❷ 指游乐场所。明魏学洢《制义自序》："甲寅年，始入～，相务为声色，砌之凑之，修之削之，种种俱堕苦海。"金銮《新水令·送吴怀梅还歙》："我和你旧情洽，～儿闲戏耍。你可甚判柳评花。" ❸ 使场所喧闹；搅乱考场、会场等。明汤显祖《牡丹亭》二三出："怕弹珠儿打的呆，扇梢儿扑的坏，不枉了你宜题入画高人爱，则教你翅膀儿展将春色～来。"清《八旗通志》卷九九："而童生海成，系包揽传递首先倡议～之犯，一闻覆试，辄将～时带出之卷，倩人补作，捏饰投递，希图狡脱。"《醒世姻缘传》八八回："那日金龙大王庙里有人还愿，那妇人在庙烧纸，站住了看戏，被大王附在身上，在那里～。"

【闹吵】 nào chǎo ❶ 同"闹炒❹"。宋吴自牧《梦粱录》四库本卷一〇："或有～不律公事投铺，即与经厢发觉，解州陈讼。" ❷ 同"闹炒❷"。脉望馆本《任风子》四折："那里这般有贼盗，庵门前谁～？"清洪昇《长生殿》三四出："〔内喊小心巡逻介〕巡更的空～，怎知俺宫闱暗绕，苑路斜抄，凑昏君沉醉倒。" ❸ 烦躁；烦闹。《元曲选·神奴儿》一折："见孩儿撒滴旎，放娇痴，心～，眼乜嬉，打阿老，痛伤悲。"

【闹炒】 nào chǎo ❶ 打搅；搅闹；搅扰。宋元《古今小说》卷三九："有我们这样老无知、老禽兽，不守本分，惯一招引闲神野鬼上门～！看你没饭在锅里时节，有那个好朋友，把一斗五升来资助你！"元《三遂平妖传》八回："昨晚因见两轮月，～了州城一夜。"明梁辰鱼《浣纱记》一七出："他身子不好，我们不好在此～，连忙回去送药来。" ❷ 吵嚷；喧哗；喧闹。《元曲选·曲江池》四折："〔卜儿上云〕叫化咱，叫化咱。〔正旦云〕那门外又是甚么人～？我试看咱。"六十种曲本《琵琶记》一〇出："远远望见一簇人马～，想是状元来了。"明邵璨《香囊记》三九出："门外一簇人马～，想必是官员每来上香，你二位回避。" ❸ 絮聒；唠叨。《元曲选·冻苏秦》一折："等他自措盘缠求官去来，省的在我耳朵根边，终日子曰子曰，伊哩乌芦的这般～，倒也净办。"六十种曲本《琵琶记》四出："有个孩儿，也读两行书，他爹爹每日～，只是教孩儿去求官，孩儿吃不过爹爹～，去到长安。" ❹ 争吵；争斗；吵闹。明柯丹邱《荆钗记》一〇出："妹子回来一次，惹得他母子～，今后再不要你回来。"张景《飞丸记》八出："埋伏他回家的往来要道，若有赃贿，奔回时抢他些，与他～一场。"清《醒世姻缘传》引起："若是遇着个不贤妻子，嫌贫恶贱，终日～，怕那陈仲子不同食万钟之粟？"

【闹簇】 nào cù 攒聚；丛集。金元好问《杏花》："桃李前头一树春，绛唇深注蜡犹新。只嫌憨笑无人管，～枯枝不肯匀。"元白朴《沁园春·吕道山左丞觐回》："看金鞍～，花边置酒，玉盂旋洗，竹里供茶。"王恽《万寿宫芙蓉杏花》："～生红满枯枝，今朝看处雪离披。"

【闹动】 nào dòng ❶ 喧闹烦扰；虚浮热闹。《敦煌变文校注》卷四《八相变(一)》:“如是六天之内:近上则玄极太寂,近下则～烦喧,中者兜率陀天不寂不闹。”明黄淳耀《陶庵自监录》:“金贵百炼,唯人亦然。若不向～处打过一番,只是兀兀堆堆,闭关面壁,纵饶闭之又闭,面之又面,一经～,便已纳了败缺也。”蔡清《四书蒙引》卷七:“下学而上达,孔子还是敛退说话,不似今人说得～了。” ❷轰动;惊动。元《三遂平妖传》一三回:“卖了半个月,～了贝州一州人,都说道:‘有一个妇人在州衙前卖泥腊烛,且是耐点。’”明孟称舜《死里逃生》一出:“学了几句口头禅话,在人前说的天花乱坠,～了京城官宦。”清《情梦柝》七回:“看任大,已呜呼了。～地方,都道履安打死人。” ❸扰动;搅乱。元明《水浒传》二回:“史进先杀了一两个人,结识了十数个好汉,大～河北。” ❹闹腾;喧嚷。元明《水浒传》三回:“你两个都头都不要～,权退一步。我自绑缚出来,解官请赏。”又二八回:“都不要你众人～,要打便打。” ❺奏响。明王衡《郁轮袍》三折:“当日朝朝暮暮～梨园乐,玉真妃也亲抱纤腰。” ❻哄传。清《红楼梦》九六回:“那人赶忙磕了两个头,抱头鼠窜而去。从此街上～了‘贾宝玉弄出假宝玉来’。”

【闹斗】 nào dòu　争斗;吵闹。明《西洋记》二六回:“我既超三界外,不在五行中,怎么又来管你凡间甚么闲争闲～?”清《聊斋志异·吕无病》:“时怒迁夫婿,数相～。孙患苦之。”

【闹赌】 nào dǔ　赌博。清《歧路灯》五〇回:“闺阁中～,老樊伺候过场,抽过头儿,牌儿色子还懂哩些。”△《红楼圆梦》七回:“那薛蟠自同宝蟾偷了这宗东西,手头松动,又去～。”

【闹蛾】 nào é　用纸或绢制成的蛾、蝶等状头饰,妇女儿童在立春、元宵等节日插戴。宋周密《武林旧事》卷二:“元夕节物,妇人皆戴珠翠、～、玉梅、雪柳。”明《金瓶梅词话》七八回:“玳安与王经穿自新衣裳新靴新帽,在门首踢毽子儿放炮仗,又嗑瓜子儿,袖香桶儿,戴～儿。”清查慎行《凤城新年词》之六:“巧裁幡胜试新罗,画彩描金作～。”

【闹鹅】 nào é　同“闹蛾”。元明《水浒传》六六回:“时迁挟着一个篮儿,里面都是硫黄、焰硝、放火的药头,篮儿上插几朵～儿。”

【闹房】 nào fáng　即“闹新房”。明《二刻拍案惊奇》卷一五:“徽人风俗,专要～炒新郎。凡亲戚朋友相识的,在住处所在,闻知娶亲,就携了酒榼前来称庆。”清《儒林外史》三〇回:“昨晚如夫人进门,小弟不曾来～,今日贺迟有罪。”袁枚《续子不语》卷六:“邵又房娶妻,南方诸同年贺之,意欲～拜见新人也。”

【闹垓】 nào gāi　即“闹咳”。清《霓裳续谱·老头儿半百》:“老头儿半百,一心里要娶个小奶奶,这桩事教我难擘画,终日里～。”

【闹竿】 nào gān　一种插挂有多种细巧物件的竹竿,是一种春季上坟踏青的节令饰物,也可作儿童玩具。宋周密《武林旧事》卷三:“至于果蔬、羹酒、关扑、宜男、戏具、～、花篮、画扇……等,谓之湖中土宜。”宋元《古今小说》卷三六:“只见扑地撞着侯兴额头,看时却是人头、人脚、人手挂在屋檐上,一似～儿相似。”明徐霖《绣襦记》三一出:“只见那柳阴之下,香车宝马,高挑着～儿,挨挨挤挤哭哭啼啼都是女妖娆。”

【闹鬼】 nào guǐ　❶扰鬼;捉鬼。明《型世言》二二回:“纱帽斜按,怒哞哞～锺馗;戈戟重围,恶狠狠投唐敬德。” ❷出现鬼怪。清《红楼复梦》三九回:“咱们家的故事也实在多,昨日闹强盗,今日又～。” ❸捣鬼;使用诡计。清《红楼梦》一〇四回:“你们两个又～了。何不和二奶奶说了,就到袭人那边睡去。”《红楼复梦》六三回:“你们倒会～,我竟不知道。既知会亲族,何苦又要叫人家送礼?”

【闹咳】 nào hāi　闹哄;吵闹。明徐复祚《投梭记》一六出:“气吁吁走来,乱纷纷～。那风婆子似狼豺,恰便是煞神儿降下阎浮界。”梅鼎祚《玉合记》四出:“绮罗深处,约翩翩拂袖招,一群儿～齐打哄娇还小。”

【闹薅】 nào hāo　搅乱;骚扰。清李玉《清忠谱》六折:“今日是神像进祠吉日,撞着这狗弟子孩儿,～这一场。”

【闹烘】 nào hōng　同“闹哄❸”。明《型世言》一八回:“有几个至亲来送,也止是来应故事,那得似上任时～。”

【闹哄】 nào hòng　❶喧争;纷乱。《元曲选·小尉迟》一折:“休烦恼你个小先锋,不争你九里山前厮～。”元明《水浒传》四四回:“却说戴宗、杨林自酒店里看见那伙做公的人来寻访石秀,～里两个自走了。”清《说唐后传》四七回:“又把火炮、灰瓶、火箭打个不住,一直～到黄昏时候,番兵才得退回营去。” ❷喧哗;嘈杂。元萧德祥《小孙屠》一一出:“门前～,不知甚事。”明《禅真逸史》三六回:“忽听得军马喧阗,人声～。”许三阶《节侠记》二四出:“听清笳～,连天野烧红。” ❸繁华;热闹。明《西洋记》九四回:“京城地面街道又宽阔,灯火又～。那妖精贪看了一会。” ❹哄闹;欢闹。明《二刻拍案惊奇》卷二五:“那些女儿～了几日,各要回去。”

【闹花】 nào huā　❶团花;繁花。宋觉范《邹必东竹枕》:“不用制囊裁古锦,春寒长搭～衾。”元朱庭玉《哨遍·伤春》:“唤起琐窗离恨,～深处鸣啼鴂。”明徐㽦《杀狗记》二一出:“动人情意儿,见游蜂趁粉蝶往来园内。争如共伊不暂离,同携手～丛里。” ❷喧闹赏花。宋王柏《湖上》:“声歌只解～天,谁肯敲冰棹小船。要识湖山真面目,偷他冷月访三贤。”

【闹混】 nào hùn　犹“闹哄❹”。明《金瓶梅词话》一六回:“又被应花子猜着,逼勒小厮说了几句,～了一场。”

【闹酒】 nào jiǔ　用行令、唱曲、携妓等方式喧闹饮酒。清《绿野仙踪》一三回:“众贼起先也有看见树林密处,影影绰绰有人行走,只因～,便认为樵采之人,不以为意。”《绮楼重梦》三〇回:“众人是备着晚间要～的,都留着量,不很喝。”《蜃楼志》一六回:“伊父候选盐提举万魁身故,讵芳不遵守服制,～宿娼。”

【闹蓝】 nào lán　❶喧闹的寺院。蓝:伽蓝,寺院。宋《圆悟佛果禅师语录》卷二〇《禅人写真求赞》之一八:“七处入～,近来稍静谧。” ❷引申指喧闹多事的场合。宋洪迈《容斋四笔》卷一五:“政和末,老蔡以太师鲁国公总治三省,年已过七十,与少宰王黼争权相倾……士论指三馆为～。”

【闹篮】 nào lán　❶同“闹蓝❶”。《五灯会元》卷一八《万年昙贯禅师》:“四明太守以雪窦命师主之,师辞以偈曰:‘～方喜得抽头,退鼓而今打未休。莫把乳峰千丈雪,重来换我一双眸。’”又卷一九《大沩法泰禅师》:“文殊走入～中,普贤端坐高楼看。” ❷同“闹蓝❷”。宋李曾伯《水调歌头·幕府有和再用韵》:“休诧穿杨妙手,乘早～抽脚。”元刘时中《满庭芳·自悟》:“撮艳处从今怕揽,～中情愿妆憨。”

【闹龙】 nào lóng　舞动的龙。一种装饰图案。清《红楼梦》五三回:“五间正殿前悬一～填青匾,写道是:慎终追远。”陈端生《再生缘》六〇回:“王后娘娘抬玉手,拉了拉,～圈椅坐中间。”《飞龙全传》三回:“只见正中设着一张～交椅,两旁放着两个绣墩。”

【闹乱】 nào luàn　❶喧闹;烦乱。《敦煌变文校注》卷一《伍子胥变文》:“金甲昤胧,银鞍焕烂,腾踏山林,奔波～。”《五灯会元》卷八《永隆慧瀛禅师》:“曰:‘为甚么道:“无为无事人,逍遥实快乐”?’师曰:‘为～且要断送。’”明顾清《闻刘南村将至先寄》:

"正喜床头新酒熟，忽闻江外故人来。不知灵鹊谁传与，～檐前日几回。" ❷ 纷争；嚷闹。明《石点头》卷三："你既真心皈依，老僧怎好坚拒不纳，退人道心。但你一来不识文理，二来与大众们～一番。若即列在师弟师兄，反不和睦。"清《绿野仙踪》六回："自此不隔三五天，总要把国宾等叫来骂一顿，～了半月有餘，方才休歇。"又七九回："说到伤心处，两人又大哭起来。急的体仁这边一拉，那边一推，恨不得将二人口唇割下。直～的不哭了方休。" ❸ 闹乱子；出事故。清《红楼梦》一一九回："他上回看家就～儿，如今我去了几个月，便闹到这样。"《红楼复梦》四一回："快些送他回去，别～儿。这几天城上拿的紧。" ❹ 搅乱；搅扰。清陈端生《再生缘》三三回："话说刘郡主听了这一番信息，悲喜交集，～了一片芳心。"又四五回："这番～荆襄地，引出个，杂货行中堂店官。"

【闹攘】 nào rǎng ❶ 喧闹嘈杂。《元曲选·陈抟高卧》四折："出家儿心地本清凉，怎禁得直恁般～！"明郑若庸《玉玦记》二〇出："天街晚，归人～。"清黄宗羲《明儒学案》卷五五："日间宁静时多则性见，～时多则气杂。" ❷ 吵闹；喊叫；哄闹。元明《水浒传》七三回："你且不要～。那刘太公不死，庄客都在。俺们同去面对。"明沈璟《二郎神·太霞新奏序》："奈独力怎提防？讲得口唇干空～，当筵几度添惆怅。"《醋葫芦》二回："三三两两，～之际，正愁没个法儿弄员外进房。" ❸ 繁华热闹。明《杜骗新书·在船骗》："脚夫见其来迟，一步紧一步，攒入城门，入～处，更是疾行，遂挑入曲巷逃走。"

【闹攘攘】 nào rǎng rǎng 即"闹蛾"。清《姑妄言》一三回："抿嘴咬唇，未语先笑，浑身颤巍巍动个不住，就像年下卖的～一般。"

【闹嚷】 nào rǎng ❶ 同"闹攘❶"。元明《水浒传》九九回："早有童枢密带来的大将王禀、赵谭入洞助战，听得三军～，只说拿得方腊，径来争功。"明叶宪祖《鸾鎞记》九出："堂前～，敢是司马题桥，游子严装？"《二刻拍案惊奇》卷五："正是～之际，不知那个伸手来我背上接了去。" ❷ 同"闹攘❷"。明《二刻拍案惊奇》卷一九："众人也有服的，也有不服的，喧哗～起来。"清雍正六年正月二十四日宜兆熊奏文："今此案先据同知三保详报称：成额等～公堂，内有伯寿等指其受贿一节。"《情梦柝》六回："及闻得里边～，虽听得不清，胆已惊碎。"

【闹嚷嚷】 nào rǎng rǎng 同"闹攘攘"。明沈榜《宛署杂记》卷一七："以乌金纸为飞鹅、蝴蝶、蚂蚱之形，大如掌，小如钱，呼曰～。大小男女，各戴一枝于首中。贵人有插满头者。"

【闹热】 nào rè 热闹。❶ 景象繁盛、繁华。唐白居易《雪中晏起偶咏所怀》："红尘～白云冷，好于冷热中间安置身。"明梁辰鱼《浣纱记》一八出："遍城～，竹歌簇拥欢衕，鸾车杂沓香尘绝。"清《醒世姻缘传》一五回："那旱石桥下，倒是个～所在，卖水果的，卖大米水饭的，一行两行的挑过。" ❷ 喧闹；闹哄；忙乱。宋元《清平山堂话本·花灯轿》："只听得街坊人～，又听得鼓钹声喧，张待诏出门问：'做甚么鼓钹响？'有人道：'能仁寺长老惠光禅师引众僧来抄化斋粮，因此～。'"明《梼杌闲评》一四回："楼上才摆桌子，忽听得门外～，七官下楼来看。"清《雪月梅》二四回："殷勇一并拜领，款待差官，直～到傍晚各官方散。" ❸ 显耀；富有生气；兴旺。明周顺昌《与吴公如书》："须杜门守静，不可学搢绅家～。妇女敢伫立门前者，归当重治。"徐霖《绣襦记》二四出："你看别人家～烘烘，惟有我家呵！车马寂无声。"清方成培《雷峰塔》一二出："好～生意啊！" ❹ 声势大；势头足。明《醋葫芦》一九回："不若趁此机会哄他上来，劝他打场～官司，大家活动如何？"清《野叟曝言》九二回："两边吃粥的声响，甚是～，把云北听动了火，问顿氏讨吃。"《姑妄言》五回："街上人看见，都咬指侧目，遇见他是犹恐避之不及，谁敢不叫他一声老爷？～得紧。" ❺ 兴致高；有趣味。明《警世通言》卷三四："一日清明节届，和曹姨及侍儿明霞后园打秋千耍子。正在～之际，忽见墙缺处有一美少年。"清《豆棚闲话》一则："左手拿着不知甚么闲书，看到～所在，有一首五言四句的诗，忽然把扇子在凳上一拍，叫将起来。"《痴人福》三回："吴氏道：'姐姐，今晚不如到我房里来去睡，还有～之处。'周氏道：'你也是个女子，有何～之处。'吴氏道：'我有一件东西，同那话儿差不多。大家来去～。'" ❻ 使热闹；活跃。明叶宪祖《北邙说法》："一向阎罗王殿下，轮回道中十分壅塞，俺这山中有的是闲散鬼魂，都来～俺的衙门。"又《鸾鎞记》二〇出："怎么不多设些鼓乐，吹的吹打的打，做他几个杂剧院本，～一～，倒是这般静悄悄的？" ❼ 热闹的景象；光景。清《连城璧》子集："可见天地之间，没有做不了的戏文，没有看不了的～。"《荡寇志》一〇七回："忽听得有人说：'我们去渔阳驿看～去。'公孙胜暗想：'是甚么～？'" ❽ 激烈；热烈；程度甚。清《无声戏》二回："正斗在～头上，知府拜客回来，听见婆媳相争，走来劝解。"《十二楼·拂云楼》二回："说过这些话，就指名道姓咒骂起来，比《王婆骂鸡》更加～。"《飞龙全传》一二回："说罢，又自哽哽咽咽的哭将起来，好像孔夫子哭麒麟一般，足有二十四分～。"

【闹冗】 nào rǒng 心境纷乱。元季子安《粉蝶儿·题情》："雪浪泊涛洪，祆庙火飞红。翠琴堂听琴人～，玉清庵错把鸳衾送。"

【闹腮胡】 nào sāi hú 络腮胡。清《白雪遗音·闹腮胡》："别人儿夫多风俊，奴的儿夫～。到晚来，他与奴家同床睡，恰赛水墨锺馗图。"

【闹丧】 nào sāng 用热闹的形式办丧事。清雍正十三年十一月初二日上谕："朕闻外省百姓有生计稍裕之家，每遇丧葬之事，多务虚文，侈靡过费。其甚者至于招集亲朋邻族开筵剧饮，谓之～。"《歧路灯》六三回："他们情愿唱几天～的戏，诸事不用你管。"

【闹丧台】 nào sāng tái 举办丧事的厅台。明《西游记》一一回："众臣悚惧，骨软筋麻。战战兢兢，痴痴痖痖。把一座白虎殿却象断梁桥，～就如倒塌寺。"

【闹尸】 nào shī 犹"闹丧"。明田汝成《炎徼纪闻》卷四："亲死不哭，笑舞浩唱，谓之～。"清《姑妄言》四回："苗人亲死，则聚亲族笑呼歌舞，谓之～。"

【闹事】 nào shì ❶ 纷扰之事。唐李肇《国史补》卷上："杭州有黄三姑者，穷理尽性。时径山有盛名，常倦应接，诉于三姑。姑曰：'皆自作也。试取鱼子来咬著，宁有许～！'" ❷ 造事端；惹是非。清《红楼梦》八八回："他叫何三，本来是个没味儿的，天天在家里喝酒～。"《歧路灯》三〇回："这茅拔茹心中又羞又恼，又图～显威风，以图抵债。"《荡寇志》七二回："你先回去了，路上休再～。" ❸ 出事故；发生意外。清《红楼复梦》三四回："亏得是烧燎房～，还不相干。"又四六回："人家坐小月往往不留意，最容易～。"

【闹头】 nào tóu 吵闹的由头。明《醋葫芦》一三回："这人甚是泼赖，倚着那班光棍势力，一发会寻～。"《型世言》一〇回："巴到三年，又好与公姑叔婶寻～，说家中容不得。"

【闹头里】 nào tóu li 繁闹、纷乱的处所或时间段。明《二刻拍案惊奇》卷五："你在人千人万处失去了，却在此问张问李，岂不误事！还是分头再到～寻去。"清《别有香》一五回："一脚踢入去，张一闪，惊跌在地。那女子乘～不见了。”

【闹玩儿】 nào wán er 玩闹；戏耍。清《绮楼重梦》九回：“同船三十个人，没日没夜和他～，那里知是谁有的？”又四〇回：“那宫梅自从前日吃了这蛮女的亏，心中懊闷了多日，今番不敢来～的了。”

【闹香】 nào xiāng 用有毒药料调制的香。清《红楼梦》八一回：“把他家中一抄，抄出好些泥塑的煞神，几匣子～。”

【闹新房】 nào xīn fáng 婚夕亲友人新房拿新人逗乐哄闹的习俗。明《石点头》卷二：“外边有众盐商及乡里亲戚，俱来～庆喜，大吹大擂，直饮到三鼓方散。”清《红楼复梦》三〇回：“海珠们到了海棠院，吩咐内外加点几枝画烛，多备好茶好酒、果子点心，都摆西屋里，伺候姑娘们～。”

【闹喧】 nào xuān 喧闹；喧嚷纷乱。宋洪迈《夷坚志》丁卷二：“稍闻金鼓之声，～特甚。”明《韩湘子》二七回：“静里～除，指望成真易。谁知道缘悭分浅人难会。”清李玉《清忠谱》二〇折：“历山川，望尘寰纷纷～。”

【闹眼】 nào yǎn 娱目；使眼光活跃。明彭泽《折桂令·隐居》：“傍林泉寻一处庄窠，引著俺～的娃娃，伴著俺结发的婆婆。”

【闹药】 nào yào 毒药。清雍正十一年《广西通志》卷二一：“遇大旱，祈雨不应，以～投潭中，或用巫术往击，实时雷雨大作。”

【闹银】 nào yín 杂银；成色不纯的银子。明《金瓶梅词话》一二回：“于是向头上拔下一根～耳斡儿来，重一钱。”又九四回：“他一个钱儿不拿出来，止与了这根簪儿，还是～的。”

【闹杂】 nào zá 喧闹纷乱。明《古今小说》卷一：“分付推开窗子，把帘儿放下，三口儿在帘内观看。这日街坊上好不～!”汤显祖《南柯记》二〇出：“街衢～，鸾舆直送仙郎发。”清《补红楼梦》三回：“城外～的很，可住不得。”

【闹噪】 nào zào 吵闹；乱叫。唐易静《兵要望江南·占鸟》：“伯劳鸟，～在军前。大祸将临须早觉，不逾两月事应然。”

【闹燥】 nào zào 同“闹噪”。明许自昌《水浒记》二五出：“凡事有我在此。我坐在你家里，他们自然不敢来～哩。”

【闹喳】 nào zhā 喧哗；吵闹。明康海《中山狼》一折：“只见那忽腾腾的迸发，似风驰电刮。急嚷嚷的～，似雷轰炮打。”阮大铖《燕子笺》六出：“把莺儿打，休教～。”

【闹枝儿】 nào zhī er 歧生的不能挂果或成材的树枝。明冯惟敏《粉蝶儿·李争冬有犯》：“谎花儿世不香，～似草蓬。”

【闹竹竿】 nào zhú gān 即“闹竿”。宋《西湖老人繁胜录》：“檐前乐、打马图、～、赶趁船。”原注：“～：有极细用七宝犀象揍成者。”

【闹妆】 nào zhuāng 同“闹装❶”。宋吴自牧《梦粱录》卷二：“各雇赁银鞍～马匹。”《元曲选外编·射柳捶丸》四折：“绣袄子绒铺，～带兔鹘。”明《二刻拍案惊奇》卷一七：“取出羊脂玉～一个，递与俊卿道：‘以此奉令姊，权答此箭，作个信物。’”

【闹装】 nào zhuāng ❶ 鞍辔或衣带上华丽的装饰，多用金玉宝石等物制作。也指这样的物品。唐白居易《和高仆射罢节度》：“鞍辔～光满马，何人信道是书生？”明《老乞大谚解》卷下：“系腰时，也按四季……冬里系金厢宝石～。”清《隋唐演义》二五回：“叔宝烧了一陌纸，拜别了母妻，却是缠综大帽，红刺绣通袖金～带。” ❷ 指修辞或装饰华丽。宋《朱子语类》卷一二二：“伯恭是个宽厚底人，不知如何做得文字却似个轻儇底人？如省试义大段～，说得尧舜大段胁肩谄笑，反不若黄德润，辞虽窘，却质实尊重。”元强珇《西湖竹枝词》：“湖上女儿学琵琶，满头多插～花。”

nèi

【内逼】 nèi bī 谓急于大小便。唐卢仝《玉泉子》：“性又洁净，～如厕，必撤衣无所有，然后高屐以往。”宋宗杲《宗门武库》：“适闻鼓声，忽～，趋赴不前。”清阮葵生《茶餘客话》卷二一：“次日又启，值上～，遽起。”

【内边】 nèi biān ❶ 跟“极边”或“远边”相对。指靠近内地的边疆。元姚燧《中书左丞姚文献公神道碑》：“汉军除守御～，可选进勇富强三万，燕京东西分屯置营，以壮神都。”清方还《旧边诗·蓟州》注：“初以大宁为外边。永乐中，宁王内徙，而蓟始重～，此失策之大者。”《隋唐演义》八二回：“与其兵连祸结，争此鞭长不及之地，不如将极边的数城弃置，专力固守～的地方为便。” ❷ 跟“外边”相对。里边；里面。a) 指内廷。明李梅实《精忠旗》三三出：“如外面官员奏事有异同的，可对～老公公说知，一问小儿秦熺及万俟先儿，便不差了。”清《续金瓶梅》一〇回：“你只奉了旨，就有～老公御赐羊酒金缎下来，就该安排下他随身宫妆的衣服往宫里送。”b) 指内室；家内。明《拍案惊奇》卷三九：“亦且男人外边招摇，女人～蛊惑，连那官室大户人家也有要祷除灾祸的。”清《醒世姻缘传》一回：“晁大舍也整月不进计氏～去了，渐渐至于缺米少柴。”《飞花艳想》一二回：“雪公子勉强在～凑得一百两银子，送与校尉。” c) 指内帘(试院后部阅卷的地方)。明袁于令《西楼记》二八出：“如今及早写起，～着实催卷哩!”d) 指妓院。明《金瓶梅词话》六一回：“他今日心里要～请两位姐儿来伏侍老爹，恐怕老爹计较，又不敢请。”e) 指靠近内侧的空间。明陆采《怀香记》二四出：“你看墙～，太湖石易登，太湖石易登，外通内应。”清《歧路灯》七回：“推开侧房小门，～一张藤榻，近窗一张桌儿。”f) 内部；其中。明《型世言》三〇回：“老大人将敕交与别县，将印竟交与他。他上手料不敢道看一看～有关防没有。”清李光地《榕村语录》卷六：“德字在～说，术字在外边说。内之德有灵慧，外之术有智思，如以德业对举一般。”陈端生《再生缘》六〇回：“虽然一剂岐黄药，人家的性命存亡在～。”

【内珰】 nèi dāng 宦官。宋王得臣《麈史》卷一：“熙宁间，因～马首以小扇障日，后士大夫悉用夹青缣为大扇，或加以青囊盛之，用苾其景。”元袁桷《翰林故事莫盛于唐宋》之三：“制草涂鸦未敢删，～宜引侍龙颜。”《明史·孙铽传》：“今祖其故智，借拾遗以激圣怒。是～与阁臣表里，箝勒部臣。”

【内等子】 nèi děng zi 宋代一种皇宫卫士的名目。宋孟元老《东京梦华录》卷六：“两边皆～，选诸军膂力者，着锦袄顶帽，握拳顾望，有高声者，捶之流血。”吴自牧《梦粱录》卷二〇：“且朝廷大朝会、圣节、御宴第九盏，例用左右军相扑，非市井之徒，名曰～，隶御前忠佐军头引见司所管，元于殿步诸军选膂力者充应名额，即虎贲郎将耳。”

【内父】 nèi fù 岳父；妻父。明叶盛《水东日记》卷一：“暹之～钱塘蒋晖，字法欧阳率更，多清劲。”《石点头》卷九：“我当年止为落魄，见侮于～，故归家后锐志功名。”清《世无匹》八回：“彼时承～美意，即欲收拾小弟到家读书。”

【内急】 nèi jí 犹“内逼”。清《绿野仙踪》一二回：“只觉得～的狠，勉强扒起，蹲在石傍，大小便一齐俱下。”又八一回：“只说～的狠，说与他一声，我立刻回来就是了。”

【内家】 nèi jiā ❶ 皇家；内廷。唐王建《宫词》之五〇：“尽送春球出～，记巡传把一枝花。”宋岳珂《桯史》卷一：“适～车数乘将入东华，南陔过之，攀𧴩呼焉。”明《二刻拍案惊奇》卷五：“嚷乱之中，被贼人偷驮背上前走，偶见～车乘，只得叫呼求救。” ❷ 内廷格调、式样。唐王涯《宫词》之七：“为看九天公主贵，外边争学～装。”明《金瓶梅词话》一五回：“是贵戚皇孙家艳妾来此看灯。不然，如何～装束？”清《续金瓶梅》二〇回：“(李师师)穿一件天蓝翡翠漏地凤穿花绉纱衫儿，下衬着绛红绉罗衲袄，系一条素罗落花流水八幅湘裙，紧罩着点翠穿珠莲瓣云肩宫袖，总是～。” ❸ 嫔妃；宫女。唐薛调《无双传》：“忽闻帘下极闹，云：‘～中恶！’中使索汤药甚急，乃无双也。”明《醒世恒言》卷一三：“此位～，原是卿所进奉，今着卿领去，到府中将息病体。”清《续金瓶梅》一九回：“遥望见一群～，俱换了胡姬打扮，锦绣绒装、弓靴窄袖，簇拥着顺上皇车前而去。” ❹ 太监。唐李敬方《太和公主还宫》：“生还侍儿少，熟识～稀。”清《红楼梦》程乙本七二回：“夏太监打发了一个小～来说话。”陈端生《再生缘》五一回：“看见了，一个宫官跑入内，忙抬俊眼问根苗：呀，小～，你怎么不去伺候着王爷，尽着出来玩耍？” ❺ 娘家(人)。明文秉《烈皇小识》卷六：“武清侯李诚铭，慈圣～也。上在信邸时，以缓急开罪，后借事绳之以法，不少贷。” ❻ 俗家；民家。相对于出家(人)、妓家而言。明陈汝元《红莲记》一折：“〔红〕你出家人，有何受用处？〔戒〕听我道来……你便是～人，～人也一般尽情。”《拍案惊奇》卷二：“吴大郎上下一看，只见不施脂粉，淡雅梳妆，自然～气象，与那胭花队里的迥别。”又卷三四：“静观尼此时已是～装扮了，又道黄夫人待他许多好处，已自认他为干娘了。” ❼ 内室。指妇女或家庭内部。明徐翙《春波影》三出：“自家，杭城第一个传真，有名画师孙老官。更兼做人至诚，因此～们要写行乐图耍子的，都作承我。”清《凤凰池》七回：“然而对花饮酒，玩月吟诗，究意无一毫～之态，所以使人莫窥其际。”《驻春园》一二回：“筠姐言亦有理，但隔壁有人，动关耳目，起居反为不便，且有失～尊堂严禁之常。” ❽ 称武术中的武当派别。清《聊斋志异・武技》：“掌勇之技，少林为外家，武当张三峰为～。”《雪月梅》一六回：“武当一派，称为～，然终不及少林外家之妙。”

【内间】 nèi jiān ❶ 建筑物靠后部或里面的房间。宋洪迈《夷坚志》三壬卷四：“寓宿一宽宅，舍馆已定，闻～呻吟者非一。”明李昌祺《剪灯餘话》卷四：“群从起迎，引入幕次。忽～传命，索催妆诗甚急。”清《绿野仙踪》八〇回：“他父母在正房外间居住，他和小兄弟齐可久同小女厮在～歇卧。” ❷ 指家庭内部。宋黄庭坚《书磨崖碑后》：“～张后色可否，外间李父颐指挥。”

【内艰】 nèi jiān 丧母的婉词。唐李俨《益州多宝寺道因法师碑文》：“年甫七岁，丁于～，嗌粒绝浆，殆乎灭性。”宋洪迈《夷坚志》甲卷九：“会黄右丞丁～，乡居。”清《醒世姻缘传》六一回：“尊制一定是新丧了，丁的是～么？”

【内眷】 nèi juàn 女眷；家属。明《警世通言》卷二八：“白娘子深深道个万福，拜了两拜。妈妈也拜了两拜。～都参见了。”叶宪祖《碧莲绣符》一折：“〔生〕这些～，是谁家的？〔外〕是秦侍中的夫人。”曹泾《曹季女述》：“丙子正月遂革运，车马惊怵，泽民挈～来寓予家。”

【内阃】 nèi kǔn 犹“内壸”。阃，门槛。宋张栻《有虞氏二妃祝文》：“新宫肇建，～是严，修祠于春，敢率彝典。”明杨士奇《训荦子默识》：“须亲造萧克润处拜姑婆，萧季广拜其～，皆汝幼时受保育乳哺之恩者。”

【内壸】 nèi kǔn 内宫；内室。借指女主人。壸，宫内道路。宋胡宿《平章事庞籍妻刘氏可进封彭国夫人制敕》：“适中阶之命相，惟～之配台，有升庸进秩之褒，昭积行累功之致。”元刘敏中《敕赐应昌府罔极寺碑》：“初至元辛未之岁，鲁国自以～钟爱，出嫔于远，慨然永思。”明陈汝元《金莲记》一一出：“退到私衙，谋诸～。夫人有请。”

【内里】 nèi lǐ ❶ 内部；里边。《祖堂集》卷一九《香严和尚》：“嵯峨山，石火起，～发，焚巅巇。”明陆采《明珠记》二七出：“外边锦袋做成并蒂芙蓉，～彩笺折作同心方胜。”清《儒林外史》二一回：“随后卜家第二个儿子卜信，端了一个箱子，～盛的是新娘子的针线鞋面。” ❷ 宫里；内廷。唐中宗朝优人《回波词》：“回波尔时栲栳，怕妇也是大好。外边只有裴谈，～无过李老。”《敦煌变文校注》卷六《金刚丑女因缘》：“王郎见妻端正，拍手喜欢，道数声‘可曾(憎)！可曾(憎)！’走入～，奏上大王。”清《续金瓶梅》六回：“盖的一池水一般楼阁亭台、花园书房，俱照～款式。” ❸ 内室；人家内部。唐张鷟《游仙窟》：“须臾之间，忽闻～调筝之声。仆因咏曰：自隐多姿则，欺他独自眠。故故将纤手，时时弄小弦。”明《古今小说》卷四：“他这般人，出入～，极好传消递息。”清孔尚任《桃花扇》一一出：“〔丑起介〕等不得了，竟往～吃去罢。〔向内行介〕〔小生怒介〕如何进我～？〔丑回顾介〕饿的急了。〔小生〕饿的急了，就许你进～么？” ❹ 指家里人；内眷。明《型世言》三六回：“两家尝杯酒往来，～也都相见，是极相好的。”清《醒世姻缘传》一四回：“要奉承人须要叫他～喜欢，一个坛内安上了一副五两重的手镯，一个坛里放上每个一钱二分的金戒指十个。”《后红楼梦》一三回：“王夫人、薛姨妈又这么一闹，外面连两位王爷通知道了，怎么样我就惧着～，拿不得主来？” ❺ 体内；内心。宋《云笈七籤》卷三二：“血气将无，经脉便壅。～空疏，惟招众疾。”明《梼杌闲评》二三回：“我再等调理几日，～实在些，才得进去。”清《醒世姻缘传》一回：“～有了六七分的厌心，外边也便去了二三分的畏敬。” ❻ 其中；其间。明朱元璋《江流赋》：“其中富贵飘飖飖荷叶弄青钱，～繁华招展展莲花倾玉觥。”清《儒林外史》三二回：“他这银子，是九五兑九七色的，又是市平，比钱平小一钱三分半。他～又扣了他那边中用二十三两四钱银子。”《后西游记》二九回：“小行者道：‘既不偷安，为首的可报名来。’～钻出一个来道：‘是小的寒透骨为首。’” ❼ 之内。明孙一奎《赤水元珠》卷二七上：“初发热自汗自吐自泻者，乃毒从上中下面出，皆为吉兆。但只在三日～，不可多日，恐元气虚脱也。” ❽ 内地。清孔尚任《桃花扇》一一出：“只因兵丁饿的急了，许他就粮～，亦是无可奈何之一着。” ❾ 底细；实情。清《绣戈袍》一五回：“云豹不见了儿子，四处找寻。奈他藏得密，又众将不肯说个～出来，气得那云豹毛发皆竖。”

【内面】 nèi miàn ❶ 面向内。谓臣服中央。唐苏颋《依王公等请上尊号制》：“赖遐迩宅心，戎夷～，奠淳风于宽大，思致俗于仁寿。”宋苏颂《进华戎鲁卫信录》：“蠕蠢咸蒙于煦育，垢污悉为之含容，宜其革心，永以～。”清钱谦益《礼部主客清吏司主事虞德隆授承德郎敕》：“诚使方夏丕平，异俗～，而吾以象胥坐制之，不亦休乎？” ❷ 里面。唐高骈《筑罗城成表》：“外边睥睨之崇高，～栏杆而固护。”明《西游记》三五回：“撞入洞里，要解师父，又见那～有火光焰焰。”清陈端生《再生缘》四五回：“话说项南金坐在房～，向侯五嫂问明了孟家多少人口。”

【内囊】 nèi náng ❶ 内部；里面。明《西洋记》二八回：“天师虽则是外面摆列得好看，～儿怎比得我的佛力。”又三四回：“原来那船上的人却都是些假的，外面有盔甲，～子都是些火药铅弹子。” ❷ 家底；资产。明《欢喜冤家》一六回：“后来这些占田产的人被害的，共有数百家，竟大家约日会齐，把～抢得精光。”清《红楼梦》二回：“如今外面的架子虽未甚倒，～却也尽上来了。”《歧路灯》三〇回：“王中此言，原是不知～已尽，并非有意讥诮前事。” ❸ 私房；私家积蓄。清《姑妄言》六回：“且又是个独女儿，～中衣服首饰也都有些。”

【内人】 nèi rén 对人称自己的妻子。明《西湖二集》卷一一：“一生功名，俱出娘子扶持，岂敢作负义王魁之事。但～实是妒忌，不能相容。”清《绿野仙踪》一九回：“再拿我一封详细家书，我～自必用心照料。”《歧路灯》八八回：“张正心道：‘……请问家中何处尊客？’绍闻道：‘～与丈母来了。’”

【内寺】 nèi sì 宦官。宋佚名《李师师外传》：“帝易服，杂～四十餘人中，出东华门。”明谢肇淛《五杂组》卷九：“京师～贵戚蓄猫，莹白肥大逾数十斤而不捕鼠。”清弘历《中枢歌》：“草窃虽平～横，坐令宋室成南渡。”

【内头】 nèi tóu 里头；里边。明张文介《二郎神·对桃花为犯美人赋》：“试看着章台杨柳，竟折在韩生手～。”

【内相】 nèi xiàng ❶ 唐人誉翰林学士陆贽为内相，后为翰林学士美称。宋欧阳修《谢宣召入翰林状》：“待遇宠荣，至有私人之目；询谋献纳，因加～之名。”金元好问《～文献杨公神道碑铭》：“粹之以天人之学，富之以师表之业，则我～文献杨公其人矣。”清姚鼐《黄麻似六经》：“～从唐贵，中书自汉嘉。” ❷ 称太监。明孙柚《琴心记》二二出：“杨～，那官好生端整也。”《金瓶梅词话》三二回：“穷～没什么，这些微礼儿与哥儿耍子。”清《红楼梦》一三回：“可巧这日正是首七第四日，早有大明宫掌宫～戴权，先备了祭礼遣人来。”

【内秀】 nèi xiù 内才；内质的聪明灵秀。元行秀《从容庵录》六二则：“胜默和尚常谓：投子拈古，～俏措无赛。”明程敏政《乐寿谢君子期像赞》：“其色黯然，蔚乎～；其志歙然，卓乎尚友。”

【内样】 nèi yàng 宫廷内流行的式样。唐封演《封氏闻见记》卷五：“巾子制顶皆方平，仗内即头小而圆锐，谓之～。”宋晁端礼《江城子》：“～双眉新画得，还印了，在罗襟。”清陆棻《燕山亭》：“对月径风筵，又陈瓜果。南槽红友，～青瓷，今宵锦茵拚涴。”

【内中】 nèi zhōng 其中；里面。唐易静《兵要望江南·占气》：“军上气，渐渐变成云。或作山形于直上，～大有将机谋。”金《刘知远诸宫调》一二：“这三个福气邹搜，～两个潜龙帝，一个是诸侯。”清《红楼梦》六七回：“～深情底里奴才不知道，不敢妄回。”

【内子】 nèi zǐ 犹“内人”。唐权德舆《七夕见与诸孙题乞巧文》：“外孙争乞巧，～共题文。”明汪道昆《远山戏》：“如今策马还家，杜门谢客，且与～游赏一回，多少是好。”清《金云翘传》一一回：“我各居半载，两边分住。讨你正是此意。难道带你回去看～们嘴脸？”

nèn

【恁】 nèn 另见 nín。❶ 这；那。五代冯延巳《忆江南》：“东风次第有花开，～时须约却重来。”《二程遗书》卷一〇：“某见居位者百事不理会，只～个大肚皮。”清《歧路灯》四二回：“你休恼的～个样子，委实是仝相公催的太紧。” ❷ 这（那）么；这（那）样。a）强调情状程度之甚。五代欧阳炯《贺明朝》：“想韶颜非久。终是为伊，只～偷瘦。”《大宋宣和遗事》前集：“都巡多时不见相，怎直～消瘦如此为甚。”清《醒世姻缘传》二二回：“你们都吃饱了不曾？怎便收拾得～快？”b）指示情状、样态。宋柳永《宣清》：“玉钗乱横，任散尽高阳，这欢娱、甚时重～。”元马致远《拨不断》：“屈原沉死由他～，醉和醒争甚？”清《歧路灯》七四回：“舅爷也不必～说，像如姑爷在日，也不曾见得读书什么好处；像舅爷把书丢了，也不见如今不胜人。” ❸ 何；什么。宋洪迈《夷坚志》三己卷八：“问：‘目今是何官？’资曰：‘保义郎。’又问：‘做得～差遣？’曰：‘不过兵马监押耳。’”明《西湖二集》卷一二：“潘相公说的是～话！我老人家要人方便恁的？还是你们后生要我方便哩。”清范希哲《鱼篮记》一出：“说～忧愁思虑，更有悲欢离合。” ❹ 怎；怎么。宋王庭珪《寰海清·上元》：“天～不教昼短，明月长圆？”金《董解元西厢记》卷二：“见法聪临阵～比合，与飞虎冲军恶战讨，也独力难加他走却。” ❺ 凭；任凭。明戚继光《纪效新书》卷八：“～贼掷来金银，只是厮杀，再不须顾。”徐渭《题子母祠联》：“世上假形骸，～人捏塑；本来真面目，由我主张。”陈子龙《蝶恋花·春晓》：“慵把玉钗轻绾结，～移花影窗前没。”

【恁般】 nèn bān 这样；那样。❶ 指示情状。金《董解元西厢记》卷一：“适来因把红娘问，说夫人～情性：作事威严，治家廉谨。”清范希哲《双瑞记》三三出：“女儿甚是喜欢，如此如此，～～而已。”《红楼梦》七一回：“听林之孝家的如此说，便～如此告诉了林之孝家的一遍。” ❷ 强调情状程度之甚。元明《水浒传》五二回：“便叫李逵：‘兄弟，与朱仝陪话。’李逵睁着怪眼，叫将起来，说道：‘他直～做得起！我也多曾在山寨出气力，他又不曾有半点之功。却怎地倒教我陪话？’”明汤式《谒金门·闻嘲》：“你～俊煞，我～俏煞，也索向奶奶行陪些话。”清《醒世姻缘传》六一回：“怎么如此一个美人，藏蓄～的狠恶？”

【恁从】 nèn cóng 任凭；无论怎样；听任。宋朱熹《次韵雪后书事》：“梅坞～长笛弄，竹窗闲把短檠挑。”明胡居仁《易像钞》卷一七：“凡人此理不到手，～舒畅潇洒，总谓之碌碌营营，去圣贤名教乐处霄壤。”戚继光《纪效新书》卷八：“杀死倭贼，～后兵斩级，当前者只管杀去。”

【恁答】 nèn dá 那（东西）。答，词缀。清《醒世姻缘传》七回：“越吆喝，他越叫唤。刘海斋来到，他婆子说：‘快把～拿到吊远子去！可恶多着哩！’”

【恁的】 nèn de ❶ 这样；那样。a）指示情状。宋陈淳《答陈伯澡再问太极》：“如月落万川，处处皆圆，而其实在天只一个月～圆。”六十种曲本《琵琶记》三出：“往常间不曾～快活，今日如何这般快活？”清《飞龙全传》四回：“今日这三个后生，好不利害，把我们打得～光景，实可痛恨！”b）指代情状、原委等。《元曲选外编·西厢记》二本一折：“既是～，休唬了我浑家，请入卧房里去。”元明《三国演义》卷一三：“差人到马超寨中，说知此事。超大惊曰：‘如何变得～！’”明陆采《明珠记》八出：“爹爹把前言悔过，只推不曾。教人如何不闷。〔贴〕元来～。”c）强调情状程度之甚。宋元《清平山堂话本·杨温传》：“真个～好手段！李贵情愿下拜。”元关汉卿《碧玉箫》：“好教人没理会：拣口儿食，陡～无滋味；医，越～难调理。”清《歧路灯》一三回：“～一个好闺女，他大就肯卖他？”d）用于承接，表示在前述的条件下怎样。《大宋宣和遗事》前集：“我有姑夫曹辅，见做谏议大夫，若知必谏。官里不敢私行，～，交你两口儿完聚如何？”明陆采《明珠记》四二出：“〔丑〕再添你五十贯。〔净〕～，搬下行李来。”清《一片情》六回：“佛喜道：‘这般我要凭娘做主哩，娘中意方吃茶。’阙盈道：‘～，我与你做老公罢！’” ❷ 怎么；为何。宋元《清平山堂话本·李翠莲》：“叫你出来，分付你少作声，颠倒说出一篇来，这个苦～好！”明陈汝元《金莲记》一九出：“不好了，～饭中有鱼，是死期到了！”清《荡寇志》七一回：“你～这般性急！” ❸ 谁；什么。a）用于询问。《元曲选·薛仁贵》一折：“则问你九里山前都是谁的力？比及凌烟阁上倒把～来图。”明康海《中山狼》一折：“为～尘埃滚地，金鼓连天？”清《都是幻·梅魂幻》四回：“但不知宫娥说出～话来？且看下回分解。”b) 用于反问。明《西湖二集》卷六:“从来道:清官出不得吏人手。何况元朝昏乱之官,晓得衙门～来?”清《女仙外史》六一回:“丢了性命,有～钱财享用?”《豆棚闲话》四则:“家中所费值得～!清明时节南庄该我起社,你们上下内外人等乘着车子随着驴马来看乡会,才见我费得有致哩!”c) 用于任指。明祁麟佳《错转轮》一出:“谓～枯藤缠着娇花候,谓～芒鞋寻错陵源薮,谓～鼎丹都被春光漏。你便是溪云忽到楚王台,全不管荒丘顿饱蝼蚁口。”清《一片情》二回:“好古怪,像有～虫儿在我脚上爬过。”《西湖二集》卷三:“况做乡学先生,虽不甚尊,还是斯文体面,不曾损了～。” ❹ 怎样;怎么样。明康海《中山狼》三折:“您向赵卿说俺～不好,要助他所算了俺!”清《飞龙全传》四四回:“但见那太行山～十分景致?但见:松柏秀参天。”《荡寇志》九六回:“你这副嘴脸,我原是格外看待你的。我现在并不～,你便想监管我!” ❺ 甚是;十分。清《飞龙全传》四三回:“郑恩只是怪叫,怒气填胸,便把柴荣～埋怨。”《歧路灯》五回:“或者娄某不愿意与李瞻岱教书,或是别有隐情,寅兄也不必～怪他。”《荡寇志》七五回:“熬夜赶急路,～吃力!”

【恁底】 nèn de 同“恁的❶a)”。宋柳永《满江红》:“不会得都来些子事,甚～死难拚弃。待到头、终久问伊看,如何是。”元卢挚《蟾宫曲·咏别》:“空～狐灵笑耍,劣心肠作弄难拿。”明王季重《徐伯鹰天目游诗记序》:“问曰:‘何须～睁大?’曰:‘不但看山水,亦看伊也。’”

【恁地】 nèn de ❶ a) 同“恁的❶a)”。宋柳永《昼夜乐》:“早知～难拚,悔不当时留住。”《朱子语类》卷一:“问:‘天地之心亦灵否?还只是漠然无为?’曰:‘天地之心不可道是不灵,但不如人～思虑。’清《后水浒传》一二回:“若不是我留住他第二拳,敢怕此时也不能够～鬼跳了!”《飞龙全传》一二回:“怎么生成的,便生得这般秽恶,～难看?”b) 同“恁的❶b)”。宋柳永《郭郎儿近拍》:“这些儿、寂寞情怀,何事新来常～。”宋元《古今小说》卷二四:“一时,只见三儿下楼,以指住下唇。思温晓得京师人市语,～,乃了事也。”金《董解元西厢记》卷四:“妾守闺门,些儿～,便不辱累先考?”清《后水浒传》八回:“小生日也不值～,你同月仙上楼,我收拾了热酒来。”c) 同“恁的❶c)”。宋元《醒世恒言》卷一四:“你直～毒害!想必你不舍得三五千贯房奁,故意把我女儿坏了性命!”明张四维《双烈记》一八出:“～也强,真个也能,一匹马,一条枪,直杀入贼巢深境。”清《荡寇志》七五回:“一个轿夫道:‘吃得～醉!’”d) 同“恁的❶d)”。宋元《警世通言》卷八:“看到底下,下面碾着三字:崔宁造。‘～容易,既是有人造,只消得宣这个人来,教他修整。’”元高明《琵琶记》三出:“〔丑〕姐姐听剖,你是蕊宫琼苑神仙,不比尘凡相诱。〔贴〕～,自随我习女工便了。”清《荡寇志》七三回:“丽卿摇手道:‘……那时孩儿骑上它,出个馋头来叫爹爹看。’希真笑道:‘～,你倒好去做马保了。’” ❷ 同“恁的❷”。元明《水浒传》三回:“你也须认的洒家,却～教甚么人在间壁吱吱的哭,搅俺弟兄们吃酒?”清《荡寇志》七五回:“这厮两个,近来～这般糊涂!” ❸ 同“恁的❸a)”。清《一片情》八回:“这水氏一日不与家公闹两三场不歇,却谓～来?那仰恭是鸡形的人。” ❹ 同“恁的❹”。明《拍案惊奇》卷二〇:“见那老子是个养家经纪之人,不～理会这些勾当,所以闲常也与人做了些不伶俐的身分。” ❺ 同“恁的❺”。宋元《警世通言》卷八:“崔宁认得像是秀秀的声音,赶将来又不知～,心下好生疑惑。”明《古今小说》卷二六:“望老爷细审张公,不知～得画眉?”清《后水浒传》一〇回:“你这该死的贼囚,若是别人押解,不知～将你吃苦,怎全不知些好歹?” ❻ 因此;所以。宋元《警世通言》卷一四:“元来见他生得好了,只道那妇人是南海观音,见锦儿是玉皇殿下侍香玉女。～道他不是人。”

【恁的般】 nèn de bān 犹“恁般❷”。《元曲选外编·西厢记》三本三折:“～受怕担惊,又不图甚浪酒闲茶。”元明《水浒传》五三回:“只除是～方好,不然直走到明年正月初一日,也不能住。”明许潮《写风情》:“～歪做作!全无下惠和,到有元龙傲。”

【恁地时】 nèn de shí 这(那)样的话。元明《水浒传》三回:“～是我赚你们来捉你请赏,枉惹天下人笑我。”明《醒世恒言》卷一三:“沉吟了一会,开口道:‘～,不干任一郎事,且放他去!’清《荡寇志》七四回:“～,我到干陪了小心。我看不如先结果了那厮再走。”

【恁等】 nèn děng 这等;这样。明梅鼎祚《昆仑奴》三折:“磨勒,你怎生～妆束?”《拍案惊奇》卷一八:“如何丹房中气色～的有些诧异?”《二刻拍案惊奇》卷一四:“若说是有情,如何眉梢眼角不见些些光景,只是～板板地往来?”

【恁来】 nèn lái ❶ 这样;那样。金《董解元西厢记》卷三:“脚背到～阔,身材～大。”《元曲选·谢天香》三折:“许来大官员,～大职位,发出言词忒口疾。” ❷ 向来。明康海《中山狼》一折:“俺待不救,～可不道:墨者之道,兼爱为本。” ❸ 怎么。明《别有香》一一回:“主人一人园中,见了这些丫头,惊道谓:‘～都是这般模样?’”

【恁么】 nèn me ❶ 这(那)么;这(那)么样。a) 指代情状。宋觉范《禅林僧宝传》卷一《抚州曹山本寂禅师》:“但饥来吃草,渴来饮水。若能～,不愁不成辨。”柳永《定风波》:“早知～。悔当初、不把雕鞍锁。”元明《水浒传》二九回:“施恩道:‘……自将了家里的好酒果品肴馔,去前路等候,却和哥哥慢慢地饮将去。’武松道:‘～却才中我意!’”明孙柚《琴心记》七出:“觑风流样子,胜伴俏苗条。便心情不～,偏饿眼看来饱。”b) 指示情状。宋元《古今小说》卷三三:“恭人说:‘公公,也少不得个婆婆相伴。’大伯应道:‘便是没～巧头脑。’”又:“～模样,却有十万贯钱娶我妹子,必是妖人。”清《补红楼梦》二五回:“桂哥儿都长了～长了。”c) 强调情状程度之甚。宋元《古今小说》卷三六:“你看三哥,～早晚,兀自未来。”元明《水浒传》三八回:“你看这厮～粗卤,全不识些体面!”明孟称舜《娇红记》二九出:“难道你果然把旧时花月总销磨,乾则奚落我书生直～。”d) 表示在前述条件之下怎样。宋觉范《禅林僧宝传》卷二〇《华严隆禅师》:“僧曰:未审此人从今日去也无?曰:亦从今日去。僧曰:～则属功也。”元明《水浒传》三八回:“李逵道:‘你也淹得我勾了。’张顺道:‘你也打得好了。’李逵道:‘～便和你两折过了。’” ❷ 什么;什么样。a) 用于询问。宋觉范《禅林僧宝传》卷二〇《华严隆禅师》:“僧曰:唤作～功?曰:唤作功就之功。”明《醒世恒言》卷二三:“既然一些没相干,要小妇人去对他说～话?”清《女仙外史》二七回:“为～皈依那个苦恼的观音,把自己这样豪奢门庭却倒撇下?”b) 用于反问。明《警世通言》卷三一:“哭～?没了银子便哭,有了银子又会撒漫起来。”《醒世恒言》卷二三:“这事儿只有小妮子、女待诏知道,怕～羞?”c) 用于泛指。宋觉范《禅林僧宝传》卷一八《大觉琏禅师》:“野老讴歌,渔人鼓舞。当此之时,纯乐无为之化,焉知有～事。”明《醒世恒言》卷二三:“果是好得紧。随你～人家下聘,也没这等好首饰落盘。”清《凤凰池》一回:“肯卖的一金也易,不肯卖的万金也难,那里定得～价钱。” ❸ 怎么;怎么样;做什么。元明《水浒传》二四回:“武松吃他看不过,只低了头,不～理会。”明《韩湘子》六回:“女子道:‘清不清,亨不亨,都不在我。我只问你,如今要官休,要私休?’湘子道:‘～官休私休?’”清《女仙外史》八七回:“汝大贵人,还来见我～?”《野叟曝言》九三回:“这碑上四字,是～解的?” ❹ 十分;

甚是。元明《水浒传》二八回："这家～好酒？我们又吃不多，便恁地醉了。"又四〇回："不十分看得仔细，只觉不～长，中等身材。"又五八回："这撮鸟敢如此无礼！倒～利害！"

【恁么样】 nèn me yàng ❶这么。《元曲选·岳阳楼》二折："～说，我是柳树了。" ❷什么样。明《韩湘子》二〇回："你主意是～光景？"《别有香》一五回："等我明日躲在家里，看是～人，再作道理。"

【恁生】 nèn shēng ❶怎生；怎么。宋卢炳《满江红·送赵季行赴金坛》："金闺彦，文章客。算河阳花县，～留得。" ❷这么；如此。清洪昇《长生殿》二九出："萧条～，峨眉山下少人经。"

【恁是】 nèn shì ❶纵然；哪怕；即便。宋王炎《满江红·至日和黄伯威》："～一阳来复后，梅花柳眼先春发。料明年、又老似今年，当休歇。"清《女仙外史》七二回："我的魂儿，～鬼神也迷不动。"《后水浒传》二二回："～劫银，干你们鸟事，来寻他做对！" ❷不管；无论。明戚继光《纪效新书》卷一："凡行动立止，俱照式内鸳鸯次序前后左右，～如何，不许时刻错乱行立。" ❸尽管；只要。清《后水浒传》二八回："马霳听了道：'～实话，有得卖么？'婆子道：'有是有得卖，却没银钞先去买来收拾。'" ❹最是；甚是。清《后水浒传》三六回："～哥哥好。不觑面皮，好歹一顿板刀！"又四三回："爹娘～苦恼。俺就是散失恁个魔儿，今来寻找坟墓。"

【恁忒】 nèn tuī 那样过分地；太；甚。元佚名《朝天子·志感》："老人只～心偏，贤和愚无分辨。"又《醉花阴·怨恨》："才郎直～渔滥，设下誓神灵恁甘！"明佚名《朝天子·叹世》："神灵这～糊突，亏负人无其数。"

【恁些】 nèn xiē 那么多。❶偏指多。明《金瓶梅词话》六一回："你我被他照顾，此遭挣了～钱。"清《歧路灯》三回："这个说不好，那个说不好，如何会上有～人？"△《绿牡丹》一六回："此地～人家，偏来问我！" ❷偏指少。明《金瓶梅词话》八六回："我是三岁小孩儿？岂可～事儿不知道。" ❸指一定的数量。清《歧路灯》六四回："这银子未必就还他～，不过只叫没水不煞火就罢。"

【恁些时】 nèn xiē shí 那么长时间；那么久。明《金瓶梅词话》七八回："他怎的去～不来？"清《后水浒传》三六回："～屁股上没肉，腿条也是怪瘦，只割他几大块来咬嚼！"

【恁样】 nèn yàng ❶这样；那样。a）指示情状。明李梅实《精忠旗》一八出："～飞灾到你，天那，任奸人胡行妄为！"《二刻拍案惊奇》卷九："～的姐姐，须得～的梅香姐，方为厮称。"清李光地《榕村语录》卷二九："宣公在军中，～处置得停当，才大心细。"b）指代情状。明康海《沉醉东风·答客》："文书上～来，条款里偌般造。"《拍案惊奇》卷二〇："此间女子，只好～。除非汴梁帝京五方杂聚去处，才有出色女子。"清《醒世姻缘传》六〇回："一个姐姐叫人打得～的，你要不出头说两句话，你到明日还有脸往学里去见人么？"c）强调情状程度之甚。明《金瓶梅词话》三七回："通不来这里走走儿，忙的你～儿的！"清《歧路灯》一八回："果然好，嗔道掌班的～口硬！"d）表示在前述条件之下怎样。明《醒世恒言》卷八："玉郎道：'这个房中还是姑娘是客。'慧娘笑道：'～占先了。'"又卷三六："～又不伤了弟兄情分，又连累我们不着。" ❷怎么。清洪昇《长生殿》一九出："笑黄金屋～藏娇，怕葡萄架霎时推倒。"《歧路灯》一六回："若是希侨肯放的去了，这盛公子的性情，还不算～无道理。" ❸怎样；什么样。清《女仙外史》二六回："你们是～人，往那里去的？"又六三回："每人各持二柄，火一发时，便是八十杆排枪，～铜头铁额抵当得住？"《荡寇志》一二二回："忽一头目禀称寻着一洞，在后关外北山下。宋江、吴用皆喜，忙问～的。"

【恁约】 nèn yuē 思忖；揣度。《元曲选外编·衣袄车》二折："我从来无虚缪，你心中自～。"

【嫩】 nèn ❶柔弱；未长成，不坚牢。唐王建《晚蝶》："粉翅～如水，绕砌乍依风。"明许潮《写风情》："裤薄怎当砖，膝～难汤地。"《型世言》一回："去寻时，又不见骨殖。有的又解说道：'骨头～，想都烧化了。'" ❷初；刚发生。唐李观《御沟新柳》："～阳初覆水，高影渐离尘。"元张可久《水仙子·暮景》："青天归雁带残星，绿沼寒鱼触～冰。"明于鉴之《杂感》之六："～晴花气减衣天，静夜燔香月照烟。" ❸新鲜；鲜艳。唐岑参《虢州西亭陪端公宴集》："开瓶酒色～，踏地叶声干。"明汤显祖《胡克逊》："食肉寝其皮，似貉花文～。"王思任《天姥》："酒家胡当垆，艳甚。桃花流水，胡麻正香。不意老山之中，有此～妇。" ❹淡；浅；不厚重。唐杜甫《九日奉寄严大夫》："小驿香醪～，重岩细菊斑。"《元曲选·金钱记》一折："闹炒炒～绿草聒鸣蛙，轻丝丝淡黄柳带栖鸦。"明慧辩《群公子》："染草未匀春色～，勒花不住晓寒轻。" ❺弱；轻；微。唐白居易《秋凉闲卧》："残暑昼犹长，早凉秋尚～。"明汤显祖《牡丹亭》一八出："嗽腔腔～喘微。哎哟，我这惯淹煎的样子谁怜惜？"清《霓裳续谱·哆啰挠儿》："春雨过山头，恰似～雪纷纷下。" ❻幼小；年轻。唐元稹《春分投简阳明洞天作》："浅碧鹤新卵，深黄鹅～雏。"明汤显祖《南柯记》二九出："〔太〕公主还～～的。〔旦〕便做你看不出也三十外。"清《醒世姻缘传》三一回："脱不了你也只有一个老婆子，又没有甚么的姣妻～妾，说我强奸不成？" ❼幼稚；缺少世故历练。元刘庭信《折桂令·题情》："好把风流，名姓编籍。～者属村，村方学俊。俊也成贼。"明《禅真后史》六回："这瞿生是个初出江湖的～汉，不知利害，恁地好睡！"清《歧路灯》七三回："难说一个～鸭娃子，都结果不了，还干什么大事。" ❽脸皮薄，易羞怯。《元曲选·东堂老》一折："〔胡子传云〕看茶与小哥吃。你可这般～，就当不得了。〔扬州奴云〕哥，不是我～，还是你的脸皮忒老了些。"明《醒世恒言》卷三："怎的这般～得紧？似你恁地怕羞，如何赚得大主银子？"清《野叟曝言》一〇回："看来是个雏儿，脸太～哩！" ❾烹煮不过度，保持原料新鲜或易咀嚼。宋梅尧臣《得雷太简自制蒙顶茶》："汤～乳花浮，香新舌甘永。"明《西游记》八六回："～焯黄花菜，酸齑白鼓丁。"清袁枚《随园食单·须知单》："烹鱼者，宁～毋老，～可加火候以补之，老则不能强之再～矣。"也指火候不足。明宋应星《天工开物·陶埏》："凡火候少一两则泑色不光，少三两则名～火砖，本色杂现。他日经霜冒雪，则立成解散，仍还土质。" ❿声音清脆。宋赵师侠《踏莎行》："紫燕飞忙，黄鹂声～，日长烟暖游蜂困。"清《绿野仙踪》六五回："如玉听得明明白白，是个娇媚妇人语音，口里不言，心里说道：好个～响喉咙儿。"《镜花缘》二七回："还有拿的好身段，推的好衫子，并且还有绝纱的小～嗓子。"

【嫩情】 nèn qíng 恋情。宋史达祖《桃源忆故人》："双鸳蹙月天津近，归后～常剩。"

【嫩少】 nèn shào 犹"少嫩❶"。清《续金瓶梅》三五回："生得细细的个身子，只象是二十来岁，好不～哩。"《女仙外史》七〇回："面不傅粉而白，肉尽横生；腮不饮酒而红，姿还～。"

【嫩相】 nèn xiàng ❶看上去年轻。明《二刻拍案惊奇》卷二九："再复清汤浴过一番，身体莹然如玉，比前日更加～。" ❷幼稚；不老练。清《生绡剪》四回："见左环～，就打了暗号，腾腾沓沓，尽着耽搁。"

【嫩约】 nèn yuē 情人幽会之约。宋史达祖《贺新郎》："想幽情～，别有藓庭花院。"高观国《夜合花》："念～，杳难凭。"清章恺《醉落魄》:“花阴～,虚庭冷,半蟾窥幕。”

néng

【能】 néng ❶ 得;要;会。唐李白《上李邕》:“宣父犹～畏后生,丈夫未可轻年少。”宋史达祖《齐天乐·中秋宿真定驿》:“江南朋旧在许,也～怜天际,诗思谁领?”明《醋葫芦》六回:“怕年幼的不会替手脚,反～拖累,故此讨个历练些的。” ❷ 岂能;怎。唐杜甫《前出塞》:“从军十年餘,～无分寸功?”明《醋葫芦》四回:“周君达待我虽厚,凉亭虽好,不是久恋之家;老乞婆纵然不好,那一家老小～不垂念?”清《醒世姻缘传》二〇回:“若非男子们领着,这女人们～敢如此?” ❸ 只;徒。唐杜甫《月》:“只益丹心苦,～添白发明。”宋苏轼《舟中夜起》:“此生忽忽忧患里,清景过眼～须臾。” ❹ 宁可。宋吴文英《过秦楼·芙蓉》:“～西风老尽,羞趁东风嫁与。”元《三国志平话》卷中:“此三件事依,即纳降;若不依,～战死。”脉望馆本《任风子》二折:“～化一罗刹,莫度十乜斜。” ❺ 一音 nēng。凑合;将就。清《红楼梦》三七回:“这绢包儿里头是姑娘上日叫我作的活计,姑娘别嫌粗糙,～着用罢。”又六八回:“我劝你～着些儿罢。咱们又不是明媒正娶来的。” ❻ 一音 nèn。恁;这样。含强调语气。《敦煌变文校注》卷二《舜子变》:“前后见我不归,得甚～欢～喜?今日见我归家,床上卧□(地)不起。”明张四维《双烈记》一一出:“你来得～早!”清《玉蜻蜓·问卜》:“府浪十六岁个～多,那啥又是十六岁。” ❼ 忒;甚;极。唐杜甫《赠裴南部》:“独醒时所嫉,群小谤～深。”《元曲选·马陵道》三折:“想当初在云梦山中把天书习,定道是取将相～容易。”清《玉蜻蜓·露像》:“陕西绒单～软净,席子名工出虎邱。” ❽ 通“狞”。狰狞。《元曲选·冤家债主》四折:“怎做的阎罗王有向顺,摆列着恶鬼～神。”明佚名《斩健蛟》三折:“摆列着剑戟枪刀,有他这～神恶鬼。”

【能处】 néng chù 长处;本事。宋元《清平山堂话本·陈巡检》:“我有这个道童,唤作罗童,年纪虽小,有些～。”元古本《老乞大》:“自家～休说,休自夸;别人落处休笑。”△清《双凤奇缘》三五回:“要想他聘请下山,使弄一番妖术,扰动中原,好显他的～。”

【能底】 néng dǐ 亦音 nèn dǐ。如此;这样。宋李正民《和舒伯原梅花韵》:“寒透芳心～瘦,风欺弱质等闲吹。”杨万里《辛丑正月二十五日游蒲涧晚归》:“烟钟～急,催我入城闉。”张镃《春风》:“吹尽玫瑰～惜,只缘销去一年香。”

【能干】 néng gàn ❶ 有才能,会干事。唐独孤及《送成都成少尹赴蜀序》:“温良而文,贞固～,力足以参大略,弼成务。”《元曲选·赚蒯通》一折:“只差一两个～的人唤他来,可擦的一刀两断,便除了后来祸患。”清《红楼梦》一九回:“乃拔令箭一枝,遣一～的小耗前去打听。” ❷ 才能;本领。干,今读轻声。唐刘肃《大唐新语》卷六:“兄弟争死,旭问其故。赵璧曰:‘兄长有～。家亡母未葬,小妹未嫁。自惟幼劣,生无所益,身自请死。’”明佚名《粉蝶儿·归隐》:“休笑我无～,送饮的是蟹黄鱼鲊,强如吃凤髓龙肝。”清《绿野仙踪》三六回:“为人有点小～,在嫖赌场中狠弄过几个钱。”

【能个】 néng gè ❶ 亦音 nèn gè。这样;那样;如此这般。个,结构助词,犹底(地)。唐宋之际与“底(地)”并行使用。“个”在南方的文献资料中出现较多。唐皮日休《夏首病愈因招鲁望》:“贫养山禽～瘦,病关芳草就中肥。”明《山歌·床沿上》:“六月里走马阵头雨那了～易得过。”《石点头》卷四:“况且你做娘的,～教他觅些欢乐,万无不愿之理。” ❷ 能够。元张养浩《新水令·辞官》:“若不是天意相合,这清福怎～?”明《山歌·歪缠》:“你只好看看,弗～到手。”清《飞花艳想》一回:“天下虽有绝色佳人,柳友梅哪～一时便遇?”

【能个样】 néng gè yàng 这个样。宋贺铸《秦淮官柳》之二:“想见南朝旧人物,可怜～风流。”明《山歌·陈妈妈》:“新出笼馒头～物事,在上游了游,到有星滋味。”

【能勾】 néng gòu 可以。表示有能力,有可能。宋钱愐《钱氏私志》:“你几个怕坏了活人,我几个几时～托生?”元关汉卿《西蜀梦》一折:“织履编席,～做大蜀皇帝,非容易。”清《连城璧》子集:“一下了箸,就不觉兴致索然,再要他垂涎咽唾,就不～了。”

【能彀】 néng gòu 同“能勾”。金《董解元西厢记》卷八:“一失人身,万劫不复,再难～。”明王樵《钦恤疏》:“长儿在井边见邵荣,向讨前钱。邵荣回说:‘今日无钱,便打死我也不～。’”清《醒名花》三回:“这也未必～。你侄儿主意要害他,见断合了,何难再弄文法。”

【能亨】 néng hēng 如此;这样。宋徐似道《一剪梅》:“他年青史总无名,你也～,我也～。”周密《癸辛杂识》续集卷下引此例并注曰:“～,乡音也。”按,“能亨”是六朝词语“宁馨”的方言音变。

【能会】 néng huì ❶ 擅长;惯于。元赵彦晖《点绛唇·席上咏妓》:“者莫你～弹～歌,～绣～描,怎生来少前程无下梢?”明沈鲸《双珠记》一〇出:“况且其夫原是个酸子,～吃醋,紧紧的看着老婆,不肯厮放。”清《警寤钟》三回:“你既是个知音,必然也～做,何不也作一篇,与我较个胜负。” ❷ 能够;有可能。明《禅真后史》三回:“两人同去,止你一个回乡,单是他不会躲避,死于强盗手里,偏你生三头六臂、七眼八脚的好汉,～走脱?”清《补红楼梦》一六回:“黛玉如果像了崔莺莺,他又怎么～死呢?” ❸ 有本事;能干。明《禅真后史》三三回:“这党俫的浑家荀氏十分～,助丈夫成了偌大家业。”

【能解】 néng jiě 本事;见识。唐柳宗元《寄许京兆孟容书》:“力薄才劣,无异～。”《禅林僧宝传》卷八《南塔光涌禅师》:“开元寺有尊宿,史忘其名,有异～,见涌,叹曰:‘法中俊人也!’”

【能介】 néng jiè 即“能个❶”。明《山歌·偷》:“姐儿梳个头来漆碗～光。”又《老鼠》:“扯着子个房帘上金铃索声～一响,吓得我冷汗直钻。”又《歪缠》:“你无些事干,要了在个条街上跳灶王个～奔来奔去。”

【能可】 néng kě ❶ 能够。金张风子《满庭芳》:“咄哉牛儿,心壮力壮,几人～牵系?”明徐渭《徐文长佚草》之九:“研为细末,吹入喉中,含咽之间,热～散,闭～开者也。”清《红楼梦》一三回:“荣辱自古周而复始,岂人力～保常的?” ❷ 宁愿;宁可。元《武王伐纣平话》卷下:“吾～餐刀,不顺西周。”纪君祥《赵氏孤儿》一折:“我待自身上受凌持,怎肯那厮行捱推问,～三尺龙泉下自刎!”清《续金瓶梅》九回:“还要和咱打官司,～出首,不可便宜了咱哩。”

【能奈】 néng nài 本领;本事。清《红楼梦》七二回:“不是我说没了～的话,要像这样,我竟不能了。”

【能耐】 néng nài 同“能奈”。清《红楼梦》一一〇回:“只有赚钱的～,还有赔钱的本事么?”

【能事】 néng shì 有能力;会办事。元《三遂平妖传》八回:“如今贫道替你下手剖腹取心,带去与知州,表你二人～。”《元曲选·灰阑记》三折:“不若到路上结果了他,何等干净!因此特特拣两个～的公人董超、薛霸解去。”清《红楼梦》九九回:“谁不知道李十太爷是～的，把我一诈就吓毛了。”

【能手】 néng shǒu　擅长某一技能的人。明谢肇淛《五杂组》卷七：“国初～，多黏俗笔，如詹孟举、宋仲温、沈民则、刘廷美、李昌祺之辈。”清沈德潜《说诗晬语》卷上：“辞藻斐然，虽非出群之雄，亦称一时～。”陈端生《再生缘》四一回：“尔可去，另觅～画个形。”

【能为】 néng wéi　❶能耐；本事。明《杜骗新书·引赌骗》：“你名门子弟，聪明男子，何待贱人训诲，使路人传你听下贱人主使，皆暗中非笑，谓你无～。”清《红楼梦》四八回：“老爷没法子，天天骂二爷没～。”《白雪遗音·劝嫖》：“他生就～将人哄，蜜语甜言会装腔。” ❷能干；有本事。明《禅真后史》二一回：“求拨精锐士兵、～缉捕，昼夜更番，巡牢防护。”

【能行】 néng xíng　指马。清《霓裳续谱·双锁山上刘金定》：“叫小校收拾器械，快备我的～，我要到寿州城。”

【能许】 néng xǔ　能，一音 nèn。如此；这样。宋苏轼《发洪泽中途遇大风复还》：“明日淮阴市，白鱼～肥。”陈师道《晚望》：“蝉鸣不餘力，蛙腹～怒。”明徐渭《完淳篇》：“石头五色烂如花，女娲十笋高～。”

【能样】 néng yàng　能，一音 nèn。如此；这样。宋吴潜《念奴娇·再和咏白莲用宝月韵》：“非粉非酥～别，只是凌波仙女。”明《夹竹桃·为有源头》：“你好像石皮上青衣那介～滑，为有源头活水来。”清金埴《不下带编》卷五：“为吵镜台～大，几人照面几人抬？”

nī

【妮】 nī　纠缠；亲昵。明汤显祖《紫箫记》二四出：“金船满捧盈盈泪，将人～，魂随到千里。”王屋《黄莺儿·戏友人买妾》：“催醒玉猧儿，搅帘衣不住撕，不知锦帐人方～。”

【妮儿】 nī er　同“妮子❷”。清《歧路灯》二七回：“你说是速～不是？几天才不在街上寻饭吃。”又三五回：“你明日与奶奶唱个喏儿，替王中讲个情，叫赵大儿把他家小～还引进来与你玩耍。”

【妮子】 nī zi　❶称年轻的婢女。五代刘光度《澶州建柰河将军堂记》：“天福五年三月九日，迎入将军、夫人真形两座，厮儿～两人。”《元曲选外编·西厢记》一本楔子：“又有个小～，是自幼伏侍孩儿的，唤做红娘。”清《醒世姻缘传》三回：“思量起晁大舍下得这般薄幸，这些婆娘、～们又这等炎凉，按不住放声哭出一个‘汨罗江暗带巴山虎’来。” ❷称女孩儿或年轻女性。《元曲选·黄粱梦》四折：“至如将小～抬举的成人大，也则是害爹娘不争气的赔钱货。”元明《水浒传》四五回：“指着那妇人骂道：‘你这贱人，贱～，好歹是我结果了你！’”清《儒林外史》五一回：“那妇人越发急了，道：‘你放我回去罢！’凤四老爹道：‘呆～！你是骗钱，我是骗人。’”

ní

【尼】 ní　句末疑问语气词，相当于“呢”。《祖堂集》卷四《药山和尚》：“师问云岩：‘作什摩？’对曰：‘担水。’师曰：‘那个～？’对曰：‘在。’”

【尼姑】 ní gū　女僧人。唐李商隐《祭徐姊夫文》：“建旐云归，旷然无主。～居宗老之地，驺奴总家相之权。”元高明《琵琶记》二四出：“我当初早披剃入空门也，做个～去。”清《红楼梦》七七回：“当下因八月十五日各庙内上供去，皆有各庙内的～来送供尖之例。”

【尼女】 ní nǚ　尼姑。《五代会要》卷一一：“如违，所犯僧及本师等各徒二年，配于重处色役；如是～及年老，放杖，只勒还俗。”《景德传灯录》卷一二《幽州谭空和尚》：“有尼欲开堂说法，师曰：‘～家不用开堂。’”

【尼师】 ní shī　尼姑。五代何光远《鉴诫录》卷六：“行者趁教门里卧，～留在脚头眠。”明《古今小说》卷二三：“不觉亭角暗中走出一个～，向前问曰：‘人耶？鬼耶？’”《拍案惊奇》卷一九：“有善义寺～大德，戒持清严。”

【尼众】 ní zhòng　尼姑。唐赵璘《因话录》卷四：“良逸母为喜王寺尼，～皆呼先生为小师。”《敦煌变文校注》卷五《佛说阿弥陀经讲经文(二)》：“更有诸都统、毗尼、法师、三藏、法律、僧政、寺主、禅师、头陀、～、阿姨师等，不及一一称名。”《景德传灯录》卷一四《云岩昙晟禅师》：“师问～：‘汝爷在否？’”

【泥巴】 ní bā　泥。巴，词缀。清《雪月梅》二三回：“怪道你这般重，原来身上倒加添了一半～。”《红楼复梦》二三回：“～饭里的鸭子，那里比得上红鸽子呢！”

【泥抹】 ní mǒ　抹刀；抹泥灰用的工具。明杨慎《艺林伐山》：“郭熙见之，又出新意，遂令圬者不用泥掌——今云～，止以手抢泥。”

【泥盆】 ní pén　盛放河渠疏浚污泥的土坑。宋孟元老《东京梦华录》卷三：“每遇春时，官中差人夫监淘在城沟渠，别开坑盛淘出者泥，谓之～。候官差人来检视了方盖覆。”

【泥水】 ní shuǐ　泥水匠。明孙仁孺《东郭记》四〇出：“小子～是也。齐人老爷旧宅造作衙院，墙壁都是学生砌括。”《型世言》二回：“只见～定磉，早已是间半开间，他是有意弄坍，预先造下了。”

【泥水匠】 ní shuǐ jiàng　建筑中砌砖、盖瓦等的匠人。元明《水浒传》一〇回：“待雪晴了，去城中唤个～来修理。”明周履靖《锦笺记》二二出：“〔净〕呀！师伯还在这里。〔丑〕～不来，专等。”清《歧路灯》六回：“孝移吩咐王中叫～，将东楼后三间房儿断开，开了一个过道。”

【泥头】 ní tóu　❶密封酒坛口的泥巴。宋郑刚中《寒食杂兴》之一：“试破～开煮酒，菖蒲香细蜡花肥。”金王寂《路逢安阳花酒》：“油壁绣帘红粉面，银瓶丝络紫～。”清《说岳全传》五〇回：“便去将一坛的～打开，忽然一阵酒气冲入脑门头里。” ❷指泥头酒(窖藏陈酒)。元佚名《耍孩儿·拘刷行院》：“恰便似遭遗漏，小王抗着毡缕，小李不放～。”明汤显祖《南柯记》三一出：“伊把半万个～兑，烧不是水不是蒙汗药酸的醋。”清《续金瓶梅》一二回：“打开那隔年的～竹叶，赏着那窗前盆内梅花。” ❸水利工程中出头包揽土石工程的人。明周孔教《禁革浚河泥头牌》：“不意一种市棍，号曰～，惯与奸胥朋谋蚕食。先将各区各图杂派编役，以开～包揽之门。”聂绍昌《条上浚筑事宜申文》：“～侵渔，散夫不沾实惠，有终日劳苦而不得一饱者。”

【泥腿】 ní tuǐ　❶贬称农夫或在泥水中做活的人。清《儒林外史》四七回：“到厅上把那乡里的几个～，替我赶掉了！” ❷称市井无赖。清《红楼梦》四五回：“我说了一句，他就疯了，说了两车的无赖～市俗专会打细算盘分斤拨两的话出来。”《后红楼梦》五回：“吴新登便喝道：‘这府门里有你老西儿闹的分儿？滚罢！’这人便跳将起来……喝道：‘咱们便是老西儿，算我～，谁也不怕！'"《蜃楼志》一五回："只说京兆～多，每图淫欲受人讹。"

【泥掌】 ní zhǎng 即"泥抹"。宋邓椿《画继》卷九："遂令圬者不用～，止以手抢泥于壁，或凹或凸，俱所不同。"

【泥中刺】 ní zhōng cì 比喻外表温顺而内藏奸诈。元王元鼎《河西后庭花》："走将来笑吟吟，妆呆妆痴，硬厮挣软厮禁，～绵里针，黑头虫黄口鹨。"《元曲选·黄鹤楼》三折："小人怎敢～？"

nǐ

【你】 nǐ ❶第二人称代词。唐王梵志《草屋足风尘》："看客只宁馨，从～痛笑我。"《祖堂集》卷二《弘忍和尚》："大师临迁化时，告众云：正法难闻，盛会希逢。是～诸人如许多时在我身边，若有见处，各呈所见。莫记吾语，我与～证明。"清《红楼梦》五四回："大正月里，～师傅也不放你们出来逛逛。" ❷句末疑问语气词，相当于"呢"。《祖堂集》卷八《曹山和尚》："问：'罕如何假？'师云：'不希夷。'僧曰：'作何～？'师曰：'不申哂。'"又卷一六《南泉和尚》："师问黄檗：'笠子太小生。'黄檗云：'虽然小，三千大千世界总在里许。'师云：'王老师～？'黄檗无对。"

【你行】 nǐ háng 你；你那里。宋佚名《张协状元》二〇出："使奴心悒怏，不是奴家又谁管～？"元明《水浒传》九〇回："莫不谁在～说甚来？"明汪廷讷《狮吼记》二〇出："〔生〕娘子，你把闲事都丢开，保重身体。〔旦〕势必亡，冤家是～。"

【你侬】 nǐ nóng 你。宋贺铸《千叶莲》："闻～嗟我更嗟，春霜一夜扫秾华。"金元好问《杂著》："造物若留残喘在，我侬试舞～看。"明《型世言》二七回："渠侬公子，～打渠，毕竟吃亏。"

【你咱】 nǐ zán 你。宋谭处端《永遇乐·赠澹州王三校尉》："～自，迷情未肯，且只恁地。"金《董解元西厢记》卷七："瑶琴是～抚，夜间曾挑斗奴。"《刘知远诸宫调》二："无端穷鬼失了牛驴，更有何眼目，由来庄院里驼逗～妻女？"

【咊】 nǐ ❶句末疑问语气词，相当于"呢"。《景德传灯录》卷九《黄檗希运禅师》："师辞，南泉门送，提起师笠子云：'长老身材勿量大，笠子太小生。'师云：'虽然如此，大千世界总在里许。'南泉云：'王老师～？'师便戴笠子而去。"又卷一二《定州善崔禅师》："州将王公于衙署张座，请师说法。师升座，良久谓众曰：'出来打！出来打！'时谭空和尚出曰：'崔禅～？'"《古尊宿语录》卷六《睦州和尚语录》："睦州僧正并诸大德，众请师上堂。师问僧正，僧正应诺。师云：'监寺～？'正云：'不在。'师云：'都监阇黎～？'正云：'不在。'师云：'上座～？'正云：'不在。'" ❷句末疑问语气词，相当于"吗"。《古尊宿语录》卷六《睦州和尚语录》："问僧：'什么处来？'僧云：'灵泉来。'师云：'吽，吽，放你三十棒。'又云：'你适来恁么道～？'僧云：'是。'"

【拟比】 nǐ bǐ ❶比拟；比较。拟，比。《五灯会元》卷三《麻谷宝彻禅师》："休将三岁竹，～万年松。"又卷一六《法昌倚遇禅师》："休将三寸烛，～太阳辉。" ❷仿照；比照。《元史·河渠志二》："安置石囤四千九百六十，抵御馊啮，以救其急，～浙江立石塘，可为久远。"又《选举志四》："太仆寺～尚乘等寺令史，以九十月出为正八品，自用者降一等。"

【拟待】 nǐ dài 想要；打算。宋杜安世《菩萨蛮》："～不寻思，刚眠梦见伊。"明汤显祖《紫钗记》四二出："拾钗定盟，拈香发誓，～双眠双起，必须同死同生。"

【拟定】 nǐ dìng ❶起草决定；提出处置意见。宋司马光《乞不帖例贷配札子》："委中书省官，相度情理轻重，同共商量。除依法外，自贷命编配至特放临时，～进呈，取旨施行。"明祁麟佳《错转轮》一出："但是该变异类的，一一～，宣奏我主。"清《醒名花》一三回："故湛国瑛以下四十九人，并着该部～功爵，朕亲简授。" ❷决定；就草拟的处置意见做出决定。《元曲选·举案齐眉》一折："我又不会临邛县驾车，他又会升仙桥题柱，早学那卓文君～嫁相如。"明袁宏道《答小修》："近部中有存问蒲圻谢中丞差，已～我去，只在八月初行。"清《红楼梦》五三回："正月里请吃年酒的日子拟了没有，若～了，叫书房里明白开了单子来。" ❸判定；认定。元至元八年六月二十一日魏初奏文："要当讲求良方，～价直，明示榜文。"明海瑞《吴万人命参语》："淳安县从公检究参勘得：青香之死系是吴万毒打所致，无可疑矣；惟服毒一节，则难～。"清陈端生《再生缘》一七回："想及彩楼曾睹面，仪容原属象千金。况思曾有乔妆语，～了，必是千金改扮人。" ❹准定；肯定。《元曲选外编·西厢记》五本三折："这妮子～都和那酸丁演撒。"元明《水浒传》四五回："因杨雄醉里出言，走透了消息，倒吃这婆娘使个见识，～是反说我无礼。"明《西湖二集》卷一四："咱们前日白日见鬼了，～是个妖精鬼怪出来迷人，幸得马家香火旺，妖怪迷他不得，反自死了。"

【拟欲】 nǐ yù 犹"拟待"。《祖堂集》卷七《夹山和尚》："学人～斩身千断，谁人下手？"宋杜安世《菩萨蛮》："～托双鱼，问君情有无。"清《驻春园》一九回："今足下～奔逃，弟有一处可投。"

【譥】 nǐ ❶置于疑问句末尾，表达疑问语气，相当于"呢"。《五灯会元》卷七《岩头全奯禅师》："僧参，于左边作一圆相，又于右边作一圆相……师曰：'只如适来左边一圆相作么生？'曰：'是有句。'师曰：'右边圆相～？'曰：'是无句。'"又卷一二《芭蕉谷泉禅师》："师因倚遇上座来参……曰：'礼拜庵主。'师曰：'恰值庵主不在。'曰：'你～？'师曰：'向道不在，说甚么你我！'"宋《虚堂和尚语录》卷一："上堂：'报恩有三件不如诸方，第一说到行不到，第二行到说不到，第三～？'卓主丈：'人贫智短，马瘦毛长。'" ❷独字成句，表示再次询问或疑惑等语气。《五灯会元》卷一七《黄龙慧南禅师》："因化主归，上堂：'世间有五种不易，一化者不易，二施者不易，三变生为熟者不易，四端坐吃者不易，更有一种不易是甚么人？'良久云：'～？'便下座。"又卷一四《大阳警玄禅师》："师问僧：'甚处来？'曰：'洪山。'师曰：'先师在么？'曰：'在。'师曰：'在即不无，请渠出来，我要相见。'僧曰：'～？'" ❸置于含强调语气的句子末尾，加重强调语气。《五灯会元》卷二〇《给事冯楫居士》："一日同远经行法堂，偶童子趋庭，吟曰：'万象之中独露身。'远拊公背曰：'好～！'公于是契入。"宋《虚堂和尚语录》卷四："他一夜思量，明日谓佛果云：'三句因缘，我会得了也。'先倒拇指云：'者个是第一句。'又倒一指云：'者个是第二句。'遂与佛果一掴云：'者个是第三句。'大笑趋去。佛果举似五祖，祖云：'也好～！动弦别曲，落叶知秋。'"

【譥】 nǐ 同"譥❶"。宋绍昙《五家正宗赞》卷一《黄檗断际禅师》："师辞，泉门送，提起师笠曰：'长老身材没量大，笠子太小生。'师曰：'虽然，大千世界总在里许。'泉曰：'王老师～？'师戴笠便行。"

nì

【泥】 nì ❶求；搜求；寻。唐赵嘏《十无诗寄桂府杨中丞》："不知自古登龙者，曾有因诗～得无？"《敦煌变文校注》卷五《双恩记》："深知自过为人错，莫～他冤出令行。"清钱谦益《孟阳载酒就余同饮余方失子》:“淋漓戏墨灯前事,涴壁书窗更～谁?” ❷ 软磨;纠缠。唐曹南《小游仙》:“无央公子停鸾辔,笑～娇妃索玉鞭。”宋向子諲《鹧鸪天·宣和己亥代人赠别》之二:“说著分飞百种猜,～人细数几时回。”清洪昇《四婵娟·李易安》:“尽消受眉翠花光,鬓影衣香。只见他含笑～檀郎。” ❸ 耽溺;贪恋。唐李中《秋江夜泊寄刘钧正字》:“闲忆诗人思倍劳,维舟清夜～风骚。”明袁宏道《唐尧胤自贵竹过访》:“～酒呼鹦鹉,披诗想荔枝。”汤显祖《紫箫记》九出:“～春无力,凭栏暗恨生。” ❹ 表示亲昵的动作,偎靠。清《野叟曝言》二〇回:“因要挣起来叩谢,那里挣得起来?只把头在又李肩上～了两～,道:‘小奴如何报答相公!’”

【泥窗】 nì chuāng 糊窗。五代花蕊夫人《宫词》之一一九:“内人承宠赐新房,红纸～绕画廊。”宋陆游《老学庵笔记》卷八:“蜀人又谓糊窗曰～。花蕊夫人《宫词》云:‘红锦～绕四廊。’非曾游蜀,亦所不解。”清弘历《赋得既雨晴亦佳》:“丛芳醺蝶醉,～薄縠透香微。”

【泥漫】 nì màn 用灰土等涂抹墙壁或器物。漫,通“墁”。元乔吉《水仙子·咏雪》:“大灰～了三千界,银棱了东大海。”

【泥摸】 nì mō 缠磨。唐韩偓《早起探春》:“渐因闲暇思酒量,必怨颠狂～人。”

【泥拗】 nì niù 拘泥执拗。清钱谦益《特进光禄大夫孙公行状》:“盖兵之道,精不可以事窥,粗不可以理解。而文吏～,好用小见解,沾沾将吏之上,能令将吏羁罨而不得展。”

【泥执】 nì zhí 拘泥;执着。宋曾巩《洪范传》:“无阻艰,无所背,无在左而不得乎右,在右而不得乎左者,以通天下之故,而不～其所会所归之中以为本,故能定也。”明王肯堂《证治准绳》卷九五:“人之气血厚薄既殊,而医之用药疗法,又岂可～古方而无加减之变乎?”清毛奇龄《历代乐章配音乐议》:“夫黄钟与宫声圜取皆应,虽有定音,亦属大概,原未有胶固～强立一声以为此黄钟者。”

【泥著】 nì zhuó ❶ 沉溺。唐吴融《宪丞裴公上洛退居有寄》之一:“抛来簪绂都如梦,～杯觞不为愁。” ❷ 犹“泥执”。宋《朱子语类》卷八一:“大抵古人道言语,自是不～。”《丽泽论说集录》卷三:“诗体宽,不可～,然亦不可只便读过。”

【泥着】 nì zhuó 同“泥著❷”。宋《朱子语类》卷一一:“凡读书,须看上下文意是如何,不可～一字。”明王守仁《传习录》卷上:“圣人作经固无非是此意,然又不必～文句。”

【逆鼻】 nì bí 扑鼻;冲鼻。形容气味浓烈。唐段成式《酉阳杂俎》前集卷二:“途遇六七人,盛服具带,酒气～。”宋洪迈《夷坚志》乙卷一:“堂堂一丈夫也,但臭秽～。”清厉鹗《友人贻频婆果赋谢》:“枕函闻～,瑶席艉支颐。”

【逆度】 nì duó 推测;忖度。宋刘一止《上殿札子》:“若军储民食之有无,可防边境之备御,既不可预计而～,亦未可悉举而并行。”金《董解元西厢记》卷四:“妾～之,似有所动。今夕察之,拂旦报公。”明许相卿《与鹤山王子扬书》:“承访北行事宜,随儿顺应,不敢～。”

【逆料】 nì liào 预料;估计。宋郑獬《祭张郎中文》:“岂祸之易验兮,福不可～于前。”明佚名《赠书记》三〇出:“私心～,多分眼底佳人,就是曩时年少。”清《绿野仙踪》一八回:“我～乔家断不敢一二更鼓来,除非到三更内外。”

【逆委】 nì wěi 体察而知;推知。《敦煌变文校注》卷一《伍子胥变文》:“子胥见兄所说,遥知父被勾留,～事由,书当多为(伪)。”

【腻】 nì ❶(表情)不顾羞耻。明《型世言》四〇回:“那女子急立起时,帖木儿早已～着脸,逼在身边了。”清《野叟曝言》三一回:“老实～了脸,只是笑。” ❷ 因过多而讨厌。清《红楼梦》又三九回:“姑娘们天天山珍海味的也吃～了。”《补红楼梦》四回:“大凡景致无论好歹,是没见过的都说好,及自逛～了又不说他的好处。” ❸ 厌烦;表示厌烦。清《红楼梦》一四回:“他怎好～我们,不相干,只管跟我来。”又一九回:“我往那去呢?见了别人就怪～的。” ❹ 涂;抹。清《姑妄言》三回:“童自大就在桌横头一张椅子上坐着,看他抹脂～粉,刷鬓扫眉。”又一二回:“浓浓的把那麻脸上,厚厚的～了一层粉。”

【腻烦】 nì fán 嫌烦扰。清《红楼梦》三八回:“你的‘科头坐’,‘抱膝吟’,竟一时也不能别开,菊花有知,也必～了。”又四八回:“果然这样,我就拜你作师。你可不许～的。”

【腻抹儿】 nì mǒ er 抹腻子用的窄条小抹子。明《金瓶梅词话》七九回:“我说恁大年纪描眉画鬓儿的,搽的那脸倒相～抹的一般。”

ni

【呢】 ni ❶ 语气词。用于疑问句末。a)特指问。《元曲选·蝴蝶梦》三折:“那第三个孩儿～?”清《歧路灯》一回:“丹徒来人～?”b)假设问。《元曲选·昊天塔》二折:“小军云:‘假似不放他过来,他打我～?’杨景云:‘你也打他。’小军云:‘假似骂我～?’杨景云:‘你也骂他。’”清《白雪遗音·寂寞寻春》:“不放他出来,你又怎样～?”c)选择问。明王錂《春芜记》一〇出:“今日到此,不知还是小姐的意思～?还是秋英姐思念小生到来相访?”清《儒林外史》六回:“还是古人的～,还是现在人画的～?”《红楼梦》:“还服过药～没有?”d)反问。《元曲选·铁拐李》三折:“师父也,把似你与我个完全尸首,怕做甚么～?”清《歧路灯》三回:“叫宋禄套上车儿同去,晌午便回来,有啥事～?” ❷ 置于陈述句末尾。a)表示肯定语气。《元曲选·留鞋记》楔子:“小娘子祗揖。有胭脂粉,我买几两～。”明《西游记》二六回:“正是～。我们走脱了,被他赶上。”清《红楼梦》三回:“除了《四书》,杜撰的也太多～。”b)表示持续状态。清《红楼梦》六回:“我这里陪客～,晚上再来回。”陈端生《再生缘》七一回:“母亲不必悲伤,妹子好好儿在天牢内坐着～。” ❸ 置于感叹句或祈使句末尾,加强语气。明《拍案惊奇》卷二六:“早已气喘声嘶,不济事了。杜氏冷笑道:‘何苦～!’”清《红楼梦》二一回:“好妹妹,替我梳梳～!” ❹ 置于句中,表示停顿,多兼表假设语气。《元曲选·后庭花》三折:“若是那女子来～,你问他那里人氏。”清《红楼梦》六〇回:“喜欢～,和他说说笑笑,不喜欢便可以不理他。”

niān

【拈】 niān ❶ 用指尖、筷子等夹取。《祖堂集》卷一八《赵州和尚》:“问:‘如何得报国王恩?’师云:‘念佛。’僧云:‘街头贫儿也念佛。’师～一个钱与。”金《董解元西厢记》卷四:“把简儿～来抬目视,是一幅花笺,写着三五行儿字。”清《红楼梦》六二回:“平儿向内搅了一搅,用箸～了一个出来,打开看,上写着‘射覆’二字。” ❷ 取;摘;握。唐张鷟《游仙窟》:“匣中取镜,箱里～衣。”金《董解元西厢记》卷六:“好事多妨碍。恰～了冠儿,松开裙带,汪汪的狗儿吠。”元荆乾臣《醉花阴·闺情》:“玉容寂寞娇模样,饭不～,茶不汤。一会家思，一会家想。"清《说岳全传》五回："看那岳大爷走下阶去，立定身，～定弓，搭定箭，飕飕的连发了九枝。" ❸ 念诵；举说；吟诵。唐陈元光《落成会咏》："忠勤非一日，箴训要三～。"宋克勤《碧岩录》六二则："肇法师《宝藏论》数句，云门～来示众。"清《十二楼·闻过楼》一回："诸公若再不信，但取我乡居避乱之际信口吟来的诗，略摘几句，略～几首念一念。" ❹ 把玩；摆弄；习弄。宋程垓《朝中措》："何事未～棋局，却来闲倚胡床。"元赵显宏《昼夜乐·秋》："意不忺，琴瑟慵～。"清洪昇《长生殿》一一出："携天乐花丛斗～，拂霓裳露沾。迥隔断红尘荏苒，直写出瑶台清艳。" ❺ 通"撵"。追赶；驱逐。元王大学士《点绛唇》："一个革刃将葫瓜割，一个棘针将酸枣签，一个把鹊儿～。"明叶宪祖《素梅玉蟾》六折："没来由比翼先～，把香窝厮占。负多娇此情，生死还念。" ❻ 通"捻"。捏；搓。《元曲选·救风尘》二折："若是不肯写休书，我将他掐一掐，～一～，搂一搂，抱一抱，着那厮通身酥，遍体麻。"明《西游记》三九回："他不知那里扯个纸条，～作一个纸拈儿，往鼻孔里通了两通。"清《红楼梦》五二回："这叫作雀金呢，这是哦啰斯国拿孔雀毛～了线织的。" ❼ 撮合；促成结合。明梅鼎祚《玉合记》二九出："这也亏杀李王孙，将云做雨，～成一段风流。"许自昌《水浒记》一五出："喜今朝二姓交欢，管异日百年相眷。〔丑〕还须念我月下冰边，～成缱绻。" ❽ 偷；盗取。清《绣戈袍》二九回："贼纠党多人，开了他医馆门，慢慢将家伙什物～得清清楚楚。"

【拈杯】 niān bēi 持杯；饮酒。宋陈人杰《沁园春·吴门怀古》："都休问，向客边解后，只好～。"元曹伯启《对雪寄范平甫》之二："梅边读易看飞花，时复～脸晕霞。"明顾璘《寄题张希梦都阃隐居》之二："向老～浑懒慢，满床抛散六韬书。"

【拈卜】 niān bǔ 以抓阄的方式占卜。清《荡寇志》一二二回："药签不必求，可将那过先生安先生的药方写了阄儿，就神前～罢了。"

【拈撮】 niān cuō 抓取。明徐渭《翠乡梦》二出："止～琉璃灯上，些儿火熟黄粱。"《二刻拍案惊奇》卷二二："溜撒的拾了大块子，又来～；迟夯的将拾到手，又被眼快的先取了去。"

【拈搭】 niān dā 接触；接合。明周宗建《论语商》卷下："全是胸中原无情根，始能使情中之影一下销镕；胸中原无识种，始能使识上之缘～不上。"

【拈掇】 niān duō ❶ 持拿；抓取。宋洪迈《夷坚志》支丁卷三："煎汤百沸，置大镬，用手～顿于头，旋走三匝。"《元曲选·墙头马上》三折："轻～，慢拿捻。呀，珰叮珰掂做了两三截。"明钱子正《食江鱼》："一双鲅鲅不受钓，遭网千头恣～。朝来磨刀向素鳍，犹带鳇风忍烹割?" ❷ 提示；提及；提出。《祖堂集》卷一三《报慈和尚》："和尚适来～犹是第二机，如何是第一机?"宋《朱子语类》卷三九："颜子不处贫贱固自乐；到他处贫贱只恁地更难，所以圣人于此数数～出来。"明罗洪先《答邹西渠》："更不从闻言中讨生活，却向里寻求，得寸守寸。近虽影响有少路径，尚未能～以请。" ❸ 把玩；体味。元吴澄《答赵可仪书》："迩来举子业废，稍能弄笔遣辞者，英华无所发泄，～小诗之外，间或以此为务。"明黄淳耀《和咏荆轲》："～苦不广，自致匕鬯惊。"

【拈飞】 niān fēi 即"拈头❶"。清《姑妄言》四回："别人看见这人场场赢，～的，打算的，不计其数。"又："这赢了七次，名虽得了七十两，是不心疼的钱，三文不值二文的花销了。傍人～，自己浪费，实在收入囊中之物，未必有二十多两。"

【拈阄】 niān jiū 抓阄。元明《三国志通俗演义》卷五："你两个～，拈着的便去。"清《大清会典则例》卷四二："九年题准签盘营卫互用，于签盘之日～匀分，着为定例。"《儒林外史》一八回："当下～分韵。赵先生拈的是'四支'，卫先生拈的是'八齐'。"

【拈酒】 niān jiǔ 犹"拈杯"。唐元稹《酬复言长庆四年元日郡斋感怀》："羞看稚子先～，怅望平生旧采薇。"元洪希文《陈道先生任广南恩平巡检》："煮茶又吸韶阳水，～长怀日暮云。"李孝光《病中》："更须病起能～，可奈东池芍药何!"

【拈看】 niān kàn 把玩；琢磨。宋欧阳修《玉楼春·印眉》："一回忆著一～，便似花前重见面。"武衍《榴花》："折来戴朵频～，应讶罗裙色不如。"明王世贞《胡元瑞见赠之作推挹过甚》之一："人间句在从～，何事追论大小巫。"

【拈拢】 niān lǒng 靠拢；凑近。明《型世言》一五回："沈刚故意阔他，领他看东竹林、西桑地、南鱼池、北木山，果是好一派产。这两个就似胶样，越要～来。"

【拈拿】 niān ná ❶ 把玩；抓握。金王喆《玄玄歌》："旋旋～玛瑙丸，频频趯弄珊瑚斗。丸与斗兮失落无，等闲失落费功夫。"清《广群芳谱》卷九七："俗谚云：七叶一枝花，深山是我家。痈疽如遇者，一似手～。" ❷ 参究；体味。金王喆《修行》之二："常把旧容常点检，便将新相便～。"又《四时睡颂》："午时睡，香烟正撞于炎位。自然馥郁任～，透入晴空传不二。"

【拈拈转】 niān niān zhuàn 一种捻动后可旋转一段时间的玩具，在铜钱或其他圆形物中心插入垂直细柄制成。清《白雪遗音·新春元旦》："他买的，琉璃喇叭小鼓哨竹马，鬼脸～。"

【拈粘】 niān nián 粘缠；纠缠不好对付。明佚名《一枝花·风情》："子被这有官场～妈妈，送了些没魂识着絮娃娃。"

【拈捻】 niān niǎn 参究；体味。金王喆《达达歌》："般般～齐玄旨，处处游行见坦途。"

【拈弄】 niān nòng ❶ 摆弄；习弄。宋《朱子语类》卷一一八："又如人要得知轻重，须用秤方得。有～得熟底，只把在手上，便知是若干斤两，更不用称。此无他，只是熟。今日也～，明日也～，久久自熟。"宋元《清平山堂话本·杨温传》："刀见金时时～，天河水夜夜观瞻。"清《女仙外史》三回："女子以四德为主，诗词不宜～。" ❷ 牵扯；勾惹。宋赵长卿《柳梢青》："纷纷眼底浮花，～动、几多思虑。"虞某《江神子》："常是眉来眼去、惹猜疑。何似总休～上，轻咳嗽、有人知。" ❸ 参究；体味。金王丹桂《玉炉三涧雪·妙用》："两番消息一番同，看你如何～。"元王恽《灵照度丹霞图》之四："禅家多少闲～，粪埽堆头觅悟头。"明《二刻拍案惊奇》卷一九："此中打破关头，棒喝何须～?"

【拈掐】 niān qiā 吝啬。明顾起元《客座赘语》卷一："用财之吝曰～。"

【拈钱】 niān qián 掏钱；花钱。金姬志真《居山》："自与云山旧结缘，烟霞占断不～。"元杨立斋《哨遍》："清风明月不～，闻未老只合欢洽。"

【拈惹】 niān rě 勾惹；惹动。宋吴文英《婆罗门引·郭清华席上为放琴客》："分莲调郎。又～、花茸碧唾香。"

【拈色】 niān shǎi 掷骰。色，色子。元周德清《斗鹌鹑·双陆》："马儿齐摆下，色儿大休掷。会～的便宜，更递马双行休倒提。"

【拈酸】 niān suān ❶ 吃醋；男女情事上嫉妒。明杨柔胜《玉环记》五出："要取你时节，说得一团花锦；及取过门，又被大老婆吃醋～。"《醒世恒言》卷三："朱十老平时与兰花也有一手，未免有～之意。"清《绿野仙踪》四八回："心痒痛难拿，唱几句～话。恁安可任性儿沉李浮瓜。" ❷ 犹"捏酸"。明《浪史》四回："恨妾命薄，天不我眷，不以妾与郎君作佳儿佳妇，顾与俗子～作对，岂不悲耶！”

【拈头】　niān tóu　❶在赌场帮忙捞取头钱。也叫“捉头”。清汤斌《严禁赌博以绝盗源告谕》：“开赌棍徒但知～取利，孰论奸良。”李玉《清忠谱》二折：“飞鸿六顺好拳头，传授。赌场到处惯～，打就。”《风流悟》五回：“一走走到场里，便嚷道：‘先打二千码子来。’～的道：‘拿梢来看。’”　❷比喻沾取好处。明佚名《赠书记》一〇出：“你们为甚么大惊小怪？嗄！是了，待我也来拈个头儿。〔作搂，贴推介〕”《梼杌闲评》一四回：“印月道：‘虽是如此，却也要防他。’秋鸿道：‘防他做甚？就让他拈个头儿罢了。’”

【拈香】　niān xiāng　撮香点燃以通神灵。唐陈元光《半径庐居语父老》：“环拜诸公罢，～奠晚罍。”《元曲选外编·西厢记》一本二折：“这斋供道场都完备了，十五日请夫人小姐～。”清《醒世姻缘传》一八回：“众乡绅方挨次进到灵前，让出陈方伯诣香案～。”

【拈相】　niān xiàng　端详；摆弄着看。金《董解元西厢记》卷三：“钤口鞋儿样儿整，僧鞠袜儿恬净。扮了书帏里坐地不稳，镜儿里～了内心骋。”

【拈咏】　niān yǒng　作为题材吟咏。明叶宪祖《鸾锟记》一六出：“风花～，谩把才情夸宋。”清弘历《碧峰寺》：“随处堪～，憖勤砚匣供。”《珍珠舶》一〇回：“此夜断肠～处，拂栏惟有月相怜。”

【拈指】　niān zhǐ　同“捻指”。明《西湖二集》卷三：“不觉光阴似箭，日月如梭，～之间，已是十二年光景。”

【拈周试晬】　niān zhōu shì zuì　民间风俗。小孩周岁时，在其身旁摆放多种有象征意味的物品，观小孩选拈何物，从而推测其志趣前程。也称“抓周”。宋吴自牧《梦粱录》卷二〇：“至来岁得周，名曰周晬。其家罗列锦席于中堂，烧香炳烛，顿果儿饮食，及父祖诰敕，金银七宝玩具，文房书籍，道释经卷，秤尺刀剪，升斗等子，彩缎花朵，官楮钱陌，女工针线，应用物件，并儿戏物，却置得周小儿于中座，观其先拈者何物，以为佳谶，谓之～。”

【拈挝】　niān zhuā　抓；抓取。例指偷拿。明陈铎《醉太平·司丧》：“人情上捻恰，支销里～。不分亲友与邻家，偏手钱要打。”

nián

【年辈】　nián bèi　❶年龄与行辈。唐权德舆《送右龙武郑录事东游序》：“里闬侨居，～为长。”明陈子龙《报夏考功书》：“仆与足下虽～在后，而耆德硕彦，每每属目，引为气类。”清储大文《孔北海赞》：“北则王刘，后进也，而不惮折～；南则张虞，远地也，而不忘写忧悰。”　❷偏指年龄。唐刘伯翁《奉酬窦三中丞见赠》：“今日相逢问荣悴，更嗟～飒然衰。”　❸同辈。借指地位等同。唐李商隐《偶成转韵七十二句赠四同舍》：“众中赏我赋高唐，回看屈宋犹～。”清《孝经衍义》卷八三：“（生母）遘疾时，稷年十一，侍养衣不解带，每剧则累夜不寝，及终，毁瘠过人，杖而后起，见～幼童辄哽咽泣泪。”

【年伯】　nián bó　称与父亲同年登科者，明代中叶以后亦称同年的父、叔辈，或泛称父执。明王澹《樱桃园》二折：“〔外〕同年魏简之子魏闻道，颇有时名……〔小生〕老～在上，容小侄一拜。”清《聊斋志异·小梅》：“女曰：‘……～黄先生，位尊德重，求使主秦晋之盟，则惟命是听。’时沂水黄太仆，致仕闲居，于王为父执。”《歧路灯》六四回：“我在先人齿录上依稀记得，开封保举的是一位姓谭的，这个谭绍闻莫非是～后裔？”

【年常】　nián cháng　❶常年；年年。《敦煌愿文集·愿斋文》：“托三宝而作归依，率一心而崇万善。所以～发愿，每岁献僧；保护家门，无诸灾障。”明《醒世恒言》卷七：“因～在贵山买果，偶闻令爱才貌双全，老翁又慎于择婿，因思舍亲正合其选，故此斗胆轻造。”清《后红楼梦》五回：“第一先尽家庙及府里，那～勋戚们的套子，且捱着些着个棋儿。”　❷日常。明《古今小说》卷一〇：“连你老人家～衣服、茶、米，都是我家照顾。”

【年辰】　nián chén　年份；年头。唐沈既济《论则天不宜称本纪议》：“其姓氏名讳，入宫之由，历位之资，才艺智略，～崩葬，虽纂录入《皇后传》，列于废后王庶人之下。”宋苏辙《论衙前及诸役人不便札子》：“即差役～愈近，民力愈不易。”徐鹿卿《内引奏第二札》：“～资次之间既不可易，此曹逆料支发之期尚赊，他日之责未必在我，于是肆为奸蠹而无所惮。”

【年成】　nián chéng　❶一年的农业气象及因此形成的作物收成。《元曲选·合同文》楔子：“我此一去，只等～熟时便回家来。”明《西游记》九一回：“若有一年不干，却就～荒旱，风雨不调。”清《歧路灯》九四回：“只因连年～不好，把脸瘦了一多半子。”　❷世道；社会风气。明沈采《千金记》三出：“这等～，那得本钱学做生理？”《西洋记》三七回：“故此地飕里响了一声，化作一道青烟而去。张将军笑了一笑，说道：‘～不好了，连杨树也会跑了。’”清《说岳全传》二八回：“如今乱世～，不论官职大小，只要本事高、有力气的，就是他大了。”　❸年份；年代。清《醒世姻缘传》二四回：“那时正是英宗复辟～，轻徭薄赋，功令舒宽。”

【年程】　nián chéng　❶同“年成❶”。明《西游记》三七回：“你那里五年前，～荒旱，万民遭苦。”清《姑妄言》一九回：“又遇着这两年～荒歉，人口多，就吃掉了。”　❷同“年成❷”。明《金瓶梅词话》一八回：“如今～，论的甚么使的使不的！汉子孝服未满浪着嫁人的，才一个儿？”清《续金瓶梅》四〇回：“如今～，要高门不成，低门不就。”　❸时光；年限。明陈铎《粉蝶儿·佛诉冤》：“～浅促，风景萧疏。受用些钻头不入低房屋，更休题金碧浮屠。”又《一枝花·乞儿乍富》：“～忒浅促，礼法多颠倒。世情全改变，风俗太虚嚣。”

【年除】　nián chú　岁末；除夕。金杨宏道《乙巳年门帖子》：“蒲城来往愧～，赪尾柔毛从酒壶。”明《金瓶梅词话》七八回：“看看到～之日，窗梅痕月，檐雪滚风，竹爆千门万户。”清《九云记》一五回：“过了一旬，正是～，送旧迎新。”

【年代】　nián dài　❶时间。《景德传灯录》卷三《慧可大师》：“斯乃达磨传般若多罗悬记云‘心中虽吉外头凶’是也，吾校～，正在于汝。当谛思前言，勿罹世难。”　❷岁月；年数。指相当长的一段时间。元明《水浒传》六回：“一座古寺，已有～。入得山门里，仔细看来，虽是大刹，好生崩损。”明《金瓶梅词话》六一回：“那个是常在我家走的郁大姐，这好些～了。”清《儒林外史》三二回：“而今～多，房子倒了。”

【年弟】　nián dì　❶科举同年考取者之间的自称。也用作同年参加考试的人自诩的称呼。明沈德符《万历野获编》卷一五：“今同年往还投刺，俱称～。”六十种曲本《琵琶记》七出：“〔净〕久闻列位高名，今日幸会，都是往长安赴选。〔笑介〕年兄～，休得抛撇。”清《玉楼春》二一回：“知府就叫礼房补个～的帖来，并拜马翁。”　❷同年取做宦官者之间的自称。明沈德符《万历野获编》卷二六：“近见阉宦辈以年兄～相呼，盖同时选入内廷者。”

【年分】　nián fèn　❶指定的或规定的某一个（或若干）年头或某一个年龄（段）。宋苏轼《乞赈济浙西七州状》：“乞特赐指挥，须管依～收簇数足，若遇移替，具所簇到数交割与后政承认，不得出违年限。”《元曲选·秋胡戏妻》一折：“男女成人，父娘教训，当

～，结下婚姻。"清《红楼梦》程乙本二二回："薛大妹妹今年十五岁，虽不算是整生日，也算得将笄的～儿了。" ❷ 年龄。明谭元春《游戏三昧序》："王以明，袁中郎师也，而又友予与述之。夫述之，中郎子也，奇情古质，与予交如一人，而翁肯与之互相师友，即其解脱于～之间，已非世人之所谓师友矣。" ❸ 时间。明陆采《怀香记》二六出："兹良会，兹良会，逢场作戏。忘～，忘～，乐雍熙。" ❹ 经历的时间。清《红楼复梦》八七回："那天听见老太太有恩典，说将里面～深、年纪大、出力很好的姑娘，赏给外面勤谨劳苦出力的小子。"《姑妄言》一八回："～多了，本利滚算，该一百几十两。"

【年庚】 nián gēng ❶ 年龄。《元曲选·儿女团圆》二折："〔王兽医云〕多大年纪也？〔正末唱〕他～有三十岁。" ❷ 流年；星命术指人某一年的命运。元明《水浒传》七回："撞着～不顺利，方知太岁是凶神。"明《封神演义》一五回："一则子牙乃万神总领，一则～不利，从早晨到巳牌时候，鬼也不上门。" ❸ 生年八字。元明《水浒传》一〇四回："便问了王庆的～八字，辞别去了。"明朱国祯《涌幢小品》卷二五："无庵问其姓名与～，则年月日时皆与已同。"清李玉《清忠谱》五折："这姻亲，不烦柯斧，何必卜～。" ❹ 指八字帖。明王玉峰《焚香记》一七出："这不当多，袖子里还装不尽哩！那假髻儿里头也是～，这裤子裆中还有一张大八字。"清《二度梅》二七回："既有身价，必有身契，是何年、何月、何日、何时？～现在何处？"《野叟曝言》四一回："叫银匠打造金字～，叫买办置买细缎、花果、靴带、巾袜之类。"

【年光】 nián guāng ❶ 年月；年岁。唐柳公权《百丈山法正禅师碑铭》："～六易，度众千餘。"《元曲选·误入桃源》三折："叹急急～似水，看纷纷世事如棋。"清《续金瓶梅》五四回："蹉跎爱惜度～，眉黛何如怨恨长。" ❷ 年龄。唐罗隐《谢大理薛卿启》："至愿蹉跎，～老大。向秦庭而屡泣，抱楚足以频伤。" ❸ 年景；年头。元佚名《焚儿救母》一折："遇不收时月，饥俭～，母亲眼中泪不离了枕席边。"

【年家】 nián jiā 科举同年考取者家庭间的互称。明柯丹邱《荆钗记》四八出："你我是～顽惯，祖父母在此，焉敢放肆？"《警世通言》卷一七："德称两处投人不着，想得南京衙门做官的多有～，又趁船到京口。"清《聊斋志异·青凤》："曰：'公子识莫三郎否？'曰：'此吾～子也。'"

【年甲】 nián jiǎ 年龄；年纪。金《刘知远诸宫调》一："许来大～恁般毁辱，你须也家内有父母，想这畜生是大小大无礼度！"明《金瓶梅词话》九一回："两家～多相仿佛，又会走马拈弓弄箭，彼此两情四目都有意。"清《聊斋志异·局诈》："又细审其～容貌，吻合不谬。"

【年景】 nián jǐng ❶ 一年的收成情况。宋张载《横渠易说·上经》："《易》谓'不鼓缶而歌，则大耋之嗟，凶'，悲衰暮故为乐，不为则复嗟～之不足也。" ❷ 岁时景象。明高启《廿四日雨中夜坐》之二："莫嗟～暮，转眼是新春。" ❸ 世道；世间景象。明《警世通言》卷二四："原来是～消疏，买卖不济。"清《续金瓶梅》三一回："咱在这河崖上走走就回来，也是一年一个清明。这样大乱～，知道要上几遭！"《醒世姻缘传》五六回："那时太平～，北京到绣江明水镇止九百八十里路，那骡子的脚价每头不过八钱。" ❹ 年龄。清《红楼梦》七一回："因～渐老，事重身衰，又近因在外几年，骨肉离异，今得晏然复聚于庭室，自觉喜幸不尽。"

【年腊】 nián là 僧人的年龄；僧龄。腊，称僧人受戒后的年岁。唐李山甫《迁居清溪和刘书记见示》："祖意岂从～得，松枝肯为雪霜低？"《古尊宿语录》卷一三《赵州真际禅师语录》："此去一百二十里，有赵州观音院，有禅师～高邈，道眼明白。"元德辉《敕修百丈清规》卷二："又看～高低，临时通变。"

【年里】 nián lǐ ❶ 年内；今年之内。明《金瓶梅词话》七七回："不日写书往东京回老公公话，赶～搬取家眷。"清《绮楼重梦》一三回："我也知道～未必赶得及，既这么，我就去回覆他们罢。" ❷ 过年的期间。明《金瓶梅词话》七八回："前日～为崔本来，说你爹大白日里不见了，险了险，赦了一顿打。"清《红楼梦》五六回："～往赖大家去，你也去的，你看他那小园子比咱们这个如何？"

【年例】 nián lì ❶ 历年常例。唐孟浩然《早梅》："园中有早梅，～犯寒开。"明汤显祖《牡丹亭》五〇出："〔生〕大哥，怎么叫做太平宴？〔丑〕这是各边方～。则今年退了贼，筵宴盛些。"清《豆棚闲话》四则："到后来～转了浙江方伯，放手一做。" ❷ 每年固定日期按惯例支给的费用。清《红楼梦》四五回："又给你园子地，各人取租子。年终分～，你又是上上分儿。"《红楼复梦》四六回："请什么安？不过是来领七月半的～。"

【年日】 nián rì ❶ 年月；时日。唐员半千《大唐宗圣观主尹尊师碑》："寂虑于温泉，冥精于寒谷，有～矣。"清《绿野仙踪》九〇回："天仙丹籍，久已注名。惜内功不足，飞升尚需～。" ❷ 年岁；年龄。明徐一夔《送郑朱仲谊就养序》："尝有志于用世，而天下有事纷争，乃独务博鉴强记，及天下已定，则～已老。"《痴婆子传》卷上："女娘～以长，无乃怀春而思吉士诱乎。" ❸ 一年中每一天（都）。清《红楼梦》五六回："三则老妈妈们也可借此小补，不枉～在园中辛苦。"

【年梢】 nián shāo 犹"年尾"。明景世珍《点绛唇·嘲盐商》："那里有年头支过～帐，却原来羊毛出在羊身上。"

【年时】 nián shí ❶ 去年。元张养浩《天净沙》："～尚觉平安，今年陡恁衰残，更着十年试看。"明《金瓶梅词话》七三回："那一个因想起李大姐来，说～孟三姐生日还有他，今年就没他了。"清《醒世姻缘传》三二回："～这们年成，别人没收一粒粮食，偏他还打了十一二石蓛麦，见囤着五六十石谷，他今年的麦子又好，二十亩麦子算计打三十石哩。" ❷ 年景；收成情况。《元曲选·货郎旦》四折："正遇着美遨游融和的天气，更兼着没烦恼丰稔的～。有谁人不想快平生志！"明《古今小说》卷一〇："那个少妇跟随老汉，分明似出外度荒年一般，等得～成熟，他便去了。"清《野叟曝言》一四〇回："五风十雨～强，家家堆积稻与粱。" ❸ 世道；世风。明《金瓶梅》一回："如今～，只好叙些财势，那里好叙齿！" ❹ 流年；时运。明徐元《八义记》九出："为遭兵火，只得逃难到京城。谁想～不顺。" ❺ 年龄；年纪。明佚名《四贤记》四出："我看你～二纪，工貌双妍。"又一〇出："夫人～正茂，生育何难。" ❻ 年份。清《风流悟》一回："如今科考～，我且干名遗才到南京去耍耍。"又五回："明年又是科举～"

【年世】 nián shì 世道；世风。明邝璠《便民图纂》卷一："只为太平～好，弗曾二月卖新丝。"《金瓶梅词话》三五回："如今～，只怕睁着眼儿的金刚，不怕闭着眼儿的佛。"

【年岁】 nián suì 每年。《敦煌愿文集·发愿功德赞文》："每年三长以□（具）足供，献奉三宝。又～至正月十五日□（及）七□□□□（月十五日），悉就窟燃灯，年年供养不绝。"

【年头】 nián tóu ❶ 一年的开头；岁首。唐杨玚《请定帖经奏》："今之举明经者，主司不详其述作之意，每至帖试，必取～月尾，孤经绝句。"宋王炎《清平乐·嘉定壬申除夜》："三百六旬过了，明朝却是～。"明佚名《粉蝶儿·村田乐》："一年过了，又早～。" ❷ 年；从开始到结束的一个完整年。宋杨万里《立春检牡丹》："新旧～将替换，去留花眼费商量。"明《西游记》一回："有十数个～，方才访到此处。”清《醒世姻缘传》三〇回：“从那一年受屈吊死了，到如今不觉又是十二个～。” ❸ 年份；规定的那一年。清《红楼梦》一一六回：“今年是大比的～。”《绿野仙踪》七〇回：“就是小侄，也还问终身的归结，并生子的～。”《玉蟾记》三六回：“正逢岁考～，弄些手眼，把陈保元的文章割去卷面，就算晚生的等第。” ❹ 年限。清《醒世姻缘传》四九回：“奶子满了～，他一点也没淘气，就跟着晁夫人睡觉。”又：“满了～，我替他做套衣裳，打簪环、买柜、做副铺盖，送出他去。”

【年尾】 nián wěi　年末；年底。宋张淏《会稽续志》卷七：“壬午少了一个节气，甲申～却多了次年节气十二日。”元施惠《幽闺记》六出：“罚愿满门都吃素，年头～只吃麸。”明沈周《送岁歌谢宗道士鼓板》：“年头～忙不休，今夜又当～头。”

【年翁】 nián wēng　❶ 科举同年考取者之间的敬称。明倪元璐《与同年祁世培书》：“昨陈天若兄到榻前，面商其条款，精详多可采行，惟～广咨独断行之。”清韩菼《满清入关暴政》卷二：“淳耀避兵石冈，有同科孝廉丹阳葛麟……问曰：‘～在否？’”《风流悟》七回：“右玉爱又明是少年鼎甲，又明爱右玉是少年翰林，两个渐渐相狎起来，始称～，继呼老李。” ❷ 用作对有些交往或有统属关系者的敬称。清吴伟业《与陈宝钥书》：“魏惟度～过访草堂，得读老祖台《蘩山堂集》。”孔尚任《桃花扇》二一出：“〔副净问介〕相府连日宴客，都是那几位～？〔净〕总是吾党，但不如两公风雅耳。”《梦中缘》一一回：“金公独留下臬司待饭。饭毕，金公开言道：‘敝衙中有一事，要借重～为吾代访。’臬司道：‘大人有何事分付，卑职无不尽心。’”

【年下】 nián xià　❶ 年底；快到过年的时候。唐李隆基《命李含光修功德敕》：“今岁聿云暮，璇玑运行，不愧再劳。事缘万姓，今附香信往。至～，且请尊师于所居修功德，以助履新。”明《金瓶梅词话》二三回：“还有～你应二爹送的那一坛茉莉花酒，打开吃。”清《红楼梦》七回：“咱们送他的，趁着他家有～进鲜的船回去，一并都交给他们带了去罢。” ❷ 指大年夜或过年的时候。明《梼杌闲评》一一回：“～是欠负的都来催讨，一夜也睡不著。”《金瓶梅词话》七四回：“爹赏了我两件绸绢衣裳，～穿。”清《醒世姻缘传》三回：“你也还有衣裳首饰，拿出件来变换了也过过～。”

【年兄】 nián xiōng　对科举同年考取者的敬称。或用作同年参加考试的人自诩的称呼。宋苏轼《贺彭发运启》：“伏惟发运吏部～，士耸英风，时推旧德。”六十种曲本《琵琶记》七出：“〔净〕久闻列位高名，今日幸会，都是往长安赴选。〔笑介〕～年弟，休得抛撇。”清《玉楼春》二一回：“这邵才是什么人，李～如此是恭！”

【年雅】 nián yǎ　年谊。明孙承恩《方齿录序》：“是故，由身以上则为叙～，由身以下则为缔世讲。”周履靖《锦笺记》一三出：“〔末〕曾送关么？〔净〕书币朝来早已呈。〔丑〕颓！旧先生前日才辞，咱就介快？〔净〕信宿奚云近。〔末〕要一脉。〔净〕～非他并。〔丑〕嗄，年家。”

【年夜】 nián yè　旧年新年相交的那一夜；除夕。或称前一夜为小年夜，该夜为大年夜。宋朱敦儒《卜算子・除夕》：“江上见新年，～听春雨。”清《八洞天》卷五：“明日是大～了，你看家家热闹，打点过年。”《玉夔龙》二回：“～头哉，太太平平过子年罢。”

【年谊】 nián yì　❶ 科举同年登科者之间的友谊关系。明柯丹邱《荆钗记》四〇出：“冀推～，借重一言，赞襄岳父母上道。”沈德符《万历野获编》卷二二：“时郡守为楚人石楚阳，与金同举应天己卯乡试，～本不甚厚。”清《八洞天》卷五：“那新任知县是盛俊同年，在～上着实用情。” ❷ 泛指登科者之间或多年往来者之间的友谊关系。明《拍案惊奇》卷一八：“大姓问其来历详细，说得对科，果是松江富家，与大姓家有好些～的。”清《儒林外史》三回：“范进再三推辞，张乡绅急了，道：‘你我～世好，就如至亲骨肉一般。’” ❸ 称有这样关系的人。清《幻中游》一二回：“如此正妙，但不知贵～是那一家？”

【年友】 nián yǒu　称科举同年登科者。明袁宏道《与李杭州书》：“适敝～孝廉陶孝若看花六桥，附字奉讯。”清《醒世姻缘传》一六回：“有一个陆节推，其父与邢皋门的父亲为同门的～，最是相知。”

【年丈】 nián zhàng　❶ 犹“年翁❶”。宋曹泾《代柬济鼎同年约其早饭》：“晨炊奉款餘学先生～贤翁壻，便乞迂步，敢以六言四句代柬。”明袁于令《西楼记》四〇出：“以李～谆谆在此作伐，你的心愿难改，夙缘已成。”清《聊斋志异・续黄粱》：“福建曾孝廉，捷南宫时，与二三同年遨游郭外……曾心气殊高，便指同游曰：‘某为宰相时，推张～作南抚。’” ❷ 犹“年翁❷”。清《巧联珠》一回：“富子周问道：‘老年伯入都，家眷同行麽？’方公道：‘学生无子，～所知。’”又二回：“（方公）对富子周说：‘学生有一小女……意欲烦～执柯。’富子周道：‘此乃美事，小侄自当效劳！’”

【年朝】 nián zhāo　年初一；元日。明《石点头》卷九：“今日是个大～，万事求一吉祥。”清李玉《清忠谱》四折：“地理看得弗精，历本也不熟套。正月初一，才知新岁～。”

【年作】 nián zuò　长工。明沈榜《宛署杂记》卷一七：“宛人呼雇工人为～，至十月初一日，则各辞去。谚云：十月一，家家去了～的，关了门儿自家吃。”佚名《龙门隐秀》楔子：“因为家贫，在柳员外家～生理。”

【粘缠】 nián chán　黏腻地纠缠。清《绮楼重梦》三七回：“复身到凌波垞来，递给玉卿瞧，又和他～了多久，才回怡红院。”又四一回：“这边小钰因为听了舜华一篇正论，果然变个调儿，并不去和姐妹们～说笑。”

【粘带】 nián dài　❶ 做官不清白，或有拖拉亏欠，交代不清。《元典章・台纲二》：“各路府司州县任满官员，如中间实有赃污不称职任，当该官司徇情滥给解由，或本无～过犯，故行刁蹬留难者，仰提刑按察司体覆得失，申台呈省。”《元曲选・铁拐李》四折：“为相公有声名，因小人多～。小人有铜肝铁胆，相公有势剑金牌。”明冯惟敏《端正好・徐我亭归田》：“又无节年号件多～，又无狱囚干系担惊怕。” ❷ 沾连牵扯。《元曲选・曲江池》三折：“风月所得清白，雨云乡无～，烟花寨耳根清净。”明《古今小说》卷一三：“这七件都试过，才见得赵昇七情上，一毫不曾～，俗气尽除，方可入道。”

【粘泥】 nián ní　拖泥带水，不干脆爽利。《五灯会元》卷七《镜清道怤禅师》：“峰问：‘甚处来？’师曰：‘岭外来。’峰曰：‘甚么处逢见达磨？’师曰：‘更在甚么处？’峰曰：‘未信汝在。’师曰：‘和尚莫恁么～好！’”宋《朱子语类》卷三八：“龟山为人～，故说之较密。”

【粘腻】 nián nì　同“粘泥”。《景德传灯录》卷一八《顺德道怤禅师》：“雪峰问师：‘何处来？’曰：‘从外来。’雪峰曰：‘什么处逢见达磨？’曰：‘更什么处？’雪峰曰：‘未信汝在。’师曰：‘和尚莫恁么～好！’”

【粘头】 nián tóu　同“拈头❶”。明《二刻拍案惊奇》卷八：“赢时节，道是倘来之物，就有～的、讨赏的、帮衬的，大家来撮哄。”

【粘涎】 nián xián　❶ 唾沫发黏。元佚名《醉花阴・思忆》：“思量的眼前活现，作念的口中～。” ❷ 唾沫。明《西游记》三二回：“那怪见他捽耳朵，喷～，舞钉钯，口里吆吆喝喝的，也尽有些悚惧。”清《后西游记》三六回：“猪一戒听了，不觉口里～都流出来，因又问道：‘这斋一到，就有的吃吗？’”

【粘滞】 nián zhì ❶不通达；拘泥。宋《朱子语类》卷二〇：“人多解作尚有些个仁，便～，咬不断了。”又卷七八：“东坡《书解》文义得处较多，尚有～，是未尽透彻。” ❷不爽滑；发黏。明《二刻拍案惊奇》卷三七：“那酒味甘芳，却又爽滑清冽，毫不～。”

【粘踪】 nián zōng 循迹；跟踪。唐杨筠松《葬法倒杖》：“来龙降势，状若草露流珠之情，为吐息露珠，侵损则真气散矣。只可～小开金井，低垒砖城。”宋真德秀《申枢密院措置沿海事宜状》：“或有贼船合行～追捕，多以候借请，遂至缓不及事。”明王守仁《截剿安义逃贼牌》：“一面多差知因乡导，探贼向往，互相传报，合势～追剿。”

【黏踪】 nián zōng 同“粘踪”。宋李纲《招降到安镇等人兵奏状》：“照与尚之统兵掩击，杀退贼众，～追杀。”《元典章·刑部十三》：“今后凡遇失过盗贼，事主告发到官，应捕官兵人等画时～追捉。”明张岳《报柳州捷音书》：“其团结上寨者，会兵围困；遁投别巢者，～穷追。”

niǎn

【捻】 niǎn ❶栽赃；捏造。明《古今小说》卷一〇：“便谋死了赵裁，却又教导那妇人告状，～在成大身上。”《梼杌闲评》一回：“黄达隐起前情，～词禀道：‘卑职已访出来，计较停妥。’” ❷通“稔”。艳丽。金《董解元西厢记》卷七：“外貌即不中，骨气较别；身分即村，衣服儿忒～。” ❸通“撵”。驱逐；赶。《元曲选·对玉梳》二折：“难退送的冤魂像个甚么，村势煞～着则管独磨。”明《古今小说》卷六：“满肚子恨他，巴不得～他出去。”清《醒世姻缘传》五九回：“我叫他把个丫头～出外头睡来么？” ❹量词。多用于固定结构“一捻”，犹一握、一捏，形容细、小。宋毛滂《粉蝶儿》词：“褪罗衣，楚腰一～。”明梅鼎祚《玉合记》七出：“早收拾半～檀痕，好问取一枝梅信。”清《野叟曝言》一二八回：“因去扯脱蛟行小靴，露出红菱一～。”

【捻巴】 niǎn bā 纠缠。捻，通“黏”。巴，粘住。明朱有燉《十棒鼓·夏夜席上欢饮》：“海老梦撒，红儿唤咱。絮絮答答，再休～。”

【捻靶儿的】 niǎn bǎ er de 摇货郎鼓的（小贩）。《元曲选·朱砂担》一折：“你是个货郎儿，我也是个～。我和你合个伙计，一搭里做买卖去。”又《渔樵记》三折：“老汉是这会稽郡集贤庄人氏，姓张，做着个～货郎。”

【捻烦】 niǎn fán 劳烦；打扰。明《西游记》六九回：“无事不敢～，请你来助些无根水与国王下药。”

【捻泛】 niǎn fàn 装样子。泛，科范，舞台表演程式。元明《水浒传》二一回：“押司不要使这科段。这唐牛儿～过来。你这精贼也瞒老娘！”

【捻合】 niǎn hé 凭空虚造；捏合。宋《朱子语类》卷一〇：“虽是朝廷甚么大典礼，也胡乱信手～出来使，不知一撞百碎。”元乔吉《赏花时·风情》：“我是个锻炼成的铁连环，不比您～就的泥圈套。”

【捻酒】 niǎn jiǔ 同“拈酒”。宋华岳《上詹仲通县尉》：“簪花从帽落，～醉商陆。”

【捻诀】 niǎn jué 即“捏诀”。明蒋一葵《尧山堂外纪》卷四一：“以指～，含水噀之，命捶其石，应手如粉。”《西洋记》三〇回：“仙人收了这些宝贝，心中好恼，口里不住的念咒，手里不住的～。”

【捻看】 niǎn kàn 同“拈看”。宋杨万里《庆长叔招饮即席走笔》之四：“梅花得雪更清妍，折入灯前细～。”

【捻弄】 niǎn nòng 把玩；摆弄。敦煌词《内家娇》：“只把同心千遍～。”明吴宽《再代白须答》：“彼髭既如故，～自堪悦。”清《后水浒传》一七回：“杨么一面走着，一面将这铁棍不住的在手中～，弄得十分得意。”

【捻恰】 niǎn qià 同“拈掐”。明陈铎《醉太平·司丧》：“人情上～，支销里拈掇。不分亲友与邻家，偏手钱要打。”

【捻色】 niǎn sè 即“稔色”。元贯云石《好观音·怨恨》：“想着那樽席上～风流，不良杀教人下不得咒。”明佚名《点绛唇》：“行出楼台外，正遇着多情～。”

【捻舌】 niǎn shé 即“捏舌”。《元曲选外编·玩江亭》三折：“我这般躬身叉手，曲脊低头，背着你，街上人都～排说我哩。”

【捻塑】 niǎn sù 揉捏；揉塑。金《董解元西厢记》卷三：“可憎的脸儿堪～，梅妆浅浅宜澹注。”又：“做为挣，百事抢，只少天衣，便是～来的观音像。”明张岱《陶庵梦忆》卷四：“非性（酒醉、蜜饯之类），非理（云南蜜唧、峨眉雪蛆之类），非想（天花龙蜓、雕镂瓜枣、～米面之类）之物，无不集。”

【捻酸】 niǎn suān 同“拈酸❶”。脉望馆本《曲江池》一折：“你和别人说话，我不～，你倒捻了！”明汤显祖《牡丹亭》四七出：“便许他在那里，你却也忒～！”清《醒世姻缘传》一九回：“那晁住合李成名的娘子这两个强盗，吃醋～，管得牢牢的。”

【捻指】 niǎn zhǐ 搓动一下手指；弹指。谓时间极短暂、极迅疾。宋张孝祥《蝶恋花·怀于湖》：“恰则杏花红一树，～来时，结子青无数。”明《朴通事谚解》卷中：“东走西走，不得～歇息。”清《二度梅》三四回：“光阴迅速，～已是会试之日。”

【捻转】 niǎn zhuàn 即“拈拈转”。明丁惟恕《河南韵·捻转》：“杂货铺里见了个～……看外边圆又圆，看中心尖又尖，左就左右就右随手就转。”

【碾】 niǎn ❶滚压；研磨。唐于鹄《哭李暹》：“驱马街中哭送君，灵车～雪隔城闻。”元高明《琵琶记》一五出：“午门外碌碌剌剌，车儿～得尘飞。”清《醒世姻缘传》三九回：“放在一个小药碾内，～得为末。” ❷用碾车打磨；琢磨。唐元稹《酬乐天寄蕲州簟》：“～玉连心润，编牙小片珍。”元王恽《玉堂嘉话》卷二：“看古玉器当解其刀刻、～刻者，刀刻为上，与～刻盖相去甚远。”清《情梦柝》五回：“若素接来看时，却是蓝宝石～成一个小鱼。” ❸通“撵”。驱逐；追赶。《元曲选·赚蒯通》三折：“你这些小儿每街上闹镬铎，则愿的～得娘没一个。”明《西洋记》七回：“不要管他甚么第四、第三，直恁的～将他去。”清《东周列国志》五五回：“魏颗、魏锜双车～到，二戟并举，把杜回搠倒在地。” ❹通“捻”。捏；揉。清《镜花缘》三三回：“先把右耳用指将那穿针之处～了几～，登时一针穿过。”

【碾车儿】 niǎn chē er ❶辇车，一种妇女所乘的有盖的车。元施惠《幽闺记》二六出：“知他这～恁行迟！”又：“马儿行较疾，疾，上～直恁的簪簪地。” ❷碾琢玉石用的车床，用机械带动使旋转。明《禅真逸史》一回：“两脚似～一般，飞也赶来。”

niàn

【念】 niàn ❶怜；怜悯。唐裴铏《传奇》：“峭岩亦～之，教其药，终不成。”《元曲选外编·裴度还带》二折：“有那等嫌贫爱富的儿曹辈，将俺这贫傲慢，把他那富追陪，那个肯恤孤～寡存仁义？"清《绿野仙踪》九五回："适才张总管他到～我穷苦，许我二十两。难道大爷反没侧隐之心？" ❷ 置于句首，引出自我介绍的内容。元《三国志平话》卷中："诸葛亮问：'尊重何人也？'玄德曰：'～刘备是汉朝十七代玄孙中山靖王刘胜之后。'"明孟称舜《娇红记》三一出："〔生〕小生申纯，〔旦〕奴家王娇。〔同云〕～我两人，形分义合，生不同辰，死愿同夕。"《西游记》五六回："拜惟好汉，听祷原因：～我弟子，东土唐人。奉太宗皇帝旨意，上西方求取经文。" ❸ 用言语说服打动。《元曲选·对玉梳》二折："休假温存絮叨叨取撮，佯问候热剌剌～合。"明《金瓶梅词话》一九回："你恼的是，他吃人～了。"又二五回："几句又把西门庆又～翻了。" ❹ 二十。廿的记音。唐邱光庭《兼明书》卷五："江南人呼二十为～。"明《金瓶梅词话》三〇回："时宣和四年戊申六月～一日也。"清《豆棚闲话》九则："我辈驰骋于邯郸道上，已～餘年。"

【念动】 niàn dòng 说(唱)出；念诵。元《三遂平妖传》一九回："凡遇金刚禅左道一应邪术，贫僧见了，～真言，即能反邪从正。"明《西游记》一六回："三藏恨道：'我不管你，但是有些儿伤损，我只把那话儿～～，你就是死了。"清《霓裳续谱·到城南》："十指尖尖把树稍搬，桑歌～语声娇。"

【念聒】 niàn guō 念叨；叨咕。明朱有燉《醉太平·老病初痊戏作》："不付能自觉的好也啰，早絮叨叨～。"佚名《粉蝶儿·悭吝》："枉～，干哑嗑，谁敢道三声真个。"《西洋记》九三回："国师～几声，偏衫袖儿里面，走出一个一尺二寸长的小和尚来。"

【念记】 niàn jì 纪念(物)。清《白雪遗音·送多情》："向胸前把小镜摘取，姣滴滴双手捧递：这是奴一点表意送与你，权作～。"

【念见】 niàn jiàn 怜念；顾念。敦煌写卷伯 2623 号背面书启："愍念贫仕，弥峰上而赐削尘埃；～困穷，宏海中而望垂涓滴。"《敦煌变文校注》卷二《韩擒虎话本》："陈王闻语，～名将即(积)大(代)功训(勋)，处分左右，放起头稍。"

【念恋】 niàn liàn 牵挂留恋。金侯善渊《益寿美金花》："身居火院。儿女妻奴由～。"明《金瓶梅词话》八回："他辜负咱，咱～他。"清《幻中游》八回："蔡寅～桂娘的才色，次日回到家里托人结了八百银子，亲自带到桂娘家来。"

【念诵】 niàn sòng ❶ 心念口诵(佛经)。唐张不矜《唐悯忠寺无垢净光塔铭》："书陀罗尼咒于其塔内，～精持，减罪恒沙。"《敦煌变文校注》卷六《不知名变文(二)》："四部僧众，齐坐～。"清洪昇《长生殿》三九出："想当日在宫中，听娘娘教白鹦哥～《心经》。" ❷ 念叨；提起。元佚名《小醋大·情》："几回按下身心，尤兀自喃喃～他。"清《野叟曝言》五五回："这是我家二相公，你们常时～的大姑爷哩。"《荡寇志》一一三回："刘广夫妻日日～孔厚，知他在哪里，何处去请！" ❸ 叨咕；反复地说(唱)。明《禅真后史》三回："裘五福冷笑了一声，掇转身自～道：'宁可私盐重犯，莫惹人命干连。'"清《霓裳续谱·留神听》："有个女孩站在居中，手拿着拉琴，嘴里～，也有围着把他看，也有坐着尽自听。"《姑妄言》二回："这个一嘴，那个一舌，～得那老回婆倒也有些念动兴了。" ❹ 抱怨；诅咒。清《醒世姻缘传》七七回："我那鬼魂，你可也禁不住我，可也凭着我悠悠荡荡的在京城里顽几日才托生呀！你就有这们些瓜儿多子儿少的～我！"《霓裳续谱·一更里盼郎》："〔小〕总不如丢开，另续个多情，我的姑娘啊！〔正〕哇，～谁，你把谁～？"

【念头】 niàn tou ❶ 意念；所思考、用心处。宋苏轼《宿资福院》："月明写炤寺林幽，最是江湖入～。"明王守仁《答陆原静书》："佛氏又有'常提～'之说……于此～提在之时，而事至物来，应之必有其道。但恐此～提起时少，放下时多，则工夫间断耳。"清袁枚《子不语》卷一六："曰：'汝且静坐片时，自数其心所思想处。'孙坐良久，一元问：'汝可起几许～？'曰：'起过七十二念。'" ❷ 思念、牵挂的。元《三遂平妖传》三回："胡员外猛省起来：'……(女儿)倘是胡做胡为，交养娘得知，却是利害！'胡员外起这个～，来看女儿。"明《挂枝儿·从良》："不记得剪烛共弹棋？对着那明月清风也，难道一点～儿都不起。"清《红楼梦》八六回："宝玉稍觉心里喜欢，便把想宝钗来的～打断。" ❸ 主意；打算；想法。《元曲选·隔江斗智》一折："我则为荆州九郡，才想这个～。"明李梅实《精忠旗》八出："可见信得此心过，何难去为国为家；办得～真，分什么是男是女。"清《红楼梦》一一回："没人伦的混帐东西，起这个～！" ❹ 心愿；心意。明王錂《寻亲记》五出："儿时得遂～，那时烧香礼佛。"清《春柳莺》七回："虽中小人之计，错中之错，实乃天凑奇缘。只是姐姐一段爱我～，终身难尽。"《飞龙全传》五回："主公虽是行囊颇厚，不该把这细微奉送。怎奈没甚～，将这些须为敬。" ❺ 留心；在意。清《情梦柝》一五回："兄必欲将此物聘个心上人，不肯向别处～。"

【念想】 niàn xiǎng ❶ 思念；想念。宋周邦彦《玲珑四犯》："自别河阳，长负露房烟脸。憔悴鬓点吴霜，～梦魂飞乱。"元明《水浒传》三三回："自从别了兄长之后，屈指又早五六年矣，常常～。"清《白雪遗音·十二月》："俺这里常～，不知你那里闷不闷。" ❷ 思考；揣度。明《二刻拍案惊奇》卷一七："撰之道：'因为有字，在此～。'俊卿道：'～些甚么？'撰之道：'有"蜚娥记"三字。蜚娥必是女人，故此想着：难道有这般善射的女子不成？'"

【念珠】 niàn zhū 僧人用物，挂于颈或臂，念诵经咒或佛名时用以计数。《旧唐书·李辅国传》："辅国不茹荤血，常为僧行，视事之隙，手持～，人皆信以为善。"《景德传灯录》卷一〇《赵州从谂禅师》："有人问师年多少，云：'一串～数不尽。'"清《儒林外史》二一回："见桌上放着一座香炉，一个灯盏，一串～。"

niáng

【娘】 niáng ❶ 下属、奴婢等称女主人。《元曲选外编·智勇定齐》三折："〔正旦云〕大小众将……合眼虎。〔净合眼虎云〕哎。～叫怎的？"明《金瓶梅词话》二〇回："四个唱的见他手里有钱，都乱趋捧着他，～长～短，替他拾花翠叠衣服。" ❷ 称婆母。清《醒世姻缘传》二回："庙倒没去得成，倒把俺婆婆气了个挣。不是我气的极了，打了两个嘴巴，他还不知怎么顶撞俺～哩！" ❸ 詈词"他妈的"。金《董解元西厢记》卷七："行一似揍老，坐一似猢狲，甚～身分！"元《七国春秋平话》卷中："兀得不死，恁～也多时迷了出不得阵！"清《红楼梦》三六回："不得好死的下作东西，别作～的春梦！"

【娘行】 niáng háng 姑娘；妇人。宋佚名《张协状元》一四出："论～恁娇媚，何不嫁个良婿？"明徐畛《杀狗记》七出："员外吃得醉醺醺，我～自宜仔细，着些言语问因依。"清《歧路灯》一〇八回："一日问篑初索纸，篑初笑道：'～自会做纸，何必求人？'全淑微恚道：'骂人没深浅。'"

【娘舅】 niáng jiù 母舅；母亲的兄弟。宋元《清平山堂话本·董永》："当时径到～家，备告丧父无钱之事。"明《山歌·嫁》："三朝满月我搭你重相会，假充～望外甥。"清《醒世姻缘传》七三回："还没等上阵交锋，一个个都做了'齐东的外甥'，只叫道'～

救命!'"

【娘老子】 niáng lǎo zi 爹娘;父母。明《金瓶梅词话》二五回:"那个没个~?就是石头猞刺儿里迸出来,也有个窝巢儿。"清《野叟曝言》五五回:"你死在湖里,可怜你~哭得好不苦楚。"《歧路灯》六六回:"像俺这一起儿狗攮的,舍着~的皮肉,撅着屁股朝天,尽着的挨。"

【娘母】 niáng mǔ 母亲。《元曲选外编·西游记》一本三出:"新没了孩儿的~有乳者,我将盘缠去与老僧抬举者。"明《醋葫芦》一三回:"倘走漏了消息,不惟~难存,且又儿女莫保。"清《野叟曝言》一一一回:"咱生的,是咱独造的,便活像他老子,是一小锺馗,要像他~,一毫也是没有的。"

【娘母儿】 niáng mǔ er 即"娘母"。明《金瓶梅词话》三七回:"他~生的这般人物,女儿有个不好的?"又:"一锹撅了个银娃娃,还要寻他~哩。"

【娘母子】 niáng mǔ zi 即"娘母"。明《金瓶梅词话》四一回:"我嫌他没~,是房里生的,所以没曾应承他。"清《醒世姻缘传》五二回:"槽头买马看母子,这们~也生的出好东西来哩?"《红楼梦》二九回:"你站着作什么?还不骑了马跑到家里,告诉你~去!"

【娘娘】 niáng niáng ❶称母亲。《敦煌变文校注》卷六《大目乾连冥间救母变文》:"儿与~今日别,定知相见在何年?"宋《五代史平话·梁上》:"那朱温葬了那爷爷,侍奉他的~王氏。"清《姑妄言》一回:"那人随后就跟进来。昌氏低声道:'我家有老~呢。'" ❷称年长的妇女。金《董解元西厢记》卷三:"(张生)见夫人,忙施礼,道:'前日,想~可来惊悸?'"元《三国志平话》卷下:"令人唤出一~,当面问:'此处属那里?'~言:'祁山祁州凤翔府。'……军师自思:前者老妇所言,实为不祥。" ❸称年轻的或中年的女子。《敦煌变文校注》卷六《不知名变文(二)》:"转巽有一个小下女人,族(取)水如(而)来,瓮中有七支莲花。便善惠言道:'~卖其莲花两支,与五百文金钱。'"宋元《清平山堂话本·三塔记》:"~斟热酒,把心肝请宣赞吃。宣赞只推不饮,~、婆婆都吃了。"清方成培《雷峰塔》六出:"两位~,官人肯哉。等我打子扶手下船来。" ❹称女主人或妻子。宋元《清平山堂话本·三塔记》:"只见一人向前道:'~,今日新人到此,可换旧人?'"明汤显祖《牡丹亭》一九出:"所喜妻子杨氏~,能使一条梨花枪,万人无敌。"清《风流悟》一回:"因去年相公死了,~是个小姐,年纪又小,被族中欺负。" ❺称后妃。宋辛弃疾《南渡录》:"中贵人曰:'臣亦陛下东京小中贵,来时系~私遣。'"《元曲选·汉宫秋》一折:"兀那弹琵琶的,是那位~?圣驾到来,急忙迎接者!"清《红楼梦》二二回:"忽然人报,~差人送出一个灯谜儿,命你们大家去猜。" ❻称神女。《大宋宣和遗事》前集:"宋江见官兵已退,走出庙来,拜谢玄女~。"《元曲选·城南柳》四折:"将自家结了的仙桃,王母~行献寿去来。"清《醒世姻缘传》二回:"俺那旧宅子紧邻着~庙,俺婆婆合我算记,说要拣一个没人上庙的日子,咱到庙里磕个头,也是咱合~做一场邻舍家。" ❼称鸨母。元周文质《斗鹌鹑·咏小卿》:"苏~本贪也欲也,冯员外既与之求之,双解元怎羡乎嗟呼?"李茂之《行香子·寄情》:"吃不过姐姐焦、~啾、婆婆骂,欲待要离恁那壳中应难罢,只除是天摧地塌。"明汤式《一枝花·劝妓女从良》:"纵然道板障的~有些生忿,明放着玉镜台主婚,金花诰保亲,不愿从良的也算得个蠢。"

【娘娘子】 niáng niáng zi ❶即"娘娘❷"。清《醒世姻缘传》一二回:"俺姨指着俺爷的脸骂了一顿臭忘八,臭龟子,还说:'怎么得那老~在家,叫他看看好清门静户的根基媳妇才好!'" ❷即"娘娘❸"。清《醒世姻缘传》四三回:"这~起头进来,俺可也得了他的好处。"又六七回:"既是你这~说,我就依着。"

【娘亲】 niáng qīn ❶母亲。《元曲选·杀狗劝夫》一折:"若不是死了俺~和父亲,这家私和你疋半停分。"明陆沧浪《红衲袄》:"我爹行见错也,望~好劝些。"清《红楼梦》五回:"留餘庆,留餘庆,忽遇恩人。幸~,幸~,积得阴功。" ❷妓女称鸨母或仆人称女主人。明《挂枝儿·鸨妓问答》:"小姐姐双膝儿忙跪下,告~息怒果是我差。"《欢喜冤家》一八回:"只见孟家一个小使,拿了一只皮箱、一个果品肴馔道:'~,昨晚正要赶来。'"

【娘子】 niáng zǐ ❶称青年女子或家族中晚辈的女子。唐李皋《湖州别女足娘墓文》:"父舒州刺史翱,以酒果之奠,敬别于第七女足~之灵。"宋范镇《东斋记事》卷一:"主人出见,而亦爱之,遂留于庄院。累月,家人商议,欲以为四~舍居之婿。"明《山歌·笑》:"后生~家没要嘻嘻笑,多少私情笑里来。" ❷称已婚妇女。或作为妇女的泛称。《法苑珠林》卷九五:"许甚惊惧,及求于主者,曰:'生平修福,何罪而至斯也?'答曰:'~曾以不净碗盛食与亲,须受此罪。'"《元曲选·鲁斋郎》楔子:"多谢官人~!若不是官人~,那里得我这性命来!"清《镜花缘》九七回:"'请教~尊姓?在此开张几年了?'酒家道:'小婢姓仪。此店自夏朝开设至今。'" ❸称女主人。唐王梵志《一岁与百年》:"奴富欺郎君,婢有陵~。"元明《水浒传》二九回:"酒保见他醉了,将来柜上道:'~,胡乱换些与他。'"清《后水浒传》一八回:"不期奶妈在房门外叫道:'官人、~快些起来。'" ❹妻子。《敦煌变文校注》卷四《难陀出家缘起》:"难陀欢饮之次,忽然闻门外世尊语声,向妻子道:'~!~!'"明《朴通事谚解》卷上:"别处一个官人娶~,今日做筵席。"清《醒世姻缘传》一回:"又买了一乘二号官轿,与大舍~计氏乘坐。" ❺称后妃或地位相当于后妃的女子。《太平广记》卷二四〇引《谭宾录》:"国忠大惧,言语失次,归语杨氏姊妹曰:'~,我辈何用更作活计?皇太子若监国,我与姊妹等即死矣。'"五代花蕊夫人《宫词》之一三:"诸院各分~位,羊车到处不教知。"宋蔡條《铁围山丛谈》卷一:"国朝禁中称乘舆及后妃多因唐人故事,谓至尊为官家,谓后为圣人,嫔妃为~。"

niào

【尿鳖】 niào biē ❶即"尿壶"。元施惠《幽闺记》二二出:"铺下两张床,两个短枕头,一个马子,一个~。"《元曲选外编·刘弘嫁婢》一折:"就把那~子放在锅里罢。" ❷喻嘴,指口才。含贬义。明汤显祖《牡丹亭》六出:"那高皇望见,这又是个掉~子的来了,便迎着陆贾骂道:'你老子用马上得天下,何用诗书?'" ❸喻指窝囊无用的人。明《拍案惊奇》卷三一:"我们带这两个~送去县里,添差了人来拿人。"

【尿钵子】 niào bō zi 尿壶。《古尊宿语录》卷三三《龙门佛眼和尚普说语录》:"三二十年若不会,截取老僧头去作~。"

【尿绰】 niào chāo 撒尿。元马致远《要孩儿·借马》:"抛粪时教干处抛,~时教净处尿。"

【尿壶】 niào hú 接尿用的壶状器。清《玉蟾记》一四回:"打一把金~,壶口刻了赵文华三字。"《野叟曝言》八三回:"四人便来铺床叠被,提~,捧脸水。"

【尿急】 niào jí 急于排尿。明《禅真逸史》九回:"只怕你~,那厢去放问是好。"清《情梦柝》一回:"~的,争茅坑,夺粪桶。"《姑妄言》二回:"渴虽止了些,又过不多时,都有些~了。"

【尿精】 niào jīng 贬称说谎的人。明《西游记》七回："我把你这个～猴子！你正好不曾离了我掌哩！"《型世言》二九回："见了两个妇人，道：'那里来这两个～？想是公子叫来的妓者。'"《禅真逸史》三二回："春香咬着指头恨一声道：'……你若着了手时，性命都不要哩！'腊梅道：'～又来取笑！'"

【尿马子】 niào mǎ zi 撒尿用的马桶。清《续金瓶梅》一八回："艄婆请进去看了，在厨后船稍上，～都全。妙趣扶月娘进了船舱。"

【尿泡】 niào pāo ❶ 即"尿脬"。明《西游记》三一回："～虽大无斤两，秤铊虽小压千斤。"清《续金瓶梅》八回："他经纪打了牙，自家咽；狗咬～，空欢喜。" ❷ 撒尿。清《歧路灯》四六回："谭绍闻主仆在班房内，连～也不甚便宜。"

【尿胞】 niào pāo 即"尿脬"。宋陈自明《妇人大全良方》卷二三："盖缘未产之前内积冷气，遂致产时～运动不顺。"清《续金瓶梅》四〇回："终年不收上去，在两腿中间磨得肿光光似～一般。"《霓裳续谱·正盼佳期》："吱溜将门开放，却原来是猫咬～。"

【尿脬】 niào pāo 膀胱。明薛已《薛氏医案》卷三〇："或咳嗽遗尿，此肺气虚而～失制也。"陆采《明珠记》二六出："灰挼猪～，干淘气；法制麦门冬，空费心。"《姑妄言》七回："众捕役真是狗咬～，空欢喜了一场。"

【尿盆】 niào pén 接尿的盆。《元曲选外编·紫云庭》二折："我教人道～二刷煞将搔气，直这般显相貌，骋威势。"清《歧路灯》二九回："他倒没掉在茅坑里，却掉在人家～子里头。"《白雪遗音·怕老婆》："双膝跪在床沿下，头顶着～，手执着家法。"

【尿瓶】 niào píng 即"尿壶"。明沈鲸《双珠记》二七出："东宫的～倾洗得洁净，公主的夜桶收拾得干燥。"《绣榻野史》卷下："一日早起，东门生还睡在床上，要～。"

【尿屎袋】 niào shǐ dài 指人的躯体。是佛教不净观的说法。唐王梵志《本是尿屎袋》："本是～，强将脂粉涂。凡人无所识，唤作一团花。"

【尿鱼】 niào yú 即"尿壶"。清《蝴蝶缘》一〇回："直到天明，人才清醒，口在叫道：'伴云，递～来！'"

【溺尿】 niào niào 解小便。宋钱时《融堂四书管见》卷八："或推倒禅床，或拗折竹篦，～与屙屎，呵佛骂祖师。"明汤显祖《牡丹亭》六出："那时汉高皇厌见读书之人，但有个带儒巾的，都拿来～。"清袁枚《子不语》卷八："家人妇抱小公子出看，～路旁。"

【溺器】 niào qì 接尿的器物。唐张鷟《朝野佥载》卷五："宋之问捧张易之～，并偷媚取容。"《五灯会元》卷一八《丞相张商英居士》："至五更下床，触翻～，乃大彻。"清袁枚《子不语》卷四："汤惊迷不能声。适馆僮持～来，一冲而散。"

niē

【捏】 niē ❶ 用手指捻或夹。唐慧琳《一切经音义》卷一八："若使别人握搦身体，或摩或～，即名按摩也。"《元曲选·㑇梅香》一折："俺～住这玉珮，慢慢的行将去。"清《红楼梦》八〇回："薛蟠接碗时，故意～他的手。" ❷ 用手指把软的东西弄成一定的形状；捏塑。唐冯贽《云仙杂记》卷七："团沙～成睡秸康。"《元曲选·㑇梅香》一折："怎生借一阵顺风儿，将我这琴声吹入俺那玉妆成粉～就的小姐耳朵里面去。"清《红楼梦》七五回："又有在虎邱山上泥～的薛蟠小像。" ❸ 编写；虚构。元胡用和《粉蝶儿·题金陵景》："谷子敬惯～梨园新乐章，陈清简善画真容像。"明佚名《南牢记》一折："我今假～一篇，将他唆犯。"清《红楼梦》八六回："今尔远来，并非目睹，何得～词妄控。" ❹ 装扮；假装。明朱有燉《醉太平·风流秀才》："演乐厅～下个酸丁怪，教学堂赊下些勤儿债。"《西游记》四〇回："莫是妖精弄法，假～文殊菩萨，哄了我等。"《醒世恒言》卷二三："海陵～作侍嫔取灯声，以促其乐。"

【捏谤】 niē bàng 捏造诽谤。明温璜《温氏母训》："有一等人，直肠直口，自谓不欺，每为造言～诱作先锋。"佚名《四贤记》二〇出："庆某恃才纵肆，～命臣，本当重处。"李梅实《精忠旗》三七出："张俊隙起忌功，祸成～。"

【捏拐】 niē guǎi 挥取占有；偷窃拐骗。明《朴通事谚解》卷中："那厮不是人，诓猾贼，好生～东西。"

【捏怪】 niē guài 做出怪异荒诞的举动。唐《临济禅师语录》："好人家男女，被这一般野狐精魅所著，便即～。瞎屡生，索饭钱有日在！"《元曲选·陈州粜米》楔子："俺两个全仗俺父亲的虎威，拿粗挟细，揣歪～，帮闲钻懒，放刁撒泼。"清《续金瓶梅》一六回："后来因徽宗北狩，李师师故意要～，改了一身道妆。"

【捏鬼】 niē guǐ ❶ 作假；虚报。明郑纪《与庞大参书》："许其自首前日～之愆，改正文册，从实清查。" ❷ 捣鬼；要花招蒙骗。明康海《骂玉郎感皇恩采茶歌》："假妆幺，胡～，大欺天。"《二刻拍案惊奇》卷三四："太尉叫他把任生看一看，法师～道：'是个着邪的。'"清《好逑传》九回："大人曰毁，小人谓之～。既莫瞒天，又难蔽日，空费花唇油嘴。"

【捏合】 niē hé ❶ 捏塑。五代蒋贻恭《咏金刚》："扬眉斗目恶精神，～将来恰似真。刚被时流借拳势，卜知身自是泥人。" ❷ 凑合；拼凑。宋《朱子语类》卷一八："事事物物各自有理，如何硬要～得？"宋元《警世通言》卷二〇："周三就在门前卖些果子，自～些汤水，到晚间，就在计安家睡。"清《姑妄言》一五回："且说这峨眉山人突然从何而来？得非是做书的人强为～，凑成贾文物这段佳话。" ❸ 伪造；编造。宋文天祥《委佥幕审问杨小三死事批牌判》："二则杀人无证，只据三人自说取，安知不是～？"《元典章·刑部三》："于木八剌沿身搜出木八剌亲笔～乱言文字。"明《西游记》三二回："又是你～甚么鬼话赖他哩。" ❹ 勾缠；交往。清《红楼梦》程乙本六五回："却一心注定在三姐儿身上，便把二姐儿乐得让给贾琏，自己却和三姐儿～。"《歧路灯》八六回："我们弟兄两个还～上来，吃亏你嫂子不是人。"

【捏诀】 niē jué 做出一种手势，以配合施法念咒。《元曲选·桃花女》四折："正旦接水，用手～念咒科。"明《西游记》七〇回："迎风～，想象腾那，即摇身一变，变做那有来有去的模样。"清袁枚《子不语》卷六："道人即～向空一捉，曰：'得矣。'"

【捏款】 niē kuǎn ❶ 犹"拿款"。清唐英《面缸笑》一出："他们既然这样～，倒不如给他几十个钱，往别家去吧。" ❷ 伪造条款项目。《大清会典则例》卷一三九："如应付迟误，转～诬报者，亦照例治罪。"《续金瓶梅》二八回："绰号王起事，因他平日好告人打官司，惯于开单～，赖债兴词。"

【捏目】 niē mù "捏目生花"的省语。《祖堂集》卷四《耽源和尚》："于大师前旋行一匝，作圆相，然后于中心礼拜。大师曰：'你欲作佛也。'对曰：'某甲不解～。'"《五灯会元》卷一三《瑞龙幼璋禅师》："问：'廓然无云，如何是中秋月？'师曰：'最好是无云。'曰：'恁么则一轮高挂，万国同观去也。'师曰：'～之子难与言。'"

【捏目花】 niē mù huā "捏目生花"的省语。宋范成大《次韵李子永见访》之一："莫觅安心法，翻成～。"

【捏目生花】 niē mù shēng huā 挤捏眼睛而产生幻视，似乎有花出现。比喻制造幻象，自欺欺人；亦喻无事生事。语出《楞严经》卷八："犹如捏目，乱华发生。"《景德传灯录》卷一八《玄沙宗一大师》："我今问汝诸人：且承得个什么事？在何世界安身立命？还辩得么？若辩不得，恰似～，见事便差。"《联灯会要》卷五《洪州水潦和尚》："道向一毫头上识得根源去。且莫～！"《五灯会元》卷一五《洞山晓聪禅师》："德山入门便棒，犹是起模画样；临济入门便喝，未免～。"

【捏脓】 niē nóng 同"捏弄❸"。明《西游记》四二回："他问我甚么家长礼短，少米无柴的话说，我也好信口～答他。"

【捏弄】 niē nòng ❶ 捏揉；捏塑。明《金瓶梅词话》七二回："妇人不住手下边～他那话。"清吴伟业《西江月·咏雪塑僧伽像》："透出光明眼耳，忍来冰雪心肠。坐时两手且收藏，～儿童无状。"《绮楼重梦》三八回："小钰趁便儿把他的雪乳～了一回。"❷ 拈弄；拈来使用。明徐渭《答人问参同》："文势到此，自宜作明易铺叙也。重一'阳'字，想亦笔下偶然～以混人耳。" ❸ 编造。明《二刻拍案惊奇》卷二二："那里甚么旧主人？多是你令岳～出来的。"

【捏破屁】 niē pò pì 调和矛盾的贬义说法。明《型世言》二回："又有几个～里递道：'只是小心些，就在府上借宿罢。'"

【捏舌】 niē shé 说闲话；嚼舌头。《元曲选·燕青博鱼》三折："把脚抬的轻些儿，不要走的响了，着人听见，又～也。"又《合同文字》三折："这厮故意的来～，待诈骗咱的家私哩。"明《拍案惊奇》卷三三："这花子故意来～，哄骗我们的家私哩。"

【捏舌头】 niē shé tou 即"捏舌"。《元曲选·争报恩》二折："每日则～说别人，今日可是你还不羞死了哩！"

【捏饰】 niē shì 捏造以夸张或掩饰。明杨廷和《辞谢录》四："这厮已升外任，却乃挟私怨望，～虚辞，颠倒是非。"清王懋竑《论陶长沙侃》："凡此皆影响疑似，虚空～，欲以掩其功而酿成其罪。"袁枚《续子不语》卷一〇："以事属怪诞，疑安～赖婚，控于县。"

【捏塑】 niē sù （用泥土等软的东西）捏弄塑造成一定的形状。五代王仁裕《开元天宝遗事·凤炭》："杨国忠家以炭屑用蜜～成双凤，至冬月则燃于炉中。"《元曲选外编·西厢记》一本二折："头直上只少个圆光，却便似～来的僧伽像。"清《歧路灯》一〇三回："客们看看庙内神像，是照老爷原像～的。"

【捏酸】 niē suān 故作斯文；摆架子。清《红楼梦》一一七回："妙玉这个东西是最讨人嫌的。他一日家～，见了宝玉就眉开眼笑了。"

【捏胎】 niē tāi 捏塑坯胎。比喻掏老底或从根本上。元钟嗣成《一枝花·自序丑斋》："记得他是谁？原来是不做美当年的～鬼。"《元曲选·看钱奴》一折："那一个红脸儿的阎王不是要，～儿依正法，则他注生的分数几曾差？"明湛然《鱼儿佛》三出："没权柄的阎王稳坐着眷也波抄！止不过常格套～儿仍是旧皮毛。"

【捏造】 niē zào 编造；虚构。宋《三朝北盟会编》卷五八："奸人不和缘此～，意在间谍。"明叶宪祖《鸾锟记》一一出："大家～歌谣，讥谤丞相老叔。"清《聊斋志异·霍生》："众不信，霍因～端末，且云：'如不信，其阴侧有双疣。'"

【涅舌】 niè shé 同"捏舌"。唐王梵志《家中渐渐贫》："东家能～，西家好合斗。"

nín

【恁】 nín 另见 nèn。同"您"。宋佚名《张协状元》一〇出："尊神～试听：念是成都府里才人张协，径往宸京，取功名。"《元典章新集·户部》："依著～众人商量来的行者。"清李渔《蜃中楼》一四出："他是若个的儿夫？～是那姓的姑嫜？"

【恁每】 nín měi 同"您每"。《元代白话碑·鹿邑太清宫令旨碑》："～圣贤底大宫阙见坏……修盖了呵。"元明《水浒传》容与堂本七五回："吴用传令：'～尽依我行。'"明尹直《謇斋琐缀录》卷八："～说的都是外面浮议，难凭访究。"

【恁们】 nín men 同"您们"。元明《水浒传》容与堂本七三回："李逵便叫众庄客：'～都来散福。'"明陆粲《庚巳编》卷九："～到各处人家，出入小心。"

【您】 nín 你；你们。第二人称代词。宋《五代史平话·梁上》："～恁时幼小，认我不得。"金《刘知远诸宫调》二："～两个也不是平善底。"元程文海《议公选》："～省得的勾当说者，官人每好的歹的说者。"清《醒世姻缘传》二回："～大爷这病，成了八九分病了！"

【您老】 nín lǎo 敬称年长的对方。明叶盛《水东日记》卷一九："您家里不读书，是不守您祖宗法度，如何中？～也常写书教训者。"

【您每】 nín měi 你；你们。宋《五代史平话·梁上》："秀才，～下第不归乡？"《元朝秘史》卷三："～休把原商量的意思坏了。"《元曲选·陈抟高卧》四折："～各自安置，我待睡也。"

【您们】 nín men 你们。清《醒世姻缘传》二二回："俺两上县里还认的人，～也还用的着俺。"《歧路灯》四〇回："滑氏把认冰梅、指日投启、添上束金的话，述了一遍。惠养民笑道：'凭在～罢。'"

【您咱】 nín zán 你；你们。金《刘知远诸宫调》一："～两口儿夫妻似水如鱼，这壁四口儿心生很劣。"

níng

【宁家】 níng jiā ❶ 回家；归乡。五代黄滔《颍川陈先生集序》："乃会昌乙丑逮咸通乙酉，其间以～兼在疚之日，断绝往来。"《元典章·兵部三》："召集百姓依旧复业～，趁时种养。"清《野叟曝言》一一一回："各位好汉趁此时不及查拿，可保着众百姓回去，各散～。" ❷ 特指断案时判无罪或与案情牵涉不大者释放回家，或暂时取保回家。《元曲选·灰阑记》二折："这事问成了也，干证人都着～去。"元明《水浒传》二二回："干连的人，尽数保放～。"清《八洞天》卷八："衍祚给与铜价，释放～。"

【宁奈】 níng nài ❶ 同"宁耐❶"。金《刘知远诸宫调》一一："十二载～心肠，管不枉交你守待刘郎。"明沈采《千金记》九出："身不遇时，且自～。"《型世言》一一回："当日鳏居消索，旅馆凄其，怎能～！" ❷ 同"宁耐❷"。《元曲选外编·焚儿救母》三折："这个小婴孩，我送来，你全家～。"

【宁耐】 níng nài ❶ 忍耐；等待。宋《朱子语类》卷七〇："遇此时节，当随远随近，～以待之。"元高明《琵琶记》三〇出："怕你爹爹也有回心转意时节，且更～，看如何。"清《雪月梅》三一回："月娥见小梅说得如此真切才把愁肠放下，一心～。" ❷ 保重；安宁；耐心。金《董解元西厢记》卷六："君瑞道'闺房里保重'，莺莺道'途路上～'。两边的心绪，一样的愁怀。"《元曲选·隔江斗智》四折："若不是巧计安排，怎能勾锦鸳鸯得～？"清孙承泽《春明梦餘录》卷五〇："夫审盗，非聪明不能得情，非清正不能得情，非～不能得情。"

【宁亲】 níng qīn 回乡或到驻处看望父母或其他尊亲；省

亲。唐钱起《送李栖桐道举擢第还乡省侍》:"莲舟同宿浦,柳岸向家山。欲见～孝,儒衣稚子斑。"宋徐度《却扫编》卷上:"凡课试、讲肄、劝督、惩赏莫不有法,～、归沐与亲戚还往莫不有时。"清沈彤《与望溪先生书》:"今将归而～,有餘暇必踵为之,以实先生之所期。"

【宁帖】 níng tiē ❶ 同"宁贴❶"。唐张九龄《敕拓静州首领书》:"如卿拓、静等州,种落各异,本自～,何复为言此者? 采访使处置或未得所。"宋洪迈《夷坚志》支戊卷二:"大小娘子入土数载,幸自～。岂忍无故残暴其朽骨,以起泉下之冤愤哉?"清叶方蔼《送宋员外之赣州》:"近闻兵火靖,三户颇～。" ❷ 同"宁贴❷"。元朱庭玉《一枝花·女怨》:"月下帖,风前铁,敲碎人肠,几曾～?" ❸ 同"宁贴❸"。宋张元幹《点绛唇》:"减塑冠儿,宝钗金缕双绥结。怎教～,眼儿恼里劣。" ❹ 同"宁贴❹"。明于谦《忠肃集》卷一:"候布置停当,事体～,仍旧回京。"《金瓶梅词话》一七回:"待事物～之日,回家有恩重报,不敢有忘。" ❺ 同"宁贴❺"。唐吴兢《贞观政要》:"脱因水旱,谷麦不收,恐百姓之心不能如前日之～。"宋《三朝北盟会编》卷二九:"北朝得南朝地亦恐难守,盖人情向背不同,岂肯一向～?"明徐复祚《红梨记》一六出:"好事反成嗟,万斛离愁,几时～?"

【宁贴】 níng tiē ❶ 安定;平静。唐张九龄《敕奚都督李归国书》:"既去乱群,当已～,所设官赏,惟待有功。"金《董解元西厢记》卷三:"寺宇周回,贼军间列稍～。"清《雪月梅》四六回:"因此贼兵几次到来攻劫俱被杀退,只是昼夜不得～。" ❷ 停歇;停止。宋佚名《张协状元》四一出:"伊回京阙,没一日暂时得少歇,织素织缣不～。"金《刘知远诸宫调》二:"云儿来往不～,唯现出些小笼月。" ❸ 定心;安心。金《董解元西厢记》卷八:"暂合眼,强睡些;便会圣,怎～?"《元曲选外编·拜月亭》三折:"我这些时眼跳腮红耳轮热,眠梦交杂不～。"明李开先《宝剑记》三八出:"这几日身心恍惚,甚不～。" ❹ 妥帖;落实;确定。宋朱熹《答袁机仲》:"不则却须改仁为义,以去阴而就阳,方得～,然又恐无此理。"《元曲选外编·西厢记》四本四折:"有限姻缘,方才～;无奈功名,使人离缺。"清《醒世姻缘传》九九回:"等他定了～的去处,我再定安身逃命的所在。" ❺ 甘心;平抚;熨帖。明孟称舜《娇红记》四出:"好花输与、输与村郎折。这段姻缘怎教～?"张凤翼《红拂记》二一出:"伤嗟痛嗟,若不自～。呀,那纷争几时休歇?"清孙廷铨《颜山杂记》卷二:"衷肠话说的来～,假做真到底成冤孽。"

【宁妥】 níng tuǒ ❶ 安宁;平和。词义偏指"宁"。宋孔平仲《郡名诗呈吕元钧》:"公家渭川后,端亮气不屈。播移虽裔土,～如旧荜。"明沈鲁《宋卫文节公祠堂碑》:"而旧祠在马鞍山,荒凉摇落,神弗～。"毛滂《粉蝶儿·金台怀古》:"待要把秦王呵,只手拖,等闲摧挫。他心儿方才～。" ❷ 宁帖;停妥。词义偏指"妥"。明张岳《与严介溪书》:"湖贵戎务,议之多年。近日兵困财匮,而事尚未得～。"

【宁心】 níng xīn 放心;安心。《法苑珠林》卷五五:"得食济身,～修道,事顺应法,故名为时。"《元曲选·扬州梦》三折:"且～,度岁华,恐年过,生计乏。"清弘历《无尽意轩对雪作歌》:"经冬望泽不～,诘晨对雪忽满志。"

【宁省】 níng xǐng 犹"宁亲"。省,探望;问候。唐钱起《送虞说擢第南归觐省》:"得意且～,人生难此还。"薛用弱《集异记》:"穆宗时,有县令至任逾年。其弟～,乍睹牢落,不胜其忧。"明宋濂《题宋熙陵御书后》:"是年夫人寿已八十,公之在官亦将三年。于是上表陈请,暂乞～。"

nìng

【宁如】 nìng rú 怎如;不如。唐白居易《缚戎人》:"早知如此悔归来,两地～一处苦。"宋杨泽民《西平乐》:"似此施为,纵解封侯,～便早还家。"清《疗妒缘》一回:"闺中和气产芝兰,狮吼～琴瑟弹。"

【宁许】 nìng xǔ 如此。唐陆畅《惊雪》:"天人～巧,剪冰作花飞。"宋廖行之《鹧鸪天·寿外舅》:"春满室,酒盈杯。百花～到尊罍。"杨万里《过招贤渡》之二:"柳上青虫～劣,垂丝到地却回身。"

【宁只】 nìng zhǐ 宁愿;宁可。清《聊斋俚曲·磨难曲》:"早知他轿马人抬,～舍了老婆孩,怎肯惹的张爷怪!"《醒世姻缘传》八三回:"这向圣上坐的朝早,～早去些,在朝房里等会儿不差。"《梦中缘》六回:"我～饿死,不肯为这样下贱营生。"

【宁子】 nìng zhǐ 即"宁只"。清《聊斋俚曲·磨难曲》:"咱就走。～死到别处,休要连累这贤主人。"

niú

【牛】 niú ❶ 强盗称俘虏。《元曲选·赵礼让肥》三折:"今日拿住一头～,欲待杀坏他,他哀告某。" ❷ 执拗;固执。清《霓裳续谱·保儿报说》:"好言好语将他劝,教他早些回头,从今后再也别把心～。"《红楼复梦》三二回:"我倒看不出,平丫头～起性来倒有个劲儿!" ❸ 违逆;不顺从。清《红楼梦》庚辰本一七至一八回:"才他老子拘了他这半天,让他开心一会子罢。只别叫他们拌嘴,不许～了他。"又一一七回:"他既是心里这么着的了,若是～着他,将来倘或认真寻了死,比出家更不好了。"

【牛鼻子】 niú bí zi 道士的俗称。含讽刺意味。《元曲选·勘头巾》三折:"和我劈面一撞,撞掉了那厮帽儿,原来是～。"明佚名《贫富兴衰》三折:"这～大胆! 怎生在我跟前说长道短的?"清《醒世姻缘传》一三回:"这臭～,秃和尚,就是万年没有汉子也不养他。"

【牛表】 niú biǎo 对乡村子弟的泛称。《元曲选外编·五侯宴》三折:"祖传七辈,都是庄家出身。一生村鲁,不尚斯文。伴着的是王留、赵二、～、牛筋。"《元曲选·黄鹤楼》二折:"牛金、～扶策走,只吃的东歪西倒醉如泥。"

【牛斤】 niú jīn ❶ 同"牛筋"。元薛昂夫《端正好·高隐》:"赵牛表蹁会橇,史～嘲会歌,强沙三舞一会曲破。"明佚名《浣花溪》三折:"老汉不免唤本村沙三、伴哥、～、牛表来,一齐打扫。" ❷ 愚蠢固执。元王大学士《点绛唇》:"一个～,一个谎诈。一个光答答又无头发。"

【牛金】 niú jīn 同"牛筋"。《元曲选·黄鹤楼》二折:"～、牛表扶策走,只吃的东歪西倒醉如泥。"

【牛筋】 niú jīn 对乡村子弟的泛称。《元曲选·伍员吹箫》三折:"我是唤当村里后生咱,无路子、沙三、伴哥、牛表、～,你每一齐的都来!"明佚名《白兔记》三出:"～引鼠哥一队,忙行走竹马似飞。"

【牛马襟裾】 niú mǎ jīn jū 即"马牛襟裾"。宋觉范《寄楷禅师》:"虎皮羊质成何事,～亦谩陈。"《元曲选·秋胡戏妻》三折:"我骂你个沐猴冠冕,～!"

【牛马墙】 niú mǎ qiáng 一种设在城墙外的御敌用的矮墙。宋《三朝北盟会编》卷二〇一："顺昌古城，且素无备，迨兹贼已来，陈守始令居民筑～。"《明史纪事本末》卷七八："贼奔窜还京师，毁京城外民居数万间，并夷～。"清魏源《城守篇》："若夫～者，则在城外与濠上。凡濠之岸，不拘宽狭，狭即丈许，宽不逾倍，其滨为墙，砖石随便。"

【牛心】 niú xīn 犹"牛性"。清《霓裳续谱·泪涟涟》："～的蹄子敢在我跟前来强辩！"《红楼梦》三二回："偏生我们那个～左性的小爷，凭着小的大的活计，一概不要家里这些活计上的人作。"《姑妄言》："这几日这个孩子在跟前说话嗑牙，倒好不解闷。这样个～的人，定要打发他回去。"

【牛性】 niú xìng 执拗的性格。明《石点头》卷四："财主是～，一时间真个翻过脸来，你可吃得这场官司？"清《醒世姻缘传》九四回："监生那个～，那肯听他的好说！"

【牛皂】 niú zào 喂牛槽。比喻束缚人的地方。皂，通"槽"。唐陈去疾《赋得骐骥长鸣》："～休维絷，天衢恣陆梁。"明王九思《端正好·次韵赠邵晋夫》："鸡笼中怎栖鸾凤？～里困煞龙驹。"清彭孙遹《和悔庵归兴》之一："孤栖我自甘～，初服君方返芰衣。"

【牛子】 niú zi ❶ 牛。唐李咸用《升天行》："河边～星郎牵，三清宫殿浮晴烟。"《太平广记》卷四三四引《稽神录》："我死必生西磎浩氏为～，当寻而赎我。" ❷ 对人的詈称；强盗称俘虏。宋陈元靓《事林广记》续集卷八《绮谈市语》："村人：～。"宋元《警世通言》卷三七："哥哥，你只好推了这～休。原来强人市语唤杀人做推～。"元明《水浒传》三二回："孩儿们，那里拿得这个～？"清《荡寇志》八二回："便呐喊杀拢来，声声吆喝：'不要放走这几个～！'"

niǔ

【忸怩】 niǔ ní 犹豫；迟疑。《敦煌变文校注》卷四《降魔变文》："良久沈吟情不悦，心里回惶便～。"又："心中思忖～，料度当开何藏。"五代王定保《唐摭言》卷一一："时中书舍人裴坦当制，～含毫久之。"

【扭】 niǔ ❶ 揪；扯。宋晓莹《罗湖野录》卷四："向未遭喝已前，识渠面目；寻～住作声时，全无巴鼻。"明戚继光《练兵实纪》卷一："接班官兵务要将车细看，如有前项损失，即～前班之人赴该营查究。"清《醒世姻缘传》二三回："那书办凶神一般，岂是受人说这话的？～了祝其嵩，喊将进去。" ❷ 拧；用手抓住并转动。宋文莹《续香山野录》："侑人不敢侍之。或怒，至以双指～其脸。"《元曲选外编·西厢记》五本一折："傥或水浸雨湿休便～，我只怕干时节熨不开褶皱。"清《醒世姻缘传》四六回："如今托赖龙天看顾，卖着几壶酒，～那壶瓶嘴子。" ❸ 掉转；转动。元关汉卿《拜月亭》四折："把这盏许亲酒又不敢慢俄延，则索～回头半口儿家刚刚的咽。"明唐顺之《武编》前集卷五："将牌紧闭身，俟贼枪对戳来，略将牌前面向后一～，其枪自虚落于我后。"清《红楼梦》二三回："便拉着贾母，～的好似扭股儿糖，杀死不敢去。" ❹ 扭结；挽；扣。元古本《老乞大》："厮离的较远些儿拴，又恐怕绳子厮～著。"《元曲选·窦娥冤》一折："愁则愁眼昏腾～不上同心扣，愁则愁意朦胧睡不稳芙蓉褥。"清《白雪遗音·情人与我》："强～的瓜儿也是不甜。" ❺ 身体转动不慎而伤筋骨。明《金瓶梅词话》三三回："跌倒不曾跌着，只是～了腰子。"清《霓裳续谱·摘头换鞋》："闪下牙床来，～了腰，岔了气。"《红楼梦》四〇回："可～了腰不曾？" ❻ 不顺从；违拗。元明《水浒传》九回："被鲁智深要行便行，要歇便歇，那里敢～他。"明《金瓶梅词话》四〇回："恁大胆子的奴才，头儿没动就～主子！"清《歧路灯》二八回："他们有做咱的生意哩，有住咱的房子哩，他不敢～咱。" ❼ 强加；诬栽。元马致远《一枝花·惜春》："本待学煮海张生，生～做游春杜甫。"明《古今小说》卷四〇："贾石打听的实，果然～入白莲教之党，问成死罪。"清《二度梅》二二回："更役不分清白，把晚生强～作贼。" ❽ 编造；编凑。明李梅实《精忠旗》一九出："～虚词写他满篇。"《梼杌闲评》八回："黄旗金额，高悬著两字钦差；白纸朱批，生～出几行条例。"清《红楼梦》五二回："要论起来，也强～的出来，不过颠来倒去，弄些《易经》上的话生填，究竟有何趣味？" ❾ 故作姿态；装作。明《西游记》九四回："三藏又怕惊驾，即叱道：'八戒收敛！'方才叉手拱立，假～斯文。" ❿ 转移；改变。明茅坤《纪剿徐海本末》："彼贫人也，诱之以利，或可～其心。"

【扭拗】 niǔ ào 违逆；别扭。清《歧路灯》八二回："若嫁与同等人家，这婆子家兑上半斤，娘家配上八两，便不分低昂。若嫁与名门盛第，样样都看为怪事，如何不～起来。"

【扭扮】 niǔ bàn 打扮；粉饰。元吴镇《沁园春·题画骷髅》："吐百种乡音，千般～，一生人我，几许机谋。"

【扭别】 niǔ biè ❶ 揪扯住使不能自由活动。转指纠缠。清《醒世姻缘传》一七回："晁老被差人～住了，出去迎接不得。" ❷ 别扭；违逆。清《醒世姻缘传》五八回："你以后顺脑顺头的，不要～。"《红楼梦》八一回："各人有各人的脾气，新来乍到，自然要有些～的。"《野叟曝言》六九回："你也有甚歹心肠，愿我早死，～着不肯奉承那先生吗？"

【扭扯】 niǔ chě 揪扯；扯拽。明王樵《审录重囚疏》："黄无怠气忿，将无思～。"清《说唐前传》一三回："几个故意要进城，几个故意要出城，互相～，便打将起来。"

【扭打】 niǔ dǎ 揪扯殴打。《元曲选·儿女团圆》三折："这施恩不在年纪老，哎！～不必性儿劣。"元明《水浒传》二七回："互相不伏，～至狮子桥边。"明《杜骗新书·脱剥骗》："次日广起，故惊讶胜窃他银本，将店主～。"

【扭合】 niǔ hé ❶ 捏合；拼凑。清钱谦益《列朝诗集》丙集李梦阳《乙丑除夕追往愤五十韵》评语："诗止五十韵，而牵扯～，趁韵成篇者，什居其八。" ❷ 搭合；交合。清《荡寇志》一〇四回："戒刀、金镋～便斗，召忻兀自抵敌不住。"又一二四回："李逵双斧，高梁双刀，～便斗。"

【扭获】 niǔ huò 捕获；逮住。清雍正五年十一月二十二日常赉奏文："王贯会同甲邻～，禀送晋江县。"

【扭结】 niǔ jié 揪扭在一起。元明《水浒传》贯华堂本二一回："唐牛儿见是阎婆一把～住宋江，想起昨夜的一肚子鸟气来。"明车任远《蕉鹿梦》六折："你两人～在此，还是各告一事，总为一事？"清《说岳全传》八〇回："两个魂灵，一同～，闹入幽冥。"

【扭解】 niǔ jiè 逮捕并解送。明朱长祚《玉镜新谭》卷八："着锦衣卫即差的当官旗前去～。"《型世言》一七回："刘、冯二人激变，朝廷已～进京。"清吴伟业《秣陵春》三七出："着革了职，锦衣卫立刻～来京究问。"

【扭扣】 niǔ kòu 同"纽扣"。《元曲选外编·东墙记》三折："衫儿～松，裙儿搂带解。"明王玉峰《焚香记》二六出："他里边衣上都打着同心结，金～也有十来付在上。"清《绿野仙踪》八一回："何氏只当周琏睡熟，忍不住到他怀前替他解～，松腰带。"

【扭捏】 niǔ niē ❶ 捏扭；拈抓。《五灯会元》卷七《太原孚上座》："自来讲经，将生身父母鼻孔～，从今已去，更不敢如是。"明

《挂枝儿·法马》:"有亏心人指望～歪缠也,我自有针心儿不负你。"《山歌·厘等》:"结识私情好像厘等能,浑身～仱是假星星。"按,后二例语义双关。　❷作弄;折腾。《五灯会元》卷一一《守廓侍者》:"叵耐守廓适来把老僧～一上,待集众打一顿趁出。"❸穿凿附会;人工安排。宋朱熹《学校贡举私议》:"择取经中可为题目之句,以意～,妄作主张。"金长筌子《百宝妆》:"乾坤倒颠翻离坎,这既济天然非～。"清《红楼梦》一七至一八回:"此处置一田庄,分明见得人力穿凿～而成。"　❹(身体)摆动;扭动。《元曲选外编·西厢记》一本四折:"～着身子儿百般做作,来往向人前卖弄俊俏。"明陆采《怀香记》六出:"身躯～俏冤家,难数风流身价。"清《后水浒传》一四回:"一时间～身躯,百般波俏,蹴出许多名色来。"　❺扭转;改变。元明《三国志通俗演义》卷八:"将军欲见孔明,而使之斡旋天地,～乾坤,恐不易为也。"清《野叟曝言》三〇回:"死的身上又弄出伤痕来了,叫他老子来,花了些银子,方才～过了。"　❻诬栽;捏造。明沈采《还带记》三出:"那时告到官司,多将金银使用,～他重重的一个罪名。"《拍案惊奇》卷一〇:"金声一时说不出来,想了一回,只得～道是某年某月某日。"清《十二楼·奉先楼》一回:"因是一桩实事,不便～其名,使真事变为假事也。"　❼装腔作势;故作姿态。《元曲选·百花亭》一折:"你看那女子,～做作,必是个卖俏的倈儿。"明《西游记》五九回:"大圣收了金箍棒,整肃衣裳,～作个斯文气象。"清《春柳莺》二回:"铁不锋～半会,就把田又玄那'娇似雪花白似鹅'诗写将出来。"　❽做作;拘泥;不痛快;不大方。明《西游记》九八回:"行者见他讲口～,不肯传经,他忍不住叫噪道:'师父,我们去告如来。'"清《野叟曝言》七三回:"刘、戴两先生是文诌诌的人,有这许多礼数罢了;怎文爷天生豪杰,也是这般～起来?"《红楼梦》程乙本六回:"～了半日,无奈何,只得和宝玉温存了一番。"

【扭捻】　niǔ niē　❶同"扭捏❶"。明陈铎《一枝花·嘲香茶桂饼》:"歪～自家杜撰,诈称呼辽府传来。"　❷同"扭捏❸"。明何良俊《四友斋丛说》卷八:"(实录)后闻不差纂修官,亦不聘问郡中文学掌故……礼生秀才,～进呈。"　❸同"扭捏❹"。元郑廷玉《看钱奴》一折:"马儿上～身子儿诈。"明张苇如《九回肠·见整鞋者》:"腰肢～风偷敞,莽游郎怪眼相抢。"　❹同"扭捏❼"。明丘如晦《点绛唇·月朗风清》:"慢腾腾～穿芳径,笑吟吟做意儿将雕栏凭。"

【扭捏】　niǔ niè　同"扭捏❸"。宋《朱子语类》卷一二一:"今公们只是～巴揽来说,都记得不熟,所以这道理收拾他不住。"又卷七三:"凡事只如此做,何尝先要安排～,须要着些权变机械,方唤做做事?"

【扭窍】　niǔ qiào　逆着别人的心思。窍,心窍。清《歧路灯》七一回:"明知王中好说～扫兴的话,你偏偏又叫他回来商量。"又八回:"正经原正经,只是好扭别人的窍。那个拗性子最恨人。"

【扭搜】　niǔ sōu　拧(níng);挤。明《西游记》三九回:"哭有几样。若干着口喊谓之嚎,～出些眼泪儿来谓之啕。"

【扭元子】　niǔ yuán zǐ　一种模仿农村人举动或世俗众生相的表演,可作为杂剧的散段。元子,百姓。《说郛》卷六八上引宋耐得翁《古杭梦游录》:"杂扮,或分杂班义,名～,又名技和,乃杂剧之散段。在京师时,村人罕得入城,遂撰此端。"

【扭嘴】　niǔ zuǐ　撇嘴(示意)。清《醒世姻缘传》八回:"晁大舍倒也望着他挤眼～。他学得兴动了,那里留得口住?"《红楼梦》七二回:"旺儿家的看着凤姐,凤姐便～儿。旺儿家的会意,忙爬下就给贾琏磕头谢恩。"《歧路灯》七回:"班役高声说道:'有客来拜,这是帖儿,传进去。'老奴～道:'我不管。'"

【扭捽】　niǔ zuó　犹"扭扯"。《元典章新集·刑部》:"柯唐保欲将本人～,本贼用刀唬吓,不敢向前。"元明《水浒传》袁无涯刊本一〇四回:"那女子打个空,收拳不迭,被王庆就势～定,只一交,把女子攧翻。"

【纽】　niǔ　❶同"扭❶"。宋元《古今小说》卷三五:"狱卒把枷梢一～,枷梢在上,罪人头向下。"明《型世言》一三回:"那富尔谷已做定局,一把将姚居仁～住厮打。"清《都是幻·梅魂幻》四回:"暖玉见阿姊作势,也～定小衣,说一声道:'我害羞。'"　❷同"扭❷"。宋朱肱《酒经》:"七分开酴醾,摘取头子,去青萼,用沸汤绰过,～干。"清《醒世姻缘传》七九回:"寄姐仍把狄希陈蒯脊梁,挝胸膛,～大腿里子。"《续金瓶梅》七回:"到像个卖油煤果子的,～成股儿,飘在上面。"　❸同"扭❸"。宋王易《燕北录》:"每帐各用有角羊一口,以一人～羊角。候皇后欲产时,令诸小帐内人等一时用力～羊角,其声俱发,内外人语不辨。"元关汉卿《新水令》:"整乌云欲把金莲靸,～回身再说些儿话。"　❹同"扭❹"。明《老乞大谚解》卷上:"这槽道好生宽,离的远些儿拴,又怕绳子～着。"　❺同"扭❼"。元马致远《一枝花·咏庄宗行乐》:"这社稷则是覆盆硗梁江山,生～做宋天下。"明佚名《粉蝶儿·财》:"这令史为你呵虚的～做实,大事翻做小。"　❻规定(份额、价格等);核算。宋苏轼《省试放榜后乞不分经取士札子》:"窃见自来条贯,分经取士,既于逐经中～定分数取人。或一经中合格者少,即取词理浅谬卷子以足其数;如合格者多,则虽优长亦须落下。"洪迈《夷坚志》三己卷三:"汝寻常在乡里赊贷,以米粟麻麦,重～价钱,用势凌逼。"《宋会要辑稿·食货一》:"仍令州县置籍拘管,～定逐年合拘纳数钱,随税追催。"　❼折算;折合。宋苏轼《乞赐度牒籴斛斗准备赈济淮浙流民状》:"勘会本州常平斛斗,见管粳米三万四千餘石,通～元籴价每斗计一百一十八文有畸。绿豆一万三千餘石,通～元籴价每斗计七十二文有畸。"文莹《湘山野录》卷上:"时可其奏,但令佃户逐年收课利,类聚天下都数,～价均散见仕官员。"《宋会要辑稿·刑法三》:"陕西路旧法唯许行铁钱,不许私用铜钱,所以计赃以钞面为准,～铜钱定罪。"　❽砝码。明《醒世恒言》卷三:"卖油的多少银子,要架天平?只把个五两头等子与他,还怕用不着头～哩!"

【纽打】　niǔ dǎ　同"扭打"。明温纯《吏治以皁民生疏》:"及有巳到官应子嘉与问结应六五,采摘柏子,忿争互相～。"

【纽估】　niǔ gū　合算;估算。宋苏轼《乞降度牒修定州禁军营房状》:"合行修盖营房共四千一百一十七间,据合用材植物料～到,计使价钱一万七千六百九贯六百八十文省。"《文献通考》卷二〇:"监官等止将海商人蕃兴贩,便作招诱计数。该赏者多,而发到香货下色者皆充数～。"

【纽合】　niǔ hé　❶同"扭合❶"。宋王楙《野客丛书》卷二五:"仆谓晋魏以前对偶之语,不为无之。然出于自然,不期对而自对,非如后人牵强～以为工也。"清《河源纪略》卷二一:"盖《水经》乃承袭《禹本纪》之浮夸,而驳之者又～《山海经》之荒诞,以讹益讹。"　❷同"扭合❷"。明宋诩《竹屿山房杂部》卷九:"于春分前后,屈大木之枝与新种相方之木,近其根跗间,各裁去其皮与膜,如接贴同。～相定,以过其气。"

【纽计】　niǔ jì　合算;统计。宋苏轼《论积欠六事并乞检会应诏四事状》:"诸主持仓库欠折官物、买扑场务少欠课利元无欺弊者,其产业虽已估计倍纳入官,许以所收子利～还元欠官钱。"李诫《营造法式》卷一六:"诸于三十里外般运物,一担往复一功。若一百二十步以上,～每往复共一里。"元黄镇成《尚书通考》卷一〇:"二者皆～大数如此,非谓十万井者必方三百一十六里有畸。"

【纽结】 niǔ jié ❶ 缠扭聚结。宋陈显微《周易参同契解》卷上："盖水者，金子也。水、土、金三物，～成方土之形，而婴儿现象于其间矣。"元黄玠《蛇蟠石歌》："徂徕小松叶如发，一龙五蛇相～。" ❷ 折计；折合结算。宋吴泳《奏宽民五事状》："照今来市价三贯五百文陌外，优加搬运水脚诸项费用，～实数，庶几官事了办而民旅受一分之赐。"又："检会上供钱数，从今来银价，～合解银数。" ❸ 同"扭结"。明潘季驯《报擒屡奉钦依擒拿首贼疏》："各不合依听，将王华～，以致卢矮子走脱。"清喻昌《寓意草》卷四："以峻猛之药攻，至真气内乱，转护邪气为害。如人厮打，～一团，旁无解散。"《野叟曝言》一一〇回："素臣会意，便一路嚷骂，～出来。"

【纽解】 niǔ jiè 同"扭解"。明佚名《精忠记》一四出："～来京，另行勘问。"清《八洞天》卷五："到得郤待征～至京，盛俊又替他在刑部打点。"

【纽扣】 niǔ kòu 扣合衣衫、带子等用的球状、片状物件。明刘若愚《酌中志》卷一九："凡脖领亦不许外露，亦不得缀～，只宫人脖领则缀～。"《挂枝儿·表记》："这几般表记儿送与哥哥作念，～儿牢紧在你心间。"清《歧路灯》五九回："贤弟你看，把我的～子都扯掉了。"

【纽捏】 niǔ niē ❶ 同"扭捏❷"。唐《云门禅师广录》卷上："如今诸方大有出世～，尔何不去彼中，在这里觅什么干屎橛？" ❷ 同"扭捏❸"。宋朱熹《答包详道》："然观古人为学，只是升高自下，步步踏实。渐次解剥，人欲自去，天理自明。无似此一般作捺～底工夫，必要豁然顿悟，然后渐次修行也。"《朱子语类》卷八〇："今注解中有一字而两三义者，如假字有云大者，有云至者，只是随处旋～耳，非通训也。"明张岳《答参赞司马张甬川》："近时不察乎此，～附会，恫疑虚喝，既不知有义理工夫之实，而亦安识所谓心体者哉。" ❸ 同"扭捏❻"。元王大学士《点绛唇》："一个将花桑树～搬调话，一个打和的差，一个不剌着簸箕拨琵琶。" ❹ 同"扭捏❼"。宋董更《书录》卷中："今来老懒作此书，如老病人扶杖，随意倾倒，不复能工，顾异于今人书者，不～容止强作态度耳。"

【纽捻】 niǔ niē ❶ 同"扭捏❹"。宋《朱子语类》卷六五："参同契中亦有些意思相似，与历不相应。季通云：～将来亦相应也。" ❷ 同"扭捏❸"。明朱升《类选五言小诗序》："序情写景，而无事乎排比～、盘折组绘之工，所谓净洗脚面而斗好者也。"

【纽门】 niǔ mén 用来套入纽扣的环或孔。元关汉卿《调风月》一折："等不得水温，一声要面盆；恰递与面盆，一声要手巾；恰执与手巾，一声解～，使的人无淹润。"《元曲选外编·西厢记》四本二折："试把你裙带儿拴，～儿扣，比着你旧时肥瘦。"明《西洋记》二三回："系一件茜珠英、攒八宝、嵌珍珠、拖玛瑙、钮扣～、倒搭银钩、玲珑剔透喷花带。"

【纽算】 niǔ suàn 折算。宋戴埴《鼠璞》："高折金银及以官诰度牒与第十七界新券贴换，徒据榷货务旧数～，都不知十四、十五两界旧多破损，屡尝换易，积于封桩，未及焚毁，又复移用，其数遂不可计。"朱熹《回申转运司乞候冬季打量状》："仍累行下属县晓谕士民，各据陈述利便～方法。"

【纽元子】 niǔ yuán zǐ 即"扭元子"。宋耐得翁《都城纪胜》："杂扮或名杂班，又名～，又名技和，乃杂剧之散段。在京师时，村人罕得入城，遂撰此端。多是借装为山东、河北村人以资笑。今之打和鼓、捻梢子散耍，皆是也。"又："又有专以参随服事为生，旧有百事皆能者，如～，学像生，动乐器，杂手艺，唱叫白词，相席打令，传言送语，弄水使拳之类，并是本色。"吴自牧《梦粱录》亦有类似记载。

【纽折】 niǔ zhé 折算。宋桂万荣《棠阴比事》："村民认陪五十枚(馓子)，卖者坚称三百枚，争至无以证明。公令别买一枚秤之，乃都秤碎者，～分两。卖者乃伏。"《宋会要辑稿·食货五》："如委实原估公案不见，欲依本官所乞，依乡原体例～出卖。"

【纽子】 niǔ zi ❶ 纽扣。明佚名《红绣鞋·恩爱》："裁剪下才郎名号，五色线合就花绦，用心儿结做个～好奇巧。"《明会典》卷五八："大袖衫，领阔三寸，两领直下一尺，间缀～三。"清《歧路灯》一〇四回："多加火箭，烧他的衣裳，解不开～，松不了带钩。" ❷ 隐指男阴。明王骥德《男王后》三折："〔小旦〕怎么？他又不是男儿家！我爱他怎的？〔丑〕不是男儿家，只比公主多个～哩！"

【纽捽】 niǔ zuó 同"扭捽"。元明《水浒传》容与堂本八〇回："燕青手到，把高俅～得定，只一跤，攧翻在地褥上。"

【钮扣】 niǔ kòu 同"纽扣"。明《西洋记》二三回："系一件茜珠英、攒八宝、嵌珍珠、拖玛瑙、～纽门、倒搭银钩、玲珑剔透喷花带。"

【钮子】 niǔ zi ❶ 纽扣。明高濂《遵生八笺》卷一六："(小葫芦)霜后收干佩带，用为披风～，有物外风致。" ❷ 起搭合固定作用的机械零件。清《皇朝礼器图式》卷一六："(树鸡神花奇枪)药子皆实子，枪内开底纳之，从牡钥中固以铁～。"

niù

【拗别】 niù biè 同"扭别❷"。明《拍案惊奇》卷三五："却是这个人禀性古怪～，常道：总是一般的人，别人那等富贵奢华，偏我这般穷苦！"清《醒世姻缘传》五四回："且是与主人～，分付叫白煮，他必定就是醋烧；叫他烧，他却是白煮。"

【拗巧】 niù qiǎo 即"扭窍"。明佚名《楚江秋接清江引·好梦箫惊》："本待诉衷肠，被你生～。"

nóng

【农口】 nóng kǒu 糊口；凑合维持生活。清《醒世姻缘传》二五回："那王府官的营生，且那衡府又是天下有名的淡薄去处，只好～而已。"

【农甿】 nóng méng 农民。宋洪迈《夷坚志》三壬卷五："牛者，诟骂～之称也。"明徐渭《代边帅寿张相公田夫人序》："某因得奉以周旋，与甲士～休养而生息。"

【农庄】 nóng zhuāng ❶ 经营农业的庄园。也泛指农村。宋元《清平山堂话本·合同文字》："村里有个～人家，弟兄二人。"《元曲选·赚蒯通》四折："只不如守着～，倒也稳拍拍常为田舍郎。"清张英《即事》："阅尽人间角逐场，老怀惟觉便～。摘来豆荚羹汤美，糁借荷花饼饵香。" ❷ 庄户人；农民。元张宪《静女吟》："艳女嫁大将，静女归～。大将死边疆，艳女愁空房。～务耕作，静女勤筐筥。"明《型世言》一九回："且说麻叶渡，有个～，姓支名佩德。"

【侬家】 nóng jiā 我。第一人称代词。家，词缀。唐司空图《九疾山下吴村看杏花》："～自有麒麟阁，第一功名只赏诗。"《五灯会元》卷二〇《净慈彦充禅师》："～不管兴亡事，尽日和云占洞庭。"清《姑妄言》二〇回："宦萼道：'那卖酒的是你甚么人？'妇人娇声嫩气答道：'那是～丈夫。'"

【浓】 nóng ❶程度深;程度深地。唐李贺《唐儿歌》:"东家娇娘求对值,~笑书空作唐字。"《元曲选外编·独角牛》二折:"~闹里休着那布束解,直打的这壁破那壁伤,碜可可嘴塌鼻歪。"清《绿野仙踪》六四回:"凡待人接物,也不肯太~,也不肯太淡。" ❷凑合;姑且维持。明佚名《桃园结义》一折:"皆因俺这命运里有些不大十二分快罢了,少不着~着过。"《金瓶梅词话》七三回:"哥儿,你~着些儿罢了。你的小见识儿,只说人不知道。"清《醒世姻缘传》八四回:"大家外边~几年,令亲升转,舍亲也或是遇赦或是起用的时候了。"

【浓包】 nóng bāo 同"脓包❶"。明成化曲本《包龙图断曹国舅公案传》:"喝骂包家手下人,我们都是~汉。"清《醒世姻缘传》三回:"~忘八!浑帐乌龟!一身怎当二役?"

【浓袋】 nóng dài 同"齈带"。清《醒世姻缘传》九八回:"名字没的起了,偏偏的起个浓袋。这倒也不是~,倒是鼻涕罢了!"

【浓济】 nóng jì ❶犹"浓❷"。清《聊斋俚曲·磨难曲》:"忙拿着离了自己号,叫爹瞧瞧。~中的就罢了,中不了还得改改造。"《醒世姻缘传》一九回:"咱~着住几日,早进城去是本等。" ❷平常;一般。清《醒世姻缘传》三三回:"然后更得祈禹狄的一派缘法,你便~些的字,差不多些的文章,他也便将就容纳你了。"又九二回:"陈先生的女儿,嫁的是个兵房书手,家中过活亦是~而已。"

【哝】 nóng 嘀咕;小声说念。元曾瑞《迎仙客·风情》:"成密宠,正情浓,休听外人冷句儿~。"明《西洋记》三〇回:"~了这三首情诗儿不至紧,只见那七十二个王神姑,一个个一毂碌扒将起来。"清《风流悟》六回:"魏二梦里~道:'你为甚如此叫命?'"

【脓】 nóng 同"浓❷"。明顾起元《客座赘语》卷一:"家败而姑安之,事坏而姑待之,病亟而姑守之,凡皆曰~。"《金瓶梅词话》四一回:"你知我见的,将就~着些儿罢了。平日撑着头儿逞什么强?"清李渔《风筝误》一三出:"我另有个救急之法,权且~一宵,再做道理。"

【脓包】 nóng bāo ❶窝囊;无能。明叶宪祖《盛明杂剧·素梅玉蟾》:"〔生哭介〕若在明年,小生左则害死了也!〔小旦〕好个~的秀才!"《禅真后史》四四回:"今日讲他人公务,与你何干?恁样~势,垂下泪来。"清《醒世姻缘传》二六回:"甚至于丈人也还有子,只是那舅子有些~。丈人死了,把丈人的家事抬个丝毫不剩。" ❷詈称窝囊、无能的人。明《禅真逸史》七回:"那~一味的长吁短叹,怨恨啼哭。"清《醒世姻缘传》七三回:"你比那喂哝咂血的~,你也还成个汉子。"

【脓袋】 nóng dài 即"脓血袋"。明徐复祚《一文钱》三出:"只这身子,还不是贫僧的。这皮囊~,就黄金万万,那曾铸得坚牢?"

【脓科】 nóng kē 同"脓窠"。明朱有燉《一枝花·代人骂伶者》:"几件儿腌臜歹过活,害着些~。"陈铎《耍孩儿·舟中自咏疥疮》:"只因五脏欠平和,臀尖上长起~。"

【脓窠】 nóng kē 有脓头的疮疖。也称脓窠疮。清魏之琇《续名医类案》卷五七:"脓泡如痘而多痛曰~。"唐王焘《外台秘要方》卷一五:"升麻犀角膏,疗诸热风毒气痒,冲出皮肤,搔即瘾瘮赤起,兼有黄水,出后结为~疮。"明《醒世恒言》卷二九:"且说卢楠本是贵介之人,生下一个~疮儿,就要请医家调治的。"清《后水浒传》九回:"我这高草镇上虽有膏药,只好贴些疮疖~,并没有棒疮膏药。"

【脓血】 nóng xuè 对酒的恶称。明周履靖《锦笺记》二九出:"〔净〕……到敝寓饮一壶去!〔丑〕小弟有些毛病,发誓不饮这~了。"孙仁孺《东郭记》二二出:"只贪这口酸~,凭他扯得皮肤裂。"《醋葫芦》二回:"吃了几钟~,不要嘴儿舌儿的。"

【脓血袋】 nóng xuè dài 指人的躯体。是佛教不净观的说法。唐王梵志《受报人中坐》:"今身不修福,痴愚~。"

【脓血债】 nóng xuè zhài 指杖刑。被杖后流血化脓。元岳伯川《铁拐李》三折:"你倚仗秤大小瞒心昧己,我倚仗着~觅衣食。"《元曲选·争报恩》二折:"你后来要还我这~。"

nòng

【弄】 nòng ❶(鸟)鸣叫。唐崔融《失题》:"昨夜匡山下,春莺晓~稀。"金元好问《骤雨打新荷》:"老燕携雏~语,有高柳鸣蝉相和。"清洪昇《长生殿》三八出:"恰便似莺与燕~关关,恰便似鸣泉花底流溪涧。" ❷扮演;表演。唐顾况《越中席上看弄老人》:"此生不复为年少,今日从他~老人。"《五灯会元》卷二〇《东禅思岳禅师》:"雪峰和尚凡见僧来,辊出三个木毬,如~杂剧相似。"清《歧路灯》三回:"~百戏的~的是费长房人壶,说评书的说的是张天师降妖。" ❸卖弄;逞示。唐苏鹗《杜阳杂编》卷下:"可及善转喉舌,对至尊~眉眼,作头脑。"明《西游记》三〇回:"你与沙僧在皇帝面前~了本事,思量拿倒妖魔,请功求赏。"清《霓裳续谱·俏东风》:"谁家骢马嘶芳径,逞他的骨格儿丰雅,~他的心性儿聪明。" ❹图谋;设法取得。唐德诚《拨棹歌》:"有鹤翱翔出海风,往来踪迹在虚空。图不得,~何穷,日月还教没此中。"明《石点头》卷一:"今到这样年纪,一个举人也~不到手。"清李玉《清忠谱》一一折:"你做那一家的官儿,不值得在犯官身上~万把银子送俺们!" ❺争斗;折磨;摆布。《元曲选·赵氏孤儿》五折:"只在这闹街坊,~一场,我和他决无轻放。"《元曲选外编·西厢记》三本二折:"你把这个饿鬼,~得他七死八活,却要怎么?"明《警世通言》卷二四:"想必你这小淫妇~死了他,要去嫁人。" ❻做;干;搞。元明《水浒传》三七回:"你在这里又~这一手?船里什么行货?有些油水么?"明李梅实《精忠旗》一九出:"如今世上的人,不知做了许多没天理的事,也不见报应,难道偏我何铸一~就~出来不成?"清《歧路灯》四回:"我是个时文学问,~不来。寅兄就来罢。" ❼耗费;败坏。明《醒世恒言》卷一五:"把老大一个家业,也~去了十之三四。"《石点头》卷二:"那时卢南村家私~完,童仆走散。"清《歧路灯》四二回:"你既这样明白,又这样精能,怎的把产业也~光了?" ❽招致;致使。《元曲选·东堂老》一折:"我这几日不曾见他,就~得我手里都焦干了。"明《西游记》五三回:"都是你这孽嘴孽舌的夯货,~师父遭此一场大难。"清《红楼梦》四八回:"为这点子小事,~得人坑家败业。"

【弄把】 nòng bǎ 犹"弄❺"。把,词缀。清《聊斋俚曲·磨难曲》:"你一回一回作登,~的都是俺。"《醒世姻缘传》六〇回:"莫不他把这孩子~杀了,藏在那床底下柜里也不可知的。"

【弄潮】 nòng cháo 在潮水中游泳嬉戏或作各种表演。特指钱塘江每年八月十八日天文大潮的弄潮表演。唐李益《江南曲》:"早知潮有信,嫁与~儿。"明《警世通言》卷二三:"似此每遇年年八月十八,乃潮生日,倾城士庶,皆往江塘之上,玩潮快乐。亦有本土善识水性之人,手执十幅旗幡,出没水中,谓之~。"清《姑妄言》一五回:"一年只八月十八大潮一次,水声如万马奔腾,浪头高有千仞。是日有~子弟,合城男妇大小往观。"

【弄碜儿】 nòng chěn er 即"弄碜"。明《金瓶梅词话》二五回:"我肯容他在那屋里头弄~?就是我罢了,俺春梅那小肉儿,他也不肯容他。”

【弄碜】 nòng chěn 即“弄丑❶”。明王克笃《耍孩儿》：“眼见的桑田沧海古还今，且则是自歌自舞闲～。”

【弄丑】 nòng chǒu ❶ 做丑事；做出丑陋举动。明叶子奇《草木子》卷四：“父母逼勒成亲，只得欢喜忍受。自小六根清净，如何一夜～？”《西游记》五四回：“那女王见他那等撒泼～，唬得魂飞魄散。”清《歧路灯》三四回：“不说那管贻安在酒席上妆那膏粱腔儿，抖那纨绔架子，跳猴～。” ❷ 出丑；丢脸。清孔尚任《桃花扇》四〇出：“羞答答当场～惹的旁人笑，明荡荡大路劝你早奔逃。”《女仙外史》七二回：“次日两阵齐开，曼师笑谓连黛道：‘汝回去干快活事不好，何苦偏要在此～？’”

【弄唇】 nòng chún 玩弄言辞；要嘴皮子。明佚名《四贤记》一三出：“非是多言及～，且当场说个原因。”《警世通言》卷三：“是非只为多开口，烦恼皆因巧～。”清《豆棚闲话》一则：“那知这妇人意气扬扬，走到庙里卖嘴～，说道：‘石奶奶如今也不灵了！’”

【弄唇舌】 nòng chún shé 即“弄唇”。《古尊宿语录》卷一二《南泉普愿禅师语要》：“今时傍家，从年至岁，只是觅究竟，作么生空～生解？”宋《三朝北盟会编》卷六三：“公们不去劝谏贵朝皇帝，教早割与他三镇土地人民，便是好公事。却来这里～，想捎空，恐使不得。”清《万花楼》三〇回：“我亦不与你个～，倘杀不得赞天王，愿将首级送你回关缴令。”

【弄唇觜】 nòng chún zuǐ 即“弄唇”。《景德传灯录》卷二八《大法眼文益禅师》：“总似恁么商量，且图什么？为复只要～，为复别有所图？”

【弄乖】 nòng guāi ❶ 逞乖张；做出无理或无礼的举动。元明《水浒传》一一回：“愁怀郁郁苦难开，可恨王伦忒～。明日早寻山路去，不知那个送头来？”明沈璟《义侠记》一一出：“贼杀才，忒～，暗通强寇该不该？谁道今番露出来！”《夹竹桃·前度刘郎》：“朦胧睡里，情人自来。裙腰偷解，把奴～。” ❷ 使乖滑；卖弄乖巧。明《挂枝儿·怕闪》：“风月中的人儿个个曾～，难道就没一个真实的在？”清《平山冷燕》一一回：“宋信看见，触想起山黛做的‘梧桐一叶落’的诗，便～说道：‘三兄要小弟即席做诗，虽亦文人美事，但小弟才迟，又不喜为人缚束。’”《隋唐演义》三五回：“宝儿偏不向炀帝谢恩，反调转身来要对萧后谢恩，萧后一把拖住。炀帝带笑骂道：‘你看这贼妮子，好不～！’”

【弄鬼】 nòng guǐ ❶ 鬼魂显现。明《西游记》一一回：“陛下有甚么放不下心处，说与我等，不要～，惊骇了眷族。” ❷ 捣鬼；耍花样。明《封神演义》一四回：“你为何啐他一口，掌他一下？这分明是你～，使我战不过他。”清《绿野仙踪》五八回：“彼时他家前后门，都紧紧关闭。依小的看来，到只怕还是他家家人～。”

【弄谎】 nòng huǎng 撒谎。明《醒世恒言》卷三七：“况他前次既不说谎，难道如今却又～不成？”

【弄酒】 nòng jiǔ ❶ 畅饮；痛饮。唐鲍溶《暮春戏赠樊宗宪》：“野船～鸳鸯醉，官路扳花騕褭狂。”明史鉴《哨遍·端午日饮都玄敬于豫章堂》：“幸得隽归来，拈华～，向人夸笑矜舞。”清《东周列国志》五三回：“陈灵公口中还在那里不三不四，耍笑～。却是孔宁听见了，说道：‘主公，不好了！’” ❷ 酒后使性；耍酒疯。唐段成式《酉阳杂俎》续集卷三：“（十八姨）翻酒污阿措衣。阿措作色曰：‘诸人即奉求，余不奉畏也！’拂衣而起。十八姨曰：‘小女～。’”明李贤《杂录》：“（轩锐）又嗜酒，或公筵，或僚友相燕乐，必至醉，～詈人。”《醒世恒言叙》：“夫人居恒，动作言语，不甚相悬。一旦～，则叫号踯躅。”

【弄破】 nòng pò ❶ 破坏；揭穿；挑明。明《西游记》二七回：“不期被他走来，～我这勾当。”清《儒林外史》一三回：“事还是竟～了好，还是开弓不放箭，大家弄几个钱有益？”《绿野仙踪》七九回：“我是为大家保全身家计，但愿不～为妙。” ❷ 败坏；耗费。清《歧路灯》四回：“后来渐渐把家业～，外人都说他运气不好。”

【弄巧】 nòng qiǎo ❶ 指鸟鸣婉转。宋周密《木兰花慢·柳浪闻莺》：“听暗柳啼莺，新簧～，如度秦讴。”元刘秉忠《蟾宫曲》：“初出谷黄莺～，乍衔泥燕子寻巢。”清《飞龙全传》二七回：“那两个妇人唱罢，好似黄鹂～，宛转悠扬。” ❷ 出花样；施巧妙。宋秦观《鹊桥仙》：“纤云～，飞星传恨，银汉迢迢暗度。”明徐元《八义记》九出：“万花灿烂柳拖金，绿水青山相映。多是东君～，工夫尽付花神。”清《隋唐演义》三四回：“连忙撑近看时，却是妥娘，在那里洒桃花入水……炀帝看见大笑道：‘我道是那个，原来又是你这小妮子在此～。’” ❸ 耍花招；使手段。元佚名《新水令》：“如今等惜花人～，止不过美话儿排，虚科儿套，实心儿少。”明《西洋记》三七回：“张将军看见他的头上黑气冲天，晓得是他～，分顶就是一钉。这一钉打得王神姑的神不曾得上天去。”清《镜花缘》七三回：“起初下时，若不～闹甚么套子，就照自己平素著儿下去，想来也不致吃个罄净。”

【弄松】 nòng sōng ❶ 对付；摆布；作弄；算计。明《西洋记》七一回：“他船上的张道士、金和尚都是甚么人！你怎么～得他倒？”又八五回：“把个城门纸帖在山脚下，用两根旗枪插在两边，城门上做一个小窗儿，分定了东西南北，点上一盏灯。王爷看他这等～，却也一时不解其意。”清《隋唐演义》二六回：“（齐国远）见他三人跪在阶前，便道：‘李大哥为什么这般～？’” ❷ 指性交。明《金瓶梅》五四回：“原来敬济听见应伯爵请下了西门庆，便想要乘机和潘金莲～。”

【弄怂】 nòng sǒng 同“弄松❶”。清《何典》五回：“那些提草鞋公人见本官软弱，便都将嘴骗舌头的来～他。”

【弄耸】 nòng sǒng ❶ 同“弄松❶”。清《水浒后传》一回：“这两日是四月天，农忙停讼，没处～，趁闲来此巡察。” ❷ 同“弄松❷”。明《金瓶梅词话》五〇回：“被药性把住了，与老婆～了一日，恰好还没曾丢身子。”清《蜃楼志》二〇回：“吉士抱着冶容又饮了一回，揿在榻床，一番～。”

【弄送】 nòng sòng ❶ 同“弄松❶”。《型世言》三回：“好歹我们替你央及他，寻一计较，～他便了。”清《儒林外史》四回：“想起我前日这一番是非，那里是甚么光棍？就是他的佃户商议定了，做鬼做神来～我。”《绮楼重梦》二五回：“你也忒会～人！到处摆着茶儿酒儿，吃个不了。” ❷ 同“弄松❷”。明《拍案惊奇》卷二六：“老和尚不揣，恨命价～抽拽。”《肉蒲团》一四回：“不敢入室，竟在腿缝之中～起来。”

【弄调】 nòng tiáo 调弄；摆弄；戏弄。唐牛僧孺《鸡触人述》：“鸡不省，犹张拳势，瞪瞋眸，咬咬争鸣，刚狺突如。邻童咸操荆铄，～笑喜。”明唐寅《步步娇·春景》：“怕今宵琴瑟，你在何方～，撇得我纱窗月晓。”

【弄险】 nòng xiǎn 冒险；做有危险的事。宋陈著《书柴张父厓草帖》：“其字如飞猱～，游丝舞空。”元贯云石《清江引·知足》：“识破幻泡身，绝却功名念，高竿上再不看人～。”明孙一奎《赤水元珠》卷一〇：“病所当泻则须泻之，幸无曰：虚弱者何敢～？”

【弄虚】 nòng xū 弄假象；耍花招。明冯惟敏《朝天子·乌须》：“非工夫染须，老先生～，也不是天然趣。”徐畛《杀狗记》二四出：“信他脱空～，空教你通今博古。”清《后西游记》二四回：“我昨日只道你四个和尚身心安静，故但将你缚来在此。谁知你还是一群野马，故被你～逃走。”

【弄喧】 nòng xuān 做假象；耍花招。喧，虚而不实。明《西游记》八五回：“他说不是天风，果然不是，却是个妖精在这里～儿哩。”《西洋记》三一回：“心里想定了，却叫道：‘那泼贱婢又弄个甚么喧来？’姜金定道：‘这不是～，这都是俺本国道地兵。’”《拍案惊奇》卷一六：“不知那拐子，便与他同行同止，也识不出～捣鬼，没形没影的做将出来。”

【弄楦】 nòng xuàn 同“弄喧”。明《韩湘子》一回：“吕仙睁开慧眼，望那方一看，就认得是两个毛团在那里吐气，一个是香獐造孽，一个是白鹤～。”又一六回：“汝弄了许多楦，都是假的，只这吃酒的人是真本事。”

【弄楦头】 nòng xuàn tou 即“弄楦”。明《韩湘子》一四回：“我誓愿已立，又不见你恁么仙羊仙鹤，明明是～。”

【弄妆】 nòng zhuāng ❶ 化妆。唐温庭筠《菩萨蛮》：“懒起画蛾眉。～梳洗迟。”金王寂《己未发龙岩数峰侧立状如翠屏》：“还应望夫女，深夜～来。”清彭孙遹《浣溪沙·踏青》：“翠浪生纹涨曲池，春深闺阁～迟。” ❷ 弄姿；展现姿容。宋史弥宁《新喻道上》：“翠分浓淡山开画，红晕浅深花～。”明胡直《立秋夜月》：“映树山排画，侵荷水～。”汤显祖《紫钗记》三六出：“水云天淡，～晴晚。”

【弄嘴】 nòng zuǐ 夸口；卖弄口才。宋元《清平山堂话本·李翠莲》：“近前来，分付你，叉手站着莫～。”明《西游记》七四回：“这和尚倒会～！想是跟你师父游方，到处儿学些法术。”清洪昇《长生殿》四六出：“〔末〕一口气许了他上下里寻花貌，莽担承向虚无中觅丽娟。〔贴〕谁教你～来？”

【齈带】 nòng dài 亦音 nóng dài。鼻涕。明《朴通事谚解》卷中：“捽了他～，揩的干净着。”

nòu

【耨】 nòu ❶ 弄；闹。元曾瑞《梧叶儿·赠喜温柔》：“踏科～，吟句讴，喜温柔。迤逗杀狂朋怪友。”《元曲选·金钱池》二折：“有～处散诞松宽着～，有偷处宽行大步偷，何须把一家苦苦死淹留？”清洪昇《长生殿》三七出：“这是我断香零玉沉埋处。好结果一场厮～，空落得薄命名留。” ❷ 特指男女交媾。《元曲选外编·西厢记》四本二折：“一个恣情的不休，一个哑声儿厮～。呸！那其间可怎生不害半星儿羞？”明《拍案惊奇》卷一七：“两个就在魂床上面弄将起来……噙着的，呼吸元精而不歇；～着的，出入玄牝以无休。”

nú

【奴】 nú 我。第一人称代词。唐五代时期男女尊卑均可用，宋代以后渐用于女子自称。《敦煌变文校注》卷一《董永变文》：“小儿行留被毁骂，尽道董仲没阿娘。遂走家中报慈父：～等因何没阿娘？”又卷六《金刚丑女因缘》：“大王见夫人奏劝再三，不免咨告夫人云云：我缘一国帝王身，眷属由来宿业因。争那就中容貌差，交(教)～耻见国朝臣。”金《刘知远诸宫调》一一：“李三娘，今日有言，祝付刘郎：‘……你言语也不中倚仗，此贵宝～收藏。’”清《红楼梦》六九回：“尤二姐泣道：‘既不得安生，亦是理之当然，～亦无怨。’”

【奴婢】 nú bì 臣下或宦官对帝、后、王爷的自称。元《秦并六国平话》卷上：“李牧引秦斌至楚王驾前奏曰：‘……～举此人为先锋。’”《元曲选·抱妆盒》二折：“〔刘皇后云〕陈琳，你那里去？〔正末云〕～往后花园采办时新果品来。”清《隋唐演义》六七回：“二太监紧走一步，跪在车旁叫道：‘娘娘，～们在此叩首。’”

【奴兵】 nú bīng ❶ 家奴充当的士兵。《新五代史·罗绍威传》：“绍威夜以～数百，会嗣勋兵击牙军。” ❷ 借称衙役或奴仆。唐庞蕴《苦痛役身心》：“苦痛役身心，劳神觅官职。暂得色毛披，拍按作瞋色。口口打～，声声遣拔肋。”宋陆游《赠林使君》：“使君物外阅年华，厌听～早暮衙。”刘克庄《春日》之二：“下山欲与唐碑语，先遣～细拂尘。” ❸ 对贱者的称呼。含鄙视义。唐赵璘《因话录》卷五：“有负贩者，呵不避。李骂云：‘头钱价～，辄冲官长。’”卢仝《冬行》之三：“船人虽～，亦有意智长。”宋贺铸《鹦鹉洲》：“儿女命杨孔，～视刘曹。”

【奴才】 nú cái ❶ 称人的詈词。本义指人材质低下(已见于唐五代之前)，后只用于詈骂。《元曲选·墙头马上》二折：“都是梅香这小～勾引来的！”又：“枉骂他偷寒送暖小～，要这般当面抢白。”清《儒林外史》二七回：“被他妈一顿臭骂道：‘倒运的～！没福气的～！’”袁枚《子不语》卷七：“城隍神趋出迎，啃曰：‘石季伦老～又毒人乎？’”《红楼梦》三三回：“该死的～！你在家不读书也罢了，怎么又做出这些无法无天的事来！” ❷ 家奴；奴仆。宋苏轼《东坡志林》卷四：“汉武帝无道，无足观者，惟踞厕见卫青，不冠不见汲长孺，为可佳耳。若青～，雅宜舐痔，踞厕见之，正其宜也。”元明《水浒传》四五回：“自古道：人家女使，谓之～。”清《红楼梦》三二回：“这会子又叫我做，我成了你们～了。” ❸ 犹“奴婢”。明《梼杌闲评》二三回：“皇上见了，大喜道：‘这是谁的？取金钱赏他。’进忠跪下道：‘是～的。’”清《红楼梦》一〇五回：“这一箱文书既在～屋里抄出来的，敢说不知道么？只求王爷开恩。”《说唐三传》一回：“那张仁黑碜碜一张糙脸……来到宫中，口称：‘娘娘，～叩见。’” ❹ 奴婢对主人的自称，或用作一般人自贱的称呼。清《红楼梦》一〇回：“～方才到了冯大爷家，拿了老爷的名帖请那先生去。”《红楼复梦》四回：“林之孝赶忙回道：‘太太赏酒，～站饮，断不敢坐。’”《荡寇志》七九回：“吴用道：‘你二人快写信去，问蔡京为何背盟！’梁世杰道：‘奴……～就写。’”

【奴侪】 nú chái ❶ 奴辈；奴才。宋道璨《雪菊》：“唤醒万黄金，桃李皆～。”明徐渭《女状元》一出：“我左右靠你一世了，这老～甘心做了。”清邵长蘅《周将军》：“大同宣府真～，两镇降书同日来。” ❷ 称宦官或宦官自称。明李梦阳《秘录》：“诸先生言良是，无非爱君忧国者。第～事上久，不忍即置之法耳。”又：“诸大臣退，而瑾侪绕上前跪伏哭痛，首触地曰：‘微上恩，～磔喂狗矣。’”张同德《陕西富平县知县定五王公墓志铭》：“且指两中使骂曰：‘～虚辞枉上，残虐善类。’”

【奴哥】 nú gē 对女子的昵称。宋晁端礼《步蟾宫》：“～一向不睹是，算谁敢、共他争气？”金《董解元西厢记》卷三：“待成亲后再有别酬贺。～，托付你方便子个。”明汤显祖《牡丹亭》三〇出：“劝奴奴睡也，睡也～。”

【奴家】 nú jiā 女子自称。家，词缀。《敦煌变文校注》卷四《破魔变》：“～美貌，实是无双。”金《刘知远诸宫调》一：“昔有相师算～，合发奋得为正宫。”清《红楼梦》六八回：“凤姐上座，尤二姐命丫鬟拿褥子来便行礼，说：‘～年轻。’”

【奴奴】 nú nú 年轻女子自称。唐金城公主《谢恩赐锦帛器物表》：“～奉见舅甥平章书，云还依旧日，重为和好。既奉如此进止，～还同再生，下情不胜喜跃。”《大宋宣和遗事》后集：“其首领百户不知姓名，与此知县是兄弟，遂将～嫁与他。”清陈端生《再生缘》三六回："谢天谢地垂怜念，先使～到京邦。误一日来迟一步，椿萱早已入冥乡。"

【奴身】 nú shēn ❶ 附属国主对宗主国主的自称。唐突厥苾伽骨咄禄可汗《贺正表》："～曾祖已来，向天可汗忠赤。"石国伊捺吐屯屈勒王《请讨大食表》："～千代已来，忠赤于国。" ❷ 女子自称。宋佚名《张协状元》二三出："那得这话！～只是眼泪出。"明《欢喜冤家》一七回："如今的人，有了几两家私，便是花子养的儿子，抱到家中认为己出。实实自己生的，还要胡说此言。～不取也。"

【奴胎】 nú tāi 詈词贱种。亦用作奴婢自称。《元曲选·罗李郎》二折："那搭里撞着，我把那背义的～不道的素放了！"又《㑳梅香》二折："教～吃顿拷。"明徐畛《杀狗记》一六出："恨～直恁乖，自我来窑内，全不想故人安在。"

【奴台】 nú tái 即"奴胎"。用作自谦之称。明汤显祖《牡丹亭》三六出："秀才捣鬼，不是俺鬼～妆妖作乖。"周朝俊《红梅记》一六出："感君错爱，丑～做观音顶戴。"

nǔ

【努】 nǔ ❶ 奋力；用力。《敦煌变文校注》卷一《伍子胥变文》："路逢一怒蜗(蛙)，在道～鸣，下马抱之。"宋陈传良《张冠卿以前诗见寄》："鸡犬各有役，人亦宜自～。" ❷ 过度用力(而致损伤)。元明《水浒传》一一〇回："你众人枉费了力，箭头不发，～折箭杆。"清《红楼梦》七五回："且别贪力，仔细～伤。" ❸ 撅起；伸出；凸出。唐唐彦谦《采桑女》："春风吹蚕细如蚁，桑芽才～青鸦嘴。"《五灯会元》卷一七《建隆昭庆禅师》："帝释梵王在门外柳眼中～出头来。"《元曲选·燕青博鱼》二折："调动我这三尺拦关臂，～起一千条歹斗筋。"清《镜花缘》七九回："手背既弯，肘也因之而翻，肩也因之而～。" ❹ 挤。明《西游记》六九回："你看他往前扑了一扑，往后蹲了一蹲，咬得那满口牙齿乞支支的响亮，仅～出几点儿。"

【努嘴】 nǔ zuǐ ❶ 向人撅嘴示意。宋元《清平山堂话本·杨温传》："那杨员外吃饭了，过茶坊闲坐。茶博士便～，杨三官人与杨员外唱个喏。"《元曲选·灰阑记》四折："若说不过时，你可～儿，我帮你说。"清《红楼梦》七回："见周瑞家的来了，便知有话回，因向内～儿。" ❷ 撅着嘴。不高兴或为难貌。明《西游记》二三回："呆子闻得此言，情知走了消息，也就垂头扭颈，～皱眉，半晌不言。"《醒世恒言》卷三八："逢人便问，岂知个个摇头，人人～，都说道：'我们并不知道有甚李清。'"清《醒世姻缘传》四五回："这头一日，就叫个婆婆努着嘴，女婿撅着唇，这是甚么道理？" ❸ 比喻树木长出嫩芽。《元曲选外编·玩江亭》二折："阿阿，～儿了，放嫩叶了。阿阿，打骨朵了。阿阿，开花儿了。"

【弩】 nǔ 通"努"。用力。金《刘知远诸宫调》一："争拳～踢，杀呼叫唤。"

【弩床】 nǔ chuáng 发射弩箭的底座。《隋书·礼仪志》："次内施蛰韃。每一蛰韃，中施～，长六尺，阔三尺。"宋《三朝北盟会编》卷二八："安炮座，设～，运砖石，施燎炬。"

【弩门】 nǔ mén 弓。蒙古语译词。明火原洁《华夷译语》："弓，弩门。"《元曲选外编·哭存孝》一折："米罕整斤吞，抹邻不会骑，～并速门，弓箭怎的射？"又《射柳捶丸》三折："也不会～速门。"

【弩那】 nǔ nuó 浓盛貌。《敦煌变文校注》卷一《王昭君变文》："祁(岐)雍更能何处在？只应～白云边。"

nù

【怒恶】 nù è ❶ 暴躁；恼怒。金《刘知远诸宫调》一二："刘安抚从～，不似今番瞅。"《董解元西厢记》卷二："那贼将闻斯语，心生～。"元《三国志平话》卷上："喜看《春秋左传》，观乱臣贼子传，便生～。" ❷ 险恶；猛烈。宋刘过《舟中》："扁舟去时风～，舟人深溪雪花落。"

【怒恼】 nù nǎo 恼怒。❶ 生气；发怒。明杨爵《家书》："他幼不知事，有差错只背后教之，不要～。"《警世通言》卷二四："看见锦帐罗帏，越加～，把箱笼尽行打碎。"清《万花楼》三四回："元帅闻言，心中着实～。" ❷ 怒气。明《梼杌闲评》八回："一夕话，把个程中书一肚子～都销入爪哇国去了。" ❸ 惹恼；触怒。清陈端生《再生缘》一五回："喽罗报罢跪厅廊，～了，红锦幔中女大王。"《蕉叶帕》一二回："却怎么天雷响了？莫不是这点私事～天公么？"《白雪遗音·雷峰塔》："金山寺里法海一见许仙，面带妖色，不放下山。～白蛇，忙唤青儿，代领着虾兵蟹将，这才水漫金山。"

【怒那】 nù nuó 同"弩那"。《敦煌变文校注》卷六《大目乾连冥间救母变文》："地狱为言何处在？西边～黑烟中。"

nǚ

【女】 nǚ 动物之雌性。《敦煌资料》第一辑《康富盈领羊凭据两件》："当年儿白羊羔子两口，～羔子一口。"明《朴通事谚解》卷中："卖猫的，将猫儿来，我买一个。我要这～花猫儿。～的价钱大。"清顾炎武《日知录》卷三二："山东、河北谓牝猫为～猫。"

【女边著子】 nǚ biān zhuó zǐ "好"的拆字式隐语。宋黄庭坚《两同心》："你共人、～，争知我、门里挑心？"

【女弟】 nǚ dì 少女。《敦煌愿文集·结坛发愿文》："阖城士庶，～童男，牧野村人，咸称乞告者，为谁施作？"

【女官】 nǚ guān 即"女冠"。《隋书·礼仪志二》："增置二坛，命道士～数十人于壝中设醮。"唐王梵志《观内有妇人》："观内有妇人，号名是～。"金元好问《赞皇郡太君墓铭》："夫人知侯意不可回，竟为入粟县官，度为～。"

【女冠】 nǚ guān 女道士。唐王建《题应圣观》："头白～犹说得，蔷薇不似已前香。"明汤显祖《牡丹亭》二四出："无奈～何，识的书生破。"清《野叟曝言》五一回："二门开处，走出一个十三四岁的～。"

【女孩】 nǚ hái ❶ 女性孩子或未婚少女。多接"儿、子、家"等词缀。宋佚名《小儿卫生总微论方》卷一四："每服三五丸，量大小加减。男孩儿煎陈米汤下，～儿煎艾叶汤下。"明《醋葫芦》七回："翠苔终是小～家，虽然伶俐，毕竟睡魔要紧。"清《红楼梦》五回："如今单我家里，上上下下，就有几百～子呢。"《歧路灯》九三回："～大了，还没个名子。" ❷ 女儿。《元曲选·窦娥冤》四折："我是那提刑的～，须不比现世的妖怪。怎不容我到灯影前，却拦截在门桯外？"明汤显祖《牡丹亭》五五出："眼前活立着个～儿，亲爷不认。"清《红楼梦》五九回："没有见个娘管～儿，大家管着娘的。"

【女轿】 nǚ jiào 供妇女乘坐的四围有布幔的小型轿子。明陆深《江西家书》："须往丹阳上陆路顾一～，多备一二夫力抬之。"何良俊《四友斋丛说》卷一二："余初至南京时，见五城兵马尚不敢用帷轿，惟乘～。"《古今小说》卷四："到黄昏时，悄悄用一乘～抬到庵里。"

【女眷】 nǚ juàn ❶女性眷属。明王樵《与仲男肯堂书》："家口费大，恐～不能宁耐为久住之计。"《醒世恒言》卷八："玉郎依旧来至房中坐下，亲戚～都来相见。"清《红楼梦》一七至一八回："贾赦领合族子侄在西街门外，贾母领合族～在大门外迎接。" ❷妇女；女人。明邵璨《香囊记》二六出："想是个良家～，待我试他一试。"清《一片情》一四回："却说这笋尖般后生，搂着这粉捏成～，脸偎着脸儿，腿压着腿儿，不忍分离。"清《醒名花》八回："他们看见不容进去，愈加疑惑，便道：'就是师父的卧房，我们同是～家，进去玩玩料也不妨。'"

【女客】 nǚ kè ❶女性客人。唐牛僧孺《玄怪录》卷一："贵为诸侯妻，何不盛为盘筵，邀召～，五百里内，尽可迎致。"《元曲选·铁拐李》二折："若有～来，我便支待；若有男客来，着张千支待罢。"清《绿野仙踪》二〇回："不换于前后院搭了两座席棚，预备男客坐，～都在房内。" ❷称女眷或女子。明《欢喜冤家》一七回："出来唤你，不期～进来，急欲回避，忘了门槛，一绊跌倒。被这些～笑了。"吴炳《绿牡丹》一七出："考俺相公的倒是一位～哩。"清《儒林外史》一四回："两边廊上，都是几十层极高的阶级。那些富贵人家的～，成群逐队，里里外外，来往不绝。" ❸指妓女。明袁于令《双莺传》三出："平康静悄，白日里也鬼出。莫怪子弟不肯使钱，本等外边，没有～是坐得出的。"《肉蒲团》一八回："少不得三位佳人替丈夫接风之后，就问一向在外嫖了几个～。三位丈夫就把相处玉香的话陈说一遍。"清孔尚任《桃花扇》二四出："今日老爷们秦淮赏雪，吩咐带着～，席上验看哩。"

【女口】 nǚ kǒu 女墙(一种御敌矮墙)两垛子间供士兵瞭望、射击用的缺口。宋陈规《守城机要》："女头墙，旧制，于城外边约地六尺一个，高者不过五尺，作山字样。两女头间留～一个。"金王寂《登郡城有感》："挂壶树老孙枝长，悬瓠城荒～卑。"

【女流】 nǚ liú 妇辈；妇道人家。宋洪迈《夷坚志》丁卷二："我只在西边隔三两家住，少好文字，颇知书。所恨堕于～，父母只令习针缕之工，不遂志愿。"元高安道《哨遍·嗓淡行院》："坐排场众～，乐床上似兽头。"清《镜花缘》一六回："看来书是读过几年的，可惜是个幼年～，不知可有一二可谈之处。"

【女男】 nǚ nán 儿女；子女。《敦煌变文校注》卷五《父母恩重经讲经文(一)》："～渐长成人子，一一父娘亲训示。"又："人家父母恩偏煞，于～边倍怜爱。"金王喆《水云游·韩公索叹世》词："且听且听，汩汩尘劳，如何得醒？～是、玉杻金枷，把身躯缚定。"

【女猱】 nǚ náo 妓女。元朱庭玉《夜行船·悔悟》："若是自家空藏瓶，梦撒撩丁，花姑不重～轻。"佚名《替杀妻》三折："那婆娘打扮来便似～，全不似好人家苗条。"

【女娘】 nǚ niáng ❶女子；妇女。宋元《清平山堂话本·花灯轿》："这～子的父亲，姓张字元善，母王氏。"《元曲选·谢金吾》三折："国姑，你倒要来救那罪人，敢是你～家不曾看王法哩。"清《绿野仙踪》七九回："周琏急急的往窗外四下一看，那俊俏～不知那里去了。" ❷妓女。元佚名《耍孩儿·拘刷行院》："他做～尽世儿夸着嘴，俺做子弟今番出丑尽。"又《锦橙梅》："恁娘又不是～，绣房中不是茶坊。"明王九思《一枝花·歌儿王兰卿侍暖泉张子张子死乃亦饮药死》："这一个真心的～，不负了画眉张敞。"

【女僧】 nǚ sēng 尼姑。唐高彦休《阙史》卷下："言～二人至普光王寺，将祈礼者睢盱顾视，如病风狂。"明佚名《四贤记》三五出："你虽是个～，与我同行，殊不雅相。"清《醒世姻缘传》六三回："一个～，我好守着他念经，倒甚方便。"

【女身】 nǚ shēn ❶女人；女性。《祖堂集》卷五《龙潭和尚》："尼曰：'现是～，何得不识？'"明《拍案惊奇》卷二七："只可惜是个～，又已做了出家人，一时无处伸冤。"清《风流悟》五回："我个出家人，又是～，可当得相公死在这里的？" ❷处女；少女。宋王明清《摭青杂说》："徐氏既归金尉。金尉见其是～，又宦家儿女，又凡事晓得大体，称所望。"明梁辰鱼《浣纱记》一七出："念娇娘还是闺中的～，为甚的顿成心病？"清《野叟曝言》二〇回："那知你尚是～。若非今日说明，此疑何由得白？"

【女师】 nǚ shī 称女道士或尼姑。唐颜真卿《抚州临川县井山华姑仙坛碑铭》："山下有女道士曾妙行，梦一～，令上七层华树，层层掇餐，及寤犹饱，因是不食。尝于观中见黎琼仙，跪而拜曰：'梦中所见，乃尊师也。'"明《梼杌闲评》二七回："左首阵上引军旗，上写的是'冲应玉真护国～'。那真真子却也打扮的十分俏丽。"清《绣鞋记》三回："却说张凤姐姑嫂二人正在房内谈心，忽然丫环报上：'宝莲庵两位～到来。'"

【女使】 nǚ shǐ 使女；女仆。唐沈亚之《别前岐山令邹君序》："闻令家无～贱走，宾客食必夫人亲治之。"元高明《琵琶记》六出："你做管家婆婆，倒哄着～每闲嬉，是何所为！"清《情梦柝》一二回："吩咐家人～，勿露风与水手们。"

【女氏】 nǚ shì 女儿。明《西游记》八三回："切思伊父子不仁，故纵～成精害众。"

【女头】 nǚ tóu 女墙上供兵士藏身用的垛子。宋陈规《守城机要》："两～间留女口一个。～上立狗脚木一条，挂搭皮竹笓篱牌一片，遮隔矢石。"曾公亮、丁度《武经总要》前集卷一二："木～，形制如女墙。以版为之，高六尺，阔五尺，下施两轮轴，施拐木二条。凡敌人攻城，摧坏女墙，则以此木～代之。"明唐顺之《武编》前集卷二："城外炮来，高则于～墙上过，低则打中～。"

【女娃】 nǚ wá 女孩。明徐复祚《红梨记》一五出："鬓掩霞，粉脂黛绿多娇姹。〔贴〕怕不似好人家～。"清《绿野仙踪》五七回："又想金钟儿是个聪明知是非的～子，从未有一言一事得罪过他。"《歧路灯》二五回："只见一个戏娃儿，人材就像～儿一样。"

【女婿】 nǚ xù ❶指招赘入舍的女婿。金《刘知远诸宫调》二："劝人家少年诸子弟，愿生生世世休做～。"明《警世通言》卷二二："看他一表人材，又会写，又会算，招得这般～，须不辱了门面。" ❷丈夫。《元曲选·窦娥冤》一折："婆婆，你要招你自招，我并然不要～。"明《金瓶梅词话》八六回："'就是你家大姐那～子，他姓甚么？'玳安道：'他姓陈，名唤经济。'"清《醒世姻缘传》四五回："怎么一个头一日，就闩了门不叫～进去？"

【女占】 nǚ zhān 即"女飐"。宋吴自牧《梦粱录》卷二〇："及～赛关索、嚣三娘、黑四姐女众，俱瓦市诸郡争胜，以为雄伟耳。"

【女飐】 nǚ zhǎn 摔跤女艺人。宋周密《武林旧事》卷六："～：韩春春、绣勒帛、锦勒帛。"吴自牧《梦粱录》卷二〇："先以～数对打套子，令人观睹，然后以膂力者争交。"

【女真】 nǚ zhēn ❶我国少数民族名。居住东北，五代时始称女真，宋时曾建金国。五代胡峤《陷北记》："又东～，善射，多牛鹿野狗。"《元曲选·勘头巾》二折："小官完颜，～人氏。"清《说岳全传》一五回："且说那北地～国黄龙府，有一个总领狼主，叫做完颜乌骨达，国号大金。" ❷指女真族人。宋《三朝北盟会编》卷二二："且杀了一个南人，即是与契丹报仇；杀了一个～，亦是与契丹报仇。”洪迈《夷坚志》甲卷一：“七人者，皆～也。” ❸ 女性真人；女道士。唐韦渠牟《步虚词》之一二：“道学已通神，香花会～。”明屠隆《彩毫记》二一出：“先在云梦，曾从方外～得一口诀，说妾身机缘还早。”清《八洞天》卷一：“本城中有个～观，名为清修院，乃是九天玄女的香火。”

【女直】 nǚ zhí 即“女真❶”。避辽兴宗耶律真宗讳。宋《三朝北盟会编》卷三：“至老主道宗，避真宗庙讳，改曰～。”《金史·完颜希尹传》：“希尹乃依仿汉人楷字，用契丹字制度，合本国语，制～字。”《元曲选外编·村乐堂》一折：“小官完颜，～人氏。”

nuǎn

【暖】 nuǎn ❶ 以舞乐娱乐神佛。《敦煌变文校注》卷二《庐山远公话》：“相公在此，聊述声扬，～道场将为法乐。”又卷五《维摩诘经讲经文(五)》：“解歌音，能律吕，箫韶直得阴云布，日夜交(教)伊～法堂，师兄收取天宫女。” ❷ 加热。元明《水浒传》二四回：“那妇人～了一注子酒，来到房里。”清《女仙外史》六七回：“旁边两个狮头小铜炉，一边～着羊羔美酒，一边煨着参汤。” ❸ 抚慰；安抚。明王世贞《与吴明卿书》：“二孺知弄笔墨，聊以～目前而已。”《醒世恒言》卷三六：“虽然备些酒食～住了众人，却也中心不伏。”

【暖蛋】 nuǎn dàn 孵蛋。《元曲选外编·五侯宴》四折：“不期有一雌鸡正在～之时，王员外将此鸭蛋与雌鸡伏抱，数日个个抱成鸭子。”

【暖肚】 nuǎn dù 即“裹肚❹”。明《型世言》九回：“那掌鞭的将来按住，搜去～内银两，跳上驴去了。”清《飞龙全传》五五回：“怀德只一把，早将李豹～一手擒牢。”《姑妄言》三回：“他打开看了看，藏在腰间～里。”

【暖耳】 nuǎn ěr 耳套；套在耳廓上御寒的用品。明陆深《光禄大夫柱国少保顾公行状》：“上祈谷于玄极宝殿，夜召勋辅礼臣六人，赐貂皮～。”刘若愚《酌中志》卷一九：“其餘常行近侍，只戴～。其制，用元色素纻作一圆箍，二寸高，两傍缀貂皮，长方如披肩。”清《儒林外史》五三回：“一班四五个少年姊妹，都戴着貂鼠～。”

【暖房】 nuǎn fáng ❶ 向阳的或有取暖保暖设备的房间。唐王建《题元郎中新宅》：“铺设～迎道士，支分闲院著医人。”明《金瓶梅词话》二八回：“那里藏春坞是爹的～儿，娘这一向又没到那里。”清《醒世姻缘传》二一回：“另在晁夫人住房重里间内收拾了～，打了回洞的暖炕。” ❷ 备礼为人乔迁、新婚等作贺。唐王建《宫词》之七四：“太仪前日～来，嘱向昭阳乞药栽。”元施惠《幽闺记》二二出：“官人娘子请稳便罢。夜深了，明日再取一樽酒与你～。”清《儒林外史》二一回：“那日搬来，卜老还办了几碗菜，替他～。”

【暖阁】 nuǎn gé ❶ 在大房间里隔出来的保暖小房间。元明《水浒传》一一回：“叫庄客取一笼衣裳出来，叫林冲彻里至外都换了，请去～里坐地。”清《红楼梦》三回：“今将宝玉挪出来，同我在套间～儿里。” ❷ 官衙大堂上设公案办公的阁子。清《儒林外史》四五回：“每日就要站在朝廷大堂上～子里议事。”△《官场现形记》二二回：“若从外面子上看他，却是真正的一个清官：照壁旧了也不彩画；辕门倒了也不收拾；～破了也不裱糊。”

【暖篝儿】 nuǎn gōu er 即“熏笼”。篝，熏笼。清《霓裳续谱·翦首儿》：“旧事儿恼不出花阴柳阴，～薰不透寒枕寒衾。”

【暖锅】 nuǎn guō ❶ 火锅；有持续加温或保温设施的锅。明《醒世恒言》卷三：“九妈命撤去肴盒，用～下酒。”清雍正五年十月初三日上谕：“如天气寒冷，应用～时，即行备用。”李斗《扬州画舫录》卷一二：“后一头上层贮秘色瓷盘八，中层磁饮食台盘三十……下层贮铜～煮骨董羹。” ❷ 犹“暖房❷”。清《续金瓶梅》八回：“张小桥家见来安新搬在紧邻，买了三斤烧酒，杀了一只鸡，城里又买些肝肺板肠、一大块烧肉，替来安～。”

【暖寒】 nuǎn hán (饮酒)御寒。唐白居易《醉后走笔酬刘五主簿》：“秋灯夜写联句诗，春雪朝倾～酒。”明《二刻拍案惊奇》卷一一：“因雪下得大了，同小女烫几杯热酒～。”清厉鹗《广陵寓楼雪中感怀》：“何人～燕，隔院喧鼓吹。”

【暖和】 nuǎn huo ❶ 温暖；感觉温暖。《元曲选·生金阁》一折：“〔正末饮酒科，云〕大嫂，这一会儿才觉的有些儿～哩。”清《红楼梦》八回：“他那里比这里～，你那里坐着。” ❷ 指温和的态度。《元曲选·紫云庭》一折：“教我打迭起那～出落着冷。满脸儿半指霜，通身儿一块冰。” ❸ 使温暖。明朱橚《普济方》卷二五六：“万灵汤，和养三焦，调顺阴阳，升降痞滞，袪遣寒邪，温中散湿，～胃脾。” ❹ 取暖。清《醒世姻缘传》七一回：“陈公叫人把艾虎合八哥用心收着，让童奶奶到炕房～，好生待饭。”《红楼梦》五一回：“(宝玉)便自己起身出去，放下镜套，划上消息，进来笑道：‘你们～罢，都完了。’晴雯笑道：‘终久～不成的，我又想起来汤婆子还没拿来呢。’”

【暖脚】 nuǎn jiǎo 以酒食慰问远行的人。明罗钦顺《宿荷塘铺》：“一杯～还高咏，稿就灯前字半斜。”

【暖轿】 nuǎn jiào 有保温设施的轿。宋李纲《乞用暖轿至阁门札子》：“(臣)冲冒风寒，见今在行营司用本司医官看治。臣晓夕稍可支梧，欲望圣慈特许臣用～至阁门外。”清《好逑传》四回：“临出门，偏坐一乘大～，轿幔四周遮得严严的。”

【暖炕】 nuǎn kàng 火炕。宋汪元量《幽州会同馆》：“收拾碎砖裨～，掘穿平地结寒炉。”元欧阳玄《渔家傲》：“十月都人家旨蓄。霜菘雪韭冰芦菔，～煤炉香豆熟。”清《醒世姻缘传》一四回：“北墙下磨砖合缝，打了个隔墙叨火的～。”

【暖帘】 nuǎn lián 御寒的门帘或帘幔。《古尊宿语录》卷四二《真净禅师住筠州圣寿语录》：“十月二十三，天寒下～。”明《金瓶梅词话》七八回：“花园卷棚放下毡帏～，铺设锦裀绣毯，兽炭火盆。”清陈端生《再生缘》三九回：“晚来相伴真容睡，满室薰香挂～。”

【暖楼】 nuǎn lóu 设酒宴庆贺入住新楼。明汤显祖《邯郸记》二七出：“还有酒在翠华楼，为今夜～之宴。”

【暖墓】 nuǎn mù 葬后三日亲属墓祭。明沈榜《宛署杂记》卷一七：“三日后，具祭墓所曰～。”《金瓶梅词话》九九回：“只见那日是葬了三日，春梅与浑家葛翠屏坐着两乘轿子，伴当跟随，抬三牲祭物，来与他～烧纸。”

【暖女】 nuǎn nǚ 婚后三日，女家送食品或酒席至男家慰问女儿。宋赵令畤《侯鲭录》卷三：“世之嫁女，三日送食，俗谓之～。”孟元老《东京梦华录》卷五：“三日，女家送彩段、油蜜蒸饼，谓之蜜和油蒸饼。其女家来作会，谓之～。”

【暖热】 nuǎn rè ❶ 温暖；使温暖。《敦煌变文校注》卷五《维摩诘经讲经文(五)》：“禅堂幽静，空室寂寥。令伊旦夕添香，日夜禅堂～。”唐白居易《别毡帐火炉》：“复此红火炉，雪中相～。”清《说唐后传》一八回：“见有二匹大红绫子，乃是鱼游外国来的宝物，穿在身上不用棉絮，～不过的。” ❷ 显赫；热闹。唐李商隐《行次西郊作》：“指顾动白日，～回苍旻。公卿辱嘲叱，唾弃如粪丸。”宋范仲淹《依韵答贾黯监丞贺雪》:“烟郊空阔猎者健,酒市～沽人稠。”金赵秉文《午窗曝背》:“世人慕～,肉屏醉云鬟。”❸亲热。唐元稹《苦乐相倚曲》:“汉成眼瞥飞燕时,可怜班女恩已衰。未有因由相决绝,犹得半年佯～。”❹(以酒食)慰问;庆贺。宋王楙《野客丛书》卷二二:“今人久茹素,而其亲若邻设酒肴之具以相～,名曰开荤。”清查慎行《后十日复大雪》:“岂无新酿黍,与汝回～。肺病适余侵,临觞主惭客。”《十二楼·闻过楼》三回:“诸公携酒而出,一来替他压惊,二来替他贺喜,三来又替他～新居。”❺加热;使变热。宋洪迈《夷坚志》三壬卷八:“买酒三升,谕酒家仆,不用～。”清《醒世姻缘传》二三回:“杨尚书果然自己装了两大壶酒,在炉上汤内～了。”

【暖丧】nuǎn sāng 用乐舞酒食伴灵守丧的习俗。清《红楼复梦》八三回:“这五姓自相婚配……丧葬则作乐歌唱,谓之～。”翟灏《通俗编》卷九引《偲闻录》:“杭俗出殡前一夕,大家则唱戏宴客,谓之～。”

【暖室】nuǎn shì ❶犹“暖房❶”。唐王焘《外台秘要方》卷三一:“吐利以后,常须闭口少语,于无风处温床～将息。”明艾儒略《职方外纪》卷二:“(亚勒玛尼亚)冬日极冷,善造暖室,微火温之,遂极暖。”《野叟曝言》一三二回:“歌唱的更是热闹,～内常是赤着上身的。”❷犹“暖房❷”。清赵翼《陔餘丛考》卷四三:“新迁居者,邻里送酒食过饮,曰暖房。《辍耕录》亦曰暖屋,又曰～。”

【暖寿】nuǎn shòu 寿诞前一日家人或亲密朋友举行的小规模酒宴贺仪。明程敏政《小女以乙巳岁腊月八日生与予生辰隔一日》:“况于阿父连生日,岁岁劳添～杯。”《梼杌闲评》四五回:“先是客巴巴率子侄到忠贤私宅～,这酒席非寻常可比。”清《粉妆楼》五九回:“夫人治家宴～,张灯结彩,开台演戏。”

【暖堂】nuǎn táng 犹“暖房❶”。唐李明启《柱国牛公新筑州城创建公署记》:“大厅小厅,内厅寝堂,中堂～,皆栋梁宏丽。”《元曲选·看钱奴》三折:“你不肯冬三月开～,你不肯夏三月舍义浆。”

【暖痛】nuǎn tòng ❶设酒食安慰受过杖责的人。《元曲选·虎头牌》四折:“报与俺那老提控叔叔先知道,则说我侄儿山寿马和茶茶～来。”又《举案齐眉》四折:“他家忒煞卖弄,打的屁股能重。烧酒备下三瓶,到家自己～。”清《隋唐演义》二二回:“也有往店中去的,也有归家饮酒～的。只有叔宝他比别人不同,经得打。”❷用钱物慰问丧家,使减轻痛苦。清《醒世姻缘传》八一回:“实是他家死了个人,疼忍不过,别要和他一般见识。给他几个钱,叫他～去。”

【暖屋】nuǎn wū ❶犹“暖房❶”。唐佚名《咏廿四气诗·谷雨》:“～生蚕蚁,喧风引麦葶。”明汤显祖《紫箫记》三三出:“野酡酥,～绣帘红地炉。”清《九云记》五回:“春冷犹狠,相公不妨更移套间～里坐罢。”❷犹“暖房❷”。宋周煇《清波别志》卷中:“里巷间有迁居者,邻里醵金治具过之,名～。”明《型世言》一五回:“十弟兄你一席我一席,沈刚再三推辞不住,一连～十来日。末后小银儿、张巧、吴娇也来～置酒。”

【暖宅】nuǎn zhái 犹“暖房❷”。五代何光远《鉴诫录》卷一:“又王蜀后主元舅徐太师延琼,于锦水应圣桥西创置大第,状若宫室,横亘数坊。是时内外皇亲宣下悉令～,后主亦亲幸。”

【餪女】nuǎn nǚ 同“暖女”。宋邵博《邵氏闻见后录》卷二七:“子退检字书,《博雅》中出‘餪’字,注云:‘女嫁三日,饷食为～。’始知俗间～云者,自有本字。”

nuó

【那】nuó 另见 nǎ、nà。❶调动;移动。宋《三朝北盟会编》卷二二:“马扩密具陈,合速～陕西兵屯中山、真定。”元杜仁杰《耍孩儿·庄家不识构阑》:“教太公往前～不敢往后～,抬左脚不敢抬右脚。”明《西游记》一四回:“语言虽利便,身体莫能～。”❷移用;挪凑。宋梅尧臣《依韵和永叔戏作》:“不肯～钱买珠翠,任从堆插阶前菊。”明《金瓶梅词话》一九回:“妇人不得已,～三十两雪花银子与他。”《警世通言》卷二五:“带来修殿的银子,别有急用～去,来日奉补。”❸更动;改变。元曾瑞《端正好·自序》:“气难吞吴魏亡了诸葛,道不行齐梁丧了孟轲,天数难～。”❹腾;腾出。元明《水浒传》一〇回:“只是小人家离得远了,过几时～工夫来望恩人。”清《醒世姻缘传》五七回:“这养活他还是小事,谁家～不出两碗稀饭与他吃?”❺相当于“奈”。《祖堂集》卷四《天皇和尚》:“僧云:‘争～学人疑滞何?’师曰:‘何不问老僧?’”《元曲选外编·西厢记》二本三折:“我这里粉颈低垂,蛾眉频蹙,芳心无～。”❻拿。明《醒世恒言》一三回:“你且～出前日那只靴来我看。”又三四回:“你们把他颈里绳解去～掉了,扛下舶里去藏好。”

【那拨】nuó bō 挪借拨付。宋包拯《请支拨汴河粮纲往河北》:“乞令三司相度,便添钱和雇,～斛斗二百万石,往卫州或通利军下卸。”汪应辰《请免追海船修船神福等钱状》:“目今州郡所在阙乏,别无餘剩钱可以～。”《大清会典则例》卷一一八:“如将盐引不行题明,私自～者,该管官降一级调用。”

【那步】nuó bù 移动脚步;行走。宋元《清平山堂话本·李翠莲》:“新人～过高堂,神女仙郎入洞房。”《元曲选外编·哭存孝》四折:“踏踏的忙～,呸呸的不住脚。”清《女仙外史》六回:“云鬓鬔松,好像害了病的,软软的～出去。”

【那凑】nuó còu ❶挪动拼凑。明文彭《印章集说·那移法》:“印之字有疏密不均者,宜用此法,第不可弄巧作奇,故意～。”❷筹措凑集(财物)。明毕自严《题报蓟密兵饷疏》:“万不得已,百方～,以充三镇之用。”清傅泽洪《行水金鉴》卷四一:“其餘不足,即于本部河道岁修银两陆续～。”《绿野仙踪》五七回:“我着他回家典房去,与你们～上三十两。”

【那动】nuó dòng ❶调动;迁转;搬移。《续资治通鉴长编》卷五〇〇:“如遇贼马侵犯,虽见有小利可乘,不得辄有～兵马,抛离守把去处。”明于谦《为病故官员事奏》:“今照贵州等处,贼寇尚未尽绝,正用能干将官抚捕。方英难便～。”❷走动;移动。元王爱山《上小楼·自适》:“开的眼便是山,～脚便是水。”明胡震亨《唐音癸签》卷二五:“退之亦文士雄耳,近被腐老生,因其辟李、释,硬推入孔家庑下,翻令一步～不得。”清《醒世姻缘传》二八回:“尸首且不要～,这一夜且轮流守住了。”❸扭动;摆动。《元曲选·小尉迟》一折:“他带着这铁幞头,把鸢肩来一耸;穿上这皂罗袍,将虎腰来～。”❹改变;改动。明葛昕《与公亦山寅丈书》:“仆力执,未敢即据题请。诚恐钦定一样文理,则势难于～。”于谦《为军务事奏》:“今将选定把总等项官员,照依先前定拟提督操练,不许徇情作弊,因而轻易～。”清雍正十三年八月初八日上谕:“切不可因塘身临水,～尺寸。那移一步,即冲坍一步,何时是已。”❺动用;挪用。明周起元《题为织造旧例当循滥需宜节事疏》:“监书与府胥辄先期串通,～库贮,及其解运,匹数多有短少。”清雍正元年十一月十六日杨琳奏文:“且州县官纳课运盐,不能自备赀本，势必～地丁钱粮。”俞森《示谕饥民榜》：“今本道尽力救济汝等，恳恳切切详请两院咨部题本，毕竟要～赈济，以活汝等。”

【那换】 nuó huàn ❶ 改换；替换。宋叶適《辩兵部郎官朱元晦状》：“差除之际，～阙次，移衡用熹。”元赵孟頫《上直夫提举宣除姨丈书》：“数内金钗一双，重式两，望姨丈亲自看视，～打造发去。”明梁材《题钞关禁革事宜》：“或倾煎之际，隐匿多餘；或类解之时，巧为～。” ❷ 错位移动。元关汉卿《斗鹌鹑·女校尉》：“～活，煞整齐。款侧金莲，微那玉体。”明佚名《一枝花·圆社》：“一对拐踢打如雷，两只脚～偏疾。”

【那借】 nuó jiè ❶ 挪做他用；借贷。宋员兴宗《议军实疏》：“间有无状之吏，终岁私役～，则谓之差出之卒。”明《醒世恒言》卷三八：“眼前又别无熟识可以～，教我把甚么度日。”清《醉醒石》一〇回：“族兄不幸，为公破家，又当资助。他若来～，也要应他。” ❷ 请人挪换位置的客套话。元明《水浒传》三五回：“有劳上下，～这副大座头与里面两个官人的伴当坐一坐。”

【那捻】 nuó niǎn 捻转；转动。《元曲选·丽春堂》二折：“已抛下二掷，似啄木寻食。从来～无凝滞，疾局到底便宜。”明徐渭《雌木兰》一折：“（枪）打磨出苗叶鲜，栽排上绵木杆，抵多少月午梨花、丈八蛇钻。等待得脚儿松，大步重～，直翻身戳倒黑山尖！”

【那延】 nuó yán 同“那颜”。《至元译语·人事门》：“～，官人。”《元代白话碑集录·一二五二年安邑长春观道教真人劄碑》：“蒙哥皇帝圣旨里，宣谕倚付汉儿田地里应为底先生每底～真人，悬带御前金牌。”

【那颜】 nuó yán 老爷；大人；官人。蒙古语译词。《华语译语·人物门》：“～，官人。”《元典章·台纲二》：“月儿鲁～为头，俺商量来。”明佚名《祝圣寿万国来朝》二折：“木朵剌，～唤你哩！”

【那衍】 nuó yǎn 同“那颜”。《元代白话碑集录·一二四七年鄠县草堂寺阔端太子令旨碑（三）》：“铁哥丞相传奉皇太子令旨，教对金长老道与铁哥都元帅也可～、刘万户、和尚万户、抄剌千户等官。”

【那演】 nuó yǎn 同“那颜”。《高丽史·兵志》：“侍卫之于宫阙，犹四支之于身体，仁义识理者为最，勇敢者次之，宜置四怯薛官各～若干人。”

【那移】 nuó yí ❶ 犹“那动❶”。宋夏竦《陈边事十策》：“今来伏蒙朝旨，许令～驻泊。”《元曲选·东堂老》四折：“你父亲暗寄雪花银，展转～十数春。今日却将原物出，世间难得俺这志诚人。”清弘历《题清永斋》：“信是清和候，～春仲居。” ❷ 犹“那动❷”。宋汤璹《德安守御录》下：“有城上照炮人招呼，令逐旋～转动炮架，及添减拽炮人数，或炮石大小施放。”明许自昌《水浒记》三出：“他叫我只在这里等一等，我怎敢～一步儿？”清《绿野仙踪》六回：“到难走处，还须半扒半靠的～。” ❸ 犹“那动❹”。元郭翼《雪履斋笔记》：“有志于长生冲举者，患其歆邪，须有～安置之法。”明沈璟《义侠记》二七出：“冠棠首足，岂可～？下人犯上，如何不治？”《金瓶梅词话》六二回：“也罢，到十月十二日发引，再没～了。” ❹ 犹“那动❺”。宋司马光《言蓄积札子》：“如本路阙少钱物，即委三司于佗处擘画，～应副。”明邵璨《香囊记》三八出：“〔生〕原思为之宰，与之粟九百，辞。子曰：毋以与尔邻里乡党乎？〔净〕这是～出纳。典吏这里升合不敢。”清李光地《覆亏空霉烂米谷例疏》：“若果系～，能于解任一年内如数赔完者，亦免治罪。” ❺ 腾挪；设法逃避或掩饰。明沈璟《义侠记》一八出：“你从实诉口词，莫藏头换尾展转～。”李开先《傍妆台》：“平津第，荐福碑，得～处且～。”冯惟敏《新水令》：“账难清屡次驳查，展转～下笔差，定问拟知情枉法。” ❻ 筹措；设法。明《古今小说》卷八：“若还有亲有眷，～补凑得来，那一家不想借贷去取赎。”

【那儹】 nuó zǎn 犹“那凑（nuó còu）❷”。宋《三朝北盟会编》卷一九：“但十万人不易～，我当别有措画。”朱熹《与江东尤提举札子》：“若得五万餘石，即所欠尚有月餘。多方～，或可接得大麦。”明毕自严《钱粮不继疏》：“省直抚臣俱有原管兵马额设钱粮，统辖州县甚多，～备办亦易。”

【那攒】 nuó zǎn 同“那儹”。《元典章·户部十二》：“仍须置簿，轮转立法，无致司吏、里政、公使人等～作弊。”

【那趱】 nuó zǎn ❶ 同“那儹”。宋曹彦约《答安抚史侍郎札子》：“若后手可以～，却又委曲放宽也。”明《型世言》二三回：“姚明道：‘兄若见怜，借小弟一二十两。’朱恺道：‘说迟了！如今我已起行，教我何处～？’姚明道：‘物在兄身边，何必～？’” ❷ 犹“那（nuó）凑❶”。清《豆棚闲话》叙：“～旧闻，便李代桃僵，不声冤屈；倒颠成案，虽董帽薛戴，好象生成。”

【那摘】 nuó zhāi 选取调用。宋《建炎以来繫年要录》卷一八三：“殿前司破敌军以五千为额，时左翼军之改隶者与统制官陈敏所募士才二千人，乃于本司诸军～以充其数。”李曾伯《回御笔手奏》：“若有紧急，臣又别当～精练将士，添调兵船，前去归峡一带控扼。”又《恭禀宣谕援夔奏》：“已于所部～精锐军兵，陵江二千人，鄂州一千人，见行整龊祗备。”

【挪】 nuó ❶ 通“搦”。握；拽。宋俞桂《闺怨》：“一把柳丝～在手，沉吟无语对东风。”《元曲选·盆儿鬼》二折：“先着这冷飕飕渗人风过，按唐巾将俺这角带频～。”明吾邱瑞《运甓记》一三出：“个星胡狲还弗见到，且～个牛来缚在树上，困一忽再做计较。” ❷ 通“挼”。a）抚弄；撣；拂。宋郑獬《追晚风雪出省咏张公达红梅之句》：“美人～素手，笑弄琵琶弦。”元周文质《落梅风》：“乌靴上半痕鞋下土，忍轻将袖梢儿～去。”b）揉；搓。元危亦林《外科精要》：“痱子痒痛方，新汲井水～青蒿汁调蛤粉敷之。”明孙仁孺《东郭记》一八出：“俺可也把眼儿慢抹，肚儿慢～，这的是福消不过。” ❸ 凑；拼凑。比喻捉摸、体会。宋《朱子语类》卷一二〇：“当杨刘时只是理会文字，到范文正、孙明复、石守道、李泰伯、常夷甫诸人，渐渐刊落枝叶，务去理会政事，思学问见于用处，及胡安定出，又教人作治事斋，理会政事，渐渐～得近里。”清毛奇龄《折客辨学文》：“吾儒言理，最忌鹘突，左捶而右～，则百事散裂。” ❹ 移用；挪凑。宋《三朝北盟会编》卷六七：“其所用粮食盘缠，仰监司州县逐急权～应付。”明王世贞《与元驭阁老书》：“细阅之，大都有以别增派而并入正额者，以此额而～应彼役者。”清袁枚《续子不语》卷一〇：“人之年寿，各有定数，非比他物，可以通～。” ❺ 迈；走动。金《董解元西厢记》卷三：“弓脚小，绣鞋儿是红罗。轻～，伽伽地拜，百般的软和。”元张可久《寨儿令·观张氏玉卿双陆》：“手初交弄玉拈冰，步轻～望月瞻星。”清《剿捕临清逆匪纪略》卷一一：“王伦将剑放下，往前略～一步。” ❻ 移动；转移。元佚名《庆东原·奇遇》：“参旗动，斗柄～，为多情揽下风流祸。”《元曲选·冯玉兰》三折：“将俺的船再～上前些，靠着他那船。”清《十二楼·拂云楼》五回：“托故抽身，把三更以后的事情～在二更以前来做。” ❼ 攮。隐指性交。明佚名《精忠记》七出：“跳上马来又征战。那狗～的又换了家伙了。”《山歌·茶》：“姐儿生得矮婆娑，好像南山老茶棵，日里吃郎扯来拽，夜里凭郎搦来～。” ❽ 借贷或征用的婉词。明《梼杌闲评》一五回：“进忠道：‘衣服也是要的。’七官道：‘没奈何，还要同你～一肩哩。’”清《隋唐演义》二六回：“山中粮草不敷，意欲向公公处暂～万金。”《儒林外史》五二回："他向日～我的五十两银子，得便叫他算还给我。" ❾ 更动；改变。清《姑妄言》三回："敝恩主正在奉承的时候，不要说用刑，只吩咐我贱荆处治，那就即死无～。" ❿ 腾；腾出。清《霓裳续谱·正盼佳期》："既有那真心想我，～点工夫你来瞧瞧。"《儒林外史》六回："统共只得这一间上房。媳妇新新的，又是大家子姑娘，你不～与他住？"

【挪拨】 nuó bō ❶ 变通；权且措置。宋曹彦约《与李司法札子》："前日见契丈，说彼中不可无人，故不敢相屈。万一可以～，却望过此。" ❷ 同"那拨"。清《平定金川方略》卷三："令于附近军营地方仓粮有较成都更便者，先行～应用。"

【挪步】 nuó bù ❶ 同"那步"。明《西游记》八〇回："那女子脚小，～艰难，怎么跟得上走？"清《隋唐演义》六四回："即将腰间玉带解来，挂在蟠龙彩凤之门，自即～而出。"《荡寇志》九七回："只道孙婆在楼上，便～上楼。" ❷ 请人前往的客套话。清《雪月梅》一二回："有要紧事相商，特着老奴奉邀，即请～。"

【挪凑】 nuó còu 同"那凑❷"。清《蜃楼志》七回："与儿子闹了一场，叫他竭力～，自己却跟着差人赴辕。"

【挪动】 nuó dòng ❶ 同"那动❶"。清《剿捕临清逆匪纪略》卷四："且山东是其生长之处，宗族戚友、同教之人多在于此，尤易暗通消息。若一经～，胁从者自必星散。" ❷ 同"那动❷"。清《醒世姻缘传》七九回："你要叫他耕一垄的地，布一升的种，打一打场，或是拽拽空车，他就半步也不肯～。"又八〇回："你要把材～一步儿，你这四个人死也没处死哩！"《野叟曝言》四三回："叫他举内教场的石将台，使出一身臭汗，休想～分毫。" ❸ 同"那动❺"。清《野叟曝言》三六回："你回家再打算盘缠，前来接取，不可～文老爷的银子。"

【挪借】 nuó jiè 同"那借❶"。明范景文《援兵经过处置当预疏》："京边正额既已星催如雨，别项～又复搜括一空。"清《八洞天》卷五："若得有人扶持我，～些儿，待得了彩，加倍还他。"《雪月梅》三四回："恐到都中制办冠带袍服，以及衙门用度，人路生疏，一时无处～。"

【挪捻】 nuó niǎn 同"那捻"。宋陈师道《洛阳春》："背立腰肢～，更须回眄。"

【挪挲】 nuó suō ❶ 抚摸；揉搓。宋吴芾《重阳有作呈朝宗》："～黄菊香仍在，怅恨朱颜挽不回。"元吴澄《饯王讲师分韵得波字》："青眼两熠耀，白发各～。"明邵璨《香囊记》一九出："你看这衣服经了多少～折挫，好似奴家此身。" ❷ 抚慰。清毛奇龄《纪恩诗》："巍巍万乘尊，犹认道上猿。土芥等手足，温言重～。"

【挪移】 nuó yí ❶ 同"那移❹"。宋《三朝北盟会编》卷二一四："又须建置堡塞关垒不下数百处，今财力匮乏，何所从出？屯戍军马系抹直取疆界亦倍，于何处～？"清汪琬《广西巡抚郝公墓志铭》："先是前抚臣傅公在军中，以军兴不时，凡～库金逾七万两。"《歧路灯》八八回："或言讼狱可以上下其手，或言钱粮可以～其间，徇情尽可关说，遇贿即可通同。" ❷ 同"那移❶"。明《欢喜冤家》一三回："朱、龙二家也觉的不雅，想要～开了，又不便。"清《平定准噶尔方略》前编卷四二："准噶尔定界之事尚在未决，喀尔喀等之游牧且令勿遽～。"《歧路灯》六二回："若发开墓，当年棺木不曾朽坏，就原封不动，只～在新穴。" ❸ 同"那移❷"。清《春柳莺》四回："同柏儿一步一步，～不上十数里，脚便疼痛。"陈端生《再生缘》二一回："灵帏寂寞原无影，桌椅～似有声。" ❹ 同"那移❸"。明陈铎《夜行船·离恨》："临行话儿牢记，他道一句句不～，曾有半字儿真实？"清《醒世姻缘传》二九回："这是会同功曹，奉了天旨，知会了地藏菩萨，牒转了南北二斗星君，方才注簿施行，怎么～？"又七一回："被那管草料的官节次打了几遭，方才再三苦缠，哀辞告退。这又不是审差的时候，却再～与谁？" ❺ 同"那移❺"。明《西游记》七四回："这魔头果是神通广大，势要峥嵘。只看你～变化，乖巧机谋，可便过去；如若怠慢些儿，其实难去。"清《兰州纪略》卷一三："该员等如何～掩饰，其人役等如何通同弊混之处，讯取确供。" ❻ 同"那移❻"。清《隋唐演义》四六回："人家借债，向富户～。你二兄反要穷人索取。"《醒世姻缘传》三一回："按台老大人谓天灾固已流行，或人力可图挽救，于是百方济度，万苦～。不动公帑分文，未敛私家颗粒。" ❼ 变通；临时措置。明《西洋记》八四回："凭他肯多少的献出多少来，俟归朝之日，奏闻朝廷，见一还二……这却不是个～之法？"清袁枚《子不语》卷一二："人相传冥官破例办事，犹阳官之因公～云。" ❽ 折腾；闹腾。明《西洋记》七〇回："黄风仙道：'你今番再～人么？'金角大仙说道：'我如今晓得脚走不得，再～得那个？'"

【挪玉】 nuó yù 请人前来或前往的敬词。玉，玉趾。明《西游记》七七回："如来道：'那怪须是我去，方可收得。'行者叩头，启上如来：'千万望～一降！'"清《雪月梅》二七回："只见王进士早迎将出来，笑道：'老先生肯～同来，一定是佳士光临。'"

【挪趱】 nuó zǎn 同"那趱❷"。宋《朱子语类》卷一二〇："周子二程说得道理如此，亦是上面诸公～将来。"

【挪展】 nuó zhǎn 犹"那移❸"。明孙峡峰《驻马听》："儿孙贫富谁能～，放眉头，随时过。"

【挪踪】 nuó zōng 迈步。明沈璟《义侠记》四出："〔净、末行走介〕〔生〕呀！则见双举步两～。"

nuò

【掉】 nuò 另见 diào。同"掿❶"。《五灯会元》卷一九《白云守端禅师》："若恁么，正是～棒打月。"金马钰《清心镜·赠铁李先生》词："陇西公，苦得别，六月炉头，～锤打铁。"元《三国志平话》卷中："关公出寨，～刀上马。"

【掿】 nuò ❶ 攥；执；握。宋元《古今小说》卷三三："只见剑靶～在手里，剑却折做数段。"元赵明道《夜行船·寄香罗帕》："忙～在手儿里，荒笼在袖儿里。"《元曲选·单鞭夺槊》四折："元来敬德手～着竹节钢鞭，与单雄信交战。"元明《水浒传》三六回："～着双拳，来打宋江。" ❷ 捏，捏塑；捻。元赵善庆《寨儿令·美妓》："生香玉骨粉～成。"乔吉《水仙子·赠柔卿王氏》："胭脂粉～成的孩儿，眼角头传芳事。"《元曲选外编·调风月》一折："便似一团儿～成宫定粉。" ❸ 挑惹。元明《水浒传》一一四回："王仁却～花荣出战，只见徐宁一骑马，便挺枪杀去。"

【掿战】 nuò zhàn 同"搦战"。元明《水浒传》一一二回："西门金节又引出一彪军来～，宋江阵上病尉迟孙立出马。"

【搦】 nuò ❶ 捉拿；抓捕。唐裴谞《判争猫儿状》："猫儿不识主，傍家～老鼠。"《敦煌变文校注》卷三《燕子赋(一)》："可中鹞子～得，百年当时了竟。"元《武王伐纣平话》卷中："忽有皂雕飞起，直来台上～妲己。" ❷ 挑惹；撩逗。宋洪迈《夷坚志》支庚卷一〇："不识便宜，～人赌赛。抛球打论，虽是有输有赢；破白伤财，其奈著肠著肚。"《元曲选·岳阳楼》三折："可乾坤做一床黄䌷被，单～着陈抟睡。"明《二刻拍案惊奇》卷二："张生晓得此言是～他师父出马，不敢应答。" ❸ (腰)细。宋柳永《两同心》："别有眼长腰～，痛怜深惜。"杨无咎《夜行船·白玉》："玉搓成、体柔腰

～。” ❹ 量词。用于纤细或微少、微小的事物。多形容女子细腰。唐张鷟《游仙窟》:“千娇眼子,天上失其流星;一～腰支,洛浦愧其回雪。”宋杨无咎《蝶恋花·曾韵鞋词》:“窄袜宫鞋,暖衬吴绫薄。掌上细看才半～。”汪元量《水龙吟·淮河舟中夜闻宫人琴声》:“对渔灯一点,羁愁一～,谱琴中语。”明汤显祖《紫箫记》一〇出:“为甚的云寒月寡,守着一～香娃。” ❺ 介词。将;用。唐王梵志《村头语户主》:“候衙空手去,定是～你勒。”《敦煌变文校注》卷一《李陵变文》:“不那弓刀浑用尽,遂～空身左右遮。”

【搦捕】 nuò bǔ 捕捉。宋洪迈《夷坚志》三壬卷八:“此鬼孑孑前进,渐逼徐侧,不觉遭～。痛殴数十拳。”

【搦生】 nuò shēng 活捉俘虏。《敦煌变文校注》卷一《伍子胥变文》:“子胥辞王以了,便即征发天兵……～先锋,乃先踏道。”

【搦战】 nuò zhàn 挑战;叫战。《太平广记》卷四九二引《灵应传》:“余先使轻兵～,示弱以诱之。”元明《三国志通俗演义》卷一:“张宝令副将高升出马,挥大刀～。”清《飞龙全传》三二回:“彦超领兵来至阵前,大呼～。”

【搦坐】 nuò zuò 推按使坐。宋洪迈《夷坚志》甲卷一四:“德自临斩之。已脱衣～,德见其顶有毫光三道出现,乃释之。”又支戊卷六:“天官赫怒,问曰:‘比所奏青词,如何敢吃酒肉后书写?’叱使～,出其足,讯刑杖百餘下。”

ó

【哦】　ó　另见ò、é。叹词。表示惊讶、疑惑等。《元曲选·连环计》一折："～，王司徒也在此！"清《儒林外史》三〇回："～！你就是来霞士？"《红楼梦》二七回："凤姐听了，十分诧异，说道：'～？原来是他的丫头！'"

ò

【哦】　ò　另见ó、é。❶ 叹词。a) 表示领悟。《元曲选外编·玩江亭》二折："～，～，～！您见么，我也不见。"清《红楼梦》四一回："～！是了，想必是小孩子们使的木碗儿，不过诓我多喝两碗。"b) 表示沉吟、愤怒等。明《禅真后史》一六回："聂氏道：'公公叮嘱之言，一一依他便了。'张氏低头道：'～，～。'聂氏道：'阿姆沉吟不语，却是为何？'"又一八回："瞿琏发放丫鬟先睡，次后脱衣息灯，也上床来。张氏发恨道：'～，～！'这'～，～'之声，原系妇人振威的熟套。"又四三回："韦氏道：'……去后路上谋害事体，妇人实不知情。'潘屿大怒道：'～，～！……今日串同一党，倾陷丈夫，奸情毕露。'" ❷ 语气词。用于呼唤或应答。清《霓裳续谱·鲁智深游戏山门外》："鲁智深游戏在山门外，……〔卖酒～，卖酒～〕，忽听的山下有个卖酒的来。"又《一更里盼郎》："还有一句话儿不好对你说，我的姑娘～，咳，邪货人，他是人邪货。"又《乡里亲家》："我叫声姑娘，我的姐姐啊。〔小上〕～，让房里，我往房里让。"

ōu

【讴唱】　ōu chàng　歌唱。五代王仁裕《开元天宝遗事·隔障歌》卷下："宁王宫有乐伎宠姐者，美姿色，善～。"元《三国志平话》卷上："董卓大惊，觑移时，自言：'吾室亦无此妇人！'王允教～，太师大喜。"清吴绮《章江歌赠别丁雁水观察》："淮海屯田送～，南唐比宋如等闲。"

【讴歌】　ōu gē　歌谣。《敦煌变文校注》卷一《伍子胥变文》："波上唯见一人，唱～而拨棹。"清《白雪遗音·玉液琼浆》："只吃的醉卧在船头～唱，唱的是，兰陵美酒郁金酿。"

【讴音】　ōu yīn　歌声。明耿定向《优喻示儿侄》："其謦欬色笑、揖让周旋，多俨然似之，且其～清越。"《于少保萃忠全传》四传："后生朗唱一曲，～清亮。"

【讴咏】　ōu yǒng　歌咏。元刘仁本《西溪湖题咏序》："昔放翁陆先生尝标题之，今将极其想象，拟诸形容，协诸情辞，见诸～。"清田雯《循斋诗序》："下此雨雪杨柳，劳人思妇，亦无不托之～，抒写怀抱。"

【沤尘】　ōu chén　水泡和尘土。比喻无常的人生或尘世。宋杨万里《寓庵铭》："曰人斯生，控抟～，于谁赝真？"程珌《水调歌头·戊戌自寿》："俯视人间世，渺渺聚～。"

【沤钉】　ōu dīng　即"浮沤❸"。清《聊斋志异·爱奴》："日既暮，始抵其宅，～兽环，宛然世家。"和邦额《夜谭随录》卷一："入朱门，～兽环，宛似王侯第宅。"

【沤灭】　ōu miè　浮生幻灭，或指死亡。佛家喻人生如沤(水泡)。宋苏轼《楞严经偈》："有漏微尘国，皆依空所生。～空本无，况复诸三有。"陆游《读王季夷旧所寄诗》："醉别西津如昨日，露晞～已多时。"清陈廷敬《登报恩寺塔》："大海～无虚空，多宝古塔何独雄。"

【沤泡】　ōu pào　水泡。比喻无足轻重的东西。宋薛嵎《悼张寺丞》："五马归来绝送迎，全将～视浮荣。"明王世贞《与李本宁书》："若所谓荣者，殊不异波浪中一～耳。"清弘历《赵北口行宫叠前岁韵》之二："今昔原无住，～底用惊。"

【沤散】　ōu sàn　犹"沤灭"。《景德传灯录》卷七《五泄山灵默禅师》："千圣同源，万灵归一。吾今～，胡假兴哀？"

【呕】　ōu　另见ǒu、òu。喝。清《霓裳续谱·喜千秋》："喜酒儿拿来～儿～，喜花儿插满头风。"

【呕呴】　ōu kōu　犹"眍兜"。呴，通"眗"，目深貌。金《刘知远诸宫调》二："鼻偃蹇，眼脑～，胯大肫高。"

【呕鸦】　ōu yā　婴儿语声，代指婴儿。宋陈造《送学生归赴秋试因省别业》："宁堪再揽减，又抱两～。"原注："越人以婴儿为～。"

【呕眼】　ōu yǎn　眼窝凹陷貌。明《禅真逸史》二一回："汝这～贼囚，有甚手段，敢开大口？"

【瓯】　ōu　同"呕(ōu)"。清《霓裳续谱·桃花红梨花白》："借问声酒家在何处，说与我～上几瓯。"《姑妄言》二〇回："人家说早起～一瓯，强如做知州。"

【瓯兜】　ōu dōu　即"眍兜"。明佚名《那吒三变》二折："一个个～脸，丑头怪脑。"《龙阳逸史》九回："一副～面孔，两只鹘突眼睛。"

【瓯抠】　ōu kōu　同"呕呴"。金《董解元西厢记》卷二："生得眼脑～，人材猛浪。"

【瓯子】　ōu zi　盅；没把的杯子。《元曲选·范张鸡黍》一折："拿～来，我先吃两瓯。"清黄宗羲《明儒学案》卷三四："我于～也曾见来，也曾持来。"《白雪遗音·酒鬼》："太平年，吃上一～润润肠。”

【欧抠】 ōu kōu 即“呕呴”。明黄元吉《流星马》三折：“眼～，眉倒粗。”△清《永庆升平前传》四三回：“脑袋小，黑又瘦。斗鸡眉，眼～。”

【殴】 ōu 同“怄”。元明《水浒传》一七回：“何清道：‘有甚么去向，兄弟不省的。’何涛道：‘你不要～我。只看同胞共母之面。’”明《金瓶梅词话》三三回：“春梅也不拿筋，故意～他，向攒盒内取了两个核桃递与他。”

【殴打】 ōu dǎ 打(人)。《唐律疏议》卷六：“或有父不识子，主不识奴，～之后，方始知悉。”《元曲选·看钱奴》四折：“俺只问你，这般～亲爷甚意思？”清《万花楼》七回：“后来公子到了，即时登楼厮闹。若问如何～，小人倒也不知。”

【殴斗】 ōu dòu ❶ 斗殴；殴打。唐柳公绰《请禁奸人得牒免差奏》：“缘与人～，打人头破。”崔令钦《教坊记》：“及其夫至，则作～之状，以为笑乐。”清《万花楼》七回：“只为小人在楼下，～在楼上，所以不知其由。” ❷ 指汉字的间架结构。唐韦续《墨薮》卷二引《书诀》：“努如直槊，勒若横钉。虚专妥帖，～峥嵘。”

【殴缚】 ōu fù 殴打捆绑。唐柳宗元《唐故邕管经略招讨等使李公墓志铭》：“陟刺泉州，会乌猂夷剌杀郡吏，～农民。”宋《建炎以来繫年要录》卷一六七：“～取财者，以盗论。”《大清会典》卷六九：“凡勘被盗之家，地方官会营汛亲诣，验明出入情形，并事主有无～伤痕。”

【殴诟】 ōu gòu 殴打辱骂。唐元稹《文稿自叙》：“柩至洛，其下～主邮吏。”

【殴詈】 ōu lì 犹“殴诟”。《唐律疏议》卷一七：“工、乐、官户、奴婢～本部五品以上官长，当条无罪名者，并与吏卒同。”元刘敏中《都堂提说事目》：“近闻诸处大小官府，往往同僚不协，至有公坐相～者。”清康熙五十一年六月二十六日上谕：“郝氏以规谏，辄被～。”

【殴掠】 ōu lüè 殴打抢掠。唐柳宗元《银青光禄大夫柳公行状》：“戎果纵兵逼好，大～而去。”宋李攸《宋朝事实》卷一七：“已戒师徒，务遵法令，不得燔荡庐舍，～吏民。”《建炎以来繫年要录》卷一六：“秀卒见叔近死，遂反戈婴城，纵火～。”

【殴骂】 ōu mà 犹“殴诟”。唐韩愈《顺宗实录》二：“卖者或不知，就索其直，多被～。”明《禅真后史》四四回：“为臣宰的欺妄朝廷，做儿女的～父母。”《大清律例》卷二六：“凡妻妾因～夫之祖父母、父母而夫擅杀死者，杖一百。”

【殴气】 ōu qì ❶ 同“呕气❶”。元明《水浒传》三三回：“每每被这厮～，恨不得杀了这滥污贼禽兽。”明《金瓶梅词话》七六回：“不惹气便好，成日～不了在这里。”清《醒世姻缘传》四九回：“好儿，别要～，好好儿往那屋里睡了。” ❷ 同“呕气❷”。明《醒世恒言》卷四：“不要说起，受了这班泼男女的～。”

【殴侵】 ōu qīn 攻打侵犯。唐于邵《贺破渭北党项状》：“尚肆贪狼，更为封豕，～县邑，剽掠居人。”

【殴攘】 ōu rǎng 殴打驱除。唐元稹《赠楚继吾等刺史制》：“比以荒服不虔，侵掠县道，乃诏毅勇，为人～。”宋王禹偁《贺圣驾还京表》：“蜂屯乌合，虎奋鸱张。必当边民奋梃以～，亭长持绳而絷缚。”陆游《疾小愈纵笔作短章》：“奈何一朝忿，直欲事～。～虽快心，少忍理则长。”

【殴辱】 ōu rǔ 殴打侮辱。唐权德舆《上陈阙政》：“吏趣常赋，至县令为民～者。”《元曲选·赵氏孤儿》四折：“我则见这穿红的匹夫，将着这白须的来～。”清《万花楼》四三回：“当日圣上缘何不问～钦差，倒盘诘起失征衣之事？”

【殴踢】 ōu tī 手打脚踢。清《绿野仙踪》四三回：“任你极口唾骂，他只说是知己关切使然；随人无端～，反道是至交好胜乃尔。”

【殴业】 ōu yè 闹别扭；结恶。业，佛教称人的言行及其所生之结果，多指恶业。明《金瓶梅词话》四一回：“我知道，他和我两个～。党太尉吃匾食，他也学人照样儿行事，欺负我。”

【殴争】 ōu zhēng 殴打争斗。明宋濂《叶治中历官纪》：“一日以～至庭，侯熟视曰：‘尔等非盗乎？’”《杜骗新书·婚娶骗》：“故遣妇假与为妻，激其与富店～，然后加功打死。”

【殴曳】 ōu zhuài 殴打扯拽。曳，通“拽”。五代孙光宪《北梦琐言》卷四：“每对客座而厮仆辈纷诟～，仆于面前。”宋吴曾《能改斋漫录》卷一〇：“崔发～中人，因系狱。”

【殴捽】 ōu zuó 犹“殴曳”。《元曲选外编·金凤钗》四折：“若论着借钱买命跳河时，做的个～公臣合该受死。”

【殴作】 ōu zuò 胡作；乱闹。明《金瓶梅词话》八六回：“为他和俺姐夫在家里～攘乱，昨日差些儿没把俺大娘气杀了哩。”清《醒世姻缘传》五四回：“尤聪说他媳妇不愿在里边做家人娘子，～出去。”又七六回：“素姐时时～，狄员外常常发昏。”

ǒu

【呕】 ǒu 另见 ōu、òu。退还。清《情梦柝》一二回：“因尤家没有妆奁，要～出他聘金，故家相公告这一状。”《何典》一回：“那些《四书五经》，都已～还先生，那里还有记得？”

【呕唾】 ǒu tuò 呕吐。宋王执中《针灸资生经》卷三：“曲泽，主伤寒逆气～。”清李渔《怜香伴》二九出：“〔众〕禀老爷：这卷文字是粪门里搜出来的。〔末掩鼻～介〕快拿下去。”《十二楼·夺锦楼》一回：“恨不得把心肝五脏都～出来，去换这两名绝色。”

【呕涎】 ǒu xián ❶ 食道反逆吐口水。唐孙思邈《备急千金要方》卷九一：“曲泽，主逆气～。”清喻昌《医门法律》卷六：“但既曰发咳～，半夏似不可少。” ❷ 呕酸水，比喻产生厌恶感。清李渔《风筝误》一八出：“似这等愈奇愈出不如前，那些个食蔗后来鲜，好教人～。”

【呕噎】 ǒu yē (食道)呕逆噎堵。唐王焘《外台秘要方》卷六：“(香豉汤)疗走哺不止或～，热气冲心满闷。”宋陆游《月下作》：“嗟予世外人，火食常～。”明高濂《遵生八笺》卷七：“用荷叶包饭于下，以箸十字安在上，令有～之疾。”

【熰】 ǒu ❶ 微火慢煮。宋陈世崇《随隐漫录》卷二：“偶败箧中得上每日赐太子玉食批数纸，司膳内人所书也。如酒醋白腰子，……清汁杂～胡鱼肚儿。” ❷ 不起火苗地燃烧。元古本《老乞大》：“天气寒冷，拾来的粪将来，～着些火者，热手脚。”明冯惟敏《耍孩儿·骷髅诉冤》：“坑中满把干柴～，锅内忙将滚水煎。”清《醒世姻缘传》四八回：“只见窗前门前都竖着秫秸点着，火待着不着的～。” ❸ 捂着使热。明朱橚《普济方》卷二五五：“令头微仰，令口于鼻中吸出黄水，却先取用绵絮～其下体及阴囊处，即活。”《朴通事谚解》：“我如今先与你香苏饮子熬两服吃，热炕上～着出些汗。”

【熰岁】 ǒu suì 除夕夜燃松柏枝以祈使岁月长久的节俗。明邱瑜《长安除夕》：“帝城团鼓迎年急，邻院松盆～明。”刘侗、于奕正《帝京景物略》卷二：“夜以松柏枝杂柴燎院中，曰烧松盆，～也。”清曹贞吉《蝶恋花·十二月鼓子词》：“夜火松枝还～，五更不策朝天骑。”

【偶】 ǒu ❶遇；值；碰上。唐李白《邺中王大劝入高凤石门山幽居》："中途～良朋，问我将何行。"宋蔡絛《铁围山丛谈》卷二："道旁～一大庙，人谓其庙甚神灵。"明邵璨《香囊记》三七出："未审何时返故园，～有人归，便略付寸笺。" ❷副词。恰；正。唐王维《兰田山石门精舍》："遥爱云木秀，初疑路不同。安知清流转，～与前山通。"宋周密《齐东野语》卷四："～药笈存少许，即授之。"明柯丹邱《荆钗记》七出："我在学中回来，～见此女，生得十分美貌。" ❸副词。独；只。唐白居易《池上早春即事招梦得》："～游难得伴，独醉不成狂。"元稹《酬卢秘书》："～有冲天气，都无处世才。" ❹通"炬❷"。《元曲选外编·博望烧屯》三折："烟又是那草～，灰尘又狂天的起。"又："将这折枪、破鞍子、蒿草～起烟来了也。"

【偶凑】 ǒu còu 凑巧。偶，亦有"凑巧"义。明《型世言》三六回："但天下事何所不有？冯外郎执定一个～之事，几至破人家，杀人身。"《禅真逸史》四回："正要寻你酌三杯，今日～。"清《八洞天》卷三："一日，也是机缘～，恰好又遇见了那个老妪。"

【偶辏】 ǒu còu 同"偶凑"。明徐元《八义记》四〇出："谁想今朝～，天教他出猎打围。如今不说待何时？"《古今小说》卷三："城中搬下来，～遇官人，又是同岁，正是有缘千里能相会。"

【偶陡】 ǒu dǒu 云烟涌起貌。明唐以初《粉蝶儿·花落春愁》："空目不断云山～，我则怕大江流不尽离愁。"佚名《陈仓路》二折："荡起这黄尘～，则他杀气凝眸。"

【偶斗】 ǒu dǒu 同"偶陡"。《元曲选·来生债》三折："我则见云～空中乱摆，恰便似千百面征鼙乱凯。"

【偶尔】 ǒu ěr ❶偶然；非必然。唐刘禹锡《天平军节度使厅壁记》："众无吁咨，和气乃来，三田仍稔，草木咸瑞，岂～哉！"清纪昀《阅微草堂笔记》卷二二："翰墨因缘，良非～，何尝以拨房为亲疏哉！"《空空幻》二回："今日相逢，洵非～，岂可负此良夜。" ❷一时间；非计划中的。唐孙昌胤《遇旅鹤》："野性方自得，人寰何所求。时因戏祥风，～来中州。"明《禅真逸史》八回："小僧久闻这赵婆是个女张良。今有一事，欲要见他，～问及。"清《儒林外史》四六回："家居无事，～来京，借此会会诸位高贤。" ❸偶一；不经常地。唐于邵《送金坛韦明府序》："～堕铨序之劳，超然在甲科之列。"宋蔡襄《登四御亭》："～寻幽上翠微，游人啼鸟似前期。"清《镜花缘》五回："昨朕赏雪，～高兴，欲赴上苑赏花。" ❹意外；没料到。唐王贞白《有所思》："芙蓉出水时，～便分离。自此无因见，长教挂所思。"明《夹竹桃·不道人间》："守蚕辛苦，未曾约哥。～采桑行去，他先在桑中候奴。"清《绿野仙踪》三二回："歼除些小毛贼，～侥幸得胜，算什么军功？" ❺竟；却。唐王贞白《长门怨》之一："寂寞故宫春，残灯晓尚存。从来非妾过，～失君恩。"宋宋庠《偶观竹林七贤画像》："七子高风拂混茫，丹青遗影尚琳琅。山王～兼荣遇，不得延年赠短章。"强至《仲灵禅师以诗见邀辄走笔奉和》："喜师同肺腑，～异衣巾。" ❻骤然；忽然。宋冯时行《点绛唇·闲居十七年或除蓬州》："世事无凭，～成忧喜。"明汤显祖《牡丹亭》二三出："他与秀才梦的绵缠，～落花惊醒。这女子慕色而亡。"清《飞龙全传》六回："一日出门游玩，～抬头，见那前面半空中，现出两朵祥云。" ❼侥幸。宋李廌《谢解启》："比缘秋试，～计偕，辄生妄心，窃有荣幸。"明《西洋记》三六回："三宝老爷说道：'王老先的大功，算无遗策，果真的文武全才。'王爷道：'此～，何足为功。'"清《绿野仙踪》九回："就是祖父，也不过是～漏网。" ❽凑巧；恰好。元曹泾《祭吕西城文》："两地无一长亭之隔，而东阁郎君之姻好，又～出乎邢姨。"明邵璨《香囊记》四〇出："孤身自怜何处归？你兄弟～回来，天教会合邮亭里。"《醒世恒言》卷一八："窦公见其言已合银数，乃袖中摸出还之，道：'不消着急，～拾得在此。'"

【偶或】 ǒu huò ❶犹"偶尔❸"。五代李知损《陈盐法利弊疏》："至于日食盐酪，办即买之。～无钱，不妨淡食。"明《醒世恒言》卷二七："倘若啼哭，便道是不情愿，使性儿难为他孩子；～有些病症，又道是故意惊吓出来的。"清纪昀《阅微草堂笔记》卷一六："此人忆是噩梦，不敢与六人同眠食，～相聚，亦稍坐即避出。" ❷连词。纵然；即使。五代齐己《蠹》："蠹极木心，以丰尔腹。～成之，胡为勖人。"清纳兰性德《与韩元少书》："虽梵宇琳宫多其碑碣，竺书道笈无所不收，～牵率应酬，尚少持择，然不足为之病也。"郝浴《上奉天府尹论逃人书》："至于托身有籍之人，～探亲变产，自求生理，则不旋踵而返。" ❸连词。倘若；假使。宋林光朝《策问》："辨说其所以然者，～有补于廊庙，此亦畎亩惓惓之义也。"文天祥《提刑节制司与安抚司平寇循环历》："缘兵在昭、贺境内，则粮运在路，亦不无忧虞。～为贼所梗，立见狼狈。"元许衡《辩说》："辩之要在于自克，自克则喻，喻则无事于辩矣。～未喻，则尽其心，善其说，以恳道之；犹或未喻，不强也。" ❹犹"偶尔❼"。宋杨杰《故武信军节度使循国公神道碑铭》："上曰：'先朝多以卿为神射，今日期必中鹄。'公曰：'臣实无能，～有中。'"

【偶棚】 ǒu péng 搬演傀儡戏的棚子。明李开先《宝剑记》五二出："空搬弄人，如～，只落的坟前松楸栖凤。"

【偶然】 ǒu rán ❶草草；粗粗。唐柳识《草堂记》："永泰初，检校左司郎中兰陵萧公置草堂于陂上，～疏凿，从其易也。" ❷偏颇；不全面。唐沈亚之《与潞鄘州书》："其有无因而至者，虽辩智过人，犹以为狂，即与～之辈、徼幸之徒，退栖陋室，与百姓杂处。"《敦煌变文校注》卷五《维摩诘经讲经文(一)》："菩萨慈悲与药医，总交(教)痊愈众生病。处处垂慈不～，还如男女一般看。" ❸犹"偶尔❽"。宋元《古今小说》卷一一："学生从樊楼下走过，不知楼上何人坠下此扇，～插于学生破蓝衫袖上。"元明《水浒传》五四回："多闻哥哥威名，谁想今日～得遇。"清李玉《永团圆》二六出："我正有一言与你说，且喜你～在此。" ❹犹"偶尔❹"。元施惠《幽闺记》三九出："两下里追寻不见，叫瑞莲，有个佳人忽～。〔净〕那佳人怎么就肯答应？〔生〕那佳人叫名瑞兰，与瑞莲声音厮类，故应错了。"明李梅实《精忠旗》一七出："他有个痰疾，～发了，不论甚事都记不清。" ❺犹"偶尔❻"。元王伯成《天宝遗事诸宫调》残曲："忆当时～潼关破，日夜和夺，不免的幸西蜀，剑岭嵯峨。"元明《三国志通俗演义》卷二〇："军无战心，各有思归之意，倘～行动，如何禁止？"明《西游记》二五回："那行者在路，～打个寒噤。" ❻犹"偶尔❼"。明梅鼎祚《玉合记》一五出："祥云看五色，女婿近乘龙。姐姐，你好喜了。〔旦〕也只～，何足为喜。"

【偶然间】 ǒu rán jiān 一时间。表示在一个非预料的时间点上。《元曲选·竹叶舟》二折："～经过邯郸，逢师点化。"又《鸳鸯被》三折："真心儿待嫁刘彦明，～却遇张瑞卿。"明汤显祖《牡丹亭》一二出："～心似缱，梅树边。这般花花草草由人恋，生生死死随人愿。"

【偶戏】 ǒu xì ❶用木偶、布偶等表演的戏剧。也指这样的木偶、布偶等。明王衡《真傀儡》："闻得近日新到一班～儿，且是有趣。往常间都是傀儡妆人，如今却是人妆的傀儡。"《醒世恒言》卷六："那些家人起初像火一般热，到此时化做冰一般冷，犹如断线～，手足掸软，连话都无了。"清《醒世姻缘传》三八回："狄希陈两个眼东张西厂，那里有甚么步戏？连～也是没的。" ❷比喻纷乱、胡乱的场面或行为。明《金瓶梅词话》七一回："衙门是恁～衙门，虽故当初与他同僚，今日前官已去，后官接管承行，与他就无干。”清《醒世姻缘传》一一回:“留着他在家里提~弄傀儡罢了,没的叫他出来做甚么!”

【偶烟】ǒu yān　炬烟;使柴火不能充分燃烧,只冒烟,不见明火。《元曲选外编·博望烧屯》三折:“果然今日撞见夏侯惇那厮,告某推埋锅造饭去,~计走了也。”

【偶一】ǒu yī　偶尔一次。宋梅尧臣《九月晦日谒韩子华》:“乘兴驱车~来,旋呼江老旧游陪。”明《醒世恒言》卷三四:“只为老公利害,只好背地里~为之,却不敢明当做事。”清《红楼梦》三回:“以后一处念书认字学针线,或是~顽笑,都有尽让的。”

【偶只】ǒu zhǐ　副词。只;仅。偶,亦有“只、仅”义。明屠隆《昙花记》四二出:“贫僧~微行至此。若会帝主,事体重大,非奉佛旨,不宜轻举。”清洪昇《长生殿》一九出:“~为微屙,暂思静悄。”

òu

【沤】òu　用沤子涂抹保护皮肤。清《红楼梦》五四回:“宝玉洗了手,那小丫头子拿小壶倒了些沤子在他手内,宝玉~了。秋纹、麝月也趁热水洗了一回,~了。”

【沤子】òu zi　一种护肤蜜膏。清《红楼梦》五四回:“宝玉洗了手,那小丫头子拿小壶倒了些~在他手内,宝玉沤了。秋纹、麝月也趁热水洗了一回,沤了。”

【怄】òu　招惹;逗弄。清《红楼梦》二八回:“再要说几句,又恐~上他的酒来。”又三五回:“老太太也会~他的,时常他弄了东西孝敬。”《荡寇志》七七回:“~得丽卿性起,撇了那只雕,双手挺枪,拍马来刺那少年。”

【怄气】òu qì　赌气;斗气;惹气恼。清《红楼梦》六四回:“姑娘才身上好些,宝二爷又来~了。”《品花宝鉴》三回:“春兰做什么与大老爷这么~,你瞧崭新的元狐腿子溅了油了。”

【呕】òu　另见 ōu、ǒu。同“怄”。宋《五代史平话·周上》:“思量与他厮争不出,~了一肚价怒气。”清《红楼梦》一〇八回:“贾母心里要宝钗喜欢,故意的~凤姐儿说话。”《白雪遗音·留多情》:“你只管,坏着心肠把奴~,不管人身体羸瘦。”

【呕气】òu qì　❶同“怄气”。宋佚名《张协状元》二〇出:“银和酒是家里底,休闲争休得~。”明柯丹邱《荆钗记》三九出:“只为孩儿成画饼,教人~伤情。”清《醒世姻缘传》五六回:“薛夫人怕他在家合婆婆~,接了他回家。”　❷恶气;气恼。《元曲选·隔江斗智》三折:“周公瑾枉施三计,反受我一场~。”明《挂枝儿·醋》:“我为你一团~在心中也,只得在心中暗自去忍。”清《野叟曝言》一〇〇回:“若求不下,先把那校尉痛打一顿,出这口~。”

pā

【扒】 pā 另见 pá。将身子伏在其他物体上。明柯丹邱《荆钗记》八出："只有一家不求得，～在屋上打砖头。"《金瓶梅词话》一五回："于春儿接了，和众人～在地上，磕了个头。"

【扒倒】 pā dǎo 同"爬倒"。明《金瓶梅词话》一九回："一面接了银子，～地下磕了个头。"清《绿野仙踪》四回："那公子听罢，朝着于冰房门～，磕了七八个头。"

【扒伏】 pā fú 同"爬伏"。明《金瓶梅词话》一〇回："且表西门庆跳下楼窗，顺着房山，～在人家院里藏了。"清《绿野仙踪》六九回："然后恭恭敬敬，复又叩拜，～在地下。"

【爬】 pā 另见 pá。伏；趴。元明《水浒传》五一回："却来水陆堂放生池边看放河灯，那小衙内～在栏干上看了笑耍。"明《西游记》一六回："唬得跌跌滚滚，都～在地下。"清《红楼梦》四一回："说着，便～下磕头。"

【爬倒】 pā dǎo 趴下。清《醒世姻缘传》五回："苏刘二人～地，磕了四个头。"

【爬伏】 pā fú 趴伏。清《儒林外史》三四回："那些骡夫、脚子，一个个～在地。"《二度梅》一九回："那小番～在地，心中想道：'这个娘娘厉害。'"

【爬跪】 pā guì 倒身下跪。清《歧路灯》二五回："不觉的～地下，有泪无声的哭将起来。"

【爬爬】 pā pa 低矮貌。明贾凫西《木皮词》："～屋三间当了大殿。"

【爬窝】 pā wō 禽鸟孵蛋趴在窝里不动，比喻因病等卧床不起或死亡。清《聊斋俚曲·磨难曲》："魂灵已上望乡台，苦哀哉，早晚～往外抬。"

【葩】 pā （食品）软和或软和的样子。通"炮"。五代何光远《鉴诫录》卷一："豉汁锅中沸，粕糕案上～。"

【葩经】 pā jīng 《诗经》的别称。语本唐韩愈《进学解》"《诗》正而葩"。明徐渭《商大公子像赞》："公子为谁，特专～。"清《隋唐演义》三一回："《易经》《～》，各服一经。"

pá

【扒】 pá 另见 pā。❶ 一种有齿或无齿的用于扒搂的工具，也作为兵器。通"耙"。宋江休复《醴泉笔录》卷下："盐结，须以～翻转，令风吹。"元佚名《要孩儿·拘刷行院》："摸鱼爪老粗如～齿，担水腰肢膀似碌轴。"明唐顺之《武编》前集卷二："各令备锋利器械一件，或枪，或刀，或～，或弓矢。" ❷ 爬动；攀爬。宋元《清平山堂话本·曹伯明》："路上被个包袱一绊倒，伯明～起来，见了包袱。"元明《水浒传》四回："智深吐了一回，～上禅床。"清《白雪遗音·久闻大名》："一张臭嘴，焦黄的头发，虱子满身～。" ❸ 用手或工具使东西聚拢或散开。《元曲选·来生债》一折："埋上这银子，～上些灰儿盖着。"清《儒林外史》三回："若是家门口这些做田的，～粪的，不过是平头百姓。"《说岳全传》二回："我已备下一个柴扒、一只筐篮在此，你明日去～些柴回来也好。" ❹ 指公公奸污儿媳。明《金瓶梅词话》三三回："那旁多口的认的他，有名叫做陶扒灰，一连娶三个媳妇，都吃他～了。" ❺ 搔；挠。清《天豹图》七回："红花房里乃第一要处，为何不搜，却到赛金房里去搜？这正是痒处不～，不痒处～到血流。" ❻ 扒窃。清袁枚《子不语》卷二〇："前扒手孙某在某行～出一捆丝，对门谢姓见之，欲与分价。" ❼ 探求；探访。"刨、挖"的引申义。清曾衍东《小豆棚》卷五："若不～着他的根子，看破他的行藏，只看他驴屎蛋外面光。"《歧路灯》七二回："听说我这掌柜哩新在莘县～出来这一个有名的窠子，就叫那边当槽的来请。" ❽ 搂；划拉。指谋取财物。清《缀白裘》九集卷二《钗钏记》："只为家父去世之后，家业日渐凋零，再～也～不起。"

【扒背】 pá bèi 爬在人的背上让人背，小儿行为。元王伯成《贬夜郎》三折："娇的不肯离怀，懒慵挪步，怕见独立，三衙家绕定着亲娘～。"

【扒步】 pá bù 爬动脚步或放低身姿迈步。元金仁杰《追韩信》一折："向胯下～到两三遭，避不口乡人每耻笑。"明《金瓶梅词话》二八回："妇人便叫：'陈姐夫，楼上没人，你上来不是。'这小伙方～撩衣上的楼来。"

【扒叉】 pá chā 爬行。明佚名《南极登仙》三折："绿毛圆盖逞搊搜，八脚～水上游。"

【扒扠】 pá chā 爬行。《元曲选外编·延安府》二折："俺八府宰相正饮酒哩，不知你从那里～将来。"

【扒城】 pá chéng 同"爬城"。明《辽海丹忠录》二三回："有先锋军士何志等，奋勇～，砍开城门。"清佚名《平滇始末》："国柱躁急心热，募骁勇为头功～。"《粉妆楼》四七回："一队人马来至城门，忽抬头见城头上有十数个人在那里～。"

【扒窜】 pá cuàn 爬行逃窜。清袁枚《续子不语》卷二："楼上狐～一夜，声如铁甲，至曙始息。"

【扒的】 pá de 即"扒手"。明《梼杌闲评》一七回："只见袖底有一个小洞，五六层衣服总透了，原来被～剪去。"按，一本作"爬手"。

【扒儿手】 pá er shǒu 即"扒手"。清雍正四年八月初二日李卫奏文："其次则窃盗逃犯之打诈，～、白日撞之鼠偷，各分地方，为害不一。"《异说反唐全传》一四回："其中又多一班～，在头上拔去钗环。"

【扒灰】 pá huī ❶ 搂灰。明徐晒《杀狗记》六出："自从与哥哥结义之后，～挑粪的，都叫是二官人，谁敢欺负我？" ❷ 同"爬灰"。明冯梦祯《快雪堂漫录》："俗呼聚麀为～。"《金瓶梅词话》三三回："那旁多口的认的他，有名叫做陶～，一连娶三个媳妇，都吃他扒了。"清李玉《清忠谱》四折："近日新闻贵处天雷打杀了几个～老，这也确的么？"

【扒街】 pá jiē 在街上伺机行窃，比喻搜寻人漏洞。清《醒世姻缘传》一五回："却道那些～淘空的小人，你一疏，我一本，又说有甚么未净的遗奸，又说有甚么伏戎的餘孽。"

【扒捞】 pá lāo 扒搂捞取（财物）。清《歧路灯》五八回："可怜这个老头子，每日不肯吃，不肯穿，风里雨里往家里～。"

【扒落】 pá luò 同"爬落"。明《绣榻野史》卷下："我在他的身上略墩两墩，他又说来了，我只得～下去了。"

【扒钱】 pá qián 份子钱；与人合伙做事分到的钱。清《桃花艳史》一〇回："白守义年幼，本来是吃～的一个毛头，如何抗的这宗大刑？"

【扒沙】 pá shā ❶ 同"爬沙❷"。宋曾巩《离齐州后》之二："画船终日～行，已去齐州一月程。" ❷ 同"爬沙❹"。宋邓肃《次鼓腹谣元韵》："我心不转本非石，世路～任退尺。" ❸ 同"爬沙❶"。《元曲选·张生煮海》三折："则见锦鳞鱼活泼刺波心跳，银脚蟹乱～在岸上藏。" ❹ 扒搂；划拉。指用各种手段赚钱。明王衡《真傀儡》："原是鸡肆里出身。为何叫做鸡肆？每日去街上～，积趱得个小家当，铺设门面。"

【扒手】 pá shǒu 从别人身上掏摸财物的小偷。清于成龙《兴利除弊条约》："至江宁、镇江有～，苏州、松江有打降，皆地方喇虎。"袁枚《子不语》卷二〇："前～孙某在某行扒出一捆丝，对门谢姓见之，欲与分价。"

【扒疏】 pá shū 扒除（障碍）疏浚（堵塞）。明杨一清《论漕运开河奏对》："二年粮运犹赖昭阳湖水，虽淤塞，尚可～而行。"

【扒摊】 pá tān 同"爬滩"。明张四维《双烈记》三出："有那等晦气的妖儿，跌在我坑里～不去。"张景《飞丸记》一六出："世蕃世蕃造化，天阙不有赦书，打你～。"

【扒瘫】 pá tān 同"爬滩"。清《生绡剪》九回："跌得～不动。"

【扒推】 pá tuī 同"杷推❷"。脉望馆本《遇上皇》三折："止不住泪若～。"《元曲选·谢天香》三折："吓的我连忙的跪膝，不由我泪雨似～。"明佚名《端正好·新编寡妇烈女诗曲》："不由人昏沉了一会，不由人泪似～。"

【扒挣】 pá zhēng 爬着挣扎。清《绿野仙踪》二六回："那犯人听了，方慢慢的～起。"又二七回："不换便倒在炕上，～起来，心里作念道：'不想山中妇人这般力大。'"

【机推】 pá tuī 同"杷推❷"。明冯惟敏《集贤宾·舍弟乞休》："怎忘了君臣之义，不由人淋漓双泪似～。"朱有燉《辰钩月》二折："好着我跌脚椎胸告诉谁，泪似～。"

【杷沙】 pá shā 同"爬沙❶"。唐韩愈《月蚀诗效玉川子作》："～脚手钝，谁使女解缘青冥。"按，一本作"爬沙"。

【杷推】 pá tuī 用耙推搂。❶ 形容数量多。唐张鷟《朝野佥载》卷四："补阙连车载，拾遗平斗量，～侍御史，碗脱校书郎。" ❷ 形容泪流成串。《元曲选·青衫泪》三折："泪似～，险添满浔阳半江水。"

【爬】 pá 另见 pā。❶ 把土块弄碎的农具。后作"耙"。唐陆龟蒙《耒耜经》："耕而后有～，渠疏之义也，散墢去芟者焉。"元邹铉《寿亲养老新书》卷三："十二月耕地，至正月可止。三四遍细～讫，然后作沟。" ❷ 刨；扒。五代贯休《读顾况歌行》："妖狐～出西子骨，雷车拶破织女机。"明《西游记》四六回："这行者双手～开肚腹，拿出肠脏来。"清《说岳全传》六一回："到西湖边～开了螺蛳壳，将棺埋在里面。" ❸ 拨；拨拉。宋佚名《浪淘沙》："不免着匙～，一似吞沙。"元孙周卿《蟾宫曲》："再转龙牙，细拨轻～，声裂檀槽，月满芦花。" ❹ 伏地用手脚行进或从卧姿起立。《元曲选·连环计》四折："被吕布一拳将太师打倒在地，半晌～不起来。"明《朴通事谚解》卷中："这孩儿几个月也……会～么？"清《红楼梦》二九回："那小道士也不顾拾烛剪，～起来往外还要跑。" ❺ 攀登；攀援而上。《元曲选·赵氏孤儿》二折："只贪着目前受用，全不省～的高来可也跌的来肿。"明《西游记》五回："只见那猴王脱了冠服，～上大树。"清《聊斋俚曲·墙头记》："送了我来不开门，大儿叫我～墙稃。" ❻ 拍；拍打。明《西游补》六回："他便自～头，自打脚，大喝一声：'如今在哪里？'" ❼ 祛除；剔除。明岳正《明故征仕郎邓君墓志铭》："君至～污剔蠹，锄刘奸横，不少假贳。"魏校《损益夏敦夫撰李一清墓志铭》："公视官事，不啻家事。～奸剔蠹，毛发不可干以私。"卢柟《赠刘丞赴兴州经历序》："于是竭虑殚材，励精博施，～壅解纷，搤撮关要。" ❽ 附着；抓牢；抠住。通"巴"。明高濂《遵生八笺》卷一八："痈疮得此，自觉安静恬愉，且能～住疮口，不令长大。"唐顺之《武编》前集卷六："阻舟龙，五龙横卧爪～泥，背转胸旋鬐露锥。"清赵翼《陔餘丛考》卷三五："瓮罩其项，其物二足，推拒不能～于土，遂钓而出。" ❾ 同"扒（pá）❶"。明高濂《遵生八笺》卷一三："若杓小糖多，斟酌加水在锅内，用木～搅碎，微火一滚。"清李调元《卍斋琐录》卷一："～以竹为之，所以推引聚禾谷也。" ❿ 同"扒（pá）❸"。明高濂《遵生八笺》卷一六："十一月后，～松根土，以宿粪浓浇一次二次。" ⓫ 同"扒（pá）❼"。清蒲松龄《东郭箫鼓儿词》："出门去有酒有肉，竟饶遍了富贵长者，～不着他的底的。"又："生个什么方法，～～他的底板，抽抽他的实根，那才做的个凭据。" ⓬ 同"扒（pá）❽"。清翟灏《通俗编》卷二七："～得千钱想万钱，吃了五谷要六谷。"

【爬查】 pá chā 爬行；爬动。清《聊斋俚曲·磨难曲》："三个五个～起来说：'咱不吃罢。'"

【爬踏】 pá chā 同"爬查"。明《西游记》四三回："不是元戎令，谁敢乱～？"又四六回："你就是把我锁在柱子上，我也要上下～。"

【爬城】 pá chéng 攀爬城墙。清《剿捕临清逆匪纪略》卷一〇："刘焕身充县役，乃敢引贼～，戕官害民。"《说岳全传》一五回："晚上将钩网布在城头之上，以防番兵～。"《女仙外史》二八回："军士各缝布袋出装沙土，为～之具。"

【爬蹉】 pá cuō 即"爬踏"。明《西游记》三四回："那大圣在柱根下～，忽惊动八戒。"又："你看那孙行者栓在柱子上，左右～，磨坏那根金绳。"

【爬动】 pá dòng ❶ 扒动；拨动。元危亦林《世医得效方》卷一九："取蟾酥，以白面黄丹搜作剂，圆如麦颗状，用指甲～疮上插入。"明王肯堂《证治准绳》卷一〇六："病轻者不必用针，只以手指甲～，于疮顶上安此药水，沉膏贴之。" ❷ 爬；爬行。清《野叟曝言》一五回："床前蚂蚁～，兀自听出那脚步儿走响。"《后西游记》三六回："这呆子的馋虫又～了。若不与他化些喹喹，莫说琐絮不了，就是走路也没心肠。"

【爬房】 pá fáng 从房上爬走。清孔尚任《桃花扇》二六出："顶破椽瓦，想是～走了。"

【爬抚】 pá fǔ 清理安抚。宋戴栩《答洪宰启》："五剡屈莅，一同鲁邾。击柝相闻，何劳～。"

【爬垢】 pá gòu 搔爬除垢。宋黄庭坚《跛奚移文》："姨嬷临食，～撩发。"明胡直《医喻》："捐闷愤，登康豫，辟若～振飞埃尔。"清钱谦益《渡淮闻何三季穆之讣》："角逐急追逋，欢喜快～。"

【爬龟】 pá guī 以乌龟爬行方向、所停位置卜人吉凶的巫术。清俞蛟《梦厂杂著》卷四："或以龟置筐内，使周行，卜人休咎，名曰～。"

【爬灰】 pá huī 公公与儿媳私通。明张凤翼《祝发记》二七出："这个老儿急了，要～。"孙柚《琴心记》四出："〔众〕怎么吃你杀了火？〔小净〕难道公公会～，煨媳妇不着的？"清《红楼梦》七回："～的～，养小叔子的养小叔子。"

【爬家】 pá jiā 即"巴家"。清《清夜钟》七回："这王氏痴心，要他做小伏低，～做活。"

【爬跨】 pá kuà 攀爬跨越。清《万花楼》一二回："即此一带围墙，如此高耸，也难～。"

【爬拉】 pá la 用手或工具拨动。清《红楼梦》四九回："只拿茶泡了一碗饭，就着野鸡瓜子，忙忙的～完了。"

【爬犁】 pá lí 雪橇的俗称。清阮葵生《茶餘客话》卷一三："法喇，似车无轮，似榻无足，覆席如龛，引绳如御，利行冰雪中，俗呼～。"钱陈群《恭和御制吉林土风杂咏·法喇》："～几点雪中过，泽腹坚时利济多。"

【爬理】 pá lǐ 治理。明林俊《明朝列大夫林君墓志铭》："顺天、应天柄右充斥，殽以五方，民不可～。"

【爬罗】 pá luó ❶ 发掘搜罗。唐韩愈《进学解》："占小善者率以录，名一艺者无不庸。～剔抉，刮垢磨光。"宋杨万里《故承事郎蔡公墓志铭》："使者怒，欲当以重劾，～瘢疵，毫毛莫得也。"清《野叟曝言》一一回："吐哺公旦发皤皤，多方抉剔争～。" ❷ 抓；挠。明徐渭《题鸠》："山有乔木，木有垂萝。尔不能取其皮而为其窝，岂无阴雨时取彼斧柯，尔喙之嘴咀，而爪之～?"清空空主人《岂有此理》亥集："（抓背爬）着体～去，此君节更坚。" ❸ 搂扒；（用耙）聚拢或散开。清《授时通考》卷三五："竹杷，场圃樵野间用之。爬以搂薰叶，以疏粪壤，有～剔抉之功。"顾嘉誉《雪狮歌》："街头跳掷嬉儿童，竹帚扫雪冲寒风。～随手试抟弄，物态一一无雷同。"

【爬落】 pá luò 爬下。明《禅真逸史》八回："从窗上～梯子，踅回禅房去了。"

【爬挠】 pá náo 搔；抓挠。明《宜春香质》雪集一回："乘其流津满溢而进，伊之股中骚痒～不得。"

【爬搔】 pá sāo ❶ 抓；挠。唐罗隐《广陵妖乱志》："每一躁痒，命一青衣交手～，血流方止。"宋梅尧臣《和蔡仲谋苦热》："蝇蚊更昼夜，肤体困～。"清《野叟曝言》八四回："喜得满心发痒，～不着。" ❷ 拂；轻轻擦过。唐皮日休《北禅院避暑联句》："逍遥脱单绞，放旷抛轻策。～林下风，偃仰涧中石。" ❸ 整顿治理。明袁宗道《明吏部尚书汪公墓志铭》："乃弊窦百出，如窜穴矣。公咄嗟间，～殆尽。"清钱谦益《太常寺少卿鹿公墓志铭》："选户部山东司主事，职盐法，与同舍郎袁世振～利病，洞悉源委。"又《湖广提刑按察司副使许府君墓志铭》："拮据以诘戎备，～以给军饷。"

【爬沙】 pá shā ❶ 在沙地上爬行，也泛指爬行。宋岳珂《桯史》卷九："鳖知主人以计取之，勉力～，仅得一渡。"金元好问《蟾池》："从今见螟当好看，～即上青云端。"清朱彝尊《金缕曲·过外祖废园》："板桥花底，潮落蟛蜞～遍。" ❷ 扒散积沙。宋黄庭坚《和谢公定河朔漫成》之二："直渠杀势烦才吏，机器～聚水兵。"明汤显祖《邯郸记》二九出："手～去开河运粮，手提刀去胡沙战场。"清《平定台湾纪略》卷二四："并督饬将溪河水浅之处～捞挖。" ❸ 抠抓；抓挠。也指用手耨草松土。宋真德秀《大学衍义》卷二七："～而指为之戾，伛偻而腰为之折。此耘苗之苦也。"元吕诚《归田杂言》之一："老农事耘耨，～手胝胼。"清阮葵生《茶餘客话》卷九："犬向主人窗外～跳掷，窗纸尽碎。" ❹ 比喻辛苦努力地去做事。宋唐庚《赴阙》："自知～手，未辨扶摇抟。此行敢侥幸，政尔求便安。"陈造《书怀》之二："薄宦～地，平生一不施。才名将底用，齿发欻如斯。"又《山居》之七："萍梗才糊口，～亦畏途。"

【爬山虎】 pá shān hǔ 一种轻便利于山行的小轿。清《醒世姻缘传》二九回："从初八日吃了早饭，坐了顶～小轿，走上山去。"

【爬手】 pá shǒu 即"扒手"。明《梼杌闲评》一七回："只见袖底有一个小洞，五六层衣服总透了，原来被～剪去。"按，一本作"扒的"。

【爬梳】 pá shū ❶ 抓挠梳理。唐裴延翰《樊川文集后序》："呵磨皲瘃，如火照焉；～痛痒，如水洗焉。"宋陆游《行东山下至南岩》："坐觉尘襟真一洗，正如头垢得～。" ❷ 整治纷乱使得治理。唐韩愈《送郑尚书序》："撞搪呼号，以相和应，蜂屯蚁杂，不可～。"明王守仁《恩寿双庆诗后序》："凡其慑大奸使不得肆，祛大弊使不复作，～调服，抚诸夷而纳之夏。"清吴伟业《梁宫保壮猷纪》："当贼之在汾也，诸民塞率与之通。汾既平，则以其间～坞壁之携贰者。" ❸ 分析梳理。宋朱熹《答吕子约》："至于'未发''浩气'二义，则皆杂乱胶膈，不可～。"《宋史·律历志十四》："建安布衣蔡元定著《律吕新书》，朱熹称其超然远览，奋其独见，～剔抉，参互考寻。"明张岳《祭座师大司徒李涔涯文》："御史持斧，秋肃春生。～利病，条贯绳绳。"

【爬刷】 pá shuā ❶ 抓挠刷洗。明虞堪《题赵魏公揩痒马图》："久忘～向河汾，抵树摩身动晚云。" ❷ 整治清理。明王世贞《朝列大夫曾公墓志铭》："其政专屯盐，方欲有所～，而以入贺万寿行。"邹元标《中宪大夫颜先生墓志铭》："夫以数十年所欲～而不足，而先生一旦处之有餘。"

【爬搜】 pá sōu ❶ 扒搂掏挖。明徐恪《白茆水利疏》："因潮落之时，～疏汩，使沙泥腾搅，不得停定。"清王汝璧《鹤抱雏》："中有白鸟行修修，嗛花藉草闲～。" ❷ 拨动搜检。明周思兼《凤凰台上忆吹箫·咏破衣》："又念昔时王猛，扪虱处、须费～。"袁宗道《游西山记》五："僧舍中残石断碣，悉经～。" ❸ 细密搜索。明罗玘《故都察院右副都御史谢公行状》："穿窬夜旧六七发，而兵官影庇，不可～。"清袁梓贵《读元次山舂陵贼退二诗有作》："官本他乡人，～幸终疏。儒实我族类，反噬完肤无。" ❹ 整治清理。明何景明《张公去思碑》："颠蹶蟹蠡，民庸是优。持威倚法，刻志～。"清钱谦益《崇德令龚渊孟考满序》："吾安得望紧之地而君长之，于以～垢蠹，长养小弱。"

【爬坍】 pá tān 同"爬滩"。清《异说反唐全传》四九回："可怜打得皮破肉出，～不动。"

【爬滩】 pá tān 爬（不动）；动弹（不了）。清《何典》九回："那刘打鬼正要想跑，不料夹忙头里膀牵筋起来，弄得～弗动，寸步难移。"

【爬剔】 pá tī ❶ 抓挠、拨拉以剔除（污秽）。宋李纲《种花说》："动摇以观其疏密，～以验其死生。"明陆深《蓺园杂记》卷六："一人病耳痒，命镊工～之。"清宋荦《洗墨池》："东坡洗墨池，芜没无人境。～出神瀵，一泓浮翠荇。” ❷ 治理清除（弊端）。宋方岳《答赵教授》：“摩挲民力之穷，～胥奸之蠹。”元王义山《瑞金知县愚斋聂先生行状》：“庀职以来，随事～，惟求无愧俯仰。”清钱谦益《兵科给事中明时举授征仕郎制》：“出宰西江，报政北地。～疾苦，扶养小弱。” ❸ 披阅清理。元吴澄《元赠中奉大夫靖公神道碑铭》：“于诸经诸书，～纠结，贯穿端杪。”清钱谦益《列朝诗集》丁集卷一四：“餘录震甫诗，力为～，祓除其晚年之变调。” ❹ 搜寻整治。清钱楷《周岐东大令以菩提纱见赠》：“祇林丛树逮～，菩提示证宁非贪。顾以朽腐化有用，悟兹物理齐庄眴。”张洵《寻水乐洞》：“多事笑秋壑，～劳苦心。”

【爬擿】 pá tī 同“爬剔❶”。宋何梦桂《建德路罢金课记》：“故金之琐屑如糠粃者从之，遇涸汩而伏焉为洲，矗焉为屿。民日～于此，所得盖锱铢而已。”

【爬推】 pá tuī 同“杷推❷”。元谷子敬《集贤宾·闺情》：“刀搅也似愁肠断，～也似泪点垂。”佚名《沽美酒过太平令》：“寻思起就里，泪珠儿似～。”

【爬挖】 pá wā 抠挠。清《野叟曝言》九三回：“那熊捎滚不脱，四足～，登时成坑。”

【爬洗】 pá xǐ ❶ 扫荡。宋岳珂《八阵图》：“那知光武定中兴，要把中原痛～。” ❷ 搂扒冲刷。明张内蕴、周大韶《三吴水考》卷一〇：“查编撩浅水夫四十名，置铁扫帚、浚川杷各二十副，专委水利官监督，不时～，庶潮沙不致壅积。”

【爬痒】 pá yǎng 搔痒。宋吕陶《焦夫子画》：“～颇适兴，如扪虱之自珍。”苏轼《次韵答刘景文左藏》：“故应好语如～，有味难名只自知。”清田雯《秋日》之一〇：“将诗～兴堪乘，酒可策勋吾亦能。”

【爬越】 pá yuè 爬行翻越。清《平定两金川方略》卷二〇：“一面抽拨兵练，潜行～，袭攻贼卡。”《野叟曝言》一〇二回：“奈俱是高山峻岭，别人断难～。”

【爬鬖】 pá zhā 披散。鬖，张开貌。元刘诜《野人家》：“小奴高髻发～，平生有额不点鸦。”

【爬整】 pá zhěng 梳理。元蒲道源《送高彦明经历序》：“总幕汉中，～丝棼，划除盘错。”

【爬栉】 pá zhì ❶ 抓挠梳理。宋周必大《和至能范舍人农圃堂韵》：“公来开别墅，草莽手～。”元陈方《题宣和所制赤驹图》：“宣和殿里图书暇，亲见圉人事～。”郝经《万竹堂记》：“粪甓铲秽，身自～。揠稚抉根，蓊青祝翠。” ❷ 整治清理。宋李清臣《议官》：“不能清入仕之门，而束缚～，痛治其已仕者。”陈耆卿《代谢晴祝文》：“顺天人稠物杂，其化物已久，～澄汰，反之正难。”清窦光鼐《平定两金川诗》：“宜喜军亦进，别队助～。” ❸ 盘算；斟酌。元赵文《生日客朱溪》：“假令家居那有此，米盐纷纠费～。”清周起渭《寄答襄城刘太乙》：“我诗但意造，无文空真质。本乏求名心，信口无～。”

【爬抓】 pá zhuā 抓挠。明王肯堂《证治准绳》卷一一六：“痛痒～成疮，黄汁出。”清朱彝尊《虹桥板歌》：“鼪鼯倒悬蝙蝠坠，惟有怪鸟独立时～。”《聊斋志异·宫梦弼》：“子至，已舌蹇不能声，惟～心头，呵呵而已。”

【爬转】 pá zhuàn 爬行转动。明《禅真后史》二二回：“只见那玉蟹郭郭索索爬出匣来，关赤丁以手接住，放于布袱之上周围～。”

【爬走】 pá zǒu 爬着移动。明《古今小说》卷四〇：“一连比了十数限，不知打了多少竹批，打得～不动。”《警世通言》卷一五：“此时秀童奄奄一息，～不动了。”清《后水浒传》三五回：“众兵将道：‘两头塞断，急切搬拆不开。不如爬上岭去，才得逃生。’遂要往岭上～。”

【爬捽】 pá zuó 犹“爬栉❶”。捽，揪；拔。宋方夔《田家四事·耘》：“郁蒸体流膏，～手生皴。”

【钯】 pá 刨；扒。《元曲选·来生债》一折：“怎么～我的门限？说着也不听。你还～哩，～出我的银子来了。”

【跁跒】 pá qiǎ ❶ 蟠曲不伸貌。唐陆龟蒙、皮日休《报恩寺南池联句》：“～松形矮，般跚桧樾矬。”元张翥《蟠松引》：“县知根受元气大，～力争厓石碍。”清沈埈《和宋荦风氏园看古松》：“一枝起搀天，鬅鬙毛发竖。一枝横曲儿，～木撑拄。” ❷ 巴巴结结；竭力。唐李建勳《送八分书与友人继以诗》：“～为诗～书，不封将去寄仙都。”明刘基《听蛙》：“虾蟆幸不含毒螫，何苦呶号争～。”清韩鏼《万寿恭拟古歌九章》：“虽文采固陋，缀学未精，亦思勉竭悃衷，～为诗。” ❸ 竭力支撑貌。清弘历《题金廷标人物》：“蹇驴怯渡蹲～，奴子长缰尽力牵。”又《群峰雪霁歌题黄鼎大幅》：“过桥～驴蹄滑，负担殑殑客背傀。”

pà

【帕巾】 pà jīn 巾帕；裹头巾。宋侯君素《旌异记》：“梦一妇人至，曰：‘崔学士也。’急解～幕其首。”

【帕子】 pà zi 手帕；巾帕。宋杨万里《携酒夜饯罗季周》：“淡月轻云相映著，浅黄～裹金盆。”明《山歌·吃樱桃》：“小阿奴奴金盆洗子银盆里过，白罗～转三遭。”清《红楼梦》二九回：“口里说着，将手里的～一甩，向宝玉脸上甩来。”

【怕】 pà ❶ 畏惧；害怕。唐王建《赠王屋道士赴诏》：“法成不～刀枪利，体实常欺石榻寒。”《景德传灯录》卷一〇《从谂禅师》：“师云：‘鸦为什么飞去？’院主云：‘～某甲。’”清《红楼梦》五一回：“我这外边没个人，我怪～的。” ❷ 禁受不住；受不了。唐寒山《春女炫容仪》：“看花愁日晚，隐树～风吹。”明陈与郊《袁氏义犬》一出：“若做天上仙人，眼前没一个相识。劳劳碌碌的，押几道文书；陌陌生生的，坐许多先辈。老彭祖且是～他哩。”清《儒林外史》二回：“那船本不甚大，又是芦席篷，所以～雨。” ❸ 不忍；不敢。唐戴叔伦《寄孟郊》：“乱餘城郭～经过，到处闭门长薜萝。”明陈与郊《文姬入塞》：“蛾眉自困龙城也，～问洛阳枝叶。”许潮《写风情》：“你如何这般迟慢？你敢道我～打着得你！” ❹ 当心；留神。唐易静《兵要望江南·占风角》：“折木飞沙并走石，摇门拔户祸应生。第一～三刑。”宋佚名《张协状元》五出：“〔末拖雨伞上〕五里单牌，十里双堠，只凭这些子。〔净〕叫轻放，～跌折了。”清《歧路灯》三回：“你两个先吃些儿，～饿着。” ❺ 担忧；挂虑。唐李宣古《赠崔云娘》：“瘦拳抛令急，长嘴出歌迟。只～肩侵鬓，唯愁骨透皮。”宋《朱子语类》卷七〇：“如思虑两字，思是恁地思去，虑是～不恁地底意思。”清《儒林外史》二回：“周进～汤不洁净，讨了茶来吃点心。” ❻ 忌惮；避忌。唐智严《十二时·普劝四众依教修行》：“潘岳容，石崇富，美媛西施并洛浦。死王谁～镜前花，煞鬼徒劳掌中舞。”清刘熙载《艺概》卷四：“语意既忌占实，又忌落空；既～挂漏，又～夹杂。”《红楼梦》三七回：“诗固然～说熟话，更不可过于求生。” ❼ 待；等；候。宋佚名《张协状元》一六出：“～张协、贫女讨校杯，是它夫妻，是它姻缘，千万宛转。”《元曲选·玉镜台》二折：“门首觑者，则～学士来时，报复我知道。”又《汉宫秋》二折：“我且向妆台边梳洗一会，收拾齐整，只～驾来好伏侍。” ❽ 畏缩；放不开。元童童学士《新水令·念远》：“绣双飞线脚差，描并宿笔尖～。牡丹亭闲却秋千架，好春光谁共耍？"张可久《折桂令·次韵》："占得春晓，莺～歌喉，柳妒蛮腰。"❾ 服膺；信服。明汤显祖《牡丹亭》三八出："〔净〕高，高！娘娘这计，李全要～了你。〔丑〕你那一宗儿不～了奴家！" ❿ 副词。表示估量。a) 恐怕；或许。宋《朱子语类》卷二三："如太史公说古诗三千篇，孔子删定三百，～不曾删得如此多。"明孟称舜《死里逃生》一出："今日天色晴明，～有烧香妇人到此。"清《粉妆楼》二七回："若再过些时，不要把俺过起病起，还～要把这一牢的人都要过起病来。"b) 量；打量。明孟称舜《死里逃生》一出："似这般歪厮缠调弄着良家，歪厮缠调弄着良家！～你个破西瓜，怎当的一顿打。"清《醒世姻缘传》四回："这是一条正经大路，～他岔去那里不成？"《儒林外史》一三回："我竟在里面扣除，～你拗到那里去？" ⓫ 副词。表示疑虑性猜测。莫非。宋《五代史平话·周上》："夫妻私相告语：～生这男孩后，每岁田禾倍熟？"元《七国春秋平话》卷中："我非将乎？～有破绽处么？" ⓬ 副词。用于反诘。a) 岂；难道。宋佚名《张协状元》二七出："它不肯，～没別底？"《元曲选·金钱记》三折："我～没经天纬地才，拿云握雾手？"清《醒世姻缘传》引起："若是遇着个不贤妻子，嫌贫恶贱，终日闹炒，～那陈仲子不同食万钟之粟，不同居盖邑之房，～他不与兄戴同做那愧天怍人的事？"b) 哪怕；何惧。金《刘知远诸宫调》一二："愿安抚早与返勾，～走了那穷狗！"明李梅实《精忠旗》二〇出："用起刑来，～你不招？"清《后水浒传》一二回："我今夜杀了他，和闻先生同上登云山，～他叫起撞天屈来！"c) 哪有；哪里会。明徐渭《翠乡梦》一出："〔红〕师父，你怎么这等明白？〔生〕我眉毛底下，嵌着双闪电一般的慧眼，～不知道。"清《醒世姻缘传》一〇回："晁大舍道：'我晓得这意思了，却是怎么进去？'伍小川道：'有我两人，～他什么东西进不去？'" ⓭ 连词。a) 倘若；如果。唐王梵志《吾家多有田》："有钱～不用，身死留何益？"宋元《警世通言》卷三七："～路上见他，告这小娘子则个。"《元曲选外编·拜月亭》一折："～不问时，权作兄弟；问着后，道做夫妻。"b) 纵然；即使。明王骥德《男王后》三折："～男儿家定有些趋跄势，也不能勾恁般姿媚。"

【怕不】 pà bù ❶ 副词。a) 恐怕；或许。《元曲选外编·西厢记》五本四折："那吃敲才～口里嚼蛆，那厮待数黑论黄，恶紫夺朱。"明袁宏道《与小修夜话忆伯修》："买酒思灯市，踏花忆贯城。飞沙没马首，～御街行。"清《儒林外史》四七回："他们只说三百，～也要五百多银子才修得起来。"b) 岂不；难道不。宋元《警世通言》卷一六："这头亲张员外～中意，只是雌儿心下必然不美。"元高明《琵琶记》四出："只得六十日，便把我孩儿都瘦了；若更过三年，～做一个骷髅！"清《荡寇志》七二回："我～认识高俅的逆种，倒是我无礼？"c) 定然；管保。《元曲选·忍字记》三折："道念若同情念，自然佛法时时现前；为众如同为身，～烦恼尘尘解脱。"元明《水浒传》一七回："若十日不获得这件公事时，～先来请相公去沙门岛走一遭。"清方成培《雷峰塔》一一出："全凭舌巧胜如簧，～双双共人销金帐。"d) 莫非。明朱有燉《香囊怨》四折："这妮子走入后房去，～真个寻死去了。" ❷ 连词。a) 纵然；即使。元刘时中《端正好·上高监司》："～你人心奸巧，争念有造物乘除。"《元曲选·救风尘》三折："～扭捏着身子蓦入他门，怎禁他使数的到支分，背地里暗忍。"《元曲选外编·西游记》三本九出："～有受用，争奈不得见父母之面！" b) 倘若；如果。《元曲选·冻苏秦》一折："以先生之才，～进取功名，易如拾芥。"明朱有燉《香囊怨》四折："～他今世里缘薄分浅，乞求得再生来美满团圆。"

【怕不大】 pà bù dài 同"怕不待❶"。元关汉卿《拜月亭》二折："～倾心吐胆尽筋截力把个牙推请，则怕小处尽是打当。"

【怕不待】 pà bù dài ❶ 岂不要；待要。元周文质《青杏子·元宵》："行至侵云鳌峰下，却原来正是俺那娇娃。～根前动问咱，人奸诈，拘钤得无半点儿风流暇。"《元曲选·鲁斋郎》三折："～打叠起千忧百虑，怎支吾这短叹长吁？"明汤显祖《牡丹亭》三二出："〔旦〕正要你掘草寻根，～勾辰就月。" ❷ 岂不是；何尝不是。元李纯甫《水龙吟》："你试回头觑我。～峥嵘则个。功名半纸，风波千丈，图个甚么。"佚名《新水令》："～争锋取债恋多娇，又索书名画字寻人保。枉徒劳，供钱买笑教人笑。"明景时珍《点绛唇·嘲盐商》："摆列着金钗十二行，～风光满画堂，飞觥走斝开宴赏。" ❸ 怕是；恐怕。元关汉卿《调风月》一折："见他语言儿栽排得淹润，～言词硬，性格村。他怎比寻常世人。"《元曲选·蝴蝶梦》一折："下脑箍，使拶子，这其间，痛怎支？～的一确二，早招承死罪无辞。"又《窦娥冤》一折："天若是知我情由，～和天瘦。" ❹ 果真；真个。《元曲选·金钱记》一折："那姐姐～庞儿俊俏可人憎，知他那眉儿淡了教谁画？"又《燕青博鱼》一折："往常时我习武艺学兵法，到如今半筹也不纳，则我这拿云手～寻觅那等睹生涯？" ❺ 说什么。用在引用语前，表示表面上或通常说的是这样（而实际并非如此）。《元曲选·酷寒亭》一折："〔搽旦向孔目云〕你老婆若死了，我就嫁你。〔正末唱〕～倾心吐胆商量嫁，都是些瞒神吓鬼求食话。"又《金钱记》三折："～酒醉春风散客愁，你怎知我这愁呵，似长江滝滝的不断流。"又《城南柳》一折："～骑鲸的飞上天，荷锸的埋入土，则问你独醒的今在无？"

【怕不待要】 pà bù dài yào 即"怕不待❶"。《元曲选·秋胡戏妻》二折："～请太医看脉息，着甚么做药钱调治？"《元曲选外编·西厢记》四本三折："眼面前茶饭～吃，恨塞满愁肠胃。"明佚名《金字经》："行了一程盼一程，～望前进，撇不下我心上人。"

【怕不道】 pà bù dào ❶ 即"怕不待❷"。元张可久《醉太平·无题》："小冤家～心里爱，老妖精拘管的人来煞。" ❷ 即"怕不待❸"。《元曲选·燕青博鱼》一折："眼见的穷活路觅不出衣和饭，～酷寒亭把我来冻饿杀。"明孟称舜《娇红记》四出："〔贴〕这也常事，便说说何妨？〔旦〕～隔墙边有耳。" ❸ 即"怕不待❺"。明孟称舜《英雄成败》一折："伸为龙，屈为蛇，龙蛇代变。怕，怕，～心坚石也穿，这这这硬脊肋怎待去黑夜求怜。" ❹ 连词。尽管；即使。明玄虚子《普天乐·题情》："懵懂的不知心，精细的偏薄幸。～你一时短见，你也要万里前程。"

【怕不的】 pà bù de ❶ 即"怕不❶a)"。《元曲选·望江亭》三折："你若是报一声着人远接，～船儿上有五十座笙歌摆设。"明《金瓶梅词话》九〇回："大娘生了哥儿，～好大了。"清《醒世姻缘传》四一回："这陈哥，～大嫂也管不下他来哩。" ❷ 即"怕不❶b)"。《元曲选·铁拐李》二折："～痛哭灵堂守志坚，雨泪涟涟。有那等赢奸卖俏俊官员，早聘下金钗钏。你见了呵，还守的儿多年？" ❸ 副词。哪怕；何惧。《元曲选·谢金吾》二折："那王枢密呵，～平地起干戈，直赶上马嵬坡。倘若有些好歹呵，你可便着谁人搭救宋山河。" ❹ 同"怕不得❶"。清《后红楼梦》二三回："我们倚老卖老的，～这些。"

【怕不得】 pà bù de ❶ 不能怕；顾不上。宋元《警世通言》卷二〇："到这里～羞，何不买个锣儿，出去诸处酒店内卖唱。"《元曲选外编·西厢记》四本二折："吃我直说过了，我也～许多。"清《八洞天》卷二："任你王孙公子，用不着缓步徐行；恁她小姐夫人，～鞋弓袜小。" ❷ 同"怕不的❶"。明《金瓶梅》五二回："这等又好了。～他今日也买些鲜物儿来孝顺你。"清《红楼梦》二二回："为什么不当着老爷，撺掇叫你也做诗谜儿。若果如此，～这会子正出汗呢。"

【怕不会】 pà bù huì 岂不能；自然能够。明张凤翼《灌园记》一六出："我若是富贵的时节呵，～好逑窈窕，愁甚么琴瑟和调？"《二刻拍案惊奇》卷二一："你有刀的，～杀了人，反来赖我。"清《说岳全传》六二回："我这两只脚～走路，要甚马匹！"

【怕不来】 pà bù lái 即"怕不❶a)"。《元曲选·冯玉兰》四折："我见他怎恕饶，他见我难推调。～一问一承招，只俺那山海般仇恨须当报。"

【怕不是】 pà bù shì ❶哪怕；纵然。元钱霖《哨遍》："这财曾燃了董卓脐，曾枭了元载头，聚而不散遭殃咎。～堆金积玉连城富，眨眼早野草闲花满地愁。" ❷岂不是；自然是。《元曲选·谢天香》三折："姐姐每肯教诲，～好意。争奈我官人行，怎敢便话不投机？"明徐渭《雌木兰》一出："穿起来～从军一长官，行间正好瞒。"清《荡寇志》七三回："他坐下的马，～好的，不知此时卖去否？" ❸恐怕是；大约。《元曲选·张天师》四折："你既到书房中去，那淫邪之事，～有的。"明《西游记》八〇回："黑气罩暗祥光，～妖邪害俺师父！"清《荡寇志》七五回："手里这支梨花古定枪，～四十来斤。"

【怕不要】 pà bù yào 岂不要；怎不想。《元曲选·隔江斗智》三折："〔梅香云〕既然主公不肯放姐夫去，着他悄悄的走了罢。〔正旦唱〕～安排归棹。倘或的驱兵追赶，兀那一片长江，何处奔逃？"

【怕怖】 pà bù 害怕。《敦煌变文校注》卷七《燕子赋(一)》："雀儿～，悚惧恐惶。"《元曲选·蝴蝶梦》二折："眼见的弟兄每受刃遭诛，早是～。"明王肯堂《证治准绳》卷六九："腹中急痛，或时～，夜卧不安。"

【怕耻】 pà chǐ 怕耻辱；识羞耻。明《型世言》六回："不期那丈夫病了弱病，不能管事，儿子又小，他只得出来承值，还识羞～。"

【怕丑】 pà chǒu 怕出丑。清《醉醒石》一五回："你～就好了。如今若不学得，还丑哩。"《好逑传》一五回："只消将铁公子在他家养病之事，说得不干不净四下传将开来，再央人说到他耳边里。他～，或者开交。"《说岳全传》五一回："伍尚志哪知就里，只道是娇羞～，叫侍女们俱回避了。"

【怕待】 pà dài 懒怠；懒得。《元曲选外编·西厢记》三本二折："张生近间面颜瘦得来实难看，不思量茶饭，～动弹。"明陈铎《沉醉东风·咏崔莺莺》："诗句子时常寄写，绣针儿～汤者。"《金瓶梅词话》八五回："肚腹中梭梭跳，茶饭儿～吃。"

【怕道】 pà dào ❶担忧；担心。宋《朱子语类》卷一〇九："也须是当职底人～人不晓义理，须是要教人识些。"元明《三国志通俗演义》卷一一："便是吴侯～如此，封一口剑在此，教先杀他妹，后斩刘备。"明李流芳《无题》之五："郎意匆匆妾意长，赠郎微物亦思量。金花梨子能消渴，～生离不敢将。" ❷难道；岂能。明王衡《郁轮袍》一折："仗我的才名，～功名不到手？"《醒世恒言》卷二七："玉英这个模样儿，慢慢的觅个好主顾，～不是一大注银子。"清《水浒后传》四回："他在王驸马府中，～寻不着？"

【怕的】 pà de ❶害怕；畏惧。《元曲选·楚昭公》一折："我不怕姬光，怕是那一个人。～那伍盟府天下罕。"明《西洋记》二三回："你们～厮杀，不如安稳在南朝罢，却又到俺西番来寻个甚么死哩。"清吴伟业《南柯子·竹夫人》："有些情性欠温柔，～一时抛掷在深秋。" ❷恐怕。表示估计。清《白雪遗音·一块云笺》："若来迟，不知奴家在不在，～赴阴台。"《飞龙全传》四二回："今日若斩匡胤，～冷了天下豪杰之心。"《镜花缘》八六回："若说等你富贵之时再会尽孝，就只～来不及了。"

【怕得】 pà de ❶哪怕；怕不得。《元曲选外编·西游记》五本一七出："既到此间，～许多，只得向前通关。" ❷同"怕的❶"。宋《朱子语类》卷五二："我这个直了行去，自不～他。"明《警世通言》卷二一："因带有京娘，～生事，牵马过了店门。"清李渔《意中缘》二七出："不消～，有一桩极讨便宜的事要你去做。" ❸担忧。明《石点头》卷一二："一来不知你心里若何，二则我是个晚婆，～多嘴取厌。"清《野叟曝言》一四一回："因天气渐冷，运河水涸，～守冻过年，赶紧趱进。" ❹即"怕待"。明《醒世恒言》卷二八："身子觉道不快，～梳头。"

【怕敢】 pà gǎn ❶不敢。元佚名《红绣鞋》："或是厨灶底，马栏边，忍些儿却～气喘。" ❷敢怕；恐怕。表示担心。元明《水浒传》七四回："大哥是山东货郎？来庙上赶趁？～出房钱不起。"

【怕后】 pà hòu ❶一个人行走时总怕后面有危险。《元曲选外编·村乐堂》二折："〔正末唱〕都管为甚粉贴在鼻梁。〔六斤云〕我有些～，打了个白鼻儿。" ❷怕晚于(某个时间)。清朱彝尊《忆高征士》之二："料得簪毫趋朵殿，惊心～丑时钟。"

【怕急】 pà jí 害怕；恐慌。唐顾云《天威行》："海神～上岸走，山燕股栗入石藏。"《敦煌变文校注》卷一《李陵变文》："单于～，不敢登前。"敦煌本《历代法宝记》："禅师～，恐性命不存。"

【怕见】 pà jiàn 害怕；不敢。宋陈襄《乞均差衙前等第状》："若依条于税户抽差，终是乡民～充役。"佚名《张协状元》四出："古庙荒芜～归，几番独自泪双垂。"清《醒世姻缘传》一二回："若四嫂～骑头口，咱家里放着轿车，再不坐了抬的轿。"

【怕惊】 pà jīng ❶害怕惊动。唐王之涣《悼亡》："为怯暗藏秦女扇，～愁度阿香车。"宋吴文英《醉桃源·元日》："五更枥马静无声，邻鸡犹～。" ❷惊怕；吃惊害怕。明孙一奎《赤水元珠》卷六："心澹澹动者，谓不～而心自动也。"佚名《雁冲天·春梦惊醒》："头儿常恁疼，心儿里常～，莫不做了相思证。"清陈端生《再生缘》一〇回："荣兰访问知消息，暗暗心中耽～。"

【怕拒】 pà jù 同"怕惧"。金《刘知远诸宫调》一："三娘笑为(谓)刘郎，无得～，故与君相结。"

【怕惧】 pà jù 畏惧；害怕。也指畏惧的心理。《法苑珠林》卷五一："今殃着身，东西驰走，又被打杖，～号哭。"《元典章·刑部一》："不疏放呵，歹人每～也者。"清《红楼梦》三〇回："他们是憨皮惯了的，早已恨的人牙痒痒，他们也没个～儿。"

【怕恐】 pà kǒng ❶恐怕。表示担忧。宋佚名《折红梅》："笛声休怨，～使、群芳零乱。" ❷忧虑；担心。宋文天祥《扬州城中打四更》："隔壕喝问无人应，～人来捉眼生。"明沈谦《渔家傲·新秋》："七夕又来谁与共？心～，柳梢新月窥西弄。" ❸害怕；恐惧。《元曲选·单鞭夺槊》三折："纵然他有些耳聋，乍闻来也须～。"明杨柔胜《玉环记》一五出："他带刀枪心恶意凶，过村庄百姓每～。"清《镜花缘》七四回："女孩儿家恁响喉咙，也不管吓得人来～。" ❹指恐惧的情绪。《元曲选·张天师》一折："我只道他喜孜孜开笑容，怎么的软钦钦添～。"明汤显祖《牡丹亭》五三出："我为他展幽期、耽～，我为他点神香、开墓封。" ❺吓人；使人害怕。明《西湖二集》卷二二："罗屈曲，蛟蛇蟠挂枝头，好生～；瀑布湍飞，雷霆震响岩下，怎不惊惶。" ❻惶恐；惶惑。清《蝴蝶缘》二回："小生下里巴音，蒙小姐重嘉，殊觉～。"

【怕里】 pà li 恐怕；担心。宋杨无咎《柳梢青》："晓来起看芳丛，只～、危梢欲压。"马子严《月华清·忆别》："琴上曲、休弹秋思。～，又悲来老却，兰台公子。"周密《一枝春·寄闲饮客春窗》："妆梅媚晚，料无那、弄颦佯妒。还～、帘外笼莺，笑人醉语。"

【怕怯】 pà qiè 恐惧;害怕。金《董解元西厢记》卷二:“但放心,何须～子么!”明周宗建《论语商》卷下:“这一种人外貌虚张,心内～。”《西洋记》二七回:“若是你先出马,南朝将官～于你,不肯领兵前来。”

【怕情】 pà qíng 害怕的情绪。清《歧路灯》五八回:“且说谭绍闻见姚荣去了,把喊官的～打迭起,却把输银子的事上的心来。”

【怕却】 pà què ❶害怕;畏惧。却,助词,无实义。宋《朱子语类》卷一二六:“自家立着志向前做将去,鬼神也避道,岂可先自计较,先自～。” ❷担忧;担心。宋曹勋《尾犯·中秋》:“惟～,明月阴晴未定。”清江闿《巫山一段云·美人对镜》:“～金钿乱,娇扶玉镜低。”

【怕人】 pà rén ❶害怕人;对人畏惧。唐王建《雉将雏》:“麦垄浅浅难蔽身,远去恋雏低～。”明梁辰鱼《浣纱记》三二出:“平生只有人投我,那见今番我～。”清《歧路灯》七〇回:“我从来并不晓得～,今日叫我见了人,就会羞起来。” ❷吓人;令人畏惧。宋洪迈《夷坚志》三辛卷六:“若积恶者,到便打缚送狱,语县道不异。那里大段～。”佚名《张协状元》二一出:“论梗直,最～。好底酸醋,吃得五瓶。”清《醒世姻缘传》三回:“梦中的言语甚是～,再三叫我初一日不要出门。” ❸害怕。明汤显祖《牡丹亭》五四出:“〔旦〕独自个～。〔校〕怕则么!平章宰相你亲爷,状元妻妾。”《欢喜冤家》一九回:“不知昨日归家,一时疯颠起来,家下十分～。” ❹严重;繁难。宋元《清平山堂话本·花灯轿》:“如何见得这病～?曾有一只词儿说得好。正是:四百四病人可守,惟有相思难受。”明《西游记》六本二一出:“不比你相杀到容易,禅机却～。”清《歧路灯》一一回:“关脉是恁的个光景,只有尺脉微～些。” ❺用作补语,指程度高。《元曲选·举案齐眉》一折:“有那穷的,不似他穷的～。”明汤显祖《紫箫记》一三出:“四娘,你说话村得～。”清《野叟曝言》七四回:“文爷,你这梦准得～。”

【怕人子】 pà rén zi ❶即“怕人❷”。子,词缀。明沈自徵《霸亭秋》:“黑洞洞～。”《西游记》五三回:“切莫出风地里去,～!一时冒了风,弄做个产后之疾。”清《姑妄言》三回:“但只是他们方才说得～刺刺的,奶奶不是当顽的。” ❷即“怕人❺”。《元曲选·举案齐眉》一折:“这梁鸿穷的～哩。”明《醒世恒言》卷二六:“鱼大得～。”

【怕臊】 pà sào 犹“怕羞”。清《红楼梦》四六回:“你自己不肯说话,～。你等他们问你。”又四八回:“你别～,只管拿了给他瞧去。”

【怕什么】 pà shén me 用于反问,表示不必害怕。明《禅真后史》三五回:“恭喜,尊府的祸事也尽彀了,还～佛爷?”清《霓裳续谱·旷野奇逢》:“～关津渡口人盘问,你只说是亲哥哥带领着小妹子来。”《红楼梦》一六回:“奶奶也喝一盅,～?只不要过多了就是了。”

【怕甚】 pà shén 犹“怕什么”。宋史浩《青玉案·入梅用贺方回韵》:“离愁扫尽,更无慵困,～黄梅雨。”佚名《张协状元》二四出:“秀才家～店主人!”

【怕甚么】 pà shén me 同“怕什么”。元许衡《大学要略》:“我若行的正,做得正呵,我又～怒也。”元明《水浒传》二三回:“这是酒家诡诈,惊吓那等客人,便去那厮家里宿歇。你却～鸟!”清《白雪遗音·既要贪花》:“既贪花,就死花心～。”

【怕生】 pà shēng ❶认生;(小孩)怕见生人。明《醒世恒言》卷一八:“这小厮却如相熟的一般,笑嘻嘻全不～。”清陈端生《再生缘》二一回:“年幼娃娃低了首,～躲向阿哥旁。”《雪月梅》二二回:“这个小侄儿乖得紧,怎么竟不～?” ❷到一个新地方感到生疏而心生畏惧。清《品花宝鉴》五回:“我们这里是比不得别处,你不必～。你各样都照着瑶卿,他怎样你也怎样。”

【怕事】 pà shì 怕惹是非。宋吴泳《谢尊固送茶》:“诗因～吟偏少,酒为看花饮辄多。”明柯丹邱《荆钗记》三七出:“我～如探汤老狗,我爱钱如见血苍蝇。”清《品花宝鉴》二〇回:“潘三是个有钱胆小的人,自然～,只得溜了。”

【怕是】 pà shì ❶恐怕是;多半是。表示推测。宋《声声慢·赋红木犀》:“道人取次装束,是自家、香底家风。又～,为凄凉、长在醉中。”明《西游记》三一回:“这～猪八戒不得我出去与他交战,故将此计来羁我。”清《红楼梦》八四回:“又问巧姐儿怎么了。王夫人道:‘～惊风的光景。’” ❷担心;害怕。元明《水浒传》二一回:“便把这一百两金子与我,直得甚么!你～贼赃时,快熔过了与我。”明《型世言》二四回:“将到隘口,只见一支兵来,岑猛～官兵邀截,却是岑璋。”清《醒世姻缘传》五〇回:“京里坐了监,就热气考他下子。勤力,自己进去;～进去,雇个人进去替考。”

【怕是么】 pà shì me 即“怕什么”。元赵彦晖《点绛唇·席上咏妓》:“画堂高～暮暮朝朝,则学那连理树、合欢带、比翼鸟。”

【怕羞】 pà xiū 怕难为情;害羞。元明《水浒传》五回:“大王上厅坐下,叫道:‘丈人,我的夫人在那里?’太公道:‘便是～,不敢出来。’”明《山歌·大人家阿姐》:“大县里差人弗怕个打,大人家阿姐弗～。”清李玉《占花魁》八出:“怎生～,早闯入风流阵里,解衣松扣。”

pāi

【拍】 pāi ❶敲打;打造。唐段公路《北户录》卷一:“今广州有善理犀者,能补白犀。补了,以铁夹夹定,药水煮而～之,胶为一体。”《太平广记》卷四〇三引《岭表录异》:“又有堕罗犀……色深者堪为銙;散而浅即～为盘碟器皿之类。”宋邵雍《古琴吟》:“碧玉琢为轸,黄金～作徽。” ❷迫;临;逼近。唐李邕《五台山清凉寺碑》:“每至丹霄出日,俯～云霞,清汉无波,下看星月。”宋康与之《望江南》:“重阳日,四面雨垂垂。戏马台前泥～肚,龙山路上水平脐。”明张岱《陶庵梦忆》卷七:“吾辈纵舟,酣睡于十里荷花之中,香气～人。” ❸掰;使分开。唐李端《古别离》之二:“菊花开欲尽,荠菜～来香。”明《醒世恒言》卷一八:“便去拿那两个馒头,递与施复道:‘你～这馒头开来看。’”清《醒世姻缘传》六六回:“智姐往素姐手里夺那棒椎,那里夺的下;～他那扯着裤腰的手,那里～得开。” ❹披;挂。唐李咸用《鸡鸣曲》:“海树相扶乌影翘,戴红～翠声胶胶。”宋晏幾道《鹧鸪天》:“醉～春衫惜旧香,天将离恨恼疏狂。”金《董解元西厢记》卷五:“除非天样纸,写不尽这相思。～愁担恨,孤负了赏花时。” ❺演唱;演奏。唐刘禹锡《望赋》:“～琴翻朔塞之音,挟瑟指邯郸之路。”宋吕胜己《长相思》:“～罢阳春白雪歌,佣人春意多。”清《品花宝鉴》五七回:“绮香命红雪、红云、红玉调丝品竹,小～清歌。” ❻乐曲的篇章单位,也指乐曲演奏的遍数。首;曲;遍。唐顾况《李湖州孺人弹筝歌》:“独把梁州凡几～,风沙对面胡秦隔。”明于慎行《塞下曲》之一:“一～胡笳双鬓改,应怜飞将不封侯。”清《续金瓶梅》一九回:“原来玉熙宫郑婕妤平日精习这一套《昭君怨》,内有二十四～。” ❼乐曲的节拍。唐白居易《乐世》:“管急丝繁～渐稠,绿腰宛转曲终头。”宋元《警世通言》卷一〇:“忽闻窗外有人鼓掌作～,抗声而歌。”清洪昇《长生殿》一六出："此曲散序六奏，止有歇～而无流～；中序六奏，有流～而无促～。" ❽ 拍板。五代顾夐《甘州子》："红炉深夜醉调笙，敲～处，玉纤轻。"明张羽《席上闻歌妓》："浅按红牙～，轻和宝钿筝。"清《姑妄言》一〇回："邬合要奉承他众位，说道：'晚生唱个《劈破玉》带三掉湾儿罢。'以箸代～，就唱起来。" ❾ 用拍板伴奏。宋曹勋《饮马歌》小序："此腔自虏中传至边，饮牛马即横笛吹之，不鼓不～，声甚凄断。"韩元吉《醉落魄·生日自戏》："我歌欲和君须～。风月年年，常恨酒杯窄。"明张岱《陶庵梦忆》卷五："高坐石上，不箫不～，声出如丝，裂石穿云。" ❿ 用于拍击的器具。唐白居易《醉后赠人》："香球趁～回，环匼花盏抛。"宋曾公亮等《武经总要》前集卷一二："右狼牙～，……以狼牙铁钉二千二百个，皆长五寸，重六两，布钉于～上。" ⓫ 挽；拉；扯。宋韩世忠《满江红》："向星辰、～袖整乾坤，难消歇。"刘克庄《闻城中募兵有感》之一："庄农戎服来操戟，太守儒装学～弓。"明汤显祖《牡丹亭》四七出："〔持枪舞介〕冷梨花点点风儿刮……〔老旦反背，～袖笑倒介〕" ⓬ 扇动。宋华岳《题溪庄》："蝶翅～花催舞袖，凤毛翻锦入诗囊。"元赵岩《喜春来过普天乐》："(粉蝶)一个～散晚烟，一个贪欢嫩蕊。"清《野叟曝言》二二回："四条白雪身躯，间红黄紫绿四色裤儿，闪闪烁烁，参参差差，如黄鹂织柳，粉蝶～花。" ⓭ 满；充满。宋何澹《桃源忆故人》："～堤芳草随人去，洞口山无重数。"金元好问《满江红·三泉醉饮》："金缕唱，金蕉～，休直待，芳华歇。"《元曲选·燕青博鱼》三折："满鼻凹清风，～胸膛爽气。" ⓮ 从榷酒机构批酒来零售。明《二刻拍案惊奇》卷一六："宋淳熙年间，明州有个夏主簿，与富民林氏共出本钱，买扑官酒坊地店，做那沽～生理。" ⓯ 讲；说。明汤显祖《牡丹亭》三九出："一点色情难坏，再世为人。话做了两头分～。"清祁寯藻《马首农言》："腊月三白两树稼，庄家出门～大话。" ⓰ 节奏；节律。比喻规定的情节。明《古今小说》卷一〇："刘氏听见滕爷言语，句句合～，分明鬼谷先师一般，魂都惊散了。"《西湖二集》卷一："吴越王建都杭州，高宗也建都杭州；吴越王活至八十一岁，高宗也活至八十一岁，恁地合～。"清《品花宝鉴》一五回："这个我们只怕行不来，一来心思欠灵，二来这唐诗与《诗经》也不甚熟，那里能说得这样凑～?" ⓱ 碰；接触。明《醒世恒言》卷三："邢权是望四之人，没有老婆，一～就上。两个暗地偷情，不止一次。"又卷一五："你贪我不舍，一～上就圆成。"清《何典》六回："忽有个粗胖小伙子来做他口里食，真是矮子爬楼梯，巴弗能彀的，自然一～一吻缝。" ⓲ 插入。指性交。清《醒世姻缘传》七〇回："这狗𡲰～的，了不的，拿这精铜杭杭子来哄我呀!"《品花宝鉴》五八回："潘三乐极，便关了门，下了卷窗。得月坐在身上，斗了一笋，一～就合，大顽起来。" ⓳ 提示；告诫。清《野叟曝言》一八回："你是承行，还是你去～～醒他，免得当场出丑。"

【拍按】 pāi àn ❶ 打拍子，也指拍节。明方以智《通雅》卷三〇："今之单弹琴者，犹度清曲也，使其引喉转声以意长短，不合～，岂可听乎？琴与瑟合，遂与六琴六瑟合，遂与众乐合，皆恃～之节以一之。" ❷ 拍打按压。清唐英《陶务叙略碑记》："大小圆器拉成水坯，俟其潮干，用修就模子套坯其上，以手～，务使泥坯周正匀结。"蓝浦《景德镇陶录》卷一："坯稍干，则用修就模子，以手～，使泥坯周正匀结。"

【拍把】 pāi bǎ 束成把用于拍击的器物。宋曾公亮等《武经总要》前集卷二："(步队)其给器仗，则枪一十五根，通旗在内，弩五具，弓矢十具，棒六具，陌刀五具，～四具。"元沙克什《河防通议》卷上："卷埽器具：制脚木、……卓斧、～、栎木、杪棒。"

【拍板】 pāi bǎn ❶ 一种用数片硬木串联制成的打击乐器，用于控制音乐节拍。也称檀板、绰板等。唐段安节《乐府杂录》："～本无谱，明皇遣黄幡绰造谱，乃于纸上画两耳以进。"元明《水浒传》三回："背后一个五六十岁的老儿，手里拿着串～。"清孔尚任《桃花扇》一出："一声～温而厉，三下渔阳慨以慷。" ❷ 击打拍板伴奏。唐张鷟《朝野佥载》卷六："寿安男子，不知姓名，肘～，鼻吹笛，口唱歌。"明《型世言》七回："或时与些风流子弟清歌短唱，吹箫～，嘲弄风月。"清《姑妄言》一八回："雨棠弹弦子，雪梅～，雨棠露皓齿，吐娇音，唱一只小曲。" ❸ 用于拍打谷物使脱粒的板状农具。元牟巘《四安道中所见》之八："早禾趁日连枷闹，老荚争风～飞。"

【拍搭】 pāi dā ❶ 搭配。宋张炎《词源》卷下："一曲之中，安能句句高妙，只要～衬副得法。" ❷ 拍打。清《醒世姻缘传》八四回："丫头的老子也没写成文书，～着那中门，只说：'领出孩子来罢，我不卖了。'"

【拍打】 pāi dǎ 拍击；击打。宋洪迈《夷坚志》补卷一七："但扶策起坐，将笤帚～背三下，糕便落腹。"清孔尚任《桃花扇》九出："三百年养士不差。都要把良心～，为什么击鼓敲门闹转加。"《醒世姻缘传》三回："昨日那个鹞鹰，使翼～李成名脸的，也是他。"

【拍但】 pāi dàn 同"拍弹"。宋吴曾《能改斋漫录》："而明皇尤溺于夷音，天下熏然成俗。于时才士始依乐工～之声，被之以辞。"

【拍弹】 pāi dàn 唐时一种带表演的时新曲调。唐苏鹗《杜阳杂编》卷下："(李)可及善转喉舌，对至尊弄媚眼，作头脑，连声作词，唱新声曲，须臾即百数方休。时京城不调少年相效，谓之～。"《太平广记》卷二〇四引《卢氏杂说》："一二十年来，绝不问善唱，盛以～行于世。～起于李可及。"

【拍调】 pāi diào 乐曲的拍节调门，也指文字格调。宋姚勉《念奴娇·和尹司门与蔡侯咏雪》："未说赋就梁园，阳春～，压倒唐元白。"佚名《满江红·侄寿叔》："事业权舆韩范辈，文章～苏黄里。"明马欢《瀛涯胜览》："一人吹锁呐，一人击小鼓，一人击大鼓，初起则慢，自有～，后渐紧促而息。"

【拍动】 pāi dòng ❶ 拍击使走动。元明《水浒传》六六回："～赤兔马，手舞青龙刀，径抢梁中书。"清《飞龙全传》一〇回："～桃花战马，抡开柳叶钢刀，望着匡胤当头便砍。" ❷ 拍打使响动。明《韩湘子》一四回："～渔鼓，唱一个道情。"清《歧路灯》六三回："～那金铙铜钹，声震天地。"

【拍泛】 pāi fàn 犹"拍浮❷"。宋王恽《点绛唇·西湾即事》："谁豪右，忘怀惟有，～船中酒。"

【拍浮】 pāi fú ❶ 拍打浮水；漂浮。《敦煌变文校注》卷二《庐山远公话》："凡人渡水，弟一须解怕(拍)浮；不解，徒劳入水。"宋元《警世通言》卷一四："真人面前说不得假话，旱地上打不得～。"明张羽《金川门》："两山夹沧江，～若无根。" ❷ 指饮酒。金元好问《鹧鸪天》："麟阁画，祖生鞭。～多负酒家钱。"明徐复祚《投梭记》一〇出："要浴日功垂九有，肯一丘一壑，～杯酒?"清董元恺《寄赠许太史生洲》："曾携长啸登楼。恰士稚、清樽共～。" ❸ 泛指沉湎；陶醉。宋蔡松年《寄王仲侯》："～花里知恩否？寄与新诗洗醉惊。"元辛文房《唐才子传》卷六《施肩吾》："～诗酒，搴擘烟霞。"

【拍抚】 pāi fǔ 轻轻拍打抚摸。元宋方壶《一枝花·蚊虫》："帐嗡嗡乔声气。不禁～，怎受禁持?"

【拍沽】 pāi gū 卖酒。元王恽《题珠帘秀序》："锤破小山犁舌狱，倒翻卓氏～垆。"

【拍合】 pāi hé 搭合；捏合。明高攀龙《三时记》："非于致知之有悟也，特以文成不甘自处于二氏，必欲篡位于儒宗，故据其所得～致知，又装上格物，极费工力，所以左笼右罩，颠倒重复。"清姜炳璋《诗序补义》卷一八:“《集传》将‘农夫之庆’悬空说,则下二句～不到‘祝君上’,故不得不以‘万寿’称农夫耳。”翁方纲《王文简古诗平仄论》:“在古人原出以无意,而其实天然之节奏,皆于无意中～之,未有特出有心,别呼律句,以为古诗者也。”

【拍哄】 pāi hǒng 拍打哄逗。明《金瓶梅词话》五二回:“只顾抱了官哥儿,～着他,往卧云亭儿上去了。”清《姑妄言》一九回:“一个妇人抱着个孩子,‘儿哟肉哟’的不住～。”

【拍户】 pāi hù 宋时向酿酒机构批酒来零售兼卖菜肴的小酒店。宋叶適《朱娘曲》:“忆昔剪茅长桥滨,朱娘酒店相为邻。自言三世充～,官抛万斛嗟长贫。”华岳《北征录》卷一:“比较务之要闹～,城下务之要闹地分,户部赡军库之要闹脚店,总领所酒库之要闹楼馆,今尽归于公使库。”吴自牧《梦粱录》卷一六:“大抵酒肆除官库、子库、脚店之外,其餘谓之～,兼卖诸般下酒。”

【拍划】 pāi huà 同“刮划❷”。清《荡寇志》八三回:“把一个足智多谋的陈道子,弄得半筹都～不开。”

【拍击】 pāi jī 拍打;拍打冲击。宋朱肱《北山酒经》卷中:“油面比前减半,同煎白汤泼之,每斗不过泼二升,～米心匀破成糜。”清康熙四十一年七月二十二日张鹏翮奏文:“常起西风大暴,巨浪～堤岸,处处报险。”《野叟曝言》六九回:“十二姨将两手轮流～,忽轻忽重,忽疾忽徐。”

【拍肩】 pāi jiān ❶ 比肩。比喻程度相当。唐方干《赠李支使》:“公卿位近应翘足,荀宋才微可～。”清宋荦《何次德见过漫堂感赋》:“厨俊英游幸～,喉瀛鞭弭共周旋。”王式丹《和前题》之八:“延清诗律压群贤,览胜寻题每～。” ❷ 拍肩膀表示亲热。金刘祁《归潜志》卷一:“一时名士,皆由公显于世。又与之～尔汝,忘年齿相欢。”明王同轨《耳谈类增》卷五一:“二人比党为友,实以利合。醉则～矢日,愿同生死。”

【拍脚】 pāi jiǎo 踢脚。明《西游记》四三回:“只一简,打了个跳踵,赶上前,又一～,跌倒在地。”

【拍节】 pāi jié 节拍;按拍调节的乐律。宋范镇《东斋记事》卷四:“虞美人草,唱《虞美人曲》,则动摇如舞状,以应～,唱他曲则不然。”清毛奇龄《竟山乐录》卷四:“古凡乐必有节,几见琴瑟无～者?”

【拍酒】 pāi jiǔ ❶ 宋时小酒铺或批量用酒人家向酿酒机构批酒。宋徐鹿清《劾知太平州岳珂在任不法疏》:“有细民因年节娶妇,两次～,并兵吏取乞,通计一百一十六千者。” ❷ 指饮酒。宋王庭珪《题王主簿逸老堂》:“此时真似地行仙,～何须万斛船。” ❸ 酿酒。宋黄庭坚《次韵伯氏谢安石塘莲花酒》:“花蕊芙蕖～醇,浮蛆相乱菊英新。”明方以智《物理小识》卷六:“饧,以一斗糯蒸饭,以十二两干麦芽舂成面和之,如～式。”

【拍酒船】 pāi jiǔ chuán 指沉迷饮酒。参见“拍浮❷”。宋吴芾《送鲁漕》之三:“须知出处从今异,一醉休辞～。”明畲翔《答王百谷》:“君自纫兰佩,余仍～。”汤珍《钱子孔周卧屙不出奉简律句》:“却缘伏枕违春事,自笑无情～。”

【拍酒楼】 pāi jiǔ lóu 酒楼;酒铺。金段成己《翼日二子见和复韵以答》:“便邀东海骑鲸客,同上西家～。”高宪《元夕无灯》:“多情唯有梅梢月,～头照管弦。”

【拍救】 pāi jiù 扑救。清《野叟曝言》一〇五回:“守城官兵一齐上前～。”《玉楼春》一八回:“千军万马～不歇,一霎时把一所贡院烧为平地。”

【拍开】 pāi kāi ❶ 拍打使打开或裂开。宋华岳《送李子方》:“鸡翅～朱户锁,雁声唤上木兰舟。”王衮《博济方》卷三:“用苦楝子一个～,水一升煎至五合。”《朱子语类》卷二:“雪花所以必六出者,盖只是霰下被猛风～,故成六出。” ❷ 掰开。元明《水浒传》二七回:“武松取一个～看了,叫道:‘酒家,这馒头是人肉的。’”明《山歌·推》:“生毛桃要吃教我郎亨～来。”清《荡寇志》七五回:“口里一头嚼着,一头把那馒头～,看那里面的馅子。” ❸ 劈开;拉开。明张凤翼《红拂记》五出:“扫清江汉功无上,双手～天壤。”李梅实《精忠旗》一〇出:“双手～生死路,一身跳出是非门。”《古今小说》卷三〇:“东坡正没奈何,却得佛印劈手～,惊出一身冷汗。” ❹ 张开;叉开。明《梼杌闲评》四回:“后有一二十人齐来乱打,却好班中人都到了敌住,是小的～手护得他来。”清《醒世姻缘传》七二回:“断然要把两只腿紧紧夹拢,不可～。”《合欢图》六九回:“登倒子身体,～子脚。” ❺ 拆散;使分离。明《醒世恒言》卷九:“老汉只管撮合,那有～之理。” ❻ 拍打使开始行动。清《说岳全传》四二回:“两边各通姓名,～战马,锤铲相交。”《飞龙全传》四回:“说罢,～了战马,抢刀照面砍来。”

【拍满】 pāi mǎn 充满;溢满。宋黄机《沁园春·送徐孟坚秩满还朝》:“说一时伟望,齐高岳麓;二年遗爱,～湘波。”陈著《真珠帘·四时怀古·夏词》:“茉莉芰荷香,～笙箫院。”明朱潮《与吴太守论莆田南洋水利书》:“沟水～汪洋,则于外堤私立陡门,设涵窦以注于海。”

【拍盲】 pāi máng 全盲;彻底瞎。五代文偃《云门广录》卷上:“大～底人来,师还接也无?”《五灯会元》卷六《涌泉景欣禅师》:“～不见佛,开眼遇途人。”明田汝成《西湖游览志餘》卷一四《方外玄踪》:“～举起,～打捱,谁管今生打得彻,打不彻?”

【拍面】 pāi miàn ❶ 扑面;迎着脸来。宋曹彦约《登复州城》:“城分南北平腰束,湖号东西～浮。”明张以宁《同徐元征钱德元酒边即席题》:“千里汴堤尘～,梦从淮左过江南。” ❷ 劈面;迎面。明《山歌·瞒夫》:“姐听情哥～来,再吃我里亲夫看见子了两分开。”《封神演义》八六回:“纵马舞刀来取。南宫适手中刀～交还。”清《蜃楼志》一七回:“王行大怒,～一掌,忙喝副役锁住。” ❸ 拍击脸;打脸。清《醒世姻缘传》三回:“李成名昏了半晌,懵懵挣挣走到家来,面无人色,将鹞鹰～夺了狐皮去的事一一与晁大舍说了。”又四八回:“别教人～皮面,才是会为人的。惹的人打开了手,只怕收救不住。”

【拍搦】 pāi nuò 犹“拍抚”。唐张鷟《游仙窟》:“～奶房间,摩挲髀子上。”《敦煌变文校注》卷一《伍子胥变文》:“子胥控马笼鞭,就水抱得小儿,～悲啼吊问。”

【拍樯】 pāi qiáng 一种用桅杆制成的用来撞击敌船的战具。《隋书·杨素传》:“素遣巴蜑率千人乘五牙四艘,以～碎贼十餘舰,遂大破之。”

【拍琴】 pāi qín 抚琴;弹琴。唐杜甫《九日陪淳侍中宴》:“说剑风生坐,～鹤绕云。”刘禹锡《望赋》:“～翻朔塞之音,挟瑟指邯郸之路。”

【拍请】 pāi qǐng 向榷酒机构申请批酒销售。宋华岳《北征录》卷一:“今诸州公使库界辖,尽占赡军、比较、都务之要闹界辖,悉令～酤卖。”

【拍求】 pāi qiú 探究反省。清《霓裳续谱·奴初醒》:“我如今猛回头,自～,待我回转家门,卖了那些丫头。”

【拍散】 pāi sǎn 指乐曲或谱曲。拍,拍序;散,散序。清毛奇龄《雨中听三弦子》:“弦声复杂风雨声,～音繁语呜咂。”又《送吴道贤南还》:“情文接师夔,谱数注令羊。～有刌度,契注生豪芒。”

【拍塞】 pāi sè 满溢;充满。宋杨泽民《水龙吟·木樨》:“～清香,远闻十里,如何藏闭?”元王伯成《天宝遗事诸宫调·禄山梦杨妃》:“谁承望～脂囊,忽变做郎当皮带。”明柯丹邱《荆钗记》二出:“胸中～书五车,舌底澜翻浪千尺。”

【拍煞】 pāi shā 指乐曲的节奏。煞,乐曲的结尾。明张岱《陶庵梦忆》卷五:“同场大曲,蹲踏和锣,丝竹肉声,不辨～。”

【拍试】 pāi shì 铨试应武职者的弓马技艺。宋赵昇《朝野类要》卷二:“武臣奏补人铨试弓马者,谓之～。”欧阳修《论西北事宜札子》:“见今经略司分差主将,诸州巡教,以三等弓弩～,渐次亦当精熟。”叶適《华文阁待制钱公墓志铭》:“他日上遣官～,独楚应格。”

【拍手】 pāi shǒu ❶ 张开手;撒开手。《敦煌变文校注》卷五《维摩诘经讲经文(二)》:“维摩言了出宫庭,梨(藜)杖将来～擎。缓步出门频礼拜,笑颜登路揖公卿。”明汤显祖《牡丹亭》一六出:“后来那、那、那秀才就一～,把小姐端端正正抱在牡丹亭上去了。”《韩湘子》二五回:“着他兴风作浪,漂没了韩氏的房屋田产,使窦氏母子婆媳～成空,那时才好下手度他。” ❷ 两人各以一掌相击,表示认可。明《金瓶梅词话》二一回:“李大姐做证见,你敢和我～么?”

【拍手打脚】 pāi shǒu dǎ jiǎo 犹“拍手打掌”。清《红楼梦》四一回:“众人笑的～,还要拿他取笑。”

【拍手打掌】 pāi shǒu dǎ zhǎng 拍手鼓掌,形容人情绪兴奋、激动的样子。明《西游记》五六回:“那厮闻言,走出草堂～笑道:‘兄弟们,造化! 造化! 冤家在我家里也!’”

【拍手拊掌】 pāi shǒu fú zhǎng 即“拍手打掌”。宋《景德传灯录》卷一一《婺州金华山俱胝和尚》:“俱胝承当处卤莽,只认得一机一境。一种是～,是他西园奇怪。”

【拍水】 pāi shuǐ 浮水。唐白居易《答微之见寄》:“摆尘野鹤春毛暖,～沙鸥湿翅低。”明杨基《寄题水西草堂》:“春风二月微雨霁,鹅鸭～黄莺啼。”

【拍索】 pāi suǒ 即“拍塞”。宋滕甫《蝶恋花·次长汀壁间韵》:“～闷怀添酒兴,旋撷园蔬,随分成盘饤。”华岳《浴》:“酒肠～能回春,春潮八面香熏熏。”

【拍头】 pāi tóu 劈头;迎头。清《野叟曝言》一七回:“我吃他这～一句死话,竟没甚话加他。”

【拍惜】 pāi xī 拍抚怜爱。宋陈元靓《事林广记》辛集卷上:“供送饮三杯先入气,道今宵打歇处,把人～。”宋元《古今小说》卷三六:“宋四公把那妇女抱一抱,撮一撮,拍拍惜惜。”明佚名《村里迓鼓》:“咱须要口儿中相温,手儿中～,怀抱儿意温存。”

【拍序】 pāi xù 《羽衣霓裳曲》前六叠无拍,称散序;后六叠有拍,称拍序。也泛指有拍的乐曲。《新唐书·南蛮传》:“每拜跪节以钲鼓,次奏～一叠,舞者分左右蹈舞。”宋王灼《碧鸡漫志》:“散序六遍无拍,故不舞;中序始有拍,亦名～。”清洪昇《长生殿》一四出:“散序俱已传习,今日该传～了。”

【拍絮】 pāi xù 飞絮;飘絮。宋万俟咏《木兰花慢》:“东风晚来更恶,怕飞红、～入书楼。”

【拍臆捶胸】 pāi yì chuí xiōng 用手捶拍胸前,是悲痛、焦急时的动作。《敦煌变文校注》卷五《维摩诘经讲经文(四)》:“一时～,忙乱浇茶酹酒。”

【拍张】 pāi zhāng ❶ 一种以跳跃击打为主的搏击技艺。宋调露子《角力记》:“茹法珍诬而夺之,曰:‘人传曹武每好风景,招人～武戏。’帝果疑之。～,亦角力也。”明王世贞《艺苑卮言》卷四:“高季迪(文)如～檐幢,急迅眩眼。”清吴伟业《赠吴锦雯兼示同社诸子》:“跳刀～虽将相,有书一卷吾徒传。” ❷ 伸张肢体拍打。元陶宗仪《辍耕录》卷六:“明元母病心痛,痛则～跳蹰。”清曹贞吉《和阆水部移居诗》:“～暂学鹳鹆舞,夔牛霜重还操挝。”吴廷桢《观潮》:“干挽乍隐鸥起没,一叶忽浮凫～。” ❸ 伸张(肢体)。明郑善夫《天津同王刘二子较射西营》:“当场角胜不相降,神臂～人堵墙。” ❹ 狂放;猖狂;张狂。明王衡《王冏伯君子亭中观射》:“老拳纳袖半甲子,今日未能禁～。”清田雯《碧峣书院歌吊杨升庵先生》:“明堂秋飨复聚讼,分宜餘毒争～。呜呼先生遂不返,菁茜峒獠群相将。”董元恺《风流子·草堂归兴》:“笑狂叫风云,～言志。” ❺ 拍手赞赏。清袁枚《寄庄容可抚军》:“碑刊王稚子,雨颂段文昌。入耳腾清誉,关心暗～。”

【拍掌】 pāi zhǎng 犹“拍手❷”。明《警世通言》卷三二:“不信时与你～为定,若翻悔时,做猪做狗。”清《绿牡丹》二八回:“我二人～为赌:我能如言一一做来,你当着众人之面磕我四个头。”

【拍子】 pāi zi ❶ 乐曲的篇章单位。宋吴自牧《梦粱录》卷二〇:“吹赚动鼓《渤海乐》一～至十～。” ❷ 用于拍击或堵塞的器物。宋李诫《营造法式》卷一六:“井口石,并盖口～一副。”明朱橚《普济方》卷四九:“罐口上用木～、油绢密封,上用粗麻线扎之。”《大清会典则例》卷一三〇:“錾子每个重八两,银九分;铁～每个银四分五厘。”

【搏】 pāi “拍”的俗体。明《金瓶梅词话》八回:“被风把长老的僧伽帽刮在地下,露出青旋旋光头,不去拾,只顾～钹打鼓,笑成一块。”又二七回:“亲达达,你省可的～罢,奴身上不方便。”

【搏打】 pāi dǎ 同“拍打”。明《金瓶梅词话》一二回:“师父,纸马也烧过了,还只个～怎的?”

【搏碰】 pāi pèng 犹“搏打”。明《金瓶梅词话》八回:“达达,你休只顾～到几时?”

pái

【俳长】 pái zhǎng 管理俳优、乐工的小吏。明沈德符《万历野获编》卷一四:“嘉靖二十七年,增设伶官,左右司乐,以及～、色长。”《金瓶梅词话》六八回:“比及进院门,架儿、门头都躲过一边,只该日～两边站立。”《大清会典则例》卷三:“教坊司:奉銮一人,左右韶舞各一人,左右司乐各一人,协同官十人,～无定员。”

【排】 pái ❶ 排序;编次。唐白居易《编集拙诗成一十五卷》:“莫怪气粗言语大,新～十五卷诗成。”《景德传灯录》卷二〇《龙光和尚》:“三公九卿～班位,看取金鸡竖也无。”清《白雪遗音·春景》:“若得此女～第九,愿写卖身文契纸一张,投奔在华堂。” ❷ 演奏。唐元稹《和乐天送客游岭南》:“歌钟～象背,炊爨上鱼身。”宋文莹《湘山野录》卷上:“顷有眉守初视事,三日,大～,乐人献口号。” ❸ 扎成排的竹木。宋苏轼《鱼蛮子》:“连～入江住,竹瓦三尺庐。”元明《水浒传》九六回:“原来这火排只是大松杉木穿成,～上都堆草把。” ❹ 推算。《元曲选外编·圯桥进履》二折:“你将那《周易》从头论,将我这贵与贱仔细～。”明孟称舜《娇红记》四四出:“掐指～来三月期,嗏,如何等得良辰至。”清《玉蜻蜓·问卜》:“既如此,让吾～～日脚看。今朝是初一,一四七弗空;明朝是初二,二五八一发忙。” ❺ 论(亲属关系)。《元曲选外编·拜月亭》三折:“从今后休从俺爷娘家根脚～,只做俺儿夫家亲眷者。”又《哭存孝》一折:“则听的乐动声齐,他是那大唐苗裔,～亲戚。” ❻ 数得上。元曾瑞《青杏子·骋怀》:“月宵花昼,大筵～回雪韦娘,小酌会窃香韩寿。”佚名《折桂令·题情》:“百媚千娇,所事奇哉。崔氏莺莺,许家盼盼,未必能～。” ❼ 传达;表现。元佚名《夜行船》:“眼角～情,眉尖传信,谁当得恁般丰韵。”清《白雪遗音·西湖十景·雷峰夕照》:“万种幽情能遣兴,四时佳兴动人怀。诗难就,曲难～,小有天园御笔挥。” ❽ 敷衍;掩饰。元关汉卿《新水令·凤凰台上忆吹箫》:“如今等惜花人弄巧,指不过美话儿～,虚科儿套,实心儿少。”马致远《夜行船》:“对人前～得话儿岩,就里尴尬,吓破风流胆。”刘时中《端正好·上高监司》:“～的文语呼为绣,假钞公然唤做殊。” ❾ 撑大。元佚名《朝天子·嘲人穿破靴》:“上台基左歪右歪,又不敢着楦～,只好倒吊起朝阳晒。” ❿ 显现;吐露。明《封神演义》二四回:“萌芽初出土,百草已～新。” ⓫ 排演;排练。清《歧路灯》五〇回:“到明日亲迎过来,咱的戏也～成了,我是要送戏来贺哩。” ⓬ 用力踩。清桂馥《札朴》卷九:“足拨曰～。上声。”《聊斋俚曲·慈悲曲》:“两脚～柴手又扳,一霎时手起泡,鞋也稀糊烂。”

【排挨】 pái ái ❶ 挨个查验。明《西湖二集》卷三一:“万里寻亲觅乱骸,刺将指血渐～。” ❷ 层层拥挤。清《歧路灯》一〇八回:“争乃人众只管～,把榆次公一顶旧轿挤得玻璃窗子成了碎瓷纹。”

【排岸】 pái àn “排岸司”的省称。宋居简《赵野云墓志铭》:“衢盗窃发,摄事有方略,改临安府～。”洪迈《夷坚志》支庚卷二:“逻巡者见之,白于官府,命三～究缉。……三～者,二为宗室,不厘务,独潘忠翊任责。”《宋史·河渠志三》:“政和六年,浙西诸州各置～一员。”

【排岸兵】 pái àn bīng 守护河堤的士兵。《宋史·河渠志三》:“水增七尺五寸,则京师集楚兵人作～,负土列河上,以防河满。”

【排岸司】 pái àn sī 管理水运事务的机构。也称其职员。宋洪迈《夷坚志》补卷一五:“时刘正夫孝题任临安～,亦摄职榷务。”《宋史·职官志五》:“～四,掌水运纲船输纳雇直之事。”《元曲选·潇湘雨》楔子:“沿河两岸长巡哨,以此加为～。”

【排摆】 pái bǎi 排列摆放。明《金瓶梅词话》七二回:“西门庆蓬着头,只在厅上收礼,打发回帖。旁边～桌面。”《欢喜冤家》一五回:“往厨头取了一对杯,～在桌上。”清金简《武英殿聚珍版程序》:“此盖小字木子,每个宽二分,双行～则宽四分。”

【排班】 pái bān ❶ 按班次、位序排列。敦煌词《感皇恩》:“百僚卿相列～,呼万岁。”明徐复祚《投梭记》一六出:“赴宴官不许搀前落后,直待到齐,～进见。”清《万花楼》一八回:“东西两旁,又设立位次,好待公侯将相按序～。” ❷ 比喻形成行列。宋吴龙翰《春晚郊行》:“翠幄初张花结局,锦棚未解笋～。”

【排办】 pái bàn 安排备办。宋吕陶《奏乞罢开乐宴状》:“近来中外喧传,谓已择日～,日夕必行此礼。”佚名《张协状元》二五出:“不知相公曾有钧旨,分付你～采楼,招纳驸马也。”明《大宋中兴通俗演义》一二回:“郭仲荀统兵扈卫从行,其餘俱令有司～。”

【排办局】 pái bàn jú 宋代专为官府、富户备办宴席的“四司六局”之一,负责准备有关器具及打扫、布置环境等事务。宋耐得翁《都城纪胜·四司六局》:“官府贵家置四司六局,各有所掌,……～专掌挂画、插花、扫洒、打渲、拭抹、供过之事。”吴自牧《梦粱录》卷一九:“～掌椅桌、交椅、桌凳、书桌,及洒扫、打渲、拭抹、供过之职。”

【排谤】 pái bàng 排挤毁谤。明方孝孺《与郑叔度书》:“闻有好学者,则嗤笑～,谓之迂惑。”李贤《天顺日录》:“莫不怨恨,乘隙～。”汪廷讷《狮吼记》一一出:“怪不得有官奏你～朝廷,原来你好管人家闲事。”

【排备】 pái bèi 安排准备。唐易静《兵要望江南·占飞禽》:“蚤须～莫留停,号令速驱兵。”明《西洋记》二六回:“羊角道德真君收拾一班宝贝,张满一口花篮,带领无底洞真人,～下山厮杀。”清《九云记》二六回:“～既毕,自己便退在秦淑人肩下坐下。”

【排比】 pái bǐ ❶ 安排准备。唐张说《论幽州边事书》:“臣熟闻幽州兵马寡弱,卒欲～,未可即戎。”明汤显祖《紫箫记》一四出:“～做亲夫,调停弄娇女。”清蒋士铨《空谷香》二九出:“是天公装点雨云祠,花神～氤氲使。” ❷ 排列;以次相连比。《敦煌变文校注》卷二《庐山远公话》:“敕即行下,内外咸知,[公]卿宰相～,何铢(殊)鼎沸威仪。”宋苏轼《哨遍·春词》:“方杏靥匀酥,花须吐绣,园林～红翠。”清薛雪《一瓢诗话》:“～声韵,较量属对以为工;夸繁斗缛,缀锦铺花以为丽。” ❸ 一种以相同或相近的句式排列构成的行文格式。清施补华《岘佣说诗》:“五言古诗,不废～对偶。然如陆士衡则伤气,如颜延之则窒机。”《女仙外史》八二回:“今以数句之题,而必律以八股～之文,其策论亦必囿之以格式。”

【排贬】 pái biǎn 排斥贬低。宋任渊《重修先主庙记》:“至后世利害不相及,则～讥笑未始少容。”元《农桑辑要》卷三:“其他州郡多以土地不宜为解,独孟祺、苗好谦、畅师文、王祯之属能～其说。”明《续金瓶梅》四六回:“到了～他人,夸扬自己,岂不是人人的通病。”

【排兵】 pái bīng ❶ 牌兵;持牌列阵的士兵。唐李绛《论魏博》:“所要在应接速疾,赴其机会,而今但要且严敕诸将,简练～。”《明史·魏时光传》:“邑遭残破,长吏设～三百人,委之教训。”清顾山贞《蜀记》:“内收的～,也有老猸猸的、一斗粟的。” ❷ 排布军阵;用兵。《敦煌变文校注》卷二《庐山远公话》:“于是白庄捕(布)阵于其横岭,～在于长川。”《元曲选外编·蒋神灵应》二折:“仿学那汉云长斩将三通鼓,蜀诸葛～八阵图。”清《姑妄言》二二回:“他口中虽会说如何～,如何御敌,说得固然好听,却并不知兵当作何调用。” ❸ 发兵;出动军队。《敦煌变文校注》卷一《王昭君变文》:“单于传告报诸蕃,各自～向北山。”宋陈襄《韩信论》:“不能应期而击楚,～而济难,而反贪其壤地,不亦谬欤!”清陈端生《再生缘》五回:“话说皇甫公打发宝眷起身之后,便将该管之事交代别官,即日下教场～。” ❹ 列队;摆列队伍。宋曾公亮等《武经总要》前集卷五:“凡下营～布队,人皆取队后过;发兵收军,人皆取队前过。”清图理琛《异域录》卷上:“自伊聂谢柏兴地方起程,亦～列帜,鸣炮鼓吹而送。” ❺ 比喻像列队、交兵那样的事。宋赵鼎《暮春》:“锦鸠呼妇商量雨,白蚁～做弄阴。”元佚名《一枝花·棋》:“响铮铮交锋递子,密匝匝彼此～。”清《姑妄言》二二回:“他倒不爱金银,只是兵士们有掳来的好妇女,不许自私,必要送他,为夜间枕席上～交锋之用。”

【排拨】 pái bō ❶ 排斥;排挤;摈除。唐王梵志《俗人道我痴》:“俗人道我痴,我道俗人呆。两两相～,喽啰不可解。”《锦绣万花谷》前集卷二九引《要览》:“不见前～名毁,不见前赞美为誉;现前赞美为称,见前～名讥。”清胡煦《周易函书约注》卷六:“盖势已极盛,皆难猝然消灭。唯初起未盛,一～之,便已复旧。” ❷ 调拨;调遣。宋朱晞颜《朝辞奏四川茶马》:“乞于茶马司所买马外,不堪～起纲之马,令官用退印。”清《剿捕临清逆匪纪略》卷四:“望见贼人将粮船～外河,似作浮桥之意。” ❸ 排遣。明沈周《仿倪瓒山水画款识》:“且暑闷正无所～,遂不复辞。” ❹ 安排处理。清《聊斋志异·小梅》:“女乃～丧务,一切井井。”

【排布】 pái bù ❶ 安排;布置。《太平广记》卷四九二引《灵应传》:“号令三军,设三伏以待之。迟明,～已毕。”宋陈师道《后山谈丛》卷一:“合数路之兵势,更令王超等于定州近城～照应。”明《醒世恒言》卷二三:“以定是有那个人儿看上了我家夫人,你思量做个马泊六，何苦扯扯拽拽，～这个大套子。” ❷ 排列；摆列。宋慧洪《林间录》卷上：“洞山安立五位道议，眼明者视其题目，十五字～。”明《列国志传》三五回：“各执青黄赤白黑旗，屯于五方，以按五行～已完。”清《说岳全传》九回：“倘然贼人仓卒而来，或四面围困，那时怎得工夫～了阵势，再与他厮杀么？” ❸ 摆布；处置。清《绿野仙踪》四七回：“教何公子今晚得一疾，明早就死在郑三家里，看他们如何～。”△《闽都别记》一二回：“三女举起金藤鞭正欲打下，四女阻之曰：‘且慢打，慢慢来～。’”

【排叉】 pái chà ❶ 设置排叉木。宋汪元量《越州歌》之五：“岭上万松都斫尽，西湖新路欲～。” ❷ 即“排叉木”。元明《水浒传》六一回：“一周回鹿角交加，四下里～密布。”

【排叉木】 pái chà mù 军事防御设施，以削尖竹木交叉构成栏栅状，防敌兵攀爬或骑兵冲击。宋陈规《守城录》卷一：“于女头墙里鹊台上靠墙立～，每空阔三四寸一根，通度枪刀向上，高出女头墙五六尺。”

【排杈】 pái chà 同“排叉❷”。宋李曾伯《出师经理襄樊奏》：“乃若经理之初，务要多得竹木，以为～楼橹造作等用。”

【排杈木】 pái chà mù 同“排叉木”。宋李纲《奏知城上守御器具有未备处札子》：“东西水门，须用～以防贼马。”

【排杈】 pái chà 同“排叉❷”。宋方岳《排门夫》：“官须～二十万，岩邑配以三千枚。”李曾伯《拟泰寿泗三郡筑城记》：“而于四门外砌小堡，各起～敌楼，凡二十楹。”《资治通鉴》卷二五二胡三省注：“斩木为鹿角，植之城外，以限冲突，今人谓之～者是。”

【排场】 pái chǎng ❶ 排布场面（举行活动）。宋王珪《宫词》之九七：“殿下～击土牛，君王玉仗久迟留。”范成大《壬辰天中节赴平江锡燕》：“去岁～德寿宫，薰风披拂酒鳞红。” ❷ 盛大铺张的场面。宋庞元英《文昌杂录》卷三：“初有司预于殿庭设山楼～，为群仙队仗、六番进贡、九龙五凤之状。”元乔吉《水仙子·赋李仁仲懒慢斋》：“闹～经过乐回闲，勤政堂辞别撒会懒。”清《野叟曝言》八四回：“此番嫁女，不比送与素臣为妾，是要遍请邻族亲朋，大做～的。” ❸ 演出；表演。《宋史·礼志十六》：“三年正月十三夜然灯，罢内前～戏乐，以昭宪皇太后丧制故也。”《元曲选·货郎旦》四折：“〔小末唤科，云〕兀那两个，你来说唱与我听者。〔副旦做～、敲醒睡科〕”清《红楼梦》二二回：“那里知道这出戏的好处，～又好，词藻更妙。” ❹ 舞台；剧场；娱乐场所。元睢玄明《耍孩儿·咏鼓》：“～上表子偷睛望，恨不得街上行人将手拖。”明冯惟敏《玉抱肚·赠赵今燕》：“曲江池陪奉明公，秀春园占断～。”清《歧路灯》三七回：“他一个客就带了几个家人，把咱满座子客架住了。咱们小～，如何搁得下他。” ❺ 比喻纷扰的尘世或官场。元乔吉《雁儿落过得胜令·回省》：“桔槔地面宽，傀儡～热。名利酒吞蛇，富贵梦迷蝶。”明何良俊《金陵吊古》之二：“今夜弈棋收局，明朝傀儡～。”王衡《真傀儡》：“乾坤干打哄，风雨乱～，着甚忙忙！” ❻ 行为；手段。元佚名《粉蝶儿·阅世》：“常想着桃李春风，怎知有桑榆暮景。少年～，都做了老来罪名。”清李玉《永团圆》二四出：“凭着你巧计牢笼多做作，这～好一似脱鸿门福智齐高。”《绿野仙踪》二一回：“不换原是小户人家子弟，那里经过这样妖浪阵势，狐媚～，勾引的他神魂如醉。” ❼ 身分；职业；地位。元关汉卿《谢天香》二折：“相公名誉传天下，妾身乐籍在教坊。量妾身则是个妓女～。”明佚名《点绛唇·妓者嗟怨》：“卖笑～，就中冤枉，有三千丈。”清李玉《人兽关》二八出：“今日里觑着他占鳌头画锦多荣贵，羞杀我对西风削尽了冷面皮。吓得我显轮回果报奇，又闪得我好～冷暖异。” ❽ 排列；排布。明汤显祖《牡丹亭》五二出：“到长安日边，果然风宪，九街三市～遍。”清许尚质《浣溪沙·固安县东岳祠》：“百货～春社日，一行扶路醉归时。” ❾ 剧情；情节梗概。明沈采《千金记》一出：“那来的韩信是也。交过～，紧做慢唱。”佚名《古城记》一出：“来者非别，刘玄德是也。交过～，紧做慢唱。” ❿ 泛指情节；来历；过程。清李渔《意中缘》六出：“少不得到京师交付～，你自向枕头边细问嫦娥。”《连城璧》子集：“只见到了罾边，那个大鱼竟像知道有人捞救，要交付～，好转去的一般，把他身子一丢，竟自去了。”《儒林外史》二六回：“当下逐一背过履历，交待过～，司官又带他们从西首走了下来。” ⓫ 做派；派头。清《儒林外史》二四回：“岂止像知府高老回家，就是尚书侍郎回来，也不过像老爹这个～罢了。”《歧路灯》一〇五回：“好官则温厚和平，不改儒素旧风；俗吏则趾高气扬，显出光棍～。” ⓬ 套路。清《歧路灯》一〇一回：“别敬乃现任～，弟已告休，二公尚待另日，何必为此？”又一〇五回：“以万为方，宋时已有之，今则为官场中不知羞的～话。” ⓭ 排揎；数落。清《红楼梦》二〇回：“你妈妈再要认真～他，可见老背晦了。”又六三回：“这位奶奶那里吃了一杯来了，唠三叨四的，又～了我们一顿去了。”

【排尘】 pái chén 犹“拂尘❷”。明谢谠《四喜记》二四出：“远劳下顾，薄酒～。”

【排齿】 pái chǐ 序齿；按年龄排序次。清《妖狐艳史》一〇回：“与老叟彼此行了恭敬之礼，～而坐。”

【排除】 pái chú 除去；去掉。《法苑珠林》卷一一四：“以临终时多有恶业相现，不能立志～，是故瞻病之人特须方便，善巧诱訹。”元陆文圭《陆庄简公家传》：“患差役不均，为之区画，先所居化成一乡始立式推，～诡寄虚桩之弊。”

【排次】 pái cì ❶ 依次排列。唐赵元一《奉天录》卷一：“内库陌刀五千口，白刃如雪，～如鳞。”明《西游记》一一回：“教他用心再拜明僧，～阇黎班首，书办旨意。”清《后水浒传》三四回：“到了次早，众弟兄～坐下。” ❷ 依次；顺序。宋佚名《最高楼》：“司春有序，～到荼蘼。” ❸ 排列的次序。清《歧路灯》八九回：“又拿出一个全帖，上边横写名字，与名单～一样。”又九二回：“卷面已写定名次，即将卷子交付与你，速速写了榜文装头，按～写榜。”

【排蹙】 pái cù ❶ 拥挤碰撞。《太平广记》卷四三四引《玉堂闲话》：“南抵一悬崖，犬逐既急，牛相～，居其首者，失脚堕崖。”宋江休复《行舟戒》：“若据便地，则乘流而止；顺风而过者，动有冲击～之患。”明归有光《奉酬冯太守行视西山关隘》：“巨浪落高崖，～万石坠。” ❷ 排挤。《太平广记》卷二五四引《御史台记》：“先时与高上智俱任殿中，为侍御史张由古、宋之顺所～，与上智迁员外。” ❸ 按压推动。明汪机《针灸问对》卷中：“切谓指按使经脉宣散，推按谓～其皮以闭穴。”

【排蹴】 pái cù 同“排蹙❶”。唐姚汝能《安禄山事迹》卷下：“路狭，北拒黄河，南抵石岸，～前进不得。”

【排打】 pái dǎ 弹奏；演唱。《敦煌变文校注》卷五《父母恩重经讲经文(一)》：“酒熟花开三月里，但知～曲江春。”

【排单】 pái dān 逐项排序填注的单子。多用于递送。清乾隆三十一年三月二十四日上谕：“并将上次每省录用人数详悉开呈，其朝考录取者，并注明于绿头牌及～内。”《平定金川方略》卷一八：“嗣后一切驰送军机事件，俱设立～。如自京发往者，将月日时刻、报匣若干、封套若干，逐一注明～之上。”

【排担】 pái dàn 收拾担子。元明《水浒传》四回：“连夜收拾衣服盘缠，段匹礼物，～了。次日早起来，叫庄客挑了。”

【排当】 pái dàng ❶ 安排；打理。五代朱温《定门禁敕》：“其逐日诸道奉进客省使，于千秋门外～讫，勒控鹤官舁抬至内门前。”明陈继儒《杨幽妍别传》：“舟中载冬史弦索，悉付小青衣～。”

清陈世祥《裁白纻作春衫》："较量寒消，～花了，恰值清闲。" ❷ 摆设；排列。宋张齐贤《洛阳缙绅旧闻记》卷三："吕言不欲多见人，望太尉于东位射弓处～帐设。"明朱浉《寿百岁翁林公诗》："传闻邻境作春事，～古物惊群儿。"汤显祖《邯郸记》二七出："御宿田园，御书楼榜，御乐仙音整～。" ❸ 特指宫廷或官府设宴。宋周必大《端午帖子·太上皇后合》："赫奕蕤宾月，宫庭乐事频。便从端午节，～过天申。"自注："禁中以置酒为～，当字去声。"《宋会要·刑法志二》："其师府监司七夕率皆登临宴饮，无复忌惮，吏民聚观，不可以训。今后七夕～登寺门事可罢。"明王世贞《正德宫词》之一六："帐殿春眠日色饶，掖垣簪珥自群僚。中官又启～就，亭午传宣且放朝。" ❹ 指规格较高的宴席。宋周密《武林旧事》卷二："大抵内宴赏，初坐、再坐、插食盘架者，谓之～，否则，但谓之进酒。" ❺ 泛指设宴或安排酒食。明袁宏道《识照澄卷末》："《后赋》直平叙去，有无量光景，只似人家小集，偶尔饤饾，欢笑自发，比特地～者，其乐十倍。"林弼《代上人赋当字》："从席罗嘉蔬，开樽出清醖。惟应效真率，安用学～。"清汪琬《老友既庭暨王子咸中连许过予山庄》："稚子倘能供洒扫，小妻犹足任～。"

【排宕】 pái dàng ❶ 同"排荡❷"。元袁桷《仁寿堂赋》："黑祲障空，磷烟蔽江，横厉～，抶击舂撞。" ❷ 豪迈奔放。明吴易《定襄侯郭忠武公登》："～非常姿，灏气秋空晶。"清玄烨《跋董其昌墨迹后》："草书亦纵横～有致。"张英《潘木厓诗集序》："少陵雄浑苍深，体兼众妙；香山～潇洒，自为一家。"

【排荡】 pái dàng ❶ 碰撞；触击。唐杜甫《题衡山县文宣王庙新学堂》："旄头彗紫微，无复俎豆事。金甲相～，青衿一憔悴。"明陈桷《石山医案》卷上："若能补养，以复其刚大之性，则冲突～，又何胀满不散，积块不行。"清《女仙外史》五六回："仙魄摧残，真人也受阴魔厄；灵风～，狭路还遭神女嗔。" ❷ 激荡；冲激。唐杜甫《八哀诗·秘书监江夏李公邕》："否臧太常议，面折二张势。衰俗凛生风，～秋旻霁。"明凌义渠《一经堂小题》："凡所对遇，潋滟眉眼，～心魂，苦不可忍。"清吴士玉《和腊月十九坡公生日率诸生致祭》："孤忠～激颓波，百折不回坚有守。" ❸ 扫荡；排除。《法苑珠林》卷三一："冀藉一善，消除万累，～重昏，豁然清净。"明王世贞《故开国辅运西平黔宁沐昭靖王英》："六诏抗天权，三帅张帝威。颍川首～，永昌翼摧劘。"顾璘《赠恽司勋器之》："研精综天人，识微洞玄理。～五行家，力破管郭垒。"

【排导】 pái dǎo 列队引导。清《锦香亭》四回："景期上马，就吩咐到葛御史家去。从人们应了，～前行。"△《七剑十三侠》一六五回："只见许多羽林军～前引，两旁铺户居民知道圣驾已到。"

【排道】 pái dào ❶（仪卫）在道路上排列开道或警卫。《新唐书·仪卫志》："内外诸门以～人带刀捉仗而立，号曰立门仗。"清陈端生《再生缘》二九回："一队官军方～，两旁士庶已分开。"《二度梅》三九回："左右军～，手中捧的是尚方宝剑。" ❷ 排斥道家。宋陈师道《送刘主簿》："二父风流皆可继，谤禅～不须同。" ❸ 并排行于道路。清《万花楼》二一回："孙兵部与胡御史，并车～，来见庞太师。"

【排递】 pái dì 逐次递送（文件）。宋李曾伯《回宣谕及缴刘雄飞两书》："闻尚阻留于柳州境内，已～趣令前进。"

【排店】 pái diàn 安排旅店住宿。《太平广记》卷五四引《神仙感遇传》："日暮矣，刘促令～。费曰：'日已昏黑，或得逆旅之舍，亦不及矣。'"

【排迭】 pái dié ❶ 层层排列。唐欧阳询《三十六书法》："字欲其～疏密停均，不可或阔或狭。"清弘历《冰嬉联句序》："列楯诸郎，传呼小队；期门上士，～周陆。"《野叟曝言》一三六回："云头无数，参差错落，宛似～而来，如轮如囷。" ❷ 安排。《五灯会元》卷一五《九峰鉴韶禅师》："山僧说禅，如蚝蜢吐油，捏着便出。若不捏着，一点也无。何故？只为不曾看读古今因缘，及预先～胜妙见知等候。" ❸ 堆叠；堆砌。明曹学佺《蜀中广记》卷八四："是道底关棙子，且不是饤饾底言语，～底章句。"

【排段】 pái duàn 逐段。五代李亶《令有力人户均摊贫户税额诏》："于村人议有力人户出剩田苗，补下贫不逮顷亩。自肯者即具状征收，有司者即～检括，便自今年起为定额。"

【排堆】 pái duī 排列堆放。清《歧路灯》九七回："把五辆车上书箱竹篓，搬在笔墨铺后边，楼上楼下，～到二更天，方才清白。"

【排队】 pái duì 排列队伍。唐易静《兵要望江南·占雾》："昼夜不开相对敌，客军先败走奔冲。～袭其踪。"明李开先《宝剑记》四八出："敢勇儿郎，～展旌旗。"清《荡寇志》八三回："苟桓连忙点齐合寨大小兵马，尽行全身披执下山，五里外～迎接。"

【排顿】 pái dùn ❶ 安顿；安排准备。五代柴荣《幸沧州御札》："今取此月内驾幸沧州已来，应沿路～，并以官物充。"宋王明清《挥麈三录》卷一："自是路中连雨泥淖，吏卒老幼暴露，不胜其苦，命两浙转运使陈国瑞沿路～，用炭一千二百斤、猪肉六百斤，以给卫士。"《金史·张炜传》："宣宗迁汴，佐尚书右丞胥鼎前路～，及修南京宫阙。" ❷ 摆列安放。元鲁明善《农桑衣食撮要》卷下："将盐撒入菜丫内，～瓮中。"

【排夺】 pái duó 排除改变。宋沈括《梦溪笔谈》卷二四："至于朝廷为之置官撰定，而流习所徇，扇以成俗，虽国势不能～。"

【排垛】 pái duò 成垛摆放。宋洪迈《夷坚志》支戊卷二："厅下官钱好好～，我今自出监收。"《三朝北盟会编》卷二三〇："工毕之日，自都下载见钱二十万贯前往～，谓之镇宅钱。"《续资治通鉴长编》卷五〇七："至于备城军器，亦各并不依式～。"

【排儿名】 pái er míng 同"牌儿名❶"。明《西洋记》七九回："这五个人歌的歌，舞的舞。歌的有个～，舞的有个架数。"

【排筏】 pái fá 扎成排的竹木；筏子。宋洪迈《夷坚志》支景卷一："五十里外深坞中如发洪水，浮出巨材千数，皆串贯成～，顺流而下。"韩元吉《十月末乞备御白札子》："盖敌人恃众渡江，不比华人须择岸口，定是多缚～，一时散渡。"明杨寅秋《平播复议机宜》："搭浮桥或造木～合用梁头轮木、乘重木、压服木，及大筏缆藤索等项，俱行令养龙司并于附近山场采取。"

【排饭】 pái fàn 安排饭菜供食。元耶律楚材《赠富察元帅》之四："使君～宴南溪，不枉从君鸟鼠西。"明《二刻拍案惊奇》卷三："一边吩咐～，一手拽着翰林到西堂来。"清《飞龙全传》三八回："次日起来，赵普即命～。"

【排方】 pái fāng 官员腰带上装饰的方形玉片。唐王建《宫词》之一六："新衫一样殿头黄，银带～獭尾长。"宋王得臣《麈史》卷一："及至和皇祐间为方胯，无古眼。其稀者目曰稀方，密者目曰～。"明张羽《题徐给事画》："～小带红罗襦，精神宛如冯子都。"

【排房】 pái fáng ❶ 成排状的花的子房。唐元稹《元和五年予官不了罚俸西归》："～似缀珠，欲啼红脸泪。"宋胡寅《酬诸同官见和》："兰塘清暑瞰稀稠，早见～结子羞。" ❷ 排列房族、长幼的行次，或指这样的排行。《大宋宣和遗事》前集："姓赵，～第八，俺乃赵八郎是也。"《元曲选·桃花女》楔子："我们住的村坊，也有百十多家。出名的只有三姓：一姓彭，一姓任，一姓石，却好依年纪儿～。"又《争报恩》二折："〔孤云〕谁是李千娇？〔正旦云〕妾身便是李千娇。〔孤云〕噤声！那个和你～那。"

【排放】 pái fàng 成排摆放。明朱橚《普济方》卷一一五："右为末，每药末三两白面六，水和就，丸小弹子大，相连～。"

【排分】 pái fēn 排解。清《警寤钟》五回："若遇人有难就去～，逢人争斗就去解劝。"

【排夫】 pái fū ❶ 征夫；征用民夫。唐元稹《浙东论罢进海味状》："每十里置递夫二十四人。明州去京四千餘里，约计～九千六百餘人。" ❷ 牵挽排筏、船只的民夫。明张内蕴、周大韶《三吴水考》卷二："舳舻不御，转掠民舟，且役～，沿洄助挽。"清于成龙《升闽臬上张抚台》："～数减，差使日增，累及烟户，渐已逃避。"《小豆棚》卷三："粮艘至，起板迎溜以上，千夫牵挽，声振断流，如闻鼛鼓。行而引者谓之短纤，止而提者谓之～。"

【排告】 pái gào 排挤。告，疑为"捁"（古"搅"字）之误。元明《水浒传》六回："长老禁约他们不得，又把长老～了出去，因此把寺来都废了。"

【排骨扇儿】 pái gǔ shàn er 折扇的俗称。明《挂枝儿·子弟》："七无赖，～好躲债；八无赖，马吊花园图口赖。"

【排卦】 pái guà 起卦推算。元吴澄《赠金精丁葬师》之二："金精～伏羲重，传到丁家易遂东。"明高濂《玉簪记》二四出："夫人请坐，待我～。"清《歧路灯》三七回："既然是了，～好断吉凶。"

【排害】 pái hài 陷害。宋元《清平山堂话本·曹伯明》："你与何人有奸，～曹伯明？"清《说岳全传》七四回："其时周三畏得了此信，遂将岳爷前后被秦桧～，并将昔年勘问招状写成冤本，进朝来替岳爷鸣冤。"

【排行】 pái háng ❶ 按行次排列。唐元稹《论谏职表》："近之司谏诤者则不然，大不得备召见，次不得参时政，～就列，累累而已。" ❷ 排成行列。唐白居易《问移竹》："问君移竹意如何，慎勿～但间窠。"宋张舜民《画墁录》："文德殿正衙与大庆殿～，殿后即是横街。"清查慎行《崮山柏》："戢戢～欲及千，黄杨小厄故依然。" ❸ 兄弟姐妹（包括认义的）间依长幼排列的次序。宋洪迈《夷坚志》丙卷七："诸生言，果有此人，名族～皆不妄。"明汪廷讷《种玉记》二八出："宫闱宠幸还相仗，你便做姊妹～不甚低。"清《儒林外史》五三回："这人姓陈，～第四，人都叫他是陈四老爷。" ❹ 形成整齐的格式。明董其昌《画禅室随笔》卷三："文字最忌～，贵在错综。其势散能合之，合能散之。"

【排号】 pái hào ❶ 按号码排序。宋吕祖谦《宗法条目》："零碎食料并要市买支破单子，就铺买物并要铺单子，以上并依月日～，粘成案底。"明《二刻拍案惊奇》卷二七："牒文不难，即将汝状判准，～用印，付汝持去就是了。"清《国子监志》卷二九："凡监给各生执照，编字～，记其给发月日于簿。" ❷ 排行称作（某某）。元明《水浒传》二回："这端王乃是神宗天子第十一子，哲宗皇帝御弟，见掌东驾，～九大王。"明汤显祖《紫钗记》六出："陇西李益，表字君虞，～十郎。"

【排户】 pái hù ❶ 挨家挨户。唐元稹《为河南府百姓诉车状》："今假令府司～差遣，十分发得一二，即来岁春农必当尽废，百姓见坐流亡。"宋李纲《宋故追复龙图阁直学士钱公墓志铭》："以农具二十餘万缗贷贫窭者，公躬率僚属，遍历委巷，～而给之。"元贡师泰《河决》："社长夜打门，里正朝率钱。鸠工具畚锸，～加笞鞭。" ❷ 赋税。唐薛能《边城作》："管排蛮户远，出箐鸟巢孤。"自注："蜀人谓税为～。"

【排唤】 pái huàn 表露；宣泄。金《董解元西厢记》卷四："适来琴内～着，即自家大段不晓。"

【排会】 pái huì 聚会。宋《西湖老人繁胜录》："是夜城中多赏月～。天气热，宿湖饮酒，待银蟾出海。"明徐𤝻《杀狗记》一三出："与两个乔人～，终朝宴乐。"

【排击】 pái jī 排斥抨击。宋司马光《太子太保庞公墓志铭》："御史新拜官，欲～大臣以为名。"明锺惺《问山亭诗序》："今称诗，不～李于鳞，则我争异之。犹之嘉隆间，不步趋李于鳞者，人争异之也。"清《豆棚闲话》六则："读者且未可作～大和尚观，谓之昌黎《原道》文也可，谓之《驱鳄鱼文》亦可。"

【排忌】 pái jì 排挤忌恨。唐郑畋《加知制诰自陈表》："虽云赋命屯奇，实以遭人～。"《新五代史·杨邠传》："邠出于小吏，不喜文士，与苏逢吉等内相～。"

【排家】 pái jiā 犹"排户❶"。金元好问《促拍丑奴儿》："东邻西舍，～助喜，沽酒牵羊。"元明《水浒传》一〇三回："州尹押了文书，委官下该管地方各处乡保都村，～搜捉。"明孟称舜《娇红记》一六出："奉帅府军令，着俺等～编户，上城把守。"

【排戛】 pái jiá 排荡；冲激。唐李贺《春归昌谷》："幽幽太华侧，老柏如建纛。龙皮相～，翠羽更荡棹。"宋洪咨夔《谒庄提举启》："辟雍讲道，激扬洙泗之波；秘府抽书，～蓬莱之气。"

【排甲】 pái jiǎ ❶ 甲胄。唐李靖《卫公兵法》卷上："当料彼将吏孰与己和，主客孰与己逸，～孰与己坚，器械孰与己利。"《资治通鉴》卷一八一："述等兵自泸河、怀远二镇，人马皆给百日粮，又给～、枪槊并衣资、戎具、火幕。" ❷ 同"牌甲"。宋陆游《农家》之二："盗息无～，兵消不取丁。"元李源《石抹公墓志铭》："编立～，教戒行伍，发号施令，一如对敌。"清吴伟业《鹿樵纪闻》卷下："已又编～，令五家养一贼。" ❸ 排出甲乙序次。清梦吉《平定两金川诗》："芙蓉小队闲～，杨柳新堤缓着鞭。"包世臣《淮盐三策》："官先按船编号～，量其载之所胜，烙于船而注于册。"

【排驾】 pái jià 安排车驾起行。明《西游记》一二回："太宗即～，率文武多官、后妃国戚，早赴寺里。"清洪昇《长生殿》四三出："〔传介〕军士每，～。〔杂扮军士上，引行介〕"《万花楼》二〇回："狄青谢恩起来，～回銮，众文武随驾相送。"

【排街】 pái jiē 犹"排道❶"。《元曲选外编·延安府》三折："〔正末领张千～上〕〔正末云〕小官监察巡按李廉使是也。"

【排讦】 pái jié 犹"排击"。唐韩愈《送文畅师北游》："出其囊中文，满听实清越。谓僧当少安，草序颇～。"清朱鹤龄《答赠吴慎思》："黾勉述作途，时辈动～。"

【排解】 pái jiě ❶ 排忧解难；解决困难。宋袁燮《陈承奉墓志铭》："事或纷至，处之无难，舒徐～，无不适当。"清《后水浒传》三回："一时远近闻名，俱来投托。杨么无不尽心尽力，替人周全～。"《万花楼》五回："僧人势利，何足为怪，多蒙二位～，小弟感谢不尽。" ❷ 排遣；宽慰。元姚燧《寿萱堂记》："忘者，犹始有忧有待于～消拂之也；使初无忧，乌乎施忘？"清《镜花缘》四三回："承阿妹过奖，无非宽慰愚姐之意，敢不自己～，仰副尊命。"《品花宝鉴》六回："众少奶奶知他的心事，虽寻些闲话来～他，他却总是低头不语。"

【排酒】 pái jiǔ 安排酒席。明李开先《宝剑记》三出："爹爹分付花园亭子上～，与奶奶尝新。"谢谠《四喜记》二一出："房儿窄小，难以～。"清《粉妆楼》三回："安慰了一番，忙令～。"

【排局】 pái jú ❶ 围棋完局后，拿掉死子，把计数一方的空排成易于计数的整齐形状以计数。宋何薳《春渚纪闻》卷二："果下二十餘着正遇此子，局势大变，及敛子～，果胜十三路。" ❷ 设局；设圈套。明《警世通言》卷二四："鸨子是填不满的坑。不肯思量做生理，只是～骗别人。"

【排沮】 pái jǔ 排斥抑制。《旧五代史·唐书·李琪传》："任圜陈奏请命琪为相，为孔循、郑珏～，乃相崔协。"明何乔新《答罗内翰景鸣》："曩者仆在刑部，未被～之先，已七上章乞致仕。"徐复祚《投梭记》四出："况有刘隗、刁协，在内弄权，每每～孤家。"

【排拒】 pái jù 排斥抗拒。宋程颐《代彭中丞论濮王称亲疏》："其措心用意，～人言，隐迹藏形，阴赞陛下者，皆奸人也。"刘挚《上哲宗论亢旱》："无同心同德之节，有分曹怀贰之意，故议政之际，～依违，相激相斗。"

【排军】 pái jūn 同"牌军"。宋王铚《默记》："已而守衙～白公曰：'顷尝出戍，曾见此等事。'"金《刘知远诸宫调》一二："旗前～，争奈意匆忙，复夺夫人还本府。"清《隋唐演义》五四回："秦王即拨一二十名妇女，进来伺候，又拨～二十名，看守门户。"

【排科】 pái kē ❶ 同"排窠"。也指织出或划成界格。唐崔从《请定举放官私钱事宜状》："仰本司收连入案，三官同押～印记。"宋梅尧臣《书窜诗》："红经纬金缕，～斗八七。"清素尔讷《耕织图联句》："循畦擢剡蹲身数，画罫～布指骈。" ❷ 耍弄手段。科，科段。元佚名《斗鹌鹑》："若论着点砌～惯熟，敢教那罢剪嘴姨夫闭口。"《元曲选·百花亭》一折："着那等干眼热滑张杓，任从那些打草惊蛇，尽教他捏怪～厮间谍。"

【排窠】 pái kē 成排列的界格。窠，界格。唐白居易《妻初授邑号告身》："花笺印了～湿，锦幖装来耀手红。"

【排磕】 pái kē 编排诋毁。明《金瓶梅词话》八五回："往常时我～人，今日却轮到我头上。"

【排栏】 pái lán ❶ 即"排栅"。明汤显祖《邯郸记》二二出："我们山崖树杪架些～，夜间护着个四德狗子睡。"又二五出："则道住的是狗～身自耽，谁想过了鬼门关刑较惨？" ❷ 指排栏旗，也就是标示边栏的旗。《续通志》卷一二五："风伯、雨师、雷公、电母、北斗旗各一，次紫～四、黄～四、红～四，吏兵旗二。"

【排立】 pái lì 成排站立。《敦煌变文校注》卷一《伍子胥变文》："所由将过城外，～雁行。"明《西游记》二三回："那女子～厅中，朝上礼拜。"清弘历《立仗马》："刍秣恣饕辞鞭棰，～移时旋休息。"

【排连】 pái lián ❶ 侍卫亲军依次升迁的制度。五代石敬瑭《招安魏府敕》："其应在城马步军将厅子指挥散员亲从左右义勇先锋，……并升为侍卫亲军～。"宋洪迈《容斋三笔》卷一五："国朝宿卫禁旅迁补之制，以岁月功次而递进者，谓之～。"《宋史·兵志一》："诏诸路教阅厢军，于下禁军内增入指挥名额，～并同禁军。" ❷ 排序；按顺序接连排列。宋刘挚《论保甲奏》："保甲既有换充军者，若本保阶级阙人，或一有阙数，即乞遇冬教日推择～填补，则不损保甲之额。"元刘一清《钱塘遗事》卷六："士籍令行，伯仲分明，逐一～。"明朱橚《普济方》卷一二三："年年逐日是司天，前三司地顺～。" ❸ 并排相连。宋范成大《吴船录》卷上："(绳)桥之广十二绳，～之，上布竹笆。"元袁桷《送闵思齐调闽府序》："凡吾徒之居于南者，稍得致通显，辄言财用掇奇祸，或言刑法致深文。根株～，牢不可破。"清《绿野仙踪》六五回："屋宇广大，高耸云霄之中；园馆参差，～街市之内。" ❹ (文字)连续铺排。宋陈亮《丙午复朱元晦秘书书》："连书求作《抱膝吟》，非求秘书妆撰而～也，只欲写眼前景物，道今昔之变。" ❺ (名次)排列。金《董解元西厢记》卷八："新来招得个风流婿，道是及第官，雁序～第三，年纪二十六七。" ❻ 使排行或名字排序相连。指认义为兄弟或姐妹。《元曲选外编·西厢记》二本四折："则为那兄妹～，因此上鱼水难同。"明凌濛初《宋公明闹元宵》九折："须知俺兄弟～，尽多是江湖志量。"清《野叟曝言》六五回："改名方有信，与小人姓名～，逃在登州一大户家。" ❼ 接连；连续。明雷士桢《桂枝香·贺马肖庵年丈弄璋之喜》："诧一索、先从震起。便坎艮～，相将来矣。"清钱谦益《虎丘秋月图题赠似虞周翁》："年年中秋月，舣舟虎丘湄。～五十秋，晴雨莫间之。"

【排敛】 pái liǎn 安排；准备。敦煌本《维摩碎金》："发言既了，～威仪。各擎龙凤之衣，别换新鲜之服。"

【排列】 pái liè ❶ 按次序站立或摆放。唐裴度《三藏无畏不空法师塔记》："须臾众会，咸见空中有毗卢遮那四金字，各寻丈～。"元萧德祥《小孙屠》一一出："公吏人～两边。"清《说岳全传》二回："当时同岳员外走出厅来，见天井内有两只大花缸～在阶下。" ❷ 排序；使按次序处在某一位置。《五代会要》卷一八："其间若实是功臣中兴社稷者，须校其功勋大小，德业轻重，次第纂修，～先后。"《元典章·吏部七》："佥事王好礼、周正散官职位相同，未审逐官阶位上下～。"清《野叟曝言》八二回："两女各取一枝，齐至素臣前跪下，口说毒誓，折为两段。素臣就令～白儿之下。" ❸ 列队；排成行列。宋赵师侠《鹊桥仙·丁巳七夕》："摩孩罗荷叶伞儿轻，总～、双双对对。"明吾邱瑞《运甓记》二七出："明日到大教场中～，祭告军牙六纛之神，即便行师。"清孔尚任《桃花扇》二〇出："〔外升帐，开门，左右～介〕" ❹ 摆；排；列。宋佚名《山坡羊》："九宫八卦，～下拿龙阵。"明陆采《怀香记》三六出："分付将校，～阵势，扬旗擂鼓，以挫其锋。"清彭孙贻《水调歌头·斋阁看玉兰花》："～霓裳全队，簇拥素娥十二，尽下广寒宫。" ❺ 置身(某一队列)。元高明《琵琶记》一二出："紫阁名公，黄扉元宰，三槐位里～。"明李开先《宝剑记》八出："旌旗队里～，带甲持戈。" ❻ 安排。明陆采《明珠记》一二出："婚姻自古天～，纵人意不容伊拆决。" ❼ 摆列；摆设。明陆采《明珠记》二〇出："～华筵，与你结朱陈。"清《歧路灯》二一回："拜寿已毕，主人～席面，告吉安盅。"《万花楼》四五回："搭了浮竹棚，中央～公案一位。"

【排邻】 pái lín 比邻；邻居。明《古今小说》卷三八："大尹听罢，呆了半晌，遂问～，委果供认是实。"清《豆棚闲话》三则："看各贴上整齐数来四十位，道是上下～，闻见朝奉开当，各人备了一两分资。"《珍珠船》三回："赵相夫妻厮闹，众～通是听得的。"

【排门】 pái mén ❶ 挨家挨户。引申为家家，人人。唐王建《岁晚自感》："人皆欲得长年少，无那～白发摧。"《元曲选·蝴蝶梦》三折："～儿叫化都寻遍，讨了些泼剩饭和杂面。"清《醒世姻缘传》五〇回："将城里城外的铺子～问去，一概回说没有。" ❷ 排比门类。宋王禹偁《谢圣惠方表》："奉圣旨，降《太平圣惠方》第五十一卷至一百卷，并～目录一卷，共五十一册。" ❸ 列门；排列成门或排列在门两侧。宋周紫芝《周朝议燕新第》："二戟～，昔荣崔氏；一区有宅，今笑扬雄。"明《封神演义》四二回："这是闻太师头一场西岐大战。怎见得？赞曰：'两下里～对伍，军政司擂鼓鸣锣。'"清李玉《清忠谱》八折："〔众作登陆～，小生中坐介〕" ❹ 拥门；堵门。宋王洋《谢吴提干惠诗文》："～雪三尺，闭户饥肠鸣。"明何景明《玄明宫行》："撼里歌钟宾客游，～冠剑公卿谒。" ❺ 一种用栅板成排拼连组合的门，可拆卸。元明《水浒传》六六回："只听得～一代都倒，正不知多少人抢将入来。"清《野叟曝言》五回："前东半间，摆着一张作台，一只行灶，向北一带～。"《荡寇志》八〇回："只见左侧一间生药铺，也下了～，有人出来悬挂招牌。"

【排门挨户】 pái mén āi hù 挨家挨户。元明《水浒传》三一回："如今官司搜捕得紧急，～，只恐明日有些疏失。"

【排门比户】 pái mén bǐ hù 犹"排门挨户"。《敦煌变文校注》卷五《双恩记》："应是人家皆快活，～散进钱。"

【排门夫】 pái mén fū 挨门逐户征发的民夫。唐王梵志

《地下须夫急》:"一家抽一个,勘数犹未足。科出～,不许私遮曲。"明《醒世恒言》卷三八:"刺史官接了诏,不免点起～,填街砌路,迎候圣驾。"清钱谦益《输丁议》:"家丁之说与～不同。～专为城守而说也,城守之日,民之少壮者登陴,老弱妇女更番接应。"

【排年】 pái nián ❶计年;纪年。金王喆《修行》之一〇:"既没四时催逼去,长春境上不～。"马钰《巫山一段云》:"两般游戏上青莲,风历怎～。" ❷积年;逐年积累。元黄溍《跋进学工程》:"一年视离经辨志,……七年视论学取友,谓之小成;九年知类通达,强立而不反,谓之大成,即其～之功程也。" ❸历年。元耶律渊《古循修学复田记》:"以所据龙川地售于济渡堂之直,悉偿学,而归其侵疆及征～所侵之入钞以中统计者二千二百一十三两。"《元典章·礼部五》:"今将各处～未纳药物开坐前去,请催贡。" ❹逐年;每年。明陈铎《塞鸿秋·马户》:"～牧养输流做,县司点看文吾过。"清钱谦益《湖外野吟序》:"子能知诗之难,则其得于诗也不浅矣。吾将更为子～序之,以观子成。"又《石镜》:"香莲扁豆催诗好,还许～饷老翁。" ❺里甲每年轮值当差,也指当差的人。《明史·食货志一》:"岁役里长一人,甲首一人,董一里一甲之事。先后以丁粮多寡为序,凡十年一周,曰～。"清《野叟曝言》三三回:"橱门里书房差役,街坊上总甲～,合那些罡神泥鬼、掮鹰放鹞的人,那一个不要来分使几个钱儿?"《姑妄言》二〇回:"这是本县管下各乡各的～里长,拖欠钱粮,拿来追比的。"

【排捏】 pái niē 编排捏造。《元曲选·百花亭》一折:"只怕有那杀风景的哨厮每～呵。"

【排偶】 pái ǒu ❶排比对偶。唐柳宗元《乞巧文》:"胡为赋授,有此奇偏。眩耀为文,琐碎～。"明王祎《文训》:"不完文气,遂偏俗尚,化迁而～之习兴焉。"清朱鹤龄《传家质言》:"昔人云先秦无段落,两汉无～。此实不然。" ❷并排相连或相对。清雍正五年十一月十一日黄廷桂奏文:"然演习之法,类皆以～连环为事。"

【排批】 pái pī ❶挥击;劈击。《史记·孙子吴起列传》唐司马贞索隐"批亢捣虚":"批者,相～也,言敌人相亢拒也。"明杨慎解:"方相亢拒,则～之使解。" ❷同"排比❶"。《敦煌变文校注》卷一《伍子胥变文》:"～舟船,横军渡水。"又卷五《维摩诘经讲经文(七)》:"由是文殊师利,亲往方丈之中,遂设威仪,～行李。"《祖堂集》卷一七《普化和尚》:"普化自上来林际,林际便喜欢,～饭食对坐吃。"

【排辟】 pái pì ❶消除;解消。唐杜牧《战论》:"吓呼膻臊,彻于帝居。周秦单师,不能～。" ❷排斥使去除。宋曾巩《寄王介卿》:"君材信魁岖,议论恣～。"黄震《读本朝诸儒理学书》四:"孔子,元气也;孟子,泰山岩岩气象也。故孟子于议论～之间,亦有随时而异者。"明陶安《黄老》:"或云黄石公倒置,尤非是。向使邹孟出～,岂得已。"

【排铺】 pái pū 另见pái pù。❶安排布置。明《金瓶梅词话》三四回:"书童道:'不瞒娘说,他送了小的五两银子。'李瓶儿道:'贼囚,你倒且是会～撰钱。'" ❷铺叙;展开描述。明刘溥《雪山图为建德周廷晖赋》:"吁哉画法且勿论,且将画景相～。其时严冬十二月,大雪照映如冰壶。" ❸布置铺设。清《九云记》二五回:"又带了多少太监,来各处关防围幕,指示～。"

【排铺】 pái pù 另见pái pū。接连设置的铺屋。宋崔敦礼《代论过界盗贼札子》:"沿淮对境,比年以来～甚密。今有盗贼百餘人过界,安得不知,……欲望圣慈令两淮帅臣及统兵官,同共相度,纵不可依彼～。"

【排砌】 pái qì ❶连续使用(动人的言辞)。宋杨简《慈湖诗传》卷九:"今俗以巧言设诈次第而至者,谓之～。"又:"鹝草杂色成文,谗言～甚美,足以动人心。"清蓝鼎元《艺文小序》:"挽近学者,多规橅六朝,～瑰丽,振秀扬华。" ❷挨着逐一垒砌。元陈椿《熬波图》卷上:"用铁铧锹掘成四方土块,名曰生田。人夫搬担,逐块～淋底,筑踏平实。"清乾隆二十七年三月初三日上谕:"或多用竹篓加镶,或改用木柜～。"

【排迁】 pái qiān 排挤贬谪。唐吴筠《览古》之七:"鲁侯祈政术,尼父从弃捐。汉主思英才,贾生亦～。"

【排遣】 pái qiǎn ❶斥逐;摒弃。唐寒山《富儿会高堂》:"此时无烛者,心愿处其傍。不意遭～,还归暗处藏。"宋佚名《醉蓬莱·庆女人五月十一》:"阿母当年,罢瑶池佳会。～双成,屏除青羽,自降居尘世。" ❷安排布置;处置。《敦煌变文校注》卷五《金刚般若波罗蜜经讲经文》:"五眼义门～了,若干心数又如何。"宋曾幾《同郑禹功登巾子山》:"今晨～簿书了,往赴郑老同幽期。"元刘将孙《高楚芳墓志铭》:"酬应坌至,他人谓～不暇。" ❸排解;消解。唐杜牧《上宰相求湖州第三启》:"闻于他人,可为酸鼻;况于某心,岂易～。"明《夹竹桃·月移花影》:"日里个样凄凉,我还～得去,当得起个月移花影上栏杆。"清《红楼梦》四五回:"有时闷了,又盼个姊妹来说些闲话～。" ❹清除;祓除。宋黄庭坚《玉照泉》:"苏侯亦静者,疏凿济成功。～尘滓行,石夜清如空。"李弥逊《洞仙歌·次李伯纪韵》:"残烟薄雾,仗东风～。"明汤显祖《紫箫记》二七出:"〔小玉〕樱桃,待要保护十郎平安,有何仙宫道院?去烧些香也。〔樱桃〕杜秋娘在西王母观,四月十五日王母娘娘生日,好去烧香～。" ❺打发;消磨。元吕不用《与杨亲家书》:"近者卑栖林下,惟喜玩古今佳翰墨,～流景。"明钱继章《一萼红》:"手把《离骚》一卷,尽黄昏～,白日消磨。"清龚鼎孳《贺新郎·青藜将南行》:"正新秋、一泓秋水,一宵～。" ❻消遣;消闲解闷。《元曲选·两世姻缘》一折:"彼此赤心相待,白首相期,只是他母亲有些间阻。今日他母亲不在,我与大姐～一会者。"清《隋唐演义》六九回:"太宗把手扶起道:'萧娘娘有兴,寻此半仙之乐。'萧后道:'偶尔～,稍解岑寂。'" ❼指处置的手段。清《醒世姻缘传》四四回:"狄婆子于是把问罪发恶的～,尽数丢开,算道:'爽利留他两日。'" ❽指生活开支。清《歧路灯》七一回:"日日只向盛宅想讨本身二百两银子,以作目前～之用。"

【排腔】 pái qiāng 说大话;说唬人的话。清《白雪遗音·迎新送旧》:"顽笑性无长,席前挑眼,酒后～。"

【排日】 pái rì 每天;连日。宋黄人杰《念奴娇·游西湖》:"借景留欢～醉,不负莺花盟约。"《元曲选·青衫泪》一折:"经板似粉头～唤,落叶似官身吊名差。"清董儒龙《蕙兰芳引·赠周陶甄》:"有三锡先加,酧赏画图法曲,开筵～,意犹未足。"

【排塞】 pái sè 堵塞;挨挤。宋钱时《融堂书解》卷一五:"专权独运,～贤路,以跻天下于乱者,可以监矣。"明徐元祉《受命赈济保河二府奏》:"盖尝筑建长堤～决口,水悍土卤,随即溃败。"《西游记》五四回:"战战兢兢,～街傍路下,都看唐僧。"

【排设】 pái shè ❶摆列;铺设。宋洪迈《夷坚志》丙卷八:"引入小室,～荐褥如产阁然。"明《西游记》五四回:"正中堂～两般盛宴。"清佚名《鱼篮记》三六出:"～御案一张,上供万岁圣位。" ❷指官府提供的食宿安排与物资供给。也指这样的职务。宋叶适《朝散大夫鲍公墓志铭》:"小县～既一应法矣,而公辈诛责不已。"六十种曲本《琵琶记》一〇出:"〔末〕～完备了未曾?〔净〕告相公,俺拣上等～俟候点视。"明邵璨《香囊记》一〇出:"〔末〕～的令史,筵席完备了未?〔丑〕告大人,俱已完备了。" ❸安排;布置。清洪昇《长生殿》二〇出:"他自请那番将更来,把那汉将撤,四下里牙爪～。” ❹ 摆设；陈设的物品。清《隋唐演义》六七回：“也是两间，却收拾得曲折雅致，其铺陈～，与李夫人房中相似。”

【排释】 pái shì 排解使消释。宋许纶《赵漕从善送吴门牡丹》：“传闻西洛名千变，～东风恨万端。”明邹元标《书太和卷》：“果复本体所自有耶？亦取必于外而强自～耶？……强自～者，一膜之外，卒然触之，朝而焦火，暮而凝冰，而和之旨远矣。”

【排手】 pái shǒu 同“拍手❷”。明《金瓶梅词话》一二回：“西门庆道：‘你敢与我～？’那桂姐道：‘我和你排一百个手！’”

【排数】 pái shǔ 斥责；数落。清《聊斋志异·彭海秋》：“无何，娟娘至，公子盛气～。”

【排说】 pái shuō 犹“排磕”。《元曲选外编·玩江楼》三折：“我这般躬身叉手、曲脊低头背着你，街上人都捻舌～我哩。”明《金瓶梅词话》五一回：“俺每这几个，谁没吃他～过？”

【排堂】 pái táng 在大堂上排列衙役、仪仗。例句指临时设立公堂。清《万花楼》七回：“差役等人数十名，到了酒肆门前。县主于此～，验明尸伤。”

【排调】 pái tiáo 戏谑调笑。明张元凯《谢都护游山歌》：“林中～日酣畅，三春共蜡屐几两。”王世贞《亡弟中顺大夫敬美行状》：“昌先尤有文，皆善～，有淳于东方风。”《禅真逸史》三二回：“风月门中～，自寓许多玄妙。”

【排头】 pái tóu ❶ 挨个；逐一。唐佚名《嘲僧惟恭》：“地狱千万重，莫厌～入。”《元曲选外编·哭存孝》二折：“无正事尊亲，着俺把各自姓～儿认。”清袁枚《子不语》卷八：“字课甫毕，江忽持木棍将五生～打死。” ❷ 劈头；迎头。宋宋庠《晚望京邑》：“远岫～碧，春河彻底浑。”吴处厚《自诸暨抵剡》之三：“～烟树老，扑面水风醒。” ❸ 摆列头踏(仪仗)。宋佚名《上皇帝书》：“凡有巡幸去处，亦不必预先降旨，亦不须广修殿宇及～之类。” ❹ 对排军的尊称。明张四维《双烈记》三四出：“～，我银钱都无。”沈采《还带记》三九出：“～，你与我通报一声。” ❺ 地方基层组织排(牌)的头目。清雍正六年四月二十一日万际瑞奏文：“如本案所获盗首，非系本州县人，将供出住址州县之专兼各官职名，照不能察缉奸民例参处，保甲～，一体治罪。”清张伯行《救荒事宜十条》：“每十人为一排，或多一二人，或少一二人，亦可立一～。来者即令着落～。如来者多，再分～令聚一处。” ❻ 并头；齐头。清彭元瑞《万寿恭纪五言排律一首》：“裂眦曾雠敌，～忽舅甥。”郭元釪《丰台看芍药》：“～茧栗尚娇小，姹女龆齿何婵媛。”《飞龙全传》二一回：“追奔和尚，一～齐眉棍棒，举动处，犹如雾卷游龙。”

【排位】 pái wèi 位序的排列。《太平广记》卷四八三引《岭表录异》：“有一假僧不伏～，太守王弘夫怪而问之。僧曰：‘……去岁已曾摄文宣王，今年又差作和尚。’”

【排戏】 pái xì 排练戏剧。清《歧路灯》五〇回：“到我家看着～，慢慢的商量。”

【排谐】 pái xié ❶ 犹“排比❶”。谐，当作“偕”，偕有“比”义。敦煌本《维摩碎金》：“王孙这日便～，置得九宫人浩浩。彩女嫔妃皆不要，宰官居士尽相随。”《敦煌变文校注》卷五《维摩诘经讲经文(六)》：“汝依吾敕，汝禀我言，速便～，速须往彼。”又《维摩诘经讲经文(七)》：“汝今便请速～，万一与吾为使去。” ❷ 犹“排调”。宋胡三省《资治通鉴音注序》：“至黄幡绰、石野猪～之语，犹书与局官，欲存之以示警。”

【排揎】 pái xuān 数说责备。清《红楼梦》二〇回：“听得后面声嚷，便知是李嬷嬷老病发了，～宝玉的人。”又：“这又不知是那里的帐，只拣软的～。”

【排巡】 pái xún 轮番；一巡接一巡(饮酒)。清《续金瓶梅》四五回：“饮酒～，百般的照样儿顽耍。”

【排牙】 pái yá ❶ 同“排芽”。宋王之道《送浮屠道郭云游》：“此行良不恶，冬笋已～。” ❷ 同“排衙”。唐杨筠松《疑龙经》：“譬如至尊坐明堂，列班～不撩乱。”《通鉴纪事本末》卷三三下：“绪恐既明事泄，乃出门，遇悦亲将刘忠信方～。”明沈炼《题赵清献焚香图送张兵宪》：“宪府～按五兵，身留关辅作长城。” ❸ 比喻整齐排列。明李淳《大字结构八十四法》：“重擎者，擎须宛转，不则犯～之名。”

【排芽】 pái yá 出芽；萌芽。明《西游记》二八回：“三四紫巍巍的髭髯，恍疑是那荔枝～。”清《白雪遗音·小郎儿·春》：“百草～，暖阳阳儿哟，天气和。”

【排衙】 pái yá 长官升座时陈设仪仗，僚属依次参见，分列两旁。唐元稹《纪怀》：“疏足良甘分，～苦未曾。”《元曲选·蝴蝶梦》二折：“张千领祗候～科，喝云：‘在衙人马平安，喏！’”清《醒世姻缘传》一三回：“升堂鼓三吼狮声，～杖廿根狗腿。”

【排轧】 pái yà ❶ 碰撞冲击。宋范成大《长安闸》：“摧摧势～，汹汹声喧豗。”明刘迪简《答孟左司书》：“倘或纵其所之，如龙骧虎跃，能～万物。” ❷ 排挤倾轧。宋真德秀《刘阁学墓志铭》：“推公此心，使当元祐时，必能销洛蜀之争；使获用于庆元，必无党论～之祸。”清纪昀《阅微草堂笔记》卷一：“一身之穷达，当安命，不安命则奔竞～，无所不至。” ❸ 接续调换。明黄淮《杂诗》之一：“秋霜殒劲条，春阳启苞蘖。消息互来往，进退相～。”

【排演】 pái yǎn ❶ 演变；接连变化。明曹元方《万年欢·送夏》：“荷叶飕飕，单怕西风～。”陈子龙《苏幕遮·清明》：“细雨连天，～黄昏早。”清邹祗谟《薄幸·本意寄怀和韵》：“只一梦春风，半宵秋雨，～做寒窗消索。” ❷ 复习；演习；排练。明曹元方《洞庭春色·郊居》：“闲中～功课，早起维摩佞释迦。”清雍正六年十月十五日范时绎奏文：“闽人王应如为日本～阵法，不久即故。”《霓裳续谱·六合同春》：“～庆典几数年，乾隆辛未已为先。”

【排营】 pái yíng 排布营寨。宋曾功亮等《武经总要》前集卷三：“凡背水战，步军当冲，马军为翼。步军后～，有利则前战，无利浅进。”《元曲选·小尉迟》一折：“～拶拶，列阵重重。”清《豆棚闲话》三则：“一面开筵设席，极尽水陆珍馐；一面列伍～，曲尽威严阵势。”

【排拶】 pái zā ❶ 排挤；挤压。唐韩愈《辛卯年雪》：“崩腾相～，龙凤交横飞。”宋陈渊《无净道人辩》：“敛万顷于尺寻，泻怒涛于绝壁。荡摩～，雪坟鼎烹。”洪迈《夷坚志》三己卷五：“但闻在前者共语云：‘垂某作魁，而莫知己之得失。’于是～勇进，而榜揭愈高。” ❷ 排列。宋袁说友《用陈和父太博韵题江州高远亭》之二：“分张好景因人重，～佳篇逐日新。”元王礼《讼龋齿文》：“昔也～，今也砑豁。”清翟灏《奴人买杂花栽庭下》：“缘坡傍砌乱～，洒水封泥本本活。”

【排栅】 pái zhà 连成排的栅栏。元罗咸《修城池记》：“茸箐相土，随地高下，植以～，缭以崇垣。”佚名《端正好》：“载着这满船儿和气春风，我向那酒～一枕南柯梦。”清陶元淳《议昌化县徙居所城状》：“然后增设～，广种簕竹，半里之间，便可联络。”

【排斋】 pái zhāi 备办斋饭。宋赵葵《行营杂录》：“来日郡王自斋合寺僧行人力，本府自遣厨子～。”明《西游记》四七回：“礼毕，也坐了面前叫：‘看茶来，～。’”

【排长】 pái zhǎng ❶ 同“俳长”。元明《水浒传》八二回：“教坊司凤鸾韶舞，礼乐司～伶官，朝鬼门道，分明开说。”明《金瓶梅》七五回：“本府已差拨了两院三十名官身乐人，两名伶官、四名～领着，来西门庆宅中答应。”《明会典》卷一〇五：“凡南京教坊司官及～、色长名缺，本部查勘明白，咨礼部奏补。” ❷ 对公差的敬称。明《古今小说》卷四〇：“那～与你丈夫前日无怨，往日无仇，着甚来由要坏他性命?”又：“两个～不消辩得，虚则虚，实则实。”

【排仗】 pái zhàng ❶ 排设仪仗，也指仪仗。唐王建《宫词》之八：“未明开着九重关，金画黄龙五色幡。直到银台～合，圣人三殿对西番。”明杨士奇《奉和陆伴读元日雪中早朝韵》：“握中戒晓初～，殿上迎春正启门。”《续资治通鉴》卷二一八：“挟刀在衣中，外袭宽衣若听事，伺立延春门～内。” ❷ 指帝王出朝或出行。《旧五代史·唐书·末帝纪中》：“中旬～，有劳圣躬，请只以月首入阁。” ❸ 比喻排成行列。宋李弥逊《瓜步阻风作》之二：“云散山～，潮生浪趁衙。”清黄河澄《南海神祠》：“凌虚台榭观初日，～鱼龙候早潮。”

【排阵】 pái zhèn ❶ 排布军阵。唐易静《兵要望江南·占云》：“及似穿连长匹绢，暴师入境劫偷营。～整兵迎。”明戚继光《练兵实纪》卷七：“行营～间，将领敢于行伍中抽一人一骑者，军法从事。”清方成培《雷峰塔》一七出：“此妖数不当绝，故尔～降他。” ❷ 比喻密集排列。宋尤袤《甲午春前得雪》之三：“冻云～拥山椒，待伴还应不肯消。”明《西游记》五回：“方天戟，虎眼鞭，麻林摆列；青铜剑，四明铲，密树～。”清李玉《永团圆》一八出：“冷萧骚扑面风吹，郁茏葱林木如～。”

【排整】 pái zhěng 排布整治；编排整理。宋张世南《游宦纪闻》卷二：“其用工之序有三：曰沙模作，次曰磨钱作，末曰～作。”明袁于令《双莺传》五折：“忽听屏前拥笑声，传语道宴～。”清《四库总目提要》卷四五《梁书》：“盖著书若是之难也，然持论多平允，～次第，犹具汉晋以来相传之史法。”

【排治】 pái zhì ❶ 犹“排整”。《太平广记》卷二八八引《野人闲话》：“见二人踞坐江岸，～舟舰。”宋洪适《隶释》卷四《跋桂阳太守周憬功勋铭》：“周君思夏后龙门之绩，感李冰离堆之事，～湍梗，人得利涉，故纪其功勋。”清袁枚《江宁南浦通判高公墓志铭》：“方修水利，～梗湍，而以失察漕事，故改通判。” ❷ 排讦处治。宋叶適《书常希古长洲政事录后》：“故赠谏议大夫常公安民绍圣初任御史，所～之人甚多。”

【排置】 pái zhì 犹“排整”。《太平广记》卷二六六引《玉堂闲话》：“已蒙相公～宴筵，百戏娱乐，更不令烦贤郎□□歌舞。”宋文彦博《乞令诸路择机宜官奏》：“尽将本司前后所授宣札子、不下司文字，并军中前后行遣处置事状，一一分门编类，～册封。”明崔铣《记我》：“待拜客从容和豫，各有条法，无用～。”

【排逐】 pái zhú ❶ 排挤斥逐。唐柳宗元《上大理崔大卿应制举不敏启》：“悠尔而自放，廓然而高迈，其不我知者，遂～而委之。”宋袁燮《资政殿大学士楼公行状》：“先是谏臣假尊君之说，～贤相，榛塞正途。”明程敏政《参政陆公传》：“时柄臣疑公侵官，且台谏力为之～异己者，惧公言动上，将阴中之。” ❷ 排解消除。宋赵鼎《岁晏感怀》：“客愁有许要～，岁事无多难挽留。”

【排撞】 pái zhuàng 拍打撞击。宋洪迈《夷坚志》支癸卷八：“出外夜归，阍仆拒不纳。呼叫稍久，怒击其扉者再，且～门颊。”

【排缵】 pái zuǎn 同“排纂”。唐元稹《白氏长庆集序》：“予时刺郡会稽，因得尽征其文，手自～，成五十卷。”清吴伟业《佥宪梁公西韩先生墓志铭》：“少宰梁公讳清远，～其尊人佥宪西韩先生行事来告。”

【排纂】 pái zuǎn 编排纂集。明陈继儒《米襄阳志林序》：“予读陆友仁《米颠遗事》，恨其故实未备，尝发意～。”清纪昀《阅微草堂笔记》卷一二：“此书世无传本，惟《永乐大典》收其全部。余领书局时，属王史亭～成帙。”

【牌】 pái ❶ 做标志、凭证或告示、装饰用的板片。a) 匾额；招牌。唐张祜《开圣寺》：“西去山门五里程，粉～书字甚分明。”明汤显祖《紫钗记》五一出：“俺则为这牡丹风吹起鬓边丝，抵多少会宾堂酒～金字。”清《醒世姻缘传》四回：“过了午末未初的时候，摘了门～，关了铺面。”b) 做符信或凭证用的牌子。唐李德裕《请淮南等五道置游奕船状》：“浙西游奕至宣州界首，江西游奕至鄂州界首。常须每月一度至界首交～，各知界内平安。”《元曲选·窦娥冤》四折：“老夫是朝廷钦差带～走马肃政廉访使。”清《红楼梦》一四回：“王兴媳妇巴不得先问他完了事，连忙进去，说：‘领～取线，打车轿网络。’”c) 标牌；标示牌。唐贾公彦疏《周礼·天官》“以书楬之”：“府别各为一～，书知善恶、价数多少。”《元曲选·青衫泪》一折：“轮到我根脚里，都世袭了烟月～。”清《儒林外史》二四回：“总寓内，都挂着一班一班的戏子～。凡要定戏，先几日，要在～上写一个日子。”d) 时辰牌，也指时辰。唐李筌《太白阴经》卷五：“更漏～，一日一夜凡一百刻，以竹马为一百～，长三寸，阔一寸。”元杨朝英《水仙子》：“学刘伶死便埋，促光阴晓角时～。”清《绿野仙踪》六回：“那日行走到巳～时分，看见一山。”e) 里程牌。《景德传灯录》卷二〇《从志禅师》：“问：‘如何是和尚家风?’师曰：‘金峰门前无五里～。’”宋佚名《张协状元》五出：“五里单～，十里双堠。”清《儒林外史》四回：“敝处阖县绅衿公搭了一个彩棚，在十里～迎接。”f) 户籍牌，也指这样的户籍编制。《宋史·兵志六》：“俟及十家则别为保，置～以书其户数姓名。”明《西洋记》三回：“阿公姓陆，是个耆老，年高有德，坊～人无一个不钦仰他。”清《醉醒石》三回：“小春父母并不知什么缘故，只得邀了十～邻人等同去见官。”g) 令牌；发布命令指示事项的牌子。宋刘宰《东禅百韵》：“丁钱曾几何，秋苗遄合勺。～追甚星火，胥吏逾毒蠚。”明孟称舜《娇红记》二五出：“〔外旦击～介〕一击天清，二击地灵。”清《儒林外史》二二回：“话说卜老爹睡在床上，亲自看见地府勾～，知道要去世了。”h) 公告牌；告示牌。《元曲选·争报恩》二折：“今日升厅坐早衙，张千，喝撺箱抬放告～出去。”明冯惟敏《端正好·徐我亭归田》：“蜂屯散晚衙，鸦群放早～。”清《醒世姻缘传》九回：“候武城县官升了堂，拿出投文～来，计老抱了～，跟进去递了。”i) 一种牌状的首饰或佩饰。元明《水浒传》二五回：“将白汤充在盏内，把头上银～儿只一搅，调得匀了。”明《金瓶梅词话》四三回：“胸前绣带垂金，项～错落。”清《醒世姻缘传》一六回：“梁生钥匙上面拴着一个伽南香～，胡旦的匙上拴着个二两重一个金寿字钱。”j) 牌位，特指供奉皇帝名位的龙牌。明《警世通言》卷一五：“听得外边人声热闹，鼓乐喧阗，乃是知县出来同众官拜～贺节。”清李玉《永团圆》一一出：“你到后日春朝拜～过了，即带江纳与女儿来面审。”《儒林外史》七回：“又指与二位道：‘这里不是周大老爷的长生～。’二人看时，一张供桌，香炉、烛台，供着个金字牌位。” ❷ 盾牌。唐李筌《太白阴经》卷四：“牛皮～，二分，二千五百面。马军与团～代，四分支。”元《三国志平话》卷下：“一手仗～，一手提剑。”清金拱《答齐总兵书》：“刀手枪手，错杂随～以进，只用进步排枪，从～隙打出。” ❸ 南宋的一种货币。宋吴自牧《梦粱录》卷一三：“朝省因钱法不通，杭城增造镴～，以便行用。”元孔齐《至正直记》卷一：“宋季铜钱～，或长三寸有奇，阔一寸，大小各不同，皆铸‘临安府’三字，面铸钱贯，文曰‘壹佰文’等之类。” ❹ 军队基层编制，十人为一牌。《元史·兵志一》：“家有男子十五以上七十以下，无众寡尽佥为军。十人为一～，设牌头。” ❺ 牌头或牌军的省称，也用来称衙役。元陶宗仪《辍耕录》卷一二：“暨阳之南门桥军人张旺者，人咸称之曰张～。”元明《水浒传》一三回：“虽和周谨不是对手，正好与索正～比试武艺。”明徐渭

《翠乡梦》一出："老～，回话倒有，在香炉底下，你自担将去。"❻ 纸牌或骨牌，也指玩牌的技巧。明《金瓶梅词话》一八回："少顷，只听房中抹的～响，经济便问谁人抹牌。"清李渔《凰求凤》一四出："我也同几个朋友在里面斗～，不要打断～儿，弄输了我的东道。"《红楼梦》四七回："姨太太的～也生，咱们一处坐着，别叫凤姐儿混了我们去。"

【牌版】 pái bǎn　印刷纸牌的版片。《大清会典则例》卷二七："倘境内有将～藏匿，并旧制赌具存留在家。该地方官在任半年以上，不行察出，降一级调用。"清《歧路灯》一〇〇回："后来祥符有人命赌案，在夏鼎家起出～，只得按律究拟。"

【牌榜】 pái bǎng　❶ 张贴或书写在板上的说明文字。《敦煌变文校注》卷五《维摩诘经讲经文(六)》："出～，无边(遮)会，不管城中及城外。七朝供养向家中，未省心中[生懈怠]。"宋苏轼《乞降度牒修定州禁军营房状》："城中有开柜坊人百餘户，明出～，召军民赌博。"明林俊《蓝鄢捷音疏》："蒙总制会臣给与～，责限六月初八日齐到金宝寺。"　❷ 比喻作为目标或标志的文字或行为。宋《朱子语类》卷一二〇："又问：'优游涵泳勇猛精进字如何?'曰：'也不须恁地立定～，也不须恁地起草，只做将去。'"明汪廷讷《狮吼记》一三出："你做夫人出丑妆～，从此要小心听令，拱手伏降。"

【牌包】 pái bāo　❶ 装牌票的袋。明《型世言》二七回："吴仰坡便在～中检出一张纸牌来，双手递与钱公布。"又："这是看～儿，若说差使钱，毕竟我你二人一人一个财主。"清《玉楼春》三回："李祥便开出～，……金员外看了朱票，大吃一惊。"　❷ 装骨牌或纸牌的袋。清《幻中游》八回："当门桌上，一边放着骰盆，一边放着～。"

【牌扁】 pái biǎn　同"牌匾"。元孔齐《至正直记》卷一："字体颇善，今北方～多其所题。"明《醒世恒言》卷二一："寺门上有金字～，名曰'宝华禅寺'。"清《醒世姻缘传》五一回："你干出甚么好事替奶奶挂～哩，指望奶奶理你?"

【牌匾】 pái biǎn　匾额；招牌。元佚名《庙学典礼》卷四："况腹里并江南僧道寺观，皆有异代～碑石，岂独濂溪书院。"清《说岳全传》二八回："走到前面抬头观看，却认得～上四个旧金字，是'寒山古寺'。"《霓裳续谱·高君保》："气的他怒发冲冠，举起银鞭砸碎了～。"

【牌兵】 pái bīng　❶ 标牌兵的省称，西南地方持藤牌作战的士兵。明正统十二年十二月初四日敕："听按察司等官提督，专一管领佥到～操练武事，修理该管桥梁道路，哨守地方。"于谦《为防患事奏》："及于要害去处，照依广西事例，添设巡检司衙门，佥点～，协同官军哨守。"　❷ 军阵中持盾牌掩护枪手的士兵。明戚继光《纪效新书》卷六："敌兵长枪戳脚下，～用牌坐落。"

【牌饼】 pái bǐng　南宋的一种货币。宋洪迈《夷坚志》支景卷三："剖其一，中藏小金～，重一钱。"

【牌簿】 pái bù　❶ 证明身分或发布命令用的牌子与记载事项用的簿册。明郑真《进牌录》："既出，诣通政司附簿，遂至考功监进牌，后署年月日姓名，画字。其公使一人引至通政司，附进～，遂通名人吏部。"汤显祖《牡丹亭》五〇出："今日文武官僚吃太平宴，～都缴了。"清《锦香亭》一六回："也无心再理堂事。即令缴了～，放炮封门。"　❷ 保甲各牌记载事项用的簿册。清杨锡绂《奏明力行保甲疏》："其本家伙伴外，另给日报～，每日填写所任何人，何业何往，务须清楚，不许蒙混。"

【牌抄】 pái chāo　抄录的牌文。明杨寅秋《粤西与子嘉祚书》："～寄览，前有梦汉寿亭侯实临我署中，悬像时礼拜焉。"清徐文弼《论驿传之害》："但喧呼索马，不与～，……迨饱其欲，方许抄牌试马。"

【牌单】 pái dān　❶ 证明身分或发布命令用的牌子与记载事项用的单子。宋虞俦《两日绝市无肉举家不免蔬食》："尚有园人供菜把，漫劳稚子写～。"元明《水浒传》八回："提辖官能掌机密，客帐司专管～。"　❷ 记录令牌递送情况的单子。清《平定金川方略》卷二五："前因金川军务奏报往来关系紧要，特命增置台站，设立～稽查。"《平定台湾纪略》卷二九："查阅沿途驿递～，系于七月十九日递至厦门。"

【牌丁】 pái dīng　犹"牌兵❶"。宋魏了翁《简州见思堂记》："又为请于部使者范侯仲武，益金谷，调黎雅～以为援。"又《知黎州兼管内安抚高公崇行状》："未几，元人进师，羽书络绎，尽发～，以备战守。"

【牌额】 pái é　即"牌匾"。五代张昭《请汴州街城门权挂一宫门牌额奏》："至明宗行幸之时，掌事者因缘修葺衙城，遂挂梁室时宫殿门～。"明童养中《胭脂记》六出："如今挂～待人知，卖的是油胭脂、锦胭脂。"清《醒世姻缘传》九九回："合郭总兵仍旧写了两只座船，头上挂了郭总兵'钦命赐环'的～。"

【牌儿马】 pái er mǎ　执令牌的仪仗马队。明《金瓶梅词话》七〇回："须臾，三队～过毕，只闻一片喝声传来。"又九五回："～蓝旗作队，文槊后随，出巡来家。"

【牌儿名】 pái er míng　❶ 即"牌名❶"。明王錂《春芜记》一五出："我把几个～编个歌儿，唱与你们听。"《金瓶梅词话》二一回："既要我行令，照依牌谱上饮酒：一个～，两个骨牌，合《西厢》一句。"清《平山冷燕》四回："打点欲做，忽又想道：'用甚～好?'欲做〔如梦令〕〔长相思〕〔忆秦娥〕等词，却又不合时宜。"　❷ 登录在姓名牌上的名字。指有身分或名望。清《红楼梦》六二回："我们是那～上的人！生日也没拜寿的福，又没受礼职分，可吵闹什么，可不悄悄的过去。"

【牌儿头】 pái er tóu　即"牌子头❶"。明林俊《乞寝内降以正法守疏》："据～陈泰等呈称，自嘉靖元年五月十一日至今年闰四月，每日拨夫十名。"

【牌筏】 pái fá　簰筏；筏子。宋薛季宣《上成马帅论屯军札子》："毁拆黄民之居，以为～，顺流而下。"《三朝北盟会编》卷五九："濒河汾，见官中～抛失于道次者自不少，何不取用?"明冯梦龙《智囊·明智部》："乃决汴水入堑中，引诸道竹木～及船运杂材，尽自堑中入。"

【牌坊】 pái fāng　为表彰功德而设立的纪念性建筑物，立柱间以横枋连接，故称。明李东阳《与阖族书》："往岁～之作，在本家已为多费，而官府复屡为之。"清李玉《清忠谱》一二折："力致当道，上疏具题，得造节妇～。"《醒世姻缘传》二二回："他家在坟上立蛟龙碑，盖～的。他不纳粮，叫咱认，这也说不响。"

【牌风】 pái fēng　牌运；打牌的运气。清《照世杯·掘新坑》："只为错捉了九十子，我心上懊恼，半日～不来。"

【牌符】 pái fú　作为凭证的牌子和符节。明侯一麐《欧东先生遗事》："一府率百餘，张旗帜，给～，因而其下市番为剽，官军不敢执。"清彭孙贻《玲珑四犯·自和却梦韵》："告免云雨差除，又掌梦、～提到。"

【牌稿】 pái gǎo　即"牌文"。清雍正四年三月初二日布兰泰奏文："并臣所行自首告示暨密饬～，另折敬呈御览。"《野叟曝言》一二七回："开入书房，见有几张委员摘印的～。"

【牌官】 pái guān　有职分的官员。牌，官员所佩的牌状身分证明。明佚名《鸣凤记》一六出："舌吐了六曹兵马，汗淋了五府

～。”清李玉《一捧雪》一八出：“执掌刑名，管领六曹兵马；操持法律，统压五府～。”

【牌号】 pái hào 号牌；标示身分、名号的牌子。宋刘克庄《庚辰与方子默佥判书》：“安知山东诸豪无郭药师辈复生，闻已有带北朝～者。”清曹伟谟《秦淮竹枝词》：“戏演鱼龙夜不眠，梨园～阮家编。轻轻断送南朝事，一曲《春镫》《燕子笺》。”《雪月梅》二一回：“见前面一只大船，桅上扯着‘曲沃县正堂’的～。”

【牌堠】 pái hòu 标示里程或地名的牌子或土堆。堠，标记里程的土堆。《太平广记》卷三五〇引《纂异录》：“凡二三里，日已暮矣，至喷玉泉～之西。”宋苏轼《东坡志林》卷三：“过华山下，有～云‘毛女峰’者。”清彭兆荪《八达岭》：“时清～疏，道古榛营迤。”

【牌户】 pái hù 编籍在牌甲内的人户。清张惠言《论保甲事例书》：“直牌有总理、董事为之庇，可以不畏强御；知追呼所不及，可以不惧株连，则～安矣。”

【牌籍】 pái jí 编在牌甲内的户籍。《续资治通鉴长编》卷二五七：“以邻近主户三二十家排成甲次，轮置甲头催纳，一税一替，逐甲置～姓名，于替日自相交割。”清赵申乔《禁绝火耗私派以苏民困示》：“官马之喂养走差，与夫保甲～，刊刷由单，报查灾荒，编审丈量等项，皆有使费陋规。”

【牌记】 pái jì ❶ 牌额等标记。唐元稹《对狗伤人有牌判》：“癸家养狗伤人，乙论官请偿。辞云：‘有～，行者非慎。’”《太平广记》卷三〇七引《集异记》：“见荒庙岿然，土偶罗列，无门榜～，莫知谁氏。”《大宋宣和遗事》后集：“庙无～，其人但称‘将军’而已。” ❷ 标示身分信息的牌子。明沈璟《义侠记》三六出：“将宋江大小人员并家属尽行赦免，照数给与金银～、红绿宫锦及冠带等项。”清《圣祖仁皇帝亲征平定朔漠方略》卷一八：“起营时留官兵于后，收察遗失驼马，审其印烙～，各交原主。”

【牌夹】 pái jiā 装牌文的夹子。清《醒世姻缘传》一一回：“你推拾布裙，把我裤子割破，取了我的～。”又八〇回：“即去裤靴内取出一个～，夹内取出一个连四纸蓝靛花印的边栏。”

【牌家】 pái jiā 开牌局的人家，也泛指打牌的人。清纪昀《阅微草堂笔记》卷一五：“数之，得三十一扇，惟阙‘二四’一扇耳。‘二四’‘么二’，～谓之至尊。”

【牌甲】 pái jiǎ 基本兵籍或户籍编制。大约十人(户)为一牌，十牌为一甲。《元史·顺帝纪八》：“设万夫长、千夫长、百夫长，编立～，分守要害。”清《醒世姻缘传》七回：“那也先的边报一日紧如一日，点城夫，编～，搜奸细。”《野叟曝言》三七回：“～严密，面生可疑之人，一概俱不容留的。”

【牌脚】 pái jiǎo 犹“牌风”。清《风流悟》五回：“今日～不好，我们掷骰子罢。”

【牌军】 pái jūn 有职衔牌的下级军官或编在牌甲内的军士，也用来称衙役。宋元《清平山堂话本·错认尸》：“押了公文，差两个～押着王青去捉拿三人并洪三。”元明《水浒传》一二回：“梁中书传下令来，叫唤副～周谨向前听令。”清陈端生《再生缘》五二回：“南金端坐鱼轩内，有那些，护送～喊得高。”

【牌邻】 pái lín 编在同一牌甲内有互保责任的邻居。明王守仁《告谕》：“十家～互相纠察，容隐不举正者，十家均罪。”清邱仰文《论蜀咽噜状》：“仍于所到地方，验照相符，取具该地～甘结，始准编入烟册。”《醉醒石》三回：“那些～们都替他称冤叫屈，县官只是不理。”

【牌楼】 pái lóu 一种装饰性建筑，规制跟牌坊相类。《新五代史·王处直传》：“初有黄蛇见于～处，直以为龙藏而祠之。”《元曲选·蝴蝶梦》二折：“这前面一座大宅舍，一座～上写敕建李府尹宅。”清《红楼梦》四一回：“这～上字我都认得。”

【牌帽】 pái mào 作为管事太监身分标示的佩牌和制帽。明刘若愚《明宫史》卷二：“更鼓房，凡有罪内臣谪司其事。挨年久者一员予～总之，平巾乌木牌者数人佐之。”《明实录》卷一〇：“佣奴诡名以浮荡入都，与一小竖交昵，窃其～，阑入禁门。”《梼杌闲评》二八回：“那不伏气投他的，俱被他摘去～，或降为火者。”

【牌门】 pái mén ❶ 有牌额标志的门。宋董嗣杲《过新桥》：“南望元公茔，峨峨翠林杪。辛木屯高阴，～灿华表。”元黄溍《嘉兴天宁万寿禅寺记》：“植～于寺前之左街，揭于楹间曰‘南湖第一山’。”《明会典》卷一二一：“每铺设十二时日晷一个，以验时刻。铺门首置立～一座并牌额全。” ❷ 犹“牌户”。明王守仁《绥柔流贼》：“盖以十家～之兵，而为守土安民之本；以武靖起调之兵，而备追捕剿截之用。”

【牌面】 pái miàn ❶ 牌的表面。宋李诫《营造法式》卷八：“造殿堂、楼阁、门亭等牌之制，长二尺至八尺。其牌首、牌带、牌舌每广一尺，即上边绰四寸向外。～每长一尺，则首、带随其长外各加长四寸二分，舌加长四分。”明郑若曾《江南经略》卷七下：“各船置立梢牌，通将在船兵夫并各军火器械开写～，遇有点闸，举目可见。”清《载花船》三回：“这牌行到姑苏郡内，当有吴县县尹当堂接着，看那～上道：‘钦命巡察两浙等处尚衣监本监吕为获拿钦犯事。’” ❷ 用来证明身分的牌子。宋朱熹《措置赈粜场合行事件》：“印给赈济户历头并赈济人口～，发下三县交管。”元佚名《小张屠》三折：“支更在金殿中，听事在衙门外。～上书‘神’字催香，实拂西风满面尘埃。”元明《水浒传》一一九回：“都穿御赐的红绿锦袄子，悬挂金银～，入城朝见。” ❸ 水牌；临时书写记事的牌子。酒店用来书写菜肴名称供客人点选。宋耐得翁《都城纪胜·酒肆》：“但要索唤及时食品，知处不然，则酒家亦有单子～点选也。”元胡祗遹《吏治杂条》：“狱囚起数，置一～，日在几案，断讫则勾抹，新添则标录。” ❹ 匾额；招牌。《元曲选·来生债》四折：“兀的不明明的在这门额上显，分朗朗在这～上见。～上青书篆着的是‘兜率宫’，门额上金字镌着的是‘灵虚殿’。”明《金瓶梅词话》一九回：“使出冯妈妈来，把～幌子都收了。”《醒世恒言》卷三八：“且说李清一个早起，教门生等休挂～，说道：‘我今日不卖药了。’” ❺ 令牌；公事牌。明潘季驯《修守事宜奏》：“须置立五更～，分发南北两岸协守官并管工委官，照更挨发，各铺传递。”《醋葫芦》一四回：“知府看毕，批个‘准’字，便发该房写张～，即差快手二名。”清李渔《风筝误》一〇出：“一面写下出师～，一面刻下招安榜文，候我相机遣用。”

【牌名】 pái míng ❶ 曲牌名或骨牌名。明董穀《碧里杂存》下卷：“‘哨遍’二字，不知何谓，及观坡《与朱唐叔书》，……始知‘哨遍’是乐府～。”清李渔《比目鱼》一〇出：“这是《红拂记》上的，～叫做〔节节高〕。”《醒世姻缘传》九七回：“寄姐也除了〔清江引〕别再不识～，又只得请了周相公讲读。” ❷ 犹“牌号”。清雍正十二年三月二十六日赵弘恩奏文：“陈王章滥准义合戏班挂总镇～。” ❸ 名义。清《歧路灯》五〇回：“你硬说送过，我问你，送时你讲个啥～儿？就是你送过去，也只算遮羞钱。”

【牌票】 pái piào 有固定格式的证明文书，供执役人作为凭证。明冯惟敏《端正好·徐我亭归田》：“又无～追，又无官长来，又无节年号件多粘带。”清陶贞一《书禁海船军器疏后》：“海口之稽查，上下相蒙；关部之～，奸良莫辨。”《红楼梦》二四回：“翻身走到银库上，交与收～的，领了银子。”

【牌签】 pái qiān 牌和签，公人执役用的两种凭证。明杨循吉《松江道中纪事》：“役氓尽逃散，蔽彼村宇觇。支吾不可使，遣弃空～。"

【牌使】 pái shǐ 佩金牌或银牌宣谕敕令的使臣。宋吴泳《祁山歌上制帅闻敌退清水县作》:"明朝探骑前来报,为言敌死秦川道。～前呼大队回,鹅车炮坐埋青草。"《大宋宣和遗事》后集:"～至五国城,宣北国帝敕曰:'契勘皇后赵氏已废为庶人,赐死。'"

【牌示】 pái shì 用牌文公示,也指这样的牌文。清雍正六年九月初三日鄂尔泰奏文:"本职于起程日,即发～,分头招抚。"蔡世远《与郑鱼门侍讲书》:"科举至期～曰:'某经自某处起,至某处止,各书于卷后。'"《幻中游》三回:"小的今早经过吏部门前,见有～了,限于初四日早刻齐集。"

【牌式】 pái shì 所颁发的牌的样式。明王守仁《案行各分巡道督编十家牌》:"着落各掌印官,照依颁去～,沿街逐巷,挨次编排。"戚继光《纪效新书》卷首:"每官方色腰牌一面,各内应开姓名,另图～于前。"清陈宏谋《选举族正族约檄》:"并将应管事宜胪列条规,拟定～,会详核夺,以便批饬。"

【牌手】 pái shǒu ❶ 犹"牌兵❶"。宋魏了翁《知嘉定府宋君墓志铭》:"黎雅土兵号～者,劲悍可用。"吴泳《与曹昌谷书》:"邀求赏给而不肯前行者,移屯营兵耳;如黎雅诸处～,则未尝不效用也。" ❷ 犹"牌兵❷"。宋王明清《挥麈三录》卷三:"敌骑果下马来追袭时俊,～当之,幸所失不致如算之数。"明《梼杌闲评》二九回:"阵势摆过,先演枪炮,后演～长枪。"清李绂《山路连环三叠阵法说》:"前用五子炮一尊,藤牌十人,……如须暂退,即将大旗、炮手、～撤回。"

【牌肆】 pái sì 按牌甲编籍的市肆。宋薛田《成都书事》:"十县版图分户籍,一城～系民编。"

【牌帖】 pái tiě 作为交换或执役凭证的令牌、文书。《宋史·度宗纪》:"壬戌,督州县严钱法,禁民间用～。"明魏观《大同江口舍舟而途抵樊昌》:"左右三五家,春深失耕务。纷纭下～,勾捉犹未杜。"顾清《答喻太守书》:"自顷追督逋租,～四出,官司日一比限。"

【牌亭】 pái tíng 建在里程牌处的亭子,供行人歇脚。唐范摅《云溪友议》卷下:"府公未能明其真伪,请于宫观,愿在～,得观云水。"《唐诗纪事》卷五六:"至湖南,庾典是郡,出迎江次,～致酒。"

【牌头】 pái tóu ❶ 元代衙役、士兵基层编制"牌"的头目。元刘时中《端正好·上高监司》:"且说一季中事例钱,……攒司五五拿,官人六六除,四～每一名是两封足数。"《元史·兵志一》:"十人为一牌,设～。" ❷ 用作对军士、差役的称呼。元明《水浒传》九回:"林冲正在单身房里闷坐,只见～叫道:'管营在厅上叫唤新到罪人林冲来点名。'"明孙柚《琴心记》四出:"提控,你自请看呀。那～也来了。"清李玉《人兽关》三出:"〔丑扮皂隶上〕腰红带,做～,单条肉臂把人勾。" ❸ 地方户籍编制"牌"的头目。明王守仁《申谕十家牌法》:"先该本院通行抚属编置十家牌式为照,各甲不立～者,所以防胁制侵扰之弊。"《拍案惊奇》卷一四:"于良走去报知老人邵强,与地方～、小甲等,都来看了。"清魏裔介《指陈畿辅盗贼疏》:"有为盗贼之迹者……许本甲～邻佑拿送该管地方官究审。" ❹ 比喻调解纠纷的人。调解邻里纠纷也是牌头的职责之一。明《醋葫芦》九回:"待我恳求院君,劝他意转,做个家里和息～,管得没事。" ❺ 一种夫役编制的头目。清窦光鼐《条陈捕蝗酌归简易疏》:"三家出夫一名,十名设一夫头,百夫立一～。"

【牌头哥】 pái tóu gē 对军士、差役的敬称。明无心子《金雀记》一三出:"有几个歌妓都自散去了,无人答应。望～可怜,遮护一二。"沈璟《义侠记》六出:"～,烦你禀知,猎户与打虎壮士要见。"

【牌尾】 pái wěi 在牌的编籍中位于末尾。清张惠言《论保甲事例书》:"小村坊但立董事一人,附于大乡镇公局。十家共为一牌,不论～,每一家轮值稽查,五日更换,谓之值牌。"

【牌位】 pái wèi 供祭祀用的牌,上书被祭祀者的名位。元张谦《金牌位迁于八室内为宜疏》:"昔者因修太庙,奉迁金～于馊幕殿,设以金椅。其栗主却与旧主～各贮箱内,安置金椅下,礼有非宜。"明汤显祖《牡丹亭》三三出:"怎生左边这～上写着'杜小姐神王'?"清《二度梅》一三回:"又立了一个小小的～,将梅公的名讳写上,供在抽屉桌上。"

【牌文】 pái wén 令牌所书或所附的指示性文字。明《杜骗新书·诈哄骗》:"又私将黄纸写一～,末写'阴司'二大字,中间计开依日者所授之老幼命该死者。"清张惠言《论保甲事例书》:"持本日县印～,亲赴各家稽察有无事故。"《姑妄言》二二回:"又发～,凡经过地方,州县官供给粮草。"

【牌檄】 pái xí 命令文书。清雍正七年十一月十三日范时绎奏文:"穷今差员给与～,分头跟缉密拿。"高其倬《陈兵弁知有惩劝疏》:"今详细敬思,推广圣训之意,作一～,欲刻作小本,俾各水师官弁兵丁详阅。"《野叟曝言》五八回:"都爷差辕门把总飞马来传,又没文书,又没～,说得要紧之至。"

【牌匣】 pái xiá 里面装有令牌及所附公文的匣子,供传报用。也指这样的牌和匣。宋黄震《词诉约束》:"～络绎,专卒旁午,驱迫州县,骚动闾里。"又《申提刑司乞免专人并豁耗状》:"每见前政文移,到仓殆无虚日。每一～,差人赍抱。"《元史·兵志四》:"已上～俱系营造小尺,上以千字文为号,仍将本管地境置立铺驿,卓望地名,递相传报。"

【牌限】 pái xiàn 令牌规定的完成期限。元黄溍《绍兴路总管宋公去思碑铭》:"簿书期会,有当追逮程督者,悉用例设～,未尝辄遣一卒。"明张宁《汀洲府行六县榜》:"若有故肆违延,及当该官吏不遵～完解者,定行究治不恕。"清《绣屏缘》九回:"前日哥哥出门,因～急促,身边盘缠甚少。"

【牌信】 pái xìn 作为凭信的牌子。宋王易《燕北录》:"长牌有七十二道,上是番书'敕走马'字,……每遇下五京诸处取索物色,及进南朝野味鹿茸果子,用此～,带在腰间左边走马。"

【牌叶】 pái yè 纸牌叶子。清陈世祥《兰陵王·忆旧》:"记柔调歌板,细拈～,断魂都尽。"《歧路灯》六五回:"只见桌面歪邪,坐椅横倒,地下有掉的四五个大钱,～二张。"

【牌印】 pái yìn 令牌和印信。唐范摅《云溪友议》卷中:"家人误爇廨舍库～等,韦曰:'家人之犯,固非己尤。'便与雪冤。"元明《水浒传》二〇回:"太守看罢,随即和新官到州衙里交割～。"清孔尚任《桃花扇》二六出:"许总兵卧病难起,特差小的送到～,就请元帅爷进城筵宴,点查兵马。"

【牌友】 pái yǒu 因打牌结识的朋友。清《照世杯·掘新坑》:"有两个～,明明嘲笑他道:'小穆,你家吃的是粪,穿的是粪。'"

【牌札】 pái zhá 令牌和公文。宋熊克《中兴小纪》卷二七:"至是国主亶始令诸路不得从元帅府,须见里面使臣所持御画～,方许佥发。"元宋子贞《中书令耶律公神道碑》:"公奏给～,仍定饮食分例,其弊始革。"清俞益谟《行军策略》:"渠目或赏给衣帽,或给～,各降兵或量赏米肉,以示恩信。"

【牌栅】 pái zhà 同"排栅"。清雍正八年十二月初一日张广泗奏文:"于十一月初六日进取大关、雄魁,与贼对敌,连破～五层，贼人败溃。"《醒世姻缘传》八六回："背脊靠了殿檐的～，脸朝了南面的戏楼。"

【牌长】 pái zhǎng ❶ 犹"牌头❷"。清《玉楼春》三回："列位～在上，龙县乃是小去处，虽有几家绸铺，都是寻常货色，那有许多松绫。" ❷ 犹"牌头❸"。清《皇朝通志》卷八五："十户为牌，立～；十牌为甲，立甲长。"

【牌照】 pái zhào 证明文书；许可证。明杨寅秋《平播条议机宜》："各汉土官督率所部克敌者，亦实时给与～一面，驰报监军类报，以便题叙。"清陈宏谋《选举族正族约檄》："莫若官给～，假以事权，专司化导约束之事。"蓝鼎元《与吴观察论治台湾事宜书》："～内大船水手二十五六名，实在止有十七八人。"

【牌子】 pái zi ❶ 即"牌❶"。a) 题写诗文、书信的板片。唐高彦休《阙史》卷下："左辖有诗题在嘉祥驿云……此诗为～，后为易定帅王处存碎之。"宋陆游《老学庵笔记》卷一："人士因有用金漆版代书帖与朋侪往来者……南人谓之简版，北人谓之～。" b) 一种板状响器，用于报时或传事。宋孟元老《东京梦华录》卷三："每日交五更，诸寺院行者打铁～或木鱼，循门报晓。"c) 即"牌❶a)"。宋石茂良《避戎夜话》卷下："又有刘无忌者，乃街市货药道人，常倒立泥中，悬一服药～。"明《梼杌闲评》三回："问个小孩子道：'陈华宇饭店在那里？'孩子道：'那里不是，～写着陈家老店么。'"清蒋士铨《一片石》二出："当得引导，待我收了～。"d) 即"牌❶b)"。宋吕颐浩《上边事备御十策·明斥堠》："逐人给金字牌与之，所至村民官私验认～，给与饮食草料。"《元曲选·虎头牌》一折："我若带～做了千户呵，我一滴酒也不吃了。"清《红楼梦》一四回："怎么咱们家没人来领～支东西？" e) 即"牌❶c)"。宋舒璘《再与前人论荒政》："在法虽各于田亩立土峰～，标字号亩步，以俟检视。"《朱子语类》卷一〇六："每常官吏点检省仓，则挂省仓某号～。"清《续金瓶梅》一七回："这长老也不肯自用，做了十数个木～，都写着'蔡府餘粮'。" f) 即"牌❶j)"。宋范仲淹《与中舍书》："夜作水陆斋一会，别书～供养。"《二程遗书》卷二二上："又问用主如何，曰：'白屋之家不可用，只用～可矣。'"g) 即"牌❶e)"。明张景《疑狱集》卷七："狱吏指近江亭～似有物，视之，履与刃也。"h) 即"牌❶i)"。明《梼杌闲评》七回："向手上解下一个小小金～来，代他扣在指头上。"清《歧路灯》五九回："珍珠店赊大珠子穿金冠的～，药室内赊些人参，只值钱的东西。" ❷ 即"牌❷"。也指持盾牌的士兵。《宋史·兵志四》："官军不能进，于是用～为先锋。贼下马临官军，其势甚盛。昌祚等乃以～踢跳闪烁，振以响环，贼马惊溃。" ❸ 即"牌❸"。宋《三朝北盟会编》卷二三〇："即目南京路正军皆阙马，今年三月二十五日降下银铤，令军人逐～差人往减州地分自行收买。" ❹ 即"牌❺"。《元曲选·冯玉兰》三折："～，昨晚那个女孩儿在那里？"明沈受先《三元记》四出："这一两送与～路上盘缠，保全他夫妇性命。"清《儒林外史》二一回："只得把自己住的间半房子，典与浮桥上抽闸板的闸～。" ❺ 元代最低资格的吏员。元太宗五年六月蒙古子弟学汉人文字诏："你每孩儿每内，更拣选二十二个作～，一同参学文书弓箭者。"《元朝秘史》卷一〇："若是千户的子，每人带弟一人，带伴当十人；百户的子，每人带弟一人，伴当五人；～并白身人子，每人带弟一人，伴当三人。"明《朴通事谚解》卷中："～令史们来，你与我甘结应付。" ❻ 一种明代内监职位。明高兆《启祯宫词》之四六："御前～似花枝，宫里群呼作女儿。"刘若愚《酌中志》卷一六："凡御前亲近大臣，如乾清宫管事、打卯～，其秩亦荣显。"陆深《司设监太监董公墓志铭》："十七年又命为宫内～，～又近侍之极选也。" ❼ 曲牌。也指曲子。清《歧路灯》二二回："九娃顿起娇喉，唱了两～小曲。"又六五回："有个《字字双》～，单讲父母苦处，听我道来。" ❽ 架子；派头。清《蜃楼志》六回："这饭店里头闹什么～，劝他休管闲事罢。"

【牌子哥】 pái zi gē 犹"牌头哥"。明王玉峰《焚香记》一八出："～报声：韩丞相府中差官来见。"无心子《金雀记》一二出："那壁厢有个公门～来，我且在此听他说什么。"

【牌子头】 pái zi tóu ❶ 犹"牌头❶"。宋孟珙《蒙鞑备录》："成吉思乃旧～结娄之子，～者，乃彼国十人之长也。"元胡祗遹《军前身死在逃之弊状》："必不能救而死者，当明注年月日、身死病证、～姓名，身故人司县村庄、籍贯、姓名，埋瘗处所。" ❷ 明代内监职位，牌子的头目。明陈洪谟《继世纪闻》卷三："瑾方熟寝，令～先入，瑾问曰：'上安在？'"《梼杌闲评》二八回："忠贤得了此旨，即刻差出四个心腹～，竟到王安私宅内宣旨。"

pài

【派】 pài ❶ 区分；分别。唐道安《二教论》："若～而别之，则应有九教；若总而合之，则同属儒宗。"元周德清《中原音韵·起例》："入声～入平、上、去三声者，以广其押韵。"清《红楼梦》五三回："餘者～出等第，一分一分的堆在站台底下。" ❷ 派头；做派。宋佚名《张协状元》一五出："位迁极品，簪缨势，象板～。"清李渔《蜃中楼》八出："都是些东颦硬效西家态，村妆勉学昭阳～。"《红楼梦》三七回："咱们别学那小家～，只出题，不拘韵。" ❸ 分配；分摊。明张自烈《正字通·水部》："物均分曰～。"《醒世恒言》卷二七："设使久后，也只有今日这些家业，～到我的子女，所存几何？"清李渔《凰求凤》三〇出："这一座新居，乃是三位夫人公～出来的银子，买来一同居住的。"《儒林外史》二回："你们各家照分子～，这事情就舞起来了。" ❹ 指派；差遣。明孟称舜《娇红记》一六出："排家编户，上城防守，俺们～为什队长，昼夜在城上提帅丁壮人等。"《挂枝儿·竹夫人》："冷时节便用汤婆子，热时节便是竹夫人。我与你～定休争也，各自耐着心儿等。"清《白雪遗音·我与情人》："你当了会子二爷，无挣下甚么。～门上，耽了多少惊和怕；～流差，受了多少打和骂。" ❺ 强加。明刘若愚《酌中志》卷二三："人臣已去，为甚还～他这样名色。"清《红楼梦》四六回："我叫了你来，不过商议商议，你先～上了一篇不是。"《白雪遗音·婆媳顶嘴》："你强～我骂你。" ❻ 量词。用于景物、声响、火光、产业、言语等。宋韦骧《初入淮上》："不知静里千帆过，唯喜空中一～清。"元鲜于必仁《阅金经·春游》："笙歌一～随。"元明《水浒传》一九回："只见芦花侧畔射出一～火光来。"明《型世言》一五回："领他看东竹林、西桑地、南鱼池、北木山，果是好一～产。"清《歧路灯》八七回："却说盛公子一～话儿，把官亲投任的人，各色各样，形容的一个详而且尽。"

【派办】 pài bàn 指派办理，也指指派办理的事项。明林俊《处置缺少粮料疏》："尤望陛下轸念邦本，节缩财源，一应～，务守祖宗旧额。"清《平定金川方略》卷二〇："于内地各州县共～米一十二万石，分运卡撒、党坝各六万石。"《野叟曝言》三三回："你不知道我们门户人家的苦处，上面要答应官府，下面要～差徭。"

【派拨】 pài bō 分派调遣。元明《水浒传》六三回："便唤铁面孔目裴宣，～大小军兵，来日起程。"明邵宝《柬管明府》："今恩既下矣，则斟酌～，重重轻轻，各惟其当。"清《水浒后传》三〇回："李俊～布置已定，颁出晓示。"

【派差】 pài chāi 委派差事或派遣差人。明胡直《念庵先生行状》："先是吉水籍多虚丁，漫至九万，～负苦。"张四维《双烈记》

三出："包宿歇钱只是本等，全靠～才有生意。"清《野叟曝言》一三六回："后经五城～，押赴粥厂暖房住着，不得在市中乞食。"

【派搭】 pài dā 配搭；搭配。明《醋葫芦》一一回："趁着康健，均分～，致他两下无异。"清朱之锡《为敬陈河漕事宜事奏》："不许仍前雇觅民船，及将损坏者补码～本帮，以致船重难行。"《续文献通考》卷一一："每岁征锡若干，解钱运司收贮，于各省领铜时照数～给领。"

【派调】 pài diào 指派调动。明潘季驯《勘估两河工程乞赐早请钱粮疏》："今将职等估计过各项工程合用钱粮，分理官员，～夫数，逐一会计明白。"清雍正八年正月十三日鄂尔泰奏文："臣抵南宁时，随调拨左江镇标兵三百餘员名；至柳州时，又～提标兵七百餘员名。"《平定金川方略》卷一〇："其又台站因概用本地番夫，乌拉并未～内地汉夫一名领运。"

【派分】 pài fēn ❶ 江河分成支流。唐陆瑰《沧浪濯缨赋》："控三湘之浅浪，从大别而～。"元李诚《栖霞观记》："～溉沃麻与蔬，师徒众口皆可糊。"清弘历《再题明人西山胜景册・文徵明石湖》："～震泽洞庭滨，去越入湖此问津。" ❷ 宗派分立。唐张说《试洛州进士策问》："且《礼》《乐》二本，古文漏失；《春秋》三传，大议～。"元张应戍《重修慈云寺碑记》："自坛山祖师～灯传，至本师惟深，迨七世矣。"明邹元标《圣学宗传序》："厥后源远～，辩驳愈多心愈戚。" ❸ 家族分出支派，也指这样的支派。唐李德裕《上柱国扶风马公神道碑铭》："尝以百万劲兵，号为马服，制秦吞魏，因而氏焉。厥后文武～，英华不绝。"元刘仁本《题会溪图赠胡仲玉》："～自是安定系，薄宦因家二百年。"明吴与弼《长湖章氏族谱序》："其族之世曰章氏，世居临川之白城，～南楼、北店。" ❹ 区分；分别。宋夏竦《退巧宦策》："明赏信罚以御其下，去邪决壅以苏其民，使清浊～，远迩绳直。"王禹偁《谢赐圣惠方表》："思欲囊括古今，～类例，参驱百疾，稽合群方。"俞靖《宋职方补注周易后序》："两汉名臣，未尝不以经进。自儒林、文苑～已来，缙绅之士视经犹蘧庐耳。" ❺ 指定分派。明《拍案惊奇》卷九："见放着砖上名字，挨名～，不怕少了一个。"清良卿《请禁派买仓谷疏》："惟买补还仓之时，酌定村庄大小，买谷多寡，～里递交纳。"《双凤奇缘》七八回："可将番邦贡物分作三股。一股交与李广，～关中军民。" ❻ 均分。清袁枚《子不语》卷三："趁此无人知觉，三人～，似亦无害。"

【派分子】 pài fèn zi 参与某项活动的人各按份额摊钱。清《儒林外史》五回："他为出了一个贡，拉人出贺礼，把总甲、地方都～。"《品花宝鉴》一八回："遇些喜庆事，就要～。"

【派管】 pài guǎn 委派或指派管理。清靳辅《河工守成疏》："但每丁一名，～堤工五六七八九十丈不等。"《平定准噶尔方略》前编卷二〇："再着副都统图克善黑色前往军营，交与傅尔丹酌量～军营事务。"《野叟曝言》一三一回："小儿也～赈务，专司出入簿籍。"

【派话】 pài huà 套话。清《绣戈袍》一四回："应彪先请过了圣安，复叙了寒暄～。"

【派还】 pài huán 指定归还。明《拍案惊奇》卷一三："那时刘上户、褚员外并六老平日的债主，多执了原契，禀了张晋，一一多～了。"

【派开】 pài kāi 分派；调开。明《金瓶梅》一回："等明日爹这里用过多少，～，该俺爹多少，再补过来便了。"《隋炀帝艳史》二七回："各杂船也插黄旗一面，又照龙舟上字号，分一个小号，细细～供用，毫厘也不许参前落后。"清陈端生《再生缘》二九回："还把那，降兵七万带将来。如今现在王城外，只等纶音就～。"

【派赖】 pài lài 泼赖。无赖，恶劣。《元曲选外编・降桑椹》二折："你平常～，冬寒天道，着我在这里久等。"明《山歌・烧香娘娘》："官人也是做人家个说话，并无半句～个肚肠。"清《白雪遗音・酒鬼》："说出那～的言语，叫我怎么当。"

【派攋】 pài lài 同"派赖"。明《山歌・汤婆子竹夫人相骂》："情哥郎～忒无徒。当初拿子小阿奴奴好似珍珠玛瑙，活宝珊瑚。"

【派敛】 pài liǎn 摊派征敛。清《绿野仙踪》七八回："并参鄢懋卿在盐院任中，骄侈不法等款，又替赵文华～诸商金珠、古玩，侵吞盐课等事。"

【派令】 pài lìng ❶ 指派命令。明李之藻《同文算指通编》卷二："应征粮七十三石二斗，～三等人户照分摊出。"潘季驯《县官轻忽河务疏》："即查睢宁县因何不差职官买运，～乡民，致生骚扰。"清《绿野仙踪》七三回："早知他在盐政衙门顽闹，又知鄢懋卿～各商摊凑金银相送。" ❷ 调派；派遣。清《荡寇志》八一回："～将毕，李逵大声道：'这番又用我不着么！'"《雪月梅》五〇回："写了一封敦请禅师的联名请启，～蒋贵前往。"《镜花缘》四〇回："凡幼女自襁褓以至十数岁者，无论疾病残废，如贫不能育，准其送堂，～乳母看养。"

【派买】 pài mǎi 指派购买。宋朱彧《萍洲可谈》卷二："先公守东莱，～上供绵十万两。"明《古今小说》卷二二："餘在限外者，或回买，或～，或官买。……～者，拣殷实人户不满限者派去，要他用价买之。"清宋荦《请停铜觔采办详文》："今铜觔一项，大部议于关税银内增办，芦课银内～。"

【派遣】 pài qiǎn 派人到某处做某项工作。清康熙三十六年二月初七日上谕："大臣职名，每日开列具奏，朕亲阅～。"《绿野仙踪》七八回："他回江宁，～文武各官，办理江南被寇地方事务。"

【派取】 pài qǔ 指派或摊派收取。明潘希曾《均恩例以苏民困疏》："或论田地，或论人丁，每年～备用马匹，各照丁田朋纳。"《拍案惊奇》卷一四："各家去～，接着支系派去，也有几分的，也有上钱的。"清于成龙《饬查劣员檄》："风闻地方各官未能洁已奉公，或征粮而滥收火耗者有之，或遇差而～民间者有之。"

【派散】 pài sàn 分发。《元史・食货志五》："每岁正月，须要运司尽将据引给付提举司随时～，无得停留在库多收分利。"清《后西游记》四回："多寡再与我些，带回～～，我方出门。"《绿牡丹》六〇回："先将干粮口袋～，另给众人人参之外，又派些牛肉脯子。"

【派送】 pài sòng ❶ 征派；指派进送。清《平定准噶尔方略》续编卷二九："乌什回人因～沙枣树科，忽然滋事。"《大清会典则例》卷三六："直省府州县陋规杂派，有遇差役因公济私以一派十者，有年节～礼仪者。" ❷ 派人解送或护送。清《平定准噶尔方略》正编卷四一："今擒一贼党辄为～，此必中秋，意欲回京，藉此自便耳。"《野叟曝言》一三六回："年内入京，以抚按～，不得力辞。"

【派索】 pài suǒ 指派索取。明宋祯汉《修政恤民疏》："倘更迟时日，则越在遐方者，恐已僦装于途；借以～者，恐已染指于鼎。"清康熙三十八年正月二十一日上谕："如有悖旨假托～者，察实即以军法从事。"麻勒吉《特申抚绥示》："塘铺兵丁～民间供应，放卡兵丁擅入民房搜括。"

【派头】 pài tou ❶ 流派。明唐志契《绘事微言》卷下："凡文人学画山水，易入松江～，到底不能入画家三昧。"清李光地《榕村语录》卷三〇："工部五、七言古诗，初亦仿摹汉魏，晚乃自开～，一空依傍。"《歧路灯》七三回："见了些道友们，全是讲长生久视之术。贫道看来，那是叶法善、林灵素～，毫无实用。” ❷ 行径；手段。明《型世言》一九回：“他的～与人不同。他知道人说风水先生常态是父做子破，又道撺哄人买大地，打偏手。他便改了这腔。”清《姑妄言》一三回：“犹恐去快了又救活转来，故意慢条斯理，迟了一会，才叫手下去叫仆妇们上来，进房去解救。毛氏这是决西江之水救涸辙之鲋一个～。” ❸ 势头；气势。明《型世言》二八回：“颖如也怕张秀才阴害他，走到杭州。他～大，又骗着一个瞎眼人家，供养在家。”清李光地《榕村语录》卷一八：“一齐抹倒古人，独立天壤间，便不是圣人气象～。”《歧路灯》七〇回：“我前日在关帝庙，见娘娘庙街盛山主，好大～，真正是布政使家。” ❹ 根源；脉络。清李光地《榕村语录》卷二四：“诸事之根，所谓～也。文不学史汉韩柳，字不学锺王颜柳，理学不宗周程张朱，虽终身专精何益。”又卷二九：“诗文～断绝久了，如今且莫评论他是唐是宋，且字字核实，说这人是这个人。”陆陇其《三鱼堂剩言》卷三：“栾武子‘善钧从众’一言，与子犯‘师直为壮’之说，同称妙绝；逢滑论祸福，楚子囊言‘君命以共’，亦是这个～。” ❺ 做派；架势。清《幻中游》一七回：“新来的这个妈妈，好像个乡绅人家的～。”《歧路灯》一三回：“这隆吉已打扮成小客商行款，弄成市井～。”又四三回：“那白兴吾用了家人～，把手往后一背，腰儿弯了一弯，低声应道：‘南街俺家大爷在此。’” ❻ 身分；名头。清《歧路灯》二二回：“逢若在厢房自写，也写了‘年家眷弟’的～。”又九四回：“都说谭大老爷与绍闻是本家兄弟，某日还要到萧墙街亲来贺喜，这个～就大了。”又九五回：“观察道：‘二侄什么名字？’绍闻道：‘名叫悟果。’观察道：‘咦？这像僧尼～，不可为训。’” ❼ 盼头的口语音。清《红楼梦》庚辰本六回：“如今天又冷了，越想没个～儿，只得带了你侄儿奔了你老来。”

【派委】 pài wěi ❶ 宗族、宗派源流或流传。宋史浩《葬五世祖衣冠招魂辞》：“遗高祖以清白兮，立里门而高峙；浚清源于两世兮，盖接夫前修之～。”元砚坚《益古演段序》：“算数之学，其来尚矣。率自九章，支分～。” ❷ 委派。明孙继皋《催发选郎疏》：“必～其司之员外郎、主事分头检阅，总而会之郎中，而后呈堂而加注拟焉。”清康熙四十二年五月初四日上谕：“如此处可修，则另～贤能官修筑。”《红楼梦》九九回：“只见门上传进一角文书，是议取到省会议事件。贾政只得收拾上省，候节度～。”

【派系】 pài xì ❶ 宗族体系。宋林亦之《陈氏母林氏埋铭》：“林之受姓，～阔远。”明李昌祺《谒赵文节公祠堂》：“明公倅大郡，～分天潢。”清乾隆四十七年九月十五日上谕：“再觉罗虽亦系宗亲但～稍远，向原准其同旗人应试出仕。” ❷ 宗派体系。清李清馥《闽中理学渊源考》卷一二：“绍兴间，朱子莅同安，遂彰明其学，而～始盛。”汪由敦《赵云崧瓯北初集序》：“尝一月中作古文三十餘篇，篇各仿一家示余。余为指其～所自生。”

【派衍】 pài yǎn ❶ 宗族支派繁衍。元刘敏中《四济南王氏先德碑铭》：“王氏本高唐人，七世祖徙济南之章丘，支蕃～，蔚为巨族。”明杨荣《送弟仲宜归乡》：“吾宗出关西，夙昔清白门。后裔日云盛，～流益分。” ❷ 宗派支系衍生。清李清馥《闽中理学渊源考凡例》：“学派一门，其～遗漏尚多；各郡遗书，未能遍得，尚有待增入。”

【派裔】 pài yì ❶ 水系的遗存。宋罗泌《路史》卷二四：“今资州资阳有资川江，然古资阳城在简之阳安，而潭之益阳有资水，或其～。” ❷ 宗族、宗派的后裔。宋《五代史平话·唐下》：“汾阳王郭子仪本太原人，公世家居雁门，岂其～否？”清查慎行《再为树存题王麓台宫詹所画苏斋像》：“我昨题诗谀石谷，～近遡娄东王。”

【派用】 pài yòng ❶ 征派使用。明潘季驯《酌议军卫事宜疏》：“惟各卫掌印金书，军伴多不敷用，以致～餘丁。”清雍正七年二月二十四日鄂尔泰奏文：“其所用人夫，仍照例于四州县～。”《平定准噶尔方略》续编卷五：“着传谕成衮扎布，查明此项～马驼事毕仍交回否。” ❷ 委派任用。清雍正十二年四月初八日鄂弥达、杨永斌奏文：“所有巡盐千总，无庸另行增设，即于现任千、把内择其谨慎谙练者，酌量～。” ❸ 分派使用。清《豆棚闲话》六则：“攒钱设供，造塔看经，不知骗了多多少少，也照旧规分头～，花费尽了。”

【派征】 pài zhēng 摊派征用。明娄坚《嘉定县均役册序》：“往者获奉上俞旨，蠲漕之诸费～。”清吴伟业《芦洲行》：“胥吏交关横～，差官恐喝难供应。”于成龙《劝谕急公》：“是屡次～，尔民有卖儿鬻女之惨而催解不前。”

【派支】 pài zhī ❶ 支派；水系、宗族的分支。宋包恢《赵宗判请游岩溪》：“竹溪黄溪何～，太白子厚名始垂。”清《镜花缘》八九回：“慕仿承弓冶，绵延衍～。” ❷ 分派支取。明潘季驯《查解各卫所存留粮饷济边疏》：“苟非查核未精，必系拖欠未完。今宜尽照已往～之数，随在细查。”梁材《题盐法议》：“候商人投到勘合即与给引～，所纳纸价仍各贮库以备来年解造之费。”清张玉书《诰授光禄大夫杨公墓志铭》：“口授遗疏，惓惓以修海塘、筑宝山城、复复海沙船，及～军食为言。”

【派驻】 pài zhù 分派驻扎在某地。明张国维《抚吴疏草》：“即以二千餘兵～三邑。”

pān

【扳】 pān 另见 bān。❶ 同“攀❶”。唐鲍溶《暮春戏赠樊宗宪》：“野船弄酒鸳鸯醉，官路～花騕褭狂。”元高明《琵琶记》三出：“香径里～残草色，雕阑畔折损花容。”清《雪月梅》一二回：“蒋士奇犹恐有错，又～了一条大柳枝插于地上。” ❷ 攀；爬。五代贯休《感怀寄卢给事二首》之一：“童～邻杏隳墙瓦，燕啄花泥落砌莎。”明《徐霞客游记》卷四下：“黑从左壁摸索上～东崖。”清《万花楼》一二回：“当时狄公子爬上古树，又跨过高墙，双手～过隔墙大树。” ❸ 攀比；结交。宋周必大《次杨子直使君韵》：“下比山樊谁薄相，上～琼木客雄夸。”明《金瓶梅词话》四一回：“人便图～亲家耍子儿，叫他人拿我惹气，骂我。”清《白雪遗音·开到荼蘼》：“年及笄，亲未～，时常相思动愁烦。” ❹ 同“攀❷”。《元典章·刑部十》：“或妄～本官眷属，或拷掠奴婢指证。”明《梼杌闲评》二一回：“着法司速问拟回奏，不许乱～平人。”清李玉《人兽关》二六出：“今日丈夫～着你，料难免此罪了。” ❺ 同“攀❸”。明《金瓶梅词话》七二回：“彼此～了些说话，然后安排酒筵。”清徐大椿《洄溪道情·丘园乐》：“带几句没要紧的闲谈细细～。”

【扳扯】 pān chě ❶ 同“攀扯❶”。明《禅真后史》三六回：“若再指明那五个妖人，则辗转～，事不可解。”清雍正六年四月二十一日李卫奏文：“此番赴滇，竭力搜寻，并欲严刑夹讯范溥，使之～波及。”《连城璧》寅集：“所以宁肯自己死，决不～别人。” ❷ 同“攀扯❷”。明《西洋记》九四回：“撞遇着一个惫懒旧知己，～一场，故此羁迟岁月。”清孙承泽《春明梦餘录》卷四〇：“案牍俚言，漫入圣贤精语，则猥鄙甚也；至割裂～，恢张高大，非其文义，则荒唐甚矣。”《姑妄言》二一回：“这些募兵捐俸的事情问我不着，这是本兵部同户部的责任。老先生何不问大司农借，何苦～我们？”

【扳答】 pān dá 勾引答话。清《姑妄言》一八回："见有生得清秀少年，穿得略干净些，就出来招揽，殷勤～。"

【扳登】 pān dēng 攀登。明冯裕《听海山谈三山》："我行倦～，华楼卧明月。"黄泽《晚宿仙霞关》："山路绕云霞，～日已斜。"《徐霞客游记》卷三上："重门复穷，悬缀甚高，望不可～。"

【扳顶】 pān dǐng 攀扯使突显。清《万花楼》四二回："他即陈奏李成冒功是假，失征衣是真，圣上也不准信，自然～出庞洪来。"

【扳对】 pān duì 同"攀对"。清《白雪遗音·和风吹动》："他说我是尚未登金榜，寒窗牖下看文章，故此家君作主重～。"

【扳附】 pān fù 巴结依附。宋王禹偁《求致仕第一表》："偶以遭逢景运，～先皇。擢自宾从，骤居相辅。"明刘球《钱塘陈氏族谱序》："宁自再从之亲而录之，不敢～名宗右族以欺其后。"清《快心编》二集四回："适值贱恙不得～，至今心中歉然。"

【扳高】 pān gāo 同"攀高"。明《警世通言》卷二一："公子贵人，奴家怎敢～？"清《续金瓶梅》一六回："这翟员外也就有个～之意，只不知李师师的口气。"

【扳桂】 pān guì 同"攀桂"。明王廷陈《秋园酌谢子》："待汝频～，怜予久系匏。"谢谠《四喜记》三出："正是未酬～志，早动惜花心。"

【扳害】 pān hài 同"攀害"。明《警世通言》卷二五："一妻二子，亦为其所有，尚然未足，要逼某～亲戚赔补。"《醒世恒言》卷二〇："这些东西是亲家王员外扶持的，不知为甚被人～？"清于成龙《劝畈间归农谕》："勿畏贼党～，泾渭定有分别。"

【扳厚】 pān hòu 结交深厚。清《红楼梦》七一回："赵姨娘原是好察听这些事的，且素日又与管事的女人们～，互相连络。"

【扳花】 pān huā 同"攀花"。明《宜春香质》花集三回："一睹芳容，顿起～之念；继聆笑语，未承题叶之交。"

【扳话】 pān huà 同"攀话"。明孟称舜《娇红记》三出："我见了那妹子，可忘了与舅妗～。请问舅妗，平日也饮些酒么？"陈汝元《金莲记》二四出："天然寓居荒山，到此～则个。"《金瓶梅词话》六八回："呵了两口汤，放下箸儿和西门庆～。"

【扳跻】 pān jī ❶ 同"攀跻❶"。宋刘克庄《琴潭》："了无～劳，坐惬幽野性。"明袁华《送季景福炼师游武当》："武当之山天与齐，子往访道穷～。"清厉鹗《理安寺》："僧楼满落叶，幽思穷～。" ❷ 同"攀跻❷"。宋蔡襄《司农少卿致仕王君墓志铭》："薄夫怀贪，生死利势，～勇前，罔或畏耻。"清魏裔介《渡江小咏序》："其所作平旷高远，绝去町畦巉崖，若不求胜于人者，而萧然冲适自有不可～之处。" ❸ 比喻奔波跋涉。明徐棻《送梧郡陈司马兰砌游勾漏序》："人世之～有几，山灵之把臂何时？"

【扳迹】 pān jì 追踪，比喻仿效追随。唐李邕《秦望山法华寺碑》："至若高僧慧基，邑人陈载，皆踵武～，传灯袭明。"

【扳教】 pān jiào 同"攀教"。清《续金瓶梅》二六回："天涯相会，也是有缘，还要～。"

【扳拉】 pān lā ❶ 攀援；牵拉。清《绿野仙踪》七八回："通船俱皆站满，连撑船扯棚空隙俱无。众贼还～不放，掌船人即以刀砍断其手臂者甚多。" ❷ 犹"扳扯❶"。清《绿野仙踪》三七回："三山五岳，什么人儿没有？被他们～出来，就是大祸患。"又七九回："你便不收留他，他出外被人拿住，也会～你。"△《七侠五义》七一回："他等做没天良之事，将来事犯，难免～于我。" ❸ 犹"扳扯❷"。清《绿野仙踪》三七回："有一点嫌怨者，必要差人通递消息，着叛贼们～本人。"

【扳累】 pān lèi 同"攀累"。明《禅真后史》二一回："为本县库吏暗盗钱粮、嫖赌撒漫用度，后因盘库事露，～无辜百姓株连受害。"清于成龙《弭盗安民条约》："立刻押解公衙门究审，不许稽迟时刻，以致～善良。"杨雍建《请停丈量以苏民困疏》："奸胥易以妄报，愚民畏惧求脱，朝勾夕补，倏报倏除，纷纷～。"

【扳例】 pān lì 同"攀例"。宋赵抃《奏疏论两府庇盖王拱辰》："然后特出宸断，正拱辰之罪而降黜之，以快天下切齿扼腕者之心，又得以为今后拒彼使～之语。"元王恽《大元光禄大夫兀良氏先庙碑铭》："名高诸将，可嘉赠谥。其在故家，不得～。"

【扳连】 pān lián ❶ 同"攀连❶"。宋陈耆卿《刘向论》："盖望之堪尚存，向犹得～以成事；望之堪既死，则向虽独抱忠肠，伥伥然何所依哉！"明俞允文《游马鞍山记》："或提罂挈盂，络盛壶飡；或邂逅交游，～而往。" ❷ 同"攀连❷"。清《八旗通志》卷二三九："所属丽水县民李某家被盗，县捕盗首曹大鞫之，～二十餘人。"徐越《省科条以培治本疏》："自缉逃之法严，则凡有迹涉可疑，及挟仇诬首，～无辜者，尽被搜究矣。"

【扳联】 pān lián 同"攀联"。唐韩愈《释言》："愈之族亲鲜少，无～之势于今。"宋陈克《瑞香》："赤阑青篾舫，丁宁护根窠。泥沙亦天幸，～入宣和。"明许相卿《与横山徐曰仁侍御书》："邂逅～，知爱隆笃，侔于兄弟。"

【扳恋】 pān liàn 同"攀恋"。元刘仁本《虞江宴别诗序》："语乎情洽，不能舍去，遂～出百里外。"

【扳鳞】 pān lín 同"攀鳞❶"。元陈基《送陈希文北上序》："左～，右附翮，翩翩焉，洋洋焉，翱翔乎帝乡，徘徊乎青都。"明戚继光《题龙潭》："同游不少～志，独有波臣愧此身。"清毛奇龄《北行即事》："～瞻紫阙，载马渡黄河。"

【扳留】 pān liú ❶ 同"攀留❶"。宋孙觌《山行憩田舍老父出迎》："匆匆不尽～意，挽袖丁宁更一临。"明《西游记》八七回："今日酬，明日谢，～将有半月。"清李玉《清忠谱》九折："苦～，无非这回；细商量，无非这回。" ❷ 同"攀留❷"。明童轩《南京刑部尚书张公墓志铭》："去吉之日，老稚～不获，存其靴郡中。"孙承恩《送祁通府入觐》："玉帛君臣礼，～父老情。"清姜宸英《高户部诗集序》："于其去～之载道，没而赴京吊哭者不绝于路也。"

【扳搂】 pān lǒu 牵挽搂抱。元邓玉宾《村里迓古·仕女圆社气球双关》："～儿搂定肩儿靠，锁腰儿锁住膝儿掉。"

【扳扪】 pān mén 同"攀扪❶"。宋曾丰《游香山寺》："草蒙百年街，屋倚千仞壁。～到上头，两眼眇万物。"

【扳蹑】 pān niè ❶ 追攀涉及。宋蔡襄《祭范侍郎文》："天子问状，公拔根株，～三代，不为目前苟闻之计。" ❷ 同"攀蹑"。明《徐霞客游记》卷一下："遂解衣～而登。"又卷七上："循峡西南上竟不得路，～峡中三里登一岗。"

【扳陪】 pān péi 同"攀陪"。明《金瓶梅词话》四一回："才养的孩子割什么衫襟，无过只是图往来，～着要子儿罢了。"

【扳赔】 pān péi 攀诬以获得赔偿。明《二刻拍案惊奇》卷一五："任你夹打，只供称是因见江溶殷实，指望～赃物是实，别无指使。"

【扳配】 pān pèi 同"攀配"。清《补红楼梦》一〇回："况且姑太太的亲戚，都是富贵双全的人家，我们从那里～得上呢？"

【扳牵】 pān qiān ❶ 同"攀牵❸"。唐李商隐《行次西郊一百韵》："乡里骇供忆，老少相～。"宋曾巩《延庆寺会景纯正》："起坐相～，迟留日将西。" ❷ 同"攀牵❻"。宋王令《交说送杜渐》："去就相为之可否，过失相为之～。" ❸ 同"攀牵❺"。明倪元璐《与左巡按光先书》："亲族惧其～，辇金求免。"清徐旭旦《拟平楚万言策》："是以～宜察，含沙宜详，勿使报怨者借隙以快心，诈骗者藉端以挟利。”

【扳搴】 pān qiān 同“攀搴❷”。清蒋德馨《次韵张欣木王熙玉山行》：“蛮獐犵狫不得上，仰视睥睨徒～。”

【扳亲】 pān qīn 同“攀亲”。清李玉《人兽关》一八出：“倘我功名成就，怕没有一样戴纱帽的与我～？”《八洞天》卷四：“谁知那些有女儿的人家，都不肯扳这穷寡妇，须得二房员外岑金出名～，才肯相就。”

【扳屈】 pān qū 同“攀屈”。宋洪迈《夷坚志》三己卷三：“缘丈夫久伏枕，遣我诣君，欲～至敝庐诊视。”明孙承恩《和答喻扬庵郡公》之三：“最怜公务剧，～愧无期。”

【扳染】 pān rǎn 同“攀染❶”。《明史纪事本末》卷一八：“命赤其族，籍其乡，转相～，谓之瓜蔓抄。”清钱谦益《太祖实录辨证》五：“玉强辨，转展～不肯服。詹徽叱玉吐实，无徒株连人。”

【扳实】 pān shí 指认落实。明《醒世恒言》卷二〇：“如今乃是强盗当堂～，并不知何人诬陷，去告谁好？”

【扳送】 pān sòng 同“攀送❹”。明胡应麟《明奉政大夫王公洎封宜人徐氏墓志铭》：“濒行，诸父老～阗咽。”

【扳谈】 pān tán 同“攀谈”。清《聊斋志异·小髻》：“长山居民某，暇居，辄有短客来，久与～。”《镜花缘》二三回：“～多时，许多货物共总凑起来，不过增价一文。”

【扳图】 pān tú 结识并企图。清《隋唐演义》五二回：“这样好亲戚，我们巴不能个～一个来往。”

【扳玩】 pān wán 同“攀玩”。明《徐霞客游记》卷一上：“～移时，望狮子峰已出，遂杖而西。”

【扳挽】 pān wǎn ❶同“攀挽❹”。元戴表元《苍翠楼记》：“今千百年后，乃知太白独常游之。甚者虽非太白所常游者，亦欲～其平生辞藻而及。” ❷同“攀挽❷”。《续通典》卷九九：“乘夜冒雨，攀萝腰絙，～而上。”

【扳枉】 pān wǎng 攀扯冤枉。明朱鼎《玉镜台记》三二出：“如今监中有许多强盗在此，叫他分头～各县财主。”

【扳望】 pān wàng ❶同“攀望❷”。明杨涟《述移宫始末疏》：“诸臣～遗弓呼号毕，恭请见皇上。” ❷同“攀望❸”。明王慎中《与谢与槐提学御史书》：“虽豪俊特拔之士，尚未足以承交于下风，况孤陋浅薄如不肖者，岂宜～声光。”

【扳诬】 pān wū 同“攀诬”。明高攀龙《申严宪约责成州县疏》：“赃真然后具招，勿轻信～而容捕快先拷。”《拍案惊奇》卷一一：“至于～冤枉的，却又六问三推，千般锻炼。”清佟国器《弭盗九条疏》：“乡甲废，而被盗～，不敢保救。”

【扳陷】 pān xiàn 同“攀陷”。明《二刻拍案惊奇》卷一五：“你这杀剐不尽的奴才，自做了歹事，又受人买嘱，～善良。”《禅真后史》四五回：“偶遇本县缉着一伙大队豪杰，浼狱吏贿赂，～王寡妇为窝家。”清《平定台湾纪略》卷五四：“林爽文自系，欲借此～，以泄其忿。”

【扳挟】 pān xié 同“攀挟”。清《平定台湾纪略》卷九：“船户水手，～板片得生。”

【扳携】 pān xié 同“攀携”。宋曹勋《山居杂诗》之三〇：“～一二友，香火共昏旦。”

【扳胸】 pān xiōng 同“攀胸❶”。《元朝秘史》卷二：“牵着马出来时，将鞴的鞍子脱落在地，回去看呵，～肚带依旧扣着。”

【扳叙】 pān xù 同“攀叙”。元戴表元《方使君诗序》：“年二十六入太学，而使君适由东诸侯藩府归为国子师，始获因缘～，偿平生之慕愿焉。”

【扳仰】 pān yǎng ❶同“攀仰❶”。清《情梦柝》七回：“他是～富厚，又奉承子刚秀才，到十八岁做亲，借债嫁女。” ❷同“攀仰❷”。清《巫山艳史》一三回：“公子不住的徘徊～，眉目传情。那江氏生得色色动人，心花怒放。”

【扳依】 pān yī ❶同“攀依❶”。宋陈傅良《九虞祭祝文九·七虞》：“～永已，恸哭何云！”清《女仙外史》七三回：“即令军士交会与他，说明～帝师、不复归去的话。” ❷同“攀依❷”。明王守仁《青原山次黄山谷韵》：“妙香隐玄洞，僧屋悬穹崖。～俨龙象，陟降临纬阶。”

【扳倚】 pān yǐ 同“攀倚❶”。清毛奇龄《周子铉游天台山记事》：“举所谓搏石屏而援长萝，傍有绝壁，手可～，以今观之，皆诞妄者。”

【扳引】 pān yǐn ❶犹“扳援❶”。《说郛》卷三二上引唐张鷟《耳目记》：“直至女墙，手无～，又以足指缘佛殿柱至檐头，捻椽覆上。”明《徐霞客游记》卷一上：“西崖忽中断，架木连之，上有松一株，可～而度。” ❷犹“扳援❸”。宋楼钥《知梅州张君墓志铭》：“洎付有司，乃～前令事为言。其人既伏辜，君之治行益白。”叶适《习学记言》卷二〇：“至子贡稍欲见其一二，遽为辨士所～，浮鄙淫诞，殆不可洗濯。”清毛奇龄《拟为司宾答问辞》：“然且拘牵诗书，～畦畤，轩羲所垂，夷吾所记，大夫文学，争辨不已。” ❸犹“扳援❻”。宋张栻《吏部侍郎李公墓铭》：“御史尹穑附宰相汤思退，以公故尝为思退所知，欲～共挤忠献。”元邓文原《故大中大夫高公行状》：“议行贡举法，而权臣卖官营私，～朋类，沮格不行。” ❹犹“扳援❼”。宋刘辰翁《黄纯父墓志铭》：“出入诸老，皆成履历。即小人～，及当国所忌恶，皆不足为全名之累。”明归有光《乞休申文》：“朝廷之法赏善而罚恶，如使恶者坐法而无故欲～善者，世亦无如此之事。”清《石峰堡纪略》卷一五：“此外惟黄阿浑、哈掌教等犯，系其～供出，已有旨令阿桂等速拿严办。”

【扳援】 pān yuán ❶抓着东西向上或向前。唐韩愈、孟郊《城南联句》：“～贱蹊绝，炫曜仙选更。”宋刘子翚《酴醾》：“高架～虽得地，长条盘屈总由人。”清《平定两金川方略》卷一六：“潜从卡丫山后～而上，攻取梁上贼碉。” ❷攀附；依附。唐李商隐《行次西郊作》：“近年牛医儿，城社更～。”明李蓘《袭美登凤皇台有赋》：“归来笑向兄，佳士堪吾恋。落落怀贤心，千秋一～。”清汪琬《族谱后序》：“富者或耻其家之衰落，则～大族而强附之。” ❸援引；引证。唐韩愈《答崔立之书》：“～古昔，辞义高远。”宋张大亨《春秋五礼例宗》卷三：“夫为传者，不深求圣人所以必书之意，而～慎灶卜祝之言以为说。”岳珂《愧郯录》卷八：“纳节既不举行，故虽无功者亦得～为比。” ❹比附；攀比。宋岳珂《桯史》卷一〇：“以为乾德平僭伪，虽銮舆不亲幸，而耆定一方实为隽功，欲～章武端命故事，建殿以严崇奉。”元王恽《创建伊洛五贤祠堂记》：“若～昔贤，则不肖年迫衰老，懒于笔研，又瞠乎其后。”清王士禛《池北偶谈》卷五：“以后子孙出居，每宅宽只许五楹，深约三四进，勿妄～。” ❺攀缘挽留(去职官员)。宋苏轼《罢徐州往南京马上走笔寄子由》之一：“吏民莫～，歌管莫凄咽。” ❻援手；提携拉拢。宋刘敞《朱云》：“当前折槛色不变，命在顷刻谁～？”元方回《送叶亦愚序》：“贾氏于此三路，必谨择乎决不畔己之人，私相～，互相保任。”清《绣戈袍》二九回：“投主人须要有势力的，日后或可以藉其～。” ❼攀扯；牵累。宋苏颂《秘书丞赠太师刘君神道碑铭》：“它日讼起，旁县～证逮连坐者千馀人。”叶适《习学记言》卷六：“为郑之臣子所～而不能去，与突亹等卒以见杀。”明唐时升《园中》之二：“瓠叶黄以萎，其下生茅菅。遂恐穿堤岸，嘉蔬受～。” ❽扭合；搭合。明叶宪祖《鸾鎞记》一一出：“撮哄全凭口快，钻求无奈头尖。冒认瓜将李搭，～柳共花拈。”

【扳缘】 pān yuán ❶ 同“扳援❶”。五代杜光庭《温汤洞记》：“昔有游人～而人，累月之后后，出于巫山洞中。”宋佚名《张协状元》一出：“鸿鹄飞不过，猿穴怕～。”清孙承泽《春明梦餘录》卷六八：“由泉窦之南复～小径，盘屈数十折至山顶。” ❷ 同“扳援❷”。宋郑刚《送林懿成解兵掾》：“追念已无及，～宁有因。但能侧两耳，听公登要津。”明庄㫤《韦氏族谱序》：“予观其谱略，无有所～依附者。”《醋葫芦》一二回：“不多几众尼僧，自耕自食，不善～，奉侍一尊古佛。” ❸ 同“扳援❻”。宋刘克庄《祭郑子敬左司文》：“议抑侥幸，杜绝～。众方狺狺，公独惓惓。” ❹ 征逐；奔波。宋蔡襄《任山归河东》：“～逐声利，激射苟禄俸。”周必大《谢安人酒官启》：“～一命，拓落半生。” ❺ 结缘；缔姻。元戴表元《回徐氏婚启》：“伏以中年涉历，苦婚宦之萦怀；邻境～，喜亲贤之在望。”又《舒氏婚启》：“伏以吾州四姓之家，久烦慕仰；斯文一日之泽，亦许～。” ❻ 同“扳援❼”。清孙承泽《春明梦餘录》卷四五：“今累辅所坐昏庸疏率，为罪督～耳。”

【扳越】 pān yuè 超越。宋李廌《题郭功甫诗卷》：“横飞后生尽豪俊，往往～自草莱。洪炉造化岂一端，如何不与埏填坯。”

【扳赃】 pān zāng 攀诬窝赃，或指这样的赃物。明倪元璐《与左巡按光先书》：“凡所～，如果十无一实，虽有司明知其冤，岂可尽报平反。”清李渔《慎狱刍言》：“有一人被访，则亲属与仇家皆不能安枕，非虑～，即防贻祸。”《隋唐演义》四回：“只恐怕捉生替死，诬盗～，这些勾当，叔宝兄不肯做。”

【扳折】 pān zhé 攀折；折取。唐李群玉《人日梅花病中作》：“已被儿童苦～，更遭风雪损馨香。”明吴兆《废南院看桃花》：“开处谁～，种时曾绮罗。”清《玉楼春》二回：“今科秋桂第一枝，非公子不能～。”

【扳指】 pān zhǐ 同“攀指”。明海瑞《赠蒙生德范还遗金序》：“先是张氏讼官，疑似～。官追为急，乃生心事。”清雍正十年《湖广通志》卷五二：“奸人藉以肆毒，一经～，村落几空。”《大清律例》卷二四：“惟据见获论罪，不许巡捕人员逼令辗转～。”

【扳陟】 pān zhì 同“攀陟”。明郑真《敬跋御赐起居注》：“崎岖石径难～，达顶方知上九天。”《徐霞客游记》卷八上：“余见前路渐翳，而支间有迹可蹑石而上，遂北上～之。”清田雯《镮辕诗自序》：“西山在目，排闼青来。咫地尘婴，无由～。”

【扳追】 pān zhuī ❶ 同“攀追❷”。明佚名《少年游》：“少年走马长楸陌，欢笑任～。剪碎风流无些着，落真带、几分痴。” ❷ 同“攀追❹”。清李宪乔《将去归顺和乐天杭州二诗》：“山野黄发叟，里巷垂髫儿。伛偻各拜献，婉娈相～。”

【判】 pān 另见 pàn。❶ 同“拚❶”。唐杜牧《寓题》：“把酒直须～酩酊，逢花莫惜暂淹留。”《敦煌变文校注》卷一《李陵变文》：“丈夫出塞命能～，大众胡狼事实难。”明许自昌《水浒记》一八出：“早识卧龙应有分，先～一饮醉如泥。” ❷ 甘愿；宁可。唐高適《送浑将军出塞》：“意气能甘万里去，辛勤～作一年行。”清纳兰性德《沁园春》：“但无端摧折，恶经风浪，不如零落，～委尘沙。” ❸ 任凭；由着。唐杜甫《舍弟观归蓝田迎新妇送示》：“衣裳～白露，鞍马信清秋。”元稹《估客乐》：“生为估客乐，～尔乐一生。”宋沈蔚《满庭芳》：“～深夜，一年月色，只是这般圆。” ❹ 同“拚❷”。五代尹鹗《金浮图》：“堪～醉，韶光正媚。”明徐复祚《红梨记》三出：“～行乐及辰，～行乐及辰，只恐怕后月今宵，阴晴无准。”

【判的】 pān de 同“拚的”。《元曲选·马陵道》四折：“料你的本领我也不怕，我～和你并个你死我活。”

【判得】 pān de ❶ 同“拚得”。宋韩维《展江亭看海棠遇风》：“莫怪晚来觞屡嚼，白头～醉流霞。”清汪由敦《直庐即事》之二：“落花时见隔墙飘，～残春付柳条。” ❷ 乐得；甘愿。宋苏泂《金陵杂兴》之四三：“从今尽有花时节，～从公日日来。”明王世贞《沈同守过我山园》之二：“老夫仍葺浣花庄，～山僧半日忙。” ❸ 任凭；由着。元戴表元《严提举挽诗》：“～身煨炉，歌铭尚尔为。”

【判割】 pān gē 另见 pàn gē。舍弃；割舍。唐王梵志《运命满悠悠》：“一旦罢因缘，千金须～。”王建《乞竹》：“乞取池西三两竿，房门栽着病时看。亦知自惜难～，犹胜横撖引出栏。”《敦煌变文校注》卷七《故圆鉴大师二十四孝押座文》：“共树共枝争～，同胞同乳忍分张。”

【判教】 pān jiào 纵然；哪怕。明施绍莘《步步娇·赠人》：“要图他鸳配共鸯俦，～使尽使尽机和彀。”

【判命】 pān mìng 另见 pàn mìng。❶ 同“拚命❶”。《敦煌变文校注》卷一《伍子胥变文》：“今欲征发天兵讨楚，招募效力之人，如有～相随，火急即须投募。”五代牛希济《临江仙》：“风流皆道胜人间。须知狂客，～为红颜。”明袁宏道《游盘山记》：“惊定，乃笑世上无～人，恶得有此奇观也。” ❷ 同“拚命❸”。王梵志《身体骨崖崖》：“前人许赐婚，～向前走。”

【判弃】 pān qì 同“拚弃”。明陆采《明珠记》三七出：“怕芳魂怎寻，度不得万水千岑。猛～此身同鸩。”清施闰章《寻王元倬孝廉》：“闲收菊枕缘多泪，～山庄不厌贫。”

【判取】 pān qǔ 同“拚取”。宋王之道《水调歌头·赵帅圣用生日》：“好在蟹螯如臂，～兵厨百斛、与客醉。”明倪岳《和于京兆景瞻金山八诗》之三：“何如得谢樊笼去，～吟身混草莱。”清施闰章《濮朗元过访有赠》：“邻家有斗酒，～尽深杯。”

【判却】 pān què ❶ 已然。唐柳宗元《六言》：“一生～归休，谓着南冠到头。”宋杨万里《池口移舟入江》：“老夫早知当陆行，错料一帆超十程。如今～十程住，何策更与阳侯争。”明刘基《忆旧游·咏灯花》：“强将片影相对，清泪湿铅红。但暗自灰心，朱颜～成老翁。” ❷ 同“拚却❷”。唐高骈《送春》：“春光看欲尽，～醉如泥。”宋赵汝迕《清平乐》：“小屏依旧围香，恨抛薄醉残妆。～寸心双泪，为他花月凄凉。”清汪琬《杂兴》之五：“随意山村水郭间，～去官兼谢客。” ❸ 同“拚却❶”。宋杨万里《竹鱼》：“只知爱竹～命，化作此君苍雪容。”又《和胡运幹投赠》：“～青灯穷活计，早归紫禁策元功。” ❹ 任凭；由着。宋张镃《次张以道韵》：“丹房火鼎频添水，衣柜香炉就焙茶。～一生闲理会，共君难数第三家。”

【判舍】 pān shě 同“拚舍❶”。宋吕本中《鼓山颂法眼语在里即求出》：“合眼跳黄河，未有过得者。岂惟不得过，身亦须～。”

【判身】 pān shēn 同“拚身”。唐罗隐《钱唐见芮逢》：“醉思把箸欹歌席，狂忆～入酒船。”宋黄榦《与李敬子司直书》：“财赋赤立，亦只得～判命，硬着脊梁担负前去。”

【判死】 pān sǐ ❶ 同“拚死❶”。唐元稹《采珠行》：“海波无底珠沉海，采珠之人～采。”明沈周《颜烈妇俞氏文事》：“剪锋刭落玉精神，要使亡夫识念真。～不教留好眼，示生无复见他人。” ❷ 同“拚死❷”。《敦煌变文校注》卷一《伍子胥变文》：“一人～，百人不敌。”

【拌】 pān 另见 bàn。❶ 舍弃。五代冯延巳《采桑子》：“愁颜恰似烧残烛，珠泪阑干。也欲高～，争奈相逢情万般。”宋佚名《千秋岁令》：“美景良辰莫轻～，鸳鸯帐里鸳鸯被。” ❷ 同“拚❶”。宋曾巩《落叶》：“朱颜久已～销减，岂有功名堪写貌。”明程嘉燧《雨中过张鲁生清夜听曲》：“已～白发从今尽，莫放梁尘到晓飞。”清厉鹗《春日湖上》：“春衣如可典，～与饮循环。”

【拌得】 pān de 同“拚得”。明郑真《题方壶溪山秋兴》：“林泉～千钟醉，挥写平生锦绣胸。”清查容《满庭芳·蝶冢和日观》：“妆台畔，双鬟绣罢，～裹芳尘。”余汉《烛影摇红·元宵》：“～今宵，听残清漏。”

【拌丢】 pān diū 舍弃；抛弃。明俞彦《风入松·唤春》：“匆匆因甚逝波流，容易～。艳阳如绣天如酒，恁般下得忙收。”

【拌教】 pān jiào 同“拚教”。清路德《张忠烈公砚为曹莪屺少府作》：“赵璧～碎秦柱，玉带讵肯随黄冠。”

【拌命】 pān mìng 同“拚命❶”。宋《朱子语类》卷一一六：“如两军厮杀，两边擂起鼓了，只得～前进。”清于成龙《忍字歌》：“更有一种最蚩氓，希图～去害人。”

【拌取】 pān qǔ 同“拚取”。宋赵长卿《蓦山溪·秋日贺张公生辰》：“笙簧奏，星河晓，～金罍倒。”金元好问《满庭芳》：“歌声溢，玉山扶起，～醉颜酡。”清查容《醉落魄》：“～明朝，短梦小窗白。”

【拌却】 pān què ❶ 同“拚却❶”。宋赵长卿《杏花天》：“从前事拟将～，梦不断、花梢柳萼。” ❷ 同“拚却❷”。宋韩淲《乘雨寻梅》：“～一冬常是醉，远香孤艳正无涯。”

【拌舍】 pān shě 同“拚舍❶”。宋蔡伸《西楼子》：“谩迟留，何以蓦然～，去来休。”

【拌身】 pān shēn 同“拚身”。唐元楷《陀罗尼集经翻译序》：“意欲运西域之法水，润东夏之渴仰。～许于险难，务存宏道之心。”清李先复《断臂烈妇行》：“烈妇守身誓～，身甘百碎何惜手。”

【拌死】 pān sǐ 同“拚死❶”。明张岳《苗贼突劫思州疏》：“四下纠集湖川残苗，～出劫财物，且求旦夕之活。”

【拌着】 pān zhe 同“拚着”。宋《月华清·梨花》：“对美景、不妨行乐。～向花时取，一杯独酌。”

【潘】 pān 同“拚❶”。唐王绩《元正赋》：“献岁风光早，芳春节会多。径～三月内，恣意饱经过。”《敦煌变文校注》卷四《太子成道经》：“若能取我眼睛，心里也能～得；取我怀中怜爱子，千生万劫实难～。”

【攀】 pān ❶ 折；拗。唐沈佺期《折杨柳》：“拭泪～杨柳，长条匝地垂。”敦煌词《望江南》：“我是曲江临池柳，这人折了那人～。”清《飞龙全传》二三回：“伸手～了一根桃条，连头带脸，乱抽乱打。” ❷ 攀扯；牵连。《宋元戏文辑佚·崔莺莺西厢记》：“自迷做个无情鬼，落得甚？阎王行只得～下您。”明《金瓶梅词话》七六回：“他兄弟何十乞贼～着，见拿在提刑院老爹手里问，～他是窝主。”清《歧路灯》七九回：“内中强盗～了一个良民，西平硬夹成了案。” ❸ 谈；闲扯。元高安道《哨遍·皮匠说谎》：“调脱空对众～今古，念条款依然说是非。”《元曲选·风光好》一折：“他不把话头～，唬的我毛骨寒。”《死里逃生》一出：“且～方丈高僧话，消却浮生半日闲。”《谐铎》卷五：“将～情话，俄母氏招女去。”清《醒世姻缘传》八七回：“狄希陈乘着这个机会，在寄姐面前献殷勤，～说话。” ❹ 操；从事。牵挽的引申义。《元曲选·王粲登楼》一折：“若生二女，同～绣床；若生二子，同舍攻书。”《元曲选外编·智勇定齐》一折：“你着我针指匆匆居草堂，又着我～绣床，不如我抚瑶琴学舞剑诵文章。”

【攀绊】 pān bàn 牵连；扳扯。金《董解元西厢记》卷五：“〔张生〕：‘……我专指着伊家做照证。’红娘曰：‘休～！’”

【攀本】 pān běn 翻本；捞回本钱。明《梼杌闲评》五回：“身边银子输尽了，要去～，又怕老婆骂。”

【攀搏】 pān bó 抓住并撕打。宋洪迈《夷坚志》三己卷三：“虎怒，举爪掬其鞍，～左足，骨肉皆碎。”

【攀缠】 pān chán 拉扯缠绕。明《西游记》六五回：“脱出荆棘针刺，再无萝壮～。”

【攀蟾】 pān chán 犹“攀桂”。传说月中有蟾蜍和桂树。元谢宗可《咏物诗·笔阵》：“～独扫千军退，功夺中书第一名。”《元曲选外编·陈母教子》三折：“月中失却～手，高枝留与状元郎。”清洪昇《长生殿》一一出：“你～有路应相念。”

【攀扯】 pān chě ❶ 牵连使人受累或获罪。元施惠《幽闺记》七出：“你三回四次问我的姓名，莫非恐人拿住，要～着我么？”明汪铉《应诏陈言以弭灾异事》：“又听犯人展转～，以致淹禁日久。”清《后水浒传》一二回：“他已一口承认自己杀人，却～谁来！” ❷ 牵涉；比附。明张原《伸国法疏》：“王玹蹈其故辙，亦复曲为辨说，妄肆～。” ❸ 攀附。明《二刻拍案惊奇》卷三：“况且京师中人不知外方头路，不喜欢～外方亲戚，一心要把这丹桂许与侄儿去。”清《红楼梦》二回：“若论荣国一支，却是同谱。但他那等荣耀，我们不便去～，至今越发生疏难认了。” ❹ 牵拉；扯拽。明《列国志传》五五回：“各要争先上船，互相～。”清《野叟曝言》一一七回：“一将上前～不动，跪下说道：‘太师神力。’”

【攀待】 pān dài 期待与对方再会的客气说法。明周履靖《锦笺记》四〇出：“〔丑〕梅大人舟已到涯，如夫人即入进谒，就此告辞。〔老旦〕如此不敢虚拘，尚容～。”

【攀道】 pān dào 盘道；曲折攀登的道路。清《绿野仙踪》六回：“绕了十几个～，喘吁的气都上不来。”又二七回：“四围都是重崖绝壁，止有一条～可行。”

【攀吊】 pān diào 吊唁的敬语。明朱鼎《玉镜台记》二四出：“你勋庸未克遂分茅，遽然跨鹤归华表。妹丈，我和你聊束生刍～。”

【攀对】 pān duì 议婚；结姻。清《说唐后传》二一回：“没有媒人，怎生～？”△《青楼梦》五三回：“本来～蒋氏为室，后来蒋氏子死了，所以复对生员。”

【攀凤】 pān fèng ❶ 比喻依附帝王。语本汉扬雄《法言》：“攀龙鳞，附凤翼。”明叶子奇《草木子》卷四：“沧海钓鱼终有日，碧霄～看他年。”黎民表《燕京秋怀》：“天上已违～侣，山中犹忆卧龙村。”《于少保萃忠全传》二传：“范方伯乃指佛坐言曰：‘三尊大佛，坐狮坐象坐莲花。’公即对曰：‘一介书生，～攀龙攀桂子。’” ❷ 比喻追随比自己地位高或结识比自己杰出的人。明徐渭《送潘礼部归新昌诗启》：“怅～之终乖，肃歌骊以为献。”《牡丹亭》五〇出：“〔外恼介〕……何处寒酸，敢来胡赖？〔末、净〕此生委系乘龙，属官礼当～。”孙柚《琴心记》五出：“〔外、末对生云〕久欲登龙，幸兹～。〔生〕自惭薄劣，何幸光临。”

【攀奉】 pān fèng ❶ 牵挽护送。唐李峤《百官请不从灵驾表》：“陛下若俯顺群愿，留抚都人，则其安若此；如不胜私情，～灵驾，则其虑如彼。”令狐楚《为福建阎常侍奉慰德宗山陵表》：“孝思罔极，至性自天，～山园，圣情难处。” ❷ 侍奉。唐李峤《朝集使等上尊号表》：“臣等得预陪下列，～末光。”李商隐《献相国京兆公启》：“始荣～，俄叹艰屯。”元李士瞻《与燕平章书》：“畴昔叨厕簿书之末，幸得～左右。” ❸ 比附；类比。宋觉范《禅林僧宝传》卷一三《大阳延禅师》：“观称以为洞上之宗可倚，延亦自负，侪辈莫敢～。”元胡祗遹《寄马德昌》：“大鹏扶摇九万里，斥鴳蓬蒿莫～。”

【攀高】 pān gāo 攀附地位高的人。元施惠《幽闺记》二二出：“那时节你还要我？～，选择佳婿。”明《二刻拍案惊奇》卷一七:"一来令甥是公卿阀阅,小生是武弁门风,恐怕~不着。"清《红楼梦》二四回:"这红玉虽然是个不谙事的丫头,却因他有三分容貌,心内着实妄想痴心的往上~。"

【攀高结贵】 pān gāo jié guì 同"攀高接贵"。清《儒林外史》一七回:"你一满了服,就急急的要寻一头亲事,总要穷人家的儿女,万不可贪图富贵,~。

【攀高接贵】 pān gāo jiē guì 攀附结交地位高的人。《元曲选外编·金凤钗》一折:"听的得了官就买酒相贺,听的剥落官职就索要房钱。[唱]你却便~教我笑。"又《破窑记》一折:"挤眉弄眼,俐齿伶牙,~,顺水推船。"

【攀告】 pān gào 攀扯告发。《元曲选·勘头巾》四折:"我还要阎王殿下~你来,拿去质辨。"明汪铉《应诏陈言以弭灾异事》:"或指诬奸情、~私盐等项,俱不许成招问罪。"

【攀供】 pān gòng 在供词中攀扯他人。《元曲选·赵氏孤儿》二折:"那其间枯皮朽骨难禁痛,少不得认实~。"

【攀桂】 pān guì 折桂;科举考中。唐贾岛《青门里作》:"若无~分,只是卧云休。"明汤显祖《牡丹亭》五五出:"你不教俺后花园游去,怎看上这~客来?"清《品花宝鉴》三二回:"家本书香,父曾~;心耽铜臭,性爱游花。"

【攀害】 pān hài 攀连陷害。明孙传庭《剖明站银斟酌裒济疏》:"多有市棍包揽,借口冲繁,~里甲。"张凤翼《灌园记》二六出:"你亲生的女儿,何忍教使婢去~他?"清《巧联珠》一二回:"须得先有一人去见他,叫他听审之时不要~才好。"

【攀花】 pān huā 折花,比喻结好女子或与女子发生性关系。宋元《警世通言》卷七:"手不折'新荷',枉受~辱。"元关汉卿《一枝花·不伏老》:"半生来折柳~,一世里眠花卧柳。"清《巫山艳史》四回:"不须吩咐,自有~手段。"

【攀话】 pān huà 攀谈。《元曲选外编·七里滩》一折:"近日在下村李二公庄上,闲~饮酒。"明何瑭《新水令》:"闲时节教家童学种花,闲时节访邻里相~。"清《儒林外史》一八回:"随岑庵却认得金东崖,是那年出贡进京到监时相会的,因和他~道:'东翁,在京一别,又是数年。'"

【攀欢】 pān huān 结欢;欢会。唐钱起《送兴平王少府游梁》:"旧识相逢情更亲,~甚少怆离频。"明薛蕙《李子中夜过分韵》:"~自惜形容异,留赠空惭翰墨香。"

【攀跻】 pān jī ❶攀登。唐范摅《云溪友议》卷中:"且芳时胜侣卜游于三二道人,必当~千仞之峰,观九江之水。"清李渔《慎鸾交》六出:"选胜来游歌舞地,苏台惟剩残基,幸留虎阜待~。" ❷攀附;比并;巴结。清李渔《凰求凤》一二出:"你若是猛抬头,就见了玉皇尊帝,使不着~;恁若是稍萦心,又隔了,焰摩天三万里。"《歧路灯》二回:"爽快请出大兄来面决,或行或止,好杜却谭兄~之想。"

【攀践】 pān jiàn 犹"攀跻❶"。唐张九龄《登襄阳岘山》:"昔年亟~,征马复来过。"明高启《赠杨荥阳》:"有时出城西,山水恣~。"清施闰章《苏门山》:"寻幽无远近,在险必~。"

【攀教】 pān jiào 请教。清孔尚任《桃花扇》二四出:"晚生今日扫雪烹茶,清谈~。"

【攀接】 pān jiē ❶接待的客气说法。五代孙光宪《北梦琐言》卷一〇:"延于阁子内,且令从容,俟客退后方得~。" ❷攀附接近。五代徐夤《邑宰相访翌日有寄》:"夜半梦醒追复想,欲长~有何因。"宋苏轼《答赵昶》:"但恨愚暗,何时复得~耳。"明王维桢《答许少华书》:"遂不能驱马曲江乾冈之间,~颜色。"

【攀结】 pān jié ❶攀附结识。唐温庭筠《上崔大夫启》:"瞻望恩顾,~倍深。"明沈炼《祭茅封君文》:"餘党旖旎,连麾令子,~一时,附骥千里。"清《姑妄言》五回:"弟倒有个小女,但恨衙门冷淡,官闲库薄,不敢~。" ❷盘曲联结。明王绂《柏屏》:"香叶多~,铜柯巧屈蟠。"

【攀今吊古】 pān jīn diào gǔ 谈今说古。明汤显祖《牡丹亭》六出:"那~也徒然,荒台古树寒烟。"《古今小说》卷二七:"你休得~,那钓鱼牧豕的。胸中都有才学。"

【攀今掉古】 pān jīn diào gǔ 同"攀今吊古"。明《醒世恒言》卷七:"更兼他腹中全无滴墨,纸上难成词组,偏好~,卖弄才学。"

【攀今览古】 pān jīn lǎn gǔ 犹"攀今吊古"。《元曲选·渔樵记》一折:"你看此人贫则贫,~,像个有学的。"《元曲选外编·渑池会》一折:"你可将上古名人比并,你在我跟前~。"

【攀今揽古】 pān jīn lǎn gǔ 犹"攀今吊古"。《元曲选·竹叶舟》一折:"右边一个穷秀才,~的,比三教圣人还张智哩!"《元曲选外编·裴度还带》一折:"大嫂,你听他,但开口则是~。"

【攀窥】 pān kuī 攀登窥视。明张鸣凤《七星山》:"而其它烟堂雾室半出空中,道绝不可~者有七八处。"王立道《紫阳庵》:"幽翳藏灵境,~石磴寒。"清《聊斋志异·颠道人》:"见树朽中空,有窍如盘。试一~,则斗蟒者倒植其中。"

【攀拉】 pān lā 同"扳拉❸"。清《绿野仙踪》一三回:"同事的吴九瞎、胡邦彦在州府各挨了三四夹棍,并未~一人。"

【攀累】 pān lèi 攀扯连累。明《二刻拍案惊奇》卷九:"龙香说了这一个大谎,后来害死了他,地府中还要~我。"清靳辅《题明宋镳案奏》:"欧上选身充捕役,私刑汤君赤,以致~无辜。"《巧联珠》一二回:"只一身做事一身当,也不要~无辜。"

【攀利】 pān lì 生利息。明《醒世恒言》卷二〇:"二人料然性命难存,想起赵昂平日送的银子又不~,怎生放得他过。"

【攀例】 pān lì 援引成例(加以仿效)。《五灯会元》卷二〇《荐福悟本禅师》:"今日有条攀条,无条~,也要应个时节。"宋宋庠《资政殿答手诏》:"或因缘酬奖,不累年劳,~承恩,诡名希宠。"《元曲选·汉宫秋》一折:"你是必悄声儿接驾,我则怕六宫人~拨琵琶。"

【攀连】 pān lián ❶同"攀联"。敦煌词《南歌子》:"获幸相邀命,~坐未闲。卑微得接对尊颜。" ❷犹"攀累"。宋佚名《州县提纲》卷二:"艺之精者反以赂免,而不能者枉被~不得脱。"明潘季驯《县官轻忽河务疏》:"并无差官买运,及至兴工,方才派及殷实,~里递。"

【攀联】 pān lián 攀接联络。金张公药《许下三庚剧暑甚于他州》:"岱宗古独尊,象纬了不隔。此山许~,朝着有班秩。"

【攀恋】 pān liàn 依恋不舍。《敦煌变文校注》卷一《王昭君变文》:"单于欲别,~拜路跪。"敦煌文书《未相识书》:"展拜未由,但增~之至。"

【攀鳞】 pān lín ❶犹"攀凤❶"。五代徐铉《大唐故中散大夫贾宣公墓志铭》:"~河北,岂须方面之功;借箸谯都,自有良平之策。"明唐顺之《送王生归蜀》:"明经多不贱,嗟子倦游归。只解~易,何言献璧非。"清彭孙遹《上杜相国》:"鸿才推武库,上宿焕文昌。挺岳占凝瑞,~际发祥。" ❷犹"攀凤❷"。清《品花宝鉴》一六回:"不如自己弄得一居停主人,或可附翼~,弄些好处出来。"

【攀留】 pān liú ❶挽留。《太平广记》卷三一九引《幽明录》:"章欲近行,已泛舟理楫,忽见双来~之。"明《醒世恒言》卷七:"高赞心中甚不忍别,意欲~数日。"清李渔《蜃中楼》一八出:

“鱼头自有传宣吏，鲛宫也有～地。” ❷ 攀辕挽留(去职的官员)。宋张孝祥《湖南宴交代刘舍人致语》：“声流夜瑟，莫非鼓舞之儿童；泪点秋竿，却是～之父老。”明王祎《绍兴谳狱记》：“去之日，郡民家为位焚香以拜，父老～填塞道路。”清李渔《玉搔头》六出：“料想圣驾也还不远，赶上前去～便了。”

【攀笼】 pān lǒng 牵拉蒙覆。明《西游记》五九回：“曲径荜萝垂挂，石梯葛藤～。”又六二回：“满地落花无客过，檐前蛛网任～。”

【攀路】 pān lù 攀辕遮路(挽留去职的官员)。宋叶適《华文阁待制钱公墓志铭》：“寻知隆兴府，蕃汉～涕泣。”明史鉴《送节推华公谪官》：“吴人感恩深，～随充斥。”

【攀扪】 pān mén ❶ 牵拉附着物攀登。扪，牵；拉。宋韦骧《武夷游仙咏》：“留此诡异矜常伦，却看危峭无～。”明尹台《隆中言怀》：“～陟中瘢，始若承门除。” ❷ 攀登抚摸。扪，按；摸。清弘历《构虚轩》：“讶堪星宿～际，恰与春光酝酿同。”

【攀摩】 pān mó 攀登到达。元刘仁本《杭州南山水乐洞》：“穷观更陟烟霞岭，一啸～象鼻峰。”《元曲选·东坡梦》一折：“只除佛子神仙才可到，怎许游人容易得～。”

【攀拟】 pān nǐ 比附构拟。明王世贞《答僧明得》：“老比丘于去时，一表坐脱立忘者几何，去而复来者几何？足下未证此地，不可妄～也。”

【攀躡】 pān niè 犹“攀跻❶”。宋郭彖《睽车志》卷四：“一径极高峻，乃～而登。”明胡应麟《翠岩寺》：“危梯屡～，乔木时偃仰。”清《野叟曝言》一一〇回：“困龙岛后面与护龙岛一般，俱是天生石壁，猿猱不能～。”

【攀弄】 pān nòng 攀拉玩弄。明刘嵩《观北平城陌栽树有感》：“闾阎小儿女，～亦何频。”

【攀盘】 pān pán 反复搭话闲谈。明《金瓶梅词话》六一回：“重筛暖酒，再上佳肴，情话～，又吃了几盅方才起身上马。”

【攀陪】 pān péi 攀附追陪。唐罗隐《乌程》：“两府～十五年，郡中甘雨幕中莲。”明《警世通言》卷二五：“你只推家衰祚薄，～不起就是。”清李渔《蜃中楼》七出：“心上要仰求一位，与犬子联姻，只恐怕～不起。”

【攀配】 pān pèi 攀附匹配。清《补红楼梦》一一回：“门户高的～不上，将就些的人家女孩儿又自己看不上眼。”《济公全传》二一〇回：“做官为宦的人家又～不起，小户人家陈广泰又不肯给。”

【攀牵】 pān qiān ❶ 提携；帮扶。唐顾况《弃妇辞》：“以此憔悴颜，空持旧物还。餘生亦何寄，谁肯相～?”明锺惺《夏正甫调吏部再有此寄》：“念予与当路，恩怨无所连。肯立见摧碎，如石压卵然。复何烦指授，绳根递～。” ❷ 犹“攀扪❶”。《法苑珠林》卷二三：“有一大华，独空无人。木欲登华，～用力。”唐贯休《避寇山中作》：“山翠碧嵯峨，～去者多。”宋程俱《到官两旬四走山野》：“胡为持此不赀宝，来试万丈悬崖巅。前人见踵后见顶，反足鸟道相～。” ❸ 犹“攀扯❹”。也指攀拉折取。唐杜甫《彭衙行》：“一旬半雷雨，泥泞相～。”元方回《题醉仙图》：“画史游戏，醉态蹁跹，或相舁扶，或相～。”清李孚青《玉河新柳赋》：“乃有汉南抛掷，灞上～，关山何处，洛中可怜。” ❹ 缠绕；纠缠。宋觉范《游庐山简寂观》之三：“怒龙斗未已，角尾相～。”清冯敏昌《萧尺木楚辞歌图》：“幽丛山鬼媚余笑，坐使狸豹工～。” ❺ 犹“攀累”。宋黄庭坚《吉州西峰院三秀亭记》：“三狱累械至三百餘，决其得情引慝，释其点染～。”金王寂《瑞葵堂记》：“凡细民为盗～罣误者，悉澡雪而抚存之。” ❻ 挽回。明韩邦奇《金台送士人归关中》：“朔风惊客耳，归兴难～。”

【攀搴】 pān qiān ❶ 同“攀牵❸”。唐崔护《五月水边柳》：“长别几多情，含春任～。”明何乔远《全州道傍官松歌》：“昔余京师宦六年，心爱此树常～。”清何采《淡黄柳·咏水边柳》：“鱼窥误，鸟惊践。惜依依、涯涘～遍。” ❷ 同“攀牵❷”。明李梦阳《德安趋浔阳》：“冒峦维有松，绣石尽成藓。～虽多悦，亘顿乃劳倦。”又《白鹿洞别诸生》：“更有冠者五六人，峭崖穷嶂同～。”

【攀乔】 pān qiáo 攀附乔木，谦称与对方结姻。清李渔《永团圆》九出：“指望结丝萝，倚玉～；谁想远芝兰，下愚不肖。”又二八出：“夫纲妇道，念糟糠肯把冠裳顿扫。小星虽咏，原非故意～。”《梦中缘》一三回：“金公既不弃寒微，欲成二姓之好。此固幸出望外者，小弟情愿～。”

【攀亲】 pān qīn 联姻；结亲。清《后西游记》二八回：“我又不与他～，谁问他的家族子孙。”《红楼梦》五五回：“将来～时，如今有一种轻狂人，先要打听姑娘是正出庶出。”《品花宝鉴》三九回：“快些放他去罢，不然他要与我～了。”

【攀亲托熟】 pān qīn tuō shú 拉亲戚套熟识。明《西游记》四二回：“他与那猪八戒当时寻到我的门前，讲甚么～之言，被我怒发冲天，与他交战几合。”

【攀屈】 pān qū 请人前往或应允的客套话。宋鲍慎由《考室禳谢设醮青词》：“敬承羽流，虔扬蕊笈，严蠲蜗舍，～飙轮。”周密《癸辛杂识》前集：“平日欲一～而不能，今幸见临。”元李存《与弋阳监县书》：“廿四再专人并奉书到董店，～则车骑已东上矣。”

【攀染】 pān rǎn ❶ 攀诬牵连。明陆延枝《说听》卷下：“后饼家被仇嗾盗～下狱，顾集众诉其冤，得释。”清佚名《研堂见闻杂录》：“踪迹追捕得其渠魁几人，～株及，几遍东南。”《大清会典则例》卷四六：“乡民市买食盐一二十斤者，并以售私拿获。有司即具文通详，照律杖徒，又因此互相～，牵连贻害。” ❷ 比附连类。清黄宗炎《周易象辞》卷一〇：“一人覆帱之中，甚觉伎俩有限，当前则不能～，已过则无所停留。”

【攀绕】 pān rào 盘绕；蟠曲缠绕。宋洪迈《夷坚志》甲卷一一：“主人仿佛又见黑龙蜿蜒而下，～庭柱。”△清《七侠五义》一一〇回：“竹梢之上有竹枝，彼此～，是再也不能动的。”

【攀送】 pān sòng ❶ 攀住车马，依依送别。也泛指送别。唐李频《送张郎中赴睦州》：“美兼华省出，荣共故乡齐。贱子遥～，归心逐马啼。”宋王之道《久客》：“舟解风还顺，江神亦世情。滞留三月过，～一帆轻。”明袁于令《西楼记》二五出：“～，对酒歌骚，班荆挥麈。” ❷ 牵挽护送。元萧德祥《小孙屠》八出：“今日夫妻成大礼，一齐～入兰房。” ❸ 特指牵挽护送灵车。明李东阳《孝宗皇帝挽歌词》之二：“生成真罔报，～竟何能。”孙继皋《乞行攀送梓宫疏》：“今大行皇妣引发，朕不能恭行～，不胜哀恸。”王慎中《哭王武阳文》：“维是友生，斯道之悼。～辅车，何以为告。” ❹ 特指攀住车马，留别离任官员。明陆深《送郡伯何雁峰入觐序》：“先期戒行，士民～，歌舞载途。”清洛耒《遵谕陈言疏》：“去官之日，小民焚香～，巷无居人。”

【攀踏】 pān tà 攀登。《宋高僧传》卷二四《唐沙门志玄传》：“女子乃收泪感谢，方欲～次，玄从墓林出曰：‘君子，此女子非人也。’”宋王安石《舟中望九华山》：“胡为慕～，已惫且不嫌。”清《绿野仙踪》二七回：“于是半走半扒，挨到树前，～了上去。”

【攀谈】 pān tán 攀扯闲谈；交谈。明《醒世恒言》卷二〇：“两下一路打恭，直到茶厅上坐下～。”清《聊斋志异·彭海秋》：“邱仰与～，辄傲不为礼。”《歧路灯》七回：“少留款坐，幸尔～。”

【攀玩】 pān wán 攀拉赏玩。唐白居易《杏园中枣树》："胡为不自知，生花此园里。岂宜遇～，幸免遭伤毁。"宋苏颂《秦淮柳》："南朝正佳丽，绮陌多～。"元戴表元《芷屋记》："聚众芳而环莳之，四时～葩条，搜摘根实。"

【攀挽】 pān wǎn ❶犹"攀留❷"。宋程颐《明道先生行状》："老稚数百，追及境上，～号泣，遣之不去。"元赵孟頫《隆道冲真崇正真人杜公碑》："哀号～，巷无居人。舳舻蔽流，缟素弥望。"明陆深《监察御史郑公墓志铭》："士民相携，徒步送百里，号泣～者载路。" ❷犹"攀牵❷"。宋王安石《秃山》："～上极高，屈指亦穷幽。" ❸犹"攀牵❸"。宋程颐《伊川易传》卷一："正人为群邪所厄，则在下者必～于上，期于同进。"明瞿佑《剪灯新话》卷二："谍大惧，～槛楯不得去。"《隋炀帝艳史》二七回："朕要赐他一个外官职衔，却又与众宫女裸行～在一处，殊属不雅。" ❹攀附比并。宋冯时行《重阳登翠围亭》："千年李峨眉，孤调绝～。"

【攀望】 pān wàng ❶追望；回顾。唐李治《改元永徽诏》："太宗文皇帝龚行天罚，宁一区夏，宏功无外，盛烈难名。～徽猷，哀盈园寝。" ❷攀拉(车驾)追望。唐权德舆《大行皇太后挽歌词》之二："容车～处，孺慕切皇情。"宋陈东《登闻检院三上钦宗皇帝书》："闻方过桥之时，卫士～上皇车驾，失声号恸。"文天祥《回刘架阁会孟》："某于夫人，契家子弟，以故不能～引绋，负负幽明，不胜愧恨。" ❸攀接仰望。唐杜牧《上淮南李相公状》："某忝迹门墙，不胜抃跃，～棨戟，下情无任恋结之至。"元王旭《祭参政鹿泉贾公文》："四海龙门，～有素。江湖飘荡，感公知遇。"明何景明《送汪器之司成还南京》："仙舟上南斗，～彩云空。" ❹犹"攀窥"。元方回《祭亡男雷孙文》："生之四月，同往金陵，伊轧笋舆，已能～。"清《聊斋志异・封三娘》："适经墙外过，闻女子语，便一～，冀是小姐。" ❺攀折想望。明朱曰藩《隋堤柳》："兴道里前杨柳新，萧娘～独伤神。"杨荣《双桂图》："知子不忘先世泽，晨昏～思悠然。"

【攀违】 pān wéi 有违于攀接。a) 指分别。宋欧阳修《与韩忠献王书》："板桥忽遽～，忽复旬浃气节，遂尔寒凝。"王洋《代贺刘季高移守镇江兼谢见知启》："自～于履舄，每驩系于肝脾。" b) 指不能前往或相会。宋宋祁《答友人书》："方倚苫庐，不获躬拜节下，卑情无任震塞～之至。"陈著《与孔明远学正书》："某近卧寒，不动寸步，～无从也。" c) 指久别后的会面。宋欧阳守道《贺吴荆溪被召书》："计必出清江丰城间，专当深的祗候～。"

【攀诬】 pān wū 攀扯诬陷。明王守仁《防制省城奸恶牌》："务在得获解官，问招呈详，不许妄拿平人，～无干良善。"吴讷《棠阴比事》附录："向恶少尝行窃，数为某某窘辱，因亡身～。"

【攀陷】 pān xiàn 攀扯陷害。《续文献通考》卷一三六："倘系捕役冒功，仇家～，辨释治罪。"

【攀想】 pān xiǎng 想望。唐赵璘《因话录》卷四："遥瞻水中月，岭上云，但驰～而已。"

【攀挟】 pān xié 牵挽抓握。宋洪迈《夷坚志》支景卷七："率其徒至松下，系小敛于腰间，～乔枝，履虚而上。"

【攀携】 pān xié 招邀相伴或提携。宋苏颂《三月十七日三舍人宴集西省》："禁掖英僚初拜庆，儒林旧侣许～。"明汤显祖《牛首饮林尉平将出守南宁即赠》："寺涌烟花满石梯，还留春闰与～。"清王夫之《效柏梁体寿王恺六》："人生即久如蹑梯，骎骎不舍相～。"

【攀胸】 pān xiōng ❶勒在马前胸上的带子。《宋史・舆服志二》："驾马皆有铜面、插羽、鞶缨、～、铃拂。"明《朴通事谚解》卷上："秋皮穗儿秋根都是斜皮的，～下滴溜着一个珠儿网盖儿罕答哈。" ❷勒在前胸以束护甲的带子。明《西游记》二八回："裹肚衬腰磲石带，～勒甲步云绦。" ❸辖床上用来束缚囚犯胸部的刑具。明《西游记》九七回："可怜他四众捉将进去，一个个都推入辖床，扣拽了滚肚、敌脑、～。"

【攀叙】 pān xù 犹"攀谈"。唐秦系《徐侍郎素未相识时携酒》："兰亭～却，会此越中营。"

【攀悬】 pān xuán 抓握悬垂。明王玉峰《焚香记》九出："这厄运终须转，龙鳞定可～。"

【攀迓】 pān yà 迎请；迎接。宋文天祥《与吉守李侍丞芾书》："时闻千骑且入关，某遂止旅间，伺候～。"明周瑛《送林蒙庵序》："先生道出于莆，莆人士争～，先生为留者数日。"李昌祺《剪灯餘话》卷四："稔闻名士，尤擅才华。特此～，无非借重。"

【攀延】 pān yán ❶犹"攀留❷"。延，延长；推迟。明赵完璧《代姜省吾侍御送刘春台太守考绩序》："春台侯敝车羸马，遄征之色溢于道亭。庶黎超骇，莫慰～。" ❷犹"攀迓"。延，请。明胡直《萧小峰处士墓志铭》："虔人感公诚信，竞～，不令之它塾。"

【攀炎附热】 pān yán fù rè 攀附有权势、有声望的人物。宋梅尧臣《陆了履见过》："犹喜醉翁时一见，～莫相识。"

【攀沿】 pān yán 攀缘；攀登。沿，通"缘"。宋郭祥正《游仙》之一三："～日月窟，遂观天地枢。"王亘《登炼丹山》之一："～绝壁上高峰，下瞰尘寰杳霭中。"

【攀羡】 pān yán 攀延；延接。羡，通"延"。宋佚名《张协状元》二一出："况兼奴家是豪贵，若非高甲，怎生～。"

【攀仰】 pān yǎng ❶攀附接近。《法苑珠林》卷四八："～无厌足，结侣感留瞻。"宋黄庭坚《与崧老书》："奔走南北，无缘作记，以修向往，惟～不忘尔。"清《情梦柝》一七回："因其父母俱亡，是小婿欲～泰山之意。" ❷仰望。《敦煌变文校注》卷五《维摩诘经讲经文(一)》："临临取别，低回而愁结双眉；渐渐分襟，～而泪垂丹脸。" ❸攀登。元耶律楚材《万松老人评唱天童觉和尚颂古序》："巍巍然若万仞峰，莫可～；滔滔然若万顷波，莫能涯际。"清弘历《羃翠轩得句》："轩在假山巅，回廊接以上。由廊须步陟，拾级艰～。"

【攀依】 pān yī ❶攀附依靠或皈依。也指这样的情怀。唐李洞《寄贺郑常侍》："曾令驻锡话，聊用慰～。"宋李曾伯《上徐漕》："蔽芾忆甘棠之旧，～嗟小草之微。"清雍正四年三月二十二日上谕："嗣后各宜公忠自立，共绝～。" ❷攀缘；攀登。依，沿；循。明刘麟《岘山逸老堂记》："或～岩谷，流憩曲房；或荡漾洲渚，言采其芳。"

【攀揖】 pān yī ❶攀仰敬礼。唐贾悚《大唐宝历崇元圣祖院碑铭》："况三茅精气，二许馨烈，古来得道于是者，代有其人。考传验图，若可～。" ❷攀接作揖。宋洪迈《夷坚志》三壬卷一〇："三客人肆沽酒，饮之至醉。复有二客来，相与～，言曰：'数岁不相会。'"

【攀倚】 pān yǐ ❶攀登依靠。唐吕向《美人赋》："列筵于林，方舟于水，自任纵诞，相与～。"高適《宴韦司户山亭院》："苔径试窥践，石屏可～。"萧颖士《题蒙山》："清秋净氛霭，崖崿隐隐起。于役劳往还，息徒暂～。" ❷攀接倚附。唐李商隐《为同州任侍御史上崔相国启》："仰唯辉光，终赐埏埴，下情无任感激～惶恋之至。"清秦蕙田《答复初先生见寄之作》："何当返柴荆，百尺容～。" ❸倚傍；傍靠。宋王炎午《祭先母》："春秋拜扫得以近不违，且不肖孤便于～以卒餘年。"沈遘《次韵和李审言上元寄王岩夫》："病守行春真莫强，更堪～少年丛。"明尹台《寄和曲岩老人并其子白玉》之一："岁寒桂树聊～，春晚兰茗故秀娟。" ❹攀扯；交缠。

宋欧阳修《题金山寺》:"春萝～难成去,山谷疏钟落暮霞。"清金镇《汤阴使院中松石绝佳率尔题壁》:"松间数拳石,嵌空幻奇诡。上有百尺阴,虬干互～。"

【攀引】 pān yǐn ❶ 同"扳引❶"。唐张鷟《朝野佥载》卷六:"直至女墙,手无～,又以足踏佛殿柱至檐头,捻椽覆上。"明《醒世恒言》卷一六:"奴家把布接长,系一头在柱上垂下,他从布上～上楼。"清《聊斋志异·续黄粱》:"妻足弱,欲倾跌,曾时以一手相～。" ❷ 同"扳引❷"。《唐会要》卷三九:"自今以后及永为例程者,不得～为例。"《续资治通鉴长编》卷二二〇:"指挥所引《令缓转官告词》内称,宗室以十载为定。缘元降诏命,自无今后。指挥岂得～告词为据。" ❸ 同"扳引❹"。五代李象《邂逅致死勿论奏》:"其或妄被～,终是平人,以此致死,请减故杀罪一等。"明王世贞《中官考》:"逆贼已擒,而张忠、许泰辈犹搜求餘党,～善类。"清《醉醒石》八回:"先将来打上一套,然后来拶,叫他彼此～追捉。" ❹ 同"扳引❸"。明王九思《曲江春》一折:"奋志乾坤,致君尧舜,闲评论。稷契何人?要与他相～?"宋濂《四明阿育王山广利禅寺碑铭》:"千目环睹,如佛出世。～莫能,继之以泪。"

【攀拥】 pān yōng 攀住车马,拥塞道路(挽留去职官员)。元李之绍《县尹从仕董君去思颂》:"及去,老稚～,哽咽道路。"明唐顺之《佥事孙公墓志铭》:"去之日,邑人～不得行。"孙继皋《答周抚院怀鲁》:"吴氓戴香扶杖,～呼号,声震门关。"

【攀援】 pān yuán ❶ 凭借或依附外物而移动伸展。元许谦《冯公岭》:"～何异蜀道难,气竭神疲背流汗。" ❷ 追随;依附。明陈继儒《读书镜》卷二:"人主宫闱之中,少有偏昵,臣子不可妄有～,亦不可过为排击。" ❸ 引荐提拔。《资治通鉴》卷二四:"今帝崩无嗣,大将军惟思可以奉宗庙者,～而立大王,其仁厚岂有量哉!" ❹ 征引,引用。宋苏轼《乞将合转一官与李直方酬奖状》:"臣又虑朝廷惜此恩例,恐今后妄有～。"

【攀缘】 pān yuán ❶ 凭借关系来依附。唐杜牧《投知己书》:"无～丝发之因,出特达倜傥之知。"明王守仁《竹江刘氏族谱跋》:"士夫不务诚身立德,而徒夸诩其先世以为重,冒昧～,适以绝其类乱其宗。"清《歧路灯》一九回:"且不说盛希侨优觞延客,夏逢若～续盟。单表谭绍闻是何病症?" ❷ 牵引扶持。唐张彧《圣朝无忧王寺大圣真身宝塔碑铭》:"道俗瞻恋,～号诉。"杜牧《岐阳公主墓志铭》:"及诏追去,～携扶,哭于道路。" ❸ 阿谀攀附。唐牛希《荐士论》:"当在伸明上赏连坐之典以正之。奸邪～之路,渐将息矣。"元吴莱《送郑浚常北游京师》:"奉书善衒鬻,希宠巧～。"明王樵《与仲男肯堂书》:"士大夫脚跟要立得干净,自然牢固。若以～交结智巧笼罩为有算者,吾但见其愚而彼亦素嗤我之拙也。" ❹ 比附作为依据。《续资治通鉴长编》卷一七八:"陕西四路安抚使,并以三年为满。今中立才二年,遽使峄代之,恐诸路～,浸成侥幸。"又卷四〇七:"今诸路方且～前岁一时指挥,而复县不已。" ❺ 援引比附。宋吕陶《奉寄单州太守王圣钦》:"匪惟物态尚流薄,抑恐罪戾相～。"元黄溍《承务郎徐君墓志铭》:"其人深以为憾,假佥盐丁事,嗾郡吏巧为～构陷,以快其忿。" ❻ 追随;陪伴。宋崔敦礼《贺许正言启》:"敦礼倾幸～,猥蒙盼睐。"陈文蔚《番阳辞赵得勤知郡书》:"后日杖屦而归,犹得～于鹅湖道上。"元牟巘《贺汪帅参启》:"斗绝一隅,固～之莫遂;云连大幕,尚芘冒之焉依。" ❼ 投身。宋陆佃《辞免给事中表》:"初～于仕路,耻依傍于人门。" ❽ 赏识;识鉴。宋李之仪《与萧季文知录》:"虽托庇不久,要亦资藉契好,尤重～之泽也。"崔敦礼《谢魏丞相荐刻启》:"盖惟人物之评,允系钧衡之论。～匪易,遭际甚艰。" ❾ 结党。清《四库总目提要·经部总叙》:"学脉旁分,～日众,驱除异己,务定一尊。"

【攀越】 pān yuè 攀登翻越。唐宋之问《自衡阳至韶州谒能禅师》:"岭嶂穷～,风涛极沿济。"明郑若曾《江南经略》卷二上:"其餘各台垛兵夫,非系信地者,无得离伍,致贼乘间～。"汪廷讷《种玉记》八出:"奴家卧室,特地移近堂边,早晚可以～。"

【攀摘】 pān zhāi 攀折摘取。《太平广记》卷四〇引《玄怪录》:"巴人异之,即令～,轻重亦如常橘。"宋叶梦得《满江红·重阳赏菊》:"记多情、曾伴小阑干,亲～。"清《聊斋志异·刘姓》:"桃初实,子往～。"

【攀占】 pān zhān 拈弄;留意操持。占,顾及。《元曲选·萧淑兰》一折:"绣床无意闲～,懒把彩绒挦。"

【攀折】 pān zhé ❶ 拗折;牵拉使折断。《续资治通鉴长编》卷四二二:"御史将云下,云～殿槛。"元明《水浒传》四九回:"解珍也就厅前～栏杆,打将入去。"明《封神演义》二八回:"把手挽住牡丹亭栏杆,～了一根。" ❷ 比喻狎妓或性交。宋蔡伸《念奴娇》:"佳丽地、独占春花秋月。冶叶倡条,寻芳选胜,是处曾～。"清李玉《占花魁》一八出:"小可单只求与花魁娘子相处一宵。非浪逞,敢～碧桃红杏。"《飞龙全传》五三回:"郑恩如蝶乱蜂狂,只向花心去采。三春初经～,未免苦乐相勾。" ❸ 往返攀登。清彭桂《出宣州过箬岭入歙州界遇雨》:"游子倦行役,～畏险阻。" ❹ 蟠曲往返。清《绿野仙踪》九九回:"初时若两条白练一起一落,次后犹如百道银蛇～远近。"

【攀指】 pān zhǐ 攀扯指证。《元曲选外编·裴度还带》二折:"却原来是为傅彬那个逆贼～,累及好人无故系狱。"明张宁《乞省买办奏疏》:"若准所奏,差官踏看,则必搜求～,彼此互持。"清《平定台湾纪略》卷六四:"与伊何涉,妄行～。"

【攀陟】 pān zhì 攀登。唐陈子昂《夏日晖上人房别李参军》:"金台可～,宝界绝将迎。"明李梦阳《登天池寺歌》:"顷属秋晴强～,俯之四海生云雾。"清《续西游记》七七回:"不是真经神保护,怎能～路崴嵬。"

【攀追】 pān zhuī ❶ 攀比追随。唐李商隐《韩碑》:"公之斯文不示后,曷与三五相～。"宋欧阳修《太傅杜相公有答兖州待制之句》:"二美惟公所兼有,后生何者欲～。"清田雯《题殷彦来周策铭咏李愬诗后》:"睥睨昌黎不多让,汤盘孔鼎同～。" ❷ 比并追逐。宋陈造《复次韵寄程帅》之二:"人家禊祓竞～,刺史春游正此时。"明陈子龙《拟公燕诗·仲宣》:"回翔鸾凤间,接翼相～。"清宋荦《丰台看芍药》:"连日阴霾忽晴霁,寻花车马相～。" ❸ 追陪;伴随。宋宋庠《寄题职方周员外庐山笑台》:"当时骞高兴,益友相～。"清陈廷敬《西山道中作》之二:"山水自陶写,猿鹤相～。"永瑢《尹望山招绚春园雅集》:"东阁深沈淑景迟,风光咫尺怅～。" ❹ 追随挽留(去职官员)。明曹于汴《湖广按察司佥事慕冈冯公墓志铭》:"苇舸～夹岸号呼者,信宿不绝。"清袁枚《示送行吏民》之三:"我今一纸乞归养,吏民惊骇相～。"

pán

【盘】 pán ❶ 盘旋奔跑;转圈子。《敦煌变文校注》卷三《孔子项托相问书》:"兔生三日,～地三亩;马生三日,趁及其母。"金《董解元西厢记》卷二:"不惟眼辨与身轻,那更马疾手妙,～得两个气一似撺掇。" ❷ 抡动;劈击;拉动。《敦煌变文校注》卷四《破魔变》:"枪未～而自折,剑未轮而刃落。"明徐渭《翠乡梦》一出:"脂粉腰间软剑～,未曾上阵早心寒。"清《荡寇志》八〇回:"论武艺也骑得劣马，～得硬弓。” ❸ 涉(水)；渡(河)。唐陈鸿《长恨传》：“从官郎吏伏上马前，请诛晁错以谢天下。国忠奉牦缨～水，死于道周。”清《何典》三回：“艄公再～入水中，将船拖到岸边。” ❹ 盘问；查问；审问。《敦煌变文校注》卷一《捉季布传文》：“夜深不必～名姓，仆是去年骂阵人。”明苏汉英《梦境记》七出：“你却～我不倒，待我也～你一～。”清《绿牡丹》五五回：“梅滔、老梅前已～过口供，不须再问。” ❺ 攀；爬；登。《五灯会元》卷八《知默禅师》：“吃辛吃苦，～山涉涧。”元明《水浒传》四〇回：“又见那伙客人都～在车子上，立定了看。”清《说岳全传》五八回：“来到凤凰山边茂林深处，～上一株大树顶上偷看金营。” ❻ 转悠；游串。《景德传灯录》卷一三《延昭禅师》：“一句不遑无着问，迄今犹作野～僧。”明《梼杌闲评》一六回：“罢了，再～几个衙门，我到好被他～死了。”清《醒世姻缘传》一回：“招摇～酒肆，叱咤闯围场。” ❼ 止歇；停留。宋范成大《癸亥日泊舟吴会亭》：“去年春～浙江驿，湛湛清波动浮石。今年春～吴会亭，冥冥细雨湿高城。”《三朝北盟会编》卷二〇：“是夜，行人皆野～。”清《野叟曝言》一六回：“倒将下去，那药～在口中，不进咽喉。” ❽ 垒；砌。宋王安石《金山寺》：“咄嗟檀施开，绣楹～万础。”明《西游记》五六回：“把两个贼尸埋了，～作一坟堆。”清《续金瓶梅》八回：“这几日支锅～炕，忙个不了。” ❾ 搬运。宋吴自牧《梦粱录》卷一三：“亦有每日扫街～垃圾者，每支钱犒之。”明宋应星《天工开物·舟车》：“其新滩等数极险处，人与货尽～岸。” ❿ 转；绕。元明《水浒传》四三回：“李逵听得溪涧里水响，闻声寻将去，～过两三处山脚，到得那涧边。”又六五回：“看见张顺睡着了，便叫稍公道：‘大哥，你见么？’稍公～将来，去头边只一捏，觉道是金帛之物。”清《飞龙全传》二一回：“把马一磕，轻轻的～到宋金花背后。” ⓫ 盘点；清点。明汤显祖《南柯记》三四出：“看黄金印文边角全，文书查交仓库～。”《警世通言》卷一五：“知县把库逐一～过，交付新库吏掌管。”清《儒林外史》二一回：“他祖父牛老儿坐在店里闲着，把帐～一～。” ⓬ 债务累积计息。明张四维《双烈记》一三出：“房钱欠他，又连年利债～来大。”徐畛《杀狗记》一四出：“放上十年债，对合本利算一算，～将起来，我和你做个大人家。”《拍案惊奇》卷一五：“巴巴的～到了三年，本利却好一个对合了。” ⓭ 产业的转让或承接。多指通过债务累积计息的方式。明《拍案惊奇》卷一五：“那陈秀才这三百两债务，卫朝奉有心要～他这所庄房，等闲再不叫人来讨。”《型世言》七回：“来借的写他田地房产，到田地房产～完了，又写他本身。”清李渔《慎鸾交》一九出：“想是要拚些银子借他，好待利上生利，要～他过来的意思么？” ⓮ 辗转运输、换乘或乘车船经过。清《西湖佳话·南屏醉迹》：“许多大木若从钱塘江～来，须费多少人工。”《都是幻·梅魂幻》五回：“宫梅叫～过闸河，另雇大船，别做生意。”《野叟曝言》六七回：“至晚已到南京，～过仪征、淮安，抄到莱州，已是二月中旬。” ⓯ 窝盘；纠缠。清《荡寇志》九五回：“当时纪二便～住了戴春，又说了些投机的话，便邀戴春到一所酒楼上畅饮。”又一〇一回：“林冲见自己的儿郎们兀自厮杀不得，无心恋战，争奈和希真两矛～住，不得脱身。”又一〇六回：“便暗地叫侍者去通报李应，这里～住了辅梁，谈个粘长天。” ⓰ 盘弄；把玩。清《镜花缘》七〇回：“可惜我的‘水上飘’同那翡翠壶儿未曾给他看见。他若见了，多多卖他几两银子，也不枉辛辛苦苦～了几十年。”又：“诸如玛瑙、玳瑁、琥珀之类，不独～了可落手工钱，又可把他撒出去弄些鼻烟回来。”《红楼真梦》五八回：“贾蓉接过看了一回，道：‘这花纹、刀工都够得上三代，只可惜是个生坑。’旁边一个新来的门客，叫做卞子和，说道：‘生坑倒好，～出来还许有出息。’” ⓱ 溢出；洒。清《野叟曝言》一六回：“口内之药已落入喉，素娥把药碗一侧，口角边却又～将出来。”又六六回：“我与文爷坐下，仰着头，张着口，叫他们一人拿着一把壶，在上面斟下，不许～出一点。” ⓲ 礼盘，指礼物。清《好逑传》三回：“水运开了小门，接冰心小姐过去看～，因问道：‘这聘金礼物，还该谁收？’”《野叟曝言》九〇回：“及回聘过门，见有十二色水礼，与原～一色丰盛。” ⓳ 量词。用于棋局、店铺或形似盘的物品等。元石君宝《紫云庭》三折：“都则为我不肯张罗，以此上闲放着～千斤磨。”明《朴通事谚解》卷上：“高棋输头～。”《宜春香质》雪集三回：“开起～杂货店。”清《醒世姻缘传》六八回：“这两个婆娘伙买了一～纸，齐去吊孝。”

【盘坝】 pán bà 将货物搬运过坝转船运输。明王樵《檇李记》：“西兴里河，用小舟可以～。”潘季驯《河防一览》卷八：“伏水将发，即于通济闸外暂筑土坝，以遏横流。一应官民船只，俱暂行～出入。”清孙承泽《春明梦餘录》卷六九：“作平水坝三四截，于内置匾浅剥船，令运船由此～，以达京师。”

【盘躄】 pán bì 同“盘擗❶”。《太平广记》卷一二九引《广古今五行记》：“骑一竹枝为马，振策驰驿，～回转。”元赵孟頫《题李仲宾野竹图序》：“然观其所题语，则若悲此竹之托根不得其地，故有屈抑～之叹。”明顾璘《春夜饮女文宅大醉》：“地如车轮忽旋转，欲立还惊足～。”

【盘拨】 pán bō ❶ 同“盘驳❷”。明沈鲤《社仓议》：“公赈不免有～转运之烦，有需索使用之费。”《明史·食货志三》：“船至张家湾，又雇车～。”清李赞元《请苏运草之累改为折色疏》：“且水泛则有风波之险，水涸则有～之劳。” ❷ 盘点调拨。《明会典》卷三八：“凡内外卫所军粮不敷，于有粮仓分照数～。”

【盘剥】 pán bō ❶ 同“盘驳❷”。宋周必大《思陵录》下：“其后虽强为闸，而沙泥易壤。运副赵不流初议～，无何顿递。”明潘季驯《河防一览》卷八：“此时粮运及鲜贡船只俱已过尽，筑坝似无妨碍。虽官民船只～未便，终不得因此而废河漕大计也。”清汤斌《详陈芦课办铜之艰疏》：“为数既多，一时采买，价值更加腾涌，重以领解员役舟车～，需费浩繁。” ❷ 同“盘驳❶”。例句指言语纠纷。明《宜春香质》风集四回：“他们贵行中，要写个投身文书，一则好称呼，二来无～。” ❸ 利上加利地剥削。清汤斌《严禁营债盘剥重利以除民害告谕》：“及至还债，则利上起利，辗转～，动至数十倍。”《平定台湾纪略》卷六三：“是以街市之中多半小典，～重利，最为可恶。”《歧路灯》九〇回：“当日是私债准折，利上加利，并不曾收过他的银两，他是～我的宅院。”

【盘驳】 pán bó ❶ 查问；辩驳。明《西洋记》一〇回：“这句话儿虽是万岁爷～的，不至紧，天师心里想道：‘似这等说来，反为欺侮朝廷了。’”清李渔《蜃中楼》一九出：“不知经过多少～，方才试出这段真情。”《隋唐演义》五四回：“见这些人乘夜要穿城过，心中疑惑，叫军士着实～。” ❷ 辗转运输。多指途中须转换运输工具的。清雍正十一年九月初四日南天祥奏文：“稍获餘利，留充租房～之费。”《大清会典则例》卷四一：“每石补给银二钱二厘，以为沿途～、堆囤、交仓、铺垫诸费。”《镜花缘》六一回：“于各处购求佳种，如巴川峡山大树，亦必费力～而来。” ❸ 曲折盘旋。清袁枚《续子不语》卷九：“匍匐而升，危崖～，惊奇怪异。”

【盘泊】 pán bó ❶ 盘桓；逗留。唐易静《兵要望江南·占虹》：“若似虹桥拦着路，且须～靠军兵，不久却回程。”《祖堂集》卷五《德山和尚》：“屡日扣精微，更不他游，～澧源三十餘载。”宋岳飞《中司进兵状》：“金人～日久，连破诸镇。” ❷ 曲折盘旋。宋彭汝砺《和念一弟》：“冈陵～土湖深，蛟蜃伏藏山鸟吟。”

【盘博】 pán bó 同“盘驳❷”。宋范成大《吴船录》卷下：“运河浅淤，买小舟～。”

【盘薄】 pán bó ❶横亘；耸峙；雄踞。唐玄奘《大唐西域记》卷九："山峰险阻，崖径～，乃以锡杖，剖之如割。"明谢肃《娥江送别图歌》："越山～龙马群，中有长江带潮汐。"清顾炎武《五台山》："东临真定北云中，～幽并一气通。" ❷盘结；盘结牢固。唐达奚珣《华山述圣颂序》："六龙～纠其上，群神罗立负其下。"白居易《有木诗》之四："有木名杜梨，阴森覆丘壑。心蠹已空朽，根深尚～。"宋佚名《太清神鉴》卷二："若形～状如蚯蚓者，心多妒忌也。" ❸宏大；雄浑伟大。唐许孟容《顺宗至德大圣大安孝皇帝谥议》："圣造～，元风汪洋，所谓天授，非人力也。"宋强至《和楼志国所获颜鲁公书断碑》："严严古气自～，宜汝希烈不得臣。"清胡焯《张石舟与何子贞既构顾先生祠》："六艺式古训，纤微逮鱼虫。～际天人，今古为会通。" ❹弥漫；沛然充塞。唐武则天《大福先寺浮图碑铭》："灵机不测，发挥宇宙之精；神道无方，～阴阳之气。"皎然《奉酬于中丞使君郡斋卧病见示》："～西山气，贮在君子衿。"宋真德秀《跋豫章黄量诗卷》："予谓天地间，清明纯粹之气，～充塞，无处不见。" ❺延绵；伸展；延续。唐张嘉贞《北岳庙碑铭》："我君顺之，祚乃久兮，五宗～，阴化成败。"宋秦观《游汤泉记》："神居高不逾三四引，而股趾～甚大，旁占数墟。"元郝经《幽思》之一一："易简故不弊，悠久相～。" ❻止歇；徘徊；逗留。唐王延龄《梦游仙庭赋》："若乃群仙之所～，珠庭之所濩濩。"宋岳珂《桯史》卷五："将遂犯跸，而风涛稽天，～不得进。"明顾璘《蕉石亭》："拂拭坐～，风雨秋冥冥。" ❼阻滞；蓄积。宋冯山《送梓宪穆珣东美度支移京西漕》："山也乏材技，～困守株。"元戴表元《题太学登科题名后》："虽当仕之人俊才高等，亦须～掩抑，待年久之，而后解褐。"又《紫阳方使君文集序》："盖其为物也，停涵～郁积之者厚，则其周于用也不竭。" ❽恣意；放纵。多用于作画。唐窦臮《述书赋》："至如强骨慢转，逸足难追，断蓬征，蔓葛垂，任纵～，是称元规。"《续太平广记》卷一七："后乃浸淫放恣，解带～，喧呶竟日。"清张潮《虞初新志》卷一六："或投身海中，～游泳，如弄潮儿。" ❾箕踞；伸开两腿坐。是一种放肆无拘束的行为。宋苏轼《和饮酒序》："客去，解衣～终日。"王炎《到寿安精舍》："崎岖短策频行路，～胡床暂解衣。"清方苞《送王箬林南归序》："至则解衣～，諮经诹史，旁若无人。" ❿旷放无拘束；闲适。宋陆游《与李运使启》："至于～游戏之翰墨，嬉笑怒骂之文章，过黄初而有餘。"明刘溥《范宽寒江待渡图引》："想其～心神融，布置自与元气通。"清王士禛《送戴务旃游华山》："扪虱雄谈事等闲，餘情～写孱颜。" ⓫搏荡；搏激。宋刘弇《上黄冕仲博士书》："中间几千载，独不闻有与斯剑～而遭者，岂渊储奥匿惮烦人间与！"元陈基《书故御史郑公从之嵩山五诗后》："尚幸其蝉蜕秽浊，高世绝人之概见于诗者，真与嵩高之气相～。"明杭淮《复送顾华玉》："故阳挟阴以行，飞走振迅，动荡～，或左或右，势无定在。" ⓬超然。宋叶梦得《杜坚大夫作南窗求诗为赋》："颇念彭泽老，所怀常晏如。南窗仅几何，～万古初。"元戴表元《李思宣墓志铭》："悯亲年高，欲代门户，事势不得自逸，故～远出。"明锺惺《赠徐象一年丈并索其画》："精神久寂寞，～见其天。以此悟为文，瞻之已在前。" ⓭飘逸。清毛奇龄《陈老莲别传》："衣带～法吴生；金碧宫台、林泉湍峙、长陂丰卉，法大、小李将军。"

【盘礴】 pán bó ❶同"盘薄❶"。唐颜真卿《象魏赋》："若乃～国门，巍峨穹昊。"明张彻《盱江山水图为郑文选诚作》："吾闻匡庐之山～而崔嵬，金作莲花云作台。"杨荣《皇都大一统赋》："踞石猊之～，竦华表之峭然。" ❷同"盘薄❷"。唐张鷟《朝野佥载》卷一："柯叶森竦，株根～。"清纪迈宜《四阳庵松歌》："今朝四阳庵里松，数株～来天风。" ❸同"盘薄❸"。唐吴筠《天柱山天柱观记》："～纡㶠，气淳境美。" ❹同"盘薄❹"。宋《洞霄图志》卷二："盖大涤山水发源天目，风气～，冈峦纠缠，相望几百里。"明李东阳《宿刘谏议祠用前韵》："江山～堪舆气，精爽分明梦觉时。"清马春田《东浦方伯邀同惜抱游支硎诸胜》："群峰此最高，杳霭厚～。" ❺同"盘薄❺"。《太平广记》卷三六六引《戎幕闲谈》："杜元颖镇蜀年，资州方丈大石走行，～数亩。"元杨维桢《鸡足山安定兰若记》："去桐庐县东三十里有山，自孙天子象峰南下，蜿蜒～为岷、为屿。"明《徐霞客游记》卷七上："二重层叠于村后，盖北自观音山～而尽于此。" ❻同"盘薄❻"。唐惠颢《邻霄台》："解衣恣～，谢我山水癖。"宋龚明之《中吴纪闻》卷二："尝造一园亭，不遇主人，自～终日。"清钱柏龄《游通天岩阳行先隐处》："硕人此～，千秋俨遗庙。" ❼同"盘薄❼"。《敦煌变文校注》卷七《季布诗咏》："关山～路行难，那个是我家乡道。"明倪岳《喜雨谣》："火云～不肯散，焰光时作烧天红。" ❽同"盘薄❽"。也借指绘画。宋康与之《昨梦录》："于是各解衣～，惨淡经营，不复相顾。"明董其昌《仿李营丘寒山图序》："有朝贵疏余雅善～，致尘天听。"清吴本嵩《风流子・题周文夏画册》："应是摩诘前身，想见淋漓尽致，～天真。" ❾同"盘薄❾"。宋张元幹《水调歌头・丁丑春登垂虹》："解衣～，政须一笑属吾曹。"清吴雯《槐石歌为佟俨若赋》："解衣～兴不孤，间有好事来提壶。" ❿同"盘薄⓫"。也指动荡变换。唐王勃《上明员外启》："风鸣朝日，森梢烟雨之标；龙跃云津，～江山之气。"五代徐铉《蒋庄武帝新庙碑铭》："瀛海飙回，坤舆幅裂，而～之际，常奉周正，封域之间，独为汉守。"清孙缵《偕仲甫叔登窦山绝顶》："我凌绝顶神扬扬，恶诗～不敢藏。欲呼六丁执锥左右侍，擘窝大字深刻岩中央。" ⓫反复探究。唐权德舆《唐故楚州淮阴县令五府君神道碑铭》："沈研象系之表，～天人之际，其致知格物，不可详也。"宋克勤《碧岩录》卷一："他更会文章，透得公案，～得熟，方可下笔。" ⓬指大石。唐张廷珪《谏白司马坂营大像表》："况此营建，事殷土木。或开发～，峻筑基陛；或填塞川涧，通转采斫。"李邕《石赋》："睹巨石而叹曰：兹～也，可用武而转乎？"

【盘卜】 pán bǔ 以卦盘作为卜具占卜。宋洪迈《夷坚志》支癸卷八："术士徐谦～于市，过土井巷西间十数步外。"

【盘查】 pán chá ❶清点查验。元明《水浒传》一〇五回："计点喽罗，～寨中粮草、金银、珍宝、锦帛、布匹等项。"《明会典》卷三八："凡～仓粮，正粮勾数，积有附餘，照数作正支销。"清《万花楼》四二回："但不日之间，却有钦差孙侍郎到关～仓库。" ❷盘问检查。清《红楼梦》七三回："林之孝家的等见贾母动怒，谁敢徇私，忙至园内传齐人一一～。"

【盘察】 pán chá ❶同"盘查❶"。《明史・刘瑾传》："乃遣给事御史十四人分道～，有司争厚敛以补帑。"清李光地《条陈清查钱粮亏空疏》："杂项钱粮应同正项～也。" ❷同"盘查❷"。清雍正元年七月二十六日杨琳奏文："臣自任巡抚总督，于潮、惠二府口岸～尤严。"《聊斋志异・霍女》："既加收齿，何必复～？"《红楼梦》二二回："这空头情我不领。你不～我就够了。"

【盘缠】 pán chán ❶供应；供给。《敦煌变文校注》卷二《韩擒虎话本》："拜舞既了，遂拣细马百匹，明驼千头，骨咄、瓶瓶、麇（麋）鹿、麝香，～天使。"明徐复祚《投梭记》一四出："他已备下大船，～我母子去。"《拍案惊奇》卷二一："不要说俺家主人，就足俺自家也～得小哥一两月起的。" ❷支付；给付。《敦煌变文校注》卷二《庐山远公话》："纵有些些施利，旋总～斋供，实无财帛。"明《二刻拍案惊奇》卷二一："只这一项，～两个棺木回去够了。"《型世言》九回："大慈别了管庙道人，与王喜一路回寺，路上都是大慈～。" ❸支付用度；花费；开销。宋萧德藻《樵夫》："一担干柴古渡头，〜一日颇优游。”《元曲选·老生儿》三折：“从那日伯伯与了我两锭钞，在这破瓦窑中都〜了也。”清《儒林外史》一七回：“每日寻的钱，家里〜。” ❹日常的花费；费用。《五代会要》卷二七：“每一布袋，使百姓纳钱八文，内五文与擎布袋人，餘三文即与仓司充吃食、铺衬、纸笔〜。”元萧德祥《小孙屠》四出：“常言道坐吃箱空，孩儿去寻得些小〜便回。”清《姑妄言》二〇回：“家中日用油盐菜蔬并冬夏的衣服，这些零碎〜出在那里？” ❺路费。宋王炎《申三省枢密院公札》：“如愿归北人前来自陈，仰守臣躬亲抚谕，支给〜津发。”《元典章·户部二》：“本省遇有急切文字，立限差遣曳剌人等前去各处投下，差出人员并无俸禄，亦无〜。”清《红楼梦》一一三回：“于是贾母定要贾琏送他去，仍叫带回来。一应土仪〜，不消烦说。” ❻钱。金《董解元西厢记》卷六：“草索儿上。都无一二百〜。”元明《水浒传》一八回：“兄弟前日为赌博输了，没一文〜。” ❼指资产。元景元启《新水令》：“割舍了铜斗儿家缘，铁板儿似〜。”

【盘程】 pán chéng 即“盘缠❺”。清陈端生《再生缘》七回：“唤入家人名尹贵，付银三十作〜。”《儒林外史》一五回：“比如长兄你如今要回家去，须得多少〜？”

【盘川】 pán chuān 即“盘缠❺”。清陈端生《再生缘》一四回：“〜另付银多少，次日黎明就动身。”《隋唐演义》四四回：“待我去写几个字，并取些〜来，烦你速去走遭。”《万花楼》一四回：“只是我二人〜未曾拿得，空空两个光身，如何远遁？”

【盘蹙】 pán cù ❶盘曲；蜷曲。唐张鷟《朝野佥载》卷六：“木色如真金，密致而文彩〜，有如美锦。”张读《宣室志》卷三：“目若电光，齿如戟刃，筋骨〜，身尽青色。”清吴伟业《项黄中家观万岁通天法帖》：“生平行草数十纸，龙蛇〜开天颜。” ❷盘亘；蜿蜒横亘。唐曹松《望九华寄池阳太守》：“灵踪载籍古，怪刃刺云尖。〜陵阳壮，孤标建邺瞻。” ❸用盘堆的针法刺绣。元揭傒斯《车中女》：“珍珠宝结间珊瑚，茜裙〜金凤雏。” ❹搏击。清陈廷敬《孙鏻庵赠篆章歌》：“弩张剑拔相〜，捉刀如笔刀从横。”

【盘点】 pán diǎn 检查清点。元卢琦《建言常平》：“及至上司或差官〜，或移文催征，往往仓惶失措。”《元典章·刑部九》：“差官〜得各路至元二十四年收到粮内，短少米一万八千二百餘石。”清《锦香亭》一〇回：“明日老爷亲下仓来〜一番，便知多少。”

【盘饤】 pán dīng 盘盛的果品食物，也指往盘里摆放食品。饤，饾饤，摆成一定形状供观赏的食品。唐寒山《养儿与娶妻》：“养儿与娶妻，养女求媒娉，……聚集会亲情，总来看〜。”《五灯会元》卷六《洪州同安院常察禅师》：“曰：‘恁么，则四海参寻当为何事？’师曰：‘〜自有旁人施。’”清朱彝尊《十日周上舍招饮》：“厨敕江庖烹，〜海物错。”

【盘动】 pán dòng 盘曲扭动。清《飞龙全传》二〇回：“只见那蛇〜身躯，蓦将尾儿望匡胤鞭将过来。”

【盘斗】 pán dòu 盘旋争斗。《太平广记》卷四六四引《广异记》：“大蛇寻至蟹许，〜良久，蟹夹蛇头，死于水上。”宋洪迈《夷坚志》支丁卷四：“乃启户出视，见两虎相与〜也。”清雍正十二年刊《山西通志》卷一六九：“二蛇〜，俄腾云去。”

【盘赌】 pán dǔ 设场聚众赌博。清《歧路灯》四六回：“从来绅士〜窝娼，一定要与官长结识。”又六九回：“即如你赢了他，你只拿一个元宝儿在你家放上一夜，他们次日就要告你〜兵饷。”

【盘放】 pán fàng 放贷；有偿出借钱财以博利。明《宜春香质》花集三回：“落得拿他的银子做本钱〜，何等不好？”清雍正八年十一月十六日上谕：“尚有重利〜者，则访确一二人加以惩治，以儆其餘。”《豆棚闲话》三则：“兴哥只做不知，终日在私下〜钱债。”

【盘费】 pán fèi ❶犹“盘缠❺”。《大唐三藏取经诗话》中：“更蒙珠米充〜，愿取经回报答恩。”明王守仁《批江西按察司优恤孙许死事》：“候装回日，〜水手，另行呈夺。”清《儒林外史》三回：“看看上京会试，〜衣服都是金有餘替他设处。” ❷犹“盘缠❹”。宋吕陶《奏为官场买茶致有词诉喧閙事状》：“每斤卖得一百文以来者，现今只卖得六十至七十文，却将餘上价钱令客人用作官中息钱，收买前去，以此园户〜不足。”元佚名《点绛唇·赠妓》：“攒下些家缘家计，做不着盘缠〜。”清《绿野仙踪》一〇回：“正经有学问的人，不是家口缠绕，就是〜拮据，反不能品题风月，笑傲烟霞。” ❸犹“盘缠❸”。《元曲选·王粲登楼》二折：“不幸中途得了一场病症，金银、鞍马、衣服都〜尽了。”清《续金瓶梅》六三回：“争奈一路〜了玉楼许多银子，回家又没路费。”《歧路灯》四二回：“你就把这二两银子丢下，我送与仝相公。你回家去吃穿你那天理，〜你那良心去。” ❹犹“盘缠❷”。《元曲选·东墙记》四折：“小子李郎中是也。别无买卖营生，专靠我这药上〜。”明《警世通言》卷六：“临安到成都有八千里之遥，这两贯钱，不勾吃几顿饭，却如何〜得回去？”

【盘坟】 pán fén 筑起坟堆。明《西游记》五六回：“切念尸骸暴露，吾随掩土〜。”

【盘伏】 pán fú 盘曲趴伏；盘曲隐伏。宋邹浩《宽夫率同诸公谒大悲寺》：“白龙〜不敢动，澄波如练风前纾。”明《徐霞客游记》卷一下：“于是北流有京、须诸溪，南流有颍水，然皆〜土碛中。”清《聊斋志异·小猎犬》：“公疑其已往，视之，则〜如故。”

【盘覆】 pán fù ❶盘查复核。唐陆贽《贞元九年冬至大礼大赦制敕宥下》：“所司比例申牒，屡加〜，累涉岁年。”明魏濬《峤南琐记》：“既无工资，稍稍得溢于数，差不甚困。若遇东省〜之密，必苦折阅。” ❷像盘那样覆盖或覆盖着的。宋冯山《宝峰亭》：“益昌万山间，宝峰秀惟独。使台俯山下，气象互〜。”明王錂《寻亲记》一三出：“只此情实实恳诉，望推详〜冤祸。”清弘历《题沈周山水六帧》：“高楼〜老松斜，却俯青青竹末花。”

【盘亘】 pán gèn 绵延连接。唐李翱《唐故金紫光禄大夫徐公行状》：“黄氏之族最强，〜十数州。”宋李廌《鼎足桧》：“巨根〜几百尺，高干植立参天长。”清龚鼎孳《樟树行》：“风霜〜不计年，枝干扶疏讵论尺。”

【盘工】 pán gōng 换工。明佚名《竹枝词·牵砻》：“大小人家尽有收，〜做米弗停留。”《山歌·两郎》：“忙月里踏戽我听你〜看，两面糖锣各自荡。”

【盘拱】 pán gǒng 环绕拱卫。明郑善夫《与郑汝华方伯论氏族》：“见南湖耸峙〜，葬祖坟一十二丘于山之阳。”王鏊《姑苏志》卷八：“其西麓对花山觉林，厓谷〜处曰金盆坞。”

【盘卦】 pán guà 卜具（如骰子）在卦盘里转动。《元曲选·燕青博鱼》一折：“似我这模样，像个甚的？将那前街后巷我便如〜。”

【盘滚】 pán gǔn 扭曲翻滚。清袁枚《子不语》卷一四：“无赖仆地，呼腹痛，〜不已。”

【盘河】 pán hé ❶盘驳渡河。明邵宝《为处置粮运事奏》：“遮洋船涉海〜将及千里，内多浅阻，雇剥繁难。” ❷摆渡。明《封神演义》四五回：“他认得是方弼、方相兄弟二人，在此〜。”又：“我弟兄〜过日子，苦不堪言。”

【盘核】 pán hé ❶成盘的果品。《太平广记》卷四七四引《玄怪录》:“馆中有樽酒～,麻大揖让庭俊同坐。” ❷盘查核实。清蔡世远《大理寺少卿心斋陈公墓志铭》:“台湾土广滋奸,往台人民宜加～。”《九云记》一二回:“必有私情于外人,有犯死罪,登时拿到,～定罪罢。”

【盘盒】 pán hé 盛放礼物的盘与盒,代指礼物。明柯丹邱《荆钗记》二九出:“平昔没有～来往,做人不好,也去不得。”郑纪《归田咨目》:“近时吾莆大家留饮则五凤卓面,馈送则羊酒～。”清《十二楼·夺锦楼》一回:“当面选了吉日,要送～过门。”

【盘斛】 pán hú 用斛计量盘查。斛,量器,十斗(或五斗)一斛。清《锦香亭》一〇回:“义僮接着将厂里的米逐一～,刚刚只够半个月的粮。”

【盘话】 pán huà 同“攀话”。元明《水浒传》一九回:“晁盖和王伦～,但提起聚义一事,王伦便闲话支吾开去。”

【盘桓】 pán huán ❶交往;接待应酬。《元曲选·丽春堂》二折:“随你官人每手谈博戏,～一会,慢慢的饮酒。”清《聊斋志异·仙人岛》:“故人偶至,必延接～。”《品花宝鉴》六回:“南湘道:‘你们～过几回了?’子玉答道:‘我尚不认识他。’” ❷暗指性行为。明《金瓶梅词话》一三回:“当下二人如胶似漆,～到五更时分。”《欢喜冤家》二三回:“每夜～,真个爱得如鱼得水,如胶投漆。”清《后水浒传》一三回:“自此两人日夜～,你怜我爱。”

【盘荒】 pán huāng ❶游乐放纵。明谢肇淛《五杂组》卷二:“然而覆宗亡国者,高绰、道君二人耳。然一以不轨服天刑,一以～取丧乱。”《古今小说》卷二二:“也只为听用了几个奸臣,～懈惰,以至于亡。” ❷矿脉竭绝。清屈大均《广东新语》卷一五:“(银矿)若焦已绝,则又～也。……然往往～时,见有人骑白马望空而去,此银气也。”

【盘获】 pán huò 盘查拿获。《元史·刑法志四》:“诸～伪造印信之人,同获强盗给赏。”明洪武十七年三月初三日圣旨:“有发到的有罪断发军人编入伍,着他种田把关去处～有罪断发。”清《女仙外史》二一回:“以扈从不及,追访行在,为兵校～,械至京师。”

【盘基】 pán jī ❶奠基。唐王勃《益州绵竹县武都山净慧寺碑》:“尔其～跨险,列嶂凭霄。”宋吴奎《泛照湖游天章》:“～深凿岸,飞势耸凌空。”明王立道《拟皇史宬成儒臣贺表》:“非土非木,亘厚地以～;以奂以轮,拚列星而争耀。” ❷(山体、建筑的)基址;地盘。宋孙甫《运司园亭诗》之二:“结茅作禅庵,不卑亦不广。地占官府雄,～才袤丈。”元邓文原《重建崇宁万寿禅寺记》:“随之西南,山曰大洪,～百里,俯视汉东。” ❸凝聚;聚积。宋欧阳修《圣节五方老人祝寿文·中央老人》:“嵩高维岳镇中天,王气～降寿仙。惟愿吾皇等嵩岳,三灵齐祝万斯年。”

【盘计】 pán jì 盘点计算。清《聊斋志异·王成》:“成归,掷金案上,请主人自取之,主人不受。又固让之,乃～饭直而受之。”

【盘家】 pán jiā 抄家。《大清会典则例》卷一二四:“满洲～之法,在律谓之籍没,惟谋反重犯用之。”

【盘交】 pán jiāo ❶盘点交接。清雍正五年十一月初八日潘之善奏文:“尚有麦粮二万四百餘石,俱～沙州卫仓存贮。”陈潢《河防述言》:“漕艘竟造南北两班,南班之船运至于淮,即由六坝～北班。” ❷盘曲交联。清《镜花缘》三八回:“田野中已有人烟,都是人面蛇身,一条蛇尾,～头上。”

【盘绞】 pán jiǎo ❶犹“盘缠❸”。清《歧路灯》二二回:“我想在家一干人空空～,也是难事。” ❷犹“盘缠❹”。清《歧路灯》一三回:“端福道:‘五百钱不卖么?’那人道:‘不够～。’”又六九回:“张口货儿,一天卖不了他,就草料上有～。” ❸犹“盘缠❻”。清《歧路灯》六六回:“我不得已,把上京盘缠添上些,自己买完庄,指望到河南取这宗～花消。”

【盘脚】 pán jiǎo 一程一程地雇用脚夫(搬运或运输)。明滕昭《成化七年漕利例奏》:“每石照依江南官军兑粮,则例增与加耗,又再加～船用等米。”清靳辅《恭报赴京疏》:“凡引盐出场,必另用小船,由漫滩积水湖内盘坝而过,方到运河船上,是又多～雇船之费矣。”

【盘搅】 pán jiǎo ❶缠绕搅动;盘曲缠绕。宋方岳《答黄宰》:“某乃岁腊尽时,造物小儿者怒此腹无书,～不可忍。”清《续西游记》九八回:“三条蛇～一处。” ❷犹“盘缠❸”。明《金瓶梅词话》六七回:“家中一窝子人要吃穿～,自这两口巴劫的魂也没了。”清《绿野仙踪》四回:“况周通是江西有名的富户,就多带几个人,在他家～几月,他也还支应得起。”《醒世姻缘传》一〇〇回:“算那除～以外,净数带回家的不多不少,正合那石槽底下五千之数。” ❸犹“盘缠❹”。清《绿野仙踪》三七回:“知他银子已尽,住一天是一天的～。” ❹犹“盘缠❺”。清雍正十二年四月二十八日李卫奏文:“更换一次,正价津贴连赔垫脚费～等项,约用银二千餘两。”《皇朝文献通考》卷二四:“至小户出料无多,离工路远,雇装～,业旷费繁。” ❺犹“盘缠❶”。清《醉醒石》二回:“只要宅上肯把令郎就赘,财礼不要说起,还有礼物送来,～令郎过去。” ❻犹“盘缠❷”。清《绿野仙踪》一九回:“刻下身边还有几两银子,也可～几日。”

【盘缴】 pán jiǎo 同“盘搅❸”。明冯惟敏《僧尼共犯》一折:“若是不念经,不应付,那里有～来也?”清《醒世姻缘传》六回:“一切日用～,三头两日俱是通州差人送来。”

【盘揭】 pán jiē 盘问检查。揭,掀开(衣服、包裹搜检)。清《绣戈袍》一六回:“往往假冒官员入村,或借缉匪为名,遇客或假～为号,打劫人家。”

【盘街】 pán jiē (商贩)串绕街道行走。宋吴自牧《梦粱录》卷一三:“修磨刀剪,磨镜,时时有～者,便可唆之。”佚名《张协状元》四出:“相随一道去～。”《元曲选·燕青博鱼》一折:“拚的长街市上～儿叫化去咱。”

【盘讦】 pán jié 同“盘诘❶”。明潘季驯《河议辨惑》:“而私贩者利其直达,以免关津～,往往盗决之。”葛昕《先祖考太子少保与川葛公行述》:“关法～奸细,焉知汝非奸人!”海瑞《兴国县八议》:“假称～,借口骗人。”

【盘诘】 pán jié ❶盘问;查问。《敦煌变文校注》卷一《张议潮变文》:“迥然逢着一人猖狂奔走,遂处分左右领至马前,登时～。”明冯惟敏《耍孩儿·财神诉冤》:“几番家～无夹带,一迷里交收有祸因,险些儿犯了天条禁。”清《红楼梦》六〇回:“只得将赵姨娘的人并园中唤来～,都说不知道。” ❷抗辩;辩驳。宋楼钥《贺明州范参政启成大》:“演纶秘掖,追还～之风;抗节殊邻,平耆疆梁之气。”杨万里《贺永守沈侍郎德和启》:“～四方,衡尺诸彦,是皆俊甚,孰不耸然。” ❸(文笔)深奥艰涩。语本唐韩愈《进学解》:“周诰殷盘,诘屈聱牙。”宋郑樵《与景韦兄投宇文枢密书》:“惮作时下文章,喜～聱牙,风雅古淡。” ❹同“盘结❶”。金朱之才《水月有兴》:“浮光逐水纹,金蛇势～。”明苏志乾《岱山赋》:“大龙十八之～,迎天升中之徘徊。”刘绩《三礼图》卷三:“其腰,则雷纹饕餮,互为～。”

【盘结】 pán jié ❶盘曲联结。明佚名《鸣凤记》一五出:“龙蛇～处,动旌旄。”清陆陇其《季考示》:“山川～,地气郁葱。” ❷构筑;编结。《祖堂集》卷七《岩头和尚》:“他时后日,向孤峰顶上～草庵，播扬大教。”宋克勤《碧岩录》四则：“～草庵，呵佛骂祖。”元吴当《看云亭为慈溪匡上人赋》：“～松萝四壁空，静看云影坐从容。”

【盘纠】 pán jiū ❶盘曲缠绕。唐刘餗《隋唐嘉话》卷下：“武后不欲人见，因加为九龙～之状。”宋周紫芝《时宰生日诗六首》之三：“上有摩霄松苍虬立～。”清弘历《对山斋作歌》：“粗皮诡质戴苍苔，树根受气仍～。” ❷勾结纠聚。宋程珌《丙子轮对札子》：“变出须臾，患生～，风尘翕忽，平定难期。”明罗玘《河东运使陈公配梁安人墓志铭》：“郎中司例讯锦衣亲军所隶狱，怙势倚援，～叵测。”

【盘究】 pán jiū 查问；考查。明余继登《典故纪闻》卷一五：“边储亏折非独甘肃为然，如辽东、大同诸处，往往事觉，～未报。”孙柚《琴心记》一〇出：“若老相公信著，～起来呵。小姐，只恐怕蛛丝网苦罥蝶。”清《空空幻》五回：“安人在小姐跟前再三～，探不出其中缘故。”

【盘据】 pán jù ❶纠众占据（地盘或位置）。多指非法的。宋晁说之《靖康元年应诏封事》：“契丹之所～者，六国时燕地也。”元方回《宋故中奉大夫吕公午家传》：“庙堂除授多私亲，故朋党～，贼贪狼藉。”清于成龙《上提督请留合州营防兵揭》：“地势险要，么魔敢于～，乌合易为纠集。” ❷（根基）铺展占据。宋宋祁《复州广教禅院御书阁碑》：“观其面势～，标胜呈露，却背平野，前瞰大泽。”明陈穆《修凿徐州中洪记略》：“又其下多大石，～横突，隐见于波涛之间。”清董元恺《黄鹂绕碧树·元真宫鼎椾》：“天上星精，向絪缊宝鼎，根株～。” ❸盘曲占据。宋范镇《东斋记事》卷五：“数夜有大蛇～鼓上，不敢近。” ❹覆盖。明孙一元《题张玲画四时花》：“请子更写古松杈，清阴～山人家。” ❺占有。明张锦蕴《玉楼春·春兴》：“烟霞一窟恣～，心安随适堪游豫。”清陆继辂《送尚斋太守归省》：“心学岂易言，人事矧多牾。区区方寸地，百忧日～。”

【盘聚】 pán jù ❶搬运聚集。宋李樗、黄櫄《毛诗集解》卷一八：“我养子之勤，营巢之劳，其所积累～，缠绵固蔕者，非一日矣。” ❷盘曲汇聚。元朱右《大慈七山寺观记》：“道经下水，溪谷～，山水明丽。” ❸犹“盘据❶”。清于成龙《申解贼首详》：“窃照邹君升招纳亡命，～山中，胁良助乱。”姜宸英《万青阁全集序》：“自明季寇盗～，积为三晋害。” ❹盘桓聚会。清《绣戈袍》六回：“且就此～三两天，愚兄回去便是。”

【盘踞】 pán jù ❶同“盘据❶”。唐李邕《石赋》：“岂独砥砺利器，～真王，镞来肃慎，门通越裳。”明《石点头》卷八：“那时却算到本衙门铺家，及书役人等，积年～，俱做下上万家事。”清《女仙外史》二二回：“益都卸石寨中，～响马数千。” ❷同“盘据❷”。唐杜甫《古柏行》：“落落～虽得地，冥冥孤高多烈风。”明郑若庸《登州营守御论》：“田横、沙门、鼍矶三山，芙蓉桑岛错落～，以为登州北门之护。”清《后水浒传》三二回：“天雄山众弟兄果见君山形如猛兽，～湖中，有众水来朝之势。” ❸盘曲蹲踞或交缠。《太平广记》卷四三七引《原化记》：“忽有一虎，榛中跳出搏王华，～于地，然犹未伤，乃踞而坐。”清《隋唐演义》五一回：“只见屋脊中间，一条大黄蟒蛇～其上。”《红楼梦》七三回：“但上面绣的并非花鸟等物，一面却是两个人赤条条的～相抱。”

【盘卷】 pán juǎn 卷曲盘绕。宋杨彦龄《杨公笔录》：“叶间有子，色如黄蒲，长五六寸，屈曲～，形或如蛇。”明彭纲《临江府城记》：“远而望之，则虹霓～，凭驾河山。”清《北游记》卷二：“即吩咐蛇精变出真相，身长三十二丈，～鞭上，将鞭紧紧缠住。”

【盘考】 pán kǎo 盘问；查考。清《红楼梦》七三回：“想来想去，别无他法，且理熟了书预备明儿～。”

【盘空】 pán kōng 凌空；绕空。唐缪岛云《登天都峰》：“～千万仞，险若上丹梯。”明《韩湘子》一回：“汝若不依本分，妄作妄为，我自有慧锷神锋～取汝。”清李玉《一捧雪》二一出：“缟衣密结人难犯，怨气～鬼亦愁。”

【盘利】 pán lì （放债）赢利。明《古今小说》卷二七：“那团头见成收些常例钱，一般在众丐户中放债～。”清《八洞天》卷五：“我丈夫只道这三百两银子在家～，付托得人。”《大清会典则例》卷一一七：“外省驻防旗人，有犯串结土豪，放债～，……依律治罪。”

【盘连】 pán lián 交互连接；并连。唐孙樵《露台遗基赋》：“骊横秦原，东走～，有土如积，其高逾尺。”沈亚之《贤良方正直言极谏策》：“壁垒之势，～交错。”明袁中道《李大将军宴上听胡乐有述》：“可怜乍阴复乍阳，猛然交颈类鸳鸯。离合远递太无那，双双藉草～卧。”

【盘联】 pán lián 互相联络。唐司空图《太尉琅琊王公河中生祠碑》：“显沂水之华宗，焕晋阳之贵胄。～日下，辉映关东。”

【盘量】 pán liáng 盘点计量。宋王明清《挥麈三录》卷一：“既归舟，以诗送之。当方～，不暇读。”李纲《画一措置赈济历并缴奏状》：“见在着实盛顿米谷去处，～见数。”清宋荦《题明截留兵米疏》：“其霉烂、鼠耗，～亏折，原与江漕外府协解相同。”

【盘粮】 pán liáng 盘点仓储或储运中的粮米。《宋史·职官志五》：“凡外州军起到桩管米，从司农寺差官～。”明崔铣《南京光禄寺卿张公墓志铭》：“甲辰迁监察御史，奉旨宁夏～。”清孔尚任《桃花扇》一三出：“袁老爷正在江岸～。”

【盘络】 pán luò ❶联络。唐沈亚之《栎阳兵法尉厅记》：“其父子昆弟，皆卒名南北东西军闉卫杂幸之恃，……而又胜女为之～，是多类者。” ❷盘结联络。宋《三朝北盟会编》卷一七三：“建康，古之建国。山川～，漕运便利。”元吴师道《飞来峰》：“老根～树奇古，不着寸土天所栽。”明黎民表《同李枣阳游七星岩》：“地肺相～，天窗豁睽孤。”

【盘卖】 pán mài 四处走动兜售货品。宋吴自牧《梦粱录》卷一三：“如项盘担架卖市食，至三更不绝。冬月虽大雨雪，亦有夜市～。”

【盘门旋户】 pán mén xuán hù 多次出入门户。明《醋葫芦》三回：“院君只说个实价，省得老身～，落得走破鞋帮。”

【盘拿】 pán ná ❶纡曲强劲貌。唐杜甫《李潮八分小篆歌》：“八分一字直百金，蛟龙～肉屈强。”明金幼孜《徽庙古松山鹊》：“松梢～出岩壑，一夕山风吹子落。”清施闰章《画松歌》：“但见修鳞巨鬣～绝壑凌嵯峨。” ❷盘诘捉拿。明杨一清《为将官滥给驿传兴贩私茶违法等事奏》：“明知故纵，不敢～。”清雍正十二年四月初八日鄂弥达、杨永斌奏文：“弁役～，公然抗拒。”

【盘弄】 pán nòng ❶舞弄；摆弄。《续资治通鉴长编》卷一三二：“马枪止试左右～，而不较所刺中否。”明《西游记》九九回：“老爷取经回来，功成行满，怎么不到舍下，却在这里～？”清《警寤钟》六回：“手中拿着许多似绳非绳的几十个圆圈～，照着那哭泣的女人头上，忽然戏下，忽然收上。” ❷玩弄。隐指性行为。宋元《清平山堂话本·刎颈鸳鸯》：“某二郎被他彻夜～，衰惫了。”明《金瓶梅词话》九四回：“他师兄金宗明又替他遮掩，晚夕和他一处～那勾当。”清《姑妄言》六回：“带他到一个荒园中一间毛厮房，将他后庭着实～了一番。” ❸搬弄；怂恿挑动。元古本《老乞大》：“骑着鞍马，引着仆奴，着几个帮闲的～着，先投大酒馆里坐下。”

【盘擗】 pán pǐ ❶ 盘旋;盘曲。唐李肇《国史补》卷下:“及入破,呼吸～,其笛应声粉碎。”五代齐己《灵松歌》:“灵松灵松,是何根株? ～枝干,与群木殊。” ❷ 回环进退,古代行礼时的仪态动作。明王世贞《程处士汝宜暨配金孺人合葬志铭》:“及利往当冠,汝宜则集乡之善为仪者,为之三加而训之。识者见而叹曰:‘三代不难也。’或曰:‘恶用是～,非急事为。’”清钱谦益《方孟旋先生墓志铭》:“角巾大带,～矩步,杯酒淋漓,谈宴契阔。”

【盘钱】 pán qián 犹“盘缠❺”。清《锦香亭》一二回:“话说葛明霞与卫妪、碧秋自遇着雷万春,得了路引～,欲回西京去。”△《闽都别记》二〇八回:“要到何处去? 如少～,可到小老舍下,有薄赠。”

【盘曲】 pán qū ❶ 曲折环绕。唐张读《宣室志》卷一二四:“松径～,行数里,至一石室。”元刘因《雪翠轩》:“胸中～此高寒,曾梦肝肠倚天表。”清《野叟曝言》八〇回:“黑云之中,隐见神龙～殿前阶石之上。” ❷ 折弯;盘成曲折状。元《农桑辑要》卷三:“将条～,以草索系定,卧栽区内。”明《西游记》四六回:“这行者双手爬开肚腹,拿出肠脏来,一条条理毂多时,依然安在里面,照旧～。”

【盘屈】 pán qū ❶ 同“盘曲❶”。唐狄中立《桃源观山界记》:“今有杉木十餘株,枝干～若龙蛇之形。”宋郑獬《和仲巽荆州大雪》:“莫羞茜袖双鬓华,～肺肝生叹嗟。”清《野叟曝言》七三回:“大肠中臭秽粗浊之气～而下,阳气即入大肠。” ❷ 同“盘曲❷”。唐崔护《屈刀为镜赋》:“铦锋始拔,乍～以规圆;朗鉴俄成,骇拂拭而光溢。”元危亦林《世医得效方》卷一九:“先用清油涂其腹下,置疮上。～令遍,帛子系定。”明陆容《菽园杂记》卷五:“盖京师种葡萄者,冬则～其干而庇覆之。” ❸ 隐含;潜藏。宋楼钥《清真先生文集序》:“经史百家之言,～于笔下,若自己出。”又《代通薛尚书启》:“周旋泉石之间,～公台之器。”

【盘囷】 pán qūn 像囷那样遮覆。囷,圆形谷仓。元王逢《徐本童权陈濂三友陪游飞来峰》:“金晶蕴结天地秀,石楼～岩洞扃。”明《西洋记》一〇回:“汉室金陵吴建业,～百里帝工国。”清汪由敦《恭和御制寄题大宛独树元韵》:“翠盖蔚～,干霄气有神。”

【盘山】 pán shān 爬山;翻越山岭。明徐献忠《自小晦至西晦与曹新昌议民事》:“行县淹朝雨,～转路迟。”张凤翼《红拂记》一二出:“～渡板桥,宵征不惮劳。”清《说岳全传》三五回:“汤怀吩咐军士安营造饭,方好～。”

【盘珊】 pán shān ❶ 盘旋;回旋。《敦煌变文校注》卷三《燕子赋(二)》:“幽岩实快乐,山野打～。” ❷ 婆娑;徐缓摇动貌。唐皮日休《夏景无事因怀章来二上人》之二:“佳树～枕草堂,此中随分亦闲忙。”又《小桂》:“劲挺隐圭质,～缇油姿。”五代牛峤《菩萨蛮》之五:“钗重髻～,一枝红牡丹。” ❸ 徐缓低回。唐阎伯玙《歌响遏行云赋》:“忽顿挫而高歌,遂～于块圠。” ❹ 盘曲;曲折回环。五代皮光业《吴越国武肃王庙碑铭》:“典瑞献功,琢白珪而册文粲烂;职金供命,熔紫磨而印篆～。” ❺ 犹“盘擗❷”。宋周必大《杨内翰颂德》:“垂绅窈窕之禁扉,注目～之寮步。”

【盘跚】 pán shān ❶ 同“盘珊❶”。唐薛曜《舞马篇》:“婉转～殊未已,悬空步骤红尘起。” ❷ 同“盘珊❷”。唐李贺《瑶华乐》:“舞霞垂尾长～,江澄海静神母颜。”宋文同《锦鸡》:“有时勃窣～舞,忽地钩辀格磔飞。” ❸ 同“盘珊❺”。宋李廌《谢公定所宝蕃客入朝图》:“兽蹄鸟喙或鬼色,想见膜拜皆～。”明于慎行《夏日村居》之二八:“龌龊汉庭作吏,～鲁国为儒。” ❹ 蜿蜒。宋曾敏行《独醒杂志》卷九:“筒中亦窣窣响应,举之,乃蜈蚣,长尺许,～而出。” ❺ 逗留;迟缓不前。宋王迈《携笻出尤岭岭头坐俟舆夫》:“拂石小～,心爱木阴润。”明倪元璐《先考中议大夫雨田府君行述》:“归奉王父,～山水。”清徐金楷《贞烈殷氏行》:“爆爆炖炖肌尽残,屹然劲节无～。” ❻ 同“蹒跚❿”。宋洪适《代承务郎谢梁侍郎举升陟启》:“何期刻画,亦及～。某敢不刿目囊箱,游心刀篋。” ❼ 同“蹒跚⓱”。清魏学渠《浪淘沙·戊申初秋陆子冰修南还》:“秋雨动微寒,客意～。鸳鸯水畔钓鱼竿。梦里先知归去好,行矣加餐。”

【盘涉】 pán shè 跋山涉水。元明《三国志通俗演义》卷二〇:“今陈仓转运不通,其餘小路～艰难。”明《徐霞客游记》卷四上:“二十七日,西北～土山,共十六里,及西坞。”

【盘术】 pán shù 走街卖术。术,方术、医术等。宋洪迈《夷坚志》丁卷八:“李大川,抚州人,以星禽术游江淮。政和间至和州,值岁暮,不～。”原注:“俚语谓坐肆卖术为钩司,游市为～。”又支甲卷七:“徐生只一医者,负笈～,日得百钱。”

【盘水】 pán shuǐ 涉水。清《何典》九回:“即或有个好亲眷、好朋友想替你伸冤理枉,又恐防先～,先湿脚。”

【盘算】 pán suàn ❶ 计算;清算。明李开先《傍妆台》:“从来哈帐难～,哑谜欠分明。”《二刻拍案惊奇》卷三七:“程宰兄弟因是平日惯做商贾的,熟于帐目出入,～本利。”《醋葫芦》一回:“当日就～了帐目,点起货物,共有万金。” ❷ 清点;清查计数。明《韩湘子》二二回:“次早升堂画卯,谒庙行香,～库藏,点闸狱囚。”清阮元《粮船量米捷法说》:“漕运总督管八省之粮,应过淮～者,共五千船。” ❸ 特指放利盘剥。明《警世通言》卷三一:“谁知本重利多,便有铜斗家计,不够他～。”《醒世恒言》卷二九:“家人不许擅放私债,～小民。”清陆陇其《时务条陈六款》:“富豪之家乘其急迫,重利～。” ❹ 打算;筹划。明刘若愚《酌中志》卷三:“随转身求去,另～一条卷土重来报复之计。”王九思《傍妆台·次对山四时行乐》:“须拚醉,莫寻忧,几回～五更头。”清《歧路灯》四八回:“小弟也～到府上这宗银子,只是一向好相交,不便启齿。” ❺ 算计;暗算。明佚名《古城记》一一出:“想都是许褚这泼妖蛮,没来由将咱～。”清《聊斋志异·段氏》:“妻孥在家,固日日～吾田产耶!”《红楼梦》四六回:“外头孝顺,暗地里～我。”《白雪遗音·财》:“积玉堆金沈万三,洪武将他来～,问军发配到云南。” ❻ 检点;省察。清李光地《榕村语录》卷二三:“省字是从‘三省’处用来字面,然曾子之省是事已之后回头～,程朱引来却是作当下点检语。”

【盘锁】 pán suǒ 缠绕使不能通行或动转。明徐谦《仁端录》卷一:“肺经凶痘:喉突气枢～,干将蜂虿丛林。云遮扬帜赴幽冥,此是花兰不幸。”清《野叟曝言》九九回:“将九条大索～,吩咐带进内衙看守。”

【盘梯】 pán tī 登梯;爬梯子。唐刘长卿《登扬州西岩寺塔》:“～接元气,半壁栖夜魄。”明高启《九日与客登虎丘》:“～共上峰顶塔,欲观东海攀北斗。”袁中道《游居柿录》:“～花倒看,入阁烟相逼。”

【盘头】 pán tóu ❶ 包头;裹头。元明《水浒传》四回:“都执杖叉棍棒,尽使手巾～,一齐打入僧堂来。”清《后水浒传》三七回:“众手下,俱用的是颜包阔布～。” ❷ 绕头;环绕头部。明金堡《如梦令》:“戏赶双飞蝴蝶。蝴蝶却飞回,向我～绕膝。”清钱谦益《病榻消寒杂咏》:“伏鼠～遗宿溺,饥蝇攒口嘬餘津。”《说岳全传》一〇回:“牛皋将两根锏～护顶,架隔遮拦。” ❸ 将头发梳理盘拢。明梁辰鱼《浣纱记》二出:“照面盆为镜,谁怜雅澹梳妆;～水作油,只是寻常包裹。”清查慎行《玉沙即事》之一:“银丝压髻学～,少妇妆成不上楼。” ❹ 特指成年时把头发盘起插笄或戴冠。

明胡介《赠孙豹人》："总角～便有名，吐词属对座客惊。" ❺ 特指女子未成年（未嫁）时未插发笄或戴鬏髻的发式。明《金瓶梅词话》四〇回："走到镜台前，把鬏髻摘了，打了个～揸髻。"清《醒世姻缘传》二回："〔杨太医〕看着那旁边伺候的一个～丫头说道：'你寻本书来。'"《情梦柝》一回："楚卿道：'你如何知他未嫁？'请书道：'我明明见他是～女儿。'" ❻ 一种把头发盘在头上的少数民族发式。明严从简《殊域周咨录》卷一二："男子削发，以布缠头。妇女编发～。"周忱《渔阳老妇歌》："偷生强欲随风土，旋绾～学胡语。"清屈大均《多丽·春日燕京所见》："更通城、紫驼细辏，逐～蠕蠕公主。" ❼ 顶部弯曲，也指这样的器物或建筑样式。明《拍案惊奇》卷一二："头带斜角方巾，手持～拄拐。"清李斗《扬州画舫录》卷一七："如大中小三才墀头，随出檐收线砖、混砖、罍砖、～、戗檐、连檐、雀儿台层数尺寸定长。" ❽ 一种半月形的拦水坝。清雍正八年十二月初四日李卫奏文："加筑～，以遏水势。"翟均廉《海塘录》卷一："草～即挑水坝，靠出海中，形如半月。" ❾ 称为嫁娘梳拢头发插笄戴冠的人。清李玉《一捧雪》一九出："〔丑各指介〕这是傧相，这是乐人，这是～。"

【盘团】 pán tuán 盘曲成团。明《西游记》六四回："薜萝缠古树，藤葛绕垂杨。～似架。联络如床。"

【盘陀】 pán tuó ❶ 垫饰。唐杜甫《别唐十五诫因寄礼部贾侍郎》："南宫吾故人，白马金～。"明黄佐《秋夜吟赠别信臣士畴二同馆》："龙骧翼翼金～，越阡度陌相经过。"清颜光敏《斗鹑行》："三尺宝床正中设，郑锦齐缕金～。" ❷ 大石盘踞或盘踞貌。宋苏轼《游金山寺》："中泠南畔石～，古来出没随涛波。"明顾璘《张司徒所画山国图歌》："小石纷磊磊，大石高～。"清纳兰性德《渌水亭杂识》："山半大石，～数亩。" ❸ 指这样的石头。宋陆游《小园》："倦就～坐，闲拈榔栗行。"金元好问《七贤堂》："水上～不见人，烟中白露玉无尘。"清吴伟业《西巘顾侍御招虎丘夜集》："苍丘虎气郁腾骧，一片～径广场。" ❹ 起伏不平或曲折回旋貌。宋王令《同孙祖仁王平甫游蒋山作》："山形郁～，石路随直纡。"明陆深《八月一日出郊秋色佳甚》："远山流水晓云和，松有～竹有坡。"皇甫涍《雪山歌奉寄彭太保》："愁云百里填城河，帐中银烛然～。" ❺ 盘聚；逗留。明孙承恩《横山八景·留云石》："～白云根，常作白云主。何如任飞去，从龙沛霖雨。"王世贞《松萝峰》："清泉古樾坐～，览处无多会处多。"清查慎行《白沙翠竹石江图》之二："我公似康乐，在家久忘家。～一片石，坐阅恒河沙。"

【盘陀路】 pán tuó lù 曲折回旋的路。元明《水浒传》四七回："好个祝家庄，尽是～。容易入得来，只是出不去。"

【盘陀石】 pán tuó shí 大而深踞的石头。《敦煌变文校注》卷四《八相变（一）》："南北东西行七步，问阿那～最平。"《元曲选外编·存孝打虎》二折："我在这～上盹睡盹睡，看有甚么人来。"清《万花楼》一二回："只有对壁～旁有棵树，高接云霄。"

【盘玩】 pán wán 盘桓游玩。明《于少保萃忠全传》三四传："天顺帝留襄王在朝～月餘，辞回。"

【盘委】 pán wěi 盘曲。唐柏虔冉《新创千金陂记》："乃浚其洫，乃高其壖，土与江口平，尽出其沙与积壤，萦束～，望之若带焉。"明尹台《仲宣楼》："曲沮北～，巨江南会通。"清毛奇龄《天仙子》："珠雀五层宫髻直，红绦～花砖级。"

【盘问】 pán wèn 反复询问。《敦煌变文校注》卷四《丑女缘起》："妻见儿婿怨烦，不免再三～。"《元典章·刑部十九》："仰经过官司关津去处～是实，犯人断八十七下。"清《红楼梦》六六回："这里尤二姐命掩了门早睡，～他妹子一夜。"

【盘涡】 pán wō ❶ 漩涡；水、风旋转时形成的涡状回旋。唐钱起《尺波赋》："势将坌涌，迹异～。"《元曲选·神奴儿》四折："见一阵旋风儿打个～，足律律绕定阶痕。"清查慎行《荆州护国寺古鼎歌》："湿梢积尸填巨壑，洗城漂血生～。" ❷ 盘旋使成涡状回旋。唐杜甫《黄梅雨》："竟日蛟龙喜，～与岸回。"明于慎行《观泰山百丈崖瀑布》："～喧万马，削壁斗双虹。"清田雯《百门泉上听雨作歌》："大珠小珠～走，粘天拔地流奔浑。" ❸ 顺着漩涡盘旋行驶。宋李流谦《山口阻风》："～倒帆日方午，又作贾胡终日留。"明袁中道《游居柿录》："小舟一叶，低昂～，了无怖畏。"清袁枚《子不语》卷一八："遇旋风吹入海汊，其水面四高，惟中港独低，又在海水之下。杨舟～而下，人船惧无恙。" ❹ 喻指深而小的水面。宋司马光《污亭》："杂花乱种～底，小屋深居鉴燧心。"明魏学洢《闲居赋》："其居则柴门晃朗，茨宇废芜，～浴鸭，古壁缠蛛。"清徐夔《苦热》："吾吴自昔称泽国，襟带江海中～。" ❺ 旋转貌，形容眩晕。宋梅尧臣《樊推官劝予止酒》："朝酲头不举，屋室如～。" ❻ 逗留；滞留。宋苏辙《春旱》："幽明初不隔，诚意岂在多。恻然上通天，矧此一～。云兴雨随至，父老行且歌。"刘弇《谢运判王司封举大学博士启》："如某者，学海～，英躔末驾。"

【盘窝】 pán wō ❶ 犹"盘卷"。明《西游记》五三回："船头上铁缆～，船后边舵楼明亮。"清《隋唐演义》七三回："生成秀发，尽堪～龙髻；天与娇姿，谩看舞袖吴宫。" ❷ 盘聚成窝状。明《徐霞客游记》卷三下："索炬同导者入洞，顶高处～成盖。"又卷六下："西瞰夹坞～皆丰禾芃芃，不若脊东皆重冈荒碛也。"又卷一一下："下至壑中，其处忽～夹谷，自东北而透西南之门路。"

【盘舞】 pán wǔ 盘旋起舞。宋范成大《次韵袁起岩常熟道中》之一："乌鸦～黄云乱，早与商量雪意生。"明《禅真逸史》三四回："遥见有吸髓毒龙，从下而上，～空中。"清沈树本《浴象行》："往来～复几回，扬沫飞涎绕云汉。"

【盘嬉】 pán xī ❶ 盘旋游戏。宋蔡襄《都卢之言》："岌然颠陨，翩然振起，枭鸾～，猨狙肆捷。"元丁复《宝林丈室所藏子昂饮马图》："河清海晏无～，壮志老死不得骑。" ❷ 盘桓游娱；盘桓往来。宋梅尧臣《朝奉大夫王公行状》："放意于江山之间，笑歌～，洒然得方外之趣。"陈与义《泊宋田遇厉风作》："逐队避狂寇，湖中可～。"王令《昼睡》："因能不有世俗梦，独与淳气相～。"

【盘香】 pán xiāng 呈盘曲状的香。清王夫之《如梦令·春闺》："抛却瓶花蒂软，坐待～线断。"《品花宝鉴》五〇回："那边桌上点了一盘小～。"

【盘旋】 pán xuán ❶ 旋转；回旋。《祖堂集》卷一七《关南和尚》："香云忽起，～于塔庙之前。"元王和卿《一枝花·为打球子作》："高场上处～，要高名天下人传。"清《镜花缘》二〇回："树旁围着许多飞蝇，上下～。" ❷ 转悠；转圈子或迂回前行。唐元稹《梦游春》："过尽万株桃，～竹林路。"元明《水浒传》九三回："五个人径奔宜兴小港里去，～直入太湖中来。"清《镜花缘》一三回："走来走去只在山内～，不能穿过岭去。" ❸ 盘桓；逗留。唐郑还古《博异志》："缘游看去家远，暂借后院～，可乎？"宋吴儆《吴子既结茅竹洲以娱亲》："园中多蔓草，晨夕费锄芟。遇夜或风雨，安得久～。"清《聊斋志异·宅妖》："忽见小人，长三寸许，自外入，略一～，即复去。" ❹ 盘团覆盖。唐赵元一《奉天录》卷四："时太极殿前紫荆树，直下数仞，偃盖～，枝叶蔓延。"明《西洋记》九五回："西京路上有一座锦帆山，山势～六百餘里。" ❺ 盘曲；曲折回环或缠绕。宋曾敏行《独醒杂志》卷一〇："庖人解其甲，则见肉理～，与常鳖殊不类。"明《西洋记》一八回："要二龙戏珠的僧鞋一双，要四条蛟龙～的金牌一面。"清《红楼梦》一七至一八回："开沟尺许，灌入墙内，绕阶缘屋至前院，～竹下而出。” ❻ 往返；来回。宋元《醒世恒言》卷一四：“范二郎在门前一似失心风的人，～走来走去。”明《西游记》一五回：“先一次，他还与老孙侮手，～了几合。” ❼ 环绕；围护。明梁辰鱼《浣纱记》三〇出：“夹道里罗绮～，笙歌嘹亮。香雾氤氲，处处麝兰飘荡。”张四维《双烈记》五出：“銮舆卤簿森严，森严。嫔娥彩女～，～。”清《飞龙全传》二〇回：“衬衣鲜艳是松花，护领～乃白色。” ❽ 交往；结交。明方孝孺《采苓子郑处士墓碣》：“其语怡怡然，久与之～，未尝见其忿言怒色。”清《锦香亭》七回：“无意相逢，～如此，足见甚情。” ❾ 蹒跚。明冯梦龙《古今谈概·谲智部》：“忽有躄者，垂腹甚大，～其足而来。” ❿ 盘绕向上。清《聊斋志异·偷桃》：“子乃持索～而上，手移足随，如蛛趁丝。”《品花宝鉴》四六回：“上了山径，直～到了山顶。” ⓫ 隐指性行为。清《绿野仙踪》九〇回：“原来妖妇和周琏～了两度，也觉得有点疲倦。”

【盘踅】 pán xué 来回转悠；循环往复。明汤式《一枝花·春思》：“相思鬼皮肤里打劫，睡魔神眼睫上～。”佚名《醉太平·自警》：“享荣华相比灯明灭，竞钱财情似影～。”陈与郊《文姬入塞》：“我待把孽根儿抛弃者，泪珠儿揾住些，争奈母子心肠自～。”

【盘牙】 pán yá ❶ 交结；结党。唐权德舆《岐公淮南遗爱碑铭》：“朱崖黎民，保险三代，种落～，数犯吏禁。” ❷ 指叛乱、纠纷，或叛乱者与矛盾纠纷之处。唐元稹《授元舆等餘杭等州刺史制》：“～不解，稂莠不除，比比有之，患由此起。”宋宋祁《送薛嘉鱼序》：“思若有神，心无留义。解～于餘地，析臧否于片言。”《宋史·张昭传》：“苟不豫为教道，何以置之～？” ❸ 盘踞。宋洪适《广东春教致语》：“扫～之夙盗，耀骇电之雄芒。”清汪森《粤西文载》卷七一：“若属～有年，罪不可赦。” ❹ 形容像牙齿那样交错排列或植立。宋杨亿《送倚序》：“故王氏奄有无诸六郡之地，～交错，莫非勍敌。”王洋《和吴朝议》：“小说风烟已自佳，前峰矗矗为～。” ❺ 臼齿。明徐谦《仁端录》卷九：“身发热口臭，或疳溃，脱上齦门牙，左腮～。”《石点头》卷一一：“渐渐精神复生，眼睛也开，耳朵也听得，口里也生出～。”清《天雨花》一四回：“～落下三两个，满口鲜红顺手淋。”

【盘验】 pán yàn 盘查检验或审问。明彭韶《四川副使范诚夫公墓表》：“公偕持斧使者走边，～刍粮。”《二刻拍案惊奇》卷二〇：“其家金银什物多曾经媳妇商小姐～，儿子贾成之透明知道。”清《十二楼·夺锦楼》一回：“先唤小江上去，～了一番。”

【盘用】 pán yòng ❶ 花费；使用。明《警世通言》卷三一：“何不聚集几个村童教学，得些学俸好～。”清《绿野仙踪》二二回：“从此请医调治，费一月功夫，～了许多钱，方渐次甲复。” ❷ 费用。明陶辅《花影集》卷一：“夫学仙者，须衣粮先备，～充饶。”清《绿野仙踪》四一回：“不必因我舍命的措处，一天费数天的～。” ❸ 卸载搬运的花费。明滕昭《成化七年漕利例奏》：“近年民运过江，瓜州、淮安二处水次兑军，并淮安府常盈仓上纳粮米，俱照该部原定正耗则例起运，又加～船车等米。”王恕《议事奏状》：“苏、松、常三府又起运两京各衙门并公侯驸马伯禄米二十八万餘石，连加耗、脚价、～共享糙米五十餘万石。” ❹ 指日常动用的器物。明陆深《江西家书》：“陆路顾一女轿，多备一二夫力抬之。行李～，江行载入城。”

【盘迂】 pán yū 曲折迂回。唐玄奘《大唐西域记》卷二：“街衢巷陌，曲径～。”又卷一二：“岭极崇峻，危隥攲倾，蹊径～，岩岫回互。”宋高似孙《松江蟹舍赋》：“波程杳渺，水路～。”

【盘越】 pán yuè 翻越；攀爬越过。《宋史·河渠志七》：“咸潮泛溢者，乃因捍海古塘冲损，遇大潮必～流注北向。”明《徐霞客游记》卷三下：“但其处益狭，以双手握内柱，而～外柱。”清《海宁县筑塘考陈之遇》：“议修县东六十里咸塘、县西淡塘及袁花塘，以防大潮～流注北向之患。”

【盘运】 pán yùn ❶ 搬运；搬卸运载。宋黄榦《代抚州陈守奏事》第一札：“使两郡径以当运之米输之转盘，仓漕司自以水军为之～。”明佚名《精忠记》一二出：“向者将军来时，我等顶香，～粮草。”清宋荦《请给漕粮脚耗疏》：“臣身在地方，稔悉河道形势。雇募夫船～，必不能免。” ❷ 营运；经营。明《石点头》卷三：“又雇人及时耕种，这几庙田地，倒～起好些钱财。”

【盘扎】 pán zhā 缠裹扎束。明卢之颐《本草乘雅半偈》卷一〇：“先撒沙土一把，(蛇)则蟠曲不动，……乃以竹枝随其蟠曲签定～，炕上焙干。”清《飞龙全传》二七回：“腰系白绫汗巾，头上也都一色儿青布～。”

【盘盏】 pán zhǎn 杯盘，代指酒食款待。唐韩愈《赠张籍》：“留君住厅食，使立侍～。”明《二刻拍案惊奇》卷三一：“还有不肖佐贰要摆案酒，要折～，各项名色甚多。”清《歧路灯》一四回：“天色过午，～早备，爽快一让就坐罢。”

【盘账】 pán zhàng 查对账目。明《石点头》卷八：“因有两个伙计，领他本钱，在金陵开了个典当，前来～。”清《野叟曝言》六八回：“到一布店中去～，偶然看见奴家。”

【盘折】 pán zhé ❶ 回环曲折。唐白居易《游悟真寺诗》：“谁知中有路，～通岩巅。”明陶安《自大关至小关》：“山径多～，无劳怨苦辛。”清《品花宝鉴》九回：“地上又舞出几百片彩云灯来，五色迷离，～回绕。” ❷ (学术、文字)深奥奇崛。宋韩淲《二日陈主簿山园》：“夫君易学诚可数，～崛崒非媚妩。”元唐元《梅庭弊帚诗序》：“虽然和平冲澹之陶韦，～老硬之黄杜，上之为汉魏骚雅。”清黄宗羲《张心友诗序》：“宋之长铺广引，～生语，有若天设，号为豫章宗派者，皆原于少陵。” ❸ (思绪)萦回；反复(思考)。宋石介《代张顾推官上铨主书》：“顾胸臆～久，虽未脱夫穷塞湮厄，其不甘圣时明世，晦晦瞶瞶，埋弃草莱，不能与夫耀耀者争光，明矣。” ❹ 曲折构建；窝盘使曲折。宋李若水《赠造山老匠》：“山翁七十头如雪，胸中泰华巧～。”元仇远《盆梅》：“有客送苔梅，来自马塍里。斜枝巧～，的皪数十蕊。” ❺ 曲折攀登或前行。明程敏政《舟次富阳登陆有感》：“十口提携皆骨肉，一春～几山川。”清魏象枢《悬空寺访僧同曹子步妹丈》：“遥闻十里钟，在山忽在水。～叩山门，老僧闲如此。”《玉蟾记》八回：“舳舻～走羊肠，直捣巢穴而亡。” ❻ 盘账折抵；用资产折抵债务。明邵景詹《觅灯因话》卷一：“即有以价得之，亦不过债负～，因其户绝人穷，收其硗田瘠地。”清《野叟曝言》一四回：“那宋祖太为人，仿佛今日之田老，以～起家。” ❼ 盘秤亏折；称量时的亏折。清郑祖琛《更盐法》：“盐产于场以斤论之，不过钱数文，正课之所取，亦不及银一分，即加之以卤耗之～，舟车之挽运，万不至如今日盐价之贵者。”

【盘住】 pán zhù ❶ 盘踞。明刘应节《海岛悉平疏》：“然各岛物产甚多，赡养极便。今～未久，处置已难。” ❷ 盘查逮住。清雍正七年九月二十日李卫奏文：“旋经～匪类数人，供出盗首混名蛮王。”李渔《玉搔头》二六出：“见有图形并告示张挂，不合走去看了一看，被那地方～，道臣妾的面貌与画上相同，带去见那知府。”《女仙外史》五三回：“两位如说了大方、又玄道人，这个人人知道是我的法号，一径就～了。” ❸ 缠住；纠缠使不得脱离。清姚士陛《莺啼序·抵京师喜晤蒋度臣》：“怪别后、梦里心头，被君日日～。"《荡寇志》九五回："当时纪二便～了戴春，又说了些投机的话，便邀戴春到一所酒楼上畅饮。"又一〇一回："无心恋战，争奈和希真两矛～，不得脱身。"

【盘转】 pán zhuàn ❶犹"盘旋❸"。宋张矩《摸鱼儿·重过西湖》："双峰塔露书空颖，情共暮鸦～。"元刘浩然《乐善老人墓志铭》："故其孝德之著见于天下，巍巍煌煌，～天地，辉映日月。"❷犹"盘旋❺"。宋赵鼎《次张真君韵》："溪流～近百里，山色清虚无一姿。"元萨都剌《梳头乐府》："玉纤～戏龙形，宝钗压定飞鸦翅。"清《珍珠舶》五回："扉外一条小径，虽与大街相通，却因近田岸窄，～路迂，所以人迹罕到。" ❸犹"盘旋❹"。明徐渭《答北庵上人论明是因暗是缘书》："因者根也，缘者从根至尾，蔓延～而不绝之谓也。"清《镜花缘》四八回："只见那参天的奇松怪柏，冲霄的野竹枯藤，都在亭子四面～，几如翠盖一般。" ❹犹"盘旋❻"。清《绿牡丹》一八回："余谦不过是练就的气力，纵跳怎能如那猴子容易。三五个～，不觉喘吁起来。"

【盘篆】 pán zhuàn 即"盘香"。宋陆游《杂题》之四："黄庭两卷伴身闲，～香残日未残。"清文昭《寒夜拥炉效范陆体》："～烟中烧柏子，煮茶声里睡狸奴。"

【盘资】 pán zī 盘费。清陈端生《再生缘》一八回："当下郡主取出～，自己留了十两，其餘尽皆交付与当家师太。"《天豹图》一回："荣春无不相助其～，送他归家。"

【盘子】 pán zi ❶敞口而扁浅的盛物器皿。唐佚名《济渎庙北海坛祭器碑阴记》："叠子五十只，～五十只。"元古本《老乞大》："这～是大～、小～。"清《儒林外史》四回："揭开盒盖，九个～都是鸡、鸭、糟鱼、火腿之类。" ❷称形似盘子的器物。宋赵万年《襄阳守城录》："令弩手先踏上箭平～，听一鼓齐放。"清弘历《中元日观法事》："碧霄涌出银～，烟霏风漾清秋美。"《红楼梦》一〇二回："贾蓉便要请教，报了一个时辰。毛先生便画了～，将神将排定。" ❸指强盗组织。《元曲选·伍员吹箫》一折："你休惹事，如今兵马司正寻这等～头的哩。"明孙传庭《报宝郿剿抚捷功疏》："中斗星则代闯王，统其党众，以称老掌～者也。"又："我兵驰追，有掌～刘秉义等率领男妇约四百名口，跪伏马前乞命。"❹指隐秘的财产或价钱，如同扣在盘子下。明《二刻拍案惊奇》卷一六："田地是露天～，须藏不得。"《欢喜冤家》一五回："央人请著公文，讲下了～，送出前后手来一百多两纹银。"清《品花宝鉴》四七回："先讲～，包修包好要二百银子。" ❺代指肴馔。清《儒林外史》二二回："四个长随都到后船来办～，炉子上顿酒。"《歧路灯》三三回："只是～残了，不好让二位。"

【盘坐】 pán zuò 尾盘曲或腿交叠而坐。明《杜骗新书·妇人骗》："次姆跌在路，～挪脚曰：'跌伤了脚。'"清《野叟曝言》四三回："晚饭过了，上床～，正打了几个盹息。"

【蹒跼】 pán jú 脚步迟缓貌。明《醒世恒言》卷二八："那太医却是个老者，须鬓皓然，步履～。"

【蹒跚】 pán shān ❶犹"盘擗❷"。唐皮日休《太湖诗·上真观》："天钧鸣响亮，天禄行～。"宋宋庠《入谒马上作》："肃穆未央朝，～寿陵步。人生固有志，躁静各成趣。"清《水浒后传》一二回："～内相撩衣，绰约宫娥窄袖。" ❷跛行；行走不便利。唐裴廷裕《东观奏记》卷下："离阙日病脚，已～矣。"宋黄庭坚《跛奚移文》："为置婢，无所得，乃得跛奚。～离疏，不利走趋。"清《东周列国志》九三回："民家之主人有躄疾，晓起～而出汲。" ❸蹁跹；笔法或步态回旋飘逸貌。唐窦臮《述书赋》："仲正则宽而壮，赊而密，婆娑～，绰约文质。"宋徐积《双树海棠》之二："汉皋台下娇～，曾解明珠瑶佩环。"周紫芝《读陈公葆真宫诗有感而作》："长安二三月，游女飞朱軿。～步金堤，依约遗翠钿。" ❹颟顸；体肥大、臃肿貌。五代何光远《鉴诫录》卷四："怪得～不上升，白云踢绽紫云崩。"明陆世仪《烛影摇红·戏题不倒翁》："略似人形，～大腹双肩窄。"清阮葵生《茶餘客话》卷一一："李沧溟为《诗选》，钟伯敬为《诗归》，一则～，一则噍杀。" ❺行动迟缓；行动迟缓貌。宋李纲《望龟峰》："穹隆曝甲正霜晓，～引气当晴晖。"《元曲选·朱砂担》三折："两只眼紧把冤魂来觑，一只手轻将他鬼力掤，何处也～。"清查慎行《送蒋树存出宰餘庆》："叩我蓬荜门，送迎谅～。"❻行步摇晃不稳貌。宋郑刚中《再用青字韵》："帐闲缥缈传新曲，酒贱～醉老兵。"明徐复祚《投梭记》八出："放不下花觚酒盏，恰又早步～。"清《歧路灯》一〇回："只见孙悟空搀着大肚母猪，移步～可笑，抱腹病楚可怜。" ❼流连；赏玩。宋周紫芝《伯瞻作酒官植竹局中见索鄙句》："向来曲蘖一扫尽，风月已足供～。"陈文蔚《和赵忠州园亭落成宴客》之一："地拔鹅峰长突兀，天教老子得～。"清朱彝尊《春暮看花木渎》："一从罢官后，谁复驱使令。不妨日～，坚坐无所营。" ❽困顿；滞留。宋李复《送章发运粢》："萧条耕岩客，窃食惭无补。～世揶揄，拳曲逃规矩。"洪皓《赠傅学士兼述怀思古》之二："顾我～仍久困，观君慷慨岂长贫。"元王恽《祭诸葛丞相乞灵文》："年迫知命，动昧操履，～仕途，几年于此。" ❾愚钝；笨拙。宋楼钥《谢庆寿赦加恩表》："况散散之文，尝获登于徽册；以～之质，偶进摄于上公。"元同恕《喜雪和勤斋先生韵》："唱酬绝倒昌黎公，玉振金声足条理。追踪骖褭良足叹，～之技止于此。" ❿指仕途困顿，或资质愚钝，或行动不便的人。宋宋庠《再乞致仕表》："顷希止足，姑解组于郸城；比恤～，复假麾于谯壤。"邵度《哭东莱先生》之二："教常先慷慨，门不弃～。"明娄坚《祭徐摄山先生文》："彼有～，羡翁体轻。翁曰：'否，否。'"⓫畏怯不伸。宋苏轼《端砚诗》："气逼松滋豪，烟联雪涛姹。登堂却～，饮水何甜冋。"陆游《己巳正月十八九间雪复大作》："卷帘惊滉漾，下榻觉～。"清田雯《夏日杂诗》之二："寸勇未可贾，尺儒已～。" ⓬姗姗；秀逸或瘦削貌。宋王柏《祭汪约叟》："雪鬓灿烂，鹤骨～。与物无竞，神怡体安。"洪谘夔《谒庄提举启》："伏念某骨相～，性资骯脏。"明吴宽《咏荆墩》："错节盘根地底埋，野人发地作枯柴。制来礧硊俄登席，送到～忽上阶。" ⓭跋涉；攀缘。宋宋庠《己巳岁除夜有感》："宁无要路津，所畏在～。"王安石《酬王浚贤良松泉二诗·泉》："虫虫夏秋百源干，抱瓮复道愁～。"元唐元《山中偶成》："长年官堠～足，今日青山不我猜。" ⓮徘徊；往来。宋朱熹《祭刘平父文》："何意一朝，只影～。"元王恽《题赵仲器铜芝胆瓶滴》之二："足迹～几砚间，太阴何苦汝为餐。"明谢肇淛《五杂组》卷九："新安樵者得小熊，大如猫，～庭中，犬至猛者见之亦溺下。" ⓯盘绕；盘曲。明郑仲夔《耳新》卷五："蛇屈曲～，若唯唯听命，遂不见。"张岱《陶庵梦忆》卷六："报国寺松，蔓引獆委，已入藤理。人其下者，～局蹐，气不得舒。" ⓰柔软；软和。明梅鼎祚《玉合记》三三出："记取，韶华共享，叠～绣褥，宛转金铺。"汤显祖《紫箫记》九出："真薄命，漫褥锦～对剧，还记花前旧兴。" ⓱阑珊；淡薄。清钱谦益《答新安方望子投诗枉访》："无酒治聋心悒怏，有文起躄兴～。"田雯《清明雪》："滕六今年大无赖，春风花信兴～。"周斯盛《玲珑四犯·蟋蟀》："怎偏易惹闲愁恨，心事纷如絮。应是客意～，都错认、清音哀苦。"

pàn

【判】 pàn 另见 pān。❶判词。明柯丹邱《荆钗记》一七出："第二场以性理群书拟题，内选程论诏诰一篇，表～一篇。"清《红楼梦》五回:"后面便是一所古庙,里面有一美人在内看经独坐。其~云:勘破三春景不长,缁衣顿改昔年妆。" ❷ 书写判词;签押。唐李涉《经涢川馆寄使府群公》:"大胜尘中走鞍马,与他军府~文书。"元明《水浒传》一一〇回:"~了斩字,推出南丰市曹处斩。"清李渔《奈何天》三〇出:"左顾东来右顾西,好教我~花封,怎下笔?" ❸ 评判;判定。唐佚名《大唐传载》:"常相衮为礼部~杂文,榜后云:旭日登场,思非不锐;通宵绝笔,恨即有餘。"温庭筠《春日偶作》:"夜闻猛雨~花尽,寒恋重衾觉梦多。" ❹ 执掌;主持。唐刘肃《大唐新语》卷一〇:"判司本带参军,便令司兵~兵事,司曹~军粮,司士~甲仗。"元佚名《湖海新闻夷坚续志》后集卷二:"又一僧为人~水陆,偶忘携房钥匙。" ❺ 称判官或通判;判官或通判自称。《元曲选·玉梳记》三折:"所除句容县令,~簿皆缺,止下官一人。"明《西游记》一〇回:"陛下可出名立一约。小~可作保,且借他一库,给散这些饿鬼。"清《聊斋志异·陆判》:"盖陵阳有十王殿,神鬼皆木雕,妆饰如生。东庑有立~,绿面赤须,貌尤狞恶。" ❻ 树木估价出售(供砍伐)。明《型世言》一五回:"目下有商人来买皇木,每株三钱,老奴已将山中大木尽行~与,计五千株。"《韩湘子》二〇回:"樵夫道:'我们四季砍柴,都是有诨名的。'退之道:'~下山柴,随时砍伐,有恁么诨名?'"

【判案】 pàn àn ❶ 处理案牍;签押文件。《唐律疏议》卷一五:"监临主守以官物贷人,'所贷之人不能备偿',谓无物可征者,征判、署之官。~者为判官,署案者为主典及监事之类。"宋李攸《宋朝事实》卷九:"新授仆射于都省上事日,仆射尚书、……郎中、员外郎并于都堂门内分左右列班迎候,俟仆射~讫,知班引赞官报班次。"明潘季驯《清查回青招由疏》:"各不合不行细查文卷的数,遂凭本库前报数目,于本月初陆日具稿送堂~。" ❷ 审理判决案件。明盛时选《清明集后序》:"《清明集》乃宋以来诸公~之书。"凌濛初《宋公明闹元宵》六折:"谁知魃地龙颜变,~些时无情面。"清袁枚《子不语》卷一五:"公于灯下~,忽梁上男子持匕首下。" ❸ 定案;定论。明李维桢《游莫愁湖记》:"而竟陵与金陵声之讹,石城与石头城言者省文,自可通称,亦非两地~也。" ❹ 办公用的书案。清吴绮《投许石园明府》:"印床自绕青山色,~长蜚白雪声。"

【判白】 pàn bái ❶ 半白。玉的颜色,天子用纯白,诸侯纯青,半白介于天子、诸侯之间。语出《春秋公羊传》定公八年:"晋宝者何?璋~,弓绣质,龟青纯。"璋,古代的征召凭信,因以判白称皇帝的赐予或征召。宋刘攽《贺王丞相赐玉带》:"欲问九环加赐衮,何如~授封圭。"杨万里《答湖州虞察院》:"厥躬~之征,持紫之擢,不夙则暮。"清汪由敦《跋董文敏书都御史陈公诰命》:"信先泽贻留所在,有吉云拥护。其为陈氏世宝,岂特~纯青而已。" ❷ 剖白;区别或辨明。宋强至《代上徐舍人书》:"澄序庶官,以~于贤否;总领大计,以俱亿于经常。"明韩邦奇《纯斋处士杨公墓志铭》:"乡邻有斗,若将浼焉。或强质之,则为之~。"清《绣戈袍》二九回:"世事离奇尽倒颠,宿冤~出天然。"

【判笔】 pàn bǐ ❶ 判案用的笔。宋何薳《春渚纪闻》卷六:"公取白团夹绢二十扇,就~作行书草圣及枯木竹石。"明龚居中《痰火点雪》卷二:"病得相公~一管治,用笔尖点药入喉。"清《小豆棚》卷一六:"郑于堂上取纸十餘张,用~悉画兰竹。" ❷ 指判文。宋刘克庄《送杨彦极提刑》之二:"~有神皆可录,抄书无数即行装。"明林鸿《送李通守归镡上》之一:"紫案鸣琴常对晚,黄堂~每生春。" ❸ 用笔签押。清陈端生《再生缘》一三回:"神僧~亲符至,快放投池一女还。"

【判别】 pàn bié ❶ 辨别;区分。唐孙思邈《备急千金要方凡例》:"凡古今病名,率多不同,缓急寻检,常致疑阻。若不~,何以示众?"宋毕仲游《与刘朝散书》:"适遇今卬守史载之经过,托渠诊候处方,遂能~病原。"清《野叟曝言》一一回:"复乘法雨敬服,劝其逃墨归儒,~黑白,指示途径。" ❷ 不同。宋王令《谢東丈》:"区区无以辞,与辞而不得请,愧于中而拜于外,则心迹~而相羞。"清汤右曾《赠王昆绳》:"中间雅郑各~,往往丽则兼淫哇。" ❸ 差别。宋阳枋《辨惑》:"义理之间,即君子小人界限。不争多,只些子间,便是天渊之~了。" ❹ 更改。宋程俱《申堂改正王择仁转官不合命词状》:"所有今来再转一官,合转朝奉郎。只合给告,不合命词。欲乞钧慈特赐~施行,庶于体制为宜。" ❺ 分别;分手。宋刘敞《与沈邱仇香秘校启》:"私喜邂逅之逢,矧瞻颙昂之表。遽惊~,骤荷记存。"韩淲《钱塘送元立》:"夙阙追随外,龙山~中。"明朱诚泳《有怀娄克让》之三:"~俄惊半载餘,驰情今日倍如初。"

【判曹】 pàn cáo ❶ 担任判司职务。唐佚名《唐故延王府户曹丁府君墓志铭》:"孝廉丞庙,为令陵宫,~王府,以应雄风。"宋杨万里《宋故少师王公神道碑铭》:"于是荐刘国瑞可风宪,李昌国可~,赵汝愚可阃帅。" ❷ 即"判司"。唐曹松《顾少府池上》:"根离潮水岸,韵爽~人。"宋王禹偁《上宰相谢免判吏部南曹启》:"且念~之名,起于总章之后罢员外转厅之事,为尚书役属之司,勾群吏之稽违,奉三铨之指顾。"

【判词】 pàn cí ❶ 判案形成的结论性文字。唐康骈《剧谈录》卷下:"其后有~云:崔道枢所害雨龙,事关天府,原之不可。"明瞿佑《剪灯新话》卷二:"~已具,主者奉行急急如律令。"清《聊斋志异·席方平》:"席乃抄其~,途中父子共读之。" ❷ 撰写判词。元明《水浒传》一三回:"闲暇时抚琴会客,忙迫里飞笔~。"

【判辞】 pàn cí 同"判词❶"。唐牛僧孺《玄怪录》卷二:"府君大怒审通,曰:'君为~,使我受谴。'"宋慕容彦逢《送吴显道序》:"显道随事剖决,笔不停缀。吏唱~燥吻,续以他吏。"明沈炼《刻五花判语序》:"隋唐以来置律学,又断狱者多为~,以剖析疑狱,决定名法。"

【判单】 pàn dān 批单;批准所呈项目的单子。宋廖莹中《江行杂录》:"探囊取数幅纸以献,曰:'是昨在某官处所得支赐~也。'"

【判牒】 pàn dié ❶ 批阅、签发文书。宋陆游《焚香作墨渖决讼》:"~不妨闲作草,坐衙聊得细哦诗。"清吴伟业《送杨犹龙学士按察山西》:"玉麈开尊从将吏,银毫~喜文章。" ❷ 需要签发或已经签发的文书;判决书。元宋褧《南漳县留题》:"讼庭无~,聊复写清虚。"明王樵《梵川作偈书答达观上人》:"恶气未散,守其残躯。~一至,消化无餘。"清《聊斋志异·胭脂》:"日夜萦回,无以自主。~既下,意始安帖。"

【判牍】 pàn dú 犹"判牒❶"。明祁麟佳《错转轮》二出:"那些个鼠穴乘车异,真个是蜂衙~繁。"清朱彝尊《王礼部诗序》:"其达而仕者,又多困于~,未暇就必传之业。"陈维崧《邺中怀旧临漳令万大士》:"铜爵砚傍春~,鸬鹚坡上夜回船。"

【判断】 pàn duàn ❶ 衡量裁定。《唐律疏议》卷六:"统摄者,谓内外诸司长官统摄所部者;案验,谓诸司判官~其事者是也。"清李玉《人兽关》二六出:"只恐世人造孽与日俱增,免不得俺阴司一番~也。"《二度梅》三九回:"梅学士到一处,必亲自细访一回,~一方。" ❷ 断案;判决。《唐律疏议》卷一一:"虽受有事人财,~不为曲法,一尺杖九十二,匹加一等。"宋元《清平山堂话本·曹伯明》:"蒲左丞交取曹伯明、谢小桃出来,当厅~。"清《红楼梦》四回:"雨村便徇情枉法,胡乱~了此案。" ❸ 议论;辨析;

评论。《祖堂集》卷一三《报慈和尚》:“古人道:‘自己尚是怨家,岂况从人?’得与摩～,堪与人为眼,为复不堪与人为眼?”《宋高僧传》卷二六《唐东阳清泰寺玄朗传》:“又博览经论,搜求异同,尤切涅盘。常恨古人虽有章疏～,未为平允。”元刘壎《画梅跋》:“一客从外来,征予～,予曰:‘形神俱妙,只欠香耳。’” ❹ 欣赏;赏玩。唐南卓《羯鼓录》:“时当宿雨初晴,景色明丽,小殿内庭,柳杏将吐,睹而叹曰:‘对此景物,岂得不为他～之乎!’”宋刘克庄《贺新郎·寄题聂侍郎郁孤台》:“倾倒赣江供砚滴,～雪天月夜。”葛胜仲《减字木兰花·病起不见杏花作》:“杏花零乱,拟把百觚来～。病卧漳滨,不见枝头闹小春。” ❺ 安排;掌管;打理。宋曹勋《浣溪沙·赏梅》:“随处锦亭穹帐暖,冷香邀住人衣襟。酒肠～付频斟。”《元曲选外编·霍光鬼谏》一折:“教端坐都堂,辅佐吾皇,～朝纲,整治家邦。”清徐旭旦《浣溪纱·送春》:“～千林成梦去,安排一夏纳风凉。” ❻ 批示;题写。宋元《清平山堂话本·陈巡检》:“只见杨殿干请仙至,降笔～四句诗曰:千日逢灾厄,佳人意自坚。紫阳来到日,镜破再团圆。”明《西洋记》九二回:“盒儿贴着一道封皮,封皮上不是～的年月,却是四句诗。” ❼ 预测;占断。《元曲选外编·裴度还带》三折:“～在昨日,分已定前生,果应于今朝。”明《西游记》九回:“旨意上时辰数目,与那先生～者毫发不差。”清《儒林外史》一四回:“这是他们请仙～功名大事。我也进去问一问。” ❽ 审理。《元曲选·灰阑记》四折:“是老夫灰阑为记,～出情理昭然。”

【判发】 pàn fā 签发。明祁麟佳《错转轮》一出:“这几宗案卷,就要裁奏轮回,变作异类,有劳～。”

【判分】 pàn fēn 剖分;区分。宋欧阳修《乞罢政事第二表》:“聪明听察,天鉴孔昭。既悉辨于罔诬,遂～于枉直。”清弘历《云罩寺》:“山云罩寺寺生云,形色谁能与～。”《万花楼》一回:“一编欣喜有奇文,奸佞忠良各～。”

【判封】 pàn fēng 签押并封缄。明《古今小说》卷九:“又有个小小篋儿,令公亲～的。”

【判府】 pàn fǔ 府判官,府太守的佐官。也用来称知州,或泛称州、府佐官。宋周煇《清波别志》卷二:“知州曰～,知县曰判县。”元刘时中《端正好·上高监司》:“论宣差清如酌贪泉吴隐之,廉似还桑椹赵～。”明《古今小说》卷一七:“老夫不能忘情,非～之言,不知其为过也。”

【判付】 pàn fù 批付;判决并交付(执行或执行人)。《敦煌变文校注》卷三《燕子赋(二)》:“雀儿启凤凰,～亦甘从。”敦煌吐鲁番文书73TAM509号:“经都督下牒～虞候,勘当得实,责保放出。”宋司马光《乞令六曹长官专达札子》:“即令经登闻鼓院进状,降下尚书省,委仆射、左右丞～本省不干碍官员看详定夺。”

【判割】 pàn gē 另见pān gē。分裂;分离。明沈明臣《游善卷洞》:“想当鸿蒙欲～,譬之大冶洪垆热。”

【判斛】 pàn hú 做佛事时将食物撒向空中,施与鬼魂。斛,鬼食。宋《西湖老人繁胜录》:“士民放生会亦在湖中,船内看经、～、放生。”元明《水浒传》四五回:“两个又戏笑了一回,那和尚自出去～送亡。”清周召《双桥随笔》卷三:“至于僧道诵经～、铙鼓喧嚣之时,忽然大声曰:‘哭。’则男妇皆嗷然而哭。”

【判花】 pàn huā ❶ 赏花。五代韦庄《出关》:“到处因循缘嗜酒,一生惆怅为～。”明陈瑚《千人石》:“盘龙堕马蹴香尘,载酒～坐月频。”清周赓盛《地安门外观荷花》:“～纵酒一怅惘,夜梦已落江湖边。” ❷ 在文书上签字,也泛指办公或任职。花,花押。宋王洋《再次前韵》:“题舆事省时眠草,纶阁文高合～。”明管时敏《送泸川判官孙彦博》:“行李莫辞为客远,～政喜得君贤。”清田雯《赠吴园次五百字》:“斗班青绫被,～凤尾诺。” ❸ 判词。宋刘克庄《送洪使君》:“～人竞诵,诗草士深藏。”

【判计】 pàn jì 判理度支等财政计划部门。五代孙光宪《北梦琐言》卷七:“唐曹相国确～,亦有台辅之望。”按,指曹确以侍郎判度支。宋沈括《梦溪笔谈》卷一:“予尝购得后唐闵帝应顺元年案检一通,乃除宰相刘句兼判三司堂检。前有拟状云,……宜注宸衷,委司～,渐期富庶,永赞圣明。”按,三司指盐铁、度支、户部。

【判记】 pàn jì 裁定并记录,也指这样的记录。《通典》卷一六五:“每审皆别日受辞,官人于审后～。审讫,然后付司。”唐李肇《翰林志》:“常参官二周为满岁,则迁知制诰;一周岁为迁官,则奏,就本司～上月日。”清袁枚《子不语》卷二四:“有大殿朱门如王者居,门外坐官吏甚多,皆手一簿,～甚忙。”

【判结】 pàn jié 审结;审理并作出结论。宋罗大经《鹤林玉露》卷二:“请僚属入卧内,命吏取案牍来,据榻～数事。”明吕柟《送黄广东序》:“今之听狱也,速～以为神。”陶辅《花影集》卷二:“姓谷者理合优容,姓金者情宜准律。各取亲供,遵条～。”

【判君】 pàn jūn 尊称通判或判官。元虞集《书隐堂记》:“来求文以记其家所谓‘书隐堂’者,曰:其父绿～,将致事而佚老于此云。”明汤显祖《牡丹亭》二八出:“因而告过了冥府～,趁此良宵,完其前梦。”陶辅《花影集》卷二:“公盛德之士也,然吾～而亦当跪拜,况予吏卒乎!”

【判阃】 pàn kǔn 称通判或判官的妻子。宋陈著《与张师道书》:“先～夫人近谂,牛冈既吉,随已窆玉。”元谢应芳《与吴中衡书》:“小儿以舟自无锡问津到令亲蒋宅,满拟请～孺人与老妻儿妇辈少聚。”佚名《湖海新闻夷坚续志》卷二:“宝山有一宫娥,状貌宛如～。”

【判理】 pàn lǐ 审理。明《禅真后史》一五回:“那泼妇听了棍徒唆哄,诬我人命,简爷从公～,与汝何干?”清《醒名花》三回:“高知县～公事,尚未退堂。”

【判吏】 pàn lì 分判事务、案件的官吏。唐张袆《南龛题名记》:“由青琐～,视事未浃旬,复归内署。”宋道诚《释氏要览》卷上:“斋者,肃静义也。如儒中静室,谓之书斋;或官员～静治之处,谓之郡斋。”清《续金瓶梅》七回:“难将黄纸赂阎君,谁敢赤心欺～。”

【判裂】 pàn liè 分裂;割裂。宋胡寅《叙古千文》:“导建江表,安攉苻坚。南北～,圻甸腥膻。”元姚燧《百夫长赠中大夫昆都岱公神道碑》:“幅员～,争地以城。”明方孝孺《与郑叔度书》:“文与道～不相属,如此何以谓文?”

【判令】 pàn lìng 裁定并命令。《唐律疏议》卷五:“若有文牒言告,官司～三审。牒虽未入曹局,即是其事已彰,虽欲自新,不得成首。”明《醒世恒言》卷一五:“西房女童,～归俗。”清《聊斋志异·仇大娘》:“守为之动,～知县追田给主。”

【判袂】 pàn mèi 分手;离别。宋刘敞《都运陈光禄自河北移陕西》:“西州～忽三年,梦想城南尺五天。”明《石点头》卷一二:“忆出阁～,忽焉两易风霜。”清李渔《玉搔头》三〇出:“当初与你～之时,只道分离数日。”

【判命】 pàn mìng 另见pān mìng。❶ 犹“判令”。宋《文山先生纪年录》:“除已具状申省乞～重臣交管放令终丧外,谨具兵籍六册缴申。”元佚名《湖海新闻夷坚续志》后集卷一:“所犯罪愆,乃是逼迫,伏乞恩慈,～全宥。” ❷ 注定人的命运。清《红楼梦》九〇回:“如夏金桂这种人,偏教他有钱,娇养得这般泼辣;邢岫烟这种人，偏教他这样受苦。阎王～的时候，不知如何判法的。”

【判拟】 pàn nǐ 拟定判词。宋欧阳守道《送赵仕可序》：“予友赵仕可为宜春狱掾，旬月必有书寄予。其推鞫～，间于狱成，录其副与书俱至。”清《海烈妇百炼真传》一〇回：“两番投贿一时还，～南山立办。”《说岳全传》七四回：“周三畏便提笔～：秦桧夫妻，私通兀术，卖国欺君，残害忠良，法应斩棺戮尸。”

【判年】 pàn nián 半年。唐杜甫《重过何氏》之五：“到此应尝宿，相留可～。”宋杨时《陈留书事》：“崎嵚道路真堪笑，放浪江湖已～。”清汪琬《得兰儿家信作》：“自入春明又～，药囊衣幞故依然。”

【判剖】 pàn pōu ❶ 舍弃；割舍。唐罗虬《比红儿诗》之三〇：“黄姑阿母能～，十斛明珠也是闲。” ❷ 剖分；分开。宋潜说友《咸淳临安志》卷六九：“疏繁导蒙，灌溉～，皆自执绠缶斤劚。”清《钦定礼记义疏》卷三三：“一之～为天地，一之转运为阴阳。”冯世瀛《读书杂咏》：“混沌初开时，阴阳始～。” ❸ 剖判；分析判断。宋龙衮《江南野史》卷七：“在任明察治理，吏不敢欺，敏于～。”明佚名《斗鹌鹑·悟真如》：“他将那出世界言词～，免教人零落荒丘。”清弘历《宋磁臂搁》：“官窑修内陶成后，瘦金笔法搁臂肘。羲之悬腕或弗取，此理倩谁为～。”

【判然】 pàn rán 分明貌。唐吴武陵《遗吴元济书》：“三州，至狭也；万国，至广也。力不相侔，～可知。”清李渔《怜香伴》一四出：“这亲事与平常亲事～不同，教我怎么样说起？”《品花宝鉴》六〇回：“格律不混，体制～，都是作手，难定优劣。”

【判山】 pàn shān 砍山；买下整座山伐木。明《型世言》一六回：“还有个木商，是徽州人，拿了几千银子，在这里～发木。”

【判审】 pàn shěn ❶ 审判。《文献通考》卷三八：“御史乞罢堂选知州，曾公亮执不可。帝曰：‘精择～官人付之，何为不可？’”清《醉茶志怪》卷一：“然延迟几日，即可～，归请敬候。” ❷ 指判官。清陆圻《冥报录》卷下：“阎君曰：‘取簿来。’有～捧簿进。”又卷下：“有冥司云：‘勾者非生员，得毋误耶？’阅～所掌簿，知果差误。”

【判施】 pàn shī 分发；散给。元明《水浒传》一一六回：“却去净慈寺修设水陆道场七昼夜，～斛食，济拔沉冥，超度众将。”

【判使】 pàn shǐ ❶ 称掌判度支的官职或官员。唐颜真卿《中散大夫京鲜于公神道碑铭》：“俄令摄～事，监越雋兵马，复奏充采访支使。”宋洪迈《容斋续笔》卷一四：“杨国忠得志，乃以御史大夫判度支，权知太府卿及两京司农太府出纳，是时犹未立～之名也。”苏颂《太常少卿李君墓志铭》：“是时朝廷方擢取材臣，以为三司僚属，故用君权管度支判官公事。～荐其才，改盐铁判官。” ❷ 担任判使。唐张固《幽闲鼓吹》：“相国张延赏将判度支，知有一大狱，颇有冤滥，每甚扼腕，及～，即召狱吏严诫之。” ❸ 判官。明《西游补》八回：“殿中青牙～便撞起夺邪钟，头门上发擂，二门上也发擂。”又九回：“行者便叫一个银面玉牙～，取鉴奸水鉴过来。”

【判示】 pàn shì 批示。宋黄震《晓示亭编词诉各有所隶》：“当职以其犯在日前，事属制府，或～，或移牒，一切请制府竟自施行。”明祝允明《上巡按陈公辞召修广省通志状》：“必待钧笔～应合收否，以凭笔削。”清纪昀《阅微草堂笔记》卷三：“又～甲曰：君近得新果，遍食儿女，而独忘孤侄。”

【判事】 pàn shì ❶ 裁判事件；审理案件。唐张鷟《朝野佥载》卷三：“前得尹佛子，后得王癞獭。～驴咬瓜，唤人牛嚼沫。”明《西洋记》八七回：“判官此时正在阴间～，直到下晚才来。”清《聊斋志异·某公》：“死后见冥王～，鼎镬油镬，一如世传。” ❷ 占断事态。清袁枚《续子不语》卷四：“曾于北直某观察署请乩仙～，署中亲友齐集。”《十二楼·十卺楼》一回：“每到大醉之后，就能请仙～，其应如响。”

【判释】 pàn shì 分析解释。《法苑珠林》卷五六：“若闻他语，有所不尽，为其～，言其佥趣。”《宋高僧传》卷七《唐五台山华严寺志远传》：“《玄文》十卷，五义～；《止观》十卷，境观双修。”

【判书】 pàn shū ❶ 犹“判词❶”。唐张鷟《朝野佥载》卷五：“湖州佐史江琛取刺史裴光～，割字合成文理，诈为徐敬业反书以告。”沈既济《选举论》：“然考校之法，皆在～簿历言词俯仰之间。侍郎非通神，不可得而知之。”清《后西游记》三回：“但阳世官贪吏弊，故设阴司。不知阴司～，亦有弊否？” ❷ 当事双方各执一半的凭证文书。宋魏了翁《周礼折衷》：“～者，著约束文书中别为两，各得其一，如今所谓合同分支也。” ❸ 高丽国掌书判的官职。元方于宣《壁上三韩郑公墓志铭》：“翌年丁亥，留授鹰扬军上将军兼军簿～。”李璜《端诚亮节功臣权公墓志铭》：“戊子，除奉翊大夫、密直学士、版图～、文翰学士承旨，旋躐典理～。”

【判署】 pàn shǔ 批阅签署。《唐律疏议》卷九：“诸大祀在散斋，而吊丧、问疾、～刑杀文书及决罚者，笞五十。”元胡祗遹《论臣道》：“胥吏抱案无人～，又惧提刑司照刷稽迟，不免倒提月日，虚押催检，以塞杖责。”清曹一士《请复六科旧制疏》：“～纷纭，轻重倒置，非所以钦崇纶綍，整肃联常也。”

【判司】 pàn sī 州府佐助长官分理不同事务的职司或人员。唐刘𫗧《隋唐嘉话》卷中：“贞观中，医局求杜若，度支郎乃下坊州令贡。州～报云：坊州不出杜若。”金元好问《水调歌头》：“～官，一囊米，五车书。”小序：“时予以同州录事判官入馆，故有～之语。”清纪昀《阅微草堂笔记》卷七：“昔闻～论此事，凡选人或需次多年，旅食匮乏；或赴官远地，资斧艰难，此不得已而举债。”

【判文】 pàn wén 即“判词❶”。《五代会要》卷二二：“其进士科已及第者，计选数年满日，许令就中书陈状，于都堂前各试本业诗赋～等。其中才艺灼然可取者，便与除官。”清《说岳全传》七三回：“可再作一～，以枭秦桧父子夫妇之过。”《姑妄言》一回：“判官在旁呼喝，将前之～传与鬼卒。”

【判问】 pàn wèn 审问裁决。明《古今小说》卷三一：“上帝只限我六个时辰管事，倘然～不结，只道我无才了。”清《好逑传》一〇回：“倘有不逊，即拿赴院～定罪。”

【判翁】 pàn wēng 尊称通判或判官。明祁麟佳《错转轮》一出：“适才殿下议事已完，又闻水～呼唤，只索走一遭也。〔揖介〕〔生〕～，拜揖。〔判〕有劳光顾。”又三出：“〔生起叫介〕～，小生在此。〔判〕是那个？”

【判析】 pàn xī ❶ 辨析；分析。唐李华《杭州餘杭县龙泉寺故大律师碑铭》：“～疑问，若阳和解冰。”宋吕陶《都官员外郎赵君墓志铭》：“接人无贤不肖，皆得其欢，至于～是否，则中甚皎然。” ❷ 清晰地判断；知晓。唐柳宗元《梦归赋》：“胶余衷之莫能舍兮，虽～而不悟。” ❸ 离析；分离。宋朱熹《与刘共父书》：“若谓姑为纯正之论，而其实必用机心扶阴谋，然后可，则是心迹乖离，内外～。”清黄宗炎《周易象辞》卷五：“此乃无情之世，君臣、父子、兄弟、夫妇、朋友各相～，而无真心诚意行乎其间。”

【判县】 pàn xiàn 知县。宋《五代史平话·汉上》：“谨状告乞孝义县～，乞赐详状施行。”宋元《警世通言》卷三六：“知县恰才坐衙，忽然打一喷涕，厅上阶下众人也打喷涕。客将覆～郎中：‘非敢学郎中打喷涕。’”元陈栎《满庭芳·寿判县梧山先生序》：“兹者恭遇～翰相梧山先生初度，敢尾贺宾，以祝千岁之寿。”

【判行】 pàn xíng ❶批准实行。五代何光乂《进策》:“已有前任者,据考牒及解繇历子,转年得尽合格,不许便与～。”《元曲选·勘头巾》二折:“虽是个～的旧状词,合干办新公事。”清袁枚《续子不语》卷七:“票已～,三日可发。” ❷摄理。元王磐《蔡国公神道碑铭》:“至元三年冬十二月,加授荣禄大夫,～工部事,监大都之役。”

【判兄】 pàn xiōng 尊称通判或判官。清《隋唐演义》六八回:“太宗拾起看时,却是一封书柬,封面上写着:人曹官魏徵书奉～崔公。”

【判询】 pàn xún 犹“判问”。清《万花楼》二一回:“臣未遇之时,与张、李二人在酒肆中饮酒招灾,误伤了胡公子,曾经包待制～明白。”

【判押】 pàn yā 犹“判署”。唐李德裕《论丧葬逾制疏》:“餘官去事前五日,须除将告语或敕牒于本巡使呈过,～文状,行人方可供应。”宋曾公亮等《武经总要》前集卷一五:“未昏以前须灭火,或夜中有文牒及抄写须火烛者,申主将～。”清《国子监志》卷二九:“堂行簿,由堂上官～。凡文移出入月日、事由,具载焉。”

【判衙】 pàn yá ❶掌判衙门事务。明汤显祖《牡丹亭》七出:“女郎行,那里应文科～?止不过识字儿书涂嫩鸦。” ❷判官衙署。清《幻中游》一一回:“鬼卒领着秋英出离了～,往东正走。”又:“他还在那～里受罪哩,不知几时才得脱网。”

【判焉】 pàn yān 犹“判然”。宋邹浩《杂著·曹参》:“何者为急,何者为缓,～如黑白之在目。”陈亮《祭章德文侍郎文》:“穷之与达,～西东。”明方孝孺《杂著·王彪之》:“善恶～如水火。”

【判爷】 pàn yé 尊称通判或判官。明汤显祖《牡丹亭》二三出:“〔丑〕～可上榜来?〔净〕俺也曾考神祇。”《西游补》一〇回:“拔出腰间小刀,刺杀他恩主～,径出鬼门关托生去了。”清《幻中游》九回:“萧～性子凶暴,倘或问话,言语之间须要小心。”

【判语】 pàn yǔ ❶判决文字;断语。五代孙光宪《北梦琐言》卷三:“有大辟者,俾先示以～,赐以酒食,而付于法。”宋徐玑《送戴文子赴定海主簿》:“高人初禄仕,～亦风骚。”清《聊斋志异·席方平》:“二郎援笔立判。顷刻,传下～,令案中人共视之。” ❷一种科举考试科目,就给出的判题撰写判语。《五代会要》卷二三:“每年访闻及第举人,牒送吏部关试,判题虽有,～全无。”明《警世通言》卷一八:“怯怯的策论,愦愦的～,那定是少年初学。”清《歧路灯》一〇二回:“这娄朴论、表、～,措辞典丽,属对工稳。”

【判院】 pàn yuàn 掌判院(集贤院、驷马监、太医院等)事的职司或官员。《旧唐书·职官志二》:“集贤学士:学士知院事一人,副知院事一人,～一人。”宋元《古今小说》卷三三:“因谏萧梁武帝奉持释教得罪,贬在滋生驷马监做～。”明薛已《薛氏医案》卷四九:“手足厥冷,吃逆不止。众医犹作火治,几致危殆。～吴仁斋用附子理中汤而愈。”

【判斋】 pàn zhāi 犹“判斛”。唐杜荀鹤《醉书僧壁》:“听我吟诗供我酒,不曾穿得～钱。”宋欧阳修《集古录》卷九:“世传绹为文喜以语简为工。常饭僧,僧～,绹于佛前跪炉谛听,而僧倡言曰:‘令狐绹设斋,佛知。’”

【判掌】 pàn zhǎng 掌管;署理。五代孙光宪《北梦琐言》卷七:“王蜀先主初下成都,冯涓节制～其奏笺。”明李开先《宝剑记》四三出:“～姻缘合男女,终朝两足奔驰。”

【判嘱】 pàn zhǔ 裁决嘱咐。唐戴孚《广异记·李澣》:“浣云:‘生死是命,何用悲耶只搅亡者心耳。’～家事久之。”

【判注】 pàn zhù 裁定并著录在案。清《豆棚闲话》一二则:“阎王鬼～人生时即注死期,一切妻子、富贵、穷通等项皆注定在簿上,不容改移。”

【判状】 pàn zhuàng ❶签署公文。唐柳宗元《段太尉逸事状》:“农且饥死,无以偿,即告太尉。太尉～,辞甚巽,使人求谕谌。”元程端礼《东岩王公集后序》:“察词讼变易于吏手,积年不决。公～令自勾,至则立剖,庭无留讼。”清毛奇龄《何孝子传》:“巡按御史及布政分守诸司咸闻变,眙愕不知所为,而按察司～,发分巡佥事萧翀简阅。” ❷撰写判决书。唐郑綮《开天传信记》:“谓大笑,～云:‘猫儿不识主,傍我搦老鼠。两家不须争,将来与裴谓。’”宋佚名《州县提纲》卷二:“故～勿凭偏词,必得活法。若其词无理者不加诘问,则投状者必多。”元《三国志平话》卷上:“方欲落笔～,有左右劝元峤,看县尉破黄巾贼功劳,权免杖罪。” ❸判决书;批准文书。唐颜元孙《干禄字书序》:“所谓通者,相承久远,可以施表奏栈启,尺牍～,因免诋诃。”宋苏辙《论张颉札子》:“又奏禹违法差衙前,朝旨令禹分析,乃是颉～令差。禹曾具元～缴奏。”朱熹《劝谕趁时请地种麦榜》:“仰自踏逐空闲官地,具出字号,四至亩角。经县陈请布种,当与～执照。” ❹求取批文;获取批准文书。五代何光远《鉴诫录》卷三:“是时醋头不敢入境,后郡人思共瞻礼,诣贾～请归。”《五灯会元》卷一五《香林澄远禅师》:“如人买田,须是收得元本契书,若不得他元本契书,终是不稳。遮莫经官～,亦是不得。”宋度正《条奏便民五事》:“凡奉神者不得以黄衣赭袍、龙床黄伞等物,仍各于本贯～。”

【判准】 pàn zhǔn 批准。宋司马光《乞令六曹长官专达札子》:“若郎官所判已得允当,则侍郎签过,尚书～,应奏上者直奏上,应行下者直行下。”明《二刻拍案惊奇》卷三八:“兵马即将首状～在案,一面申文察院。”清景星杓《山斋客谭》:“前进牒青帝,言汝敬惜废字,合得延算,今幸～。”

【判自】 pàn zì 本自;原本。唐杨炯《唐右将军魏哲神道碑》:“玉关生入,～无期;绣服晨还,竟知何日。”韦应物《同李二过亡友郑子故第》:“斜月知何照,幽林～芳。”宋宋祁《和晏尚书出城口占》之一:“天边一寄冥鸿意,越乙荆凫～翻。”

【判佐】 pàn zuǒ 称判官等佐吏。唐刘肃《大唐新语》卷二:“雍州～,不是公官。公何为不别求好官?”宋姚勉《送庐陵郭佥判致仕归》:“庐陵郭先生,以硕学掇高科,历官高安～,赞理毗政,盛有能称。”

【叛背】 pàn bèi 背叛。《太平广记》卷一九二引《谭宾录》:“其将张用诚阴谋～,输款于李怀光。”《元曲选外编·射柳捶丸》四折:“为草寇～朝廷,遣二将出塞屯兵。”明孙承恩《陆贽不负所学论》:“建明论列,无不自其所学而推之,不敢少有～,以为名教之累。”

【拚】 pàn 字形或作“拼”,不另区分(以下“拚”字头各词同)。❶割舍;豁出。唐裴诚《新添声杨柳枝》:“独房莲子没人看,偷折莲时命也～。”明《醒世恒言》卷二七:“若寻不见父亲骨殖,已～触死沙场。”清蔡应龙《紫玉记》一一出:“～千金,买得春宵着。” ❷尽情;纵情。唐沈佺期《峡山赋》:“恬然淡泊,于吾是酪;役役芬华,而非所竞。何妨～峡山之游,恍乎步蓬莱之境。”清李玉《清忠谱》一一折:“打成草稿在唇牙,指佞庭前～骂。” ❸尽力地做。《元曲选·萧淑兰》四折:“乐意的酬,尽兴的～,贪欢娱自然嫌漏短。乐意的酬,尽兴的～,索强似风亭月馆。”《元曲选外编·西游记》五本一七出:“弟子铜筋铁骨,火眼金睛,鍮石屁眼,摆锡鸡巴。师父若怕～,我做弟子不着。” ❹凭;仗。元《三国志平话》卷中:“天时、地利、人和,三国各～一德,以立社稷。”明汤显祖《牡丹亭》二九出："世事难～一个信，人情常带三分疑。" ❺ 胜。元许衡《与窦先生书》："天之胜，质～文也；人之胜，文胜质也。" ❻ 显示；呈现。元赵文《黄西有以清江李侯书来衷见招》："旧谷虽可记，白发各已～。"明《封神演义》九二回："风乘火势逞雄威，火借风高～恶毒。"清查慎行《闻少詹侄京邸讣音》之二："早年同学晚同官，永诀俄从小别～。" ❼ 拼搏；抵对。《元曲选·伍员吹箫》楔子："他跃马当先～厮杀，不由我忿气横生怒转加。"清李渔《凰求凤》二〇出："他把两分家私并出来～你一分，还是救兵请不来，还是人情央不起？"《醒世姻缘传》九回："命是毕竟～他不成的，强活在这里也甚是无为。" ❽ 冒；冲。清吴颖芳《秋日郊居》之二："访秋吟过寺，～雨坐看山。"《何典》八回："见他这般大势头，便先下手为强，将他～心一记，恰正打在拳窠里。"

【拚胆】 pàn dǎn 斗胆；大着胆。宋方大琮《与郑金部书》："事偶到手，审其当发，～为之。"

【拚当】 pàn dāng 豁出。《元曲选·李逵负荆》四折："蓼儿洼里开筵待，花标树下肥羊宰，酒尽呵～再买。"

【拚的】 pàn dé 豁出。《元曲选·窦娥冤》一折："我如今～好酒好饭养你爷儿两个在家，待我慢慢的劝化俺媳妇儿。"明孟称舜《娇红记》二八出："你做的事瞒谁，倒几次寻嗔我。我～乘便告知奶奶，看怎生解说？"《禅真后史》四四回："银子～入官，那凶徒难脱谋陷亲侄的罪哩。"

【拚的个】 pàn dé ge 犹"拚的"。个，语助词。《元曲选·气英布》一折："～当场赌命，怎容他遣使求和。"又《看钱奴》二折："他道我贪他香饵终吞钓，我则道留下青山怕没柴，～搠笔巡街。"明孟称舜《娇红记》二六出："想婚姻不遂于飞，～谐连理死也相从。"

【拚得】 pàn dé 同"拚的"。唐易静《兵要望江南·占月》："此是交兵须谨慎，直须～赏儿郎，怪吝必相伤。"明《古今小说》卷二："若是翻转脸来，你～与他诉落一场，也教街坊上人晓得。"清李玉《永团圆》一〇出："我～丧沟渠，青史传。怎做得江上琵琶妇，重过别船。"

【拚得个】 pàn dé ge 同"拚的个"。明《挂枝儿·咒》："～做鬼风流也，别的闲话儿都丢开手。"清李玉《占花魁》七出："一时误入妖狐洞，～阶前碎首清名永。"《荡寇志》七二回："～一世没出场，只要你安稳便了。"

【拚斗】 pàn dòu 搏斗。清《后水浒传》七回："一日走出城外，见有两条水牛在田中～得天摇地动。"又八回："郃元着急大吼一声，举起一张大椅与众人～。"

【拚击】 pàn jī 搏击；撞击。唐《洞玄子》："上灌于神田，下灌于幽谷，使往来～，进退揩磨。"

【拚娇】 pàn jiāo 撒娇。唐李商隐《又效江南曲》："乖期方积思，临醉欲～。"

【拚教】 pàn jiào 豁出。元刘因《木兰花》："～风露入吟尊，不惜秋光浑减动。"明黄润玉《冬夜地炉剥栗饮酒》："长夜老年浑不寐，～一饷醉模糊。"清《野叟曝言》一一回："发付牢愁酒一卮，～烂醉真如泥。"

【拚离】 pàn lí 抛离；抛弃。宋沈瀛《行香子》："笑呵呵、前事皆非。从前业债，今尽～。"

【拚力】 pàn lì 竭力；豁出力气。明《英烈传》七八回："分据要害，才可进兵曲靖，以抗云南之咽喉。彼必～以拒我师。"清《平定台湾纪略》卷二七："或～直前，或觅途驰赴，总期速达诸罗，痛歼丑孽。"《后水浒传》一一回："只见树影下有两个人，一对朴刀在那里～死斗。"

【拚命】 pàn mìng ❶ 舍命；不惜生命。宋曾慥《高斋漫录》："子瞻拊其背曰：'子厚必能杀人。'子厚曰：'何也？'子瞻曰：'能自～者，能杀人也。'"清李玉《清忠谱》一〇折："那专诸是市井屠夫，～献鱼肠，赢得雄名万古。"《绿野仙踪》二〇回："老弟既～为我，我越发走不得了。" ❷ 搏命；以性命相搏。元高明《琵琶记》九出："世上三般～事，行船走马打秋千。小子今年大～，也来随趁跨金鞍。"《元曲选·昊天塔》一折："一夫～，万夫难敌。"清《醒世姻缘传》六回："谁敢出来说话，我将轿打得粉碎，再与～不迟。" ❸ 死命地；竭尽全力。明《西游记》附录："却说殷小姐哭奠丈夫一番，又欲将身赴水而死，慌得玄奘～扯住。"清《兰州纪略》卷六："由两翼夹攻，奋勇截杀。贼即纷纷溃散，～逃走。"《绿野仙踪》一九回："跑至朱昱灵前，两手抱住棺木，～的大哭。"

【拚弃】 pàn qì 抛弃；舍弃。宋刘宰《回嘉兴何知府》："行当溘死，而君相误知，犹未忍～。"明《封神演义》二四回："养老来归西伯下，避危～旧王冠。"清李玉《一捧雪》一四出："我亦～此官，与我兄呵，塞北天南图瓦全。"

【拚取】 pàn qǔ 不惜；豁出。宋真德秀《长沙劝耕》之六："田家～一春忙，男力菑畬女课桑。"明邵璨《香囊记》一二出："待戎事稍暇呵，还须上万言策，～微躯，裹尸马革。"梁辰鱼《浣纱记》三〇出："别殿风凉，夹岸荷香，～今朝醉一场。"

【拚却】 pàn què ❶ 抛去；丢下。五代李珣《浣溪沙》："相见无言还有恨，几回～又思量。" ❷ 不顾；豁出。金元好问《戏赠白发》之二："～镜中浑似雪，且看渠待几时休。"明王錂《寻亲记》一八出："容颜醉，厮和哄，一齐～醉颜红。"清《说岳全传》六六回："～一死，以成先夫之名罢了。"

【拚杀】 pàn shā 拼杀；搏杀。清《后水浒传》一六回："今听见夫妻～，只急得在床上呻吟。"《九云记》一九回："众将佐向前突击，舍死～。"

【拚舍】 pàn shě ❶ 舍弃；割舍。明黄道周《榕坛问业》卷八："如夫子美富，赐又有限，所以竭力蓄聚，未能～。"袁于令《西楼记》三出："怎～西楼月夜花朝。" ❷ 花费；挥霍。明朱有燉《柳营曲·咏风月担儿》："有钱时强～，无钞后苦绑拽。"

【拚身】 pàn shēn 舍身；舍命。清《说岳全传》五二回："臣愿～入虎穴，到潭州城去与岳飞讲和。"《双凤奇缘》一一回："非奴贪这性命，不能似你～。"《蜃中楼》一九出："似这等伤心刺骨断人肠，怎不见你～同穴葬泾阳？"

【拚生】 pàn shēng 捐生；舍命。明王玉峰《焚香记》二八出："你在神前罚愿，我～诉冤，今日与伊分辨。"《封神演义》五二回："这一个舍命冲锋扶社稷，那一个～惯战定华夷。"清李玉《清忠谱》一三折："男儿意本豪，猛～，忿一朝，身家担自挑。"

【拚死】 pàn sǐ ❶ 犹"拚命❶"。宋陈著《次韵梅山弟感时》之一："杜鹃入洛啼～，鸿雁辞南去有归。"元萧德祥《小孙屠》一七出："情愿～在黄泉，阴府去理。"明徐元《八义记》二一出："你二人快走，我～以报晋侯便了。" ❷ 犹"拚命❷"。明佚名《精忠记》五出："你忒煞欺负人，人欺负，大家～赴冥途。"清《平定两金川方略》卷九一："又有三四百贼人，分为三股，～冲突。"《荡寇志》一三二回："徐槐见贼兵个个舍生，人人～，便鸣金收军。"

【拚则】 pàn ze 即"拚着"。《元曲选·碧桃花》二折："整整十年中间，医不得一个病人好，～兵马司中去坐牢。"

【拚则个】 pàn ze ge 即"拚着个"。明陈汝元《金莲记》一七出："做不得醉陶潜霜篱酒卮，～笑东门黄犬难携。"

【拚着】 pàn zhe 不惜；豁出。元李罗御史《一枝花·辞官》："～老瓦盆边醉后扶，一任他风落了乌纱。"明《挂枝儿·咒》："我为你～做，强着口，顾不得傍人议。"清《红楼梦》七八回："所以我～挨一顿打，偷着下去瞧了一瞧。"

【拚着个】 pàn zhe ge 犹"拚着"。清《荡寇志》一三三回："呼延灼看那二关尚未修筑完就，只得仍就～死力并辛从忠。"

【盼】 pàn ❶应和；匹配。唐刘希夷《捣衣篇》："欲向楼中萦楚练，还来机上裂齐纨。揽红袖兮愁徙倚，～青砧兮怅盘桓。"明宋濂《赠刘俊民先辈》："蹑节～盘鼓，回旋逐音奏。"叶宪祖《鸾鎞记》一七出："才貌都休讲，只～着天台，比着湘渚，践着巫山，多少思量。" ❷挂念；惦念。宋林逋《送牛秀才之山阳省兄》："尊酒无足辞，离愁满行～。"明李开先《宝剑记》二〇出："风尘不避，两三朝专心～你，只为交结亲兄弟。"清屠绅《蟫史》卷一八："我不愿归，惟恐仙父～我。" ❸看望；探望。宋文天祥《清江何汉英再见于空同》："十年耿相逢，千里欠一～。"明《西游记》三二回："你往流沙河还做妖怪，老猪往高老庄上～～浑家。"清《聊斋志异·婴宁》："忽一老媪扶杖出，顾生曰：'……意将何为？得勿饥也？'生急起揖之，答云：'将以～亲。'" ❹照看；照顾。元施惠《幽闺记》："想当初难中，与哥哥分散，孤身途路谁相～？"《元曲选·岳阳楼》二折："只为你瘦伶仃无人～，才长大便争攀。" ❺企盼；盼望。《元曲选·萧淑兰》一折："知先生文学之士，妾有所～，先生意下如何？"明谭元春《赠冯宗之》："畸人怀坚质，达士无常～。所期有琴瑟，清徽永不变。"《醒世恒言》卷二六："你想那牛郎、织女眼巴巴～了一年，才得相会。" ❻赶（路）；行（路）。元金仁杰《追韩信》二折："丞相道将咱来不住的赶，韩信子索把程途～。"《元曲选·楚昭公》三折："俺一家四口儿～程途，俺端的苦，苦。"明李开先《宝剑记》四六出："你把愁眉展，放宽心，且把前途～。" ❼去；来。《元曲选·梧桐雨》二折："銮驾迁，成都～。更那堪浐水西飞雁，一声声送上雕鞍。"又《玉梳记》四折："寻夫主真诚志，～京师不甚远。飕飕把风霜亲践，脚背踵是脚心里踏破的茧。"清吴伟业《秣陵春》九出："似这样瘦身奇俏魂灵，怎～到眼底眉梢。" ❽经过；度过。元刘庭信《一枝花·秋景怨别》："雁儿，往常时趁程途，～江湖，且是的悲悲切切语喧呼。"《元曲选·玉梳记》三折："～邮亭巴堠子，一步捱一步。"清朱彝尊《采桑子·云州书感》："炎风匹马黄尘里，又～清秋。" ❾等；等到。明汤显祖《牡丹亭》二八出："〔生〕则怕未真。果然美人见爱，小生喜出望外。何敢却乎？〔旦〕这等真个～着你了。"孟称舜《娇红记》四四出："我把这桩桩件件从头记，～到妆台贺喜时。那时节呵，谢了先生再谢媒。"清《绿野仙踪》七一回："做女孩儿的，好容易～着这一日，怎么到如此哭喊起来？"

【盼不到】 pàn bu dào ❶达不到；不能够。《元曲选·误入桃源》四折："行不上岩峦临涧绝，～宫阙倚天高。"明汪廷讷《广陵月》四出："看眉梢，有恨常颦，～御水流红小。"清《霓裳续谱·闷昏昏月冷香寒》："画眉人去，离恨重重，～红偎翠倚，只落得烟雾空蒙。" ❷等不到；巴不得。形容焦急等待或急切盼望。《元曲选·冯玉兰》一折："百般的～晓鸡鸣，强搭伏这鲛绡帏。"明汤显祖《牡丹亭》三二出："〔生〕不想姐姐今夜来恁早哩。〔旦〕～月儿上也。"清《红楼梦》一二回："那贾瑞只～晚上，偏生家里亲戚又来了，直等吃了晚饭才去。"

【盼不的】 pàn bu de ❶犹"盼不到❶"。《元曲选·误入桃源》二折："记不的轩辕一枕华胥梦，学不的淳于一枕南柯梦，～文王一枕非熊梦，成不的庄周一枕蝴蝶梦。"明佚名《新水令·庆朔堂》："我把那归期数几遭，～情人到。一回家自忖度，闷恹恹懒把围屏靠，弹玉指珠泪抛。" ❷犹"盼不到❷"。《元曲选·误入桃源》二折："〔阮肇云〕咱两个则傍这一道流水寻去，料的前面必有个渔家可以投宿。〔正末唱〕～渔家春水渡。"明孟称舜《娇红记》二〇出："早间蒙小姐约在绣房相会，～天儿早黑也。"清李渔《巧团圆》七出："有无穷饿鸟，没数饥獒，眼睁睁～王师到。"

【盼不得】 pàn bu de ❶同"盼不的❶"。明孟称舜《娇红记》一八出："缕金衣上渍啼痕，～天涯人近。"清李渔《怜香伴》一六出："耳侧侧不闻捷音，目悬悬～旌旗到。"《十二楼·奉先楼》二回："料想乱离之世，～骨肉团圆。" ❷同"盼不的❷"。元王爱山《水仙子·怨别离》："眼睁睁～他来到，陈抟也睡不着，空教人穰穰劳劳。"赵显宏《昼夜乐·冬》："心痒难揉，～鸡儿叫。"明《西洋记》二五回："却说姜金定执妖邪之术，指望全胜南军，～天明，又来讨战。"

【盼瞠】 pàn chēng 瞠目。元郝经《虎文龙马赋》："振长风而一嘶，凡马喑而不鸣。六丁～而弗执，真宰辟易而弗乘。"又《荆公配享小像碑本》："老泉初作辩奸论，举世～俱未信。"又《照碧堂行》："倚门力士惊～，面无肉色复肉膻。"

【盼睇】 pàn dì 犹"盼顾❶"。唐牛肃《纪闻》："闻管弦笙歌，必舒张翅尾，～而舞。"明张瀚《松窗梦语》卷一："日夕坐对，～不离。"清毛奇龄《螽城公燕诗》："倚徙玉抛撇，～珠荧煌。"

【盼顾】 pàn gù ❶顾盼；向左右或四周看。唐张读《宣室志》卷三："以左右手噤其门，火吻电睟，～左右。"明赵贞吉《泰州王心斋先生墓志铭》："先生刚骨气和，性灵澄彻，音咳～，使人意消。" ❷目光流动。宋佚名《太清神鉴》卷一："腰背端如万斛舟，瞻视～如星斗。" ❸注视；细心观察或观赏。宋熊禾《题林氏药圃》："是中富台沼，飞泳供～。"元郝经《静华君墨竹赋》："百千其状，剑拔戟踞。会于嚬呻，而得于～，岂画工之屑屑于此焉。"明李昌祺《题白海青图》："至尊含笑锡～，词臣献颂歌祥祯。" ❹照顾；关照。宋道潜《峻极夏夜》："摧眉事权要，幸彼一～。"《元曲选·生金阁》一折："量小生有甚福，感衙内相～。"

【盼接】 pàn jiē 看顾接待。宋陈著《答孙将仕书》："甚欲与先正提刑大监一叙十年契阔，而亲药方匣，竟勿获诣庞公床下，独荷执事缱绻～。"明王世贞《嘉靖以来首辅传》卷四："(李)遂故御史，司其省试，而得嵩者。当宴鹿鸣日，诸生前为寿，时嵩貌羸鹑衣，遂不复～。"

【盼睐】 pàn lài ❶犹"盼顾❷"。《太平广记》卷三七二引《传奇》："言多巧丽，意甚虚襟，～明眸，转资态度。"《云笈七籤》卷一〇七："观其神仪明秀，～有光。"明《醒世恒言》卷二三："顾影徘徊，光彩溢目，承迎～，举止绝伦。" ❷犹"盼顾❸"。唐皎然《奉应颜尚书画洞庭三山歌》："～方知造境难，象忘神遇非笔端。"明《封神演义》二六回："纣王正饮酒间谛视良久，见妲己容貌大不相同，不住～。"《英烈传》四七回："可惜只为王事在身，无心～烟光景色。" ❸犹"盼顾❹"。唐王勃《上皇甫常伯启》："自恭陈薄技，祗奉话言，咳唾成恩，～为饰。"明杨珽《龙膏记》一一出："小生新丰孤客，颇愧羁栖。你小姐青琐仙姝，过蒙～。"清《珍珠舶》一〇回："萍水相逢，荷承老年伯许以青眼～。" ❹监视。明张景《飞丸记》一四出："今后只宜向小路走，孔道与通衢，须防～。" ❺犹"盼顾❶"。清《镜花缘》二〇回："忽见西林飞出一只孔雀，走至碧梧岭，展开七尺长尾，舒张两翅，朝着丹桂岩～起舞。"

【盼恋】 pàn liàn 顾盼留恋。宋程颐《伊川经说》卷三："顾瞻，～思而伤怛也。"郭印《和何子应游金璧池》之二："徜徉清水曲，～绿杨边。"明林俊《槐庭记》："记省事直今，栖息～是槐矣。"

【盼昧】 pàn mèi　视物不清；模糊。明刘基《题商学士寒林图》："青烟曼遥渚，白日淡荒裔。苍茫浮云外，缥缈惑～。"

【盼眄】 pàn miàn　❶犹"盼顾❶"。《敦煌变文校注》卷一《伍子胥变文》："行至江边远～，唯见江潭广阔。"　❷犹"盼顾❸"。唐杜牧《杜秋娘》："联裾见天子，～独依依。"宋夏竦《放宫人赋》："踟蹰而玉趾无力，～而横波渐倾。"吴奎《泛照湖游天章》："踌躇下烟麓，～行复询。僧言王右军，遗迹永和春。"　❸犹"盼顾❹"。清朱鹤龄《挽吴茂申先生》："宿昔追趋久。生平～偏。"

【盼目】 pàn mù　❶纵目；放眼看。宋朱熹《步虚词》之二："～娱真际，不喜亦不忧。"李颙《舟泊太湖》："震泽为何在？今惟太湖浦。圆经萦五百，～眇无睹。"　❷犹"盼顾❹"。宋吴龙翰《哭秋崖先生》之三："昔年经～，此日罢从游。"

【盼睨】 pàn nì　窥视；觊觎。宋叶适《朝散大夫周先生墓志铭》："取物之残，～颦呻。勤拾涕洟，味其芳辛。"王雱《南华真经新传》卷九："王独不见夫腾猿乎！其得柟梓豫章也，揽蔓其枝而生长其间，虽羿逢蒙不能～也。"明朱朝瑛《读诗略记》卷一："诗人不诵其德，而但侈言百两，盖采道旁～之情，俗人唱叹之口，点缀成诗。"

【盼切】 pàn qiè　急切盼望。清弘历《山庄深秋即景》："最佳处合忘诸虑，～捷音志未攸。"

【盼青】 pàn qīng　青睐。宋陈著《与於潜宰邬仲洪札》："吾儒效白，当路～。某辱知既深，闻声欲舞。"元王义山《皈投刑堂赵平齐》："辄因参靓，就致皈依。倘辱～，或可破白。"

【盼取】 pàn qǔ　盼；盼望。取，语助词。明汤显祖《紫钗记》二四出："真去也，早和晚索～几行书。"又《紫箫记》二四出："望边头瓜期未数，登陇首榆塞平铺，云骑东方频～。"清朱彝尊《太湖罛船竹枝词》之三："黄梅白雨太湖棱，锦鬣银刀牵满罾。～湖东贩船至，量鱼论斗不论秤。"

【盼觑】 pàn qù　❶偷看。明许潮《写风情》："我闪秋波将他～。他忍笑含嬉，故将人唤起迟。"　❷盼望。明屠隆《昙花记》一九出："我母亲朝夕里相～，懊恨我当初不便相随去。"

【盼赏】 pàn shǎng　❶观赏。清张英《八月十八日蒙赐观圣制诗集》："烟霞邀～，岩壑记巡行。"　❷赏识。清《隋唐演义》六二回："臣有何能，敢蒙殿下～。"

【盼饰】 pàn shì　眷顾奖饰；被眷顾奖饰。唐王勃《再上武侍极启》："一昨不缘媒绍，轻承～。祇宠相惊，俯仰无地。"宋杨万里《与衡州陆知府书》："某谨～不腆之书，自彻于涓人谒者之伍。"清吴伟业《梅村诗话》："〔龚鼎孳〕自顾平生，曾邀～。相期何等，差跌至今。"

【盼视】 pàn shì　观望；观看。唐颜真卿《述张长史十二笔意》："长史良久不言，乃左右～，拂然而起。"宋赵孟坚《金山顺济庙英烈钱侯碑文》："鼠计自营，～同列，苟利饮啄，缩缩循墙。"明尹台《紫金双寿卷诗》："朗然秋水瞳，～麻姑仙。"

【盼伺】 pàn sì　❶观望等待。宋孙觌《宋故资政殿大学士王公墓志铭》："守帅以文令则玩于柔，而将吏骄蹇不用命；以武竞则窒于暴，而上下相～不得其情。"明张泼《庚申纪事》："郑陪仆更相～，揣知众心成城，即移慈宁宫去。"　❷期盼。明胡直《奠耿封君静翁年伯文》："天下竞引天责，更相～，翁又督迫于内，公不得不起，而仗钺以临疆埸。"

【盼头】 pàn tou　念头；指望。清《醒世姻缘传》五五回："虽是孤恓冷净，枕冷衾寒，但有了～，却也死心蹋地的做饭。"《歧路灯》七六回："生的孩子，将来还有～。"

【盼望】 pàn wàng　❶巴望；急切期望。唐白居易《祝皋亭神文》："长吏虔诚而不答，下民～而不知。坐观田农，使至枯悴。"元明《三国志通俗演义》卷一六："今樊城困之至急，引颈～救军。"清《白雪遗音·闷恹恹》："～佳期，瘦损了春山。"　❷悬望；挂念；担心。宋元《警世通言》卷一四："你没事教我在这里受惊受怕，我家中浑家却不知怎地～。"《元曲选·救孝子》楔子："无事早些来家，休教母亲～。"清《万花楼》八回："只因弟兄二人坐于狱中，不知包爷定他之罪轻重，一日～一日。"　❸盘算；考虑。元范梈《冬至日》："冬阴已解剥，天运旋其初。晨兴理书策，～周太虚。"《元曲选·倩女离魂》一折："我安排着鸳鸯宿锦被香，他～着鸾凤鸣琴瑟调。"明袁中道《寄长石》："中郎行矣，弟～都中遂无复亲，今惟兄耳。"　❹等待；等候。《元曲选·两世姻缘》一折："我待与王妈妈递手帕去来，只怕来的迟，教你～。"明《醒世恒言》卷三七："弟子到此～三年，怎的再不能一面？"又卷三九："算计已定，～天明，起身洗盥。"　❺眺望；观览。《元曲选·青衫泪》二折："我这两日上西楼，～三十遍。空存得故人书，不见离人面。"明高启《汉滨老父》："天子云梦游，～临沔水。"清《醒世姻缘传》五三回："小琏哥等到日落时分，不见郭氏娘儿三个回来，走到门口～。"　❻探望。明孟称舜《娇红记》二六出："今日我爹娘俱到隔邻王寺丞家看花，则索向庭外～申生去也。"

【盼想】 pàn xiǎng　思念。明柯丹邱《荆钗记》四一出："一经古道西风鞭瘦马。漫回首，～家山泪似麻。"清袁枚《送陈东浦方伯调任皖江》之三："一江秋水旌旗远，两地苍生～殷。"《双凤奇缘》四九回："哪知昭君～汉王，肝胆寸裂，望穿眼儿。"

【盼笑】 pàn xiào　顾盼嬉笑。明陆深《不成殇儿子志》："汝好眉目，丰肌肉白如瓠，早善～，见者莫不欢喜提携之。"《灯月缘》一二回："看见真生贫病交困，玉貌憔悴，兼之房事寂寥，未免欲火焚身，便皆倚门～，勾引浮荡子弟。"

【盼注】 pàn zhù　❶注目。清《聊斋志异·封三娘》："审视之，二八绝代姝也。悦而好之，转用～。"　❷盼望。清《聊斋志异·张鸿渐》："妾与妹有青海之约，又为君逗留一晌，久劳～矣。"

【盼转】 pàn zhuǎn　转瞬。宋陆游《大雨》："赫日初未西，～失白昼。"张镃《对雪》："缘甍方～，入幌忽萦盈。"

【襻膊儿】 pàn bó er　妇女挂在颈间用来缠缚宽大衣袖以便于劳作的带子。宋《西湖老人繁胜录》："～、手巾架、头巾盝。"周密《武林旧事》卷六："整漏、箍桶、～、竹猫儿。"

【襻胸带】 pàn xiōng dài　束胸用的带子。《元曲选·救风尘》三折："好人家将那篦梳儿慢慢地铺鬓，那里像咱解了那～，下颏上勒一道深痕。"

pāng

【胖】 pāng　另见 pàng。虚肿；肿胀。明徐光启《农政全书》卷二九："别择取红软，上高厨上曝之，择去～烂者。"《山歌·烧香娘娘》："再开言，教你满身青～。"清《醒世姻缘传》二〇回："两个尸首渐渐地发肿起来，及到做完了衣服，～得穿着甚是烦难。"

【胖肛】 pāng gāng　臃肿。宋范成大《爱雪歌》："毡衫～束浑脱，絮帽匿匝蒙兜鍪。"

【胖蹄】 pāng tí　同"膀蹄"。《元曲选外编·降桑椹》一折："我不要罚酒，着他捣蒜蘸～，我们先吃一顿。"

【胖张】 pāng zhāng　吹牛；自大。明冯惟敏《寄生草·瘿膊儿》："连腮带耳一般粗，做了些扬扬不睬～势。"

【胖胀】 pāng zhàng　肿胀；浮肿。《法苑珠林》卷八七："肉坏血流，～烂臭。"宋佚名《产宝诸方》："才察其胎～，须臾却被此药缩胎。"清《醒世姻缘传》七四回："掉在湖里泡的～了，喂了鱼鳖虾蟹。"

【胖涨】 pāng zhàng 同"胖胀"。清《野叟曝言》一三二回："将裤脱下，掐弄其阳，陡然～。"

【胖壮】 pāng zhuàng 另见 pàng zhuàng。肿大。明王肯堂《证治准绳》卷八四："痘子密者，长大～，以至作浆未有不相串者。"清魏之琇《续名医类案》卷三八："疮既～，脓又饱满，其脉弦滑。此非痘毒，乃伤食也。"

【膀肛】 pāng gāng ❶ 肿胀；鼓起。唐韩愈《病中赠张十八》："连日挟所有，形躯顿～。"宋韩元吉《李仲镇懒窠》："鼻涕任纵横，胞转徒～。"又《少稷家观雪赋江字》："崖枯频畏仕，鹄瘦暂～。" ❷ 鼓起貌。唐皮日休《太湖石》："～箕笃笋，格璨琅玕株。"宋孙觌《再赋五至堂》之一："～一鼍吼，撇烈两鸟惊。" ❸ 轻浮自大。宋孙应时《佑侄初赴乡举》："俗薄堪长笑，才轻不自珍。～夸小技，屑窣较微尘。"

【膀脝】 pāng hēng 犹"膀肛❶"。明顾起元《客座赘语》卷一："豚见彩缕，群趋之。钩才着皮，辄勃然怒，腹～反白，上浮水面矣。"

【膀胀】 pāng zhàng 同"胖胀"。《法苑珠林》卷八三："肉坏血流，～烂臭，甚不可近。"《太平广记》卷一一一引《广异记》："复见床前死尸～。"

【膀肿】 pāng zhǒng 浮肿；肿胀。《法苑珠林》卷八三："水大不调，举身～；火大不调，举身蒸热。"

【滂】 pāng 另见 pǎng。同"胖(pāng)"。明李诩《戒庵老人漫笔》卷五："此夜一场打，清～何处无。"袁于令《西楼记》一〇出："捉我打得两腿稀烂，满身青～。"

【膖胀】 pāng zhàng 同"胖胀"。唐慧琳《一切经音义》卷一："胮胀：《埤苍》云：腹满也。"《法苑珠林》卷四三："二日青淤，三日～，四日烂溃。"《敦煌变文校注》卷四《太子成道经》："忽见一人卧于荒郊，～烂坏。"

【膀】 pāng 另见 pǎng。凸出；鼓起；肿起。明高濂《遵生八笺》卷一四："若周象簠鼎，腹壮而～，脚肖鸡腿。"《金瓶梅词话》九回："这玉簪儿走上，登时把那付奴脸～的有房梁高。"清《霓裳续谱・女大思春》："女大思春，果是真撅嘴～腮不称心。"

【膀浪】 pāng làng 虚浮；浮夸。宋《朱子语类》卷六四："大抵游氏说话全无气力，说得徒～，都说不杀，无所谓'听其言也厉'气象。"

【膀腿】 pāng tuǐ 肿腿；粗腿。元《三遂平妖传》五回："靴穿～步踉跄，六七人搀；涕挂掀唇嘴腌臜，一双袖抹。"

【膀胀】 pāng zhàng 臃肿。明蒋一葵《长安客话》卷二："绵袄绵裙棉裤子，～，那里有佳人夜试薄罗裳？"

【膀肿】 pāng zhǒng 同"膀肿"。清《绿野仙踪》一四回："于冰见他两腿～，不能步履。"又七七回："又兼牝户内被羽士大物抽提，这几日～的突兀高起。"

páng

【庞道】 páng dào 即"庞儿"。道，宋元市语后缀，如撇道(脚)、线道(肉)等。元张可久《寨儿令》："我志诚，你胡伶，一双儿可人～撑。"张国宾《薛仁贵》四折："生得～整，身子儿诈，戴着朵像生花，恰似普贤菩萨。"明太平野史《朝天子・打谈》："～儿也皮，口嘴儿电疾，偌多的亏他记。"

【庞儿】 páng er 脸盘儿；容貌。明徐渭《南词叙录》："～，貌也。"金《刘知远诸宫调》一二："三娘陌地闻此语，陡把～变。"明《金瓶梅词话》二回："手里摇着洒金川扇儿，越显出张生般～，潘安的貌儿。"清孔广林《女专诸》楔子："你～非憔瘦，你颜色不光鲜。"

【胖儿】 páng er 同"庞儿"。明《金瓶梅词话》四五回："不爱你宝和金，只爱你，只爱你生的～俊。"

【旁边】 páng biān ❶ 两侧靠近的地方。唐张籍《和崔驸马闻蝉》："应为昨来身暂病，蝉声得到耳～。"明《西游记》二七回："三藏也只是不吃，～子恼坏了八戒。"清孔尚任《桃花扇》一三出："罗公独坐当中，一呼百诺，掌着生杀之权。秦叔宝站在～，点头赞叹。" ❷ 附近；周边。宋王巩《参知政事赠司空张公行状》："立寨近筚篥城。城，秦鄙也。～番户多投匿山林。" ❸ 边缘。明徐光启《农政全书》卷四八："苗高二尺许，叶似桃叶，而～有细锯齿。"《醒世恒言》卷二九："只存得一只锅儿，要把去卖几十文钱来营运度日，～却又有些破的。"清李渔《蜃中楼》一三出："又何曾尝着些碗～琼浆滋味，闻着些下风头温香气息。" ❹ 从旁；在旁边。明《金瓶梅词话》三三回："经济道：'爷咵！五娘就是弄人的刽子手。'李瓶儿和潘姥姥再三～说道：'姐姐与他去罢。'"清《醒世姻缘传》九二回："平日又是不肯让人的善物，又有邻舍家～讲议，胡乱着不知怎样的分了。" ❺ 侧面；物体自身的一侧。清卫杰《蚕桑萃编》卷二："用快刀将砧盘～开小孔，剔出孔内肌肉。"《品花宝鉴》五回："接着一辆绿围车，～开着门。"

【旁边人】 páng biān rén 妾。清《红楼梦》八二回："做了～，心里先怯了，那里倒敢去欺负人呢？"

【旁牒】 páng dié ❶ 向附近地方发出文书。唐元结《为董江夏自陈表》："近日王以寇盗侵逼，总兵东下，～郡县。" ❷ 旁支；非嫡亲的支派。牒，谱牒。清孔尚任《桃花扇》一四出："圣上果殉社稷，尚有太子监国，为何明弃储君，翻寻枝叶～。"

【旁赌】 páng dǔ 局外人附资投注参与赌博，或就赌博双方的胜负打赌。明《金瓶梅词话》五四回："常时节政在审局，吴典恩与谢希大～。"又："交玳安斟了一大杯酒，送与吴典恩，道：'请完了～的酒。'"

【旁妇】 páng fù 即"旁妻"。唐李商隐《行次西郊作》："健儿庇～，衰翁舐童孙。"

【旁类】 páng lèi 异类；畜类。辽佚名《李崇菀为亡父彦超造经幢记》："救众生之危苦，拔～之罪殃。"

【旁里】 páng lǐ 犹"旁边❶"。清《醉醒石》九回："可怜母子身，横尸路～。"《续金瓶梅》四九回："怎当得这两个番将嫖得才热了，～人插不下手。"《醒世姻缘传》四一回："吓得魏氏再也不敢出声，只在～啼哭。"

【旁另】 páng lìng 即"旁里"。明《金瓶梅词话》三九回："谦逊数次，方才把椅儿挪到～坐下。"

【旁落】 páng luò ❶ 落在别人手里。多指权柄。宋葛胜仲《外戚论》："建始已后，政柄～，归于王氏。"明文秉《先拨志始》卷上："从前一切政事，皆朕亲裁，奚从～？"清《野叟曝言》三四回："一日万几，常惧太阿之～。" ❷ 落空；没有落实。元程端学《海运千户所厅记》："于是阅漕户之贫弱逃徙系虚籍者，悉纵之；异时佣直～征集烦扰，悉儆革之。"虞集《休宁县建学记》："行之有道，用无～。作之有法，工有成能。" ❸ 衰落；不彰显。明胡应麟《诗薮》续编一："成化以还，诗道～。唐人风致，几于尽隳。"温纯《中宪大夫李君传》："御史公见背，家～，下帷力学，籍名博士。"归有光《丘恭人七十寿序》:"盖故家大族,历世久远,枝叶扶疏,不能无～不齐之数。" ❹ 落于非主流的渠道。明汤显祖《旗亭记题词》:"独恨在宋无所短长于时,有以自见,使某氏之侠烈不获登于正史,而～于传奇。"

【旁门】 páng mén ❶ 非正统或非本宗的门类、流派。五代彭晓《周易参同契通真义》卷上:"故魏公不欲人习～,俾令径入正道。"明《型世言》三四回:"若那些炼丹养气,也只～,斩妖缚邪,还是术士。"清钱谦益《题怀麓堂诗钞》:"搜郊、岛之～,蝇声蚓窍,晦昧结愲,此鬼病也。" ❷ 非正统的权力机构。明杨东明《请视朝疏》:"国是分摇于众口,王纲窃弄于～。"

【旁面】 páng miàn ❶ 侧面;非正面。明徐光启等《新法算书》卷二二:"作六面长方体三事,其上下左右四面,与平廉之～等。两端之四界线,皆与平廉之高等。"清赵翼《瓯北诗话》卷五:"放翁多从正面铺张;而东坡则反面～,左萦右拂,不专以铺叙见长。"《平定台湾纪略》卷三九:"日内若得～稍顺之风,可以折戗行走,即令开驾放洋。" ❷ 犹"旁边❶"。清《姑妄言》一六回:"唯忠贤之擅权也,虽五彪五虎从～鼓之,实致仕工部尚书宦实与之表里为奸同恶相济者也。"

【旁睨】 páng nì ❶ 侧视;朝旁边看。唐萧颖士《白鹇赋》:"观其宛颈～,徊徨掩抑,往往孤鸣,音韵凄凉。"清吴伟业《绥寇纪略》卷四:"临阵用麾幢自随,～他骑,距跃辄上,夺其刀便以击贼。"查慎行《天游观万峰亭》:"前临殊陡绝,～转孤峭。" ❷ 把……纳入视野;纵览。唐杜牧《唐故东川节度周公墓志铭》:"公自举进士第,非其人不交言,～后进,镌心镂志。"宋周密《齐东野语》卷五:"道旁奇石林立,一峰巍然,峭崒秀润。南仲立马～,抚玩久之。"元何梦桂《贵德诗集序》:"政当努力攀跻,以登造极顶,然后周览～,见下界碌碌,如在一井,则诗之大观尽于此矣。" ❸ 窥视;窥伺。唐李德裕等《上尊号玉册文》:"陆梁据太行之固,下窥洛邑通故绛之道,～近关。"清汪琬《绵津山人诗集序》:"裁决簿书,勾稽金谷,往往至丙夜。虽精锐少年,不敢望一二。老奸宿蠹,俯首侧足,亦率不敢～。" ❹ 斜眼看;冷眼看。形容轻视。宋苏辙《谢改著作佐郎启》:"顾视驽骀,伏盐车而已幸;～朴樕,竣樵爨以何词。"明胡应麟《祝生草序》:"每举觞白眼,～一世,亡足少当其意。"清吴伟业《复社纪事》:"卧子年十九,诗歌古文倾一世。艾～之,谓:'此年少,何所知!'" ❺ 旁观;从旁观看。宋沈与求《钱塘赋水母》:"凝目慢视相将迎,老渔～笑发声,曰此水母官何惊?"《三朝北盟会编》卷六九:"又有从行～,鼓噪以助勇者,又数万人。"清张潮《虞初新志》卷一六:"有高丽使客三四人,～良久,问:'此铁价几何?'" ❻ 引申指置身客观或事外。宋陈造《再次赵判宗送李象山韵》:"曾是伟人,而未闻政。袖司命手,～世病。"员宗兴《与元章大卿》:"如兄涵负,乃复散署外,缩袖～之餘,吾庸知免乎?"明王世贞《征仕郎许君墓志铭》:"君念赋不时上,吏因而有所干没,为总规破之。吏惟有手束～而已。" ❼ 旁观者。明胡翰《青霞洞天偕章三益金事观石枰》:"昔闻偶弈者,坐隐交心兵。相持势方急,～耽若醒。"《二刻拍案惊奇》卷三六:"异宝归人定夙缘,岂容～得重涎。"清查慎行《平蛮歌为灵川令楼敬思作》:"官军压境屹不动,～翻笑书生孱。"

【旁排】 páng pái 即"旁牌"。唐颜师古注《急就篇》"盾":"即今～也。"《宋史·仪卫志六》:"盾,～也。"

【旁牌】 páng pái 盾牌。唐崔棁《朝会乐章制度奏》:"干,楯,今之～,所以翳身也。"宋苏洵《题阎立本画水官》:"长刀拥～,白羽注强拳。"明戚继光《练兵实纪》卷五:"兵人一手持牌,一手持腰刀,此即岳飞～麻札刀之制。"

【旁畔】 páng pàn 犹"旁边❶"。宋晏殊《木兰花》:"琵琶～且寻思,鹦鹉前头休借问。"梅尧臣《寄天台梵才上人》:"常观月从东方出,想照石桥～人。"孔武仲《田家坡赋》:"余南归而至此,过钟石之～。"

【旁妻】 páng qī 妾。《宋会要辑稿·刑法二》:"江南两浙诸州民先娶～,在太平兴国元年已前者,为人所讼,不得受。"《宋史·刘昌言传》:"委母,妻乡里,十餘年不迎侍,别娶～。"清袁枚《八月二十七日悼金姬作》:"不是～死,真如老友亡。"

【旁手】 páng shǒu 同"旁首"。清《醒世姻缘传》一三回:"将尸裹了,就在那群强人的～,也掘了一个浅浅的坑,草草埋了。"

【旁首】 páng shǒu 犹"旁边❶"。唐高彦休《阙史》卷上:"晋国怒,不乘马。～中书绯衣吏二人,方请事于丞相门。晋国谓曰:'吏持炬前导。'"清《醒世姻缘传》二八回:"踌躕了半会,真君从他们～擦出去了。"

【旁厢】 páng xiāng 旁边。宋辛弃疾《最高楼·客有败棋者代赋梅》:"风流怕有人知处,影儿守定竹～。"《宋高僧传》卷二一《唐凤翔府宁师传》:"～数殿,望之黯黯。"

【旁州例】 páng zhōu lì 可以援引为依据的先例。元马致远《陈抟高卧》三折:"向那华山中已觅下终焉计,怎生都堂内才看～?"明舒芬《送潘叔愚知丰城序》:"苟丰城之民安,亦可以为～也。"清李玉《一捧雪》五出:"〔杀狼介〕呀!把这负心的中山狼做～。"

【傍边】 páng biān ❶ 同"旁边❶"。元古本《老乞大》:"这马都卸下行李,松动肚带,取了嚼子,这路～放了,著吃草者。"清《红楼梦》六七回:"叫平儿挪了张杌子放在床～。" ❷ 同"旁边❸"。唐王焘《外台秘要方》卷三八:"以指擿破,即以指甲细细掐～,亦以药涂之。"宋陈著《书卓生甫深衣述后句章》:"至如续衽钩边,则司马温公所谓:如燕尾有钩曲,裁其～,缀于裳之右旁,以掩其不相连之处。" ❸ 同"旁边❷"。宋《三朝北盟会编》卷三:"顾视不常而有大志,能用其人,稍稍并吞～部族。" ❹ 同"旁边❺"。《云笈七籤》卷六八:"先作泥球子。泥用黄丹、白土、瓦末,盐醋溲。用蜡为胎,不得令有微隙,阴干。～安孔去蜡,更烧过。"

【傍猜】 páng cāi 犹"旁赌"。元明《水浒传》三八回:"李逵道:'我要先赌这一博。'小张乙道:'你便～也好。'李逵道:'我不～,只要博这一博。'"

【傍地】 páng dì 遍地;满地。《敦煌变文校注》卷二《叶净能诗》:"其官人见毡下血流～,语[净]能曰:'杀人处目验见在,仍敢拒张!'"

【傍类】 páng lèi 同"旁类"。苏联藏《维摩碎金》:"嗟念众生多我慢,憨伊～足愚痴。"《敦煌变文校注》卷五《维摩诘经讲经文(二)》:"救众生而无始无终,化～则莫穷莫尽。"

【傍里】 páng lǐ ❶ 同"旁里"。金《刘知远诸宫调》二:"牛栏儿～遂小坐,侧耳厅(听)沈久,心中畅欢乐。"又一一:"四人言讫一齐上。知远不惧,显些雄威。～三娘,心中作念,苦告神天少助力。" ❷ 侧面。清冯武《书法正传》卷一:"(波)大体作仰画不蹲,以锋～空蹲,三面力到,顺指敧下。"

【傍落】 páng luò ❶ 同"旁落❷"。元虞集《抚州路总管题名记》:"千里输赋,无～羡费。" ❷ 同"旁里❶"。明王世贞《与石拱辰司马书》:"当事之臣,虽极调剂支吾,而太阿倒持,事权～。" ❸ 同"旁落❸"。明王世贞《傅氏世系序》:"傅自是颇～不振,至不能名颖公。"又《明封文林郎蒋翁墓志铭》:"又二世而为岳，以乡举仕有声，实所谓汝南公者也。亡何忽～。"

【傍门】 páng mén ❶ 同"旁门❶"。宋郭印《和曾端伯安抚劝道歌》："哀哉～小法，作用千种参差。"明黄道周《榕坛问业》卷一六："凡圣贤立言，再不胡涂，勿为～所误。"《西游记》四四回："若只是呼风唤雨，也都是～小法术耳。" ❷ 非嫡系的族裔。清魏裔介《与赵香雪》："四子最为嫡派，非～可望其藩篱也。"

【傍面】 páng miàn 同"旁面❶"。清杜知耕《数学钥》卷四："凡求诸锥体之积，须得诸锥正高。自～量者，乃斜高，非正高也。"

【傍睨】 páng nì ❶ 同"旁睨❶"。唐白居易《草堂记》："乐天既来为主，仰观山，俯听泉，～竹树云石。" ❷ 同"旁睨❹"。也形容嫉恨。宋梅尧臣《后灵乌赋》："晨鸡不鸣，百鸟争慕。～凤凰，下窥鹓鹭。"明文徵明《明故资政大夫顾公墓志铭》："每下视诸人。人多不能堪，往往～切齿，而公不知也。"又《会稽双祠碑记》："珠襦玉柙，悉为攫取，而投骨榛莽，极其憯憾。琏方贵横，莫敢～。" ❸ 同"旁睨❺"。宋吕陶《新建备武堂记》："金鸣鼓奏，士倍其勇。万众～，震动耳目。"明王世贞《吴中往哲像赞·夏杲》："一日谓曰：'昶而来夫日，乃可～乎？其更置之上。'遂改为杲。" ❹ 同"旁睨❻"。宋陈谦《一论》："或者袖手而～，于是得以行其奸。"明胡直《袁东山先生墓表》："时有奇症，众医方缩手～，则必叩先生。"王世贞《张司马定浙二乱志》："而吴公益持之坚，顾仅两台使言之。诸司道～亡助者。" ❺ 同"旁睨❷"。明邢侗《半舫斋记》："～远想，居然三老长年之在御，而乌轧款乃之声互相喧答也已。" ❻ 同"旁睨❸"。明王维桢《与杨南涧总制书》："夫才之试也，犹宝之售也。既售不价，乃恒暴在外，启～者心，则宜匣而蓄之。"清汪由敦《哨鹿赋》："藉草自翳，偃侧若僵，屏息～，察于微芒。"

【傍排】 páng pái 同"旁排"。五代冯鉴《续事始》："自夷牟始也，谓之～。步军用八尺牛筋排，马军用朱滚圆排。"

【傍牌】 páng pái 同"旁牌"。唐邱光庭《兼明书》卷二："《汉书》曰：'血流漂橹。'橹，即干，俗呼为旁牌，或作～。"《元曲选外编·博望烧屯》二折："前排五百雁翎刀，后摆三千～手。"明佚名《岳飞精忠》一折："没有～使车轮，未曾上阵先喝酒。"

【傍厢】 páng xiāng 同"旁厢"。宋林梦英《金石台》："云作岩扉风自关，清阴半壑树中闲。～更著茅亭好，放入西南一面山。"

【傍州】 páng zhōu "傍州例"之省。《元曲选外编·醉写赤壁赋》二折："他今日立下～，他每是遭流的罪罪首。"

【傍州例】 páng zhōu lì 同"旁州例"。《元曲选·虎头牌》三折："他是我的亲人，犯下这般正条款的罪过来，我尚然杀坏了。你每若有些儿差错呵，你可便先看取他这个～。"明何瑭《赠民安驿驿丞牛本诚之任序》："语云：不习居官，视～。"康海《中山狼》四折："俺只索含悲忍气，从今后见机莫痴。呀，把这负心的中山狼做～。"

【膀胱气】 páng guāng qì ❶ 膀胱气滞之症。宋王衮《博济方》卷二："此药大健脾元，能疗小肠气、～。"明王肯堂《证治准绳》卷六："～，膀胱之病，小腹痛肿，不得小便是也。" ❷ 窝在内心不得发泄的怒气或怨气。清《飞英声》卷二："起初听月华念这偈子，已有几分～。"李渔《蜃中楼》一七出："〔净冷笑介〕不去，不去，弄出些儿把戏。〔末惊介〕甚么把戏？〔净〕若还说来，又是一场膀胱小气。"《连城璧》子集："自己睁了饿眼，看他与别人做夫妻，这样膀胱臭气，如何忍得过。"

pǎng

【嗙】 pǎng 夸口；胡说。清《聊斋俚曲·磨难曲》："俺会～，骗了三官爷爷一顶巾，挣了镇武爷爷两顶网。"

【滂】 pǎng 另见 pāng。同"嗙"。清《品花宝鉴》一六回："只好在我与富三哥面前混～，在贵大哥跟前就不能了。"

【髈】 pǎng 另见 pāng。腿，多指大腿。唐杨凝式《起居帖》："心腹通快时，两手肠下踞。踞之彻～腰，背拳摩肾部。"明《山歌·荸荠茨菇》："茨菇叶生来就像姐儿两～当中个主货，荸荠心透出也像情哥郎个件好东西。"清《何典》三回："跑得～酸脚软，坐着喘息。"

【髈裆】 pǎng dāng 胯裆。清《姑妄言》五回："相官也怕人撞见，只隔着裤子将他～捣了几下放了。"

【髈肚】 pǎng dù 腿肚子。明王肯堂《证治准绳》卷一一二："脓肿攻～连腿里，拘急冷疼，此因伤筋气劳力所成。"又："两脚接骨近上～下一处，起丹疽如胡桃大。"

【髈肚肠子】 pǎng dù cháng zi 即"腿肚"。清《缀白裘》一二集卷四《幽闺记》："〔净〕小髈冷个哉。〔末〕这是手。〔净〕便介了，无得～个。"

【髈哈喇】 pǎng hā lā 胯裆。哈喇，缝隙。明《山歌·胡子》："婆娘那了再学子胡子个样，～哩也有一团毛。"

【髈脚】 pǎng jiǎo 腿脚。清《缀白裘》五集卷四《祝发记》："众人立得～酸。"

【髈牵筋】 pǎng qiān jīn 大腿肌肉痉挛。清《何典》九回："那刘打鬼正要想跑，不料夹忙头里～起来，弄得爬滩弗动。"

【髈蹄】 pǎng tí 髈蹄；肘子。《元曲选·东堂老》三折："好烧鹅，好～，我便去买将来。"清《姑妄言》一七回："知道他食量好，都是～肥肉，大鹅壮鸡。"

【髈弯】 pǎng wān 腿弯；膝窝。明《山歌·陈妈妈》："双～里我常常在搭风流飘荡，笼须席底下也吃我困得介安闲。"

【髈湾】 pǎng wān 同"髈弯"。明《山歌·田》："东址白～，西址大腿边。南址三叉路口，北址肚家门前。"

【髈罅裆】 pǎng xià dāng 犹"髈哈喇"。清《何典》四回："忽然～里肉骨肉髓的痒起来。"

pàng

【胖】 pàng 另见 pāng。❶ 体积大；体积变大。宋康与之《望江南·重九遇雨》："茱萸～，黄菊湿蘼蘼。"罗烨《醉翁谈录》壬集卷二："椿年见春娘双乳～甚，神彩登越，遂生疑心。"清《绿野仙踪》七回："雪大极矣，致令楼可即肥，榭可即～。" ❷ 人体脂肪多。金刘祁《归潜志》卷九："以其肥硕也，呼为苏～。"元王伯成《天宝遗事诸宫调·禄山偷杨妃》："明知那～厮图谋劫，他佯道君王行应依了。"清《歧路灯》三五回："胳膊腿胯如藕瓜子一般，且～得一节一节的。"

【胖袄】 pàng ǎo 棉上衣，特指边防将士的军用冬衣。《元典章·刑部八》："将军人的盘费一百九十五定二十两、四十四领～，要了入己，侵使了。"明佚名《一枝花·绵花诉苦》："纳寒衣行～供边上，整行嫁办妆奁媳女儿。"清《醒世姻缘传》八二回："你要送的礼不齐整，好么，只给你个苦差，解～，解京边，解颜料，叫你冒险赔钱。”

【胖大】 pàng dà 肥大。元明《三国志通俗演义》卷一：“卓～，不耐久坐，遂倒身而卧。”明彭韶《为陈言事奏》：“前因每被进贡等项，节次被打，勒要祭河～猪羊。”清《野叟曝言》八回：“定睛看那花朵，看得久了，便～了许多。”

【胖肥】 pàng féi 肥胖。元马致远《耍孩儿·借马》：“逐宵上草料数十番，喂饲得膘息～。”清《续西游记》五三回：“这般一个～的和尚，怎么一毫气味也没有？”

【胖衣】 pàng yī 即“胖袄”。清《醉醒石》九回：“茶蜡、颜料、～，拖欠动至数年。”又一三回：“～黑花稀布，生绢以重的作样，其后俱是稀松不堪。”

【胖壮】 pàng zhuàng 另见 pāng zhuàng。肥胖壮实。清《醒世姻缘传》二回：“你见他这们个～身子哩，里头是空的。”《姑妄言》五回：“这祖官生得～标致，夫妇心爱异常。”

【胖子】 pàng zi 肥胖的人。明《梼杌闲评》三六回：“打了一顿，把个瘦脸打得像个大～。”清沈季友《槜李诗系》卷二五：“(柯)耸状貌魁梧，修眉广颡，腰腹大十围。上每称为柯～。”《儒林外史》一回：“那穿宝蓝直裰的是个～，来到树下。”

pāo

【抛】 pāo ❶ 扔；投掷。唐皇甫松《采莲子》之二：“无端隔水～莲子，遥被人知半日羞。”明汤显祖《牡丹亭》三七出：“那池塘里浮着一片棺材。是了，小姐尸骨～在池里去了。”清《飞龙全传》二五回：“瞧见匡胤要来闯门，连叫军士把城砖～下去。” ❷ 用于投掷的装置。《通典》卷一五二：“敌若推轮排来攻，先以～打。手抛既众，所中必多。”唐李冗《独异志》卷下：“有一卒曰：‘此可用抛石击去其首。’智兴喜曰：‘若中，赏汝千万金。’乃具～发一石，正中其首。” ❸ 投入；投身。唐温庭筠《蔡中郎坟》：“今日爱才非昔日，莫～心力做词人。”敦煌词《赞普子》：“语即令人难会，朝朝牧马在荒丘。若不为～沙塞，无因拜玉楼。”明佚名《四贤记》三五出：“因嗟往事～心力，六七年来楚水东。” ❹ 唱；诵。唐李宣古《杜司空席上赋》：“争奈夜深～要令，舞来挼去使人劳。”《敦煌变文校注》卷五《佛说观弥勒菩萨上生兜率天经讲经文》：“京罗缦里合今时，丽句高吟～古调。”明《二刻拍案惊奇》卷一三：“摇动灵杵，念过真言，～个颂子。” ❺ 显示；暴露。《祖堂集》卷九《九峰和尚》：“不假三寸，试话会看；不假耳根，试听声看；不假眼根，试弁白看。所以道：声前～不出，句后不藏形。”明《二刻拍案惊奇》卷二六：“这边秀才不知口里说些甚么，～个眼色，就便走开了去。”清《镜花缘》二四回：“如此幼女，教他天天～头露面。” ❻ 垂；坠。五代孙光宪《酒泉子》：“敛态窗前，袅袅雀钗～颈。燕成双，鸾对影。”清方成培《雷峰塔》二九出：“懒离鸳帏，斜～凤髻，怯怯的玉肢红软。” ❼ 依靠；投靠。宋赵蕃《月方上雨忽作》：“倦身～曲几，高枕对疏棂。”明吾邱瑞《运甓记》二四出：“叵耐奸雄跋扈，伪将心事～他。谬为恭敬权趋附，待时入室操戈。”清李渔《怜香伴》七出：“可怜他硬帮帮书枕把头～，只有些瘦棱棱花影将身靠。” ❽ 翻；跃；涌。宋觉范《天觉以云庵画像见寄谢之》：“乞与盘山狂弟子，背～筋斗撒颠风。”明谢谠《四喜记》八出：“溪没渡，海添潮。鸥竞浴，鲤争～。”清李玉《占花魁》四出：“白茫茫雪浪～，怒轰轰万木号。” ❾ 下达(指标)。宋真德秀《申枢密院乞住筑池州城壁》：“昨自嘉定四年，本州岛岛承准枢密院～下烧造滁州城砖，及本州岛岛修城续又增加数目，行下诸州，分认烧造。”佚名《庆元条法事类》卷七九：“军器物料有正～岁额、泛～不时之用，以州县常年收买并无本钱得支，循习人户物力钱上敷纳。” ❿ 距；离。金《西厢记诸宫调》卷一：“张生闻语意如狂，相～着大地苦不远，没些儿惧惮，便发狂言，手撩着衣袂，大踏步走至根前。” ⓫ 洒；落(泪)。元纪君祥《赵氏孤儿》三折：“双眸中不敢把泪珠～。”明《金瓶梅词话》三八回：“说着，顺着香腮～下珠泪来。”清《白雪遗音·闷坐沉音》：“独倚着香儿，泪珠儿双～。” ⓬ 屙；排泄(粪便)。元曾瑞《哨遍·羊诉冤》：“无料喂把肠胃都～做粪，无水饮将脂膏尽化做尿。”清《续金瓶梅》五八回：“常是一群非人非兽走来，与徽宗、皇后一搭坐着，把粪都～在面前的。” ⓭ 停泊。元明《三国志通俗演义》卷一一：“忽见江内傍岸，一字儿～着拖篷船二十餘只。” ⓮ 豁出；不顾惜。明《二刻拍案惊奇》卷一四：“你要两人齐杀，你嫂子是摇钱树，料不舍得。若～得到官，只是和奸，这番打破机关，你那营生弄不成。”清《飞花艳想》一六回：“莫说媒婆来说亲，就是朝廷要点我去，也～一死，做个贞节女，不愿为失节妇也。” ⓯ 掩；藏。明汤显祖《南柯记》五出：“俺～眉晕，忍笑痕，可甚么人烟聚里看不出有情人？” ⓰ 冲；冒。清《荡寇志》一二一回：“戴宗一冬在外，～风冒霜，亦觉疲乏。” ⓱ 量词。同“泡(pāo)❷”。清《儒林外史》三回：“像你这尖嘴猴腮，也该撒～尿自己照照。”又四回：“那鸡屁股里刮喇的一声，屙出一～稀屎来。”

【抛摆】 pāo bǎi 抛弃；撇开。摆，有抛除、废弃义。宋杜安世《鹊桥仙》：“妖娆薄媚，不禁～，渐觉肌肤瘦悴。”董弅《清芬阁》：“红尘不～，那得白云名。”

【抛别】 pāo bié ❶ 分别；舍弃离别。明王交《钗头凤·暮春四感·飘絮》：“随风揭，无明灭。比那浮踪，一任～。”《古今小说》卷一九：“杨公苦死告辞要回县来，薛宣尉再三不忍～。”清《二度梅》二四回：“孩儿～父母，劬劳之恩今生再不能补报。” ❷ 用作一段时间未能见面的抱歉话。清阮大铖《燕子笺》六出：“这儿日小弟在寓中有些小恙，不曾时常来看得老兄与云娘。～，～。”

【抛泊】 pāo bó 抛锚停泊。宋徐兢《宣和奉使高丽图经》卷三四：“船未入洋，近山～。”明郑若曾《江南经略》卷七下：“后船依次接连点鼓相应，跟踪收湾～。”清周之夔《海寇策》：“夫海船莫能近岸～，潮至以小船往来。”

【抛残】 pāo cán ❶ 抛弃。元姚守中《粉蝶儿·牛诉冤》：“无一件～物，好材儿卖与了靴匠，碎皮儿回与田夫。”明汤显祖《紫钗记》四九出：“依浣纱愚见，想李郎素心。当初恳切盟言，未必～至此。”清曹贞吉《玉簟凉·七夕有感》：“团扇～，龙梭初罢织，赴碧落幽欢。” ❷ 指围棋被放弃的残子。清吴伟业《观棋》之四：“可怜一子难饶借，杀却～到那边。”

【抛场】 pāo chǎng ❶ 抛球(踢气球)的场子。明《隋史遗文》二〇回：“射圃上有一二十处～。有一处。两根单柱颗扎起一座小牌楼来。” ❷ 指下抛场踢气球。明《隋史遗文》二一回：“那底下各处～子弟、把持行头，尽来看美女圆情。”

【抛车】 pāo chē 一种利用杠杆原理抛发石块的车状战具。抛，旧读去声。参见“炮车❶”。唐李贤注《后汉书·袁绍传》“操乃发石车击绍楼”：“即今之～也。抛，音普孝反。”《敦煌变文校注》卷一《伍子胥变文》：“城上修营战格，门门格立～。”

【抛迟】 pāo chí 同“抛持”。元王仲元《普天乐·离恨》：“主意～亏人甚，薄情郎何处留心。”

【抛持】 pāo chí 抛弃。持，有剖开义，引申指抛弃。元白贲《醉花阴》：“白日且由闲，到晚来冷冷清清独卧。他，～杀人也。”王伯成《哨遍·赠长春宫雪庵学士》：“东游瀛海思徐福，西度流沙慕老聃，～尽雀巢燕垒、虎窟龙潭。”佚名《新水令·忆杨妃》：“您早则掀腾了枕畔情，俺早～了舌尖上唾。”

【抛筹】 pāo chóu 比喻提问佛法。《翻译名义集》：“优波毱多国城东育石皇，内积细筹，有夫妻俱证罗汉果者，乃下一筹。”《祖堂集》卷三《慧忠国师》：“唐朝国师，大播洪猷。曹溪探日，渭水乘舟。二天请偈，四众～。”

【抛除】 pāo chú 抛弃；去除。唐寒山《独卧重岩下》：“～闹我者，历历树间瓢。”明汤显祖《南柯记》三六出：“怎贪他不住的游龟，倒～了活动的真龙？”清李宗瀚《雨后壶山看桃花已过半矣》：“我今闲放无町畦，万事～付芒屦。”

【抛打】 pāo dǎ ❶唐代酒令名。唐李肇《国史补》卷下：“大抵有律令，有头盘，有～，盖工于举场，而盛于使幕。”五代王定保《唐语林》卷八：“又有旗幡令、闪擎令、～令。今人不复晓其法矣，唯优伶家犹用手打令以为戏云。” ❷投掷击打。明汤显祖《邯郸记》二〇出：“一个金弹儿～乌鸦，因而碎瓦。”《西游记》九三回：“正在十字街头高结彩楼，～绣球，撞天婚招驸马。”《型世言》二四回：“田州兵也站脚不住便走，那一个来射箭～石块？”

【抛敌】 pāo dí 抛掷，引申指荒废。敌，通“擿”。三国魏《广雅·释诂》三下：“擿，投也。”王念孙疏证：“擿，即今掷也。”《敦煌资料》第一辑(五)《雇契残卷》：“自雇后已，便须兢心造作，不得～工夫。”斯6452《癸未年樊再升雇工契》：“自雇已后，便须驱驱，不得～功夫。”

【抛涤】 pāo dí 同“抛敌”。《敦煌资料》第一辑(五)《后梁龙德四年张厶甲雇工契》：“城内城外一般获时造作，不得□～工夫。”

【抛吊】 pāo diào 同“抛掉”。明佚名《粉蝶儿·思情》：“你那里丢甜桃，寻酸枣，怎下得将奴～。”

【抛调】 pāo diào 同“抛掉”。元商衢《新水令》：“想着燕尔新婚那一宵，怎下得把奴～。”明汤显祖《邯郸记》一六出：“明光光十万甲兵刀，成～，残箭引弓弰。”又一七出：“和你三载驱劳，一时～，惨风烟泪满阳关道。”

【抛掉】 pāo diào 扔掉；弃置。宋孔武仲《自宝丰仓归》：“～一官如粪壤，好随鱼舸此中闲。”《元曲选·倩女离魂》一折：“兀的不取次弃舍，等闲～，因而零落。”清《五色石》卷五：“只得由他唤两个脚夫，把尸首扛到荒郊～了。”

【抛度】 pāo dù 无意义地度过。明孟称舜《桃花人面》五出：“好佳期，等闲～，便生生死死凭谁诉？”

【抛朵】 pāo duǒ ❶同“抛躲❷”。宋柳永《定风波》：“镇相随，莫～。针线闲拈伴伊坐。” ❷同“抛躲❸”。金《刘知远诸宫调》一二：“下因嗔责些儿个，便投军在太原营幕，把妹子三娘陡成～。”

【抛趓】 pāo duǒ 同“抛躲❸”。《元曲选·货郎旦》一折：“你比着东晋谢安才艺浅，比着江州司马泪痕多，也只为婚姻事成～，劝不醒痴迷楚子，直要娶薄幸巫娥。”《元曲选外编·西厢记》二本三折：“有意诉衷肠，争奈母亲侧坐，成～，咫尺间如间阔。”明孟称舜《娇红记》二九出：“杨花落尽眉还锁，则两下里衷肠～。咫尺兰堂，翻做了山高水阔。”

【抛躲】 pāo duǒ ❶抛开；抛弃。宋向滈《如梦令》：“谁伴明窗独坐？和我影儿两个。灯尽欲眠时，影也把人～。”金《董解元西厢记》卷六：“薄幸的冤家好下得，甚把人～。”明汤显祖《牡丹亭》二四出：“断烟中见水阁摧残，画船～，冷秋千尚挂下裙拖。” ❷分离；离去。宋郑意娘《胜州令》：“追思向日共个人同携手，略无暂时～。到今似海角天涯，无由得见则个。”《元曲选·谢天香》一折：“镇日相随莫～，针线拈来共伊坐。”清彭孙贻《水龙吟·道中见杨花》：“怪伊轻薄，闪人～，揉人心碎。” ❸隔离；阻隔。明孟称舜《桃花人面》二出：“犹记的他门儿低扣，话儿调弄，意儿轻模。醒来时还兀自成～，依旧凄惶的我。”清钱芳标《踏莎行·见盆菊》：“京洛驱驰，乡园～。影堂重到蛛丝锁。”邵瑸《玉抱肚·为半帆赋情》：“乞浆记否，笑未许我。桃门款、却～。”

【抛亸】 pāo duǒ ❶同“抛躲❶”。宋柳永《祭天神》：“叹笑筵歌席轻～，背孤城，几舍烟村停画舸。”元萧德祥《小孙屠》九出：“一对鸾凰共宴乐，恨连日～。” ❷同“抛躲❷”。宋柳永《鹤冲天》：“相～，假使重相见，还得似当初么？”杨无咎《玉抱肚》：“正朝朝暮暮同欢，怎知终有～。”

【抛堕】 pāo duò 坠落；抛掉；折堕。明《徐霞客游记》卷一〇下：“追石房洞，扒山手足无主，竟不知～何所。”清洪昇《长生殿》二七出：“怕旧物向尘埃～，则俺这真情肯为生死差讹？”嵇永仁《双报应》九出：“并头一枝先～，再不得连理同柯。”

【抛放】 pāo fàng ❶丢放；抛出使着落某处。《祖堂集》卷一九《香严和尚》：“师便却下帽子，～众前。”《古尊宿语录》卷二七《舒州龙门佛眼和尚语录》：“两岸芦花一叶舟，凉风深夜月如钩。丝纶千尺慵～，归到家山即便休。”宋元《古今小说》卷二四：“取出郑夫人骨匣，到扬子江边，～水中。” ❷放弃；放下(情怀)。明蔡清《四书蒙引》卷七：“但以其能问，不肯～了。此则我师也。”施绍莘《八声甘州·夜窗话旧》：“记当日画楼相访。正朦胧睡起，半懒梳妆。兜的觑上，从此不教～。”陆采《怀香记》一五出：“此心此恨，～不下。” ❸抛洒；洒落。明陆采《明珠记》二六出：“我道你是蓝田玉成双，原来是泪珠～。” ❹抛离；分离。明沈鲸《双珠记》一七出：“〔叫介〕王姆姆，韩姆姆，如何都不见了？天那，好苦。〔悲介〕俄顷轻～，吾侪之罪。” ❺抛掷施放。清《平定两金川方略》卷九八：“砍开碉门，～火弹，内贼六名，均经杀毙。”又卷一〇三：“一面截断上下救援来路，一面刨挖碉根，～地雷。”

【抛废】 pāo fèi ❶抛撇荒废。五代王定保《唐摭言》卷五：“休，图之中表，长于八韵，向与子华同砚席，晚年～，归镜中别墅。”明袁凯《日莫即事》：“老夫生理今～，日日江潭去采菱。”清魏裔介《踏勘蝗荒议》：“令百姓收拾残禾，及时种麦，不至坐待查勘，～农业。” ❷撂荒。清雍正七年三月初三日王士俊奏文：“原欲垦荒，一时苦无农具。此粤东之田地所以每致～，而粮米时致缺乏也。”黄六鸿《养民四政》：“老荒乃兵燹之后，人亡地弃，久成榛莽。新荒乃偶值岁凶，人民流散，渐次～。”

【抛费】 pāo fèi 抛撒糟蹋。元《农桑辑要》卷二：“五六月麦熟，带青收一半，合熟收一半。若过熟则～。”鲁明善《农桑衣食撮要》卷上：“而结实熟则宜速刈，干则宜速积，过熟则～。”

【抛粪】 pāo fèn 拉屎。宋洪迈《夷坚志》支甲卷三：“常为白颈鸦登背～，深患之。”元马致远《耍孩儿·借马》：“～对教干处抛，尿绰时教净处尿。”明王世贞《与凌际叔书》：“第往往令小鸟～佛头，殊不为雅。”

【抛拂】 pāo fú 挥舞。唐沈亚之《柘枝舞赋》：“振修袖以～兮，韬纤肱以糅绾。”

【抛割】 pāo gē 抛弃割舍。清刘大櫆《乞里人共建义仓引》：“甚则～妻孥，与人为仆妾，犹不足以自赡。”

【抛工】 pāo gōng 弃工不作；旷工。《敦煌资料》第一辑(五)《后梁龙德四年张厶甲雇工契》：“忽忙时不就田畔，蹭蹬闲行，左右(南)直北，～一日，克物贰斗。”又《戊戌年令孤安定雇工契》：“其人立契，便任入作，不得～。”

【抛荒】 pāo huāng ❶撂荒。也指撂荒的土地。宋李纲

《乞于户帖钱内支十万贯充营田本钱奏状》："于潭州管下划刷～田土，得数万亩。"明《金瓶梅词话》七八回："而今这济州管内，除了～、苇场、港隘，通共二万七千亩屯地。"清《锦香亭》一四回："亲自踏勘～田土，招谕失业流民。" ❷ 弃置；抛弃不顾。宋赵以夫《二郎神·次方时父送春》："任诗卷～，棋枰休务，寂寞风帘舞絮。"醴陵人士《一剪梅》："山东河北久～。好去经量，胡不经量？"清余光耿《满江红·怀二兄》："世界～杯斝外，英雄物色屠沽里。" ❸ 荒废；搁置。明佚名《点绛唇》："我为他呵将十载灯窗学业～，情惹肝肠，染病膏肓。"清姜宸英《冯宗一寿序》："当甲申乙酉之际，经涉横流，～旧业。"《品花宝鉴》四回："小弟本来没有底子，又～了这几年，哪里还成什么诗？"

【抛击】 pāo jī ❶ 敲打；击打。宋洪迈《夷坚志》三辛卷二："昼日亦出，～盘盂桌凳。"清袁枚《子不语》卷二一："然后以藤～，蛇便缩伏，凭人捆缚。" ❷ 犹"抛打❷"。清蓝鼎元《论海洋弭捕盗贼书》："两船既合，火罐、药桶一齐～，虽百贼亦可擒也。"《聊斋志异·凤阳士人》："三郎举巨石～，窗棂三五碎断。"

【抛伎子】 pāo jì zi 念诵偈语。伎，通"偈"。明汤显祖《邯郸记》三〇出："跳鬼的有得那出阳神，～散地全真。"

【抛家】 pāo jiā 离家；弃家。唐王建《于主簿厅看花》："若无别事为留滞，应便～宿看来。"明《二刻拍案惊奇》卷六："妾自从十七岁上～相从，已得八载。"清陈端生《再生缘》一五回："为友～去访仙，分离数月好心酸。"

【抛家失业】 pāo jiā shī yè 抛弃家庭，荒废家业。《元曲选·老生儿》二折："咱人父南子北，～，也则为这几文钱。"明《二刻拍案惊奇》卷八："所以一耽了这件滋味，定是无明无夜，～，失魂落魄，忘餐废寝的。"

【抛践】 pāo jiàn 抛弃践踏。宋洪迈《夷坚志》支卷二："世人居阳间，～餘沥，祟积殃咎，死则渍其骨髓而为之。"

【抛江】 pāo jiāng ❶ 渡江。《五灯会元》卷一九《舒州龙门清远佛眼禅师》："诸人何不摆舵张帆，～过岸。"宋陆游《入蜀记》卷三："挂帆～，行三十里，泊塔子矶。" ❷ 落入或抛入江里。宋徐鹿卿《九月朔引奏第二札子》："其大农合催之额，岁为一百三十万石。豁三十万石以为～落河之数，则一岁之入自足当一岁之支。"明《西游记传》卷二："小姐再三哀告，将儿入匣～。"《醋葫芦》八回："早晨打得垂毙，着小人驮去～。"

【抛降】 pāo jiàng 下达（指标）。宋陈襄《知河阳县乞抛降和籴小麦价钱状》："臣窃见本州每岁～和籴小麦万数，多是过时收籴。"佚名《庆元条法事类》卷三七："诸籴买粮草，以～数意、应用价钱，预申所属监司。"

【抛接】 pāo jiē ❶ 抛出接住（物体）。宋朱辅《溪蛮丛笑》："岁节数日，野外男女分两朋，各以五色彩囊豆粟往来～。"元黎崱《安南志略》卷一："王坐大兴阁上，看宗子内侍官～绣团。" ❷ 传达领会（情感）。明汤显祖《紫钗记》七出："小生昨夕和小玉姐对玩花灯，眼尾眉梢，多少神情～也。"

【抛开】 pāo kāi ❶ 扔开；弃置。明吴骐《长相思·本意》："新翠钿，旧翠钿，总是～尘镜边。妆成谁见怜。" ❷ 丢开；不顾及或不顾惜。明《古今小说》卷二一："虽曾进学堂读书，粗晓文义便～了，不肯专心。"清李光地《榕村语录》卷二四："武侯澹泊明志，食少事繁，把身子都～了。"《白圭志》三回："两不相识，忽然变作至交，竟将庭瑞～一边。" ❸ 抛散；打开。清道济《临清过闸口号》："卷浪～珠散彩，崩空舞碎雪分涛。" ❹ 放着；搁置。清《林兰香》五四回："～活着的恩义不讲，却想无知的情分，岂不是徒耗精神。"《绮楼重梦》二二回："便把一切考具都端整了，专专望他病体轻松，好去应试。这话暂且～。"《白圭志》四回："大姑曰：'门户却也相当，只是远了些，奈既已允从，何能挽回。'当下～此事不题。"

【抛鞚】 pāo kòng 松开笼头让马纵驰。唐王昌龄《观猎》："角鹰初下秋草稀，铁骢～去如飞。"宋王安石《胡笳十八拍》之三："几回～抱鞍桥，往往惊堕马蹄下。"

【抛离】 pāo lí ❶ 抛弃离开。《敦煌变文校注》卷二《庐山远公话》："舍身与阿郎为奴，须尽阿郎一世。中路～，何名舍身？"元谷子敬《集贤宾·闺情》："眼睁睁的将我来～，泼乔才更狠似王魁。"清《后水浒传》二〇回："孩儿得阿爷收养成人，并没报答，怎敢～。" ❷ 抛掉；放下；搁置。《敦煌变文校注》卷五《维摩诘经讲经文（三）》："便去贪邪意，～外道因。"明葛筠《念奴娇·七夕闻促织》："卖尽秋丝，～剪尺，梦断关山阻。征衣须寄，月华未照砧杵。"清陈廷敬《露涓阁忆南溪》："清歌薄酒残灯火，此事～又五年。"

【抛梁】 pāo liáng 建房上梁，以绸缎等抛悬梁上，把馒头从梁上向四下抛掷，并诵上梁文，以志喜庆。宋范成大《赠寿老》："眉庵寿老长随喜，好个～祝愿文。"明《醒世恒言》卷一八："一会儿便安下柱子，抬梁上去。里边托出一大盘～馒头，分散众人。"

【抛零】 pāo líng ❶（泪）流尽。明孟称舜《死里逃生》三出："难当，命逡巡雪里汤。堪伤，泪～六月霜。" ❷ 指零星的剩餘。明《金瓶梅词话》七八回："虽故还有些～人户不在册者，乡民顽滑，若十分进征紧了，等秤斛斗重，恐声口致起公论。"

【抛令】 pāo lìng 出酒令。唐李宣古《赠崔云娘》："瘦拳～急，长嘴出歌迟。"宋葛立方《卫卿叔自青旸寄诗一卷》之二："缅怀星郎～忙，席上微闻鸡舌香。"

【抛流】 pāo liú 流；洒（泪）。明周履靖《凤凰台上忆吹箫·离别》："颦眉处，伤心暗将，玉箸～。"《金瓶梅词话》五九回："那世里少欠下你冤家债不了，轮着我今生今世为你眼泪也～不尽。"

【抛露】 pāo lù 抛弃暴露。明黄衷《海语》卷中："草间石罅，在在泛溢，～日久，必宿蛇虺之毒。"《金瓶梅词话》八九回："今日他死的苦，是这般～丢下，怎不埋葬他？"清《野叟曝言》六四回："早一刻，则灾民生死俱免；迟一刻，则灾民～饥寒也。"

【抛轮】 pāo lún 即"抛车"。唐陆龟蒙、皮日休《开元寺楼看雨联句》："群飞～石，杂下攻城箭。"

【抛落】 pāo luò ❶ 抛掷落下。《太平广记》卷五〇〇引《原化记》："此人大怕，把剑前斫，不觉自倒，剑失手～。"明《西游记》八回："凡吃的人头，～流沙，竟沉水底。"清张英《题渔父罩鱼图》："烟中小艇波无声，等闲～鱼不惊。" ❷ 抛弃；抛置。《元曲选·金线池》二折："这的是母亲故折鸳鸯偶，须不是咱设下恶机谋，怎将咱平空～他人后？"清孙琮《孤鸾·春闺怨》："强再支持孤枕，把从前、尽情～。"《双凤奇缘》九回："难道这几根骨头，就～他乡么？" ❸ 掉落；降落；坠落。明祝允明《点绛唇》："愁肠薄，怎禁评泊。笔泪齐～。"清徐吴昇《虞美人·送别》："孤帆～小红桥，不待子规啼处也魂消。"《野叟曝言》四四回："箭岂能伤？火焉得害？俱向六神方位之外，纷纷滚滚，～满地。"

【抛买】 pāo mǎi 下达指标购买。宋周必大《乞免闽浙收买军器所牛皮札子》："臣前日见密院关因军器所陈乞，～牛皮一万张，行下浙东福建两路，限一季收买。"佚名《庆元条法事类》卷四八："诸和买官物，监司下立酌中期限，不体究土产有无，一概～，致州县非理科配，吏人受赂移减。"

【抛卖】 pāo mài 下达指标贩卖。宋朱熹《庚子应诏封事》："此外又有月桩移用、诸杂名额、～乳香、科买军器、寄招军兵、打造铁甲之属。"

【抛满】 pāo mǎn 满打满算。清《醒世姻缘传》六八回："雇驴下店报名，五两银子～使不尽的。"

【抛锚】 pāo máo 投锚水中泊船。明《西游记》二〇回："收网渔舟皆紧缆，落篷客艇尽～。"清《剿捕临清逆匪纪略》卷一〇："将船开放中流，～停泊。"《续金瓶梅》五九回："一时间不得到岸，又用不得篙撑橹摇，只好～在海中。"

【抛拈】 pāo niān 抓阄。宋史弥坚《名公书判清明集》卷八："牒县尉打量，均作四分申上，以凭～。"

【抛撇】 pāo piē ❶撇开；遗弃。元赵显宏《刮地风·别思》："美满恩情，等闲～。"明《西游记》六〇回："大王宠幸新婚，～奴家。"清吴伟业《山塘重赠楚云》之三："那知阊阖千条柳，～东风又一年。" ❷抛洒；扔掉。明陈霆《念奴娇·雪》："封姨忍冷，把彤云剪碎，满空～。"《拍案惊奇》卷三五："毁僧谤佛，杀生害命，～净水，作贱五谷。"清《女仙外史》六九回："军师亟命弃了辎重而走，满路～财帛，不计其数。" ❸分手；分离。明《醒世恒言》卷一八："施复叫道：'列位，暂时～，归家相会。'"《禅真后史》一二回："有一要紧事务，暂尔～，莫怪，莫怪。"《欢喜冤家》一九回："只是哥哥回来之时，未免与你～，如之奈何？"

【抛旗】 pāo qí 挥旗。《敦煌变文校注》卷一《捉季布传文》："出阵～强百步，驻马攒蹄不动尘。"

【抛弃】 pāo qì ❶扔掉；丢弃。唐杨德裔《劾奏郑仁泰薛仁贵逗留失机状》："况且士卒歼亡，戈甲～，弥山遍野，并资戎狄。"宋范仲淹《乞先修诸寨未宜进讨》："稍有惊危，便多逃散，～粮草，为贼之资。"清《飞龙全传》二八回："须臾煨烬，便把这枯骨捣碎，～于野。" ❷撇开；抛离。五代冯延巳《虞美人》："一声已断别离心，旧欢～杳难寻。"宋欧阳修《蝶恋花》："谁道闲情～久，每到春来，惆怅还依旧。"明《挂枝儿·金针》："望着你眼儿穿，你怎得知？偶相缝，怎忍和你相～。"

【抛欠】 pāo qiàn 丢弃与亏欠。宋佚名《庆元条法事类》卷六："诸押纲人犯罪，或违程～，应批书印纸而收匿以避批书者，杖一百。"《宋史·食货志上三》："将湖南所起年额，并随正额预起～斛斗，于转般仓下卸却。"△清《施公案》一二二回："本部堂明日出城收粮。搀糠使水，～数目，俱各不准。"

【抛清】 pāo qīng 犹"撇清❷"。清《平鬼传》五回："不必～，速速收拾行李，不时就有人马轿夫来接。"

【抛球】 pāo qiú 踢球。蹴鞠戏的一种，先将球抛起，然后用各种脚法使球不落地。宋洪迈《夷坚志》支庚卷一〇："～打论，虽是有输有赢；破白伤财，其奈著肠著肚。"《资治通鉴》卷二〇九："上御梨园球场，命文武三品以上～及分朋拔河。"清袁枚《子不语》卷一："随见东首一神，红袍乌纱，长丈餘，以靴脚踢之，滚至西首；复有一神，如东首状貌衣裳，亦以靴脚踢之，滚至东首，将胡当作～者然。"

【抛却】 pāo què 抛弃。唐孟郊《济源寒食》："逃蜂匿蝶踏地来，～斋糜一瓷碗。"明《金瓶梅词话》八九回："实指望同谐到老，谁知你半路将奴～。"清洪昇《长生殿》二七出："把荣华～，只留得罪殃多。"

【抛洒】 pāo sǎ ❶同"抛撒❶"。宋姜特立《次韵仲志荷珠》："初疑鲛人泣，泪向盘中掷。又疑石笋街，～天不惜。"清雍正六年六月十九日上谕："将验收骡头并不安置棚槽，竟圈入教场空地，将长草～地上，任其践踏。"陈维崧《拍阑干·过蝶庵书事》："嚼烂花笺，碎向粉墙～。" ❷洒落；流（泪）。明《醒世恒言》卷六："说到那伤心之处，不觉扑簌簌泪珠～。" ❸同"抛撒❷"。清《后水浒传》二一回："虽不敢近身，却是砖头瓦屑，没头没脸的～。"

【抛撒】 pāo sǎ ❶丢弃洒落。宋觉范《禅林僧宝传》卷五《潭州石霜诸禅师》："诸愿籍名役作，勤劳杵臼间甚久。佑见之簸处，曰：'檀信物不可～。'曰：'不敢。'佑俯拾得一粒，曰：'此非～者耶？'"明《金瓶梅词话》八六回："就是清水，这碗里倾倒那碗内，也～些儿。"清《续金瓶梅》一七回："只领着徒弟们打草种田，拾这路上～的米豆菜根，大众同吃。" ❷抛掷散布。元周达观《真腊风土记》："其出丧也，前亦用旗帜鼓乐之属，又以两柈炒米，绕路～。"明《禅真逸史》二〇回："军士将银钱四下～，鬼卒们攘臂争夺。"清《姑妄言》二二回："奉旨将姚华胄剖棺，焚尸～。" ❸糟蹋；耗费。明袁宏道《寄散木》："凡艺至极精处，皆可成名，强如世间浮泛诗文百倍。幸勿一不成，两不就，把精神乱～也。"清《醒世姻缘传》二回："信着他胡行乱做，就不成个人家，～了家业或是淘碌坏了大官人。"《歧路灯》三〇回："争乃谭绍闻见了茅拔茹一面，数日内便～了一百几十两。" ❹抛弃；脱离。明《清平山堂话本·张子房》："万丈火坑～了，一身跳出是非场。"

【抛撒】 pāo sà 抛置；丢放。唐杜牧《池州送孟三迟先辈》："周鼎列瓶罂，荆璧横～。"

【抛散】 pāo sàn ❶抛掷散布；丢弃分散。宋洪迈《夷坚志》三辛卷二："初皆喜悦欢噪，随至城外江边～讫，乃寂然。"明《古今小说》卷二二："就似道手中夺来，～于地。"清《姑妄言》二四回："艾金的那口薄材风吹日晒，久之朽烂，那骨节也就～四处。" ❷花费；耗费；空度。宋陶穀《清异录》卷上："郎君家库里许多青铜，教做不动尊，可惜烂了。风流～，能使几何？"金马钰《满庭芳·赠淳化染何先生》："～水浆无限，遇人来、取要即当便认。"清张问陶《半生》："～流光值几钱，半生劳攘误神仙。可怜天上闲乌兔，为我回旋五十年。" ❸抛弃离散。明王彦泓《满江红·忆》："眼角相句，谁道有、这场～。"清《五色石》卷五："再说个追悔前非、过而能改的继母，无端～、离而复合的幼弟与众官听。"《飞花艳想》一四回："只是小弟上有老母，内无兄弟，将寻梅问柳的姻缘，空～在天涯，为可惜耳。" ❹分散；散掉。明《古今小说》卷一四："十八岁上，父母双亡，便把家财～，分赠亲族乡党。"清王醎昌《念奴娇·秋水》："湖滨渚上，渺霜蒲弄影，莲房～。"《续西游记》七回："三不便是开了柜，强人你抢一部，我夺一卷，以致～。" ❺抛撒；丢弃洒落。《大清会典则例》卷三九："漕粮卸载～米粒，责令坐粮厅率大通桥监督，设法扫收存贮。" ❻舍弃；弃掉。清张问陶《李仙像》："～前身借此身，须眉全改性情真。"

【抛闪】 pāo shǎn ❶抛弃；撇开。宋杜安世《菊花新》："儿夫心肠多薄幸，百计思、难为拘捡。几回向伊言，交今后更休～。"元《武王伐纣平话》卷上："此子不得～，后十六年必佐西伯侯同破无道之君也。"清《霓裳续谱·沉沉睡》："不知我爹爹在那边，顷刻之间将儿～。" ❷（时而）出现（时而）闪避。宋朱熹《答孙敬甫》："若近年，则其为术益精，为说浸巧，～出没，顷刻万变，而几不可辨矣。"明陈继儒《唐公子传》："时与绿丝碎桃高装骏马，踏入深山中。过平原易地，着鞭夺路，～如飞。"

【抛赏】 pāo shǎng 抛掷赏钱。唐司空图《障车文》："儿郎伟，童童遂愿，一一夸张。且看～，必不寻常。"

【抛舍】 pāo shě 舍弃；撇开。唐李冗《独异志》卷中："海上有人悦其臭，昼夜随之，不能～。"明《梼杌闲评》二五回："若要散会，周氏母女～不得；若不散会，又没钱粮供众。"清《白雪遗音·

爱卿绝世》:“那晓他,怜才难货取算他是一个女英豪,好叫我,时时刻刻难～。”

【抛身】 pāo shēn ❶投身;置身。唐白居易《九江北岸遇风雨》:“人间稳路应无限,何事～来此中?”李群玉《卢逸人隐居》:“平生自有烟霞志,久欲～狎隐沦。”陆龟蒙《丁隐君歌》:“今来利作采樵客,可以～麇鹿群。” ❷抛弃躯壳。宋张伯端《悟真篇》卷中:“饶君了悟真如性,未免～却入身。”明赵完璧《徐瞽道募缘疏》:“迷途猛省,脱～入身之烦;急流挽舟,会用铅弃铅之妙。”

【抛声】 pāo shēng 扬声。《元曲选·度柳翠》三折:“端的个不见实心,但听～,尽是虚脾。”明《二刻拍案惊奇》卷三四:“一头说话,已走到夫人面前。如霞～道:‘任先生已请到了。’”清《隋唐演义》一七回:“怎么有许多人喝彩,乃是圆情的～。”

【抛声调嗓】 pāo shēng diào zào 犹“抛声”。明《二刻拍案惊奇》卷七:“但是到船中来,里又添茶暖酒,十分亲热,又～,要他晓得。”

【抛尸露】 pāo shī lù 骨头。明《幽闺记》二二出:“那官儿脚上带黄泥,必定远来的。多着～,少着父娘皮。一卖当两卖,不要少他的。”

【抛失】 pāo shī ❶抛弃遗失;丢失。五代李亶《南郊改元赦文》:“先南北两军前仓场,持主损烂欠折,及江河转运,～舟船。”《明会典》卷一一一:“有故违、及将军器～盗卖者,俱重罪。”清嵇永仁《草珠》:“山妻嘱付早潜修,一串牟尼臂上留。难里衣珠～去,菩提草粒费搜求。” ❷舍弃;抛离。宋朱敦儒《朝中措》:“新来省悟一生痴,寻觅上天梯。～眼前活计,踏翻暗里危楼。”元王恽《论肃山住等局人匠偏负事状》:“且如肃山住储普化两局人匠,俱系迤北人匠,～家业,移来中都。” ❸触动使消失。明王立道《采莲曲》之四:“舟轻风荡漾,～露珠圆。”

【抛石】 pāo shí 用抛车掷发石块击敌,也指这样的石块。唐崔器《将军王去荣杀人议》:“右件官打杀本部富平县令杜徽,恩旨以其能放～,免死夺官。”李亢《独异志》卷下:“有一卒曰:‘此可用～击去其首。’智兴喜曰:‘若中,赏汝千万金。’乃具抛发一石,正中其首。”宋曾公亮等《武经总要》后集卷一五:“咸张毡被,用障～,城上守陴者不复得立。”

【抛释】 pāo shì 撇开。宋王千秋《念奴娇·水仙》:“缥槛深栽,彤帏密护,不肯轻～。”

【抛受】 pāo shòu 犹“抛接❷”。明汤显祖《紫钗记》二七出:“花灯会偶,蓦地情～。”

【抛死】 pāo sǐ 撇弃与死亡。宋欧阳修《乞放行牛皮胶鳔札子》:“盖其～牛马,已是下民之苦,更不支得价钱,令人户白纳,及更令赔钱于官司。”佚名《庆元条法事类》卷七九:“今具某年正月一日至年终,禁军或厢军马铺旧管、新收、～、见在马数如后。”《宋史·兵志十二》:“以病浅马分属左右骐骥院、六坊监,季较～数,岁终第赏罚。”

【抛送】 pāo sòng ❶撇掉;抛弃。明汤显祖《牡丹亭》二〇出:“为着谁侬,俏样子等闲～?”孟称舜《娇红记》四三出:“我和你结夫妻恩深义重,怎下得等闲～,全无始终。”清《锦绣衣·移绣谱》六回:“昔将窈窕轻～,今日投归林凤。” ❷抛起递给。清《杏花天》一二回:“悦生将行头～珍娘,珍娘忙展金莲踢起。”

【抛诵子】 pāo sòng zi 即“抛伎子”。明佚名《鸣凤记》二一出:“〔丑特落香介〕〔净～〕金炉香烬漏声残,听得波罗阵阵寒。”

【抛梭】 pāo suō ❶运梭,借指纺织。唐于濆《苦辛吟》:“窗下～女,手织身无衣。”明顾清《杂书》之五:“妾本田家女,出身事蚕桑。十三学～,十五成文章。”清李渔《巧团圆》二四出:“他不会拈针刺绣,他不会～织锦。” ❷形容快速运行或出现。《唐诗纪事》卷四一录施肩吾诗《句》:“年来如～,不老应不得。”明汪廷讷《狮吼记》二八出:“我看的那～日月忙,粒米乾坤小。”清《儒林外史》二四回:“那牛就两眼～的淌下泪来。” ❸弃梭;丢下梭子。宋赵佶《宫词》之一一一:“拂面风轻日渐长,玉人初试薄罗裳。斜阳楼外～去,两两三三出洞房。”元方夔《古意》之二:“素娥不织裳,～理香颊。”

【抛索儿】 pāo suǒ er 拴在蹴鞠充气口上的绳索。《元曲选·度柳翠》三折:“倾了那水,再吹一口气,拴了这葱管儿,便难当作耍。去了～,褪了那口气,便难当作耍不的了也。”

【抛天】 pāo tiān 洒满天。明徐畛《杀狗记》一一出:“大雪～,叫化孙荣真可怜。”

【抛头露面】 pāo tóu lù miàn 指妇女出现于大庭广众之中。明阮大铖《燕子笺》二四出:“人在乱离间,顾不得～。”《金瓶梅词话》六九回:“几次欲待要往公门诉状,争奈妾身未曾出闺门,诚恐～,有失先夫名节。”

【抛舞】 pāo wǔ 挥舞。明《列国志传》五六回:“取出流星铜锤,纵横～。”

【抛箱】 pāo xiāng 即“撺箱”。宋黄震《词诉约束》:“应受者隔夜～,当日五更听状。”真德秀《政经》:“至某日某都当限,则携是簿以出,令保长当厅～,知县据案令乡司当厅批销。”宋元《古今小说》卷三六:“实时升厅,引放民户词状。词状人～。”

【抛向】 pāo xiàng 抛离;撇去。清李玉《人兽关》二九出:“虽然父母亏情况,论淑女岂宜～?”又《清忠谱》一八折:“生离别,难轻放;亲骨肉,难～。”

【抛斜】 pāo xié 侧向一边。清《风流悟》六回:“兽心人面,相由心变。两眼～,四脚出现。”《白雪遗音·望长空》:“可怜奴,芳容减却,云鬓～。”

【抛泄】 pāo xiè 显露;露出。明汤显祖《牡丹亭》三二出:“似你千金笑等闲～,凭说,便和伊青春才貌恰争些,怎做的露水相看仳别。”

【抛卸】 pāo xiè ❶抛撇;弃置。明冯梦龙《绣带儿·怨离词》:“譬说道昭君和番去,那汉宫家也只索～。” ❷抛弃卸掉。清谢占壬《海运提要序》:“或恐捏报船搁浅沙,将货～海中,以保人船。”

【抛眼】 pāo yǎn ❶抛眼色;眉眼示意。宋赵崇鉘《狭斜》:“却来～调行客,中有二月东风情。”清汪灏《南歌子·丹阳舟中所见》之二:“银鼠缠云袖,金刀压舞腰,～隔船招。” ❷放眼;纵目观看。明汤显祖《邯郸记》一〇出:“小楼外几曾～,早则是一帘粉絮莺梢断,十里红香燕语残。” ❸形容树叶张开。清金堡《如梦令》:“才见绿杨～,又听黄鹂舌啭。”

【抛扬】 pāo yáng 高高抛洒。宋卫宗武《满江红·寓古杭和南塘咏欲雪词》:“点点～珠作霰,纤纤断续丝垂雨。”

【抛飏】 pāo yáng ❶同“抛扬”。《宋史·河渠志七》:“今欲分委两通判监督地分厢巡,逐时点检,勿令侵占,并～粪土。” ❷抛弃。明沈少云《一合相》二出:“美景良辰,随时行乐,把闲愁幽闷～。”

【抛样】 pāo yàng 呈现(新巧)式样。明汤显祖《紫钗记》四七出:“玉钗～,上头时萦红腻香。为冤家物在人亡,这几日意迷神恍。”

【抛漾】 pāo yàng ❶丢下;抛弃。漾,有丢弃义。明陈所闻《山坡羊·寒夜思亲》:“他病淹缠遭逢不辰,我苦零丁慈母轻

～。”清李玉《永团圆》七出：“人生聚散原空相，男儿何必愁鳏旷。楚囚泣，都～。”吴绮《连理枝》：“落叶轻狂，残花冷淡，总成～。只阶前蟋蟀忒多情，到更深相傍。” ❷ 分离。明杨柔胜《玉环记》三〇出：“只为这家奴生祸殃，闪得我夫妻～。”

【抛遗】 pāo yí ❶ 抛弃。宋《颂石头和尚草庵歌》：“垢衣那肯便～，切恐众生难理会。”清李渔《比目鱼》一〇出：“只道是高人不屑就低微，把职守辞推，案卷～。”《平定准噶尔方略》前编卷三一：“贼夷乘夜逃奔，～马匹、牛羊、器械，不计其数。” ❷ 缺失遗漏。宋绍文《法堂玄要广集序》：“卢有～，再从编录。总一十六会，偈颂次之。”

【抛盏】 pāo zhǎn 契丹、女真民族的一种祭祀仪式。五代胡峤《陷北记》：“有屋室碑石曰陵所，兀欲入祭，诸部大人惟执祭器者得人。入而门阖，明日开门，曰～。”宋《建炎以来繫年要录》卷八四：“是月金主晟卒于明德宫，……命诸郡邑皆立晟之灵，～烧饭，吏民成服。”《金史・礼志八》：“再拜，上香；又再拜，排食～毕；又再拜，饮福酒。”

【抛掷】 pāo zhì ❶ 投掷；扔。唐李贺《示弟》：“何须问牛马，～任枭卢。”《元曲选外编・符金锭》三折：“〔梅香云〕姐姐丢下去罢。〔正旦唱〕我待要时间～心中惧，又则怕错了教他向那厢。”明《封神演义》二三回：“众人随将带来锹锄，一时挑挖；内中挑出一付枯骨，众人四路～。” ❷ 投入；插进。唐李贺《染丝上春机》：“美人懒态燕脂愁，春梭～鸣高楼。”曹唐《织女怀牵牛》：“封题锦字凝新恨，～金梭织旧愁。”五代张泌《浣溪沙》：“依约残眉理旧黄，翠鬟～一簪长，暖风晴日罢朝妆。” ❸ 搁置；闲置；废弃。唐颜师古《大业拾遗记》卷上：“因请丽华舞《玉树后庭花》。丽华目后主，辞以‘～岁久。自井中出来，腰肢依拒，无复往时姿态’。”张籍《答刘竞》：“刘君久被时～，老向城中作选人。”刘禹锡《和仆射牛相公春日闲坐见怀》：“东洛池台怨～，移文非久会应成。” ❹ 抛弃；弃掷。唐刘禹锡《杨柳枝》：“花萼楼前初种时，美人楼上斗腰肢。如今～长街里，露叶如啼欲恨谁。”元《武王伐纣平话》卷上：“此子不得～，后十八年必佐西伯侯同破无道之君也。”明王九思《画眉序・春兴》：“花谢雨声疾，万点红香委原隰，叹韶光容易把人～。” ❺ 分离；离开。唐元稹《赠吴渠州从姨兄士则》：“忆昔分襟童子郎，白头～又他乡。”罗隐《筹笔驿》：“～南阳为主忧，北征东讨尽良筹。” ❻ 挥霍；随意花费。清于成龙《劝民节俭歌》：“更有不肖少赢餘，便思嫖赌任～。”

【抛置】 pāo zhì ❶ 同“抛掷❷”。宋觉范《林间录》卷下：“定捉住，欲～水中。两讲人惊，抱持之哀告。”清《平定两金川方略》卷一二二：“我兵又将火弹药囊～柴捆草束之中，顷刻火发，碉寨烟焰飞腾。” ❷ 同“抛掷❹”。明王樵《与长男启疆书》：“但自此欲谢绝人事，一切都～，惟寻山玩水，逍遥忘世，以保餘年而已。”清万树《二郎神・别意》：“君替我、想到恁般惨戚，怎生～。”《聊斋志异・神女》：“黄金～，我都不惜。寄语娘子：珠花须要偿也。” ❸ 同“抛掷❶”。清弘历《远清轩》：“座间镜一片，～作昆明。”《聊斋志异・老饕》：“邢以弓卧挞之，僮夺弓去，拗折为两，又折为四，～之。” ❹ 同“抛掷❸”。清田雯《南阳武侯草庐》：“人亡谁是镜，台废不弹琴。庐在终～，行间叹滞淫。”弘历《素尚斋》：“愁中久～，今得稍周旋。”又《纳翠轩》：“佳景常～，从容雨后探。” ❺ 置；投放。清李光地《榕村语录》卷二二：“～生死于度外，倒得身名俱泰。”弘历《题晁补之老子骑牛图》：“五千不是闲～，为付关门令尹回。”

【抛舟】 pāo zhōu 泊船。唐郎肃《甘泉普济禅寺灵塔记》：“得岸～，不师文字。”清李光地《施将军逸事》：“风微夜静，海水平如练，可以～泊洋，聚而观衅。”

【抛珠】 pāo zhū 洒泪。明《西游记》五七回：“满眼～，伤心痛哭。”清史唯圆《减字木兰花・春思》：“古驿桥边。红泪～送上船。”《歧路灯》四四回：“忍不住心上生酸，眼中～，暗暗的哭了一会。”

【抛住】 pāo zhù 停泊。元明《三国志通俗演义》卷一〇：“南船且休近寨，就江心～。”清《说岳全传》四四回：“两下俱各～船脚。”

【抛砖】 pāo zhuān ❶ 抛砖引玉之省，谦称自己发表文章或意见。《敦煌变文校注》卷五《佛说阿弥陀经讲经文(一)》：“何幸得陪高论，庆喜至心不尽。何异掷石成金，有似～之分。”宋苏轼《与朱康叔书》：“谨小楷一本寄上，却求为书，～之谓也。”明顾清《世恩国声二郎中留饮南旺分司》：“微吟更比～陋，满握璠玙想嗣篇。”《梼杌闲评》一〇回：“我先放肆～，幸勿喷饭。” ❷ 向离任官员投掷砖石以泄恨。宋陈造《八月晦试院中作》：“俗无～恶，归舟缓张席。” ❸ 一种仪式，向坟穴抛掷砖头并唱颂词。元江恺《乐斯抛砖文》：“爰举～胜典，式烦振木长歌，……伏愿～之后，神为守护，人自平安。”

【抛砖引玉】 pāo zhuān yǐn yù 比喻用粗浅的意见引出高明的见解。《祖堂集》卷七《雪峰和尚》：“僧官云：古人道金屑虽贵，又作摩生？师拈问镜清，镜清代云：比来～。”《景德传灯录》卷一〇《从谂禅师》：“大众晚参，师云：今夜答话去也，有解问者出来。时有一僧便出礼拜。师云：比来～，却引得个墼子。”

【抛子】 pāo zǐ 即“抓子儿”。清赵执信《舟中忆内》：“苦将红豆闲～，遥意青灯病对花。”

【抛赚】 pāo zuàn 抛弃欺骗。明杨柔胜《玉环记》一七出：“〔旦〕官人此去，得官即便回程。〔生〕稍得身荣，怎肯将伊～。”

【泡】 pāo 另见 pào。❶ 蓬松；虚肿。清梁同书《直语补正》：“凡物虚大谓之～。”《野叟曝言》一二四回：“个个哭得鼻～眼肿。” ❷ 量词。用于血、泪、屎、尿等。明汤显祖《牡丹亭》五四出：“取喜时，也要那破头梢一～血。”清《醒世姻缘传》二九回：“一个妇人拿了一把铁锨，除了～孩子的屎，从门里撩将出来。”《双凤奇缘》六回：“送出钦差上路而去，含着一～眼泪说知夫人。”

【泡浮】 pāo fú 另见 pào fú。虚肿。明《西游记》八九回：“查耳朵，砍额头，青脸～。”

【泡头】 pāo tóu 梳成蓬松发型的头部。清李渔《风筝误》一八出：“〔丑扮丑女，～阔鬓上〕旋买街头髲，妆成额上鬖。”

páo

【刨】 páo ❶ (走兽用蹄爪)扒；抓。《法苑珠林》卷九五：“恶牛卒来，翘尾低角，～地唤吼，跳踯直前。” ❷ 挖；掘。宋文莹《玉壶野史》卷一〇：“铉～之，去土丈餘，果得巨兽骨。”明《西游记》一回：“众猴果去采仙桃，摘异果，～山药，劚黄精。”清《白雪遗音・打扛子》：“羁了监，越了狱，一夜还偷～了五座坟。” ❸ 指翻地等农活。元佚名《朝天子》：“耕种锄～，无烦无恼，卧东窗日影高。”《元曲选・荐福碑》一折：“庄农只得锄～力，答贺天公雨露恩。” ❹ 搜寻；询问。清《醒世姻缘传》六五回：“你只说是那里见来，或是听见谁说，我好到那里～着根子，就使一百千钱，我高低买一套与你。”

【刨采】 páo cǎi 采挖。清《开国方略》卷三：“国人～人参，渍之水以待售。”《大清会典则例》卷一一四：“官商有私立小票，远接～私参之人，至宁古塔货卖。”

【刨除】 páo chú 挖掉。清雍正三年六月初六日许国桂奏文：“原任宣化总兵官张自成，修理宣化府城，～沙土。”乾隆四十一年七月十六日高晋、萨载奏文：“将旧坝基址～净尽。”汪志伊《疏河筑堤工程记》：“往往将原有旧河，指广为狭，指深为浅，并将浮草～，以为挑挖冒销之地。”

【刨地】 páo dì 种地。《元曲选·薛仁贵》一折：“诸葛亮锄田～，刘先主织席编履。”

【刨黄】 páo huáng 刨根问底。清《醒世姻缘传》六五回：“他既是从莲花庵回家就发作起头，这事白姑子一定晓的就里的始末。你还到他那里～。”

【刨掘】 páo jué 挖掘。清《平定准噶尔方略》正编卷六〇：“马得胜～地道，为贼所觉。”张九钺《重修豫章沟议》：“新城石工趣捷而勇，知土性，善～。”《荡寇志》一一六回：“此物端的在地下游行无碍，只是出入的路必从生根发苗之处。若在那里～，他先走了，掘亦何益。”

【刨食】 páo shí 用爪扒土觅食。宋强至《过练湖》：“杨柳经霜相对老，凫鹭～自由飞。”刘应时《入夜》：“僻居成懒惰，～幸平安。”△清《七侠五义》六一回：“适才见幛外有几只雏鸡，在那里～吃。”

【刨挖】 páo wā 挖掘。明《梼杌闲评》八回：“黄才擅开金矿，～禁地。”清杨锡绂《苗疆铜矿毋庸开采疏》：“从前初开，原有绿色好砂。自乾隆四年以后，～便只有黑砂。”《姑妄言》一三回：“随差衙役押他众人同去眼看～，果然在疆界上挖出几块砖来。”

【泡制】 páo zhì 同“炮制❶”。清魏象枢《答孙寿周及门书》：“又劳门下精选药品，遣价远来，～封函，用心曲至。”方成培《雷峰塔》一四出：“感得神灵福庇，抑且～精良，赎药的挤摧不开。”

【炮熬】 páo āo 犹“炮煮❶”。《法苑珠林》卷八七：“如身行杀生，或剥切脔截，～蚶蛎，飞鹰走狗，射猎众生者，则堕屠裂斤割地狱中。”宋梅尧臣《种胡麻》：“霜前未坚好，霜后可～。”

【炮燔】 páo fān 烘烤。唐长孙宪《对反古修火利判》：“大智未萌，尚质巢窟。后圣有作，乃教～。”宋陆游《幽居》：“饥坐～多巨栗，醉归怀袖有新橙。”元方回《哭从兄良遇》：“平生无妾侍，寡欲培真元。焉用艾与附，内外加～。”

【炮焚】 páo fén 火烧。宋陆游《秋夜读书有感》：“久病畏长夏，枕簟如～。”清毛奇龄《圣德神功颂》：“以比干环盾，大破其勃卢之阵，擒其子，～其妻孥。”

【炮炼】 páo liàn 用加热的方法炼制中药，也借指修炼。元毛应龙《周官集传》卷三：“政令，如下文分治稽制之等，亦若采取～治疗之方也。”明《西游记》七一回：“人能悟彻色空禅，何用丹砂～。”

【炮烹】 páo pēng 烹制(食物)。唐苑咸《为李林甫谢腊日赐药等状》：“中使～，皆承圣法。不资椒桂之力，备适盐梅之味。”宋吕祖谦《金华游玠母陈氏墓志铭》：“玠每游学，纫补～，米盐靡密，悉出吾母之手。”明《金瓶梅词话》七二回：“一面来安儿拿上饭来，无非是～美口肴馔。”

【炮煨】 páo wēi 用微火烤。明朱橚《普济方》卷七四：“取黄柏，以刀略去粗皮，不拘多少，湿纸裹黄泥～，候泥干取出。”

【炮燥】 páo zào ❶燥热。明《西游记》四一回：“这大圣一身烟火，～难禁，径投于涧水内救火。”清《红楼梦》二〇回：“何尝不穿着，见你一恼，我一～就脱了。” ❷暴躁；焦躁。明《拍案惊奇》卷二：“那男女道：‘实实不曾回家，不要错认了。’潘公～道：‘……您家要悔赖了别嫁人，故妆出圈套。’”

【炮躁】 páo zào 同“炮燥❶”。明朱橚《普济方》卷一九九：“(大养脾丸)治丈夫妇人患热瘴，心中烦闷～，饮水不已，昏迷至危者。”

【炮制】 páo zhì ❶炼制(药材或食品)。唐孙思邈《备急千金要方凡例》：“常用乌头，止言～。此物大毒，难循旧制。”宋苏轼《和桃花源诗》：“耘樵得甘芳，龁啮谢～。”清《霓裳续谱·卖豆儿的》：“我的豆儿，木樨玫瑰～的到。” ❷比喻降伏。清《红楼梦》七九回：“况且见薛蟠气质刚硬，举止骄奢，若不趁热灶一气～熟烂，将来必不能自立旗帜矣。” ❸比喻照样做。清《品花宝鉴》一九回：“琪官不知，却上了当了。两只手都放进去，缩不出来。他也要如法～，来扯琪官小衣裳。”

【炮炙】 páo zhì 烘烤；炼制。唐李白《秋猎孟诸夜归置酒单父东楼》：“归来献所获，～宜霜天。”金元好问《少林药局记》：“时节州土无不适其当，～生熟无不极其性。”清《隋唐演义》六〇回：“倘异日食言，不能照顾兄的家属，当如此肉，为人～屠割。”

【炮煮】 páo zhǔ ❶火烤水煮，炼制药物。宋陆游《杂兴》：“寒气薄腠理，沈痛结心膂。遣奴买药物，日夜事～。”元王祯《农书》卷九：“(银杏)其子至秋而熟。初收时小儿不宜食，食则昏霍，惟～作颗食为美。”明缪希雍《神农本草经疏》卷二七：“莱菔根，味辛甘温无毒，散服及～服食，大下气。” ❷形容闷热，如火烤水煮。宋吕本中《即事》：“经旬困～，今夕有微风。”方岳《秋热》：“秋来几何时，～乃尔剧。”

【袍仗】 páo zhàng ❶衣服跟器仗。《新唐书·杨弘礼传》：“帝自山下望其众，～精整，人人尽力，壮之。”《资治通鉴》卷一〇九：“宝恐为魏军所及，命士卒皆弃～、兵器。” ❷市语。衣服。明风月友《金陵六院市语》：“自用物而言，衣服则曰～，帽子则曰张顶。”清《醉醒石》八回：“他是个聪明人儿，宠儿也生的媚，～儿也济楚。”

【跑】 páo 另见 pǎo。❶同“刨❶”。唐韦应物《调笑》：“胡马，胡马，远放燕支山下。～沙～雪独嘶，东望西望路迷。”《元曲选·桃花女》三折：“那马便顺顺的伏了他，～也不敢～一跑，踢也不敢踢一踢。”明李开先《宝剑记》一四出：“每遭鼠咬学猫叫，苦被蚊丁作狗～。” ❷同“刨❷”。元邓玉宾《粉蝶儿》：“俺只会春来种草，秋间～药。”《元曲选·误入桃源》三折：“往时节将嫩苗～土栽，今日呵见老树冲天立。”

【跑风】 páo fēng 另见 pǎo fēng。犹“跑空❶”。宋方岳《书梦》：“我马～欲人立，紫丝袍贴黄金勒。”

【跑空】 páo kōng ❶走兽蹄爪高举向空抓挠。宋刘才邵《题仲兄和仲画虎图》：“一儿尽有食牛气，～人立肩侵耳。”明孙一元《出塞》之二：“饥鹰掠地去，骏马～鸣。”清汪由敦《题射猎图》：“苍鹰掠地马～，想见当场意气雄。” ❷向空中喷射。元任士林《雪窦淳上人求施大鐘序行》：“飞瀑千丈，激雪～，玉乳金沙，时一发露。”

【跑蹄】 páo tí 用蹄扒地。明《西游记》二〇回：“只见那山坡下，剪尾～，跳出一只斑斓猛虎。”《禅真逸史》一七回：“只见里面托地跳出一只锦毛大虎来，摆尾～，径扑林澹然。”

【跑跳】 páo tiào 另见 pǎo tiào。抓挠跳跃。明《西游记》五七回：“白马撒缰，在路旁长嘶～，行李担不见踪影。”

【跑跃】 páo yuè 跳起抓扑。宋洪迈《夷坚志》丙卷三：“明年是日，亲饲马，马忽～，踶其左肋下，即死。”明谢肃《谕虎》：“於菟～最豪雄，啗人肥已当先戮。”

【跑躁】 páo zào 狂躁或狂躁症。清程林《圣济总录纂要》卷二二:“犬发狂疾,~啮人。”《醒世姻缘传》二六回:“晁夫人越发~得异样,春莺、尹三嫂、小和尚三人不住的悲啼。”《儒林外史》二四回:“他用了一剂药,小的哥子次日就发了~,跳在水里淹死了。”

【跑抓】 páo zhuā 抓挠。宋梅尧臣《冬夕会饮联句》:“冻痹两股铁,~双鬓鬡。”

【跑捽】 páo zuó 扒抓。宋李昭玘《祭枯骸文》:“尔非宿奸老,凶喜为剽贼,白昼杀人,毒于货殖,危生残家,祸抵枭磔,投尸沟中,犬彘~者邪?”

pǎo

【跑】 pǎo 另见 páo。❶ 足离地急走。唐马戴《边将》:“红缰~骏马,金镞掣秋鹰。”元明《水浒传》一八回:“离了茶坊,飞也似~到下处。” ❷ 逃走;迁移。《元曲选·单鞭夺槊》三折:“我近不的他,~,~,~。”清孔尚任《桃花扇》三六出:“今日可用着俺的~了,但不知贵阳相公,还是~,还是降?”《儒林外史》四七回:“虞华轩生在这恶俗地方,又守着几亩田园,~不到别处去,因此就激而为怒。” ❸ 跑马;表演马术。明《隋炀帝艳史》二二回:“炀帝喜道:‘你若跑马,朕就饮此三觞何如?’薛冶儿料道推辞不得,只得说道:‘~得不好,万岁与列位娘娘不要见笑。’”清《儒林外史》四二回:“门下这几个小孩子~的马,倒也还看得,叫他~一出马替两位老爷醒酒。”《绮楼重梦》三四回:“太太和奶奶们通在观德厅坐着,叫二爷带了这班跑解的去试~~瞧。” ❹ 走动。清《儒林外史》四九回:“我若先去拜秦家,恐怕拉住了,那时不得去拜众人。他们必定就要怪,只说我捡有酒吃的人家~。”《歧路灯》一回:“有日头落早归的,也有上灯时回来的。不过是后门外胡同里几家,~的熟了,王氏也不在心。”又三回:“这吹台三月三大会,叫孩子~~去。读了两个月书了,走散走散。” ❺ 为某事或某个目的奔走。明《型世言》三回:“寻了几个,都不中意。故此日日~。”清《红楼梦》七回:“今儿偏偏的来了个刘姥姥,我自己多事,为他~了半日。”《蜃楼志》七回:“延年~了一日,还是温商帮了二百银子。” ❻ 错过;避开。清《红楼梦》七五回:“将来这世袭的前程定~不了你袭呢。”《歧路灯》一〇五回:“此中分流别派,只在神气微茫之间,早不出奸胥猾吏瞧料,亦~不掉饱于阅历者的眼睛。” ❼ 发达。清《儒林外史》二回:“李老爹这几年在新任老爷手里着实~起来了,怕不一年就要寻千把银子。” ❽ 指事物预想不到地出现。清《红楼梦》一六回:“这如今又从天上~出这一件大喜事来,那里用不着人?”又四一回:“别哄我了,茄子~出这个味儿来了?” ❾ 讳指死亡。清《醒世姻缘传》二回:“天爷可怜见,叫你好了罢!你要有些差池,我只好~到你头里罢了。~的迟些,你那‘秋胡戏’待善摆布我哩。”又九二回:“我年纪大起你,~在你头里。” ❿ 量词,用于踢气球的场数。明《金瓶梅词话》一五回:“西门庆出来,外面院子里先踢了一~,次教桂姐上来与两个圆社踢。”又:“当下桂姐踢了两~下来。”

【跑插】 pǎo chā 跑。插,词缀。清《聊斋俚曲·禳妒咒》:“隔着十里多又~到,他自家看一看到也好。”

【跑差】 pǎo chāi 跑差事;为公事奔走。清靳辅《减差节省驿站钱粮疏》:“若夫~员役狼籍之由,总因于勘合火牌之外,多带餘人,以致多骑马匹。”《歧路灯》七二回:“缘此马甚良善,~已将次近老,到我家可替个脚力。”

【跑道】 pǎo dào 指行走的差使。清《红楼复梦》五回:“老爷在的时候,还有别的差使跑跑颠颠。这会儿连~儿的差使也没了,小的实在闲的慌。”又四六回:“今日多了崇善堂做斋拜经看热闹,那个出去,这个又进来,咱们尽剩了~儿。”《济公全传》四九回:“小人姓刘名昌,绰号叫野鸡溜子,原本在西川路绿林中当小伙计~。”

【跑掉】 pǎo diào ❶ 逃脱。清《野叟曝言》二二回:“咱见不是头势,便如飞的~了。”《姑妄言》三回:“死命挣脱了,往桌子底下一钻,才得~了。” ❷ 讳指死亡。清《儒林外史》六回:“到七日上,把个白白胖胖的孩子~了。”

【跑动】 pǎo dòng ❶ 跑;疾走。清《醒世姻缘传》九七回:“咱穿着衣裳,还好~;他光着屁股,咱还好招架。” ❷ 使疾走。清《说岳全传》七九回:“举起青龙偃月刀,~赤兔胭脂马,劈面砍来。” ❸ 走动;来往。清《醉醒石》八回:“况且十来岁,就在内外~,出入也惯的。”《红楼梦补》六回:“因他从前在怡红院当差,也常往黛玉处~,与紫鹃说得投机。”

【跑躲】 pǎo duǒ 跑动躲藏。明石庞《如梦令·春情》:“乍遇旧萧郎,惊得奴身~。”《禅真逸史》一四回:“守净慌张无措,拚命往东首罗汉堂~。”清《野叟曝言》一〇七回:“房内宫人~哭喊,其声震天。”

【跑发】 pǎo fā 跑得发力。元明《水浒传》五七回:“那甲马一齐~,收勒不住。”明《西洋记》四八回:“黄凤仙的马~了收不住,那一刀可可的照着他的顶阳骨上下来。”清《隋唐演义》一五回:“那马四蹄~,耳内只闻风吼。”

【跑法】 pǎo fǎ 跑动的姿势、力量、速度等。清《说岳全传》六回:“这马虽好,但不知~如何。你何不出一辔头,我在后面看看如何。”《野叟曝言》一三回:“若不是驽马,怎见了这样的瘦骡,慌得那样,没命的~?”又二一回:“是这样~,只怕还赶得及。”

【跑风】 pǎo fēng 另见 páo fēng。疾跑带出风声。金赵秉文《重九登会禅寺冷翠轩》:“~骏马下平野,迎霜老兔啉榛丛。”明王守仁《送陈怀文尹宁都序》:“矫矫千金骏,郁郁披云枝。~拖雷电,梁栋惟其宜。”

【跑海】 pǎo hǎi 海跑;没固定目标地四方奔走。清姚元之《竹叶亭杂记》卷七:“市中制车供人雇用曰买卖车。终日置胡同口,得价方行曰站口;求西奔走莫定曰~。”《红楼梦补》一六回:“单靠着弟兄们拉拢,自然不肯叫出去~丢脸。”

【跑脚步】 pǎo jiǎo bù 犹“跑腿❷”。清《野叟曝言》一八回:“只见原差说道:‘我差了这件古董事,买牌票,~,酒也没喝你一杯……’又李道:‘谁叫你~来?你既做差人,自该跑腿。’”

【跑楼儿】 pǎo lóu er 跟随轿子侍从的仆婢。清李斗《扬州画舫录》卷一六:“富贵家则自备女舆,行走若飞,谓之飞轿;步碎而软,谓之溜步。轿夫谓之楼儿,随轿侍儿谓之~。”

【跑路】 pǎo lù ❶ 走路;行路。明《西游记》三七回:“当时我做好汉,专一吃人度日,受用腥膻,其实快活,偏你出家,教我们保护你~。”《西洋记》六七回:“那随行的老者肚里还有些烟,一边~,一边说道:‘仙童哥,仙童哥。’”清《白雪遗音·养汉老婆》:“备上鞍子骑了去,又省的~,又省的插泥。” ❷ 上路;动身离去。明《西游记》九回:“差了时辰,少些点数,就是那厮断卦不准,怕不赢他?那时捽碎招牌,赶他~,果何难也?”《二刻拍案惊奇》卷四:“行囊还在汤家,方才见过的。岂有不带了去径自~的理?” ❸ 奔跑,引申指逃走。明《平妖传》六回:“出来踅了四五遍,好似蚂蚁上了热锅盖,没~投处。”清《樵史》一六回:“刘内相难道逃走了？一定怕万岁爷难为咎两个，故此假意吆喝，只说‘魏忠贤走了’，趁势好～。”《荡寇志》八一回：“一旦贼发火起，你父亲必第一家遭殃。所以我劝你趁早学会～，临时也好逃命。” ❹ 指死亡。清《警寤钟》一一回：“这斋还要吃他怎的？这佛还要念他何用？老早现你年把世，跑你的老路，还是正经事。”

【跑马】 pǎo mǎ ❶ 骑马奔跑。元明《水浒传》三回：“陈达、杨春赶上，一家一朴刀，结果了两个性命。县尉惊得～走回去了。”明汤显祖《牡丹亭》四二出：“〔外〕呀，岸上～的什么人？〔末扮报子～上〕马上传呼，慢橹停船看羽书。”清《皇朝文献通考》卷一七九：“并无紧急事私行～者，八旗兵鞭五十。” ❷ 赛马或表演马术。明刘若愚《酌中志》卷二〇：“立春之前一日，顺天府于东直门外迎春。凡勋戚、内臣、达官、武士，赴春场～，以较优劣。”《隋炀帝艳史》二二回：“薛冶儿正立在炀帝背后，听见朱贵儿举他～，慌忙走出来说道：‘朱贵儿专会攀人。’”清《绿野仙踪》三〇回：“宁陵县中有一人姓蒋名自兴，原是～卖解人家。”

【跑堂的】 pǎo táng de 在店堂招待客人的服务员。清《歧路灯》三回：“饭铺前摆设着山珍海错，～抹巾不离肩上。”《绿牡丹》四一回：“一直走进店门。柜上人及～亦都认得，连忙迎接。”

【跑踢】 pǎo tī 跑动；跳动。清《聊斋俚曲·增补幸云曲》：“谢了又谢，一霎叫‘大叔’，一霎叫‘爷爷’，喜的前～后～的。”

【跑跳】 pǎo tiào 另见 páo tiào。❶ 跑动跳跃。明唐顺之《武编》前集卷四：“星：令士卒～哮叫而进，一冲前阵，其势如劈竹。”清陈端生《再生缘》五四回：“那侯五嫂一听归来，～着出房问信。” ❷ 走动；行走。清《后水浒传》三一回：“几日～得两腿怪直，恰想碗酒下肚。”

【跑兔子】 pǎo tù zi 奔跑的兔子，比喻人坐不住。明《金瓶梅词话》五一回：“拔了萝卜地皮宽，交他去了，省的他在这里～一般。”

【跑腿】 pǎo tuǐ ❶ 跑动；脚步往返。清《儒林外史》五四回：“明早是必留下，不要又要我们～。”《红楼梦》七八回：“从此你老人家省了跑这一处的腿子了。” ❷ 为人奔走做杂事。清《红楼梦》一〇一回：“正经那有事的人还在家里受用，死活不知，还听见说要锣鼓喧天的摆酒唱戏做生日呢。我可瞎跑他娘的腿子。”《野叟曝言》一八回：“你既做差人，自该～，不消和我说得。”

【跑腿的】 pǎo tuǐ de 听人指使的勤杂人员。清《红楼梦》九一回：“也有想插在里头做跑腿儿的，也有能做状子，认得一两个书办，要给他上下打点的。”《白雪遗音·嫖账》：“到如今～登门来要账，逐日吵嚷。”又《逛窑子》：“叫了一声跑腿儿的，你把家伙收去罢。”

【跑五方】 pǎo wǔ fāng 丧仪之一，由人扮鬼卒，执叉四处奔跑以驱逐野鬼。清《儒林外史》四回：“行香放灯，施食散花，～，整整闹了三昼夜，方才散了。”

【跑解】 pǎo xiè 即“跑解马”。清乾隆三十年二月二十四日苏昌奏文：“闽浙二省各营内，有硬弓、马枪、～、骗马各杂技兵丁，亦各酌挑数名，随营伺候。”《荡寇志》八四回：“小人等是东京下来～的，特到城里慈云寺赶趁。”

【跑解马】 pǎo xiè mǎ 跑马卖解；在奔跑的马上表演各种技艺。清《红楼梦》五一回：“你就这么～的打扮儿，伶伶俐俐的出去了不成？”《荡寇志》七九回：“凡是～的武妓，她那打扮都是单叉裤，不系裙子。”

【跑走】 pǎo zǒu ❶ 跑；疾走。元明《水浒传》四二回：“众人一哄，都奔下殿来，望庙门外～。”明戚继光《练兵实纪》卷五：“若各官军马匹不行拴拿，有乱营～者，治本军并看马人役之罪。”清《万花楼》七回：“当下七名家丁，见抛了公子下楼，急急～下楼来。” ❷ 逃走；走掉。明韩邦奇《怯懦将官烧荒遇敌奔败事奏》：“各官军并参将都勋，带领有马官军往东混乱～，遗下步军被敌邀追射破。”清《续金瓶梅》二回：“那玳安是小胆后生，和月娘一定要～逃命。”《说岳全传》三二回：“夫妇，人之大伦。你怎么～了？岂不害了那小姐的终身？” ❸ 往来奔走。明《型世言》三一回：“殿了三甲，选了知县、推官，战战兢兢，要守这等六年，……怎他日逐在我们案前～驱役的，也来夹在我们队里？”

pào

【泡】 pào 另见 pāo。❶ 像水泡一样的东西。宋汪莘《水天月歌》：“明月不来不去时，琉璃～中珠一颗。”《元曲选外编·博望烧屯》三折：“三军一齐下河去，把您身上火烧的～，着水泡一泡。”清《醒世姻缘传》五九回：“一边将狄希陈东一钳，西一钳，一下一个紫～。” ❷ 浸；淹。宋孙觌《宋故抚干周府君墓志铭》：“县濒雨暴涨，水冒田，～民庐。”明《西游记》五七回：“却烧了一罐热茶，递与沙僧泡饭。沙僧即将冷饭～了，递与师父。”清《醒世姻缘传》五四回：“叫他煮腿腊肉，他预先～了三日，～得那腊肉一些咸味也没有了。” ❸ 沏；冲泡(茶)。宋元《清平山堂话本·李翠莲》：“打点各样果子，～了一盘茶，托至堂前。”清吴伟业《秣陵春》二出：“昨日新茶不曾试得，你将泉水炖好，待我亲～。”孔尚任《桃花扇》五出：“虎丘新茶，～来奉敬。” ❹ 烫。宋元《清平山堂话本·李翠莲》：“姑娘小叔若要吃，灶上两碗自去拿。两个拿着慢慢走，～了手时哭喳喳。”元明《水浒传》八回：“急缩得起时，～得脚面红肿了。”清《聊斋志异·锦瑟》：“泅没良久，热渐可忍，极力爬抓，始登南岸，一身幸不～伤。”

【泡茶】 pào chá ❶ 冲泡成的茶水。元明《水浒传》三回：“茶博士问道：‘客官吃甚茶？’史进道：‘吃个～。’茶博士点个～，放在史进面前。”明《二刻拍案惊奇》卷一〇：“多走进一个茶坊里面坐下，吃个～。”清《野叟曝言》一四回：“素臣一个恶心，几乎连敬亭家中吃的～呕将出来。” ❷ 沏茶；用开水冲泡茶叶形成茶水。跟煮茶相对，是一种后起的饮茶方式。明郭登《西屯女》：“隔墙却问官何来，阿爷便归官且住，解鞍系马堂前树，我向厨中～去。”清《玉蜻蜓·问卜》：“家主婆，王老相来哩，～出来。” ❸ 用花朵、药材冲泡制成饮品；也指用干果、蜜饯等与茶叶一起沏泡。明《古今小说》卷三：“这两包粗果，送与姐姐～。”清吴其濬《植物名实图考》卷一一：“决明味苦寒，调以五味，尚可相剂；若以～，则祛风者即能引风。”陈淏子《花镜》卷六：“一种单叶紫茎，开黄白小花，气味香甘者，名茶菊。虽不足观，～入药所必需。”

【泡灯】 pào dēng 一种球形灯，可防风雨。宋周密《武林旧事》卷二：“又有幽坊静巷好事之家，多设五色琉璃～，更自雅洁。”宋元《警世通言》卷一六：“十字两条竹竿缚着，皮革底钉住一碗～，照着门上一张手榜贴在。”清《小豆棚》卷六：“再则为～、鱼瓶、葫芦……皆空。”

【泡电】 pào diàn 水泡电光。比喻虚幻不可靠的事物。唐杨炯《益州温江县令任君神道碑》：“梦幻～，知一切之皆空；园林货财，见三阳之已净。”《敦煌变文校注》卷六《不知名变文(一)》：“大地山河，尚犹朽坏，况乎～之质，那得久停？”宋程俱《山中秋夜》：“以彼～境，劳此草木形。”

【泡钉】 pào dīng 即“泡头钉”。清石韫玉《灵风观》：“庑门

～熠繁星，中有神人坐明庭。”叶梦珠《阅世编》卷三：“年来则以实板厚三寸许者为门，而截竹筒阔寸许、长尺许如人字样密排，而各以鋈锡～钉之。”

【泡饭】 pào fàn ❶用开水或热汤冲泡冷饭而成的稀饭。宋周密《武林旧事》卷二：“赐状元第三人酒食五盏，餘人各赐～。”明《金瓶梅词话》九五回：“丫头们不知好歹，与了他些肉汤子～吃了。” ❷用开水或热汤泡饭。明《西游记》五七回：“留他们坐了，却烧了一罐热茶，递与沙僧～。”清《水浒后传》七回：“把鸡骨朵咬得罄尽，肥汁～，吃了才睡。”

【泡浮】 pào fú 另见pāo fú。水泡浮动。比喻短暂动荡的生息。《法苑珠林》卷一一六：“幻工作同异，～作多身。”宋薛嵎《为归云师赋野航》：“风浪随机息，乾坤任～。”

【泡光】 pào guāng 犹“泡电”。明许宗鲁《明进士胡伯子墓志铭》：“其来奚自，其返奚归。～石火，倏熄倏辉。”清董汉策《贺新凉·新集雨宿俄然早晴》：“迁宿平淮当日事，好似～含泫。”

【泡幻】 pào huàn 水泡幻影。比喻虚幻不可靠的事物。《祖堂集》卷二《婆修盘头尊者》：“～无真，虑情无过。”宋王禹偁《月波楼咏怀》：“身世喻～，衣冠如赘瘤。”清钱谦益《西湖杂感》：“消沉～看金鲫，警策浮生听木鱼。”

【泡聚】 pào jù 水泡聚散。比喻短暂动荡的生息。明汪彦《与沈源美杜言登候涛山观海》：“蓬飘随～，机息共鸥翔。”瞿汝稷《减字木兰花》：“九州岛～，肯为一官违我素。”

【泡浪】 pào làng 水泡翻滚成浪。也比喻短暂动荡的生息。宋彭汝砺《城东行事去李简夫甚迩可以卜见》：“～亦悟吾生浮，尚壮欲以华簪投。”明孙一奎《医旨绪餘》卷下：“火盛激动其水，如锅中汤滚～沸腾是也。”

【泡露】 pào lù 水泡露珠。比喻虚幻不可靠的事物。唐李尚一《开业寺碑》：“岂不以～倏忽，陵钮迁移，寂寥千载，烟尘四合。”宋何梦桂《和宋英叟》之一：“桑蓬自笑平生志，～谁能万世基。”清彭孙遹《饮湖上酒楼》：“但觉兴亡同～，何须冷暖别羹齑。”

【泡梦】 pào mèng 水泡幻梦。比喻虚幻不可靠的事物。唐苏颋《高安长公主神道碑》：“盖～之为喻也，乃散以檀那，离于染著。”元刘诜《和周伯恭山长游觉报寺》：“人生几～，奚用苦酬酢。”明王世贞《幻景庵记》：“且吾生而龀，龀而童，以至于壮且老，所历之景，若～焉，露电石火焉。”

【泡沤】 pào ōu 水泡。也比喻虚幻不可靠的事物。宋舒岳祥《诜十二弟以冬菊盆为余寿》：“重阳曾见金佛头，顶似旋螺踊～。”明孙承恩《题公子醉归图》：“人生几何同～，从渠富贵死即休。”清萧诗《百幻诗·海市》：“望中城郭归虚幻，世外乾坤亦～。”

【泡身】 pào shēn 虚幻不坚牢的肉身。唐崔琪《唐少林寺灵运禅师塔碑铭》：“幻境非实，～是妄。”

【泡汤】 pào tāng ❶将药物等浸泡成汤汁。宋洪迈《夷坚志》支景卷八：“如生梨已尽，则取干者～饮之。”明徐光启《农政全书》卷三六：“或用梅树叶捣碎～，入磁盆内洗之。”《醒世恒言》卷三四：“娘肚疼，叫我买椒～吃。” ❷加开水浸泡，也指煮汤。明刘若愚《酌中志》卷二〇：“先期数日将红枣槌破～，至初八早，加粳米、白米、核桃仁、菱米煮粥。”清陈端生《再生缘》一〇回：“丽君无奈抬尖手，干饭难吞只～。”又五六回：“孩儿孤宿已惯，虽然病重已连朝，至于这送水～倒不消。”

【泡头钉】 pào tóu dīng 圆头的钉子。明《醒世恒言》卷七：“痘疤密摆～，黄发蓬松两鬓。”

【泡洗】 pào xǐ 浸泡洗涤。宋王衮《博济方》卷一：“皂衣遂以皂角汤～，安息香烘干。”明高濂《遵生八笺》卷一二：“只要～器具干净，断水迹，向阴处收藏。”清《醒世姻缘传》三三回：“把那粪浸透的衣裳，足足在河里～了三日。”

【泡形】 pào xíng 虚幻不坚牢的躯壳。唐志宽《慰神素书》：“等同幻境，俱禀～。不意之情，非复言像。”

【泡焰】 pào yàn 水泡与火焰。比喻虚幻不可靠的事物。宋李流谦《挽杨彦序》：“人生～都难据，惟有丰碑屹不磨。”明慧秀《五十自纪》：“～俄惊五十春，卉衣霍食已三旬。”

【泡子】 pào zi 水泡或形似水泡的东西。宋永嘉《证道歌》：“几回生，几回死，汩没海中如～。”佚名《小儿卫生总微论方》卷一：“遇其患，则看儿齿断上有小～如米状。”清魏之琇《续名医类案》卷四三：“但见喷嚏，多啼少乳，即视其口中，上腭有白～成聚。”

【泡子钉】 pào zi dīng 即“泡头钉”。《大清会典则例》卷一三〇：“蘑菇钉每斤银四分五厘，～每百银五分四厘。”

【炮】 pào ❶堪舆用语，称较小的尖锐隆起的地面。唐杨筠松《撼龙经》：“困弱这龙无气力，死鳝烟～入砂砾。”清《儒林外史》四五回：“从浦口山上发脉，一个墩，一个～；一个墩，一个～；一个墩，一个～。弯弯曲曲，骨里骨碌，一路接着滚了来。” ❷（云）骤然出现。元杨维桢《青云高处记》：“沛然而雨，谓之油；突然而作，示飓风之兆，谓之～。”

【炮兵】 pào bīng 操纵炮石或火炮的士兵。元吴澄《元怀远大将军崔公墓表》：“进临毗陵，督～摧木栅以入，克其城。”《大清会典则例》卷七四：“鸟枪护军之下，列满洲～，次汉军～，次汉军火器营兵。”清《荡寇志》一〇五回：“天彪依了，便命傅玉同哈氏兄弟助风会去搜山，将四山～尽行杀散。”

【炮车】 pào chē ❶同“抛车”。唐李筌《太白阴经》卷四：“～以大木为床，床下安四轮，上建双陛。陛间横括中独立竿，首如桔槔状。其竿高下、长短、大小，以城为准。竿首以窠盛石，大小多少随竿力所制。人挽其端而投之。”《宋史·太祖纪一》：“二月丙寅，幸飞山营，阅～。” ❷一种云的形状。宋张耒《自巴河至蕲阳口道中》之二：“喜逢山色开眉黛，愁对江云起～。”元杨维桢《天籁赋》：“怒袭土囊，云起～。飞廉鼓橐，屏翳横途。”明徐光启《农政全书》卷一一：“云若～形起，主大风。” ❸形容声势急骤如炮车云起。元张宪《冬至古城简杨冯二先生》之一：“遍地妖氛起～，十年戎马未宁居。” ❹载行火炮用的车或有轮炮座。清玄烨《亲征漠北纪略》：“～一日止行二三十里，一时不能随大兵，故将神威大炮留于喀伦。”恽格《送滕子还闽》：“春城战血冷悲笳，废垒伤心旧～。”《荡寇志》九五回：“将～载了一座劈山铜炮，数十名炮手推上山去。”

【炮车云】 pào chē yún 一种来势迅猛预示有暴风的云形。宋苏轼《六月七日泊金陵阻风》：“今日江头天色恶，～起风欲作。”明高启《太湖》：“朝看～，雪浪动澎湃。”清张毛健《海涨后诗》：“不愁潮退水痕落，海中还起～。”

【炮灯】 pào dēng 即“泡灯”。元明《水浒传》六六回：“户内缚起山棚，摆放五色屏风～。”明李东阳《王古直传》：“上元节，京师烧糯汁为瓶以贮水畜鱼，旁映屏烛，通明可爱，俗呼为～。”

【炮夫】 pào fū 拖拽炮车的夫役。金刘祁《归潜录》卷一一：“朝议以书生辈尫羸不任役，将发为～。”清《平定金川方略》卷五：“再加大炮一位，即须～四五十名。”

【炮竿】 pào gān 炮车上用于投掷的木竿。也泛指用于吊装等的长木。《旧五代史·汉书·李守贞传》:"守贞欲发石以拒外军,～子不可得。无何上游泛一筏至,其木悉可为～。"宋楼钥《文华阁待制杨公行状》:"严醯炽炭以攻之,石为之解,以～移去。"元姚燧《便宜副总帅汪公神道碑》:"复移军东即嘉陵,为舟行计,舆～巨絙以从。"

【炮火】 pào huǒ ❶发射的炮弹及炮弹爆炸后产生的火焰。宋柴望《塞下行赠韦士颖归鄂渚》:"上流夜夜箭如雨,下流～惊淮甸。"明《西游记》八九回:"他父子并唐僧在城楼上点札,旌旗蔽日,～连天。"清蓝鼎元《粤中风闻台湾事论》:"且性畏～,轰然一声,抱头远遁。" ❷放炮与燃火(报警)。明韩邦奇《墩军大缺盔甲器械不便瞭报防守事奏》:"墩军日与敌人相临,所恃以典司～,传报声息。"李梦阳《榆林城》:"昨夜照天传～,过河新驻五单于。" ❸火器。清《万花楼》六三回:"发令四门倍加弓箭、石灰、～,日夜巡查。"

【炮架】 pào jià 施放抛石或安放火炮的架子。宋石茂良《避戎夜话》卷上:"金人～,四旁并用湿榆小椽密簇定,又用生皮并铁叶裹定鸱鹞须,火不能入。"元佚名《普天乐·嘲风情》:"磨杆儿汤着折,～儿实难拽。"清《续金瓶梅》五四回:"上了敌楼,一面竖起～弩架,使力士远处炮打,近处弩箭。"

【炮军】 pào jūn 军队中操炮人员的编制。《金史·蔡巴尔传》:"阿噜、樊乔皆河中人,初为～万户。"元《皇朝经世大典·政典》:"又有以技名者,曰～、弩军、水手军。"清《开国方略》卷一七:"次步军,次旧汉人马步军及～,各依令操演。"

【炮稍】 pào shāo ❶抛石器抛竿(炮竿)用于放置抛掷物的一端。也指抛竿(炮竿)。宋陈规《靖康朝野佥言后序》:"每一座炮,别用一人于城上,专管城里一座外照物所在。里照～与外物相对,即令施放;少偏,则令炮手略少那脚。"元《三遂平妖传》一九回:"众人缚了李鱼羹,吊在～上,拽动炮架,一声炮响,把李鱼羹打出城外。"清陆世仪《思辨录辑要》卷一七:"大约～如人臂,炮窝如人手指,妙在蚤尾活索能开张如意耳。" ❷借指抛竿端部放置的抛掷物。元《三遂平妖传》一九回:"王则大怒,把小人做～打出城来,要跌小人做骨酱肉泥。"

【炮石】 pào shí ❶用杠杆抛掷石块的战具。唐卢延让《哭边将》:"自是硇砂发,非干～伤。"元《三国志平话》卷上:"使沙石草木填了城壕,立起～打城。"清吕履恒《关门行》:"公挥～击贼军,双眦俱裂詈狗鼠。" ❷指用于抛掷或所抛掷的石块。唐李筌《太白阴经》卷四:"积石,积～,大小随事。"《元曲选·杀狗劝夫》二折:"我则见满天里飞磨旗,半空里下～,俺须是死无个葬身之地。"清《飞龙全传》二五回:"只听得上面嗖的一声响,那个～正望着匡胤的面门打来。"

【炮手】 pào shǒu ❶操控炮石或火炮的人员。宋陈规《守城机要》:"每炮于城立一人,专照斜直远近,令～定放。"元明《水浒传》五五回:"久闻东京有个～凌振,名号轰天雷。此人善造火炮。"清福康安《筹干粮练兵丁备军装疏》:"又如炮位,演放不勤,即易锈蚀。且～生疏,一时不能得准。" ❷掌控号炮或鸣放花炮的人员。明《古今小说》卷二一:"先差～二人,伏于贼兵来路。一等贼兵过险,放炮为号。"清《歧路灯》四回:"门斗拿着两个名帖,带着一班木匠、铁匠、金漆匠、金鼓、旗号、～,四个学夫抬着匾额,径至谭宅大门悬挂。"《金石缘》一二回:"次早,果有多少状元的职事、鼓乐、～、轿马后拥到门伺候。"

【炮台】 pào tái 安置炮石或火炮的台基。宋陈规《靖康朝野佥言后序》:"城面地步不广,必然难安大炮,亦难容数多。虽有～,～地步亦不甚广。"元吴莱《甬东山水古迹记》:"山故有～,曾就台跖弩射夷人。"清《绿牡丹》六三回:"数日之后,炮已请到,差人上山砌垒～。"

【炮头】 pào tóu 五子炮掌主炮的炮手。清雍正二年十月二十五日李绂奏文:"惟五子炮,一～施放,餘四人装子炮。五子互换,迭放不穷。"李绂《五子炮说》:"每炮用炮手五人。一人为～,专主扶立母炮。"

【炮头风】 pào tóu fēng 骤起的大风。明吴宽《渡口驿遇风》:"黄沙障天天半昏,～急万马奔。"

【炮位】 pào wèi 炮,兵器。位,计炮的单位。构词如枪支、纸张。清福康安《筹干粮练兵丁备军装疏》:"又如～,演放不勤,即易锈蚀。"李如柏《请朔平城等处设炮疏》:"所有子母炮二十七位,已如数造成。臣逐位试看,打放最远,颇称便捷,随将～发给各营。"《荡寇志》九五回:"令小弟带了几种～来,倘能轰倒钟楼,敌军可破矣。"

【炮窝】 pào wō 抛车上用来卡住抛竿的窝状装置。宋《三朝北盟会编》卷六八:"～绳欲短,短则炮手不费力而能至远。"清陆世仪《思辨录辑要》卷一七:"大约炮稍如人臂,～如人手指,妙在蚤尾活索能开张如意耳。"

【炮屑】 pào xiè 屑状炮石。清《续金瓶梅》一三回:"那些奇峰怪石,使百姓运来的,不知费几万取来,打碎了,在城上做～,为御敌之物。"

【炮云】 pào yún ❶即"炮车云"。宋赵蕃《明叔同舟见别于永和》:"～忽作空中起,坐觉相顾移表里。"明《西游记》四三回:"当空一片～起,中溜千层黑浪高。"清惠士奇《防海》:"而海有风涛之险,飓风～不测之虞。" ❷指战云。清贝青乔《西泠秋日从孙招饮寓斋》:"～飞焰卷金阊,吹散吾宗各一乡。"

【炮仗】 pào zhàng 即"爆仗"。明唐顺之《武编》前集卷五:"～,一两二钱八分,二两四钱。"《平妖传》一八回:"楼房好似破灯笼,土库浑如铁～。"清《醒世姻缘传》一五回:"若不着这一封挡戗的书去,可不就像阴了信的～一般罢了?"

【炮杖】 pào zhàng 同"炮仗"。明《醒世恒言》卷七:"十餘只船,篩锣掌号,一齐开出湖去,一路流星～,好不兴头。"

【炮帳】 pào zhàng 同"炮仗"。明苏子文《桂枝香·集常谈》:"我买了～别人放,前月支过后月粮。"清《醒世姻缘传》三三回:"回到家中,叫人捍～买鬼脸。"

【炮熗】 pào zhàng 同"炮仗"。明《金瓶梅词话》二四回:"姑夫,你放过元宵～我听!"清《醒世姻缘传》七六回:"说狄员外因调羹生了一个儿子,素姐故意在他窗外放～,打狗拿鸡,要惊死那个孩子。"《儒林外史》二九回:"手里拿着一个锦盒子,打开来,里面拿出一串祁门小～。"

【炮纸】 pào zhǐ 做炮仗用来卷裹火药的纸。清《歧路灯》一〇四回:"匠人开来单子,开了火硝、硫磺几万斤,～几万刀,苇莲蒿茎几万捆。"

【炮竹】 pào zhú 即"炮仗"。元明《水浒传》一〇八回:"必必剥剥响不绝,浑如除夜放～。"明《梼杌闲评》一四回:"今年徽州客人不到,还没～过年哩。"清方桑者《春从天上来·元宵看灯》:"星桥如昼,铁锁玲珑。～几声相送。"

【炮子】 pào zǐ 炮弹或枪弹。清李如柏《朔平城等处设炮疏》:"既有炮位,必须～,方为全备。"魏之琇《续名医类案》卷六〇:"近日行伍惟以干苋菜与沙糖涂之,能出箭头与铅～。"《说岳全传》三〇回:"那～打在竹城上一片声响,俱溜下水去了。"

【炮坐】 pào zuò 同"炮座"。宋吴泳《祁山歌上制师闻敌退》："牌使前呼大队回，鹅车～埋青草。"《金史·持嘉喀齐喀传》："后又夜募死士千人，穴城由壕径渡，烧其～。"明《大宋中兴通俗演义》二回："安～，设弩床，运砖石，施燎炬，垂檑木，备火油，凡防守之具，无不毕备。"

【炮座】 pào zuò　炮车或火炮的底座。也指炮车或火炮。宋陈规《靖康朝野佥言后序》："少偏，则令炮手略少那脚；太偏，则就令拽炮人抬转～。"周南《杂记》："戚方抵城下，立～，治攻具。"元刘一清《钱塘遗事》卷七："南北两岸立～，设划车。"

pēi

【呸抢】 pēi qiǎng　抢白；奚落。《元曲选·冻苏秦》三折："指万物走笔成章，有那等不晓事的倒将我来～。"

【呸唾】 pēi tuò　一面发出"呸呸"的声音一面吐唾沫，是一种表示厌恶、袪除不祥的动作。明沈受先《三元记》二〇出："〔净～介〕有甚么不分明？"

【胚】 pēi　❶受孕一个月形成的生命幼体，也泛指胚胎。唐王焘《外台秘要方》卷三五："崔氏论曰：'凡小儿初受气在娠，一月结～，二月作胎。'"刘禹锡《答乐天所寄咏怀》："骊龙含被探珠去，老蚌～还应月生。"　❷比喻事物、器物的初始形态。唐白居易《奉和思黯相公以李苏州所寄太湖石》："隐起磷磷状，凝成瑟瑟～。"宋强至《赠徐君强》："浑然天成有警句，直若未剖元气～。"明徐复祚《红梨记》一三出："好一似渔阳鼙鼓，霓裳酿～；好一似马嵬旌旆，淋铃雨催。"　❸锻造；孕育；培养。唐顾况《广陵白沙大云寺碑铭》："敦彼广斥，勾攘五林，檑刺元精，猛虎蹲路，雠蛇跛水，气母毒形，火炉～物之意，总持相土，曰牛栏河。"宋宋祁《范阳张公神道碑铭》："张其氏也，《诗》《春秋》以来为显姓。～德孕祥，代有其人。"　❹器物的基质或内衬。元陆友《墨史》卷中："盖烟远则轻，胶远则清。墨家腻此，多～暗乏坚致。"明高濂《遵生八笺》卷一五："其(印)～用真正蕲艾，搓揉百次，仍煮数遍，务去黑星，一点不存，如绵絮然方用。"《醒世恒言》卷三四："乙大做就磁～，就是浑家描画花草人物。"　❺詈词。称人的基质及相应的身分、行为等。明《山歌·鱼船妇打生人相骂》："又弗是你撒食养来搭个，那了要你鸟说～介撒村。"《禅真逸史》二五回："有胆量的，一齐随我打出狱去，杀这贼～。"清《都是幻·写真幻》六回："我池上锦分明是一个饿死的囚～，不料今日享用这般乐事。"

【胚胞】 pēi bāo　胎胞，也指人的基质。五代李从谦《夏清侯传》："秀始在～，已有祖父相。"明《金瓶梅词话》三一回："相貌端正，天生的就是个戴纱帽～儿。"

【胚浑】 pēi hún　❶宇宙形成以前浑然不分明的景象，也泛指混沌不分明的事物或样态。唐刘允济《天赋》："臣闻混成发粹，大道含元，兴于物祖，首自～。"明刘元卿《贤弈编》卷三："水母者亦出海中，～凝然，而绝无眼。"清汤右曾《上钟山》："茶香一啜梦清远，江驶万里流～。"　❷萌生；孕育。宋秦观《治势》："推此言之，天下之缓急虽曰未见，而固已～于冥冥之中矣。"彭龟年《策问》："自秦以三晋之人事耕稼，以秦人事攻战，而兵农之分已～于此。"清高士奇《题卢征君嵩山草堂图》："笔法独启元祐派，～坡老兼涪翁。"

【胚腪】 pēi hún　同"胚浑❶"。唐陆龟蒙《读阴符经寄鹿门子》："大哉化工运亭毒，～秀淑归芳丛。"元洪希文《食棕笋主人请赋》："虽非龙种～出，犹得鹅黄酝藉来。"明李昌祺《题白海青图》："想当～潜孕秀，氤氲翕聚川原精。"

【胚混】 pēi hún　同"胚浑❶"。唐薛据《西陵口观海》："长江漫汤汤，近海势弥广。在昔～凝，融为百川泱。"《太平广记》卷一〇一引《纪闻》："鲁郡任城野黄山瑞像，盖生于石，状如～焉。"宋黄休复《茅亭客话》卷九："躯盖生于石，手足、头面、衣纹纤介，青黄色隐起，状若雕刻，岂知～偶然成形乎？"

【胚廓】 pēi kuò　胚胎轮廓。明谢肇淛《五杂组》卷七："余笑临字如人结胎，一月至十月，先具～，后传形骸。"

【胚模】 pēi mú　胎模；原型。宋《朱子语类》卷一一五："且要见得大纲，且着个大～是恁地，方就里面旋旋做细。"陈淳《答李郎中贯之》："其立根脚已甚健，本领已甚正，～已甚宏矣。所欠者，出持光彩工夫。"清毛奇龄《辨定祭礼通俗谱》卷一："幼时与仲氏学礼，伤时俗蛊坏，思一补救，而无可考证。不得已，取《朱氏家礼》一书为之～。"

【胚蘖】 pēi niè　萌芽，比喻事物初起的状态。明徐祯卿《放言赋》："植高门与厚利兮，为祸怨之～。"

【胚朴】 pēi pǔ　原始形态。朴，未经加工的木材。宋陈淳《答梁伯翔》："但更须知小学涵养，只是个～已就，到大学进学时，此等工夫固自在其中，未尝间断。"鲍云龙《天原发微》卷二上："盖天地是劈初阴阳之气结成立其大者，以为之主，便是个～子。然后为父为母，生人生物，千变万化，皆不出此。"

【胚石】 pēi shí　石料。清钮琇《觚賸》卷八："斧斤丁丁，昼夜不得暂息，仅获～二具。"

【胚胎】 pēi tāi　❶孕育；培养；酿成。唐刘禹锡《儆舟》："祸福之～也，其动甚微；倚伏之矛楯也，其理甚明。"明张景《飞丸记》二五出："〔旦〕良缘昔日～，〔净〕密意今朝吐露。"清汤右曾《磨崖碑》："金妃木母火当殪，封屠家祸谁～？"　❷起源；起始。唐韩愈《清河郡公房公墓碣铭》："公～前光，生长食息，不离典训之内。"明孙继皋《与韩宪副约庵》："南浔董氏之事，虽其～酝酿积有岁年，而一旦衡决。"清《野叟曝言》一四〇回："而朕之得与素父同志者，曾～于老伴。忽闻溘逝，深为痛悼。"　❸初孕的生物体，也指先天体质。宋沈括《梦溪笔谈》卷一六："故人自～至成人，二十年骨髓方坚。"《元曲选·小尉迟》二折："那怕他铁打形骸，铜铸～，早活挟过。"清谢道承《冬笋》："～何坚贞，节目自苞孕。"　❹根基；根苗。宋姚勉《沁园春·送友人补太学》："君知否，这白衣御史，卿相～。"《元曲选·窦娥冤》四折："本一点孝顺的心怀，倒做了惹祸的～。"清《飞龙全传》三〇回："今日若不早除，日后养成～，悔已无及。"　❺器物的基质或内衬。元曾瑞《哨遍·秋扇》："纵浮花妆饰皆虚设，见～破绽难藏掋。"明李乐《见闻杂记》卷一一："锡山人梅氏父子善铸业，预为土～者凡百日，卜以八月二十九日开炉。"清朱琰《陶说》卷一："凡各种～，不外乎此。惟分类按方加配材料，以别其用。"

【胚子】 pēi zi　❶原料。明缪希雍《神农本草经疏》卷三〇："耳出臭脓，用蛀竹屑、膙脂～等分，麝香少许为末，吹之。"　❷犹"胚胎❹"。清《绣屏缘》一四回："鳌头独占，断属老成。想是万民有福，又添出一位宰相的～。"

péi

【倍伴】 péi bàn　同"陪伴❶"。宋元《清平山堂话本·李翠莲》："令堂亦当着老妻过去～，不须挂意。"

【倍备】 péi bèi　同"陪备"。《唐律疏议》卷二〇："(和诱者)

各依强窃为罪，其赃并合～。”

【倍钱货】 péi qián huò 同“赔钱货❶”。明佚名《驻云飞·题东墙记五咏》：“夫人差错，不把姻缘好配合。则为个～，都做了尊堂过。”

【陪】 péi ❶ 重(chóng)；比并。《说文解字·自部》：“陪，重土也。”唐李山甫《山中依韵答刘书记见赠》：“谢公寄我诗，清奇不可～。”《景德传灯录》卷二四《福澄和尚》：“闲吟唯忆庞居士，天上人间不可～。”明汤显祖《牡丹亭》二三出：“做弗迭鬼仙才，白玉楼摩空作赋；～得过风月主，芙蓉城遇晚书怀。” ❷ 贴；并连。《敦煌变文校注》卷一《张议潮变文》：“头中锋铓～垄土，血溅戎尸透战袄。” ❸ 赔；赔偿。唐白居易《判题》：“甲牛抵乙马死，请偿马价。甲云：‘在放牧处相抵，谓～半价。’”元刘时中《端正好·上高监司》：“放小民三二百，报花户一千餘，将官钱～出。”清《姑妄言》四回：“远远的看看罢了，一下失措打掉，你～得起么?” ❹ 结婚时娘家送给新娘嫁妆。《敦煌变文校注》卷六《金刚丑女因缘》：“万计事须相就取，～些房卧莫争论。”明《金瓶梅词话》七回：“难道他娘家～的东西也留下他的不成?”清孔尚任《桃花扇》七出：“恰似亲生自养，～了妆奁，又早敲门来望。” ❺ 贴补；搭上。元杜仁杰《耍孩儿·喻情》：“泥捏的山不信是石，相扑汉卖药干～了擂。”明《拍案惊奇》卷八：“陆氏及邻舍妇女们惊来问信的，也不知～了多少眼泪。”清《续金瓶梅》二五回：“我～着一二千银子，不得和老婆睡一夜，到贴了别人。” ❻ 陪房；陪嫁。清《红楼梦》六五回：“这平儿是他自幼的丫头，～了过来。”《姑妄言》八回：“贾文物又见～了四房下人，四个小厮，又是四个好标致丫头。”

【陪拜】 péi bài 陪同拜祭、拜堂、参拜等。宋魏了翁《十二月二十七日宰执率百官》之一：“骑至南郊晓色苍，须臾～俨成行。”明《醒世恒言》卷八：“我有道理，教女儿～便了。”清《二度梅》一四回：“这喜童见陈公祭奠他爹爹，他却不敢在亭子上～。”

【陪伴】 péi bàn ❶ 作为伴侣陪同。宋赵汝镃《访黄簿留饮》：“惜余戒饮难～，举白掀髯子独酣。”元曾瑞《蝶恋花·闺怨》：“淹渐病昼夜家厮缠缴，相思鬼行坐里常～。”清《红楼梦》八〇回：“仍命人忙忙的收拾紫菱洲房屋，命姊妹们～着解释。” ❷ 指陪同的人。明《醋葫芦》一二回：“得他在家，老身也有个～。”《龙阳逸史》二回：“手面上又教他习了些写算，着他在记室中，早晚做个～。”清《白雪遗音·念多情》：“孤孤伶伶无～，懒对菱花怕梳头。”

【陪绑】 péi bǎng ❶ 因受牵连而被一起捆绑。明《西游记》二五回：“唐僧道：‘虽然不曾打，却也绑得身上疼哩。’沙僧道：‘师父，还有～的在这里哩。’” ❷ 未判死刑或暂不执行死刑的犯人同将被处决的犯人一起捆绑押赴刑场。清《康熙起居注·康熙十九年》：“既经年久，未曾处决，每岁～，亦属无用。”朱翊清《埋忧集》卷二：“遂命将妇反接，插以‘斩’条，跨驴遍游四门，～示众讫而斩其驴于市。”《玉蟾记》五〇回：“前日我们两人～，今日你是首恶，我或是～也未可知。”

【陪备】 péi bèi 赔偿；贴补。备，亦有“赔偿”义。宋吴潜《答蔡枢密书》：“月请正旧楮千餘缗，米五十餘石。百物又贵，必须擘画～，以给用度。”元明《水浒传》三四回：“宋江情愿主婚，～财礼，与总管为室。”

【陪笔】 péi bǐ 作为陪衬的文字。清《林兰香》二三回评语：“赌诗书扇，本一串事，故爱娘与梦卿处处并写。然博趣是留疑的～，留疑是耿朗、梦卿反目之由。”《清诗别裁集》卷一四张笃庆《大梁城东南吊信陵君墓》：“邯郸应与赋同袍，公子翩翩气自豪。不少衣冠归赵胜，谁将戈甲走蒙骜?”评语：“平豪举耳，借作～，乃见魏公子之高。”

【陪宾】 péi bīn ❶ 招待、陪伴宾客。宋《广元府大慈名山教忠报国禅寺语录·元宵谢雨序》：“孤危不立，坐断千差。有笑～，无赃验贼。”明《拍案惊奇》卷二〇：“刘元普自回去～，大吹大擂，直饮至五更而散。”清陈端生《再生缘》一二回：“正在留连难割舍，外边相请去～。” ❷ 礼仪、聚会场合专门招待宾客的人。也泛指宾从、清客。清《连城璧》寅集：“携到山顶之上，带了几个～，把绒单铺了，一边饮酒，一边赋诗。”陈端生《再生缘》七五回：“梁府中，重劳诸位做～。”《歧路灯》七九回：“盛希侨、王隆吉是昨日订明的～，自是早到。”

【陪补】 péi bǔ 赔偿补足。宋陈淳《上傅寺丞论民间利病六条》：“至有不给则令彼出～，亦不离公家常住之财。”《元曲选·青衫泪》一折：“只是大姐费了茶酒，定害这一日，容下官～。”明陆容《菽园杂记》卷四：“养马之家虽云量免粮差，而～受累者多。”

【陪不是】 péi bù shì 赔罪；道歉。清《照世杯·走安南》：“杜景山不解其意。朱春辉～道：‘老师长不须见怪。’”《霓裳续谱·我劝情人》：“装袋香烟与你～，笑笑罢，杀人不过头点地。”《姑妄言》卷一二：“我们明日凑个大东，一来谢哥，二来～。”

【陪步】 péi bù 陪同行走或散步。宋梅尧臣《啄木序》：“十二月十二日，～后园所闻见。”明《醒世恒言》卷三一：“贱体有些不自在，有失～，得罪!”

【陪茶】 péi chá ❶ 陪同饮茶或饮茶陪伴。《元曲选外编·西厢记》四本二折：“俺家里陪酒～倒捌就，你休愁，何须约定通媒媾?”明陆楫《蒹葭堂杂著摘抄》：“文靖仍曰：‘进止由汝，何得乃尔? 我老不能对客矣。’遂命二孙～。”清《歧路灯》三九回：“又揩抹桌面，点起蜡烛，重新整上酒来。张类村道：‘我～罢。’” ❷ 称主产茶树旁边生的茶树。清王士禛《陇蜀餘闻》：“其巅一石，大如数间屋，有茶七株生石上，……环石别有数十株，曰～，则供藩府诸司而已。”

【陪偿】 péi cháng 给予补偿。唐佚名《对出畋毁耕者之瓶判》：“苟败其器，宜征～之资。”宋孙觌《上何丞相札子》：“他日必定诬逛斋仆偷出。朝廷主张秀才，将某等流配三千里外，鬻卖男女～。”明《山歌·烧香娘娘》：“夜晚头边有星走失，借别人介多呵物事，教我拿啥～?”

【陪唱】 péi chàng 陪同吟诵或歌唱；伴唱。宋卫中行《登石伞峰》：“探奇幸～，愿继咸池音。”明《金瓶梅词话》四三回：“当下韩玉钏儿琵琶，董娇儿弹筝，吴银儿也在旁边～。”清《续金瓶梅》四六回：“对门河边有的是半边俏，找个来～。”

【陪钞】 péi chāo 赔钱。元刘时中《端正好·上高监司》：“二十五等则例尽皆无，难着目，他道～待何如。”

【陪尘】 péi chén 陪伴的谦词。五代黄滔《翁文尧员外拥册礼之归》：“明日～迎驷马，定淮斋沐看光辉。”又《祭司勋孙郎中》：“某早于辇毂，历践轩墙。旋振羽于丘门，获～于阮巷。”

【陪衬】 péi chèn ❶ 衬托；烘托。清钱泳《履园谭诗》：“近来士大夫家喜蓄美婢，而青楼尤多，题以雅号，如惜花、采香、待月、绣春之类。然而甘蔗旁生，荔支侧出，似扫眉人不可无此～。”姚炳《诗识名解》卷三：“要之下章‘仓庚’祇兴之子，此‘鹳鸣’亦祇兴妇叹，不过引喻～而已，与上‘零雨’何涉?”《红楼梦》五六回：“此刻姑娘们在园里住着，不能多弄些玩意儿去～，反叫人去监管修理，图省钱，这话断不好出口。” ❷ 陪伴。清《白雪遗音·逛窑子》：“快快的叫人摆上酒，美貌的姑娘相～，忙把令来行。”

【陪床】 péi chuáng 即“陪房❶”。明《金瓶梅词话》九回：“先头陈家娘子～的，名唤孙雪蛾，约二十年纪，生的五短身材。”又九七回：“春梅先问薛嫂儿：‘他家那里有～使女没有?’薛嫂儿道：'床帐妆奁、描金箱橱都有，只没有使女～。'"

【陪待】 péi dài ❶陪同等候。唐宋之问《为太平公主五郎病愈设斋文》："顷以寒暄稍改，保摄微乖，留卧玳瑁之床，～凤凰之宇。" ❷陪伴招待。《元曲选·窦娥冤》一折："我救了你老性命死里重生，怎割舍得不肯把肉身～？"明《金瓶梅词话》七回："这边请他姑娘并他姐姐接茶～，不必细说。"清《续金瓶梅》一六回："一切人来，有十个侍儿～。"

【陪垫】 péi diàn 因垫付而亏折。明冯惟敏《清江引·东村作》："田园没养活，粮草干～，穷乡官近来无俸钱。"清《绿野仙踪》二九回："都说文魁是人中猪狗，天报的甚速，只是可惜把二相公并段大嫂也～在里头。"

【陪吊】 péi diào 在办丧事人家陪同吊唁。清袁枚《遗嘱》："南京恶习，以负贩商贾公然发帖请长者、贵人～，汝二人万勿为之。"许仲元《三异笔谈》卷一："我昨在竹井相公家～，请宗伯题主，素席三筵。"

【陪房】 péi fáng ❶随同女主人出嫁到男主人家的仆人。《元曲选·争报恩》楔子："我丁都管，元是大夫人带过去的～。"清《红楼梦》七一回："周瑞家的虽不管事，因着他素日仗着是王夫人的～，原有些体面。" ❷嫁妆；陪嫁房奁。《元曲选外编·符金锭》三折："我将这绣球儿抛下，准备着齐整的～。" ❸随嫁；随同女主人出嫁到男主人家。清陈端生《再生缘》一〇回："那丫环，倒身跪下叫姑娘。丽君未识～婢，韩氏夫人道细详。"《品花宝鉴》三回："这许顺夫妇是颜夫人～过来的，一切银钱账目皆其经手。" ❹正房旁边的房屋。清《歧路灯》一〇一回："及车到时，占了上房五间，～六间，马棚四间，一座店几无空闲之处。"

【陪房丫头】 péi fáng yā tou 陪嫁的婢女。清《红楼梦》八〇回："谁知你三不知的把～也摸索上了，叫老婆说嘴占了丫头。"

【陪费】 péi fèi 赔贴花费。宋文同《奏为乞免陵州井纳柴状》："诸色场务并令人占买，以宽分外～。"史浩《衣服》之六："官中催税急如弦，纳中还须～钱。"

【陪奉】 péi fèng 赔小心奉承；求告。金《董解元西厢记》卷三："相国夫人谨～张君瑞，道：'辄敢便屈邀先辈。'"《元曲选·马陵道》一折："〔庞涓云〕哥哥饶过您兄弟咱！〔正末唱〕你个快打阵的怎便忙～？"明陈铎《粉蝶儿·效杨景言一点情牵体》："附着耳低低的过从，举着案谦谦的～。"

【陪告】 péi gào ❶赔情告诉。金《董解元西厢记》卷二："那法聪和尚对将军下情～：'念本寺里别无宝贝，敝院又没粮草。"元明《水浒传》五六回："宋江执杯向前～道：'见今宋江暂居水泊，专待朝廷招安。'" ❷求告；哀求。元关汉卿《新水令·二十换头》："百般的～，一划的求和，只管里熬煎。"元明《水浒传》五三回："李逵道：'若还缺了我酒食，我便飞了去，教你们受苦。'牢里禁子只得倒～他。"明《醒世恒言》卷二七："那禁子情亏理虚，满口应承，～不是。"

【陪歌】 péi gē 犹"陪唱"。宋方岳《答胡登仕》："分到山居，更有楼头缩项，岂俗所谓陪酒又～者耶？"元佚名《柳营曲·晋王出寨》："陪酒～，受诨承科，引的人似风魔。"明《拍案惊奇》卷二五："传至于后，此风大盛。然不过是侍酒～，追欢买笑。"

【陪贡】 péi gòng ❶地方学校向国子监贡献生员，正额一名外附候补二名，称附贡。明沈鲤《学政条陈疏》："如临当考贡之时，正贡遇有事故不及预考者，即以～为正。"盛时泰《拟古诗序》："予因～寓娄水，于俞仲蔚邂逅顾按察，投诗为赠。" ❷比喻备选或附带的。明无心子《金雀记》七出："〔丑〕有我这般俊，不显他丑的。古言道得好：嫖莫带俏。〔净〕他来～，没他分的。"清《十二楼·鹤归楼》二回："要待烽烟稍息之后，依旧举行，不但第一位佳人不肯放手，连那～的一名也还要留做备卷的。"

【陪光】 péi guāng 陪客的敬语。光，光彩，谓请其增光。清《歧路灯》三八回："今上学已经两月，弟尚无杯水之敬，所以并请三位～。"又四八回："此中也有欠揭债的，也有欠借债的，也有欠货债的，也有请来～的。"

【陪话】 péi huà ❶陪不是；道歉。《宋元戏文辑佚·风流王焕贺怜怜》："空说，淮河汴河，女婿行好生～着。"明杨廷和《视草馀录》："我与杨廷和～，他想不记怀。"清《品花宝鉴》三九回："孙姑娘见他进来，要他先上来～，坐着不动。" ❷劝解。元明《水浒传》三三回："知府为因听得你文武二官同僚不和，好生忧心。今日特委黄信到来与你二公～。" ❸陪同谈话；聊天。明汤显祖《牡丹亭》七出："你们工课完了，方可回衙。咱和公相～去。"《警世通言》卷一七："要请个门馆先生同往北京，一则～，二则代笔。"清解鉴《益智录》卷二："宿一人家，值阴雨不能行。主人～中庭。"

【陪欢】 péi huān 陪同欢庆、欢度。唐王勃《采莲赋》："侍饮南津，～北渚。"宋范纯仁《和子华陪文潞公宴东田》："乘月～忘夜久，莎间潜有露珠圆。"明汤显祖《紫箫记》九出："无端玉马映花鞍，公子桥边尽兴强～。薄幸狂难倚，轻躯怯未安。"

【陪还】 péi huán ❶陪同返回。唐于敬之《桐柏真人茅山华阳观王先生碑铭》："先生扈从黄龙，车驾凯旋，～洛邑。"清《九云记》二〇回："总是公主预定之事，于是秦氏别乘一轿，随后～去了。" ❷赔偿抵还。《元典章·刑部四》："不合先为亲家贺林遗火将本家元与男妇物件烧讫，不肯～，以此挟恨。"明陈铎《雁儿落带过得胜令·机匠》："逢节哲松闲，折耗要～。"清《女仙外史》九一回："我如今要帝师～我七宝阁，不过是房产官司。若连我荼毗了，就是人命案件。"

【陪嫁】 péi jià ❶犹"陪房❸"。元关汉卿《朝天子·书所见》："鬓鸦，脸霞，屈杀将～。规模全是大人家，不在红娘下。"明《浪史》二四回："后来小姐自嫁了丈夫，红叶也～去了。"清《姑妄言》三回："铁氏在家时，他哥哥铁化寻了六个丫头与他～。" ❷赠嫁；作为嫁妆送给(嫁娘)。《元曲选·灰阑记》一折："这几领衣服，几件头面，是我爹娘～我的，送与舅舅。"明《西游记》一一回："好一个有道的君王，即将御妹的妆奁、衣物、首饰，尽赏赐了刘全，就如～一般。"清《醒世姻缘传》四一回："你使的是我～的两个柜。" ❸犹"陪房❶"。明《醒世恒言》卷一："你家主母将你赏与本县知县相公处做小姐的～。"清《续金瓶梅》三六回："日后银瓶回来，我也不要巫云了，就做了银瓶的～罢。"《水浒后传》四〇回："要我去京中聘一位千金小姐作夫人，又要两个小星作～。" ❹犹"陪房❷"。明丘濬《忠孝记》六出："世上那做媒的，去男家就哄说女家有～、诸般财礼。"《型世言》七回："只除老爹肯与人做小，这便不消～。"清《品花宝鉴》三九回："我不过想他有些～，嫁了我也就任凭我了。" ❺比喻被带走的东西。清茅麟《贺新凉·初夏湖舫燕集》："堤上繁红飞欲尽，都作东风～。"

【陪嫁产】 péi jià chǎn 嫁妆。明《禅真后史》一〇回："今日婆婆不喜我时，情愿将～穿戴了，也不辱没了张氏。"又："你想当初光头赤脚，两个旧箱笼，几件布衣服，是你的～。"清毛奇龄《沈氏放生池碑记》："此池非他，吾母袁宜人～也。"

【陪嫁丫头】 péi jià yā tou 即"陪房丫头"。清《巫梦缘》八回："你后来总是～，须和我一心一意。"

【陪讲】 péi jiǎng ❶陪伴讲席或讲筵。指担任教谕、侍讲等职。元虞集《寄阿尔和学士》："～长怀旧，还朝独后贤。"李存

《送陈德辅之金陵从闵先生序》:"既而移家袭庆,而~于郡庠,吾不见且十年矣。"明唐文凤《奉伯和兄书》:"近蒙圣恩,得~春宫,弘开经筵。" ❷ 犹"陪话❸"。明孙仁孺《东郭记》一一出:"有个姨娘,知趣长~,娇模样,令人怀想。"

【陪接】 péi jiē 陪伴;陪同接待。唐史𨚝《上李中丞书》:"中丞因赐赏鉴,辟书府,及~万里,星霜二年。"明《警世通言》卷九:"朝廷差使命急宣贺内翰~番使,在馆驿安下。"清《二度梅》六回:"老夫生辰,劳你~朝臣。"

【陪敬】 péi jìng ❶ 犹"陪礼❷"。清李渔《意中缘》一五出:"失趋迎,忙~,恕蠢子,无灵性。" ❷ 陪伴礼敬。清陈端生《再生缘》八回:"娘子只因身有孕,清闲安静正如心。不惟自己循规矩,~夫君是俊英。"

【陪酒】 péi jiǔ 陪同饮酒;伴酒。唐卢纶《雪谤后书事上皇甫大夫》:"赐欢征伎乐,~间公卿。"明《醒世恒言》卷二一:"却说那和尚也在席上~,他便如何不受酒毒?"清《白雪遗音·独占花魁》:"小女~才出外,休要见怪。"

【陪客】 péi kè ❶ 陪伴客人。宋陆游《东篱》之三:"~投壶新罚酒,与儿斗草又输诗。"清李渔《怜香伴》三出:"你身虽在此~,心却去在洞房。"李玉《人兽关》一九出:"我家员外许多事忙,那有工夫~。" ❷ 被主人邀来陪伴客人的人。明周履靖《锦笺记》五出:"闻得邹元虚张灯宴客,不免寻个话头,做个~儿。"清李渔《奈何天》八出:"大爷只说自己原是正身,那同行的人不过是个~,你自己认错了。"《红楼梦》七一回:"左边下手一席,~是锦乡侯诰命与临昌伯诰命。" ❸ 指处在陪衬地位的人或事物。清张自超《春秋宗朱辨义·总论》:"《春秋》全经合看却是一篇文字,天王是题旨,齐桓、晋文是主意,楚是客意。……秦是篇首~,吴是结尾~。"李光地《榕村语录》卷一八:"试思天地开一大世界,日月升沉,山川融结,却是为何?无非为生人之地,即万物皆~。"

【陪口】 péi kǒu ❶ 犹"陪话❶"。《元曲选·神奴儿》楔子:"我不误间撞着你,我~相告,做小伏低。"清《飞龙全传》三回:"若要在养汉婆娘面前~,叫我日后怎好见人?" ❷ 陪口舌;费言词。明《型世言》二七回:"钱公布又路上动喃道,累他受气,累他~分拆。"

【陪款】 péi kuǎn 犹"陪待❷"。明陈汝元《金莲记》二四出:"今日丞相拈香,敢烦师兄~,则古刹生辉,小尼生色矣。"清《野叟曝言》一二二回:"令春燕、秋鸿~飞娘、立娘、黑儿、碧莲、翠莲于东宅戏彩堂。"

【陪累】 péi lěi 赔偿亏累。明张永明《议处铺行疏》:"当季直月,或因逃绝而扳帮贴,或因~而乞均摊,……及查~之费,每一行役,重则月计用银数十两,轻亦不下数两。"

【陪礼】 péi lǐ ❶ 陪伴主人参加典礼。《唐六典》卷八:"若大祭祀,则从升坛以~。皇帝盥手,则奉巾以进。"宋宋庠《冬至夜斋中不寐遥想郊丘盛礼》之一:"阳郊~忽三年,目想坛觚切绛烟。"元周伯琦《近光集自序》:"上命篆追上明宗皇帝尊号玉宝书祝版,~太室,三赐衣币。" ❷ 向人施礼认错。《元曲选·勘头巾》一折:"是我的不是了,我与你~。"明杨继盛《赴义前一夕遗属》:"若你哥计较你些儿,你便自家跪拜,与他~。"清《白雪遗音·鸟啼花落》:"上前作揖勤~,求得我无休方允从。" ❸ 表示礼敬;行礼。《元曲选·儿女团圆》一折:"今日是你个贵降的日子,我~奉你一杯。"清《林兰香》一四回:"康夫人将前项事体细说一番,彩云方起身~道:'妾乃门头村北水氏之女。'" ❹ 表示赔偿与礼敬的物品。明《二刻拍案惊奇》卷二八:"被我抢白了一顿,他没意思,把这锭银子作为~。" ❺ 陪同行礼;答礼。清解鉴《益智录》卷三:"居中一席,一白发老人独坐,知为是日寿星,趋而为礼。老人离坐躬身,少年在旁~。"《歧路灯》一四回:"娄朴穿了襕衫,诣灵前起叩四拜。绍闻~。"

【陪奁】 péi lián 陪嫁的房奁;嫁妆。清《歧路灯》八一回:"举凡前代盛时,姻家之~,本家之妆盒,金银钗钏环镯,……究之换米易粟而不能也。"

【陪脸】 péi liǎn 陪脸面;舍尊严。明孙仁孺《东郭记》二二出:"看他个扯去推来身半斜,要人怜无多说。陪着脸妆聋作呆,那心情太劣。"

【陪门】 péi mén 犹"陪嫁❷"。《唐会要》卷八三:"天下嫁女受财,……皆充所嫁女赀妆等用,其夫家不得受~之财。"清袁枚《嫁女词》之一:"竭我~钱,买我离别嗟。"又《拟乞假归娶表》:"取清俸以~,五两不过;率阴臣而拜阙,九十其仪。"

【陪面】 péi miàn 犹"陪脸"。宋苏轼《老人行》:"尔来尤解安贫贱,不为公卿强~。"

【陪纳】 péi nà 赔偿缴纳。《太平广记》卷四七九引《录异记》:"掌厩获罪者,已数人矣,皆倾家破产,市马以~。"《元曲选外编·裴度还带》三折:"后来傅彬为侵使过官钱,追赃~。"明殷奎《与昆山州学论儒人尊敬月粮状》:"某等举保不公,甘与同罪,所给口粮,情愿~。"

【陪气下情】 péi qì xià qíng 犹"赔身下气"。元明《水浒传》二一回:"那厮含脸,只指望老娘~。"

【陪钱】 péi qián ❶ 贴钱;搭上钱财。唐处默《织妇》:"成缣犹自~纳,未直青楼一曲歌。"元佚名《替杀妻》一折:"你倚仗着有金有钱,欺负俺哥哥无亲无眷,不曾见浪包娄养汉到~。"清《品花宝鉴》二六回:"其餘几个小孩子,都是不中用的,倒~做衣服。" ❷ 用钱赔偿。宋欧阳修《乞放行牛皮胶鳔奏》:"盖其抛死牛马,已是下民之苦,更不支得价钱,令人户白纳,及更令~于官司使用了纳。" ❸ 用于贴补的钱。一种杂捐名目。宋张方平《论免役钱》:"今二税之外,诸色沿纳,其目曰~、地钱、食盐钱、牛皮钱、篙钱、鞋钱。"

【陪钱货】 péi qián huò ❶ 指女儿,赔贴嫁妆。元关汉卿《普天乐·崔张十六事·母亲变卦》:"母亲你忒虑过,怕我~,眼睁睁把比目鱼分破。" ❷ 指妓女,赔贴金钱。元佚名《殿前欢》:"保儿骂我做~,我为是未穷汉身上情多。"《元曲选·曲江池》四折:"〔净云〕奶奶,你是谁?〔正旦唱〕我便是鸣珂巷~。" ❸ 赔钱的货物。明陈所闻《寄生草·大司空募民入镪铸钱》:"命穷不是这担财货,算差反惹下~。"

【陪亲】 péi qīn ❶ 陪伴亲友。唐武三思《大周无上孝明高皇后碑铭》:"又以严规早坠,远卜厝于乡坟;慈荫重倾,近~于京陇。"宋文同《代赵龙图祭孙观文文》:"某早荷记存,推扬奖拔。复许~,肺腑之末。" ❷ 特指婚仪中陪伴招待女家来的亲友。清《绿牡丹》六〇回:"女家多少男女送亲,男家俱要设席款待,……又拿帖拣选朝中契厚之人前来~。"

【陪亲酒】 péi qīn jiǔ 婚仪中陪伴姻亲饮的酒。明《西游记》八二回:"你造化!你吃了~来了。"

【陪情】 péi qíng 道歉;从感情上给予补偿。明《醒世恒言》卷三六:"众兄弟,看我分上饶他罢,明日与你~。"清《警寤钟》二回:"亏杨氏再三~央及,孙婆方含羞出门而出。"《歧路灯》三六回:"也没啥大意思,只是'是大不服小',叫他~了,再叫他进来,好看些。"

【陪软儿】 péi ruǎn er 服软;以好态度对待。明佚名《锦庭乐》:"才郎~心难忍,奴家见面又生情。"清《醒世姻缘传》六六回:

"你既叫这孩子替你瞒藏,你陪个软儿央及他才是。"

【陪丧】 péi sāng 伴丧;给办丧事的亲友作伴。明《型世言》二七回:"这边陈公子因父亲吩咐,假道:'有银几百两,与先生拿去……'先生便一边~,一边守银。"清《飞龙全传》五八回:"世宗命右相王朴代为主祭,众王侯~。"

【陪涉】 péi shè 陪伴交结。涉,交游。宋朱熹《答吕伯恭》:"今日到家,明日便~宗室,教唆词讼。"真德秀《申尚书省乞将饶州司户赵时伸罢任状》:"本司送狱根勘得实,已将~人各行断遣。"耐得翁《都城纪胜·闲人》:"有一等是无成子弟,……专~富贵家子弟游宴。"

【陪睡】 péi shuì 陪伴睡觉。多隐指提供性服务。明《禅真后史》七回:"秋官儿接这位姐姐来~么?相公权让了榻罢。"《石点头》卷八:"开设一院,做门户生涯,自己乘间便可取乐,捉空就教~。"清《姑妄言》一三回:"遂将他撇在脑后,有多半年总不叫他进来~。"

【陪送】 péi sòng ❶ 陪伴送行或护送。唐吴兢《贞观政要》卷五:"贞观二年将葬,故息隐王建成、海陵王元吉、尚书右丞魏徵与黄门侍郎王珪,请预~。"明王世贞《乞恩勘辩诬蔑以伸言路疏》:"经由苏杭绕道,伏迎投刺请谒,甚有~半月不返者。"清《隋唐演义》一回:"父亲不敢怠慢,着备香车细辇,还选美貌嫔御十人,~军前。" ❷ 犹"陪嫁❶"。元陶宗仪《辍耕录》卷一七:"(奴婢)又有~者,则摽拨随女出嫁者是也。"《元曲选·争报恩》楔子:"这个是丁都管,是大夫人~过来的。" ❸ 结婚时女家亲友陪同嫁娘到男家。明魏校《岭南学政公移》:"有司宜严加禁革,教以亲迎之礼,不许女家亲戚~。"清《蜃楼志》七回:"再说乌必元定于三月三日迎娶媳妇,衙中结彩张灯,肆筵设席;温家亦复如是,并邀请一班女客~。" ❹ 犹"陪嫁❹"。明《金瓶梅词话》九七回:"春梅又嫌应伯爵死了,在大爷手内聘嫁,没甚~。"《风流和尚》一回:"须一个天姿国色的女子,方可成就,却不论家中穷富,~多少。"清《幻中游》五回:"房太太只这一位小姐,还有一付好~哩。" ❺ 犹"陪嫁❷"。清《醒世姻缘传》八四回:"他见我使的小玉儿,我全铺全盖的~他出去,这是谁家肯的?"《红楼梦》一二〇回:"叫他配一门正经亲事,再多多的~他些东西。"《歧路灯》九三回:"单等有了女婿,情愿供给读书,读成了举人、进士,情愿将几处庄子~作脂粉地。"

【陪宿】 péi sù 犹"陪睡"。明《欢喜冤家》一八回:"我丈夫不是借银子,因无处措办,着奴家~一宵。"清钱谦益《初学集·卷七十三》:"文郁往兴治营,直入帐中。夷汉兵执刀斧,狰狞离立。酒酣语兴治:'舟小,欲借宿帐中。'兴治欣然~。"李渔《慎鸾交》四出:"饮到夜深之际,听凭女客的意思,各选一人~。"

【陪随】 péi suí ❶ 陪伴追随。《祖堂集》卷六《洞山和尚》:"头陀若在此间过夏,某甲则~二头陀。"唐玄奘《谢赐假营葬启》:"幸因~銮驾,得届故乡。"明刘基《二鬼》:"仙都赤城三十六,洞主骑鸾翳凤来~。"清《九云记》三四回:"于是秦、贾两人左右扶将,众丫鬟跟后,丞相、公主~。" ❷ 陪送;嫁妆。《元曲选·鲁斋郎》二折:"今日个妻嫁人夫做媒,自取些奁房断送~,那里也羊酒花红段匹?"

【陪榻】 péi tà 犹"陪睡"。明徐祯卿《奉和征明游洞庭东山诗》之一:"闲云爱客常~,微月窥人直下檐。"清《风流悟》七回:"年兄住在小寓罢,若寂寞,留苹娘~何如?"

【陪谈】 péi tán 犹"陪讲❷"。明王行《送福僧诗序》:"今年春予过宗源宝幢丈室,有~于列者。"清《姑妄言》四回:"这两三个秀才知他是好客的富翁,何乐而不往,便日日到他寓中~。"

【陪堂】 péi táng ❶ 指不落发、自备生活费用在寺庙中生活。宋觉范《次韵明应仲宗传送供》:"老住江上村,随分亦迎送。~一钵饭,不得日日供。"明《石点头》卷三:"众僧道:'然则随身带得几多银两,好到本寺~?'"清吴伟业《临春阁》三出:"妓女烧香,看人多错疑良妇;牙婆作供,~久便做佛头。" ❷ 元代国子监在正额生员之外选平民子弟入学伴读,也指这样的生员或名额。元朱德润《送郭希哲希诚赴国子监读书序》:"民间俊秀入学者,则曰~生员。"李存《王景达墓志》:"子男三人:长某国学~,次锁郎,次德槐。"郑介夫《太平策》:"在学诸生,既无出身之定例,宜乎来者之不多。所设伴读又不择人,重赂监官,剩出~,便得入名。" ❸ 在堂上陪同的人。a) 指清客、帮闲。明《平妖传》一一回:"如何叫做女~?比如男子家读书的有个伴读,顽要的有个帮闲,至于那女眷们厮伴的就叫做~。"清李渔《玉搔头》五出:"天子~,新封篾片王。人人趋奉,放来屁也香。"《水浒后传》五回:"乐和是做过~的,不消说识窍知机。"b) 指伴读的人。清姜宸英《湛园札记》卷三:"至元初,选七品以上朝官子孙为国子生,随朝三品以上官,得举民间之俊秀入学为陪堂生伴读。故至今俗语有~之称,以~为伴读。"c) 在婚仪、丧仪中陪伴新人、吊客的人。清《歧路灯》一〇八回:"篑初坐了花轿,前往迎亲。新婿~,却央的张正心引礼。"《姑妄言》一七回:"一个人无处谋生,专与丧家做~。"

【陪堂生】 péi táng shēng 元代国子监正额生员之外的伴读生员。元许有壬《故集贤直学士兼国子祭酒郭公墓志铭》:"故事,~输钱乃食。祭酒耶律公闵公贫苦,免其输。"王礼《罗泸州子父志节状》:"志年三十三,至京师,为胄监~。"清姜宸英《湛园札记》卷三:"至元初,选七品以上朝官子孙为国子生,随朝三品以上官,得举民间之俊秀入学为~伴读。"

【陪填】 péi tián 赔偿填补。唐李隆基《禁重征租庸敕》:"或自为停滞,因此耗损;兼擅将货易,交折遂多。妄称举债~,至州重征百姓。"宋欧阳修《乞罢刘白草札子》:"及草场中不耐停留,专副有损烂~之患。"洪迈《夷坚志》三辛卷二:"我是汝爷,以绍兴二年二月某日赊了张小八公大麦,失于还钱,今责罚作犬,~宿债。"

【陪贴】 péi tiē 赔偿贴补。《唐律疏议》卷一三:"准上条贸易为罪,若得私家~财物,自依监主诈欺其官人两相侵者同百姓例。"宋朱熹《庚子应诏封事》:"所收之利或不足以了纳税赋,须至别作营求,乃可~输官。"

【陪同】 péi tóng 陪伴随同。清《隋唐演义》一六回:"命随身二人,带了包匣,多带些银钱,~秦爷进京送礼。"《歧路灯》四四回:"谭绍闻毫无意趣,只得出门。周小川~到了鼎兴店。"

【陪推】 péi tuī 作为备用名额而被举荐,也指这样被举荐的人。推,推举。明葛昕《与王霁宇太守书》:"亲家资望深矣,每见~而不即真,何也?"《明儒学案》卷三五《文端焦澹园先生》:"丁酉主顺天试,先生以~点用。"清《平山冷燕》九回:"南直缺提学御史,循资该河南道御史王衮正推,山西道御史张德明~。"

【陪卧】 péi wò 犹"陪睡"。明《醒世恒言》卷八:"不想天与其便,刘妈妈令来~,这事便有几分了。"又:"恐怕误了女儿终身,故把儿子妆去冲喜,三朝便回,是一时权宜之策。不想刘秉义却教女儿~,做出这事。"

【陪膝头】 péi xī tóu 下跪。清李渔《风筝误》二九出:"霁红颜渐展眉头,亏我屈黄金先~。"

【陪席】 péi xí ❶ 作为陪同参加宴席。宋胡寅《和叔夏游双峰》之二:"想闻尊有酒,待得月穿林。真乐难~,芜词漫写心。"明佚名《一枝花·赠尼僧》:"喜的是柳阴中洒静生凉,爱的是紫竹林团阴护迹,敬的是白衣相到处~。"清《歧路灯》二回:"孝移备下酒席，请孔耘轩～。” ❷ 陪同的席位，或指陪席的人。明袁宏道《墨畦》：“是年少詹庄公天合亦知贡举，以未带部衔，遂与诸同考俱在～。”叶春及《惠安政书·版籍考》：“新官到任公宴，知县中上席，五钱；县丞、主簿各中席，三钱；又各三次～，共六卓，每卓银二钱。”清《九云记》二二回：“太后设宴于蓬莱别殿，与两公主欢乐。秦中书、贾春娘亦为～。”

【陪小】 péi xiǎo 降低身分。明袁于令《西楼记》二四出：“我与素徽缘分少，低声下气甘～。”清《续西游记》二〇回：“只因老狐会变风流妇女，我虎威魔王～伏低，狮吼洞主也点到奉行。”

【陪小心】 péi xiǎo xīn 以言语行动表示谦恭。元明《水浒传》三五回：“酒保又～道：‘上下周全小人的买卖。’”明冯梦龙《万事足》三〇折：“相公发怒，我与你只索陪个小心，从中解劝便了。”清李渔《风筝误》二一出：“养女不争气，累娘～。”

【陪笑】 péi xiào 面带笑容，表示礼貌或讨好。宋华岳《新市杂咏》之二：“解佩向人～问：一杯容妾佐樽无？”元高安道《哨遍·皮匠说谎》：“迷奚着谎眼先～，执闭着顽心更道易。”清《红楼梦》三回：“黛玉忙～见礼，以嫂呼之。”

【陪歇】 péi xiē 犹“陪睡”。明《西游记》八四回：“请小娘儿来陪唱～，每位该银五钱。”《别有香》一〇回：“到了明日，仍前酣饮～。黎氏等过夜半不见上楼，只得含忍独自睡了。”

【陪写】 péi xiě 作为陪衬的描写。清《姑妄言》二回：“详述摆设若许之物，只有床椅、书灯、痒槌、笔筒后来用着，其餘皆是～。”

【陪行】 péi xíng 陪同一道行走。唐白居易《广宣上人以应制诗见示》：“红楼许住请银钥，翠辇～蹋玉墀。”明汪廷讷《狮吼记》一一出：“琴操是我的相识，季常不过～，于理何碍？”清《醒世姻缘传》九四回：“小浓袋一人不够，此行倒应三弟～。”

【陪言】 péi yán 犹“陪话❶”。元王伯成《天宝遗事诸宫调·杨妃病酒》：“只恐真妃厌宠，心绪无聊。未敢疏狂，陪笑～耳畔焦。”《元曲选·神奴儿》四折：“我～相告，做小伏低。”

【陪饮】 péi yǐn 陪同饮酒。唐陈子昂《送中岳二三真人序》：“实欲执青节，从白蜺，～昆仑之庭，观化玄元之府。”明《醋葫芦》五回：“亲到厨下备办酒肴与周、成二人吃，自却另桌～。”清《姑妄言》六回：“抬过桌子，斟上酒，美妾在傍～。”

【陪用】 péi yòng 赔贴费用。明《欢喜冤家》一四回：“你出家人嫖妓，自然要～些的。”

【陪妆】 péi zhuāng 嫁妆。清《绿野仙踪》八四回：“又着可大向周琏要了四个皮箱，将下定的衣服首饰装在里面，算了他的～。”《歧路灯》四回：“况且他家是个大财主，不如与他结了亲，将来有些好～。”

【陪桌】 péi zhuō 作为陪伴的桌席。明《醒世恒言》卷二一：“上面一字儿摆下七个筵席，下边列着一个～，共有八席。”

【陪罪】 péi zuì 道歉；认错。明《封神演义》九三回：“老师幸毋嗔怪，容不才～。”清李渔《风筝误》二一出：“待老身替小女～，求贤婿包荒。”《镜花缘》六回：“大家都埋怨百花仙子并不自请处分，又不与嫦娥～，以致降落红尘。”

【陪坐】 péi zuò 在座陪伴，也指陪伴的人。《元曲选·风光好》三折：“韩太守是当今文学之士，是任太守，即古之京兆尹。～何如？”明陶安《秦友谅元帅邀饮》：“请公饮一觞，～无杂侣。”清《聊斋志异·狐嫁女》：“贵人光临，压除凶煞，幸矣。即烦～，倍益光宠。”

【陪座】 péi zuò 同“陪坐”，或指陪伴的座位。宋王平甫《与李运使帖》：“翊日府中～以听餘教，实鄙拙之幸愿也。”明尹台《东山小集次答李学谕》之二：“祇苑翻经君独悟，菴林～我兼宜。”清《歧路灯》一八回：“王氏首座，云氏～，曹氏就坐了东横。”

【培】 péi ❶ 覆盖；掩埋。唐段成式《酉阳杂俎》续集：“即与偕往殡所，毁瘗视之，散钱～榇。”《元曲选·玉壶春》三折：“休道你那绿窗前针指不曾拈，便小生也土～了砚台，揪撇下诗才。”明《禅真后史》一五回：“将棺木放于石板之上，然后堆砌砖石，～上泥土。” ❷ 培育；培养。五代黄滔《与裴侍郎启》：“连岁荐论琐质，倾极重言，而以弱植难～，么弦易断。”金李道玄《诫贪》：“畏针当眼～荆棘，怕陷当途撅堑坑。”明佚名《鸣凤记》三三出：“药按君臣我备知，先～国脉用参芪。” ❸ 成就；成全。宋徐鹿卿《张法示诗集为题其后》：“陶写风光吟咏了，更～勋业照青冥。”卢祖皋《小阑干·种桂戏成》：“窗间试与，闲～秋事，聊寄幽悰。” ❹ 浸渍。明《金瓶梅词话》三四回：“餘者打成窄窄的块儿，拿他原旧红糟儿～着，再搅些香油，安放在一个磁罐内。”清《红楼梦》五二回：“我一日药吊子不离火，我竟是药～着呢。”

【培补】 péi bǔ ❶ 培养补充。明薛已《薛氏医案》卷六：“若吐泻少食，腹痛恶心，脾胃俱虚也，用六君子加木香以～。”清《儒林外史》三四回：“是这等样，天下无妻子的人，或者也少几个，也是～元气之一端。”陈端生《再生缘》二一回：“二次煎方须检点，精神～暮年中。” ❷ 堆培修补。明潘希曾《河功告成疏》：“又委主事李邦直管浚沛县迤北漕河，～堤岸，修置桥坝。”清海望《请尖塔两山建立石坝疏》：“至塘内地势低洼及塘背附土单薄之处，现今即应～。”

【培堆】 péi duī 堆叠；层层堆积。《太平广记》卷二五八引《启颜录》：“相送重相送，相送至桥头。～两眼泪，难按满胸愁。”宋曾觌《鹧鸪天·选德殿赏灯》：“龙驭亲迎玉辇来，江梅枝上雪～。”元陈基《奉和红梅引》：“丞相圃中香寂寞，水曹亭畔锦～。”

【培封】 péi fēng ❶ 壅培封护。宋宋祁《怜竹赋》：“余乃谨其～，申以阑护。恶草夷薙，寒泉浸注。”元纳延《孔林瑞槐歌》：“神明元胄嗣上公，雨露滋沐深～。”明李昌祺《枇杷晚翠》：“江南有佳植，名列果品中，仙郎乃独好官舍亲～。” ❷ 培养佑护（人才）。宋魏了翁《挽费参政》：“人才关国本，谁念昔～。”

【培覆】 péi fù ❶（壅土）覆盖。宋洪迈《夷坚志》乙卷一八：“顾田之下有浮土，乃引二子下，拥土～之。”元《农桑辑要》卷五：“以土～，令梨枝仅得出头。” ❷ 培益与覆败。指个人行为当否引起的后果，或指不同客观条件导致的结果。语本《礼记·中庸》：“故天之生物必因其材而笃焉，故栽者培之，倾者覆之。”宋罗与之《秋林》：“毕竟栽倾非外致，岂伊～自相寻。”明林鸿《感秋》之九：“大化有～，贫穷固其常。”清盛枫《盆花》：“赋质谅亦齐，岂乏干霄志。遭逢既错误，～从其类。” ❸ 培养庇护。清李玉《永团圆》二五出：“〔生〕新捧簿书投，曲荷帡幪久。〔小生〕棨戟树门墙，桃李祈～。”

【培溉】 péi gài ❶ 培土浇水，泛指植物的培育。唐卢携《乞蠲蠲租赈给疏》：“国家之有百姓，如草木之有根柢。若秋冬～，则春夏滋荣。”清《聊斋志异·黄英》：“少年曰：‘种无不佳，～在人。’因与论艺菊之法。” ❷ 培养扶植（人才、精神等）。宋杨万里《跋郑威愍公事》：“近世～人才，忠孝成俗，至本朝盛矣。”真德秀《再知泉州谢表》：“拊摩疮痏，冀邦人生意之复还；～本根，为圣朝元气之一助。”明孙承恩《贺大鸿胪卿强斋吴君受恩荫序》：“是虽强斋之荫，而实京兆公之餘休。京兆餘休而强斋～之力，乌可诬哉！”

【培根】 péi gēn ❶ 给植物的根培土，也泛指培育植物的根茎。宋苏辙《种松》:"～不用粪壤厚,插竹预防鸡犬触。"元王祯《农书》卷三:"第一次擸苗曰镞,第二次平垄曰布,第三次～曰壅。"清查慎行《百字令·楼敬思送盆菊赋谢》:"客土～,纸条沁水,聊洗尘埃目。" ❷ 培植根基;培养根本。宋杨时《史论·刘向》:"凭借私昵宠嬖之恩非一日矣,其～深,其滋蔓广,非所以朝升而暮罢。"元蒲道源《贺瓜尔佳副使弄璋》之一:"忠靖公家世泽存,况君积善更～。"明邹元标《家训》:"凡我宗人,无忽予言。洗心涤虑,～达源。"

【培灌】 péi guàn 犹"培溉❶"。宋洪迈《夷坚志》支甲卷五:"买城西空地为菜园,雇健仆吴六种植～。"明殷奎《武功令宅植草木记》:"既树,旦暮～,玩之弗置,不啻嗜欲若也。"清王龙光《次和泪谱·昆弟》:"善养高堂学作家,闲时～紫荆花。"

【培护】 péi hù ❶ 培养扶持。宋王炎《上刘岳州书》:"令贤炊,则法存而民安,是为国～其根本也。"元唐元《棣华楼记》:"以周公数千年不能一之心,而能究图于公之昆季之门。由昔及今,而～益密,英华日宣。"清储大文《大人容物爱物论》:"约言之,则以～人才、荐延士类为容物爱物之本。" ❷ 栽种养护。元许有壬《刘竹溪手植松歌》:"当时入土等豪末,灌溉～如婴儿。"明方孝孺《栽柏》:"但恐枝干弱,不耐风霜欺。～苟无失,终见盛大时。"清《都是幻·梅魂幻》一回:"每至月夜就携琴到陵前,候至更深,再无踪影。从此把艳梅愈加～。" ❸ 壅培保护。明尹瑾《踏勘河工完将筑堰建闸事奏》:"如知其为祖陵之密迩,则思～之当严。"清康熙二十八年二月十六日上谕:"在昔帝王陵寝,理应隆重～。"

【培火】 péi huǒ 封火;埋火使缓慢燃烧。《景德传灯录》卷二〇《奉璘禅师》:"师问火头:'～了未?'曰:'低声。'"宋陆游《龟堂晨起》:"～螭炉起宝熏,滴泉鳌研聚玄云。"

【培埋】 péi mái ❶ 掩埋。元王伯成《天宝遗事诸宫调·祭杨妃》:"一却死在陈将军阃外,眼睁睁浅土～。"贾仲明《凌波仙·吊王守中》:"通街市,知稼穑,躲不了深土～。"《元曲选外编·陈母教子》楔子:"是真个打墙处撅出一窖金银来? 休动着,就那里与我～了者。" ❷ 比喻陷在事务中摆脱不开。元范康《竹叶舟》四折:"你被岁华淘渲得红颜少,世事～得白发多。"

【培树】 péi shù 培养树立。唐李商隐《上令狐相公状》:"岂若四丈屈于公道,申以私恩,～孤株,骞腾短羽。"元姚燧《长春宫碑》:"以世祖之圣,在位之久,其～拥卫斯学之力,而张志敬、王志坦、祁志诚不一言焉及仙。"吴翱《三孝堂记》:"越明年,政化旁洽,物情士论一归于正,公于是谋复三孝祠,以～教本。"

【培瓦】 péi wǎ 瓦。明《朴通事谚解》卷下:"吊窗、天窗、双扇、窗棂,以至升斗、石、砖、～都有。"

【培修】 péi xiū 壅培修补或修筑。明解缙《寄内》:"禾黍熟时烦出纳,园篱破处务～。"清雍正二年六月十二日利瓦伊钧奏文:"永定河堤岸关系綦重,蒙皇上发帑～。"汪志伊《筹办湖北水利疏》:"其意不过一经堵塞口门,可省～支河垸堤之费,并不念及正河大堤壅决之害。"

【培养】 péi yǎng ❶ 培育使繁殖生长。宋洪迈《夷坚志》支景卷三:"吾此花久为神物所护,～成就。"元于伯渊《点绛唇》:"绣帏春重,趁东风～出牡丹丛。"清《飞龙全传》二三回:"原来这桃名为雪桃,三月开花结实,～至冬而食。" ❷ 教育或修炼使养成。宋郑兴裔《请蠲扬州缗钱疏》:"窃见郡属民居稠密,正宜兴利除害,以～其既庶之风。"《元曲选·百花亭》三折:"王焕也空学的文武双全,～得材能兼备。"清《儒林外史》八回:"与其出一个斫削元气的进士,不如出一个～阴骘的通儒。" ❸ 养护;滋润营养。元《农桑辑要》卷三:"但其缝罅上用纸封,又用破席片包裹如仰盆子样,内盛润土～。"王好古《医垒元戎》卷一〇:"好酒半碗,入茴香末,熬成膏子。次入枳壳末,丸桐子大。却用龙骨末一二两,磁钵内～。"明文震亨《长物志》卷二:"茉莉花时,千艘俱集虎丘,故花市初夏最盛。～得法,亦能隔岁发花。" ❹ 照顾使发展。《元曲选外编·西游记》二本五出:"一权到手便均平,自然天地长～。" ❺ 调养;蓄养。明朱橚《普济方》卷二八八:"大要～内气以防滑泄,兼用膏药化疮。"《金瓶梅词话》六九回:"一宿无话。巴不到次日,～着精神。"清《红楼梦》五三回:"又加倍～了几日,便渐渐的好了。" ❻ 养育。明《拍案惊奇》卷三八:"引姐、引孙又各内外保全,张郎虽是嫉妒也用不着,毕竟～得孩儿成立起来。"清《醒世姻缘传》八四回:"这孩子从小儿养活的娇,可是说的像朵花儿似的,～了这们大。" ❼ 蓄积;培植积聚。清《飞龙全传》二三回:"此是郭威当众而言,不好直抒心事,故而假公济私,以掩众口。他便暗中～,待时而行。"《豆棚闲话》七则:"若尔辈这口怨气不肯消除,我与尔辈～,待清时做个开国元勋罢了。"

【培壅】 péi yōng 壅,字或作"拥",不另区分。❶ 培养;维护。唐贯休《古意》之二:"阳乌烁万物,草木怀春恩。茫茫尘土飞,～名利根。"宋强至《贺陈右司生辰》:"公生蕴奇德,～栋梁姿。"明魏校《与黄子和书》:"仕优之暇,更愿以义理涵养此心,将圣贤之言浸灌～,开发聪明。" ❷ 堆土壅护。宋洪迈《夷坚志》三己卷二:"浮梁东乡寺僧法净,以暮冬草枯之际,令童行挈稻糠入茶园～根株。"元鲁明善《农桑衣食撮要》卷上:"修桑削去枯枝及低小乱枝条根傍开掘用粪土～。"清《镜花缘》三六回:"及至水小,并不预为设法挑挖疏通;到了水势略大,又复～。"

【培育】 péi yù 培养教育。宋卫泾《故中大夫赵公墓志铭》:"嗟夫! 公独非两朝之所～崇就兼贤与材者耶!"明杨荣《送翰林编修杨廷瑞归松江序》:"深惟古昔圣王作人之盛,必赖～之深,故于甲科之外,复简其文学之尤者,为翰林庶吉士。"清蔡世远《送张又渠出守扬州序》:"荐绅士子,惮吾之刚方峻肃,而乐吾之子谅易直,振厉而～之。"

【培栽】 péi zāi ❶ 培土栽树。唐杜牧《忍死留别献盐铁裴相公二十叔》:"孤坟三尺土,谁可为～?" ❷ 栽种并培育(植物)。宋强至《次韵通判都官和诸公雪中席上之作》:"从古六花长一色,化工应不费～。"《元曲选·抱妆盒》二折:"御园中百卉斗争开,另巍巍将根脚儿～。则为这东君惜爱降甘泽,因此上结子成胎。"清张英《瓶中杏花》:"佗日～三十树,还营杰阁倚层峦。" ❸ 培养造就(风气、人才等)。元王恽《送赵克敬判定武》:"向来餘藻饰,此去要～。"明孙绪《寄乔太宰》之二:"遥望城阴树,摧折号风雷。始以寸朽累,永弃谁～?"按,此例语意双关。

【培植】 péi zhí ❶ 培养提携。五代黄滔《与侯博士启》:"所谓功侔造化,言系惨舒。作词林～之家,为陆海梯航之主。"明《型世言》一一回:"极承老伯～,只恐短才不胜任。"清李渔《比目鱼》一三出:"见了女儿十分爱慕,要～他一番,当不得这个冤家不肯招接。" ❷ 滋润培养。宋百兰《满庭芳·贺晚生子》:"少年～,春意已敷腴。"明高濂《玉簪记》一七出:"木生冬令,虽未及时,谓之将来者进。兼得亥子水源～,此乃大富大贵之造也。"清王子接《绛雪园古方选注》卷九:"甘草～生气,服之令死者出,生者安。" ❸ 犹"培栽❸"。宋魏了翁《洞仙歌·和虞万州》:"信过眼、浮华几何时,剩～根心,等闲千岁。"明《禅真逸史》二回:"铁面台官,是是非非,～纲常行赏罚。" ❹ 犹"培栽❷"。元王祯《农书》卷九:"(荔枝)性不耐寒,最难～。才经繁霜,枝叶枯死。"明《醒世恒言》卷四:"只这几朵花,正不知费了许多辛苦,才～得恁般茂盛。"清

《红楼梦》五六回："稻香村一带凡有菜蔬稻稗之类，虽是顽意儿，不必认真大治大耕，也须得他去，再一按时加些～，岂不更好？" ❺ 修养；素养。清《幻中游》一回："拣其学问充足～深厚者，各照省数勒定一册，献于文昌。"

【培种】 péi zhòng 犹"培栽❷"。宋吕陶《和重己晚菊》之三："仙翁～一何迟，点缀黄金更满枝。"

【培筑】 péi zhù 犹"培修"。五代杜光庭《修青城山诸观功德记》："常年渠埭，修必后时，拥耒将耕，尚俟～。"明鲁铎《护树》："缘村乞树绕园栽，红白花教取次开。～未周风雪到，拥蓑编箔夜深回。"清张英《恒产琐言》："若有雨之年塘犹不满，其为渗漏可知，急加～。"

【培砖】 péi zhuān 砖。明《朴通事谚解》卷下："前面做一个煤炉，～都有么？"

【培滋】 péi zī 培育滋养。宋陈舜俞《种梅》："故土谨包裹，深根屡～。"明刘嵩《古松歌为泸江旷氏赋》："我愿旷氏之子孙，戒尔斩伐勤～。"清玄烨《论息兵安民》："自昔平定三逆之后，～元气，欲措斯民于衽席，未尝轻言兵事。"

【赔】 péi ❶ 同"陪❸"。《太平广记》卷七九引《桂苑丛谈》："既已啮损，即须据物～前人。"明《金瓶梅词话》六回："你看，把婆子身上衣服都淋湿了，到明日就教大官人～我。"清李渔《意中缘》一七出："好好替我收拾行李搬过船去，若有半点失落，都要你～。" ❷ 同"陪❹"。《元曲选·金钱记》四折："他今日倒～缘房，招你为婿。"明《金瓶梅词话》九六回："因问小玉：'俺娘那张床往那去了，怎的不见？'小玉道：'俺三娘嫁人，～了俺三娘去了。'"清《醒世姻缘传》一〇回："他穷的饭也没得吃，那有一顷地～女儿？" ❸ 同"陪❺"。《元曲选·黑旋风》三折："俺哥哥又不是打家截道的杀人贼，倒～了个如花似玉的好娇妻，送与你这倚权挟势白衙内。"明《二刻拍案惊奇》卷四："见了汤兴哥，说了所闻详细，兴哥也～了几点眼泪。"清《红楼梦》二二回："巴巴的找出这霉烂的二十两银子来作东道，这意思还叫我～上。" ❹ 耗费；损折。《元曲选·荐福碑》三折："千里而来，早则不兴阑了子猷访戴，干～了对践红尘踏路的芒鞋。"又《百花亭》二折："咱费了多少钱财，～了多少工夫，占的这个表子。"明陈与郊《袁氏义犬》一出："〔丑〕卖卦的先生如何？〔生〕好，只怕管公明算尽别人，还～自己。"

【赔办】 péi bàn 赔钱办理或购买。明解缙《大庖西封事奏》："或卖产以供税，产去而税存；或～以当役，役重而民困。"戚继光《练兵杂纪》卷二："而工费颇多，军力不赀，又非市集易买可得之物，相应责令损失之人～物料。"清《玉蟾记》四九回："贵县可代办妆奁礼物，预备英勇公曹大人花烛之喜。所用若干银两，帐开发还，贵县不必～。"

【赔备】 péi bèi 同"陪备"。宋朱熹《经界申诸司状》："然犹窃虑今日民力困弊，又非绍兴年中之比，此费虽微，亦恐难以～。"元王恽《议恤民》："官支价钱十不及二三，其不敷数，百姓尽行～。"明叶盛《水东日记》卷三八："其法以十户为率，一户逃亡，九户～。"

【赔本】 péi běn 搭上本钱；亏蚀本钱。明葛昕《与贾中葵巾丞书》："脱如其言，敝衙门及顺天车户，岂皆～赴工，而安心只领脚价乎？"清《儒林外史》二〇回："选本总以行为主，若是不行，书店就要～。"

【赔比】 péi bǐ 赔偿比较。清胡衍虞《征输良法》："应将收吏柜书严行讯勘，于是水落石出，而急公之民免～之苦矣。"

【赔贼】 péi bì 给予赔偿。贼，以物给人。明王守仁《庐陵县公移》："江等迫于征催，一时无由控诉，只得各自出办～。"郑若曾《松江府海防议》："今议设船只一马之资，不足以备一船之用。官军穷苦，又难～。"清顾炎武《天下郡国利弊书·浙江五》："豪猾欺隐，贫弱～，而民愈益穷。"

【赔不是】 péi bù shì 同"陪不是"。明《金瓶梅词话》七六回："昨日要来看你，他说我来与你～，不放我来。"清《红楼梦》四〇回："姥姥别恼，我给你老人家赔个不是。"

【赔补】 péi bǔ 同"陪补"。宋廖刚《投省论和买银札子》："非特可以抑奸豪侵欺之弊，正所以大慰远民积年～之困。"明《警世通言》卷一五："这般晦气，却失了这二百两银子，如今把什么来～？"清李玉《人兽关》一〇出："只为～钱粮，久遭监禁。"

【赔产】 péi chǎn 赔贴家产。明王世贞《湖广按察副使沈公传》："绍兴辖县八，独会稽、新昌、萧山田与赋左，累其长至～以偿。"

【赔偿】 péi cháng 同"陪偿"。宋洪迈《夷坚志》丁卷一一："而金帛数失去，踪迹其原，殊不测所以来处。主藏吏迭以～为苦。"明沈受先《三元记》四出："蒙代完赃银，教小人将何～？"清《醒世姻缘传》一七回："弄得库吏手里没了凭据，遇着查盘官到，叫那库吏典田卖舍的～。"

【赔钞】 péi chāo 犹"破钞"。元王仲元《普天乐·妓家》："有赢钞烟月牌，无～莺花市。"王恽《弹县尉杨政事状》："却勒支丑女要～六贯，方才将支丑女保出。"明《醒世恒言》卷二七："一个远方流落的小厮，白白里赔钱～，伏侍得才好，急松松就去了。"《古今小说》卷一："三巧儿道：'到要你老人家～，不当受了。'"

【赔酬】 péi chóu 按价值赔偿。唐李亨《乾元元年南郊赦文》："有损百姓苗稼者，委京兆尹随损多少～。"

【赔丑】 péi chǒu 赔钱遮丑。明《杜骗新书·妇人骗》："你好人家子孙，也不该干此事。不如讨银与我媳～罢。"△清《笏山记》四一回："待我上床时被他一把拿住，蛇教头假意相劝，劝我纳银三十两～。"

【赔贷】 péi dài 贴钱借贷。元卢琦《建言常平疏》："既从其请，则移籴本以为他用。及至上司或差官盘点，或移文催征，往往仓惶失措，或私券而～于富家，或低价而收买于铺户。"

【赔垫】 péi diàn 同"陪垫"。明刘宗周《请恤畿辅凋残疏》："盖州县公费无多，又额存节省，势不得不坐箢库以～。"清张鹏展《请厘吏治五事疏》："若因公～，以致短少，实不过百中三五而已。"《红楼梦》五一回："成年家大手大脚的，替太太不知背地里～了多少东西。"

【赔丁】 péi dīng 赔纳按人丁征收的赋税。清范承谟《上封事疏》："至于闽民，或困于浮粮，或苦于旧逋，或累于～，或迫于寺田。"曾王孙《勘明沔县丁银宜随粮行议》："丁有死绝者开除，古之制也。今则素封之家多绝户，穷檐之内有～。"

【赔费】 péi fèi 同"陪费"。宋朱熹《答陈漕论盐法书》："盖强弱均敷，已宽下贫，应役之民便省～。"元明《水浒传》五一回："朱仝囊箧又有，只要本官见喜，小衙内面上抵自～。"明《拍案惊奇》卷三一："光阴捻指，不觉～五六年，家道萧索，衣食不足。"

【赔耗】 péi hào 因损耗而发生的赔偿。清李玉《人兽关》一一出："论刑名不犯分毫，为粮役特提～，纵威严难加不辜，既输财自分白皂。"

【赔话】 péi huà 同"陪话❶"。明孟称舜《娇红记》二九出："姐姐敢是怪小生呵。乞到房中，待小生～。"《醋葫芦》九回："伯母已被我母子三人劝得个回心转意，只要伯伯一席戏酒～。"《后水浒传》二九回："黄佐忙向屠俏厮叫～。屠俏道：'今成一家，再休提前话。'"

【赔还】 péi huán 同“陪还❷”。宋《朱子语类》卷九二：“今太常玉盘锁在柜里，更不曾设，恐为人破损，无可～。”《元曲选·东堂老》三折：“原来他两个把远年近日少欠人家钱钞的帐，都对付在我身上，着我～。”清《万花楼》三〇回：“你追寻失衣的所在，莫非要我～你么？”

【赔价】 péi jià 抵赔价钱。明杨一清《为分理诬枉事奏》：“都御史文贵，节次低价易买羊羔皮张数多，致累小民～二十餘两。”杨时乔《马政纪》卷二：“种儿骒马，年齿未老，作践倒死者，责令马头～。”清《八旗通志》卷一九九：“复选洋船奇巧之物入署，令所派专行～。”

【赔嫁】 péi jià ❶同“陪嫁❷”。明《欢喜冤家》八回：“长官若用得着，倒有些衣服～，白送一个女人与你。”清陈端生《再生缘》一〇回：“司马夫人忙更乱，调停～女千金。牙床宝帐纷纷制，绣褥花毡迭迭阵。”《醒世姻缘传》五六回：“他挑唆那病老婆，把家财都～了那个小淫妇。” ❷同“陪嫁❹”。明《古今小说》卷一：“将楼上十六个箱笼，原封不动，连钥匙送到吴知县船上，交割与三巧儿，当个～。”《醋葫芦》一四回：“你的～，不必别物，只求今晚成就了他，便是你的大惠。”清《醒世姻缘传》七二回：“你自恃是个武举，嫌俺木匠玷辱了你，又争没有～。” ❸同“陪嫁❶”。清《平定两金川方略》卷四二：“且尔自言派往小金川之贼，系尔姊～之人。”陈端生《再生缘》一〇回：“又买一个女子，取名秀蕙，一同～你去。”《儒林外史》三七回：“他家世兄～的一个丫头，他就配了姓严的管家了。”

【赔交】 péi jiāo 赔偿缴纳或上交。清乾隆三十六年四月初九日上谕：“随围官员兵丁骑坐官马内有倒毙者，每匹～银七两。”《万花楼》一九回：“倘若狄青有甚差池，太后娘娘已有言在先，要在寡人身上～狄青。”

【赔缴】 péi jiǎo 同“赔交”。清乾隆三十年九月二十一日上谕：“八旗世职官员出缺时，将伊等原借官项例应俱着落于承袭人员～。”《蜃楼志》七回：“历年寄回家中也有一二万之数，……因与儿子延年商议，陆续～。”

【赔解】 péi jiè 作为赔偿或补贴而解送。明王守仁《庐陵县公移》：“江等迫于征催，……仍前一百五两，又复忍苦～。”陈应芳《凤阳粮申文》：“本州复加米一万九千八百九十六石九斗三升，逐年～，流祸剌骨，累死厥递。”清《圣祖仁皇帝亲征平定朔漠方略》卷一一：“先是达虎等出边带去马驼，乃动支官库采买者，应将蒙古～骆驼，交与地方官估价偿库。”

【赔课】 péi kè 赔补捐税。课，赋税。明曹学佺《蜀中广记》卷六六：“富义井在县西一里，近年为淡水渗溢。灶丁淘远近旧井～，而此井遂废。”清雍正五年十一月初八日李卫奏文：“而秋冬二季，直待次年夏月方得掣验。逾隔两季，递相稽迟，更有掣不足数，停滞引目，仍存商人～。”魏象枢《秦地穷苦堪怜食盐宜从民便等事疏》：“若既无盐，而又～，果有大不便于民者。”

【赔口】 péi kǒu 犹“赔话”。清《飞龙全传》三回：“今日在你跟前输了锐气，也只是胜败之常；若要在养汉婆娘面前～，叫我日后怎好见人？”

【赔款】 péi kuǎn 赔补的款项。清雍正八年正月十七日李卫奏文：“伊等穷役无措，藉以卖放私盐得银抵解。本官亦以其实有～，不行严究。”张师诚《杜州县交代积弊议》：“自开此端之后，不肖之员遂相率效尤，捏造～，纷纷详禀。”

【赔累】 péi lěi ❶同“陪累”。宋汪应辰《论爱民六事疏》：“诸所费用，悉宜计其实值给降本钱，无使州县于百姓重赋之外，复有此等～。”清《儒林外史》二九回：“我因近来～的事不成话说，所以决意返舍。” ❷连累使赔偿。清《隋唐演义》二五回：“刘刺史处再周旋，莫因弟去还～樊建威兄弟。”

【赔礼】 péi lǐ ❶同“陪礼❷”。《元曲选·金线池》三折：“做个筵席，请他一班儿姊妹来到池上赏宴，央他们替你～，那其间必然收留你在家。”明王樵《审录重囚疏》：“杨凤潜至春蛾卧房，亦被徐尧年撞获。杨凤哀求买酒～。”清《醒世姻缘传》六三回：“幸有张茂实再三认错，满口～，加意奉承。” ❷同“陪礼❸”。清李玉《一捧雪》七出：“想我辈世荫功名，滋味有限。镇日送人～，公分赔钱，曲背逢迎，强颜欢笑。”

【赔理】 péi lǐ 同“赔礼❶”。清《醒世姻缘传》三二回：“等他醒了酒，你是叔，他是侄儿，他自然与你～。”

【赔力】 péi lì 费力；花力气。清《飞龙全传》四〇回：“人家费钱～种下的瓜，你不问生熟，倚仗强梁，进来白吃。”

【赔奁】 péi lián ❶赔贴妆奁。明《西湖二集》卷一五：“后来有一富人，有个女儿名为赛珍珠，是个爱才不爱貌的，情愿嫁与罗江东。富人遂倒～。” ❷同“陪奁”。明汤显祖《南柯记》二〇出：“今日南柯便是你家了。俺宫中宝藏，尽作～。”清《玉蟾记》五回：“赵文华送胡宗宪出门而去，知道事在必成，回来预备～。” ❸犹“赔嫁❶”。清雍正四年十月初九日李卫奏文：“嘉府城内汪森～房宅一所，亦有埋藏银三万两。”

【赔面】 péi miàn 同“陪面”。清《玉娇梨》一七回：“～下情饶惹厌，谁知到底不相应。”

【赔命】 péi mìng 赔偿性命。清《天豹图》一一回：“快些请医生来看病调治，如若他死了还要尔来～。”

【赔纳】 péi nà 同“陪纳”。宋欧阳修《乞免蒿头酒户课利札子》：“寻据王旭状列一十八户，系正名身死什保人开沽送纳；十二户系并无人开沽，只是什保及干系公人里正等～。”元高明《琵琶记》七出：“谁想里正作弊，仓中无谷。谢得相公督令里正～。”清范承谟《请察土地以除积弊疏》：“但海澨残丁，～维艰，应否可与开除？”

【赔气】 péi qì 犹“赔身下气”。明陈与郊《袁氏义犬》一出：“大虫欺小虫，赔钱又须～。”清《绣屏缘》一一回：“不但养女是赔钱之货，如今～赔家私，也还不停当。”

【赔钱】 péi qián ❶同“陪钱❷”。宋吕陶《奏乞罢郭茂恂工部郎中状》：“臣去年三月中，曾弹奏郭茂恂前任陕西监牧日，枷禁无罪妇人阿党等，令～雇女使。”明《型世言》三六回：“人只破财，不伤身罢了，如今打了又～。” ❷同“陪钱❶”。明张四维《双烈记》二五出：“若问吾家事，年来生计疏。～招汉子，折本费工夫。”《型世言》二八回：“买得关节，被人盗去，干～。”清吴伟业《秣陵春》一三出：“莫不是赵王佗义女～送？莫不是秦穆公重招沈侍中？”

【赔钱货】 péi qián huò ❶同“陪钱货❶”。《元曲选·两世姻缘》四折：“也是他要了个～无如之奈，笑你个强项俟不伏烧埋。”明徐复祚《红梨记》一七出：“生察察将双头花蕊搓，认我做～。”清《聊斋志异·青梅》：“狐闻之怒，就女乳之，委于程曰：‘此汝家～，生之杀之，俱由尔。’” ❷同“陪钱货❷”。明佚名《雁儿落带得胜令》：“谁不道足巴镘精，谁不道是～。娇滴滴女娇娥，恶哏哏母阎罗。” ❸比喻遭受损失或贴赔钱财的人。明汤显祖《牡丹亭》五五出：“你夫妻赶着了轮回磨，便君王使的个随风舵，那平章怕不做～。”《梼杌闲评》三八回：“此时那些有钱的出去做官，无非图个名色好看，馈送上司，骗个升调，还不敢十分诈害百姓，回家时补服乌纱，也杂在缙绅摇摆，做一个～。”

【赔情】 péi qíng 同“陪情”。清李玉《清忠谱》二折：“公言劝，须罢丢，愿～，望宽宥。"

【赔认】 péi rèn 认赔；承认赔偿。清《后水浒传》八回："这禁卒已受了重托，即要谋死他。却是相公念前官之子不容伤命，只使他～。"

【赔身下气】 péi shēn xià qì 屈意迎合奉承。清《红楼梦》九回："宝玉又是天生成惯能作小服低，～，情性体贴，话语绵缠，因此二人更加亲厚。"

【赔事】 péi shì 陪奁；嫁妆。清《姑妄言》六回："见不争财礼，且有～，欢喜非常，将就行财下聘。"又一九回："不要说有这些～，就是丝毫没有，我也不敢憎嫌。"

【赔双膝】 péi shuāng xī 犹"陪膝头"。清李渔《钗头凤·初交》："初交日，～。求他相与，变欢为泣。"

【赔送】 péi sòng ❶ 同"陪送❹"。清《野叟曝言》一五一回："那就是小老的女儿，嫁时也有千金～。"《红楼梦》六九回："凤姐一面使人暗暗调唆张华，只叫他要原妻，这里还有许多～外，还给他银子安家过活。" ❷ 同"陪送❺"。清《醒世姻缘传》一三回："计氏原有娘家～妆奁地土一百亩，雇人自耕糊口。"又六六回："黄举人依他嘱付，许了杨参将的家人，发了他五两财礼，倒～了有十两多银子的东西。"

【赔堂】 péi táng 同"陪堂❶"。明《醋葫芦》一二回："妙音不胜之喜，更闻有田～，岂不中意。"

【赔填】 péi tián 同"陪填"。唐李儇《车驾还京师德音》："继有覆溺，多不上闻，仍遣～。"宋欧阳修《乞条制都作院》："甲叶长阔厚薄不依斤重者，并勒专工匠等～打造。"清俞森《荒政丛书》卷九："且查盘数缺，必勒～。"

【赔贴】 péi tiē 同"陪贴"。宋周必大《赵德老总领札子》："前后议论汹汹，皆谓在军不免～，在百姓则又被害。"明海瑞《督抚条约》："本院总理粮储，决不致粮长～一合一升。"清康绍镛《筹补安省历年亏空疏》："十七八九等年灾歉频仍，物价昂贵，办理一切公务在在～。"

【赔项】 péi xiàng 须赔补的项目。清雍正六年二月初六日孔毓珣奏文："所有各处房地家产尽行变卖，以完～。"《平定金川方略》卷二五："巡抚虽有养廉，而应办公事亦多，设措～，未免拮据。"

【赔小心】 péi xiǎo xīn 同"陪小心"。明《山歌·捉奸》："巡盐个衙门单怕得渠管盐事，授记个梅香～。"清《照世杯·走安南》："安抚听得这一席话，连身子也麻木了半边，不住打寒噤，忙去～道：'夫人，你不要气坏了。'"

【赔笑】 péi xiào ❶ 贻笑；见笑。宋李曾伯《奏为徐提刑申吕马帅事》："但去年入亳捣汴，由夏涉冬，以数千之孤军横挑坚阵取其城邑，敌为之牵制，而入寇遂缓，微文德不及此，而敏子以为无功，可乎？不犹愈于匆匆入亳，夕至朝返，踉跄而出，～诸将者乎？"明汤显祖《牡丹亭》五三出："把穷柳毅～在龙宫，你老夫差失敬了韩重。" ❷ 同"陪笑"。明《杜骗新书·脱剥骗》："钱一被骂不甘，心生一计，向前～曰：'我每欲回，送条编与里长。'"清《后水浒传》二四回："孙本见了道：'你们敢是怕我下去走脱么？'二人忙～道：'节级哥，这是没奈何。'"《品花宝鉴》二九回："陆夫人气头上，倒连王文辉也教训了一顿。文辉只是～，不敢作声。"

【赔赃】 péi zāng 赔还赃款或赃物。《唐律疏议》卷二〇："应累并者，皆将以盗累于准盗加罪之类，除免～，各尽本法。"《元曲选外编·裴度还带》二折："行移文书至本府，提下家尊，下于缧绁，～三千贯。"清《隋唐演义》二四回："屡比不获，情愿～。"

【赔赠】 péi zèng ❶ 犹"赔送❶"。清陈端生《再生缘》七九回："荣兰虽是丫环辈，王妃看待若亲生，自然～多丰厚。"《儒林外史》四四回："后来这两家出了几个没廉耻不才的人，贪图方家～，娶了他家女儿。" ❷ 犹"赔送❷"。清袁枚《子不语》卷一七："我家所～衣饰，须尽入棺中，我才罢休。"

【赔折】 péi zhé 亏损。宋吕陶《奏为茶园户暗折三分价钱事状》："若官中实于客人体上收得息钱三分，则尚恐货法不通，民受其弊。而况自是园户暗有～，其买茶之人原不出息。"明祁彪佳《陈里甲之困疏》："至于解银一差，尤称重用。发领之际，吏缘为奸；兑收之时，～无算。"△清《海上尘天影》二回："顾家盐引极多，～了数百万。"

【赔桩】 péi zhuāng 营马倒毙走失，喂养使用者罚银赔偿，也指这样的罚银。清雍正七年九月十一日郝玉麟奏文："操马已过三年者，始准报倒；未满三年者，扣除～。"毛奇龄《奉天府府丞前礼科都给事中姜君行状》："会西南方用兵，旧给马匹有期限。不及期而倒毙者，有～银两。"《大清会典则例》卷一一九："若倒毙者，每马以十两为额，令其赔补，名曰～。"

【赔追】 péi zhuī 追赔；追究使赔补。明杨士奇《即位诏》："未纳各项赃罚，～未完段匹等件，尽行蠲免。"《大清会典则例》卷四二："如将旧船掩饰及造不如式者，将监造官卫备运军究拟～。"

【赔罪】 péi zuì 同"陪罪"。明《警世通言》卷三："学士大人一时忽略，陷于不知，何不到京中太师门下～一番，必然回嗔作喜。"清方成培《雷峰塔》二六出："〔生〕只看平日恩情呵。求容忍。〔旦〕啐！〔贴〕这时候～，可不迟了？"《玉蜻蜓·访庵》："深深作揖来～，恕我无知原不该。"

pèi

【帔】 pèi 披；覆盖在肩背上。唐毕彦雄《大唐香积寺主净业法师灵塔铭》："高宗忌辰，方阶落彩，～缁七日，旋登法座。"张读《宣室志》卷一："俄有一仙人戴瑶碧冠，～霞衣，捧绛帕籍。"宋刘弇《感遇》之四："吾将税椒丘，～霓挥八极。"

【帔服】 pèi fú 饰有帔子的衣服，多指命妇的服饰。唐佚名《补江总白猿传》："有妇人数十，～鲜泽。"明王世贞《都察院右都御史谈公室屠淑人墓表铭》："公凯还而喜可知也，具～迎拜于门内。"清《后水浒传》二回："忽抬头见一位凤冠～娘娘坐在上面，杨幺见了慌忙下礼。"

【帔肩】 pèi jiān 即"帔子"。《元曲选·潇湘雨》四折："解下这云霞五彩～儿，都送与张家小姐妆台次。"《皇清职贡图》卷八："（苗族）妇人多服花布～，系细褶短裙。"

【帔衫】 pèi shān 犹"帔服"。唐郑处诲《明皇杂录》卷下："韦氏诸子方午偃息于堂庑间，忽见妇人衣黄罗～，降自步辇。"明何良俊《何氏语林》卷三〇："伯熊着黄～，乌纱帻，手执茶器，口通茶名。"

【帔裳】 pèi shāng 犹"帔服"。宋洪迈《夷坚志》丙卷一："得男女十有六人，宣父母及外舅孙公咸在，皆公服～。"

【帔子】 pèi zi 妇女披在肩背上的巾状饰物。唐张鷟《游仙窟》："迎风～郁金香，照日裙裾石榴色。"《元曲选·酷寒亭》楔子："我如今纳下官衫～，我嫁人去也。"《元曲选外编·绯衣梦》一折："换上这大红罗裙子绣鞋儿弯，拣的那大黄菊～时来按，拣的那玉簪花直缠学宫扮。"

【佩带】 pèi dài ❶ 披挂；系缚携带。唐王焘《外台秘要方卷》四〇："唯宜勤事诸药，但或经行草路，何由皆赍方书？则应储具所制之药，并～之自随。"明邵璨《香囊记》一八出："紫香囊怎的不见了？这个物是我母亲原先亲手制的。～二十餘年。"清《荡寇志》一〇四回："召忻身边从人都～军器。" ❷ 系在身上佩挂物件的带子。隋杨广《步虚词》："冠法二仪立，～五星连。"元施惠《幽闺记》三九出："梦里流莺声尚在，出兰房风翻～。"清《隋唐演义》五二回："秦叔宝、徐懋功、魏玄成这三位恩人，目下虽不能归唐。朕当镂之心版，儿亦当～书绅。" ❸ 铭记；感念。五代黄滔《知白守黑赋》："吾徒也，勉之哉，～斯言而勿坠。" ❹ 系上佩戴。表示举止庄重，合于礼仪。宋周紫芝《送许体之守贵州》："尔来南中守，雨露新汉章。南中俱乐土，～安农桑。"欧阳守道《袁州慈化院刻漏记》："鸡初鸣，咸盥漱，衣冠～，以适父母之所。" ❺ 连带。是第一义的比喻义。宋唐询《华亭十咏序》："华亭本吴之故地，昔附于姑苏，～江湖，南濒大海，观望之美焉。"

【佩戴】 pèi dài ❶ 同"佩带❸"。《太平广记》卷三三六引《广异记》："然创造此谋，是宇文七及辛四。幽魂～，岂敢忘之。"宋苏轼《与李公择书》："累获来教，～至意。"清《聊斋志异·连城》："无何，女许字丁鹾贾之子王化成。生始绝望，然梦魂中犹～之。" ❷ 同"佩带❶"。明冯梦龙辑《情史·情疑·土地庙判官》："家人语妇曰：'取其～之物，斯知何怪矣。'"清《绿野仙踪》三九回："再领我符箓二道，尔等～身上，便可白昼现化人形。"《荡寇志》一三五回："希真便书了十二道丁甲符，分与十二人～了。"

【佩德】 pèi dé 感戴恩德。唐王勃《越州永兴李明府宅送萧三序》："行当山中攀桂，往往思仁；野外纫兰，时时～。"明李东阳《明故资善大夫黎公先生行状》："东阳自童丱执经史领教，～垂四十年。"清《情梦柝》一一回："承台教，～不浅。"

【佩奉】 pèi fèng 承领；领受。五代杜光庭《礼记博士苏绍元九醮词》："虽～秘文，遵参宝箓，香灯怠惰，荤浊侵凌。"宋郑刚中《回肇庆倅黄魁》："小团犹是畴曩天上见之，不谓今而得此。～情睠，言其可既！"清李渔《奈何天》二三出："药石之言堪～，不是相怜念，这针砭话怎肯相攻？"

【佩服】 pèi fú ❶ 披阅体会；领教。唐元稹《诲侄等书》："今汝等父母、天地、兄弟成行，不于此时～诗书以求荣达，其为人耶！"清张玉书《赵擎之七十寿序》："公在镇，方以经生业督课诸子。诸子鱼鱼雅雅，～诗书。闻余至，各出所为文以相是正。"洪昇《四婵娟·卫茂漪》："门生荷蒙指授，～不浅。请暂告退，改日再来请教。" ❷ 遵循；持守。唐白居易《祭李侍郎文》："代重名义，公能～。"明张景《补疑狱集》卷一："戒饬之曰：'……汝等自能悔过自新，我欲释汝。'皆叩头曰：'敢不～教令。'"清李渔《蜃中楼》二四出："只是我们读书之人，终身～的是一个'理'字。若还依了尊命，就是个害理的人了。" ❸ 感佩；钦佩。唐杜甫《湘江宴饯裴二端公赴道州》："鄙人奉末眷，～自早年。"宋张扩《再次韵简子温》："予诗久愧溪藤滑，～君诗生磬折。"清《镜花缘》三回："那弈秋老先生，连孟夫子都～的，我如何不怕。" ❹ 犹"佩带❷"。也泛指服式。唐钱起《美杨侍御清文见示》："愿言书诸绅，可以为～。"柳宗元《送豆卢膺秀才南游诗序》："吾愿子以诗礼为冠屦，以春秋为襟带，以图史为～。"刘肃《大唐新语》卷五："张敬之，则天时每思唐德，唯以禄仕，谓子冠宗曰：'吾今～，乃莽朝之服耳。'" ❺ 犹"佩带❹"。金元好问《曲阜纪行》之一："摄齐念升堂，坏壁想藏书。翩翩七十子，～见舒徐。"

【佩感】 pèi gǎn 感佩；钦佩感动。宋葛胜仲《贺韩学士启》："愧未遑于叙庆，顾先辱于縢缄。～至深，袭藏为好。"明张岳《答勘处夷情都御史万治斋》："使至承惠诲，情礼勤款，不胜～。"清《梦中缘》一五回："乃先蒙岳翁宠召，赐此佳音，～多矣。"

【佩刻】 pèi kè 铭记。宋蔡襄《泉州回交代启》："巽辞温密，诚虚长者之怀；褒指勤能，似重宵人之过。永言～，迥异寻常。"周必大《与胡长彦书》："比方遣状，并纳石刻；兹复拜墨妙，殊深～。"明钱德洪《再谢汪诚斋书》："此恩此德，非特其子弟知感，在门人小子～亦殊深矣。"

【佩领】 pèi lǐng ❶ 犹"佩奉"。宋郑刚中《答张子韶》："～雅睠，深自愧感。"明张四维《双烈记》一六出："深～，瑶觞捧拜谢萱庭。"清《玉支玑》一六回："若论感愤报仇，即杀身碎首，亦所不惜，又何惜乎破面。但既蒙老恩师吩咐，敢不～。" ❷ 领受并佩戴。元明《三国志通俗演义》卷一三："请刘璋归于府中，收拾财物，～振威将军印绶。"

【佩铭】 pèi míng 铭记。宋杨亿《谢诸学士启》："厚意深切于～，唯将雅言遍示知者。"明《醒世恒言》卷三〇："恩相金玉之言，某当终身～。"清《九云记》三回："爷爷明训，敢不～。"

【佩囊】 pèi náng 随身佩戴的装零星物品的小口袋。唐李商隐《韦蟾》："谢家离别正凄凉，少傅临岐赌～。"明邵璨《怀香记》二六出："香芬馥，雅且奇，是谁～藏在衣？"清《野叟曝言》一五二回："无外一手在礽儿腰间掏出小小～，道：'这不是《诗韵》吗？'"

【佩取】 pèi qǔ 佩戴。取，助词，无实义。宋《戏题姚美叔睡轩》："姚侯不学苏季子，～六印夸闾里。"明邵璨《香囊记》一九出："看香罗紫囊，是我姑亲制，儿夫～长安去。"清吴贯勉《满庭芳·墙脚篱根萱花甚盛》："听说宜男～，生生赚、少妇红楼。"

【佩饰】 pèi shì 佩戴装饰。宋洪迈《汪庄敏铭诗》："蓬莱方丈，～有琫。应龙天飞，荟蔚云滃。"元黄庚《拟古》之一："夫君日已远，～为谁好？"清《九云记》二二回："妾之一身珠翠～，俱是那日润笔之资，皇爷使太监输赐的。"

【佩受】 pèi shòu 铭记领受。唐崔雄《新修龙兴观记》："雄仰躅真宗，～玄箓有年矣。"明张宇初《授法普说》："万法皈一，一归何处？尔各勉旃，～毋忽。"清《姑妄言》二三回："承兄唤醒愚迷，弟～多矣。"

【佩听】 pèi tīng 钦佩听从。明《禅真后史》四回："承兄见教，敢不～？"又一一回："爹爹之言，鉴往戒今，不肖等敢不～？"《杏花天》四回："适扣门，小七回客之言，令人～。"

【佩玩】 pèi wán ❶ 领会玩味。宋胡宿《谢转输启》："近颁明恩，适谐莅任，引领遐增于素悃，顾风猥奉于圆封。～攸深，欣慰弥集。" ❷ 佩戴把玩。清王夫之《诗经稗疏》卷一："此诗（木瓜）极言投赠之微，以形往报之厚。瑶琚虽贵，要为～，故与刻木之玩具同类而言。"洪昇《长生殿》四七出："这金钗、钿盒，就是君王定情日所赐，……朝夕～，思量再续前缘。" ❸ 佩戴把玩的物品。清毛奇龄《吴征君德配傅孺人墓志铭》："生平服御～无所剩，独遗书若干车，躬自拳藏之。"

【佩系】 pèi xì 佩戴系缚。清《万花楼》一六回："小人有家传血结玉鸳鸯一只，幼年时，母亲与我～于身。"

【佩仰】 pèi yǎng 钦佩敬仰。宋吴儆《和孙先生彦及棣华堂诗韵》序："～厚赐，亡以为喻，辄依元韵乱道拜呈。"陆九渊《与章德茂书》："稍疏记室之讯，徒积～。"明郑真《邓大夫卫国公祭文》："某等承乏京郡，～容仪。"

【佩用】 pèi yòng ❶ 子女在早上盥洗后佩戴父母日常会使用到的一些小东西。语出《礼记·内则》："子事父母，鸡初鸣，咸盥漱，……左右～。左佩纷、帨、刀、砺、小觿、金燧；右佩玦、捍、管、遰、大觿、木燧。"宋刘敞《孔子佩象环赋》："原夫服物者常士之仪，～者众人之饰。"明舒芬《翰音赋》："俄胶胶而到耳，觉老梦之初醒。于是盥漱栉縰，端鞸冠缨，左右～。"清《野叟曝言》一五一回："素臣夫妇各笄总～讫，五鼓已绝。" ❷ 佩戴使用。元沈右《复伯行书》："（容刀、帨巾）非敢自适其用也，实使为人子者～有光，进盥有礼矣。"清王寔《拟神剑赋》："愿佐皇德，为龙为光。出入～，辟除不祥。"《绿野仙踪》六八回："又赐宝剑、鸠杖等物，出入～。"

【佩着】 pèi zhuó 佩戴。《祖堂集》卷一一《黄龙和尚》："若是君王之剑，不伤万类；烈士之刀，斩钉截铁。用则不无不得～，为什么故？"明王世贞《与棘寺诸僚书》："窃稽近事，咸损服章为贶。盖欲～胸表，毋忘念思。"清《镜花缘》九九回："章莒因儿子过多，要想生个女儿，于是又找几个女钱给他们～，果然又生二女。"

【配】 pèi ❶ 安排；指定；分派。《敦煌变文校注》卷二《庐山远公话》："生闻英雄，死论福德。随业受之，任他所～。"明凌濛初《宋公明闹元宵》五折："御屏上写得淋淋侵侵地，多是些绿林中一派参参差差讳。列两行墨印分分明明～，俺哥哥早占了高高强强位。"《醒世恒言》卷二四："又诏江淮诸州，造大船五百只，使命促督。民间有～着造船一只者，家产破用皆尽，犹有不足。" ❷ 与；和。《敦煌变文校注》卷一《捉季布传文》："旬日敕文天下遍，不论州县～乡村。" ❸ 搭配；调配。五代孙光宪《生查子》："绣工夫，牵心绪，～尽鸳鸯缕。"明《拍案惊奇》卷三八："今早叫他～绒线去，不见回来，想是怀空走了。"清《醒世姻缘传》九二回："你们尽数取将出来，从公～成四分，或是议定，或是拈阄，岂不免了争竞？" ❹ 把缺欠的需要配合的部分补上。元乔吉《水仙子·怨风情》："眉上锁新教～钥匙，描笔儿勾销了伤春事。"明叶宪祖《丹桂钿合》六折："钿合现在，要～上那一扇，就把女儿嫁了他。"清《品花宝鉴》四七回："那张笑梅有个亲戚是苏州人，专门行这一道，替人～眼珠子，～鼻子，～牙。" ❺ 插；缀连。《元曲选·萧淑兰》二折："春衫双袖漫漫将泪揩。不明不暗，几时～上金钗，接上琼簪。"清《野叟曝言》一七回："素娥取出剪刀，将蒲艾榴花逐枝裁剪，正要～入瓶中。"《万花楼》二五回："这玉鸳鸯原是一件宝贝，若非姑娘好意，将此物～于盔上，早已身赴黄泉了。" ❻ 伴同；就着。元王祯《农书》卷七："（荞麦）治去皮壳，磨而为面，摊作煎饼，～蒜而食。"明凌濛初《宋公明闹元宵》二折："容臣妾手破，以刀作齑，～盐下酒。"清《歧路灯》三九回："你进城来，每日大酒大席，却叫我在家熬米汤～咸莱吃。" ❼ 充当；抵偿。元方夔《田家四事·获》："山炊杂我菽，野草～场藿。"王祯《农书》卷八："（同蒿）其叶又可汤泡，以～茶茗。"清《飞龙全传》一六回："今番原是我赢，你不将银子～我注码，反来强取，是何道理？" ❽ 配制。明《隋炀帝艳史》二二回："巢元方退出院外，忙～一剂煎药。"清《红楼梦》三回："我这里正～丸药呢。叫他们多～一料就是了。"《镜花缘》二六回："可惜老夫有个妙方，连年在外，竟未～得。" ❾ 加上；凑。清柯琴《伤寒论注》卷一："桂枝汤内～芍药，奠安营气，正以治烦也。"《歧路灯》一五回："王氏道：'……我与你备礼，你得多少呢？'隆吉道：'一两银，再～上一匹绸子。'"又一六回："宝剑儿，你把你的钱拿来，～上一家儿。" ❿ 够资格；够得上。清《红楼梦》二四回："你也拿镜子照照，～递茶递水不～？"《品花宝鉴》三回："我是没有念过书，不～同这些老先生们往来。"

【配兵】 pèi bīng 即"配军❶"。元明《水浒传》一三回："得罪幽燕作～，当场比试死相争。"

【配补】 pèi bǔ 搭配补充。宋王巩《特赠太师谥文定张公行状》："俄又命朝臣分使诸路，于所置弓手招募～诸军。"清左宗棠《请拓增船炮大厂疏》："各炮各弹，南北洋虽能～，而炮身枪管，久必损缺。"

【配场】 pèi chǎng 凑场面。场，赌局。清《歧路灯》一五回："一个从后边拿出两吊钱，又陪上两个小厮儿站着～。"又一六回："宝剑果然叫的瑶琴来，自己拿了两串钱～。"又："你要不配个场儿，昨日黄昏里我输的五百钱，我就不与你了。"

【配充】 pèi chōng ❶ 发配充当。唐李渊《太常乐人蠲除一同民例诏》："自武德元年以来～乐户者，不入此例。"《续资治通鉴长编》卷二八五："即凶恶暴犯而未该编配者，再犯情重，皆～邻路本城卒。"明何孟春《应诏万言疏》："夫军新旧相仍，有抽充者，有垛充者，有～者，有投充者。" ❷ 分配充任。宋曾公亮等《武经总要》前集卷一："自大将亲兵、前锋、奇伏之类，皆品量～此色。" ❸ 搭配顶替。《文献通考》卷三〇："今使钱文，汉苗商贾俱非情愿。若以～兵饷，领运既难，流通无时。"

【配刺】 pèi cì 即"刺配"。宋苏辙《龙川志略》卷五："车营务驼坊兵级多过犯～到，既行，必多作缘故，使前后断绝。"《九朝编年备要》卷一六："判官以下除名，配广南衙前；州县吏～沙门岛及广南牢城。"清《醒世姻缘传》九三回："船家要捉他送官，问他～。"

【配搭】 pèi dā ❶ 搭配；把多种事物按一定条件配合在一起。明郑纪《上清理财赋四事》："将近里熟田清出若干顷亩，离边积远可以用力开垦者相兼～，先尽见在军馀，每人给佃若干。"《禅真后史》七回："秋侨乘暇将那金银珠宝轻重～，对半均分。"清《荡寇志》八四回："传令共点一千五百名军汉，～了身材相貌，一大半扮了香客。" ❷ 配合；配成夫妻。明《石点头》卷六："编席女儿捕鱼郎，～无差堪匹偶。"清《八洞天》卷四："糊搭搭，贱搭搭，只得到没正经处去挽搭，哪有好人家儿女与他～。" ❸ 般配；协调。清《飞龙全传》一一回："我本是个经纪买卖之人，相伴着他富贵公子，一来～不上，二来又恐招灾惹祸。"又一二回："往常奔走，顺性而行；今日在后推着，也是飞跑，那里～得上？" ❹ 指搭配的样式。清《歧路灯》五〇回："也曾将牌上～，色子的点数，教导了几番，争乃一时难以省悟。"

【配答】 pèi dā 同"配搭❶"。元王仲元《粉蝶儿·集曲名题秋怨》："似凤鸾交～双鸳鸯对，人都道端正好夫妻。"清雍正十年正月二十八日尹继善奏文："所有京口沙船五十六只，艍犁船三十二只，～八旗官兵乘坐操演。"

【配带】 pèi dài 搭配携带或装载。清《平定台湾纪略》卷三四："今酌定每兵加倍～火药二十二觔八两，俾资充备。"又卷四一："尚有兵船一只，～兵丁七十九名，系把总郑廷斌管带，未经进口。"《皇朝文献通考》卷一七："（乾隆）二十九年以弛丝觔出洋之禁，复令每船准～湖丝，照原定绸缎之数抵算。"

【配当】 pèi dāng ❶ 搭配；匹配。唐贾公彦疏《周礼·地官乡师》"修其卒伍"："百人为卒，五人为伍，皆须修治，预为～。"《元曲选·张生煮海》三折："你貌又轩昂才又良，他玉有温柔花有香，意相投，姻缘可～。"明陆深《竹溪韩公夫妇合葬墓志铭》："生以礼胄，～其偶，是曰夫夫妇妇。" ❷ 牵扯（人际关系）。《敦煌变文校注》卷六《不知名变文（一）》："逡巡呼，乱说词。第一且道上头底，弟二更道东头底，……金头龙王、可汗大王，如此～，终不道着老师阇梨。"

【配递】 pèi dì 发配递解。《辽史·地理志一》："兴国县，本山前之民因罪～至此，兴宗置县。"明汤显祖《牡丹亭》五三出："系颈的是定昏店，赤绳羁凤；领解的是蓝桥驿，～乘龙。"

【配对】 pèi duì ❶ 婚配；结姻。《太平广记》卷三四五引《潇湘录》："绍曰：'我当暂出，以缉理南北货财。'女郎曰：'鸳鸯～，未闻经月而便相离也。'"清《樵史》二八回:"拣亲信的兵丁带了几个,改作良人装拌,分路逃难。～儿的妇人也都带着走。"《说唐三传》三一回:"本藩奉元帅之令,将来与小姐作伐,～世子丁山。" ❷ 搭配成一对。宋程大昌《雍录》卷六:"然则长之为名,与泾渭～,则是元有其名,非因胡骑及源长立义也。"元柳贯《十六夜望月蚀阴雨不见》:"德刑与阴阳,～初不逆。"清《野叟曝言》一三三回:"将一妾合大喇嘛～,自己与一妾～,选了十二个小喇嘛、十二个倭女～。每日三次上香,三次欢喜。" ❸ 配偶;婚姻对象。元高栻《集贤宾·怨别》:"盼青鸾不至阻了佳期,想黄犬无音失了～,望锦鳞落空绝了信息。"明佚名《新水令·烟花梦》:"唱道是美满恩情,天生～,百载夫妻。"清《后红楼梦》八回:"他家现有那么个～,我们宝兄弟还有什么想头。" ❹ 搭配;配合。明《西湖二集》卷二八:"那魏坛观中这些女道姑要寻人～坎离、抽添水火,传几个仙种在于世上。"清翁方纲《石洲诗话》卷五:"《切响浮声发巧深》一篇,盖以缚于声律者,未必皆合天机也。然音节～,如双声叠韵之类,皆天地自然之理,亦未可以'巧'字概抹之。"丁治棠《仕隐斋涉笔》卷四:"诗钟者,古击钵催诗之遗,仿分咏例,拈一人一物,不伦不类,～成联。" ❺ 配兑;搭配调制。明宋诩《竹屿山房杂部》卷八:"右为细末,用上等定粉入玉簪花开头中蒸,花青黑色为度,取出～,匀面甚光莹。" ❻ 交配。清李拔《蚕桑说》:"出蛾,分雌雄～,半日分开,承以绵纸,令下子满纸。"解鉴《益智录》卷八:"其年四月间,忽来飞蝗,亦不甚多,但其集也多～。乡人大恐,盖虑其遗种为害也。" ❼ 般配。清《后红楼梦》四回:"前日一个做和尚,今日一个做道姑,通有惜春这孩子在里头。如今和尚是做不成了,道姑又要新新的做起来,他这两个真～呢。" ❽ 犹"孤老❶"。清《品花宝鉴》一〇回:"我替你觅着了～,你却不要忘了我。"又:"什么叫～不～,倒要还我一个明白。"

【配额】 pèi é ❶ 分配定额。唐陆贽《平朱泚后车驾还京大赦制》:"委本军兵马使条录名衔闻奏,所司支计给付。其食实封者,亦便～,令其请受。" ❷ 分配的定额。唐崔俊《请令本州定税额奏》:"伏请各委本州刺史,审量物力,约旧～,比类邻州征税轻重,及土地物产厚薄,定两税钱物斛斗类。"李炎《上尊号赦文》:"有遭水旱苗稼不收处,检验不虚,更准前后敕文被免,不得加征熟田人户,令本～外重出斛斗。"

【配发】 pèi fā ❶ 即"发配❶"。《五代会要》卷二七:"(私运盐)十斤以上不计多少徒二年,～运务役一年。"明《禅真逸史》一回:"把这些无籍之徒重治,连夜～远方。"清《醒世姻缘传》一三回:"邵强仁系衙役,不准赎折,～冲驿充徒。" ❷ 配额发运或发放。清雍正九年八月初八日郝玉麟奏文:"凡遇西省引盐迟缺之时,即将此项存盐及时～营销。"孙玉庭《盐法隅说》:"至起运省河时,场官仍监同～,以防夹私之弊。"《载花船》一回:"所有米薪蔬果等项,俱系～纹银,图照民价平买。"

【配方】 pèi fāng ❶ 斟酌药方。明林枢《淞故述》:"呻吟病口愿扶床,脉病研精始～。" ❷ 处方;药方。明孙一奎《赤水元珠》卷一〇:"能补人真一之精,消除沉痼宿疾。功效难尽,～具后。"

【配房】 pèi fáng ❶ 即"陪房❶"。清《林兰香》五五回:"畹儿出身侍女,作了～,又蒙抬举,立为侧室。" ❷ 即"陪房❹"。清李斗《扬州画舫录》卷七:"茶膳房前为左朝房,门内为垂花门、西～、正殿、后照殿。"《醒世姻缘传》九〇回:"门口建了精致的一座牌坊,内中建了五间正殿,东西各三间～。"

【配合】 pèi hé ❶ 修合;搭配调制。《太平广记》卷三五六引《传奇》:"三二年前,神仙为吾～龙虎丹一炉,据其洞而修之,有日矣。"明焦玉《火龙神器阵法》:"用江豚骨烧灰,～诸药,风愈烈而火愈炽矣。"清《镜花缘》二六回:"古方用朱砂～,老夫恐他污衣,改用白色。" ❷ 交配。宋曾巩《秃秃记》:"禽兽夷狄于其～孕养,知不相祸也。相祸则其类绝也久矣。"明《西游记》七〇回:"朱紫国那话儿,可曾与大王～哩?"清袁枚《子不语》卷一四:"是夜,怪竟来与婢～。" ❸ 伴同;从旁协同。宋朱熹《答吕子约》:"于'浩气'之说,但欲谓'此气元是～道义而成,无道义,则气为之馁'而已。"明张介宾《类经》卷六:"阅,外候也;使,所使也;副,～也。"清《绿野仙踪》三六回:"三位客人不小顽顽么?还有两个赌友～。" ❹ 缀合;拼凑使相合。宋陈淳《答廖师子晦》:"今若不细绎此脉络,而必欲与后段牵联～为一例求之,则有不通者矣。"清张潮《虞初新志》卷二〇:"乙酉城陷,为乱兵所掠,仅存零帙。遍从书肆～,其粗有头讫者,又得数百卷。"《说岳全传》四三回:"况因粘罕被韩公子挑死,……命匠人雕刻木头,～成殓端正。" ❺ 符合;贴合。宋范成大《问天医赋》:"参以天泉左右之运,列以君臣佐使之职。～者相须,畏恶者相敌。"元王恽《卢龙赵氏家传》:"其言人荣悴,虽察五行盛衰,必～道义,广示勸戒。"清《野叟曝言》一四一回:"说这日干支与施郎生肖～,定有结婚外国之兆。" ❻ 撮合;使相结合。元关汉卿《新水令·二十换头》:"天～俏姻眷,分拆开并头莲。"元明《水浒传》二四回:"自古道:'骏马却驮痴汉走,美妻常伴拙夫眠。'月下老偏生要是这般～。"明《二刻拍案惊奇》卷三:"他男长女大,况我原有心～他的。" ❼ 搭配成对。元明《水浒传》九三回:"那十六员将佐,如何见得寻着敌手,～交锋?关胜战刘赟,秦明战张威,……郝思文战昌盛。"清李渔《比目鱼》一四出:"又怕花面与正旦～不来,故此要改做正生。"《白雪遗音·梅雪争艳》:"梅爱雪白,雪爱梅香,～正相当。" ❽ 搭配组合。清《野叟曝言》九六回:"素臣因检出花粉线之类,问是四家邻舍,～四分,同着引五,各家拜望。"《红楼梦》六七回:"将那些玩意儿一件一件的过了目,除了自己留用之外,一分一分～妥当,也有送笔墨纸砚的,也有送香袋扇子香坠的。"

【配还】 pèi huán 匹配归还。明张凤翼《红拂记》二〇出:"我如今把你的浑家依旧～你。"

【配婚】 pèi hūn 婚配;结姻。明俞汝楫《礼部志稿》卷八〇:"稍不如意,百计留难,以致子女之～失时,宗室之困抑无诉。"《醒世恒言》卷三五:"到得长大起来,你我儿子～了,难道不与他婚男嫁女?"清《镜花缘》一八回:"若无才学,就是生在大户人家,也无人同他～。"

【配嫁】 pèi jià 聘嫁;匹配嫁出。唐李隆基《禁畜别宅妇人制》:"特放出令府县即～,不得影认更为藏匿。"明《西游记》二七回:"求福作福,生了奴奴,欲扳门第,～他人。"清《凤凰池》一三回:"前日章卿欲以二女～二卿,朕方知之。"

【配酒】 pèi jiǔ 下酒。宋林洪《山家清供》:"(牛尾狸)薄切如玉,雪天炉畔,伴诗～,真奇物也。"明湛然《鱼儿佛》二出:"可惜一个鱼儿放去了。便不把他换钱,剖将来盐蒸醋煮,～也好。"《金瓶梅词话》九九回:"王六儿陪他在楼下吃酒,韩道国去街上买菜蔬肴品果子来～。"

【配就】 pèi jiù 配妥;安排定。清李渔《风筝误》二一出:"苍天～鸡鹦交,八两半斤,不错分毫。"《醒世姻缘传》三四回:"因失落了库上钥匙,烦你～。"《红楼梦》二七回:"我成日家说,他们倒是～了的一对夫妻,一个天聋,一个地哑。"

【配军】 pèi jūn ❶ 充军;谪降或发配到军队中效力。唐李豫《即位赦文》:"左降官并诸色流人,及罚镇效力～团练等,一切即放还。"宋苏轼《上皇帝书》:"盖自近岁以来部送罪人～者,皆不使役人而使禁军军士。” ❷ 谪降或发配所到军队编制。五代石重贵《改元开运大赦文》：“应有曾行劫盗之人，并宜放罪。愿在军者，与～收管；愿归农者，委本县安存。”又《征契丹还大赦文》：“其节级长行等，如有亲男堪充征行者，宜令逐处酌量，～收管，支给衣粮。” ❸ 谪降或发配到军队中的人。宋刘挚《唐质肃神道碑》：“天下～至死无救，与古律意异，宜令有司差其重轻，有所纵遣。”明沈璟《义侠记》二三出：“贼～，你说得好。我把你肥的且做馒头馅，瘦者填平坡下河。”清《后水浒传》三八回：“你这伙蠢贼，怎敢听信～指使，扰我境内？” ❹ 女子配给军人为妻。元王逢《张贞哀辞序》：“予门生张叙女，讳贞，嫁海县周曹，以复人公门刺而瘐死。先是贞在徙籍，惧～，投秦淮卒。”明《西游记》一一回：“又查宫中老幼彩女共有三千人，出旨～。”清《续金瓶梅》三六回：“姑以原赦减等，遵依新律，入官～，家私充饷。” ❺ 分配给军队。明归有光《马政志》：“左右厢今岁籍马万三千有奇，堪～者无几。”

【配口】 pèi kǒu 适口；可口。清《后红楼梦》一七回：“方才上了几色菜，都说收拾的～。”《红楼梦补》二回：“刚才大奶奶那里送了一碟玫瑰馅子的稣油饼过来，很～，我多吃了一点了。”

【配隶】 pèi lì 把犯人发配到某地编籍管制。唐柳伉《请诛程元振疏》：“陛下必欲救今日之急，……尽出内使，～诸州。”宋楼钥《知江州汪公墓志铭》：“诸路～之餘，选以应役，或聚而为盗，害及一方。”元曹泾《鄂州太守存斋先生罗公传》：“所收诸州～强盗贷命之人，久不问落。”

【配量】 pèi liáng 比对估量。宋刘克庄《沁园春·和林卿韵》之九：“曹丘生莫游扬，这瞎汉还曾自～。”

【配列】 pèi liè ❶ 附列；作为陪衬而排列其中。宋吕南公《请见蔡签判书》：“若某之不佞，上未之～于必贵，而下不当自弃于已贱。”元王恽《大元故清和妙道广化真人尹公道行碑铭》：“宜乎传嗣道统，～师真，上继长春，下授真常。” ❷ 比并排列。宋计敏夫《唐诗纪事》卷四六：“后之文人达乐者少，不复如是～，但遇兴纪题，往往兼以句读短长于歌诗之异。”明陈弘绪《周易图跋》：“然《先天图》左右～，森然不紊而寓循环无端之妙。”

【配率】 pèi lǜ 除正额外按比率摊派税赋劳役等。唐元结《奏免科率等状》：“臣当州每年除正租正庸外，更合～几钱，庶免使司随时加减。”宋欧阳修《论乞止绝河北伐民桑柘札子》：“臣风闻河北京东诸州军，见修防城器具，民间～甚多。”明吴俨《送营缮正郎王君归省序》：“计工虑用费财物以千万计，部不能给，遂下～之科于傍近州县。”

【配美】 pèi měi ❶ 并美；媲美。唐李白《化城寺大钟铭》：“协响广乐，所以达元气，彰天声；铭勋皇宫，所以旌丰功，昭茂德。莫不～金鼎，增辉宝坊。”宋舒岳祥《有田妇献水麦甚美》：“食芹应～，吾欲献君王。”明屠隆《彩毫记》二一出：“老爷应聘明王，追踪绮皓。挂冠清世，～华阳。” ❷ 指结姻。唐李华《唐故东光县主神道碑铭》：“因心则孝，怀盛敬尊。～良士，如宾礼存。”元佚名《香遍满·四时思慕》：“未知多情把奴山盟记，莫得要再求，再求新亲～。”明吴与弼《祭外祖母伯氏夫人文》：“夫人育秀大家，～高门，猗欤二氏，克武克文。”

【配拟】 pèi nǐ ❶ 依据资历或行为拟定职位或罪罚。《新唐书·裴光廷传》：“光廷惩之，因行俭长名榜乃为循资格，无贤不肖，一据资考～。”清《载花船》二回：“本宜扭解回朝，从重～，姑念事关重大，再宽时日。” ❷ 比拟；放在一起做相似的比较。宋叶適《司马温公祠堂记》：“若夫比并伊吕，～经训，使人主降屈体貌，自以圣人复出。”明凌义渠《寄怀临川章大力》：“独惭蚊虻影，～本非伦。”

【配聘】 pèi pìn 结姻。明崔时佩、李日华《西厢记》一七出：“断闲人，不会亲邻，请先生和俺莺莺～。”

【配迁】 pèi qiān 发配流放。《旧唐书·孙伏伽传》：“及平王世充、窦建德大赦天下，既而责其党与并令～。”清李渔《凰求凤》一五出：“〔生〕念小生罪不至此。〔老旦〕欺诳罪应该～。”

【配腔】 pèi qiāng 搭腔；搭话。清李玉《人兽关》二三出：“深恭浅喏频稽颡，献茶抹椅多仪数，官话通文各～。”

【配亲】 pèi qīn 结亲。明《型世言》一回：“况小姐若不～，依倚何人？”清《女仙外史》四回：“三公子因八字奇异，暂要访求年月日时相同的，然后～。”《万花楼》六三回：“美貌佳人，却也不少，觅一位与你～，有何不妙？”

【配人】 pèi rén 嫁人。明王骥德《男王后》三折：“自家临川王妹子玉华公主是也。年方二八，尚未～。”汤显祖《紫钗记》四五出：“〔侯〕小玉姐敢～了？〔浣〕招的个秀才欣将风月占。”清《情梦柝》九回：“守一二年，若喜新不来，那时～也未迟。”

【配辱】 pèi rǔ 发配从事低贱职业。明张景《飞丸记》一六出：“世蕃充军，妻孥～。”按，此指“发功臣家为奴”。

【配色】 pèi sè 调配颜色。元陶宗仪《辍耕录》卷二四：“乃教以做造捍弹纺织之具，至于错纱～，综线挈花，各有其法。”清陈端生《再生缘》一〇回：“然后坐在一张沉香椅上，叫荣兰取进清泉，慢慢地调脂～。”《红楼梦》五三回：“凡这屏上所绣之花卉，皆仿的是唐宋元明各名家的折枝花卉，故其格式～皆从雅。”

【配事】 pèi shì 犹“配嫁”。《太平广记》卷三七四《闻奇录》：“问其故，曰越州扶餘县赵明经之女。父母～前扶餘尉程颜，适为大风飘至此。”清《后水浒传》一五回：“如今欲将小女～英雄，……不知豪杰意见可肯俯就么？”

【配手】 pèi shǒu 称手；合手。清《绮楼重梦》一一回：“贾政问：‘你要使吗？’小钰说：‘是因为这条木棍太轻了，不～。’”

【配属】 pèi shǔ ❶ 匹配隶属。唐吕才《五行禄命葬书论》：“言五姓者，谓宫商角徵羽等，天下万物悉～之，行事吉凶依此为法。”明锺惺《送晏祠部归寿二亲序》：“晏子成进士，为莆中司李，翁与其～以治狱。”清翟灏《通俗编》卷二一：“太公六韬有‘背建向破’之语，则此十二名目，自三代已有。今时宪书用之，而与十二辰不相～。” ❷ 指婚配。唐李复言《续玄怪录》卷三：“人神既殊，安得～？以为夫妇，便合相从，何为一夕而别也。”

【配双】 pèi shuāng 犹“配对❶”。清陈端生《再生缘》五五回：“皇恩浩荡谐秦晋，臣子怀惭赐～。”

【配送】 pèi sòng 犹“配递”。五代石重贵《收复青州大赦文》：“所有随幕宾从，除已杀戮外，餘皆～边远州府。”宋蔡襄《论失贼官僚乞行罚》：“择于情理最重者，特除夺官职，～远恶州军编管。”元明《水浒传》三七回：“小人是个犯罪～江州的人，今日错过了宿头。”

【配所】 pèi suǒ 发配、安置的所在地。唐王晙《请移突厥降人于南中安置疏》：“望至秋冬之际，令朔方军盛陈兵马……并分配淮南、河南宽乡安置，仍给程粮，送至～。”明沈璟《义侠记》一三出：“因在江州～醉后题诗，惹起祸端，几致丧命。”清《红楼梦》一一九回：“且说贾琏先前知道贾赦病重，赶到～，父子相见。”

【配填】 pèi tián 分配填补。宋刘克庄《玉牒初草》：“令皇城司招刺三百人，～亲从等阙。”《宋史·兵志八》：“内外就粮退军二十一指挥八千餘人，以禁军小疾故拣退及武艺浅弱人～。”

【配头】 pèi tou 配偶。明《拍案惊奇》卷二六：“你女儿心嫌错了～，鄙薄其夫。”《西游补》五回：“既是虞美人了，还有虞美人

～。”清《快心编》三集三回:“男长女大,原要一个～。”

【配位】 pèi wèi ❶占位;位居。唐滕迈《二黄人守日赋》:“其色惟黄,虽～乎下土;其形有二,如辅明于大君。”明张凤翼《红拂记》四出:“自家奉玉皇敕命,镇守西方,～四岳。”清张云翼《登华岳》:“职方纪豫镇,～雄西秦。” ❷配享的位置。宋朱熹《答王子合》:“禘祭于太庙,则又以所出之帝为东向,而太祖反居南向为～也。”清黄宗羲《兵部督捕右侍郎许先生墓志铭》:“太常以太祖北郊～,应改坐西向东,疏下九卿会议。”徐乾学《北郊配位议》:“凡祀典,有正位,方有～。～之左右不同。”

【配眼】 pèi yǎn 合眼光;看中。清《何典》四回:“昨日他一头走路,只管十步九回头的看你,谅必～的。”

【配药】 pèi yào 配制医药或火药。明孙一奎《赤水元珠》卷一〇:“将乳于磁盘内晒干为粉,～或单服皆妙。”清雍正十年十一月十九日金铁奏文:“周文统曾差百总辛茂买硝五百餘斤,因低潮不堪～,欲发另换。”《红楼梦》三回:“请了多少名医修方～,皆不见效。”

【配役】 pèi yì 发配服苦役。《唐律疏议》卷三:“工乐及太常音声人习业已成能专其事,及习天文并给使散使犯徒者,皆不～,准无兼丁例加杖;若习业未成,依式～。”《元典章·刑部七》:“今后奸夫奸妇初犯,依在先体例断放;若是再犯,刺面～。”明王錂《寻亲记》二七出:“曾送我儿夫遭～,不想今日,又送孩儿科场求取官职。”

【配驿】 pèi yì 发配驿站服役。明《杜骗新书·买学骗》:“追完管家,又告愿全追,甘与同～。”清《绣屏缘》八回:“依律但凡奸盗之事,拟个满徒～燕山。”

【配姻】 pèi yīn 犹“配婚”。清《万花楼》六七回:“与公子～,真乃天作之合。”

【配侑】 pèi yòu 配享;先祖、功臣、圣贤等祔祀于大典或庙堂。唐颜师古《功臣配飨议》:“於穆清庙,备孝享于吉蠲;股肱良哉,豫铭常之～。”元许有壬《河间路重修孔子庙碑》:“相旧孔子庙,殿宇卑陋,～无所。”清徐文靖《管城硕记》卷一二:“明堂袭郑氏祖宗之义,而以二帝～,或三帝并配者,盖有之矣。”

【配缘】 pèi yuán 结缘;配姻。明《西游记》九四回:“因此虔诚,得逢仙侣。养就孩儿,～姹女。”

【配制】 pèi zhì 调配制造。清朱云锦《河南采办硝磺述略》:“每年采炼一万五六千斤,每斤价银四分,以备本省及山东各标营～火药并民间花炮等用。”《大清会典则例》卷一七九:“其解暑汤药,交太医院官定方～。”《绿牡丹》三八回:“舍下有～之药,每每见效。”

【配坐】 pèi zuò 排在配享的位置,也指这样的位置。唐蔡同文《请增七十二贤酒脯奏》:“伏见每年春秋二仲月上丁,释奠于文宣王,以兖国公颜子～。”元阎复《定兴县三皇庙记》:“像设尊严,取法邃古。十大医师,～侑食。”明罗玘《霎寿图诗序》:“中坐服熊罴者一人;～者一人,妪也,服如之。”

【配座】 pèi zuò 同“配坐”。唐陈贞节《论肃明皇后请别立庙议》:“宗庙父昭子穆,皆有～,每室一帝一后。”元葛复振《蠡州重修建文庙记》:“肇像大成,以实正位。饰塑颜孟,～左右。”清汪如洋《汤阴谒岳忠武王祠》:“燕颔披帷识,鱼轩～同。”

【辔头】 pèi tóu 御马的缰绳和嚼子。跟“放”“出”“跑”等搭配,指放开马缰绳让马跑一阵。唐杜甫《前出塞》:“走马脱～,手中挑青丝。”《元曲选·争报恩》一折:“早是我不曾冲撞着舅舅,我着你老子放个～。”清《野叟曝言》二一回:“连赶了几日～,那骡再支不住,伏在地上只顾喘气。”

pēn

【喷】 pēn 谝;乱说。元张国宾《合汗衫》一折:“你将他恶语～,他将你厮怨恨。”《元曲选·救风尘》三折:“我假意儿瞒,虚科儿～,着这厮有家难奔。”《元曲选外编·西厢记》五本三折:“你道是官人只合做官人,信口～,不本分。”

【喷发】 pēn fā ❶迸发。唐独孤及《慧山寺新泉记》:“甘溜湍激,若醽醴乳。～于禅床,周于僧房,灌注于德地,经营于法堂。”清钮琇《觚賸》卷八:“偶见此骨,取以挑刺,鹅血～,而骨遂消减。” ❷抛洒。清龚士稚《雨霖铃·途次偃师有忆》:“芳华付之泡影,无人处、泪珠～。”

【喷吼】 pēn hǒu 喷气嘶鸣。唐元稹《望云骓马歌》:“圉人初进望云骓,形色頵頟众马欺。上前～如有意,耳尖卓立节踠奇。”明张瀚《庭柏赋》:“挠飕飗兮激苍龙之～,润霡霂兮降翠凤之葳蕤。”

【喷壶】 pēn hú 按有细孔喷头的壶状浇水器具。明陈仁锡《听僧说福胜石梁幽谷大龙湫》:“初下也,倾银河于卮口;将半也,洒灌沫于～。”《金瓶梅词话》二七回:“西门庆令小厮来安儿拿小～儿,看着浇水。”清《红楼梦》二五回:“我们这里的～还没有收拾了来呢。”

【喷激】 pēn jī 喷涌激荡。唐樊阳源《襄华贯洪河赋》:“尔其杳嶂无际,连波方永,～万里,回合千岭。”明孙承恩《赣江》:“船头飞浪花,～如琼瑰。”清《野叟曝言》三回:“俯视倒影,但觉黑云万道自山罅～而出,层叠不穷。”

【喷溅】 pēn jiàn 喷射飞溅。宋韩拙《论水》:“有惊涛怒浪涌瀼腾沸,～漂流,虽龟鼍鱼鳖,皆不能容也。”清《绿野仙踪》一六回:“却好木剑从老鼋背后飞来,直穿过老鼋脖项,血势～。”《姑妄言》一一回:“虽天朗气清,而激水～,如行大雾中。”

【喷浸】 pēn jìn 喷射并浸渍。唐杜甫《桃竹杖引》:“江心蟠石生桃竹,苍波～尺度足。”宋高述《赋玉溪寺石菖蒲》:“玉溪石角尖如锋,山泉～碧玉龙。”明刘基《朗月行》:“寒光～碧落外,白浪涌作金银台。”

【喷蛆】 pēn qū 胡说。《元曲选·玉梳记》二折:“横死眼如何有个分豁,～口知他怎生发落。”清《蜃楼志》二回:“笑官道:‘那个我不依,必要姐姐这样人对亲才好。’素馨道:‘不要～,我要打的。’”《何典》一回:“不会谈天说地,不喜咬文嚼字。一味臭～,且向人前捣鬼。”

【喷撒】 pēn sā 发泄。明朱有燉《曲江池》一折:“孤老海啾～了,俺辞了大姐回去也。”

【喷洒】 pēn sǎ ❶喷射散落。《法苑珠林》卷一一五:“互以冷水,共相～,然后苏息,而复得起。”唐杜牧《大雨行》:“神鞭鬼驭载阴帝,来往～何颠狂。”清厉鹗《望金华山出云俄而大雨》:“石羊叱作雨工起,奋髯抵角跪且鸣,～林壑天瓢倾。” ❷挥洒。清曹士勋《满江红·余将北游斗山写燕山送行图见赠》:“摩诘风流,～处、墨涛都涨。” ❸喷涌。清翁方纲《石洲诗话》卷一:“杜五律《洞房》诸作、七律《秋兴》诸作,皆一气～而出,风涌泉流,万象吞吐。”

【喷射】 pēn shè ❶强力喷溅。唐李白《求崔山人百丈崖瀑布图》:“百丈素崖裂,四山丹壁开。龙潭中～,昼夜生风雷。”明吴宽《分题百步洪送顾工部》:“凿石尚磊磊,急流为磨砻。～声愈振,石腹疑中空。”清《野叟曝言》五回:“中间火星～,如球大的,如斗大的，不计其数。” ❷ 喷发射击。清《女仙外史》九六回：“见有无数形如四足小蛇，含着土上的沙，～人的影儿。”《荡寇志》一一三回：“中一层军士俱在口内，那弩箭便从口内～出。”《雪月梅》四六回：“凡遇妖法，箭弩渍筒悉蘸此血一齐～，便可立破。” ❸ 喷涌冲击。清丁恺曾《治河要语》：“骇水鼓怒，更相触搏，越一坝，必冲一坝。非徒不能遏也，反激使胶戾盘转，而～大堤。”

【喷嘶】 pēn sī 犹“喷吼”。明王世贞《白马篇》：“片片汗桃花，～赤琼霰。”《拍案惊奇》卷三：“裹腹闹装灿烂，是个白面郎君；恨人紧辔～，好匹高头骏骑。”清《聊斋志异·白莲教》：“女俱双刃，利如霜；骑大马，～甚怒。”

【喷腾】 pēn téng ❶ 吐气掀腾。唐王諲《双瀵泉赋》：“洎乎风骇雾勃，烟涌云蒸，则有鬼神倏闪以恍惚，蛟螭鼓怒以～。” ❷ 喷涌翻腾。唐薛用弱《集异记》：“曲未终，风涛～，云雨昏晦。”宋方岳《题陈叔茂二亭·观澜》：“～浙江潮，奔放吕梁水。”清李光地《赋得夏云多奇峰》：“四序多蒸变，炎离行雨辰。～通岳气，澒洞走龙神。”

【喷啼】 pēn tì 同“喷嚏”。宋李处全《玉楼春·守岁》：“要知一岁已寻依，听打个惊人～。”明汤显祖《南柯记》四四出：“你挣着眼大槐宫里睡多时，纸捻儿还不曾打～。”

【喷涕】 pēn tì 同“喷嚏”。唐李匡乂《资暇集》卷中：“振鼻为～，吐口为爱富。”明《西游记》六九回：“待我打两个～，吐些涎津溢，与他吃药罢。”清《姑妄言》二回：“这皂角末一闻着，～打个不住。”

【喷嚏】 pēn tì 鼻腔受刺激急剧向外呼气。民间或认为是被别人念叨的反应。唐王焘《外台秘要方》卷一五：“防风丸主肺间风热，旦朝好～。”明《挂枝儿·喷嚏》：“似我这等把你思量也，想你的～儿常似雨。”清《红楼梦》五一回：“晴雯因方才一冷，如今又一暖，不觉打了两个～。”

【喷筒】 pēn tǒng 喷射火药、液体的筒状器具。明夏良胜《论用兵十二便宜状》：“新制火药有名～者，用竹一寻如椽大，通数节间围以铁，以火药与铁子、沙石、雀舌和而实之，放则火烛一望。”《拍案惊奇》卷三七：“身上血簌簌的出来，多在袋孔中流下，好似浇花的～一般。”清《说唐三传》四一回：“军士取到狗血、～等物，将狗血灌满，望山上喷去。”

【喷吐】 pēn tǔ ❶ 伴随送气从嘴里向外涌出。宋陈言《三因极一病证方论》卷九：“癫痫惊狂，谵妄癫倒，昏不知人，～涎沫。”清曾衍东《小豆棚》卷一二：“其弟潜窥，见一大鼋累然，～瓮水。”《蜃中楼》五出：“后面的气吐出来，前面的气又散了，蜃楼如何结得起？如今大家立定身子，一齐～，使他聚而不散，方才有用。” ❷ 激荡迸发。宋梅尧臣《同宫处仿像梦中意续以成篇》：“东南横虹霓，万壑水～。”元戴表元《秀野堂记》：“临其上游，冈林蔽遮，云物～，隆隆然自成一岛屿。”明《隋炀帝艳史》二〇回：“香炉中的烟气，一霎儿～如雾。” ❸（花）萌发绽放。宋晁补之《栽花招泗州叔父》：“春园移春栽，芽蘖粳粒大。东风日日吹，～不暇裹。”元胡祗遹《题储天章菊轩诗》：“～奇丽难再得，弗念倾城与倾国。”《元曲选外编·射柳捶丸》四折：“我则见榴花恰～，翠柳映微露。” ❹ 吐露；表述。宋梅尧臣《还吴长文舍人诗卷》：“今者逢吴侯，满腹贮经籍。～五色霓，自堪垂典册。”明茅坤《与蔡白石太守论文书》：“然问尝从兄学为诗，每见兄言笑出金石，～倾珠玑。”清王荫祜《满江红》：“击钵声声，浑不为、风云月露。算都是、苍茫身世，郁怀～。”

【喷唾】 pēn tuò ❶ 喷水沫；吐唾沫。宋方夔《感兴》之六：“阴阳转两轮，五气扇双磨。有生寓寰中，蒙蒙如～。”孔平仲《谈苑》卷三：“时盛暑，上入内云：‘被一汗臭汉薰杀，～在吾面上。’”明朱橚《普济方》卷四二〇：“穴行间治心寒胀满，不得食息，～血厥，心痛善哕。” ❷ 犹“喷吐❹”。明《醋葫芦》一六回：“复嗔劝勉之言，大肆～之悍。” ❸ 犹“喷吐❷”。清陈讦《昙花亭雨中看瀑布》之二：“万斛雾珠随～，四围水石日撞舂。”

【喷笑】 pēn xiào 发笑。明佚名《赠书记》三〇出：“这其间奇踪幻态，颇堪～。”

【喷泄】 pēn xiè 喷放散发。唐符载《鄂州何大夫创制夏亭诗序》：“斩榛楛，掘株枿，翳荟扫尽，天形嶷然，山川云气，一朝～。”宋李纲《季明惠含笑花其香满室》：“韬藏妙质逾三月，～清香在一朝。”明朱瀚《文峰寿章》：“高山大岳，盘礴穹隆，所以含蓄众物，～云雨，郁为群望之宗者，其得诸天者固厚也。”

【喷泻】 pēn xiè ❶ 喷射倾泻。宋李格非《洛阳名园记》：“水四向～池中而阴出之，故朝夕如飞瀑而池不溢。”潜说友《咸淳临安志》卷三八：“中池又在垂崖三十仞之下，～如雷，飞溅岩壁。” ❷ 尽情吐露发挥。清徐喈凤《貂裘换酒·题邹进士丽农词遗稿》：“题曰丽农词名好，卷内墨痕轻画。纵一派、才情～。”

【喷噀】 pēn xùn ❶ 将液体从唇间使成雾状吐出。《太平广记》卷一三〇引《逸史》：“道士坐于堂外，含水～，又以柳枝洒地。”《元曲选·风光好》三折：“这酒则是斟八分，学士索是饮一巡，则不要滴留～。”元明《水浒传》三九回：“主人心慌，便叫酒保过卖都向前来救他，就地下把水～，看看苏醒。” ❷ 犹“喷吐❹”。元王恽《故处士牛了斋真赞》：“眼高一世，舌本悬泉。～珠玑，孰为后先。”

【喷溢】 pēn yì ❶ 喷发迸溅或散溢。明汤显祖《达奚司空立南海王庙门外》：“嗔胸带中裂，嘲咙气～。立死不肯僵，目如望家室。”清钱谦益《直隶河间府儒学训导刘君墓志铭》：“好谈人善，盱衡抵掌，嚏唾～颐颊。”《野叟曝言》三回：“口若箕张，腥涎～。” ❷ 放肆无约束。明沈炼《金处士传》：“世之道横流，人心～，贵贤而屈能。”

【喷涌】 pēn yǒng ❶ 翻腾涌动。唐李白《有所思》：“海寒多天风，白波连山倒蓬壶。长鲸～不可涉，抚心茫茫泪如珠。” ❷ 喷射涌出。唐吕周任《泗州大水记》：“是时山泐桐柏，发衹～，下注淮渎，平湍七丈。”清张玉书《游辽东千顶山记》：“泉出寺后弥勒峰，峰左有石洞，方幅数尺，珠光～，穿涧而溢。”《娱目醒心编》卷八：“及仵作动手验时，见女喉下刀孔可容二指，尚有血沫～。” ❸ 犹“喷泻❷”。清查慎行《仆旧有青田冻石一枚》：“奇巧出穷人，诗端忽～。”

【喷跃】 pēn yuè ❶ 掀腾踊起。唐吴融《沃焦山赋》：“当长鲸之鼓跳，此欻尔以潜销。虽巨鳌之～，亦倏然而尽铄。” ❷ 喷发涌出。清方苞《圣主亲征汉北颂》：“龙沙旷莽，潢污潦浊。我皇戾止，灵泉～。”

【喷振】 pēn zhèn 鼓鼻喷气，抖动毛羽。宋苏辙《王诜都尉宝绘堂词》：“腾踏騕褭联骕骦，～风雨驰平冈。”明朱琳《拳毛䯄歌次王汝玉韵》：“解鞍滚罢起～，振奚奴牵入垂杨堤。”

【喷注】 pēn zhù ❶ 喷涌灌注。五代张洎《贾氏谭录》：“泉自池中出，石龙～地内，其声泠泠然。” ❷ 喷射涌出。清《女仙外史》七三回：“筑葫芦，光头绽开一眼，脑浆～；劈匾嘴，泥丸碎却半个，丹药消亡。”

pén

【盆池】 pén chí 地下埋盆注水形成的小池。唐韩愈《盆池》

之二："莫道～作不成，藕梢初种已齐生。"元薛昂夫《一枝花·赠小园春》："唾津儿浸满～，手心儿擎得起屏石。"清查慎行《晚宿龙里县署》："官舍周围带土墙，～新涨接方塘。"

【盆吊】 pén diào 一种刑法。将犯人蒙头倒置壅塞死。元萧德祥《小孙屠》一出："陷兄弟必贵，～死郊中。"元明《水浒传》二八回："着一床干稿荐把你卷了，塞住了你七窍，颠倒竖在壁边，不消半个更次，便结果了你性命。这个唤作～。"清《水浒后传》二一回："你们今夜将柴进～死了，明早把尸首抛出城外。"

【盆覆】 pén fù 扣在盆下，比喻沉冤。宋陈长方《代放罪谢表》："果贻弹劾，宜在谴诃。岂谓天明，下烛～。"明陈汝元《金莲记》一九出："～冤谁照？难沾帝泽优游。"《二刻拍案惊奇》卷三八："直待海清终见底，方令～得还光。"

【盆景】 pén jǐng 在盆中养殖水石草木以供观赏的器玩。明蒋德璟《袖清源石小记》："布衣黄公季弢，亦饷予白石子三百枚，曰：'佐君～。'"高濂《遵生八笺》卷七："～以几卓可置者为佳。其大者列之庭榭中物，姑置勿论。"清《玉蜻蜓·露像》："几盆～多苍古，矮松短柏老榆庄。"

【盆口】 pén kǒu ❶盆的外口。唐张鷟《朝野佥载》卷五："蛇入堂中心，有一孔，大如～，蛇入并尽。"明王肯堂《证治准绳》卷三二："用新盆子一个，盛药在内，用纸封～。" ❷指赌博的技艺。盆，骰盆。元明《水浒传》一〇四回："那王庆是东京积赌惯家。他信得～真，又会躲闪打浪。"明《西湖二集》卷二〇："那吴尔知原是赌博在行之人，～精熟。"清《姑妄言》四回："惟独这一毫不知的雏儿，不要讲什么～，连叉快还认不清。" ❸指赌博中输赢的势头。清《野叟曝言》一六回："我输了钱，要去翻本哩，方才的～正有些转头了。"又："雨又是这般大，明日又是真死忌日，作掉了好～。"《歧路灯》四三回："站在高背椅子后边看掷色子，看的原来就是他的十九岁儿子王学箕，为父亲的在椅子后记～。"

【盆山】 pén shān ❶形如覆盆的山，指人工堆叠的假山。宋王珪《宫词》之一一："～高叠小蓬莱，桧柏屏风凤尾开。"苏轼《端午遍游诸寺得禅字》："～不见日，草木自苍翠。"明薛蕙《次韵苏允吉侍御台中四咏·盆山》："后圃～丽，当轩画障横。虫穿嵌窦坼，雨渍古苔生。" ❷借指盆景。宋龚明之《中吴纪闻》卷六："今日伏惟安置，官诰又来索起。不如更迭个～，卖八文十二。"清张英《秋窗料理瓶花之一》："自迭～插菊枝，分红间白满花瓷。"查慎行《秋感》之二："末俗爱～，花草妃红白。看看耳目玩，屈辱到松柏。可怜千丈材，窘束不盈尺。"

【盆头】 pén tóu ❶盆边；盆的浮头。清玄烨《题耕织图·练丝》："无限经纶从此出，～喜色动双眉。"毛奇龄《山居庄家女种莲子》："～有水照衣履，长洗钗鱼作风雨。"《醒世姻缘传》五四回："若是止在厨房里面撩锅里的肉，攒～的米合面，……这都是那些管家娘子旧规。" ❷指聚堵抽头的钱。盆，骰盆。清《聊斋志异·任秀》："舟主利其～，转贷他舟，得百餘千。客得钱，赌更豪。"

【盆头米】 pén tóu mǐ 做饭人在米盆上克剥他人或节省下的粮米。清《续金瓶梅》三回："那时正近十月中元之期，先一日挂起幡来做解厄道场。晚上放施食，请了邻近几个尼姑，堂上开经打法器，也有村里送～的。"《醒世姻缘传》八八回："那年扬州荒旱，米是极贵的价钱，他成斗的趱起～来换酒换肉。"

【盆冤】 pén yuān 覆盆之冤；沉冤。明孙传庭《纠参贪横监司疏》："至若知府熊应元，一清若水，徒以本官驱除异己，竟罹～。"清李渔《玉搔头》一八出："若非御驾惊风宪，几乎两命丧黄泉，只求天眼照～。"《歧路灯》三一回："惩凶烛猾理～，折狱唯良只片言。"

【盆栽】 pén zāi 盆栽的植物。元方回《病后夏初杂书近况》之二："怯寒重着旧绵裘，已见～拆绛榴。"清《玉蜻蜓·游庵》："藤穿宫椅花梨杌，兰蕙～架上排。"

pèn

【喷鼻】 pèn bí 扑鼻；刺鼻。唐刘禹锡《西山兰若试茶歌》："悠扬～宿酲散，清峭彻骨烦襟开。"《元曲选·昊天塔》四折："现如今火烧人肉～腥。"清《醒世姻缘传》二九回："那药如绿豆大，金箔为衣，异香～。"

【喷香】 pèn xiāng 形容香气、声誉等浓郁四溢。明《金瓶梅词话》六二回："西门庆观看果然好板，随即叫匠人来锯开，里面～。"《隋炀帝艳史》二三回："身上的好肉，切得四四方方，加上五味椒料，连夜安排的～烂熟。"清《鸳鸯针》一卷二回："我如今新举人是～的，比前日做秀才打秋风时模样不同。"

pēng

【抨按】 pēng àn 弹劾查究。《新唐书·许景先传》："还为左补阙，……～不避近强。"

【抨劾】 pēng hé 弹劾。《新唐书·温造传》："夏州节度使李祐拜大金吾，违诏进马。造正衙～。"宋喻良能《送广漕曾郎中赴阙奏事》："公如任风宪，～莫踟蹰。"清毛奇龄《传列朝备传·焦芳》："时马文升为尚书，老臣亦并加姗侮，且阴结言官，使～素所不快及在己上者。"

【抨轰】 pēng hōng 振发巨响。元魏初《沁园春·送霍国瑞》："白璧青钱到姓名。人争道，看春风袖里，霹雳～。"

【抨击】 pēng jī ❶弹劾。宋洪迈《夷坚志》支丁卷一〇："宣和初年，蔡失眷，上谕王使～。"元虞集《姚忠肃公神道碑铭》："持宪终身，～日报，而实仁恕，爱民有道。"《明史·徐阶传》："帝恶给事御史～过当，欲有所行遣。" ❷言语攻击；批评。清钱大昕《毛稼轩地理书序》："其言汪洋汗漫，诡异难解。习其术者各尊所闻，互相～。" ❸冲激；搏击。清毛先舒《答潮问》："譬人之欲人门也，人多门狭则喧动～以争门，惟水亦然。"平泰《平定金川功成恭纪》："健翮资～，奔雷慑聩罾。"徐倬《咏水碓》："水石相～，湍雪蛟龙走。"

【抨弹】 pēng tán ❶拨动弓弦射出弹丸。唐元稹《树上乌》："灵蛇万古唯一珠，岂可～千万亿。"元柳贯《度马岭将适乌伤》："复恐血肉躯，容易堕榛峦。山灵若镌我，涧声助～。"明黄淳耀《和拟古》之五："奄奄曹李徒，竟死持两端。如彼千岁狐，伏匿辞～。" ❷弹拨；拨动。唐王勃《释迦如来成道记》："宗承天日贵，象贯师子頞。善教谁与传，～独豪侠。"清钱谦益《左宁南画像歌为柳敬亭作》："何人踞坐戎帐中，宁南御侯昆山公。手指～出狮象，鼻息呼吸成虎熊。"陈维崧《念奴娇·赠雪笠上人》："一自秣陵凋敝后，难稳故山瓶拂。蹙踏天龙，～狮象，人境俱双夺。" ❸弹劾。唐杜牧《崔璪除刑部尚书等制》："每师蘧瑗，常慕史鱼，～之勇，正当时病。"明顾宪成《与吴怀野光禄》："幸而事定，旁观者遂群起而求多，吹索～，不遗餘力。"清吴伟业《绥寇纪略》卷元一："左良玉讹报躲贼，略加～，便为瞋目攘臂朝堂之上。" ❹批评；评论。元何中《墨梅》："童亦指点毫发不相似，～舌闪闪。"明安世凤《墨林快事》："然公他作即刻石者，乃多有一种习俗之气，是以评者多不与之。若皆如此纸，则何处可容其～焉。"清顾炎武《与黄太冲书》："倘辱收诸同志之末，赐以～，不厌往复，以开末学之愚。"

【烹熬】 pēng áo ❶ 烧煮，也泛指烹饪。宋苏轼《中山松醪赋》："取通明于盘错，出肪泽于～。"明郑岳《题菜》："～珍异伤胃肠，山中此味苦无毒。"清吴绮《放生启》："龟免渔封，还能铸印。何因口腹，致任～。" ❷ 比喻痛苦折磨。宋杨万里《天问天对解》："武王之杀纣，非有愤悒而逞也，出民于～之中，而置之寒凉之地而已。" ❸ 比喻水浪冲激。宋李洪《适越赋》："丛祠鸦噪而日暝兮，古戍鬻海以～。越山千嶂以相矗兮，断港萦迂而一篙。" ❹ 烧炼；修炼。明《韩湘子》二九回："还须着意，着意～，才显出金丹玄妙。"

【烹剥】 pēng bō ❶ 剥皮烧煮。宋周必大《乞免闽浙收买军器所牛皮札子》："况牛者稼穑所资，固不欲其觳觫而就～。"清《说岳全传》七三回："三年之后变为牛羊猪犬，生于凡世，使人～食肉。" ❷ 犹"烹熬❶"。宋袁说友《连宵得雨应祷》："蜀旱昔流行，皇恩念痌瘝。饥寒乏冬酒，～仰春菜。"明沈明臣《病热行寄叶郑朗》："海外茶芽名雀舌，试令～度炎歊。"清董文涣《纪事》："乱离一朝定，关市罢酤榷。输金高邱山，赐宴纷～。" ❸ 比喻残酷剥削。清张问陶《甲寅上元时帆前辈招饮》："民穷尚～，兵逸又招募。"

【烹鼎】 pēng dǐng ❶ 一种酷刑，投入鼎中油炸或水煮。宋刘安节《名节》："下至于懦夫孺子，忠义所发，犹有甘心于膏铁～而不悔者。"明张吉《新兴馆中》："长鲸肆诛剪，折首投～。" ❷ 把食物投入鼎中加热。宋刘攽《耳病》："正欲登山惊雨过，未经～怪汤煎。"元苏天爵《大明殿秋宴教坊致语》："教宰夫以～，所养惟贤；命酒正以行觞，咸醉以德。"清弘历《题沈周写生·茄》："登盘间魁芋，～厌侯鲭。" ❸ 偏指煮肉。宋欧阳修《自岐江山行至平陆驿》："溪菊荐山罇，田蛪佐～。"陆游《戏咏闲适》："箪瓢味美如～，邻曲人淳侣结绳。"清《东周列国志》八九回："夫一人～，众人啜汁。" ❹ 比喻痛苦折磨之地。宋陈著《溪上岙》："本为牛羊安着脚，近来狼虎肆磨牙。青山绿水成～，白纸乌薪等撒沙。" ❺ 烧炼。金马钰《积行》："九转丹～，六铢衣胜罗。"元宋禧《题煮石山房》："仙家火候忆～，人世天伦知盍簪。"明《禅真后史序》："故知修真成道者，不独在乎导引胎息、～吐纳之功，全重那一点灵台的良善，积德累仁，以成至道。" ❻ 比喻治理政事。明陈献章《送景易赴秋试》："～须兼味，吹竽当好音。" ❼ 大鼎。例指院落中贮水防火的容器。清田雯《枣花寺集饮漫赋长句》："斋厨竹径松风鸣，檐前～鱼眼生。"

【烹煅】 pēng duàn ❶ 放在火中加热。宋王安中《论妄兴坑冶疏》："最后裡遣属官监守～，仅得锱铢。"黄休复《茅亭客话》卷九："若敲磕及硾击终不能碎，须以大火～得真金矣。" ❷ 烧炼。清钱谦益《汤池》："神丹内服食，灵泉外～。一浴肌理皴，七日毛髓换。"

【烹锻】 pēng duàn ❶ 同"烹煅❶"。唐许碏《题南岳招仙观壁上》："洪炉～人性命，器用不同分皆定。"《景德传灯录》卷一六《怀忠禅师》："问：'烘炉猛焰～何物？'曰：'烹佛烹祖。'" ❷ 比喻对文字加工提炼。清程洪《词洁辑评》卷四："说来甚浅，然大家亦不外此。用意之妙，总使人不觉，则～之工也。"

【烹燔】 pēng fán 犹"烹熬❶"。五代杜光庭《遂府相公周天醮词》："兴修有土木之烦，宴犒有～之费。"宋王安石《车螯》之一："车螯肉甚美，由美得～。"明孙绪《剪韭轩即事》："五侯盘馔罗～，丽歌偏称如飞轩。"

【烹分】 pēng fēn 分肥；分享利益。明《西湖二集》卷七："与和尚通同作弊，坐为分赃，诓骗十方钱粮，对半～。"清雍正三年二月十六日李绂奏文："臣即飞章题奏，庶便清楚，再查当日～捐银之数。"《醉醒石》一五回："这人得了契，自向许校尉处，拿出一千二百～。"

【烹煎】 pēng jiān ❶ 犹"烹熬❶"。唐刘禹锡《有獭吟》："呼儿贯鱼归，与獭同～。"明《西游记》一八回："四时有花果享用，八节有蔬菜～。"清赵执信《山庄送山药一本大于臂》："～减处知心瀹，饼饵抛将觉齿轻。" ❷ 烧烤。宋李觏《闵雨诗》："咸池惵水不敢沃，阳侯失色愁～。" ❸ 犹"烹熬❷"。宋张舜民《裴纶著作见期行日》："都城人事日～，跳出都门意已仙。"胡寅《示法轮长老》："人间膏火日～，尘外光阴可判年。"高斯得《次韵方泳道见寄》："不贪金门步，不慕东壁躔。但愿紫皇痦，赤子逃～。" ❹ 犹"烹鼎❻"。宋沈辽《讽仕》之二："苟伸刀割用，于世已为贤。鼎鬲杂锜釜，谁知重～。" ❺ 犹"烹熬❹"。金侯善渊《混合》："铅汞相吞入鼎炉，～日月炼虚无。"马钰《西江月·赠明月散人》："一道经花玉线，二轮日月～，三车搬运入丹田。"

【烹炼】 pēng liàn ❶ 冶炼；提炼；熔炼。《祖堂集》卷八《曹山和尚》："问：'如何是无刃之剑？'师云：'非～之所成也。'"元李庭《解州盐池重修二王神庙碑铭》："(盐)其出于海与井者，须资人力～而成。"清徐琪《连州钟乳石歌》："比来高谈侈格物，～霜霰如饧饴。" ❷ 犹"烹熬❹"。唐慧能《金刚般若波罗蜜经序》："用智慧工匠，凿破人我山，见烦恼矿，以觉悟火～，见自金刚佛性，了然明净。"明《禅真后史》五三回："秋侨道：'……只索遵师爷法旨，尽心修持便了。'四人打起精神，重行～。"清《空空幻》一回："此乃贫道在长春岭土，皆采仙芝异草～而成，不比人间丹药。" ❸ 调剂；调制。宋孙觌《宋故武功大夫李公墓志铭》："按古方书炮制～剂和种数百种，计费取直，不求赢利。"金张从正《儒门事亲》卷三："得其平，则～饮食，糟粕去焉；不得其平，则燔灼脏腑，而津液竭焉。"清钱谦益《走笔赠祝子坚兼订中秋炼药之约》："采掇草药精，～投冰壶。" ❹ 犹"烹锻❷"。清钱谦益《徐元叹劝酒词》之四："句中～焦牙种，炼出新篇当羯磨。"《四库总目提要·戴复古石屏集》："瞿佑《归田诗话》称，复古尝见夕照映山，得句云'夕阳山外山'……后行村中，春雨方霁，行潦纵横，得'春水渡傍渡'句以对，上下始称。是其苦心～，即此可见其概。" ❺ 比喻严格教育。钱谦益《跋紫柏大师手札》："大师以末法金汤倚重，故其手札丁宁付嘱，如家人父子，而其猛利～，毒手钳锤，迥出于软暖交情之外。"

【烹庖】 pēng páo 犹"烹熬❶"。《太平广记》卷三六五引《灵怪记》："其傍有铛十餘所，并～将热。"元张宪《答赠蓟丘聂茂宣》："家徒四壁避风雨，储无儋石充～。"清《飞龙全传》三五回："那酒保登时把鱼～好了，送上楼来。"

【烹炮】 pēng páo 犹"烹熬❶"。唐孟郊《寒地百姓吟》："高堂搥钟饮，到晓闻～。寒者愿为蛾，烧死彼华膏。"明《拍案惊奇》卷九："猎得些獐鹿雉兔，晚间就～起来，成群饮酒。"清《隋唐演义》九回："前边～精洁的肴馔，开陈酒与二位爷用。"

【烹燖】 pēng qián 煺毛烧煮。《敦煌变文校注》卷五《双恩记》："～唱叫恨屠子，网捕喑嗟伤钓翁。"宋苏颂《与蒙城知县陈著作同赋吐绶鸟》："今虽窘束苦笼槛，犹胜～充调供。"明刘基《以野狸饷石末公》："野人大喜慰，不敢私～。持来请科断，数罪施剜劓。"

【烹调】 pēng tiáo 烹煮调制(食物)。五代毛胜《水族加恩簿》："令惟尔田青（螺蛳），微藏浅味，无所取材，世或～，以为怪品。"元宋本《跋苏氏家藏杂帖》："正自不必手善～，然后始识味也。"清《镜花缘》一五回："为何此地却有如此美味直达境外？莫非这些狗头民都善～么。"

【烹治】 pēng zhì ❶ 犹"烹调"。宋蔡襄《与程修撰帖》："向得双井四两，……寻～之，香色气味皆极精好。"明《石点头》卷一〇："乔氏平划善会～团鱼，见了这个大团鱼，便拿把刀将手去捉他来杀。"清汪琬《有客言黄鱼事纪之》："豪门膳宰善～，剂以醯酱芼笋蔬。" ❷ 犹"烹锻❷"。宋《朱子语类》卷一一七："有些说话且留在胸次，～煅炼，教这道理成熟。"

【堋】 pēng 烹；沸水快煮。明《朴通事谚解》卷上："蒸鲜鱼，～牛肉，炮炒猪肚。"《谚解》引《质问》："以水和酱成汤，放入锅内烧至滚沸，方下细切的牛肉，再加椒醋葱花盛供，故曰～。"

【澎】 pēng 水浇在火上使灰溅起。明《金瓶梅词话》四六回："不防火盆上坐着一锡瓶酒，推倒了，那火烘烘望上腾起来，～了一地灰起去。"

【澎】 pēng 犹"喷"。清《醒世姻缘传》四七回："小的到他门上～几句闲话，他怕族人知道，他自然给小的百十两银子买告小的。"

péng

【朋】 péng ❶ 游戏竞技的组合。敦煌词《水古(鼓)子》之二六："两～高语任争筹，夜半君王与打钩。恐欲天明催促漏，赢～先起舞缠头。"宋孟元老《东京梦华录》卷七："两～争占，供与朋头。左～击球子过门入孟为胜，右～向前争占不令入孟。"明金幼孜《端午赐宴观击球射柳》之二："柳间千骑合，花外两～分。" ❷ 按性质、任务划分的组合或编制。宋欧阳修《朋党论》："尧之时，小人共工、驩兜等四人为一～，君子八元、八凯十六人为一～。"明沈鲤《社仓条议》："或每里于同志中择廉隅有素望实心肯任事者十人为会首，作为一～。每会首名下各募乐善好义者十人。"清康熙三十六年正月戊午上谕："以仆从一人算，每人给马四匹。四人为一～，一～合帐房二间。"

【朋爱】 péng ài 好友。唐张说《送李问政河北简兵》："斗酒贻～，踟蹰出御沟。"

【朋伴】 péng bàn 朋友；同伴。宋苏颂《送洞霄宫王文玉学士归吴》："二纪编酬老～，何时相逐访烟霞。"明陈如纶《望湘人·晋川师雅集》："共儿女、才话家常，门外斗来～。"清《天雨花》三〇回："啼鸮走鹿为～，古柏长松当槛楹。"

【朋辈】 péng bèi 年齿地位相当的同事或朋友。《五灯会元》卷一七《慧圆上座》："～见其貌陋，举止乖疏，皆戏侮之。"《元曲选·王粲登楼》一折："你既是读书人，何不寻几个相识～？"清彭始奋《送张超然》："高文～重，落叶客程寒。"

【朋比】 péng bǐ ❶ 结党；结伴。唐李世民《谕侍臣绝谗构论》："谗佞之徒，皆国蝥贼，巧令～。暗主庸君，莫不迷惑。"明谭元春《庐山西林寺修佛殿文》："恶木穴其中，怪鸟乳其巅。～相家，凶鸣远怖。"清《醒名花》七回："话说狗低头，同了一班平日～为奸的无赖，打到陶家。" ❷ 阿附；勾结。《新唐书·选举志上》："向闻杨虞卿兄弟～贵势，妨平进之路。"明李梅实《精忠旗》一八出："岳飞，共彼相～，并子岳云，罪莫赦速拘提。"清《后西游记》七回："韩愈儒臣，此僧释子，道不同也，焉肯～他人，而自毁其教？" ❸ 倚傍；伴同。唐陆龟蒙《春寒赋》："～熏炉，留连辅帐。"元刘则章注《葬书》："高水一寸便可言山，低土一寸便可言水。此支气之止与水～，而相为体用者也。"清厉鹗《西湖春雨》之四："～熏炉风味浅，有人楼上泥阑干。" ❹ 指结党的人。宋张詠《答汝州杨大监书》："大年俊敏绝伦，～生愧，言词正直，人情所厌。"明王世贞《虞竹西先生集序》："一时海内加额，上神圣不昵幸～。" ❺ 同类；同党。元杨维桢《警雕》之三："贞柏苍苍兮乌府初霜，寒气袭袭兮皂雕在傍，匪汝～兮伏阴纡阳。" ❻ 沉溺；沉迷。明陶辅《花影集》卷四："况有风月，日夜～。是酒滥倾亡稔疾，诗谣哦亡费正。"清屠绅《蟫史》卷一六："故扑朔之兔，相驯焉而学妇随；虽毕罗之鸯，过狎者或为～。"

【朋博】 péng bó 朋比；依附勾结。《敦煌变文校注》卷三《燕子赋(二)》："不分黄头雀，～结豪强。燕有宅一所，横被强夺将。"

【朋充】 péng chōng 合伙充当。明《石点头》卷三："那下中户无能营为的，却应报充当。若一人力量不及，就令两人～。"清于成龙《兴利除弊条约》："缘积蠹久居衙门，或父子兄弟出入～，或已役满而仍前干预。"袁一相《设立里催议》："盖里长一名，～者一二十人。凡士农工商有产业者皆充里长，平时则催粮，临卯则听比。"

【朋分】 péng fēn ❶ 分成帮派，也指所形成的帮派。宋欧阳修《龙兴寺小饮呈表臣元珍》："平日相从乐会文，博枭壶马占～。"陈傅良《夷门歌送修德还阙》："大雅如关洛，亦复互诋攻。～文字间，祸起师友中。"李昴英《再论史丞相疏》："给谏宰掾，～杂布，以障蔽人主之耳目，以窃弄人主之威柄。" ❷ 区别；不同。宋朱熹《小诗奉送择之仁友赴漕台》之二："得士看如许，持心定不群。愿言推此志，清浊见～。" ❸ 分工。元邓文原《广德路修建庙学记》："由是～抡材，吉日肇工。" ❹ 合伙均分。明祁彪佳《莆阳谳牍》卷上："夫一两八钱之非八两明矣，而称衙门使用，则～者定自有人。"清袁枚《子不语》卷二二："有谢某者，素贩铜为业，潜勾通书役销熔而～之。"《女仙外史》八四回："一胥吏事耳，曷用多官，悠游无事，～此数百万金乎？"

【朋扛】 péng gāng 合伙；结成朋党。明《石点头》卷一〇："有子周玄，在家读书，祸遭嘉兴三犯盐徒丁奇，遁居临安闲赌，诱子宿娼刘赛，～赌博。"

【朋合】 péng hé ❶ 结友；朋友结合。宋李昭玘《上郓州安抚刘相公书》："同列之间，俊异～，吐辞论事，伸眉抵掌，方使雄、向挟辀，贾、马执鞭其后。"詹初《寄黄直卿》："君道多～，余非独索居。" ❷ 结伙；结盟；搭帮。明张宁《汀洲府行六县榜》："吏典多有留匿、结揽、写发者在房，主集～为非。"陶辅《桑榆漫志》："所以罢君子消除庙谟，进小人～奸党，逐谏臣蔽欺视听，仇忠良戕杀异己。"清屈大均《广东新语》卷一四："次～五六家，同为菁盘，一家煎乃及一家。" ❸ 数人合力承担(捐税)。明陈全之《蓬窗日录》卷六："其餘人户多则～，少则独征，足一千五百之数则已矣。"《石点头》卷三："若一人力量不及，就令两人朋充。至于穷多下里，尝有十人～。" ❹ 不服役人户合伙补贴服役人户的一种杂税。明杨一清《为修举马政事奏》："而我边兵缺马，奏讨太仆寺马价及～、地亩、桩头等项银两，高价易买。"韩邦奇《地方疲惫乞处税粮以苏民困事》："况各年又各有～年例银两，虽四年之支亦且有餘。"清《兰州纪略》卷一五："其陕省兵丁红白赏银，在～银内支给。"

【朋伙】 péng huǒ 合伙；结党。明王守仁《行岭北道申明教场军令》："敢有在家游荡及挟妓饮酒～喧哗者，访出捆打一百。"清乾隆四十九年四月二十二日刚塔奏文："韩家寨回民李化玉、李自党等～聚众，私作邪教。"《醒世姻缘传》四二回："县官用剩，又有那工房礼房催事快手～分去，一件也没的剩还与你。”

【朋计】 péng jì 合谋。元明《水浒传》八四回：“～商量破蓟州，旌旗蔽日拥貔貅。”明胡直《与宋望之书》：“当公两疏之时，此其几已动矣。今者果～而亟逐之。”清胡文学《甬上耆旧诗》卷二三：“(卢沄)与人博博，昼夜、寒暑、食饮、岁时俱废。博者～倒其橐，不悔。”

【朋奸】 péng jiān ❶结党行奸。五代李琪《梁启圣匡运同德功臣钱公生祠堂碑铭》：“见利忘义，怙乱～，广裔豺狼，攻围城垒。”明李开先《宝剑记》一八出：“有高俅、童贯，复私仇陷我违条，～用巧。”清于成龙《饬励学政事宜》：“及发案有名，或索勒本童谢银，或～觅人顶买。” ❷指结党行奸的人。明陆采《怀香记》一三出：“我此去后，～满朝。” ❸合伙奸污。清《姑妄言》一七回：“以二男～一妇，行同兽类，且因奸而毙二命。”

【朋客】 péng kè 朋友；宾客。宋张镃《巾车》：“命驷邀～，笼鹅谢里闾。”元戴表元《游南岩诗序》：“约～出关，驾轻舟西浮。”清张英《聪训斋语》：“一盏值数十金，僮仆捧持易致不谨，过于矜束反致失手。～欢燕，亦鲜乐趣。”

【朋侣】 péng lǚ 犹“朋客”。《法苑珠林》卷一〇八：“共诸～，数数往到彼檀越家。”明单本《蕉帕记》一六出：“花落成章句，鸟啼唤～。”清魏裔介《思友》：“黄冠缁衲为～，犹胜风波斗巧机。”

【朋谋】 péng móu 犹“朋计”。明周孔教《禁革浚河泥头牌》：“不意一种市棍号曰泥头，惯与奸胥～蚕食。”《型世言》二一回：“这是邻里见他做亲甚齐备，～杀人劫财，也是有的。”清孔尚任《桃花扇》三〇出：“据坊官报单，说尔等结社～，替周镳、雷缜祚行贿打点。”

【朋欺】 péng qī 合伙欺诈。宋苏轼《应诏论四事状》：“往往其间浮浪小人与无赖子弟，诡冒姓名，～上下。”明崔铣《赠王嘉兴序》：“御史发～而治之，虽秉钺者罔不惴惴图后功。”《明史·张位传》：“镐由卿密揭屡荐，故夺哀授任。今乃～隐慝，辱国损威。”

【朋情】 péng qíng 友情。唐李白《上安州裴长史书》：“礼以迁窆，式昭～。此则是白存交重义也。”明佚名《鸣凤记》八出：“乡心萦缱，～留恋，从此云山隔远。”清《歧路灯》三二回：“即如不为咱的事挨打，～上也该周济他。”

【朋头】 péng tóu ❶贡院的主管。唐李肇《国史补》卷下：“天子以郎署权轻，移职礼部，始置贡院。天宝中则有刘长卿、袁成用分为～，是时常重东府西监。” ❷游戏竞技时分成的队组头目。唐王建《宫词》之六三：“青楼少妇砑裙长，总被抄名入教坊。春设殿前为队舞，～各自请衣裳。”宋孟元老《东京梦华录》卷七：“分为两队，各有～一名，……～用杖击弄球子，如缀球子方坠地，两朋争占，供与～。”

【朋谊】 péng yí 犹“朋情”。明胡居仁《易像钞》卷九：“然君民一体相须，民分良，不薄于～也。”徐复祚《红梨记》二九出：“只因～重，翻觉宰官轻。”

【朋友】 péng yǒu ❶儒学生员之间或士大夫对儒学生员的称呼。明佚名《鸣凤记》二出：“今早有个柬帖来，说邹～要相访，不免启扉等候呀。”清《儒林外史》二回：“原来明朝士大夫称儒学生员叫～，称童生是小友。”《歧路灯》三回：“先君在世，也是府庠～。轮到小弟不成材料，把书本儿丢了。” ❷指幕友。清《镜花缘》三五回：“多九公得空到唐敖耳边问道：‘唐兄果然晓得治河么？’唐敖道：‘小弟并未做过外工～，那知治河。’”

【朋诈】 péng zhà 犹“朋欺”。清《醒世姻缘传》八二回：“告状人狄希陈，年三十一岁，山东人，告为～事。”

【棚】 péng ❶同“朋❶”。唐王建《宫词》之七三：“殿前铺设两边楼，寒食宫人步打球。一半走来齐跪拜，上～先谢得头筹。”五代花蕊夫人《宫词》之二三：“自教宫娥学打球，玉鞍初跨柳腰柔。上～知是官家认，偏偏长赢第一筹。”宋赵佶《打球诗》：“锦袍骏马晓～分，一点星驰百骑奔。” ❷唐代士子结成的帮派。唐封演《封氏闻见记》卷三：“在馆诸生更相造诣，互结朋党，以相渔夺，号之为～。” ❸用竹木等搭建的简易建筑或有篷的架子。唐孙棨《北里志》：“至春上巳日，因与亲知禊于曲水，闻邻～丝竹，因而视之。”五代柴荣《京城街道取便种树掘井诏》：“其京城内街道阔五十步者，许两边人户各于五步内取便，种树掘井，修盖凉～。”清《霓裳续谱·太平年儿》：“船上的人见他会顽，拴着布～打着伞，七寸盘子五奎碗，琵琶弦了歌着点。” ❹演戏说书等游艺场所，后多指舞台。宋孟元老《东京梦华录》卷二：“内中瓦子莲花～、牡丹～，里瓦子夜叉～、象～最大，可容数千人。”《元曲选外编·蓝采和》一折：“俺哥哥是蓝采和，俺在这梁园～内勾栏里做场。”明唐寅《漫兴》之五：“镜里自看成老大，戏儿～上下场人。” ❺考棚；学政巡考生员的考场。清徐文弼《考试点名除弊法》：“再四筹画，惟有廪保领进之一法。以之历试数～，行之甚便。”《幻中游》九回：“石生此日在街上卖字画，见一伙赶～的人，商量起身的日期。”《品花宝鉴》五九回：“晚生于各～内规减去三分之二，其实比京官还强几倍呢。” ❻量词。场；次。明沈德符《万历野获编》卷二九：“时上往豹房，回顾火焰烛天，戏谓左右曰：‘好一～大烟火也。’”清《东周列国志》八八回：“膑见马力不甚相远，而田忌三～皆负。”《歧路灯》二四回：“这九娃有绍闻与的银子，外边唱一～戏回来，必定买人事送奶奶。”

【棚厂】 péng chǎng ❶以竹木搭成的宽敞棚子。厂，棚。明《拍案惊奇》卷二九：“大户人家搭了～，设有酒席在内，邀请亲戚共看。”清杨景仁《辑流移疏》：“凡遇江南灾民所到之地，即随地安顿留养，或借寺庙，或盖～，使有栖止之所。”《醒世姻缘传》九二回：“晁夫人三年忌辰，在坟上搭～，请僧建脱服道场。” ❷指考棚。明张岱《快园道古》卷一四：“督学将至姑孰，有三秀才理经不熟，谋烧～。”

【棚场】 péng chǎng ❶同“棚厂❶”。清孙廷铨《颜山杂记》卷二：“大家治丧，邀人作～，结为楼阁雕墙。”《二度梅》三九回：“良玉即命人役，搭起～，又在祖坟基建立忠烈牌坊。” ❷同“棚厂❷”。清雍正十年十一月初九日迈柱奏文：“自到任考试以来，关防慎密，从公取士。廉明公正之颂，不绝～道路之口。”

【棚车】 péng chē 有遮阳棚的车。宋邵伯温《邵氏闻见录》卷三：“以洛中言之，民以车载酒食声乐，游于通衢，谓之～鼓笛。”《宋史·礼志十六》：“复为～二十四，每十二乘为之。皆驾以牛，被之锦绣，萦以彩纼，分载诸军京畿伎乐。”元王恽《洛中吟》：“～载酒都人赏，名教传家习俗同。”

【棚盖】 péng gài 加棚遮盖。元明《三国志通俗演义》卷一二：“更沿河掘下壕堑，虚土～，河内以兵诱之。”明王恕《修渠记》：“惟总府前二十丈有砖甃砌，餘皆土渠，用板木～，以土覆之。”

【棚杠】 péng gàng 丧事所用搭棚抬杠的材料和人工。清《红楼梦》六四回：“前者所用～、孝布并请杠人青衣，共使银一千一百十两。”又一一〇回：“现在外头～上要支几百银子，这会子还没有发出来。”

【棚阁】 péng gé 即“棚❸”。《法苑珠林》卷二七：“于屋内作～，高八九尺，上织菅为帐，禅于其中。”《五代会要》卷二六：“即日或有越众迥然出头，牵盖舍屋～等，并须尽时毁拆。”清《聊斋志异·金和尚》:"殡日,～云连,幡幢翳日。"

【棚户】 péng hù 在僻野盖棚屋从事耕采的人户。清雍正五年七月二十六日陈王章奏文:"任事迄今,地方宁谧,～乂安。"胡宝瑔《请仍封禁铜塘山疏》:"至向因山径未塞,附近居民～或窃入樵采。"

【棚籍】 péng jí 由棚民编入的户籍。清恽敬《上陈笠帆按察书》:"本籍,士也;～,亦士也。"《皇朝文献通考》卷七一:"先是雍正九年定棚民另额取进之例,至是议准均归土籍考试,毋庸另立～。"

【棚架】 péng jià 带棚的架子。明戚继光《纪效新书》卷一八:"然此船小而上高不过五尺,就加以木打～,亦不过五尺。"清《剿捕临清逆匪纪略》卷八:"随一面于运河闸口用杉木～,督令官兵扒过。"弘历《淳化轩对庭梅作》:"去盆植于庭,～护略施。"

【棚井】 péng jǐng 畜牧用的棚圈与水井。宋欧阳修《论监牧札子》:"牝牡种类,各随所宜;～温凉,亦有便否。"《续资治通鉴长编》卷一〇四:"各据刍地,列～,课士卒,春夏出牧,秋冬入厩。"明归有光《马政志》:"前史言牧政者,唯宋为详。其出牧、上槽、刍秣、～、息耗,多与今同。"

【棚圈】 péng juàn 蓄养牲畜用的遮棚与栅栏。元《通制条格》卷一五:"各人饮食已有定例外,据常川取要饮食分[例]、长行马匹草料,州县搭盖～,别无许准文凭。"

【棚栏】 péng lán ❶ 腰棚勾栏,泛称供艺人演出的游艺场所。《五灯会元》卷一五《灵隐云知禅师》:"四衢道中,～瓦市。逼塞虚空,普天匝地。"宋佚名《张协状元》二四出:"才出门前便是试院,要闹却是～。" ❷ 顶棚与围栏。宋任伯雨《述怀》:"矮屋尽～,臭秽如圈柄。"清《野叟曝言》五二回:"房窗前加了～档木,许多少年沙弥侍者,俱在内行坐,不放出来。"

【棚阑】 péng lán 同"棚栏❶"。元高安道《哨遍·嗓淡行院》:"倦游柳陌恋烟花,且向～玩俳优。"

【棚寮】 péng liáo 即"棚❸"。清严如熤《沿海碉堡说》:"贼匪乘夜纵火,就僻村～潜纵一炬。"沈廷芳《经史讲义》:"泽居者编排之以舟楫,山居者编排之以～。"

【棚庐】 péng lú 即"棚❸"。清《歧路灯》一〇四回:"这两位总兵传令放起火箭,草木～只落得可怜一炬。"

【棚民】 péng mín 称在僻野盖棚屋从事耕采的流民。清《皇朝文献通考》卷一九:"江西、浙江、福建三省各山县内,向有民人搭棚居住,种麻种箐、开炉煽铁、造纸做菇为业,谓之～。"朱伦瀚《截留漕粮以充积贮札子》:"迩来生齿倍繁,多往外省开垦力作,号为～。"严如熤《三省山内边防论》:"山内之田,难以升科,而～既有水田,便成土著。"

【棚厦】 péng shà 即"棚❸"。元武成功《文水重建文庙记》:"诸贤像皆为土木所覆,惟圣人像幸存焉。上构以～,粗蔽风雨。"

【棚山】 péng shān 即"山棚❸"。宋赵佶《声声慢·春》:"皇州乍庆春回。凤阙端门,～彩建蓬莱。"元贡师泰《剪灯联句》:"饴釜空烧蜡,～谩结鳌。"明郑广之《波金联句》:"河潢斗府通,～鳌结彩。"

【棚头】 péng tóu ❶ 唐代士子结成的帮派的首领。唐封演《封氏闻见记》卷三:"互结朋党,以相渔夺,号之为棚。推声望者为～,权门贵盛,无不走也。" ❷ 宋代称从事斗鸡、驯鹰、扑复等游娱职业的人。宋范成大《临洺镇》:"北人争劝临洺酒,云有～得兔归。"吴自牧《梦粱录》卷一九:"又有专为～,斗黄头,养百虫蚁、促织儿,又谓之闲汉。" ❸ 傀儡表演的舞台。《嘉泰普灯录》卷一〇:"～鼓未鸣,部乐未抹抢。竿木逞伎俩,着忙出定场。"元高安道《哨遍·嗓淡行院》:"靠～的先虾着脊背,卖薄荷的自肿了咽喉。"明王九思《傍妆台》:"笑嬉嬉,～傀儡倩人提。"

【棚屋】 péng wū 即"棚❸"。宋周去非《岭外代答》卷七:"钦州村落妇人黄氏,晒禾～上。"元陶宗仪《辍耕录》卷二四:"人未几,～拉然有声,众惊散。"清雍正六年四月初六日李卫奏文:"于山僻中搭盖松毛～,暂行住宿。"

【棚栈】 péng zhàn 犹"棚架"。宋汤璹《德安守御录》:"下城镫道添造竹木～,令人坐立,可以施放弓箭等器械。"元曹伯启《九日言怀》:"黄流冲决没平原,孤负秋英泛浊醪。想象生灵半昏垫,急营～哭登高。"李衎《竹谱》卷五:"(台竹)形类苦竹,作～最佳。若作篾条,则脆不堪用。"

【棚帐】 péng zhàng 棚子或帐篷。清德楞泰《筹令民筑堡御贼疏》:"行不必裹粮,住不借～。"《野叟曝言》一一回:"我们心慌,碰倒了你的～,如今帮你搭起来。"《歧路灯》九七回:"却说阎楷出了胡同口,恰恰遇见王象荩清楚了坟上供献、～、陈设回来。"

【棚子】 péng zi 另见 bēng zi。❶ 即"棚❸"。宋孟元老《东京梦华录》卷六:"每一坊巷口无乐棚去处,多设小影戏～,以防本坊游人小儿相失,以引聚之。"明《梼杌闲评》二回:"那男子取过一张桌子,对着席前,放上一个白纸～,点起两枝画烛。"清《儒林外史》二回:"小舍人头上戴着方巾,身上披着大红绸,骑着老爷～里的马,大吹大打来到家门口。" ❷ 称在官养马棚服役的人。《续资治通鉴长编》卷二一七:"开封府中牟县马棚十七所,可募比近人户三两名看管,免本等差役。自今更不以税户充～。" ❸ 铺子,特指理发铺子。清《品花宝鉴》一二回:"有了这副对子,人才知道他这金屋中,前面要开～,后面要开窑子。"又三四回:"这就是很会看风水的杨八老爷,你们何不求他去看看你们的～多会儿发财呢。"

【棚座】 péng zuò 棚厂座位。元《通制条格》卷二七:"宿顿处所铺陈地毯,采绢缴裹柱壁,又于界首用椽箔创搭扫里～邀顿。"《大清会典则例》卷一三〇:"畅春园等处搭盖～所需架木席竿,每岁冬夏均由内务府咨取。"

【蓬厂】 péng chǎng 同"棚厂❶"。明无心子《金雀记》二九出:"月上东墙,人游～。最可人星明月朗,人月两相当。"清高士奇《扈从西巡日录》:"每日搭盖～,尺寸地非数千钱不能得。"《女仙外史》二九回:"周太守素知月君雅好幽素,因搭～一所,高台三层。"

【蓬尘】 péng chén ❶ 灰尘。《敦煌变文校注》卷一《伍子胥变文》:"燕山勒颂知何日,冒染～双鬓秋。"《景德传灯录》卷四《道钦禅师》:"有僧问:'如何是道?'师云:'山上有鲤鱼,水底有～。'"明《山歌·竹夫人》:"一射射我来门阁落里,累子我满身个～。" ❷ 飞蓬尘土。指在尘世奔波。唐沈亚之《祭故室姚氏文》:"惟鄙夫之～牵阻,离以为尤。始仕笔而关塞,俄自夏而涉秋。"宋祁《刘伯诚见惠仆所作中山杂咏》:"投囊凡几时,～失料理。"

【蓬岛】 péng dǎo ❶ 蓬莱仙岛,仙人居处。唐萧颖士《登临河城赋》:"岂期文嗣作者,价参时贤。谬昆墟而比玉,滥～而怀铅。"《元曲选·刘行首》二折:"下瑶台,离～,趁西风鹤翅飘摇。"清《女仙外史》八〇回:"今日而建文复位,则此刻归于～。" ❷ 借指地处半岛的新罗(作者家乡)。唐[朝]崔致远《酬杨赡秀才送别》:"海槎虽定来年回,衣锦还乡愧不才。暂别芜城当叶落,远寻～趁花开。"

【蓬飞】 péng fēi ❶ 蓬草随风飞滚。a) 比喻速度快。唐张鷟《朝野佥载》卷六:"箭若星流,应刃而断。贼不敢取,～而去。"《敦煌变文校注》卷一《伍子胥变文》:"子胥遂后奔驰,状如～扑火。”清周有声《电白署中与魏丈春台话旧》：“电转～讵有因，天涯忽此共残春。”b）比喻漂泊或奔波。唐刘望《献江西钟令公》：“负笈～别楚丘，旌旄影里谒文侯。”宋彭汝砺《古木》：“壮心弦直值吾道，孤宦～各异乡。”清施闰章《为余斗所方伯题像》：“木落～又别离，为君题句重相思。”c）比喻凋零或败落。宋文天祥《感怀》之一：“交游兵后似～，流落天涯鹊绕枝。”明顾清《彦器以近逆瑾破家》：“乾坤大有～客，不用文词效楚人。”清邢昉《故宫燕》之二：“转眼谁知事更非，雕梁藻井似～。明岁坏垣春草里，茫茫何处问乌衣。”d）比喻鬓发萧疏凌乱。宋宋祁《将道洛先寄太师文相公》：“两鬓～岁月侵，牧还秘殿上恩深。”明王衡《再生缘》一出：“闷恹恹雾琐蛾眉，乱纷纷～蓁首。”清李因笃《纪别》：“病妻勉下床，相视首～。” ❷ 在蓬草科里飞，比喻志向或才能不高。元王恽《九公子画像赞史开府子》：“敛凌云之剑气，等尺鷃而～。”

【蓬宫】 péng gōng ❶ 蓬莱宫。唐宫名，指大明宫，高宗时改称蓬莱宫。也借指皇宫。唐白居易《酬微之开拆新楼初毕相报》：“南临赡部三千界，东对～十二层。”宋杨杰《李白》：“一别～不计年，锦袍吟醉钓鱼船。” ❷ 蓬莱山的宫殿，仙人居所。《太平广记》卷五四引《神仙感遇传》：“无忘修炼，世限既毕，伫还～耳。”宋卫泾《月夜登吴江垂虹》：“却笑三山游汗漫，恍然身世到～。”金《董解元西厢记》卷五：“一宵之事，张生如登霄汉，身赴～。”

【蓬垢】 péng gòu 蓬首垢面，形容不事梳洗。唐柳宗元《朗州员外司户薛君妻崔氏墓志》：“其后病惑得罪，投欢州。诸女～涕号。”明《二刻拍案惊奇》卷二〇：“狰狞隶卒挨肩立，～内囚徒侧目窥。”清汪琬《说铃小序》：“于丝竹无有也，图史而已；于妖冶无有也，～而已。”

【蓬迹】 péng jì 像飞转的蓬草那样漂泊不定的行迹。五代黄滔《福州雪峰山故真觉大师碑铭》：“暨武宗皇帝乙丑之否，乃束发于儒冠莱中，而～来府之芙蓉山。”明邵璨《香囊记》一二出：“你只道～随风转，我自是葵心向日倾。”清梦麟《宏农秋怀》：“二年～餘孤剑，一夜霜风走大河。”

【蓬科】 péng kē ❶ 蓬颗，长有蓬草的土块，代指坟头。唐李白《上留田行》：“古老向余言，言是上留田。～马鬣今已平。”宋曾极《金陵百咏·张丽华墓》：“～三尺光尘在，犹作台城花月妖。”清厉鹗《五月二十五日艮山门外晚眺》：“～谁与作都祭阴森大树堪蔽牛。” ❷ 蓬草棵子。宋黄庭坚《再用前韵赠子勉》之二：“着鞭莫落人后，百年风转～。”明梅鼎祚《玉合记》二四出：“翻飞折翩转～，虚弦独惊我。”清徐夔《苦热》：“吾闻尧时十日出，草木焦卷同～。”

【蓬垒】 péng lěi 长有蓬草的土堆，代指坟头。清李玉《永团圆》二三出：“林泉意兴，对景徘徊。天壤功名，究归～。”

【蓬麻】 péng má ❶ 蓬草和麻棵。指低矮或价值不高的植物。唐孟浩然《南山下与老圃期种瓜》：“邵平能就我，开径剪～。”宋曾肇《南郭隐居》：“南郭萧条居士家，断垣荒堑翳～。”清查慎行《偶咏庭前花木》之四：“决明乃丛卉，细茎挺～。” ❷ 比喻微贱粗陋的人或资质。唐韩愈《题杜工部坟》：“英豪虽没名犹嘉，不肖虚死如～。”宋苏轼《求婚启》：“天质下中，生有～之陋。”清查慎行《初七日太和殿传胪恭纪》：“自比～资灌植，群欣燕雀荷生成。” ❸ 比喻微贱或荒僻之地。唐耿湋《元日观早朝》：“盛明多在位，谁得守～？”宋刘敞《陈桥别隐直》：“我自东西人，岂能守～。”清王又旦《野菜行》：“野人偷生守～，但愿满地麦花兼菜花。” ❹ 比喻可以造就之材或用于请托提携。语本《荀子·劝学篇》：“蓬生麻中，不扶而直。”唐崔融《代皇太子请修书表》：“一游兰芷，伫变～。区区之诚，敢希矜允。”明陆釴《傅检讨席上得乐字》：“青春留连笑语传，高情正作～托。”清《歧路灯》一回：“我今日竟得南归，一者族姓聚会，二者你兄弟南来，未免～可望。” ❺ 比喻纷乱或丛集。宋程俱《借居毗陵东门》之二：“而子亦羁滞，心事如～。”方夔《出塞行》之四：“同行五千人，骸骨～乱。”明孙作《墨竹记》：“渭川千亩，多如～。其挺然修拔郁然茂遂，识不识皆知其可爱。” ❻ 比喻依附别人的人。宋梅尧臣《次韵和酬永叔》：“我公岂其然，秉直异～。” ❼ 比喻蓬乱枯萎的发质。清王国琏《八声甘州·中秋》：“试看苍苍发，总似～。”

【蓬茅】 péng máo ❶ 蓬草和茅草。比喻微贱粗陋的人或事物。唐寒山《若解捉老鼠》：“真珠入席袋，佛性止～。”明周履靖《锦笺记》三二出：“幸逢晨正直圣朝，抡材不弃～。”梁辰鱼《浣纱记》二三出：“寒微未脱～性，金屋难相称。” ❷ 比喻荒僻的地方。唐杜牧《祭故处州李使君文》：“官俸餘半，委库不取，京师里第，～数亩。”杜荀鹤《山中寡妇》：“夫因兵死守～，麻苎衣衫鬓发焦。”清李玉《清忠谱》八折：“籍削～，盼断君门万里遥。” ❸ 比喻微贱的身分、地位或人家。唐权德舆《送三从弟长孺擢第后归》：“暨吾早岁，亦将砥砺充赋，而先友过听，遽以名闻，～之中，未簉而仕。”明叶宪祖《素梅玉蟾》五折：“今朝纳聘过门庭，顿使～喜气生。”清田雯《中宪大夫陈公觉庵墓志铭》：“方在～，好议论天下事。”

【蓬枢】 péng shū 蓬科做的门轴，指低贱者的居处或出身。宋周紫芝《感士不遇后赋》：“安～者不应有愧于华厦，穿败裘者不必多羡于苍玉。”明梅鼎祚《玉合记》二一出：“忝参莲幕，自愧～。”清李玉《一捧雪》三〇出：“学生甫离～，蒙圣恩滥叨柏府。”

【蓬松】 péng sōng 松散杂乱貌。唐陆龟蒙《自怜》：“首～以半散，支棘瘠而枯疏。”明佚名《赠书记》七出：“墙头上的草乱～了，我正有些疑心，一定是贼了。”清《豆棚闲话》三则：“那个种豆的人家走到棚下一看，却见豆藤骤长，枝叶～。”

【蓬沓】 péng tà 一种银质梳篦，妇女插戴在头上作为首饰。宋苏轼《於潜令刁同年野翁亭》：“山人醉后铁冠落，溪女笑时银栉低。”注：“于潜妇女皆插大银栉，长尺许，谓之～。”元艾性夫《杂言》之三：“觰沙事机杼，～蒙烟埃。”清《聊斋志异·聂小倩》：“一媪衣黦绯，插～，鲐背龙钟。”

【蓬头撜脑】 péng tóu chéng nǎo 头发蓬松散乱貌。明《金瓶梅词话》七五回：“走到前边金莲房里，见妇人～拿着个枕头睡，问着又不言语。”

【蓬头燥脑】 péng tóu zào nǎo 犹“蓬头撜脑”。清《醒世姻缘传》七二回：“只见程大姐～，穿着一条红裤，穿了一件青布衫，带上系了那块鸡冠血染的白绢，反绑了手。”

【蓬席】 péng xí ❶ 蓬草或竹篾等编的席子。唐陆龟蒙《甫里先生传》：“无事时乘小舟，设～，赍一束书。”明汤显祖《邯郸记》二〇出：“〔生〕～之下，酒筵为何而设？〔众〕光禄寺摆有御赐囚筵。” ❷ 船帆。明袁中道《游居柿录》：“两岸多如赤霞，黄花菜蔽原野，浓香扑鼻，与晦之坐～间，不觉驰来都尽。”

【蓬行】 péng xíng 像无根蓬草那样漂泊不定。唐李复言《续玄怪录》卷三：“～而望十万，乃无翼而思飞者也。”明王世贞《送袁履善郎中审录广西序》：“山之氓，鸟言而腥食，～而阱陷。”清《绿野仙踪》九回：“弟子弃家～，历尽无限艰苦。”

【蓬岫】 péng xiù 蓬山，仙人居处。五代杜光庭《宣进天竺僧二十韵诗表》：“臣某芝田末学，～孤踪，获奉天慈，俯宣明命。”《太平广记》卷四〇引《传奇》：“但见鲸涛蹙雪，蜃阁排空，石桥之柱攲危，～之烟杳渺。”清洪昇《长生殿》三七出：“只为有情真，召取还～。”

【蓬游】 péng yóu 犹“蓬行”。唐李复言《续玄怪录》卷三：“君生涯如此，身事落然，～无抵，徒劳往复。”明胡应麟《王生四游草序》：“象不敏，～江湖。”谢肇淛《东方三大赋序》：“自诧巨丽之观已殚，～之觏云奇。”

【蓬囿】 péng yòu 犹“蓬苑❶”。明梁辰鱼《红线女》四折：“早来到神都～，去寻个道侣仙俦。”

【蓬苑】 péng yuàn ❶ 蓬莱仙苑，神仙居所。宋李曾伯《代阃帅天基节功德疏》：“敢披～之琅函，并集祇园之珍果，用祈睿算，爰寓臣衷。”明徐元《八义记》五出：“犹如仙子辞～，恰似姮娥离月宫。”杨珽《龙膏记》二二出：“应知王母离～，先教蓦绿通欢缱。” ❷ 指皇宫。宋赵孟坚《谢仓使吴荆溪先生京状》：“某官哲鉴覃昭，公衡平一，来从～，益振文风。”明孙承恩《和桂翁雪夜中》之二：“玄冥作雪来～，立马宵分傍石栏。”清毛奇龄《董良槚明府候选归里》：“振策游～，看山返镜湖。”

【憉悙】 péng hēng 同“彭亨❶”。《祖堂集》卷四《石头和尚》：“石上～子，堪移此处栽。”

【篷】 péng ❶ 用于遮盖的片状物。唐濮阳宁《闽迁新社记》：“其晴也，虽重菅不免于濡舄；其雨也，必撑～以护绥。”宋洪皓《车行大雨中》：“马惜障泥锦，农披护背～。”清李玉《清忠谱》二折：“不免催促他来，撑起布～，聚人开说则个。” ❷ 船篷；船舱的棚盖，可推拉。唐周匡物《三桥隐居歌》：“雨打疏～醉不知，桃花一夜新流急。”元陶宗仪《辍耕录》卷八：“自平江归，泊舟城西栅口，方掀～露坐。”清魏学洢《核舟记》：“中轩敞者为舱，箬～覆之。” ❸ 船帆。唐元稹《雨声》：“登阁渐漂梗，停舟忆断～。”明郑若曾《福船捕盗议》：“每福船一只，以正军搀补二十名，令其在船习学起碇转～之类。”清《霓裳续谱·柳叶儿青》：“小小的舟舡扯满～，二八娇娘把舵公。” ❹ 指船。唐钱起《送张管书记》：“河广～难度，天遥雁渐低。” ❺ 铺子。清《说岳全传》五回：“周侗拣一个洁净茶～，把马拴在门前树上，走进～来。”《玉蟾记》二一回：“拿了呈稿，来到词～，买了格式，教代书写好带回。”

【篷箔】 péng bó 船篷，也代指船。元王伯成《贬夜郎》四折：“一时间趁～顺水推船，不比西出阳关，北侍居延。”李衎《竹谱》卷五：“其半即常竹，江船～多用之。”

【篷厂】 péng chǎng 同“棚厂❶”。明《西游记》八四回：“次日请行者三人将金箍棒、九齿钯、降妖杖，都取出放在～之间，看样造作。”清蓝鼎元《覆制军台疆经理书》：“(阿猴林山)抽藤、锯板、烧炭、砍柴、耕种之人甚多，亦应尽数撤回，～尽行烧毁。”《荡寇志》七四回：“左首一条马路，尽头～里，拴着两匹头口。”

【篷尘】 péng chén 同“蓬尘❶”，隐指污点、劣迹。明《山歌·歪缠》：“我虽无啥～落在你眼里，你搭个起男人家，好弗会生事造言。”

【篷船】 péng chuán 有篷遮盖可供人在内坐卧的船。宋郑刚中《八月初一夜闻雨》：“正似～倚江浦，梦回牢落听潮时。”元马祖常《锁院独坐书事口号》：“松门行屋无人到，恰似～泊浪中。”清吕留良《舟次看武康山》：“霸先国破孟郊死，寂莫～到武康。”

【篷窗】 péng chuāng 船篷上开的窗。唐郑谷《江上阻风》：“水天春暗暮寒浓，船闭～细雨中。”元卢挚《节节高·题洞庭鹿角庙壁》：“三生梦，万里别，闷倚～睡些。”清《珍珠舶》一〇回：“谢宾又推起～，靠着船舷，独自把酒。”

【篷帆】 péng fān ❶ 船篷和船帆，借指船或行船用具。宋王明清《玉照新志》卷四：“所换之船通行船也，亦能行江海，有～二物亦足用。”元张之翰《书进斋进学图后》：“浩乎波涛者，溺人之津也；飘乎～者，济人之舟也。” ❷ 偏指帆。清《后水浒传》三六回：“只看着这些棹桨架橹的水校，因问道：‘今日为何不挂～？’水校道：‘今日不是顺风，挂不得～。’”

【篷盖】 péng gài 覆盖船舱的篷式用具。清《品花宝鉴》二〇回：“船身是棠梨木的，两边短短红栏，内是玻璃长窗，～上罩着个绿泥洒花大卷篷。”《薛刚反唐》一回：“小船上又无好～，母女二人与胡完淋得浑身是水。”

【篷楫】 péng jí 船篷和船桨，指行船用具。明《醒世恒言》卷三二：“舟人俱整理～，为明早开船之计。”

【篷脚】 péng jiǎo ❶ 船帆的底部，是控制船帆升降与方向的部位。明《拍案惊奇》卷一：“隐隐望见一岛，便带住～，只看着岛边使来。”《西洋记》二〇回：“陡然间一口怪风吹转～，推得小的下水。”清查慎行《入歙州界》：“青山寒更高，白日冬易暮。～影初斜，蒙蒙入烟雾。” ❷ 比喻对事态的把握。清《照世杯·掘新坑》：“我偶然说错一句话，险些送断了边蒲根，还亏～收得快，才拿稳了主舵。”

【篷幔】 péng màn 遮挡船篷进出口的布帘，也泛指船篷。明朱之蕃《雪航》：“独棹扁舟凌浩渺，更搴～弄霏微。”清《野叟曝言》二回：“云林寺沙弥香火早放一艇伺候，因无～，均钻上大船避雨。”

【篷樯】 péng qiáng 船帆和桅杆。元黄溍《江浙行中书省平章政事武襄王神道碑铭》：“继以火矢，灼其～。”明《醒世恒言》卷二八：“贺司户、吴府尹两边船上，也各收拾～，解缆开船。”清《水浒后传》三三回：“明珠峡被萨头陀遣鬼放火，～尽焚。”

【篷箬】 péng ruò 竹编的船篷。箬，竹的一种。宋苏辙《乘小舟出筠江》之二：“～笼船聊似屋，渔樵把臂便成交。”明夏良胜《舟次吴奉常先生惠酒》：“～炎蒸里，奔波变幻中。”凌义渠《渔舟词》：“不信～覆重重，中有渔翁睡方熟。”

【篷扇】 péng shàn 船帆。明《英烈传》四七回：“虽遇了风，幸无～，止得一片光板，奋力撑持。”《型世言》三四回：“前驱的一似弩乍离弦，布帆斜挂；后进的一似泉初脱峡，～高悬。”

【篷索】 péng suǒ 控制船帆的绳索。明唐顺之《武编》前集卷六：“～用药水刷过，遇雨中不湿重。”《警世通言》卷一：“船上水手都起身收拾～，整备开船。”清纪昀《阅微草堂笔记》卷一三：“突新妇破帘出，一手把舵，一手牵～，折戗飞行，直抵婿家。”

【篷艇】 péng tǐng 即“篷船”。宋王谠《唐语林》卷四：“忽有二人，衣蓑笠，循岸而来，牵引～。”明李流芳《次韵答子将见招》：“～尽日牵，藜杖终朝倚。”清庄德芬《乙酉仲春家大人来视》：“桃溪～朝冲雨，萝径奚囊晓醉烟。”

【篷桅】 péng wéi 犹“篷樯”。元朱德润《跋大星记》：“俄顷，有神光如大星降，及～，复翔而起。”《春柳莺》二回：“二人立在船头叙别。只见船家整理～，收拾绳索。”《后水浒传》三六回：“用力处，何须桡桨；快行来，岂有～。”

【篷席】 péng xí ❶ 同“蓬席❷”。宋洪迈《夷坚志》三己卷七：“藩篱塌摧，无复限隔。舟船～，漂荡殆尽。”范成大《石湖中秋》：“纵意褰～，轻生倚柁楼。”清赵执信《雨大甚小舟不可前》：“～全收幄幕用，菰芦合策堂皇勋。” ❷ 同“蓬席❶”。明冯叔吉《开浚吴淞江呈文》：“俟头段已完，即往二段，仍将该厂自行移置。如～损坏，官再给之。”明郑元韶《条议三法》：“闽中海、盐二航，无事时月眠桅阁橹，覆以～。”

【篷帐】 péng zhàng 帐篷。清《野叟曝言》二二回：“远远的搭着～，卖那茶酒吃食。”

【篷棹】 péng zhào 犹“篷楫”，也借指船。唐陆龟蒙《舴艋》："～两三事，天然相与闲。"元宋讷《镜湖渔隐赋》："整顿乎舟楫～，收拾乎网罟筌笓。"清龚翔麟《点绛唇·饮梅树下》："赋归须早，明日呼～。"

【篷舟】 péng zhōu 即"篷船"。唐温庭筠《西江上送渔父》："三秋梅雨愁枫叶，一夜～宿苇花。"宋李纲《小雨》："霏霏暗烟树，索索响～。"清查慎行《潇湘夜雨·长沙水槛亭》："只少得～一个，同听煮茶声。"

【篷转】 péng zhuàn 像船帆那样迁转不定。唐欧阳詹《旅次舟中对月》："那得休～，从君上庾楼。"宋葛立方《携家避地》之二："老大伤～，相携破浊醪。"清李氏《舟次清源和梅公韵》："天涯～随征雁，泽畔桑深卧野豚。"

【篷子】 péng zi ❶即"篷❷"。唐韦绚《刘宾客嘉话录》："魏文帝诗云'画舸覆缇'，即今淮浙间艑船～上帷幕耳。" ❷即"篷❺"。明《梼杌闲评》二三回："小的是本京人，叫陈远，在兵部前开～卖布。"清《品花宝鉴》三四回："看来，魏大爷要开～做掌柜的了。"《五美缘》五回："只见许多～，都是相面、测字、算命的。" ❸即"篷❶"。清《说岳全传》五回："众员外俱在～下睁着眼睛观看，俱巴不得儿子们取了。" ❹即"篷❸"。清《五美缘》三九回："艄公将绳子一拉，～一扯，将铁锚拉上，船篙子一点，船头撑开。"

【䗼䗼】 péng péng 隐指臀部。明《西洋记》一七回："三宝老爷道：'怎么禁不得这等打？'众作头道：'小的们是铁铸的～，禁不得这等打。'三宝老爷闻之，又发大怒，骂说道：'你这狗娘养的，倒不把铁去铸锚，却把铁来铸你的～！'"又四六回："刘先锋听见这等的话，吃了一惊，心里想道：'我今番却是个将男作女了。'众军士听见这等的话，也都吃了一惊，都说道：'我们今番不怕你铁铸的～了。'"

【彭亨】 péng hēng ❶鼓胀、充盈貌。唐孙思邈《备急千金要方》卷六〇："又方治五劳七伤，小腹急，脐下～，两胁胀满。"元稹《有酒》之一："有酒有酒鸡初鸣，夜长睡足神虑清。悄然危坐心不平，浩思一气初～。"明佚名《黄莺儿·肥妓》："缩头胀～，步蹒跚喘风迎。" ❷粗大貌。唐韩愈等《石鼎联句》："龙头缩菌蠢，豕腹涨～。"宋范成大《有感今昔》之一："蚓窍蝇鸣莫嘲诮，～菌蠢正当时。"清田雯《杂诗后十首》之一〇："选树～安茗鼎，傍花曲录坐藜床。" ❸饱腹。宋周紫芝《畦蔬》："撷之掇之，以芼以烹。聊以当肉，亦足～。" ❹满足得意貌。宋李廌《厄台》："见愠仲由空肮脏，脍肝盗跖尚～。"明石珤《送宪副王君元善序》："视彼争尺寸，较毫厘，或～而自足，或中道而改驱者，贤不肖何如哉！"又《登封龙山赋》："士不妬才，人多服义。～狡狯，虽贵蒙嗤；清介端良，在微亦贵。" ❺肥大臃肿貌。宋王之望《吴传朋游丝书》："飞白笑冗长，堆墨惭～。"明方孝孺《题宋舍人篆书》："由是学者翕然效之，甚至～浊俗如腯豕然。"清沈涵《敬瞻御书河南四大匾额恭纪》："书成进御数十幅，瘦者荦确肥～。"

【膨蛊】 péng gǔ 腹部鼓胀的病。清郭怀西《新刻注释马牛驼经大全》卷三："芫花苦寒专行水，破积搜肠又化痰，水肿～连气块，要知此物力如山。"

【膨亨】 péng hēng 同"彭亨❶"。宋洪迈《夷坚志》甲卷六："后数年得蛊病，腹胀～。"范成大《河豚叹》："～强名鱼，杀气孕惨黩。"元危亦林《世医得效方》卷三："食则～胀满呕逆。"

【膨脝】 péng hēng ❶同"彭亨❶"。唐寒山《摧残荒草庐》："饱食腹～，个是痴顽物。"《元曲选·盆儿鬼》一折："我家做酒只靠水，吃的肚里胀～。"元明《水浒传》五二回："牙关紧急，连朝水米不沾唇；心膈～，尽日药丸难下腹。" ❷同"彭亨❷"。宋王安石《汝瘿和王仲仪》："～厕元首，臃肿异胪顶。"元方回《中秋夜有客携酒》："～两大瓮，待月列堂下。" ❸同"彭亨❸"。宋陆游《新晴出门闲步》："穷人旋画～计，自买蹲鸱煮糁羹。" ❹同"彭亨❹"。明梅鼎祚《昆仑奴》一折："你是个厮养们苍头辈，只好做酒囊饭袋，图它些酩酊～，那晓得我心中事来？"又："你道是厮养们不聪明，苍头辈忒～，〔背科〕可知俺驾雾腾空，十年来变姓埋名。" ❺气愤不平。明周顺昌《与文湛持书》："眼前所见所闻，无一不使人～者，而事权不在，空言无益。" ❻鼓胀；使膨大。明郑真《三警》："蛙在草泽间，努若目，～若腹，天雨新霁，鸣声嘈嘈。"

【膨满】 péng mǎn 犹"彭亨❶"。宋王衮《博济方》卷二："如大段腹胀，～气滞，如要行动，渐加丸数。"明朱橚《普济方》卷一八四："心下似硬，按之则无。常觉～，多食则吐。"清魏之琇《续名医类案》卷三三："其痛仍作，胸腹～。"

【膨闷】 péng mèn 鼓胀淤积。宋陈言《三因极一病证方论》卷一一："恶风不能宣泄，～鼓胀。"《元曲选外编·降桑椹》二折："〔太医云〕我会医口苦舌涩。〔糊突虫云〕我会医胸膈～。"《小豆棚》卷三："自觉在其腹内，辘辘不得舒展，且～排挤。"

【膨痞】 péng pǐ 膨胀肿硬。宋《圣济总录纂要》卷一五："其气上冲，心腹～，甚则喘急。"明王肯堂《证治准绳》卷二："身热而烦，心下～，小便黄而数，大便溏而频。"

【膨胀】 péng zhàng 犹"彭亨❶"。唐孙思邈《备急千金要方》卷四一："治虚冷腹痛，不下饮食，食复不消，～者方。"《琵琶记》二三出："我肚腹～，怎吃得下。"清《红楼梦》一二回："心内发～，口中无滋味。"

【膨涨】 péng zhàng 同"膨胀"。明朱橚《普济方》卷二〇七："失饥伤饱，胃不能消，心腹～，所下酸臭。"清陈端生《再生缘》七四回："旁边气坏江三嫂，挪唇裂舌肚～。"

【膨肿】 péng zhǒng 犹"彭亨❶"。宋李新《荞麦》："一身多模棱，四角腹～。"

pěng

【捧】 pěng ❶扶；拥；抱。唐元稹《莺莺传》："崔氏娇啼宛转，红娘又～之而去。"《元曲选外编·裴度还带》四折："左右红裙翠袖，～小女于楼中，抛绣球招状元为婿。"清《飞龙全传》五三回："不觉心欢兴发，身在浮云，～住了陶妃，相偎相倚。" ❷奉献；呈献。明张凤翼《红拂记》四出："待～忠竭节从明主，仗剑除残早是时。"清李渔《怜香伴》二〇出："一点婆心空自～，惭愧也、跋涉无功。" ❸推重；奉承。明仁孺《东郭记》一出："而今不贵首阳风，索把齐人尊～。"又四四出："天生就公卿嫡冢，论家门堪他相～。"清《红楼梦》二六回："仗着宝玉疼他们，众人就都～着他们。" ❹量词。两掌并合所能容纳的量。宋刘辰翁《虞美人·咏牡丹》："去年一～飞来雪，不似渠千叶。"明《朴通事谚解》卷上："拴马钱，与他一～儿米便是。"清《儒林外史》三一回："不管甚么人求着他，大～的银与人用。"

【捧拜】 pěng bài 拜领；礼敬接受。唐于邵《谢赠亡妻郑国夫人表》："特蒙圣慈追赠妻单氏郑国夫人，～丝纶，载光窀穸。"明张四维《双烈记》一六出："深佩领，瑶觞～谢萱庭。"清徐乾学《礼部题名碑记》："天子亲洒宸翰，书'博学明辨'四字如斗大，特以宠赐。～恩荣，惶恐无地。"

【捧抃】 pěng biàn 犹"捧拜"。抃，鼓掌，表示礼敬。唐常衮《为福州刺史谢上表》："宸旨宠临，荣渥光被，跪读流汗，～失容。"

【捧持】 pěng chí ❶ 用手捧着。唐杜牧《上知己文章启》:"及发齿甚壮,冀有成立。他日～一游门下,为拜谒之先。"明徐元《八义记》一三出:"把幞头按下将朝衣整,牙笏～定,俺这里一桩桩奏与君王听。"清《野叟曝言》一〇七回:"宫人奉旨出外取饭,摸着墙壁,尚是难行,如何能～食物?" ❷ 围绕护持。唐张说《谢赐御书大通禅师碑额状》:"神功发于至想,睿思成于元德。实谓天龙～,虚空称赞。"元虞集《故梅隐先生吴君墓铭》:"登仕君膺末疾者八年,扶翼～,寒暖旦夕,无顷刻之懈。"明许自昌《水浒记》四出:"身着紫衣朝北阙,～尧日庆云中。" ❸ 承托;承载。唐刘禹锡《毗卢遮那佛华藏世界图赞》:"清净不染花中莲,～世界百亿千。" ❹ 仰承;承受关爱或对上承担责任。宋陈著《谢沿江制使姚刑书举改官启》:"至言流誉于朝,益见相期于远。～异宠,惊耀郡观。"明罗洪先《寄杨斛山年兄》:"天理所在,不入安排。战战兢兢,虚以～,稍涉动意,即违帝则。"

【捧粗腿】 pěng cū tuǐ 比喻奉承谄媚有财势者。明《禅真后史》五〇回:"当今的人,止省的趋炎附势,做那呵卵脬、～的勾当,岂识圣贤大道?"《醋葫芦》一〇回:"那都院君偏又不喜侄儿别的,刚只喜的是虚奉承,鬼撮脚,俗话说是撮松香,又名为～。"《型世言》一五回:"你～,奉承财主么?"

【捧戴】 pěng dài ❶ 扶携;托举。唐元稹《后湖》:"提携翁及孙,～妇与姑。壮者负砾石,老亦捽茅刍。"元晋鹏《前上党县达鲁花赤德政记》:"于是民皆稽首至地者数四,而圣水果降三瓶。官民惊愕,～而去。" ❷ 承受感戴。唐颜真卿《谢赠官表》:"天慈锡类,泉壤疏荣。～殊私,阖门感庆。"宋朱熹《辞免秘书郎状》:"遂使妄庸有此遭遇,恩德隆重,～难胜。"清汤右曾《万年宝历诗》:"民之～,元后父母,于万斯年,与天齐寿。" ❸ 拥戴;拥护推戴。清《续金瓶梅》六二回:"岳飞父子、张宪、牛皋等,俱系当日陈桥兵变～太祖以黄袍加身众将。"

【捧递】 pěng dì 双手捧着递送。明《金瓶梅词话》四九回:"于是韩金钏拿大金桃杯满斟一杯,用纤手～上去。"清《白雪遗音·送多情》:"把小镜摘取,姣滴滴双手～。这是奴一点表意送与你。"

【捧奠】 pěng diàn 奉献祭奠。唐杜甫《祭外祖祖母文》:"～迟迴,炯心依属。"宋朱长文《儒学林公祠堂记》:"解印之初,即走祠下,馈羞～,感咽涕洟。"清厉鹗《扬州清明有感》:"～孑立拜扫阻,举首北望啼痕潸。"

【捧读】 pěng dú 双手捧着阅读,表示恭敬。也用作敬语。唐宋璟《三月三日为百官谢赐宴表》:"曲蒙赐示,～兢惧。"明佚名《四贤记》六出:"纶和綍,～恩非鲜。"清《歧路灯》一〇回:"但弟是十月即起身来京,所赐尊翰,实未～。"

【捧观】 pěng guān 双手捧着观看,表示恭敬。宋范祖禹《东宫锡燕集序》:"拜赐于庭,～皆惊叹喜忭。"明杨珽《龙膏记》三出:"皇恩宠赐重。～珍质丽,拜受圣心崇。"

【捧盒】 pěng hé 没有提梁须捧在手上的盒子,用于捧献食品或礼物等。明沈榜《宛署杂记》卷一五:"礼部住宿床帐家火,……捧盘二十个,～十副。"清《绿野仙踪》二三回:"殷氏先着李必寿家老婆拿了一大壶酒,一～吃食东西,摆放在姜氏房内。"《红楼梦》六回:"又见两三个妇人,都捧着大漆～,进这边来等候。"

【捧荷】 pěng hè 犹"捧戴❷"。荷,承受恩德。唐贾至《汝州刺史谢上表》:"伏奉某月日制,除臣汝州刺史。～恩私,违离轩陛。"常衮《谢赐马状》:"未申薄效,遽沐殊私。～惊惶,心魂震越。"《敦煌变文校注》卷一《王昭君变文》:"亡桀纣者妮妃、丽姿两不围矜,夸兴皆言为美。～和国之殊功,金骨埋于万里。"

【捧赍】 pěng jī ❶ 犹"捧持❶"。元明《水浒传》一〇一回:"侯蒙等～圣旨入城,摆列龙亭香案。"明杨一清《论加上徽号祭告奏对》:"礼成之日,不必遣官,只着行人～祝帛诣显陵,就遣朱麟行礼。"清弘历《平定回部告成太学碑文》:"讵惟献馘,并以称臣。～表章,将诣都门。" ❷ 特指捧持王命前往宣告或办理。明毕自严《贺纳言林先生九十序》:"往例～事竣,类就便游家园,逾年始返。"清魏象枢《奉诏之夙弊有三等事疏》:"窃照本年正月内恭遇皇上躬亲大政,颁诏天下。臣实奉有～之命,因知地方各有弊习相沿者,不止一端。"

【捧驾】 pěng jià 拥护车驾。唐李白《上安州李长史书》:"陆机作太康之杰士,未可比肩;曹植为建安之雄才,惟堪～。"明张彻《望海潮·送副使严公赴京》:"仰苍龙～,丹凤来仪。喜动天颜宠恩,重拜下彤墀。"清何明礼《乾坤亭》:"苍龙～丹凤骞,手携姹女游仙源。"

【捧接】 pěng jiē ❶ 双手捧着接受。也用作敬语。《法苑珠林》卷二一:"二人随潮入浦,渐近渐明,乃知石像。将欲～,人力未展。"明《于少保萃忠全传》一九传:"上皇看毕,递与高磐。磐跪地～。"清吴伟业《答黄总戎书》:"～瑶缄,知老先生为某筹谘出处,其谊甚殷而论甚切。" ❷ 恭敬地接待。唐王勃《释迦如来成道记》:"仙师相垂泪,天神争～。"宋洪迈《夷坚志》乙卷二:"所谓黄生名竑,～甚喜,谓青钱中选而神龙变化也。"

【捧览】 pěng lǎn 犹"捧读""捧观"。唐元稹《莺莺传》:"～来问,抚爱过深。儿女之情,悲喜交集。"宋祖无择《与盱江李泰伯启》:"惠然以书见抵,且示之策,～之际,靦生面目。"清《情梦柝》一八回:"今夜花烛洞房,正《花魂》《鸟梦》两诗会合之时,肯赐～,以慰鄙怀否?"

【捧袂】 pěng mèi 举起衣袖(行礼)。a) 用于相见。唐王绩《冬夜载酒于乡馆寻崔使君》:"停车聊～,倒屣共临盘。"明王世贞《与赵汝师书》:"～之期,或在春晚也。"清浦铣《代柬寄方雪》:"到及羊城秉简时,龙门～惬心期。"b) 用于分别。唐苏颋《钱常侍舒公归觐序》:"吴州日见,楚山云绝。莫不～黯然,弹毫以赠。"宋阳枋《送王使君序》:"临觞～,愀然凄怆。"元张伯淳《送梦符侍郎》:"临岐～天地阔,驿亭杨柳还毵毵。"c) 指拜见。唐黄元之《润州江宁县瓦棺寺维摩诘画像碑铭》:"恨不亲承圣旨,～于不二之门;躬奉尊颜,跪履于大千之界。"d) 指交游。明孙继皋《与蔡臬副梅岩书》:"追惟长安中,联镳～,两皆青鬓。"

【捧盘】 pěng pán 用于捧献食品或礼物的大盘子。明沈榜《宛署杂记》卷一五:"礼部住宿床帐家火,……～二十个。"《韩湘子》一四回:"湘子道:'快取一个～来。'退之叫人拿雕红盘一个,递与湘子。"清《儒林外史》二一回:"又一个大～,十杯高果子茶,送了过来。"

【捧脬呵卵】 pěng pāo hē luǎn 捧人的卵脬呵气,喻指极度奉承谄媚。明孟称舜《娇红记》三四出:"豪奴恶少尽相交。同调:～不辞劳,身靠。"

【捧劝】 pěng quàn 捧杯劝饮。宋李处全《南乡子·除夕又作》:"柏酒香浮白玉船,～大家相祝愿。"元王伯成《贬夜郎》四折:"想着天子三宣,翠袖双扶不上船。不如素娥～,巨瓯一饮倒垂莲。"清《野叟曝言》一一三回:"皇帝令斟两大爵,着两贵人～。素臣忙跪接而饮。"

【捧视】 pěng shì 犹"捧观"。唐权德舆《太宗飞白书答诏记》:"师因出而示予。予乃整衣冠,离次～。"宋洪迈《夷坚志》乙卷二:"及数岁,戏祖旁,偶见文卿生时书,则～曰:'我所书也。'"

清冒襄《宣德铜炉歌》："我时～惊未有，精光迸出呼奈何。"

【捧寿】 pěng shòu 捧杯或捧物贺寿。宋沈瀛《竹斋侑酒辞》："长须把酒，自当长头杯～。"明陈璧《题彦皋莼轩》："彩衣～阿母喜，平生宦情一杯水。"《西游记》八回："灵龟～，仙鹤噙芝。"

【捧受】 pěng shòu 犹"捧接❶"。唐王维《代陈司徒谢敕赐麟德殿宴百僚诗序表》："日月扬光，风云动色。～之次，震骇失常。"宋富弼《宋辞枢密副使疏》："臣不敢～，即时已却令盖自浦赍回。"明潘希曾《谢恩疏》："颁赐《明伦大典》一部到，臣除望阙叩头～外，……具本专差承差任举亲赍谢恩。"

【捧送】 pěng sòng 捧持赠送或递送。宋周文璞《法华小隐》："摩挲苏陈刻，愈觉岁月久。寺僧爱光焰，～贵侯有。"明《杏花天》一一回："各各写毕，藏于匣内。令桂瓶接匣，～书斋。"清《白雪遗音·鱼儿赴》："河宽水浅鱼难住，慌的奴，双手～在深水渡。"

【捧诵】 pěng sòng 双手捧着诵读。多用于表示恭敬或虔诚。宋李纲《谢宣抚河北河东降亲笔手诏表》："跪辞丹陛，方违咫尺之威；～紫泥，遽奉丁宁之训。"明佚名《赠书记》七出："我闻得枚乘《七发》可以起病。我把他当了《七发》，向病里暂时～。"清《醒世姻缘传》六四回："你这个得请十位女僧，七昼夜～药师佛老爷的宝经一万卷。"

【捧土揭木】 pěng tǔ jiē mù 指建造、崇拜土木偶像。揭，举。唐柳宗元《与杨京兆凭书》："夫～而致之岩廊之上，蒙以绂冕，翼以徒隶，而趋走其左右。"《虚堂录》卷三："德山如师子游行，百兽股栗；岩头假其威而阴风逼人；后之来者～。"

【捧托】 pěng tuō ❶ 捧着托出。《元曲选外编·裴度还带》三折："若有人来寻觅，我权与他且收着，我两只手～。"清解鉴《益智录》卷二："见酒具自外飞入，若有人～，不见其人。" ❷ 托扶；承托。明《西游记》二二回："左有八戒扶持，右有悟净～。"清鄂尔泰《庆云疏》："云根皆纱蓝，～中天，红紫相间。"

【捧玩】 pěng wán 捧着赏玩或玩味。唐皎然《苦热行》："省客当此时，忽贻怀中琼。～烦袂涤，啸歌美风生。"《元曲选外编·西游记》小引："忽一日，复得之故家敝簏中，～之下，喜可知也。"清《绿野仙踪》五〇回："寻出几本文章来，朝夕～。"

【捧慰】 pěng wèi ❶ 扶持慰问。《法苑珠林》卷一〇七："马即惊走，营主倒地。永～，还营。"唐李观《与处州李使君书》："观名虽未彰，日用～，愿备洒埽。" ❷ 捧持感慰。明赵完璧《答毛行斋太守亲家书》："惠我好音，眷我珍品，～登嘉，感佩宁有既耶！"

【捧拥】 pěng yōng ❶ 簇拥。唐杜甫《山寺》："使君骑紫马，～从西来。"宋吕陶《菡萏轩》："开轩向芙蓉，红绿如～。"清《荡寇志》八八回："十几个女兵都插花带朵打扮着，～丽卿出堂。" ❷ 抱持；拥抱。五代杨德辉《嘲佛牙》："～一函枯骨立，如何延得寿无涯。"清《续金瓶梅》二九回："一篙点开，顺风南去，也不管银瓶死活，～着玉娇，船上作乐。" ❸ 恭维；尊奉。宋邵雍《首尾吟》之九："被有许多闲～，尧夫非是爱吟诗。"《朱子语类》卷三："有所谓五通庙最灵怪，众人～，谓祸福立见。"元许衡《语录》："凡物兴盛时，是下面人～，里面人和睦相推尊，故兴。" ❹ 拥戴；拥护推戴。元明《三国志通俗演义》卷三："众官举哀毕，～玄德领徐州事。"明张吉《贺郑师顺庵先生八十寿诗》："忆昨～承明庐，佩师训戒同宝琚。"

【捧阅】 pěng yuè 犹"捧观"。五代王建《答梁主书》："顾酬谢而增愧，仰渥泽以难胜。～品名，实惭祗受。"宋杨亿《与秘阁黄少卿启》："特遗雅风之什，过形溢美之褒。～已还，荣抃交集。"清陆陇其《与周井陉书》："～新志稿本，韩淮阴背水遗踪，程婴子孤台故迹，了然在目。"

【捧执】 pěng zhí ❶ 犹"捧持❶"。唐张餘庆《青玉案赋》："既～以来此，亦保持而在今。"元明《三国志通俗演义》卷一七："魏帝不从刘晔所谏，命太常卿邢贞同赵咨～册锡，径回东吴。"明汤显祖《南柯记》四出："老僧一夕～莲花灯，上于七层塔上。" ❷ 犹"捧持❷"。唐独孤授《江淮献三脊茅赋》："～而有严有翼，缄縢而再四再三。"

【捧珠】 pěng zhū ❶ 比喻鞠养子女或生子。宋刘学箕《责庚》："汝生父子不识面，母慈育字如～。"明李昌祺《罗郎生子歌》："昨日惊闻忽～，天上麒麟骨格殊。"罗钦顺《喜季弟得子》："季方书报～新，喜动浑家色笑真。" ❷ 比喻托付儿女给人。珠，儿女称掌上珠。明汤显祖《牡丹亭》五出："〔旦拜〕学生自愧蒲柳之姿，敢烦桃李之教。〔末〕愚老恭承～之爱，谬加琢玉之功。"

pèng

【碰】 pèng ❶ 撞。明薛巳《薛氏医案》卷七六："经验方，治～伤磕损，跌扑肿痛。"《禅真后史》五三回："见二鸡相斗，复抓竹根边泥土，两头相～，四爪齐爬。"清孔尚任《桃花扇》二二出："我儿苏醒，竟把花容～了个稀烂。" ❷ 拢；靠。明《欢喜冤家》三回："流有二里多路，那树枝近岸边～定，不能流了。" ❸ 遇；遭逢。明徐光启《农政全书》卷一一："日外自云障中起，主晴。谚云：'日头～云障，晒杀老和尚。'"清《说岳全传》三八回："粘罕大怒，拿了溜金棍上马来迎。刚刚～着牛皋。"《品花宝鉴》二二回："既～着了瘟神，不烧纸是退不去的。" ❹ 赶上；恰好遇上。清《野叟曝言》六七回："上岸时因是逆风，故到庙里一看，那知～出奇怪事来。"《红楼梦》五五回："这正～了我的机会。"《镜花缘》二二回："这是俺晚生无意～在典上，至于他的出处，俺实不知。" ❺ 试探；尝试。清《红楼梦》六回："到还是舍着我这付老脸去～一～，果然有些好处，大家都有益。"《镜花缘》八回："贩些零星货物到外洋～～财运。"《品花宝鉴》三三回："你回去与太太请安，说我只好转托人，～他的运气罢。" ❻ 拍；片状物相击。清《何典》三回："和尚道士～起领丧铙钹，一大起送殡的乡邻亲眷随在后面。" ❼ 触击；对抗。清《歧路灯》九六回："上台要下僚的钱，或硬～，或软捏，总是一个要。"《天豹图》三八回："目下花锦章弟兄官高位重，我田大修尚且～他不过，何况一个总兵官。" ❽ 被拒绝；拒绝。清《霓裳续谱·因为隔墙吟诗》："我的姐姐啊，我可不肯寻着把那钉子～。"《荡寇志》七三回："丽卿笑道：'刀剑是杀人的勾当，有什么好看！'高衙内道：'好妹妹，不要着我吃～。'" ❾ 冲；冒。清《何典》一〇回："～霜露雪行了几日，来到一个山脚根头。"

【碰鼻头】 pèng bí tou 到跟前；到底。清《何典》一回："一直望前跑去，～转湾，到了市梢头，就看得见了。"

【碰钉子】 pèng dīng zi 指遭到拒绝或受到斥责。清《红楼梦》四五回："说给你们，省了～去。"《品花宝鉴》三回："是这么吩咐下来，再去回时，也是白～。"《白雪遗音·你敬我来》："你叫我～，我也给你个钉子碰。"

【碰坏】 pèng huài 损坏。明《西洋记》一七回："再有甚么破家破伙，趁我们手里钉了他，永无～。"

【碰击】 pèng jī 撞击；拍打。清《野叟曝言》五四回："直到脚夫用大石～，响得利害，惊动窎远一个邻舍走来喝问。”

【碰见】 pèng jiàn 遇见；碰到。清《品花宝鉴》二回：“刚到二门口，可巧～孙亮功进来。”《白雪遗音·偷情》：“倘若是～了，就说俺娘家两姨哥。”

【碰门】 pèng mén 撞门。清《何典》三回：“三脚两步跑到郎中门前，～进去，催得那郎中衣裳都穿弗及。”

【碰偶然】 pèng ǒu rán 碰巧；偶然碰上。清陈端生《再生缘》四三回：“我亦无非～，一时机会治人安。”又五七回：“医太后，治同年，那也无非～。”

【碰巧】 pèng qiǎo ❶凑巧；恰好。清《红楼梦》三五回：“你两个怎么来的这么～，一齐来了。” ❷碰机会。清《镜花缘》七〇回：“带些出去，既可熏洗目疾，又可～发卖。”

【碰头】 pèng tóu ❶撞头；以头相撞。明《梼杌闲评》一七回：“二人扯住进忠，～乱骂。”清王友亮《秋审班签商二事疏》：“该犯夺石，复被揪衣～。”《绿野仙踪》二二回：“许寡便自己打脸～，在大堂上拚命叫喊。” ❷磕头。清乾隆五十二年四月二十七日常青奏文：“该道府谕以大义，庄锡舍～涕零，情词恳切。”《红楼梦》四四回：“那小丫头子已经吓得魂飞魄散，哭着只管～求饶。”《品花宝鉴》三六回：“和尚抱了他的腿，跪着在他膝上～。琴言只得坐下。” ❸漫无目标地乱闯。清《红楼梦》三九回：“二爷又不知看了什么书，或者听了谁的混话，信真了，把这件没头脑的事派我去～。”又四一回：“姑娘们把我丢下来了，要我～碰到这里。”

【碰响头】 pèng xiǎng tóu 用力磕头，发出很大声响。清《蜃楼志》一五回：“必元乱～，老赫只是不理。”

【碰撞】 pèng zhuàng 互相碰触。清陈端生《再生缘》七八回：“三位夫人笑失声，这般～不斯文。碰坏了姊姊尊躯怎么好，姊夫定要发雷霆。”

【磞脚绊手】 pèng shǒu bàn jiǎo 碍手碍脚。明《山歌·竹夫人》：“娘子官人咦道我～，丫头阿姐咦咒我离眼别睛。”

【磞头】 pèng tóu 碰头；以头相撞。清《醒世姻缘传》三回：“珍哥不听见便罢，听见了，怒从心上起，恶向胆边生，～撒泼，叫一会，骂一会。”

【磞头打滚】 pèng tóu dǎ gǔn 撞头打滚，形容撒泼或疼痛难忍貌。清《醒世姻缘传》二七回：“只见麻从吾合他老婆的肚里扯肠子揪心肝，疼得～的叫唤。”又八〇回：“却说韩芦两口子不知那里打听得知，领着叔叔、大爷、姑娘、妗子奔到狄希陈家，～撒泼骂人。”

【磞头磕脑】 pèng tóu kē nǎo 以头相撞，形容撒泼或焦躁貌。清《醒世姻缘传》六二回：“却说智姐的母亲复翻身跑到张家，扯住张茂实～，挝脸挠腮。”又六三回：“狄员外只是极得～的空躁，外边嚷叫。”

pī

【批】 pī ❶削；剖；薄切。唐杜甫《房兵曹胡马》：“竹～双耳峻，风入四蹄轻。”《元曲选·望江亭》三折：“这鱼不宜那水煮油煎，则是那薄～细切。”明徐光启《农政全书》卷三六：“刈倒时，随即用竹刀或铁刀，从梢分～开。” ❷批示。《祖堂集》卷一〇《长庆和尚》：“好晴好雨，宜花宜麦。得不得，请大师亲～。”六十种曲本《琵琶记》三六出：“退朝之暇，手不停～。闲居之际，口不绝吟。”清《红楼梦》二回：“龙颜大怒，即～革职。” ❸记录；登录。《敦煌变文校注》卷二《叶净能诗》：“皇帝遂命太史官，～在《唐录》。” ❹批语；评语。宋米芾《书史》：“王献之《日寒帖》，有唐氏杂迹，印后有两行谢安～。”清《野叟曝言》一二八回：“龙儿见文案词状，堆积甚多，遂各分一半，对面批答。龙儿即批卷词之上，蛟行却是粘签拟～。” ❺签写；签发（合同或票据）。宋元《古今小说》卷三九：“又央人向郡中上下使钱，做汪孚出名，～了执照。”明《金瓶梅词话》五八回：“明日好歹上心，约会了那位甘伙计来见了，～合同。”清《红楼梦》二四回：“彩明走出来，单要了领票进去，～了银数年月。” ❻批文；经批示的文书。明李开先《宝剑记》二四出：“那下～的，带犯人进来。”《梼杌闲评》一一回：“不送没得回书，这～怎缴？”清《醒世姻缘传》九八回：“当堂写了公文，起了～，佥了差人，即时就押解起身了。” ❼契约；证据。明《杜骗新书·伪交骗》：“又等头轻少，不索其借～，但云须明白记帐也。”清李渔《怜香伴》一二出：“若苦苦要我做，须是写一张不吃醋的包～与我。” ❽评判；评定。特指生员考试评定等级、名次。明袁介《检田吏》：“只因嗔我不肯首，却把我田～作熟。”《警世通言》卷九：“只为去年试场中，被试官屈～了卷子，羞抢出门。”清李渔《怜香伴》九出：“十次遇考，九次是他领～。小生虽不出第二三，却再不能僭他第一。” ❾评点；评论。清蒋士铨《临川梦》一〇出：“将我手～这个曲本，千万寄与那汤老爷。”《儒林外史》一八回：“向日马二先生在家兄文海楼，三百篇文章要～两个月。”《红楼梦》五四回：“老太太这一说，是谎都～出来了。” ❿弹奏乐器时手向前推的指法。清《聊斋志异·八大王》：“履舄交错，兰麝香沉。细～薄抹，低唱浅斟。” ⓫批发；大宗交易（货物）。清《镜花缘》三二回：“这个货单拿到大户人家，不过三两日就可～完。” ⓬同“劈❹”。元明《水浒传》一〇回：“～胸只一提，丢翻在雪地上。” ⓭量词。用于按次计算的人、物。明《宜春香质》花集二回：“这～货，止卖了三匹。”《金瓶梅词话》五三回：“如今关出这～银子，一分也不动，都尽这边来。”清《醒名花》八回：“湖口参府第三～接老爷的到了。”

【批本】 pī běn ❶批示奏本。明《型世言》五回：“此时永乐爷砺精求治，～道：‘白大既无杀人情踪，准与释放。’”清程晋芳《章奏批答举要序》：“余以乾隆三十三年夏五月，协办～，迄岁终。”《大清会典则例》卷八六：“未除服，内～用蓝笔，各部院行文皆用蓝印。” ❷经内廷批发的奏本。清《野叟曝言》八九回：“二十九日清晨，～已转。金相接进内衙，与素臣拆阅。” ❸加有批语的著作文本。清汪由敦《跋所录归太仆史记评本》：“予旧有震川先生～《史记》，乃蒋子遵太守家临本。”恽敬《答来卿书》：“来书需～韩文，知有事于古文矣。”

【批表】 pī biǎo 经内廷批复的表章。唐韩翃《为田神玉谢不许赴上都护丧表》：“伏奉～，以军府政殷，藉卿镇辑，不赴上都也。”宋叶梦得《石林燕语》卷六：“批答之制，更不由中书，直禁中封所上章付院。今降～，院中即更用纸连其章后书辞并其章赐之，此其异也。”

【批禀】 pī bǐng 批示下级呈上的禀文，也指经上级批示的禀文。《续资治通鉴》卷一四六：“况～文字，只付差来人，或令回申元承受处，到之与否，不可得知。”清嘉庆九年七月十八日上谕：“吴熊光自简用湖广总督以来，朕即闻其接待属员过于严峻，～事件，往往措词过当。”《儒林外史》四三回：“这汤镇台接了～，即刻差人，把府里兵房书办叫了来，关在书房里。”

【批驳】 pī bó ❶上级对下级的呈请作出否定的批示。宋陈安国《说论集序》：“京党复炽，援自奥申，其势已成。未几，遂召公当～，力莫回天。”明陈子龙《皇明殉节光禄大夫徐公行状》：“诸司所呈无巨细，必亲自裁决。或～再四，务当乃止。”清《醒世姻缘传》一七回:“文书十件上去,倒有九件驳将下来。那一件虽不曾明明的~,也并不曾爽爽利利的批准。” ❷ 揭破指摘。明王衡《郁轮袍》六折:“自从举场中送卷,被人~出场来,人人道咱的不是。” ❸ 批评;评论。清顾炎武《与陆桴亭札》:“近刻《日知录》八卷,特付东堂邮呈,专祈指示。其有不合者,望一一为之~。”吴伟业《通天台》二出:“所以数百年来,天上逗遛几篇文字,反被后生~,说道:‘上边笔路,渐觉寻常。’”袁枚《子不语》卷二三:“旁两僮捧参上,逐包开检,所~皆洞中行情。”

【批册】 pī cè ❶ 登录批件的簿册。明祁彪佳《泰宁县查盘招》:“一切~之讹,吏之罪,亦书之罪。”喻汉《应诏陈言六事》:“军批假伪弊多,乞令兵部检发各处~,比对年月印信,舛异者查提究治。” ❷ 作为批准凭证的册页。清《说岳全传》七回:“如今只求大老爷赏一~,好进京去。倘能取得功名,日后就好重还故里了。”

【批差】 pī chāi 批示差遣。明何乔新《为隐匿贼情谋陷城池欺罔朝廷事奏》:“赵昱因见迟违,不肯前去。本司~长官赵经代伊赍送布政司。”沈鲸《双珠记》三六出:“蒙正堂老爷奉圣旨着本部备办衣饰,护送宫女王慧姬到剑南道,配与军士陈时策为妻。~我去。”清《儒林外史》五〇回:“为此,除~缉获外,合亟通行凡在缉获地方,仰县即时添差拿获,解府详审。”

【批呈】 pī chéng ❶ 在呈文上批写意见或作出批示。宋张栻《答陈平甫》:“别纸所谕,亦各以鄙意~,未知然否。”清雍正八年二月二十五日李卫奏文:“又有李汉亭,白日登楼,调戏理事同知皂隶姚魏之妻。禀控鄂善,因未便~,交与巡检查实。” ❷ 经上级批示的呈文。明王守仁《立崇义县治疏》:“会同参议黄宏,遵照~事理,先于横水设立隘所防范。”徐复祚《投梭记》一二出:“相府~,宣示尚书取次行。”清魏象枢《直纠浙江学道以申公论等事疏》:“听蠹书祁茂之等,创立社师名色,不论优隶贱役,即与~仰学入册。”

【批饬】 pī chì (上级)批示命令(下级遵照执行)。清张鹏展《请厘吏治五事疏》:“近年村民屡次上告,督抚~禁革。”陈宏谋《选举族正族约檄》:“拟定牌式,会详核夺,以便~,通行遵照。”《野叟曝言》八五回:“既经府县~,复敢越渎,非审坐诬。”

【批敕】 pī chì ❶ 按皇帝旨意拟定敕文或在拟定的敕文上签署意见。唐罗隐《送李右丞分司东城》:“左省曾~,中台肯畏权。”宋陈三聘《鹊桥仙·七夕》:“遥想双星情绪,凭谁~诉天公,待留住、今宵休去。”清田雯《吴园次五百字》:“先后岂乏人,~佐黄阁。” ❷ 经皇帝批准发出的敕命。唐独孤及《为李给事让起复尚书左丞第七表》:“伏奉某月日~,矜臣荒谬之情,许以残喘终丧。”宋叶適《王宗卿答春堂》:“阿连进奉新~,翠裘黄简缘兄得。”

【批处】 pī chǔ 批示处断。宋《吏部条法·印纸门》:“官司徇情批放者,觉察以闻。将违犯人,与元~官吏,重加黜责。”明吕柟《双溪奏议序》:“遇大政事,必奏议圣主,俞允~而后行。”清《儒林外史》六回:“我虽是族长,但这事以亲房为主。老爷~,我也只好拿这话回老爷。”

【批黜】 pī chù 批示使落选或罢免。明《警世通言》卷九:“臣是~秀才,不能称试官之意,怎能称皇上之意。”《禅真逸史》一回:“当晚圣旨~近臣二员:田有思、邬泮,削职为民,永不录用。”

【批词】 pī cí ❶ 判词。唐李远《灵棋经序》:“以十二棋子三分之,上中下各四,一掷而成卦,即考书~,尽得其理。”明《金瓶梅词话》四八回:“曾公将~连状装在封套内,钤了关防,差人赍送东平府来。”清李渔《凰求凤》一二出:“试题不自今朝拟,~早向衙斋摭。” ❷ 批写判词。清陈宏谋《申饬官箴檄》:“~而耐烦劳,则批断切中,小民不致守候再告。”《醒世姻缘传》八五回:“你是首领官,堂上是有不时~的,你不得请个代笔的人儿?”

【批答】 pī dá ❶ 皇帝(或由大臣代行)在奏章上批示答复。唐张九龄《请御注经内外传授状》:“伏见集贤院奉注御敕前件,经墨敕~。”明《警世通言》卷九:“小邦失礼,圣上洪度如天,置而不较。有诏~,汝宜静听。”清《醒世姻缘传》二三回:“从此就成了一个哑子,便不能坐朝,有甚么章奏,都在宫中~出来。” ❷ 泛指批阅答复。明《二刻拍案惊奇》卷一九:“一群儒生将着文卷,多来请教。寄华一一~。”

【批捣】 pī dǎo 劈击;搏击。宋李曾伯《南岳疏词》:“噬吞彼类,肆狼吻以无厌;~吾虚,几鲸牙之浸迫。”明温纯《与李景山总兵论平倭》:“观李将军一败于碧蹄,竟丧于敌,全以恃~不精火器故。”清钱谦益《紫髯将军传》:“舟师溯流以~其胸,蜀师出房竹以横截其腰,秦师守关陇以控扼其面。”

【批倒】 pī dǎo 批示文卷或文字,谓其不能成立。元明《水浒传》一二回:“把文书一笔都~了,将杨志赶出殿司府来。”明曹安《谰言长语》:“新建县乏举,予以落卷中取一可者。其卷不~,随取之。”

【批点】 pī diǎn ❶ 给文书、文章、文字等批写意见,重要处加上圈点。元方回《跋余好问丙申丁酉诗稿》:“予勉为~,去取恐不能得君自得之意。”明汤显祖《南柯记》二一出:“为官只是赌身强,板障。文书~不成行,混帐。”清《二度梅》三四回:“将亚元大作命老夫~,捧读之下,令人悦服。” ❷ 指戳议论。明《醒世恒言》卷一:“那一个不欣羡潘小官人美貌,如潘安再出;暗暗地颠唇簸嘴,~那飞天夜叉之丑。”清李渔《怜香伴》四出:“只是我们老孝廉会试……被这些新中的恶少~不过。”《万花楼》五三回:“虽然对面无人说,背后难免把你暗加~。”

【批断】 pī duàn 批示断定。唐孙郃《唐故承议郎孙府君墓志铭序》:“~精核,卿长知重,遂较殊考。”明《梼杌闲评》四三回:“只因这本事关皇亲,忠贤不敢矫旨~,只得标了个‘拟拿问’,听皇上再批。”清《娱目醒心编》卷六:“特来卜问有利无利,老王便将课筒摇动,~好歹。”

【批儿】 pī er 批票;批文。明康海《粉蝶儿·代友人宦邸书怀》:“甫能的出几纸~,勾几个人儿,怎当他名是人差。”

【批发】 pī fā 批示发出或发落。宋朱熹《约束铺兵谕》:“仍仰本县于历内批凿承受日时、手分、姓名,即时依限回报。亦仰~离县日时,责付铺兵连夜依限赴军投下,以凭稽考。”明《醒世恒言》卷二九:“却教家人往各上司诉冤,果然都~本府理刑勘问。”清李玉《一捧雪》六出:“奉皇爷圣旨,特捧章奏要太师爷~。”

【批放】 pī fàng 批示发放或放行。唐李乂《对成都令劝学判》:“府司科擅赋敛,录事~,仍举科诸生谋杀之罪。”宋洪适《戍兵请给驱磨阻滞札子》:“每军逐将攒类姓名,造成券旁,发到粮审院,即时~。”王柏《述民志》:“宽作数目,不特人心大安,有米者不敢闭籴矣。须乞行下临安府严州,置历~,不许阻节。”

【批风抹月】 pī fēng mǒ yuè 评点风月。元乔吉《绿么遍·自述》:“笑谈便是编修院,留连,~四十年。”

【批复】 pī fù 批示答复。宋宋祁《赐王贻永批答》:“累尝~,理无顺许,往安官守。”陈傅良《缴奏给事中黄裳改除兵部侍郎第二状》:“台谏官江跻、方孟卿皆言:‘黄门职典出纳,顾不留瑀自助,窃为朝廷惜之。’上~除瑀给事中。”明王守仁《答储柴墟》:“人归遽剧，极潦草。便间～可否。不一一。”

【批改】 pī gǎi ❶ 批示改写（文书内容）。《宋史·食货志下六》：“招诱豪商，增价以幸其来。故陕西茶价，斤有至五六缗者。或稍裁之，则～文引，转之他郡。” ❷ 批评修改（文字）。《明史·温体仁传》：“言臣票拟多未中窍要，每经御笔～。”清《镜花缘》八回：“每日拿着字帖临写，时刻不离。教他送给小山姐姐～，他又不肯。”

【批稿】 pī gǎo ❶ 批写文稿。明佚名《天缘奇遇》卷上：“吊词知恨短，～辱情长。” ❷ 判词的底稿或抄稿。清《歧路灯》七一回：“小的央承发房写个～带回来，承发房说：‘忙的要紧。’”

【批红】 pī hóng 在奏章上用红笔批写君王旨意或经君王认可的签拟批语。明张居正《明制体以重王言疏》：“凡官员应给诰敕，该部题奉钦依手本到阁。撰述官先具稿送臣等看详改定，眷写进呈，候～发下。”姚希孟《神庙实录告成恭纪》之二：“蝉鬓秀才垂紫袖，～不改旧标题。”清朱彝尊《书王司彩宫词后》：“（太监）外而税矿，内而～，监军则养寇，贼至则开门。”

【批坏】 pī huài 犹“批倒”。宋刘宰《通王中书问》：“参枢向未尝通名，今亦以短启致谢。伏恐欲知选人印纸，向以收藏不谨已～。”清《赛花铃》三回：“自破承题以至结尾，涂抹之处，不计其数。方兰看见如此～，登时脸色涨红，夺去藏匿。”《野叟曝言》五一回：“看着些公忠忧国的好本章，俱被～，不是议处降调，就是革职治罪。”

【批还】 pī huán 犹“批复”。五代黄滔《寄献梓山侯侍郎》：“赐衣僧脱去，奏表主～。”明陆深《书京中家书》：“三祭文序事质实，颇有好处，故不～。”清《巧联珠》一三回：“此事十分要紧，但里面不便无因降旨。教他丈夫自上一个疏来，我叫司礼监～与他便是。”

【批黄】 pī huáng 犹“批红”。诏书用黄麻纸书写。宋吴泳《辞免兼权中书舍人状》：“若令磨铅吮墨，尚殚典校之劳；如复翻敕～，是速颠跻之咎。”《真傀儡》：“我便有硬手儿敢～，则这生面儿也难投状。”清弘历《绝句》：“控紫三春半，～午夜分。”

【批回】 pī huí ❶ 犹“批复”。宋赵鼎《丙辰笔录》：“十七日，进呈岳飞乞终制。某等先议定奏禀，以飞累有陈请，亦屡降指挥，而其请不已，欲上亲笔～札子。”明陆深《书京中家书》：“上科三场卷，向暖得暇，亦细细～。”清《万花楼》六二回：“是日番营内战书投发进关，杨元帅～决战之词。” ❷ 批复的回文。宋朱熹《与赵帅书》：“状内公共指定专委两邻某人某人，传送取附籍乡官～，付本家收照。”《元曲选·灰阑记》三折：“哥哥不劳分付，只要到府时，早些打发我～。”清《水浒后传》一一回：“一个破落户要赖我的货物，幸遇戴院长在府讨～，对太守说，追还了。”

【批毁】 pī huǐ 批注销毁。宋周密《浩然斋雅谈》卷上：“士大夫辞荣固是美事，然有不当辞而辞者，至于不肯磨勘，甚而～印历，而世以为高而效之者。”《庆元条法事类》卷七六：“诸摄州助教，犯公罪流、私罪徒，追毁补授文书。敕授者，～申纳，准除免法。”《元典章·户部八》：“诸路拘该到退引，内多不行～，中间为弊最深。”

【批货】 pī huò 订立合同发卖货物。清《镜花缘》三二回：“恰好此地正在缺货，及至～，因价钱过少，又将货单拿到大户人家。”又三三回：“今将货单替你转呈，即随来差同去，以便听候～。”

【批缉】 pī jī 批准缉拿。清雍正六年九月十四日袁立相奏文：“臣据此随经～贼赃，并飞查被盗确情。”雍正十二年九月二十八日赵弘恩奏文：“自雍正六年至今，通详～未经报获赃贼者，即有三百七十餘件。”

【批较】 pī jiǎo ❶ 批评比较。明吴伯与《杨用修艺林伐山序》：“即以用修之稽古～不为不该，正阳诸家诋诃而论难之。”《别有香》一一回：“你列位娇姿，我都承教过了。今日来忝，要做个～使，评品一评品。” ❷ 官府对不能如期完成任务的公差施以杖责（比较），然后再批定日期限时完成。明《古今小说》卷四〇：“州守相公没奈何，只苦得～差人张千、李万，一连批了十数限，不知打了多少竹批。”

【批结】 pī jié 作出结论性的批示，也指这样的批示。明郑善夫《与欧阳崇道书》：“今赍上～一纸求览，若如此发行，执事以为行得否也？”清辅德《请禁祠宇流弊疏》：“县讼不胜，即赴府翻；府审～，又赴省控。”《娱目醒心编》卷六：“除非送些贿赂，叫他～，着归本生父嫁人。”

【批解】 pī jiě 另见pī jiè。❶ 批示解决。宋李昭玘《吴彦律墓志铭》：“旦视事，讼者喧沓塞堂下。涉笔～，人得其情，叫抃出县门去。”明曹纬《重建跨塘桥记》：“凡民五过丽刑缿筒投词，有至于庭者。涉笔～，而人无不得其情。” ❷ 剖开。明张维枢《重修墨妙亭记》：“用是涤烦宁念，将一二髋髀渐次～，而幸划然未至伤手也。”

【批解】 pī jiè 另见pī jiě。批示解送。明吴讷《祥刑要览》：“军流徒罪及解回发落管束之犯，发解时均于～长文内载叙事由，并开明年貌、疤痣、箕斗，以备查核。”清汪辉祖《学治臆说·论用财》：“宁远旧无库，征饷银，皆贮内室，遇～始发匠倾熔。”《醉醒石》一〇回：“三府却认错了，出来对心腹吏书道：‘……想按院要他，明日先起～查盘厅。’”

【批卷】 pī juàn 披阅文卷或试卷。宋刘克庄《送方子约赴衢教》：“朱笔浓～，青灯细勘书。”明邵璨《香囊记》三出：“坐破寒毡，灯窗苦十年。试官～，定为第一篇。”清魏象枢《祭孟淑明先生文》：“以麟经卷荐之主司，几售复失。吾师～略云：‘暂屈三年，即期大发。’”

【批览】 pī lǎn 阅览并加以批改或批示。宋陈渊《与李丞相书》：“昨了斋叔祖为作《默堂箴》。……今辄纳一本去，幸赐～。”明王世贞《损本三君法书》：“余后先四得之，合为一卷，以便～。”清徐乾学《勤政说》：“每旦接对群臣，～章奏。”

【批立】 pī lì 签订。明章潢《社仓规条》：“就于保长处，会同约正副～合同，登记簿籍。”《金瓶梅词话》五八回：“当下就和甘伙计～了合同，就立伯爵作保。”

【批领】 pī lǐng 签批领取，也指签批领取的文书。宋洪迈《夷坚志》三壬卷九：“物无巨细，悉书于常住历。凡交割寺事，转相～。”明郑若曾《禁革事宜》：“实领者有无～，或被人挂欠侵克，务令各府卫所逐一查明回报。”清王命岳《请立法清查钱粮疏》：“乌程等县节年未获～，侵冒银米共至三十餘万。”

【批令】 pī lìng 判令；批示命令。宋范祖禹《论回河状》：“朝廷何不且试之一年，若其无成，显行黜责。如此，则谁不尽力，孰敢妄言？而尚书省～先具措置利害闻奏，不令赴阙。”明《石点头》卷九：“张令公～监禁本州，具奏朝廷，听候发落。”清汪辉祖《学治臆说·论去弊》：“除命盗外，寻常户婚、田土、钱债细事，俱～完欠候鞫。”

【批论】 pī lùn 批评议论。元陈栎《答胡云峰书》：“今蒙～，谓《纂疏》《集成》多有差缪，可谓先得我心。”清弘历《历代通鉴辑览序》：“书中～一依皇祖之例。自述所见据事以书者十之三，儒臣拟批者十之七。”《万花楼》一八回：“但无功而受此重爵，恐于理有碍，免不得满朝文武，～不公。”

【批落】 pī luò 犹“批黜”。明王世贞《弘治三臣传·王恕》：“会南京兵部右侍郎马显以病告，忽附～恕太子少保，以尚书致仕。”《警世通言》卷九：“如有李白名字卷子，不问好歹，实时～。”又：“臣前入试卷闱，被杨太师～。”清《隋唐演义》七六回：“众卿之诗，多被～了，心服否？”

【批麻】 pī má 批示奏章；批发诏命。诏命用麻纸书写，内诏白麻，外诏黄麻。清弘历《呵冻》：“丁丁银漏雪松穿，剪烛～午夜便。”又《秋蒐杂纪》之五：“～丙夜斟民事，讵为从禽暂解忧。”

【批命】 pī mìng ❶ 犹“批令”，也指所批示的命令。五代程仁绍《请蠲免夫役状》：“户内所杂色差配夫役，从前蒙押太祖武肃王～放免，并本军台命，其祖王～见在。”宋周密《齐东野语》卷一三：“逼岁，安国叫阍中～，刑部尚书韩仲通特入棘寺，始得释去。”❷ 批写算命的判词。明朱国祯《涌幢小品》卷九：“江西星士王玉章于少年时预～，书云：如今还是一书生，位至三公决不轻。莫道老来无好处，君王还赠一车斤。”丰道生《评书》：“马孟河书如盲师～，不辨点画。”

【批抹】 pī mǒ ❶ 用刀大劈细切。宋曹勋《感齿发之衰作诗自解》：“老妻谙其苦，饭颗必若糜。佐以推饭物，～烦刀挥。”❷ 批改涂抹。宋陈元晋《黄彦远墓志铭》：“病时文乏典，则取省监程文数十篇，铅黄～，皆有关键。”明宋濂《杜诗举隅序》：“通集所用事实别见篇后，固无缴绕猥杂之病，未免轻加～，如醉翁呓语，终不能了了。”清《绿野仙踪》七九回：“人见沈襄～讲解甚是通妥，况又是本学叶师爷兄弟，越发入会的人多了。” ❸ 吟赏。宋程和仲《沁园春·寿竹林亭长》：“闲官守，任平章～，明月清风。”清金烺《洛阳春·初夏》：“花影满身～，一庭明月。” ❹ 挥抹；运笔书写。元郝经《叙书》：“心手相忘，从容中道，……点缀～，莫非自然，而不知所以然，然后超凡人圣。”

【批排】 pī pái ❶ 同“排批❷”。《祖堂集》卷五《道吾和尚》：“如法～茶饭，明日我与你勘。” ❷ 指示削减；指导排解。宋张舜民《画墁录》：“潭园有两朝行宫，岁谨缮完器甲，所储至二十四库，累有旨～，二年裁毕四库而已。”清《歧路灯》五〇回：“如今俺两个这宗话，正要大哥～。” ❸ 同“排批❶”。明彭大翼《山堂肆考》卷二三三：“批亢捣虚，谓敌人亢拒，必～之；彼兵若空虚，则冲捣之。”

【批牌】 pī pái 载有批示的牌状凭证。宋文天祥《提刑节制司与安抚司平寇循环历》：“桂路分已牒报从王环卫调用，乞作～钧判，更札付桂路分照应。”《明会典》卷一四：“凡公文～内，不开除授到任考满年月日期，增减十岁以上，……俱参问。”清《野叟曝言》四六回：“那女子不看便罢，看了～，唬得面如土色。”

【批判】 pī pàn ❶ 犹“批断”。《太平广记》卷三〇八引《博异志》：“邻近数州人，皆请休咎于李序，其～处犹存。”明《西洋记》五九回：“他们因你的天师在枉刀杀他，到我这里告状。是我依律～，许他取命填还。”清《歧路灯》三一回：“把尸场口供，与幕友沈药亭计议了，便到签押房，～了上申下行的文梓告示。” ❷ 指示判明。《祖堂集》卷一一《仙宗和尚》：“问：‘非言所及，非解所到，会麼人能到？’师云：‘阿谁教你担枷带索。’僧云：‘今日得遇明师～。’”元耶律楚材《为大觉开堂疏》：“不甘公案肴讹，正要作家～。”明陈继儒《与屠赤水使君书》：“前读《昙花记》，痛快处令人解颐，凄惨处令人挥泪。～幽明，唤醒醉梦，二岁中语也。” ❸ 权衡；评定。宋《朱子语类》卷一：“而今说天有个人在那里～罪恶，固不可；说道全无主之者，又不可。”明陈铎《醉罗歌·题情》：“枕边私语，苍天怎瞒？星前盟誓，神明怎瞒？他非我是明～。”❹ 批语；判词。宋王明清《挥麈后录》卷七：“足下涂抹臧之～虽不足道，然公所改未当，奈何？”

【批票】 pī piào ❶ 载有批示的票状凭证。明吕坤《忧危疏》：“自各衙门印结之杂捕送之轻，无～而称勾摄，本良弱而诬盗奸。”林俊《正违禁番货夤缘给主疏》：“义山等于广东各备资本，收买土红木并香料等货，告给～，到于南京。” ❷ 批写票拟。参看“票拟”条。清《八旗通志》卷一二五：“凡一切政事及～本章，不奉上命，概称诏旨。”《国朝宫史续编》卷二三：“其南三楹，则每日所进阁本～之处。” ❸ 批写票据。清《红楼梦》二三回：“凤姐又作情央贾琏先支三个月的，叫他写了领字。贾琏～画了押，登时发了对牌出去。”

【批评】 pī píng ❶ 评论；评判。元钱鼒《大雅集序》：“会稽杨铁崖先生，～而序之，命篇曰《大雅集》。”明邵宝《答王郡公简》：“诸所～亦惟率一时之见，信之疑之，皆不可轻。”清李渔《风筝误》一八出：“把帝里名媛，赶一日～遍。” ❷ 批点评注。清孔尚任《桃花扇》二九出：“只得聘请几家名手，另选新篇。今日正在里边删改～。” ❸ 指出不足，加以评论。清《绿野仙踪》四九回：“想要说金姐几句，恐怕何大爷起心事。今何大爷也～你，我竟要教训你了。”

【批期】 pī qī 批文规定的期限。清《万花楼》二一回：“倘然途险阻隔，误了～，杨元帅执法无情。”

【批佥】 pī qiān 批写签发。明《型世言》三〇回：“只见文书取到，～了，叫张继良开匣取印。”

【批切】 pī qiē ❶ 犹“批抹❶”。宋洪迈《夷坚志》三壬卷九：“陈试取猪石一双，使庖人如常法～，渍以盐酒。”孟元老《东京梦华录》卷二：“抹脏红丝，～羊头。”吴自牧《梦粱录》卷一九：“厨司，掌筵席，……放料～，调和精细美味美汤，精巧簇花龙凤劝盘等事。” ❷ 犹“批抹❹”。宋邓牧《洞霄图志》卷四：“手不停～之毛颖，口不绝秋虫之引声。”

【批圈】 pī quān 犹“批点❶”。明沃焦山人《春梦琐言序》：“余罔论其真伪，唯爱其笔骨纵横，辞理条达，为之序评～。”《欢喜冤家》一八回：“淡淡加些评语，送到京考房去，然后二三房未免也要～。”清孙承泽《春明梦餘录》卷一〇：“王亲写十字，餘俟诸臣退后写足送阁。阁中～毕进呈。”

【批审】 pī shěn 审批；批示审理。明吴讷《祥刑要览》：“按察使自理事件限一个月完结，上司～事务限一个月审报。”清赵进关《缓征宽刑疏》：“问官呈详，必将初告、～、驳审、成招年月，明明开列。”雍正三年七月二十七日法敏奏文：“自尽命案甚多，皆因小忿细故轻生。有司验报～，经年累月不能完结。”

【批尸】 pī shī 人死后，阴阳先生按人死的时辰，对照祟书，批写入殓下葬的时间及避忌事宜等。清《野叟曝言》二九回：“念经的和尚、～的阴阳、拢材的木匠、做孝衣的成衣，先先后后，忙乱了半日。”又：“阴阳那里，也去批一批尸，也教家里人好避忌。”

【批示】 pī shì ❶ 批写指示，也指所批的指示。唐李德裕《谢所进瑞橘赋宣付史馆状》：“高品刘传奉宣圣旨，赐臣～，以臣所请宣示史馆，特赐允从者。”清周镐《与王春溪书》：“窃见乡愚争讼，候～数日，候牌者数日，幸而悬牌听审矣，忽焉而改期者数日。”《绿野仙踪》六〇回：“将萧麻等拿到，立即打了到单。州官～：午堂听讯。” ❷ 请人答复或提意见的客套话，也指这样的答复或意见。唐[朝]崔致远《与太保相公郑畋书》：“远垂～，倍荷恩私。如愚者焉，所获多矣。”元大昕《与渊默堂书》：“近僧自洪来，又接～，并缄先至元间东溪为奇中叔祖作《江湖疏稿》。”明佚名《粉蝶儿·忆情》：“喜得这锦鳞来，青鸟至，两三番又承～。间别寻思，诉衷肠一家无二。”

【批手】 pī shǒu 手写批示，也指这样的批示。明周朝俊《红梅记》三二出："有人告卢氏奸情，～在此，拘他听审哩。"《明会典》卷一六七："如决囚之日有诉冤者，受状后～，令校尉停决候旨。"又卷一八〇："其囚人家属或奏诉得旨姑留者，校尉从刑科～，驰至市曹停刑。"

【批首】 pī shǒu 生员岁考或科考第一名。明《欢喜冤家》一七回："有一个孔良宗，乃提学岁考～。"《宜春香质》雪集五回："起行到西越，正遇县考，取了～。"清陈端生《再生缘》一四回："话说郦君玉取了～，未几便同姑夫吴道庵，到贡院前寓所住下。"

【批书】 pī shū ❶ 批写；记述。《旧五代史·唐书·庄宗纪六》："应有人身死之处，今后并须申报本州，于告身上～身死月日分明。"宋慕容彦逢《理会常平札子》："臣欲乞应敛常平钱谷，逐岁于令佐印纸内～纳欠分数。"叶適《赠吕县丞》："～月屡满，觅荐岁常空。" ❷ 批文；批署的文书。五代常准《请禁摄官冲替奏》："除替未到，不限时月，切不得以摄官冲替，须待正授替官，即令对面交割县务，然后本州使出给解由～历子。"宋《朱子语类》卷一〇四："某向为同安簿满，到泉州候～，在客邸借文字。"元李祁《泽存祠记》："凡大夫所受宣敕诏诰并历仕～，三洪往复书帖，至于今具存。" ❸ 即"批尸"。明《金瓶梅词话》五九回："一面使玳安往乔大户家说了，一面使人请了徐阴阳来～。" ❹ 批点书籍。清俞正燮《癸巳存稿》卷一四："何焯以时文名满天下，用批时文法～。"

【批送】 pī sòng 批示递送。宋范祖禹《乞不迁开封府状》："右臣准尚书省～工部状，乞迁开封府于旧南省。"明王樵《勘覆诚意伯刘世延事情疏》："查继宗不甘将皮箱绵绸首赴中城，仍具状告赴操江衙门，～应天府理刑厅。"清《海烈妇百炼真传》一一回："那陈有量也把杨二告在状内，～刑厅并审。"

【批挞】 pī tà 挥击；击打。明毕自严《先君黄发翁传》："宗属繁盛，间有一二任侠敛怨或凶暴阋墙者，率摈不得谒，甚则诮让～随之。"清《聊斋志异·曾友于》："而成性刚烈，辄～诸弟，于孝尤甚。"袁枚《续子不语》卷一〇："言未毕，更大呼，而颊尽赤，似受～者。"

【批条】 pī tiáo 即"批帖"。清袁枚《子不语》卷三："是夜，梦城隍庙墙上贴一～，云：'社公诈人酒食，有玷官箴。'"

【批帖】 pī tiě 写有批语的帖子。宋文天祥《得船难诗序》："何以钱为，但求～，为他日趋承之证。"元明《水浒传》五一回："拜见了知县，回了话，销缴公文～。"《大清律例》卷二〇："官豪势要之人嘱托，军民衙门擅给～影射人货出入者，各杖一百。"

【批头】 pī tóu ❶ 即"批头棍"。元明《水浒传》三三回："喝叫取过～来打那厮。" ❷ 批文；批语。清雍正十一年五月二十八日乔世奏文："是采买匠硝铺磺二项，显系地方积棍串通胥役，借～名色，占踞垄断。"史可程《沁园春·戒词》："况花团柳七，才堪捧刺；雄飞亚字，难免～。"《人中画·自作孽》二回："黄舆初时看见许多好～，甚是欢喜。"

【批头棍】 pī tóu gùn 行刑用的棍。一端批裂，可使行刑面积加大。《元典章·刑部十六》："韩文焴亦令批头木棍将谢二六拷讯，杖疮衅发致死。"《元曲选·神奴儿》四折："只你这～，屈打死那平民。"又《救孝子》三折："则你那捆麻绳用竹签，～下脑箍。"

【批头竹片】 pī tóu zhú piàn 竹制成的批头棍。元明《水浒传》三〇回："那牢子狱卒拿起～，雨点地打下来。"

【批退】 pī tuì 批示退回或黜退。唐刘志素《再驳徐有功论邱神鼎罪议》："党逆不忠，～欲纵反人。"元《通制条格》卷一六："今后诸军户典卖田宅，……先尽同户有服房亲并正军贴户。如不愿者，依限～。然后方问邻人，典主成交。"明魏校《寄李立卿》："此正百尺竿头更进一步处也，今乃逡巡，欲为不为，甘伏～相似，无乃自画矣乎。"

【批尾】 pī wěi ❶ 即"批纸尾"。宋李曾伯《贺董侍郎权给事》："～抗颜，允赖回天之力；竿头进步，便当秉国之均。"明王世贞《俞仲蔚书》："子敬作精书以贻谢太傅，谢辄～还之。"清弘历《山东巡抚国泰奏报收麦》："歉后穷黎幸逢此，奏章～庆如何。" ❷ 指批文的末尾。《大清会典则例》卷三六："每批止开见解款项，别于～黏单，开载解过款项银数月日。" ❸ 指批点时文。参看"时文"条。清黄宗羲《天岳禅师诗集序》："选时文者，借批评以眩世，……认场屋为两庑，年来遂有～之学。"又《马虞卿制义序》："此本举业捷径，与理学无与。黠者从而张皇其间，呓语狂吠，发为时文之～。"

【批文】 pī wén ❶ 批示文书或批点文章。宋文莹《玉壶野史》卷三："臣与先帝面受顾命，遣臣亲写二券，令大宝神器传付陛下。以二书合总～一道，令缝纰之立臣衔为证。"明徐渭《自着畸谱》："渭文满二三草而后人早饭。师奇之，～云：'昔人称十岁善属文。子方八岁，校之不尤难乎？'" ❷ 经批写、签收或批复的文书。《元曲选·灰阑记》四折："刑案司吏，与解子～，打发回去。"明郑真《进牌录》："七月初三日给张字一百三号纸牌一面，及半印勘合～，限十五日赴部。"清《儒林外史》一三回："公孙知道大怒，报了秀水县，出～拿了回来。"

【批檄】 pī xí 犹"批文❷"。清曹席珍《题壁词序》："题奏，篇中不及细录。其原文及各宪～尚在也。"《大清律例》卷七："如提调等官，奉到学臣～不行通报，即罪无出入，亦交部议处。"《野叟曝言》六五回："你想也带着～，可还要缉拿一个文素臣吗？只我便是文素臣。"

【批限】 pī xiàn ❶ 批写限期或限额。宋《庆元条法事类》卷六："获强盗若干火若干人，系第几限，躬亲率众或设方略遣人或差人捕获。如捕获前界及别州县者，只声说系前界及某州县，更不～。"《大清律例》卷一九："本省银匠、药铺需用硝黄，每次不许过十斤，令其呈明地方官～，买完缴销。" ❷ 犹"批期"。明梁材《题钞关禁革事宜》："惟九江去京颇远，风水多阻。差满，主事恐违～，辄先回还。"《梼杌闲评》一一回："～迟了半年。汪中书开过几次门，又发放了二十多日的文书才起身，你为何不投批？"《大清会典则例》卷三六："凡起解本色颜料正项钱粮，违该抚～到京日期一月以外，……将领解官役题参治罪。"

【批详】 pī xiáng 上级批示后的公文。详，对上请示报告的公文。明王世贞《申明地方职守事宜疏》："其屯田道有所措置，径取抚按～，于臣了不关白。"清《醒世姻缘传》一三回："方知驳了本府，但不知怎样～。托了原差，封了二两银子，往道里书房打听。"《红楼梦》八六回："便差人回家送信，等～回来，便好打点赎罪。"

【批写】 pī xiě 书写批示。元《通制条格》卷一八："就于地头，即时日逐～所博到物货名件、色数，点秤抽分。"明夏言《明职掌以杜侵越疏》："当将原来实封御前陈奏毕，就于奏本后～旨意，送该科给事中收转。"清《绿野仙踪》三九回："即于票子上～明白，到放赈时，照极贫例扣除前与银数给发。"

【批行】 pī xíng ❶ 批准施行或下发，也指这样的文书。宋楼钥《观文殿学士钱公行状》："公在越，凡有建明，直达上前。请无不从，或以御笔～。"明汤显祖《南柯记》三四出："〔老录事上〕狗命带酸寒，不做高官。白头纱帽保平安。职掌～和带管，有的钱钻。"清陈宏谋《申饬闽属不阅文稿陋习檄》："本部院莅闽未久，见事生疏，凡有～，披沥愚忱，详晰相示。" ❷ 批示发往；批示。明李开先《宝剑记》一七出："朝廷准林冲冤本，～开封府。"《型世言》七回："可怜王邦兴尽任上所得，赔偿不来，日久不完，上司～监比。"《封神演义》二七回："太师虽位极人臣，不按国体，持笔逼君～奏疏，非礼也。"

【批宣】 pī xuān 发表；宣布。元高明《琵琶记》一五出："吾乃黄门，职掌章奏。有何文表，在此～。"明《封神演义》四五回："特着邓忠将书通会，可准定日期，候尔破阵。战书到日，即此～。"

【批选】 pī xuǎn 批点评选。元姚桐寿《乐郊私语》："遂运笔～，止取鲍恂、张翼、顾文晔、金炯四首。"清黄宗羲《雪蓑闵君墓志铭》："君好苦吟，与吴敬夫～唐诗，名《岭云集》。"《春柳莺》一回："将家藏自己新作，并～古人的旧集，尽付之坊中。"

【批削】 pī xuē ❶ 批改削删。《明史·陈幼学传》："嘉兴人袁黄妄～《四书》《书经集注》，名曰删正，刊行于时。"清《红楼梦》一七至一八回："我倒想了一对，大家～改正。"《白雪遗音·戏表妹》："虽是诗成嫌鄙陋，故来请教你名师，有劳与我～定。" ❷ 批评；评论。清李渔《凰求凤》三出："文人口是刀，一经～，没处翻招。"

【批验】 pī yàn 验批；按批文查验。元蒋易《送韩士敏从尚书行部还朝序》："贾累增至一百五十千买引支盐，给程、～、拘收、引席等费，乃至二百千。"明朱衮《水利兴革事宜条约》："各处闸坝、巡司、税课等衙门，遇船一到，或督夫挨次车放，或照例盘抽～，随即放行。"《大清律例》卷一三："如将已～截角退引入山影射照出支茶者，以私茶论。"

【批仰】 pī yǎng 称上级的批示。元明《水浒传》八回："高太尉～定罪，定要问他手执利刃，故入节堂，杀害本官。"明杨一清《为处置边储事奏》："备由具呈定夺，蒙～依拟施行。"清《歧路灯》六回："备文申送抚院。院里验看无异，～布政司给咨送部。"

【批语】 pī yǔ ❶ 在公文、诉状上批示的话。宋苏辙《三论回河札子》："方众心忧疑之际，旋闻复有圣旨收入前降～。群臣释然。"明杨一清《再论明伦大典序文奏对》："今朕已亲草～，着会议。"清《醒世姻缘传》一三回："恰好往道里打听～的差人抄了～回来，交与小柳青送进与晁大舍看。" ❷ 拟写批语；下断语。明刘若愚《酌中志》卷六："拟此，臣又向各官说：'这事情重大，如何～？'会议批'奏请'二字。"佚名《精忠记》一三出："有人请我烧纸，便要偷鱼偷肉。占卦占卦不灵，算命～断续。" ❸ 算命的断语。明《于少保萃忠全传》二八传："患疽之人，果然痊好，因思道：'我家颇丰，必不为盗。安有一声锣，一击鼓之事？我自今以后，不进深山，何能遇虎？'遂不把～为念。"清《红楼梦》四回："众人见乩仙～与拐子相符，餘者自然也都不虚了。" ❹ 评语；注解。清金圣叹《读第五才子书法》："李逵是上上人物，……《孟子》'富贵不能淫，贫贱不能移，威武不能屈'，正是他好～。"《儒林外史》一三回："所以小弟批文章，总是采取《语类》《或问》上的精语。时常一个～要做半夜。"《镜花缘》一九回："那'旁若无人'者，就如两旁明明有人，他却如未看见。既未看见，岂非瞽目么？此话将来可作'旁若无人'的～。"

【批谕】 pī yù ❶ 帝王作出批示。唐张述《代韩仆射辞官第二表》："蒙赐～，特加奖饰。"宋宋祁《赐杜衍让恩命第二表批答》："已尝～，宜体眷求，毋烦费词。"清《平定准噶尔方略》正编卷一四："今朕于阿睦尔撒纳奏折内温旨～，令伊即行入觐。" ❷ 泛指批示。宋洪迈《夷坚志》支丁卷一："仅识字，每有所欲，但于纸上书之。陈～使投诚观音大士，冀或慈怜。"吕祖谦《与朱侍讲书》："山间游从者为谁？用工次第有可见教者，毋惜～。"

【批阅】 pī yuè 阅读并加以批点或批示。宋王禹偁《批答处士陈抟乞还旧山表》："～奏章，良多嘉尚，所请宜依。"明《醒世恒言》卷一一："转送与小姐，教他到～完时，速来回话。"清洪昇《四婵娟·卫茂漪》："学生们昨日临的仿帖在此，请先生～。"

【批允】 pī yǔn 批准。明郑岳《故荣禄大夫林公行状》："忌者谓盗已衰，易为，于疏后～致仕。"清李玉《清忠谱》一一折："台驾且回尊府。晚生辈静候抚公～便了。"《醒世姻缘传》一三回："由两道两院一层层上去，又一层层～下来，尽依了原问的罪名。"

【批札】 pī zhá 犹"批文❷"。宋苏颂《辞免明堂加恩第二表》："抗章敢辞，～寻下。既喻以明神之惠，又示以惇族之仁。"明《辽海丹忠录》一五回："而无籍之徒，非谋赍经抚咨文，则钻求部府～，动骑官马，满驮私货。"清《野叟曝言》六五回："打开和尚那包看时，与超凡无异，也有～。"

【批张】 pī zhāng 即"批札"。清《野叟曝言》六五回："打开和尚衣包，但见～上，所缉诸人，与超凡相同。"

【批诏】 pī zhào 犹"批敕❷"。唐常衮《为宗正卿请复常膳表》："伏奉～，以臣所请复常膳御正殿，未赐允许者。"宋史浩《辞右仆射表》："需章上达，冀推从欲之仁；～下颁，未遂由衷之请。"明郑真《读臣僚请免不允批答诏》："回视前日之辞免，果何为耶？～谆复之辞，君之所望于臣者又何如耶！"

【批照】 pī zhào ❶ 签批以供查照。宋黄震《申宽免纲欠外再申乞作区处状》："稍工既有赢餘，亭户亦可自载。不欲自载，或置循环历～。" ❷ 签批执照。明胡世宁《申明职掌以清刑讼疏》："臣等再加参详～，次日当堂禀议可否，方才注簿施行。"《杜骗新书·婚娶骗》："其母邓氏，着兄邓天明领归供养，任自择嫁，～付之。"《大清会典则例》卷四三："嗣后全粮过坝之帮，遇有剩米，必赴坐粮厅～，然后准卖。" ❸ 凭证；执照。明海瑞《梁进士家人梁仲照身批》："为此给之～，仰所过关津验实放行。"《古今小说》卷一〇："既承尊命恳切，晚生勉领，便给～与次公子收执。"清李玉《人兽关》三出："～有官凭，觅主将伊售，鬻身价纳库收。"

【批折】 pī zhé 经帝王批示的奏折。清雍正三年六月初十日沈翼机奏文："谨具折恭请圣安，敬缴～一件。"《野叟曝言》八九回："金相出坐大堂，传进营卫各员，将～与看。"

【批旨】 pī zhǐ ❶ 犹"批敕❶"。宋魏了翁《显谟阁学士倪公墓志铭》："宣引宰执及别创直庐，令词臣候对，以备～。"明《警世通言》卷六："若用他别处地方为官，又恐拂了太上的圣意，即刻～：俞良可授成都府太守。"清《万花楼》四一回："天子于杨元帅本章，也不～；狄青的元帅，也未封赠。" ❷ 犹"批敕❷"。宋赵彦卫《云麓漫钞》卷一："右似此立桥等人，当司奉～就问。"明《醋葫芦》一七回："即日拜辞帝阙，来到地府，将玉帝～送与十王。"

【批纸尾】 pī zhǐ wěi 帝王或尊者在奏章、来文的尾端作批复。唐杜牧《送沈处士赴苏州李中丞招》："因书问故人，能忘～？"宋文同《送通判喻郎中》："愿君因出到金山，遇此莫忘～。"清吴绮《初四日蛟门招集》："堂上笑他～，白头辛苦为丝纶。"

【批朱】 pī zhū 犹"批红"。也泛指在文书上用朱笔勾画，表示经手认可。宋程珌《母舅故朝议大夫黄公行状》："本州受牒，例于五鼓投厢，职官检沓，吏胥～，所诉未伸，费已不少。"清秦松龄《恭纪世祖皇帝遗事》之三："封章夕奏早～，清画谭经到日晡。"弘历《山西巡抚蒋兆奎奏报麦收》："～虽示衷心慰，栗栗深加戒满盈。"

【批逐】 pī zhú 推打驱逐。清《聊斋志异·素秋》:"公子闻之,大怒诟骂,将致意者～出门。"

【批注】 pī zhù ❶批写登录;批示标注。《五代会要》卷二二:"外州府县牒到亡没官姓名,当曹使牒取官诰文书等～亡没年月。"明毕自严《朦目万难疏》:"小有～裁决一二紧要滞牍,次日必且肿障加甚。"清宋荦《山东臬司条议四事》:"则责成既专,自无观望偷安之事;而～既明,可免彼此推诿之弊。" ❷批点注解,也指这样的文字与符号。宋朱熹《答黎季忱》:"示及两卷,各已～封还。"元陈宜甫《谢张畴斋惠笔》:"～钻龟策,标题相鹤经。"清《野叟曝言》一四八回:"这书上圈点～,俱是他亲手写的。"

【批转】 pī zhuǎn 批复;批示转发。清陆陇其《答阜平令潘》:"敝治向系通详,近复将原册送府,未见～。"《野叟曝言》八六回:"诰敕密札,已经进呈东宫,亲笔～。"《蜃楼志》一五回:"正要打算据实再奏,却好折已～,奉着严旨,谕其不得借端推诿。"

【批状】 pī zhuàng ❶对呈报的文书或状纸做出批示。宋司马光《乞合两省为一札子》:"事大则中书枢密院进呈取旨,降敕札宣命指挥;事小则～,直下本司、本路、本州、本人。"魏了翁《上史丞相》:"宣抚司虽批敳付身,送转运司注授差遣,及转运司注拟申上,则朝廷～下部勘当。"明《型世言》三〇回:"起初还假我的威势骗人,后来竟盗我威势弄我,卖牌～。" ❷经批示的文书。宋韩琦《进嘉祐编敕表》:"应中书枢密院圣旨、札子、～合行编录者,悉改为宣敕。"明史鉴《上中丞佀相公书》:"数年以来,上司凡有～、批申,悉令缴上。"

【批准】 pī zhǔn 批示准许。明王守仁《批吉安府救荒申》:"颇有官民两便,已经本院～,照议施行。"《古今小说》卷一七:"四承务具状告府,求为释贱归良,以续旧婚事。太守当面～了。"清李玉《人兽关》三出:"太爷～,将他儿子代监,着我押他出去卖妻完赋。"

【批子】 pī zi ❶犹"批帖"。宋郑刚中《与巨济书》:"闻马涧有人至标玟,若欲理会,自可作公状投之。已写～,在抱溪书中矣。"宋元《醒世恒言》卷三一:"员外有～在此,教支二十两银。"元明《水浒传》二一回:"你取纸笔来,我写个～与你去取。" ❷坯子,隐指身分。明《二刻拍案惊奇》卷三:"桂娘有心于我,虽是未肯相从,其言有理。却不知我是假～,教我央谁的是?"

【批奏】 pī zòu ❶批写奏章。宋吕陶《奏乞察小人邪妄之言状》:"既以大殓,内侍有需索酒食者。礼部臣僚谓'方当哀毁,不可为闾阎鄙俚之事,恐累圣德。'陛下即从～,遂罢其请。"金元好问《俳体雪香亭杂咏》之四:"～内人轮上直,去年名姓在窗间。"清程晋芳《章奏批答举要序》:"雍正四年,始设侍读二员,助相臣勘本。于后,相臣多入军机,始以～付侍读。" ❷指经批示的奏章。清《野叟曝言》一三四回:"门外传报,～已转,天子特加文龙太子太保。"

【批凿】 pī zuò 犹"批注❶"。五代李亶《令州府长吏每年考课县令敕》:"其县令仍勒州司批给解由历子之时,具初到任所交得户口至得替增减数额,分时～,将来除官及参选,委中书门下并铨曹磨勘。"宋苏轼《乞禁商旅过外国状》:"官司即为出给公凭。仍备录船货,先牒所往地头,候到日点检～公凭讫,却报元发牒州,即乘船。"朱熹《奏上户朱熙绩不伏赈粜状》:"本人令里人许浩用使私升,及湿润粞碎糙米,及将人户官给历头擅自～,每七升减作五升。"

【纰】 pī 织物纤维稀疏。唐元稹《离思》之三:"第一莫嫌材地弱,些些～幔最宜人。"元赵明道《夜行船·寄香罗帕》:"幅尺阔全无半缕～,密实,十分奈洗。"《元曲选·风光好》一折:"怕只怕是那罗～锦旧,莺老花残。"

【纰薄】 pī bó 织物薄而稀疏。宋楼钥《奉议郎黄君墓志铭》:"在台摄郡幕,给军衣有～者,群卒掉臂忿怨。"《元曲选·铁拐李》一折:"或是他卖段匹,拣个宽窄,觑个～。"《大清律例》卷三八:"若成造军器不如法,及织造段匹粗糙～者,各笞五十。"

【纰舛】 pī chuǎn 疏漏错误。唐玄奘《谢御制三藏圣教序表》:"所译经论,～尤多,遂荷天恩,留神构序。"

【纰错】 pī cuò 犹"纰舛"。宋张方平《刍荛论·考功之法》:"叙迁次补,如鱼贯雁行,去此取彼,若探囊发箧,以故恶吏无所畏避,民政多至～。"

【纰漏】 pī lòu 疏漏;疏失。南朝宋刘义庆《世说新语》有"纰漏"篇。宋朱熹《与刘共甫》:"缪文本不足以发挥崇德尚贤之意,读之既久,愈觉～,益增愧耳。"明沈德符《万历野获编》卷二:"本朝无国史,以列帝实录为史,已属～,乃太祖录凡经三修。"汪琬《读书正讹序》:"遂作斯编,用以是正文章家～。"

【纰略】 pī lüè 疏失简略。唐贾耽《进海内华夷图表》:"慕前哲,尝所寄心,辄罄庸陋,多惭～。"

【纰疏】 pī shū ❶织物稀疏。宋庄绰《鸡肋编》卷上:"单州城武县织薄缣:修广合于官度,而重才百铢,望之如雾。著故浣之亦不～。"史浩《衣服》之六:"若有～并糊药,忍看棒血满庭鲜。"袁甫《知徽州奏便民五事状》:"以～难售之绢,乘纲运正急之时。" ❷犹"纰漏"。宋苏籀《卜居遣兴》:"拟古～何柳骨,摄生精密必张髯。"

【纰误】 pī wù 犹"纰舛"。唐唐元度《奏九经字样状》:"今刊削有成,请附于《五经字样》之末,用证～。"明王世贞《尺牍清裁序》:"客有赍示余,甚旨之,第惜其时代名氏往往～。"胡应麟《报李景颖司理》:"郡志辱明公下委,寝瘵以来,素业久废,仅举正大纲及刊定～数则。"

【坯】 pī ❶轻贱他人之词。犹言料、货。明《杜骗新书·强抢骗》:"被贼～打得重,求你炉边灼一膏药贴之。"《醋葫芦》一二回:"那仕途贼～与那民间俗子,谁知这段缘故。"清李渔《意中缘》一六出:"我把你这个老杀～,怎么没缘没故来认一个诰命夫人做起女儿来?" ❷量词。用于土堆、土块。唐张读《宣室志》卷二:"里中人视我如一～土尔。"明钱继登《满江红·拜岳王墓》:"只西泠、尽处一～坟,伤心者。"清《野叟曝言》一四〇回:"雷电无踪龟蛇腐,惟餘一～土。"

【坯范】 pī fàn 坯胎和模子。指培养和规范。宋戴栩《定海云雩三公庙碑》:"古者自吾身而达之政理,所以橐籥太和,～元化。"

【坯封】 pī fēng ❶用土坯、土块封闭居处。宋何梦桂《有感寄唐月心》:"游豚吹浪江风恶,穴蚁～山雨深。" ❷指蛰居的昆虫。元徐明善《送董礼存信州儒学教授诗序》:"如久闭之雷,～皆惊;久旱之霖,焦卷皆荣。" ❸比喻偏安闭守的局面。元胡祗遹《题理宗书》:"南渡百餘年,苟延蛰～"

【坯户】 pī hù ❶塞门;封闭洞口。唐刘禹锡《与刑部韩侍郎书》:"譬诸蛰虫～而俯者,与夫槁死无以异矣。"王起《蛰虫始振赋》:"苟存身而有待,必～而是瞻。"清查慎行《药酒初成》:"老人冬来如蛰虫,～况值蜚廉风。" ❷犹"坯封❷"。宋苏轼《云龙山观烧得云字》:"陨霜知已杀,～听初焚。"金元好问《秋夜》:"春雷谩说惊～,皎日何曾入覆盆。"

【坯浑】 pī hún 同"胚浑❶"。唐储光羲《杂诗》:"～本无象,末路多是非。"宋狄遵度《凿二江赋》:"寂寥散漫肆以长往兮,若气散于～。"明黄淳耀《顽山赋》:"合大气于～,配神功之无名。"

【坯块】 pī kuài ❶ 同"痞块❶"。宋陈言《三因极一病证方论》卷八:"傍攻两胁,如有~,易于转变。"元危亦林《世医得效方》卷一:"腹中~坚硬作楚,当以破气药伐之。"明朱橚《普济方》卷一六九:"气聚涎结,结积坚牢,有~。" ❷ 土块。清《醒世姻缘传》三四回:"甚么万两的财帛? ~么!"

【坯料】 pī liào ❶ 原材料。明蒋春芳《为覆勘分黄导淮大工善后事宜疏》:"每三里一铺,合两堤,当铺八十四座。每铺木石~约用银四两五钱。" ❷ 用作詈词,骂人素质差。明《金瓶梅词话》一四回:"浊~! 我不叫骂你的,你早仔细好来!"

【坯模】 pī mú ❶ 坯胎模型,比喻初具的规模。宋《朱子语类》卷一:"古者小学已自暗养成了,到长来已自有圣贤~。"又卷五九:"成得一个~定了,出冶工夫却在人。只是成得一个~了,到做出冶工夫却最难。" ❷ 坯胎和模子,铸造的流程与工具。清弘历《咏周玉亚鼎》:"讵必~铸,原资追琢施。"

【坯璞】 pī pú 毛坯璞玉,比喻初具的规模。唐窦叔蒙《海涛论》:"原天地之本始,不知根荄孰先? 盖自~卵胎,并鼓于太素也。"《祖堂集》卷一二《禾山和尚》:"若不直下当荷得,也须三十二十年丛林淹浸气拍汉始得,纵不大用,现前亦是~。"宋《朱子语类》卷一二〇:"《论语》只是个~子,若子细理会,煞有商量处。"

【坯朴】 pī pǔ 同"胚朴"。宋《朱子语类》卷二〇:"以气言则春夏秋冬,以德言则元亨利贞,在人则为仁义礼智,是个~里便有这底。"元方逢振《冠二子说》:"岁月若是其久,工夫若是其深,岂徒苦其心志哉! 盖大人之~已造于此。"

【坯镕】 pī róng ❶ 熔铸。宋黄庭坚《铁罗汉颂》:"或欲~之,为己富贵梯。" ❷ 比喻培养造就。镕,铸造用的模具。宋夏竦《泾州谢二府启》:"仰戴~,实难堪副。"朱松《上綦翰林启》:"拳曲无庸,将前求于隐括;悍坚不弃,冀仰累于~。"林镒《贺陈丞相判本州启》:"自惟岭海之孤踪,曾是~之旧物。"

【坯埏】 pī shān 塑造坯胎。也指培养造就。埏,用水和泥。宋金君卿《范资政移镇杭州》:"渐摩师教日已久,有类污壤遭~。"刘弇《贺李左丞出镇河阳启》:"某往荷~,最深踊跃。"清弘历《天庆宫像元刘銮塑》:"兹天庆像銮~,栋宇剥落像巍然。"

【坯胎】 pī tāi ❶ 塑造器物坯型,比喻规范造就。宋金君卿《文相生日》:"王礼修尝禘,天官总货财。劘民归砥砺,播物就~。" ❷ 陶土器的半成品。明徐栻《为缺少上用各样瓷器疏》:"多作~入窑,百中选一。"清唐英《陶冶图说》:"凡各种~,不外此泥,惟分类按方,加配材料,以别其用。"

【坯陶】 pī táo ❶ 塑造烧制(陶器)。宋宋祁《古瓦砚赋》:"本瓴瓦之微物,荷~之洪施。"沈辽《东上阁门使康州刺史陶公传》:"徙新城未久,上下悉草舍。弼始教人~为瓦。"真德秀《申枢密院乞住筑池州城壁》:"方其造砖之时,率以队伍起夫~,展转以至成砖,动涉旬月。" ❷ 比喻培养造就。宋王安石《贺杭州蒋密学启》:"某展庆未遑,抃心窃倍,顾言尘冗,将幸~。"曹辅《祭柳侯文》:"惟万生之并骛兮,悉~乎一钧。"周紫芝《时宰生日乐章》:"某猥以一介,辱在~。"

【坯头】 pī tóu ❶ 犹"坯子❷"。明单本《蕉帕记》九出:"〔净〕你看他妖精势,怎么不像个红娘。〔老哭介〕罪~多因小英。" ❷ 堤坝顶部新填的土层。清黎世序《复奏河工诸弊疏》:"新筑之土,名为~。夯硪工价,估在土方价内。承办员弁,冀得盈馀,新筑~,动辄厚至三尺有半、二尺有半,夯硪焉能结实?"

【坯土】 pī tǔ ❶ 土块,也泛指土。唐沈既济《选举论》:"若上不急其令,下不宽其徭,而欲以法术遮列,禁人奸冒。此犹~以壅横流也,势必不止。"明林俊《君子堂记》:"夫山之艮止不迁,则吾之燥心定矣;~受而不辞,则满心消矣。"温纯《杨文忠三录序》:"~细流,无补海岳。" ❷ 坟墓或穴居的封土。唐穆员《殇子穆若愚墓志》:"齐彼彭聃,为归~,命也如何。"宋孙觌《回赵倅贺正启》:"一言起废,奋百蛰于~之中。"清《续金瓶梅》五七回:"容华谢桃李,憔悴掩蓬蒿。恨无情~,断送几英豪。" ❸ 培土;堆土。唐吕温《代百僚进农书表》:"见捽草~之艰,知寒耕热耘之苦。"宋胡宿《真州水闸记》:"~不夺于稽地,秋毫咸出于县官。" ❹ 作为制陶、冶金用的原料或半成品。唐谢良辅《洪钟赋》:"当其形器作,~进。太房既列,风橐伊震。"宋周行己《代贺吴侍郎启》:"蟠木愿器,早荷于元工;~在钧,日陶于洪造。"范成大《桂海虞衡志》:"生金出西南州峒,生山谷田野沙土中,不由矿出也。峒民以淘沙为生,~出之自然,融结成颗。大者如麦粒,小者如麸片。"

【坯销】 pī xiāo 熔炼;销熔。宋朱辅《溪蛮丛笑》:"境出铅,以中有银。银体差黑,未经~,名出山银。"真德秀《馆职策》:"楮币日轻,本由钱乏,厥今渗漏,非止一途。有如储蓄于大家,~于工技,阑出于边关,上下共知矣。"明《二刻拍案惊奇》卷二〇:"只得把几件来熔化,又不好托得人,便烧炽了炭,亲自~。"

【坯冶】 pī yě ❶ 烧陶和冶金。宋洪迈《夷坚志》支甲卷五:"今击之,其声止闻一方。若得洪炉~之力,然后鸣蒲牢以撞之,当播宣四方。" ❷ 比喻培育造就。宋宋祁《贺文相公启》:"庆~之在辰,阻巾幘而诣府。"王安石《上蒋侍郎书》:"谓师尹庶士,~群品。天子用之,期于匪久。"元牟巘《贺刑部陈尚书启》:"奉令承教,方将仰隶于统临;当轴秉钧,所愿共陶于~。"

【坯蛰】 pī zhé 蛰藏,也指蛰藏的动物、昆虫。宋程公许《祷雪麻仙洞前立春一日》:"~梦惊离贝阙,裂龟渴饮变琼田。"元吴莱《叹疾赋》:"彼蠢翘之有知兮,乃~而日閟。"明彭大翼《山堂肆考》卷一三:"立冬为黑精之帝,故玄璜,以象冬物之~。"

【坯子】 pī zi ❶ 器物成型待做进一步加工的半成品。宋《朱子语类》卷九一:"尝见南剑沙溪一士夫家,尚收得上世所藏幞头,犹是藤织~。"明徐光启《农政全书》卷二〇:"近陶家之处取瓶缶~一具,如前铜盘法用之。有水气沁入瓶缶者,其下泉也。" ❷ 底子;基础。宋《朱子语类》卷六四:"上面一截,便是一个~。有这~,学问之功方有措处。" ❸ 詈称人,骂人素质差。清《隋唐演义》五九回:"我那里晓得你们这一班脓包~。若早得知,我也不来救援了。"《野叟曝言》六五回:"方有仁敢与你同坐,他就是一个混帐~。"

【披】 pī ❶ 傍;靠。宋《三朝北盟会编》卷六六:"统制范琼于陈州门外~城屯兵数千。" ❷ 同"批❶"。元乔吉《满庭芳·渔父词》:"薄~鲈脍,细切莼丝。"明《封神演义》一七回:"把肉~成薄片,挂在树枝之上。" ❸ 蒙在框架上的薄片物。元佚名《水仙子·喻纸鸢》:"纸糊~就里没牵挂,被狂风一任刮。"明汤式《哨遍·新建构栏教坊求赞》:"瓦砾~划荡的平,风火墙垒砌得疾。" ❹ 斜切成的楔形物。明《二刻拍案惊奇》卷三九:"懒龙腰间摸出竹管一个,两头削如藕~,将一头在板孔中插入米囤。" ❺ 披屋。明《欢喜冤家》八回:"门前好做坐起,后边安歇,又有一间小~做厨房。"清《野叟曝言》九六回:"里面三间房子,有两间小~。" ❻ 量词。用于披屋。清《野叟曝言》五回:"窗外靠东,一~灶屋,两间半天井。"

【披袄】 pī ǎo 一种似斗篷一样披在外面穿的衣服。五代马缟《中华古今注》:"汉文帝以立冬日赐宫侍承恩者及百官~子,多以五色绣罗为之。"明《金瓶梅词话》七四回:"我没件好~儿,你趁着手儿再寻出来与了我罢。"清王应奎《柳南续笔》卷三:"罩甲之制，比甲则长，比～则短。”

【披秉】 pī bǐng 披戴冠服，秉持笏板，表示庄重。宋张齐贤《洛阳搢绅旧闻记》卷三：“焚香燃烛，斋洁～，瞻望星斗拜告。”元盛如梓《庶斋老学丛谈》卷下：“公令取～，排香案，对天默祷。”《三国志平话》卷下：“曹相～而见，邀上车与对坐。”

【披剥】 pī bō ❶剖分；剥开。宋李新《打剥牡丹》：“故今～信老手，如与造化俱无私。”陆游《戏咏乡里食物示邻曲》：“樱花蒸煮蘸酰酱，姜茁～腌糟醅。”明《宜春香质》月集一回：“钮俊情缘结在吾鬼教下，好为他～更新，完了他三生弘愿。” ❷披露阐示。《景德传灯录》卷二九《香严颂》：“小语呼召，妙绝名邈。巍巍道流，无可～。”宋道潜《过公择藏书室》：“牙签列图史，万卷堆嵯峨。～得精要，卷衣辞薜萝。”清《启祯四书文》卷七陈际泰《有官守者》评语：“有字则字，～清透。” ❸显现。宋陈造《雪夜与师是棋再次韵》：“得雪晴更佳，过是或为孽。群山半～，众巧献一阅。” ❹侵袭；消耗；剥蚀。牟巘《题周味道菊埜》：“风霜～之餘，寒花晚节有不变者存，又将以保其岁晏之芳菲。”明袁中道《袁长房文序》：“天之生才实难，而吾辈日～其华萼，发露其情态，穷极其工巧。”又《南归日记》：“至朝阳洞，石壁～，云雾甚秀。” ❺贴上去剥下来，指拓碑。清曹溶《遣胥至曲阳拓北岳庙碑》：“拟补夹漈疏，孰慰宣和痛。～裨聪明，搜讨辞倥偬。”

【披帛】 pī bó 妇女披于肩上的长条帛片，可用于系挽。五代马缟《中华古今注》：“开元中，诏令二十七世妇及宝林御女良人等，寻常宴参侍，令披画～。”《太平广记》卷三三七引《通幽录》：“比至入帘，正见李生卧于床，而妇人以～绞李之颈。”清《林兰香》二〇回：“一条～，结牢松绿衫儿；数缕红绒，缠住鸦青髻子。”

【披持】 pī chí 举着持握。《太平广记》卷一二七引《朝野佥载》：“时同宿三卫子～弓箭，乘马趁四十餘里，以弓箭拟之。”宋王禹偁《谢赐御制逍遥咏秘藏诠表》：“谨当～读诵，抃舞欢呼。”

【披垂】 pī chuí 披散下垂。唐钱翊《客舍寓怀》：“洒洒滩声晚霁时，客亭风袖半～。”清袁枚《续子不语》卷五：“遍身毛皆长尺餘，毵毵～，出入有光。”《隋唐演义》七四回：“朕夜来梦见先帝授我鹦鹉一只，双翼～。”

【披搭】 pī dā ❶衣服等搭覆在身体上（没有穿进去）。宋《云居山真如禅院率庵和尚语录》：“剪断五色线，补作春衣裳。知有者全身～，不知有者且莫轻狂。”清《野叟曝言》六七回：“三个歌姬把素臣衣服～在杏绡身上。”《荡寇志》一〇六回：“报称李头领到来，方丈慌忙～大衣出来迎接。” ❷连接扭搭。宋周密《癸辛杂识》续集卷上：“以此二处江水极深，难于用工，遂用～敝舟百餘只，载沙石沉之。” ❸比喻只是覆盖表面，没有深入。《古尊宿语录》卷一三《赵州真际禅师语录》：“在尘为诸圣说法，总属～。”

【披带】 pī dài ❶穿上道服、戴上道冠，指出家为道士。宋王之道《乞卖度牒籴军粮札子》：“而游惰之徒，利于不耕而食，不蚕而衣，虽不披剃～，例以参头道者为名，所至云集。”何薳《春渚纪闻》卷四：“女年齿浸长，谋与～入道。” ❷穿戴盔甲，披挂兵器。指临阵、驻防或备战。宋周煇《清波杂志》卷一二：“一西马至江浙数千里远，在途除倒毙外，及至饲养调习久之，可充～用者能有几？”赵彦卫《云麓漫钞》卷一二：“（厢军）逐州团结，分番差往本州界，及本路州军巡检下～，一年一替。”尹洙《论金明寨状》：“即今赵振等所屯兵马一万餘人，日夕～，以备非常。” ❸指所佩戴的甲胄兵器。宋曾巩《议边防给赐士卒只支头子》：“随驾之士，～已重，若有支赐，如何将行？” ❹穿戴。宋《五代史平话·唐下》：“晋王自率马军三千人，皆～铁甲，和伏兵四面掩杀。”明陈霆《渔家傲·渔舟》：“雨笠烟蓑～惯。暮归晓出时相伴。”韩邦奇《北敌大举深入等事奏》：“后精骑敌人约有一千餘骑，～盔甲，冲突前来。” ❺冒着；冲犯。清《二度梅》七回：“若遇渔翁堪人留，笠蓑～冻云还。”《野叟曝言》八八回：“干冒锋镝，～霜露，涉险蹈危，屡濒于死。” ❻穿在腰带上用来披挂零星物件的短带。清《红楼梦》七四回：“因从紫鹃房中抄出两副宝玉常换下来的寄名符儿，一副束带上的～，两个荷包并扇套。”

【披戴】 pī dài ❶感戴；承领。五代文□《周邢郡坊里社众创修六曹轩宇四时祭敬记》：“钻仰玄猷，～阴骘。其来久矣，孰敢漫焉。”宋刘克庄《贺新郎·蒙恩主崇禧》：“几度黄符～了，此度君恩越重。”元段循《重修郑白渠记》：“今以郑白故迹，增而葺之，使荒瘠变为沃壤，想民之～，宁肯后于杜母乎！” ❷同“披带❶”。《太平广记》卷七〇引《续仙传》：“及笄，以妇功容自饰，而好道，请于父母，置一静室～。”宋洪迈《夷坚志》支乙卷四：“一道士失亡度牒，问其～时，亦元祐也。”元王恽《崇玄大师荣君寿堂记》：“时师方齠龀，出家往事焉。既笄，经明行修，～为道士。” ❸同“披带❹”。宋李昴英《水调歌头·题舫斋》：“管领白苹红蓼，～绿蓑青蒻，直钓任沉浮。”明刘麟《年久损坏军器疏》：“臣等逐令经手人匠逐一打点，中间如果损坏数多，不堪～。”△清《笏山记》二七回：“遂将那刺死的头盔衣甲解下，～好了。” ❹同“披带❷”。明余继登《继世纪闻》卷四：“太监张永深以为然，请自～清道。” ❺披搭；佩戴。清李玉《一捧雪》一九出：“花红～好，酒饭要吃饱。”

【披担】 pī dān 担受。元王恽《议恤民》：“随路递运车仗，……名为和雇，其实分著，年来～，极是生受。”王伯成《哨遍·赠长春宫雪庵学士》：“寝食玉锁紧牵连，行坐金枷自～。”

【披荡】 pī dàng ❶披靡动荡。元姚桐寿《乐郊私语》：“真谛忽起，抽韦驮木杵奋击。急命擒之时，众虽数百，皆～不能拒。” ❷冲击荡漾。元揭傒斯《故中宪大夫苏公志道哀诗》：“有如水上萍，驱去还复至。因风一～，暂得免蒙翳。”明苏志乾《岱山赋》：“蕊渊出血，阳乌炎明。发皇耳目，～心神。”

【披发】 pī fā 另见 pī fà。❶开发；发露；振发。宋杜范《送子谨叔》之四：“少小从君游，忽已各壮年。蒙铜未～，忧孽故熏煎。”柳贯《鹤山庵记》：“峣峰窈谷，湛泉秀樾，所以抉露神閟，～奇采。”清梁国治《圣驾再幸盛京恭谒祖陵恭颂》：“剖纤析奥，构响研形。～聋聩，振耀流声。” ❷阐发；披示。元柳贯《元故封从仕郎尹黄公行状》：“细绎微言，～大义。”又《送南竺澄讲主校经后却还杭州》：“鹿苑开鸿妙，龙宫閟象玄。间关来几译，～露双诠。”清《绿野仙踪》五二回：“我意欲今晚四鼓，同你到后园子里～盟心。”

【披发】 pī fà 另见 pī fā。❶剃发，指剃度做僧人。明《石点头》卷三：“凡四方贫难人来投斋，不可拒却。或愿出家，便与～。” ❷散发，未成年人的发式，代指少年或少年人。明《别有香》一〇回：“把秋波一转，见也是一个～，生得清俊，不觉回盼数次。”清《醒世姻缘传》三七回：“送上去面试，虽也不是幼童，却也还是个标致～。”陈端生《再生缘》一〇回：“进来一个俏梅香，～之年生得好，唇红齿白柳眉长。”

【披翻】 pī fān ❶披览；翻阅。宋吕南公《老懒轩记》：“工驵贩出九年，～纸册，吟写呷呜，未之止也。”元吾丘衍《夏日睡起言志》：“丹经倦～，浊酒犹在尊。”清张潮《虞初新志凡例》：“读书之暇，展卷尽可怡神；倦息之餘，～自能豁目。” ❷翻飞；掀张。明陈献章《谢九江惠菊》之四：“鹤袖～野水滨，黄花簪破小乌巾。”清厉鹗《同丁龙泓观戴进画功德诸像》：“冠花凹凸裂，衣叶

～罅。”

【披房】 pī fáng 即“披屋”。明《鼓掌绝尘》三八回:“只见当年陈员外住的一间土库房子,尽改作一带～。”清朱彝尊《日下旧闻考》卷三四:“两宫之外,交泰殿暖殿、～、斜廊。”《麟儿报》一回:“只得保着家眷,躲避在三间小～中。”

【披风】 pī fēng ❶ 迎风;冒风。唐王勃《河阳桥代窦郎中答杨中舍》:“～听鸟长河路,临津织女遥相妒。”明童轩《出塞曲》之二:“铁甲～冷,牙旗卷雨斜。”清毛奇龄《石明府以小像请题》之一:“素襟欲～,碧叶方藉地。” ❷ 感受风采,指见面。唐罗隐《京口见李侍郎》:“屈指不堪言甲子,～常记是庚申。”宋苏颂《回钤辖》:“～正远,珍食是祈。”周必大《回吉州张判官启》:“～未遂,盖或有时。” ❸ 无袖御风长外衣;斗篷。明余永麟《北窗琐语》:“妇人有全身～,全已大袖,风俗大变。”佚名《精忠记》五出:“棋盘员领不易做,单夹～却好裁。”清《儒林外史》一四回:“一个脱去元色外套,换了一件水田～。”

【披拂】 pī fú ❶ 拂拭;扫除。唐卢照邻《释疾文》:“太上有老君焉,其名曰伯阳,游阆风之琼圃,处倒景之琳堂。～日月,咀嚼烟霜。”吴筠《逸人赋》:“幸沐精微之奥论,可谓涤除遗滓,～重昏。”宋苏轼《次韵董夷仲茶磨》:“予家江陵远莫致,尘土何人为～。” ❷ 荡抹;弹奏或调试(琴)。宋黄庭坚《回张益老求琴铭书》:“要须俟他日得一～,乃可下笔。”金孟宗献《旧蓄一琴李君仲通为张弦》:“夫君一见为～,坐使寒谷回春融。” ❸ 拔除遮蔽使显现,喻指荐拔。宋刘弇《谢发运张龙图举太学博士启》:“谢海邑之沉迷,丐主司之～。”元刘壎《谢吴提刑特荐》:“似侥念于湮沈,故特加乎～。”清蒋士铨《雪中人》七出:“感公～,顿令草木知春。” ❹ 打开抚摸,指把玩欣赏。宋郭祥正《观唐植夫所藏古墨》:“金华座右铭,清凉自题佛。二宝藏予家,时时一～。”明高濂《遵生八笺》卷八:“余有万岁藤一小枝,玲珑透漏,俨肖龙形,制为拂柄,可快～。”清查慎行《院长见赠大篇次韵奉酬》:“和章如草木,～聊供玩。” ❺ 松散下垂或散播。元明《三国志通俗演义》卷五:“关公奏曰:‘臣髯颇长,丞相赐囊贮之。’帝令当殿～,过于其腹。”清《绿野仙踪》八回:“将头摇了两摇,头发～下来。”又一〇〇回:“原来是麻夫人炼就丹砂～在四面石上,已长成一家。” ❻ 指运笔书写绘画,也指这样的作品。明解缙《书学详说》:“一字之中虽欲皆善,而必有一点画钩剔～主之。”王世贞《赵松雪玉枢经跋》:“结法极紧密,而力大遒劲,～之际,咸有妙趣。”胡应麟《跋周公瑕画兰卷》:“第作此时,年已望八,越数载游岱矣。其～散落人间,不过百餘本。”

【披腹】 pī fù 掏心窝子,谓披露诚心。宋杨时《跋贺方回鉴湖集》:“予还自京师,过平江谒方回,～道旧,相视惘然如昨梦耳。”明刘基《赠周宗道》:“披衣款军门,～陈否臧。”清《珍珠舶》四回:“小弟恃着同学至交,所以～相告。”

【披覆】 pī fù ❶ 披在身上遮盖。宋郑克《折狱龟鉴》卷六:“有一人持匹缣到市卖之,道遇雨～。” ❷ 下垂或四散遮覆。明乔宇《五台山记》:“观七宝珠树,高二丈许,下为一干,岐分七条,上复拱合为一,然后枝叶衍纵,～四下。”贝琼《溪云草堂记》:“方时将雨,渤渤然上蒸,如烟,如雾,如海涛,～两厓,不见林木。”清袁枚《子不语》卷一九:“案有香一枝,五色,如秤杆长,上面一火星红,下面彩绒～层叠,如世间婴孩所戴刘海搭状。” ❸ 披览。明徐祯卿《题李伯时临刘商观弈图》:“满窗晴日闲～,为补眉阳未咏诗。”

【披盖】 pī gài 披搭盖覆,也指这样的用品。《元史·刑法志四》:“诸在禁无家属囚徒,岁十二月至于正月,给羊皮为～裤袜。”明朱橚《普济方》卷三六七:“就无风暖处卧,用衣～,得汗为愈。”《韩湘子》二九回:“只见一个人熊,满身满面都是毛～着,止有一双眼睛,红亮亮露出来。”

【披告】 pī gào 详细陈说。唐裴铏《传奇》:“某有衷恳,欲～于长者,可乎?”宋朱熹《与宰执札子》:“天听未回,日深恐惧。今复有状,～朝廷。”《元曲选·冯玉兰》三折:“怎得个清耿耿的官员厮撞着,劈头儿把冤情～。”

【披挂】 pī guà ❶ 犹“佩戴❶”。五代何光远《鉴诫录》卷二:“微僧仓忙惊起,～出院迎待,果是簿公临门。”《景德传灯录》卷二二《大容諲禅师》:“僧问:‘天赐六铢～后,将何报答我皇恩?’师曰:‘来披三事衲,归挂六铢衣。’”明《宛署杂记》卷一八:“太常寺属官一赍袍服,诣闽县灵济宫～。”《醒世恒言》卷八:“乔太守在库上支取喜红六段,叫三对夫妻～起来。” ❷ 犹“佩带❷”。宋黄休复《茅亭客话》卷九:“值上封泰山,因从观大礼,得召见称旨,遂与～,赐紫服,号通真大师。”郭若虚《图画见闻志》卷三:“道士李八师,邛州依政人,于本县崇圣观～,工画道门尊像。”又卷四:“恩改翰林待诏,不就,愿于本宫为道士。寻得～,仍赐紫衣。” ❸ 穿戴盔甲。金《董解元西厢记》卷二:“重～,何曾打话,不问个是和非,觑僧人便扎。”元施惠《幽闺记》一五出:“见千户万户每领雄兵,围绕中都城下。见敌楼上无一个～,都迁徙离京华。”明王世贞《亲征考》:“每日下营,各营令步军或五队十队,量拨队数,～伺候。” ❹ 盔甲。《元曲选·小尉迟》一折:“你父亲临行时,留下一副～,在我这里收着哩。”又《虎头牌》三折:“左右将～来,赶贼兵去。”明《西游记》四三回:“那怪闻言即唤～。小妖抬出～,老妖结束整齐。” ❺ 犹“佩带❹”。《元曲选·小尉迟》一折:“你是穿上这袍铠,～了我看。”明沈炼《古从军行》:“宝刀金甲～就,万里长驱西破胡。”《型世言》一五回:“争奈那沈刚见糜丽穿了几件齐整衣服,花纹一嘴鼓舞他去做,便也不顾价钱,做来～。” ❻ 比喻做好行动的准备。清《醒世姻缘传》七三回:“郝尼仁拉过一把圈椅靠了窗墙,合程大姐两个～上马。”

【披挂话儿】 pī guà huà er 遮掩的话。明《醋葫芦》七回:“又恐房外有人知觉,或被翠苔仍前逃去,只得说了许多～,自己才睡。”

【披裹】 pī guǒ 披搭缠裹。清《野叟曝言》一五回:“连忙把麟姐身上扯下来的衣服,～在身。”

【披辑】 pī jí 翻检辑录。宋朱熹《邵武县丞谢君墓碣铭》:“会李侍郎仁甫将漕江西,～旧闻以修一路图经。”明刘麟《与吴行可书》:“幸一过我,～邸报。次第讲论,以开鄙怀。”

【披肩】 pī jiān ❶ 一种披于肩颈上的服饰。明杨一清《为地方贼情事奏》:“绅将～一领、白黑手帕共十三连,俱交赵得玄收寄。”清《聊斋志异·鸦头》:“女作～,刺荷囊,日获赢餘。”《林兰香》二〇回:“一个银红袄,翠～,双击黄缎丝条,却是和儿。” ❷ 蹴鞠游戏中一种垂肩闪避的动作。元萨都剌《一枝花·妓女蹴鞠》:“揳俊处使佛袖沾衣的撇演,妆翘处使回身出鬓的～。”明《西游记》七二回:“又有三个女子在那里踢气球哩,……扳凳能喧泛,～甚脱洒。” ❸ 病名。称成片粘连两肩的疽。清《医宗金鉴》卷五七:“两肩之疽粘连成攒,其色赤紫滞黯,名曰～。”

【披笺】 pī jiān 打开笺纸,谓披览。明陈汝元《红莲债》四折:“料应他喜孜孜,～问旧游。定不是怒轰轰,指发相轻慢。”清仲恒《寄友人写山水》:“～聊进掌中杯。宛在碧云深处、并徘徊。”弘历《贮云檐》:“据席衣裳润,～翰墨芬。”

【披缄】 pī jiān 拆开封缄,谓披览。唐萧颖士《重答李清河书》:“临清传马子远至昌乐,奉问及亦既,～慰惨交集。”宋苏轼

《黄州回还太守毕仲远启》："方兹入境之初，遽已诲音之辱。～惊眩，抚己汗惶。"清黄景仁《得稚存渊如昼却寄》："河关阻越两年别，展翰～转愁绝。"

【披拣】 pī jiǎn 翻查搜检。唐顾陶《唐诗类选序》："宁辞～之劳，贵及文明之代。"元黄仲元《寿藏自志》："他散杂寸片，亦未上藁，盖无暇～，亦无佣书者。"清张应昌《自题国朝诗铎》："～集众益，民生暨吏事，以充铭座词，以为采风备。"

【披检】 pī jiǎn 翻阅检索。宋文彦博《节要本草图序》："因录其常用切要者若干种，别为图策，以便～。"清弘历《戏题品诗堂》："偶然旧集重～，衹合从头一例删。"

【披校】 pī jiào 翻阅校改。明程敏政《槐濒先生程君墓碑铭》："尽发我宗人之藏，手自～，穷二十餘年，为《程氏诸谱会通》五十卷。"陆粲《先母胡夫人墓志》："从府君御灯火，～计籍至漏深。"

【披抉】 pī jué ❶ 剖割剔除。唐郑亚《会昌一品集序》："雷霆既震，犬羊遂溃，疣赘～，腥膻解离。" ❷ 揭破；破除。唐韦乾度《再驳左散骑常侍房式谥议》："式之在西蜀也，人人耳目，其事熟矣。固非爱之者所能粉饰而文其论，恶之者所能～而装其说。"宋李新《上楚朝议书》："合下一过眼，即～其阴翳，窥穷其端倪。"明叶春及《瓯宁滕公进副都御史序》："明者衣袽于未濡，则曰正营而太怯；～瑕隙而苴治之，则曰先事而旁午。" ❸ 揭开使显露。唐钱珝《宰相谏罢讨伐请不幸奉天表》："然臣～腹心，陈其数事。"宋苏轼《复次放鱼前韵答赵承议》："东坡也是可怜人，～泥沙收细碎。"陈文蔚《追赋九华》："睨视百里外，烟翳尝冥蒙。快意一～，几欲挟长风。" ❹ 揭示；分析。明文徵明《彭寅甫墓志铭》："民贫而俗陋，君～道利，悉意拊循。"

【披砍】 pī kǎn 砍掉；除去。清《醒世姻缘传》四〇回："他三个是秀才，俺没的是白丁么？脱不了都是门生，偏只～俺，我不依。"

【披历】 pī lì ❶ 犹"披拣"。历，选择。唐裴铉《进延寿赤书表》："是以～精要，载腾真声，进明白于一贯，退光宣于少得。"明王守仁《长沙答周生》："手持一编书，～见肝衷。近希小范踪，远为贾生恸。" ❷ 拨开穿行。《宋史·赵士㒟传》："遂入柏城，～榛莽，随宜葺治，礼毕而还。"明孙承恩《春冈书屋赋》："爱友良朋，时同晤歌，怡适琴书，～烟萝。"清钱谦益《初十日从文殊院过碣石庵》："碛沙～见幽居，白石错落为周陆。" ❸ 纷披历落。明李东阳《十一月二十七日夜梦楼居风雨》："飘飖轻襟散，～层轩举。"清仲恒《惜红衣·本意》："但见碧溪绿沼，尽是红衣～。"

【披沥】 pī lì ❶"披肝沥血"之省，谓竭尽诚心。五代李亶《许孟知祥权行墨制诏》："载阅为敷陈，备详～，自然可久可大，传子传孙。"明梁辰鱼《浣纱记》二〇出："向金阶～把衷肠诉，人生有几个君和父？"清丁澎《风霾行》："臣等～惶恐言，陛下圣明制曰善。" ❷ 倾诉；吐露。明王廷相《与彭宪长论学书》："恐非知仆之心也，乃～闻见，再为陈说。"清柳如是《与人简》："旅思其凄，归心转剧。相望盈盈，何繇～。"陈维崧《念奴娇·酬柘城李子金》："豪荡真难敌。轰豗拉杂，酒酣～衷臆。"

【披裂】 pī liè ❶ 撕裂；破裂。唐佚名《补江总白猿传》："见犬惊视，腾身执之，～吮咀，食之致饱。"宋苏辙《上两制诸公书》："肉登鼎俎，膏润砧几，皮革齿骨，～四出。"明刘基《雉子班》："黄间一发激流电，锦绣～委草莱。" ❷ 剖示(诚心)。元僧家奴《赵清献公文集序》："释絷妇以安外寇，纳欧阳以充内辅，～忠肝，张扬义气。"明耿定向《盲喻》："斯心之盲也久矣，即有道者～肠腹，多方晓告，顾安能顿开锢迷而令即睹天日也！" ❸ 割除；去掉。元危素《金溪县厚赛院置田记》："或没人户绝与夫豪横抵法之业甚多，而为儒者，曾何有一日之计，了所以盗攘～其岁所入者。"

【披楼】 pī lóu 倚傍主楼外墙搭建的侧楼。清《玉楼春》八回："原来玉娘的卧室是一座绝高的楼房，楼后又是一大间，是二面开窗阁子，两旁边还有两间～。"

【披论】 pī lùn ❶ 申诉；诉告。唐李世民《禁讳盗诏》："假有～，先劾物主，爰及邻伍，久婴缧绁。"李治《申理冤屈制》："百姓虽事～，官司不能正断，及于三司陈诉，不为究寻。"《宋史·边归谠传》："请明行条制，禁遏诬罔，凡显有～，具陈姓名。" ❷ 披览论说。金王处一《留五舍人过夏》："别有生涯闲度日，宝经～两三行。"

【披麻带索】 pī má dài suǒ 犹"披麻带孝"。元高明《琵琶记》四出："你年七八十岁，也不识做孝。～便是孝。"

【披麻带孝】 pī má dài xiào 穿麻衣，系孝带。指妻子为丈夫、子女为父母等所穿的孝服。《元曲选·冤家债主》二折："你也想着一家儿～为何由，故来这灵堂寻斗殴。"

【披麻戴孝】 pī má dài xiào 同"披麻带孝"。明《古今小说》卷一："我如今教他～，与亲儿一般行礼，一应殡殓之赞，都要他支持。"清《儒林外史》二五回："依旧叫儿子去～，送倪老爹入土。"

【披麻救火】 pī má jiù huǒ 比喻自惹灾祸。元佚名《折桂令》："叹富贵如～，功名似暴虎冯河。"元明《水浒传》二一回："古人云：祸福无门，惟人自招；～，惹焰烧身。"

【披毛带角】 pī máo dài jiǎo 同"披毛戴角"。明《封神演义》七二回："他骂吾教是左道旁门，不分～之人，湿生卵化之辈，皆可同群共处。"

【披毛戴角】 pī máo dài jiǎo 指做畜牲。《景德传灯录》卷二八《惟俨和尚》："欲识畜生道，见今不识仁义、不辨亲疏者是，岂须～，斩割倒悬。"明《金瓶梅词话》七三回："一个僧家，戒行也不知，利心又重，得了十方施主钱粮不修功果，到明日死没，～还不起。"

【披毛顶角】 pī máo dǐng jiǎo 犹"披毛戴角"。明《西游记》九八回："有那许多～之形，将身还债，将肉饲人。"

【披毛求疵】 pī máo qiú cī 故意挑剔毛病。《旧唐书·崔元综传》："每受制鞫狱，必～，陷于重辟。"

【披衲】 pī nà 披上僧衣，指出家为僧。唐贾岛《送僧》："此生～过，在世得身闲。"宋郑刚中《义荣见示和禅月山居诗》："谁言学佛须～，颇笑求仙唯造楼。"清弘历《法藏寺》："问律律不守，问禅禅弗会，似此名实乖，～为何事？"

【披扭】 pī niǔ 击打掐扭。明周绍濂《鸳渚志餘雪窗谈异》卷上："少有不遂，则数辱夫男，敲台投器，哭泣随之。甚则～相加，缢溺为害。"

【披袍】 pī páo 即"披风❸"。唐姚汝能《安禄山事迹》卷上："时属冬寒，脱己～覆之。"五代和凝《临江仙》："～窣地红宫锦，莺语时啭轻音。"清《飞龙全传》二九回："乌绫帕勒黑毡帽，罩体～是皂青。"

【披切】 pī qiē 同"批切❶"。清《醒世姻缘传》六二回："携了匕首，席上大刀阔斧，将鹿脯～开来。"

【披撒】 pī sā 犹"披散❷"。清《醒世姻缘传》八三回："摘了网巾，～了头发，使磁瓦勒破了头皮。"

【披散】 pī sàn ❶ 松散；散乱。《法苑珠林》卷一八："又有五百白马，头耳乌黑，鬃尾悉朱，长而～。"宋宋祁《海棕赞》："棕皆褫皮,此独自干。攒叶于颠,毒首～。”清《红楼梦》一一三回:“嘴里鲜血直流,头发～。” ❷ 弄散;使散乱。《元曲选·桃花女》楔子:“你倒坐着门限上,～了你头发,将马杓儿去那门限上敲三下。”元明《水浒传》三九回:“只见宋江～头发,倒在尿屎坑里滚。” ❸ 摊分;施及。元胡祗遹《论逃户》:“田宅既尽,～逃户分数于见在户,继有逃户则亦然。”明石珤《风泉亭记》:“今夫风起于苹末,盛于土囊,及其广大也,～乎万物。”

【披厦】 pī shà 即“披屋”。清《醒世姻缘传》三五回:“他把侯小槐的一堵界墙作了自己的,后面盖了五间～。”

【披苫】 pī shān 犹“披覆❶”。元王大学士《点绛唇》:“一个把绿蓑衣～,一个将布留儿彫,一味的揿挦。”

【披示】 pī shì ❶ 揭示;展现。宋刘辰翁《吴氏族谱序》:“其子若婿屡道之,忍辞,则～旧载而告之曰:‘予所称逊绵惟吴氏,非独为邑言之也。’”明王世贞《与吴峻伯书》:“铁网中十年珊瑚,一旦～,踊跃震眩,无异贾胡。”毕自严《祭高柳溪封公文》:“比闾寿登大耄,类廷尉之归觐。群子姓而诏告,挈根本以～。” ❷ 剖示(诚心)。宋王柏《朱子帖第七卷》:“～心腹,缱绻有加。”明王世贞《答王中丞书》:“而西使远来,猥施大贶,手书慰藉,～肝腑。”许应元《先君平厓府君系略》:“倚意与人言,～悃素略尽,要不失忠孝大节也。”

【披拭】 pī shì 拨开擦拭,也比喻荐拔。宋冯当可《谢秦丞相小简》:“虽如某罪累湮没之久,～湔洗之恩,振其零丁,亦叨此数。”明尹台《送浙宪长蔡公序》:“盖今公卿大夫仰承休德,宜皆濯祓～。”蒋陆完《长安客话序》:“到处走荒台断碑,苔封藓锁,～扪摸。”

【披诵】 pī sòng 披览诵读。《法苑珠林》卷六九:“师子国有一婆罗门,聪辩多学,西土俗书,罕不～。”元李存《与陈伯柔》:“又蒙双墨之惠,～所喻,情义蔼然。”清《聊斋志异·绿衣女》:“夜方～,忽一女子在窗外赞曰:‘于相公勤读哉。’”

【披索】 pī suǒ ❶ 搜索。宋王炎《壬子春罗端长赠别》:“殷勤谢雅贶,～中肠枯。”明徐熥《题王昆仲画障》:“我览生绡毛骨寒,～枯肠动吟魄。” ❷ 犹“披检”。明倪谦《静庵徐处士墓志铭》:“自圣经及诸史百氏靡不贮储,日事～以自怡。”

【披剔】 pī tī ❶ 搜检甄选。唐舒元舆《献文阙下不得报上书》:“其文锻炼精粹,出入今古千百年,～剖抉,有可以辅教化者未始遗。”宋曹叔远《止斋集序》:“～文义,蹦藉众纠,究明帝王经世宏模。”朱松《上李参政书》:“是以物色询访,惟恐一士之不吾与。网罗～,置之胸中。” ❷ 剖示(诚心)。唐杜牧《上宰相求湖州第二启》:“一加哀怜,特遂血恳。～肝胆,重此告诉。” ❸ 拨开挖掘。宋叶適《郭伯山墓志铭》:“～暗井,水泉充溢。”元沈贞《游两川记》:“洞口杂木交互,蓁莽联络,欲～蠲革而未果。”清李中孚《与布抚台论救荒书》:“粟匮财竭之时,在家犹父子、夫妻相聚,而～草根木皮以延残喘。” ❹ 剔除;除掉。宋周密《癸辛杂识》别集卷下:“下车之后～弊蠹,风采一新。”清吴伟业《圣王修身立政之本论》:“天下无弊法,多弊例。言者议法而不及例,以法易于改为,而弊难于～也。”

【披剃】 pī tì 穿上僧服,剃去头发,指出家为僧。五代孙光宪《北梦琐言》卷一〇:“自于百尺大像前～,不肯师于常僧也。”元高明《琵琶记》二四出:“我当初早～入空门也。”清《玉蜻蜓·游庵》:“幼年～法华庵。”

【披头】 pī tóu ❶ 披散头发。《敦煌变文校注》卷一《王昭君变文》:“解剑脱除天子服,～还着庶人裳。”元明《三国志通俗演义》卷二一:“每一辆车用二十四人,皂衣跣足,～仗剑。”清《醒世姻缘传》七六回:“素姐且不～变服,慌獐獐抬箱倒柜,翻银子,寻铜钱。” ❷ 煞星名,主丧事。明万民英《星学大成》卷三:“天哭以子年加午逆数,～以子年加辰逆数。此二煞与丧吊,并主有丧服。”清《玉蜻蜓·问卜》:“腾蛇白虎来上卦,～五鬼绊住身。”

【披头棍】 pī tóu gùn 同“批头棍”。明徐畛《杀狗记》三五出:“硬棒软索～,拷打掤扒怎地禁。”

【披围】 pī wéi 椅披桌围的统称。清《荡寇志》九三回:“当中那公案上,明晃晃烂银的签筒笔架,旁边架起敕印,一色都是大红～。”

【披味】 pī wèi 阅读体味。宋苏轼《答李康年书》:“《通言》略获～,所发明者多矣。”金《董解元西厢记》卷八:“元来是一首新诗,～那其间意思,知你获青紫。”明皇甫汸《养疴江寺招长公不至》:“假息赞公舍,～医王观。”

【披屋】 pī wū 正房旁依主房外墙建的一面坡小屋。元陶宗仪《辍耕录》卷二一:“正屋五间,前轩一间,后～三间。”明佚名《赠书记》三出:“〔老旦〕如今要赶他出去,教他往那里住?〔丑〕门前那些～里,难道住不得的?”清《野叟曝言》九六回:“取出一条透油的围裙系在腰间,往～里去上灶。”

【披析】 pī xī 割裂;剖分。清顾栋高《周疆域论》:“更复～其地,以为赏功,酒泉赐虢,虎牢赐郑。”

【披详】 pī xiáng 翻阅推敲。宋晁迥《法藏碎金录》卷六:“虑有称冤,及断讫即录案申奏。奏下大理寺,寺司点检,送至审刑院,院吏～。”《元典章·刑部二》:“推官应先自细看文卷,～词理,察言观色,庶得其情。”清弘历《池上居》:“芸编纷插架,鉴古一～。”

【披宣】 pī xuān ❶ 宣泄;展示。宋张守《贵溪道中寄信州夏蒙夫使君》:“行喜见故人,羁怀得～。”明杨士奇《结客少年场行》:“意气不复殊,肝胆相～。”孙传庭《午日西溪燕集歌》:“刘家兄弟殊翩翩,伯仲叔季华萼联。阿侄文采独～,太学冯君任侠偏。” ❷ 宣读。明梁辰鱼《浣纱记》四〇出:“我进去就启上主公,若有文表,即此～。”《宜春香质》风集五回:“王公～圣旨毕,见了礼。”清毛奇龄《康熙二十五年予请急归里》:“天子盛嘉赉,宸藻纷～。”

【披削】 pī xuē ❶ 犹“披剃”。唐皇甫枚《三水小牍》卷下:“越壮室之年,忽顿悟真理,遂舍妻子,从～焉。”《景德传灯录》卷一三《圭峰宗密禅师》:“偶造圆和尚法席,欣然契会,遂求～。”清《聊斋志异·仇大娘》:“请别营一室,妾往奉事老母,较胜～足矣。” ❷ 同“批削❷”。明李贽《寄京友书》:“《坡仙集》我有～旁注在内,每开看便自欢喜。” ❸ 切削。明于谦《为来归人马事奏》:“虽有高低顽石,亦必用火烧煅,砍成墙壁。间有深渠小口难以～者,则用灰石砌塞。”清《绣鞋记》五回:“荫芝吩咐～竹签标插,免致淆乱。”

【披揖】 pī yī 穿上礼服奉揖,表示恭敬迎请。五代孙光宪《北梦琐言》卷四:“俄而州将拥旆而至,方遂～。宏农曰:‘向风久矣。’”《太平广记》卷四四六引《潇湘录》:“此女仆齐称夫人欲～。封惊疑未已,有花烛两行前引。”

【披绎】 pī yì 翻阅寻绎。绎,理出头绪。五代杜光庭《录异记序》:“或征于闻见,或采诸方册,庶好事者无忘于～焉。”元耶律楚材《万松老人从容庵录序》:“踊跃欢呼,东望稽颡,再四～,抚卷而叹。”清魏裔介《四书大全纂要序》:“手录一帙,朝夕～。”

【披挹】 pī yì 披襟获取;承蒙感受。宋赵蕃《斯远生日》:“冲风足～,好句宁引牵。况复两玉儿,共嬉郎罢前。”陈淳《答陈寺丞师复三》:“久不奉清表,忽承惠翰,～谦光,何胜感悚。”明朱浰《与方山黄公》："～高风听清响，邂逅芬芳真可仰。"

【披毡】 pī zhān 披盖用的毡片。唐李筌《太白阴经》卷四："军马无幕，故以～代。"宋陆游《题严州王秀才山水枕屏》："日驰三百一乌骡，雪压～泥满靴。"元古本《老乞大》："鞍子、鞶头自己睡卧房子里放者，上头着～盖者。"

【披展】 pī zhǎn ❶披诚奉拜。唐魏徵《为李密檄荥阳守郇王庆文》："早挹芳猷，未谐～，甚为翘伫，兴寝增劳。"赵居贞《云门山投龙诗》："～送龙仪，宁安服狐白。沛恩惟圣主，祈福在方伯。" ❷披拂展开；展现。《太平广记》卷一五八引《玉堂闲话》："遗一单衣，其妇得之，～之际而未及体，若有人自后掣之者。"宋赵孟坚《安吉州赋牡丹》："微风忽度轻～，绝忆霓裳驻拍时。"清弘历《夏日昆明湖上》："雨霁螺峰蔚晓跻，分明～画屏西。" ❸打开(封锁)。宋胡寅《和单令春日》："新历自～，故交谁与欢。"明沈受先《三元记》二六出："老来厌舞青萍剑，日常～牙签。"清陆次云《清平乐・读书》："琅函插架，～清灯下。"

【披折】 pī zhé ❶拗折；折断。宋欧阳修《祭资政范公文》："欲坏其栋，先摧桷榱；倾巢破縠，～旁枝。"朱熹《念奴娇》："绿阴青子，莫教容易～。"明朱国祯《涌幢小品》卷三一："久之，树枝～，蛇堕水中。" ❷曲折摇曳。宋苏轼《墨君堂记》："然与可独能得君之深，而知君之所以贤，雍容谈笑，挥洒奋迅而尽君之德，稚状枯老之容，～偃仰之势。"明黄云《常熟致道观七星桧》："偃仰诘屈更～，矫若撑拄郁若盘。"清施闰章《雨发青州》："荷花开太好，～向人低。" ❸使屈服。宋黄庭坚《觉民对问》："古之人能～万物，独见本真，能自胜已，然后有形有物，皆为服役。"

【披执】 pī zhí "披坚执锐"之省，指执军役或充仪仗。宋龙衮《江南野史》卷三："乃窃降蜡书招百姓，自老弱外能～者，谓之排门军。"明《封神演义》二四回："众武士～，同文王出城。"清《野叟曝言》六六回："飞熊着人先送素臣进衙，后到抚院门上去禀～，请鼓乐，出来上任。"

【披衷】 pī zhōng 开示内心。唐李世民《求直言手诏》："所以虚己外求，～内省。"明吾邱瑞《运甓记》三八出："我两人呵，～告语情还咽；那逆贼呵，磔首窬焚你怨已伸。"清魏裔介《孙徵君先生传》："有就公相质者，公～相告无所吝也。"

【披缁】 pī zī 披上僧衣，指出家为僧。缁，黑，僧衣的颜色。唐柳玭《柳氏叙训》："沦落贫窭，无以为衣食资，诣老比邱尼，祈～居其寺。"清李玉《占花魁》二一出："空色岂摹糊，邪正须分辨。愿普天下～的干干须自勉。"

【披子】 pī zi 即"披屋"。清《儒林外史》三回："家里住着一间草屋，一厦～，门外是个茅草棚。"

【鈚箭】 pī jiàn 即"鈚子箭"。元明《水浒传》六八回："左手拈起雕弓，右手急取～，搭上箭，拽满弓，望着曾涂射来。"清《八旗通志》卷四〇："镞冶铁为之，曰透甲锥，曰～，曰梅针箭。"

【鈚针】 pī zhēn 一种针头扁平的针灸用针。明朱橚《普济方》卷一九七："如久者发为痹疟，宜以～刺绝骨血。"徐用诚《玉机微义》卷一五："用乌金散汗之，就以～先刺疮心，不痛，周遭再刺十餘下。"

【鈚子】 pī zi ❶即"鈚子箭"。元古本《老乞大》："更买几只箭，这～、虎爪、鹿角、朴头、响朴头、艾叶、柳叶、迷针箭。" ❷一种头部扁阔的搅拌用具。明朱橚《普济方》卷三一五："右先将沥青以银石器内慢火熬，铁～搅，化开为度。"

【鈚子箭】 pī zi jiàn 一种箭杆长、箭头阔薄的箭。元明《水浒传》八三回："带一张鹊画铁胎弓，悬一壶雕翎～。"《明会典》卷一二三："每舡黑漆二意弓二十张，弦四十条，黑漆～二千枝。"清《后水浒传》三七回："射来的～、逆援箭，穿胸破脑，一阵阵落红如雨。"

【劈】 pī 另见pǐ。❶破开；拆开；分开。唐韩愈《寄崔二十六立之》："又论诸毛功，～水看蛟螭。"金《刘知远诸宫调》二："鸳侣分，连理～。无端洪信和洪义，阻隔得鸾孤共凤只。"清《红楼梦》五九回："这会子反说我，难道把我～做八瓣子不成？" ❷从上往下击；砍。唐孟郊《寒溪》："波澜抽剑冰，相～如仇雠。"金《董解元西厢记》卷二："板钢斧～群刀砍。"清《飞龙全传》五六回："文修照前祭起金铙，照匡胤顶上～来。" ❸指雷击。唐李晔《咏雷句》："只解～牛兼～树，不能诛恶与诛凶。"元方回《和陶渊明饮酒》之九："言念半死树，类我晚节乖。风雷～半腹，叶落禽不栖。"清《警寤钟》一二回："登时就有雷闪齐至，将棺提出土上，～得粉碎。" ❹冲着；迎着。五代归处讷《廼汉》："昔日水牛攀角上，而今细马～腰骑。"《元曲选・生金阁》四折："〔正末云〕你勾的鬼如何？〔娄青云〕有、有、有，被我～头毛采将来了。"清《醒世姻缘传》六六回："～指头一下，打的五个指头实时肿的像了鼓椎。" ❺薄切。宋周去非《岭外代答》卷八："以佳沉香薄片～，着净器中。"明《梼杌闲评》四五回："麻姑手～苍麟脯，玉女亲裁白凤扇。" ❻拉；扯。《元曲选・昊天塔》一折："想着俺雕弓能～千钧重，单枪不怕三军众。"明高启《次韵答朱冠军游西城之作》："醉归共射草中石，笑～弓弦霹雳鸣。" ❼掰；扭；撬。《元曲选外编・黄花峪》二折："俺哥哥传将令三四番，可怎生无一个承头的。来一个燕青将面～，那一个杨志头低。"明王肯堂《证治准绳》卷一一八："取药不及，急～口开，用热小便灌之。" ❽抹；弹。明顾德辉《金粟冢中秋日燕集》："共看麻姑爪，当座～箜篌。"袁于令《双莺传》二折："弹筝～阮，弄琯调簧，消遣一番何如？" ❾辩驳；争论。明李日华《西厢记》七出："我偏要说过你。相～夸强，推班出色。"清《好逑传》一五回："冰心小姐听见听说话，渐渐知了，因虚～一句道：'爹爹论人则然，只怕论礼则又不然了。'" ❿展；展开。明《徐霞客游记》卷二上："北下三里，有石崖兀突溪左，上有纯石横竖，作～翅回翔之状。"陈继儒《许秘书园记》："径渐夷，湖光渐～，苔石磊磊，啮波吞浪。"清《野叟曝言》一三八回："凤凰直进亭中，望后妃坐处而立，张翎摆尾，～出采毛，宛然孔雀锦屏。" ⓫冲；疾现。清《荡寇志》七七回："只见一只芝麻角雕，～出林子来，只在那树梢边旋磨。"

【劈半】 pī bàn ❶对半；各半。元尚仲贤《气英布》一折："我则待独分儿兴隆起楚社稷，怎肯交～儿停分做汉山河。"明《醒世恒言》卷三："袖中带得有白绫汗巾一条，约有五尺多长，取出～扯开，奉与美娘裹脚。"清李渔《归朝欢・与友人醵钱泛月》："我办醍醐君办榼，君出扁舟我出月。两家～认东君，其餘但使闻嗟咄。" ❷劈成两半；分出一半。明方以智《物理小识》卷五："(箭头草)梗如圆茎～，半有三棱。"程䜣《蝶恋花・忆别》："百计寻思，没个留郎处。～影儿相伴去，影儿又怕心非故。"

【劈拨】 pī bō 下劈横拨，指棍法。清《后水浒传》三八回："乐汤本事也只平常，只是这棍～得势重猛恶，急切不得下手。"

【劈初】 pī chū 起初；开头。宋《朱子语类》卷四九："且看隋炀帝～如何？下梢又如何？"

【劈初头】 pī chū tóu 即"劈初"。宋《朱子语类》卷一二六："问佛氏所以差，曰：'从～便错了。'"《大宋宣和遗事》前集："且说唐尧、虞舜，是～第一个皇帝。"明冯从吾《桃冈日录序》："～不失赤子之心，便是圣胎。"

【劈打】 pī dǎ 击打。清《野叟曝言》一二回："那两个盗首便各拿断棍，向着素臣～。"

【劈地】 pī dì ❶划开地面，形容声势竣疾。唐陈宽《颍亭记》："予升之，见颍水直北～而来，砉如隙光，端如匣剑。"宋郑獬《淮扬大水》："划然大浪～出，正如百万狂牛奔。"明刘基《钱王箭头篇》："雷霆～水群飞，海门扶胥没氛雾。" ❷突然。明《拍案惊奇》卷二："那乌龟分毫不知一个情由，～价来，没做理会。"

【劈断】 pī duàn 评断。清《品花宝鉴》四三回："你第一句答应出师，第二句就～银价。这是胸有成竹的话，岂不是可成么。"

【劈对】 pī duì 相对应；正对应。明吴桂森《周易像象述》卷六："夬姤剥复之尽变也，萃升无妄大畜之尽变也。中局末局首四卦～。"清《女仙外史》四五回："随掣出青炁神剑，～着太阳，画了几道灵符。"又六三回："那树向东挺出一条粗干，干头分个小叉，～城堵，不过四五尺远。"

【劈分】 pī fēn ❶张开。明徐渭《次夕降抟雪径满鹅鸭卵》："一一～舒阔掌，团团卷掷碎霜梨。" ❷掰开；分开。明顾玠《海槎录》："两相抱负，自堕于地。人往捕之，亦不知觉，以手～，虽死不开。"清陈元龙《重建灵渠石堤陡门记》："乃迭石造堤如铧嘴状，～二水。"汪由敦《恭和御制夷齐松歌》："～双干本同根，千寻之壑仍交让。" ❸区分；分别。清胡煦《周易函书约存》卷二："上四字～内外，见内外之各不相侔。"又卷一二："其下阴阳～左右，则两仪之象也。" ❹分析。清钱谦益《邵茂齐墓志铭》："群言沸羹，嚣声压屋，片语～，洞中肌理。"

【劈割】 pī gē 横竖挥击。清《野叟曝言》三二回："坛中那枝画烛，便自直灭下去。魏道急取宝剑～，烛焰复明。"

【劈化】 pī huà 劈毁烧掉。清《品花宝鉴》三八回："子云道：'前日次贤见过大著内有一种《醒睡集》，此书可在身边么？'道生道：'此板早已～了。'"

【劈划】 pī huà ❶劈击使分开。唐姚合《恶神行雨》："龙喷黑气翻腾滚，鬼掣红光～揁。"明叶春及《寿谢惕斋先生六十》："乾坤一气运，旁薄大无垠。大挠何～，坐使干支分。"清陈元龙《昝家洲》："水中横枕昝家洲，～江波作两流。" ❷犹"擘划❷"。《元曲选·赚蒯通》一折："我也曾～着黄公略法，酝酿着吕望韬书。佐高皇南征北讨，随诸将东荡西除。" ❸犹"擘划❸"。《元曲选·谢金吾》一折："那厮拆坏了咱家咱家第宅，倒把着大言大言图赖，救我便有口浑身怎～。" ❹犹"劈割"。清《野叟曝言》三二回："口中念念有词，把宝剑向空～。"

【劈画】 pī huà ❶犹"擘划❶"。唐长兴二年六月八日左右军巡使《京城请射空地造屋事例奏》："如实是闲田，及不侵占官街，然后指挥～交付。"明王慎中《送俞虚江守备汀漳》："～冈峦成壁垒，指挥草木变旌旗。"清李光地《与友人书》："大学古本，稼书意不谓然。然观贤者之所～，不动古文章次，又不背朱程宗指，度越姚江之说多矣。" ❷犹"擘划❷"。宋苏轼《申三省起请开湖六条状》："轼寻以敦仁之策参考众议，皆谓允当。已一面牒本州依敦仁～，支上件钱米雇人。"明彭士望《冬心》之二："眼中天下才，得失心损益。今尚老穷山，久隐齐困厄。汝则坐安饱，纸上供～。"清钱谦益《兵科给事中明时举授征仕郎敕》："勾稽夷虏，有表饵制御之谋；～战守，有画地指陈之状。" ❸划分。明潘季驯《高堰请勘疏》："今若于高堰等处从中～一路分之，使抱身之水反挑而去，万一有误，谁执其咎？" ❹用指头写。劈，通"擘"，拇指。清黄宗羲《明儒学案》卷一六："一友谓知人最难。先生～一'仁'字，且曰：'这个仁难知，须是知得这个仁，才知得那个人。'"

【劈笺】 pī jiān 摊开笺纸，指写作。宋方夔《大雪》："项冥滕屏罪当诛，～试与东风说。"明龚静照《临江仙·病中闺友见遗香丁》："～消日永，隐几怕更阑。"清顾祖荣《芍药赋》："是时也，则有侍臣休沐，上客开筵，酒徒挈榼，词人～。"

【劈箭】 pī jiàn ❶劈浪如箭，形容船行急速。唐韩愈《岳阳楼别窦司直》："严程迫风帆，～入高浪。"宋李处全《梦江彦文》："西江天来泻明镜，～孤帆飞小艇。"清元璟《惠山寺品第二泉》："帆峭五两轻，百里如～。" ❷泛喻迅疾。宋道冲《曹源道生禅师语录》："两曜～急，一年弹指间。"董嗣杲《江行遇风》："归心～忙，傍晚犹颠狂。"清朱昆田《菽乳和杨芝田先生》："春去秋复来，飞光等～。" ❸禅语，指顿悟。《古尊宿语录》卷一六《云门匡真禅师广录》："举僧问灌溪：'久向灌溪，到来败见个沤麻池。'溪云：'你败见沤麻池，且不识灌溪。'僧云：'如何是灌溪？'溪云：'～急。'"宋王炎《请杲师住灌溪疏》："今以～路头，沤麻池上。鸣钟动鼓，欲还旧日门风；植拂拈槌，宜得作家手段。"元大昕《来竺源住翠岩行宣政院疏》："某透三关语，悟～机。"

【劈角】 pī jiǎo 冲着发髻。角，头顶两侧的发束。元明《水浒传》六六回："却才道罢，背后两个人～儿揪住。"明《平妖传》二八回："只见佛腔子中伸出一只手来，把张屠～儿揪住。"清《水浒后传》一一回："陆祥转身就走，不防穆春撞进，～揪住。"

【劈脚跟】 pī jiǎo gēn 脚跟脚；紧跟着。清《说岳全传》五回："张显答应回去，～王贵也走将来。"

【劈解】 pī jiě 疏理。清陈廷敬《汾州府推官窦公墓志铭》："始公之在汾州也，搜剪大奸，～重狱，偪偪自持，有不可犯之色。"

【劈居中】 pī jū zhōng 正当中。清《何典》二回："中间大殿上，也塑三位天尊。因梦中送子来的是苦恼天尊，故把他塑在～。"

【劈开】 pī kāi ❶张开；散开。唐乔琳《慈竹赋》："是竹也，从篁～，芽笋怒长；紫箨连披，青筠纷上。" ❷砍开；切开。唐胡曾《代高骈回云南牒》："不惟喝倒不周，亦可～太华。"明《金瓶梅词话》三四回："剩下一尾，对房下说，拿刀儿～，送了一段与小女。"清《隋唐演义》二一回："尤员外领手下上官道，将鞘箍～，把皇银都搬回武南庄去。" ❸掰开；撕开；撬开。唐皇甫松《竹枝》："斜江风起动横波，～莲子苦心多。"清董元恺《思远人·得闺信》："～双鲤妆台信，报与平安客。"《歧路灯》二五回："赵大儿用箸～牙关，灌下一口辣茶。" ❹解开；分解；分离。宋觉范《又次韵答之》之六："此法从来妙莫穷，何须痴坐学观空。～结角罗纹处，摄入圆伊三点中。"明刘宗周《答史子复三》："明善是诚身工夫，格致是诚意工夫，将古来一切～，两项工夫尽合作一事，真有功于学者。"孟称舜《娇红记》三三出："硬～连枝树，生分比目鱼。" ❺冲开；冲破。宋苏轼《同正辅表兄游白水山》："～翠峡走云雷，截破奔流作潭洞。"《元曲选·张生煮海》一折："且从容，～这万里溟濛。"清李富孙《鹰窠顶观日出歌》："须臾红霞冲万丈，精光迸出白玉盘。砉然～乌与兔，波涛汹涌跳双丸。" ❻睁裂；裂开。《清平山堂话本·简帖和尚》："皇甫殿直看了简帖儿，～眉下眼，咬碎口中牙。" ❼开辟。元翟霆《广元府记》："～混沌，区别疆宇。皇帝王霸，道同今古。"明《西游记》八〇回："孙大圣公然不惧，使铁棒上前～大路，引唐僧径入深林。"清王明德《敬筹淮扬水患疏》："既从上流～水道，四路奔行，则下流清口等处，淮水之力渐减，不能冲刷黄河浊水。" ❽隔开；挡开。劈，通"擘"。明《西游记》八八回："第三个撒起莽性，使乌油杆棒来打，被沙僧一手～，取出降妖宝杖。" ❾挣开；挣脱。明《西游记》一八回："你有本事～我的手，你便就去了也罢。"清《后水浒传》六回："花茂听了大喜，忙～上下扭索，两人一同逃奔。” ❿ 披散；拨开。清《野叟曝言》一四五回：“水夫人近前谛视，命收生妇把黑毛～。”

【劈砍】 pī kǎn 用刀剑等挥击。明杨一清《为达贼拥众大举入境事奏》：“职等亲督官军，奋不顾身，持刀向前～。”《封神演义》四八回：“损林木如同～，响时节花草齐凋。”清《玉支玑》一三回：“提着一把光闪闪的宝剑，横眉怒眼的当头～来。”

【劈空】 pī kōng ❶ 升空。元张宪《拂舞词·淮南王》：“丹成～去，血剑全首领。”明陈龙正《渔家傲·言法华》：“寺里文殊驴觑井，～踏着昆卢顶。” ❷ 飘空；漫空。元汪克宽《题道士张湛然弹琴诗卷》：“瞥波细萍游荡漾，～轻絮飞飘飖。”明胡俨《骤雨戏作》：“～拿云卷江水，陇亩茫茫波浪起。”清颜光敏《登太华山·千尺峡》：“青柯围翠屏，四合无嵌窦。东北穷石林，～悬巨霤。” ❸ 当空；从空中或在空中。明宋懋澄《游石排山记》：“其差参之处，即相间隔，～直下，至不能容一趾。”《弁而钗·情侠纪》五回：“懒道人见势不好，一驾妖云便走。被张生祭起飞抓，～丢下云头，断送了残生。”《海烈妇百炼真传》九回：“梁棚上～乱响，栏干边刮喇惊心。” ❹ 凭空；无根据地。明胡居仁《易像钞》卷一五：“圣人曾未尝～立一言，无根生一枝也。”《石点头》卷一二：“与众人不曾识面，不知何人仇恨，指使～扳害。”清《醒名花》三回：“这般光棍又说我奸淫了小姐，可不是～陷害。” ❺ 突然；无缘由或无所依傍地。明《封神演义》二回：“况陛下后宫美人不啻千人，嫔御而上，又有妃后，今～欲选美女，恐失民望。”《醋葫芦》四回：“我道老杀才向来不肯体心贴意，昨日～买些什么鸟儿我吃，其中决有缘故。”清《品花宝鉴》一四回：“此句～而来，笔势奇崛。” ❻ 朝空中。清刘硕辅《紫柏山谒留侯祠》：“撑天万峰～插，乱云攫石石倒压。”陈端生《再生缘》二五回：“解下青锋剑一根，暗念真言三四遍，～一掷吐高声。” ❼ 开头；起首。清黄宗羲《明儒学案》卷二三：“故学者初入门时，～从性命上参求，竟是性之之学；起手从身心上操存，终竟是身之之学。”陆陇其《四书讲义困勉录》卷三：“章句～下一‘故’字，盖因此章以诚者之勇发明天道。” ❽ 没有劈(砍)中。清《荡寇志》一三〇回：“三娘见～，吃了一惊，忙转马，把刀横往后面下三路扫去。”

【劈口】 pī kǒu ❶ 朝着嘴。《古尊宿语录》卷八《汝州首山念和尚语录》：“我有一着，不自栖泊。若人更问，～便着。”又卷一五《云门匡真禅师广录》：“有僧拟问次，师以拄杖～打。” ❷ 随即开口(说)。明汤显祖《南柯梦记》一六出：“千岁既知臣父亲所在，臣请敬往问安。那时千岁～应说：‘亲家翁即守北土。’”

【劈拉】 pī la 劈开；叉开(腿)。拉，词缀，无实义。清《醒世姻缘传》六七回：“你～着腿去坐崖头挣不得钱吗?”又七八回：“三十个板子，把腿打的～着待了好几日。”

【劈脸】 pī liǎn 朝着脸。元《三遂平妖传》六回：“被店小二揪住，～两个噀吐。”明徐复祚《投梭记》一一出：“就机上取过梭儿，～的掷将去。”清《儒林外史》二二回：“一把扯掉了他的方巾，～就是一个大嘴巴。”

【劈两分星】 pī liǎng fēn xīng 即“擘两分星”。《元曲选·任风子》三折：“那时昧已瞒心，～，细切薄批。”

【劈裂】 pī liè ❶ 裂开；分裂。《法苑珠林》卷三一：“儿将上床，地即～。”唐李宣古《听蜀道士琴歌》：“忽挥素爪画七弦，苍崖～迸碎泉。”宋洪迈《夷坚志》丁卷四：“又震数声，林干无巨细皆～如算筹。” ❷ 砍开。元汪大渊《岛夷志略·字泥》：“其树如杉桧，～而取之。”

【劈面】 pī miàn ❶ 对面；当面。《敦煌变文校注》卷七《角座文汇抄》：“须知浮世片时间，莫作久长千岁调。劈星言，劈星道，～道时合醒噪。”宋李光《与潘子贱书》：“两军已交锋，生死～来，如何避得。”清李玉《人兽关》二九出：“似叩阊见帝难亲傍，更辱子无知～抢，受尽腌臜肮脏。” ❷ 扑面。宋汪梦斗《宛平道中即事》：“惊心卵石碍，～老沙吹。”明金堡《鹧鸪天·度岭值雨》：“送雨频劳～风，百骸敲磕响寒空。”清袁枚《滁州雪更大》：“罩头云英英，～风洒洒。” ❸ 犹“劈脸”。宋邓肃《临江仙》：“檀郎欲起趁春狂。佳人嗔不语，～噀丁香。”元明《水浒传》三回：“把两包臊子～打将去。”清《醒世姻缘传》一回：“刚刚跨进大门，恍似被人～一掌，通身打了一个冷噤。” ❹ 相面。明陈与郊《袁氏义犬》一出：“〔丑〕做郎中如何?〔生〕人命不是要的。〔丑〕相面先生如何?〔生〕～钱不是好撰的。”

【劈面相】 pī miàn xiàng ❶ 相面。明《醒世恒言》卷二三：“我是～，闻声相，揣骨相，麻衣相，达磨相，一下里就知道他的心事了。”清《野叟曝言》五六回：“咱只会隔壁猜，～，拿三道三，闻一知十。” ❷ 指相面先生。明李贽《开卷一笑》卷二：“女算命个对头，就是～。” ❸ 当面相看。清吴伟业《秣陵春》一〇出：“我想～便瞒人不得，那影儿有甚分别，打扮得相像罢了。”

【劈排定对】 pī pái dìng duì 同“劈牌定对”。《元曲选外编·独角牛》一折：“我和独角牛～，争交赌筹。”又三折：“有甚么好男子好汉，出来～，争交赌筹来。”

【劈牌定对】 pī pái dìng duì 劈碎摆擂台者的名牌，表示决心与之竞争。元明《水浒传》七四回：“那一伙人道：‘正是那个货郎儿～。’”

【劈牌放对】 pī pái fàng duì 犹“劈牌定对”。元明《水浒传》七四回：“上立一面粉牌，写道‘太原相扑擎天柱任原’，……燕青看了，便扯扁担将牌打得粉碎，也不说甚么，再挑了担儿，望庙上去了。看的众人多有好事的，飞报任原，说今年有～的。”

【劈破】 pī pò ❶ 解破；破除。《祖堂集》卷一三《招庆和尚》：“大家识取混仑，莫识取～。竺土大仙心，东西密相付，是混仑? 是～?”金王喆《苏幕遮》：“～凡心，认取佛菩萨。”清《野叟曝言》九七回：“峒母所言，似欲我以纯阳之体，暖其纯阴，即可～天荒。” ❷ 犹“劈开❷”。五代徐夤《竹篦子赋》：“东海生将治巾栉，贫无玩饰，～烟筠，刮残霜色，衰鬓攸利，秋蓬自直。”明《山歌·旧人》：“将刀～陈桃核，霎时间要见旧时仁。”清《野叟曝言》四五回：“被素臣一刀，～了半个太阳。” ❸ 犹“劈开❹”。宋朱继芳《太极图》：“动静无端画一圈，分明～又浑全。”明刘芳节《闺情集句》：“～云鬟金凤凰，梦回餘念属潇湘。”清《白雪遗音·秋蝉鸣窗》：“想当初，两情美满恩爱多，到而今，～的鸳鸯各自过。” ❹ 犹“劈开❸”。《元曲选·荐福碑》四折：“想当初在古庙里题诗句，谁承望老龙王～面皮。其实、驱逼的我无存济；谁知、可元来运通也有发迹。”明《西游记》五五回：“那怪将一个素馍馍～，递与三藏。”清《白雪遗音·我与情人》：“又被傍人，拆散你我的团圆，～并头莲。” ❺ 裂开；张开。元王祯《农书》卷九：“有柰李，离核，李似柰；有劈李，熟必～。”《元曲选·魔合罗》二折：“端的是最难熬，只一阵头疼险些就～了。”明《西洋记》四六回：“朱唇～，皓齿森疏。”

【劈手】 pī shǒu ❶ 冲着手；从手中。宋元《清平山堂话本·简帖和尚》：“皇甫殿直～夺了纸包儿，打开看。”元张国宾《汗衫记》一折：“不争你～夺银，显得我也惨，他也羞，你也狠。”清《儒林外史》三回：“邻居见他不信，～把鸡夺了惯在地下。” ❷ 对着手；手对手。明《西游记》六回：“木叉全然不惧，使铁棒～相迎。”《西洋记》二四回：“刘先锋举起绣风雁翎刀一杆，～相迎。” ❸ 缠手；束缚手。劈，通“擘”。明叶宪祖《鸾鎞记》六出：“喜十年婚媾，始遂绸缪。躲离了～鹰鞲，打合上齐眉鸳偶。”

【劈头】 pī tóu ❶朝着头。宋觉范《禅林僧宝传》卷一四《神鼎諲禅师》：“见个老和尚，～槌一槌。当时浃背汗流，礼却三拜。”宋元《清平山堂话本·杨温传》：“那杨承局一棒～便打下来，唤做大捷。”清《儒林外史》三九回：“萧云仙夺了他手中短棍，～就要打。” ❷开头；一入手。宋《朱子语类》卷一〇：“如吃果子一般，～方咬开，未见滋味便吃了，须是细嚼教烂，则滋味自出。”明王衡《郁轮袍》二折：“前科央人替做，～少了破题。”清《醒世姻缘传》一八回：“杨古月来到，～就问：‘房中有妾没有？’” ❸迎面；顶头。《元曲选·抱妆盒》四折：“疾行前去，不防他刘太后～相遇。”明《醒世恒言》卷三七：“正待进门，恰好那老者从里面出来，～撞见。”清《珍珠舶》二回：“里面蒋云又闯将出来，两个～一撞，赵相立脚不住，竟是翻身一跤。” ❹从头；从根本上。《元曲选·冯玉兰》三折：“怎得个清耿耿的官员厮撞着，～儿把冤情披告。”明顾允成《札记》：“只为化醇化生惹出许多事，所以释氏勘破这关捩子，～从夫妇绝起。正要得生生路断，还归混沌耳。”清蔡世远《与林于九书》：“凡作一事，必须～斩截，不然直是泛泛悠悠，无一下手处也。” ❺当先；最先。清仲恒《踏青游·春去》：“被梅花，逾峻岭，～春至。到此际，红桃绿杨争艳，春色又将残矣。” ❻突然；猛地。清《好逑传》一回：“因他有个女儿，已经许嫁与人，尚未曾娶去。忽被大夬侯访知有几分颜色，～叫人来说，要讨作妾。”《品花宝鉴》三八回：“子玉～被他一问，呆了一呆。” ❼当面，隐指不留情面。清《女仙外史》二七回：“一个甥女，尚且把我～支扛，开口不得，何况又添一个？”又八五回：“仗着有些机锋，不问长短，～支扛人家。”

【劈头初】 pī tóu chū 同“劈头❷”。宋《朱子语类》卷四六：“圣人教人，于《大学》中～便说一个‘格物’‘致知’。”

【劈头子】 pī tóu zi ❶同“劈头❷”。清《醒世姻缘传》二二回：“这伙子斫头的们也只觉狠了点子，～没给人句好话。”又七五回：“两个媒人同到狄希陈下处，～道：‘我说这事难讲么！’”又七七回：“走到人跟前，～就是‘呃’的一声。” ❷同“劈头❸”。清《醒世姻缘传》八五回：“进的门去，～撞见大舅。”

【劈析】 pī xī ❶分析；剖析。唐柳宗元《答问》：“举其理，则皆谟明渊沉，剖微究深，～是非，校度古今。”元刘壎《陆文安公祠堂记》：“～义利，则疾雷破山；剖别儒释，则明镜照日。”余孟麟《文章辨体序》：“扬扢微深，～疑豫。发今曩之蕴，校华质之规。” ❷析除；分解消除。宋魏了翁《社稷坛谢晴文》：“惟神鉴諟，克庥于人。～重阴，显行丽日。” ❸剖示；显现。宋魏了翁《三乞祠疏》：“故不惮重渎之请，～肺腑，为陛下始终衷言之。”

【劈先里】 pī xiān lǐ 一开头；首先。元岳伯川《铁拐李》一折：“这老子我交他～着司房中勾一遭更肩祸，案卷里添一笔便违条。”《元曲选·谢天香》二折：“我最愁是～递一声唱，这里但有个女娘，坐场，可敢烘散我家私做的赏。”

【劈心】 pī xīn 对心口；朝心窝。元明《水浒传》一〇四回：“使个黑虎偷心势，一拳望王庆～打来。”明《西游记》四二回：“妖精望菩萨～刺一枪来。”清《女仙外史》六六回：“不期谭忠这句话，竟如～一拳，打了个挣。”

【劈心里】 pī xīn lǐ 从当中。明《西游记》八六回：“这是‘分瓣梅花计’，把我弟兄们调开，他～捞了师父去了。”清《绿野仙踪》七〇回：“如玉听罢，就和人～上打了一拳的一般，大为惊异。”

【劈凿】 pī záo 开凿。清曾宽《眼儿媚·春日偕友游将乐玉华洞》：“灵岩～自何年，游兴屡相牵。”《续金瓶梅》一三回：“遣宦者下江浙等处取太湖山的奇峰怪石，～玲珑。”

【劈着】 pī zhāo ❶评断；评判。明《西游记》九七回：“若众人扯破分之，其实可惜；若独归一人，众人无利。幸老爹来，凭老爹做个～。”清《野叟曝言》三九回：“素文发极，必要罚鸾吹七杯，再贺酒三杯，吵令三杯；自己陪两杯。湘灵、素娥俱～鸾吹五杯，素文两杯。” ❷决断；主见。明《警世通言》卷一七：“六瑛是个女中丈夫，甚有～，收拾起辎重银两，带了丫鬟僮仆，雇下船只，一径来到北京寻取丈夫。”

【劈正】 pī zhèng ❶“劈正斧”的省称，用其“正人不正”之义。明宋讷《壬子秋过故宫》之一：“兴隆有管鸾笙歇，～无官玉斧沉。”邵宝《经元世祖庙》：“角端虚忆传神语，～何从纪梦华。”清查慎行《福州太守毁淫祠歌》：“千年陋习牢相纽，～须烦巨灵手。” ❷正对着。清《野叟曝言》一〇三回：“旁立之将将手中之壶掷出，向黄骥面门～打来。”

【劈正斧】 pī zhèng fǔ 元代宫廷仪仗用斧，玉制，取“正人不正”之意命名。元王恽《劈正斧辩》：“斧，斫苍玉为之，长径九寸有餘，针之刃，满六寸。颏下略龃龉之，中坚厚二寸强。……今则天子正衙朝会，命冕执中立，以劈正为义，莫究所从来。”《元史·礼乐志一》：“（元正受朝）侍仪使拜通事舍人，分左右，引擎执护尉、～中行，导至大明殿外。～直正门北向立，导从倒卷序立。”

【劈直】 pī zhí 讲直话；直来直去。明《型世言》九回：“又撞出一个好揽事的少年、一个惯～的老者，便从做一堆。”

【劈中】 pī zhōng ❶从中间。宋《三朝北盟会编》卷二四一：“士卒用命，遇敌船即撞，～拆全沉没。”清陆世仪《思辨录辑要》卷三三：“大圆图只是把大横图～分开，左右圈转。”《女仙外史》五〇回：“拈弓扣箭，较亲射去，把悬着郑亨首级的绳索～射断。” ❷居中（调停）。明《醋葫芦》五回：“倘是他再说院君些短处，我又免不得要～。那时院君不听犹可，岂不又怪了老周？” ❸中间；正中。清《女仙外史》七回：“顷刻到一座峭壁之下，～有四个朱字，是‘无门洞天’。”

【劈竹】 pī zhú ❶比喻言辞犀利。《敦煌变文校注》卷五《佛说阿弥陀经讲经文（一）》：“问难往来如～，放关辞辩似流星。”《元曲选·李逵负荆》一折：“管着你目下见仇人，则不要口似无梁斗，一句句言如～。”又《蝴蝶梦》二折：“老大人谈吐如～相似，数节之后，迎刃而解。” ❷比喻性格爽直果决。宋觉范《吊性上人真》：“漆瞳照人韵拔俗，平生直性如～。”《三朝北盟会编》卷一六三：“元帅性似～，将来便回，须是分毫不可逆。”明《山歌·粪箕》：“我里两人侪是个样～性，蓦地里奔来就有子泥。” ❸比喻势头不可阻挡。元吕不用《谢裘如周书》：“昔诸葛亮欲复汉祚，皆以运粮不继，出师无功。仆之攻病，正犹是矣。今当多备药物，～势治败痰，当有脱净之秋。”元明《水浒传》五七回：“指望到此，势如～，便拿了这伙草寇。”《三国志通俗演义》卷三：“曹操将得胜之兵，连夜杀入城中，势如～。”

【劈斫】 pī zhuó ❶挥击；砍。唐孟郊《峡哀》之二：“上天下天水，出地入地舟。石剑相～，石波怒蛟虬。”元方回《次韵受益题荆浩大行山洪谷图》：“～开崖壁，巨扁侔斧戈。” ❷分析；评断。宋《逍遥咏》：“渊深引古知今用，～区分尽可通。”清《野叟曝言》一四回：“依小弟～，竟是十两一亩。”

【霹】 pī ❶雷击。唐李翰《裴将军旻射虎图赞》：“劲弓雷～，长矢电激。”《元曲选·荐福碑》三折：“当日个七个女思凡，养着俺这秀才，那其间可不好～碎了天灵盖。”清《绿野仙踪》四六回：“火龙真人已碟知雷部，定在本月二十五日午时～你。” ❷骤然；突然。明梁辰鱼《好事近·寄妓》：“又谁知～起风波，蓦然间打散双鸥。”袁于令《西楼记》三二出：“各执挺刃，～人法堂，打灭灯火，抢去素徽。”清《飞龙全传》三八回：“不争因这祸事，有分教：～遭淹没之苦，酿成梦寐之灾。”

【霹空】 pī kōng ❶ 同“劈空❹”。明《金瓶梅词话》八五回：“都是俺房里秋菊这奴才。大娘不在，～架了俺娘一篇是非。”清雍正十二年六月初十日李卫奏文：“若系～假捏，其罪尚轻。否则，负贩棍徒竟能探听密折消息，所关匪细。”《赛花铃》一五回：“谁想这个丫头听人唆哄，～写着一张状子，告到太爷。” ❷ 同“劈空❺”。明凌濛初《虬髯翁》二出：“怎知道恁般地位，～里落了便宜。”《醒世恒言》卷二〇：“那知～降下这场没影儿祸，弄得家破人亡。”《醋葫芦》六回：“欲待回复，见熊妈妈又不是个善菩萨，只得勉强允下，心中～添上一番烦恼。”

【霹雷】 pī léi 骤雷；爆雷。清《绿野仙踪》四六回：“任凭他有天大的～，你切莫害怕。有我的书和符在头上，断断霹不了你。”《歧路灯》一七回：“这王中听说‘赢的钱’三个字，真个是耳旁边起了一个～。”《镜花缘》七九回：“此雷既离十里之外，还如此大声，只怕是个～。”

【霹雳火】 pī lì huǒ ❶ 疾击的雷火。宋田锡《峨眉山歌》：“残阳忽黑雨雹飞，～着枯杉枝。”元佚名《沽美酒过快活年》：“苏卿这里频频的祝愿，三件事告神天。只愿的～烧了丽春园。”明《警世通言》卷四〇：“那火，也不是天火，也不是地火，……也不是雷公～，却是那洋子江中一个火龙吐出来的。” ❷ 比喻骤发的怒火。宋苏轼《陈守道》：“争时怒发～，险处直在嵌岩坑。” ❸ 比喻急躁暴烈的性格。宋元《清平山堂话本·杨温传》：“～性气难当，城头上勇身便跳。”《元曲选·柳毅传书》一折：“俺为甚么懒上凤凰台，羞对鸳鸯浦，则为那～无情的丈夫。”元明《水浒传》三四回：“因他性格急躁，声若雷霆，以此人都呼他做～秦明。” ❹ 一种医用的灸火。用米醋淋于煅石上使发热，或用雌黄、雄黄合制成灸炷发火。宋佚名《急救仙方》卷二：“过数日，胸背腹胁头面手足间或有一处肿起，即内疗所发之处，急用～治。”清《医宗金鉴》卷七二：“无汗，再饮热酒催之。仍无汗，系毒热滞结，急用～法令汗出。” ❺ 一种投掷火器，内装火药，可爆炸发火。明何良臣《阵纪》卷四：“如自犯火、覆地雷、～、轰山炮之类，悉皆神击所谓发一机以杀百万者也。”

【霹雳手】 pī lì shǒu 唐代裴漼断案迅速，被称为霹雳手。后借称果决处事的能力或处事果断的人。宋秦观《送张和叔兼简黄鲁直》：“未试～，低回从此君。”杨寅秋《寄三里汪将军》：“抚后若得贴然，可免秋高一举。不尔，终当借～，亦鼠辈运数穷蹙之日也。”清查慎行《以释门五经约注送院长》：“先生爱我深，采善每锄丑。作诗相扣击，现此～。”

【霹天】 pī tiān 震天，形容声势大。清李玉《人兽关》一六出：“～火囤常扎惯，得无钱田产，怕何人讥讪。”

【霹诬】 pī wū 凭空陷害。明《二刻拍案惊奇》卷三八：“杨二郎当不过屈打，也将～枉禁事情在上司告下来。”

pí

【皮】 pí ❶ 隐指女子性器。唐张鷟《游仙窟》：“下官咏刀子曰：‘自怜胶漆重，相思意不穷。可惜尖头物，终日在～中。’十娘咏鞘曰：‘数捺～应缓，频磨快转多。渠今拔出后，空鞘欲如何？’” ❷ 不怕羞耻；不难为情。宋元《张生彩鸾灯传》：“讪语时，口要紧；刮涎处，脸须～。”明《梼杌闲评》一二回：“进忠～着脸迎上来，深深一揖。”清《霓裳续谱·一见情人》：“为什么～着个脸蛋，在我的跟前跪。” ❸ 皮匠的省称。明《山歌·哭七夫》：“张～、赵铁、王打毡、龚锡匠、陆弓箭、阿寿官、孙搭爷，尽来吃羹饭，我的天天天天天天天。”清《缀白裘》一一集卷三《借靴》：“福建漳州有个陈～，湖广荆州有个钱～，多来与我做靴子。”

【皮鹌鹑儿】 pí ān chún er 指色情生意。《元曲选·陈州粜米》三折：“〔正末云〕都不是，可是甚么买卖？〔旦儿云〕俺家里卖～。”

【皮棒槌】 pí bàng chuí ❶ 磕瓜的俗称。元杜仁杰《耍孩儿·庄家不识构阑》：“太公心下实焦燥，把一个～则一下打做两半个。” ❷ 隐指男子外生殖器。清《何典》八回：“端正一个突出～，把色鬼骗进房中，打了一顿死去活来。”

【皮杯】 pí bēi 一种狎戏，含酒哺到对方口中。清《品花宝鉴》二回：“孙亮功道：‘想来都老爷是要吃～的。’说罢呷了一口，送到宗沅嘴边。”《绮楼重梦》三三回：“小钰道：‘你会敬～不会？’莺儿说：‘怎样叫敬～？’小钰含了一口酒，嘴对嘴吐到他口里。”

【皮薄】 pí bó 微薄；浅薄。清《歧路灯》三五回：“这成色递不上，还少三两一钱。本不该争执～，只是非关小弟私囊。”又五六回：“院子～，若听见了，要骂你哩。”

【皮缠】 pí chán 没完没了地纠缠。清李应桂《梅花诗》一七出：“我去，我去。饶了我罢，不～了。”《鸳鸯针》一卷三回：“徐鹏予见他～不过，没法儿打发他出去。”《醒世姻缘传》六七回：“既是有赵杏川这好相处的人，咱放着不合他相处，可合这歪人～为甚么？”

【皮缠纸裹】 pí chán zhǐ guǒ 比喻暧昧不清楚。清《醒世姻缘传》七九回：“没的我合他有甚么～帐么？”

【皮尺】 pí chǐ 用薄窄皮张制成的尺，可折卷，裁缝多用。元高安道《哨遍·皮匠说谎》：“量底样九遍家掀～，寻裁刀数遭家取磨石。”

【皮槌】 pí chuí 讳称拳头。清《五美缘》三回：“将他狗娘养的抓将出来，叫他试试咱的～。”《呼家将》二三回：“枪法却是你的好，这个～，俺比你硬梆哩。”

【皮搭】 pí dā 厚脸皮，不知羞耻。搭，词缀。明《金瓶梅词话》七五回：“你这贼～行货子，怪不的人说你。”

【皮袋】 pí dài ❶ 皮制的囊袋。唐张鷟《朝野佥载》卷二：“昔有愚人入京选，～被贼盗去。”明《朴通事谚解》卷下：“将我那提揽和～来，拿出球棒来。”清《女仙外史》五二回：“解下腰间一～，拎出个血漉漉的人头来。” ❷ 指肚皮或躯壳。《祖堂集》卷一六《黄檗和尚》：“当人事不能会得，但知念言语学向～里，到处便道我会禅会道。”元王伯成《哨遍·赠长春宫雪庵学士》：“胡芦提了全无闷，～肥来最不憨。”明《西游记》八二回：“等我捣破他的～，扯断他的肝肠，弄死他。” ❸ 指阴囊。清《续金瓶梅》三二回：“才一撮弄，反怯战羞敌，缩到～里，不知那去了。”

【皮担】 pí dàn 皮匠担子。明王錂《寻亲记》二四出：“楦头放在～间，钻儿放在皮盏里。”清《醒世姻缘传》一九回：“寻常挑了～，到山前替人做活。”

【皮刀】 pí dāo 皮匠用来切皮革的刀，形状像个“乙”字。明《型世言》二七回：“回头看时，皮匠已拿了一把～赶来了。”清张潮《虞初新志》卷一二：“捕匠妇，一讯而伏，诚与丁八成谋，以～礫匠而沉之池。”

【皮灯】 pí dēng 即“皮灯笼”。明《醒世恒言》卷三五：“这萧颖士又非黑漆～，泥塞竹管，是那一窍不通的蠢物。”清张渊懿《锦缠道·仿秦七体》：“是前生造成，这桩冤业。不分明、～漆抹。”

【皮灯笼】 pí dēng long 皮制的灯笼，不透光。比喻糊涂不明或糊涂不明的人。元王晔《水仙子》："小机关背地里商量下，把俺做～看待咱。"明冯惟敏《醉太平·李中麓醉归堂夜话》："～挑入迷魂阵，闷葫芦藏在埋头囤。"清《何典》三回："形容鬼便喊了鬼囲，携着黑漆～，三脚两步跑到郎中门前。"

【皮灯球】 pí dēng qiú 即"皮灯笼"。宋江少虞《宋朝事实类苑》卷二三："时有副使，不甚晓事，京师号为～。"《元曲选·儿女团圆》一折："你休恁般生嫉妒，休那般无智识，量这一个～犯下甚么滔天罪。"

【皮囤】 pí dùn 无袖的皮袍。明王九思《曲江春》一折："他们一个个是没伎俩的空～。"清《续金瓶梅》一五回："一个假妆成鞑子，也有带皮帽子，穿～子的。"

【皮风骚痒】 pí fēng sāo yǎng 犹"皮松骨痒"。明《二刻拍案惊奇》卷二："小道人少年心性，见说有些口风儿，便一团高兴，～起来。"

【皮肤】 pí fū ❶ 表皮。唐孙秘《幽松赋》："蹙～而文叠嵷，宏磊砢而谷深重。"明苏平《豆腐》："传得淮南术最佳，～褪尽见精华。一轮磨上流琼液，百沸汤中滚雪花。"清《女仙外史》一四回："其枝干多拳曲倒垂，有若攫拿之状。～斑剥，纹如黝漆。" ❷ 外形；表面。唐李世民《指法论》："以心毫为筋骨，心若不坚，则字无劲健也；以副毛为～，副若不圆，则字无温润也。"宋《朱子语类》卷一一五："若只见～，便有差错；需深沉，方有得。"元宫大用《范张鸡黍》一折："恨那伙老乔民，用这伙小猢狲，见念得几句妆点～，子曰诗云。" ❸ 肤浅；浮泛。宋《朱子语类》卷四五："这处正要着力做工夫，不可～说过去。"金王若虚《滹南诗话》卷中："或言山谷所拟胜东坡，此～之见也。"

【皮革】 pí gé 犹"皮肤❷"。宋《朱子语类》卷一三："今人之所谓践履者，只做得个～。"

【皮骨】 pí gǔ ❶ 指躯体。唐李商隐《贺相国汝南公启》："重至门闱，空餘～。方从初服，无补大钧。"《元曲选·渔樵记》一折："误杀我者也之乎，打熬成这一付穷～。"清《醒世姻缘传》九〇回："有那一样只愿死不愿活的真穷汉，连～也都没了，他那里还有甚么漕米与你？" ❷ 脊骨；骨气。唐罗隐《投郑尚书启》："某也江左孤根，关中滞气。强学早亡其～，趋时久困于风尘。"明《梼杌闲评》一四回："才到铺中，见那些总是游手好闲没～的人。他们也自知罪，敢求老兄宽恕。" ❸ 比喻大略的规制。宋阮阅《诗话总龟后集》卷二五引《丹阳集》："学杜甫而得其～者鲜矣，又况其髓哉。"明董其昌《仿黄子久山水题额》："马扶风学黄子久，得其～，所未得者韵耳。"

【皮狐】 pí hú 称貉或狐狸。明方以智《通雅》卷一："(貉)色白有尾，小如狗。智在京师曾五更醒而见之，一喝不见。北人谓之～子。又曰獚子，读若薅。"清胡煦《卜法详考原序》："据人而论物，宜不灵于人。乃～之与狐狸，且有前知捷若影响者矣。"《续金瓶梅》一〇回："～打不成，还惹下一身臊。"

【皮馄饨】 pí hún tun 革囊的俗称。清弘历《革囊诗序》："行汲或以贮水，涉川则挟之肘间，乱流以济。或谓之～，盖俗呼也。"

【皮混】 pí hùn 胡乱纠缠。明《宜春香质》风集四回："两边～了一会。小孙道：'我来久了，把我回去罢。'"清《续金瓶梅》二六回："这苗青叫他输了的叫亲娘亲爹，一味～。"

【皮货】 pí huò 皮革或皮革制品。特指用于买卖的皮革或皮革制品。元鲁明善《农桑衣食撮要》卷上："用莞花末掺之，不蛀；或以艾卷于～内，放于瓮中，泥封其瓮；或用花椒在内卷收，亦得。"清《绿野仙踪》三九回："今带银数万两，拟到西口外贩卖～。"《歧路灯》二九回："我一个皮匠引着一个年少妇人，虽说是正经夫妻，只是老婆生得乔样，已扎眼；况且～箱儿，放着一百五十两银也就碍手。"

【皮匠】 pí jiàng ❶ 鞣制皮革或制作皮裘、皮具的匠人。宋包拯《论内降》："昨驾船上京，遂告嘱造军器，及北作坊手分等，指射充本坊～。"明杨一清《为分理诬枉事奏》："统不合又拘皮行王禄等二十三名、并先问发今在官～晁安到县，验皮大小给价，照数买完。"《二刻拍案惊奇》卷八："急走到大门左侧，问着个开皮铺的人道：'这大宅里王朝议全家那里去了？'～道：'此是内相侯公公的空房，从来没个甚么王朝议在此。'" ❷ 制鞋或修鞋的匠人。元高安道《哨遍》曲有题《～说谎》。明《型世言》二七回："师徒两个缓缓的走，打从一个～门首过。"清李渔《意中缘》一七出："不会念经，休做和尚；不会上鞋，休做～。"

【皮胶】 pí jiāo 动物皮熬制的胶。唐孙思邈《备急千金要方》卷八〇："(驴)其头烧却毛，煮取汁，以浸曲酿酒，甚治大风动摇不伏者。～亦治大风。"清《歧路灯》五四回："每日在夏家，他家有鱼膘～把你粘住了？"

【皮解库】 pí jiè kù 肉体典当铺，指妓院。《元曲选·金线池》一折："尽道吾家～，也自人间赚得钱。"明朱有燉《曲江池》二折："你将那水塌房、～关闭的完全。"佚名《南牢记》一折："正是能开～，会做撮合山。"

【皮金】 pí jīn 即"羊皮金"。明宋应星《天工开物·五金》："秦中造～者，硝扩羊皮使最薄，贴金其上，以便剪裁服饰用。"《朴通事谚解》卷上："不要纸金，要五钱～。"清《醒世姻缘传》八七回："将那配袍的绣裙，一条一条的剪将开来，嵌上～，缝完打折，钉带上腰。"

【皮壳】 pí ké ❶ 外壳；外皮。唐刘恂《岭表录异》卷中："海虾～嫩红色。"《元曲选·范张鸡黍》三折："我见他～骷髅，面色儿黄干干浑消瘦。"清《歧路灯》八七回："幸只幸这颗瓜子儿，虽说虫蛀了～，那芝麻大的小芽儿不曾伤坏。" ❷ 表面；外表。宋黄榦《与胡伯量书》："向来极欲说得平易，使人易晓。然今所晓者，又只是见得～，殊可叹也。"《朱子语类》卷一六："有一种人，只就～上做工夫，却于理之所以然者，全无是处。"清李光地《榕村语录》卷一九："天地位，万物育。何等功用，何等精义，便觉数为～，无所用之。"

【皮赖】 pí lài ❶ 赖皮；无赖。清《蜃楼志》一六回："遇着那刁滑的棍徒、夤刺的乡宦、～的生监，视如眼中之针。" ❷ 无赖汉。清《英云梦》："却说阊门外有两个～，一姓滕名武，一姓温名别，终日游手好闲。"

【皮郎】 pí láng 即"皮匠❷"。清《生绡剪》七回："新正街上并没半个～，独有他高兴，荡来荡去。"

【皮老虎】 pí lǎo hǔ 一种儿童玩具。泥坯虎形，腹有气孔，颈用牛皮纸，捏之作响。清《歧路灯》六四回："两个钱的～，外边一张皮，肚里精空，胡响的厉害。"《姑妄言》二二回："竟忘了自己是小孩顽的～，不济不济的。公然以为是大将军，八面威风。"

【皮里抽肉】 pí lǐ chōu ròu 形容消瘦。《元曲选·谢天香》四折："你觑我～，你休问我可怎生骨岩岩脸儿黄瘦。"明冯惟敏《不伏老》一折："不是病，小是痛，可又早～。"

【皮里膜外】 pí lǐ mó wài 不贴肉，不亲近。清《儒林外史》四七回："如今同了你，虽见得太尊一面，到底是个～的帐，有甚么意思！"

【皮脸】 pí liǎn ❶ 厚脸皮；不怕羞的脸皮。《元曲选外编·

降桑椹》一折："我两个一生～无羞耻，油嘴之中俺为祖。"清《醉醒石》七回："凭着这说不省道不省毒心，更有那打不怕骂不怕～，三七分钱。"《醒世姻缘传》七五回："是了，舍着俺两个的～替你狄大爷做去。" ❷ 不知羞耻，嬉皮笑脸。明《金瓶梅词话》三五回："天下有没廉耻～的。不相这狗骨秃没廉耻，来我家闯的狗也不咬。"清《蜃楼志》三回："说他年小，那一种～倒像惯偷女儿。"《姑妄言》一回："你让我歇歇逗逗气，怎么只是～。" ❸ 指厚脸皮的人。明佚名《驻云飞·闺怨》："你把奴抛弃，～没仁义。" ❹ 脸皮。明《金瓶梅词话》八回："你舒过脸来，等我掐你～两下子。"清《蜃楼志》二回："笑官走近身来，猴着脸道：'但凭姐姐捡一处打。'素馨道：'谅你这～也禁不起打，饶了你罢。'"

【皮毛】 pí máo ❶ 比喻表面的，肤浅的。五代李亶《赐孟知祥诏》："兹察诡计，究彼初心。附～唇齿之欢，足明矫妄；窃郡邑金汤之利，可验包藏。"明袁宗道《答梅开府先生》："马头数语，略识英雄～；宁夏之功，始见英雄面目。"清《说岳全传》六回："小侄虽不能及先义父的本领，然亦粗得～。" ❷ 指身体。宋文同《极寒》："酒醴惭孤宦，～逐异乡。" ❸ 指禽兽，转指鄙俗的、野蛮的习气。金姬志真《法身》："淹沉生死窟，轮转～类。"元乔吉《折桂令·劝求妓者》："时下收心，眼前改志，怎换～？"清蓝鼎元《台湾近咏》："制义本儒先，理明气欲王。洗伐去～，《大雅》是宗匠。"

【皮面】 pí miàn ❶ 皮肤；包皮。明《西洋记》七七回："原来那些军，那里是个军？外面都有些～，肚里却是一个草包。"清《野叟曝言》九七回："素臣把裤管卷起，膝骨上下～，俱已发肿。" ❷ 脸；外表。《元曲选·风光好》一折："脖项上搭上套头，～上带上掩眼，怎发付这一千斤铁磨杆。"明陈士元《绮罗香·初归田志喜》："只知解颜为笑，岂料他笑内，顿分水火。城府深严，～儿重包裹。"《桃花庵》六回："怎么又这个坐法？但见徒儿的脸，看不见公子的～了。" ❸ 表层；浅层。明葛昕《何徕山堂翁》："所谓水磨砖者，欲备无关系处作～用，不忍以之背里。"刘宗周《人谱》："若只是～补缀，头痛救头，足痛救足，败缺难掩，而弥缝日甚，仍谓之文过而已。"清袁枚《随园诗话》卷六："不知彼所能者，皆词章之～耳。" ❹ 表面；情面上。明《西洋记》一二回："心里虽则是有些不快，～儿做个洋洋得志的。"《隋炀帝艳史》三五回："萧后虽妒心未净，然～上待袁宝儿、吴绛仙二人，殊觉十分同情。" ❺ 肤浅。明袁中道《答左心源御史》："远承讯及，不敢作～语相向。" ❻ 脸面；情面。清钱谦益《送何士龙南归兼简卢紫房》："揶揄反～，谣诼腾诽谤。" ❼ 封面；封皮。清顾炎武《与人书》："《启祯集》二本～上有旧墨笔写'忠节录'字样。"《大清会典则例》卷六七："誊录书手姓名误书卷～者，该所官失察及察出而不行呈明者，皆罚俸三月。"《绿野仙踪》四回："及至将书字～一看，上写'大理寺正卿书寄广平府成安县冷太爷台启'。" ❽ 皮脸；赖脸皮。清《英云梦》九回："文弟今日为何不上学，在此～，我去禀先生。"

【皮囊】 pí náng 犹"皮袋❷"。敦煌词《十二时·法体十二时》："遍体脓血流不尽，总是～虚坏身。"元吴镇《沁园春·题画骷髅》："惺惺汉，～扯破，便是骷髅。"清李玉《占花魁》九出："安排下陷人罗网，摆列个肉阵刀枪，猛拚着泼贱～。"

【皮排】 pí pái ❶ 鼓风用的皮袋。清《北史演义》卷四七："又于堑下塞柴贮火，用～吹之，在地内者皆焦头烂额。"《聊斋志异·云萝公主》："婢出一物，状类～，就地鼓之，云气突出。" ❷ 皮制的盾牌。《唐六典》卷一六："彭排之制有六：一曰滕排，二曰团排，三曰漆排，四曰木排，五曰联木排，六曰～。"

【皮皮】 pí pí 薄薄；浅浅。皮，薄。明《西洋记》一三回："你拿这个钵盂去舀水之时，止好在钵盂底上～儿一层，多了便拿不起来。"又："一直去到底儿上，只有～的一层，方才拿将起来。"

【皮铺】 pí pù 皮匠铺。明《二刻拍案惊奇》卷八："急走到大门左侧，问着个开～的人道：'这大宅里王朝议全家那里去了？'"

【皮钱】 pí qián ❶ 皮革制成的钱币形饰物或用具。唐皇甫松《大隐赋》："飞尘宵合，嚣声昼塞。泥烛巧成，～妙饰。"明曹学佺《蜀中广记》卷六六："用筒竹一根约丈餘，通节，以绳系其梢，筒末为～掩其底。至泥水所在，匠氏揉绳伸缩，皮敧水入，掐满搅出。"△富察敦崇《燕京岁时记》："毽儿者，垫以～，衬以铜钱，束以雕翎，缚以皮带，儿童踢弄之。" ❷ 明代地方上使用的一种轻质铜钱。明《隋史遗文》六回："媳妇倒趱得有几文～，也在盘内，爷买得些粗糙点心充饥。"清王逋《蚓庵琐语》："明朝制钱有京、省之异。京钱曰黄钱，每文约重一钱六分，七十文值银一钱；外省钱曰～，每文约重一钱，百文值银一钱。"《野叟曝言》九一回："每人赏他三百～，打发去罢。"

【皮肉行】 pí ròu háng 指色情行业。明《宜春香质》雪集一回："绰号叫陆长子，是烟花场中经纪，～里牵头。"《西洋记》三八回："他原是柴炭行的经纪，只识得粗货，不惯～的事情。"清孔尚任《桃花扇》一七出："～里经纪，只许你们做么？"

【皮松】 pí sōng 软弱无能。明《西游记》五六回："天下也有和尚，似你这样～的却少。"

【皮松骨痒】 pí sōng gǔ yǎng 轻狂貌；兴奋难耐貌。明《古今小说》卷二七："选了吉期，～，整备做转运使的女婿。"

【皮糖】 pí táng 一种有韧性的软糖。也称牛皮糖。明方以智《物理小识》卷六："瓮置竹片，熬糖入之，反瓮使滴。餘干于竹上者为～。"宋诩《竹屿山房杂部》卷六："（糖浆）滴下者再煎，得所置新瓦上，以两杖鼓臂抽击，遂为～也。"清《白雪遗音·酒鬼》："打今日个起，我再喝酒，你骂我个，越拉越长的个八宝～。"

【皮条】 pí tiáo ❶ 皮革做成的绳索，也用作刑具。宋《三朝北盟会编》卷二四〇："命决～五十。"《元曲选外编·三战吕布》三折："他系着一条多年的旧带鞓烂了，他挣断～走了。"清《续金瓶梅》五八回："怕逃走了，俱用一根～穿透拴在胸前琵琶骨上。" ❷ 不正当男女关系的牵合人。元佚名《错立身》二出："若论我做～，真个是无比。"清《绣鞋记》二回："不用求媒执斧，不用拉扯～，但得两个秃奴舌剑唇枪，自能携云握雨。"

【皮头夯脑】 pí tóu bèn nǎo 迟钝无神貌。清《斩鬼传》一一回："从此竟变成了一大慢性，整日家～的，总不忧愁。"

【皮挽】 pí wǎn 皮马鞭。挽，挽手；马鞭。明《二刻拍案惊奇》卷八："只见几个粗腿大脚的汉子，赤了上身，手提着～，牵着五七匹好马，在池塘里洗浴。"

【皮相】 pí xiàng ❶ 外貌；外表。明周懋宗《蝶恋花·峭石冷云》："坎汞离铅烹炼久。瘦立槎牙，～狞而丑。"《西湖二集》卷一五："从来女子多～，一笑须从射雉回。"清《醒世姻缘传》二七回："若只论他～，必然是个邋遢歪人。" ❷ 徒具外表；凡庸。清《品花宝鉴》三〇回："人生在世，不能立身扬名，作些事业，仅与那些～平人混在一堆，光阴易过，则与草木同朽。"《红楼复梦》一九回："我以你为千古知音，谁知你是个～的顽石。" ❸ 浅薄，不深入。清《八洞天》卷五："求不见罪已大幸，奈何欲～答赠。"

【皮硝】 pí xiāo 鞣皮用的硝。明高濂《遵生八笺》卷一七："用紫梢花、松节、～三味煎水，每日温洗之。"清《醒世姻缘传》五七回："叫人与他将肚子使～水洗了，用生姜擦过。"

【皮性儿】 pí xìng er 同"脾性儿"。清《白雪遗音·酒鬼》："阿哥的～我最知道，提起来，我的脑浆子生疼还怕的荒。"

【皮贼】 pí zéi 詈词。谓人顽劣胆怯。清《醒世姻缘传》五二回:“老狄婆子悄悄的背后审问他的真情。他只伸着个头,甚么是答应。气的老狄婆子说道:‘这们～是的,怎么怪的媳妇子打。’”

【皮张】 pí zhāng 成张的畜、兽的皮。明杨一清《为黜罢不职官员以修马政事奏》:“其称倒失、被盗等项,查无告行相剥缉拿案卷,亦无追收骏尾、～、耳记。在官止凭该苑官军报数,即与开除。”陈洪谟《继世纪闻》卷五:“巾帽局缺内侍巾帽靴袜,合用纻丝纱罗～等料。”清《醒世姻缘传》一〇〇回:“围场上射死了个仙狐,又将他的～剥去。”

【皮笊篱】 pí zhào li 用皮革制的笊篱,不漏水,比喻捞取、搜刮得罄尽的手段。明《西游记》三九回:“快把金丹拿出来,与我四六分分,还是你的造化哩。不然,就送你个～,一捞个罄尽。”清《荡寇志》八六回:“一个个都生擒活捉了,不曾走脱半个,叫做:～下豆儿锅,一捞一个罄净。”

【皮罩篱】 pí zhào li 同“皮笊篱”。清《歧路灯》五六回:“这老脚货是～,连半寸长的虾米,也是不放过的。”

【皮纸】 pí zhǐ 以楮树皮为主要原料制的纸,韧性强。唐孙思邈《备急千金要方》卷四七:“大小便不利,肿如～盛水,晃晃如老蚕色。”明宋应星《天工开物·纸料》:“凡纸质用楮树皮与桑穰、芙蓉膜等诸物者为～,用竹麻者为竹纸。”清《歧路灯》九八回:“当下王象荩去鞋铺借天平,买了包裹～,取出银子。”

【皮抓篱】 pí zhuā li 即“皮笊篱”。明《欢喜冤家》一二回:“人人晓得他是个涩鬼,遂取一个浑名～,言其水箭不漏之意。”

【皮子】 pí zi ❶ 表皮;外皮。宋黄庭坚《答黔州陈监押书》:“九月末,屈殿直方送春初所惠书来,～皆虫损。”元王祯《农书》卷九:“令如粥状,下水更拌,以箩漉之,去～。”清《醒世姻缘传》一〇回:“一个大年下,连个馍馍～也不曾见一个。” ❷ 指女阴。明《金瓶梅词话》六七回:“温秀才笑道:‘……这“坡”字却是“土”字傍边着个“皮”字。’西门庆道:‘老先儿倒猜的着,他娘子镇日着～缠着哩。’” ❸ 皮张;皮革。清《醒世姻缘传》八四回:“老吴的帽套是三个整～,拣一个好的做了迎面。”《绿野仙踪》四二回:“只得将皮箱打开验看,内有十几套好～、缎子衣服。”《歧路灯》二九回:“我明日四更天便要出城,上朱仙镇取裁刀,还捎几张～。”

【疲】 pí ❶ 衰败;凋敝;不盛。唐杜甫《行次昭陵》:“旧俗～庸主,群雄问独夫。”宋蔡伸《减字木兰花》:“多情多病,玉貌～来愁览镜。”明《欢喜冤家》二三回:“举头正看行云,斜眼突然见月。光回破镜,影上～弦。” ❷ 困苦于;疲于。唐杜甫《伤春》之一:“西北～百战,北阙任群凶。”金冯延登《登封途中遇雨留僧舍》:“腾掷来眼中,左右～顾揖。”明杨大郁《斜阳看行人》:“役车苦未休,行子～岁晚。” ❸ 消耗;耗费。明《辽海丹忠录》八回:“虽费了许多火器,～了许多精力。不曾伤着奴兵一些。”清《隋唐演义》三七回:“天下最荼毒百姓的,是土木之工,兵革之事;剥了他的财,却又～他的力。” ❹ 疲沓;反复多次,失去作用。清《醒世姻缘传》八〇回:“就是这丫头身上,你不过是口里的寻衅,你也从无开手打他。这也是人家难有的事。但是把人致的～了。”《后红楼梦》一一回:“这王太医的药吃下去也像见效,也像吃～了,……也是太医的意思,叫停了几天。” ❺ 疲软;低迷。清《绿野仙踪》四四回:“年来木价甚～。他买下房子,又要雇人拆,又要搬弄砖瓦。”

【疲殚】 pí dān 耗尽。唐义净《题取经诗》:“路远碧天唯冷结,沙河遮日力～。”段成式等《游长安诸寺联句》:“稜伽之力所～,李真周昉优劣难。”明高启《缶鸣集序》:“～心神,搜刮物象,以求工于言语之间。”

【疲懒】 pí lǎn 疲沓懒散;疲乏懒怠。宋王安石《送明州王太卿》:“属城旧吏虽～,尚可挥毫敌李舟。”赵鼎《己亥秋陪伯山游中条》:“解鞍迫昏暮,假榻憩～。”清《绿野仙踪》二八回:“于营伍中事一点梦不着,且又最～不过,终日家咬文嚼字。”

【疲怯】 pí qiè 疲弱胆怯。宋曾巩《隆平集》卷一九:“虎翼军骁勇,贼人所畏;而万胜军～,敌常易之。”明梁寅《拟古》之一:“我马苦～,山川多阻修。”清《双凤奇缘》三回:“吴宫恃宠巫山后,～西施在象床。”

【疲软】 pí ruǎn ❶ 懦弱无能,也指这样的人。宋强至《早行渑池道中》:“咨予独何人,安坐颜輙腼。区区适其,宜誓将策～。”元王鹗《汝南遗事》卷三:“辛丑,遣陈州元帅富察哈达,领～军三千及其家属赴息。”清《儒林外史》一回:“我若不把他就叫了来见老师,也惹得老师笑我做事～。” ❷ 软弱无力。宋梅尧臣《矮石榴树子赋》:“密叶如盖,繁条如织。萎甤下垂,～无力。”金刘完素《宣明方论》卷七:“邪气上逆,上实下虚。脚膝～,不通气血。”清洪昇《长生殿》三四出:“酒色过度,不但弄得孤家身子～,连双目都不见了。”

【琵琶】 pí pā “琵琶腿”的歇后,歇“腿”字,隐指性事。明《咒枣记》四回:“女到十二三岁,欲窦已开,就晓得干那～。”

【琵琶骨】 pí pā gǔ 肩胛骨。宋武珪《燕北杂记》:“契丹行军不择日,用艾和马粪于白羊～上炙,炙破便出行。”明《西游记》六回:“使勾刀穿了～,再不能变化。”清《水浒后传》二六回:“快把铁锁穿了萨头陀～,恐他遁去。”

【琵琶腿】 pí pā tuǐ 指粗壮的腿。宋张舜民《画墁录》:“太祖招军格,不全取长人,要～,车轴身,取多力。”宋元《清平山堂话本·简帖和尚》:“短胳膊,～,劈得柴,打得水。”

【脾】 pí 指蜜脾。也用作量词。宋苏辙《和子瞻蜜酒歌》:“山中醉饱谁得知,割～分蜜曾无遗。”黄庭坚《蜜蜂》:“秋成想见香租入,菊露蜂胶蜜几～。”

【脾憋】 pí biē 别扭不顺畅。金《董解元西厢记》卷六:“急煎煎的促织儿声相接,做得个虫蚁儿天生的劣,特故把愁人做～,更深后越切。”

【脾鳖】 pí biē 同“脾憋”。宋石孝友《好事近》:“幸自得人情,只是有些～。”金《刘知远诸宫调》一:“只愁李洪义与洪信生～,中间做板障。”

【脾仓】 pí cāng 脾脏。中医认为脾主收藏。宋宋庠《甲戌冬属疾赐告》之一:“目界空花眩,～宿滓寒。”宋祁《乞知亳州状》:“气迕～,阳客胃府,触暑犯寒,则饮食顿减。”

【脾官】 pí guān 犹“脾家”。宋李覯《闻女子疟疾偶书》:“～骄不治,气马痴如绁。”

【脾和】 pí hé 情意投合。宋元《清平山堂话本·柳耆卿》:“香香与我情多,冬冬与我煞～。”元睢玄明《耍孩儿·咏鼓》:“五音内咱须大。我教人人喜悦,个个～。”佚名《柳营曲·风月担》:“相会情多,一见～。”

【脾家】 pí jiā 脾脏。唐孙思邈《备急千金要方》卷四六:“(脉)浮即胃气微,涩即脾气衰。微衰相抟,即呼吸不得,此为～失度。”宋史浩《永遇乐·夏至》:“冻极又还热炽。恰如个、～虐疾,比着略长些子。”明袁于令《西楼记》一七出:“三焦火多时上升,更兼积怒,伤肝木克～性。”

【脾气】 pí qì ❶ 性情;习性。清《红楼梦》六七回:“这个新二奶奶比咱们旧二奶奶还俊呢,～儿也好。”《歧路灯》九〇回:“争乃他有两宗～最出奇,一宗好管买卖房产,一宗好说媒。”《品花宝鉴》三回："这位奚大老爷的下作～，是讲不出来的。" ❷ 偏指骄纵、不加克制的性情。清《品花宝鉴》三回："这位爷闹～，整的不要要碎的。"

【脾味】 pí wèi 性情；脾气。清《照世杯·百和坊》："自家虽在孙山之外，～却喜骂人。"《红楼梦》七五回："贾环近日读书稍进，其～中不好务正也和宝玉一样。"

【脾胃】 pí wèi ❶ 性情；脾气。明《二刻拍案惊奇》卷二二："说话处～多燥，行事时举步生风。"清《绿野仙踪》二八回："前几年有个张先生，是北直隶人，与我～甚相投合。"《歧路灯》五八回："我有一个～儿，若是打算着还人家，我就先不借了。" ❷ 燥脾胃；风光；得意。明《警世通言》卷三一："但是赎身孤老要歇时，别的客只索让他，十夜五夜，不论宿钱。后来若要娶他进门，别不费财礼，又有这许多～处。"《醒世恒言》卷三七："扬州城中那个不晓得杜子春是个大财主，才说得声，东也送至，西也送至，又落得几时～。"

【脾泄】 pí xiè 腹泻。五代徐铉《稽神录》卷一："崔万安分务广陵，尝病苦～，困甚。"明叶宪祖《碧莲绣符》五折："只怕害～，撒了一裤屎。"

【脾泻】 pí xiè 同"脾泄"。明《梼杌闲评》二三回："圣躬过劳，致成～不起。"清雍正五年闰三月二十四日齐苏勒奏文："臣窃去年患心跳～之症，日见精力衰惫。"

【脾性儿】 pí xìng er 性格；脾气。清《红楼梦》八四回："也别论远近亲戚，什么穷呵富的，只要深知那姑娘的～好，模样儿周正的就好。"

【脾燥】 pí zào 燥脾胃；爽快；得意。明李梅实《精忠旗》一二出："书儿写令人～，宰肥羊酒酪相犒。"清李渔《风筝误》八出："风筝糊就到春郊，高高放去，又有一场～。"

pǐ

【匹】 pǐ 同"劈❹"。元明《水浒传》二一回："这婆子跳起身来，便把那唐牛儿～脖子只一叉。"又八二回："队额角涂一道明创，～面门搭两色蛤粉。"

【匹半停分】 pǐ bàn tíng fēn 对半均分。停，平均。《元曲选·杀狗劝夫》一折："若不是死了俺娘亲和父亲，这家私和你～。"

【匹侪】 pǐ chái ❶ 同类；同伴。唐韩愈《猛虎行》："猛虎虽云恶，亦各有～。"宋吕祖谦《闲居即事》："无人会得庞公意，只道渊明是～。"李壁《赋黄香梅绝句》之六："姑射仙人尔～，若为涂额效宫娃。" ❷ 类比；比并。元刘将孙《九皋诗集序》："宜其超然尘埃混浊之外，非复喧啾之所可～。" ❸ 匹偶；配偶。清钱谦益《三良诗·高侍郎平仲》："还家甫秣马，虏入沂城隳。抗辞骂凶丑，并命捐～。"胡天游《烈女李三行》："公子县南居，端正无～。"

【匹段】 pǐ duàn 缎匹；成匹的丝织品。唐韩愈《论变盐法事宜状》："平叔请令州府差人自粜官盐，收实估～。"宋《三朝北盟会编》卷七四："大金元帅因金银～数少，圣驾未得归回。"《元曲选外编·智勇定齐》二折："织下绫罗和～，未知那个着衣裳。"

【匹夫】 pǐ fū 对男子的詈称。金《刘知远诸宫调》一一："把瓦忓，着手掇，道'打脊～莫要朵。'"《元曲选·赵氏孤儿》五折："我今日擒拿你个老～！"明《古今小说》卷二一："～！造言欺我，合当斩首。"

【匹角儿】 pǐ jiǎo er 即"劈角"。元《三遂平妖传》一〇回："只见佛腔子中伸出一只手来，把张屠～揪住。"元明《水浒传》六六回："却才道罢，背后两个～揪住。"

【匹脸】 pǐ liǎn 同"劈脸"。元《三遂平妖传》一八回："看着神头鬼脸猛兽便射，唧筒血～便唧。"元明《水浒传》二五回："这妇人便去脚后扯过两床被来，～只顾盖。"明《金瓶梅词话》九四回："被春梅拿过来，～只一泼。"

【匹面】 pǐ miàn 同"劈面❸"。元杨梓《霍光鬼谏》三折："将霍山缠住拘，将霍禹～殴。"明《金瓶梅词话》九回："武二～向李外传打一拳来。"

【匹配】 pǐ pèi ❶ 分派；安排。《太平广记》卷六七引《通幽记》："遂起支分兵马，～几人于某处检校，几人于病人身上束缚邪鬼。" ❷ 配合；搭配。唐元稹《叙诗寄乐天书》："近世妇人晕淡眉目，绾约头鬓。衣服修广之度，及～色泽，尤剧怪艳。"宋黄公度《满庭芳》："不趁桃红李白，堪～、梅淡兰幽。"《元曲选·鸳鸯被》一折："〔正旦云〕人物如何？〔道姑云〕天生的一表非俗，～得你过。" ❸ 配偶；伴侣。宋元《古今小说》卷三三："若得此女以为～，足矣。"明吴宽《牡丹》："若向花间求～，扬州琼树是仙材。"清陈端生《再生缘》二回："世间男子万千员，谁似姑爷貌十全。你若后来寻～，焉能宋玉与潘安。" ❹ 斟酌；把握。元吴澄《诊脉指要序》："弦弱犹弓之有张弛，牢濡犹物之有坚硬。～自不容易，抑有难辨者焉。" ❺ 撮合；介绍婚姻。《元曲选·罗李郎》四折："则管里迷丢答都问。我须是～你的大媒人。"明柯丹邱《荆钗记》八出："说开说合非通容易，也全凭虚心冷气。～，端的是老娘为最。"

【匹聘】 pǐ pìn 婚配。《元典章·户部四》："承应乐人呵，一般骨头休成亲，乐人内～者。"明孟称舜《娇红记》二二出："我小姐和申郎，本是个兄妹排连，怎做得夫妻～？"清洪昇《长生殿》三〇出："只是奴家恁般业重，敢仍望做蓬莱座的仙班，只愿还杨玉环旧日的～。"

【匹然】 pǐ rán 突然；猛地。宋元《醒世恒言》卷一四："去那女孩儿太阳上打着，大叫一声。～倒地。"元《三遂平妖传》一回："那妈妈大叫一声，～倒地。"

【匹如】 pǐ rú ❶ 同"譬如❶"。唐白居易《和祝苍华（发神名）》："苍华何用祝，苦辞亦休吐。～剃头僧，岂要巾冠主。"元方回《丙申生一日七十自赋》之二："～月欠三分满，又似蓂飘六片初。"清厉鹗《邻墙杏花和桑弢甫》："却窥邻翁墙，晕脸本同产。～大小乔，东风嫁各遣。" ❷ 同"譬如❷"。唐元稹《酬乐天醉别》："好住乐天休怅望，～元不到京来。"元王伯成《天宝遗事诸宫调·明皇观素娥舞》："～向尘世为君，争如就月宫作赘。"清厉鹗《杨贞女诗》："～婿贫落，夙诺无参差。"

【匹如闲】 pǐ rú xián 同"譬如闲"。宋王安石《诉衷情·和俞秀老鹤词》之三："浆水价，～，也须还。何如直截，踢倒军持，赢取沩山。"《二程语录》卷二："视世之功名事业，真～。"刘过《水调歌头》："得之浑不费力，失亦～。"

【匹手】 pǐ shǒu 同"劈手❶"。元明《水浒传》一六回："那汉看见，抢来～夺住，望桶里一倾。"明《金瓶梅词话》四六回："人拿着毡包，你还～夺过去了。"

【匹似】 pǐ sì ❶ 同"譬似❶"。五代徐铉《离歌辞》之五："莫嫌春夜短，～梦襄王。"宋《生查子》："休休休便休，美底教他且。～没伊时，更不思量也。"清时铭《题明妃出塞卷子》："琵琶抛却不成弹，～妾身长断绝。" ❷ 同"譬似❷"。宋刘克庄《乍归》："架书多散乱，信手偶拈开。～前生读，茫然记不来。"杨万里《过杨树》："石桥两畔好人烟，～诸川别一川。"明无愠《示秀禅人》："胡为分宗作南北，～骨肉成乖离。”

【匹似闲】 pǐ sì xián 同“譬似闲”。宋《圆悟语录》卷二〇：“吸尽西江～，作客岂复尚机关?”元乔吉《乔牌儿·别情》：“觑得越女吴姬～，厌听那银筝象板。”金仁杰《追韩信》二折：“且相逢觑英雄～，堪恨无端四海苍生眼。”

【匹头】 pǐ tóu ❶同“劈头❶”。宋元《清平山堂话本·陈巡检》：“拔出所佩宝剑，～便砍。”《醒世恒言》卷一四：“连忙脱了衣服，把被～兜了。”元明《水浒传》三一回：“被武松就势推开去，抢人来把这后槽～揪住。” ❷同“劈头❷”。宋《朱子语类》卷六九：“圣人做一部《易》，如何却将两个偏底物事放在～?”元曾瑞《哨遍·秋扇》：“～上面阔，半路里腰折。”《元曲选外编·三夺槊》二折：“你心自量度，～上把他标写在凌烟阁。” ❸同“劈头❺”。元睢景臣《哨遍·高祖还乡》：“见一彪人马到庄门，～里几面旗舒。” ❹同“劈头❸”。清陈端生《再生缘》七八回：“回身走，急掀帘，～碰了一婵娟。” ❺犹“尺头❶”。清《野叟曝言》二八回：“众家人仆妇分别等次，各赏～。”《九云记》六回：“乃命出～金帛为礼，女冠坚意不受。” ❻复合量词。用于牲畜。明杨一清《为遵复旧制以修马政事奏》：“本寺见在孳牧止有马、骡、驴六千餘～。”清王太岳《铜政议》：“牛可载八十斤，马力倍之，一千餘万之铜，盖非十万～不办矣。”

【匹先里】 pǐ xiān lǐ 同“劈先里”。元佚名《柳营曲》：“～拿下王魁，省会了陈殿直，李勉那厮也听者。”

【匹亚】 pǐ yà ❶彼此相当、可以互相比较的。宋韩琦《和袁陟节推龙兴寺芍药》：“仙家冠子镂红云，金线妆冶无～。”元冯子振《十八公赋》：“夫然后知西都十八侯位次之元功，未足以当朔林十八公岑绝之～也。”清弘历《题唐岱孙祜合作寒谷先春图》：“我欲传其神，求诸其～。” ❷配偶。宋黄庭坚《寄陈适用》：“新晴百鸟语，各自有～。” ❸比并；比拟。明张宁《痴斋解》：“佯狂近有疾，将世所谓痴也。然一以承道系，～于圣贤；一以全宗国，不损于仁智。”清王夫之《绎思》：“续万祀之绝纽，启百灵之久蛰，自有天地以来，莫与～。”

【匹遇】 pǐ yù 遇合；配合。明《封神演义》八三回：“离龙坎虎相～，炼就神丹成不朽。”

【匹自闲】 pǐ zì xián 犹“匹似闲”。宋《朱子语类》卷五三：“《孟子》此一章，其初只是～容易说出来。”

【砶折】 pǐ shé 开裂折断。明《金瓶梅词话》六二回：“梦见东京翟亲家那里寄送六根簪儿，内有一根～了。”

【痞】 pǐ 郁结；窒塞不通。宋郭印《送计敏夫赴阙》：“胸中富经纶，忧国心屡～。”张耒《药戒》：“法令不听，治之不变，则秦之民尝～矣。商君见其～也，厉以刑法，威以斩伐。”

【痞包】 pǐ bāo 肿块。清《醒世姻缘传》五七回：“作祟的孩子看看至死，止有一口油气，又提留着个～肚子。”

【痞涸】 pǐ hé 窒塞。涸，堵塞。宋郑刚中《西征道里记》：“如久病困瘁之人，头目手足皆有生意，而中焦～，盖未易全复也。”

【痞积】 pǐ jī 郁结，也指这样的病症。唐王焘《外台秘要方》卷一二：“气痞丸，疗寒气～，聚结不通。”刘宗周《请告疏》：“缘臣中年以脾胃受伤，腹内遂成～。”清王士禛《香祖笔记》卷一一：“治～方，用大荜麻，去壳，一百五十个。”

【痞疾】 pǐ jí 腹部有肿块窒塞不通的病症。唐柳宗元《与李翰林建书》：“仆自去年八月来，～稍已。”元陈纪《故宋朝散郎赵公行状》：“至元甲午冬，忽得～。”清姜宸英《春秋四大国论》：“国之有强臣，如身之有～。”

【痞蹇】 pǐ jiǎn 窒塞不通(症)。蹇，不通畅。唐皮日休《以毛公泉一瓶献上谏议因寄》：“饮之融～，濯之伸拘挛。”

【痞结】 pǐ jié 犹“痞积”。唐王焘《外台秘要方》卷二：“此由病发于阳，而早下之热气乘虚而～不散也。”元赵汸《答蔡参政书》：“温热间作，～怔忡，弗能食饮。”清姜宸英《祭凌氏姊文》：“饮恨吞声，积成～。”

【痞块】 pǐ kuài ❶(腹部)肿块。宋陈言《三因极一病证方论》卷八：“郁而不行，遂聚涎饮，结积坚牢，有如～。”明《西湖二集》卷一八：“假说纪贵妃生了～，并非身孕。”清魏之琇《续名医类案》卷四七：“疟虽愈，而朝凉暮热，咳嗽骨立，～痛甚。” ❷比喻郁结的心绪。清方苞《与顾用方论治浑河事宜》：“在吾友则为保障亿兆之奇功，而仆四十年胸中之～，一旦消释，亦可以死不恨矣。”李渔《怜香伴》二一出：“这膏肓虽入在三春后，那～先成在十月头。”《驻春园》三回：“自隔楼赠帕，望雁传情，至今渺无竟耗，心中～结于膏肓。”

【痞闷】 pǐ mèn 同“痞满”。宋王衮《博济方》卷一：“心多惊悸，骨节酸疼。心胸～，两胁疼痛。”明袁中道《禅门本草补》：“衰者多滞鬲上，舌干口燥，咽喉少津液，常时～。”清《歧路灯》一〇回：“这潜斋欲解孝移的胸中～，笑道：‘孝老看见豕腹彭亨么?’”

【痞满】 pǐ mèn 郁结憋闷。满，通“懑”。唐孙思邈《备急千金要方》卷二三：“小鳖甲汤，治身体虚胀如微肿，胸心～，有气壮热。”明朱右《攖宁生传》：“丘彦材平居苦胸中～，愦愦若怔忡状。”清《歧路灯》一一回：“不过是一派阴翳之气～而已，保管一剂便见功效。”

【痞塞】 pǐ sè ❶郁结不通。唐王焘《外台秘要方》卷一：“瓜蒂散，主伤寒胸中～宜吐之方。”元谢应芳《醮星青词》：“手足拳挛，动若太山之挟；胸膈～，梗如云梦之吞。”明魏观《两浙寄子粟家》：“忡忡郁深忧，怀抱时～。” ❷阻隔不通。宋真德秀《谭州谕同官咨目》：“不以情达乎上，则上下～，是非莫闻。”郑刚中《关陕就绪利弊奏》：“夫关陕先就绪，而三京不能振起，则朝廷之德意政事，～于数千里之间。”

【痞徒】 pǐ tú 痞子；无赖。清严如熤《三省山内边防论》：“山内～闲游城市者，统谓之闲打浪。”

【痞胀】 pǐ zhàng 郁结肿胀。也指这样的病症。宋王衮《博济方》卷二：“烧石子茴香散，治下焦虚冷，脐腹撮疼，心胸～。”吴泳《答家本仲书》：“见说兄弟亲戚间，颠连而死于兵难者颇众，痛贯心鬲，积成～。”清《镜花缘》六一回：“精血渐消，或成痰饮，或成～。”

【痞症】 pǐ zhèng 犹“痞疾”。明薛巳《薛氏医案》卷四七：“若服苦寒疏通，反伤中气，通而不止，或成～。”刘宗周《再辞少司空疏》：“伏念臣先年脾胃受伤，遂成～。”清《野叟曝言》一九回：“二小女向有～，今日忽然发作。”

【劈】 pǐ 另见pī。分；分出。《唐会要》卷八四：“其所招之口，不得将当处大户～为小户。”清《醒世姻缘传》七八回：“再～出一半来做个东道，堵住了众人的嗓根头子，这事也就罢休。”

【劈柴】 pǐ chái 劈成条、块状的木柴。《元典章·刑部四》：“本妇抵玮不肯实说，以此用～于乞赤斤沿身并头上乱打。”明陈铎《耍孩儿·嘲巫人》：“大厮八坐定歪交椅，硬别邦拿着大～。”《二刻拍案惊奇》卷三一：“走到灶下取一根～来，先把李旺打了一个下马威。”

【擗】 pǐ ❶同“劈❹”。《祖堂集》卷一〇《长庆和尚》：“～脊棒汝，还甘也无?”元明《水浒传》七三回：“李逵赶上，～衣领揪住。”明《拍案惊奇》卷二：“晓得他这去不尴尬，拦腰抱住，～胸扯回。” ❷ 塞；插。宋李诫《营造法式》卷三：“于水窗当心平铺石地面一重，于上下出入水处侧砌线道三重，其前密～石桩二路。”金《董解元西厢记》卷二：“把夹钢斧～在战鞍。”元王祯《农书》卷一六：“横用枋桯相拶，复竖插长楔，高处举碓或椎击，～之极紧，则油从槽出。” ❸ 别；挡。金《董解元西厢记》卷二：“～过钢枪，刀又早落。”元王祯《农书》卷一八：“其(水)车之所在，自上流排作石仓，斜～水势，急凑筒轮。”《元典章·刑部四》：“栗林内一同射要鹅，不防树枝将箭～住，将马帖射伤身死。” ❹ 区分；分出；分给。金《刘知远诸宫调》一二：“休学这汉没思虑，与我待～赢输。”明徐光启《农政全书》卷三一：“另～一房，不令杂人出入。决要南北窗，以剪剪叶，旦暮抬分，兼夜频饲。”《金瓶梅词话》七三回：“他还说我背地得了多少钱，～了一半与他才罢了。”

【擗拨】 pǐ bō 分割拨给；交割。宋洪迈《容斋五笔》卷一：“王安石当国，言曰：‘将欲取之，必固与之。’于是诏不论有无照验，～与之。”《续资治通鉴长编》卷二六二：“今已指挥韩缜等，一就检视～处，以分水岭为界。”

【擗掉】 pǐ chāo 同“擗绰”。掉，通“绰”。元刘时中《折桂令·张肖斋总管席中》：“且留连茅舍洼樽，选甚清浑，论甚朝昏。～会闲里光阴，醉里乾坤。”汪元亨《沉醉东风·归田》之九：“～起疏狂性格，支撑住老朽形骸。”

【擗绰】 pǐ chāo 打发；收拾。元佚名《满庭芳》：“契丹家～了穷双渐，两下里心绪恹恹。”

【擗初头】 pǐ chū tóu 同“劈初头”。宋《朱子语类》卷七：“如说‘钦思文明’颂尧之德，四个字独将这个‘敬’做～。”又卷二三：“上蔡说‘思无邪’一条，未甚亲切，东莱诗记编在～。”又卷五三：“《中庸》说‘知仁勇’，把‘知’做～说，可见‘知’是要紧。”

【擗地】 pǐ dì 倒扑于地；倒地。《敦煌变文校注》卷四《降魔变文》：“天王回顾震睛看，二鬼迷闷而～。”明胡应麟《应文学墓志铭》：“比终扶榇还，值洪水涨溢。柩展转急流，君～吁天，誓俱没。”清《医宗金鉴》卷二：“此阳虚，遂有发热眩悸，身瞤动欲～之证。”

【擗割】 pǐ gē 割让。《续资治通鉴长编》卷二六一：“傥或未从～，仍示稽违，在往复以难停，保悠长而岂可。”

【擗缉】 pǐ jī 捉拿；缉捕。《元典章·刑部十六》：“不行～正贼，辄将平民包含等三十九名逼勒虚招作贼。”

【擗开】 pǐ kāi ❶ 同“劈开❹”。《祖堂集》卷一四《石巩和尚》：“师架起弓箭，叫云：‘看箭。’三平～胸受。”宋《三朝北盟会编》卷八二：“刘思使左右人～手，被众番人打破头面，领在一边。”明《古今小说》卷三八：“这妇人爬将起来，抹了眼泪，～胸前，两奶抓得粉碎。” ❷ 同“劈开❷”。宋吴彦夔《传信适用方》卷下：“以刀～揭薄，用白沙蜜不酸者壹两，微入水少许调解。”

【擗栏】 pǐ lán 拦挡；拦截。宋司马光《乞优赏宋昌言札子》：“赖陛下圣明，断在不疑，必使之修置土约。今秋～得水势一并入东流。”《续资治通鉴长编》卷四四二：“截却漫水更不向北行流，显见～水势一布东注，冲刷府城之上签横、顺水等堤。”

【擗脸】 pǐ liǎn 同“劈脸”。元明《水浒传》七二回：“提起把交椅，望杨太尉～打来。”

【擗掠】 pǐ lüè ❶ 收拾；整治。《续资治通鉴长编》卷四四八：“将梁村口至孙村河身内妨碍处，取豁～，候冰冻消释，相地形顺便，随宜开导。”金《董解元西厢记》卷一：“小斋闲闭户，没一个外人知处。一间儿半，～得几般来清楚。”元《通制条格》卷五：“提点～试院，差廉干官一员，度地安置席舍。” ❷ 涂抹妆饰。《元典章·刑部十九》：“如是好眼的，故意～得眼歹的人每，寻出来呵，要罪过者。” ❸ 摆脱；解脱。元曾瑞《蝶恋花·闺怨》：“强解开闷套头，硬剁开愁羁绊，先～凄凉两般。”朱庭玉《梁州第七·妓门庭》：“才～的花笺脱洒，恰填还的酒债伶俐，近新来又惹肠腌题月拇着他模样消的憔悴。”

【擗面】 pǐ miàn ❶ 同“劈面❶”。《祖堂集》卷一一《惟劲禅师》：“拟议终成山海隔，～浑机直下全。” ❷ 同“劈面❸”。金赵秉文《宋黄庭坚书龙会遍参歌跋》：“更当唤起山谷问曰：‘闻桂香乎？’若复曰：‘闻。’当～与他一掌可也。”

【擗手】 pǐ shǒu ❶ 撒开手，指死。《敦煌变文校注》卷六《大目乾连冥间救母变文》：“一朝～人长棺，空浇冢上知何益。” ❷ 同“劈手❷”。元明《水浒传》二四回：“武松～夺来，泼在地下。”

【擗算】 pǐ suàn 剖竹于地，卜算吉凶。西夏、辽、金的一种卜筮方式。宋曾巩《隆平集》卷二〇：“(夏国)将出兵，先卜四。一用艾灼羊夹面骨以求兆，谓之炙勃焦。二擗竹于地若揲蓍以求数，谓之～。”

【擗恸】 pǐ tòng 捶胸悲恸。清钱谦益《敕封安人丁氏坟前石表辞》：“～临穴，哀感行人。”

【擗脱】 pǐ tuō 掰脱；撕扯脱出。清《荡寇志》八〇回：“左边大腿～了臼，行立不得。”

【擗析】 pǐ xī 分析；剖析。宋梅尧臣《读月石屏诗》：“苏子苦豪迈，何用强引犀角蚌蛤巧～。犀蛤动活有情想，石无情想已非的。”

【擗心】 pǐ xīn 同“劈心”。《敦煌变文校注》卷二《韩擒虎话本》：“况(向)前雕咽喉中箭突然而过，况(向)后雕～便着，双雕齐落马前。”

【擗抑】 pǐ yì 捶胸俯首。宋真德秀《宋故乡贡进士黄君墓志铭》：“呜呼伤哉，～失声。”

【擗约】 pǐ yuē 分减约束。《续资治通鉴长编》卷四八：“况黄河百川所聚，乃天地之脉络。岂有以人力多方～，不顺其性。”《宋史·河渠志二》：“于大吴北岸修进锯牙，～河势。”

【擗竹】 pǐ zhú 同“劈竹❸”。《敦煌变文校注》卷二《韩擒虎话本》：“箭既离弦，世(势)同～，不东不西，况(向)前雕咽喉中箭突然而过。”

pì

【屁】 pì ❶ 比喻极轻贱毫无价值的东西。宋元《清平山堂话本·李翠莲》：“爹娘且请放心宽，舍此之外直个～。”《元曲选外编·独角牛》一折：“〔折拆驴云〕我问你这擂如何？〔正末云〕你这擂直～。”清《醒世姻缘传》八四回：“叫人看出来，一个～也不值了。” ❷ 指斥言语行为荒谬无价值。《元曲选·盆儿鬼》三折：“你不见了牛呵，干俺～事。”明《古今小说》卷一〇：“老爹爹纵有万贯家私，自有嫡子嫡孙，干你野种～事。”清《歧路灯》三九回：“声名？声名中～用。” ❸ 詈称人说的话。元明《水浒传》一〇二回：“你敢开了那鸟口，轻慢我的棒，放出这个～来。”明《拍案惊奇》卷一〇：“只看婚约是何人写的？如今却放出这个～来。”清《红楼梦》七回：“别放你娘的～了。”

【屁嗤狼烟】 pì chī láng yān 屁多貌，形容焦急。清《聊斋俚曲·俊夜叉》：“赌博输的～，着急寻法去抓钱。”

【屁雌寡淡】 pì cí guǎ dàn 受冷淡没有意致情绪貌。雌，通“呲”。受人冷淡或斥责曰挨屁呲。寡淡，无趣貌。清《醒世姻缘传》二二回：“付惠望着任直拱一拱。道：‘多扰，多扰。不着你这二钱银子，俺们～的怎么回去？’”

【屁股】 pì gu 臀部。《元曲选外编・敬德不伏老》三折：“夜晚间又要洗洗澡，槌槌腰，剌剌～儿。”清袁枚《子不语》卷九：“汝等河水鬼赤～在水中，并无衣服要做，何所用之？”

【屁股门】 pì gu mén 肛门。明《金瓶梅词话》三五回：“大白日和那奴才平白两个关着门在屋里做什么来，左右是奴才臭～子。”清《玉蟾记》一三回：“童生屎到～，要出恭呢。”

【屁股臀】 pì gu tún 臀部。清《天豹图》三回：“那花子能因被施碧霞踢着了～，疼痛难当。”

【屁股眼】 pì gu yǎn ❶ 肛门。清《醒世姻缘传》一四回：“恐怕唬得从～里吊出心来。” ❷ 詈称人的嘴。清《醒世姻缘传》六八回：“布施的米粮麦豆，大布袋抗到家去，擗他一家的～子。”

【屁滚尿流】 pì gǔn niào liú ❶ 极度惊恐紧张貌。《元曲选・李逵负荆》四折：“你要问俺姓名，若说出来，直唬的你～。”元明《水浒传》七五回：“这一干人吓得～，飞奔济州去了。” ❷ 狼狈不堪貌。元明《水浒传》二九回：“这几个伙家捣子，打得～，乖的走了一个。”又六六回：“要和尚烧得头焦额烂，麻婆子赶得～。” ❸ 极其高兴貌。明《金瓶梅词话》三三回：“到次日与了潘姥姥一件葱白绫袄儿，两双缎子鞋面，二百文钱，把婆子喜欢的～。”清《红楼梦》二回：“封肃喜的～，巴不得去奉承。”

【屁话】 pì huà 詈词，指斥人说的话。明袁于令《西楼记》一三出：“不去惩治家人，埋怨父亲，到来与我聒絮，可不是～么。”清《醒世姻缘传》三三回：“你说的通是～。”《都是幻・梅魂幻》五回：“谁有工夫跟随你去，好～。”

【屁精】 pì jīng 贬称男妓。也用作詈词。明《宜春香质》雪集五回：“就有那些光棍弄他去赌，不消年把功夫，弄得依然是个空身～。”清曾衍东《小豆棚》卷七：“孔乃自耸其臀，曳妻手而抠之，曰：‘此一节是也。’妻笑曰：‘即使成仙，将来亦是～。’”《儒林外史》二四回：“只疑惑是那一位翰林、科、道老爷，错走到我这里来吃茶，原来就是你这老～。”

【屁孔】 pì kǒng 肛门。明《禅真逸史》二〇回：“坐在马桶上，只觉得腿和阴子～就如有物辣的一般，刺得生疼。”清《绿野仙踪》九五回：“金钟儿若到他面前，与他洗脚根舐～，也不要他。”

【屁窟】 pì kū 肛门。明汤显祖《牡丹亭》二三出：“你是那好男风的李猴，着你做蜜蜂儿去，～里长拖一个针。”

【屁门】 pì mén 肛门。明《宜春香质》风集一回：“小孙道声‘怕人’。李屌已到～。”清《野叟曝言》四五回：“头顶上冒去三魂，～中吊出五脏。”

【屁盘虫】 pì pán chóng 一种长圆形能放臭气的虫子。明朱橚《普济方》卷二八七：“豆豉二十一粒，～七枚，右同研细，滴水丸捻如雀粪大。”

【屁轻】 pì qīng 极轻。清《无声戏》八回：“前日掇进去，是极重的，如今都～了。”又：“拈一锭上手，果然是～的。”

【屁烧灰】 pì shāo huī 形容极轻微，没分量。明《禅真后史》四回：“原想人命重情，是一窟银窖，谁知撞着～的精酸鬼。”《欢喜冤家》六回：“就是不致偿命，银子也得他几千，怎生就这般～住了。”

【屁屎胡】 pì shǐ hú 麻将中一种价值轻微极容易和的和牌。比喻没担当存不住事的人。清《霓裳续谱・惧内的苦》：“我的小舅子，是个～，回家告诉我的丈母。”

【屁头】 pì tóu 放松辔头，让马奔跑。明《鼓掌绝尘》一二回：“扳着鞍腾空跃上，一个～就跑了十多箭路。”

【屁眼】 pì yǎn 肛门。《元曲选・渔樵记》二折：“娘子，娘子，倒做着～底下穰子。”明《朴通事谚解》卷中：“夹着那～东走西走，不得捻指歇息。”清《野叟曝言》二七回：“张妈满心欢喜，连～都要笑起来。”

【屁则声】 pì zé shēng 放屁声，比喻难听的声音。元刘庭信《寨儿令・戒嫖荡》：“～乐器刁决，颓厮㺃财礼全别。”

【屁脂拉子】 pì zhī lā zi 放屁声。形容时间极短。清《醒世姻缘传》五八回：“叫小随童撵的去了，待不的一～又来了。”

【辟】 pì 批驳；驳斥。宋王安石《答司马谏议书》：“～邪说，难壬人，不为拒谏。”《朱子语类》卷一〇一：“若五峰说话中辨释氏处却胡涂，～他不倒。”

【辟然】 pì rán 同“匹然”。宋元《清平山堂话本・杨温传》：“一棒望小腿上打着，李贵叫一声，～倒地。”

【辟仗】 pì zhàng 近卫仪仗。辟仗，箭名，用作信符，跟宫内鹘箭验合，方能启宫门迎驾。《唐律疏议》卷七：“若于～内误遗兵仗者，杖一百。”《新唐书・突厥传》：“我闻晋王丁夜得～出，我乘间突进，可犯行在。”宋杨亿《次韵和史馆盛学士朝退书怀》：“～开天阍，垂旒操斗极。”

【僻】 pì ❶ 劈；裂。《敦煌变文校注》卷六《金刚丑女因缘》：“双脚跟头皴又～，发如驴尾一枝枝。” ❷ 冷僻不常见。唐张读《宣室志》卷六：“此中郎过耳，为～韵而滞捷才。”宋欧阳修《六一诗话》：“先生老辈患其多用故事，至于语～难晓，殊不知自是学者之弊。”清《娱目醒心编》卷一一：“话说前朝有一官人，姓盖，是《百家姓》上一个～姓。” ❸ 孤介，不随俗。唐柳祥《潇湘录》：“老僧性～，复恶其尘杂甚，不允。”元王爱山《上小楼・自适》：“思古来屈正则，直恁地禀性～。” ❹ 嗜；嗜好。通“癖”。唐曹邺《对酒》：“爱酒知是～，难与性相舍。”《太平广记》卷二〇一引《罗绍威传》：“又～于七言诗，每歌酒宴会，池亭游览，靡不赋咏。”清张潮《虞初新志》卷二〇：“余最～古器，幸而购得，宝玩不已。” ❺ 绷(běng)；板(脸)。金《董解元西厢记》卷五：“甫能相见，～着个庞儿那下，尽人问当，佯羞不答。” ❻ 低矮；低下。元滕斌《普天乐》：“小径幽，茅檐～，秋色南山独相对。”《元曲选外编・拜月亭》四折：“俺这新女婿那嘲掀，瞅的我两三番斜～了新妆面。”

【僻隘】 pì ài ❶ 偏僻狭小。也指偏僻狭小之地。宋熊克《中兴小纪》卷一一：“池、江二州地势～，失祖宗公道置帅之意。”明梁潜《东昌志后序》：“东昌虽蕞尔～，见于纪录。如此，则亦乌可小之也。”清吴伟业《遗安堂答客问》：“夹河小屋，缭以短垣，上庳下陋，湫尘～。” ❷ 孤陋狭隘。明叶山《叶八白易传》卷四：“则夫怀笃固于～之中，昵比附于卑陋之末。”杨守陈《宁波府修庙学记》：“然自汉以至于今儒之～者，岂独不欲帝吾圣师？”

【僻安】 pì ān 偏安；苟安于一方。明韩昂《图绘宝鉴续编》：“有言马远、夏珪者，辄斥之曰：‘是残山剩水，宋～之物也。’”

【僻暗】 pì àn ❶ 偏僻阴暗。元明《水浒传》二七回：“张得那妇人转身入去，却把这酒泼在～处。”明卢之颐《本草乘雅半偈》卷七：“(伏翼)多处深山崖穴中及～处，乃鼍虱与鼠所化。” ❷ 偏颇糊涂。清雍正四年七月初一日李绂奏文：“然所参者张球而已，至田文镜止谓其性情～，非谓其徇私。”

【僻坳】 pì ào 偏僻不平坦。也指这样的地方。明潘季驯《条议宁州地方善后事宜疏》：“其深山～处所，豪族巨姓，通行查出，籍名于官。”《禅真逸史》一〇回：“深草内虫声唧唧，～里鬼哭啾啾。”清《东周列国志》四六回：“收检尸骨，用草为椁，埋藏于山谷～之处。”

【僻拗】 pì ào 另见 pì niù。偏僻拗脚，通行不便。明《古今小说》卷三:“那条街俱是营里军家,不好此事,路又～,一向没人走动。”清《一片情》五回:“那白家房屋幽静～。”

【僻傲】 pì ào 偏颇傲岸。明孙传庭《庞云涛孝廉至留酌衙斋》:“余才原～,汝意故粗豪。”清潘天成《戊辰岁寄许一清先生书》:“如弟之穷酸～,人人鄙弃。”

【僻奥】 pì ào ❶偏远。也指偏远之地。《宋史·食货志下七》:“小民多于山谷～之地,私鬻侵利。”明张宇初《故上清宫提点张公墓志铭》:“间寻流而入,得～地,乐之,结茅其麓。”清钱柏龄《游通天岩阳行先隐处》:“仙源湛水木,万古藏～。” ❷生僻深奥。《续资治通鉴长编》卷一八九:“其它诗赋碑记,多裁取古语骈偶之,务为奇险～。”清黄宗羲《前乡进士泽望黄君圹志》:“其诗初喜～,余一变而之冷淡。”薛雪《一瓢诗话》:“若捃摭故实,翻腾旧句;或故寻～,以炫丑博。乍可潜形牛渚,终遭温峤然犀。”

【僻侧】 pì cè ❶歪斜;倾侧。唐柳宗元《斩曲几文》:“勾身陋狭,危足～。支不得舒,胁不遑息。” ❷偏僻。也指偏僻之地。《旧唐书·李君球传》:“彼高丽者,～小丑,潜藏山海之间。”元张雨《过太湖》:“渼滵鱼龙戏,～凫雁宿。”马祖常《送雅勒呼参书之官静江诗序》:“正卿宜在馆阁华要,与諏访献纳发谋议佐政事,而事效于静江荒远～、隅山湫海之地。” ❸邪僻不正经;偏颇狭隘。宋夏僎《尚书详解》卷二四:“便僻者,谓前却俯仰,以足为恭;侧媚者,谓为～之事,以求媚于人。”明吾谨《与王伯安先生书》:“自知夫体用一原之学,而～固陋之习已渐埽矣。”陈子龙《姑篾余式如纯师集序》:“夫文者……非取夫骫骳～、怪说琦辩、使人幽结而无所纠持也。”

【僻掉】 pì chāo 同“擗掉”。元孙叔顺《一枝花》:“闲是闲非,～的都伶俐,百年身图画里。”

【僻蠢】 pì chǔn 偏执愚直。唐韩愈《论捕贼行赏表》:“伏望恕臣愚陋～之罪,而收其悬款诚至之心。”

【僻恶】 pì è ❶邪恶。唐李冗《独异志》:“梁沈约家藏书十二万卷,然心～,闻人一善,如万箭攒心。”赵蕤《长短经》卷四:“远佞人,去～,有旨哉。” ❷少见而性质恶劣。唐苏鹗《杜阳杂编》卷上:“发白者应时而黑,及沉痾眇跛诸～之病,无不疗焉。” ❸偏僻而条件恶劣。唐明薛瑄《汾阴阡表》:“先公不以其地～介意,欣然结茅以居。”

【僻固】 pì gù ❶偏颇固执。宋欧阳修《梅圣俞墓志铭》:“至于他文章皆可喜,非如唐诸子号诗人者～而狭陋也。”明孙承恩《黄洲赋》:“余生之～兮,仰洁芳而兴慕。”清黄宗羲《安邑马义云诗序》:“夫人而能为诗,则自信其诗,于是～狭陋之病盘结胞胎。” ❷偏僻孤陋。宋王阮《试礼部对策》:“今议者徒习吴越之～,而不知秣陵之通达。”

【僻怪】 pì guài 邪僻少见;偏颇怪诞。宋徐兢《宣和奉使高丽图经》卷四〇:“父子同寝,亲族同桴,～也。”金刘祁《归潜志》卷六:“又题石潭云:‘石裂雯华浸月秋’,又‘松阴滚碎阑干角’。其它多～不可晓。”清田雯《卢南村公传》:“为文章不屑雷同,笔墨飞动,无饾饤～之习。”

【僻诡】 pì guǐ 偏颇怪诞;邪僻诡诈。宋胡三省《通鉴释文辩误》卷二:“共槽枥而食者,以犬马为谕也。何必为～之说以疑误后学。”明陶安《黄老》:“末世怪诞流,放荡言～。”陈子龙《储将才》:“可属大事者,我尊显之;其泛驾者,我节取之;最～不可用者,我借事诛之。”

【僻好】 pì hào ❶偏爱;特别喜好。唐元稹《叙诗寄乐天书》:“适值河东李明府景俭在江陵时,～仆诗章,谓为能解。”宋朱熹《郑公艺圃折衷辨》:“近世欧阳永叔、王介甫、苏子瞻者徒～其书,呜呼!斯文衰矣。”明葛昕《仲弟检讨奠文》:“前有书来,谓余～木石,栽竹成趣。” ❷嗜好。特指偏颇的嗜好。唐李纯《贬李位建州司马诏》:“名教之内,本无异端;典刑之中,岂容～。”宋陈直《寿亲养老新书》卷一:“有好佛事者,有好丹灶者。人之～,不能备举。”清周金然《度九龙山》:“山僧知我～奇,导入山中险绝处。”

【僻合】 pì hé 拼合,指交锋。《元曲选外编·三夺槊》三折:“俺那沙场上武艺～,他每枕头边关节儿更紧。”

【僻坏】 pì huài 破败;败坏。明陈子龙《与戴石房书》:“乃敝邑则～,而珂里固名都也。”清魏象枢《宋烈女未嫁殉夫作此纪之》之一:“～几曾娴内则,天良原未着人为。”

【僻简】 pì jiǎn 地僻事简。明清时铨官,按所处地理冲僻、政务繁简分别等第。明王世贞《中宪大夫吴公神道碑铭》:“山郡～安吾慵,谁呼阳侯鞭毒龙。”清慕天颜《浮粮坍荒二弊议》:“即才短之官,原非贪墨昏庸者,补一～之地,亦得保全寸进。”

【僻介】 pì jiè ❶偏处(piān chǔ)。唐陆贽《兴元论续从贼中赴行在官等状》:“朝廷～于远郡,道路缘历于连山。”宋杨亿《议灵州事宜状》:“盖朔方之故墟,即匈奴之旧壤。～西鄙,悬绝诸华。”元洪希文《兴化县新建庙宇塑圣师像》:“矧兹十室,～一方。庙宇聿新,笾豆就行。” ❷偏执耿介。宋周密《齐东野语》卷七:“擢赋性～,素不与内侍往还。”

【僻近】 pì jìn ❶(位置)靠近(某一边)。唐杜甫《夏日李公见访》:“贫居类村坞,～城南楼。”元刘敏中《次韵答子昂见示》之三:“遗情应未到忘情,犹爱幽居～城。”清潘高《忆幼子》:“今春忽假馆,～西山偏。” ❷(识见)偏颇不远大。清厉鹗《宿佛日净慧寺》:“平生参诸方,～苦未晓。”

【僻净】 pì jìng 同“僻静”。元明《水浒传》贯华堂本四回:“那老儿直拖鲁达到～处,说道:‘恩人,你好大胆。’”明《警世通言》卷二八:“他要进去,你可另引他到后面～房内去。”清《幻中游》七回:“街西头我有一处闲房,甚是～。”

【僻静】 pì jìng 犹“背静”。唐姚合《酬田就》:“闲居多～,犹恐道相违。”元刘时中《端正好·上高监司》:“比及烧昏钞先行摆布,散夫钱～处俵与。”清《红楼梦》一一一回:“说着,拉了那人走到一个～地方。”

【僻绝】 pì jué (地理)偏远阻绝。也指偏远阻绝之地。唐元稹《论教本书》:“游不得恣追禽逐兽之乐,玩不得有遐异～之珍。”宋曾巩《尹公亭记》:“随为州去京师远,其地～。”明唐顺之《赠宜兴尹林君序》:“不为游贾于四方,而四方贾人亦以～,罕至其地。”

【僻懒】 pì lǎn 乖僻懒散。唐元稹《叙诗寄乐天书》:“性复～,人事常有闲暇。”宋薛师石《横参楼和老杜韵》:“～便幽处,江湖深隐心。”明袁宏道《吴山》:“奈何辱郡郭之内,使山林～之人亲近不得。”

【僻戾】 pì lì ❶偏执乖张。唐陆贽《论裴延龄奸蠹书》:“况延龄以素本～之质,而加之以狂躁满盈。”清朱鹤龄《赠洪广文计偕序》:“许氏一书为字林金科玉律,乃其重复阙佚、～而未可信者,尚多有之。”潘諮《常语》:“介甫举动～过深源,而胸次究与晋人少异。” ❷犹“僻介❶”。戾,止。明郑善夫《与近夫书》:“比入北,人事风物倍协愁端。维君～海隅,维太初寓迹无端。”

【僻拗】 pì niù 另见 pì ào。偏颇执拗。清汤斌《王似斋诗序》:“近时取青媲白与夫险仄～者,尤不可同日语矣。”

【僻然】 pì rán 同“匹然”。宋元《清平山堂话本·杨温传》:“强人捽住,用刀背剁铡,暗气一口,～倒地。”《警世通言》卷三七:

“道罢，～倒地。苗忠方省得是这尹宗附体在秀娘身上。”

【僻涩】 pì sè 冷僻晦涩。五代孙光宪《北梦琐言》卷六：“贾岛以其～之才，无所采用。”明宋濂《樗散杂言序》：“组织事实，矜悦葩藻，～难知，强谓玄秘。”清朱鹤龄《竹笑轩诗集序》：“一时附和之者，往往入于～无理，以俚率为真，以晦蒙为奥异。”

【僻时】 pì shí 犹“背时”。明《金瓶梅词话》七五回：“把俺每这～的货儿都打到揣了号听题去了，后十年挂在你那心里。”

【僻嗜】 pì shì 犹“僻好❶”。辽陈觉《秦晋国妃墓志铭》：“～书传，晚节尤甚。”清李清馥《闽中理学渊源考》卷七四：“(郭元恺)～书史，积箱数十。”吴寿昌《题马香谷所藏王履吉借券》：“马君吴人～古，所好物聚烦爬搔。”

【僻厅】 pì tīng 即“背厅”。明《金瓶梅词话》七二回：“那李铭便过来，站在槅子边，低头敛足，只见～鬼儿一般。”

【僻伪】 pì wěi 怪僻伪饰。清《野叟曝言》二回：“以坚辩之言文，～之行，何怪愚夫愚妇，靡然而从之乎？”

【僻小】 pì xiǎo 偏僻狭小。也指偏僻狭小之地。唐陆贽《论叙迁幸之由状》：“昔太王以避狄而兴周，文王以百里而王，是乃因危难而恢盛业，由～而阐丕图。”明方文《石埭访姚六康》：“上言县～，讼庭草萋萋。”《醒世恒言》卷三八：“又走过一座高山，这路径渐渐～。”

【僻性】 pì xìng 孤僻或怪僻的性格、嗜好。唐张祜《庚子岁寓游杨州赠崔荆》：“～从他谕，幽情且自矜。”明《二刻拍案惊奇》卷八：“元来这丁生少年才俊，却有个～，酷好的是赌博。”清《醒名花》一四回：“下官只因～迂拙，一味执法，与世相忤。”

【僻野】 pì yě ❶ 偏僻野地。唐陈溪《彭州新置唐昌县建德草市记》：“像设之仪莫识，钟磬之声不闻。～深郊，转为聋俗。”宋程俱《答罗竦贡元书》：“今又不鄙遗书，若见所畏者。是岂寂寞之滨、～之士所宜得于俊造者哉？”清梁凤翔《孝感县志田赋总论》：“又虑～愚氓弗能周知，更为印发知单，遍给田户。” ❷ 乖僻疏野。宋石介《辨谤》：“性～，以介特自守。”元王恽《洄溪记》：“王子性～，喜泉石。” ❸ 偏僻野蛮；偏僻荒凉。元王恽《河内修武县重修庙学记》：“覃怀风土距太行之阳，川夷气淑，山水秀丽，远而舒发于宁者为多，故人杰地灵，自昔无荒寒～之陋。”明《禅真逸史》一〇回：“日间藏躲古寺深山乡村～之处，黑夜行路。”《别有香》一二回：“屋靠丛林，门迎海面。亦是极～的所在。”

【僻异】 pì yì 怪异；诡异。《法苑珠林》卷四一：“至宋太始初，忽如～，居止无定，饮食无时。”宋强至《将仕郎陆先生墓志铭》：“凡圣经贤史、九流百家、～祇说，无不读。”清陆世仪《思辨录辑要》卷三〇：“然当时李定、何正臣亦劾其学术迂阔，趋向～，何欤？”

【僻逸】 pì yì ❶ 乖僻闲逸。元王恽《故普济大师刘公道行碑铭》：“吾雅性～，恬于世味。” ❷ 怪异亡佚。清《四库总目提要·西台漫记》：“是书杂记见闻，多及～幽怪之事。”

【僻隐】 pì yǐn ❶ 冷僻不显，幽隐难知。也指这样的事例。宋王存《详议科举事奏》：“近世制科所试论策题目，务出于～难知。”元王恽《管勾推公墓碣铭》：“而～赘异等疾，在方伎所无者，公率能望知意料。”明崔铣《王文庄公文集序》：“暗述古昔，不谬方名，旁举～，若称章句。” ❷ 偏僻隐蔽。元方回《善应庵记》：“～之地，轮蹄隔绝。”清惠士奇《礼说》卷一三：“盖燕飨在堂，履杖不上堂，陈于陛下～之处。”周拱辰《履说》：“君子三爵而退，跪而取履也，～而后履。” ❸ 幽隐不同流俗或不显于世。明陈子龙《拟山巨源答嵇叔夜绝交书》：“足下之所为～诞躁，当有病狂之弃。”杨士奇《知事府君小传》：“襟怀坦夷，宽裕于人，无怨恶，不以～而堕其所守。”清汤斌《星聚堂记》：“道德纯备，不乐仕进，不为～，忧天悯人，守先待后。”

【僻幽】 pì yōu 偏僻幽远。也指这样的地方或人事。唐王昌龄《送任五之桂林》：“羁谴同缯纶，～闻虎豹。”元汪克宽《横野楼记》：“居旷衍者乏佳赏，处～者绝遐观，岂天实啬之？”清陈奉兹《康观察于睢宁建周忠武将军祠》：“立庙逢观察，为文表～。”

【僻隅】 pì yú 偏于一隅。也指这样的地方。唐柳宗元《答元饶州论政理书》：“永州以～，少知人事。”清《风流悟》七回：“～弱国，并不敢有抗天朝。”《歧路灯》一〇五回：“日本国本系海外～，向来颇知臣服。”

【僻愚】 pì yú 隐僻不显；僻陋愚昧。宋叶適《忠翊郎致仕蔡君墓志铭》：“故我之所以能安于～，不慕势利者，我父既不以养己者责我，而又宽我儿女猥众之忧故也。”明梁潜《延真观紫微阁碑记》：“牖彼～，释其缪迷。”陈子龙《释愁文》：“太卜示兆，云有神人，解此～。”

【僻执】 pì zhí 偏执。《法苑珠林》卷二八：“若见佛可尊可敬，即见凡可卑可慢。若起此心，还成～。”宋黄榦《与潘谦之》：“生平～，误事如此，可以为戒也。”薛季宣《文辩》：“唯检束则无滥溢弥漫，唯公平则无险怪～。”

【僻直】 pì zhí 犹“僻介❷”。唐萧颖士《庭莎赋》：“待诏阙下，～多忤，连岁不偶。”元王恽《碑阴先友记》：“性～，数从事郡府，少不合，辄望望弃去。”

【僻滞】 pì zhì ❶ 偏僻阻滞。指仕进不显。《新唐书·元稹传》：“又以～华首之儒，备侍直、侍读。” ❷ 偏执拘泥。宋陈渊《介堂记》：“介者，不同于众，与物多忤，其失为矫激，为～，为执而不通，为隘而不容。”明崔铣《绝句博选序》：“唐人尚兴而失之浮丽，宋人谈理而失之～。”

【僻竹】 pì zhú 同“劈竹❸”。《敦煌变文校注》卷二《韩擒虎话本》：“箭发离弦，势同～。”

【僻阻】 pì zǔ 偏远阻隔。唐吕颂《为张侍郎乞入觐表》：“伏以遐荒～，控带诸藩，溪洞蛮夷，性本生梗。”清沈起元《治台湾私议》：“凡台郡平埔内之山，层叠～，树木丛杂，溪壑阴邃。”

【譬比】 pì bǐ 好比；如同。明袁华《朱节妇墓》：“～曹令女，夫死家诛夷。”清常德《恭预千叟宴颂诗》：“受生幸如何，共乐逢昌期。～韶春中，小草发华滋。”

【譬夫】 pì fú 犹“譬比”。唐李世民《大唐三藏圣教序》：“～桂生高岭，云露方得泫其花；莲出渌波，飞尘不能污其叶。”宋欧阳修《答圣俞白鹦鹉杂言》：“谓此莹然而白者，～水之为雪而为冰，皆得一阴凝结之纯精。”清汪由敦《跋手抄墓铭举例》：“综而次之，条别同异，而原其所自始。～制器者，举成器而按其方圆，以得其尺度，然后施墨而运斤焉。”

【譬如】 pì rú ❶ 犹如；如同。敦煌词《剑器词》之二：“丈夫气力全，一个拟当千。……～鹘打雁，左右悉皆穿。”元许衡《大学直解》：“明德、新民～两件物，明德便是本，新民便是末。”明王錂《寻亲记》二三出：“叹我兴尽空还，～访戴山阴雪夜船。” ❷ 权当；就算是。唐白居易《九江春望》：“此地何妨便终老，～元是九江人。”《元曲选·虎头牌》四折：“～我已打死了，只不要开门。”明《拍案惊奇》卷三四：“我虽是不忍抛撇，～多病多痛死了，没奈何走这一着罢。” ❸ 如是；像这样。唐大义《坐禅铭》：“一朝鱼龙来搅动，波翻浪涌真堪重。～静坐不用工，何年及第悟心空？” ❹ 即便。表示让步，跟“况”“况且”等配合组成复句。唐王睿《二阵图论》：“～蹴鞠较力，犹设机便，以护手足。况有兵而无队伍，有队伍而无行阵。” ❺ 与其。多与“把似”“不如”“争如”“争似”

等配合组成复句，用于比较取舍。金《董解元西厢记》卷六："～对灯闷闷的坐，把似和衣强强的眠。"元马致远《哨遍》："～风浪乘舟去，争似田园拂袖归？" ❻ 假如；假设。清李渔《怜香伴》一二出："～那两个女子都不曾嫁人，你设身处地，还是娶那一个？"又《奈何天》四出："你～嫁着一个穷人，纵然面貌齐整，也当不得饭吃。"

【譬如闲】 pì rú xián 如同寻常；不足道。宋柳永《锦堂春》："认得这疏狂意下，向人诮～。"

【譬似】 pì sì ❶ 犹"譬如❷"。唐良价《辞北堂颂》："不须洒泪频相忆，～当初无我身。"宋刘攽《酬王定国》之四："滞淫何必多离恨，～生为泽国人。"李之彦《东谷所见》："世人多以富贵忘旧为憾，此特不能理遣耳。理遣宜如何？曰：～当初不相识。" ❷ 犹"譬如❶"。宋王禹偁《襄阳周奉礼同年因题纸尾》："～元和张太祝，十年不改旧官衔。" ❸ 犹"譬如❸"。宋佚名《太清神鉴》卷六："耳反家门破，颐尖兄弟孤。假饶三两个，～不如无。" ❹ 犹"譬如❺"。金马钰《青玉案·赠染何先生》："～无常坑窖了，便急急，搜玄妙，固养灵根真火燎。"元王仲元《粉蝶儿·道情》："～去丹墀内穿靴着袍，怎如俺草庵中丫髻环绦？"

【譬似闲】 pì sì xián 犹"譬如闲"。金《董解元西厢记》卷三："夫人可来积世，瞧破张生深意，使些儿～腌见识，着衫子袖儿淹泪。"

【譬晓】 pì xiǎo 譬解晓谕。《新唐书·张兴传》："禄山反，攻饶阳。兴开张祸福，～敌人，而婴城弥年，众心遂固。"元胡长孺《元龙泉主簿胡公淀墓志铭》："斗讼争，辨义理，～从容，一语立解。"清汪辉祖《佐治药言》："果能审理平情，明切～，其人类能悔悟，皆可随时消释。"

【譬寓】 pì yù 比拟借寓。清李光地《参同契注旧序》："知书之托谬，名号悉有所指，而不知其借物～者殊多。"《红楼梦》七八回："或用实典，或设～，随意所之，信笔而去。"

【譬则】 pì zé 犹"譬比"。宋曾丰《十论·管晏》："桓公景公～火也，婴之道以水救火，仲则以火救火者也。"元姚燧《三贤堂记》："君子用世，～治田。"清李光地《进易论序》："圣世不敢自匿，～荧烛之微照大阳，虽不为之增光，然而积草加膏之勤，亦将以之炯炯。"

piān

【偏】 piān ❶ 多；深。唐白居易《醉后重赠晦叔》："老伴知君少，欢情向我～。"《元曲选外编·西厢记》一本一折："九曲风涛何处显？只除是此地～。"明佚名《四贤记》三出："金吾不禁驰银箭，一任骖游步街，此夜欢呼兴独～。" ❷ 能。助动词。唐柳宗元《从崔中丞过卢少尹郊居》："闻道～为五禽戏，出门鸥鸟更相亲。"《敦煌变文校注》卷五《维摩诘经讲经文(一)》："世上七珍之宝，～除现在贫穷；身中七圣之财，能救当来险道。" ❸ 偏房；妾。宋罗烨《醉翁谈录》乙集卷一："三山城内有神仙，一个夫人一个～。"清《玉蜻蜓·戏芳》："无非爱你娇容貌，屈你在西房作一～。"《红楼梦》二七回："谁和我好，我就和谁好，什么～的庶的，我也不知道。" ❹ 指比别人多占便宜，得好处。明《金瓶梅词话》一八回："一般三个人在这里，只踢我一个儿。那个～受用着甚么也怎的。"清《醒世姻缘传》二二回："就比别人～一个钱，也体面上好看。"《绿野仙踪》七九回："我在师尊门下投托一场，别无～众位处，止挨起打来比众位～些。" ❺ 客套话，指先于别人用酒饭。明李开先《宝剑记》二六出："今日是三娘子生日，～饮了几杯酒。"清《后水浒传》八回："我晓得女儿怪你不来家吃，～了他，有些眼热。"《红楼梦》二六回："只见宝钗走进来笑道：'～我们新鲜东西了。'" ❻ 副词。a) 只；独；单单。唐张乔《促织》："椒房金屋何曾识，～向贫家壁下鸣。"《景德传灯录》卷二〇《歙州朱溪谦禅师》："千人万人不逢，～汝便逢。"清《续英烈传》一六回："～你会杀李景隆，难道我不会杀李景隆？"b) 恰；正。唐皇甫冉《曾东游以诗寄之》："正是扬帆时，～逢江上客。"元马致远《夜行船》："绿树～宜屋角遮，青山正补墙头缺。"清佚名《鱼篮记》二七出："人正勇。马～强。"c) 岂；难道。元《前汉书平话》卷上："你宫中暗藏沈字私通，～无欺君之罪？"明《朴通事谚解》卷下："好小看人，我～带不的好珊瑚？"清《野叟曝言》一一一回："不是文爷自己说出来，～你们没听见吗？"d) 却。表转折。元高明《琵琶记》一五出："你做官与亲添荣耀，高堂管取加封号，与你改换门闾～不好？"明《西游记》九回："垂钩撒网捉鲜鳞，没酱腻，～有味。"《挂枝儿·打梅香》："梅香，为何我瘦你～壮？"

【偏隘】 piān ài ❶（地理）偏僻狭窄。宋司马光《早春戏作呈范景仁》："茅茨庇风雨，～无餘地。"《三朝北盟会编》卷一四七："前代诸葛亮以～之蜀，尚欲与曹操争天下。"清《平定两金川方略》卷二："丹坝逼近金川，地方～。" ❷（认识）偏颇狭隘。宋沈该《易小传》卷二上："盖离体虚明，无～之失。" 明吕柟《泾野子·内篇》卷一三："章诏对曰：'生常想～处要克去。'曰：'能知弘大，则～自去。'" 丘濬《大学衍义补》卷一三："彼～者往往以抑富为能，岂知周官之深意哉。"

【偏邦】 piān bāng 偏远的邦国或郡县。宋张守《赐严州柳约诏》："卿守～，慨然请行，欲与诸郡合从，克复吴会。"《元曲选外编·渑池会》四折："〔正末唱〕见如今～岂敢侵边徼。〔廉颇云〕都皆惧咱文武二人。"清《绿野仙踪》六五回："一个～小国，那里有什么大学问人。"

【偏杯】 piān bēi 比别人多喝了酒。明《金瓶梅词话》三四回："今日我偏了杯，重复吃了双席儿。"清孔尚任《桃花扇》四〇出："〔丑拱介〕贤弟～呀。〔净〕柴不曾卖，那得酒来？"

【偏背】 piān bèi ❶ 指背着别人先享用。也用作反语。明汤显祖《南柯记》一五出："向后请驸马，三人轮流取乐，不许～。"清《玉支玑》五回："那长孙肖如今不是先生，已悄悄～兄做了女婿。"《醒世姻缘传》二八回："所以这明水的地方，众生诸恶，同于天下，独又～了这一件作践泉水的罪愆。" ❷ 即"偏❺"。明沈采《千金记》二五出："身冷又冷，肚饥又饥。待我先～了他。"清《水浒后传》二回："小弟～不多时，你饥渴了自吃。"《警寤钟》一〇回："不知那里走来个猫子，……将一碗杭童的性命，～享得光光。" ❸ 用作客套话，犹言叨扰。元古本《老乞大》："哥哥因事到东京，不弃嫌小人呵，是必家里来。那般者，去时节便寻恁家里去。俺～你那。" ❹ 抛离；背离。明汤显祖《紫钗记》五二出："生不面死时～了你，活现的阴司诉你。"清钱谦益《李贯之先生存餘稿序》："世降道衰，教学～。" ❺ 偏向。清《二刻醒世恒言》五回："那淳于生却也一一说得有理，我们何苦～了一边？"《都是幻·梅魂幻》四回："宫主十二位，止驸马爷一人，恐有～，寒热不均。"

【偏倍】 piān bèi ❶ 同"偏背❶"。宋元《警世通言》卷三七："钱物平分，我只有这一件～得你们些子。"明汤显祖《牡丹亭》三三出："〔净〕既是秀才娘子，可曾会他来？〔生〕便是这红梅院，做楚阳台，～了你。"清《隋唐演义》三九回："你们好～朕快活，接也不来接一接。" ❷ 偏曲；背离正向。元胡祗遹《官吏稽迟情弊》："两家贿赂，钱多者胜，以屈为直，以直为屈，不胜～。"王恽《大元故正议大夫孙公神道碑铭》："越广平，抵顺德，往还餘五百里，非惟～，恐民力不堪。"

【偏比】 piān bǐ 偏袒比附。宋《程氏经说·伊川经说》卷六："周为遍及之义，君子道弘，周及于物而不～。小人～，故不能周。"《朱子语类》卷二四："大抵君子立心自是周遍，好恶爱憎一本于公。小人惟～阿党而已。"明高攀龙《自请罢斥疏》："今大中、嘉遇俱已降斥，部院被含糊～、委曲调停之旨。臣愧死无地。"

【偏愎】 piān bì 偏狭固执。明胡应麟《读论衡》："故伯喈尚其新奇，稚川大其宏洽，子玄高其辩才，特其～，自是放言不伦。"《明史·席书传》："书遇事敢为，性颇～。"清魏裔介《与孟翰林书》："江陵、分宜、桂洲皆～未化，故及于难。"

【偏蔽】 piān bì 偏颇蒙蔽。宋周行巳《上宰相书》："虑其所可忧先其所当务，得无复有益广其未究者乎？得无复有当务其～者乎？"明王慎中《与黄洛村书》："仆索居独学，极知寡陋，常惧所得～，不足以合乎大方。"清陈廷敬等《日讲四书解义》卷一："可见欲齐家者，必先公其好恶，身无～而后可。"

【偏弊】 piān bì 偏颇的弊病。宋晁补之《策问》："今欲通其变，使无～，则非疏通明于治体者，孰能知之?"明康海《制策》："盖政以人而举。人既存，则政自无～不举之患。"清魏裔介《南牖日笺序》："濂洛关闽，洞见原委；西竺东王，咸指～。"

【偏别】 piān bié 各别；不同。宋王诜《花心动·蜡梅》："算何事、东君用心～。赋与异姿，添与清香，堪向苦寒时节。"《元曲选外编·博望烧屯》二折："军师升帐，威势～。"明冯惟敏《折桂令·阅报除名》："看人情世态～，祸福无端，好恶随邪。"

【偏并】 piān bìng 向偏侧归并，指偏于一方而不均衡。唐李隆基《赈怀州诏》："朕以怀州去年～不熟，宜令刺史崔子源察问。"《敦煌数据·宋乾德二年史泛三立嗣文书》："所有□资地水活□什物等，便共泛三子息，并及阿朵准亭，愿寿各取壹分，不令～。"

【偏不的】 piān bù de 怪不着。《元曲选·燕青博鱼》一折："那厮雨点也似马鞭子丢，不俫～我风团般着这拄杖打。"又《李逵负荆》三折："打这老子没肚皮揽泻药，～我敦葫芦摔马杓。"

【偏侧】 piān cè ❶ 偏向一侧；使偏向一侧。五代钱镠《天柱观记》："后有朱法师相度地形，改为北向。虽依山势，～洞门，其洞首阴背阳，作道宫而不可。"清嵇曾筠《石工说》："即全体俱坚，间有一二桩根不能到底，偶遇石缝接笋之处，立致欹斜～。" ❷ 偏颇不公正。宋范纯仁《论回河》："且君心欲如盘水，常使平正而无所趣向，则免～倾覆之患。"元佚名《新水令·继母大贤》："谢恩官判断的无～，俺儿呵，你既招成如何再得改?"清毛奇龄《仁和邑明府王公治行录序》："夫以綦重之权，加之以专一之制，稍有～，即成畸致。"

【偏差】 piān chā 差误；发生差误。宋朱熹《答吕子约》："以尹氏所说考之，固为切实，然恐所谓得者或流于～，而未必得其总脑也。"明李昌祺《续海棠吟奉教作》："我因稽首问造化，如何予夺令～。"清《红楼梦》九四回："草木逢春当茁芽，海棠未发候～。"

【偏长】 piān cháng ❶ 一个方面的特长。唐韩愈《与袁相公书》："又习于吏职，识时知变，非如儒生文士，止有～。"元明《水浒传》七一回："或奔驰，或偷骗，各有～。"清《林兰香》二七回："～薄技，何人不有?" ❷ 甚长；极长。唐阎选《临江仙》："珍簟对欹鸳枕冷，此来尘暗凄凉。欲凭危槛恨～。"元明《水浒传》一〇回："李二夫妻能爱客，供茶送酒意～。"清《霓裳续谱·雨潇潇》："独靠云屏，午夜～。"

【偏衬】 piān chèn 同"偏称"。元方回《孔端卿东征集序》："凡有苍苔处，先知此地清。不随芳草暗，～落花明。"明佚名《一枝花·美貌》："好甚似宫花御柳，柳丝儿～夭桃，桃花恰似他容貌。"《金瓶梅词话》二回："老鸦鞋儿白绫高底，步香尘～登踏。"

【偏称】 piān chèn 合于；跟……相称。《敦煌变文校注》卷六《欢喜国王缘》："盈盈素质，灼灼娇姿；实可漫漫，～王心。"元明《水浒传》七四回："九天司命，芙蓉冠掩映绛绡衣；炳灵圣公，赭黄袍～蓝田带。"清孔尚任《桃花扇》三一出："十二阑干光满处，凉浸珠箔银屏。～，身在瑶台，笑斟玉斝。"

【偏趁】 piān chèn 同"偏称"。金元好问《骤雨打新荷》："绿叶阴浓，遍池塘水阁，～凉多。"明张景《飞丸记》一一出："熏风近，永日护香霞，赏心～。"清彭孙遹《秋霁喜凝祉以新诗见示》："三日秋霖一日晴，纤絺～午风清。"

【偏宠】 piān chǒng 妾。清《绣球缘》三回："我家公子素仰令爱，德比孟光，貌逾西子，意欲纳为～。"

【偏出】 piān chū 非嫡母所生。元谭景星《题古杭黄氏谱》："天信为杭别驾黄君季子，～于周氏。"明《西游记》四七回："舍弟有个儿子，也是～，今年七岁了。"

【偏带】 piān dài 一种斜佩于身上的佩带。宋《三朝北盟会编》卷二三九："金合茶、药、酒器，金～、束带各一。"金《董解元西厢记》卷七："～儿是犀角，幞头儿是乌纱。"《明会典》卷五八："(教坊司官)服黑漆幞头，黑绿罗大袖襕袍，黑角～，皂靴。"

【偏担】 piān dàn 一头重一头轻的担子。明《西游记》三三回："这个倒也不怕，只是正担好挑，～儿难挨。"

【偏端】 piān duān 偏侧的一端。谓其非正统或不够全面。清牛钮等《日讲易经解义》卷八："皆天命人心之公，圣贤中正之道，而～曲学不得参其间焉。"《皇舆西域图志》卷二八："佑于《水经》原文未暇详审，亦未睹西域水道全局，执其～，漫以古人为不足述。"

【偏罚】 piān fá 讳称父、母只一方在世。唐骆宾王《灵泉颂》："幼丁～，早丧慈亲。"《旧五代史·周书·王殷传》："少罹～，因母鞠养训导，方得成人。"宋宋祁《与叶学士书》："早者亦闻道卿君侯奄遘～，结痛终天。"

【偏方】 piān fāng 非经典的药方，也指民间流传的治病的方子。明薛已《薛氏医案》卷五："夫何今人执古～，用金石之药耶。"清陈端生《再生缘》六六回："康公说，醉死之人还可救，不须用药用～。孙氏说，井泉凉水洗头发，热豆腐，遍贴心中就转阳。"《白雪遗音·愁眉积聚》："他有随身带来的～儿，能消疾，能化食。"

【偏房】 piān fáng ❶ 妾；小老婆。宋洪迈《夷坚志》支甲卷八："是必人家～所生，主母不容而弃之者。"明丘濬《忠孝记》一九出："你嫁与伍大人做～，何不与我寨主做正房夫人也罢。"清《红楼梦》八二回："忽又想到自己终身本不是宝玉的正配，原是～。" ❷ 正房旁侧的房子。特指妾居住的房子。明周忱《渔阳老妇歌》："当时误信媒妁言，论财竟作～妇。"《杨家将》二七回："因安顿焦赞在～居住，着府中军校防守。"清《歧路灯》一九回："王中让至一所～，忙叫阎相公去看过斗。"

【偏妃】 piān fēi 妃子。元王伯成《天宝遗事诸宫调·明皇观素娥舞》："思忆，～难称，中宫正宜。"△清《续镜花缘》一〇回："只是内助尚虚，未得昭阳正配。虽纳了两个～，一个唤作梅妃，一个唤作李妃，只因颜色平常，不甚临幸。"

【偏锋】 piān fēng ❶ 书法以偏侧笔锋行笔。元李溥光《永字八法·八法解》："～者不可使其笔正，正锋者不可使其笔偏。"

明赵宧光《寒山帚谈》卷上："(书法)露筋骨为力，藏筋骨为量。无筋骨为弱，急疾～为露。"丰坊《书诀》："(詹僖)初学二王，可观。晚变～，遂无足取。" ❷ 军队从侧面出击。也指担任突击的军队或将领。明偶桓《哀张千户》："奋身万众首搴旗，～再进深履危。"《辽海丹忠录》二九回："如文龙，不可不谓豪杰，亦不可不谓之～。若能养成一队精锐之兵，设伏用间，乘敝出奇，文龙自信其能，职等亦信文龙之能也。" ❸ 行事、作文不从正面进行，而采用侧面着力的方式。明薛寀《周樾林先生稿序》："知静初以间道～为中珰所依托，而先生力却郁轮袍之援，甘受褫削而不悔。"孙矿《与余君房论文书》："子威所以居闰位者，以无神境耳。即《燕游记》，亦只是～别境。"清《醒世姻缘传》三七回："他把这两个～主意信手拈了两篇，递与狄希陈誊录。" ❹ 形容像偏锋用笔的形状。清韩氏《雁字三十首次韵》之八："孤飞断港～掠，倦宿寒汀一笔低。"

【偏负】 piān fù 偏颇亏负。元刘壎《呈州转申廉访分司救荒状》："必将二事并行，盖以安富恤贫，不至～。"《通制条格》卷一七："止令贫难下户承充里正、主首，钱粮不办，～生受。"明汪机《推求师意》卷上："行水大要在乎阴阳无相～，然后气得以化。"

【偏宫】 piān gōng ❶ 正宫旁侧的宫室。特指嫔妃居住的宫室。明《梼杌闲评》二三回："明日既登大位，岂有皇上复处～之理。"清陈端生《再生缘》三二回："朝罢惟传临正院，夜阑全不宿～。"《红楼梦》五八回："在大内～二十一日后，方请灵入先陵。" ❷ 指嫔妃。明梁辰鱼《浣纱记》二二出："倘或被他夺了正宫，我到做～不成?"《封神演义》八回："姜后元配，被奸臣做陷，遭此横刑，何况～。"清《飞龙全传》六〇回："遂立贺氏为皇后，韩氏为～，杜氏为西宫。"

【偏护】 piān hù 偏袒；偏向维护一方。明《警世通言》卷一五："县主因前番阎库时，有些～了金满，今日没了银子，颇有赧容。"清孔尚任《桃花扇》二〇出："事到今日，本帅也不能～了。"汪辉祖《通论居官》："原厥所始，半由兵役不睦，～成嫌。"

【偏荒】 piān huāng 偏僻荒远。也指这样的地域。唐张九龄《敕安西节度王斛斯书》："顷者刘涣凶悖，遂起奸谋，朕以～，比加隐忍。"明王世贞《四十咏·张京兆鸣凤》："徒令五彩翰，零落～裔。"

【偏会】 piān huì 惯于；擅长；能够。《元曲选·望江亭》一折："好个出家的人，～放刁。"明李因《捣练子·秋夜》："风送檐铃梦又惊，自是恼人愁里听，怪他～弄秋声。"清《醒世姻缘传》六二回："高相公当了乌大王，～一刀刺死；当了那乌大王降伏的夫人，抖搜成一块。"

【偏畸】 piān jī 偏向一端，失衡中正。明倪元璐《戊辰春》按语："其为理学清节，复何可议。此外间有矫激～者，然自不可与任真率性、呼'父'呼'九千岁'之辈同观。"清储大文《原势》上："而改元总管府为府，隶县多寡，尤属～。"孙玉庭《盐法隅说》："不知前人分场定配，原已斟酌适均，断无～能经久之理。"

【偏激】 piān jī 偏于激烈，有失平允。明蔡汝楠《答茅鹿门》："名为世忌，而益之以～，无本之文是恶影而奔也。"清蔡世远《黄道周传》："向以尔为～，不图今日恣肆如此。"罗有高《答杨迈公书》："其于文也无迎距，其论议～，好以记问胜。"

【偏疾】 piān jí 极快；迅疾。《云笈七籤》卷五七："尘飞紫塞风～，天泻黄河势不平。"《元曲选外编·西游记》二本六出："胖哥王留，走得来～；王大张三，去得便宜。"明佚名《一枝花·圆社》："一对拐踢打如雷，两只脚那换～。"

【偏刻】 piān kè 偏狭忌刻。明王行《太祖论》下："普之～贪忌，无君子之节，太祖非不知也。"清雍正六年四月二十一日李卫奏文："臣职任清查，理应向承办经手领银之冯庆长是问。所以据呈详请咨提对质，原非～。"宋景卫《正俗歌为陈媛作》："既云寡矣难再双，兹言至正非～。"

【偏枯】 piān kū ❶ 偏萎。比喻偏于一方，不匀称、不全面或不公平。唐范摅《云溪友议》卷中："上曰：'凡考试之中，重用字如何?'中书对曰：'赋即～丛杂，论即褒贬是非，诗即缘题落韵。'"宋《朱子语类》卷一二〇："只据他所见，自守一个小小～底物事，无缘知得大体。"清《豆棚闲话》八则："那知老天自有方寸，不肯～曲庇着人。" ❷ 偏亏；不足。明袁中道《游居杮录》卷三："今人说前世为高僧则喜，说后世为高僧则喜，至今生为僧，则曰：'如何作此～事?'"清蓝鼎元《台湾近咏》之七："台土瘠无旷，冲压且～。安得相均匀，丈轻三邑俱。"《歧路灯》九四回："贵州速速下乡，空谈半晌，百姓就有～。" ❸ 偏失；有损。清《续西游记》六五回："你那知皆是人情变幻，自生妖孽，把我们伤害，使我们不得调元，～了本来面目。"

【偏亏】 piān kuī 犹"偏负"。唐易静《兵要望江南·占蛇》："训兵激赏布恩威。厚薄勿～。"宋陈自明《妇人大全良方》卷三："仆原疾之由，皆由阴阳～，脏腑怯弱。"清王心敬《丰川易说》卷一："干施即生，更无壅阏，何直如之? 生长成就，无有～，何方如之?"

【偏拉】 piān la 夸耀；言语卖弄。偏，通"谝"。拉，词缀。清《醒世姻缘传》七〇回："这腊嘴养活了二三年，养活的好不熟化。情管在酒席上～，叫老公知道，要的去了。"

【偏劳】 piān láo ❶ 有劳；劳动对方。唐杜甫《题张氏隐居》之二："杜酒～劝，张梨不外求。"明王世贞《喻工部邦相以前天台令谒选》："破浪冲炎舴艋孤，～物色到菰芦。"清《歧路灯》八〇回："次日，绍闻要下帖酬冯健及姚杏庵送戏的盛情，并满相公、夏鼎办造寿礼的～。" ❷ 过于劳累。宋林希逸《诗送鳍叟建安理曹》："能廉不患不能官，折狱～是建安。"明罗玘《送华君之任序》："于是民不苦役，工徒不～，庖人廪人不告匮乏。"清黄叔璥《台海使槎录》卷二："歇班之兵，归营操练，更番戍守。人无～，声息可以时通。" ❸ 用作请人出力的客气话。清蒋士铨《桂林霜》二三出："四位督工辛苦，一切～，我辈惭愧。"《歧路灯》九八回："你三个走些路儿就成。上京打点，娄老侄会试受个～。"《镜花缘》九四回："但愚姐此番远去，缺了孝道，全仗妹妹一人～。"

【偏露】 piān lù 犹"偏罚"。也指父、母一方亡故的子女。露，朝露。朝露易晞，喻指亡故。古挽歌有名《薤露》者。唐孟浩然《送莫氏甥兼诸昆弟入西军》："平生早～，万里更飘零。"按，前句一作"严君先早露"。刘南仲《唐故冯府君墓志铭》："府君愍觌儿女早失慈亲，再婚彭城曹氏，抚养～，过于己生。"《太平广记》卷七八引《原化记》："姑事韦家，不幸儿女幼小～。"

【偏能】 piān néng 犹"偏会"。五代薛昭蕴《离别难》："红蜡烛，青丝曲，～钩引泪阑干。"金《董解元西厢记》卷二："一匹战马，似敲了牙的活象。～软缠，只不披着甲胄。"清《绣戈袍》八回："奈他虽则毒夫，～用计，使得干净，现无赃据。"

【偏拗】 piān niù 偏颇执拗。明杨寅秋《平五山善后议》："毋以异同生嫌怨，毋以疏节生猜忌。敢有～玩误，致隳事机，宪典具在。"《韩湘子》二五回："那韩夫人极是个执板～的人，婆子怎敢到他跟前道个'不'字。"清《豆棚闲话》一二则："为人性气刚方，议论～。"

【偏旁】 piān páng ❶ 汉字合体字的构件，左为偏，右为旁。唐颜元孙《干禄字书序》："以平、上、去、入四声为次，且言俗、通、正三体。～同者,不复广出,字有相乱,因而附焉。"宋苏轼《石鼓》:"强寻～推点画,时得一二遗八九。"清《野叟曝言》一三八回:"乃不相强,但令诸孙各从一～,自相识别而已。" ❷ 旁侧;非正统或正道。宋朱熹《答吕子约》:"但鄙意觉得此般～寄搭议论,无光明正大气象。"《朱子语类》卷一二一:"今不于明白处求,却求之于～处,纵得些理,其能几何。"陈淳《答陈伯澡》:"若溺心～闲末,则大道正义将窒塞而暧昧。" ❸ 偏侧;偏斜。宋米芾《甘露歌呈留守门下侍郎》:"四序回旋变造化,一杓直指无～。" ❹ 侧面;旁边。清余光耿《系裙腰·裙带》:"纫兰小佩挂～。风乍起,影微香。"

【偏傍】 piān páng ❶ 同"偏旁❶"。五代李亶《申定回避庙讳诏》:"近日章奏,～文字,皆阙点画。凡当出讳,止避正呼,若回避于～,则亏缺于文字。"清毛奇龄《资治文字序》:"暨梁顾野王增为《玉篇》,辑～所同,悉以类聚。" ❷ 同"偏旁❷"。宋《朱子语类》卷二四:"诸先生说,有外意者,有说～者,也须看否?"又卷一一四:"但只是不去正处看,却去～处看。如与人说话相似,不向面前看他,却去背后寻索。" ❸ 同"偏旁❹"。《宋高僧传》卷二三《唐京兆菩提寺束草师传》:"京邑信士遂塑其灰为僧形,置于佛殿～,世号束草师。"元赵友钦《革象新书》卷三:"月虽障日,与人相去较远,略似片云掩翳,非能尽障日体。～望之,则不尽然。"

【偏陪】 piān péi 失陪。明周履靖《锦笺记》四出:"〔净〕奶奶,师伯在内,老身进去。〔老旦〕请便。〔净〕相公,～了。"又二〇出:"〔老旦〕阿姊陪小姐在房中坐,我去去来。〔旦〕请便。〔老旦〕～了。"《拍案惊奇》卷一八:"今日且～,在家下料理。明日学生搬过来,一同做事。"

【偏僻】 piān pì ❶ 偏侧;偏斜。唐王焘《外台秘要方》卷一四:"疗中风面目相引～、牙车疼急、舌不得转方。"明方孝孺《界尺铭》:"体方则动正,质重则行直。一转一侧,亦不可～。" ❷ 地方偏远,通行不便。也指这样的地方。唐戴孚《广异记·姚甲》:"姚所居～,邻里不接。"明《欢喜冤家》一一回:"领到那边,三个又夺。付之～,这一个儿也不妨。"清《照世杯·七松园》:"我们搬在此处地方太～,相熟朋友不见有一个来走动。" ❸ 僻陋;偏狭浅陋。唐张九龄《敕突骑施毗伽可汗书》:"可汗虽为君长,实在幽荒,阴阳之气,～如此,纵欲自大,其如天何?"明梁辰鱼《浣纱记》八出:"你～,……笑伊家年华高迈,不知虚实。"清《红楼梦》五回:"况自天性所禀来的一片愚拙～,视姊妹弟兄皆出一意,并无亲疏远近之别。" ❹ 邪僻;不常见。也指这样的手段。《五灯会元》卷二〇《镇江府焦山或庵师体禅师》:"肚无～病,不怕冷油齑。"陈直《寿亲养老新书》卷一:"假借鞍马,不可令乘;～药饵,不可令服。"元朱庭玉《梁州第七·妓门庭》:"有几多说不尽人不会的～。风流,是非,造次不容易。锦字花笺共小简,暗传偷寄。" ❺ 偏颇;不公正。《元曲选外编·刘弘嫁婢》二折:"天网恢恢,我一会家想穹苍也有一个～。"又:"天有万物于人,人无一物于天。天有甚么～那。"

【偏偏】 piān piān 副词。❶ 表示与事理或意愿不一致。明《醒世恒言》卷四:"如单食果实,到还是小事,～只拣花蕊啄伤。"清《醒世姻缘传》六回:"这个昏大官人,～叫他在京守着一伙团脐过日。"《霓裳续谱·身子瘦来》:"我是个要强的心,～落在他人后。" ❷ 恰恰;刚巧。明《石点头》卷九:"天下节镇不少,～镇守西川,岂非天随人愿。"清《红楼梦》一〇回:"今日他又去勾搭人,～的撞在我眼睛里。"《绿野仙踪》二二回:"这几月来,总没个相当的人。～二十天前,就来了个金不换,烦张、尹二人做媒。" ❸ 故意;执意。清大汕《斗百花·题美人图》:"粉项低垂,分明一种含情,～不教人问。"《飞龙全传》四四回:"我几次三番叫你休要惹祸,饶了我两口儿老命,你～不听,连次招灾。"《万花楼》六回:"我前日吃他的酒肴,未有钱钞,仰恳他记挂数日账,他却～不肯。" ❹ 单单;只。清《醒世姻缘传》九三回:"杨梅疯毒一齐举发,可煞作怪,只～的往一个面部上钻。"《歧路灯》二四回:"到日落时,～的绍闻赢够五六千。"

【偏妻】 piān qī 妾。明《五金鱼传》:"正妻华王加封同生,～玉娇封邢国夫人,菊封徽国夫人,桂封周国夫人,如燕封梁国夫人。"清陈端生《再生缘》一回:"郑氏如昭商客女,于归谢府作～。"

【偏钱】 piān qián 打偏手赚取的钱。《元曲选·百花亭》一折:"你怕小人落了～?你两个自对主儿商量去。"

【偏巧】 piān qiǎo ❶ 偏于一个方面的技巧。唐李商隐《献侍郎鉅鹿公启》:"我朝以来,此道尤盛。皆陷于～,罕或兼材。" ❷ 极灵巧;极巧妙。唐秦韬玉《贫女》:"敢将十指夸～,不把双眉斗画长。"宋王千秋《喜迁莺》:"天意深怜,花神～,持为剪冰裁水。"清《隋唐演义》一六回:"光含貌,紫袍软带,新装～。" ❸ 凑巧。清《蜃楼志》五回:"凭栏独起早,轩外残花未扫,蓦地情人先到了,这段姻缘～。"

【偏妾】 piān qiè 妾。明《警世通言》卷二四:"丫头说:'去烧香,不知道就偷卖了他。'公子满眼落泪,说:'冤家,不知是正妻,是～?'"

【偏亲】 piān qīn 称只有一方在世的父或母。唐佚名《迷楼记》:"家岂无骨肉,～老北堂。"宋《朱子语类》卷八七:"具父母,衣纯以青。～既无明文,亦当用青也。"明龚静照《凤凰台上忆吹箫·谢馈桃笙》:"湘纹湘水玲珑。恐～病骨,好梦难通。"

【偏曲】 piān qū ❶ 曲意偏向于某一方。唐褚遂良《谏魏王泰物料逾东宫疏》:"或干职有餘,识见犹阙,莫不诱王财贿,～闻奏。"明《欢喜冤家》九回:"在此两下都是亲的,我也并不～为着哪一个。"清毛奇龄《湘湖水利永禁私筑勒石记》:"夫湖分为三,其于上湖、下湖不无～。" ❷ 偏斜歪曲;偏向一侧。唐苏鹗《苏氏演义》卷上:"其千里路取端直。千里路前上义文,下彻第一横文不～者,是为王也。"明徐渭《瓶史·瓶花之宜》:"或两蟠台接,偃亚～;或挺露一干中出,上簇下蕃,铺盖瓶口。"清《后西游记》一二回:"二人团团走转,方看见一块佛田隐隐在内,虽不甚大,却坦坦平平,无一痕～。" ❸ 偏颇隐晦。宋《朱子语类》卷一一:"读书只就一直道理看,剖析自分晓,不必去～处看。"元熊坧《勿轩易学启蒙通义序》:"儒者沦于虚无而不验乎人事之实,而其所以言《易》者一皆支蔓～,无复包含该贯曲畅旁通之妙。"明方孝孺《好古斋记》:"秦汉间处士说客不知道术,各以其臆见为书,～诡激。"

【偏然】 piān rán ❶ 犹"偏偏❶"。元王伯成《天宝遗事诸宫调·祭杨妃》:"可正是心肝儿般惜爱。～临虎狼垓,忽然间鸾凤折。"明《西洋记》三〇回:"你偷得我的宝贝,反来害我,我～不怕。" ❷ 犹"偏偏❸"。明《西洋记》七三回:"小的们怕他是个甚么奸细,赶他去,不许他在这里撮弄。他～不肯去,～要在这里撮弄。"

【偏恁】 piān rèn 偏偏。宋王奕《水调歌头·和陆放翁多景楼》:"何代非卿非相,底事柴桑老子,～不推刘。"元狄君厚《夜行船·扬州忆旧》:"思前日,值今宵,络纬芭蕉,～感怀抱。"王伯成《天宝遗事诸宫调·禄山谋反》:"胡舞胡歌,胡吹胡弹,知他是甚风范?～一曲霓裳宠玉环,羯鼓声干。"

【偏衫】 piān shān 僧衣名。开脊接领,斜披在左肩上。宋道诚《释氏要览》卷上:"《竺道祖魏录》云:'魏宫人见僧袒一肘,不以为善,乃作偏袒缝于僧祇支(按,僧衣名)上,相从因名～。'今开脊接领者，盖遗魏制也。”金《董解元西厢记》卷二：“把破设设地～揭将起，手提着戒刀三尺。”清《醒世姻缘传》三六回：“也与小和尚做的一领栗子色～、缨纱瓢帽、红段子僧鞋。”

【偏闪】 piān shǎn　偏颇闪避。清《野叟曝言》四七回：“有分豁，没～，一片热心肠。”

【偏生】 piān shēng　❶副词。a）犹“偏偏❶”。《元曲选·杀狗劝夫》楔子：“虽然是我的亲手足，争奈我眼里～见不得他。”明潘炳孚《多丽·遇似》：“较亲时、～没帐，干休罢、则待胡缠。”清《醉醒石》三回：“承冯亲家美意，～年来手头不从容，不曾送得聘礼。”b）犹“偏偏❹”。《元曲选·生金阁》一折：“怎又纷纷扬扬下着这大雪。那里是国家祥瑞，～是我上路的对头。”明《醒世恒言》卷三八：“既是三面都好看得，怎么～一个北窗却看不得？清李渔《凰求凤》六出：“无端起毒疮，～碍那桩，教奴忍痛兼熬痒。”c）犹“偏偏❷”。明《醒世恒言》卷三：“九阿姐不知怎生样造化，～遇着你这一个伶俐女儿，又好人物，又好技艺。”清《红楼梦》四回：“～这拐子又租了我的房舍居住。那日拐子不在家，我也曾问他。”d）犹“偏偏❸”。明李梅实《精忠旗》一七出：“我令他捃摭韩世忠军事。他不惟不从，到把话来抵触我，却～向着那一边趋奉。”《西洋记》一七回：“缘是街坊上一个钉碗的，他～要碗钉，因此上跋起嘴来。”《西湖二集》卷二九：“韩娘～走拢一步，挨肩擦背，祖小官只是不理。”e）十分；甚。《元曲选·救孝子》二折：“俺媳妇儿呵，脸搽红粉～嫩，眉画青山不惯颦。”又《墙头马上》四折：“恁母亲从来狠毒，恁父亲～嫉妒。”明《醒世恒言》卷三八：“岂知这病，～利害，随你有名先生下的药，只当投在水里。”f）却。清《醒世姻缘传》七二回：“谁知人不敢奈何他的，那天老爷～放他不过。”《儒林外史》四六回：“边庭上都督不知有水草，部里书办核算时～知道。”　❷犹“偏出”。明《拍案惊奇》卷三八：“侄儿又不如儿子。纵是前妻晚后，～庶养，归根结果，的亲瓜葛。”

【偏侍】 piān shì　犹“偏罚”。五代王定保《唐摭言》卷三：“李峣及第在～下，俯逼起居宴，霖雨不止。”宋李觏《送黄秘丞》：“就养兰生畹，娱宾酒满樽。自嗟～早，相送只销魂。”元刘诜《慰王庭望书》：“靖惟人生事亲，苟不获遂具庆之愿，则尤以～为重。”

【偏室】 piān shì　犹“偏房❶”。宋罗烨《醉翁谈录》壬集卷一：“张资责娶李氏为正室，其越英为～。”金《刘知远诸宫调》一二：“火坑内得出离，争忍做正头，乞交为～。”清陈端生《再生缘》一〇回：“苏娘何事亦其然？莫非她，有心他日为～，情义相关故这般。”

【偏手】 piān shǒu　经手时偏得的财物或好处。宋朱彧《萍洲可谈》卷一：“既成券，父母亲属又诛求，谓之～钱。”明张景《飞丸记》四出：“人要做官，也须费几贯钱钞。我便得些～儿，有何大害。”清《醒世姻缘传》五五回：“原来两个媒婆已是先与冉家讲定了是二十四两，分外多少的，都是两个媒人的～。”

【偏提】 piān tí　有提系或提梁而无柄的酒壶。唐李匡乂《资暇集》：“居无何，稍用注子，其形若罃，而盖觜柄皆具。大和九年后，中贵人恶其名同郑注，乃去柄安系。若茗瓶而小异，目之曰～。”清《歧路灯》三八回：“况酒注子、～儿也有漏的，就趁匠人打打如何？”

【偏歪】 piān wāi　歪斜。明汤式《风入松·题马氏吴山景卷》：“朝云过蛾眉展开，暮云闲螺髻～。”佚名《醉花阴·美遇》：“忒丰姿体态，绿云堆上插金钗，～。”清陈端生《再生缘》七八回：“日常行坐须留意，晚间睡寤莫～。”

【偏枉】 piān wǎng　偏曲冤枉；使偏曲冤枉。《法苑珠林》卷五七：“统理民事，不可～。”宋沈遘《奏举人前绵州神泉县令解补之大理寺丞制》：“抚其民人，使无散流；平其赋讼，使无～。”清嵇永仁《告神》：“知君直曲无～，何不从公雪俊髦。”

【偏为】 piān wéi　偏向；偏心照顾。《敦煌变文校注》卷四《降魔变文》：“老人本意～须达大臣，缘顺太子之心，切齿佯瞋须达。”明《梼杌闲评》四一回：“后二官人名养春的，怪小人不～他，屡次难为小人。”清《儒林外史》一六回：“旅间这些有钱的，受了三房里嘱托，都～着他。”

【偏狭】 piān xiá　❶（地方）偏僻狭窄。《唐会要》卷一九：“或居处～，邻近无可开广者，便是终身废庙享之荣。”明庄杲《南楚贞游记》：“招提占幽胜，而书院得～。”　❷（心胸、器识等）偏颇狭隘。宋朱熹《读两陈谏议遗墨》：“然其为人，质虽清介而器本～，志虽高远而学实凡近。”清卢文弨《读大学衍义补肤见序》：“史称文庄性～，与刘健、王恕不相通。”《水浒后传》二九回：“因雷横心地～，家道贫寒，长是情亮他。”

【偏向】 piān xiàng　❶方向偏斜；斜向一侧。宋《朱子语类》卷三六：“曰：‘在中间便尽得四边。若～这一边，即照管那一边不得。’”明《挂枝儿·墨斗》：“来也正，去也正，毫无～。”清《红楼复梦》八〇回：“左首一席～，是顾四太太、贾府琏二奶奶。”❷偏袒；有意照顾一方。元许衡《直说大学要略》：“心若正，便有些行不尽的政事，决没一些个歪斜～处。”明佚名《精忠记》四出：“号令用严明，赏罚无～。”清《醒世姻缘传》一〇回：“你要实说，若还～，我这拶子是不容情的。”

【偏邪】 piān xié　偏曲邪僻。宋陈师文等《太平惠民和剂局方指南总论》卷中：“夫风为天地浩荡之气，正顺则能生长万物，～则伤害品类。”明杨一清《论用人恤民奏对》：“朕前所言，不过恐～之徒乘而求进。”《警世通言》卷四：“文章谩说自天成，曲学～识者轻。”

【偏斜】 piān xié　偏向一边。《敦煌变文校注》卷七《解座文汇抄》：“讲多时，言有据，日色～留不住。”元白朴《驻马听·吹》：“霜天沙漠，鹧鸪风里欲～。”清陈端生《再生缘》三一回：“这一个，玉手～扶风辇；那一个，丝鞭斜拂展衮绡。”

【偏心】 piān xīn　偏向；偏袒。清《歧路灯》一〇二回：“你肯读书，娘也该～你。”《后红楼梦》一五回：“一个是～着自己的妻房。”

【偏性】 piān xìng　偏颇的性格。宋黄裳《六祖传付偈颂·初祖》：“是物此中来与去，莫持～作圆成。”清《醒世姻缘传》四〇回：“你的～儿我倒难说。大凡女人只是偏向人家的大妇，不向人家的小妻。你却是倒将过来的。”《万花楼》四四回：“但愿夫君～改，纵归黄土也安然。”

【偏徇】 piān xún　偏向徇私。宋许景衡《乞宽恤东南札子》：“逐急对移，务在尽公，不得～。”明佚名《薛苞认母》四折：“亲的原来则是亲，无他那半点儿心～。”清郭拱《陈粤西治边疏》：“访闻得实，即当详报抚臣题参，以彰黜陟，决不敢苟且～。”

【偏倚】 piān yǐ　❶倾侧；歪斜不正。唐沈回《武侯庙碑铭》：“邱垅南山，实在兹地，荒祠～，庙貌垝裂。”明归有光《夏怀竹字说序》：“章甫为人滑稽，与伶人伍，衣裳～，步履邪施。”清方苞《光禄卿吕公墓志铭》：“公貌端严，生平坐立无～。”　❷偏向；偏私倚重。唐李湛《授牛僧孺武昌军节度使制》：“法无越制，官无及私，门无托宾，道无～。”宋《朱子语类》卷八：“圣人则中正和平，无所～。”清孔尚任《桃花扇》三〇出：“我辈职司风纪，不可随时～，代人操刀。”　❸倚靠；受惠。唐李白《为窦氏小师祭璿和尚文》：“某早乘训诲，～恩慈。忝餐风于法侣，旋落荫于禅枝。”

【偏意】 piān yì　偏好；偏心。唐李显《答大恒道观主桓道彦等表敕》:“矧夫三圣重光,元元统序,岂忘老教,～释宗。”宋曾丰《穷冬长途触物遣兴序》:“春岂有～,梅无未破苞。”明邵宝《明故信阳州知州施君墓表》:“君徐谕利害,且示无～。民喜跃,出旧籍。”

【偏灾】 piān zāi 不正常的灾害。清《剿捕临清逆匪纪略》卷九:“着即回直省办理地方赈务,俾～之地贫黎早遂安恬。”朱逵吉《自德州至景州以河决庐舍淹没》:“升平偶此～值,已觉哀鸿满目睐。”《儒林外史》五六回:“各省水旱～,流民载道。”

【偏则】 piān zé 即“偏只”。明汤显祖《邯郸记》三出:“问着呵,则是一班儿嘴秃速,难道～我出家人有五行攒聚?”《古今小说》卷五:“眼见别人才学万倍不如他的,一个个出身通显,享用爵禄,～自家怀才不遇。”清宋琬《鹊桥仙·井蛙》:“一讴群和为公乎,～向、人前怒目。”

【偏只】 piān zhǐ 只;单单。明《醒世恒言》卷二六:“难道就没处求食,～吃他钓钩上的?”清《醒世姻缘传》四〇回:“脱不了都是门生,～披砍俺。”《红楼梦》三回:“除《四书》外,杜撰的太多,～我是杜撰不成?”

【偏滞】 piān zhì ❶ 偏狭拘滞。唐赵匡《举人条例》:“达观之士,既知经学,兼有诸子之学,取其所长,舍其～,则于理道,无不该矣。”元刘埙《延平新郡赋有引》:“是宜守醇闷,敦简易,酌柔刚,戒～,勿私喜怒。”明方孝孺《棠溪书舍记》:“盖子羔之信道而才不足以行之,仲由优于才而未能以闻道,皆～于一隅者也。”❷ 阻滞;滞留。宋刘克庄《牛田铺大寒》:“～南辕路,翻思北戍时。”清查慎行《曲游春·白樱桃下偶题》:“瘴雨长飘瓦,改东风几信,～寒色。二月初头,见樱桃一树,花头渐白。”张英《红药》:“红药朱樱烂漫天,归帆～白杨边。”

【偏坠】 piān zhuì ❶ 重量失衡,偏侧下坠。唐灵祐《警策文》:“心绪多端,重处～,无常杀鬼,念念不停。”《元曲选·还牢末》一折:“那婆娘重一斤,你十六两无～。”《大清会典则例》卷一〇九:“若马上行李～应整理者,本旗人均站立待整乃行。”❷ 中医指阴囊一侧肿大下坠。元佚名《湖海新闻夷坚续志》前集卷一:“旧患膀胱气,外肾～。”明王肯堂《证治准绳》卷六:“～初生,用穿山甲、茴香二味为末,酒调下。”

【偏嘴】 piān zuǐ 谝嘴;夸口。明沈鲸《鲛绡记》一六出:“不是小将～,南朝诸将,不过岳飞、张俊、吴嶙、吴介耳。”

pián

【便宜】 pián yì 另见 biàn yí。❶ 好处;利益。唐寒山《有人来骂我》:“有人来骂我,分明了了知。虽然不应对,却是得～。”宋邵伯温《邵氏闻见录》卷七:“得～事,不可再作;得～处,不可再去。”清《红楼梦》六五回:“便有那游手好闲专打听小事的人,也都去奉承贾琏,乘机讨些～。” ❷ 优势;上风。《敦煌变文校注》卷一《李陵变文》:“其时匈奴落节,输汉～,直至黄昏,收兵不了。”宋洪迈《夷坚志》支丁卷四:“我今日出去,却输了～,反遭一客困辱。”清《东周列国志》八二回:“齐兵十分奋勇,吴兵渐渐失了～。”❸ 合算;得好处。宋刘子翚《南歌子·和章潮州》:“宠辱棋翻局,光阴鸟度枝,颓然径醉是～。”《元曲选·救风尘》一折:“你可～,守着铜斗儿家缘家计。”清《醒世姻缘传》一九回:“把这个禽兽叫他醒来杀他,莫要叫他不知不觉的～了。” ❹ 使得到好处。《元曲选·窦娥冤》二折:“你早些与我做了老婆,倒也～了你。”明王骥德《针线箱·张道士女为人窃去戏作》:“～了祝家庄孤孀嫂子,连累了侧水牌寄顿舟师。”清《歧路灯》四回:“一个好姑娘,安详从容,不知～了谁家有福公婆。” ❺ 价钱低。明《警世通言》卷二五:“专一替他察访孤儿寡妇,～田产,半价收买。”《拍案惊奇》卷六:“此只讨得一半价钱,极是～的。”清《醒世姻缘传》四二回:“那典屋的人贪价贱～,不肯豁脱。”

【便益】 pián yì 另见 biàn yí。❶ 同“便宜(pián yì)❶”。明李开先《宝剑记》二七出:“只见我外面驱驰,就里有些～。”《醋葫芦》三回:“也是都院君自己爱了些虚奉承,不免受了鬼撮脚,欢喜了小～,不必说大折本。”清陈宏谋《巡历乡村兴除事宜檄》:“向后日久,其利愈广,比之别项营生,甚有～。” ❷ 同“便宜(pián yì)❸”。明《金瓶梅词话》二三回:“只我～,那日又是我做寿酒,又该我摆酒,一举两得。”又二八回:“趁早实供出来,交还与我鞋,你还～。” ❸ 同“便宜(pián yì)❹”。明《金瓶梅词话》三二回:“且休教他递酒,倒～了他。”清孔尚任《桃花扇》八出:“〔丑〕船已去远,丢开手罢。〔小生〕～了这胡子。”《儒林外史》三二回:“我家太老爷拿几千银子盖了考棚,白白～众人。”

【褊衫】 pián shān 同“偏衫”。宋克勤《碧岩录》三六则:“裙子一个也无,袈裟形相些些有。”明《西游记》四三回:“好和尚,脱了～,扎抹了手脚。”

piǎn

【谝】 piǎn 炫耀;夸口。《元曲选外编·黄鹤楼》三折:“若论乖觉非是～,跳下床来不洗脸。”明郑墟泉《一枝花·嘲庸医》:“把方术自～如神效。”清《聊斋俚曲·增补幸云曲》:“我还有一把好扇子哩,我再拿出来～～。”

piàn

【片】 piàn 薄切。元明《水浒传》一一回:“将精肉～为羓子,肥肉煎油点灯。”清佚名《调鼎集》卷三:“～肉时,用快刀横截。”

【片段】 piàn duàn ❶ 整体中的一段;物体的一部分。唐杜牧《华清宫》:“尘埃羯鼓索,～荔枝筐。”元冯子振《与张伯雨书》:“侧闻公山居即梁昭明读书处,不知雨苔露藓物色,尚有婆娑漫漶～否?”清舒位《破被篇》:“蜀锦重重无～,吴锦团团逸其半。”❷ 相对完整的面积、体系或格局等。宋佚名《小儿卫生总微论方》卷八:“有疮成～,无皮或作窦穴,痘痈脓血多盛者,用腊月黄牛粪,日干烧灰。”元惟则《答悟心居士》:“来喻谓杂念纷飞,不成～,此亦无足怪者。”清《醉醒石》一〇回:“一个姑娘,守寡廿餘年,儿子不肖,不顾他,他就接来养了。弄得房子不成～,人道是孤老院了。”

【片断】 piàn duàn 同“片段❶”。唐子兰《赠行脚僧》:“～云随体,稀疏雪满头。”宋华镇《云房引》:“浮游～,固结重阴,蔽日月之大明,点太清之虚碧。”赵鼎《蒲中杂咏·红云阁》:“香风百步锦江秋,～明霞晚不收。”

【片晷】 piàn guǐ 犹“片刻”。晷,日影计时器。明袁宏道《天池》:“低回～,宛尔秦馀。”吾邱瑞《运甓记》二一出:“人生非孔颜,～当若金。”清黄六鸿《设腰站议》:“但换马即行,不致耽延～耳。”

【片刻】 piàn kè 一会儿;短暂时间。宋赵公豫《送春歌》:“惜春还作送春游,～风光未易酬。”《元曲选·窦娥冤》四折:“火速解审,毋得违误～者。”清《红楼梦》一六回:“正值凤姐近日多事之时,无～闲暇之工。”

【片口张舌】 piàn kǒu zhāng shé 同“骗口张舌”。元关汉卿《单刀会》四折:“使不着你～,枉念的你文竭。”元明《水浒传》一二〇回:“上皇无奈,终被奸臣谗佞所惑,～,花言巧语,缓里取事,无不纳受。”

【片批】 piàn pī 薄切。宋孟元老《东京梦华录》卷四:“列三五人操刀,生熟肉从便索唤,阔切、～、细抹、顿刀之类。”胡仔《苕溪渔隐丛话》后集卷二六:“又以三十钱掷案上子,敦惊觉。东坡曰:‘且快～四两来。’”

【片霎】 piàn shà 犹“片刻”。宋张炎《声声慢·都下与沈尧道同赋》:“～归程,无奈梦与心同。”元佚名《集贤宾·佳遇》:“感承他会佳期预先花下等,成就了～儿前程。”《元曲选外编·拜月亭》二折:“咱这～中,如天样,一时哽咽,两处凄凉。”

【片饷】 piàn shǎng 同“片晌”。宋张镃《呈尤侍郎陆礼部》:“枉教心无～息,形气自贱欲火然。”夏元鼎《水调歌头》:“～工夫耳,庄算八千春。”明屠隆《彩毫记》三三出:“下场头酒阑人散,好风光～间。”

【片晌】 piàn shǎng 犹“片刻”。宋贺铸《簇水近》:“徘徊～难问,桃李都无语。”明孟称舜《娇红记》一出:“繁华冷落尽消除,～顿成今古。”清《镜花缘》四五回:“迟了～,带着一条青龙来至岸上。”

【片时】 piàn shí 犹“片刻”。唐任华《上严大夫笺》:“念半面之曩日,迥亲眼于～,则公之厚德,未易量也。”明马佶人《新水令·经年感悼》:“说甚么相思一日九回肠,则俺一年来几曾有～儿撇漾。”清《说岳全传》一回:“我和你往前山去游玩～如何?”

【片时间】 piàn shí jiān 即“片时”。唐易静《兵要望江南·占梦》:“遇战必赢功显著,相逢敌战急攻残。莫放～。”元明《水浒传》三二回:“～吃尽了两角酒。”清汪由敦《霁色》:“霁色遥开雪后山,晴云舒卷～。”

【片时霎】 piàn shí shà 即“片霎”。宋黄庭坚《好事近》:“不见～,魂梦镇相随着。”

【片云盖顶】 piàn yún gài dǐng 犹“片云遮顶”。元施惠《幽闺记》七出:“若得～,救了小将之难,他日重修庙宇,再整金身。”明苏复之《金印记》七出:“苏秦倘或～,一举成名,自当犬马之报。”

【片云遮顶】 piàn yún zhē dǐng 古人迷信认为,头上有云气如车盖,是至贵或走运的征兆。《敦煌变文校注》卷一《捉季布传文》:“寡人若也无天分,公然万事不言论;若得～上,楚将投来总安存。”《元曲选·合汗衫》一折:“若不死呵,但得～,此恩必当重报也。”

【片子】 piàn zi ❶ 扁薄状物体。五代王仁裕《开元天宝遗事》卷三:“岐王宫中于竹林内悬碎玉～。每夜闻玉～相触之声,即知有风。”宋《朱子语类》卷二七:“如一个桶,须是先将木来做成～,却将一个箍来箍敛。”清《品花宝鉴》四七回:“把个象牙～在头上按了几按,研得光光的。” ❷ 指数量少,犹言一点、些小。唐张鷟《游仙窟》:“因遣左右取益州新样锦一匹,直奉五嫂,因赠诗曰:‘今留～信,可以赠佳期。’”宋杨万里《夏至雨霁与陈履常暮行溪上》:“～时间弄山色,乍黄乍紫忽全青。” ❸ 指衣服、衣料等。明《金瓶梅词话》四一回:“身上有数那两年旧～,怎么好穿出去见人的?”清《红楼梦》四〇回:“这个薄～,还说是上用内造呢。”《品花宝鉴》五三回:“那几箱的花绣～,听得说都坏了。” ❹ 名片或凭条。清《野叟曝言》一〇五回:“四城各门,俱有景府心腹把守,盘诘严密。以神有各门～在此,须把～点验,方可入城。”《红楼梦》八五回:“说着,呈上谢宴并请午安的～来。”《品花宝鉴》五回:“聘才命四儿投了～,自己在车里等着。” ❺ 量词。用于薄片状物品。唐王焘《外台秘要方》卷四〇:“取远志嚼令碎以敷之,并内一～于所螫疮处孔中。”明《金瓶梅词话》九七回:“只该打我这～狗嘴,只要叫错了。”清《歧路灯》九四回:“从人取出点心,嚼了一两～。”

【骗】 piàn ❶ 从坐骑的一侧单腿跨乘。唐张鷟《朝野佥载》卷四:“长弓短度箭,蜀马临阶～。”《元曲选·襄阳会》三折:“能行战马上不去,整整的～到四十遭。”明《金瓶梅词话》六八回:“一面牵出大白马来,……躧着马台,望上一～,打了一鞭。” ❷ 泛指跨越、渡过。元汪元亨《醉太平·警世》:“掷金钱趄的身躯趄,～粉墙掂的腿艇折。”《元曲选·任风子》二折:“我～土墙腾的跳过来。”明佚名《下西洋》三折:“西洋取宝传天下,故驾轻帆～海来。” ❸ 欺骗;哄骗。宋叶适《郑仲酉墓志铭》:“模善为～,……伪出姓名,谬多题施。”明佚名《精忠记》五出:“虽则是本分营生,免不得东～西～。”清《红楼梦》五二回:“只会～人的钱,一剂好药也不给人吃。” ❹ 骗子。清李玉《人兽关》二五出:“强中又有强中手,大～受了小～累。”《续金瓶梅》三〇回:“原是空身下船看景,不料逢见吴公子一伙神～。”

【骗词】 piàn cí 骗人的话。清《红楼梦》一九回:“今日可巧有赎身之论,故先用～,以探其情。”

【骗夺】 piàn duó 用欺骗手段夺取。宋宋慈《把持公事欺骗良民判》:“唐梓撰造百端词讼,～一方善良,贪虐甚于豺狼。”《宋史全文》卷三四:“同恶相济,窝藏盗贼,～民财。”明吕坤《忧危疏》:“严～之刑,重需索之罪。”

【骗儿】 piàn er 骗子。清《镜花缘》一九回:“那藏书之家,见了这些窃儿～,莫不害怕。”

【骗法】 piàn fǎ 欺骗的技法。明《宜春香质》风集四回:“～中,惟有此法极利害。”清李渔《意中缘》一二出:“小弟只说他是真话,果然替他寻访,那里晓得是个～。”《儒林外史》二九回:“你不过是想骗他,也不是这个～。”

【骗拐】 piàn guǎi 拐骗。清《续金瓶梅》三六回:“只为银瓶赚哄了翟员外千金的聘礼,后来郑玉卿～了银瓶去了。”《空空幻》一六回:“那知艳娇命犯颠离,出寺难行,又遇地棍奸淫,～载至维扬。”

【骗棍】 piàn gùn 骗子。明《杜骗新书·假银骗》:“外省有～到此地方,知这乡农性贪识惘。”清袁枚《子不语》卷二一:“此老翁者,积年～,用假银者也。”

【骗害】 piàn hài 欺骗侵害。明祁彪佳《错转轮》三出:“这奸鬼法应变畜,罪加～,重打一百铁鞭。”《杜骗新书·强抢骗》:“本县惟尤五最刁,几与人暂处无不被其～者。”《大清会典则例》卷一七九:“嗣后倘有被番役等～者,准本人赴刑部、都察院控告。”

【骗哄】 piàn hǒng 哄骗。明《西游记》三四回:“罢了,这就是孙行者假妆神仙～去了。”《拍案惊奇》卷二:“真滴珠从头供称被汪锡～情由。”清李渔《蜃中楼》二八出:“轻把头颅断送也,被人～。”

【骗机】 piàn jī 欺骗的技巧。清《聊斋志异·局诈》:“天下之～多端,若道士,骗中之风雅者矣。”

【骗奸】 piàn jiān 诱骗奸污。明《杜骗新书·奸情骗》:“既许从你,彼之遮盖,自然更谨密矣。此羽崇～机巧之一节也。”清《绿野仙踪》八二回:“若将蕙娘～了,我真正就气死。”

【骗劫】 piàn jié 用欺骗的手段劫夺。明《二刻拍案惊奇》卷一〇:"这五虎果然到府里告下一纸状来,告了朱三、莫小三两个名字～千金之事。"《大清律例》卷三〇:"一切民词,除……奸牙铺户～客货查有确据者,俱照常受理外,其一应户婚田土等细事,一概不准受理。"

【骗局】 piàn jú 骗人的圈套、局面。宋刘克庄《庚申召对》:"凶相弄权,以富疆自诡,辅圣天子而行霸政,为天下宰而设～。"明苏汉英《梦镜记》七出:"～尽有一二,全凭口嘴一张。"清《野叟曝言》二五回:"奴与姑娘,同落～。"

【骗口】 piàn kǒu 即"骗嘴"。明佚名《桃园结义》一折:"不是我～,凭着我这管刀笔,一拳为主。"

【骗口张舌】 piàn kǒu zhāng shé 说假话,弄口舌。《元曲选·马陵道》四折:"你道是同心共胆,还待要～。"明《金瓶梅词话》八三回:"娘不打与他这奴才几下,教他～葬送主子。"

【骗诳】 piàn kuáng 诳骗。清黄六鸿《积贮》:"如是官胥既无染指,奸蠹不致～,而仓贮犹患其无备乎?"

【骗赖】 piàn lài 欺骗诬赖。五代和凝《疑狱集》卷四:"取状相合,人各不同,遂伏～之罪。"《元曲选外编·金凤钗》四折:"当初这厮怎生在周桥上行凶,揪住大人～钱来?"清《歧路灯》三一回:"满满的四箱,没个空生鏖缝儿。你就虚捏失单,～别人么?"

【骗马】 piàn mǎ ❶ 抬腿跨上马;骑马。也指表演这样的马术。《新唐书·百官志一》:"凡反逆相坐,没其家配官曹,长役为官奴婢。……乐工、兽医、～、调马、群头、栽接之人皆取焉。"《元曲选·老生儿》楔子:"乘船～,渡江泛海,做买做卖。"清雍正六年正月二十九日上谕:"以清语、拉弓及相扑、～等技,专心致志,习学有成。" ❷ 泛指跨越,隐指逾墙偷盗等行为。元明《水浒传》四六回:"流落在此,则一地里做些飞檐走壁、跳篱～的勾当。" ❸ 诱拐妇女的隐语。马,隐指妇女。《元曲选外编·西厢记》三本三折:"你本是个折桂客,做了偷花汉,不想去跳龙门,学～。"明童养中《胭脂记》四〇出:"不图耸鹄凌霄,反学～坠堑。似此冒乱女色,深有背乎圣言。"程方里《六院汇选江湖方语》:"～,是打拐也。"

【骗冒】 piàn mào 冒充欺骗。明祁彪佳《错转轮》楔子:"众鬼皆认得我是解哥,况我与你面貌相似。你把我的衣帽换了,那时都道是我,不敢～。"

【骗匿】 piàn nì 欺骗藏匿。明王轨《重开通惠河疏》:"因往通州关粮,或被官吏冒支,或被行伍～,或子侄不肖而花费,空手而回。"《续文献通考》卷二三:"至中使前,仅循资交纳,而中使复大半归己囊。朝廷无实利而受空名,则～之害也。"

【骗棚】 piàn péng 骗局。明《杜骗新书·买学骗》:"有三棍合帮,共骗得三百两,未肯遂分,更留合装～,以图大骗。"

【骗取】 piàn qǔ ❶ 用欺骗的手段获取。宋黄震《浙东提举到任榜》:"近来上户与监官结扇,～小户本钱。"清《都是幻·梅魂幻》一回:"那第五名隐切,为前村寺僧,～檀越越粮。"《北史演义》卷二八:"且说李虎无已回洛阳,备诉～衣服之事。" ❷ 用欺骗的手段搬取(人员)。清《说岳全传》四九回:"必是你先降顺了他,故此独把我儿解往城中,今日想要来～家小。"

【骗石】 piàn shí 上马时的踏脚石。《新唐书·李景让传》:"李琢罢浙西,以同里访之,避不见。及去,命劚其～焉。"宋吕陶《李景让》:"终日清风耸搢绅,不存～远他人。"清惠士奇《礼说》卷一一:"《易林》云:'登几上舆,驾驷南游。'是上舆皆登几也。后世以石,一名～。"

【骗术】 piàn shù 犹"骗法"。元盛如梓《庶斋老学丛谈》卷下:"神仙传授,必择可付之人。不待其求,不要其谢,自眩其能,乃是～。"清袁枚《子不语》卷二一:"～之巧者,愈出愈奇。"

【骗索】 piàn suǒ 用欺骗的手段索取。明林俊《灾异处置地方疏》:"拿官罚米,缉事取禽鸟等物,～无厌。"

【骗脱】 piàn tuō 欺骗使失去或脱开。宋周密《癸辛杂识》后集:"盖奸人乘危造为此说,以～朝廷金帛耳。"清《十二楼·归正楼》三回:"贝去戎见了这些光景,不胜凄恻,就把几句巧话～了身子。"《珍珠舶》二回:"只怕你～了身,就要变卦。"

【骗胁】 piàn xié 欺骗威胁或以威胁的手段骗取。宋陈著《嵊县禁夺仆榜》:"不过是私下诈欺,剥脱衣巾,～钱酒。"周密《齐东野语》卷六:"或受赂丑诋朝绅,或设局～民庶。"元郑介夫《太平策》:"任以腹心,公行关节,倚借气势,～吏民。"

【骗挟】 piàn xié 欺骗挟制。宋蔡抗《僧为宗室诬赖判》:"黄仲举自是世名位下,又非廷珍等比,～贪图毛氏物业,其心可诛。"刘克庄《妄以弟及弟妇致死诬其叔判》:"～平人,尚不可恕,今乃～叔父,此何心哉?"清《续西游记》九六回:"长老有甚便宜与他讨?只怕是歹人要～他外方和尚。"

【骗信】 piàn xìn 欺骗使相信。清《野叟曝言》一〇九回:"但老爷着我进来,只叫我～七妃,潜在宫中。"《说唐前传》六三回:"如此这般形景,连那未卜先知的军师徐茂公,也都～了。"《白雪遗音·芙蓉放》:"你一面之词虽～,我猜破你的机关道我凶。"

【骗要】 piàn yào 犹"骗索"。明杨士奇《敕谕公侯伯五府六部因灾修政》:"或纵容在外办纳月钱,或横加虐害～财物。"又《上两宫尊号封诸王诏》:"捏造妖言、诱惑平人、～财物者,诏书至日,悉宥其罪。"

【骗诱】 piàn yòu 诱骗。明《禅真逸史》二五回:"自己儿子赌钱,不能训诲,反告他人～。"清雍正三年五月初十日甘国奎奏文:"宵小煽惑,不过为～钱财起见。"

【骗贼】 piàn zéi 骗子。也用作詈语。明王錂《寻亲记》一八出:"我这里鄂州界上,～极多。"《禅真逸史》一〇回:"～,分明昨夜将我哄醉,放这秃驴走了。"清《醒世姻缘传》三八回:"从来老鸨子是填不满的坑,娼妇是活活的～。"

【骗诈】 piàn zhà 欺骗讹诈。宋周密《癸辛杂识》续集卷下:"盖其腹中之墨可写伪契券,宛然如新,过半年则淡然如无字,故狡者专以为～之谋。"明《隋炀帝艳史》七回:"借搜索之名,～～。"清《后西游记》五回:"上愚帝王,下惑臣民,使我佛造经慈悲与弟子求经辛苦,都为狡僧～之用。"

【骗子】 piàn zi 玩弄欺诈手段的人。明沈采《千金记》一一出:"淮阴市上,如今～最多。"清《风流悟》一回:"他们都是大～,在这里骗了几个书生来。"

【骗子手】 piàn zi shǒu 即"骗子"。清《歧路灯》二四回:"我将来替你告到官上,行关文,关这姓茅的～。"《济公全传》一九六回:"莫非这两个人是～,没给饭钱就跑了?"

【骗赚】 piàn zuàn 靠欺骗获取好处。明田汝成《西湖游览志馀》卷二五《委巷丛谈》:"有柜坊局,以博戏关扑～财物。"清《聊斋志异·乐仲》:"诸无行者知其性,成朝夕～之。"又《念秧》:"今有匪类,以甘言诱行旅,夤缘与同休止,因而乘机～。"

【骗嘴】 piàn zuǐ 谝嘴;夸口。《元曲选外编·降桑椹》一折:"不是俺骗你那驴嘴,我把那五言诗、八韵赋、长篇短文,我作了匆知其数。"明佚名《庆赏端阳》二折:"不是你老子～,若论着我的本事,那里数孙武子也。"《金瓶梅词话》三三回:"头里～说一百个、二百个,才唱两个曲儿就要腾翅子。"

piāo

【嘌】　piāo　唱；说。金《董解元西厢记》卷一："正念佛作偈，把美令儿胡～。"明汤显祖《牡丹亭》一四出："教他有人问着休胡～。"

【嘌唱】　piāo chàng　宋代一种以带有花腔为特色的民间演唱曲艺。宋程大昌《演繁露》卷九："今世歌曲比古郑卫又为淫靡，近又即旧声而加泛艳者，名曰～。"耐得翁《都城纪胜·瓦舍众伎》："～，谓上鼓面唱令曲小词，驱驾虚声，纵弄宫调，与叫果子、唱耍曲儿为一体。"明《西湖二集》卷二："也有小舟数十只供应杂艺，～、鼓板、鬻卖蔬果，竟与西湖一样。"

【漂拔】　piāo bá　（水流）冲激并拔起（树木）。明薛瑄《黄河赋》："木轮囷而～兮，蔽云日而淘汰。"清《野叟曝言》三回："幸堤上遍栽杨柳，水浸数尺，未经～。"

【漂荡】　piāo dàng　❶ 飘飞；散射；洒落。唐杜甫《遣兴》之四："蓬生非无根，～随高风。"明高濂《遵生八笺》卷五："东望海日将起，紫雾氤氲，金霞～。"清洪昇《长生殿》三九出："你看莺乱飞，草正芳，恰好应清明雨～。"　❷ 漂泊；流浪。唐白居易《感情》："自吾谪江郡，～三千里。"明邵璨《香囊记》三三出："骨肉叹存亡，举家～。"清周斯盛《一萼红·题愚山叔祖小影》："君也如余～，看人间岁换，古帝王州。"　❸ 荡漾；摇荡。唐李商隐《江东》："今日春光太～，谢家轻絮沈郎钱。"宋王禹偁《月波楼咏怀》："晓濑清且浅，～影沉浮。"　❹ 涤荡；荡除。《太平广记》卷八六引《野人闲话》："其后居人果为大火～，始信前言有征。"　❺ 同"嫖荡"。明朱有燉《柳摇金·戒～》："风情休话，风流莫夸。"清《醒世姻缘传》九回："计老只因～失了家事。"

【漂涤】　piāo dí　冲刷荡除。也比喻一往无馀地超迈。唐王师乾《王右军祠堂碑》："我大唐太宗文武圣皇帝，甄陶尧舜，～羲轩。"明刘崧《洼泉记》："截奔蓄深，溢流下飞，久之浮壤～，地骨山露。"

【漂堕】　piāo duò　❶ 漂流坠落。《太平广记》卷二五三引《启颜录》："忽遇恶风，～罗刹鬼国。"明吴宽《次韵启南游金焦二山见寄》之一："西岷一股翠嶙峋，～东南扼海神。"清钱谦益《题邹臣虎画扇》："浮岚暖翠失连城，～今为粪土英。"　❷ 漂泊依止。金张建《俊师定庵》："吾生剧萍梗，万里信～。"

【漂儿】　piāo er　钓鱼时拴在鱼线上的浮子。清《红楼梦》八一回："没十来句话的工夫，就有一个杨叶窜儿吞着钩子，把～坠下去。"

【漂泛】　piāo fàn　❶ 漂流；漂浮。《太平广记》卷四八一引《玉堂闲话》："常衔命使于新罗，风水不便，累月～于沧溟，罔知边际。"宋曾幾《送尹叔之象州》："经营象郡三椽屋，～龙城一叶船。"明杨士奇《王处士墓志铭》："中流暴风覆舟，舟中人皆溺死。独泸汀附片木～数十里，得济。"　❷ 冲决；冲刷。五代杜光庭《修青城山诸观功德记》："县临大江，岁有水患，～昏垫，常人苦之。"宋薛季宣《送郑景元赴秀州判官诗序》："秋田粒食，悉～于洪波。"元王恽《万寿宫方丈记》："大定一水，～无几。"　❸ 漂泊；流浪。五代韦霭《浣花集序》："兵火迭兴，简编俱坠，唯馀口诵者，所存无几。尔后流离～。"宋陈造《留行都》："意适忘～，吾生计食眠。"清董儒龙《沁园春·苕溪沈檠三先为予作学稼图》："纵辞乡已倦，还驱～。"

【漂沸】　piāo fèi　冲激翻涌。唐杨炯《浮沤赋》："始参差而别趣，终宛转以同沿。历乱踟蹰，～萦纡。"《太平广记》卷四七四引《博异志》："寝至二更，忽觉增寒。惊觉，乃～风冷，如有扇焉。"元王逢《寄赠卢宜兴希文》："后来二～，具区先荡激。"

【漂浮】　piāo fú　❶ 在液体表面移动或停留。唐李华《言医》："丹素烛天，仰不见空，如水～，半在其中。"宋元《清平山堂话本·错认尸》："只见水面上～一个死尸。"清钱谦益《南京大理寺评事张君墓志铭》："太冲～，遇大树，入于其腹。"　❷ 颠沛；漂泊。唐崔融《代皇太子请放罪囚表》："时当惨劾，命甚～，因兹决罚，或从颠踬。"宋赵善括《题辛参政手泽》："子舍有孙添老大，乡关无路任～。"元方回《寄呈吕道山于八桂》："但愿岁时一相见，萍踪从昔惯～。"　❸ 浮荡；放逸。唐孟郊《隐士》："本末一相返，～不还真。"　❹ 浮动；松动。宋陆游《宿近村》："病齿～短发稀，此身犹堕乱书围。"又《一齿动摇已久》："病齿元知不更全，～阢陧已三年。"

【漂覆】　piāo fù　漂流覆没。《元史·何荣祖传》："粮船遇暴风多～。"明胡翰《赠杨载序》："未及其国而海舟多～。"清雍正十年四月初三日王士俊奏文："且风涛不测，常有～贻累之苦。"

【漂汩】　piāo gǔ　犹"漂覆"。汩，淹没。宋胡寅《崇正辨序》："其害源之所达，其祸波之所浸，……～滔怀，天下溺焉。"居简《孺子祠堂》："澜翻平地浑～，奈此悠然一叶虚。"清张霭生《河防述言》："初时因漕船经此，辄被～，运道中阻，势在必修。"

【漂悍】　piāo hàn　（水势）奔涌强悍。宋吴子良《临海县重建县治记》："而县治西直栝苍门，最先被水崩奔，～特甚。"元吴澄《奉新县惠政桥记》："二流各有桥梁以渡，水势～，桥不能支。"清傅泽洪《行水金鉴》卷三："惟其为高山所束，其势不得盘还，则其～湍激，覆溺舟船。"

【漂坏】　piāo huài　冲激损坏。唐唐璿《乞解职待罪表》："濒阳奥壤，流溺邑居；淇上名区，～闾井。"明《韩湘子》二六回："佛菩萨怪得他紧，故此显出神通，把他的家资田产、房屋牌坊都～了。"清姚文然《请定漕船年限疏》："则见运旧船愈敝，钉胶易解，遇风浪而～必多。"

【漂激】　piāo jī　漂流激涌。唐柳宗元《梦归赋》："山嵎嵎以岩立兮，水汩汩以～。"宋李昭玘《敕谥灵慧大师传》："得美材万数，皆筏乘流。初舣淮浦，暮夜风烈，～殆尽。"明何景明《进舟赋》："流～而不驯兮，势百折而靡随。"

【漂寄】　piāo jì　漂泊寄寓。《法苑珠林》卷五一："是以门墙雕毁，粪秽盈阶，路绝人踪，僧徒～。"元戴表元《题缪氏族谱》："然亦有不幸兵毁荡析，～荒远，并遣故老，不可物色者。"明王屋《减字木兰花》："爱杀浮萍，～官河不属人。"

【漂举】　piāo jǔ　犹"漂寄"。举，占据。唐王勃《梓州郪县灵瑞寺浮图碑》："且勃旅游岷徼，～涪乡，年暑一穷，时灰七变。"

【漂离】　piāo lí　❶ 漂泊流离。唐郑谷《投时相》："此生多轗轲，半世足～。"元刘壎《麻姑山徐高士题修房僚疏》："逾十载以～，思半间之庇覆。"　❷ 飘散；离析。宋杨万里《诚斋易传》卷九："血气壅阏，精神～，则一指重于百钧。"

【漂零】　piāo líng　❶ 飘佚散失；漂失散落。也指飘佚散失的东西。唐王绩《与陈叔达重借隋纪书》："仆窃不自揆，思卒馀功，收撮～，尚存数帙。"宋叶適《送陈漫翁》："士于沧胥中，搏手架栏柱。一瓦不～，百世保风雨。"清吴绮《房砚歌》："昭陵玉匣漳台瓦，此日～无见者。"　❷ 漂泊流落。唐杜甫《惜别行送向卿进奉端午御衣》："卿到朝廷说老翁，～已是沧浪客。"明邵璨《香囊记》三三出："～及死丧，奈皇天降殃。"清《驻春园》一八回："昔乃翩翩公子，～之状堪怜。"　❸ 飘飞。唐司空图《寿星集述》："来时不下，～海上之鸥；去兮自怜，放旷人间之世。”宋苏舜钦《雨中闻莺》：“黄昏雨密东风急，向此～欲泥谁?” ❹凋谢零落；破败。宋王安石《纯甫出释惠崇画要予作诗》：“酒酣弄笔起春风，便恐～作红雨。”明贺言《咏残花》：“～莫飞去，别院有愁人。”清钱谦益《大报恩寺修补南藏法宝募缘疏》：“百丈琼台，～骤雨；千寻华观，扫荡沉灰。” ❺漂流零落。宋刘敞《岸旁倒树》：“恐尔～未终极，挂帆欲去仍回头。”清《绿野仙踪》一六回：“孽龙吹浪鼓涛声，见舟楂～。” ❻死亡。宋李昭玘《祭枯骸文》：“尔非独马弊车，轻乡远客，岁月颓暮，关河断隔，失志易感，沉忧生疾，～路隅，裹以篝篑者邪?”叶適《赵尚书挽诗》之一：“老病犹贪活，～各陨空。”清吴伟业《听女道士卞玉京弹琴歌》：“十年同伴两三人，沙董朱颜尽黄土。贵戚深闺陌上尘，吾辈～何足数。” ❼凋敝；衰落。明陆采《明珠记》四〇出：“争奈丈夫监禁，家业～，没有安身之处。”清吴伟业《昙阳观访文学博介石》：“讲席～笠泽云，乡心断绝昆明水。”《隋唐演义》一一回：“父母双亡，家业～。”

【漂沦】 piāo lún ❶沉迷堕落。《法苑珠林》卷二八：“惰慢沿流，随业～，无思悛革。” ❷漂流沉没。唐李隆基《遣使宣抚河南北道诏》：“水潦方降，闾阎损坏，稼穑～。”宋刘子翚《渡淮》：“四顾天地黑，孤舟恐～。”明张羽《咏秋荷》：“秋风不少伫，感此尽～。” ❸漂泊流落。唐任华《送杜正字暂赴江陵拜觐叔父序》：“顷～荆楚，既孤且贫。”宋王禹偁《自笑》：“年来失职别金銮，身世～鬓发残。”明石珤《贞节四咏·送终》：“遗言盈耳血盈颐，万里～欲问谁?” ❹衰败不振。唐崔位《为李仆射贺圣制政刑箴表》：“其餘流薄国风，～乐府，典谟雅诰，寂蔑无闻。”宋熊禾《闻崇安县学立碑》：“真实浸沉寥，枝叶谩夸诩。～未百年，剽窃立门户。”胡宿《上李相公》：“重念某仕途艰梗，绪业～。” ❺抛弃湮没。唐郭震《古剑歌》：“那知中路遭弃捐，零落～古狱边。”元王逢《长乐未央玉玺歌》：“盗将神器竟不归，玺亦～频易主。” ❻漂零；飘转。宋杜安世《虞美人》：“片云疏雨忍～，泪沾巾。”朱熹《奉同都运直阁张丈哭敬夫》之二：“不应世道即～，何事今年失此人。”明刘基《门有车马客行》：“断蓬失其根，风沙欻～。”

【漂落】 piāo luò ❶犹“漂沦❷”。宋刘敞《和孙倅雁荡山》之一：“鳌翻溟涨折灵山，～尘区莽眇间。”明申佳允《白下再归倦焉卧病》：“苍烟～野云浮，湖海扁舟汗漫游。”清李稷勋《岁晏行赠宋检讨育仁》：“我昔横经石室游，秋花～稀朋俦。” ❷犹“漂沦❸”。宋苏轼《与蔡景繁书》：“某谪居幽陋，每辱存问。～之餘，恃以少安。”明刘嵩《病疟述怀》：“遭罹窃自伤，～惧莫偶。”清《聊斋志异·张诚》：“握手大痛，失声。诚亦哭曰：‘兄何～以至于此?’”

【漂啮】 piāo niè 冲刷侵蚀。宋张世南《游宦纪闻》卷三：“自唐及今，流潦巨浸之所～，震风凌雨之所涤荡，不知其几。”明周光镐《黄河赋》：“若今泗沛间，～浙滋，为害特盛，则亦治者或未兼善，岂尽河之罪哉。”

【漂泼】 piāo pō 漂泊。元《三国志平话》卷上：“不因躲难身～，怎遇分金重义知?”

【漂洒】 piāo sǎ ❶(液体)飘飞洒落。宋苏辙《雨中陪子瞻舟行归汶上》：“～正纷纭，谈笑方容与。”朱熹《病告斋居作》：“层阴霭已布，小雨时～。” ❷指洒水。明唐顺之《武编》前集卷一：“其一曰掠候，谓烟火则蹂践而不令燃炙，烽火则～而不令点举。”

【漂散】 piāo sàn ❶漂流消散。唐玄奘《大唐西域记》卷二：“一曰火葬，积薪焚燎。二曰水葬，沉流～。”宋洪迈《夷坚志》三辛卷六：“忽为大雷雨迫逐，不可逃避，饮食器用一时～。”元虞集《句容郡王世绩碑》：“王麾军毕渡，涌水泊岸，木栅～。” ❷飘飞不能集中。《云笈七籤》卷四〇：“三真弃宫，七神～，玄宅纳凶。”元任士林《谢翱传》：“精神～，鬼语神词，变幻不测，翱岂平伍耶?” ❸流落散佚。宋苏轼《次韵和刘京兆石林亭之作》：“惟餘故苑石，～向人间。”黄庭坚《书刘景文诗后》：“身后图书～。”元谢应芳《学古字说》：“厥后以陵谷变改，家用沦落，书亦～。” ❹漂泊离散。宋吕本中《严州春晓》之一：“故人各～，颇恨来不早。”明邵璨《香囊记》四〇出：“想当初遇难时，妇与姑～如风絮。”清查慎行《与韬荒兄竟陵分手》：“余去向玉沙，兄行指鹤泽。萍踪忽～，践约苦难责。”

【漂损】 piāo sǔn 犹“漂坏”。唐李隆基《宣慰河北州县制》：“去年水潦，～田苗。”明杨荣《古朴子传》：“先是各场盐俱露积，风雨～无几。”

【漂兀】 piāo wù 同“飘兀”。宋赵鼎《舟中呈耿元直》：“解维汴岸一篙水，小舟～如鹭凫。”刘一止《念奴娇》：“小舟～，犯溪烟深入，无穷寒碧。”又《方欲相约为孔侯溪上之游》：“扁舟醉后从～，到处应无宠辱惊。”

【漂洗】 piāo xǐ 另见 piǎo xǐ。冲洗；荡除。明卓人月《花舫缘》四出：“波涛～痴兰麝，可正是英雄的风气别。”清李渔《蜃中楼》一八出：“他掀雷掣电前来，不但我两人性命不保，连那数百里居民，都有～之厄。”

【漂扬】 piāo yáng 飘扬。宋陈造《雁汉东守风》之二：“晚来炮车云，翻空更～。”明李攀龙《短歌行》：“秋风詵詵，转蓬如轮，～四野，莫知所臻。”

【漂洋】 piāo yáng 航海。明沈德符《万历野获编》卷三〇：“次年复～出粤东，迫近省会。”《拍案惊奇》卷一：“那久惯～的，带去多是绫罗缎匹。”清蒋士铨《采樵图》四出：“～虽好怕翻船。”

【漂漾】 piāo yàng 漂流荡漾。唐李善注《文选·颜延年侍游曲阿后湖》“衍漾观绿畴”：“衍漾，游衍～也。”明《情史·情幻类》：“舟逐水～，瞬息顺流，去若飞电。”清魏允札《南浦·送陈再生表弟之沂水》：“～出晴川，同时载、翩翩快帆如雨。”

【漂摇】 piāo yáo ❶飘荡；漂流摇荡。唐李君房《独茧纶赋》：“随惊波而乍紧，逐潜流而曳引。时仿佛而如见，忽～而将尽。”宋洪迈《夷坚志》乙卷七：“死后冥司以命未尽，不复拘录，魂魄～无所归。”清《霓裳续谱·三伏未尽》：“三伏未尽秋来到，梧桐叶落水面～。” ❷摇落；衰残。宋文同《哭任遵圣》：“览颢宇之渺漭兮，悲万汇之～。”明沈铉《赵松雪故宅》：“故国西风王气销，珊瑚玉树半～。”佚名《鸣凤记》二〇出：“东南土宇尽～，旁午征书已频到。” ❸漂泊动荡。宋王安石《仲明父至宿明日遂行》：“～将安往，税驾止一昔。”明刘基《久雨坏墙园蔬尽压怅然成诗》：“晚岁逼豺狼，～去乡土。”清彭孙遹《戊戌下第南归阻兵》：“～长若此，何以答恩私?”

【漂溢】 piāo yì 江河水涨满溢出。《旧五代史·唐书·庄宗纪》：“江河～，堤防坏决。”明王鏊《明故中奉大夫沈公碑文》：“修复魁星等闸，民田得灌溉，而城中无～之患。”清鄂尔泰《改漕船修水利疏》：“其泄泻不及，则泛滥～之患，必不能免。”

【漂游】 piāo yóu 在水面漂流。宋苏轼《与钱世雄书》：“江上久居益可乐，但终未有少田，生事～无根尔。”金王丹桂《玉炉三涧雪·赠安抱真等》：“鱼在迷津苦海，随波逐浪～。”

【漂寓】 piāo yù 犹“漂寄”。唐杜甫《东西两川说》：“近者交互其乡村而已，远者～诸州县而已，实不离蜀也。”宋苏轼《与冯祖仁书》：“实以～穷荒，人事断绝，非敢慢也。”清钱谦益《注杜诗略例》：“子美殁后，宗文尚～江陵也。”

【漂涨】 piāo zhàng 犹“漂溢”。唐潘观《使者征祥记》：“水忽～，汀洲泛溢。”元朱升《清陂桥记》题解：“龙干有济曰清陂，山洄～不定，人以弗便。”清张霭生《河防述言》：“而清水潭数十里之间，竟成长堤二道，粮艘行乎其间，永无～之患。”

【漂谪】 piāo zhé 因贬谪而漂泊。宋穆修《秋浦会遇》：“岂意当～，兹谐卜并邻。”

【漂驻】 piāo zhù 犹“漂寄”。宋洪迈《夷坚志》支丁卷九：“张素病足，不能行，～扬州。”

【漂转】 piāo zhuǎn 漂流徙转。唐杜甫《游修觉寺》：“禅枝宿众鸟，～暮归愁。”宋黄庭坚《寄耿令幾父过新堂邑作》：“自非耿令君，～随鱼虾。”清金衍宗《宋胡忠简遗像砚歌和警石》：“一封朝奏夕万里，砚亦～天之涯。”

【漂坠】 piāo zhuì ❶ 飘飞坠落。宋孙觌《宋故左迪功郎许府君墓志铭》：“上高飞兮百雉之墉，下～兮环堵之宫。”邵君美《再咏星岩》：“曾闻娲氏补天漏，也记春秋石陨星。却讶端岩星错落，何时～数峰青。” ❷ 倾覆。宋陈亮《勉强行道大有功论》：“念典礼之～，伤六经之散落。”清钦善《松问》：“春申右郭，为晓狭之原。废闸坏埭，陈迹～。”

【飘簸】 piāo bǒ 飘浮簸荡。唐韩愈《南山诗》：“无风自～，融液煦柔茂。”宋韩维《同曼叔观颍昌酴醾》：“狂风～百卉尽，惟有清香吹不绝。”清高以永《大水百韵》：“却疑倒天潢，转恐翻月窟。楼观意～，竹树塞路陌。”

【飘荡】 piāo dàng 同“嫖荡”。明景世珍《点绛唇·嘲盐商》：“狂朋怪友频来望，风姨月姊闲～。”

【飘动】 piāo dòng ❶ 流荡；洒脱展现。唐符载《上巳日陪刘尚书宴集北池序》：“皇皇煜煜，气象～，真高会也。”宋岳珂《宝真斋法书赞》卷一：“神气轩翥，笔力～，宛有神护。”清《飞花艳想》一回：“无梅时节，更挂一幅梅花的单条，墨花飞舞，生气～。” ❷ 漂浮流动或飘扬摆动。宋刘学箕《念奴娇·次韵范正之柳絮》：“水轩沙岸，午风轻、～一天晴雪。”《太平广记》卷一一三《法苑珠林》：“守者觉尸足间，如有风来，飘动衣衾。”明徐霖《绣襦记》一七出：“空有香风飘动，只落得引游蜂，飞攘攘惹狂蜂。”清《说岳全传》六七回：“三声炮响轰天，两面绣旗～。” ❸ 动荡；摇荡。明孙柚《琴心记》八出：“奴因贵客丰仪，春心～。”

【飘泛】 piāo fàn ❶ 飘浮。唐康骈《剧谈录》卷上：“水波澄明，莫测深浅。每秋风摇落，未尝有草木～其上。”宋吕颐浩《桂斋》之二：“会待高秋风露下，清香～月中来。”明王直《凝翠楼记》：“岚光秀色，飞碧流黛，随风～，凌冒远迩。” ❷ 漂流。唐刘恂《岭表录异》卷上：“新罗客亦半译其语，遣客速过，言此国遇华人～至者，虑有灾祸。”宋江休复《秋怀》：“纫兰制芰荷，～一叶舟。” ❸ 飘拂；掠过。五代杜光庭《太上洞元灵宝无量度人上品妙经序》：“其文在空中，为天风～，自然生八会之音。”宋卫宗武《雪晴》：“暮夜风怒号，～动几格。”元王恽《崇真万寿宫都监冯君祈晴诗序》：“穷阎～逝川东，千里嘉禾一雨空。” ❹ 漂泊；流浪。五代韩熙载《上睿帝行止状》：“时方乱离，迹犹～。”宋曾中思《水调歌头》：“无限经纶才略，～寄江湖。”

【飘风】 piāo fēng 同“嫖风”。明冯惟敏《清江引·醒悟》：“一个家张眉多睃眼，单给～汉。”《金瓶梅词话》六九回：“我把你这起光棍，专一引诱人家子弟，在院～，不守本分。”清《续金瓶梅》一六回：“单单等一个肯撒钱喜～，金十万银十万的，才接他采花。”

【飘风戏月】 piāo fēng xì yuè 嫖妓或调戏妇女。明《金瓶梅词话》二回：“专一～，调占良人妇女，娶到家中，稍不中意就令媒人卖了。”

【飘马儿】 piāo mǎ er 在做好的汤、菜上放的调味或调色的菜。清《红楼梦》六一回：“通共留下这几个（鸡蛋），预备菜上的～。”

【飘撇】 piāo piē ❶ 漂泊弃置。宋刘弇《赠黄成伯仇览》：“沧洲涩归迹，～惭吴鸥。” ❷（笔意）挥洒。也指运笔挥写。元柯九思《题陆继之摹兰亭叙后》：“此卷自褚河南本中出，～酝藉，大有古意。”明朱经《题顾定之墨竹》：“忆在吴中写墨君，雪楮冰缣每～。”李日华《六研斋笔记》卷四：“大都祖道子法衣纹，浓淖～，正如水荇泛波之状。” ❸ 飘洒；洒落。明倪岳《斋居喜雪联句》：“萦空转～，亚风随低昂。”清成文昭《冒雪访灵皋留饮话旧》：“荦确双屐鸣，洒裘见～。”张渊懿《满江红·咏柳》：“绕池塘、毵毵弄影，随风～。” ❹ 飘逸洒脱。清《北史演义》卷六四：“关中黑獭人中杰，轻骑迎銮气～。”

【飘洒】 piāo sǎ ❶ 飘扬；飘拂。唐李颀《听董大弹胡笳》：“幽音变调忽～，长风吹林雨堕瓦。”宋蔡襄《送柯秘书三子归泉应诏》：“嶷然三子复过我，衣裾～凝秋霜。”明梅鼎祚《玉合记》一七出：“清和近，紫塞赊，一路烟花～。” ❷ 飘逸洒脱。宋强至《闻杨公济冒寒访契嵩上人》：“襟期～随烟霭，诗句纵横出肺肝。”明屠隆《昙花记》四四出：“太白诗故～，今更沈郁，当是道进耶？”清《品花宝鉴》六〇回：“看第五方，画一个仙女，意致～。” ❸ 浪荡。明《金瓶梅词话》六九回：“家中有几个奸诈不级的人，日逐引诱他在外～，把家事都失了。”

【飘汤】 piāo tāng 犹“合汁”。清《儒林外史》五四回：“你每日在外测字，也还寻得几十文钱，只买了猪头肉、～、烧饼，自己搗嗓子。”

【飘头儿】 piāo tóu er 即“嫖头”。明《金瓶梅词话》四三回：“月娘接过来说：‘他老子是谁！到明日大了，管情也是小～。’孟玉楼道：‘若做了小～，教大妈妈就打死了。’”

【飘突】 piāo tū ❶ 飘荡奔突。宋苏轼《次韵孔毅甫久旱已而甚雨》之三：“沿流不恶溯亦佳，一叶扁舟任～。”明梁辰鱼《浣纱记》三五出：“看一阵怪风～，更半营残月凄其。”清钱谦益《亚中大夫朱君墓志铭》：“今拥河桥不听渡，敌～抵城下，此时欲撤桥济师，晚矣。” ❷ 漂泊流荡。明李东阳《雷公峡》：“避乱人永新，孤身任～。”

【飘兀】 piāo wù 摇荡；摆动。宋苏籀《漫述》之二：“～篮舆绝畦畛，莽苍更访隐湛沦。”苏轼《好事近·湖上》：“独棹小舟归去，任烟波～。”清黄景仁《初更后有携酒食至者》：“杖如可化愁高寒，绳便堪梯怖～。”

【飘虚】 piāo xū 浪荡虚浮。明佚名《一枝花》：“他却性～，俺却命孤独。这是姻缘前定不同谋。”

【飘眼】 piāo yǎn 同“瞟眼”。清《玉蜻蜓·访庵》：“解元～来观看，但见他面容失色汗淋淋。”

【飘洋】 piāo yáng 同“漂洋”。明《西游记》四八回：“常年家有五七人一船，或十数人一船，～而过。”清施琅《论开海禁疏》：“此～贸易一项，当行之督、抚、提各将。”

【飘移】 piāo yí ❶ 漂泊徙转。宋李纲《余抵沙阳之夕民居延火几爇官局》：“烂额焦头那足惜，只愁蓬迹久～。” ❷ 摇荡。清《霓裳续谱·访名花》：“一阵阵香风，把我肺腑～。”

piáo

【嫖】 piáo ❶ 狎妓。明顾起元《客座赘语》卷一：“今荡子之宿倡者曰～。”《警世通言》卷三二：“公子在院中～得衣衫蓝缕。”

清《霓裳续谱·榴花开》:"卖油郎独占花魁,恩情重,～的有名。"❷指狎妓的人。明顾大典《青衫记》一七出:"近来算命财星照,遇一个老～,遇一个老～。"

【嫖本】piáo běn 狎妓的本钱。明徐霖《绣襦记》二九出:"～也没了,还上甚么花柳街。"

【嫖娼】piáo chāng 狎妓。清李玉《一捧雪》一九出:"只是他生性奸滑,娶了咱们,又镇日到院中去～。"《红楼梦》四回:"今日会酒,明日观花,甚至聚赌～。"

【嫖娼宿妓】piáo chāng sù jì 在妓院狎妓过夜。清《红楼梦》一二回:"今忽见他一夜不归,只料定他在外非饮即赌,～。"

【嫖场】piáo chǎng 狎妓的场所。清《绿野仙踪》四四回:"你在～中,不知经历了多少。"又四八回:"我爱你安眉戴眼的听弹唱,我爱你一毛儿不拔在～上浪。"

【嫖荡】piáo dàng 嫖妓放荡。明黄允文《杂纂三续·不图好》:"～后打莲花落。"《拍案惊奇》卷三二:"铁生也只道胡生诱他～,故公公告诉他。"

【嫖房】piáo fáng 所嫖妓女的房间。清《绿野仙踪》五四回:"如今是各吃各饭,各人在各人～内,同坐的时候甚少。"

【嫖费】piáo fèi 狎妓的费用。清李渔《慎鸾交》四出:"我把儒俸抵还伊,只当是皇家出～。"

【嫖风】piáo fēng 嫖妓。明薛论道《山坡羊·戒嫖风》:"囊中,归来洗一空;～,谁能有始终?"赵南星《锁南枝带过罗江怨》:"负着债,卖了田,为～做下领花布衫。"

【嫖行】piáo háng 卖妓与狎妓的行当。明王錂《春芜记》一三出:"若论这～里行径,虽不是甚么撒漫使钱的子弟,那些穷孝顺、虚帮衬、假小心,极会得。"清《豆棚闲话》一〇则:"一名蔑片,又叫忽板。这都是～里话头。"《绿野仙踪》四三回:"如玉是个久走～的人,差不多的妓女最难上他的眼。"

【嫖妓】piáo jì 狎妓。明《拍案惊奇》卷一五:"逐日呼朋引类,或往青楼～,或落游船饮酒。"清李渔《风筝误》六出:"连日同几个帮闲在外面赌钱～。"

【嫖金】piáo jīn 即"嫖费"。清李渔《凰求凤》六出:"～十两,烦你先送进去。"又《慎鸾交》四出:"桩桩雅惠俱颁,只有～未赠。"

【嫖经】piáo jīng 讲狎妓程序、手段的书。明徐霖《绣襦记》四出:"〔净〕'打是爱'出于何典?〔旦〕出于～上。"《西洋记》一三回:"今日的和尚,到是个熟读～的。"清李渔《风筝误》二一出:"～收拾赋桃夭,且尝新淡莱莫厌旧蛏条。"

【嫖局】piáo jú 犹"嫖场"。清《绿野仙踪》五七回:"你一个做秀才的,擅入～,就该革除。"又七〇回:"你既卖祖房,又入～,弄的盆干瓮涸。"

【嫖具】piáo jù 狎妓的用品。明《禅真逸史》一三回:"但贤侄这般妆束,不是那嫖客的行径,待我打点～,方好去得。"

【嫖客】piáo kè 狎妓的人。明徐霖《绣襦记》一八出:"相公你这每一个标至致人,不扯手不像个～。"《醒世恒言》卷三:"时常挑了担子在他家卖油,今日忽地去做～,如何开口?"清《白雪遗音·嫖账》:"这几天,穷死～了,叫了一声坑人的婆娘。"

【嫖空】piáo kōng 狎妓而不付费。明单本《蕉帕记》三出:"我是～的,身子轻。"

【嫖弄】piáo nòng 嫖妓玩耍。明《金瓶梅词话》六九回:"白日黑夜,只跟着这伙光棍在院里～。"

【嫖钱】piáo qián 即"嫖费"。明《醒世恒言》卷三:"遂将初次看见送客,又看见上轿,心下想慕之极,及积趱～之事,备细述了一遍。"清李渔《凰求凤》三出:"私窠子虽多,他的～、东道,也替我们一样。"

【嫖耍】piáo shuǎ 犹"嫖弄"。明李日华《西厢记》三五出:"一向在京院子里～,整整住了一年以上。"《禅真逸史》二五回:"奸诈百出,赚诱我家公子～。"清《雪月梅》四一回:"这侯公子自见了王小姐,他也无心～,催促家人雇就车辆轿马,竟往登州进发。"

【嫖宿】piáo sù 嫖娼宿妓。明《拍案惊奇》卷三二:"你访得有甚名妓,牵他去吃酒～。"清《雪月梅》四一回:"此番在路到处～,只瞒着他娘一个。"

【嫖头】piáo tóu 嫖主儿;嫖客。明薛论道《桂枝香·嘲酒色》:"做～夜夜扶头,好饮酒朝朝病酒。"《梼杌闲评》四五回:"那城中虽有几个浮浪子弟、帮闲的～,总是粗俗不堪之人。"《禅真逸史》一三回:"嫖妓取乐,乃我等分内事,当官讲得的。故和尚唤做光头,道家名为～。"

【嫖院】piáo yuàn ❶到妓院狎妓。明《金瓶梅词话》四六回:"像人家汉子在院里～来,家里老婆没曾往那里寻去?"《古今小说》卷四:"情窦开了,谁熬得住? 男子便去偷情～。"清《聊斋俚曲·增补幸云曲》:"你说这正德～不大之紧,弄出了几件故事甚是出奇。" ❷指到妓院狎妓的人。明朱国祯《涌幢小品》卷一四:"老节妇决不装淫娼,而老～亦决能辨识于微渺间也。"

【嫖帐】piáo zhàng 狎妓的账目。明《金瓶梅词话》一二回:"常时节借的西门庆一钱八成银子,竟是写在～上了。"清《绿野仙踪》五五回:"你若将银子带回家去,不但我父母和你从头至尾清算～,就是萧麻子亦必搬弄是非。"

【嫖资】piáo zī 即"嫖费"。清《绿野仙踪》四四回:"就将那十二两程仪,做了他与苗秃的～。"

【瓢】piáo ❶用作"嫖"的谐音字,指嫖宿、婚姻的对象或指狎妓。明柯丹邱《荆钗记》七出:"思量命犯孤星照,没一个老～。"《山歌·茄子》:"虽是霜打风吹九秋末后像子个黄婆子,还有介星老～身分惹人寻。"又《葫芦》:"相交莫学葫芦老,葫芦老时两开交,东也～来西也～。" ❷指团瓢。清《女仙外史》六七回:"那～周回滚圆,其顶有如馒头,纯用城砖与石灰筑成的。"

【瓢冠】piáo guān 即"瓢帽"。清孔尚任《桃花扇》四〇出:"〔外扮张薇～衲衣,持拂上〕世态纷纭,半生尘里朱颜老。"

【瓢坎的】piáo kǎn de 下三滥;下贱没出息的人。清《红楼梦》六三回:"还亏你是大家公子哥儿,每日念书学礼的,越发连那小家子～也跟不上。"

【瓢帽】piáo mào 瓢形的僧帽。明《宜春香质》花集五回:"突出一个和尚,……铁～,金箍头。"《西洋记》一一回:"只见一个光光的头,戴着瓢儿帽。"清《醒世姻缘传》二一回:"徐老娘把小和尚抱到跟前,月白脑塔上边顶着个～子。"

【瓢头】piáo tóu 葫芦头;光头。明冯惟敏《僧尼共犯》一折:"～儿比着葫芦画,光头儿带着葫芦把。"《西游记》七五回:"这妖精没眼色,把老孙认做个～哩。"

piǎo

【漂白】piǎo bái 一种经过漂染形成的白色。明宋应星《天工开物·乃服》:"黄丝以猪胰漂洗,亦成白色,但终不可染～、桃红二色。"《山歌·看星》:"好似～布衫落在油缸里,晓夜淋灰洗弗清。”清《醒世姻缘传》六五回：“当时像杨尚书老爷做到宫保，还只穿着领～布衫。”

【漂工】 piǎo gōng 掌漂洗的工匠。明宋应星《天工开物·乃服》：“苎质本淡黄，～化成至白色。”

【漂浸】 piǎo jìn 漂流浸泡。唐李纯《赈诸道遭水人户制》：“至今远近，或有垫溺，浸败庐舍，～田苗。”《续资治通鉴长编》卷三四八：“洛州水灾，～公私庐舍。”清傅泽洪《行水金鉴》卷七九：“城半倾塌，民多～。”

【漂淘】 piǎo táo 漂摆淘洗。明宋应星《天工开物·五金》：“其贱役扫刷泥尘，入水～而煎者，名曰淘厘锱。”

【漂洗】 piǎo xǐ 另见 piāo xǐ。漂摆洗涤。明宋应星《天工开物·乃服》：“黄丝以猪胰～，亦成白色。”江瓘《名医类案》卷八：“用紫河车二具，～如法。”

【瞟】 piǎo 偷看；斜眼看。明汤显祖《南柯记》九出：“睃他外才，～他内才，风流一种生来带。”《金瓶梅词话》六一回：“李瓶儿～了他一眼，笑了笑儿。”清《霓裳续谱·不受教调》：“人家那里说话你就拿眼～。”

【瞟看】 piǎo kàn 瞥视；斜眼看。明《巫山艳史》七回：“公子听得堂帘内俏语笑声，把眼～帘中。”

【瞟觑】 piǎo qù 犹“瞟看”。明《二刻拍案惊奇》卷二七：“那大汉看见回风美色，不转眼的上下～。”

【瞟眼】 piǎo yǎn 瞥眼；斜眼(看)。清陈端生《再生缘》七〇回：“微～，频频偷看师尊面。”△《九尾狐》九回：“黛玉也～过去，认得即是黄月山。”

piào

【票】 piào ❶用作指令、凭证的简要文书。宋黄榦《申朝省罢筑城事奏》：“近准省札，差拨大军创筑城壁，已具遵～。但所役军民，必须支给钱米。”明汤显祖《牡丹亭》五三出：“〔末～示介〕平章府提取送解犯人一名。”清《红楼梦》一三回：“说我拜上他起一张五品龙禁尉的～。” ❷明清内阁在奏章上所附的拟有批旨的票签，也指签上的拟旨。明刘若愚《酌中志》卷一一：“批此本者，李永贞从臾御笔；改此～者，体乾阿逆贤也。”清《樵史》九回：“皇帝不发～，阁老不票本，不知终日何所事事。”《野叟曝言》四二回：“内阁迎合他，也只拟得降级，是那厮～出中旨，竟革了职。”❸明清内阁在票签上代皇帝拟写奏章批语，或太监依内阁拟定的批语代皇帝批答奏章。明《玉堂荟记》卷上：“郑方水馆师入阁，偶～一疏，内有‘何况’二字，误以为人名也，～云：‘何况着抚按提问。’”清李玉《一捧雪》五出：“俺忙时不过～几道奏章，闲时受用些歌姬舞女。”《风流悟》三回：“既如此，明日～个着削职为民。”❹量词。用于票证。清《儒林外史》七回：“荀家把这十吊钱赎了几～当，买了几石米。”《品花宝鉴》一三回：“我欠人家一～银子，约明日还他。”《白雪遗音·酒鬼》：“哥哥昨日借了一～当。”

【票本】 piào běn ❶明清内阁为皇帝批答奏章在票签上拟定批语，或皇帝依准备好的票签批答奏章。明杨继盛《请诛贼臣疏》：“皇上令嵩～，盖任人图政之诚心也。”《型世言》二〇回：“触忤了内阁，～道：‘秦凤仪与李天祥，俱授繁剧衙门县丞。’”清李玉《一捧雪》六出：“道有倭寇紧急军情筹画，无暇～。” ❷附有内阁拟旨票签的奏章。明杨廷和《为陈情乞恩恳祈休致事奏》：“每日发下～、文书，臣等委曲酌议，拟旨进呈。”清朱彝尊《日下旧闻考》卷六二引《玉光剑气集》：“宣庙赐有文渊阁印一颗，凡封进～、揭帖、圣谕、敕稿，用此钤之。”

【票臂】 piào bì 挥臂；扬臂。《元曲选·灰阑记》二折：“〔孤做～科，祗从出〕”又四折：“〔做～，张林做出科〕”

【票簿】 piào bù 登录票本或票据的簿册。明谈迁《谈氏笔乘·业赘》：“万历初，江陵张文忠～，岁积寸许，旨极简切。”梁材《题钞关禁革事宜奏》：“州县每月送吏二名，填写～，计算银两。”清王世琛《为请杜州县征收之隐弊事奏》：“新任官详请府司将收存～发出查对，便完欠了然。”

【票差】 piào chāi 出票差遣。清颜检《复议减差均徭利弊疏》：“此时虽出以重价，亦将不应。设有～，恐滋贻误。”《醒世姻缘传》一三回：“遂将氏设计谋害情由，告赴本县。有已故明知县～在官快手伍圣道、邵强仁拘拿。”《绿牡丹》一七回：“少不得开放城门，令人出入，另行～马快捉人。”

【票出】 piào chū 用票签标出或发出。明王锡爵《请册立密揭》：“内将紧要句语用红签～，乞皇上细览深思。”杨廷和《为辩白欺罔恳乞休致事奏》：“夫钱宁谋取宸濠之子，其事未有人昌言之者。臣与蒋冕毛纪拟旨～，乃正其罪。”清康熙十九年正月二十一日上谕：“朕心本虚公，初不执定一说，若果在必行，何难旨意～。”

【票催】 piào cuī 出票催督。明葛昕《与三山寅丈书》：“又见工零星用物皆当三丈，径～铺户办之。”清于成龙《进剿纸棚河逆贼委牌》：“今同戎府统兵会剿，～各乡义勇闻风响应。”杨雍建《请停丈量以苏民困疏》：“朦听蠹胥，～四十一里耆，假称使费名色，每里科敛银一二两不等。”

【票发】 piào fā 把票本签批发出。明赵志皋《乞振朝纲疏》：“乞俯从部请，照常～，俾人才不致阻滞。”清李玉《一捧雪》六出：“因太师有军机忙丛，特送到司空处，望即～，皇爷专等回奏。”《载花船》四回：“朕前虽接于生之疏，从未～，安得有始而召见继而诛斩之事？”

【票红】 piào hóng 皇帝(或由太监代)用红笔签批票本，也指这样的文书。《明实录》卷四九九：“首言考选，～不发，场期参错。”《明史·王体乾传》：“遇～文书及改票动请御笔，体干独奏，忠贤默然也。”

【票揭】 piào jiē 即“票帖❷”。揭，揭帖。清《玉楼春》一四回：“鬼神乃有欺我之事，现据有～在此。”

【票拘】 piào jū 出票拘拿。《明实录》卷五三一：“一遇各解来京，预行诈禀，～百出。”清《歧路灯》四六回：“所以谭绍闻早起，便有差役～。”《蜃楼志》一回：“大人～我等，料是凶多吉少。”

【票据】 piào jù 出纳或运送款项、货物等的凭据。清李鸿宾《鳌剔安徽亏空疏》：“惟有饬提州县历任交代原开底册，及监交议单～等项，逐一稽查。”谢占壬《海运提要》：“是以商贾货物，从无用人押运，惟以揽载～为凭。”

【票拿】 piào ná 犹“票拘”。明高攀龙《申严宪约责成州县疏》：“催征止用里甲，间于奸顽之户，行不测之威，～一二，无得偏差。”

【票拟】 piào nǐ 明清内阁为皇帝拟写奏章批语，也指这样的批语。明王樵《建请安储》：“卿等所～，欲下部议。”《欢喜冤家》一四回：“过了两日，～到部，将了然定绞。”清李玉《一捧雪》六出：“奉爷旨意，送本到太师处～。”

【票判】 piào pàn 判写票本。清《玉蟾记》四回：“赵文华坐在厅上无事，奸相严嵩差人送本章来，令他～。”

【票签】 piào qiān ❶标签；标写名称、性质等的纸片。明朱国祯《涌幢小品》卷三：“余尝见高文集十二卷，乃宗子相校刻者，甚精好，称《高文懿集》。不独～为然，叶叶中间细字皆如之。”

《金瓶梅词话》五四回："又一封筒，大红～写着'加味地黄丸'。" ❷犹"票本❶"。清康熙二十七年七月二十四日上谕："满兵破贼章疏，拟照常～以进，令大学士知之。"弘历《阅折》："题章黄阁～呈，阅折朱批手自评。"元展成《严乡练示》："漫无选择，随手～，所任非人，百弊丛起。"

【票遣】 piào qiǎn 犹"票差"。清卢传《屯粮序》："千总领有印信壹颗，其各项～，如进万寿表及冬至元旦表，费用遂已繁多。"

【票取】 piào qǔ 出票索取。明沈德符《万历野获编》补遗卷三："追论巡按江西丁忧御史祝大舟临行～多赃。"沈榜《宛署杂记》卷一五："本院公用纸札银四两六钱二分，每年终奉本府～。"《大清会典则例》卷一五〇："向来部院各衙门～各项差务，该坊官均令总甲承办。"

【票式】 piào shì 票据的格式或使用票据的格式。明高攀龙《与许同生父母书》："在此望仁台亟给赈票及文簿，……谨以～及簿式呈览。"清雍正七年正月十九日迈柱奏文："查该关向来～止用二联。一联存季终汇缴送部，一联给船户至关口验放。"《女仙外史》九回："打轿自赴唐宅，令人传禀，并送～看阅。"

【票帖】 piào tiě ❶犹"票本❷"。明刘若愚《酌中志》卷一三："每晨奏先帝览文书。时逆贤、永贞、元雅、文辅，先将应处应点姓名及应改～俱托体乾口奏。"《明实录》卷一一一："世宗用人，间于旨内径批，不由部推。上曰：'朕见皇祖时～如此类者甚多。'"又卷三一〇："舆论所孚，简任当亟。乞将拟进～，从中批发。" ❷即"票❶"。明于谦《为擅调官军事奏》："却乃擅出～，将钦调官军改调别城。"《金瓶梅词话》三〇回："即时使印，佥了～，行下头司，把来保填注在本处山东郓王府当差。"清魏裔介《南和邑侯锦雯吴公庙碑记》："侯能无以衙前伍伯下于乡，侯能不以～米盐酒醋扰于市。"

【票文】 piào wén 即"票❶"。《明实录》卷五一五："指称钦依～，给毛应龙等肆行诈骗，可不谓诈传诏旨乎?"清《康熙起居注·康熙二十一年七月初三日》："为厄鲁特部落丹津鄂木布来使额尔克虾等，因无噶尔当薄硕克兔汗～，不许进关。"《绿野仙踪》三〇回："林桂芳看罢，大惊失色，将～送与于冰、林岱等公看。"

【票写】 piào xiě 誊写经皇帝批答的票本(发出)。清《国朝宫史》卷一二："凡内阁拟票本章，俱经本处进呈御览，然后～清文交阁。"李玉《一捧雪》七出："～本章，点收礼物，再不得闲哩。"

【票行】 piào xíng 往下发出票本或票帖。明祁彪佳《莆阳谳牍》卷下："莆田县一件黑冤惨害事，～陈昌、魏四等查审。"《明实录》卷三九七："今所允发者乃急选二本，尚有拣选同知张翼新等一本，伏乞皇上并赐～。"《大清会典则例》卷一五〇："每年六月，～洗象，搭棚。"

【票押】 piào yā 票据；文契。明《醋葫芦》一一回："文书～已落袖里，只须寻个主儿，行起'土四贝'的勾当，何虑手头乏钞哉。"

【票仰】 piào yǎng 公文用语。用于下发的票帖，要求下级照帖执行。明戚继光《纪效新书》卷三："为此～各该官役遵照施行。"清于成龙《慎选乡约谕》："此外，一不许～协拘人犯，二不许差役到家饭食。"《醒世姻缘传》四六回："兵部右侍郎邢，为公务事，～武城县官吏照票事理。"

【票议】 piào yì 拟写票本参与议论。明温纯《恳乞圣明遵祖制慎赠典疏》："且此典果出陛下意乎？抑因洪曲请而后与乎？又因阁臣～而后与乎?"

【票约】 piào yuē 犹"票押"。明《宜春香质》雪集五回："赚赎祁文是他的计，私偷～也是他的计。"清汤斌《禁止船户涉险夜行告谕》："自后凡客商雇船装货，务须着落埠头，雇觅熟识船户，写立～。"李玉《人兽关》二〇出："自古官凭印信，私凭～。"

【票照】 piào zhào 犹"票押"。明潘希曾《遵敕谕陈利弊以消天变疏》："验有广东南雄府～，曾经太平桥税过，每盐十引抽一引半。"清雍正八年六月初六日高其倬奏文："一船户黄珀并舵水四名，并无县给～。"

【票证】 piào zhèng 文书凭证。明王文禄《文昌旅语》："必须宪臣奏请，沿海凡泊船处所多设市舶司，有货税货，无货税舡，舡出，地方给以～。"

【票旨】 piào zhǐ 在奏章所附的票签上拟写或签写皇帝的批语。明何良俊《四友斋丛说》卷八："然各衙门章奏皆送阁下～，事权所在，不得不重。"《梼杌闲评》三七回："忠贤便～道：'刘铎已拟遣戍，乃法所姑容。'"清《蜃楼志》一回："这申公与宰执大臣不合，京察年分，～外用。"

【票字】 piào zì 票本或票据上的文字。《明实录》卷九四："本内～，乃是司礼监官擅拟。朕特与卿等商议，可革之否?"清《品花宝鉴》三二回："至于日子，有～为凭，而且明日就是中秋节，一发不会记错。"

【票子】 piào zi ❶票据；作为凭证的简要文书。元明《水浒传》二一回："你取纸笔来，我写个～与你去取。"《明实录》卷二一七："其卫所官有假作～贴头等名色，尽将月粮扣支者。"清《康济录》卷四下之一："各给～一道收执，以便请领米豆。" ❷借券、当票等票据。明陆采《怀香记》三八出："〔净〕今日不讨赊帐，必要现钱。〔丑诨介〕若无现钱，春英教小姐写个～。"《二刻拍案惊奇》卷一〇："他拿了我千贯的～，若不夺得家事来，他好向那里讨?"清《歧路灯》八三回："如今当一～，花一～，那的有钱。" ❸官府发出的简要命令文书。清李渔《凰求凤》二六出："况且提人的～还不曾到，为何就这等着急起来?"又《比目鱼》一七出："你们做衙役的人，……弄得呈状来，也好把～差你。"《醒世姻缘传》三三回："成都府经历可也要认的个字，没的就不标个～?"

piē

【撇】 piē 另见 biē、piě。❶敲。唐佚名《大周故将仕郎张府君墓志铭》："风截道而难追，火～石而能几?" ❷在液体表面平舀。唐贾岛《送僧归太白山》："夜禅临虎穴，寒漱～龙泉。"明高濂《遵生八笺》卷一七："灶内慢火粗熬至起沫，以笊篱～去油沫。"清《白雪遗音·九样粥》："肉粥～浮油。" ❸抛弃；弃置不顾。宋谢逸《花心动·闺情》："海样情深忍～。"明《夹竹桃·轻薄桃花》："把甜头～下，要丢怎丢。"清《红楼梦》六二回："来至园中，都～在河内。" ❹迅疾。宋彭汝砺《彦衡约饮湖亭行不及赴》："张帆半夜起，～若惊蓬走。"明刘基《从军诗送高则诚南征》之二："长风翼万轴，～若横海翰。"清钱柏龄《和西陂舟下十八滩诗韵》："危埒驷注坡，～若弩送箭。" ❺说话显出某种口音。元佚名《粉蝶儿》："一个演习那浙闻言语呼郎婿，一个～着些都下乡音唤丈夫。"明陈铎《耍孩儿·嘲巫人》："降南神说会蛮，附北神～会畲。" ❻除去；撤掉。明《金瓶梅词话》六回："从新把娘的残馔～去，另安排一席齐整酒肴。"又七八回："西门庆袖内还有烧林氏剩下的三个烧酒浸的香马儿，～去他抹胸儿。" ❼越；渡过。明孙蕡《下瞿塘》："柁工敲板助船客，破浪一～如飞梭。"桑悦《北都赋》："或脱黄羊渡之险，或～白龙堆之厄。" ❽很快地看一下。通"瞥"。明汤显祖《紫钗记》六出："怪檀郎转眼偷相～。" ❾骗。

清《歧路灯》四四回："你这样子像是撇白的～嘴吃、～钱使。"

【撇罢】 piē bà 抛掉；放下。元佚名《替杀妻》二折："～了腹中愁，则今打叠起心头闷。"明张鍊《一枝花·劝友人收心》："～了二十年诗云子曰，结识到一千个翠袖金钗，为风流干把名声坏。"朱有燉《常椿寿》三折："～了酒酽花秾，打叠起阳台云雨渺无踪。"

【撇白】 piē bái 空口或空手行骗。明薛论道《桂枝香·盐商小伙》："改爻换象，～调谎。姨父是吏部尚书，母舅是当朝宰相。"吾邱瑞《运甓记》二五出："～剪绺当做顽皮，走脊飞檐视同儿戏。"清《歧路灯》四六回："没良心的～贼，借人家银子想着撒赖，到来生变牛马填还人。"

【撇包】 piē bāo 一种骗术。故意丢掉装有钱物的包裹，同伙诱人捡拾平分，以假钞掉包换人真钞。《元典章新集·刑部》："余云六等先犯～骗钞，累断不悛。"

【撇别】 piē bié 抛弃离别。清《万花楼》六一回："因何执意要回陈州，～为娘？"

【撇尺】 piē chǐ 疑是乳房的隐语。元佚名《耍孩儿·拘刷行院》："倒敢是十分丑：匾扑沙拐孤～，光笃鹿瓠子髑髅。"按，上句言其胸部扁平，乳房像踝骨那样小，下句言其体瘦似骷髅。

【撇绰】 piē chuò 挥洒涂抹。明汤显祖《紫钗记》三四出："这几笔儿轻勾淡绕，～的暮光浮，隐映的朦胧晓。"

【撇醋】 piē cù 显出文人的酸腐。清吴伟业《秣陵春》四出："强文～腌穷俭，胡诌歪讲鬼厮缠。"

【撇打】 piē dǎ ❶ 抛打；敲打。明汤显祖《紫钗记》四六出："甚来由向灵心儿～？多则是云髻懒，月梳斜，镜台边，那年留下。" ❷ 掂掇；忖度。明《二刻拍案惊奇》卷一七："俊卿固然认了魏撰之是天缘，心里却为杜子中十分相爱，好些～不下。"

【撇呆】 piē dāi 装傻。元高明《琵琶记》三〇出："～打堕，早被那人瞧破。"明《型世言》二一回："爱姐狠推，当不得他恳恳哀求，略一假～，已被徐铭按住。"《龙阳逸史》一一回："这玉姝也动了兴，两只眼睛一张脸皮都火红了，假意～靠在桌上。"

【撇倒】 piē dǎo ❶ 拽倒；扯倒。《元曲选·勘头巾》二折："拿过一块板来，上头有个窟窿，套在我脖子上，把我～。" ❷ 抹倒；批倒。明朱天麟《与金正希书》："尽心、存心两语，尊旨劈提'尽心'一句，～'存心'下截。弟瞿然疑之。"

【撇地】 piē de 突然；一下子。明《石点头》卷四："方氏正倚着门屏邪视，只见一个后生～经过。"

【撇吊】 piē diào 抛；丢下。《元曲选·潇湘雨》二折："我为你～了家私，远远的寻途次。"明《西洋记》六三回："～了枪，刀架子上取过一张刀来。"

【撇调】 piē diào 抛弃；丢下。明佚名《一枝花·范张鸡黍》："抛离了老母，～下妻男。"又《新水令》："早知道你将奴～，你只恁的有上稍没下稍。"《渔樵闲话》一折："一任把烟波名利都～。"

【撇掉】 piē diào ❶ 抛掉；丢下。金马钰《金莲出玉花》："家缘～，云水遨游修大道。"明《醒世恒言》卷三四："怪道我家妻子尸首，当朝就不见踪影，原来却是你们～了。"清《白雪遗音·想多情》："双双同入罗帏帐，好似春风把玉树摇。好叫我，难割难舍难～。" ❷ 转圜；圆转。元陈绎曾《文说》："节段既明，观其首尾中间相应处、相变处、～处、转折处。"

【撇放】 piē fàng 抛撇丢放。《元典章·刑部四》："将女定哥抱去，～滹沱河内。"元明《水浒传》二一回："婆子便扯帘子，～门背后，却把两扇门关上。"明《二刻拍案惊奇》卷七："若脱离了此地，料此书生无缘再会，所以不觉心中怏怏，～不开。"

【撇过】 piē guò ❶ 迅疾掠过。宋孔武仲《健儿走马行》："千蹄～在顷刻，闪电飞星不留迹。"范成大《刺濆淖》："旁观兢薄冰，～捷飞电。" ❷ 放过；弃掉。元宋方壶《水仙子·隐者》："青山绿水好从容，将富贵荣华～梦中。"明周宗建《论语商》卷上："诸君凡看此等书句，切勿便把来～。圣贤心肠正要在此等处讨出。"清何焯《义门读书记》卷三三："祈福无验，上已开陈，故入迎佛骨本事后一句～，只以国家大体反复言之。"

【撇呵】 piē hē 犹"开呵"。元明《水浒传》三七回："叵耐那厮不先来见我弟兄两个，便去镇上～卖药，教使枪棒。"

【撇花】 piē huā 弄花招诈骗。明朱有燉《悟真如》四折："你则待街头～席前诈。"

【撇还】 piē huán 抛掷归还。明《石点头》卷五："莲房见他说话不好，也不答应，将银子撇在地下，奔上台来，说道：'银子～他了。'"

【撇火镰】 piē huǒ lián 敲击火石以取火的镰状钢片。五代李亶《赐高丽王敕》："金银细镂～二十枚，金银细镂钳子二十枚。"

【撇火石】 piē huǒ shí 敲击后能迸出火星的石块，用来引火。宋元《古今小说》卷三六："安些个作怪的药在里面，把块～取些火烧着，喷鼻馨香。"

【撇击】 piē jī 挥击。清钱谦益《跋吴越春秋》："流观伉侠奇诡之言，若苍鹰之突起于吾前，欲奋臂而与共～者。"

【撇假】 piē jiǎ 装假。《元曲选外编·西厢记》三本四折："见了他～偌多话：'张生，我与你兄妹之礼，甚么勾当！'"

【撇看】 piē kàn 观看。撇，通"瞥"。明《金瓶梅词话》四五回："西门庆与伯爵丢下双陆，走出来～。"

【撇科】 piē kē 撒科。本指舞台表演动作，泛指叫卖、表演技艺。《元曲选·竹叶舟》四折："见王留撇会科，听沙三嘲会歌。"明《禅真后史》二二回："内中有几个好事的不信，疑是一路～演术的。"又二四回："关赤丁系是游方～棍徒，善于幻术魇遁之法。"

【撇空】 piē kōng ❶ 掠过空中。明倪岳《天津阻雪》："飞云～若奔马，回风掀河成急湍。"清程景伊《山庄灯夕锡宴联句》："跋浪长鲸动鳞甲，～掣电耀精芒。" ❷ 抛向空中，指落空。清陈端生《再生缘》六九回："今朝忽有途中变，数载贞心尽～。"

【撇空拳】 piē kōng quán 犹"撇白"。明《醋葫芦》一一回："说无说有～，踢天弄井专行骗。"

【撇赖】 piē lài 败坏。明《金瓶梅词话》五七回："只见有几个惫赖的和尚，～了百丈清规，养婆儿，吃烧酒。"

【撇朗兜】 piē lǎng dōu 撇大；摆架子。朗兜，市语，大。元高安道《哨遍·嗓淡行院》："供过的散嗽生，嗟顶老～，老保儿强把身躯组。"明风月友《金陵六院市语》："郎兜，以明乎大。"

【撇朗末】 piē lǎng mò 即"撇末"。明朱有燉《新水令·赠歌者》："写与你新词，出落着风流幸。～场中，名显在鸿门占芳景。"

【撇泪】 piē lèi 洒泪。清钱谦益《金陵秋兴》之四："住山狮子频申久，起陆龙蛇～迟。"

【撇离】 piē lí 舍弃离开。明汤显祖《牡丹亭》四八出："早知道你～了阴司，跟了人上船。"

【撇撩】 piē liāo 抛弃。清《醒世姻缘传》九二回："还那里想起有这个失时没势、残年衰朽的师傅师娘，远远的～在九霄云外去了。"

【撇烈】 piē liè 迅疾挥洒或掠过。唐杜甫《留花门》："渡河不用船，千骑常～。"宋韩维《讲武池和师厚》："凌波飞百艘，～若鹘翅。”明吴易《定襄侯郭忠武公登》：“～天网翻，槎枒地龙绕。”

【撇捩】 piē liè 同“撇烈”。唐欧阳询《用笔论》：“忽正忽斜，半真半草。唯截纸棱，～窈窕。”元郝经《秋风赋》：“至于蜚霜激沙，～秋草。”清陈德荣《飞鱼滩》：“～转石罅，生死争秋毫。”

【撇掠】 piē lüè 犹“撇烈”。宋李吕《泊雷公步涉豫章境》：“淼淼万顷波，～小渔艇。”元袁桷《三月廿九日阻风冯家口》：“～吞吴阵，纷披障庾尘。”

【撇马】 piē mǎ 掠马。指表演马术。清《绿牡丹》二回：“我们～哩。晚生先来告声：倘有不小心者，恐被马冲倒。”

【撇袂】 piē mèi 撒开衣袖。指分手。明汤显祖《紫箫记》二四出：“劝仙郎联骖上路，看娇女～中途。”

【撇末】 piē mò 本指扮演杂剧角色。泛指扮演角色。元佚名《错立身》一二出：“子这～区老赚，我学那刘耍和行踪步迹。”明朱有燉《醉太平·风流小僧》：“细乐中响盏是天王磬，～中靠背是菩萨帧。”又《桃源景》楔子：“你道我～的场中无对手。”

【撇抛】 piē pāo 犹“撇撩”。清陈端生《再生缘》七三回：“衡文主试无卿分，朝事军机尽～。”《霓裳续谱·三月里清明节》：“恨情人把奴～。”《白雪遗音·十二时·辰》：“只为有事心头难～，意懒兴萧条。”

【撇弃】 piē qì 抛弃；丢开。元明《三国志通俗演义》卷二〇：“抛盈郊野之戈甲，～满道之刀枪。”明《醒世恒言》卷四：“那秋先从幼酷好栽花种果，把田业都～了，专于其事。”清《白雪遗音·阳告》：“别恋着红妆翠眉，他笑盈盈忙将糟糠来～。”

【撇欠】 piē qiàn 犹“撇清❶”。《元曲选·萧淑兰》二折：“人面前古怪刚直假～，只怕您背地里荒淫愚滥。”

【撇嵌】 piē qiàn 同“撇欠”。元石君宝《紫云庭》一折：“我每日～为生，俺娘向诸宫调里寻争竞。”

【撇青】 piē qīng 染布的一道工序。音同“撇清”，语意双关。明陆采《怀香记》一九出：“〔净、丑〕人人说你与相公开染坊。〔生〕怎么开染坊？〔净、丑〕～。”《山歌·会》：“外郎娘子会行房事，染坊店里会～。”

【撇清】 piē qīng ❶ 故意显示清白；装正经。元乔吉《一枝花·私情》：“假～面北眉南，实怕攒红愁绿惨。”明袁宏道《答陶周望》：“然近溪少年亦是～务外之人，故已登进士，犹为僧肩行李；已行取，犹匿山中。”清《歧路灯》七七回：“如今差你叫去，休要～。” ❷ 分清。清潘天成《语录》：“吾辈设心，最不好是天理内的人欲。此处断要～。”

【撇却】 piē què 抛下；丢开。宋吴泳《送陈和仲常博倅嘉禾》：“～云雾窗，分渠月波楼。”明《西游记》五五回：“行者慌了，～师父，急展翅飞将出去。”清《英云梦》一五回：“慧师～我处，迁来此地，一向自然得意的。”

【撇然】 piē rán 犹“撇地”。唐卢仝《赠金鹅山人沈师鲁》：“买药床头一破颜，～便有上天意。”《元曲选·隔江斗智》四折：“那周瑜一口气气的～倒地。”清《姑妄言》二四回：“君但正冠危坐，雷一击不中，即～长往矣。”

【撇撒】 piē sǎ 抛舍撒开。《元曲选·灰阑记》三折：“我这里揝住衣服，则被他～我阶直下。”明徐谦《仁端录》卷一一：“忽腰痛极而手～，目闭无光，汗出遗尿。”《大清律例》卷二五：“毁弃～死尸者，不分首从，皆斩立决。”

【撇散】 piē sàn 抛舍离散。明汤显祖《紫箫记》一九出：“正是良辰美景，赏心乐事。谁知窣地里风波～，寻觅不见。”

【撇闪】 piē shǎn 抛闪；抛弃使受孤零。元曾瑞《红绣鞋·风情》：“实镘的剐皮割肉，虚恩情～提齁，干遇讪乔敷演几时休。”明彭孙贻《满园花·次少游怨情韵》：“寡意的～，反妆幌相傝㑩。”《金瓶梅词话》六回：“如何～了奴，又往那家另续上心甜的儿了。”

【撇舍】 piē shě 犹“撇弃”。清吴伟业《秣陵春》二五出：“天！怎～得孩儿去也。”陆陇其《四书讲义困勉录》卷三五：“若《小弁》之诗，虽未必无怨亲之词，还只是依依恋恋不忍～割绝的意思。”

【撇身】 piē shēn 舍身。清《醒风流》四回：“徐魁情愿～代死，倒不十分悲痛。”

【撇手】 piē shǒu 犹“劈手❶”。清《天豹图》二五回：“遂在怀中取出书来，花子能见了～夺去藏在怀中。”

【撇台】 piē tái 出现在擂台上。《元曲选外编·独角牛》二折：“若是独角牛今番～，着那厮浅水鱼儿摸来。”

【撇奤】 piē tǎi 说话显露北方口音。明冯惟敏《醉花阴·酬金白屿》：“撇一会津，卖一会呆，见不上学蛮～。”

【撇甜就苦】 piē tián jiù kǔ 比喻抛弃好的东西去寻求不好的。清《后水浒传》一六回：“兄弟向日原有好色之心，只因受了一个哥哥的教训，再无他念。况且又得了屠俏为妻，已是心满意足，怎肯又去～。”

【撇脱】 piē tuō ❶ 洒脱；自然无拘束。宋《朱子语类》卷九四：“持敬颇似费力，不如无欲～。”元陶宗仪《辍耕录》卷八：“画一窠一石当逸墨～，有士人家风；才多，便入画工之流矣。”清陆陇其《四书讲义困勉录》卷二〇：“那饱食终日无所用心的，却飘然自以为～。” ❷ 干脆利落，不拖泥带水。明周履靖《锦笺记》三四出：“〔众上〕上命差遣，盖不自由。里头快些，快些！〔净〕有心慷慨，～了些。〔小旦〕就行了。”《二刻拍案惊奇》卷九：“～些，我要回去。”清李渔《意中缘》二八出：“来做～媒，下聘成亲不用催。寅时相中卯时归，好歹只争这一会。” ❸ 灵便快捷。明《西湖二集》卷九：“手段高强，腿脚～。”清《闪电窗》二回：“亏你女儿家，从不曾认得路的，到这样～。” ❹ 扔掉；摆脱。明高攀龙《语录》：“人想到死去一物无有，万念自然～。”周履靖《锦笺记》三九出：“～利名场，优游花月乡。”《醒世恒言》卷三五：“意欲即今三股份开，～了这条烂死蛇，由他们有得吃没得吃。”

【撇虚】 piē xū 装假。明金銮《锁南枝·风情集常言》：“谁～，谁志诚，人的名，树的影。”

【撇旋】 piē xuán ❶ 同“撇漩❶”。宋王十朋《十八坊诗·兴儒》：“刀笠烧畲俗，舟航～乡。五经谁教子，儒术破天荒。” ❷ 同“撇漩❷”。也泛指回旋。明史鉴《观潮歌》：“群儿弄水夸巧捷，～蹙踏如浮萍。”邢侗《投辖馆记》：“身手～，若惊鸟捷猿。”清曹楙坚《霁虹桥》：“阴崖插层穹，苍寒扑人面。壁立阻岖嵚，磴回行～。”

【撇漩】 piē xuán ❶ 撇开漩涡。指行舟技巧。唐杜甫《最能行》：“欹帆侧柂入波涛，～梢溃无险阻。”宋文同《五里三滩》：“捎涡～出九死，众命幸免鱼鳖飡。”清王士禛《十八滩》之一：“长年聚群力，～出寥廓。” ❷ 指漩涡回旋。明黎民表《中宿山歌》：“中宿之山如积铁，两岸临江不容笮。回波～恐行人，峭石惊湍难挂席。”清朱彝尊《五舫记》：“恶浪之喧豗，盘涡之～，盖有一夫之力不能挽一船者。”

【撇眼】 piē yǎn ❶ 同“瞥眼❷”。宋戴昺《梳头自叹》：“富贵～电，荣华过耳飚。”清许尚质《渡江云·冬日过金鱼池》：“忆得傍池，水槛系浮查。韶光～，流澌冻、争碾冰车。” ❷ 同“瞥眼❶”。明魏耕《韩子蓬枣骝行》：“～惊尘霹雳飞，不让兰池追紫燕。”清《风流悟》四回：“知县听了，恍然认得，正要谢他，～不见了。” ❸ 同“瞥眼❸”。清毛奇龄《钱生行》：“秋霄健鹘思入云，

～靡挐蓟门口。"许尚质《花发沁园春·咏风鸢》："相去篱落有几。枉双翰单栖，～惊畏。"

【撇演】piē yǎn 蹴鞠中一种虚晃对方的动作。元邓玉宾《村里迓古·仕女圆社气球双关》："膁儿靠手儿招，～的个庞儿慌张了。"明张栩《啄木儿·赠妓女蹴鞠》："合扇拐夸～，鸳鸯扣真轻便。"佚名《一枝花·圆社》："校尉每～妆嚣巧样势，搽头每倒身倒体巧形骸。"

【撇样】piē yàng 同"撇漾"。明柯丹邱《荆钗记》三六出："又重在洞房，重在洞房，将奴～。"唐复《刮地风·闺情》："行时思，坐时想，甚时～?"

【撇样子】piē yàng zi 摆样子；装样。明《朴通事谚解》卷中："孙舍那丑厮，那里将那般好衣服、好鞍马来～?"

【撇漾】piē yàng 抛扔；丢弃。元荆幹臣《醉花阴·闺情》："行时思，坐时想，甚时～?"《元曲选外编·拜月亭》二折："家缘都～，人口尽逃亡。"清李玉《人兽关》九出："听了小厮家张神捉鬼，枉费许多力气。一团胡帐，枉将气力来～。"

【撇棹】piē zhào 划船。宋李弥逊《和董端明大野渔父图》之三："～归来起暮凉，乐哉谁复慕轩裳。"胡仔《题苕溪渔隐图》："卷起纶竿～归，短篷斜掩宿渔矶。"卢会龙《槿舟》："五更惊觉家山梦，～归来月底眠。"

【撇置】piē zhì 抛置；搁置。清《野叟曝言》八四回："成婚以后，常有打骂媒人之事，岂特～脑后而已。"

【瞥】piē 副词。表示迅疾、短暂或突然。《祖堂集》卷五《云岩和尚》："一念～起，便落魔界时如何?"宋《五代史平话·周史》卷上："弹到处，只见顾驴儿～倒在地气绝。"清李渔《巧团圆》三三出："亲儿亲父，破天荒～遇穷途。"

【瞥地】piē de 另见 piē dì。同"撇地"。五代薛昭蕴《浣溪沙》："～见时犹可可，却来闲处暗思量。"宋仇远《忆闷令》："～飞来何处燕，小鸟衣新剪。"明叶宪祖《鸾鎞记》二一出："那妖娆，～回车，要看十分饱。"

【瞥地】piē dì 另见 piē de。❶ 正是；的确(是)。宋觉范《禅林僧宝传》卷一一《雪窦显禅师》："有宗上座曰：'待老汉有悟处即说。'显熟视，惊曰：'非韩大伯乎?'曰：'老汉～也。'" ❷ 颖悟；理解。宋绍昙《五家正宗赞》卷四《洞山初禅师》篇后赞语："离报慈未出常情，见云门方始～。"朱熹《答蔡季通》："《通书》中数数拈出'几'字，要当如此～，即自然有个省力处。"明袁宏道《答陶石篑》："平倩近益精进，但欠～耳。"

【瞥电】piē diàn ❶ 闪电。比喻短暂。五代张昭《夜吟窦巩集追思夷门题处》："浮生～人何在，怀旧伤心泪迸流。"明黎民表《读圆觉经》："身在尘埃如～，鬓缘愁绪剧繁星。"清弘历《拟古诗·刘越石扶风歌》："～能几时，成名苦不早。" ❷ 形容迅疾。元刘壎《再题盗马图》："黄云白草间，追风～之状，居然飞动心目。"明王问《海鹘行赠陈少岳兵宪》："横霄～翻曙色，下捎平冈吻血红。"清梁诗正《恭和御制太液冰嬉元韵》："招摇回～，坌涌骇飞湍。"

【瞥睹】piē dǔ 看；一眼看到。元戴良《题何监丞画山水歌》："却忆都门送别时，回头～西山面。"明王世贞《题王孟端画竹后》："高阁如聆鸾凤鸣，华堂～云烟走。"朱盛藻《蝶恋花·薇影》："禁院仙郎传伴侣。～如花，省识难凭据。"

【瞥尔】piē ěr 瞬间，表示时间极短。《祖堂集》卷五《德山和尚》："若毫厘系念，旨为自欺，～生情，万劫羁锁去。"明屠隆《彩毫记》三五出："冤魂气结，愁云惨切，～遇雷霆，终当照日月。"清查慎行《次润木除夕感怀韵》之四："细数流年殊～，每逢远讣一凄然。"

【瞥忽】piē hū 犹"瞥尔"。唐李绅《逾岭峤止荒陬抵高要》："泷夫拟楫劈高浪，～浮沉如电随。"宋魏了翁《眼儿媚·瞻叔兄生日》："都将～荣华事，春梦晓云看。"元牟巘《送家自昭长慈湖》："长风驾高浪，～可千里。"

【瞥见】piē jiàn 犹"瞥睹"。唐独孤及《招北客文》："～阳台，不辨云雨。"五代孙光宪《风流子》："楼倚长衢欲暮，～神仙伴侣。"清《红楼梦》一四回："一面走，一面早～那水溶坐在轿内。"

【瞥看】piē kàn 犹"瞥睹"。宋胡宿《赠梅圣俞试馆职》："～灵鳌居水下，恍闻伏犬吠云中。"林希逸《山鸟暮过庭》："～窗外影，争认柳边窠。"清《九云记》九回："酒过数巡，～对面断岸之上，有一荒冢。"

【瞥列】piē liè 同"撇烈"。唐符载《江陵陆侍御宅宴集》："摧挫斡掣，㧐霍～。毫飞墨喷，捽掌如裂。"

【瞥捩】piē liè 同"撇捩"。唐杜甫《杜鹃行》："跳枝窜叶树木中，抢翔～雌随雄。"明王嘉言《滟滪堆记》："而轻生者犹忽天地圣人之明戒，扬扬焉鼓枻～而过之。"

【瞥裂】piē liè 披裂。瞥，通"撇"，击。唐柳宗元《行路难》之一："君不见夸父逐日窥虞渊，跳踉北海超昆仑。披霄决汉出沆漭，～左右遗星辰。"宋方凤《与皋羽子善游宝掌山》："不知何年风雷烈，凿开混沌此～。"元袁桷《合门岭》："飞九落千尺，～惊危辕。"

【瞥面】piē miàn 犹"劈面❸"。清嶷如居士《西游补序》："欲见秦始皇，～撞着西楚。"《十二楼·夺锦楼》一回："莫说少年子弟看了无不销魂，就是六七十岁的老人家～遇见，也要说几声'爱死，爱死'。"又《闻过楼》三回："及至放他进来，～一见，几乎把人惊死。"

【瞥目】piē mù ❶ 犹"瞥眼❶"。宋李格非《洛阳名园记·环溪》："凡左太冲十餘年极力而赋者，可～而尽也。"金赵沨《驾幸春水放海青息从得鹅》："搏风玉爪凌霄汉，～风毛堕雪霜。" ❷ 犹"瞥眼❷"。元张翥《周昉按乐图》："行云不动莫雨生，流莺～飞鸿惊。"明何良俊《唐雅序》："夫聆钧天之奏者，塞耳不愿巴渝之歌；观黼黻之文者，～不愿茹藘之色。"

【瞥然】piē rán ❶ 目视貌。唐张志和《鷟鸑》："然而累乎质，碍乎有，苟遇掘凿之患，怪乎物，亡乎身，未若吾之～之逍遥也。"清王士禛《居易录》卷二三："岛屿云霞，有目者莫不～一见，而实有不可即者。" ❷ 迅疾貌。唐段成式《酉阳杂俎》续集卷一："须臾大震，有物～坠地。"宋张炎《踏莎行·郊行值游女》："微歌微笑蓦思量，～抛与东流去。"明《警世通言》卷三〇："忽见白板扉上诗，长哭一声，～倒地。" ❸ 转瞬。形容时间短暂。唐韩愈《刘生》："～一饷成十秋，昔须未生今白头。"《敦煌变文校注》卷五《维摩诘经讲经文(三)》："辟如云里电光，～之间，即便不见。"明李日华《六研斋三笔》卷四："仙凡、人鬼、圣愚只在～一念间。诸违真狗妄事我不惧，～一念兴，只须～一念止。" ❹ 突然；出乎意外。唐沈既济《任氏》："经十许日，郑子游，入西市衣肆，～见之。"清《世无匹》六回："何寿还道事情磨延几多日子，偏不道就开豁了出来，与家主～相遇。"《隋唐演义》七五回："绿玉亭前，～相遇，度娘子决不是凡人，所以敢于直通款曲。" ❺ 悄然；无声息貌。《宋高僧传》卷一九《唐西域安静传》："遂取其骨，……擐杖头而行，别树塔重葬。众咸惊叹。少顷，静～灭没焉。"《五灯会元》卷一《东土祖师·初祖菩提达磨》："祖～匿迹，至无相宗所，问曰：'汝言无相，当何证之?'"宋文莹《湘山野录》卷下："数刻间，醵金半镪赒之，～遂去。" ❻ 飘然；飘飞貌。唐陆龟蒙《蠹化》："耸空翅轻，～而去，或隐蕙隙，或留篁端。”元吴师道《追凉书所见》之三：“欲坠飞萤已无力，～数丈过池来。”清查慎行《春风袅娜·游丝》：“无风绰，被云遮，～摇曳，又过邻家。” ❼ 豁然；分明貌。宋觉范《禅林僧宝传》卷二一《慈明禅师》：“啐啄之机箭拄锋，～宾主当时分。”明《徐霞客游记》卷六下：“又西半里，西障始尽，下界遥开，～见盘江之流自西北注东南而去。”顾清《初举不第却回书所历》：“云帆悠悠渡三泖，已觉从来双眼小。～一瞬出淀湖，使我尘襟豁如扫。” ❽ 省悟。《五灯会元》卷一三《洛京白马遁儒禅师》：“问：‘如何是学人急切处？’师曰：‘俊鸟犹嫌钝，～早已迟。’”明邹元标《答周耿西中丞》：“明知体本如是，未能～一下，咎在何处？” ❾ 萧然；萧索貌。明赵完璧《赠镜湖王司巡三载考绩序》：“某衰谢岩壑，～尘务，冠裳车马，邈不相及。”吴宽《画鹰》：“林塘秋晚木叶稀，～如褰原宪衣。”

【瞥视】 piē shì 犹“瞥睹”。明李东阳《送王公济归武昌歌》：“平川渺渺原茫茫，～孤城如一瓦。”顾璘《同祝鸣和赋长歌赠方思道》：“有时大隐入金门，～浮云立幽独。”清刘濬《望乌尤山》：“兹牛在何所，腾踔未迁徙。延缘九顶间，断裂惊～。”

【瞥脱】 piē tuō ❶ 了断。《破庵祖先禅师语录·湖州凤山资福禅院语录》：“不是心，不是佛，不是物。忍俊不禁，为诸人做个～。” ❷ 同“撇脱❶”。宋宗杲《答吕郎中》：“观渠如此说话，返不如三家村里省事汉，却无如许多粪壤，死也死得～。”明吕柟《朱子抄释》卷二：“‘无欲’与‘敬敬’字分外分明。要之，持敬颇似费力，不如无欲～。”袁宗道《读渊明传》：“然则渊明者，但可谓之审缓急，识重轻，见事透彻，去就～者耳。”

【瞥眼】 piē yǎn ❶ 转眼。形容迅疾。唐杜甫《解忧》：“呀吭～过，飞橹本无蒂。”宋李之仪《维扬会张曼老》：“崎岖等外惊，～自妍丑。”清查慎行《天妃闸》：“～移芦汊，回头失柳林。” ❷ 形容时间短暂。宋刘弇《叙旧赠董承君》：“颓年～过，十见溪草碧。”明《禅真后史》三四回：“两手拈了瓦片打将出去，～间，那三个小人儿寂然不见。”清黄子云《山中守岁歌》：“山扉凄凄烟日暮，～新年年复故。” ❸ 目视。指留意。宋袁说友《题王顺伯秘书所藏兰亭修禊帖》：“有时～道傍见，倒屣迎之如不及。”明凌濛初《虬髯翁》二出：“长揖罢，吓得俺身躯退。～间，搅得俺心窝碎。”清张文光《咏拙政园山茶》：“斗尽风流富管弦，更谁～闲桃李。”

【瞥样】 piē yàng 同“撇漾”。宋佚名《张协状元》二二出：“是事一齐～，挑取被包雨具，度岭涉长川。”

piě

【撇】 piě 另见 biē、piē。❶ 偏；斜。唐张鷟《朝野佥载》卷三：“夜梦一狗从窦出，挽弓射之，其箭遂～，以为不祥。”脉望馆钞本《救风尘》一折：“鹿牙这科子糯手，他～着坐。”清《情梦柝》一八回：“若素把身躯一～，推开楚卿手。” ❷ 汉字向左斜掠的笔画。唐张彦远《法书要录》卷二：“要复当以点画波～论，极诸家之致。”明《西洋记》一八回：“以战船四十五号为左哨，列于左，人字一～，撇开去如鸟舒左翼。”清《醒世姻缘传》九七回：“曾记得衫子的衫字有此三～，但怎么是隔墙送过秋千衫？” ❸ 指用这样的笔法书写、绘画。宋吴自牧《梦粱录》卷一九：“投壶打马，～竹写兰。”明张四维《双烈记》三出：“歪笔头～几枝墨兰，强扭捏写两个歪字。”清《镜花缘》七二回：“闻得本处有好几位姐姐都～的好兰，画的好画。” ❹ 数目“千”的隐语。千字的起笔笔画为撇。宋曾慥《类说》卷五六：“今人谓万为方，谓千为～。”清《醒世姻缘传》五回：“刘锦衣道：‘他有几数物事带来？’胡旦道：‘刚得一～。’” ❺ 摆开；撒开。宋元《古今小说》卷三九：“将这伞权为枪棒，～个架子，一般有人喝采。”明陆深《张家湾棹歌》：“惟有老渔知进退，深滩～网浅滩拏。” ❻ 斜着挥动、拨动、擦过等。元佚名《珍珠马·情》：“他将那点钢锹一迷里撅，劈贤刀手中～。”明《朴通事谚解》卷中：“你将那白面来，捏些馄饨，～些秃秃么思。”清《水浒后传》一一回：“把刀在妇人面上～了两撇。” ❼ 平着扔出。元李寿卿《度柳翠》四折：“瓦片将来水上～，有如步步踏青波。” ❽ 脚的隐语，“撇道”之省。元商挺《潘妃曲》：“金缕唐裙鸳鸯结，偏趁些娘～。”明杨讷《普天乐·嘲汤舜民戏妓》：“觑了你腰驼背曲，说甚么～正庞甜。” ❾ 垂；坠。明《金瓶梅词话》一四回：“玉楼在席上看见金莲艳抹浓妆，鬓嘴边～着一根金寿字簪儿，从外摇摆将来。”《西游记》二〇回：“那虎先锋，腰～着两口赤铜刀。” ❿ 嘴唇斜向一边，用于示意或表示轻蔑、痛苦等。明《金瓶梅词话》五一回：“金莲吃了，～了个嘴与春梅。那时春梅就知其意。”《西洋记》二四回：“只见姜金定柳眉直竖，凤眼圆睁，斜～着樱桃小口。”清《醒世姻缘传》三三回：“一手扯将过来，胳膊上扭了两把，他就～着嘴待哭。” ⓫ “谝”的借字。夸口；炫耀。明《金瓶梅词话》五八回：“我看你行头不怎么好，光一味好～。” ⓬ 差；脱节。清《海烈妇百炼真传》四回：“王婆道：‘诸是诸的，只落得鞋面在此。’杨二道：‘这等又弄～了，怎么便好？’” ⓭ 抛；挥。元《同乐院燕青博鱼》二折：“则要你平着身往下～，不要你探着手可便往前分。”清《野叟曝言》二三回：“身边取出一二十粒丸药，～下河去。”又八九回：“尹雄旗一～，八门中宫一队兵马，忽地杀出阵去。”《女仙外史》三四回：“由基用戟一隔，枪已～开了五、六尺远。”《歧路灯》四九回：“你须～下个质当儿，我才放你走。” ⓮ 量词。用于像笔画撇的东西。明锺惺《自题画赠商孟和》：“数～枝柯不敢多，萧疏乃反得婆娑。”《西洋记》二二回：“凤翅盔缨一～，鱼鳞甲锁连环。”清《品花宝鉴》八回：“聘才看那和尚相貌，是个紫糖色方脸，两～浓须。”

【撇钹】 piě bó 抛钹。做佛事时的一种娱众表演。元《通制条格》卷二一：“有一等不畏公法假医卖药之徒，调弄蛇禽、傀儡、藏擫、～、到花钱、击鱼鼓之类，引聚人众，诡说妙药。”明陈铎《粉蝶儿·佛诉冤》：“平白的撇会钹，没来由擂会鼓，千方百计诓财物。”清《醒世姻缘传》六四回：“拜忏一条新手巾，一条新红毡，～六尺新布。”

【撇道】 piě dào ❶ 脚的隐语。撇，扭摆行走貌。明风月友《金陵六院市语》：“撇道者，脚也。”元王嘉甫《八声甘州》：“窄弓弓～，溜刀刀渌老。”明冯惟敏《僧尼共犯》一折：“顶老儿一样圆，～儿一般大。”沈璟《义侠记》一二出：“〔净〕恨不曾看得他双～，〔丑〕好对小脚儿。” ❷ 指喉咙。明汤显祖《牡丹亭》五五出：“跳出个牛头夜叉，只一对七八寸长指驱儿，轻轻的把那～儿掐，长舌揸。”

【撇花钹】 piě huā bó 即“撇钹”。花，花式；花样。明朱有燉《醉太平·风流贵师》：“戴左鸡帽儿～，摒滂扑察的为佛事。”

【撇脚】 piě jiǎo 歪脚；脚型不正。明袁于令《双莺传》五折：“～歪臀难平正，浓脂厚粉难匀净。”清《五色石》卷七：“争奈宿习被无赖之徒渐染坏了，反指读书人为～红鞋子。”

【撇兰】 piě lán ❶ 画兰。画兰叶用撇法。《元曲选·百花亭》一折：“此生世上聪明，今时独步；围棋递相，打马投壶，～攧竹，写字吟诗。”清《镜花缘》七四回：“题花按着扇子，一面～，一面笑道：‘女孩儿家恁响喉咙。’” ❷ 一种醵钱方式。纸上画兰叶若干，分别标写不同的数目，覆盖后让参与者认领，按所标数目出资。清《品花宝鉴》一八回："间或三朋四友，聚在一处，便生出事来，或是～吃饭，或是聚赌放头。"

【撇头】 piě tóu 数目"千"的隐语。明陆深《中和堂随笔》上："至今尚有谓千为～者，俚语亦有从来哉。"清《歧路灯》九回："内中有点子羡餘，填了七八～陈欠。"又八四回："那个缺就是好缺，官虽小，每年有一～。"

【撇嘴】 piě zuǐ 表示轻蔑或哭笑时咧嘴角的动作。明赵南星《折桂令·永平赏军作》："做一个酒疯子信口开阖，任意狂歌，～由他。"清《红楼梦》二一回："翠缕～笑道：'还是这个毛病儿。'"

pīn

【拼】 pīn ❶捆绑；连缀。《法苑珠林》卷一一："二名黑绳地狱，先以绳～，后以斧斫。"元明《水浒传》二三回："武松定睛看时，却是两个人，把虎皮缝做衣裳，紧紧～在身上。"清《醒世姻缘传》七〇回："拣那貂鼠的脊梁至美的所在，偷大指阔的一条，积的多了，～成帽套。" ❷豁出；舍得。宋文天祥《宴交代宁国孟知府致语》："握手论交～一醉，东风散作满城春。"

【拼补】 pīn bǔ 连缀缝补。清《野叟曝言》一〇七回："已有戳穿鞋底，脚破流血者。素臣急把～的绸帛，铺放在下。"

【拼凑】 pīn còu 拼合凑集。清《后西游记》三九回："至经之卷数，即解之卷数，若要减增～，解又非真。"

【拼挡】 pīn dǎng 筹划抵挡。清《荡寇志》八一回："你父亲若再追下去，一旦激出事端，我却～不住。"

【拼叠】 pīn dié 收拾归并。清《后水浒传》一二回："遂悄悄走起身来，～了包裹，用出旧时行径，出房上屋，空处跳下，奔回原路。"

【拼死】 pīn sǐ 舍命。清《平定台湾纪略》卷三〇："把路贼人拦住，我们～抵敌。"《风流悟》五回："小生左右～的人，若师父见怜，肯舍一舍，我就死也毂了。"

【拚】 pīn 拼；拼合。明《型世言》二一回："这是你家抬来的三～松板材。我那日叫你记认，见你说不消。"

【拚凑】 pīn còu 同"拼凑"。清《醒世姻缘传》八四回："这～的，你就是吕洞宾、韩湘子也认不出来，谁不说是顶一等的好帽套。"

【拚头】 pīn tóu 孱头；怯懦无能的人。清《醒世姻缘传》九五回："一个又是个～，两句喝掇，只好伍着眼别处流泪罢了。"

pín

【贫】 pín 说话絮叨可厌。明《欢喜冤家》一七回："那素梅口角极～尖酸，见了先生道：'先生对得好课，恰是杨修的挠对。'"清《红楼梦》程乙本五四回："真真这凤丫头，越发炼～了。"《品花宝鉴》五六回："京城的风气极坏，嘴～舌薄，断断去不得。"

【贫暴】 pín bào 极贫穷。元陈德和《落梅风·袁安高卧》："身～，志趣高。"

【贫惫】 pín bèi 穷困。宋褚伯秀《南华真经义海纂微》卷六二："吁士抱道而不遇赏音，何代而非魏王耶！然心广体胖足以胜之，则亦何～之有？"明崔铣《书王中丞均徭规则后》："今日公私匮竭，官民～，匪独秦中为然。"清姚鼐《婺源洪氏节母江孺人墓表》："有负其财者，念其～，弃券而复资之。"

【贫褊】 pín biǎn ❶贫穷狭小。唐李炎《减放太原及沿边州郡税钱德音》："念其征发师徒，道路供给，地素～，物力已穷。"白居易《寄元九》："怜君为谪吏，穷薄家～。" ❷寡薄急躁。唐姚合《杭州官舍偶书》："钱塘刺史漫题诗，～无恩懦少威。"

【贫孱】 pín chán 贫穷懦弱。明高启《书博鸡者事》："若素名勇，徒能凌藉～者耳。"

【贫厨】 pín chú 物品匮乏的厨房。唐白居易《烹葵》："～何所有，炊稻烹秋葵。"宋王禹偁《和朱严留别依本韵》："～兼味少，市酝数杯酸。"清龚鼎孳《舟过秦邮喜晤铁山司空》："～浊酒宽霜鬓，高枕青山笑敝裘。"

【贫单】 pín dān 贫穷孤寒之家。《新唐书·长孙顺德传》："前刺史张长贵、赵士达，占部中腴田数十顷，夺之以给～。"《文献通考》卷三："近者多是权要富豪悉请留县输纳，致使～之人却须雇脚搬载。"

【贫淡】 pín dàn 贫穷不富足。明薛瑄《汾阴阡表》："先妣复能薄衣食，安～，以助其廉。"佚名《满庭芳兼清江引·渔樵耕牧》："甘～，酒债旋还，醉盖野云眠。"清《姑妄言》二三回："～家风，不过是鸡鱼鸭肉、寿桃寿面而已。"

【贫丁】 pín dīng 贫苦的人丁。唐李隆基《春郊礼成推恩制》："应杂开稻田，并宜散给～，及逃还百姓，以为永业。"元杨维桢《嘉定州修学记》："于是撙节浮费，及劝率力义之家，募～相什伍，填淤池成址若干亩。"清《八旗通志》卷六二："朕轸念八旗～，特令会议，使之得所。"

【贫短】 pín duǎn 贫穷匮乏。《法苑珠林》卷一一〇："汝今从他借衣而着，忽复失去。我家～，以何备偿？"宋郑刚中《论白契疏》："买产之家，类非～，但契成则视田宅已为己物，故吝惜官税。"

【贫儿】 pín ér ❶乞丐。明张鼎《夜坐自述贻自南上人》："马上时携百钱，遇～号者，辄量施之。"清《续金瓶梅》一一回："看了看孝哥，……饿的饥黄面瘦，几日不曾洗脸，真是～模样。" ❷穷人；贫乏的人。唐杜甫《东西两川说》："村正虽见面，不敢示文书取索，非不知其家处，独知～家处。"《祖堂集》卷八《华严和尚》："云：'和尚为什摩无魔来挠？'云：'贼不打～家。'"清查慎行《邯郸吕翁祠》："～好作游仙梦，怪事偏传小说家。" ❸贫穷女子自称。唐张籍《山头鹿》："～多租输不足，夫死未葬儿在狱。" ❹贫穷的儿子或见识不广的孩子。多用作谦词。明袁宏道《巷门歌》："富儿积财～守，父老吞声叹未有。"清姜宸英《祭凌氏姊文》："先慈不幸为～母，手抚三子，两违膝下。"鲍倚云《祭诗行》："诗评诗札什袭藏，诗尽渊源辨根蒂。嗟我～不识万卷开书城，风云月露挥毫轻。"

【贫夫】 pín fū ❶穷人。《敦煌变文校注》卷五《双恩记》："五百～皆饱暖，阿谁福力敢如他。"元谢应芳《和玉山排闷》："憧憧彼～，富贵争进取。" ❷贫穷的丈夫。明刘基《杂诗》之二："馋妇厌～，常怀相弃心。"清《白雪遗音·嫁穷夫》："八个字内安排定，罚奴今世嫁～。" ❸特指充夫役的穷人。清弘历《西海名之曰昆明湖而纪以诗》："疏浚命将作，内帑出餘储。乘冬农务暇，受值利～。"尹会一《政学录·直省·驿丞》："以官钱放债，领银则加倍扣还，致～尚受饥寒。"

【贫丐】 pín gài 乞丐。唐戴孚《广异记·李进士》："李言妹夫已死，钱无还所。磨镜云：'但施～，及散诸寺。'"宋邵君美《赵侯保民惠政纪实诗》之一五自注："争裁彩旗，大书颂语以献，虽～亦为之。"明《警世通言》卷一七："将清水洗尽，日色晒干，留为荒年～之食。”

【贫根】 pín gēn 穷胚；根底上带来的穷困。唐贯休《读贾区贾岛集》：“冷格俱无敌，～亦似愚。”明《型世言》四回：“想得叔叔李权年纪又小，不大晓得道理，是个～，故意一日叫他拿米去与姑娘。”《龙阳逸史》一七回：“穷胎蓦地脱～，何幸天教发迹临。”

【贫姑】 pín gū ❶称姑母或婆母自称。宋陈藻《夜行偶成》：“脚踏横塘外氏村，忽瞻北极动归魂。～生理凋零尽，八十无儿住此门。”清李玉《人兽关》二一出：“我那媳妇的儿阿，……严霜愈劲松柏节。念我～心何切。” ❷道姑或尼姑自称。《元曲选·望江亭》一折：“他在家中守寡，无男无女，逐朝每日到俺这观里来，与～攀话。”明《拍案惊奇》卷六：“动万贯事体，非同小可。只凭我一个～，秤起来，肉也不多几斤的。”

【贫寡】 pín guǎ 犹“贫短”。唐魏徵《论时政第三疏》：“然隋氏以富强而丧败，动之也；我以～而安宁，静之也。”元祝惜《皇元东昌路总管府推官杜君墓碑》：“县多大姓，地连阡陌，～者死无所归。君为买地，使葬其中。”清顾炎武《日知录》卷八：“河间之繁富，二州十六县；登州之～，一州七县。”

【贫户】 pín hù ❶贫穷的民户。唐白居易《别州民》：“税重多～，农饥足旱田。”明《警世通言》卷一五：“又凡质物值钱者才足了年数，就假托变卖过了，不准赎取。如此刻剥～，以致肥饶。”清《醒世姻缘传》九〇回：“又叫各庄上将那漕米碾下的细糠，运进城来，舍与那籴不起米的～。” ❷贫穷人家的门户。五代李中《寄左偃》：“～懒开元爱静，病身才起便思吟。”

【贫饥】 pín jī 贫穷饥饿。也指这样的人。五代石敬瑭《除放积欠诏》：“征宿欠，虑流离者不归；均残租，恐～者渐困。”元姚燧《中奉大夫赵公墓志铭》：“西京大荒，闻于朝，得发仓储以丐～。”清萧诗《肌粟》：“岂有仙机藏世界，原非天雨疗～。”

【贫瘠】 pín jí ❶贫薄不肥沃。宋苏辙《民政》：“膏腴之乡民不加多，而～之处民不加少。”吕陶《知渝州王叔重墓志铭》：“七郡～，非蜀他地比。”清裘行简《闽盐请改收税疏》：“福建地土～，额征钱粮，岁征一百二十餘万，尤非山西可比。” ❷贫穷不富足。元胡祗遹《论聚敛》：“又刘晏之，罪人尚以巧取暗夺，日削月消，使民陷于～。”明魏濬《垦田之利可兴》：“兵食有籍，户口亦充。五谷时登，生事渐庶。萧条～之状，必且为之一变。”清陆世仪《漕兑揭》：“究竟于朝廷之正供无益，而江南州县且日就～。” ❸指贫困需要救援的人。《新唐书·太穆顺圣皇后传》：“诏有司大发仓赈～，以为后报焉。”宋孙应时《送友人杨仲能东下》：“或求西南州，为国抚～。”清吴绮《请独任和尚住支硎山古报恩寺启》：“前因岂属偶然，大道终成卓尔。伏愿不遗～，大展钧陶。”

【贫家】 pín jiā 谦称自己的家。《敦煌变文校注》卷一《伍子胥变文》：“儿有～一惠，敢屈君餐。”元明《水浒传》二四回：“娘子，怎地不过～吃茶？”明李昌祺《剪灯餘话》卷五：“夫人曰：‘～寂寥，愿勿嫌也。’即呼家仆脱欢、小苍头宜童，引生于前堂外东厢房止宿。”

【贫艰】 pín jiān 贫穷艰难。元杨维桢《吴君见心墓志铭》：“弱冠失怙，刻苦读书，不以～少置。”明解缙《送张用礼赴京考满序》：“寒暄不时而不知节适也，故病者多枉死而生者多～。”

【贫蹇】 pín jiǎn 贫困不顺利。唐韦应物《答畅校书当》：“～自成退，岂为高人踪。”宋韩淲《对菊读韦苏州诗》：“乐幽惬理性，～安物情。”清施闰章《方虎邻传》：“方召，字虎邻，宣城人。为诸生，～失志。”

【贫竭】 pín jié 匮乏无剩餘。唐白居易《偶作》之一：“资产虽不丰，亦不甚～。”宋刘挚《论役法疏》：“每岁输纳无已，至～而后有裁减之期。”明倪元璐《江西丁卯乡试策问》：“卫将十九～，使督馈如驱汤火，辄有凭颁以避，鬻子而偿。”

【贫客】 pín kè 贫穷而客居的人。唐柳宗元《唐故衡州刺史东平吕君诔》：“廪不餘食，藏无积帛。内厚族姻，外赒～。”明高濂《遵生八笺》卷一〇：“津液者，吾身之宝。宝聚则为富翁，宝散则为～。”清《万花楼》五回：“小子是个初到汴京～，实无钱钞。”

【贫懒】 pín lǎn 贫穷而懒惰。《新唐书·侯思止传》：“侯思止，雍州醴泉人，～不治业。”金马钰《夜行船》：“秘奥岂愁天地管。处玄机，故然～。”明程嘉燧《题子柔杂怀诗卷后》：“余废学～，尤不乐闻时事。”

【贫老】 pín lǎo 老年人的自谦称。明《警世通言》卷四〇：“兰公闻言，即低头拜曰：‘～凡骨，勉修孝行，止可淑一身，不能率四海。’”

【贫累】 pín lèi 为贫困所累。宋陈著《次韵董伯和》之一：“～转添知有命，故交自绝本无书。”明佚名《醉花阴·元日》：“从今后黎民富庶无～，仓库内钱谷堆积。”清李塨《答冯枢天书》：“及今阅来教，乃知深以习斋学为是，特～遂耽阁也。”

【贫落】 pín luò ❶贫穷衰败。也指这样的人。明汤显祖《牡丹亭》四四出：“鬼魂求出世，～望登科。”《古今小说》卷九：“如今说唐朝有个裴度，少年时～未遇。”清吴伟业《为柳敬亭陈乞引》：“吾～不能相存，其所请不能，又以难也。” ❷寡淡落寞。明谭元春《奏记蔡清宪公》：“三复新诗，神理光怪，破我～。”

【贫忙】 pín máng 穷困而忙碌。宋陈著《迟留又用韵》：“山林迟老死，萍梗急～。”明汤显祖《紫钗记》二七出：“二生客中～，怕没工夫看管。”

【贫难】 pín nán 犹“贫艰”。也指这样的人。元王祯《农书》卷一一：“其种不必牛犁，但锹镢垦劚，又便～。”明《拍案惊奇》卷三五：“其时本县有个赵廷玉，是个～的人，平日也守本分。”清宋荦《三十七年赈济题报疏》：“内有被灾乏食妇女，以及例不征银当差之～下户。”

【贫迫】 pín pò 贫困窘迫。也指这样的人。唐苏颋《居大明宫德音》：“有家道～情愿外任者，亦令所司勘绩阙量才注拟。”宋朱熹《答吕伯恭》：“季通有母之丧，～甚可念也。”清张甄陶《论渔户私盐状》：“沿海民渔，多属～，若又峻法以蹙之，何所不为。”

【贫破】 pín pò 贫穷破败。唐张鷟《朝野佥载》卷三：“即家～，及如故，即复盛。”元载《朔方河东河西陇右节度使王府君神道碑铭》：“缩衄迁徙，散亡～，遭罹寇堕之患。”清《平定准噶尔方略》前编卷二：“盖屯田之设，不特省挽输，兼可尽地利，使虏离居就～之势，而我过师有枕席之安。”

【贫奇】 pín qí 穷奇；行恶而邪僻。唐王梵志《思量小家妇》：“思量小家妇，～恶行迹。”

【贫乞】 pín qǐ 乞丐。《法苑珠林》卷七一：“是时摩诃迦叶独行教化到王舍城，常行大哀福于众生，舍诸豪富而从～。”元胡祗遹《论积贮》：“一切坐贾、行商、倡伎、～、军站……，右诸人每丁所费，十农夫不能供给。”△清《海上尘天影》二七回：“所交接的都是富商贵客，丁娘十索，如愿取盈，几个寒酸～之流，纵负真诚，岂在他的心上。”

【贫茕】 pín qióng 贫穷孤独。唐张九龄《敕处分十道朝集使》：“诸处百姓，～者多，虽有陇亩，或无牛力。”

【贫阙】 pín quē 犹“贫短”。唐张廷珪《谏白司马坂营大像表》：“又营筑之资，僧尼是税，虽乞丐所致，而～犹多。”《敦煌变文校注》卷七《故圆鉴大师二十四孝押座文》：“～亲知垂济惠，崎岖道路置桥梁。”宋张方平《论天下州县新添置弓手事宜》：“敕文所差点弓手，其第四、第五等户，如委实～，虽有丁数，即不得一例差点者。”

【贫冗】 pín rǒng 犹“穷冗”。元高明《琵琶记》三七出：“这几日有些～，不及来看。”

【贫啬】 pín sè 贫穷吝啬。也指这样的人。明《禅真后史》一〇回：“这雉鸡乖皮里针的巧处，谁不参透？便是聂一撮混名，无非是～二字罢了。”汤显祖《宜黄县戏神清源师庙记》：“乃至贵倨弛傲，～争施，瞽者欲玩，聋者欲听。”

【贫舍】 pín shè ❶ 破屋；穷人家。《白孔六帖》卷九〇引《稽神录》：“即随之而去一小曲中，指一～曰：‘此是也。’”宋张耒《明道杂志》：“江止无常处，或神祠佛寺，下里～，遇便宿。”赵蕃《咏牡丹》：“未宜～有，风起莫多惊。” ❷ 谦称自己的家。唐杜荀鹤《李昭象云与二三同人见访》：“～款宾无别物，止于空战大尊罍。”宋葛胜仲《和韵答马用宏朝散》：“三吴汗漫游，弥月沐风雨。归来骇～，忽有金刚杵。”元张端《与提学先生书》：“端累承多幸，第愧～乏款为慊耳。”

【贫身】 pín shēn 谦称自己。《太平广记》卷九九引《洛阳记》：“～立道已来，唯好讲经，实不谙诵。”

【贫生】 pín shēng ❶ 贫苦的年轻人。《敦煌变文校注》卷六《金刚丑女因缘》：“后忽经行街巷，见一～，姓王。”按，一本“贫生”后有“子”字。宋韩淲《昌甫寄所和朴翁诗因亦次韵》：“～梦枕槐柯蚁，笑杀仙巢莲叶龟。” ❷ 用作读书人的自谦称。金《董解元西厢记》卷六：“生取金以奉夫人，曰：‘～旅食，姑此为礼。’” ❸ 特指贫苦的生员。明叶春及《立申明旌善亭》：“免徐淑卿岁得租银五两，凡十四年，价足偿矣。宜归于学，以赡～。”清秦蕙田《捐监兼收银谷疏》：“～不能糊口及有关学校书院之待给者，均可酌量取资。”《醒世姻缘传》二二回：“把这八十亩地官买了，养赡儒学的～。”

【贫手】 pín shǒu 空乏的手，代指贫困的人。唐沈彬《萍乡春晚寓居》之一：“闲时易得开书帙，～难求傍酒樽。”清邱嘉穗《广盐屯》：“灶丁淋煮，自宋元以来照引酌给工本，而钱入～，不免妄用。”

【贫庶】 pín shù 贫穷的平民。《元曲选外编·破窑记》四折：“当日那富家纳婿，不容那有志书生。今日～登科，岂认无情岳父。”

【贫酸】 pín suān 犹“穷酸❷”。明陈铎《斗鹌鹑·讥子弟》：“富乐院哭不的～，鸣珂巷告不的消乏。”叶宪祖《碧莲绣符》三折：“忝儒流敢附班生，困穷途愿比冯驩，望君休得弃～。”

【贫索】 pín suǒ 贫困萧索。也指这样的人。宋朱彧《萍洲可谈》卷三：“胥无所归，～无聊，悔悟而卒。”元许桢《和调白莲》：“愧尔多情慰～，满池融作烂银堆。”△清张之洞《吹台行赠任丘边云航》：“一自河决汴流断，中州～来寇乱。”

【贫胎】 pín tāi 穷胚。詈称穷人。宋佚名《张协状元》一二出：“不晓事底呆子，来伤触人。打个～！”又二六出：“一个大～，称秀才，教我阿娘来做媒。”清《醒世姻缘传》三一回：“但这些～饿鬼，那好年成的时候，人家觅做短工，恨不得吃那主人家一个尽饱。”

【贫味】 pín wèi 寡味，指食物匮乏。宋方岳《新晴》：“淡泊谙～，熹微策睡勋。”谢翱《送汪十》：“老期秋欲至，～水初尝。”

【贫屋】 pín wū 犹“贫舍❶”。唐贾岛《酬张籍王建》：“鼠抛～收田日，雁度寒江拟雪天。”宋梅尧臣《新燕》：“将补旧巢缺，不嫌～归。”元圆至《浇园》：“繁香蓊疏户，未叹～虚。”

【贫无】 pín wú 贫穷无所有。也指这样的人。唐王梵志《观内有妇人》：“～巡门乞，得谷相共餐。”于敬之《桐柏真人王先生碑铭》：“平生斋讲传授，所有信施。并入功德，赒救～。”李偲《南郊赦文》：“关节取受，本身值财，素来～，亦多举债。”

【贫狭】 pín xiá ❶ 贫穷窘困。《法苑珠林》卷六〇：“家甚～，其母告子：‘居家困穷，无以自供。’”《新唐书·甄济传》：“于乡党～者，朋友有缓急，辄出家赀周赡。”宋陆游《寓规》之二：“衣笥无复袢，食案有三韭。～虽可嗤，比汝差耐久。” ❷ 因寡能而迫促。清黄宗羲《翰林院庶吉士魏先生墓志铭》：“会葬者千人，子一布置闲通，不露～。”

【贫闲】 pín xián 清贫空闲。唐白居易《雨后秋凉》：“此境谁偏觉，～老瘦人。”金谭处端《酹江月》：“寂淡偏宜，～最好，物外逍遥处。”元方回《醉题》之二：“～略比陶元亮，老寿将过白乐天。”

【贫相】 pín xiàng ❶ 以贫贱相人。五代王定保《唐摭言》卷三：“莫～。阿婆三五少年时，也曾东涂西抹来。”清袁枚《香亭家居八年忽将赴阙》：“莫把阿连～也，也曾消受几多年。”又《此翁》：“莫教～此翁也，八十高吟尚未终。” ❷ 穷酸相。清《醒世姻缘传》一回：“这等一个～，怎当起这等大家。”

【贫虚】 pín xū 贫乏空虚。唐范传正《赠左拾遗李公新墓碑》：“余才术～，不能两致。”《敦煌变文校注》卷二《庐山远公话》：“此寺先来～，都无一物。”宋穆修《上颍州刘侍郎书》：“某家园素来～，归不足以给养其生。”

【贫野】 pín yě ❶ 贫穷野蛮。《法苑珠林》卷一〇七：“唐华州郑县人张法义，年少～，不修礼度。” ❷ 荒野。唐李约《城南访裴氏昆季》：“～烟火微，昼无乌鸢声。”

【贫葬】 pín zàng 简葬；薄葬。元戴表元《徐使君墓表》：“昔者延陵义死，墓有旌题；仲舒～，行路展礼。”明李开先《宝剑记》三九出：“丧具之礼，趁家有无吾素分当以～，何用非礼之助。”

【贫斋】 pín zhāi ❶ 报酬寡薄的斋事。唐王梵志《粗行出家儿》：“～行则迟，富斋行则疾。” ❷ 犹“贫舍❷”。唐李端《酬晋侍御见寄》：“～一丛菊，愿与上宾看。”五代孟贯《酬东溪史处士》：“～有琴酒，曾许月圆期。”宋曾巩《九月九日》：“为谁佳色鲜，慰我～静。”

【贫妆】 pín zhuāng 简妆；素淡的妆束。特指戏剧表演的一种素淡妆束。清汪灏《十六字令·西湖》之三：“湖上女，盈盈赛浣纱。～淡，恼杀采莲娃。”孔尚任《桃花扇》二七出：“〔外扮舟子撑船，小旦扮李贞丽～上〕”李渔《意中缘》三出：“〔旦～上〕贫无彩线供挑绣，借丹青偶消闲昼。”

【贫子衣珠】 pín zǐ yī zhū 贫穷者身上自有珠宝，禅家语，喻众生本身具有的佛性。《五灯会元》卷一六《法昌倚遇禅师》：“祖师西来，特唱此事，只要时人知有，如～，不从人得。”

【贫嘴】 pín zuǐ 话多且爱开玩笑。也指这样的嘴巴。清《红楼梦》五四回：“众人听他说着，已经笑了，都说：‘听数～，又不知编派那一个呢。’”《品花宝鉴》三回：“好个～的小幺儿。”《补红楼梦》二回：“热闹什么，不过是两片子～，怪讨人嫌的罢了。”

【贫嘴恶舌】 pín zuǐ è shé 指说话尖酸刻薄。清《红楼梦》四五回：“若是生在贫寒小户人家，作个小子，还不知怎么下作～的呢！”

【贫嘴贱舌】 pín zuǐ jiàn shé 指话多且尖刻。清《红楼梦》二五回：“什么诙谐，不过是～讨人厌恶罢了。”

【贫嘴烂舌】 pín zuǐ làn shé 犹“贫嘴贱舌”。清《红楼梦》二五回：“你们这起人不是好人，不知怎么死！再不跟着好人学，只跟着凤姐～的学。”

【频并】 pín bìng 频繁；接连不断。唐孙思邈《备急千金要方》卷四六:“房内月使不来,来而～。”《元典章·兵部三》:“因着使臣～上头,站赤每哏生受有。”清魏之琇《续名医类案》卷四五:“六月中病泻,治不效,泻下～。”

【频波】 pín bō 同“频婆❶”。明《金瓶梅词话》三三回:“人人说你在青翠花家饮酒,气的我把～脸儿挝的纷纷的碎。”

【频次】 pín cì 屡次;多次。元《前汉书平话》卷下:“吕家投下没一人吟和得诗句,不能饮酒,～罚水。”明张介宾《类经图翼》卷八:“然须～灸之,仍下兼三里。故曰:‘若要丹田安,三里不曾干。’”清程含章《总陈水患情形疏》:“雍正三年,～大水,钦差怡贤亲王与大学士朱轼治之。”

【频婆】 pín pó ❶佛经树名,也指这种树的果实,色红,似林檎。今用来称苹果。《敦煌变文校注》卷五《佛说阿弥陀经讲经文(二)》:“三春早吃～果,此间四月咬生瓜。”元关汉卿《西蜀梦》三折:“往常开怀常是笑呵呵,绛云也似丹脸若～。”清沈朝初《忆江南》:“绿蒂戈姚长荡美,中秋小角虎丘多。滋味赛～。” ❷比喻颜色或形状像频婆果的。唐王维《绣如意轮像赞》:“珊瑚掌内,疑现不动如来;～口中,同乎无法可说。” ❸影子。也比喻模糊不分明。宋郑刚中《杂兴》之一:“～随我泛江湖,更到南方一物无。”自注:“身之影为频婆,见《华严经》。”明单本《蕉帕记》三六出:“甲子盂兰会,平地放毫光,脱我～帐。”

【频伸】 pín shēn ❶指睡醒后打呵欠伸懒腰等动作。唐白居易《晚起》:“烂熳朝眠后,～晚起时。”宋陆游《杂感》之二:“输与茅檐负暄叟,时时睡觉一～。” ❷(狮子、大象)吼叫。佛教称佛言作狮子吼。也借指佛理。唐李华《东都圣禅寺无畏三藏碑》:“说龙宫之义理,得师子之～。”宋邓肃《天王称老开堂》:“法窟～,万籁俱息;禅林蹴踏,六合皆惊。”杨杰《休老堂铭》:“师子～,象王回顾。门外老胡,一苇横渡。” ❸呻吟;叹息。借指民间疾苦声。宋曾巩《兜率院记》:“今地方百里,过封君者累百十,飞奇钩货以病民,民往往～而为途中瘠者。”

【频呻】 pín shēn ❶同“频伸❷”。宋李纲《罗修撰宠示龙兴老碑刻》:“公案分明在碑刻,不烦师子更～。”明董斯张《渔家傲·西餘端》:“狮子～文彩露,箭锋恰直无回互。” ❷同“频伸❸”。宋刘宰《祭茅山石道人文》:“扶曳而来,疾痛～,饮之食之,砭剂必亲。”明钱幹《都察院右都御史熊公墓志铭》:“奄其不留,同朝～。曷以昭德,铭兹具岷。”杨荣《送河南按察使包德怀之任》:“官曹去蠹弊,里闬息～。”

【频时】 pín shí 多时;时时。唐赵嘏《书斋雪后》:“～苦风雨,就景理巾栉。”宋郭祥正《偶书》:“经岁留南戍,～思故邦。”清屠绅《蟫史》卷三:“蜂目豺声头易断,请将恶梦～唤。”

【频夜】 pín yè 连夜。唐耿沣《许下书情寄张韩二舍人》:“谪宦军城老更悲,近来～梦丹墀。”元陈栎《中星考》:“臣等～候中星,而前后相差或至三度。”清陈廷敬《斋中读书即事》之一:“生意在笔花,～梦江淹。”

【蘋菠】 pín bō 同“频婆❶”。明《金瓶梅词话》六〇回:“天上飞来一淘鹅,落在园中吃～。”

【蘋婆】 pín pó 同“频婆❶”。明谢肇淛《五杂组》卷一一:“上苑之～,西凉之葡萄,吴下之杨梅,美矣。”《西游记》一〇〇回:“橄榄林檎,～沙果。”清《女仙外史》三一回:“波罗蜜、～果、落花参等物,亦照此法,制为鸟兽之状。”

【蘋蔢】 pín pó 同“频婆❶”。明《朴通事谚解》卷上:“樱桃、杏子、～果。”《金瓶梅词话》六二回:“他大娘子那里送～儿来与你吃。”

【嚬】 pín 笑貌。《集韵》平声真韵:“嚬,笑貌。”唐张鷟《游仙窟》:“细腰偏爱转,笑脸特宜～。”五代魏承班《木兰花》:“凝然愁望静相思,一双笑靥～香蕊。”

【嚬伸】 pín shēn ❶同“频伸❶”。唐白居易《不出门》:“食饱更拂床,睡觉一～。”宋陆游《读书罢小酌偶赋》:“黄卷展残三太息,绿樽酌罢一～。” ❷同“频伸❷”。唐裴休《释宗密禅源诸诠序》:“权实之深浅,通局之是非,莫不提耳而告之,指掌而示之,～以吼之,柔和以诱之。”宋黄庭坚《见张宣徽书》:“拜于庭而承顾盼,进几杖而见～。”杨亿《可久道人之歙州兼简知郡》:“想到临川逢内史,翻经相对一～。”自注:“《内经》有‘师嚬伸三昧’。” ❸同“频伸❸”。宋叶適《实谋奏议》:“故万里之远,～动息,上皆知之。”

【嚬呻】 pín shēn ❶同“频伸❶”。《法苑珠林》卷五:“无诸恶触蚊虻等过,亦无眠睡懈怠～等过。”宋王禹偁《睡》:“功成归展转,先兆自～。”林逋《杂兴》之一:“短褐萧萧顶幅巾,拥书才罢即～。” ❷同“频伸❷”。五代贯休《寄大愿和尚》:“自怜亦是师子子,未逾三载能～。”《五灯会元》卷一八《法轮齐添禅师》:“上堂,喝一喝曰:‘师子哮吼。’又喝一喝曰:‘象王～。’”明宗泐《钦和御制山居诗赐灵谷寺住持》:“问答箭锋能破的,～师子不藏威。” ❸同“频伸❸”。唐韩愈《唐司徒兼侍中韩公神道碑铭》:“公居其间,为帝督奸,察其～,与其睨眴。”明张以宁《送馆主朝宪使之淮西》:“庸田俱利导,在野不～。”清陈廷敬《桐城先生挽诗》:“罢琴声断咽,别鹤唳～。” ❹吟诵;赞叹。元郑元祐《送诗僧珩书记》:“我老于诗苦思短,援笔欲下仍～。”袁桷《舟中杂咏》之四:“行人笑彼拙,归来始～。乃知特幸脱,未信吾奴仁。”明李日华《六君咏·许伯厚》:“款延尽英誉,～祛卑庸。”

【颦伸】 pín shēn ❶同“频伸❶”。泛指掀动飞舞。宋胡寅《春雪》:“何限萌芽烦蹙缩,几多峰岭倦～。”王质《压波亭记》:“微风乍起,万波随兴,瞬息～。天地为之变迁,蛟龙为之掀舞。”韩淲《雪观》:“我来试标榜,此境何了因。无相亦无证,～气方匀。” ❷同“频伸❸”。元戴表元《采藤行》:“藤多力困一～,对面闻声不见人。” ❸同“嚬呻❹”。元戴表元《汪济秀才饭牛稿》:“天寒日暮江东道,逢此～牛口翁。”

【颦呻】 pín shēn ❶同“频伸❷”。宋黄庭坚《赠送张叔和》:“吏能束缚老奸手,要使鳏寡无～。”元戴表元《法华寺兴造记》:“虽二师往来～霜露中时,亦何敢以为必济。”明罗玘《刘母太孺人王氏行状》:“虽处久嫠门,内外未尝见其有～弗宁态。” ❷同“嚬呻❷”。宋范成大《乐先生辟新堂以待芍药酴醿作诗奉赠》:“啼莺不愁思,游蜂亦狷狂。百年～顷,共此过隙光。”李昴英《游忠公鉴虚集序》:“‘顽里订身三昧得,蒙中养正一心虚’等语,亦非～謦推辈所能到也。”

pǐn

【品】 pǐn ❶演奏。五代韦庄《玉楼春》:“堪爱晚来韶景甚,宝柱秦筝方再～。”明黄元吉《流星马》二折:“两行翠袖风流体,数管羌笛～鹧鸪。”清《荡寇志》一三〇回:“发擂已毕,～了三通画角。” ❷品尝;品味。唐李隆基《令诸州置医学博士诏》:“神农尝草,以疗人疾,岐伯～药,以辅人命。”明谢肇淛《西吴枝乘》:“余尝～茗,以武夷、虎丘第一。”清《红楼梦》四一回:“岂不闻一杯为～,二杯即是解渴的蠢物。”

【品别】 pǐn bié ❶分别不同品类。宋李格非《洛阳名园记》:“园中树松桧花木千株,皆～种列。”黄震《跋汪文卿画梅》:

"嗜梅特甚，～异态，手自图之。" ❷ 区分；分别。元贝琼《故福建儒学副提举王公墓志铭》："～人之贤否，不以势位高下为轻重。"明夏茂卿《茶董序》："自晋唐而下，纷纷邾莒之会，各立胜场，～淄渑。"潘季驯《请蠲解京折色疏》："备查各完欠分数，～轻重等第开报。"

【品尝】 pǐn cháng ❶ 尊长、帝王进食前，子女或进膳人事先遍尝其药、膳。唐李峤《攀龙台碑》："太后尝被重疾，不愈经时，帝扶侍起居，～药物。"宋周密《武林旧事》卷二："茶之初进御也，翰林司例有～之费。"《大清律例》卷一七："御药、御膳不～者，笞五十。" ❷ 品味；辨别或享用滋味。宋梅尧臣《尝惠山泉》："大禹书不载，陆生～著。"吴自牧《梦粱录》卷二："诸酒肆结彩欢门，游人随处～。"清查慎行《食苔心菜》："贫家寡私奉，婢仆皆～。"

【品俦】 pǐn chóu 品类；类别。宋程俱《王八侍郎祭文》："物有定价，人有～。金玉之利，不如戈矛；骀麟之用，不如马牛。"叶適《张令人墓志铭》："夫阅士久，士之～高下皆能言之。"

【品从】 pǐn cóng 官职的品级。品，正品；从，从品。也泛指官职。《唐律疏议》卷二："诸妇人有官品及邑号犯罪者，各依其～，议请减赎当免之律。"元刘壎《奉议大夫南丰州知州王公墓志铭》："积年劳登～，初授平江路长洲县丞。"明《西游记》四回："（猴王）又问：'此官是个几品？'众道：'没有～。'"

【品搭】 pǐn dā 按品类搭配。宋周必大《光宗即位论赦条赏给期限》："见户部长贰说，恐～钱银会子，须费三两日。"明《辽海丹忠录》一六回："每遇给放月粮，即将布帛之类，～与军士。"清张超《小役册序》："业户即有荡溇、公占、沙海、荒绝等地，和盘拓出，均匀～，自无偏枯。"

【品道】 pǐn dào 品级。元锺嗣成《骂玉郎过感皇恩采茶歌·四福·福》："算来有福皆由命。门第高，～增，簪缨盛。"

【品等】 pǐn děng ❶ 官品等级；品类等级。唐李隆基《亲谒太庙推恩制》："皇亲诸亲准～，礼仪置顿营幕使各赐物一百段，副使八十段。"宋戴栩《存斋蒋弋阳墓志铭》："其疆亩肥瘠、～高下，各为图以记之。"元黎崱《安南志略》卷一四："带或犀或金，各依～。" ❷ 区分品类等级。元吴澄《书纂言》卷一："秩者，～其尊卑先后之次序，一一皆祭之也。"

【品地】 pǐn dì ❶ 品望地位。唐杜牧《敦煌郡僧正慧菀除临坛大德制》："开张法门，显白三道，遂使悍戾者好空恶杀，义勇者徇国忘家。裨助至多，～宜峻。"明《石点头》卷六："此人原有名有表，因做人没挺煞，不曾立得～，所以人只叫他周六。"清《阅微草堂笔记》卷一四："释家诚与儒家异，然彼此均各有～。" ❷ 品格；品性。明李贽《四书评·论语·宪问》："据子路之问，～尽高，与'问为邦'近矣。"清李渔《怜香伴》一五出："无故废正妻为妾，范兄既于德行有亏；忍使令表妹居偏，张兄也于良心有碍。这等看起来，二兄的～相去不远了。"《蜃楼志》二三回："悠悠自得，神韵在松竹之间；落落寡交，～直羲皇以上。"

【品第】 pǐn dì 评判品类次第。《太平广记》卷二〇三："蜀中雷氏斫琴，常自～。上者以玉徽，次者以宝徽，又次者以金螺蚌徽。"明《醒世恒言》卷一一："中宗皇帝教他～朝臣之诗，臧否一一不爽。"清李渔《凰求凤》一八出："把各种的茶叶都取出来，待我们～一番，做些茗战的工夫罢了。"

【品调】 pǐn diào 另见 pǐn tiáo。❶ 曲调。《太平广记》卷二〇三引《耳目记》："王生因别弹一曲，坐客弥加悚敬，非寻常之～。"宋洪皓《彦清弹琵琶有感》："黄金捍拨紫檀槽，推引柔荑～高。"元明《水浒传》五一回："那妮子来参都头，却值公差出外不在，如今现在勾栏里说唱诸般～。" ❷ 品格；品性。宋辛弃疾《洞仙歌·红梅》："更总做、北人未识伊，据～，难作杏花看待。"明许孚远《送王孝廉序》："三人者～各异，而其足以系天下之望，同也。"

【品度】 pǐn dù 另见 pǐn duó。格调；规格。宋王洋《陈长卿侍郎以玉友末利见饷》："诗参祖律～高，饮遇故人情分久。"明董纪《题瞻山赖实父诗集后》："制作～，不失毫发，见之使人肃然启敬。"

【品度】 pǐn duó 另见 pǐn dù。衡量；品评。清《红楼梦》一六回："宝玉心中～黛玉，越发出落的超逸了。"

【品服】 pǐn fú 按官阶品次规定应穿的服装。《新唐书·郑庆餘传》："～大滥，人不以为贵。"明归有光《题仕履重光册》："恩诏有～之褒，廷臣有列剡之荐。"清《红楼梦》一七至一八回："自贾母等有爵者，皆按～大妆。"

【品概】 pǐn gài 品格气概。清张照《石渠宝笈》卷三三《元吴镇山水一卷》录明张秦阶跋语："仲圭～甚高，余前后所得凡数卷，皆磊落不凡。"《旧唐书·李泌传》清沈德潜考证："泌为童子时，赋方圆动静，斥萧诚软美，已见生平～。"

【品格】 pǐn gé ❶ 品级标准；规制。《法苑珠林》卷一〇五："五处录籍，众生行异。五官典领，校定罪福。行之高下，～万途。"五代杜光庭《奉化宗祐侍中黄箓斋词》："是敢恭备信仪，虔申斋洁，按玄都～，修黄箓道场。"《元典章·圣政一》："第三考，封赠祖父母、父母。～不及封赠者，量迁官品。" ❷ 指围棋的品级规格。唐许敬宗《五言奉和咏棋应诏》："胜是精神得，非关～悬。"《太平广记》卷二六二引《玉堂闲话》："每会棋，必自旦及暮。～既停，略无厌倦。"明《二刻拍案惊奇》卷二："也有～所限，只差得一子两子地步，再上进不得了。" ❸ 指文学艺术作品的品质格调。唐裴孝源《贞观公私画史序》："以余耿尚，存赐讨论，遂命魏晋以来前贤遗变所存，及～高下，列为先后。"张怀瓘《书估》："夫丹素异好，爱恶罕同，若鉴不圆通，则各守封轨。是以世议纷揉，何不制其～，豁彼疑心哉？"明陆树声《题藏画》："钦礼画类工，尤工写牛，其风神～，几与戴嵩、韩滉并推。" ❹ 品性；气质格调。唐陆贽《请许台省长官举荐属吏状》："能否无别则砥砺渐衰，砥砺衰则职业不举，职业不举则～浸微。"宋吴感《折红梅·梅花馆小鬟》："重吟细阅，比繁杏夭桃，～真别。"清《万花楼》五回："原来狄兄是一位贵公子，果然～非比寻常。" ❺ 指人的外貌长相。清《林兰香》三回："这小姐我亦见过，好一个～，敢与燕小姐不相上下。"《红楼梦》七回："倒好个模样儿，竟有些像咱们东府里蓉大奶奶的～儿。"

【品骨】 pǐn gǔ 品格风骨。明黄淳耀《寄弟伟恭书》："眼见他人～不如我，议论不如我，意思识见皆不如我，便不免有轻蔑时俗之意。"△清陈廷焯《白雨斋词话》卷五："仁和谭献，字仲修，著有《复堂词》，～甚高。"

【品官】 pǐn guān ❶ 唐代宦官品目。唐张鷟《朝野佥载》卷四："目李全交为'～给使'，目黄门侍郎李广为'饱水虾蟆'。"《敦煌变文校注》卷一《张淮深变文》："乃命左散骑常侍李众甫、供奉官李全伟、～杨继瑀等上下九使，重赍国信，远赴流沙。"《旧唐书·鱼朝恩传》："以宦者入内侍省，初为～，给事黄门。" ❷ 有品级的官员。宋苏轼《上神宗皇帝书》："～形势之家，与齐民并事。"《元曲选·谢天香》四折："我想你得志呵，则怕～不得娶娼女为妻。"清任启运《经筵讲义》："如衣服，～服绫缎，士子及民五十以上服绸。"

【品级】 pǐn jí ❶ 官品等级。唐李德裕《论丧葬逾制疏》："今后令两巡使祗据官秩品级与判状，其餘一物已上，不得增加。"

明《醒世恒言》卷一:“我是个百姓人家,不晓得小姐是什么~。”清李渔《怜香伴》三五出:“石坚妙龄奉使,练达有加,着该部纪功,加升~。” ❷ 人品等级。唐司空图《休休亭记》:“且汝虽退,亦尝为匪人之所嫉,宜以耐辱自警,庶保其终始。与靖节醉吟,第其~,于千载之下,复何求哉?” ❸ 定出品级。唐司空图《故太子太师致仕卢公神道碑》:“止有数贤,皆退可革天下之浇风,进可效荷天下之大任,殁则金石之缀史氏之笔端,岂容易而~哉?”

【品剂】 pǐn jì ❶ 药品及其剂量。也泛指药品。宋欧阳修《赐契丹国告哀人使茶药口宣》:“属春候之尚寒,顾驿途之攸邈。俾颁~,用示眷怀。”元刘楚《锺氏仁存方论集序》:“如~主佐,钱两生熟,为汤液为圆散者,诸方之谓也。”清魏之琇《续名医类案卷一》:“当时大黄未尝不用,而投非其时,~轻小,不应则惑矣。” ❷ 指命相推算。宋李曾伯《跋皇甫相士》:“今再遇之玉麟堂下,所以期主人者犹史公,及~一时人士。虽未见其验否,亦洒洒可听。” ❸ 调配药品剂量。明张大复《郑介庵先生传》:“~草木,香达户外。岁所全活,不可殚记。”

【品件】 pǐn jiàn 品类样数。宋吴自牧《梦粱录》卷八:“凡饮食珍味、时新下饭、奇细蔬菜,~不缺,遇有宣唤收买,实时供进。”又卷一三:“时新果子、进纳海鲜~等物,阗塞街市,吟叫百端。”金张从正《儒门事亲》卷一:“缓方之说有五,……有~群众之缓方,盖药味众则各不得骋其性也。”

【品鉴】 pǐn jiàn ❶ 品评鉴别。唐陈子昂《汉州洛县令张君吏人颂德碑》:“吏畏独坐,人歌来暮,甄综~,物无遗才。”明徐渭《赠戚畹锦衣陈君序》:“出册劝赋,~赓和,靡不越人意表。”清弘历《练湖》:“中郎~得神韵,光禄摛藻多清芬。” ❷ 风度识鉴。唐李邕《赠安州都督王仁忠神道碑》:“府君至和有纯,上德膺茂,轨度恬简,~朗拔,笃诚博达,英迈奇伟。”

【品阶】 pǐn jiē 犹“品级❶”。也泛指身分。唐李亨《收复两京大赦文》:“应见任五品已上,当别与一~。”《宋高僧传》卷二六《唐东京相国寺慧云传》:“或云造塔僧能分身行化,难测~。”宋慕容彦逢《翰林学士郑居中可转两官制》:“雍容禁林,久兹典领,宜膺宠命,擢进~。”

【品节】 pǐn jié ❶ 品目;等级名目。宋陆佃《庙祭议》:“然而荐腥馈熟,品其笾豆,……馂彻之序,~众多。”明何乔新《策府十科摘要·经科》:“大本既立,然后其~条目日夜讲求而增益之。”清陈廷敬《劝廉祛弊详议定制疏》:“正人心、厚风俗之机存乎教化,故~度数必有定制。” ❷ 品行节操。明周靖《忠介烬餘集跋》:“先忠介公之被逮也,指床头衍箧谓先端孝曰:‘吾此行必死。一生~,俱在于是。’”清吴伟业《致孚社诸子书》:“当于群居论道之时,求颠沛不失之义。所谓~之宜持者,此也。”《隋唐演义》七八回:“卿真可云有~之士矣。”

【品爵】 pǐn jué 官爵品级。唐高彦休《阙史》卷下:“时每律管三周,则各隆~。”元明《水浒传》八五回:“今将军统十万精兵,赤心归顺,止得先锋之职,又无升授~。”明海瑞《贺景竹王千兵荣膺军政序》:“理可以张屈抑之势,制足以振~之崇。”

【品量】 pǐn liáng 另见 pǐn liàng。品评衡量。唐李峤《论巡察风俗疏》:“而每道所察文武官,多至二千餘人,少者一千以下,皆须~才行,褒贬得失。”宋《鹧鸪引·李氏以歌曲侑觞》:“花草离骚试~,猗猗香色紫兰芳。”清黄宗羲《陕西巡抚高公墓志铭》:“公之设施,不啻田舍翁~家事,千里如在庭内。”

【品量】 pǐn liàng 另见 pǐn liáng。❶ 品类及数量。唐白居易《得甲牛抵乙马死请偿马价判》:“况日中出入,郊外寝讹。既~以齐驱,或风逸之相及。”宋杨士瀛《仁斋直指》卷一〇:“是以有清浊不分之证,药法~条列于下,要必体认之精而后发用之审欤!”明陈献章《程乡县社学记》:“买田租米一百石以供束脩之需,~所给,视所领子弟多寡。” ❷ 品行度量。明佚名《端正好·美眷爱》:“则他那偎红倚翠情偏热,更和这弄玉团酥有~,真乃是志气轩昂。”清吴绮《徐母顾太夫人六十寿序》:“恒先众宝,尔乃蜂腰。起叹~悬殊,龙卧难侔。”毛奇龄《馆拟甲子科湖广乡试录序》:“以至干办如庞统、向宠,~如孟嘉、罗友。”

【品录】 pǐn lù ❶ 品鉴收录。也指品鉴收录的名籍,或指赏鉴。唐裴孝源《贞观公私画史序》:“且夫艺有精深,学有疏密,前贤~,益多其流。”宋韩琦《观胡九龄员外画牛》:“丹青之笔夺造化,能者几何登~。”明王世贞《祭黎惟敬少参文》:“高山激弦,回波流曲。名画法书,恣君~。” ❷ 指官品登录。宋冯时行《郭帅》:“况乃曾经~,官爵尽已公侯;今立功名,辈行皆其子弟。”

【品论】 pǐn lùn 品评议论。宋楼钥《赠银青光禄大夫宇文公墓志铭》:“平时乡党缙绅~世家子弟之贤,必以公为称首。”清李渔《凰求凤》二一出:“不免趁试官不在,把他取过的卷子,再拿来~一番。”《镜花缘》五六回:“若以明年部试首卷而论,除闺臣、若花二位姐姐之外,再无第三人。如~讹错,以后再不敢自居看文老眼。”

【品貌】 pǐn mào 人品相貌。清《益智录》卷五:“刘细视之,~超群,举止不俗。”《歧路灯》七回:“东宿看见两个学生~超俗,早已喜不自胜。”《白雪遗音·清晨起》:“见一个半老的佳人,淡妆~。”

【品名】 pǐn míng ❶ 品物的名称。五代许寂《答梁主书》:“远有珍华,并由惠好。顾酬谢而增愧,仰渥泽以难胜,捧阅~,实惭祗受。”宋梅尧臣《韩钦圣问西洛牡丹之盛》:“由是其中立~,红紫叶繁矜色美。”明陶辅《花影集》卷四:“畦隔邻次,张有古井,田气渠走周极,遍沃群蔬,~殊别。” ❷ 官品及姓名。宋刁衎《睦州大厅记》:“先是郡有正厅记,即唐本州刺史李道古所撰,以前后牧守~布于铅椠。”

【品命】 pǐn mìng ❶ 品令;选拔官吏的格令。也指官阶。唐杨炯《益州温江县令任君神道碑铭》:“于是乎龙泉独断,龟兆旁求,~千名,封疆万户。”薛大球《对复以冕服判》:“俭德之恭,侈恶之大,《书》分~,《礼》著等威。”元稹《酬翰林白学士代书一百韵》:“分张殊~,中外却驱驰。” ❷ 用指花的身分等级。清弘历《花朝作歌》:“女夷真复有神权,斟酌秾纤赋~。”自注:“《花经》凡花皆有~,如杏四品六命,海棠六品四命之类。”又《紫薇》:“~由来岂定评,翻将高客冒官程。”

【品目】 pǐn mù ❶ 品评赏鉴。唐李商隐《为崔从事寄尚书彭城公启》:“果蒙悯彼颛愚,溢为~。勾萌始达,依周囿以扬翘;滴沥才分,托灵光而振响。”宋欧阳修《谢参政与两府书》:“谓庶政之交修,必群材之博取。误加~,俾玷光灵。”明锺惺《白云先生传》:“自缙绅士夫,诗的的有本末者,非其所交游~,不使得见于世者多矣。” ❷ 物品名目。唐李商隐《为柳珪谢京兆公启》:“敢邀厚币,来自雄藩。~难名,珍纤可玩。”明袁宏道《瓶史序》:“凡瓶中所有~,条列于后,与诸好事而贫者共焉。”清汤右曾《咏斋中草木·菊花》:“不资服饵用,何取~殊。” ❸ 品格;格调。宋苏轼《答毛滂书》:“文章如金玉,……至其~高下,盖付之众口,决非一夫所能抑扬。”朱熹《答巩仲至》:“大抵古人文字,要当随其所长取之,难以一时所见遽定~也。”

【品弄】 pǐn nòng ❶ 演奏。五代史松《梦中献南楚国王夜宴诗》:“凤笙~檀唇散,鼍鼓喧锵锦袖垂。”《景德传灯录》卷二〇《龙光和尚》:“一曲宫商看~,辨宝须知碧眼胡。”宋元《古今小说》

卷一五："这王英以纤纤春笋柔荑，捧着一管缠金丝龙笛，当筵～一曲。" ❷口舌舐弄。明《金瓶梅词话》七二回："那话把来～了一夜，再不离口。"又七九回："药在我袖中金穿心盒儿内，你拿来吃了。有本事～的他起来，是你造化。"

【品配】 pǐn pèi 按品等搭配。五代郭威《赐青州敕》："其匹并须本色，不得邀纳价钱，改换色目。如省司～，不在此限。"宋苏轼《论役法差雇利害起请画一状》："将逐州逐县人户贫富，色役多少，预行～，以一路六色钱通融分给。"李诫《营造法式》卷一四："杂间装之制，皆随每色制度相间～，令华色鲜丽。"

【品色】 pǐn sè ❶品种花色。唐苏廙《十六汤品》："贵欠金银，贱恶铜铁，则瓷瓶有足取焉。幽士逸夫，～尤宜。"宋赵蕃《和何叔信别种蜡梅韵》："木犀虽琐碎，～庶同芳。"元许有壬《菊庄记》："秋风作花，见饷十盆，～莫有同者。" ❷种类名目。宋张方平《畿赋》："今所谓租税之法，更徭之制，而王畿最重，～尤烦。" ❸官品服色。借指人的地位等级。宋范纯仁《论息兵失于欲速》："朝廷既许以陷虏之众易新造之垒，人有～多寡之异，地有形势远迩之差，约当素明，谋当素定。"周必大《淳熙玉堂杂记》下："十月旦赐锦袄子，……例从左帑帮支，不得以临期随～假为领袖，施之朝服。" ❹品赏月色。清弘历《烟月清真楼》："月色烟容万古春，清真岂自道清真。吟容～劳劳者，应恐高楼暗笑人。"

【品膳】 pǐn shàn 诸色肴馔。唐张碏《新移丽阳庙记》："四时～之美，八节鼓吹之娱。固护郊圻，为人景福，是神之功也。"宋晁迥《法藏碎金录》卷六："每一读诵，非但忘饥，有如食其～，侑以国乐。"钱俨《吴越备史卷三》："圭常节其衣食，虽严冬尚未挟纩，～悉与仆隶等。"

【品赏】 pǐn shǎng 品尝鉴赏。明卢之颐《本草乘雅半偈卷七》引《茶疏》："若巨器屡巡，满中泻饮，待停少温，或求浓苦，何异农匠作劳，但资口腹，何论～，何知风味乎！"陆树声《嘉树林小序》："刺史题后，凡郡中学士大夫，流寓墨客，类经～。"△清《春闺秘史》四回："鞋上一股股的香气，直入鼻管，无暇再慢慢～，便放出娇躯，腾身而上。"

【品食】 pǐn shí 犹"品膳"。宋岳珂《桯史》卷八："如锡宴贡院，前二盏只以果实荐，无～。"《元曲选外编·延安府》二折："他把我比并做螃蟹，当做～之类。"明汤显祖《邯郸记》八出："前路是半实半空案果，后面是带熟带生～。"

【品餗】 pǐn sù 犹"品膳"。餗，鼎食。《敦煌变文校注》卷五《长兴四年中兴殿应圣节讲经文》："忧水旱之不调，恐赋租之难办。所以每宣～，不苦烹炮。"

【品题】 pǐn tí ❶品评。唐张鷟《朝野佥载》卷四："目李全交为'品官给使'，目黄门侍郎李广为'饱水虾蟆'。由是坐此～朝士，自左拾遗贬新州新兴县尉。"明《拍案惊奇》卷三二："临晚归家，途间一一～，某家第一，某家第二。"清《品花宝鉴》一回："现在那些宝贝得了这番～，又长了些声价。" ❷指题跋。唐苏鹗《杜阳杂编》卷中："能于一尺绢上绣《法华经》七卷，……其～章句，无有遗阙。" ❸观赏；赏玩。唐畅当《蒲中道中》之二："古刹栖柿林，绿阴覆苍瓦。岁晏来～，拾叶总堪写。"明王九思《山坡羊·春游》："垂杨影里青骢系，倚杖藜，春光细～。"清《绿野仙踪》九七回："是你这玉面香唇，我虽略领教一二，你那一双瘦小金莲，我还要用心～。"

【品调】 pǐn tiáo 另见 pǐn diào。❶斟酌调节。元黄溍《上宪使书》："其于俗化之变迁，固宜有以～消息之，是未可以为细故也。"明苏伯衡《国学公试策》："而操奇赢者顾安享厚利，将见背本而趋末者滋众。～消息之，使农民无所伤而游民无所利。" ❷品尝调制。明沈鲸《双珠记》一八出："异乡孤寡，有谁依靠；高堂甘旨，有谁～？"

【品味】 pǐn wèi ❶诸品味道。指肴馔。唐李元礼《诫杀生文》："或水中游，或林里戏，争忍伤残供～。"《元曲选外编·圯桥进履》四折："金杯满注捧香醪，～珍羞盘内托。"清《女仙外史》七六回："昔东坡之制～，变偶然尔，后数百年尚奉之以为法，必举东坡而名之。" ❷药味；中药方中所列诸药。宋《太平惠民和剂局方》卷七："如圣胜金铤，治证服饵与前如圣胜金铤同，～小异。"元王祯《农书》卷一〇："详此数方，其间所用～虽不出乎谷，而民间亦难卒得。"明《西游记》六九回："马兜铃是何～？能医何证？" ❸嗜味；品尝味道。宋王炎《次韵韩毅伯谢人惠茶》："书生～惟三九，性自嗜茶如嗜酒。"明施绍莘《小重山·茶》："天付与闲身。品香和～、费心情。"清袁枚《品味》："平生～似评诗，别有酸咸世不知。"

【品行】 pǐn xíng 人品行为。宋刘一止《苏符除给事中敕》："躬古人～之醇，有先世流风之似。"郑兴裔《荐举颜度状》："学术深纯，～端方。"清《白雪遗音·戏婢》："倘被你同辈文人来知晓，说你～实在邱。"

【品叙】 pǐn xù ❶分品等叙述。宋陶穀《清异录》卷上："吴越功德判官毛胜多雅戏，以地产鱼虾海物四方所无，因造《水族加恩簿》，～精奇。"明赵钦《爱山堂记》："近见太史升庵氏～山岩之异，遍于天下。"清钱谦益《天河公生圹志》："王于姚，妃于魏，荆棘丛生于丹、延、褒邪之间，杂然而～之，则固系于其所遭矣。" ❷指官职等级。元郑元祐《江西行中书省左右司郎中布达实哩公墓志铭》："然年劳未及者有之，～猥冗者有之。上任未久，多见夺于省部。"明《西游记》四五回："金鱼玉带不依班，象简罗衫无～。"

【品选】 pǐn xuǎn 评选。明尹民兴《两朝诗选序》："有治畸畋者，抉毁先坊，优奖冯道；～古迹，独赞狄公。"汪道昆《诗薮序》："严羽卿、高廷礼，笃于时者也。其所～，亟称其大有功。"

【品样】 pǐn yàng 品类样式。宋方大琮《举连州教授周梅叟乞旌擢奏状》："惟国朝人物辈出，～俱高。"周煇《清波杂志》卷七："周秦后钱之～，俱著于帙。"

【品肴】 pǐn yáo 犹"品膳"。《元曲选外编·哭存孝》一折："一壁厢摆着～，番官每紧紧随。"明《韩湘子》一八回："珍异精佳，清美～，都摆列。"清《醒世姻缘传》七二回："又背净所在另搭一棚，安顿家下女人，好理料厨子置办～。"

【品诣】 pǐn yì 人品造诣。元刘壎《新编绝句序》："欧、苏、黄、陈诸大家，不以不古废其篇什，～殆未易言。"清吴绮《翁苍牙见山楼诗集序》："乃独举幡汉阙，慷慨而明司隶之冤；射矢聊城，宛转而救齐人之困。此其～，自属悬殊。"蒋骥《传神秘要》："此关系人之学问～。人品高，学问深，下笔自然有书卷气。"

【品谊】 pǐn yì 人品道谊。清陈廷敬《题王石谷山水清晖卷后》："比侍内廷，东宫殿下高其～，书赐'山水清晖'四字。"潘天成《梦遇马贞娘记》："一经变故，国破君亡，反颜事仇，生平尽丧。人之～，盖棺乃定耳。"《聊斋志异·薛慰娘》："此生～可托。待汝三兄至，为汝主婚。"

【品咂】 pǐn zā ❶犹"品弄❷"。明《二刻拍案惊奇》卷三四："士人精泄，就有替他～的，摸弄的，不由他不再举。"清《怡情阵》一〇回："俊生亲了一个嘴，把舌尖～一会。" ❷咂摸体味。清曾衍东《小豆棚》卷一六："吃惯的淡酒儿慢～，捧一盏火柴的苦熬茶。"

【品择】 pǐn zé 品评选择。宋夏竦《贺枢密尚书启》："大则综釐庶政，次则～九流。世奖茂勋，代无虚授。”《宋史·乐志六》：“条理五音，隐括四声，而使协和，然后～乐工。”清《红楼梦》七八回：“因此～了二年，一点不错了。”

【品职】 pǐn zhí 官职品级。唐罗隐《春日投钱塘元帅尚父》之二：“官秩已叨吴～，姓名兼显鲁春秋。”《元曲选·灰阑记》二折：“俺们这里有几贯钱的人，都称他做员外，无过是个土财主，没～的。”清《后水浒传》三二回：“小官没有～，是个未入流。”

【品质】 pǐn zhì 物品或人品的资质。唐李治《立代王宏为皇太子诏》：“代王宏，道居嫡允，天纵英姿。～冲华，神鉴昭远。”宋戴复古《咏梅投所知》：“不将～分优劣，痛饮花前诵楚骚。”清《载花船》一回：“其膂力超群、～雄迈者，亦必利名帝阙，补入羽林班伍。”

【品致】 pǐn zhì ❶ 品等规格。宋吕南公《与王梦锡书》：“譬如湖商海贾，虽未必尽专天下之富，而天下之珍奇怪伟，无不熟其～而中其光价者。”刘辰翁《芗林记》：“盖贵富自然，而非贵富之所能拟比于人为不朽，非夫生意磅礴则不足以及此。而或者欲以智力勉强杂多，～薰修，屑屑焉仿佛诸其形容，而不足以易寒葩异蕊之一笑。” ❷ 格调志趣。清顾嗣立《元诗选》三集卷八彭炳小传：“如‘明河夜无声’……之句，真不减柴桑、愚溪～也。”《隋唐演义》九六回：“只因李白当初在朝时，放浪诗酒，～高尚，全不把这些宦官看在眼里。”

【品骘】 pǐn zhì 品评。骘，评论。清李渔《意中缘》八出：“不过是信笔涂鸦，怎经得大方～。”曾衍东《小豆棚》卷一四：“性佻达，渔于色。凡闾里戚党少女嫩妇，无不～而加之。”贾汉复《取贤否册》：“若肯从公～，绝无混淆，何难肃清吏治。”

【品竹】 pǐn zhú 吹奏管乐器。元何梦桂《胡氏清雅诗集序》：“世之纨绔子，生长膏粱，弹丝～，流连忘返。”《秦并六国平话》卷上：“调弦成合格新声，～作出尘雅韵。”清《白雪遗音·交情交义》：“只爱你腹内妙文才，又爱你～丝弦般般晓。”

【品竹弹丝】 pǐn zhú tán sī 泛指吹弹演奏乐器。元高明《琵琶记》三出：“绣屏前～，摆列的是红妆粉面。”明《警世通言》卷二四：“家家～，处处调脂弄粉。”

【品竹调丝】 pǐn zhú tiáo sī 即“品竹弹丝”。宋元《清平山堂话本·柳耆卿》：“吟诗作赋，琴棋书画，～，无所不通。”元明《水浒传》二〇回：“学得一身风流俊俏，更兼～，无有不会。”

【品竹调弦】 pǐn zhú tiáo xián 即“品竹弹丝”。《元曲选·红梨花》四折：“生疏了～，不承望侍欢宴。”元明《水浒传》六九回：“三教九流，无所不通；～，无有不会。”

【品馔】 pǐn zhuàn 犹“品膳”。唐智严《十二时·普劝四众依教修行》：“杀猪羊，修～，聚集亲情作光显。”元曹伯启《寄谢陆义斋廉使诸公》：“名园开锦绣，～罗奇珍。”清秦蕙田《城隍考》：“至庙貌之巍峨，章服之鲜华，血食～之丰繁，岁时伏腊，阴晴朝暮，史巫纷若，殆无虚日。”

【品资】 pǐn zī 品级资格。元锺嗣成《骂玉郎过感皇恩采茶歌·四福·贵》：“治国安民勋业显，封妻荫子～该。”明陆深《正名祛弊以光治体事奏》：“内设五府六部，外建都、布、按三司，实有臂指相使之势。～等级，殆犹鳞砌。”

【品子】 pǐn zǐ 品官子弟。唐赵慎言《郊庙舞人宜依古制疏》：“其二舞人，望取～年二十以下、容颜修正者为之。”宋《止斋集·答林宗简》：“唐之四门学，所谓俊士者，则四方之所升进，餘皆～。”元李俊民《孟氏家传》：“生子彦甫，字仲山。金运革命，荫补～。”

【品奏】 pǐn zòu 吹奏。明佚名《点绛唇·大埋伏》：“听得动一派箫韶～，霸主高呼。”《杨家将》二〇回：“二王人后苑来，只听得乐工歌女，丝竹～。”

píng

【平】 píng ❶ 轻而易举；不费力。唐贯休《闻许棠及第因寄桂雍》：“今日桂枝～折得，几年春色并将来。”金《董解元西厢记》卷七：“步入蟾宫折桂花，举手～拿。”明凌濛初《虬髯翁》四出：“俺道你男儿当自强，可也～挣个头厅相。” ❷ 平白；无端。唐李山甫《风》：“能将尘土～欺客，爱把波澜枉陷人。”元明《水浒传》一七回：“～将珠宝担落空，却问宝珠寺讨帐。”明梅鼎祚《昆仑奴》三折：“猛回头绿愁红怅，问归途蓦径穿坊，则～将风月担，怎争教莺燕忙。” ❸ 高低相等；取平。宋梅尧臣《饮刘原甫家》：“次观错金刀，一刀～五千。”明《别有香》一二回：“看看又～了楼板，那水势愈盛。”清《续金瓶梅》一九回：“原来夫人是国手，看这邦昌棋低，故意～了。” ❹ 骤然；陡然。元沈禧《一枝花·赠妓桂香秀马氏》：“品题一出骚人手，声价～增了五百筹。”汪元亨《醉太平·警世》：“祆神庙雷火皆轰烈，楚阳台砖瓦～崩卸。” ❺ 用天平或戥子称量金银。清《红楼梦》一三回：“不如～准一千二百银子，送到我家就完了。”△《济公全传》一七八回：“陆炳文立刻叫人～了一百银子，交与梅成玉。” ❻ 任；任凭。通“凭”。明汤显祖《牡丹亭》三一出：“这盐呵，是银山雪障连天晃，海煎成夏草秋粮。～看取盐花灶场，尽支排中纳边商。”又四〇出：“世路～消长，十年事老头儿心上。” ❼ 副词。完全；整个。元汪元亨《沉醉东风·归田》：“家住青山古渡边，～隔断红尘路远。”明陈铎《斗鹌鹑·赏雪》：“满饮羊羔不用沽，～压倒党家豪富。” ❽ 介词。从；朝。元明《水浒传》五七回：“众人～南一望，只见北边又拥起三队旗号。”明《西游记》三七回：“睁火眼～西看处，果见有一座城池。”

【平安】 píng ān 病愈的婉词。也指身体康健。元张养浩《天净沙》：“年时尚觉～，今年陡恁衰残。”明邵璨《香囊记》二三出：“〔贴〕媳妇，先生卦卜如何？〔旦〕道婆婆病体就得～。”清《绿野仙踪》一七回：“若不吃药，亦可渐次～，他那里受得起人参附子大剂。”

【平安火】 píng ān huǒ 边塞或军寨早、晚燃一簇烽烟报告平安（有警则燃二簇或三簇），称平安火。唐姚合《穷边词》：“沿边千里浑无事，唯见～入城。”宋汤璹《德安守御录》：“贼首李横大寨在城西，隔河早晚举～，诸寨相应。”清《隋唐演义》九一回：“那时～三夜不至，玄宗心甚惶惑。”

【平安喏】 píng ān rě 军将排衙时吏役唱喏，口带“平安”字眼，称平安喏。《元曲选·单鞭夺槊》四折：“帅鼓铜锣一两敲，辕门里外列兵刀。将军报罢～，紧卷旗幡再不摇。”

【平安纸】 píng ān zhǐ ❶ 为求平安而烧的供神纸。《元曲选·误入桃源》三折：“猪羊已都宰下，与众人烧一陌～，就于瓜棚下散福。”明《二刻拍案惊奇》卷二一：“张善烧了～，反请王惠、李彪，吃得大醉。” ❷ 报平安的信。清吴绮《醉花间·望家信不至》：“灵氛虚报喜，许我～；寒灯亦见欺，花颤鹦哥嘴。”

【平白】 píng bái ❶ 平坦洁白。唐李贺《昌谷诗》：“汰沙好～，立马印青字。”宋苏泂《濯锦江》：“争向芳菲偷锦样，织成～溅江花。”明宗泐《春雪》：“眼看～失前坡，三日青松奈老何。” ❷ 全白。宋苏辙《次韵孔武仲学士见赠》：“鬓须忽～，儿女无复乳。” ❸ 平易；平顺无阻碍。宋刘子翚《圣传论·颜子》：“《易》有～坦易之途，躬行允蹈便造圣人深处。”许棐《选官图》：“纵有黄金无好采，也难～到公卿。”仁安《住临安府灵隐景德禅寺语录》：“峭峻门庭，～道路。担板睦州，面壁鲁祖。” ❹ 明白直接；坦诚。宋朱熹《答黄子耕》：“示及疑义，比旧益明洁矣，但尚有繁杂处。且就正经～玩味，久当自见亲切处。”又《答曹立之》：“而南轩顷亦云傅梦泉者扬眉瞬目云云，恐不若直截剖判，便令今是昨非～分明。”元陈栎《答吴仲文甥》：“沉毒阴狡，最损人福；～善淑，最增人福。” ❺ 平素；平日间。宋元《醒世恒言》卷三三：“他～与我没半句言语，大娘子又过得好，怎么便下得这等狠心辣手。”清《红楼梦》四三回：“别说他是咱们家的香火，就是～不认识的庙里，和他借，他也不敢驳回。”又六〇回：“～我说你一句儿，或无心中错拿了一件东西给你，你倒会扭头暴筋瞪着眼蹾摔娘。” ❻ 突然；意外地。宋《朱子语类》卷一二八：“天无雨，小溪～涌洪流，六军遂得水用。”明《拍案惊奇》卷八：“虽然受了两三番惊恐，却～得此横财，比本钱加倍了，不胜之喜。”清孔尚任《桃花扇》三四出：“杀场百战精神抖，凛凛堂堂，一身甲胄。～的艑下亡，全身首。” ❼ 无端；无缘无故。宋苏轼《殢人娇·王都尉席上赠侍人》：“密意难窥，羞容易见。～地为伊肠断。”元佚名《张千替杀妻》二折：“你全无半星儿情分，～地磣可可剪草除根。”明佚名《金貂记》一一出：“忠臣～作俘囚，枉受许多僝僽。” ❽ 凭空；无根据地。《元曲选·窦娥冤》二折：“不是妾讼庭上胡支对。大人也，却教我～地说甚的？”清《红楼梦》五七回：“你又知道他有个呆根子，～的哄他作什么？” ❾ 白白地；无代价地。元佚名《新水令·闺情》：“到如今好梦全无，佳期易阻，相思成患，～的废寝忘餐。”明《二刻拍案惊奇》卷四：“张廪生是个贪私的人，怎舍得五百两东西～丢去了？” ❿ 清白；无干。清《红楼梦》六一回：“这样说，你竟是个～无辜之人，拿你来顶缺。”

【平拜】 píng bài 相互平等地对拜，表示身分相当。明《金瓶梅词话》一四回：“不劳起动二娘，只拜～儿罢。”清《绿野仙踪》二五回：“到堂前与卜氏行礼，次与李氏～。”《疗妒缘》四回：“那时二人只得～了四拜，自后秦氏叫巧珠‘妹子’。”

【平板】 píng bǎn ❶ 形状平直的板。《太平广记》卷二三四《大业拾遗记》：“经一日夜出晒，夜则～压之。”宋《三朝北盟会编》卷六八：“梯之制高于城，以绳贯竹木似梯而弯。其上下施～，板上下小瓮蒙以牛皮。”清《续金瓶梅》五四回：“这大海鳅船俱是尖底～，上面一带挂上箭板，牛皮钉裹。” ❷ 一种平田用的农具。元王祯《农书》卷一四：“～，平摩种秧泥田器也。用滑面木板，长广相称，上置两耳系索。连轭驾牛，或人拖之，摩田须平，方可受种。” ❸ 平直呆板，缺少变化。清沈谦《填词杂说》：“小调要言短意长，忌尖弱。中调要骨肉停匀，忌～。”吴骞《拜经楼诗话》：“畅则不坚，动斯未沈，不动不畅，又涉～。”《曲头陀》一则：“这五处园亭，虽皆草木繁茂，胜景天成，然皆属于～浅窄，不甚畅快。”

【平半】 píng bàn 对半；整一半。明吴宽《中秋夜偶过济之忽乡友数辈至》：“秋到共传～好，客来不速过三多。”清李玉《清忠谱》四折：“也不要三七、四六，竟是连学生的三钱头～分，大家一两六钱半。”《豆棚闲话》六则：“日常间也各各自有去路，骗来钱米～均分。”

【平不达儿】 píng bù dá er 即“平不答”。明李梅实《精忠旗》一五出：“你每这些黄黄子少打！～的有这些饶道。”

【平不答】 píng bù dá 平白地；无关紧要地。明沈榜《宛署杂记》卷一七：“无干曰～。”《金瓶梅词话》六九回：“这事情也要销缴，一个缉捕问刑衙门，～的就罢了？”又七五回：“～请什么任医官，随他去。”

【平步】 píng bù ❶ 平常步态（行走）。《法苑珠林》卷四一：“崎岖反侧行数十里，穴宽，亦有微明，遂得～。”《元曲选外编·哭存孝》三折：“暖帽貂裘更堪宜，小番～走如飞。”明《禅真后史》三九回：“彼时见瞿侍中从墙下～而行，倏忽间已至墙顶。” ❷ 比喻轻易或骤然达到。唐白居易《浔阳岁晚寄元八郎中》：“虚怀事僚友，～取公卿。”宋洪迈《夷坚志》支丁卷一〇：“王正以文声动河朔，满意～三馆。有善相者语之曰：‘君侯真贵人，然自此只得冷官。’”清陈端生《再生缘》七二回：“我其时，万分勉强来遵命；谁晓得，忽然～上云霄。” ❸ 置身（某个位置或某种环境）。宋佚名《张协状元》四〇出：“此身虽人桂枝景，～须乘帘幕风。”明李开先《宝剑记》一四出：“海门斗绝曾～，就地狂风万丈波。” ❹ 犹“平地❶”。明朱鼎《玉镜台记》三〇出：“谁知～风波起，顾乾坤四围，水隔与途迷，难寻脱身计。”

【平产】 píng chǎn 与相比较的产量相差不多。宋梁克家《淳熙三山志》卷一一：“臣管见屯田户既特免租课，又不追田价，即与～人户田业无殊。”

【平常】 píng cháng 欠佳、变差的婉词。清《霓裳续谱·女大思春》：“我头上脚下，人才比谁～吗？”《白雪遗音·问卜》：“阿晓得连日落雨，生意～。”《万花楼》一〇回：“本藩有丹青一幅，想送与你，不想连次忘怀了，当真记性～。”

【平场】 píng chǎng ❶ 平坦的场地。唐张建封《酬韩校书愈打球歌》：“不能无事习蛇矛，闲就～学使马。”清曹龙树《七十二过涧》：“我闻秦始皇，鞭石有奇方，何不驱此陵谷作～。”陈端生《再生缘》八〇回：“忽然数里大～，嫩色萋萋新插秧。” ❷ 特指打谷场。宋方夔《今岁吾乡颇稔而收成值雨》之一：“千步～筑杵齐，西风墟落转凄迷。”清弘历《题耕作蚕织二图·持穗》：“～密布穗，挥霍声互发。”

【平沉】 píng chén ❶ 沉没；沉陷。唐张鷟《朝野佥载》卷一：“才登舟移就水中，画舸～，……三十进士无一生者。”明王衡《郁轮袍》七折：“只怕那白马寺～劫水，少不得白牛车乱踏淤泥。”清赵执信《蓬莱阁望诸岛歌》：“千山万山皆～，鳌撑无力海水深。” ❷ 沉沦；隐遁。《祖堂集》卷六《洞山和尚》：“只认得驴前马后，将当自己眼目。佛法～，即此便是。”宋陈著《弟观喜董稼山至有诗因次韵》之一：“山林高看～世，风雨难摧独乐春。”明王世贞《乞归不允》：“一官堪屡掷，千载欲～。见说箕山畔，云霞未易寻。” ❸ 掩没；遮蔽。宋王禹偁《对雪感怀呈翟使君》：“～采芝洞，深锁避贤邮。”清厉鹗《八月一日让山上人招集南屏》：“～远岫墨初泼，净洗明湖镜乍揩。” ❹ 指资质或身分低下。宋刘弇《谢田运判举京官启》：“如某者，系本～，姿非秀举。”李刘《除武冈通判谢丞相》：“伏念某～庸俗，全抱拙疏。”元刘壎《谢雷安抚辟充帅参》：“分～于常科，忽巧逢于元造。”

【平持】 píng chí ❶ 平整治理。持，避唐高宗李治讳改。《敦煌变文校注》卷五《维摩诘经讲经文(二)》：“一宫之朝士喧喧，满国之女郎队队，便使～御路，扫洒天街。” ❷ 平拿。多指公平执掌（法度）。唐陆龟蒙《中元夜寄道侣》之二：“唯羡羽人襟似水，～旄节步空虚。”宋华镇《题明轩》：“～刀尺无心用，高倚权衡莫我欺。”明王慎中《至日虑囚宪府呈方苗庄潘壶南二臬使》：“～三尺反，助取一阳生。” ❸ 平常；普通。宋周必大《谢醴泉观使表》：“伏念臣～弱植，浸涉荣途。”

【平出】 píng chū ❶ 宋代官员不降职出任地方官，称平出。宋叶梦得《石林燕语》卷一〇：“熙宁以前，台官例少贬。间有责补外者，多是～，未几复召还。”《建炎以来繫年要录》卷九二：“监丞～，才当得通判耳。仅提举一路，号称使者，非迁而何。” ❷ 指地位相当；对等。宋《法演禅师语录》卷中：“学云：‘和尚为甚么情人来答?'师云:'只为你教别人问。'学云:'与和尚～去也。'师云:'大远在。'"《五灯会元》卷一六《慧林怀深禅师》:"师曰:'……山僧只是得人一牛,还人一马;泼水相唾,插嘴厮骂。'卓拄杖曰:'～!～!'"

【平词】 píng cí ❶(对迁谪官员做出)一般性的评语。宋洪适《盘洲老人小传》:"前日公武云:'汤思退有罪,而卿称之为大臣。制词中无谴责一语,乃其死党。'朕曰:'朕令作～,非其罪。'"刘克庄《与郑丞相书》:"玉音镌谕,使为～。某不奉诏,自当诛矣,安敢更播之于外。"《续资治通鉴长编》卷四四七:"既奏他事毕,挚再奏曰:'未委三人作～,作责词?'谕曰:'岂可作责词。'挚曰:'且如此,只作～,相次别改职名。'" ❷评话。清王夫之《读甘蔗生遣兴诗次韵而和之》之二二:"野老向人求骨董,～匾鼓泪中拈。"李斗《扬州画舫录》卷一一:"评话盛于江南,如柳敬亭、孔云霄、韩圭湖诸人……次之,季麻子～,为李宫保卫所赏。"周伯义《扬州梦》卷三:"(柳敬亭)午后高坐茶社,说～一二,折得钱数千。"

【平挫】 píng cuò 折挫减弱。清《荡寇志》一一九回:"那秦明气焰已有些～,只是怒气未息,狠命厮扑。"

【平淡】 píng dàn ❶平和清淡,不浓烈(或特指含盐少)。宋邵雍《晨起》:"轻烟笼晓阁,微雨散青林。此景虽～,人间何处寻?"仲殊《蓦山溪》:"清江～,疏雨和烟染。"明张内蕴、周大韶《三吴水考》卷四:"苏则密迩大江,水性～,土脉未为甚瘠;松江沿海,咸潮浸渍,地皆斥卤矣。" ❷敷衍;轻描淡写。明《禅真逸史》二五回:"价高者,推敲百般,惟求耸动乎官府;价轻者,一味～,那管埋没了事情。"清曾衍东《小豆棚》卷八:"谈笑间直不知有美丽在侧也,惟以～遇之。"陈端生《再生缘》七八回:"淑人心内多忙乱,佯为～叫千金。" ❸平常;一般。清《说岳全传》一六回:"兀术看了,对军师道:'这封书没甚要紧。'军师道:'狼主不知,这封书虽然～,内中却有机密。'"《赛花铃》三回:"昨日偶因身子不快,所以做得～,难道我两篇头也完不来的么。"《绿牡丹》一七回:"功名富贵,我倒也看得～。所可叹者,世事不平。"

【平等】 píng děng ❶均等;平均。唐王梵志《当乡何物贵》:"差科取高户,赋役数千般。处分须～,并檑出时难。"明《古今小说》卷一〇:"若是倪善继存心忠厚,兄弟和睦,肯将家私～分析,这千两黄金,弟兄大家该五百两。"清王鸣盛《陈言夏传》:"遇旱则宽高等之租税,遇水则宽低等之租税,遇全荒然后及于～,此均农之大要也。" ❷公平;持平。《元曲选·儿女团圆》楔子:"庄农人家,止不过有些田产物业、牛羊孳畜、金银钱物,分做两分,我与两个侄儿各得一半。老社长你则～着。"明孙传庭《两邑拙政乞言述》:"里排勒索火耗,尤为民害。严谕～交纳,自封投柜。"清《醒世姻缘传》八二回:"差人将那房子有人出到五十八两,已是～足价,他临期又变卦不卖。" ❸同等;等级相同。明茅维《友人寄饷岕茶》:"世以方虎丘,品置岂～。"清《红楼梦》四五回:"老太太、太太还说你寡妇失业的,可怜,不够用,又有个小子,足的又添了十两,和老太太,太太～。"《歧路灯》六九回:"此可见门第子孙望清誉贵,那些狐犬小辈,怎敢～看视。" ❹等同;一样。明黄淳耀《次韵和东坡岐亭诗》:"兽炭与松明,入炉～赤。象髓与韭菹,入喉～白。"清吴雯《伏虎图》:"老僧视尔浑～,正要牵来当马骑。" ❺相等;匀称。明《西游记》四二回:"他见孩儿生得五官周正,三停～,他问我是那年、那月、那日、那时出世。"《金瓶梅词话》二九回:"这位娘子,三停～,一生衣禄无亏。"清《续西游记》三一回:"地角朝轮廓,天庭贯伏犀。三停～列,五体重威仪。" ❻平常;一般。明《肉蒲团》六回:"若要隔家过舍去做偷营劫寨的事,只怕不是～力量可以做得来的。"清于成龙《晓谕周铁爪等牌》:"此辈岂尽无父母妻子之为累,岂尽无～生意之可务。"李渔《意中缘》一〇出:"那女子是个聪明绝顶的人,我辩他决不肯嫁个～丈夫。" ❼中等;中层。清魏裔介《士习嚣靡已久疏》:"考居六等,希图发社,仍然荒废。下次告病补考,钻营～。"《聊斋志异·云萝公主》:"每试得～,不敢入室门;超等,始笑迎之。"《品花宝鉴》四六回:"众人看是:'秋色扑帘栊,置身已觉超～;月光穿竹树,放眼请登最上层。'道翁赞道:'果然是第二层的联句,移易不动。'" ❽平级;平辈。清《益智录》卷三:"向居然起敬,与为长揖。岛君曰:'此何礼也?'向曰:'中华～相见如此。'"《女仙外史》八三回:"～亲戚尚使不得,何况见了尊长。" ❾使平等。清《续西游记》七四回:"况舟船是你我道法设置与他,还当叫明了唐僧,把他弟子～了不平之心。"

【平地】 píng dì ❶平坦的地面。比喻平常或安全的境地。唐汪遵《又过杨相宅》:"倚伏从来事不遥,无何～起青霄。才到青霄却～,门对古槐空寂寥。"宋苏舜钦《蓝田悟真寺作》:"我闻为之久颦戚,此向期将避烦辱。不为伤生事更多,争如～随流俗?"清《醒世姻缘传》八三回:"这狄希陈从～乍上了青天,……大家心里都是着了喜的人。" ❷突然或轻易地。五代韦庄《喜迁莺》:"凤衔金榜出云来,～一声雷。"明高濂《玉簪记》二二出:"〔老〕今日我侄儿起程赴试,特唤你们相送则个。〔旦〕为何～有此说话?"清《醒世姻缘传》三四回:"可是喜你～就得这万两的财帛。" ❸凭空;无端。唐刘禹锡《竹枝》:"常恨人心不如水,等闲～起波澜。"明李开先《宝剑记》三一出:"可怪乞婆强为媒,～将人架是非。"清《万花楼》二一回:"当时已把老公公谋害了,如今又妒忌你为官近帝,犹恐君家要报复父仇,是以～立起风波。" ❹指人间。明《型世言》二八回:"也是个～神仙,岂是寒酸措大?"清汪由敦《复赵秋谷先生启》:"沧浪子美纵觞咏于名区,安乐尧夫作神仙于～。"《续金瓶梅》五二回:"今日士大夫,要娇妻美妾,罗绮在身,丝竹在耳,……我才去隐。这是～神仙,还胜似那公卿大老,待漏趋朝。"

【平地吃交】 píng dì chī jiāo 平地上摔跤,比喻愚钝糊涂。宋悟明《联灯会要》卷一九《天皇道悟禅师》:"争奈～,有甚么扶策处?"《五灯会元》卷一二《云峰文悦禅师》:"汝等诸人,与么上来,大似刺脑入胶盆;与么下去,也是～。"

【平地风波】 píng dì fēng bō 比喻突发的纠纷或变故。元耶律楚材《和南质张学士敏之见赠》:"人间～起,歹笑于陵啾螬李。"清《醒世姻缘传》六一回:"毛姚两个孽星合了一处,～,你就闭口深藏舌,叫你祸从天上来。"

【平地骨堆】 píng dì gǔ duī 平地上隆起土堆,比喻无事生非。骨堆,或作"孤堆"。《五灯会元》卷一六《临安智才禅师》:"诸禅德,直饶汝翻得转,也是～。"《元曲选·李逵负荆》二折:"休怪我村沙样势,平地上起孤堆。"

【平地掘坑】 píng dì jué kēng 比喻无事生非。宋普昭《汾阳录》卷上:"钟声雀噪,可契真源。别处驰求,妄生节目。信得因风吹火,不信～。"又:"人无僧俗,同臻法会,何处不可?更待山僧击扬斯事,恰似～。"

【平定】 píng dìng 平稳安定。宋姚勉《沁园春·饯张倅》:"任颠风掀舞,涛山浪屋,少顷～,一碧琉璃。"清《红楼梦》一〇回:"一进来的时候,脸上倒像有些着了恼的气色似的,及说了半天话,又提起媳妇这病,他倒渐渐的气色～了。"《荡寇志》一二九回:"徐槐常乘机训诫他几次,有几句话直中树德心坎,树德深深佩服。从此性格便～了许多。"

【平凡】 píng fán 普通;一般。宋周必大《论发解考校之弊》:"故当校艺之际,则～者收,优异者斥。"明宋濂《题七才子图》:"文播虽亦画七才子,其运思～,乌足以敌是哉。"清方东树《昭昧詹言》卷一二:"补之缓弱～,乃开近人蒋士铨一切小才等派。"

【平房】 píng fáng 屋顶平不起脊或只有一层不起楼的房子。元冯子振《十八公赋》:"～无脊,覆土代甓。上雨逗漏,块封如室。"明《欢喜冤家》八回:"与崔福来赁下一间～,二人同住。"清《续金瓶梅》四二回:"有黎家母子并憨哥三人住着前面三间～,还有许多空房。"

【平风静】 píng fēng jìng "平风静浪"的歇后,歇"浪"字。清《白雪遗音·吸后语》:"你早来,救救奴的～,实在五子登;你不来,送了奴家八仙庆,也就不顾生。"

【平伏】 píng fú ❶平缓低下。宋道璨《归元庵记》:"崇冈蜿蜒,来自风雨山,至是偃然～,湖开山辟。"明《徐霞客游记》卷五下:"四里直西山,皆旷然～,独西南一石峰耸立。"孙一奎《赤水元珠》卷二七上:"痘色白者必变为灰惨,灰惨者必变为～倒塌。" ❷征服;平定。《元曲选·小尉迟》二折:"某奏过圣人,着尉迟老将军去～此寇。"明霍韬《地方疏》:"则西而柳、庆,东而罗旁、渌水、新宁、思平之贼合数千里,共为窟穴,虽调兵数十万,未易～。"清《飞龙全传》五八回:"朕自亲征南唐,虽未得～,然屡战得捷。" ❸平稳舒缓。明王肯堂《证治准绳》卷三四:"相兼服之,更能内观静守,不干尘累,使阴气～,方许作效。"《西洋记》九四回:"即时分付旗牌官,看外面风势何如。旗牌官道:'风势渐渐的～。'"《梼杌闲评》二二回:"脉渐～,病也减轻了。" ❹平卧。明朱橚《普济方》卷四一六:"随人之肥瘠大小,置栲栳或壑枕之类,以衾絮冒之,令两臂相交,～其上。"

【平服】 píng fú ❶病愈复原。宋卫泾《第四次丐祠札子》:"病在经络,～未期。"明《醒世恒言》卷二九:"家中娘子又请太医来调治,外修内补,不勾一日,～如旧。"清陈端生《再生缘》七八回:"讲到东院夫人服药调理,半月有餘,已渐～起来了。" ❷同"平伏❷"。明王守仁《祭军牙六纛之神文》:"绢定祸乱,～蛮夷,以永无穷之休。"《西游记》六八回:"自立业以来,四方～,百姓清安。"清《万花楼》三回:"自是一连相持十餘年,契丹方得～。" ❸同"平伏❸"。清《红楼梦》七七回:"自己打了嘴,他只好装个忘了,日久～了再说。"《二度梅》二一回:"早晚和我女儿做些女工针凿,待和番的事情～了,再慢慢访你家父亲,着人送你回去。" ❹平齐没有缺欠。清《红楼梦》六二回:"先抓些落花来铺垫了,将这菱蕙安放好,又将些落花来掩了,方撮土掩埋～。"

【平估】 píng gū 按市场平均价格估价。《唐律疏议》卷四:"外蕃既是殊俗,不可牒彼～,唯于近蕃州县,准估量用合宜。"宋刘宰《回宜兴谢百里书》:"往来之人,诵贤者～以便籴,散药以起疾。"元张枢《元故礼部郎中吴君墓表》:"君礼劝大姓得粟三百餘石,～而粜者一万餘石,四墉之内无饥人。"

【平过】 píng guò ❶呈水平状态度过。唐杨筠松《疑龙十问》:"凡观疑穴看堂局,堂局真处抱身曲。忽然～却如何,即以从缠分部属。"清施闰章《云门山》:"沧海倒窥云出入,天门～日西东。" ❷平安度过;平稳度过。宋曾丰《入舟平流》:"危机垂跌又～,宿处扪心幸益多。"明《西洋记》三〇回:"却说两员将官归来,一个受伤,一个～。元帅道:'好古怪哩。两员官一齐出阵,偏牛就赶着这一个,这是个甚么缘故?'"清魏学渠《贺新郎·春情》:"倚徙阑干愁几缕,将往事思量遍。算韶华、～将半。" ❸无阻挡地通过。元明《三国志通俗演义》卷九:"赵云拔青釭剑乱砍步军,手起衣甲～,血如涌泉。" ❹平来平往,不分胜负。明《西洋记》四一回:"莫说个'胜'字,只是扯得～就是好了。"又六二回:"那丈八神枪,恰象流星赶月一般。西海蛟抡动方天梁,也只了得个～。"清《品花宝鉴》五七回:"手中藏一物,叫胜家猜。猜不着,～;猜着了,商君即以本物飞诗一句。"

【平和】 píng hé 平等和解;不分胜负得失地和解。明程可中《醉太平·燕京娶一妾临行归其父母》:"片时恩爱同行坐,几文消缴除灾祸,两家现在扯～。"清《醒世姻缘传》八一回:"官司果然赢了,我保着叫狄爷再给你二两;官司若～,没帐。"

【平和酒】 píng hé jiǔ 醵钱会饮的酒。清《歧路灯》五六回:"咱们斗个分赀买点东西,一来与珍大姐接风,二来就算咱吃个～。"

【平话】 píng huà ❶唐宋以后民间流行的一种以讲史为主的口头文学形式。一说,平话即平讲,以散说为主;诗话、词话则以唱为主。元明《水浒传》一一〇回:"听的上面说～,正说《三国志》。"明《朴通事谚解》卷下:"既读孔圣之书,必达周公之理,要怎么那一等～?《西游记》热闹,闷时节好看。"清孔尚任《桃花扇》一〇出:"约定今日午后来听～,且把鼓板取出,打个招客的利市。" ❷日常的话;口头语。清《醒世姻缘传》五六回:"每日间,奴才老婆,即是称呼;歪辣淫妇,只当～。" ❸白话;口语。清《品花宝鉴》八回:"即对二喜、保珠道:'来,余与尔言,盍去诸……'两个相公不能明白,嗣徽只得说了几句～。"

【平怀】 píng huái 平静自然的情怀。元福和《青社延庆院碑记》:"上古僧徒,山间树木,石室水边,木食草衣,～日用,无住持事。"明王守仁《语录》:"夜气清明时,无视无听,无思无作,淡然～,就是羲皇世界。"

【平基】 píng jī ❶平坦的基址。《唐会要》卷二七:"长驱高丽,虏其人畜,削城～。"宋周应合《景定建康志》卷四四:"宋孝武大明三年,移北郊于钟山北原。今钟山定林寺山巅有～二所,阔数十丈,即其地。"清弘历《蟠青室》:"延缘陟岩廊,静室接～。稍进俯峭蒨,徐步降磴梯。" ❷即"平棋❶"。宋庄绰《鸡肋编》卷下引《营造法式》:"～名三:平机、平撩、～,俗谓之平起。以方椽施素版者,谓之平阇。" ❸即"平基板"。明《醒世恒言》卷三四:"扛上船,藏在艄里,将～盖好。"清钱谦益《国初群雄事略》卷四:"遂令钉其水门～,撤其上下木梯,拽搖两厢悬铃,兵皆倒身摇橹。"《锦香亭》一五回:"那差官抱住一块～,在水底滚出。" ❹取平基址。明王士性《广志绎》卷四:"居者或运泥土～,或作圩岸沟渎种艺,……故河道渐成,甃砌渐起。"清李斗《扬州画舫录》卷一七:"～惟土作是任。土作有大小夯硪,灰土、黄土、素土之分。"

【平基板】 píng jī bǎn 平铺在船舱面上的木板。明《山歌·不孕》:"好像石灰船上～,常堂堂白过子两三年。"

【平戢】 píng jí 平定。宋何桌《即辰六月帖》:"江右扰扰,闻已～。"明吾邱瑞《运甓记》三九出:"仗斧钺～蛮夷,恨权敦妨功生忌。"

【平交】 píng jiāo ❶身分平等的交往。唐李绛《延英论兵制》:"寇至以申状为名,不曾御敌,节将以礼管成例,待以～。"明《醒世恒言》卷二四:"每遇文帝及独孤皇后使来,必与萧妃迎门候接,饮食款待,如～往来。"清李渔《意中缘》三出:"自古道欠债如管下,还了两～。" ❷泛指身分、水平相等,无高下胜负。唐庞蕴《庞居士语录》:"峰一日与居士并行次。峰笑曰:'是我拙,是公巧?'居士乃拊掌曰:'～,～。'"清钱士贲《沁园春·哭家子明》:"政豪吟狂吸,～嵇、阮;操觚劈翰,蹴踢阴、何。"《说唐后传》二回:"老小二英雄战到五十回合,马交过三十照面,直杀个～。"

❸ 指朋友。唐杜荀鹤《访蔡融因题》："每见苦心修好事，未尝开口怨～。"宋《三朝北盟会编》卷二〇六："世忠杜门谢客，绝口不言兵，不发亲戚～书。"清黎士弘《寄倪暗公汪舟次两翰林》："细数～真尔尔，我记汪子与倪子。"

【平剿】 píng jiǎo 平定剿灭。明王廷相《论治盗》："虽布武宣威以成～之功，而良民荼毒亦惨矣。"潘季驯《添设县治疏》："今当大兵～之餘，正属经营更始之际。"清李渔《永团圆》四出："赛孔明南蛮～。"

【平较】 píng jiào ❶ 称量计算(金银)。《唐会要》卷六六："诸官私斗尺秤度，每年八月，诣金部、太府寺～。不在京者，诣所在州县～。"明陈铎《一枝花·乞儿乍富》："他那牙筹等秤常～，没来由日夜里苦煎熬。" ❷ 衡量计较。明张丑《清河书画舫》卷三下引《米氏画史》："薛以书画往还，出处必同，每以鉴定相高得失～。"陈子龙《先考绣林府君行述》："府君故饶心计，凡木石、埏埴、金铁、麻枲百工之物，皆身与商～之。"

【平解】 píng jiě 开解；排解。《新唐书·张嘉贞传》："嘉贞衔说不已，于坐慢骂说。源乾曜、王晙共～，乃得去。"元胡祗遹《论并州县》："～纷纠，警察寇盗，则委商酒务主之。"明曹于汴《定陶县尹大墅贾公墓志铭》："乡闾有竞，咸就质，辄据直为之～。"

【平净】 píng jìng ❶ 平坦洁净；平稳澄澈。唐李筌《太白阴经》卷五："以细沙散土填平，早夜行检扫，令～。" 宋范成大《骖鸾录》："石上～，可以摊曝麦禾。"清雍正四年十一月初七日田文镜、纪成斌奏文："仰见皇上圣心如青天白日，又如水之～，如鉴之光明。" ❷ 平静安宁。《法苑珠林》卷一〇："旦便随去，直北向行，道甚～。"元明《水浒传》容与堂本三回："如是哥哥不愿落草时，待～了，小弟们与哥哥重整庄院，再作良民。"又四二回："你且过几时，打听得～了，去取未迟。" ❸ 平定；平息。《元曲选·赚蒯通》二折："没来由～了楚干戈，扶持了汉社稷。"明《二刻拍案惊奇》卷一五："天字号一场官司，今没一些干涉，竟自～了。" ❹ 细腻匀净。清《红楼梦》程乙本四四回："铺子里卖的胭脂不～，颜色也薄。"

【平靖】 píng jìng ❶ 同"平净❸"。宋翟汝文《奏杭州军贼婴城叛乱状》："伏乞不贻圣虑，候～日，别具奏陈。"明张岳《奉敕切责谢恩疏》："作速督率官兵，相机征剿，务要刻期～，以安地方。"清《续西游记》六五回："果有圣僧到来，～了一村灾病，驱逐了众户妖魔。" ❷ 同"平净❷"。元明《三国志通俗演义》卷三："策大喜，遂进兵杀除山贼，江南皆以～。"明《西湖二集》卷八："果然建造之后，江潮～，海塘一筑而就。"清《万花楼》二八回："此关～十餘载，岂知近年来西戎连年入寇，兴动干戈。"

【平静】 píng jìng 同"平净❸"。清李玉《永团圆》一四出："好一似九天上氤氲，使长勾除却三生孽障，～了一天风浪。"《醒世姻缘传》九九回："就是仰仗天威～得来，也不知要费几百万钱粮，伤几百万士卒。"《续西游记》五〇回："这风刮来香，想孙行者～得臭秽林了。"

【平开】 píng kāi ❶ 平坦地打开。宋喻良能《磬湖即事》："十亩烟波阔，～一画图。"明谢榛《夏日大雨》："小楼动秋意，风雨忽来时。暗失黄尘陌，～绿草池。"清汪由敦《恭和御制塔儿头歌》："安得～万顷湖，往来利涉招舟子。" ❷ 对半分开；平均地分开。宋晁说之《再和圆机梅绝句》："一年春色已～，始见芳香傍砚台。"明朱橚《普济方》卷二七三："用胡桃一个，～二片，取出肉。"清《野叟曝言》一二四回："在日升堂大榻之上，竖头～五铺，频以浓茶解醒，同榻而卧。" ❸ 平拉开(弓)。元杨瑀《山居新话》卷四："(史弼)有神力，～二石五斗弓。" ❹ 犹"平过❹"。明《西洋记》六二回："今日无意中一枪，伸在三太子马头上，互相闪失，才讨得个～。"

【平看】 píng kàn ❶ 平视；从水平方向看去。唐张鷟《朝野佥载》卷五："日高向看之，字似补作。～则不觉，向日则见之。"明王衡《郁轮袍》六折："是这般～，钟口儿向上是正。" ❷ 纵目；放眼看。唐王勃《山亭兴序》："汉家二百所之都郭，宫殿～；秦树四十郡之封畿，山河坐见。" 明林大辂《满江红》："历历溪山，如许清、苍茫几曲。～野色，云压松声茅屋。"清宋荦《海上杂诗·山海关城楼》："杰阁从前代，～碧海流。" ❸ 平常看待。宋《朱子语类》卷九："道理只～，意思自见，不须先立说。"清《续金瓶梅》一〇回："能忘色相同生灭，因果～亦小乘。" ❹ 直视；目光直直地看。明王衡《郁轮袍》四折："他道我参死句，放哑禅，禁得我口无语，瞪眼～。"

【平康】 píng kāng 平康巷或平康里之省。本唐长安城坊名，是娼妓聚居之地，代称妓院或妓女。唐孙棨《北里志》："时小凤为～富家，车服甚盛。"明佚名《霞笺记》一五出："我是薄命～，休错认云英伴楚襄。"清《绿野仙踪》七四回："真是青楼烈妇，～佳媛。"

【平空】 píng kōng ❶ 行文时换行抬写衔名，表示恭敬。宋欧阳修《与黄渭书》："鄙文或可刊石，望只依首尾，不须添他语，亦不必～，及不用官衔。"李宗谔《论两省与台司非统摄疏》："官局之间，不相统摄。御史台每牒本省，并不～，所以本省移报，亦如其仪。" ❷ 半天空；虚空中。宋金君卿《丹阳湖》："岛树压丛云，波光铺塞雪。迥浸寒无暑，～晓犹月。"《元曲选·误入桃园》一折："正是～舒出拿云手，指引山中采药人。"清《万花楼》三回："狂风大作，呼呼响振，乌云满天，又闻～水浪汹涌之声。" ❸ 突然；一下子。《元曲选·对玉梳》四折："风尘中埋没了二十年，～的唤县君有何颜面?"明陈铎《水仙子·因跌自嘲》："老当益壮多筋力，得康强心自喜，～的一跌侥倖。"《拍案惊奇》卷一："造化到来，～有此一主财爻。可见人生分定，不必强求。" ❹ 凭空；无端。《元曲选·杀狗劝夫》四折："他道俺哥哥公门踪迹何曾至，～的揣与这个罪名儿。"明王恕《乞却镇守官进贡禽鸟奏状》："臣前项文移，止是行查有无奉到进贡黄鹦哥旨意公文。今却～造此浮浪之言，其意亦可概见。"清《红楼梦》一九回："如今无故～留下我，于你又无益，反叫我们骨肉分离。" ❺ 平地成空。元明《水浒传》九九回："三十六宫煨烬火，七十二苑作飞灰。金殿～，不见嵯峨气象；玉阶迸裂，全无锦绣花纹。" ❻ 不凭借其他手段。宋《陆象山语录》："自夷狄晚入中国，于中国之治并无相干，皆～杜撰。"明《杨家府》卷二："不设暗计，明明白白，有手段～拿我，旋即拜降。"

【平空白地】 píng kōng bái dì 突然；一下子。清李渔《十二楼·生我楼》一回："我看眼睛面前没有这个有福的孩子，况且～把万金的产业送他，也要在平日之间自些情意到我。"

【平宽】 píng kuān ❶ 平坦宽阔。唐徐成《宝金篇》："蹄要圆实须卓立，身形充阐要～。"宋曾巩《仙都观三门记》："由绝岭而上，至其处，地反～衍沃，可宫可田。"明《拍案惊奇》卷二四："到得岭上，地却～。" ❷ 公平宽和。唐柳宗元《贞符》："孝仁～，惟祖之则。"宋朱熹《和亦乐园韵》："莫笑君家五亩园，要须胸次亦～。"魏了翁《木兰花慢·许侍郎奕生日》："拓取面前路径，着身常要～。"

【平礼】 píng lǐ 相互平等地行礼，表示身分相当。明《禅真后史》四九回："瞿琰扶起，同出后堂，～序坐。"清解鉴《益智录》卷一："见周，欲行嫡庶礼；周止之，遂以～见。"《品花宝鉴》五二回："华公子见了刘尚书、王文辉是父执，便请了安，其餘都行～。"

【平列】 píng liè 平行排列。明程嘉燧《溪堂题画诗引》:"数十里间峰峦百叠,樵径渔舍,疏数出没,~于前。"清陈诜《海宁县海潮议》:"且木柜御潮,原非~,自近而远,自高而低,故曰陂陀塘。"《飞龙全传》二二回:"原来这佛堂~三间:中间供着观音大士,……两边俱是书房。"

【平论】 píng lùn 公平商议;持平议论或论罪。唐[吐蕃]弃隶蹜赞《请修好表》:"又往者~地界,白水已来,中间并合空闲。昨秋间郭将军率聚珍马于白水筑城。既缘如此,吐蕃遂于界内道亦筑一城。"《元曲选外编·介子推》三折:"触突着皇后合依~,冒突着天子合问缘由。"《明史纪事本末》卷六六:"夫封疆失事,累累有徒,而时议独杀一廷弼,岂~哉!"

【平买平卖】 píng mǎi píng mài 公平价格交易。清《儒林外史》二八回:"我这二十二个字,~时价值二百二十两银子。"

【平面】 píng miàn ❶ 数学名词。在一个面内任取两点连成直线,如直线上所有的点都在这个面上,这个面就是平面。明[意]利玛窦《乾坤体义》卷下:"~不拘几边,其全体可容浑圜切形者,设直角立形,其底得本形三之一,其高得圜半径,即相等。"清钱大昕《十驾斋养新录》卷一:"推其意特以乾坤父母之卦,而列于四隅,与巽艮相对,于心有所不安,必改为乾上坤下,乃顺乎人情耳。曾不思四正四维,均在~,本无上下之分。" ❷ 直面;正面(看)。唐韩愈《唐故河南令张君墓志铭》:"诸曹白事,不敢~视。"元王去疾《朱东溪墓铭碑》:"少时日能作赋数篇,同舍不敢~视。" ❸ 器物没有凸凹或雕饰的表面。宋周去非《岭外代答》卷七:"海南有大贝,圆背而紫斑,~深缝。"吴自牧《梦粱录》卷三:"殿上第二、第三、第四行侍从等,~桌子。三员共一桌。"明王士性《广志绎》卷三:"古器惟镜最多,秦图~,最小;汉图多海马、葡萄、飞燕,稍大。" ❹ 建筑或器物构造形成的平坦的表层。宋李诫《营造法式》卷三:"造坛之制共三层,高广以石段层数自土衬上至~为高。"元《农桑辑要》卷三:"先附地平锯去身干,于砧盘傍向下一寸半皮肉上,用快刀子尖向上左右斜批,豁两道至~。"清李斗《扬州画舫录》卷一七:"帮宽帮高,谓之帮筑;在旁帮筑,谓之帮戗;~加高,谓之普面。"

【平面子】 píng miàn zi 表面没有拼装、雕饰的简便桌子。宋朱弁《曲洧旧闻》卷一:"臣体肥,不能伏地作字,乞赐一~。"

【平年】 píng nián ❶ 农作物收成平常的年份。唐韦纾《栝郡厅壁记》:"且以地险而瘠,人贫而劳;茧丝之税,重倍他郡。故逢穰岁,亦未若他郡之~也。"元赵天麟《课义仓》:"~每亩粟率一升,稻率二升。凡大有年,听自相劝督而增数纳之。" ❷ 太平年月。宋楼钥《送高仲远赴滁倅》:"老我得投闲,~接清欢。"强至《韩魏公生日》:"早辞十载调元鼎,尚拥~出帅旄。" ❸ 没有闰日或闰月的年份。明徐光启等《新法算书》卷二五:"凡用三百六十五日谓之~,用六十六日谓之闰年。"

【平宁】 píng níng 和平安宁;使和平安宁。唐元稹《处分幽州德音》:"海内滋殖,风俗谨朴,君臣~,人无争端。"金姬志真《大朝曲阳县重修真君观碑》:"祝圣寿之无疆,佑睿图之永固,~社稷,安镇方隅。"清《万花楼》四九回:"无事~之日,尚且不可一天离职,何况目下兵临城下之秋。"

【平平】 píng píng ❶ 均平;均匀相等。唐杜荀鹤《田翁》:"官苗若不~纳,任是丰年也受饥。"《元曲选·儿女团圆》楔子:"韩二你要他怎么?都与这两个孩儿罢。分的~儿的也。"清《醒世姻缘传》九一回:"一个是半斤,一个就是八两,上在天秤,~的不差分来毫去。" ❷ 呈平面状,无高低起伏。五代刘隐辞《咏白盐山》:"假饶突兀高千丈,争及~数亩田。"元刘望之《灵祐观碑记》:"达溪之川兮坦而~,达溪之水兮清而渊渊。"清《姑妄言》一四回:"借他一石谷,九升斗~量出;到秋收征还,足大斗棰尖量人。" ❸ 平和坦然(对待)。宋王居安《满江红》:"酒莫饮,经须读。但~放下,顿超凡俗。"元陈普《归去来辞》:"心坦坦,腹~。正是故园行乐处,谁知此乐乐悠然。"明纪青《偶成》:"布衣蔬食已~,砌草墙花也自清。" ❹ 平息貌。明《西游记》六一回:"孙大圣执着扇子,行近山边,尽气力挥了一扇,那火焰山~息焰,寂寂除光。" ❺ 平息。清《醒世姻缘传》一五回:"略等事体~,脱不了就要进来,且不辞罢。"

【平平白白】 píng píng bái bái 无缘无故。明《金瓶梅词话》四四回:"我又不使你,~往马坊里做甚么去?"

【平平当当】 píng píng dāng dāng 平允恰当。宋《朱子语类》卷八:"事中自有一个~道理,只是人讨不出。"

【平平泛泛】 píng píng fàn fàn 平泛;平常一般。宋《朱子语类》卷一〇四:"某旧时读书,专要拣好处看,到~处多阔略。"

【平平贴贴】 píng píng tiē tiē 平稳妥当,没有枝梧。明德清《山老人梦游集》卷一《答郑昆岩中丞》:"不得探求玄妙,以此事本来~,实实落落,一味平常,更无玄妙。"

【平平正正】 píng píng zhèng zhèng 平稳端正。宋《朱子语类》卷九:"如竹椅相似:须着有四只脚,~,方可坐。"

【平扑扑】 píng pū pū 平塌塌,表面没有高低凸凹貌。清《醒世姻缘传》六四回:"这白姑子串百家门见得多,知得多,单单的拿起一锭黑的来看,~烧黑的面子,死纣纣没个蜂眼的底儿。"

【平铺】 píng pū ❶ 平着展开。唐李白《陪侍郎叔游洞庭醉后》之三:"刬却君山好,~湘水流。"明李开先《宝剑记》三出:"~荷芰,游鱼沼内不惊人;高挂樊笼,娇鸟檐前能对语。"清俞益谟《行军策略》:"如贼尚在山头,我兵至贼山下,则故为怯回之状,引贼半山,我兵~急上以攻之。" ❷ 平常而显豁。宋吴泳《寿崔侍郎》之二:"胸次知蟠几监书,事随天理只~。"明吴与弼《溪上偶成》:"固知道理~在,方寸何容半点私。"清陆世仪《思辨录辑要》卷二三:"凡道理只~放着,观之自见。" ❸ 平直或简单地展开表述。明高攀龙《三时记》:"此工夫吃紧沉着,岂可~放在,说得都无气力。"清王夫之《薑斋诗话》:"其它或~六句,以二语括之;或六七句,意已无餘,末句用飞白法飏开,义趣超远。"《平山冷燕》四回:"再拈笔时,心先乱急,哪里还有奇想,只得据题~。"

【平铺塌】 píng pū tā 即"平不答"。清《聊斋俚曲·磨难曲》:"他虽然叫达,俺只是狠砸,料想从今不敢乍。到官衙任凭击鼓,一个~。"

【平欺】 píng qī ❶ 欺负;轻视。《祖堂集》卷七《雪峰和尚》:"事不得已,向汝与摩道,已是~汝了也。"元明《水浒传》九回:"洪教头见他却才棒法怯了,肚里~他。"清钱谦益《庚午二月憨山大师全身入五乳塔院》之二:"如王气宇更谁先?蹴踏~龙象筵。" ❷ 超过;胜过。唐[朝]崔致远《谢立西川筑城碑表》:"征旧赐之碑词,命新镌之笔迹,永使卓立琴台之境,~剑阁之铭。"《元曲选外编·黄鹤楼》一折:"施谋略~管乐,领雄兵密排军校。"明《金瓶梅词话》四回:"两道水鬓描画的长长的,端的~神仙,赛过姮娥。" ❸ 压倒;吞没;盖过。宋杨万里《城壕冰泮》:"雪力~半月晴,东风今日始开冰。"明彭士望《雨涨》:"~绿草全吞岸。不让青峰直到天。"杨基《结客少年场行》:"豪名独擅秋千社,侠气~蹴鞠场。"

【平棋】 píng qí ❶ 一种呈四方格状如棋盘的天花板式样。宋李诫《营造法式》卷二:"《山海经图》作平橑,云今之~也。古谓之承尘,……以方椽施版,谓之平暗,以平版贴华谓之~。俗亦呼为平起者，语讹也。” ❷ 即“平棋板”。清《白雪遗音·舟遇佳期》：“那书生，袖中取况香罗帕，～上面抹鲜红。”

【平棋板】 píng qí bǎn 即“平基板”。清《白雪遗音·舟遇佳期》：“大姐是，露滴海棠初放蕊，～上滴鲜红。”

【平浅】 píng qiǎn ❶ 平而浅。唐李逊《游妙喜寺记》：“峰岭重叠，逦迤皆见。鉴湖～，微风有波。”宋欧阳修《南唐砚》：“其砚四方而～者，南唐官砚也。”清程含章《总陈水患情形疏》：“流贯之肠脏，无不壅滞；收纳之胃垣，无不～。” ❷ 平淡浅白。宋鲍当《酬阮逸诗卷》：“右丞画笔多～，～应知近自然。”《朱子语类》卷一一四：“范纯夫语解比诸公说理最～，但自有宽舒气象。” ❸ 平庸肤浅。宋文莹《玉壶野史》卷八：“赵韩王学术～，议以骤进之少年无益于治，抽诏改淮幕。”明方孝孺《读三略》：“三篇之中，大率皆～鄙狭，杂援军谶以足成之。”清蔡世远《复张汉瞻书》：“嗣后稍有知识，不喜作无益之文，所作者又皆粗疏～。”

【平清】 píng qīng ❶ 和平清宁；使和平清宁。宋张栻《谢太师加赠表》：“愿毕效于精诚，冀～于氛祲。”清《白雪遗音·罗成》：“茂公点头唤罗成，不压如，常山赵子龙，扶助得，四海～，八方安定。” ❷ 平净清爽。清范承谟《募修红螺山资福寺疏文》：“四围翠合晴岚，列作郭郛，万籁缘空，夜气～。”

【平情】 píng qíng （以）平允不偏颇的情感（处断）。明胡应麟《贺张侯考绩荣封序》：“征徭税敛，絜力而科；狱讼斗争，～而听。”高攀龙《答刘直洲》：“惟愿足下临事～，毋轻喜怒。”清《野叟曝言》六二回：“故～论之，圣贤存天理，不肖肆人欲。”

【平取】 píng qǔ ❶ 公平采取或征用。唐杜荀鹤《将过湖南经马当山庙》之三：“头上苍苍没瞒处，不如～一生心。”《敦煌变文校注》卷五《佛说阿弥陀经讲经文（二）》：“为奴为婢，愿□矜怜。负债负财，恩宽～。”清钱谦益《答吴江吴赤溟书》：“吾有以知作者之立心，～节广，通怀虚己，不曰左执鬼宫，而右执殇中，以自予雄也。” ❷ 轻易取得。五代安重荣《请讨契丹表》：“累据告劳，具说被契丹残害。～生口，率略羊马，凌害至甚。”宋苏辙《欲雪》：“飞花得盈尺，一麦可～。”明胡应麟《魏延论》：“武乡身统六师，关中震动，～陇右，规出万全。”

【平人】 píng rén ❶ 平常的人；普通的人。《太平广记》卷六七引《通幽记》：“如此或来或往，日月渐久，谈谐戏谑，一如～。”明《醒世恒言》卷二〇：“弟兄二人只做～打扮，带了些银两，也不教仆从跟随。”清李渔《意中缘》一一出：“〔老旦〕董翰林是做官的人，怎么成亲不戴纱帽？〔丑〕也说得有理。只是这件东西～戴了要折福的。” ❷ 无辜的人。《敦煌变文校注》卷三《茶酒论》：“阿你酒能昏乱，吃了多饶啾唧。街中罗织～，脊上少须十七。”《元典章·刑部十六》：“止凭事主郭一哥新妇陈二姐学说，将～冯法大等八名枉勘虚招作贼。”清方成培《雷峰塔》一九出：“你把～枉陷，律难宽宥。” ❸ 不相干的人。《元曲选·勘头巾》三折：“假若你拿一个～来，我又不认的。你打与我个模样状儿。”清《绿野仙踪》八九回：“今日看见庞氏，和～一样，坐着动也不动。”

【平弱】 píng ruò ❶ 平缓无力。唐孙思邈《备急千金要方》卷五六：“小便不利，其脉～。” ❷（诗文）平淡而无风骨。宋李廌《师友谈记》：“某少时用意作文，讲贯已成。诚如所谕，点检不破，不畏磨难，然自以～为愧。”清赵翼《瓯北诗话》卷一一：“杜牧之作诗，恐流于～，故措词必拗峭，立意必奇辟。” ❸ 平常而弱势。清《荡寇志》一三〇回：“幸系苟桓手下亦不～，足足抵敌得住。”

【平色】 píng sè 指银子的重量与成色。平，用天平、戥子称量，此指称量得出的数目。清《皇朝文献通考》卷四一：“其各省藩库银两，亦当彻底清查。着各该督抚秉公盘验，如～亏缺，即着按数赔补。”《镜花缘》一一回：“一面说着，却将多餘～，用戥秤出，尽付乞丐而去。”《五美缘》二八回：“店主人拆开一封见是纹银，就上天平一兑，一丝一毫不少，一连兑了十数封，～一样。”

【平善】 píng shàn ❶ 平安；安好。《敦煌变文校注》卷二《舜子变》：“冀都姚家人口，～好否？”宋洪迈《夷坚志》丁卷一〇：“有巫师能用妖术败酒家所酿，……年计合十餘家率各与钱二十千，则岁内酒～。”清《红楼梦》一一八回：“我身体～，不必挂念。” ❷ 平和善良。《太平广记》卷三三二引《通幽记》：“君新人在淮南，吾亦知甚～。”金《刘知远诸宫调》二：“只冤他知远无礼，你两个也不是～底！”清《聊斋志异·江城》：“长姊～，讷于口，常与女不相洽。” ❸ 安然；平静。宋《朱子语类》卷七一：“如尧舜之有朱均，岂不能多择贤辅而立其子，且恁地～过。然道理去不得，须是禅授方合义。”清王夫之《显考武夷府君行状》：“晨昏问起居，凝立户外，不敢逾梱限，倾耳听謦咳～，愉色蹑足而退。”袁枚《子不语》卷一二：“数十人神气～，了无他异。” ❹（药性）平和无副作用。元王好古《此事难知》卷二：“宽者，谓药～，广服无毒，惟能养血气安中。”清王子接《绛雪园古方选注》卷七：“且浮石、蛤粉之咸，皆～无过，非但止渴，兼能利水。” ❺ 指良民。明王守仁《批漳南道进剿呈》：“仰该道上紧密切，相机剿扑。惟在歼取渠魁，毋致横加～。”

【平身】 píng shēn ❶ 把身体放平正。唐施肩吾《识人论》：“闭目冥心，～正坐，使元气上升，通满四大。”李筌《太白阴经》卷六：“贼若远，高抬弩头；贼若近，～放。”宋佚名《银海精微》卷下：“看眼之时，令其～正立，缓缓举手，轻撑开眼皮。” ❷ 身体直立。唐薛能《嘲赵璘》：“火炉床上～立，便与夫人作镜台。”明赵南星《喜连声》：“吃了他蒙汗药，～里扑腾地跌了一交。”李日华《西厢记》七出：“你官人像青蛙。蛙欠～站，未跳龙门先跳涧。” ❸ 跪拜后立起身体。特指叩拜君主后被准许立起身体。《敦煌变文校注》卷一六《唐太宗入冥记》：“赐卿无畏，～祇对朕。”明李梅实《精忠旗》三七出：“〔老旦接疏介〕暂且～，我与你转达天听便了。”清《儒林外史》三七回：“臧荼跪在祝版前，将祝文读了。金东崖赞：‘退班。’迟均赞：‘～，复位。’” ❹ 指自己的身体。平，弱。宋晁公遡《病中喜李仲霍王子载见过》：“～拙自卫，外邪屡见袭。” ❺ 平常的身分。明佚名《雁儿落兼德胜令·悲欢离合》：“想的是俊俏，丹青难画描。想的是才学，～上九霄。”

【平时】 píng shí ❶ 平日，平常时候。明《挂枝儿·强留》：“我～怎么样看待你，你暗地里也要自三思。”清《红楼梦》八二回：“便是外祖母与舅母姊妹们，～何等待的好，可见都是假的。” ❷（身体）平安的时候；太平时节。唐李漼《太皇太后寝疾权不听政敕》：“～以问安自慰，寝疾则省侍宜专。”常衮《减京兆尹以下俸钱制》：“闾井萧然，百不存一，而府县之俸，十倍～。”明沈采《千金记》二出：“～辅治先文佐，乱世功成须武属。” ❸ 往日；旧时。五代徐铉《与中书官员祭江学士文》：“～笑语，旧日颠狂。何梦觉之不识，何悲欢之不常。”明《西游记》八二回：“我们又不与他相识，～又没有调得嘴惯，他怎么叫我们做妖怪？”清《林兰香》六四回：“耿顺休致后，不理人事。～故吏将佐，一概谢绝。”

【平时间】 píng shí jiān 即“平时❶”。宋真德秀《泉州科举谕士文》：“学者～有讲不及此，涵养之功既无其素，一旦就试，遂以勇士赴敌场自比。”明《西游记》四六回：“～劖言讪语，斗他耍子，怎知他有这般真实本事。”《西洋记》二六回：“～一个头，尚且没有帽儿戴；如今三个头，那里去讨这许多的帽儿戴？”

【平实】 píng shí ❶ 平稳结实。唐封演《封氏闻见记》卷八：

"相州汤阴县北有羑里城，周回可三百餘步。其中～，高于城外地丈餘。"元陈椿《熬波图》卷上："人夫搬担，逐块排砌淋底，筑踏～。"明《挂枝儿·送别》："那砖儿自块块方正～得好，那瓦儿一片片反复又蹊跷。" ❷平顺实在，不虚浮。唐王梵志《粗行出家儿》："粗行出家儿，心中未～。"明沈鲤《社仓条议》："倘里中有敏智博达议论～可用者，不妨延请同事。"清王士禛《池北偶谈》卷一三："公文章～条畅。" ❸平稳踏实。清《医宗金鉴》卷二二："若寸、关、尺三部脉皆～有力，虽下利宜攻坚也。"

【平收】 píng shōu ❶平常年份的收成。唐宇文融《定户口疏》："计～一年，不减百石。" ❷犹"平取❷"。宋郭印《范深父察推挽词》："圣经每陋三家学，文阵～一战功。"《元曲选外编·东窗事犯》三折："臣统三军舍命，与四国王做敌头，将四京九府～。"清储大文《视岳楼记》："～南岳云霞气，遥写西清风月诗。"

【平手】 píng shǒu ❶平安的解决手段。《旧五代史·晋书·高祖纪》："安有上将与三军言变，他日有～乎！危在顷刻，不宜恬然。" ❷两手抬平。明湛若水《格物通》卷二一："故俯手揖之，则谓之土揖见，庶姓之仪也；～揖之，则谓之时揖见，异姓之仪也。" ❸平常的手段。明《西洋记》三四回："若只是～相交，在诸将效力；若有鬼怪妖魔，在贫道、国师两个身上。" ❹手段相当，不分高下。清《女仙外史》九四回："高煦也认得瞿雕儿，曾杀个～的，箭伤未愈，也吃一惊。"《镜花缘》二六回："那大盗刀法甚精，徐承志只能杀个～。"《荡寇志》一一二回："宋江命武松出战，也只是～。"

【平水】 píng shuǐ ❶治水；平治水患或治理河道。唐吕温《黄龙负舟赋》："若非～堙土，泣辜罪己，……则安有非常之神物不召而萃止。"元林元《奉敕赐大别山禹庙碑记》："大称圣意，嘉奖久之。盖以拯溺～之功，默契于拯民水火之心也。"清靳辅《治河餘论》："淮地最下，～者谓淮城睥睨与湖面等，堰不固，则淮其沼，而高、宝七邑其鱼也。" ❷测量水面的高低。唐骆宾王《畴昔篇》："长途看束马，～见沈牛。"明张内蕴、周大韶《三吴水考》卷九："如吴江则置二石于垂虹亭两颜下，各为七画。以下一画为～之衡，水至二画，则最低田没，……过六与七，则高下田尽没矣。"清毛奇龄《绍兴府知府汤公传》："下有槛而上有梁，施横坊其中，刻～之则于柱石间而启闭之。" ❸跟水面相平。唐李群玉《新荷》："嫩碧才～，圆阴已蔽鱼。"宋陈造《丁酉道中暮春》："野桥～过，村路蹑花归。"元马祖常《忆江南》："人家石岸都～，媚妩吴娃出后堂。" ❹平静的水面或水流。宋郭祥正《南轩》："一池～风吹皱，戏鸭鸣鸥作队闲。"明徐光启《农政全书》卷一七："此制却可用之急流，挈水虽少，而行地颇高。若在～，亦须用人畜之力，然犹胜挈瓶也。"清《醒世姻缘传》二九回："别人被水冲去，还是～冲激罢了；这祁伯常从山上冲下，夹石带人。" ❺用以制衡或测量水平的器具，也指用这样的器具测量。宋陆九龄《策问》："铜壶为漏，浮箭为刻。天池以注之，～以平之，受水以纳之，而壶之制尽矣。"明杨寅秋《平播复议机宜》："火器中有高低如度，一窝九龙，自操自放，～命中者，提充选锋。"清俞正燮《癸巳存稿》卷五："《泰山道里记》云：明张五典度量泰山，节次～计之，高七百三十六步六分八厘。" ❻即"平色"。水，银水，银子成色。清《镜花缘》一一回："银子～都错了。此地向来买卖都是大市中等银色，今老兄既将上等银子付我，自应将色扣去。"

【平顺】 píng shùn ❶平坦顺直。宋陈襄《与富观文书》："虽地历三管，有二十里而近，然地势～，无开浚之劳。"清施闰章《砚林拾遗·取砚材》："凡木直截处多锋棱，横斫则～。" ❷平易通顺；平和顺畅。元袁桷《刘隐君墓志铭》："诗工次和，愈作愈～。"明宋讷《送阳城县簿方彦清秩满序》："其在职赞政务～，不尚苛细。"清《雪月梅》二九回："又看了一篇，是经题《女曰鸡鸣》，也颇～。" ❸使平和顺畅。明朱橚《普济方》卷二六："金露散，～肺气。" ❹平稳顺畅；平安顺遂。明彭士望《冬心》之二："救世必偏枯，不得骤～。如药药病人，瞑眩方和润。"顾恂《苏武慢·冬日即景写怀》之二："骨玉康宁，家缘～，托在武陵餘裔。"清袁枚《子不语》卷一四："次日，如其言设祭施锯，果都～。"

【平似交儿】 píng sì jiāo er 即"平交❶"。清《醒世姻缘传》六三回："俺公公是不敢惹我的，我倒合他～。"

【平岁】 píng suì ❶犹"平年❶"，也指气候平常的年份。唐韦瓘《南陵县大农陂记》："顺势导流，犹润百里。则贯畦浮塍，～之溉，千顷岂为多哉。"宋尹洙《故中大夫守太子宾客分司西京谢公行状》："自曹及宋，陆行数百里，～致之不为易，今泥淖，益困吾民。"明王世贞《汪共蒋墓志铭》："共蒋自矢，勤有饶力。丰岁息二，～息一。" ❷犹"平年❸"。清吴伟业《吴梅村集》："～用《授时》消分，更以最高差数加之，则冬至定矣。"

【平帖】 píng tiē ❶安宁；平顺宁帖。唐高蟾《偶作》之一："丁当玉佩三更雨，～金闺一觉云。"宋《朱子语类》卷三〇："看文字，且须～看他意，缘他意思本自～。"明张宁《游凤凰山记》："四顾～，藏风蓄气，真天造地设，俨然千家城郭。" ❷平复；平定。宋陈渊《与向伯共侍郎书》："谓湖东虽已～，而由赣入桂阳，自永新趋茶陵皆取途江西汀、邵间，道尚阻，未可遽前。"洪迈《夷坚志》丙卷五："一物跃出，高丈餘复堕，水亦～。"清顾镇《虞东学诗》卷一〇："既经营之四方皆已～，露布至京畿甸，人心庶几安定。" ❸归顺；顺从。宋苏辙《再论熙河边事札子》："然臣尚谓熙河遭此破坏，彼此相疑，却欲招纳，令就～，非得良帅，未易安也。" ❹使平展。明瞿佑《熨斗》："斡旋天上阳和气，～人间锦绣香。" ❺紧贴。明《徐霞客游记》卷一〇下："石亦不坚，践之辄陨，扳之亦陨。间得一少粘者，绷足挂指如～于壁，不容移一步。"

【平贴】 píng tiē ❶康复；痊愈。唐王焘《外台秘要方》卷三〇："若犯之疮，即出脓血；未经犯，六七日～。"宋洪迈《夷坚志》三辛卷七："家人次日制黄幡一合于彼龛，儿就脱然～。" ❷同"平帖❶"。宋洪迈《夷坚志》三壬卷二："家仆自石城来，问乡里事。绩曰：'～，无他，只宅上少遗漏。'"《嘉泰普灯录》卷一三："若欲丛林～，大家无事，不如推倒育王。"明王守仁《与黄宗贤书》："近见二三士夫之论，始知前此诸公之心尚未～，姑待衅耳。"清黄宗羲《陈乾初先生墓志铭》："潜心力行，以求实得，始知曩日意气用事，刻意破除，久归～。" ❸同"平帖❷"。宋彭龟年《应诏论雷雨为灾奏》："湖南蛮獠，今年侵扰内地，已费调护，粗得～。" ❹平整贴实。宋林希逸《庄子口义》卷三："跂，起也。有所跂则不～，不～则不自在。"清《野叟曝言》一二八回："忽觉一只靴里裹垫之物，都不～，愈加吃吓。" ❺平庸的婉词。宋曹彦约《四川类省监试人院晓谕榜》："或头场偶尔～，而其策论实有胸臆，非泛然碌碌之文，亦须行间安顿，无缘便入不考之数。" ❻同"平帖❺"。明《徐霞客游记》卷一上："柏虽大干如臂，无不～石上，如苔藓然。"清陈端生《再生缘》五六回："玉手轻摩宫额上，朱唇～粉腮旁。"

【平通】 píng tōng ❶平畅通达；平展畅通。宋黄震《安抚显谟少卿孙公行状》："又欲并凿深吕城至京口之河，～淮运，贯彻南北。"明《徐霞客游记》卷三上："诸洞廓然～，下望明皎，内无餘奥也。"清《荡寇志》一三七回："一应强梁寇盗扫除尽净，四方道路～。" ❷平正清通。明杨一清《为增解额以疏人材以均政体事奏》："三场～宜在取列者，不下百十餘卷。"王世贞《弇山堂别集》卷八四："士理等四名皆文理～，准应会试。"清励宗万《请定教职调补之法》："其年力尚壮，文理～者，调以中缺。" ❸ 平凡；平常。清恽敬《得姓述附说》："恽氏得姓，推本～，无可依据。"

【平头】 píng tóu ❶ 建筑、器物的上头、前头或横截端平齐，无突出部。唐王涯《准敕详度诸司制度条件奏》："其诸彩帛缦或高头履，及～小花草履，既任依旧，餘请依所司条流，准仪制令。"金赵秉文《北都雪望》："小屋～墟落里，炊烟起处是人家。"清《红楼梦》二二回："只见一个小太监，拿了一盏四角～白纱灯，专为灯谜而制。" ❷ 齐头，跟某一数目相等。多指不带零头的整数。唐白居易《除夜》："火销灯尽天明后，便是～六十人。"明汤显祖《牡丹亭》七出："〔旦〕敢问师母尊年？〔末〕目下～六十。"清桂芳《乌家叟》："自言就木年，～六十一。" ❸ 垂发，不梳髻或不戴冠、巾。唐李白《梁园吟》："～奴子摇大扇，五月不热疑清秋。"明吕时臣《李郡丞邀同胡文学游山庄》："苦吟还掉臂，扶醉欲～。"清《续金瓶梅》二六回："银瓶迎进前舱，也换得松鬓～，一身淡色衣服。" ❹ 指奴仆。奴仆只能光头或戴平头巾，故称。《太平广记》卷二六二引《王氏见闻》："铮每行，仆马甚盛，～骑从骡，携书袋。"明李流芳《题画册》："～从城中装一小册，置笥中。"清《十二楼·闻过楼》二回："那些乡绅大老果然各遣～，赍书唁慰。" ❺ 并头，次序不分先后。宋许洞《虎钤经》卷九："左右校于中校～，各相去四步。"《朱子语类》卷三六："《论语》只是说过去，尾重则首轻，这一头低，那一头昂。《大学》只将两句～说去，说得尤力。"元王恽《同诸公观张九龄等诰于玉堂》："书细衔曰吏部尚书，次吏部侍郎，次尚书左丞，以上皆阙后大书，与衔～。" ❻ 指跟某一时间点相切合。宋韩淲《人日》："去年苦无雪，今雨又多风。人日～过，元宵转眼中。"明庄祖谊《甲午除夕》："丙夜～近烛光，喃喃苦语讯行藏。" ❼ 指谥号称"文献"，而非"文宪"。宋宋庠《赠司徒兼侍中宋宣献挽词》之三："太史藏书法，门生助绋讴。惟餘'文献'谥，不复叹～。"典出《南齐书·王晏传》："(王)俭卒，礼官议谥，上欲依王导谥为'文献'。晏启上曰：'导乃得此谥，但宋以来不加素族。'出谓亲人曰：'平头宪事已行矣。'"按，平头，指王俭。王字头上一横，故称。宪，指王俭谥称"文宪"。 ❽ 一种牡丹品种，花瓣密而齐，如平截，故名平头。明朱有燉《牡丹仙》二折："～浅紫相向，珍奇复有牛黄。"汤显祖《紫钗记》五一出："径尺～，几重深影，一片云红。"清张英《法华寺老僧赠牡丹四朵》之一："惭愧山僧知好事，年年相赠紫～。" ❾ 即"平头银"。清雍正七年四月二十四日赵弘恩奏文："臣到任以来收放钱粮亦已餘出～二百餘两。"雍正七年十二月初三日上谕："而公项仍令公捐，州县难支，是以加至一七。其中又有～各项杂费，计算仍是加二。" ❿ 称同年，即同一届科举考取的人。清施闰章《昭江黄牛滩得黄抑公同年书》："～致我尺一书，十年枯泪千行落。"吴雯《赠汪舟次柬豹人》："囊米行且尽，笑对双～。"按，吴雯跟汪楫(字舟次)、孙枝蔚(字豹人)同应康熙十八年博学鸿词科试。 ⓫ 指身分平常，没有官职。清《儒林外史》三回："若是家门口这些做田的，扒粪的，不过是～百姓。"

【平头银】 píng tóu yín 戥头银。参见"戥头"。清雍正六年二月二十七日孔毓璞奏文："支放驿站俸工银，两每百两历任有扣～一两至三两不等。"孙玉庭《盐法隅说》："又每饷银一百两，征收部饭银一两五钱，～三两三钱。"

【平头正脸】 píng tóu zhèng liǎn ❶ 形容相貌端正。清《斩鬼传》一六回："寒碜鬼～，拉塌鬼变成了一个干净鬼。"《红楼梦》四六回："这个大老爷太好色了，略～的，他就不放手了。" ❷ 形容行为端正。明贾凫西《木皮词》："混杂的几般色相：直死歪生，欺软怕硬。若要～，便无世界。"

【平退】 píng tuì ❶ 平安消退；痊愈。唐李商隐《上李舍人状》："比者伏承尊体小有不安，今已～，下情无任欣抃。" ❷ 消退。元佚名《湖海新闻夷坚续志》后集卷二："赣江之水涌至平地，水深一丈。方～间，又骤长四五尺，浸遍屋檐。"明徐世溥《怀芳草赋》："于时秋也，残暑～，轻风卷衣。"清雍正四年六月初十日高斌奏文："初九日午刻始行晴霁，水渐～，农事无妨。" ❸ 击退；降伏。明《西游记》三五回："因是偷了他的宝贝，方能～妖魔。"

【平吞】 píng tūn ❶ 荡平吞没。唐章碣《赠边将》："千千铁骑拥尘红，去去～万里空。"《元曲选外编·豫让吞炭》一折："便待将韩、魏～，逼的个赵王逃遁。"清彭孙遹《雨中宿宝应城外》："白马湖边雪浪奔，高厓古木欲～。" ❷ 大口吞食。元明《三国志通俗演义》卷一三："关上张飞恨不得～马超。"明《金瓶梅词话》一五回："七手八脚螃蟹灯，倒戏清波；巨口大髯鲶鱼灯，～绿藻。"清查慎行《齿痛借用昌黎韵》："乱动憎食指，～有哽咽。" ❸ 侵没；吞占。清唐梦赉《禁籴说》："而独使衙蠹地棍，白昼公然抢夺，车骡则弃之于荒野而不敢归，粮石则付之于何人而不敢问，白夺～，甚于强贼。"

【平妥】 píng tuǒ ❶ 平和妥切。宋楼钥《郑屯田赋集序》："立词用韵，精切～。"元周霆震《晏彦文诗序》："律诗首尾舂容，规制～。"郑元祐《长洲县达鲁花赤元童君遗爱碑》："夫政为于～易行之时，虽中才无难者。" ❷ 平复；消退。宋洪迈《夷坚志》丙卷一六："口服药一日，瘇即散，餘小瘤如栗许。明日～如常。"明《英烈传》一四回："太祖又说：'此举非独崇奖常将军，正以激励诸将。'大海气方～。"清《飞龙全传》四三回："目今圣上正在盛怒之下，若进言烦数，是更益其怒，便难～了。" ❸ 平实稳妥。元汪一麟《榷茶提举司修官署厅壁记》："中门显敞，人马宽容，直街坦夷，登降～。"元明《三国志通俗演义》卷一〇："过险峻，路稍～。操回顾，止有三百餘骑随后。"清张鹏翮《河防志略》："验查旧埽倾欹者、蛰陷者、卑矮者、朽烂者，须将旧埽清消～，相机补下。" ❹ 平定。明于谦《为捷音等事奏》："今湖广边境贼寇虽已～，而贵州地方苗蛮仍复剽掠。"又《为防患事奏》："何处贼寇十分尽绝，何处贼寇尚未～，何处军马可以散回。" ❺ 平安。明《妖狐艳史》一〇回："不如到晚间结果了这牛鼻子，那时才得～。"

【平稳】 píng wěn ❶ 平实稳定；平安稳固。清《一片情》一一回："见桌不～，忙向屏风脚边寻瓦片。"张鹏翮《河防志略》："将两旁安稳之埽，亦须补下大桩，并力救护，勿使走动，则工程～矣。" ❷ 平宁；平静安稳。唐杜甫《秋清》："十月江～，轻舟进所如。"明《西游记》一九回："三众进西路途，有个月～。"清《续西游记》五八回："我自从出中华到今日，此心无时刻不放～。" ❸ 平和；平凡，不突出，不峻烈。明朱橚《普济方》卷一二〇："半夏稀糊丸者～，功力虽少，久服见效。"吴可《藏海诗话》："老杜句语稳顺而奇特。至唐末人，虽稳顺，而奇特处甚少，盖有衰陋之气。今人才～，则多压塌矣。"谢榛《四溟诗话》："上句四去声相接，扬之又扬，歌则太硬；下句～。"

【平屋】 píng wū ❶ 即"平房"。宋张耒《岁暮即事寄子由先生》："下里皆～，开门即古墟。"宋元《清平山堂话本·五戒禅师》："抱到千佛殿后一带三间四椽～房中，放些火在火囤内烘他。"清《品花宝鉴》四六回："～三进，后有一楼。" ❷ 呈同一水平的房子。宋戴栩《题云岩寺》："坡头上下无～，松色中间有落梅。"徐照《高山寺晚望》："小坡重叠无～，四月阴寒尚夹衣。" ❸ 满屋。宋王迈《寄婺倅张同年渭叟》："著书～千年记，堆笏盈床一饷荣。"

【平午】 píng wǔ 正午；中午。宋苏舜钦《丙子仲冬紫阁寺联句》："日光～见，雾气半天蒸。"清弘历《雨》："又湔～热，已报入宵凉。"

【平西】 píng xī 西方接近地平线。多指太阳将落。唐秦系《云门山》："多少灵踪待穷览，却愁回驭日～。"明《西游记》三七回："睁火眼～看处，果见有一座城池。"清《水浒后传》二〇回："到日色～，带了些野味回来。"

【平息】 píng xī ❶平宁；恢复平静。宋余靖《宋职方忧餘集序》："明年，蛮事～，得还郡治。"明王錂《寻亲记》三出："风波稍～，灾祸犹可悯。"清《红楼梦》六八回："若告大了，我这里自然能够～的。" ❷平宁生息。明《于少保萃忠全传》三四传："京城人民，向赖于公～九年，今复见此猖獗，人皆惊慌。"

【平陷】 píng xiàn ❶顶部平而塌陷。明徐谦《仁端录》卷一："(痘)顶要尖圆，不宜～；浆须饱满，切忌空囊。"清魏之琇《续名医类案》卷四一："十日后，痘顶～，根窠红紫。" ❷平空陷没。宋沈括《梦溪笔谈》卷三："若遇其一陷，则人马驼车应时皆没，至有数百人～无孑遗者。"

【平消】 píng xiāo 消磨；消减；平息。宋朱用之《意难忘·和清真韵》："便憔悴何妨。待共伊、～别后，几度风光。"明梁辰鱼《浣纱记》一七出："怪容颜～几分，怅年华又惊一瞬。"汤显祖《紫钗记》三三出："占得欢娱今夜好，一年幽恨～。"

【平销】 píng xiāo 同"平消"。明胡应麟《寄李惟寅兼讯朱山人汝修》："朝悬鹊印坐长杨，锋镝～一剑霜。"汤显祖《牡丹亭》五〇出："喜～战气，不动征旗，一纸书回寇。"清查慎行《送声山侄之湖口》之二："青衫尚洒琵琶泣，那得～我辈愁。"

【平晓】 píng xiǎo 拂晓；天刚亮的时候。宋李弥逊《早行》："迟明月方昃，～风更静。"清钱谦益《徐霞客传》："～，岳色清明，伫立数息。"

【平心定气】 píng xīn dìng qì 犹"平心静气"。宋《朱子语类》卷一〇："只是～在这边看，亦不可用心思索太过。"吕本中《官箴》："又如监司郡守严刻过当者，须～与之委屈详尽，使之相从而后已。"

【平心静气】 píng xīn jìng qì 心境平和，态度冷静。清《红楼梦》七四回："太太快别生气，……且～，暗暗访察，才得确实。"

【平心易气】 píng xīn yì qì 犹"平心静气"。宋《朱子语类》卷一一八："公看文字子细，却是急性，太忙迫，都乱了。又是硬钻凿求道理，不能～看。"明胡应麟《少室山房笔丛·丹铅新录六》："凡读古人文字，务须～。"

【平阳】 píng yáng 平坦宽阔，也指平坦宽阔之地。明《西游记》三回："众猴看时，只见悟空独立在～之地，俱跑来叩头问故。"清李渔《奈何天》二六出："一路行来，都是～地面，不好屯兵。"《飞龙全传》八回："龙游浅水遭虾笑，虎落～被犬欺。"

【平洋】 píng yáng ❶同"平阳"。宋曹勋《浙西刈禾》："且刈且歌丰岁甚，～弥望列明驼。"明陈应芳《论盐场海口》："千里之内，地既洼下，势亦～。"清《蜃楼志》九回："翻转身来，那两腿之中一望～，并无对象。" ❷平缓。清李鼎元《蹋板戏歌》："徐徐杀势风～，振衣从容善刀藏。"

【平夜】 píng yè 半夜。敦煌词《何满子》："～秋风凛凛高，长城侠客逞雄豪。"宋俞德邻《回镇江蒋教授启》："雩坛咏舞，政当曾点之暮春；宣室怀思，倚召贾生于～。"清弘旿《晓行》："疏星散～，寒溜流前溪。"

【平庸】 píng yōng 平常；凡庸。宋杨简《赠陈伯》："～学者往往率起意求说，不思圣人每每戒学者'毋意'。"明赵㧑谦《稽古斋记》："若徐锴、戴侗辈，识见～，循迹蹈辙。"清《荡寇志》九〇回："天彪见他弓马～，性情乖张，便将他功名详革。"

【平宥】 píng yòu 平反；宽恕。《旧唐书·萧颖士传》："惟一曰：'旻有佳儿。吾以旻获谴，不憾。'乃～之。"宋刘挚《刘子中墓志铭》："治狱明以恕，多所～。"

【平语】 píng yǔ 犹"平词❶"。宋岳珂《桯史》卷一："汤岐公(思退)相高宗，绍兴三十一年，以烦言罢。洪文安(遵)在翰林当直，例作～。谏官随而击之，以祠去。孝宗朝再相，隆兴二年复罢。文安之兄文惠(适)适视草焉，又作～。侍御史晁(公武)亦击之，文惠请外。"

【平裕】 píng yù ❶平和宽缓。唐张钦敬《仲冬时令赋》："抚三五之遐轨，案道德之～。方见与羲、农而比崇，岂直等成、周之景祚而已。" ❷(身体)平安，(体力)充沛。宋苏舜钦《又答范资政书》："久承亲笔，伏审坐镇之暇，体力～。"吕南公《复傅济道书》："伏闻官下诸况～，太夫人寿康，不胜延跂之思。"

【平匀】 píng yún ❶均匀；平均。《太平广记》卷二〇二《幽闲鼓吹》："宣皇坐朝，次对官趋至前，必待气息～，上然后问事。"元李道纯《金丹或问》："半斤铅，八两汞，非真有斤两，只要二物～。"明王世贞《十二绝句送敬美弟闽中》之二："莫言时雨未～，西洒秦天东入闽。" ❷平坦匀实。元刘敏中《清平乐·大德癸卯奉使宣抚》："天然草软～，马蹄稳送行人。"《农桑辑要》卷三："宜就黍垄内拨土～，顺垄作区，下水种之。"明宋应星《天工开物·作咸》："度诘朝无雨，则今日广布稻麦稿灰及芦茅灰寸许于地上，压使～。"

【平展】 píng zhǎn ❶犹"平铺❶"。唐白居易《奉和汴州令狐相公》："～丝头毯，高褰锦额帘。"明吴鼎芳《如梦令》："满地绿阴～，一径红香碎剪。"清陈端生《再生缘》五一回："一片片，嫩白乱堆如素锦；一重重，姣红～似绡鸾。" ❷平整；平坦宽展。宋黄庭坚《杂简》："夹公服奉烦颐旨令熨过。针线工治衣服，大率不能令衣～耳。"明《徐霞客游记》卷三上："初由石峡入，得～处稍北转。"

【平章】 píng zhāng ❶指议婚。《敦煌变文校注》卷一《伍子胥变文》："臣闻秦穆公之女，年登二八，……愿王出敕，与太子～。"《太平广记》卷一五九引《定命录》："崔元综任益州参军日，欲娶妇，吉日已定，……俄而所～女忽然暴亡。"宋洪迈《夷坚志》三辛卷一〇："店主人张二哀裴之无归，为～嫁节。" ❷职官名。大体相当于宰相。元代行中书省亦设，为地方行政长官。唐刘禹锡《和令狐相公别牡丹》："～宅里一栏花，临到开时不在家。"明李昌祺《剪灯餘话》卷二："燕只普化为福建行省～，乃集诸县民兵克城。"清《霓裳续谱·忽听得》："多拜上老～，且放了先生假。" ❸指担任该官职。明佚名《四贤记》三四出："他污秽狼籍，～浙地。"

【平帐】 píng zhàng 平手；不分胜负。清《醒世姻缘传》二回："幸得出了一旅奇兵，刚刚打了个～。"

【平直】 píng zhí 指买卖公平。唐王梵志《经纪须平直》："经纪须～，心中莫侧斜。些些微取利，可可苦他家。"《太平广记》卷三一四引《稽神录》："有沽酒王氏，以～称。"宋洪迈《夷坚志》三已卷六："有刘、韩二酒家。刘氏颇～；韩氏徇利，酒更多酸。"

【平治】 píng zhì ❶消除；平息。唐张固《幽闲鼓吹》："封川默然良久，曰：'更思其次。'曰：'更有一官，亦可～慊恨。'"明王錂《寻亲记》三出："筑了瓠子堤，风波始～。"清吴廷桢《淮浦夏日杂感》："杞忧却怕天饶笑，且与～磊块胸。" ❷平和治理。唐李翱《题峡山寺》："去其所阙，用其所长，则大小之材无遗，致天下于～也弗难矣。"宋郑獬《虎说》："天下～之久，生齿大繁。"清吴绮《歙县西溪南仁德社庙碑》："当康熙～之时，值癸亥丰亨之岁。" ❸平和调节。宋张耒《己未早春有感》："近知壁观安心法，亦拟

～不作诗。"《太医局诸科程文格》卷一:"高者抑之,而不致于太盛;下者举之,而不致于太衰。使上下而无相夺伦,俾气运而得于～。"清张倬《伤寒兼证析义》:"以其食杂不劳,元气～,所伤亦轻。" ❹ 治疗;以和缓手段治疗。宋陈言《三因极一病证方论》卷二:"古之治法,遇岁主藏害,虽有～之不同,必以所胜而命之。"明王肯堂《证治准绳》卷一五:"外虽劫治,内须～。不然外虽平而内必发,徒劳无功。"清《医宗金鉴》卷五一:"热极生风者,凉膈散清解之;病不甚者,则用～之法。" ❺ 痊愈。宋《太平惠民和剂局方》卷二:"三证既除,则不必服药,但节其饮食,适其寒温,自然～。"元王好古《医垒元戎》卷二:"但服此药,加麝香末少许煎服,自能～。"明王肯堂《证治准绳》卷二〇:"连进数服,微汗即愈。尚有餘热,更徐徐服之,自然～。" ❻ 平衡。明王肯堂《证治准绳》卷一〇〇:"殊不知补泻虚实,～寒温,使气血各得其常,则可内消也。"

【平状】 píng zhuàng ❶ 日常的情况。唐苏颋《遣御史大夫王晙等巡按诸道制》:"餘官有清白著称,及诸色不善,各别为科目,同状奏闻。其寻常～,无不须通,俾夫善取其尤,罚无所滥。" ❷ 规格对等的文书。宋沈括《梦溪笔谈》卷一:"如学士舍人蹑履见丞相,往还用～,扣阶乘马之类,皆用故事也。"吴曾《能改斋漫录》卷一:"故事,知制诰见宰相,止用～。"

【平准】 píng zhǔn ❶ 平衡;使平衡。唐李白《为宋中丞祭九江文》:"惟神包括乾坤,～天地。划三峡以中断,疏九道以争奔。"明罗玘《进士题名记》:"故诏集廷臣,议酌南北中之数而～之。南损二,北损二,以益于中。"清靳辅《治河奏绩书》卷四:"自建有闸坝,即遇异涨,而上下六百里,递互灌输,回环～。" ❷ 衡定价值、轻重、长短、高低等。唐穆质《对贤良方正能直言极谏策》:"所以财贿公行,不殊市道,量职求直,价若～。"敬括《玉斗赋》:"燕石既分,楚圭未剥;～献度,良工就琢。"清朱彝尊《春秋权衡序》:"三传、胡氏孰赢孰缩;经与传之孰轻孰重,安得起仲原父立而相其～也与?" ❸ 取平。宋项安世《周易玩辞》卷一五:"律者,法也。水能～,故为法。"江洐《王道正则百川理赋》:"惟王有归往之,盖在为公;而水存～之称,遂皆得性。"清傅泽洪《行水金鉴》卷二四:"凡筑堤,以高阜或平地高若干为准,然必逐段用～法打量。" ❹ 衡定物。元程文海《铜钱议》:"今既开禁民间金银,价愈腾踊,若不收拾铜钱为钞之～,诚恐将来日久弊深,猝难整治。" ❺ (价格、分量等)平衡准确。明毕自严《转饷画一疏》:"每解银诣部时,用银四锭较勘～,作为样银。"清《聊斋志异·金永年》:"念汝贸贩～,赐予一子。" ❻ 平稳;平衡稳定。明《醒世恒言》卷一八:"两边检点,柱脚若不～的,便把来垫稳。" ❼ (器物)表面平而且比例均衡。清《后水浒传》三九回:"忽有人掘出一块四方～、十分沉重的一件东西,人俱说是一块大银。" ❽ 取平用的器具,即水平仪。清傅泽洪《行水金鉴》卷二四:"用～以测浚之浅深,俾舟行无滞也。"

【评】 píng 诊(脉)。《太平广记》卷二一九引《续玄怪录》:"从事御史崔某者闻而召焉,请革～其脉。革诊其臂曰:'二十春无疾之人也。'"《元曲选外编·拜月亭》二折:"郎中,仔细的～这脉咱。"

【评詙】 píng bá 同"评泊❷"。《元曲选·争报恩》三折:"告哥哥休打謾～,权等待儿个。"《元曲选外编·风云会》二折:"不争让位在荒郊,枉惹衙百姓每～。"

【评跋】 píng bá ❶ 同"评泊❶"。元曹伯启《赠卜者范心鉴》:"试将猥命与～,大篇巨轴飞云烟。"明陈铎《一枝花·南宁总戎第夜宴》:"司空眼见惯寻常,刺史肠难禁懊恼,翰林才堪与～。"清龚胜玉《摸鱼儿·读史》:"～处。有多少、英雄割据争龙虎。" ❷ 同"评泊❷"。元薛昂夫《端正好·高隐》:"有两句古语您自～:相随故友年年少,郊外新坟岁岁多。"明朱有燉《折桂令·题情戏漂荡子弟》:"无人处偷眼儿暗送秋波,不得成合,仔细～。"汤显祖《牡丹亭》五五出:"鬼团圆不想到真和合,鬼揶揄不想做人生活。老相公,你便是鬼三台,费～。"

【评比】 píng bǐ 比较评判。清孙在中《珍珠帘·帘内影》:"已久分明人意内,偏眼底、模糊画景。还听拈花～,貌儿谁并。"

【评别】 píng bié 评判;判别。明倪岳《文林郎四川道监察御史张君墓表》:"为诗文,旨意超逸,格律深稳,而于辩识体裁,～高下,皆出人意表。"徐渭《跋书卷尾》:"是谓稚中藏老,……因知～启南,如此则真,不如此则赝。"

【评驳】 píng bó ❶ 同"评泊❷"。《续资治通鉴长编》卷四七二:"今台官郑雍、杨畏,谏官虞策、姚勔总有文字,乞不用阴阳之说。亦欲与公等～,更不勘婚如何?"明彭泽《折桂令·隐居》:"傍林泉寻一处庄窠,本分生涯,信你～。"清《赛花铃》三回:"方公又将方兰、方蕙的诗,细细的～了一番。" ❷ 议论和驳正;批驳。明李东阳《明故太子太保王公墓志铭》:"人长大理,多所～。"《明会典》卷一六八:"洪武间,令刑部、都察院、五军断事官所按轻重狱囚,连案牍俱送左右二寺覆审冤滥,然后送审刑司～是非。"清《绿野仙踪》九八回:"将我抬入石堂,他便讲论或聚或散话,被翠黛～始休。" ❸ 同"评泊❶"。清刘命清《桂枝香·孤馆度日如年》:"邺地台寒,骊山露冷,都堪～。叹冉冉、韶华寂寞。"吴景旭《玉珑璁·夏兴》:"意中朋友,眼前～。谑,谑,谑。"

【评泊】 píng bó ❶ 揣摩;思量。《法苑珠林》卷二二:"大士大功,非人境界。不劳～,但知仰信。"明祝允明《点绛唇》:"梦断秦楼,可恨因缘恶。愁肠薄,怎禁～,笔泪齐抛落。"清江士式《百字令·五十寿词》:"岁岁莺花～里,岁岁摒当诗酒。" ❷ 评说;分析。宋吕渭老《好事近》:"春尽百花零落,谁见黄鹂百啭,索东君～。"明杨士奇《稼轩记》:"～是非高下持礼义,曲直人不少贷。"清黄懋《施粥不如散米说》:"以少年妇女出头露面,……甚至厂役之夫,丧心～;亡命之徒,调戏挨挤。"

【评博】 píng bó 同"评泊❷"。明刘良臣《驻云飞·对景》:"莫自苦劳劳,细～。百智千强,走不出漫天套。"

【评薄】 píng bó 同"评泊❷"。宋《靖康要录》卷一〇:"不若与大宋皇帝商量,三关四镇归大金,每岁更添岁币,于事宜足可～。"元商衟《一枝花·叹秀英》:"唱道晓夜～,待嫁人时要财定囫囵课,惊心碎唬胆破。"马谦斋《柳营曲·怀古》:"曾窨约,细～,将业兵功非小可。"

【评裁】 píng cái 评议裁断。宋高登《上渊圣皇帝第一书》:"陛下在东宫时,亦尝与有识～当世人物。"元黄仲元《小孤山记》:"或同鸡豚,或持杯螯,睥睨天壤,～古今。"清储大文《申贞论》:"然古人处闾阎行阵之间,尚或干时谋国,～者不以为讥。"

【评唱】 píng chàng ❶ 禅僧评议颂赞前人的机语。宋克勤《碧岩录》卷一:"师住澧州夹山灵泉禅院,～雪窦显和尚颂古语要。"元行秀《寄湛然居士书》:"《柏山大隐集》出其事迹,间有疏阔不类者。至于拈提苟简,但据款而已。万松昔尝～。"明汤显祖《临川县古永安寺复寺田记》:"有浮粱僧水月,为达观先生弟子,精心苦行,通于～之义。" ❷ 泛指评论、吟诵。明庄昶《题忠愍公事迹》:"古今人物,不敢苟然一～也。"清王夫之《念奴娇·姜斋影小序》:"孤灯下忽见婆娑在壁,因念人知非我之无彼,不知非彼之无我也。留连珍重,旋与～一阕。"黄宗羲《苏州三峰汉月藏禅师塔铭》:"天启末,文文肃、姚文毅、周忠介皆得罪奄人,绝交避祸。师在北禅，相与钳锤～，危言深论，不隐国是。”

【评嘲】 píng cháo 评说吟唱。嘲，吟诵。宋范成大《滟滪堆》：“东坡笔端喙三尺，愿与作赋～喧。”

【评处】 píng chǔ 评断判处。《新唐书·韦叔夏传》：“五礼仪物司礼博士有所修革，须叔夏、钦明等～，然后以闻。”明《斩鬼传》三回：“他两个温尸的温尸，冒失的冒失。俺如今把他们～一番，叫温尸的反冒失起来，冒失的反温尸起来。”清《醒世姻缘传》五回：“两边相持争闹，毕竟亏禹明吾走过来～，将那三两定钱就算了这几日空闲草料。”

【评次】 píng cì 评论并分出次第。明顾宪成《题吴允执梅花楼藏稿》：“予览之，又超昔年会课而上矣。因稍为～，而志此语于端以当授记云。”清钱谦益《从游集序》：“《从游集》者，确庵子～其门弟子之歌诗，用以宣导志意、考论德业者也。”张潮《虞初新志凡例》：“一切选家，必以作者年代为准；百凡～，鲜以其事时世为衡。”

【评旦】 píng dàn 评论；评价。东汉许劭、许靖兄弟评论人物，每月更换，称“月旦评”(见《后汉书·许劭传》)。宋宋祁《回贺加尚书启》：“惕然自愧，罔或遑宁。敢图～之优，助协朝佥之允。”清曾衍东《小豆棚》卷一五：“二女莲珠、三女露珠年皆及瓜，咸以蛊故，乡里～焉，遂一妁不至。”《醒世姻缘传》一回：“调词无雪白，～有雌黄。”

【评点】 píng diǎn ❶ 写出评语，加以圈点。元杨维桢《刘彦昺集序》：“予爱其诗兼诸体制各殊，特为～，庶不负其用心之苦。”清沈德潜《说诗晬语》卷下：“方虚谷《瀛奎律髓》，去取～，多近凡庸。”沈起凤《谐铎》卷五：“以座师谆嘱，不得已，强加～，冠一军。” ❷ 泛指评论指画。清朱寯《北窗呓语》：“《水浒》一书，有天罡地煞之目。后人仿之，以～人物。”《绮楼重梦》四回：“贾政接来一看，不但间架整齐，那笔法很有些劲道，正待开口～，忽见门上家人慌慌张张跑来。”

【评订】 píng dìng ❶ 评议。宋刘弇《再用前韵酬达夫》之八：“露房霞颊迎人笑，～芳菲第几流。”范百禄《与门下韩侍郎书》：“凡可生可杀之际，与僚官～。大理往返，或至于再三。” ❷ 评论并订正。明徐渭《选古今南北剧序》：“渔猎之暇，曾～崔、张传奇。”陈谟《仲氏斐藁序》：“《花村》《酒帘》等甚可讽诵，予皆一一～之矣。”清弘历《题明版东观餘论》：“重摹淳化加～，也觉斯之未信予。”

【评断】 píng duàn 评判裁断。《唐会要》卷六六：“就中大理寺～之司，尤为要切。”宋谢枋得《文章轨范》卷三：“凡作史～古人是非得失、存亡成败，如明官判断大公案，须要说得人心服。”清《绿野仙踪》二三回：“我同主母在我表嫂张寡妇家暂停一夜，到天明或告官，或凭人说合～。”

【评度】 píng duó 商议；斟酌。金《董解元西厢记》卷三：“我与你试～：这一门亲事，全在你成合。”又卷六：“有的言语，对面～。凡百如何，老婆斟酌。”明汤显祖《牡丹亭》一四出：“影儿呵，和你细～：你腮斗儿恁喜谑，则待注樱桃，染柳条，渲云鬟烟霭飘萧。”

【评改】 píng gǎi 评判批改。宋欧阳修《与李吉州宽启》：“笔语粗恶，幸望与伯镇学士～而刻石也。”明郑善夫《答杨叔亨》：“近稍看过，尽有未更定处，累欲抄去，求吾叔亨～。”清《空空幻》一六回：“石公子却能下问，所吟的诗反教艳娇～，故二人相交甚厚。”

【评估】 píng gū 评判估量(价值)。明王世贞《跋张即之书老柏行》：“昔张彦远～，谓伯英书价可以敌国。”《明会典》卷一三五：“凡诸物行人～物价，或贵或贱令价不平者，计所增减之价坐赃论。”

【评核】 píng hé 评估审核。宋林光朝《策问》：“将以汲汲夫腹心干城者，隶之以博士，课之以兵法，又从而反复～，以极其所未至者。”元戴表元《赠黄彦实序》：“缘桑梓故，每与余～古近人物。”明沈鲤《学政条陈疏》：“宜先令训导各开注本斋生员孰为行劣，务要指据实迹，不得含糊漫应。掌教官再加～，密封类送。”

【评衡】 píng héng 评判衡量。宋苏籀《奠亡兄尚书龙学文》：“庙廷～，俞音首柬。横经资善，注记黄省。”清程师恭《读杜诗详注》：“甬上仇先生，拥书胜百城。石渠校中秘，月旦操～。”丁炜《南浦·赠别嘉禾吴子山》：“乍相逢酩酊，～宫羽，兴剧物华楼。”

【评话】 píng huà ❶ 即“平话❶”。也指讲说评话。宋元《醒世恒言》卷一三：“叫下一名说～的先生，说了几回书。”清李玉《清忠谱》二折：“撑起布篷，聚人开说则个。正是：要知千古兴亡事，须听当场～来。”《豆棚闲话》四则：“一日天雨，在家无事，唤一～先儿到来。” ❷ 评语。宋蔡正孙《诗林广记序》：“采晋宋以来数大名家，及其脍脍炙人口者，凡几百篇，钞之以课儿侄。并集前贤～，及有所援据摹拟者，冥搜旁引，而丽于各篇之次。” ❸ 讲论；演说。清曹贞吉《蝶恋花·读六一集》：“记得少年扶半醉。褦襶冲尘，～开明寺。”蒋景祁《满江红·赠顾梁汾舍人》：“向花间游戏，酒旗飘惹。拚得生前呼薄幸，尽他曲里供～。”

【评话捷说】 píng huà jié shuō 章回小说的套话，表示对一件事情不详细描述，简略带过。明《金瓶梅词话》七〇回：“正是意急款摇青毡幕，心忙牵碎紫丝鞭。～，到了东京，进得万寿门来。”

【评讥】 píng jī ❶ 评论。讥，反复论辩。宋许纶《次韵酬转庵》：“长篇险韵铸出之，涉斋自讼识～。不待见闻方觉知，覆盆一旦遭赫晖。”明孙绪《赠道存上人署僧会序》：“其慧黠者，与之论事变成败，～古今人士，亦了了。” ❷ 议论讥刺。元方回《同张文焕过吴式贤》：“孰能保令名，百世无～。”唐元《九月二十八日督校廪如东阁》：“蹇予事校廪，委琐遭～。”明余佺《读郑少谷先生全集》：“世人不解读公诗，遗篇历乱恣～。”

【评价】 píng jià 估价；评议定价。《唐律疏议》卷一五：“价不减者，谓元直绢十匹，虽有杀伤，～不减，仍直十匹。”明《梼杌闲评》四四回：“许多牙侩商贾，俱捧着宝物在那里交易～。”清《蜃楼志》一回：“欺鬼子之言语不通，货物则混行～。”

【评鉴】 píng jiàn 评议鉴定。宋宋祁《仆射孙宣公墓志铭》：“善知人，精于～。今左户二卿始平冯公，初在黄绶，公亟荐于朝。”明汤式《新水令·秋怀》：“汝阳斋曾笑谈，风月所试～。”清徐乾学《通议大夫纳兰君墓志铭》：“间以意制器，多巧，倕所不能。于书画～最精。”

【评奖】 píng jiǎng 评论夸奖。《明史·选举志二》：“帝亲阅廷试卷，手批一甲罗洪先、杨名、欧阳德，二甲唐顺之、陈束、任瀚六人对策，各加～。”清《九云记》三四回：“在昔你在宫中～各花，有十二师、十二友、十二婢之称，甚是有趣。”

【评校】 píng jiào 评论校正。《宋史·选举志一》：“然考官以所试分考不能通加～，而每场辄退落。士之中否，殆系于幸不幸。”元陈旅《送王道原韶州教授》：“书成台阁交剡荐，讲说弟子盈门听。上庠～忝属我，寸莛岂足宣铿鍧。”明陈子龙《陆宣公文集序》：“予既～陆宣公集成，读而叹曰：公以命世之才，王佐之学，受人主知遇。”

【评较】 píng jiào 评议比较。宋洪迈《容斋随笔》卷三：“说者皆～蒯聩、辄之是非，多至数百言，惟王逢原以十字蔽之，曰：'贤兄弟让，知恶父子争矣。'"明林俊《雨纪》："午桥物色闲～，青杏红樱欲满林。"清何采《宴清都·九日雨花台登高》："何时最恢临眺，合付与、幽人～。"

【评决】 píng jué 评判决定。唐杨知退《唐故朝议大夫弘农杨府君墓志铭》："时有辰州封肃者，轻犯朝典，诏君～枉直。"《续资治通鉴长编》卷一〇三："河北转运使卢士伦，曹利用女婿也，怙势听狱不以直，讼者不已。付琰～，琰直之。"明李日华《六研斋笔记》卷一："每得一奇迹，辄驰一奚，取余～。"

【评看】 píng kàn 观看评论。宋赵蕃《以孟夏唱酬陈子高诗寄季承》之二："派后江西有惊坐，封题并与略～。"沈说《题黄止庵诗集》："灯前几寒夜，编得近诗成。对客时～，归囊喜带行。"清《五色石》卷一："待我在家垂帘面试，将二生所作就付女儿～，何如？"

【评夸】 píng kuā 犹"评奖"。明吴正志《柳梢青·盛开梅》："欲招高士～，又恐怕、夜来雪压。"

【评量】 píng liáng 犹"评衡"。唐澄观《华严经疏钞悬谈》卷二一："语即声也，谓佛语下别显其相，谓唱号言辞、～论说。"宋张炎《壶中天·陆性斋筑葫芦庵》："润色茶经，～山水，如此闲方好。"清《醉醒石》四回："徐家好财势，官都使得动。秀才都对他不过。只到末局时，～一～，也自明白了。"

【评论】 píng lùn ❶ 计议；商量。元《三国志平话》卷中："三人邀吉平入阁内，～杀曹操。"《元曲选外编·云窗梦》一折："恰才俺二人～，～这百年姻眷。"清李渔《慎鸾交》三一出："我与他～过了，只为有'十年'二字放在心头，知道佳期甚远，不想欢娱，所以落得心宽。" ❷ 思量；体会。元周文质《庆东原》："闲～，猛三思，想海神庙错断了乔公事。"《元曲选外编·西游记》六本二一出："把禅机来～，罗裙不染世间尘。"清《续金瓶梅》五八回："你好把《中庸》《大学》细～，日新又日新，戒巧言令色鲜为仁。" ❸ 安排；处断。元吴西逸《蟾宫曲·寄友》："便休题鱼龙市朝，好～莺燕心交。醉后联镳，笑听江声，如此风涛。"清《绿野仙踪》一九回："便是不相干人遭逢此等事，地方上也有个～，多少必有帮助。"又五七回："依我的主见，与你两家～：着苗三爷与你们二十两银子做棺木之费。大家丢开手。" ❹ 计较；追究。《元曲选·渔樵记》三折："你道他才出身，便认真，和咱～。他在你家做了二十年女婿，只是打柴做活。……这个是谁做的来背槽抛粪？"明袁于令《西楼记》二七出："耳边低喘叫亲亲，二娘，从前闲话休～。"清洪昇《长生殿》八出："我只道任伊行笑颦，我只道纵差池，谁和你～。" ❺ 商榷；商量餘地。明《警世通言》卷一八："末句说'老去文章不值钱'，这一句还有个～。大抵功名迟速莫逃乎命，也有早成，也有晚达。" ❻ 须知；应知。用于表示情理显然。明王錂《寻亲记》五出："若还他果少钱债，从君折准。～：你这里虚飘飘填写契文，他那里实杯杯担着战兢。"清洪昇《长生殿》五出："你有了一位贵妃，又添上这几个阿姨，好不风流也！～：群花归一人，方知天子尊。"

【评脉】 píng mài 诊脉。唐康骈《剧谈录》卷上："京师医者续坤，颇得秦和之术，～知吉凶休咎。"宋吕颐浩《乞致仕札子》："遂召医官陆近～，系是风证。"

【评拟】 píng nǐ 评论拟议。宋苏籀《谢转朝奉郎笺》："盖槐府玉堂，妙形容而～；鸾台凤阁，俱会议而钦崇。"明王世贞《答华孟达》："仆所～，似不必列卷端。"清《隋唐演义》三一回："萧后见炀帝念完，因说道：'二诗才情分量，兼得之矣，陛下以为是否？'炀帝道：'御妻～不差。'"

【评判】 píng pàn 评比判定（优劣、胜负）。明吴易《春从天上来》："忆挑灯丙夜，翻青史，～豪英。"王世贞《与管金宪书》："缘自前岁多读宗门书，偶于其中得小橘柄，～纵横，为瞿元立所荐。"

【评批】 píng pī 批评；批点评论。明胡应麟《与顾叔时论宋元二代诗》："《高氏正声》一部，其～朱者在不佞未冠之前，墨而楷者亦曩时鄙臆也。"清李渔《比目鱼》三二出："要转那美周郎开顾曲眼，秉公道，赐～。"

【评品】 píng pǐn ❶ 品评；评论。五代孙光宪《北梦琐言》卷三："薛保逊，名家子，恃才与地，凡所～，士子以之升降。"明《醒世恒言》卷三〇："自己饥寒尚且难顾，有甚心肠却～这画的鸟来。"清《醒世姻缘传》三八回："看完了，连春元问说：'你看这四位的文章何如？'连赵完说：'姑夫～的不差。'" ❷ 主张。宋刘克庄《蜂媒》："蜜口传来好信通，为花～嫁东风。香须黏得花英去，疑是缠头利市红。"

【评剖】 píng pōu 评论剖析。明宋濂《予奉诏总裁元史故人操公琬实与纂修》："大启金匮藏，一一共～。"清弘历《再题李唐江山小景》："小景纪缘起，香光细～。"

【评铨】 píng quán 平衡。元袁桷《饯王参议》："凄凉尘土姿，朗鉴劳～。"

【评商】 píng shāng 评议；评论商讨。宋吕南公《麻姑山诗·宿仙都观》："事有属外念，寄之以～。"元赵天麟《进太平金镜策表》："～政纪，冒渎天聪。恐或有于微长，冀少裨于洪造。"清蒋景祁《忆江南·癸亥长安踏灯词》之九："春灯好，诗谜巧迷藏。小部羽林弛铠仗，闲来都肆费～。"

【评赏】 píng shǎng ❶ 评论鉴赏。宋周密《齐东野语》卷一九："余偕一时好事者邀子固，各携所藏，买舟湖上，相与～。"明余壬公《望梅·别梅赠东君》："最可怜、～无人，整日里空接，往来群。"清翁叔元《进士纳兰君哀词》："退朝之暇，婆娑古人法书名画，焚香～，翛然自得。" ❷ 评议奖赏。清《九云记》二一回："两女儿诗才如是敏速，诗意易解，俱有至义，诚可爱。当就考于皇上，以定高下，大有～。"

【评释】 píng shì 评论解释。明毕自严《三叟同游记》："祠宇之瑰玮，古迹之灵异毓。翁记中载之，华翁又～之，不啻详矣。"

【评说】 píng shuō 评论。明卓人月《秋蕊香·解嘲》："两三女伴闲～，急色男儿恁劣。"余扬《读郑少谷先生全集》："万丈光芒腾日月，诸家～比坟邱。"清魏裔介《鉴语经世编自序》："若不读《通鉴》全书，亦无由悉此书之本末，得～之源流。"

【评算】 píng suàn 算计；谋算。明朱载堉《劈破玉·铁面皮》："满心只想遂他愿，没羞脸，驱拐骗诈终日胡～。"

【评弹】 píng tán 评议纠弹；评论讥弹。宋吴缜《新唐书纠谬》卷一九："而彦昭身非言事之官，又无～之职，何由一言便逐？"明陆深《题史通后》："尝谓国史以叙事为工，叙事以简为主，故自子长、丘明而上皆涉～。"清汪由敦《送筠川太史兄南还》之四："从教馆阁～事，叵耐乡闾诧宦成。"

【评题】 píng tí 品题；品评（或并加题跋）。宋葛胜仲《段去尘教授示书以茶菊自况》："高标落落敢～，托物铨量庶似之。"元胡祗遹《题张梦符廉访临淡游三友图》："何人解幽意，萧然寓轩翁。汗简索～，意谓臭味同。"明王世贞《巨胜园集序》："孔炎不以为怪，凡有所蓄古法书名画之类，皆属余～。"

【评问】 píng wèn 审问。评，推理。明《禅真后史》一四回："众人提将出来，细细～。老何推聋装哑，佯作不知。"

【评详】 píng xiáng 评议。详，推理。唐李商隐《为荥阳公桂州署防御等官牒·刘福》："子其斟酌蜀科，～汉令，勿令门下意盗璧于张仪，无使狱中溺然灰于安国。”元吴镇《竹谱》：“赏会之家如胸中流出，则易以验辨，如其以他人清论，徒为喋喋～，贻笑大方之家多矣。”清弘历《蜡梅》：“卮蜡其言蜡岂常，柳文鞭贾漫～。”

【评刑】 píng xíng （大理寺）评断刑罚当否。唐陈子昂《为陈舍人让官表》：“非君子瑚琏之材，通儒青紫之秀，已得～北寺，执宪南台。”宋王禹偁《谪居感事》：“书命犹无谄，～肯有欺。”清钱谦益《大理寺右寺评事任国桢授文林郎制》：“天，平之极也。尔以此～，朕亦以此评尔。”

【评选】 píng xuǎn 评议选拔。元姚云《正德书院记》：“且益日聘寿俊可以为师者，必乡～，悉革俗学。”清孔尚任《桃花扇》三〇出：“笔砚本吾曹，复社青衿，～文稿。”《十二楼·萃雅楼》一回：“待茶已毕，然后取货上去，待他～。”

【评议】 píng yì 协商；商议。特指议婚。宋赵长卿《贺新郎》：“紧要事须～。怕人人、蓦地知时，怎生处置。”洪迈《夷坚志》补卷一〇：“一日，戏语妻曰：‘方媒妁～时，吾私遣画工图尔貌。’”元《三国志平话》卷上：“玄德归宅，与二弟～，言曰：‘咱去，不争到那里却不用咱，何处归止？’”

【评语】 píng yǔ 评论的言语。元杨维桢《丽则遗音序》：“且过以则名，而吾同年黄子肃君又赘以～，益表刻画之过，读之使人惶焉。”明《欢喜冤家》一八回：“不得已，淡淡加些～，送到京考房去。”清《隋唐演义》七六回：“中宗并索佺期之诗来看，又看了婉儿的～。”

【评阅】 píng yuè 犹“评看”。明李日华《六研斋笔记》卷一：“中丞乃出此，相对～。”清张潮《虞初新志》卷一五：“且（乩仙）～文章，其笔墨奚自而来也？”《红楼梦》一七至一八回：“我也有一联，诸公～～。”

【评赞】 píng zàn ❶ 以评论赞美为主的文体。也指这样形成的文字。宋葛立方《韵语阳秋》卷八：“《史记》～，于范雎、蔡泽则曰：‘二子不相厄，乌能激乎！’”清钱谦益《刘司空诗集序》：“今年与刘司空敬仲先生相见请室，得尽见其诗。卢子德水之～，可谓精且详矣。”康熙四十四年三月二十九日上谕：“朕万几餘暇临摹古人书法，于明董其昌真迹尤加欣赏。兹来松江，特书‘芝英云气’四大字扁额，并于前后书～十数行。” ❷ 评论赞美。明邵廉《刻南丰先生文集序》：“后之～者亡虑十百，其不知者风影形似，知之者卮言无当。”清《红楼梦》七六回：“妙玉笑道：‘也不敢妄加～。’”《绮楼重梦》二九回：“以上三首，众人都～了一回。”

【评张】 píng zhāng 犹“评论❷”。明赵南星《石榴花·东园酒集》：“君思想，这般喜色遇何常。细～，呼卢自古神明降。”

【评章】 píng zhāng 议论；评论。《法苑珠林》卷三八：“大众～不和，各云：‘此塔中狭迮，复是漏身，因何累月不开见出？’”宋魏了翁《次韵黄侍郎海棠花下怯黄昏》之六：“天运自消息，诗人费～。”清洪昇《四婵娟·李易安》：“我只就这图书万卷满架装，我与你一件件一桩桩，哎，～。”

【评折】 píng zhé 评析。折，折辩。明王屋《无俗念·阅史有述》：“王猛佳人，惜哉无主，要亦名豪杰。其它贤圣，待闲再共～。”蔡清《四书蒙引》卷一二：“孟子大概亦随所闻，而以义理及己意～之，不及一一核其妄耳。”

【评诊】 píng zhěn 诊断（脉象）。宋佚名《剧谈录》“续坤蹶马”注：“（医道）不过视彻膏肓，心解分剂，未闻乎～脉候，见于蓍龟之能也。”明汤式《一枝花·咏素蟾》：“相思病的郎君若医治，也不索～脉息，更不须调和药石。”

【评正】 píng zhèng 犹“评驳❷”。明余继登《皇明典故纪闻》卷一八：“科道掌印官，每次各轮二员随进如诸臣。陈述未详议拟未当者，许公同～。”

【评识】 píng zhì 评论题记。元刘因《辋川图记》：“是图，唐宋金源诸画谱皆有～者，谓惟李伯时山庄可以比之。”清弘历《题周砥沈周山水合卷》之三：“名流～墨华香，珍弆当年道姓黄。此日不知更几氏，笑他赏鉴落空忙。”

【评质】 píng zhì 评论质证。明高攀龙《观白鹭洲问答致泾阳》：“然学术杪忽之间，不可不据所见相与～。”

【评骘】 píng zhì 评论；评定。唐柳宗元《银青光禄大夫柳公行状》：“而故吏遗孤，沦寓遐壤，久稽彝典，罪在宗属。敢用～旧行，敷赞遗风。”《元曲选·勘头巾》三折：“小人一一说真实，孔目心下谩～。”清《儒林外史》四六回：“慎卿先生此一番～，可云至公至明。”

【评注】 píng zhù 批评注释。元刘壎《隐居通议》卷八：“近岁乡先生谌公祐，妙选唐律数十首，详加～，以诲学者。”杨维桢《吴君见心墓铭》：“遂编次余古诗凡十卷，加以～，能道余所欲言。”明锺惺《与蔡敬夫书》：“选定古今诗曰《诗归》，稍有～，发覆指迷。”

【评奏】 píng zòu 评议上奏。唐白居易《除孔戣等官制》：“左右禁闼，可以同升，必能～台议，发扬纶诰。”宋胡知柔《象台首末》卷一：“寓公间行怪政，所至贻笑，见于前者台臣之～。臣不复再渎天听。”明马文升《乞恩陈情绝嫌以全骨肉事奏》：“于景泰成化年间，因弟镇国将军美垳争袭王爵，连年～不已。”

【萍梗浮踪】 píng gěng fú zōng 浮萍断梗（枝）漂流无定踪。比喻人行踪不定。明《封神演义》二四回：“～，逢山遇水，或师或友，便说玄论道。”

【萍水相逢】 píng shuǐ xiāng féng 比喻人像随水漂流的浮萍那样偶然相逢。唐王勃《秋日登洪府滕王阁序》：“～，尽是他乡之客。”明《古今小说》卷四〇：“～，使成款宿，何以当此？”

【萍踪浪迹】 píng zōng làng jì 喻踪迹无定。明陈汝元《金莲记》四出：“老衲～，来朝一苇度西。”清《红楼梦》四七回：“知道你天天～，没个一定的去处。”

【凭】 píng ❶ 烦请；托付。唐张鷟《朝野佥载》卷二：“有一县令从安南来，承亲～买二婢，令有难色。”宋张孝祥《虞美人》：“～春约住梅和柳，略待些时候。”元明《水浒传》四回：“不知师父要打多少重的禅杖、戒刀，但～分付。” ❷ 依据；比照。唐韩愈《进顺宗皇帝实录表状》：“今之所以知古，后之所以知今，不可口传，必～诸史。”《元曲选·来生债》二折：“～着我疏财仗义有几人如，这城中试数、数。”清《歧路灯》四回：“府、州、县贤良方正之士，查实奏闻，送部以～擢用。” ❸ 推断；推求。唐许浑《早行》：“闻鸡～早晏，占斗认西东。”元滕斌《普天乐》：“寻饥得饥，～实得实，归去来兮。” ❹ 侵凌；侵犯。唐范摅《云溪友议》卷中：“平曾以～人傲物，多犯讳忌，竟没于县曹。” ❺ 任随；由着。唐王建《原上新居》之一一：“古碣～人拓，闲诗任客吟。”《元曲选·杀狗劝夫》四折：“我每两个都是饱学秀才，倒说我要哄他家私，～你到那汴梁城里城外问去。”明《型世言》一回：“朝廷给发我家，便是我家人，教训～我。” ❻ 证书；公文。宋周煇《清波别志》卷上：“贯在北境，约赵良嗣归国，以副使印给～。”明《拍案惊奇》卷二五：“欲待别寻婉转，争奈～上日子有限，一时等不出个机会。”清《霓裳续谱·得了一颗相思印》：“得了一颗相思印，领了一张相思～。” ❼ 证据；根据。《元曲选·扬州梦》四折：“咱两个口说无～。”明《朴通事谚解》卷上：“恐后无～，故立此文契为用。”清《品花宝鉴》三二回：“至于日子，有票字为～，而且明日就是中秋节，一发不会记错。” ❽ 介词。向；对。五代冯延巳《虞美人》之二：“风笙何处高楼月，幽怨～谁说?”《元曲选外编·拜月亭》三折：“心事悠悠～谁说?”元明《三国志通俗演义》卷八一：“飞自横矛立在桥上，～西而望。” ❾ 连词。任凭；不论。明《西游记》二回：“～你怎么惹祸行凶，却不许说是我的徒弟。”清《红楼梦》五七回：“～他是谁，除了林妹妹，都不许姓林的。”

【凭按】 píng àn 据以复核按查。唐陆贽《论裴延龄奸蠹书》：“凡是太府出纳，皆禀度支文符，太府依符以奉行，度支～以勘覆。”宋胡安国《缴王安中随州安置词头疏》：“欲乞检会说之等元初陈乞事因，降付本省以～。”明袁宏道《送京兆诸君升刑部员外郎序》：“数年以来，文网繁密。当事者有所平反，辄加诃责。爰书之牍，不足～。”

【凭办】 píng bàn 据以办理。清《绣戈袍》二九回：“卑职据着呈词，自然发签拿王廷桂到堂，～便是。”

【凭吊】 píng diào 面对遗迹、遗物追忆感叹。宋赵公豫《韩侯钓台》：“湖水盈盈历古今，我来～识淮阴。”明《西湖二集》卷一：“后来马浩澜读他这首诗，不觉咨嗟感叹起来，因作前边这只《画堂春》词儿，～瞿宗吉。”清李渔《玉搔头》四出：“手泽犹存，音容何在? 好教我空对遗簪～。”

【凭定】 píng dìng ❶ 倚重；依靠。宋重显《法尔不尔》：“夏云多奇峰，干城冷相映。借问诸禅僧，那个堪～。”杜安世《玉阑干》：“欲将幽恨传愁信，想后期、无个～。” ❷ 靠住；靠稳。明卓人月《浣溪沙·月夜步沈园》：“波情树性总撩人。阑干～却忘行。”清施世纶《海棠春·秋海棠》：“乍睡起、都无情绪。～碧栏干，却畏风吹汝。”

【凭断】 píng duàn 据以断定。明《挂枝儿·自怨》：“灯花鹊噪难～，除非梦儿里枕上、得片时欢。”清《绿野仙踪》一八回：“世事难～，竟有雪中炭，夫妇得周全。”《荡寇志》一三二回：“其几个有梦的，说出梦来各各不同，而且模糊影响，难以～。”

【凭奉】 píng fèng 凭依遵奉。唐陈子昂《谢衣表》：“臣以驽朽，叨承重任，～圣略，诛讨元凶。”元袁桷《告处州府君祝文》：“使行能无愧，获为全人，则世德永远，施于诸孙，俾有～。”清张方平《皇帝登极贺表》：“如天作春，万物有向荣之意；如日出地，四海无遁照之心。眷兹神人，永有～。”

【凭负】 píng fù ❶ 凭恃；依靠(有利条件)。唐柳宗元《剑门铭》：“～丘陵，以张骜猛；坚利锋镝，以拒大顺。”宋陈元滑《申措置南安山前事宜状》：“南安峒中，前是赤水。匹袍之民，～险阻，怙终喜乱。”清冯煐《平定金川颂》：“金川之蛮，弗协于厥类，介恃厥众，敢用～，以即于大戾。” ❷ 依附；附着。宋李昭玘《敕谥灵慧大师传》：“险翳之间，异物～。有大蛇呀喻，气焰熏烈。”

【凭附】 píng fù ❶ 依据；遵循。唐道宣《删定四分僧戒本序》：“隋运并部，沙门法愿，鄙光所出，宗理爽文。后学～，卒难通究。乃准的律部，连写戒心，通被汾晋。” ❷ 托付。《太平广记》卷一〇六引《报应记》：“二僧相送出宫。一僧～少信至衡岳观音台绍真师。”明李东阳《与汪抑之书》：“加以故旧分散，虽有良便，无由～。” ❸ 附着。宋洪迈《夷坚志》乙卷二：“敦义正悔与鬼语，乘其误，叱之曰：‘尔乃下鬼～，非真赵抚干也。’”明《二刻拍案惊奇》卷三四：“那上面有个人，必是甚邪祟～着他了。”清纪昀《阅微草堂笔记》卷四：“大抵幻术多手法捷巧。惟扶乩一事，则确有所～，然皆灵鬼之能文者耳。”

【凭诰】 píng gào 即“凭文”。诰，帝王的命令。明《石点头》卷七：“仰邻瞻除授庐陵县令，领了～，回到家中，收拾起身。”

【凭几】 píng jī ❶ 指帝后临终托付。语本《尚书·顾命》：“皇后凭玉几，道扬末命。”唐李德裕《唐故左神策军护军中尉刘公神道碑铭》：“宪宗～大惭，召公受遗。”明《梼杌闲评》三一回：“弟受先帝顾命，～之时，犹言‘致君当如尧舜’。”清张玉书《予告光禄大夫王公墓志铭》：“至于面奉～之言，有事关国家大计、与诸大臣再三密议而后决者，公终身不以语人。” ❷ 凭靠几案，代指到场或降临。唐苏颋《赠礼部尚书褚公神道碑》：“日者皇太子志于学，齿于胄，演经则太师～，纳诲则元良降席。”宋胡宿《谢胡少卿》：“河南～，仰意爱之弥亲；孟陵辱书，实欣欢之无极。”明娄坚《祭王伯栩文》：“我陈斯词，以侑藻芹。髣髴见君，～而闻。” ❸ 讳指病重不起。明娄坚《祭王编修辰玉文》：“比举，复闻君疾～，闻之欣然。”

【凭假】 píng jiǎ 凭借；假借。唐玄奘《进西域记表》：“徒以～皇灵，飘身进影。展转膜拜之乡，流离重译之外。”窦泉《述书赋》：“舍不疑于古疏，取～于俗眩。”宋蔡京《南双庙记》：“厥德茂矣，宜当血食此地，而庙貌不立于城域，乃至斯民～他祠以崇敬奉。”

【凭教】 píng jiào ❶ 任凭；听任。宋陆游《鹧鸪天·薛公肃席上作》：“～后苑红牙板，引上西川绿锦茵。”明王世贞《酒房戏为长庆体示四郎侄》：“～卯酌还丁夜，不拟人间唤索郎。”清刘大櫆《题孙孟然品酒图》：“金貂只作换酒具，酩酊～无所知。” ❷ 祈请；烦劳。元虞集《丁卯礼部考试次韵》之二：“～红杏休开彻，早晚开关蹋雪泥。”明杨士奇《和陆伯阳池上梅花》：“～横笛休惊落，爱此来看日正赊。”清彭孙遹《四次早春饮晓岳寓中韵》：“～寄讯山中客，夜鹤晨猿好在无?” ❸ 哪怕；即使是。明《二刻拍案惊奇》卷二〇：“狰狞隶卒挨肩立，蓬垢内囚徒侧目窥。～铁汉消魂，任是狂夫失色。”清吴绮《题查匡来像》之三：“～倩得添毫笔，难画东阿八斗才。” ❹ 致使。清《白雪遗音·凤仪亭》：“王司徒巧定连环计，费尽心思，～董吕二人，父子分离。”

【凭据】 píng jù ❶ 凭借；占据。唐柳宗元《剑门铭》：“～势胜，厚其凶徒。”宋洪迈《夷坚志》三辛卷八：“后取之，惊怖而起，言异物～其所。”清和邦额《夜谭随录》卷一：“窑上覆楼五楹，绕以女墙，旧为狐所～。” ❷ 依据；根据。唐杜鸿渐《请定配享奏》：“臣与礼官学官～经文，讲求正义，事皆明白，理无可疑。”明《西游记》三七回：“听汝之言，～何理? 妄言祸福，扇惑人心。” ❸ 认定；证明。唐郑思齐《驳司刑刘志素定邱神鼎罪判》：“欲令集议，须审议由，状未指归，遣议何事? 仰寻所推之案，取堪～之由。”元明《三国志通俗演义》卷一五：“权问曰：‘以何～?’满宠将操书呈上。”清李渔《风筝误》一六出：“〔生〕黑夜之中，那有见证。〔末〕这等，何所～?” ❹ 证据；凭据。唐白居易《论姚文秀打杀妻状》：“姚文秀自云相争，有何～?”元胡祗遹《小民词讼奸吏因以作弊疏》：“契末印押多使木印，篆文难辨，明见诈伪，司县官吏便为～，实为欺枉。”清《红楼梦》二五回：“那时候事情妥了，又无～，你还理我呢!” ❺ 凭证；证明文书。五代李存勖《南郊赦文》：“如委不系食粮人数，便勒本州府各与～，放逐营生。”元萧德祥《小孙屠》六出：“从今系籍名字除，付～从此去。”清《绿野仙踪》八四回：“众亲友将～各填写了花押名姓，袖了作别。” ❻ 凭准；凭信。敦煌词《鹊踏枝》：“叵耐灵鹊多瞒语，送喜何曾有～。”宋李流谦《洞仙歌·忆别》：“便学得、无情海中潮，纵一日两回，如何～。”清《无声戏》三回：“我一向信命，今日才晓得，命是没有～的。”

【凭靠】 píng kào 倚；靠。明冯敏效《柳初新·题柳下美人》：“懒展罗衾，慵倚画栏，垂杨下闲～。”清《霓裳续谱·晓窗映日》：“整湘裙，荼蘼架将身儿～。”

【凭科】 píng kē 签发凭文的机构。清《醒世姻缘传》八五回：“这是他～里书办一时间落笔错了，写了推官。”《红楼复梦》三六回:“因为～的经承要八十两银才给咱们办凭,你妹夫只给他三十两银。”

【凭空】 píng kōng ❶悬空;凌空(从空中或向空中)。唐元结《寒亭记》:“及亭成也,所以阶槛～,下临长江。”明《梼杌闲评》二八回:“抬头看时,只见一个柬帖儿～飞下。”清《儒林外史》四三回:“那一堵墙就像地动一般,滑喇的～倒了下来。” ❷没有根据、缘由或线索。宋黄榦《白莲寺僧如琏论陂田判》:“今不行打量,而～便行理断。”清《野叟曝言》四二回:“原因晴霞聪巧异常,天性善画,湘灵绣作,都是他～结撰。”《红楼梦》七三回:“至上本《孟子》就有一半是夹生的,若～提一句,断不能接背的。”

【凭览】 píng lǎn 凭临(向远处)观看。唐李白《登金陵冶城西北谢安墩》:“～周地险,高标绝人喧。”阎宽《温汤御球赋》:“城诚狭,颇积往来之勤;马虽调,恐生衔橛之变。～则至乐,躬亲则非便。”明郑真《乾坤一草亭记》:“虚其牖以资～,崇其径以通出入。”

【凭揽】 píng lǎn 同“凭览”。明《徐霞客游记》卷九下:“余～久之,四顾无路,将由前道下栈。”清纪映淮《桃叶渡》:“楖摇秦代月,枝带晋时春。莫谓供～,因之可结邻。”奕询《拟古》:“移根植盆盎,原期～便。孰意几案间,风露难周遍。”

【凭临】 píng lín ❶登临凭靠(眺望)。唐张蒙《登春台赋》:“远～兮一览,袅春心兮多感。”宋罗愿《次韵酬通判刘兄岳阳楼见怀》之一:“蓄纳深无际,～势易高。”清张英《寄亭治具游宛平相公怡园》:“～杰阁岚光满,偃息高斋树色深。” ❷凭空下临。明《徐霞客游记》卷三上:“上夹参天离合殆十层起,下夹直坠涧底,俱～千尺。”又卷一〇上:“有寺踞东悬之脊,东向～于松云翠涛间。”

【凭脉】 píng mài 同“评脉”。《元曲选·老生儿》一折:“请来～,他道小梅行必定是个厮儿胎。”按,元刊本作“平脉”。明孙一奎《诊脉歌》:“小儿有病须～,一指三关定真息。”

【凭你】 píng nǐ ❶任凭;无论。明《醒世恒言》卷一六:“～天大样疑难事件,经着老身,一了百当。”清《鸳鸯针》一卷二回:“我这进京,～钻天过海,设法谋中一个进士。”《白雪遗音·细细雨儿》:“可意的人儿,不曾在家,外边作生涯。若在家,～老天下多大,不怕房屋塌。” ❷纵然;就算。明陈孝逸《少年游·题重糟邱杂剧后》:“苍天大叫偏人也,～博浪椎。打草惊蛇,陶唐舜禹,总去问曹丕。”《山歌·比》:“～春山弗比得姐个青,～秋波弗比得姐个明。～夜明珠弗比得姐个宝,～心肝弗比得姐个亲。”清曹寅《眉峰碧·本意》:“～秋来那样山,不敢向、奁前赛。”

【凭票】 píng piào 作为凭据的票证。清《荡寇志》一〇六回:“那侯达递出一纸～道:‘正月里你着人来取的,现有你义兴字号的戳记。’”△曾国荃《与乔鹤侪都转书》:“倘得尊处给以～督引于下,敝处可在安庆、大通两处设局督销于上。”

【凭期】 píng qī 凭书上规定的期限。清《快心编》初集一回:“羽化因～紧迫,不敢久停。”《歧路灯》三三回:“那人～已迫,不敢逗留。”

【凭券】 píng quàn 即“凭文”。明韩邦靖《朝邑县志》卷二:“布政衣故破衣,纳～破囊中置驴上,骑往见知县,……乃徐徐出其囊中～,乃陕西布政也。”清李渔《蜃中楼》九出:“江山万里弃如捐,也须点墨为～。”

【凭实】 píng shí 确实凭据。清《绣戈袍》八回:“老爷分明受毒而死,你等知了。但王氏又无～,未知冤家果系何人。”

【凭是】 píng shì ❶纵然;就算。明《西游记》五三回:“泉水乃吾家之井,～帝王宰相,也须表礼羊酒来求。”清《红楼梦》六〇回:“～天大的事,先和老的一说,没有不成的。” ❷任凭;无论。清《女仙外史》八五回:“要知道没有了五贼,～谁都怕他哩。”《红楼梦》一六回:“别讲银子成了土泥,～世上所有的,没有不是堆山塞海的。”《歧路灯》三七回:“～怎么说,到底我们旧家少不了一个帖儿。”

【凭说】 píng shuō 据以辩白或述说。《大宋宣和遗事》前集:“量窄从来,红凝粉面,尊见无～。假王金盏,免公婆责罚臣妾。”明陈子龙《甲戌长安元日》之二:“何人日暖歌青玉,几处风轻剪绛纱。～天都行乐事,总教杨柳付琵琶。”清周廷谔《绿头鸭·慰友人悼亡》:“到而今、凄凉客馆,梦中～无聊。”

【凭探】 píng tàn 摸索触探;探摸。元《七国春秋平话》卷上:“却说孙子,天晚出地窨来,～便行,向屏风上见和诗一首。”清于式枚《秦中怀古》:“丹砂不救苍黄劫,白日～赤黑丸。”

【凭眺】 píng tiào 凭临眺望。唐张九龄《登乐游原春望书怀》:“～兹为美,离居方独愁。”明《英烈传》七八回:“朕看北平地形,依山～,俯视中原。”清蓝鼎元《程乡县图说》:“环邑皆山。在城之内者曰金山,外曰东岩,曰西岩,皆培塿,止供～。”

【凭托】 píng tuō ❶依托;依仗。唐元结《闵岭中》:“彼猛毒兮曹聚,必～乎阻修。”元明《水浒传》一一回:“～柴大官人面皮,径投大寨入伙。”清允礼《宗学记》:“且～世业,俯仰宽然,无衣食之计以累其心,无丛细之事以分其日力。” ❷托付;寄附。《法苑珠林》卷二〇:“贫道库中有无价神宝,敬以～,宜自取之。”宋蒋捷《喜迁莺》:“游丝纤弱,谩著意绊春,春难～。”

【凭文】 píng wén 证明文书。宋龚维蕃《重建先生祠记》:“有田若干,旧以私具,为先茔守者资。族子勿预。营道给～付周兴。”清《幻中游》三回:“领过～,请了两位幕宾。”《白雪遗音·相思印》:“得了一颗相思印,领了一张相思的～。”

【凭侮】 píng wǔ 侵凌侮辱。也指这样的因素。宋周紫芝《上皇帝书》:“况金人甚强,～中国,无所不至。”叶適《始论》:“然而～不除,芽蘖终在。小人因其间隙,倡复燕之谋。前衅始锄,后患随出。”

【凭限】 píng xiàn 犹“凭期”。也泛指期限。明倪岳《会议》:“除授官员赴任,过违～半年之上,方送问罪。”王骥德《皂罗袍·见书》:“绣衾香冷,魂单梦单,指尖掐痛还没个～。”清《醒世姻缘传》八四回:“你狄爷的～窄逐,还要打家里祭过祖去,这起身也急。”

【凭写】 píng xiě 据以抄写或撰写。《太平广记》卷一〇三引《冥报记》:“遂送净土寺宝献师处,～《金刚般若经》。”宋刘攽《为王郎中谢晏相公启》:“愧心腼颜,欲进不敢。辄因门下之容,～胸中之诚。”明杨士奇《王孟安笔花轩》之三:“赠公～天人策,肯逐扬雄浪草玄。”

【凭信】 píng xìn ❶相信;信任。宋范祖禹《封还臣僚论浙西赈济事状》:“朝廷既不～钤辖司之言,又戒约监司州县。如此,臣恐官吏束手,不能有所施为。”元赵君祥《新水令·闺情》:“路儿阻鱼笺断往来,心儿邪鹊语难～。”清《绿野仙踪》五四回:“我还有什么不～你处么,何用清算。” ❷证明;证据。五代郭威《谕徐州城内军民书》:“但收此绢书,以为～。”《元曲选·风光好》二折:“有何表记的物件与我,可为～。”清《野叟曝言》三一回:“至于行李衣服,也该拿一两件回来,做个～。” ❸遵循;依据。宋赵鼎《条具宣抚处置使司画一利便状》:“若给降稽缓,深恐行移无以～。”明方孝孺《与苏先生书》:“后世史官无所～,往往剿取异闻怪说,以实其事。” ❹凭准;效验。宋向滈《青玉案》:“传消寄息无～。水远山遥怎生奔,梦也而今难得近。”元王晔《新水令·闺情》："灵龟儿无定准，喜鹊儿少～。"明《英烈传》六三回："今后如此无～的虚声，一切不可申奏。" ❺ 凭依；托靠。宋刘弇《辇下春怀呈赵达夫》之二："草黏天远难～，丝扑人来惯送愁。"吴文英《瑞鹤仙·春感》："歌尘凝扇。待～，拚分钿。"明唐寅《对玉环带清江引·叹世词》："礼拜弥陀，也难～他。惧怕阎罗，也难回避他。"

【凭验】 píng yàn ❶ 据以查验。金佚名《大金吊伐录》卷一："自来累具文字，移牒大宋河北河东路……等州取索，皆推注，不为分白～。"元杨景道《论泾水之善》："该写合该水程日时，须要自下而上，惟渠涨岸高者别为区处。官及斗门子各收一簿，永为定式～。" ❷ 证明；验证。元冯子振《采石重建承天观三清殿记》："三十八代天师教主大真人据文～，深刻琬琰，有如皎日。"明汤式《一枝花·旅中自遣》："有一日际会风云得～，那时节威仪可瞻，经纶得兼。" ❸ 凭证；证据。元徐朝直《元苏州府教授子还锺公墓志铭》："岑问有何～。登仕将眉洗白。岑语塞，遂厚赠送归。"《三国志平话》卷上："丞相道无～，兄弟却来取书。"《大清律例》卷三五："如有踪迹，即将通关呈报该地方官，添差拿解。如缉无踪迹，仍投换回文，以为～。" ❹ 结果；效验。元王大学士《点绛唇》："探卷抽签，看书学剑，皆是虚谄。指望待折桂攀蟾，谁承望无～。"明王九思《粉蝶儿·丽情代赋》："喜蛛儿不志诚，灵鹊儿无～。"

【凭依】 píng yī ❶ 依附；依托。唐李豫《赠杨绾司徒诏》："方有～，遽此沦谢，屏予之叹，震悼良深。"明《拍案惊奇》卷一四："暂借贤妻贵体，与我做个～，好得质对。"清《绿野仙踪》六一回："猛见正西上，起一股黑气，直奔西南。运目力细看，似有妖物在内～。" ❷ 依据；作为根据。唐刘子元《孝经老子注易传议》："仍令校定，而此书更无兼本，难可～。"元吴澄《题范氏复姓祝文后》："我母谨藏先世诰命，可以～。" ❸ 依从；听从。清陈端生《再生缘》三一回："天子皇恩深感戴，爹娘严命尽～。"

【凭倚】 píng yǐ ❶ 倚；靠。唐杜頠《灞桥赋》："棹轻舸之悠悠，顺清流之纳纳；时～以观眺，喜烟花之环合。"明《金瓶梅词话》五二回："闷恹恹把栏杆～，凝望他怎生全无个音信。"清廖先达《晴窗即事》："曙色晴烘天霁开，闲窗～暂徘徊。" ❷ 依仗；依赖。唐常衮《授李抱玉河西等道副元帅制》："有致君庇人之绩，冠旗常彝鼎之铭。顾以国之～，久任忧患。"宋韩玉《水调歌头·张魏公生日》："分麾契符阃外，～定寰中。"元王祎《务光先生张君诔辞》："后生晚出，将孰～。蔼焉教思，匪文无纪。" ❸ 依据；遵循。元胡祗遹《论定法律》："泰和旧律不敢～，蒙古祖宗家法，汉人不能尽知。"

【凭臆】 píng yì 凭主观推测。明海瑞《老人参评》："是不计仇，非不避亲，毋任口雌黄，不～曲直。"《梼杌闲评》三一回："杨涟寻端沽誉，～肆谈。"清蓝鼎元《覆军前将弁可当大任书》："不揣冒昧，～胪列。"

【凭引】 píng yǐn 犹"凭文"。明《英烈传》七七回："今日进库，忽见一张～，失在地上。"《宜春香质》月集四回："你是那里行商，何处过客？有何～，突然过关。"

【凭由】 píng yóu 犹"凭文"。唐赵远《请超选朝官能活冤狱奏》："所付本人～，官满到京，便于刑部投状。"宋《三朝北盟会编》卷三二："金每两价钱二十贯，银每两一贯五百文。先次出给～公据，候事定支还。"元刘时中《端正好·上高监司》："印信～却是谎，快活了些社长知房。"

【凭在】 píng zài 听凭；任由。清《歧路灯》四〇回："滑氏把认冰梅、指日投启、添上束金的话，述了一遍。惠养民笑道：'～您们罢。'"又六二回："至于搭棚摆设，棚布、柱脚、撑竿、围屏，得几百件，～贤弟吩咐，就叫老满来搭。"

【凭仗】 píng zhàng ❶ 烦请；托付。唐元稹《苍溪县寄扬州兄弟》："～鲤鱼将远信，雁回时节到扬州。"元张翥《水龙吟》："～何人收取，付天孙云绡机杼。"明李开先《楚江秋·重五感旧》："去年今日，庆端阳走斝飞觞。家缘今把谁～？愁山不可当。" ❷ 任凭。五代冯延巳《鹊踏枝》之五："体向尊前情索莫，手举金罍，～深深酌。"孙光宪《清平乐》："～东风吹梦，与郎终日东西。"

【凭照】 píng zhào ❶ 凭证；执照。《续资治通鉴长编》卷四六八："若无别犯，字号分明，或逃亡罪无～，并牒送元逃处勘断。"清《皇朝文献通考》卷一九九："浙江省秋审招册内，将伪造～、诱买假官之王星瞻，按律拟斩。"《清实录·宣宗成皇帝实录》："据呈出管理商舶官所给～一张，并无该国王咨呈。" ❷ 依照。清《皇朝文献通考》卷二七："一税而数处各别者，缘各属并无部颁则例，各～破烂旧本，按物收税。" ❸ 凭借水面、镜面等观察映像。清弘历《圆朗斋》："一片湖光呈面前，开奁似镜朗而圆。偶来～拟自问，方寸如斯然不然？"

【凭证】 píng zhèng ❶ 证据。唐李匡乂《资暇集》卷上："且李氏未详处，将欲下笔，宜明引～。细而观之，无非率尔。"《元曲选·鸳鸯被》三折："分明那白纸上教我画着黑字儿，是怎生倒留做他家～。"清《万花楼》三六回："首级被你盗去，自然没有～。" ❷ 依据；根据。宋史绳祖《学斋占毕》卷二："《世说》孔融指杨梅戏杨修曰：'此君家果。'不知何所～而敢如是胡说。" ❸ 鉴证；证明。明薛敬孟《望远行·咏妆镜》："欢是秦宫照胆，幽情如见，正好分明～。"

【凭执】 píng zhí 证据；执证。《祖堂集》卷一六《黄檗和尚》："僧问：'只如保福道不惜拄杖，意作摩生？'报恩云：'他大意则是，只是无～。'"明海瑞《交印文》："烦为转申合干上司，速降明示，使卑职得有～。"

【凭助】 píng zhù 支持帮助。唐李白《地藏菩萨赞》："愿图圣容，以祈景福。庶冥力～，而厥苦有瘳。"《景德传灯录》卷二五《抚州黄山良匡禅师》："高山顶上无蔬饭，无可祗待诸道者，唯有金刚眼睛，～汝发明真心。"

【凭准】 píng zhǔn ❶ 依据；遵循。唐王方庆《请改东宫门殿名疏》："涛中朝名士，必详典籍，故不称名，应有～。"道宣《法义篇序》："夫法者何邪？所谓～修行，清神洗惑而为趣也。"清席佩兰《寄衣曲》："去时宽窄难～，梦里寻君作样看。" ❷ 作为凭证；相信。唐窦臮《述书赋》："其所不睹空居名额，并世所传拓者，不敢～，一皆略焉。"《元典章·刑部十八》："本处官司审过住贯、亲属姓名、被掳被卖来历，难便～。"明《拍案惊奇》卷四："妇人之言，何足～？" ❸ 定准；标准。唐韦述《宗庙加笾豆议》："且人之嗜好，本无～。宴私之馔，与时迁移。"明王骥德《赛观音·丽情》："他去后风雨无～，纵有青鸾难传言。"清《水浒后传》二六回："英雄自古无～，脱却蓑衣换衮衣。" ❹ 根据；凭证。明吴鼎芳《兰陵王》："渐觉梧桐移过影，怎做得～。"清《后水浒传》三三回："你只低声，看了～，送你到那船上去。"

【屏蔽】 píng bì 屏障；遮蔽物。《五灯会元》卷九《襄州王敬初常侍》："明日凭鼓山供养主入探其意。米亦随至，潜在～间伺伺。"宋王铚《默记》卷上："盖淮南无山，惟滁州边淮有高山大川，江淮相近处，为淮南～。"清《女仙外史》三二回："北平以居庸为锁钥、辽阳为～。"

【屏插】 píng chā 画架，上可插画板，凭以作画。明《金瓶梅词话》六三回："当下来保与琴童在旁捧着～颜色。韩先生一见就知道了，众人围着他求画。"

【屏藩】 píng fān 屏风和藩篱，比喻作为屏蔽的疆域或防御设施。五代李怿《封钱镠为吴越王玉册文》："允为东海～，永保中原重镇。"宋杨时《谢太守启》："窃以郡县王室之～，而守令士民之师帅。"清《醒名花》一六回："告养虽出其孝思，但陶杞自有嫡子侍奉，定国着照旧供职，以固～。"

【屏幅】 píng fú 像屏风那样成组排列的条幅。宋陈允平《疏影》："待倩诗、收拾归来，写作卧游～。"清宋元鼎《念奴娇》："落帆烟雨亭楼、是君～。"钱泳《履园丛话》卷一〇："赵荣禄书《寿春堂记》，大楷书，是绢本～，剪装巨册者。"

【屏翰】 píng hàn 比喻国家重臣。语本《诗经·大雅·板》："大邦维屏，大宗维翰。"唐韩愈《楚国夫人墓志铭》："公居河东，子在鄜峙。为王～，有壤千里。"宋曾巩《节相制》："其于荷戈执队，为王之爪牙；立纛设旄，为国之～。"清李渔《玉搔头》二八出："好个有担当的男子，不枉做皇家的～。"

【屏户】 píng hù 即"屏门"。宋赵鼎臣《次韵陈修仲题会稽宋尉澄晖亭》："疏朗引湖山，豁达去～。"胡寅《陆棠传》："杨公使与诸儿处。家人每从～间聆其讲读。"元王恽《宋总尹母夫人庆八秩诗序》："处士尝与客语久，夫人～间有所闻。"

【屏架】 píng jià 起捍蔽、保护作用的架子。明宋诩《竹屿山房杂部》卷一〇："锦荔枝，春月时以子播种，立～以累之。"清李渔《玉搔头》九出："身为树，面作花，看罗绮千行，列成～。"《红楼梦》五四回："贾蓉听了，忙出去带着小厮们就在院内安下～，将烟火设吊齐备。"

【屏门】 píng mén 用以遮蔽内院的门，由数幅隔扇组成。《太平广记》卷一五引《神仙感遇传》："忽至一处，状如台府，至～，使者引入。"明《西游记》四七回："前面坐的老者急起身迎，到～后道：'哥哥莫嚷。'"清《白雪遗音·罗成托梦》："滴溜溜的阴风，刮过墙头，越过～。"

【屏幕】 píng mù ❶ 屏风和帷幕。《太平广记》卷三七二引《传奇》："不疑召春条，泣于～间。"宋王庭珪《题王主簿逸老堂》："两部池蛙当鼓吹，万叠云山作～。"清陈维崧《莺啼序·春日游平山堂》："～津楼斜蘸水，秋千春院闲吹絮。" ❷ 比喻家庭风纪。明谭元春《李朱实尊公序》："两尊人以高年红颊，～酣肃。"

【屏墙】 píng qiáng 起屏蔽作用的一段墙壁，即照壁。唐刘肃《唐新语》卷一三："又令嘲～，略曰：'高下八九尺，东西六七步，突兀当厅坐，几许遮贤路。'"宋程珌《上陈舍人书》："间一岁，来试教官，怀刺～。"《元曲选·蝴蝶梦》二折："我向这～边侧身偷睛觑，谁曾见这官府。"

【屏山】 píng shān 屏风。唐温庭筠《南歌子》："扑蕊添黄子，呵花满翠鬟，鸳枕映～。"金《刘知远诸宫调》三："～画出鱼戏水，描成鸳鸯共鸂鶒。"清陈端生《再生缘》一七回："满坐～临绮席，一庭花影入珠帘。"

【屏围】 píng wéi 屏风。宋张侃《书目所见者》之一："我家～图，画作江天雪。"《元曲选·墙头马上》一折："倩丹青写入～，真乃是画出个蓬莱意。"清汤右曾《病中查悔餘以诗见怀》："萧然敝几倦犹凭，僮触～唤不应。"

【屏帏】 píng wéi 犹"屏幕❶"。也指家庭内部。唐高彦休《阙史序》："其间近～者、涉疑诞者，又删去之。"元萧德祥《小孙屠》一三出："脸桃红露樱唇媚，淡扫蛾眉傍人怎比。宛然似春光结蕊，幸然折在～里。"清厉鹗《沁园春·影》："重逢后，羡香肩斜倚，共映～。"

【屏帷】 píng wéi 犹"屏幕❶"。唐白居易《三年冬随事铺设小堂》："逐身安枕席，随事有～。"宋张方平《神宗皇帝挽辞》之四："有为皆社稷，无逸著～。"清查慎行《台城路·妓席作》："～乍卷，佳人出、夜堂静愔愔地。"

【屏卫】 píng wèi 起屏蔽和护卫作用的建制、地形等。多指藩国。唐李忱《册回鹘可汗文》："所以公侯子孙，道在必复，华夏～，理宜长存。"宋欧阳修《回颖王书》："德盛地尊，乃王家之～；色温言厉，为宗籍之表仪。"清蓝鼎元《潮阳县图说》："其左为东山，怪石嶙峋，邑东之～乎？"

【屏扆】 píng yǐ 屏风。扆，画有斧形图案的屏风，古代宫殿设在户牖之间。宋张舜民《郴行录》："其上有面岳亭，北望衡山之阳，有如～。"明陆容《菽园杂记》卷一："前堂～后，有方石池，中刻波浪纹。"清施闰章《敬亭山重修云齐阁记》："山故枕郡城若～，而飞阁倚抱。"

【屏帐】 píng zhàng 犹"屏幕❶"。唐牛僧孺《玄怪录》卷一："窗户栋梁，饰以异宝，～皆画云鹤。"元虞集《题游弘道所藏刘伯熙画》："宫中～爱奇古，每托画手驰风烟。"清《红楼梦》七九回："因此天天到紫菱洲一带地方徘徊瞻顾，见其轩窗寂寞，～翛然。"

【屏障】 píng zhàng 同"屏幛"。唐李白《草书歌行》："湖南七郡凡几家，家家～书题遍。"元明《水浒传》八九回："臣等愚意，可存辽国，作北方之～。"清李渔《占花魁》九出："四面常时对～，一家终日在楼台。"

【屏幛】 píng zhàng 屏风。也泛指遮蔽、屏挡之物。宋韩琦《三兄司封行状》："江左士人往往书其赋于～间，而目公为韩鸿雁。"清朱彝尊《岁贡生程君墓志铭》："山形铁峻，特立新安江中，为一乡～。"《荡寇志》七六回："前日从我这里过，写下了四幅～，明早把来与贤侄看。"

【屏著】 píng zhù 屏门。著，通"伫"，古代宫室的门、屏之间，人臣临朝伫立之所。宋张方平《免明堂陪位表》："典臣久辞～，退伏里闾。"吕祖谦《谢陈尚书举自代启》："始则以孱懦自薄，终则以疵贱自嫌，阅日月于丘樊，迄参辰于～。"明倪元璐《诰封商母刘太夫人行状》："其群数百，游徽士大夫家，如甕投甀，独无一窥太夫人～者。"

【軿凑】 píng còu 即"拼凑"。明《拍案惊奇》卷一："今我同两个好的弟兄，～得一两银子在此。"清薛雪《一瓢诗话》："惟务雕缋，仅同百衲琴，～虽工，胶滞清音，究非上品。"

pō

【朴刀】 pō dāo 一种有短柄（也可以加装在长柄上），能双手握住，刀身窄长的刀。宋佚名《张协状元》八出："一柄～，敢杀当巡底弓手。"元明《水浒传》六一回："卢俊义取出～，装在杆棒上，三个丫儿扣牢了。"清《绿牡丹》五一回："弟兄三人各持～，率领几十个庄汉，飞赶前来。"

【坡】 pō ❶ 唐时称翰林学士院和谏议大夫班位，也借称翰林学士和谏议大夫。学士院处金銮坡上，谏议大夫班位处含元殿前龙尾道坡上，故称。唐佚名《玉泉子》："李问：'更有何说？'裴云：'别无新事，但昨日～下郎官集送某官出牧湖州。'"宋叶梦得《石林燕语》卷五："俗称翰林学士为～，盖唐德宗时尝移学士院于金銮坡上，……谏议大夫亦称～。"程大昌《雍录》卷八："唐制，自谏议大夫进迁，始为给事中，而其龙尾道上两省供奉官之立班也，谏议顾在给事中上。故裴吉之为谏议也，供奉班中共谑之曰：'饶伊上～，却须下～。'言今为谏议虽骤班给事之上，及其迁为给事班，反在下也……～者，含元殿前龙尾道坡陀而高者也。” ❷ 量词。用于地段。宋元《清平山堂话本·杨温传》：“人去看，一段空地。那杨三官人道：‘好也！这～空地，只好使棒。’”

【坡坂】 pō bǎn ❶ 呈斜坡状。宋《三朝北盟会编》卷一四一：“整众而进，与邓州马军遇。地势～而有低林，俗呼为孛罗冈。” ❷ 斜坡。元王祯《农书》卷一七：“上下～，绝无轩轾之患。”明《西游记》四四回：“滩头上～最高，又有一条夹脊小路，两座大关。”清雍正四年十二月二十一日鄂尔泰奏文：“～宜荞，原隰宜稻。”

【坡地】 pō dì 山坡上的或呈坡状的田地。清雍正十二年七月二十六日岳濬奏文：“卫河涨水，不复旁注。～淤存之水，悉已消退。”

【坡冈】 pō gāng 山冈。唐韦应物《野居》：“逐兔上～，捕鱼缘赤涧。”元王伯成《天宝遗事诸宫调·玄宗幸蜀》：“～峻、马足难停。”《大清会典则例》卷三五：“河东、河西各处，高田下地已经成熟，而山林～之间犹未尽辟。”

【坡岗】 pō gāng 同“坡冈”。明《徐霞客游记》卷九下：“复上坡，循东南行一里，度东涧之西，乃南蹑～，则东之蜡坪。”

【坡巾】 pō jīn 东坡巾。一种四面有角的软帽。相传宋代苏东坡喜戴，故名。明《金瓶梅词话》五九回：“头上戴着～，身上穿着纬罗暗补子直身。”

【坡梁】 pō liáng 山梁。清雍正七年正月二十五日鄂尔泰奏文：“凶苗奔败，官兵追下～，直抵巢穴。”

【坡陇】 pō lǒng 山丘。宋苏轼《铁沟行赠乔太博》：“城东～何所似，风吹海涛低复起。”程大昌《雍录》卷四：“金銮殿者，在蓬莱山正西微南也。龙首山～之北，至此餘势犹高，故殿西有坡。”清黄叔璥《台海使槎录》卷一：“三十六岛巨细相间，～相望。”

【坡垄】 pō lǒng 坡田；坡地。宋文珦《野步》：“陂塘波弥弥，～麦青青。”明瞿佑《鹧鸪天》：“～高低水四围，人家相并列柴扉。”

【坡撇】 pō piē 鸨母。元曾瑞《四块玉·嘲妓家》：“奴非不爱双生俊，孛老严，～哏，钱上紧。”又《喜春来·妓家》：“粉营花寨紧关门，咱受窘，披(坡)撇见钱亲。”

【坡田】 pō tián 即“坡地”。金赵秉文《过邠州》之二：“～井井龟图画，山路盘盘篆印缪。”清魏裔介《日暮自广阿归柏漏下二鼓》：“野叟荷锸归，～旷无际。”

【坡头】 pō tóu 山头。宋梅尧臣《观黄介夫寺丞所收邱潜画牛》：“牧童吹笛～坐，古树萧骚叶战风。”金张秦娥《南城》之一：“～望西山，秋意已如许。”清《济公全传》一六则：“水边林下，～石畔，一阵阵一行行，相扶相挈而来。”

【坡陀】 pō tuó ❶ 城基；山坡；凸立的大石或土堆。唐玄奘《进西域记表》：“祇园之路，仿像犹存；王城之基，～尚在。”宋黄庭坚《溪上吟》：“杖藜山中归，牛羊在～。”清曾衍东《小豆棚》卷九：“翠峰百仞，高插云表，下皆平石，周围作～。” ❷ 隆起貌；起伏貌。唐杜甫《奉同郭给事汤东灵湫作》：“～金虾蟆，出见盖有由。”明汪广洋《下蔡县》：“群岭～围楚野，十城环琐控淮流。”清纪昀《阅微草堂笔记》卷一二：“景城之北，有横冈～，形家谓余家祖茔之来龙。” ❸ 倾颓貌。唐张说《郑国夫人神道碑铭》：“寒暑流易，山川久兮。古坟～，老树朽兮。”许浑《广陵道中》：“城势已～，城边东逝波。”宋王安石《游土山示蔡天启秘校》：“～谢公冢，藏椁久穿劫。” ❹ 连片貌；成摊貌。唐韩偓《净兴寺杜鹃一枝繁艳无比》：“一园红艳醉～，自地连梢簇茜罗。”宋宋祁《齐云亭晚瞩》：“树花红暗淡，城草绿～。”清汤右曾《荆州》：“龙陂桥外～血，谁洗忠臣九地魂？”

【坡崖】 pō yá 山崖。明唐志契《绘事微言》卷上：“凡描枝柯苇草、楼阁舟车之类，运笔宜巧；山石～、苍林老树，运笔宜拙。”清胡宝瑔《请仍封禁铜塘山疏》：“而佃种人户间有倚傍官山～搭棚居住者，多系闽人。”《平定两金川方略》卷一〇〇：“两大碉在山梁绝顶，两面～如削。”

【坡野】 pō yě 山野。金张从正《儒门事亲》卷一一：“用～中净土曒干，以大蒜研如泥土，捏作饼子。”明朱橚《救荒本草》卷六：“酸枣树，《尔雅》谓之樲枣，出河东川泽。今城垒～间多有之。”

【坡子】 pō zi 山坡；呈坡状的地面。明屠隆《彩毫记》三一出：“～地上有两个妇人，一个男子，拿住。”清《儒林外史》三四回：“那些赶鞘的骡夫一齐叫道：‘不好了，前面有贼。’把那百十个骡子都赶到道旁～下去。”《飞龙全传》九回：“即忙叫了数声，只听得～下有人答应道：‘贤弟，愚兄在此。’”

【颇】 pō 另见 pǒ。频；数(次)。《敦煌变文校注》卷五《妙法莲华经讲经文(一)》：“频度星霜，～更寒暑，苦志不移，希闻妙法。”明吴宽《次韵启南淫雨》：“鸠妇频见离，蛇医～遭诟。”清赵怀玉《历游三山大悲诸刹》：“经秋懒出门，一日遍诸寺。野衲～逢迎，精蓝工位置。”

【颇极】 pō jí ❶ 极尽；竭尽。唐白居易《与刘苏州书》：“朝觞夕咏，～平生之欢。”明陆师道《玉女潭题赠史吏部恭甫》：“想当经始时，～位置力。探妙溯邃初，选胜穷搜剔。”清冯志沂《伯言先生决意南归有感赋呈》：“五年～文字乐，志欲据此轻王侯。” ❷ 极其；非常。唐颜真卿《抚州宝应寺律藏院戒坛记》：“山泉之美，～幽绝。”明《二刻拍案惊奇》卷二二：“那先生开馆去处，是个僧房，～齐整。”清《醒世姻缘传》九七回：“那边衙内没了招灾揽祸的本人，～安静。” ❸ 用作补语，表示程度极高。《唐会要》卷二一：“数内鱼肉委食，味皆肥鲜，掩埋之后，熏蒸～。”《太平广记》卷三九《逸史》：“一旦有疾，王十八复来曰：‘要见相公。’刘公感叹～，延入阁中。”清和邦额《夜谭随录》卷三：“太太者待于檐下，年约三十六七，奢华艳异，都冶～。”

【颇颇】 pō pō ❶ 频频；频次。宋陈师道《持善序》：“于是～采《华严》《宝积》而次第之，愿与信者而尽心焉。”元欧阳玄《积斋程君端学墓志铭》：“未几，车甫以劬书致疾卒，君亦～癯瘁多病。”清徐昂发《次韵答曰容秋夕醉歌》：“郭生年少夸翩翩，顾子颓唐亦～。” ❷ 甚为；很是。宋王质《倦寻芳·渡口酒家》：“那人家，有竹篱瓦缶，～清冽。”明《古今小说》卷二八：“这几年勤苦营运，手中～活动。”清《红楼梦》二四回：“素日倪二虽然是泼皮无赖，却因人而使，～的有义侠之名。” ❸ 说得过去；还可以。《元曲选·谢天香》二折：“〔钱大尹云〕……这厮倒聪明着哩。〔张千云〕也～的。”《元曲选外编·黄鹤楼》三折：“〔刘末云〕这小的是一对好眼。〔俊俏云〕我～儿的。”明汤显祖《牡丹亭》四〇出：“你道俺更不聪明，却也～的。” ❹ 足以；能够。明《禅真后史》一〇回：“我父亲若肯熬清受淡吃薄粥时，也～做成家业。”《西湖二集》卷二八：“我见他的意思有些古怪，料得自己颇有精神，也～对付得过。”清《醒世姻缘传》四六回：“又开着个杂粮铺，日求升合的，如今也～的过得日子了。”

【颇甚】 pō shèn ❶ 犹“颇极❷”。唐陆贽《赐吐蕃将书》：“所请奉天盟书，勒于清水碑石，审详事理，～乖违。”明《型世言》一〇回：“他父亲教他识些字，看些古今《列女传》，他也～领意。”清《姑妄言》一五回：“故时时亲近，常常奉请，两人～投机。” ❷ 犹“颇极❸”。唐赵憬《上审官六议表》：“理详则尘渎～，言略则利害未宣。”明瞿佑《剪灯新话》卷一：“饥馁～，行不能前。”清

《聊斋志异·白于玉》："太史时年七旬，龙钟～。"

【颇子】 pō zi 囮子；诱骗的招数。明《禅真后史》一八回："全伯通愈加猜疑，忙起一个～道：'兄不必相瞒。我老全颇通太素，预知未来吉凶。'"

【泼】 pō ❶ 倾倒；抛洒。唐智严《十二时·普劝四众依教修行》之四〇："热油浇，沸汤～。"金《刘知远诸宫调》一一："知远把瓦忏内羹饭，都～着洪信面上。"清《红楼梦》四三回："我劝你收着些儿好，太满了，就要～出来的。" ❷ 引申指涂写，特指绘画中大面积着墨或着色的技法。唐希雅《题画》："谁～烟云六尺绡，寒山秋树晚萧萧。"清沈宗骞《芥舟学画编》卷四："～之为用，最足发画中气韵。令以一树一石，作人物小景，甚觉平平。能以一二处～色，酌而用之，便顿有气象。"佚名《玉梅亭》六出："磨陈墨，～云笺，学吟秋。" ❸ 沏；快速倒入液体中。唐张又新《煎茶水记》："溪色至清，水味甚冷。家人辈用陈黑坏茶～之，皆至芳香。又以煎佳茶，不可名其鲜馥也。"宋苏轼《和参寥见寄》："待我西湖借君去，一杯汤饼～油葱。"清《幻中游》二回："叫小厮～了一壶好茶来，彼此对饮了几杯。" ❹ 酿酒程序之一。在酒将酿熟时，把醅面(酒酿固结的一层浮面)破开，使酒浆上溢熟化。也泛指酿酒或滤酒。唐王绩《春庄酒后》："柏叶投新酿，松花～旧醅。"元关汉卿《四块玉·闲适》："旧酒投，新醅～，老瓦盆边笑呵呵。"清曹尔堪《满江红·王西樵考功见和江村词》："正蒲萄浓～，春波如酿。" ❺ 冲击；扑击；拍打。唐李群玉《洞庭风雨》："浪～巴陵树，雷烧鹿角田。"元郑元祐《遂昌杂录》："长卿急翻身捽捶者，则同前观潮之人，皆为怒潮～去。"明《醒世恒言》卷二六："一挣挣起来，将尾子向王士良脸上只一～，就似打个耳聒子一般，打得王士良耳鸣眼暗。"《西洋记》五五回："把僧鞋～一～，把胡须抹一抹。" ❻ 冲；扑；触(体)。宋黄庶《送刘孟卿游天台雁荡二山》："天台雁荡～上心，暑焦毛发不肯留。"明王翰《傅岩晓霁》："云过西山宿雨收，霏霏空翠～双眸。"清周亮工《胡三元润征裘歌》："伏日几时北风～，胡郎葛衣不成脱。" ❼ 破碎；破除。宋唐庚《白小》："人生一沤～，谁作千岁调?"元郝经《醉后》之二："谁将元气酿春风，解～愁人磊魂胸。"清吴伟业《秣陵春》一九出："可堪诗脾还渴，仗兰陵琥珀醅，把春愁～破。" ❽ 破旧；破烂。宋陈造《布谷吟序》："人以布谷为催耕，其声曰：'脱了～裤。'"绍昙《五家正宗赞》卷三《太阳玄禅师》："非央庠座主，谁受你破皮履、～禅衣?"元明《水浒传》八二回："裹一顶油油腻腻旧头巾，穿一领邋邋遢遢～戏袄。" ❾ 低贱；滥污。宋石孝友《亭前柳》："这百十钱，一个～性命，不分付、待分付与谁?"《五代史平话·梁上》："使些～言语要来奸污他。"清《女仙外史》三二回："眼见几十个～老婆，就都是一丈青，也杀他个尽情。" ❿ 凶悍；无赖。《元曲选·桃花女》二折："哎哟，你这小孩子家就学得放～那!"明葛昕《文林郎谷君行状》："常有某某两昆弟，以厚逋负反肆～，啧啧无状。"清《无声戏》四回："他教我把胆放～些。我前日只因～坏了事，如今怎么还好～得。"也称这样的人。明张四维《双烈记》一三出："梁大妈央你我假妆讨债的，到他家炒嚷，意欲赶那韩～出去。" ⓫ 放肆；无所顾忌。《元曲选·蝴蝶梦》二折："割舍了待～做，告都堂诉省部，撅皇城打怨鼓。"《儿女团圆》二折："每日价贪图花酒，～使钱财。" ⓬ 表示鄙视、厌恶之词。《元曲选·汉宫秋》四折："则俺那远乡的汉明妃虽然得命，不见你个～毛团也耳根清静。"明《朴通事谚解》卷中："这～禽兽杀娘贼。"清《女仙外史》一回："～怪物！上帝洪恩，敕你下界做天子，乃敢潜入月宫，调谑金仙。" ⓭ 花费。明《欢喜冤家》七回："一家五口，吃了年餘，又大～小用，那银子用去七八了。" ⓮ 说大话吓人。明顾起元《客座赘语》卷一："大言吓人，曰烹，又曰～。" ⓯ 拼；豁。清《绿野仙踪》八三回："只用～出一二千两银子，叫他怎么便怎么。"《歧路灯》六一回："输了与人厮打，赢了～上死要而已。" ⓰ 副词。极；十分。明汤显祖《邯郸记》八出："千层起的～松，八珍配得整饬。"清吴伟业《临春阁》二出："只要荔支香一骑红尘骤，～新鲜圆颤钗头。" ⓱ 量词。用于液体。明李诩《戒庵老人漫笔》卷五："雨一阵为一破，又以一番、一起为一～。"《平妖传》一一回："魆地里到卧室中，把个磁碗溦一～尿。"

【泼包娄】 pō bāo lóu 同"破包篓"。明刘兑《娇红记》卷下："这～暗使拖刀记，把俺那没倒断的相思从头儿又害起。"

【泼鼻】 pō bí 扑鼻。宋冯时行《送同年朱元直监税》之二："秋风可拟借年光，晓觉新蒭～香。"潘玙《秋日闲居》之一："觉来落日帘窥影，茶鼎松风～香。"

【泼步】 pō bù 同"破步"。明《金瓶梅词话》二五回："这经济老和尚不撞钟——得不的一声，于是～撩衣向前说：'等我送二位娘。'"

【泼才】 pō cái 詈词。无赖；坏家伙。元明《水浒传》五回："腌臜打脊～，叫你认得洒家!"明陆采《明珠记》一九出："没来由撞这两个老～，缠了半日。"沈鲸《双珠记》二七出："刘家姐，郑家姐，着甚来由被那两个老～缠了半日?"

【泼茶】 pō chá 冲茶；沏茶。宋王谠《唐语林》卷六："舟次瞿塘遇风，侍者惊废，渴甚，自～饮。"郭祥正《会食》："～旋煎汤，就火自哄盏。"清《歧路灯》一六回："希侨骂了两句，叫厨下照料～去。"

【泼忏】 pō chàn 犹"泼钐"。金《董解元西厢记》卷七："口啜似猫坑，咽喉似～。"元马致远《夜行船》："觑了他行赚，呼了它言谈。动不动口儿～，道的人羞惨。"

【泼除】 pō chú 浇灭；清除。宋梅尧臣《和谢公仪学士正月十七日雨后复雪》："～灯火上元去，挫却勾萌六出来。"居简《铁牛住灵隐疏》："要～临济一宗，风清下载；未拈着正因二字，草没前除。"

【泼触】 pō chù 冲激。清钱谦益《谢于昭远寄庙后茶》："活火新泉沸石铫，～乳花发香性。"

【泼绰】 pō chuò 宽绰；有餘。清《无声戏》三回："我闻得衙门世钱来得～，不如自己去当。若挣得来，也好娶房家小。"

【泼醋】 pō cù 因嫉妒(指男女关系方面的)而撒泼。明《金瓶梅》七五回："因抱恙玉姐含酸，为护短金莲～。"清《红楼梦》四四回："变生不测凤姐～，喜出望外平儿理妆。"

【泼胆】 pō dǎn 放胆；斗胆。明何良臣《阵纪》卷四："然夜战之卒，非亡命不可也，……非绝技～不可也。"《禅真后史》三五回："汝是何人，～随我入来?"清《醒名花》四回："本县把你们这班～奴才敲死几个，自有强盗着落了。"

【泼倒】 pō dào 倾倒；(液体)下注。明易震吉《沁园春·与友人酌》："愁筑坚城，倾杯～，快似挥刀斫怒雷。"《西洋记》六二回："雨逞风威偏～，风随雨势越颠狂。"清《天豹图》四回："跌了一倒，把一盆水～在地。"

【泼地】 pō dì ❶ 扑地；迎着地。明袁宏道《龙君超邀集章台》："天际飒轻雷，浓阴～来。"清《醒世姻缘传》八六回："焦黄的泥水，山大的浪头，掀天～而来。" ❷ 把液体泼向地面。明沈璟《义侠记》八出："〔小旦斟酒，先饮半杯对生介〕……〔生夺酒～怒介〕"清《红楼梦》八六回："生兄将酒～，恰值张三低头拾物，一时失手，酒碗误碰囟门身死。"

【泼丢泼养】 pō diū pō yǎng 形容对孩子不娇惯。明《金瓶梅词话》三四回："休怪小的说，倒是～的还好。"

【泼妒】 pō dù 泼辣嫉妒。清《品花宝鉴》二回:"听得令岳母～异常,未知果否?"

【泼恶】 pō è 蛮横凶悍。明《西游记》六五回:"魔头～欺真性,真性温柔怎奈魔?"清《醒世姻缘传》五三回:"晁无晏依恃了自己的～,仗托了晁思才是个族尊,如狼负狈。"又八〇回:"寄姐也收英风,藏了猛气,没了那一段的～。"

【泼饭】 pō fàn ❶水饭;茶泡饭。元宋元怀《拊掌录》:"方吃～,闻邻家琵琶作《凤栖梧》。" ❷用(茶)水泡饭。清陆廷灿《续茶经》卷下之二:"精茶不宜～,更不宜沃醉。"

【泼风】 pō fēng ❶形容快速。元明《水浒传》六三回:"早见宋江军马,～也似介来。"清《后水浒传》二回:"见有几骑马～也似赶来。"《品花宝鉴》五回:"对面遇着一群车马,～似的冲将过来。" ❷形容锋利。元明《水浒传》三七回:"若还要吃板刀面时,俺有一把～也似快刀在这艎板底下。"明陆采《明珠记》四二出:"小人唤做张稍,使般快似～刀。"清《野叟曝言》五二回:"跑入后舱,抢出一把～也似快刀。"

【泼狗】 pō gǒu 詈词。恶称人。宋元《清平山堂话本·李翠莲》:"老～,老～,叫我闭口又开口。"明《西洋记》三七回:"蛮～,敢唐突我南将么?"

【泼灌】 pō guàn 泼洒倾注。清《野叟曝言》四六回:"西边一宅僧房,虽被火炭飞掷,有人在房发水～,火钩拉救,尚未延烧。"

【泼寒】 pō hán ❶即"泼寒胡"。宋苏轼《次韵刘景文赠傅曦秀才》:"未能飞瓦弹清角,肯便投泥戏～。" ❷倾泻寒冷。清厉鹗《十二月十七日夜坐》:"行夜坊隅微有月,～时节竟无冰。"刘伯埙《夜宿山村》:"夜雨～秋似水,短镫摇影屋如船。"

【泼寒胡】 pō hán hú 西域胡人的一种乐舞。寒月裸舞,观者以水泼之。唐张说《谏泼寒胡戏疏》:"且～未闻典故,踝体跳足,盛德何观?挥水投泥,失容斯甚!"明王世贞《宛委餘编》卷一四:"～,以水泼人,效寒胡戏也。"清王夫之《乐府》之五:"秃袖开襟再拜膜,三朝元会～。"

【泼寒戏】 pō hán xì 即"泼寒胡"。宋方岳《阅视赏射》:"边角悲鸣霜扑地,将校宁甘～。"敖陶孙《次韵冯孔武雪中简闻人簿乞炭》:"庭中盛设～,炙手欲近还嗔人。"

【泼悍】 pō hàn 泼辣凶悍。明袁于令《西楼记》一〇出:"恶奴胆大将咱嫚,十分肆～。"清曾衍东《小豆棚》卷八:"～尚不悛改,当挞杀汝。"《醒世姻缘传》八〇回:"拔了眼中钉,甚是快活,重整精神,再添～。"

【泼横】 pō hèng 泼辣蛮横。清雍正五年十一月初八日李卫奏文:"且私贩动则百十成群,与乡民结为表里,甚属～。"汪辉祖《佐治药言》:"而妒悍之妇,存其廉耻,亦可杜其～。"又《论命案》:"刁悍尸亲,或妇女～,竟有不可口舌争者。"

【泼火】 pō huǒ ❶即"泼火雨",也泛指降雨。宋苏轼《蝶恋花》:"雨霰疏疏经～。巷陌秋迁,犹未清明过。"明汤显祖《牡丹亭》四二出:"看初收～,嫩凉生,微雨沾裾。"清王复《寒食日雨中吴竹屿先生招》:"朝来～恰如期,黯黯檐端湿云映。" ❷洒火,形容一片红色。宋彭汝砺《江花》之一:"江水授蓝绿,江花～红。"清钱芳标《醉花阴·和漱玉词》:"～安榴深院昼,锁啮双扉兽。" ❸泼水灭火。元郝经《二月二十三日犹在仪真馆》之一:"泪逐催花雨,心同～灰。"明《西游记》七〇回:"有的取水～,有的仔细搜寻。"清《歧路灯》六五回:"一个大池塘,人都排满了,运水～。" ❹降火;消除热症。元危亦林《世医得效方》卷二:"(地榆饮)～散伤暑烦燥、发渴口干。" ❺消除暑热。清朱彝尊《同郭三满井访仑公即事》之一:"小雨乍～,轻风无聚沙。"

【泼火雨】 pō huǒ yǔ 称寒食、清明时节下的雨。寒食禁火,故称泼火。唐李频《苏州寒食日送人归觐》:"蓬声～,柳色禁烟村。"宋祖无择《清明日与二三宾客赏花》:"～餘微绿润,落花风急乱红斜。"清厉鹗《寒食同少穆初观城南看花》:"熟食例多～,江吐微云遍村坞。"

【泼货】 pō huò 犹"泼辣货"。明《西游记》八一回:"行者喝道:'～,那走!'"《禅真后史》一〇回:"我把你这尖嘴薄舌的～不要慌,拼一个你死我活,才得罢手。"清《醒世姻缘传》八回:"珍哥这样一个～,只晁大舍吐出了几句象人的话来,也未免得隔墙撩胳膊——丢开手。"

【泼贱】 pō jiàn ❶下贱。《大宋宣和遗事》前集:"有这般～之物,不能近贵。今天子宠幸你,却又密地与贾奕打暖。"《元曲选·金线池》二折:"咱本是～娼优,怎嫁得你俊俏儒流?"清《霓裳续谱·保儿报说》:"～丫头,提起教人恨怎休。" ❷恶称人。犹言贱人。宋元《元曲选·城南柳》三折:"这等～,不杀了,要他何用!"明程公远《西江月·劝善处婢》:"棒打拳捶可受,爪挝口咬堪怜。皮开肉绽到人前,皆骂忍心～。"清李渔《奈何天》二出:"贼～,贼～,敢出恶言。"

【泼脚】 pō jiǎo 破脚。武术术语,踢或绊对方脚使其跌倒。明《金瓶梅词话》九九回:"被李安一个～,跌番在地。"△清《儿女英雄传》一五回:"下面趁势就是一个～,把周三踢得爬在地下。"

【泼脚子】 pō jiǎo zi 抛弃的残汤剩茶。形容撒泼的行为。明《金瓶梅词话》七五回:"～货,别人一句儿还没说出来,你看他嘴头子就相淮洪一般。"

【泼节】 pō jié 节日泼酒祭奠。宋苏辙《次迟韵寄适逊》:"我虽久客未成归,黍酒齑羹还～。"

【泼浸】 pō jìn (把液体)泼入浸泡。明高濂《遵生八笺》卷一二:"用姜丝、紫苏拌匀,煎滚糖醋～,收入磁器内。"

【泼酒】 pō jiǔ ❶酿酒将熟时,把醅面破开,使酒浆上溢熟化。也指滤酒或斟酒。明董纪《留别华亭尹蒋季和》之二:"细酌瓦盆初～,重论石鼎旧联诗。"清陈维崧《顾尚书家御香歌》:"玉缸～酒初压,秦筝促柱弹银甲。"余怀《玉楼春·元夕阴晦》:"金尊～酒如渑,银烛烧城城不夜。" ❷翻倒泻出或泼弃酒浆。明《隋炀帝艳史》六回:"没奈何将那～的宫人,扯下去打了一二十下。"清《红楼梦》九九回:"看得薛蟠实系～失手,掷碗误伤张三身死。" ❸泼洒酒浆,用于祭祀。清王夫之《诗经稗疏》卷三:"讵复知'焫萧'之'焫'于尸侧而望空焚之,使烧香～之陋俗登于典礼。"马士琪《春夜戏为长吉体》:"～满酹灵均祠,绿华烟凝愁风枝。"

【泼口】 pō kǒu 破口;肆言。也指所说的放肆的话。《元曲选·潇湘雨》三折:"则愿你停嗔息怒,百凡照觑,怎便精唇～骂到有三十句。"明《西游记》五二回:"走出门来,～乱骂道:'我把你这个偷营放火的贼猴!'"清孙承泽《春明梦餘录》卷三三:"吓骗不灵,溪壑无幸,遂至～横加,毫无顾忌。"

【泼剌】 pō là 同"泼辣"。明《拍案惊奇》卷二:"这妮子,昨日说了他几句,就待告诉他爷娘去,恁般心性～。'"

【泼辣】 pō là 凶悍不讲道理。清《红楼梦》九〇回:"如夏金桂这种人,偏叫他有钱,娇养得这般～。"

【泼辣货】 pō là huò 称凶悍不讲道理的妇女。清《红楼梦》三回:"他是我们这里有名的一个～,南京所谓'辣子',你只叫他'凤辣子'就是了。"△《官场现形记》一〇回:"只因这位陶子尧的太太,著名一个～。"

【泼赖】 pō lài ❶刁钻凶悍不好对付。《元曲选·单鞭夺槊》二折："老徐却也忒～。这不是说话，这是害人性命哩。"明沈鲤《议处净身男子疏》："其册籍无名、及儇巧凶恶～无耻者，不许一概滥送。"《西洋记》六二回："这等的～番人，怎么得赢得他一阵。" ❷ 无赖；刁钻凶悍不好对付的人。《元曲选·杀狗劝夫》一折："这～无礼，你那里是骂俺！"明冯惟敏《端正好·吕纯阳三界一览》："这～难轻放，着落他疏通河道，找补边墙。"《醋葫芦》一三回："这人虽不是甚么王孙公子，其实是个～。莫说他罢。" ❸ 凶猛。明董其昌《董玄宰山水小景并题册》："云林画有婀娜如美人者，有～如猛士者。"

【泼郎泼赖】 pō láng pō lài 即"泼赖❶"。宋克勤《碧岩录》四八则："一等是～，就中奇特。"

【泼狼泼赖】 pō láng pō lài 同"泼郎泼赖"。宋《法演禅师语录》卷上："大众，作么生是真说？～。若信不及，白云为你道。"

【泼淋】 pō lín 浇泼。明宋诩《竹屿山房杂部》卷一三："右件一处再捣，匀分作五分，匀摊在竹笋内，烧滚汤～下汁。"

【泼落】 pō luò 泼洒落下。宋胡寅《和坚伯梅六题》之六："～琼华作雨蒙，迷离高树映寒空。"清弘历《率题》："鹦鹉倒挂架，～食与水。"

【泼落户】 pō luò hù 同"破落户❶"。明《金瓶梅词话》一一回："头一个名唤应伯爵，是个～出身。"清《红楼梦》庚辰本二七回："李宫裁笑道：'都像你～才好？'"

【泼骂】 pō mà 乱骂。明佚名《黄石斋先生召对》："这本前边引纲常，后边全是肆口～。"清《醒世姻缘传》七二回："孙氏起初～，后只叫'魏爷'。"又七八回："那一顿～，骂的宁管家只干瞪眼。"

【泼漫】 pō màn 泛溢。元王恽《论复立博野县事状》："其沙、溏、磁三河，经值秋夏水发，～相接。"汪克宽《汝舟轩记》："至若大江之浦，溟海之洋，积水～，浊浪排空。"清靳辅《再报湖涨情形疏》："兼之浪如山涌，竟从堤顶之上处处～而过。"

【泼面】 pō miàn ❶ 扑面；迎着脸。宋觉范《雨中闻端叔敦素饮作此寄之》："但见杯中春～，不知门外雨翻盆。"明《于少保萃忠全传》三二传："王镇正出朝门，忽然风沙～，天色昏暗。"清华岩《秋潭吟》："坐揽石壁趣，～飞生岚。" ❷ 厚脸皮。明佚名《渔樵闲话》三折："那个是欺家的～东西，见成吃着爷羹娘饭，又要偷家里财物。"

【泼茗】 pō míng 犹"泼茶"。宋葛胜仲《卫卿弟和诗佳甚复和一首》："天储此景娱闲人，贮瓶～甘流津。"明文徵明《和匏庵先生韵》："覆棋松下石，～竹间垆。"清庄德芬《夏日读书示儿》："烧兰烟结篆，～香浮碗。"

【泼墨】 pō mò ❶ 国画的一种技法。把墨汁倾泼在纸(绢)上，随形发挥，点染成画。也泛指绘画或书写。唐张彦远《历代名画记》卷二："如山水家有～，亦不谓之画，不堪仿效。"明徐渭《题史朔画卷后》："偶有旧纸在椟，～数种，聊以塞责。"清《野叟曝言》一一回："见桌上长笺～淋漓，拿将起来。正斋道：'我们只顾劝解，尚未看诗。'因一齐立起来看。" ❷ 比喻浓黑。唐韦宗卿《隐山六峒记》："峒虚潭幽，其水～。"明《古今小说》卷二五："身长一丈三尺，面如～，腮吐黄须。"清汪琬《舟往尧峰遇雨》："风头～雨脚白，阿香隐隐将车行。" ❸ 牡丹花的一个品种。也称泼墨紫。宋欧阳修《谢观文王尚书举正惠西京牡丹》："姚黄魏紫腰带鞓，～齐头藏绿叶。"刘才邵《和彭德源秋开紫牡丹》："浅于～轻匀露，小似齐头只类杯。"原注："《洛阳花谱》云：～，紫色最深；齐头，似深碗而平。"清玄烨《咏各种牡丹》："玉版参仙蕊，金丝杂绿英，色含～发，气逐彩云生。"

【泼目】 pō mù 犹"泼眼❷"。元郝经《问来使》："朝拾涧底松，空翠冷～。"又《新馆八月三日雨》："猛风忽着人，～气即偃。"

【泼醅】 pō péi 犹"泼酒❶"。也指新酿成的或未过滤的酒。唐白居易《初冬即事呈梦得》："走笔小诗能和否，～新酒试尝看。"宋苏辙《九月十一日书事》："～昨夜惊泉涌，洗盏今晨听妇夸。"清彭孙遹《前题和蛟门韵》："交态只如丛菊淡，秋光却似～浓。"

【泼皮】 pō pí ❶ 泼辣；刁顽。《元典章·刑部十九》："行凶的泼皮每，一遍撒～呵，要了罪过。"明《金瓶梅词话》七三回："俺每倒替你捏两把汗，原来你到这等～。"清《醒世姻缘传》三〇回："若是有那一等的～的光棍，无赖的凶人，动不起拿了那不值钱的狗命图赖人家。" ❷ 流氓；无赖。《元曲选·举案齐眉》三折："我穷则穷是秀才的妻室，你穷则穷是府尹的门楣，那些儿输与这两个～？"明佚名《打董达》二折："他正是～的头儿。"清《红楼梦》二四回："原来这倪二是个～，专放重利债。" ❸ 厚皮。明徐渭《渔阳三弄》："两头蒙总打得你～穿，一时间也酹不尽你亏心大。"清《醒世姻缘传》一三回："两侧小小三间屋，棚底下蚁聚许些～身、鹰嘴鼻、腆凸胸脯混世魔王。"

【泼皮赖虎】 pō pí lài hǔ 流氓；耍无赖的人。明《金瓶梅词话》五七回："却被那些～常常作酒捞钱抵当，不过一会儿，把袈裟也当了，钟儿盘儿多典了。"

【泼皮赖肉】 pō pí lài ròu 犹"泼皮赖虎"。明《金瓶梅词话》七五回："我拿甚么骨秃肉儿拌的他，一回那～的气的我身上软瘫儿热化起来。"

【泼泼撒撒】 pō pō sǎ sǎ ❶ 不断洒落貌。明《西游记》八一回："像老猪吃东西～，也不知害多少代病是！"清《红楼梦》二四回："两个人共提着一桶水，一手撩着衣裳，趔趔趄趄，～的。" ❷ 形容不断地倾吐言语。明《西湖二集》卷五："喉咙，大嗓子，～，在高、孝二宫面前，一缘二故，将左、右宫人骂个不了。"

【泼染】 pō rǎn 泼墨染色。指绘画，也形容弥漫笼罩的景色变化。宋袁褧《枫窗小牍》卷下："不特楮素挥洒盈满箱箧，即铺门两壁亦为淋漓～。"元杜仁杰《东平张宣慰登泰山记略》："咫尺三观，在水墨～间，刹那千百其变。"清黄任《题山水画册》："匼匝千万峰，～八九屋。"

【泼乳】 pō rǔ ❶ 泼洒乳液。宋王质《玉渊龙记》："其飞流溅沫，如急雨，如飞雹，其穷而下者，如～，如挥膏，是谓玉渊。"明胡虞逸《和冬馀乐事·敲冰煮茶》："煮冰如煮石，泼茶如～。"清田雯《村居杂诗》之四："脉脉春风如～，戎戎细雨似淋灰。" ❷ 冲泡研磨茶形成一种类似乳花的浮面。也指沏茶。参见"分茶❸"。宋苏辙《送李钧郎中》："新茶～睡方觉，渌酒倾水醒复酣。"周煇《清波杂志》卷四："每相夸诩，唯恐汲泉不活，～不多，啜尝而乏诗情也。"清弘历《微雪》："～瀹绿牙，裁诗思白战。"

【泼洒】 pō sǎ 抛洒；倾泼洒落。明《封神演义》八一回："站立空中，将此五斗毒痘四面八方～。"清雍正十二年《山西通志》卷二一："洒雨泉在县西南二十里直峪山，源出石罅。天旱，使数妇～之，遂雨。"《隋唐演义》九六回："后来每闻音乐，家人即捣蒜向空～，自此音乐渐绝。"

【泼撒】 pō sǎ ❶ 即"泼散❶"。唐韦应物《至西峰兰若受田妇馈》："田妇有嘉献，～新岁馀。" ❷ 倾泼；撒落。宋觉范《渔父·丹霞》："不怕石头行路滑，归来那受驹儿踏。言下百骸俱～，无剩法灵然昼夜。"吴潜《和袁尚书韵》："珠琲无烦费斗量，家家～不珍藏。"清袁枚《复两江制府策公问兴革事宜书》："当其买时，运工若干，～若干；及其贮也，雀鼠耗之，郁蒸耗之。" ❸ 挥霍；糟蹋。明《隋炀帝艳史》三〇回："就能点石成金，也不禁这般～。"清

《豆棚闲话》九则："皮箱拜匣中带了几千两银子，不够十餘日，～精光。"《醒世姻缘传》六四回："有庵里使熟的个女厨老翟就好。他又不肯～人家的东西。"

【泼潵】 pō sǎn 同"泼撒❷"。引申指发泄。清《醒世姻缘传》三回："叫一会，骂一会，……千没廉耻，万没廉耻，～的不住。"

【泼散】 pō sàn ❶江淮民间称年终时家人宴集。宋朱翌《猗觉僚杂记》卷上："淮上岁暮家人宴集曰～。" ❷犹"泼撒❷"。元佚名《湖海新闻夷坚续志》前集卷二："妾在生时好～酒浆，故今受报。"明《西游记》八二回："将些素品都～在地，秽了怎用?"清顾衡《减字木兰花》："晓风池畔，～圆荷珠一串。" ❸浇泼使散开。元明《水浒传》三二回："原来但凡人心都是热血裹着，把这冷水～了热血，取出心肝来时，便脆了好吃。" ❹涣散。清袁中道《吏部验封司郎中中郎先生行状》："吾觉向来精神未免～，近日一意收敛。"

【泼钐】 pō shān 指口出利言。钐，锋利。《元曲选·萧淑兰》二折："一迷里口似～怎扑揞，那里肯周而不比且包含。"

【泼沈】 pō shěn 犹"泼墨❶"。沈，汁。清汪由敦《题酿花居士竹燕卷子》："临池～自生研，物态妙与神俱全。"周元理《快雪堂帖联句》："～三三追迅鹄，镂琼两两摭零钿。"

【泼声】 pō shēng 厉声。清《红楼梦》六五回："或略有丫鬟婆娘不到之处，便将贾琏、贾珍、贾蓉三个～厉言痛骂。"《姑妄言》一〇回："她～骂道：'你这囔死饭无用的杀材！'"

【泼水】 pō shuǐ ❶形容寒冷。宋薛季宣《雪》："起来裘～，逆视竹生花。"明高启《满江红·客馆对雪》："古砚生冰，衾～，酒醒寒切。"清齐召南《除夕前一夜斋宿起居注馆》："～寒衾经雪后，如雷春爆定更初。" ❷泼出的水。比喻说出的话或做过的事。金《董解元西厢记》卷六："已恁地出乖弄丑，～再难收。"《元曲选·气英布》三折："谁似你这般轻贤傲士没谦柔，激的咱为仇寇，到如今都做了～怎生收。"清李玉《人兽关》三出："若得个蒙天赦，把价还投，不嫌～怕人羞。"

【泼说】 pō shuō 胡说；乱说。《元曲选外编·单刀会》二折："这厮～，有谁在门首?"又《降桑椹》一折："〔兴儿云〕我不敢说慌，我要说慌就是老鼠养的。〔外呈答云〕得也么～。〔蔡员外云〕这厮胡说。"

【泼天】 pō tiān ❶冲天；掀天。《五灯会元》卷二〇《天童密庵咸杰禅师》："等闲坐断～潮，到底身无涓滴水。"明朱元璋《黄河述》："水底玲珑因风激怒，涛飞～，则珠飞雨降。"陈达《游焦山》："奋立长疑北海鹏，～波浪觉轩腾。" ❷漫天。形容极大、极多。宋《如净语录》卷下："打作一团都拨转，～臭恶恼娑婆。"明《古今小说》卷四〇："闻氏哭倒在地，口称～冤枉。"清李渔《奈何天》一四出："～大话才离嘴，代伊惭愧。" ❸形容声名上达或远播。宋杨简《寿倅生晨》之二："圣贤德业归方寸，稳取崇名上～。"明李日华《三马图歌》："主人蓄此古缃素，英姿～光照座。"

【泼天哄】 pō tiān hōng 犹"泼天❷"。明《金瓶梅词话》一回："贪他的断送了堂堂六尺之躯，爱他的丢了～产业。"

【泼徒】 pō tú 犹"泼才"。《元曲选·丽春堂》二折："这～怎敢将人戏，你托赖着谁人气力。"

【泼污】 pō wū 泼洒污染。明范濂《云间据目抄》卷二："第取臭泥粪贮积厅门，见拥入者，即～之。"清雍正六年五月初九日李卫奏文："辱骂领催，将粪桶～衣帽。"

【泼无徒】 pō wú tú 即"泼徒"。《元曲选·生金阁》一折："你个～，胆大心粗。"明佚名《白兔记》二七出："手持刀剑，～敢来对阵。"吾邱瑞《运甓记》二二出："甫能够承侯建，列台阶，竹帛嶙峋；又谁知～将元胤留扃，骨肉苦飘零。"

【泼物】 pō wù ❶贱物。宋包恢《禁铜钱申省状》："倭船之主，抽解之场，初不过板木、螺头等～耳，而使之得以博易吾铜钱而归。" ❷詈词。坏东西，指人。明《西游记》四七回："唐僧骂道：'这～，十分不善。'"清《后西游记》四回："下方～，是也不知。"

【泼洗】 pō xǐ 泼洒清洗。宋佚名《银海精微》卷下："右锉碎细末，分三次新水煎滤清汁，以手～。"清《野叟曝言》一〇〇回："水夫挑水上去，正要～。韦杰一拥而上。"

【泼心儿】 pō xīn er 低贱的心。宋吕渭老《好事近》："有则有个～，不敢被利名啜。"

【泼性】 pō xìng 泼辣的性子。元明《水浒传》二五回："～淫心讵肯回，聊将假意强相陪。"明《禅真逸史》二一回："倚着父兄势耀，纵着自己～，打夫骂婆。"清《醒世姻缘传》九七回："这般野猴的～，怎生受得这般闷气?"

【泼眼】 pō yǎn ❶耀眼；晃眼。唐陈元光《漳州新城秋宴》："婵娟争～，廉洁正成邻。"明燕仲义《画屑昼锦·途思》："东方～，红日渐升，前途且喜村庄近。"清赵执信《秋热》："晓窗日～，如临洪炉窥。" ❷满眼。宋王安中《次韵题李公休辋川图》："筼筜插屋伴幽读，莲芰～横轻舫。"元张可久《风入松·九日》："西风～山如画，有黄花休恨无钱。"清陈维崧《秋霁·本意》："故园～秋光，一杯雪蚁，几枝风菊。"

【泼扬】 pō yáng 泼洒。明唐顺之《武编》前集卷四："行法人持碗掐水～，咒曰：'水扬，水扬，神水到处，无人敢当。'"

【泼蚁】 pō yǐ 称未经过滤的酒。蚁，比喻酒面浮着的曲滓。唐长孙佐辅《山行书事》："浊醑夸～，时果仍新苞。"宋赵抃《次韵前人见赠》："会友樽罍醅～，渡淮诗什砚磨蟾。"明吴宽《是日往观果刻本》："试开泥尊香～，却笑石本光翻鸦。"

【泼用】 pō yòng 无节制地使用。明《禅真后史》九回："据你讲起来，一眯地～浪费，倒做了人家?"

【泼贼】 pō zéi ❶詈词。坏蛋。元明《水浒传》一〇回："～，那里去!"又一二回："你那～，将俺行李财帛那里去了?"明《封神演义》一二回："三太子大叫一声：'气杀我! 好～，这等无礼!'"清《醒名花》七回："都是你们这班～助纣为虐，撺掇他酿成此事。" ❷贬称积年有经验难缠的人。明《石点头》卷一二："这姚二妈原是走千门踏万户，惯做宝山的喜虫儿，……又捱身与人做马泊六，是个极不端正的老～。"

【泼战】 pō zhàn 恶战。也隐指放肆的性行为。清《呼家将》一四回："赵虎臣同大嫂看见守勇、凤奴领兵杀来，又是一场～。"《姑妄言》六回："今听得嫁人，这场喜欢不小，只望那一晚到了他家，安排一场～。"

【泼折】 pō zhé 波折；周折。明《西游记》一九回："早知是师父住在我丈人家，我就来拜接，怎么又受到许多～?"

【泼恣】 pō zì 放肆；肆意。明顾允成《疏恳除邪险疏》："以此倾贤仇正、～无忌惮之人，而俨然居师表之位。"

pó

【婆】 pó ❶婆母；丈夫的母亲。《敦煌变文校注》卷一二《秋胡变文》："其新妇闻～此语，不觉痛切于心。便即泣泪，向前启言阿婆：'新妇父母匹配，本拟恭勤阿婆。'"明《古今小说》卷二："我今日若不是～死，永不见你村郎之面。"清《霓裳续谱·乡里亲家》："多年路儿熬成河，多年的媳妇熬成～。" ❷妻子。宋陆游

《老学庵笔记》卷六："吏勋封考，三～两嫂；户度金仓，细酒肥羊。"《元曲选·窦娥冤》二折："一个道你请吃，一个道～请吃。这言语听也难听，我可是气也不气。"明《醒世恒言》卷二七："不正夫纲但怕～，怕～无奈后妻何！" ❸ 老年女子自称。宋晓莹《罗湖野录》卷二："金陵有俞道婆者……见僧问曰：'上座甚处来？'僧曰：'五祖来。'婆曰：'五祖长老犹是～儿子在。'" ❹ 语气词。犹"波❹b)"。《祖堂集》卷七《雪峰和尚》："师收一脚，独脚而行。沙问：'和尚作什摩？'师云：'脚根不踏实地～。'"又卷一〇《玄沙和尚》："又上大树，望见江西了，云：'奈是许你～。'"

【婆儿】 pó er ❶ 婆婆；婆母。《元曲选·窦娥冤》四折："你～媳妇既无丈夫，不若招我父子两个。" ❷ 称已婚妇女。明周履靖《锦笺记》三三出："那些～嘴口极硬，不肯说，却怎么？"《西游记》二三回："师父做个男亲家，这～做个女亲家，等老孙做个保亲。"清《歧路灯》四一回："这三个邻家～，是央过到坟上做伴的，同坐一辆车紧跟着。" ❸ 老婆；妻子。明沈自徵《簪花髻》："今日腊月廿四，灶王～来了。"《金瓶梅词话》二回："西门庆道：'莫不是花胳膊刘小二的～？'王婆大笑道：'不是。'"清《醒世姻缘传》四〇回："狄员外说：'我赶明日后晌等你。'他～道：'你后日等我。'" ❹ 指仆妇。清《绮楼重梦》四回："忙叫丫头～快出房去，自己就关上门。"

【婆儿气】 pó er qì 女人气。形容言语啰唆，缺乏决断。明《醒世恒言》卷三七："正待问他，却被他～，再四叮嘱我。"《二刻拍案惊奇》卷三二："朱景先是个无情无绪之人，见了手下旧使役的，偏喜是长是短的～。"

【婆官】 pó guān 风神名。唐李肇《国史补》卷下："暴风之候，有抛车云。舟人必祭～而事僧伽。"五代李梦符《渔父引》："渔弟渔兄喜到来，～赛了坐江隈。"清查慎行《沁园春·寄徐初邻金陵》："想笛赛～，凄清旧步。鼓迎龙户，寂莫回潮。"

【婆鸡】 pó jī 母鸡。明《山歌·老鼠》："口里谷谷声做介两声～叫活像，连连声数介两声铜钱。"《龙阳逸史》一六回："红公鸡，白～，来吃我的米。"清《荡寇志》七七回："没甚菜蔬，就把那两只黄～宰了。"

【婆家】 pó jiā ❶ 丈夫的家。宋元《清平山堂话本·李翠莲》："信这虔婆弄死人，说我～多富贵，有财有宝有金银。"明《怡情阵》一回："恰好这巫氏的～，也是姓井，就把井泉当自己儿子。"清《镜花缘》九四回："闺臣、紫绡带着乳母到了林之洋家。婉如同田凤卵都从～过来送行。" ❷ 指丈夫。清《红楼梦》六八回："原来已有了～的，女婿现在才十九岁。"《粉妆楼》一六回："孩儿不幸失了～，谁知表兄也欺我。"《霓裳续谱·女大思春》："这孩子为想～，得了痰气了。" ❸ 指婆母。清《绿野仙踪》九五回："若教他～杨寡知道，你是总督公子，娶他的儿妇，一千两也打发不下来。"

【婆客】 pó kè 堂客；女眷。明孙峡峰《黄莺儿》："当家的要严，～们要宽，急的个学博推磨转。"清《醒世姻缘传》七三回："恰好正是老侯老张这两个盗婆领了一大群～，手舞足蹈的从远远走来。"又九四回："虽是毒似龙、猛如虎的个～，怎禁得众人齐心作践。"

【婆老】 pó lǎo 老婆老头，指老夫妻。明《古今小说》卷二六："原来张公正在涌金门城脚下住，止～两口儿。"清《生绡剪》一九回："他～两口和这琼儿正在那里吃着早饭。"

【婆母】 pó mǔ 丈夫的母亲。清《济公全传》八六回："刘李氏有个～，家中寒苦，就靠着做针凿糊口。"《三侠剑》五回："少妇家中丈夫足伤不能起床，～年迈病在床上。"

【婆母娘】 pó mǔ niáng 即"婆母"。清《济公全传》四三回："我家就是一个～，丈夫贸易在外。"

【婆娘】 pó niáng ❶ 称已婚或已发育成熟的女子。金《董解元西厢记》卷一："众丫鬟簇捧着个老～，头白浑一似霜。"明李日华《西厢记》三五出："姑娘若坚执不肯，我着二三十人上门，强抢上轿，……恁明日急赶将来，还你一个～去便了。"清《姑妄言》六回："到了十五岁长成一个大～，不但父母阻拦，自己也觉得不好再去。" ❷ 用作妇女的贱称。《元曲选·潇湘雨》四折："愁心泪眼的臭～，惊醒了他这驰驿马挂金牌先斩后闻的老宰铺。"明《禅真逸史》二一回："兀那泼～，你敢揪谁的毛？"清《荡寇志》八九回："就是所说的那陈希真的女儿，叫做女飞卫陈丽卿。那～委实勇猛了得。" ❸ 婆母。《元曲选·秋胡戏妻》二折："他去了那五载十年，阻隔着那千山万水。早则俺那～家无依倚，更合着这子母每无笆壁。"清《济公全传》一一九回："小妇人张门吴氏。丈夫贸易在外，我家中～病故，衣衾棺椁抬葬，手无分文。" ❹ 母亲。《元曲选·救孝子》四折："你便瞒过衔冤负屈老～，送了俺孩儿得甚么赏？"明汪廷讷《狮吼记》二〇出："〔打生介，生跪唱〕你把青藜放，愿从今尊你做老～。"《梼杌闲评》三回："只见丑驴独坐吃饭，管家道：'你～哩？'丑驴也不起身，答道：'在里面哩。'" ❺ 妻子；老婆。《元曲选·忍字记》三折："你送了我这一场，休了俺那红妆，弃了俺那儿郎。他倒有两个～。"明袁宏道《德山麈谭》："穷秀才家只有个丑～，有甚么色可好！"《古今小说》卷二二："王小四还只怕～不肯，甜言劝谕。谁知那妇人与贾涉先有意了。" ❻ 鸨母。《元曲选·青衫泪》二折："我虚度三旬，是这～亲女；受用了十年，是这赵妈妈金莲。"清《绿野仙踪》六〇回："起初我不肯。郑～两次打了我三百多鞭子。我受刑不过，才接了客。" ❼ 姘妇；妓女。明陈汝元《金莲记》四出："和尚养～，相携正上床。夫主门外叫，问君忙不忙？"《型世言》一五回："你们来暖屋，这也罢，怎做美人局，弄这些～上门，又引他赌？"清李玉《占花魁》一五出："本房师兄师弟，徒子徒孙，都包～讨妻子在外，只有我老海独无，好生难过。" ❽ 仆妇。明《古今小说》卷一："两个～专管厨下。又有两个丫头，一个叫晴云，一个叫暖雪，专在楼中伏侍。"清《野叟曝言》五五回："一个灶上～开门而出，吓得满面失色。"《红楼梦》一四回："那宁国府中～媳妇闻得到齐，只见凤姐正与来升媳妇分派。" ❾ 称主母。清《隋唐演义》一四回："入城到府前饭店，王小二先看见了，住家飞跑，叫：'～，不好了。'柳氏道：'为什么？'"

【婆婆妈妈】 pó pó mā mā 形容感情缠绵，不果断。清《红楼梦》一一回："宝兄弟，你成～的了。"又七七回："我待不说，又撑不住，你也太～的了。"

【婆婆】 pó po ❶ 老年妇女，或称呼(自称)老年妇女。宋楼钥《太硕人潘氏挽词》自注："太宗赐张文定齐贤母诏曰：～有福，生得好儿。"宋元《清平山堂话本·三怪记》："看这～时，生得鸡皮满体，鹤发盈头。"清《霓裳续谱·俺双亲看经念佛》："有一日叶落花残，有谁人要我这年老的～。" ❷ 祖母。唐权德舆《祭孙男法延师文》："翁翁～以乳果之奠，致祭于九岁孙男法延师之灵。"《元曲选·合汗衫》四折："公公～请坐，受孙儿几拜。"清《绣戈袍》一八回："～恐一时钦差已到，插翼难飞，只得催孙女孙媳速改了装。" ❸ 犹"婆娘❸"。元高明《琵琶记》一〇出："公公～且息怒，听奴家叫一句分剖。"明《拍案惊奇》卷一六："汝妻虽病，今日已做了～了，只消自去，何必烦劳二位嫂子？"清《儒林外史》六回："媳妇住着正屋，～倒住着厢房。" ❹ 犹"婆娘❹"。金《董解元西厢记》卷五："莺莺不忍，以此背～。～知道，除会圣，云雨怎得成合。"明佚名《精忠记》一三出："听～言其端的，教奴家不觉垂泪。"《二刻拍案惊奇》卷三〇："归闽之期，知在何时？只好再过几时，我自回去看～罢了。” ❺ 犹“婆娘❺”。宋元《清平山堂话本·合同文字》：“因为家中无人，娶这个～王氏。”《元曲选·渔樵记》二折：“嫡亲的三口儿家属：一个～，一个女孩儿。”明《警世通言》卷八：“璩公归去，与～说了。到明日写一纸献状，献来府中。” ❻ 犹“婆娘❻”。元乔吉《水仙子·嘲人爱姬为人所夺》：“临川县花枝翡翠巢，贩茶船铁板鸦青钞。问～那件高，柴铧锹一下掘着。”张鸣善《普天乐·咏世》：“姐姐每钻冰取火，～每指山卖磨，哥哥每担雪填河。”明汤式《湘妃引·闻嘲》：“买笑金哥哥休俭，缠头锦～自接，卖花钱姐姐无赊。” ❼ 犹“婆娘❽”。也指职业妇女。宋元《警世通言》卷八：“虞候即时来他家对门一个茶坊里坐定，～把茶点来。”明《欢喜冤家》一八回：“有这许多～妈妈伺候，为他家收礼，写回帖子。”清《二度梅》二〇回：“拜毕，杏元吩咐香火～收拾大殿。” ❽ 借指上司。清《醒世姻缘传》八三回：“你做了这首领官，上边放着个知府、同知、通盘、推官，都是你的～。”

【婆婆家】 pó po jiā 另见pó po jia。即“婆家❶”。明《金瓶梅词话》一二回：“是小人家女儿，有些手脚儿不稳，常偷盗～东西往娘家去。”清《醒世姻缘传》五九回：“薛家的人都恐怕他学了素姐的好样来到～作业。”《镜花缘》六四回：“八甥女如不给赠，将来到他～闹去，看他给不给。”

【婆婆家】 pó po jia 另见pó po jiā。即“婆家❷”。清《醒世姻缘传》五四回：“好位齐整姑娘，有了～不曾？”《红楼梦》三一回：“眼见有～了，还是那们着。”《镜花缘》六六回：“莫若早早寻个～，到了要紧关头，到底有个姐夫可以照应。”

【婆娑没索】 pó suō mò suǒ 抚摸貌。《元曲选·黄粱梦》四折：“那蹇驴儿柳阴下舒着足，乞留恶滥的卧，那汉子去脖项上～的摸。”

【婆姨】 pó yí 妇女。清《豆棚闲话》一一则：“始初破城，只掳财帛～。后来贼首有令，凡牲口上带银五十两、两个～者即行枭示。”

【婆子】 pó zi ❶ 犹“婆婆❶”。宋周行己《闲心普安禅寺修造记》：“初吾祖父葬时，祖母年已高，尝语琛曰：‘～亦不久于世矣。’”《元曲选外编·蝴蝶梦》二折：“这三个小厮是打死人的，那～是甚么人？”清《飞龙全传》一〇回：“看那～，已是唬得半死，动弹不得。” ❷ 犹“婆婆❺”。宋元《古今小说》卷三六：“提一角酒，索性和～吃个醉，解衣卸带了睡。”明温璜《温氏母训》：“凡人说他儿子不肖，还要照管伊父体面；说他～不好，还要照管伊夫体面。”清《醒世姻缘传》二〇回：“季春江的～见丈夫吃了亏，跑到街上大叫。” ❸ 犹“婆婆❻”。《大宋宣和遗事》前集：“高俅见～苦苦告说，遂放了贾奕。”清《绿野仙踪》五四回：“又见金钟儿一味与如玉打热，不和他一心一意的弄钱，这～那里放得过去？” ❹ 犹“婆婆❼”。元佚名《湖海新闻夷坚续志》后集卷一：“桥头有黄婆开酒肆，道人常往来买酒，不取钱，……甫阅一载，～索酒钱。”明梅鼎祚《玉合记》六出：“前门～收生，后户情人作别。撮合幼男少女，就中吹个木屑。”清《红楼梦》五六回：“只有丫环～，一个个都站在窗外听候。” ❺ 犹“婆婆❷”。明清湛《过许村》：“隔篱话道今年好，～引孙来看麻。” ❻ 犹“婆婆❸”。清《歧路灯》二八回：“到明日娶过你媳妇子来，掀开箱柜，都是几件菜叶子衣裳，我做～的脸上也受不住。”又八六回：“你只看你家媳妇子，咱日子好时，我像他的～；日子歪了些须，便把我不当人待。” ❼ 犹“婆娘❷”。明徐复祚《红梨记》二三出：“蓦听得唤一声‘～’把咱嗔，引三魂，吓的我兢兢战战、可也没逃奔。”王玉峰《焚香记》一九出：“这狗～，一讪乱道！”清《绣屏缘》九回：“赵郎分别不上几时，就被这些恶～来说长说短。”

【婆子家】 pó zi jiā 另见pó zi jia。即“婆家❶”。清《歧路灯》四八回：“原是我的干妹子，姓姜，～姓鲁。”

【婆子家】 pó zi jia 另见pó zi jiā。❶ 女人。家，词缀。明《醒世恒言》卷三五：“～晓道什么，只管胡言乱语。”《拍案惊奇》卷二〇：“那～最易眼泪出的，听到伤心之处，不觉也哭起来。” ❷ 即“婆家❷”。清《歧路灯》一三回：“银子还有，但只恐这闺女有了～。”又四九回：“绍闻道：‘谁家订下不曾？’隆吉道：‘我全不知道有～，没～。’”

【婆子气】 pó zi qì 犹“婆儿气”。清《后西游记》九回：“老师父也忒～！既做了你的徒弟，便死心塌地跟你。要去就去，还有甚么牵挂？”

pǒ

【叵不耐】 pǒ bù nài 即“叵耐❶”。明《平妖传》二四回：“却～这厮无礼！他买酒去了，我且作弄他耍子则个。”

【叵罗】 pǒ luó ❶ 一种酒器，类似酒杯。唐李白《对酒》：“蒲萄酒，金～，吴姬十五细马驮。”明屠隆《昙花记》三五出：“青丝叵匜，黄金～。健儿送酒，虞姬进歌。”清《照世杯·七松园》：“阮江兰接酒在手，见那～是尖底巨腮小口，足足容得二斤多许。” ❷ 即“沙罗”。宋叶適《永嘉端午行》：“立瓶～银价踊，冰衫雪裤胭脂勒。”陈昉《颍川语小》卷下：“叶文定公《端午》诗云‘立瓶～银价踊’，是直以沙罗为～。沙罗者，今之盥，古之洗也。” ❸ 同“笸箩❷”。明周祈《名义考》卷一一：“李白诗：‘蒲萄酒，金～’，谓金酒斝也。～本柳斗。斝，刻文似柳斗，故名～。”清游智开《叵罗词》：“街前卖～，个个圆复圆。”《野叟曝言》九八回：“小的拉进去上料，却近身不得，只得掇了～来就它。” ❹ 氆氇，一种较厚的毛织物。明徐渭《边词》之一二：“老胡宠向一人多，窄袖银貂茜～。”方以智《物理小识》卷六：“～、撒哈刺，则绒毛厚织之氆氇、毾㲪类也。” ❺ 螺号；海螺制成的吹响器。明《古今小说》卷一八：“只见那倭子把海～吹了一声，吹得呜呜的响。”

【叵奈】 pǒ nài ❶ 不可容忍；可恨。多作詈词。叵，“不可”二字的合音。敦煌词《鹊踏枝》：“～灵鹊多谩语，送喜何曾有凭据。”元白朴《醉中天·佳人脸上黑痣》：“～挥毫李白，觑着娇态，洒松烟点破桃腮。”清《说岳全传》六七回：“～那厮在此点名，点起我的名字来，反道喧哗，要将我捆打。” ❷ 不堪忍受；难以忍耐。明李开先《傍妆台》：“儿时盼得晨钟动，～夜寒生。”

【叵耐】 pǒ nài ❶ 同“叵奈❶”。唐崔橹《有酒失于虔州陆郎中肱以诗谢之》：“～一双穷相眼，不堪花卉在前头。”元《武王伐纣平话》卷上：“～姬昌言知寡人凶吉之事，更待二十年之后，死在一夫之手也。”清《醒世姻缘传》三九回：“～这汪为露病到这样地位，时时刻刻，不肯放松狄宾梁、程乐宇两人。” ❷ 同“叵奈❷”。唐张鷟《游仙窟》：“一眉犹～，双眼定伤人。”元《三遂平妖传》七回：“打脊贼贱人，却不～。见你说脚疼走不得，好意载你许多路，脚钱又不与我。”明李贽《代常通病僧告文》：“～两年以来，痰瘤作祟，疮疼久缠。”

【叵我】 pǒ wǒ ❶ 摇动不定貌；控制不住貌。唐慧琳《一切经音义》卷九：“～：谓倾侧摇动不安也。”《法苑珠林》卷七〇：“四十万众人马俱倒，手脚缭戾，腰髋婴婆，状似醉容，头脑～，不复得起。”宋刘子翚《次韵明仲幽居春来》之一：“醉毫～落乌丝，况是桃源乍入时。”魏了翁《哭刘阁学文》：“闻凶音已～，率亲朋荆梓故吏为位，相向欲哭复止。” ❷ 傲慢不敬貌。唐慧琳《一切经音义》

卷三〇:“～:如醉人据傲侮慢不敬之貌也。”

【叵奈】　pǒ nài　同“叵奈❶”。元《七国春秋平话》卷上:“～子之将吾囚于狱。吾命在旦夕,汝可速来救我。”《元曲选·神奴儿》四折:“～顽民,簸弄钱神,便应该斩首云阳。”

【叵耐】　pǒ nài　❶同“叵耐❶”。唐刘悚《隋唐嘉话》卷下:“娄体肥行缓,李顾待不即至,乃发怒曰:‘～杀人田舍汉!’”《敦煌变文校注》卷二《韩擒虎话本》:“～遮贼,临阵交锋,识认亲情,坏却阿奴社稷。”清《聊斋志异·瞳仁语》:“黑漆似,～杀人!”❷同“叵耐❷”。《敦煌变文校注》卷四《降魔变文》:“睹见如来令出世,雄心～便生嗔。”宋杜安世《苏幕遮》:“尽思量,还～。因甚当初,故相招买。”

【笸箩】　pǒ luó　❶同“叵罗❶”。清《平山冷燕》一〇回:“燕白领又题二句道:‘闻声还认影婆娑。相将何以酬今日。平如衡收一句道:倒尽尊前金～。”　❷竹或柳条编的盛器,也叫柳斗。清《红楼梦》七一回:“捧上一升豆子来,两个姑子先念了佛偈,然后一个一个的拣在一个～内。”《品花宝鉴》三四回:“明日潘三要开赌,带了两～的松江锭,足足一千两。”

【颇】　pǒ　另见 pō。❶不可。通“叵”。《敦煌变文校注》卷四《降魔变文》:“过去百千诸佛,皆曾止往其中,说法度人,量尘沙而～算。”　❷表示不确切的推度,相当于副词“约”“可”。《太平广记》卷八六引《野人闲话》:“逡巡去盆,花已生矣。渐渐长大,～长五尺已来。”

【颇罗】　pǒ luó　❶同“叵罗❶”。宋苏辙《饮酒过量肺疾复作》:“惟知醍醐滑,不悟～大。”　❷同“笸箩❷”。明周祈《名义考》卷一一:“京师人谓饼曰餍餍,帽曰爪拉,门镮曰曲须,柳斗曰～。”

【颇奈】　pǒ nài　同“叵奈❶”。唐卢仝《月蚀》:“～虾蟆儿,吞我苏桂枝。”《元曲选·望江亭》四折:“～杨衙内这厮,好无理也呵。”《元曲选外编·射柳捶丸》一折:“～北番虏寇无赖,侵犯边境。”

【颇耐】　pǒ nài　❶同“叵耐❶”。元《三国志平话》卷上:“遂捽杀袁襄,根从人皆回,无数日见袁术。术哭曰:‘～张飞!’”明《英烈传》一回:“～这厮与俺作对。”　❷同“叵耐❷”。元吴仁卿《上小楼·章台怨妓》:“想起来,甚～。当时欢爱。都撇在九霄云外。”

【颇我】　pǒ wǒ　同“叵我❷”。《敦煌变文校注》卷二《庐山远公话》:“上来言语,总是共汝作剧。汝也莫生～之心,吾也不见汝过。”又:“阇黎自称,却道莫生～之心。”

【駊騀】　pǒ wǒ　同“叵我❶”。也指光色摇漾。五代齐己《答崔校书》:“北阙会抛红～,东林社忆白氛氲。”明王世贞《即事有感寄故张职方》:“燕中冰雪正磊砢。行人马头日～。”清查慎行《观无忌兴祖骑驴戏作短歌》:“一日～防不虞,两日妥帖稍自如。”

【鬔鬡】　pǒ wǒ　同“叵我❶”。多指光色摇漾。唐李商隐《日高》:“水精眠梦是何人?栏药日高红～。”宋晁说之《又依韵一首》:“惜别荔枝红～,恨看山岭碧参差。”清吴绮《游丰台诗序》:“娇红～,并夸金线之姿;腻白逍遥,咸看玉盂之样。”

pò

【迫】　pò　❶煏;烘干。宋王谠《唐语林》补遗卷二:“起羊肉一斤,层布于巨胡饼,隔中以椒豉,润以酥,入炉～之。”周密《志雅堂杂钞》卷上:“玉炉一枚,其文云龙,盖思陵旧物也。惜乎经火～坏了。”　❷冲激。清黄之隽《水碓》:“圜轮～杵水～轮,急急晨昏春不止。”

【迫逼】　pò bī　逼迫;紧逼。唐魏知古《谏造金仙玉真观疏》:“但两观之地,皆百姓之宅,卒然～,令其转徙,扶老携幼,投窜无所。”明《石点头》卷三:“自己经催年分,逞凶肆恶,～各甲,依限输纳。”清《歧路灯》七五回:“绍闻道:‘不过三五日以内。’夏逢若也不敢过为～。”

【迫比】　pò bǐ　❶排比。宋赵与时《宾退录》卷九:“然二书晚出,当从古诗曰:‘其比如栉。’又知三代之前未有‘枇’之名,但通谓之‘栉’,而已有相～之义矣。”　❷逼迫比较。参见“比较❸”。明《梼杌闲评》三六回:“后来黄御史一人独坐狱中,郁闷无聊,又遭过几番～,也是死于狱中。”清《醉醒石》一三回:“解当借贷已竭,官府～不休,遂至典田卖产。”

【迫侧】　pò cè　窘迫束缚。金姬志真《巢云遇真记》:“斯人也,方自扰攘～之间,捐其俗累,出于世网,如脱兔焉。”又《高唐重修慧冲道观碑》:“朔南未宁,生民涂炭,～而心迹自致灰槁者有之。”

【迫怵】　pò chù　窘迫恐惧。宋吕祖谦《朝散潘公墓志铭》:“危水怒张,屋廪廪欲仆。众方左右视,～亡计。”姜特立《有感》:“少年如晓行,志意多闲佚;老如夜还家,行李自～。”清顾炎武《朱处士鹤龄寄尚书埤传》:“～秦火焚,岂意逢汉时。此书立博士,天下亦一治。”

【迫蹙】　pò cù　❶逼迫使难于应付。唐柳宗元《与韩愈论史官书》:“果有志,岂当待人督责～,然后为官守耶!”宋董煟《救荒活民书》卷上:“当时府县配户督限,有稽违则～鞭挞。”清汪价《驿递议》:“恶差得肆其诛求,而小民不胜其～。”　❷紧迫。唐白居易《息游惰劝农桑议赋税复租庸策》:“至乃吏胥追征,官限～,则易其所有,以赴公程。”李绅《姑苏台杂句》:“野寺经过惧悔尤,公程～悲秋馆。”元郑介夫《论井田状》:“以一人而兼三十夫之田,亦已过矣,而期之三年,似太～。”　❸窘迫;困顿。《旧唐书·穆宁传》:“真卿～弃郡,夜渡河而南。”宋司马光《言阶级札子》:“以至五代,天下大乱,运祚～,生民涂炭。”清张英《聪训斋语》:“儿女累多,生计～,蹉跎潦倒,学植荒落。”　❹狭窄受阻,不得施展。宋范祖禹《论回河状》:“今河去北京止十五餘里,若进马头,～河水,则其势不可测知。”李纲《奉诏条具边防利害奏状》:“譬如弈棋,舍局心而就边角,～褊小,浸以衰微,何以取胜?”清赵执信《细雨渡江》:“西来万里波,～强回旋。金山复后逼,对垒日挑战。”❺惶惑;恐惧。明陈子龙《寄郢中郑澹石座师》:“人生江海足娱乐,何必定游日月旁?郑夫子,无～。楚西山,吴林屋,其中有书伫深谷。”清张尔岐《广戒杀牛文》:“杀牛之惨,战惧～,血肉淋漓而已。”

【迫催】　pò cuī　催逼;急迫催促。宋洪迈《容斋随笔》卷一四:“邮亭传急符,来往迹相追。更无宽大恩,但有～期。”清蒲松龄《送喻方伯》:“扫轨方恨晚,除诏何～。”

【迫夺】　pò duó　❶进逼夺取(地盘)。五代柴荣《征淮南敕》:“攻侵高密,杀掠吏民,～闽越之封疆,涂炭湘潭之士庶。”清储大文《荆州论》:“此隋之所以宁授后梁以江陵,必～其襄州。”《飞龙全传》五六回:“大起师徒,来为应援,～闽越,生灵涂炭。”❷逼迫侵夺。元刘履《风雅翼》卷二:“此诗(《赠丁仪》)大意与《赠徐幹》篇略同,言凉气初发,庭树销落,以喻天下肇乱,渐见～。”明程敏政《制策》:“家法之正,而宫闱之丑未闻也;传授最明,而～之祸无有也。”清杨一清《伏读圣制奏对》:“宇受学于一清,盖有年矣。一旦被势利之～,则师之言不从矣。”

【迫害】 pò hài 逼迫侵害。五代郭威《宣谕晋绛慈隰诸州军民敕》:"凶竖计穷,~幼主。"宋张纲《众会黄箓青词》:"况饥寒疠疫之所~,虽羽毛鳞介,亦或残生。"清《万花楼》二二回:"便将投在林千总处当步兵,后被孙秀~,幸来五位王爷救脱。最后又说了呼延千岁赠刀杀奸之事。"

【迫划】 pò huà 即"擘划❷"。宋元《古今小说》卷一五:"昨夜~得几文钱,买这条鱼来扑,指望赢几个钱去养老娘。"

【迫疾】 pò jí 紧迫仓促。明陈子龙《问用兵之地军资供亿不能猝办策》:"且闲暇之时,人有馀力,营建则可坚,制器则可精;而一当~,无暇详审矣。"

【迫奸】 pò jiān 强奸。明《隋炀帝艳史》三五回:"伪诏杀兄,罪之三也;~父妃陈氏,罪之四也。"

【迫剧】 pò jù 紧迫繁忙。明崔铣《亡姊丁千户妻崔氏圹志》:"性不饮酒,虽~中,发言剖事有序。"阮自华《南箕北有斗》:"贵人多~,庞杂盈公车。"

【迫惧】 pò jù ❶ 惶迫;窘急。《旧唐书·宋璟传》:"幸臣张易之,诬构御史大夫魏元忠有不顺之言,引凤阁舍人张说令证之。说将入于御前对覆,惶惑~。"《续资治通鉴长编》卷二八八:"以上批闻,希虽~朝命,不敢终辞,然形貌忧郁不少舒。"宋王质《论庙谋疏》:"故仓卒~之中,利得以怵而动,害得以胁而迁。" ❷ 威胁;逼迫使畏惧。宋任伯雨《论章惇蔡卞疏》:"胁持哲宗以不孝之名,~哲宗以不利之实。"

【迫遽】 pò jù ❶ 犹"迫蹙❹"。唐柳宗元《永州龙兴寺东丘记》:"其地之凌阻峭,出幽郁,寥廓悠长,则于旷宜;抵丘垤,伏灌莽,~回合,则于奥宜。"元胡炳文《深秀楼记》:"楼在两山间,左石峭壁雄峙,若不相让,~回合,势如拱揖。"清钱谦益《游黄山记》:"云初起,如冒絮,盘旋老人腰膂间,俄而灭顶及足,却迎凌乱,~回合。" ❷ 犹"迫蹙❸"。宋范纯仁《侍卫亲军马军都虞候林侯墓志铭》:"侯先约两将扼其走路。侯自后纵兵击之。贼~,方诣两将降。" ❸ 紧迫匆遽。宋强至《谢李兵部状》:"繇诚计之~,致言词之譸张。"苏轼《与赵德麟书》:"行役~,裁谢草略,想蒙恕察。"苏辙《再论分别邪正札子》:"然天威咫尺,言词~,有所不尽。"

【迫勒】 pò lè ❶ 威逼;逼迫。《续资治通鉴长编》卷二六四:"如臣果有~引谕,屡通屡却,锻炼附致之状,则臣甘从放弃。"元马祖常《弹大都路总管范完泽疏》:"复若近日私家被盗一事,自至所属兵马司公廨,~讯问贼徒,侵官失体,废法任情。"清《醒世姻缘传》一二回:"珍哥诬说那海会是道士,郭姑子是和尚,说妹子与和尚道士通奸,~妹夫晁源立逼妹子自尽了。" ❷ 逼迫勒索。也指这样的行为。清《平定台湾纪略》卷二三:"适据弁兵拿到盗犯张凑、刘枫经,~薛四银两并抢夺牛只。"《续金瓶梅》二一回:"凡属首领之大小,各安品级之尊卑。倘有奇材,擢以不次。前所~,一概赦豁。"

【迫忙】 pò máng 犹"迫遽❸"。宋韩淲《晦日冲雨过同官赵大小楼》:"檐楹高处闲登眺,市井中间任~。"清陆世仪《大江东去·元夕后四日又集》:"江河日下,~里、有甚清闲时节。"《绿牡丹》二八回:"若说杀奸错误,因时~,这不怪你。"

【迫暮】 pò mù 傍晚。唐李复言《续玄怪录》卷二:"~将归,道逢糕客。"明唐文凤《池口镇》:"~宿池口,维舟舣渡头。"清白胤谦《湖南纪行》:"路长仆夫瘁,~巾车逗。"

【迫驱】 pò qū 逼迫驱使或驱赶。宋苏舜钦《上范希文书》:"况朝廷前有意令其自卫,不率以战,今条约烦细,又~之以向敌。"明王廷陈《咏怀》:"名漏泰山录,鬼伯无~。举手谢世人,安能与尔俱。"清查慎行《唐实君作憎蝇诗》:"汝于我何尤,抵死相~。"

【迫取】 pò qǔ 强迫索取。宋周必大《中大夫赵君神道碑铭》:"初议减月桩,君言及州不及县,则县仍~于民,犹不减也。"元程文海《拂林忠献王神道碑》:"公时在秘府,有秘文非御览不启,中使奉内旨~,公厉色拒之。"明《型世言》三二回:"还有一个大老先生,闻一乡绅有对碧玉杯,设局~了。"

【迫辱】 pò rǔ 逼迫侮辱。宋沈辽《夜坐有感》:"华宠非我愿,终不蹈~。"元邓牧《谢皋父传》:"属繇役繁兴,不堪~,日益愤懑成疾。"明高启《闻长枪兵至出越城夜投龛山》:"虽尝登顿劳,幸免~忧。"

【迫塞】 pò sè 壅迫阻塞。唐孙思邈《备急千金要方》卷五:"治妇人无故忧恚、胸中~气不下方。"金元好问《李峪园亭看雨》:"松林~闷煞渠,北望玉泉疑井底。"明徐贲《丙午中秋与余左司看月》:"自怜下界苦~,未得变化同书蟫。"

【迫束】 pò shù ❶ 拘束;受……拘束。宋卫泾《盖经行状》:"公为人倜傥,每务大体,不为细冗之~。"明汤显祖《邯郸梦记题词》:"及夫身都将相,饱厌浓醒之奉,~形势之务。"凌义渠《吹景集叙》:"殷忧疾病,婴外攻中,回环晨暮,~寒暑。" ❷ (水流)受阻变窄。宋楼钥《答綦君更生论文书》:"长江东流不见其怪,瞿塘滟滪之所~,而后有动心骇目之观。"清乾隆二十二年四月初四日上谕:"黄河至徐州渐窄,北岸苏家山一带又复~大溜近城。"库勒纳等《日讲书经解义》卷三:"此时河行山峡中,为所~,怒而相激,四出为害。" ❸ 紧迫;急迫。宋周必大《次韵张安国》之一:"往时渡长芦,行役甚~。" ❹ 束缚;捆缚。宋赵汝楳《周易辑闻》卷四:"闲若闲马然。宽其羁絷,使得周旋于皂枥之中,乃不逾越吾闲牿之外。不然则~蹄啮,将毁吾闲而不可制矣。" ❺ 催逼;逼迫。宋张栻《静江府厅壁题名记》:"民之生理甚艰,是以赋入寡少。郡县亦例以~,而又并边,非止一面。"清王夫之《广哀诗·郑生显祖》:"天骄蹂秦关,降吏相~。"

【迫速】 pò sù ❶ 犹"迫束❺"。唐吴武陵《上韩舍人行军书》:"愿阁下无事~,慎出令拔奇士而已。"清雍正四年九月十九日鄂尔泰奏文:"已将滇黔二省已开未开、已报未报各矿厂,明查密访,粗知情事,犹未敢~,激成弊端。"魏之琇《续名医类案》卷二六:"肺主气,气弱不能散布为津液,反因火性~,而下输膀胱之州。" ❷ 犹"迫束❸"。唐卢坦《与李渤拾遗书》:"公程~,不获拜诣,驰诚而已。"《太平广记》卷二八一引《河东记》:"去城尚百里,归心~,取是夕及家。"清黄宗羲《科举论》:"逮乎经义已取,始吊后场以充故事。虽累经申敕,褎如充耳,亦以时日~,不得不然也。" ❸ 犹"迫束❶"。宋文天祥《罗融斋墓志铭》:"公未弱冠而孤,经纪门户,即不为细家~。"

【迫索】 pò suǒ 犹"迫取"。《续资治通鉴长编》卷二六四:"臣深虑其托御前生活之名,~所无之物于市中。"元王祯《缫车》:"~仍忧宿负多,车乎车乎将奈何。"清李绂《请改编审行保甲疏》:"有部册之费,有黄绫、纸张、解册诸费,悉向里户公派,~甚于丁粮。"

【迫狭】 pò xiá ❶ 狭窄;不宽广。唐殷贤《大厦赋》:"以为百堵仄陋,不足以光先正;九筵~,不足以垂景勋。"明归有光《宝界山居记》:"天下之山,得水而悦,水或束隘~,不足以尽山之奇。"清吴伟业《梁宫保壮猷纪》:"公嫌道~,引之至平地。" ❷ 局促;狭隘;不开放。宋《朱子语类》卷一〇一:"不事涵养,先务知识,气象~,语论过高。"明宋濂《跋东莱止斋与龙川尺牍后》:"当时论晦翁者,或有~之讥。"清黄宗羲《陈叔大四书述序》:"虽然，近来议论～，圣伏神徂，日益无考。” ❸ 拘束；受束缚。金刘祁《归潜志》卷一三：“南游二十年，所居皆通都大邑，无山林，尝～不自得。”明唐顺之《至常熟陈中丞邀登福山看海》之二：“久缘～悲时俗，海峤春临思若何？” ❹ 匮乏。元刘敏中《励志赋》：“顾生资之～兮，虑给养之莫支。” ❺ 睥睨；小看。明孙慎行《选诗序》：“如太白歌曲、七言古风，有～一世之心，是之为可兴。”

【迫险】 pò xiǎn 临险；履危。唐裴耀卿《京师饥请广漕运疏》：“三门～，则旁河凿山，以开车道。”元吴师道《留昌平四诗·居庸关》：“疾还惮～，顾瞻复徘徊。”清方苞《陈太夫人王氏墓表》：“夫人常抱木主以行，虽遇寇～不释。”

【迫屑】 pò xiè 拘谨琐碎。唐陈子昂《唐水衡监丞李府君墓志铭》：“虽吏道～，而遐情眇然。”吕温《祭陆给事文》：“某非出处，～无餘；公乃高翔海郡，与道虚徐。”又《唐故银青光禄大夫韦公神道碑铭》：“会守远郡，岁月差池，作吏～，文字殆废。”

【迫压】 pò yā 逼近压迫。明毕自严《东省剿叛公疏序》：“初作难，使登抚，以组练数千～之境上，开衅祸福。”董应举《皇都赋》：“国家定鼎金陵，成祖改卜，取象北极。盖示星拱之义，兼以～异类，显扬威灵。”

【迫诱】 pò yòu 逼迫引诱。明《二刻拍案惊奇》卷二五：“你是妇人家，被人～，有何可罪？”

【迫郁】 pò yù 拘束压抑。五代蒲禹卿《谏蜀后主东巡表》：“及还京辇，并不说于军民。～众情，莫彰帝德。”明汤显祖《吹笙歌送梅禹金》：“从官～有三年，似汝骄奢留几处？”

【迫窄】 pò zhǎi ❶ 犹“迫狭❶”。《法苑珠林》卷五：“六十诸天共坐一锋之端，而不～，都不相碍。”宋欧阳修《相度并县牒》：“其餘地理～，人户凋零。”清陈梦雷《华严岭》：“披荆历磊砢，天地忽～。” ❷ 犹“迫狭❸”。《法苑珠林》卷三五：“若诸有情住在母胎及出胎时不受众病～苦者，皆应能忆过去生事。”宋黄庭坚《答闻善二兄》之三：“柳家兄弟太～，狂药不容人发狂。”金刘迎《赠董丞秉国》：“～十年冠盖场，谁怜王谢有诸郎。” ❸ 犹“迫狭❷”。宋阳枋《代上刘察院札子》：“某心声～，辞不容缄，谨吏墨以溷典签。”明徐学谟《斋语》：“无奈规模～，不学无术，巡抚江东之日，纷更肆起，讼牒嚣然。”清黄宗羲《喜万贞一至自南浔以近文求正》：“晚来随波文字禅，质以义理终～。” ❹ 犹“迫狭❹”。宋陆九渊《代致政祭侄檩之文》：“汝在同行十餘人之下，独能任吾事以纾吾忧，弥缝补苴于缺绝～之中。”舒岳祥《寇攘之餘谷五斗才易一鸡》：“我今山居中，生理苦～。” ❺ 危急；紧迫。宋司马光《穷兔谣》之一：“鹘翅崩腾来九霄，兔命～无所逃。”金雷渊《爱诗李道人若愚嵩阳归隐图》：“简书驱出踏朝市，期会～愁鞭笞。” ❻ 催逼不放过；煎迫。宋王令《答束徽之索诗》：“昨因语及诗，请我使自道。屡谢不得命，～遂颠倒。”黄度《祭薛公文》：“先生其已矣，倏讣音之来前。将人世之～，乘箕尾而追群仙。”清费锡璜《夜黄》：“一男娶二女，～不相容。欢为千里别，妾止一里送。”

【迫真】 pò zhēn 逼真；酷肖。宋真德秀《黄子厚诗后序》：“少学于翁，为诗歌词皆酷似其舅，隶古行草往往～。”元揭傒斯《范先生诗序》：“余独谓范德机诗，以为唐临晋帖，终未～。”明赵完璧《癸酉次韵新春试笔》之一〇：“十分佳句凝清听，大历风流亦～。”

【迫制】 pò zhì 强迫制约。《唐会要》卷八八：“宜令诸州录事参军专主勾当，苟为长吏～，许驿表上闻。”宋曾巩《谢章学士书》：“顾反去士君子之林，而夷于皂隶之间；舍自肆之安，而践乎～之地。”

【破】 pò ❶ 绽开；张开。唐杜甫《江梅》：“梅蕊腊前～，梅花年后开。”五代李煜《一斛珠》：“向人微露丁香颗，一曲清歌，暂引樱桃～。”清孔尚任《桃花扇》二一出：“阳春十月，梅花早～红蕊。” ❷ 安排；准备。唐李商隐《春日》：“欲入卢家白玉堂，新春催～舞衣裳。”宋陆游《一壶歌》：“花底一壶天所～，不曾饮尽不曾多。” ❸ 花费；支付。唐张鷟《朝野佥载》卷一：“孙子将一鸭私用，佑以擅～家资，鞭二十。”《宋会要辑稿·刑法六》：“近缘雪寒，已降指挥，除～粮食外，更给柴炭。”清《白雪遗音·借书人》：“小小曲本是心爱，也费工夫，也～钱财。” ❹ 过；过去。唐韩翃《送客归广平》：“孟月途中～，轻冰水上残。”宋史达祖《满江红·中秋夜潮》：“万水归阴，故潮信、盈虚因月。偏只到、凉秋半～，斗成双绝。”清乔崇烈《秀野草堂观灯歌》：“是时新正且未～，上元虽过灯犹红。” ❺ 残破；破烂。唐韩愈《答吕医山人书》：“然足下衣～衣，系麻鞋，率然叩吾门。”《景德传灯录》卷二三《隐微禅师》：“问：‘资福和尚迁化向什么处去也？’师曰：‘草鞋～。’”清《红楼梦》五六回：“一个～荷叶，一根枯草根子，都是值钱的。” ❻ 遍；尽；满。唐李商隐《潞州张大宅病酒遇江使》：“系书随短羽，写恨～长笺。”《敦煌变文校注》卷一《捉季布传文》：“此时粮尽兵初饿，早已战他人力～。”清李玉《一捧雪》二五出：“万卷胸中～，吐珠玑，只恐荆山抱瑜悲数奇。” ❼ 破解；戳穿。《祖堂集》卷三《慧忠国师》：“各登坐了，法师曰：‘请师立义，某甲则～。’”宋元《古今小说》卷一五：“一似先时～我的肉是狗肉，几乎教我不撰一文，早是夫人教买了。”清《八洞天》卷三：“待小弟把他嘲我的言语，再～几句，看他可能更答否。” ❽ 唐宋大曲的第三段。节拍急促繁碎，破其悠长，故曰破。唐薛能《柘枝词》：“急～催摇曳，罗衫半脱肩。”宋孟元老《东京梦华录》卷九：“又唱～子毕，小儿班首入进致语，勾杂剧入场。”清洪昇《长生殿》一六出：“其间有慢声，有缠声，有衮声，应清圆骊珠一串；有入～，有摊～，有出～，合袅娜氍毹千状。” ❾ 违犯；突破。宋觉范《禅林僧宝传》卷一《抚州曹山本寂禅师》：“只是佛味祖味。才有忻心，便是犯戒。若也如今说破斋破戒，即今三羯磨时早～了也。”金《董解元西厢记》卷一：“张生心迷，着色事～了八关戒。”清李渔《比目鱼》一七出：“我这一次出手原重了些。只是难为你们，过意不去，故此～了常格。” ❿ 超出；超过。《敦煌变文校注》卷二《庐山远公话》：“如此隔勒，逐日不～三五千人，来听道安于东都开讲。”宋调露子《角力记》：“宪男买得年十四，持木插击莅首，～限内死。” ⓫ 对人轻贱骂詈之词。五代何光远《鉴诫录》卷五：“忽一日，于江干饮酣，仰视白盐，斜睨滟滪，曰：‘刚有～措大欲于此死。’遂令壮士拽刘离席，囚缚于砂石上。”《太平广记》卷一九五引《摭言》：“证曰：‘鼠辈敢尔！乞今赦汝～命。’叱之令出。”清《红楼梦》一〇三回：“他跟了个～老婆子出了门。” ⓬ 破题。宋周密《癸辛杂识》别集卷上：“赋题出‘王言如丝’。彭为首冠，～云：‘王妙心纬，言关化机，于未布以先谨，如有丝之至微。’”清《聊斋志异·仙人岛》：“题为‘孝哉闵子骞’二句，～云：‘圣人赞人贤之孝。’”《镜花缘》二二回：“小弟记得有个题目，是‘闻其声，不忍食其肉’二句。他～的是‘闻其声焉，所以不忍食其肉也。’” ⓭ 破绽；马脚。元萧德祥《小孙屠》九出：“自家当朝一日，和那妇人叫了一和，两下都有言语。我早起晚西，看它有些小～。” ⓮ 诋毁。明《朴通事谚解》卷上：“那个刘三舍如何？那厮不成，面前背后到处里～别人夸自己。” ⓯ 改变；翻转。明《梼杌闲评》一五回：“列位历年都是寻过他钱的，今日怎么就～起言语来了？”《型世言》六回：“吃了这野食，～了这羞脸，便也忍耐不住，又寻了几个短主顾。” ⓰ 指发生初次性行为。明《二刻拍案惊奇》卷九：“素梅道：‘怎见得迟？’龙香道：‘身子已～了。’”清《姑妄言》八回：“她就是真正黄花女儿，到我跟前，第二日依旧是个～了的。”又一八回：“富新虽被司进朝～过，一则他阳物不大，二则有许多爱惜之心。” ⑰ 用在动词之后。a) 表示透彻；明白。《祖堂集》卷二〇《宝寿和尚》：“师便打之。对曰：‘莫错打厶甲。’师云：‘向后有多口阿师与你点～在。’”宋《朱子语类》卷一二二：“伯恭要无不包罗，只是扑过，都不精。《诗·小序》是他看不～。”清《后水浒传》四五回：“因抬头见抄录真人的言语，不觉大惊大悟道：‘原来俱被真人久已说～在此。’”b) 表示否决；否定。唐［日］圆仁《入唐求法巡礼行记》卷四：“余近日专候方便入中书送牒，宰相批～，不许人奏例。”《太平广记》卷三三一引《广异记》：“卒后，县申州。州司马覆～其旱，百姓胥怨。”明《西洋记》三回：“审了几句口词，拿了一个道理，实时披～状词，说道：‘……毋得异词再扰。’”c) 表示一种损坏的结果。唐皮日休《石榴歌》：“小娘初嫁嗜甘酸，嚼～水晶千万粒。”《元曲选·伍员吹箫》三折：“踏～铁鞋无觅处，得来全不费工夫。”清《歧路灯》四回：“后来渐渐把家业弄～，外人都说他运气不好。”d) 表示程度极甚。煞；尽。宋杨万里《题刘朝英进斋》：“不应将一第，用～半生心。”晁端礼《上林春》：“相识来来，真个为伊，尽把精神役～。” ⑱ 量词。幅。《新唐书·车服志》：“凡裥色衣不过十二～，浑色衣不过六～。” ⑲ 助词。犹言了、着。《敦煌变文校注》卷一《捉季布传文》：“一从骂～高皇阵，潜山伏草受艰辛。”金《董解元西厢记》卷六：“我团着这妮子做～大手脚。”明《醒世恒言》卷三六：“我同众人便打入来，叫～地方，只说强占有夫妇女。”

【破案】 pò àn ❶ 改破案卷；破坏案例。明黄汝亨《易准序》：“老僧以毁戒印宗，法吏以～舞律。” ❷ 破获案件或指破获的案件。清李治运《稽海船以清盗源疏》：“备查各处～获犯，俱系沿海穷民。”《白雪遗音·李毓昌案》：“路遇旧友叙苦情，因此～。” ❸ 备案；发案。清《醒世姻缘传》四二回：“一做了监生，到象是做了～的强盗一样，见了不拘甚人却要怕他。”《荡寇志》九五回：“后毛和尚因在阳湖县窃一富户～，刺配到曹州。”

【破白】 pò bái ❶ 突破空白。宋代指备选官员获得第一封举荐状，被记录在案。后也泛指得到推荐或得官、升职。宋赵昇《朝野类要》卷五：“选人得初举状，谓之～；末后一纸凑足，谓之合尖，如造塔上顶之意。”元王义山《皈投刑堂赵平齐》：“辄因参觐，就致皈依。倘辱盼青，或可～。”明王世贞《寄张见父》：“清淮～后，上蔡飞苍时。兄酬复弟劝，吹埙还和篪。” ❷ 指花费银钱。宋洪迈《夷坚志》支庚卷一〇：“抛球打论，虽是有输有赢；～伤财，其奈着肠着肚。” ❸ 指降雪。宋王之道《对雪二首再用前韵》之二：“冬温犯春令，～已为瑞。”卫宗武《酹江月·和友人催雪》：“今岁天公悭～，未放六霙呈瑞。”明陆深《和安鸿渐登楼曲》之三：“雪后楼偏好，青山～看。” ❹ 指降雨或涨水。宋唐庚《喜雨呈赵世泽》：“赋输百万未～，簿脚何缘得勾倒。”明陆深《十月十日雨》：“溪流～添新涨，云岫拖青失旧林。” ❺ 指白花初绽。宋王之道《山茶》：“开花不与众芳期，先得江梅～时。”元胡次焱《山园赋》：“或陇梅～，或霜叶赐绯，是则山园宜寒。”清钱谦益《永丰詹京兆七十寿帐词》：“江梅～，比韩圃之晚香；岸柳催青，启陆家之夕秀。” ❻ 指写作。明顾清《戏和石潭尝酒引》：“茅柴陈卷拟立案矣，而催札不已，聊尔～，亦欲为糟床吐气，星运表祥。”

【破败】 pò bài ❶ 败落；破落。唐元结《谢上表》：“臣料今日州县，堪征税者无几，已～者实多。”明《拍案惊奇》卷二二：“我闻得你父子在长安富贵，后来～。”清《续金瓶梅》四六回：“那年侄姓王，名泰，字不骄，是个～公子，以酒色为事。” ❷ 丧失；失去。宋苏轼《龙虎铅汞论》：“吾今年已六十，名位～，兄弟隔绝。”清江开《秋兴》之四：“迷离梦寐犹青眼，～功名易白头。” ❸ 残破；破烂。也指残破的地方或物品。宋苏轼《超然台记》：“伐安丘、高密之木，以修补～。”苏辙《自齐州回论时事书附画一状》：“譬如含茹毒药，喉舌～，胸腹胀满，知其非矣。”明《禅真后史》一五回：“即于书箧里取出一片破荷叶递与瞿佑，……瞿佑怀疑道：‘……要此～何用？’”清《儒林外史》五五回：“这样名胜的所在，而今～至此。” ❹ 损害；破坏。宋苏辙《论差役五事状》：“衙前之害，自熙宁以前，～人家，甚如兵火。”明《西湖二集》卷一六：“因何养元～奚二姐女身，又害他性命，所以罚汝转身为女子。”清《巧联珠》二回：“话说贾有道为缪成亲事，思量要～闻生，一夜不寐。” ❺ 挥霍；耗费。《元曲选·冤家债主》四折：“第二个荒唐愚鲁，百般的～家财。”《元曲选外编·破窑记》：“我一脚的不在家，把我铜斗儿家缘都～了也。”明《拍案惊奇》卷三五：“等做家的自做家，～的自～，省得歹的累了好的，一总雕零了。” ❻ 破绽；漏洞。明徐渭《女状元》五出：“难道女儿假装男出外，况二十年来，又妙龄正当少艾，竟保得没些儿～？”《醒世恒言》卷三：“说着长，道着短，全没些～。” ❼ 星命学指不利于成事的煞神或煞日。明《金瓶梅词话》二九回：“目今流年，只多日逢～，五鬼在家炒闹。”清《绿野仙踪》八四回：“看见本月十六日还没什么～，即于此日下定。” ❽ 诋毁；毁伤。清《醒世姻缘传》四回：“咱不打发他个喜欢，叫他到处去～咱？”又五一回：“走出门前，正在那里指手画脚的～。”

【破包篓】 pò bāo lǒu 犹“破笼”。明《金瓶梅词话》八五回：“这～奴才，在这屋里就是走水的槽，单管屋里事儿往外学舌。”

【破鼻】 pò bí 使鼻子通畅。形容气味浓烈。唐郑谷《次韵酬张补阙寒食见寄之什》：“开缄虽睹新篇丽，～须闻冷酒香。”宋莫将《木兰花·风前》：“真香～蓦然闻，试问幽丛知几步？”清张裕钊《秋望》：“粳稻经时熟，杯罂～香。”

【破拨】 pò bō 弦乐的一种弹法，即剧烈地弹拨。唐刘禹锡《泰娘歌》：“低鬟缓视抱明月，纤指～生胡风。”段成式《酉阳杂俎》卷六：“开元中，段师能弹琵琶，用皮弦，贺怀智～弹之，不能成声。”宋袁去华《菩萨蛮》：“沉吟思昨梦，闲抱琵琶弄。～错成声，春愁指下生。”

【破步】 pò bù 迈大步。元尚仲贤《气英布》二折：“我这里撩衣～宁心等，瞑目攒眉侧耳听。”明《西游记》二八回：“他～入门，揭起来，往里就进。”清《野叟曝言》六〇回：“难儿接过小鏖那枪，～而入。玉奴迎住，狠斗起来。”

【破财】 pò cái 损失钱财；花费钱财。宋元《清平山堂话本·杨温传》：“这卦爻动，必然大凶，～、失脱、口舌，件件有之。”元陈栎《答吴仲文甥》：“仲耆一病，此怪证奇疾也。此诬兴而病遂愈，岂非～折灾乎！”清《绿野仙踪》三七回：“就是去吊了一万多银子，也是我和你的命运，该这样～。”

【破残】 pò cán ❶ 残破；破败；破烂。唐李德裕《论嗢没斯所请落下马价状》：“以可汗本国～，久在边陲，此已量与嗢没斯马，以下本分马价绢，便赐可汗。”明《醒世恒言》卷六：“莫若尽弃都下～之业，以资丧事，迎吾骨入土之后，原返江东。”清《醒世姻缘传》一九回：“次日早晨，自己挑了一担～家伙，同了妻子往新屋里来。”也指残破的局面。明卢象升《寄外舅王带溪先生》：“所难者收拾～，图维善后耳。” ❷ 残害；毁坏；使破败。唐张鷟《朝野佥载》卷二：“皆称杨务廉人妖也，天生此妖以～百姓。”明钱德洪《征宸濠反间遗事》：“但贼兵早越一方，遂～一方民命。”袁宏道《中秋泊潞河看月》：“客路风停阁，民居水～。” ❸ 指破身。明卢之颐《本草乘雅半偈》卷九：“即女子未经～，或生辰在四季餘月者，如法采取，亦可却病。”

【破茬】 pò chá 犹“破罐”。清《醒世姻缘传》七二回：“这是程木匠的闺女，魏武举娶了去，嫌～，送回来的。”又：“及至见了这们～，但得已，肯送了来么！"

【破钞】 pò chāo 花钱；出费用。明《拍案惊奇》卷二二："张多保不肯要他～，自己也取十两银子来送。"清李渔《比目鱼》三出："我拣那极肯～的人，相处几个。"《说岳全传》六五回："茶礼小事，待小的备了就是，何必又要相公们～。"

【破出】 pò chū ❶ 破除；脱出。清金堡《满江红·小除夕自寿》："～尘中经一卷，开消笔上花千朵。"《凤凰池》七回："说来只恐添愁泪，～疑团拜生香。" ❷ 败露；泄露。清《荡寇志》七四回："我说早知她同你厮打，你还瞒着我，说耳朵自己擦伤。今日～了。"又九八回："幸喜凌兄这条计尚未～。" ❸ 豁出。清《狐狸缘全传》一九回："众妖俱～死命争斗，一个个齐吐妖氛，各放阴气。"

【破除】 pò chú ❶ 败坏；摧残。唐殷亮《颜鲁公行状》："用舍在相公耳，言者何罪乎？然朝廷纪纲，岂堪相公再～也。"宋范成大《病中闻西园新花已茂》："春虽与病无交涉，雨莫将花便～。" ❷ 免除；解除。唐王播《请令程异出巡江淮奏》："其诸州府上供钱米，如妄托水旱，辄有～，伏请委程异一切勘责闻奏。"元魏初《奏章》："凡所给价以十分为率，必掯留一二分，俟估计体度定，然后～放支。"明董谷《临清柳枝词》之一："丁宁夫婿严斋禁，顶上归来始～。" ❸ 舍弃；摆脱。唐张鸿《赠乔尊师》："性唯耽嗜酒，贫不～琴。"《敦煌变文校注》卷五《双恩记》："强欺弱者，几时解息于冤家；富役贫人，何日～于辛苦。" ❹ 消除；平息；消磨。唐韩愈《赠郑兵曹》："杯行到君莫停手，～万事无过酒。"《元曲选·丽春堂》四折："如今取你回朝，本要差你～草寇。不想草寇听的你回，都来投降了。"清陶金谐《寄伯兄》之二："平生湖海元龙气，报道年来渐～。" ❺ 花费；耗用。唐［日］圆仁《入唐求法巡礼行记》卷四："一度行送，每寺～四五百贯钱不了。"韦绚《刘宾客嘉话录》："袁德师给事中高之子也。九日出糕，谓人曰：'某不敢吃，请诸公～。'且言是其先讳。"明《二刻拍案惊奇》卷一三："省得为我少得了衬钱，明日就将衬钱来～也好。"

【破穿】 pò chuān ❶ 穿透；穿破。宋郑獬《杂兴》之一："女娲炼五石，上补天之缺，……后世日～，通为万鼠穴。"元危亦林《世医得效方》卷一九："疮～见肉膜，亦未为害，但要洗涤净洁。"也指穿破之处。宋陆游《破屋叹》："惨淡窘风雨，亦复补～。" ❷ 打破；破解。清李玉《人兽关》一八出："我的心中如火燃，你的疑关才～。"

【破春】 pò chūn ❶ 突破春天，表示春天来到。宋史达祖《玉簟凉》："莲娇试晓，梅瘦～，因甚却扇临窗。"金杨奂《宿南石桥》："岸柳犹含冻，溪花欲～。"明杨基《祁阳道中》之一："愁红怨白满江滨，一树盈盈恰～。" ❷ 隐指春心动摇。明张景《飞丸记》二五出："〔净〕你孽海坚心渡，姻缘事已成。〔旦〕妈妈，我片心固结封严蜡，未信梅花始～。"

【破贷】 pò dài 借用。元《通制条格》卷七："如有身故军粮、倒死马料食用不尽者，见在数目却行回纳，或差出军马粮料收顿，候回日给付，或令次月请粮军人就用，毋得私下～。"

【破荡】 pò dàng ❶ 残破动荡。《唐会要》卷七四："如河北沧、景、德、棣之类，经～之后，及灵、夏、邠、宁、鄜、坊等州，全无俸料。"宋楼钥《观文殿学士钱公行状》："中原～而四海独知有赵氏，岂非仁恩之至乎！"阳枋《上宣谕余樵隐书》："受任于艰难～之餘，军政民事日纷如猬。" ❷ 扫荡或践踏使残破。宋宋祁《减边兵议》："恐大段深入，钞掠人民，～城寨。"元大䜣《中峰和尚像赞》："解使临济，白拈莫辨。踪由～高峰，活计更无少剩。"明王守仁《添设清平县治疏》："今象湖、可塘、大伞、箭灌诸巢虽已～，而遗孽残党，亦宁无有逃遁山谷者？" ❸ 败坏掉；耗费尽（财产）。宋袁寀《袁氏世范》卷上："（妇人）有夫不肖而能与其子同理家务，不致～家产者。"《元典章·刑部十二》："为人后者，不务勤俭，～财产，及至贫乏。"清《醒世姻缘传》一二回："原先也有百万家产，只因公公死了，不够四五年，三四兄弟～得无片瓦根椽。" ❹ 沦落；败坏。宋邹浩《览镜》："三窜湖南与岭南，生涯～孰能堪。"方恬《秦汉论》："若景、武则大不然矣，汉之法度～盖自此始。"元牟巘《澹轩记》："自朴散淳浇，习俗～，功名富贵之役劳吾形，声色滋味之奉汨吾神。" ❺ 残破；颓败。元杨维桢《长洲县重修学宫记》："阅未二十年，而殿堂否庑，仅支风雨，藩庸～，往来成蹊。"

【破调】 pò diào ❶ 不按规矩调遣或调发。明于谦《为边务事奏》："其都指挥杨得清隐下及私役五百五十八名，不令赴操，及至查审，多方～。"戚继光《纪效新书》卷一七："墩军每风汛时月，如三、四、五、六，尽数在墩，不准以取米粮～。"邵宝《会议状》："虽是年年差官查催，止将近年料银搪塞，餘俱任意～。" ❷ 拖延推诿。明程敏政《简皑东白善世》："日昨已将求文帖子置案上，只三五日决然掇拾付还，更不能～自增业障也。"《蓬窗日录》卷二："为将领者，虏来则退缩，及去则佯追，失事则～相推，同事则装点相庇。"清《醒世姻缘传》二八回："若是那里长支吾得过，把这宗钱粮～了；如支吾不过，只得与他赔上。" ❸ 破格。明杨寅秋《寄李旭山宪长》："以彼其才瓠落，丈复怜才若渴，弟辄为一鸣，惟大～收之。"罗洪先《明故野塘张公墓志铭》："又皆慕公'不知出何'等语，乃令主司～相待。" ❹ 消磨；度过。明赵时春《谒金门》："暗里韶华闲～，可惜人年少。"

【破掉】 pò diào ❶ 破解；破除。清《野叟曝言》三回："记得他家葬坟，请遍有名风水，说这穴是真龙潜伏，只怕被文曲星～。"《说唐后传》一一回："罗小蛮子骁勇异常，飞刀都被他～了。"《红楼复梦》一〇〇回："我明日在潇湘馆前建一座宝塔，定要～这股风水才得。" ❷ 残破。清《野叟曝言》二七回："过起年来，还要买一条布褥子受用哩。这席就～了，也不打紧。"

【破丢不答】 pò diū bù dā 犹"破丢不落"。不答，形容词词缀。清洪昇《长生殿》三三出："整顿了这～的平顶头巾，扶定了这滴羞扑速的齐眉拐拄。"

【破丢不落】 pò diū bù là 形容破烂不整齐。不落，犹"不剌❶"，形容词词缀。清《儒林外史》二三回："管家看见中间悬着一轴稀破的古画，两边贴了许多斗方，六张～的竹椅。"

【破肚】 pò dù ❶ 指初次分娩。明吕天成《齐东绝倒》三出："我老象一生不喜那生育过的妇人。只有娥皇，虽是年纪略大些，倒也再不曾～。" ❷ 指馄饨、饺子等包馅的部分破裂。清《醒世姻缘传》九二回："将馄饨煮熟，母子夫妻，你一碗，我一碗，吃了个痛饱；捞了半碗～的面皮给陈师娘吃。"

【破堆】 pò duī 破的，指言语切中要害。堆，垛子，箭靶。唐寒山《啧啧买鱼肉》："此非天堂缘，纯是地狱滓。徐六语～，始知没道理。"

【破二作三】 pò èr zuò sān 分二作三。❶ 禅语指打破成规。宋克勤《碧岩录》八八则："门庭施设，且恁么～；入理深谈，也须是七穿八穴。"《五灯会元·黄龙悟新禅师》："有时～，有时会三归一，有时三一会同。" ❷ 指两间房屋改作成三间。元明《水浒传》八六回："来到一个去处，傍着树林，～，数间草屋下，破壁里闪出灯光来。"

【破发】 pò fā 揭破；揭穿发露。宋欧阳修《端明殿学士蔡公墓志铭》："其治京师，谈笑无留事，尤喜～奸隐，吏不能欺。"明《型世言》一八回："这边李夫人见他意思好，便收拾些礼物，择日纳采。那王任卿兄弟，狠狠的在母亲前～。”又一九回：“先一个为他造坟，已是说得极好，教他费尽钱财；后边一个又来～，道是不好，复行迁改。”

【破伐】 pò fá 掘破砍伐。宋《建炎以来繫年要录》卷四八：“时官军与贼皆乏矢，悉破冢斫柩以为箭簳，由是～无遗。”《元曲选外编·圯桥进履》三折：“差樊哙匹夫侵犯吾之境界，～桑枣，掳掠人民。”清《平定两金川方略》卷五八：“中间林深菁密，温福拟令兵丁～树株而行。”

【破犯】 pò fàn ❶ 破坏触犯。明宗泐《题宋人画文殊像》：“谓是七佛之师，三处度夏，～律仪；谓非七佛之师，百亿分身，许多伎俩。” ❷ 星命用语，破败冲犯。明万民英《星学大成》卷一九：“若见忌星相～，必因奸盗此中来。”清《双凤奇缘》六八回：“明日乃黄道良辰，并无～，一定夫妻偕老，兴隆万年。”

【破废】 pò fèi ❶ 残破废弃。《唐会要》卷八六：“其间有寺已～，全无僧众。”明高启《绿水园杂咏序》：“其林沼亭轩，亦各有扁焉。近虽～，然宽闲幽胜，犹可以钓游而啸歌。”《明史纪事本末》卷七一：“夫以忠贤珠玉盈笥，金银满屋，何求不得？何欲不遂？以此～铜器，无足入其目，当其心，而亦必一手握定者。” ❷ 突破使不起作用。明孙绪《无用闲谈》：“苏东坡律诗，诚有骋才太过～格律者，而大篇奇崛，时逼李杜。”

【破费】 pò fèi ❶ 花钱；开销费用。唐李骘《徐襄州碑》：“官田元无所获，徒遗虚竖将额，添市耕牛，～甚多，收获无几。”宋朱熹《按唐仲友第三状》：“仲友造置浮桥，～支万餘贯官钱。” ❷ 花费；耗用（财力物力）。敦煌词《十二时》：“日昳未。造罪相连累。无常念念至，徒劳满～。”明郑若庸《玉玦记》二二出：“昝喜前日颇有家资，因为这李娟奴，两三年间～几尽。”清《双凤奇缘》五七回：“今又在这西北特搭一座浮桥，～十六年功夫，方才告成。” ❸ 用作接收人款待或馈赠的客套话。《敦煌变文校注》卷一《捉季布传文》：“二臣坐上而言说：‘深劳～味如珍。’”明《金瓶梅词话》一四回：“接过来先奉了一对与月娘，然后李娇儿、孟玉楼、孙雪娥每人都是一对。月娘道：‘多有～二娘，这个却使不得。’”清《红楼梦》四二回：“刘姥姥忙说：‘不敢多～了。已经遭扰了几日，又拿着走，越发心里不安起来。’” ❹ 观赏；庆贺。宋汪晫《即席次韵赵簿县圃小集》：“管领宾僚～春，座中着白是山人。”方岳《次韵宋尚书山居·日涉园》：“园官莫惜频来往，～春风又几时。”刘克庄《答方德润古史》：“村居之改观，某敢不呼童烹雁，携酒与鱼，庆老稚之檀栾，约亲朋而～。” ❺ 废置；舍弃。宋王洋《方何二公回自郡所得不同》：“那知此理未可诉，～书厨走长路。” ❻ 破败；破耗。明《醒世恒言》卷一七：“我只道家业还在，如今挣扎性命回去，学好为人，不料～至此。”

【破分】 pò fēn 另见 pò fèn。❶（税赋、徭役等）突破一定分数，餘额不再催缴。宋朱熹《戊申封事》：“凡州县催理官物已及九分以上，谓之～。诸司即行住催，版曹亦置不问。”清柴潮生《理财三策疏》：“唐、宋之税粮有上供，有送使，有留州催科，有～。即明万历以前，征追亦止以八九分为准。” ❷ 破裂；裂开。宋吕南公《读李邕天师碣文》：“龟螭尚坚完，字画稍～。”张舜民《郴行录》：“下石如棋盘，为上石所压而～为二。”元明《三国志通俗演义》卷二四：“张翼等死于乱军之中，师纂～其尸。” ❸ 拆破原定的分数。元齐履谦《知太史院事郭公行状》：“古云天周与岁周小餘，同于日度四分之一。汉魏以来，渐觉不齐，遂有～之说，而立法未均，任意进退。”

【破分】 pò fèn 另见 pò fēn。超常规。宋刘弇《黄洴》：“故年辫麦～收，新年未省饱饘粥。”

【破腹】 pò fù ❶ 腹泻；拉稀。宋洪迈《夷坚志》丙卷一八：“夷叔因食冷淘～，一夕卒。”《元曲选·朱砂担》一折：“我有些～，你替我一替。”清《镜花缘》四四回：“老夫前在小蓬莱吃了一枝，～多日。” ❷ 犹“破肚❶”。清李渔《十二楼·生我楼》一回：“少年的妇人只愁不～，生过一胎就是熟肚了，那怕不会再生。”

【破格】 pò gé ❶ 打破常格。唐敬宽《对被替请选判》：“属参选限敕，而诣诉过时，徒思扬已露才，岂可违文～？”明俞允文《赠王按察伯和序》：“会属者诏下太学生，有能以赀赡国，即无论年资，辄为～受职。”清孔尚任《桃花扇》二一出：“明日嘱托吏部，还要～超升。” ❷ 格外；分外。宋杨万里《过上湖岭望招贤江南北山》之四：“晓日秋山～奇，青红明灭舞清漪。”明冯从吾《关中士夫会约》：“中有年老无子，或有子而贫甚者，每年公具分金若干以助之。其异日寿器赙奠，仍当～存厚。”《醋葫芦》二回：“也是这一刻的星辰吉利，真正千载奇逢，～造化，霎时乐师灯化作鬼火。” ❸ 违犯格律。元方回《瀛奎律髓》卷六：“出律～，本是自然胸怀，无粉饰也。” ❹ 异常；不正常。清李渔《蜃中楼》一二出：“真奇诧，为甚的唱随～成相骂？”

【破故】 pò gù 破旧。《太平广记》卷六九引《传奇》：“吾体已苏矣，但衣服～，更得新衣，则可起矣。”明张丑《清河书画舫》卷四下：“周昉挥扇士女卷，……虽绢素～，而神彩奕然。”

【破瓜】 pò guā ❶ 指数字或年纪十六。瓜，拆字为二个“八”，二乘八得一十六。唐孙棨《赠妓人》：“彩翠仙衣红玉肤，轻盈年在～初。”元耶律铸《十六夜月》：“月姊应吞怨，无人写所思。柔情将绰态，须是～时。”清孔尚任《桃花扇》六出：“只因孩儿香君，年及～，梳栊无人，日夜放心不下。” ❷ 指数字六十四。八乘八得六十四。宋曾慥《类说》卷五三：“（吕洞宾）又谒张洎，留诗云：‘功成当在～年。’俗以破瓜为二八，洎年六十四卒。” ❸ 比喻裂成块状的东西。宋李纲《同叔易季言游虎丘寺》：“秦帝试剑石，～分路傍。”明汪廷讷《种玉记》六出：“颜如秾李，齿欲～。”谢肇淛《五月十日初尝火山荔支》：“碧玉初～，珠胎尚含泪。” ❹ 指瓜初生。明文徵明《初夏次韵答石田先生》：“腥红簇簇试榴花，四月江南恰～。” ❺ 指从中间分开。明李东阳《鼎仪同约止诗阅月不见（二月十日）》：“多情长是惜年华，二月中旬已～。” ❻ 指女子第一次性交，或与处女性交，也指破过身的女子。明《隋炀帝艳史》一二回：“原来那女子，尚是个未～的处子。”清《蜃楼志》五回：“只道是打头的一个～，那知步了笑官的后尘，毕竟有了积薪之叹。”《姑妄言》卷八：“见了她陪嫁的丫头，就想起宝儿这样个齐整女子，却是～，心中就恼。” ❼ 借指结婚。明许三阶《节侠记》一〇出：“我一向为你摽梅待日，～无期。如今裴郎也谪在岭南，你的终身事到可完了。”

【破冠子】 pò guàn zi 即“破罐”。明《型世言》二一回：“当时我不肯，你再三央及，许娶我回去，怎竟不说起？如今叫我～怎到人家去？”

【破罐】 pò guàn 指女人婚前已非处女。《元曲选·鸳鸯被》二折：“既然昨夜李小姐来与别人成了亲事，左右是个～子了。”清李渔《风筝误》一七出：“你把贱奴充作尊，～冒为整。”《醉醒石》三回：“可怜～归原主，纵是风流也赧然。”

【破害】 pò hài ❶ 摧残损害。唐李德裕《潞磁等四州县令录事参军状》：“缘地贫俸薄，无人情愿，多是假摄，～疲氓。”宋《灵台秘苑》卷一五：“（星坠）以四时占之，春，武臣～，年谷不登。”明《杜骗新书·婚娶骗》：“人赘事久远，必得的当人方可。不然，家被他～。” ❷ 星命用语，冲破损害。唐易静《兵要望江南·占六壬》：“后三五，前四将年辰。若被日冲兼～，破刑亡者负于人。”

【破耗】 pò hào ❶ 损耗;耗费。宋周羽翀《三楚新录》卷二:"每一岁之间,设大会斋者四季,无非～国用。"元明《水浒传》八一回:"他这等～钱粮,损折兵将,如何敢奏。"清秦松龄《金陵司马行》:"～军需罪不宥,权奸在路天无昼。" ❷(功用)破解消耗。清《医宗金鉴》卷三〇:"愚者不察,一遇上气喘急满闷不食,谓是实者宜泻,辄投～等药。"

【破话】 pò huà 不吉利、破坏人成事的话。明《封神演义》二三回:"因他说出号来,孩儿故此笑他。他才说出这样～。"《金瓶梅词话》七八回:"娘只说～,小的命儿薄薄的,又吓小的。"清《绿野仙踪》九四回:"我们十分中连二三分还未走完,便是这样动疑心,说～。"

【破坏】 pò huài ❶ 破除;发露;破解。唐朱昼《喜陈懿志示新制》:"忧愁方～,欢喜重补塞。"元李冶《元庆源军节度使赵侯神道碑铭》:"其廉察一道,则～奸邪,威棱秋霜焉。"清《荡寇志》一一三回:"我的法儿,你如何能～得。我算得千稳万当,便是我自己寻破绽也难。" ❷ 破损;残破。唐张鷟《朝野佥载》卷一:"我堂舍～,汝为我修造。"明《型世言》九回:"这件布袍胸前～了,贫道去买尺青布来补。"清《绿野仙踪》九五回:"至四更后,便伤消痛止,～处皆有了干痂。" ❸ 扰乱;变乱。唐杜牧《平卢军节度巡官李府君墓志铭》:"常痛自元和以来,有元白诗者,纤艳不逞,非庄士雅人,多为其所～。"清《隋唐演义》二八回:"自是纣、幽二王,贪恋妲己、褒姒的颜色,不顾天下,天下遂由此渐渐～。" ❹ 败坏;损耗。宋苏洵《上韩丞相书》:"洵年老无聊,家产～,欲从相公乞一官职。"《元曲选·杀狗劝夫》四折:"这两个教孙大无般不作,无般不为,～了俺家私。"清《绿野仙踪》六〇回:"我的一个家,全全～在你手。" ❺ 毁弃;不遵守。宋苏舜钦《扬子江观风浪》:"朝廷布礼度,粲粲莫可删。后来渐～,所向行路难。"元胡祗遹《丁粮地粮详文》:"近年以来,～格例,既纳丁粮,因买得地税之地而并当地税。"清纪昀《阅微草堂笔记》卷七:"其间～戒律,自堕泥犁者,诚比比皆是。" ❻ 弄坏;破掉。宋苏辙《上皇帝书》:"又多为条约以沮格之,减罢其举官,～其考第,使之穷窘无聊,求进而不遂。"明《古今小说》卷二:"你这房亲事还亏母舅作成你的,你今日恩将仇报,反去～了做兄弟的姻缘。"清《野叟曝言》二三回:"青楼为古今一大陷坑,不知～许多人的身家性命。" ❼ 弄破,指破身。明《古今小说》卷二九:"分明是丈夫柳宣教不行好事,～了玉通禅师法体。"《醒世恒言》卷七:"颜俊在阶下听说高氏还是处子,便叫喊道:'既是小的妻子不曾～,小的情愿成就。'"清《绿野仙踪》八二回:"你既如此存心,就不该～了我的身体。" ❽ 毁谤;玷污。明《辽海丹忠录》一四回:"借口先发为恨,一不策应,坐令孤绝,又虚誊塘报,～功臣。"《南游记》卷四:"悟空曰:'是他不该～我的名誉。'"清《野叟曝言》七回:"读书人三妻四妾,也是常事,算不得～相公行止。"

【破荒】 pò huāng ❶ 垦荒;开垦荒地。宋王庭珪《和周监丞闻京洛关中收复》之二:"剑戟将销尽,钩锄始～。"元戴表元《先天观记》:"观傍田可稼者,餘百亩田,上山～发坚,悉种花竹杂果木。"清江国霖《下龙门阁》:"禹功疏凿此不到,～出险何神哉。" ❷ 披荒;拨开荒榛。宋王十朋《游石门洞》:"～喜诵刘郎句,跻险思从谢客游。"韩琥《涧东临风饮梅花尚未全放》:"取友唤邻相领略,～寻胜独徘徊。"清黄宗羲《陈子文再游燕中诗序》:"摹铜盘之篆字,抚昭陵之铁马,经行名迹之处,～搜讨,往往迷失道。" ❸ 拓荒,比喻开发、开启。宋陆游《上执政书》:"自上世遗文,先秦古书,昼读夜思,开山～,以求圣贤致意处。"元同恕《寿先师张彦明》:"圣门荆棘郁苍苍,夫子西来一～。"清黄宗羲《移史馆先妣姚太夫人事略》:"盖天不以寻常妇女之境遇处太夫人,太夫人亦遂～于妇道母道之变局。" ❹ 首先;开头;首次。宋陆游《梅花》:"冰崖雪谷木未芽,造物～开此花。"元胡助《对梅》:"数点雪争白,一枝春～。"清黄宗羲《陈葵献偶刻诗文序》:"刁葵献者,以为葵献～作诗,何工之如是。" ❺ 指科举考中,多指一个地区首次有人考中。宋叶适《送丁子植》:"已上～第,犹勤见未书。"张纲《送公显应举》:"百万～明日事,未应长欠亩头钱。"明郑岳《明奉议大夫黄君墓志铭》:"睢素乏材。君择其颖异,力加振作,遂有高琄者登第,为睢～。" ❻ 破例;不循常理。含侥幸或意外之意。清李渔《巧团圆》三二出:"我嫡嫡亲的儿呵,你果然还在这里。〔合〕欢生泣,笑欲狂,地缩奇缘天～。"屠绅《蟫史》卷一五:"然自古无交阯犯闽之事,～为之,其败必也。"

【破毁】 pò huǐ ❶ 残破毁坏。五代刘知远《改元乾祐大赦文》:"其无主～坟墓,仰差官吏如法掩瘗。"元杨维桢《送监郡观闾公秩满序》:"城池～而复完者,公之雄谋大节作于人者矣。"清陆陇其《灵寿志论》:"神主龛笼,倾欹～。" ❷ 败坏;使遭受破坏或蒙受损失。宋吕陶《学论》:"其势与力固足以胜天下矣,其为法以～圣人之道,亦已至矣。"明《醒世恒言》卷六:"正不知假王留儿、王福是甚变的,又不知有何缘故,却哄骗两头把家业～。"清康熙五十四年内务府奏请将曹頫补江宁织造折:"他的祖、父先前也很勤劳,现在倘若迁移他的家产,将致～。"

【破荤】 pò hūn ❶ 戒除荤食。南朝何胤号小山,与周颙同习佛。颙有妻蔬食,胤无妻嗜味。颙谓"周妻何肉"为二人之累,后胤戒断肉食(见《南齐书·周颙传》)。宋陈师道《和黄预感怀》:"但令苏晋禅妨醉,不患何山病～。"元唐元《对雨书示儿曹》之四:"羹栖糁芋便衰齿,犹笑何山易～。" ❷ 破除斋戒吃荤。明《西游记》五五回:"我出家人,不敢～。"清《荡寇志》八二回:"大家都饿了,就乱吃了一回。劝刘母吃些,刘母哪肯～。"

【破货】 pò huò ❶ 卖掉,也泛指交易。《五代会要》卷二五:"如有物色已上等,限一百日内并须～了绝。"宋富弼《论河北流民疏》:"本不忍抛离坟墓骨肉及～家产,只为灾伤物贵,存济不得。"章如愚《群书考索》后集卷五七引《会要》:"取便于他场领盐,依旧只于唐邓十二州军～,即不得带过陕西。" ❷ 犹"破罐"。清《绿野仙踪》二五回:"老婆已成～,无足重轻。"

【破获】 pò huò 侦破拿获。清李治运《稽海船以清盗源疏》:"近日平湖县～浙省洋界行舟被劫一案。"吴炽昌《续客窗闲话》卷八:"经嘉善县陈令以刚～其案,供证凿凿。"

【破寂】 pò jì 解闷;打破寂寞。宋洪咨夔《六月二十八日入朱陀山寺》:"～孤蜩吟,送暝疏钟度。"《喜闲》:"渔歌能～,鸥侣可陪闲。"明《拍案惊奇》卷二五:"此风大盛,然不过是侍酒陪歌,追欢买笑,遣兴陶情,解闷～。"清蒋衡《哭王或庵先生》:"去年残腊日,～过吾闾。"

【破产荡业】 pò chǎn dàng yè 犹"破家荡产"。明俞弁《逸老堂诗话》卷下:"乡民苦楚,直肉狼藉,～,不胜拷掠。"

【破家败产】 pò jiā bài chǎn 犹"破家荡产"。宋秦观《清和先生传》:"其相欢而奉先生者,或至于～而不悔。"

【破家荡产】 pò jiā dàng chǎn 耗尽家产,毁灭家庭。宋《朱子语类》卷一一一:"狭乡富家,靳靳自足,一被应役,无不～。"明《警世通言》卷三二:"七年之内,不知历过了多少公子王孙,一个个情迷意荡,～而不惜。"

【破家荡业】 pò jiā dàng yè 犹"破家荡产"。《元典章·刑部十九》:"必须督责补买及供给一切诸物因而逼临,～,无可展免。"

【破家竭产】 pò jiā jié chǎn 犹“破家荡产”。宋叶梦得《石林燕语》卷三：“自来主藏者所以至～以偿欠，正为是。”

【破家破伙】 pò jiā pò huǒ 破烂家具什物。明《古今小说》卷一〇：“这屋内～，不直甚事。”清《续金瓶梅》二回：“空宅子里还有些～的，拾将出来使用。”

【破家散宅】 pò jiā sàn zhái 犹“破家荡产”，禅语指空无一物。《敦煌变文校注》卷三《茶酒论》：“酒能～，广作邪淫。打却三盏已后，令人只是罪深。”宋宗杲《大慧语录》卷三：“上堂，蓦拈拄杖云：‘若唤这个作拄杖子，捏目生华；若不唤作拄杖子，～。’”

【破家丧产】 pò jiā sàng chǎn 犹“破家荡产”。《元典章·刑部十五》：“监锁吊打，抢夺财物，～，民甚苦之。”

【破解】 pò jiě ❶ 破碎；破烂。宋韩琦《广陵大雪》：“牛衣～突无烟，饿犬声微饥子哭。” ❷ 化解；打破解除。也指破解的手段。元明《水浒传》一〇九回：“那边～无穷，这里转变莫测。”明《西游记》九一回：“设此三羊，以应开泰之言，唤作‘三羊开泰’，～你师之否塞也。”清《平定台湾纪略》卷四八：“进城后，仍被贼截断后路，损去多兵，未能～贼围。” ❸ 解救。清《野叟曝言》一二一回：“樱桃口吐出莲花，劝救他黄屋内两朝天子；春葱手擘开银杏，～过白衣中一个大人。” ❹ 分析解破。清陆陇其《四书讲义困勉录》卷一四：“上二句正说他为邦，下二句又～小相以实之。”《镜花缘》七六回：“莫若大家随便说一难算之事请教众人。如有人答得出固妙；倘无人知，自再～。”

【破酒】 pò jiǔ ❶ 打破酒具的封口，指摆酒宴请或纵情饮酒。《新唐书·韦丹传》：“初俚民婚，出财会宾客，号～。”《太平广记》卷三三八引《通幽录》：“常思囊日～纵思，忽承戾止。浣濯难申，故奉迎耳。”明德祥《贻息耘隐士》之二：“～频邀汝，评诗累过余。” ❷ 溢酒，指用酒浸渍。元郝经《李淑玉送醉梨》：“～满盘乌玉颗，醒心一掬粉红浆。” ❸ 打破酒具使酒倾洒。明李梦阳《族谱》：“及期，吾家贫，乃徒以酒肉往请期。刘媪怒，数～掷肉，不得请。”

【破旧】 pò jiù 残破陈旧。宋陈自明《妇人大全良方》卷一八：“或烧干漆烟，若无干漆，以～漆器烧之。”金马钰《战掉丑奴儿·自叹》：“念身～如茅舍，雨渍风掀，惹火招烟。”清《歧路灯》二四回：“又转了一个弯，只见一个～大门楼儿。”

【破句】 pò jù ❶ 在不该断句的地方读断或点断，也指这样的文句。《五灯会元》卷一〇《瑞鹿遇安禅师》：“又常阅《首楞严经》，到‘知见立知，即无明本。知见无见，斯即涅盘。’师乃～读曰：‘知见立，知即无明本。知见无，见斯即涅盘。’”元方回《故家名阀说赠滕宾日》：“其礼部试～‘则予一人以怿’，满场皆曰‘慰人君欲为之心’。”清《豆棚闲话》一〇则：“还要掉句歪文，读些～，惹人笑得鼻塌嘴歪。” ❷ 犹“破话”。清《八洞天》卷三：“黎竹闻知莫豪要央她，便先去打了～。两个也都不肯去说了。”又卷四：“岑金不惟不肯招揽，反打了～，姻事哪里得成？”

【破决】 pò jué ❶ 破除；破裂；割裂。唐柳宗元《与李翰林建书》：“用南人槟榔餘甘，～壅隔大过，阴邪虽败，已伤正气。”宋王执中《针灸资生经》卷一：“刺太深，则交脉～，故为耳内之漏。”明朱橚《普济方》卷二九四：“方剂所治与治瘿法同，但瘿有可针割而瘤慎不可～尔。” ❷ 冲破（堤防）；决口。宋文彦博《奏黄河水势》：“南门、西门堤口节次～，水头一并向城流注。”刘攽《故朝散大夫刘公行状》：“旧田主二十六家，皆夺业失职，官始议以他田偿之，竟无与也。然塘亦～不修。” ❸ 说破决断。清李光地《榕村语录》卷二七：“古人的样子莫要走他的。他不敢～的事，毕竟～不得。”

【破掘】 pò jué 破毁挖掘。五代杜光庭《墉城集仙录》卷二：“不宜复奢淫暴虐，使万兆劳残怨魂穷鬼～之诉，流血之尸忘功赏之辞耳。”

【破开】 pò kāi ❶ 劈开；割破。唐刘岩夫《与段校理书》：“每欲奋廓埃堨，～涛浪，耸翼云汉，垂名竹帛。”明谢谠《四喜记》九出：“不免将那壁厢枯竹数根，着永昌～，编成小桥，渡过他去。”清《说岳全传》一六回：“遂拔出小刀将蜡丸～，内果有一团绉纸。” ❷ 撇开；拨开。《元曲选·谢天香》四折：“打底干南定粉，把蔷薇露和就。～那苏合香油，我嫌棘针梢燎的来油臭。”清《姑妄言》卷一五：“自己～一步想，虽不过适口充肠，又强如当日食而不知其味的时候。”《品花宝鉴》六〇回：“我观王仙舞神剑，手掣寒泉一匹线。……～点点绿沉枪，拨落纷纷大羽箭。” ❸ 指破身。明《浓情快史》二〇回：“问道：‘你是那一宫的？’宫娥道：‘是韦娘娘的。’三思便知他的身子被中宗～了。”

【破口】 pò kǒu ❶ 肆言。宋魏了翁《周礼折衷》：“汉唐以至国初，惟古注是从。如‘当仁不让于师’，宁取落韵，不取违古注。至程、张、欧、苏，方～斥传注之泥。” ❷ 开口；发言；谈及。元郑思肖《答吴山人问远游观地理书》：“既有问，只得～倾出自己胸中之天，以廓吾子之天。”明汤显祖《李超无问剑集序》：“信宿而都无所断，偶尔～公案二三则耳。”清黄宗羲《二欠诗》之一：“春米听寒鸦，阑更任野鸭。终朝不～，天然自妥帖。” ❸ 口出恶言。明梁辰鱼《浣纱记》三九出：“〔净〕你这个花脸小人，油嘴老贼。〔丑〕怎么便～？”《石点头》卷一二：“凡事也须要问个来历，却如何便～骂人？”清孔尚任《桃花扇》三七出：“不要～。好好弟兄，为何厮闹？” ❹ 裂口；绽开口子。明曹堪《西江月·春日同王女校书集春园》：“岸柳初经～，春饧看欲胶牙。”清魏之琇《续名医类案》卷二五：“两足涌泉穴中，俱有隐隐一青圈，旋即～出水，疼痛异常。”程含章《通饬各官熟读律例》：“不～之伤，则混填血流、血污；已～之伤，则率报红色、紫色。” ❺ 裂开的口子；破洞。清《医宗金鉴》卷七五：“日敷玉真散，至～不锈生脓时，换贴生肌玉红膏。”《红楼梦》五二回：“晴雯先将里子拆开，用茶杯口大的一个竹弓钉牢在背面，再将～四边用金刀刮的散松松的。” ❻ 咧嘴；失笑。清李光地《榕村语录》卷二一：“《续纲目》作而乱臣贼子惧，岂不令人～，况其议论刺谬，尤不可言。”又《参同契注旧序》：“与人谭及而每被嗤笑，谓不持行，无师授，而发元扃，诚足～也。”

【破拉沽】 pò lā gū 犹“破落户❶”。明赵南星《喜连声》：“弄的这秀才家有上梢无下梢成甚乖，哄的那～精打精光打光又去合谁热？”

【破喇货】 pò lā huò 破烂货；无用不学好的人。清《聊斋俚曲·俊夜叉》：“三姐说道也不错，这等汉子恋不过。虽然嫁不着好丈夫，不少这样～。”

【破腊】 pò là 破除残腊，指回春。宋宋祁《余在北门时每立春必前索宫中春词》之五：“故岁犹长新岁晚，东君～便回春。”明张景《飞丸记》二八出：“～一枝新，背群芳占早春。”清曹鉴平《送季冲之任郁林》：“驿路梅花初～，炎方木叶少逢秋。”

【破烂】 pò làn ❶ 溃破腐烂；残破朽烂。唐范摅《云仙杂记》卷六：“夏月夜禅，虽飞蚊咂食，终不摇动。坐夏既满，面为～。”宋梅尧臣《观何君宝画》：“昨日何家观小轴，绢虽～色不渝。”清《儒林外史》九回：“里面走出一个老妪来，身上衣服甚是～。” ❷ 破裂；碎裂。元王祯《农书》卷一二：“又有不觚棱混而圆者，谓混轴，俱用畜力挽行，以人牵之，碾打田畴上块垡，易为～。” ❸ 指人窝囊无用。清《红楼梦》二一回：“不想荣国府内有一个极不成器～酒头厨子，名唤多官。人见他懦弱无能，都唤他作多浑虫。”

【破烂流丢】 pò làn liú diū 形容破旧败坏。明《西游记》四六回：“（悟空）用手拿将起来，抖乱了，咬破舌尖上，一口血喷将去，叫声：‘变！’即变作一口钟。”

【破例】 pò lì 打破常规。唐司空图《戏题试衫》：“从此玉皇须～，染霞裁赐地仙衣。”明徐渭《致李长公》：“知道驾已至，即拟趋候，然更有别传，不敢～。”清《飞龙全传》一四回：“这赊欠从不～，望客官大爷见惠则个。”

【破脸】 pò liǎn 撕破脸皮；丢掉脸面。明《型世言》三〇回：“没印，两个一争就～，不好收拾。”清李光地《榕村语录》卷二：“大概人受过刑，便多～，易于无忌惮。”《姑妄言》卷五：“他到底是宦门之女。况且年幼，又从不曾尝过偷汉的滋味，未经～，还惜羞耻。”

【破吝】 pò lìn 犹“破悭❶”。清《姑妄言》一五回：“童自大～延宾，虽写其非昔日之鄙啬，借此成就五对夫妻。”

【破零二落】 pò líng èr luò 破乱不整齐貌。明《金瓶梅词话》九六回：“自从你爹下世，没人收拾他，如今丢搭的～。”

【破零三乱】 pò líng sān luàn 犹“破零二落”。明《金瓶梅词话》一六回：“如今他那边楼上堆的～，你这些东西过去，那里堆放？”

【破笼】 pò lóng 破蒸笼，漏气。指走漏风声。清《醒世姻缘传》一五回：“你看我做，你只不要～罢了。透出一点风去，我摔了你们的腿！”

【破陋】 pò lòu ❶ 残破简陋。宋王洋《十一月二十九夜大风》：“我屋山僧居，～久不治。”元王璘《重修学记》：“顾瞻众宇，～倾欹。” ❷ 破除孤陋。宋陆九渊《学古人官议事以制政乃不迷》：“证验之著，有足以析疑；更尝之多，有足以～。”刘辰翁《戒冈重兴院记》：“有隙光～，触碍成机，超然独悟。”元刘壎《象山语类题辞》：“先生真天人也，单辞片语，洗凡～。”

【破漏】 pò lòu ❶ 残破穿透。也指残破之处。唐庞蕴《古时不异今》：“闻船未～，爱河须早渡。”明归有光《重修承志堂记》：“吾自吴兴还，因返旧宅，支撑倾陊，完葺～。”《西湖二集》卷七：“舍了些斋米、衣鞋、灯油等样，又与他补盖茅庵～之处。” ❷ 疏漏。宋夏竦《铜人针灸经序》：“增古今之救验，刊日相之～。总会诸说，勒成三篇。” ❸ 比喻形势危迫，濒于崩溃。宋富弼《范文正公仲淹墓志铭》：“又边备久废忽而王师新败，剥丧～，茫乎无所取济。”邢恕《上神宗答诏论彗星上三说九宜》：“举以程能课事，而厚望之于群臣，磨以岁月，则鲜不～倾覆，失其所操持。”明王守仁《乞恩暂容回籍就医养病疏》：“而其事势既已颠覆～，如将倾之屋，半溺之舟。” ❹ 泄露；泄漏。明黄道周《榕坛问业》卷一八：“如无文字，则法教不章；如有传言，则神明～。”《封神演义》五九回：“一点真元无～，拖白虎，过桥西。”

【破路】 pò lù 开路。元明《三国志通俗演义》卷二四：“五丁～应难及，三国论功合让先。”清《飞龙全传》一〇回：“那郑恩当先～，提起了枣树，排头价打去。”

【破露】 pò lù ❶ 残破暴露。宋曾巩《繁昌县兴造记》：“今治所虽有屋，而庳逼～，至听讼于庑下。”元胡祗遹《赠按察庆甫陈侯》：“街衢十室九茅茨，雨夜霜晨悲～。” ❷ 败露；识破发露。也指被发露的事。明罗洪先《明故都察院左都御史周公墓铭》：“始至潜，未试吏，据律擿发，奸蠹～。”清陈端生《再生缘》七六回：“将我扶至清风阁，脱靴～我真情。”《绿野仙踪》七九回：“沈襄有了～，他的身家甚重，只用他出钱料理，连我也无事了。” ❸ 破头显露。清华侗《河满子·牡丹》：“一捻粉痕才～，朝来烂吐晴霞。”

【破落】 pò luò ❶ 破败零落；残破脱落。《法苑珠林》卷四九：“有长者入佛塔中，见地～，和泥涂治。”明江瓘《名医类案》卷一一：“但经宿着席，～一片，如掌大，心甚恐。”清方成培《雷峰塔》一二出：“卑人今早出门，还是～门墙，怎么一时就如此华丽了。” ❷（家道、权势等）败落；衰败。宋朱熹《与黄商伯书》：“不免又且整顿此～家计，以俟谴逐耳。”清《歧路灯》五四回：“左右是～了，要这东西何用，爽快变卖，好好赌两场子。”《玉蜻蜓·露像》：“又道我父亲罢职苏州府，～乡绅看得丘。” ❸ 指破落户。宋黄榦《申转运司乞免行酒库受诬告害民状》：“或富强吞并贫弱而不遂，或～欺诈善良而不从。”真德秀《政经》：“如官司已存恤保正长，而保正长却募～过犯人代役，在乡骚扰。”明韩邦奇《刘太孺人墓志铭》：“尔父艰难育尔成立，乃为此～事，岂书生之所宜为者哉！”

【破落行】 pò luò háng 破落户无赖子弟混迹的行业或场所。明《西湖二集》卷一：“骰盆六五叫声凶，～中真种。”

【破落户】 pò luò hù ❶ 指败落人家的无赖子弟。也泛指流氓无赖、无业堕民等。宋《建炎以来繫年要录》卷一六四：“先是行在有号～者，巧于正昼通衢窃取人所带之物。”明王錂《春芜记》一三出：“自家不是别人，却是楚国中一个泼皮～光棍王小四的便是。”清《红楼梦》三回：“你不认得他，他是我们这里有名的一个泼皮～儿。” ❷ 家业衰败的人家。明《拍案惊奇》卷二：“那屯溪潘氏虽是个旧姓人家，却是个～，家道艰难。”清《儒林外史》三回：“有送田产的，有人送店房的，还有那些～，两口子来投身为仆图荫庇的。”

【破落头】 pò luò tóu 破落户的名头。清《歧路灯》八〇回：“究之主户人家，开口便说某人是我家家生子，定然是～来了。”

【破落子】 pò luò zǐ 破落户的无赖子弟。清曾衍东《小豆棚》卷一一：“陈一士有赌癖，时或囊涩，便觅小局，每一往博。庙中皆～，见陈至，咸趋迎之。”

【破卖】 pò mài 变卖；折售。五代郭威《改定盐曲条法敕》：“兼以邑居人户，随税请盐，既不许将入城隍，又不容向外～。立法之弊，一至于斯。”宋杨亿《论龙泉县三处酒坊乞减额状》：“自来州司枷项差勒人员军将须管甘认勾当，并皆～家业及身命偿官。”元《通制条格》卷一六：“正军贴户，验各家气力津助一同当军，～田产许相由问，恐损同户气力。”

【破茅】 pò máo 除掉茅草，指垦荒（建房）。宋李若水《次颜博士游紫罗洞》之三：“碧嶂巉巉云影底，傥得～甘老此。”明柯丹邱《荆钗记》六出：“锥有～之地，尽可容身；囊无挑药之资，旋谋糊口。”

【破冒】 pò mào 破额冒领。明高攀龙《与徐玄仗书》：“即志书一事，嘉惠后人无穷，不然何所据而裁横珰奸胥之～也。”陈子龙《安雅堂稿·议财用》：“而其群下沿于侈汰之风，牵于～之故，反厌主人之稽核。”清靳辅《治河工程》：“若竟委之在工各官，恐～多；若专委之胥役，又恐势轻而无济。”

【破闷】 pò mèn ❶ 解闷；破解烦闷。唐白居易《和新楼北园偶集》：“销愁若沃雪，～如割瓜。”元李德载《阳春曲·赠茶肆》：“扫醒～和脾胃。风韵美，唤醒睡希夷。”清《红楼梦》七五回：“无聊之极，便生了个～之法。日间以习射为由，请了各世家弟兄及诸富贵亲友来较射。” ❷ 即“破谜”。清《济公全传》三六回：“太太你老人家破个闷儿，我们猜猜谜。”

【破蒙】 pò méng （幼童）开蒙；开始读书。明《浓情快史》一回：“今就起名三思，即送他上学～。”清蒋士铨《空谷香》二四出：“且自幼～，先生说道：‘学生用心读书，将来好中举人、进士。’”

【破谜】 pò mí 出谜题。明赵南星《笑赞》："有～者曰：'上拄天，下拄地，塞的乾坤不透气。'问人是甚东西。"

【破面】 pò miàn ❶ 开颜；面现喜色。《敦煌变文校注》卷四《太子成道变文(五)》："见前劫婢女～与笑，色(索)取中脂(指)上金脂(指)环，便打喜鼓，便与成亲。" ❷ 面部破损或割(打)破面部。《旧唐书·敬宗纪》："忽有内官五十餘人环发而殴之，发～折齿。"明郑若庸《玉玦记》一八出："如今截发～，残毁形容，他想也不要我了。"清《续金瓶梅》四〇回："臭烘烘无鳞咸白鲞，来年陈气半熏黄；烂嗤嗤～腌猪头，带卤连烟初发黑。" ❸ 扑面。宋梅尧臣《依韵和韩子华陪王舅道损宴集》："风微时～，亭敞宜张帘。"陆游《衢州早行书怀》："满靴霜若雪，～风抵刃。" ❹ 犹"破脸"。宋张孝祥《止酒》："～枨触人，不如持空觞。"明《型世言》二三回："没要紧，为甚么事来伤情～?"清《歧路灯》八一回："又定要到借者来讨、揭者来索的时候，徒尔搔首；又定要到讨者～、索者矢口的光景，不觉焚心。"

【破暝】 pò míng ❶ 破暗；照亮。宋居简《华亭西寺无尽灯记》："转空为昼，～于夜。"金赵秉文《和演师西斋》："夜寂一灯残，山月来～。"清彭孙遹《宴清都·萤火》："四壁秋声静，疏帘外、数点飞来～。" ❷ 指傍晚。宋刘弇《宿长山寺》之一："～紫烟生，写谷清樾好。"卢炳《踏莎行》："江烟引素忽飞来，水禽～双双去。"清高士奇《滦河侍宴恭纪》："潜鳞竞向颓阳跃，白鹭遥看～飞。" ❸ 指黎明。破，突破。宋晏幾道《踏莎行》："宿雨收尘，朝霞～，风光暗许花期定。"明叶宪祖《团花凤》一折："听村鸡载鸣，东方～。"

【破命】 pò mìng 拼命；极力地。清《斩鬼传》一四回："总不要提起锺馗一事，只是欢乐饮酒，轮流把盏，～相劝。"《歧路灯》二三回："此时王中见了这个光景，定然抵死～的不依。"

【破囊】 pò náng 倾囊，指出资。宋张詠《上宰相书》："其间贤于己者，～从之；不肖者纵连儿储膻，并笥发帛，内隐寒饿，不为前顾也。"清《姑妄言》一四回："觉得其粪门又是一种滋味，各俱其妙，他就～买妾。"《绣戈袍》三六回："阿骥心中知公子无故未必有此作成，今又愿为自己谋度前程，并～相赠，必定为着母亲的故。"

【破盘】 pò pán ❶ 祭祀后分吃祭品。宋赵鼎《家训笔录》："岁时享祀，主家者率诸位子弟协力排办，务要如礼，以其享祀酒食，合族～。"《元曲选·杀狗劝夫》一折："咱祭过了祖宗也，两个兄弟，把盏～。"又《老生儿》三折："祭祀已毕，我可～咱。" ❷ 犹"破脸"。清《林兰香》二二回："耿朗与梦卿之不睦，此时尚未～，正好收拾。"

【破盆】 pò pén 指初次生育。清《姑妄言》二回："黄氏四十多岁才～生育，骨缝硬了，万分艰难。"

【破皮】 pò pí 指花钱。清《歧路灯》六九回："这些人若不得一个钱，将来谭相公支不住，怕激出事来。要破个皮儿。"

【破弃】 pò qì 突破弃掉；破坏毁掉。宋胡仔《苕溪渔隐丛话》前集卷四七："古诗不拘声律，自唐至今诗人皆然，初不待～声律。诗～声律，老杜自有此体。"明万民英《三命通会》卷一二："干与支同，损财伤妻；岁运一类，～祖基。"

【破铅】 pò qiān 同"破悭❶"。明《挂枝儿·罐子》："千般来引销你，不怕你不～。"《金瓶梅词话》三四回："小的这银子不独自一个使，还破些铅儿转达知俺生哥的六娘。"

【破悭】 pò qiān ❶ 破费钱财；花钱。宋洪巽《旸谷漫录》："其例每展会支赐或至千券数匹，嫁娶或至三二百千双匹，无虚拘者。守～勉强，私切喟叹。"明《隋史遗文》四二回："恰值他孙儿才六岁，不曾读书，就留他做个学究，却又不肯～供他。"清李渔《怜香伴》九出："且挨几日，等那开优劣的肥钱到了，然后～未迟。" ❷ 泛指破除吝惜为人做某事。宋陆九渊《和黄司业喜雪》："畴昔诗囊未～，琼瑰益自倍枵然。"金李俊民《代乐仲和张温甫处督米》："闻君自有江湖量，肯为枯鱼少～。"清厉鹗《梅雨经旬得遣怀绝句》之三："龙公一匊～多，即渐空原展绿波。" ❸ 破例；破禁。指初次或放纵情怀去做某事。宋楼钥《游隐清》："老农拥道迎人笑，今日使君来～。"金刘迎《清明前十日作》："尘埃老我真堪笑，风物撩人欲～。"明尹台《初晴用韵答康莆田》："虚帘把酒吟佳句，更觉羁情易～。" ❹ 绽放。宋周必大《二月二十六日携家游青原》："偶从山寺赏春还，问讯名花已～。"

【破钱】 pò qián 破费钱财；花钱。唐段成式《酉阳杂俎》前集卷一："其父～数百万治之，不差。"宋苏轼《论纲梢欠折利害状》："每造一船，～一千贯，而实费不及五百贯。"明杨爵《鬻子行》："直到日夕才定约，～百文救我饥。"

【破遣】 pò qiǎn 破除排遣。《敦煌变文校注》卷五《金刚般若波罗蜜经讲经文》："一切众生闻说诸心，为是实心，故得～。"明李日华《舟中题画》："积雨春寒难～，似闻消息到梨花。"

【破亲】 pò qīn 破坏姻亲关系或婚姻。唐魏知古《报吐番宰相坌达延书》："若见利忘义，～负约，神道不远，何以逃殃?"明佚名《斗鹌鹑·娶妓未谐》："夫妻每儿时成，休信人片口张舌来～。"清《好逑传》一二回："媒人其实是个媒人，却又不是合亲的媒人，却是～的媒人。"

【破券】 pò quàn ❶ 花钱。唐温庭筠《苏小小歌》："买莲莫～，买酒莫解金。"明唐顺之《茅处士妻李孺人合葬墓志铭》："坤之举进士也，处士为之～若干金。" ❷ 借支俸薪。宋刘宰《故知和州陆秘书墓志铭》："故事，士卒曾经借请名曰～，克纳无已时。君命人置一籍，计实以除。" ❸ 毁弃债券。元王镛《达鲁花赤撒儿塔温公德政记》："公尝在禁卫，知其根穴，置令乡属，执其党与之俱至治所，鞫责～，约束而遣。"明孙承恩《东皋陆翁墓志铭》："乐行义事，岁侵～，蠲除宿逋。"冯梦龙《智囊补·术智部·梅衡湘》："负者闻言愈泣。中贵亦泣，辞不愿征，为之～。"

【破缺】 pò quē ❶ 破损残缺。唐韩愈《新修滕王阁记》："盖瓦级砖之～者，赤白之漫漶不鲜者，治之则已，无侈前人，无废后观。"明王九思《曲江春》一折："这的是日月昏霾，江山～，凭谁整顿?"清《野叟曝言》六五回："前日小人也曾用刀去斫，刀锋～，他皮肤毫无伤损。" ❷ 破损残缺的地方或东西。宋曾巩《拟岘台记》："增甓与土，易其～；去榛与草，发其亢爽。"《元曲选·渔樵记》三折："笊篱马杓，～也换那。" ❸ 失误与损失。《唐会要》卷六八："起今已后，一周年在本任无～，即任奏请充权知刺史。"

【破却】 pò què ❶ 毁掉；废掉。唐贾岛《题兴化园亭》："～千家作一池，不栽桃李种蔷薇。"宋朱熹《答程允夫》："不知这些邪见，是坏却世间多少好人，～世间多少好事也。"清《荡寇志》一一九回："郓城县里，重添两位女英雄；宛子城中，～儿重深险阻。" ❷ 不顾惜。敦煌词《十二时》："日昃未。入门莫取外婿意。六亲～不须论，兄弟惜他断却义。"明《梼杌闲评》四六回："掀天声势倚冰山，～从前好面颜。" ❸ 破除；消解。宋董嗣杲《暑中客怀》："飘蓬于此趣何迂，～牢愁是酒壶。"明高濂《遵生八笺》卷五："谁能为彼～生死大劫哉。"王衡《郁轮袍》七折："我今日空林烟火慢蒸梨，～海鸥疑。" ❹ 花费；耗用。金李俊民《读五代史》："～千金筑一台，折冲阃外望人才。"明文徵明《先君行略》："一日见公书稍涉玉局笔意，即大咤曰：'～工夫，何用随人脚踵。'"清沈起凤《谐铎》卷七："夏则细葛，冬则重裘，不过他人美观，～自家血钞。" ❺ 舍弃；抛掉。清刘凤诰《冬初望湖上》："商量～清斋可，粗喜新寒壮酒威。”《醉菩提传》二〇回：“故折了锡杖，不怕上高下低；～草鞋，管甚拖泥带水。”

【破群】 pò qún 离群，比喻分离或散掉。《类说》卷一八引司马棫诗：“谁教作雁～飞，一舸南游遂不归。”宋苏轼《惠崇春江晚景》：“两两归鸿欲～，依依还似北归人。”清《歧路灯》六九回：“二来谭贤弟若撑不住他，这一千银子就要～哩。”

【破日】 pò rì 星命家以建、除、满、平等十二字对应十二辰，表示该辰所主宜忌。破是其中之一，主破除，不利成事。唐孙思邈《备急千金要方》卷八九：“～寅时口，危日卯时鼻。”明《金瓶梅词话》三回：“明日是～，后日也不好，直到外后日方是裁衣日期。”清袁枚《子不语》卷八：“紫文真人原说今日是～，必被凡人冲破，须改日作会。”

【破肉】 pò ròu 犹“破身❷”。明《拍案惊奇》卷三四：“相公可怜小尼还是女身，不曾～的，从容些则个。”

【破杀杀】 pò shā shā 犹“破设设”。《元曲选·杀狗劝夫》三折：“稀剌剌草户扁，～砖窑静。”

【破伤】 pò shāng 破裂受伤；破裂伤害。也指破裂的伤口。《法苑珠林》卷七一：“驴不肯渡，鞭其头面，～流血。”明《英烈传》二一回：“被贼一枪，正～了再成额角。”清《镜花缘》二九回：“此时头面～，虽医治无碍，但两腿俱已骨断筋折。”

【破上】 pò shang 豁出；拼上。清《聊斋俚曲·富贵神仙》：“～这老马的性命，就合他对了罢。”《歧路灯》七六回：“看他为咱的事，～偿命，岂不是一个难得的么？”

【破设设】 pò shè shè 形容破烂。金《董解元西厢记》卷二：“把～地偏衫揭将起，手提着戒刀三尺。”《元曲选外编·金凤钗》三折：“住着～坏屋三间，干受了冷清清寒窗十载。”

【破身】 pò shēn ❶ 伤身；破伤身体。《云笈七籤》卷一一四：“夫侈者，裂身之车也；淫者，～之斧也。”明沈受先《三元记》一三出：“我为遭逢奸佞，为花容亡家～。” ❷ 指女子初次性交。明《古今小说》卷二八：“用绵纸栖入鼻中，要他打喷嚏。若是～的，上气泄，下气亦泄，干灰必然吹动。”《型世言》一四回：“大凡北方人生得身体长大，女人才到十三岁便可～。”清《醒世姻缘传》七二回：“挤出血来，滴在白绢上面，假妆是程大姐的～喜红。” ❸ 指初次分娩。明《醋葫芦》三回：“原来都氏自小至老，从未～生产。这女儿原是继养的。”

【破使】 pò shǐ 耗用；花费。唐李炎《定盐铁度支等官赃罪诏》：“惟盐铁度支户部等司官吏，～物数虽多，只遣填纳，盗使之罪，一切不论。”元古本《老乞大》：“那斯每将着钞～了，中间克落了一半儿，养活媳妇孩儿。”明《金瓶梅词话》三〇回：“射箭厅，打球场，耍子去处，～几两银子收拾也罢。”

【破手】 pò shǒu 开手，指第一次做。宋刘辰翁《金缕曲·绝江观桃座间和韵》：“～一杯花浮面，不觉二三四五。”明凌义渠《吴兴太守陆公血谱序》：“编审均役，一一～彻做，期与民兴百年之利。”清《醉醒石》一一回：“魏四府闻得他不曾～。若造次进去，一变脸，这番礼越不好了。”

【破曙】 pò shǔ 拂晓；黎明。元郑玉《登师山诸生有诗》：“城上钟声度远溪，扶桑～海云低。”清弘历《西北风》：“～披衣步庭间，寥天朗无云一片。”

【破睡】 pò shuì ❶ 除去睡意。唐白居易《赠东邻王十三》：“驱愁知酒力，～见茶功。”明文徵明《答陈道济》：“茗碗清风深～，松窗落日淡摇春。”清厉鹗《西爽阁听施炼师弹石上流泉》：“涤尘耳更清，～神觉王。” ❷ 睡醒。宋李流谦《武陵春·德茂乃翁生朝作》：“晓日帘栊初～，宝鸭宿熏浓。”觉范《林间录》卷上：“日昳未，方～，洗开面，摸着鼻。”清陈世祥《沁园春·美人背》：“内人～伤春，向周昉图中写欠伸。”

【破说】 pò shuō 解破；解说明白。元王恽《弹漕司失陷官粮事状》：“本司欺昧，止将六年粮数总作常数入纳，随仓所收见在。饰词～，用相抵牾。”汤垕《画鉴》：“若赏鉴高尚之士，固不待～；平常目力未定者，或为所惑。”

【破死拉活】 pò sǐ lā huó 拼命；竭尽全力。清《醒世姻缘传》七六回：“不着我～把拦着，这点家事，邪神野鬼都要分一股子哩。”

【破素】 pò sù 破除吃素的戒律或许愿（食荤）。清《八洞天》卷八：“病中怨恨奉佛无效，遂～开荤。”

【破损】 pò sǔn ❶ 破坏；损坏。《法苑珠林》卷四七：“有一恶王出现于世，～佛法，逼掠尼众。”宋《朱子语类》卷九二：“今太常玉磬锁在柜里，更不曾设，恐为人～，无可赔还。”明王世贞《清明日偶题》：“生憎介子成寒食，～风光一日春。” ❷ 破裂；散开。唐陆龟蒙《奉酬袭美先辈初夏见寄》：“昨日云～，晚林先觉晴。” ❸ 破裂损伤。唐王焘《外台秘要方》卷二一：“但眼因～，有物撞作瞖障瘢痕者，悉不可疗。”元萧德祥《小孙屠》一九出：“浑身上都～，疼痛怎支吾？”清《镜花缘》二九回：“将药末倒出，敷在头上～处。” ❹ 残破损坏；残缺不全。唐张滂《请禁铸铜器杂物奏》：“其旧器物，先在人家，不可收集。～者仍许卖入官所。”明佚名《鸣凤记》六出：“俺待学擒元济安着淮蔡民，祇为那金瓯～。”清《女仙外史》四五回：“跌下地来，磕着石砖，那碗儿绝无一个～的。” ❺ 减免。唐李纯《贷京畿义仓粟制》：“其诸县勘覆有未毕处，宜令所司，据元诉状便与～，不必更令检覆。”《旧唐书·玄宗诸子列传》：“相府、太平、长宁、安乐皆以七千为限，虽水旱亦不～，免以正租庸充数。” ❻ 耗用；耗费；损耗。唐卢甫《谏征安西疏》：“又万人赏赐，费用极多；万里资粮，～尤广。”宋张栻《谕俗文》：“至于师巫之说，皆无是理，只是撰造恐动，使人离析亲党，～钱物。”清《歧路灯》八回：“我前此看你的面相团聚，料无～八字，今竟果然。” ❼ 突破；解破。明罗洪先《答王甥泉》：“弟近来亦于难堪处反而自思，稍有～，只为虚泛入心，随缘附会，以此未有见成受用处。”

【破胎】 pò tāi ❶ 破毁胚胎。宋唐慎微《证类本草》卷八：“（瞿麦）明目去瞖，～堕子。”明谭元春《答刘同人书》：“偶遇此焚琴煮鹤之事，当如不见不闻；苟真有～杀卵之心，任彼自作自受。” ❷ 胚胎破开，生命诞出。明吴桂森《周易像象述》卷七：“试看天地间物，动而飞走，植而夭乔，其一～出卵、勾萌甲拆者，震也。”《列国志传》二回：“见古墓穴中，雷震棺木，有女尸～，坠一婴儿，呱呱而泣。”清李惺《田间草堂》：“青青油菜乍抽苔，蚕豆含花欲～。” ❸ 犹“破身❷”。明孙柚《琴心记》一二出：“你小姐呵，也虽是掌中珠今日～。我相公呵，也自有席上珍青年久怀。”

【破题】 pò tí ❶ 科举应试文章开首用一两句话阐明题目的要义，后作为八股文的固定组成部分。也泛指对题目、论题的解释。五代王定保《唐摭言》卷五：“象居数日，贡一篇于子华。其～曰：‘有丹青二人：一则矜能于狗马，一则夸妙于鬼神。’子华大奇之。”《祖堂集》卷七《夹山和尚》：“师曰：‘手把夜明珠，终不知天晓。’罗秀才问：‘请和尚～。’师曰：‘龙无龙躯，不得犯于本形。’”清《说岳全传》三回：“我出三个题目在此，你们用心做成～，待我回来批阅。” ❷ 指诗文的开头。五代王定保《唐摭言》卷一三：“裴令公居守东洛，夜宴半酣。公索联句，元、白有得色。时公为～，次至杨侍郎。”宋欧阳修《六一诗话》：“梅圣俞常于范希文席上赋《河豚鱼》诗云：‘春洲生荻芽，春岸飞杨花。河豚当是时，贵不数鱼虾。'……知诗者谓只～两句,已道尽河豚好处。" ❸ 比喻事情的开始或初次。元佚名《斗鹌鹑·离恨》:"～儿告一纸相思赦,楚巫娥不顺关截。"明施绍莘《行香子·记别》:"～今夜,灯孤篆冷被窝单。"清《女仙外史》七〇回:"今日～儿第一夜,没床睡觉。"

【破体】 pò tǐ ❶ 书体之一。晋王献之创,变其父行体而行草并用,字体自由放逸。唐徐浩《书法论》:"厥后锺善正书,张称草圣,右军行法,大令～,皆一时之妙。"宋王君玉《国老谈苑》卷一:"吾尝爱权卿～王书,写了进本来。"清钱谦益《华山庙碑歌》:"儛书不顾经若典,～岂论隶与蝌。" ❷ 破格;不合规范。唐佚名《玉泉子》:"李德裕退朝,多与亲表裴璟～笑语,询以新事。"元方回《瀛奎律髓》卷二一评《雪后》诗:"此诗第一句至第六句,皆出格～,不拘常程,于虚字上极力安排。"佚名《错立身》一二出:"我做《朱砂担浮沤记》《关大王单刀会》,做《管宁割席》～儿,《相府院》扮张飞。" ❸ 指不合正体的俗体字。明田艺蘅《留青日札》卷三八:"乃若村学究之徒,……一遇奇书异画,则直鄙之曰:'此～写耳。'"清钱谦益《华山道者刘虚中募刻道德经》:"俗书多～,骂春驳何足云。"何采《闲中好》:"闲中好,诗字偶乘。～书从简,谐声韵避难。"陆以湉《冷庐杂识》卷四:"朝考殿试最重书法,大要以黑、光、匀为主,并不可有～字。" ❹ 犹"破身❷"。明《二刻拍案惊奇》卷一〇:"二来爹娘嫁得他迟了些个,不曾眼见老儿～,到底有些放心不下处。"清《风流悟》六回:"自己已与家主公～过,见魏二脱衣解带,随手成其云雨。"《野叟曝言》二〇回:"况你是含花闺女,不比～之人。" ❺ 犹"破身❸"。清《笑林广记》卷六:"两妇对门而居,甲问乙曰:'生过几胎了?'乙曰:'未曾～。'"

【破头】 pò tóu ❶ 胀破头,形容思虑之甚。宋朱熹《与方伯谟》:"闻冰玉皆入伪党,为之奈何。为之魁者不暇自谋,特为贤者虑～耳。"华镇《蒙云叟司户宠示佳篇》:"来时春半忽惊秋,思虑关心欲～。"元曹伯启《九日月下小酌咏怀》之四:"归来不及陶元亮,俗事纷纷欲～。" ❷ 开头。宋林光朝《与卢仲苍书》:"陈寺丞馆地恐不可就,闻～便作启事见之,此为大不着题。"明蔡清《四书蒙引》卷一三:"'天子不能以天下与人',～一句,实然之理,正大之论。"清李玉《占花魁》九出:"〔副净〕……被我把他灌醉了,成其好事。〔老旦〕破了头就好了。" ❸ 即"破题❶"。宋曹勋《记施逵事》:"其赋题曰《帝日射三十六熊》,逵赋～曰:'天子内修文德,外偃武功。云屯一百万骑,日射三十六熊。'" ❹ (痈疖)溃破。清《镜花缘》二九回:"因患乳痈,今已两日,虽未～,极其红肿。"

【破头楔】 pò tóu xiē 插入木缝中起劈破作用的楔子。比喻加重事态或破坏成事的话。明《西洋记》一一回:"街坊上走出几个硌硌确确、圪圪塔塔的地方来,到不去劝闹,且加上个～,说道:'这和尚化甚么斋!'"又一三回:"不是你这个～,这不用舀的水,说到明日这早晚还说不尽。"

【破头屑】 pò tóu xiè 同"破头楔"。明王应遴《逍遥游》:"今日是好日子,出行吉利。我不好打你个～。"清《平山冷燕》一七回:"宋信心下暗想道:'……此二人若考中了意,老张的事情便无望了。'因打个～道:'松江只有张吏部老爷的公子张寅,便是个真才子。'"《醒世姻缘传》六回:"又恐怕旁边人有不帮衬的,打～,做张做智的圆成着,做了五十两银子,卖了。"

【破土】 pò tǔ ❶ (胚芽)突破土层萌出。宋邹浩《戏督潜亨作春羹》:"药苗蔬甲～出,似与刍豢争功名。"清谢雪《真子飞霜镜歌》:"～龙孙解箨时,残春正暖何尝冷。" ❷ (雨水)润破干旱的土层。宋晁补之《蒲萄》:"旱干只喜雨～,潦润不忧河决渠。"清弘历《夜雨》:"～发谷种,如云畅麦苗。" ❸ 指开犁耕地。宋韦骧《和立春日东风雪意偶作》:"戟户劝农牛～,琴堂介寿蚁浮醅。"李纲《自长沙至醴陵田皆垦辟》:"烟雨一犁初～,江村环堵且诛茅。"朱熹《劝农文》:"然近以春初出按外郊,道傍之田犹有未～者。" ❹ 指开挖墓穴或建筑动工,也指在动工前举行择位、祭告等活动。宋方大琮《仁山告后土》:"去冬～,巨石塞门;今冬始圹,又如盘根。"明《金瓶梅词话》五八回:"昨日教阴阳来～,楼底下要装厢三间土库阁段子。"清李玉《清忠谱》四折:"今日毛军门、李太监为造魏公生祠,请我～。"

【破五】 pò wǔ ❶ 时间从月初算起过了五天。宋苏轼《蝶恋花·同安生日放鱼》:"泛泛东风初～。江柳微黄,万万千千缕。"道果《住临安府西湖澄翠庵语录》:"月已～,年又过半。拄杖拈来,如何判断?"《续古尊宿语要》卷四《山堂洵禅师语》:"月不堪～,衲僧猛提取。" ❷ 特指农历正月初五。旧俗,正月初一至初五,妇女不出门走动,不动刀针,不炊生米,五日后始破。清顾禄《清嘉录》卷一引《岁时琐事》:"正月五日,俗呼～日。欲有所作为,必过此五日始行之。"《绿野仙踪》五二回:"我们连～不过便去,一则他多一番酬应,二则着试马坡的人看的你和我太没见世面。"

【破午】 pò wǔ 日正午。宋黄公度《题化度寺竹间亭》:"～停鞭得幽寺,眼明初见竹间亭。"元鲜于枢《临乎游记》:"时已～,群僧皆在住持觉老人城,遂径造方丈。"清吴绮《游丰台诗序》:"于时茅屋鸡翁应斋钟而～,竹篱鸠妇随野屐以呼晴。"

【破物】 pò wù 犹"破货❷"。清《姑妄言》二〇回:"且我从来所遇的妇人都是～,他到底是女儿。"

【破析】 pò xī ❶ 解析;分析破解。唐玄奘《大唐西域记》卷八:"大师立外道义,而我随文～,详其优劣。"苏颂《进元祐编敕》:"正律旁章,一有滞疑之论;奇请他比,寝成～之繁。不有刊删,孰从折中。"周文璞《鹧鸪》:"吾若～言,汝恨入骨髓。" ❷ 破裂;开裂。宋朱熹《答巩仲至》:"六螭纠结,既异今制,而龟状逼真,虽稍～,然犹有生意也。"明宋应星《天工开物·乃服》:"凡苎皮剥取后,喜日燥干,见水即烂,～时则以水浸之。" ❸ 破毁分散;割裂分散。《宋史·沈锡传》:"妻子弃捐,～赀储,以应星火之令。"明杨士奇《祭告先妣墓文》:"当此之时,兵乱甫定,骨肉散亡,家产～。"清李光地《进校完朱子全书札子》:"天语奏疏须自为一门,不可～。"

【破隙】 pò xì 裂缝。宋梅尧臣《九月二十四日大风》:"惊沙入～,危叶堕绿枝。"张嵲《金州行衙》:"～华星大,当檐素月流。"明方以智《物理小识》卷一:"层楼槛内门窗纸上大小～,则风来作丝竹之音。"

【破夏】 pò xià 僧人夏季不坐关而外出。唐义玄《临济录》:"师因半夏上黄檗,……住数日,乃辞去。黄檗云:'汝～来,不终夏去。'"宋觉范《会福严慈觉大师》:"～出山来,乃尔忘规绳。"明佛慧《跋法师歌》:"或趋檀施求无已,匍匐泥途没其趾。或趋友朋时往来,～践殒诸虫蚁。"

【破闲】 pò xián 消闲;打发闲暇。宋曹勋《梁洁夫幽居林宇靓深规画》:"尽却烦缘留静照,～应赖有清琴。"明朱朴《访许云村不遇》:"发兴寻闲为～,闲人底事出青山?"清李伟生《东山春社》:"晚来燕饮终须散,夜听鹃声亦～。"

【破陷】 pò xiàn ❶ 攻破陷没;被攻破陷没。唐元结《再让容州表》:"实为道州地安,数年禄养,容州～,不宜辞避。"明宋濂《倪朴传》:"金人乘衅,长驱而入,～太原,侵轶真定。"清《绿野仙踪》七五回:"沿海～府县俱各禀报:倭寇尽归海洋,百姓渐次复业。" ❷ 破裂塌陷。宋佚名《小儿卫生总微论方》卷八:"虽有赤白瘴膜遮交其睛，但瞳子不～者，皆可治。”清王侃《志憾》：“棺不及四寸，～理之常。”

【破相】 pò xiàng ❶ 损毁面相，也指被损毁的面相。五代宋齐丘《玉管照神局》卷上：“未贵先盈，未富先骄，未学先满，此大薄矣。若此者，不惟～，又损其寿。”宋洪迈《夷坚志》补卷一一：“及期，妇生子，了无～。”明《鼓掌绝尘》一二回：“若还又是一脚，踢去了几个牙齿，教我一世遍～了。” ❷ 拆穿真相；露出本相。清《儒林外史》二三回：“万家走了出来，……当时兑了一万两银子出来，才糊的去了，不曾～。”《五凤吟》四回：“左右是～了，好歹走他一遭。万一做出来，不妥时，就恶失了这老者，也不为稀罕。” ❸ 坏相；恶症。清《十二楼·十卺楼》二回：“不想这位女子，过了几日又露出一桩～来，更使人容纳她不得。”

【破晓】 pò xiǎo 犹“破曙”。宋佚名《张协状元》七出：“独立沙头见梢子，村庄～忽鸡啼。”明黄淳耀《春闺》：“啼莺～惊妾心，金鸭香沉画衣暖。”清《海烈妇百炼真传》二回：“夫妇两个说说谢谢，不觉东山～，夜色微明。”

【破孝】 pò xiào 用白麻布等裁制孝服。也指丧家开丧后接受亲友吊唁，赠吊唁者以白布系腰。明顾起元《客座赘语》卷九：“而大家复有～送帛之事，～毋论何人，但入吊者即赠以布或绢。”《金瓶梅词话》六三回：“爹又使他跟贲四换绢去了，嫌绢不好，要换六钱一尺的绢～。”清《绿野仙踪》四二回：“人家听得他不收礼，不宴客，不～，乐得与他母亲烧张空纸尽情。”

【破笑】 pò xiào 犹“破颜❶”。宋黄庭坚《次韵君庸寓慈云寺待韶惠钱不至》：“问安儿女音书少，～壶觞梦寐同。”林敏修《观刘格非画》：“明眸～不作难，顷刻冰纨出西子。”清程梦星《老人峰歌》：“风开日出始～，一峰背俯兼头童。”

【破鞋】 pò xié 詈词。称作风放荡不正的女人。清《斩鬼传》八回：“若论他的本领，倒也跳得墙头，钻得狗洞，嫖得娼妓，要得～。”

【破泄】 pò xiè ❶ 破露外泄。唐杨筠松《葬法倒杖》：“若不细玩，遽尔轻投，则体用两伤，生气～。”宋富弼《定州阅古堂》：“阴沴为梗，降此大雨。大河～，在河之浒。”明王肯堂《证治准绳》卷一〇八：“外用大围药箍住，中点六灰膏之类，～其毒。” ❷ 泄露；走漏消息。明《拍案惊奇》卷二：“两个同心做此事，各不相负，如有～者，神明诛之。”

【破醒】 pò xǐng 点破使清醒。宋陶穀《清异录》卷二：“左宫枕，青玉为之，体方平，长可寝二人，冬温夏凉。醉者～，梦者游仙。”清《姑妄言》一回：“妙哉此语，～世间多少疑惑事。”

【破靴党】 pò xuē dǎng 指无行秀才或文士结成的团伙。清沈起凤《谐铎》卷五：“草鞋党固欠风雅，恐近日～，亦非上客也。”

【破靴阵】 pò xuē zhèn 指秀才聚众闹事的阵势。破靴，代称秀才，以其身穷而按制可以着靴而言。明《型世言》二六回：“次日，王秀才排了～，走到县中，行了个七七八落的庭参礼。”清《醉醒石》八回：“秀才原是～，不好惹的。”

【破学】 pò xué 犹“破蒙”。清《醒梦骈言》四回：“当下见大男聪敏异常，也便不把那些神童酒诗与他～，一起首就把四子书教他。”

【破言】 pò yán 犹“破口❸”。明汪廷讷《狮吼记》二二出：“大王爷不要～，奴家回到阳间，还要面目见人哩。”张四维《双烈记》一三出：“列位不必～，我家也是有头脸的。”清《姑妄言》四回：“你不肯便罢了，何必这等～？”

【破颜】 pò yán ❶ 开颜；露出笑容。唐卢纶《落第归终南别业》：“落羽羞言命，逢人强～。”明屠隆《昙花记》三〇出：“三寸舌尖儿好一似五色绣球，滴溜溜滚将去，说得杨妃～，六宫绝倒。”清《姑妄言》一〇回：“众人听了，哈哈大笑。钱贵倒也被他引得～一笑。” ❷ 变脸，表示担忧或愤怒。唐权德舆《玉台体》之四：“知向辽东去，由来几许愁。～君莫怪，娇小不禁羞。”宋魏了翁《跋晏元献公帖》：“大抵虽以去凶为快，尚以函首请和为国体虑也。尝以寄虞候仲易之诗曰：‘自是去凶明国是，毋轻函首启戎奸。’而其兄伯易亦曰：‘函颅谨勿为终策，天下英雄暗～。’”清和邦额《夜谭随录》卷一：“三妹娇养惯，性情犹昔日耶。聊以相戏，何遽～。” ❸ 比喻果实由青黄转红或花朵开放。唐皎然《洞庭山维谅上人院橘树歌》：“九月十月争～，金实离离色殷殷。”明童轩《春日卧病柬高仲显》：“红桃始～，绿杨已堪把。”清慕昌溎《道上》：“高岭簇云起，梅花将～。” ❹ 撕破脸皮；不顾脸面。明张岳《与前侍御马师山书》：“其最下，不过依徇苟且，求为好官尔，固不敢文饰奸言，阖辟鼓弄，立党相挤，显肆无忌，如今日也。彼甘心～而为之者，不足责矣。”

【破业倾家】 pò yè qīng jiā 耗费全部家产。明《金瓶梅词话》六回：“亡身丧命皆因此，～总为他。”△清《儿女英雄传》八回：“他便情愿～，要把我母女请到他家奉养。”

【破业倾资】 pò yè qīng zī 犹“破业倾家”。元明《水浒传》二五回：“亡身丧己皆因此，～总为他。”

【破衣拉裳】 pò yī lā shǎng 破衣烂衫；破旧衣裳。清《醒世姻缘传》九二回：“这几件～，都别要分。我教人抬到师娘坟上，烧化给师娘去。”

【破颐】 pò yí 犹“破颜❶”。颐，面颊。明《宜春香质》风集五回：“王道：‘……虢贼吾已置之死地，弟亦可少舒怨怀否?’鬼道：‘冤魂闻之，自是～。’”

【破用】 pò yòng 花费；耗用。唐[日]圆仁《入唐求法巡礼行记》卷三：“一年内寺中诸庄及交易并客断诸色～钱物帐，众前读申。”《敦煌变文校注》卷四《八相变(一)》：“财物库藏，任意般将，不管与谁，进(尽)任～。”明《醒世恒言》卷二四：“民间有配着造船一只者，家产～皆尽，犹有不足。”

【破狱】 pò yù 为死者超度灵魂使出地狱得到解脱的佛教或道教仪式。明陶辅《花影集》卷四：“指亲魂为殃，而举家避殃；写父名设狱，而请僧～。”《金瓶梅词话》六六回：“早辰开启，请三宝证盟，颁告符简，～召亡。”清《醒世姻缘传》三〇回：“收拾了新手巾、新梳笼、新簸箕苕帚，伺候～的用。”

【破月】 pò yuè ❶ 残月。唐刘得仁《宿僧院》：“～斜天半，高河下雾微。”明陈汝元《金莲记》一五出：“肠断凄风，心摧～，怕翠印羞蛾，红潮满颊。”清法式善《五鼓起赴苏斋作坡公生日》：“笑我骑驴胜骑马，疏星～摇寒漪。” ❷ 超出一个整月。唐沈佺期《度安海入龙编》：“别离频～，容鬓骤催年。”明杜璇《赠别叶桐初》：“愁日亦何驶，回首已～。郁郁楼前树，见落来时叶。” ❸ 指超出合同规定月份的那一段时间(的利息)。清《歧路灯》八四回：“他们还说，某宗让了半个～，某宗去了三两二钱七分零头。”

【破斋】 pò zhāi ❶ 犹“破素”。《法苑珠林》卷一〇六：“又不许白素木碗，非时饮水，恐受腻～。”《元曲选外编·圯桥进履》一折：“平生要吃好狗肉，吃了狗肉念真言。不想撞着巡军过，说我～犯戒坏醮筵。”清朱彝尊《毕子饮二十杯而腹痛复欲止酒》：“譬诸黄面僧，～烹肥鲜。” ❷ 泛指破坏约定或习惯。唐白居易《酬皇甫十早春对雪见赠》：“绿醅香堪忆，红炉暖可亲。忍心三两日，莫作～人。”金赵秉文《香山》：“山秀薰人欲～，临行别语更徘徊。”

【破站】 pò zhàn 不按驿站程行进。明王士性《广志绎》卷五：“每站虽云五六十里，实百里而遥。士夫商旅纵有急，止可一日一站，～则无宿地矣。”清《野叟曝言》一五三回：“选的山西儿骡，～而行，包定十一月初八日至扬州。”《品花宝鉴》五九回：“说老爷的轿子也就到了，今日是～走的。”

【破绽】 pò zhàn ❶ 开裂；绽开；绽放。宋宋庠《春阴复霁》：“浓云～翻无雨，落日因循便作霞。”明归有光《与徐道潜书》：“向云万树梅花，徒见其枝条。山中犹寒，即今多未～。”清汪由敦《恭和御制晓行即景元韵》：“雨餘尚觉春寒劲，未放山桃～红。” ❷（衣物）破烂零碎。元成廷珪《戚戚行》：“短衣～露两肘，自说行年今七十。”明徐渭《风鸢图》之一四：“若个红靴不～，若人红袄不鏖糟。”清曾衍东《小豆棚》卷八：“令见其垂髫韶秀，衣服～。及阅清贯，为故张宦子。” ❸ 裂缝；破裂处。元佚名《满庭芳》：“袄儿碎，裙儿烂，一身上～，出落着俺娘悭。”明康海《得胜令·自寿》：“纶巾，无～堪笼鬓；磁盆，有馨香好入唇。”《挂枝儿·靴》：“谁知你日久的顽皮也，觑着你的～儿真是歹。”按，此语双关。❹ 漏洞；毛病。宋《朱子语类》卷五：“却回头看释氏之说，渐渐～罅漏百出。”《元曲选·汉宫秋》一折：“只把美人图点上些～，到京师必定发入冷宫。”清《歧路灯》五回：“若不打点，芝麻大一个～儿，文书就驳了。” ❺ 露出毛病。宋陈淳《问明明德章句注》：“其言的确浑圆，无可～处。”宋元《警世通言》卷一六：“招宣初娶时，十分宠幸，后来只为一句话～些，失了主人之心。”

【破蛰】 pò zhé 惊蛰；震醒蛰虫。宋史浩《次韵潘德鄜山行》：“轰如～雷，急似晴空雹。”明王慎中《丘中丞传》：“疾雷～，享昭苏之快。”清周龙藻《楞伽山诗》：“震雷忽～，荒秽快洗湔。”

【破着】 pò zhe ❶ 犹“破上”。《元曲选·玉梳记》一折：“～我二十载绵花，务要和他睡一夜。”明《金瓶梅词话》二五回：“那奴才有话在先，不是一日儿了，左右～把老婆丢与你。”清《霓裳续谱·暗中偷觑》：“～我抛头露面，叫你出场矿。” ❷ 至多；充其量；卯足劲。清《醒世姻缘传》二回：“～四五帖十全大补汤，再加上人参、天麻两样挡饿的药，包他到年下还起来合咱顽耍。”又四回：“一斤白丸子～值了一钱，两副带子值了一钱二分，两幅画～值了三钱，通共六钱来的东西。”又六六回：“这声势大难治呀。我只是～治治，好了，你是另拾的命；你要不好，也别怨我。”

【破赀】 pò zī ❶ 破产。宋谢薖《狄守祠堂记》：“岁比不登，道殣者众，～鬻田宅者，十室而七八。” ❷ 耗资；花钱。明袁宏道《园亭纪略》：“载至中流，船亦覆没。董氏乃～募善没者取之。”清施闰章《处士吴公美生墓志铭》：“明崇祯十三年大饥，～拯贷。”

【破赚】 pò zhuàn 犹“破绽❹”。《元曲选·汉宫秋》一折：“便宜的八百姻娇比并他，也未必强如俺娘娘带～丹青画。”

【破坐】 pò zuò 破坏酒席次序，提前退席。明《西游记》六九回：“这般御酒不吃，摇席～的，且去看甚么哩！”《金瓶梅词话》六三回：“那位离席～说起身者，任大人举罚。”

【魄飞魂散】 pò fēi hún sàn 形容受外界刺激、诱惑而精神无法集中。清《红楼梦》二一回：“（贾琏）进门一见其态，早已～。”

【魄散魂飞】 pò sàn hún fēi 犹“魄飞魂散”。宋罗烨《醉翁谈录》甲集卷二：“眉来眼去，～。已知夙世之缘，俱有少年之泰。”《元曲选·窦娥冤》三折：“打的我～，命掩泉石。”

【魄散魂飘】 pò sàn hún piāo 犹“魄飞魂散”。明《西洋记》七回：“把个孽畜打得一个星飞缭乱，～，咬着牙，忍着疼，望正南上径走。”

【魄散魂消】 pò sàn hún xiāo 犹“魄飞魂散”。元张鸣善《普天乐·赠妓》：“见人便厌的拜忽的羞吸的笑，引的人～。”明《禅真逸史》二五回：“管贤士一见杜伏威走到，惊得～。”

【魄消魂乱】 pò xiāo hún luàn 犹“魄飞魂散”。清《两交婚》一二回：“及走到面前，望着假公子深深万福。假公子慌忙答礼，而假管家已看得～矣。”

【魄消魂散】 pò xiāo hún sàn 犹“魄飞魂散”。清《红楼梦》三二回：“袭人听了这话，吓得～。”

【魄醉魂飞】 pò zuì hún fēi 感觉舒适沉浸其中貌。清《红楼梦》七五回：“命佩凤吹箫，文化唱曲，喉清嗓嫩，真令人～。”

pōu

【剖白】 pōu bái ❶ 剖析明白；说明。宋陆九渊《与侄孙浚书》：“若有疑，不妨吐露，当尽为汝～也。”明李梦阳《明故临江府知府致仕尚公墓志铭》：“兄弟讼产，累岁不决。公至览牍而叹曰：‘嗟民之愚如是邪！’立为～，咸称公为再生包老。”清《赛花铃》一三回：“曩者，请问姓名，未蒙见示。今既殄灭强寇，共立功名，不是埋踪遁迹之时了，望乞～。” ❷ 剖析辩白。明葛昕《与胡璞完中翰书》：“不佞被求全之毁极矣，惟我门下怜仆心事，闻亟向列公～。”清《皇朝通志》卷七四：“凡被论者，如有辩处，止许就所参事款，据实～，不许反唇仇讦。”《品花宝鉴》一五回：“子玉被他们这一顿说笑，就想～也～不来。”

【剖辨】 pōu biàn ❶ 同“剖辩❶”。元宋褧《祭中书左丞王仪伯文》：“群疑众难，～极力。”清恽敬《读大学》：“聪明之士，千枝万条，互相～。” ❷ 同“剖辩❷”。清李玉《清忠谱》一折：“迂痴性，闭门寡言。那世缘怎代向公庭～？”《品花宝鉴》二九回：“王恂只好含含糊糊的说了几句，又与子玉～，说：‘断不至此。’”

【剖辩】 pōu biàn ❶ 剖析论辩。清李塨《周易传注序》：“及壮游，见许西山先生，颇言易卦象数；谒毛河右先生，～河洛太极。” ❷ 分剖辨白。清孔尚任《桃花扇》四出：“不把俺心情～，偏加些恶谑毒讪，这欺侮受应难。”《品花宝鉴》四四回：“我本要与他讲个明白，但我去～，倒长了他的志气，道是去招陪他了。”

【剖别】 pōu bié 剖析区分；剖析辨别。宋王贶《全生指迷方》卷一：“故上古圣人，体性鉴形，～藏府，详辨经络。”元刘壎《陆文安公祠堂记》：“劈析义利，则疾雷破山；～儒释，则明镜照日。”清《野叟曝言》七七回：“古来无夫生子之事尽有，当尽我知识，为之～。”

【剖剥】 pōu bō ❶ 割裂剥开。宋苏籀《仲秋苦热半格》：“巾瞻垢氛勤靧濯，果肴～莘新妍。”元《武王伐纣平话》卷下：“～忠良，剔割孕妇。”明罗玘《为蚤定宗社大计以绝窥觊事》：“近于杨村～参将王杲夫。杨村去京城几何，而眼空如此。” ❷ 比喻压榨剥削。宋范纯仁《奏乞诏御史觉察诸路转运使》：“有敢以～为政者，速行弹奏。” ❸ 比喻指拨磨砺。宋郑獬《勉陈石二生》：“二子齿甚少，蚤莫宜加力。～见光鋩，拄天一千尺。”陆九渊《与刘志甫书》：“至其气禀所蒙，习尚所梏，俗论邪说所蔽，则非加～磨切，则灵且明者曾无验矣。” ❹ 透彻剖析。明王慎中《新会司训纯斋庄公暨孺人金氏屈氏墓志铭》：“敷扬经旨，援据～，尤动人听。”

【剖裁】 pōu cái 剖判；裁断。宋赵孟坚《谢李计使宝文先生檄入幕启》：“无鞭算不穷之智，则将奚以供～。”姚勉《回田贤良送所注论语说约》：“知平生温饱于三场，非所志也；大事～于一部，继此教之。”元李继本《送陈都事使还浙东序》：“其治事练而达，其

～纠纷辨而捷。”

【剖陈】 pōu chén 剖析陈说。唐孙元晏《六朝咏史·姚察》：“曾佐徐陵向北游，～疑事动名流。”宋欧阳修《乞洪州第七状》：“凡诸恳悃，尝具～。”清《载花船》一回：“高鸣心迹自明，不必～，好出供职。”

【剖诚】 pōu chéng 剖示诚心；竭诚。宋范祖禹《谢遣中使赐诏不允断来章表》：“奏牍～，屡干天听。”张方平《论治道先后》：“指事～，不识忌讳，万分有补，百死无悔。”

【剖辞】 pōu cí 犹“判词❷”。唐卢纶《书情上大尹十兄》：“紫陌绝纤埃，油幢千骑来。～纷若雨，奔吏殷成雷。”《送朝邑县张少府》：“千室暮山西，浮云与树齐。～云落纸，拥吏雪成泥。”

【剖断】 pōu duàn 拆开；割裂。《宋元戏文辑佚·王祥卧冰》：“同鸳枕，共鸾衾，生～，两离分。”清阎随侯《镇座石狮子赋》：“尔其拂拭为容，～成质。临玉簟而双丽，向雕楹而对出。”

【剖发】 pōu fā ❶ 剖裂发露。宋文同《种柳诗序》：“其土燥涩硗槃，虽春阳震馈，～以导仁气，亦疏散不演润。”清胡渭《易图明辨》卷三：“平时胚浑而不分，至是则盛阴将革，又感摩戛之阳，乃～迸泄而为生阳之本。” ❷ 剖析阐发。宋觉范《题宗镜录》：“率折三宗之异义，而要归于一源，故其横生疑难则钩深赜远，～幽翳则挥扫偏邪。”清毛奇龄《复与朱鹿田孝廉论论孟书》：“凡此皆藉即为～，无所隐晦。”《醉醒石》七回：“道理不明白的，为他～；世故不通晓的，为他指点。” ❸ 比喻开发潜质。宋郑獬《送方元忠》：“去而从之游，精粗得陶冶。～露光鋩，爬罗无缝罅。”

【剖分】 pōu fēn ❶ 割裂；切分。唐吕温《由鹿赋》：“视鼎中之消烂，观机上之～。忽哀鸣以感类，若沉痛之在身。”宋曾公亮等《武经总要》前集卷一一：“火禽者，以胡桃～，空中实艾火。”明宋诩《竹屿山房杂部》卷二：“用青梅盐腌柔，～四片。” ❷ 划分；区别。唐吕温《湖南都团练副使厅记》：“由是～荆衡，复古南镇。”宋薛季宣《叙古文老子》：“紊其先后，则必注释乃明，是故～二经以成其妄。”元希陵《宝鉴序》：“编次本末，～伪真。定为十门，名曰宝鉴。” ❸ 分配；分出（资财）。唐赵璘《因话录》卷三：“复市南货，入洛为崔孤置田宅，兼为～家事。”元刘将孙《松坡赵公祠堂记》：“公之平生，成弟侄不少，毕其婚嫁，营其生理，～不腆而食之。”清《蜃楼志》九回：“我们因得了双倍财利，～不匀，延迟被获。” ❹ 分说；剖诉。宋度正《送胡茶马赴京西漕》：“酒罢楼头观妙算，公餘垅畔访清汾。明年人奏明光殿，前席雍容细～。”清《天雨花》一回：“保护尊嫂兄之事，小弟难于细～。”《隋唐演义》六六回：“若说父子不过是情理，若说朝廷却有律法，那时怎个～？”

【剖告】 pōu gào 犹“剖陈”。明刘宗周《与祁世培书》：“令当事者明，以地方利害及彼此一体之谊，～上台。”清《空空幻》三回：“实情～，愿芳卿谅之。”

【剖割】 pōu gē ❶ 分割；割裂。唐刘长卿《张僧繇画僧记》：“此画流离散落，多历年所，遂遭～，分而为二。”元明《三国志通俗演义》卷三：“当自缚前往操营，任其～，救徐州一郡百姓之命。”清施闰章《孙树百以给谏需次暂还》：“策足不辞晚，勇退如～。” ❷ 指杀戮或残害。郭威《平兖州在赦文》：“～万姓，伤残乃杼轴其空；盗横一州，严酷如炉炭之上。” ❸ 剖析判别。明董斯张《吴兴备志》卷一〇：“又吏事明敏，朝机政务，边屯士马，皆默综时决，～不滞。”方良永《明正奉大夫周公墓志铭》：“吁嗟乎公，才与政宜，爬梳～，为吏者师。”胡直《念庵先生行状》：“一室之中，环席杂语，倾心～，虽嫠妇窭儿，咸输其情。” ❹ 分离。清《说唐后传》三五回：“我远家万里，只有月照，两头～，心事无门可告。”

【剖剐】 pōu guǎ 零碎切割。元明《三国志通俗演义》卷一：“董卓大怒，命吕布将出～之。”

【剖豁】 pōu huō 犹“剖分❹”。明《警世通言》卷二：“为何不成？莫非不曾将昨夜这些话～明白？”

【剖解】 pōu jiě ❶ 剖析解释。《宋史全文》卷一〇：“琦等初尚～，上意不回，至是因表请罢。”明侯一麐《欧东先生遗事》：“选民幼敏者，从诸生观礼泮宫，常身为～。”清王璠《恭刊上谕跋》：“讲毕之时，并为～详明，委曲劝导。” ❷ 犹“剖割❶”。清姜宸英《湛园札记》卷一：“《淮南子》曰：‘斫才士之胫。’注：‘～有才士脚，观其有奇异。’”

【剖决】 pōu jué 剖析决断。唐权德舆《唐赠兵部尚书宣公陆贽翰苑集序》：“公精于吏事，斟酌～，不爽锱铢。”元孙叔顺《一枝花》：“他做官司的～明，告私情的能指实。”清《春柳莺》一〇回：“向日学生因那误害一事，盛蒙秦鉴，片言～。”

【剖列】 pōu liè ❶ 剖示列举。唐澄观《大方广佛华严经疏序》：“～玄微，昭廓心境，穷理尽性，彻果该因。”宋范祖禹《乞郡札子》：“夙夕傍徨，不能自已，是敢干犯严宪，～私诚。”邹浩《谢徐仲车先生启》：“岂意谦光，重贻诲翰，感惭交至，～奚穷。” ❷ 分列；排列。《资治通鉴》卷九〇：“丙辰，王即皇帝位，百官皆～。”宋洪迈《夷坚志》乙卷一三：“紫云绛霄，高拥瑶砌，晓光中无限～，肃整天仙队。”明王世贞《止戈楼铭》：“～五兵，利剸蛟蒐，郁攸司铦，厥名神枢。” ❸ 分割。宋范浚《封建策》：“汉鉴秦孤，～疆土，而七国唱和，几危西都。”

【剖裂】 pōu liè 割裂；分裂。唐李晔《改元天复赦文》：“月正元日，新正吉辰，质明而逆首枭悬，中旦而凶渠～。”明高攀龙《王文成公年谱序》：“道之不明也，支离于汉儒之训诂；道之明也，～于朱、陆之分门。”清曾衍东《小豆棚》卷一五：“次日樵者入山，见一大树～，似大刀划开。”

【剖路】 pōu lù 开路。明《西游记》二七回：“行者道：‘再不敢了，再不敢了。’又伏侍师父上马，～前进。”又八五回：“你做个开路将军，在前～。”

【剖露】 pōu lù ❶ 割裂暴露。宋钱公辅《蓬莱行》：“乃知真境未易彰，神物宝护天缄藏。人谋暗与鬼工合，一日～如腾骧。”杨万里《江山道中麦熟》：“黄云～几肩归，紫玉炊香一饭肥。”清王士禛《分甘餘话》卷二：“胆间作四兽，面有～痕。” ❷ 揭示；表白。宋洪迈《夷坚志》支癸卷九：“词意详尽，皆吾心所欲～而不能者。”《元曲选·连环计》二折：“只是这桩心事，难以～。”明《警世通言》卷四〇：“但先生此来，当尽～内心，岂敢自私？”

【剖破】 pōu pò 揭示；解破。宋陈淳《和卓廷瑞赠诗之韵》之二：“直从天理人心处，～存亡治乱机。”明高攀龙《异端辨》：“因摘取其言，各～之。”《西洋记》五回：“今日中间，若不把这个削发留须的因果～了，如入宝山空手回。”

【剖券】 pōu quàn 剖开符券，各执一半，作为执证。指给予证书分封或嘉奖。元纳延《京城杂言》之五：“昔有社稷臣，艰难辟荆枳，歃血饮黑河，～著青史。”明林弼《题钱氏铁券卷》：“锦湖泚笔写露布，石室～分天章。”吴绮《题宗鹤问竹秘阁后》：“筑书城之偃月，长从管子登台；铭笔阵于凌云，欲为班生～矣。”

【剖示】 pōu shì 剖析指示。宋朱熹《答陈安卿》：“命遇之说，望为～。”明《古今小说》卷三二：“仆尚有所疑，求神君～。”清《女仙外史》六七回：“但书内说吾陈条目，幸唯～。”

【剖说】 pōu shuō 解释说明。《法苑珠林》卷一五：“乃往古世，～经义，救护众生。”明沈鲸《双珠记》四一出：“将～，怕～，赢得鹃啼红两颊，谁知肠欲裂。”清《玉支玑》一二回：“卜成仁因强之良～得明白，胆子又大了。”

【剖诉】 pōu sù 剖白告诉。《元曲选·合同文字》三折:"告大人停嗔息怒,听小人从头~。"明《二刻拍案惊奇》卷六:"只要安得身牢,寻个空,便见见妻子,~苦情。"清于成龙《条陈粤西二事上金抚军》:"倘民含冤,不能~,则复增一仇民之官。"

【剖剔】 pōu tī ❶ 剖析剔除;剖析整治。唐令狐澄《唐故朝散大夫令狐府君墓志铭》:"君亟领烦剧,弥彰利用,~盘错,铓刃不顿。"元虞师道《庆元路儒学途田记》:"债年奸弊,不崇朝而~。"明王骥《苏武慢·和曹柱二先生韵》:"~义经,搜寻蚁穴,直到地头方已。" ❷ 割并刮。宋侯溥《郫县何公祠堂记》:"箕子之囚辱,无以异乎比干之谏而~也。"《武王伐纣平话》卷中:"又害良民,斫胫看髓,~孕妇。"清金德瑛《恭和御制采珠行元韵》:"一朝猨臂探幽底,~磊落流盘银。" ❸ 拆除。宋李正民《法喜寺政十方记》:"~藩篱,刬除蔀屋,开户牖,正堂奥。"

【剖擿】 pōu tī 剖析揭发。元张养浩《大都河间等路都转运盐使约约惠政碑》:"昔为礼部时,公为侍郎工曹,尝奇其~明敏。"明林弼《上金宪代林伯永作》:"黄堂重判笔,~如有神。"

【剖悉】 pōu xī 详细而周到地剖析。宋陈洙《太湖石赋》:"千怪万状,盖难得而~。"明丘濬《大学衍义补》卷八九:"唯孟子之言,常于毫发之间,~利善之所在,使人君化焉而不自知。"清《警寤钟》二回:"田先生又唤妻子杨氏到面前,重新把宗无鬼神佑助之事,向他细细~。"

【剖详】 pōu xiáng 犹"剖悉"。清《空空幻》一六回:"艳娇带泪将前生事迹及酆都受苦,并再世投生之流离颠沛,一一~。"

【剖雪】 pōu xuě 分析洗除(冤枉)。明陈汝元《金莲记》一五出:"隔断天阍难~,空洒啼痕添哽咽。"《二刻拍案惊奇》卷一六:"夏家这件事,在阳世间不能勾明白了。阴间也有官府,他少不得有~处。"清袁枚《子不语》卷二四:"我亦难违帝命,但君当为我~前言,择地瘗我,以释冤谴。"

【剖验】 pōu yàn 辨析检验。宋胡宿《宋故左龙武卫大将军李公墓志铭》:"亭长录以为盗,规赎未获之负,为决曹掾吴廷皎楚掠,因自诬服。公徙系别狱,~乃实。"

【剖谕】 pōu yù 剖析晓谕。清《珍珠舶》九回:"尘缘未满,系属何因?尚乞一一~。"

【剖冤】 pōu yuān 洗雪冤枉。清《万花楼》五九回:"如非包拯精明察理,谁能~?"

【剖凿】 pōu záo ❶ 切割开凿。宋苏洞《峡险》:"~谁其始,山川出秘奇。"元方回《赵朴翁字说》:"不琢不雕,虽卞和之玉,谁其识之?必也玉人加~淬磨之功。"清陈大受《藏珠于渊赋》:"若乃不贪返朴,无欲去奢,全浑沌于~,养天地之萌芽。" ❷ 比喻开启(愚蒙)。宋刘克庄《答林公掞监场》:"纵使南塘、虚斋见之明主之力,皆恐未能~一世之聋瞽,统一群儒之议论。"

【剖摘】 pōu zhāi 犹"剖擿"。元姚燧《南京路总管张公墓志铭》:"凡前政积事留狱,旬月~皆出。"按,一本作"剖擿"。明孙继皋《赠保定太守贾公兵备山东叙》:"居常煦妪,敦本节啬,不用毛鸷为能。至~奸伏,则山奠石立,屹不可动。"清周亮工《书影》卷三:"太极之理,宋儒矜为不传之秘,岂知东汉高士,已有~奥义如张遐者。"

【剖证】 pōu zhèng 剖析论证。唐郑熏《赠巩畴》:"蕴微道超忽,~音泠泠。"明王稺登《黄翁传》:"能以其意为赝物,衒鬻射利,售者往往受其欺。黄翁能为人辨析~,指说好恶。"

【剖治】 pōu zhì ❶ 切割整治。宋戴侗《六书故》卷七:"璞,普角切,玉未~者。"明宋诩《竹屿山房杂部》卷四:"河豚~,去眼,去子,去尾、鬣、血等,务涤甚洁。" ❷ 剖析整理或治理。宋曹孝忠《政和新修经史证类备用本草序》:"嘉祐中,两命儒臣图经补注,训义~亦已详矣。"明何道临《崇善县论》:"嚚顽抵冒者,抚之不知恩,绳之则肆吻,尚惟当道贤哲洞悉~焉。"

【剖衷】 pōu zhōng 犹"剖诚"。明范景文《张九山给谏言事被谪》:"中诚苟不昧,~对龙墀。"清《女仙外史》一三回:"叨在同心,敢不~以质?"

【剖奏】 pōu zòu 分剖并上奏。唐苏鹗《杜阳杂编》卷上:"朕与卿道合天下,细事卿宜随便,~无乃多疑朕也。"清《万花楼》一七回:"往见当今,将此段情由~明白。"

pū

【仆堆】 pū duī 同"铺堆❷"。明佚名《哨遍·畋猎》:"是看咱~着秀气,抖擞着精神,恰正三笼罢。"

【扑】 pū ❶ 扇击;拍打。唐杜牧《秋夕》:"银烛秋光冷画屏,轻罗小扇~流萤。"明《西游记》四六回:"手~着御案,放声大哭。"清李渔《奈何天》一五出:"你若不信呵,〔伸掌介〕咱与你,~着手掌儿行,〔屈指介〕屈着指头儿数,看剩下几颗头颅。" ❷ 拂;触;擦。唐杜甫《大历三年春白帝城放船出瞿塘峡》:"石苔凌几杖,空翠~肌肤。"元关汉卿《古调石榴花》:"颠狂柳絮~帘飞。"清袁枚《子不语》卷二三:"婢以胡桃进,妇取含两颊中,~粉遂匀。" ❸ 向前冲;奔。唐韩愈《永贞行》:"怪鸟鸣唤令人憎,蛊虫群飞夜~灯。"明徐元《八义记》二一出:"那屠贼放一恶犬,~着相公怎躲避。"清《醒世姻缘传》五一回:"小的~到那里,张书办没在家。" ❹ (风、气味等)直逼;强烈触及。唐秦韬玉《牡丹》:"压枝金蕊香如~,逐朵檀心巧胜裁。"明刘基《卖柑者言》:"剖之,如有烟~口鼻。"清《红楼梦》五七回:"只说时气所感,热汗被风~了。" ❺ 蒙;覆盖住。唐白居易《京兆府新栽莲》:"下有青泥污,馨香无复全。上有红尘~,颜色不得鲜。"五代欧阳炯《南乡子》:"岛上阴阴秋雨色。芦花~,数只鱼船何处宿。"宋蒋捷《贺新郎》:"叹秦筝斜鸿阵里,素弦尘~。" ❻ 跌;倒;卧。《敦煌变文校注》卷五《父母恩重经讲经文(二)》:"从此~入坑中,常有铁轮在项。"《元曲选外编·单刀会》一折:"半明半暗花腔鼓,横着~着伏兽牌。"清《女仙外史》九回:"有仰面跌翻的,有刺斜掼去的,也有横~着的。" ❼ 相扑;摔跤。唐赵璘《因话录》卷一:"祀前,本司进相扑人……上曰:'此应是要赏物,可向外~了,即与赏物令去。'"金《刘知远诸宫调》一:"村夫用拳翟,知远也不让,侧身早闪过,~一个水牛另有方。"清《林兰香》二〇回:"采云身支有些丰厚,~不多时,便气喘了,不防被采菽将脚一抱,就侧倒在一边。" ❽ 敲扑的用具;棰杖。唐韦应物《示从子河南尉班》:"永泰中,余任洛阳丞,以~挟军骑。"宋赵与时《宾退录》卷六:"每未晨蹴之,即道执~驱其后,不得休。" ❾ 一种博戏。以钱币为博具,视掷出的钱币正背花色决胜负。小贩用作营业手段。宋洪迈《夷坚志》补卷八:"会有持永嘉黄柑过门者,生呼而~之,输万钱。"宋元《古今小说》卷一五:"只见一个扑鱼的在门前叫扑鱼,郭大郎遂叫住~,只一~,~过了鱼。"《元曲选外编·调风月》一折:"便是半簸箕头钱~个复纯,教人道眼里有珍。" ❿ 宋元时的一种垄断承包制度。宋庄绰《鸡肋编》卷下:"二浙造酒,非用灰则不澄而易败。故买灰,官自破钱,如衢州岁用数千缗。凡僧寺灶灰,民皆断~。"《宋史·食货志下七》:"同安郡王杨存中罢殿帅,复以私~酒坊九上之,岁通收息六十万缗有奇。" ⓫ 窃取;偷窃。宋元《古今小说》卷一五:"这郭大郎因在东京不如意,曾~了潘八娘子钗子。潘八娘子看见他异相，认做兄弟，不教解去官司。”明卢柟《上魏安凤明府辩冤书》：“使杲果为隆佣，则杲当在王隆场，安得来卢柟场盗若麦耶？且杲所～麦，卢柟之麦，所饮食，卢柟之馈，独佣为王隆之佣，名实眩矣。” ⑫ 抬起；伸出；上扬。宋元《清平山堂话本·三怪记》：“缠绵到三更已后，只见娘娘～身起来出去。”明《封神演义》二二回：“看见西边有一山嘴，往外～着。”《禅真后史》四九回：“被瞿琰一手抓住，摔于火盆之内，那恶物复腾然～起。” ⑬ 撞；遇。《元曲选外编·黄花峪》二折：“休道是白日里，夜晚间～着你，也不是恰好的人。”明《西游记》一一回：“只见那玉英宫主，正在花阴下，徐步绿苔而行，被鬼使～个满怀，推倒在地。” ⑭ 掩袭；剿捕。《元曲选外编·三战吕布》一折：“将士每，跟着我～他左哨去来。”明顾起元《客座赘语》卷一：“四走而追人，或捕人，曰～。”田汝成《炎徼纪闻》卷二：“猾贼未易取也。须开春江涨，以数千人从武宣顺流～之。” ⑮ 摊；扒；拨。明张大复《梅花草堂笔谈》卷一四：“取带下钱索饮，未醉，又更起为谋。已，～被而寝。”《西游记》一六回：“都去那灰内寻铜铁，拨腐炭，～金银。”又三二回：“他一头钻得进去，使钉钯～个地铺，毂辘的睡下。” ⑯ 寄托；投靠。明《金瓶梅词话》六一回：“我也不要他，一心～在你身上，随你把我安插在那里就是了。”清《歧路灯》五七回：“谭爷还不肯赏俺个脸儿，俺还～谁哩。” ⑰ 迎；朝着。明张大复《梅花草堂笔谈》卷一：“中峰取面板～头便打，曰：‘任汝作模样，决不汝信。’” ⑱ 量词。用于纸或酒。《五代史平话·晋下》：“有军卒盗人纸钱一～，被擒。”清《何典》九回：“原来是一个酒鬼，吃了一～臭酒。”

【扑俺】 pū ǎn 同“扑揞”。引申指承当。《元曲选外编·西厢记》二本楔子：“你休只因亲事胡～。若是杜将军不把干戈退，张解元干将风月担。”

【扑揞】 pū ǎn 遮掩；遮挡。《元曲选·萧淑兰》二折：“一迷里口似泼钐怎～，那里肯周而不比且包含。”

【扑捕】 pū bǔ ❶ 扑打捕捉。《宋史·食货志上六》：“蝗为害，又募民～，易以钱粟。”《明会典》卷一九：“春初差人巡视境内，遇有蝗虫初生，设法～。”清曹秀先《请捕蝗先行蜡祭疏》：“臣窃观迩来近畿郡县蝗灾间发，仰蒙我皇上特遣大臣侍卫勤督地方有司，实力～。” ❷ 掩袭抓捕。明于谦《为走回人口事奏》：“就便调遣官军，或乘夜～，或按伏邀截。”潘希曾《擒斩反招黠贼功次疏》：“广东之盗，宜于～，而不宜于大征。”清《剿捕临清逆匪纪略》卷一：“诚恐官兵～紧急，贼匪即窜入直境。”

【扑抶】 pū chì 捶打；拍打。唐李白《赠清漳明府侄聿》：“蒲鞭挂檐枝，示耻无～。”宋郑獬《收麦》：“大犁置之场，宠奴丘陵起。妇姑趁天色，～喧邻里。”明卢柟《上李东冈推府书》：“抑柟自察，材质卑微，～囊木之间，恐不能尽白柟之所以待罪之理。”

【扑除】 pū chú ❶ 扑打除灭。宋张守《乞捕飞蝗札子》：“仍敕逐处监司守令，检详条令，并力～。”清陈芳生《捕蝗法》：“地主邻人隐蔽不言者，保不即时申举～者，各杖一百。” ❷ 剿灭。宋真德秀《海神祝文》：“温、明之寇来自北洋，……傥弗即～，则其纵横海道，未有穷已。”清雍正十年八月初三日高其倬奏文：“今经搜剿，其情形数日内即可～。”蓝鼎元《论平台湾生番书》：“公行拒敌，伤害官兵。当局不能～，反议招抚。”

【扑捶】 pū chuí 捶打；鞭打或杖击。宋史温《钓矶立谈》：“群儿蹑断绪，穷荒径，尽日力而不可得，踵穿衣决而返，至为其亲加～焉。”

【扑打】 pū dǎ ❶ 跌打。宋《圣济总录纂要》卷二一：“接骨桂芸膏，治～，筋骨伤折，肿痛不可忍。”清魏之琇《续名医类案》卷二八：“昔得秘方，治～跌损伤，极效。” ❷ 采摘；折取。宋孔平仲《蝴蝶行》：“河北花已落，河南花正开。盈盈采花女，～还家去。” ❸ 扑上去击打；挥击。元明《水浒传》九六回：“只听得刮刺刺的响，却似青天里打个霹雳，把那五条龙～得鳞散甲飘。”明《西游记》六回：“摇身一变，变作个饿鹰儿，抖开翅，飞将去～。”清杜岕《贺新郎·咏苹果花红》：“收拾起、长竿～。只有素瓷妆点称，更输他消渴思茶者。”

【扑搭】 pū da 同“铺搭(pū da)”。《元曲选·后庭花》三折：“我若出公门小民把我胡～，莫不是这老子卖弄这势剑铜铡。”又《忍字记》二折：“你可休叫吖吖，一迷里胡～。”

【扑答】 pū da 同“扑搭”。清《醒世姻缘传》五八回：“对着那人千人万的，～那没影子的瞎话。”

【扑盗】 pū dào 袭捕盗贼。《太平广记》卷三五四引《玉堂闲话》：“居人咸闻通衢队伍之声，自门隙觇之，则皆青衣兵士而无甲胄。初谓州兵潜以～耳。”

【扑地】 pū de 骤然；一下子。《元曲选·忍字记》一折：“我恰才胸膛上～着，他去那砖街上丕的倒。”明沈仕《锁南枝·咏所见》：“相逢他猛然丢一眼，教我口儿不能言，腿儿～软。”《西洋记》四七回：“看看近着他，～里兜转马来，一拳头正撞着胡都司的脸。”

【扑的】 pū de 同“扑地”。《元曲选·丽春堂》一折：“忽的呵弓开秋月，～呵箭飞金电，脱的呵马过似飞熊。”

【扑牴】 pū dǐ 相扑；摔跤。明黄晔《蓬窗类记》卷三：“梁兴甫善～，……梁谓戴曰：‘凡拳师相角，不可容情。’”

【扑地掀天】 pū dì xiān tiān 形容闹得凶，声势大。《元曲选·金线池》二折：“只管～无了休，着甚么来由！”《元曲选外编·云窗梦》一折：“山海恩情方欲坚，被俺爱钱娘～，坏了这好姻缘。”

【扑跌】 pū diē ❶ 相扑；摔跤。明汤显祖《嗤彪赋》：“已而出诸囚，都无雄心，道士时与～为戏。”《封神演义》一七回：“命宫人与宦官～，得胜者池中赏酒。”清雍正八年七月五日上谕：“理宜操练武艺，习劳苦，耐寒暑，以及疾趋、超距、～等技。” ❷ 跌倒。明《封神演义》四七回：“列位道友被赵公明打伤～在地者，乃是定海珠。”清《万花楼》二回：“哭声凄楚，～于地。” ❸ 比喻挫折。明张大复《梅花草堂笔谈》卷三：“茂齐喜置怀中，绕行庭除间。无何，失手坠地，茂齐大惊。岂人生小小～，故不可免欤？”

【扑断】 pū duàn ❶ 承包垄断(经营权)。五代李亶《南郊改元赦文》：“应诸道商税课利，～钱额去处，除纳外年多蹙欠，枷禁征收，既无抵当，并可放免。”宋欧阳修《论矾务利害状》：“自晋州置炼矾务后来，比祖额各有增剩，况自六家～后来，景祐四年只卖过生矾五十五万七千餘斤。”元牟巘《咸淳辛未十二月初一日转对札子》：“皇太后亲属～酒务，少欠官属钱，均作七年送纳。” ❷ 独占。宋刘克庄《岁晚书事》之五：“人间止有章泉叟，～衡山了一生。”又《水龙吟》：“问天公～，散人二字，赐龟蒙号。”

【扑堆】 pū duī 同“铺堆❷”。《元曲选外编·西厢记》一本四折：“妖娆，满面儿～着俏；苗条，一团儿衡是娇。”明丘汝晦《点绛唇·月下听琴》：“他～着笑脸儿相迎，入兰房共枕成欢庆。”叶宪祖《团花凤》二折：“我看你斓斑舌胜滑稽，我看你～脸多狐媚。”

【扑罚】 pū fá 施以棰扑的刑罚。唐徐安贞《正议大夫田公德政之碑》：“公抚御多方，非止～，家僮门客，莫出城寺。”宋叶適《孟达甫墓志铭》：“役夫二十万，劝相慰勉而已，无～也。”《明会要》卷二五：“上虑武臣子弟顽梗，绳愆厅不能～，命李文忠兼领监事。”

【扑番】 pū fān 扑倒；掀翻；翻倒(身体)。金《刘知远诸宫调》二：“为终朝每日多辛苦，～身起，权时歇待。”宋元《警世通言》

卷二〇："把条手巾，捉住佛郎，～在床上，便去一勒。"清《醒世姻缘传》三九回："魏氏依方煎水，两头使铺盖垫起，居中放了水盆，扶他～睡了。"

【扑番身】 pū fān shēn 扑倒身体；俯身倒地。明《金瓶梅词话》九回："武二拈了香，～便拜。"

【扑翻】 pū fān 同"扑番"。宋黄水村《解连环·春梦》："记得栩栩多情，似蝴蝶飞来，～轻扇。"明彭孙贻《月当厅·元夕大雨》："鳌峰何处张镫濯，龙池～，露掌金茎。"清《水浒后传》五回："那毕丰是任原的徒弟，在泰安州嘉会殿上被燕青～。"

【扑翻身】 pū fān shēn 同"扑番身"。宋元《古今小说》卷一五："史弘肇认得是他结拜的哥哥，～便拜。"元明《水浒传》二六回："武松～便拜。"清《荡寇志》七二回："衙内望见，～就拜。"

【扑复】 pū fù 反扑，比喻颠倒算计。元明《水浒传》三〇回："两个公人悄悄地商议道：'不见那两个来。'武松听了，自暗暗地寻思，冷笑道：'没你的娘鸟兴，那厮倒来～老爷。'"

【扑赶】 pū gǎn ❶ 扑打驱赶。元明《三国志通俗演义》卷八："群蜂闻香，竟相飞来，落于身上，令太子～。" ❷ 奔扑追赶。明《禅真逸史》三四回："军马四散奔开，严敬率军四下～。"清《醒世姻缘传》九四回："恰好小成哥抱在跟前，望着狄希陈～。"

【扑花】 pū huā ❶ 采花。唐李贺《南园》之八："春水初生乳燕飞，黄蜂小尾～归。"明叶纨纨《菩萨蛮·春闺》："蝴蝶～忙，深闺日正长。"清史唯圆《满庭芳·葵花初放》："西园蝶、不知春去，依旧～忙。" ❷ 扑卖鲜花；承包经销鲜花。宋元《古今小说》卷三三："六合县里有两个～的，一个唤做王三，一个唤做赵四，各把着大蒲篓来，寻张公打花。" ❸ 指勾引妇女。《九宫正始》第四册引元传奇《李勉》"渔家傲"曲："自从那日游春，逢着那人，共他离了家乡去，做～行径。"明《拍案惊奇》卷二："专一设法良家妇女到此，认作亲戚，拐那一等浮浪子弟，好～行径的，引他到此。"

【扑毁】 pū huǐ 扑击毁坏；扑打毁坏。清《平定金川方略》卷八："派遣汉土官兵围攻谷里，大战碉，将头道右山梁一带～。"《八旗通志》卷一八八："所有赏给立坟建碑等项，俱着撤回，并将所立碑碣～。"《歧路灯》六五回："裕字号仓房椽头、门扇，已为火焰～。"

【扑火】 pū huǒ ❶ 救火；灭火。也用来形容行动迅疾。《敦煌变文校注》卷一《伍子胥变文》："昭王见兵被杀，怕惧奔走入城。子胥逐后奔驰，状如蓬飞～。"元康璧《创建谯门记》："得一惠，旦起而行之民；除一弊，若提水而～。"清吴廷华《沈孝子行》："始而陈情救父，继恐火焚母棺，衰绖～，自焚其身。" ❷ 投向火焰。也比喻泛出红色或身处酷暑。宋乐雷发《宿金滩》："天虾～帆樯晚，水狗捎鱼岛屿深。"明王慎中《洞庭春色·秋后苦热》："记郎曹朝谒，红尘～；相门迎候，赤日流金。"清李玉《人兽关》一九出："休得要喷人含血还遭污，休得要～飞蛾反受焚。" ❸ 去火；祛除人体的热邪。元齐德之《外科精义》卷上："折伏其热势，驱逐其邪恶，～之义也。"

【扑获】 pū huò 扑袭抓获。明王守仁《添设和平县治疏》："俱各委官管领，兼同该司官巡逻，遇有盗贼生发，即随～。"清吕星垣《盐法议》："果能～私窝、私贩千斤外者，照获江洋大盗例，即予迁除。"

【扑击】 pū jī ❶ 捶打；敲击。《太平广记》卷三二五引《冥报记》："明日请僧转《首楞严经》，令人～之，鬼乃逃入床下。"元王恽《祭斛律丞相文》："恽授馆绛园，迫近神廉，号呶～，不无振惊。"清王汝璧《炭墼》："按挐富媪涅，～锺馗惊。" ❷ 扑奔袭击。元明《水浒传》九六回："化成个大鹏，翼若垂天之云，望着那五条龙～下来。"明张瀚《松窗梦语》卷一："官军迎敌，奋勇～，得首级五十餘。"清《平定两金川方略》卷九八："此次官兵于攒集坚碉之处，竭力～，自不免于伤损。" ❸ 冲击。明张瀚《松窗梦语》卷八："西风急则～岸石，船屡倾覆。"

【扑剪】 pū jiǎn 扑灭铲除。《明史·张献忠传》："自成窜崤函山中，朝廷皆谓贼～殆尽。"清侯方域《上三省督抚剿抚议》："不若移一旅之师，……随宜～。"

【扑交】 pū jiāo 同"扑跤"。明《禅真逸史》二〇回："只待先生回去，就和薛举～耍拳，攀梁溜柱。"

【扑跤】 pū jiāo 摔跤；相扑。清弘历《蒙古王公等进宴因赋六韵》："勇斗～戏，雄看诈马群。"

【扑剿】 pū jiǎo 扑袭剿灭。明姚士麟《见只编》卷上："制府调兵～，烽炮夜十餘至。"清郝浴《敬陈调剂粤西戎务四策疏》："近则沈绍基、韦之煌袭城杀官，见在用兵～。"《豆棚闲话》一一则："差他领了二千兵丁，上前～。"

【扑教】 pū jiào 用棰扑手段教育。元王恽《大元故大名路宣差李公神道碑铭》："公行春近郊，见盛挟叶芳者，公责之曰：'此天地秀实以养人，多折何为？'乃～而去。"明王世贞《恳乞容令休致疏》："即令张现等收监，次日问理，究张现妄加之罪，生员送学～。"清查慎行《五月二十六日到家惊闻儿建京师讣信》之三："岂惟弛～，抑且忘叱呵。"

【扑酒】 pū jiǔ 扑买承包卖酒的权利。宋叶適《平阳县代纳坊场钱记》："自前世乡村以分地～，有课利买，名净利钱。"

【扑救】 pū jiù 扑灭火灾或虫灾，抢救财物或补救损失。宋洪迈《夷坚志》支甲卷八："烟焰蓬勃起于衽帐隐处，急往～，则已穿穴。"清雍正九年十一月二日乔世臣奏文："田间忽生细虫，暗伏茎中，潜食苗心，无从～。"《八洞天》卷五："火趁风威，～不及。"

【扑攫】 pū jué 扑奔抓拿。清曾衍东《小豆棚》卷一一："鬼初作～状、招手状，继乃作嘻笑状、哭泣状。"

【扑空】 pū kōng ❶ 希望或目的落空。元杨朝英《水仙子》："不付能博得个团圆梦，觉来时又扑个空，杜鹃声又过墙东。"明《型世言》三三回："他这边哭得忙，竟也不曾招接，扑个空，散了。"清《补红楼梦》二回："秦可卿道：'我想老太太是年尊的人，未必同我们一样，只怕寿终了要归地府罢。'鸳鸯便着急道：'这么着，我可不又～了么？'" ❷ 满天。明魏学洢《代简答友人问》："大雪～下，兼之失轻舟。" ❸ 前扑没有扑到目的物。清《林兰香》四二回："又望旁一闪，恰好耿朗～，反撞在彩云怀里。"《野叟曝言》一三二回："木秀向后一避，仍举椅兜头压将下来。文容一～，不防椅已着在头上。"

【扑辣】 pū la 扑伏；纵身扑。辣，动词词缀。清《醒世姻缘传》六三回："夫妻没有隔宿怨，只因腰带金钢钻。走到身上三～，杀人冤仇解一半。"

【扑裂】 pū liè 崩裂。元祥迈《华暇寺明公和尚碑》："魔佛容分，虚空～。大用纵横，雷轰电掣。"

【扑落】 pū luò ❶ 坠落；掉下。唐姚合《天竺寺殿前立石》："补天残片女娲抛，～禅门压地坳。"《五灯会元》卷一〇《兴教洪寿禅师》："闻堕薪有省，作偈曰：'～非他物，纵横不是尘。'"清《野叟曝言》三回："张目一看，谁知所蹲的柳树早已～湖中。" ❷ 指丧生。五代何光远《鉴诫录》卷四："帝遂诛之，瘗于五墓之地。郑云叟在华山闻之，吟诗哭曰：'曾陈章疏忤昭皇，～西南事可伤。'"

【扑买】 pū mǎi 商人向官府投标包税买下河湖、坊场、酒醋等经营权。宋李焘《赵待制开墓志铭》："公于是大变酒法，自成都始，先罢公使卖供给酒，即旧～坊场所。"洪迈《夷坚志》丙卷一九：

"有屈师者，～他处鱼塘，至冬，筑小堰于外。"元宋子贞《中书令耶律公神道碑》："燕京刘忽笃马者，阴结权贵，以银五十万两～天下差发。"

【扑卖】 pū mài 一种带赌博性的买卖方式。或以预期的收获作质押进行交易，或买卖双方约定一个低于市值的价格，以掷钱币于地，视其字（正面）幂（反面）花色组合定胜负。买方胜，以低值取物；卖方胜，买方白纳钱。宋戴栩《处州通判墓志铭》："闽土硗而狭，赋人多倚院寺僧，以明年之获，鬻今岁之直，甚而豫鬻四五年者，名曰～。"《西湖老人繁胜录》："街市～，尤多纸灯，不计数目。"刘克庄《即事》之五："瓜果踞拳祝，睺罗～声。"

【扑觅】 pū mì 前往寻找。《太平广记》卷九一引《广古今五行记》："其家兄弟明旦～，正见阿专师骑一破墙上坐。"

【扑面】 pū miàn ❶ 拂面；触脸。唐白居易《别杨通州后却寄》："春风怪我君知否，榆叶杨花～飞。"明李开先《宝剑记》三三出："出的门来，撞着这～的风雪，白茫茫不见村坊在于何处。"清《女仙外史》一四回："时方暮春，霰珠～，劲于铁粒。" ❷ 蒙面；满面。五代王定保《唐摭言》卷七："王播少孤贫，尝客扬州惠昭寺木兰院，随僧斋餐。诸僧厌怠，播至，已饭矣。后二纪，播自重位出镇是邦，因访旧游，向之题已皆碧纱幕其上。播继以二绝句曰：'……二十年来尘～，如今始得碧纱笼。'"宋韦骧《题岑岩起剑门诗刻后》："～尘埃二十年，纱笼石刻顿光鲜。"清彭孙遹《答朱西野见怀之作》："清霜～雪蒙头，一错那能铸六州。" ❸ 迎面；当头。清田雯《五溪桥绝句》之二："刺衣数本钵囊树，～一声婆饼焦。"曾衍东《小豆棚》卷一一："忽觉耳后踯躅，又如鬼追。急行，～又一撞，跄踉满怀。"《蜃楼志》六回："转身出来，～见着那个乌小乔分花佛柳而至。"

【扑拿】 pū ná 捕捉。明《隋史遗文》四二回："却是王伯当窝藏李密，着我～，临期怎好回护。"

【扑旗】 pū qí 一种舞蹈杂技节目。表演者边挥舞大旗，边舞蹈翻跳。宋孟元老《东京梦华录》卷七："鼓笛举，一红巾者弄大旗，……次一红巾者，手执两白旗子，跳跃旋风而舞，谓之扑旗子。"元佚名《错立身》五出："更温习几本杂剧，问甚么妆孤扮末诸般会，更那堪会跳索～。"

【扑钱】 pū qián ❶ 攧钱；掷钱币以字幂花色组合定胜负。宋陈振孙《直斋书录解题》卷一："以～背面，喻八卦阴阳纯驳，此鄙说也。"谢采伯《密斋笔记》卷五："净慈寺画壁女像，眼多遭剔去。或曰：～者以涂钱面，则扑者不满。"《朱子语类》卷四："且以～比之，纯者常少，不纯者常多。" ❷ 扑满（储钱罐）里的钱。明孙继皋《将仕佐郎钱君墓志铭》："岁大祲，宗党来请贷，即瓶粟～可倒以益也。"

【扑取】 pū qǔ 用扑入、前扑、扑击等方式取得。宋《圣济总录纂要》卷一七："用水一碗，面东～倒流水些小，将黄连末匀掺在碗内。"明徐元《八义记》四一出："其时放出犬来呵，果然犬见来～，把个护国忠臣无计施。"清宋荦《绮罗香·萤》："佳人轻把扇子，～青苔砌上，玉纤笼住。"

【扑染】 pū rǎn 浸染；感染。唐舒元舆《陶母坟版文》："鸿声芬馥，～他类，肯使专司晨索家之疵到吾听乎？"

【扑认】 pū rèn 犹"扑买"。认，认购。《元典章·圣政二》："诸位下各投下及僧道权势之家，占据山场、河泊、关津、桥梁，并诸人～牙例，诸名色抽分等身，诏书到日尽行革罢。"

【扑撒】 pū sā 以手抚摸或拨动。引申指消解或抚慰。金《董解元西厢记》卷四："张生闻语，～了满怀里愁。"元乔吉《水仙子·嘲楚仪》："顺毛儿～翠鸾雏，暖水儿温存比目鱼。"明《金瓶梅词话》一一回："西门庆才数子儿，被妇人把棋子～乱了。"清《醒世姻缘传》六四回："素姐叫那白姑子顺着毛一顿～，渐渐回嗔作喜。"

【扑散】 pū sàn ❶ 冲荡、拍击等使消散。五代黄蟾《和从兄御史延福里居》："花底轻风香～，门前细柳绿皆同。"明《封神演义》九七回："纣王忽的把二目一睁，阳气冲出，将阴魂～。"清袁枚《子不语》卷一四："路逢殡柩，则急往亲友家，解下衣帽，～数次，以为将晦气撒在人家，与己无与矣。" ❷ 拂除；消解。《元曲选·货郎担》二折："打叠了心头恨，～了眼下愁。"《元曲选外编·哭存孝》二折："到那里着俺这刘夫人～了心头闷。" ❸ 剪除；消灭。明王世贞《与元驭阁老书》："太湖啸聚，似不至如所闻，但不可不～。"

【扑扇】 pū shàn 挥扇；用扇子扑打。明高濂《遵生八笺》卷一："勿令卧熟～，勿食生冷过多。"《西游记》二一回："（蚊子）只怕熏烟～，偏怜灯火光辉。"清毛奇龄《代答》："～看小星，夜凉卧秋色。"

【扑赏】 pū shǎng 扑卖的一种。卖者设赏品若干，买者扑胜则取赏。宋《西湖老人繁胜录》："贡院前、佑圣观前宽阔所在，～并路岐人在内作场。"

【扑身】 pū shēn 身体前扑（跌倒或奔出）。《法苑珠林》卷一七："忽然迷闷自～，犹如帝释喜幢折。"清《一片情》五回："丑奴道：'待我来。'把喜哥推开，～出去，不曾看得半眼，那如花早把袖掩了口去了。"《巧联珠》九回："闻生闪避不及，～向前，脚踏一空，一骨碌直滚下岭来。"

【扑实】 pū shí 落到实处。宋《朱子语类》卷四二："他做事，初头乘些锐气去做，少间做到下稍，多无杀合，故告以'居之无倦'，又且不～，故告之以'行之以忠'。"

【扑手】 pū shǒu ❶ 触手；手一接触。引申指动手做。唐薛涛《酬杜舍人》："双鱼底事到侬家，～新诗片片霞。"明唐桂芳《程国宝有诞孙之庆留饮》："美人醉后擘江蟹，香雾蒙蒙～来。"清毛奇龄《列朝备传·仇钺》："钺佣卒起家，以功封侯，伟哉！虽狐雏缊火，～易灭，然而智略远矣。" ❷ 拍手；手舞动或（持物）拍击。宋《太平惠民和剂局方》卷一〇："亦攻心痛，叫哭合眼，仰身～，心神闷乱。"明《欢喜冤家》三回："欢喜得那畜生跌脚～，连忙上楼。"清刘纶《扑满》："瘦妻笑～，急为小儿剖。" ❸ 相扑，也指相扑的手段或从事相扑的人。《五灯会元》卷一三《洪州同安院威禅师》："师打一拂子，僧曰：'～征人，徒夸好手。'"《元曲选外编·独角牛》二折："一个好儿也，他的那～熟。"元明《水浒传》七三回："今年有个～好汉，是太原府人氏，姓任，名原。" ❹ 扑击的招数。元明《水浒传》二九回："原来说过的打蒋门神～：先把拳头虚影一影，便转身，却先飞起左脚。……这一扑，有名唤做'玉环步鸳鸯脚'。"

【扑水】 pū shuǐ ❶ 大厅前檐下接造的房屋。因屋顶反承厅檐滴水，故名。宋洪迈《夷坚志》丁卷一："每夕命小黄门两人守直其处，时已炎暑，但对寝于～下。"陆游《老学庵笔记》卷八："蔡京赐第宏敞过甚，老疾畏寒，幕帘不能御，遂至无设床处。惟～少低，闻架亦狭，乃即～下作卧室。"明方以智《通雅》卷三八："垂檐下别起敞房曰薄水，陆游作'～'，李翊作'泊暑'。" ❷ 指前往衙署（告状）。清《野叟曝言》一二八回："逐日出衙，巡盐盘库，阅兵查饷，不住有人拦舆喊冤，～告枉。"按，清沈自南《艺林汇考·栋宇篇》卷八："桐薪今官人公廨正堂前有篋楼三间，狱囚于此对簿，俗称为扑水厅。"可参考。

【扑损】 pū sǔn 跌伤；摔坏；冲破。宋《圣济总录纂要》卷二一："地黄糟裹方，治坠堕～，筋骨疼痛。"施宿等《会稽志》卷七："殿中有小铜钟，范制甚奇，声尤清圜远闻，非凡钟比。尝～，匠者锯为大鎛，声仍如故。"清吴雯《蝶恋花·大风》："昨夜北风翻海水，～帘旌，欲住真无计。"

【扑挞】 pū tà 捶击；鞭笞。唐刘孺之《升高判》："苟训典之不修，乃～而何害。"宋张师正《括异志》卷九："察苛急，视群吏若仇仇，～殆无虚日。"明杨守陈《与胡宪副书》："四时行焉，百物生焉，言且不用，况用～？"

【扑腾】 pū téng ❶ 折腾；挫折。《元曲选·金线池》三折："人跟前不您的吃场～，呆贱人几时能够醒，醒。" ❷ 腾跃；腾跃貌。也形容站立不稳。《元曲选·柳毅传书》二折："早磕塔顿开金锁走蛟龙，～的飞过日华东。"明顾起元《客座赘语》卷一："身之失跌曰～。"清《龙图耳录》三三回："你务必用这半盆水叫那鱼躺着，一来显大，二来水浅他必～，算是活跳跳的。"

【扑天】 pū tiān ❶ 冲天；朝天上。元佚名《梧叶儿》："龟毛拂，兔角锥。虾蟆～飞。"《元曲选·马陵道》三折："自知毛羽短，怎敢～飞。"明《西洋记》二七回："只见姜金定一道黑烟，～而去。" ❷ 漫天；涨天。明于立《花游曲》："东风～驱马来，露香翠泣鸳鸯杯。"《西游记》七〇回："只见那山凹里烘烘火光飞出，霎时间，～红焰。"清欧阳辂《和仲玉舟集呈李司马》："暖云～莺舌调，美人笑倚双兰桡。" ❸ 犹"扑天关"。明《拍案惊奇》卷一三："殷氏纵有～的本事，敌国的家私，也没门路可通。"

【扑天关】 pū tiān guān 扑击天门，形容本领高强。明徐元《八义记》四一出："既然殢酒也不煞恁忧，俺欲将～手段解他愁。"

【扑殄】 pū tiǎn 扑灭；消灭。《旧唐书·李晟传》："贼既伤败，须乘机～。"宋洪适《唐京畿渭北鄜坊商华兵马副元帅复京师露布》："彼虽延命于须臾，我必乘机而～。"

【扑头】 pū tóu ❶ 犹"幞头"。《大宋宣和遗事》前集："却去宣德门直上有三四个贵官，金拈线～舒角，紫罗窄柚袍。"《元曲选外编·敬德不伏老》三折："明日在垓心里，绰见我那铁～，红抹额，乌油甲，皂罗袍。"清陈端生《再生缘》二七回："但见他，～象简百花袍，玉带玲珑束半腰。" ❷ 上头；遮头。宋宋庠《春晦》："有恨刚肠随指绕，无情华发～新。"金张仲容《致仕后诗》："黑花遮眼秋不落，白雪～春未消。" ❸ 冲着头。元乔吉《凭栏人·金陵道中》："～飞柳花，与人添鬓华。"明王翰《再题玩梅轩》："绝胜孤山山下客，空林风雪～时。"清《后西游记》三五回："又不期下的雪霰，一缕缕就如粉丝，～扑脸飘来。"

【扑刑】 pū xíng 犹"扑罚"。宋胡宏《皇王大纪论》："鞭刑所以待府史胥徒、在官之有过者，～所以待士农工商、从师之不率者。"明吴宽《布政使陈公传》："遍历郡县，居宿学宫，默然端坐，以身为教，至竟日不施～。"清《歧路灯》六五回："带在二堂，责以～。"

【扑絮纳瓜】 pū xù nà guā 扑捉柳絮，往水底捺瓜，比喻难于把握。元童童学士《新水令·念远》："才得相逢，～；恰早分离，瓶沉珠撒。"

【扑雪人儿】 pū xuě rén er 直身扑在雪地上印出人形的游戏。清《红楼梦》三一回："和丫头们在后院子～去，一跤栽到沟跟前。"

【扑咬】 pū yǎo 奔上前撕咬。《元曲选·赵氏孤儿》三折："你当日演神獒，把忠臣来～。"明《禅真后史》三四回："若非黑狗赶去～，险些儿被他抓了去。"清《醒世姻缘传》七七回："尽后边跑出一只狼来，望着狄希陈～。"

【扑缘】 pū yuán ❶ 扑奔并围绕。字作"仆缘"。唐段成式《酉阳杂俎》前集卷一五："其来索绫如蚁，状如驺卒，～士人。"宋范成大《舫斋信笔》："秋蝇独恋恋，终朝相～。"清王汝璧《触热行》："蝇虻～利嗜嘬，此琐琐者何足挥。" ❷ 比喻陷于缠扰。宋苏轼《次韵王诲夜坐》："莫将诗句惊摇落，渐喜樽罍省～。"张镃《奉祠云台题陈希夷画像》："～埃壤半年餘，亡补公家真合退。"明袁中道《寄君御》："每赴席拜客～中，思向来以凫舟系深树下，任水风吹拂，何可得也。"

【扑责】 pū zé 犹"扑罚"。明杨士聪《玉堂荟记》卷下："上重武臣，外卫指挥而下，戒饬～之法，一切不得行。"清张潮《虞初新志》卷二："塾侧有塑神佛者，时就与嬉。塾师时～之。"《野叟曝言》五九回："秋香这丫头屡屡没规矩，我俱宽恕他不加～者，其中有个缘故。"

【扑贼】 pū zéi 剿贼。明高斗枢《守郧纪略》："初三黎明当尽发城内外官民各兵，往杨溪～。"杨廷和《为激切哀号恳乞致仕事奏》："文臣封爵，旧不多见。在天顺初，徐有贞以夺门迎驾封；成化中，王越以捣巢～封。"清《宗室王公功绩表传·博和托传》："上以大兵秣马贵阳已月餘，谕趣彰泰亲统大兵～，进定云南。"

【扑掌】 pū zhǎng 拍手。明《西游记》九三回："正说处，只见南关厢有几个大户来请。众僧～道：'昨晚不曾防御，今夜都驾云去了。'"

【扑治】 pū zhì 扑捉。明徐光启《农政全书》卷四四："蝗初生时，最易～。"又："～不及，则视其落处，纠集人众，各用绳兜兜取。"

【扑捉】 pū zhuō ❶ 抓捕；逮。元王恽《弹左巡院官休和赵仲谦事状》："提控张仲礼，将被论人王四，不行～到官。"明张宁《草虫杂图》之一五："蜻蜓多品类，此种最灵黠。……颇忆童稚年，～伤暑热。"清《玉楼春》二回："知县闻知，亲来～。" ❷ 把捉；掌握。明袁宏道《策论》："无蹊径可寻，辟则花光山色之自为工，而穷天下之绘不能点染也；无辙迹可守，辟则风之因激为力，因窍为响，而竭天下之智不能～也。"

【扑斫】 pū zhuó ❶ 砍削；雕刻。宋杨万里《永新重建宝峰寺记》："为门为墙，为囿为像。～坚好，雕饰备具。"包恢《山水源流说》："或如裁成，或如画就，或真如施斧斤而～之精美，如假诅咒而鬼物之幻出者。"元李冶《真定府元氏县重修庙学记》："作者振起坠绪，～梓材，有扶持素教之劳。" ❷ 扑上去砍杀。明唐顺之《武编》前集卷三："弓矢往来，什伍俱前，如此奋击～，贼必辟易。"杨一清《为回贼出没事奏》："职督官军止有三百餘员名，奋勇一齐～向前。"

【朴扶掴搭】 pū fú guō dā 指纠缠打闹。"朴""掴""搭"皆为击打义。五代孙光宪《北梦琐言》卷一八："先是，庄宗自为俳优，名曰'李天下'，杂于涂粉优杂之间，时为诸优～，竟为嚣妇恩伶之倾玷，有国者得不以为前鉴！"

【铺】 pū 另见 pù。❶ 展开；摊平。唐白居易《与元九书》："引笔～纸，悄然灯前。"明《朴通事谚解》卷中："当直的点将灯来，我也～铺盖睡些个。"清《霓裳续谱·竹韵悠悠》："冷气迎人，风动流苏，黄云顷刻平～。" ❷ 覆盖。唐李世民《过旧宅》："叶～荒草蔓，流竭半池空。"宋辛弃疾《粉蝶儿·和赵晋臣敷文赋落梅》："甚无情，便下得，雨僝风僽。向园林，～作地衣红绉。" ❸ 铺垫；衬。唐上官昭容《游长宁公主流杯池》："横～豹皮褥，侧带鹿胎巾。"元古本《老乞大》："大嫂，将薵荐席子来与客人每～。"清《醒世姻缘传》二〇回："当中是一张凉床，床上～着一床红毡，毡上～一床天青花缎褥子。" ❹ 浮。唐李嘉祐《送樊兵曹坦洲谒韦大夫》："江花～浅水，山木暗残春。"罗隐《江南曲》："鸳鸯鸂鶒唤不起，平～渌水眠东风。”宋梅尧臣《次韵和永叔尝新茶杂言》：“石瓶煎汤银梗打，粟粒～面人惊嗟。” ❺ 铺叙；讲述。唐宋璟《奉和圣制答张说扈从南出雀鼠谷》：“四时宗伯叙，六义宰臣～。”元杨奂《京兆刘处士墓碣铭》：“有可辨，～今张古，杂出王伯，衮衮不自休。”清《平山冷燕》四回：“再拈笔时，心先乱急，哪里还有奇想，只得据题平～。忽忽忙忙，尚～不到半篇，而山黛之作又报完矣。” ❻ 整理；收拾；置备。宋元《清平山堂话本·李翠莲》：“～两鬓，黑似鸦，调和脂粉把脸搽。”明刘若愚《酌中志》卷一六：“凡宫中有喜，～月子房。”清陈端生《再生缘》三九回：“一切回盘俱已备，近来又把嫁妆～。” ❼ 绷；紧束。元姚守中《粉蝶儿·牛诉冤》：“筋儿～了弓，皮儿鞔做鼓。”古本《老乞大》：“教人看了面子上角，背子上～的筋。” ❽ 谋划；设定。元《武王伐纣平话》卷下：“有一日，太公定计，南有广武山荆索谷，先～了机略。” ❾ 潽；溢出。明《山歌·汤婆子竹夫人相骂》：“汤婆听得，眼泪直～。”清段玉裁《说文解字注·鬲部》“鬻”：“今江苏俗谓火盛水鬻溢出为～出。” ❿ 量词。用于图画、雕塑、坐席、炕、植物等。由于变文的演唱与画面的展示配合进行，故也可以“铺”论。《敦煌变文校注》卷一《汉将王陵变》：“从此一～，便是变初。”《太平广记》卷一二二引《逸史》：“作一～木人，音声关戾在内，丝竹皆备。”《宋史·仪卫志三》：“其青城坐甲布列三百六十六～，殿前指挥使二十四～，四百七十七人。”清先著《探芳讯·咏鸡冠花》：“启蕉院，是一～番锦，秋深裁剪。”《姑妄言》一〇回：“那一晚歇了店，二和尚也在这个店里，是对面两～炕。”

【铺白】 pū bái ❶ 遍布白色。宋李曾伯《满江红·用前韵送刘仓》：“荡节将行，原隰尽、花毡～。”元李穑《上札赞》：“轻霜～，华露滋清。”清弘历《于行宫春近作韵》：“又见云～，旋欣日隐红。” ❷ 详尽而坦诚地。宋苏舜钦《投匦疏》：“臣敢谓陛下之诏，体则正矣，而纲条未至，辄有营穴，愿～而言之。”

【铺摆】 pū bǎi ❶ 摆放；排列。宋董煟《救荒活民书》拾遗：“蝗有在光地者，宜掘坑于前，长阔为佳。两旁用板及门扇接连，八字～。”金王喆《临江仙》：“八卦分明～定，二人各四阳阴。”元倪士毅《作义要诀》：“这个先后之次截然，最要～仔细。” ❷ 布置；安排。元王实甫《四块玉》：“把局儿牢～，情人终久再归来，美满夫妻百岁谐。”清《绣鞋记》七回：“荫芝命仆把器具安放停妥，～极是排场。”

【铺被】 pū bèi ❶ 摊开被褥；用被覆盖。元明《水浒传》二一回：“你先时不曾脱衣裳睡，如今盖着被子睡。以定是起来～时拿了。”明佚名《精忠记》一〇出：“到冬来三冬景雪漫漫，上～，下补毡。三杯浊酒，一枕高眠。”《宜春香质》风集一回：“孙三至，道：‘筠僮～，伏事我睡。’” ❷ 指入殓时将被衬在棺内。清《绣鞋记》一二回：“一旦闻得成通身故，犹如利剑剖心，立即吩咐家人备办礼物，前往～送殓。”

【铺鬓】 pū bìn 梳理鬓发。宋文天祥《新年》：“喜对慈颜看～，发虽疏脱未如银。”《元曲选·救风尘》三折：“好人家将那篦梳儿慢慢地～，那里像咱解了那襻胸带，下颏上勒一道深痕。”明《金瓶梅词话》九八回：“那何官人又见王六长挑身材，紫膛色，瓜子面皮，描眉～，大长水鬓。”

【铺仓】 pū cāng 垫铺仓底，征粮入仓时所收的一种杂费。《大清会典则例》卷四一：“浙江起运漕粮，正耗之外，杭、嘉、湖三府有～驳运等费。”清《醒世姻缘传》九〇回：“但是改折了，却问何人去要～的常例？问那个要解剩的餘米？”

【铺陈】 pū chén ❶ 铺设；摆设；布置。《唐六典》卷二六：“典设郎，掌汤沐、洒扫、～之事。”宋元《古今小说》卷三三：“亭子上～酒器，四下里都种夭桃艳杏。”清洪昇《长生殿》二一出：“传旨要来共浴汤池，只索打扫～收拾。” ❷ 铺排叙述。唐权德舆《唐赠兵部尚书陆贽翰苑集序》：“观其经制人文，～帝业，术亦至矣。”《元曲选·百花亭》三折：“俺也说不尽果品多般，略～眼前数种。”清《红楼梦》七六回：“诗多韵险，也要～些才是。” ❸ 谋划；安排。唐易静《兵要望江南·占兽》：“五日七朝兵起至，临时胜负预～，方耻败来军。”元白贲《祆神急》：“空等待翠屏香里掩东风，～下愁境界。” ❹ 房间或床上的陈设物品；铺盖。《元典章·工部二》：“公廨～，毯毡，灯油，床榻，书案，案衣，砚卓。”明《挂枝儿·杂情》：“今朝你向我，明日又向他，好似驿递里的～也，赶脚儿的马。”清《绿野仙踪》三回：“速将冷先生～移来。”

【铺衬】 pū chèn 另见 pū chen。❶ 五代南唐征收的一种杂税，用于公务铺垫。《五代会要》卷二七：“人户送纳之时，如有使官布袋者，每一布袋，使百姓纳钱八文，内五文与擎布袋人，餘三文即与会使，充吃食、～、纸笔、盘缠。”宋陈靖《上真宗论江南二税外沿征钱物疏》：“且江南伪命日，于夏税正税外，有元征钱物曰……～、芦蔑、米面、脚钱等，凡一十四件。” ❷ 铺放衬垫；铺设。宋黄庭坚《与明叔少府书》：“昨来过石驼桥，见铺桥面极不如法。直木皆藏旁近人家，而用旧桥面朽木～，一有土则无从点检，经大雨又当坏。”明汤胤《题谢卫同锺馗移家图》：“草烟花雾横～，十二阑干飞鬼磷。”《拍案惊奇》卷五：“众养娘将软褥～，抱他睡在床上。” ❸ 铺垫用品。宋文彦博《奏永兴军衙前理欠陪备》：“如清酒务年计出卖煮酒，而官不给煮酒柴，或量给而用不足者，般请曲未合使脚力及诸杂琐细用具，尽令衙前专副陪备。又仓场贮纳，只令专副自办～之属。” ❹ 陪衬；衬托。明王骥德《曲律》卷二：“虚句用实字～，实句用虚字点缀。”清《唐宋诗醇》卷三五评宋苏轼《中秋见月寄子由》诗：“起四句写月未出初出之景，着纸生辉；次乃言星，次乃言灯，以至寒蛩露草，无非旁侧～。”张次仲《周易玩辞困学记》卷六：“是以二字紧顶‘顺’字，反复其道，引起下句，是词中～语。”

【铺衬】 pū chen 另见 pū chèn。做补丁或打袼褙用的零碎布头。清《醒世姻缘传》九二回：“拿着给我奶奶做～去，叫俺奶奶赔陈奶奶个新袄。”《续金瓶梅》六〇回：“即忙脱下这件破衲裰来，看了看，一片片补得破～。”

【铺呈】 pū chéng ❶ 犹“铺陈❸”。元关汉卿《调风月》一折：“厅独卧房儿窄窄别别，有甚～？”清《空空幻》二回：“花春回至轩中，见柳莺整理～，殊有行色匆匆之况。” ❷ 犹“铺陈❷”。清陈端生《再生缘》七七回：“吩咐一声排御宴，无须时刻广～。君后并肩同一席，餘皆序爵众妃嫔。”

【铺程】 pū chéng 犹“铺陈❸”。明《石点头》卷一四：“蕙娘又打叠四季衣服～，并着书箱。”《浪史》二五回：“再去看那～时，只见绒单绣褥、白帕藤席。”《疗妒缘》二回：“许雄取出～行李，叫老仆收拾好了。”

【铺迟】 pū chí 犹“铺衬(pū chen)”。《元曲选·杀狗劝夫》二折：“将一条旧褡裢扯做了旗角，将一领破布衫揶做了～。”

【铺持】 pū chí 犹“铺衬(pū chen)”。元关汉卿《调风月》二折：“(手帕)剪了(做)靴檐，染了(做)鞋面，(揶了)做～。”马致远《任风子》三折：“这的中做布碾，好做～。”

【铺尺】 pū chǐ 犹“铺衬(pū chen)”。《元曲选·任风子》三折：“这手帕中做布捻，好做～。”

【铺床】 pū chuáng 另见 pù chuáng。❶ 铺放在床上。唐孙思邈《备急千金要方》卷四二：“八月后取荆芥～，又作枕枕头，立春日去之。”宋《圣济总录纂要》卷二四：“以荐席～，就上安产，免为地气所侵。”明钱仲益《题江南春雨图》：“～展轴看未了，何异短褐藏天吴。” ❷ 在床上铺放被褥。唐韩愈《山石》：“～拂席置羹饭，疏粝亦足饱我饥。”宋舒岳祥《十月五日风》：“邀我劝我留，～展伸欠。”清《红楼梦》七七回：“一时～，袭人不得不问今日怎么睡。” ❸ 结婚前一日，女家派人到男家布置新房。明《金瓶梅词话》七九回：“我那日在一个人家～，整乱了一日。”清《醒世姻缘传》五九回：“再说薛教授家择了四月初三日过聘，五月十二日娶亲。狄家择于五月初十日～。” ❹ 支床；搭铺。清《二度梅》二五回：“那渔婆向春生说道：‘姑爷，你在中舱打铺。我和你妹子在后舱～。’” ❺ 指陪寝。清《醒世姻缘传》八七回：“不止狄希陈与寄姐和好如初，权奶奶与戴奶奶也暂时歇气，轮流荐枕，挨次～。”

【铺搭】 pū dā 另见 pū da。铺摆搭建。清《荡寇志》九四回：“吴用分一半人马镇住河口，催督军士～浮桥。”

【铺搭】 pū da 另见 pū dā。口开合。指闲扯；乱说。清《醒世姻缘传》五九回：“惯的个汉子那嘴就像扇车似的，象汗鳖似的胡～，叫他甚么言语没纂着我。”又九五回：“你要不死，只得送你程老，没的留着你那活口叫你往家去～呀？”

【铺单】 pū dān ❶ 在坐具、卧具上铺布单，用于打坐、拜忏等。五代李琪《长芦崇福禅寺僧堂上梁文》：“展钵～，不离日用。锻佛炼祖，总在堂中。”明《金瓶梅词话》五三回：“慌得那些道士，连忙～读疏。”清《豆棚闲话》五则：“那布施供养的都抢着先头，把定儿吃得肥肥胖胖，比那游方僧～打坐、人家轮流斋供的胜如十分。” ❷ 铺垫用的布单、毡单等。明佚名《鸣凤记》四出：“又访得他新造一所万花楼，极其华采，止少一条～。被我买嘱匠人，量了他尺寸。”

【铺灯】 pū dēng 道士做法事时燃灯为亡魂指引冥途。明彭大翼《山堂肆考》卷一四八：“古者祭祀有燔燎，至汉武帝祀太乙始用香灯，又道法划地为狱，以米为界。后世道家～、用米，本此。”袁于令《西楼记》三一出：“～一地，油米满前。出空磬子，斋供来填。”《醒世恒言》卷二六：“医人李八百的把脉，老君庙里～，怎么这等灵验得紧。”

【铺底钱】 pū dǐ qián 同“铺地钱❶”。五代王定保《唐摭言》卷三：“又出抽名纸钱，每人十千文。其敛名纸见状元，俄于众中驀抽三五个，便出此钱。～，自状元已下，每人三十千文。”

【铺地】 pū dì 犹“铺地钱❶”。唐李偎《戒约新及第进士宴游敕》：“每年有名宴会，一春罚钱及～等，相许每人不得一百千。”

【铺地钱】 pū dì qián ❶ 唐代进士及第后宴集所交的基础份子钱（另有抽分钱、罚钱等）。宋阮阅《诗话总龟》卷一〇引《翰府名谈》：“前日琥第三甲，合出～二十缗。若作职事，则不出钱。” ❷ 考取进士后，岳家或亲友为其庆贺所花的钱。宋庄绰《鸡肋编》卷中：“进士登第赴燕琼林，结婚之家为办支费，谓之～。”王迈《跋林学士宋卿帖》：“林初第时，与友人洪明昌帖云：‘某叨忝后得～千，省孤寒。’” ❸ 占地费。清雍正四年二月二十一日田文镜奏文：“臣闻豫民运粮至彼，即坐歇树下，亦需～数十文。”

【铺垫】 pū diàn ❶ 犹“铺衬（pū chèn）❷”。《元曲选·刘行首》一折：“我则见柳垂绿线草铺茵，星撒残棋月挂轮，石上鹿皮～的稳。”清王全臣《上巡抚言渠务状》：“或修理闸底，亦必用红柳、白茨～，而以沙桩钉之。”《红楼梦》六二回：“先抓些落花来～了，将这菱蕙安放好，又将些落花来掩了。” ❷ 指买通关节的花费。明高攀龙《与徐玄仗书》：“只守成法，事必躬亲，亦无难处。惟内官索行户～，弊不能革。”清何道生《敬陈新政四事疏》：“其精神才干，用于擘画夫马者半，用于奔走伺候者半，加以下程～，需索征求，应接不暇。”《隋唐演义》二一回：“因那班贪官污吏乘机射利，便要加出等头火耗，连起解路费，上纳～，都要出在小民。” ❸ 垫付。《明史·食货志六》：“时中官之纳索赂，各～钱费不赀。” ❹ 犹“铺衬（pū chèn）❸”。清《蜃楼志》一八回：“吉士预备了酒席，一切～，半吉半素。”《品花宝鉴》一三回：“上面一张小木炕，米色小泥绣花的～。”

【铺叠】 pū dié ❶ 铺放折叠（床帐、被褥等）。明高濂《汉宫春·牡丹》：“笑轻盈，东风待嫁，～锦衾绣褥。”《二刻拍案惊奇》卷二三：“老夫妻两个亲洒扫正堂，～床帐，一如待主翁之礼。”清《儒林外史》二一回：“当日牛老让出床来，就同牛浦把新做的帐子、被褥～起来。” ❷ 铺展重叠；堆积。清彭孙贻《桃源忆故人·别思》：“别时盼断归时节，枕上相思～。”

【铺堆】 pū duī ❶ 堆积；堆放。明《西游记》九五回：“沼岸芙蓉乱撼，台基菊蕊～。”《西洋记》五回：“那店儿里面摆着两路红油油的架儿，那架儿上～着几枝白白净净、有节有孔的果品儿。” ❷ 显露出（某种面容、表情）。明《西洋记》一四回：“天师面上～着那一片假慈悲来，说道：‘我初见之时，只说是个假死。’”清黄堉《青玉案》：“牛毛细断，鸡皮宽皱，满面～俏。”

【铺房】 pū fáng 另见 pù fáng。❶ 铺设收拾房间。《元曲选·救风尘》一折：“你着我保宋引章那些儿？保他那针指油面，刺绣～，大裁小剪，生儿长女？”明《拍案惊奇》卷二六：“智圆把～另睡的话回了杜氏，杜氏千欢万喜住下了。” ❷ 犹“铺床❸”。宋孟元老《东京梦华录》卷五：“（结婚）前一日，女家先来挂帐，铺设房卧，谓之～。”清《警寤钟》八回：“伍吏部结彩挂红，诸事齐备，早晨就求～妆奁，约有千金之盛。”

【铺放】 pū fàng 摆列安放。宋周密《武林旧事》卷七：“候阁长到宫，移入殿上，并～进奉七宝金银器皿等。”元明《水浒传》二回：“庄客托出一桶盘，四样菜蔬，一盘牛肉，～卓上。”清《绿牡丹》二三回：“余谦把船门关闭，将自己行李靠船门～。”

【铺棻】 pū fēn ❶ 布列繁盛貌。宋宋祁《春集东园诗序》：“地之胜，则如左睨都雉，前眺畿隧，林簿灌丛，～自环。”清朱鹤龄《游灵岩山赋》：“方吴之盛，香径～，璚台对整。”汪由敦《秋塞大猎赋》：“时则禾黍～，嘉谷被陇。” ❷ 铺叙颂扬。宋宋祁《论乞别撰郊庙歌曲明述祖宗积累之业》：“取三圣实录，摭其武功文德，在民耳目尤祥极瑞非人力所至者，～发扬，作为歌诗。”元柳贯《十一月十六日为仙华先生寓祠植碣》：“重予师友义，黾勉承记录。～虽弗工，序述皆可覆。”陈栎《谢曹弘斋撰族谱序启》：“感刻何穷，～罔既。”

【铺敷】 pū fū ❶ 铺展覆盖。唐吕巖说《灵茅赋》：“糅纤条以为族，枝连茹以汇征，蔓延亭皋，～原陆。”《大唐河西平胡圣德颂》：“六圣腾光，百有五十祀，周贲海寓，～菌蠢。” ❷ 铺展涂染，指绘画技法。元冯子振《十八公赋》：“点拂郭熙，～卢鸿。或魁怪松石，或尖巉松峰。或倜傥权奇，或张皇玲珑。”

【铺盖】 pū gài ❶ 铺垫覆盖。宋苏轼、沈括《苏沈良方》卷四：“右圆如弹丸，取茴香末十二两，～阴地荫干。”《益智录》卷五：“泡破出水不止，忠急取道上热土～之。”《禅真后史》七回：“把金银珠宝一项项包裹停当，装入车中，上面～行囊布帛之类。” ❷ 指修造（建筑物）。宋《住巨福山建长兴国禅寺语录》：“慷慨重新～就，比之兜率更尤强。” ❸ 指被褥。《元曲选·救风尘》一折：“冬天替你妹子温的～儿暖了，着你妹子歇息。”明杨廷和《嘉靖登极诏草》：“其餘纱罗、纻丝、绫紬、布绢、～、衣服、靴帽、家火、器玩等件，若贮库年久，不无浥烂损坏。”清《红楼梦》七七回：“遂仍将自己～搬来，设于床外。” ❹ 覆盖。《瓶史》卷上：“或两蟠台接，偃亚偏曲；或挺露一干中出，上簇下蕃，～瓶口。”

【铺公】 pū gōng 结婚前，女方请福寿齐全、多子孙的夫妇帮助铺设新房，男称铺公(妇称铺母)。唐段成式《酉阳杂俎》前集卷一五：“我有女子及笄，烦主人求一佳婿，……兼烦主人作～铺母。”

【铺宫】 pū gōng 君王婚娶或临幸宫人的讳词。明杨士聪《玉堂荟记》卷上：“上初幸妃宫，谓之～。田已立为贵妃，袁乃～，相去七八年。”王世贞《西城宫词》之四：“色色罗衫称体裁，～新例一齐开。”清黄宗羲《皇明中宪大夫姜公墓志铭》：“神宗故缓其册立，初以皇长子质弱为辞，已又变为待嫡，已又变为～金钱未备。”

【铺积】 pū jī 铺展堆积。明《南中纪闻》：“且江底皆石子～，无水草可以潜伏，以故不能耐霜霰之气。”清弘历《抱素书屋》：“假山～玉，先获我心同。”查慎行《自书局回寓作》：“槐花满中庭，～亦复好。”

【铺纪】 pū jì 犹“铺陈❷”。唐崔晔《唐守河南府阳翟县尉崔君墓志铭》：“命其季晔，～淑美，置于隧路，以永陵谷云。”宋刘挚《奉敕拟上皇太妃册文札子》：“臣词学鄙陋，不能～皇太妃休德盛美，上称诏旨。”

【铺监】 pū jiān 犯人入监房上下打点的费用。清《大清会典则例》卷二七：“凡应禁人犯，令该管官严行收禁，将一应～使费，永行革除。”黄六鸿《福惠全书·刑名》：“牢头开帐派出使费，名曰～。”△《风月梦》二三回：“吴耕雨又到桂林房里向众人道：‘吴珍只肯出四十千钱，多一文不得。’包光们听了大怒道：‘叫他留着添补～罢。’”

【铺奖】 pū jiǎng 夸奖。《元曲选外编·独角牛》一折：“他无那钱钞赏俺，他待要～我。”

【铺结】 pū jié 摆列结扎(法器、幡幕等)。清《儒林外史》四回：“僧官先去范府谢了，次日，方带领僧众来～坛场，挂佛像。”

【铺炕】 pū kàng 在炕上铺展被褥。清《红楼梦》二〇回：“自己便端着就枕与他吃了，即命小丫头子～。”《白雪遗音·酒鬼》：“天黑夜晚，定了更梆，爷请安歇，奴奴奴～。”

【铺拉】 pū la 扒拉；手来回拂抹。指推卸、摆脱责任。清《醒世姻缘传》一四回：“可以为他，咱就为他；若为不得他，咱顾～自己。”又七一回：“那管门的其实是～自家，可替咱说话?”

【铺劳】 pū láo 操劳。元宫天挺《七里滩》四折：“为君的紧打并吞伏四海，为臣的紧～日转千阶。”

【铺老】 pū lǎo 铺老人，巡河铺屋年岁较长的负责人。明潘季驯《议守辅郡长堤疏》：“每五里建铺一座，该铺一十九座。每铺设～一名，夫九名。”尹瑾《条陈善后事宜疏》：“黄浦～呈报，而县佐加之笞责。”蒋春芳《覆勘分黄导淮大工条上善后事宜疏》：“伏、秋，各该～率夫役，于五月中旬上堤，九月下堤，往来击柝于涘涯之间。”

【铺吏】 pū lì 铺司、铺屋、递铺的吏员。《太平广记》卷四四〇引《稽神录》：“猫登岸走，金乌～获之，缚置铺中。”宋洪迈《夷坚志》乙卷四：“～问所以然，曰：‘昔年至蒋山谒宝公丐梦，梦神告曰：“汝身畔有水则改官。”’”刘宰《书印纸后》：“初注官时，～授一卷书，曰：‘谨视之，是吏部印纸。’”

【铺例】 pū lì 官员参选或赴试所纳的贿赂。因假手书铺，故称。宋赵鼎《乞措置吏部参选事奏》：“吏得因缘为奸，而以书铺为假手之地，故一人参选，谓之～者不下数十千。”元刘一清《钱塘遗事》卷一〇：“试前一日，省试院引保或不用亲临，只贡之书铺。书铺纳卷，～五千，自装界卷子与之。”

【铺潦】 pū liáo 燎泡；皮肤因伤起的水泡。铺潦，“泡”的切音。清《醒世姻缘传》六〇回：“像狄大哥叫你使铁钳子拧的遍身的血～，他怎么受来?”

【铺列】 pū liè ❶ 摆列；摆放陈列。唐[日]圆仁《入唐求法巡礼行记》卷二：“宝幡宝珠，尽世妙彩，张施～。”宋洪迈《夷坚志》补卷二〇：“请郑扫洁廷宇，先期斋戒，盛具～。”清《醉菩提传》四回：“却说道济随着监寺到云堂中来，只见满堂上下左右俱～着禅床。” ❷ 铺叙列举。宋刘挚《再劾蔡确》：“自陛下临御以来，美政盛事民所歌颂者，确皆～条叙，以为己功。”欧阳修《与程文简公书》：“某才识卑近，岂足以～列世德之清芬。”

【铺笼】 pū lóng 蓬；丛。铺笼，“蓬”的切音。明冯惟敏《黄莺儿·嘲妓兰池》：“遥望一～，马莲墩更不同，乱纷纷茅塞成何用。”

【铺论】 pū lùn 铺排论说。宋欧阳修《上胥学士启》：“是宜殚重趼宿春之劳，怀漫刺署里之字，～有素，题品攸归。”强至《代王给事回陈待制启》：“过巽枉辞，益铭谦矩。永言感择，奚尽～。”

【铺买】 pū mǎi 同“扑买”。《元曲选·罗李郎》一折：“这厮结揽着章台柳，～下谢家楼。”

【铺漫】 pū màn 广泛地覆盖。明《西游记》四八回：“牡丹亭、海榴亭、丹桂亭，亭亭尽鹅毛堆积；放怀处、款客处、遣兴处，处处皆蝶翅～。”按，蝶翅，指雪花。

【铺眉蒙眼】 pū méi méng yǎn 低眉垂眼，形容睡意蒙胧、神态端庄或假作正经。清《儒林外史》二八回：“手里拿着数珠，～的走了出来，打个问讯。”△《九尾龟》七九回：“已经午后，方见已生睡得～的，披着衣裳，趿着鞋子，口中不住的打着呵欠，走了出来。”

【铺眉扇眼】 pū méi shān yǎn 同“铺眉苫眼”。《元诗纪事》：“不言不语张左丞，～董参政，也待学魏徵一般俸请。”

【铺眉苫眼】 pū méi shàn yǎn 犹“铺眉蒙眼”。元张鸣善《水仙子·讥时》：“～早三公，裸袖揎拳享万钟。”《元曲选·风光好》四折：“我则道你是～真君子，你最是昧己瞒心泼小儿。”明《金瓶梅词话》五〇回：“见他在人前～，拿班做势，口里咬文嚼字。”

【铺摸】 pū mō 同“铺模❶”。宋元《古今小说》卷三五：“怎见一僧人，犯滥～受典刑。”

【铺模】 pū mó ❶ 规划；设计。宋《朱子语类》卷二三：“三十而立时，便是个～定了；不惑时，便是见得理明也。”韩淲《成趣园》：“徐子笔端妙天下，成趣园成记如画。丹青写就未必工，装点～诚可诧。”宋元《清平山堂话本·简帖和尚》：“怎见一僧人，犯滥～受典刑。案款已成招状了，遭刑。” ❷ 记叙。元袁桷《瑞芝亭赋咏序》：“表章～，图记所载，不常有于动植，遂名之曰瑞焉。”

【铺谋】 pū móu ❶ 谋划；想方设法。金马钰《养家苦》：“养家苦，恋尘缘，～活计望千年。奈凡躯，不久坚。”元《前汉书平话》卷上：“范增～，左迁诸侯之权，自立西楚霸王。”清《醒世姻缘传》八一回：“不好，事体决撒了。我且不合你说，俺还得安排另～哩。” ❷ 摆列布置。元孟汉卿《魔合罗》一折：“我出门观觑，好出落，快～：有拴头镴钗子，压鬓骨头梳；有乞巧泥媳妇，消夜闷葫芦。”

【铺谋定计】 pū móu dìng jì 犹“铺谋❶”。《元曲选外编·渑池会》一折：“出口夸言离赵国，～入潼关。”《前汉书平话》卷上：“长计人陈豨正～，已早天明。”明《金瓶梅词话》三二回：“且说李桂姐到家，见西门庆做了提刑官，与虔婆～。”

【铺母】 pū mǔ 为婚房铺床的妇女。参见“铺公”。唐段成式《酉阳杂俎》续集卷四：“至于奠雁曰鹅，税缨曰合髻，见烛举乐，～卺童，其礼太紊，杂求诸野。”

【铺囊】 pū nang 窝囊；软弱无用。清《聊斋俚曲·翻魇殃》:“他虽然是个男子,我却还嫌他～。”又《磨难曲》:“遇着这～对象,一旦把坟墓全抛。”

【铺排】 pū pái ❶摆放;陈列。唐吕喦《七言》:“～剑戟舞如电,罗列旌旗疾如风。”宋孟元老《东京梦华录》卷七:“牡丹、芍药、棣棠、木香种种上市,卖花者以马头竹篮～,歌叫之声,清奇可听。”清《红楼梦》四〇回:“就～在藕香榭的水亭子上,借着水音更好听。” ❷铺叙;宣扬;夸赞。《敦煌变文校注》卷五《维摩诘经讲经文(三)》:“我净土,镇～,令汝今朝智惠开。”元关汉卿《调风月》三折:“这一场了身不正,怎当那厮大四至～,小夫人名称?”明《型世言》四回:“有几个年少的,佛也不念,或是～自己会当家,丈夫听教训,或是诉说丈夫好酒好色,不会做家。” ❸部署;安排;谋划。宋朱熹《与孙季和书》:“有如衰朽至于今日,乃始追恨向来之懒惰。今欲加功,而日子～已不遍矣。”明贾凫西《木皮词》:“遂与姜太公～定计,约会了八百诸侯,选定了甲子吉日,渡过孟津,反到牧野。”《拍案惊奇》卷三八:“未免志得意满,自由自主,要另立个～,把张家来出景。” ❹显露;映衬。宋阳枋《古木》:“古木撑空万丈青,～峡险与江深。”元沈禧《一枝花·咏白牡丹》:“我则道紫麝脐调合就天香,白凤翎～着国色,玉梅英妆点出容额。” ❺排场;气势。明沈璟《义侠记》二五出:“〔生〕一要交还原主,〔净〕依得。〔生〕二要与施家陪礼大～,〔净〕依得。”《型世言》三一回:“我们方术人,要～大,方动得人。” ❻负责铺设道场,指导事主起跪礼仪的僧人、道士。明罗玘《为分豁荐新事奏》:“香橙树株尽行冻枯,连根无存,恐误供荐,欲告准令夏末前往苏、松等府产有去处转买。本寺难便准信,当差～传隆就园踏验。”陈铎《脱布衫带过小梁州·嘲铺排》:“见他将香火添,斋食派,是醮坛中一害,异样的丑～。”《金瓶梅词话》三九回:“西门庆进入坛中香案前,旁边一小童捧盒巾盥手毕,～跪请上香。”

【铺排户】 pū pái hù 犹“坛户”。清孔尚任《桃花扇》三出:“咱们南京国子监～,苦熬六个月。今日又是仲春丁期,太常寺早已送到祭品,待俺摆。”

【铺牌】 pū pái 抹牌;玩牌。明张宁《求稽勋沈先撰先考墓志铭事行状》:“晚归憩醉翁床上,辄命铁笛而吹,或呼侍儿～博弈,兴极乃已。”康海《一枝花·夏赏》:“乱纷纷戏踘藏阄,密匝匝打马～。”《醋葫芦》一三回:“你若要猜枚掷骰,买快～,这一班中人人都晓。”

【铺派】 pū pài ❶安排;处置。清《醒世姻缘传》一四回:“你老爷一点事儿也～不开,怎么做官?” ❷指派;分派。清《野叟曝言》八〇回:“若阔绰些,便费三万两万也不嫌多;就～你,也只一万银子,还是你成婚费用,就不依吗?”

【铺砌】 pū qì ❶铺垒台阶。砌,台阶。宋林希逸《考工记解》卷下:“《尔雅》曰:‘堂涂谓之陈。’注曰:‘若今令甓裓也。’……今人堂前～为龟背状者,亦此意也。” ❷铺满台阶。宋韦骧《和观雪》:“已变琼～,还惊絮扑帘。”明顾璘《除夕二首和女文鲁南》之一:“萱叶向阳～绿,茶花冲雪透林丹。”清沈丰垣《雪狮儿·秋闺》:“海棠～,芙蓉映水,湘帘初揭。” ❸铺垒;铺设。宋赵汝适《诸蕃志》卷上:“左右～青黑石板,尤极精致,以便来往。”明《西洋记》七二回:“地下都是龙凤花砖～的。”清尹继善《石塘添用笋篩疏》:“请将此未筑塘工外层纵横～之石,俱添用铁笋、铁篩。” ❹指铺砌的台阶、路面等。也借指门庭。宋俞德邻《镇江还京门外修街疏》:“况城内一新～,则是中衢趍圆成。”夏竦《大安塔碑铭》:“未阶～,孰望清光?而况投笔端闱,属鞬远戍。” ❺撒布;布满。元王祯《农书》卷六:“上下各铺三箔,上承尘埃,下隔湿润,～碎秆草于上中箔,以备分抬。”明徐畛《杀狗记》一三出:“遍身泥水,满头巾似银～。”

【铺撒】 pū sā ❶同“扑撒”。元关汉卿《调风月》三折:“再说一个海誓山盟,我便收撮了火性,～了人情,忍气吞声,饶过你那亏人不志诚。” ❷撒布;分散覆盖。明朱橚《普济方》卷二六八:“驱壁虱方,用独活末,不以多少,～于床褥、席上、壁间。”袁宏道《瓶史》卷上:“花出瓶口二尺六七寸,须折斜冗花枝,～左右,覆瓶两旁之半则雅。”

【铺散】 pū sàn 犹“铺撒❷”。明高濂《遵生八笺》卷一六:“金丝桃花,花如桃而心有黄须,～花外,若金丝然。”清曾衍东《小豆棚》卷三:“张入厨,先取灶灰于前后门～满地。”

【铺苫】 pū shàn ❶(眼皮)下垂。也形容装模作样,假作正经。《宋元戏文辑佚·苏小卿月夜泛茶船》:“觑不的乔～,看了他村村棒棒,怎和他等等潜潜?”明冯惟敏《僧尼共犯》一折:“释迦佛～着眼,当阳佛手指着咱。” ❷苫盖;遮盖。明李中馥《原李耳载》:“是岁秋冬,雨雪过多,虽加～,粟已朽蠹若干。”《金瓶梅词话》一四回:“墙头上～毡条,一个个打发过来,都送到月娘房中去。”

【铺设】 pū shè ❶铺摆布置。唐王建《题元郎中新宅》:“～暖房迎道士,支分闲院着医人。”明邵璨《香囊记》七出:“只将酒器多多～在此,看他吃得多少。”清《荡寇志》九七回:“莲峰起来,～店面方毕,只见孙婆进来。” ❷铺摆陈设的物品。唐李隆基《命张说等与两省侍臣讲读制》:“风沼擅鸿都之游,中书有稷下之事。应须纸笔～等,令中书检校供拟。”《敦煌变文校注》卷四《降魔变文》:“长者见其早起,寝寐不安,复见～精华,惊怪问其所以。”清《醒世姻缘传》五四回:“次日又失误了分馆里～,疮腿上又是十五(棒)。” ❸铺陈叙述。唐元稹《和乐天赠樊著作》:“煌煌二帝道,～在典坟。”金王喆《川拨棹》:“这修行诀……从头一一稳～,向五更里看摆拽。”元戴表元《寸屋铭》:“道义辎重,事为～。父爱子恭,师和友悦。” ❹开设;设立。宋苏轼《论高丽买书利害札子》:“尽数差勒相国寺行铺入馆～,以待人使买卖。”清吴绮《点绛唇·咏蟋蟀》:“断础颓垣,似为愁～。” ❺炫耀;声张;卖弄。明《西洋记》五五回:“这个道士～了他许多的手段,卖弄了他许大的神通,贫僧岂可只是这等袖手旁观!”清黄桂《条陈南征时事上经略傅公》:“虽率旅如林,皆其村寨顽民,驱冒锋镝,假作～,惟恃杀手千骑,劲弩毒矢,专于行劫而已。”沈丰垣《花心动·用谢无逸韵》:“深夜博山,香袅尽、心字成灰难热。花蕊含娇,蜂蝶轻狂,好意枉教～。”

【铺施】 pū shī ❶铺设。《敦煌变文校注》卷一《伍子胥变文》:“梁王闻吴军欲至,遂杀牛千头,烹羊万口,饮食堆如山岳,列在路边,帐设～。” ❷布置实施。唐柳宗元《唐铙歌鼓吹曲·战武牢》:“王谋内定,申掌握。～芟夷,二主缚。”

【铺手】 pū shǒu 装饰门环的金属兽面。通常写作“铺首”。宋张孝祥《菩萨蛮·林柳州生朝》:“史君家枕吴波碧,朱门～摇双戟。”

【铺舒】 pū shū ❶铺陈;铺设。五代杜光庭《宣再往青城安复真灵醮词》:“遂命图绘神姿,～内殿,朝燃玉穗,夕备银釭。”宋郭祥正《奉和安中尚书同漕宪登长干塔》:“兜绵～换尘境,宝灯照耀银为桥。”清钱谦益《寿量颂为退和尚称寿》:“毡褥重～,软暖获自在。” ❷铺叙;铺张陈述。唐李商隐《上河东公第三启》:“儒童菩萨,始作仲尼;金粟如来,方为摩诘。～于无上,藻辉于至真。”宋王安中《河间诏书记》:“圣上躬按吏琐,录臣勤竭,～睿藻,洒落宸翰。”元吴澄《题张郡侯庆寿》:“～世美谁椽笔?董相文章今第一。” ❸凸显;突出展现。宋黄休复《益州名画录》卷中:

"与父同手画福庆禅院东流传变相一十三堵，位置～，楼殿台阁、……旌旗法物，皆尽其妙。"卫宗武《和新篁韵》："此君儿郎趣亦雅，骈头相过纷～。"清钱谦益《就亭铭》："清江碧嶂，横竖～。"❹展开；舒展。宋祖无择《历城郡治凝波亭》："～柳影眠鸥渚，欺压莲香载妓船。"黄庭坚《拟欧阳舍人古篆》："篆字堆积天下宇，晚得纸本如希珍。～墙壁动人眼，直木曲铁若可扪。"郑獬《通州雨夜寄孙中叔》："南窗灯火夜可喜，箧中卷册聊～。"

【铺述】 pū shù 犹"铺陈❷"。宋宋祁《赐章得象已下批答》："卿等乐闻瑞兆，～庆辞，欲以美祥，遂刊实录。"元戴表元《舒氏婚启》："忻愉之至，～奚殚。"清《歧路灯》一七回："宝剑儿又取了一个象牙雕的弥勒佛，记在放生池上。又轮着希侨掷，也不暇细为～。"

【铺水】 pū shuǐ ❶像水一样铺展、倾泻。五代尹鹗《菩萨蛮》："枕上梦方残，月光～寒。"宋陈舜俞《谷帘泉》："玉帘～半天垂，行客寻山到此稀。"清钱芳标《山花子》："夜槛玉蟾光渐吐，簟纹～帐笼烟。" ❷铺展在水面。宋韩琦《暮春书事》："竹笋迸阶抽兕角，杨花～涨龙涎。"明袁祈年《丁未六月水涨坐柳浪馆作》："落霞～全湖绣，夜月下枝半树明。"清宋荦《春日书怀》："荷钱～苇抽笋，双桨正好寻清泠。" ❸蓄水。铺，指水面平铺某处。清乾隆四十八年十月二十三日兰第锡奏文："且开春挑工竣事，即须～以待新漕，亦恐赶办不及。"黎世序《论微湖蓄水过多书》："于照例～济运之时，又或少启一闸，或多下板块，名为惜水如金，实则有心操切。"阮元《邳宿运河宜增二闸疏》："如遇盛涨骤来，例由月河行泄，照例～五尺，有何多论？"

【铺说】 pū shuō 犹"铺陈❷"。宋叶适《徐道晖墓志铭》："拾其胜会，向人～，无异好美色也。"陈著《寄赋黄东发湖山精舍》："平生听人历～，屐齿欲到足犹縻。"舒岳祥《刘士元诗序》："薛沂叔泳从赵天乐游，得唐人姚、贾法，晚归宁海，为人～，闻者心目鲜醒。"

【铺塔】 pū ta （眼皮）眨动；（心脏）跳动。明孙峡峰《黄莺儿》："白毛答撒，红眼～，这样人儿要他咱！"丁惟恕《河南韵·情思》："心窝里不住的～，眼皮儿不住的跳打。"

【铺摊】 pū tān 铺展摊开。宋《朱子语类》卷八："譬如有饭不将来自吃，只管～在门前，要人知得我家里有饭。"明宋氏《题邮亭壁歌》："抱薪就地旋～，支颐相向吞声哭。"清《绿牡丹》四一回："下掘几丈深坑，上用秫秸～，以土在上盖之。"

【铺坛】 pū tán ❶摆设坛场。坛，僧道做法事的场所。明《金瓶梅词话》三九回："那日开大殿与老爹～，请问老爹多少醮款？"清《醒世姻缘传》七四回："次早，十二位尼姑都一齐到了莲花庵里，写榜的写榜，～的～。" ❷给（社稷）坛铺土。《续文献通考》卷七三："故事，社稷坛春秋祭，每用～五色土二百六十石，……俊等至坛相度，言：'常年所输土，用以～，厚可二寸四分。若厚止一寸，则仅用百一十石而足。'"

【铺堂】 pū táng ❶打官司或犯法者出钱买通堂上吏人。明《型世言》二七回："检尸仵作也得三百，个日～也要百来两。"清李玉《人兽关》三出："～一色包，行杖夸照料。到得发落完，累光原被告。"袁枚《子不语》卷三："此项非我独享，将替你为～之用。"❷僧职名，负责僧堂摆设。清《豆棚闲话》六则："大凡大和尚到一处开堂，各处住静室的禅和子，日常间都是打成一片，其中花巧名目甚多，如：西堂、维那、首座、……～、巡照、总管。"

【铺腾】 pū teng ❶扑腾；折腾。指乱干，胡作非为。清《醒世姻缘传》七五回："我爽利舍了家，把爹也接了任上去，把家丢给他，凭他怎么～。" ❷掀腾；散发。清《醒世姻缘传》四回："那砍头的又怪～酒气，差一点儿就鳖杀我了。" ❸挥霍；铺张。清《醒世姻缘传》四回："你平日虽是大～，也还到不的这们阔绰。"又二六回："却又大大的～，本等下三升米就够了，却下上四五升。"

【铺填】 pū tián 铺衬填充。宋许棐《筑城曲》："城高不特土累成，半是～怨夫骨。"元鲁明善《农桑衣食撮要》卷上："先掘地深，用芦席～，排芘菰于上，用泥覆水浸之。"清《后水浒传》四四回："另开一条地道，～层级，到了井底，然后走入穴去。"

【铺头话】 pū tóu huà 蒙头话；唬人的话。明《西游记》七四回："这个倒不像孙大圣几句～，却就如楚歌声吹散了八千兵。"

【铺团窝】 pū tuán wō 简易的铺屋。明汤显祖《南柯记》二七出："一垛两垛城台座，一个两个～。密札札穿针缝没过，枪和炮，城堆垛。"

【铺文】 pū wén 铺叙文辞。唐李虞仲《授学士王源中户部侍郎制》："竭诚于补察，必罄吁谟；～于诰命，以光鸿业。"明屠隆《与董宗伯书》："以故速则伤易，长则伤冗；斗藻则浮，骋气则掉；～则丽，印格则疏。"清毛奇龄《丁茜园赋集序》："谁则能上备援稽，下工摅写者，而茜园挥手而成之，～扬质以方之。"

【铺卧】 pū wò 铺盖；被窝。元施惠《幽闺记》二六出："驿丞不曾准备得铺陈，把自己的～拿出来了。"《元曲选·神奴儿》二折："我则怕走的你身子困，又嫌这～冷，我与你种着火停着残灯。"明王肯堂《证治准绳》卷二三："临卧时，身体都入～内，用虀汁七分，温汤三分，暖令稍热，调前药末服之。"

【铺席】 pū xí 另见 pù xí。❶铺垫用的席子。唐王焘《外台秘要方》卷一九："于密屋内地上设～一帛帕，倾豆着帕上。"宋李刘《代吴省仓谢丞相缩次》："聊装～，归老林泉。"明《欢喜冤家》九回："二娘着三女取了～，抱了娃子，上了侧楼。" ❷铺放坐席，指僧人主持讲席。《五灯会元》卷一七《吉州仁山隆庆院庆闲禅师》："庐陵太守张公鉴请居隆庆。僧问：'～新开，不可放过。'师曰：'记取话头。'"宋许应龙《题西岩寺》之二："谈笑打开新～，此身元不离蒲团。"楼钥《瑞岩益老赞》："～多年欲卷收，又携一锡海东头。"

【铺箱】 pū xiāng 为出嫁女铺装嫁妆，俗称铺箱底。清《品花宝鉴》五二回："苏夫人犹以为薄，不及大姑娘十分之七，于～时铺了两万两白银、三千两黄金。"

【铺写】 pū xiě ❶展开书写。宋梅尧臣《永叔寄澄心堂纸二幅》："澄心堂中唯此物，静几～无尘埃。" ❷铺叙描写。宋韦骧《别李世美》："搜罗绝景穷造化，～幽情露胸臆。"元戴表元《范氏婚启》："扳缘之喜，～奚殚。"清黄宗羲《张心友诗序》："至有明北地摹拟少陵之～纵放，以是为唐，而永嘉之所谓唐者亡矣。"

【铺绣】 pū xiù ❶展开锦绣，形容芳菲遍地。宋王雱《倦寻芳慢》："翠径莺来，惊下乱红～。"明《西游记》六五回："芳菲～无人赏，蝶舞蜂歌却有情。"清姚凤翙《桃源忆故人·春闺》："满目繁华～，恨杀东风骤。" ❷展开绣帖刺绣。明孟称舜《娇红记》四出："昼长无事，对花～。"

【铺叙】 pū xù ❶规划；经营。唐萧颖士《登故宜城赋》："信云长之寡谋，亦天命之弗与。犹复廓邛峨之险，奋賨濮之旅，～陇砥，震慑关辅。" ❷挥洒（笔墨）。宋郭思《林泉高致》："画山水有体，～为宏图而有餘，消缩为小景而不足。"佚名《宣和画谱》卷八："胡瑰，范阳人，工画番马，～巧密，近类烦冗而用笔清劲。"明吾邱瑞《运甓记》三〇出："苏黄米蔡随君意，篆真隶草任教书，毛锥谩～，威权怎如？" ❸犹"铺陈❷"。宋李之仪《跋吴师道小词》："大抵以《花间集》中所载为宗，然多小阕，至柳耆卿始～展衍，备足无餘。"明沈鲸《双珠记》三〇出："你体认亲切，～详明，作圣之阶，宛然在目。"清《镜花缘》五〇回："倘能遇一文士，把这事迹～起来，做一部稗官野史，也是千秋佳话。"

【铺绪】 pū xù 把丝、绵等展开铺在衣、被的衬里。明李梦阳《送仝仪宾朝天歌》："开函烂熳百色备，龙盘凤曲流云气。绣女咨嗟～工，体裁吻合三宫意。"清《绿野仙踪》五五回："此晚将如玉的两个褥子，两个被子，俱皆拆开，将棉花去了些，所有的棉夹皮纱，凡新鲜些的衣服，尽～在被褥内。"

【铺絮】 pū xù 铺展棉絮，形容柳絮展放或云气漫布。明陶汝鼐《蓦山溪・春兴》："寻芳选胜，堤柳新～。"清钱大昕《宜兴道中》："遥山叠髻晴～，隔浦鸣榔夜打鱼。"王梦庚《雨度凤岭》："金乌旋辟敛双翼，云衣～天光黑。"

【铺宣】 pū xuān 铺叙宣扬；表述。唐王熊《大唐故中大夫王君墓志铭》："崩心浩泣，衔恤永思。敢缀辑其所闻，俾～于来裔。"明汤显祖《邯郸记》二〇出："有何冤枉，就此～。"清彭孙遹《平蜀颂》："威仪既秩，典礼有加。睿藻～，大文炳煜。"

【铺言】 pū yán 犹"铺文"。宋张耒《明道杂志》："余尝读沈休文集，中有九言诗。休文虽作者，至牵于～足数，亦不能工，仅成语耳。"

【铺扬】 pū yáng 夸张宣扬。为"铺张扬厉"之省。唐岑文本《唐故特进尚书右仆射温公碑》："功高德盛，资篆籀之～；声飞实腾，载金石以不朽。"元戴表元《王仲昭字说序》："大之以～先王典章礼乐之美，而小之呻吟伊优以自娱其不幸。"清徐乾学《汤泉赋》："古者辞赋之作，所以～鸿业，咏歌盛治。"

【铺绎】 pū yì 犹"铺陈❷"。唐韩愈《送汴州监军俱文珍序》："相国陇西公饮饯于青门之外，谓功德皆可歌之也，命其属咸作诗以～之。"宋陈造《己酉秀州秋试策问》："请～古今之失得，与继此可施之要。"元程端学《送帅府经历白君诗序》："适丁母夫人忧，将扶丧北归。大夫士谓，匪歌诗无以～万一。"

【铺翳】 pū yì 敷抹遮盖。元明《水浒传》一〇四回："腰肢坌蠢，全无袅娜风情；面皮顽厚，惟赖粉脂～。"

【铺用】 pū yòng ❶ 运用。《元曲选外编・襄阳会》四折："有劳师父，可怜刘备孤穷，略施小智，～机谋，杀曹兵十万，片甲不回。" ❷ 铺设使用。清雍正七年十一月十六日宪德奏文："因东门内大街一段，系商贾往来要路，低洼积水，不利行人。有已倒之砖石，约敷～，派员修垫，需力无多。"薛凤祚《两河清汇》卷七："办运柳束，千万艰难，若不设法撙节，无论工程缓急，一概～，将来合口紧工之处，需柳反缺，误工匪轻。"

【铺毡】 pū zhān 铺垫用的毡片。明《警世通言》卷一五："吃得快活，嘴也不抹一抹，望着拜神的～上倒头而睡。"清靳辅《恭谢天恩疏》："驾行之后，又蒙赐臣御乘佳哈船一只，并旗纛、帏幔、～等项俱全。"

【铺展】 pū zhǎn ❶ 铺摊展开。宋何薳《春渚纪闻》卷四："诸好事因集纸笔，就一富人麦场～聚观。"姚燧《阳春曲》："花笺～砚台高，诗气豪，凭换紫罗袍。"明《封神演义》二七回："左班中闻太师进礼称臣曰：'臣有疏。'将本～御案。" ❷ 布置。明汤显祖《南柯记》二二出："闪纱灯一道星球转，曜街衢棨戟森然。公主，和你且把下马公堂笑～。" ❸ 展示；炫耀。明《西洋记》五五回："鞭敲金镫响，人唱凯歌声，回见番王，～他这一段大功。" ❹ 铺开并延展。清钱谦益《十三日立春》："～烟光来紫陌，追随笑语到红楼。"又《募建表胜宝恩聚奎宝塔疏》："乃今平沙～，分支径落，马鞍流派，奔腾顺势，直趋娄水。"

【铺张】 pū zhāng ❶ 犹"铺展❶"。《太平广记》卷一六〇引《异闻录》："出家状于怀袖中，～几案上。"明周嘉胄《香乘》卷二四："木犀花半开时带露打下，其树根四向，先用被袱之类～以盛之。"清陈端生《再生缘》三七回："三嫂～花笺纸，梵如研得墨浓香。" ❷ 展示；呈现。唐顾况《湖州刺史厅壁记》："使君命况总两家之说，假落晋宋，讫于我唐，凡一百九十七人，及历代良二千石，仪形略也。～屋壁，设作存劝，竦神告民，《春秋》不朽之义也。"宋《宣和画谱》卷一〇："以其句法皆所画也，而《送元二使安西》诗者，后人以至～为《阳关曲图》。"清钱谦益《慈光寺》："幡幢内家织，斋钵大官粳。～金世界，变现锦陵阜。" ❸ 夸耀；渲染。唐韩愈《潮州刺史谢上表》："纪泰山之封，镂白玉之牒。～对天之闳休，扬厉无前之伟迹。"明沈璟《义侠记》三四出："～，英雄伎俩。看旌旗日暖，袍袖风香。连营分帐，都是锦衣绣袄儿郎。"清《醉醒石》一三回："马小洲替他～是浙西大家，琼琼认是同省。" ❹ 夸大；虚饰。宋文天祥《己未上皇帝书》："或谓其人者～惊忧，以沮陛下攘寇之志。"清《平定台湾纪略》卷一七："该镇将等，从前有无藉事～捏饰之处，常青何以尚未据覆奏。"《荡寇志》八一回："蔡京又惊又愧。蔡攸故意～说道：'各处的人民都知道此事。'" ❺ 光大；振兴。宋王禹偁《为史馆李相公让官第二表》："当陛下～政教之时，是微臣倾竭谟猷之日。"元赵天麟《论东宫不当领中书枢密之职》："今国家～治具，整顿条纲，内焉三公九卿，外焉而庶疆诸尹。"明皇甫涍《因是子乐府序》："时则孝宗皇帝～文德，振疚育才，气运之隆，圣人是征。" ❻ 布置；摆放。元谢应芳《辨惑编・治丧》："～祭仪，务为美观。"明汪廷讷《万年欢・对雪》："且呵手、～棋局。也不须、对垒交锋，着先慢自抽绎。"清《品花宝鉴》五二回："见春航房屋窄小，～不下，把自己住宅东边一所空房借与他。" ❼ 措置；料理。明林富《重锓诚意伯刘公文集序》："或时事之感激，而泄忧愤之纡餘；或机会之在前，而痛～之失策。"清陈端生《再生缘》四七回："孟太夫人病已康，连朝家务亦～。" ❽ 张大；拓展。元尹贯道《灵台赋》："厥土燥刚，厥位面阳。占龙见而致用，建昏中以～。因高原隰，积土为冈。"清袁枚《登天游一览楼览武夷全局》："武夷山脉多纡缓，到此～势忽纵。" ❾ 张大声势。清陈端生《再生缘》六八回："易服微行有甚妨？用甚么，金銮玉辂大～？"《歧路灯》一〇〇回："这一～，董的人情大了。"

【铺遮】 pū zhē 铺展遮盖。明《西游记》四二回："九宫八卦袍披定，散碎～绿灿衣。"

【铺整】 pū zhěng 铺设整理。明《欢喜冤家》九回："恰好管家收了铺陈到家，上楼～好了。"

【铺置】 pū zhì ❶ 铺设安置。五代尉迟偓《中朝故事》卷上："庭前～茵褥，府史引一人投刺于尹前。"宋毕仲游《上范尧夫龙图书》："譬夫粗锦贱绣，开缄～，初若烂然，及交手持玩逼视，反复求其精粗工拙之致，则有投地而不顾者。"明卢之颐《本草乘雅半偈》卷九："一层滑石，一层铅片，～药上。" ❷ 布置；安排陈列。《敦煌变文校注》卷四《降魔变文》："为当亲姻聚会？为复延屈帝王？因何大小匆忙，严丽～？"宋文同《成都府楞严院画六祖记》："会广汉刘允文有名于时，遂召使图其事。采饰殊绝，～有序。"清《平山冷燕》一四回："园内气象虽然阔大，然溪径～，却甚逶迤有致。" ❸ 谋划安排。唐李绛《论刘从谏求为留后疏》："从谏未及～，新使已到潞州。"

【铺缀】 pū zhuì ❶ 铺设连缀。宋刘攽《和陆子履鱼胶亦名阿胶可以羽箭》："秋风时节候可折，白羽～随呵嘘。"元戴表元《稼轩书院兴造记》："计屋不啻二百楹，浮瓦～，不支风雨。" ❷ 铺展覆盖。宋吕渭老《醉蓬莱》："任落梅～，雁齿斜桥。"明史可程

《水龙吟·清明》："宝马香轮归去。更青苔、绣茵～。"《隋炀帝艳史》一三回："万卉千花，尽皆～，比那天生的更觉鲜妍百倍。" ❸ 铺叙补缀；铺张渲染。宋张方平《上时相》："岁稷讼希，萧然事简，因复剽拾旧籍，～陈迹，采道路之议，成秕稗之说。"元刘仁本《樵吟藁序》："余观其赋善～，五言敷腴而实，七言质而不靡。"明袁袠《王履吉集序》："故其诗才力雄阔，辞篇丽赡，去轻靡而就沉着，略～而尚陶镕。"

pú

【仆妇】　pú fù　已婚的女仆。《宋史·刘宰传》："富室亡金钗，惟二～在，置之有司。"清《玉蜻蜓·问卜》："你道陆老亲娘是那一个，这是申府中一个老～。凡有一切已往之事，他都晓得。"《红楼梦》三回："他近日所见的这几个三等的～，吃穿用度已是不凡了。"

【仆男】　pú nán　男仆。《元曲选外编·介子推》三折："活计生涯，遣～一犁两橻，落得个任逍遥散诞行达。"

【仆奴】　pú nú　❶ 奴仆。唐李商隐《为外姑陇西郡君祭张氏女文》："女使～，寄辞而往。肝肠兼溃，血泪无行。"金赵秉文《海月》："风腥雨卤懒下箸，尽与海月为～。"清陈端生《再生缘》一六回："妇人见识真堪笑，反要我，书写回音遣～。"　❷ 视作奴仆。宋员宗兴《酬新安仁孝主簿》："继之诗句非常模，字妙羲献堪～。"王之道《追和贾明叔侯陟明二侍郎瑞香》诗序："吾知子弟蕙兰，～龙麝，绰绰有馀裕也。"金段克己《鹧鸪天》："文章休说～骚。春来春去容颜改，输我花前把碧醪。"

【仆使】　pú shǐ　仆人。金《西厢记诸宫调》卷七："门人报曰：'张先生仆至。'夫人与莺交召，须臾入。～阶前忙应喏，骨子气喘不迭。"明顾清《杨孺人王氏墓志铭》："下至于～，恒察其饥饱寒燠，苟暇，或亲为理衣。"

【仆厮】　pú sī　仆人。《太平广记》卷二七五引《北梦琐言》："若其然者，某亦有之，何为常执～之役？"元方回《泊赤岸微晓》："有酒二三壶，聊以慰～。"清于成龙《兴利除弊条约》："此等坐占之粮，差操不与，独于提镇点名时，令其～披执应名而已。"

【仆童】　pú tóng　未成年的仆人。唐韩愈《此日足可惜赠张籍》："辕马蹢躅鸣，左右泣～。"元张可久《一枝花·春景》："正游人不甘，奈～执辔，不由咱僝把骄骢辔头儿揽。"清《林兰香》六二回："若嫁个人，好歹难定。至好不过个买卖人，再不然仍是家人～。"

【仆僮】　pú tóng　同"仆童"。宋刘挚《杂诗》之三："杖藜步梧竹，闭户闲～。"元佚名《一枝花·春雪》："寒凝冷透乌纱帽，料峭寒侵粗布袍。引着～儿可堪笑，酒葫芦杖挑。"清查慎行《长律一章寄祝座主清溪徐公》："衣冠盛事推华皓，扶掖餘荣逮～。"

【仆佣】　pú yōng　仆人。五代王定保《唐摭言》卷一五："李元宾与弟书云：赖一～，以资日给。"明《封神演义》一五回："异人曰：'学些甚么道术？'子牙曰：'挑水，浇松，种桃，烧火，扇炮，炼丹。'异人笑曰：'此乃～之役，何足挂齿。'"清王夫之《家世节录》："此自王政掩骴骼之一事，顾今不以命之僧，吾惧～之狼籍也。"

【仆斋】　pú zhāi　"门仆斋郎"的省称，泛称衙役。明王衡《郁轮袍》一折："〔冲末扮岐王上〕……当直的何在？〔当直上〕好个～，生得胎孩。只会吃饭，不会走差。"

【仆者】　pú zhě　仆人。唐赵璘《因话录》卷四："纾乐采异语，使～诱之至家，为设酒馔，徐问'八钱'之义。"元明《水浒传》五三回："戴宗扮做主人，李逵扮做～，绕城中寻了一日。"清《珍珠舶》一五回："开门一看，只见袁恕斋带着两个～，提了灯笼，特来回报。"

【仆子】　pú zǐ　仆人。唐李商隐《杂纂·失本体》："～着鞋袜，衣服宽长，失～体。"明沈受先《三元记》七出："〔末〕快行程罢。〔生〕～又相催。"清《绣戈袍》二四回："况得夫人不以口腹见累，即充～辈亦复何嫌。"

【菩提子】　pú tí zǐ　菩提树的果实，用作念佛的数珠。唐义净《校量数珠功德经》："若用～为数珠者，或时掐念，或但手持，通数一遍，其福无量。"明曹寿奴《夫君北行以菩提数珠留赠》："百八～，红丝贯小缨。无眠他夜月，留记远钟声。"清《续西游记》二二回："这数珠是～，该一百单八颗，如何只八十八颗？"

【脯】　pú　胸脯。《元曲选外编·降桑椹》一折："他每便语话言谈气势偏高，腆着～向人前气傲。"

【脯儿】　pú er　即"脯"。明佚名《一枝花·绵花诉苦》："有我呵郎君每腆着～，女娘每见了嘻孜。"

【脯子】　pú zi　即"脯"。也指胸脯肉。元明《水浒传》九回："只见那个教师入来，歪戴着一顶头巾，挺着～，来到后堂。"清《儒林外史》一八回："三公子恐怕鸭子不肥，拔下耳挖来戳戳～上厚肉，方才叫景兰江讲价钱买了。"《红楼梦》三七回："你们快牵了他去，炖了～吃酒。"

【脯子骨】　pú zi gǔ　胸骨；肋骨。明《金瓶梅词话》三五回："小的但有这心，骑马把～撞折了。"

【莆晙摸索】　pú suō mō suǒ　按抚揉捏貌。明《醒世恒言》卷二三："才把定哥头发放散了，用手去前前后后，左边右边，～，捏了一遍。"

【蒲庵】　pú ān　草房；茅舍。有时指僧舍。宋俞德邻《次韵答郦学正见赠》之二："萧森竹柏小～，身世嵇康七不堪。"元贾实勒们《湖心寺赠见心上人》："遥知东涧～好，拟着藤床夜共吟。"清钦琏《过古林庵赠圆通上人》："～十笏寄深山，白昼柴扉已掩关。"

【蒲棒】　pú bàng　香蒲的花穗和穗轴。花穗密裹在穗轴上，形如棒。元佚名《念奴娇·㑇梅香翰林风月》："亏你可也用工描，筒儿～剪稻，却不见无心草。"明朱橚《救荒本草》卷四："（香蒲）叶茎红白色，采以为笋后，擢梗于丛叶中，花抱梗，端如武士捧杵，故俚俗谓～。"《朴通事谚解》卷上："无边无涯的悬浮萍～，喷鼻眼花的是红白荷花。"

【蒲包】　pú bāo　用蒲草编成的装东西的用具。宋秦观《次韵范纯夫戏答李方叔馈笋》："薄禄养亲甘旨少，～时赖故人供。"明陈全《水仙子带折桂令·嘲妓者杨蛇蟆》："到不的锦帐牙床，受用的槁荐～。"清《白雪遗音·悔过》："劝人生，莫把银钱看得渺，省得背～。"按，背蒲包，指葬无棺木，用蒲包裹尸。

【蒲编】　pú biān　❶ 蒲草编织的筐、篓等。宋虞俦《和糟蟹呈虞察院》："逼塞圆脐不计钱，将糖弥躁赖～。"　❷《汉书·路温舒传》载："温舒取泽中蒲，截以为牒，编用写书。"后以蒲编代称书卷，或谦称自己的著作，或指刻苦读书。宋舒璘《谢解启》："～竹简，重惜分阴；雪案萤窗，几徂清夜。"元谢应芳《王长史代祀天妃回偶留常州》："彩毫题我～去，鸾凤回翔燕雀猜。"明徐标《一剪梅·李湛卢进学宫辞》："三冬辛苦夜灯前。才学梁悬，又学～。" ❸ 代指清蒲松龄的著作《聊斋志异》。清何毓福《益智录序》："录存益智为名，文慕留仙而作，……细观其竹素万言，洵出彼～一等哉。"

【蒲甸】　pú diàn　❶ 长满菖蒲的低洼地。明刘叔让《题镇南门城楼》："红树一村～晚，黄云满地稗田秋。"　❷ 同"蒲垫"。明

《金瓶梅词话》三七回:"后边大娘从那时与了银子,教我门外头替他捎个拜佛的～儿来,我只要忘了。昨日甫能想起来,卖～的蛮奴才又去了。"

【蒲垫】 pú diàn 用蒲草编的垫子。清《济公全传》八回:"和尚坐在～,老道念一声'无量佛',磕一头。"

【蒲墩】 pú dūn ❶ 即"蒲团"。宋李攸《宋朝事实》卷一二:"宰相、使相坐以绣墩,参知政事以下用二～花球,军都指挥使以上用一～。"明赵南星《新水令·东园偶成》:"小筵席独个儿的村醪,乔公座就地儿的～。"清《野叟曝言》一〇回:"一只胳肘,搁在一个大立圆的凉～上。" ❷ 面积较小而厚度较厚的蒲盖。《元曲选·李逵负荆》二折:"那老儿拿起瓢来,揭开～,舀一瓢冷酒来汩汩的咽了。"

【蒲盖】 pú gài ❶ 蒲席;蒲垫。宋吴仁杰《离骚草木疏》卷一:"晋齐间人谓蒲荐为蒲席,亦曰～。"王质《绍陶录》卷上:"荐宜用稻草,或蒲草,号～。"明杨守址《喜雨次沈侍郎韵》:"分祀遍雩坛,俯躬伏～。" ❷ 蒲草编的苫盖物。《元曲选·来生债》一折:"我如今把这银子放在水缸里,谁知道水缸里有银子。揭起～〔做丢银科〕"

【蒲合】 pú hé ❶ 即"蒲盖❶"。宋孟元老《东京梦华录》卷三:"庭中设彩幕、露屋、义铺,卖～、簟席、屏帏、洗漱、鞍辔、弓剑、时果、脯腊之类。"《续资治通鉴长编》卷三〇六:"太庙牙床上各有～并紫席褥、曲几、直几。" ❷ 即"蒲笋"。宋赵长卿《如梦令·寄蔡坚老》:"居士年来病酒,肉食百不宜口。～与菠薐,更着同蒿葱韭。"清汪森《摸鱼儿·莼》:"算～菠菱,角茼拳蕨,那不让君美林中伴。"

【蒲剑】 pú jiàn ❶ 菖蒲,其形似剑。唐李咸用《和殷衙推春霖即事》:"柳眉低带泣,～锐初抽。"宋邹浩《湖上》:"菱盘不复藏秋水,～犹能战晚风。"清范承谟《口占即事》:"凤仙低映水花色,鸡距高腾～风。" ❷ 以菖蒲叶做成的剑,道家所用,能辟邪。元刘镗《观傩》:"红裳奼女掩蕉扇,绿绶髯翁握～。"清《林兰香》五三回:"若将～借作真剑来用,不必坐守庚申,三尸自除了。"《玉蟾记》三回:"那厢判官来也,……靴宽带缓皂袍飘,～锋芒辟鬼妖。" ❸ 特指端午悬挂的菖蒲,辟邪用。明佚名《一枝花·夏》:"彩索儿愁祟难缚,～儿愁魔难遣,艾虎儿愁怪难鞭。"清叶宏缃《江神子·端午值雨》:"百草难寻,只系彩丝长。惟有夺标诸事好,～绿,艾旗黄。"《荡寇志》七九回:"正是那端阳佳节,一路上只见家家户户都插～艾旗。"

【蒲节】 pú jié 端午节的别称,也称菖蒲节,因悬蒲驱秽得名。宋郭印《送杜安行东上》:"忆～三月不断见,梦绕锦屏山下走。"董嗣杲《江州重午》之二:"～殊乡借楚夸,绕城社鼓不停挝。"清《水浒后传》二四回:"况圣躬新愈,不宜过劳,只消在宫中设宴,庆赏～。"

【蒲酒】 pú jiǔ 在原料中加入菖蒲酿制的酒,多于端午日饮用。宋马廷鸾《我辈小年端午给假》:"～少年供母后,村南村北恣游嬉。"明许潮《午日吟》:"闻老爷在此,送角黍一盘、～一樽、艾虎数事。"清《水浒后传》三二回:"到端阳正日,……将筵宴设在大海船上,同出海口,共饮～。"

【蒲屦】 pú jù 即"蒲鞋"。宋觉范《陈尊宿影堂序》:"以母老于睦,遂归,编～,售以为养。"刘克庄《书壁》:"练衣～小纶巾,四壁清风一榻尘。"元谢应芳《送主上人兵后寻叔归临江》:"桑田即变家亦毁,～欲织亲俱亡。"

【蒲蓝】 pú lán 犹"孛篮❶"。宋施必达《潇湘八景》:"樵人卖柴不买米,～博取鱼虾归。"《元曲选·陈州粜米》二折:"我如今到那里呵,敢着他收了～罢了斗。"

【蒲笠】 pú lì 蒲草编的斗笠。元王大学士《点绛唇》:"一个编～特抹答,一个鞭牛叱咤。"明高濂《高阳台·自述》:"摊书霞儿,卧缘湘竹为床。鸠藜～,药篮中有奇方。"清吴伟业《同孙洗心过福城观华严会》:"茶铛药臼随时供,～蕉团到处眠。"

【蒲篓】 pú lǒu 蒲草编的篓子。宋楼钥《北行日录》:"途中曾遇～数杠,导之以旗,殿以二骑,或云其中皆交子也。"元赵孟頫《与孙行可书》:"发去盐济一～,封,全醋瓜小罐,封。"清《何典》二回:"若要摸耳朵,也须送他九篮八～银子。"

【蒲履】 pú lǚ 即"蒲鞋"。唐殷尧藩《送景玄上人还山》:"～谩从归后织,衲衣犹记别时缝。"明《西游记》八九回:"身穿一件浅黄衣,足踏一双莎～。"《禅真后史》一回:"身穿一领淡青粗布道袍,足穿高跟深面～。"

【蒲牌】 pú pái 樗蒲和抹牌,泛指赌博。樗蒲,掷色子一类的博戏。明佚名《白兔记》四出:"～买快时,十番九遍输。"

【蒲扇】 pú shàn 蒲葵叶制成的扇子。唐刘恂《岭表录异》卷上:"(乌贼)大者率如～,煤熟以姜醋食之,极脆美。"《元曲选·张生煮海》一折:"我与你把破～,拿去家里扇煤火去。"清《万花楼》五一回:"尹氏一至法堂,低首曲腰,早有左右两丫环,将～与夫人遮脸。"

【蒲觞】 pú shāng 内盛菖蒲酒的酒杯,代指菖蒲酒或饮菖蒲酒。宋姚勉《送京学进德斋午节札子》:"渠阁浪游,初何知于楚节;斋炉燕集,曾莫助于～。"明《警世通言》卷三四:"端阳日园中望娇娘子不见,口占一绝奉寄:配成彩线思同结,倾就～拟共斟。"清赵执信《亡友王羲文之子携酒见过》:"强作清谈不成醉,廿年前是此～。"自注:初订交以庚辰五月。

【蒲室】 pú shì ❶ 草堂,代指僧舍。元丁复《送渭清远上人谒虞学士》:"白玉似人～老,黄金如价草堂文。"明李贤《再赓大胜寺壁间韵》之三:"香凝～禅心定,云锁松庭鹤梦闲。"清钱谦益《病榻消寒杂咏》之三九:"编蒲曾记昔因缘,～蒲庵一样便。" ❷ 元僧大䜣文集名《蒲室集》,因借指大䜣或僧派正宗。元谢应芳《寄南宗僧纲》:"官样文章祖～,正须述作赞皇猷。"张翥《奉答新仲铭禅师》:"我识新公老禅衲,一镫～是真传。"明张羽《寄渭清远》:"～传衣后,清名重一时。"

【蒲笋】 pú sǔn 香蒲的嫩茎。宋黄庭坚《次韵盖郎中率郭郎中休官》之一:"桃叶柳花明晓市,荻芽～上春洲。"明朱橚《救荒本草》卷四:"～,本草名,其苗为香蒲,即甘蒲也,……其叶初未出水时,叶茎红白色,采以为笋。"清朱彝尊《日下旧闻考》卷一四七:"点茶用春芽～,发之冰下。"

【蒲团】 pú tuán 蒲草编的圆形坐垫。多为僧人坐禅或跪拜时所用。唐许浑《送惟素上人归新安》:"寻云策藤杖,向日倚～。"明常伦《寨儿令》:"耍乡情小小杯盘,纵高眠大大～。"清《红楼梦》四一回:"宝钗坐在榻上,黛玉便坐在妙玉的～上。"

【蒲窝子】 pú wō zi 蒲草编的暖鞋。清《儒林外史》四回:"鞋也没有一双,夏天靸着个～。"

【蒲鞋】 pú xié 蒲草编的鞋。《五灯会元》卷四《睦州陈尊宿》:"后归开元,居房织～以养母,故有陈～之号。"明《山歌·老人家》:"后生家见子人来三脚两步闪开子去,老人家还要的的搭搭摸～。"清《儒林外史》五五回:"穿着一件稀烂的直裰,靸着一双破不过的～。"

【蒲月】 pú yuè 农历五月。是月悬菖蒲叶,饮菖蒲酒。明陈继儒《跋颍昌湖上诗卷》:"天启丁卯～前一日,得观于顽仙庐。"清施闰章《蔡九霞归吴门》之二:"～还家近,荷风拂暑清。"朱彝尊

《竹斋集序》："康熙己丑～，南书房旧史官小长芦朱彝尊序。"

【蒲征】 pú zhēng 指朝廷的征召。古代用蒲草裹轮的车子迎请贤士赴召。清李渔《风筝误》二出："愿老伯～早就，霖雨苍生。"

【蒲质】 pú zhì ❶蒲草体质。宋姚勉《沁园春·送友人补太学》："看～易凋，何如松茂，菊花已老，须是梅开。" ❷比喻衰弱的身体或低贱的身分。元李齐贤《乞退笺》："葵心有切，虽知向日以独倾；～既微，唯恐望秋而先瘁。"明马文升《雨中花慢·成化丁酉被谗下狱作》："惟愿～长健，永祝天寿无疆。"高濂《玉簪记》二八出："念～自甘弃捐，又何须稚念勤劳。"

【蒲酌】 pú zhuó 斟饮菖蒲酒，也指菖蒲酒。宋郭祥正《送王侃主簿弃官归南城》之一："纷纷岚翠扑征衣，～离觞对落晖。"清李天馥《念奴娇·送秦以御》："～留君空浪语，愁听阳关三叠。"《杏花天》八回："联缯结彩线，以兆午日，……只见悦生趋入内庭，泛～，饮琼浆。"

【蒲姿】 pú zī 犹"蒲质❷"。元戴良《贱生》："受命叹～，养生疑桂脑。"明毕自严《南中二老图诗》："仆本淄黉一耄夫，～亦与名贤俱。"清陈端生《再生缘》三回："妾身流落烟花院，自愧～遇贵人。"

【蒲尊】 pú zūn 犹"蒲觞"。明陆深《端午自天津发舟入潞河》："～箬黍依然在，楚调吴歌一笑同。"清弘历《五日芒种》："平湖潋潋欲生烟，角黍～杂管弦。"关键《多丽·严柱峰侍御薄游维扬有赠》："料归期、采丝半臂，香阁迎符虎。对～、话扬州风土。"

【蒲樽】 pú zūn 同"蒲尊"。明陈霆《贺新郎·端午》："谩对～开角黍，奈沉湘、旧事经伤感。"徐复祚《投梭记》一四出："落花何处堪惆怅，又见～泛玉香。"清汪由敦《西湖竞渡词》："痛饮～放棹回，荷盖亭亭隔前浦。"

pǔ

【朴騃】 pǔ ái 朴实愚钝。唐李商隐《为濮阳公论皇太子表》："臣才则荒凉，志惟～，因缘代业，蒙被官荣。"明章镒《上杨先生镜川公》："顾惟～之资，乌足以当昭明之任。"清刘大櫆《再与吴阁学书》："櫆不肖，～粗鄙，才能无可采。"

【朴隘】 pǔ ài 简陋狭小。元霍章《重修大帝庙碑记》："庙旧～，今广为三楹。"明顾起元《客座赘语》卷七："屋宇～，居之自若。"

【朴纯】 pǔ chún 纯朴；朴素单纯。宋《朱子语类》卷一二九："因言仁宗朝讲书杨安国之徒，一时聚得几个～无能之人，可笑。先生曰：'此事缘范文正招引一时才俊之士，聚在馆阁。'"金王喆《踏莎行·奉酬人惠》："恬淡真人，～菩萨，都缘此物成超达。好将铅汞里头收，须教盈满休抛撒。"明徐贲《莱迓为永嘉余唐卿右司赋》："屋庐尚～，楹桷谢雕饰。"

【朴淳】 pǔ chún ❶朴素单纯。唐李世民《建玉华宫手诏》："所以载怀爽垲，爰制玉华，故尊意于～，本无情于壮丽。" ❷质朴淳厚。宋刘挚《答黄莘任道代书见寄》："劳心米盐屑，秉笔朱墨纷。尚赖厥俗古，椎然犹～。"明李继本《易州山北乡学记》："易州古称要郡，风气高厚，民俗～。"清陆陇其《祭郝某翁文》："麟凤踵起，郁郁彬彬，咸敦诗礼，咸秉～。"

【朴淡】 pǔ dàn ❶朴实恬淡。明李贤《处士崔君墓碣铭》："平居～自适，不事华奢。"张宁《庆寿诗序》："公起自布衣，平生～和易。" ❷朴素平淡。清宋荦《跋燕叔高青溪钓翁图卷》："此卷以～寓古秀，上承唐人坠绪，下启元人正宗。"刘大櫆《论文偶记》："文到高处，只是～意多，譬如不事纷华，翛然世味之外，谓之高人。"

【朴澹】 pǔ dàn ❶同"朴淡❶"。金刘祁《归潜志》卷五："(张邦直)性～，好学敬善，谦甚。"明陈子龙《华岳志序》："虚中为人既～可喜，而士大夫闻其从华山来，好与之游，多赠以言者。" ❷同"朴淡❷"。明吕天成《曲品》卷上："今人不能融会此旨，传奇之派，遂判而为二：一则工藻缋少拟当行，一则袭～以充本色。"清贺裳《载酒园诗话》："诗至晚唐而败坏极矣，不待宋人。大都绮丽则无骨，至郑谷、李建勳，益复靡靡；～则寡味，李频、许棠，尤无取焉。"

【朴古】 pǔ gǔ ❶朴素远古。宋杜范《应师老子解序》："夫宗虚无，尚柔谦，伤周衰文弊，欲反之～者，盖其著书本意。" ❷朴实而有古风。宋杨亿《温州聂从事云堂集序》："东瓯山水之清丽，缙云谣俗之～，佛刹玄祠之标概，讼庭官舍之形胜，见于题咏之什矣。"明史鉴《先考友桂府君行状》："垣屋什器不苟作，作必工致～。"清曹尔堪《满庭芳·丁丑初冬过智月禅院》："唤渡小船如叶，长年者、～之农。"

【朴悍】 pǔ hàn 朴实强悍。明陈子龙《步出夏门行·土不同》："陇右之墟，～尚武。轻身结交，心念劳苦。"

【朴厚】 pǔ hòu ❶朴实厚道。唐骆宾王《上兖州启》："某淹中故俗，体～之弘规；稷下遗甿，陶礼义之餘化。"元方回《送紫阳山长刘仲鼎序》："吾州风俗淳古，书生多～质直，无哗竞浮薄之态。"明《石点头》卷三："惟东去山东一路，风气与故乡相仿，人情也都～。" ❷古朴厚重。唐高彦休《阙史》卷上："耕人垦田得古铁器，曰盎腹容三斗，浅项庳足，规口矩耳，～古丑，蠹蚀于土壤者。"宋刘敞《寒林石屏风》："居人幽独最相宜，～远谢雕镂姿。"清郑光策《台湾城工可缓议》："凡事不尚华丽，以～完固为期。"

【朴浑】 pǔ hún ❶朴实浑淳。唐李华《元鲁山墓碣铭》："元公越轶古今，冲邃冥冥，纯朗～，范于生灵。"宋文同《屯田郎中石君墓志铭》："治居穷岩，胥甿～。"李觏《宋故赠都官郎中张公墓碑铭》："大河之北，土风～，公宅其间，孝义终身。" ❷古朴自然。明梁寅《原治》："人心之滋伪，犹蓬茨之居易而为断砻丹雘也，～之器易而为雕镂金玉也。"

【朴俭】 pǔ jiǎn 简朴。宋宗泽《谢收捕开封府称御前收买珠玉表》："弗剪茅茨，尧俗于变；躬履革舄，汉治勃兴。深惟治化之端，实以～为本。"元马祖常《颍郡》："居民尚～，遗邦颇文物。"清《红楼真梦》一三回："王夫人见巧姐衣妆～，打量了一回。"

【朴简】 pǔ jiǎn ❶朴素简单。《新唐书·郭曜传》："诸弟或饰池馆，盛车服，曜独以～自处。"元袁桷《寿乐堂诗序》："钱唐诸山水，渟泄起伏，大者为盛衰，小者为荣辱。有得乎是，则视兹堂之～，其旨深矣。"清弘历《思贤村行馆迭旧作韵》："不号行宫号行馆，爱伊～契无为。" ❷质朴严肃。明林俊《赠王石泉大参湖藩序》："历阶登席，一起居外无复话言，茶毕，请而退。私异之曰：'～有如此者！'"祝允明《会道观修建记》："中藏冲淳，外貌～，然而秉尚坚毅，操力精勤。"崔铣《显考参政南郭君述》："先君笃实～，性刚少容。"

【朴洁】 pǔ jié 朴素整洁。清《聊斋志异·吕无病》："有女子褰帘人，年约十八九，衣服～。"曾衍东《小豆棚》卷一一："遥见一女子飘逸而来，年约十八九，蒙髻网，衣服～，面白皙。"

【朴谨】 pǔ jǐn 朴实谨慎。宋王禹偁《右卫上将军宋公神道碑铭》："万石君之子孙世惟～，薄太后之兄弟人言退让。"元胡长孺《何长者传》："上海县浦东民家子，～不妄顾语，善积蓄会计。"清施闰章《程母七十寿序》："吾宁与徽皆山郡，～之风犹有存者。"

【朴静】 pǔ jìng 质朴安详。唐姚合《寄主客张郎中》："蹇拙公府弃，～高人知。"宋吕陶《和孔毅甫州名》之二："衡阳古胜郡，齐民颇淳质。富饶几维扬，～类高密。"明陆深《南泉记》："南泉子少有大志，不屑屑事家人生产，又不喜为举子业，孤岸～淡如也。"

【朴老】 pǔ lǎo 古朴老练。宋张侃《柳下诗卷》："～深于律，遗篇处处留。"清汤斌《拔贡彦公赵君墓志铭》："其诗悲壮萧凉，晚年～疏宕，近陆务观。"《歧路灯》二回："只见一面大匾，上放'李文靖公祠'五字，墨犹未干，古劲～。"

【朴陋】 pǔ lòu ❶ 朴实简单；质朴无华。唐张说《与魏安州书》："虽意简野，文～，不足媚于众眼；然敢实录，除楦酿，亦无愧于达旨。"宋石介《竹书筒》之一："～我为贵，雕锼彼合惭。"清《荡寇志》一三七回："宋江看她情形～，是真实乡村人家，料不致踏着甚么机关。" ❷ 粗放简陋。宋苏轼《答水陆通长老》："寺宇～，僧皆粗野，复求苏杭湖山之游，无复仿佛矣。"刘辰翁《习溪桥记》："是桥～，不当一沟一曲而成之难，则郡之坏也久矣。"元黎崱《安南志略》卷三："有木塔，其制～。" ❸ 粗俗鄙陋，气质不雅。也指这样的气质。宋欧阳修《亳州到任谢两府书》："载念修以至愚之～，蹈可畏之危机。"元余阙《复陈景忠修撰书》："仆～无似，惟乎生于人一言一行之善即喜称道。"清《聊斋志异·田七郎》："宾客见七郎～，窃谓公子妄交。"

【朴鲁】 pǔ lǔ 朴实鲁钝。唐柳宗元《故叔父殿中侍御史府君墓版文》："～甚骏，不能文字，敢用书宗人之辞以致其直，故质而俚。"宋程颢《谢澶州签判表》："臣性质～，学术空虚，志意粗修，智识无取。"清赵怀玉《九阳道院》："道人不能言，对客貌～。"

【朴茂】 pǔ mào 质朴厚重，天然美好。唐韩愈《答吕毉山人书》："以吾子始自山出，有～之美，意恐未砻磨以世事。"元苏天爵《太子赞善同公文集序》："自昔关辅风土厚完，人材～。"清《醒世姻缘传》二六回："如今玄段纱罗，镶鞋云履，穿成一片，把这等一个忠厚～之乡，变幻得成了这样一个所在。"

【朴木】 pǔ mù 质朴稳重。元王沂《送余阙之官泗州序》："昔吾尹是邑，爱其民之质野～，易治教使移也。"明崔铣《傅尚书传》："铣谓傅公～人，斯言殆激与？及后，乃深叹圭峰之智云。"唐顺之《华三山墓表》："副使廉静～，有古人之风。"

【朴懦】 pǔ nuò 老实懦弱。也指这样的人。宋司马光《又谢庞参政启》："而又以光～自守，谓其寡过，每赐祓饰，多逾其实。"明方孝孺《与郑叔度书》："闾里小儿，挟奸舞诈，狼贪鼠黠，变态百为，视仆～可弄，辄私相目谓真愚人。"清汪缙《准孟》上："贪黩者出视所有，欲然不厌，负强挟诈，侵冒兼并以自益；智力等者，见其然而效之；～积愤不平，激发相助，胜负反覆，互倾夺不可遽已。"

【朴润】 pǔ rùn 质朴润泽。明谭元春《诗归序》："其言似可听，但察其变化，特世所传《文选》《诗删》之类，锺嵘、严沧浪之语，瑟瑟然务自雕饰而不暇求于灵迥～，抑其心目中别有夙物，而与其所谓灵迥～者，不能相关相对钦？"清弘历《题宋澄泥芝池砚》："泥将为玉久堪知，～盎然芝作池。"

【朴率】 pǔ shuài 质朴率真。宋叶適《习学记言》卷四八："禹偶语简直，不回护光，何不径以为据依，如魏相引贾谊、晁错者，岂鄙其～故耶？"明王慎中《河南参政刘涵江墓表》："性尤阔直～，无机数曲节。"清查慎行《立冬后二日座主宗伯公枉过村居》之四："流光已付陶甄外，世味多消～中。"

【朴实】 pǔ shí ❶ 淳朴诚实。宋洪迈《夷坚志》支甲卷九："解州安邑池西乡民梁小二，家世微贱，然皆耕农～，至梁独狠戾。"明沈受先《三元记》三四出："观其貌貌虽～，观其词词多华藻。"清《野叟曝言》三七回："这里人情～，没有歹人。" ❷ 质朴实在。唐柳宗元《唐故秘书少监陈公行状》："公有文章若干卷，深茂古老，慕司马相如、扬雄之辞，而其诂训多《尚书》《尔雅》之说，纪事～，不苟悦于人。"汪克宽《师山先生郑公行状》："然纪事～，不为雕镂锻炼跌宕怪神之作。"清《歧路灯》九三回："圣人～说理，而注之曰'巧'；圣人浑沦说理，而注之曰'割'。" ❸ 朴素实用。宋《二程粹言》卷二："故左右近侍，宜选老成重厚小心之人；服饰器用，皆须～之物。"徐元杰《进讲日记》："而凡百日用必简寡～，勿妄费，勿滥予，随事谨节。"明归有光《顾隐君传》："古人葬以掩形，务从～，观美何益？" ❹ 踏实；切实。宋胡寅《上皇帝万言书》："听其妄诞张大之语，望其～用命之功者，为任将之虚文也。"明王守仁《语录》："我这里功夫，不由人急心认得。良知头脑，是当去～用功，自会透彻。"清汤斌《语录》："学问之事，有为己为人之别。真修君子～做去，不求人知。" ❺ 真诚；一心一意。宋李曾伯《谢御笔令饬战御等事奏》："至于彼此～之戒，臣迭明繁使，惕若帝临，一语或欺，十目所睹。"陈耆卿《刘向论》："汉家宗室固多，其～为汉者，特一向尔。"元吕止庵《风入松》："我着片无忝和～心，博伊家做怪胆。"

【朴实头】 pǔ shí tou ❶ 即"朴实❶"。头，词缀。宋元《清平山堂话本·杨温传》："那杨三官人道：'温世事不会。'茶博士道：'官人，你好～。'"元《三遂平妖传》六回："这个客人是个～的人，难得，难得。"清陆陇其《四书讲义困勉录》卷一："断断，诚一之貌。诚一字不可说在心内，只就貌言，犹云一味～也。" ❷ 即"朴实❷"。宋《朱子语类》卷一三九："向来前辈虽是作时文，亦是～铺事实，～引援，～道理。看着虽不入眼，却有骨气。"林希逸《庄子口义》卷二："传其常情，谓传言之人但传其平常～说话。其言语过当处，则不可传。"明高攀龙《讲义·仁者其言也讱章》："凡《论语》言仁都是～，如此可见，为仁只在言行上，别无玄妙。" ❸ 即"朴实❹"。宋林希逸《庄子口义》卷一："此一句却是～结杀一句。"明王守仁《答刘内重》："夫学者既立有必为圣人之志，只消就自己良知明觉处～致了去，自然循循日有所至。"罗洪先《与谢维世书》："惟有时时收敛，务求不负此良知，庶几～，不落陷穽耳。" ❹ 即"朴实❺"。宋《二程遗书》卷一九："当时顺却诸吕，亦只是畏死。汉之君臣，当恁时，岂有～为社稷者？" ❺ 朴实的人或方面。宋周必大《跋德光与梁世昌颂》："大慧禅师住世时，杜撰长老人人谓得其道。今四十年电灭无餘，唯佛照禅师真～之的嗣，既寿且康，续佛慧命。"陈淳《答林司户》："然此亦不甚难决。今只据～论之，须原其命名之初。"明赵南星《学庸正说》卷下："是敬如～一般，不止固其聪明睿知，连敬亦不露，故谓之笃恭。"

【朴疏】 pǔ shū 质朴浅陋。也指这样的才智或人物。宋胡宿《改左司郎中表》："此盖伏遇皇帝陛下，曲加金度，深谅～，施及孤臣，擢兹显级。"赵鼎《舟中呈耿元直》："只今云台罗俊彦，鄙贱老丑憎～。"明徐渭《奉督学宗师薛公》："先生何等师也，而乃肯以是自处耶？而况乎先生始以衣履之故而让，其后又以～以不羁而言诸人矣。"

【朴索】 pǔ suǒ 朴素；质朴无华。明姚士粦《见只编》卷中："其貌皆农野，而言语真～。"清祁寯藻《游兰州制府后园》："为我扫径加盘飧，此园～真山村。"

【朴雅】 pǔ yǎ ❶ 质朴文雅。唐元稹《叙诗寄乐天书》："朝廷大臣，以谨慎不言为～，以时进见者，不过一二亲信。直臣义士，往往抑塞。"明刘麟《吴甘泉人乡贤祠文》："甘泉先生～天植，孝悌夙敦。"清沈彤《先府君孺人画像记》："府君貌～而清臞，静坐则怀古思远，其神穆然。"❷朴素雅致。元朱德润《古鼎铭》："斯鼎形范岿兀，文镂～，其三代之制欤？"清钱谦益《重修素心堂记》："前堂轩敞壮丽，吞若素心者八九于其胸中，其～闲靓，殆弗如也。"《红楼真梦》三一回："那围屏只要～，不用雕刻，也费不了多少钱。"

【朴野】　pǔ yě　❶乡野未开化；粗野。唐陆贽《策问博通坟典达于教化科》："处都邑者，利巧而无耻；服田亩者，～而近愚。"明《拍案惊奇》卷二六："林断事看那井庆是个～之人，不像恶人。"清《聊斋志异·鸟语》："时辨鸟言，多奇中，而道士～，多肆言。"❷质朴无华。唐元稹《进田宏正碑文状》："不隐实功，不为溢美，文虽～，事颇章明。"宋宋庠《东园池上书所见》之一："茅栋山楹抱曲池，孤怀终日此忘归。"自注："池上有堂号白莲，栋宇～。"明袁中道《石首城内山园记》："其下有石楠一株，最古，取以名其馆。草莱丛生，甚～。"

【朴愿】　pǔ yuàn　质朴淳厚。宋王禹偁《送戚维戚纶之阆州亳州》："鲤庭生二子，骊颔委双珠。～有父风，学业张皇谟。"元吴澄《何养晦诗序》："何养晦，儒家子，清介～，无世俗不正之好。"清乔光烈《招垦里记》："然亦以其去城郭之远，而县邑之人常不至也，以是绝去华嚣之风，而久安～。"

【朴直】　pǔ zhí　质朴率直。《敦煌变文校注》卷一《捉季布传文》："臣住东齐多～，生居陋巷长蓬门。"宋苏洵《上韩枢密书》："言语～，非有惊世绝俗之谈，甚高难行之论。"清《续金瓶梅》六二回："到了十八岁进学，为人忠诚～，从不会打诳语。"

【朴忠】　pǔ zhōng　质朴忠诚。唐王福畤《录东皋子答陈尚书书略》："及仲兄出胡苏令，杜大夫尝于上前言其～，太尉闻之怒。"明沈鲸《双珠记》三七出："素抱～，蕴济世经邦之略。"清《荡寇志》一二三回："为人有才识，有智量，生性～，又最和气。"

【朴戆】　pǔ zhuàng　朴实憨厚。宋韩琦《郓州谢上表》："伏念臣～鄙陋，无一可取。"明宋濂《答郡守聘五经师书》："平生～，视人世百为颠倒，变幻动如神鬼。"清汪辉祖《佐治药言》："余自维～，故就馆最慎。"

【朴拙】　pǔ zhuō　❶古朴少修饰。《法苑珠林》卷二一："逮以中古制像略皆～，至于开敬不足动心，素有洁信，又甚巧思，方欲改斫威容，庶参真极。"宋薛季宣《新作殊亭》："茅茨覆采椽，～亦可喜。"清施闰章《吴非熊诗序》："尽其稍近～，仿佛少陵之遗意焉。"❷质朴率真；朴实本分。宋程大昌《演繁露》续集卷四："凡言美者曰都，曰子都。都，人士车骑甚都是也；及在郊外则名之为野，为鄙，言其～无文也。"陆游《除编修官谢丞相启》："伏念某学术空疏，文词～。"清《聊斋志异·成仙》："周弟～，不善治家人生产。"

【普白】　pǔ bái　铺摆；应付；处理。清《聊斋俚曲·增补幸云曲》："我欲不上楼，受不了老鸨子气，少不了我自己去～。"

【普遍】　pǔ biàn　❶周遍；遍及。《法苑珠林》卷四一："是以随力虔诚，普供内外，务存遗相，冀兴～。故昔毗舍佉母别请罗汉五百，如来讥诃，显说平等。"《元曲选外编·野猿听经》四折："动仙音清霄～，列幢幡飘摇皆现。"清《野叟曝言》一三一回："水夫人心中又是一喜，问：'雪可～？已下有多少？'"❷全部；全都。唐周郭藩《谭子池》："大历元年春，此儿忽来归。头冠簪凤凰，身着霓裳衣。～拯疲俗，丁宁告亲知。"明袁中道《白衣寺缘疏》："广博无边大士身，一一尘中悉皆有；河沙无量诸众生，一一毛孔～入。"清《红楼幻梦》七回："还有睦族并亲朋不足的，应该格外帮助，酌量多寡，～资助。"❸整个。《古尊宿语录》卷二二《黄梅东山演和尚语录》："仲冬严寒～世间，富贵即易贫穷即难。"金李志全《济源十方龙祥万寿宫记》："如海斯广，如岳斯崇，～人寰，开盲凿聩者，谁之功欤？"清《续金瓶梅》五五回："今日说这雪涧禅师，系古佛化身，～大千世界，为大事因缘，在泰山后石屋修行。"❹全备；齐全。《古尊宿语录》卷二〇《舒州白云山演和尚住太平语录》："无孔笛子毡拍板，五音六律皆～。时人不识黄幡绰，笑道依家登宝殿。"

【普地里】　pǔ dì li　遍地；到处。明《西游记》七三回："你当年大闹天宫时，～传了你的形象。谁人不知，那个不识？"

【普恩】　pǔ ēn　❶帝王遇有重大庆典等普遍施及的恩德。唐李隆基《加证道孝德尊号大赦文》："宠锡之间，须甄异等。～之外，太守等并赐爵一级，县令赐勋两转。"五代石敬瑭《平范延光大赦文》："弓矢载櫜，大庆已流于中外；雷雨解作，～宜被于寰区。"元阎复《中书参知政事张公先茔碑铭》："五世祖九思，善富名一乡，会亡金～，官进义校尉。"❷泛指皇恩或神恩。唐薛逢《元日楼前观仗》之二："欲识～无远近，万方欢忭一声雷。"宋朱熹《广佑庙谢雨文》："岗陵渐润，草木蕃滋，孰是嘉生而不丰；好德宏施，～大泽，深夫岂可以言报。"清玄烨《六十一年秋出哨》："薄来厚往义，远近～施。"

【普垓】　pǔ gāi　广博赅被。《敦煌变文校注》卷五《妙法莲华经讲经文(三)》："佛自说，表奇哉，为显观音力～。"又《维摩诘经讲经文(一)》："须弥山向手中擎，大海水于毛内吸。视慈云则～三界，施利济即广度四生。"

【普共】　pǔ gòng　❶全体共同。《法苑珠林》卷四二："下第三匙时，愿所修善根，回施众生，～成佛。"宋觉范《药石榜》："特迂威重，～证明。"明祝允明《北禅雨花台修造疏》："曼陀罗，曼殊沙，乃至摩诃，～于缤纷；善男子，善女人，如是功德，不容于思议。"❷共同(参与或分享)。《敦煌变文校注》卷五《佛说阿弥陀经讲经文(二)》："同梧(悟)真乘，断除邪见；～未来，同城(成)佛果。"清弘历《御安福舻》："曰安曰福非蕲已，愿与吾民～之。"

【普化】　pǔ huà　❶普施化育。《敦煌变文校注》卷五《佛说阿弥陀经讲经文(二)》："欲思～，爰别中幸(华)，负一锡以西来。"明梅鼎祚《玉合记》六出："伏愿韦驮尊者主盟，忍辱仙人～，过去未来兼见在，明证三生。"清吴绮《衡山南岳庙募建斗母阁疏》："丹灵峙为长离之镇，摩利支开～之祥。"❷募化；劝化。宋姚勉《市心重建观音阁缘化榜语》："今欲～众缘，鼎创伟观。"元佚名《一枝花·妓名张道姑》："风流客～相思，疏狂士稽首相辞。"明何瑭《白斋张先生墓表》："乃～十方财物，于坛顶建玉帝殿三间。"

【普及】　pǔ jí　遍及；普遍施及。唐常衮《谢敕书赐腊日口脂等表》："自天涣汗，遍施稚孺，～纤细。"元阎复《药师七佛阁记》："其光明遍照，惠泽～。"清《续西游记》四六回："愿你成就功德，～一切，保那唐王风调雨顺，国泰民安。"

【普集】　pǔ jí　❶遍请；普遍召集。《法苑珠林》卷一一七："汝往戒坛所鸣钟，召十方天龙及比丘诸大菩萨众等，～祇洹。"《敦煌变文校注》卷七《维摩经押座文》："我佛如来在庵园，宣说甚深～教。"元李谷《重兴大华严普光寺记》："功毕之月，与山人品淑等，～檀缘，大开华严会以落之。"❷推广施及。唐王勃《释迦如来成道记》："或一身～于众身，或此界便明于他界。"❸会聚；聚集。宋苏颂《皇族出官敕》："自我祖宗，慎叙邦族，大则疏封于爵土，次则通籍于闺台，～京师，参奉朝请。"邹浩《吴公蔚将还滁阳出所集述德堂诗》："胸中何啻法界宽，～尘沙诸佛祖。"李昭玘《天宁请首座赞直传法开堂疏》："愿垂悲济，永脱迷流。～妙因，上崇圣算。"

【普暨】 pǔ jì 遍及(整个范围)。宋田况《内帑策》："王者官天下，家六合。风化～，孰非王土；经产杂出，悉为邦赋。"周必大《万寿观开启会庆节道场青词》："仰祈道妙之无方，丕锡寿龄于有永。更推洪施，～含生。"辽耶律俨《道宗皇帝哀册》："累开赦宥，数赈贫穷。人心自乐，地利常丰。声猷～，教令遐通。"

【普浃】 pǔ jiā 普遍施及或沾被。唐张延师《请曲赦河北诸州疏》："事穷变起，毒害生人，京室邱墟，化为禾黍。此由恩不～，失在机先。"金李俊民《段正卿新居谢答年丰青词》："福锡厥民，～三刀之境；庆钟于后，光增万石之家。"清戴均元《万寿恭纪五言排律一百韵》序："恩施～于寰瀛，歌咏胪陈于击壤。"

【普皆】 pǔ jiē 全都。《法苑珠林》卷六："种种清流，种种好鸟，在所行住，～丰盈。"明宋濂《鱼篮观音像赞》："大士之灵，如月在天，不分净秽，～照了。"清弘历《皆春阁》："东皇一气布，万寓～春。"

【普浸】 pǔ jìn 犹"普浃"。宋宋祁《祖宗配侑议》："翕受瑞福，～黎元，肖翘跂行，罔有不宁。"王珪《福宁殿罢散青词》："企鸿覆之博临，鉴精衷之昭事。锡均纯嘏，～涵生。"元杨文郁《会通河记》："至若深仁涉泽，～八荒，资始资生，上下与天地同流。"

【普例】 pǔ lì 通例；常例。宋魏了翁《奏措置京湖诸郡》："～支犒外，更发银一万两、京会十万贯等第特犒。"明李贤《三乞终制》："彼时～升进，臣虽自揣非据，不敢独辞。"清嵇璜《筹上河归江事宜疏》："再查下河各州县，小港支渠，不可数计，岂能～兴挑？"

【普面】 pǔ miàn 普遍；遍及某一层面。清康熙三十五年十月十二日董安国奏文："再于堰堤之上，已筑子堤者～加高，未筑子堤者一律加筑。"靳辅《恭报水涨疏》："夏秋泛涨，～漫溢；冬春水落，仍复归漕。"《醒世姻缘传》二八回："那些～的妖魔鬼怪，酿得那毒气直触天门。"

【普请】 pǔ qǐng ❶(僧家)集众；请众人(参加某项活动)。唐怀海《百丈清规·送亡》："白大众，粥罢～送亡。"宋《惟则禅师语录》卷九："从前别与不别，会与不会底，～拈过一边。"清《后西游记》三六回："今日是十五，从东寺冥报禅师～十方贤圣赶斋。" ❷ 集合众僧集体劳作，是禅门自给的劳作制度。《祖堂集》卷一〇《玄沙和尚》："一日～畲田，雪峰见一条蛇。"《景德传灯录》卷一七《休静禅师》："师曾在乐普作维那，白搥～，曰：'上间般柴，下间锄地。'"金姬志真《无为抱道素德真人夏公道行碑记》："虽退居闲处，云为～，则以身先之。" ❸ 烦请。宋苏泂《简铦朴翁兼简敬叟》之二："论诗已具顶门眼，选胜直赊头上春。～西湖作公案，与师聊结未来因。"方岳《题陈叔茂二亭·弄月》："径烦子陈子，～作清供。"

【普覃】 pǔ tán ❶ 普遍施及(恩泽)。《唐律疏议》卷二："若使～惠泽，非涉殊私，雨露平分，自依常典。"宋田锡《谢赐冬衣表》："伏以祁寒之节，初戒于霜严；庆赐之恩，～于天下。"清弘历《温普》："地灵气厚诚天府，动植飞潜物～。" ❷ 普遍晋升(官阶)。《金史·哀宗纪下》："辛酉，司农大卿蒲察世达、元帅完颜忽土出归德西门，奉迎上入归德。赦在府囚，军民～一官。"《元典章·吏部二》："至大二年正月以前，内外大小职官四品以下，～散官一等。"《元史·选举志三》："蒙古儒学教授，一体～。"

【普天地下】 pǔ tiān dì xià 遍天下。清《醒世姻缘传》七九回："～，我没见丈母替女婿争风的。"

【普天匝地】 pǔ tiān zā dì 满天遍地。元耶律楚材《和南质张学士敏之见赠》："百尺竿头更移步，～生清风。"

【普通】 pǔ tōng ❶ 贯通；普遍通达。《法苑珠林》卷三四："学未经岁，～经书。"唐陈元光《示珦》："百粤雾纷满，诸戎泽～。"宋李昭玘《相国寺开启祈晴道场疏》："仲秋届节，暴雨为灾。蒙慧力之～，感沴阴之旋释。" ❷ 称非专门设立的通同收录僧人的寺院或收葬僧人遗骸的僧塔。也泛称寺院或僧塔。唐太和四年祠部请申禁僧尼奏："其天下州府村坊佛堂、～私色、兰若义井等，并请割属当州府寺收管。"令狐楚《降诞日为杨大夫奏修功德并进马状》："臣某职在鉴司，土无珍异，恨无以拜上玄之庆，酬厚载之仁。敢伏～，转修经戒。"宋刘辰翁《龙须禅寺记》："一日登山植杖，见迁塔焉，井塌草生，……亟构故基，复为～，归僧骨焉。" ❸ 普遍；包括所有在内。宋姜如晦《金绳院五百罗汉记》："诸世界中及世界法，总是大阿罗汉～道场，无用强生分别。"明方有执《伤寒论条辨》卷五："谣俗专以交合阴阳，偶尔中伤，执为阴证。下医又快售，乃习迷而同醉，遂致～大谬。"清《红楼梦》庚辰本三七回："你如今且把诗社别提起，只管～一请。等他们散了，咱们有多少诗作不得的。"按，程甲本作"普统"，程乙本作"普同"。❹ 平常；一般。《全辽文·卷一》："剌葛等以皇弟之亲，何故屡起谋反？此事殆未可以～叛逆视之也。"清雍正二年江宁织造曹頫等奏折："头等、二等两种人参，现在商人出价，与以往售价相同。但上等～参、～参、次参之价，均比以前售价低。"

【普同】 pǔ tóng ❶ 同"普通❸"。唐孙思邈《备急千金要方》卷一："若有疾厄来求救者，不得问其贵贱贫富、长幼妍媸、怨亲善友、华夷愚智，～一等，皆如至亲之想。"明《禅真逸史》七回："这些烧香念佛的女眷，约有三五百人，～打一问讯就坐。"清弘历《降旨加恩直隶各州县诗以志事》："省耕祝嘏告成功，庆稡应敷恩～。" ❷ 等同于；如同。唐元稹《长庆元年册尊号赦》："一户之内，除已属军使，餘父兄子弟，据令式年几合入色役者，并令京兆府明立籍簿，～百姓，一例差遣。"宋陈师道《观音菩萨画赞》："孰为我师，犬吠驴鸣。生我与佛，～一名。"史尧弼《庆公和尚茶榜文》："如今总与一瓯，～甘露；从此不妨两腋，各起清风。" ❸ 等同；一样。宋晁补之《松斋主人写真自赞·内赞》："分千百亿，不离箇中。汝与弥勒，众生～。"元吴澄《书纂言》卷一："敷同，孙氏谓犹言～也。帝之用人，试其言之有功然后用，不是～无分别而日进无功之人。"明朱橚《普济方》卷三九五："一方治小儿因惊发热涎嗽，累经痫动，……渐成慢惊，用药～。" ❹ 一起；共同。明汤显祖《牡丹亭》二〇出："〔末〕大祠宇塑老爷像供养，门上写着'杜公之祠'。〔净〕这等不如就塑小姐在傍，我～供养。"孟称舜《娇红记》二五出："当境土地龙神，诸处城隍社庙，幽冥列圣，远近至真，以此真香，～供养。"《金瓶梅》一回："过往一切神祇，仗此真香，～鉴察。" ❺ 同"普通❷"。清吴绮《青来程君湘潭瘗骨纪序》："塔建～，岂筑鲸鲵之观；园开漏泽，尽驱狐兔之尘。"

【普席】 pǔ xí 所有席位；席面上所有的人。清《杏花天》九回："悦生起坐接酒道：'有劳芳卿。'盼盼回言：'不敢。'又捧杯敬～众生。"《镜花缘》七八回："就请题花姐姐先出一令，如～全能行到，那更有趣了。"《姑妄言》一〇回："童自大笑道：'邬哥，你唱的真是土地老儿没儿子。'宦萼道：'这怎么说？'童自大道：'唱绝了。'又～吃了一杯。"

【普行】 pǔ xíng ❶ 普遍流行或实行。宋朱熹《缴纳南康任满合奏禀事件状》："将已给历赈粜饥民，一例～赈济。"元袁桷《己未封赠祝文》："霈典～，得追荣于我考妣。" ❷ 尽数；所有包括在内。明《封神演义》五〇回："众弟子俱有陷身之厄，求老师大发慈悲，～救拔。"清裘曰修《直隶河道工程事宜疏》："现在既不能一一将废堤之土，～除尽，只得多开涵洞，以为出路。"《绿野仙踪》三

○回:“说罢,向帐上帐下～一看,道:‘那位将军敢当此任?’”

【普众】 pǔ zhòng 大众;众人。元佚名《蒙古源流》卷八:“札木、禅绰、尔济等三人,阐扬法教,俾大国～安享太平。”明《醒世恒言》卷二六:“你先后卖药行医,救度～,功行亦非小可。”清《红楼幻梦》一一回:“正说着,袭人、麝月、秋纹都到了,大家进房,～道喜。”

【普周】 pǔ zhōu 遍满;周遍。唐柳宗元《贺册尊号表》:“欢呼远匝于九围,渗漉～于八裔。”宋洪迈《夷坚志》支景卷三:“汝阴高人,得大自在。毫端高明,～沙界。”清四保《千叟宴诗》:“～四海内,同集九衢遍。”

【普坐】 pǔ zuò 座位上所有的人。明《金瓶梅词话》三二回:“席间又有尚举人相接,分宾坐定,～递了一巡茶。”

【谱】 pǔ ❶书写;记录;创作。唐陆龟蒙《置酒行》:“千筠掷毫春～大,碧舞红啼相唱和。”明汤显祖《紫钗记》三四出:“离情到此伤,断肠声泪～在罗衫上。”清《品花宝鉴》二四回:“我想不若把各班中挑出几个来,集个大成班,我再～出些新戏来,便不与外间的相同。” ❷记录曲调、样式、约定的谱式、图案、文书等。唐白居易《霓裳羽衣歌》:“由来能事皆有主,杨氏创声君造～。”《元曲选·隔江斗智》一折:“有时节将彩线纂成新样～,有时节向绿窗酬和古人诗。”清李渔《蜃中楼》二一出:“念交情,恕罪辜,涂抹了金兰当日～。” ❸作曲;按曲调记录或为曲词配上乐谱。宋辛弃疾《浣溪沙·别成上人》:“惯听禽声应可～,饱观鱼阵已能排。”清洪昇《长生殿》一二出:“鸾笺慢伸,犀管轻拿,待～他月里清音,细吐我心上灵芽。”《红楼梦》五回:“此或咏叹一人,或感怀一事,偶成一曲,即可～入管弦。” ❹节奏;韵律。宋戴栩《和卢直院秋怀》:“有声无～寒蛩切,似定还狂暮叶轻。”明石珤《游北寺亨上人后园》:“风籁浑无～,虫书太逼真。” ❺规划;依据;准则。宋佚名《金缕词·寿宁化刘宰》:“君家自有安民～。袖良规、时宽馨策,夜闲桴鼓。”明《西洋记》五回:“这两句话,说得有些～,就是长老也自无量生欢喜。”清《品花宝鉴》四回:“聘兄的诗,却还不很离～。” ❻歌唱;演奏。清陈维崧《赠歌者陈郎》:“天涯踪迹半旗亭,～遍龟兹不忍听。” ❼打谱;按棋谱摆棋。清李渔《风筝误》二出:“最喜门清似水,～东山几局闲棋。”

【谱次】 pǔ cì ❶按曲调、类别、次序等记录。《新唐书·礼乐志十二》:“骠国王雍羌遣弟悉利移、城主舒难陁,献其国乐至成都。韦皋复～其声又图其舞容乐器以献。”明刘若愚《酌中志》卷一九:“惟是间有祖训所未及载,或载而未详者,谨～梗概于左。” ❷谱系次第。《新唐书·南蛮传》:“蒙氏父子以名相属,自舍龙以来,有～可考。”元许有壬《李氏新茔碣铭》:“先世由宋历金,不去乡土,虽陵谷变迁,～莫究,而两茔之内,列封秩如。”

【谱笛】 pǔ dí 把曲调谱入笛子吹奏。明孙承恩《寿郡伯吴黄洲叙》:“昔李委作《鹤南飞》曲,寿坡翁～吹之,声缥缈入云汉。”清李茹旻《书广西象胥志后》之三:“鸡骨占年用,龙声～和。”《红楼梦》七六回:“又命斟一大杯热酒,送给～之人,慢慢的吃了,再细细的吹一套来。”

【谱地】 pǔ dì 谱系地望。《通典》卷六〇:“王皆、王沈,魏晋名儒同周室之后共婚者。二门～皆存。”

【谱第】 pǔ dì ❶谱系门第。唐王颜《太原乡牒状》:“唐衣冠～是开元初敕柳冲修撰,载广州都督元珪、幽州都督寿阳公方平更称太原王氏。”五代孙光宪《北梦琐言》卷三:“宽织篾笼,召其尤者,诘其家世～、在朝姻亲。”明陈谟《曾原道展墓诗序》:“原道先生为余谈其～、园池、宾从、名胜、文物、风采,与游从宴嬉之盛,仿佛如画复如梦。” ❷类别体系。唐神昉《大乘大集地藏十轮经序》:“寻旧经之来年代盖久,但～遗目传人失记。翻译之主既往,来兹之日罕闻。”宋冯山《送利漕刘明复朝议》:“士要文章别,诗因～编。” ❸按次第编排。明陈谟《石庄对》:“若乃侈轩楹之华,充耳目之娱。张承吉植笋成林,番禺犨珍;牛僧孺～甲乙,刻画名姓;米南宫朝衣肃拜,不恤物论。”

【谱儿】 pǔ er ❶即“谱❷”。明《隋炀帝艳史》二六回:“炀帝制成翻调,遂叫实美人将各样乐器,照着～奏起来。”清《豆棚闲话》一〇则:“想道当初只有个伍子胥吹箫乞食于吴市,传了这个～。”《镜花缘》七三回:“妹子闻得‘鲫鱼背’有个～,不知各家是怎样几张?” ❷即“谱❺”。清《红楼幻梦》一八回:“近来你办惯的事我又不谙,你在这里耽搁两天,细细教给我,心里才有～。”《红楼真梦》五六回:“家里的事,只要大～过得去就算了。”

【谱法】 pǔ fǎ ❶修撰族谱、家谱的规则。宋魏了翁《跋卢氏正岁会拜录》:“先儒所以欲收世族,欲复小宗,欲立～,盖深有感于世道之变者,而卒亦不能行。”元王祎《金华俞氏家乘序》:“及论其所为同,则皆使人均重其本之所自出,有尊尊之义焉;各详其支之所由分,有亲亲之道焉。尊尊亲亲之意尽,而～备矣。”清姜宸英《大兴张氏宗谱序》:“自周历汉及魏晋以来,虽当南北朝横溃分裂之际,世家旧族皆能讲明～,不失其世守。” ❷曲谱、砚谱、壶谱等各种谱书所记的法式。宋陈旸《乐书》卷一一九:“今《九弦谱》内有《大定乐》《日重轮》《月重明》三曲,并御制《大乐乾安》曲。《景祐韶乐集》内《太平乐》一曲,～互同。”高似孙《砚笺卷三》:“虢澄泥,唐人以为第一。刘义叟如～造之,绝佳。”清王士禛《居易录》卷二〇:“其友请试之,置酒张壶,按谱投之,纵横进退,飞跃疾徐,各臻其妙,连日继夜,～才尽。”

【谱格】 pǔ gé 谱书上登录的品级规格。元杨维桢《图绘宝鉴序》:“应诏者至如百人,然多不称上旨。则知画之积习虽有～,而神妙之品出于天质者,殆不可以～而得也。”

【谱规】 pǔ guī 犹“谱法❶”。明李时勉《芳径胡氏族谱序》:“其为谱例～,立法简当,议论正大。”宋诚泳《丰城游氏族谱序》:“予又闻江南有以修谱为业者,往往窃故家真～,重赂以鬻诸新造富室焉。”

【谱籍】 pǔ jí ❶记述宗族世系的牒谱。唐柳芳《姓系论》:“于时有司迁举,必稽～而考其真伪。故官有世胄,谱有世官。”宋谢逸《桂夫人墓表》:“古人所以重～者,欲知姓氏之所出也。”明陈允衡《江上寄答》:“迩来善附丽,安敢窍～。” ❷记述某类事物来历体系的书。宋文同《成都府学射山新修祠宇记》:“此隶治下,载～,实号胜处,而模矩制量诸不如所说,奈何?”元王恽《周景王大泉说》:“陶簿晋卿好古泉,而得大泉五十者,考之～,盖周景王所更大钱。” ❸指籍贯。明陈子龙《候两广抚台托荐书》:“英德张君者,系同乡～也,颇精敏练达。”

【谱笺】 pǔ jiān 注明某类事物体系或某宗族世系的书。宋沈立《海棠百韵》:“莫著新文纪,重寻旧～。”元李存《程君明仲配万氏墓碣》:“自占籍豫章,上世有受朝奉郎者,无～可考,独馀分财产关约一通,题曰‘程朝奉家’云。”

【谱局】 pǔ jú ❶登录谱籍的机构。唐柳芳《姓系论》:“于时有司迁举,必稽谱籍而考其真伪,……由是有～,令、史职皆具。”宋洪皓《跋李利涉命氏编》:“晋有～,以助选举,又有谱学,以明传受。” ❷谱牒的格局。清钱谦益《王氏族谱序》:“斯谱也,重大宗,叙昭穆,非方百里内聚庐族墓不书,非三百年内本支子姓不书,……～于是明,宗法于是定。”

【谱例】 pǔ lì 犹“谱法❶”。宋方大琮《方氏族谱序》:“前辈有自作～,载之家乘,流行于世,谱亦随之。”元张以宁《欧阳氏族谱序》:"其最著于世者,在唐,则太子率更令询,史所纪敕定家谱、图之并府者是也。在宋,则参知政事楚国文忠公修,今集所载谱图并序及～是也。"清纪昀《景城纪氏家谱序例》:"佚父族者书其里,司马氏～也;别支里、族皆不书,则苏氏～也。"

【谱录】 pǔ lù ❶ 犹"谱籍❶"。宋真德秀《显谟阁学士袁公行状》:"至我朝而四明袁氏浸显,其～可考者,府君谥,生本州助教志,志生赠大中大夫斐。"元李祁《汪氏永思堂记》:"初,汪氏世系～,成于族人松寿,刻梓以传久矣。"清钱谦益《少保梁公恤忠录序》:"余与公诸孙中翰维枢论次公～,念江陵之遗事,不胜其忾然也。" ❷ 犹"谱籍❷"。宋苏籀《木樨花》:"蘼芜见《离骚》,苓藿人～。"清钱谦益《读归玄恭看花二记》:"若欧阳公《牡丹志》,小小～发挥出如许议论,古人为文或繁或简,皆非苟然而作。"朱彝尊《跋新莽钱范文》:"若夫钱范,窃疑排纂～图志诸家,或未之见也。" ❸ 录入谱籍。宋欧阳修《谏议大夫杨公墓志铭》:"府君,杭州钱塘人。其谱曰汉太尉震之后,世出弘农,其后微远,不能～。"

【谱曲】 pǔ qǔ 谱写歌曲或用乐谱记录歌曲。宋陈著《真珠帘・寿元春兄八十》:"～裁诗心自在,任雪月风花需索。"明陈仁锡《七笺引》:"此中许才甫,贫善病,病辄游,游辄问花～,以酒消之。"清鲁之裕《满汉字音论》:"故汉书以详胜,详乃该之而靡遗;满书以简胜,如～者然,虽有书,特以标其略焉耳。"

【谱乘】 pǔ shèng 犹"谱系❶"。乘,春秋时晋国史书名,代称史书或世系。元王礼《德庆路郭推官行状》:"幸氛祲之始清,慨～之沦落,俾状其行,以俟求铭于先友之相知者。"明张吉《武缘李氏族谱后序》:"家无～,往往源流未远而不谙其祖考之名。"凌云翰《送赵永贞改丞德化县》:"贰丞何人斯,～自天水。"

【谱氏】 pǔ shì 谱式与类别。明李日华《西厢记》七出:"〔末〕何不道明～?〔贴〕我也晓得铺牌名色,我说与你听着。"

【谱式】 pǔ shì ❶ 谱录所载的样式。明沈明臣《顾氏集古印谱叙》:"～首尚方玺,即秦始皇九字玺也。次荆王之玺之类,次官印,次私印。" ❷ 族谱、家谱等收录的准则与方式。清黄宗羲《淮安戴氏家谱序》:"祖籍休宁。自高祖迁淮,至今七世,一依休宁～。每五代一起,高祖以上,推所自出,以至始祖。"储大文《双桥范氏宗谱序》:"谱义曰睹亲疏之义,曰识长幼之序,曰知适庶之分,曰观盛衰之理,而其裁～而俾不穷也。"

【谱事】 pǔ shì 修撰谱牒的事务。元李祁《萧氏族谱序》:"某某跃然喜曰:'此吾之责也。'遂以～属之光谦。"明罗钦顺《永新甘氏重修通谱序》:"会膺贡入太学,得从文穆胡公、学士解公游,因以～质之。"清吴伟业《郁静岩家谱序》:"宗法堕矣,谱学盛行,沿流六朝,尤贵士族。贾弼、刘谌之徒,并精～。"

【谱书】 pǔ shū ❶ 犹"谱籍❷"。宋陈櫄《负暄野录》卷上:"余窃详二玺各是一物,及诸家～乃谓通是一玺。" ❷ 犹"谱籍❶"。元欧阳玄《白石周氏族谱序》:"余尝以杜君卿作《通典》时,～具存而杜不纪录为可恨。"明程敏政《歙江村江氏族谱序》:"矧～既修,则宗盟益厚。"清吴伟业《郁静岩家谱序》:"凡为谱者有三失:盖在于择人而祖之,又假其人而子孙之,且有～而无谱法以维之也。"

【谱系】 pǔ xì ❶ 族谱、家谱记载的流派系统。唐张柬之《对贤良方正策第二道》:"思欲甄明～,澄汰簪裾,派别淄渑,区分士庶。"宋楼钥《承议郎孙君墓志铭》:"族绪寒微,难援～,但闻五代祖自睦州徙居此,力田自业。"清《粉妆楼》六八回:"见过了礼,捧上茶来,谢元叙起～,是谢元五服内的堂兄。" ❷ 修撰谱系。宋魏了翁《陈少阳文集序》:"君遇夙号多闻,加以游淮楚,客京口,尝访陈公家里,得其言行甚悉。既为之～,并以思陵前后诏旨、臣僚奏陈、前辈题识与范传李记,列诸篇帙。" ❸ 师承或同类事物间的流派系统。宋杨万里《过上湖》:"上湖名是实全非,只合松江雁鹜池。若与五湖通～,澹台湖弟太湖儿。"元袁桷《书孔子庙堂碑》:"永兴公守智永旧法,故唐能书人尽变,唯永兴号为第一,以右军～犹在也。"清汪由敦《读朱竹垞前辈经义考》:"师承著～,僭拟斥嫏嬛。"

【谱写】 pǔ xiě 撰写。清魏学渠《尉迟杯・送余佺庐颁诏秦中》:"而今是、荒城旧垒,炊烟减、繁华已非故。有谁能、～风诗,速归来向天语。"

【谱序】 pǔ xù ❶ 犹"谱系❶"。唐于邵《河南于氏家谱后序》:"又述作之外,修集家谱,其受姓封邑,衣冠婚嫁,著之～,亦既备矣。"宋沈遘《沈沔天隐楼》:"吾宗州之望,～远且蕃。煌煌全盛时,冠盖充里门。"清钱谦益《双凤顾氏族谱序》:"北海在青州,安得云北海益州?晋职官郡置太守,京师所在则曰尹,益州安得称尹也?～他无所援据,咸取征于临之题识。" ❷ 族谱、家谱的序文。宋林希逸《莆田方氏灵隐本庵记》:"某年某月始事,某月既成,取吾翁～之语,名之曰'本'。"元欧阳玄《欧阳奇翁先生墓志铭》:"及谒告南归,又劳予于家,嘱叙其谱。诅意～成而公没。"明归有光《华亭蔡氏新谱序》:"用卿登隆庆二年进士,为魏郡司理。而予适在邢,时相见,以～见命。" ❸ 其他类别谱录的序文。元耶律楚材《弹广陵散终日而成因赋诗》:"张崇作～,似是未为得。我今通此道,是非自悬隔。"

【谱叙】 pǔ xù ❶ 犹"谱序❶"。宋李石《田氏墓志》:"因二友得交其人,援～世数,于文炳为兄弟行。"元程文海《跋宗人子冲家广平谱》:"相去千餘岁,相望数千里,今乃秩然若同居合席,概然有思远念始之心,～之功大矣哉。"清姚鼐《族谱序》:"吾族先世本于田农,又自餘姚迁桐城,正当南宋末元兴之日,江淮之间,居民粗定,而～皆失。" ❷ 谱牒之叙述。宋李觏《陈伯英墓表》:"吾尝铭陈君仲温之葬,以行高故,～甚详。"元王恽《南鄘王氏家传》:"三翁赘,～为二代祖,生二子:曰元用,曰仲英。" ❸ 犹"谱序❷"。元徐明善《项氏族谱》:"既自为序,又录平庵～于编首,复征予言。"明夏良胜《答勤甫提学》:"～脱稿,幸付从父某附归就刻,俾成完牒,以光吾门。" ❹ 整理叙述其流派。清储大文《张文贞公文集序》:"殚见洽闻发诸文章者,则匡丞相之湛深六义,胡太尉之综理万事,裴司空之经纬九州,王文宪之～百家。"

【谱绪】 pǔ xù ❶ 犹"谱系❶"。宋刘挚《职方员外郎李君墓志铭》:"李氏上世为赵郡著姓,考其～,盖赵之广武君后也。"游九言《游氏世谱》:"游自得姓以来,独此八世为可考,而中断勿明,复不敢支缀。呜呼,～散亡,真可叹也。"方大琮《与岩仲书》:"近闻贤宗修缉～,一问得之,谓白杜旧谱相传某翁乃灵隐支子出继,则此说通矣。" ❷ 犹"谱系❸"。元何梦桂《王樵所诗序》:"近代坡诗如骏马,诡衔不可羁弄;山谷、后山诗如风天秋隼,霜崖枯槎,不可攀企。要皆各得其所得,自成一家,尚论～,当不在昔人删后也。"

【谱学】 pǔ xué 研究谱牒的学问。唐柳芳《姓系论》:"初,汉有邓氏《官谱》,应劭有《氏族》一篇,王符《潜夫论》亦有《姓氏》一篇。宋何承天有《姓苑》二篇。～大抵具此。"元黄溍《族谱图序》:"官失其守,而～坠绝,乃欲旁引曲证,而推及于千载之上,固难矣。"清黄宗羲《淮安戴氏家谱序》:"昔解大绅精于～,凡江西一省之氏族源流,婚姻官阀,无不淹贯。"

【谱谊】 pǔ yí 宗族交谊。明毕自严《与顾寰清书》:"偶闻莅任永宁,因漫述往事,请教老年丈。～甚隆,必加青盼。"清袁枚

《拟重赴鹿鸣琼林两宴诗》:"不识上公怜～,宫门还问简斋无?"《后红楼梦》二一回:"这位士隐先生已经同家大人叙出～,本来一家分支。"

【谱裔】 pǔ yì 宗谱后裔。宋文莹《湘山野录》卷下:"文既成,但叙～品秩及薨葬褒赠之典而已。"元杨维桢《衍泽堂记》:"况散而四方,坠在编户,稍知自拔游庠序以为食,或者又以～不自遭黜者不免。"明周绍濂《鸳渚志餘雪窗谈异》卷下:"～无稽者,一旦冒联宗族;门楣非敌者,倏焉求结婚姻。"

【谱引】 pǔ yǐn 犹"谱序❷"。宋文天祥《李氏族谱亭记》:"夫其～,先世既自得之以遗其子孙,今其子孙固已识先世之用心矣。"元刘楚《萧氏族谱序》:"～注其先,实自金陵太守讳某始,后南徙吉之峡江,由是散而徙者凡三族。"曹泾《复先生启》:"伏以短书双燕,偶侧入于文俳;良讯兼金,遽单提于～。"

【谱著儿】 pǔ zhāo er 棋谱记录的典范着数。清《镜花缘》七三回:"那几个臭著儿被他吃去,倒也无关紧要;我不可惜别的,只可惜起初几个好～也被他吃去,真真委屈。"

【谱帙】 pǔ zhì 谱书;谱籍。元胡祗遹《徐熙桃花牡丹图》:"洛阳花品成～,魏紫色香居第一。"明刘崧《秋佩生作墓志铭》:"曾祖信忠,元末乱,甫七岁,随舅氏自湖广之麻城来徙。～遗失,远世不详。"清李渔《闲情偶寄》卷五:"艺植之法,载于名人～者,纤发无遗。"

【谱传】 pǔ zhuàn 牒谱传记。宋杨冠卿《代上执政求知启》:"退惟下走,莫亢衰宗。闻华衮片言之褒,增弊帚千金之重。庸持～,进犯等威。"元袁桷《书张仲实家谱后》:"昔挚虞以汉亡之候,～之失,子孙不能言其先祖,推其本始,作族姓昭穆。"清陆陇其《答柏乡魏荔彤》:"诸书惟知统、偶、笔数种,已经佩服,至奏疏、文集、～及《鉴语约言》诸书,俱未得寓目。"

【谱状】 pǔ zhuàng 谱牒,或指谱牒与行状(一生的事迹)。元许有壬《故征南千户萧公神道碑铭》:"泰定丁卯,先茔襄事,内邱尹石抹剌哈不花奉～踵请曰:'吾家五世居相,有功乡里。'"明潘希曾《潘氏家乘序》:"后世世禄废而～犹掌于官,五季以来其法复废,世之君子乃家自为乘。"清毛奇龄《张大司空传》:"其族孙廷弼、弼成,各以公～示予属传。"

【谱字】 pǔ zì ❶用来记录乐谱的字,较通用的为"六、凡、工、尺、上、一、四、勾(乙)、合、五"十个字。宋蔡襄《杂说》:"今河中有旧谱,而其字形与世之～、觱栗、笙皆不合,无从而得。"陈旸《乐书》卷一五七:"今之大曲以～记其声折,慢迭既多,尾遍又促,不可以辞配焉。"明王骥德《曲律》卷二:"六,乐家～,如凡、工、尺、令之类,凡清黄,皆曰六。" ❷牒谱、词谱、曲谱上的文字。宋唐士耻《笋干》:"此君风味殊不薄,莫笑当年煮箦人。坐使普宁增～,遥知端是压前新。"张炎《霜叶飞·毗陵客中闻老妓歌》:"惊诗梦、娇莺啼破春悄。隐将～转清圆,正杏梁声绕。"清万树《词律·发凡》:"学者不肯将古词对填,而但将～为据。信谱而不信词,犹之信传而不信经也。" ❸按谱填字。宋蒋捷《祝英台》:"最堪叹,筝面一寸尘深,玉柱网斜雁。～红鸾,剪烛记同看。"

【谱子】 pǔ zi ❶即"谱❷"。宋《朱子语类》卷九二:"旧尝见深村父老为余言,其祖父尝为之收得～。……人听他在行在录得～,大凡压入音律只以首尾二字。"清《红楼幻梦》九回:"贾母问:'共有若干种类?'黛玉道:'有上千细种,合菊花都刻的有～。'"又一六回:"将～掩了,咱们口传心授,你只用耳听,手随我来,就容易会了。" ❷套数;手法。明《西洋记》四八回:"杀了一会,王莲英还是昨日的旧～,照着个海边上只是一跑。"又七〇回:"我们这如今又不是前番的～。怎么不是前番的～?前番他初见我们之时,还说我是个上界真仙,……这如今捞翻了师兄,已自看得针穿纸过的。我和你又把旧～来行,只怕就有差错。"

【蹼辣】 pǔ la 扑伏在地的动作。明《西游记》五三回:"那妖仙措手不及,推了一个～,挣扎不起。"

【蹼蹼蹡蹡】 pǔ pǔ qiāng qiāng 跌撞或磕头貌。明《西湖二集》卷一二:"又有那酬神许愿之辈,口口声声叫大慈大悲观世音;化米乞钱之流,～求善人善女善长者。"

pù

【铺】 pù 另见 pū。❶商店;店铺。唐张籍《送杨少尹赴凤翔》:"得钱祗了还书～,借宅常时事药栏。"《元曲选·桃花女》楔子:"近因年老,做不的甚么重大生活,只教他管～。"清《醒世姻缘传》六回:"差人往～中买了八匹大桃红拣布与众人挂红。" ❷税卡;驿站。后也作为地名用。《唐会要》卷八六:"今若江津河口,置～纳税,税则检覆,覆则迟留,此津才过,彼～复止。"元柴椿《复安南世子执事书》:"先遣黎中散往谕朝廷宽恤安南之美意,仍～备马匹军粮人夫,依例界首迎接。"清谈迁《北游录》卷一:"十里泾河。二十里平和镇,其土沃。十里三～,十里二～,十里一～,泊杨家桥。" ❸军巡铺屋。《唐律疏议》卷八:"京城每夕分街立～,持更行夜。"明《西游记》八四回:"当时就惊动六街三市,各～上火甲人夫,都报与巡城总兵。"清《醒世姻缘传》八一回:"我也知道你不肯走,拿你到～里坐一夜,好挡挡差人的眼。" ❹宿铺;床铺。五代王定保《唐摭言》卷一二:"策试夜,有一同人突入试～,为吴语谓光业曰:'必先必先,可以相容否?'光业为辍半～之地。"明《警世通言》卷一五:"将木头架一个小小阁儿,恰好打个～儿,临睡时把短梯爬上去。"清《隋唐演义》三八回:"店小二与我家小厮,多先吃醉了,一～儿的躺着。" ❺卧具;铺盖。明《金瓶梅词话》六四回:"傅伙计老头了,熬到这咱已是不乐坐,搭下～,倒在炕上就睡了。"清《红楼复梦》一五回:"王贵进来开～,点起红烛,枕旁安着兰花、茉莉,放下碧纱帐幔。" ❻送在铺屋里关押。清《醉醒石》二回:"大发恼,打了十下,定要～了。"又一〇回:"三府却认错了,出来对心腹吏书道:'这地方有个土豪浦其仁么?'吏书道:'现为漏贩,老爷～在铺里。'"《好逑传》五回:"方才县尊～我们,也是掩饰那姓铁的耳目。" ❼量词。用于床。明《杜骗新书·妇人骗》:"妇曰:'要赶路,今晚在你家借歇何如?'马夫曰:'无三～床。'"清《野叟曝言》六回:"看他这般疲倦,须请到哪一～床上歇息。"

【铺保】 pù bǎo 店铺出具的担保。清《品花宝鉴》三三回:"幸亏魏聘才的下人找了一个书办,讲了一千六百吊,写了字据,找了～,方开开锁。"

【铺兵】 pù bīng 驻守军巡铺屋、铺舍或驿站的士兵。宋孟元老《东京梦华录》卷三:"每坊巷三百步许,有军巡铺屋一所。～五人,夜间巡警,收领公事。"《元典章·台纲二》:"仍委本处正官一员,不妨本职,提点站赤勾当及急递～。"清《荡寇志》九〇回:"魏总管相公在任时,小人曾充汛地上～。"

【铺草】 pù cǎo 床铺上铺垫的或供身底下铺垫用的草。明李开先《宝剑记》一四出:"病卧黄尘,那得一根～;饥捱白日,谁分半碗清汤。"

【铺床】 pù chuáng 另见 pū chuáng。床铺。《元曲选外编·村乐堂》二折:"索与你收拾了～,把骏骑牵在槽上,草料也拌上一筐。"明《拍案惊奇》卷三一:"领到厨房小侧门,打扫～。自来拿个篮秤，到市上用自己的碎银子，买些东西。"《二刻拍案惊奇》卷一四："因是地板房子，～处压得重了，地板必定低些。"

【铺底】 pù dǐ 店铺的底本。清《绣球缘》五回："说罢，将全盘数目吐出，所有～、客账、家伙，一一开载明白，请朱能查验。"

【铺递】 pù dì 驿递；驿站。《金史·世宗纪》："朕尝欲得新荔枝，兵部遂于道路特设～。"明王士性《广志绎》卷四："一路～皂快、舆夫、马卒之徒，皆以妇代男为之。"清雍正五年九月二十五日河南总督田文镜奏文："即于署内用印，连根封固，从～发给州县，不必经司胥之手。"

【铺店】 pù diàn ❶ 店铺；商店。宋真德秀《申御史台照会罢黄池镇行铺状》："以区区～，能有几许财本，而官司敷配，曾无虚日。"元明《水浒传》四四回："三日了，方回家来。只见～不开。"明王恕《纠劾奸人拨置中使扰乱地方奏状》："尝闻到彼之日无物不要，城市～为之关闭。" ❷ 驿递铺及所在地的商店。元明《水浒传》二七回："但过村坊～，便买酒买肉，和他两个公人吃。"清《平定两金川方略》卷三二："自省抵营，计程三十餘站。一路～无多，食物昂贵。"

【铺丁】 pù dīng 即"铺兵"。《元史·兵志四》："随处官司设传递铺驿，每铺置～五人。"

【铺房】 pù fáng 另见 pū fáng。❶ 城市坊巷间管理治安、防火、巡夜、收递文书的公用房屋。明刘宗周《请推广德意疏》："臣查京城有～不下五百区，向以之锢斗殴平民，为阱于国中者也。"清《林兰香》二八回："且在～中息宿，明日回家，免得犯禁。"❷ 供抢险、巡警的民夫或兵丁住的房屋。明张永明《预杜河患疏》："护城大堤周围俱已起造～一十三所，计三十九间。"清《平定准噶尔方略》前编卷三九："南门之内两旁设银库、米仓、收贮军器等房，及兵丁～共二百五十八间。" ❸ 店铺用房。清雍正七年八月初六日王绍绪奏文："有匪徒聚集，七月十九日抢夺徐秉闲等～一十一家。"杨仲兴《创建南乡太平堡社仓记》："又清理庙田二十一亩零，岁共租谷二十五石；～一十五间，租银一两六钱有奇。"《绿野仙踪》九一回："在珠宝市儿，买了两处大～。"

【铺夫】 pù fū ❶ 在驿递铺或军巡铺服役的民夫。《续资治通鉴长编》卷一八："自江陵至桂州有水递～凡数千户，皆渔樵细民，衣食不给。"明王守仁《行岭北道裁革军职巡捕牌》："佥充总小甲，则需索拜见；更换～，则索要年例，稍或不从，百般罗织。"陆容《菽园杂记》卷一："今街市巡警～，率以十人为甲，谓之火夫。"❷ 巡河铺屋征用或雇用的民夫。清鲁之裕《急溺琐言》："当夫汛至而堤有欲决之势，则铺长鸣金，左右～奔而至，至即运土牛、下桩埽以抢御之。"《大清律例》卷三九："凡运河一带用强包揽闸夫、溜夫二名之上，捞浅～三名之上，俱问发附近充军。"

【铺阁】 pù gé 铺房楼阁。明《封神演义》五四回："东西～，难保门窗脱落；前后屋舍，怎分户牖倾攲。"

【铺鼓】 pù gǔ 巡警铺屋警夜报时用的鼓。《唐会要》卷七一："诸街～，比来依漏刻发声，从朝堂发远处，每至夜才到。"

【铺官】 pù guān ❶ 主管地方军巡铺的官员。唐李肇《国史补》卷中："当罪京兆尹，诛金吾～，大索求贼。" ❷ 管理铺行的官员。明郝敬《劾矿使陈增疏》："如谓经费不足，则开采之所入原未供之经费也；如谓内帑之缺乏，则～买办依旧取之外府也。"

【铺行】 pù háng 商行；按行业划分的商业组织。也指店铺。明沈榜《宛署杂记》卷一三："～之起，不知所始，盖铺居之民各行不同，因以名之。"《西洋记》一八回："即时分付各～运铁，各匠人运炭，实于各炉之中，以满为度。"《大清律例》卷四一："各处～人等，私与外国人交通，买卖不系违禁货物者，枷号一个月。"

【铺户】 pù hù ❶ 户籍登录为商铺的民户。五代李亶《许百姓自铸农器诏》："杂使熟铁，亦任百姓自拣。巡检节级勾当，卖铁场官并～等，一切并废。"宋元《醒世恒言》卷一三："那纸条上面却写着：宣和三年三月五日～任一郎造。"清周亮工《请禁苛派铺户状》："所谓～者，盖先年其祖若父，或经营于吴浙，或张肆于本乡；或歇宿乡贾，觅有蝇头；或充当行户，分其牙用……士之子尚不恒为士，农之子亦不恒为农，而上杭之～，则如充问祖军，其祖若父虽死，其子若孙虽改而之他业，而～之名，终不可得而去也。"❷ 泛指商家、店铺。明佚名《粉蝶儿·财》："这和尚为你呵，立疏头向施主行求，持钵盂在～家讨。"清袁枚《子不语》卷二二："入城取麦价，～留饮，回时已迟。"《荡寇志》一〇三回："凡尔居民～，照常办事，切勿惊惧。"

【铺基】 pù jī 搭建店铺的基址。清杨仲兴《创建南乡太平堡社仓记》："另～八间，六里分造，年收租息，为五月神会需。"

【铺籍】 pù jí 编入铺家管理的户籍。宋洪迈《夷坚志》支癸卷六："自言只是邻近～小民女，瞻慕丰采，乘间窃来。"陈淳《上庄大卿论鬻盐》："松州一铺每季定额，官仓支盐一万二千斤，为一百二十笼，敷钱二百单四贯足，而～所管户眼有四千餘，无不尽数遍敷。"

【铺家】 pù jiā 即"铺户❷"。也指开店铺的人。宋刘克庄《哭五一弟》之一："空传场屋义，留与～开。"元古本《老乞大》："店主人家引着几个～来，商量人参价钱。"清《飞龙全传》一三回："往两个～说了，遂把雨伞发脱了一半。"

【铺架】 pù jià 店铺用的货架。明《二刻拍案惊奇》卷二八："头在你家上三家～上不是？休要来缠我。"

【铺军】 pù jūn 即"铺兵"。元徐硕《至元嘉禾志》卷二："县社坛旧在县西南一里一百三十步。……今止存败屋，为～所据。"明沈德符《万历野获编》卷一："此后遇京官夜还，无问崇卑，令～执灯传送。"《大清会典则例》卷三九："南新仓看仓旗员四人，兵四十名，经制吏二名，攒典二名，皂隶四名，～三名。"

【铺路】 pù lù 官路；设有驿站的路。明郑若曾《江南经略》卷六下："由龙潭驿或由炭渚驿至于白土，或由马林窨断沿练湖～而行至于县治，皆西南路也，乃陆路也。"清弘历《堤上偶成》之三："～苍黎日觐光，京垓兆亿数犹强。皆资饥食寒衣者，奚怪丝粮价不昂。"《醒世姻缘传》四一回："眼里看着景致，再走着那～，本等是十里，只当得五里地去。"

【铺马】 pù mǎ 驿站所备供过往人员骑坐的马。宋汪元量《潼州歌》："一夜不眠鸡戒晓，又骑～过绵州。"元明《水浒传》一回："带了数十人，上了～，一行部从，离了东京。"明郑岳《故荣禄大夫林公行状》："疏未上，忽中批：'致仕都御史林某，～取来用。'"

【铺卖】 pù mài 店铺。明佚名《端正好》："金珠不尽龙宫广，赤白青黄～张。货如山楚贾吴商，人似蚁娇娥粉郎。"

【铺门】 pù mén 店门；商铺的门或门前。宋袁褧《枫窗小牍》卷下："每往，醉必累日，不特楮素挥洒，盈满箱箧，即～两壁，亦为淋漓泼染。"清解鉴《益智录》卷一："茂领逢春直赴典铺，甫进～，铺人交相致敬。"《歧路灯》一五回："到了～，公子跳下马来。"

【铺面】 pù miàn ❶ 店铺门面，借指店铺的生意。宋欧阳守道《与王吉州论郡政书》："而铺户近有此等富家可恃，若舡米偶不至则转籴于此等，亦足以暂时应副～。"宋元《警世通言》卷一六："张主管开了店门，依旧做买卖。等得李主管到了，将～交割与他。"明郑墟泉《一枝花·嘲庸医新词》："生涯冷淡，～消条。"❷ 店铺门面。《元曲选·盆儿鬼》一折："大嫂，你守着～，我自歇息去也。"明汤显祖《牡丹亭》三四出:"好～!这'儒医'二字,杜太爷赠的。"清《醒世姻缘传》二五回:"不是～好了后面的住房不够,就是后边的住房够了前面的～不好。" ❸ 商店;店铺。明朱溿《山寇志》:"忽有山贼一伙,不及百人,黎明突至涵头地方,劫掠～。"张宁《乞省买办疏》:"近因买办烦重,该顺天府宛平县奏称:大兴县地方广阔,～数多;本县地方稀少,铺户消乏。"清《红楼梦》四八回:"因有各～伙计内有算年帐要回家的,少不得家内治酒饯行。" ❹ 指经营店铺的人。清《十二楼·萃雅楼》一回:"二来要在～上讨好,使他知道权贵上门,预先料理。"《歧路灯》三三回:"街上走动了一阵,无奈只得回来。各～拱手让茶。"

【铺民】 pù mín 经营商铺的人户或民众。明祁彪佳《分守道一件窝寇劫杀事判》:"内惟王世恩病不曾去,餘俱至马峰～许茂信家,窃出猪、酒、衣服、苎瓶等物。"清雍正四年五月十四日宜兆熊奏文:"奸民等肆行喧嚷不遵,以致南台一带～惊惶罢市。"《平定台湾纪略》卷三五:"官兵不暇造饭,俱系城内绅耆～,挑饭送各队伍。"

【铺人】 pù rén ❶ 被拘押于铺舍中的人。唐牛僧孺《玄怪录》卷二:"有一军将坐于石北厅上,据案而坐,～各绕石及石上。" ❷ 经营商铺的人。宋洪迈《夷坚志》支景卷一〇:"元佐谓其银仙家物,盖必异于常品,欲以元直取之。～云:'为过客买去矣。'"明《二刻拍案惊奇》卷二八:"通判差人押了这三家～,来提赵大到官。" ❸ 驿递铺值班的人。《元史·兵志四》:"凡铺卒皆腰革带悬铃,……响及所之铺,则～出以俟。"

【铺商】 pù shāng 商户;商人。明葛昕《徐匡岳寅丈方》:"惟丈更裁酌发之,期真有便于～而不失我部体,足矣。"朱国祯《涌幢小品》卷三一:"家独一猫,催租者持去,卖之阛门～。"清王柔《为分贮各府州之帑金事奏》:"一有盘查之信,即暗向所属绅衿与～等那借垫补。"

【铺舍】 pù shè ❶ 供戍守、驿递、巡防用的房舍。宋《九朝编年备要》卷一九:"河东路沿边增修戍垒,起～,侵入彼界蔚、应、朔三州界内。"明丘濬《大学衍义补》卷九九:"邮即汉时之邮亭,今之～也。"清靳辅《川泽考》:"沿河设～,置夫甲,专管挑浚。" ❷ 店铺;铺房。明唐顺之《裕州均田碑记》:"陂池、林麓、廨宇、～、廛市之税,例蠲除。"《杜骗新书·买学骗》:"用银七十两买屋,内系土库城,外～开一客店。"清《九云记》六回:"杨福先进城去,找个体面有的～定租了。"

【铺司】 pù sī 司掌递铺的机构或人员。《元史·兵志四》:"凡有递转文字到,～随即分明附籍,速令当该铺兵,裹以软绢包袱……作急走递。"明周瑛《悯蛮方铺司》:"蛮方～老无齿,接官手持一伞子。上衣短小才至胫,头巾破裂直掩耳。"清《绿野仙踪》三七回:"至第三日,即得发放如玉文票。罗龙文也不发～,也不差人,将文票着飞鹏看了,然后封讫。"

【铺肆】 pù sì ❶ 犹"铺舍❷"。《唐律疏议》卷四:"～园宅,品目至多,略举宏纲,不可备载,故言'之类'。"宋《三朝北盟会编》卷九八:"壮强者仅至燕山,各便生养。有力者营生～,无力者喝货挟托。"清魏之琇《续名医类案》卷四九:"邱汝诚面生疽,即买药～所合神芎散丸予之。" ❷ 犹"铺舍❶"。明《徐霞客游记》卷五下:"又西转而下者一里半,有～夹路,曰革纳铺。"

【铺所】 pù suǒ 犹"铺舍❶"。《唐律疏议》卷八:"谓宫城门外队仗,及傍城助～,及朱雀等门,所有守卫之处,以非应守卫人冒名自代及代之者,各得徒一年。"宋洪迈《夷坚志》支甲卷七:"福惊喜过望,即挟之至～,鸡鸣始去。自是眷恋不释,虽当下直,亦代人守宿。"元《中统元年急递铺兵诏》:"遇有转递文字,当传～即注名件到铺时刻,及所辖转递人姓名。"

【铺亭】 pù tíng 驿路上供人休憩的亭子。明蔡清《四书蒙引》卷一〇:"置,驿也;邮,驲也,即今之～。"王士性《广志绎》卷五:"总之凿石五千二百五十二丈,为桥梁四百七十有五,～一百三十有三。"

【铺头】 pù tóu ❶ 铺子;店铺。唐王梵志《自死与鸟残》:"莫养图口腹,莫煞共盘筋。～钱买取,饱啖何须虑。"王建《题崔秀才里居》:"时复打门无别事,～来索买残书。" ❷ 军巡铺屋的头目。《续资治通鉴长编》卷四八九:"沿汴两岸房廊,除堤面依条留一丈五尺外,应地步并交割与京城所。其屋宇地基,依祖修盖,仍令都大并合干地分使臣、～、兵员等同共照管。" ❸ 偷采人参者的头目。《大清会典则例》卷一二九:"偷采人参之～,拟绞监候;出财招集多人偷采者,照为首例处死。"

【铺屋】 pù wū ❶ 犹"铺舍❶"。宋欧阳修《乞预闻边事奏》:"去年定州军城寨,为北敌于石臼子口侵入内界,卓立～。"宋元《古今小说》卷一五:"忽一日,史弘肇去～里睡。"元苟宗道《故翰林侍读学士郝公行状》:"置～兵卒,坐铺者恒百餘人。" ❷ 店铺。清蓝鼎元《覆将弁矜功觖望书》:"至于入府之日,诸将或贪小利,封人～,独亮部伍肃然,不动民间一草一木。"《绣鞋记》一九回:"将黄成通～封闭,并将其园树砍伐。"

【铺席】 pù xí 另见 pū xí。❶ 铺垫床铺用的席子。《唐六典》卷六:"使人至日,先检行狱囚枷锁、～及疾病、粮饷之事。"宋杨至质《太一宫清心斋谢陈提举》:"即清夜藜灯之地,扫积年～之尘。"清《巫梦缘》二回:"吃得半醉,把被重熏了,在炕上不便,床上重铺～。" ❷ 铺面;店铺。唐孙棨《北里志》:"有二女兄不振,是以门甚寂寞,为小～,货草挫姜果之类。"宋元《警世通言》卷一四:"也曾有门面～人来说他,只是高来不成,低来不就。"元岳伯川《铁拐李》一折:"你问他开～为经商,做甚手作?" ❸ 门面,比喻面子。宋邵博《邵氏闻见后录》卷一五:"或问东坡:'云龙山人张天骥者,一无知村夫耳。公为作《放鹤亭记》……过矣。'东坡笑曰:'装～耳。'"杨万里《答周提举》:"此殆词人逸笔,不能自制,辄借某以装～者耶。"陈藻《赠高待聘》:"某自为童子,居城郭间,多见老儒奔走窘急之状,皆是强壮聚徒～闹热者。"

【铺驿】 pù yì 驿站。《五代会要》卷二四:"兼敕到后,但是州府并于～及显要处,粉壁具录敕命。"宋韩元吉《中奉大夫王公墓志铭》:"溪洞蛮诈为汉官倈子带家属止～,以诱市吾人,一为奴婢,用以祭鬼。"《元史·兵志四》:"随处官司设传递～,每铺置铺丁五人。"

【铺长】 pù zhǎng 铺兵的头目。元姚桐寿《乐郊私语》:"庙后有老人,甚蓝缕。问之,姓郭氏,乃宋枢相慎求之后,贫无以资,充～以自给。"《明会典》卷一二一:"各州县于额设司吏内选充～一名,专一巡点所辖铺分,督令各铺司兵如法走递。"清鲁之裕《急溺琐言》:"当夫汛至而堤有欲决之势,则～鸣金,左右铺夫奔而至。"

【铺主】 pù zhǔ 店铺主人。宋张齐贤《洛阳搢绅旧闻记》卷四:"院主急去访之,～暂出,一两日当回。"明《杜骗新书·在船骗》:"即问此铜物,是公自买的,抑或他客贩来发行的。～曰:'三月前有三个客人来卖者。'"

【铺子】 pù zi ❶ 店铺。宋张齐贤《洛阳搢绅旧闻记》卷四:"试往水北小清化内路某人～内问之,合有此药。"明汤显祖《牡丹亭》五二出:"俺这一带～都没有,则瓦市王大姐家歇着个番鬼。"清《红楼梦》二四回:"原来卜世仁现开香料铺,方才从～里来。" ❷ 犹"铺舍❶"。《续资治通鉴长编》卷二六五:"兼此分水岭以南，尽是南界铺寨及弓箭手～，止杀向南，更怎生去得？”

【铺卒】 pù zú 即“铺兵”。宋洪迈《夷坚志》支丁卷五：“饶风驿～送文书，已逼暮，值一虎从旁来。”《元史·兵志四》：“凡～皆腰革带，悬铃持枪，挟雨衣，赍文书以行。”《女仙外史》五八回：“练公子方把遇着崇南极诸人，与娶了刘贞之女，及假充～到此通信，将来做内应的话，明明白白，说个详细。”